JURISPRUDENCE GÉNÉRALE

SUPPLÉMENT AU RÉPERTOIRE

MÉTHODIQUE ET ALPHABÉTIQUE

DE LÉGISLATION,

DE DOCTRINE ET DE JURISPRUDENCE

EN MATIÈRE DE DROIT CIVIL, COMMERCIAL, CRIMINEL, ADMINISTRATIF, DE DROIT DES GENS ET DE DROIT PUBLIC.

TOME CINQUIÈME

JURISPRUDENCE GÉNÉRALE

SUPPLÉMENT AU RÉPERTOIRE

MÉTHODIQUE ET ALPHABÉTIQUE

DE LÉGISLATION

DE DOCTRINE ET DE JURISPRUDENCE

EN MATIÈRE DE DROIT CIVIL, COMMERCIAL, CRIMINEL, ADMINISTRATIF, DE DROIT DES GENS ET DE DROIT PUBLIC.

De MM. DALLOZ,

Publié sous la direction de MM.

Gaston GRIOLET
Docteur en droit

Charles VERGÉ
Maître des Requêtes au Conseil d'État

Avec le concours de M. C. KŒHLER, Docteur en droit

Et la collaboration de plusieurs magistrats et jurisconsultes.

TOME CINQUIÈME

A PARIS
AU BUREAU DE LA JURISPRUDENCE GÉNÉRALE
RUE DE LILLE, N° 19

1890

JURISPRUDENCE GÉNÉRALE

SUPPLÉMENT

AU

RÉPERTOIRE MÉTHODIQUE ET ALPHABÉTIQUE

DE LÉGISLATION, DE DOCTRINE

ET DE JURISPRUDENCE

DÉSAVEU.

Division.

§ 1er. — Historique et législation (*Rép.* nos 2 à 10).

1. Le texte des art. 352 à 362 c. proc. civ. qui constituent la législation spéciale à la matière du désaveu des officiers ministériels n'a subi aucun changement depuis la publication du *Répertoire*. A cette époque, la jurisprudence avait déjà eu l'occasion de fixer le sens et la portée de ces articles, comme la doctrine d'en discuter et d'en interpréter les dispositions. Si on ajoute que les actions en désaveu sont relativement fort rares, on comprendra que nous n'ayons, pour ainsi dire, pas de questions nouvelles à examiner et que nous devions nous borner à signaler un certain nombre de décisions qui confirment les règles précédemment admises en jurisprudence, et l'opinion des auteurs les plus récents sur les questions qui sont restées controversées.

2. La matière du désaveu n'a pas été l'objet d'ouvrages spéciaux; elle n'est étudiée que dans les traités généraux sur la procédure civile. Parmi ceux-ci, nous citerons la 5e édition des *Lois de la procédure civile et commerciale* de Carré et Chauveau, t. 3, quest. 1295 à 1319, et le *Supplément* à cet ouvrage par Dutruc, t. 1, v° *Désaveu;* le *Traité élémentaire de procédure* de Bonfils, nos 1214 à 1225; la 14e édition des *Leçons de procédure civile* de Boitard et Colmet-Daâge, revue et refondue par M. Glasson, t. 1, nos 539 à 547; le *Dictionnaire théorique et pratique de procédure civile* de Rousseau et Laisney, v° *Désaveu d'officier ministériel*.

§ 2. — Des personnes contre lesquelles le désaveu peut avoir lieu (*Rép.* nos 11 à 24).

3. Il résulte des explications données au *Rép.* n° 11 que, au premier rang des officiers ministériels qui sont sujets au désaveu, il faut placer les *avoués*. Le désaveu peut également s'exercer contre les *huissiers* (*Rép. ibid.*) et contre les avocats à la cour de cassation (*Rép.* n° 20), qui remplissent auprès de cette juridiction les fonctions dévolues auprès des cours d'appel et des tribunaux de première instance aux avoués de première instance et d'appel (V. *Cassation*, n° 218; — *Rép.* eod. v°, nos 1093 et suiv.). Le doute n'est possible aujourd'hui qu'à l'égard des agréés et des notaires.

4. Le *Répertoire* a fait connaître au n° 13 quelles divergences a fait naître la question de savoir si les agréés sont sujets au désaveu. Suivant l'opinion adoptée au *Rép.* n° 13 et v° *Agréé*, n° 57, le client qui se plaint que ses intérêts ont été compromis par l'agréé auquel il les avait confiés dans l'accomplissement d'un des actes susceptibles d'être désavoués, aux termes de l'art. 352 c. proc. civ., n'est pas obligé de recourir contre lui à la procédure du désaveu, et il a le droit de faire annuler purement et simplement tous les actes faits par l'agréé en dehors des termes précis du mandat qui lui a été conféré. Cette opinion, reproduite *suprà*, v° *Agréé*, n° 15, est généralement considérée par les auteurs comme la plus juridique, et elle a été adoptée récemment par la cour de Paris, le 26 déc. 1884 (*suprà*, v° *Agréé*, n° 15, note 2) (V. également Motifs, Orléans, 15 févr. 1853, aff. Picard, D. P. 53. 2. 153; Boitard et Colmet-Daâge, t. 1, n° 539; Bonfils, n° 1218; Rousseau et Laisney, n° 6; Ruben de Couder, *Dictionnaire de droit commercial*, nos 45 et suiv., etc.). — Ces auteurs reconnaissent, toutefois, les avantages du système contraire qui étend aux agréés les dispositions de l'art. 352, avantages que nous avons exposés *suprà*, v° *Agréé*, n° 15 (V. en ce dernier sens : Bioche, *Dictionnaire de procédure*, v° *Désaveu*, n° 61; Alauzet, *Commentaire du code de commerce*, 3e éd., t. 8, n° 2942; Rodière, *Cours de compétence et de procédure en matière civile*, 4e éd., t. 2, p. 143; Bourges, 19 janv. 1869, aff. Masson, D. P. 69. 2. 133).

5. Tout en reconnaissant (*Rép.* n° 21) qu'il serait rationnel de soumettre les notaires à la procédure du désaveu, en ce qui concerne les actes respectueux et les protêts qu'ils sont chargés de notifier, puisqu'à cet égard leur ministère ne diffère pas de celui des huissiers, nous avions pensé que le texte de l'art. 352 ne permettait à aucun degré une telle extension. — L'opinion à laquelle nous nous étions ainsi arrêtés n'est pas généralement suivie en doctrine. M. Glasson, notamment dans la 14e édition de Boitard et Colmet d'Aâge, t. 1, n° 539, enseigne que les notaires peuvent être soumis au désaveu lorsqu'ils agissent, dans leurs rapports avec les particuliers, en qualité de mandataires, c'est-à-dire lorsqu'il s'agit d'actes respectueux, de protêts ou d'offres de payement. C'est aussi l'opinion de MM. Rousseau et Laisney, n° 11, et de Rodière, t. 2, p. 143, n° 415. Ce système offre des avantages pratiques, comme celui qui autorise l'action en désaveu contre l'agréé, en ce sens qu'il évite au notaire l'obligation de représenter le pouvoir qu'il aurait reçu. Il s'appuie sur des considérations qui ne manquent pas de gravité. Lorsque le notaire, dit-on, intervient dans les cas qui viennent d'être énoncés, il procède à la fois comme officier ministériel, puisque cette qualité lui appartient d'une manière générale, et comme mandataire légal de la partie au nom de laquelle il agit puisque la loi lui donne qualité à cet effet (c. civ. art. 154; c. com. art. 173 et suiv.), soit exclusivement, soit concurremment avec l'huissier. Il y a donc présomption légale que le notaire a reçu mandat de la partie et que, lorsqu'il notifie un acte respectueux ou dresse un protêt, c'est qu'il en a reçu mission. Sa situation est très différente de celle de l'agréé, dont le rôle n'est pas reconnu par la loi, et en faveur duquel il ne peut exister aucune présomption légale : dès l'instant qu'on admet l'action en désaveu pour les actes faits, dans les limites de leurs attributions, par les officiers ministériels qui ont reçu de la loi la qualité de mandataires obligatoires des parties, on doit décider que les notaires sont susceptibles d'être désavoués pour les actes qu'ils font comme mandataires *ad litem* et qui ne sont pas de ceux qui doivent être revêtus de la signature des parties. — Mais il resterait à savoir si les actes pour lesquels les notaires pourraient être désavoués rentrent dans ceux qui donnent ouverture à l'action en désaveu. Si l'on peut ranger au nombre de ces actes les offres réelles, à l'égard desquelles on reconnaît assez généralement aux notaires un droit concurrent à celui des huissiers, bien que ce droit soit contesté (V. Aubry et Rau, *Cours de droit civil français*, 4e éd., t. 4, p. 193, note 4), il n'en est pas de même, à notre avis, des protêts ou des actes respectueux : ces actes ne nous paraissent nullement rentrer dans l'énumération de l'art. 352, qui est généralement considérée comme limitative (V. *infrà*, n° 7).

§ 3. — Des cas où le désaveu peut avoir lieu (*Rép.* nos 25 à 91).

6. La règle générale d'après laquelle les actes accomplis par les officiers ministériels dans l'exercice de leurs fonctions sont présumés autorisés par leurs clients et, par suite, obligatoires pour ceux-ci (*Rép.* n° 25), a été de nouveau consacrée par la jurisprudence. Ainsi il a été décidé que la partie au nom de laquelle un pareil acte a été fait ne saurait ni l'infirmer par de simples dénégations ou protestations, ni en méconnaître le contenu sans recourir à la procédure spéciale du désaveu (Civ. cass. 12 déc. 1876, aff. Ribeau, D. P. 77. 1. 228). — C'est ainsi qu'une partie est liée par la déclaration faite par son avoué à l'audience, qu'il renonce pour elle à se prévaloir d'un prétendu moyen de nullité, alors, d'ailleurs, que le tribunal a donné acte de cette déclaration, ne fût-ce que dans les motifs de son jugement (Rennes, 6 août 1849, aff. Drouet, D. P. 51. 2. 136).

7. On a cité au *Rép.* n° 32 un certain nombre de décisions qui ont reconnu aux dispositions de l'art. 352 un caractère limitatif. Cette interprétation est confirmée par la jurisprudence postérieure à la publication du *Répertoire*, et il semble aujourd'hui définitivement admis qu'en dehors des causes limitativement déterminées par l'art. 332 c. proc. civ., un avoué ne peut être soumis qu'à une action en dommages-intérêts ou en garantie, à raison du préjudice qu'il a pu causer à son client par sa faute ou sa négligence. Ainsi, un avoué ne peut être désavoué, mais simplement actionné en payement de dommages-intérêts ou en garantie, pour avoir, dans une instance et par suite d'une appréciation inexacte des pièces à lui remises, donné à son client une qualité (celle d'héritier, par exemple) qui n'appartenait pas à celui-ci (Colmar, 29 déc. 1852, aff. Bisecker, D.P. 56. 2. 6. V. également Trib. Tarascon, 22 févr. 1861) (1). Mais en doctrine la question est toujours discutée, et certains auteurs admettent encore l'action en désaveu au cas où un avoué aurait attribué à son client une qualité de nature à lui porter préjudice (Garsonnet, *Traité de procédure*, t. 2, § 371). Cette solution a été combattue au *Rép.* n° 32. Nous persistons cependant à penser que l'action en désaveu serait recevable s'il s'agissait de répudier des actes faits par un officier ministériel qui n'aurait pas reçu mission d'occuper pour la partie (Boitard, Colmet-Daâge et Glasson, t. 1, n° 540; Garsonnet, t. 2, § 374), et si celle-ci a protesté contre les actes incriminés dès qu'elle les a connus (V. *infrà*, nos 13 et suiv.).

8. On a vu au *Rép.* n° 37 que la remise des pièces à un avoué équivaut au mandat de se constituer dans l'intérêt de la partie qui lui a fait cette remise ou qui a donné ordre de la lui faire. Il a été fait application de cette règle au cas où l'avoué d'appel a reçu de l'avoué de première instance l'acte d'appel, les pièces du procès et l'indication du nom de toutes les parties, avec l'invitation de se constituer pour l'intimé. En pareil cas l'avoué est réputé avoir un pouvoir suffisant pour suivre l'appel, et échappe à toute poursuite en désaveu; mais il peut être actionné en dommages-intérêts, s'il a commis des fautes dans l'exécution de son mandat (Poitiers, 26 févr. 1879, aff. Sarrazin, D. P. 79. 2. 115). Cette décision qui régularise une pratique à peu près constante, nous paraît devoir être suivie. Sans doute, en principe, ainsi qu'on l'a exposé au *Rép.* n° 40, la remise des pièces doit, pour lier la partie, être faite par elle-même ou par son fondé de pouvoir à cet effet. Mais nous pensons que cette règle doit être entendue dans le sens exposé au *Rép.* n° 40, c'est-à-dire que la remise des pièces ne permet à la partie d'exercer l'action en désaveu contre l'avoué qui les a reçues, que si cette remise a été faite sans sa participation et grâce à une manœuvre frauduleuse émanant d'un tiers. Elle est inapplicable au cas où la remise des pièces est faite par un officier ministériel qui était le mandataire de la partie en première instance et sur les conseils duquel, la plupart du temps, la procédure d'appel est engagée. D'ailleurs, en tous les cas, la partie ne serait admise à désavouer que si elle n'avait pas tacitement confirmé les pouvoirs transmis par l'avoué de première instance à l'avoué d'appel, en négligeant de protester contre les actes de procédure accomplis par ce dernier dès qu'elle en a eu connaissance. La jurisprudence, en effet, comme on le verra bientôt (V. *infrà*,

(1) (Raoux C. N...) — LE TRIBUNAL ; — Attendu, en droit, qu'aux termes de l'art. 352 c. proc. civ., aucunes offres, aucun aveu ou consentement ne peuvent être faits, donnés ou acceptés sans un pouvoir spécial, à peine de désaveu ; — Que cette disposition est limitative et exceptionnelle; qu'en général, l'avoué constitué par une partie est par le fait même de sa constitution et en dehors de toute justification, revêtu des pouvoirs nécessaires pour faire tous les actes qui, dans la marche régulière et habituelle de la procédure, sont utiles à la défense de la cause qui lui est confiée; — Que dans cette limite, et pour les actes ordinaires d'instruction qui ne sont que la conséquence de son mandat judiciaire, l'avoué oblige toujours sa partie vis-à-vis les tiers, sans que ceux-ci puissent être atteints par l'action en désaveu ; — Qu'il est, en effet, inadmissible que l'adversaire qui a dû sans contrôle ni vérification, accepter l'avoué constitué pour représentant judiciaire du désavouant, soit exposé à être dépouillé du bénéfice d'un jugement parce qu'il y aura eu abus ou faute dans l'accomplissement de ce mandat légal; — Que si des abus existent ou des fautes ont été commises, ils ne peuvent être réprimés que par une action personnelle en responsabilité contre l'avoué négligent ou infidèle, sans qu'il soit nécessaire de recourir à la procédure du désaveu ; — Mais qu'il en est autrement à l'égard des offres, aveux ou consentement ; — Que ces actes, qui constituent un compromis ou un abandon de droits plutôt qu'une défense excédant les pouvoirs généraux de l'avoué, ne peuvent plus être considérés comme l'exécution du mandat judiciaire, et ne sont valables qu'autant qu'ils sont faits en vertu d'un mandat spécial ; — Que, de son côté, la partie adverse de l'avoué qui a fait l'offre, l'aveu ou le consentement, a droit et intérêt à demander la représentation de ce mandat afin d'en constater l'existence, et si elle néglige de le faire, elle ne peut que s'imputer à elle-même les conséquences du désaveu qui peuvent l'atteindre ultérieurement ; — Attendu que l'art. 352 c. proc. civ. n'est que l'application de ces principes, et que c'est à bon droit que le législateur a restreint à des cas spéciaux et formellement déterminés la voie extraordinaire du désaveu, qui tend non seulement à compromettre le caractère et la considération d'un officier ministériel, mais encore à détruire l'autorité de la chose jugée ; — Par ces motifs, déclare non recevable le désaveu formé par Raoux, etc.

Du 22 févr. 1861.-Trib. de Tarascon.-MM. Fornet de Violet, pr.-Lepeytre, proc. imp.-Drouot et Fayn, av.

nos 12 et suiv.), applique à la matière du désaveu la maxime *ratihabitio mandato æquiparatur* et les principes de la ratification en matière de gestion d'affaires, en dehors de tout mandat précédemment donné (Comp. *Rép.* vº *Obligations*, nos 5449 et 5462; Req. 11 nov. 1879, aff. Mandroux, D. P. 80. 1. 421).

9. On a dit au *Rép.* nº 44 que le pouvoir résultant de la remise des pièces s'étend à tous les actes et à tous les incidents de la procédure. La présomption qui résulte de la constitution de l'avoué existe aussi bien dans les instances où le ministère de l'avoué est forcé que dans celles où il est purement facultatif. Il en est spécialement ainsi en matière d'adoption où l'avoué qui a dressé et signifié les requêtes adressées au tribunal de première instance et à la cour d'appel aux fins déterminées par les art. 355, 356 et 357 c. civ. est réputé avoir reçu mandat à cet effet tant qu'il n'a pas été désavoué (Req. 1er mai 1861, aff. Albert, D. P. 61. 1. 213).

10. La même solution est applicable à l'avoué qui a occupé dans une procédure de saisie immobilière, pour la partie saisie; cet avoué est réputé n'avoir fait que continuer son mandat en représentant la même partie dans la procédure d'ordre qui a suivi l'adjudication, lorsqu'il est constaté que, dans le cours de cette seconde procédure, il a toujours agi à la connaissance et du consentement de son client, et que, depuis la clôture de l'ordre, celui-ci en a approuvé les dispositions ; il n'y a donc pas lieu à désaveu de cet avoué sous prétexte qu'il aurait agi sans mandat, ni, dès lors, à l'annulation de la procédure d'ordre et de l'ordonnance passée en force de chose jugée qui a fixé, en l'absence de toute contestation, le montant des créances colloquées, conformément aux demandes des créanciers (Civ. rej. 12 mars 1860, aff. Periakichenamachetty, D. P. 60. 1. 132). — De même, un avoué peut, sans mandat spécial et sans s'exposer, dès lors, à un désaveu, consentir à la division par lots d'un immeuble dont la saisie a été convertie, par jugement, en vente volontaire, un tel consentement constituant une simple exécution du jugement sur conversion (Req. 7 avr. 1852, aff. Barrau, D. P. 52. 1. 111). — De même, la constitution d'un avoué avec pouvoir de saisir contient implicitement le pouvoir de faire tous les actes ultérieurs de la procédure, et la demande en désaveu, formée par le saisissant contre son avoué à raison de ce que ce dernier aurait fixé la mise à prix de l'immeuble saisi sans pouvoir spécial à cet effet, doit être déclarée non recevable (Aix, 5 mai 1870, aff. Rey, D. P. 72. 2. 139).

11. On a posé au *Rép.* nº 51 la question de savoir si la remise des pièces par une partie emporte pouvoir d'occuper pour les autres parties qui ont un même intérêt dans l'instance, et l'on a émis l'avis qu'en pareille matière, il n'est pas possible d'établir une règle générale, et que la plupart du temps, la question doit être résolue d'après les circonstances. Ainsi, il faut tenir compte du silence des parties qui, en ne désavouant pas, dès l'abord, les actes de procédure faits par l'avoué qu'une d'entre elles a chargé du procès, autorisent la présomption qu'elles ratifient le mandat qui avait été conféré à cet avoué (Req. 8 mars 1886, aff. Lemoine, D. P. 87. 1. 278, et *infrà*, nº 13).

12. La jurisprudence postérieure à la publication du *Répertoire* a confirmé la doctrine que nous y avons exposée nº 55, relativement à la preuve du pouvoir spécial qui doit être remis à l'avoué pour les actes prévus par l'art. 352 ; d'après cette doctrine, le mandat spécial exigé par cet article doit être prouvé d'après les règles qui régissent la preuve des contrats ou obligations conventionnelles en général. On ne peut, par conséquent, dans une matière excédant 150 fr., et en dehors des exceptions admises par la loi à la règle prohibitive de la preuve testimoniale, faire résulter la preuve d'un pouvoir spécial des faits de la cause; un mandat écrit est nécessaire (Civ. cass. 14 juill. 1851, aff. Nonat, D. P. 51. 1. 199, et sur renvoi, Orléans, 8 janv. 1853, D. P. 55. 2. 78). Mais cette preuve peut, sinon résulter de la ratification expresse ou tacite, du moins être suppléée par cette ratification.

13. On reconnaît toujours, en effet, conformément à ce qui a été exposé au *Rép.* nº 56, que les actes tels qu'offres, aveux, consentements, accomplis par un avoué, même sans pouvoir spécial, mais dans l'exercice de ses fonctions, ne lient pas moins la partie que s'ils émanaient d'elle-même, tant que, pour en repousser les conséquences, elle n'a pas recours à la voie du désaveu (Civ. rej. 29 déc. 1886, aff. Bessy, D. P. 87. 1. 229-230). Spécialement, le désaveu formé contre l'avoué constitué dans un acte d'appel et contre l'huissier qui l'a signifié est non recevable, lorsque le désavouant n'a pas protesté aussitôt après avoir eu connaissance de l'acte d'appel fait en son nom, mais seulement après plusieurs actes de procédure survenus depuis cet appel (Bordeaux, 24 oct. 1872, aff. Latour, D. P. 74. 5. 160). — Il suffit également d'après un arrêt qu'une partie instruite successivement du projet formé par d'autres parties, ayant le même intérêt qu'elle, d'intenter, en leur nom et au sien, une demande contre un tiers, et de la réalisation de ce projet, n'ait fait entendre ni plainte ni réclamation soit envers ses cointéressés, soit envers l'huissier qui a signifié l'assignation, pour que cet huissier doive être considéré comme ayant agi en vertu d'un mandat de cette partie, et pour qu'elle ne soit pas, dès lors, fondée à le désavouer (Grenoble, 3 déc. 1855, aff. Chauvin, D. P. 56. 2. 278). — De même un avoué qui a représenté des parties dans une instance en liquidation et partage de succession, ne peut être l'objet d'un désaveu utile, alors même qu'à l'origine il n'aurait pas reçu un mandat régulier pour occuper, s'il résulte des circonstances de la cause, souverainement appréciées par le juge du fait, que les parties ont connu sans protestation la procédure suivie, dont les opérations s'accomplissaient sous leurs yeux, et qu'elles l'ont ainsi implicitement ratifiée (Req. 8 mars 1886, aff. Lemoine, D. P. 87. 1. 278). — Cet arrêt confirme, en outre, la règle qui a été exposée au *Rép.* nº 64 relative au droit qui appartient au juge du fait d'apprécier souverainement les actes susceptibles d'emporter ratification.

14. Comme on l'a vu au *Rép.* nº 68, l'action en désaveu n'est recevable qu'autant que l'acte qui lui sert de cause a été préjudiciable au désavouant. Le désaveu est, en effet, une mesure extrême et exceptionnelle qui, tendant à compromettre le caractère et souvent l'honneur et l'avenir d'un officier public, peut avoir des conséquences plus graves encore en s'attaquant à l'un des principes sociaux les plus respectables, l'autorité de la chose jugée (Colmar, 29 déc. 1852, aff. Bisecker, D. P. 56. 2. 7). Aussi ne saurait-il être autorisé alors que le client qui veut l'exercer n'aurait pas un intérêt réel et sérieux à y recourir, s'il s'agissait, par exemple, pour lui d'une simple question d'amour-propre, et non pas d'un préjudice à éviter. Cette dernière considération seule peut autoriser une mesure aussi grave contre l'officier ministériel, et la maxime « pas d'intérêt, pas d'action » doit recevoir en cette matière une application plus rigoureuse qu'en toute autre. — Jugé, d'après ces principes, que l'action en désaveu formée par un mandataire assigné conjointement avec le mandant, contre son avoué, pour avoir consenti sans pouvoir spécial la mise hors de cause du mandant, peut être déclarée non recevable à défaut d'intérêt, s'il est constaté que les faits à raison desquels le mandataire était poursuivi étaient son œuvre exclusivement personnelle, et que, débiteur direct, il n'aurait eu, dans aucune hypothèse, un recours à exercer contre le mandant (Req. 14 févr. 1870, aff. Jacquier, D. P. 71. 1. 24).

15. On a énuméré au *Rép.* nº 73 un certain nombre d'actes qui, en dehors de ceux qui sont spécifiés par l'art. 352 c. proc. civ., exigent un pouvoir spécial, mais qui, à la différence de ces derniers, ne sont pas présumés autorisés par le client et sont nuls tant à l'égard de la partie adverse que de la partie au nom de laquelle ils ont été faits, sans qu'il soit nécessaire de recourir à la procédure de désaveu. Au point de vue des pouvoirs de l'avoué on peut, en effet, distinguer trois espèces d'actes : 1º ceux que l'avoué peut faire par cela même qu'il a été constitué; le client ne saurait ensuite, sous aucun prétexte, les faire tomber, car l'avoué les a accomplis dans la limite de son mandat, sauf au plaideur à demander des dommages-intérêts si l'avoué a commis une faute; — 2º Pour d'autres actes d'une gravité particulière, comme l'inscription de faux, la récusation, l'avoué a besoin d'un pouvoir spécial et même authentique; s'il fait un de ces actes sans avoir reçu ce pouvoir, il suffit au client de déclarer qu'il ne le reconnaît pas pour le faire tomber. En un mot, l'avoué est placé ici dans la situation de tout mandataire ordinaire qui excède ses pouvoirs; — 3° Pour les actes d'une troisième catégorie, les offres, aveux, consentements visés par l'art. 352, c'est-à-dire les actes qui impliquent renonciation à un droit, l'avoué a besoin d'un pouvoir spécial; mais, à raison même de son caractère officiel, la loi présume à son profit l'existence de ce pouvoir, et le client ne peut faire tomber cette présomption qu'en s'engageant dans la procédure du désaveu (V. *suprà*, n° 13, et *Rép.* n° 74; Civ. rej. 29 déc. 1886, aff. Bessy, D. P. 87. 1. 229).

16. Au nombre des actes qu'un avoué ne peut faire sans pouvoir spécial dans les conditions de l'art. 352, nous avons signalé (V. *suprà*, v° *Avoué*, n° 36) le désistement d'une action, en ayant soin de distinguer du désistement proprement dit la renonciation à un acte isolé de procédure, qui rentre dans le mandat général de l'avoué, et peut être faite par lui sans pouvoir spécial. Il en est de même de l'acceptation d'un désistement. Aussi l'avoué de la partie qui a chargé, par procuration notariée, un individu d'accepter un désistement, a-t-il qualité pour attester, jusqu'à désaveu, la vérité de l'acte d'acceptation et de la signature du mandataire; et, à moins d'inscription de faux, cette attestation ne saurait être méconnue par la partie adverse (Orléans, 22 janv. 1851, aff. de Podenas, D. P. 51. 2. 147).

17. Parmi les actes que l'avoué ne peut faire sans un pouvoir spécial et qui sont nuls à l'égard de la partie, sans que celle-ci soit obligée de recourir à la procédure de désaveu, il faut ranger l'acquiescement à un jugement rendu contre la partie, lorsque cet acquiescement constitue la renonciation à un droit (V. *Acquiescement*, n° 18; — *Rép.* eod. v°, n°s 120 à 123, 706 et suiv.). Nous avons exposé, notamment (V. *suprà*, v° *Acquiescement*, n° 18) que, suivant un arrêt, l'acquiescement donné sans pouvoir spécial par un avoué à un jugement rendu contre sa partie n'est pas opposable à celle-ci et ne la rend pas irrecevable à interjeter appel (Orléans, 3 mai 1856, aff. Guimard, D. P. 56. 2. 162), et que, suivant la cour de cassation, le mandat légal de l'avoué ne comporte pas le pouvoir d'acquiescer (Civ. cass. 9 déc. 1863, aff. Lecoq, D. P. 64. 1. 299), au moins lorsqu'il s'agit des actes postérieurs au jugement définitif (Rousseau et Laisney, v° *Acquiescement*, n°s 14 et suiv.). Il résulte cependant des explications que nous avons fournies (V. *suprà*, *ibid.*) que la question reste discutée, et qu'un certain nombre d'auteurs et d'arrêts admettent que l'acquiescement de l'avoué au jugement rendu contre la partie pour laquelle il a occupé est opposable à cette partie, tant qu'elle n'a pas recours au désaveu (Rouen, 7 juill. 1854, aff. de la Grèverie, D. P. 56. 2. 15. V. aussi Carré et Chauveau, t. 4, quest. 1584).

18. Il faut encore compter au nombre des actes qui n'engagent pas la partie, à défaut d'un pouvoir spécial, le fait par un avoué de déférer à l'adversaire le serment décisoire (Nîmes, 12 janv. 1848, aff. Mialon, D. P. 49. 5. 112). — Il s'agit, en effet, dans ce cas d'un de ces actes extraordinaires pour lesquels, fussent-ils utiles à leurs clients, les avoués ne peuvent, sans mandat exprès, être réputés constitués *procuratores ad negotia*. C'est ainsi qu'un avoué qui a occupé dans une action en résolution de vente d'immeuble ne peut être réputé, à défaut d'un mandat spécial, avoir été chargé de remplir les formalités hypothécaires relatives à la reprise de possession du vendeur (C. cass. Belgique, 25 avr. 1845, aff. Delmagdelaine, D. P. 46. 2. 209).

§ 4. — De la forme du désaveu; Du tribunal devant lequel il doit être porté; De la procédure qui doit y être suivie; De l'appel et de la requête civile (*Rép.* n°s 92 à 118).

19. — I. Forme (*Rép.* n°s 92 à 100). — Aux termes de l'art. 353 c. proc. civ., le désaveu doit, à la différence des demandes ordinaires, qui s'introduisent soit par exploit, soit par requête, être fait par un acte signé de la partie ou du porteur de sa procuration spéciale et authentique. De là la question, examinée au *Rép.* n° 93, de savoir si, lorsque le désavouant ne peut ou ne sait signer, il doit nécessairement conférer le pouvoir spécial et authentique que l'art. 353 exige à une personne en état de le faire. L'affirmative que nous avons admise avec la majorité des auteurs nous paraît toujours préférable, et nous n'admettons pas que la participation du greffier à l'acte puisse, à aucun titre, suppléer au défaut de signature. Nous croyons même que, dans le cas où le fondé de pouvoir spécial ne saurait pas lui-même signer, l'attestation du greffier, à laquelle se trouverait annexée la procuration, ne saurait être réputée suffisante. M. Garsonnet, § 378, en donne un motif qui nous paraît décisif; c'est que la signature de l'acte fait au greffe est essentielle à la validité de cet acte; le texte de l'art. 353 impose cette solution (V. également Rousseau et Laisney, n°s 63 et 64). « L'acte de désaveu, disent ces auteurs, doit nécessairement être signé de la partie ou de son fondé de pouvoir; la mention faite par le greffier de l'impossibilité de signer ne remplirait pas le vœu de la loi. »

20. L'acte de désaveu doit, aux termes de l'art. 355, être signifié aux héritiers de l'avoué qui serait décédé au moment où cette signification est faite. — Nous avons, à ce propos, émis (*Rép.* n° 96), contrairement à l'opinion de Boitard, l'avis que le désaveu doit être signifié, non pas collectivement aux héritiers de l'avoué par un exploit laissé au domicile du défunt, mais à chacun individuellement. Cette opinion est partagée par MM. Rousseau et Laisney, n° 69 *bis*, qui, conformément à l'avis exprimé au *Rép. ibid.*, n'admettent pas qu'on puisse étendre au cas qui nous occupe la disposition exceptionnelle de l'art. 447 c. proc. civ. Mais l'opinion de Boitard est maintenue par ses continuateurs, MM. Colmet-Daâge et Glasson, t. 1, n° 542; elle a également été adoptée par M. Garsonnet, § 378. Nous croyons devoir persister dans notre première manière de voir.

21. La signification du désaveu doit être faite à toutes les parties en cause; par conséquent, directement à chacun des avoués occupant dans la cause, au cas de désaveu incident, et à toutes les parties ayant figuré dans l'instance à laquelle se rattache l'acte désavoué, si le désaveu est exercé par action principale (Colmar, 29 déc. 1852, aff. Bisecker, D. P. 56. 2. 6). La nécessité de cette signification à toutes les parties s'explique facilement quand on se réfère au texte de l'art. 360 c. proc. civ., qui porte que, si le désaveu est admis, le jugement ou les dispositions du jugement relatives aux chefs qui ont donné lieu au désaveu sont annulées et déclarées non avenues; on ne comprendrait pas qu'un jugement pût ainsi être annulé et déclaré non avenu, alors que toutes les parties qui auraient figuré dans l'instance principale n'auraient pas été appelées dans celle en désaveu, qui met cependant en question leurs droits et leurs intérêts.

22. — II. Compétence et procédure (*Rép.* n°s 101 à 113). — On applique toujours les principes exposés au *Rép.* n°s 101 à 105. Lorsqu'il s'agit d'un acte fait en dehors d'une instance judiciaire, le désaveu constitue une action principale qui doit être portée devant le tribunal du domicile de l'officier ministériel défendeur. Il en est ainsi, notamment, lorsque le désaveu porte sur l'acte de signification d'une décision judiciaire. L'instance se trouvant terminée par le jugement, l'acte de signification est étranger à cette instance, et la compétence doit être déterminée par la règle *Actor sequitur forum rei* (Rodière, *Cours de procédure civile*, 4e éd., t. 2, p. 146). C'est ainsi qu'une cour d'appel est incompétente pour statuer *de plano*, incidemment à une contestation dont elle est saisie, sur l'action en désaveu dirigée contre un huissier, relativement à l'exploit de signification du jugement contre lequel appel a été interjeté : en pareil cas, l'action en désaveu doit être portée devant le tribunal du domicile du défendeur (Caen, 24 févr. 1873, aff. Lelièvre, D. P. 75. 2. 111). Cette solution s'impose particulièrement en matière commerciale, car, en admettant même que l'acte incriminé pût être considéré comme faisant partie de l'instance, le tribunal de commerce ne pourrait statuer sur l'action en désaveu dirigée contre l'acte de signification du jugement qu'il aurait rendu, les tribunaux consulaires étant absolument incompétents pour statuer en matière de désaveu (V. *infrà*, n° 23).

23. Cette dernière solution, que nous avons adoptée au *Rép.* n° 108, paraît aujourd'hui définitivement suivie en jurisprudence. On soutient cependant toujours, en sens contraire, que la disposition de l'art. 356 est générale, et qu'elle s'applique aux tribunaux de commerce comme aux tribunaux civils. Il ne faut pas perdre de vue, dit-on, que l'action n'est pas seulement dirigée contre l'officier ministériel et ne tend pas uniquement à obtenir la réparation du préjudice subi par le client; elle a une portée plus étendue. Aux termes de l'art. 360, la reconnaissance du bien fondé de l'action en désaveu entraîne l'annulation du jugement ou, tout au moins, des dispositions relatives aux chefs ayant donné lieu au désaveu. Le désaveu attaque donc le fond de la cause; or ici la cause est commerciale et de la compétence du tribunal de commerce. A l'argument tiré de l'art. 359 prescrivant l'audition du ministère public, on répond que cette audition est prescrite également en matière de requête civile, et que cependant on reconnaît l'admissibilité de la requête devant les tribunaux de commerce.

Aux arguments invoqués au *Rép.* n° 108, en faveur du système que nous avons admis, d'autres considérations peuvent être ajoutées. D'abord, il s'agit ici d'une action personnelle dérivant de l'inexécution d'un contrat de droit civil, et qui, dès lors, a elle-même un caractère essentiellement civil. D'autre part, il est manifeste que, dans le titre du désaveu, le législateur s'est placé uniquement au point de vue de la juridiction civile. Il importe peu d'ailleurs que l'action en désaveu, si elle triomphe, ait pour effet d'entraîner l'annulation d'une instance commerciale; cette circonstance ne suffit pas à changer la nature de l'action en désaveu qui est essentiellement différente du fond de l'affaire. Enfin il ne faut pas oublier que l'incompétence des tribunaux civils pour connaître des affaires commerciales est essentiellement relative et ne tient nullement à la matière même (V. *suprà*, v° *Compétence commerciale*, n°s 7 et suiv.), ce qui infirme en grande partie la valeur de l'argument tiré de ce que, le jugement dont l'annulation peut être la conséquence de l'action en désaveu étant rendu en matière commerciale, les tribunaux de commerce seraient mieux à même d'apprécier les conséquences de leur décision. Nous persistons donc à penser que le désaveu contre un officier ministériel qui a représenté une partie ou instrumenté pour elle devant un tribunal de commerce doit donc être porté devant le tribunal civil et non devant le tribunal de commerce qui a connu de l'affaire (V. conf. Rennes, 28 juill. 1884) (1).

24. L'action en désaveu nous a paru devoir être rangée parmi les affaires ordinaires et non parmi les affaires sommaires (*Rép.* n° 110). Cette opinion est également adoptée par Rousseau et Laisney, n° 82, et Bonfils, n° 1222.

25. — III. DEGRÉS DE JURIDICTION; REQUÊTE CIVILE (*Rép.* n°s 114 à 118). — Conformément au sytème exposé au *Rép.* n° 114, MM. Rousseau et Laisney, n° 90, admettent que, lorsque l'action en désaveu est de la compétence du tribunal de première instance, le jugement qui intervient sur cette action est susceptible d'appel, bien que la contestation principale doive être jugée en premier ressort, et qu'il n'y a, à ce point de vue, aucune assimilation entre les deux actions. Nous persistons également à penser que l'appel en matière de désaveu est recevable, alors même qu'il s'agirait d'une somme inférieure à 1500 fr. en raison du caractère essentiellement indéterminé qui appartient à cette action (*Rép.* n° 115).

§ 5. — Du délai dans lequel le désaveu doit être formé et de ses effets (*Rép.* n°s 119 à 154).

26. — I. DÉLAI (*Rép.* n°s 119 à 123). — On a vu au *Rép.* n° 119 que, d'après les dispositions de l'art. 362 c. proc. civ., lorsque le jugement rendu sur un acte sujet à désaveu n'a pas acquis l'autorité de la chose jugée, parce qu'il n'a pas été signifié, l'action en désaveu dure trente ans, tandis que, si le jugement a acquis force de chose jugée, le désaveu n'est admissible que tant que le jugement n'est pas exécuté, et pendant huit jours après cette exécution. Passé ce délai, le désaveu n'est plus recevable. Cette règle est applicable aux jugements contradictoires comme aux jugements par défaut.

27. En disposant que le désaveu formé à l'occasion d'un jugement passé en force de chose jugée est recevable pendant la huitaine à compter du jour où le jugement doit être réputé exécuté conformément à l'art. 159 c. proc. civ., l'art. 362 a prévu l'existence d'une poursuite contre la partie condamnée ou un acte fait par elle établissant d'une manière certaine qu'elle a eu nécessairement connaissance, non pas seulement du jugement, mais de l'exécution même de ce jugement. Aussi le désaveu d'un avoué au sujet d'un jugement passé en force de chose jugée est-il recevable s'il n'apparaît pas qu'il ait été exercé aucune poursuite ou accompli aucun acte impliquant que la partie a connu, ou doit être réputée avoir connu, et le jugement et même son exécution (Orléans, 8 janv. 1853, aff. Nonat, D. P. 55. 2. 78). Au contraire, est non recevable, comme tardivement proposé, le désaveu formé (contre un avoué) à l'occasion d'un jugement qui a acquis l'autorité de la chose jugée, lorsque le désavouant a fait sa déclaration au greffe plus de huit jours après le commandement qui a été signifié en vertu de ce jugement à la partie condamnée, et auquel celle-ci a formé opposition: en pareil cas, le jugement doit être réputé exécuté dans le sens des art. 362 et 159 c. proc. civ. à partir de la signification du commandement (Colmar, 29 déc. 1852, aff. Bisecker, D. P. 56. 2. 6).

28. Nous avons exposé au *Rép.* n° 120 les difficultés d'interprétation auxquelles ont donné lieu les expressions, *jugement passé en force de chose jugée*, employées par l'art. 362. — Des deux systèmes qui ont été exposés, nous persistons à préférer celui qui entend par ces expressions non pas seulement le jugement qui ne peut plus être attaqué par la voie de l'opposition ou de l'appel, mais celui contre lequel il n'existe aucun recours légal soit ordinaire, soit extraordinaire. Dans ce système, il est nécessaire qu'on ait épuisé la voie de la requête civile ou celle de la cassation, ou bien qu'on ne soit plus dans les délais utiles du recours, pour être déchu du droit de désaveu, huit jours après l'exécution du jugement; et, s'il s'agit d'un jugement ou d'un arrêt par défaut qui n'est susceptible de passer en force de chose jugée que par l'un des actes d'exécution dont parle l'art. 159, le délai de huitaine ne commence à courir qu'à compter du jour de l'expiration du délai que la loi accorde pour la requête civile et le recours en cassation, après le moment où l'exécution aura eu lieu. Le système contraire, qui avait déjà été soutenu par Carré et Chauveau, t. 3, quest. 1319-3° (*Rép.* n° 120) est encore enseigné par Boitard, t. 1, n° 547, et par Bonfils, n° 1220. Suivant ce dernier auteur, les expressions de l'art. 362 doivent s'entendre du jugement en dernier ressort et du jugement passé en force de chose jugée par suite de l'expiration des délais d'appel. On ne saurait, à ses yeux,

(1) (P... C. Samuel.) — Le 20 févr. 1884, jugement par lequel le tribunal de commerce de Nantes se déclare compétent pour statuer sur une action en désaveu dirigée par le sieur Samuel contre Me P..., avoué à Nantes, au sujet d'une procédure suivie par celui-ci, en qualité de mandataire *ad litem* de Samuel, devant le tribunal de commerce de cette ville. — Appel par Me P... — Arrêt.

LA COUR; — Considérant qu'il résulte de l'ensemble des dispositions comprises sous le tit. 18 c. proc. civ., que le législateur a réglementé l'exercice de l'action en désaveu, exclusivement en vue de la compétence des tribunaux civils; que cela ressort à la fois de l'art. 353, qui exige constitution d'avoué en cette matière; de l'art. 354 qui, dans l'hypothèse où le désaveu est formé au cours d'une instance, en prescrit la signification par acte d'avoué à avoué; de l'art. 359, aux termes duquel toute demande en désaveu doit être communiquée au ministère public; et enfin des art. 414, même code, et 627 c. com., qui interdisent le ministère des avoués devant les tribunaux consulaires; — Considérant qu'on voudrait arguer en vain de l'art. 356 c. proc. civ., pour soutenir que cette action, s'attaquant dans l'espèce à une procédure commerciale, était par là même du ressort du tribunal de commerce; qu'il est vrai que l'art. 356 exige que le désaveu soit toujours porté au tribunal devant lequel la procédure de désaveu a été instruite; mais que, pour apprécier le mot *toujours* à sa juste valeur, il ne faut point oublier que le législateur, comme tout l'indique clairement au titre *Du désaveu*, s'est placé, pour traiter cette matière, uniquement au regard de la juridiction civile; que le sens et la portée de cette expression sont d'ailleurs nettement déterminés par ce membre de phrase, qui la suit: *encore que l'instance, au cours de laquelle il est formé, soit pendante en un autre tribunal*; qu'elle ne signifie pas autre chose; que, pour l'interpréter comme l'ont fait les premiers juges, il faut de toute nécessité faire abstraction des art. 353, 354 et 359 c. proc. civ., dont il vient d'être parlé; — Considérant, au surplus, que l'action en désaveu se rattachant aux conditions d'exécution d'un contrat essentiellement civil, le mandat, il en découle comme conséquence que la juridiction civile, c'est-à-dire celle de droit commun, est seule compétente pour en connaître; — Par ces motifs; — Infirme, etc.

Du 28 juill. 1884.-C. de Rennes, 3e ch.-M. Guillaumin, pr.

attendre pour faire courir le délai de huitaine l'expiration des délais du pourvoi en cassation ou de la requête civile, et il n'y aurait aucun compte à tenir des voies de recours extraordinaires. Mais, à notre avis, il est plus conforme à la nature de l'action en désaveu, action particulièrement grave, et qui, dans la pensée du législateur, est éminemmment exceptionnelle, d'admettre que la loi a voulu laisser à la partie, avant de recourir au désaveu, la possibilité d'épuiser toutes les voies de recours qui lui sont légalement ouvertes.

29. Comme on l'a vu au *Rép.* n° 121, les actes d'exécution qui font courir le délai de huitaine de l'art. 362 sont ceux qui sont énumérés dans l'art. 159, et, dans tous les cas, comme l'exprime cet article, ceux desquels il résulte nécessairement que l'exécution a été connue de la partie. — Spécialement, lorsque le jugement passé en force de chose jugée porte nomination d'un séquestre, le désaveu n'est plus recevable après la huitaine de prise de possession du séquestre, que le désaveu soit formé par action principale ou par exception à la demande de l'officier ministériel désavoué en payement de ses frais (Bordeaux, 10 avr. 1866) (1).

30. — II. Effets; Sursis (*Rép.* n°s 124 à 140). — L'obligation de surseoir à toute procédure, imposée au juge par l'art. 357 au cas de désaveu en cours d'instance, n'existe, comme on l'a vu au *Rép.* n°s 124-125, qu'à partir du jour où l'acte de désaveu fait au greffe a été dénoncé soit à l'officier ministériel contre lequel il est dirigé, soit à la partie adverse (Carré et Chauveau, t. 3, quest. 1314 *bis*). La jurisprudence est restée fixée en ce sens, et il est toujours admis que l'art. 357 suppose un désaveu régulier. Ainsi il a été jugé de nouveau, conformément à la décision des arrêts rapportés au *Rép.* n° 125, que le désaveu n'emporte nécessité de surseoir à toute procédure et au jugement de l'instance principale, qu'autant qu'il a été formulé dans un acte fait au greffe conformément à l'art. 353 c. proc. civ., et que le désaveu annoncé par de simples conclusions, avec déclaration de l'intention où est son auteur de le régulariser au greffe, et d'y donner suite si besoin est, ne donne pas lieu à sursis (Req. 20 juill. 1858, aff. Liégard, D. P. 58. 1. 403).

31. Nous n'avions pas cru pouvoir admettre au *Rép.* n° 127, contrairement à une opinion alors assez répandue, que le tribunal puisse refuser de surseoir lorsque le désaveu ne lui paraîtrait pas fondé. Reconnaître cette faculté nous avait semblé dangereux, comme ouvrant la porte à l'arbitraire. Mais la cour de cassation a été, depuis la publication du *Répertoire*, appelée à trancher la question et a reconnu formellement au juge saisi d'une demande de sursis le droit de rechercher si le désaveu peut exercer quelque influence sur la cause (Req. 27 févr. 1856, aff. Denis, D. P. 56. 1. 151). — Décidé, dans le même sens, que les juges saisis d'un procès dans lequel est formée une action en désaveu contre un officier ministériel ne sont donc pas tenus de surseoir lorsque le désaveu ne leur paraît ni sérieux, ni susceptible d'exercer une influence sur la décision à intervenir au fond (Montpellier, 18 août 1865 (2). V. en ce sens: Rousseau et Laisney, n° 71. — *Contrà*: Boitard, t. 1, n° 543, p. 582).

Le pouvoir ainsi reconnu aux juges devant lesquels est formée la demande de sursis s'exerce alors même que cette demande est fondée sur une instance en désaveu soumise à un autre tribunal (Arrêt précité du 27 févr. 1856).

32. L'arrêt du 27 févr. 1856, cité *suprà*, n° 31, s'il contredit sur un point la doctrine soutenue au *Répertoire*, con-

(1) (Levannier et Nauzais C. Me Loyer.) — Le 15 mai 1865, jugement du tribunal civil de Cognac ainsi conçu : — « Attendu qu'à la demande en payement de frais formée par Me Loyer contre les veuves Levannier et Nauzais, ces dernières opposent un véritable désaveu ; — Que, soit dans leurs conclusions signifiées, soit dans celles qu'elles ont prises à l'audience, lesdites dames ajoutent, en effet, que la procédure en nomination d'un séquestre judiciaire, instrumentée à leur requête par Me Loyer, aurait été inspirée à cet officier ministériel par le pur désir d'émolumenter ; qu'elle aurait été dénuée de tout caractère d'utilité, et contraire aux instructions formelles qu'il aurait reçues de ses mandantes ; — Attendu que c'est en se fondant sur cet abus prétendu de son mandat que les défenderesses repoussent la demande de leur ancien avoué et concluent reconventionnellement contre lui au payement de 3000 fr. de dommages-intérêts ; — Attendu que cette exception des dames Levannier et Nauzais constitue une sorte de question préjudicielle, et doit avant tout être examinée ; — Attendu, à cet égard et en droit, que tout désaveu formé à l'occasion d'une procédure suivie d'un jugement n'est recevable, aux termes de l'art. 362 c. proc. civ., que dans le délai de huitaine qui suit le jour où ce jugement est réputé exécuté ; — Attendu que, dans l'espèce, l'incident en nomination d'un séquestre a été suivi du jugement contradictoire, en date du 16 juin 1862, et que ce jugement a été définitivement exécuté par la prise de possession du séquestre, ainsi qu'il résulte d'un procès-verbal dressé par Me Gueslin, notaire à Château-Neuf, en date des 12 et 20 août suivant ; — Attendu que, pour s'être produites sous la forme d'une défense ou d'une exception à l'encontre de la demande dont elles étaient l'objet, les conclusions formulées par l'acte de palais du 23 mars 1865 n'en contiennent pas moins, dans leur intention comme dans leurs termes, un désaveu régi par les dispositions de l'art. 362 précité ; que dès lors, il y a lieu, aux termes dudit article, de repousser comme irrecevables les prétentions des dames Levannier et Nauzais ; — Mais attendu qu'en dehors de cette fin de non-recevoir, ces prétentions sont repoussées au fond par tous les faits et circonstances de la cause, etc. ; — Par ces motifs, condamne les dames Levannier et Nauzais, conjointement et solidairement entre elles à payer au sieur Loyer, etc. » — Appel. — Arrêt.

La cour ; — Adoptant les motifs des premiers juges ; — Confirme, etc.

Du 10 avr. 1866.-C. de Bordeaux, 2e ch.-MM. Gellibert, pr.-Méran, av.

(2) (De Saint-Ours C. Huette, Prompt et fils.) — La cour ; — Considérant que, pour le mérite de son appel, Eugène de Saint-Ours se borne à conclure à ce qu'il soit sursis au jugement du litige jusqu'au jour où sera évacuée l'instance en désaveu qu'il a intentée contre MMes Roux, avocat, et Lortal, avoué à Villefranche ; — Considérant, sur ce chef, qu'il est constant en jurisprudence qu'il n'y a nécessité pour le juge de prononcer le sursis dont parle l'art. 357 c. proc. civ. qu'autant que l'action en désaveu sur laquelle se base cette demande en sursis peut avoir quelque influence sur le fond de la contestation ; — Considérant qu'il n'en est pas ainsi dans la cause, et que tout démontre, au contraire, que le désaveu n'a eu pour but que de faire traîner en longueur une instance qui date déjà de plusieurs années ; — Qu'en effet, il est constant, d'après les documents qui ont été produits devant la cour, que les sieurs Huette, Prompt et fils jeune, sont porteurs de bonne foi des trois traites dont ils réclament le payement, puisqu'ils en ont réellement fait les fonds, et que, par suite, on ne peut être admis à leur opposer les exceptions qui pourraient atteindre les précédents porteurs ; — Que, sans doute, le tribunal de première instance s'est borné, pour démettre de Saint-Ours du premier motif de l'opposition qu'il avait formée au jugement rendu par défaut contre lui le 29 avr. 1861, et qui le condamnait au payement des trois traites, à invoquer la reconnaissance des droits des sieurs Huette, Prompt et fils jeune, faite par MMes Roux et Lortal, défenseurs de Saint-Ours, et que celui-ci a saisi cette circonstance pour compliquer le litige par une action en désaveu contre ses mandataires ; mais que, dès l'instant qu'il est établi que de Saint-Ours a apposé sa signature aux trois effets, et que les intimés en sont les porteurs légitimes, il n'y a rien à prendre en aucune considération, ni le fait de l'aveu qui s'est produit en première instance, ni l'acte de désaveu qui l'a suivi, le résultat définitif de cet incident ne pouvant exercer aucune influence sur le jugement de la contestation au fond ; — Que vainement Saint-Ours fait observer que, suivant le traité verbal en date du 28 janv. 1856, il avait été convenu entre lui et les sieurs Charpentier et Castenet que les divers billets qu'il avait souscrits en faveur de ces derniers pour les obliger, ou leurs renouvellements seraient intégralement retirés à leurs frais de la circulation, de manière à ce qu'il ne pût en être atteint; que cette inexécution de la part desdits Charpentier et Castanet de l'obligation qu'ils avaient contractée peut bien servir de base à une condamnation en garantie, ainsi que l'a déclaré le tribunal par les jugements des 29 avr. 1861 et 4 févr. 1862, mais qu'elle ne peut aucunement nuire aux droits du sieur Huette, qui était tiers porteur sérieux desdits billets, ou de leurs renouvellements, qu'il a plus tard versés de bonne foi dans la société qu'il a formée avec les sieurs Prompt et fils jeunes ; qu'il y a donc lieu de rejeter la demande en sursis formée sur l'appel, et, tant par les considérations qui ont été données ci-dessus que par celles qui ont déterminé les premiers juges, et que la cour adopte, sur la question dont ils étaient nantis de la validité des endossements apposés sur les traites après leur échéance, de démettre de l'appel relevé par Eugène de Saint-Ours, du jugement rendu le 4 févr. 1862 par le tribunal civil de Villefranche (Aveyron), jugeant en matière commerciale ;

Par ces motifs, confirme, etc.

Du 18 août 1865.-C. de Montpellier, 2e ch.-MM. Pégat, pr.-Maxime de la Beaume, av. gén.-P. Garbouleau et Joly de Cabanous, av.

firme en revanche l'opinion que nous avions émise *ibid.* n° 136, suivant laquelle le désaveu formé contre un avoué, non dans une instance, mais à l'effet d'arrêter l'exécution d'un jugement passé en force de chose jugée, ne peut donner lieu à sursis. Mais, comme on l'a établi au n° 137 s'il s'agit d'un jugement sujet à appel et non passé en force de chose jugée, le désaveu doit en arrêter l'exécution.

33. — III. Effets du jugement de désaveu (*Rép.* n°s 114 à 154). — Il reste évident, comme nous l'avons dit, d'ailleurs, au *Rép.* n° 142 que l'allocation de dommages-intérêts prévue par l'art. 360 au cas où le désaveu est accueilli, ne saurait être faite qu'autant que l'acte objet du désaveu a été l'occasion d'un préjudice pour le désavouant (Orléans, 8 janv. 1853, aff. Nonat, D. P. 55. 2. 78).

Table sommaire

des matières contenues dans le Supplément et le Répertoire.

(Les chiffres précédés de la lettre *S* renvoient au Supplément; les chiffres précédés de la lettre *R* renvoient au Répertoire.)

Table chronologique des Lois, Arrêts, etc.

DÉSAVEU DE PATERNITÉ. — V. *Paternité et filiation*; — *Rép.* eod. v°, n°s 97 et suiv.

V. aussi *infra*, v[is] *Divorce et séparation de corps; Droits civils; Péremption d'instance.*

DESCENDANTS. — V. *Parenté-alliance*; — *Rép.* eod. v°, n° 10.

V. aussi *infra*, v° *Succession.*

DESCENTE SUR LES LIEUX.

Division.

ART. 1er. — *Historique et législation. — Observations préliminaires* (*Rép.* nos 2 à 6).

1. La procédure de la descente sur les lieux n'a pas subi de modifications depuis le code de procédure civile. Mais la commission instituée en 1864 pour la revision de ce code avait proposé d'y introduire plusieurs réformes. Le tribunal était autorisé à ordonner qu'il se transporterait tout entier sur les lieux. Le jugement qui ordonnait la visite en fixait le jour et l'heure; on évitait ainsi la requête au juge-commissaire, l'ordonnance qui détermine le jour et l'heure de la descente, la signification de ces requête et ordonnance à la partie adverse. Il était interdit, dans les affaires contradictoires, de lever et de signifier le jugement, les avoués ayant la charge de prévenir leurs clients. Enfin la signification du procès-verbal valait avenir à trois jours pour l'audience. La procédure était ainsi simplifiée et les frais diminués (Henry Bonfils, *Traité élémentaire d'organisation judiciaire, de compétence et de procédure*, no 1137, p. 709). — La plupart de ces réformes se retrouvent dans le projet de revision des tit. 1er à 16 du code de procédure civile présenté à la Chambre des députés dans la session extraordinaire de 1886. Le tribunal peut se transporter tout entier sur les lieux ou déléguer un seul juge. Son jugement qui n'est ni taxé, ni fixé, signifie le jour et l'heure de la visite. Cette fixation peut être modifiée par simple ordonnance, auquel cas les avoués en cause en sont avisés par la voie du greffe. Lorsque le jugement a été rendu par défaut, la partie défaillante est appelée par exploit. Le tribunal peut procéder à une sorte d'enquête, recueillir des renseignements, entendre toute personne pouvant l'éclairer.

2. Le code de procédure italien (art. 271 à 282) contient, en ce qui concerne la descente sur lieux, des dispositions analogues à notre code de procédure; les formes sont un peu simplifiées. L'art. 271 dit en termes formels que la visite ne peut être faite que par un seul juge. La partie requérante est tenue de faire l'avance des frais (art. 273). Quant aux formes mêmes de la descente, le code se borne à dire (art. 274 et 280) que, sur la demande d'une des parties, le juge fixe le jour et l'heure de l'opération, et que, celle-ci terminée, il est dressé procès-verbal. Les art. 277 et 278 précisent les pouvoirs du juge-commissaire et lui permettent d'entendre les témoins présents et d'ordonner qu'il soit dressé un plan des lieux litigieux.

Le code allemand consacre deux articles à la « *preuve par la vue des lieux* » (art. 336 et 337). La partie qui offre cette preuve doit préciser l'objet de la visite et articuler les faits à prouver. Le tribunal peut se transporter en entier, commettre un de ses membres, ou charger un autre tribunal de la visite. Il peut ordonner qu'un ou plusieurs experts assisteront à la descente, ou déléguer au commissaire ou à la juridiction chargée de l'opération la désignation des experts (Code de procédure civile pour l'Empire d'Allemagne, traduit et annoté par MM. Glasson et Lederlin, p. 123, et la note).

Le code de procédure civile du canton de Genève autorise le tribunal à statuer sur les lieux. Lorsque les juges auront ordonné leur transport sur les lieux, porte l'art. 229, ils pourront y entendre de la manière prescrite dans les titres précédents les parties, les témoins, les experts et le ministère public. Ils pourront aussi y prononcer leur jugement sans désemparer. L'art. 230 ajoute : « Les frais de transport du tribunal ne seront point à la charge des parties et n'entreront en aucun cas dans les dépens ».

ART. 2. — *De la descente sur les lieux devant les tribunaux ordinaires* (*Rép.* nos 7 à 56).

§ 1er. — Objet de la descente. — Cas dans lesquels elle doit être ordonnée (*Rép.* nos 7 à 24).

3. L'art. 295 c. proc. civ. distingue la visite des lieux de l'expertise; il interdit la première, quand la seconde suffit (*Rép.* no 11). Cette règle a été appliquée par un arrêt de la cour de Grenoble du 20 déc. 1866 (aff. Aumage, D. P. 67. 5. 132). Dans l'espèce sur laquelle il a été rendu, l'une des parties prétendait que son adversaire avait empiété de cinq centimètres sur son fonds. Un membre du tribunal, commis à cet effet vit les lieux et déclara que l'empiétement n'existait pas. Le jugement conforme au rapport fut réformé par le motif que la cause ne comportait qu'une expertise, et que les premiers juges avaient mal à propos basé leur décision sur le résultat de la visite faite par l'un d'eux des lieux contentieux. C'était l'application stricte de l'art. 295 c. proc. civ. N'est-il pas permis de trouver la règle rigoureuse, et de regretter que le législateur n'ait pas laissé aux tribunaux de première instance la même latitude qu'aux juges de paix? Il a été dominé par la pensée d'éviter des frais aux plaideurs, et peut-être par le souvenir d'anciens abus; mais, précisément, dans l'état actuel, la simple visite d'un juge-commissaire n'est-elle pas beaucoup moins coûteuse qu'une expertise régulière? Ajoutons que la prohibition de l'art. 295 avait été supprimée par la commission nommée en 1864 pour la revision du code de procédure. On a vu *suprà*, no 1, qu'elle a également disparu du nouveau projet de 1886. Le code de procédure italien ne la reproduit pas (art. 272) (V. Bonfils, *op. cit.*, no 1131, p. 706. V. la note de M. Glasson sur un arrêt de la cour de Toulouse du 9 juin 1884, aff. Laffont, D. P. 85. 2. 113).

4. De ce que l'expertise est interdite aux juges, parce qu'elle suppose des connaissances techniques qui leur sont étrangères, il ne s'ensuit pas qu'un tribunal n'ait pas le droit de contrôler le travail des experts. Ils peuvent même tirer de ce travail des conclusions contraires à l'avis exprimé par les hommes de l'art. Si les magistrats le jugent nécessaire, ils peuvent exercer leur contrôle sur les lieux contentieux, sans pour cela suivre les formalités des art. 295 et suiv. Leur décision sera valablement basée sur les constatations matérielles qu'ils auront faites. C'est ce qui a été décidé par la cour de Toulouse le 9 juin 1884 (aff. Laffont, D. P. 85. 2. 113). M. Glasson, dans sa note sur cet arrêt, le critique et y voit un moyen de tourner l'art. 295 c. proc. civ., en permettant de substituer la descente sur les lieux à l'expertise, ce qui est interdit par la loi. Remarquons, toutefois, que, dans l'espèce sur laquelle a statué la cour de Toulouse, la visite avait été demandée par une des parties et que tous les intéressés y avaient assisté. Cette circonstance peut restreindre singulièrement la portée théorique de la décision. — Dans tous les cas, il faut bien admettre qu'une fois le vœu de la loi satisfait par le jugement qui ordonne l'expertise, le tribunal n'est pas lié par le rapport des experts; qu'il reste maître de son opinion, et qu'il doit être libre d'éclairer sa religion.

5. En vertu de ce même principe qu'il appartient aux juges de tout ordre et de tous degrés d'utiliser, d'après les inspirations de leur conscience, les moyens légaux d'information qui sont à leur disposition, il a été décidé qu'une cour d'appel peut tirer des procès-verbaux de descente sur lieux des conclusions autres que celles qui ont été admises par le tribunal. S'il en était autrement, les juges du second degré seraient placés dans l'alternative, ou de tenir pour non avenues des constatations de cette nature et alors de procéder eux-mêmes à une instruction nouvelle, ou de ne les accepter qu'à la condition d'en tirer des conséquences identiques à celles qu'en avaient tirées les juges du premier degré. Une cour d'appel ne commet donc aucun excès de pouvoir, lorsqu'elle se livre à l'examen des lieux par l'étude, tant des plans et autres documents produits, que des procès-verbaux dressés lors de la visite des lieux faite par le tribunal; et elle peut, en se basant sur ces mêmes documents, réformer le jugement qui lui est déféré (Civ. rej. 28 déc. 1885, aff. Commune de Montreuil-Bellay, D. P. 86. 1. 413).

6. Si, à la suite d'une première visite faite dans les formes légales, le tribunal éprouve, après la clôture des débats, le besoin de préciser ou de compléter ses idées sur certains points de fait, il est de même loisible aux juges de procéder à un nouvel examen des lieux. Il ne s'agit pas ici d'une seconde descente de lieux soumise aux formes des art. 295 et suiv. C'est ce qu'a admis la cour de cassation dans le cas d'une visite de lieux faite par une cour après les plaidoiries, les conclusions du ministère public et la mise en délibéré de la cause, sans que les parties eussent été convoquées. Une première visite avait été régulièrement ordonnée et accomplie par le tribunal. Les qualités contenaient une simple mention de la décision intervenue, et rien, dans les motifs de l'arrêt sur le fond, n'indiquait que la seconde visite eût apporté au procès un élément nouveau de solution (Civ. rej. 18 août 1863, aff. Pons, D. P. 63. 1. 359).

7. Les décisions rapportées *suprà*, nos 3 et suiv., laissent entière la question de savoir si la visite purement officieuse que le tribunal ou l'un de ses membres fait des lieux litigieux peut devenir un élément légal de sa décision. Le *Rép.* n° 19 a exposé la controverse qui existe sur ce point, très important en pratique. — Notons, d'abord, que le doute n'a jamais existé en matière criminelle. En cette matière, il a toujours été décidé qu'une descente de lieux doit être accomplie avec toutes les formes légales, et que le jugement basé sur une visite purement officieuse est nul comme ne respectant pas les droits de la défense (*Rép.* n° 5). Spécialement, il n'a jamais été contesté que les tribunaux correctionnels ne peuvent régulièrement prendre pour élément de conviction la visite des lieux, qu'autant qu'elle a été ordonnée par un jugement d'avant dire droit et que les parties ont été mises en demeure d'y assister. Le jugement fondé sur le résultat d'une telle vérification est nul, si rien n'indique qu'elle a été régulièrement opérée (Crim. cass. 30 avr. 1859, aff. Bonnet, D. P. 60. 5. 114). L'absence du greffier, par exemple, suffirait à vicier l'opération (Crim. cass. 8 déc. 1866, aff. Courtefoy, D. P. 68. 5. 135). — V. en ce qui concerne les tribunaux de simple police, *infrà*, nos 19 et suiv.

En ce qui concerne les tribunaux civils, l'accord en doctrine et en jurisprudence était loin d'être aussi complet. On n'a jamais admis que la visite officieuse d'un seul juge pût servir d'élément légal à une décision. Mais, lorsqu'il s'agit de la descente faite par le tribunal entier, selon les formes des art. 295 et suiv., on considérait, dans une première opinion, ce mode d'information comme régulier. C'est la doctrine enseignée au *Rép.* n° 19; telle fut aussi, anciennement, comme on l'a vu *ibid.*, la jurisprudence de la cour de cassation. On voyait là une opération *sui generis*, offrant toutes les garanties désirables aux parties par suite de la présence de tous les juges, et ayant de plus l'avantage d'économiser les frais. L'opinion contraire, soutenue par la majorité des auteurs, avait été consacrée par plusieurs cours d'appel (V. *Rép.* n° 20). C'est elle qui a définitivement prévalu. Les juges, dit-on à l'appui de ce système, ne doivent fonder leur conviction que sur les éléments de preuve admis par la loi, et limitativement énumérés par l'art. 1316 c. civ. La preuve n'est réputée légalement faite que si elle a été administrée suivant les formes de la procédure. Les principes qui la régissent sont d'ordre public. Les tribunaux ne peuvent y déroger sans excès de pouvoirs (Bonnier, *Traité des preuves*, 5e éd., t. 1, nos 101 et suiv.; Demolombe, *Traité des contrats*, t. 6, nos 199 et suiv.; Aubry et Rau, *Cours de droit français*, 4e éd., t. 8, § 749, p. 153). Or, les art. 295 et suiv. ne distinguent pas selon que la descente est faite par un seul juge ou par le tribunal tout entier; ces articles prescrivent en termes absolus que la descente sur lieux soit toujours ordonnée par un jugement préalable et que les constatations soient mentionnées dans un procès-verbal. Il ne faut pas oublier que les parties, de leur côté, ont intérêt à être prévenues, par un jugement préalable, de cette opération pour pouvoir y assister, et ensuite à en connaître les résultats par un procès-verbal qui pourra devenir le point de départ de discussions fort graves (V. la note déjà citée de M. Glasson, D. P. 85. 2. 113). La cour de cassation a expressément adopté cette jurisprudence, et la controverse peut être considérée comme terminée (Civ. cass. 17 mars 1847, aff. Durand, D. P. 47. 1. 177; 28 févr. 1876 (1); 2 mars 1886, aff. Section de Saint-Pierre, D. P. 86. 1. 358; 24 nov. 1886, aff. Durenne, D. P. 87. 1. 159; Bastia, 7 févr. 1855, aff. Santucci, D. P. 55. 2. 188; Riom, 14 juin 1858, aff. Meillet, D. P. 58. 2. 192-193; Toulouse, 16 déc. 1869, aff. Commune de Bonnac, D. P. 70. 2. 84; Limoges, 5 janv. 1887, aff. Lapeyroux, D. P. 88. 2. 167. V. conf. Boncenne et Bourbeau, *Théorie de la procédure civile*, t. 4, p. 431; Boitard, Colmet d'Aâge et Glasson, *Leçons de procédure civile*, 14e éd., t. 1, n° 512, p. 535; Carré et Chauveau, *Lois de la procédure civile*, t. 3, quest. 1141; Rousseau et Laisney, *Dictionnaire de procédure*, v° *Descente sur les lieux*, nos 8 et suiv.).

8. Si une visite officieuse est faite sans jugement préalable et sans rédaction de procès-verbal, la partie qui a donné son assentiment à la descente et qui y a assisté est-elle recevable à critiquer le jugement rendu dans ces circonstances? La cour d'Aix s'est prononcée pour la négative (Aix, 13 févr. 1872, aff. Commune de Géménos, D. P. 73. 5. 162). Cette solution doit être approuvée; mais il convient de remarquer que l'arrêt constate que le jugement attaqué n'argumentait d'aucune constatation de fait par les juges, le jugement ne contenant aucune trace de la visite. L'assentiment de la partie n'intervient qu'à titre subsidiaire, dans les motifs qui ont inspiré la cour d'Aix. La portée de son arrêt en est singulièrement réduite.

9. Le *Répertoire* enseigne (n° 23) que les tribunaux de commerce peuvent ordonner, en observant les formes ordinaires, des descentes sur lieux. Si les modes de preuve sont plus largement admis en matière commerciale qu'en matière civile, ils n'en restent pas moins circonscrits dans les limites tracées par l'art. 1316 c. civ. Les juges consulaires, pas plus que les juges civils, ne peuvent donc former leur conviction ni motiver leur décision sur le résultat de leurs investigations personnelles, poursuivies en dehors de l'audience et en l'absence des parties (Civ. cass. 8 juill. 1885, aff. Malterre, D. P. 86. 1. 204). — V. *infrà*, v° *Preuve*.

§ 2. — Nomination du juge-commissaire (*Rép.* nos 25 à 32).

10. Les questions que peut soulever la nomination du juge commissaire ont été examinées au *Rép.* nos 26 et suiv. On sait que l'art. 295 c. proc. civ. exige que le commissaire ait assisté au jugement. D'autre part, la compétence du magistrat est purement territoriale. La controverse sur le point de savoir si le commissaire peut procéder hors de son ressort ne paraît pas définitivement close. Le *Répertoire* se prononçait pour la négative (nos 26 et 27). V. en ce sens: Rodière, *Cours de compétence et de procédure*, t. 1, p. 33). Un pourvoi soumit la question à la cour suprême. Il arguait de nullité une descente pratiquée hors du ressort par deux commissaires. Par suite des circonstances de la cause, le moyen ayant été déclaré non recevable, la cour n'a pas eu à en apprécier le bien fondé (Civ. rej. 1er juin 1870, aff. Gand de Roussillac, D. P. 71. 1. 231).

§ 3. — Procédure et formes de la descente (*Rép.* nos 33 à 56).

11. La jurisprudence ne paraît pas avoir été appelée fréquemment à se prononcer, depuis le *Répertoire*, sur la procédure et les formes de la descente. Il suffit donc, en général, de s'en référer aux explications données aux nos 33 à 56.

12. Il est enseigné au *Rép.* n° 49 que les pouvoirs du juge-commissaire sont limités par les termes du jugement et la nature de l'opération. M. Rodière, t. 1, p. 433-434, fait cependant observer avec raison que rien n'empêche que, par une lettre close et secrète, le tribunal n'appelle l'attention du juge commis rogatoirement sur quelque point qu'il

(1) (Alcay C. Commune de Blidah.) — LA COUR; — Sur le premier moyen de cassation: — Vu les art. 295 et suiv. c. proc. civ., au titre *des descentes sur les lieux*: — Attendu, en fait, que dans le jugement attaqué, le tribunal civil de Blidah déclare s'être transporté sur les lieux litigieux et s'être assuré que le chemin dont s'agit est tracé sur le sol avec des largeurs diverses, suivant l'usage du pays, qu'il est en certains endroits encaissé dans le terrain et longé par des touffes d'herbe ou par des arbres, qu'il ressemble à tous les chemins indigènes, etc.; — Attendu qu'il n'apparaît pas que cette descente sur les lieux se soit accomplie dans les formes prévues au code de procédure, et que le contraire est même constant entre les parties; — Attendu, dès lors, qu'une telle visite, purement officieuse, substituée arbitrairement par les juges à celle que la loi autorisait, ne pouvait devenir un élément de leur décision; — Qu'en procédant donc comme il l'a fait et en tenant compte, dans son jugement, des résultats d'une visite de lieux opérée en dehors des formes prescrites par les articles de loi ci-dessus visés, le tribunal de Blidah a violé lesdits articles et rendu, le 11 avr. 1874, une décision qui manque de base légale; — Sans qu'il soit besoin d'examiner le second moyen du pourvoi;

Par ces motifs, casse, etc.

Du 28 févr. 1876.-Ch. civ.-MM. Gastambide, f. f. pr.-Merville, rap.-Charrins, av. gén., c. conf.-Lesage et Nivard, av.

juge utile de ne pas signaler dans le jugement, dans la crainte que le possesseur ne soit porté à changer l'aspect de l'héritage. Mais, même dans ce cas, le procès-verbal doit faire mention des constatations ainsi opérées.

13. Dans le silence du jugement, le juge-commissaire ne peut recevoir de personnes étrangères au débat des renseignements relatifs à la descente. Ce serait transformer en enquête une visite de lieux. Il n'est fait exception à cette règle que si le jugement confère au magistrat commis le pouvoir de s'entourer de renseignements pris auprès de tiers. On a contesté au tribunal lui-même le droit de conférer une semblable autorisation. La descente sur lieux, a-t-on dit, n'a d'autre but que de mettre le juge à même de se pénétrer *de visu* de la situation des lieux litigieux et de provoquer, de la part des parties et de leurs mandataires, des réponses aux objections que cet examen peut faire naître dans son esprit. Autoriser le juge-commissaire à recevoir des renseignements de personnes étrangères, c'est, en premier lieu, l'autoriser à dénaturer l'objet de sa mission qui n'a trait qu'à des constatations matérielles. C'est, en second lieu, l'exposer à voir ses impressions, qui doivent être purement personnelles, influencées par des allégations dont rien ne garantit, comme au cas d'enquête, le caractère sérieux et impartial. C'est donc, en réalité, procéder à une véritable enquête sans se conformer aux règles protectrices prescrites sur la matière. On cite à l'appui de cette opinion un arrêt de la cour de Rennes du 8 janv. 1859 (aff. Rogier, D. P. 59. 2. 107) qui décide qu'un pareil pouvoir serait illégalement donné à des experts. Mais plusieurs arrêts de la cour de cassation se sont prononcés en sens contraire, et ont décidé que l'audition de tierces personnes est régulière en matière d'expertise (V. Req. 17 nov. 1858, aff. Audouy, D. P. 59. 1. 32). — Cette jurisprudence distingue avec soin l'enquête officieuse ainsi autorisée par le tribunal d'avec une enquête proprement dite, et la considèrent comme valablement conférée aux experts, parce que le mode d'instruction ordonné ne cesse pas d'être une expertise. Un arrêt de la cour de cassation a étendu à la visite de lieux la solution admise déjà en matière d'enquête (Civ. rej. 5 nov. 1861, aff. Faulquier, D. P. 61. 1. 467). Dans ce cas, l'enquête officieuse se confond avec la visite de lieux, dont elle devient un élément aux termes de la décision qui a ordonné ce mode d'instruction.

14. La descente sur lieux, soit pure et simple, soit compliquée d'enquête officieuse, doit toujours avoir lieu en présence des parties ou celles-ci dûment appelées (*Rép.* n° 44. V. conf. Crim. cass. 29 juill. 1858, aff. Girardot, D. P. 58. 5. 130).

L'assistance des parties suffirait à couvrir l'irrégularité commise par le commissaire qui, en l'absence d'une mission conférée par le jugement, recevrait des renseignements de personnes étrangères au litige (Arrêt du 5 nov. 1861, cité *suprà*, n° 13). A plus forte raison, en serait-il de même, si, comme dans l'espèce de cet arrêt, c'était sur la propre désignation des parties que le juge-commissaire avait fait venir sur les lieux les tiers qu'il voulait interroger.

Il a été décidé pareillement que la nullité de la procédure antérieure à la descente sur lieux est couverte par la comparution de l'avoué des parties à cette opération, sans réserves à cet égard, et par les débats contradictoires sur le fond (Civ. rej. 1er juin 1870, aff. Gand de Roussillac, D. P. 71. 1. 231; 1er juin 1870, aff. Gilles, D. P. 74. 5. 161).

ART. 3. — *De la visite de lieux en justice de paix* (*Rép.* nos 57 à 62).

§ 1er. — Matières civiles.

15. Les art. 41, 42 et 43 c. proc. civ. ont laissé au juge de paix une grande latitude pour procéder à des visites de lieux, soit seul, soit assisté par des experts. Mais cette opération doit toujours avoir lieu en présence des parties. Une visite officieuse ne pourrait devenir un élément légal de jugement (Civ. cass. 8 juill. 1885, aff. Malterre, D. P. 86. 1. 204. V. *suprà*, nos 7 et suiv.).

16. Le juge de paix doit, aux termes de l'art. 42 c. proc. civ., accompagner les hommes de l'art qu'il a choisis comme experts. La présence du juge de paix à l'expertise est-elle prescrite à peine de nullité ? Le *Répertoire* (v° *Expert*, n° 349) a résolu cette question par la négative. Dans une espèce où le juge n'avait assisté qu'à une partie des visites et avait motivé sa décision uniquement sur les constatations faites en sa présence, la cour de cassation a décidé que le jugement ainsi rendu ne contrevenait pas aux dispositions de l'art. 42 c. proc. civ. (Req. 13 mai 1868, aff. Thuret, D. P. 69. 1. 300).

17. L'art. 42 c. proc. civ., après avoir disposé que « si l'objet de la visite ou de l'appréciation exige des connaissances qui soient étrangères au juge, il ordonnera que les gens de l'art, qu'il nommera par le même jugement, feront la visite avec lui et donneront leur avis », ajoute : « il pourra juger sur le lieu même, sans désemparer ». Cette dernière disposition qui fait exception à la règle d'après laquelle toutes les décisions judiciaires doivent être prononcées publiquement dans le lieu ordinaire des audiences, a donné lieu à une difficulté. On s'est demandé si l'art. 42 est relatif au seul cas où le juge de paix se transporte sur les lieux accompagné d'experts, ou bien, s'il permet aussi au magistrat de statuer sans désemparer, lorsqu'il a procédé seul à la descente. On a soutenu, en se fondant sur la lettre de l'art. 42, qu'un jugement rendu sur lieux, dans cette seconde hypothèse, devait être annulé pour n'avoir pas été prononcé publiquement et dans le local ordinaire des audiences. Mais la cour de cassation a décidé, en sens contraire, que l'art. 42 est applicable toutes les fois que le juge se transporte, soit pour constater l'état des lieux, soit pour apprécier la valeur des indemnités demandées, sans qu'il y ait à distinguer entre le cas où le juge de paix procède seul à la visite et celui où il est assisté d'experts (Req. 3 nov. 1885, aff. Matrand, D. P. 86. 1. 376). Le juge de paix est, en effet, absolument libre de décider s'il convient ou non de recourir à une expertise (*Rép.* n° 58), et si l'on rapproche l'art. 42 de l'art. 41, on reconnaît que la faculté de statuer sans désemparer doit être accordée toutes les fois qu'un transport est nécessaire.

18. Dans le cas où le juge de paix ne croit pas devoir rendre son jugement sur place, doit-il être dressé procès-verbal des opérations? Lorsque l'affaire est en dernier ressort, le *Répertoire* incline pour la négative (V. *ibid.* n° 62). Que décider si elle est sujette à appel? Un arrêt de la cour de cassation du 13 janv. 1886 (1) décide implicitement qu'en pareil cas, une visite faite sans procès-verbal serait nulle. Mais le jugement lui-même ne serait pas entaché de nullité, si, en fait, il se fondait sur les résultats d'une enquête et ne faisait aucun état de la descente sur les lieux (Même arrêt).

(1) (Veuve Thénégal C. Gisclard.) — LA COUR ; — Sur le moyen unique du pourvoi tiré de la violation des art. 41 et 42 c. proc. civ. : — Attendu que la veuve Thénégal avait formé devant le juge de paix de Valence (Tarn) une demande au possessoire relativement à l'usage d'une source qui arrose sa prairie ; que le juge de paix, par une première sentence du 14 juin 1883, avait ordonné qu'il se transporterait sur les lieux, pour les visiter en présence des parties et y procéder à une enquête ; — Attendu que le pourvoi se fonde sur ce que le juge de paix n'ayant pas fait dresser procès-verbal de cette visite, bien que la cause fût susceptible d'appel, il en résulte une nullité qui devait entraîner celle du jugement définitif rendu le 29 novembre suivant ;

Mais attendu que le jugement constate, et qu'il n'est d'ailleurs pas contesté, que sur les lieux mêmes, les parties déclarèrent au juge de paix qu'elles venaient de transiger et qu'elles allaient faire dresser acte par un notaire de leur arrangement ; que le juge de paix dut croire, dès lors, que la rédaction d'un procès-verbal devenait sans objet ; — Attendu que les parties ayant annoncé quelque temps après que leur projet de transaction était rompu et qu'elles reprenaient leur procès, il procéda à l'audience à l'enquête sommaire ordonnée par sa sentence du 14 juin, et rendit ensuite le jugement définitif ; — Attendu que le jugement se fonde exclusivement sur les résultats de l'enquête, et ne fait aucun état de la descente sur les lieux dont il ne prend pas droit et qui dès lors est restée dans la cause comme non avenue ; — Attendu que, dans ces circonstances, c'est avec raison que le tribunal civil d'Albi, statuant en appel, a déclaré que la sentence définitive du 29 novembre, n'était pas entachée de nullité, à défaut par le juge de paix d'avoir fait dresser procès-verbal de la visite des lieux ; — Par ces motifs, rejette.

Du 13 janv. 1886.-Ch. req.-MM. **Bédarrides**, pr.-**Bécot**, rap.-**Chévrier**, av. gén.-**Périer**, av.

§ 2. — Matières de police.

19. Le juge de paix jouit, en matière de simple police, comme en matière civile, des pouvoirs les plus étendus pour ordonner un transport sur les lieux à l'effet de reconnaître l'existence de la contravention. L'art. 155 c. instr. cr., qui exige que les témoins soient entendus à l'audience, après prestation de serment, et que le greffier tienne note de leurs dépositions, ne met pas obstacle à ce que les juges de police ordonnent une descente sur lieux dans le but de s'éclairer sur le caractère de la contravention (Crim. rej. 18 mars 1848, aff. Grandidier, D. P. 48. 5. 100). Ce transport est une mesure entièrement abandonnée au pouvoir discrétionnaire du tribunal. Le refus d'y procéder ne peut donc être critiqué devant la cour de cassation, même dans le cas où la demande rejetée aurait été faite par le ministère public (Crim. rej. 28 juin 1861, aff. Beaufils, D. P. 68. 1. 98).

20. Mais, lorsque le juge de police reconnaît la nécessité de procéder à une visite de lieux, il doit l'ordonner et l'effectuer dans les formes légales. C'est ce qui a déjà été enseigné à propos des autres juridictions (V. *suprà*, nos 7 et suiv.), et sur ce point il n'y a jamais eu de controverse. La visite devra donc se faire conformément à l'art. 41 c. proc. civ., c'est-à-dire qu'elle sera précédée d'un jugement qui l'ordonne et qu'elle s'effectuera en présence des parties. En conséquence, un tribunal de simple police ne peut, à peine de nullité, motiver sa décision sur une visite de lieux qu'il aurait faite lui-même, sans qu'un jugement spécial l'eût ordonnée, et sans que les parties et le ministère public eussent été mis en demeure d'y assister (Crim. cass. 30 avr. 1846, aff. Quignard, D. P. 46. 4. 530; 13 nov. 1847, aff. Rouchon, D. P. 47. 4. 160; 4 déc. 1847, aff. Milla, *ibid.*; Crim. rej. 14 avr. 1848, aff. Levat, D. P. 48. 5. 101; 3 août 1849, aff. Folacci, D. P. 49. 1. 224; Crim. cass. 14 sept. 1850, aff. Chorgnon, D. P. 50. 5. 135; 3 oct. 1851, aff. Romou, D. P. 51. 5. 173; 2 mai 1856, aff. Giacobbi, D. P. 56. 5. 143; 15 mai 1856, aff. Chevalier, *ibid.*; 22 nov. 1856, aff. Clayeux, D. P. 56. 5. 253; 13 févr. 1857, aff. Michel, D. P. 57. 5. 109; Crim. rej. 28 janv. 1858, aff. Favre et Guérin, D. P. 64. 5. 95; Crim. cass. 29 juill. 1858, aff. Girardot, D. P. 58. 5. 130; 22 nov. 1860, aff. Millot, D. P. 61. 5. 149; 22 août 1861, aff. Lemoine, *ibid.*; Crim. rej. 15 févr. 1862, aff. Dessoliès, D. P. 63. 5. 215; Crim. cass. 21 févr. 1863, aff. Chaillot, D. P. 63. 5. 214; 27 févr. 1863, aff. Castets, *ibid.*; 18 févr. 1864, aff. Collet, D. P. 65. 5. 117; 3 juin 1864, aff. Peignet et Oheix, *ibid.*; 11 nov. 1864, aff. Potin, *ibid.*; 21 juin 1866, aff. Billuard-Bizot, D. P. 66. 5. 136; Crim. rej. 27 nov. 1875, aff. Roccaserra, D. P. 77. 1. 234-235; Crim. cass. 11 déc. 1879) (1).

Spécialement, il a été jugé : 1° que le juge de simple police ne peut profiter d'une interruption d'audience pour se transporter spontanément et officiellement sur le lieu de la contravention (Crim. cass. 15 janv. 1848, aff. Villermain, D. P. 48. 5. 101); — 2° Que la descente sur les lieux est nulle et impropre à servir de base à la décision sur le fond, s'il y a été procédé hors de la présence du ministère public (Crim. cass. 12 mars 1858, aff. Maugoubert, D. P. 58. 5. 130; Crim. rej. 14 févr. 1874, aff. Vibert, D. P. 75. 1. 190; Crim. cass. 20 mars 1874, aff. Vibert, *ibid.*), ou sans constatation de la présence du ministère public (Crim. cass. 29 juill. 1853, aff. Cherfallot, D. P. 53. 5. 158).

Les formalités requises sont, en outre, réputées omises, si le jugement ne constate pas leur accomplissement (Crim. cass. 21 juin 1866, aff. Billuard-Bizot, D. P. 66. 5. 136).

21. Toutefois, la nullité qui pourrait être encourue se trouve couverte par l'assistance des parties ou du ministère public à l'opération. Ainsi, il a été décidé: 1° que la nullité résultant de ce que le juge de police a fait une visite des lieux litigieux, sans avoir préalablement ordonné qu'elle serait faite par lui en présence des parties, et sans en avoir fait dresser procès-verbal, est couverte lorsque les parties ont assisté à cette visite et qu'elles ont, lors du jugement définitif, plaidé au fond, sans protester contre l'illégalité de la mesure (Crim. rej. 4 déc. 1857, aff. Collier, D. P. 58. 1. 94); — 2° Que le défaut de rédaction, soit d'un jugement distinct ordonnant la vérification des lieux, soit d'un procès-verbal de l'opération, n'entraîne pas nullité de la preuve tirée de ses résultats, lorsque le jugement sur le fond constate que le ministère public et le prévenu étaient présents à la vérification et y ont présenté leurs observations (Crim. rej. 15 févr. 1862, aff. Dessoliès, D. P. 63. 5. 215); — 3° Que la nullité n'est encourue, à l'égard de la partie publique qu'autant que la mesure a préjudicié à l'action publique (Crim. rej. 28 févr. 1846, aff. Baril, D. P. 47. 4. 160).

(1) (Aprile.) — LA COUR; — Vu le mémoire à l'appui du pourvoi produit par le procureur de la République près le tribunal de police correctionnelle de Toulon; — Sur le moyen tiré de la violation des art. 153, 154, 155 c. instr. cr. et 41 c. proc. civ.: — Vu lesdits articles; — Attendu que le juge appelé à statuer sur une contravention de police ne doit former sa conviction que sur une instruction contradictoire et publique, ainsi qu'il résulte des articles du code d'instruction criminelle ci-dessus visés; — Attendu que l'art. 41 c. proc. civ., applicable comme principe général à la procédure suivie devant les tribunaux de répression, exige que la visite des lieux, autorisée comme moyen d'instruction, soit faite en présence des parties ou elles dûment appelées; — Attendu, en fait, que, saisi de l'appel d'un jugement du tribunal de simple police de Cuers, qui avait condamné le sieur Aprile à trois jours de prison pour contravention en récidive à un règlement d'eaux, le tribunal correctionnel de Toulon a, par un jugement préparatoire du 1er mars 1879, commis un de ses membres pour visiter les lieux et entendre tous témoins utiles; — Attendu que, du rapport dressé par le juge commis, il résulte que ce magistrat a procédé à la visite des lieux sans être assisté du greffier, sans être accompagné par le ministère public et sans qu'il apparaisse que les parties aient été présentes ou dûment appelées; — Attendu que du même rapport il résulte que le juge commis a entendu plusieurs témoins, hors la présence des parties et du ministère public, sans leur faire prêter serment et sans faire tenir note de leurs noms, qualités et domiciles, ni du contenu de leurs dépositions; — Attendu que le jugement attaqué s'est fondé principalement sur ce rapport et, par conséquent, sur une base illégale, pour prononcer le relaxe du prévenu; d'où il suit qu'il a formellement violé les dispositions de loi ci-dessus visées; — Par ces motifs, et sans qu'il soit besoin de statuer sur les autres moyens proposés;

Par ces motifs, casse et annule le jugement rendu par le tribunal de police correctionnelle de Toulon, en date du 21 juin 1879, et, pour être statué à nouveau, renvoie la cause et le prévenu, etc.

Du 11 déc. 1879.-Ch. crim.-MM. Carnières, pr.-Dupré-Lasale, rap.-Petiton, av. gén.-Aguillon, av.

Table sommaire

des matières contenues dans le Supplément et le Répertoire.

(Les chiffres précédés de la lettre *S* renvoient au Supplément; les chiffres précédés de la lettre *R* renvoient au Répertoire.)

Table chronologique des Lois, Arrêts, etc.

DÉSERTION. — V. *Organisation militaire;* — *Rép.* eod. v°, nos 765 et suiv.

V. aussi *suprà*, v° *Amnistie*, nos 32 et 33; *infrà*, v° *Traité international*.

DÉSHÉRENCE. — V. *Succession;* — *Rép.* eod. v°, nos 390 et suiv.

DÉSISTEMENT.

Division.

CHAP. 1er. — Historique et législation
(*Rép.* nos 2 à 4).

1. Le code de procédure italien reproduit (art. 344 et 345) les dispositions des art. 402 et 403 de notre code de procédure. Il tranche, en outre, la question de savoir quelle est la capacité requise pour se désister: « A l'égard des personnes soumises à l'administration d'autrui, le désistement ne peut être fait et accepté que dans les formes établies par la loi pour habiliter ces personnes à ester en justice ». — D'après le code allemand (art. 243), la demande ne peut être retirée sans le consentement du défendeur que jusqu'au moment où celui-ci a commencé la procédure orale. Le désistement, lorsqu'il n'est pas l'objet d'une déclaration dans le débat oral, se fait par signification d'un acte écrit. Après la signification, copie de l'acte doit être déposée au greffe. Le désistement a pour effet de faire considérer le procès comme n'ayant jamais été lié; il oblige le demandeur à payer les frais du procès, à moins que le jugement ne soit déjà passé en force de chose jugée à cet égard. Cette obligation doit être constatée par jugement, si le défendeur le requiert. Si la demande est renouvelée, le défendeur peut refuser d'y répondre jusqu'à ce que les frais aient été remboursés (*Code de procédure civile pour l'Empire d'Allemagne*, traduit et annoté par MM. Glasson et Lederlin, p. 89, et la note).

CHAP. 2. — Du désistement en matière civile
(*Rép.* nos 5 à 196).

Art. 1er. — *Caractères du désistement; Consentement; Capacité.* — *Matières qui en sont susceptibles* (*Rép.* nos 5 à 82).

2. Le *Répertoire* a exposé (nos 5 à 12) les principes généraux du désistement, la nature, le but et l'utilité de ce contrat judiciaire. Conformément à la jurisprudence ancienne (V. *Rép.* n° 9), il a été décidé que le désistement est nul, comme tout autre contrat, lorsqu'il est le résultat du dol et de la fraude (c. civ. art. 1109) (Colmar, 20 mars 1863, aff. Davault, D. P. 63. 2. 104).

§ 1er. — Matières susceptibles de désistement (*Rép.* nos 13 à 17).

3. Comme on l'a vu au *Rép.* n° 13, le désistement est interdit dans les causes qui intéressent l'ordre public ou les bonnes mœurs; toutefois, cette règle ne s'applique qu'au désistement qui porte sur l'action elle-même, elle ne concerne pas le cas où l'on se désiste seulement de l'instance ou d'un acte isolé de procédure (V. sur cette distinction *Rép.* n° 10). En effet, si le désistement d'action doit être prohibé, lorsqu'un intérêt supérieur est engagé, il n'y a pas de raison pour priver une partie du droit de renoncer à une procédure irrégulière ou intempestive, ou à un acte entaché de nullité. Malgré ce désistement, le droit du plaideur reste intact, et l'instance peut être recommencée ou continuée. Il a été jugé, en matière de *réduction de prix d'office*, que le désistement de l'action et la renonciation à former désormais aucune demande de cette nature sont nuls (Orléans, 31 mars 1855, aff. Jarry, D. P. 55. 2. 225. V. *infrà*, v° *Office*). — Décidé, de même, en matière d'*interdiction* : 1° que l'action en interdiction, étant exercée dans l'intérêt même de la personne qu'on veut faire interdire, et dans un but d'ordre public, peut être reprise par le demandeur en interdiction, malgré son désistement (Lyon, 14 juill. 1853, aff. N... de C..., D. P. 54. 2. 35) ; — 2° Que, par le même motif, le désistement étant nul, les magistrats ne sont pas dispensés de vérifier la situation qui leur a été soumise (Nancy, 15 juin 1865, aff. de la Ruelle, D. P. 66. 2. 142. V. *infrà*, v° *Interdiction*. Comp. *suprà*, v° *Acquiescement*, n° 29. *Adde* : Chauveau sur Carré, *Lois de la procédure, Supplément, quest.* 3013 *quater* et 3031 *bis* ; Demolombe, *Minorité*, t. 2, n° 474 ; Aubry et Rau, *Droit civil français*, 4e éd., t. 1, p. 511, § 124, texte et note 11).

4. On signalait au *Rép.* n° 14, comme une question beaucoup plus délicate, celle de savoir si, une décision ayant été rendue et un recours formé contre elle, il est loisible à la partie qui a introduit ce recours d'y renoncer dans les matières d'ordre public. La jurisprudence ne paraît pas définitivement fixée sur ce point, souvent débattu à l'occasion de la séparation de corps et de l'interdiction ou du conseil judiciaire.

5. — I. SÉPARATION DE CORPS. — Un jugement a prononcé la séparation, et l'un des époux a interjeté appel ; cet époux peut-il se désister de son appel ? Le *Répertoire* enseigne la négative et signale deux arrêts conformes (Caen, 15 déc. 1826, *ibid.* n° 15 ; Gand, 2 févr. 1844, *ibid.*). Cependant un arrêt de la cour de Paris, du 19 janv. 1843 (*Rép. ibid.*), s'était prononcé pour l'affirmative. Une jurisprudence plus récente semble s'être ralliée à cette dernière solution.

Dans l'opinion du *Répertoire*, on fait remarquer que la demande en séparation de corps est d'ordre public ; qu'en pareille matière, l'acquiescement doit être interdit aussi bien que le consentement mutuel des époux ; que, par l'appel, les parties sont remises dans le même état qu'avant le jugement, et qu'ainsi, renoncer à l'appel, c'est, en réalité, acquiescer à la demande.

L'opinion contraire repose sur cette idée que l'appel est facultatif ; et que l'époux, libre de ne pas y recourir, peut valablement y renoncer. Sans doute, la séparation ne peut faire l'objet d'une convention particulière ; mais, dans notre hypothèse, il existe un jugement. L'époux qui se désiste ne fait que se rallier à la volonté des premiers juges. C'est son droit, car l'art. 307 c. civ. n'a pas exigé, pour la séparation de corps, le double degré de juridiction. Si le désistement peut être considéré comme un acquiescement indirect, cet acquiescement s'applique, non à la demande originaire considérée en elle-même, mais au jugement qui n'a accueilli cette demande qu'après en avoir vérifié le mérite. Tout danger de collusion est donc écarté. Au surplus, le désistement n'équivaut point ici à un acquiescement. L'acquiescement a pour conséquence de couvrir les vices de procédure qui pourraient exister, tandis que le désistement est le simple retrait et la mise à néant d'un droit personnel et facultatif. Les seuls points que la cour, saisie de la validité du désistement, doive examiner, sont ceux de savoir si le désistement n'est pas frauduleux et si le jugement qui en est l'objet ne renferme pas des dispositions contraires à l'ordre public.

Cette dernière théorie semble avoir prévalu en jurisprudence (Poitiers, 16 janv. 1849, aff. Deladvignières, D. P. 50. 2. 47 ; Civ. rej. 11 mai 1853, aff. Chabot, D. P. 53. 1. 158 ; Orléans, 5 nov. 1853, aff. Delaborde, D. P. 55. 2. 89 ; Colmar, 26 janv. 1854, aff. de Lupel, D. P. 55. 2. 176. V. aussi *suprà*, v° *Acquiescement*, n° 28, la jurisprudence analogue qui y est rapportée et les critiques dont elle est l'objet). — Un des arrêts précités (Orléans, 5 nov. 1853), a étendu la solution admise pour l'appel à l'opposition à un arrêt rendu par défaut sur l'appel d'un des conjoints.

6. — II. INTERDICTION ET CONSEIL JUDICIAIRE. — En matière d'interdiction, le *Répertoire* (n° 15) citait, en le critiquant (V. aussi *Rép.* v° *Acquiescement*, n° 191), un arrêt de la cour de Bordeaux du 3 juill. 1829, d'après lequel un individu dont l'interdiction avait été prononcée par un jugement de première instance avait pu valablement se désister de l'appel qu'il avait interjeté contre ce jugement. Il est à remarquer que, dans l'espèce, le désistement avait été accepté. Cette jurisprudence n'a pas été suivie. L'état et la capacité des personnes font partie de l'ordre public, et nul ne peut abdiquer volontairement une qualité dont personne n'a la disposition. Il a été jugé, en conséquence : 1° que l'individu dont l'interdiction est prononcée, ne peut ni acquiescer au jugement, ni, par suite, se désister de l'appel qu'il aurait interjeté (Douai, 8 déc. 1858, aff. Sans, D. P. 59. 2. 101. Aubry et Rau, t. 1, § 124, p. 511 ; Demolombe, *op. cit.*, t. 2, n° 474 ; Chauveau sur Carré, t. 6, quest. 3031 *bis*) ; — 2° Que, les instances en dation de conseil judiciaire intéressant l'ordre public, il est interdit aux parties de se désister ou de l'instance introduite ou de l'appel interjeté du jugement rendu, même incidemment (Paris, 19 juin 1884) (1). — Il n'y a peut-être pas une harmonie complète entre cette dernière jurisprudence et celle qui semble prévaloir en matière de séparation de corps.

7. Au contraire, il a été jugé que l'interdit qui ne peut valablement acquiescer au jugement rendu contre lui peut se désister d'une opposition qu'il a formée au jugement d'interdiction rendu par défaut (Req. 12 janv. 1875, aff. Daudeville, D. P. 76. 1. 217). C'est l'application de la règle, rappelée ci-dessus, n° 3, d'après laquelle le désistement est permis, même dans les matières qui intéressent l'ordre public lorsqu'il n'a pour objet qu'un acte de procédure. Cette solution se concilie, d'ailleurs, parfaitement avec le principe que le jugement d'interdiction n'est jamais rendu en dernier ressort (c. civ. art. 500 ; c. proc. civ. art. 894 et suiv.). En se désistant de son opposition, celui qui l'a formée n'a renoncé à aucun droit attaché à son état. Il pourra encore, nonobstant cette opposition, interjeter appel et faire tomber le jugement. Il aura même le droit de renouveler son opposition, s'il est encore dans les délais, car la règle *Opposition sur opposition ne vaut* (c. proc. civ. art. 165) signifie uniquement qu'on ne peut faire opposition au jugement rendu par défaut qui déboute d'une opposition formée contre un premier jugement ; elle ne fait pas obstacle à ce qu'on s'oppose de nouveau à un jugement frappé d'une opposition restée sans résultat (*Rép.* v° *Jugement par défaut*, n° 193 ; Chauveau sur Carré, *op. cit.*, t. 2, quest. 692 *bis* ; Bourges, 5 févr. 1825, *Rép. ibid.*). Mais ces motifs conduiraient, ce semble, à décider que le désistement de l'opposition serait nul s'il avait pour effet de rendre le jugement définitif, ce qui arrivera nécessairement, si c'est contre l'arrêt prononcé en appel sur l'interdiction et rendu par défaut que l'opposition a été formée, et surtout s'il n'est plus temps de la renouveler.

§ 2. — Personnes qui peuvent se désister (*Rép.* nos 18 à 43).

8. Les conditions de capacité requises pour se désister ont été examinées au *Rép.* n° 18. En principe, toutes les fois

(1) (De Sénonnes C. de Sénonnes.) — La demoiselle de Sénonnes avait provoqué la réunion d'un conseil de famille, à l'effet de pourvoir son frère, le marquis de Sénonnes, d'un conseil judiciaire. La composition de ce conseil fut contestée par le marquis de Sénonnes, mais déclarée régulière par jugement du tribunal de Versailles, en date du 31 mai 1883. — Appel par le marquis de Sénonnes, qui ensuite se désista. — Sur la validité de ce désistement, la cour de Paris a rendu l'arrêt suivant :

LA COUR ; — Sur le désistement d'appel : — Considérant que le jugement dont est appel a été rendu sur une demande en dation de conseil judiciaire ; que cette action intéressant l'ordre public, il est interdit aux parties de compromettre ou de se désister de l'instance introduite ou de l'appel interjeté du jugement rendu, même incidemment, par les juges du premier degré de juridiction ; — Que si l'on admettait en cette matière un désistement de l'instance ou de l'appel, ce serait consacrer implicitement l'abdication volontaire d'un état ou d'une qualité dont nul n'a la libre disposition ; — Qu'il y a lieu, dès lors, d'examiner l'affaire au fond ; admettant sur ce point les motifs des premiers juges ; sans s'arrêter ni avoir égard au désistement d'appel signifié par l'appelant, lequel est déclaré nul et non avenu ; — Confirme le jugement dont est appel ; condamne l'appelant à l'amende et aux dépens d'appel.

Du 19 juin 1884.-C. de Paris, 1re et 3e ch. réun.-MM. Périvier, pr.-Loubers, av. gén.-Haussmann, av.

que le désistement porte sur le droit lui-même ou qu'il entraîne indirectement la perte de l'action, il suppose la capacité de transiger ou d'acquiescer. Le désistement est donc interdit aux incapables eux-mêmes (mineurs, prodigues, femmes mariées). — En ce qui concerne les représentants légaux des incapables, la question de savoir s'ils peuvent valablement se désister est plus compliquée; il en est de même pour les mandataires.

9. — I. TUTEUR. — Le tuteur ne peut se désister seul de l'action (*Rép.* nos 23 à 26). Il ne peut non plus faire un désistement de nature à compromettre l'exercice ultérieur de l'action appartenant au mineur (Aubry et Rau, t. 1, § 114, p. 467). En ce qui concerne le désistement d'instance ou d'un acte de procédure, la question est encore controversée. Le *Répertoire* enseignait que, le désistement n'étant pas un acte d'administration, le tuteur est incapable, s'il n'a pas obtenu l'autorisation du conseil de famille. Cette opinion est contredite par MM. Aubry et Rau, *loc. cit.* En ce dernier sens, il a été jugé que le tuteur peut se désister, sans l'autorisation du conseil de famille, d'une instance qui, elle-même, a été formée sans cette autorisation. Mais le désistement laisse intacts les droits du mineur qui peuvent faire l'objet d'une instance nouvelle (Civ. rej. 21 nov. 1849, aff. Lefebvre, D. P. 50. 1. 15). — En ce qui concerne le désistement d'un acte d'appel signifié par le tuteur en matière mobilière, V. *suprà*, v° *Acquiescement*, n° 21; et Pau, 20 déc. 1852 (aff. Gurutchet, D. P. 53. 2. 87).

Il a été décidé que le tuteur d'un interdit ne peut se désister qu'avec l'autorisation du conseil de famille du pourvoi en cassation formé par l'interdit, avant son interdiction, contre un arrêt rendu sur une demande en nullité de mariage et sur une demande reconventionnelle en séparation de corps, cet arrêt pouvant intéresser les droits immobiliers de l'interdit (Req. 17 mars 1868, aff. de Gissac, D. P. 69. 1. 284).

10. — II. MAIRE. — Le maire est assimilé au tuteur (*Rép.* nos 30 à 33). Il n'est pas douteux qu'en principe, l'autorisation du conseil de préfecture ne soit nécessaire pour la validité du désistement donné par le maire d'une commune (Civ. rej. 5 mars 1845, aff. Maire de Clermont-Ferrand, D. P. 45. 1. 171; Serrigny, *Compétence administrative*, 2e éd., t. 1, n° 418; Dufour, *Droit administratif*, 3e éd., t. 3, n° 576. V. *Commune*, n° 884; — *Rép.* eod. v°, n° 1569). — On s'est demandé s'il fallait faire exception à ce principe dans le cas où le désistement ne peut pas compromettre les droits de la commune, à raison de ce qu'il a pour objet l'appel de jugements dépourvus d'intérêt. Dans l'espèce où la question s'est posée, il s'agissait de deux jugements, l'un ordonnant une enquête, tous droits et moyens réservés, l'autre intervenu sur un simple incident relatif à la lecture de dépositions de témoins reprochés. La chambre des requêtes a décidé que le désistement de l'appel de ces jugements était valable, la commune conservant l'intégrité de l'action principale (Req. 17 juin 1873, aff. Commune de Draveil, D.P. 74.1.167).

11. — III. SYNDIC DE FAILLITE. — Comme le tuteur, le syndic de faillite n'est investi que de pouvoirs d'administration qui n'impliquent pas le droit de se désister de l'action. Ce droit ne résulte pas implicitement, pour lui, de l'art. 443 c. com. qui donne au syndic mandat d'exercer les actions mobilières et immobilières du failli. Le désistement est un acte de disposition analogue à la transaction; il doit donc être soumis aux formalités des art. 487 et 535 c. com. (V. *Rép.* nos 32, 34-2°. V. aussi *Faillite*; — *Rép.* eod. v°, n° 532; Esnault, *Traité des faillites*, t. 1, n° 297). Il a été jugé en ce sens que, si le syndic est maître de renoncer à une instance, il ne peut se désister d'un appel sans remplir les formalités des art. 487 et 535 c. com., et que, en cas d'inaccomplissement de ces formalités, le failli a le droit de poursuivre en son nom personnel l'instance engagée (Civ. cass. 23 févr. 1885, aff. Faucheron, D. P. 85. 1. 284). Cette théorie n'est point directement contredite par un arrêt de la cour de Paris du 29 juin 1879 qui a jugé que le syndic d'une faillite a le droit de déclarer qu'il n'entend pas suivre sur un appel interjeté par le failli avant le jugement déclaratif de faillite (V. *Journal des tribunaux de commerce*, t. 27, p. 42); il ne pouvait être question dans cette espèce de désistement assimilable à une transaction, le syndic n'étant point, à proprement parler, en cause.

12. — IV. MANDATAIRE. — Lorsque le désistement est donné par un *mandataire conventionnel*, les pouvoirs de ce dernier doivent être exprès et spéciaux (*Rép.* n° 38). Ce principe certain a été appliqué au pourvoi en cassation par un arrêt de rejet de la chambre civile du 12 nov. 1867 (aff. Sarkis-Nercessof, D. P. 67. 1. 446).

13. Pour les *mandataires ad litem*, la règle est la même, mais le *Répertoire* la tempère par une exception dans le cas où l'avoué a fait imprudemment un acte qui engage sa responsabilité (*Rép.* n° 39). La question a été soulevée à l'occasion du contredit en matière d'ordre. Dans la pratique, ce désistement a lieu par un dire sur le procès-verbal. Peut-il être fait par l'avoué sans un pouvoir spécial? La cour de Toulouse a rendu, sur ce point, deux décisions qui sont contradictoires. Par un arrêt du 8 mars 1850 (aff. Metché, D. P. 50. 2. 147), elle a jugé qu'un pouvoir spécial n'est pas nécessaire, par le motif que l'avoué qui fait le contredit est seul juge de la convenance qu'il peut y avoir à le faire et, par conséquent, à le retirer. Un arrêt du 13 août 1853 (aff. Meyer, D. P. 54. 2. 67) consacre la solution contraire. Il s'agit là, dit la cour « d'un fait spécial, qui forme en quelque sorte un incident au cœur de l'instance, et d'un consentement qui dépouillerait les parties de tous ou de quelques-uns de leurs droits et leur causerait un notable préjudice ». Cette dernière doctrine, plus conforme aux principes, doit être approuvée (V. Ulry, *Code des règlements d'ordres*, t. 1, § 71, p. 68 et suiv.).

14. Il est de principe que, dans une instance collective, le désistement d'une partie ne peut préjudicier aux autres (*Rép.* n° 43). Ainsi il a été jugé que la partie qui a obtenu un jugement ne peut par un désistement empêcher l'autre partie de s'en prévaloir, et spécialement, que la partie qui a fait annuler un partage, ne peut, par son désistement, faire revivre ce partage et empêcher le défendeur d'en provoquer un nouveau (Civ. cass. 11 mai 1846, aff. Deuzy, D. P. 47. 4. 161, cité au *Rép.* n° 95). — Quel serait, en pareil cas, l'effet de l'acceptation du désistement? (V. *infrà*, nos 52 et 53).

§ 3. — Conditions et réserves du désistement (*Rép.* nos 44 à 60).

15. Le *Répertoire* a indiqué les conditions et les réserves qui peuvent limiter la portée du désistement (nos 44 et suiv.). En principe, tout désistement qui n'est pas pur et simple peut être refusé. Il ne semble pas que cette règle très simple ait donné lieu à de nombreuses difficultés. Comme applications nouvelles on doit citer les décisions suivantes, par lesquelles il a été jugé : 1° que le désistement d'appel qui n'est que conditionnel ne rend pas non recevable l'appel incident interjeté depuis par l'intimé (Paris, 10 déc. 1850, aff. Collet, D. P. 51. 2. 1); — 2° Que, devant le conseil d'Etat, un désistement qui n'est pas pur et simple et est accepté dans d'autres termes que ceux où il a été présenté, ne fait pas obstacle à ce qu'il soit statué au fond sur le pourvoi (Cons. d'Et. 12 mai 1854, aff. Ministre des travaux publics, D. P. 54. 3. 60; 7 juill. 1853, aff. Balguerie, *ibid.*).

16. Le désistement emporte, en général, l'obligation de payer les dépens. Cependant, il pourrait être fait sous la condition que les dépens seront compensés. Si l'adversaire accepte, il y a lieu, en donnant acte du désistement, de prononcer cette compensation (Cons. d'Et. 4 mai 1854, aff. Dehaynin, D. P. 54. 3. 60).

§ 4. — Interprétation en matière de désistement (*Rép.* nos 61 à 72).

17. Le désistement est soumis à la règle générale d'après laquelle toute renonciation à un droit s'interprète dans le sens le moins dommageable au renonçant. Le *Répertoire*, déduisant les conséquences de cette règle, a indiqué (nos 61 à 63) les principes d'après lesquels les tribunaux doivent résoudre les difficultés qui s'élèvent sur l'étendue d'un désistement. D'après l'art. 403 c. proc. civ., le désistement a pour unique effet d'anéantir l'instance en laissant subsister l'action. Mais il est possible que le demandeur, en même temps qu'il renonce à l'instance, abandonne, par son désistement, le fond même du droit (Comp. *suprà*, n° 3). Lorsque le désistement n'est pas formel et ne spécifie pas son objet, les juges peuvent-ils rechercher l'intention du demandeur, et conclure soit des déclarations qui accompagnent le désistement, soit des actes qui l'ont suivi, que l'abandon du droit a été complet et absolu? Les auteurs, d'accord en cela avec le *Répertoire*, ne se montrent pas, en général, disposés à reconnaître ce pouvoir d'interprétation aux tribunaux (Chauveau, *Lois de la procédure*, t. 3, sur l'art. 403; Favard de Langlade, *Répertoire*, v° *Désistement*, n° 7; Boitard, *Leçons de procédure*, 14e éd., t. 2, nos 588 et suiv.; Bourbeau, *Théorie de la procédure*, t. 5, p. 671; Rodière, *Compétence et procédure civile*, 4e éd., t. 1, p. 495 et suiv.).

Il faut reconnaître que la jurisprudence a une tendance contraire, et qu'elle est portée à donner une signification plus étendue aux désistements dont l'interprétation lui est soumise. Ainsi, il a été jugé : 1° que le demandeur qui se désiste *de la demande et de la procédure qui en a été la suite* peut être réputé se désister non seulement de l'instance, mais encore de l'action (Civ. rej. 9 nov. 1847, aff. Fessart, D. P. 48. 1. 45); — 2° Que l'époux demandeur en séparation de corps qui, après avoir conclu à la révocation prononcée par l'art. 299 c. civ., se désiste de ses conclusions, est réputé avoir renoncé au droit de révocation lui-même, lorsqu'il résulte des circonstances que, par son désistement, il a entendu ne pas priver son conjoint du bénéfice des avantages matrimoniaux qui eussent été atteints par cette révocation (Req. 12 févr. 1849, aff. Bobière, D. P. 49. 1. 213); — 3° Que le juge peut, sans violer l'art. 403 c. proc. civ., reconnaître dans l'ensemble des stipulations d'un acte de désistement, et dans les faits d'exécution qui en ont été la suite, les caractères, non d'un simple désistement d'instance, mais d'une transaction sur droits successoraux (Civ. rej. 9 déc. 1874, aff. Cadercaudanmarécar, D. P. 75. 1. 132).

§ 5. — Désistement tacite (*Rép.* nos 73 à 83).

18. Le désistement tacite suppose un fait personnel d'où résulte l'abandon implicite du droit, de l'instance ou d'un acte de procédure. Il y a là une question d'interprétation abandonnée au discernement du juge. On a cité au *Rép.* n° 74 plusieurs cas dans lesquels les tribunaux ont refusé de voir un désistement tacite. Il a été décidé depuis que, lorsque, tout en excipant de la tardiveté de l'opposition à un jugement par défaut, celui qui a obtenu ce jugement a déclaré n'en vouloir faire usage que jusqu'à concurrence d'une certaine somme dont il reste créancier, on ne peut induire de cette déclaration une renonciation de sa part à la fin de non-recevoir (Civ. cass. 10 mai 1854, aff. Penot, D. P. 54. 1. 180). En conséquence, la cour suprême a cassé le jugement du tribunal de commerce qui, dans de telles circonstances, déclarait l'opposition recevable et y faisait droit, et le jugement du tribunal civil qui, sur l'autorité de ce jugement consulaire, déclarait nulle une saisie réelle pratiquée contre le débiteur (Même arrêt).

19. Par contre, il a été jugé : 1° que l'appel interjeté par une personne qui, ayant toute décision, accomplit certains actes à l'exécution desquels elle prétendait par son appel même faire condamner l'autre partie, est non recevable, l'accomplissement de ces actes devant être considéré comme un désistement tacite (Bordeaux, 28 juill. 1849, aff. Bousquet, D. P. 50. 5. 136); — 2° Que les juges sont fondés à considérer comme une renonciation à l'appel la demande formée par l'appelant, dans le but d'obtenir l'exécution du jugement attaqué (Req. 24 mars 1873, aff. Mercier, D. P. 74. 1. 29); — 3° Que le désistement d'un acte d'appel est implicitement formulé par la notification d'un second appel, se substituant au premier dans le même litige et entre les mêmes parties (Bastia, 17 janv. 1876, aff. Cristiani, D. P. 78. 5. 190); — 4° Que le fait, de la part d'un créancier hypothécaire, d'avoir renoncé par acte d'avoué à la sommation de payer ou de délaisser adressée à l'acquéreur de l'immeuble grevé d'hypothèques, en dépit des formalités de purge déjà remplies par ce tiers acquéreur, et d'avoir fait ensuite requérir par son avoué l'ouverture d'un ordre amiable entre les créanciers inscrits, peut être considéré comme emportant de la part de ce créancier désistement tacite de son action en payement ou en délaissement, alors surtout que, de son côté, l'acquéreur a renoncé à l'opposition qu'il avait faite à la susdite sommation (Pau, 25 mai 1887, aff. Médeville, D. P. 89. 2. 22).

ART. 2. — *Cas où le désistement est admissible et où il peut être refusé. — Pouvoir des tribunaux* (*Rép.* nos 83 à 96).

20. Comme il est dit au *Rép.* nos 83 et 84, se désister est le droit de tout plaideur, et le désistement est recevable en tout état de cause; mais il peut y avoir des raisons légitimes pour le refuser, par exemple, lorsque l'instance est arrivée à un certain degré, où lorsque son abandon causerait un préjudice au défendeur. D'autre part, si le défendeur oppose un refus non justifié, le tribunal peut substituer sa volonté à celle du plaideur récalcitrant et déclarer le désistement valable. — Le *Répertoire* traite d'abord (nos 85 et suiv.) de l'admissibilité du désistement d'instance; il applique ensuite les principes qu'il a posés au désistement de l'action (nos 92 et suiv.). Ces principes étant communs aux deux espèces de désistement, nous rappellerons simultanément les applications dont ils ont fait l'objet.

21. Tant que l'instance n'est pas *liée*, le demandeur a le droit absolu de l'éteindre par un désistement. Il a été jugé à cet égard que, lorsqu'une partie forme une saisie-arrêt suivie d'une demande en validité devant un tribunal, puis une seconde saisie-arrêt avec une assignation en validité devant un autre tribunal, si l'instance n'est pas encore liée devant le premier tribunal et que la dernière assignation porte que le demandeur entend se désister de la précédente demande, l'instance objet de ce désistement est régulièrement éteinte et ne peut servir de base à une exception de litispendance (Req. 18 juill. 1859, aff. Pradines, D. P. 59. 1. 394).

22. Quand peut-on dire que l'instance est liée? Le *Répertoire* admet (n° 86) qu'il suffit de la signification d'une requête ou d'un simple acte de conclusions; un jugement interlocutoire aurait à plus forte raison le même effet. Devant les tribunaux de commerce, il a été décidé que l'instance est liée par la comparution des parties en personne ou par leur mandataire (Trib. com. Nantes, 20 mai 1885, *Recueil de Nantes*, 1886, p. 145). — Cette dernière formule est trop absolue. Ainsi la chambre des requêtes a refusé de voir une instance liée dans l'hypothèse suivante: un jugement du tribunal de commerce de Strasbourg, du 6 mai 1870, avait renvoyé les parties, toutes deux domiciliées à Strasbourg, devant un arbitre rapporteur. La guerre franco-allemande interrompit l'instance. Après la paix, le demandeur présenta requête à l'arbitre à fin de fixation de jour; puis le défendeur transporta son domicile à Lille sans avoir manifesté l'intention de continuer le débat devant le tribunal de Strasbourg. Le demandeur, se basant sur l'art. 3, § 4, de la convention additionnelle entre la France et l'Allemagne, du 11 déc. 1871 (D. P. 72. 4. 9), déclara se désister de l'instance commencée et assigna devant le tribunal de Lille. Le défendeur ayant excipé de l'incompétence de ce tribunal, la chambre des requêtes décida que, dans l'espèce, l'instance ayant été interrompue par le démembrement du territoire et l'émigration du défendeur, le tribunal de Lille était seul compétent; qu'il n'aurait pu en être autrement qu'en vertu d'un accord intervenu entre les parties à l'effet de continuer le débat devant le tribunal de Strasbourg, et que ce contrat judiciaire qui aurait lié de nouveau l'instance n'était pas formé, puisque, tandis que le demandeur offrait, en présentant requête à l'arbitre, de reprendre la procédure pendante à Strasbourg, le défendeur n'avait manifesté par aucun acte une semblable intention (Req. 11 nov. 1874, aff. Cerf-Schmer, D. P. 75. 1. 151).

23. Le débat est lié sans aucun doute, lorsque le défendeur a déclaré, par l'organe de son avoué, prendre pour son compte et adopter les fins et conclusions de l'exploit d'ajournement. C'est ce qui a été jugé dans le cas d'une demande en partage : en déclarant adopter les conclusions de l'assignation, avant la notification du désistement, les défendeurs étaient devenus demandeurs, et il était impossible de mettre un terme à l'instance sans leur consentement (Pau, 11 mars 1861, aff. Petit-Paillassa, D. P. 61. 2. 95).

24. Pareillement, lorsque le défendeur a formé une demande reconventionnelle, l'instance est liée et, par suite, le désistement n'est valable qu'à la condition d'être accepté par l'adversaire. En ce sens, il a été décidé : 1° que dans l'hypothèse où un tribunal de commerce, saisi, par le renvoi du juge-commissaire, d'une contestation sur l'admission d'une créance au passif d'une faillite, est saisi par là même de la demande reconventionnelle formée par le syndic contre le créancier produisant contesté, le désistement du créancier produisant n'est valable qu'à la condition d'être accepté par le syndic (Pau, 17 juin 1885, aff. Quantin, D. P. 86. 2. 253); — 2° Que le défendeur est en droit de refuser d'accepter un désistement, s'il a formé une demande reconventionnelle que ce désistement ne lui permettrait plus de débattre dans l'état où elle s'est produite et où l'a placée la procédure (Lyon, 7 août 1873 (1); Orléans, 8 juill. 1875) (2). — Mais il est bien

(1) (Decour et Vincent C. Briday et autres.) — La cour; — Attendu que, par exploit enregistré du 28 juin dernier, signifié aux époux Decour, Vincent et autres parties, les sieurs Briday, Depay, Brunet, Curnier et Arnaud ont déclaré se désister du bénéfice du jugement rendu entre eux et tous ceux y dénommés par le tribunal de commerce de Lyon, le 25 juill. 1872, et de l'instance sur laquelle il est intervenu, offrant de payer les frais de ladite instance; — Attendu que Decour et Vincent par acte signifié le 30 dudit mois de juin, et par conclusions prises devant ledit tribunal, ont déclaré ne pas accepter ce désistement et en ont demandé la nullité par divers motifs notamment : 1° parce qu'il n'émane pas de tous les demandeurs au procès dans lequel a été rendu le jugement du 25 juillet, et 2° parce qu'il ne met pas absolument fin à cette instance dans laquelle ils ont eux-mêmes formé une demande reconventionnelle; — Sur le premier moyen : — Attendu qu'on voit, en effet, figurer au jugement du 25 juillet parmi les demandeurs M. Chevalier, chef d'institution à Lyon; mais qu'il résulte d'une lettre de lui signée en date du 11 juill. 1873, enregistrée à Lyon le 27 juillet et signifiée aux appelants, qu'il a déclaré se désister de toutes poursuites dans ladite instance; — Attendu que la loi n'a tracé pour le désistement aucune forme de rigueur, et qu'il peut être validé, lorsque la volonté du plaideur est certaine, et qu'il l'a fait connaître par lui-même, ou par un tiers à son adversaire; — Attendu que Decour et Vincent excipent encore de ce qu'au jugement du 25 juillet les sieurs Astier et Vibert d'abord défendeurs, ont pris la qualité de demandeurs, qu'ils gardent encore, puisque le désistement dont s'agit n'a point été signifié en leur nom; — Attendu qu'au jugement du 25 juillet Astier et Vibert ont, il est vrai, pris des conclusions par lesquelles ils se joignaient aux demandeurs et s'appropriaient les conclusions de la demande; mais qu'on ne voit pas qu'il ait été donné aucune suite à ces conclusions, et qu'on ne retrouve plus Astier et Vibert agissant comme demandeurs dans les procédures subséquentes; — Attendu d'ailleurs qu'en règle générale, il importe peu à la validité du désistement d'une partie que d'autres persistent à continuer l'instance; que dans l'espèce, Decour et Vincent n'auraient pas intérêt à retenir comme demandeurs Briday et consorts et à repousser leur désistement, par cela seul que l'instance subsisterait encore avec d'autres parties qui ne la poursuivent pas;

Sur le second moyen : — Attendu que l'instance dans laquelle a été rendu le jugement du 25 juillet a pour objet principal la demande formée par Briday et consorts, suivant exploit du 19 avr. et du 4 mai 1872, contre Decour, Vincent et autres, en nullité de la société dite du Comptoir commercial, et en liquidation des intérêts divers auxquels cette société avait donné naissance; — Attendu que, dans le cours de cette instance, Decour et Vincent ont formé contre les demandeurs solidairement une demande reconventionnelle en 100000 fr. de dommages-intérêts; que cette demande est déjà formulée dans le jugement du 25 juillet; qu'elle s'est reproduite dans la suite de la procédure; qu'on la retrouve au jugement du 28 novembre; qu'elle est basée sur plusieurs griefs, et notamment sur le retard apporté par les actionnaires au versement de leurs actions; — Attendu, il est vrai, que le jugement du 28 novembre a rejeté cette demande comme non fondée; mais que le jugement ayant été annulé sur l'appel par suite d'un vice de la procédure antérieure, suivant arrêt de la cour du 23 janv. 1873, la demande subsiste encore devant le tribunal de commerce de Lyon, et que le désistement de la demande principale ne la fait point disparaître; — Attendu que Briday et consorts consentent bien à reconnaître l'existence de cette demande reconventionnelle et se soumettent à la débattre devant les premiers juges; mais que Decour et Vincent sont fondés à ne pas accepter, dans de telles conditions, un désistement qui n'éteint pas l'instance avec les demandeurs, qui la laisserait subsister, mutilée par le fait de leurs adversaires, et ne leur permettrait plus de débattre leur demande reconventionnelle dans l'état où elle s'était produite et où l'avait placée la procédure; — Par ces motifs, dit qu'il a été bien appelé, mal jugé par le jugement du tribunal de commerce de Lyon, du 14 juill. 1873, qui a déclaré valable le désistement de Briday et consorts; — Infirmant, dit que Decour et Vincent sont fondés à ne pas accepter ce désistement; l'annule, en conséquence, etc.

Du 7 août 1873.-C. de Lyon.

(2) (De Finfe C. de Finfe.) — Le 25 févr. 1875, jugement du tribunal de Tours ainsi conçu : — « Attendu qu'au mois de septembre 1874, Marie-Joseph-Emmanuel-Ernest-Clément-Raphaël de Finfe a porté devant ce tribunal une demande en interdiction contre dame Anne-Simone-Héloise Messager, veuve Achille-Apollon de Finfe; — Attendu que dans une requête signée Bouchardeau, avoué, Raphaël de Finfe, prenant la qualité d'enfant légitime de la veuve de Finfe, née Messager, a articulé des faits de démence, d'imbécillité et de prodigalité qu'il lui a imputés; — Attendu que sur cette requête il est intervenu, à la date du 11 sept. 1874, sur le rapport d'un juge commis à cet effet, et sur les conclusions du procureur de la République, un jugement ordonnant, avant faire droit au fond, la convocation du conseil de famille de la dame veuve de Finfe, pour donner son avis sur son état mental, ladite dame devant être ensuite interrogée en la chambre du conseil; — Attendu que le conseil de famille de la veuve de Finfe, convoqué, en vertu de ce jugement, sur la réquisition de Raphaël de Finfe, devant M. le juge de paix du canton de Tours, nord, le 17 oct. 1874, a été d'avis unanime qu'il y avait lieu par le tribunal de prononcer l'interdiction de la dame de Finfe; — Attendu enfin que celle-ci, assignée, à la requête de Raphaël de Finfe, par acte de Dumée, huissier à Tours, en date du 16 novembre dernier, à comparaître chambre du conseil du palais de justice, le 19 du même mois, pour subir interrogatoire, n'a pas comparu, et procès-verbal a été dressé contre elle; — Attendu que ce procès-verbal lui a été signifié toujours même requête de Raphaël de Finfe, avec assignation devant ce tribunal, pour les motifs énoncés dans le jugement du 11 septembre précédent, voir déclarer qu'elle sera interdite de sa personne et de ses biens, qu'il lui sera nommé un tuteur, conformément à la loi, le tout avec dépens; — Attendu que les choses restèrent dans cet état jusqu'au 12 janvier dernier, jour auquel Me Roux, avoué de ladite dame de Finfe, a signifié dans la cause des conclusions par lesquelles, prétendant que le demandeur en interdiction de sa cliente n'étant pas son fils, pas même son parent à un degré quelconque, il était non recevable, aux termes de l'art. 490, à provoquer son interdiction, subsidiairement Me Roux concluant à ce qu'il fût sursis à statuer sur la demande en interdiction jusqu'à la décision à intervenir sur la question d'état qu'elle soulevait; — Attendu que la cause étant venue en ordre utile sur la question d'état, à l'audience du 24 février, les avoués ont repris leurs conclusions et les avocats les ont développées; l'affaire a été continuée à l'audience du lendemain pour entendre M. le substitut du procureur de la République; — Attendu qu'à cette audience du 25 février, Me Bouchardon, pour et au nom de son client, a demandé acte de ce qu'il se désistait de l'instance en interdiction par lui intentée contre la dame de Finfe; — Attendu que Me Roux a déclaré au nom de ladite dame veuve de Finfe ne vouloir pas accepter ce désistement, et a insisté pour que l'affaire fût maintenue au rôle, sur la demande reconventionnelle et préjudicielle de sa cliente, cette demande ne pouvant être considérée comme une simple défense à l'action principale contre elle intentée, et sa cliente ayant intérêt à faire juger la demande reconventionnelle et préjudicielle dont elle a saisi régulièrement le tribunal; — Attendu que cette affaire en état doit recevoir jugement; — Attendu que le tribunal, par des motifs consignés dans un jugement rendu à l'instant même, sur les conclusions conformes du procureur de la République, après en avoir délibéré, a admis ce système, et tout en donnant acte du désistement, a ordonné qu'il serait suivi sur la demande précédente; — Attendu que M. le procureur de la République a ensuite pris la parole de nouveau et a conclu sur l'affaire en cet état; — Le tribunal, après en avoir délibéré, statuant sur la demande incidente de la dame de Finfe; — En ce qui concerne la recevabilité de l'action en contestation d'état dont il est saisi par ladite dame de Finfe : — Attendu qu'une action de cette nature est imprescriptible, l'état des personnes étant hors du commerce et ne pouvant pas plus s'acquérir que s'éteindre par la prescription; — Attendu qu'une telle action ne peut être l'objet ni d'une transaction, ni d'une renonciation expresse ou tacite, et que, d'une manière absolue, d'ailleurs, on ne peut déroger par des conventions particulières aux lois qui régissent l'ordre public et les bonnes mœurs (c. civ. art. 6, 1128; c. proc. civ. art. 1004); — Attendu que le tribunal a donc été compétemment saisi de l'affaire; — En ce qui touche le fond : — Attendu que si, aux termes de l'art. 322 c. civ., nul ne peut contester l'état de celui qui a une possession d'état conforme à son acte de naissance, il y a lieu d'observer : 1° que la dame veuve de Finfe offre de prouver que ne s'applique pas à Raphaël de Finfe, aujourd'hui son adversaire, l'acte de naissance du 11 déc. 1846, dressé à la mairie de Montmorency, et qui donne à l'enfant, né le 10 du même mois, pour père et mère légitimes, Achille-Apollon de Finfe et dame Héloise-Simone Messager; 2° que, d'ailleurs, la possession d'état qu'il invoque en sa faveur manque des caractères déterminés par l'art. 321 c. civ., *nomen, tractatus, fama*; — Attendu que, et spécialement, la dame veuve

évident qu'il n'y aurait pas de droit acquis, si le défendeur avait simplement formé une demande reconventionnelle indépendante par sa nature de la demande principale (Trib. Anvers, 21 sept. 1871, *Jurisprudence du Port d'Anvers*, 1871. 1. 298; Jamar, *Répertoire de la jurisprudence belge*, vº *Désistement*, nº 20).

25. Alors même que l'instance est liée, le *Répertoire* enseigne (nº 86) que le tribunal peut valider le désistement si le refus du défendeur n'est fondé sur aucune raison légitime. Le défendeur aurait un juste motif de refuser un désistement dont le seul but serait de soustraire le demandeur à la perte imminente de son procès. Il a été jugé que le demandeur n'est pas recevable à exciper, en pareil cas, d'un vice de procédure, si l'irrégularité a été ultérieurement rectifiée et si

---

de Finfe prétend que dans les premiers temps de sa naissance, alors qu'il était en nourrice chez la femme Dethuy, au Plessis-Berlancourt, Raphaël n'était connu que sous le prénom de Léon, né de père et mère inconnus ; — Que cette femme Dethuy était payée de ses mois de nourrice par une femme Soumet, née Schmitz, sage-femme à Paris, par l'intermédiaire d'une autre sage-femme de Guiscard, nommée Labarre, qui en même temps faisait demander des nouvelles du petit Léon ; que la partie de Bouchardeau ne peut donc se prévaloir ainsi d'une possession constante d'état dans les termes des art. 320 et 323 c. civ. ; qu'enfin il ne peut établir avoir toujours porté le nom du père auquel il prétend appartenir (c. civ. art. 321) ; — Attendu qu'il est aussi articulé que jamais il n'aurait été reconnu par la famille paternelle d'Achille-Apollon de Finfe comme étant son fils ; — Attendu qu'ainsi, loin d'avoir eu, pendant les dix ou onze premiers mois de sa vie, une possession d'état conforme à l'acte de naissance du 10 déc. 1846, qu'il dit être le sien, possession d'état qui est de la plus haute importance, surtout dans les premiers temps de la naissance de l'enfant, et au début de sa possession d'état, la possession d'état a été, au contraire, en tous points, en rapport avec un autre acte de naissance dressé à Paris, le 18 janv. 1847, sur la déclaration de la sage-femme Soumet, et qui dénomme simplement l'enfant « Léon, né de père et mère inconnus » ; — Attendu que, de plus, la dame veuve de Finfe explique que jamais elle ne serait accouchée ; que l'enfant mis en nourrice à Plessis-Berlancourt, en 1848, chez la femme Dethuy, était le jeune Léon, né de père et mère inconnus, à Paris, le 16 janv. 1847, et n'était pas même le fils naturel d'une fille Legendre, de Ville-d'Avray, né à Paris, le 6 déc. 1846, et inscrit frauduleusement à la date du 11 déc. 1846, à la mairie de Montmorency, sous les prénoms de Marie-Joseph-Emmanuel-Ernest-Clément-Raphaël de Finfe, fils légitime des époux de Finfe-Messager, décédé à Paris, le 18 décembre 1846 ; — Attendu que ces faits ont d'ores et déjà un grand degré de vraisemblance par la production aux débats d'un arrêt de la cour d'appel de Paris, du 10 janv. 1851 (D. P. 51. 2. 27), dans lequel tous des faits sont précisés et clairement rapportés ; — Attendu que cet arrêt annule toute la procédure suivie contre les époux de Finfe et la femme Soumet, et l'ordonnance de prise de corps du 3 déc. 1850, rendue contre les trois inculpés, sur charges suffisantes, de s'être rendus coupables, savoir : 1º les époux de Finfe et la femme Soumet, d'enlèvement, de recel et de suppression de la personne de l'enfant de la demoiselle Legendre ; 2º les mêmes, de la suppression de l'état de cet enfant ; 3º les époux de Finfe, de la supposition d'un enfant, à ladite dame de Finfe, qui n'était pas accouchée ; 4º la femme Soumet, de la complicité de ce crime ; 5º de Finfe, de faux en écriture publique résultant de sa fausse déclaration à l'officier de l'état civil de Montmorency ; 6º les époux de Finfe, de la substitution d'un enfant à un autre ; 7º enfin, la femme Soumet, de la complicité de ce même crime ; — Attendu que cet arrêt est motivé sur ce que le ministère public ne peut poursuivre d'office le crime de suppression d'état, tant que les parties intéressées n'ont pas engagé l'action civile relative à la question d'état ; — Attendu qu'en effet l'art. 327 c. civ., portant que l'action criminelle ne pourra commencer qu'après le jugement définitif sur la question d'état, n'a pas uniquement en vue le cas où les deux actions seraient engagées simultanément ; que cet article est général ; — Attendu que la production des pièces de la procédure instruite contre les époux de Finfe et la femme Soumet, à Pontoise, suspendue jusqu'au jugement de la question d'état, aux termes de l'arrêt du 10 janv. 1851, serait certainement de nature à jeter un jour très utile et très concluant sur cette affaire ; mais que le dossier ne peut plus être communiqué aujourd'hui aux parties intéressées, ce dossier ayant été brûlé lors de l'incendie du palais de justice, à Paris, en 1871 ; — Attendu, en supposant que cette procédure criminelle ne constitue pas un commencement de preuve par écrit, que c'est un fait constant d'où il résulte des présomptions et indices assez graves pour déterminer l'admission de preuves testimoniales ; — Attendu que, dans cet état, la dame veuve de Finfe demande à suppléer par titres et par témoins à cette preuve et à ces documents qui lui manquent aujourd'hui par une sorte de force majeure ; que cette preuve est recevable ; — Ordonne l'enquête demandée ». — Appel par le sieur Raphaël de Finfe. — Arrêt

La cour ; — Sur le désistement de l'action de l'appelant tendante à l'interdiction de l'intimée : — Considérant que l'instance une fois engagée appartient à l'une et à l'autre des parties en cause, les lie par un contrat mutuel qui a pour effet de soumettre au juge saisi tous les points de contestation que le litige comporte et fait naître ; qu'à cette instance, les demandes incidentes et reconventionnelles appartiennent non moins que la demande principale, qu'elles ne s'éteignent pas nécessairement avec celle-ci, et qu'il ne saurait dépendre du demandeur originaire d'en empêcher, par un désistement, la solution que le défendeur a intérêt à obtenir ; — Adoptant au surplus les motifs des premiers juges ;

Sur la demande reconventionnelle : — Considérant qu'aux termes de l'art. 322 c. civ., l'état de celui qui a une possession conforme à son titre de naissance ne peut être contesté, mais que ceci ne doit s'entendre qu'au cas où l'identité de la personne à laquelle s'applique le titre n'est pas elle-même contestée ; — Qu'il n'en est pas ainsi dans la cause ; qu'en effet, l'acte de naissance que l'appelant produit comme titre et fondement de l'état de fils légitime d'Achille-Apollon de Finfe et d'Anne-Simone-Héloïse Messager est attaqué par l'intimée, dont les conclusions ont précisément pour objet d'établir que ledit acte de naissance a été dressé le 11 déc. 1846, sur la présentation à l'officier de l'état civil de l'enfant naturel d'une fille Legendre et la fausse déclaration que cet enfant était né de l'intimée et d'Apollon de Finfe, son mari ; que, quelques jours après, le fils de la fille Legendre étant décédé, l'appelant qui avait été déclaré à l'état civil sous le nom de Léon, né de père et mère inconnus, lui a été substitué et a bénéficié depuis du faux acte de naissance de 1846, qui lui a été frauduleusement appliqué et dont il se prévaut comme sien, bien qu'il lui soit étranger ; — Qu'en présence de cette prétention élevée contre la sincérité dudit acte de naissance et jusqu'à ce qu'elle ait été judiciairement repoussée, l'appelant ne serait pas fondé à se couvrir des dispositions protectrices de l'art. 322 c. civ. ; — Mais considérant que l'intimée a traité l'appelant, dès sa plus tendre enfance, comme son fils, l'a fait élever, l'a présenté comme tel dans sa famille et dans la société, lui a reconnu ce titre dans plusieurs actes publics, notamment dans son acte de mariage, où elle est intervenue en qualité de mère légitime pour donner un consentement sans lequel ledit mariage n'aurait pu être valablement contracté, et plus tard, dans la liquidation de la communauté qui avait existé entre elle et feu Apollon de Finfe, son mari, et de la succession de ce dernier ; — Qu'en ces circonstances, elle a elle-même proclamé que l'appelant est issu de son union légitime avec ledit Apollon de Finfe, alors que les faits prétendus qu'elle articule aujourd'hui contre cette filiation lui auraient été connus ; — Que par ces affirmations solennelles et publiques, en de telles conditions, du lien maternel qui l'unit légitimement à l'appelant, elle s'est rendue non recevable à le contester ultérieurement ; — Qu'elle ne le pourrait sans se dépouiller d'un état personnel qu'il lui appartient d'autant moins d'abdiquer, de rejeter ou de garder à son gré, que la déclaration qu'elle en a faite à l'acte de mariage précité a eu des conséquences d'ordre public auxquelles il ne saurait être en son pouvoir de porter ensuite atteinte par une déclaration différente ; — Considérant, d'autre part, que des faits et des documents de la cause, particulièrement des actes constitutifs de la reconnaissance par l'intimée de l'état de l'appelant ci-dessus relatés, et qui lui interdisent de contester son identité avec l'enfant désigné à l'acte de naissance par lui produit, il résulte que, dès à présent et par cela même, ledit appelant justifie d'une possession conforme audit acte de naissance ; — Considérant, enfin, que les faits contraires articulés par l'intimée reçoivent un démenti de ces mêmes documents, de la lettre, entre autres, du 12 janv. 1847, par laquelle Apollon de Finfe faisait part à Mº Debarme, notaire à Charleville, de la naissance d'un fils, circonstance inconciliable avec l'articulation qui place la naissance et l'introduction par substitution de ce même enfant dans la famille de Finfe à une époque postérieure ;

Par ces motifs, confirme en ses dispositions le jugement du 25 févr. 1875 ; — Infirme les dispositions du jugement du 2 mars ; — Déclare l'intimée non recevable à contester la filiation et l'état de l'appelant, lesquels reposent sur une possession et un titre de naissance conformes, lui conférant les noms et qualités de Marie-Joseph-Emmanuel-Clément-Raphaël, né du légitime mariage d'Achille Apollon de Finfe et d'Anne-Simone Héloïse Messager, noms et qualités dans lesquels il est maintenu ; — Dit qu'à tort les premiers juges ont admis en preuve les faits articulés par la demanderesse, faits qui sont d'ailleurs dès à présent démentis et non pertinents.

Du 8 juill. 1875.-C. d'Orléans, aud. sol.-MM. Mantellier, pr.-Châtelain, av. gén.-Desplanches et Rivière (du barreau de Tours), av.

toutes les parties ont conclu au fond, sans que le défendeur opposât aucune fin de non-recevoir tirée de l'irrégularité primitive (Req. 19 mai 1879, *infrà*, v° *Organisation de l'Algérie*).

26. On a vu au *Rép.* n° 89 que, si l'instance n'est pas contradictoire, le demandeur en reste maître, parce que le contrat judiciaire n'a pu se former. Mais le prononcé du jugement modifie cette situation, la volonté du tribunal pouvant, dans une certaine mesure, remplacer celle du défaillant. Le désistement ne serait valable, en pareil cas, que s'il avait une cause légitime, par exemple, si la procédure était nulle. Ainsi la solution est la même que dans le cas où il s'agit d'une décision contradictoire (V. *infrà*, n° 29). La cour de cassation paraît s'en être écartée en décidant que la partie qui a obtenu un jugement par défaut peut se désister du bénéfice de ce jugement et reproduire la même demande devant un autre tribunal, *si la partie condamnée n'a pas témoigné par quelque acte ou fait antérieur au désistement qu'elle acceptait la procédure dirigée contre elle*, et si, d'ailleurs, le désistement a une cause légitime telle que l'irrégularité de la procédure. Ce désistement emporte de plein droit retour à l'état de choses antérieur, bien qu'il n'ait pas été accepté (Civ. rej. 18 mars 1868, aff. Frinault, D. P. 68. 1. 252). Dans l'espèce de cet arrêt, la nullité du jugement auquel la partie avait renoncé constituait certainement une cause légitime de désistement. La solution de l'arrêt est donc suffisamment justifiée par le second de ses motifs. Mais le premier motif est en contradiction avec la doctrine du *Répertoire*. D'après la cour de cassation, l'acceptation n'était pas nécessaire, parce que la partie condamnée par défaut n'avait témoigné par aucun acte ou fait antérieur au désistement l'intention d'accepter la procédure dirigée contre elle. — Nous persistons à croire que l'opinion contraire est seule exacte. Le défendeur qui ne comparaît pas s'en rapporte aux juges dont la volonté remplace la sienne et forme le contrat. On répond que cette acceptation du jugement par la partie défaillante n'est qu'une hypothèse, puisque le défaillant peut faire opposition ou appel. Mais tant que le défaillant n'a fait ni opposition, ni appel, ne doit-on pas supposer qu'il accepte le jugement? La loi le suppose, puisqu'elle accorde au jugement par défaut tous les effets d'un jugement contradictoire jusqu'à l'opposition. Comme le jugement contradictoire fixe les droits des parties, sauf appel, le jugement par défaut fixe les droits des parties, sauf opposition ou appel. Il semble donc qu'on ne doit faire aucune différence, au point de vue du désistement et de l'acceptation du désistement, entre les jugements par défaut et les jugements contradictoires. Dès qu'il y a eu jugement, il n'y a plus lieu de rechercher si l'instance a été ou non liée. L'autorité du juge a conclu le contrat judiciaire, tantôt malgré le défaut de consentement de la partie défaillante, tantôt malgré l'opposition de la partie qui a comparu et plaidé. Dans l'un et l'autre cas, la décision du juge remplace également la volonté des deux parties. Dans l'un et l'autre cas, elle doit devenir également la loi des deux parties.

27. Le *Répertoire* (n° 91) cite des cas où l'acceptation n'est pas nécessaire. On en trouvera *infrà*, n° 33, un autre exemple.

28. Un désistement partiel ne peut être imposé à la partie adverse (*Rép.* n° 92). S'il permet de recommencer le débat sur un chef du litige, l'autre partie peut à bon droit le refuser. Ainsi il a été jugé : 1° que le désistement par une partie du bénéfice de l'arrêt par elle obtenu peut être refusé, lorsqu'il ne s'applique qu'à l'un des chefs de l'arrêt (Civ. rej. 16 juin 1852, aff. Eglise protestante de Zutzendorff, D. P. 52. 1. 284) ; — 2° Que, en cas d'appel d'un jugement qui annule une demande principale et rejette une demande reconventionnelle en dommages-intérêts, fondée, par exemple, sur la demande principale, le désistement, par l'intimé, du bénéfice de la décision attaquée peut être refusé par l'appelant, s'il ne s'étend pas, en même temps, à la demande reconventionnelle en dommages-intérêts, et, par suite, les juges d'appel ont le droit de ne pas disjoindre la demande principale de cette demande reconventionnelle et de statuer sur l'une et l'autre demande, à raison de leur connexité (Req. 26 avr. 1869, aff. Chaize, D. P. 69. 1. 477) ; — 3° Que la renonciation, par le défendeur en cassation, à l'un des chefs de la décision frappée de pourvoi ne rend pas le pourvoi non recevable même sur ce chef, si elle est accompagnée de protestations en faveur du bien jugé de l'arrêt attaqué ; ce désistement peut être refusé, comme ne s'appliquant qu'à l'un des chefs de l'arrêt (Civ. cass. 28 déc. 1859, aff. Holder, D. P. 60. 1. 345).

29. Lorsque le contrat judiciaire est non seulement formé, mais consommé par le prononcé d'un jugement contradictoire, le désistement devient impossible, sans l'accord de toutes les parties (*Rép*, n° 95). Conformément à cette doctrine certaine, la cour de cassation a décidé que le désistement du bénéfice d'un jugement frappé d'appel, donné par l'une des parties, mais non accepté par son adversaire, ne peut mettre fin à l'instance d'appel, ni permettre de produire à nouveau la demande devant le juge du premier degré (Civ. rej. 2 févr. 1882, aff. Commune de Nasbinals, D. P. 83. 1. 149-150. V. dans le même sens : Civ. cass. 11 mai 1846, aff. Deuzy, D. P. 47. 4. 161 ; 22 avr. 1850, aff. Delaunay, D. P. 50. 1. 126). Il s'agissait, dans l'espèce jugée par l'arrêt du 2 févr. 1882, d'une demande au possessoire formée par un maire ; le défendeur avait relevé appel du jugement puis, le maire se désistant, avait porté à nouveau l'affaire devant le même juge de paix. La cour de cassation a appliqué le principe d'après lequel les pouvoirs du juge cessent dès qu'il a rendu la sentence : *Posteaquam sententiam dixit, desinit esse judex* (*Dig.* L. 55, *De re judicata*). La chose jugée est définitive sauf les moyens légaux d'annulation.

ART. 3. — *Acceptation et révocation du désistement* (*Rép.* n°s 97 à 128).

30. Comme tout contrat, le désistement suppose l'accord de deux volontés ; d'où la nécessité d'une acceptation, formelle ou tacite, librement consentie ou imposée par la justice (*Rép.* n°s 97 et suiv.). Jusqu'à l'acceptation (sauf les cas où l'instance n'est pas liée et celui où elle est entachée de nullité), l'offre de désistement peut être révoquée (*Rép.* n°s 106 et suiv.). La jurisprudence a consacré, à différentes reprises, ce principe, dont le *Répertoire* contenait déjà plusieurs applications (n° 108). Ainsi il a été jugé : 1° que le désistement d'un contredit dans un ordre n'est valable et irrévocablement acquis à la partie adverse, qu'autant qu'il a été accepté par cette dernière. En conséquence, il peut être jusqu'alors révoqué par la partie qui l'a donné (Toulouse, 13 août 1853, aff. Meyer, D. P. 54. 2. 67) ; — 2° Que l'offre de désistement peut être, comme toute pollicitation, retirée tant qu'elle n'a pas été acceptée (Douai, 16 janv. 1884, *infrà*, v° *Divorce*) ; l'acceptation ne pourrait même pas être suppléée par un donné acte de l'offre (Même arrêt) ; — 3° Que la renonciation par une partie au bénéfice du jugement qu'elle a obtenu ne peut produire aucun effet, lorsqu'elle n'a pas été acceptée par la partie adverse (Civ. cass. 11 mars 1885, aff. Durand, D. P. 85. 1. 240).

31. Est-il nécessaire que l'acceptation ait été portée légalement à la connaissance du désistant ? L'affirmative résulte d'un arrêt, aux termes duquel le désistement d'appel peut, jusqu'à l'acceptation et *la connaissance que le désistant en a eue*, être rétracté par lui (Toulouse, 24 mars 1848, aff. Ille, D. P. 49. 2. 18). Mais cette solution admise, on ne saurait exiger du moins que l'acceptation du désistement ait été notifiée au désistant ; il suffit que celui-ci en ait été informé, et il en serait ainsi, notamment, dans le cas où la partie adverse aurait déclaré son acceptation dans l'acte même portant notification du désistement.

32. En ce qui concerne la forme de la rétractation, V. *infrà*, n° 41.

33. Il est des cas où le désistement ne comporte pas d'acceptation. Le *Répertoire* (n°s 110 et suiv.), en donne des exemples. Il a été jugé, depuis, que le désistement d'une surenchère formé par un créancier n'est pas subordonné, même après le jugement qui a validé cette surenchère, à l'acceptation de l'acquéreur : l'adhésion des autres créanciers inscrits est seule nécessaire. Et il importe peu que le jugement qui a ordonné la nouvelle adjudication ait disposé qu'une indemnité serait payée à l'acquéreur évincé à raison de ses impenses, ce chef du jugement ne constituant pas pour lui un droit acquis, et laissant entière la faculté de désistement (Req. 24 avr. 1855, aff. Fabre, D. P. 55. 1. 202).

34. La question de savoir si le désistement de l'appel doit être accepté a donné lieu à controverse. Suivant la doctrine enseignée au *Répertoire*, ce désistement est un simple acquiescement qui se passe d'acceptation (*Rép.* n°s 116 et 117). D'après une autre opinion, le désistement n'échappe pas, dans ce cas spécial, à la règle commune (*Rép.* n° 118). On peut citer dans le sens de cette seconde opinion un arrêt de la cour de Paris qui suppose la nécessité d'une acceptation formelle du désistement de l'appel principal (Paris, 24 juill. 1872, aff. Bleicher, D. P. 74. 5. 161).

35. La jurisprudence continue, du reste, à admettre, conformément à la doctrine exposée au *Rép.* n° 124 que l'appel incident est valablement formé après un désistement de l'appel principal non accepté ni déclaré valable (Paris, 5 mars 1868, aff. Clicquot, D. P. 70. 2. 53-54; Paris, 24 juill. 1872, cité *suprà*, n° 34).

ART. 4. — *Formes du désistement* (*Rép.* n°s 129 à 162).

§ 1er. — Actes par lesquels le désistement peut être donné et de leurs conditions (*Rép.* n°s 130 à 155).

36. — I. ACTE JUDICIAIRE OU EXTRAJUDICIAIRE (*Rép.* n°s 130 à 139). — Il est certain que le désistement n'est assujetti à aucune forme sacramentelle. Pourvu qu'il soit précis et formel, et qu'il soit accepté de l'autre plaideur, les formes en sont laissées au choix des parties (*Rép.* n°s 130 et suiv. ; Lyon, 7 août 1873, *suprà*, n° 24). Ainsi il a été jugé, conformément à la jurisprudence antérieure : 1° que le désistement peut avoir lieu par un simple acte extrajudiciaire, signifié par exploit d'huissier (Paris, 11 juin 1885) (1); — 2° Que le désistement d'un acte d'appel est implicitement formulé par la notification d'un second appel se substituant au premier, pourvu qu'il soit connu de la partie adverse (Bastia, 17 janv. 1876, aff. Cristiani, D. P. 78. 5. 190) ; — 3° Qu'il peut résulter d'une simple lettre missive signifiée à l'adversaire (Arrêt précité du 7 août 1873); — 4° Qu'en matière commerciale, il peut être donné même verbalement. Et ce désistement ne peut plus être rétracté, lorsque la partie contre laquelle la demande abandonnée a été formée en a demandé acte à l'audience, avant que l'auteur du désistement ait déclaré persister dans sa demande (Req. 10 juill. 1867, aff. Adet, D. P. 68. 1. 32).

Mais la simple radiation d'une cause du rôle de l'audience ne peut équivaloir à un désistement, surtout quand elle a été prononcée avec le consentement du demandeur qui a eu soin, à ce moment, de réserver ses droits pour suivre l'audience ultérieurement (Paris, 19 juin 1884) (2).

37. — II. SIGNATURE DE LA PARTIE (*Rép.* n°s 140 et suiv.). — Le désistement doit, à peine de nullité, être signé par la partie qui se désiste. Le *Répertoire* ne signale qu'une exception à la règle; c'est le cas où l'avoué se désiste d'un acte entaché de nullité (V. en ce sens : Martinique, 20 févr. 1884) (3). — D'autre part, si l'on admet qu'en matière d'ordre, l'avoué a le droit de se désister d'un contredit par lui fait (V. *suprà*, n° 13), il est logique de ne pas exiger, en pareil cas, la signature de la partie (V. en ce sens les motifs d'un jugement du tribunal du Vigan, du 7 juin 1849, aff. Jean Jean, D. P. 49. 5. 112). Au surplus, l'acceptation du désistement d'un contredit d'ordre faite par l'avoué du créancier contesté (mineur) est valable, bien qu'elle n'ait pas été signée par ce dernier, et il doit avoir effet malgré la rétractation postérieure du désistement (Même jugement).

38. S'il n'a jamais été douteux que le désistement par acte d'avoué dût être revêtu de la signature de la partie, la question a été controversée lorsque le désistement se produisait par exploit d'huissier. L'opinion du *Répertoire* (n° 143) d'après laquelle, même dans ce cas, la signature est exigée, semble avoir définitivement prévalu en jurisprudence (Agen, 25 juill. 1866) (4). Il en est ainsi, même en matière com-

(1) (Le Boeuf C. Gauguet.) — LA COUR; — Considérant que par acte extrajudiciaire, portant sa signature, et signifié à l'intimé par exploit de Guillain, huissier à Paris, en date du 16 avr. 1885, Gauguet a déclaré se désister purement et simplement de son appel du jugement, aux offres de droit; qu'au lieu d'accepter ce désistement, qu'il reconnait contenir toutes les obligations imposées par la loi, Le Boeuf en demande la nullité par le motif qu'il aurait été rédigé et signifié en contradiction avec les prescriptions de l'art. 402 c. proc. civ; — Considérant que cet article portant que le désistement peut être fait par de simples actes signés par les parties ou leurs mandataires, et signifiés d'avoué à avoué, n'impose pas à peine de nullité ce mode de procéder, mais lui attribue un caractère purement facultatif; — Considérant, dès lors, que c'est à tort et sans droit que l'intimé demande la nullité du désistement dont il s'agit, et qu'il doit supporter les frais occasionnés par son injuste contestation;

Par ces motifs, rejette comme mal fondée la demande en nullité formée par Le Boeuf, du désistement signifié à la requête de Gauguet par exploit de Guillain, huissier à Paris, en date du 16 avr. 1885; — Déclare ledit désistement régulier et valable comme satisfaisant à toutes les prescriptions de la loi.

Du 11 juin 1885.-C. de Paris, 1re ch.-MM. Périvier, 1er pr.-Manuel, av. gén.-Rousseau, av.

(2) (Hubert Delamarre et demoiselle Speliers C. Comtesse Delamarre.) — LA COUR; — ... Considérant que la radiation d'une cause du rôle d'audience n'est qu'une mesure d'ordre intérieur et ne saurait équivaloir à un désistement, alors surtout que comme dans l'espèce, la demanderesse a eu le soin d'expliquer, en donnant son consentement à cette radiation, que c'était sous la réserve de tous ses droits pour suivre ultérieurement a udience ; — Au fond ;... — Par ces motifs, sans s'arrêter ni avoir égard à la fin de non-recevoir proposée, laquelle est rejetée comme mal fondée; Confirme.

Du 19 juin 1884.-C. de Paris, 1re et 2e ch. réun.-MM. Périvier, 1er pr.-Manuel, av. gén.-Demange et Bétolaud, av.

(3) (Demoiselle Boudon C. veuve Noël.) — LA COUR ; — Attendu que par ordonnance rendue sur référé à la date du 14 nov. 1883, le président du tribunal de Fort-de France a rapporté une ordonnance rendue sur requête en date du 10 octobre même année qui permettait à la demoiselle Boudon d'assigner à bref délai la dame veuve Noël ; — Attendu que la demoiselle Boudon qui avait fait défaut à ce référé a assigné le 16 novembre suivant acte entre avoués des conclusions tendant à ce qu'il plût au tribunal de déclarer nulle et de nul effet ladite ordonnance de référé du 14 novembre et l'avenir qui l'avait précédée ; que le tribunal a donné acte des conclusions des parties sur ce chef; — Attendu que postérieurement la demoiselle Boudon, abandonnant ce premier mode de recours contre l'ordonnance de référé du 14 novembre, en a interjeté appel ; — Attendu qu'il suit de là qu'il y aurait litispendance ; — Mais attendu que dans les conclusions d'appel, ladite demoiselle Boudon déclare se désister des conclusions posées par elle devant le tribunal aux mêmes fins ; — Que ce désistement ne concerne que l'instance et n'emporte que l'abandon de la procédure, mais ne cause aucun préjudice au droit qui lui survit ; — Que son seul but est d'anéantir une procédure vicieuse pour lui en substituer une plus régulière ; — Que la doctrine et la jurisprudence admettent que les avoués mandataires *ad litem* ne peuvent, quand une nullité vicie leur procédure, dont ils sont responsables, être forcés à rapporter une autorisation de leur client pour abandonner tout ou partie de l'instance ; que ce serait souvent, ajoute Dalloz (*Rép.* v° *Désistement*, n° 39), les réduire à l'impossible et aggraver leur responsabilité ; — Attendu qu'il ne saurait en être autrement que dans le cas ou l'intérêt de l'intimé serait lésé, si par exemple, il était privé des deux degrés de juridiction, ce qui n'existe pas dans l'espèce, puisque l'appel était la seule voie de recours ouverte à la demoiselle Boudon, ainsi qu'il va être démontré ci-dessus ; — Attendu qu'il suit de là que l'acte de désistement n'avait pas besoin d'être signé par la partie pour être valable ; — Attendu que le désistement peut être donné en tout état de cause ; — Qu'il n'y a pas de déchéance ni de délai fatal contre la faculté de se désister soit d'une action, soit d'une instance (*Rép.* v° *Désistement*, n° 84) ; — Que la jurisprudence l'admet lorsqu'il est donné dans le même acte qui interjette appel ; — Que, du reste, les formes du désistement sont diverses et abandonnées au choix des parties ; — Attendu que le tribunal compétent à raison de la matière, devant lequel on excipe d'un désistement, a le droit d'en connaître ; — Que les principes de l'acquiescement sur ce point sont communs au désistement ;... — Par ces motifs, infirme l'ordonnance de référé dont est appel, renvoie les parties à l'exécution de l'ordonnance du 10 oct. 1883.

Du 20 févr. 1884.-C. de la Martinique.-MM. Duchassaing, pr.-Porry et Husson, av.

(4) (De Cortade C. Commune de Lectoure.) — LA COUR ; — En ce qui touche la validité du désistement du sieur Cortade ; — Attendu que la renonciation à l'appel de l'ordonnance sur référé en date du 28 juin 1866, signifiée par acte d'huissier, ne porte pas la signature du sieur Cortade, et que l'art. 402 c. proc. civ. exige, pour la validité du désistement, la signature de la partie ou du mandataire ; que cette disposition n'est pas limitative au cas d'un désistement, signifié d'avoué à avoué, mais s'applique, par

mercialé (Toulouse, 28 mars 1884) (1). Il a été jugé en sens contraire, en Belgique, que le désistement signifié par exploit d'huissier est valable, quoique non signé. Il en est surtout ainsi lorsque le désistant l'a confirmé par une signification ultérieure (Trib. Charleroi, 13 avr. 1878) (2).

39. On s'accorde à reconnaître que le désistement signifié par acte d'avoué à avoué doit, à peine de nullité, être signé par la partie sur la copie aussi bien que sur l'original; et qu'il ne suffit pas que la signature de l'original soit mentionnée dans l'acte de signification (*Rép.*, n° 145). La raison en est que la copie qui tient lieu d'original à la partie adverse doit être revêtue de toutes les formalités exigées pour la validité du désistement; s'il en était autrement, cette partie serait dans l'impossibilité d'établir, en cas de contestation, la régularité de l'acte, puisque l'original n'est pas conservé dans un dépôt public, et reste au pouvoir de celui qui s'est désisté. — Mais en est-il de même, et la signature de la partie sur la copie est-elle indispensable, lorsque le désistement est donné par un acte signé de la partie et dont copie est signifiée par son avoué? Sur ce point, la jurisprudence et les auteurs se divisent. Suivant un arrêt d'Orléans du 22 janv. 1851 (aff. Podenas, D. P. 51. 2. 147) conforme à l'opinion de Favart et de Chauveau, l'avoué, en ce cas, agit sous sa responsabilité personnelle, en attestant l'existence de cet acte et la vérité de la signature; et l'affirmation de l'officier ministériel sauvegarde suffisamment les intérêts de la partie adverse. Au contraire, suivant un arrêt de Bordeaux, du 16 avr. 1863 (aff. Dejean, D. P. 63. 5. 117), il n'y a pas lieu de distinguer entre les deux cas, et, dans l'un pas plus que dans l'autre, la signature de la partie « ne saurait être suppléée par la mention de cette signature *référée* par l'avoué, cet officier ministériel n'ayant pas qualité pour certifier le fait de la sincérité de la signature ». C'est dans le sens de cette doctrine, qui est aussi celle du *Répertoire*, que la cour de cassation s'est prononcée par un arrêt de la chambre civile du 7 août 1877 (aff. Ismaël-ben-Cheriff, D. P. 78. 1. 55).

40. Mais la rétractation d'un désistement n'a pas, comme le désistement, besoin d'être signée de la partie ou de son mandataire; par exemple, le désistement d'une instance, signifié et signé par une partie, est, s'il n'a pas été accepté, valablement rétracté par acte d'avoué à avoué et bien que cet acte ne soit pas signé par elle (Douai, 25 mai 1853, aff. Evrard, D. P. 54. 2. 64; Req. 14 déc. 1853, aff. Payelleville, D. P. 54. 1. 437). C'est à tort, en effet, que l'on voudrait, dans le silence de la loi, étendre à l'acte de révocation du désistement des formes tracées, à peine de nullité, pour la validité du désistement lui-même; les dispositions qui établissent des nullités ne sont pas susceptibles d'extension, quelque analogie qu'il y ait, d'ailleurs, entre le cas prévu et le cas non prévu. M. Chauveau, *Formulaire de procédure*, 6e éd., t. 2, n° 865, publie une formule qui semble impliquer l'idée que l'acte de rétractation doit être signé du rétractant; mais il faut noter que M. Chauveau se borne à poser une règle dictée par la prudence et qu'il ne résout pas la question de savoir si l'omission de la signature est une cause de nullité.

41. — III. POUVOIR DU MANDATAIRE (*Rép.* nos 148 à 155). — La nécessité d'un pouvoir spécial, lorsque le désistement est donné par un mandataire, ne paraît pas avoir été contestée depuis le *Répertoire*. Nous ne pouvons que nous référer aux explications qui y sont contenues.

§ 2. — Constatation du désistement (*Rép.* nos 156 à 158).

42. Le *Répertoire* enseigne (nos 156 à 158) que toute partie peut exiger qu'il lui soit donné acte du désistement par les juges toutes les fois qu'elle y a un intérêt légitime. Il a été jugé : 1° que l'époux intimé peut exiger qu'il lui soit donné acte, par arrêt, du désistement de son conjoint qui a interjeté appel du jugement prononçant la séparation de corps contre lui (Orléans, 5 nov. 1853, aff. Delaborde, D. P. 55. 2. 89); — 2° Que le créancier d'une faillite intimé sur l'appel du jugement de première instance, qui a reconnu l'existence de sa créance, a le droit de n'accepter que par voie de déci-

---

identité de raison et *a fortiori* au désistement notifié par huissier; que l'on conçoit bien qu'un pareil acte ayant pour résultat l'abandon d'un droit et constituant une véritable aliénation, ne puisse s'accomplir valablement sans la signature et l'assentiment exprès de la partie au nom de laquelle il est signifié; — D'où il suit que, dans l'espèce, le désistement dont on se prévaut contre le sieur de Cortade n'est pas régulier et doit être considéré comme nul et non avenu; — Par ces motifs, etc.

Du 25 juill. 1866.-C. d'Agen, 1re ch.-MM. Sorbier, 1er pr.-Drême, av. gén.-Dayrem (du barreau de Lectoure) et Gladi, av.

(1) (Maréchal C. Debarry.) — Le 26 mai 1883, jugement du tribunal de commerce de Toulouse ainsi conçu : — « Attendu que Debarry avait été assigné devant le tribunal de commerce de son domicile, en payement de 2700 fr. par exploit du 2 déc. 1881; que Maréchal, demandeur, avait mis la cause au rôle le 9 décembre et, avec le défendeur, sollicité une fixation d'audience; — Attendu que le 17 mars dernier, quelques jours avant celui où la cause devait se plaider, Maréchal fit notifier à Debarry un acte par lequel il se désistait de l'action engagée, le 2 décembre précédent, et assignait devant le tribunal de commerce de la Seine aux mêmes fins, sans égard pour délai des distances; — Attendu que le représentant de Maréchal prévenu que Debarry n'acceptait pas ce désistement et ne se présentant pas le 31 mars 1882, à la barre du tribunal de céans, Debarry demanda et obtint un défaut-congé; que c'est à ce jugement que Maréchal a formé l'opposition qui est l'objet de l'instance actuelle; que la question à juger est celle de savoir si Debarry a pu, le 31 mars, malgré le désistement du 17 du même mois obtenir défaut-congé; — Attendu que ce désistement n'a été notifié que par simple acte d'huissier et n'a pas été accepté; qu'en un mot le demandeur a méconnu les dispositions des art. 402 et 403 c. proc. civ.; — Attendu que les termes de ces articles paraissent catégoriques et que rien dans la loi spéciale aux tribunaux de commerce n'indique que ces prescriptions ne soient pas applicables aux litiges commerciaux; — Que l'art. 414 c. proc. civ., en indiquant que le ministère des avoués n'existe pas devant le tribunal de commerce, n'a pas voulu dire que, devant cette juridiction, il n'y aurait jamais lieu au désistement régulier, formalisé, et que les droits des justiciables et des défendeurs en particulier ne seraient pas aussi bien sauvegardés que devant la juridiction civile; — Attendu que le désistement est un acte que le législateur a spécialement organisé, puisque sa validité est assujettie à des formalités plus précises que l'acte introductif d'instance, d'où il est permis de conclure que pour défaire un contrat judiciaire, il faut, non seulement l'affirmation absolue du demandeur par sa signature propre ou celle d'un mandataire spécial, mais aussi le consentement du défendeur indispensable pour que l'effet du désistement indiqué par l'art. 403 se produise; en un mot, pour que le contrat judiciaire soit annulé du consentement des deux parties; — Par ces motifs, etc. » — Appel par le sieur Maréchal. — Arrêt.

LA COUR; — Adoptant les motifs des premiers juges, confirme.

Du 28 mars 1884.-C. de Toulouse, 2e ch.-M. Bermond, pr.

(2) (Gilleaux-Cornil et comp. C. Strivet et consorts.) — LE TRIBUNAL; — Attendu que la disposition de l'art. 402 c. proc. civ. n'est que facultative; que cet article n'exclut, ni par ses termes, ni par son esprit, l'acte extrajudiciaire, quand il déclare que le désistement peut être fait et accepté par de simples actes, signés des parties ou de leurs mandataires, et signifiés d'avoué à avoué; — Attendu qu'alors que le désistement est fait par ces simples actes, on est en droit de soutenir que ceux-ci doivent, pour être valables en la forme, porter la signature des parties ou de leurs mandataires spéciaux, mais aucun texte de loi ne requiert cette signature, ni ce mandat spécial pour la validité du désistement signifié par l'huissier, mandataire forcé, et qui a reçu du législateur un pouvoir suffisant en l'espèce; — Attendu, au surplus, que ce désistement a été confirmé et ratifié par les demandeurs le 9 mars 1878, ainsi qu'il conste d'une signification de la même date de l'huissier Legendre, de Charleroi; — Attendu que le désistement, dès qu'il est accepté, ne met fin qu'à l'instance et nullement à l'action, et que le désistant peut, en conséquence, ultérieurement renouveler la poursuite en reconnaissance de ses droits; qu'il peut donc se produire des cas où le défendeur au désistement ait intérêt à refuser son acceptation, quand, par exemple, le désistement n'est pas régulier, quand il est donné sous des conditions inacceptables, quand il aurait pour effet de soustraire l'acceptant à sa juridiction naturelle, de perpétuer l'incertitude de ses rapports juridiques avec le demandeur, d'enrayer une demande reconventionnellement formulée, en un mot, de porter, d'une manière quelconque, préjudice à ses droits; qu'aucune de ces hypothèses ne se produit ici; que les demandeurs ont eu même soin d'ajouter, en conclusions, qu'ils considèrent leur instance civile comme absolument sans objet et comme non avenue; — Par ces motifs, donne acte aux demandeurs de ce qu'ils se désistent purement et simplement de l'instance engagée.

Du 13 avr. 1878.-Trib. de Charleroi, 1re ch.-MM. Nifle, pr.-Lucq, subst. proc. du roi, c. conf.

sion judiciaire lui donnant acte, le désistement de l'instance d'appel qui lui est notifié par le syndic (Paris, 18 mars 1875, aff. Blanc, D. P. 78. 2. 49); — 3° Qu'il y a, de même, lieu à donner acte du désistement toutes les fois que la partie à qui il est offert a quelques motifs de suspecter la sincérité de la signature apposée sur le désistement, ou a intérêt à en obtenir une preuve authentique (Caen, 30 nov. 1867) (1).

43. Si la partie qui exige la constatation judiciaire du désistement ne peut justifier d'un intérêt légitime, et si elle le demande pour plus de sûreté et comme surcroît de garantie, l'augmentation de frais causée par son exigence doit rester à sa charge (Pau, 20 déc. 1852, aff. Curutchet, D. P. 53. 2. 87; Caen, 30 nov. 1867, *suprà*, n° 42; Agen, 27 mai 1837, aff. de Saint-Lary, D. P. 74. 5. 161).

44. Il en est de même des désistements qui se produisent devant la cour de cassation. Ainsi lorsque, postérieurement à l'arrêt d'admission, mais avant que cet arrêt lui ait été signifié, le défendeur éventuel déclare, dans un acte extrajudiciaire qu'il fait signifier au demandeur, renoncer au bénéfice de la disposition contre laquelle le pourvoi a été admis et offre de payer les frais faits jusqu'alors sur ce pourvoi, ajoutant qu'en conséquence toute procédure ultérieure devant la cour de cassation serait inutile et frustratoire, ces offres et ce désistement sont valables sans qu'il soit nécessaire d'obtenir un arrêt qui les consacre; et le demandeur, qui obtient ainsi pleine satisfaction, doit discontinuer la procédure. Si donc il signifie l'arrêt d'admission et porte l'affaire devant la chambre civile, sous prétexte qu'il a intérêt à obtenir un arrêt qui lui donne acte du désistement, les frais qu'il fait ainsi doivent rester à sa charge, et il doit en outre être condamné, comme tout demandeur qui succombe, à l'amende envers le trésor public, de même qu'à l'indemnité envers le défendeur, sous la seule déduction de la portion de l'amende consignée, laquelle portion doit être réputée comprise dans les frais faits au moment du désistement et dont le défendeur a offert de payer le montant (Civ. rej. 30 juin 1850, aff. Lefranc, D. P. 51. 1. 180).

Cette dernière décision n'est cependant pas à l'abri de la critique. En général, celui contre qui il existe une condamnation judiciaire, a le droit d'exiger de la partie qui l'a obtenue et qui ensuite y renonce, une déclaration constatée judiciairement et qui soit égale en force et en solennité, égale, surtout pour les garanties de durée et de conservation, au titre qui existe contre lui. C'est ce qui est enseigné au *Rép.* n° 158, pour le cas d'un désistement donné par l'intimé. Or les raisons de décider sont les mêmes quand, au lieu d'un intimé se désistant du jugement frappé d'appel, c'est le défendeur en cassation qui renonce à l'arrêt contre lequel il y a un pourvoi déjà admis par la chambre des requêtes. Celui contre qui existe cet arrêt ne peut trouver un contre-titre équivalent dans un acte extrajudiciaire dont la minute ne repose point dans un dépôt public. Le demandeur en cassation a donc intérêt à suivre sur son pourvoi et d'abord à signifier l'arrêt d'admission qu'il a obtenu, puisque, autrement, cet arrêt devenant non avenu faute de signification dans le délai voulu, il reste la condamnation passée en force de chose jugée, contre laquelle un acte extra-judiciaire, titre fragile et susceptible de se perdre peut n'être pas une défense suffisante. Du moins il est bien évident que ce titre n'équivaut pas à l'arrêt de cassation que le demandeur se croit en droit d'obtenir, et que l'admission de son pourvoi lui donne lieu à espérer.

§ 3. — Mode d'acceptation du désistement (*Rép.* n°s 159 à 162).

45. Nous renvoyons au *Répertoire* pour ce qui concerne l'acceptation du désistement (*Rép.* n°s 159 à 162). V. toutefois ce qui est dit *suprà*, n° 37, à l'occasion de l'acceptation du désistement d'un contredit en matière d'ordre.

ART. 5. — *Effets du désistement entre les parties et vis-à-vis des tiers* (Rép. n°s 163 à 179).

46. — I. EFFETS DU DÉSISTEMENT ENTRE LES PARTIES. — Les effets du désistement entre les parties ont été résumés au *Rép.* n°s 164 et suiv. Le principe général est qu'on ne peut reproduire deux fois la même demande, alors qu'on y a renoncé ou que cette demande a fait l'objet d'une décision judiciaire. Il a été jugé, en conséquence, que la renonciation devant le premier juge aux dommages-intérêts réclamés dans l'exploit introductif d'instance fait obstacle à ce que la demande en soit reproduite devant les juges du second degré, même dans le cas où l'appel émanerait de la partie adverse (Rennes, 19 mars 1850, aff. Russeil, D. P. 53. 5. 160).

47. Mais la question de savoir quels sont les effets d'un désistement est, avant tout, une affaire d'interprétation. Ainsi, il a pu être décidé : 1° que la banque qui s'est désistée de l'inscription de faux qu'elle a d'abord formée contre un billet de banque dont le remboursement lui a été demandé peut

---

(1) (Roullier C. Duchâtellier.) — LA COUR; — Attendu, en droit, que suivant l'art. 402 c. proc. civ. le désistement peut être fait et accepté par de simples actes signés des parties ou de leurs mandataires et signifiés d'avoué à avoué; — Qu'il résulte clairement de ce texte de loi que le désistement par acte sous seing privé est valable en la forme d'une manière absolue, sans qu'il soit besoin de l'agrément de la partie à laquelle il est adressé; — Qu'en effet, l'art. 402 ne fait pas mention de l'assentiment de celle-ci et que l'exiger serait ajouter à la loi, sous prétexte de l'interpréter; que d'ailleurs, cette adhésion ne devait raisonnablement pas être exigée, parce que, d'une part, faire dépendre la régularité d'un acte du consentement mutuel des deux parties, entre lesquelles il existe une irritation toujours vive, c'eût été le rendre irréalisable; et que, d'autre part, il aurait été plus qu'inutile de faire une disposition législative uniquement pour dire que, lorsque les parties sont tombées d'accord, elles auront la faculté de terminer l'instance judiciaire qui les divisait par un échange d'actes sous seing privé; — Qu'enfin, s'il était loisible à celui auquel un désistement non authentique serait signifié, de le refuser à cause de la forme, le but de l'art. 402 qui est de faciliter les désistements en les rendant peu coûteux serait totalement manqué, puisqu'il n'aurait d'autre effet que d'occasionner des frais frustratoires; — Qu'on objecte, il est vrai, que la signature, n'étant certifiée par aucune autorité compétente, n'offre aucune garantie de sincérité; mais que d'abord ce reproche, s'il était fondé, attaquerait la loi elle-même, et qu'il n'appartient pas aux tribunaux de la réformer, qu'ensuite, l'avoué qui signifierait un désistement faux engagerait sa responsabilité, parce qu'il est de son devoir, avant de mettre au procès un document destiné à le fixer, de prendre toutes les précautions propres à s'assurer de la réalité de la signature de son client; — Qu'on objecte encore que le désistement sous seing privé expose la partie à laquelle il est signifié à une méconnaissance ultérieure d'écriture et aux dangers d'une procédure en vérification; mais que la possibilité de cet inconvénient est encore une attaque contre la loi elle-même, qui a certainement autorisé dans l'art. 402 ce mode de terminer les procès; que d'ailleurs des méconnaissances d'écritures, en pareille matière, ont été et seront toujours infiniment rares; que de plus, elles ne réussiront presque jamais, parce que, d'abord, personne n'a intérêt à faire un désistement faux, excepté la partie à laquelle il serait signifié, puisqu'elle seule en profiterait et qu'ensuite on n'aperçoit pas comment cette partie parviendrait à tromper la surveillance et à obtenir la participation de l'avoué de sa partie adverse; qu'enfin, en supposant que l'art. 402 fût entaché, dans certaines circonstances très rares, de l'imperfection à laquelle n'échappe aucune œuvre humaine, ce ne serait pas une raison pour ne pas l'appliquer tant qu'il subsiste; — Attendu que, sans doute, lorsqu'il s'agit de droits immobiliers et que le désistement doit devenir le titre de propriété de celui auquel il est signifié, ce dernier a le droit de ne pas se contenter d'une signification dont il ne reste pas minute et qui pourrait être perdue; que, dans ce cas exceptionnel ou dans d'autres analogues, la partie qui y a intérêt peut exiger un jugement ou arrêt accordant acte du désistement sous seing privé; mais que, lorsque la contestation est purement mobilière et qu'elle n'offre qu'un intérêt d'actualité et non un intérêt sérieux pour l'avenir, on n'est pas fondé à réclamer de plus amples garanties que celles que le législateur a jugées suffisantes; — Attendu, en fait, que la contestation qui divise la veuve Roullier et Duchâtellier a pour objet des réparations promises à un fermier par un bailleur et des dommages-intérêts provenant du retard apporté à l'exécution des travaux; que la veuve Roullier, après avoir interjeté appel d'un jugement du tribunal civil de Domfront qui la condamnait, s'en est désisté par acte sous seing privé régulièrement signifié; que Duchâtellier n'a aucun motif pour suspecter la sincérité de la signature apposée sur le désistement; qu'il n'y a pas non plus intérêt à ce que cet acte obtienne l'authenticité; d'où suit que, sous le rapport de la forme, le désistement signifié le 25 oct. 1867 doit être déclaré régulier; — Déclare régulier dans la forme le désistement, etc.

Du 30 nov. 1867.-C. de Caen, 2e ch.-MM. Champion, pr.-Roussel-Bonneterre, av. gén.-Delasalle et Leblond, av.

encore contester le caractère obligatoire de ce billet, en soutenant qu'il ne représente pas tous les signes caractéristiques du billet de banque (Civ. cass. 12 mai 1869, aff. Banque de la Martinique, D. P. 69. 1. 470); — 2° Que, lorsqu'une demande de conversion de séparation de corps en divorce a été formée au cours d'un procès en séparation de corps, le désistement de la demande en conversion ne fait pas obstacle à la continuation de l'instance en séparation (Paris, 20 janv. 1886, *infrà*, v° *Divorce*).

48. Sur l'effet du désistement de l'appel principal quant à l'appel incident, V. *suprà*, n° 35, et Paris, 5 mars 1870 (aff. Cliquot, D. P. 70. 2. 53); 24 juill. 1872 (aff. Bleicher, D. P. 74. 5. 161); 21 févr. 1874 (aff. Chavoutier, D. P. 76. 2. 215).

49. Il a été dit au *Rép.* n° 173 que le demandeur en cassation qui se désiste doit supporter l'amende et l'indemnité envers la partie adverse. En ce sens, il a été jugé que lorsque le demandeur, en matière d'expropriation publique, déclare se désister de son pourvoi, et que le désistement est accepté par le défendeur, la cour de cassation doit, en donnant acte tant du désistement que de l'acceptation, condamner le demandeur à l'amende envers le défendeur (Civ. cass. 4 avr. 1883, aff. Mauduit, D. P. 83. 1. 478).

50. En règle générale, le désistement oblige les ayants droit (*Rép.* n° 175), sauf l'application de l'art. 1166 c. civ. Un individu est donc non recevable à reprendre comme créancier ou ayant droit d'un autre, un appel dont celui-ci s'est désisté, lorsqu'il n'est point établi que ce désistement ait été l'œuvre de la fraude (Bordeaux, 3 déc. 1852, aff. Germain, D. P. 54. 5. 242).

51. — II. Effets du désistement vis-à-vis des tiers. — Le désistement est sans effet vis-à-vis des tiers (V. *Rép.* n°s 176 et 177).

52. — III. Matières divisibles et indivisibles. — La question de divisibilité ou d'indivisibilité des chefs d'une demande est laissée à l'interprétation des juges, qui doivent la résoudre d'après les principes généraux. Lorsque la demande est divisible et qu'il y a plusieurs demandeurs, le désistement de l'un d'eux est valable, alors même que les autres continuent l'instance (Lyon, 7 août 1873, *suprà*, n° 24).

Art. 6. — *Des dépens et de leur liquidation* (*Rép.* n°s 180 à 194).

53. V. *Rép.* n°s 180 et suiv.

Art. 7. — *Tribunal compétent pour connaître du désistement* (*Rép.* n°s 195 et 196).

54. V. *Rép.* n°s 195 et suiv.

CHAP. 3. — Désistement en matière administrative (*Rép.* n°s 197 et 217).

55. Comme on l'a vu au *Rép.* n° 197, on applique en matière administrative les règles du droit civil. Il faut toutefois tenir compte d'un élément qui n'existe pas en droit civil, savoir, le pouvoir de haute tutelle qui incombe à l'Etat en matière administrative. En outre, à raison de l'extrême simplicité de la procédure, le désistement est toujours présumé porter sur le fond du droit. Sous ces réserves, les principes sont les mêmes et conduisent à des solutions analogues.

56. Comme en matière civile, le désistement a un caractère contractuel. Jusqu'à l'acceptation, il peut être rétracté (*Rép.* n° 204). Cette règle a été appliquée, depuis le *Répertoire*, au désistement d'une protestation en matière électorale devant le conseil de préfecture (Cons. d'Et. 6 déc. 1878, aff. Elect. de Veauchette, D. P. 79. 3. 84).

57. Le désistement doit être pur et simple (*Rép.* n°s 205 et suiv.; Cons. d'Et. 18 nov. 1887, aff. Duverdy, D. P. 89. 3. 3). Il n'y a pas lieu de donner acte d'un désistement qui n'est pas pur et simple et qui a été accepté dans des termes autres que ceux où il a été présenté (Cons. d'Et. 7 juill. 1853, aff. Balguerie, D. P. 54. 3. 60). — Décidé aussi que l'acte par lequel un particulier déclare se désister partiellement de son recours contre une commission départementale qui a prononcé le redressement d'un chemin vicinal, en se réservant tout l'effet de son recours en ce qui concerne les travaux de redressement restant à exécuter, ne constitue pas un désistement pur et simple, et que, dès lors, il n'y a pas lieu d'en donner acte (Cons. d'Et. 17 juin 1881, aff. Michaud, D. P. 82. 5. 158).

58. Les formes très simples du désistement devant les tribunaux administratifs sont indiquées au n° 213 du *Répertoire*. Ces juridictions donnent acte du désistement ou déclarent qu'il n'y a lieu de statuer, en raison de l'abandon de la demande (Cons. d'Et. 12 mai 1854, aff. Léo, D. P. 54. 3. 60). On admet que le conseil de préfecture doit être considéré comme ayant donné acte d'un désistement, lorsqu'il a déclaré rejeter la demande en se fondant sur ce désistement; par suite, le demandeur n'est pas recevable à revenir devant le conseil d'Etat sur ledit désistement (Cons. d'Et. 28 mars 1879, aff. Jeanney, D. P. 81. 5. 120).

59. Les effets du désistement sont également soumis aux principes généraux et aux règles d'interprétation communément admises (*Rép.* n°s 216 et suiv.). Ainsi il a été jugé : 1° que le réclamant qui, devant le conseil de préfecture, a réduit sa demande à quelques-uns des chefs qu'il avait formulés, n'est pas recevable, en cas d'échec, à reprendre, dans son recours au conseil d'Etat, les chefs abandonnés (Cons. d'Et. 10 nov. 1853, aff. Laurent, D. P. 53. 3. 62); — 2° Que lorsqu'une protestation a été faite par le maire au nom de tous les électeurs membres du bureau électoral, le désistement donné par le maire, en son nom personnel et sans l'autorisation des autres auteurs de la protestation, ne peut être opposé à ceux-ci et ne fait pas obstacle à ce qu'il soit statué sur la protestation formée en leur nom (Cons. d'Et. 6 déc. 1878, aff. Elect. de Bords, D. P. 79. 5. 131).

De même, le désistement pur et simple du demandeur n'empêche pas, s'il n'est pas accepté par le défendeur, qu'il soit donné suite au recours incident que celui-ci aurait antérieurement formé (Cons. d'Et. 12 mai 1854, aff. Léo, D. P. 54. 3. 60).

60. Les effets du désistement implicite sont limités par l'intention de celui qui se désiste. Décidé à cet égard que la déclaration contenue dans un mémoire additionnel présenté devant le conseil de préfecture par un particulier inscrit sur le rôle d'une association syndicale, qu'il n'entend pas demander l'annulation des arrêtés préfectoraux constituant le syndicat et prescrivant certains travaux de curage, ne doit pas être entendue comme contenant un désistement du droit de faire valoir, à l'effet d'obtenir décharge de la taxe, les moyens tirés de ce que le syndicat aurait été constitué et aurait établi des rôles dans des conditions illégales (Cons. d'Et. 13 mai 1881, aff. Arrezat, D. P. 82. 5. 158).

CHAP. 4. — Désistement en matière criminelle (*Rép.* n°s 218 à 261).

Art. 1er. — *Désistement du prévenu* (*Rép.* n°s 218 à 225).

61. En matière criminelle, les principes posés au *Répertoire* n'ont donné lieu qu'à quelques applications nouvelles que nous rappellerons sommairement. — Sur la possibilité même de se désister en cette matière, il a été décidé, conformément à une jurisprudence constante, que, si le désistement n'est pas admissible au grand criminel, l'individu condamné correctionnellement peut valablement se désister de l'appel par lui interjeté du jugement qui le condamne (Poitiers, 15 févr. 1855, aff. René, D. P. 55. 2. 268).

62. Quant à la forme du désistement, il a été jugé que le désistement peut être valablement donné à l'audience par un avocat, en présence de son client et de son aveu (Crim. rej. 7 déc. 1855, aff. Moulin, D. P. 56. 1. 143). Mais le désistement donné par l'avocat en l'absence de son client serait sans valeur (*Rép.* n° 40). — Lorsqu'un individu condamné correctionnellement se désiste, à l'audience de la cour, de l'appel par lui interjeté du jugement qui le condamne c'est pour la cour un droit et une obligation de décider si ce désistement est régulier en la forme, et, en outre, s'il a été librement consenti (Poitiers, 15 févr. 1855, aff. René, D. P. 55. 2. 268). En effet, le désistement d'appel n'a pour effet de dessaisir les juges du second degré qu'autant qu'ils en ont constaté la régularité et la validité (Même arrêt).

63. Comme on l'enseigne au *Rép.* n° 224, devant la cour de cassation, le désistement du pourvoi n'entraîne pas l'obligation de payer au défendeur l'indemnité allouée par l'art. 436 c. instr. cr.; mais, lorsque ce dernier est intervenu pour défendre au pourvoi, le demandeur est tenu au payement des frais de l'intervention. Ainsi jugé dans l'espèce du désistement d'un pourvoi formé contre un arrêt d'acquittement par la partie sur la plainte de laquelle la poursuite avait été intentée (Crim. 13 mai 1870, aff. Schneider, D. P. 70. 1. 288. Conf. Crim. rej. 13 avr. 1854, aff. Ducloux, D. P. 54. 1. 257; 20 déc. 1855, aff. de Ruty, D. P. 57. 5. 46). — Il a été décidé aussi que l'arrêt par lequel la cour de cassation donne acte du désistement d'un pourvoi formé en matière criminelle, ordonne, par cela même, d'une manière virtuelle et suffisante la restitution de l'amende consignée par le demandeur (Crim. 29 avr. 1852, aff. Maisonneuve, D. P. 54. 1. 198).

ART. 2. — *Désistement du ministère public* (*Rép.* nos 226 à 239).

64. En renvoyant aux développements contenus au *Répertoire*, il suffit de rappeler le principe essentiel d'après lequel le ministère public n'a que l'exercice de l'action publique et ne peut plus en disposer une fois qu'il l'a mise en mouvement (*Rép.* n° 226). La chambre criminelle a décidé, spécialement, qu'il n'appartient pas au ministère public d'anéantir l'action publique par son désistement d'un pourvoi en cassation régulièrement formé (Crim. cass. 10 avr. 1856, aff. Dupont, D. P. 56. 5. 143).

65. Le même principe a encore été appliqué en matière de simple police (*Rép.* n° 229). Si le ministère public se désiste d'une poursuite régulièrement introduite, il incombe au tribunal, qui demeure saisi, de décider, malgré ce désistement, s'il y a eu infraction commise; et si le prévenu en est l'auteur, le tribunal peut prononcer la peine qui a été encourue (Crim. rej. 19 déc. 1872, aff. Théroulde, D. P. 72. 5. 141).

ART. 3. — *Désistement de la partie civile* (*Rép.* nos 240 à 261).

66. L'action civile met en mouvement l'action publique, mais, comme elle n'a trait qu'à des intérêts privés, celui qui l'exerce en reste toujours maître (*Rép.* n° 240). Le désistement de la partie civile ne peut pas paralyser l'action publique, mais il est évident que si l'action civile survit à l'action publique (comme dans le cas d'une cassation après pourvoi de la partie civile seule, à la suite d'un arrêt d'acquittement) le désistement de l'action civile dessaisit les juges d'une façon absolue. Il peut se produire, en pareil cas, ce résultat que la juridiction qui aurait été incompétente à raison de la qualité de l'un des prévenus, cesse de l'être lorsqu'il ne s'agit plus que du règlement des intérêts civils entre les parties (Crim. cass. 9 mai 1856, aff. Marchal, D. P. 56. 1. 374).

67. Comme on l'a vu au *Rép.* n° 243, la validité du désistement par la partie civile n'est assujettie à aucune forme sacramentelle. Il suffit qu'il soit donné en la même forme que la citation par laquelle l'action a été intentée, sans qu'il soit besoin de suivre les prescriptions de l'art. 402 c. proc. civ. (Crim. cass. 19 févr. 1887, aff. Gobin, D. P. 87. 1. 512). Mais, en quelque forme qu'il soit donné, le désistement doit être signifié au ministère public et au prévenu (Faustin Hélie, *Traité de l'instruction criminelle*, 2e éd., t. 4, n° 1741; Mangin, *Instruction écrite*, n° 65).

68. Il est admis que le désistement porte sur l'action. La partie civile qui, devant la cour, déclare retirer sa plainte contre le prévenu renonce ainsi à toute action contre ce prévenu et se met elle-même hors de cause. Elle n'est donc pas recevable à se pourvoir en cassation contre l'arrêt qui, sur l'appel du prévenu, a déchargé celui-ci des condamnations prononcées en première instance (Crim. rej. 27 mai 1880) (1).

69. Le désistement doit être pur et simple (*Rép.* n° 250). S'il est accompagné de conditions qui paraissent inacceptables, il peut être refusé (Colmar, 15 déc. 1854, aff. Mijeon, D. P. 57. 5. 109).

70. Il a été jugé que le désistement d'une plainte en adultère ne prive pas l'époux qui s'est désisté de l'action en dommages-intérêts à laquelle peuvent donner lieu, sous une autre qualification, les faits articulés dans cette plainte (V. *suprà*, v° *Adultère*, nos 95 et 96). Mais cette solution doit-elle être étendue à toute espèce de délits? En d'autres termes, faut-il admettre d'une façon générale que le désistement d'une action en dommages-intérêts à fin de réparation du préjudice résultant de faits poursuivis comme constituant un certain délit, met obstacle à ce que cette action soit reproduite, à raison des mêmes faits envisagés comme constituant un autre délit. Nous ne le pensons pas. Lorsque l'action pénale est indépendante de la volonté du plaignant, de telle sorte que le désistement ne puisse s'appliquer qu'à l'action civile elle-même, le plaignant qui se désiste renonce directement à cette action, et, dès lors, au droit de demander la réparation privée, non plus d'un *délit*, mais d'un fait délictueux envisagé comme *fait dommageable*, quelle qu'en soit la qualification au point de vue pénal. La demande que le désistement a éteinte engageait en justice toutes les causes de préjudice dont le demandeur pouvait avoir à se plaindre. Le fait dommageable était livré sous tous ses aspects à l'appréciation du juge. C'est également sous toutes ses qualifications qu'il a été mis à néant par le désistement. Il ne peut servir de base à une nouvelle action, même en prenant d'autres formes.

71. Excepté en matière d'adultère (V. *suprà*, v° *Adultère*, nos 26 et suiv.), le désistement est sans effet sur l'action publique. Il a été jugé, sous l'empire de la loi du 26 mai 1819, que, en matière de diffamation, le désistement du plaignant laisse subsister la disposition du jugement condamnant le prévenu, et que, par suite, il y a lieu pour la cour de statuer sur l'appel interjeté par celui-ci (Dijon, 13 août 1879) (2).

(1) (Giros C. Simon et autres.) — LA COUR; — En ce qui concerne Simon : — Attendu que si, aux termes des art. 216 et 413 c. instr., cr., la partie civile a le droit de se pourvoir contre les arrêts définitifs qui lèsent ses intérêts, ce n'est qu'autant qu'elle n'a pas perdu la qualité dans laquelle elle a formé sa demande; qu'il résulte de l'arrêt attaqué que Giros a déclaré retirer sa plainte à l'égard de Simon; qu'il a ainsi renoncé à toute action envers ce dernier, et s'est mis lui-même hors de cause; — Attendu, d'ailleurs, que l'arrêt attaqué a statué régulièrement sur les conclusions prises par le demandeur devant la cour d'appel, et par lesquelles il se bornait à demander acte de son désistement; que cet arrêt ne prononce contre lui qu'une condamnation aux dépens contre laquelle il n'élève aucun grief et ne lui cause pas de préjudice dans ses intérêts civils; que, dans ces conditions, le pourvoi ne saurait être admis; — Déclare le pourvoi non recevable à l'égard de Simon, ...

Du 27 mai 1880.-Ch. crim.-MM. de Carnières, pr.-Sallantin, rap.-Ronjat, av. gén., c. conf.-Mimerel et Bellaigue, av.

(2) (Giros C. Simon et autres.) — LA COUR; — Considérant que Giros, jugeant sa considération atteinte par la publication d'une brochure intitulée : *Protestation contre le projet de concession du canal de Saint-Dizier à Vassy*, a poursuivi devant le tribunal de police correctionnelle, pour diffamation, Stanislas Simon, auteur de la brochure, Lucas et Carnaudet, rédacteur et imprimeur du journal *l'Impartial* qui l'a reproduite; — Considérant que, par jugement du 23 mai dernier, le tribunal a condamné Simon à 25 fr. d'amende, Nicolle à 100 fr. de la même peine, et tous deux aux dépens et à l'insertion du jugement dans plusieurs journaux de la Haute-Marne à titre de réparations civiles; que les autres prévenus ont été acquittés; — Considérant que Simon, Giros et Nicolle ont interjeté appel de ce jugement; — Sur l'appel de Simon : — Considérant que devant la cour, Giros a déclaré retirer sa plainte à l'égard de Simon et qu'il conclut à ce qu'il lui soit donné acte de cette déclaration; — Considérant que cette déclaration, qui équivaut à un désistement de l'action civile, est sans effet sur l'action publique et laisse entière la disposition du jugement qui a condamné Simon à une amende, qu'il y a donc lieu d'apprécier le mérite de son appel et d'y statuer;

Considérant que Simon reconnaît avoir rédigé, fait imprimer et distribuer la brochure qui donne lieu à la poursuite; qu'après avoir discuté le projet de concession du canal de Saint-Dizier à

L'art. 60-3° de la loi du 29 juill. 1881 (D. P. 81. 4. 65) dispose que le désistement du plaignant arrête la poursuite.

Vassy à divers points de vue, notamment en ce qui concerne le tracé du canal et le tarif du péage proposés; l'auteur conteste que la chambre de commerce de Saint-Dizier ait approuvé la concession sollicitée par le sieur Festugière, comme l'énoncent les rapports officiels; il ajoute que cette chambre n'a point dit ce qu'on lui a fait dire, que la personne chargée de transmettre son avis en a dénaturé le sens, puis il termine par ces mots : « Il y a de ce fait une preuve certaine et authentique; M. Guyard présidait ce jour-là la chambre de commerce de Saint-Dizier, il a écrit à M. le ministre une lettre extrêmement grave ».

(Suit la teneur de cette lettre dans laquelle l'ancien vice-président de la chambre de commerce expose que, réunie le 22 août 1878 sous sa présidence, la chambre, en reconnaissant l'utilité publique du canal, a subordonné sa déclaration à des modifications de tracé et de tarif et à l'exécution de l'entreprise par l'Etat, « le péage proposé par le concessionnaire devant grever trop lourdement les marchandises »; que M. Giros, membre de la chambre, a été chargé de rédiger et de transmettre la délibération, mais qu'il l'a fait d'une manière inexacte en laissant croire que la chambre avait donné son approbation à la concession sollicitée par Festugière, alors qu'elle s'y était formellement opposée et qu'elle avait fait des réserves expresses contre le tracé et le tarif du péage; qu'enfin il proteste contre son rapport, parce qu'il n'est pas l'expression fidèle des vœux de la chambre et qu'il n'est revêtu ni de sa signature ni de celle du secrétaire); — Considérant que Simon soutient qu'en publiant cette lettre et en s'associant aux appréciations qu'elle renferme sur la conduite de Giros, il a usé du droit qui appartient à toute personne de faire connaître et de discuter les actes des mandataires de l'autorité ou de ceux qui agissent dans un caractère public et que telle a été la situation du sieur Giros dans le cas particulier; — Considérant en droit, qu'aux termes des art. 20 de la loi du 26 mai 1819, 3 de la loi du 15 avr. 1871 et 7 de la loi du 29 déc. 1875, la preuve des faits diffamatoires peut être faite, en cas d'imputation contre toute personne ayant agi dans un caractère public à l'occasion de ces faits; que cette disposition, au point de vue de la qualité qu'elle détermine, est conçue en termes généraux, qu'elle s'entend de toute personne remplissant, même temporairement et pour une affaire spéciale, un ministère se rattachant à un service public; — Considérant que le décret du 3 sept. 1851 sur l'organisation des chambres de commerce les déclare établissements d'utilité publique (art. 9); que leurs attributions consistent notamment à éclairer le Gouvernement sur les faits et les intérêts généraux de l'industrie et du commerce (art. 11); qu'il suit de là que les membres d'une chambre de commerce sont au nombre des personnes dont les actes appellent le contrôle et la publicité lorsqu'ils se rattachent aux attributions qui leur sont conférées; que dès lors Giros, en transmettant au ministre la délibération de la chambre de commerce de Saint-Dizier du 22 août 1878, en vertu de la délégation spéciale qu'il en avait reçue, a agi dans un caractère public; — Considérant en fait, que Simon a imputé à Giros d'avoir modifié le sens de cette délibération en substituant ses vues propres à celles de la chambre; mais qu'en avançant ce fait dans la brochure qu'il a publiée, il a immédiatement administré la preuve en faisant insérer à la suite la lettre susvisée du vice-président de la chambre de commerce de Saint-Dizier qui présidait la séance du 22 août 1878 et qui avait qualité plus que tout autre pour contester l'exactitude du procès-verbal de cette délibération; que l'authenticité de cette lettre et son exactitude ne peuvent être révoquées en doute; — Qu'au surplus sa teneur a été pleinement confirmée par le témoignage du sieur Guyard entendu devant le tribunal comme témoin, à la requête du plaignant lui-même; — Considérant, en outre, qu'il résulte implicitement des rapports officiels faits à la Chambre des députés et au Sénat les 16 déc. 1878 et 6 avr. 1879, que l'avis de la chambre de commerce de Saint-Dizier n'a pas été transmis à ces assemblées d'une manière conforme à sa délibération du 22 août, puisqu'on lit dans ces rapports que cette chambre aurait émis des vœux très pressants en faveur de la prompte exécution des travaux et de la concession sollicitée et que « aucune objection n'a été présentée au sujet du tarif proposé par le concessionnaire »; alors qu'il est constant que la chambre de commerce de Saint-Dizier avait repoussé le tarif proposé, ainsi que l'exécution du canal par d'autres que par l'Etat; — Considérant que Giros objecte que son rapport sur la délibération du 22 août a été accepté et ratifié par la chambre de commerce dans ses séances des 10 févr. et 11 mars 1879; mais que cette objection perd toute valeur, si l'on considère d'une part que plusieurs des membres de cette chambre qui avaient pris part à la délibération du 22 août n'ont pas assisté aux séances dont il s'agit, et, d'autre part, que le motif principal mis en avant par Giros pour obtenir cette ratification de la chambre de commerce a été « que la délibération rédigée par lui était jointe au dossier de l'enquête, et qu'il était par conséquent impossible de la modifier »; — Considérant que devant la preuve des faits allégués par Simon, disparaît le délit de diffamation qui lui était reproché; — Sur l'appel de Giros contre Lucas et Carnaudet : — Considérant qu'en reproduisant dans le journal *l'Impartial* qui se publie à Saint-Dizier la brochure de Stanislas Simon, revêtue de nombreuses adhésions, les prévenus ont dû se croire autorisés à prêter à cette publication le concours de leur journal dans l'intérêt du commerce et de l'industrie du pays, sans qu'on doive nécessairement leur attribuer l'intention de nuire à Giros; qu'au surplus, les motifs donnés sur l'appel de Simon et qu'ils invoquent en leur faveur s'appliquent à eux et les mettent à l'abri de toute pénalité; — Que ces mêmes motifs commandent la même décision en ce qui concerne l'article du 30 mars qui reproduit sous une autre forme l'imputation adressée à Giros d'avoir dénaturé la délibération de la chambre de commerce; — ... Par ces motifs; — Statuant sur les appels interjetés par les prévenus et par la partie civile du jugement du tribunal correctionnel de Vassy en date du 23 mai 1879, met ladite appellation à néant; — Donne acte à Giros de sa déclaration qu'il retire sa plainte à l'égard de Simon; — Renvoie Simon de la poursuite; en conséquence, le décharge des condamnations prononcées contre lui par les premiers juges; — Ordonne que le jugement dont est appel sortira son plein et entier effet en ce qui concerne Lucas et Carnaudet; en conséquence, les renvoie des préventions des délits de diffamation et de publication de fausses nouvelles qui leur étaient imputés, etc.

Du 13 août 1879.-C. de Dijon, 3e ch.-MM. Saverot, pr.-Cardot, av. gén.-Carraby et Cléry (du barreau de Paris), et Goujet, av.

Table sommaire

des matières contenues dans le Supplément et le Répertoire.

(Les chiffres précédés de la lettre *S* renvoient au Supplément; les chiffres précédés de la lettre *R* renvoient au Répertoire.)

Table chronologique des Lois, Arrêts, etc

DESSÉCHEMENT DE MARAIS. — V. *Marais* ; — *Rép.* eod. v°, n°s 8 et suiv.

V. aussi *suprà*, v° *Association syndicale*, n°s 519 et suiv. ; *infrà*, v^is *Enregistrement* ; *Servitude* ; *Travaux publics*.

DESSERVANT. — V. *Culte*, n°s 239 et suiv. ; — *Rép.* eod. v°, n°s 360 et suiv.

V. aussi *infrà*, v^is *Dommage-destruction-dégradation* ; *Organisation administrative*.

DESSIN. — V. *Industrie et commerce* ; *Presse-outrage-publication* ; *Propriété littéraire et artistique* ; — *Rép.* v^is *Industrie et commerce*, n°s 279 et suiv. ; *Presse-outrage-publication*, n° 420 ; *Propriété littéraire et artistique*, n°s 382 et suiv.

DESTINATION DU PÈRE DE FAMILLE. — V. *Servitude* ; — *Rép.* eod. v°, n°s 1006 et suiv.

DESTITUTION. — V. *Office* ; — *Rép.* eod. v°, n°s 97 et suiv.

V. aussi *infrà*, v^is *Discipline judiciaire* ; *Minorité-tutelle* ; *Notaire-notariat* ; *Organisation administrative* ; *Organisation des colonies*.

DESTRUCTION. — V. *infrà*, v° *Dommage-destruction-dégradation*.

DÉTENTION. — V. *Peine* ; — *Rép.* eod. v°, n°s 237 et suiv., 622 et suiv.

DÉTOURNEMENT. — V. *suprà*, v^is *Abus de confiance*, n°s 20 et suiv., 51, 192 et suiv. ; *Chose jugée*, n° 328 ; *infrà*, v^is *Faillite et banqueroute* ; *Fonctionnaire public* ; *Prescription criminelle* ; *Responsabilité* ; *Vol et escroquerie*.

DETTE DE L'ÉTAT. — V. *Trésor public* ; — *Rép.* eod. v°, n°s 269 et suiv., 284 et suiv., 353 et suiv.

V. aussi *suprà*, v° *Commune*, n°s 1265 et suiv. ; *infrà*, v^is *Domaine de l'Etat* ; *Frais et dépens* ; *Organisation de l'Algérie* ; *Responsabilité* ; *Saisie-arrêt* ; *Travaux publics*.

DETTE PUBLIQUE. — V. *Trésor public* ; — *Rép.* eod. v°, n°s 269 et suiv.

DEVIS. — V. *Travaux publics* ; — *Rép.* eod. v°, n°s 445 et suiv.

V. aussi *infrà*, v° *Louage d'ouvrage et d'industrie*.

DIACRE. — V. *Culte*, n° 220 ; — *Rép.* eod. v°, n°s 317, 321.

DIFFAMATION. — V. *Presse-outrage-publication* ; — *Rép.* eod. v°, n°s 812 et suiv.

V. aussi *suprà*, v^is *Compétence civile des tribunaux de paix*, n°s 75 et suiv., 180 et suiv. ; *Compétence criminelle*, n° 160 ; *Consul*, n°s 5 et 12 ; *infrà*, v^is *Fonctionnaire public* ; *Instruction criminelle* ; *Intervention* ; *Jugement* ; *Notaire-notariat* ; *Responsabilité*.

DIGUE. — V. *Eaux* ; — *Rép.* eod. v°, n°s 92 et suiv.

V. aussi *suprà*, v^is *Action possessoire*, n° 98 ; *Association syndicale*, n° 5 ; *infrà*, v^is *Prescription civile* ; *Propriété* ; *Servitude* ; *Travaux publics*.

DIOCÈSE. — V. *Culte*, n°s 227 et suiv., 306 et suiv. ; — *Rép.* eod. v°, n°s 427 et suiv.

V. aussi *infrà*, v° *Organisation de l'Algérie*.

DIPLOMATIE. — V. *suprà*, v° *Agent diplomatique* ; *infrà*, v° *Traité international*.

DIRECTEUR DU JURY D'EXPROPRIATION. — V. *Expropriation pour cause d'utilité publique* ; — *Rép.* eod. v°, n°s 460 et suiv.

DISCERNEMENT. — V. *Peine* ; — *Rép.* eod. v°, n°s 421 et suiv.

V. aussi *infrà*, v^is *Frais et dépens* ; *Instruction criminelle*

DISCIPLINE JUDICIAIRE.

Division.

CHAP. 1er. — Historique et législation (*Rép.* nos 2 à 14).

1. La *Répertoire* constatait (n° 49) que la législation sur la discipline judiciaire présente un ensemble de règlements émanés de pouvoirs divers, promulgués à des époques différentes, et dont l'incohérence ne saurait échapper à personne; il appelait de ses vœux le jour où une loi nouvelle, effaçant toutes ces dispositions, viendrait substituer l'harmonie et l'unité à la confusion et au désordre. Cette loi doctrinale est encore à faire et les règles sur la discipline tiennent encore aujourd'hui de leur diversité d'origine une regrettable complication. — Nous avons toutefois à enregistrer deux documents législatifs nouveaux : le décret-loi du 1er-5 mars 1852 et la loi des 30-31 août 1883.

2. Les art. 4 et 5 du décret du 1er mars 1852 (D. P. 52. 4. 62, V. *infrà*, v° *Organisation judiciaire*) sont venus compléter les dispositions du sénatus-consulte du 16 therm. an 10, art. 82, et de la loi du 20 avr. 1810, art. 50 et suiv., et art. 59, en autorisant la cour de cassation à prononcer la déchéance, au lieu de la suspension, d'un magistrat, soit traduit directement devant elle pour cause grave, soit déjà frappé de suspension provisoire par mesure disciplinaire émanée des cours d'appel ou des tribunaux civils sous l'approbation du ministre de la justice.

3. La loi du 30 août 1883 sur la réforme de l'organisation judiciaire (D. P. 83. 4. 58; V. *infrà*, v° *Organisation judiciaire*) consacre ses articles 13 à 17 à la discipline judiciaire. Elle crée un *conseil supérieur de la magistrature*, formé de la cour de cassation toutes chambres réunies; elle charge ce conseil d'exercer seul le pouvoir disciplinaire jusque-là réparti entre la cour de cassation, les cours d'appel et les tribunaux de première instance, et cela, non seulement à l'égard des membres des tribunaux et des cours d'appel, mais encore, comblant en cela une lacune de la législation antérieure, à l'égard des membres de la cour de cassation elle-même; elle pose diverses règles de conduite des magistrats en matière politique, et précise les pouvoirs disciplinaires du garde des sceaux, toutes choses sur lesquelles nous aurons à revenir plus tard. — Cette loi n'a pas eu pour effet d'annuler la législation qui l'a précédée et d'y substituer un code de la discipline judiciaire. L'art. 19 qui la termine déclare seulement abrogés l'art. 83 du sénatus-consulte du 16 therm. an 10, les art. 51 à 56 de la loi du 20 avr. 1810 et en général toutes dispositions antérieures contraires.

4. En somme, la matière se trouve aujourd'hui réglementée, pour les juges et les officiers du ministère public, par le sénatus-consulte du 16 therm. an 10, art. 81, 82 et 84 (*Rép.* v° *Droit constitutionnel*); la loi du 20 avr. 1810, chap. 7 (V. *Rép.* v° *Organisation judiciaire*); le décret du 1er mars 1852, art. 4 et 5, et la loi du 30 août 1883, art. 13 à 17 (V. *infrà*, v° *Organisation judiciaire*); pour les officiers de police judiciaire par les art. 279 et suiv. c. instr. cr.; pour les greffiers, par les décrets des 20 avr.-6 juill. et 18 août 1810 (V. *Rép.* v° *Organisation judiciaire*), enfin pour les diverses corporations placées sous la surveillance des cours et tribunaux, avocats, notaires, officiers ministériels, par le décret du 30 mars 1808 (V. *Rép.* v° *Organisation judiciaire*), combiné avec diverses dispositions spéciales à chacune de ces corporations et dans le détail desquelles nous n'entrerons pas ici, parce qu'elles sont étudiées au *Répertoire* ou au *Supplément* sous les mots qui désignent ces diverses corporations.

5. Le grand avantage que présenterait la réunion de tous ces règlements épars en une seule loi résumant les dispositions sur les peines disciplinaires, les juridictions chargées de les appliquer, les personnes qui y sont soumises et la procédure à suivre devant elles, donne un réel intérêt à la recherche de ce qui a été réalisé en ce sens par les législations étrangères. Lors de la discussion de la loi du 30 août 1883, les règles appliquées en Italie, en Belgique, en Espagne et en Portugal ont été invoquées à titre d'exemple. Mais c'est surtout dans les Etats de l'Empire d'Allemagne que, depuis quelques années, l'organisation des pouvoirs de discipline judiciaire paraît avoir été l'objet de préoccupations générales. En Prusse, deux lois du 9 avr. 1879 ont complété et précisé, mais sans les abroger, les dispositions des lois des 7 mai 1851 et 26 mars 1856 pour les magistrats, et de la loi du 21 juill. 1872 pour les fonctionnaires non judiciaires (*Annuaire de législation étrangère*, 1880, p. 167). La même année, des lois analogues ont été promulguées dans le grand duché de Bade et dans les villes de Brême et Hambourg (*Ibid.*, 1880, p. 232, 249, 264). — Une loi spéciale du royaume de Saxe, en date du 20 mars 1880, réglemente la hiérarchie judiciaire, la surveillance des tribunaux et la procédure disciplinaire en ce qui concerne les magistrats (*Ibid.*, 1881, p. 153). Enfin il faut citer surtout une loi du royaume de Bavière, promulguée le 26 mai 1881, qui forme un code très complet de la discipline judiciaire (*Ibid.*, 1882, p. 237); les diverses sections traitent successivement des fautes et des peines disciplinaires, de l'organisation et de la compétence des juridictions disciplinaires, de la procédure devant ces juridictions, de diverses peines spéciales, telles que la suspension, le déplacement, et la mise à la retraite d'office, enfin de dispositions spéciales aux juges consulaires et aux membres des tribunaux administratifs.

6. Le défaut d'une législation précise a ouvert une action plus large à la jurisprudence : un très grand nombre de décisions ont été rendues depuis la publication du *Répertoire*. Nous rappellerons les principales sur chacune des questions qu'elles ont été appelées à trancher.

7. La doctrine générale déjà exposée dans le traité *de la discipline* de M. Achille Morin a été mise à jour dans une troisième édition de cet ouvrage, publiée en 1867-1868. Nous trouverons souvent aussi l'exposé des principes généraux dans l'important *Traité de la discipline notariale* publié en 1876 par M. Alphonse Lefebvre. Nous devons enfin citer entr'autres ouvrages de doctrine, le *Traité de la discipline notariale* de M. Armand Dalloz, *Formulaire*, 7e éd., 1881 ; le *Traité de la responsabilité des notaires* de M. Eloy, le *Manuel de la responsabilité et de la discipline des officiers ministériels*, de M. Dutruc, 1886, etc.

CHAP. 2. — Principes généraux (*Rép.* nos 15 à 127).

ART. 1er. — *De l'action disciplinaire* (*Rép.* nos 15 à 44).

8. L'action disciplinaire a été étudiée au *Répertoire* dans les faits qui lui donnent naissance (V. *Rép.* nos 15 à 26), dans sa nature comparée à celle de l'action civile et de l'action criminelle (V. *Rép.* nos 27 à 35), dans les personnes à qui en appartient l'exercice (V. *Rép.* nos 36 et 37), et dans les fins de non-recevoir qui peuvent lui être opposées (V. *Rép*. nos 38 à 44).

9. L'institution du pouvoir disciplinaire a pour objet principal de sauvegarder la dignité et la considération nécessaires à chaque corps. Mais il faut reconnaître que cette dignité et cette considération peuvent se trouver compromises non seulement par les fautes inhérentes aux fonctions, mais encore par certaines actions de la vie privée, qu'elles soient punies par les lois criminelles, ou que, non prévues par elles, elles soient néanmoins réprouvées par la morale. De là, cette règle que les actes de la vie privée peuvent, aussi bien que ceux qui se rattachent à la fonction, faire l'objet de poursuites disciplinaires. Cette opinion, bien que combatue par quelques auteurs (V. note sous Req. 8 mars 1847, aff. de Mautort, D. P. 47. 1. 97), a été soutenue au *Répertoire* et confirmée par plusieurs arrêts qui y sont cités nos 16 et 17. Elle a été nettement confirmée par la cour de cassation dans un arrêt: « Attendu, dit la cour, que l'homme privé et l'homme public sont indivisibles en matière disciplinaire, puisque les torts de l'un rejaillissent nécessairement sur l'autre ; qu'il n'y a, dès lors, aucune distinction à faire à cet égard ; que tous les faits qui entachent gravement la considération sont punissables » (Req. 7 avr. 1851, aff. R..., D. P. 51. 1. 90). Il s'agissait, dans l'espèce, de faits d'immoralité reprochés à un notaire.

10. De même il a été jugé : 1° qu'un notaire qui, par sa conduite dans un café, compromet sa dignité et porte atteinte à la considération de la corporation à laquelle il appartient peut être puni disciplinairement (Orléans, 21 mai 1864) (1); — 2° Que des poursuites disciplinaires peuvent être intentées contre un notaire qui a pu être *accusé de complicité d'adultère* (Req. 20 juill. 1869, aff C..., D. P. 71. 1. 328); — 3° Qu'un magistrat (dans l'espèce, un conseiller de cour d'appel) est passible de la déchéance lorsqu'il s'est rendu coupable de faits d'immoralité portant une atteinte profonde à son caractère et à son honneur et le plaçant dans une situation telle qu'il ne saurait être admis à concourir à l'œuvre de la justice (Ch. réun. 15 juin 1882, aff. Appay, D. P. 83. 1. 420); — 4° Qu'une chambre de discipline des huissiers ne commet pas un excès de pouvoir en appliquant une peine disciplinaire à l'huissier qui, à la suite de débats avec sa servante, a refusé le payement des gages auquel il a été condamné envers celle-ci, et qui, après des procédures inutiles et au mépris des engagements contractés par lui devant le délégué de la chambre, n'a pas voulu régler son compte avec cette femme (Req. 23 févr. 1887, aff. Amours, D. P. 87. 1. 396).

11. Toutefois, comme on l'a fait observer au *Rép*. n° 16, en citant une lettre de M. le procureur général de la cour de Paris du 21 mars 1821, cette règle ne doit être appliquée qu'avec une prudente réserve; le respect dû au secret du foyer domestique exige que, pour motiver une poursuite disciplinaire, les désordres privés aient acquis une certaine publicité, soit parce qu'ils auraient provoqué des plaintes, soit parce qu'ils auraient été révélés par des débats publics. C'est ainsi qu'un arrêt de la cour de Rennes du 24 nov. 1860 (2), intervenu sur des poursuites disciplinaires pour faits d'immoralité reprochés à un avocat, s'appuie sur ce que les actes imputés n'avaient pas été connus à la suite d'investigations qui auraient violé indiscrètement le secret de la vie privée, mais auraient apparu comme officiellement et juridiquement constatés dans le cours de deux procédures criminelles. De même, dans l'espèce de l'arrêt du 20 juill. 1869, cité *suprà*, n° 10, la conduite de l'inculpé avait été révélée par des débats criminels dans lesquels il avait figuré comme témoin et comme partie civile.

12. La répression disciplinaire peut atteindre non seulement les actes répréhensibles que l'officier public a pu commettre personnellement, mais encore ceux qui émanent de personnes placées sous sa responsabilité civile ou disciplinaire, par exemple, en ce qui concerne les officiers ministériels, les actes imputés à leurs clercs, lorsque ceux-ci ont agi comme leurs collaborateurs et pour leur compte. Jugé qu'une peine disciplinaire peut être prononcée contre un notaire à l'occasion de faits commis par son clerc, s'il est établi qu'il a connu la conduite de son clerc et qu'il y a eu communauté de torts entre le clerc et le patron (Civ. cass. 23 déc. 1868, aff. P..., D. P. 69. 1. 140. Conf. Lefebvre, t. 1, n° 591).

13. On a vu sous les nos 19 et suiv. du *Répertoire* que ce ne sont pas seulement les fautes commises depuis l'entrée en fonctions qui peuvent être relevées contre le magistrat ou l'officier public, mais encore celles qu'il a pu commettre antérieurement, par exemple, dans l'exercice des fonctions qui ont précédé celles dont il est actuellement revêtu (V. aussi Morin, t. 2, nos 647 et suiv. ; Dutruc, nos 265 et suiv.).

14. Parmi les actes antérieurs à l'entrée en fonctions qui peuvent donner lieu aux poursuites disciplinaires, il faut placer la dissimulation, dans les traités de cession, du véritable prix des offices (V. sur ce point v° *Office; — Rép.* eod. v°, nos 272 à 285). Nous constaterons seulement ici qu'on objecterait vainement que, la fraude étant antérieure à la nomination, il y a dans cette circonstance d'antériorité une fin de non-recevoir à l'action disciplinaire : il a été jugé que cette fraude se trouvant consommée par la nomination elle-même, et étant réputée se continuer pendant tout le temps de l'exercice des fonctions qu'elle a conférées, est à ce titre justiciable de la juridiction disciplinaire (V. Req. 6 nov. 1850, aff. Weinsheimer, D. P. 50. 1. 324 ; Civ. rej. 28 août 1854, aff. D..., D. P. 54. 1. 321).

15. Les actes répréhensibles, de nature à nuire à la dignité ou à la considération du corps auquel ils ont appartenu, qui seraient commis par d'anciens magistrats ou d'anciens officiers publics, pourraient-ils être l'objet d'une poursuite disciplinaire? Nous aurons à rechercher à quelles personnes s'applique la compétence des juridictions disciplinaires (V. *infrà*, nos 31 et 33). Il est évident qu'en principe une juridiction instituée pour surveiller et réprimer les écarts de conduite des membres d'une corporation serait sans action sur les personnes qui n'en font plus partie. Mais elle devra au contraire conserver sous son pouvoir disciplinaire ceux de ses anciens membres qui, en continuant à jouir à un certain degré des honneurs et des privilèges attachés à leur état, sont par cela même restés soumis à des devoirs dont l'inobservation porterait atteinte à la dignité du corps auquel ils ont appartenu. Telle est la situation que crée l'honorariat conféré aux anciens magistrats en vertu des décrets du 2 oct. 1807, art. 2, et 6 juill. 1810, art. 77, et aux anciens notaires en exécution de l'ordonnance du 4 janv. 1843, art. 29 et suiv. Une décision du garde des sceaux, rendue le 24 juin 1846 en réponse à une demande de la chambre de discipline des notaires de

---

(1) (Min. publ. *C.* X...) — LA COUR ; — ... Considérant que par sa conduite, relevée au troisième chef, X... a, dans le café du sieur... compromis sa dignité et porté atteinte à la considération de la corporation à laquelle il appartient; — Par ces motifs, met l'appellation au néant; infirme le jugement dont est appel ; et faisant à X... l'application de l'art. 53 de la loi du 25 vent. an 11 et de l'art. 13 de l'ordonnance du 4 janv. 1843, dit que X... sera suspendu pendant huit jours à partir de la notification du présent arrêt, etc.

Du 21 mai 1864.-C. d'Orléans.

(2) (Min. publ. *C.* M...) — LA COUR ; — En ce qui touche la compétence: — Considérant que les faits d'immoralité imputés à M... dans les circonstances alléguées n'auraient point été connus par suite d'investigations spontanées qui auraient violé indiscrètement le secret de la vie privée ; qu'ils auraient apparu comme officiellement et juridiquement constatés dans le cours de deux procédures correctionnelles poursuivies l'une contre une jeune fille âgée de moins de seize ans inculpée de vagabondage et d'escroquerie, l'autre contre une femme inculpée de proxénétisme, et qui ont amené la condamnation des deux prévenues, de la seconde spécialement à raison d'un délit de proxénétisme habituel, dans les éléments constitutifs duquel est entré le fait reproché à M... ; que par là même et par une conséquence des rapports honteux qu'il avait eus avec ces deux femmes, le scandale s'était produit dans l'une des formes les plus graves, puisqu'il résultait d'une publicité existant déjà dans une certaine mesure, de l'imminence d'une publicité plus grande et surtout de la révélation de l'indignité d'un avocat à l'audience d'un tribunal et dans l'enceinte même où son ministère l'appelle à concourir à la distribution de la justice ; — Que dans de telles circonstances, la compétence du conseil de discipline ne doit pas être contestée; — Considérant au fond, etc.

Du 24 nov. 1860.-C. de Rennes, ch. réun.

Dijon (D. P. 46. 4. 161), reconnaît que les notaires honoraires peuvent être frappés de peines disciplinaires compatibles avec leur situation, par exemple, de la censure ou de la réprimande (Conf. Morin, t. 2, nos 556 et suiv. ; Lefebvre, t. 1, nos 579 et suiv.).

16. La détermination de la nature propre de l'action disciplinaire a donné lieu à de sérieuses difficultés. Deux systèmes se sont trouvés en présence : les uns, voyant un rapport intime entre les matières disciplinaires et les matières correctionnelles, ont pensé que l'action disciplinaire n'est qu'une forme de l'action publique et que, par suite, elle doit être introduite et suivie dans les formes et délais de l'action correctionnelle ; les autres ont soutenu que, la loi attribuant au tribunal civil la connaissance des poursuites disciplinaires, celles-ci doivent être considérées comme plus rapprochées des actions privées et instruites suivant les mêmes formes. Le premier système, adopté par plusieurs arrêts de cours d'appel, a été repoussé par la cour de cassation, notamment dans un arrêt du 6 mai 1844, rendu sur le rapport de M. Troplong, et cité au *Rép.* nos 27 et 35. Néanmoins la cour de Montpellier, persistant dans sa précédente jurisprudence, a jugé, par un arrêt du 27 déc. 1852 (aff. Andriot, D. P. 53. 2. 65), que l'action disciplinaire doit être introduite et suivie dans les formes et délais des actions correctionnelles. Il faut, malgré cette décision, sur laquelle nous reviendrons (V. *infra*, no 36), reconnaître que l'action disciplinaire est une sorte d'action mixte, distincte à la fois de l'action publique et de l'action privée, indépendante de l'une et de l'autre, et qui peut, à raison d'un même fait, coexister avec toutes deux. « L'action disciplinaire n'est ni civile, ni criminelle, elle est *sui generis* » (Conclusions de M. le procureur général Dupin, sous Civ. cass. 5 juill. 1858, aff. Serain, D. P. 58. 1. 269).

17. Comme conséquence de ce principe déjà posé au *Rép.* no 29, la décision intervenue sur l'action publique ne met pas obstacle à l'action disciplinaire. Ainsi un avocat a pu être poursuivi disciplinairement à raison des faits qui avaient motivé contre lui une action criminelle ou correctionnelle, nonobstant son acquittement (Civ. cass. 21 août 1849, aff. Jorand, D. P. 49. 1. 226). Mais il résulte de la distinction nécessaire entre l'action publique et l'action disciplinaire que le juge disciplinaire doit s'abstenir avec soin de reproduire le fait soumis à son appréciation sous la couleur de criminalité dont il a été irrévocablement dégagé; il commettrait un excès de pouvoir, en même temps qu'une violation des règles de la chose jugée, si, par les qualifications qu'il attacherait au fait poursuivi, il contredisait la décision de la justice répressive. C'est ce qu'avait fait, dans l'espèce citée plus haut, l'arrêt attaqué qui avait reproduit, pour déterminer l'acte servant de base à la condamnation disciplinaire, la qualification d'*altération frauduleuse d'une feuille de dépouillement* donnée, dans la poursuite criminelle, au fait du chef duquel l'avocat J... avait été acquitté.

18. De la distinction qui existe entre l'action disciplinaire et l'action civile, il résulte, d'autre part, que, alors même qu'un fait imputé à un officier ministériel est justiciable de la juridiction disciplinaire, ceux à qui ce fait cause un préjudice n'en ont pas moins le droit de saisir les tribunaux civils de leur action en dommages-intérêts (Toulouse, 18 janv. 1866, aff. Garès, D. P. 66. 2. 6).

19. Une autre conséquence évidente des mêmes principes, c'est que l'exception de litispendance ne saurait être opposée devant la juridiction disciplinaire à raison d'une instance pendante devant la juridiction civile et relative aux faits qui sont poursuivis disciplinairement. Ainsi il a été jugé que la demande introduite devant le tribunal civil par un notaire, dans le but de faire décider qu'il n'est pas tenu au payement d'une cotisation établie par un règlement de la chambre, ne fait pas obstacle à ce que celle-ci statue disciplinairement sur la faute résultant du refus de payement : ce n'est pas là un cas de litispendance (c. proc. civ. art. 171) (Req. 2 déc. 1856, aff. C..., D. P. 57. 1. 261).

20. Les décisions émanées des juridictions disciplinaires sont d'ailleurs sans influence sur l'action civile ; ainsi l'action en nullité d'un acte notarié, fondée sur ce que le notaire qui l'a reçu y aurait eu un intérêt personnel, a pu être repoussée, bien que l'existence de cet intérêt ait servi de base à une condamnation disciplinaire prononcée contre le notaire pour manquement à ses devoirs professionnels (Req. 25 nov. 1856, aff. Fourichon, D. P. 57. 1. 19). De même, le jugement du tribunal civil qui inflige une peine disciplinaire à un notaire pour avoir détruit un acte sous seing privé n'a pas l'autorité de la chose jugée sur l'existence même du fait de destruction, et la partie lésée qui poursuit le notaire en dommages-intérêts doit faire la preuve de ce fait par les moyens légaux (Nancy, 10 mai 1873, aff. Cahen, D. P. 74. 2. 232. V. Dutruc, nos 343 et suiv.).

21. On a constaté au *Rép.* no 31 que la règle : *Le criminel tient le civil en état*, inscrite dans l'art. 3 c. instr. cr., ne s'applique pas à l'action disciplinaire ; c'est encore là une différence qui la sépare de l'action civile. La cour de Lyon l'a ainsi jugé, le 27 nov. 1873 (D. P. 75. 5. 143). — Mais il a été expliqué en même temps que, si la loi ne prescrit pas de surseoir à l'action disciplinaire quand l'action publique est intentée, il est du moins convenable de le faire tant qu'il n'a pas été définitivement prononcé au criminel (V. *Rép.* nos 32 et suiv.). La cour de Pau l'a expressément reconnu pour le cas au moins où le jugement disciplinaire préjugerait d'une façon quelconque le sort de l'action pénale (Pau, 4 janv. 1881, aff. C..., D. P. 82. 2. 8). — Le sursis serait même obligatoire, si l'appréciation de la faute professionnelle déférée à la juridiction disciplinaire l'obligeait à se prononcer sur l'existence des faits qui forment la base de l'action pénale, alors que la connaissance de ces faits ne pourrait résulter que de la procédure criminelle en cours d'instruction. Jugé, en effet, que la juridiction disciplinaire, saisie de poursuites contre un officier ministériel, ne peut, sans excès de pouvoir, appuyer sa décision sur des renseignements puisés dans une information criminelle dont l'inculpé est actuellement l'objet (Dijon, 5 déc. 1884, aff. Prost, D. P. 85. 2. 44); — A moins que les pièces à conviction dépendant de la procédure criminelle en cours d'instruction n'aient été jointes au dossier disciplinaire et versées au débat public, l'inculpé ayant été ainsi mis en mesure de s'expliquer à leur égard (Req. 4 janv. 1887, aff. Peyrieux, D. P. 88. 1. 438).

22. L'exercice de l'action disciplinaire est réparti entre le ministre de la justice, le conseil supérieur de la magistrature, les cours et tribunaux, les conseils de discipline et les chambres syndicales des corporations d'officiers publics. L'action est mise en mouvement : devant le conseil supérieur de la magistrature, par le ministre garde des sceaux; devant les tribunaux, par le ministère public; devant les conseils de discipline d'avocats, par celui des membres qui est désigné pour remplir l'office de ministère public, ou par le conseil lui-même; devant les chambres syndicales, par le syndic qui est spécialement chargé par la loi de la surveillance de la corporation (V. *Rép.* no 36).

23. L'action disciplinaire ne peut être exercée que par ceux que la loi désigne spécialement à cet effet; c'est un principe fondamental qui doit être rigoureusement observé. Ainsi est nulle la condamnation disciplinaire prononcée par une chambre de notaires, lorsque l'inculpé a été convoqué, non par une citation du syndic, mais par une lettre émanée du président (Civ. cass. 4 juill. 1864, aff. Aubergé, D. P. 64. 1. 286; 8 févr. 1875, aff. B..., D. P. 75. 1. 359; 23 avr. 1879, aff. Courtial, D. P. 79. 1. 264).

Des tiers, le plaignant lui-même, n'ont d'autre droit que celui de dénoncer les faits à ceux qui ont qualité pour agir : ils ne peuvent ni saisir directement la juridiction disciplinaire, ni intervenir devant elle, ni se pourvoir contre sa décision (Civ. rej. 4 févr. 1873, aff. B..., D. P. 73. 1. 11).

24. Le respect de ces règles qui touchent au grand principe de la séparation des pouvoirs publics a été affirmé par la cour de cassation dans une circonstance où elle a dû défendre l'indépendance du pouvoir judiciaire contre un empiétement du pouvoir exécutif. Des poursuites disciplinaires avaient été ordonnées contre M. Devienne, premier président de la cour de cassation, par un décret du gouvernement de la Défense nationale en date du 23 sept. 1870, et il avait pu paraître que, si un acte du pouvoir exécutif était sans force pour mettre en mouvement l'action de la justice, le décret du 23 sept. 1870 pouvait recevoir une certaine valeur de cette circonstance qu'au nombre des membres du Gouvernement qui l'avaient rendu se trouvait le ministre de la justice, qui a reçu de la loi le pouvoir d'exercer l'action disciplinaire. — Mais la cour de cassation, toutes chambres réunies, a déclaré que les lois sur la discipline de la magistrature ne reconnaissent qu'aux tribunaux et au ministre de la justice agissant dans l'ordre de ses attributions judiciaires, la faculté d'exercer contre un magistrat l'action disciplinaire; que, dès lors, la cour de cassation ne peut légalement être saisie d'une action de cette nature par un décret du pouvoir exécutif, ni même par un décret d'un Gouvernement exerçant la puissance législative, tel que le gouvernement de la Défense nationale; et que cette illégalité n'est pas couverte par le concours que le ministre de la justice a donné à cette mesure, le ministre de la justice ne pouvant exercer son droit de poursuite disciplinaire que par un acte personnel et d'un caractère judiciaire, et non par un acte collectif et de gouvernement (Ch. réun. 21 juill. 1871, aff. Devienne, D. P. 71. 1. 33).

25. Nous avons dit que l'action disciplinaire diffère absolument de l'action publique et de l'action privée (V. *suprà*, n° 16); aussi est-elle placée en dehors du droit commun en ce qui concerne les fins de non-recevoir qui peuvent lui être opposées. — C'est ainsi qu'on doit considérer comme non applicable à l'action disciplinaire le principe de non-rétroactivité formulé par l'art. 2 c. civ., et reproduit par l'art. 4 c. pén. La position du fonctionnaire et les conditions de capacité, de moralité et de dignité nécessaires à l'accomplissement de sa mission étant subordonnées à l'intérêt général, il est au pouvoir du législateur d'y apporter des changements ou des modifications selon les besoins de la société. Or les mesures de discipline s'attachent moins aux faits eux-mêmes qu'aux conséquences de ces faits sur la considération du fonctionnaire et la dignité du corps dont il est membre, c'est-à-dire à cet effet moral qui, à la différence du fait dont il découle, a un caractère successif et permanent. D'où cette conséquence qu'il est dans l'esprit comme dans la nature des règlements de discipline de saisir, au moment même de leur émission, le fonctionnaire soumis à leur action et d'avoir leur effet du jour de leur promulgation; ils n'ont en cela aucun caractère de rétroactivité, parce que l'effet moral qu'ils poursuivent peut se produire actuellement bien que résultant de faits antérieurs à leur promulgation. Tels sont les principes développés dans les motifs d'un arrêt rendu par la cour de cassation, chambres réunies, le 9 nov. 1852 (1), dans une espèce où se posait la question de savoir si un magistrat inamovible pouvait être frappé de déchéance, en vertu de l'art. 4 du décret du 1er mai 1852, pour des faits antérieurs au décret.

26. De même, l'action disciplinaire n'est éteinte ni par la prescription criminelle, ni par la prescription civile. Aux décisions rapportées sous les nos 38 à 40 du *Répertoire*, il faut ajouter l'arrêt des chambres réunies du 9 nov. 1852, rapporté au numéro précédent (V. aussi Eloy, t. 2, n° 993; Lefebvre, t. 2, n° 686; Dutruc, n° 361). Il est d'ailleurs assez curieux de noter que cette conséquence inévitable, suivant nous, des raisons qui servent de fondement à l'action disciplinaire, n'a pas été admise par toutes les législations étrangères: la loi du 26 mars 1881 sur l'exercice du pouvoir disciplinaire dans le royaume de Bavière décide, art. 2, que l'action en matière de discipline se prescrit par cinq ans (V. *Annuaire de législation étrangère*, année 1882, p. 237).

27. Lorsque l'action disciplinaire est intentée, il ne peut être mis obstacle à ce que la juridiction saisie statue sur la poursuite ni par la renonciation de la partie lésée, ni par son désistement de l'action civile en réparation du préjudice qu'elle a éprouvé, ni même par l'abandon que le ministère public ferait de la poursuite (V. *Rép.* nos 30 et 42; Lefebvre, t. 1, nos 88 et 688).

28. Les infractions commises pendant la durée des fonctions ne peuvent plus donner lieu à l'application d'une peine de discipline, lorsque le titulaire a cessé d'être investi de la fonction qui seule le soumettait à la juridiction disciplinaire. Mais est-ce à dire qu'il lui sera permis de se soustraire à toute punition par une démission hâtive? On a déjà fait observer au *Rép.*, n° 43 que, si le Gouvernement jugeait que les circonstances rendissent un exemple nécessaire, il pourrait suspendre son remplacement et le laisser sous le coup de poursuites qui pourraient amener sa destitution; et, dans ce cas, la démission donnée ne pourrait motiver une fin de non-recevoir à l'action. C'est ainsi que sur le pourvoi formé contre un arrêt de la cour de Rennes du 17 avr. 1850, la cour de cassation a repoussé cette fin de non-recevoir en se fondant sur ce que, *les peines disciplinaires ayant été établies pour le maintien de l'ordre général, celui qui les a encourues ne peut s'en affranchir par une démission, acte de sa volonté privée* (Req. 7 avr. 1851, aff. R..., D. P. 51. 1. 90).

29. La cour de Nancy est allée plus loin: dans un cas où il s'agissait d'un avocat et où, par conséquent, il n'y avait pas lieu à remplacement ni même à acceptation de la démission, elle a refusé de voir une fin de non-recevoir à l'action dans le fait de la démission donnée par l'avocat et, sans s'arrêter à celle-ci, elle a prononcé comme peine disciplinaire la radiation du tableau. L'arrêt de Nancy, qui est du 13 mai 1848, a été, sur pourvoi, cassé pour un autre motif (violation des règles de la chose jugée, V. *suprà*, n° 17); le pourvoi, d'ailleurs, n'avait point relevé la fin de non-recevoir tirée de la démission (Civ. cass. 21 août 1849, aff. Jorand, D. P. 49. 1. 226).

30. Il faut, néanmoins, maintenir en principe que la juridiction disciplinaire ne peut s'exercer qu'à l'égard de fonctionnaires ou officiers publics qui sont en exercice et ne saurait atteindre celui qui a été remplacé dans ses fonctions (Civ. rej. 28 avr. 1885, aff. Piel, D. P. 85. 1. 466). — Il suit de là que, si un notaire, condamné disciplinairement par défaut a formé opposition à la décision rendue contre lui, mais est remplacé avant qu'il ait été prononcé sur son opposition, le tribunal ou la chambre n'ont point à examiner au fond le mérite de ce recours, et doivent se borner à déclarer qu'il n'y a lieu de statuer (V. Lefebvre, t. 1, n° 53). L'ancien notaire peut ainsi faire tomber la décision rendue contre lui, et se trouve en même temps affranchi de toute nouvelle poursuite. Cette conséquence assez bizarre a été consacrée par l'arrêt précité du 28 avr. 1885; elle ne peut être évitée que par le retard qu'apporterait le Gouvernement à pourvoir au remplacement du notaire démissionnaire. — Mais si l'on admet que, dans ce cas, par le seul fait de l'opposition, la condamnation par défaut doit être considérée comme non avenue sans qu'elle puisse être confirmée, le notaire remplacé cessant d'être passible de la juridiction disciplinaire (V. l'arrêt du 28 avr. 1885 précité et les notes 2 et 3 sous cet arrêt, D. P. 85. 1. 466), il est un autre cas où la cour de cassation paraît avoir consacré une solution différente: c'est celui où un notaire condamné disciplinairement par décision contradictoire, donne sa démission et, après avoir été remplacé, se pourvoit devant la cour

(1) (X...) — LA COUR; — Attendu que l'action en discipline pouvant s'exercer pour des faits qui ne sont ni qualifiés ni prévus par les lois pénales, diffère essentiellement de l'action publique et ne peut être restreinte par des règles qui lui sont étrangères; que les mesures qui en sont la suite ne sont pas de véritables peines, mais des moyens institués pour maintenir, par des raisons d'ordre et d'intérêt public, l'autorité morale et le respect du corps auquel appartient le fonctionnaire poursuivi disciplinairement; qu'elles s'attachent moins aux faits eux-mêmes qu'aux conséquences de ces faits sur la considération du fonctionnaire et sur la dignité du corps dont il est membre, c'est-à-dire à cet effet moral qui, à la différence du fait dont il découle a un caractère successif et permanent; que ces motifs d'ordre élevé, qui ne permettent pas d'appliquer, en ces matières, les règles de la prescription, ne permettent pas davantage de leur appliquer le principe formulé par l'art. 2 c. civ. et reproduit en l'art. 4 c. pén.; qu'il est en effet, dans l'esprit comme dans la nature des lois ou règlement de discipline de saisir, au moment même de leur émission, le fonctionnaire soumis à leur action; et d'avoir leur effet du jour de leur promulgation; qu'ils n'ont en cela aucun caractère de rétroactivité, parce que la position du fonctionnaire et les conditions de capacité, de moralité ou de dignité nécessaires à l'accomplissement de sa mission, étant subordonnés à l'intérêt général, il est au pouvoir du législateur d'y apporter des changements ou des modifications selon les besoins de la société; que le principe de la non-rétroactivité ne saurait donc s'opposer à ce que les mesures de discipline nouvellement instituées soient appliquées à des faits anciens dont le pouvoir disciplinaire n'avait point connu auparavant;

Par ces motifs, etc.

Du 9 nov. 1852.-Ch. réun. en la ch. du cons.-MM. Laborie, rap.-Delangle, proc. gén., c. conf.

de cassation. Ici le condamné n'a-t-il pas, malgré sa démission, un intérêt manifeste à faire tomber une sentence qui l'atteint moralement alors que peut-être elle est illégale? L'affirmative a été admise par un arrêt récent (Civ. cass. 10 janv. 1887, aff. Jobey, D. P. 87. 1. 221), qui reconnaît au notaire condamné... « *intérêt et qualité*, bien qu'il ait cessé ses fonctions, depuis la décision disciplinaire qui l'a frappé, pour déférer à la cour de cassation un pourvoi *qu'elle puise le droit d'examiner dans sa mission de cour régulatrice et de juge des excès de pouvoir* ». En appliquant ce système dans toutes ses conséquences, la cour, après avoir cassé la décision objet du pourvoi, renvoie devant une autre chambre de discipline, reconnaissant ainsi implicitement que sa juridiction pourra s'exercer à l'égard d'un notaire démissionnaire et remplacé.

31. Si la contrée où se trouve la résidence d'un officier public, par exemple, un notaire, a été séparée du territoire de la France, comme il est arrivé pour l'Alsace et la Lorraine par les traités des 26 févr. et 10 mai 1871, ce fait entraîne l'extinction de l'action disciplinaire contre cet officier public qui, devenu étranger, est dès lors soumis à l'autorité et aux juridictions étrangères. Il en est ainsi même à l'égard d'un pourvoi formé avant la séparation contre une décision disciplinaire antérieure; le pourvoi ne saurait conserver aucun effet; la cour de cassation n'a plus de juridiction pour statuer (Civ. cass. 22 janv. 1872, aff. Fontaine, D. P. 72. 1. 53).

ART. 2. — *Des juridictions disciplinaires et de ceux qui y sont soumis* (*Rép.* nos 45 à 77).

32. L'énumération sommaire des juridictions disciplinaires, contenue aux nos 45 à 49 du *Répertoire*, ne doit recevoir aujourd'hui de modification qu'en ce qui concerne la création du conseil supérieur de la magistrature (L. 30 août 1883, art. 13 et 14), appelé à exercer à l'égard des membres des cours de cassation et d'appel, et des tribunaux de première instance et de paix, les pouvoirs disciplinaires qui appartenaient aux cours et tribunaux. — Pour les officiers du ministère public, les officiers de police judiciaire, les greffiers, les avocats, les notaires et les divers officiers ministériels, nous nous référons à ce qui a été dit sous les nos 47 et 48 du *Répertoire*.

33. Quant aux personnes qui sont soumises à la compétence de ces juridictions, ce sont, pour le conseil supérieur de la magistrature, les premiers présidents, présidents de chambre, conseillers de la cour de cassation et des cours d'appel, les présidents, vice-présidents, juges et juges suppléants des tribunaux de première instance et de paix (L. 30 août 1883, art. 14). Doivent être considérés comme compris dans cette indication les avocats ou avoués appelés à suppléer un juge absent ou empêché ou pour vider un partage, relativement aux fautes commises dans l'exercice de cette suppléance; et aussi les anciens magistrats à qui a été conféré le titre de magistrat honoraire en vertu des décrets du 2 oct. 1807 et du 6 juill. 1810.

34. La compétence personnelle des autres juridictions disciplinaires s'étend naturellement aux membres des corps ou corporations pour la surveillance desquels elles ont été instituées. Les notaires honoraires, qui ont reçu ce titre et ses prérogatives en vertu de l'art. 29 de l'ordonnance du 4 janv. 1843, sont justiciables non seulement des chambres de discipline, mais encore des tribunaux (V. *suprà*, no 15; Lefebvre, nos 58 et 656); les clercs et aspirants au notariat sont placés sous la surveillance et la juridiction disciplinaire des chambres par l'art. 37 de la même ordonnance.

35. Les membres des corps judiciaires et des corporations d'officiers publics ne peuvent-ils être poursuivis qu'individuellement, ou bien l'action disciplinaire peut-elle être exercée contre un corps judiciaire, une chambre syndicale, ou une corporation considérée *ut corpus?* Le sénatus-consulte du 16 therm. an 10 donne à la cour de cassation la *surveillance sur les cours et tribunaux*; mais ce n'est point là l'action disciplinaire elle-même. Cependant, si un tribunal réuni prend une délibération offensante pour un autre corps, si un conseil d'avocats, une chambre de discipline ou une assemblée générale de notaires, prennent en corps des décisions contraires à l'ordre public, à l'honneur, à la dignité professionnelle, aucune répression ne pourra-t-elle les atteindre? La doctrine et la jurisprudence se sont fixées après controverse en ce sens que les actes émanés du conseil de discipline d'avocats et des chambres de discipline de notaires peuvent être l'objet de poursuites disciplinaires devant les tribunaux compétents (V. *suprà*, vo *Avocat*, nos 136 et suiv.; *infrà*, vo *Notaire*; — *Rép.* vis *Avocat*, no 292; *Notaire*, no 747. Conf. Armand Dalloz, *Traité de la discipline notariale*, t. 2, nos 164 et suiv.; Eloy, t. 2, nos 994 et 1017; Lefebvre, t. 1, nos 64 et suiv.). En ce qui concerne les corps judiciaires, la question se pose aujourd'hui à l'occasion de l'application de la loi du 30 août 1883 : l'art. 14, § 2, de cette loi interdit aux corps judiciaires toute délibération politique, et le paragraphe 4 du même article déclare que l'infraction à cette disposition constitue une faute disciplinaire. La loi elle-même définit donc un cas de faute disciplinaire émanée d'un corps judiciaire. Doit-on en conclure que l'action en répression de cette faute sera exercée non contre les membres du corps judiciaire pris individuellement, mais contre l'ensemble de ces membres considérés *ut corpus?* Nous pensons qu'il faut adopter l'affirmative, d'abord par ce que telle paraît avoir été l'intention du législateur de 1883, ensuite et surtout parce qu'il ne paraît pas que la poursuite individuelle puisse être exercée régulièrement. Une délibération est, en effet, l'œuvre du corps entier, et non une œuvre individuelle de ses membres, dont la personnalité disparaît pour se fondre dans la personnalité morale du corps lui-même. D'autre part, les délibérations sont secrètes et le devoir de chaque membre est de garder ce secret; comment alors, dans une poursuite individuelle, atteindre les seuls membres qui ont voté la délibération incriminée et ne pas risquer de frapper ceux-là même qui en ont peut-être été les adversaires? — Il faut donc admettre que la faute disciplinaire d'un corps judiciaire donne lieu à une poursuite collective. L'action sera portée devant le conseil supérieur de la magistrature, devant lequel sera cité le président de ce corps comme étant son représentant légal, et qui prononcera, s'il y a lieu, les peines qui, par leur nature, peuvent être appliquées à un être collectif, comme la réprimande ou la censure. Les cours et tribunaux restent, d'ailleurs, sous la surveillance du garde des sceaux, dont le pouvoir disciplinaire subsiste sous certaines restrictions que nous indiquerons (V. *infrà*, nos 138 et 139).

36. C'est au tribunal *civil* qu'appartient la compétence en matière disciplinaire (V. *Rép.* no 50). C'est donc à tort, nous l'avons déjà fait remarquer *suprà*, no 16, que la cour de Montpellier, dans un arrêt du 27 déc. 1852, a jugé que l'action disciplinaire contre un notaire doit être introduite et suivie dans les formes des actions correctionnelles. Aux motifs et aux décisions rapportées au *Répertoire* on peut joindre, du moins en ce qui concerne les notaires, un argument tiré du texte même de la loi du 25 vent. an 11 : « Toutes suspensions, dit l'art. 53, destitutions, condamnations d'amende et dommages-intérêts seront prononcées contre les notaires par le tribunal *civil* de leur résidence... »

Cela résulte implicitement d'une décision de la chambre des requêtes du 9 avr. 1856 (aff. H..., D. P. 56. 1. 303), portant que la mention, dans un jugement rendu en matière disciplinaire, que les juges qui l'ont rendu siégeaient *correctionnellement*, n'est pas une cause de nullité, si les autres énonciations de ce jugement et sa forme, démontrent que c'est là une mention erronée et qu'en réalité la décision a été rendue par des juges siégeant *civilement*, et cela est suffisamment indiqué si, comme dans l'espèce, le jugement n'est pas signé par tous les juges, s'il ne contient pas les textes de la loi pénale appliquée, formalité prescrite en matière correctionnelle, et si, d'ailleurs, le jugement se termine par la mention qu'il a été rendu par le tribunal civil.

37. Le principe de l'art. 5 c. civ., qui interdit aux tribunaux de prononcer par voie de disposition générale et réglementaire, doit être étendu à toutes les juridictions disciplinaires (V. *Rép.* nos 52 à 54). Les conseils de discipline et les chambres syndicales des officiers publics peuvent sans doute faire des règlements sur des sujets d'ordre intérieur; mais ces règlements doivent recevoir soit l'homologation du tribunal (Décr. 30 mars 1808, art. 64), soit l'approbation du ministre de la justice (Ord. 4 janv. 1843, art. 23), et ces homologations et approbations ne peuvent être données que dans les limites des pouvoirs des chambres. De nombreux arrêts ont décidé que les règlements des chambres des notaires non approuvés par le ministre de la justice n'ont aucune force légale et ne peuvent servir de base à une condamnation disciplinaire; nous nous bornons à citer les principaux, renvoyant pour plus amples explications au mot *Notaire* (Civ. cass. 29 janv. 1855, aff. Lefebvre, D. P. 55. 1. 119; 7 avr. 1862, aff. Ducrocq, D. P. 62. 1. 278; 10 déc. 1862, aff. Cazot, D. P. 63. 1. 17; Req. 16 févr. 1863, aff. H..., D. P. 63. 1. 405; Civ. cass. 25 avr. 1870, aff. Desaine, D. P. 70. 1. 208; 5 juill. 1875, aff. B..., D. P. 75. 1. 431; 10 janv. 1887, aff. Jobey, D. P. 87. 1. 221).

38. La composition des cours et tribunaux jugeant disciplinairement est aujourd'hui déterminée, en ce qui concerne la discipline des magistrats, par l'art. 13 de la loi du 30 août 1883 : « La cour de cassation constitue le conseil supérieur de la magistrature; elle ne peut statuer en cette qualité que toutes chambres réunies ». Dans le cas où les cours et tribunaux statuent en la chambre du conseil soit à l'égard des avocats (Ord. 20 nov. 1822, art. 27), soit à l'égard des officiers ministériels (Décr. 30 mars 1808, art. 103), chacun des membres de la cour ou du tribunal doit être appelé à la délibération et à la décision (*Rép.* n° 55). Le tribunal, statuant en audience publique, lorsqu'il est saisi en matière de discipline notariale, doit être composé comme tout tribunal civil en matière ordinaire; et c'est par une seule chambre, non par l'assemblée générale, que l'affaire est jugée (Lefebvre, n°s 1102 et 1130; Req. 10 mai 1864, aff. Lefebvre, D. P. 64. 1. 284). Quant à la manière dont les conseils de discipline et les chambres syndicales doivent être régulièrement composés, nous nous expliquerons sur ce point dans le chap. 3 à propos des règles spéciales aux diverses corporations.

39. Il peut se présenter dans la constitution intérieure de la juridiction disciplinaire des empêchements qui équivalent à une incompétence. — Ainsi le plaignant et tout intéressé ne peuvent faire partie des juges appelés à statuer (Lefebvre, t. 2, n° 793).

Un empêchement de même nature naît de la parenté ou de l'alliance, soit des juges entre eux, soit des juges avec les avocats ou avoués représentant les parties, soit de l'inculpé ou de la partie plaignante avec les juges.

40. Et d'abord, on applique à la composition des juridictions disciplinaires, même de corporations, l'art. 63 de la loi du 20 avr. 1810, aux termes duquel les parents ou alliés jusqu'au degré d'oncle et neveu inclusivement, ne peuvent être simultanément membres d'un tribunal, soit comme juges, soit comme officiers du ministère public, ou même comme greffiers, sans une dispense du chef de l'Etat.

41. D'autre part, l'art. 10 de la loi du 30 août 1883 prononce la peine de nullité pour le cas où, dans la composition de la cour ou du tribunal, se trouve un magistrat parent ou allié au troisième degré inclusivement de l'un des avocats ou avoués représentant l'une des parties intéressées au procès. Il a été reconnu dans la discussion que cette disposition s'applique à toutes les juridictions civiles et criminelles. On doit l'étendre aux juridictions disciplinaires, du moins dans le cas où le ministère de l'avoué et l'assistance de l'avocat, qui ne sont que facultatifs, auraient été autorisés.

42. Quant à la parenté ou à l'alliance entre les juges et l'inculpé ou la partie plaignante, elles peuvent donner lieu soit à récusation, soit à renvoi ainsi qu'on le verra *infrà*, n°s 43 et suiv. Elles sont, en outre, en ce qui concerne les notaires, un obstacle absolu à ce que le notaire parent ou allié entre dans la composition de la chambre. L'art. 19 de l'ordonnance du 4 janv. 1843 porte que « lorsqu'un notaire sera parent ou allié en ligne directe, à quelque degré que ce soit, ou en ligne collatérale, jusqu'au degré d'oncle ou de neveu inclusivement de la partie plaignante ou du notaire inculpé ou intéressé, il ne pourra prendre part à la délibération ». — Comme on le voit, il n'est pas nécessaire que la récusation soit proposée; le notaire parent ou allié ne peut prendre part à la délibération, à peine de nullité; c'est un empêchement absolu (Lefebvre, t. 2, n°s 792, 809, 826).

43. Le droit de récusation dans les cas prévus par les art. 378 et suiv. c. proc. civ. doit être reconnu en matière disciplinaire, non seulement, lorsqu'il est procédé par voie de jugement en audience publique, par exemple, contre un notaire ou un officier ministériel pour faute d'audience ou découverte à l'audience, mais aussi dans les cas où les cours et tribunaux sont appelés à prononcer en assemblée générale dans la chambre du conseil, enfin même lorsque l'action disciplinaire est exercée devant les conseils de discipline ou les chambres syndicales des officiers publics. Cette opinion présentée au *Répertoire* sous les n°s 56 à 58 a été, malgré l'opposition de quelques auteurs, généralement adoptée par la doctrine et la jurisprudence. Le silence gardé à ce sujet par le législateur, dans les lois et règlements spéciaux concernant la matière, ne saurait être invoqué à l'encontre de cette solution. Comme le remarque avec raison M. Lefebvre, t. 2, n° 827, « il n'est pas nécessaire qu'une disposition expresse autorise un justiciable à récuser les juges dont l'impartialité n'est pas assurée, pour qu'il ait le droit de demander que cette garantie lui soit accordée. Le droit de récusation est un droit essentiel, une condition indispensable de toute bonne justice, ainsi que d'une défense vraiment complète » (V. aussi Dutruc, n°s 364 et 365). Aussi n'hésite-t-on pas à l'admettre en matière criminelle, bien qu'aucune disposition n'autorise à récuser les magistrats composant les tribunaux de répression (V. *Rép.* v° *Récusation*, n° 20). La même solution s'impose à l'égard des juridictions disciplinaires. Les membres de ces juridictions, étant appelés à rendre de véritables jugements, font office de juges, et malgré le caractère exceptionnel de leur compétence, ils n'en doivent pas moins être soumis aux mêmes règles que les magistrats proprement dits. C'est même en ce qui les concerne que la faculté de récusation se justifie le mieux, et que la garantie qui en résulte offre le plus d'intérêt au point de vue de la bonne administration de la justice. Il est manifeste, en effet, que les membres des chambres de discipline ne se trouvent pas dans des conditions d'indépendance et d'impartialité comparables à celles que présentent les magistrats des cours et tribunaux. Leur situation vis-à-vis des justiciables, dont ils sont les collègues, est de nature à faire craindre qu'ils ne se laissent parfois influencer, même à leur insu, par des sentiments peu compatibles avec les fonctions judiciaires dont ils sont investis. Les rivalités qui existent souvent entre les membres d'une même compagnie, surtout dans les petites localités, peuvent les empêcher d'apprécier exactement les faits et les entraîner, dans certains cas, à de regrettables exagérations. La faculté de récusation peut remédier, dans une certaine mesure, à cet inconvénient; et il serait assurément contraire à l'esprit de la loi de la refuser aux justiciables précisément dans le cas où elle offre le plus d'utilité. — Un arrêt de cassation, du 11 mai 1847 (aff. Marrast, D. P. 47. 1. 125), a implicitement reconnu que la récusation peut être exercée à l'égard des conseils de discipline de l'ordre des avocats. La même solution résulte, en ce qui touche les chambres des notaires, d'un arrêt de la cour suprême (Civ. cass. 24 janv. 1881, aff. Barron, D. P. 81. 1. 219), déclarant bien fondée la récusation qui, dans l'espèce, avait été proposée contre un notaire, membre de la chambre de discipline, par application de l'art. 378-8° c. proc. civ., et en dehors des cas prévus par l'art. 19 de l'ordonnance du 4 janv. 1843. Enfin, la question qui avait été préjugée dans le même sens, relativement aux chambres d'avoués, par un arrêt d'admission de la chambre des requêtes, du 2 juin 1869, sur le pourvoi formé contre une décision de la chambre des avoués près la cour de Paris, et dont la chambre civile n'a pas été saisie (Lefebvre, *loc. cit.*), vient d'être nettement résolue par un arrêt qui a même reconnu que la récusation touchant à l'ordre public, la décision qui l'a rejetée peut être déférée à la cour de cassation par la partie qui, après le rejet de la demande en récusation, a conclu et plaidé au fond (Civ. cass. 19 déc. 1888, aff. Martin, D. P. 89. 1. 164).

44. Dans les chambres de discipline, comme dans les tribunaux, le juge dont la récusation est proposée doit, à peine de nullité, s'abstenir de statuer sur la récusation dont il est l'objet. C'est une règle essentielle de toute organisation judiciaire, que nul ne peut être juge dans sa propre cause; il s'ensuit que quiconque est investi du pouvoir de juger ne peut ni statuer, ni concourir à statuer sur la récusation dirigée contre lui, puisqu'il devient en quelque sorte, sur cet incident, la partie adverse de celui qui exerce la récusation. Tels sont les motifs d'un arrêt de cassation du 28 avr. 1885 (aff. Pellerin, D. P. 85. 1. 463), annulant une délibération de la chambre des notaires de Bernay, rendue par cinq membres parmi lesquels en figuraient trois qui étaient récusés.

45. La question de savoir si le renvoi pour cause de suspicion légitime autorisé par l'art. 65 de la loi du 22 frim. an 8 peut être demandé en matière disciplinaire, a donné lieu à des divergences d'appréciation qui paraissent subsister encore. Il faut d'abord observer que la question ne peut plus être posée lorsqu'il s'agit de poursuites disciplinaires intentées contre un magistrat, puisque celles-ci sont portées aujourd'hui devant le conseil supérieur de la magistrature, seule juridiction compétente. — En ce qui concerne les avocats et officiers publics, il ne saurait être douteux que les demandes en renvoi pour cause de suspicion légitime doivent être admises, lorsqu'il est procédé par voie de jugement à l'audience publique (*Rép.*, n° 59). Cela a été reconnu pour un notaire par un arrêt de la cour de Rennes du 6 janv. 1841 (V. *Rép.* v° *Renvoi*, n° 100).

La jurisprudence continue à refuser d'accueillir les demandes de cette nature dans le cas où il est procédé en assemblée générale dans la chambre du conseil (Bordeaux, 25 mai 1859, aff. G..., D. P. 61. 5. 418). La critique de cette opinion a été présentée au *Rép.*, n°s 60 à 62; nous n'y reviendrons pas (*Adde* Dutruc, n° 383).

46. De même que nous ne saurions admettre cette solution de la jurisprudence, de même nous pensons que le renvoi pour cause de suspicion légitime devrait être admis, lorsque l'action disciplinaire est portée devant une juridiction de corporation. « Il nous paraît certain, dit M. Lefebvre, t. 2, n° 1084, qu'un notaire, appelé disciplinairement devant la chambre aurait le droit de former une demande en renvoi pour cause de suspicion légitime. Ce droit est une des garanties de la bonne administration de la justice... Un notaire ne saurait être obligé de subir le jugement d'une chambre prévenue, qui, en manifestant ses dispositions hostiles, l'a pour ainsi dire condamné d'avance, et l'on doit lui reconnaître, bien qu'il ne s'agisse que de la discipline intérieure, le droit de réclamer des juges impartiaux. »

47. Les divergences que nous venons de constater relativement au renvoi pour cause de suspicion légitime sont plus accentuées encore en ce qui concerne le droit de demander le renvoi à un autre tribunal pour parenté ou alliance de plusieurs juges avec l'inculpé ou la partie plaignante, dans les cas précisés par l'art. 368 c. proc. civ. — L'art. 368 étant applicable à tous les tribunaux et à toutes les cours d'appel jugeant en matière civile, la présomption de suspicion qu'il admet peut être invoquée dans les cas où un tribunal ou une cour, saisis de poursuites disciplinaires contre un avocat ou un officier public, sont appelés à prononcer par jugement à l'audience publique, c'est-à-dire lorsqu'il s'agit d'un notaire ou que l'on se trouve dans le cas de faute d'audience ou découverte à l'audience.

48. Mais en sera-t-il de même, lorsqu'il sera procédé devant les cours et tribunaux siégeant en assemblée générale dans la chambre du conseil ou devant les juridictions de corporation? M. Lefebvre, qui reconnaît l'affirmative dans le cas de jugement à l'audience publique (t. 2, n° 1203), enseigne la négative, lorsqu'il s'agit d'actions disciplinaires portées devant les chambres des notaires. Il observe que la disposition de l'art. 368 c. proc. civ. ne s'applique point aux affaires criminelles; c'est du moins un point généralement admis (V. *Rép.*, v° *Renvoi*, n° 115); par suite, cet auteur pense t. 2, n°s 1089 et 1203, qu'elle ne constitue pas une de ces garanties essentielles de la bonne administration de la justice qui s'appliquent *de plano*, et à raison de leur seule nécessité, à toutes les juridictions. Il suffira donc, suivant lui, que les parties aient le droit de demander le renvoi pour cause de suspicion légitime, ainsi que celui d'exercer des récusations qui, elles-mêmes, peuvent rendre le renvoi nécessaire, si elles sont en nombre tel que la chambre se trouve dans l'impossibilité de se constituer (V. Lefebvre, t. 2, n°s 1089 et 1203). — Ces motifs ne nous paraissent pas déterminants, et il nous semble que le droit de demander le renvoi pour parenté ou alliance devrait être accordé non seulement dans le cas où il est statué en audience publique, mais aussi lorsqu'il est procédé devant les cours ou tribunaux en la chambre du conseil, ou lorsque l'action disciplinaire est portée devant les conseils de discipline des avocats ou les chambres syndicales des officiers publics. La demande qu'autorise l'art. 368 est une récusation d'un tribunal entier fondée sur la crainte de l'influence que des magistrats parents ou alliés des parties peuvent exercer sur leurs collègues même à leur insu; la loi s'est défiée de l'esprit de confraternité. Pourquoi cette raison, de même ordre que celles qui motivent le renvoi pour cause de suspicion légitime, serait-elle méconnue tandis que celles-là sont admises? La loi qui a pris soin d'écarter l'influence de la parenté ou de l'alliance entre les membres d'un même tribunal (L. 20 avr. 1810, art. 63), ne peut *à fortiori* abandonner cette garantie d'impartialité lorsque le lien qui peut le compromettre existe entre la partie et les juges appelés à contrôler sa conduite. Il importe peu que l'application de l'art. 368 c. proc. civ. soit refusée en matière criminelle; s'il en est ainsi, c'est à raison des dispositions spéciales que le code d'instruction criminelle a consacrées aux renvois dans les art. 542 et suiv. Mais rien n'autorise l'application de ces dispositions aux matières disciplinaires, d'autant plus que, nous l'avons reconnu, celles-ci sont de la compétence des tribunaux civils.

49. On a indiqué au *Rép.*, n° 64 que la voie du pourvoi en règlement de juges devait être ouverte aux officiers ministériels poursuivis disciplinairement dans le cas où est admise l'application des art. 363 et suiv. c. proc. civ., et cela malgré un arrêt (Req. 29 juill. 1823) qui, du reste, peut être considéré comme ne traitant pas la question en thèse générale. Cette solution a été adoptée par les auteurs, et notamment par M. Lefebvre, *op. cit.*, t. 2, n°s 1090 et 1204. Il faut d'ailleurs reconnaître que les conflits et les difficultés qui nécessitent un règlement de juges ne peuvent que rarement se présenter devant les juridictions disciplinaires, à raison de la nature même des faits qui donnent lieu à l'action et de l'attribution exclusive de la compétence à des juridictions déterminées. C'est ainsi par exemple, que bien qu'il y ait lieu en principe à indication de juges, lorsque le tribunal devant lequel une cause devait être portée ne fait plus partie du territoire français, cette circonstance ne ferait pas nécessairement naître un cas de règlement de juges, parce que la séparation du territoire qui aurait supprimé la juridiction disciplinaire aurait le plus souvent enlevé en même temps à l'officier ministériel le caractère d'officier public français et l'aurait soustrait à l'autorité des juridictions françaises; c'est ce qui résulte implicitement de l'arrêt de cassation du 22 janv. 1872, cité *suprà*, n° 31 (V. aussi Dutruc, n° 390).

50. Il est cependant un cas assez fréquent où il semble qu'on devrait recourir à un règlement de juges, c'est celui d'empêchement de la juridiction appelée à statuer, résultant de ce que, par suite de mort, maladie, abstentions, récusations, ou toute autre circonstance, le nombre des juges se trouve réduit au-dessous de celui nécessaire pour rendre un jugement. Sans doute, nous croyons que, si l'empêchement se produisait pour une cour ou un tribunal saisi disciplinairement, le pourvoi en règlement de juges serait admis comme le seul moyen de ne pas suspendre le cours de la justice. Mais en sera-t-il de même, lorsqu'il s'agira d'une juridiction de corporation, d'une chambre syndicale, par exemple? La jurisprudence s'est prononcée en ce sens que la chambre de discipline réduite à un nombre insuffisant pour délibérer doit se compléter elle-même, bien que ce droit ne résulte pour elle d'aucun texte de loi. Il semble pourtant que, lorsqu'une juridiction quelconque ne se trouve pas en nombre pour statuer et qu'aucune loi ne lui donne le droit de se compléter, il ne soit pas possible de lui reconnaître ce droit. En réalité, en pareil cas, la juridiction fait défaut et il est nécessaire de se pourvoir devant la juridiction immédiatement supérieure en indication de juge. — La cour de cassation n'est pas entrée dans cette voie : plusieurs arrêts ont décidé qu'une chambre de notaires réduite, par suite d'absences, d'abstentions ou de récusations, à un nombre de titulaires insuffisant pour délibérer en matière disciplinaire doit se compléter par la voie du tirage au sort, en appliquant par analogie l'art. 15 de l'ordonnance du 4 janv. 1843 (Civ. cass. 21 févr. 1865, aff. Bodey, D. P. 65. 1. 134; 7 juill. 1874, aff. M..., D. P. 74. 1. 482; 22 nov. 1882, aff. Bertrand, D. P. 83. 1. 271). Elle a même refusé expressément de fournir aucune indication de juge dans une espèce où cette indication lui était, à la vérité, demandée sous forme d'interprétation d'arrêt. Une décision disciplinaire de la chambre des commissaires-priseurs de la Seine avait été annulée par un arrêt de cassation renvoyant la cause devant la même chambre de discipline composée d'autres membres; la chambre, malgré deux renouvellements successifs, n'a pu réunir dans son sein le nombre nécessaire, pour statuer légalement, de membres n'ayant pas pris part à la décision annulée; se trouvant dans l'impossibilité de faire exécuter l'arrêt de cassation, elle s'est adressée à la cour suprême, lui demandant d'interpréter sa décision en indiquant quels membres seraient appelés à constituer la juridiction disciplinaire. Mais la cour de cassation déclara que ce n'était pas, en réalité, l'interprétation de son arrêt qu'on lui demandait, mais un avis qu'il ne lui appartenait pas de donner sur le sens de la loi qui en réglait l'exécution, avis d'autant moins nécessaire, d'ailleurs, que la jurisprudence avait fixé, pour les chambres de discipline, le mode de procéder dans les cas identiques à celui qui faisait l'objet de la requête (Civ. rej. 17 mars 1885, aff. Quévrement, D. P. 85. 1. 250). En d'autres termes, la cour de cassation estimait que la chambre de discipline des commissaires-priseurs de la Seine devait se compléter par la voie du tirage au sort, conformément à la jurisprudence relative aux chambres des notaires.

51. La compétence de chacune des juridictions disciplinaires est rigoureusement limitée aux mesures de discipline qui forment l'objet spécial de ses attributions. Ce principe, énoncé au *Rép.* n° 65, adopté par les auteurs (V. Lefebvre, t. 2, n°s 599 et suiv.), a été appliqué par la jurisprudence avec quelques distinctions inhérentes aux différentes espèces de juridictions, et sur lesquelles il convient d'insister. — La règle fondamentale est que les tribunaux et les juridictions de corporation ne peuvent pas créer des peines arbitraires, ni ajouter à celles qui sont portées par les lois et règlements spéciaux; ils sont tenus de se borner à appliquer celles-ci et même à leur conserver leur détermination légale en citant textuellement les expressions dont la loi s'est servie pour les indiquer. Ainsi il a été jugé que l'*injonction à plus de circonspection et de régularité dans la tenue de ses minutes* ne peut pas être appliquée par un tribunal à un notaire; que c'est une peine réservée par l'art. 102 du décret du 30 mars 1808 aux officiers ministériels placés sous la juridiction directe du ministre de la justice; que les dispositions spéciales à la corporation *doivent être appliquées textuellement telles qu'elles sont écrites dans la loi et ne peuvent être remplacées par de prétendus équivalents* (Agen, 16 août 1854, aff. N..., D. P. 56. 2. 169).

52. Par application de la même règle, les condamnations à l'amende, à la restitution, aux dommages-intérêts, qui peuvent dans certains cas être prononcées par les tribunaux, jugeant en audience publique, soit contre les notaires en vertu de l'art. 53 de la loi du 25 vent. an 11, soit contre les officiers ministériels en vertu de dispositions spéciales, ne pourraient sans excès de pouvoir émaner des tribunaux prononçant en assemblée générale en la chambre du conseil ni des chambres syndicales. Par exemple, l'amende qui, en vertu de l'art. 73 du décret du 14 juin 1813, peut être, à raison de certaines infractions, infligée aux huissiers par le tribunal civil, n'entre pas dans la classe des peines de discipline proprement dites, et les jugements qui la prononcent doivent être rendus en audience publique et sauf appel (*Rép.* n° 66. *Adde:* Besançon, 2 janv. 1850, aff. Brédas, D. P. 58. 2. 93). — De même, les chambres de discipline des notaires ne peuvent condamner les notaires disciplinairement cités devant elles à des réparations civiles et à des restitutions d'honoraires (Civ. cass. 14 janv. 1867, aff. Guicestre, D. P. 67. 1. 40). — Il y a excès de pouvoir dans la délibération de la chambre des notaires qui, après avoir prononcé la peine du rappel à l'ordre, ajoute que le notaire inculpé restituera des honoraires à un confrère (Civ. cass. 5 juill. 1875, aff. B..., D. P. 75. 1. 431). — La délibération de la chambre de discipline portant injonction à un notaire d'appeler un de ses confrères à une vente d'immeubles et de partager avec lui ses honoraires est nulle pour excès de pouvoir (Civ. cass. 30 juin 1856, aff. Laseur, D. P. 56. 1. 261).

53. Alors même qu'un tribunal statuant disciplinairement a reçu de la loi compétence pour prononcer l'amende, cette compétence ne doit s'exercer que dans les cas spéciaux pour lesquels l'amende est légalement édictée. Ainsi, c'est à tort qu'un tribunal civil statuant en audience publique contre un notaire en vertu de l'art. 53 de la loi du 25 vent. an 11 a puni d'une amende des fautes de discipline auxquelles la loi n'a point attaché cette peine (Paris, 29 juin 1852, aff. L..., D. P. 54. 2. 114).

54. C'est encore une conséquence des mêmes principes que les juges disciplinaires ne peuvent pas aggraver les condamnations que la loi les autorise à prononcer, en ordonnant que leur décision sera rendue publique par voie d'affiches ou d'insertions, du moins lorsque cela ne résulte pas d'une disposition spéciale. Ainsi l'art. 102 du décret du 30 mars 1808 confère aux tribunaux le pouvoir de prescrire l'affiche et l'insertion des jugements rendus disciplinairement contre les officiers ministériels; mais cette disposition ne peut être appliquée aux notaires. Méconnaissant cette distinction, la cour d'Orléans, dans un arrêt du 7 avr. 1854 et la cour de Toulouse, dans un arrêt du 22 mai 1854, avaient cru pouvoir appliquer aux décisions des chambres de discipline des notaires la disposition générale de l'art. 1036 c. proc. civ. La cour de cassation, sur le pourvoi formé contre ce dernier arrêt, déclare que l'art. 1036 c. proc. civ. est étranger aux décisions disciplinaires, et que le droit d'ordonner l'affiche ou l'insertion de ces décisions dans les journaux est une mesure autorisée seulement à l'égard des officiers ministériels exerçant près les tribunaux, mais qui ne saurait être étendue aux notaires (Civ. cass. 28 août 1854, aff. D..., D. P. 54. 1. 328; 22 mai 1855, aff. Chevallier, D. P. 55. 1. 214).

55. Mais s'il est interdit, en matière disciplinaire, soit d'ajouter à la peine édictée par la loi, soit de substituer à une peine dont la sévérité aura paru excessive, un blâme qui aura paru mieux proportionné à la faute, c'est seulement lorsque ce blâme constitue une *peine;* il en serait autrement si l'appréciation portée par le juge sur le fait qu'il déclare blâmable se produisait dans les motifs, et non dans le dispositif de la décision, ou s'il ne constituait qu'un simple avis. — Cette distinction qui pourra quelquefois être assez subtile, a été faite par la cour de cassation dans l'espèce suivante : le 4 avr. 1863, la chambre de discipline des avoués de Versailles, en prononçant la peine de la censure avec réprimande contre Me X... à raison de plusieurs infractions, avait cru devoir, dans les motifs de sa décision, relever certains faits autres que ceux énumérés dans la réprimande, et les blâmer en disant : « ... que si le fait n'a pas une gravité suffisante pour motiver une répression, ainsi que le demande le syndic, il constitue un genre de réclame peu digne dont Me X... doit être invité à s'abstenir... ». Cette décision a été l'objet d'un pourvoi, notamment, pour violation des art. 2 et 8 de l'arrêté du 13 frim. an 9, en ce que la décision attaquée avait infligé un blâme avec invitation de s'abstenir à l'avenir, alors qu'une telle invitation ne rentrait pas dans les attributions d'une chambre des avoués. Mais la cour de cassation a rejeté ce pourvoi en se fondant sur ce qu'il était dirigé non contre le dispositif de la sentence attaquée, mais contre l'un de ses motifs; que le blâme ainsi exprimé n'avait pas été reproduit à titre de peine dans le dispositif; et que la chambre des avoués n'avait pas violé la loi de ses attributions, puisqu'en invitant Me X... à s'abstenir d'une pratique insolite, elle avait déclaré que le fait relevé à cet égard par le syndic ne présentait pas assez de gravité pour motiver l'application d'une peine (Req. 4 avr. 1864, aff. G..., D. P. 65. 1. 86). — On ne saurait se dissimuler qu'une pareille distinction n'est pas sans danger : si le juge disciplinaire se borne à encadrer dans les motifs de sa décision, mais en ayant soin de ne pas les reproduire dans le dispositif, des appréciations qui constituent un blâme sur la conduite de l'inculpé, celui-ci devra subir une situation dont sa considération sera peut-être atteinte, sans qu'il lui soit possible d'exercer aucun recours. Mais, d'autre part, elle permet au juge disciplinaire, s'il est inspiré d'une modération profitable aux vrais intérêts de la corporation, de donner un utile avertissement et d'éviter ainsi de prononcer une peine véritable.

56. C'est cette intention conciliatrice qui a motivé l'art. 2 de l'ordonnance du 4 janv. 1843, aux termes duquel les chambres de discipline des notaires sont autorisées à *prévenir ou concilier* toutes plaintes et réclamations contre des notaires et à *donner simplement leur avis sur les dommages-intérêts qui pourraient être dus*. Et c'est par application de cette disposition qu'il a été jugé qu'une chambre des notaires peut, en condamnant un notaire à une peine disciplinaire, émettre l'avis que ce notaire est tenu à des dommages-intérêts, un tel avis ne constituant qu'une simple appréciation des conséquences légales de la plainte (Req. 18 avr. 1866, aff. Y..., D. P. 66. 1. 344).

Jugé de même qu'une chambre des notaires peut ordonner la suppression d'écrits produits devant elle par un notaire, dans une poursuite disciplinaire exercée contre lui sur la plainte d'un autre notaire, et qui ont pour ce dernier un caractère injurieux : « Attendu, dit l'arrêt, que le droit accordé par l'ordonnance du 4 janv. 1843 à la chambre de prévenir ou de concilier tous différends entre notaires implique le droit de supprimer tous les écrits injurieux ou de nature à troubler l'accord qui doit régner entre confrères; que cette mesure de prudence ne constitue pas une peine disciplinaire. » (Req. 18 juin 1862, aff. X..., D. P. 62. 1. 363).

57. Toutefois il ne faut pas perdre de vue le principe fondamental que nous avons posé : les appréciations ou injonctions qui accompagnent la décision disciplinaire ne rentrent dans les pouvoirs de la chambre qu'autant qu'elles ne constituent pas des peines. — Ainsi est entachée d'excès de pouvoir la décision qui inflige à un notaire la peine de l'amende honorable, en disposant que ce notaire adressera au président une lettre par laquelle il rétractera tous écrits et toutes paroles acerbes et inconvenantes qu'il a écrites ou dites soit contre des confrères, soit contre le rapporteur, une telle mesure ne pouvant être envisagée comme rentrant dans celles que les chambres de discipline sont autorisées à prendre comme pouvoir conciliateur, pour ramener et maintenir la concorde dans leur corporation (Civ. cass. 15 déc. 1868, aff. B..., D. P. 69. 1. 79). — La chambre de discipline peut, en vertu des attributions de conciliation que lui confère l'art. 2, § 2, de l'ordonnance du 4 janv. 1843, inviter un notaire à renvoyer un clerc de son étude ; mais elle excède ses pouvoirs en décidant que le notaire devra renvoyer son clerc dans un délai déterminé, cette injonction équivalant à une peine autre que celles édictées par l'art. 14 de l'ordonnance du 4 janv. 1843 (Civ. cass. 23 déc. 1868, aff. P..., D. P. 69. 1. 140). — Enfin, pour donner à une injonction le caractère d'avis ou de conseil rentrant dans les pouvoirs de conciliation qui appartiennent aux chambres des notaires, il ne suffit pas qu'avant de prononcer cette injonction la délibération mentionne qu'il n'y a pas lieu dans l'espèce d'appliquer une peine disciplinaire ; la décision peut, malgré cette déclaration préalable, être entachée d'excès de pouvoir, si elle revêt le caractère d'une peine, et il en est ainsi, par exemple, d'une décision qui enjoint à un notaire, résidant dans une commune autre que le chef-lieu de canton, de s'abstenir d'aller à ce chef-lieu, ou d'y envoyer un clerc à jour fixe (Civ. cass. 20 févr. 1883, aff. Lefebvre, D. P. 83. 1. 192). — Jugé également qu'une chambre de discipline des notaires ne peut, en reconnaissant qu'il n'y a pas lieu de prononcer le rappel à l'ordre contre l'inculpé, décider que des reproches sévères lui seront adressés et l'inviter à être plus circonspect à l'avenir, une pareille disposition devant être considérée comme une peine et non comme un simple avis (Civ. cass. 2 mars 1885, aff. Ducollet, D. P. 85. 1. 464).

58. L'art. 54 de la loi du 20 avr. 1810 donnait aux cours d'appel les droits de discipline sur les magistrats, attribués aux tribunaux de première instance, lorsque ceux-ci avaient négligé de les exercer. Cette disposition a cessé d'avoir aucun effet par suite de l'institution du conseil supérieur de la magistrature créé par la loi du 30 août 1883, dont, au surplus, l'art. 19 abroge expressément l'art. 54 de la loi du 20 avr. 1810. Mais on doit considérer comme consacrée en matière de discipline sur les avocats, notaires et officiers ministériels, la règle générale que les juridictions supérieures peuvent être saisies directement, *omisso medio*, toutes les fois que les juridictions de discipline intérieure, tels que les conseils de discipline des avocats et les chambres syndicales de notaires, d'avoués, d'huissiers et autres officiers ministériels, ont négligé ou refusé de prononcer (V. *Rép.* nos 69 à 71).

59. Il convient d'observer toutefois que ce cas sera sans doute extrêmement rare. En effet, aux termes de l'art. 17 de l'ordonnance du 4 janv. 1843, le syndic est tenu de saisir la chambre des notaires, lorsqu'il y est invité par le ministère public ; il en est de même devant le conseil de discipline des avocats ou les chambres syndicales des officiers ministériels, quand le ministère public saisit ces juridictions en vertu du droit de surveillance que lui confère l'art. 45 de la loi du 20 avr. 1810. Il ne pourra donc guère arriver que les conseils de discipline et les chambres syndicales ne statuent pas sur les poursuites ainsi exercées devant eux. Si cependant les juridictions de corporations avaient *refusé* de statuer, les tribunaux auraient certainement le droit de se saisir de la poursuite disciplinaire. Mais on ne devrait pas considérer comme un *refus* de prononcer une peine, ayant pour effet de transporter le pouvoir disciplinaire au tribunal, la décision d'une chambre qui, appréciant la conduite de l'inculpé, déclarerait qu'il n'a commis aucune infraction et le renverrait de la poursuite (V. Lefebvre, t. 1, n° 27).

60. On a reconnu que les poursuites disciplinaires, ayant un caractère d'ordre public, requièrent célérité et peuvent être jugées par la chambre des vacations (*Rép.* n° 77). Toutefois, il n'en est ainsi, dans les cas où la loi veut que la poursuite ait lieu en assemblée générale, par exemple contre un avoué (Décr. 30 mars 1808, art. 103), que si le tribunal n'est composé que d'une seule chambre. S'il s'agissait d'un tribunal composé de plusieurs chambres, il faudrait alors, pour statuer sur la poursuite, ou bien réunir l'assemblée générale en temps de vacations, s'il y a urgence, ou bien attendre la rentrée si les circonstances le permettent (Morin, t. 2, n° 607 *bis ;* Civ. rej. 6 août 1867, aff. X..., D. P. 67. 1. 319).

ART. 3. — *De la procédure en matière disciplinaire* (*Rép.* nos 78 à 104).

61. C'est une conséquence de la nature *sui generis* que nous avons reconnue à l'action disciplinaire (V. *suprà*, n° 16) qu'elle n'est pas soumise aux formes de procédure édictées en matière civile ou criminelle; c'est ce que nous trouverons écrit dans la plupart des arrêts que nous aurons à citer. Les règles de la procédure en matière disciplinaire, soit qu'elles résultent des rares dispositions de la loi, soit qu'elles aient été consacrées par la jurisprudence, ne s'inspirent que des garanties fondamentales qui doivent présider à l'administration de la justice, et spécialement du respect des droits de la défense.

62. La première garantie qu'exige le droit de la défense, c'est que l'inculpé soit mis à même de se défendre. Aussi la loi du 30 août 1883, art. 16, reproduisant la disposition de l'art. 55 de la loi du 20 avr. 1810, déclare-t-elle que le conseil supérieur de la magistrature ne pourra statuer qu'après que le magistrat inculpé aura été entendu ou *dûment appelé*. De même, les lois et règlements constitutifs des juridictions de corporation énoncent la nécessité d'une citation préalable; c'est ce que disposent, pour les notaires, l'art. 17 de l'ordonnance du 4 janv. 1843 et pour les avoués l'art. 11 de l'arrêté du 13 frim. an 9. On a développé au *Rép.* n° 82 les motifs qui font de la citation préalable une formalité substantielle. Cette règle a été reconnue par tous les auteurs (V. Lefebvre, t. 2, n° 858; Morin, t. 2, nos 756 et 757; Eloy, t. 2, nos 1055 et suiv.; Dutruc, nos 347 et suiv., 353 et suiv., 685); elle a reçu dans la jurisprudence une large application. Ainsi il a été jugé que la citation préalable exigée par l'art. 17 de l'ordonnance du 4 janv. 1843, en matière de discipline notariale, est une *formalité substantielle, qui tient au droit de défense et doit être observée à peine de nullité* (Civ. cass. 17 juin 1867, aff. Coste, D. P. 67. 1. 196); — Qu'une décision de la chambre des avoués, prononçant une peine disciplinaire contre un avoué, sans que celui-ci ait été cité par le syndic ni appelé à se défendre, est nulle comme portant atteinte au droit de la défense (Civ. cass. 9 avr. 1862, aff. Delpech, D. P. 62. 1. 223); — Qu'une condamnation prononcée contre un notaire par une chambre de discipline, après que ce notaire qui avait comparu devant elle à propos d'un débat de concurrence avec un de ses confrères, s'était retiré, et sans qu'il ait été à nouveau l'objet d'une citation, est nulle comme ayant violé les droits de la défense (Civ. cass. 3 juin 1863, aff. Dubois, D. P. 63. 1. 311); — Que pareille nullité est encourue si le notaire inculpé ayant été cité une première fois devant la chambre qui n'a pu se réunir à raison de l'abstention d'un de ses membres, la condamnation a été prononcée dans une réunion ultérieure sans nouvelle citation de l'inculpé qui était absent (Civ. cass. 21 févr. 1865, aff. Bodey, D. P. 65. 1. 135); — Qu'enfin il en est de même si, le syndic s'étant désisté d'une inculpation plus grave qui d'abord avait été portée contre un notaire devant la chambre composée comme il est dit en l'art. 15 de l'ordonnance du 4 janv. 1843, la chambre réduite à ses seuls membres, et statuant par application de l'art. 14 de la même ordonnance, a prononcé une condamnation sans qu'il soit constaté que, devant cette chambre ainsi composée, l'inculpé ait été de nouveau entendu, ni même que le syndic ait pris de nouvelles réquisitions qu'il s'était réservé de prendre (Civ. cass. 1er mars 1853, aff. Bournizien, D. P. 53. 1. 64).

63. Rappelons que l'exercice de l'action disciplinaire appartenant au ministère public et, dans les corporations, aux membres désignés pour en remplir les fonctions, la citation doit émaner du syndic, et qu'elle ne peut être remplacée par une lettre écrite par toute autre personne, notamment par le président ou le secrétaire (Civ. cass. 4 juill. 1864, aff. Aubergé, D. P. 64. 1. 286; 8 févr. 1875, aff. B..., D. P. 75. 1. 359; 23 avr. 1879, aff. Courtial, D. P. 79. 1. 264). — V. *suprà*, nos 23 et 24.

64. L'irrégularité qui résulte du défaut de citation est-elle couverte lorsque l'inculpé, sans opposer d'exception ni de fin de non-recevoir, a présenté sa défense au fond, ou surtout, s'il a donné son consentement exprès et formel, se déclarant prêt à être jugé sans citation? L'inculpé, revenant sur ce consentement, pourrait-il invoquer pour la première fois devant la cour de cassation le défaut de la formalité substantielle de la citation préalable? M. Lefebvre estime que ce sont là des questions délicates (t. 2, nos 860 et 861): « Du moment, dit-il, que la citation est une formalité substantielle, il ne doit pas dépendre des parties intéressées qu'elle soit ou ne soit pas accomplie. » Il ne serait pas juste, d'ailleurs, que l'inculpé puisse compromettre sa défense d'une manière irréparable si, oubliant qu'il aurait le droit d'exiger un délai pour préparer sa justification, il se hâte de répondre à une imputation qui l'offense. — Mais la cour de cassation a tranché la question en ce sens que, si l'inculpé a accepté le débat, ce consentement régularise la procédure et couvre la nullité résultant du défaut de citation. Il semble qu'elle ait entendu étendre aux poursuites disciplinaires la disposition de l'art. 147 c. instr. cr. relative aux tribunaux de police, comme déjà la jurisprudence l'avait appliquée en matière correctionnelle. Cette solution résultait déjà implicitement d'un arrêt qui, après avoir constaté qu'un notaire invité à comparaître devant la chambre, non à fins disciplinaires, mais à l'effet de fournir des explications sur un différend avec des collègues, s'était vu, sur des conclusions nouvelles du syndic, frappé d'une condamnation disciplinaire, déclare cette condamnation nulle pour défaut de citation, rien ne montrant que l'inculpé eût accepté la transformation que ces conclusions avaient fait subir à l'action, et renoncé à ce qu'il fût procédé à son égard conformément à l'art. 17 de l'ordonnance du 4 janv. 1843, et présenté, en conséquence, des moyens de défense contre la poursuite disciplinaire inopinément dirigée contre lui (Civ. cass. 8 févr. 1875, aff. B...., D. P. 75. 1. 359). Deux arrêts sont venus depuis mettre le principe en toute évidence : « Attendu, dit le premier, que, si l'obligation, pour le syndic de la chambre de discipline des notaires, de citer le notaire inculpé, constitue une règle essentielle dont l'inobservation doive entraîner la nullité de la délibération, il ne saurait en être ainsi dans le cas où, comme dans l'espèce, l'inculpé s'est volontairement expliqué sur les faits, a fourni ses moyens de justification et accepté le débat sans proposer aucune fin de non-recevoir ou exception : d'où il suit qu'il n'est plus recevable à se prévaloir de cette nullité pour la première fois devant la cour de cassation » (Civ. rej. 16 janv. 1884, aff. Quineau, D. P. 84. 1. 252); — « Attendu, dit le second arrêt, que, dans ces circonstances (lecture de la plainte et de la réponse écrite de l'inculpé, audition du rapporteur et du plaignant, le tout en présence de l'inculpé qui, après les conclusions du syndic, avait déclaré n'avoir rien à ajouter pour sa défense), la nullité tirée de l'absence de citation aurait été couverte par la comparution volontaire du demandeur et par son acceptation du débat » (Civ. rej. 14 janv. 1885, aff. Lagrand, D. P. 85. 1. 255).

65. Mais il faut, pour que la nullité résultant du défaut de citation soit couverte, qu'il y ait eu acceptation du débat et défense au fond sur le fait même qui a motivé la condamnation; il en serait autrement si celle-ci était intervenue à raison d'un chef d'inculpation, non prévu à la citation (ce qui équivaut, en ce qui le concerne, à l'absence de citation), et sur lequel l'inculpé n'aurait pas expressément accepté le débat. Cette distinction résulte d'un arrêt du 29 mai 1883 qui, rapproché des deux précédents, précise exactement la règle qui nous occupe. Dans l'espèce, une condamnation disciplinaire avait été prononcée contre un avoué à raison de deux faits distincts; le premier seul avait été relevé dans la citation; le second ayant été relevé seulement devant la chambre, celle-ci s'en était saisie alors que l'inculpé s'était retiré du lieu de la séance, sans avoir été averti que le syndic eût l'intention d'en faire l'objet d'une action disciplinaire; la condamnation intervenue à titre de répression des deux chefs sans distinction ni division, a été déclarée nulle pour défaut de citation, sans que cette nullité pût être considérée comme couverte parce que sur l'interpellation relative au fait nouveau l'inculpé avait répondu « qu'il avait usé de son droit », une semblable réponse n'impliquant ni la reconnaissance de l'exercice régulier d'une poursuite disciplinaire, ni une défense volontaire à cette poursuite (Civ. cass. 29 mai 1883, aff. Saffrey, D. P. 84. 1. 79.

66. S'il est nécessaire à l'exercice du droit de défense que l'inculpé soit prévenu, par une citation, de la poursuite exercée contre lui, il n'est pas moins indispensable que cette citation lui fasse connaître les faits qui lui sont reprochés. De là cette règle que la citation doit être *indicative des faits*, comme le dit l'art. 17 de l'ordonnance du 4 janv. 1843 pour les notaires, *indicative de l'objet*, aux termes de l'art. 11 de l'arrêté du 13 frim. an 9 pour les avoués. Il faut que l'inculpé connaisse la prévention tout entière, et si cette prévention est multiple, que les différents faits sur lesquels elle repose lui soient signalés. La juridiction disciplinaire ne serait pas régulièrement saisie des chefs d'inculpation que la citation n'aurait pas mentionnés (V. en ce sens : Civ. cass. 21 févr. 1865, cité *suprà*, n° 62; 29 mai 1883, cité *suprà*, n° 65; Dutruc, nos 351, 683 et suiv.).

67. L'indication, dans la citation, des faits servant de base à la poursuite est même une formalité substantielle, dont l'inobservation peut être invoquée pour la première fois devant la cour de cassation, comme moyen de nullité de la décision qui s'en est suivie. En matière correctionnelle, les irrégularités des actes de procédure n'étant point considérées comme d'ordre public, ne peuvent être invoquées pour la première fois devant la cour de cassation, lorsqu'elles ne l'ont pas été devant le juge d'appel. Mais, d'une part, cette règle ne s'applique pas en matière disciplinaire, et, d'autre part, l'énonciation dans la citation des faits qui servent de base à la poursuite est une formalité substantielle dont l'omission constitue non seulement une nullité de procédure, mais une atteinte aux droits de la défense (Civ. cass. 24 janv. 1881, aff. Baron, 2e arrêt, D. P. 81. 1. 218-219).

68. Il est nécessaire que de l'énoncé des faits dans la citation résulte une inculpation nettement caractérisée, de manière à ne laisser à l'inculpé aucun doute sur le reproche porté contre lui. Ainsi il ne suffit pas que la citation adressée à un notaire mentionne *qu'il est cité à fin disciplinaire pour manquement de déférence vis-à-vis de la chambre*, cette mention n'indiquant pas les faits constitutifs de la faute imputée (Civ. cass. 24 janv. 1881, cité *suprà*, n° 67).

69. Il n'est, d'ailleurs, pas indispensable que la citation reproduise le détail complet des faits qui motivent l'inculpation. Ainsi, il a été jugé que la citation d'un officier ministériel, par exemple, d'un avoué, devant la chambre de discipline, indique suffisamment l'objet de la poursuite, lorsqu'elle énonce le caractère général de l'inculpation, sans qu'il soit besoin qu'elle renferme en outre un exposé complet et détaillé des faits relevés à l'appui de cette inculpation (Req. 4 avr. 1864, aff. G..., D. P. 65. 1. 86; 17 août 1880, aff. Courtial, D. P. 81. 1. 342); — Ou lorsqu'elle se réfère aux énonciations contenues dans la plainte qui a été communiquée précédemment à l'inculpé qui y a répondu par écrit (Req. 18 avr. 1887, aff. X..., D. P. 87. 1. 156).

70. De même que nous avons reconnu, avec la jurisprudence, que la nullité encourue pour défaut de citation peut être couverte par la comparution de l'inculpé qui a accepté le débat et a présenté sa défense au fond (V. *suprà*, n° 64), de même, et à plus forte raison, faut-il dire qu'une décision disciplinaire ne sera pas nulle par cela seul qu'un ou plusieurs des faits qui ont servi de base à la condamnation prononcée n'auraient pas été relevés dans la citation, si d'ailleurs ces faits sont connexes avec l'objet de la citation et s'y relient intimement, et si l'inculpé les a compris dans sa défense. « L'attention de l'inculpé, cité disciplinairement, a été appelée par cette citation sur tous les faits connexes à l'infraction qu'elle relève, et, lorsqu'en pareille circonstance, il accepte le débat sur l'ensemble de l'inculpation, il y a lieu de supposer que, s'il se défend sur tous les points, c'est que sa défense est également prête sur tous » (Lefebvre, t. 2, n° 866).

71. C'est par application de ces principes que la cour de cassation a jugé : 1° que le défaut d'indication dans la plainte et dans la citation de l'un des chefs d'inculpation qui ont motivé la condamnation disciplinaire d'un notaire n'est pas une cause de nullité de la décision, si ce chef a été relevé par le rapporteur comme se rattachant intimement au chef d'inculpation spécifié dans la citation, et alors d'ailleurs que l'inculpé appelé à s'en expliquer a fourni ses moyens de justification, acceptant ainsi le débat sur ce chef nouveau (Civ. cass. 18 mai 1870, aff. B..., D. P. 70. 1. 429) ; — 2° Qu'il n'y a pas nullité de la décision d'une chambre de discipline qui prononce contre un notaire la peine du rappel à l'ordre, pour un fait non visé par l'acte de citation, mais relevé à l'occasion de ceux qui étaient l'objet de cet acte, si l'inculpé ayant accepté le débat sur ce point a été appelé à se défendre contre cette inculpation nouvelle (Civ. rej. 17 juin 1885, aff. Chicoteau, D. P. 86. 1. 80).

72. Tout ce qu'on vient de dire sur la nécessité de la citation et l'indication qu'elle doit contenir de l'objet de la poursuite, en tant que formalités substantielles inhérentes à l'exercice du droit de la défense, s'applique à tous les cas, que l'action disciplinaire soit portée devant les tribunaux ou devant les juridictions de corporation. Quant à la forme de la citation et aux délais de comparution, comme les prescriptions relatives à ces divers points varient suivant les corporations et les juridictions appelées à connaître de l'action disciplinaire, il y a lieu d'en renvoyer l'étude aux articles où sont examinées les règles particulières à la discipline de chaque corps (V. *Avocat*, n°s 195 et suiv.; *Avoué*, n°s 97 et suiv.; *Huissier*, *Notaire*. — *Rép.* v^is *Avocat*, n°s 402 et suiv.; *Avoué*, n°s 248 et suiv.; *Huissier*, n°s 117 et suiv.; *Notaire*, n°s 726 et suiv.).

73. En principe, l'inculpé est tenu de comparaître en personne pour fournir des explications sur les faits qui lui sont reprochés. Il est bien entendu, d'ailleurs, que la non-comparution de l'inculpé régulièrement cité ne fait pas obstacle à ce que l'action disciplinaire suive son cours ; il suffit qu'il ait été *dûment appelé* (Ch. réun. 15 juin 1882, aff. Appay, D. P. 83. 1. 420). — En ce qui concerne les magistrats, il résulte des débats législatifs sur l'art. 16 de la loi du 30 août 1883 que la comparution pourra avoir lieu devant une commission rogatoire nommée par le conseil supérieur de la magistrature (V. *infrà*, n° 121). — Pour les avocats, notaires et officiers ministériels, leur comparution en personne devant les tribunaux ou devant les conseils et chambres de discipline peut être exigée (Nancy, 28 févr. 1874 (1). V. aussi un jugement du tribunal civil de Tarascon du 6 sept. 1879, aff. B..., D. P. 80. 3. 45, qui a décidé que la représentation par un avoué ne dispense pas l'inculpé de comparaître personnellement à l'audience pour y être entendu, à peine d'être jugé par défaut). — Nous admettons, toutefois, que le tribunal ou la chambre de discipline peut dispenser l'inculpé de se présenter lui-même et consentir à entendre sa défense présentée par un mandataire, ou même la lecture de la défense écrite qu'il aurait préparée, mais seulement dans les cas exceptionnels où la comparution personnelle serait rendue impossible par la maladie, l'éloignement ou autre empêchement de l'inculpé (V. *Rép.* n°s 86 à 88 ; Lefebvre, t. 2, n°s 905 et 1147).

74. Il résulte de ce qui précède que l'inculpé peut constituer avoué, lorsque la poursuite se présente devant les tribunaux, sans préjudice de sa comparution en personne ; mais ce n'est qu'une formalité purement facultative (V. *Rép.* n°s 87 et 88 ; Lefebvre, t. 2, n° 1149).

75. Quant au droit pour l'inculpé de se faire assister par un défenseur, il est incontestable, soit que l'action disciplinaire soit portée devant les tribunaux, soit qu'elle se produise devant les juridictions de corporation. Seulement cette faculté ne découle pas des dispositions des art. 13 de l'arrêté du 13 frim. an 9, sur la discipline des avoués, et 20 de l'ordonnance du 4 janv. 1843, sur la discipline notariale, lesquelles ne concernent que les tiers ; elle résulte de la situation même de l'inculpé qu'on ne saurait priver du concours d'un défenseur ; elle dérive du droit de la défense (Conf. *Rép.* n° 89 ; Lefebvre, t. 2, n° 906 ; Dutruc, n°s 356 et 687).

76. La partie plaignante doit-elle être appelée au débat disciplinaire, peut-elle y être admise ? En principe non. « Il y aurait trop d'inconvénients, dit M. Morin, t. 2, n° 765, à introduire des étrangers poussés par leur intérêt dans l'intérieur d'une compagnie. Cependant une pareille intervention est autorisée dans certains cas comme moyen d'éclaircissement ». Mais, le principe une fois posé, il faut reconnaître que son application nécessite des distinctions et des réserves importantes, suivant que l'action disciplinaire est portée devant les tribunaux ou devant les chambres syndicales.

77. La poursuite se produit-elle devant les cours et tribunaux procédant en chambre du conseil, c'est alors un débat de famille devant une juridiction instituée pour maintenir dans les compagnies d'officiers publics les principes d'honneur et de délicatesse qui font la dignité de leur profession, et dont les délibérations ont lieu ordinairement à huis clos. La partie plaignante ne saurait donc être admise au débat, sauf au tribunal à recevoir, en la forme qu'il jugera convenable, ses explications si elles lui paraissent nécessaires.

78. Que si les tribunaux procèdent dans les formes ordinaires, ce qui a lieu lorsqu'il s'agit soit de fautes d'audience, soit de poursuites contre des notaires, alors l'action étant soumise aux règles ordinaires de la procédure, la partie lésée pourra se faire représenter au débat en suivant les formes ordinaires, c'est-à-dire par ministère d'avoué. Elle pourra même être entendue personnellement si le tribunal, le jugeant utile, la mande à sa barre, conformément au droit commun inscrit dans l'art. 119 c. proc. civ. Cette

(1) (D...) — LA COUR ; — Attendu qu'en matière de discipline notariale, le législateur n'a point réglé la marche à suivre dans la poursuite et qu'il appartient aux magistrats de combler cette lacune, en en demandant le moyen soit au code de procédure civile, soit au code d'instruction criminelle ; — Que le premier de ces codes, art. 119, et le second, art. 185, n° 2, autorisent les tribunaux à ordonner en tout état de cause et toutes les fois qu'ils le jugent utile, la comparution en personne et à jour fixe de ceux qu'ils ont à juger ; — Que rien ne s'oppose à ce que cette règle du droit commun, tous les jours appliquée aux plaideurs et aux prévenus ordinaires, ne s'applique aussi au notaire appelé à répondre de manquements à la loi de son institution, ou à celles de la délicatesse et de l'honneur ; — Que tout au contraire semble commander son application dans l'intérêt bien entendu de la justice, puisqu'en même temps qu'elle contribue à éclairer le juge, elle peut rendre la défense et plus facile et plus complète, bien loin de l'entraver ; — Attendu que destinée à satisfaire aux exigences matérielles et incessantes de la procédure, la constitution d'un avoué ne fait point obstacle à ce que la comparution de la partie elle-même soit ordonnée ; — Que les pouvoirs de l'avoué, simple mandataire, *procurator ad litem*, s'arrêtent à l'interrogatoire des mandants, quelle que soit la forme que cet interrogatoire revête ; — Que le devoir de comparaître constitue pour l'homme investi de fonctions publiques un devoir de convenance plus étroit que pour le simple particulier, et que son refus d'obéir l'expose par cela même au péril de suppositions plus fâcheuses ; — Attendu que, dans une affaire aussi chargée d'incidents et de détails, aussi importante par ses chiffres, et où se trouvent aussi engagés sa fortune, sa considération et son avenir, la présence de D... s'impose dès maintenant comme une nécessité ; — Qu'elle seule peut rassurer les intéressés, donner la preuve que l'appel est sérieux et assurer aux débats le développement qu'ils comportent ;

Par ces motifs, ordonne, etc.

Du 28 févr. 1874.-C. de Nancy, 1re ch.-MM. Leclerc, 1er pr.-Poulet, av. gén.-Tisserand, av.

solution conforme aux principes, ne peut faire doute en ce qui concerne les notaires, l'art. 35 de la loi du 25 vent. an 11 prévoyant expressément le cas de condamnations disciplinaires prononcées par les tribunaux *à la poursuite des parties intéressées.*

79. Lorsqu'enfin c'est devant les chambres ou conseils de discipline qu'est portée l'action disciplinaire, le doute n'est pas permis en présence des termes de l'art. 13 du décret du 13 frim. an 9 et de l'art. 20 de l'ordonnance du 4 janv. 1843, qui tous deux disposent que la chambre prendra ses délibérations après avoir *entendu ou dûment appelé* l'officier public inculpé, *ensemble les tierces parties qui voudront être entendues* (Lefebvre, t. 2, n° 892). Aussi la cour de cassation a-t-elle reconnu que les plaignants ont le droit d'assister aux débats et même au prononcé des décisions disciplinaires, sans que cette assistance puisse être considérée comme une infraction à la règle que le prononcé des décisions disciplinaires doit avoir lieu à huis clos (Req. 11 avr. 1881, aff. Aubry de Maraumont, D. P. 82. 1. 24).

80. Les textes que nous venons de citer autorisant la partie plaignante à se faire *représenter ou assister* par un avoué ou par un notaire devant les chambres de discipline des avoués ou des notaires, le plaignant n'est point tenu de comparaître en personne (Lefebvre, *loc. cit.*, t. 2, n° 893); d'autre part, il a été jugé qu'il peut se faire assister par toute autre personne qu'un officier public (V. l'arrêt du 11 avr. 1881, cité *suprà*, n° 79).

81. Les plaignants lésés par l'infraction poursuivie peuvent se porter parties civiles? Il est évident que cette faculté ne leur sera accordée que devant les tribunaux procédant par voie de jugement, les juridictions purement disciplinaires n'ayant point qualité pour prononcer des condamnations et des dommages-intérêts (Morin, t. 2, n° 765).

82. Comment se fera l'instruction devant les juridictions disciplinaires? A quelles formalités sera assujettie la recherche des éléments de conviction? Quels moyens de preuve seront admis? Aucune forme n'est rigoureusement obligatoire pour les enquêtes, ou autres moyens d'information auxquels il peut être nécessaire de recourir. C'est là le développement et la conséquence directe du principe que nous avons posé au début de cet article (V. *suprà*, n°s 61 et suiv.), et c'est ce qui découle de la nature spéciale d'action mixte, *sui generis*, que nous avons reconnue à l'action disciplinaire (V. *suprà*, n°s 16 et suiv.). Telle était déjà la règle indiquée au *Répertoire* dans les cas où l'action est portée devant les cours et tribunaux en la chambre du conseil, ou devant les chambres syndicales et les conseils de discipline (*Rép.* n° 93); mais lorsqu'il est procédé devant les tribunaux civils en audience publique, il avait paru, suivant les premières indications de la jurisprudence, que les formes prescrites par le code de procédure pour les enquêtes civiles devaient être appliquées à peine de nullité (*Rép.* n° 92). La jurisprudence s'est depuis nettement prononcée en sens contraire.

Ainsi il a été jugé qu'en matière de poursuites disciplinaires, les tribunaux ne sont astreints ni aux formes d'instruction et aux modes de preuve établis pour l'action civile, ni à ceux prescrits par le code d'instruction criminelle pour l'action publique. En conséquence, l'audition des témoins cités à l'appui de l'action disciplinaire n'est pas assujettie à l'emploi des formes que le code de procédure civile a prescrites, soit pour les enquêtes en matière ordinaire, soit pour les enquêtes en matière sommaire, et notamment il n'est pas besoin qu'un jugement ait préalablement ordonné cette audition, et précisé les faits sur lesquels elle devrait porter : il suffit que le notaire inculpé ait été mis en état de connaître les témoins, de s'informer de leur position et de débattre leurs témoignages; les actions disciplinaires ne sont pas non plus soumises, à peine de nullité, aux formes prescrites par le code d'instruction criminelle, et, par exemple, à l'art. 209 c. instr. cr., qui veut qu'en appel le jugement soit rendu au rapport de l'un des juges (Req. 23 janv. 1855, aff. Farine, D. P. 55. 1. 344). — Dans le même ordre d'idées, il a été décidé que les règles du droit commun et de la procédure ordinaire ne sont pas applicables devant les tribunaux statuant en matière disciplinaire; spécialement, que les juges saisis d'une action disciplinaire dirigée contre un officier ministériel (un notaire) qui, dans une instance civile, a nié, par serment décisoire, une convention invoquée contre lui par un tiers, peuvent autoriser le ministère public à prouver que cet officier ministériel a faussement juré en justice, et que la convention alléguée existait bien réellement; ici ne s'appliquent pas les art. 1341 et suiv. c. civ. Peu importe que les mêmes juges aient antérieurement, dans l'instance civile, considéré comme n'ayant jamais existé la convention niée par l'officier ministériel; il n'y a là, à raison du caractère particulier de l'action disciplinaire, aucune contrariété de jugements (Angers, 14 nov. 1855, aff. Paris, D. P. 56. 2. 28). — De même, la règle d'après laquelle la poursuite d'un délit qui suppose la préexistence d'un contrat dont la preuve doit être faite par écrit, n'est recevable qu'autant que cette preuve écrite du contrat est rapportée, est inapplicable en matière disciplinaire. Par suite, l'action disciplinaire dirigée contre un notaire, à raison de faits d'indélicatesse se rattachant à un abus de mandat ou à une violation de dépôt, n'est pas subordonnée à une preuve écrite du mandat ou du dépôt : la preuve testimoniale est admissible aussi bien en ce qui touche la convention dont les faits poursuivis disciplinairement impliquent l'existence, qu'à l'égard de ces faits eux-mêmes. Et il en est ainsi alors même que l'action disciplinaire serait portée devant les tribunaux (Civ. cass. 5 juill. 1858, aff. Serain, D. P. 58. 1. 269). — Enfin le tribunal saisi par le ministère public d'une poursuite contre un notaire pour faits d'immoralité peut relever à sa charge une complicité d'adultère, alors même que ce dernier fait ne serait pas appuyé sur les preuves exigées par l'art. 338 c. pén. (Req. 20 juill. 1869, aff. C..., D. P. 71. 1. 328). — Jugé aussi qu'en matière disciplinaire, tous les modes de preuve sont admis, et le juge peut puiser des éléments d'appréciation dans les pièces à conviction d'une procédure criminelle en cours d'instruction, sur lesquelles l'inculpé a été mis en mesure de se défendre, si ces pièces ont été jointes au dossier disciplinaire. Spécialement, une peine disciplinaire (la destitution, dans l'espèce) peut être prononcée contre un notaire coupable de s'être rendu, en qualité de maire d'une commune, l'auteur d'écritures arguées de faux, lorsque ces faits qui portent la plus grande atteinte à sa considération professionnelle sont établis par des pièces d'une procédure criminelle dont le ministère public a donné lecture à l'audience, que ce notaire s'est personnellement expliqué sur ces pièces, et qu'aucune communication ne lui a été refusée (Req. 4 janv. 1887, aff. Peyrieux, D. P. 88. 1. 438-439).

83. En somme, en matière disciplinaire, les voies d'information ouvertes, la nature et la poursuite des éléments de conviction, sont abandonnées à la conscience du juge; le seul devoir qui lui soit imposé est d'interroger l'inculpé et d'entendre sa défense. Il a même été admis qu'une cour d'appel, saisie de poursuites disciplinaires contre un magistrat, avait pu, après interrogatoire de ce magistrat, charger, pendant le délibéré, deux de ses membres de la vérification confidentielle des faits articulés, sans communication à l'inculpé du résultat de cette vérification (Civ. cass. 18 mai 1863, aff. X..., D. P. 63. 1. 406). Mais il faut observer qu'il était constant, dans l'espèce, ainsi que le constate l'arrêt précité, que la vérification avait eu exclusivement pour objet les faits sur lesquels avaient porté la poursuite et la défense de l'inculpé; sinon, il y aurait eu violation flagrante des droits de la défense.

ART. 4. — *Des décisions; — Fond; — Formes; — Voies de recours* (*Rép.* n°s 105 à 127).

84. — I. FOND (*Rép.* n°s 106 à 114). — La décision disciplinaire qui applique une peine doit se renfermer exclusivement dans les limites des mesures de discipline attribuées à la juridiction d'où émane la décision. Ce principe a été développé *suprà*, n°s 57 et suiv.; nous n'y reviendrons que pour rappeler sommairement qu'aucune peine ne peut être arbitrairement créée, que les peines doivent être appliquées dans les termes mêmes où elles sont définies par la loi, sans équipollents et sans aggravation.

85. En dehors des cas exceptionnels où la loi prononce une peine spéciale pour le fait incriminé, le juge a un pouvoir souverain pour apprécier la gravité de la faute et y proportionner la peine. Ainsi la suspension et la destitution peuvent être prononcées contre un notaire, même hors des cas déterminés par la loi du 25 vent. an 11, pour toute infraction qui paraît au juge de nature à motiver l'application de ces peines (Req. 6 nov. 1850, aff. Weinsheimer, D. P. 50. 1. 324; 22 août 1860, aff. D..., D. P. 61. 1. 58).

86. D'autre part, le pouvoir souverain d'appréciation qui appartient au juge disciplinaire lui permet de modérer la sévérité de la peine en tenant compte des circonstances atténuantes, notamment, en prenant en considération les bons antécédents de l'inculpé, l'absence de préjudice s'il s'agit d'un officier public (Agen, 16 août 1854, aff. N..., D. P. 56. 2. 169), les bons services judiciaires et la dignité de la vie publique et privée, si c'est sur la faute d'un magistrat qu'il y a lieu de statuer (Cons. sup. magist. 12 mai 1884, aff. Henry, D. P. 84. 1. 246), les regrets exprimés à ses chefs hiérarchiques et réitérés à l'audience par le magistrat coupable (Motifs, Ch. réun. 25 janv. 1882, aff. Benoît de la Paillonne, D. P. 83. 1. 93), les bons antécédents du juge, sa bonne foi, ses révélations spontanées à ses chefs et la mesure qui, avec une publicité inévitable, l'a relevé de ses fonctions de juge d'instruction, s'il s'agit d'un magistrat déjà frappé administrativement à l'occasion du fait incriminé (Cons. sup. magist. 31 janv. 1888, aff. Vigneau, D. P. 88. 1. 73).

87. — II. FORMES (*Rép.* nos 115 à 122). — On a vu au *Rép.* no 115 que la règle des art. 13 de l'arrêté du 13 frim. an 9 et 20 de l'ordonnance du 4 janv. 1843, qui exigent que les décisions rendues par les chambres de discipline des avoués et des notaires soient motivées, doit être étendue à toutes les juridictions disciplinaires. Il faut que les motifs de ces décisions fassent connaître, avec une précision suffisante, les faits et circonstances à raison desquels elles prononcent des condamnations. On verra, en effet, qu'il appartient à la cour de cassation de rechercher si les faits constatés par les décisions disciplinaires qui lui sont déférées n'étaient pas l'exercice d'un droit ou d'une faculté légitime: or ce contrôle ne peut être exercé qu'à la condition que les circonstances du fait incriminé soient rappelées dans la décision d'une façon assez précise pour permettre d'apprécier la qualification légale que comportait ce fait et la répression disciplinaire dont il pouvait être susceptible (Civ. cass. 25 janv. 1870, aff. R..., D. P. 70. 1. 160).

88. De même que, sur appel, l'adoption des motifs du jugement est suffisant pour répondre aux conclusions d'appel (*Rép.* no 116), de même la décision rendue contradictoirement sur l'opposition à une première décision par défaut, qu'elle confirme purement et simplement en déclarant que rien de nouveau ne s'est produit aux débats, contient une relation suffisante aux motifs donnés par la sentence par défaut (Req. 7 nov. 1881, aff. Bertrand, 3e espèce, D. P. 82. 1. 209).

89. La rédaction des décisions disciplinaires doit contenir, avec l'exposé des faits qui ont donné lieu à la poursuite, les conclusions prises par la partie poursuivante et par l'inculpé, en outre, la mention de l'accomplissement des formalités légales. Mais ces formes ne sont exigées qu'en ce qu'elles sont nécessaires, d'une part, pour constater que le droit de la défense a été entièrement respecté et, d'autre part, pour permettre à la cour de cassation d'exercer son droit de contrôle. Cette règle avait déjà été affirmée par un arrêt du 7 juin 1847, rappelé sous le no 118 du *Répertoire*. Il a été depuis jugé qu'en matière disciplinaire la rédaction des qualités dans la forme prescrite par les art. 141 et 142 c. proc. civ. n'est pas obligatoire (Civ. cass. 21 mai 1878, aff. Chouffour, D. P. 79. 1. 170; Civ. rej. 1er déc. 1880, aff. Delaporte, D. P. 81. 1. 53; Req. 16 août et 7 nov. 1881, aff. Bertrand, D. P. 82. 1. 209. — Comp. Dutruc, no 367).

90. Les décisions doivent contenir les noms des membres qui y ont participé. Mais doivent-elles énoncer qu'elles ont été rendues à la *pluralité* ou à l'*unanimité* des voix? ou plutôt peuvent-elles contenir cette énonciation sans être entachées de nullité? Pour soutenir qu'une décision disciplinaire ne peut, à peine de nullité, contenir cette indication, on peut dire, sans parler de l'atteinte portée au secret du vote des juges (V. Const. 5 fruct. an 3), que la mention de leur unanimité est une aggravation illégale de la peine. Quand la loi a voulu que la majorité ou l'unanimité fût mentionnée dans le jugement, elle l'a expressément indiqué. C'est notamment ce qu'elle a fait, en matière de justice militaire, pour les conseils de guerre, par l'art. 134 de la loi du 9 juin 1857 (D. P. 57. 4. 115), et lorsqu'elle a attribué à la cour d'assises le droit de renvoyer une affaire à une autre session, dans le cas où cette cour estime que les jurés se sont trompés (c. instr. crim. art. 352). Son silence, en matière disciplinaire, révèle bien qu'elle a entendu interdire aux juges d'énoncer dans leur décision la quotité des voix par lesquelles la condamnation a été prononcée. Or, de même qu'un jugement ne doit pas mentionner qu'il a été rendu à la majorité des suffrages, bien que cette majorité soit nécessaire, parce qu'il y a présomption légale que la décision a été formée selon le vœu de la loi, de même il ne peut, à peine de nullité, énoncer qu'il est l'expression de l'unanimité des délibérants.— Ces objections sont spécieuses, mais non fondées. Il ne faut pas dire qu'un tribunal ne *doit* pas exprimer dans son jugement que celui-ci a été rendu à la pluralité des voix; il faut seulement dire qu'il *peut* ne pas l'exprimer. La loi ne lui prescrit, en effet, nulle part d'insérer cette mention. Il a été jugé, en ce sens, qu'il n'est pas exigé, à peine de nullité, que les jugements et arrêts, en matière civile, constatent qu'ils ont été rendus à la majorité (Req. 16 févr. 1830, *Rép.* vo *Jugement*, no 88. V. aussi Req. 1er mars 1830, *ibid.*). Dans ce sens, la cour de cassation a décidé que « s'il convient, lorsque la décision d'une chambre de discipline est rendue à l'unanimité, qu'il n'en soit pas fait mention, aucune disposition de loi spéciale à la matière n'attache la peine de nullité à cette énonciation » (Req. 16 août 1881, aff. Bertrand, 2e espèce, D. P. 82. 1. 209).

91. — III. VOIES DE RECOURS (*Rép.* nos 123 à 127). — Le principe de droit naturel en vertu duquel nul ne peut être condamné sans avoir été *entendu ou dûment appelé* a été reproduit dans l'art. 16 de la loi du 30 août 1883, qui a créé le conseil supérieur de la magistrature; le droit de former opposition à une décision rendue par défaut existe donc aujourd'hui comme autrefois, au profit des magistrats poursuivis disciplinairement comme au profit des avocats ou officiers publics.

92. C'est une question qui a pu donner lieu à des opinions différentes, que celle de savoir quand une décision disciplinaire doit être considérée comme contradictoire. La seule circonstance que l'inculpé a été touché d'une citation régulière ne saurait empêcher, s'il ne s'est pas présenté, que la condamnation prononcée contre lui ne soit par défaut et qu'il soit recevable à l'attaquer par voie d'opposition (*Rép.* no 123).

93. Si l'inculpé se présente, mais garde le silence, s'il assiste à tout le débat sans demander la parole, ou si, après avoir présenté ses explications, il se retire et se met volontairement dans l'impossibilité de répondre aux conclusions du ministère public, dans tous ces cas, la décision peut être considérée comme contradictoire (*Rép.* no 124; Morin, t. 2, no 780; Lefebvre, t. 2, no 1021).

94. Mais si, au lieu de manifester d'une manière plus ou moins complète son intention de se défendre, l'inculpé déclare qu'il entend faire défaut, ou même si, sans faire cette déclaration, on ne peut conclure de son attitude qu'il a renoncé au droit de se défendre, par exemple, s'il n'a comparu que pour proposer des exceptions préjudicielles sans conclure au fond, ou si, sur la citation, il a répondu verbalement ou par écrit, mais sans donner les explications et les moyens qui constituent sa défense, dans tous ces cas, pourrait-on dire que la décision est contradictoire, ou serait-elle réputée par défaut et est susceptible d'opposition? M. Morin, t. 2, no 780, pense que la décision est contradictoire, par ce motif que *le droit d'opposition est fondé avant tout sur cette présomption que la partie appelée n'a point reçu la citation*. Par suite si, en fait, il a été reconnu que l'inculpé avait été l'objet de poursuites, mais n'a pas produit ses moyens de défense, il est censé avoir renoncé au droit de se défendre, et se trouver dans l'impossibilité de fournir des explications satisfaisantes. Cette opinion, reproduite au *Rép.* no 124, s'appuyait sur quelques arrêts, notamment: Rennes (et non Angers), 5 janv. 1838 (*Rép. loc. cit.* et vo *Avocat*, no 434); Caen, 8 janv. 1830 (*Rép.* vo *Avocat*, no 409). Elle est combattue par M. Lefebvre, t. 2, no 1022. « Le droit d'opposition, dit cet auteur, existe en faveur de la partie qui ne s'est pas défendue par cela seul qu'à son égard le débat n'a pas été contradictoire, et sans qu'il soit nécessaire de supposer qu'elle n'a pas été touchée par la citation. *Adde:* Clerc, Armand, Dalloz et Vergé, *Formulaire du notariat*, 7e éd., t. 2, p. 303, nos 333 et suiv.; Dutruc, nos 385, 387 et 388. — Dans ce système, il importe peu que l'inculpé ait répondu à la citation par une note tendant à proposer des exceptions si, d'ailleurs, il n'a pas conclu au fond. C'est ce qu'a expressément décidé la cour suprême dans un arrêt de cassation du 24 avr. 1883 (aff. Petitjean, D. P. 83. 1. 417).

95. Les formes et délais de l'opposition sont ceux prescrits par le code de procédure civile, si la décision par défaut émane d'un tribunal. L'opposition devra être formée dans la huitaine de la notification et par simple lettre si la décision émane d'une chambre syndicale (Morin, t. 2, n° 782 ; Dutruc, nos 708 et 709).

96. Quels sont les effets légaux de l'opposition? A-t-elle pour effet de *suspendre* la décision rendue par défaut, de telle sorte que la condamnation qu'elle prononce ne puisse être que maintenue ou réduite, mais non aggravée? Ou bien, par l'opposition, la question est-elle *entièrement remise en l'état*, de sorte que la nouvelle décision pourra porter une condamnation plus forte que celle qui avait été prononcée par défaut? Le premier effet est celui produit en matière de procédure civile (c. proc. civ. art. 149 à 165): le second s'applique en matière correctionnelle et de police. C'est aussi ce second système qui paraît devoir être adopté, lorsqu'il s'agit de poursuites disciplinaires. Le juge disciplinaire n'est point lié, comme dans un procès civil, par des conclusions du demandeur qu'il ne pourrait dépasser. La faute, dont toute la gravité n'a peut-être pas été aperçue lors de la condamnation par défaut, peut paraître plus grave par suite d'investigations nouvelles et même être aggravée par la tenue de l'inculpé lors de sa comparution. D'ailleurs, cette solution paraît être dans l'esprit des dispositions légales en matière de discipline: c'est ainsi que le décret du 30 mars 1808 autorise le ministre de la justice à augmenter la peine prononcée contre un officier ministériel par un tribunal en chambre de conseil, et dont la décision doit lui être transmise; bien qu'il ne s'agisse point là d'opposition, on peut déduire l'esprit de la loi de cette règle édictée pour les décisions contradictoires (Morin, t. 2, n° 782 *bis*; Lefebvre, t. 2, n° 1030).

97. Les décisions disciplinaires rendues contradictoirement sont susceptibles de voies de recours diverses, suivant les juridictions dont elles émanent et les circonstances qui ont amené les poursuites. Ces voies de recours sont la revision, l'appel et le pourvoi en cassation.

98. Dans le système institué par la loi du 20 avr. 1810, les décisions des tribunaux portant sur la discipline des magistrats étaient nécessairement soumises aux cours d'appel (art. 51), et les arrêts des cours étaient transmis au ministre de la justice (art. 56). Cette revision par la cour d'appel et par le garde des sceaux a disparu avec les juridictions disciplinaires inférieures remplacées par le conseil supérieur de la magistrature (L. 30 août 1883), dont les décisions ne sont point sujettes à revision.

99. Quant aux décisions sur la discipline des officiers ministériels, des notaires, des avocats, les règles suivant lesquelles elles peuvent donner lieu à revision par le ministre, à appel ou à recours en cassation, varient suivant qu'il s'agit de telle ou telle corporations, V. *infrà*, nos 141 et suiv.

100. Une décision ministérielle du 12 avr. 1839, rappelée au *Rép.* n° 127, porte que le droit de grâce n'est pas applicable aux condamnations disciplinaires. Cette solution a été contestée par les auteurs (V. notamment: Morin, t. 2, nos 839 et 839 *bis*; Lefebvre, t. 2, n° 1075; Dutruc, nos 309 et 665); et il semble, en effet, que les raisons qui ont pu faire repousser l'application du droit de grâce en matière disciplinaire devraient céder, surtout depuis que la destitution des notaires, greffiers et officiers ministériels entraîne de graves incapacités, telles que celle d'être porté sur les listes électorales (L. 31 mai 1850, art. 8, n° 7, D. P. 50. 4. 97; Décr. 2 févr. 1852, D. P. 52. 4. 49), et celle de remplir les fonctions de juré (L. 21 juin 1853, art. 1er, n° 8, D. P. 53. 4. 96; 21 nov. 1872, art. 2, n° 7, D. P. 72. 4. 132).

101. La gravité de ces déchéances a d'ailleurs attiré l'attention du législateur, qui a voulu permettre de les effacer par la *réhabilitation*. La réhabilitation, réservée par le code d'instruction criminelle de 1808 aux condamnés à des peines afflictives et infamantes, avait été étendue aux condamnés correctionnels par la loi du 3 juill. 1852; une nouvelle extension résulte de la loi du 19 mars 1864 (D. P. 64. 4. 32), dont l'article premier est ainsi conçu : « Les notaires, les greffiers et les officiers ministériels destitués peuvent être relevés des déchéances et incapacités résultant de leur destitution ». — Les formes et délais édictés par le code d'instruction criminelle pour la réhabilitation sont applicables en matière disciplinaire. — L'effet de la réhabilitation est de faire disparaître, avec l'incapacité légale, la tache au point de vue moral qu'avait produite la condamnation; mais il ne saurait être de reintégrer *ipso facto* l'officier public destitué dans ses fonctions; tout au plus le condamné, restitué dans la capacité voulue pour les exercer, pourrait-il solliciter une investiture nouvelle (Lefebvre, t. 2, n° 1199). — V. *infrà*, v° *Réhabilitation.*

CHAP. 3. — Des règles disciplinaires spéciales à chaque ordre de fonctions (*Rép.* nos 128 à 294).

ART. 1er. — *Des juges* (*Rép.* nos 128 à 207).

102. Depuis la publication du *Répertoire*, aucune disposition légale n'est venue définir dans leur ensemble les devoirs du juge. La loi du 30 août 1883, sur la réforme de l'organisation judiciaire, a bien cru devoir tracer quelques règles sur la conduite du magistrat en matière politique, mais elle n'a en cela rien innové; on verra bientôt que la jurisprudence de la cour de cassation avait antérieurement rangé parmi les fautes disciplinaires les manquements prévus par cette loi.

§ 1er. — Des peines disciplinaires et des faits auxquels les règles de la discipline peuvent être appliquées (*Rép.* nos 129 à 153).

103. La série des peines applicables en matière disciplinaire (*Rép.* n° 129) n'a pas été modifiée par les dispositions nouvelles. Ce sont encore aujourd'hui celles édictées par l'art. 50 de la loi du 20 avr. 1810, c'est-à-dire la censure simple, la censure avec réprimande emportant privation de traitement pendant un mois, la suspension provisoire, avec privation de traitement pendant sa durée, et enfin la déchéance autorisée par l'art. 59 de la même loi. Il faut seulement noter que les cas d'application de la peine de la déchéance ont été étendus par le décret-loi des 1er-5 mars 1852. Aux termes de l'art. 59 de la loi du 20 avr. 1810, la déchéance était réservée au seul cas de condamnation à une peine, même de simple police, rendue contre un juge. Le décret du 1er mars 1852 permit à la cour de cassation de déclarer le magistrat déchu de ses fonctions toutes les fois que, par une décision de la cour d'appel ou du tribunal de première instance, il aurait été frappé de la suspension provisoire (art. 4), et aussi lorsqu'il aurait été traduit directement devant elle pour *cause grave*, dans les termes de l'art. 82 du sénatus-consulte du 16 therm. an 10 (art. 5). — La distinction consacrée par ce texte a elle-même disparu lors de la création du conseil supérieur de la magistrature par la loi du 30 août 1883, et l'on doit dire qu'aujourd'hui la déchéance est la peine disciplinaire la plus élevée, et que le conseil supérieur est autorisé à l'appliquer toutes les fois que la gravité de la faute lui paraîtra mériter cette rigueur.

104. L'art. 15 de la loi du 30 août 1883 dispose que les premiers présidents, présidents de chambre, conseillers des cours d'appel, présidents, vice-présidents, juges et juges-suppléants des tribunaux de première instance, c'est-à-dire les magistrats auxquels nos lois constitutionnelles ont assuré l'inamovibilité du siège, pourront dorénavant être déplacés sur l'avis conforme du conseil supérieur de la magistrature, et sans que, d'ailleurs, ce déplacement puisse entraîner pour le magistrat qui en sera l'objet aucun changement de fonctions, aucune diminution de classe ni de traitement. — On s'est demandé, lors de la discussion de cette loi devant les Chambres, si cette faculté de déplacement ne constituait pas une peine, cas auquel elle aurait dû être appliquée par la juridiction disciplinaire. Les adversaires de la loi l'ont soutenu : ils ont observé que l'on ne saurait méconnaître le caractère pénal d'une mesure de déplacement, puisqu'elle aurait pour effet de priver le magistrat qui en serait l'objet d'une partie des droits qu'il tient de la constitution; et que les principes supérieurs de toute justice exigent que l'application d'une peine ne soit pas abandonnée à la volonté du pouvoir exécutif, mais qu'elle émane d'une juridiction devant laquelle le magistrat menacé puisse exercer les droits de la défense. Mais les auteurs de la loi ont nié que le droit de déplacement eût le caractère d'une peine; il n'y a là, suivant eux, qu'une mesure purement administrative qui, par suite, rentre dans les pouvoirs du ministre de la justice, auquel, pour donner au magistrat toutes garanties, la loi impose la nécessité de l'avis conforme du conseil supérieur, appelé à *assister le garde des sceaux dans l'œuvre si délicate de l'administration et de la direction du personnel judiciaire* (Rapport de M. Tenaille-Saligny au Sénat, D. P. 83. 4. 69, note 1). Le rapport de la commission du Sénat cite des cas où le déplacement d'un magistrat pourra être rendu nécessaire à la bonne administration de la justice par des circonstances qui ne sauraient donner lieu à une poursuite disciplinaire: par exemple, si la considération dont le magistrat doit être entouré avait à souffrir de fautes commises non par lui, mais par ceux qui lui tiennent de près; si ses intérêts de famille ou de fortune avaient amené devant son propre tribunal des procès d'un nature particulièrement délicate; si enfin un antagonisme violent, né entre deux membres d'un même tribunal, avait pris des proportions telles que la rectitude de leur jugement pût être troublée et leur impartialité mise en péril. On a, d'autre part, invoqué l'exemple de législations étrangères qui admettent le déplacement administratif du magistrat même inamovible, telles que les lois des royaumes d'Italie, de Belgique et spécialement d'Espagne, où le juge ne peut pas rester plus de huit ans dans la même ville et où il doit être changé immédiatement s'il se marie dans cette ville ou si, lui, sa femme ou ses parents en ligne directe y achètent des propriétés urbaines ou rurales. — On pourrait sans doute se demander si de semblables dispositions introduites dans l'organisation judiciaire n'entraînent pas une diminution du prestige et de l'autorité du magistrat et, par suite, une atteinte aux garanties que les lois ont entendu donner aux justiciables en instituant le principe de l'inamovibilité. Quoi qu'il en soit, il nous suffit de constater ici que le droit de déplacement créé par l'art. 15 de la loi du 30 août 1883 ne constitue pas une peine disciplinaire proprement dite, mais une mesure purement administrative. Le caractère propre de cette disposition nouvelle a été défini par M. Martin-Feuillée, ministre de la justice, devant le Chambre des députés: « Il y a, dit-il, une inamovibilité que nous supprimerons, c'est l'inamovibilité de la résidence ».

105. Les faits à raison desquels les peines disciplinaires peuvent être infligées n'ont été précisés par la loi que dans les cas prévus par les art. 58 et 59 de la loi du 20 avr. 1810, c'est-à-dire lorsqu'un juge se trouve sous le coup d'un mandat d'arrêt ou de dépôt, d'une ordonnance de prise de corps, ou d'une condamnation correctionnelle ou même de simple police. A part ces cas, la loi n'a point spécifié les faits qui pourraient donner lieu à l'application de peines disciplinaires; c'est à la doctrine et à la jurisprudence à déterminer quels sont les faits par lesquels un juge *compromet la dignité de son caractère* (L. 20 avr. 1810, art. 49 à 50) et quelles sont les *causes graves* qui peuvent donner lieu à poursuites contre un magistrat (Sén. cons. 16 therm. an 10, art. 82; L. 20 avr. 1810, art. 56) (*Rép.* n° 134). C'est ainsi que la cour de cassation a reconnu le caractère de faute disciplinaire à divers faits qui peuvent être considérés comme se rattachant, les uns aux devoirs professionnels du magistrat, les autres à la dignité qu'il doit conserver même dans sa vie privée, d'autres enfin à l'attitude de réserve qu'il doit garder en matière politique. Aux décisions citées ou rapportées au *Rép.* n°s 139 et suiv. il y a lieu d'en ajouter d'autres d'une date plus récente.

106. En ce qui concerne les manquements aux devoirs professionnels et aux règles de la hiérarchie, il a été jugé: 1° que le président d'un tribunal qui, contrairement aux instructions contenues dans une circulaire ministérielle, prononce une allocution à l'occasion de l'installation d'un magistrat (dans l'espèce, le procureur de la République), commet une imprudence répréhensible qui le rend passible d'une peine disciplinaire (la censure simple), alors même qu'il n'a pas eu l'intention de protester contre ces instructions (Ch. réun. 15 juin 1882, aff. Gagon, D. P. 83. 1. 419); — 2° Que le magistrat qui, à l'issue d'une audience de cour d'assises où il a paru comme témoin dans une poursuite en diffamation envers un de ses collègues, partage le repas des prévenus acquittés et les accompagne dans un café où il prend des consommations avec eux, manque gravement à la réserve que lui commandait sa double qualité de magistrat et de témoin. Il méconnait également ses devoirs lorsqu'il affecte de prendre, après l'audience, une attitude offensante vis-à-vis du procureur général et du président de la cour d'assises, et se livre à leur égard à des manifestations irrévérencieuses, et il peut encourir la peine de la suspension durant trois années (Ch. réun. en la ch. du cons. 16 nov. 1882, aff. Collinet de la Salle, D. P. 83. 1. 95); — 3° Qu'il y a infraction aux devoirs professionnels et aux règles de la hiérarchie, de la part du juge qui, sous le prétexte que son absence sans congé a été mentionnée dans le procès-verbal d'une délibération intérieure par ordre du président, reproche à celui-ci par écrit d'avoir manqué à son égard à la délicatesse, à la loyauté et aux règles traditionnelles des rapports réciproques entre magistrats, et lui propose, soit par lettre, soit oralement dans la chambre du conseil et sur la voie publique, de constituer un jury d'honneur qui serait chargé de juger leur conduite respective, et devant la décision duquel le magistrat blâmé devrait s'incliner en quittant le tribunal (Cons. sup. magist. 12 mai 1884, aff. Henry, D. P. 84. 1. 246); — 4° Qu'un juge d'instruction compromet la dignité de son caractère en faisant dîner avec lui, dans un établissement public, un témoin qu'il soupçonnait déjà de participation au délit poursuivi et qu'il a dû peu après faire arrêter comme inculpé, pour le renvoyer ensuite en police correctionnelle; que cet acte du juge ne saurait être excusé en raison de ce que la confrontation de ce témoin avec un autre n'étant pas achevée lorsqu'est arrivée l'heure du repas, il pouvait y avoir intérêt pour la découverte de la vérité à empêcher une communication libre entre les deux témoins avant que cette confrontation pût être reprise et terminée; que ledit juge d'instruction commet une faute beaucoup plus grave en engageant avec un témoin une conversation téléphonique dans laquelle il dissimule sa qualité, de façon à ce que ledit témoin se figure être en communication avec l'inculpé; qu'il alléguerait vainement pour sa défense qu'il a voulu seulement éclairer sa « conscience d'homme » sur l'entente qu'il soupçonnait entre ce témoin et l'inculpé, sans tirer parti des réponses du témoin comme moyens d'information, alors qu'il y cherchait la confirmation de ses soupçons quant à ladite entente, dans le but de pouvoir prendre contre l'inculpé une mesure d'arrestation sur laquelle il hésitait jusque-là; qu'en tout cas, un tel procédé s'écarte des règles de la loyauté que doit observer toute information judiciaire et constitue, par cela même, un acte contraire aux devoirs et à la dignité du magistrat (Cons. sup. magist. 31 janv. 1888, aff. Vigneau, D. P. 88. 1. 73).

107. Relativement aux faits de la vie privée qui peuvent porter atteinte à la dignité du magistrat et, par suite, doivent être punis disciplinairement, la cour de cassation n'a pas hésité à frapper de la déchéance un conseiller de cour d'appel reconnu coupable de faits qui, par leur immoralité honteuse et la notoriété qu'ils avaient acquis, l'avaient placé dans une situation telle qu'irrévocablement déchu et, sans titres désormais à la confiance et à l'estime publiques, il ne pouvait plus être admis à concourir à l'œuvre de la justice (Ch. réun. en ch. cons. 15 juin 1882, aff. Appay, D. P. 83. 1. 420). — D'autre part, elle a décidé qu'une peine disciplinaire peut être encourue pour des faits qui nuisent à l'autorité morale du magistrat, qu'ils constituent d'ailleurs, ou non, une infraction pénale: ainsi le magistrat qui accepte une proposition de duel et se rend avec ses témoins au lieu convenu pour la rencontre, est coupable d'une faute grave et doit être frappé d'une peine disciplinaire (dans l'espèce, la suspension pendant deux ans), alors même que l'intervention de la police locale a empêché le combat. Il en est ainsi spécialement, quand cette tentative de duel a eu pour cause une série d'articles pseudonymes dont le magistrat s'est reconnu en partie l'auteur, en partie l'inspirateur, et que ces articles, insérés dans un journal de la localité, constituaient un système de dénigrement et d'attaques violentes contre le maire (Ch. réun. en la ch. du cons. 16 juin 1882, aff. Teisseire, D. P. 83. 1. 355). — V. *infrà*, v° *Duel*.

108. La juridiction disciplinaire a, du reste, la souveraine appréciation des faits qui lui sont soumis; elle doit prendre en considération les circonstances dans lesquelles ils se sont produits, et tenir compte des intentions et des résultats : c'est ainsi qu'elle a reconnu que la démarche faite par un premier président de la cour de cassation auprès d'une femme ayant eu des relations illicites avec un haut personnage, et pour des motifs se rattachant à ces relations, ne peut être incriminée disciplinairement, et doit au contraire être approuvée comme une bonne et honorable action, lorsque, entreprise à la demande même de l'épouse offensée dudit personnage, elle a été la conséquence et la condition nécessaires de l'acceptation d'une mission d'apaisement et de réconciliation entre les époux, mission analogue à celle que, dans de semblables conjonctures, le législateur, par les art. 281 et 282 c. civ., prescrit à un magistrat de première instance (Ch. réun. en la ch. du cons. 21 juill. 1871, aff. Devienne, D. P. 71. 1. 33).

109. En matière politique, le juge doit soumettre sa conduite à la plus scrupuleuse attention pour éviter tout ce qui pourrait être un manquement à la réserve, à la circonspection et à la dignité que lui impose un ministère exclusif de toute passion. — C'est d'abord une règle constante que les membres de la magistrature inamovible doivent s'abstenir de toute manifestation hostile au principe du gouvernement établi. Comment pourraient-ils, sans manquer gravement à leurs devoirs, se poser publiquement en adversaires personnels de l'ordre constitutionnel, alors qu'ils rendent la justice en son nom et qu'ils sont appelés à le défendre dans leurs jugements, quand ceux qui attaquent les institutions leur sont déférés? La jurisprudence de la cour de cassation, jugeant en matière disciplinaire, a, dans tous les temps, appliqué ce principe élémentaire. Aux décisions rapportées au *Rép.* n°s 147 et suiv. se joignent les suivantes : le juge, appelé par la loi, en la qualité dont il est revêtu, à punir les attaques contre les institutions et la forme du Gouvernement, méconnaît gravement ses devoirs quand il se pose lui-même en adversaire et ennemi de l'ordre constitutionnel établi. — Il en est ainsi, spécialement, d'un juge suppléant qui, dans une lettre adressée au préfet à l'occasion de sa révocation comme maire, après avoir rappelé sa participation au pétitionnement contre la loi sur l'enseignement et à une conférence ayant eu le même objet, ainsi que son intention de lutter pour la liberté religieuse, déclare qu'il s'est promis de combattre jusqu'au succès pour l'avènement du souverain légitime en France, et que « même une préfecture » ne le rendrait pas républicain. La circonstance que la lettre dont il s'agit a été livrée à la publicité par son auteur lui-même, et qu'il a fait suivre sa signature de la mention de sa qualité, de manière à mettre sous l'appui de cette qualité un acte absolument incompatible avec les devoirs qu'elle impose, aggrave à un haut degré la faute commise. Et il y a lieu pour la cour de cassation, saisie par ordre du garde des sceaux des faits relevés, de prononcer la déchéance contre le magistrat poursuivi (Ch. réun. en la ch. du cons. 1er mars 1880, aff. Nourry, D. P. 80. 1. 137). — Le magistrat qui dans un banquet royaliste prononce un discours dans lequel, à côté d'un appel non déguisé à la restauration prochaine de la monarchie, figurent des imputations injurieuses et grossières adressées aux pouvoirs publics et susceptibles de provoquer à la haine et au mépris du Gouvernement, compromet au plus haut degré la dignité de son caractère, et commet un acte essentiellement incompatible avec les devoirs de sa fonction. Il aggrave ensuite ses torts par la publicité qu'il fait donner lui-même à son discours, et peut être puni de la peine de la déchéance (Ch. réun. en la ch. du cons. 25 janv. 1882, aff. Pansier, D. P. 83. 1. 94).

110. Mais ce n'est pas seulement de toute démonstration volontairement hostile au Gouvernement établi que le magistrat doit s'abstenir; il doit encore veiller sur lui-même et éviter tout acte qui, par l'apparence d'hostilité qu'il pourrait revêtir, donnerait lieu à un scandale public. Jugé que le président d'un tribunal de première instance, qui, dans une commune de son arrondissement, se rend à une messe célébrée en souvenir de la famille d'un souverain déchu (la famille impériale) au milieu d'une assistance nombreuse, et qui ensuite signe une adresse collective à un prince de cette famille (le prince impérial), prend part à une manifestation politique à laquelle il était de son devoir de magistrat de demeurer étranger; et il en est ainsi alors même que l'adresse signée n'énoncerait que des sentiments de respect et de reconnaissance, sans exprimer ni regrets ni espérances politiques. En conséquence, la participation de ce magistrat à ladite manifestation le rend passible des peines disciplinaires, notamment de celle de la censure simple (Ch. réun. en ch. cons. 12 mai 1879, aff. Larralde-Dinsteguy, D. P. 79. 1. 233). — De même, le fait par un magistrat de faire enlever, le jour de la fête du 14 juillet, les godets placés sur la façade du palais de justice pour dessiner dans les illuminations les initiales des mots « République française », et de briser d'un coup de canne un cordon de lanternes vénitiennes aux couleurs nationales, constitue un manquement grave à ses devoirs et à la dignité de son caractère. Quand même ce magistrat n'aurait pas voulu se livrer à une démonstration d'hostilité contre le Gouvernement, mais aurait seulement eu pour but de faire respecter l'ordre qu'il avait donné de ne placer aucun emblème sur la porte du tribunal, l'opinion publique ne pouvait manquer d'attribuer sa conduite à un mobile politique, et son mouvement, eût-il été irréfléchi, n'en serait pas moins passible d'une peine disciplinaire, notamment, de celle de la suspension pendant un mois, à raison du scandale public qu'il devait nécessairement causer (Ch. réun. en la ch. du cons. 25 janv. 1882, aff. de Benoit de la Paillonne, D. P. 83. 1. 93).

111. Ces décisions de la cour suprême montrent que, comme nous l'avons dit *suprà*, n° 102, l'art. 14 de la loi du 30 août 1883 n'apporte pas une disposition nouvelle lorsqu'il déclare que : « toute manifestation ou démonstration d'hostilité au principe ou à la forme du Gouvernement de la République est interdite aux magistrats ». Et le rapporteur de la commission du Sénat a pu dire : « La disposition que nous inscrivons dans la loi ne crée pas un cas disciplinaire nouveau, car, aux termes de la jurisprudence de la cour de cassation, l'obligation de respecter le Gouvernement établi est un des devoirs essentiels du magistrat, et le manquement à ce devoir a toujours, même en l'absence d'un texte précis, exposé celui qui s'en était rendu coupable à l'application des peines disciplinaires » (D. P. 83. 4. 68, note 3).

Mais l'art. 14 de la loi du 30 août 1883 contient, dans son paragraphe 2, une disposition nouvelle : « Toute délibération politique, dit ce texte, est interdite aux corps judiciaires ». Et le paragraphe 4, visant ceux qui précèdent et, par conséquent, le paragraphe 2, ajoute : « L'infraction aux dispositions qui précèdent constitue une faute disciplinaire ». — Le but de la loi est d'imposer aux compagnies judiciaires une attitude rigoureusement neutre en matière politique. Quant aux motifs qui l'ont inspirée, ils sont énoncés dans le rapport présenté au Sénat par M. Tenaille-Saligny, que nous nous bornons à citer textuellement : « Dans l'état actuel de la législation rien n'empêche les corps judiciaires de prendre dans des circonstances déterminées une attitude politique, et chacun sait que les Gouvernements précédents ne se sont pas fait faute d'exercer sur les cours et tribunaux une pression regrettable à l'effet d'obtenir des adresses de félicitations et des adhésions explicites aux actes les plus contestables de leur politique. Ce sont là des faits dont il importe d'éviter le renouvellement ». Et le rapport ajoute : « Le mot *délibération* est assez précis pour qu'il soit inutile de le commenter ». — La juridiction appelée à réprimer la faute disciplinaire résultant de délibérations politiques prises par un corps judiciaire sera évidemment le conseil supérieur de la magistrature. — Quant au point de savoir si la poursuite sera exercée contre les membres du corps judiciaire collectivement ou individuellement et quelles peines pourront être appliquées, V. *suprà*, n° 35.

§ 2. — Pouvoir disciplinaire des tribunaux en général sur leurs propres membres (*Rép.* nos 154 à 178).

112. Avant la loi de 1883, le pouvoir disciplinaire des tribunaux sur leurs propres membres comprenait le droit de surveillance, le droit d'avertissement par le président dans les termes de l'art. 49 de la loi du 20 avr. 1810, et enfin le droit de poursuite disciplinaire dans le cas où l'avertissement serait resté sans effet. L'art. 14 de la loi du 30 août 1883 ayant transporté au conseil supérieur de la magistrature *tous les pouvoirs disciplinaires actuellement dévolus à la cour de cassation, ainsi qu'aux cours et tribunaux*, on doit se demander si le droit de surveillance et le droit d'avertissement par le président subsistent au profit des cours et tribunaux sur les membres qui les composent.

L'affirmative résulte du silence de la loi de 1883 sur ce point. Il faut remarquer, en effet, que le pouvoir reconnu aux tribunaux de surveiller la conduite de leurs propres membres, bien qu'il ne résulte expressément d'aucun texte, s'induit naturellement de l'esprit de la loi du 20 avr. 1810 sur l'organisation de l'ordre judiciaire, et spécialement de l'art. 49 de cette loi, qui charge le président d'avertir tout juge qui compromettrait la dignité de son caractère. Or, l'art. 49 de la loi du 30 août 1883 abroge les art. 51 à 56 de la loi du 20 avr. 1810, qui ont trait à la poursuite disciplinaire au cas d'avertissement infructueux, mais non l'art. 49 qui confère le droit d'avertissement au président. On doit donc considérer que la loi de 1883 n'a pas modifié sur ce point l'état de choses ancien, et que les présidents des cours et tribunaux restent chargés d'avertir soit d'office, soit sur la réquisition du ministère public, les membres des cours et tribunaux dont la conduite donnerait lieu à quelque reproche. Cette opinion a été émise dans le rapport de la commission du Sénat : « Les présidents des cours d'appel et des tribunaux conserveront sans doute le droit qui leur est conféré par l'art. 49 de la loi du 20 avr. 1810, aux termes duquel ils peuvent avertir d'office ou sur la réquisition du ministère public tout magistrat qui compromettrait la dignité de son caractère ». La raison veut, d'ailleurs, qu'il en soit ainsi et que le président ait toujours la faculté d'arrêter, par une bienveillante admonestation, des écarts de conduite qui, s'ils se continuaient, donneraient ouverture à une poursuite disciplinaire.

113. En dehors du droit de surveillance et d'avertissement, lequel est maintenu, tout ce qui constituait le pouvoir disciplinaire des tribunaux sur leurs propres membres, c'est-à-dire la poursuite et l'application des peines, est actuellement transporté au conseil supérieur de la magistrature, dont nous nous occuperons à propos du pouvoir disciplinaire de la cour de cassation.

§ 3. — Pouvoirs des cours d'appel sur les juges inférieurs et des tribunaux civils sur les juges de paix (*Rép.* nos 179 à 187).

114. Le sénatus-consulte du 16 therm. an 10, art. 83, avait conféré aux cours d'appel sur les juges inférieurs et aux tribunaux civils sur les juges de paix un pouvoir de surveillance aboutissant au droit de donner des avertissements. L'art. 52 de la loi du 20 avr. 1810 leur avait attribué le pouvoir de répression. La loi du 30 août 1883, art. 19, abroge expressément l'art. 83 du sénatus-consulte du 16 therm. an 10 et les art. 51 à 56 de la loi du 20 avr. 1810. Il ne subsiste donc plus, au point de vue disciplinaire, aucune subordination des juges de paix aux tribunaux civils et de ceux-ci aux cours d'appel.

115. Il n'est pas sans intérêt d'observer que le système inauguré par la loi de 1883 fait perdre aux juges inférieurs, membres des tribunaux civils et juges de paix, l'avantage de la double revision qui résultait pour eux, d'une part, de l'art. 51 de la loi du 20 avr. 1810, soumettant les décisions des tribunaux de première instance aux cours d'appel, et, d'autre part, de l'art. 56 de la même loi, en vertu duquel les arrêts des cours étaient eux-mêmes transmis au garde des sceaux (V. *Rép.* nos 172 et 185). Les cours d'appel n'ont plus aucun pouvoir disciplinaire sur les juges inférieurs ni par voie d'action directe, ni par voie de revision.

§ 4. — Pouvoir disciplinaire de la cour de cassation (*Rép.* nos 188 à 198).

116. On a vu au *Répertoire* que, dans le système organisé par notre législation ancienne, la cour de cassation avait le droit de censure et de discipline sur les cours d'appel et les cours d'assises (Sén.-cons. 16 therm. an 10, art. 82), et, par une extension qu'avait admise la jurisprudence, sur les tribunaux inférieurs, même sur les juges de paix (*Rép.* nos 190 et 191). Le rôle de la cour de cassation était plus spécialement défini par l'art. 59 de la loi du 20 avr. 1810 pour le cas où un juge aurait été l'objet d'une condamnation même de simple police. Enfin les art. 4 et 5 du décret du 1er mars 1852 avaient élargi les pouvoirs de la cour de cassation en ce qui concerne l'application de la peine de la déchéance (V. *suprà*, no 103). Mais là se bornait le pouvoir disciplinaire de la cour de cassation. Les magistrats pouvaient être traduits soit directement devant elle, soit successivement devant tous les degrés de juridiction, s'ils appartenaient aux tribunaux inférieurs. La cour de cassation était donc tantôt un tribunal de juridiction supérieure, tantôt une juridiction propre et de degré unique. D'autre part, la cour de cassation ne tenait d'aucun texte un pouvoir disciplinaire sur ses propres membres.

Ce système a été abandonné et entièrement transformé par la loi du 30 août 1883 sur la réforme de l'organisation judiciaire, qui a institué comme juridiction disciplinaire unique pour les magistrats de l'ordre judiciaire le conseil supérieur de la magistrature. « La cour de cassation constitue le conseil supérieur de la magistrature. Elle ne peut statuer en cette qualité que toutes chambres réunies » (L. 30 août 1883, art. 13).

117. La composition du conseil supérieur de la magistrature a été, de la part du législateur, l'objet d'hésitations dont les travaux préparatoires de la loi portent la trace. Le projet du Gouvernement composait le conseil de cinq membres de la cour de cassation, de cinq conseillers d'État, et de cinq premiers présidents élus par leurs collègues. On dut abandonner immédiatement l'idée de confier le contrôle et l'appréciation de la conduite des magistrats à des conseillers d'État, étrangers à la magistrature et à ses traditions. La commission de la Chambre des députés proposa de former le conseil supérieur de membres de la cour de cassation désignés pour partie par la cour elle-même et pour partie par le Sénat et la Chambre. Au Sénat, le rapporteur fit valoir que cette intervention du Parlement dans le choix des magistrats chargés de l'exercice du pouvoir disciplinaire pourrait avoir pour effet d'introduire la politique dans un milieu d'où elle doit être rigoureusement bannie. Après le rejet de divers amendements qui tendaient à former le conseil d'une des chambres de la cour de cassation, ou d'un certain nombre de ses membres élus par elle, on décida enfin que les attributions de conseil supérieur de la magistrature seraient conférées à la cour de cassation statuant toutes chambres réunies (D. P. 83. 4. 68).

118. Le procureur général près la cour de cassation représente le Gouvernement devant le conseil supérieur de la magistrature (L. 30 août 1883, art. 13, § 2).

119. La compétence personnelle du conseil supérieur est déterminée par l'art. 14, § 1er : elle s'étend aux premiers présidents, présidents de chambre, conseillers de la cour de cassation et des cours d'appel, présidents, vice-présidents, juges et juges suppléants des tribunaux de première instance et de paix. Le pouvoir disciplinaire conféré à la cour de cassation s'exerce, ainsi qu'on le voit, sur ses propres membres et sur tous les magistrats qui composent les cours d'appel et les tribunaux inférieurs.

120. « Le conseil supérieur ne peut être saisi que par le garde des sceaux » (art. 16). Sous la législation antérieure les cours et tribunaux pouvaient d'office mettre en mouvement l'action disciplinaire ; le ministère public pouvait requérir la poursuite, mais cette réquisition n'était pas indispensable. La disposition nouvelle, qui subordonne l'exercice de l'action disciplinaire à la seule appréciation du garde des sceaux, a été critiquée dans la discussion devant la Chambre des députés « : Du moment où M. le garde des sceaux est maître de l'action disciplinaire, a dit M. de Marcère, il peut l'exercer ou la suspendre à son gré. Il peut atteindre tel magistrat et ne pas atteindre tel autre... Tel magistrat qui, dans des circonstances politiques, pourra se croire à l'abri des poursuites disciplinaires grâce à des patronages considérables, à une situation spéciale qui lui aura été faite, pourra commettre tous les actes répréhensibles sans craindre l'exercice du pouvoir disciplinaire; tel autre se sentira incessamment placé sous le coup de poursuites qui pourront l'atteindre » (Chamb. déput. 5 juin 1883, *Journ. off.* du 6 juin 1883). Il semble regrettable que ces observations, dont la vérité ne saurait être méconnue, n'aient point été écoutées.

121. Le conseil supérieur ne peut statuer qu'après que le magistrat inculpé aura été entendu ou dûment appelé (art. 16). La loi de 1883 reproduit dans cette disposition celle de l'art. 55 de la loi du 20 avr. 1810, et consacre de nouveau le respect du droit de la défense. — Au cours de la discussion de l'art. 16 devant le Sénat, il a été déclaré, au nom de la commission, que la cour pourrait, lorsqu'elle jugerait qu'il y a lieu, nommer une commission rogatoire pour entendre le magistrat inculpé, *au lieu d'ordonner sa comparution personnelle*, le choix des mesures à prendre étant laissé à la cour de cassation (D. P. 83. 4. 69, note 2). Cette solution ne saurait être acceptée sans certaines réserves: les principes fondamentaux de l'administration de la justice exigent que le droit de défense soit intégralement sauvegardé. C'est donc un droit absolu, pour le magistrat inculpé, d'être entendu directement par le conseil supérieur. Par suite, il nous semble que le conseil ne pourrait procéder par voie de commission rogatoire que si le magistrat inculpé, dûment appelé, n'avait pas comparu, ou s'il avait sollicité lui-même la nomination de cette commission.

122. Quant à l'autorisation qui peut être donnée à l'inculpé de se faire assister d'un défenseur, à la publicité des débats, à la forme de la décision du conseil et à son caractère définitif et non susceptible de revision, la loi nouvelle n'a point innové, et nous devons nous en référer à ce qui a été dit au *Rép.* n°s 195 à 198.

§ 5. — Pouvoir disciplinaire du garde des sceaux (*Rép.* n°s 199 à 207).

123. La loi du 30 août 1883 consacre un article spécial au pouvoir disciplinaire du garde des sceaux : « Le garde des sceaux a sur les magistrats de toutes les juridictions civiles et commerciales un droit de surveillance. Il peut leur adresser une réprimande : cette réprimande est notifiée au magistrat qui en est l'objet par le premier président pour les présidents de chambre, conseillers, présidents, juges et juges suppléants; par le procureur général pour les officiers du ministère public. — Le garde des sceaux peut mander tout magistrat afin de recevoir ses explications sur les faits qui lui sont imputés » (art. 17). Ce texte ne contient, du reste, aucune innovation ; le garde des sceaux tenait le droit de surveillance et le droit de réprimande de l'art. 81 du sénatus-consulte du 16 therm. an 10, et le droit de mander les magistrats auprès de lui, ou comme on dit, le droit de *venial*, de la loi du 20 avr. 1810, art. 57.

124. En ce qui concerne les juridictions soumises au droit de surveillance et au droit de réprimande du garde des sceaux, la généralité des termes employés par l'art. 81 du sénatus-consulte du 16 therm. an 10 avait déjà fait admettre qu'elles comprenaient les juridictions civiles de tous les degrés, et aussi les tribunaux de commerce, lesquels d'ailleurs étaient expressément placés sous la surveillance du ministre de la justice par l'art. 630 c. com. (*Rép.* n° 200). L'art. 17 de la loi du 30 août 1883 ne fait donc que consacrer sur ce point l'état de choses ancien.

125. Le pouvoir disciplinaire du garde des sceaux s'applique-t-il aux cours et tribunaux comme corps, collectivement, ou seulement aux membres que les composent pris individuellement? M. Morin, dans les premières éditions de son *Traité de la discipline des cours et tribunaux*, t. 1, n° 17, avait enseigné que le pouvoir disciplinaire du garde des sceaux n'existait d'une façon directe que sur les juges individuellement et ne pesait sur les cours et tribunaux comme corps, qu'en ce sens que le ministre pouvait ne pas approuver leurs décisions disciplinaires et même faire déférer à la cour régulatrice celles qui sont susceptibles d'annulation que par cette voie. Le *Rép.* n° 203 avait cru devoir adopter une solution contraire fondée sur les termes exprès de l'art. 81 du sénatus-consulte de l'an 10 qui confère au ministre de la justice le droit de surveiller et de reprendre *les tribunaux, les justices de paix et les membres qui les composent*. Dans sa dernière édition, M. Morin, t. 1, n° 17 *bis*, revenant sur la question, propose une distinction entre le droit de surveillance, qu'il reconnaît au garde des sceaux sur les cours et tribunaux comme corps, et le droit de réprimande, qu'il ne saurait accorder au ministre sur un corps de magistrature. — Il faut reconnaître qu'aujourd'hui l'argument de texte qui avait motivé la solution adoptée au *Répertoire* semble avoir disparu. L'art. 27 de la loi du 30 août 1883 ne reproduit pas les termes de l'art. 81 du sénatus-consulte de l'an 10; il dispose au contraire que : « le garde des sceaux a *sur les magistrats* de toutes les juridictions civiles et commerciales un droit de surveillance. » Il est vrai que l'art. 19 de la loi de 1883 ne porte pas abrogation expresse de l'art. 81 du sénatus-consulte du 16 therm. an 10, mais il se termine par cette formule générale : « Sont abrogées toutes les dispositions antérieures contraires aux prescriptions qui précèdent ». D'autre part, il n'y a pas, à notre connaissance, d'exemple de l'exercice direct du pouvoir de réprimande appliqué à une cour ou un tribunal comme corps, tandis que nous voyons le ministre déférer à la cour de cassation des décisions qui ont pu lui paraître répréhensibles (V. notamment : Crim. cass. 12 juill. 1861, aff. Edmond About, D. P. 61. 1. 289). Nous inclinons donc à penser, avec M. Morin, dans ses dernières explications, que sans doute le pouvoir de surveillance, de redressement d'erreurs, existe sur les cours et tribunaux comme corps et sur la cour de cassation ellemême qui a, en plusieurs circonstances, reconnu y être soumise ; mais qu'en ce qui touche le droit de reprendre et réprimander un corps de magistrature à l'occasion des actes judiciaires qui auraient un caractère blâmable, le garde des sceaux ne pourrait l'exercer qu'en déférant ces actes à la censure de la cour suprême.

La question emprunte un intérêt particulier à la disposition nouvelle introduite aux paragraphes 2 et 4 de l'art. 14 de la loi du 30 août 1883, aux termes desquels toute délibération politique est interdite aux corps judiciaires et l'infraction à cette prohibition constitue une faute disciplinaire. La place même qu'occupent ces dispositions dans l'art. 14, qui organise le conseil supérieur de la magistrature, indique que, comme nous l'avons dit *suprà*, n° 116, la juridiction appelée à réprimer cette faute disciplinaire est la cour de cassation constituée en conseil supérieur. Le garde des sceaux ne pourrait donc pas réprimer directement le corps judiciaire qui s'en serait rendu coupable; il ne pourra agir qu'en saisissant le conseil supérieur de la magistrature. On trouvera là la confirmation de la solution à laquelle nous nous sommes rangés.

126. Quant à son étendue, le pouvoir disciplinaire du garde des sceaux reste, après la loi de 1883, ce qu'il était avant, sauf le droit de revision des décisions disciplinaires rendues par les cours et tribunaux, que lui conférait l'art. 56 de la loi du 20 avr. 1810, et qui n'existe plus. Le ministre a donc la surveillance des magistrats : il peut les mander pour recevoir leurs explications, leur adresser des réprimandes, ou les déférer au conseil supérieur qui, nous le rappelons, ne peut être saisi que par lui (V. *suprà*, n° 120).

127. C'est par application du droit de surveillance qui appartient au garde des sceaux, que tout jugement de condamnation rendu contre un magistrat à une peine, même de simple police, doit lui être transmis. Après examen, le ministre déférera, s'il y a lieu, le magistrat condamné au conseil supérieur, qui prononçera la suspension ou la déchéance suivant la gravité des faits. Cette disposition de l'art. 59 de la loi du 20 avr. 1810 subsiste encore aujourd'hui.

128. D'après le projet de la loi de 1883, tel qu'il avait été voté par la chambre, le garde des sceaux avait le droit d'*infliger un blâme*, et sa décision devait être notifiée au magistrat qui en était l'objet devant la cour d'appel assemblée en chambre du conseil. La commission du Sénat s'est préoccupée de distinguer entre le *blâme*, qui a le caractère d'une peine infamante, et la *réprimande*, qui n'est qu'une admonestation d'un chef à son subordonné ; or la peine ne peut être appliquée que par un juge, et, a dit le rapporteur, « le garde des sceaux n'est pas le juge des magistrats, il n'est que leur chef ». C'est sur cette observation que l'on n'a inscrit dans la loi que le pouvoir, pour le ministre, d'adresser des *réprimandes*. Par suite, a été supprimée la formalité humiliante de la notification devant la cour assemblée; la réprimande est notifiée au magistrat qui en est l'objet par le premier président : ce n'est plus qu'une communication officielle (D. P. 83. 4. 69, note 3). On doit supposer que, si la réprimande s'adressait au premier président lui-même, elle lui serait simplement notifiée par le garde des sceaux directement.

ART. 2. — *Des officiers du ministère public et des officiers de police judiciaire; Des greffiers* (*Rép.* nos 208 à 240).

129. — I. DES OFFICIERS DU MINISTÈRE PUBLIC (*Rép.* nos 208 à 217). — La discipline du ministère public s'exerce administrativement, sans formes judiciaires, suivant l'ordre hiérarchique établi entre les divers officiers et sous la haute surveillance du garde des sceaux. Aucune modification n'a été apportée à ces principes par les lois nouvelles.

130. En ce qui touche le pouvoir disciplinaire du garde des sceaux sur les officiers du ministère public, il faut appliquer l'art. 17 de la loi du 30 août 1883, que nous avons étudié plus haut : le ministre de la justice les surveille, il a le droit de les mander pour recevoir leurs explications, et de leur adresser des réprimandes qui sont notifiées par le procureur général. Ces droits de surveillance, de *veniat* et de réprimande peuvent être exercés par le ministre spontanément et sans l'initiative du procureur général, qui, de son côté, conserve le droit de *rappel au devoir*, tel qu'il est défini par l'art. 60 de la loi du 20 avr. 1810 et l'obligation résultant pour lui de ce même article d'en rendre compte au garde des sceaux.

131. La surveillance exercée par la voie hiérarchique reste telle qu'elle a été organisée par l'art. 84 du sénatus-consulte du 16 therm. an 10, cette disposition n'ayant point été abrogée par la loi du 30 août 1883.

132. Est également conservée la disposition de l'art. 61 de la loi du 20 avr. 1810, aux termes de laquelle les cours d'appel et d'assises sont tenues d'avertir le ministre de la justice toutes les fois que les officiers du ministère public exerçant leurs fonctions près de ces cours s'écartent du devoir de leur état, et les tribunaux de première instance d'instruire le premier président et le procureur général des reproches qu'ils se croiraient en droit de faire aux officiers du ministère public exerçant dans l'étendue de l'arrondissement, soit auprès de ces tribunaux, soit auprès des tribunaux de police.

133. On a fait observer au *Rép.* nos 211 et 213 que le devoir de surveillance imposé aux tribunaux ne leur donne aucun droit de répression disciplinaire sur les officiers du ministère public. Ainsi, en aucun cas, il n'est permis à une cour ou à un tribunal d'exprimer un *blâme* ou une *censure* contre un membre du ministère public. Lorque la censure illégale se trouve dans un jugement frappé de recours, par exemple, dans un jugement du tribunal de police vis-à-vis du commissaire de police ayant exercé les fonctions de ministère public (V. notamment : Crim. cass. 16 déc. 1859, aff. Sirguet, D. P. 59. 5. 259), la juridiction saisie du recours annule la décision par voie de retranchement. Quand, au contraire, l'illégalité se trouve dans une décision du tribunal en chambre du conseil, l'annulation doit être provoquée par le garde des sceaux dans l'intérêt de la loi, et elle est prononcée par la chambre des requêtes de la cour de cassation. C'est ainsi qu'il a été jugé que la délibération d'un tribunal qui contient un blâme et une censure contre un officier du ministère public à raison d'un acte de ses fonctions, par exemple, à raison du refus de ce magistrat de s'expliquer sur le sens des appréciations auxquelles il s'est livré relativement aux travaux de ce tribunal dans un compte rendu annuel de la justice civile, doit être annulée pour excès de pouvoir (Req. 15 déc. 1858, aff. Tribunal de Lectoure, D. P. 59. 1. 15). « Attendu, en droit, dit cet arrêt, que le ministère public est une institution indépendante qui a ses règles propres et sa discipline, et qui ne relève point des tribunaux près desquels il est établi pour y exercer l'action publique et requérir l'application de la loi; que si un membre du ministère public vient à commettre un acte répréhensible, c'est au procureur général du ressort qu'il appartient de le rappeler à son devoir et que les tribunaux n'ont, aux termes de l'art. 61 de la loi du 20 avr. 1810, que le droit qui est aussi pour eux une obligation, de signaler le manquement soit au ministre de la justice, soit au premier président ou au procureur général suivant le degré de juridiction; — Attendu qu'il importe de maintenir ces règles sans lesquelles deux institutions que la loi a établies et veut maintenir distinctes, se confondraient jusqu'à un certain point, et qui sont pour le ministère public la garantie nécessaire de sa liberté d'action et de l'indépendance qui lui a été assurée dans l'intérêt de la société ».

134. Il faut d'ailleurs distinguer soigneusement le blâme et la censure, qui sont interdits aux cours et tribunaux sur les actes du ministère public, de l'*injonction* exceptionnellement permise par l'art. 11 de la loi du 20 avr. 1810 : « La cour, dit cet article, pourra, toutes les chambres assemblées, entendre les dénonciations qui lui seraient faites par un de ses membres, de crimes et de délits; elle pourra mander le procureur général pour lui enjoindre de poursuivre à raison de ces faits, et pour entendre le compte que le procureur général lui rendra des poursuites qui seraient commencées. » Cette disposition, il ne faut pas s'y tromper, ne confère pas aux cours un pouvoir disciplinaire sur les procureurs généraux; elle n'a d'autre but que d'assurer la poursuite des crimes et délits, en ne la laissant pas à la seule et souveraine appréciation du procureur général. Il peut donc arriver que, dans des cas à la vérité tout à fait exceptionnels, la cour soit amenée à se prononcer sur un acte ou plutôt sur une abstention du parquet; seulement, elle doit le faire dans des termes qui ne constituent ni un blâme ni une censure. Il a été décidé, à cet égard, que le droit d'injonction tiré de l'art. 11 de la loi du 20 avr. 1810 ne s'applique que dans le cas où une instruction n'est pas commencée sur le crime ou délit dénoncé à la cour par un de ses membres, et que les expressions même un peu vives employées par une cour dans une de ses délibérations pour désigner, *sans l'apprécier*, un acte d'un officier du ministère public qui lui paraît motiver son intervention, n'équivalent pas à une censure et, par suite, ne peuvent donner lieu à cassation pour excès de pouvoir (Crim. cass. 12 juill. 1861, aff. Edmond About, D. P. 61. 1. 289).

135. — II. DES OFFICIERS DE POLICE JUDICIAIRE (*Rép.* nos 218 à 234). — Aucune disposition nouvelle n'est venue modifier la situation des officiers de police judiciaire au point de vue disciplinaire; nous n'avons rien à ajouter à ce qui a été dit au *Répertoire* sur ce point.

136. — III. GREFFIERS; COMMIS-GREFFIERS (*Rép.* nos 234 à 240). — Les greffiers, s'ils ne sont point des magistrats, font du moins partie des cours et tribunaux; ils participent à l'œuvre de la justice; ce sont des fonctionnaires placés à côtés des juges et des officiers du ministère public. Ils sont donc astreints, bien qu'à un moindre degré, aux mêmes devoirs, et il était naturel de les soumettre à un régime disciplinaire analogue. C'est ce qu'a fait l'art. 62 de la loi du 20 avr. 1810, qu'il faut compléter par l'art. 57 de la même loi, et l'art. 81 du sénatus-consulte du 16 therm. an 10. D'autre part, la destitution des greffiers peut être prononcée par les tribunaux correctionnels dans certains cas, notamment dans ceux prévus par la loi du 21 vent. an 7, art. 23; elle peut être la conséquence de condamnations prononcées à la suite de poursuites criminelles, par exemple, par application des art. 174, 253, 255 c. pén. — Enfin le ministre de la justice peut provoquer du chef de l'Etat la révocation des greffiers, qui ont à cet égard une situation analogue à celle des officiers du ministère public; l'art. 92 de la loi du 27 vent. an 8 donne au Gouvernement qui nomme les greffiers le pouvoir de les révoquer à volonté.

137. Mais les greffiers tiennent de la loi du 28 avr. 1816, art. 91, le droit de présenter leurs successeurs, sous la réserve que cette faculté n'aura pas lieu *pour les titulaires destitués*. Par suite, se pose la question de savoir si cette privation du droit de présenter leurs successeurs sera la conséquence de toute destitution ou révocation des greffiers dans les différents cas que l'on vient de signaler.

138. M. Morin, t. 1, no 107, par une distinction rappelée au no 235 du *Répertoire*, observe que la *révocation* diffère de la *destitution* pénale ou disciplinaire; elle est moins une peine que l'exercice du pouvoir souverain réservé au Gouvernement par la loi organique de l'an 8; aussi n'entraîne-t-elle point, d'après cet auteur, l'anéantissement du droit de démission *in favorem* concédé aux greffiers par la loi de 1816. Mais, en fait, le Gouvernement ne paraît pas avoir accepté cette distinction et, lorsqu'en révoquant un greffier, il veut empêcher la présentation d'un successeur, il donne à sa mesure le caractère d'une destitution, peine disciplinaire, bien qu'il y manque les conditions d'un acte de juridiction, c'est-à-dire la constatation d'une faute grave, la mise en demeure de s'expliquer et la décision motivée sur la faute commise. C'est en vain que des greffiers, remplacés par décrets nommant leurs successeurs, sans qu'ils eussent donné leur démission, et privés, par suite, du droit de présentation *in favorem*, ont attaqué ces décrets qui contenaient leur révocation implicite, pour violation des formes inhérentes à toute action disciplinaire; le conseil d'Etat a repoussé leur recours en se bornant à déclarer que les décrets attaqués avaient été *rendus dans l'exercice du droit de discipline judiciaire conféré au Gouvernement par les lois des 27 vent. an 8 et 20 avr. 1810 et que, dès lors, ils ne pouvaient donner lieu à un pourvoi par la voie contentieuse* (Cons. d'Et. 9 avr. 1849, aff. Cornibert, D. P. 49. 3. 50; 8 avr. 1858, aff. Fleury, D. P. 59. 3. 19).

Il faut reconnaître, avec le commissaire du Gouvernement, dans ses conclusions prises à l'occasion de ce dernier arrêt (D. P. 59. 3. 19), que le droit de révocation écrit dans l'art. 92 de la loi du 27 vent. an 8 est absolu, qu'il n'a été modifié ni par la loi du 20 avr. 1810, ni par l'art. 91 de la loi du 28 avr. 1816, que, par suite, le greffier atteint n'a aucun recours à exercer. Mais il semble que l'effet légal de la mesure au point de vue du droit de présentation, c'est-à-dire la privation de ce droit, ne devrait être produit que par une véritable décision disciplinaire rendue dans des formes garantissant à l'inculpé le droit de défense (V. Morin, t. 1, n° 107 *bis*).

139. Les commis-greffiers, outre qu'ils sont soumis au droit d'avertissement et de réprimande de la part du président et des chefs des parquets, peuvent être remplacés sur injonction de la cour ou du tribunal rendue en la forme disciplinaire, c'est-à-dire après avoir été entendus ou dûment appelés (V. *Rép.* n° 236). Mais pourraient-ils être révoqués par le greffier en chef de sa propre autorité, et sans la garantie de l'appréciation de la faute par la cour ou le tribunal? L'affirmative a été enseignée au *Rép.* n° 237, conformément à une ancienne jurisprudence fondée sur ce que le droit pour le greffier de révoquer ses commis-greffiers devait être la conséquence nécessaire de la responsabilité de leurs actes qui pèse sur lui (Agen, 13 déc. 1848, aff. X..., D. P. 50. 2. 7). Mais des lois successives ont fait aux commis-greffiers une position différente de celle de clercs ou simples employés qu'ils avaient autrefois: ils ne sont plus aujourd'hui aux gages du greffier, mais salariés par l'Etat; ils ont droit à une retraite formée de retenues sur leur traitement; ils sont donc assimilés à des fonctionnaires et sont devenus membres des cours et tribunaux. D'autre part, les commis-greffiers ne peuvent être nommés sans l'assentiment de la cour ou du tribunal, qui doit les agréer et conserve sur eux un pouvoir disciplinaire. Ne serait-ce point porter atteinte à la dignité de la cour ou du tribunal que de concéder au greffier en chef le droit de les révoquer de sa propre autorité? Enfin il semble que, si le greffier en chef a des sujets de mécontentement contre des commis-greffiers, il pourra toujours les signaler aux magistrats du siège et mettre ainsi sa responsabilité à l'abri. Ces raisons ont déterminé un changement d'opinion chez plusieurs auteurs (V. Morin, 3e éd., t. 1, n° 107 *ter*, et les auteurs cités par lui); elles ont été admises par le tribunal de Mont-de-Marsan qui, dans un jugement du 27 déc. 1864 (aff. Delagarde, D. P. 66. 3. 62), a décidé que les greffiers en chef près les cours et tribunaux ne peuvent, de leur propre autorité, sans l'assentiment du tribunal, révoquer leurs commis-greffiers, et que le commis-greffier, révoqué par le greffier en chef seul, peut saisir de sa demande en réintégration le tribunal en assemblée générale, auquel il appartient d'annuler, s'il y a lieu, la révocation prononcée sans son agrément.

140. Les greffiers et commis-greffiers sont, d'ailleurs, non des officiers ministériels, mais des membres des cours et tribunaux, et ils ne peuvent, en conséquence, être poursuivis disciplinairement devant les cours et tribunaux en vertu des art. 102 et 103 du décret du 30 mars 1808. Cette solution, énoncée pour les greffiers au n° 238 du *Répertoire*, a été expressément consacrée par un arrêt de la cour de cassation du 7 mai 1880 (aff. Bith, D. P. 80. 1. 476), dans une espèce où le greffier en chef de la cour d'appel et le commis-greffier chargé de le suppléer aux audiences de la cour d'assises étaient tous deux compris dans une poursuite disciplinaire devant la cour d'assises, pour participation à une faute découverte à son audience.

ART. 3. — *Des diverses corporations placées sous la surveillance du pouvoir judiciaire. — Règles communes* (*Rép.* nos 241 à 294).

141. Il convient de rappeler au début de cet article, comme on l'a fait sous le n° 241 du *Répertoire*, qu'il ne saurait être question ici ni des devoirs propres aux membres des diverses corporations placées sous la surveillance du pouvoir judiciaire, ni des règles spéciales à la discipline de chacune de ces corporations. On devra se reporter, pour l'examen de ces questions, aux mots *Avocat, Avoué, Commissaire-priseur, Huissier, Notaire*, etc. Nous devons nous borner à l'étude des règles communes à la discipline de ces diverses corporations, lesquelles ont trait: 1° aux peines qui peuvent être prononcées par les juridictions disciplinaires; 2° à la compétence de ces juridictions; 3° aux formes de procéder devant elles; 4° aux voies de recours ouvertes contre leurs décisions.

142. — I. PEINES. — La série des peines disciplinaires que peuvent appliquer soit les tribunaux, soit les juridictions de corporations, a été indiquée aux nos 242 et 245 du *Répertoire*. Nous n'avons rien à ajouter sur ce point aux indications du *Répertoire*, et nous nous bornerons à rappeler que les peines doivent être appliquées dans les termes mêmes dont la loi s'est servie pour les déterminer sans aggravation, ni équipollents, à bien plus forte raison sans qu'une peine nouvelle puisse être arbitrairement créée. Ce principe a été développé au *Rép.* nos 58 et suiv. auxquels nous nous bornons à renvoyer.

143. — II. COMPÉTENCE. — On a vu au *Rép.* nos 242 et suiv. qu'en matière de discipline, les officiers ministériels sont soumis à la fois à la juridiction de leurs chambres syndicales et à celle des cours et tribunaux près desquels ils exercent leurs fonctions. — Les explications que nous avons à ajouter ici concernent exclusivement cette dernière juridiction.

144. Lorsque les tribunaux sont appelés à connaître des faits imputés à des officiers ministériels, avoués ou huissiers, ils statuent en assemblée générale en la chambre du conseil, — sauf le cas de fautes commises ou découvertes à l'audience (*Rép.* n° 245; Dutruc, nos 313, 668 et 670). Bien que cela résulte expressément de l'art. 103 du décret du 30 mars 1808, cette règle a été quelquefois méconnue, et la cour de cassation a dû déclarer que les mesures de discipline à prendre par les tribunaux de première instance, sur les réquisitions du ministère public, pour des faits qui ne se sont point passés ou n'ont pas été découverts à l'audience, devant être arrêtées en assemblée générale à la chambre du conseil, le tribunal qui statue sur des poursuites de cette nature (exercées, dans l'espèce, contre un huissier pour un manquement à ses devoirs professionnels), au nombre de trois juges et dans la forme d'un jugement ordinaire, commet un excès de pouvoir; et il importe peu que le ministère public et l'inculpé aient été entendus en la chambre du conseil, si le jugement a été prononcé en audience publique (Req. 15 janv. 1883, aff. Martin, D. P. 83. 1. 355).

145. Mais il n'en est ainsi que pour les officiers ministériels; l'action disciplinaire contre un notaire doit être jugée non en assemblée générale et à la chambre du conseil, mais, comme toute autre affaire civile, par l'une des chambres du tribunal de la résidence du notaire inculpé et en audience publique, le décret du 30 mars 1808 ne s'appliquant qu'aux officiers ministériels (*Rép.* nos 245 *in fine*, 247; Req. 10 mai 1864, aff. Lefebvre, et aff. Minard, D. P. 64. 1. 284).

146. L'obligation pour les tribunaux de statuer sur les fautes commises par les officiers ministériels en assemblée générale, en la chambre du conseil, reçoit exception dans le cas où il s'agit de fautes commises ou découvertes à l'audience (Décr. 30 mars 1808, art. 103), lesquelles doivent être jugées immédiatement (Dutruc, nos 312 et suiv., 669). Mais c'est là une disposition exceptionnelle qui n'est applicable qu'aux officiers ministériels, avoués et huissiers, et aussi aux avocats (Ord. 20 nov. 1822, art. 16 et 43), mais non aux notaires (V. les arrêts cités au *Rép.* n° 247).

147. Le pouvoir de réprimer les fautes d'audience appartient aux tribunaux et aux cours, dans toute sa plénitude, à l'égard des avocats qui se présentent devant eux et des officiers ministériels accrédités auprès d'eux; il est exercé par la chambre, civile ou criminelle, devant laquelle la faute a été commise ou découverte; mais il est strictement restreint à l'officier ministériel dont la faute a été découverte à l'audience, sans pouvoir être étendu à tout autre dont la participation à la même faute aurait été ultérieurement reconnue. Ainsi il a été jugé que la cour d'assises, compétente pour connaître de la faute d'un officier ministériel découverte à son audience, ne peut connaître par voie de suite de la participation d'un second officier ministériel à la même faute, alors que cette participation ne s'est pas révélée à ladite audience et n'a été démontrée qu'ultérieurement par une enquête. Spécialement, quand une affaire criminelle est remise d'une session à une autre, parce qu'il est constaté à l'audience que l'huissier notificateur n'a pas signifié aux accusés la vraie liste du jury, la cour d'assises, à la nouvelle session, est, d'une part, compétemment saisie de la poursuite disciplinaire dirigée par le ministère public contre ledit huissier, et tendant à la condamnation de celui-ci aux frais occasionnés par le renvoi de la cause. Mais, d'autre part, elle est incompétente pour connaître en même temps de la participation d'un second huissier à la faute du premier, alors que rien, à l'audience où le renvoi avait été prononcé, n'était venu révéler cette participation, et qu'elle n'a été établie que depuis, au moyen d'une information faite par le parquet (Crim. rej. 7 mai 1880, aff. Sirand, D. P. 80. 1. 476).

148. Les tribunaux ont-ils, en ce qui concerne les officiers ministériels et les notaires, la plénitude de juridiction? c'est-à-dire peuvent-ils appliquer les peines de discipline intérieure concurremment avec les chambres syndicales? Cette importante question a été résolue au *Rép.* nos 265 et suiv. par des distinctions qui ont été confirmées par la jurisprudence et par les auteurs.

149. Rappelons d'abord que les juridictions supérieures peuvent être saisies directement, *omisso medio*, toutes les fois que les juridictions de discipline intérieure, conseils de discipline d'avocats, chambres syndicales de notaires et d'officiers ministériels, auront négligé ou refusé de prononcer (*Rép.* n° 69). Nous avons toutefois observé que ces poursuites devant les tribunaux, *omisso medio*, ne se présentent que dans des cas très rares, le ministère public ayant le droit de saisir directement les conseils de discipline et les chambres syndicales en vertu du droit de surveillance qui lui appartient (V. *suprà*, nos 65 et 66).

150. D'autre part, il est incontestable que les tribunaux saisis de poursuites disciplinaires tendant à l'application des peines de la suspension ou de la destitution sont compétents pour prononcer une des peines de discipline intérieure, lorsque le fait incriminé a perdu de sa gravité au débat. C'est là un point maintenant établi par une jurisprudence constante (Req. 20 nov. 1848, aff. V..., D. P. 48. 2. 253; Lyon, 13 mai 1851, aff. D..., D. P. 54. 2. 95; Paris, 29 juin 1852, aff. L..., D. P. 54. 2. 114; Rouen, 1er févr. 1853, aff. X..., D. P. 53. 2. 111; Pau, 23 déc. 1872, aff. B..., D. P. 74. 2. 86; Req. 12 janv. 1887, aff. Naudin, D. P. 87. 1. 57).

151. Mais, en dehors de ces cas, il faut reconnaître la séparation des deux juridictions et dire que, lorsque le fait imputé ne semble passible que de peines de discipline intérieure, il ne doit point être déféré aux tribunaux, mais que la connaissance doit en être laissée aux chambres syndicales (Conf. Morin, t. 1, n° 413, et t. 2, n° 723).

152. La destitution, nous l'avons dit, est prononcée pour les notaires par les tribunaux (L. 25 vent. an 11, art. 53). Pour les officiers ministériels, elle ne peut émaner que d'un acte du Gouvernement rendu après une délibération du tribunal en chambre du conseil (Décr. 30 mars 1808, art. 102 et 103). Mais le ministre peut-il prononcer la destitution d'un officier ministériel en dehors de cette garantie de l'avis préalable du tribunal? La question peut se présenter sous deux aspects : d'abord, le ministre est-il investi du droit de révocation *ad nutum*, de telle sorte qu'il puisse révoquer un officier ministériel sans motifs, sans formes judiciaires? D'autre part, le ministre, armé du droit de revision contenu dans l'art. 103 du décret du 30 mars 1808, est-il en réalité une juridiction supérieure, compétente pour modifier la peine appliquée par le tribunal, l'abaisser, s'il la juge trop sévère, l'augmenter, s'il la juge insuffisante? Par suite, peut-il prononcer la destitution, alors que le tribunal n'a appliqué qu'une peine moindre, ou même a acquitté le prévenu? — L'intérêt de la question est considérable : la destitution, en effet, entraîne les conséquences les plus graves; elle fait perdre au titulaire d'un office le droit de présenter un successeur (L. 28 avr. 1816, art. 91, *Rép.* v° *Office*); elle produit l'incapacité d'être porté sur les listes électorales (L. 31 mai 1850, art. 8, n° 7, D. P. 50. 4. 97; Décr. 2 févr. 1852, D. P. 52. 4. 49) et de remplir les fonctions de juré (L. 21 juin 1853, art. 2, n° 8, D. P. 53. 4. 96; 21 nov. 1872, art. 2, n° 7, D. P. 72. 4. 132). Or il semble que, si ces indignités peuvent résulter de la destitution émanée d'un jugement ou d'un acte du Gouvernement rendu à la suite et en conformité d'une décision judiciaire, elles ne devraient pas être attachées à la révocation prononcée par le ministre *proprio motu*, en dehors de ces formes judiciaires qui sont la garantie du droit de défense. Nous avons déjà examiné la question en ce qui concerne les greffiers (V. *suprà*, nos 136 et suiv.), et nous avons constaté que le Gouvernement, en exerçant le droit de révocation qui lui appartient incontestablement sur les greffiers, a la prétention que cette révocation entraîne la perte du droit de présentation *in favorem*, prétention admise par le conseil d'Etat qui refuse le recours par voie contentieuse contre le décret de révocation dans lequel il reconnaît l'*exercice du droit de discipline judiciaire* (Cons. d'Et. 8 avr. 1858, aff. Fleury, D. P. 59. 3. 19). Mais, si l'on accepte à la rigueur cette solution quand il s'agit des greffiers, pour lesquels le droit de révocation *ad nutum* résulte expressément de l'art. 92 de la loi du 27 vent. an 8, en sera-t-il de même pour les notaires et les officiers ministériels institués par des lois qui ne contiennent aucune disposition analogue?

153. Pour les notaires, il ne saurait y avoir doute : la destitution ne peut être prononcée par le Gouvernement que dans des cas limitativement déterminés par la loi, savoir : le cas d'infraction à l'obligation de résidence, et alors le ministre ne peut agir qu'après avoir pris l'avis du tribunal (L. 25 vent. an 11, art. 4); et le cas de contravention aux règles sur les incompatibilités, et alors le ministre ne prononce qu'une injonction sous peine de poursuites disciplinaires, d'avoir à opter entre la conservation des fonctions de notaire et la continuation d'actes incompatibles avec ces fonctions, injonction qui n'est pas une décision et ne peut être, par conséquent, l'objet d'un recours au contentieux devant le conseil d'Etat (Cons. d'Et. 2 août 1854, aff. Farradesche-Chaubasse, D. P. 55. 3. 26).

154. Mais, pour les officiers ministériels, la situation n'est pas la même. Sans doute le Gouvernement ne pourrait prétendre au droit de révocation *ad nutum*, sans formes judiciaires, sans conditions préalables. De semblables destitutions ont pourtant eu lieu, mais elles ont soulevé de nombreuses réclamations, même dans les Chambres législatives (V. Morin, t. 2, n° 731); et il a été reconnu au conseil d'Etat que le droit absolu de révocation, tel qu'il existe pour les greffiers, ne peut être étendu aux officiers ministériels (Rapport de M. Leviez, commissaire du Gouvernement, à l'occasion de l'arrêt du 8 avr. 1858, aff. Fleury, D. P. 59. 3. 19). — Seulement la chancellerie maintient son droit de juridiction disciplinaire supérieure à l'effet de prononcer la destitution *proprio motu*, à la suite d'un avis non conforme du tribunal en chambre du conseil. La cour de cassation a admis ce droit en jugeant que la révocation d'un huissier, ou d'un avoué, prononcée par décret rendu à la suite d'un jugement disciplinaire qui n'avait appliqué qu'une peine moindre (la suspension) *est une véritable décision judiciaire et le dernier acte de la poursuite disciplinaire dirigée contre l'officier ministériel*, et que, par suite, elle entraîne l'exclusion des listes électorales (Req. 14 août, aff. Magne, 19 août, aff. Bacheland, et 21 août 1850, aff. Nègre, D. P. 50. 5. 188, nos 153 et 154). La question, toutefois, reste encore aujourd'hui sans solution définitive. Elle a donné lieu à un intéressant débat devant les Chambres législatives lors de la discussion de la loi du 19 mars 1864 sur la réhabilitation des greffiers, notaires et officiers ministériels destitués. Le projet de loi, en employant les expressions: *en exécution du décret ou du jugement qui a prononcé la destitution*, paraissait consacrer le droit de révocation *proprio motu* par le Gouvernement; la commission obtint la suppression de ces mots, mais elle ne réussit pas à faire décider la question, et il fut seulement déclaré que la loi nouvelle ne préjugerait rien sur les effets des destitutions (V. D. P. 64. 4. 32, et la note 1, p. 33; Morin, t. 2, n° 731 *bis*; Dutruc, nos 320 et 682).

155. — III. Formes de procéder. — En ce qui concerne les formes de procéder devant les juridictions disciplinaires des corporations, les développements que nous avons donnés *suprà*, nos 61 et suiv. nous permettent de borner nos observations à quelques points seulement.

156. Devant les chambres syndicales, l'ajournement résulte d'une citation donnée par lettre du syndic (et non de toute autre personne, notamment du président, V. *suprà*, nos 63 et suiv., et les arrêts cités), avec délai de cinq jours pour la comparution. Ce même délai de cinq jours est fixé pour les avoués par l'arrêté du 13 frim. an 9, art. 11, pour les huissiers par le décret du 13 juin 1813, art. 80 et 81, pour les commissaires-priseurs par l'arrêté du 19 germ. an 9, art. 1er, et pour les notaires par l'ordonnance du 4 janv. 1843, art. 17. En fait, certains règlements de chambres de discipline fixent un délai différent pour les citations, et ce délai peut être observé lorsque la poursuite est exercée d'office par le syndic; mais les poursuites exercées sur la réquisition du procureur de la République sont régies, non par ces règlements, mais par les textes que nous venons de citer, et, par suite, le délai d'ajournement est toujours de cinq jours (Req. 1er avr. 1868, aff. Lemaire, D. P. 68. 1. 421).

Lorsque l'action disciplinaire est portée devant les tribunaux, le délai d'ajournement est fixé par l'art. 72 c. proc. civ. Décidé qu'il y a lieu d'annuler un jugement par défaut rendu sur une assignation fixant le délai de comparution suivant les règles de la procédure criminelle (Lyon, 19 avr. 1872, aff. Bussod, D. P. 73. 5. 163). V. sur ce point, Dutruc, nos 348 et suiv.; 684 et suiv.

157. La composition des chambres de discipline et le nombre des membres dont la présence est nécessaire pour la validité des délibérations varient suivant les corporations, d'après des règles particulières dont l'examen ne doit pas trouver place ici. On a vu au *Rép.* n° 244 que, dans le cas spécial où la faute paraît assez grave pour mériter la suspension (avoués, commissaires-priseurs, huissiers), la suspension ou la destitution (notaires), la chambre doit se compléter par l'adjonction d'un certain nombre de membres appelés par voie de tirage au sort. La jurisprudence bien établie[1] de la cour de cassation a décidé que, dans le cas où les membres d'une chambre sont, par suite d'absences ou d'abstentions, réduits à un nombre insuffisant pour délibérer en matière disciplinaire, la chambre doit se compléter de la même manière, c'est-à-dire par la voie du tirage au sort, bien que la peine à appliquer ne soit pas celle de la suspension ou de la destitution (V. les arrêts cités *suprà*, nos 38 et suiv.).

158. Le débat disciplinaire s'élève entre l'inculpé et le syndic faisant office de ministère public. Les conclusions du syndic sont une des formalités substantielles dont l'inobservation emporte la nullité de la décision (Civ. cass. 17 juin 1867, aff. Coste, D. P. 67. 1. 196; 13 nov. 1872, aff. L...., D. P. 72. 1. 444; 2 mars 1881, aff. Faur, D. P. 81. 1. 301). Par suite, le syndic, étant partie poursuivante, ne doit pas prendre part à la délibération; et lorsque le nombre des membres qui composent la chambre, sans tenir compte du syndic, est inférieur au nombre requis pour la validité de la décision, celle-ci est entachée de nullité, alors même qu'en fait le syndic n'aurait pas pris part à la délibération (Civ. cass. 23 déc. 1874, aff. B...., D. P. 75. 1. 64; 22 janv. 1878, aff. Grandcour, D. P. 78. 1. 55; 29 avr. 1879, aff. Guérin, D. P. 79. 1. 224; 10 janv. 1888, aff. Danel, D. P. 88. 1. 51; 8 août 1888, aff. X...., D. P. 88. 5. 161; 19 déc. 1888, aff. Martin, D. P. 89. 1. 164). Mais la décision est valable, bien que le syndic y ait concouru, s'il n'a opiné qu'avec voix consultative et si, d'ailleurs, le nombre des membres délibérants et votants était celui exigé par la loi, non compris le syndic (Req. 10 mars 1846, aff. D...., D. P. 46. 1. 211). — Et, d'autre part, la mention dans une délibération que la chambre, après avoir entendu dans ses conclusions le syndic, *s'est retirée pour en délibérer* ou *a ensuite délibéré*, constate suffisamment que le syndic n'a pas pris part à la délibération (Req. 12 mai 1862, aff. R...., D. P. 62. 1. 339; Civ. rej. 29 juill. 1862, aff. G...., *ibid.*).

159. Aux termes des art. 6 et 11 de l'ordonnance du 4 janv. 1843, la chambre des notaires ne peut statuer en matière disciplinaire qu'avec le concours et sur le rapport d'un de ses membres investi de la mission de rapporteur. Toute décision disciplinaire doit constater l'observation de cette formalité; le rapport est une des garanties établies dans l'intérêt de la défense, comme dans celui de la répression; il constitue une formalité substantielle et d'ordre public, qui doit être observée à peine de nullité (Civ. cass. 26 août 1862, aff. D...., D. P. 62. 1. 340; 4 juill. 1864, aff. Aubergé, D. P. 64. 1. 286; 1er mars 1870, aff. Lemoult, D. P. 70. 1. 168). Et il est nécessaire que la décision constate non seulement que le rapporteur a accompli sa mission, mais encore que le rapport a été fait en la présence du syndic et de l'inculpé (Civ. cass. 28 mai 1878, aff. Reigneau, D. P. 78. 1. 484; 15 juill. 1884, aff. Jobey, D. P. 85. 1. 376; 27 juill. 1885, aff. Babb, D. P. 85. 5. 149).

Cette règle est commune aux diverses corporations: elle résulte, pour les avoués, de l'art. 5 de l'arrêté du 13 frim. an 9, et elle leur a été appliquée par la cour de cassation, notamment dans deux arrêts des 13 nov. 1872 (aff. L...., D. P. 72. 1. 444), et 2 mars 1881 (aff. Faur, D. P. 81. 1. 301). Elle a été étendue aux chambres de discipline des commissaires-priseurs par l'art. 1er de l'arrêté du 29 germ. an 9 (Civ. cass. 26 mai 1884, aff. Quévremont, D. P. 85. 1. 176). Elle est même applicable, dans une certaine mesure, aux chambres de discipline des huissiers, en vertu des art. 65, 77, 85 et 87 du décret du 14 juin 1813, en ce sens du moins que le membre nommé rapporteur et qui est chargé de recueillir les renseignements sur les faits incriminés et d'en faire rapport à la chambre, fait partie intégrante de la chambre de discipline et doit prendre part à ses délibérations, bien qu'il agisse devant elle en même temps comme ministère public et soit ainsi appelé à délibérer dans les affaires qu'il lui aurait déférées d'office (Civ. rej. 8 févr. 1869, aff. S..., D. P. 69. 1. 158).

160. Le rapport peut être lu par un membre autre que le rapporteur, pourvu que la lecture en soit faite en présence de ce dernier (Req. 14 mars 1864, aff. Saunier, D. P. 64. 1. 297). Mais la seule présence du rapporteur serait insuffisante, il faut un rapport émanant effectivement du rapporteur; il ne suffirait pas, par exemple, d'une simple lecture par le président des pièces de l'instruction (Civ. cass. 12 déc. 1866, aff. Boissay, D. P. 66. 1. 424). — D'autre part, l'existence d'un rapport est suffisamment constatée par la délibération énonçant que la parole a été donnée au rapporteur et mentionnant ses déclarations (Civ. cass. 16 janv. 1884, aff. Quineau, D. P. 84. 1. 252). « Le rapporteur, dit M. Lefebvre, t. 2, p. 290, ne devrait-il prendre la parole que pour dire qu'il n'a pu obtenir aucun renseignement sur l'objet de l'inculpation, il faut qu'il fasse cette déclaration et que le procès-verbal constate qu'il a été entendu. » — Ajoutons que, si cette déclaration est nécessaire, elle est aussi suffisante. — Enfin la chambre n'est pas tenue d'entendre un rapport préalable sur un incident de pur droit soulevé par la poursuite disciplinaire; le rapport n'est prescrit à peine de nullité que sur le fond de ladite poursuite, c'est-à-dire sur les faits reprochés à l'inculpé (Civ. rej. 28 avr. 1885, aff. Piel, D. P. 85. 1. 466).

161. Quant au droit, pour la partie plaignante, d'assister aux débats, aux moyens d'information et de preuve, et aux formes que doit revêtir la décision, nous nous référons aux développements donnés *suprà*, nos 80 et suiv.

162. — IV. Voies de recours. — Les voies de recours ouvertes contre les décisions disciplinaires rendues contre les membres des diverses corporations sont, — suivant les distinctions ci-après, — l'opposition, la revision par le ministre de la justice, l'appel et le pourvoi en cassation (V. *suprà*, n° 97; Dutruc, n°s 374 et 695).

163. L'opposition contre une décision rendue par défaut est de droit commun, quelle que soit la juridiction. On appliquera donc ici les règles que nous avons indiquées *suprà*, n°s 94 et suiv.

164. La revision par le ministre garde des sceaux ne doit pas nous arrêter davantage. — Elle est spéciale aux décisions rendues contre les officiers ministériels pour fautes autres que celles d'audience, et par suite en assemblée générale en la chambre du conseil (Décr. 30 mars 1808, art. 103 et 104). Mais elle ne s'applique ni aux décisions des chambres syndicales, ni à celles des tribunaux procédant en jugement, c'est-à-dire contre des officiers ministériels pour fautes d'audience ou découvertes à l'audience, ou contre des notaires, lesquelles sont soit sujettes à appel, soit susceptibles de recours en cassation pour incompétence et excès de pouvoir, ainsi que nous allons l'expliquer.

165. Quant à l'appel et au pourvoi en cassation, il faut, pour déterminer les cas où ces voies de recours sont ouvertes, distinguer suivant que la décision émane des cours et tribunaux, ou qu'elle a été prononcée par une chambre syndicale.

166. S'il s'agit d'une décision rendue par un tribunal réuni en assemblée générale en la chambre du conseil, c'est-à-dire contre un officier ministériel et pour faits autres qu'une faute d'audience ou découverte à l'audience, elle n'est susceptible ni d'appel, ni de pourvoi en cassation, mais seulement de revision par le ministre, ainsi que nous l'avons dit (V. *suprà*, n° 164; Dutruc, n°s 373, 698 et suiv.). Cette solution basée sur l'art. 103 du décret du 30 mars 1808, a été indiquée au *Rép.* n° 281, et l'on a exposé *ibid.* sous les n°s 282 et 283 la controverse qui s'était élevée sur le point de savoir si les décisions des tribunaux en la chambre du conseil, bien que souveraines sous la seule revision du ministre garde des sceaux, ne sont pas susceptibles d'appel ou au moins de pourvoi en cassation pour incompétence ou excès de pouvoir. Mais la jurisprudence s'est définitivement prononcée dans le sens de la négative. Ainsi il a été jugé que l'arrêté disciplinaire pris, en la chambre du conseil, par un tribunal à l'égard d'un avoué ne peut, même pour incompétence, être déféré qu'au ministre, et non à la cour d'appel (Bordeaux, 3 juin 1850, aff. Achard, D. P. 52. 2. 141); — Qu'une décision disciplinaire rendue par le tribunal civil réuni en assemblée générale n'est pas susceptible de pourvoi en cassation même pour excès de pouvoir (Civ. rej. 18 nov. 1873, aff. B...., D. P. 73. 1. 451); — Enfin, qu'une mesure disciplinaire prise contre un avoué par le tribunal civil réuni en assemblée générale, pour un fait qui ne s'est pas produit à l'audience, ne peut être déférée qu'au ministre de la justice et n'est susceptible ni d'appel, ni de pourvoi en cassation, même pour excès de pouvoir (Req. 1er août 1887, aff. Pommier, D. P. 87. 1. 408).

167. Lorsque les cours et tribunaux procèdent par jugement, c'est-à-dire contre les avocats, contre les officiers ministériels pour fautes commises ou découvertes à l'audience et contre les notaires, l'appel et le pourvoi en cassation sont de droit commun et ne peuvent être refusés. Toutefois, l'art. 103 du décret du 30 mars 1808, dont l'application, spéciale aux officiers ministériels, a été étendue aux avocats par la jurispruence, n'ouvre ces voies de recours que lorsque le jugement prononce la suspension. Si la peine est moindre, si c'est une peine de discipline intérieure, le jugement n'est pas susceptible d'appel (V. Morin, t. 2, n° 789; Dutruc, n°s 374 et 702). D'autre part, si la décision appliquait une véritable peine, par exemple, l'amende, et non une simple mesure disciplinaire, le jugement pourrait être frappé d'appel (Besançon, 2 janv. 1850, aff. Brédas, D. P. 58. 2. 93). Enfin les décisions disciplinaires rendues par les tribunaux en la forme de jugement, alors même qu'elles prononcent des peines moindres que la suspension, peuvent être déférées à la cour de cassation pour incompétence ou excès de pouvoir (*Rép.* n° 284; Morin, t. 2, n° 796).

168. S'il arrivait que, dans une poursuite contre un officier ministériel pour fautes non commises ni découvertes à l'audience, le tribunal, au lieu de statuer en la chambre du conseil, comme le veut l'art. 103 du décret du 30 mars 1808, rendît une décision prononcée en audience publique, dans la forme et avec la qualification de jugement, une telle décision devrait être déférée à la cour de cassation pour excès de pouvoir. Le pourvoi devrait être formé par le ministère public institué près la juridiction qui a rendu la décision, sans préjudice du droit réservé au procureur général près de la cour de cassation par l'art. 80 de la loi du 27 vent. an 8; mais le procureur général près la cour d'appel serait sans qualité pour exercer le recours (Req. 15 janv. 1883, aff. Martin, D. P. 83. 1. 354).

169. Dans tous les cas où les voies de l'appel et du pourvoi en cassation sont ouvertes contre les décisions rendues par les cours et tribunaux, elles sont exercées, conformément au droit commun, par les parties qui figurent dans l'instance disciplinaire, c'est-à-dire par le ministère public et l'inculpé. La partie lésée, dont l'action a été jointe à celle du ministère public, ne peut appeler qu'au point de vue de ses intérêts civils; il ne lui est pas permis de rouvrir le débat sur la question disciplinaire; et, si elle entendait joindre sa demande à l'action de la partie publique, elle ne serait admise à le faire en appel que si l'objet de cette demande était supérieur à 1500 fr. (Montpellier, 7 mai 1867 (1); Lefebvre, t. 2, n° 1177; Dutruc, n° 378).

170. La juridiction devant laquelle doit être porté l'appel est la juridiction correspondante à celle qui a statué : c'est, par exemple, la chambre des appels correctionnels, quand la décision attaquée émane du tribunal correctionnel (V. Morin, t. 2, n° 789 *bis*; Bourges, 9 janv. 1851, aff. Lecherbonnier, D. P. 51. 2. 98; Crim. rej. 10 févr. 1860, aff. Ollivier, D. P. 60. 1. 96).

171. L'appel et le pourvoi contre les décisions des cours et tribunaux sont formés dans les délais et suivis dans les formes du droit commun. Toutefois l'exercice de ces voies de recours n'est point assujetti à toutes les formalités de la procédure civile, mais seulement aux règles qui ont pour objet de sauvegarder les droits de la défense, telles que celles qui déterminent le délai dans lequel le recours doit être formé et signé à peine de déchéance. C'est, du reste, la conséquence des principes sur lesquels nous avons déjà insisté (V. *suprà*, n°s 61 et suiv.) (Paris, 21 mars 1879, aff. Delaporte, D. P. 79. 2. 245, et sur pourvoi, Civ. rej. 1er déc. 1880, D. P. 81. 1. 153). — Décidé que les délais de l'appel sont de deux mois et courent à partir de la signification du jugement à la personne ou au domicile de la personne contre laquelle était exercée l'action disciplinaire; ils ne courent pas à partir du jugement même contre le ministère public. L'appel du ministère public est donc recevable quand il a été formé dans les deux mois de la signification qu'il a faite du jugement, alors même qu'il s'est écoulé plus de deux

(1) (Rouquette C. Audouard et Nouvel.) — LA COUR ; — Attendu qu'il est de principe que le taux du dernier essort est déterminé non par la demande originaire mais par les dernières conclusions prises devant le juge saisi du litige; — Qu'en fait, si Audouard et Nouvel avaient formé originairement une demande en payement de 4,000 fr. à titre de dommages, le jugement de défaut par eux obtenu contre Rouquette réduisit leur prétention à la somme de 1,000 fr. ; — Attendu que sur l'opposition formée par Rouquette envers ce jugement de défaut, Audouard et Nouvel ont demandé au premier juge la confirmation dudit jugement, réduisant ainsi leur demande à la somme de 1000 fr. qui leur était allouée; — Qu'ainsi du chef des intimés, la demande formulée dans les conclusions prises sur le jugement définitif n'a pas excédé le taux du dernier ressort; — Attendu que la recevabilité de l'appel relevé contre le ministère public, en ce qui concerne la peine disciplinaire appliquée à Rouquette à l'occasion du litige dont le tribunal était saisi, ne peut influer sur l'appel relevé contre Nouvel et Audouard; qu'il y a là deux décisions distinctes indépendantes l'une de l'autre, se rattachant à des intérêts d'un ordre différent; que leur confusion est d'autant moins possible que Nouvel et Audouard n'ont pris aucune part à la répression disciplinaire dont leur demande principale a été non la cause, mais l'occasion ; — En ce qui concerne l'appel relevé contre cette décision : — Attendu que la recevabilité de cet appel n'est pas contestée; que la répression disciplinaire dont Rouquette a été l'objet, a pour cause des infractions découvertes à l'audience, relevées d'office, et que l'art. 103 du décret du 30 mars 1808 admet le recours en appel contre de telles décisions ; — Au fond, etc... ; — Par ces motifs, etc...

Du 7 mai 1867.-C. de Montpellier, 1re ch.-MM. de la Baume, 1er pr.-Chopin d'Arnouville, 1er av. gén.-Dassauret et Lisbonne, av.

mois depuis qu'il a été rendu (Pau, 24 janv. 1887, aff. Dufaur, D. P. 89. 2. 15).

Cette dernière solution, toutefois, pourrait être contestée. Il semble douteux que la signification du jugement soit nécessaire pour faire courir les délais de l'appel contre le ministère public, ou même contre l'inculpé, alors du moins qu'il a figuré au jugement. Dans cette hypothèse, en effet, l'utilité de la signification n'apparaît pas, et il semble, pour ce motif, qu'il n'y ait pas lieu de l'exiger, conformément aux prescriptions du code de procédure civile, pour faire courir les délais de l'appel. — En cette matière, du reste, comme en matière correctionnelle, l'appel étant établi sur un motif d'ordre public, le ministère public ne peut renoncer à se servir de cette voie de recours autrement qu'en laissant expirer le délai imparti pour interjeter appel (Arrêt précité du 24 janv. 1887).

172. Quant aux décisions émanées des chambres syndicales, le principe qui avait d'abord été posé est que celles-ci, étant armées d'un pouvoir souverain d'appréciation, statuent en dernier ressort et que leurs décisions ne sont susceptibles ni d'appel, ni de pourvoi en cassation; c'était l'application textuelle de l'art. 1er de l'arrêté du 2 therm. an 10 pour les avoués. On faisait observer, quant aux notaires, qu'aucune disposition des lois et règlements qui les concernent n'autorise un recours quelconque (V. Morin, t. 1, n° 406 *bis*, art. 2, nos 790, 793, 796; Lefebvre, t. 2, nos 1034 et suiv.). La cour de cassation avait nettement adopté cette règle dans un arrêt du 4 déc. 1833 rappelé au *Rép.* n° 280. Mais déjà M. Dalloz, dans la plaidoirie qu'il prononça à l'appui du pourvoi sur lequel est intervenu cet arrêt, fit remarquer qu'il est difficile d'admettre que les chambres exercent l'action disciplinaire sans qu'une autorité supérieure puisse être appelée à vérifier si les règles sur la compétence ont été observées par elles, ou si, en usant de leurs pouvoirs, elles ne les ont point excédés. La cour de cassation est la juridiction supérieure instituée par la loi pour cette vérification; il faudrait donc admettre contre les décisions des chambres de discipline un recours en cassation pour incompétence ou excès de pouvoir. Cette opinion fut bientôt appliquée par la cour de Caen (5 avr. 1838) et par la cour de cassation elle-même (16 nov. 1846), dans des arrêts rapportés au *Rép.* n° 279. Elle n'est plus aujourd'hui contestée par personne et elle est affirmée par la jurisprudence constante de la cour de cassation.

173. Mais, il importe de le remarquer, s'il est reconnu que les décisions disciplinaires des chambres syndicales peuvent être l'objet d'un pourvoi en cassation, l'exercice de ce recours est restreint aux cas d'incompétence et d'excès de pouvoir. Il y a incompétence ou excès de pouvoir, lorsque la décision de la chambre est entachée d'irrégularités de formes, que les formalités exigées n'ont pas été remplies, que la composition de la chambre fixée par la loi n'a pas été observée, lorsque la condamnation comporte une peine dont l'application est réservée aux tribunaux, ou une peine arbitraire, lorsque la chambre a prononcé une condamnation ou une injonction dans un cas où la loi ne l'autorise qu'à donner un simple avis, etc. Nous n'entendons, du reste, indiquer ici que des exemples, et nous renvoyons *suprà*, nos 55 et suiv., dans lesquels, exposant les principes généraux qui régissent l'exercice de l'action disciplinaire, nous avons cité plusieurs arrêts admettant des pourvois pour incompétence et excès de pouvoir (V. aussi Lefebvre, t. 2, nos 1045 et 1046; Dutruc, nos 377 et 695).

174. Il est toutefois un cas d'excès de pouvoir sur lequel nous devons insister, c'est celui où la chambre a considéré comme tombant sous l'application d'une peine disciplinaire un fait non susceptible de blâme. La cour de cassation, avec une constante persistance, se réserve le droit d'apprécier si le fait incriminé peut être frappé d'une peine disciplinaire, et elle juge qu'une chambre commet un excès de pouvoir, lorsqu'elle punit des *faits ou des actes, qui, n'ayant ni par eux-mêmes, ni par les circonstances dont ils sont accompagnés, rien de contraire à la probité, à la délicatesse ou à l'honneur, ne sont que l'exercice d'un droit ou d'une faculté légitime.* Telle est la formule adoptée par de nombreux arrêts dont nous ne citerons que les plus importants et les plus récents. Ainsi jugé à l'occasion d'une décision rendue par une chambre de discipline d'avoués (Civ. cass. 30 juill. 1850, aff. Laurens-Rabier, D. P. 50. 1. 216); et sur des décisions émanées de chambres de notaires (Civ. cass. 12 nov. 1856, aff. Lemaire, D. P. 56. 1. 395; 7 avr. 1862, aff. Ducrocq, D. P. 62. 1. 278; 3 juin 1863, aff. Dubois, D. P. 63. 1. 311; 17 juin 1867, aff. Lemaire, D. P. 67. 1. 196; 18 mai 1870, aff. B..., D. P. 70. 1. 429; 21 déc. 1874, aff. B..., D. P. 75. 1. 80; 17 juill. 1878, aff. Caron, D. P. 78. 1. 379; 16 janv. 1884, aff. Quineau, D. P. 84. 1. 252).

175. L'exercice du droit que la cour de cassation s'est réservé de reviser les appréciations des chambres sur le fait incriminé, n'est pas sans soulever quelques objections, à raison de ce qu'il pourra être difficile de déterminer et de respecter les limites au delà desquelles le pouvoir d'appréciation de la cour suprême doit cesser. La cour de cassation, en effet, n'est pas pour les chambres de discipline un second degré de juridiction; elle doit se borner à examiner si leurs décisions sont entachées d'incompétence ou d'excès de pouvoir; mais les déclarations de fait, la constatation de l'intention des parties, la détermination de la peine à appliquer, échappent à son action, et elle n'a pas à cet égard de pouvoirs plus étendus que celui dont elle est investie vis-à-vis des tribunaux et des cours d'appel. « On peut se demander, dit M. Lefebvre, t. 2, n° 1047, à la suite de ces observations, lorsqu'on passe en revue les arrêts relativement nombreux qui ont cassé des décisions disciplinaires en se fondant sur ce qu'elles avaient prononcé des condamnations à raison des faits qui ne constituaient pas des infractions, si la cour de cassation n'a pas quelquefois dépassé les limites de ses pouvoirs et s'il ne lui est point arrivé de reviser des appréciations qu'elle aurait dû considérer comme souveraines. C'est principalement lorsqu'on rapproche l'arrêt du 18 mai 1870 (cité *suprà*, n° 71), de la décision qui a été cassée que l'on ne saurait se défendre d'une semblable impression. »

176. Le pourvoi est formé par les parties en cause, le condamné, ou le syndic de la chambre faisant office de ministère public. Il peut l'être également par le procureur général près la cour de cassation, en vertu des art. 80 et 88 de la loi du 27 vent. an 8. Mais les procureurs généraux près les cours d'appel sont sans qualité pour déférer à la cour de cassation les décisions rendues par les chambres de discipline de leur ressort (Req. 5 août 1884, aff. Proc. gén. de Nancy, D. P. 84. 1. 457; Dutruc, n° 689); le procureur de la République, soit spontanément, soit sur l'invitation du procureur général, pourrait seulement engager des poursuites devant le tribunal (Rapport de M. le conseiller Petit sous le même arrêt). — De même, à défaut de pourvoi de la part du syndic contre la décision de la chambre de discipline qui a relaxé de la plainte l'inculpé, le plaignant n'est pas recevable à se pourvoir en cassation contre cette décision (Civ. rej. 4 févr. 1873, aff. B..., D. P. 73. 1. 11). — Les tiers qui se prétendent lésés par les motifs d'une décision rendue par une chambre de discipline ne peuvent poursuivre la nullité de cette décision que devant les tribunaux; ils peuvent seulement actionner en dommages-intérêts devant le tribunal civil les membres de la chambre qui ont concouru à cette décision en se fondant sur l'art. 1382 c. civ., et se pourvoir par les voies d'appel et de cassation contre le jugement du tribunal suivant le droit commun (Nancy, 3 févr. 1870, aff. Parisot, D. P. 70. 2. 99, et sur pourvoi, Req. 9 août 1870, D. P. 71. 1. 350).

177. Le pourvoi en cassation contre les décisions des chambres de discipline doit être formé dans le délai imparti en matière civile, qui est de deux mois à compter de la signification de la décision faite à personne ou à domicile (Lefebvre, t. 2, n° 1053). La signification, pour faire courir le délai, doit être faite par huissier : toutefois elle pourrait résulter d'une lettre, si la partie qui l'a reçue en avait accusé réception (Lefebvre, t. 2, n° 1055). Mais, dans tous les cas, la signification doit reproduire intégralement le texte de la décision intervenue. C'est ainsi qu'il a été jugé qu'on ne saurait voir une notification suffisante pour faire courir le délai du pourvoi en cassation dans une simple lettre émanée du syndic, portant que la chambre a prononcé une peine disciplinaire, mais dont ni la date, ni l'envoi, ni la réception ne sont authentiquement constatés, et qui ne reproduit pas intégralement le texte de la décision intervenue (Civ. cass. 2 mars 1885, aff. Ducollet, D. P. 85. 1. 464).

178. Lorsqu'un arrêt de la cour suprême casse une décision de chambre de discipline, il désigne une chambre de renvoi qui devra statuer sur l'infraction motivant les poursuites. Toutefois, la cassation aurait lieu sans renvoi si la décision disciplinaire avait frappé d'une peine un fait qui n'avait rien d'illicite; la cour déclarant dans ce cas qu'aucune infraction n'a été commise, il est inutile de renvoyer à une nouvelle chambre la connaissance d'une poursuite qui est reconnue d'avance mal fondée (V. Morin, t. 2, n° 798; Lefebvre, t. 2, n° 1063). — M. Lefebvre, *loc. cit.*, fait cependant observer que la cour de cassation, tout en décidant que le fait servant de base à une action disciplinaire ne constituait pas une infraction, a plusieurs fois renvoyé l'affaire devant une autre chambre, par exemple, lorsqu'elle a jugé que, en présence des circonstances particulières de la cause, de la nature de l'inculpation, ainsi que des appréciations différentes auxquelles les actes incriminés peuvent donner lieu, une chambre de renvoi pourrait, en se plaçant à un point de vue autre que celui dont la décision a été cassée, et en se fondant sur d'autres motifs, prononcer une peine disciplinaire, sans pour cela se mettre en opposition avec l'arrêt de cassation. Cela est, il faut le reconnaître, conforme à l'institution de la cour suprême, qui doit juger non pas précisément que l'inculpé n'a commis aucune infraction, mais que les faits sur lesquels repose la condamnation, tels qu'ils sont précisés par la décision attaquée, ne suffisent pas pour la justifier.

Table sommaire

des matières contenues dans le Supplément et le Répertoire.

(Les chiffres précédés de la lettre *S.* renvoient au Supplément; les chiffres précédés de la lettre *R* renvoient au Répertoire.)

Table chronologique des Lois, Arrêts, etc.

DISCUSSION. — Sur l'exception de discussion, V. *Privilèges et hypothèques;* — *Rép.* eod. v°, n°s 1913 et suiv.

DISJONCTION D'INSTANCE. — V. *infrà,* v's *Exploit; Instruction civile; Instruction criminelle.*

DISPOSITIF. — V. *Jugement;* — *Rép.* eod. v°, n°s 178, 923.

V. aussi v's *Action possessoire,* n° 184; *Cassation,* n°s 27 et 411; *Chose jugée,* n°s 9 et suiv., 285 et suiv., 409; — *Rép.* v's *Action possessoire,* n°s 726, 737 et suiv.; *Cassation,* n°s 71 et suiv., 134, 1302, 1358 et 1511; *Chose jugée,* n°s 12 et suiv., 46 et 295; *Demande nouvelle,* n° 22.

DISPOSITION COMMINATOIRE. — V. *Chose jugée,* n°s 228 et suiv.; — *Rép.* v° *Chose jugée,* n°s 32, 181, 381 et suiv.

V. aussi *Délai,* n° 41; *Vente publique d'immeubles;* — *Rép.* v's *Degrés de juridiction,* n°s 421 et suiv.; *Délai,* n°s 67 et suiv.

DISPOSITION RÉGLEMENTAIRE. — V. *Compétence administrative,* n°s 155 et suiv.; — *Rép.* eod. v°, n°s 71 et suiv., 342.

DISPOSITIONS ENTRE VIFS ET TESTAMENTAIRES.

Division.

TIT. 1er. — PROLÉGOMÈNES. — HISTORIQUE ET LÉGISLATION. — DROIT COMPARÉ (*Rép.* nos 2 à 84).

1. Sous ces mots : *Dispositions entre vifs et testamentaires*, on a étudié au *Répertoire* les divers modes de dispositions à titre gratuit. En reprenant à nouveau l'examen de ce même sujet, considéré à juste titre comme un des plus importants parmi les matières du droit civil, nous n'avons aucun changement à signaler dans la législation, et rien ne fait prévoir qu'il en survienne de sitôt. C'est dire qu'aucune des questions fondamentales de cette matière n'a été passée sous silence au *Répertoire*. Toutefois, à défaut de question complètement nouvelle, nous pouvons indiquer divers points sur lesquels, par suite de la transformation des mœurs et des idées, comme aussi sous l'influence d'exigences pratiques, la théorie des dispositions à titre gratuit s'est quelque peu modifiée.

2. La première de ces questions a une portée générale et intéresse toutes les dispositions à titre gratuit ; nous voulons parler des conditions impossibles, immorales et illicites, insérées soit dans les donations, soit dans les testaments. En consentant une donation ou un legs sous la condition que la personne gratifiée emploiera une partie de la libéralité à une destination prévue par le donateur, celui-ci a parfois pour mobile le désir de se soustraire aux obstacles apportés par la loi à l'exécution directe du plan projeté. Dans cette hypothèse, la nullité de la condition s'imposera le plus souvent. Cette nullité entraîne-t-elle l'annulation de la donation? La réponse négative est commandée par l'art. 900 c. civ. Mais la jurisprudence a été amenée à introduire dans la règle de l'art. 900 un correctif important pour le cas où la condition impossible ou illicite peut être considérée comme la cause impulsive et déterminante de la libéralité. Nous aurons à rechercher par la suite ce qu'on doit entendre par ces mots : cause impulsive et déterminante. Nous serons aidés dans cet examen par l'étude remarquable que M. Bartin a consacrée à la théorie des conditions impossibles ou illicites (V. *infrà*, n° 5).

3. La seconde question que nous avons à signaler, à raison du développement considérable qu'elle a pris depuis la publication du *Répertoire*, est la théorie des dons manuels. Ce mode de disposer, dont la validité était déjà reconnue lors de cette publication, présente ce double avantage d'être d'un accomplissement facile et peu coûteux et de demeurer le plus souvent secret. Il est vrai qu'une catégorie de biens assez limitée, à savoir les objets mobiliers corporels et, parmi les meubles incorporels, les billets de banque et les titres au porteur, peuvent seuls être donnés manuellement. Mais depuis l'accroissement extraordinaire de la fortune mobilière et par suite de la mise en circulation d'un grand nombre de titres au porteur, les biens susceptibles d'être l'objet d'un don manuel représentent une valeur considérable. Rien de surprenant à ce que, dans de pareilles conditions, les dons manuels se soient multipliés au détriment des donations par acte notarié. La théorie des dons manuels a été l'objet, dans la doctrine, d'études spéciales et détaillées dont nous renvoyons l'énumération au chapitre des dons manuels (V. *infrà*, nos 417 et suiv.).

Il convient de noter, à propos des donations entre époux, un projet de modification à la règle de l'art. 1097 c. civ., qui prohibe toute donation mutuelle et réciproque entre époux effectuée au cours du mariage par un seul et même acte. Ce projet, présenté sous forme de pétition à la Chambre des députés par Me Renault, notaire à Châteaudun, tend à faire compléter l'art. 1097 par la disposition suivante : « Les réserves d'usufruit ou de rente viagère stipulées en faveur du survivant des donateurs dans les donations-partage ne sont pas soumises à cette prohibition ». Cette pétition a été accueillie par la commission spéciale de la Chambre des députés et renvoyée par elle au ministre de la justice. Mais le conseil d'Etat consulté a émis un avis défavorable le

17 avr. 1886. Il est donc peu probable qu'il soit donné suite au projet de modification de l'art. 1097.

4. En ce qui concerne la matière spéciale des testaments, aucun modification n'a été apportée aux règles posées par le code civil et au commentaire qui en a été donné au *Répertoire*. Nous aurons seulement à signaler les applications plus récentes, et d'ailleurs très nombreuses, que la jurisprudence et la doctrine ont faites de ces règles.

5. — I. Bibliographie. — La matière des dispositions entre vifs et testamentaires a été traitée, depuis la publication du *Répertoire*, dans les ouvrages qui ont paru sur l'ensemble du code civil, notamment dans le *Cours de droit civil français* d'Aubry et Rau, 4e éd., t. 7 et 8, § 644 à 744; dans les *Principes de droit civil* de Laurent, t. 11; dans le *Cours analytique de code civil* de Demante, continué par M. Colmet de Santerre. Nous aurons à citer également la 6e édition du *Traité des donations et testaments*, de Demolombe, 6 vol. formant les t. 18 à 23 du *Cours de code civil;* la 7e édition de l'*Explication du code civil*, de Marcadé. Parmi les ouvrages consacrés à des parties plus ou moins étendues de cette matière il y a lieu de noter les suivants: Barillaud, *Des donations à cause de mort*, 1 vol., 1878; Glasson, *Etude sur les donations à cause de mort*, 1 vol., 1870; Bartin, *Théorie des conditions impossibles, illicites ou contraires aux mœurs*, 1 vol., 1887; Lauth, *De la quotité disponible entre époux*, 1 vol., 1862; Boissonade, *Histoire de la réserve héréditaire*, 1 vol., 1873; Ragon, *Théorie de la rétention et de l'imputation des dons faits à des successibles*, 2 vol., 1862; Bressoles, *Traité théorique et pratique des dons manuels*, 1 vol. 1885; Colin, *Etude de jurisprudence et de législation sur les dons manuels*, 1 vol., 1885; Barafort, *Des partages d'ascendant*, 1 vol. 1870; Réquier, *Traité théorique et pratique des partages d'ascendants*, 1 vol., 1868; Bonnet, *Théorie et pratique des partages d'ascendants;* Bonnet, *Des dispositions par contrat de mariage et des dispositions entre époux*, 1860.

6. II — Droit comparé. — Les législations étrangères au sujet des dispositions à titre gratuit s'inspirent en général des mêmes idées de défiance que la loi française. La formalité d'un acte public est exigée dans la plupart des pays. La tendance générale est même de restreindre plus étroitement que ne le fait notre code civil la liberté de disposer à titre gratuit. En ce qui touche, spécialement, la forme des testaments, les législations étrangères présentent avec la nôtre de nombreuses différences. Nous nous bornerons d'ailleurs à compléter les indications déjà fournies à cet égard par le *Rép.* nos 73 et suiv. Afin de faciliter les recherches, nous grouperons pour chaque pays les règles relatives aux donations entre vifs avec celles qui ont trait aux successions testamentaires.

7. — 1° *Allemagne.* — D'après la loi générale de l'Empire, la donation n'est pas essentiellement un contrat solennel. Les formalités sacramentelles ne sont nécessaires qu'autant qu'elles sont exigées par les législations locales. A cet égard, nous devons noter une loi du 23 janv. 1878 (*Annuaire de législation étrangère*, 1879, p. 137), applicable à certaines parties de la province de Hesse-Nassau, qui supprime l'obligation d'obtenir une permission du Gouvernement pour consentir avant l'âge de soixante ans une donation en biens immeubles. — Contrairement à la règle « *donner et retenir ne vaut* » le donateur peut, en droit germanique, se réserver la faculté de disposer en faveur d'une tierce personne d'une partie des objets compris dans la donation; s'il meurt avant d'avoir usé de ce droit, le donataire reste propriétaire incommutable des objets réservés. Le droit germanique admet la révocation pour ingratitude, mais n'autorise pas en général la révocation pour survenance d'enfant (Conf. Ernest Lehr, *Eléments de droit civil germanique*, p. 193 à 196, nos 159 à 161). Une loi du 23 févr. 1870 spéciale au royaume de Prusse (Conf. *Annuaire de législation étrangère*, 1872, p. 269 et suiv.), réglemente l'autorisation des dons et legs et le transfert de biens immobiliers aux corporations et autres personnes civiles.

La plupart des législations allemandes admettent les trois modes de tester reconnus par le droit français: le testament peut être authentique, mystique ou olographe. De même que dans notre droit, il n'est pas nécessaire que le testament contienne une institution d'héritier, il peut ne renfermer que des dispositions particulières; on ne fait donc aucune distinction entre le testament et le codicille (Ernest Lehr, *op. cit.*, n° 383, p. 434).

A côté du testament, acte unilatéral, le droit allemand, contrairement au principe qui régnait dans le droit romain et qui domine notre droit français, autorise le citoyen à disposer de sa succession par acte synallagmatique. Ces pactes successoraux peuvent être affirmatifs ou négatifs, c'est-à-dire destinés soit à instituer comme héritiers des étrangers, soit à exclure de l'hérédité des successibles. L'institution d'héritier ou institution contractuelle est un contrat par lequel l'une des parties s'engage envers l'autre à lui laisser tout ou partie de son hérédité: elle est essentiellement irrévocable, même pour cause de survenance d'enfant, sauf réduction en cas d'atteinte à la réserve; mais l'institué peut, lors du décès, répudier la succession ou l'accepter seulement sous bénéfice d'inventaire. Outre l'institution contractuelle proprement dite (*Erbeinsetzungsvertrag*), qui porte sur l'universalité de la succession, la loi permet une institution à titre particulier (*Vermachtinssvertrag*), par lequel l'instituant s'engage à ne pas disposer par testament d'un objet déterminé. — Le pacte négatif s'appelle contrat de renonciation (*Erbverzicht*): il intervient entre l'héritier naturel et son auteur, et contient renonciation bénévole à tous droits héréditaires éventuels. Celle-ci peut être totale ou partielle (Lehr, *ibid.*, n° 375, p. 425). Enfin il existe des règles spéciales sur les pactes successoraux entre époux (Lehr, *ibid.*, n° 382, p. 432).

Le droit allemand reconnaît, d'ailleurs, des testaments privilégiés, notamment, pour les militaires en campagne (Loi militaire de l'Empire du 2 mai 1874, art. 44; *Annuaire de législation étrangère*, 1875, p. 116).

8. — 2° *Angleterre.* — La législation, telle qu'elle a été résumée au *Rép.* nos 74 à 76, ne paraît avoir subi aucune modification depuis la publication du *Répertoire*. On en trouvera un exposé détaillé dans les *Eléments de droit civil anglais* de M. Lehr (V. notamment: liv. 4, sect. 1re, *Des successions testamentaires*, sect. 3, *Des exécuteurs testamentaires*).

9. — 3° *Autriche.* — Les dispositions du code civil de 1811, dont les plus importantes ont été analysées au *Rép.* n° 79, sont encore en vigueur aujourd'hui.

10. — 4° *Brésil.* — Le testament peut être fait verbalement par écrit, soit devant témoins, soit par devant notaire; le testament mystique est aussi reconnu (V. en ce qui touche notamment les testaments des aveugles: *Annuaire de législation étrangère*, 1877, p. 850). — Une disposition très particulière du droit brésilien, est celle qui prononce la nullité de toute disposition où *l'âme* est instituée héritière. La nullité atteint alors, non seulement l'institution, mais même les legs, quoique profanes. Il y a aussi institution de l'âme, lorsqu'une église, un ordre religieux, une confrérie, ou tout autre corps ou communauté ecclésiastique ou fondation pieuse est institué héritier, ou légataire universel, ou même exécuteur testamentaire (*Annuaire de législation étrangère*, 1878, p. 749).

11. — 5° *Canada.* — Le Haut et le Bas Canada sont régis par des législations différentes. Dans le Haut Canada (*Dominion* ou territoires du nord-ouest), aux termes d'un acte de 1880 (chap. 25) intitulé *acte à l'effet d'amender et refondre les différents actes relatifs aux territoires du nord-ouest*, la forme des testaments est réglée de la manière suivante. Le testament (art. 49) doit être signé au bas ou à la fin par le testateur, ou par quelque autre personne en sa présence et à sa demande; cette signature doit être apposée ou reconnue par le testateur en présence de deux témoins ou plus, présents en même temps, lesquels doivent certifier et signer le testament en présence du testateur: ces témoins ne peuvent recevoir, pour eux ou leur conjoint, à peine de nullité, non pas du testament, mais du legs. — La révocation du testament résulte soit de la lacération de l'acte, soit d'un acte exprès de révocation (art. 54); elle résulterait encore du mariage ou d'un autre testament ou codicille fait en la forme ci-dessus (*Annuaire de législation étrangère*, 1882, p. 801). — Le droit de tester est absolu et ne comporte d'autres restrictions que celles qui ont trait à la capacité civile et à la forme des actes de dernière volonté (*Annuaire de législation étrangère*, 1876, p. 880).

Dans le Bas Canada ou province de Québec, le Parlement a voté, au cours des sessions de 1881 et 1884, un acte relatif à la forme des testaments authentiques. Sont valables les testaments authentiques reçus par deux notaires ou par un notaire et deux témoins, quoiqu'ils ne mentionnent pas que le testateur a signé en présence des notaires et des témoins, ou a déclaré ne pouvoir le faire, pourvu que les formalités dont on aurait dû mentionner l'accomplissement aient été de fait accomplies (*Annuaire de législation étrangère*, 1882, p. 833; 1885, p. 811).

12. — 6° *Espagne.* — Le droit espagnol se montre très sévère à l'égard des donations. Il prohibe les donations universelles, même de biens présents, à moins qu'elles ne soient grevées de réserve de l'usufruit. Sont également prohibées les donations mutuelles entre époux pendant le mariage, à moins qu'elles n'appauvrissent pas le donateur (Ernest Lehr, *Eléments de droit civil espagnol*, n° 661). Les donations partielles sont permises, mais elles doivent être homologuées par justice lorsqu'elles excèdent 500 maravédis d'or, à moins qu'elles ne soient faites à l'Etat, ou par des motifs de piété ou de bienfaisance, ou pour cause de dot (Ernest Lehr, *op. cit.*, n° 661). La révocation peut avoir lieu pour inexécution des conditions, pour ingratitude, pour cause de survenance d'enfant.

Le droit espagnol distingue les testaments nuncupatifs (ou ouverts), et les testaments écrits (ou fermés). Dans le testament ouvert ou nuncupatif, le testateur exprime de vive voix ses dernières volontés devant les personnes appelées à sa succession (ordinairement, bien que cela ne soit pas essentiel, le testament est ensuite libellé dans un acte authentique); il doit être fait en présence de notaires ou de témoins dont le nombre varie. Aussitôt après, tout intéressé a le droit de se pourvoir devant le juge à l'effet de faire passer acte des déclarations recueillies par les témoins, et transcrire le testament sur le registre d'un notaire commis. Le testament écrit (ou fermé) correspond à notre testament mystique : le testateur, qui doit savoir écrire, remet son testament fermé à un notaire et sept témoins qui apposent leur signature sur l'enveloppe cachetée. L'ouverture du testament est soumise à des formes particulières (Lehr, *op. cit.*, n° 690). — Le codicille ne peut se faire qu'en la forme close, il se distingue du testament, en ce qu'il n'exige que cinq témoins au lieu de sept; mais il ne peut contenir ni institution d'héritier, ni exhérédation, ni restriction à une institution d'héritier testamentaire (Lehr, *ibid.*, n° 694).

Une règle très particulière du droit espagnol, contraire à toutes nos idées françaises, est celle qui autorise le testament par commissaire : le *comisario*, à moins de pouvoir spécial, n'a qualité que pour accomplir les *charges de conscience* du testateur, en payant ses dettes, et pour distribuer l'hérédité (en tout ou en partie suivant les cas) pour le salut de son âme (Lehr, *ibid.*, n° 697).

Un décret du 14 nov. 1885 a institué un *registre des dernières volontés*. Cette institution qui se rattache plus encore au régime hypothécaire qu'au système des testaments a fait l'objet d'une intéressante étude dans l'*Annuaire de législation étrangère*, 1886, p. 304.

Un code civil (non encore exécutoire) vient d'être publié à Madrid (1888). Il modifie sur divers points la législation antérieure, pour se rapprocher visiblement de la loi française. Nous analysons succinctement les dispositions de ce code qui ont trait à la matière des donations et des testaments. — La donation, pour être irrévocable, doit avoir été acceptée par le donataire, qui est tenu de porter son acceptation à la connaissance du donateur (art. 623). La donation d'un objet mobilier peut être faite verbalement ou par écrit. La donation verbale exige la remise simultanée de l'objet donné. A défaut de cette tradition, la donation ne produit effet qu'à la condition qu'un écrit ait été dressé et que l'acceptation soit constatée dans la même forme (art. 632). La donation d'un bien immeuble, pour être valable, doit être passée par acte public, dans lequel sont énumérés un à un les biens donnés et l'importance des charges auxquelles le donataire doit satisfaire (art. 633). L'art. 635 proscrit les donations de biens à venir. — Le donateur peut se réserver la faculté de disposer de quelques-uns des biens donnés; mais, s'il meurt avant d'avoir usé de cette faculté, les biens réservés appartiennent au donataire (art. 639). — La donation est révoquée pour survenance d'un enfant légitime ou légitimé, ou d'un enfant naturel reconnu, postérieurement à la donation; pour retour d'un enfant réputé mort au temps de la donation (art. 644). La donation est encore révocable pour inexécution des conditions (art. 647); pour ingratitude dans trois cas (art. 648). — Aux termes de l'art. 663, sont incapables de tester : 1° les mineurs de quatorze ans de l'un et l'autre sexe; 2° les religieux profès des ordres reconnus; 3° ceux qui, habituellement ou accidentellement, ne sont pas sains d'esprit. Toutefois, le testament fait dans un intervalle lucide est valable (664). L'art. 676 distingue deux catégories de testaments : le testament commun qui peut être fait dans trois formes, *ològrafo, abierto o cerrado*, les testaments spéciaux, c'est-à-dire ceux faits par des militaires, marins, ou en pays étrangers. Le testament olographe est identique au nôtre; mais l'art. 688 exige, en outre, à peine de nullité, qu'il soit rédigé sur du papier timbré au millésime de l'année où il est effectué. Le testament *abierto* ou ouvert correspond à notre testament authentique (art. 679), et le testament *cerrado* ou fermé, à notre testament mystique. — Le nouveau code reconnaît des droits de légitime analogues à la réserve de la loi français au profit : 1° des enfants et descendants légitimes; 2° des père et mère et ascendants légitimes; 3° du veuf ou de la veuve; 4° des enfants naturels reconnus et de leurs père et mère (art. 807). Les enfants et descendants ont droit aux deux tiers de la succession. Toutefois, le *de cujus* peut employer l'un de ces deux tiers à avantager un ou plusieurs de ses enfants ou descendants légitimes; le troisième tiers est laissé à la libre disposition du *de cujus*. La légitime des parents ou descendants est de moitié (art. 809). L'époux survivant a droit, en usufruit, à une part égale à celle qui revient à l'un des enfants non avantagés. En cas d'enfant unique, cette portion d'usufruit s'élève à un tiers (art. 834). L'usufruit qui revient ainsi à l'époux doit toujours être imputé sur le tiers des biens que le défunt pouvait employer à avantager ses enfants (art. 835). A défaut d'enfants ou ascendants, l'époux survivant a droit à la moitié de l'hérédité en usufruit (837).

13. — 7° *Etats-Unis.* — La législation qui se rapproche beaucoup, d'ailleurs, du droit anglais, varie suivant les Etats.

Nous signalerons en Louisiane une loi du 15 juin 1882 (*Annuaire de législation étrangère*, 1883, p. 1009), qui limite à un tiers en usufruit ou en pleine propriété la quotité dont peut disposer l'époux qui se remarie ayant des enfants d'une précédente union.

La législation la plus originale et la plus complète, en matière de testament, est celle de l'Illinois qui peut servir de type à toutes les autres, d'ailleurs très proches du droit anglais. — La loi de l'Illinois du 20 mars 1872 a réglé à nouveau la matière des successions. Le testament doit être écrit et signé de la main du testateur, ou d'une autre personne sous ses yeux et par son ordre, en présence de deux témoins qui seront appelés à affirmer, devant la cour de comté, le fait de la confection du testament auquel ils ont assisté et la sanité d'esprit de son auteur. La cour compétente pour reconnaître ainsi la sincérité du testament (*probate the will*) est celle du comté de la résidence habituelle du testateur. Si les témoins sont morts ou valablement excusés, elle ordonne la vérification de leur signature. Le testament et sa reconnaissance par la cour sont enregistrés au greffe. Appel peut être interjeté devant la cour de circuit de l'arrêt qui accorde ou refuse la reconnaissance, *probate* (*Annuaire de législation étrangère*, 1873, p. 64). Une loi du 27 avr. 1877 a établi dans tout comté de l'Etat actuellement organisé et ayant au moins 100000 habitants une cour de *record* dite *probate cour* du comté à laquelle sont attribuées les affaires ressortissant auparavant à la cour du comté (*Annuaire précité*, 1878, p. 790).

Nous citerons aussi une loi du 10 févr. 1881 (*Annuaire précité*, 1883, p. 1021, qui règlemente en Californie les donations faites aux comtés et aux cités (V. sur cette loi, une *Etude* de M. Fuzier Herman dans le *Bulletin de la société de législation comparée*, juin 1882).

14. — 8° *Hongrie.* — Le projet de code civil contient un tit. 4, art. 117 à 369, qui est relatif aux successions testamentaires et contractuelles, aux legs et donations à cause de mort (Conf. *Annuaire de législation étrangère*, 1885, p. 307).

La loi XVI de 1876 a réglé à nouveau, en 39 articles, les *formalités des testaments, des conventions sur successions futures et des donations à cause de mort*. Le testament peut être fait par acte public ou par acte privé, et, dans ce dernier cas, il peut être écrit ou oral. Le testament par acte privé écrit doit être rédigé en présence de deux témoins, si le testateur l'écrit et le signe, de quatre témoins dans les autres cas. Ces témoins ne doivent en connaître le contenu que si le testateur ne sait pas lire et écrire, ou s'il n'a pas signé le testament. Les testaments conjonctifs sont interdits, sauf à deux époux. Le testament par acte privé oral exige la présence de quatre témoins, en présence desquels le testateur doit exprimer ses dernières volontés autrement qu'en répondant oui ou non à des questions qui lui seraient posées. Il n'est valable que lorsque le testateur meurt dans les trois mois de sa date, ou est resté depuis lors dans l'impossibilité de recommencer. Le testament imparfait comme acte écrit ne vaudrait comme acte oral, à supposer qu'il en remplit les conditions, que si le testateur en avait manifesté l'intention expresse. Le testament par acte public peut être dressé devant un notaire public et devant les tribunaux royaux de cercle : il est seul permis aux sourds-muets, même sachant lire et écrire, et aux mineurs de dix-huit ans. — A côté du testament par acte public proprement dit, qui correspond à celui qui chez nous porte le même nom, la loi reconnaît la validité d'un acte qui, sauf l'absence de témoins, rappelle notre testament mystique : un testament écrit et signé par le testateur, ou même seulement signé par lui après avoir été écrit par une main étrangère, est valable quand le testateur le remet personnellement au notaire public pour le garder, et déclare en sa présence que l'acte contient son testament ; mais cet acte ne vaut comme testament que s'il reste entre les mains du notaire (*Annuaire de législation étrangère*, 1877, p. 379 et suiv.).

Les conventions sur succession future sont licites. Elles doivent revêtir les mêmes formes que les testaments, sauf qu'un même acte peut contenir des conventions sur plusieurs successions.

La révocation des testaments est soumise aux mêmes formalités que leur confection.

15. — 9° *Italie*. — Le code civil italien promulgué le 25 juin 1865 a réglé la matière des donations dans le tit. 3 du liv. 3, art. 1050 à 1096 (V. *Traduction du code civil italien* de M. J. Orsier formant le tome 2 de l'ouvrage de M. Huc. *Le code civil italien et le code Napoléon*, p. 229 et suiv.). En ce qui concerne la capacité des parties pour consentir ou recevoir une donation, la forme et les effets des donations, enfin les causes de révocation et les conditions de la réduction, le code italien reproduit dans leur ensemble les dispositions de notre code civil. Mais la loi italienne se montre plus inflexible que la loi française sur le double principe de l'actualité et de l'irrévocabilité de la donation. D'une part, la donation ne peut en aucun cas porter sur des biens à venir (art. 1064) ; l'institution contractuelle se trouve par là abolie. L'art. 1069 corrobore le principe en décidant, dans le cas où le donateur s'est réservé la faculté de disposer de quelque objet compris dans la donation et où il meurt sans en avoir disposé, « que cet objet ou cette somme appartient aux héritiers du donateur, *nonobstant toute clause ou stipulation contraire* ». D'autre part, d'après l'art. 1054, « les époux ne peuvent se faire l'un à l'autre aucune libéralité pendant le mariage, sauf dans les actes de dernière volonté, en observant les formes et les règles établies pour ces actes » (V. Huc, *op. cit.*, t. 1, p. 238 et suiv.).

Le système du droit italien sur les testaments est à peu près identique au système français. Il est vrai que l'art. 774 ne reconnaît que deux formes ordinaires de testaments : le testament olographe et le testament par acte devant notaire. Mais, aux termes de l'art. 776, le testament par acte notarié peut être ou public (c'est notre testament authentique : art. 777 à 781 du code italien) ou secret (c'est notre testament mystique : art. 782 à 785). La loi contient des dispositions particulières pour les sourds et les muets (art. 786 et 787), et elle admet, dans des cas analogues à ceux que nous reconnaissons en France, des testaments privilégiés.

16. — 10° *Mexique*. — La loi du 14 déc. 1874 sur les réformes constitutionnelles (*Annuaire de législation étrangère*, 1875, p. 712 et suiv.) réglemente les donations faites à des institutions religieuses. D'après les art. 14 et suiv. de cette loi, aucune institution religieuse ne peut acquérir de biens-fonds ni de capitaux à eux attachés, à l'exception des temples affectés au service du culte. Aux termes de l'art. 15, les associations religieuses, représentées par leur supérieur, peuvent recevoir des aumônes ou donations lesquelles ne peuvent jamais consister en biens-fonds ou reconnaissances sur biens-fonds, soit à titre d'institutions testamentaires, soit à titre de donation. L'art. 8 de la même loi annule les testaments faits en faveur du ministre d'un culte, de leurs parents jusqu'au quatrième degré civil ou des personnes habitant avec lesdits ministres, lorsque ceux-ci ont donné des secours spirituels d'une nature quelconque aux testateurs durant la maladie dont ils sont morts, ou qu'ils ont été leurs directeurs.

Au cours de l'année 1884, les Cortès ont voté une loi capitale qui proclame, dans la forme la plus large, le droit de tester. Toute personne a le droit de disposer librement de ses biens par testament, à titre de succession ou de legs (art. 3323). Ce droit n'est limité que par l'obligation de laisser des aliments aux descendants, au conjoint survivant et aux ascendants (art. 3324) (*Annuaire précité*, 1885, p. 821).

17. — 11° *Portugal*. — Aux termes du code civil de 1867 (art. 1910) « le testament, quant à sa forme, peut être : 1° public, 2° secret, 3° militaire, 4° maritime, 5° externe, c'est-à-dire fait en pays étranger ». — Cette dernière sorte de testament constitue une innovation dans la loi portugaise, qui admettait bien jusque-là le testament fait à l'étranger par un Portugais devant un officier public étranger, mais non le testament fait devant un consul portugais, jouant le rôle d'officier public et se conformant à la loi portugaise (art. 1962 à 1966). Quant aux testaments militaires (art. 1944 à 1947) et maritimes (art. 1948 à 1960), ce sont, comme chez nous, des testaments exceptionnels et privilégiés, qui n'ont pour nous, à ce titre, qu'un intérêt très secondaire.

Pour le droit commun, la loi portugaise n'admet que deux de nos trois testaments : elle rejette le testament olographe, et consacre seulement le testament public et le testament secret ou mystique. — Le testament public (art. 1911 à 1919) est celui qui est fait par devant notaire. Le testateur déclare ses volontés devant un notaire et cinq témoins capables (six, dans le cas où le testateur ne sait ou ne peut signer). Le testament daté par lieu, jour, mois et année, doit être écrit, puis lu à haute voix par le notaire ou le testateur, en présence des témoins, et signé par tous. Le tout doit être accompli sans divertir à d'autres actes. En cas de nullité du testament, le notaire est passible de dommages-intérêts et de destitution. — Le testament secret (art. 1921 à 1943), qui répond à notre testament mystique, peut être écrit et signé par le testateur, ou bien écrit et signé par un tiers à sa demande, ou bien écrit par un tiers et signé par le testateur. Il est ensuite présenté à un notaire devant cinq témoins par le testateur qui déclare que c'est là sa dernière volonté. Le notaire dresse alors, en présence des témoins, un acte d'approbation dans lequel il déclare que les conditions et formalités voulues par la loi ont été remplies. Cet acte est écrit à la suite du testament, qui est ensuite clos avec mention extérieure du nom du testateur. Celui-ci peut le conserver ou le déposer entre les mains d'un tiers ou dans des archives publiques. L'ouverture du testament est soumise à des formes solennelles.

18. — 12° *Russie*. — En Livonie et en Esthonie, les époux peuvent librement disposer l'un en faveur de l'autre, s'ils n'ont pas d'enfants ; dans le cas contraire, l'assentiment des enfants est nécessaire. En Courlande, la faculté pour les époux de se faire des libéralités n'est restreinte que par l'obligation de respecter la légitime des enfants. Toute libéralité entre époux est révocable pendant la vie du donateur et devient caduque par le prédécès du donataire. — Dans les provinces de l'Empire russe où le régime de la communauté est en vigueur, les époux peuvent disposer librement au profit l'un de l'autre de leurs biens propres. Le mari a le droit en outre de faire à sa femme des libéralités sur les biens de la communauté, mais à la condition de ne pas léser par là les intérêts des créanciers (V. Ernest Lehr, *Droit civil russe*, n° 48).

Le testament peut être authentique ou privé. — Le testament authentique est écrit ou signé par le testateur lui-même, qui doit le présenter en personne à la justice municipale ou au tribunal de district, ou aux autorités qui les remplacent. Cette présentation doit avoir lieu, si le testateur n'est pas personnellement connu des magistrats, en présence de témoins qui attestent son identité et signent le testament. L'acte est alors transcrit sur le registre foncier. L'ensemble de ces formalités confère l'authenticité au testament, qui est alors rendu au testateur. — Le testament privé doit être écrit entièrement par le testateur lui-même, ou, sur sa demande et sous sa dictée, par un tiers. Dans tous les cas, il doit être signé du testateur. S'il est écrit par lui, il doit être signé en outre par deux témoins. S'il est écrit par un tiers, il doit être signé par le tiers et par trois témoins (deux suffisent, si l'un d'eux est le confesseur du testateur). Un témoin supplémentaire doit être appelé si le testateur ne sait ou ne peut signer. Le testament une fois fait, le testateur le conserve, ou le confie à un tiers ou au conseil de l'un des établissements publics désignés par la loi (cette dernière formalité est commune aux testaments privés et aux testaments authentiques). En outre, les testaments privés doivent être, après le décès du testateur, présentés à la chambre civile ou à l'autorité qui la remplace, et ce, dans un certain délai à peine de nullité (Anthoine de Saint-Joseph, *Concordance entre les codes civils*, t. 3, p. 349 et suiv.).

Le droit russe admet, en outre, en ligne directe, certains pactes sur succession future, connus sous le nom de *Séparation de biens*. Les ascendants peuvent séparer de biens leurs descendants par avancement d'hoirie. Les enfants qui, du vivant de l'ascendant, ont reçu par avancement d'hoirie leur portion successible en totalité, sont regardés comme ayant reçu leur part du partage; mais, s'ils n'ont pas reçu toute leur portion, ils ont droit à une soulte.

Au reste, toute la matière des successions testamentaires est actuellement l'objet d'un projet de réforme (Lehr, *op. cit.*).

19. — 13° *Suisse*. — Nous signalerons, pour le canton de *Bâle-Ville* une loi du 10 mars 1884 (*Annuaire de législation étrangère*, t. 14, p. 546), concernant le régime matrimonial quant aux biens, les successions et les donations. Le tit. 3 (*op. cit.*, p. 563) est consacré aux donations (art. 101 à 108). — Aux termes de l'art. 101, la donation est parfaite à l'égard des meubles corporels, si l'objet donné a été transmis au donataire et accepté par lui. S'il s'agit d'un immeuble ou d'un droit réel sur un immeuble, l'inscription au cadastre est exigée à peine de nullité. L'art. 105 prohibe les donations entre époux qui excèdent la mesure usuelle conforme à la position sociale des parties.

Dans le canton de *Genève*, une loi du 7 sept. 1874 règle la quotité disponible (*Annuaire de législation étrangère*, 1875, p. 498 et suiv.). D'après l'art. 774 de cette loi, les libéralités entre vifs ou testamentaires ne peuvent excéder la moitié des biens laissés au décès, en cas d'existence d'un enfant légitime ou naturel; un tiers, si le *de cujus* laisse deux enfants; un quart, s'il laisse trois enfants ou un plus grand nombre. La quotité disponible est fixée à la moitié des biens en présence de deux ascendants survivants, aux trois quarts s'il n'en existe qu'un seul (art. 915). Aux termes de l'art. 1094, l'époux pourra, par contrat de mariage, et même pendant le mariage, s'il ne laisse ni enfants ni descendants, disposer en faveur de son conjoint de la portion dont il pourrait disposer en faveur d'un étranger et, en outre, de l'usufruit de la portion non disponible.

En ce qui touche les testaments, la législation varie suivant les cantons. Les cantons français appliquent en général le code civil, et les cantons allemands les règles du droit germanique (V. à ce sujet : Lehr, *Eléments de droit civil germanique*). Les législations spéciales les plus intéressantes sont celles des cantons de Bâle-Ville, et de Glaris. Dans le canton de *Bâle-Ville* (L. 10 mars 1884, art. 55 et suiv.), le testament peut être olographe ou notarié. La forme olographe consiste en ce que le testateur écrit ses dernières volontés en entier de sa propre main et y ajoute la date, (mois et jour) et sa signature. En outre le testament, pour être valable, doit être déposé au greffe du tribunal civil ou entre les mains d'un notaire. — Dans le testament authentique, le testateur communique ses dispositions au notaire; le notaire rédige l'acte et le fait signer après lecture par le testateur; le testateur présente ensuite le document ouvert ou fermé à deux témoins, en déclarant qu'il contient sa dernière volonté; le notaire dresse de cette déclaration un procès-verbal que les témoins signent et qui reste annexé au testament. Si le testateur est incapable de signer lui-même le testament, le notaire lui en donne lecture en présence des témoins, qui apposent leur signature. Ce testament notarié est en quelque sorte une combinaison de notre testament authentique et de notre testament mystique. — En cas d'urgence, l'art. 60 autorise à tester dans une forme particulièrement simplifiée. La dernière volonté peut être déclarée verbalement en présence de témoins (même de femmes, si elles semblent dignes de foi). S'il est possible, les dispositions du testateur sont notées par un des témoins ou par un tiers, reconnues par les témoins comme telles, et, après lecture, signées par le testateur. Le testament perd toute sa force si, dans les quarante-huit heures qui suivent sa confection, les témoins n'ont pas déclaré verbalement, sous la foi d'une promesse solennelle, au président du tribunal civil, pour être inscrit dans son protocole, comment le testament a été dressé et quelles en sont les dispositions; de même, il perd sa valeur si la confection d'un testament régulier devient possible.

La révocation résulte de la survenance d'enfants, ou de la confection d'un testament ultérieur, alors même que ce testament ne contiendrait pas une révocation expresse, s'il y a doute sur l'exécution (*Annuaire de législation étrangère*, 1885, p. 555).

Dans l'Etat de *Glaris*, depuis le 3 mai 1874, le testament peut être fait par acte public, ou dans la forme olographe. Pour le testament par acte public, il y a lieu d'appliquer les règles suivantes : il faut ou que le testateur fasse une déclaration verbale en présence du président de la commune de son domicile ou d'un membre du *Landrath* triple, assisté d'une tierce personne impartiale ayant les qualités requises d'un témoin judiciaire. Le fonctionnaire consigne les dispositions par écrit, les fait signer par le testateur, si cela est possible, ainsi que par le témoin, et y appose sa propre signature. Quant au testament olographe, il doit être écrit daté et signé de la main du testateur, il peut être déposé, cacheté, par le testateur à la direction des orphelins de son domicile (*Annuaire de législation étrangère*, 1875, p. 564).

Il existe une disposition particulière pour les testaments réciproques entre époux. Ce testament se fait par une déclaration personnelle réciproque devant le président de la commune du domicile des époux, ou devant un membre du *Landrath* triple. Ce fonctionnaire, qui ne doit pas être parent des déclarants au premier ou au deuxième degré, est tenu de s'assurer qu'au moment où la déclaration lui est faite, les deux parties se rendent un compte exact de la portée de leur acte et sont en état d'exprimer clairement leur volonté. Si ces conditions sont remplies, il transmet la déclaration des époux à la commission d'Etat avec son rapport, et la commission, si le testament n'a rien de contraire aux lois, le confirme et en fait dresser acte par la chancellerie.

TIT. 2. — RÈGLES GÉNÉRALES ET COMMUNES AUX DONATIONS ET AUX TESTAMENTS (*Rép.* nos 85 à 1288).

20. Les deux seuls modes de disposer à titre gratuit admis par le code civil sont la donation et le testament, définis l'un et l'autre par les art. 894 et 895. Ainsi se trouve prohibée la donation dite à cause de mort, non point par l'effet d'une proscription directe, mais en tant seulement qu'elle renferme des éléments inconciliables avec les conditions requises soit pour la donation, soit pour le testament. De là découle cette conséquence, déjà signalée au *Rép.* n° 87, que toute disposition qualifiée de donation à cause de mort, c'est-à-dire subordonnée au prédécès du donateur, ne doit pas être déclarée nulle *ipso facto*; pour que la nullité soit encourue, il faut de plus que le donateur se soit réservé la faculté de révoquer à son gré la libéralité. Suivant la remarque de MM. Aubry et Rau, t. 7, § 644 et 645, p. 5, la libéralité sera, dans ce cas, annulée moins comme donation à cause de mort que comme contraire à l'art. 994 c. civ. Ces principes, sur lesquels tous les auteurs sont d'accord, sont, à ce qu'il semble, incontestables; ils ont cependant donné lieu à un arrêt de cassation récent (Civ. cass. 8 nov. 1886, aff. Desdier, D. P. 87. 1. 487). La cour de Lyon avait qualifié « donation à cause de mort » une libéralité dont le donateur avait subordonné l'effet à la survie du donataire, et elle l'avait comme telle déclarée nulle. La cour suprême a réformé cette qualification : « Attendu, d'une part, qu'une pareille condition n'empêche pas elle-même la transmission irrévocable du droit faisant l'objet de la libéralité;... — Attendu, d'autre part, qu'une donation, faite sous la condition suspensive dont s'agit, ne saurait être considérée comme une donation à cause de mort, si le donateur ne s'est pas réservé le droit de révocation ».

CHAP. 1er. — Modalités des dispositions entre vifs ou testamentaires. — Des conditions ou des charges impossibles, illicites ou immorales (*Rép.* nos 88 à 189).

21. Suivant la règle générale énoncée au *Rép.* n° 88, toute personne capable de disposer à titre gratuit peut affecter sa libéralité de telle modalité que bon lui semble (Aubry et Rau, t. 7, § 691, p. 288). Par dérogation à ce principe, les conditions et charges impossibles ou illicites sont prohibées dans toute disposition à titre gratuit. Ainsi qu'il a été observé (*Rép.* n° 89), l'effet de cette prohibition n'est pas le même suivant que la condition est illicite comme contrevenant à l'essence même de la donation ou comme contraire aux lois et aux mœurs. Dans la première hypothèse, qui est celle de la condition de conserver et de rendre, constitutive de la substitution, ou celle d'une condition purement potestative de la part du donateur, l'apposition d'une condition de ce genre entraîne la nullité de la disposition (c. civ. art. 896 et 944). Quant aux autres conditions illicites ou impossibles, l'art. 900 les répute non écrites dans toute disposition à titre gratuit, de telle sorte que le donataire ou légataire peut demander l'exécution de la libéralité sans être obligé d'accomplir la condition ou d'en attendre l'événement.

22. Cette règle qui constitue une dérogation aux principes généraux sur l'effet des conditions nous vient, ainsi qu'il a été dit (*Rép.* n° 91), du droit romain; mais elle y était restreinte aux institutions d'héritier, aux legs et aux fidéicommis. L'extension que le code civil en a faite aux donations entre vifs a son origine dans les lois du droit intermédiaire (L. 5-12 sept. 1791, art. 32; 17 niv. an 2, art. 12); elle se justifie difficilement en théorie. Aussi est-elle critiquée par la plupart des auteurs (A ceux déjà cités au *Rép.* n° 91, il faut joindre : Aubry et Rau, t. 7, § 692, p. 288, note 1; Laurent, t. 11, p. 568; Larombière, *Traité théorique et pratique des obligations*, t. 2, p. 42 et 43). L'art. 900 est, d'ailleurs, spécial aux actes qui renferment de véritables libéralités, et ce n'est pas un des moindres inconvénients de la dérogation consacrée par l'art. 900, que de nécessiter dans l'application une analyse très délicate de la nature et des caractères du contrat auquel la condition est apposée.

23. Il va de soi tout d'abord, suivant la remarque faite au *Rép.* n° 92, que c'est le fond même de l'acte qu'il faut considérer, et non la forme dont il a été revêtu. Vainement les parties auraient qualifié donation et auraient soumis aux formalités prescrites pour les actes à titre gratuit une convention synallagmatique fondée sur une cause illicite. Elle n'échapperait pas à l'application de l'art. 1131 c. civ. Tous les auteurs enseignent que pour juger du caractère véritable d'une libéralité subordonnée à une condition illicite il faut examiner d'après les rapports existants entre les parties et les autres circonstances de la cause si c'est la volonté de conférer un bienfait qui a été le motif prédominant de l'acte (Aubry et Rau, *op. cit.*, § 692, p. 289; Larombière, *op. cit.*, p. 44; Demolombe, t. 1, n° 212).

24. Il y a plus. Bien que constituant une libéralité en ce sens que l'aliénation consentie au profit du donataire ne trouve pas son équivalent dans le contrat, la donation peut, à raison de l'importance des charges ajoutées, participer du contrat commutatif. La donation a alors pour cause, au moins dans une certaine mesure, la pensée de fournir les moyens de subvenir à la charge imposée ou de compenser par une indemnité très large, il est vrai, l'obligation stipulée comme condition. Que la charge ou la condition insérée dans un acte de cette nature soit impossible ou illicite, la disposition se trouve en partie sans cause. Comme elle forme un tout indivisible et qu'il est impossible de déterminer dans quelle proportion elle constitue une libéralité pure, la nullité de la condition doit entraîner la nullité de tout le contrat. Les auteurs sont unanimes à le décider ainsi dans l'hypothèse où la donation peut être assimilée à un contrat commutatif (Demolombe, t. 1, nos 212 et 316; Laurent, t. 11, n° 433; Aubry et Rau, t. 7, § 692, p. 289).

La jurisprudence fournit plusieurs exemples de donation de cette nature : 1° dans le cas d'une donation faite au profit d'un héritier présomptif, à réserve du donateur, sous la condition que le donataire renoncera à se prévaloir de la disposition de l'art. 913 c. civ., il a été jugé que cette condition, nulle en tant que constituant une stipulation sur succession future, communiquait sa nullité à tout le contrat. La condition essentielle et expresse a été considérée, dans l'espèce « comme le prix de la libéralité ». Cette libéralité, dit l'arrêt, « perd ainsi son caractère de libéralité proprement dite, qui seul pourrait la faire survivre à la nullité d'une clause prohibée par la loi, et rentre dans le cas prévu par l'art. 1172 ». C'est « un contrat à titre onéreux que le vice d'une de ses clauses doit faire complètement annuler » (Orléans, 20 mars 1852) (1); — 2° De même, il a été décidé dans l'hypothèse où une mère tutrice, après avoir établi le compte de la succession de son mari, fait une donation au profit de ses enfants mineurs, sous la condition que ceux-ci ne critiqueront pas le compte ainsi rendu, que les enfants ne peuvent, en usant du droit qui leur appartient de deman-

(1) (Gallais C. Girard.) — LA COUR ; — Considérant, en fait, que selon acte passé devant Loisillon, notaire à l'Isle-Bouchard, le 23 avr. 1845, les sieurs et dames Girard, « désirant, y est-il dit, et voulant obtenir la certitude que leurs biens immeubles passeront un jour tant à leur petite-fille, née du mariage de leur fille avec le sieur Beuzée, qu'aux enfants nés et à naître du second mariage de celle-ci avec le sieur Gallais », ont fait donation entre vifs et irrévocable en avancement sur leurs successions futures, à leur dite fille, femme Gallais, de la nue propriété de la presque totalité de leurs immeubles, à la charge par elle de les rendre à ses enfants des deux lits nés et à naître. « En considération et comme condition essentielle de cette donation, est-il dit encore dans l'acte, les donateurs se réservent : 1° l'usufruit desdits immeubles donnés pendant leur vie et celle du survivant d'eux; 2° tous les meubles qui composeront la succession du prémourant, plus deux petits immeubles en toute propriété » ; — Les donateurs, toujours comme condition essentielle de ladite donation, sans laquelle elle n'aurait pas eu lieu, stipulent le droit de retour à leur profit en cas de prédécès de la donataire et des substitués ; — Enfin, la dame Gallais et son mari, celui-ci donataire en cas de prédécès de sa femme, de moitié en usufruit desdits immeubles, acceptent avec reconnaissance lesdites donations et se soumettent à toutes les charges, clauses et conditions qu'elles leur imposent, et renoncent à se prévaloir des dispositions de l'art. 913 c. civ. ; — Considérant, en droit, que cette dernière clause contient évidemment une stipulation sur la succession future des sieur et dame Girard, stipulation formellement interdite par la loi, et d'une nullité absolue ; — Mais considérant que cette stipulation est la condition essentielle et expresse, et pour ainsi dire, le prix de la libéralité qui la précède, soit que l'on consulte le texte de l'acte, soit qu'on recherche l'intention commune aux donateurs et aux donataires acceptant tant pour eux-mêmes que pour leurs enfants substitués ; que, dès lors, cette prétendue donation perd son caractère de libéralité proprement dite, qui seule pourrait, aux termes de l'art. 900 c. civ., la faire survivre à la nullité d'une clause prohibée par la loi, et rentre dans le cas prévu par l'art. 1172 du même code, qui déclare nulle toute convention dépendant d'une condition prohibée ; — Qu'en effet, la donation, telle qu'elle est portée dans l'acte du 23 avr. 1845, doit être nécessairement diminuée, quant à son étendue, de toutes les restrictions et réserves expressément faites par les donateurs ; — Qu'annuler ces dernières sans annuler la donation elle-même, ce serait, de la part de la cour, disposer de ce que les donateurs ont entendu retenir pour eux-mêmes ; — Qu'en conséquence, il est impossible de ne pas voir dans l'acte du 23 avr. 1845, quelle que soit la qualification que lui donnent les parties, un contrat à titre onéreux, que le vice d'une de ses clauses doit faire complètement annuler ;

Par ces motifs, met l'appellation au néant ; ordonne que ce dont est appel sortira son plein et entier effet.

Du 20 mars 1852.-C. d'Orléans, 1re ch.-MM. de Vauzelles 1er pr.-Chévrier, av. gén.-Robert de Massy et Johannet, av.

der la rectification du compte, retenir le bénéfice de la libéralité, sous le prétexte que la condition y apposée doit être réputée non écrite (Req. 12 nov. 1867, aff. Thomas, D. P. 69. 1. 528). Un tel acte constitue en effet un véritable pacte de famille où les éléments gratuit et commutatif se mélangent d'une manière indivisible ; il ne saurait donc être annulé pour une partie tout en étant maintenu pour l'autre. — 3° Dans le même sens, la renonciation consentie par un mineur devenu majeur, dans l'acte par lequel une certaine somme lui est donnée par son tuteur comme condition de la renonciation au droit qui lui appartenait d'attaquer le compte de tutelle, a été considérée comme imprimant à la donation le caractère d'un contrat commutatif rendant inapplicable la disposition de l'art. 900 (Pau, 3 mars 1869, aff. Théron, D. P. 69. 2. 303, et sur pourvoi, Req. 21 déc. 1869, D. P. 70. 1. 308).

25. En dehors des réserves qui viennent d'être indiquées, on admettait jadis sans difficulté, ainsi qu'il a été dit au *Rép.* n° 96, que la disposition de l'art. 900 était générale et devait être rigoureusement appliquée. Mais, postérieurement à la publication du *Répertoire*, une opinion nouvelle s'est formée peu à peu dans la jurisprudence, qui tend à soustraire à l'application de l'art. 900 les conditions impossibles et illicites lorsqu'elles sont « la cause impulsive et déterminante » de la donation. Cette théorie consacrée aujourd'hui par de nombreux arrêts de la cour de cassation compte plusieurs partisans en doctrine ; elle a rencontré aussi des adversaires convaincus. La controverse s'engage principalement sur le sens et la raison d'être de l'art. 900. Dans une première opinion, soutenue par quelques auteurs en tête desquels il faut placer M. Demolombe, l'art. 900 serait fondé sur l'intention présumée du donateur. Le législateur, en édictant cet article, a supposé que le disposant aurait de lui-même effacé la condition impossible ou illicite s'il en eût connu le vice, afin de donner effet à la donation. La conséquence de ce caractère purement interprétatif de l'art. 900, c'est que la présomption qu'il établit devra disparaître, et l'article cessera d'être applicable, lorsqu'il sera reconnu en fait que la volonté du testateur ou du donateur a été de ne pas laisser s'opérer la mutation gratuite de propriété en dehors de l'accomplissement de la condition. La nullité de la condition reconnue impossible ou illicite entraînera la nullité de la disposition tout entière. — Les partisans de ce premier système diffèrent entre eux sur le critérium, qui servira à reconnaître le caractère prédominant que le disposant a entendu donner à la condition. Suivant M. Demolombe, *op. cit.*, t. 1, n° 20, dont l'opinion est partagée par M. Bertauld, *Questions pratiques et doctrinales*, t. 2, p. 233, on doit s'attacher à la rédaction employée. Si la condition est énoncée en termes de rigueur et à peine de nullité, il faut admettre — mais dans ce cas seulement — que le donateur a voulu écarter l'art. 900. En toute autre hypothèse, M. Demolombe déclare cet article applicable. MM. Aubry et Rau, t. 7, § 692, p. 290, sont au contraire d'avis qu'on ne doit pas s'en rapporter à la forme plus ou moins impérative dans laquelle la condition a été énoncée. C'est en fait et, d'après l'ensemble des circonstances, qu'il convient de rechercher si la condition a été la cause impulsive et déterminante de la libéralité. Toutes les fois que ce caractère n'aura pas été reconnu à la condition, elle sera régie par l'art. 900.

26. Dans un second système diamétralement opposé au précédent, on soutient que la disposition de l'art. 900 a un caractère non point interprétatif, mais impératif. On se fonde sur les lois du droit intermédiaire qui ont inspiré, dit-on, la disposition analogue du code de 1804. Or il n'est pas douteux, au besoin le rapport de Barrère à l'Assemblée constituante en 1791 en fait foi, que la pensée des législateurs de cette époque a été de diviser la volonté du donateur, pour l'empêcher de trouver dans la nullité de la libéralité conditionnelle un moyen d'amener la personne qu'il gratifie à exécuter la condition. Si tel est le sens de l'art. 900, il est bien évident qu'il ne saurait dépendre du donateur de faire échec à son application. C'est la conclusion logique qui découle de cette seconde interprétation donnée à l'art. 900, et elle est admise à une exception près pour tous les auteurs qui reconnaissent à cet article une portée impérative (Comp. Laurent, *Précis de droit civil*, t. 11, n°s 263 et 432 ; Conclusions de M. Ronjat sous Civ. rej. 17 juill. 1883, aff. Tain, D. P. 84. 1. 156-157 ; Note de M. Merignhac, sous Lyon, 6 août 1884, aff. Gleyzal, D. P. 86. 2. 121).

27. Avec les auteurs qui viennent d'être cités, M. Bartin, (*Théorie des conditions impossibles, illicites, contraires aux mœurs*, 1887, p. 311 et suiv.) attribue à l'art. 900 le sens rigoureux des prescriptions analogues du droit intermédiaire. D'autre part, il critique vivement la dérogation apportée à l'application de cet article pour le cas où les conditions impossibles ou illicites « auront été la cause impulsive et déterminante de la donation ». Mais cette critique s'adresse bien plutôt à la formule adoptée qu'à la dérogation elle-même ; et en effet, M. Bartin admet, lui aussi, que la disposition de l'art. 900 cesse d'être applicable, lorsque la cause de la donation, au lieu d'être l'intention libérale, consistera dans la volonté chez le donateur d'acquérir un équivalent en retour de son obligation, équivalent dont la condition illicite sera l'expression. Seulement, tandis que MM. Aubry et Rau, et avec eux la jurisprudence à peu près unanime, considèrent que, dans cette hypothèse, la condition illicite constitue la cause impulsive et déterminante de la donation, M. Bartin observe avec raison que la qualification de donation est inséparable de l'intention libérale ; il en conclut que la condition illicite, en devenant la cause de l'obligation, la transforme en un acte à titre onéreux. La nullité de la condition illicite équivaut, dans ces circonstances, à l'absence de cause dans un contrat à titre onéreux ; la nullité du contrat tout entier en découle nécessairement. Ainsi l'art. 900 se trouve écarté, selon M. Bartin, non point par l'effet d'une exception, mais parce que la disposition de cet article est inapplicable aux actes à titre onéreux (*op. cit.*, p. 370 et suiv.). Si l'on compare la théorie de M. Bartin, telle qu'elle vient d'être analysée, avec les décisions judiciaires intervenues sur la question, on devra se convaincre, croyons-nous, qu'elle ne diffère du système adopté en jurisprudence que par la formule employée. Elle est plus exacte et plus juridique dans le premier système que dans le second ; au fond, les solutions sont identiques.

28. Et d'abord, de même que M. Bartin et avec lui tous les auteurs qui attribuent à l'art. 900 un caractère impératif, la jurisprudence déclare qu'une condition illicite doit être réputée non écrite dans une donation ou un testament et que la disposition doit être maintenue, alors même que le disposant aurait déclaré cette condition expresse et de rigueur. C'est ce qui a été décidé dans le cas de testament (Civ. rej. 7 juill. 1868, aff. Bourlier, D. P. 68. 1. 446) et, plus récemment, dans le cas de donation (Civ. rej. 17 juill. 1883, cité *suprà*, n° 26). Ce dernier arrêt, notamment, a formulé le principe dans des termes qu'il est intéressant de noter : « Attendu... qu'aux termes de l'art. 900 les conditions qui seraient contraires aux lois y sont réputées non écrites (dans les dispositions à titre gratuit), ce qui implique que la libéralité conserve la même force et le même effet que si la disposition n'existait pas ; — Attendu, quels que soient les motifs qui ont dicté cette disposition de la loi, que les termes en sont clairs et précis ; qu'ils ne permettent donc pas de faire exception pour le cas où l'auteur de la libéralité aurait déclaré en subordonner l'effet à l'accomplissement de la condition qu'il y a mise ; qu'une semblable volonté se trouvant en opposition directe avec la loi ne peut recevoir exécution ». — Mais, après avoir constaté ainsi le caractère impératif de l'art. 900, les arrêts prennent soin de marquer les limites de son application. Ainsi en premier lieu, l'arrêt du 7 juill. 1868 qui constate que le juge d'appel, « en même temps qu'il a annulé la condition, a déclaré en fait qu'elle n'a été qu'un accessoire du legs dont une intention de libéralité est restée la cause ». N'est-ce pas dire que la solution serait différente si la condition illicite, au lieu d'être un accessoire de la disposition, en devenait la cause ? Telle est bien, en effet, la pensée de la cour de cassation, et elle apparaît très nettement si l'on rapproche le passage précité du considérant suivant, emprunté à l'arrêt du 17 juill. 1883, et faisant suite aux considérants du même arrêt rapportés plus haut : « Qu'il en serait autrement sans doute, si la condition d'une cause illicite était reconnu en fait avoir été la cause déterminante et le but de la disposition ; que l'absence d'une cause licite ôterait alors tout effet à l'obligation conformément à l'art. 1131 c. civ. ». Les citations qui précèdent nous expliquent la brèche que la jurisprudence paraît faire au principe de l'art. 900, dans le cas où la condition illicite sera « la cause impulsive et déterminante ». L'hypothèse que les arrêts ont en vue est celle où la condition illicite se substitue à l'intention libérale, comme cause juridique de la disposition. Mais alors la prétendue libéralité doit échanger cette qualification contre celle de contrat à titre onéreux, et l'art. 900, par sa définition même, cesse d'être applicable. N'est-ce pas là aussi la théorie de M. Bartin, et n'étions-nous pas autorisé à dire qu'elle est au fond conforme aux décisions de la jurisprudence ?

29. Le sens juridique des mots « cause impulsive et déterminante » étant ainsi précisé, il convient de passer en revue l'application qu'en ont faite les arrêts, tantôt en considérant la condition illicite comme la cause impulsive et déterminante de la disposition, tantôt en lui refusant ce caractère. Comme il s'agit d'une appréciation des intentions et des autres circonstances de la cause, les juges du fond ont un pouvoir souverain pour faire cette détermination. C'est ce que la cour de cassation a reconnu, aussi bien dans le cas où les juges du fond ont décidé que la condition illicite est substantielle et que son inaccomplisement volontaire ou forcé doit faire tomber la donation elle-même (Civ. rej. 3 nov. 1886, aff. Commune de Semide, D. P. 87. 1. 157), que dans l'hypothèse où ils ont déclaré que l'acte constitue non un contrat commutatif, mais une véritable donation; ce qui implique qu'une intention de libéralité a été la cause déterminante et licite de cet acte (Req. 7 déc. 1885, aff. Vergez, D. P. 87. 1. 324. V. également : Civ. rej. 7 juill. 1868, cité *suprà*, n° 28).

30. Par application de l'art. 900, la condition illicite qui affectait une libéralité a été effacée, et la donation a été maintenue : 1° dans le cas où le testateur, après avoir exhérédé un de ses héritiers, impose à ceux qu'il institue comme condition de l'institution l'obligation de prendre par écrit l'engagement que, soit après leur mort, soit de leur vivant, il ne sera rien remis à l'héritier exhérédé (Paris, 27 nov. 1877, aff. Hugard, D. P. 78. 2. 188); — 2° Dans le cas du legs d'une maison, sous la condition que le légataire ne détruira pas la maison pour la rebâtir autrement et la laissera intacte sans y faire aucun changement (Rennes, 22 nov. 1864) (1); — 3° Dans le cas d'une clause d'un partage d'ascendant stipulant que l'enfant qui attaquerait le partage serait privé de sa part dans la quotité disponible, alors qu'il est établi que le partage anticipé porte atteinte à la réserve légale de cet enfant (Req. 7 juill. 1868) (2); — 4° Dans le cas d'une clause par laquelle un testateur dispose que les immeubles qu'il lègue à un établissement public ne pourront sous aucun prétexte être vendus ou aliénés (Lyon, 22 mars 1866, aff. Bourlier, D. P. 66. 2. 84; Civ. rej. 7 juill. 1868, même affaire, D. P. 68. 1. 446; Paris, 10 juin 1887, aff. Morisset, D. P. 89. 2. 92) ; — 5° Dans le cas d'une donation faite par un mari à sa femme sous la condition expresse que la libéralité sera prise sur la réserve (Civ. rej. 17 juill. 1883, aff. Tain, D. P. 84. 1. 156). — Enfin la cour suprême de justice de Luxembourg a tenu pour non écrite la clause d'un testament portant qu'un legs fait aux pauvres « sera administré par le conseil de fabrique avec mission exclusive d'en distribuer le revenu aux indigents de la paroisse » (C. sup. just. Luxembourg, 18 déc. 1885) (3).

Au contraire, le caractère de cause impulsive et déterminante a été reconnu à la condition illicite affectant la libé-

(1) (Hospice de Brest C. héritiers Lefranc.) — La cour ; — Considérant que la veuve Lefranc a légué, par un codicille du 4 juill. 1862, aux intimés, sa maison sise à Brest, rue du Château, 23, à la condition « qu'on ne pourrait la détruire pour la rebâtir autrement; que cette maison et ses dépendances ne seraient pas détruites, qu'elles resteraient intactes, et qu'on ne pourrait y faire aucun changement » ; ajoutant qu'en cas d'infraction à ces dispositions, elle léguait sa maison à l'hospice civil de Brest ; — Considérant qu'un pareil démembrement de la propriété léguée ne rentre dans aucune des conditions légales qui permettent d'établir des charges quelconques sur les immeubles, et que notamment, il n'a pas le caractère d'une servitude, puisque les servitudes ne peuvent être établies sur un fonds qu'au profit d'un autre fonds ; qu'au contraire, dans l'espèce, il n'y aurait pas de bénéficiaire de la disposition, puisque, si elle était respectée, l'hospice n'en tirera jamais aucun avantage ; — Considérant qu'une pareille immobilisation d'une propriété est contraire aux lois générales qui veulent que les biens des particuliers restent dans le commerce, avec la liberté pour le propriétaire de leur faire subir les modifications que les circonstances et leur volonté peuvent leur inspirer ; — Considérant qu'il n'y a aucune assimilation entre la clause établie par la veuve Lefranc et les dispositions qui obligent les citoyens de certaines rues ou places à bâtir selon un plan déterminé, puisqu'il s'agit dans ce cas d'un contrat avec l'autorité publique, et que la mesure a pour but de contribuer à l'embellissement ou à l'assainissement des rues et places publiques, qui sont des immeubles ; — Considérant que la clause restrictive apportée par la veuve Lefranc au legs de sa maison est contraire aux lois, et qu'elle doit être réputée non écrite ; — Par ces motifs, etc.

Du 22 nov. 1864.-C. de Rennes, 1re ch.-MM. Camescasse, 1er pr.-Isopt, subst.-Charmois et Grivart, av.

(2) (Caute C. Mesnard.) — Par acte du 5 avr. 1844, les époux Caute ont procédé à un partage entre leurs deux enfants. Il était dit dans cet acte que si l'un des enfants attaquait le partage, la quotité disponible serait attribuée tout entière à l'autre enfant. Le 13 février 1867, arrêt de la cour de Bordeaux qui annule ladite clause pour les motifs suivants : « Attendu que les donateurs ont stipulé dans la donation une clause par laquelle ils déclarent priver de la quotité disponible celui des donataires qui viendrait à contester le partage pour quelque cause que ce soit, et faire, en conséquence, donation par préciput et hors part au non-contestant du tiers de tous les biens meubles et immeubles compris dans le partage ; — Attendu que, s'il est licite, en général, d'assurer par une clause pénale la fixité d'un partage fait par le père de famille à ses enfants, c'est à la condition que ce partage ait respecté les droits que la loi assure aux enfants ; que si, au contraire, le partage a méconnu ces droits, si la clause pénale a pour effet d'assurer une violation de la loi, elle est au plus haut degré illicite, et partant, aux termes de l'art. 900 c. nap., doit être réputée non écrite ; — Attendu que le partage du 5 avr. 1844 porte atteinte à la réserve légale de la dame Mesnard ; que la clause pénale qui avait pour but d'empêcher qu'il ne fût attaqué est donc contraire à la loi, nulle et de nul effet ; — Que la cour n'a pas à rechercher quel est le mobile qui a fait agir le donateur au mépris de la loi : aveugle tendresse pour l'un de ses enfants, haine pour l'autre, ou simplement erreur dans l'évaluation des biens partagés ; qu'il suffit que la réserve légale soit atteinte par le partage pour que la clause pénale qui le sanctionne doive être réputée non écrite... ». — Pourvoi en cassation pour violation des art. 900 et 913 c. nap. — Arrêt.

La cour ; — Sur le moyen unique du pourvoi tiré de la violation des art. 900 et 913 c. nap. : — Attendu qu'il est constaté en fait par l'arrêt attaqué que le partage anticipé du 5 avr. 1844 portait atteinte à la réserve légale de la défenderesse éventuelle ; que c'est donc à bon droit que les juges du fond ont décidé que la clause pénale par laquelle les époux Caute déclaraient priver de la quotité disponible celui de leurs enfants qui attaquerait ledit partage, devait être, aux termes de l'art. 900 c. nap., réputée non écrite comme contraire à la loi ; — Rejette, etc.

Du 7 juill. 1868.-Ch. req.-MM. Bonjean, pr.-de Vergès, rap.-P. Fabre, av. gén., c. conf.-Maulde, av.

(3) (Fabrique de Clausen C. Bureau de bienfaisance de Luxembourg.) — La cour ; — Attendu que, par testament des 26 avr. 1852 et 3 avr. 1867, feu Mathias Fervoigne a légué à la fabrique d'église de Clausen la moitié indivise d'une pièce de terre, à charge d'en affecter les revenus, moitié à des services religieux, et moitié à des distributions à des indigents de Clausen ; que le testateur a disposé en même temps que les distributions aux pauvres seraient faites exclusivement par le conseil de fabrique ; et que, pour le cas où celui-ci ne serait pas autorisé à accepter le legs fait aux pauvres et à l'administrer conformément aux dispositions testamentaires, il sera affecté à des services religieux ; que par arrêté de M. le directeur général de l'intérieur, en date du 3 août 1871, la fabrique et le bureau de bienfaisance de Luxembourg ont été autorisés à accepter le legs, « chacun en ce qui le concerne » à charge de remplir ponctuellement les intentions du testateur ; — Attendu que les établissements publics ne sont aptes à recevoir et à posséder que dans l'intérêt des services qui leur sont spécialement confiés par la loi, et dans les limites des attributions qui en dérivent ; — Attendu que les bureaux de bienfaisance sont spécialement institués pour le soulagement des pauvres par des distributions à domicile et par l'administration des biens des indigents (L. 7 frim. an 5, art. 4 ; Arrêté 12 mess. an 7, art. 1er) ; que ces attributions leur sont propres, et qu'ils sont appelés à les exercer à l'exclusion de tous autres établissements publics, notamment, des conseils de fabrique ; — Attendu que ces derniers ne sont pas institués dans un but de bienfaisance ; que, si l'art. 76 des organiques de la convention du 26 mess. an 9 dispose « qu'il sera établi des fabriques pour veiller à l'entretien et à la conservation des temples et à l'administration des *aumônes* », ces derniers mots ne s'appliquent qu'aux offrandes pour les besoins du culte, offrandes que l'on désignait anciennement sous le nom d'aumônes, tout comme les libéralités faites aux

ralité : 1° dans le cas d'une donation, portant que le donateur aura seul la direction de la personne et l'administration des biens de la donataire (Lyon, 6 août 1884, aff. Gleyzal, D. P. 86. 2. 121); — 2° Dans le cas d'un abandon de biens fait par un ascendant à ses enfants et petits-enfants présents à l'acte, sous la condition expresse que ces biens seront partagés entre les donataires sous les yeux du donateur, alors que le partage ainsi effectué est annulé pour prétérition d'un enfant de l'ascendant donateur (Req. 3 juin 1863, aff. Martal, D. P. 63. 1. 429); — 3° Dans le cas d'un legs fait à une commune pour doter son école primaire, et subordonné à la condition que l'instituteur sera désigné par le curé de la paroisse (Civ. rej. 20 nov. 1878, aff. Commune de Puntous, D. P. 79. 1. 304); — 4° Dans le cas d'une donation faite à un hospice à la condition d'entretenir à perpétuité dans l'établissement une sœur d'un ordre religieux reconnu par l'Etat, chargée de donner gratuitement l'instruction primaire aux enfants pauvres de la commune (Angers, 30 mai 1884, et Civ. rej. 28 juin 1887, aff. Fortris, D. P. 88. 1. 435. V. aussi Trib. Orange, 30 déc. 1887, aff. Magnard, D. P. 89. 3. 63).

31. La fondation d'écoles publiques d'un caractère confessionnel a fourni, à différentes reprises, l'occasion d'appliquer la théorie de la cause impulsive et déterminante. Il convient de distinguer suivant que l'on se place avant ou après la loi du 30 oct. 1886 sur l'organisation de l'enseignement primaire (D. P. 87. 4. 1). Avant la loi de 1886, les communes avaient la faculté de placer dans les écoles par elles entretenues des instituteurs congréganistes appartenant à un ordre autorisé par l'Etat. Mais l'autorité préfectorale jouissait du droit inaliénable de ne pas ratifier le choix du conseil municipal ou de substituer, par une désignation ultérieure, un instituteur laïque à un instituteur congréganiste. Cette substitution ordonnée par arrêté préfectoral dans une école communale fondée au moyen d'une donation, dont la condition était que l'enseignement serait congréganiste, a-t-elle pour effet de rendre la condition impossible? C'est ce que plusieurs arrêts ont décidé; mais constatant, d'autre part, que cette condition devenue impossible avait été la cause impulsive et déterminante de la disposition, ils en ont prononcé la résolution au profit du donateur ou de ses ayants cause (V. Civ. rej. 20 nov. 1878, aff. Commune de Puntous, D. P. 79. 1. 305; Aix, 25 févr. 1880, aff. Garnier, D. P. 80. 2. 249; Trib. Béthune, 31 mars 1881, et Douai, 16 janv. 1882, aff. Ville de Béthune, D. P. 83. 2. 2; Trib. Gray, 1er mars 1883, aff. Fariney, D. P. 83. 3. 109; Civ. rej. 3 nov. 1886, aff. Commune de Semide, D. P. 87. 1. 157). — Dans ces divers cas, la commune tenue de restituer la donation peut-elle être condamnée à des dommages-intérêts pour inexécution? Il semble que non, puisque cette inexécution a pour cause le caractère impossible de la condition (Civ. cass. 19 mars 1884, aff. Commune de Vias, 3e espèce, D. P. 84. 1. 281; 22 juin 1887, aff. Commune de Grenant, D. P. 87. 1. 305; 18 juin 1888, aff. Rousselet, D. P. 89. 1. 29). Toutefois, dans l'hypothèse où l'arrêté préfectoral qui a remplacé les congréganistes par des instituteurs laïques avait été provoqué par une demande de la commune, celle-ci a été condamnée aux frais de l'acte de donation révoqué par sa faute (Arrêt précité du 25 févr. 1880) à indemniser le donateur du préjudice à lui causé par la substitution de l'enseignement laïque à l'enseignement religieux (Nîmes, 11 juill. 1881) (1).

---

indigents (Dict. de Trévoux, v° *Aumône*); que la loi du 18 germ. an 10 ne s'occupe que des besoins du culte; que le décret du 30 déc. 1809, en chargeant les fabriques d'administrer les aumônes, n'a pas entendu donner au mot « *aumône* » un sens différent de celui qu'il avait dans la loi du 18 germ. an 10; qu'en effet, après avoir énuméré les biens dont il confie l'administration au conseil de fabrique, l'art. 1er détermine nettement la destination de ces biens par ces mots : « et généralement tous les fonds affectés au service du culte »; qu'enfin, l'art. 75 du décret du 30 déc. 1809 dispose « que tout est réglé par l'évêque, sans préjudice des quêtes pour les pauvres, lesquelles devront toujours avoir lieu dans les églises toutes les fois que les bureaux de bienfaisance le jugeront convenable »;

Attendu qu'il résulte des développements qui précèdent que la clause portant que le legs fait aux pauvres doit être administré par le conseil de fabrique, avec charge extraordinaire d'en distribuer les revenus aux indigents de Clausen, est entachée d'illégalité, en ce qu'elle méconnaît tant les attributions du conseil de fabrique que celles du bureau de bienfaisance; — Attendu qu'aux termes de l'art. 900 c. civ., toute condition contraire aux lois sera réputée non écrite; que le legs fait aux pauvres qui sont expressément gratifiés par le testateur devient pur et simple, et qu'il est à attribuer au bureau de bienfaisance, représentant légal des indigents; — Attendu que c'est vainement que l'on objecte que cette solution méconnaît la volonté du testateur, qui a formellement opposé que la clause est irritante, et que, si elle n'est pas remplie, il entend révoquer les legs aux pauvres; que ce reproche atteint la loi, qui maintient le legs, tout en effaçant les conditions que le testateur y a formellement attachées; que l'art. 900 c. civ. établit une règle générale et absolue qui n'autorise aucun tempérament, quelles que soient les raisons qui ont déterminé le législateur à l'adopter; qu'il est d'ordre public, et qu'il n'appartient pas au testateur d'y porter atteinte;

Par ces motifs, infirme le jugement du tribunal de Luxembourg.

Du 18 déc. 1885.-C. sup. just. de Luxembourg (appel).-MM. Vannernin, pr.-Chome, proc. gén.-Riche et Larue, av.

(1) (Monnier C. Ville d'Alais.) — La cour; — Attendu que, par acte en date du 31 déc. 1821, l'abbé Taisson fit donation à la ville d'Alais d'un terrain dont il avait la propriété et d'une somme de 7000 fr., à la charge par cette dernière d'y construire une maison d'école dont la direction appartiendrait aux Frères de la doctrine chrétienne, auxquels elle payerait un traitement annuel de 1800 fr.; — Attendu que, par ordonnance royale du 3 nov. 1820, la ville d'Alais avait été déclarée autorisée à accepter cette donation; — Attendu que les charges imposées à la libéralité du donateur ont été exécutées par la ville d'Alais jusqu'au mois d'octobre 1879; mais qu'à partir du 11 oct. 1879, un arrêté de M. le préfet du Gard, rendu dans la plénitude des attributions qui lui sont conférées par la loi du 14 juin 1804, a retiré aux Frères la direction de l'enseignement dans l'école de la rue Taisson pour la confier à des laïques; que cet arrêté a été rendu en conformité du vœu exprimé par le conseil municipal de la ville d'Alais dans sa délibération du 8 oct. 1879; — Attendu, que, par ce fait, la condition imposée par l'abbé Taisson à la donation du 31 déc. 1821 ne recevant plus son accomplissement, le chanoine Monnier, son successeur, a, par exploit du 19 mai 1880, assigné la ville d'Alais pour voir prononcer la révocation de la donation et ce avec dommages-intérêts; — Attendu qu'à cette demande la commune oppose que la condition à laquelle la donation était soumise étant à la fois illicite et d'une exécution impossible, elle doit être considérée comme non écrite, aux termes de l'art. 900 c. civ.; — Mais attendu qu'au moment où la convention est intervenue, 31 déc. 1821, la condition mise par le donateur à sa libéralité n'avait rien d'illicite ni d'impossible; que l'institut des Frères des écoles chrétiennes était autorisé, et leur enseignement encouragé par l'Etat; que, suivant la législation en vigueur à cette époque, le choix et la désignation des instituteurs auxquels les communes voulaient confier l'enseignement dans leurs écoles leur appartenaient; — Attendu que si depuis la promulgation du décret du 9 mars 1852 et de la loi du 14 juin 1854, ce droit leur a été retiré, ce n'est pas une raison pour que la donation du 31 déc. 1821 doive continuer à produire son effet comme si la condition à laquelle elle avait été soumise n'avait jamais existé; — Attendu, en effet, qu'il est de principe que la condition résolutoire est toujours sous-entendue dans les contrats synallagmatiques lorsque l'une des parties ne satisfait point à son engagement; qu'il n'y a pas à distinguer d'où procède cette inexécution, d'une négligence imputable à l'autre partie, ou d'un cas fortuit ou de force majeure; car la condition résolutoire procédant d'un défaut de cause, l'obligation de la partie envers laquelle le contrat n'est pas exécuté par quelque motif que ce soit manque, dès lors, de l'un des éléments essentiels à son existence (Demolombe, *Obligations*, t. 2, nos 489 et suiv.); — Attendu que, pour échapper à l'application de cette règle de droit qui n'est elle-même que la pure équité, la commune soutient que le contrat du 31 déc. 1821 n'avait aucun caractère synallagmatique, et que l'abbé Taisson, lorsqu'il a fait sa donation, n'a pas entendu en subordonner l'existence à ce fait que l'enseignement serait donné, dans l'école qu'il fondait, par les Frères de la doctrine chrétienne; — Mais attendu qu'aucun doute ne peut s'élever sur l'intention du donateur; que ce qu'il a voulu assurer aux enfants de sa ville natale, c'est le bienfait non d'un enseignement quelconque, mais d'un enseignement ayant pour fondement la religion catholique et chrétienne; que c'est pour ce motif qu'il a choisi l'institut des Frères; qu'il suffit de lire la délibération du conseil municipal du 8 mai 1820 pour reconnaître qu'en appelant les Frères à Alais, l'une et l'autre partie avaient voulu rétablir un renseignement qui y avait prospéré en d'autres temps, avait laissé des souvenirs dans la ville et dont on espérait d'heureux résultats tant au point de vue de l'instruction que des bonnes mœurs; — Attendu que, s'il faut reconnaître que l'établissement des Frères de la doctrine dans l'école qui allait être élevée sur son terrain, et avec son argent, a été la cause

S'écartant quelque peu de la théorie admise par les précédents arrêts, la cour d'Orléans et après elle la cour de cassation ont décidé que l'arrêté préfectoral qui substitue dans une école communale l'enseignement laïque à l'enseignement congréganiste ne met pas obstacle à ce que la commune continue à entretenir des institutrices congréganistes à titre d'école privée. En conséquence, elle a jugé que l'arrêté préfectoral en question n'avait pas pour effet de rendre impossible la condition d'entretenir des sœurs hospitalières chargées de l'instruction des enfants pauvres et du soin des malades insérée dans une donation faite à la commune (Orléans, 27 nov. 1884, et Req. 8 juill. 1885, aff. Commune d'Ouzouer-le-Marché, D. P. 86. 1. 133).

32. La loi du 30 oct. 1886, en exigeant que le personnel enseignant des écoles communales soit recruté exclusivement parmi les laïques, est venue modifier la situation créée par les arrêts précités. Désormais les communes ne peuvent en aucun cas, même avec le concours de l'autorité préfectorale, admettre des instituteurs congréganistes dans les écoles publiques. Il suit de là que toute condition qui subordonne le bénéfice d'une libéralité laissée à une commune à l'entretien d'une école d'un caractère confessionnel, doit être réputée illicite comme contraire à la loi du 30 oct. 1886. La condition dont s'agit sera donc à l'avenir considérée comme nulle dès le jour où elle aura été écrite, à la différence des hypothèses qui ont été précédemment examinées, où la nullité de la condition n'intervenait qu'après coup, par l'effet d'un événement ultérieur qui en rendait la réalisation impossible. Quant à la question de savoir si la nullité de la condition doit être régie par l'art. 900 c. civ., on la résoudra d'après la distinction précédemment indiquée, suivant que la condition sera reconnue être ou n'être pas cause impulsive et déterminante. Dans le premier cas, l'intérêt auquel le fondateur aura obéi sera un intérêt moral ou d'attachement à certaines idées; la disposition est en réalité un acte à titre onéreux et doit être traitée comme tel. Dans le second cas, qui est celui d'une donation proprement dite, la condition illicite devra être réputée non écrite conformément à l'art. 900 c. civ. (V. en ce sens: Bartin, *op. cit.*, p. 373, et la note).

La solution qui résulte en France de la nouvelle loi sur l'instruction primaire semble avoir été consacrée par la jurisprudence belge. Il a été jugé, en effet, qu'on doit considérer comme illicite la clause par laquelle un testateur, en faisant à une commune une libéralité destinée à faire donner gratuitement l'instruction primaire aux enfants pauvres, stipule que cet enseignement sera confié exclusivement aux Frères de la doctrine chrétienne (Liège, 24 déc. 1867, aff. Commune de Herve, *Pasicrisie belge*, 1868. 2. 52); — Et en pareil cas, la condition seule doit être effacée, la disposition conservant son effet (Même arrêt).

33. Après avoir ainsi déterminé le sort que doivent subir les conditions impossibles ou illicites, il y a lieu de rechercher quelles sont les conditions qui méritent l'une ou l'autre de ces qualifications.

34. En ce qui concerne les conditions dites impossibles, nous n'avons pas à revenir sur la classification qui en a été donnée au *Rép.* n° 97, suivant qu'il s'agit d'une impossibilité physique ou juridique. L'impossibilité physique peut elle-même être soit absolue, soit relative. Dans cette seconde hypothèse, la condition ne doit être effacée que dans la mesure où elle est réellement impossible; cette solution qui a été indiquée au *Rép.* n°s 100 à 102 est généralement admise en doctrine (V. Bartin, *op. cit.*, p. 12; Demolombe, t. 1, n° 223; Aubry et Rau, t. 4, § 302, p. 64).

35. Quant à la condition juridiquement impossible, on la confond quelquefois par erreur avec la condition illicite. Ce qui caractérise la condition juridiquement impossible, c'est que le fait sur lequel porte la modalité est juridiquement irréalisable dans les termes où il est exigé. Tel est l'exemple classique de la condition de se marier avant la puberté; un mariage ne pouvant valablement être contracté avant cette époque, la condition est juridiquement impossible. Au contraire, la condition illicite suppose un fait dont la réalisation est toujours possible, parce qu'elle est indépendante du concours de la loi. Seulement, ou bien la loi en repousse l'accomplissement, ou bien elle interdit toute mesure de nature à le provoquer en dehors de la volonté libre et spontanée de son auteur (V. *Rép.* n° 118; Bartin, *op. cit.*, p. 17).

Après avoir ainsi marqué la différence qui sépare la condition juridiquement impossible de la condition illicite proprement dite, nous passerons en revue les hypothèses qui ont été examinées au *Répertoire*, en indiquant sur chacune d'elles les opinions récentes de la doctrine et de la jurisprudence.

36. Ainsi qu'il a été dit au *Rép.* n°s 119 et suiv., les conditions qui portent atteinte aux droits de puissance maritale ou paternelle, ou d'une manière générale aux droits de famille, doivent être considérées comme illicites. Tous les auteurs sont d'accord pour admettre ce principe (V. Demolombe, *op. cit.*, n° 238; Laurent, t. 11, p. 586; Bartin, p. 154). Comme exemple de ce genre de condition illicite, on a cité celle qui tendrait à affranchir la femme de l'obligation de cohabiter avec son mari. Elle a été déclarée illicite par un arrêt de la cour de Poitiers, du 3 juin 1842, déjà rapporté au *Rép.* n° 119, et plus récemment par la cour de Caen, le 8 avr. 1851 (aff. Dupont d'Aisy, D. P. 52. 2. 127). Le droit pour l'enfant naturel de rechercher sa mère est également un de ceux dont la privation ne peut faire l'objet d'une condition licite (Trib. Tarbes, 11 avr. 1856, et Pau, 24 juin 1857, aff. Garderès, D. P. 57. 2. 151). — Quant à la condition imposée au légataire ou donataire d'émanciper son enfant, on l'a considérée au *Rép.* n° 120 comme licite. M. Demolombe, t. 1, n° 238 *bis*, tout en se prononçant dans le même sens, subordonne sa décision aux circonstances de fait, lorsque, notamment, l'émancipation sera de l'intérêt évident de l'enfant.

37. Tout le monde s'accorde à déclarer illicite la stipulation qui subordonnerait une libéralité faite à un mineur à la condition qu'il sera soustrait à la garde et au gouvernement de son père (Orléans, 5 févr. 1870, aff. Pinel, D. P. 70. 2. 49; Bartin, *op. cit.*, p. 59). — La question de savoir si l'on peut, au moyen d'une condition licite, soustraire l'administration des biens donnés ou légués à un mineur à l'administration de son représentant légal est plus délicate. On a distingué au *Répertoire* deux hypothèses, suivant que la condition vise l'administration du père ou celle d'un tuteur.

38. Dans cette seconde hypothèse, on s'est prononcé au *Rép.* n°s 123 et 124, en faveur de la validité de la condition,

---

impulsive et déterminante de la libéralité de l'abbé Taisson, il est vrai de dire que la donation est devenue par ce fait un contrat synallagmatique dans lequel l'engagement contracté par le donateur a eu pour cause l'engagement contracté par le donataire; que c'est dès lors à bon droit que le premier juge, tenant l'inexécution de la condition à laquelle était subordonnée la donation du 31 déc. 1821, en a prononcé la révocation (c. civ. art. 953, 1183, 1184);

Attendu que la conséquence juridique de la révocation devant être le rétablissement du chanoine Monnier dans la propriété et possession de l'immeuble donné, il y avait lieu de régler les parties au sujet des dégradations que cet immeuble peut avoir subies ou des améliorations dont il a pu être l'objet et la plus-value qui en est résultée; — Attendu que pour instruire cette partie du litige le premier juge a nommé des experts; que c'est lorque leur rapport aura été déposé que pourra être utilement discutée et jugée la question de savoir ce qui peut être dû à la ville d'Alais pour la plus-value donnée à l'immeuble, objet de l'acte du 31 déc. 1821; que l'appréciation de cette plus-value comportant l'examen des circonstances et des faits d'où elle procède, cette question demeure entière, et on ne saurait voir un préjugé dans les termes du mandat donné aux experts;

Sur la question des dommages-intérêts réclamés à raison de l'inexécution de la convention: — Attendu que le premier juge a fait une saine appréciation des faits de la cause en constatant que la ville d'Alais avait, autant qu'il était en son pouvoir, contrevenu à ses engagements, et qu'elle avait commis une faute engageant sa responsabilité dans une certaine mesure en prenant la délibération du 8 oct. 1879 et en laissant ignorer à l'autorité administrative l'existence de l'acte du 31 déc. 1821; que, sans s'immiscer dans l'appréciation d'un acte de l'autorité administrative, il a pu considérer que ces faits personnels à la ville d'Alais n'avaient pas été étrangers à la mesure qui rend aujourd'hui impossible l'exécution de la condition substantielle mise à la donation, et, par voie de suite, déclarer en principe la ville tenue de réparer un dommage dont il s'est réservé d'apprécier ultérieurement l'importance; — Par ces motifs et ceux du jugement non contraires; — Confirme le jugement rendu le 5 mai 1881 par le tribunal civil d'Alais.

Du 11 juill. 1881.-C. de Nîmes.

en faisant observer que cette clause n'avait pas pour effet de nommer au pupille un nouveau tuteur ou de porter atteinte aux droits préexistants du tuteur. En réalité, le tiers chargé de l'administration des biens donnés est le mandataire du disposant. Veut-on objecter que le mandat ne peut survivre à la mort de ce dernier? Il est aujourd'hui généralement admis que cette règle de l'art. 2003 doit fléchir devant la volonté concordante du mandant et du mandataire de laisser le mandat se continuer (Aubry et Rau, t. 4, § 416, p. 654, texte et note 11; Colmet de Santerre, *Cours analytique*, t. 6, p. 229). Ainsi le tiers désigné par le disposant pourra valablement continuer ses fonctions après la mort de celui-ci; il sera le gérant d'affaires du pupille (V. en ce sens : Bartin, *op. cit.*, p. 66).

39. Dans le cas où la condition tendrait à enlever au père du mineur l'administration des biens donnés, une première opinion, indiquée au *Rép.* n° 122, se prononce pour le caractère illicite, en considérant l'administration des biens du mineur comme un attribut de la puissance paternelle. L'opinion contraire prévaut aujourd'hui en doctrine; elle assimile, au point de vue de l'administration des biens, la situation du père à celle du tuteur. On fait observer, en ce sens, que les deux droits de puissance paternelle et d'administration des biens qui coexistent en la personne du père, ne procèdent pas du même principe; qu'ils n'ont pas le même caractère, la même énergie; que, par suite, en retirant au père l'administration des biens donnés à son fils, le disposant ne porte aucune atteinte au droit de puissance paternelle (V. Demolombe, *op. cit.*, t. 1, n° 314; Bartin, *op. cit.*, p. 66). — La jurisprudence la plus récente a ratifié cette opinion. Il a été jugé que la condition, apposée à un legs fait au profit d'un mineur, que l'administration des biens légués n'appartiendra pas au père du mineur est valable; cette condition, ne se rapportant qu'aux biens et non à la personne du mineur, ne porte pas atteinte aux droits de la puissance paternelle (Dijon, 23 août 1855, et Req. 26 mai 1856, aff. Geoffroy, D. P. 56. 1. 320; Liège, 29 déc. 1858, aff. Sury, *Pasicrisie belge*, 1861. 2. 32; Req. 9 janv. 1872, aff. Pinel, D. P. 72. 1. 128; Civ. rej. 3 juin 1872, aff. Baraton, D. P. 72. 1. 241). Toutefois, il a été jugé plus récemment en Belgique qu'un testateur ne peut, en léguant un droit d'usufruit à un mineur, stipuler que l'administration de cet usufruit appartiendra non au père du légataire, mais à un tiers qu'il désigne : une pareille condition est illicite comme portant atteinte au droit d'administration dont le père est investi par la loi (Bruxelles, 28 nov. 1878, aff. Adelot, *Pasicrisie belge*, 1879. 2. 353). Est nulle également la disposition par laquelle le testateur ordonne que les revenus de l'usufruit légué seront capitalisés chaque année pour être remis au légataire à sa majorité ou à l'époque de son mariage (Même arrêt).

L'arrêt précité du 26 mai 1856 a même décidé que la clause qui confie à des exécuteurs testamentaires l'administration des biens jusqu'à la majorité de l'enfant, devait être exécutée nonobstant l'émancipation de ce dernier. Cette solution est critiquée par M. Bartin, *op. cit.*, p. 67, qui y voit une atteinte au droit de l'enfant à obtenir l'émancipation s'il en est jugé digne. Nous croyons, au contraire, qu'en enlevant à l'enfant l'administration des biens donnés sous cette condition, on ne porte pas plus atteinte au droit d'émancipation conféré à l'enfant qu'au droit de puissance paternelle dans le cas où c'est le père qui est privé de cette administration.

40. S'il est licite d'enlever complètement au père l'administration des biens donnés, à plus forte raison le donateur peut-il, tout en lui laissant cette administration, en subordonner l'exercice à certaines garanties. C'est ce que la cour de Besançon a décidé à l'égard d'une convention par laquelle le légataire en usufruit d'une forêt, dont la nue propriété avait été léguée aux petits-enfants du testateur, renonçait à son usufruit sous certaines conditions d'exploitation imposées au père devenu, par le fait de la renonciation, administrateur et usufruitier légal (Besançon, 4 juill. 1864, aff. Droz, D. P. 64. 2. 166).

41. Après avoir traité des conditions réputées illicites comme contraires aux lois, le *Répertoire* s'occupe, sous les nos 129 à 159, des conditions plus spécialement qualifiées de contraires aux mœurs. En abordant cette catégorie de conditions prohibées, nous devons présenter, en ce qui les concerne, quelques observations générales.

On remarquera tout d'abord que les conditions contraires aux mœurs sont en même temps illicites, en ce qu'elles tendent à entraver l'exercice d'un droit inaliénable, comme, par exemple, le droit de se marier. M. Bartin, p. 246, observe que ce dernier caractère se retrouve également dans les conditions qui sont *conformes* aux mœurs; cependant la loi ne les prohibe pas; elle les valide au contraire implicitement, malgré l'atteinte qu'elles peuvent porter à la liberté de la personne gratifiée. La faveur ainsi accordée à cette dernière catégorie de conditions « est amplement justifiée, dit le même auteur, par le puissant intérêt qu'il y a à ne pas se priver du concours d'actes qui répondent à l'utilité sociale, alors même que leur maintien blesserait les droits inaliénables qu'on ne protège eux-mêmes que dans la mesure où l'utilité sociale en exige le respect ».

42. On peut, en second lieu, se demander dans quels cas il convient de dire qu'une condition touche aux mœurs. Partant de l'idée que toute liberté, aussi bien civile et politique que religieuse et morale, relève du domaine de la conscience, on a fait rentrer au *Rép.* n° 129 dans la catégorie des conditions contraires aux mœurs toutes celles qui restreignent la liberté des mariages, la liberté des cultes, la liberté des professions, la liberté politique, la liberté naturelle en général. Suivant M. Demolombe, *op. cit.*, n° 233, une condition peut être contraire aux mœurs, dans le sens de l'art. 900, « non seulement lorsqu'elle blesse les bonnes mœurs *naturelles*, mais aussi lorsqu'elle blesse les bonnes mœurs *civiles* ». Cet auteur ne dit pas ce qu'on doit entendre par mœurs civiles, mais cette classification paraît correspondre à celle du *Répertoire*. M. Bartin, au contraire, définit la condition qui touche aux mœurs celle qui met en jeu les relations *personnelles* d'individu à individu, par opposition aux relations *juridiques*, qui sont fondées sur des droits déterminés par la loi (*op. cit.*, p. 250). Comme type de ces relations personnelles M. Bartin indique celles qui tendent à créer une famille. Il range dans la même catégorie les conditions qui ont trait à la conduite morale des individus dans la vie; mais il en exclut celles qui mettent en jeu la liberté de conscience, parce qu'elles s'adressent « moins aux relations de l'individu avec ses semblables, relations d'où naît l'idée de mœurs, qu'à l'individu considéré comme un être isolé doué d'intelligence et de pensée ».

Sous le bénéfice de ces observations, nous passerons en revue les conditions qui ont été qualifiées au *Répertoire* de contraires aux bonnes mœurs, en suivant l'ordre où elles ont déjà été examinées.

43. En ce qui concerne les conditions qui touchent à la liberté du mariage, il est utile d'observer que si toutes intéressent les mœurs elles n'y sont pas toujours et dans tous les cas contraires. De là, résulte cette conséquence que la prohibition, qui frappe quelques-unes de ces conditions d'une manière absolue est, à l'égard de certaines autres, subordonnée aux circonstances de fait et d'intention dont les juges du fond sont les souverains appréciateurs. La condition de se marier est généralement considérée comme licite (*Rép.* n° 135; Aubry et Rau, t. 7, § 692, p. 292; Demolombe, *op. cit.*, n° 251. — *Contrà* : Demante, t. 3, n° 16 *bis*). Toutefois, M. Demolombe y met un correctif pour le cas où cette condition serait imposée à une personne qui ne pourrait contracter mariage sans violer son devoir, par exemple si cette personne était engagée dans les ordres.

44. La condition d'épouser une personne déterminée par le donateur est une de celles dont la validité est subordonnée aux circonstances. Elle a été déclarée illicite par la cour de Corse (*Rép.* n° 136); elle a été validée plus récemment par la cour de Lyon (Lyon, 27 mars 1868) (1), qui a décidé que la condition devait être réputée accomplie quand le légataire avait fait tout ce qui dépendait de lui pour

(1) (Rater C. de Bordes du Châtelet.) — Le 7 juill. 1867, jugement du tribunal civil de Lyon ainsi conçu : — « Attendu que Alexis de Bordes du Châtelet est décédé à Lyon, le 2 déc. 1861, sans héritiers à réserve; — Que, par un testament olographe, en date du 1er octobre de la même année, il avait institué pour son légataire universel le sieur Louis de Bordes du Châtelet, son

l'exécuter, le refus du tiers ne pouvant priver le légataire du bénéfice de l'institution.

Les auteurs s'accordent à déclarer valable une clause de cette nature, sauf dans le cas où le mariage serait prohibé entre la personne désignée et le bénéficiaire de la libéralité, ou encore s'il s'agissait d'épouser une personne de mœurs déshonnêtes (Aubry et Rau, t. 7, § 692, p. 292, texte et note 15; Demolombe, t. 1, nos 253 et 254).

45. La condition absolue de ne pas se marier a été indiquée au *Rép.* no 142 comme illicite. Les auteurs les plus récents ont adopté cette solution en principe (Aubry et Rau, t. 7, § 692, p. 291; Demolombe, t. 1, no 240). Mais ces auteurs admettent que la défense de se marier, même sans limitation ni quant au temps ni quant aux personnes, pourra être déclarée valable eu égard aux circonstances de la cause, s'il est établi que la condition a été inspirée, non point par le désir de contrarier le vœu de la loi, mais par l'intérêt du légataire lui-même. — La jurisprudence des cours d'appel s'est prononcée pour une doctrine qui diffère en la forme de la précédente tout en aboutissant au fond au même résultat. La cour de Paris a décidé que l'obligation de ne pas se marier imposée à un légataire comme condition du legs qui lui est fait n'est pas nulle par elle-même, mais peut être annulée comme contraire aux lois et aux mœurs, quand elle a été dictée au testateur par un calcul mauvais ou par un acte purement arbitraire de sa volonté (Paris, 1er avr. 1862,

---

cousin issu de germain; que par un codicille écrit sur une autre feuille, mais à la même date que le testament, il avait fait la disposition suivante : « Je désire que mon héritier épouse Mlle Ildefonse Rater; dans le cas contraire, il renonce à la moitié de mon héritage, qui sera partagée entre les héritiers Rater »; — Attendu que les parties sont en désaccord sur le sens et l'exécution de cette clause; — Que la dame veuve Ildefonse Rater, au nom et comme tutrice de sa fille mineure, et Georges Rater, son fils majeur, demandeurs principaux, et les intervenants se disant tous héritiers Rater, prétendent que l'héritier institué doit leur remettre la moitié de la succession dans le cas où il ne se marierait pas avec la demoiselle Rater, pour quelque cause que ce soit, même par le fait et le refus de la demoiselle Rater; — Qu'ils soutiennent d'ailleurs que ce mariage est devenu impossible par la faute même du légataire; — Mais attendu qu'il résulte, avec une égale évidence, des termes du codicille et des intentions du disposant que l'héritier institué n'est tenu de rendre la moitié de l'hérédité que dans le cas où il aurait désobéi au testateur, et nullement dans le cas où, au contraire, ce mariage viendrait à manquer par un fait indépendant de sa volonté, et surtout par le refus de la demoiselle Rater; — Attendu, en ce qui concerne le texte même de la clause litigieuse, que, dans le premier membre de phrase, le testateur exprime d'abord le désir que son héritier épouse la demoiselle Rater; que dans le deuxième, il ajoute une sanction pénale à son vœu; qu'il impose au légataire, dans le cas contraire, c'est-à-dire dans le cas où il n'épouserait pas la demoiselle Rater, l'obligation de renoncer à la moitié de l'héritage en faveur des héritiers Rater; — Attendu qu'en disposant ainsi, et en appliquant à son légataire ces mots : « dans le cas contraire, il renonce », il a clairement indiqué que la réduction du legs ne pourrait être que la conséquence et la peine d'un fait volontaire de l'héritier institué; que si ce dernier rend le mariage impossible par son refus ou par son fait personnel, alors il renonce au legs du tout et est réduit à la moitié de l'hérédité; que dans le cas contraire, il ne renonce à rien et doit garder le tout; — Attendu, en effet, que renoncer, c'est faire acte de volonté; que tel est le sens usuel et littéraire de ce mot; — Que celui auquel un legs a été fait sous une condition ne renonce à l'objet de la libéralité qu'autant qu'il n'en veut pas avec la condition qui y a été mise, c'est-à-dire qu'autant qu'il se refuse à remplir cette condition; que tel est aussi le sens juridique du mot dont il s'agit; que toutes les fois que la loi parle de renonciation, elle admet un droit d'option préexistant, une faculté pour celui qui renonce d'accepter ou de ne pas le faire, ce qui implique toujours dans le fait du renonçant un acte de consentement ou de volonté personnelle; — Qu'il n'est pas permis de supposer que le testateur n'ait pas compris la véritable signification des mots dont il s'est servi pour exprimer sa volonté, ni qu'il ait entendu les détourner de leur sens ordinaire; — Qu'il serait surtout illicite de les effacer pour leur substituer d'autres expressions, ou de les modifier arbitrairement; — Attendu, au contraire, que la comparaison du testament et du codicille démontre que le testateur a pesé avec soin le sens et la portée de ses expressions, qu'il les a choisies avec discernement et appliquées avec justesse; — Qu'ainsi, après avoir légué toute sa fortune au baron du Châtelet, il le prie d'offrir à la dame Bernat, à Gabriel Rater et à la dame Ildefonse Rater trois diamants de 1000 fr.; évitant de donner la qualification de don ou de legs au profit de ses concierges, il emploie la formule ordinaire : « Je donne »; — Qu'il faut donc conserver aux mots : « Il renonce » dont il s'est servi leur sens ordinaire et évident; qu'ils ne sont ni incorrects, ni obscurs; qu'ils expriment, par un tour de phrase concis et clair, la situation qui doit être faite au légataire s'il n'épouse pas la demoiselle Rater; qu'ils sont précisément ceux qu'emploie M. Troplong, *Donations et testaments*, t. 1, no 243, pour exprimer, dans une hypothèse semblable à celle du codicille, l'effet d'une condition imposée par le testateur à son légataire, de se marier à une personne déterminée. « Cette condition, dit-il, bien que contenant la prohibition implicite de se marier à d'autres, est valable, et le legs n'est dû qu'autant qu'elle est fidèlement remplie; si le légataire veut contracter une autre union, il faut qu'il renonce au legs, sans quoi la volonté du testateur serait pervertie; » — Attendu, en ce qui touche l'esprit du codicille et les intentions présumées du testateur, que la pensée dominante qui ressort de l'ensemble de ces dispositions a été de transmettre sa fortune à son cousin issu de germain dans la ligne paternelle, héritier de son nom, seul et légitime possesseur du titre de baron du Châtelet; — Que cette pensée s'était déjà manifestée dans un projet de testament remontant à 1853, dans lequel il instituait pour son légataire universel ledit baron du Châtelet, et réduisait la part de son frère, César de Bordes, alors vivant, à l'usufruit de sa maison, dite des Médaillons, sise sur le quai Saint-Clair à Lyon; — Que le même esprit a évidemment inspiré le testament olographe du 1er oct. 1861; — Que par cet acte qui contient la manifestation de ses dernières volontés, il donne toute sa fortune, dont le chiffre est considérable, au baron du Châtelet, en la grevant seulement de quelques legs particuliers de la plus minime valeur, et il laisse pour toute libéralité aux héritiers Rater, ses parents dans la ligne maternelle, les trois diamants de 1000 fr. susrelatés; — Que le codicille du même jour n'a été ni une réaction contre le testament, ni l'expression d'un brusque changement de volonté; qu'il est, au contraire, le complément du testament et ne sert qu'à rendre plus manifestes les véritables intentions qui avaient présidé à sa confection; — Que, le testateur, après avoir institué le baron du Châtelet pour héritier, a voulu, en outre, le marier à son gré et pour le mieux; — Que, préoccupé surtout du désir de réunir dans la personne de cet héritier le prestige de la fortune et l'éclat du nom, il lui a prescrit un mariage qui présentait toutes les convenances désirables, et qui devait assurer au légataire le triple avantage d'une union avec une jeune fille distinguée, d'une alliance avec une famille des plus honorables et d'une dot considérable; — Que c'est à son légataire personnellement qu'il s'adresse dans le codicille; que c'est à lui seul qu'il prescrit d'épouser la demoiselle Rater; qu'il ne fait aucune recommandation semblable à celle-ci; que ne lui donnant rien, il s'abstient de lui rien demander; — Qu'au contraire, il était en droit d'exiger une entière soumission à ses désirs de la part de celui qu'il gratifiait de ses libéralités; qu'il a voulu s'en assurer par une condition qui n'est autre chose qu'une clause pénale; que la réduction du legs est la menace destinée, au besoin, à servir de sanction au vœu du codicille et à punir la désobéissance du légataire; — Que le testateur était si éloigné de vouloir gratifier la demoiselle Rater personnellement qu'il ne lui a rien donné en propre, ni légué, même dans le cas où elle consentirait à se marier avec le légataire; — Que de tout ce qui précède il résulte que l'héritier institué ne doit subir aucune réduction de son legs s'il obéit au désir exprimé, et fait loyalement ses efforts pour l'accomplir, et que le testateur n'a jamais eu la pensée d'étendre la clause pénale au cas où le mariage viendrait à manquer, non par la faute du légataire, mais bien par le refus de la demoiselle Rater; — Qu'une interprétation différente violerait toutes les vraisemblances et constituerait une choquante contradiction avec les intentions manifestes du testateur; qu'elle produirait cette conséquence inadmissible que, d'une part le légataire demeuré fidèle aux volontés du disposant, et qui s'est efforcé de les remplir, serait cependant puni et traité comme s'il les avait volontairement violées, et que, d'autre part, la personne qui par son fait volontaire, en aurait empêché l'exécution, serait plus favorablement traitée que si elle les eût accomplies; — Qu'en effet, si la moitié de la succession devait être enlevée, même dans cette hypothèse, au légataire, pour être dévolue aux héritiers Rater, parmi lesquels figure la demoiselle Rater, il s'ensuivrait que celle-ci recevrait alors avec eux une large part dans l'hérédité, et qu'elle se serait ainsi créé un droit dans cette hérédité contre le gré du testateur, et par l'effet même de son insoumission au vœu du codicille; — Attendu que lors même que, pour exprimer ses volontés, le testateur aurait employé une forme plus impérative et des expressions moins favorables au légataire, qu'il aurait imposé comme un ordre, dans l'institution même, la condition formelle à son héritier d'épouser la demoiselle Rater, ou qu'il aurait dit : « dans le cas contraire, il devra rendre ou il relâchera la moitié de l'héritage, » au lieu des mots : « il renonce, » la solution du litige serait toujours la même, et il faudrait encore décider que l'héritier institué aurait le droit de garder la totalité de l'héritage, si, malgré sa bonne volonté, le mariage était

aff. Jeanne Hervé, D. P. 62. 2. 77). Dans l'espèce qui a motivé cet arrêt, la condition a été maintenue comme ayant pour but de protéger une légataire avancée en âge contre le malheur que lui causerait un mariage disproportionné. Se conformant à cette théorie, la cour de Caen a validé une condition de ne pas se marier qui était inspirée par une sage prévoyance pour soustraire un légataire âgé et infirme à l'avidité des personnes qui voudraient l'épouser à cause de la fortune que le legs lui apporterait (Caen, 16 mars 1875, aff. Robin-Agnès, D. P. 76. 2. 237).

46. A la prohibition de se marier, on a assimilé au *Rép.* n° 144 la condition de ne se marier qu'avec le consentement d'un tiers. C'est l'opinion admise par la doctrine (Larombière, *Théorie et pratique des obligations*, t. 2, p. 52; Demolombe, t. 1, n° 244; Aubry et Rau, t. 7, § 692, p. 291). Mais on a fait une exception (*Rép. ibid.*) pour le cas où le tiers dont le consentement est exigé par la condition se trouve être un ascendant du donataire. Cette solution, qui avait été adoptée par un arrêt de la cour de Bordeaux du 15 févr. 1849, cité au *Rép.* n° 144, a été récemment consacrée par la cour de cassation d'une manière implicite (Req. 22 janv. 1883, aff. Prosper Donaudi, D. P. 83. 1. 147).

47. Pour terminer ce qui concerne les conditions restrictives de la liberté du mariage, nous avons à examiner la prohibition de se remarier. Cette condition, ainsi qu'il a été dit au *Rép.* n° 147, est vue avec moins de défaveur que les précédentes. Quelques auteurs sont d'avis que les dispositions de la *Novelle* 22, ch. 44, doivent encore être observées; en conséquence, ils déclarent valable et obligatoire la condition de ne pas se remarier, même au cas où elle serait apposée par un étranger à une disposition faite au profit d'un veuf ou d'une veuve sans enfants (V. en ce sens: Larombière, *op. cit.*, t. 2, p. 49). La doctrine la plus générale, tout en se prononçant pour la validité de la condition en principe, la déclare non écrite, lorsqu'elle n'a été imposée que par suite d'un caprice ou d'une volonté bizarre (Demolombe, t. 1, n° 250; Aubry et Rau, t. 7, § 692, p. 292). Les solutions fournies par la jurisprudence se rattachent à ce système. Dans le sens de la validité, il a été jugé : 1° que la condition de viduité à laquelle est subordonné le legs fait par un fils à sa mère, est licite, si les termes ou les motifs de la disposition n'ont pour la légataire rien d'offensant ou d'irrévérentiel (Montpellier, 14 juill. 1858, aff. Cros, D. P. 59. 2. 107); — 2° Que la condition de viduité, imposée par une femme à son mari comme condition d'un legs est licite si elle a été inspirée par un sentiment honnête et respectable (Rennes, 17 févr. 1879, aff. Le Barzic, D. P. 79. 2. 69); — 3° La même condition imposée par un mari à sa veuve a été validée (Nancy, 20 déc. 1879, aff. Grosjean, D. P. 80. 2. 203); — 4° Enfin la cour de cassation a décidé que la condition de viduité mise à un legs n'est contraire ni à la loi, ni à la morale, alors qu'elle n'a été inspirée au testateur par aucun

empêché par le refus seul de la demoiselle Rater; — Attendu, en effet, que de telles stipulations constitueraient, non des conditions casuelles, c'est-à-dire dépendant d'un cas fortuit, mais bien des conditions potestatives mixtes, c'est-à-dire dépendant du fait et de la volonté du légataire auquel elles sont imposées et de la volonté du tiers dans la personne duquel le testateur a voulu qu'elles s'accomplissent; — Attendu que les effets et les règles d'interprétation diffèrent entièrement selon qu'elles sont insérées dans des obligations ou dans des libéralités testamentaires (Pothier, *Traité des obligations*, n° 214; Troplong, *Des donations*, t. 1, n° 318); — Qu'en outre, dans les actes de dernières volontés, elles produisent entre elles des effets différents; — Que, dans les conditions casuelles, le testateur impose un fait qui dépend du hasard : *si navis Asiâ venerit;* qu'il ne demande rien à la bonne volonté du légataire, et qu'il subordonne, dès lors, le sort de sa libéralité à la réalisation même de l'événement indiqué; — Que dans les conditions potestatives, *si fecerit, si dederit,* il demande un fait dépendant de la faculté du légataire; il se préoccupe alors principalement et se contente de l'obéissance de ce dernier à son vœu; — Que, dans les conditions potestatives mixtes *si uxorem duxerit,* il demande aussi à son légataire de faire un acte de bonne volonté et de prouver son obéissance; qu'il s'en contente, et qu'il n'est pas censé avoir voulu le punir du refus de la tierce personne qui résiste à la fois au vœu du testateur et à la demande du légataire; — Que, dès lors, les conditions potestatives testamentaires sont réputées accomplies quand le légataire a fait tout ce qui dépendait de lui pour les exécuter; — Qu'en tout cas, simples ou mixtes, si elles ne viennent à défaillir que par la résistance du tiers en la personne duquel elles devaient se réaliser, le défaut d'accomplissement ne prive pas le légataire du bénéfice de l'institution universelle, parce qu'il n'a pas tenu à lui de vaincre cette résistance; *quod per eum non stat quominus ducat; sed per alium stat quominus impleatur conditio* (L. 5, § 5, D., *Quando dies legati aut fideicommissi cedat*); — Que cette règle d'interprétation, dictée par la raison, conforme à l'équité comme aux principes généraux du droit, a été admise et pratiquée en tous temps, soit sous l'empire des lois romaines, soit dans notre ancienne législation, soit dans le code Napoléon; — Que les jurisconsultes sont unanimes pour en faire l'application au légataire institué sous la condition d'épouser une personne déterminée; qu'ils enseignent tous que, dans ce cas, à moins que le testateur n'ait formellement exprimé une volonté contraire, le legs demeure acquis au légataire, si le mariage manque par le refus même de la personne désignée; — Que telles sont les dispositions de la loi 1re, C., *De institutionibus;* de la loi 1re, D., *De conditionibus et demonstrationibus;* de la loi 5, § 5, D., *Quando dies legati vel fideicommissi cedat,* et de la loi 23, D., *De conditionibus institutionum;* — Que telles sont aussi les opinions de Furgole, *Traité des testaments*, tit. 2, chap. 7, sect. 2, nos 7 et 8; de Pothier, *Traité des testaments*, n° 73; de Merlin, *Répertoire*, v° *Condition*, sect. 2, § 3; de Dalloz, *Répertoire*, v° *Dispositions entre vifs*, n° 111, et de Troplong, *Des donations et des testaments*, t. 1, nos 328, 330 et 336; — Attendu que, dans l'espèce, le baron du Châtelet a loyalement obéi à la volonté du testateur, et qu'il a fait tout ce qui dépendait de lui pour l'exécution; — Qu'il a désiré vivement le mariage indiqué, et qu'il en a poursuivi la réalisation par des efforts persévérants, pendant près de quatre ans, depuis le décès du testateur; — Qu'il a plusieurs fois, et dans les termes les plus convenables, demandé la main de la demoiselle Rater, alors que celle-ci ayant atteint sa dix-septième année était en âge et en droit de prendre une détermination et d'exprimer sa volonté au sujet de ce mariage; — Que, sollicitant l'assentiment de la veuve Rater, il leur laissait toujours la liberté de fixer elles-mêmes, selon leurs convenances, et dans les limites raisonnables, l'époque plus ou moins éloignée du mariage; — Qu'il ne demandait qu'à connaître les sentiments personnels de la mère et de la fille sur ce projet d'union; — Mais que malgré ses démarches et ses demandes, il n'a rien pu obtenir, pas même une simple promesse, et qu'en réalité les pièces et les documents versés au procès démontrent d'une manière évidente que si ses efforts ont été infructueux, c'est que la demoiselle Rater n'avait pas agréé le choix du testateur, et que c'est uniquement au refus de cette dernière qu'il faut imputer la rupture du mariage; — Que ce refus remonte au commencement de 1865; — Que, malgré les formes polies dont il a été enveloppé, il ressort manifestement des faits de la correspondance produite aux débats; — Qu'il a eu son point de départ et sa cause, non dans la sommation que le baron du Châtelet a fait signifier à la dame veuve Rater, par exploit de l'huissier Châtenay, le 18 oct. 1865, mais bien dans les sentiments personnels et dans les résolutions antérieures de la demoiselle Rater; — Que cette sommation n'a été qu'une mise en demeure destinée à constater juridiquement un refus, déjà constant en fait; — Attendu qu'à cette époque le baron du Châtelet ayant déjà vu échouer toutes ses démarches précédentes, et n'ayant reçu aucune réponse à la dernière lettre qu'il avait écrite à la dame veuve Rater, le 10 juin 1865, pouvait désespérer complètement de son projet de mariage; — Que cependant, au début de l'instance actuelle, il voulut faire une dernière tentative, et qu'il sollicita de nouveau la main de la demoiselle Rater, en offrant de stipuler une communauté de biens et d'y verser tout l'héritage, mais que cette nouvelle proposition a été repoussée comme les précédentes; — Qu'ainsi le refus de la demoiselle Rater persiste et qu'on doit le considérer comme irrévocable; — Qu'en tout cas, sa résolution actuelle de ne pas épouser le baron du Châtelet est certaine; qu'elle est admise par toutes les parties et attestée par tous les faits de la cause, et qu'il est dès lors inutile d'ordonner la comparution de la demoiselle Rater en la chambre du conseil, ni d'entendre ses déclarations personnelles; — Qu'ainsi c'est par des circonstances indépendantes de la volonté du baron du Châtelet, et même contrairement à ses désirs et malgré ses efforts, que ce mariage ne s'est pas accompli; — Que ce mariage est devenu impossible par le fait seul et la volonté de la demoiselle Rater; — Qu'il s'ensuit que le baron du Châtelet n'a pas encouru la clause pénale du codicille, et qu'il doit conserver en entier le bénéfice de son legs universel; — Que, dès lors, les demandeurs principaux et les intervenants, sous le nom d'héritiers Rater sont également irrecevables à demander la restitution d'aucune partie de l'hérédité; — Par ces motifs, etc. ». — Appel par la dame veuve Rater et les héritiers Rater. — Arrêt.

LA COUR; — Adoptant les motifs des premiers juges, confirme, etc.

Du 27 mars 1868.-C. de Lyon, 1re ch.-MM. Gilardin, 1er pr.-de Prandière, 1er av. gén.-Dufaure (du barreau de Paris), Humblot, Dubost et Sénard (du barreau de Paris), av.

motif répréhensible (Req. 18 mars 1867, aff. Bernard, D. P. 67. 1. 332).

La cour de Liège, se conformant à la doctrine admise par la jurisprudence française, a prononcé la nullité d'une condition de viduité sur le motif que la femme survivante à laquelle cette condition avait été imposée, était encore jeune, n'avait point d'enfant de son premier lit et se trouvait impliquée en sa qualité de commerçante dans des affaires nombreuses et difficiles (Liège, 11 janv. 1883, aff. Londot, D. P. 84. 2. 62).

48. A côté de la liberté du mariage, on a placé au *Rép.* n° 160 la liberté de conscience. Parmi les conditions qui y ont trait, celle qui apparaît le plus souvent dans les actes est la condition d'embrasser l'état ecclésiastique. Conformément à l'opinion adoptée au *Rép.* n° 161, les auteurs se prononcent généralement pour la nullité de cette condition comme tendant à provoquer chez le bénéficiaire une détermination qui ne doit résulter que de sa libre volonté (V. en ce sens : Aubry et Rau, t. 7, § 692, p. 293; Bartin, *op. cit.*, p. 145 et suiv.; Laurent, t. 11, nos 503 et suiv.). A raison même du principe qui motive cette annulation, la plupart des auteurs précités font exception à la prohibition lorsque l'acte conditionnel n'offre à la personne gratifiée qu'un avantage trop faible pour la déterminer à y obéir. M. Bartin cite comme exemple le cas où on lègue une bibliothèque de théologie ou tout autre objet qui ne peut avoir d'utilité que pour un prêtre, sous la condition que le légataire le devienne. M. Demolombe, t. 1, n° 259, se montre beaucoup plus large pour admettre la validité de la condition dont il s'agit. Il subordonne sa décision aux circonstances du fait, qui peuvent dans certains cas faire déclarer la condition non écrite. En principe, il ne la considère pas comme illicite.

49. La condition imposée au bénéficiaire d'embrasser tel état ou profession déterminée a été déclarée au *Rép.* n° 166 licite en principe. M. Bartin, *op. cit.*, p. 157, se prononce, au contraire, pour la nullité de cette condition qui tend, suivant lui, à contrarier le développement des vocations et porte atteinte à la liberté du travail. Cette opinion est aussi celle de M. Laurent, t. 11, n° 443, qui, aux arguments exposés ci-dessus, ajoute les considérations tirées de l'intérêt général de la société. Mais on se prononce plus généralement pour la validité de cette condition, lorsque, d'ailleurs, la profession indiquée est honnête et qu'il n'apparaît pas que le disposant ait eu l'intention de gêner la liberté du donataire ou de contrarier ses goûts (V. en ce sens : Demolombe, t. 1, nos 264 et 265; Aubry et Rau, t. 7, § 692, p. 293).

50. Les conditions qui mettent obstacle à la liberté du domicile appartiennent au même ordre d'idées que les conditions précédentes. On a considéré au *Rép.* n° 170 comme illicite la condition d'habiter sa vie durant un endroit déterminé (V. en ce sens : Laurent, t. 11, n° 441; Bartin, *op. cit.*, p. 161). Cependant la cour d'Alger a validé la clause par laquelle un testateur, imposant à son légataire universel l'obligation d'habiter une commune déterminée, fait un legs à la commune pour le cas où l'héritier n'exécuterait pas la condition (Alger, 11 janv. 1876, aff. Parnet, D. P. 77. 2. 124). La cour de cassation a approuvé cette décision (Req. 23 janv. 1877) (1). Mais il convient d'observer que la clause en question constituait un legs fait à la commune sous une condition casuelle, et destiné à compenser les bénéfices qu'elle aurait retirés de l'habitation de l'héritier, plutôt qu'un moyen de contraindre celui-ci à fixer son domicile dans la commune. L'obligation d'habiter une maison déterminée a été déclarée contraire à la loi et illicite par la cour de Bordeaux, le 25 août 1876 (2). Toutefois, si cette obligation n'était que temporaire et, par exemple, était l'accessoire de la condition de vivre avec le donateur et de lui donner des soins, on devrait la considérer comme valable au même titre qu'un louage de services. C'est ce que la jurisprudence a décidé à plusieurs reprises (Aux arrêts déjà cités au *Rép.*

(1) (Parnet C. Commune d'Hussein-Dey.) — La cour; — Sur le moyen unique de cassation, tiré de la violation de l'art. 900 c. civ. : — Attendu qu'il résulte de l'arrêt attaqué que le sieur Joseph-Marie Parnet a fait, le 30 nov. 1867, un testament olographe par lequel, en instituant pour sa légataire universelle la demoiselle Louise Parnet, sa nièce, il a légué à la commune d'Hussein-Dey une rente annuelle de 1000 fr. payable à certains termes et qu'il y a ajouté les dispositions suivantes : « J'impose de la manière la plus expresse et la plus formelle à ma légataire universelle, ma chère nièce Louise Parnet, l'obligation d'habiter Hussein-Dey, Alger ou ses environs, sa vie durant... Je fais de l'exécution de cette obligation la condition rigoureuse, absolue du legs universel tel que je viens de l'établir en sa faveur. Mais si, contre toute attente, ma chère nièce Louise Parnet ne jugeait pas à propos de se soumettre à cette condition, je veux, tout en maintenant le legs universel fait en sa faveur, que la rente annuelle de 1000 fr. léguée à la localité ou commune d'Hussein-Dey soit élevée à 6000 fr. » ; — Attendu que pour apprécier le sens et le caractère de ces dispositions, les juges du fond se sont attachés aux faits et circonstances de la cause et ont recherché, dans les clauses mêmes du testament, l'intention et la volonté du testateur; qu'ils ont déclaré que le sieur Parnet avait voulu créer pour la demoiselle Parnet, sa nièce, une situation alternative dont elle avait le choix, et qu'il ne s'agissait pas dans la cause d'une condition intéressant l'existence du legs universel, mais d'une condition modifiant éventuellement les charges imposées à la légataire universelle par un legs particulier, suivant les convenances et l'option de ladite légataire ; — Qu'en décidant, par suite, que les dispositions du testament attaqué par la demanderesse en cassation devaient être respectées, l'arrêt attaqué n'a pu violer l'art. 900 c. civ. ; — Rejette, etc.

Du 23 janv. 1877.-Ch. req.-MM. de Raynal, pr.-Alméras-Latour, rap.-Godelle, av. gén., c. conf.-Dareste, av.

(2) (Pouvereau C. héritiers Pouvereau.) — La cour ; — Attendu que la condition imposée par Maurice Pouvereau à son neveu et filleul, dans son testament du 1er janv. 1874, d'habiter, quand il sera majeur, la maison du testateur, sous peine d'être déchu de son legs universel, doit être considérée comme non écrite ; qu'elle est contraire à la loi, parce qu'elle porte une atteinte grave à la liberté personnelle du légataire, en le privant du droit dont jouit chaque Français devenu majeur de fixer son habitation dans le lieu où l'appellent ses intérêts les plus sérieux ; que cette condition est en outre impossible, parce que la maison dont il s'agit, et dont le testateur, surpris par la mort, n'a pu achever la construction, a été laissée par lui dans un état tel qu'il serait nécessaire, pour la rendre habitable, de dépenser une partie notable de la valeur du legs universel, ce qui est attesté par les divers documents produits devant la cour ; qu'au double point de vue de l'impossibilité et de l'illégalité, la condition imposée par Maurice Pouvereau à son légataire universel doit subir l'application du principe posé par l'art. 900 c. civ. ; — Par ces motifs, etc.

Du 25 août 1876.-C. de Bordeaux, 1re ch.-MM. Bourgade, pr.-Peyrecave, av. gén.-de Brézetz, av.

(3) (Ducos C. Castets.) — La cour ; — Attendu que l'acte du 25 juill. 1871 a les caractères d'une véritable donation et non d'un contrat commutatif ; qu'il en porte d'abord la dénomination et que de son contenu, comme de ses apparences, il résulte qu'il est, avant tout, l'exécution d'une pensée de libéralité et de bienfaisance ; que par cet acte, en effet, Ducos donne à Marie Castets, devenue plus tard femme Estrampes, la nue propriété de tous ses biens, meubles ou immeubles, sous l'unique charge, qu'accepte Marie Castets, « de travailler dans l'intérêt du donateur et de lui donner tous les soins affectueux et dévoués d'une véritable fille », et qu'encore, en compensation de cette charge, Ducos s'oblige-t-il « à recevoir Marie Castets dans sa maison et à l'y entretenir comme membre de sa famille » ; — Qu'il est manifeste que la charge est loin d'être l'équivalent de la dot ; que les termes mêmes dans lesquels elle est formulée indiquent que ce ne sont pas des services mercenaires que Ducos a voulu énumérer, mais des soins filiaux qu'il a attendus en retour de ses généreuses dispositions ; que les circonstances de la cause sont d'accord, à cet égard, avec les termes du contrat ; qu'en un mot c'est bien un sentiment de libéralité, et non pas un intérêt, qui a été le motif déterminant, la cause proprement dite de l'acte par lequel il s'est dépouillé ; — Attendu que cet acte, attaqué d'abord pour captation et suggestion, n'est plus l'objet d'aucune contestation sous ce rapport ; que la révocation n'en est plus demandée que pour inexécution des conditions sous lesquelles la donation a été faite ; que cette inexécution résulterait, d'après le donateur, du refus de Marie Castets de cohabiter avec lui et de lui donner les soins qu'elle avait promis ; — Mais attendu que Marie Castets n'a jamais refusé d'une manière aussi absolue l'accomplissement de ses promesses ; que, mariée depuis la donation, elle a seulement déclaré qu'elle ne saurait s'établir chez le donataire si son mari n'y était admis comme elle, offrant, en ce cas, d'associer celui-ci à ses travaux et à ses soins et d'exécuter ainsi au delà même des engagements qu'elle avait pris, mais ajoutant que dans le cas contraire, la condition qui lui avait été imposée deviendrait moralement impossible et par conséquent sans effet ; — Attendu que vainement Ducos soutient que Marie Castets ayant créé cette

n° 173, il faut ajouter les suivants : Pau, 29 avr. 1874 (3); Caen, 31 juill. 1875) (1).

51. La question se complique lorsque (ce qui était le cas de l'arrêt de la cour de Pau du 29 avr. 1874, *suprà*, n° 50), la condition de *vivre à pot et à feu* emportait, dans la pensée du disposant, l'obligation pour la donataire de ne pas se marier. Cette seconde condition est certainement nulle, et modifie, par suite, l'effet de la condition principale d'habitation, à laquelle la donataire ne sera assujettie que dans la mesure où le lui permettra l'état de mariage qu'elle aura embrassé. C'est ce que l'arrêt de la cour de Pau précité a décidé. Au contraire, s'il n'a pas été dans l'intention du disposant d'interdire le mariage au gratifié qui lui promet des soins, celui-ci sera tenu de la condition d'habitation dans son entier. Si donc le donataire se marie et se met ainsi par son fait dans l'impossibilité d'accomplir la condition de la donation, le donateur est fondé à en demander la résolution (V. en ce sens : Caen, 31 juill. 1875, *suprà*, n° 50).

52. Ainsi qu'il a été dit au *Rép.* n° 174, les conditions *sub modo* ou avec charges doivent être complètement assimilées aux conditions proprement dites, au point de vue de l'application de l'art. 900. Dans bien des cas, d'ailleurs, la charge inscrite dans une donation, au lieu de constituer un mode véritable, prend, à raison du fait sur lequel elle porte ou de la nature de la prestation, le caractère d'une simple condition résolutoire (Aubry et Rau, t. 7, § 701, p. 376; Bartin, *op. cit.*, p. 8). — Sans qu'il y ait lieu de distinguer désormais ces deux qualifications, nous allons passer en revue les différentes clauses qui ont été examinées au *Répertoire* sous le nom de charges.

53. Nous rencontrons en première ligne (*Rép.* n° 175) la charge de renoncer à une succession. Ainsi qu'il a été dit *ibid.* n° 176, la clause ne soulève de difficulté que dans le cas d'une succession non ouverte. Une première opinion, enseignée par MM. Demolombe, t. 1, n° 277; Bartin, *op. cit.*, p. 206 et 207, et Laurent, t. 6, n° 100, estime que la condition de renoncer à une succession non ouverte doit être annulée, qu'elle ait été écrite dans une donation ou dans un legs. Dans l'un et l'autre cas, ces auteurs considèrent que l'apposition d'une condition de cette nature constitue nécessairement un pacte sur succession future prohibé. — Tout en reconnaissant que la clause dont il s'agit peut, dans dans certains cas, équivaloir à un pacte sur succession future, nous nous sommes prononcés au *Rép.* n° 176 en faveur d'une distinction qui fait le fond du système adopté par M. Larombière, *op. cit.*, t. 1, p. 260. Le savant auteur établit, en principe, que le pacte sur succession future prohibé par l'art. 1130 c. civ. exige la réunion de trois conditions essentielles. Il faut : 1° que le pacte soit fait dans la prévision de l'ouverture d'une succession; 2° que la chose objet du contrat doive se trouver dans cette succession; 3° qu'elle soit considérée comme devant appartenir au promettant à titre exclusif. A défaut de l'une ou de l'autre de ces trois conditions, la prohibition de l'art. 1130 serait sans application. M. Larombière en conclut qu'il est parfaitement licite de donner ou léguer certains objets, sous la condition résolutoire que le bénéficiaire perdra la libéralité, s'il exerce ses droits dans telle succession non ouverte : « Comme une semblable disposition, dit M. Larombière, n'emporte point interdiction de la part du légataire d'exercer, quand ils seront ouverts, ses droits héréditaires, et qu'elle lui laisse la libre faculté d'option entre l'exercice de ces droits et l'acceptation du legs, le testament ne saurait être considéré comme contraire aux dispositions de l'art. 1130. Ainsi traiter et disposer de sa chose simplement dans l'éventualité d'une succession pour le cas où elle serait ou non

---

impossibilité par un mariage auquel il s'est opposé, c'est elle qui doit en supporter les conséquences en subissant la révocation de la donation; que les faits de la cause et les principes du droit repoussent cette prétention, sous quelque rapport qu'on l'envisage; — Attendu d'abord, en fait, que l'acte du 23 juill. 1871 ne contient aucune clause prohibitive du mariage de Marie Castets, ni restrictive de la liberté de son choix; — Qu'il n'est pas cependant admissible que dans les préliminaires d'une donation faite à une jeune fille de vingt et un ans, la prévision d'un mariage possible ait échappé à l'esprit des parties; que le contraire est même certain si l'on s'est référé aux écrits de Ducos dans le procès; car d'après ses premières articulations, consignées dans des conclusions du 4 juill. 1872, cette perspective n'aurait pas été étrangère à la donation qu'il a faite et serait même devenue un des moyens employés pour l'obtenir; — Qu'elle était, du reste, une suite naturelle des rapports que Ducos entendait établir désormais, par une sorte de quasi-adoption, entre lui et Marie Castets qui devait avoir dans sa maison la place d'une véritable fille; — Attendu donc que, dans l'esprit des parties, le mariage de Marie Castets fait dans les conditions ordinaires de la loi, n'avait rien d'incompatible avec les engagements qu'elle prenait; que la conséquence qui se déduit de cet ensemble de faits, c'est que Ducos ne saurait exiger l'accomplissement des charges imposées à Marie Castets que dans la mesure où il se concilie avec l'accomplissement des devoirs conjugaux de celle-ci; — Or, attendu que ces charges ne consistent pas seulement en prestations de travaux ou de soins; que corrélativement à cette obligation de Marie Castets, Ducos a pris, de son côté, celle de recevoir ladite Marie Castets dans sa maison comme un membre de sa famille; que par conséquent, c'est chez Ducos, dans sa maison et à la condition d'y être reçue et traitée comme un membre de la famille, que Marie Castets doit accomplir les engagements qu'elle a contractés; — Attendu que si, d'après ce qui vient d'être dit et selon l'intention même des parties, ces engagements doivent se concilier avec les devoirs conjugaux de Marie Castets, celle-ci ne saurait être astreinte à se séparer de son mari pour les remplir et que le refus par Ducos de recevoir celui-ci dans la maison la met en droit de refuser elle-même ses services et ses soins à Ducos; — Attendu qu'il ne suit pas de là sans doute que Ducos soit absolument tenu de recevoir les époux Estrampes chez lui; que l'obligation qu'il a prise à cet égard n'est, en effet, que la conséquence des soins et des services auxquels il est libre de renoncer, mais qu'il doit, pour s'y soustraire, renoncer à ces soins et à ces services; — Attendu qu'il en serait autrement si Ducos consentant à recevoir chez lui les deux époux comme ils le demandaient, ceux-ci manquaient à leurs engagements soit en refusant les services promis, soit en rendant par leurs mauvais procédés toute cohabitation impossible; que ce cas échéant, il appartiendrait à la justice de statuer; — Attendu que les solutions ci-dessus indiquées, qui se déduisent des faits de la cause et de l'interprétation de l'intention des parties, sont aussi le résultat de l'application du droit; — Que si les stipulations contenues dans l'acte de donation devaient s'entendre dans le sens d'une prohibition ou d'une restriction de la liberté du mariage, elles seraient nulles aux termes de l'art. 900 c. civ., et n'empêcheraient pas la donation de subsister; — Attendu donc qu'à quelque point de vue qu'on se place et de quelque manière que l'on interprète la situation de Ducos, dont les tribunaux ne peuvent réparer l'imprudence, la donation contenue à l'acte du 23 juill. 1871 ne saurait être révoquée pour cause d'inexécution des conditions sous lesquelles elle a été faite, etc.

Du 29 avr. 1874.-C. de Pau.-MM. Daguilhon, 1er pr.-Lespinasse, 1er av. gén.

(1) (Abraham C. Malorey.) — LA COUR; — Attendu que la donation consentie par Malorey, au profit de sa nièce, a été faite sous la condition, imposée à celle-ci, de vivre avec le donateur, de le bien soigner et aider pendant son existence; — Attendu que cette condition comportait l'obligation par l'appelante d'habiter seule avec le donateur, libre de tout autre lien, de façon à pouvoir lui consacrer tous les soins matériels que pouvait réclamer son âge déjà avancé; — Qu'il est impossible d'admettre l'idée qu'elle pouvait, en se mariant, conserver la situation qu'elle avait dans la maison de son oncle, son mariage faisant naître de nouveaux devoirs incompatibles avec les charges qu'elle avait prises et qui ne pouvaient plus s'exécuter qu'en second ordre, ses premières affections appartenant désormais à son mari, ses premiers soins aux enfants à naître; — Attendu que les offres des époux Abraham ne peuvent donner satisfaction à l'intimé, puisqu'elles ne font point disparaître tous les inconvénients dérivant du changement de condition qui s'est opéré dans la personne de l'appelante; — Attendu que si les époux Abraham mettent en avant certains faits desquels il résulterait que Malorey aurait accepté et favorisé même le projet de sa nièce, il est constant que Malorey a refusé d'assister au mariage civil et au mariage religieux de sa nièce; — Que ces faits sont assez significatifs pour qu'il n'y ait pas lieu de recourir à l'enquête proposée; — Qu'il faut reconnaître, dès à présent, que l'appelante s'est mise, par son fait, dans l'impossibilité d'accomplir les conditions de l'acte du 4 sept. 1873, d'où suit que Malorey est bien fondé à en demander la résolution; — Attendu qu'il n'est pas nécessaire d'examiner si les époux Abraham se sont rendus coupables d'injures graves envers Malorey, ce qui entraînerait la révocation pour cause d'ingratitude; mais qu'au surplus ce moyen ne serait pas fondé en ce qu'on ne peut supposer, quelque regrettables que soient certains passages des écrits signifiés par les époux Abraham, que ceux-ci aient outragé leur oncle intentionnellement;

Par ces motifs; — Confirme le jugement.

Du 31 juill. 1875.-C. de Caen, 2e ch.-MM. Collas, f. f. pr.-Tardif de Moidrey, av. gén.-Gallot et Carel, av.

recueillie par une personne indiquée, ce n'est faire aucun acte illicite. » Telle est aussi l'opinion émise par M. Lyon-Caen, dans une note sur l'arrêt de la cour de Montpellier, du 2 déc. 1869, cité plus bas. MM. Aubry et Rau partagent le même sentiment, mais dans le cas seulement où la charge de renoncer à une succession non ouverte aura été inscrite dans un testament : « Elle équivaut, disent-ils (t. 7, § 692, p. 293), à une condition résolutoire en ce sens que, si après l'ouverture de la sucession le légataire exerce ses droits héréditaires, le legs se trouvera révoqué ». Au contraire, ces auteurs considèrent comme illicite la même clause insérée dans une donation entre vifs; elle constituerait, suivant eux, un pacte sur succession future prohibé. Bien que MM. Aubry et Rau n'indiquent pas le motif qui les fait décider différemment dans les deux cas, il est permis de croire que, dans leur pensée, l'existence du pacte sur succession future se rattache à l'accord des consentements échangés instantanément entre le donateur et le donataire. Mais cette raison ne nous paraît pas exacte, car l'accord des consentements existe tout aussi bien dans l'hypothèse d'un legs; la seule différence, c'est que les consentements, au lieu d'être concomitants, se manifestent successivement et après un intervalle plus ou moins long. La distinction enseignée par MM. Aubry et Rau doit donc, à notre avis, être écartée.

La jurisprudence n'est pas moins divisée que la doctrine sur cette question. Dans le sens de la nullité de la condition, on a jugé illicite la clause par laquelle le père et la mère, en faisant à leur enfant, par contrat de mariage une donation en avancement d'hoirie, stipulent que le donataire dans le cas où il voudrait, après leur décès, prendre part au partage de leurs successions, serait tenu de rapporter outre le capital les intérêts de la dot à dater de la réception des capitaux (Trib. Rodez, 15 févr. 1869) (1). La cour de Montpellier, par un arrêt du 2 déc. 1869 (aff. Faral, D. P. 74. 5. 468), a confirmé cette solution. Plus récemment un arrêt de la même cour, du 10 août 1887 (2), a prononcé la nullité d'une institution contrac-

(1) (Faral et autres C. Espié et autres.) — Le tribunal; — Attendu qu'en constituant en dot 7000 fr. à chacune des femmes Palliès, Garrigues et Espié, leurs filles, Antoine Faral et Rose Saurel mariés déclarèrent qu'ils entendaient qu'en cas qu'après leur décès, leurs donataires voulussent prendre part au partage de leurs successions, ils entendaient qu'elles fussent tenues de payer l'intérêt à 3 p. 100 de leurs constitutions dotales, à dater des époques des payements des capitaux; que cette condition qui n'a pas été imposée à trois autres enfants auxquels des avancements d'hoirie égaux ont été faits, est insolite et en opposition avec les termes de l'art. 856 c. nap.; qu'elle tendait à contraindre les trois filles Faral, dans les contrats de mariage desquels elle a été écrite, à renoncer aux successions de leur père et mère, lorsqu'elles s'ouvriraient, en se contentant d'une somme d'argent au lieu de pouvoir demander leur part en nature et en procurant par l'abandon d'une partie de leurs droits de réserve un avantage indirect en dehors des limites légales, à leurs frères et sœurs, résultat contraire aux dispositions des art. 826, 915 et suiv. c. nap.; qu'elle créerait, d'ailleurs, une obligation inique, en obligeant les femmes à rapporter des intérêts dont l'art. 1549 c. nap. attribuait la propriété et la disposition aux maris; qu'enfin, elle donnerait à la donation à laquelle elle a été apposée les caractères d'un traité sur succession future; que si une donation peut être faite à la charge de renoncer à une succession non ouverte, c'est lorsqu'elle constitue une pure libéralité et lorsque la condition sous laquelle elle est faite laisse au donataire une pleine liberté d'option; que la constitution de dot n'est pas une libéralité pure et simple; qu'elle participe du caractère onéreux des conventions matrimoniales; — Que les intérêts ou fruits qu'elle doit produire, essentiellement destinés aux charges du mariage, le sont par conséquent à être consommés à mesure qu'ils sont réalisés et non à être capitalisés; — Qu'en obligeant l'enfant doté à rapporter les intérêts d'un avancement d'hoirie, accumulés pendant un temps indéterminé, contrairement à l'esprit de la loi, dans le cas où il accepterait les successions futures des donateurs, on lui ôte la liberté d'opter entre l'acceptation de ces successions et la renonciation; car en cas d'acceptation, il devrait rendre plus qu'il n'aurait reçu, c'est-à-dire outre le capital qu'il tient de ses donateurs, des intérêts qui ne leur ont jamais appartenu; — Qu'on peut même le placer dans la nécessité d'abandonner une partie de sa réserve, soit qu'il renonce à l'héritage de ses parents, soit qu'il l'accepte; — Que telle est la situation qui serait faite à la femme Palliès, qui, ayant droit à une réserve de 10000 fr., aurait eu en capital 3000 fr. de moins que les autres réservataires, même que la femme Calnels, qui avait reçu une dot égale à la sienne plus tôt qu'elle, en cas qu'elle eût renoncé aux successions de ses père et mère, et qui en les acceptant, serait tenue de rapporter, en capital et intérêts, 10435 fr., c'est-à-dire plus qu'elle n'aurait à prendre; — Que les femmes Garrigues et Espié, mariées après elle, auraient moins à rapporter, mais subiraient néanmoins une perte considérable; — Que l'obligation de rapporter les intérêts de leurs dots imposée exceptionnellement à ces trois filles Faral constitue une clause spéciale destinée à rendre nécessaire leur renonciation aux successions de leur père et mère, après l'ouverture de ces successions, ce qui équivaudrait à une renonciation actuelle, puisqu'elle serait acquise d'ores et déjà et, par suite, à un traité sur succession future radicalement nul; — Que la clause dont il s'agit doit donc être réputée non écrite aux termes de l'art. 900 c. nap.; — Qu'on oppose vainement que l'enfant n'a pas d'action contre ses père et mère pour un établissement quelconque, et que, par suite, le père et la mère peuvent apporter aux dons qu'ils font à leurs enfants telles conditions qu'ils veulent, car en dotant leurs enfants ils remplissent une obligation naturelle; ce qui a été reçu en exécution d'une telle obligation n'est pas sujet à restitution, et, dès lors, la constitution de dot ne peut pas être altérée de manière à ne plus répondre à sa destination et à devenir une sorte de prêt, avec accumulation illimitée et ruineuse des intérêts du capital payé; — Que si le père de famille a, en général, la liberté de disposer de ses revenus comme il l'entend, cette liberté a des limites et ne peut pas aller jusqu'à permettre à un père de faire servir les intérêts futurs d'une somme donnée par lui, et qui, dès lors, ne lui appartiennent pas, à assurer l'exécution d'une convention illicite; — Qu'ainsi, à tous les points de vue, il y a lieu de reconnaître que les femmes Paillès, Garrigues et Espié ne sont pas liées par la clause de leurs contrats de mariage qui les obligerait à rapporter les intérêts de leurs dots, et que les capitaux de ces dots sont seuls rapportables; — Par ces motifs, etc.

Du 15 févr. 1869.-Trib. civ. de Rodez, 1re ch.-MM. Galtier, pr.-Boistard, proc. imp.-Bres, Rodat et Gaffier, av.

(2) (Terral C. Laur.) — La cour; — Attendu qu'aux termes du contrat de mariage de Philibert Terral et de Marie Laur, dressé par Me Reynès, notaire au Truel, le 27 avr. 1875, les époux Laur firent donation à leur fille, future épouse, à titre d'avancement d'hoirie, de tous les droits successifs, tant mobiliers qu'immobiliers, pouvant leur revenir du chef de leur père et mère, frère et sœurs décédés au lieu de Savignac ou aux environs; qu'à l'occasion dudit mariage et par le même acte, Pierre Terral, propriétaire à Savignac, oncle de la future épouse, lui fit donation entre vifs de tous ses biens meubles et immeubles, présents et à venir, consistant lesdits immeubles en maison d'habitation et bâtiments ruraux, jardins, prés, champs, etc., situés au lieu de Savignac ou aux environs, à la condition que la future épouse ne prendrait aucune part dans les successions de ses père et mère, à l'exception de ce qui venait de lui être constitué en avancement d'hoirie, et que la donation serait réputée nulle et non avenue si la donatrice ne renonçait pas purement et simplement aux susdites successions lorsqu'elles viendraient à s'ouvrir; qu'en outre, Marie Laur fut tenue et chargée de payer au décès du donateur une somme de 10000 fr. à Christine Laur, épouse Matet, sa sœur, et que cette seconde donation fut également faite à cette dernière sous la condition expresse qu'elle répudierait purement et simplement, à leur ouverture, les successions paternelle et maternelle, faute de quoi ladite somme de 10000 fr. reviendrait à Louis Laur, son frère; — Attendu que les époux Matet, demandeurs au partage de la succession de Claire Terral, épouse Laur, leur mère et belle-mère, soutiennent que la donation faite par Pierre Terral à Marie Laur dans le contrat de mariage précité, est nulle et de nul effet, comme constituant, à raison de la condition à laquelle elle a été soumise, un pacte sur succession future prohibé par les art. 791 et 1130 c. civ., et qu'ainsi la succession de la *de cujus* doit comprendre les biens de Pierre Terral, son frère, décédé le 18 oct. 1883; qu'il est objecté par la partie de Me Arnal que la disposition dont s'agit ne renferme aucun acte prohibé, et offrait simplement à la donatrice une libre option entre la libéralité qui lui était faite et sa part dans les hérédités paternelle et maternelle; — Attendu, à cet égard, que le donateur, en subordonnant les droits successifs de Marie Laur à la perte du bénéfice de sa libéralité, en a manifestement réglementé et entravé l'exercice, et que la donatrice s'est implicitement engagée par avance, en acceptant la donation, à répudier les successions de ses père et mère, si elle ne renonçait pas au bénéfice de cette donation; qu'on ne peut méconnaître dans une pareille stipulation, imposée par le donateur et acceptée par la donataire, le caractère d'un pacte contraire à la loi sur une succession non ouverte;

Attendu, en outre, que les faits et documents du procès, et les termes du contrat de mariage du 27 avr. 1875, démontrent que ces diverses dispositions émanent d'une pensée commune tendant

tuelle faite par un oncle au profit de sa nièce sous la condition que celle-ci ne recueillerait aucune part dans la succession non encore ouverte de ses père et mère. Pour le décider ainsi, la cour a considéré que la condition jugée illicite avait été la cause impulsive et déterminante de la disposition. La jurisprudence de la cour de cassation se prononce en faveur de la validité de la condition (Aux arrêts déjà cités au *Rép.* nos 177 et suiv. et v° *Obligations*, n° 444-2°, il faut joindre: Civ. cass. 25 nov. 1857, aff. Sollier, D. P. 57. 1. 425-426). Il est vrai que dans l'espèce qui a motivé ce dernier arrêt, la condition de renoncer affectait un legs; mais ainsi qu'il a été dit plus haut, la distinction entre le legs et la donation ne saurait se justifier. D'ailleurs les motifs de l'arrêt précité sont généraux et ne comportent aucune distinction ; « Attendu que cette disposition n'interdisait aucunement à la fille l'exercice des actions qui pouvaient lui appartenir comme héritière de sa mère; qu'elle ne contenait donc aucun pacte sur une succession future, mais offrait seulement à la fille, entre le legs de son père et l'action en reprise de ses droits maternels, une option qui la laissait parfaitement libre dans son choix ». Dans le même sens, il a été jugé que la constitution de dot par un aïeul à sa petite-fille peut être subordonnée à la condition que celle-ci renoncera à la succession de ses père et mère, si mieux elle n'aime exercer ses droits successifs et renoncer à la dot; qu'il n'y a, dans une pareille stipulation, ni un pacte sur succession future, ni une clause contraire aux lois ou aux mœurs, et devant à ce titre être réputée non écrite (Grenoble, 7 janv. 1873, aff. Huguet, D. P. 73. 2. 108).

54. La seconde condition qualifiée de charge au *Rép.* n° 179, est la défense d'aliéner les biens donnés. Cette condition ne doit pas être confondue avec la condition d'inaliénabilité, qui porte directement sur les biens et tend à leur donner un caractère juridique que la loi ne reconnaît pas. La condition d'inaliénabilité est, pour ce motif, juridiquement impossible. Au contraire, la défense d'aliéner ne frappe que la personne; elle impose au bénéficiaire une abstention dont l'observation dépend de sa volonté. Cependant, ainsi qu'il a été dit au *Rép.* n° 179, la défense d'aliéner inscrite dans une libéralité doit, en principe, être considérée comme illicite (Aubry et Rau, t. 7, § 692, p. 296; Bartin, *op. cit.*, p. 165 et suiv.). Les motifs de cette décision ne doivent pas être tirés de la nature du droit de propriété ou de l'intérêt général du crédit; ces arguments, qui sont décisifs pour faire proscrire la condition d'inaliénabilité, portent à faux en ce qui touche la défense d'aliéner, qui ne tend qu'à créer une obligation personnelle. Si la défense d'aliéner doit être réputée illicite, c'est parce que l'obligation qu'elle prétend imposer au bénéficiaire emporterait privation de l'un des attributs essentiels de la personnalité juridique, de la liberté du travail, dont la faculté de disposer est l'une des manifestations.

55. Toutefois, après avoir ainsi proclamé en règle générale la nullité de la défense d'aliéner, les auteurs s'accordent à y apporter un tempérament pour le cas où, en acceptant la condition dont s'agit, le bénéficiaire ne ferait qu'user de son droit de disposition. Et, en effet, la liberté du travail, si elle a besoin d'être protégée contre les clauses qui en paralyseraient complètement la jouissance, ne peut s'exercer qu'au moyen d'engagements qui ont pour effet de limiter partiellement et dans une mesure restreinte cette liberté. S'inspirant de cette idée, les auteurs récents reconnaissent la validité de la défense d'aliéner, lorsque cette condition a pour but de garantir soit l'intérêt du disposant, soit l'intérêt d'un tiers, soit même aussi l'intérêt du donataire ou du légataire (V. en ce sens : Demolombe, t. 1, n° 294, p. 323 ; Aubry et Rau, t. 7, § 692, p. 296, notes 33 et 34; Bartin, *op. cit.*, p. 173). M. Laurent est le seul qui condamne dans tous les cas la défense d'aliéner, sans admettre aucun tempérament ni exception (t. 11, n° 460).

56. Les solutions données par la jurisprudence admettent, pour la plupart, les distinctions que nous avons indiquées plus haut. Les arrêts ne sont pas toujours, il est vrai, d'accord sur les motifs qui doivent servir de base juridique à leurs décisions. C'est ainsi, notamment, que quelques-uns considèrent la condition de ne pas aliéner comme une atteinte au régime de la propriété ou à la capacité des personnes. Or si la défense d'aliéner devait être envisagée ainsi, on ne saurait sous aucun prétexte et dans aucun cas la tenir pour valable. — Dans le sens des arrêts rapportés au *Rép.* n° 179 comme annulant la défense d'aliéner, il a été décidé : 1° que la prohibition absolue d'aliéner contenue dans un testament, et qui n'a pour objet ni l'intérêt des héritiers du testateur, ni celui d'un tiers, mais seulement celui du légataire, doit être réputée non écrite, comme contraire au principe de la libre circulation des biens (Req. 19 mars 1877, aff. Despinoy, D. P. 79. 1. 455); — 2° Que la clause par laquelle le testateur interdit au légataire universel de disposer non seulement des biens légués, mais encore des revenus de ces biens, avant que le dernier de ses enfants ait atteint sa vingt-cinquième année, doit être réputée non écrite comme contraire à la loi et à l'ordre public, alors surtout qu'elle n'est justifiée ni par l'intérêt légitime du disposant, ni par celui de l'un des légataires (Alger, 20 janv. 1879, aff. Michel, D. P. 79. 2. 143).

57. D'un autre côté, les conditions restrictives de la faculté d'aliéner ont été maintenues dans les cas suivants, qu'il convient de rapprocher des décisions indiquées au *Rép.* n° 180. — Dans certaines hypothèses, la défense d'aliéner a été introduite en faveur du disposant; parmi celles-ci, la plus intéressante comme aussi la plus favorable est celle où le disposant a voulu par ce moyen garantir un droit de retour à son profit. Tous les arrêts lui reconnaissent ce droit, à l'exception d'un seul, émané de la cour de Lyon, qui a annulé, comme contraire à la loi, la clause d'une donation portant que le donataire ne pourra pendant la vie du donateur, et même avec son consentement, aliéner ni hypothéquer les biens donnés (Lyon, 12 juin 1856, aff. Reynard, D. P. 56. 2. 224). Cet arrêt d'ailleurs a été cassé (Civ. cass. 20 avr. 1858, aff. Crémieux, D. P. 58. 1. 154), et la jurisprudence a persévéré depuis dans cette doctrine en déclarant valable et obligatoire : 1° la condition, apposée à une donation d'immeubles, que les donataires ne pourront aliéner ni hypothéquer les immeubles donnés du vivant du donateur (Paris, 15 avr. 1858, aff. Créton, D. P. 59. 2. 10); — ... 2° L'interdiction, imposée au donataire par un père donateur avec réserve d'usufruit, d'aliéner les immeubles compris dans la donation pendant toute la durée de l'usufruit (Req. 27 juill. 1863, aff. Douillet, D. P. 64. 1. 494); — ... 3° La clause d'un partage anticipé par laquelle

---

au même but, et que la donation de Pierre Terral à sa nièce, future épouse, se reliait étroitement à celle que lui faisaient ses père et mère ; qu'il est manifeste que l'attribution à Marie Laur des biens de Savignac, qui lui étaient donnés en avancement d'hoirie, a été, sous la charge par elle de renoncer aux successions paternelle et maternelle, une condition essentielle de la libéralité de son oncle ; que cette condition était irréalisable, puisque les époux Laur avaient antérieurement, par le contrat de mariage du 7 nov. 1874, disposé de leur quotité disponible en faveur de leur fils Louis, et que la renonciation de Marie Laur à leurs successions l'avait ainsi obligée à rapporter, sans y prendre part, les biens qui lui étaient donnés en avancement d'hoirie ; qu'il y a donc lieu de déclarer non seulement illicite, mais encore impossible, la condition imposée par Pierre Terral à sa donataire ;

Attendu que la partie de Me Arnal excipe subsidiairement de l'art. 900 c. civ., d'après lequel, toutes dispositions impossibles ou contraires aux lois ou aux mœurs doivent être réputées non écrites; — Mais attendu que Terral n'a gratifié et n'a voulu gratifier sa nièce qu'à la condition qu'elle renoncerait dès l'ouverture aux successions de ses père et mère pour s'en tenir à l'avancement d'hoirie qui lui avait été constitué ; que les dispositions de l'acte public du 27 avr. 1875, considérées soit isolément, soit dans leur ensemble, démontrent que cette condition *sine qua non* à l'inobservation de laquelle Terral a lui-même expressément attaché la sanction de la nullité, a été, non un accessoire de la donation, mais l'objectif principal du donateur ; que ladite condition ne saurait donc être réputée non écrite et détachée ainsi de la libéralité dont elle a été la cause impulsive et déterminante, et qu'il y a lieu de prononcer la nullité de la donation qu'elle vicie ;

Par ces motifs ; — Sans s'arrêter à l'appel de Philibert Terral, ès qualité qu'il s'agit, l'en démettant, ainsi que de ses fins et conclusions tant principales que subsidiaires ; — Dit qu'il a été bien jugé, mal appelé, confirme le jugement entrepris, et ordonne qu'il sortira son plein et entier effet ; — En conséquence, déclare nulle et de nul effet la donation faite par Pierre Terral à Marie Laur dans le contrat de mariage du 27 avr. 1875, etc.

Du 10 août 1887.-C. de Montpellier.

l'ascendant donateur interdit aux donataires de vendre, hypothéquer et aliéner d'aucune façon les biens donnés, pendant la vie du donateur et sans son consentement exprès (Angers, 18 déc. 1878, aff. Guyard, D. P. 79. 2. 172); — 4° Enfin il a été jugé, par interprétation des actes, que la condition soumettant le donataire à l'obligation de ne pouvoir vendre, ni engager les biens donnés sans le consentement du donateur ne créait pas un droit exclusivement attaché à la personne du donateur, et qu'en conséquence, un des créanciers de ce dernier pouvait se prévaloir de la condition susénoncée pour demander la nullité d'une hypothèque consentie sans l'adhésion du donateur (Req. 21 juill. 1868) (1).

58. Dans les hypothèses précédentes, un lien de parenté unissait le disposant au gratifié; mais la solution serait la même si ces deux personnes étaient étrangères l'une à l'autre. C'est ce qui a été décidé dans le cas où le disposant, qui s'était réservé l'usufruit du bien donné, avait stipulé, pour éviter des rapports éventuels avec de nouveaux nu propriétaires, que le bien grevé d'usufruit ne pourrait être aliéné (Grenoble, 25 janv. 1860, aff. Regnard, D. P. 61. 5. 104; Req. 27 juill. 1863, cité *suprà*, n° 57).

59. La défense d'aliéner peut encore avoir pour cause, dans la doctrine des arrêts, l'intérêt d'un tiers. Ainsi a été déclarée licite et valable la clause d'un testament qui déclare incessible et insaisissable un droit d'usufruit alors que la nue propriété est léguée aux enfants du légataire de l'usufruit, la prohibition d'aliéner étant imposée dans l'intérêt des légataires de la nue propriété, pour prévenir des causes de conflit en maintenant l'usufruit sur la tête d'une personne étroitement unie aux nu-propriétaires par les liens de la parenté (Req. 9 mars 1868, aff. Tibi, D. P. 68. 1. 309). — De même, on a validé la clause pénale par laquelle le testateur, après avoir mis à la charge du légataire le payement d'une rente viagère à un tiers et, pour garantie du service de cette rente, fait défense à ce légataire d'aliéner, jusqu'à extinction de ladite rente, aucun des immeubles légués sous peine de perdre tout droit aux immeubles aliénés (Douai, 27 avr. 1864, aff. Vasseur, D. P. 64. 2. 89). La cour de cassation a ratifié cette solution (Req. 12 juill. 1865, même affaire, D. P. 65. 1. 475).

60. Enfin, l'intérêt du gratifié lui-même a suffi dans certains cas à faire maintenir une clause portant défense d'aliéner. L'arrêt de la chambre des requêtes du 7 févr. 1831, rapporté au *Rép.* n° 180-3°, marque le premier pas fait dans cette voie. Dans l'espèce qui a motivé cet arrêt, l'interdiction d'aliéner était destinée, dans la pensée du disposant, à protéger le gratifié contre ses habitudes de dissipation; aussi la prohibition ne devait-elle cesser qu'avec la vie du donataire. Des arrêts plus récents ont validé, à différentes reprises, des clauses portant défense d'aliéner dans l'intérêt unique du gratifié; mais il convient de noter que cette interdiction n'avait qu'un caractère transitoire et devait cesser, tantôt lorsque le donataire aurait atteint un âge déterminé, tantôt au moment de son mariage. C'est ainsi qu'il a été jugé : 1° que la prohibition d'aliéner imposée au légataire jusqu'à ce qu'il ait atteint sa trentième année est licite et obligatoire (Lyon, 15 mars 1854) (2); — 2° Que la disposition testamentaire aux termes de laquelle le légataire ne peut aliéner les biens légués avant d'avoir atteint l'âge de vingt-cinq ans est valable (Req. 11 juill. 1877, aff. Cormerais, D. P. 78. 1. 62); — 3° Que la condition inscrite dans une donation, et portant que les choses données seront incessibles et inaliénables jusqu'au mariage du donataire, est valable (Paris, 16 févr. 1859) (3). — Au contraire, la prohibition d'aliéner pendant toute la vie du donataire, telle que l'avait validée l'arrêt précité du 7 févr. 1831, a été déclarée non écrite comme contraire à la libre circulation des biens, alors que cette défense n'avait pour objet ni l'intérêt des héritiers du testateur, ni celui d'un tiers, mais seulement l'intérêt du légataire (Req. 19 mars 1877, aff. Despinoy, D. P. 79. 1. 455). De la comparaison entre ce dernier arrêt et celui du 11 juill. 1877 précité, résulte avec évidence cette conclusion, que la cour de cassation a entendu abandonner la formule générale contenue dans l'arrêt du 7 févr. 1831. Si l'intérêt unique du bénéficiaire peut encore être pris en considération pour justifier une clause portant défense d'aliéner, c'est à la condition que cette prohibition ne sera que temporaire et de courte durée. De là, une différence caractéristique entre l'interdiction d'aliéner, motivée par l'intérêt du donataire, et les clauses du même genre inscrites dans l'intérêt du donateur ou d'un tiers.

61. La clause portant défense de saisir doit prendre place à côté de la clause portant interdiction d'aliéner. Il y

---

(1) (Thibaudeau C. Prouzeau.) — LA COUR; — Sur le moyen unique du pourvoi : — Attendu qu'il est déclaré par le jugement attaqué et non méconnu par le demandeur : 1° que la donation du 2 nov. 1856 avait eu lieu sous la condition d'une rente viagère au profit de Simonneau père, donateur; 2° que cette rente était hypothéquée sur les biens donnés; 3° qu'il était interdit au donataire d'hypothéquer, sans le consentement du donateur, les biens donnés affectés à la sûreté de la rente viagère; 4° que, le 19 août 1860, Simonneau fils, conjointement avec son père, hypothéqua les biens dont s'agit au profit de la veuve Prouzeau, défenderesse éventuelle, qui fut en outre subrogée à l'hypothèque stipulée au profit de Simonneau père le 2 nov. 1856; mais que l'hypothèque consentie le 19 août 1860 ne fut inscrite que le 20 octobre suivant; 5° qu'enfin, dans l'intervalle, le 2 octobre, Simonneau fils, sans le consentement de son père, c'est-à-dire contrairement à l'interdiction de l'acte de donation, consentit à la demoiselle Thibaudeau, aujourd'hui demanderesse en cassation, une hypothèque qui fut inscrite le 12 octobre, huit jours avant l'inscription de l'hypothèque consentie à la veuve Prouzeau; — Attendu qu'en cet état des faits, en décidant que la veuve Prouzeau, subrogée aux droits de Simonneau père, avait intérêt, qualité et droit pour faire prononcer la nullité, à son égard, de l'hypothèque consentie à la demanderesse en cassation par Simonneau fils, le jugement attaqué n'a pu violer aucune des dispositions légales invoquées par le pourvoi; — Qu'en effet, une fois décidé souverainement, par interprétation des actes, que les droits réservés au donateur par l'acte du 2 nov. 1856 n'étaient point exclusivement attachés à sa personne, aucun principe de droit ne s'opposait à ce qu'il pût céder ses droits ou y subroger; — Rejette, etc.

Du 21 juill. 1868.-Ch. req.-MM. Bonjean, pr.-Dagallier, rap.-P. Fabre, av. gén., c. conf.-de Saint-Malo, av.

(2) (Roux C. Crochet.) — Le 28 juill. 1853, le tribunal civil de Lyon a rendu le jugement suivant : — « Attendu qu'en instituant Guillaume Roux pour son légataire universel, Guillaume Gérin, dit Giraud, lui a imposé la condition expresse de ne pouvoir, avant d'avoir atteint sa trentième année, aliéner tout ou partie des biens qu'il lui laissait; — Attendu que cette condition, imposée seulement pour un certain temps, n'a rien de contraire à la loi; qu'elle est sage et prévoyante, puisqu'elle a eu pour but de prévenir le légataire universel contre les goûts de dissipation assez habituels à la jeunesse, et qu'en l'insérant dans l'acte de ses dernières volontés, le testateur n'a eu en vue que l'intérêt de son légataire Guillaume Roux; — Attendu que, par le même testament, Gérin, dit Giraud, a légué certaine quotité d'usufruit à Anne Roux, mère de son légataire universel, sous la condition qu'elle ne se marierait pas; que, malgré cette prohibition, Anne Roux s'est mariée; mais qu'il n'existe aucune corrélation entre cette clause de prohibition et celle par laquelle il est défendu à Guillaume Roux d'aliéner les biens donnés avant sa trentième année; que par conséquent, on interpréterait mal les dispositions de Gérin, dit Giraud, si l'on décidait qu'il a entendu affranchir Guillaume Roux de toute prohibition, dans le cas où Anne Roux viendrait à se marier; ... — Le tribunal dit et prononce que, conformément à la défense contenue dans le testament de Guillaume Gérin, dit Giraud, Guillaume Roux ne pourra, avant d'avoir atteint sa trentième année, aliéner en tout ou en partie les biens compris dans le legs universel que ledit Guillaume Gérin, dit Giraud, lui a fait; déboute, en conséquence, Guillaume Roux de sa demande. » — Appel par le sieur Roux. — Devant la cour, on a soutenu que son action n'était pas recevable, attendu qu'elle avait été introduite contre l'exécuteur testamentaire du défunt, lequel était sans qualité pour représenter les héritiers. — Arrêt.

LA COUR; — Considérant, en droit, que l'exécuteur testamentaire remplit un mandat qui consiste dans la surveillance de l'exécution du testament; qu'il ne représente point les héritiers; qu'il ne peut être, dès lors, le contradicteur à une demande ayant pour objet de faire décider la validité ou la nullité d'une condition mise à un legs universel, demande intéressant directement et essentiellement les héritiers; — Considérant, dans l'espèce et d'après ces principes, que l'action de Guillaume Roux a été introduite contre une partie sans qualité et sans droit pour y défendre; — Met à néant l'appellation et le jugement dont est appel; infirmant, déclare Guillaume Roux non recevable dans sa demande dirigée contre Crochet, etc.

Du 15 mars 1854.-C. de Lyon, 1re ch.-MM. Gilardin, 1er pr.-Valentin, av. gén.-Mouillaud, Barioz et Roux, av.

(3) (Duchesne C. Serret et Boyer.) — Le 16 déc. 1858, jugement

a entre elles deux une analogie manifeste. Suivant M. Bartin, *op. cit.*, p. 193 et 194, le donateur ou testateur ne peut rendre les biens donnés insaisissables, pas plus qu'il n'a le pouvoir de leur conférer le caractère d'inaliénabilité. A ce point de vue, la clause d'insaisissabilité constitue une condition juridiquement impossible, au même titre que la clause d'inaliénabilité. Mais M. Bartin, de même qu'il reconnaît la validité de cette dernière clause, en tant qu'elle consiste dans un engagement pris par le donataire qui s'oblige à ne pas aliéner, admet que la défense de saisir devient valable sous la forme d'une promesse personnelle du fait d'autrui. Le donataire s'oblige, en ce cas, à ne pas encourir la saisie : il promet que ses créanciers ne saisiront pas l'objet donné. On sait que l'art. 1120 c. civ. autorise formellement une promesse de ce genre. Après avoir ainsi mis en lumière les caractères communs à l'une et à l'autre clause, M. Bartin conclut à la validité de la défense de saisir, sous les mêmes restrictions que celles qu'il a formulées pour l'interdiction d'aliéner. « Lors donc, dit cet auteur, qu'elle aura pour cause l'intérêt du disposant ou d'un tiers, la défense de saisir sera licite, et donnera ouverture à l'action en résolution si la saisie se produit, sans qu'il y ait à distinguer suivant que la créance du saisissant serait antérieure ou postérieure à l'acte conditionnel. Lors, au contraire, qu'elle interviendra dans le seul intérêt du gratifié, comme elle tendra en réalité à lui imposer l'obligation de ne pas s'obliger, elle impliquera pour l'avenir l'abolition complète et non l'abstention légitime du droit qu'il a de s'obliger. Elle sera donc forcément illicite et nulle, sans qu'il y ait davantage à distinguer suivant que la saisie aurait pour auteur un créancier antérieur ou un créancier postérieur à l'acte conditionnel ».

Ce système est à nos yeux très rationnel. Toutefois il ne paraît avoir été admis par les arrêts que dans le cas où la condition d'insaisissabilité se trouve être complétée par une clause d'inaliénabilité. Il a été jugé, notamment, que l'interdiction imposée au donataire par son père donateur avec réserve d'usufruit, d'aliéner les immeubles compris dans la donation pendant toute la durée de l'usufruit rend ces immeubles insaisissables pendant ce même laps de temps. Cette insaisissabilité, étant établie dans l'intérêt du donateur, sera opposable aussi bien aux créanciers postérieurs à la donation qu'aux créanciers antérieurs (Req. 27 juill. 1863, cité *suprà*, n° 57).

62. Il y a lieu de remarquer que le système enseigné par M. Bartin, et auquel nous adhérons, vise uniquement les dispositions portant sur des immeubles. Les meubles et sommes d'argent en sont exceptés, à raison du régime particulier auquel les soumettent les art. 581 et 582 c. proc. civ. L'art. 581 permet, en effet, de frapper d'une véritable insaisissabilité « les sommes et objets » dont le testateur peut disposer. L'art. 582 déclare que cette insaisissabilité ne sera pas opposable aux créanciers postérieurs à l'acte de disposition. C'est ce système, spécialement édicté pour les sommes d'argent et objets mobiliers, que MM. Aubry et Rau, t. 7, § 692, p. 297, et avec eux la jurisprudence ont étendu par assimilation aux donations d'immeubles. Plusieurs arrêts ont décidé : que la clause testamentaire, qui frappe d'insaisissabilité les immeubles légués, est valable, alors qu'elle s'applique à des biens dont le testateur avait la libre disposition (Req. 10 mars 1852, aff. Lefrançois, D. P. 52. 1. 111); — Que les immeubles donnés ou légués peuvent être déclarés insaisissables, en vertu de l'art. 581, aussi bien que les objets mobiliers (Req. 27 juill. 1863, aff. Douillet, D. P. 64. 1. 494. V. également : Civ. cass. 20 déc. 1864, aff. de Noucaze, D. P. 65. 1. 24). Tous les arrêts limitent d'ailleurs l'effet de la clause aux seuls créanciers antérieurs à la donation, conformément à la règle inscrite dans l'art. 581. Enfin un arrêt de la cour de Poitiers, du 12 mars 1885 (aff. Furgier, D. P. 86. 2. 279), a annulé une clause d'insaisissabilité attachée par le donateur à des immeubles compris dans un partage d'ascendant, par le motif que cette clause avait été insérée dans l'intérêt exclusif des donataires. On a vu que le même correctif existe dans la théorie de M. Bartin. — M. Demolombe, t. 1, n°s 310 et 311, s'accorde avec l'auteur précité pour limiter la portée de l'art. 581 c. proc. civ. aux seuls objets qui y sont indiqués, c'est-à-dire aux meubles et sommes d'argent. En conséquence, les immeubles ne peuvent être, suivant lui, frappés d'insaisissabilité. C'est aussi l'opinion de M. Laurent, t. 11, n°s 471 et suiv. Nous pouvons citer dans le même sens un arrêt de la cour de cassation de Belgique qui décide que la clause par laquelle un donateur déclare les immeubles dont il dispose insaisissables par les créanciers du donataire antérieurs à la donation, est contraire à la loi et doit être déclarée non écrite (C. cass. Belgique, 2 mai 1878, aff. Raick, D. P. 79. 2. 171).

63. Pour nous conformer à l'ordre suivi au *Répertoire*, il nous faut examiner maintenant une clause qu'on rencontre fréquemment dans les testaments ou partages d'ascendant; c'est celle qui interdit aux héritiers ou copartageants d'attaquer les dispositions prises par leur auteur. La question de savoir si une clause de ce genre peut être maintenue a été résolue au *Rép.* n° 183, au moyen d'une distinction, suivant que la disposition dont le testateur a voulu assurer le respect porte atteinte à un droit purement privé, ou au contraire touche à un intérêt public. Cette distinction quelque peu délicate demande des explications complémentaires. Il importe d'observer que les droits dont il est ici question n'intéressent à proprement parler ni l'ordre public, ni les bonnes mœurs. Ce sont des droits purement civils, qui se traduisent par un intérêt pécuniaire. Il n'est pas douteux, d'ailleurs, que la personne investie de ces droits puisse à son gré ne pas les exercer. Il semble donc qu'on doive pouvoir tout aussi valablement lui imposer la renonciation au droit en question en échange d'un legs ou d'une gratification qu'on lui fait. A l'appui de cette opinion on dira que la clause dont il s'agit n'est pas attentatoire à la liberté de la personne gratifiée, c'est une simple option qu'on lui propose entre le droit auquel elle renonce et le bénéfice du legs. Nous rencontrons ici la théorie de l'option, que la jurisprudence a fait intervenir chaque fois qu'elle a voulu valider une clause pénale appartenant à la catégorie qui nous occupe. Mais cette théorie n'est pas rigoureusement exacte : la preuve en est qu'au lieu de l'appliquer toujours et dans tous les cas, ce qui aurait eu pour conséquence de valider indistinctement toutes les clauses pénales de cette nature, la jurisprudence s'est prononcée dans certaines hypothèses pour la nullité de la clause. Quelle est donc la raison de cette divergence entre les solutions des arrêts ? Il faut la chercher dans la distinction que nous avons rappelée plus haut et qui est basée sur le caractère des droits que le disposant veut soumettre à l'option. Nous dirons avec M. Bartin, qui s'est attaché à mettre en lumière cette doctrine (*op. cit.*, p. 198 à 238), qu'il n'y a d'option valable que celle dont les deux termes sont licites ; or les seuls droits pécuniaires qu'une condition puisse nous enlever sont ceux qui n'ont pas le caractère d'une garantie légale dirigée contre l'auteur de la condition. Ainsi entre les droits que la loi nous confère uniquement dans notre intérêt personnel et

---

du tribunal de la Seine, ainsi conçu : — « Attendu que, par l'acte du 18 juin 1846, Pinçon de Valpinçon a fait donation aux trois enfants Duchesne d'une rente sur l'État de 610 fr., et d'un capital de 43123 fr. 33 cent., en stipulant qu'il serait fait remploi dudit capital en rentes de même nature; que la part de chacun des enfants Duchesne dans les rentes données ou acquises serait incessible jusqu'à son mariage; qu'en cas de décès de l'un deux survenu avant son mariage, sa part serait acquise aux autres ; que mention de ces conditions serait insérée dans les inscriptions ; — Attendu que de l'ensemble dudit acte il résulte que le donateur a voulu faciliter l'établissement par mariage des donataires, et que c'est pour atteindre ce but qu'il a prescrit que les rentes seraient incessibles jusqu'à ce qu'ils fussent mariés; qu'une semblable clause, qui n'affecte les objets donnés que pour un espace de temps limité, n'a rien de contraire à la loi ; — Attendu qu'il résulte encore de l'ensemble dudit acte que Pinçon de Valpinçon n'a entendu faire qu'une donation conditionnelle, en ce sens que les donataires ne seraient définitivement saisis de l'objet donné qu'après leur mariage; qu'ainsi expliquée, la clause ne présente point les caractères d'une substitution prohibée; — Attendu qu'il suit de ce qui précède que les mentions insérées dans les titres de rentes inscrites sous les noms de Duchesne, et relatives à l'incessibilité jusqu'à son mariage et au droit d'accroissement au profit de ses sœurs, doivent être maintenues, etc. » — Appel par le sieur Duchesne. — Arrêt.

La cour ; — Adoptant les motifs, etc. ; — Confirme, etc.

Du 16 févr. 1859.-C. de Paris, 4e ch.-MM. Poinsot, pr.-Portier, av. gén., c. conf.-Crémieux, av.

ceux que le testateur nous offre, l'option est possible. Si, au contraire, les droits auxquels le testateur prétend nous faire renoncer, ont été institués par la loi non seulement dans notre intérêt personnel mais encore pour des raisons d'utilité sociale, aucune contrainte ne peut être exercée à leur encontre et la clause pénale doit être annulée. La théorie de l'option cesse d'être vraie dans cette hypothèse.

64. La distinction que l'on vient d'indiquer sera rendue plus intelligible par l'examen des solutions de la jurisprudence. On y verra que les arrêts, s'ils n'ont pas toujours rattaché leurs décisions aux vrais principes, s'ils paraissent se guider exclusivement d'après la théorie de l'option, ont su du moins renfermer l'application de cette théorie dans les limites qui viennent d'être précisées. Nous citerons d'abord trois arrêts qui contiennent en germe la distinction susénoncée : 1° un arrêt de la cour de Poitiers du 20 févr. 1861 (aff. Cosset, D. P. 61. 2. 93), déclare « que la clause pénale n'est nulle et ne doit être réputée non écrite, aux termes de l'art. 900 c. civ., qu'autant qu'elle a pour but de protéger une atteinte à l'intérêt public et aux bonnes mœurs »; en conséquence, la cour reconnaît valable et obligatoire la clause pénale par laquelle les père et mère en faisant à leurs enfants l'abandon et le partage anticipé de leurs biens disposent que, dans le cas où l'opération viendrait à être attaquée par quelques-uns des donataires, ils entendent qu'elle produise son effet en faveur de ceux qui déclareront s'y conformer, à titre de préciput et hors part jusqu'à concurrence de la quotité disponible ; — 2° Le second arrêt (Civ. rej. 15 févr. 1870, aff. Beaucourt, D. P. 70. 1. 182), est plus explicite: il valide la clause par laquelle un testateur, après avoir prescrit la vente de certains de ses immeubles, dispose que celui de ses héritiers qui ne respecterait pas ses dernières volontés serait privé de sa part dans la quotité disponible, laquelle est dans ce cas léguée à ses cohéritiers. L'arrêt précité reconnaît que cette disposition porte atteinte aux droits que l'art. 826 c. civ. donne à chaque héritier, mais il ajoute la considération suivante : « Attendu que ce droit a été conféré aux héritiers dans leur intérêt privé; qu'ils peuvent donc y renoncer, comme on peut leur en imposer l'obligation, sans contrevenir par là à aucun principe d'ordre public et sans encourir par de semblables stipulations la nullité édictée par l'art. 900 c. civ. »; — 3° Enfin le principe a été formulé à peu près complètement en ces termes dans le troisième arrêt : « Attendu que si tout testateur peut valablement, pour mieux assurer l'exécution de ses dispositions testamentaires, apporter telle condition ou clause pénale qui lui convient, ce n'est que dans le cas où ces dispositions ont un caractère licite et ne touchent qu'à des intérêts privés ; qu'il n'en a pas le droit lorsqu'elles sont contraires aux prohibitions de la loi ou à l'ordre public (Civ. cass. 22 juill. 1874, aff. Fontaine, D. P. 75. 1. 453). Cet arrêt ne précise pas nettement ce qu'il faut entendre par prohibition de la loi et atteinte à l'ordre public; mais il n'est pas douteux qu'il a voulu viser les droits ayant un caractère d'utilité sociale. L'espèce à laquelle l'arrêt précité fait l'application du principe par lui posé est à cet égard très instructive; il s'agissait d'une clause par laquelle le testateur, après avoir fait le partage de ses biens entre ses deux enfants, déclarait priver de toute sa part dans la quotité disponible celui de ses enfants qui attaquerait son testament pour quelque cause que ce fût. La cour de cassation décide, contrairement à l'opinion de la cour d'appel (Chambéry, 8 juill. 1873, même affaire, D. P. 74. 2. 199), que l'enfant qui se prétend lésé peut attaquer le partage comme portant atteinte à la réserve, et que la peine stipulée ne sera pas encourue dans le cas où la réserve serait effectivement entamée par le partage. Le droit à la réserve présente sans contredit le caractère d'une garantie légale dirigée contre l'auteur de la disposition.

65. On vient de rencontrer un premier exemple de clause pénale illicite. En voici d'autres. Il a été décidé que la clause pénale par laquelle le testateur, après avoir légué à ses petits-enfants la nue propriété de tous ses biens et l'usufruit des mêmes biens à leur mère son héritière légitime, déclare laisser à ses petits-enfants la plus forte quotité disponible, dans le cas où sa fille réclamerait sa réserve, doit être réputée non écrite (Paris, 9 mars 1877, aff. X..., D. P. 78. 2. 34). Ce qui pouvait rendre cette solution douteuse, c'est que l'art. 917 c. civ. a pour effet, dans le cas où une disposition en usufruit excède la quotité disponible, de permettre aux héritiers réservataires d'opter entre l'exécution de cette disposition et l'abandon en pleine propriété de la quotité disponible. Il semble, dans l'hypothèse susénoncée, que le testateur ait voulu précisément présenter une option du même genre à sa fille. Mais l'art. 917 est généralement considéré comme constituant une dérogation spéciale, qui ne peut être étendue par voie d'analogie (V. en ce sens : Aubry et Rau, t. 7, § 683, p. 183). — La cour de cassation s'est également prononcée en ce sens, en décidant que l'art. 917 c. civ., qui confère aux héritiers réservataires l'option entre l'exécution des dispositions en usufruit ou en rentes viagères et l'abandon de la quotité disponible, n'attribue point réciproquement aux donataires et légataires le droit de contraindre les réservataires à exécuter les libéralités ou à se contenter de la réserve (Req. 6 mai 1878, aff. Regnault, D. P. 80. 1. 345).

66. Est également nulle la clause pénale, par laquelle un testateur, après avoir distribué sa succession entre ses enfants et grevé la totalité de cette succession d'une substitution au profit de ses petits-enfants nés ou à naître, déclare dépouiller de toute la quotité disponible ceux des institués qui refuseraient d'exécuter la clause dont s'agit (Paris, 23 déc. 1874, aff. Brocat, D. P. 76. 2. 83). Ici encore le droit que le testateur prétendait enlever à ses héritiers était une mesure de précaution prise par la loi contre l'auteur de la substitution.

67. Seront nulles encore les clauses pénales destinées à couvrir soit un vice de la volonté du disposant, soit l'omission de formalités légales. On a annulé pour ce motif : 1° la clause pénale, dont le but était d'assurer le maintien d'une libéralité, qui était l'œuvre de la captation ou de la suggestion (Req. 27 mars 1855, aff. Bonaventure, D. P. 55. 1. 257); — 2° La clause pénale destinée à protéger un testament contre toute contestation des héritiers du sang fondée notamment sur un vice de forme (Civ. rej. 18 janv. 1858, aff. Moreau, D. P. 58. 1. 24).

68. Il est une hypothèse où le maintien de la clause pénale peut sembler douteux: c'est celle où cette clause a pour but d'assurer l'exécution du legs de la chose d'autrui et, notamment, d'un objet appartenant à l'institué. La jurisprudence est divisée. Plusieurs arrêts, dont les plus importants sont ceux des 1er mars 1830 et 1er mars 1831 cités au *Rép.* n° 187, ont admis la validité de la clause. Un arrêt plus récent (Caen, 9 juin 1874, aff. Léger, D. P. 76. 2. 33) s'est prononcé pour la nullité, et la même solution paraît admise par un arrêt de cassation du 6 juin 1883 (aff. Barbot, D. P. 84. 1. 33). Nous n'hésitons pas à nous ranger du côté de la première opinion, qui est conforme au principe que nous avons précédemment établi. Tout le monde admet que la disposition, par laquelle on charge l'héritier d'acquérir et de livrer à un tiers la chose d'autrui, est valable et ne tombe pas sous le coup de l'art. 1021 c. civ. La condition par laquelle le testateur, en léguant un objet appartenant à son héritier, impose à ce dernier l'obligation de ne pas invoquer l'art. 1021, constitue une disposition de même ordre; elle a pour objet une abstention de l'héritier, au lieu que dans le premier cas c'est une prestation qu'on lui impose.

69. Ici se termine l'examen des clauses pénales illicites. Dans tous les cas où le testament ou le partage que protège une clause pénale ne porte atteinte à aucun des droits que la loi a créés dans un but d'utilité sociale, la clause est valable. Cependant l'héritier conserve le droit d'attaquer ce testament ou ce partage, sauf à échouer dans le procès. Les arrêts ont constamment décidé que dans ce cas la clause pénale était encourue par l'héritier (V. les arrêts cités au *Rép.* n° 187). Toutefois la jurisprudence, ainsi qu'il a été dit au *Rép.* n° 188, se réserve de tempérer la rigueur de la peine, en déterminant quels actes précis de l'héritier doivent en entraîner l'application. Aux arrêts déjà cités en ce sens, *eod. loc.*, il faut joindre les suivants, qui ont décidé : 1° que la clause d'un testament par laquelle le père réduit à leur légitime ceux de ses enfants qui attaqueront ce testament pour accroître d'autant à ceux qui l'exécuteront ne saurait s'appliquer au cas où le testament, bien qu'ayant été attaqué, n'en reçoit pas moins, en vertu d'une décision de la justice, le mode d'exécution que le testateur avait en vue

(Bourges, 15 févr. 1860) (1); — 2° Que la déchéance prononcée par le testateur contre les héritiers ou légataires qui soulèveraient des difficultés pour l'exécution de ses volontés, peut n'être pas encourue par le légataire d'une rente viagère qui a requis pour garantie de cette rente l'inscription d'une hypothèque, encore bien que le testateur ait interdit de prendre aucune hypothèque sur les immeubles de la succession pour sûreté d'aucun legs (Req. 20 févr. 1882, aff. de Béarn-Viana, D. P. 82. 1. 363).

70. Les solutions qui précèdent se rattachent, d'ailleurs, à une observation plus générale indiquée au *Rép.* n° 189, c'est que les tribunaux jouissent d'un pouvoir discrétionnaire pour apprécier et déterminer le sens et la portée des clauses et conditions insérées dans les testaments ou donations. Ce principe a trouvé son application dans les cas suivants, ou il a été jugé : 1° que bien que le testateur ait déclaré qu'à défaut de l'exécution de sa volonté ses parents seront de plein droit mis en possession de ses biens, à l'exclusion du légataire universel, le juge n'excède pas ses pouvoirs en maintenant la libéralité, si, par une appréciation souveraine des termes du testament et de l'intention du testateur, il constate qu'il y a eu simplement retard dans l'exécution des charges et que la révocation du legs pour ce simple motif serait en opposition manifeste avec les sentiments exprimés dans l'acte testamentaire (Req. 27 juill. 1886, aff. Cartier, D. P. 87. 1. 107); — 2° Que le legs, fait à

---

(1) (Sainthérand C. Chapuis.) — Le 12 mai 1859, le tribunal de Clamecy a rendu le jugement suivant : — « Sur la première question : — Attendu que, dans les actes, on doit rechercher quelle a été l'intention du rédacteur de l'acte, plutôt que de s'arrêter au sens littéral des termes ; que, lorsqu'une énonciation est susceptible de deux sens, il faut de préférence l'entendre dans celui avec lequel elle peut avoir effet ; que dans l'espèce, le notaire, pour satisfaire aux prescriptions de l'art. 973 c. nap., n'avait aucune autre question à adresser à la dame Chapuis que celle tendant à connaître si elle savait ou non signer ; qu'il y a présomption suffisante qu'il ne lui en a pas fait d'autre, et que quand il a consigné sa réponse en ces termes : *La dame testatrice a déclaré ne savoir ni lire ni écrire*, il a entendu par là, mentionner qu'elle ne savait pas écrire son nom ; que le vœu de la loi a donc été suffisamment accompli, et que le testament de la dame Chapuis ne peut être déclaré nul en la forme ; — Sur la deuxième question :... (Sans intérêt) ; — Sur la troisième question : — Attendu que l'art. 1075 c. nap., permet aux père et mère de faire entre leurs enfants, par acte entre vifs ou testamentaire, la distribution ou le partage de leurs biens ; que, par cette expression générale *leurs biens*, il faut nécessairement entendre tant les biens propres de chacun des époux que ceux de leur communauté ; que l'on ne comprendrait pas l'utilité de l'art. 1075 si, dans l'intention du législateur, il n'avait été attributif d'un droit spécial, si l'exercice de la faculté qu'il concède aux père et mère était restreint aux biens dont chaque époux a la libre disposition et la propriété exclusive au moment où il en dispose, car chacun d'eux puisait déjà ce droit dans les articles des cinq premiers chapitres du tit. 2, liv. 3, c. nap. ; que l'ancien droit, dans l'intérêt de la famille et en vue de l'établissement des enfants, a toujours admis les partages anticipés ; que l'ordonnance de 1735, art. 17, autorisait même ces actes de partage entre enfants, au moyen de testements et codicilles mutuels faits conjointement par le mari et la femme ; que les art. 1075 et 1076 ont eu pour but de conserver cet ancien état de choses, en soumettant toutefois ces partages aux formalités, conditions et règles prescrites pour les donations entre vifs et ces testaments ; qu'ainsi, si, au lieu de se démettre en faveur de leurs enfants d'une quote-part de leur succession, les père et mère ont, d'un commun accord, liquidé à l'avance cette succession et, pour y parvenir, leur communauté, quoique encore existante, et ont attribué à chaque enfant, pour en jouir après leur décès, une portion déterminée des biens qu'ils présument devoir leur appartenir à leur mort, ce mode de procéder ne change pas le droit ; qu'il ne contrevient point à l'ordre public et est, au contraire, la seule application utile du principe posé dans l'art. 1075 c. nap. ; qu'il n'a point pour but ni pour effet de modifier le contrat de mariage des époux, de porter atteinte à la puissance maritale sur les biens de la communauté, de créer une séparation de biens volontaire, de priver la femme ou ses héritiers du droit de renoncer que leur réserve l'art. 1455 c. nap., ni de permettre au mari de disposer, pendant le mariage, des effets de la communauté, un pareil partage, réalisé par forme de dispositions testamentaires, n'étant que provisionnel comme les partages entre héritiers mineurs et ne devenant définitif qu'à la dissolution de la communauté et qu'autant que, à cette époque, chacun des époux ou leurs héritiers renonceraient, expressément ou tacitement, à exercer les droits qui leur sont réservés par la loi ; que, dans l'espèce, ce mode de partage a été employé par la dame Chapuis mère, non pour éluder la loi, mais pour maintenir dans sa famille l'union, la paix, la bonne harmonie ; qu'il est, en outre, certain que, après le décès de sa femme, le sieur Chapuis père a ratifié ce partage provisionnel par l'exécution qu'il lui a donnée, notamment en dotant sa fille Henriette, aujourd'hui veuve Sainthérand, de biens immeubles qui n'étaient arrivés dans son patrimoine que par suite du testament du 20 juin 1840 ; que tous les héritiers de la femme prédécédée ont abdiqué leur droit de renoncer à la communauté d'entre elle et le sieur Chapuis père, puisque, quant à la dame Sainthérand, elle s'est constitué en dot dans son contrat de mariage du 21 juin 1841, les droits immobiliers lui provenant de la succession de sa mère et déterminés dans le testament de celle-ci ; elle a accepté la donation que son père lui a faite dans le même acte, et, plus tard, elle a fait acte de propriété sur les bois de la Chaume de Lacolière, provenant de cette donation ; puisque, quant au sieur Moïse Chapuis et aux époux Tarault, ils demandent l'exécution de ce testament, et que, quant aux époux Renault et au sieur Charpentier, ils ont évidemment fait acte d'héritiers purement et simplement, en déposant les conclusions qu'ils ont prises dans la cause ; que le tribunal n'a pas à se préoccuper de la question de savoir si tous ces héritiers ont joui par eux-mêmes ou par un *negotiorum gestor* des biens immeubles à eux attribués par le testament prédaté, leur non-jouissance, dans ce dernier cas, se résolvant en un compte de mandat ; qu'ainsi, le testament de la dame Chapuis mère, en date du 20 juin 1840, doit être exécuté selon sa teneur ; — Sur la quatrième question ;... (Sans intérêt) ; — Sur la cinquième question : — Attendu que, pour savoir s'il y a lieu d'appliquer la clause pénale à la dame Sainthérand, aux époux Renault et au sieur Charpentier, il faut rechercher quelle a été l'intention des sieurs et dames Chapuis, père et mère, en insérant cette clause dans leurs testaments ; qu'il est évident, et cela ressort clairement des termes et de l'esprit des deux actes, qu'ils ont cherché le moyen d'empêcher leurs enfants de retomber dans l'indivision par suite de l'anéantissement de leurs dispositions de dernière volonté ; qu'ils ont voulu, dans ce cas, punir celui ou ceux de leurs descendants dont la contestation aurait pour effet de remettre les parties dans l'indivision, mais non pas infliger la peine édictée à toute contestation quelconque ; que toutes leurs dispositions de dernière volonté se trouvant maintenues par suite des décisions ci-dessus, il n'y a donc pas lieu d'appliquer la clause pénale à la dame Sainthérand, non plus qu'aux époux Renault et au sieur Charpentier ; — Par ces motifs, déclare bons et valables les actes testamentaires faits par les sieur et dame Chapuis père et mère, sous les dates des 20 et 22 juin 1840, et ordonne qu'ils continueront à être exécutés selon leur forme et teneur ; maintient chacun des cohéritiers Chapuis dans la propriété et jouissance des biens qui leur ont été attribués par lesdits actes testamentaires, etc. ». — Appel principal par la veuve Sainthérand, et appel incident par Moïse Chapuis. — Arrêt.

LA COUR ; — 1° Sur l'appel principal et les griefs relevés par la veuve Sainthérand : — En ce qui touche la nullité en la forme du testament de la femme Chapuis : — Considérant que la mention énoncée audit testament, *in fine*, et au moment des signatures, que *la femme Chapuis a déclaré ne savoir ni lire, ni écrire*, fait clairement entendre qu'elle ne sait ni ne peut signer et pourquoi elle n'a pas signé, ce qui satisfait au vœu de la loi ;

En ce qui touche les partages testamentaires par la femme Chapuis et Chapuis père, en date des 20 et 22 juin 1840 : — Adoptant les motifs des premiers juges, et considérant, en outre, qu'à tort la veuve Sainthérand entend se prévaloir d'un prétendu défaut de ratification de la part de la femme Renault et Théophile Charpentier, que paraît démentir leur attitude dans l'instance, qui leur serait d'ailleurs un moyen personnel, et dont, en tout cas, il n'y a plus à tenir compte du moment que, vis-à-vis d'eux, il est définitivement jugé que les testaments des époux Chapuis ont force obligatoire ;

2° Sur l'appel incident de Moïse Chapuis : — Considérant que, sans forcer l'interprétation, la clause pénale édictée aux testaments des 20 et 22 juin 1840 peut s'entendre en ce sens, qu'en réduisant à leur légitime ceux des enfants qui attaqueraient lesdits testaments pour accroître d'autant à ceux qui les exécuteront, les père et mère ont eu en vue et pour intention finale, non pas tant de punir le refus d'optempérer et le respect de la volonté paternelle, que de prévenir l'indivision et d'assurer la répartition de leurs biens, ainsi qu'ils entendaient le faire ; qu'en dernier résultat et encore bien que ce soit par autorité de justice, les testaments sont déclarés devoir sortir effet pour être exécutés ainsi qu'ils disposent ; qu'ainsi, au cas même de doute, en vertu du principe *odia restringenda*, et pour prévenir toute complication ultérieure, il n'échet d'appliquer la clause pénale, la veuve Sainthérand, par les frais mis à sa charge, portant la peine de son indue contestation ; — Confirme, etc.

Du 15 févr. 1860.-C. de Bourges, 1re ch.-MM. Corbin, 1er pr.-Julhiet, subst.-Lefèvre-Trélat (de Nevers), Guillot et Pascaud, av.

une commune en vue de la construction d'un abattoir avec cette condition que la disposition devra avoir commencé à recevoir exécution pendant l'année du décès du testateur, a pu être entendu en ce sens qu'il suffit que la ville ait commencé, non pas la construction en question, mais seulement les formalités légales nécessaires pour l'entreprendre (Bordeaux, 24 juin 1879) (1); — 3° Que les juges peuvent, sans violer aucune loi, décider, par interprétation des termes d'un testament et par appréciation des faits et circonstances de la cause, que ce testament était, dans l'intention de son auteur, subordonné à certaines conditions en dehors desquelles il ne peut recevoir aucun effet (Civ. rej. 21 juin 1861) (2).

CHAP. 2. — De la capacité de disposer ou de recevoir par donation entre vifs ou par testament (*Rép.* nos 190 à 495).

SECT. 1re. — INCAPACITÉ DE DONNER (*Rép.* nos 191 à 312).

ART. 1er. — *De l'intégrité des facultés intellectuelles et de la liberté d'esprit nécessaire pour disposer* (*Rép.* nos 192 à 274).

71. Il s'agit ici de l'incapacité de fait résultant de la privation, complète ou partielle, permanente ou momentanée,

---

(1) (Augereau *C.* Commune de Blaye.) — Le 23 janv. 1878, jugement du tribunal civil de Blaye statuant en ces termes : — « Attendu que l'action introduite par la ville de Blaye a pour but d'obtenir de Frédéric Augereau, légataire universel de feu sieur Augereau, docteur médecin, la délivrance du legs de 8000 fr. que ce dernier a fait à la ville pour l'établissement d'un abattoir; — Attendu que Frédéric Augereau repousse cette demande en se fondant sur ce que le legs dont la ville demande la délivrance est nul, faute par celle-ci d'avoir exécuté la condition sous laquelle il était fait, c'est-à-dire de commencer les travaux de construction de l'abattoir dans l'année qui a suivi le décès du testateur; qu'il s'agit d'apprécier le mérite des prétentions contraires des parties; — Attendu que le testament public laissé par le docteur Augereau contient les dispositions suivantes : « Je lègue à la ville de Blaye une somme de 2000 fr. pour fonder ou aider à fonder près de l'embarcadère une salle d'attente; je lègue aussi à la ville de Blaye une somme de 8000 fr. qui devra être employée à l'exécution d'un abattoir déjà voté depuis longtemps par le conseil municipal; ces deux legs devront, sous peine de nullité, commencer à recevoir leur exécution pendant l'année qui suivra mon décès »; — Attendu que la seule question du procès consiste dans l'interprétation qui doit être donnée aux mots : « *devront commencer à recevoir leur exécution* »; qu'il est prétendu, en effet, par Frédéric Augereau que par le mot *exécution* le testateur a entendu la construction de l'édifice, et que le legs est nul, parce que la ville de Blaye n'a pas commencé cette construction dans le délai qui lui était imparti, tandis que la ville demanderesse soutient que par le mot *exécution*, le testateur n'a point entendu indiquer seulement la construction, mais bien l'ensemble des mesures nécessaires pour arriver à la construction, mesures qui ont été commencées dans l'année du décès; — Attendu qu'il ne peut être contesté qu'en disposant ainsi qu'il l'a fait, le docteur Augereau a voulu avant tout faire un acte de bienfaisance en faveur de la ville de Blaye; que cette idée dominante doit servir de guide dans l'interprétation de ses intentions; qu'à la vérité il a imposé à l'accomplissement de sa volonté la condition d'un délai restreint; mais que, dans l'intention du testateur bienfaisant, cette condition avait moins pour but de priver la ville du legs qu'il lui faisait que d'activer la réalisation d'un projet utile, depuis lontemps réclamé par l'opinion publique, débattu devant le conseil municipal, et qui ne recevait pas de solution; qu'aujourd'hui l'abattoir étant construit, les intentions bienfaisantes du testateur ont reçu leur accomplissement; — Attendu qu'en prescrivant de donner un commencement d'exécution à ses legs dans l'année qui suivrait son décès, le docteur Augereau qui était un homme instruit et familier par une longue pratique des affaires municipales avec les formalités que la loi impose aux communes pour l'acceptation des legs, le choix, l'achat ou l'expropriation des terrains, les plans et devis, l'autorisation de construire, celle d'emprunter, la réalisation des emprunts, les enquêtes administratives, les avis du conseil d'hygiène, etc., ne pouvait vouloir que toutes ces formalités pussent être accomplies, et que les travaux de construction pussent être commencés dans un aussi court délai; car il savait qu'une commune est en tutelle et qu'elle ne peut agir qu'en vertu d'autorisations et de formalités nombreuses et longues; qu'en stipulant une clause de nullité comme sanction de la condition du legs, il était plutôt dans son intention de stimuler le zèle des administrateurs que d'enlever à la ville de Blaye les moyens d'édifier l'établissement dont il voulait la doter; que, fût-il vrai d'ailleurs que la condition imposée n'avait pas seulement un caractère comminatoire, mais effectif, il s'agit de savoir si la ville de Blaye n'a pas rempli cette condition et a encouru la déchéance; — Attendu que l'exécution imposée par le testateur impliquait des actes préparatoires sans l'accomplissement desquels la ville de Blaye ne pouvait procéder à la construction; que ces actes rigoureusement prescrits forment un tout complexe et indivisible avec la construction elle-même; — Attendu que le docteur Augereau est décédé le 30 mars 1874; que dès le 12 avril suivant, le maire se fait autoriser par le conseil municipal à accepter les legs faits à la ville; le même jour, le conseil désigne l'emplacement sur lequel l'abattoir sera construit, et charge l'administration municipale de faire auprès de l'administration militaire les démarches nécessaires pour obtenir la délivrance ou la vente du terrain; que le 31 juillet paraît l'arrêté préfectoral qui autorise l'acceptation du legs, lorsque le 5 août le ministre de la guerre refuse l'autorisation de bâtir l'abattoir sur le terrain militaire; que le 9 août le conseil municipal, informé du refus du ministre, charge la commission de chercher un autre emplacement situé au lieu des Cones, dépendant des propriétés des dames Neveu et Arnaud, signale la mauvaise disposition de ces propriétaires; sur quoi, le conseil décide la construction de l'abattoir sur l'emplacement désigné, demande l'expropriation de ce terrain, décide un emprunt pour payer la dépense qui excédera les legs, fixe le tarif pour l'abatage des animaux et leur parcage; ces formalités remplies, l'enquête de *commodo* et *incommodo* est ouverte le 30 décembre, le conseil prend connaissance de cette enquête, maintient sa délibération du 23 août sur le choix de l'emplacement, et charge le maire de poursuivre la déclaration d'utilité publique, d'obtenir l'autorisation d'exproprier et l'approbation des tarifs; le 2 févr. 1874, le dossier de l'abattoir est adressé à la sous-préfecture, le 16 du même mois, la commission présente au conseil municipal un rapport qui conclut à l'acceptation des plans et devis, à l'adjudication des travaux, à la convocation des plus forts imposés pour discuter le mode de payement, enfin, le 3 mars 1874, le conseil assisté des plus forts imposés vote les voies et moyens de libération; — Attendu que tels sont les actes qui ont été accomplis dans l'année du décès; qu'on ne peut méconnaître qu'ils étaient imposés par la loi et que la ville de Blaye ne pouvait se dispenser de les accomplir; qu'en les accomplissant, elle a donné à l'établissement d'un abattoir le commencement d'exécution pratique et rationnel exigé par le testateur; qu'elle ne peut être responsable des lenteurs qu'entraînent les prescriptions de la loi ou les retards apportés par l'autorité supérieure; — Attendu que Frédéric Augereau excipe, il est vrai, d'une lettre qui lui a été écrite par l'un des maires de Blaye et qui constate que ce magistrat avait reconnu que la clause du testament qui stipule un commencement d'exécution s'appliquait non pas seulement aux mesures préparatoires, mais aux travaux de construction; mais que cette appréciation faite en dehors du conseil municipal et combattue dans sa séance du 3 mars 1874 n'a d'autre portée que d'indiquer l'opinion personnelle du maire, mais ne peut engager la ville ni créer contre elle un argument; — Par ces motifs; — Ordonne que Frédéric Augereau, pris comme légataire universel de feu le docteur Augereau, sera tenu de délivrer à Reignier, en sa qualité de maire de Blaye, le legs de 8000 fr., que ledit feu docteur Augereau a fait à cette ville pour l'établissement d'un abattoir, et ce dans les quinze jours qui suivront la signification du présent jugement; faute de quoi le jugement tiendra lieu de la délivrance demandée; condamne, en conséquence, ledit Frédéric Augereau à payer audit Reignier, ès qualité, le montant dudit legs s'élevant en capital à 8000 fr., avec intérêts à partir du 1er oct. 1873. » — Appel par le sieur Augereau. — Arrêt.

LA COUR; — Adoptant les motifs des premiers juges; — Confirme.

Du 24 juin 1879.-C. de Bordeaux, 1re ch.-MM. Izoard, 1er pr.-Bourgeois, av. gén.-Moulinier et Bernard, av.

(2) (Gouin *C.* Gouin.) — LA COUR; — Attendu que l'arrêt attaqué (Angers, 26 janv. 1860) n'a point décidé que le testament de Michel Gouin avait été révoqué, soit pour survenance d'enfant, soit pour toute autre cause; qu'il s'est borné à interpréter ledit testament et à rechercher la volonté et l'intention du testateur; — Qu'il a pu, ainsi qu'il l'a fait, puiser les motifs de son interprétation, principalement dans le testament lui-même, et, en outre, dans les autres actes émanés du testateur, spécialement dans le bail et dans la promesse de vente par lui consentis le jour même de la date du testament ainsi que dans les autres faits et circonstances de la cause; — Qu'après avoir déduit de son examen et de son appréciation que le legs fait par Michel Gouin était, dans son intention, subordonné à l'accomplissement de certaines conditions, l'arrêt a pu, en constatant que ces conditions avaient défailli, juger que le testament devait demeurer sans effet; — Qu'une telle décision, fondée sur des constatations et appréciations légalement faites par les juges du fait, ne peut avoir violé aucune loi et ne tombe pas sous la censure de la cour de cassation; — Rejette, etc.

Du 21 juin 1861.-Ch. civ.-MM. Pascalis, pr.-Sévin, rap.-de Raynal, av. gén., c. conf.-Plé et Rendu, av.

de l'usage des facultés mentales. Les diverses sortes d'altération que peut éprouver l'intelligence ont été au *Répertoire* classées en trois catégories correspondant à des degrés d'altération de plus en plus faibles; on les parcourra successivement dans les paragraphes ci-après.

§ 1er. — Démence, imbécillité, interdiction, nomination de conseil judiciaire (*Rép.* nos 193 à 224).

72. On a posé en principe au *Rép.* nos 195 que les actes de disposition, faits par une personne qui était dans un état habituel de fureur, de démence ou d'imbécillité, peuvent être attaqués par ses héritiers, alors même que son interdiction n'aurait été ni prononcée, ni sollicitée de son vivant, et que l'acte attaqué ne contiendrait pas la preuve de la démence. On se fonde pour cette solution sur ce que l'art. 504 c. civ. est étranger aux dispositions à titre gratuit. On trouvera au *Rép. ibid.* la discussion de cette question présentée d'une manière complète. Nous ajouterons seulement que la solution adoptée au *Répertoire* est enseignée par tous les auteurs récents (Aubry et Rau, t. 7, § 648, p. 14; Demolombe, *Traité de la minorité*, etc., t. 2, nos 673 et 674; Laurent, t. 11, n° 110).

La jurisprudence a rendu de nombreux arrêts en ce sens. A ceux déjà cités au *Rép.* nos 198 et suiv., il faut joindre les suivants, aux termes desquels : 1° un testament a pu être déclaré nul pour insanité d'esprit résultant d'actes de démence commis avant et depuis le testament, si ces actes de démence ne permettent pas de penser que le testateur ait eu la plénitude de ses facultés au moment de la confection du testament (Req. 5 août 1856, aff. Agaesse, D. P. 57. 1. 21); — 2° Un testament n'est pas valable, s'il a été fait à une époque où l'affaissement moral du testateur était tel qu'il ne laissait aucune place à des intervalles lucides (Paris, 9 mars 1877, aff. X..., D. P. 78. 2. 34); — 3° Un testament doit être annulé, s'il est établi que le testateur n'était pas sain d'esprit au moment où il a disposé, et la preuve de cette insanité résulte suffisamment de cette double circonstance que le testateur était en état de démence, soit avant, soit après la date de l'acte et à une époque rapprochée de cette date (Dijon, 20 déc. 1881, aff. Jacqueson, D. P. 83. 2. 8).

73. L'intervention d'un officier ministériel à la confection de l'acte n'empêcherait, d'ailleurs, pas la preuve de la démence de l'auteur de la disposition de pouvoir être établie en dehors de la procédure d'inscription de faux. Ainsi une donation entre vifs, constatée par le notaire instrumentaire comme résultant de l'intention manifestée au moyen de signes par le donateur qui se trouvait dans l'impuissance de parler, a pu être déclarée nulle, alors que l'affaiblissement subi par les facultés de celui-ci à l'époque de l'acte enlevait à une telle manifestation tout caractère de certitude (Paris, 4 févr. 1854, aff. Veillat, D. P. 55. 2. 135). Il y a plus, on a annulé pour démence une disposition entre vifs, bien que le notaire eût énoncé dans l'acte que le donateur était parfaitement sain d'esprit (Bourges, 26 févr. 1855, aff. Guillot-Chemerand, D. P. 55. 2. 295).

74. Toutefois, ainsi qu'on l'a observé au *Rép.* n° 203, les tribunaux sont très circonspects pour admettre l'état d'insanité d'esprit du disposant en dehors du cas d'interdiction. Il a été jugé, notamment : 1° que la démence ne résulte pas suffisamment de faits établissant de simples défaillances de mémoire, de légères absences, et un certain affaiblissement d'esprit causé par l'âge de l'auteur de la disposition (Req. 12 févr. 1868, aff. Blanc, D. P. 68. 1. 389); — 2° Que les faits articulés par le demandeur en nullité d'un testament olographe pour établir l'insanité d'esprit du testateur ne sont concluants, et, par suite, ne peuvent être prouvés, qu'autant qu'ayant une date précise et présentant une continuité réelle, ils permettent d'apprécier la situation intellectuelle du testateur à l'époque de la rédaction du testament (Pau, 14 févr. 1859, aff. Sallebert, D. P. 59. 2. 103); — 3° Que la monomanie du donateur, consistant dans le délire dit de persécution, ne saurait être une cause de l'annulation de la donation, s'il n'est pas prouvé que cet acte a été accompli sous l'influence des idées délirantes qui par moment obscurcissaient son intelligence et paralysaient son libre arbitre (Dijon, 3 juin 1885, aff. Bonneau du Martray, D. P. 86. 2. 228); — 4° Que la nullité d'un testament pour insanité d'esprit ne peut être prononcée sur le seul fondement de faits attestant l'irascibilité du caractère, ou sur un désordre des facultés mentales restreint à une nature spéciale d'idées, et la prédominance d'opinions matérialistes poussées à leurs conséquences extrêmes (Paris, 27 nov. 1877, aff. Hugard, D. P. 78. 2. 188) ; — 5° Qu'on doit considérer comme sain d'esprit le testateur que l'étude des sciences occultes a pu entraîner à des divagations absurdes et malsaines, mais dont aucun trouble n'a jamais atteint les facultés intellectuelles dans l'ordre des faits de la vie civile et pratique (Chambéry, 9 août 1876, sous Req. 6 août 1877, aff. Bertet, D. P. 78. 1. 163-164).

75. D'ailleurs, la question de savoir si la disposition entre vifs ou testamentaire est l'œuvre d'une volonté saine et intelligente est appréciée souverainement par les tribunaux du fond. C'est ce que la cour de cassation a reconnu à maintes reprises, soit que les juges aient décidé que le disposant n'était pas sain d'esprit (Req. 3 avr. 1872, aff. Campon, D. P. 72. 1. 415; 28 juill. 1874, aff. Longuet, D. P. 75. 1. 108; 29 févr. 1876, aff. Madon, D. P. 76. 1. 367; 11 avr. 1876, aff. Sommermont, D. P. 77. 1. 486), soit, au contraire, qu'ils aient reconnu qu'aucune circonstance de la cause n'établissait que les facultés intellectuelles de l'auteur de la disposition eussent été altérées (Req. 9 avr. 1862, aff. Choyer, D. P. 62. 1. 366; 7 avr. 1874, aff. Gros, D. P. 75. 1. 166; 6 août 1877, aff. Bertet, D. P. 78. 1. 163; 12 avr. 1881, aff. Guigou, D. P. 81. 1. 415).

76. L'hypothèse où l'acte de disposition émane d'une personne qui se trouvait en état d'interdiction se distingue de la précédente en ce sens que la nullité de l'acte est prononcée, sans que le demandeur en nullité ait autre chose à établir que le fait de l'interdiction. Mais il y a discussion sur le point de savoir si l'on ne peut écarter la nullité, en prouvant que l'auteur de la disposition, bien qu'en état d'interdiction, a agi dans un intervalle lucide. Cette question controversée a été examinée en détail au *Rép.* nos 218 à 220, où l'on inclinait à admettre que le jugement d'interdiction ne renferme pas une présomption d'incapacité absolue. Telle est aussi l'opinion de M. Demolombe (*Traité de la minorité*, t. 2, nos 633 et suiv.). Cet auteur observe en ce sens qu'à s'en tenir à l'art. 901 c. civ., qui règle la capacité en matière de testament, on ne saurait déclarer nulle de droit la disposition faite par un interdit dans un intervalle lucide. Pour établir cette nullité, il faut recourir à l'art. 502. Mais cet article prononce au même titre la nullité des actes faits, soit par un interdit, soit par un individu pourvu d'un conseil judiciaire sans l'assistance de son conseil. Or tout le monde reconnaît que cette nullité n'atteint pas le testament de l'individu pourvu d'un conseil; on ne peut davantage l'appliquer au testament de l'interdit (V. dans le même sens : Villey, *Actes de l'interdit*, p. 195 et suiv.). — MM. Aubry et Rau, t. 7, § 648, p. 14, note 6, qui se prononcent pour la nullité de droit, réfutent l'argumentation de M. Demolombe de la manière suivante. Si l'art. 502 paraît faire le même sort aux actes passés par l'interdit et à ceux accomplis par l'individu pourvu de conseil en dehors de l'assistance de ce conseil, cela tient à un vice de rédaction qui ne tire pas à conséquence; il est évident, en effet, et cela résulte des articles qui prévoient spécialement l'organisation du conseil judiciaire, que l'intervention du conseil est requise seulement dans des cas exceptionnels. Voulût-on maintenir l'assimilation entre l'interdit et l'individu pourvu de conseil, qu'on prétend faire résulter de l'art. 502, on devrait décider que le premier est capable d'accomplir tous les actes pour la passation desquels le second n'a pas besoin de l'assistance de son conseil. Ce serait effacer, contrairement aux principes les plus certains, toute différence sous le rapport de la capacité juridique entre l'interdit et l'individu soumis à un conseil judiciaire. On arrive ainsi à cette conclusion que l'art. 502 frappe d'une nullité de droit tous les actes à titre onéreux passés par l'interdit. Or l'idée qui a présidé à la rédaction de l'art. 901 a été d'exiger pour les actes à titre gratuit une capacité plus complète et plus certaine que pour les actes à titre onéreux. On ne comprendrait pas, dès lors, qu'on pût opposer à une demande en nullité dirigée contre un testament fait par un interdit un moyen de défense que la loi déclare inadmissible lorsque l'acte argué de nullité est une convention à titre onéreux. Cette solution est aussi celle de M. Laurent, t. 11, n° 107. Un arrêt de la cour de Nancy, du

8 mai 1880 (rapporté sous Civ. cass. 27 févr. 1883, aff. Goussault, D. P. 83. 1. 113), a ratifié cette doctrine.

77. En ce qui touche les actes de disposition émanés d'une personne pourvue d'un conseil judiciaire, nous n'avons rien à ajouter à ce qui a été dit au *Rép.* n° 221. La donation effectuée en dehors de l'assistance du conseil judiciaire n'est pas nulle de droit, mais peut être annulée sur la preuve de l'insanité d'esprit du donateur; et, en ce cas, l'intervention même du conseil judiciaire à l'acte ne saurait faire échapper celui-ci à l'annulation édictée par l'art. 901 c. civ. (Aubry et Rau, t. 7, § 648, p. 16; Demolombe, t. 1, nos 358 et 376; Laurent, t. 11, n° 111). — Il a été jugé, dans cet ordre d'idées, que la faiblesse d'esprit ne saurait, en matière de dispositions à titre gratuit, être confondue avec l'insanité d'esprit et que, même quand elle a motivé la nomination d'un conseil judiciaire, elle n'est pas une cause de nullité de la révocation d'une donation ou d'un testament (Paris, 24 avr. 1869, aff. Quesnot, D. P. 70. 2. 221).

§ 2. — Maladie, infirmité, ivresse, passion violente, colère, haine (*Rép.* nos 225 à 242).

78. Les affections dont il va être question sous ce paragraphe ne constituent pas des maladies mentales, mais peuvent par contre-coup troubler les fonctions de l'intelligence. C'est dans cette mesure seulement, ainsi qu'il a été dit au *Rép.* n° 225, qu'elles sont une cause d'annulation des dispositions à titre gratuit.

On a fait observer en ce sens (*Rép.* n° 227) que l'affaiblissement des facultés résultant de la vieillesse ne constitue pas une circonstance suffisante pour faire décider que le disposant ne jouissait pas de la plénitude de sa volonté (V. Demolombe, t. 1, n° 354). Mais on a pu annuler un testament, dont les dispositions étaient en elles-mêmes parfaitement raisonnables, sur le motif qu'à l'époque de sa confection le testateur était dans un état d'imbécillité sénile, qui ne lui permettait pas d'avoir une volonté libre et réfléchie (Civ. rej. 7 mars 1864, aff. Laville, D. P. 64. 1. 168).

79. La question de savoir si la surdité est une cause d'incapacité de disposer a été examinée au *Rép.* nos 229 à 234. En ce qui touche la donation entre vifs, on a dit que le sourd-muet même illettré est capable de l'effectuer du moment qu'il lui est possible de manifester sa volonté d'une manière certaine. Plusieurs cours d'appel se sont prononcées en ce sens, à la suite de l'arrêt de la chambre des requêtes du 30 janv. 1844 rapporté au *Rép.* n° 231 (V. Bordeaux, 29 déc. 1856, aff. Monpoutet, D. P. 57. 2. 173; Colmar, 14 juin 1870, aff. Gsell, D. P. 74. 5. 168). — Plus récemment on s'est efforcé de combattre cette solution, sous prétexte que, le disposant ne pouvant avoir connaissance du contenu de l'acte par la lecture à haute voix, l'omission de cette formalité substantielle viciait complètement la donation. Mais la cour de cassation a persévéré dans sa jurisprudence antérieure. Elle a décidé que le vœu de la loi était rempli, du moment que la lecture à haute voix avait eu lieu, et alors même que cette lecture n'aurait été remplacée par aucune traduction par signe, si d'ailleurs il était constant en fait que le disposant avait manifesté son intention d'une manière non équivoque et que les clauses du contrat lui avaient été expliquées (Req. 17 déc. 1878, aff. Degest, D. P. 79. 1. 409). Cette solution est aussi celle de MM. Aubry et Rau, t. 7, § 648, p. 18, de M. Demolombe, t. 1, n° 351, enfin de M. Laurent, t. 11, n° 125.

80. En ce qui touche le testament par acte authentique, seule forme dans laquelle un sourd-muet illettré puisse exprimer ses dernières volontés, les auteurs sont très divisés. La controverse porte sur la question de savoir si l'audition de la lecture à haute voix, exigée comme condition de la validité des testaments authentiques, peut être remplacée à l'égard du sourd-muet par la connaissance que celui-ci a prise de l'acte. Dans un premier système, auquel se rattache l'arrêt de la cour de Montpellier du 1er déc. 1852, cité au *Rép.* n° 233, on soutient que la lecture du testament au testateur ne peut être faite que par le notaire. L'impossibilité pour le sourd-muet d'entendre cette lecture équivaut à l'omission de cette formalité essentielle (V. en ce sens : Delvincourt, *Cours de droit civil*, t. 2, p. 57; Duranton, *Cours de droit français*, t. 9, n° 83; Grenier, *Donations et testaments*, t. 2, n° 231; Massé et Vergé, *Droit civil français*, t. 3, p. 108; Demolombe, t. 4, nos 268 et 272; Michaux, *Traité pratique des testaments*, nos 1872 et suiv.; Dutruc, *Revue du notariat*, 1868, nos 268 et suiv.). La cour de Paris a jugé, dans le même sens, que la surdité absolue du testateur est une cause de nullité du testament public; il faut que la lecture en soit faite par le notaire au testateur et que celui-ci l'ait entendue (Paris, 16 janv. 1874, aff. Faber, D. P. 75. 2. 39).

Un second système, très voisin du précédent, admet que la lecture du testament peut émaner d'un autre que le notaire, mais exige qu'elle soit faite au testateur, ce qui implique que celui-ci ne peut suppléer à la lecture qu'il n'a pu entendre par la lecture qu'il ferait à haute voix lui-même (Rolland de Villargues, *Répertoire du notariat*, v° *Testament*, n° 309; Bordeaux, 5 juill. 1855, aff. Balès, D. P. 56. 2. 9).

Une troisième opinion, enseignée par MM. Marcadé, *Explication du code civil*, sur l'art. 972, n° 3; Demante, *Cours analytique*, t. 4, n° 107 *bis* 2; Coin-Delisle, *Donations et testaments*, sur l'art. 972, n° 20, admet la validité du testament par acte public, quand le testateur s'est lui-même donné lecture du testament écrit par le notaire, pourvu que cette lecture ait eu lieu à haute voix, en sorte qu'il n'y ait nul doute pour les témoins qu'il ait pris connaissance de ses dispositions de dernière volonté telles que le notaire les a écrites. La cour d'Aix a adopté cette opinion, en décidant que l'individu atteint d'une surdité, même complète, n'est pas privé de la faculté de tester par acte authentique, pourvu qu'il puisse faire à haute et intelligible voix la lecture du testament (Aix, 10 nov. 1869, aff. Blanc, D. P. 70. 2. 106).

Une quatrième opinion admet la validité du testament authentique dont le notaire a donné lecture à haute voix, quand le testateur en a pris connaissance en le lisant, ne fût-ce qu'à voix basse. MM. Aubry et Rau, t. 7, § 670, p. 126, estiment que dans ces conditions la formalité prévue par le 3e alinéa de l'art. 972 doit être considérée comme suffisamment remplie. C'est en faveur de cette opinion qu'on inclinait à se prononcer au *Rép.* n° 233, sur le fondement d'un arrêt de la chambre des requêtes du 30 janv. 1844, qui a validé la donation dont le disposant a pu avoir connaissance seulement par signes. Un arrêt de rejet de la chambre civile du 14 févr. 1872 (aff. Blanc, D. P. 72. 1. 457) a déclaré valable le testament par acte public d'une personne atteinte de surdité, alors qu'il était mentionné dans ce testament qu'après que le notaire en eut donné lecture au testateur devant les témoins, le testateur en avait pris connaissance au moyen d'une lecture à voix basse faite en présence des mêmes témoins.

81. Ceux qui sont muets, sans être en même temps sourds, ne sont frappés d'aucune incapacité en matière de dispositions entre vifs ou testamentaires. Il en est de même, en principe, des aveugles (Demolombe, t. 1, nos 351 à 352 *bis*; Aubry et Rau, t. 7, § 648, p. 18). — V. toutefois, en ce qui concerne les aveugles, ce qui est dit au *Rép.* n° 3229, au sujet du testament mystique.

82. A propos des passions violentes, telles que la haine, la colère, qui peuvent inspirer des dispositions testamentaires, on s'est demandé au *Rép.* nos 238 et suiv. si l'ancienne action *ab irato* devait être considérée comme proscrite par le code civil. On a invoqué dans le sens de la négative un passage de l'exposé des motifs présenté par Bigot Préameneu; mais l'opinion la plus généralement admise est que l'action *ab irato*, envisagée comme une action spéciale, distincte de celle qui serait fondée sur l'insanité d'esprit, n'existe plus dans notre législation (Aubry et Rau, t. 7, § 648, p. 16, note 9; Demolombe, t. 1, n° 347). La jurisprudence est formelle en ce sens. Il a été décidé que les dispositions testamentaires *ab irato* ne sont point, par elles-mêmes, entachées de nullité, lorsque rien ne révèle chez le testateur un état intellectuel qui doive les faire annuler pour cause d'insanité d'esprit, appréciation qui appartient souverainement au juge du fond (Req. 9 mars 1875, aff. Lemasson, D. P. 77. 1. 220).

§ 3. — Erreur, dol, fraude, violence, captation, suggestion, concubinage (*Rép.* nos 243 à 274).

83. Dans ce paragraphe, il ne s'agit plus d'une incapacité de fait, résultant d'une altération partielle ou totale des facultés mentales. Nous allons examiner les causes extrinsèques qui peuvent paralyser le libre exercice de la volonté du disposant. Elles constituent des vices du consentement. En première ligne il faut ranger l'erreur, le dol et la violence, qui vicient les dispositions à titre gratuit au même titre que les obligations consensuelles en général.

84. Ainsi en ce qui touche l'erreur, il faut qu'elle soit la cause déterminante de la libéralité pour en entraîner l'annulation (*Rép.* n° 246). Mais, lorsque les motifs énoncés dans un testament comme ayant déterminé le testateur à disposer de sa fortune, renferment une erreur de fait, la libéralité peut être déclarée nulle comme fondée sur une fausse cause. On a annulé, par exemple, un testament dans lequel le testateur avait déclaré léguer aux pauvres les actions industrielles qu'il possédait, « n'ayant point d'héritier et ne devant rien à personne » alors qu'il se présentait après la mort du testateur des héritiers établissant qu'ils étaient restés inconnus du défunt (Paris, 9 févr. 1867, aff. Ducamp, D. P. 67. 2. 195).

85. En ce qui concerne le dol et la violence, il faut suivre également les principes généraux qui régissent ces vices du consentement. Ainsi le legs fait par un maître au profit de sa servante a été annulé à bon droit comme étant le résultat de la violence et du dol, alors qu'il était établi que la légataire avait exercé une influence dominatrice sur le testateur, dont les facultés étaient affaiblies par le vice et par l'âge, qu'elle lui avait fait subir de mauvais traitements et qu'enfin, pour triompher de sa résistance, elle l'avait laissé manquer du nécessaire et des soins qu'exigeaient ses infirmités (Req. 19 juin 1877, aff. Faget, D. P. 78. 1. 160). — De même, ne peut valoir comme donation l'acte notarié par lequel un individu, attiré chez une femme mariée par des manœuvres concertées entre elle et son mari et menacé de la perte de la vie, a disposé d'une partie de ses biens au profit des deux époux (Req. 15 juill. 1878, aff. Duffau, D. P. 79. 1. 27).

86. On a déjà fait remarquer au *Rép.* n° 247 que la captation et la suggestion ne sont point par elles-mêmes des causes de nullité. Il en est autrement lorsque les manœuvres de captation ou de suggestion présentent les caractères du dol ou de la fraude, auquel cas les principes qui régissent ces vices du consentement deviennent applicables. La jurisprudence est aujourd'hui bien fixée en ce sens. Il a été décidé, à plusieurs reprises, que la captation et la suggestion ne peuvent être invoquées comme moyen de nullité d'un testament que lorsqu'elles sont empreintes de dol, c'est-à-dire accompagnées de pratiques artificieuses et d'insinuations mensongères (Trib. Pont-l'Évêque, 22 janv. 1861, aff. Coligny, D. P. 63. 1. 310 ; Caen, 28 juill. 1873, aff. Mellerio, D. P. 74. 5. 165 ; Rouen, 27 juin 1874, aff. Lormier, D. P. 75. 2. 190 ; Chambéry, 9 août 1876, sous Req. 6 août 1877, aff. Bertet, D. P. 78. 1. 163).

87. Des témoignages d'attachement et des complaisances intéressées ne constituent pas une captation dolosive (Lyon, 29 mars 1871, aff. Crozier, D. P. 71. 3. 8). Il en est de même des manifestations exagérées d'une affection mensongère, des soins fournis, des services rendus, et même des rapports illicites (Poitiers, 18 mars 1885, sous Req. 16 juill. 1885, aff. Favreau, D. P. 86. 1. 289 ; Nîmes, 9 déc. 1879, sous Req. 12 avr. 1881, aff. Guigou, D. P. 81. 1. 415). A plus forte raison ne saurait-on tenir compte, pour annuler une donation, des agissements auxquels le notaire rédacteur de l'acte s'est livré vis-à-vis des témoins entendus à l'enquête (Civ. rej. 22 oct. 1888, aff. Binet, D. P. 88. 5. 162).

Mais les manœuvres dolosives sont suffisamment caractérisées, notamment par la rupture brusque et sans raison du testateur avec ses plus anciennes relations, par l'interruption de sa correspondance avec ses amis, par l'interception de certaines lettres, par l'éloignement d'un fidèle serviteur et enfin par l'ingérence incessante du légataire dans les affaires du testateur qu'il isolait de toutes ses relations (Req. 17 avr. 1882, aff. Bellot des Minières, D. P. 82. 5. 163).

88. Il importerait peu, d'ailleurs, que les faits ainsi relevés comme étant de nature à tromper la volonté du disposant, eussent été simplement qualifiés par les juges du fond de manœuvres, sans l'épithète *dolosives*. La cour de cassation a considéré que l'emploi de cette expression impliquait forcément que les faits auxquels elle était appliquée avaient un caractère frauduleux (Req. 7 juin 1858, aff. Bonaventure, D. P. 58. 1. 451). Enfin, pour que la captation ou suggestion dolosive soit une cause d'annulation des dispositions testamentaires, il n'est pas nécessaire, ainsi qu'on l'a observé au *Rép.* n° 251, que la personne gratifiée soit l'auteur même des manœuvres frauduleuses (Req. 16 mars 1875, aff. Noble, D. P. 76. 1. 491 ; 2 janv. 1878, aff. Roger, D. P. 78. 1. 136).

89. A côté de la captation et de la suggestion, on range généralement le concubinage qui peut produire des effets de même ordre. Il a déjà été expliqué au *Rép.* n°s 263 à 270 que le concubinage n'est plus sous le code civil, comme il l'était aux termes de l'ordonnance de 1629, une cause distincte de nullité des donations ou testaments. Les auteurs sont unanimes en ce sens (V. Laurent, t. 11, n° 136 ; Aubry et Rau, t. 7, § 649, p. 26 et 27 ; Demolombe, t. 1, n° 545). La cour de cassation a de même formellement décidé que l'incapacité de donner ou recevoir à titre gratuit, dont les concubins étaient autrefois frappés, n'existe plus aujourd'hui (Aux arrêts déjà cités au *Rép.* n° 269, *Adde :* Req. 2 juill. 1866, aff. Levrieu, D. P. 66. 1. 378 ; Toulouse, 28 avr. 1880) (1).

90. Mais il va de soi qu'une libéralité consentie à une concubine sous l'influence, soit de manœuvres dolosives, soit de menaces, devrait être annulée à raison des faits de dol ou de violence. Le concubinage, dans cette hypothèse, a pu être envisagé comme un élément des manœuvres employées. Ainsi on a annulé le testament fait par un moribond à sa concubine, en présence et sur les interpellations de celle-ci, et à la suite de démarches trahissant l'empire qu'elle était parvenue à usurper sur sa volonté défaillante (Bordeaux, 8 mai 1860, aff. Fieffé, D. P. 60. 2. 129), ou encore les dispositions prises sous l'empire d'une concubine, qui a employé des calomnies et manœuvres dolosives afin d'amener le testateur à déshériter ses enfants et à obtenir des legs en faveur d'elle-même et de ses parents (Nîmes, 30 juin 1869, aff. R..., D. P. 72. 1. 37).

91. A un autre point de vue, le concubinage, ainsi qu'il

(1) (Rivière C. Chaubard, Lagarde et autres.) — La cour ;... — En ce qui touche le legs de la rente viagère de 200 fr. constituée sur la tête de Raymonde Lagarde et contenue dans le testament du 4 nov. 1867 : — Attendu qu'il n'est pas contestable que Raymonde Lagarde a entretenu des rapports de concubinage avec François Chaubard de 1857 à 1878, et par conséquent à une époque contemporaine du testament ; — Mais attendu que le don entre concubins est valable ; que le concubinage peut être un moyen puissant d'influence, mais qu'il ne constitue pas une preuve légale de captation ; que le legs fait à Raymonde Lagarde se place comme les autres legs sous l'empire des considérations qui précèdent ; que dans la rédaction de cette clause testamentaire François Chaubard exprime uniquement l'intention de gratifier Raymonde Lagarde ; que cette disposition a la forme extérieure d'un legs pur et simple ; qu'aucune condition contraire aux mœurs n'y est exprimée ; que, si le testateur avait subordonné le legs fait à Raymonde Lagarde à la continuation du commerce qu'il entretenait avec elle, il faudrait se demander si une disposition pareille constitue véritablement une libéralité ou si elle n'est pas plutôt l'offre d'un marché honteux par lequel le proposant veut obtenir les complaisances de son légataire ; que, dans ce cas, la condition illicite étant la cause impulsive et génératrice du legs, il devrait être annulé ; qu'il ne serait pas protégé par la disposition de l'art. 909 c. civ., qui repose sur cette présomption que la volonté de donner est la cause et le fondement juridique du legs ; que, dans cette hypothèse, l'*animus donandi* qui constitue l'essence de toute libéralité ne se rencontrant pas, il n'y aurait que l'apparence d'un legs ; — Mais attendu que la condition illicite n'étant pas écrite dans le testament, on ne saurait suppléer à son silence en se fondant sur les faits et circonstances de la cause, et sur des preuves extrinsèques qui conduiraient à des recherches scandaleuses que la loi a voulu éviter ; qu'en fait, d'ailleurs, aucune preuve, aucune présomption n'ont été produites pour établir que le testateur avait mis pour condition à son legs la continuation du concubinage ; qu'aucun fait n'a été apporté en preuve, dans l'articulation proposée, pour prouver l'existence de cette condition, de tout quoi il suit que la volonté de donner a été la seule cause du legs fait à la fille Raymonde Lagarde, ou que du moins le contraire n'est pas prouvé, et que c'est avec raison que les premiers juges ont maintenu cette disposition.

Du 28 avr. 1880.-C. de Toulouse, 1re ch.-MM. de Saint-Gresse, 1er pr.-Fabreguettes, av. gén., c. conf.-Albert, Virenque et Gapdepic, av.

a été dit au *Rép.* nos 274 et suiv., peut à lui seul motiver l'annulation de libéralités qui auraient pour objet unique la formation ou la continuation d'un commerce illégitime. Mais on a eu soin de faire observer que, dans cette hypothèse, la disposition perd son caractère à titre gratuit, puisque l'intention dominante n'est pas celle de gratifier. C'est en réalité un contrat à titre onéreux ayant pour cause des relations de concubinage à nouer ou à entretenir. Or ces relations, que la loi tolère, mais qu'elle ne saurait approuver, constituent une cause illicite. De là la nullité de la disposition. Ce qu'il importe donc de considérer, lorsque des relation de concubinage sont invoquées à l'appui d'une demande en annulation, c'est le point de savoir si la libéralité a pour unique cause le concubinage. Tel est, en effet, le point de vue auquel se sont placés les arrêts. Il a été décidé que les libéralités faites entre concubins ne peuvent être annulées qu'autant qu'il est reconnu que le concubinage en a été l'unique cause (Req. 26 mars 1860, aff. Guillot, D. P. 60. 1. 255; Amiens, 9 août 1865, et Req. 2 juill. 1866, aff. Levrien, D. P. 66. 1. 378), lorsque la libéralité n'a été qu'un moyen de corruption ou le salaire du vice (Grenoble, 30 avr. 1858, aff. Cagnet, D. P. 58. 2. 164).

92. Plus récemment, la cour de cassation a consacré les mêmes principes, en écartant le moyen de nullité qu'on prétendait tirer de ce que le juge du fond avait rappelé, parmi les circonstances de la cause, les relations illicites ayant existé entre le testateur et la légataire, alors que ces relations n'avaient pas été indiquées comme constituant la cause de la libéralité et que le testament n'en faisait aucune mention (Civ. rej. 10 août 1885, aff. Marchessaux, D. P. 86. 1. 212). En relevant cette dernière circonstance, l'arrêt se réfère à une condition qui était déjà formulée dans les arrêts antérieurs touchant les moyens de prouver la cause illicite de la disposition : il faut que cette preuve résulte des énonciations de l'acte lui-même. Une cour d'appel a cependant annulé comme fondée sur une cause illicite l'obligation d'une somme d'argent, causée valeur à titre de reconnaissance, alors qu'il était établi par écrit, mais en dehors de l'acte, que la reconnaissance n'avait d'autre mobile que des relations immorales (Besançon, 19 mars 1862, aff. Damitio, D. P. 62. 2. 58).

ART. 2. — *Des mineurs* (*Rép.* nos 275 à 291).

93. Nous nous sommes occupés jusqu'à présent des incapacités de fait. Avec les mineurs, nous abordons la première classe des incapacités de droit. Les autres classes comprennent les femmes mariées, les individus condamnés à des peines afflictives perpétuelles, les individus en état d'interdiction légale par suite de condamnations à une peine afflictive temporaire. On devrait joindre à cette énumération les membres des congrégations religieuses de femmes. Mais cette incapacité n'ayant, depuis la loi du 24 mai 1825, qu'une portée restreinte, sera examinée dans une autre section, à propos des incapacités de recevoir.

94. Au point de vue de la capacité de disposer à titre gratuit, aucune différence ne doit être établie entre le mineur non émancipé et le mineur émancipé, fût-ce par mariage. La donation entre vifs, ainsi qu'il a été dit au *Rép.* no 278, leur est complètement interdite à l'un et à l'autre, à l'exception des libéralités par contrat de mariage en faveur de l'autre conjoint, que le mineur habile à contracter mariage peut consentir avec l'assistance des personnes dont le consentement lui est nécessaire pour la validité de son mariage dans les termes de l'art. 1095 c. civ.

95. On s'est occupé au *Rép.* no 281 de la question de savoir si la dérogation instituée par l'art. 1095 pouvait être étendue aux donations entre époux faites pendant le mariage. En faveur de la validité d'une disposition de ce genre, on a voulu argumenter de la grande analogie qui existe entre les donations entre époux, toujours révocables, et le testament. Or, les mineurs âgés de plus de seize ans peuvent disposer par testament de la moitié de ce dont pourrait disposer un majeur (V. *infrà*, no 96). Mais l'assimilation, sous ce rapport, entre le testament et les dons que pourrait faire un mineur pendant le mariage au profit de son conjoint, est combattue par la généralité des auteurs (Demolombe, t. 1, no 417; Aubry et Rau, t. 7, § 648, p. 20, note 22). C'est également en ce sens que la jurisprudence s'est prononcée depuis les arrêts cités au *Rép.* no 282. Il a été jugé que l'époux mineur demeure incapable durant le mariage de disposer par la voie de donation entre vifs au profit de son conjoint et ne peut le gratifier que par testament, à l'âge et dans les limites déterminées par l'art. 904 c. civ. (Bordeaux, 18 déc. 1866, aff. Cherchouly, D. P. 67. 2. 125).

96. L'art. 904 c. civ. autorise le mineur parvenu à l'âge de seize ans à disposer par testament, jusqu'à concurrence de la moitié des biens dont la loi permet au majeur de disposer. On a examiné au *Rép.* no 286 la question de savoir si, dans le cas où le mineur aurait disposé d'une quotité plus forte et serait décédé après sa majorité, la disposition devrait être intégralement maintenue. La solution de la question, a-t-on dit, dépend de l'interprétation qu'il convient de donner à l'art. 904. Cet article a-t-il pour objet de limiter la capacité du mineur ou d'établir l'indisponibilité d'une portion des biens? La capacité doit être appréciée au moment de la confection de l'acte, la disponibilité au moment de l'ouverture de la succession. On n'a pas hésité à décider au *Répertoire* que les restrictions inscrites dans l'art. 904 portaient sur la capacité du mineur, et non sur la disponibilité des biens. En conséquence, le testament fait par un mineur, bien que décédé majeur, ne saurait valoir que dans la mesure où il est permis au mineur de disposer. C'est l'opinion qui prévaut aujourd'hui (V. Demolombe, t. 1, nos 424 et 425; Zachariæ, Massé et Vergé, t. 3, p. 31).

ART. 3. — *Des femmes mariées* (*Rép.* nos 292 à 297).

97. L'art. 905 c. civ. interdit à la femme mariée de faire aucune libéralité entre vifs sans le consentement de son mari ou l'autorisation de justice. On a enseigné au *Rép.* no 292 que cette prohibition s'appliquait même à la femme séparée de biens et en ce qui concerne la disposition de son mobilier. Quelques auteurs, notamment Zachariæ, § 516, texte et note 49; Guilhon, *Des donations*, no 125, ont soutenu le contraire, en se fondant sur le second alinéa de l'art. 1449. Mais cette interprétation est contredite par la rédaction de l'art. 905, dont les termes généraux s'appliquent tout aussi bien aux donations mobilières qu'aux donations immobilières. Aussi la majorité des auteurs se prononce-t-elle dans le sens de l'opinion émise au *Répertoire* (V. Demolombe, t. 1, nos 443 et 444; Aubry et Rau, t. 7, § 648, p. 20. Comp. également : Aubry et Rau, t. 5, § 516, lettre *b* et note 79, p. 410).

ART. 4. — *Des individus condamnés à certaines peines* (*Rép.* nos 298 à 312).

98. Il y a peu de choses à ajouter à ce qui a déjà été dit au *Répertoire*. Nous rappellerons seulement que la loi du 31 mai 1854 (D. P. 54. 4. 91), en abolissant la mort civile, a laissé subsister pour les individus condamnés à des peines afflictives perpétuelles, l'incapacité de donner édictée par l'art. 25 c. civ. Toutefois l'art. 4 de cette même loi autorise le Gouvernement à relever ces individus de l'incapacité dont s'agit. Enfin une loi plus récente, du 25 mars 1873 (art. 13, D. P. 73. 4. 49) est venue permettre aux déportés de disposer de leurs biens en faveur de leurs conjoints dans les limites des art. 1094 et 1098.

99. Les individus qui se trouvent en état d'interdiction légale par suite d'une peine afflictive temporaire sont incapables de disposer par donation entre vifs; mais, à la différence des condamnés de la précédente catégorie, ils peuvent valablement tester. C'est l'opinion qui a été soutenue au *Rép.* no 304. Elle a pour elle la jurisprudence (V. Civ. cass. 27 févr. 1883, aff. Goussault, D. P. 83. 1. 113), et la doctrine la plus récente s'y est ralliée (Aubry et Rau, t. 7, § 648, p. 21, note 29; Demolombe, t. 1, no 462; Villey, *Précis de droit criminel*, p. 471. V. aussi la *Dissertation* publiée par le même auteur sur l'arrêt précité. — *Contrà* : Humbert, *Des conséquences des condamnations pénales*, nos 319 à 322; Bertauld, *Cours de code pénal*, p. 259 et suiv.).

Sect. 2. — Incapacité de recevoir (*Rép.* nos 313 à 482).

Art. 1er. — *De ceux qui ne sont pas encore conçus; Du condamné à une peine afflictive perpétuelle; Des établissements publics et congrégations non autorisés et des personnes incertaines* (*Rép.* nos 314 à 336).

100. En laissant de côté le condamné à une peine afflictive perpétuelle, qui, depuis l'abolition de la mort civile, n'est plus frappé que d'une incapacité de droit, toutes les autres personnes comprises sous la rubrique ci-dessus présentent ce caractère commun, que l'incapacité qui les atteint est une incapacité de fait résultant de l'absence de personnalité juridique. Nous n'avons rien à ajouter à ce qui a déjà été dit au *Répertoire*, au sujet des donations adressées, soit à des enfants non encore conçus, soit à des individus condamnés à des peines afflictives perpétuelles (*Rép.* nos 314 à 320). En ce qui touche les gens de couleur et les étrangers, l'incapacité qui les frappait autrefois n'existe plus aujourd'hui (*Rép.* nos 321 à 323). Au contraire, la situation des établissements publics, corporations et communautés non autorisés demande quelques explications complémentaires.

101. Les établissements publics, corporations ou communautés religieuses, tant que leur existence n'a pas été légalement reconnue, n'ont aux yeux de la loi aucune personnalité juridique. En conséquence, les donations ou legs faits en leur faveur doivent être réputés non avenus, au même titre que les dispositions adressées à des individus non encore conçus (Demolombe, t. 1, n° 586; Aubry et Rau, t. 7, § 649, p. 24; Laurent, t. 11, n° 164). La jurisprudence présente de nombreuses applications de ce principe. On en a cité des exemples au *Rép.* nos 325 à 329. Plus récemment, il a été jugé qu'une congrégation religieuse d'hommes, vouée comme association charitable à l'instruction primaire, est sans existence légale à l'effet de recevoir des libéralités, si elle n'a point été reconnue par une lo. (Civ. rej. 3 juin 1861, aff. Moreau, D. P. 61. 1. 218). — Jugé, de même, qu'une société de secours mutuels munie d'une simple autorisation administrative ne donnant à ses membres que le droit de se réunir n'a pas de personnalité juridique et, par suite, ne peut recevoir à titre gratuit (Paris, 25 mars 1881, aff. Association des artistes peintres, D. P. 82. 2. 214). — La jurisprudence belge est dans le même sens (V. Bruxelles, 13 mai 1861, aff. Pasteyns, *Pasicrisie belge*, 1861. 2. 191; C. cass. Belgique, 17 mai 1862, même affaire, 1862. 1. 274; Bruxelles, 13 juill. 1866, aff. Mahieux, *ibid.*, 1867. 2. 27; 3 févr. 1868, aff. Verstraeten, *ibid.*, 1868. 2. 132).

Les établissements dépourvus d'existence légale, qui ne peuvent être gratifiés directement, ne peuvent pas davantage recevoir une libéralité sous le nom d'une personne interposée. Ce n'est là qu'une application particulière de la règle générale inscrite dans l'art. 911, et dont on trouvera le commentaire, *infrà*, nos 155 et suiv.

102. La nullité qui frappe la disposition adressée à un établissement non reconnu est une nullité d'ordre public qui ne peut être couverte par aucun fait d'exécution (Civ. cass. 3 janv. 1866, aff. Biget, D. P. 66. 1. 77). La cour de cassation en a tiré cette conséquence que les intérêts d'une créance payés à une congrégation religieuse non autorisée, en vertu d'un testament qui lui avait légué cette créance, peuvent être répétés par le débiteur après que le legs en question aura été annulé (Civ. cass. 13 juin 1870, aff. Servent, D. P. 70. 1. 349). — La jurisprudence belge décide de même que les détenteurs de biens donnés, en fraude à la loi, à une congrégation non autorisée, s'ils sont condamnés à les restituer, doivent restituer également les fruits perçus, pourvu qu'ils soient auteurs ou complices de la fraude (Bruxelles, 12 juill. 1869, aff. Stallaert, *Pasicrisie belge*, 1870. 2. 167; Gand, 23 févr. 1871, aff. Crul, *ibid.*, 1871. 2. 371).

103. La libéralité adressée à un établissement, qui n'a pas la personnalité juridique au moment où le gratifié doit exister pour recevoir par donation entre vifs ou par testament, ne saurait être rendue efficace par une reconnaissance obtenue ultérieurement. Il en serait ainsi dans le cas même où la disposition aurait été subordonnée à la condition expresse ou tacite d'une reconnaissance à obtenir après le décès du testateur (Aubry et Rau, t. 7, § 649, p. 24; Demolombe, t. 1, n° 588; Le Berquier, *Revue pratique*, 1859, p. 504). Cette solution est commandée par le principe inscrit dans l'art. 906, 2e al., lequel exige, d'une manière générale, et sans faire de distinction suivant la nature des legs, que le légataire soit au moins conçu au moment du décès du testateur. Par application de ce principe, il a été décidé : 1° que le legs fait à un établissement, qui au décès du testateur n'avait pas été déclaré d'utilité publique, devrait être regardé comme nul, alors même que cet établissement aurait été ultérieurement reconnu par le décret même qui l'autorisait à accepter le legs (Civ. rej. 12 avr. 1864, aff. Société philomathique de Verdun, D. P. 64. 1. 218); — 2° Que la donation faite soit directement, soit sous forme de vente, à une communauté religieuse non autorisée n'est pas validée par l'autorisation accordée ultérieurement à la communauté (Req. 17 févr. 1864, aff. Congrégation de la Salle de Vihiers, D. P. 65. 1. 82. V. également : Civ. rej. 14 août 1866, aff. Société d'agriculture d'Indre-et-Loire, D. P. 67. 1. 110; Req. 24 nov. 1874, aff. Palisse, D. P. 75. 5. 147).

104. Les libéralités adressées à la succursale d'une communauté reconnue sont-elles valables, bien que cette succursale n'ait pas été pourvue, comme établissement particulier, d'une reconnaissance spéciale? L'affirmative est enseignée par les auteurs les plus accrédités; on doit présumer, suivant eux, que l'intention du disposant a été de gratifier la maison mère sous la condition que les revenus de la donation seront affectés à la succursale (Aubry et Rau, t. 7, § 649, p. 25; Demolombe, t. 1, n° 587). La jurisprudence des tribunaux civils s'est prononcée à plusieurs reprises en ce sens (Civ. cass. 6 mars 1854, aff. Sœurs de Saint-Vincent-de-Paul, D. P. 54. 1. 123; Ch. réun. cass. 17 juill. 1856, aff. Moncellet, D. P. 56. 1. 279; Paris, 11 mars 1865, aff. de Béthune, D. P. 65. 2. 228), et la jurisprudence administrative a été longtemps conforme. Mais un revirement s'est produit dans ces dernières années, et le conseil d'Etat décide actuellement que les libéralités faites à des succursales non reconnues doivent être considérées comme s'adressant à des établissements dépourvus d'existence légale (Av. Cons. d'Et. 21 févr. 1880, aff. Sœurs de la charité de Sainte-Marie; 17 janv. 1881, aff. Sœurs de la Providence de Portrieux. V. dans le même sens : Laurent, t. 11, n° 195).

105. La règle qui était admise, antérieurement aux derniers avis du conseil d'Etat, pour la succursale d'une communauté, dont la maison principale a reçu la personnalité juridique (V. *suprà*, n° 104), n'est qu'une application d'un principe plus général qui peut être formulé ainsi : Toute disposition faite en faveur d'un établissement non reconnu doit être maintenue, s'il existe une personne capable qui puisse être considérée comme le sujet de la libéralité. C'est ce qui se produira en premier lieu, si la libéralité adressée à l'établissement non reconnu a le caractère d'une simple charge grevant un legs attribué à une personne capable. L'exécution de la charge pourrait être réclamée par l'établissement appelé à en profiter, s'il obtenait ultérieurement la reconnaissance du Gouvernement (Aubry et Rau, t. 7, § 649, p. 25). — M. Laurent, *op.* et *loc. cit.*, combat cette solution. Un établissement non reconnu, dit-il, étant sans existence, ne peut recevoir pas plus indirectement que directement; or une charge n'est qu'un legs indirect. Mais cette argumentation porte à faux, puisque, ainsi qu'il vient d'être dit, l'établissement gratifié ne pourra réclamer l'exécution de la charge qu'après avoir été régulièrement reconnu. — La jurisprudence est en faveur de l'opinion que nous avons indiquée en première ligne. Ainsi la disposition testamentaire ayant pour objet la fondation d'établissements de charité dans une commune a pu être considérée comme constituant non pas un legs fait directement à la commune, mais une charge du legs universel fait par le même testament (Req. 7 nov. 1859, aff. Jehanne, D. P. 59. 1. 444). Il a été décidé, par application du même principe : 1° qu'une société de bienfaisance, non encore autorisée au moment du décès du testateur, est en droit, lorsqu'elle a obtenu une reconnaissance légale, de réclamer l'exécution d'une charge imposée à son profit à un légataire capable sous la condition, exprimée ou sous-entendue, que cette charge n'aura d'effet qu'à partir du moment où cette société aura acquis une existence légale

(Req. 21 juin 1870, aff. Ville d'Alençon, D. P. 71. 1. 97); — 2° Qu'un établissement de bienfaisance non autorisé, dont un légataire universel ayant capacité a été chargé d'achever la fondation, a droit et qualité, lorsqu'il a obtenu une reconnaissance régulière, pour réclamer le bénéfice des libéralités faites à son profit, alors que ces libéralités, dont le caractère est souverainement apprécié par les juges du fond, constituent non pas un legs fait à l'établissement lui-même, mais une charge imposée par le testateur à son légataire universel (Req. 8 avr. 1874, aff. Lantal, D. P. 76. 1. 225).

106. La règle précitée s'appliquera en second lieu, si l'établissement non reconnu, auquel une libéralité est laissée, se trouve uni, soit par un lien de dépendance, soit par une communauté d'intérêts, avec un autre établissement public jouissant de la personnalité civile. Ce dernier recueillera le bénéfice du legs pour en employer l'émolument au profit de l'établissement non autorisé (Aubry et Rau, t. 7, § 649, p. 26; Demolombe, t. 1, n° 590). Il a été jugé notamment: 1° qu'un legs, fait en vue de la fondation d'un hospice, mais adressé à la ville chargée de cette fondation, ne peut être annulé comme s'adressant à un établissement sans existence reconnue (Civ. rej. 2 mai 1864, aff. de Clinchamp, D. P. 64. 1. 265); — 2° Que les libéralités faites à un orphelinat non autorisé sont valables comme s'adressant directement au bureau de bienfaisance que le testateur a chargé de l'entretien dudit orphelinat (Paris, 3 mai 1872, aff. Thiercelin, D. P. 72. 2. 199); — 3° Que les donations et legs faits à une congrégation religieuse d'hommes vouée à l'instruction primaire ne peuvent être recueillis par cette congrégation, à défaut d'une loi en reconnaissant l'existence légale, mais que l'Université, sous la dépendance de laquelle cette congrégation a été placée par une ordonnance, a qualité, en se conformant aux lois et règlements d'administration publique, pour recevoir les libéralités faites à cette association (Sol. impl. Civ. rej. 3 juin 1861, aff. Moreau, D. P. 61. 1. 218).

Il faut se garder, toutefois, d'exagérer la portée de la règle contenue dans les décisions précédentes. C'est ainsi qu'il a été décidé que le legs fait à une société d'agriculture, reconnue seulement depuis le décès du testateur, ne pouvait être recueilli par l'État en qualité de tuteur et de représentant des intérêts de l'agriculture (Orléans, 16 déc. 1864, aff. Société d'agriculture d'Indre-et-Loire, D. P. 65. 2. 176).

107. Enfin, toujours par application de la même règle ci-dessus indiquée, un legs, bien qu'adressé à une association charitable non autorisée, pourra quelquefois recevoir effet s'il existe un établissement revêtu de la personnalité civile qui ait les mêmes attributions. On considère dans cette hypothèse que l'intention du testateur a été de gratifier moins l'association charitable en elle-même que les pauvres secourus et assistés (Aix, 14 juill. 1873, aff. Allouis, D. P. 76. 5. 162). — Il a été jugé de même que la disposition par laquelle le testateur, déclarant laisser tous ses biens aux pauvres, en attribuait une portion à une maison religieuse non autorisée, devait être interprétée en ce sens que l'intention du testateur avait été de gratifier une certaine catégorie de pauvres d'une ville légalement représentés par le maire de cette ville (Civ. rej. 6 nov. 1866, aff. Varin, D. P. 66. 1. 436).

Il convient d'observer, toutefois, que ce sont là simplement des décisions d'espèces, fondées sur l'intention présumée du testateur. Une solution différente devrait donc être admise si la libéralité, dans la pensée du disposant, s'adressait uniquement aux œuvres d'une association charitable déterminée. Cette réserve résulte implicitement de l'arrêt précité du 14 juill. 1873, qui attribue aux tribunaux civils le droit d'apprécier l'intention du testateur dans le cas même où le Gouvernement aurait accordé au maire l'autorisation d'accepter au nom du bureau de bienfaisance. Dans le même sens, le conseil d'Etat a décidé qu'un don fait à une conférence de Saint-Vincent-de-Paul ne pouvait, cette association étant dépourvue d'existence légale, être recueilli par le bureau de bienfaisance (Av. Cons. d'Et. 3 janv. 1859; Comp. également: Av. Cons. d'Et. 7 déc. 1858, rapportés par M. de Baulny, *Des libéralités en faveur des établissements de bienfaisance non légalement reconnus*, *Revue critique de législation*, t. 14, 1859, p. 240 à 242. V. encore Av. Cons. d'Et. 31 mars 1881, aff. Pauvres de la paroisse de Saint-Pierre de Coutances).

108. Une question, qui se rattache intimement aux explications qu'on vient de présenter sur la situation des établissements non reconnus, est celle de savoir si les établissements publics investis de la personnalité civile jouissent de la même qualité à l'étranger. M. Laurent se prononce pour la négative (t. 11, n° 196). Il faudrait, dit-il, une loi ou un traité pour qu'une fiction légale eût quelque empire en dehors du pays dans lequel elle est reconnue. — Cette considération ne nous touche pas; et, en effet, la même objection ne peut-elle pas être opposée toutes les fois que les tribunaux français ont à appliquer une loi étrangère? Or il est généralement admis, et c'est un principe de notre droit civil, que les personnes sont régies, quant aux questions d'état et de capacité, par leur loi nationale, même en pays étrangers. Il semble donc qu'un établissement public, par cela seul qu'il a obtenu la personnalité civile conformément à sa loi nationale, doive jouir de la capacité juridique même en pays étranger. La jurisprudence française s'est prononcée en faveur de cette dernière opinion. Le conseil d'Etat a émis l'avis que tout établissement d'utilité publique étranger, qui constitue régulièrement une personne civile, a qualité pour recevoir, aussi bien qu'un établissement français, des dons et legs de biens meubles ou immeubles situés en France (Av. Cons. d'Et. 12 janv. 1854, D. P. 56. 3. 16). — Mais, aux termes du même avis, ces dons ou legs ne peuvent avoir d'effet qu'autant qu'ils ont été autorisés par le Gouvernement français, l'art. 910 c. civ. s'appliquant aux établissements d'utilité publique étrangers aussi bien qu'à ceux qui existent en France.

109. Aux personnes dépourvues d'existence légale il faut assimiler, suivant la règle tracée au *Rép.* n° 330, les personnes incertaines, c'est-à-dire celles dont l'identité n'a pas été marquée par le testateur avec une précision suffisante pour permettre de reconnaître la personne gratifiée. Ainsi les legs faits à des personnes inconnues ou incertaines sont frappés de nullité (Req. 13 janv. 1857, aff. Ville, D. P. 57. 1. 196). — On a déjà rapporté au *Rép.* n° 331 des exemples de dispositions réputées nulles comme s'adressant à des personnes incertaines. De même, ont été déclarés nuls: 1° le legs fait par personne interposée à un légataire convenu entre le légataire apparent et le testateur, la capacité du légataire ne pouvant être vérifiée (Req. 13 janv. 1857, aff. Ville, D. P. 57. 1. 196); — 2° Le legs de nue propriété fait à la succession du légataire en usufruit (Trib. Seine, 23 févr. 1858, aff. Pinel, D. P. 60. 1. 454); — 3° Le legs d'une rente à partager annuellement entre quelques-uns des instituteurs primaires d'une ville, retraités et âgés de soixante ans (Bruxelles, 16 avr. 1883, aff. Ville d'Arlon, D. P. 85. 2. 27); — 4° Le legs fait par un testateur à sa dépouille mortelle (Trib. Orange, 30 déc. 1887, aff. Maynard, D. P. 89. 3. 63). — 5° Enfin, la disposition par laquelle le testateur charge son exécuteur testamentaire d'employer le surplus de ses biens en œuvres pies et services religieux, une pareille disposition ayant été considérée comme ne renfermant pas une désignation suffisante du légataire (Riom, 29 juin 1859, aff. Lepeix, D. P. 59. 2. 196).

Toutefois cette dernière solution, purement d'espèce, ne doit pas être généralisée. En sens contraire, il a été décidé que la disposition par laquelle le testateur confie à un exécuteur testamentaire le soin d'employer une certaine somme en prières et en bonnes œuvres ne constitue pas un legs fait à des personnes incertaines, mais a le caractère d'une simple charge de la succession (Civ. rej. 13 juill. 1859, aff. Monnereau, D. P. 59. 1. 322). On a validé pour le même motif la disposition d'un testament, par laquelle le testateur ordonne que le prix des biens qu'il laissera soit employé à faire dire des prières, soit pour lui, soit pour une autre personne (Caen, 30 nov. 1865, aff. Odollent, D. P. 66. 2. 43. V. aussi Rouen, 28 déc. 1887, aff. de Bosmelet, D. P. 89. 2. 143). A plus forte raison, serait valable l'institution d'héritier faite avec la confiance que l'héritier institué consacrera la fortune qui lui est laissée à venir au secours des pauvres et des établissements charitables, et que, notamment, il continuera les œuvres fondées par le testateur, alors d'ailleurs que nulle obligation ne lui a été imposée à cet égard par le testament et ne paraît lui avoir été imposée de vive voix (Toulouse, 14 févr. 1866, aff. Gisclard, D. P. 67. 2. 31). Au surplus, la question de savoir si la disposition faite en faveur d'un établissement non autorisé constituerait, non pas un legs proprement dit au profit de l'établissement, mais une simple charge, imposée à l'héritier ou au légataire universel du testateur, de faire la fondation de cet établissement, est souverainement décidée par les juges du fond (Civ. rej. 14 août 1866, aff. Dauphin, D. P. 67. 1. 110).

110. Dans les hypothèses précédentes, la disposition a été maintenue, comme s'adressant directement à une personne qui était apte à être le sujet de l'institution, bien que ne devant pas en conserver le bénéfice. La disposition serait encore valable, ainsi qu'il a été dit au *Rép.* n° 344, quoique faite directement en faveur de personnes incertaines, si ces personnes avaient, à raison de la qualité commune sous laquelle le testateur les a désignées, un représentant légal, capable d'assumer le bénéfice de l'institution. C'est ainsi que le legs fait au profit des vieillards qui, sans être réduits à la mendicité, n'auraient que des moyens d'existence insuffisants, a été maintenu, pour être recueilli par le bureau de bienfaisance qui, étant chargé de gérer les biens des pauvres en général, pourra faire parvenir la libéralité à la catégorie de pauvres que le testateur a spécialement voulu gratifier (Req. 14 juin 1875, aff. Bonnabaud, D. P. 76. 1. 132). Et il en est ainsi, alors même qu'une disposition spéciale du testament aurait exclu le bureau de bienfaisance de l'administration des biens légués (Même arrêt).

ART. 2. — *De l'incapacité de recevoir relative à certaines fonctions ou professions* (*Rép.* n°s 337 à 400).

111. A la différence des incapacités qu'on vient d'examiner, celles qui font l'objet du présent chapitre constituent des incapacités de droit. Ainsi qu'il a été dit au *Rép.* n° 337, ces incapacités ont été écrites en vue de certaines personnes qui, à raison de la grande influence que leur donnent leurs fonctions, deviendraient trop facilement l'objet de nombreuses libéralités. Il faut faire exception, toutefois, pour l'incapacité édictée par la loi du 31 mai 1854 au regard des condamnés à des peines afflictives perpétuelles, laquelle a évidemment le caractère d'une peine. Cette incapacité de recevoir, corollaire de l'incapacité de disposer dont il a été parlé *suprà*, n° 98, doit être distinguée des autres incapacités de recevoir à un second point de vue. Elle est absolue, en ce sens que les condamnés sont inhabiles à recevoir à titre gratuit de quelque personne que ce soit. Cependant ils peuvent recevoir une donation pour cause d'aliments (V. Aubry et Rau, t. 7, § 649, p. 28).

§ 1er. — Des tuteurs (*Rép.* n°s 338 à 356).

112. La disposition de l'art. 907 c. civ. donne lieu à de nombreuses difficultés qui ont été examinées au *Répertoire*. Tout d'abord en ce qui touche le caractère de la prohibition qui frappe les libéralités adressées au tuteur, on a dit que cette prohibition engendrait pour le pupille une incapacité de disposer (*Rép.* n° 340). En conséquence, pour apprécier si les conditions prescrites par l'art. 907 sont remplies, on devra se placer au moment où la disposition a été faite, et non au moment où elle doit recevoir exécution par la mort du pupille. Ainsi sera nul le legs fait par un pupille au profit de son tuteur antérieurement à la reddition du compte de tutelle, bien que ce compte ait été rendu avant le décès du pupille. Cette solution est approuvée par MM. Demolombe, t. 1, n° 483, et Laurent, t. 11, n° 331. La cour de cassation a ratifié le principe et en a tiré une autre conséquence. Elle a décidé que la nullité qui frappe le testament fait par un pupille au profit de son tuteur avant l'époque déterminée par l'art. 907 atteint, en même temps que ce testament, la révocation expresse ou tacite qu'il renferme de tout testament antérieur (Civ. cass. 11 mai 1864, aff. Beauquesne, D. P. 64. 1. 187).

113. Après que le compte définitif de leur gestion a été rendu et apuré, les tuteurs deviennent capables de recevoir des dons ou legs de leurs anciens pupilles. Il n'est pas nécessaire, a-t-on dit au *Rép.* n° 345, que le reliquat du compte ait été préalablement payé. C'est également l'opinion des auteurs plus récents (Aubry et Rau, t. 7, § 649, p. 29; Laurent, t. 11, n° 332; Demolombe, t. 1, n° 482). — Mais la question de savoir si la reddition du compte doit satisfaire aux prescriptions de l'art. 472 c. civ., c'est-à-dire être précédée de la remise des pièces justificatives, est controversée. Un arrêt d'Aix du 2 févr. 1841, rapporté au *Rép.* n° 346, s'est prononcé pour la négative. Dans le même sens, il a été jugé, que le compte définitif de la tutelle, qui doit être rendu et apuré avant toute libéralité de l'ancien pupille à son tuteur, n'est pas soumis aux formes et conditions prescrites par l'art. 472 (Besançon, 27 nov. 1862, aff. Reverchon, D. P. 62. 2. 214). C'est aussi l'opinion soutenue par M. Laurent, *op. cit.*, t. 11, n° 332. La majorité des auteurs se prononce en sens contraire (Aubry et Rau, t. 7, § 649, p. 28; Demolombe, t. 1, n° 480 *bis*). Conformément à cette doctrine, la cour de Paris a décidé que l'interdiction portée contre le tuteur par l'art. 907 subsiste tant que la décharge de son compte ne lui a pas été donnée par son pupille dans les formes exigées par l'art. 472 c. civ. (Paris, 6 mars 1884, aff. Barbier, D. P. 85. 2. 127).

114. On a dit au *Rép.* n° 351 que l'incapacité édictée par l'art. 907 s'étend à tous ceux qui ont eu la gestion des biens du mineur, soit comme tuteur officieux, protuteur ou cotuteur, soit même comme tuteur de fait. En ce qui touche ce dernier, un arrêt de la cour de cassation, rapporté au *Rép. ibid.*, le déclare formellement incapable de recevoir aucune libéralité dans les mêmes conditions qu'un tuteur proprement dit. MM. Aubry et Rau, t. 7, § 629, p. 30, et Demolombe, t. 1, n°s 485, 489 et 499, partagent cette opinion. Mais M. Laurent, t. 11, n° 335, est d'un avis contraire.

§ 2. — Des médecins, chirurgiens et pharmaciens; des notaires et de leurs parents; des officiers de marine (*Rép.* n°s 357 à 382).

115. On a examiné au *Rép.* n° 360 la question de savoir si l'incapacité, édictée par l'art. 909 c. civ. contre les docteurs en médecine ou en chirurgie, les officiers de santé et les pharmaciens qui auront traité une personne pendant la maladie dont elle est morte, est applicable aux sages-femmes. L'affirmative prévaut aujourd'hui dans la doctrine. MM. Aubry et Rau, qui se prononcent en ce sens (t. 7, § 649, p. 31), font dépendre l'incapacité inscrite dans l'art. 909 du fait de donner des soins médicaux, et non point de la régularité du titre en vertu duquel les fonctions de médecin sont exercées. Aussi appliquent-ils l'incapacité dont il s'agit à tous ceux qui pratiquent illégalement la médecine. M. Demolombe, t. 1, n°s 511 et suiv., adhère à cette doctrine. Plusieurs arrêts ont été indiqués en ce sens au *Rép.* n° 363.

116. Il est reconnu sans difficulté que l'incapacité de recevoir prononcée contre les médecins, chirurgiens, etc. repose sur une présomption légale de captation, qui ne peut être détruite par la preuve contraire (V. notamment : Laurent, t. 11, n° 345). Plusieurs arrêts ont décidé, en ce sens, que le médecin gratifié serait non recevable à prouver, afin de faire maintenir sa libéralité, que le disposant avait pour lui une affection particulière (Toulouse, 10 mai 1856, aff. Louvier, D. P. 56. 2. 190), ou que la libéralité a été déterminée par la qualité de parent et ami très intime (Bordeaux, 12 mai 1862, aff. Delong, D. P. 62. 2. 167; Req. 7 avr. 1863, aff. Vizerie, D. P. 63. 1. 231).

117. Mais, ainsi qu'il a été dit au *Rép.* n° 367, l'incapacité de l'art. 909 atteint seulement le médecin qui a traité le donateur pendant la maladie dont celui-ci est mort (Conf. Aubry et Rau, t. 7, § 31, p. 31). Comme le remarquent ces auteurs, la règle « ne présente aucun inconvénient relativement aux dispositions testamentaires, puisqu'elles sont révocables au gré du testateur, et que, si celui-ci ne les révoque pas après avoir recouvré la santé, il est par cela même à présumer qu'elles sont le produit d'une détermination entièrement libre de sa part. Mais il en est autrement en ce qui concerne les donations entre vifs, qui peuvent fort bien n'avoir été que le résultat de l'influence du médecin sur l'esprit du donateur, quoique celui-ci n'ait pas succombé à la maladie dans le cours de laquelle il les a faites. Du reste, de pareilles donations seraient susceptibles d'être attaquées pour cause de suggestion et de captation... ».

118. Il faut, en outre, que la disposition entre vifs ou testamentaire en faveur du médecin ait été faite au cours de la maladie à laquelle le disposant a succombé. — La question de savoir si une disposition a été faite au cours de la maladie dont le disposant est mort présente quelque difficulté, lorsque, d'une part, il s'agit d'une maladie chronique, sujette à intermittences plus ou moins longues, et lorsque, d'autre part, le médecin gratifié ne traitait pas le malade au moment où celui-ci a disposé en sa faveur, ou avait cessé de lui donner des soins postérieurement à la disposition. La solution de cette question dépend des circonstances de fait et d'espèce (Aubry et Rau, t. 7, § 649, p. 32; Demolombe, t. 1, n° 528; Bressoles, *Revue critique*, 1864, p. 426 et suiv.). Ainsi il a été jugé: 1° que l'art. 909 est applicable aux dispositions faites pendant une maladie, dont le cours a été marqué par des intermittences, qui laissaient un peu de repos au malade et lui permettaient de se livrer à certains travaux, alors qu'il est constant que celui-ci avait toujours été atteint de cette maladie depuis son invasion, maladie qui, persévérant dans son cours, avait eu une issue fatale (Toulouse, 12 janv. 1864, aff. Mourey, D. P. 64. 2. 9); — 2° Que la dernière maladie, dans le sens de l'art. 909, doit, dans le cas d'une affection de poitrine, être considérée comme remontant à l'époque où est arrivé chez le malade un état morbide défiant tous les efforts de la médecine et n'admettant plus que les palliatifs (Paris, 8 mars 1867, aff. de Gramont-Caderousse, D. P. 67. 2. 145). — Il a été décidé, au contraire: 1° que le testament fait, en faveur de son médecin dans un intervalle de santé, par l'individu atteint d'une maladie chronique incurable ne doit pas être considéré comme ayant été fait dans le cours de la maladie, alors surtout qu'à cette époque le traitement avait cessé (Trib. Niort, 30 avr. 1857, aff. Chaigneau, D. P. 59. 3. 15); — 2° Que la dernière maladie, pendant laquelle le malade ne peut pas tester au profit de son médecin, doit s'entendre, en cas de maladie chronique, de la période où le mal s'est aggravé de manière à ôter tout espoir de guérison. On a déclaré valable le legs fait en faveur du médecin, qui a traité le testateur pendant sa dernière maladie, mais avant le moment où celle-ci était devenue mortelle (Paris, 23 déc. 1872, aff. Cazaux, D. P. 74. 2. 205).

119. La doctrine qui subordonne l'incapacité de l'art. 909 au fait d'avoir traité le malade, c'est-à-dire d'avoir eu la direction des soins médicaux continus, engendre plusieurs conséquences, qui ont déjà été signalées au *Rép.* n°s 369 et 370. En premier lieu, a-t-on dit, l'incapacité de l'art. 909 n'atteint pas le médecin qui a simplement assisté à une consultation (Aux autorités indiquées au *Rép. ibid.*, *adde*: MM. Aubry et Rau, t. 7, § 649, p. 31), ou qui a donné des soins accidentels n'ayant ni la régularité, ni la continuité qui caractérisent l'exercice de l'art de guérir (Req. 17 janv. 1876, aff. de Chiavary, D. P. 76. 1. 181). Cette incapacité n'atteint pas non plus le médecin qui s'est borné à administrer au malade les soins et remèdes prescrits par un autre (Trib. Niort, 30 avr. 1857, cité *suprà*, n° 118; Angers, 19 mars 1875, aff. Tijon, D. P. 75. 2. 79).

120. Le même motif conduit à décider que l'incapacité de l'art. 909, bien que visant d'une manière générale les pharmaciens, n'est applicable qu'à ceux qui auront pris l'initiative et la direction du traitement, à l'exclusion de ceux qui se seront bornés à vendre des médicaments. Cette opinion développée au *Rép.* n° 370 ne saurait faire doute actuellement. La doctrine est unanime en ce sens (V. Demolombe, *op. cit.*, t. 1, n° 506; Demante, *Cours analytique*, t. 4, n° 30 *bis*; Aubry et Rau, t. 7, § 649, p. 31). La jurisprudence est non moins formelle (V. Angers, 19 mars 1875, cité *suprà*, n° 119). La même solution découle implicitement d'un arrêt (Req. 7 avr. 1868, aff. Perrine, D. P. 68. 1. 378) qui, en proclamant le pouvoir souverain des juges du fond pour reconnaître ce qui constitue un traitement médical, décide que l'art. 909 doit être appliqué au pharmacien, lorsque celui-ci, au lieu de se borner à préparer les médicaments sur les ordonnances du médecin, a donné aux malades des soins médicaux, soit en prescrivant des remèdes, soit en modifiant ceux que le médecin avait ordonnés.

121. L'art. 909 apporte à la prohibition qu'il édicte deux exceptions. Elles ont été l'une et l'autre examinées au *Rép.* n°s 372 à 377, et nous avons peu de chose à ajouter à ces explications. La première exception autorise les dons rémunératoires, sous la condition expresse qu'ils seront faits à titre particulier. Il suit de là qu'un legs universel, bien que qualifié de don rémunératoire, sera nul pour le tout. D'un autre côté, il n'appartient pas au juge de transformer ce legs universel en un legs particulier, proportionné aux facultés du disposant et aux services rendus. Cette solution résulte d'un arrêt (Req. 21 mars 1870, aff. Déclat, D. P. 70. 1. 329). Elle est approuvée par tous les auteurs (Laurent, t. 11, n° 348; Aubry et Rau, t. 7, § 649, p. 33; Demolombe, t. 1, n° 531).

122. La deuxième exception concerne les médecins qui sont parents du malade jusqu'au quatrième degré inclusivement. Ils pourront recueillir des dispositions universelles, pourvu que le décédé n'ait pas d'héritier en ligne directe, à moins toutefois qu'ils ne soient eux-mêmes du nombre de ces derniers. Le sens des mots *héritiers en ligne directe* soulève une controverse qui a déjà été indiquée au *Rép.* n° 377. D'après une première interprétation, qui est celle de MM. Aubry et Rau, t. 7, § 649, p. 33, note 43, l'expression *héritier en ligne directe* aurait été employée comme synonyme de parent en ligne directe. Peu importe que ce parent ne soit pas héritier successible; le seul fait de son existence rend le médecin, qui n'est parent du malade qu'en ligne collatérale, incapable de recevoir un legs universel. Le législateur, disent MM. Aubry et Rau, est parti de l'idée qu'une disposition faite au profit d'un médecin parent en ligne collatérale par une personne qui a des héritiers en ligne directe, a dû être déterminée par l'empire du médecin sur son malade, plutôt que par l'affection du parent pour son parent. Or, il est tout à fait indifférent à cet égard que les parents en ligne directe arrivent, ou non, en réalité à son hérédité. Enfin, dit-on, cette interprétation est corroborée par le rapprochement de l'art. 909 et du 3e alinéa de l'art. 907. Au contraire, d'après MM. Demolombe, t. 1, n° 537, et Laurent, t. 11, n° 351, les expressions *héritier en ligne directe*, visent uniquement les héritiers successibles. Cette interprétation est plus conforme au texte de l'art. 909. Quant au rapprochement qu'on prétend établir avec l'art. 907, s'il y a des analogies entre ces deux articles, il y a aussi des différences caractéristiques entre les situations qu'ils régissent. « L'art. 909 ne dit pas simplement comme l'art. 907 que l'ascendant médecin peut recevoir une disposition universelle. Il est bien plus compliqué. La loi commence par faire une exception au profit des parents; jusqu'ici il y a analogie et harmonie entre les deux articles; puis elle restreint cette exception dans l'intérêt des héritiers directs; ici l'analogie cesse et quand il n'y a pas plus identité d'analogie, on n'est pas en droit d'exiger qu'il y ait identité de décision » (Laurent, *loc. cit.*).

123. Un point certain, c'est que l'exception admise jusqu'au quatrième degré ne saurait être invoquée par un médecin qui ne serait parent qu'au cinquième degré, alors même que la nullité de la disposition à lui faite devrait profiter non aux autres parents, mais à un légataire universel (Bordeaux, 12 mai 1862, aff. Delong, D. P. 62. 2. 167; Req. 7 avr. 1863, aff. Vizerie, D. P. 63. 1. 231; Aubry et Rau, t. 7, § 649, p. 34).

124. Il est généralement admis, conformément à l'opinion soutenue au *Rép.* n° 378, que l'exception établie en faveur de la parenté doit être étendue aux dispositions faites par la femme au profit de son mari qui l'a traitée comme médecin (Aubry et Rau, t. 7, § 649, p. 34; Demolombe, t. 1, n° 543. — V. cependant en sens contraire: Laurent, t. 11, n° 353, qui repousse cette solution en se fondant sur le silence du texte). Toutefois les dispositions consenties par la femme devraient être annulées, s'il apparaissait, soit que le mariage contracté pendant la maladie de la femme l'a été dans le but d'éluder la prohibition de la loi, soit que les libéralités ont été déterminées, non par l'affection conjugale, mais par l'abus de l'ascendant que l'exercice de son art donnait au mari sur l'esprit de sa femme (Aubry et Rau, *loc. cit.*).

125. En ce qui concerne les notaires, l'incapacité dont ils sont frappés (*Rép.* n° 381) a été étudiée *ibid.* v° *Notaire*, n°s 366 et suiv. (V. *infrà*, eod. v°).

§ 3. — Des ministres du culte (*Rép.* n°s 383 à 389).

126. L'incapacité édictée contre le médecin par l'art. 909 atteint aux termes de cet article les ministres du culte dans les mêmes conditions. On ne saurait mettre en doute aujourd'hui que cette incapacité soit commune aux ministres des différents cultes. C'est l'opinion qui avait été émise au *Rép.* n° 387; elle est enseignée par MM. Aubry et Rau, t. 7, § 649, p. 34, note 48; Demolombe, t. 1, n° 519; Demante, *op. cit.*, t. 4, n° 30 *bis*, et a été adoptée par la jurisprudence, qui a décidé : 1° que l'expression *ministre du culte*, employée dans l'art. 909, est un terme générique, qui s'applique au ministre protestant dans le cas où il assiste un malade en qualité de guide spirituel (Bordeaux, 7 déc. 1857, aff. Coculet, D. P. 58. 2. 197); — 2° Qu'elle s'applique également aux ministres du culte israélite (Alger, 30 avr. 1856, aff. Senior, D. P. 59. 1. 81).

127. D'ailleurs, ainsi qu'on l'a vu au *Rép.* nos 386 et 387, sont seuls atteints par les dispositions de l'art. 909 les ministres qui ont exercé sur la conscience du malade une direction constante de nature à constituer un traitement spirituel. En vertu de ce principe, on ne saurait annuler la donation faite à un prêtre qui s'est borné à administrer au mourant le viatique ou l'extrême-onction (*Rép.* n° 387; Aubry et Rau, t. 7, § 649, p. 35; Demolombe, t. 1, n° 517), ou qui a donné occasionnellement des consolations et même des exhortations religieuses à un malade, qu'il assistait en qualité d'ami (Bordeaux, 7 déc. 1857, cité *suprà*, n° 126). Il a été décidé dans le même sens qu'on doit uniquement considérer comme ayant traité le défunt celui qui a été son confesseur ou son directeur spirituel. En conséquence, cette incapacité n'atteint pas l'ecclésiastique qui, habitant depuis longtemps chez le disposant et vivant dans son intimité, avait coutume de lui donner la communion et de célébrer la messe dans une chapelle ou oratoire dépendant de son habitation, mais qui n'a jamais été son directeur ou son confesseur (Req. 13 avr. 1880, aff. Abeille, D. P. 80. 1. 263). — Mais, à l'égard du ministre du culte qui a assisté le donateur ou testateur pendant la maladie dont il est mort, la prohibition est absolue et n'admet aucune preuve contraire (Arrêt précité du 7 déc. 1857). Elle ne permet même pas d'examiner si, à raison de la supériorité de son esprit, le donateur ou testateur était à l'abri de la captation présumée par la loi (Toulouse, 12 janv. 1864, aff. Mourey, D. P. 64. 2. 9).

§ 4. — Des congrégations ou maisons religieuses de femmes (*Rép.* nos 390 à 400).

128. On a indiqué au *Rép.* nos 393 et 394 la situation particulière qui est faite aux congrégations religieuses de femmes par la loi du 24 mai 1825, au point de vue de la faculté de recevoir des libéralités. Ces congrégations ne peuvent être l'objet que de dispositions à titre particulier; en outre, dans le cas où l'auteur de la libéralité fait partie de la congrégation, il ne peut disposer de plus du quart de ses biens en faveur de la communauté. Ces mesures restrictives visent exclusivement les congrégations de femmes reconnues par la loi. Seraient donc, sans aucun doute, valables des legs universels adressés à une congrégation d'hommes reconnue par la loi (Trib. Dunkerque, 28 mars 1878, aff. Hautier et Grawez, D. P. 80. 3. 55). De même encore, les religieuses d'ordres supprimés dont l'incapacité de recevoir par donation entre vifs ou par testament avait été maintenue par les décrets des 19 mars et 8 oct. 1790 doivent être considérées comme ayant été relevées de cette incapacité par le code civil (Req. 12 août 1856, aff. Rémaury, D. P. 57. 1. 389).

129. D'un autre côté la prohibition est spéciale à la congrégation; les diverses personnes qui en font partie conservent individuellement la capacité pleine et entière de recevoir des libéralités. Est, en conséquence, valable le legs universel ou à titre universel, fait à un membre d'une communauté religieuse de femmes légalement autorisée, si les juges reconnaissent que la légataire désignée a été réellement instituée comme personne privée (Req. 26 avr. 1865, aff. Gravelotte, D. P. 65. 1. 368). — Mais il peut arriver que l'institution au nom d'un membre d'une congrégation ne soit qu'un moyen détourné employé par le testateur pour échapper à la prohibition de la loi de 1825. Il va sans dire que, si l'interposition de personne est prouvée, la disposition devra être annulée (V. Grenoble, 29 févr. 1872, aff. Eyraud, D. P. 74. 5. 166). Ainsi le legs fait à un membre d'une communauté religieuse de femmes en sa qualité d'économe a pu, à raison de ces termes de la disposition rapprochés des autres documents de la cause, être considéré comme fait à la communauté elle-même (Agen, 1er avr. 1867, aff. Delbos, D. P. 68.2.9).

130. L'incapacité édictée par la loi de 1825 n'existe qu'en ce qui touche les dispositions universelles. A cet égard, il a été jugé que la disposition par laquelle le testateur déclare léguer tous ses immeubles non spécifiés dans les dispositions précédentes, y compris ses droits dans un bien déterminé et de plus une somme d'argent, doit être considérée, non comme un legs à titre universel, mais comme un legs particulier et par suite doit être validée, bien que faite en faveur d'une congrégation religieuse de femmes (Req. 2 déc. 1878, aff. Lachot, D. P. 80. 1. 103).

131. Enfin la prohibition de la loi de 1825 n'est pas applicable à la dot apportée par une religieuse lors de son admission dans la communauté, non plus qu'aux sommes données ou promises pour subvenir à l'entretien ou à la nourriture des religieuses dans les congrégations (V. *suprà*, v° *Culte*, nos 660 et 661).

132. L'art. 10 de l'édit d'août 1749 permettait à un seul enfant ou présomptif héritier de réclamer, même du vivant de ses parents donateurs, les biens dont ceux-ci avaient disposé en faveur d'établissements de mainmorte. Il en résultait pour ces établissements une sorte d'incapacité de recevoir au regard des héritiers. Mais cette disposition de l'édit de 1749 n'est plus en vigueur. C'est ce qui a été décidé par la cour de cassation (Civ. rej. 30 mai 1870, aff. Lacordaire, D. P. 70. 1. 277).

Art. 3. — *Des enfants naturels, adultérins et incestueux* (*Rép.* nos 401 à 407).

133. Aux termes de l'art. 908 c. civ., les enfants naturels ne peuvent, par donation entre vifs ou testament, rien recevoir de leurs père ou mère, au delà de ce qui leur est accordé à titre de succession sur les biens de ces derniers. L'examen de plusieurs des difficultés soulevées par cet article a été renvoyé au *Rép.* n° 401, soit au traité des *Successions*, soit à celui de la *Paternité* (*Rép.* nos 667 et suiv., 724 et suiv.). Les explications complémentaires que nous avons à présenter ne porteront donc que sur les points qui ont déjà été étudiés à cette place au *Répertoire*.

134. Ainsi qu'on l'a observé au *Rép.* n° 404, l'incapacité édictée par l'art. 908 atteint l'enfant naturel reconnu, alors même que la reconnaissance serait irrégulière, s'il résulte des circonstances que la qualité d'enfant naturel a été la cause déterminante de la libéralité. On a déjà cité en ce sens un arrêt de la chambre des requêtes du 7 déc. 1840. La jurisprudence des cours d'appel s'est conformée à cette doctrine. Il a été décidé : 1° que les libéralités faites à un enfant naturel par un testament olographe, qui contient en même temps reconnaissance de cet enfant, doivent, bien que cette reconnaissance ne soit pas valable, être annulées pour ce qui excède la portion que la loi permet aux père et mère naturels de donner à leurs enfants (Paris, 11 août 1866, aff. Fortin, D. P. 66. 2. 168); — 2° Que le legs fait à une personne, désignée dans le testament comme étant l'enfant naturel du testateur, doit être réduit à la quotité indiquée dans l'art. 757 c. civ., s'il résulte des termes du testament que cette libéralité a pour cause unique la qualité d'enfant naturel du légataire (Caen, 11 déc. 1876, aff. Bucaille, D. P. 78. 5. 192). D'ailleurs l'incapacité dont s'agit est absolue et atteint toute espèce de libéralité, quel qu'en soit l'objet. Il a été jugé, notamment, qu'une libéralité consistant en un simple droit d'usufruit tombe sous le coup de l'art. 908 c. civ. (Civ. cass. 30 janv. 1883, aff. Debin, D. P. 83. 1. 201).

135. De plus, la nullité qui frappe les libéralités faites en contravention de l'art. 908 est d'ordre public, en ce sens qu'elle peut être invoquée par toute personne qui y a intérêt. Cette règle a été consacrée par plusieurs arrêts (V. Lyon, 23 mars 1855, aff. Bredin, D. P. 56. 2. 3; Civ. cass. 7 févr. 1865, aff. Daube, D. P. 65. 1. 49; Paris, 6 août 1872, aff. Bourdin, D. P. 74. 1. 173), qui ont reconnu au légataire universel avec lequel l'enfant naturel se trouve en concours le droit de se prévaloir de cette nullité. Il a même été jugé, dans un cas où les legs laissés à l'enfant naturel avaient été réduits sur la demande et au profit du légataire universel conformément aux art. 757 et 908 c. civ., que la clause du testament portant que les dettes de toute nature seront acquittées par l'enfant naturel sur les legs à lui faits sans aucune répétition contre le légataire universel, devait recevoir sa pleine et entière exécution (Req. 23 juin 1873, aff. Bourdin, D. P. 74. 1. 173).

136. On a examiné au *Rép.* nos 406 et 407 la question de savoir si l'incapacité édictée par l'art. 908 s'étend aux descendants légitimes de l'enfant naturel. Les donations qui leur adviendraient du vivant de l'enfant naturel seraient sans nul doute susceptibles d'être annulées comme faites à ce dernier lui-même, dans les termes de l'art. 911 c. civ. Après la mort de l'enfant naturel, ses descendants légitimes prennent son lieu et place par rapport à la succession des père et mère qui l'ont reconnu. Il semble donc qu'ils doivent être comme lui incapables de rien recevoir au delà de la fraction déterminée. C'est l'opinion soutenue par M. Demolombe, t. 1, n° 561, dont le nom doit être ajouté aux autorités doctrinales précédemment citées (*Rép.* n° 406). Mais cette opinion a été combattue par MM. Aubry et Rau qui, tout en reconnaissant que le législateur aurait eu de sérieux motifs d'étendre aux enfants légitimes de l'enfant naturel l'incapacité prononcée contre lui, décident qu'en présence de l'art. 902, il ne peut être permis de suppléer par une simple induction, tirée de l'esprit de la loi, au silence gardé par le législateur (t. 7, § 649, p. 36, note 55. V. dans le même sens : Laurent, t. 11, n° 368). La jurisprudence, ainsi qu'il a été dit au *Rép.* n° 407, s'est prononcée en faveur de cette dernière opinion. Depuis lors, elle s'est affirmée en ce sens par plusieurs arrêts formels. Jugé que la disposition de l'art. 908 c. civ., qui déclare les enfants naturels incapables de recevoir par donation ou testament au delà de ce qui leur est accordé au titre des successions, n'est pas applicable à leurs descendants (Montpellier, 28 janv. 1864, aff. Durand, D. P. 65. 2. 58; Req. 28 mai 1878, aff. Fléchaire, D.P. 78. 1. 401). Et, en conséquence, les descendants légitimes d'un enfant naturel peuvent, après le décès de leur auteur, recevoir de ses père et mère au delà de ce qu'il aurait recueilli lui-même dans leur succession (Bastia, 23 juill. 1878, aff. Bourgeois, D. P. 79. 2. 107, et sur pourvoi, Req. 21 juill. 1879, D. P. 81. 1. 348).

Il va de soi, à plus forte raison, que la disposition de l'art. 908 ne pourrait atteindre ces descendants, lorsque leur auteur a été adopté par son père; l'enfant naturel acquiert, en effet, par l'adoption tous les droits héréditaires qui appartiennent à l'enfant légitime (Paris, 8 mai 1879, aff. de Bouyn, D.P. 82. 1. 203; Req. 13 juin 1882, aff. de Bouyn, D.P. 82. 1. 308).

ART. 4. — *De ceux qui ont besoin d'être habilités au moyen d'autorisations spéciales; Des mineurs; Des femmes mariées; Des communes, hospices, corporations et établissements publics* (*Rép.* n°s 408 à 431).

137. En ce qui touche les femmes mariées et les mineurs, nous n'avons rien à ajouter à ce qui a déjà été dit au *Rép.* n°s 409 et 411.

138. Quant aux dispositions faites en faveur des départements, des communes, des établissements publics et des autres établissements reconnus d'utilité publique, elles ne peuvent, ainsi qu'il a été dit au *Rép.* n° 415, recevoir effet qu'autant que l'acceptation en a été autorisée par le Gouvernement (c. civ. art. 910). La nécessité de cette autorisation est une condition d'ordre public à laquelle il ne peut être suppléé, ni par le consentement du donateur lui-même ou de ses héritiers, ni même par l'exécution volontaire. Ainsi jugé spécialement à l'égard d'une fabrique (Civ. cass. 24 juill. 1854, aff. Oberty, D. P. 54. 1. 307). Mais il est à peine besoin d'observer que le désaccord qui peut exister entre les termes d'un legs fait en faveur d'un établissement de bienfaisance et l'autorisation administrative qui en autorise l'acceptation, relativement aux conditions imposées au légataire, ne saurait être assimilé à un défaut d'autorisation. En conséquence, l'établissement ne saurait être, en ce cas, déclaré non recevable, pour défaut de qualité, à demander la délivrance du legs (V. Lyon, 22 mars 1866, aff. Bourlier, D. P. 66. 2. 84).

139. Il va de soi que l'autorisation du Gouvernement n'est exigée qu'autant que la disposition, dont un établissement public est appelé à se prévaloir, constitue une libéralité véritable. Cette règle, d'ailleurs incontestable, a été appliquée par plusieurs arrêts. — Jugé que l'obligation prise par un tiers, dans un marché de travaux passé entre une fabrique d'église et un entrepreneur, de payer tout ou partie de ces travaux sous certaines conditions destinées à satisfaire le caprice ou la vanité de ce tiers, constitue non une donation, mais un contrat commutatif; et, par suite, l'acte qui renferme cette obligation n'est pas soumis à l'autorisation du Gouvernement (Req. 14 avr. 1863, aff. Bardet, D. P. 63. 1. 402). Jugé de même qu'une donation déguisée ou un legs fait dans le but d'indemniser le donataire ou le légataire de dépenses de construction d'une église que ce dernier a édifiée en exécution du mandat qu'il en avait reçu du disposant, constitue, non une libéralité faite par interposition de personne à la fabrique de l'église appelée à jouir de cette construction, mais l'acquit d'une obligation envers l'auteur des avances ; qu'en conséquence, la disposition ne peut être annulée comme s'adressant à un établissement public non autorisé à l'acceptation (Req. 22 mai 1860, aff. Goirand, D. P. 60. 1. 448). Enfin, il n'y a pas libéralité à un conseil de fabrique, ne pouvant être acceptée qu'après autorisation du Gouvernement, lorsque, dans une contestation relative à une demande du curé en remboursement de diverses sommes avancées pour dépenses du culte, celui-ci déclare renoncer à certains articles de son compte et en faire don à la fabrique; en réalité, une telle déclaration n'est qu'un abandon de certains chefs des conclusions (Req. 7 nov. 1871, aff. Regnaud, D. P. 72. 1. 27).

L'autorité qui a qualité pour permettre l'acceptation varie suivant la personne morale gratifiée, ainsi que cela résulte de divers décrets ou lois.

140. L'acceptation des dons ou legs faits à des personnes morales autres que les départements, les communes et les établissements d'assistance publique est encore aujourd'hui réglée par l'ordonnance du 2 avr. 1817 (V. *Rép.* n° 422), complétée, pour les établissements ecclésiastiques et les congrégations religieuses, par les ordonnances du 7 mai 1826 et du 14 janv. 1841, pour les fabriques d'églises par le décret du 15 févr. 1862 (D. P. 62. 4. 81). D'après l'ordonnance du 2 avr. 1817 (art. 1er), les dons et legs faits aux fabriques devaient être autorisés par le chef de l'Etat, le conseil d'Etat entendu, sur l'avis préalable du préfet et de l'évêque, à moins qu'il ne s'agît de libéralités en argent ou objets mobiliers n'excédant pas 300 fr., auquel cas l'autorisation pouvait émaner du préfet seul. Aujourd'hui, et en vertu de l'art. 1er du décret du 15 févr. 1862, l'acceptation des dons et legs faits aux fabriques est autorisée par le préfet, sur l'avis préalable de l'évêque, si la libéralité n'excède pas 1000 fr., ne donne lieu à aucune réclamation et n'est grevée d'autres charges que de l'acquit de fondations pieuses dans les églises paroissiales et de dispositions au profit des communes, des hospices, des pauvres ou des bureaux de bienfaisance. Aux termes de l'art. 2 du même décret qui reproduit l'art. 2 de l'ordonnance de 1817, l'autorisation ne doit être accordée qu'après l'approbation provisoire de l'évêque diocésain, si la disposition est faite avec charge de services religieux. — Le décret de 1862 n'a rien innové en ce qui concerne les legs qui sont l'objet de réclamations de la part des familles, et qui doivent toujours, quelque minime que soit leur valeur, être soumis à l'appréciation et à la décision du Gouvernement (Circ. min. cult. 10 avr. 1862; André, *Législation civile ecclésiastique*, t. 1, p. 35).

141. En ce qui concerne les facultés et écoles d'enseignement supérieur, un décret du 25 juill. 1885 (D. P. 86. 4. 11) décide que l'acceptation des libéralités par actes entre vifs ou testamentaires qui leur seront faites sera autorisée par décret rendu en conseil d'Etat, sur la proposition du ministre de l'instruction publique, après avis du conseil des professeurs et du recteur de l'Académie (V. *infrà*, v° *Organisation de l'instruction publique*).

142. Relativement aux dons ou legs faits aux départements, les conseils généraux statuent définitivement sur leur acceptation ou leur refus (L. 10 août 1871, art. 46-5°, D. P. 71. 4. 102), s'il n'y a pas de réclamation de la part des héritiers (V. *infrà*, v° *Organisation administrative*). — Sous cette même restriction, les dons et legs faits à des communes ou à des sections de commune sont acceptées par le conseil municipal, dont la délibération, dans le cas où la libéralité est faite sous des charges et conditions, doit être rendue exécutoire par le préfet (L. 5 avr. 1884, art. 11, D. P. 84. 4. 57) (V. *suprà*, v° *Commune*, n°s 1177 et suiv.).

143. Enfin l'acceptation des dons et legs faits à des établissements d'assistance publique peut, quelle que soit leur valeur, la nature des biens qui en forment l'objet et les charges auxquelles ils se trouvent soumis, être autorisée par les préfets, à moins, en ce qui concerne les legs, qu'il n'y ait réclamation de la part des héritiers (Décr. 25 mars 1852, D. P. 52. 4. 90; 13 avr. 1861, D. P. 61. 4. 49).

144. Dans le cas où une réclamation est élevée par les héritiers, l'acceptation des dons et legs laissés aux départements, communes ou établissements d'assistance publique, ne peut être autorisée que par décret rendu en conseil d'État. Aussi a-t-on considéré comme entaché d'excès de pouvoir l'arrêté par lequel le préfet avait autorisé une commune à accepter un legs contre lequel les héritiers avaient formulé des réclamations (Cons. d'Et. 9 mai 1873, aff. Boudier, D. P. 74. 3. 52).

Il y a plus, les préfets doivent, avant de statuer sur les demandes d'autorisation, s'assurer que les héritiers ne réclament pas (Circ. min. 3 août 1867, D. P. 67. 3. 73). Il a été décidé, par application de la règle qui vient d'être énoncée, que le préfet excédait ses pouvoirs en accordant une autorisation de cette nature, sans que les héritiers naturels aient été appelés à s'expliquer (Cons. d'Et. 1er mars 1866, aff. Barni, D. P. 67. 3. 3). — Mais le seul fait que le donateur aurait annoncé son intention de poursuivre la révocation de sa donation ne suffirait pas à priver le préfet du pouvoir d'autoriser l'acceptation de la libéralité en question (Cons. d'Et. 26 août 1867, aff. Thévenet, D. P. 68. 3. 72) (V. *suprà*, vis *Commune*, nos 1182 et suiv.; *Compétence administrative*, n° 143).

145. Lorsqu'un acte de donation ou un testament contient à la fois, d'une part, des dispositions faites au profit d'une commune (ou d'un département) et dont l'acceptation n'est pas subordonnée à une autorisation de l'administration supérieure, d'autre part, des dons ou legs en faveur d'un établissement qui doit être autorisé par décret, quelle règle devra-t-on appliquer? On a examiné la question *suprà*, v° *Commune*, n° 1179, et l'on a cité des précédents d'où il résulte qu'en pareil cas, la nécessité d'un décret s'étend à la libéralité tout entière. Mais, d'après un avis du conseil d'Etat du 10 mars 1868, cité *ibid.*, cette solution ne s'applique qu'aux cas où les diverses dispositions contenues dans l'acte sont connexes entre elles. Il n'en est pas de même quand les dons ou legs ont été faits à la commune (ou au département) par des dispositions collectives, mixtes ou complexes; cette circonstance n'enlève pas au conseil municipal (ou au conseil général) le droit de décider s'ils seront acceptés ou refusés. C'est également ce qui résulte de plusieurs avis récents du conseil d'Etat, émis sous l'empire de l'art. 112 de la nouvelle loi municipale du 5 avr. 1884 (V. Av. Cons. d'Et. 17 nov. 1886, aff. Collard; 30 nov. 1886, aff. Denier; 12 janv. 1887, aff. Leneveu; 2 mars 1887, aff. Waltring).

146. Il va de soi que l'autorité administrative est seule compétente pour statuer sur les difficultés auxquelles l'interprétation des décrets autorisant l'acceptation d'un legs peut donner naissance. Ainsi c'est à l'autorité administrative qu'il appartient exclusivement de déclarer si un décret, autorisant l'acceptation d'une libéralité destinée à la construction d'une chapelle et au payement de l'ecclésiastique appelé à la desservir, a autorisé implicitement l'exercice du culte dans cette chapelle (Trib. confl. 20 mai 1882, aff. Rodier, D. P. 83. 3. 114). C'est encore à elle qu'il appartient de décider si une commune, autorisée à accepter le legs d'un immeuble grevé d'hypothèques « jusqu'à concurrence des deux tiers de sa valeur aux charges et conditions du testament », est obligée de payer la totalité des dettes hypothécaires conformément aux dispositions de ce testament, ou n'en doit supporter que les deux tiers (Lyon, 23 mai 1876, aff. Guerre, D. P. 79. 2. 48) (Comp. *suprà*, v° *Compétence administrative*, nos 303 et suiv.).

147. Mais l'autorisation administrative ne constitue qu'un acte de tutelle; elle ne préjuge aucunement la validité des dispositions, qui peut toujours être contestée devant les tribunaux judiciaires (Cons. d'Et. 29 janv. 1875, aff. Michel, D. P. 75. 3. 99). Ainsi, dans le cas d'un legs fait à une commune et grevé d'une charge au profit de la fabrique, la commune conserve le droit, nonobstant la disposition du décret qui autorise la fabrique à accepter le bénéfice de la libéralité, de réclamer devant l'autorité judiciaire la délivrance pure et simple du legs à son profit (Cons. d'Et. 9 août 1880, aff. Ville de Bergerac, D. P. 81. 3. 92). De même, il n'appartient qu'à l'autorité judiciaire de statuer sur les difficultés qui s'élèvent entre les parties intéressées relativement au sens et à l'exécution d'une donation ou d'un legs laissé à un établissement public (V. notamment : Cons. d'Et. 24 déc. 1863, aff. Commune de Saint-Sigismond, D. P. 64. 3. 19). Jugé encore que l'autorité judiciaire est seule compétente pour décider, par interprétation des titres de fondation, donation ou testament, si les libéralités faites à un hospice avaient pour but de gratifier le service des enfants assistés, et si par suite le département a le droit de réclamer que les revenus de ces libéralités lui soient remis pour venir en déduction de ses dépenses pour ce service (Trib. confl. 11 déc. 1875, aff. Département des Pyrénées-Orientales, D. P. 76. 3. 52). — C'est encore l'autorité judiciaire qui est compétente pour apprécier la validité des conditions imposées par l'auteur de la libéralité, au besoin pour en prononcer l'annulation. Décidé, notamment, que la clause d'un testament qui renferme la création d'une fondation de secours (une concession de logements gratuits) au bénéfice de laquelle devront être appelés de préférence les ouvriers qui seraient tombés dans le malheur par suite de leurs opinions démocratiques et socialistes, doit, en ce qui concerne cette cause de préférence, être réputée non écrite (Req. 4 août 1856, aff. Taudou, D. P. 56. 1. 453-454).

148. Ainsi qu'on l'a observé au *Rép.* n° 426, l'autorité compétente pour autoriser l'acceptation des libéralités faites à des personnes morales ou établissements publics a aussi qualité pour limiter l'étendue des libéralités dont elle autorise l'acceptation. Plusieurs arrêts ont été cités en ce sens au *Rép. ibid.* et, récemment, il a été jugé que le pouvoir exécutif, appelé à autoriser un bureau de bienfaisance ou tout autre établissement public à accepter un legs, est en droit de limiter, comme il l'entend, le bénéfice que cet établissement sera autorisé à recueillir (Civ. rej. 23 févr. 1886, aff. Bureau de bienfaisance de Châteauroux, D. P. 86. 1. 242-243). — Toutefois le pouvoir de l'autorité administrative subit dans un cas particulier une restriction déjà signalée au *Rép. ibid.* Aux termes de l'art. 4 de l'ordonnance du 14 janv. 1831, les établissements de bienfaisance, de même que les établissements ecclésiastiques et les communautés religieuses, ne peuvent être autorisés à accepter des donations contenant réserve d'*usufruit* au profit du donateur. Cette prohibition se trouve rappelée dans une circulaire du ministre de l'intérieur du 5 déc. 1863 (D. P. 64. 3. 24. V. *infrà*, v° *Etablissements publics*). La raison d'être de cette prohibition s'aperçoit aisément. Les libéralités avec réserve d'usufruit au profit du donateur ont été considérées avec raison comme étant de nature à permettre trop facilement à l'auteur de la donation de dépouiller les membres de sa famille au profit des établissements de bienfaisance.

149. C'est une question grave et très controversée que de savoir si la latitude laissée au Gouvernement pour limiter l'étendue des libéralités dont il autorise l'acceptation ne comporte pas également une seconde restriction dans le cas où le *de cujus* a mis pour condition à sa libéralité qu'elle serait acceptée ou refusée en totalité. Dans le sens de la négative, on fait observer qu'une condition de ce genre tend à priver l'autorité administrative du droit d'autoriser partiellement l'acceptation des dons ou legs laissés à des établissements publics; il semble que cette restriction soit contraire à l'ordre public. Deux arrêts (Paris, 2 août 1861, aff. Bisse, D. P. 61. 2. 229; Lyon, 29 janv. 1864, aff. Carriot, D. P. 64. 2. 106) ont annulé, conformément à cette doctrine, le legs universel fait au profit d'une personne pour le cas où un autre legs fait en faveur d'un établissement public ne recevrait pas sa pleine et entière exécution. L'opinion contraire est enseignée par MM. Aubry et Rau, t. 7, § 692, p. 297, qui considèrent comme valable la condition imposée au Gouvernement d'accorder ou de refuser pour le tout l'autorisation d'accepter la libéralité. La cour de cassation a consacré cette manière de voir. Jugé que la clause d'un testament portant que, dans le cas où, par une cause quelconque, le legs universel fait au profit d'un hospice ne recevrait pas sa pleine et entière exécution, ce legs sera considéré comme nul et un tiers substitué à l'établissement institué, est licite, quoiqu'elle ait pour résultat d'enlever au Gouvernement son droit de réduction; il suffit que le droit général d'autorisation ou de refus d'autorisation reste intact

(Civ. cass. 25 mars 1863, aff. Chagot, D. P. 63. 1. 113, et sur renvoi, Amiens, 23 juill. 1863, D. P. 63. 2. 158).

150. On a vu *suprà*, n° 99, que les seuls établissements qui puissent recevoir des donations ou des legs sont ceux qui, étant légalement reconnus, constituent des personnes juridiques. Mais par cela seul qu'il est revêtu de la personnalité juridique, un établissement est-il apte à recevoir toute espèce de libéralité, quel qu'en soit le but ; ou bien sa capacité se restreint-elle aux dons ou legs dont la destination rentre dans le service en vue duquel il a été institué (*Rép.* n°s 419 et suiv.) ? C'est là une question depuis longtemps controversée ; elle a été soulevée principalement à l'occasion des dispositions faites en faveur des fabriques ou des consistoires, pour être employées soit à des œuvres charitables, soit à la fondation ou à l'entretien d'écoles, et elle a été, suivant les époques, diversement résolue. L'historique détaillé jusqu'en 1873 en a été fait dans une note insérée D. P. 73. 3. 97, à laquelle il nous suffira de renvoyer pour toute la période antérieure. — A cette époque, le conseil d'État, modifiant sa jurisprudence, a, par un avis en date du 6 mars 1873 (aff. Fabriques et maires de Villegenon et de Santranges, D. P. 73. 3. 97) déclaré que les fabriques d'église ont capacité pour recevoir des libéralités destinées aux pauvres, et qu'elles peuvent y être autorisées sous la réserve des mesures à prescrire pour assurer la fidèle exécution de la volonté du testateur. Ainsi les fabriques peuvent être autorisées à accepter seules, et sans l'intervention du maire ou du bureau de bienfaisance, les sommes destinées à être distribuées aux pauvres par les soins des membres de la fabrique ou du curé. Mais, lorsqu'il s'agit d'une fondation dont les revenus seuls devront être distribués, il convient d'autoriser le maire à accepter le bénéfice qui résulte du legs en faveur des pauvres de la commune, et d'ordonner qu'un duplicata du titre lui sera délivré, afin qu'il puisse, non pas exercer un contrôle sur l'emploi des secours, mais s'assurer que le capital de la fondation est conservé et le revenu toujours inscrit avec sa destination au budget annuel de la fabrique. Dans tous les cas, la fabrique doit être autorisée à faire immatriculer le titre en son nom et à en conserver la garde. Les mêmes solutions s'appliquent aux consistoires des cultes protestants, aux conseils presbytéraux du culte réformé et aux consistoires israélites (Même avis du 6 mars 1873). Un autre avis du 24 juillet suivant (aff. Fabrique et Maire de Saint-Georges-de-Lusençon, D. P. 73. 3. 98) porte que les établissements ecclésiastiques appartenant à l'un des cultes reconnus par l'Etat, et en particulier les fabriques et les consistoires, ont capacité pour recevoir les libéralités destinées à fonder ou entretenir des écoles. En conséquence, ces établissements doivent être autorisés à accepter des libéralités qui leur sont faites avec cette destination, sans qu'il y ait lieu d'édicter, dans le décret d'autorisation, des prescriptions autres que celle qui sont nécessaires pour assurer dans l'avenir l'exécution fidèle et durable de la volonté du disposant, et dont le même avis contient l'énumération. La cour de cassation s'était déjà prononcée en ce sens dans un arrêt où il était déclaré que les établissements publics appartenant à l'un des cultes reconnus par l'Etat avaient capacité pour recevoir des libéralités sous condition de fonder des écoles (Req. 18 mai 1852, aff. Ville de Paris, D. P. 52. 1. 137. V. la note sur l'avis précité du 24 juill. 1873). — Mais, depuis lors, un nouveau revirement s'est produit dans la jurisprudence du conseil d'Etat. C'est ce qui résulte de plusieurs avis rendus en 1881, et déclarant : que les établissements publics n'ont été investis de la personnalité civile qu'en vue de la mission spéciale dont ils ont été chargés par les lois et règlements (Av. Cons. d'Et. 13 avr. 1881, aff. Fabrique de Pondis et Conseil presbytéral de Saint-Germain-en-Laye, D. P. 82. 3. 21); — Qu'ils ne sont aptes à recevoir et à posséder que dans l'intérêt des services qui leur ont été spécialement confiés par les lois, dans les limites des attributions qui en dérivent (Av. Cons. d'Et. 13 juill. 1881, aff. Fabrique de Saint-Jean-Baptiste de Belleville, D. P. 82. 3. 23); — Qu'en conséquence, aucune loi n'ayant accordé aux fabriques d'église et aux conseils presbytéraux le droit de fonder ou d'entretenir des écoles, ces établissements n'ont pas capacité pour accepter des libéralités destinées à créer ou à entretenir des établissements scolaires, et qu'ils ne peuvent être autorisés à recevoir les libéralités qui leur sont faites avec cette destination (Avis précité du 13 avr. 1881); — Que les conseils presbytéraux, ni les fabriques d'églises n'ayant été institués pour le soulagement des pauvres et pour l'administration des biens qui leur sont destinés, ces établissements ne peuvent être autorisés à accepter des legs qui leur ont été faits pour le service des pauvres (Avis précité du 13 juill. 1881). — Il a été décidé, dans le même sens, que le droit de recevoir et distribuer des secours aux pauvres ne rentre pas dans les attributions légales des chambres de notaires instituées et organisées par la loi du 25 vent. an 11 et par l'ordonnance du 4 janv. 1843 ; qu'en conséquence, une chambre de notaires ne peut être autorisée à accepter un legs fait en sa faveur et au profit des familles malheureuses et misérables (Cons. d'Et. 13 avr. 1881, aff. Chambre des notaires de Paris, D. P. 82. 3. 23). — Enfin, dans le même ordre d'idées, il a été jugé que, si les sociétés commerciales constituent des personnes morales et sont, à ce titre, capables de recevoir, soit par donation, soit par testament, il n'en est ainsi, toutefois, qu'autant que la libéralité est faite en vue des opérations mêmes de la société (Trib. Seine, 30 mars 1881, aff. Leymarie, D. P. 83. 3. 31).

On peut se demander quel sera, dans le système qui résulte des décisions précitées, le sort des libéralités faites aux fabriques, consistoires ou autres personnes morales, sous les conditions qu'ils prévoient. Il semble qu'elles devraient être caduques. Cependant, pour empêcher ce résultat, il pourrait arriver que le conseil d'Etat autorisât l'établissement public dans les attributions duquel rentre la destination spécifiée par le disposant (par exemple, le bureau de bienfaisance, s'il s'agit d'un legs fait en faveur des pauvres), à accepter la libéralité, et c'est ce qui a lieu, en effet, dans plusieurs circonstances (V. notamment : Av. Cons. d'Et. 13 avr. 1881, aff. Bureau de bienfaisance de Calais, D. P. 82. 3. 23 ; 30 nov. 1886, aff. Dentier). En pareil cas, les héritiers du "*de cujus*" seraient recevables à soutenir que cette substitution constitue une violation de la condition essentielle sous laquelle la disposition a été faite; et ils pourraient s'adresser aux tribunaux civils qui ont compétence pour en prononcer la révocation, le décret d'autorisation constituant un simple acte de tutelle impuissant à conférer à des tiers des droits qui n'auraient pas leur base dans la volonté du testateur (V. en ce sens : Angers, 23 mars 1871, aff. de Langottière, D. P. 73. 2. 227; Aix, 14 juill. 1873, aff. Allouis, D. P. 76. 5. 162. V. aussi Cons. d'Et. 7 déc. 1877, aff. Fabrique de Tout-le-Monde, D. P. 78. 3. 45; 9 août 1880, aff. Ville de Bergerac, D. P. 81. 3. 92).

151. L'autorisation administrative prescrite par l'art. 910 est-elle nécessaire même au regard des dons manuels? La question, comme on l'a vu au *Rép.* n°s 421 et 1496, avait été diversement résolue. Depuis, les auteurs se sont généralement prononcés dans le sens de l'affirmative, adoptée au *Répertoire*. La jurisprudence est également fixée en ce sens (V. notamment : Montpellier, 25 févr. 1862, *infrà*, n° 442); seulement, à raison de la nature particulière de la donation, elle admet qu'il n'y a pas lieu d'appliquer ici la règle générale suivant laquelle l'autorisation administrative doit précéder l'acceptation (*Rép.* n° 427); et elle décide que cette autorisation peut intervenir utilement à toute époque (V. Paris, 7 déc. 1852, aff. N..., D. P. 53. 2. 92; Trib. Uzès, 24 févr. 1857, aff. Hospice d'Uzès, D. P. 57. 3. 29; Civ. rej. 18 mars 1867, aff. de Maistre, D. P. 67. 1. 169; Paris, 26 janv. 1881, aff. Congrégation de la Nativité, D. P. 82. 2. 105).

Suivant M. Laurent, t. 11, n° 306, il y a lieu de dispenser de l'autorisation administrative les dons modiques provenant d'aumônes ou quêtes faites au profit du bureau de bienfaisance ou de la fabrique d'une église. Cette opinion est conforme à celle que nous avons admise au *Rép. loc. cit.* Elle a été consacrée par la cour de cassation. Jugé que l'autorisation administrative prescrite par l'art. 910 c. civ. pour l'acceptation des libéralités faites au profit des hospices, des pauvres, d'une commune ou d'établissements d'utilité publique, n'est pas applicable au don manuel fait à un particulier pour être employé en bonnes œuvres sans affectation déterminée (Req. 27 nov. 1876, aff. Vouillemont, D. P. 77. 1. 152). La cour de Paris est allée plus loin et a décidé que le don manuel fait à une fabrique d'une somme (24000 fr. dans l'espèce), destinée à l'acquisition d'un presbytère ou à l'agrandissement de l'église, rentrait par sa nature dans la classe des oblations et offrandes pour l'acceptation desquelles les fabriques n'ont pas besoin d'une autorisation spéciale (Paris, 16 déc. 1864, aff. Laurichesse, D. P. 66. 2. 91).

152. Le Gouvernement a toujours cru devoir entourer l'acceptation des dons et legs faits aux établissements publics et surtout aux communautés religieuses de nombreuses formalités destinées, dans sa pensée, à protéger les droits des héritiers naturels et à écarter toute idée de captation et de suggestion. — Nous avons étudié au *Rép.* n°s 422 et suiv. les dispositions prescrites à cet égard par les ordonnances des 2 avr. 1817 et 14 janv. 1831 et par le décret de décentralisation administrative du 25 mars 1852. Depuis, un décret du 30 juill. 1863 (D. P. 63. 4. 143) a prescrit aux notaires dépositaires d'un testament au profit des communes, des pauvres, des établissements publics ou d'utilité publique, des associations religieuse ou des titulaires énumérés dans l'art. 2 de l'ordonnance de 1817, de transmettre au préfet, dès l'ouverture dudit testament, un état sommaire de ses dispositions. Une circulaire du garde des sceaux en date du 3 déc. 1863 relative à l'application de ce décret décide que cet état sommaire devra être adressé à chacun des préfets des départements dans lesquels sont situés les établissements légataires (*Rec. circ. min. just.*, t. 3, p. 28 et suiv.). Plusieurs circulaires ministérielles postérieures sont venues rappeler les notaires à la stricte observation du décret de 1863 (Circ. 20 déc. 1879, *Bull. off. min. just.*, 1879, p. 267; 7 juin 1882, *ibid.*, 1882, p. 44). Cette dernière circulaire va plus loin et exige que les notaires délivrent une expédition complète du testament soit à tous les établissements légataires, soit au moins au plus intéressé d'entre eux, expédition destinée à éclairer la religion du conseil d'Etat; elle est confirmée par une circulaire du 3 nov. 1888 (*Bull. off. min. just.*, 1888, p. 251) conçue dans des termes identiques. La circulaire du 3 nov. 1888 prescrit, en outre, aux notaires d'éclairer les héritiers naturels ou les légataires sur l'étendue de leurs droits, en leur faisant entendre quand et dans quelles limites ils doivent acquitter le legs mis à leur charge au profit des établissements publics. Avant toutes choses, l'autorisation préalable du Gouvernement est nécessaire pour que les notaires puissent opérer la délivrance des legs quels qu'ils soient (Circ. min. just. 30 avr. 1881, 7 juin 1882 et 23 mars 1888, *Bull. off. min. just.* 1881, p. 30, 1882, p. 44, 1888, p. 12); aussi doivent-ils, sous peine d'engager gravement leur responsabilité, exiger des réclamants la production du décret d'autorisation.

Il arrive parfois que l'établissement légataire, pour prévenir les réclamations qui pourraient être élevées par des héritiers du testateur se trouvant dans une situation malheureuse, offre de donner à ces héritiers un secours ou de leur servir une rente viagère, pour le cas où il serait autorisé à accepter la libéralité faite en sa faveur. Un avis du conseil d'Etat, du 24 avr. 1873, a décidé que l'engagement éventuel pris par l'établissement légataire dans de pareilles conditions devrait être approuvé par une disposition expresse du décret d'autorisation.

Art. 5. — *Des libéralités déguisées et des personnes interposées* (*Rép.* n°s 432 à 482).

§ 1er. — Des libéralités déguisées sous la forme d'un contrat à titre onéreux (*Rép.* n°s 433 à 440).

153. Il est de principe qu'on ne doit pas être admis à réaliser par des voies détournées ce que la loi ne permet pas de faire directement. L'art. 911 applique cette règle élémentaire, en frappant de nullité toute donation faite au profit d'un incapable, soit qu'on la déguise sous la forme d'un contrat onéreux, soit qu'on la fasse sous le nom d'une personne interposée. En ce qui touche spécialement les donations déguisées, qui font seules l'objet de ce paragraphe, nous nous bornerons à renvoyer aux explications déjà présentées au *Répertoire*. Suivant l'opinion qui a été développée au *Rép.* n° 436, les personnes qui attaquent, comme renfermant une donation déguisée, un acte à titre onéreux, passé avec une personne incapable de recevoir, doivent faire la preuve de la simulation frauduleuse sur laquelle elles fondent leur demande en nullité. L'opinion contraire de M. Delvincourt, qui tendait à faire présumer tout contrat passé avec un incapable comme renfermant une donation déguisée, est combattue par tous les auteurs (Comp. Demolombe, t. 1, n° 633 ; Aubry et Rau, t. 7, § 650 *bis*, p. 50, note 8).

154. Il faut observer d'ailleurs que toute espèce de preuve est admise en cette matière (*Rép.* n° 440). Cette règle a été proclamée par la jurisprudence, surtout en ce qui touche l'interposition de personnes (Conf. Civ. rej. 3 juin 1861, aff. Moreau, D. P. 61. 1. 218 ; Limoges, 13 mai 1867, aff. Planet, D. P. 67. 2. 81 ; Nîmes, 14 janv. 1874, aff. Davau, D. P. 75. 2. 44 ; Lyon, 10 janv. 1883, aff. Georges, D. P. 83. 2. 231); mais les motifs donnés sont généraux et visent tout aussi bien le cas d'une donation déguisée sous la forme d'un contrat à titre onéreux.

2. — Des personnes interposées (*Rép.* n°s 441 à 482).

155. La loi ne s'est pas bornée à frapper de nullité les donations faites à un incapable au moyen d'une interposition de personnes; elle a établi dans l'art. 911 une présomption légale, d'après laquelle certains parents de l'incapable sont réputés personnes interposées. Ce sont de ces personnes dont nous devons nous occuper en premier lieu.

156. — I. De l'interposition légalement présumée (*Rép.* n° 442). — Aucune preuve, a-t-on dit au *Rép.* n° 442, ne peut être reçue contre la présomption légale qui répute personnes interposées les père et mère, enfants, descendants et époux de la personne incapable. Les auteurs sont unanimes en ce sens (Comp. Aubry et Rau, t. 7, § 650 *bis*, p. 52 ; Demolombe, t. 1, n° 671 ; Laurent, t. 11, n°s 402 et suiv.). De nombreux arrêts ont décidé, de même, que la présomption établie par l'art. 911 est absolue. Il a été jugé, notamment, que les legs ou donations faits à la mère d'un enfant naturel par celui qui a reconnu cet enfant ne sauraient être validés, sous le prétexte que le donateur ou testateur aurait été uniquement inspiré par l'affection qu'il portait à la mère (Paris, 7 juill. 1855, aff. Sauvanet, D. P. 55. 5. 153 ; Metz, 10 août 1864, aff. Gobron, D. P. 64. 2. 211 ; Civ. cass. 22 janv. 1884, aff. Périn, D. P. 84. 1. 117 ; Orléans, 5 févr. 1885, aff. Taureau, D. P. 86. 2. 166. V. aussi pour le cas où la disposition a été faite au conjoint de l'incapable : Bordeaux, 7 déc. 1857, aff. Coculet, D. P. 58. 2. 196).

157. Toutefois, dans le cas d'un simple don rémunératoire, le donataire ne devrait-il pas être admis à repousser la présomption d'interposition en prouvant l'existence des services rendus au donateur? On inclinait au *Rép.* n° 443 à se prononcer pour l'affirmative. La cour de Paris a même été plus loin. Elle a admis en thèse que les dispositions faites au profit de personnes légalement réputées interposées peuvent être maintenues, quand il résulte des circonstances qu'elles ont été déterminées par des causes spéciales d'affection et de préférence, tenant exclusivement à la personne et aux besoins de celui au nom de qui la disposition a été faite (Paris, 6 mai 1854, aff. P..., D. P. 56. 2. 240). — Mais cette solution est critiquée par la plupart des auteurs (V. Laurent, t. 11, n° 404; Demolombe, t. 1, n° 676). Ce dernier jurisconsulte estime que le seul cas où la présomption de l'art. 911 puisse recevoir échec est celui où la disposition ne constituerait pas une donation proprement dite, mais une sorte de payement. « C'est ce qui arriverait dit-il : 1° dans le cas d'une disposition faite à titre de réparation et de dommages-intérêts par le père d'un enfant naturel au profit de la mère qu'il aurait séduite ; 2° dans le cas où la disposition rémunératoire s'appliquerait à des services appréciables à prix d'argent ». On voit par ce dernier exemple que M. Demolombe adhère complètement à la théorie que nous avons nous-mêmes formulée au *Rép.* n° 443.

158. A raison de la généralité des termes de l'art. 911, on a exprimé au *Rép.* n° 449 l'opinion que les enfants naturels reconnus aussi bien que les enfants légitimes doivent être réputés personnes interposées à l'égard de leur père ou mère. La même solution a été appliquée au père et à la mère vis-à-vis de leur enfant naturel reconnu. MM. Aubry et Rau, t. 7, § 650 *bis*, p. 51, note 10, et Demolombe, t. 1, n° 65, partagent la même opinion. Ces auteurs assimilent, d'ailleurs, complètement au point de vue de l'application de l'art. 911, la parenté adultérine ou incestueuse avec la parenté naturelle simple (Aubry et Rau, t. 7, § 650 *bis*, p. 51, note 10; Demolombe, t. 1, n° 656). C'est l'opinion qui a été soutenue au *Rép.* n° 451.

La jurisprudence admet sans hésitation que la présomption de l'art. 912 doit être appliquée aux cas de parenté naturelle. Aux arrêts déjà cités au *Rép.* n° 452, il faut joindre les suivants qui ont décidé : 1° que l'enfant naturel doit être réputé personne interposée à l'égard de sa mère, pour le don manuel qu'il a reçu du mari de celle-ci, instituée légataire de la quotité disponible par son époux (Req. 25 juill. 1881, aff. Charpentier, D. P. 82. 1. 271) ; — 2° Que le legs contenu dans le testament du père naturel au profit d'une femme qui a elle-même reconnu l'enfant est nul en tant qu'il excède la quotité déterminée par l'art. 908 c. civ. (Metz, 10 août 1864, aff. Gobron, D. P. 64. 2. 211 ; Civ. cass. 30 janv. 1883, aff. Debin, D. P. 83. 1. 201). — L'arrêt du 30 janv. 1883 est intervenu dans une espèce où la reconnaissance était postérieure au décès du testateur. La chambre civile a néanmoins appliqué l'art. 911, sur le motif que la reconnaissance étant simplement déclarative de la filiation, ses effets devaient remonter à l'époque de la naissance de l'enfant naturel. Ce motif peut paraître contestable. Il avait été décidé en sens contraire : 1° que la disposition laissée par le père naturel au profit d'une femme qu'il a, au moment de la déclaration de naissance de l'enfant, indiquée comme étant la mère naturelle, ne peut être réputée faite à l'enfant lui-même par personne interposée, alors que la déclaration susénoncée a eu lieu sans mandat de cette femme et que cette dernière a reconnu l'enfant seulement après le décès du testateur (Paris, 9 févr. 1883, aff. Taureau, D. P. 83. 2. 119); — 2° Que la disposition de l'art. 911 c. civ., d'après laquelle les enfants et descendants de l'enfant naturel doivent être réputés personnes interposées par rapport à lui, n'est pas applicable quand le testament fait à leur profit est antérieur à la reconnaissance de leur auteur par le père ou la mère de celui-ci (Req. 28 mai 1878, aff. Fléchaire, D. P. 78. 1. 401). Jugé aussi, en Belgique, que la donation faite sous la forme d'un contrat à titre onéreux à la mère d'un enfant naturel, par celui qui se reconnaît postérieurement le père de l'enfant, n'est pas nulle comme ayant été faite au profit d'un incapable sous le nom d'une personne interposée (Liège, 31 déc. 1879, aff. Nery, *Pasicrisie belge*, 1880. 2. 127). M. Beudant, dans une note insérée sous l'arrêt du 28 mai 1878, en a critiqué la solution et développé l'opinion qui a depuis prévalu devant la chambre civile. Quoi qu'il en soit, la jurisprudence paraît aujourd'hui complètement fixée. Par un arrêt plus récent (Civ. cass. 22 janv. 1884, aff. Perin, D. P. 84. 1. 117), la chambre civile a confirmé la solution qu'elle avait donnée dans l'affaire Debin. La cour d'Orléans, le 5 févr. 1885 (aff. Taureau, D. P. 86. 2. 166), s'est ralliée à cette doctrine.

159. La présomption d'interposition ne pouvant, à raison de son caractère exceptionnel, être étendue à des personnes autres que celles strictement désignées dans la loi, on a été amené à en conclure au *Rép.* n° 460 que cette présomption n'existe pas à l'égard du futur conjoint de la personne incapable. Cette opinion est également enseignée par M. Demolombe, t. 1, n° 545. MM. Aubry et Rau, t. 7, § 650 *bis*, p. 51, note 12, tout en adoptant la même manière de voir, réservent le cas où la donation aurait été consentie au futur époux dans le contrat de mariage passé avec l'incapable. La cour de Lyon s'est rangée à cette doctrine, en annulant la donation faite au futur époux d'un enfant naturel par le père et la mère de ce dernier, qui avaient déjà épuisé en sa faveur les libéralités permises par la loi (Lyon, 24 nov. 1860, aff. Ribe, D. P. 61. 2. 111). M. Laurent, t. 11, n° 401, approuve cette solution. La libéralité, étant faite par contrat de mariage, s'adresse, dit-il, à l'époux, et non au futur époux. Ce qui le prouve, c'est que la donation ne produira d'effet que si le mariage est célébré.

160. Ainsi qu'on l'a fait observer au *Rép.* n° 458, la présomption d'interposition cesse d'être applicable dans tous les cas où une impossibilité absolue s'oppose à ce que l'incapable profite de la disposition. C'est ce qui se produira, si l'incapable est décédé antérieurement à la réalisation de la donation, ou avant l'ouverture du testament. M. Laurent applique notamment ce principe à la mère de l'enfant naturel (t. 11, n° 407), mais il y apporte une exception en matière de legs, lorsqu'il s'agit d'une incapacité qui, comme celle du tuteur ou du médecin, est fondée sur la présomption d'un abus d'influence ; cette présomption rend suspectes, non seulement les dispositions faites à l'incapable lui-même, mais encore celles qui auraient été adressées à son époux ou à l'un de ses proches parents. MM. Aubry et Rau, qui admettent cette exception dans le cas de legs, reviennent à l'application du principe général dans le cas de donation réalisée postérieurement au décès du tuteur ou du médecin ; la raison qu'ils en donnent, c'est que le donateur, en exécutant une donation qui a été acceptée seulement après le décès de l'incapable, doit être censé l'avoir renouvelée en pleine liberté d'esprit, tandis qu'on ne saurait attacher la même présomption au seul défaut de révocation d'un testament (t. 7, § 650 *bis*, p. 53, note 18).

161. Notons enfin que les exceptions admises en faveur des incapables doivent être étendues aux personnes réputées interposées. Il a été jugé, en ce sens, que la femme du médecin qui a soigné le testateur pendant la maladie dont il est mort ne doit pas être réputée personne interposée, lorsqu'elle était parente du défunt à l'un des degrés indiqués par l'art. 909 c. civ. (Toulouse, 9 déc. 1859, aff. Traxat, D. P. 59. 2. 223).

162. — II. DE L'INTERPOSITION NON PRÉSUMÉE QUI DOIT ÊTRE PROUVÉE (*Rép.* n°s 461 à 469). — On ne saurait mettre en doute, suivant une remarque déjà faite (*Rép.* n° 461), qu'à côté des personnes légalement réputées interposées, la loi ait voulu frapper tous les cas d'interposition lorsque la preuve en serait établie relativement à d'autres personnes, même entièrement étrangères à l'incapable (Comp. Aubry et Rau, t. 7, § 650 *bis*, p. 53). La jurisprudence est bien fixée sur ce point (Aux décisions déjà rapportées au *Rép. loc. cit.*, on peut joindre : Grenoble, 29 févr. 1872, aff. Eyraud, D. P. 74. 5. 168). — Il est non moins certain que l'interposition peut être établie par tous genres de preuve (*Rép.* n° 462) et même par de simples présomptions. Il a été jugé que l'accord de volonté entre le donateur et le donataire pour faire parvenir à l'incapable les biens ostensiblement légués à l'institué n'est pas un élément constitutif et indispensable de l'interposition (Amiens, 1er août 1861, aff. de Montreuil, D. P. 62. 2. 202, et sur pourvoi, Req. 6 août 1862, D. P. 62. 1. 436; Arrêt précité du 29 févr. 1872). Il n'est donc pas nécessaire de prouver qu'il y a eu concert entre le testateur et le légataire; les caractères et la preuve de l'interposition peuvent se déduire de toutes les circonstances de nature à montrer que le légataire n'a été, dans la pensée du testateur, qu'un instrument de transmission, qu'il a institué en faveur d'un destinataire incapable (Limoges, 13 juill. 1870, aff. Claude, D. P. 71. 2. 12; Nîmes, 14 janv. 1874, aff. Davau, D. P. 75. 2. 44; Grenoble, 8 déc. 1875, aff. Dessoliers, D. P. 76. 1. 325; Lyon, 10 janv. 1883, aff. Georges, D. P. 83. 2. 231). — Par application de ce principe, on a déclaré nulles les libéralités faites soit sous la forme d'une vente simulée, soit sous la forme d'un legs universel, au profit d'une religieuse faisant partie d'une communauté de femmes non autorisée, alors qu'il résultait de toutes les circonstances de la cause que ces libéralités, dans la pensée de leur auteur, étaient destinées à la communauté elle-même et avaient pour objet de faciliter la création d'un établissement nouveau dépendant de cette communauté (Toulouse, 15 déc. 1865, aff. Hospice de Castres, D. P. 65. 2. 214). La nullité du legs universel doit être prononcée, aux termes de cet arrêt, bien que la légataire ait cessé de faire partie de la communauté dans l'intervalle de la confection du testament au décès du testateur, s'il est constant que ce dernier, qui ignorait cette circonstance, n'avait point entendu tester au profit personnel de la légataire, et que les intentions qui avaient dicté ses dispositions ont persisté jusqu'à son décès. Il en doit être ainsi dans le cas surtout où il est établi que la légataire a employé la fraude pour amener le testateur à disposer en sa faveur, en lui faisant croire que ses libéralités étaient destinées à la fondation d'un établissement religieux et charitable, alors qu'elle se proposait, en réalité, de s'approprier personnellement la fortune du testateur (Même arrêt).

163. Mais l'interposition de personnes ne pourrait résulter seulement d'une communauté d'idées ou de sentiments qui a fait choisir le légataire avec la pensée qu'il donnerait à la disposition un emploi conforme aux vues du testateur (Grenoble, 8 déc. 1875, et sur pourvoi, Req. 15 déc. 1875, aff. Dessoliers, D. P. 76. 1. 325), lorsque d'ailleurs le légataire n'est pas soumis à l'obligation de remettre tout ou partie de la fortune du testateur à des personnes incertaines (Req. 20 déc. 1875, aff. Lacoude, D. P. 76. 1.

224). Serait donc valable l'institution d'héritier, faite avec la confiance que l'héritier institué consacrera la fortune qui lui est laissée à venir au secours des pauvres et des établissements charitables, et que notamment il continuera les œuvres fondées par le testateur, alors d'ailleurs que nulle obligation ne lui a été imposée à cet égard par le testament (Toulouse, 14 févr. 1866, aff. Gisclard, D. P. 67. 2. 31. V. également : Paris, 28 janv. 1873, aff. Deguerry, D. P. 73. 2. 65). — De même, il a été jugé que les legs faits par un membre d'une association religieuse non autorisée à d'autres associés en leur nom personnel, sont valables, s'il n'est pas démontré qu'il y a eu collusion frauduleuse, interposition de personnes et que l'association est le véritable bénéficiaire du legs (Rennes, 22 mars 1887; Req. 20 juin 1888, aff. Hamard, D. P. 89. 1. 25). — Décidé encore que la disposition testamentaire portant recommandation au légataire universel institué d'employer les biens du testateur à l'établissement, dans la commune de celui-ci, d'une école dirigée par des frères de la doctrine chrétienne, ne présente pas les caractères d'un fidéicommis en faveur des frères ou de la commune, lorsqu'il résulte des termes du testament qu'elle n'impose au légataire qu'un mandat de confiance et d'honneur pour l'exécution duquel aucune action n'existe contre lui. Par suite, le legs fait avec cette recommandation ne peut être annulé comme fait, par personne interposée, à une congrégation incapable de recevoir, ou dont la capacité est soumise tout au moins à l'autorisation du Gouvernement (Req. 4 avr. 1865, aff. Ichez, D. P. 65. 1. 210); — Que le legs universel fait à la supérieure d'une communauté religieuse ne doit pas être considéré comme fait à cette communauté elle-même, par interposition de personne, lorsqu'il résulte du testament que la disposition a eu lieu en vue d'assurer le sort de l'un des enfants élevés par la communauté, et encore que celle-ci dût profiter d'une partie du legs dans le cas où l'enfant sortirait de la maison après avoir atteint un certain âge, alors que cette disposition éventuelle ne porte que sur une faible somme, et que la pensée, chez le testateur, d'accroître les ressources de la communauté n'a été qu'une pensée accessoire à sa disposition principale. En conséquence, ce legs ne peut être annulé comme fait à une communauté, qui était incapable de recevoir, soit un legs universel pour le cas où elle serait autorisée, soit une libéralité quelconque pour le cas où elle existerait sans autorisation (Req. 26 févr. 1862, aff. Colombet, D. P. 62. 1. 536).

164. Au surplus, le point de savoir si une libéralité testamentaire est réelle et sérieuse, ou si elle constitue une disposition par personne interposée, faite au profit d'un incapable, est souverainement apprécié par les juges du fait (Comp. Req. 3 mars 1857, aff. Ville de Sauvan, D. P. 57. 1. 198; 7 avr. 1874, aff. Gros, D. P. 75. 1. 166). Ainsi il appartient aux juges du fond de déclarer souverainement que les enquêtes, contre-enquêtes et autres documents du procès n'établissent pas qu'un légataire soit une personne interposée, chargée de transmettre le legs à une personne incapable (Req. 15 déc. 1875, cité *suprà*, n° 163).

165. — III. A quels cas d'incapacité s'appliquent les règles de l'interposition de personnes (*Rép.* n°s 470 à 479). — Suivant l'interprétation qui a été donnée au *Rép.* n°s 470 et 475 à l'art. 911, les présomptions d'interposition établies par cet article ne s'appliquent pas indistinctement à tous les cas d'incapacité. L'opinion qui prévaut, en effet, dans la doctrine est que les présomptions de l'art. 911 sont étrangères aux cas d'incapacité absolue de recevoir. MM. Aubry et Rau, qui adoptent cette solution (t. 7, § 650 *bis*, p. 51, note 11), en donnent pour raison que les effets des incapacités absolues, et notamment de l'incapacité qui atteint le condamné à une peine afflictive et infamante, sont fondés sur des causes de défaveur toutes personnelles à celui qui en est frappé et qui ne touchent en aucune manière à la liberté d'action du disposant. Cette opinion est aussi celle de M. Demolombe, t. 1, n°s 646 et 647. La cour de Besançon a décidé, dans le même sens, que la présomption de l'art. 911 est applicable seulement à l'égard des incapacités prononcées par les art. 907, 908 et 910 c. civ. (Besançon, 16 mars 1857, aff. d'Arcine, D. P. 57. 2. 137). Du principe ainsi posé, l'arrêt précité a tiré cette conséquence que la présomption de l'art. 911 ne doit pas être étendue à une incapacité résultant de stipulations privées, et, notamment, que cette présomption ne s'oppose pas à ce qu'un père ou une mère, après avoir donné à ses deux enfants tous ses biens présents et à venir, en se réservant le droit de disposer de certains immeubles au profit de qui bon lui semblerait si ce n'est en faveur de l'un des enfants au détriment de l'autre, puisse donner un de ces immeubles aux descendants de l'un des enfants. — Dans le même ordre d'idées il a été décidé que la présomption légale d'interposition établie par l'art. 911 est inapplicable au cas où la libéralité, au lieu d'être frappée d'annulation comme s'adressant à un incapable, devrait simplement être réduite comme excédant la quotité disponible. Jugé, en ce sens, que l'aliénation à charge de rente viagère, faite au père d'un successible en ligne directe, ne doit pas être considérée comme faite à ce successible lui-même et comme prenant dès lors, en vertu de l'art. 918 c. civ., le caractère d'une libéralité réductible à la quotité disponible, à moins que l'existence d'une interposition ne résulte des circonstances (Civ. cass. 7 déc. 1857, aff. Levasseur, D. P. 58. 1. 108). Jugé, de même, que la vente faite par une belle-mère à son gendre, moyennant un prix dont une partie est convertie en une rente viagère et dont le surplus est attribué aux enfants et petits-enfants de la venderesse, ses héritiers présomptifs, ne peut être attaquée « après le décès de la venderesse, comme renfermant un avantage indirect et excessif à la fille de l'acquéreur, qu'autant que l'interposition de personne serait établie en fait, par l'un des genres de preuve autorisés par la loi » (Bordeaux, 16 nov. 1864, aff. Jolibert, D. P. 65. 2. 116).

166. Nous terminerons ce sujet par une observation importante. L'art. 911, avons-nous dit, ne prohibe les dispositions sous le nom de personnes interposées qu'autant qu'elles s'adressent à un incapable. Cependant plusieurs arrêts ont posé en thèse générale qu'un legs fait au moyen d'une interposition de personnes est nul par cela seul qu'il est démontré que la disposition ne doit pas être conservée par le légataire apparent, et sans qu'il soit besoin de rechercher si le véritable bénéficiaire est ou non capable (Comp. notamment : Nîmes, 14 janv. 1874, aff. Davau, D. P. 75. 2. 44; Dijon, 2 avr. 1874, aff. Picardat, D. P. 75. 2. 26). Mais, dans ces diverses hypothèses, le motif qui a fait annuler la libéralité ne se rattachait pas à l'interposition de personnes; la cause de nullité tenait à ce que la disposition était faite au profit d'une personne non désignée dans le testament et connue du seul fidéicommissaire. On a considéré le legs comme s'adressant à une personne incertaine. Les fidéicommis faits au profit de personnes capables, dont les noms sont indiqués soit dans le testament, soit dans un codicille séparé et régulier, devraient être maintenus. C'est ce que la cour de Limoges a décidé le 13 mai 1867 (aff. Planet, D. P. 67. 2. 81). La même solution découle implicitement d'un arrêt de la cour de cassation (Req. 14 avr. 1885, aff. Jauzion, D. P. 86. 1. 300. Comp. également : Laurent, t. 11, n° 417).

167. — IV. Effets de la nullité par interposition de personnes (*Rép.* n°s 480 et 481). — Ainsi qu'il a été dit au *Rép.* n°s 480 et 481, la libéralité faite au profit d'un incapable sous le nom d'une personne interposée est nulle aussi bien au regard de celle-ci que du donataire, et la nullité atteint la disposition tout entière, alors même que la personne gratifiée ne serait frappée que d'une incapacité de recevoir purement partielle (Aubry et Rau, t. 7, § 650 *bis*, p. 49). Ce principe sera examiné à nouveau et plus longuement à l'occasion des dispositions faites par un veuf ou une veuve en faveur d'un second époux (V. *infrà*, n°s 232 et suiv.). — L'action en nullité peut d'ailleurs être exercée par tous les intéressés. Ainsi, dans le cas d'une donation entre-vifs, la nullité peut être proposée par le donateur lui-même, par ses héritiers après son décès, enfin par ses créanciers et ceux de ses héritiers. La nullité du legs adressé à un incapable peut être invoquée non seulement par les héritiers *ab intestat*, mais encore par les légataires appelés à profiter de la caducité du legs. Il en est ainsi même dans le cas de l'incapacité édictée par l'art. 908. — Suivant une opinion soutenue par M. Laurent, t. 11, n° 422, et à laquelle MM. Aubry et Rau avaient adhéré dans leur 3e édition (t. 5, § 649, texte et note 73), l'incapacité de l'enfant naturel aurait été édictée uniquement dans l'intérêt de la famille légitime, et le droit de s'en prévaloir appartiendrait en propre aux héritiers *ab intestat*. MM. Aubry et Rau sont revenus sur leur première manière de voir, et ils enseignent dans leur dernière édition que l'art. 908 est fondé sur un motif d'ordre public et a moins pour objet de garantir les intérêts pécuniaires des héritiers *ab intestat* que de sauvegarder l'honneur du mariage et les intérêts moraux de la parenté légitime (t. 7, § 650 *bis*, p. 54, note 23). M. Demolombe, t. 1, nos 688 et 689, se prononce également en faveur de cette dernière opinion qui a pour elle la jurisprudence (Civ. cass. 7 févr. 1865, aff. Daube, D. P. 65. 1. 49; Paris, 6 août 1872, aff. Bourdin, D. P. 74. 2. 94).

168. L'action en nullité d'une donation ou d'un legs fait à un incapable se prescrit par trente ans. Suivant M. Laurent, t. 11, n° 421, s'il s'agit d'une incapacité d'ordre public, l'action en nullité peut être exercée tant que le tiers détenteur ne sera pas en état d'opposer une prescription acquisitive. MM. Aubry et Rau, t. 7, § 650 *bis*, p. 55, appliquent, au contraire, dans tous les cas la prescription de l'art. 2262 et en fixent le point de départ, soit au jour où la donation est devenue parfaite, soit au décès du testateur. Il a été jugé, dans le sens de cette dernière opinion, que l'action tendant à faire déclarer la nullité d'une vente comme déguisant une donation faite au profit d'une communauté non autorisée s'éteint par la prescription de trente ans prévue par l'art. 2262 c. civ. (Req. 5 mai 1879, aff. Ovize, D. P. 80. 1. 145).

Sect. 3. — De l'époque a considérer pour régler la capacité de donner et celle de recevoir (*Rép.* nos 483 à 495).

169. Le code civil ne contenant pas de système complet sur les époques auxquelles la capacité de disposer par donation ou par testament doit être appréciée, on s'est efforcé au *Répertoire* de combler cette lacune, en combinant les principes reçus dans l'ancienne jurisprudence avec les prescriptions particulières du code civil qui ont trait à cette matière. Les règles auxquelles on a abouti, en suivant cette méthode, sont aussi celles qui sont enseignées par la doctrine la plus récente.

170. A l'égard de la donation entre vifs, a-t-on dit au *Rép.* n° 484, la capacité doit être appréciée au moment de la confection de l'acte, puisque l'effet en est immédiat et irrévocable. Toutefois, lorsque les consentements n'interviennent pas simultanément chez le donateur et chez le donataire, il importe de distinguer la situation des deux parties. Le donateur doit être capable non seulement à l'époque de la donation, mais aussi à celle de l'acceptation. Cette capacité doit encore exister chez lui au moment où l'acceptation lui est notifiée puisque, d'après l'art. 932-2°, c'est seulement à compter de cette notification que la donation produit son effet à l'égard du donateur. Telle est la solution qui a été soutenue au *Rép.* n° 485, contrairement à l'opinion de plusieurs auteurs. C'est aussi celle qui prévaut aujourd'hui en doctrine (Aubry et Rau, *op. cit.*, t. 7, § 650, p. 43, note 2; Demolombe, t. 3, n° 150).

171. Quant au donataire, il doit évidemment avoir la capacité de recevoir au moment de l'acceptation; il n'est pas nécessaire qu'il la possède encore au moment de la notification, puisque cet acte n'est pas indispensable à la perfection du contrat en ce qui concerne le donateur (Aubry et Rau, t. 7, § 650, p. 44, note 4; Demolombe, t. 3, n° 141). Mais faut-il que la capacité de recevoir existe chez le donataire au moment de la déclaration du donateur? A cette question se lie intimement celle de savoir s'il suffit pour la validité de la donation que le donataire soit conçu au moment de l'acceptation. La doctrine est divisée sur cette question. Tandis qu'un grand nombre d'auteurs, dont les noms ont été indiqués au *Rép.* nos 486 et 487, soutiennent qu'il suffit que le donataire soit capable au moment de l'acceptation, MM. Aubry et Rau, t. 7, § 650, p. 43, note 3, et p. 23, note 2, exigent que cette capacité ait existé dès le moment de la déclaration du donateur. La déclaration de vouloir donner constitue, suivant ces derniers jurisconsultes, plus qu'un simple projet, lorsqu'elle a été constatée dans la forme légale; c'est une offre de se dépouiller en faveur du donataire, offre qui implique de la part du donateur un engagement actuel. Cet engagement est inefficace, et par suite, l'offre doit être réputée inexistante, s'il ne se rencontre pas au même instant un donataire capable d'en profiter. Quant au raisonnement d'après lequel l'offre serait censée subsister tant qu'elle n'aurait pas été révoquée et se perpétuerait ainsi jusqu'au moment de l'acceptation, MM. Aubry et Rau l'écartent, en observant que, pour que l'offre continuât à subsister, il faudrait qu'elle eût eu, au moment où elle a été faite, la vertu de lier le donateur. Or on ne peut se lier, même d'une manière révocable, qu'envers une personne existante et capable. — M. Demolombe enseigne la même doctrine (t. 1, nos 579, 703 et 704).

172. La question de la capacité du donataire en matière d'assurances sur la vie a été examinée *suprà*, v° *Assurances terrestres*, n° 422, où l'on a fait connaître les diverses opinions soutenues par les auteurs.

173. En ce qui touche les dispositions testamentaires, il faut, pour qu'elles soient valables, que le testateur, à l'époque de la confection du testament, ait joui tout à la fois de l'usage de ses facultés mentales et de la capacité de tester (*Rép.* n° 488). Il faut en outre qu'il ait eu cette capacité au moment de son décès.

174. En ce qui concerne le légataire, il suffit qu'il ait eu la capacité de recevoir au moment de l'ouverture du testament. Ainsi qu'on l'a observé au *Rép.* n° 491, l'art. 906 fournit en faveur de cette solution un argument *a fortiori* qui est décisif. En effet, si, pour recevoir un legs, il n'est pas nécessaire d'être conçu au moment de la confection du testament, il est encore moins nécessaire de jouir à cette époque d'une pleine capacité. Aussi tous les auteurs sont-ils unanimes à adopter cette opinion (Comp. Demolombe, t. 18, n° 718; Aubry et Rau, t. 7, § 650, p. 46, note 10). Toutefois ceux que nous venons de citer font une restriction, pour le cas où l'incapacité de recevoir édictée contre le légataire correspondrait à une incapacité de disposer chez le testateur. La cessation de l'incapacité du légataire avant le décès de ce dernier ne saurait effacer la nullité dont le legs est entaché, à raison du défaut de capacité du testateur au moment de la confection du testament. Les arrêts rapportés au *Rép.* nos 492 et 493, et spécialement celui de la chambre des requêtes du 27 nov. 1848, nous semblent inspirés par cette théorie. MM. Aubry et Rau et Demolombe en font application à l'hypothèse où un mineur devenu majeur a fait un legs au profit de son ci-devant tuteur avant l'apurement du compte de tutelle. Le legs devra être annulé, quand bien même le décès ne se serait produit que postérieurement à l'apurement du compte (Aubry et Rau, t. 7, § 650, p. 46, note 10; Demolombe, t. 1, nos 725 et suiv. V. en ce sens également : Laurent, t. 11, n° 387).

CHAP. 3. — De la portion de biens disponible et de la réduction des donations et des legs (*Rép.* nos 496 à 1288).

175. Toute personne capable peut en principe, ainsi qu'il a été dit au *Rép.* n° 496, disposer librement par donation entre vifs ou par testament de son entier patrimoine. Par exception, la loi lui interdit la disposition d'une portion de ses biens, soit dans son propre intérêt, soit dans l'intérêt de tous ses héritiers indistinctement ou seulement de certains parents. Dans ce dernier cas, la portion de patrimoine déclarée indisponible prend plus particulièrement le nom de réserve. Par opposition, on appelle quotité disponible la portion dont il est permis de disposer librement.

Sect. 1re. — Législation antérieure au code civil (*Rép.* nos 498 à 732).

176. On s'est occupé en premier lieu au *Répertoire* de la réserve proprement dite ou de droit commun, instituée en faveur des descendants et ascendants. Les origines de cette institution dans la législation ancienne et dans le droit intermédiaire ont fait l'objet d'une étude approfondie dans les nos 498 à 581. On a examiné également (nos 582 à 732), les questions transitoires sur l'époque à considérer pour établir la portion disponible. Sur ces divers points, nous nous bornerons à renvoyer le lecteur aux explications très-complètes qui ont été données au *Répertoire*.

Sect. 2. — Législation actuelle. — Principes généraux et nature de la quotité non disponible ou réserve (*Rép.* nos 733 à 746).

177. On a constaté au *Rép.* n° 734 que les rédacteurs du code civil en instituant le droit de réserve s'étaient plus inspirés de l'ancien droit coutumier que de la légitime empruntée au droit romain par les pays de droit écrit. On a tiré de cette observation une conséquence importante au point de vue de la nature de la réserve : la réserve, a-t-on dit, est un droit de succession *ab intestat* dont le bénéfice est subordonné à la qualité d'héritier. Cette idée, qui a été autrefois contestée par quelques auteurs, est admise par la doctrine la plus récente (Comp. Demolombe, t. 2, nos 41 et 50 ; Aubry et Rau, t. 7, § 679, p. 163, texte et note 1 ; Laurent, t. 12, no 14).

SECT. 3. — ÉTENDUE DE LA RÉSERVE DES DESCENDANTS ET DES ASCENDANTS (*Rép.* nos 747 à 795).

ART. 1er. — *De la réserve des descendants* (*Rép.* nos 747 à 764).

178. La réserve varie de la moitié aux trois quarts des biens, suivant le nombre d'enfants laissés par le disposant (V. c. civ. art. 913). Il est évident que la portion disponible suit inversement les mêmes proportions. Il n'est pas douteux, ainsi qu'il a été dit au *Rép.* no 748, que les enfants naturels aient droit à une réserve, bien que l'art. 913 ne fasse mention que des enfants légitimes. Toute la doctrine est en ce sens (Comp. Aubry et Rau, t. 7, § 686, p. 230 et suiv. ; Demolombe, *Successions*, t. 2, no 55 ; Laurent, t. 12, nos 40 et suiv. Ce dernier auteur critique toutefois cette solution au point de vue des principes). Quant à la jurisprudence, elle a proclamé par de nombreux arrêts le droit des enfants naturels à obtenir une réserve dans la succession de leurs père et mère (V. pour plus de détails, *infrà*, vo *Succession*).

179. Tous les auteurs s'accordent à reconnaître, suivant l'opinion exprimée au *Rép.* no 749, les mêmes droits de réserve aux enfants légitimés et adoptifs qu'aux enfants légitimes (Aubry et Rau, t. 7, § 680, p. 167 ; Laurent, t. 12, no 18 ; Demolombe, *Donations et testaments*, t. 2, no 83). Cette solution qui est commandée par l'assimilation établie par la loi entre l'adopté et l'enfant légitime présente un inconvénient sérieux pour les ascendants de l'adoptant. Ceux-ci se trouvent exclus de la succession de l'adoptant par l'enfant adoptif et, d'autre part, la loi n'accorde pas contre ce dernier l'action alimentaire dont ils jouissent au regard de l'enfant légitime.

180. Aux termes de l'art. 913, la quotité de la réserve doit être calculée d'après le nombre des enfants laissés par le père ou la mère à son décès. Les enfants absents sont considérés comme n'existant pas, suivant l'opinion indiquée *suprà*, vo *Absence*, no 80.

A la disposition de l'art. 913 se rattachent deux questions déjà examinées au *Rép.* nos 755 et suiv. Elles sont si étroitement unies qu'elles n'en forment à proprement parler qu'une seule. Il s'agit de savoir si les enfants indignes de succéder et les enfants qui renoncent à la succession doivent entrer en compte pour le calcul de la réserve. Cette question est encore aujourd'hui très vivement controversée en doctrine. En faveur de l'opinion négative, qui est soutenue par MM. Demolombe, t. 2, nos 97 à 99, et Laurent, t. 12, nos 21 et suiv., on invoque le principe des art. 785 et 786, d'après lequel l'enfant écarté de la succession, soit à raison de son indignité, soit par suite d'une renonciation, doit être censé n'avoir jamais été héritier. Plusieurs arrêts de cour d'appel ont décidé, dans le sens de cette première opinion, que l'enfant renonçant ne doit pas être compté pour la détermination de la quotité disponible (Rennes, 10 août 1863, aff. D..., D. P. 64. 2. 236 ; Pau, 26 mai 1865, aff. Casamayou, D. P. 66. 2. 67. — Comp. également : Trib. Milhau, 24 févr. 1866, aff. de Mostuéjouls, D. P. 66. 2. 208).

Nous nous sommes prononcés au *Rép. loc. cit.* en faveur de l'opinion contraire ; c'est également celle qui est enseignée par MM. Aubry et Rau, t. 7, § 681, p. 173 et 174, note 5. On observe en ce sens que l'art. 913, en subordonnant la quotité de la réserve au nombre des enfants laissés, n'exige point, pour que ces enfants soient comptés, qu'ils se portent tous à la succession ou qu'ils y soient en fait admis. On ne saurait imposer cette condition sans ajouter au texte de la loi. Quant à l'argument tiré de l'art. 785, il est dénué de valeur, car il exagère la portée de la fiction établie par cet article. En effet, si cette fiction tend à anéantir d'une manière rétroactive les droits et obligations qui résultent de la saisine, elle n'empêche pas que l'héritier renonçant n'ait été de fait appelé à l'hérédité et n'en ait eu la saisine jusqu'au moment où il a renoncé. Cette circonstance est suffisante pour que, d'après les termes de l'art. 913, il y ait lieu de compter l'héritier, même renonçant ou indigne, au nombre des enfants laissés par le *de cujus*. — De nombreux arrêts ont décidé, conformément à cette opinion, que la renonciation de l'un des enfants laissés par le disposant à son décès ne peut faire subir aucune réduction à la réserve qui doit être calculée comme si cet enfant eût dû y prendre sa part (Aux arrêts déjà cités au *Rép.* no 756 il faut joindre les suivants : Montpellier, 8 mars 1864, aff. Mille, D. P. 64. 2. 236 ; Paris, 9 juin 1864, aff. Oudinot, *ibid.* ; Grenoble, 30 juin 1864, aff. N..., *ibid.* ; Paris, 11 mai 1865, aff. Delpy, D. P. 66. 2. 66 ; Dijon, 20 nov. 1865, aff. Trahand, D. P. 66. 2. 86 ; Pau, 21 déc. 1865, aff. Rodrigues, D. P. 66. 2. 66 ; Civ. cass. 13 août 1866, aff. Dufeu, D. P. 66. 1. 467 ; Grenoble, 17 janv. 1867, aff. Jourdan, D. P. 68. 2. 17 ; Req. 25 juill. 1867, aff. Epoux Nonnez, D. P. 68. 1. 65 ; 21 juin 1869, aff. de Rostaing, D. P. 74. 5. 377 ; Grenoble, 5 janv. 1871, aff. Fournier, D. P. 71. 2. 209).

181. L'héritier réservataire qui renonce, bien que faisant nombre pour la fixation de la réserve, ne peut, ainsi qu'il a été dit au *Rép.* no 758, prendre aucune part dans cette réserve. C'est la conséquence du principe d'après lequel la réserve constitue un droit héréditaire. Mais cet héritier, après avoir d'abord renoncé, peut ensuite se rétracter et accepter la succession ; l'art. 790 prévoit expressément le cas. Recouvre-t-il par là son action en réduction contre les dispositions qui excèdent la quotité disponible ? MM. Aubry et Rau estiment que la rétractation d'une renonciation ne saurait faire revivre au préjudice des donataires et légataires le droit à la réserve, qui s'était trouvé éteint par suite de la renonciation (t. 7, § 682, p. 180, texte et note 5). M. Demolombe, t. 2, no 223, enseigne la même doctrine, qui a pour elle le texte de l'art. 790. La cour de Montpellier, le 23 mai 1866 (aff. de Mostuéjouls, D. P. 66. 2. 208) a cependant admis un héritier à réserve qui, après avoir répudié la succession, avait rétracté sa renonciation, à demander la réduction d'une donation comme excédant la quotité disponible. Cet arrêt se fonde sur ce que, dans l'espèce, le donataire ne pouvait se prévaloir d'un droit acquis dans les termes de l'art. 790. M. Laurent, t. 12, no 38, approuve cette solution : « Dès que le successible est héritier, dit cet auteur, il est par cela même réservataire. Cela tranche la question ».

182. Lorsque l'héritier qui renonce est en même temps donataire ou légataire, peut-il retenir cette libéralité jusqu'à concurrence, non seulement de la quotité disponible, mais encore de sa part dans la réserve ? Cette question a été principalement étudiée au mot *Succession*, nous devons néanmoins faire connaître ici le dernier état de la jurisprudence et de la doctrine. La jurisprudence de la cour de cassation, après s'être prononcée contre le cumul de la quotité disponible et de la réserve (Civ. rej. 18 févr. 1818, aff. Delaroque de Mons, *Rép.* vo *Succession*, no 1028), a admis une opinion diamétralement opposée, dans laquelle elle a persisté jusqu'en 1863 (V. notamment : Civ. cass. 23 juill. 1856, aff. Casale, D. P. 56. 1. 273 ; 25 juill. 1859, aff. Lavialle, D. P. 59. 1. 303). De nombreux arrêts de cours d'appel se sont prononcés dans le même sens (V. notamment : Caen, 29 déc. 1859, aff. Bazire, D. P. 60. 2. 212 ; Aix, 9 févr. 1863, aff. Gasquet, D. P. 63. 2. 176). Mais, d'un autre côté, plusieurs cours d'appel ont persisté dans l'opinion consacrée par l'arrêt Delaroque de Mons précité, et la cour de cassation y est elle-même revenue en confirmant sa première jurisprudence par un arrêt rendu toutes chambres réunies (Ch. réun. rej. 27 nov. 1863, aff. Lavialle, D. P. 64. 1. 5). Cet arrêt repousse définitivement le système du cumul, en décidant que, dans le cas de renonciation d'un des héritiers réservataires, le droit des autres héritiers acceptants se compose, non seulement de leur part personnelle dans la réserve, mais en outre, de l'accroissement que cette part reçoit par l'effet de la renonciation. Pour obtenir ces deux parts, qui représentent leurs droits dans la réserve, ces héritiers sont recevables et bien fondés à procéder par l'action en réduction (V. dans le même sens : Civ. cass. 22 août 1870, aff. Gasquet, D. P. 71. 1. 133). La doctrine est aujourd'hui unanime à approuver cette solution (Comp. Aubry et Rau, t. 7, § 682, p. 177, note 3; Demolombe, t. 2, nos 49 et suiv.; Laurent, t. 12, n° 39).

183. Si l'héritier renonçant, ainsi qu'on vient de le voir, ne peut retenir la libéralité à lui faite que jusqu'à concurrence de la quotité disponible, est-ce à dire que sa libéralité doit s'imputer exclusivement sur la quotité disponible; ou ne faut-il pas admettre plutôt qu'elle est imputable d'abord sur la part de cet héritier dans la réserve, puis sur la quotité disponible, sous la condition que la disposition dans son ensemble n'excède pas la quotité dont un étranger aurait pu être gratifié? Cette seconde question se rattache intimement à la précédente; quelques auteurs estiment même que les deux n'en forment qu'une. MM. Aubry et Rau, tout en condamnant, comme il a été dit, la théorie du cumul, sont cependant d'avis que l'héritier renonçant, qui ne peut retenir son don ou legs que jusqu'à concurrence de la quotité disponible, doit imputer cette libéralité, d'abord sur sa part de réserve, et pour le surplus, s'il y a lieu, sur la quotité disponible : « Quel est, disent ces auteurs, t. 7, § 684 *ter*, p. 216, texte et note 39, le véritable caractère de la retenue; ou, pour mieux préciser la question, peut-on d'une manière absolue, assimiler à un donataire ou légataire étranger le successible, donataire ou légataire en avancement d'hoirie, qui renonce à la succession pour s'en tenir à son don ou à son legs, et considérer les biens que ce dernier est autorisé à retenir ou à réclamer comme lui advenant au même titre que celui auquel le premier recueille les biens qui lui ont été donnés ou légués? La négative de la question ainsi posée nous paraît incontestable, car il ne peut dépendre du successible donataire ou légataire en avancement d'hoirie de dénaturer, par sa renonciation, le caractère de la libéralité qu'il a reçue. Cette renonciation a bien pour effet de le dispenser du rapport vis-à-vis des autres héritiers, mais elle n'empêche que le défunt, en disposant par avancement d'hoirie, n'ait jusqu'à due concurrence satisfait à l'obligation de laisser à ses héritiers à réserve une certaine portion de sa fortune, et n'enlève pas, par conséquent, aux biens retenus ou réclamés par le renonçant le caractère de biens donnés en avancement d'hoirie ou *à valoir* sur la réserve, caractère qu'ils conservent dans l'intérêt des donataires ou légataires ultérieurs qui sont, à cet égard, les ayants cause du défunt. » — Le but de ce système, c'est d'assurer au père, donateur en avancement d'hoirie, le droit de disposer comme bon lui semble de la quotité disponible, quel que puisse être le parti qui sera pris par l'héritier gratifié en avancement d'hoirie. Un résultat fâcheux peut, en effet, se produire dans l'hypothèse où le père, après avoir fait une donation en avancement d'hoirie à l'un de ses enfants, comptant que celui-ci la rapportera en venant à la succession, dispose de la quotité disponible en faveur d'étrangers, alors que l'enfant gratifié renonce à la succession. Il se peut que la donation en avancement d'hoirie absorbe toute la quotité disponible, et alors le père sera privé de son droit de disposer en faveur d'étrangers. Avec le système de MM. Aubry et Rau on évite cet inconvénient. Mais, d'un autre côté, ce système examiné en lui-même se concilie difficilement avec les principes qui ont été exposés plus haut. L'héritier qui renonce devient étranger à la succession et, pour ce motif, avons-nous dit, sa part de réserve doit accroître à ses héritiers. Comment peut-on faire échec à cette règle dans le cas où il existe des donations postérieures à la libéralité en avancement d'hoirie, tout en maintenant son application dans le cas où les donations sont antérieures? Il faudrait, à l'appui d'un pareil système, pouvoir invoquer un texte formel. En l'absence de ce texte, nous croyons qu'on doit préférer la doctrine qui assimile le successible renonçant à un donataire étranger. C'est le système enseigné par M. Demolombe, t. 2, nos 53 et 61. C'est aussi en ce sens que s'est prononcée la cour de cassation, en décidant que l'enfant donataire en avancement d'hoirie, qui renonce à la succession de son auteur, doit imputer la libéralité qu'il a reçue non sur la réserve, mais sur la quotité disponible (Req. 10 nov. 1880, aff. de Berne-Lagarde, D. P. 81. 1. 81). Cet arrêt pose en principe que le successible qui renonce ne peut retenir en vertu de la qualité d'héritier, mais seulement en qualité de donataire, la libéralité antérieurement reçue. Il en conclut que « le don fait à l'enfant renonçant est entièrement assimilé pour l'application des règles de la réduction au don fait à une personne non appelée à la succession ».

Art. 2 — *De la réserve des ascendants* (*Rép.* nos 765 à 781).

184. Suivant une remarque déjà faite au *Rép.* n° 768, les dispositions de l'art. 915 c. civ. assurent un droit de réserve, non seulement aux père et mère de l'enfant décédé, mais encore aux ascendants des degrés supérieurs. Le même droit existe-t-il pour les père et mère naturels? Cette question controversée a été spécialement examinée au *Rép.* v° *Succession*, n° 355 ; mais il nous est impossible de la passer ici complètement sous silence. Nous nous bornerons d'ailleurs à constater que, d'après l'opinion qui prévaut aujourd'hui, les père et mère n'ont aucun droit de réserve dans l'hérédité de leurs enfants naturels (Comp. Demolombe, t. 2, n° 184 ; Aubry et Rau, t. 7, § 680, p. 168, note 4). Cette opinion se fonde sur ce qu'il n'existe dans le code civil aucune disposition qui de près ou de loin puisse être considérée comme conférant ce droit aux père et mère naturels. Pour les enfants naturels, au contraire, la nature du droit qui leur est conféré par l'art. 757 permet de les faire rentrer sous l'application de l'art. 913, bien que ce dernier article ait visé seulement la descendance légitime d'une manière expresse. Après quelques hésitations, la jurisprudence s'est également ralliée à cette doctrine, que la cour de cassation a consacrée par plusieurs arrêts (V. Civ. rej. 26 déc. 1860, aff. Saint-Héran, D. P. 61. 1. 21 ; Civ. cass. 29 janv. 1862, aff. Bonnefoi, D. P. 62. 1. 88 ; Ch. réun. cass. 12 déc. 1865, aff. Muteau, D. P. 65. 1. 457).

185. Ainsi qu'on l'a observé au *Rép.* n° 769, les ascendants n'ont droit à une réserve qu'autant qu'ils sont appelés à la succession *ab intestat*. Suivant ce principe, les ascendants sont privés du droit de réserve, d'abord lorsque le *de cujus* a laissé des descendants, et en second lieu dans le cas où il s'agit d'ascendants autres que le père ou la mère, lorsque le défunt laisse des frères et sœurs. Mais ici se place la question de savoir s'il en est encore de même, lorsque les frères ou sœurs, par lesquels les ascendants sont primés, ont renoncé à la succession ou en sont exclus pour cause d'indignité. Cette question controversée a été longuement examinée au *Rép.* nos 772 à 774. Elle présente une analogie évidente avec celle traitée précédemment sur le point de savoir si les descendants indignes ou renonçants doivent entrer en compte dans le calcul de la réserve (V. *suprà*, nos 180 et suiv.). Aussi MM. Aubry et Rau, faisant intervenir ici les mêmes principes, décident-ils que la renonciation ou l'indignité des frères et sœurs ne saurait donner ouverture au profit des ascendants à une réserve, à laquelle ils n'auraient pas eu droit au moment même du décès (t. 7, § 680, p. 169, note 10). — L'opinion contraire, pour laquelle on s'est prononcé au *Rép.* n° 772, prévaut aujourd'hui. M. Demolombe, qui envisage tous les cas où les ascendants peuvent être appelés à l'hérédité par suite de la renonciation, soit des descendants, soit des frères et sœurs du défunt, enseigne d'une manière générale que les ascendants ont droit à la réserve comme conséquence de leur qualité de successibles (*op. cit.*, t. 2, n° 116). Plus spécialement, dans l'hypothèse où les frères et sœurs sont dépouillés des biens de la succession par suite de dispositions à titre universel, M. Demolombe estime que la renonciation des frères ou sœurs est nécessaire pour donner ouverture au droit des ascendants, car la vocation héréditaire des frères et sœurs n'est pas effacée par l'institution d'un légataire universel; mais, en devenant héritiers, les ascendants peuvent faire valoir leur droit de réserve contre le légataire (t. 2, n° 122). Cette double solution a été consacrée par la jurisprudence. D'une part, plusieurs arrêt ont décidé que les ascendants, autres que les père et mère, ont droit à la réserve que leur accorde l'art. 915 c. nap., lorsque les frères et sœurs du défunt deviennent étrangers à la succession, soit par une répudiation, soit par une déclaration d'indignité (Montpellier, 19 nov. 1857, aff. Fornier, D. P. 58. 2. 25; Nîmes 17 févr. 1862, aff. Verdeilhan, D. P. 63. 2. 20). D'autre part, il a été jugé que les aïeuls, en présence de frères non renonçants, ne peuvent réclamer leur réserve, alors même que l'institution d'un légataire universel ôterait aux frères et sœurs tout émolument dans l'hérédité (Paris, 11 mars 1867, et Civ. rej. 22 mars 1869, aff. Maillard, D. P. 69. 1. 431).

ART. 3. — *De la réserve des ascendants lorsque le disposant était mineur* (*Rép.* nos 782 à 795).

186. L'art. 904 c. civ. autorise le mineur parvenu à l'âge de seize ans à disposer par testament de la moitié seulement des biens dont un majeur peut disposer. Cet article a été interprété au *Rép.* no 782 en ce sens que le mineur de seize ans, laissant des héritiers réservataires, ne peut léguer que la moitié de la quotité disponible ordinaire. Cette interprétation, qui est conforme au sens naturel des termes employés par le législateur, est d'ailleurs généralement admise par la doctrine (Aubry et Rau, t. 7, § 688, p. 250 et 251; Demolombe, t. 1, no 425; Laurent, t. 11, nos 145 et suiv.).

187. Suivant MM. Aubry et Rau et Demolombe, la portion disponible doit être ainsi déterminée d'après le nombre et la qualité des héritiers que le mineur laisse à son décès, sans qu'il y ait à tenir compte des changements survenus ultérieurement dans la dévolution de la succession par suite des renonciations ou des exclusions pour cause d'indignité. Ces auteurs appliquent ici les principes qu'ils ont adoptés comme on l'a vu *suprà* sur la manière dont la réserve doit être calculée (V. *suprà*, nos 180 et suiv.). M. Laurent, t. 11, no 147, est, au contraire, d'avis que pour déterminer la quotité dont le mineur peut disposer, on doit avoir uniquement égard aux héritiers qui arrivent à sa succession. Si tous les réservataires renonçent, le mineur pourra disposer de la moitié de son patrimoine.

188. Ainsi qu'il a été dit au *Rép.*, no 782, la quotité de biens, dont l'art. 904 enlève la disposition au mineur, constitue une succession *ab intestat*, qui doit être partagée entre ses héritiers conformément aux règles du droit commun. Il n'est dérogé à ce principe qu'au cas où le partage ainsi effectué ne procurerait pas aux héritiers réservataires la part à laquelle ils ont droit en cette qualité (Aubry et Rau, t. 7, § 688, p. 251; Demolombe, t. 1, no 432; Laurent, t. 11, no 149). Mais sauf cette exception, le mode de partage qui vient d'être indiqué doit être suivi, même au cas où le mineur aurait laissé des ascendants dans une ligne et des collatéraux dans une autre. C'est ce qui a été dit au *Rép.* no 787, et les auteurs sont à peu près unanimes en ce sens, dans le cas où le bénéficiaire des libéralités faites par le mineur est un étranger (V. Aubry et Rau, t. 7, § 675, p. 251, texte et note 5; Demolombe, t. 1, no 432).

189. Mais, lorsque c'est l'ascendant lui-même qui a été institué légataire de toute la portion de biens disponible, et qu'il existe des collatéraux dans l'autre ligne, les auteurs ne sont pas d'accord sur la manière dont la quotité indisponible doit être fixée.

Un premier système, qui a été consacré par deux arrêts rapportés au *Rép.* nos 790 et 791 (Besançon, 23 nov. 1812; Poitiers, 22 janv. 1828), décide que le legs laissé à l'ascendant ne doit influer, ni sur la fixation de la quotité indisponible, ni sur le partage de cette quotité entre l'ascendant et les collatéraux. MM. Aubry et Rau enseignent cette opinion (t. 7, § 688, p. 252, note 6) et font observer que l'héritier donataire ou légataire par préciput ne saurait en cette qualité avoir plus de droits qu'un étranger. C'est aussi l'avis de M. Laurent, *op. cit.*, t. 11, no 151.

La principale objection qu'on oppose à ce raisonnement est tirée d'une considération de pur fait. Le système ci-dessus exposé fait, dit-on, tourner au détriment de l'ascendant le droit de réserve établi par la loi en sa faveur; il empêche celui-ci de recevoir une portion égale à celle dont le mineur aurait pu gratifier un collatéral. Si le mineur, en effet, au lieu de laisser un ascendant pour héritier dans une ligne, y avait laissé un collatéral, il aurait pu lui léguer la moitié de son patrimoine; la seconde moitié étant partagée entre les deux lignes, le collatéral institué légataire d'une moitié de la succession en aurait recueilli encore un quart comme héritier, soit au total, les trois quarts. L'ascendant ne peut être traité moins favorablement. De là, un second système, adopté au *Rép.* no 788, et enseigné par M. Demolombe, t. 1, no 435, suivant lequel l'ascendant, légataire universel qui se trouve en concours avec des collatéraux, a droit comme légataire à la moitié de la succession, et comme héritier à la moitié de l'autre moitié, c'est-à-dire en tout aux trois quarts de l'hérédité; c'est aussi celui qui paraît prévaloir en jurisprudence. Aux arrêts déjà cités en ce sens, no 789, il faut joindre les suivants. Jugé que, lorsqu'un mineur de plus de seize ans décédé laissant, dans une ligne, un ascendant qu'il a institué son légataire universel, et un collatéral autre que frère ou sœur dans l'autre ligne, sa succession doit être attribuée pour moitié à l'ascendant, en vertu du legs, et l'autre moitié doit être partagée entre les deux lignes, de telle sorte que l'ascendant reçoive encore un quart et que l'autre quart soit dévolu à l'héritier collatéral (Rouen, 27 févr. 1855, aff. Boutigny, D. P. 57. 2. 36). — Décidé de même que l'ascendant auquel son descendant mineur, mais âgé de plus de seize ans, a légué toute la portion de ses biens dont la loi lui permettait de disposer, a droit, en vertu de ce legs, à la moitié de l'ensemble des biens laissés par le testateur, et non pas seulement à la moitié de la portion restant disponible après le prélèvement de la réserve qui lui appartient en qualité d'ascendant. En conséquence, le montant des droits de l'ascendant a été fixé dans son ensemble non pas aux onze seizièmes, mais aux trois quarts de la succession (Orléans, 13 juin 1878, aff. Colleau et Baffoy-Colleau, D. P. 78. 2. 263).

SECT. 4. — DE LA PORTION DISPONIBLE ENTRE ÉPOUX (*Rép.* nos 796 à 962).

ART. 1er. — *De la portion disponible entre époux sans enfant d'un précédent mariage* (*Rép.* nos 800 à 866).

190. En laissant de côté le cas où l'époux donateur, n'ayant point d'héritiers à réserve, peut donner à son conjoint tout ce dont il pourrait disposer en faveur d'un étranger, deux hypothèses doivent être distinguées, suivant que l'époux laisse seulement des ascendants ou bien des descendants.

§ 1er. — Cas où l'époux donateur ne laisse que des ascendants (*Rép.* nos 802 à 813).

191. Aux termes de l'art. 1094, 1er al., l'époux qui ne laisse que des ascendants peut donner à son conjoint, en outre de la quotité de biens dont il pourrait disposer en faveur d'un étranger, l'usufruit de toute la portion qui d'après le droit commun forme la réserve des ascendants. Toutefois, si l'époux était mineur, il ne pourrait, par suite de l'art. 904 qui doit recevoir ici son application, disposer que de la moitié de la quotité ci-dessus indiquée. Conformément à cette règle, il a été dit au *Rép.* no 804 que l'époux mineur, qui décède laissant des ascendants, ne peut léguer en usufruit à son conjoint que la moitié de la portion réservée à ces derniers, et non la moitié de toute la quotité indisponible. On a cité en ce sens *ibid.*, un arrêt de Toulouse du 27 nov. 1841. Cette solution est approuvée par MM. Aubry et Rau, t. 7, § 689, p. 255, note 3, et Laurent, t. 15, no 345. Plus récemment il a été jugé dans le même sens que le mineur, âgé de plus seize ans, peut disposer par testament au profit de son conjoint de la moitié de tout ce dont il pourrait disposer s'il était majeur, y compris l'usufruit de la portion de biens formant la réserve des ascendants (Req. 9 févr. 1880, aff. Saunier, D. P. 80. 1. 202).

192. On a examiné au *Rép.* no 805 la question de savoir s'il est nécessaire, pour enlever aux ascendants l'usufruit de leur réserve, que la disposition en ait été faite en termes exprès. D'après l'opinion qui a été exprimée *ibid.*, toute donation ou legs fait par l'époux de l'ensemble de la quotité disponible doit, en principe, être considéré comme comprenant l'usufruit de la réserve. C'est également l'opinion enseignée par MM. Aubry et Rau, t. 7, § 689, p. 257, qui font seulement exception pour le cas où l'ensemble des clauses de la donation ou du testament indiquerait une intention contraire de la part du disposant. La jurisprudence s'est prononcée en faveur de cette doctrine (V. les arrêts rapportés au *Rép.* n° 806. Nous devons noter toutefois un arrêt dissident. Il a été jugé que l'époux sans enfants qui lègue à son conjoint survivant tous les biens qu'il laissera à son décès, ne doit pas être réputé par cela seul lui léguer l'usufruit de la portion composant la réserve d'un ascendant, la généralité des termes de l'institution ne suffisant pas en ce cas pour témoigner à cet égard de la volonté du testateur (Toulouse, 24 août 1868, aff. Boscredon, D. P. 68. 2. 179). Mais la plupart des arrêts ont adopté la solution contraire. Jugé que la disposition testamentaire par laquelle un époux lègue à son conjoint l'universalité de ses biens, peut être considérée comme comprenant l'usufruit de la réserve des ascendants du testateur, sans qu'il soit besoin que le testament renferme à cet égard une déclaration expresse (Req. 19 mars 1862, aff. Magnauville, D. P. 63. 1. 27); — Que le legs fait par un époux à son conjoint de la totalité de la succession comprend l'usufruit de la réserve légale de l'ascendant du testateur, même dans le cas où les biens composant cette réserve seraient déjà grevés d'usufruit au profit de l'ascendant... Sauf au conjoint légataire à n'exercer son droit d'usufruit qu'après l'extinction de celui de l'ascendant réservataire (Req. 15 mai 1865, aff. Hecquard, D. P. 65. 1. 431. V. également : Req. 9 févr. 1880, aff. Sarnier, D. P. 80. 1. 202). D'ailleurs l'interprétation donnée par les juges du fait à la volonté du disposant est, dans tous les cas, souveraine (V. l'arrêt précité du 19 mars 1862).

193. L'application de l'art. 1094 soulève quelques difficultés dans le cas où des dispositions faites en faveur d'étrangers viennent en concours avec celles dont le conjoint a été gratifié. D'après les principes déjà indiqués au *Rép.* n° 807, la quotité disponible ordinaire ne se cumule pas avec la quotité de l'art. 1094; mais les dispositions faites tant en faveur d'étrangers que du conjoint peuvent être maintenues dans leur ensemble jusqu'à concurrence de la quotité la plus élevée. Enfin les étrangers ne peuvent pas profiter du supplément de disponible en usufruit établi par l'art. 1094 en faveur du conjoint seul. Cette dernière règle n'est pas contestée en elle-même, mais son application donne lieu, dans certains cas, à de sérieuses controverses, sur lesquelles nous aurons occasion de revenir dans le paragraphe suivant.

194. Pour nous en tenir à l'hypothèse qui nous occupe en ce moment, celle où l'époux ne laisse que des ascendants, il convient de distinguer trois cas : 1° dans le cas où l'époux a donné à des tiers la valeur du disponible ordinaire, tout le monde est d'avis qu'il pourra encore donner à son conjoint l'usufruit de la réserve des ascendants (*Rép.* n° 807; Aubry et Rau, t. 7, § 689, p. 267; Demolombe, t. 6, n° 516. — V. toutefois Laurent, t. 15, n°s 363 et suiv.); — 2° Lorsque les dispositions faites simultanément au profit du conjoint et d'étrangers dépassent dans leur ensemble la quotité disponible la plus élevée, elles sont réductibles à cette quotité (Aubry et Rau, t. 7, § 689, p. 268); — 3° Lorsque par des libéralités en faveur de son conjoint l'époux a épuisé la quotité disponible ordinaire, il ne peut, par des dispositions postérieures, donner à des étrangers l'excédant resté disponible sur la quotité prévue par l'art. 1094. Ainsi, après avoir donné à son conjoint la pleine propriété de la quotité disponible d'après le droit commun, l'époux ne peut donner à un étranger l'usufruit de la portion réservée au profit des ascendants. — Mais si l'époux a d'abord disposé au profit de son conjoint de l'usufruit de toute la succession, ne peut-il donner à un étranger la nue propriété du disponible de droit commun dont il n'a pas disposé? MM. Aubry et Rau se prononcent pour l'affirmative (t. 7, § 689, p. 263). Sans doute, l'étranger va profiter indirectement de l'augmentation donnée à la quotité disponible par l'art. 1094; mais le don qu'il reçoit est pris uniquement sur la quotité de droit commun, que la libéralité faite au conjoint n'avait pas complètement absorbée. Telle n'est point cependant l'opinion de la jurisprudence. Aucun arrêt n'est, il est vrai, intervenu dans le cas spécial que nous venons d'indiquer; mais il résulte de plusieurs décisions que la donation de tout l'usufruit disponible faite au profit du conjoint doit s'imputer pour la totalité sur le disponible ordinaire de l'art. 913, en établissant la valeur représentative de l'usufruit en pleine propriété (V. notamment : Civ. rej. 12 janv. 1853, aff. de Charentais, D. P. 53. 1. 21). Nous nous bornons à indiquer ici le système que nous discuterons plus loin (V. *infrà*, n°s 199 et suiv.).

§ 2. — Cas où l'époux disposant laisse un ou plusieurs enfants (*Rép.* n°s 814 à 866).

195. Ce cas est prévu par le second paragraphe de l'art. 1094, qui autorise l'époux laissant des enfants ou descendants à donner à son conjoint « ou un quart en propriété et un autre quart en usufruit, ou la moitié de tous ses biens en usufruit seulement ». L'alternative établie par ces termes de l'art. 1094 soulève tout d'abord la question de savoir comment devrait être interprétée la disposition par laquelle l'époux aurait laissé à son conjoint *tout ce dont il est permis de disposer*. Ainsi qu'il a été dit au *Rép.* n° 821, une disposition conçue dans les termes précités donne à l'époux donataire le droit d'obtenir le maximum du disponible, c'est-à-dire un quart en pleine propriété et un quart en usufruit (Aubry et Rau, t. 7, § 689, p. 257; Laurent, t. 15, n° 352).

196. Une autre question, très voisine de la précédente, a été examinée au *Rép.* n° 823. Lorsque l'époux a fait à son conjoint une libéralité en usufruit qui excède la portion dont la loi autorise la disposition, l'époux donataire peut-il demander la délivrance de la libéralité en pleine propriété conformément à l'art. 917 c. civ.? On a répondu affirmativement au *Rép. loc. cit.* L'art. 1094, a-t-on dit, ne contient aucune prescription qui indique une dérogation à la règle générale de l'art. 917. En faveur de cette première opinion, on pourra consulter les auteurs cités au *Rép.* n° 823 et plusieurs arrêts rapportés au même numéro. — L'opinion contraire est plus généralement admise par les auteurs récents (V. Demolombe, t. 2, n° 462; Colmet de Santerre, t. 4, n° 274 *bis*; Laurent, t. 15, n° 356; Aubry et Rau, t. 7, § 689, p. 257, texte et note 8). D'après ces derniers auteurs, l'art. 917 a pour unique objet de résoudre la difficulté que présente le rapport à établir entre la valeur d'une disposition faite en usufruit et le montant d'une quotité disponible fixée par l'art. 913 en pleine propriété. Cette difficulté n'existe pas, et l'art. 917 devient par suite inapplicable, au regard de la quotité disponible spéciale, dont l'art. 1094 a indiqué le montant tant en pleine propriété qu'en usufruit. Du moment que le disposant n'a rien donné en pleine propriété, la première hypothèse de l'art. 1094 est écartée et on tombe nécessairement dans la seconde. Les héritiers du disposant ont le droit de demander la réduction de la libéralité à la quotité qui, d'après l'art. 1094, représente le maximum d'une disposition en usufruit.

La jurisprudence qui s'était déjà prononcée en faveur de cette dernière opinion par plusieurs arrêts rapportés au *Rép.* n° 824 s'est affirmée depuis en ce sens. Jugé que la donation de l'usufruit de tous ses biens, faite par un époux au profit de son conjoint à un moment où il n'existait pas d'enfant, doit, en cas de survenance d'enfant, être réduite à la moitié des biens en usufruit (Agen, 5 déc. 1861, aff. Monès, D. P. 64. 2. 97; Paris, 10 déc. 1864, aff. Taillebois, D. P. 65. 2. 106; Orléans, 15 févr. 1867, aff. Gayet, D. P. 69. 1. 10; Bastia, 17 janv. 1876, aff. Cristiani, D. P. 78. 5. 364; Orléans, 15 mai 1879, aff. Saunier, D. P. 79. 2. 121. V. aussi Bruxelles, 16 juill. 1859, aff. Dewez, *Pasicrisie belge*, 1859. 2. 15). La cour de cassation a sanctionné ce dernier système en lui donnant la portée la plus générale. Elle a décidé que, lorsqu'un époux a donné à son conjoint une valeur qui par sa nature rentre dans celles des deux quotités que l'art. 1094 fixe en jouissance, l'héritier réservataire n'a pas d'option à faire : il ne peut, si la disposition est excessive, que la faire réduire à la mesure du disponible en jouissance tel qu'il est déterminé par la loi (Civ. rej. 10 mars 1873, aff. de Beaurepaire, D. P. 74. 1. 9).

L'arrêt du 10 mars 1873, cité au numéro précédent, a fait spécialement application du principe posé à l'hypothèse où la libéralité laissée au conjoint consiste en une rente viagère. Dans cette hypothèse particulière l'application de l'art. 917 pouvait, ainsi qu'on l'a observé au *Rép.* n° 825, paraître moins contestable. On a même rapporté *ibid.* un arrêt de la cour de Rouen du 8 avr. 1853 qui, dans ce cas spécial, a admis la conversion en pleine propriété. L'arrêt du 10 mars 1873 décide, au contraire, que l'abandon de la pleine propriété du quart de la succession, fait par l'héritier de l'époux prédécédé au conjoint survivant pour le remplir d'une donation en rente viagère excédant la quotité disponible réglée par l'art. 1094, ne saurait être considéré comme l'exercice de la faculté légale consacrée par l'art. 917, mais constitue une dation en payement. Cette solution confirmée par un arrêt plus récent (Req. 30 juin 1885, aff. veuve Sauron, D. P. 86. 1. 255) est approuvée par MM. Aubry et Rau, t. 7, § 689, p. 258, texte et note 9; Demolombe, t. 6, n° 503 (V. aussi Colmet de Santerre, t. 4, n° 274 *bis* VII; Laurent, t. 15, n° 357).

197. Une autre hypothèse, qui a donné lieu à controverse, s'est présentée dans la pratique. Un époux qui a disposé au profit de son conjoint de toutes ses valeurs mobilières en pleine propriété et de tous ses immeubles en usufruit seulement, laisse plusieurs enfants. Dans quelle mesure cette libéralité doit-elle être réduite? Plusieurs systèmes ont été proposés. On les trouvera résumés dans une note insérée D. P. 62. 2. 209. La cour de cassation a décidé qu'en pareil cas, le legs doit être réduit, quant à la propriété du mobilier, jusqu'à concurrence, non du quart de la succession mobilière, mais du quart de la valeur de tous les biens héréditaires meubles et immeubles ; on objecterait vainement que le mobilier ayant seul été légué en pleine propriété, le quart disponible en toute propriété entre époux ayant des enfants, doit être calculé exclusivement sur ce mobilier (Civ. cass. 28 mai 1862, aff. Lagrange-Labajouderie, D. P. 62. 1. 214). Un arrêt de la cour de Caen, du 14 mars 1862 (aff. Brionne, D. P. 62. 2. 209) a appliqué une doctrine semblable en décidant toujours dans la même hypothèse, que si la valeur des objets mobiliers donnés ou légués en pleine propriété n'atteint pas le quart de toute l'hérédité, la réduction doit s'opérer de façon que l'époux donataire ou légataire ait, tant en pleine propriété qu'en usufruit, la moitié de toute l'hérédité, en fondant en une seule masse les meubles et les immeubles.

198. La quotité, dont l'art. 1094 autorise la disposition entre époux est en général supérieure à la quotité disponible ordinaire. Elle est toutefois inférieure, dans le cas où l'époux donateur ne laisse qu'un seul enfant, la quotité de droit commun étant alors de la moitié en toute propriété. Dans cette hypothèse, l'époux peut-il disposer de la moitié en pleine propriété au profit de son conjoint, comme il pourrait en disposer en faveur d'un étranger? Ou au contraire, la quotité, indiquée par l'art. 1094, constitue-t-elle le maximum disponible entre époux? Cette question controversée a été longuement examinée au *Rép.* n°s 827 et suiv. Elle divise encore aujourd'hui la doctrine; nous devons donc y revenir pour faire connaître les opinions récentes.

Dans un premier système, dont M. Benech a été le champion le plus énergique (V. *Rép.* n° 827), on soutient que les époux peuvent, dans tous les cas, disposer au profit l'un de l'autre de la quotité de biens qu'ils auraient la faculté de donner à toute autre personne. Aucun texte, dit-on, n'est venu restreindre la capacité des époux au point de vue des libéralités qu'ils veulent se faire entre eux. Loin de là, les dispositions de l'art. 1094 sont fondées sur la faveur qui s'attache aux rapports que le mariage fait naître entre les conjoints; le but que s'est proposé le législateur dans cet article a été d'étendre les limites du disponible ordinaire. —Les arguments que nous venons de résumer sont ceux de MM. Aubry et Rau, t. 7, § 689, p. 255 et 256, texte et note 5. Mais ces jurisconsultes sont, parmi la doctrine récente, les seuls à défendre cette opinion. M. Demolombe, notamment (*op. cit.*, t. 6, n°s 499 et suiv.), enseigne que le second alinéa de l'art. 1094 fixe d'une manière invariable la quotité disponible entre conjoints ayant des enfants communs. Peu importe que le disponible de droit commun soit tantôt inférieur à ce chiffre et tantôt plus élevé (V. dans le même sens : Colmet de Santerre, t. 4, n° 274 *bis ;* Laurent, t. 15, n°s 348 et suiv.). C'est l'opinion qui a été soutenue au *Rép.* n° 827, et qui s'appuie principalement sur les travaux préparatoires de l'art. 1094. Elle a pour elle la jurisprudence. Aux décisions déjà rapportées au *Rép.* n° 828 il faut joindre un arrêt qui a décidé que la quotité fixée par l'art. 1094 c. civ. établit le maximum dont l'époux peut disposer en faveur de son conjoint, alors même que n'ayant laissé qu'un enfant légitime, l'époux défunt aurait pu disposer de la moitié de ses biens en toute propriété au profit d'autres personnes (Civ. rej. 4 janv. 1869, aff. Gayet, D. P. 69. 1. 10) : « Attendu, dit cet arrêt, que l'art. 1094 c. civ., par une disposition formelle et exclusive de toute distinction, fixe d'une manière invariable, sans considération du nombre des enfants, la quotité de biens dont un époux peut gratifier son conjoint ».

199. Il faut examiner maintenant la question du concours des dispositions faites au profit du conjoint avec des libéralités laissées en faveur d'un enfant ou d'un étranger. On a déjà rencontré cette question sous le paragraphe précédent, dans l'hypothèse où l'époux donataire ne laissait que des ascendants (V. *suprà*, n° 194). On s'est borné à indiquer à cette place les solutions admises tant par la doctrine que par la jurisprudence. Le moment est venu de les discuter.

200. Ainsi qu'il a été dit au *Rép.* n° 829, il est certain tout d'abord que l'époux donateur ne peut tout à la fois disposer de la quotité disponible prévue par l'art. 1094 et de la quotité disponible ordinaire. Le cumul des deux quotités est aujourd'hui universellement condamné (V. Aubry et Rau, t. 7, § 689, p. 261, note 16; Demolombe, t. 6, n° 509; Laurent, t. 15, n° 359; Réquier, *De la combinaison des art.* 913 *et* 1094 *c. civ.*, *Revue historique de droit français et étranger*, 1864, t. 10, p. 97 à 120). Le second principe, c'est que les diverses libéralités doivent être maintenues jusqu'à concurrence de la quotité disponible la plus élevée, pourvu que les dispositions faites au profit du conjoint ne dépassent pas le disponible de l'art. 1094, ni celles faites en faveur d'un enfant ou d'un étranger, la quotité disponible ordinaire (V. *Rép.* n° 830 ; Aubry et Rau, t. 7, § 689, p. 262, note 20 ; Demolombe, t. 23, n° 510). — Toutefois, ces deux auteurs apportent au principe d'après lequel la quotité disponible la plus élevée ne doit jamais être dépassée, certaines réserves ainsi qu'on le verra dans un instant. Nous devons ajouter que le principe lui-même est contesté par M. Laurent, t. 15, n° 360. Enfin le dernier principe, indiqué également au *Rép.* n° 830, c'est que l'enfant ou le donataire étranger ne doit pas profiter de l'augmentation de disponible établie seulement en faveur du conjoint seul (Aubry et Rau, t. 7, § 689, p. 262; Demolombe, t. 6, n° 510).

201. L'application de ces principes, qui en eux-mêmes ne sont pas contestés a fait naître plusieurs difficultés que nous allons examiner en reprenant les trois hypothèses déjà distinguées au *Répertoire :* 1° celle où l'époux donateur ne laisse qu'un enfant ; 2° celle où il laisse deux enfants ; 3° celle où il laisse plus de deux enfants. Toutefois ces deux dernières hypothèses peuvent être réunies en une seule, dont le caractère distinctif est que la quotité disponible spéciale du conjoint apparaît comme supérieure à la quotité de droit commun. 1° Dans la première hypothèse, la quotité disponible ordinaire se trouvant supérieure à celle prévue par l'art. 1094, la troisième règle indiquée ci-dessus est sans objet. Quant aux deux autres règles, d'après lesquelles en premier lieu le montant cumulé des deux dispositions ne doit pas excéder le disponible le plus fort et, en second lieu, chacun des gratifiés ne doit pas recevoir une libéralité supérieure à la quotité qui lui est spéciale, leur application s'opère sans difficulté, quelle que soit la combinaison imaginée. Nous n'avons pas à revenir sur ce qui a été dit à ce sujet au *Rép.* n°s 831 à 835 (V. Demolombe, t. 6, n° 512). 2° Dans la seconde hypothèse, celle où le disponible de droit commun est inférieur au disponible spécial du conjoint, nous rencontrons des controverses sérieuses qui tiennent principalement à l'intervention du troisième principe, celui d'après lequel un enfant ou un donataire étranger ne doit pas profiter de l'augmentation de disponible établie par l'art. 1094.

Pour la commodité de notre examen, nous envisagerons, avec MM. Aubry et Rau et Demolombe, trois situations distinctes, suivant que la donation faite au conjoint est intervenue, par rapport à la libéralité laissée à un enfant ou à un étranger, avant, après ou simultanément.

202. — I. La donation faite au conjoint est antérieure. — Supposons que l'époux donateur ait disposé au profit de son conjoint du quart en pleine propriété, peut-il donner à un étranger le quart en usufruit dont l'art. 1094 autorise la disposition? On s'est prononcé au *Rép.* n° 851 pour l'affirmative. L'augmentation de disponible établie par l'art. 1094 peut profiter à un étranger, pourvu que celui-ci ne reçoive pas une libéralité supérieure à la quotité de droit commun. C'est ce qui a lieu dans l'espèce, puisque la libéralité faite à l'étranger est seulement d'un quart en usufruit. Cette opinion est encore aujourd'hui soutenue par M. Colmet de Santerre, t. 6, n° 281 *bis*. Mais elle est plus généralement combattue en doctrine. MM. Aubry et Rau, qui l'avaient tout d'abord adoptée, 3ᵉ éd., t. 5, § 689, note 19, p. 614-615, l'ont abandonnée dans leur dernière édition (t. 7, § 689, p. 266, texte et note 26), pour se rallier au système contraire enseigné par M. Demolombe, t. 6, nᵒˢ 521 et suiv. Ce dernier auteur remarque que le disponible spécial de l'art. 1094 est une faveur établie uniquement au profit du conjoint. Si l'époux donateur a fait à son conjoint une libéralité telle que la quotité disponible de droit commun soit épuisée, il ne peut plus rien laisser à une autre personne.

203. L'application de cette règle s'opère sans difficulté dans l'hypothèse indiquée ci-dessus où la donation a été faite au conjoint en pleine propriété. Il n'en est plus de même, lorsque la libéralité est faite en usufruit. La difficulté tient à ce que l'art. 1094, en indiquant la quotité disponible entre époux, a fixé un double maximum, l'un en pleine propriété, l'autre en usufruit, au lieu que l'art. 913 a évalué la quotité disponible de droit commun en pleine propriété seulement. Une controverse très vive s'engage sur la question de savoir, lorsque la donation en usufruit faite au conjoint excède l'usufruit de la quotité disponible de droit commun, si l'on doit en imputer l'excédant sur la quotité spéciale de l'art. 1094, ou au contraire,sur la quotité de droit commun. On aura, dans cette seconde hypothèse, à déterminer la part en pleine propriété qui équivaut à la disposition faite en usufruit. — Une espèce fera mieux comprendre ce raisonnement. L'époux donne à son conjoint l'usufruit de la moitié de ses biens. Cette disposition doit-elle être considérée comme absorbant la quotité disponible de droit commun, qui est du quart en pleine propriété, s'il existe trois enfants et plus du tiers, s'il existe seulement deux enfants? La question est très délicate. MM. Aubry et Rau, t. 7, § 689, p. 263 à 266, notes 24 et 25, et M. Demolombe, t. 6, n° 525, estiment que l'époux, qui a donné à son conjoint l'usufruit de la moitié de sa succession, pourra encore disposer au profit d'une autre personne de la nue propriété du tiers ou du quart, suivant le nombre des enfants laissés. La disposition en usufruit doit être imputée, pour la partie dont elle excède la quotité ordinaire, sur le disponible de l'art. 1094, de manière à laisser intacte la quotité disponible de l'art. 913 en nue propriété. En d'autres termes, ces auteurs se refusent à admettre la conversion de l'usufruit en une fraction de pleine propriété. La principale objection que soulève cette doctrine, c'est de faire profiter des personnes autres que le conjoint de l'extension de la quotité disponible édictée par l'art. 1094. MM. Aubry et Rau démontrent que le reproche n'est pas fondé. « Les tiers, disent ces auteurs, profiteraient sans doute du disponible supplémentaire de l'art. 1094 s'ils pouvaient obtenir ou retenir l'usufruit d'une portion quelconque de la réserve; mais quand le supplément de la quotité disponible ordinaire créé en faveur de l'époux et consistant en une quote-part d'usufruit à prendre sur la réserve se trouve précisément entre les mains du conjoint, celui-ci profite de fait et seul de ce supplément » (t. 7, § 689, p. 264, et la note). M. Réquier dans son *Etude sur la combinaison des* art. 913 et 1094, *Revue de droit français et étranger*, 1864, t. 10, p. 97 à 120, s'est attaché à établir, à l'aide des travaux préparatoires de l'art. 1094, que, dans la pensée du législateur, le disponible spécial aux époux devait être imputé sur le disponible ordinaire, seulement pour la quotité en pleine propriété; quant au supplément en usufruit, c'est toujours sur la réserve qu'il doit porter. Cet usufruit ne saurait donc venir en déduction sur la quotité disponible de droit commun. M. Demolombe, t. 6, n° 526, insiste principalement sur l'inconséquence du système adverse qui autorise l'époux à disposer de tout l'usufruit disponible au profit de son conjoint et de la nue propriété de la quotité de droit commun au profit des autres personnes, si la double disposition est faite par un seul et même acte, et lui refuse la même faculté à l'égard de libéralités consenties par actes séparés. Enfin on peut ajouter que le fait de transformer en une valeur de pleine propriété une disposition d'usufruit repose sur une fiction non moins contraire à l'esprit de la loi qu'à l'intention du disposant. Ce dernier, en effet, en faisant une libéralité en usufruit, a manifesté son intention de se réserver la disposition de la nue propriété du disponible de droit commun.

204. L'opinion que nous venons d'analyser a été consacrée par plusieurs cours d'appel (V. les arrêts cités au *Rép.* n° 853). Mais la jurisprudence se prononce plus généralement pour l'opinion contraire (*Rép.* n° 854). La cour de cassation, notamment, a toujours décidé que la donation en usufruit faite au conjoint doit s'imputer pour la totalité sur le disponible ordinaire de l'art. 913, au moyen de la conversion fictive de l'usufruit en pleine propriété (Comp. Civ. cass. 2 août 1853, *Rép.* n° 857). La jurisprudence des cours d'appel s'est constamment conformée depuis lors à cette solution. Il a été jugé, notamment, dans l'hypothèse où un époux, après avoir, par son contrat de mariage, donné à son conjoint l'usufruit de tous ses biens, a légué par testament à l'un de ses deux enfants un tiers en pleine propriété à titre de préciput, que la donation faite au conjoint, réduite à la moitié de l'usufruit par suite de l'existence des enfants, devait être imputée tout entière sur la quotité disponible ordinaire comme équivalant à un quart en pleine propriété. En conséquence, le legs préciputaire laissé à l'enfant a été réduit à la différence du quart au tiers, soit un douzième (Agen, 5 déc. 1861, aff. Monès, D. P. 64. 2. 97). Décidé, de même, que l'époux, après avoir fait par contrat de mariage une donation en usufruit à son conjoint, peut disposer, au profit d'une autre personne, de la différence entre cet usufruit estimé en pleine propriété et le montant de la quotité disponible de l'art. 913 (Toulouse, 20 déc. 1871, aff. Pagès, D. P. 73. 2. 17). Jugé également, en Belgique, que, lorsqu'un époux laissant trois enfants par contrat de mariage dispose au profit de son conjoint de l'usufruit de la moitié de ses biens, le legs fait par ce même époux à un tiers du quart en nue propriété de sa fortune, est sans effet, s'il est reconnu que l'usufruit de la moitié a la valeur d'un quart en pleine propriété des biens laissés par le défunt (C. cass. Belgique, 24 déc. 1868, aff. Fortou, *Pasicrisie belge*, 1869. 1. 31. Conf. Laurent, t. 15, n° 369).

205. Si le principe de la conversion de l'usufruit en pleine propriété est ainsi admis par toute la jurisprudence, les arrêts ne s'accordent pas entre eux sur la base d'évaluation. Dans un premier système, on évalue l'usufruit, pour la détermination de la quotité disponible, à la moitié de la valeur en pleine propriété (V. en ce sens les arrêts rapportés au *Rép.* n° 854, auxquels il faut joindre les suivants : Agen, 10 juill. 1854, aff. Mazères, D. P. 55. 5. 333; Bordeaux, 7 déc. 1858, aff. Rouillard, D. P. 63. 2. 125; Agen, 5 déc. 1861, aff. Monès, D. P. 64. 2. 97; Paris, 31 mai 1861, aff. Rouget, D. P. 63. 2. 91. V. aussi Laurent, t. 15, n° 362). Le dernier des arrêt précités, notamment, décide que le disponible, pour un époux qui a donné à son conjoint l'usufruit de tous ses biens et laisse deux enfants, correspond à la différence du quart au tiers, soit à un douzième en pleine propriété. Mais comme, dans l'hypothèse qui vient d'être indiquée, le douzième en pleine propriété peut être prélevé seulement sur la nue propriété de la portion grevée d'usufruit au profit de la femme, l'arrêt précité a décidé, en outre, qu'il y avait lieu, en prenant pour la nue propriété la même base d'évaluation que pour l'usufruit, de doubler cette évaluation et d'attribuer ainsi à l'enfant légataire, à titre de préciput et hors part, deux douzièmes en nue propriété.

206. Dans un second système, qui a été indiqué au *Rép.* n° 855, la valeur de l'usufruit est calculée, non point sur le pied de la moitié de la pleine propriété, mais d'après la durée probable de l'usufruit. MM. Aubry et Rau, t. 7, § 689, p. 265, note 24, *in fine*, voient dans cette pratique un expédient employé pour atténuer les graves inconvénients de l'imputation des dispositions en usufruit sur la quotité disponible de droit commun. Quoi qu'il en soit, ce mode d'évaluation de l'usufruit tend à prévaloir de plus en plus en jurisprudence. La cour de cassation a décidé que l'usufruit donné ou légué entre époux peut, pour la solution de savoir s'il dépasse ou non la quotité disponible, être estimé non à la moitié de la valeur en pleine propriété des biens, mais à une fraction moindre, calculée eu égard à la durée présumée de l'usufruit (Civ. cass. 28 mars 1866, aff. Bérard, D. P. 66. 1. 397). Les cours d'appel ont décidé, en se plaçant au même point de vue, que l'estimation de l'usufruit doit se baser sur les circonstances de fait qui peuvent influer sur la durée de l'usufruit, et en particulier sur l'âge et la santé de l'usufruitier (Paris, 10 déc. 1864, aff. Taillebois, D. P. 65. 2. 106; Agen, 16 déc. 1864, aff. Souriguère, D. P. 65. 2. 8; Caen, 3 mai 1872, aff. Vauclin, D. P. 73. 2. 218; Toulouse, 20 déc. 1871, aff. Pagès, D. P. 73. 2. 17). Jugé de même que l'usufruit que se sont réciproquement donné deux époux par contrat de mariage doit être évalué en propriété eu égard à l'âge du survivant au moment où s'ouvre son droit (Agen, 12 déc. 1866, aff. Lamade, D. P. 67. 2. 17; Toulouse, 17 juin 1867, aff. Dame Rodière, D. P. 67. 2. 100).

207. — II. La donation faite au conjoint est postérieure. — Supposons que, par des dispositions faites par préciput au profit de l'un de ses enfants ou au profit d'un tiers, l'époux ait épuisé la quotité disponible de droit commun, c'est-à-dire un tiers ou un quart en propriété; il pourra encore disposer au profit de son conjoint de tout ou partie de l'usufruit, qui forme le supplément de disponible établi par l'art. 1094. Cette solution qui satisfait aux divers principes établis plus haut est admise sans conteste (Comp. Demolombe, t. 6, n° 516; Aubry et Rau, t. 7, § 689, p. 267. — *Contrà :* Laurent, t. 15, n° 369).

208. Mais que faut-il décider si les dispositions faites en premier lieu au profit d'un enfant ou d'un étranger consistent en usufruit? L'époux a notamment disposé ainsi de l'usufruit de la moitié de ses biens. Comment cette donation doit-elle être imputée et quelle est la quotité laissée disponible? Il est généralement admis que la disposition en usufruit doit être imputée tant sur le disponible ordinaire que sur celui de l'art. 1094. MM. Aubry et Rau en concluent que l'époux ne pourra plus rien donner en usufruit à son conjoint; il sera seulement autorisé à disposer en sa faveur de la nue propriété de la quotité disponible ordinaire, qui sera tantôt du quart, tantôt du tiers, suivant le nombre des enfants laissés (t. 7, § 689, p. 267). — Cette dernière solution soulève une vive controverse et met en jeu l'un des principes posés au début, à savoir que l'ensemble des libéralités faites soit au conjoint, soit à d'autres personnes, ne doit jamais excéder la quotité disponible la plus forte. Or il est incontestable qu'en additionnant la donation de l'usufruit de moitié avec celle d'un tiers en nue propriété, on obtient un total qui est supérieur, soit à la quotité disponible de droit commun, soit au disponible spécial de l'art. 1094. MM. Aubry et Rau en conviennent, mais ils contestent l'application du principe qui, disent-ils, n'est écrit dans aucun texte et ne découle pas nécessairement de la prohibition du cumul des deux quotités disponibles. Suivant ces auteurs, le cumul serait interdit, en ce qui concerne seulement la quotité disponible en pleine propriété; mais la quote-part d'usufruit, dont l'art. 1094 autorise la disposition entre époux, échapperait à cette prohibition (t. 7, § 689, p. 261, note 17, et § 689, p. 266, note 30). M. Demolombe partage cette manière de voir. « La règle est vraie, dit-il, en ce sens qu'il n'y aura jamais lieu à réduction, lorsque le montant cumulé des deux dispositions n'excédera pas la plus forte des deux quotités disponibles. Nous contestons l'exactitude de la règle avec la généralité absolue qu'on prétend lui donner, en disant qu'il y aura toujours lieu à réduction lorsque la quotité la plus forte aura été dépassée » (Demolombe, t. 6, n° 533. V. également Réquier, *op. cit.*, p. 119).

Après avoir ainsi résumé l'argumentation de jurisconsultes éminents, nous devons constater que leur système n'a pas triomphé en jurisprudence. Cela résulte, notamment, des arrêts cités *suprà*, n°s 192 et suiv., qui ont fictivement converti des dispositions d'usufruit en valeur de pleine propriété pour en imputer le montant sur la quotité disponible de droit commun. Dans le système de la jurisprudence, le maximum dont l'époux puisse disposer au profit de son conjoint, après avoir donné à des tiers l'usufruit de la moitié, est la nue propriété d'un quart.

209. — III. Les dispositions en faveur du conjoint et au profit des tiers sont simultanées. — Ce cas se réalisera dans l'hypothèse de donations entre vifs, si elles ont été faites par un seul et même acte, dans l'hypothèse de dispositions testamentaires, quel que soit l'ordre où elles ont été inscrites dans le testament et alors même qu'elles seraient contenues dans des testaments multiples, faits à des époques différentes (Aubry et Rau, t. 7, § 689, p. 269, note 32; Demolombe, t. 6, n° 19; Colmet de Santerre, t. 4, n° 281 *bis*). Il résulte, en effet, de l'art. 926 c. civ. que les dispositions testamentaires n'ont toutes, quant à leurs effets, qu'une seule et même date, celle du décès du testateur.

210. Les diverses dispositions ainsi faites simultanément au profit du conjoint et de tiers doivent être maintenues jusqu'à concurrence de la quotité disponible la plus élevée (Aubry et Rau, t. 7, § 689, p. 268. — *Contrà:* Laurent, t. 15, n° 367). Ce principe est consacré par une jurisprudence constante (V. les arrêts cités au *Rép.* n° 843). Plus récemment, la cour de cassation a décidé que, lorsqu'un époux ayant deux enfants a, dans le même testament, légué à son conjoint la moitié de ses biens en usufruit et à l'un de ses enfants le tiers des mêmes biens en pleine propriété, ces deux dispositions doivent être réputées simultanées, quoique l'enfant ne soit appelé à jouir de son legs qu'après l'extinction de l'usufruit du conjoint. En conséquence, elles doivent recevoir leur exécution, non pas seulement jusqu'à concurrence du disponible de l'art. 913 c. civ., mais en imputant le legs du conjoint sur l'excédant du disponible établi entre époux par l'art. 1094 (Civ. cass. 3 mai 1864, aff. Couderc, D. P. 64. 1. 173).

MM. Aubry et Rau, se plaçant dans l'hypothèse qui a donné lieu à l'arrêt précité, enseignent même que le legs de la moitié de l'usufruit fait au conjoint et la disposition d'un tiers en nue propriété doivent être intégralement maintenus, bien que l'ensemble de ces dispositions soit supérieur à la quotité disponible la plus élevée (V. Aubry et Rau, t. 7, § 689, p. 268). Nous avons précédemment examiné les motifs sur lesquels se fonde cette solution (V. *suprà*, n° 196).

211. Si les diverses dispositions peuvent ainsi être exécutées jusqu'à concurrence de la quotité disponible la plus élevée, c'est à la condition que chacun des gratifiés ne reçoive pas plus que la quotité qui lui est propre. Ce second principe que nous avons déjà rappelé à différentes reprises trouve encore son application dans l'hypothèse qui nous occupe. C'est ce que la cour de cassation a formellement reconnu. Jugé que, dans le concours de dispositions testamentaires en faveur du conjoint et d'autres personnes, il y a lieu de combiner les deux quotités des art. 913 et 1094 c. civ. de manière à renfermer chacun des gratifiés dans les limites de la quotité qui lui est propre et à ne dépasser dans aucun cas la mesure de la quotité la plus étendue (Civ. rej. 4 janv. 1869, aff. Gayet, D. P. 69. 1. 10).

212. Par application de cette dernière règle, l'arrêt du 4 janv. 1869, que l'on vient de citer, a décidé que, dans le cas de concours du conjoint et de légataires étrangers en présence d'un enfant unique, les légataires étrangers ont le droit de prélever, à l'exclusion du conjoint, la fraction du disponible qui excède la quotité fixée par l'art. 1094 c. civ., et s'ils ne sont pas remplis de leur legs par ce prélèvement de concourir pour le surplus au marc le franc avec le conjoint. — Il résulte encore de la même règle que le legs fait en pleine propriété à l'époux survivant ne pourra, dans le système de la jurisprudence, jamais excéder le quart des biens s'il existe des enfants. Réciproquement, l'un des enfants ou un étranger ne pourra, en usufruit, recevoir au delà de la quotité disponible de droit commun. Par exemple, l'époux laissant trois enfants ne pourra donner ou léguer à l'un d'eux en usufruit plus du quart de ses biens (Demolombe, t. 6, n° 510). MM. Aubry et Rau, qui adoptent cette solution (t. 7, § 689, p. 269), se mettent, semble-t-il, en contradiction avec la doctrine par eux soutenue dans l'hypothèse examinée plus haut, où la donation faite au tiers a précédé celle adressée au conjoint (V. *suprà*, n° 196). Nous avons vu, en effet, que d'après ces auteurs les dispositions en usufruit faites en premier lieu à l'un des enfants doivent s'imputer tant sur le disponible ordinaire que sur celui de l'art. 1094, au point de rendre impossible toute disposition ultérieure en usufruit au profit du conjoint.

213. Dans l'hypothèse où l'époux prédécédé laissant trois enfants (*Rép.* nos 842 et suiv.) aurait légué à son conjoint la pleine propriété du quart de ses biens, et à une autre personne l'usufruit d'un autre quart, MM. Aubry et Rau enseignent que les deux legs devraient être réduits, quant à la jouissance, proportionnellement à leur valeur respective jusqu'à concurrence d'un quart en usufruit (t. 7, § 689, p. 269). Cependant l'ensemble des deux legs n'excède pas la quotité disponible la plus forte, celle de l'art. 1094, et, d'un autre côté, chacun des légataires ne reçoit pas une libéralité supérieure à la quotité qui lui est propre. MM. Aubry et Rau justifient leur solution, en observant que le maintien intégral des deux legs d'usufruit aurait pour résultat de faire bénéficier un tiers du supplément de disponible en usufruit, établi en faveur du conjoint seulement, et dont celui-ci doit exclusivement profiter. Sans contester ce principe que nous avons nous-même invoqué *suprà*, nos 199 et suiv., nous croyons qu'il doit y être fait échec, lorsque son application, loin de sauvegarder l'intérêt du conjoint donataire, tournerait à son détriment comme dans l'espèce ci-dessus.

214. — IV. EXISTENCE D'ENFANTS NATURELS (*Rép.* nos 858 à 861). — L'existence d'enfants naturels venant en concours avec des enfants légitimes ne modifie pas, ainsi qu'on l'a observé au *Répertoire*, la quotité disponible entre époux, telle qu'elle est fixée par l'art. 1094. Mais il n'en est plus de même, lorsque l'époux survivant se trouve uniquement en présence d'enfants naturels ; ceux-ci ne peuvent se prévaloir de l'art. 1094 pour faire réduire une donation de toute la portion disponible ordinaire. Il a été décidé en ce sens que la réserve de l'enfant naturel dans la succession de son auteur, décédé sans parents au degré successible, est de moitié de la succession, même vis-à-vis du conjoint, pour lequel la quotité disponible est, dès lors, de l'autre moitié et non pas de la quotité moins élevée fixée par l'art. 1094 (Req. 12 juin 1866, aff. Calmettes, D. P. 66. 1. 484). En outre, dans le cas d'une disposition en usufruit excédant le disponible, l'enfant naturel, à la différence de l'enfant légitime, n'a pas le droit d'option accordé par l'art. 917 c. civ. C'est ce qui a été jugé par la cour de Grenoble le 7 mai 1879 (aff. Laman, D. P. 80. 2. 256). Cette solution, qui est un corollaire de la précédente, n'est pas admise par tout le monde. M. Laurent enseigne d'une manière générale que l'art. 1094 c. civ. peut être invoqué par l'enfant naturel comme par l'enfant légitime (t. 15, n° 351).

215. — V. DE LA RÉDUCTION DES DONATIONS EXCÉDANT LE DISPONIBLE (*Rép.* nos 862 à 866). — Il résulte des explications qui précèdent que les libéralités faites, soit au conjoint, soit à des étrangers, lorsqu'elles dépassent la quotité disponible qui leur est applicable, doivent tout d'abord être ramenées à cette quotité. Toute personne intéressée est autorisée à poursuivre cette réduction. Le donataire ou légataire étranger peut notamment demander que les dispositions faites en faveur du conjoint soient réduites au taux indiqué par l'art. 1094, afin d'établir son droit à bénéficier de la différence entre la quotité disponible spéciale et la quotité de droit commun (Aubry et Rau, t. 7, § 689, p. 270; Laurent, t. 15, n° 375 ; Paris, 10 déc. 1864, aff. Taillebois, D. P. 65. 2. 106; Sol. impl. Civ. rej. 4 janv. 1869, aff. Gayet, D. P. 69. 1. 10). Ainsi qu'on l'a observé au *Rép.* n° 862, l'art. 921 n'est pas applicable en pareil cas.

Lorsque la libéralité faite par l'un des époux à l'autre jusqu'à concurrence de la portion disponible résulte d'une disposition de leur contrat de mariage, il peut arriver que le conjoint donataire renonce au bénéfice de cette libéralité. La question s'élève alors de savoir à qui profite cette renonciation. A-t-elle pour effet de valider les libéralités faites postérieurement par l'époux donateur au profit de donataires ou légataires étrangers? La jurisprudence avait eu fréquemment à statuer sur cette question, et l'on a vu au *Rép.* n° 817 qu'elle l'avait résolue dans le sens de l'affirmative. Depuis, il a été décidé en ce sens que la renonciation par l'époux survivant aux avantages résultant de son contrat de mariage a pour effet d'en exonérer la quotité disponible de l'époux prédécédé, en faveur, par exemple, des enfants donataires et renonçants (Douai, 4 mai 1865, aff. Delétoile, D. P. 67. 1. 501-502. Conf. Laurent, t. 15, n° 373). — Dans le même ordre d'idées il a été jugé que l'époux donataire par contrat de mariage de la moitié en usufruit des biens de son conjoint, a le droit, si ce dernier lui lègue plus tard le même usufruit dans un testament où il laisse, en outre, la nue propriété du quart de ses biens à l'un de ses enfants, de renoncer à sa donation et d'opter pour son legs, de telle sorte que le legs de l'enfant et le sien, ayant alors le même date, puissent être exécutés simultanément sur le disponible ordinaire de l'art. 913, le premier pour le tout, et le second après imputation sur l'excédant de disponible de l'art. 1094, à la différence du cas où l'époux aurait agi en vertu de l'institution contractuelle et où celle-ci aurait dû être imputée en entier sur le disponible de l'art. 913, avec priorité par rapport à l'enfant (Req. 3 juin 1863, aff. Molis, D. P. 64. 1. 32).

216. Lorsque les diverses dispositions, sans dépasser chacune la quotité disponible qui leur est propre, excèdent par leur réunion la quotité la plus forte, elles doivent être réduites à cette quotité. Cette réduction qui, suivant la remarque faite au *Rép.* n° 865, s'opère au profit des héritiers à réserve, doit, en général, être exécutée conformément aux règles établies par les art. 923 et 926 c. civ. Ainsi, notamment à l'égard de libéralités faites à des dates différentes, on opérera la réduction en commençant par la plus récente.

Une hypothèse plus délicate est celle où des libéralités excessives ont été faites au conjoint et à un étranger, soit par un même acte, soit, ce qui revient au même, par plusieurs testaments. Si l'on appliquait à cette hypothèse la règle tracée par l'art. 926, on devrait réduire au marc le franc par une opération unique toutes les dispositions contenues dans le même acte, jusqu'à concurrence du plus fort disponible. C'est le système soutenu par Toullier (*Rép.* n° 866). Mais, à côté de ce système, on a indiqué au *Répertoire* les solutions différentes proposées par Delvincourt et par MM. Marcadé et Boutry. Le système de ces deux derniers auteurs a été reconnu préférable au *Répertoire*. C'est celui auquel se sont ralliés MM. Demolombe, t. 6, n° 541, et Aubry et Rau, t. 7, § 689, p. 270. Dans ce système, on apporte à la règle générale posée dans l'art. 926 des modifications importantes basées sur cet autre principe que le supplément de disponible en usufruit établi par l'art. 1094 doit exclusivement profiter à l'époux survivant. Appliquant, notamment, ce principe à l'hypothèse où le défunt qui laisse trois enfants a légué à son conjoint l'usufruit de la moitié de ses biens et à l'un de ses enfants la pleine propriété d'un quart, MM. Aubry et Rau décident que l'usufruit de l'époux survivant se prendra, pour un quart, sur la réserve et ne sera sujet à réduction, pour l'autre quart, que dans la proportion de sa valeur comparée à celle du quart des biens en pleine propriété.

217. La méthode indiquée par MM. Aubry et Rau, l'exemple ci-dessus le prouve, n'empêche pas toujours les estimations d'usufruit. Cette remarque avait déjà été faite au *Rép.* n° 866 à l'occasion du système de M. Boutry. Lorsqu'il devient nécessaire d'estimer la valeur d'un legs d'usufruit, pour en opérer la réduction proportionnelle, avec un autre legs en pleine propriété, MM. Aubry et Rau enseignent que l'évaluation doit être effectuée en tenant compte de l'âge, de l'état de santé du donataire ou du légataire et des autres circonstances particulières de chaque espèce (t. 7, § 689, p. 271. V. dans le même sens : Demolombe, t. 6, n° 547).

ART. 2. — *De la quotité disponible entre époux ayant des enfants d'un autre mariage* (*Rép.* nos 867 à 937).

§ 1er. — Des personnes auxquelles s'applique la prohibition de l'art. 1098 (*Rép.* nos 868 à 875).

218. On a fait connaître au *Rép.* nos 868 et suiv. les personnes auxquelles s'applique la prohibition de l'art. 1098, ainsi que les cas où cesse cette prohibition. Il résulte de ces explications que la donation d'une part d'enfant faite, sans autre indication à son nouvel époux par un veuf ou une veuve ayant des enfants d'une précédente union ne peut être déterminée quant à sa quotité qu'au moment du partage et varie d'importance suivant le nombre des enfants venant à la succession. — Quelle serait l'étendue de cette part, dans l'hypothèse où tous les enfants seraient prédécédés, ou bien auraient tous renoncé à la succession? Cette question controversée a reçu en doctrine diverses solutions, qui ont été examinées au *Rép.* n° 872. Celle qui a été admise *ibid.* et qui prévaut généralement fixe la part d'enfant laissée au nouvel époux à un quart des biens au maximum. C'est aussi l'opinion enseignée par MM. Demolombe, t. 6, n° 590, Aubry et Rau, t. 7, § 690, p. 287, texte et note 28, Laurent, t. 15, n° 389. On fait observer en ce sens que l'étendue de la donation d'une part d'enfant doit être déterminée d'après l'intention que pouvait avoir le donateur au moment où il a fait sa disposition. A cet égard la supposition la plus vraisemblable est que le donateur a voulu conformer sa volonté à la règle de l'art. 1098, d'après laquelle la part d'enfant laissée au conjoint ne peut en aucun cas être supérieure au quart des biens.

219. L'art. 1098 subordonne la limitation qu'il édicte à l'existence d'enfants d'un autre lit. Cette limitation n'est applicable qu'aux enfants légitimes, ou encore aux enfants légitimés par un précédent mariage, la légitimation ayant pour conséquence de faire considérer l'enfant légitime comme issu du mariage par lequel elle s'est opérée (c. civ. art. 333). Quant aux enfants naturels, ils ne sauraient être réputés enfants d'un premier lit. Aussi la cour de Paris a-t-elle décidé que l'art. 1098 ne peut être invoqué par l'enfant naturel dont le père ou la mère vient de contracter mariage (Paris, 5 juill. 1854, aff. Bazana, D. P. 56. 2. 289). D'un autre côté, la prohibition de l'art. 1098 ne visant que les dispositions faites en faveur du second époux, il a été jugé que la même restriction ne s'appliquait pas à une libéralité faite à une concubine (Alger, 10 mars 1879, aff. Barrère, D. P. 80. 2. 224).

La question de savoir si l'enfant adoptif peut invoquer l'art. 1098 a été examinée *suprà*, v° *Adoption*, n° 50, où l'on trouvera indiqué l'état de la doctrine sur cette question controversée. On a vu que la majorité des auteurs se prononce pour la négative.

§ 2. — Quelles dispositions sont sujettes à l'art. 1098 (*Rép.* n°s 876 à 891).

220. Le principe général, en cette matière, a été indiqué au *Rép.* n° 877. Toutes les dispositions qui renferment un avantage au profit du nouvel époux sont soumises à la restriction établie par l'art. 1098. Ainsi cette restriction s'applique non seulement aux libéralités faites pendant le mariage ou par contrat de mariage, mais encore aux donations contenues dans des actes antérieurs, lorsque ces actes ont été faits en vue du mariage déjà projeté à l'époque de leur passation (Aubry et Rau, t. 7, § 690, p. 273; Demolombe, t. 6, n° 574; Laurent, t. 15, n° 365; Liége, 4 févr. 1865, aff. Putzeys, *Pasicrisie belge*, 1865. 2. 88).

221. Comme on l'a dit au *Rép.* n° 877, la restriction atteint également les libéralités faites sous certaines charges, et même les donations rémunératoires. MM. Aubry et Rau, *loc. cit.*, admettent une seule exception en faveur des donations qui auraient eu pour objet de reconnaître des services rendus avant le nouveau mariage, et à raison desquels le nouvel époux aurait contre son conjoint une créance que leurs conventions matrimoniales laisseraient subsister (V. aussi Laurent, t. 15, n° 397).

222. Enfin la restriction de l'art. 1098 atteint tous les avantages indirects, alors même que les actes dont ils résultent obéiraient en d'autres circonstances aux règles des obligations conventionnelles. Cette observation, déjà faite au *Rép.* n° 878, trouve spécialement sa place en matière de conventions matrimoniales (Aubry et Rau, t. 7, § 690, p. 274). Ainsi, lorsqu'il existe des enfants d'un premier mariage, toute convention tendant à un partage inégal de la communauté d'acquêts, ou à l'attribution exclusive de cette communauté à l'un des époux, constitue une libéralité réductible à la quotité fixée par l'art. 1098. C'est ce que la cour de Pau a décidé, notamment en ce qui touche la clause par laquelle les futurs, après s'être soumis au régime dotal, ont stipulé une société d'acquêts sous la condition que l'époux aurait, pour sa part, l'entière propriété et l'épouse, pour la sienne, la jouissance de la totalité des acquêts (Pau, 3 juin 1871, aff. Hapra, D. P. 72. 5. 149).

223. D'ailleurs, pour savoir si les conventions matrimoniales renferment quelque avantage au profit du nouvel époux, on doit, conformément à la disposition du troisième alinéa de l'art. 1527, s'attacher uniquement aux effets que ces conventions ont produits en faisant abstraction de l'intention qui y a présidé. De ce principe découlent plusieurs conséquences qui ont été signalées au *Rép.* n°s 888 et suiv. En premier lieu, le partage égal des bénéfices réalisés, soit par le travail commun des époux, soit par les économies sur leurs revenus, ne doit pas être considéré comme un avantage indirect, quelque inégaux qu'aient été les produits des revenus ou de l'industrie des époux (V. *suprà*, v° *Contrat de mariage*, n°s 1087). Au contraire, la convention qui attribuerait à l'un des conjoints dans les bénéfices réalisés au cours du mariage une part supérieure à la moitié, constituerait un avantage réductible au taux de l'art. 1098, alors même que cet époux aurait apporté à la communauté des bénéfices plus considérables provenant soit de son industrie, soit de ses capitaux (Aubry et Rau, t. 7, § 690, p. 274). Jugé en ce sens que la convention matrimoniale, par laquelle la totalité de la société d'acquêts stipulée entre les époux a été attribuée à l'un d'eux, constitue, au regard des enfants que l'autre époux a eus d'un précédent mariage, une donation indirecte, qui doit être renfermée dans les limites de l'art. 1098 (Paris, 18 nov. 1854, aff. de Portes, D. P. 57. 2. 41; Req. 20 avr. 1880, aff. Joly, D. P. 80. 1. 428).

En second lieu, la confusion du mobilier et des dettes des époux, quoiqu'elle puisse, suivant l'événement, être préjudiciable à chacun d'eux, doit être considérée comme un avantage indirect, s'il résulte de la balance établie lors de la liquidation de la communauté que le nouvel époux profite réellement de cette confusion (Aubry et Rau, t. 7, § 690, p. 275).

224. Ainsi qu'on l'a vu *suprà*, v° *Assurances terrestres*, n° 482, le contrat d'assurances sur la vie, contracté par un conjoint au profit de l'autre, peut constituer un avantage indirect sujet à réduction, et tombant, notamment, sous l'application de l'art. 1098. Outre les arrêts cités en ce sens *ibid.* et, plus récemment, il a été jugé que la stipulation d'une assurance sur la vie contractée par un mari en faveur de sa femme constitue une stipulation pour autrui valable aux termes de l'art. 1121 c. civ.; mais que, si elle a eu lieu à titre purement gratuit, elle est réductible dans les termes de l'art. 1098, au profit des enfants nés d'un premier mariage de l'assuré (Douai, 14 févr. 1887, aff. Bécu, D. P. 87. 2. 136).

§ 3. — Nature de la donation d'une part d'enfant; Fixation de la part d'enfant (*Rép.* n°s 892 à 901).

225. Les différentes questions qui ont trait à cette matière ont été examinées au *Répertoire* et n'appellent aucun développement nouveau. Les solutions que nous avions adoptées ont été ratifiées par la doctrine la plus récente. C'est ainsi, notamment, que la question de savoir si la donation d'une part d'enfant est caduque par le prédécès du donataire, dans le cas où celui-ci laisserait des enfants du mariage à l'occasion duquel la donation a eu lieu, a été tranchée au *Rép.* n° 893 dans le sens de l'affirmative. La même solution est enseignée par MM. Aubry et Rau, t. 7, § 690, p. 287, et Demolombe, t. 6, n°s 579 et 580.

226. Pour la fixation de la part d'enfant il faut, ainsi qu'il a été dit au *Rép.* n° 895, faire entrer en compte tous les enfants sans distinguer entre ceux du second lit et ceux du premier. Mais les enfants qui ont renoncé à la succession ou qui en sont exclus pour cause d'indignité ne font pas nombre pour le calcul de la part d'enfant (Aubry et Rau, t. 7, § 690, p. 280). Cette solution se fonde sur les termes de l'art. 1098 « enfant le moins prenant », qui visent exclusivement les enfants prenant part à la succession.

§ 4. — De la réduction des donations excessives faites au second époux (*Rép.* n°s 902 à 935).

227. On a indiqué au *Rép.* n°s 902 à 913, d'une part, les personnes qui ont qualité pour demander la réduction et d'autre part, celles contre qui cette action doit être exercée. Les explications données sur ce sujet nous dispensent d'y revenir, autrement que pour compléter des points de détail.

228. Conformément à leur théorie générale, MM. Aubry

et Rau enseignent que les enfants du premier lit ne peuvent se prévaloir du droit conféré par l'art. 1098, lorsqu'ils ont renoncé à la succession ou en ont été exclus pour cause d'indignité (t. 7, § 690, p. 283, note 40. Conf. Laurent, t. 15, nº 398).

En ce qui concerne les enfants du second lit, la doctrine généralement admise est conforme à l'opinion indiquée au *Rép.* nºs 904 et suiv. (V. conf. Orléans, 27 févr. 1855, aff. Roger, D. P. 55. 2. 234). Si le droit de poursuivre la réduction ne s'ouvre jamais en leur personne, les enfants du second lit profitent du moins de la réduction demandée par les enfants du premier lit (Aubry et Rau, t. 7, § 690, p. 284; Demolombe, t. 6, nº 564; Laurent, t. 15, nº 399). En outre, dès que le droit de poursuivre la réduction s'est ouvert dans la personne des enfants du premier lit, on admet que les enfants du second lit ont qualité pour l'exercer, malgré la renonciation ou l'indignité des enfants de la précédente union, qui rend ces derniers incapables d'exercer la même poursuite (Aubry et Rau, t. 7, § 690, p. 285; Colmet de Santerre, t. 4, nº 278 *bis*; Demolombe, t. 6, nº 602. — *Contrà:* Laurent, t. 15, nº 400).

La doctrine enseignée au *Rép.* nº 909, suivant laquelle l'époux donateur lui-même ne peut demander la réduction, a été confirmée par l'arrêt précité de la cour d'Orléans du 27 févr. 1855.

Enfin il a été jugé que « l'art. 1098 a été fait en faveur des enfants d'un premier lit, c'est-à-dire des enfants légitimes issus d'un premier mariage, et que cet article ne peut être invoqué par un enfant naturel, puisqu'il n'y a pas dans ce cas de premier mariage » (Paris, 5 juill. 1854, aff. Bazana, D. P. 56. 2. 289).

229. En ce qui touche la formation de la masse d'après laquelle doit être fixé le disponible au profit du second époux, une observation est à faire pour le cas où l'époux décédé aurait laissé des enfants naturels. La portion de biens à laquelle ces enfants ont droit d'après l'art. 757 c. civ. devra être tout d'abord distraite de la masse à partager, de manière à la faire supporter proportionnellement au nouvel époux et aux enfants légitimes. Cette façon de procéder, indiquée par MM. Aubry et Rau, t. 7, § 690, p. 280, doit être également suivie en ce qui concerne les donations faites à des étrangers ou à des successibles avec dispense de rapport. Toutes ces libéralités concourent, en effet, à diminuer la part des enfants légitimes.

230. Relativement au *mode de réduction*, on a examiné au *Rép.* nºs 921 et suiv. la question de savoir si l'art. 917 est applicable aux donations faites au second époux. L'affirmative ne saurait faire de doute. Ici, en effet, ne se rencontre plus le motif qui nous a fait précédemment admettre (V. *suprà*, nº 196) une dérogation à l'art. 917 dans le cas où la quotité disponible est déterminée par l'art. 1094. A la différence de ce dernier article, l'art. 1098 n'indique qu'une seule quotité disponible en pleine propriété. L'art 917 doit donc recevoir son application. C'est l'opinion qui a été développée au *Rép.* nº 921. Elle est enseignée par MM. Demolombe, t. 6, nºs 602 et suiv.; Beautemps-Beaupré, *De la portion de biens disponible*, t. 1, nº 460, et t. 2, nº 619; Laurent, t. 15, nº 402. La jurisprudence est unanime en ce sens. Aux arrêts cités au *Rép.* nº 921 il faut joindre les suivants qui ont décidé que la disposition de l'art. 917 c. civ., suivant laquelle l'héritier réservataire en présence d'une libéralité excessive en jouissance ou viager a l'option de l'exécuter, ou d'abandonner la quotité disponible en pleine propriété, s'applique dans sa généralité à tous les cas où le législateur n'a déterminé qu'une seule quotité disponible en pleine propriété, et spécialement au cas de l'art. 1098 c. civ., concernant les libéralités faites à son conjoint par un époux ayant des enfants d'un premier lit (Bordeaux, 3 juill. 1855, aff. veuve Gallais, D. P. 56. 2. 35; Bordeaux, 22 juill. 1867, aff. veuve Lavaud, D. P. 68. 2. 148; Angers, 22 févr. 1872, aff. Prézelin, D. P. 72. 5. 352; Nancy, 4 mars 1873, aff. Crovisier, D. P. 74. 2. 148-150; Req. 1er juill. 1873, aff. de la Roberdière, D. P. 74. 1. 26; Bastia, 17 janv. 1876, aff. Cristiani, D. P. 78. 5. 364. V. aussi Gand, 11 déc. 1869, aff. Vandesteene, *Pasicrisie belge*, 1869. 2. 127; Liège, 15 juill. 1887, aff. X..., *ibid.* 1887. 2. 379). — L'application de l'art. 917 ne doit être écartée, d'après ce dernier arrêt, que lorsque le disposant avait formellement manifesté la volonté de ne faire qu'une libéralité en usufruit (Conf. Bruxelles, 9 mars 1868, aff. Loseaux, *Pasicrisie belge*, 1869. 2. 273).

231. L'opinion admise au *Rép.* nº 935 sur le droit pour le nouvel époux de participer dans la proportion d'une part d'enfant à la réduction des dispositions faites en sa faveur a été adoptée par tous les auteurs récents (Comp. Aubry et Rau, t. 7, § 690, p. 281, texte et note 35; Demolombe, t. 6, nº 599; Colmet de Santerre, t. 4, nº 278 *bis*).

Art. 3. — *Des donations entre époux, indirectes, déguisées, ou à des personnes interposées* (*Rép.* nºs 936 à 962).

232. L'art. 1099 vise dans deux alinéas distincts, d'une part, les donations indirectes, d'autre part, les donations déguisées ou faites à personnes interposées. Il semble donc que l'intention du législateur ait été de distinguer les donations indirectes des donations déguisées. Telle est l'interprétation qu'a reçue l'art. 1099 au *Rép.* nº 938, et telle est aussi l'opinion admise par la jurisprudence et les auteurs récents. Ceux-ci adoptent également la définition qui a été donnée au *Rép. eod. loc.* de l'avantage indirect par opposition à la donation déguisée. Cette dernière qualification s'adresse aux libéralités dissimulées sous la forme d'un contrat à titre onéreux; par donations indirectes, il faut entendre toutes celles qui, faites autrement que par un acte solennel de donation, se présentent ostensiblement avec leur nature de libéralité (Aubry et Rau, t. 7, § 690, p. 276, texte et note 24; Colmet de Santerre, t. 4, nº 279 *bis*). Cette distinction se trouve nettement indiquée dans un arrêt récent où on lit: « Attendu, en droit, que, lorsque le législateur dispose spécialement à l'égard des donations déguisées par opposition aux donations simplement indirectes, il entend parler de celles qui sont dissimulées sous la forme et les apparences d'un contrat onéreux ou sous le nom de personnes interposées » (Civ. cass. 22 juill. 1884, aff. Boisset, D. P. 85. 1. 164). Du principe ainsi posé l'arrêt a tiré cette conséquence que le billet souscrit par un époux au profit de son conjoint doit être annulé, lorsqu'il est constaté en fait qu'il n'a pas eu pour objet la reconnaissance d'une dette, mais a eu pour cause une libéralité déguisée sous cette forme. La distinction entre les donations indirectes et les donations déguisées aboutit, en effet, à une différence de traitement qui résulte des termes mêmes de l'art. 1099. Tandis que les libéralités indirectes sont soumises aux règles des donations proprement dites, et sont simplement réductibles lorsqu'elles excèdent la quotité disponible, les libéralités déguisées ou faites par personnes interposées sont frappées d'une nullité absolue.

233. Ainsi qu'on l'a observé au *Rép.* nº 942, la solution qui précède a été combattue par quelques auteurs qui repoussent la distinction entre les donations indirectes et les libéralités déguisées et considèrent que ces dernières doivent être comprises dans la classe des donations indirectes, au sens général de cette expression. D'après ce système, le deuxième paragraphe de l'art. 1099 ne serait que l'application du paragraphe premier, et la nullité qu'il édicte devrait être renfermée dans les limites fixées par le paragraphe précédent; la donation déguisée ou par personne interposée est nulle seulement en ce qui excède la portion disponible. Cette doctrine a été soutenue depuis par M. Merville (V. *Revue pratique*, 1863, t. 15, p. 74). La jurisprudence présente aussi plusieurs décisions en ce sens (V. les arrêts rapportés au *Rép.* nºs 938, 944 et 948). Plus récemment il a été décidé: 1º que le legs fait par un mari à l'enfant issu du premier mariage de sa femme n'est pas nul pour interposition de personne, lorsque la femme aurait pu recueillir seule les libéralités faites par l'époux testateur dans les limites de la quotité disponible à elle et à l'enfant issu de son premier mariage (Orléans, 10 févr. 1865, aff. Delorme, D. P. 65. 2. 64); — 2º Que la libéralité faite par interposition de personne, au delà de la quotité disponible, n'est pas nulle pour le tout, mais seulement pour ce qui dépasse cette quotité (Grenoble, 21 mars 1870, aff. Arbaud, D. P. 70. 2. 190. V. également C. cass. de Belgique, 29 déc. 1865, aff. Putzeys, *Pasicrisie belge*, 1866. 1. 241).

234. Mais, ainsi que nous l'avons dit en commençant, la grande majorité des auteurs, d'accord sur ce point avec la jurisprudence de la cour de cassation, décide que les donations déguisées qui excèdent la quotité disponible sont nulles pour le tout, et non pas seulement réductibles. Aux auteurs déjà cités au *Rép.* n° 942 il faut joindre les suivants : Demolombe, t. 6, n°s 611 et suiv.; Aubry et Rau, t. 7, § 689 et 690, p. 259 et 276, note 24; Colmet de Santerre, t. 4, n° 279; Lauth, *Quotité disponible entre époux*, n° 293; A. Bonnet, *Dispositions par contrat de mariage*, t. 3, n° 1094; P. Vernet, *Traité de la quotité disponible*, p. 432; Laurent, t. 15, n° 406; G. Cruchon, *Les donations déguisées*, p. 124 et suiv. — Il a été jugé en ce sens : 1° que les donations entre époux durant le mariage, déguisées ou faites à personnes interposées, sont nulles pour le tout et non pas seulement réductibles (Req. 11 mars 1862, aff. Azéma, D. P. 62. 1. 277; Rouen, 23 déc. 1871, aff. Lebigre, V. *suprà*, v° *Contrat de mariage*, n° 96; Req. 17 fév. 1874, aff. Leparc, D. P. 74. 1. 344; Civ. cass. 23 mai 1882, aff. Vertadier, D. P. 83. 1. 407); — 2° Qu'on doit annuler de même en totalité la donation déguisée dans un contrat de mariage sous forme d'apport dotal (Orléans, 23 févr. 1861, aff. de Moyencourt, D. P. 61. 2. 84), ou encore la donation faite par un époux à un enfant du premier lit de l'autre époux dans le contrat de mariage du donataire (Dijon, 7 mars 1866, aff. Thévenin, D. P. 66. 2. 91).

235. Si les auteurs que nous venons de citer sont d'accord pour annuler en totalité les donations déguisées qui excèdent la quotité disponible, ils sont divisés sur le principe auquel la nullité de l'art. 1099 c. civ. doit être rattachée. Cette nullité a-t-elle uniquement pour but de prévenir une fraude aux dispositions légales qui protègent la réserve, ou est-elle fondée sur une présomption de captation ou de suggestion faisant supposer que la libéralité n'est point l'expression libre de la volonté du donateur? Selon que l'on adopte l'un ou l'autre point de vue, on est logiquement conduit à résoudre différemment les deux questions suivantes : 1° les donations déguisées ou par personnes interposées doivent-elles être annulées, même lorsqu'elles n'excèdent pas la quotité disponible? — 2° Cette nullité peut-elle être invoquée par des personnes autres que les héritiers réservataires?

236. Dans le système qui rattache la disposition du second alinéa de l'art. 1099 à une présomption de captation ou de suggestion, on frappe de nullité toutes les donations déguisées, quelle qu'en soit la quotité, et on reconnaît à tout intéressé, héritier ou seulement créancier du donateur, le droit de poursuivre cette annulation. Ce système très rigoureux peut se prévaloir des termes généraux de l'art. 1099, 2e al. Il échappe, en outre, aux objections nombreuses que soulève le système contraire. Cependant il n'a pour lui que la minorité des auteurs (Marcadé, sur l'art. 1099, t. 4, n° 355; A. Bonnet, *op. cit.*, t. 3, p. 550). Plus récemment, il a rencontré dans M. Jules Janet un défenseur habile et convaincu (V. Dissertation sous Montpellier, 28 févr. 1876, aff. Roussel, D. P. 79. 2. 249).

237. L'opinion qui prévaut en doctrine voit dans l'art. 1099, § 2, la sanction des dispositions relatives à la réserve et à la quotité disponible entre époux, qui eussent été imparfaitement protégées par une action en réduction. Comme conséquence de ce système, on décide que le droit de poursuivre la nullité des donations déguisées ou à personnes interposées en vertu de l'art. 1099, § 2, appartient aux seuls héritiers réservataires, à l'exclusion de l'époux donateur et de ses créanciers ou des autres héritiers (Aubry et Rau, t. 7, § 690, p. 282; Demolombe, t. 6, n° 611; Colmet de Santerre, t. 4, n° 479; Laurent, t. 15, n° 408, p. 462).

238. Cette solution a été vivement critiquée par les partisans du premier système exposé *suprà*, n° 232, et notamment par M. Janet. Subordonner la nullité de la donation à l'existence d'héritiers réservataires au moment de l'ouverture de la succession, c'est, dit-on, introduire dans l'acte de disposition un vice qui n'y est pas inhérent. Or on ne peut concevoir une nullité dépendant d'un fait qui s'accomplit en dehors de l'acte. La nullité, dit M. Janet, est ou n'est pas; si elle est, elle sera toujours; si elle n'est pas, elle n'existera jamais. Cette objection n'atteint d'ailleurs pas seulement la première conséquence, indiquée ci-dessus, du système qui voit dans l'art. 1099, § 2, la sanction du droit de réserve. Ce système engendre une autre conséquence qui prête à la même critique. Les donations déguisées qui n'excèdent pas la quotité disponible doivent échapper à la nullité de l'art. 1099, § 2, si cet article a eu pour seul but de faire respecter la réserve. Ici encore la nullité de la donation est subordonnée à l'arrivée d'un événement variable et incertain.

239. Touchés par cette objection dont ils ne contestent pas la valeur, quelques auteurs, tout en admettant que la disposition de l'art. 1099 renferme la sanction des règles relatives à la quotité disponible et à la réserve, décident que les donations entre époux déguisées ou à personnes interposées sont nulles pour le tout, sans qu'il y ait à rechercher si ces donations excèdent ou n'excèdent pas la quotité disponible (V. en ce sens notamment : Demolombe, t. 6, n° 614; Laurent, *op. cit.*, t. 15, n° 406). On doit seulement convenir que cette nullité n'a pas de raison d'être lorsque la donation déguisée ne porte pas atteinte à la réserve.

240. Le système de MM. Aubry et Rau, qui prend comme point de départ une interprétation identique sur le fondement de l'art. 1099, a le double mérite d'être plus logique que les précédents et d'échapper comme eux à l'objection indiquée ci-dessus. Ces auteurs recherchent l'intention qu'a eue le disposant, et si une pensée de fraude a été le mobile de la donation déguisée. Le seul fait que la donation n'excède pas la quotité disponible ne suffit pas à en assurer la validité. Elle doit être frappée de nullité lorsqu'elle a été faite dans la vue d'excéder cette quotité. Cette intention doit être présumée lorsque la disposition dépasse effectivement ladite quotité; mais cette présomption n'est pas considérée comme absolue par MM. Aubry et Rau, t. 7, § 690, p. 276 à 278, note 24.

241. Quant à la jurisprudence, le système qu'elle a consacré le plus généralement est celui qui rattache l'art. 1099 à la sanction du droit de réserve. Ce point de vue est explicitement indiqué dans plusieurs arrêts. Jugé que la nullité des donations déguisées ou par personnes interposées faites par l'un des époux à l'autre n'est édictée qu'en vue de sanctionner les dispositions qui fixent la quotité disponible entre époux et la réserve (Nîmes, 27 nov. 1882, aff. Massé, D. P. 83. 2. 224). Ce même arrêt tire du principe posé cette conséquence que la nullité peut être invoquée par ceux-là seuls dont la donation lèse les droits, c'est-à-dire les héritiers réservataires du donateur. — Jugé également que le mari qui par contrat de mariage a fait à sa femme une donation déguisée sous la forme d'une reconnaissance d'apport n'est pas recevable à en demander la nullité (Toulouse, 1er mars 1872, aff. Papoul-Loze, D. P. 73. 1. 474). La cour de cassation a décidé dans le même sens que le remploi en vertu duquel un immeuble acquis par le mari a été attribué à la femme peut être attaqué par l'enfant commun après la dissolution du mariage, comme constituant une donation déguisée et portant atteinte à la réserve qui lui appartient dans la succession paternelle (Civ. cass. 2 févr. 1881, aff. Chabaneau, D. P. 81. 1. 181). La même idée de sanction du droit de réserve découle implicitement d'un arrêt de la chambre civile (Civ. cass. 22 juill. 1884, aff. Boisset, D. P. 85. 1. 164), annulant une décision qui avait reconnu à des héritiers légitimes non réservataires le droit d'invoquer la nullité prononcée par l'art. 1099 c. civ. Enfin quelques arrêts de cours d'appel, se rattachant visiblement à la doctrine de MM. Aubry et Rau, ont validé des donations déguisées qui n'excédaient pas la quotité disponible. Ainsi il a été décidé : 1° que l'achat d'un immeuble, conjointement et par moitié, par des époux mariés sous le régime dotal constitue une donation déguisée, la femme n'ayant aucune ressource qui lui fût propre; mais que cette libéralité doit recevoir son effet alors qu'elle n'excède pas ce qu'il est permis au mari de donner (Toulouse, 26 févr. 1861, aff. Traisin, D. P. 61. 2. 58); — 2° Que les libéralités entre époux, déguisées ou par personnes interposées, ne sont pas nulles, lorsqu'elles n'ont point pour but de faire fraude à la loi; elles sont seulement réductibles à la quotité disponible. Spécialement, sont valables les legs faits par un époux aux filles naturelles de sa femme, lorsque, joints à la rente viagère constituée à celle-ci, ils n'épuisent pas la quotité disponible (Grenoble, 21 mars 1870, aff. Arbaud, D. P. 70. 2. 190).

242. D'autres arrêts ont décidé, en sens contraire, que les donations entre époux déguisées ou par personnes interposées sont nulles, même quand elles n'excèdent pas la quotité disponible. On aurait tort cependant de voir dans ces arrêts la consécration du système qui donne pour fondement à l'art. 1099 une présomption de captation ou de suggestion. Ils se rattachent à une idée toute différente, à la faculté de révocation inhérente aux donations entre époux. Les donations entre époux, dit l'un de ces arrêts, faites pendant le mariage par personnes interposées sont nulles, même quand elles n'excèdent pas la quotité disponible, la nullité dont les frappe l'art. 1099 c. civ., ayant pour objet de prévenir non pas seulement la fraude à la réserve, mais toute atteinte à la faculté de révocation, qui est de l'essence des donations entre époux (Paris, 24 avr. 1869, aff. Quesnot, D. P. 70. 2. 221. V. également : Caen, 1er déc. 1870, aff. Adeline, D. P. 72. 2. 205, qui pose un principe identique). — La conséquence qui en découle logiquement, c'est que la nullité de la donation doit pouvoir être invoquée par l'époux donateur aussi bien que par les héritiers réservataires. Telle est, en effet, la solution admise par les arrêts précités. Elle a été consacrée par un arrêt de la chambre des requêtes (Req. 25 juill. 1881, aff. Bornot, D. P. 82. 1. 177), qui décide que l'action en nullité des donations déguisées entre époux n'est ouverte qu'à l'époux donateur, aux institués par contrat de mariage et aux héritiers à réserve; qu'elle ne l'est point aux héritiers légitimes non réservataires.

243. Nous citerons en terminant un arrêt de la cour de Montpellier du 28 févr. 1876 (aff. Roussel, D. P. 79. 2. 249), auquel il convient de faire une place à part. Après avoir tout d'abord posé en principe que l'art. 1099 se réfère non seulement aux art. 1094 et 1098 sur la quotité disponible entre époux, mais aussi à l'art. 1096 sur la révocabilité des libéralités consenties au cours du mariage, il fait encore intervenir cette idée toute différente que la nullité de l'art. 1099 a été établie par le législateur dans le but de mettre obstacle à des donations qui seraient le résultat soit d'une captation de la part de la femme, soit d'un abus d'autorité de la part du mari. De ce second principe l'arrêt tire cette conséquence que la nullité est absolue et d'ordre public; que, par suite, le droit de l'invoquer ne doit pas être considéré comme attaché à la personne du donateur, mais peut être exercé par un de ses créanciers agissant conformément à l'art. 1166 c. civ. Il est manifeste que la cour de Montpellier a entendu adopter subsidiairement la théorie soutenue par MM. Bonnet et Janet (V. *suprà*, nos 232 et suiv., 236 et suiv.). On a pu voir, par l'arrêt du 25 juill. 1881 cité *suprà*, n° 242, que cette doctrine n'a aucune chance de triompher devant la cour de cassation.

244. On a vu au *Rép.* n° 952 que l'interposition de personnes, de même que le déguisement, peut s'établir par toute espèce de preuves, notamment, par témoins ou au moyen de simples présomptions. — Décidé, en ce sens, que l'époux qui a fait à son conjoint, pendant le mariage, une libéralité déguisée sous la forme d'un acte à titre onéreux est recevable à prouver, même par présomption, la simulation et à faire prononcer la nullité de la donation (Req. 22 janv. 1873, aff. Papoul-Loze, D. P. 73. 1. 473).

245. On trouvera au *Rép.* nos 953 et suiv. toutes les indications nécessaires au sujet des personnes légalement interposées. — Il a été jugé, depuis, que la présomption légale d'interposition édictée à l'égard des donations faites par un époux aux enfants de l'autre époux, nés d'un précédent mariage, ou aux parents dont cet autre époux était l'héritier présomptif au jour de la donation, s'applique même aux donations faites à ces personnes par contrat de mariage (Paris, 24 avr. 1869, aff. Quesnot, D. P. 70. 2. 221. Comp. Dijon, 7 mars 1866, cité *suprà*, n° 234). Suivant l'opinion déjà soutenue au *Rép.* n° 953, contrairement à celle de M. Boutry, la présomption d'interposition établie par l'art. 1100 est absolue et ne peut être écartée par aucune preuve. MM. Aubry et Rau, t. 7, § 690, p. 280, se prononcent en ce sens. Ces mêmes auteurs (*eod. loc.*) sont d'avis que la présomption d'interposition s'applique aux enfants naturels du nouvel époux aussi bien qu'à ses descendants légitimes. C'est l'opinion qui a été indiquée au *Rép.* n° 957 comme étant la plus généralement admise.

246. Enfin on a enseigné au *Rép.* nos 959 et suiv. que la présomption d'interposition atteint les personnes dont le nouvel époux est l'héritier présomptif au jour de la disposition faite à leur profit; que cette présomption subsiste à l'égard de ces personnes, lors même que l'époux ne leur a pas succédé ou ne leur a pas survécu; que, dans le cas où le nouvel époux a encore son père ou sa mère, ses ascendants paternels ou maternels plus éloignés ne doivent pas être également présumés personnes interposées. Ces diverses solutions sont adoptées par la doctrine plus récente (V. Aubry et Rau, t. 7, § 690, p. 279, texte et notes 26 et 27).

SECT. 5. — DISPOSITION D'USUFRUIT OU RENTES VIAGÈRES EXCÉDANT LA QUOTITÉ DISPONIBLE (*Rép.* nos 963 à 979).

247. Les questions examinées au *Répertoire* sous cette rubrique ont trait à l'application de l'art. 917 c. civ. qui, dans l'hypothèse d'une disposition par acte entre vifs ou testamentaire d'un usufruit ou d'une rente viagère dont la valeur excède la quotité disponible, donne aux héritiers le droit d'opter entre l'exécution de la disposition telle qu'elle a été faite, ou l'abandon de la quotité disponible en pleine propriété.

248. La première question soulevée par l'art. 917 est celle de savoir si le droit d'option inscrit dans cet article peut être exercé alors même que la valeur de l'usufruit ou de la rente viagère est seulement égale ou inférieure à la quotité disponible. On a indiqué au *Rép.* n° 964 la controverse qui s'engage sur cette question. Pour limiter le droit d'abandonner la propriété au cas de libéralité excessive, on invoque le texte restrictif de l'art. 917 et la modification qui a été introduite en ce sens dans la rédaction primitive. M. Laurent, *op. cit.*, t. 12, n° 152, enseigne cette opinion. Mais le système contraire, adopté au *Répertoire*, prévaut en doctrine (Demolombe, t. 2, n° 442; Aubry et Rau, t. 7, § 684 *bis*, p. 200, et note 14). On fait observer, en faveur de ce second système, que l'option n'a plus de raison d'être s'il faut, ce que l'art. 917 a voulu éviter, procéder à une estimation du droit viager.

249. Suivant l'opinion émise au *Rép.* n° 965, la disposition de l'art. 917, étant d'une nature tout exceptionnelle, cesse d'être applicable, lorsqu'on se trouve en présence, soit de plusieurs donations successives en usufruit ou en rentes viagères, soit d'une libéralité de cette nature venant en concours avec des donations en pleine propriété. Dans cette hypothèse, afin de déterminer si la quotité disponible est ou non dépassée, il y a lieu de procéder à une estimation des libéralités en viager, conformément aux règles tracées par les art. 922 et suiv. (V. en ce sens : Aubry et Rau, t. 7, § 684 *bis*, p. 196; Laurent, t. 12, n° 153).

M. Demolombe, t. 2, nos 436, 443 à 452, 466 à 471, enseigne une doctrine toute différente. Il soutient que l'art. 917, ayant pour but d'éviter aux parties les chances toujours périlleuses de l'estimation d'un droit viager, ne présente sous aucun rapport un caractère d'exception. Il en tire cette conséquence que l'art. 917 devra être appliqué toutes les fois qu'il se trouvera parmi les dispositions du défunt des donations ou legs de biens viagers ou de nue propriété. M. Demolombe n'est pas arrêté par cette objection qu'on est obligé, en toute hypothèse, d'évaluer ces dispositions pour régler les rapports des donataires ou légataires entre eux, et que, par suite, l'inconvénient qu'il prétend éviter au moyen de l'art. 917 existe néanmoins. Dans le sens de l'opinion de M. Demolombe, un arrêt de la cour d'Angers (Angers, 15 févr. 1867, aff. Derouet, D. P. 67. 2. 32), a décidé que l'art. 917 devrait être appliqué dans l'hypothèse d'une donation faite en nue propriété seulement. — MM. Aubry et Rau enseignent, au contraire, que, dans le cas où une disposition en nue propriété excède dans son expression fractionnaire la quotité représentant la portion disponible, les héritiers à réserve sont autorisés en principe à en demander la réduction à cette mesure, sans être tenus de faire au donataire ou légataire l'abandon de la quotité disponible en toute propriété (t. 7, § 684 *bis*, p. 198. V. dans le même sens : Laurent, t. 12, n° 160). Cette seconde opinion est aussi celle qui prévaut en jurisprudence. La cour de cassation a décidé formellement que l'art. 917 ne s'applique point aux dispositions de nue propriété (Civ. cass. 7 juill. 1857, aff. de Piennes, D. P. 57. 1. 348. V. dans le même sens : Caen, 17 mars 1858, aff. Pinczon, D. P. 58. 2. 97; Dijon, 10 déc. 1873, aff. Lombardet, D. P. 74. 5. 379). Ainsi un legs de nue propriété d'une valeur supérieure à la quotité disponible doit être frappé de réduction, et non pas transformé en un legs de la pleine propriété de cette quotité. Et il y a lieu de le réduire non à une nue propriété équivalant au disponible, mais seulement à la nue propriété des biens composant ce disponible (Arrêt précité du 7 juill. 1857). Décidé pareillement que, dans ce cas, l'héritier peut exiger d'abord que sa réserve soit formée de biens en pleine propriété; et il a le droit de conserver, en outre, sur ceux des biens légués en nue propriété qui ne sont point entrés dans la composition de la réserve, l'usufruit qu'il a trouvé dans la succession, sans que les légataires de la nue propriété soient fondés à demander qu'il leur abandonne cet usufruit comme compensation de la réduction qu'ils ont eu à subir, alors, d'ailleurs, que le testateur n'avait point manifesté l'intention de le réduire à la réserve légale (Arrêt précité du 17 mars 1858). Un arrêt a aussi refusé d'étendre l'art. 917 au cas d'une donation déguisée sous forme de bail et présentant une certaine analogie avec un usufruit (Caen, 26 janv. 1880, aff. Hays, D. P. 82. 2. 49).

250. L'art. 917 c. civ. qui confère aux héritiers réservataires l'option entre l'exécution des dispositions en usufruit ou en rentes viagères et l'abandon de la quotité disponible, n'attribue point réciproquement aux donataires et légataires le droit de contraindre les réservataires à exécuter les libéralités ou à se contenter de la réserve. — Cette solution, qui ne saurait faire difficulté, résulte expressément d'un arrêt de la chambre des requêtes du 6 mai 1878 (aff. Regnault, D. P. 80. 1. 345).

251. Ainsi qu'on l'a enseigné au *Rép.* n° 971, dans les cas où, en dehors de l'hypothèse prévue par l'art. 917, il y a lieu d'évaluer l'usufruit ou la rente viagère, cette évaluation doit se faire eu égard à l'âge et à l'état de santé de l'usufruitier, ou de la personne sur la tête de laquelle la rente a été constituée. La doctrine est fixée en ce sens. Aux auteurs déjà cités au *Répertoire* il faut joindre MM. Aubry et Rau, t. 7, § 684 *bis*, p. 199, et Laurent, t. 12, n° 154. Il a été jugé, dans ce même sens, que l'usufruit donné entre époux peut, pour la solution de la question de savoir s'il dépassait ou non la quotité disponible du donateur, être estimé à une valeur inférieure à la moitié en pleine propriété des biens grevés par cet usufruit, et par exemple à un quart, eu égard à l'âge de l'usufruitier (Civ. rej. 28 mars 1866, aff. Bérard de Bonnières, D. P. 66. 1. 396. V. également : Paris, 10 déc. 1864, aff. Taillebois, D. P. 65. 2. 106; Agen, 10 déc. 1864, aff. Souriguère, D. P. 65. 2. 8).

252. Dans le cas où il existe plusieurs héritiers à réserve, ils ne sont point tenus de se mettre d'accord pour user de la faculté inscrite dans l'art. 917 c. civ. Ainsi qu'on l'a enseigné au *Rép.* n° 973, l'option appartient aux héritiers individuellement; ils peuvent, chacun pour la part qui le concerne, ou bien exécuter la libéralité, ou bien abandonner la quotité disponible. Cette opinion est aussi celle de MM. Aubry et Rau, t. 7, § 684 *bis*, p. 200; Demolombe, t. 2, n° 442.

253. Enfin, suivant la remarque faite au *Rép.* n° 974, l'abandon de la quotité disponible conformément à l'art. 917 c. civ. n'a pas pour effet de transformer le caractère de la libéralité, qui demeure une disposition à titre particulier, si telle était la nature de la donation ou du legs consenti par le *de cujus* (Laurent, t. 12, n° 155). D'un autre côté, la quotité disponible, abandonnée au lieu et place d'une disposition faite sous condition résolutoire, est affectée de la même condition. M. Demolombe, t. 2, n° 461, a, il est vrai, combattu cette solution, par le motif que la substitution de la quotité disponible à la libéralité décrétée par le *de cujus* emporte novation. M. Laurent, t. 12, n° 156, p. 208, et MM. Aubry et Rau, t. 7, § 684 *bis*, p. 200, note 17, ont réfuté victorieusement cette objection, en observant que l'art. 917, tout en permettant de changer l'objet de la donation, ne modifie point le titre en vertu duquel le bénéficiaire a été gratifié. Ce titre n'est point purgé de la condition résolutoire qui l'affecte. La jurisprudence est en ce sens (Aux arrêts cités au *Rép.* n° 975, il faut joindre : Douai, 19 juin 1861) (1). — Jugé aussi que l'abandon de la quotité disponible en toute propriété, fait par l'héritier réservataire au donataire d'une rente viagère, n'a point pour effet d'éteindre le cautionnement contracté pour assurer le payement intégral de la rente, en cas d'insuffisance des biens de la succession; l'engagement résultant de ce cautionnement doit recevoir son exécution, jusqu'à concurrence de la portion de la rente dont le service ne peut être opéré au moyen du capital abandonné (Req. 15 avr. 1862, aff. de Sainneville, D. P. 62. 1. 269). Et il en est ainsi encore que le cautionnement ait été consenti par l'héritier à réserve lui-même, cet héritier, en tant que caution, se trouvant obligé, comme le serait toute autre caution (Même arrêt).

254. L'art. 917 s'applique-t-il aux cas où il y a lieu d'appliquer la quotité disponible établie entre époux soit par l'art. 1094, soit par l'art. 1098 c. civ. (V. *suprà*, n°s 196 et suiv., et 230).

255. La disposition de l'art. 917 c. civ., n'est pas d'ordre public, et le donateur ou le testateur peut en interdire l'application. C'est ce qu'ont reconnu plusieurs arrêts (Req. 1er juill. 1873, aff. de la Roberdière, D. P. 74. 1. 26; Bastia, 17 janv. 1876, aff. Cristiani, D.P.78.5.364-365; Caen, 26 janv.

---

(1) (Honoré C. Ferlié.) — Le 8 déc. 1860, jugement du tribunal d'Avesnes, qui statue dans les termes suivants : — « Attendu que les époux Ferlié-Notte, par leur contrat de mariage, s'étaient fait donation réciproque, au profit du survivant, de l'usufruit des biens de la communauté et des biens propres du prémourant, mais à la condition formelle de la viduité permanente dudit survivant; — Attendu que les défendeurs ne contestent pas la validité de cette condition en elle-même, mais seulement son application à l'abandon fait à la dame Ferlié survivante, conformément à l'art. 917 c. nap. du quart en propriété, pour lui tenir lieu de l'usufruit universel qui lui avait été donné par son contrat de mariage; que cet abandon, suivant eux, tel qu'il devait être et tel qu'il a été fait, constitue une véritable novation pure et simple, sans condition ni restriction aucune; — Qu'il faut donc, pour résoudre la question du procès, rechercher à la fois ce qu'a voulu le législateur dans l'art. 917, et ce qu'ont voulu les parties dans les actes soumis à l'examen du tribunal; — Attendu que l'art. 917, prévoyant le cas d'une disposition excessive en usufruit, accorde à l'héritier réservataire l'option d'exécuter la disposition même, ou de faire l'abandon de la propriété de la quotité disponible, *en remplacement de l'usufruit*, comme s'expliquait Treilhard (V. Fenet, *Travaux préparatoires du code civil*, t. 12, p. 328); — Attendu qu'en permettant à l'héritier débiteur de se libérer par l'abandon d'une chose qui n'était pas due, au lieu et place de celle qui était due, l'art. 917 n'a fait qu'établir une exception à la règle consacrée par l'art. 1243 c. nap. qui exige en général l'exécution de tout engagement dans sa forme spécifique; — Mais attendu que, si l'objet de la disposition est changé par l'abandon de la propriété de la quotité disponible, ce changement ne touche qu'à l'exécution de la libéralité, et nullement à son titre constitutif qui reste absolument le même, avec sa nature propre et ses conditions essentielles; que si donc la disposition en usufruit est pure et simple, l'abandon équivalent en propriété ne pourra en principe être conditionnel; mais, d'un autre côté, si la disposition en usufruit est soumise à une condition, l'abandon en propriété qui la remplace ne devra point être pur et simple; — Attendu qu'une propriété résoluble n'est pas moins une propriété que l'usufruit résoluble n'était un usufruit; que le donataire qui se trouve affranchi des obligations de l'usufruitier après l'abandon qui lui est fait d'une propriété peut en disposer, au surplus, comme il l'eût pu de l'usufruit, mais sous la même condition (c. nap. art. 2125); — Attendu que c'est bien là ce qu'a dit et voulu dire l'art. 917, puisqu'en l'interprétant comme le font les défendeurs, on dénaturerait entièrement, en fait, la disposition, au lieu de l'exécuter, sous une autre forme par équipollent, par l'abandon que la loi autorise comme mode facultatif de libération pour l'héritier débiteur; — Attendu que si l'on recherche après cela la volonté des parties il n'est pas douteux qu'elles ont entendu, dans l'acte du 24 août 1852, non pas faire ou recevoir une nouvelle donation, mais exécuter simplement la disposition du contrat de mariage en usufruit par un abandon équivalent en propriété; — Attendu que l'acte de délibération du conseil de famille autorisant cet abandon et l'acte notarié qui le réalise n'ont pas évidemment d'autre sens et d'autre portée; que rien ne justifie, ni en fait, ni en droit, l'hypothèse toute gratuite d'une novation résultant de ces actes;... — Attendu qu'il ressort, en définitive, des actes des 6 et 24 août 1852 que la condition de viduité, inséparable de la disposition, a été maintenue ou formellement réservée, tout au moins dans l'abandon du quart en propriété fait à la dame Ferlié pour lui tenir lieu de son usufruit universel sur les biens communs et les biens propres de son premier mari;

Par ces motifs, etc. ». — Appel par les époux Honoré. — Arrêt.

LA COUR; — Adoptant les motifs, etc.; — Ordonne que ce dont est appel sortira son plein et entier effet, etc.

Du 19 juin 1861.-C. de Douai, 1re ch.-MM. de Moulon, 1er pr.-Morcrette, 1er av. gén.-Dupont et Duhem, av.

1880, aff. Hays, D. P. 82. 2. 49). Mais cette interdiction ne peut résulter que d'une volonté clairement et expressément formulée (Arrêts précités des 1er juill. 1873 et 17 janv. 1876).

Sect. 6. — Des aliénations faites en faveur d'un successible a charge de rente viagère, a fonds perdu et avec réserve d'usufruit (*Rép.* nos 980 à 1024).

256. L'origine et le but de l'art. 918 c. civ. ont été indiqués au *Rép.* n° 980. Les rédacteurs du code civil se sont inspirés de la loi du 17 niv. an 2 (art. 26). Ils ont voulu protéger les successibles en ligne directe contre une catégorie d'aliénations présentant les apparences de contrats à titre onéreux, mais sous le couvert desquelles le défunt pouvait aisément dissimuler des avantages au profit de certains héritiers. A cet effet l'art. 918 établit une présomption de gratuité et de simulation qui frappe tous les biens aliénés à l'un des successibles en ligne directe, soit à charge de rente viagère, soit à fonds perdu, soit avec réserve d'usufruit. Aux termes de ce même article, et comme conséquence du caractère de gratuité qu'il attribue à l'aliénation, la valeur en pleine propriété des biens ainsi aliénés s'impute sur la quotité disponible, l'excédent s'il y a lieu devant être rapporté à la succession.

257. A raison de la généralité des mots *biens aliénés* dont se sert l'art. 918, on a enseigné au *Rép.* n° 981 que les dispositions de cet article s'appliquent aux aliénations faites sous forme de donations, aussi bien qu'aux aliénations consenties sous forme de contrats à titre onéreux. Cette opinion est adoptée presque unanimement par la doctrine (Aubry et Rau, t. 7, § 684 *ter*, p. 204, note 9; Demolombe, t. 2, n° 506 ; Vernet, *De la quotité disponible*, p. 433 ; Laurent, t. 12, n° 122). Mais la jurisprudence de la cour de cassation paraît se rattacher à l'opinion contraire. Un arrêt (Civ. rej. 24 août 1874, aff. Rognes, D. P. 75. 1. 129) pose en principe que l'art. 918 est applicable uniquement aux actes d'aliénation qui, en raison des charges viagères imposées à l'acquéreur, revêtent la forme apparente d'aliénations à titre onéreux. Il en a tiré cette conséquence que l'art. 918 ne s'applique pas aux donations pures et simples, limitées à la nue propriété, ou faites avec réserve d'usufruit, sans qu'aucune charge quelconque soit imposée aux donataires, telle qu'une remise de dette faite à titre gratuit. L'intérêt de cette solution tient à ce que la libéralité dont il s'agit, au lieu d'être soumise à la présomption légale de dispense de rapport établie par l'art. 918 et de s'imputer sur la quotité disponible, devra être rapportée en totalité. — La remise de dette tomberait, au contraire, sous l'application de l'art. 918, si elle avait été faite sous la réserve d'un droit viager ; il en serait ainsi, spécialement, dans le cas où une mère, après avoir prêté à son fils une somme destinée au payement partiel du prix d'un immeuble acquis par celui-ci, lui a fait remise de sa dette à la condition d'avoir, sa vie durant, l'usufruit de l'immeuble (Arrêt précité du 24 août 1874). — En Belgique, la jurisprudence paraît avoir consacré la doctrine enseignée au *Répertoire* et adoptée par les auteurs, suivant laquelle l'art. 918 s'applique aussi bien aux donations qu'aux actes à titre onéreux consentis sous réserve d'un usufruit ou d'une rente viagère (C. cass. de Belgique, 1er juill. 1864, aff. Vermandel, *Pasicrisie belge*, 1864. 1. 373; Trib. Liége, 28 juill. 1887, aff. Billy, *ibid.*, 1888. 3. 36).

258. Tout le monde est d'accord pour appliquer indistinctement l'art. 918, ainsi qu'on l'a admis au *Rép.* n° 983, quelle que soit la nature des biens cédés, qu'il s'agisse de meubles ou d'immeubles, corporels ou incorporels (Aubry et Rau, t. 7, § 684 *ter*, p. 203 ; Demolombe, t. 2, n° 508; Laurent, t. 12, n° 120).

259. L'art. 918 vise uniquement les aliénations à fonds perdu, ce qui suppose que le prix de l'aliénation consiste en une prestation viagère. De cette observation découle une conséquence, déjà signalée au *Rép.* n° 986, à savoir que l'aliénation ne peut être considérée comme faite à fonds perdu, lorsqu'elle a eu lieu moyennant une rente perpétuelle (V. en ce sens : Aubry et Rau, t. 7, § 684 *ter*, p. 207 ; Laurent, t. 12, n° 123).

Ce même principe doit tempérer l'étendue de l'application de l'art. 918 dans l'hypothèse où le prix de l'aliénation consentie au successible est représenté partie par un capital et partie par un droit viager. Ainsi qu'on l'a dit au *Rép.* n° 991, cette aliénation n'échappe pas aux prescriptions de l'art. 918 ; toutefois, l'on doit reconnaître que l'aliénation dont s'agit n'est pas faite en totalité à fonds perdu. Aussi la plupart des auteurs sont-ils d'avis que la présomption de gratuité et de simulation doit atteindre seulement la portion de biens aliénés dont la valeur est représentée par la rente viagère (Laurent, t. 12, nos 123 et 124 ; Aubry et Rau, t. 7, § 684 *ter*, p. 207 et 208, note 18, 19 et 20 ; Demolombe, t. 2, n° 502). — Cette solution engendre deux conséquences. D'une part, le successible acquéreur ne sera tenu de faire entrer dans la composition de la masse et d'imputer sur la quotité disponible la valeur des biens cédés que sous déduction des sommes en capital qui ont été mises à sa charge. D'autre part, ce sera sous la même déduction que le successible pourra retenir à son profit tout ou partie de la quotité disponible. Cette dernière conséquence a été consacrée par la cour de cassation qui, dans le cas d'une vente faite moyennant un prix consistant tout à la fois en un capital et une rente viagère, a limité l'application de l'art. 918 à la portion des biens aliénés représentée par la rente viagère, et a déclaré inadmissible la prétention du successible acquéreur de prélever la quotité disponible sur la valeur intégrale en pleine propriété des biens à lui cédés (Req. 13 févr. 1861, aff. Michel Hoareau, D. P. 61. 1. 369 ; Angers, 13 août 1879, aff. Touchet, D. P. 80. 2. 137).

260. Une question analogue se présente et doit être résolue de même, lorsqu'une aliénation est faite avec réserve d'usufruit et que le cédant s'est réservé la jouissance d'une partie seulement des biens aliénés. Il a été jugé en ce sens, dans le cas où un père a aliéné au profit de ses enfants certains biens sans aucune réserve, et certains autres, sous réserve d'usufruit, que ces derniers biens tombent seuls sous l'application de l'art. 918, alors même que le prix aurait été stipulé en bloc et s'appliquerait indistinctement à tous les biens aliénés (Orléans, 14 mai 1864, aff. Mercier, D. P. 64. 2. 173 ; Req. 6 juin 1866, aff. Mercier, D. P. 66. 1. 445).

La simple réserve d'un droit d'habitation ne doit pas être assimilée à une réserve d'usufruit. Ainsi il a été décidé que la vente faite par un ascendant à un successible de plusieurs parcelles de terre et d'un maison, sous la réserve par le vendeur d'habiter la maison concurremment avec les acheteurs, ne tombait pas sous le coup de l'art. 918 (Civ. rej. 14 janv. 1884, aff. Thibaud-Viardot, D. P. 84. 1. 253).

261. On a discuté au *Rép.* n° 988 la question de savoir si les dispositions de l'art. 918 sont applicables au cas où la prestation viagère, stipulée en échange de l'aliénation, est payable à un tiers, au lieu de l'être au vendeur lui-même. Malgré les objections élevées (V. *ibid.*) contre la solution affirmative, celle-ci prévaut actuellement en doctrine (Comp. Demolombe, t. 2, n° 501 ; Laurent, t. 12, n° 125 ; Aubry et Rau, t. 7, § 684 *ter*, p. 206, et note 17). Ces derniers auteurs font remarquer que la présomption de gratuité et de simulation, sur laquelle l'art. 918 est fondé, ne disparaît pas complètement dans le cas où la réserve d'usufruit ou de rente viagère a eu lieu au profit d'un tiers. C'est le mode d'aliénation lui-même entre l'ascendant et le successible qui est suspect aux yeux de la loi. En ce qui touche le texte de l'art. 918, on doit convenir que les mots *aliénation à fonds perdu* sont aussi généraux que possible. — Ce système a pour adversaires les auteurs qui ont été cités au *Rép. ibid.*; il faut y joindre M. Vernet, *op. cit.*, p. 434 et 435. La jurisprudence est hésitante; un arrêt de la chambre des requêtes du 7 août 1833, rapporté au *Répertoire*, a consacré l'opinion qui donne à l'art. 918 son application la plus large. Un seul arrêt est intervenu depuis; il est en sens contraire, et décide que la disposition de l'art. 918 n'est applicable qu'au cas où la réserve d'usufruit est faite au profit du donateur lui-même. Dans le cas où l'usufruit a été réservé au profit d'un tiers, la diminution de valeur résultant de cet usufruit doit être prise en considération pour l'évaluation de la libéralité présumée (Paris, 3 mars 1863, aff. Pilvois, D. P. 63. 2. 192).

262. La présomption de gratuité et de simulation établie par l'art. 918 peut-elle être combattue par la preuve contraire? Cette question examinée au *Rép.* nos 995 et 996 a été tranchée affirmativement par la cour de cassation (V. l'arrêt cité au *Rép.* n° 995). M. Laurent adopte ce système (*op. cit.*, t. 13, n° 130) et fait observer que l'art. 1352, § 2, n'est point applicable à la présomption de l'art. 918, qui a pour effet, non point d'annuler un acte, mais seulement d'en transformer la nature. Cependant la majorité des auteurs considèrent la présomption dont s'agit comme étant *juris et de jure* (Comp. Aubry et Rau, t. 7, § 684 *ter*, p. 204, et Demolombe, t. 2, n° 517 ; Beautemps-Beaupré, t. 2, p. 825).

263. Ainsi qu'on l'a observé au *Rép.* n° 998, les termes employés par l'art. 918 restreignent l'application de cet article aux seuls successibles en ligne directe. D'où il suit que les aliénations faites à un parent, qui n'appartient pas à cette catégorie de successibles, échappent à l'art. 918. Cette solution a été consacrée par un arrêt (Req. 27 juill. 1869, aff. Guy, D. P. 70. 1. 113), lequel a décidé que l'aliénation consentie à un collatéral à titre de libéralité ne rentrait pas dans les prévisons de l'art. 918.

Par *successibles en ligne directe*, il faut entendre les héritiers présomptifs du disposant à l'époque de l'aliénation. D'après quelques auteurs indiqués au *Rép.* n° 998, le mot *successible* désignerait, au contraire, les héritiers réels, c'est-à-dire ceux qui sont héritiers au jour du décès. M. Demolombe, t. 2, n°s 510 et 511, se prononce en ce sens. Mais cette seconde opinion est combattue par MM. Laurent, *op. cit.*, t. 12, n° 127, et Aubry et Rau, t. 7, § 684 *ter*, p. 205. Ces auteurs enseignent que la cession faite au profit de l'un des descendants qui n'était pas, lors de la passation de l'acte, au nombre des héritiers présomptifs du disposant, ne tombe pas sous l'application de l'art. 918, dans le cas même où le descendant acquéreur se trouverait appelé à la succession par suite d'événements ultérieurs. Une autre conséquence de ce même principe a été signalée par un arrêt (Angers, 13 août 1879, aff. Touchet frères, D. P. 80. 2. 137); c'est que l'enfant au profit duquel l'aliénation a été faite reste soumis à l'application de l'art. 918 nonobstant sa renonciation ultérieure à la succession du disposant.

264. Suivant la doctrine exposée au *Rép.* n° 999, les présomptions légales d'interposition de personnes établies par l'art. 911 ne doivent pas intervenir dans l'application de l'art. 918; par suite, les aliénations faites en faveur de l'époux du successible ne tombent pas sous le coup de cet article (Aubry et Rau, t. 7, § 684 *ter*, p. 205; Laurent, t. 12, n° 126). Des arrêts en ce sens ont été cités au *Rép.* n°s 1000 et 1001. Plus récemment il a été jugé que l'aliénation à charge de rente viagère, faite au père d'une successible en ligne directe, ne doit pas être considérée comme faite au successible, si l'existence d'une interposition ne résulte pas des circonstances de la cause (Civ. cass. 7 déc. 1857, aff. Levasseur, D. P. 58. 1. 108).

265. On a indiqué au *Rép.* n° 1006 les personnes qui peuvent demander l'imputation sur la quotité disponible, et le rapport à la masse de l'excédant des biens aliénés dans les termes de l'art. 918. Les successibles en ligne collatérale, formellement exclus par cet article, ne pourront jamais exercer cette action. L'art. 918 la refuse en outre aux successibles en ligne directe qui auront donné leur consentement à l'aliénation. Ici se pose la question de savoir quels sont les successibles dont le consentement fera échec à l'application de l'art. 918. En d'autres termes, est-ce au moment de l'aliénation ou au moment du décès qu'il faut se placer pour déterminer les personnes dont le consentement est nécessaire? D'après une première opinion développée au *Rép.* n° 1007, et adoptée par plusieurs auteurs, on devrait se placer au moment de l'aliénation. Les personnes qui ont, au moment du décès, la qualité de successibles qu'ils n'avaient pas au moment du contrat, seront liées par le consentement précédemment donné par leurs cohéritiers. L'opinion contraire prévaut en jurisprudence (V. les arrêts cités au *Rép.* n° 1007). La doctrine la plus récente s'est ralliée à cette opinion. On invoque en ce sens les termes de l'art. 918, qui refusent le droit de demander l'imputation et le rapport seulement à ceux des successibles qui ont consenti à l'aliénation. C'est donc que le consentement doit émaner de chaque successible individuellement. Par suite, la fin de non-recevoir tirée du consentement donné à l'aliénation ne peut être opposée à des descendants qui, nés depuis l'aliénation, se trouveraient appelés de leur propre chef à la succession, pas plus qu'à l'enfant naturel dont la naissance serait postérieure à ce même événement (V. Aubry et Rau, t. 7, § 684 *ter*, p. 212; Demolombe, t. 2, n° 531).

266. Au surplus, suivant une observation déjà faite (*Rép.* n° 1016), le consentement nécessaire pour faire disparaître la présomption de gratuité et de simulation édictée par l'art. 918 peut être tacite aussi bien qu'exprès (Aubry et Rau, t. 7, § 684 *ter*, p. 211 ; Demolombe, t. 19, n° 532 ; Laurent, n° 133). Il peut intervenir en tout temps. Il a été jugé, en cette matière, que le fait par le cohéritier du successible, au profit duquel le défunt a consenti une aliénation à charge de rente viagère, de donner quittance à ce successible des arrérages échus au jour de la succession, n'implique pas renonciation au droit d'exiger l'imputation prescrite par l'art. 918 c. civ. (Angers, 13 août 1879, aff. Touchet frères, D. P. 80. 2. 137).

267. La nature et les effets de l'imputation ordonnée par l'art. 918 ont été indiqués au *Rép.* n°s 1017 et suiv. Comme il ne s'agit point d'un rapport proprement dit à faire entre cohéritiers, les règles des art. 843 et suiv. ne sont point applicables. Il faut suivre, au contraire, les prescriptions qui régissent les retranchements des libéralités excessives faites par préciput et hors part à l'un des successibles. MM. Aubry et Rau en concluent que, dans le cas où l'aliénation porte sur des immeubles, la réduction doit s'opérer en nature (t. 7, § 684 *ter*, p. 210, et note 24). Plusieurs arrêts de cours d'appel se sont prononcés en ce sens (V. *Rép.* n° 1020). Mais la majorité des auteurs enseigne l'opinion contraire, en se fondant sur les expressions de l'art. 918 « *la valeur* des biens aliénés *sera imputée*, etc. », qui paraissent indiquer un rapport en moins prenant. On invoque également à l'appui de cette manière de voir un passage du rapport de M. Jaubert au Tribunat (V. *Rép.* n° 1018. V. en ce sens: Demolombe, t. 2, n°s 533 et 534; Laurent, t. 12, n° 129; Demante, *Cours*, t. 4, n° 56 *bis*).

MM. Aubry et Rau (*loc. cit.*) ont combattu avec force l'argument tiré du texte de l'art. 918, en faisant remarquer que la quotité disponible doit, en toute hypothèse, et quel que soit le système admis pour le rapport des biens aliénés, être calculée sur la *valeur estimative* des biens composant la masse. On ne peut, dès lors, y imputer que la *valeur estimative* de certains de ces biens et non les biens eux-mêmes ; il n'y a aucune induction à tirer des termes de l'art. 918, puisque le législateur ne pouvait employer un autre langage pour indiquer l'opération à accomplir. Quant aux paroles du tribun Jaubert, elles n'ont, suivant MM. Aubry et Rau, aucunement trait à la question. Elles ont seulement pour objet d'expliquer comment on a été amené à adopter un parti intermédiaire entre le maintien complet et l'annulation pure et simple des aliénations dont s'occupe l'art. 918. — Il nous reste à signaler une conséquence importante du système enseigné par MM. Aubry et Rau. En cas d'insolvabilité du successible acquéreur, les héritiers réservataires devront être admis à exercer l'action en réduction contre les tiers détenteurs des immeubles compris dans la cession.

SECT. 7. — DES DONS OU LEGS A UN SUCCESSIBLE DE TOUT OU PARTIE DE LA QUOTITÉ DISPONIBLE (*Rép.* n°s 1025 à 1058).

268. Les libéralités consenties à des successibles présentent des caractères et produisent des effets très différents, suivant qu'elles sont faites en avancement d'hoirie ou à titre de préciput et hors part. C'est au mot *Succession* qu'on a indiqué les règles suivant lesquelles elles doivent être classées dans l'une ou l'autre de ces deux catégories. Pour nous conformer à la méthode suivie au *Répertoire*, nous avons à déterminer sous cette rubrique les effets de ces avantages en distinguant suivant les cas où ils sont faits avec ou sans dispense de rapport.

ART. 1er. — *Effets des avantages faits à un successible sans dispense de rapport* (*Rép.* n°s 1031 à 1045).

269. Trois hypothèses sont à envisager : le successible avantagé en avancement d'hoirie accepte la qualité d'héritier, ou bien il renonce à cette qualité, ou bien encore il décède avant l'ouverture de la succession. Nous examinerons successivement ces trois situations.

270. Supposons, en premier lieu, que le successible accepte la qualité d'héritier. Comment se fera l'imputation de la donation en avancement d'hoirie? La réponse n'est pas la même suivant que le successible se trouve en présence de donataires ou légataires étrangers ou de cohéritiers. Dans le cas où le successible est uniquement en concours avec des bénéficiaires étrangers, la doctrine est à peu près unanime pour décider que l'imputation du don devra être faite d'abord sur la réserve et pour l'excédent sur la quotité disponible. C'est l'opinion qui a été développée au *Rép.* n° 1032. Tout don ou legs, a-t-on dit, par cela seul qu'il n'est pas fait à titre de préciput, doit être considéré comme un avancement sur la portion héréditaire du successible avantagé. Celui-ci ne peut donc imputer sa libéralité sur la quotité disponible et réclamer, en outre, sa réserve. Ce système ne rencontre qu'une seule objection qui, à notre avis, est spécieuse. Le réservataire, qui a reçu une libéralité sans dispense de rapport, n'est tenu de la rapporter qu'à ses cohéritiers et non à des légataires. Si donc il n'a en face de lui que des étrangers, il ne doit pas imputer sur la réserve la libéralité dont il a été gratifié, car l'imputation est une conséquence de l'obligation du rapport. Le vice de ce raisonnement a été signalé par de nombreux auteurs. S'il est vrai que le rapport et l'imputation coexistent, quand l'enfant donataire a des cohéritiers, on ne peut pas en induire que l'obligation d'opérer l'imputation cesse, là où il n'y a pas lieu à rapport. Ce sont deux ordres d'idées tout différents. Le rapport a pour fondement cette présomption que le disposant a voulu maintenir l'égalité entre ses héritiers, lorsqu'il fait à l'un d'eux une donation sans préciput, tandis que l'imputation sur la réserve est fondée sur le droit du disposant de donner son disponible, droit auquel il ne renonce pas en faisant une libéralité à son réservataire (V. en ce sens : Laurent, t. 12, n° 109; Aubry et Rau, t. 7, § 684 *ter*, p. 213 et 214, notes 32 et 34 ; Demolombe, t. 2, n° 487). Un seul jurisconsulte, M. Toullier, cité au *Rép.* n° 1032, se prononce pour l'opinion contraire et enseigne que les légataires étrangers n'ont pas le droit d'obliger le successible avantagé à imputer la libéralité sur sa réserve. Toutefois, ainsi qu'on l'a observé au *Rép.* n° 1033, la jurisprudence paraît incliner vers ce dernier système, en laissant aux juges le soin de décider, d'après les circonstances de chaque espèce et la volonté probable du défunt, si l'héritier réservataire peut ou non cumuler avec sa réserve la libéralité qui lui a été faite. C'est ainsi qu'il a été jugé d'une part : 1° que l'héritier réservataire peut cumuler avec sa réserve le legs particulier qui lui a été fait, malgré l'absence d'une clause expresse de préciput et par simple interprétation de la volonté du testateur, lorsqu'il se trouve en concours, non avec un autre successible, mais avec un légataire universel (Toulouse, 24 août 1868, aff. Boscredon, D. P. 68. 2. 179, et sur pourvoi, Req. 31 mars 1869, D. P. 69. 1. 519) ; — 2° Qu'à l'égard d'un ascendant réservataire, qui est en même temps légataire particulier, et qui se trouve en concurrence avec un légataire universel non successible, on doit décider si le legs fait au profit de cet ascendant peut se cumuler avec sa réserve d'après l'intention présumée du testateur (Req. 17 nov. 1868, aff. Poulet, D. P. 69. 1. 360). Mais, d'autre part, il a été jugé que l'héritier réservataire doit imputer son legs sur sa réserve, lorsqu'il est constaté en fait et souverainement que telle était l'intention du *de cujus* (Req. 6 nov. 1871, aff. Dubedat, D. P. 71. 1. 347 ; Rouen, 19 août 1872, aff. Itasse, D. P. 74. 5. 377).

271. Nous arrivons au cas où le successible avantagé a des cohéritiers. On est d'accord pour admettre que ce successible devra imputer sa libéralité d'abord sur sa part de réserve ; mais il y a controverse sur le mode d'imputation de l'excédent. Deux systèmes sont en présence. L'un, qui a pour lui la grande majorité des auteurs, soutient que l'imputation des donations en avancement d'hoirie doit se faire sur la réserve en masse, c'est-à-dire sur toute la partie de la succession réservée aux héritiers, et ensuite sur la quotité disponible, dans le cas seulement où les libéralités faites au successible excéderaient la réserve en masse de tous les cohéritiers. D'après un second système, qui paraît être celui de la jurisprudence, la donation faite à un successible doit être imputée sur la quotité disponible pour la partie qui excède la réserve de cet héritier. Reprenons séparément chacune de ces opinions.

272. Les auteurs, qui admettent le système de l'imputation en masse, se fondent sur les deux principes suivants. D'une part, l'héritier est tenu de rapporter à ses cohéritiers tous les avantages qu'il a reçus sans préciput; d'autre part, les réservataires, après avoir obtenu la portion de biens qui leur est réservée, ne peuvent s'opposer à l'acquittement des legs laissés par leur auteur. Cette solution, ajoute-t-on, est conforme à l'intention de l'ascendant donateur, qui, en avançant à un ou plusieurs de ses enfants une part des biens auxquels ils peuvent prétendre dans sa succession, n'a pas entendu se priver du droit de disposer ultérieurement de la quotité disponible en totalité. On doit donc considérer les biens donnés en avancement d'hoirie comme n'étant jamais sortis du patrimoine du *de cujus* et comme faisant partie de la masse héréditaire au même titre que les biens existant (V. en ce sens : Aubry et Rau, t. 7, § 684 *ter*, p. 215 et 216, note 36; Demolombe, t. 2, n° 488 ; Vernet, *Revue pratique*, t. 11, p. 449; t. 12, p. 113; Mourlon, *Répétitions écrites*, t. 2, p. 226).

273. Une seule objection importante est opposée à ce système. Par suite de l'imputation des dons en avancement d'hoirie sur la réserve en masse, les légataires vont se trouver bénéficier indirectement du rapport, la quotité laissée disponible pour l'acquittement des legs étant alors plus considérable que si l'héritier eût imputé sur le disponible l'excédent de la donation qu'il a reçu sur sa part de réserve. En réponse à cette objection, les partisans du premier système font observer que la règle d'après laquelle le rapport n'est pas dû aux légataires s'oppose seulement à ce que ceux-ci puissent se faire attribuer les biens rapportés, en tant qu'ils seraient supérieurs à l'ensemble de la réserve. Cette règle est étrangère à la question d'imputation qui seule est en jeu. Il s'agit de savoir si les héritiers, avant d'agir en réduction, ne doivent pas imputer sur leurs parts de réserve les biens qui sont rentrés dans la masse héréditaire par suite des rapports. On ne voit pas pour quel motif ils ne feraient pas cette imputation, puisqu'ils reçoivent ces biens à titre d'héritiers.

274. Sans s'arrêter à cette argumentation, quelques auteurs estiment que, le rapport étant dû aux seuls cohéritiers, les légataires ne doivent pas en profiter, même indirectement. Ce principe est la base du second système qui nous reste à examiner. Mais ce système doit faire l'objet d'une sous-distinction. D'après M. Labbé, *Revue pratique*, t. 11, p. 209, 257 et 315, et t. 12, p. 77, et la note sous Agen, 31 déc. 1879 (V. *infrà*, n° 276), l'héritier donataire en avancement d'hoirie, dans le cas où le *de cujus* a disposé ultérieurement de la quotité disponible, n'est pas tenu de rapporter à ses cohéritiers ce qui, dans la donation dont il est gratifié, excède sa part dans la réserve. Toujours d'après ce même auteur, le don en avancement d'hoirie ne sera sujet à rapport que dans l'hypothèse où il dépasserait la part que le donataire aurait eue dans la succession, si le donateur n'eût fait ni legs, ni donation postérieure. Pour faire l'application de ce système à une espèce, supposons un patrimoine de 90000 fr. Le *de cujus* lègue à un tiers la quotité disponible et laisse deux fils; à l'un d'entre eux il a donné 40000 fr. en avancement d'hoirie. La part *ab intestat* de chacun des enfants étant de 45000 fr., la donation de 40000 fr. sera conservée intégralement par l'héritier donataire auquel le legs de la quotité disponible ne doit pas nuire. Dans ces conditions, le second héritier sera réduit à sa réserve 30000 fr., et le légataire universel recevra 20000 fr.

275. D'autres auteurs, prenant le même point de départ que M. Labbé, à savoir que le rapport doit profiter aux seuls héritiers, enseignent, comme lui, que l'excédant de la libéralité sur la part de réserve afférente à l'héritier avantagé doit être imputé sur la quotité disponible. Mais cet excédant, qui est ainsi prélevé sur la portion de biens à laquelle les donataires postérieurs ou les légataires pouvaient prétendre, le successible ne doit pas le conserver pour lui seul, il est tenu, en vertu de l'obligation du rapport, d'en partager le bénéfice avec ses cohéritiers. C'est sur ce point que le système qui nous occupe maintenant diffère de celui de M. Labbé. Il avait été tout d'abord soutenu par MM. Aubry et Rau, qui l'ont abandonné ensuite dans la dernière édition de leur ouvrage. Il est enseigné par M. Laurent, t. 12, n° 108. On remarquera que ce système présente sur la solution admise par M. Labbé l'avantage de maintenir l'égalité dans les portions de biens recueillies par les divers cohéritiers, égalité qui est une des conséquences de l'obligation au rapport. Pour échapper à cette règle et laisser au successible avantagé le bénéfice exclusif de la libéralité par lui reçue, M. Labbé invoque le principe de l'irrévocabilité des donations. Ce serait, suivant lui, porter atteinte à ce principe que d'obliger l'héritier donataire en avancement d'hoirie à partager avec ses cohéritiers l'excédant de sa donation sur sa part de réserve. On a très justement répondu à cette objection que le principe de l'irrévocabilité des donations n'est pas tellement absolu qu'il ne doive fléchir dans les cas où la donation est affectée d'une condition résolutoire. Or, en ce qui touche les donations en avancement d'hoirie, c'est la loi elle-même qui leur a attribué un caractère conditionnel en les soumettant au rapport. Ce qui est prohibé par le principe de l'irrévocabilité, c'est que le donateur puisse après coup revenir sur le dessaisissement opéré. On ne saurait soutenir qu'il dépend de l'ascendant donateur d'amoindrir à son gré les effets de la donation en avancement d'hoirie au moyen de dons ou legs postérieurs, puisque l'héritier donataire est toujours maître de s'exonérer du rapport en renonçant à la succession.

276. Ayant ainsi analysé les divers systèmes adoptés par la doctrine, il nous reste à connaître les solutions de la jurisprudence. Celle-ci paraît bien s'être ralliée au système que nous avons exposé en second lieu; mais, parmi les deux branches de ce système, quelle est celle que la jurisprudence entend adopter de préférence? C'est ce qu'il est assez difficile de préciser. Cette incertitude n'existe pas, toutefois, à l'égard de deux arrêts d'appel qui reproduisent très exactement la doctrine soutenue par M. Labbé. Le premier de ces arrêts émane de la cour d'Agen. Il pose comme principe fondamental que les dispositions en avancement d'hoirie sont irrévocables, et que le donateur ne peut y porter atteinte par des dispositions ultérieures. Il en tire cette conséquence qu'une donation en avancement d'hoirie, lorsqu'elle ne porte pas atteinte à la réserve des autres héritiers, doit s'imputer sur la réserve de l'enfant donataire et, subsidiairement, sur la quotité disponible. La solution de cet arrêt est jusqu'à présent conforme à l'opinion de M. Laurent aussi bien qu'à celle de M. Labbé. Mais la cour d'appel va plus loin et s'approprie le système de ce dernier auteur en consacrant au profit du donataire en avancement d'hoirie le droit de garder la somme ainsi prélevée sur la quotité disponible, sans être tenu d'en faire rapport à la masse et de la partager avec ses cohéritiers préciputaires ou non (Agen, 31 déc. 1879, aff. Mouly, D. P. 80. 2. 217). Le second arrêt, rendu par la cour de Pau le 3 mars 1886 (aff. Domecq, D. P. 86. 2. 252), est conçu dans les mêmes termes.

277. Les deux arrêts qui viennent d'être rapportés sont, dans leur première partie, celle qui reconnaît au successible donataire le droit d'imputer sur la quotité disponible l'excédent de la donation qu'il a reçue sur sa part de réserve, la reproduction d'un arrêt de la chambre civile (Civ. cass. 3 août 1870, aff. de Baroncelli-Javon, D. P. 72. 1. 356). Cet arrêt avait à trancher une difficulté spéciale, qui se présente dans l'hypothèse où le donataire en avancement d'hoirie se trouve en face d'un cohéritier légataire par préciput de la quotité disponible. Cette situation peut d'ailleurs se produire, même dans le système de l'imputation sur la réserve en masse puisque, comme nous l'avons dit, l'excédent de la donation en avancement d'hoirie sur la réserve en masse doit, d'après ce système, s'imputer sur la quotité disponible. Supposons donc qu'il y ait lieu d'imputer une portion de la donation en avancement d'hoirie sur le disponible qui lui-même a été l'objet d'un legs. Si le légataire est un étranger, aucun doute qu'il doive supporter ce prélèvement. Mais si le légataire de la quotité disponible est en même temps héritier, ne peut-il pas, en cette qualité, obliger son cohéritier donataire en avancement d'hoirie à rapporter l'excédent de la donation, afin de permettre l'acquittement intégral du legs par préciput. C'est ce que quelques auteurs ont soutenu, en se fondant sur l'obligation du rapport à laquelle les héritiers sont assujettis les uns vis-à-vis des autres. La majorité des auteurs distingue, au contraire, deux qualités dans la personne du successible bénéficiaire d'un préciput, celle de légataire, qui lui assure les mêmes droits qu'à un légataire étranger; celle d'héritier, qui lui permet d'exiger le rapport et d'en profiter, mais seulement dans la même mesure que ses cohéritiers (V. notamment : Aubry et Rau, t. 7, § 684 *ter*, p. 216, et note 38).

L'arrêt de cassation du 3 août 1870 précité paraît adopter ce dernier système, car il pose en principe que l'héritier légataire d'un préciput n'a pas droit au rapport comme légataire. En conséquence, l'arrêt décide que le donataire en avancement d'hoirie, qui a accepté la succession, a le droit de prélever la différence entre la somme lui revenant à titre de réserve et le montant de son don sur la quotité disponible, de préférence au légataire par préciput son cohéritier. Seulement la cour de cassation ne dit pas si le donataire pourra conserver pour lui seul le bénéfice de ce prélèvement (c'est la solution admise par les arrêts d'Agen et de Pau cités *suprà*, n° 276) ou si, au contraire, suivant la doctrine de MM. Aubry et Rau et conformément aux règles du rapport, il est tenu de le partager avec ses cohéritiers. Un autre arrêt de la chambre civile, rendu plus récemment (Civ. rej. 31 mars 1885, aff. Moreau, D. P. 88. 5. 372), n'est pas plus explicite sur le point qui nous intéresse. Comme l'arrêt du 3 août 1870 et les arrêts des cours d'Agen et de Pau, il décide que la donation en avancement d'hoirie faite par un père à l'un de ses enfants doit s'imputer d'abord sur la part de réserve de cet enfant et pour l'excédent sur la quotité disponible. Mais il ne dit point si cet excédent, l'enfant avantagé pourra le garder pour lui seul, ou s'il sera tenu d'y faire participer ses cohéritiers.

278. Les explications qui précèdent ont trait à l'hypothèse où le successible avantagé accepte la succession. Il y a lieu d'examiner maintenant le cas où il décède avant l'ouverture de la succession; il a été prévu au *Rép.* n° 1042. Lorsque le successible donataire laisse des enfants qui le représentent dans la succession, leur situation est identique à celle de l'hypothèse précédente et doit être résolue de même. Lorsque, au contraire, les enfants du successible décédé viennent à la succession de leur aïeul de leur propre chef et sans le secours de la représentation, les libéralités reçues en avancement d'hoirie s'imputent sur la quotité disponible. — Cette solution est unanimement admise en doctrine (Demolombe, t. 2, n° 480; Aubry et Rau, t. 7, § 684 *ter*, p. 212 et 213, note 31; Laurent, t. 12, n° 112). Elle est également adoptée par la jurisprudence. Jugé, d'une part, que le don fait à un successible doit, dans le cas où celui-ci décède avant le donateur, et bien qu'il ait été fait en avancement d'hoirie, être imputé sur la quotité disponible, et non sur la réserve à laquelle aurait eu droit le donataire, s'il eût survécu (Req. 23 juin 1857, aff. D..., D. P. 57. 1. 363; Limoges, 7 janv. 1860, aff. Chapoux, D. P. 60. 2. 14). — Par suite, les libéralités ultérieures ne peuvent recevoir leur effet que sur le disponible resté libre après cette imputation (Arrêt précité du 23 juin 1857). Et elles sont inefficaces si le donateur avait donné antérieurement toute la portion disponible (Arrêt précité du 7 janv. 1860). Décidé de même que les dons en avancement d'hoirie faits à un successible décédé avant le donateur et dont l'enfant vient de son chef, et non par représentation, à la succession de ce dernier, en sa qualité de petit-fils du défunt, ne sont pas imputables sur la réserve de cet enfant; ces dons doivent, comme s'ils étaient faits à un non-successible, être imputés sur la quotité disponible. En conséquence, les dons postérieurs ou les legs ne peuvent recevoir d'effet que sur la partie de la quotité disponible demeurée libre après cette imputation, et ils sont frappés de caducité si la quotité disponible avait été épuisée (Civ. cass. 12 nov. 1860, aff. Roubière, D. P. 60. 1. 482; 2 avr. 1862, aff. Malric, D. P. 62. 1. 173). Jugé, d'autre part, que les dons en avancement d'hoirie faits à un successible décédé avant le donateur, dons que l'enfant de ce successible n'est pas tenu, aux termes de l'art. 848 c. civ., de rapporter à la succession du donateur lorsqu'il y vient de son chef, sont imputables sur la quotité disponible (Nancy, 30 mai 1868, aff. du Chamisso, D. P. 68. 2. 121, et sur pourvoi, Req. 10 nov. 1869, D. P. 70. 1. 209).

279. La troisième hypothèse qui nous reste à examiner est celle où l'héritier avantagé renonce à la succession. Il a été dit au *Rép.* n°s 1041 et 1044 que cette renonciation avait pour effet de placer le successible dans la situation d'un donataire ou légataire étranger. Il suit de là que l'héritier renonçant ne pourra conserver la donation que dans la mesure de la quotité disponible. En effet, le système dit *du cumul*, d'après lequel cet héritier pourrait retenir sa donation jusqu'à concurrence de sa part de réserve et de la quotité disponible cumulées, est condamné par la doctrine presque unanime (Aubry et Rau, t. 7, § 684 *ter*, p. 216, note 39; Demolombe, t. 2, n° 51), et après quelques hésitations, la jurisprudence s'est fixée dans le sens du non-cumul par l'arrêt solennel des chambres réunies du 27 nov. 1863 (aff. Lavialle, D. P. 64. 1. 5). Nous ne faisons qu'indiquer ici cette solution. La question qu'elle tranche appartient à la théorie des successions (V. *Rép.* v° *Succession*, n°s 1028 et suiv.).

280. C'est également au traité des *Successions* que nous devons, pour nous conformer à l'ordre suivi au *Répertoire*, renvoyer l'examen de la question de savoir si la donation retenue par l'héritier renonçant dans les limites de la quotité disponible doit être imputée sur la part de réserve de cet héritier, sauf à parfaire l'imputation pour l'excédent sur la quotité disponible. Cette manière de procéder est celle qu'admettent MM. Aubry et Rau, t. 7, § 684 *ter*, p. 216, note 39. M. Demolombe, t. 2, n°s 51 et suiv., enseigne, au contraire, que l'imputation doit être faite uniquement sur la quotité disponible. Jugé en ce sens que l'enfant donataire en avancement d'hoirie qui renonce à la succession de son auteur ne peut retenir le don qu'il a reçu qu'à titre de donataire; par suite, la libéralité est imputable non sur la réserve, mais sur la quotité disponible dont elle ne peut excéder la mesure (Req. 10 nov. 1880, aff. de Berne-Lagarde, D. P. 81. 1. 81).

ART. 2. — *Effets des avantages faits à un successible avec dispense de rapport* (*Rép.* n°s 1046 à 1058).

281. La donation faite à un successible à titre de préciput doit être assimilée à celle qui aurait été effectuée au profit d'un étranger. Il suit de là, ainsi qu'on l'a observé au *Rép.* n° 1048, que la donation préciputaire doit être imputée sur la quotité disponible, et non point sur la réserve de l'héritier donataire. Toutefois cette règle n'est pas absolue, en ce sens qu'elle ne doit pas être nécessairement suivie dans tous les cas où la donation laissée au successible a été qualifiée de préciput. Les juges, disent MM. Aubry et Rau, t. 7, § 684 *ter*, p. 202, pourront, en appréciant les circonstances de la cause, et par interprétation de l'intention des parties ou du disposant, déclarer qu'une donation faite à un ou plusieurs successibles, même avec déclaration de dispense de rapport, n'a pas, d'une manière absolue et dans tous les cas, privé le défunt, dans la mesure de sa libéralité, de la faculté de disposer de ses biens à titre gratuit, et décider, par suite, que la donation s'imputera, non point sur la quotité disponible, mais sur la réserve. L'opinion de ces auteurs est qu'on doit supposer que le donateur, en déclarant une donation faite à titre de préciput, a eu seulement en vue le cas où il laisserait à côté du successible donataire d'autres héritiers; la clause dont s'agit devrait donc être réputée anéantie si le successible avantagé n'avait point de cohéritiers; la donation étant alors considérée comme simple avancement d'hoirie serait alors imputable sur la réserve légale du donataire.

La jurisprudence a adopté cette opinion. Il a été décidé que la donation faite par un père à ses enfants peut, quoiqu'elle ait eu lieu par préciput et hors part, être imputée comme simple avancement d'hoirie sur la réserve légale des enfants donataires, et non sur la quotité disponible, si l'égalité maintenue entre eux par le donateur enlevait à cette clause toute signification. En conséquence, on a reconnu au donateur le droit de faire ultérieurement d'autres dispositions à titre gratuit sur la quotité disponible laissée libre (Bourges, 5 mars 1856, aff. Aubertot, D. P. 56. 2. 120, et sur pourvoi, Req. 9 déc. 1856, D. P. 57. 1. 116). — Jugé, dans le même sens, que le partage de tous leurs biens présents, fait par des père et mère entre leurs enfants par égales portions, peut être considéré comme un simple don en avancement d'hoirie imputable sur la réserve des donataires et laissant intacte la quotité disponible, quoiqu'il ait été dit que ce partage était fait par préciput et hors part *en tant que de besoin*, s'il apparaît que par ces expressions les ascendants ont simplement voulu que, pour le cas où un des lots présenterait un certain excédant, l'enfant auquel il aurait été attribué en profitât (Req. 19 nov. 1867, aff. Lecoufle, D. P. 68. 1. 75-76).

A cette matière se rattache une décision de la cour de Grenoble du 23 mars 1881 (1), rendue par application des dispositions de la loi sarde, maintenues par l'art. 3 du

(1) (Dunand C. Dunand.) — LA COUR; — Attendu que, par les actes ou contrat de mariage des 27 mars 1844, 4 avr. 1853 et 10 nov. 1858, Gabriel Dunand a successivement attribué, à titre de donations entre vifs définitives et irrévocables à chacun de ses trois fils, Pierre-François, Jean-Claude et Jules Dunand, un tiers de tous ses immeubles présents et à venir, ou plus expressément de tous les biens immeubles qu'il posséderait ou laisserait, à la charge par chacun de payer un tiers des dettes, et un tiers des légitimes revenant à ses cinq filles; — Attendu que ces trois donations, passées dans l'étendue des Etats formant le royaume de Sardaigne, entre régnicoles, et sous l'empire du code civil sarde, ne constituaient pas, d'après la législation existante, et d'après la volonté suffisamment exprimée du donateur, de simples avancements d'hoirie rapportables à sa succession, mais bien des dispositions virtuellement exclusives de tous rapports à effectuer, quels que dussent être l'époque de l'ouverture de cette succession et le droit sous lequel on procéderait à son partage; — Attendu que la réunion de la Savoie à la France, survenue postérieurement aux dates authentiques des trois contrats, mais antérieurement au décès du donateur, n'a eu aucune influence à exercer sur la portée, l'étendue et l'exécution de ces donations, désormais acquises et incommutables; que le décret du 22 août 1860 porte expressément que : « les donations établies par contrat régulier seront, quant à la révocation et à la réduction, régies par la loi sous l'empire de laquelle elles auraient été constituées »; — Attendu que les premiers juges avaient été, en conséquence, bien fondés à décider que les frères Dunand ou leurs représentants étaient dispensés de tous rapports, et leurs sœurs réduites à la légitime ou réserve, telle qu'elle était déterminée par la loi en vigueur à l'époque des donations, qui n'étaient réductibles qu'autant qu'il était nécessaire pour le payement des légitimes; qu'ils ont dû ordonner le partage de la succession de Gabriel Dunand; mais qu'ils l'ont fait en termes trop généraux, sans distinguer entre la succession immobilière, comprise seule dans les donations fixes et irréductibles qu'il s'agit d'appliquer, et la succession mobilière proprement dite, dont il n'a pas été disposé, et qui doit être réglée *ab intestat*, par division égale entre tous les successibles, donataires ou légitimaires; qu'il y a lieu à cet égard, et dans cette faible mesure, de modifier, en l'émendant, le jugement dont est appel;

Attendu, toutefois, que cette succession mobilière ne doit comprendre aucune somme ou valeur représentative d'intérêts ou de fruits que les donataires seraient supposés devoir à leur père, à raison de la jouissance ou administration qu'ils auraient eues pendant sa vie des immeubles dont celui-ci s'était réservé l'usufruit; que le tribunal a justement envisagé et apprécié la situation respective du père donateur et des fils donataires, en jugeant que ceux-ci doivent être réputés avoir tenu compte à leur père de son usufruit temps pour temps; que si, au surplus, ils avaient pu tirer quelque profit personnel de ces intérêts ou de ces fruits, ils l'auraient fait en procurant en retour aux immeubles des améliorations ou des accessoires dont le bénéfice figure dans la plus-value qui permettra, par l'établissement du partage et la fixation des légitimes, de donner aux immeubles une estimation supérieure à celle qu'ils auraient pu comporter à l'époque des donations; — Sur l'appel incident : — Attendu que la compensation qui vient d'être naturellement indiquée entre les fruits et les intérêts restituables par les donataires à l'héritage du donateur-usufruitier, et la plus-value afférente aux immeubles par les améliorations, réparations ou constructions additionnelles opérées depuis les donations, doit faire écarter sur ce double chef l'appel incident comme l'appel principal; que ces améliorations ou accessoires n'ont dû se faire et n'ont été faites en réalité que par le donateur resté usufruitier, avec sa propre substance et son assentiment; que s'il n'a pas exigé les produits, c'est qu'ils ont servi à faire les dépenses, et que si, au contraire, il les a perçus ou reçus, c'est qu'ils lui ont servi à lui-même pour améliorer ou construire; d'où la conséquence que sa succession immobilière s'est agrandie tout à la fois au profit de ses fils, qui en sont donataires, et au profit de ses filles, dont la réserve légitimaire s'est par là même accrue; que, sans qu'il soit besoin de recourir à des vérifications spéciales, la cour a, comme le tribunal, dans les documents de la cause, les éléments nécessaires pour balancer par une compensation complète ces deux ordres de réclamations correspondantes; — Par ces motifs, etc.

Du 23 mars 1881.-C. de Grenoble.

décret du 22 août 1860 (D. P. 60. 4. 139). Sous l'empire de cette loi, on doit considérer comme une donation irrévocable et définitive, ne pouvant donner lieu dans aucun cas ni à réduction, ni à rapport, la cession faite par un père à chacun de ses trois fils, du tiers de tous ses immeubles présents et à venir, à charge de payer dans la même proportion ses dettes et la part de légitime revenant à ses filles.

282. A la différence du donataire ou légataire étranger qui doit subir en nature la réduction des biens qu'il a reçus au delà de la quotité disponible, le successible avantagé par préciput peut, aux termes de l'art. 924 c. civ., retenir sur les biens donnés la valeur de la portion qui lui appartiendrait comme héritier dans les biens non disponibles, s'ils sont de même nature. La nécessité de concilier cet art. 924 avec les dispositions de l'art. 866 c. civ. soulève des difficultés et a donné lieu à plusieurs systèmes, qui ont été examinés en détail au *Rép.* n° 1052. Celui auquel on a donné la préférence applique l'art. 924 dans le cas où la succession renferme des biens de même nature que ceux qui devraient être retranchés au donataire, et limite l'application de l'art. 866 à l'hypothèse où il n'existe pas de biens de même espèce dans la succession. C'est le système adopté par M. Laurent, t. 12, n° 195.

MM. Aubry et Rau paraissent, au contraire, admettre que l'héritier donataire par préciput, auquel l'art. 924 impose, en cas de réduction, l'obligation de rapporter en nature la portion de l'immeuble donné qui serait supérieure à sa part héréditaire, pourra échapper à ce retranchement dans les conditions prévues par l'art. 866 (t. 7, § 685 *ter*, p. 224). En d'autres termes, l'art. 924 compléterait l'art. 866, mais n'en écarterait pas l'application dans le cas où elle serait plus avantageuse pour le successible.

283. A titre d'application pratique de l'art. 924 c. civ., on peut citer un arrêt (Req. 15 nov. 1871, aff. Delbreil, D. P. 71. 1. 281) qui décide que le donataire successible a le droit de retenir sur les biens donnés sa part de réserve et la quotité disponible, pourvu qu'il y ait dans la succession des biens de même nature qu'on puisse attribuer à ses cohéritiers, alors même que l'héritier serait donataire à titre universel et que ces biens de même nature rentreraient dans la succession par suite de la réduction qu'il subit. Un arrêt de Nancy du 2 déc. 1872 (aff. Hasselot, D. P. 73. 2. 214), qui adopte la solution précédente, la complète en décidant qu'en pareil cas les cohéritiers ne pourront pas exiger le tirage au sort des lots, alors surtout que le successible donataire leur offre l'option entre des biens de même nature ou le complément de leur réserve en argent.

284. Les termes mêmes de l'art. 924 indiquent que l'application doit en être restreinte à l'hypothèse où l'avantage préciputaire a été constitué par donation et non par legs. Il a été jugé en ce sens que si les immeubles légués en préciput ne peuvent se partager facilement et si l'excédent de la portion disponible dépasse de plus de moitié leur valeur, le successible légataire doit les rapporter en nature et en totalité à la succession (Caen, 23 déc. 1879, aff. Lechevalier, D. P. 81. 2. 209).

Sect. 8. — De la réduction des donations et legs (*Rép.* nos 1059 à 1288).

Art. 1er. — *De la masse à former pour déterminer la quotité disponible* (*Rép.* nos 1060 à 1061).

285. Cette opération, préliminaire indispensable de l'action en réduction, comprend divers éléments qui ont été indiqués au *Répertoire*, savoir : 1° la détermination des biens existant en nature au décès du *de cujus;* 2° la réunion fictive des biens donnés entre vifs; 3° l'estimation des biens composant la masse; 4° la déduction des dettes.

§ 1er. — Des biens existant en nature (*Rép.* nos 1062 à 1083).

286. Suivant le principe déjà indiqué au *Rép.* n° 1063, doivent entrer dans la masse tous les biens existant dans la succession, quelle que soit leur nature, meubles ou immeubles, corporels ou incorporels, créances de toute espèce, propriétés littéraires, etc. Il faut, toutefois, faire exception pour les objets n'ayant pas de valeur appréciable en argent. On a indiqué au *Rép.* n° 1073 divers objets qui appartiennent à cette catégorie. Il convient d'y faire entrer également les sépultures de famille et les concessions de terrain dans un cimetière lesquelles, en dehors de la transmission héréditaire, ne sont pas susceptibles d'aliénation (V. en ce sens : Lyon, 19 févr. 1856, aff. Dupont, D. P. 56. 2. 178, et sur pourvoi, Req. 7 avr. 1857, D. P. 57. 1. 311; Lyon, 4 févr. 1875, aff. Triomphe, D. P. 77. 2. 161, et 7 juill. 1883, aff. Nique, D. P. 85. 2. 34. — Comp. *suprà*, v° *Culte*, n° 937).

287. Les créances irrecouvrables doivent être exclues de la masse (*Rép.* n° 1068). Il en est ainsi dans le cas même où le débiteur serait au nombre des successibles. Ainsi, lorsqu'un père laisse trois enfants : le premier, donataire renonçant à la succession; le second, donataire acceptant, et le troisième, débiteur insolvable de son père et renonçant, la quotité disponible ne doit pas être calculée sur le montant des libéralités directes ou indirectes faites aux premiers enfants (Grenoble, 5 janv. 1871, D. P. 71. 2. 209). — Les héritiers à réserve peuvent même, ainsi qu'on l'a enseigné au *Rép.* n° 1070, s'opposer à ce que les créances dont la rentrée est douteuse soient comprises dans la masse, à moins que les donataires ou légataires ne leur fournissent caution dans la proportion de la quotité disponible (V. en ce sens : Aubry et Rau, t. 7, § 684, p. 186; Demolombe, t. 2, n° 418).

288. Suivant la distinction indiquée au *Rép.* n° 1076, les fruits perçus par l'héritier depuis l'ouverture de la succession ne doivent pas être compris dans la masse, mais il y a lieu de tenir compte, dans l'estimation des biens, de la valeur des fruits ou récoltes sur pied au décès du *de cujus* (Demolombe, t. 2, n° 269; Aubry et Rau, t. 7, § 684, p. 187). Décidé que la masse de biens sur laquelle se calcule la quotité disponible ne comprend pas les fruits produits par ces biens depuis l'ouverture de la succession; cette masse doit être estimée d'après la valeur, à l'époque du décès, des biens qui la composent (Civ. cass. 6 févr. 1867, aff. Danjean, D. P. 67. 1. 55).

289. L'héritier réservataire n'est pas tenu de faire un inventaire des biens dont se compose la succession; l'action en réduction est recevable, bien qu'il n'ait pas été dressé d'inventaire. En pareil cas, la consistance de la succession et, par suite, le chiffre de la quotité disponible peuvent être établis par tous les moyens de preuve, et même par commune renommée (Req. 19 mars 1878, aff. Lippmann, D. P. 78. 1. 218).

§ 2. — De la réunion fictive des biens donnés entre vifs (*Rép.* nos 1084 à 1120).

290. La règle générale a été indiquée au *Rép.* n° 1088. Tous les biens donnés, quelle que soit leur nature, quelle que soit la forme de l'aliénation, doivent être fictivement réunis à la masse (Aubry et Rau, t. 7, § 684, p. 188). Décidé que les constitutions de dot ont, lorsqu'il s'agit du calcul de la quotité disponible, le caractère non d'une dette, mais d'une véritable libéralité; que, dès lors, les biens qui en sont l'objet doivent être réunis fictivement à la succession du constituant pour servir à déterminer cette quotité (Req. 10 mars 1856, aff. Jurien, D. P. 56. 1. 145; Orléans, 1er févr. 1883, aff. Druet, D. P. 85. 2. 104). — Jugé aussi que les sommes employées par le défunt pour le payement des dettes du conjoint de l'époux successible doivent être fictivement réunies à la masse et imputées sur la réserve de ce dernier, lorsque, par appréciation des faits et documents de la cause, il est établi qu'elles ont été versées dans l'intérêt de l'époux successible, et constituent en sa faveur des libéralités non dispensées de rapport (Req. 12 nov. 1879, aff. de Bray, D. P. 80. 1. 49). Mais l'usufruit dévolu, en vertu d'une clause du contrat de mariage, au dernier survivant des époux, doit être considéré, non pas comme un avantage soumis aux règles des donations, mais comme une des conditions expresses du mariage; dès lors, il n'en doit pas être tenu compte dans les opérations du partage, notamment pour le calcul de la quotité disponible (Colmar, 8 mars 1864, aff. Hoff, D. P. 64. 2. 85). — Lorsque l'ascendant donateur ayant droit au retour légal, et en même temps héritier légitime du donataire, a renoncé à la succession de ce dernier, dans l'intérêt de ses cohéritiers, la libéralité résultant de cette renonciation est réputée comprendre à la fois les biens que, dans le cas d'acceptation, le renonçant aurait recueilli, comme ascendant donateur et ceux qui lui seraient échus comme héritier légitime; ces mêmes biens doivent, dès lors, être réunis fictivement à la succession laissée plus tard par ce renonçant, pour le calcul de la quotité disponible et de la réserve (Civ. rej. 8 mars 1858, aff. Lecouturier, D. P. 58. 1. 97). — En ce qui touche les donations indirectes ou déguisées sous forme de contrat à titre onéreux, et grevées de charges, l'avantage réel que le donataire a pu en retirer, après déduction des charges, doit seul entrer en compte. Jugé, en ce sens, que la valeur des biens donnés doit être diminuée du montant des sommes payées par le donataire au donateur en exécution des conditions imposées aux libéralités qui lui ont été faites (Civ. cass. 27 nov. 1877, aff. Lesueur, D. P. 78. 1. 16). Il en serait, toutefois, autrement dans le cas prévu par l'art. 918 (V. *Rép.* n° 1092, et *suprà*, n°s 256 et suiv.).

291. Une difficulté spéciale se produit dans l'hypothèse d'une assurance sur la vie contractée par le *de cujus* au profit d'une personne déterminée. La réunion fictive à la masse doit-elle porter sur le montant des primes payées à la compagnie ou sur l'intégralité du capital recueilli ? La solution de cette question qui met en jeu la détermination de la nature et des caractères du contrat d'assurances est l'objet d'une controverse très vive. On en trouvera l'examen *suprà*, v° *Assurances terrestres*, n°s 460 et suiv.

292. Suivant la règle indiquée au *Rép.* n° 1093, les immeubles qui ont péri par cas fortuit entre les mains du donataire n'entrent point dans la composition de la masse (Aubry et Rau, t. 7, § 684, p. 191 ; Demolombe, t. 2, n°s 338 et 399). La même règle est applicable au cas de perte d'objets mobiliers. On a contesté cette solution, en se fondant sur les art. 855 et 868 qui, au point de vue du rapport, établissent une distinction selon que les biens détruits par cas de force majeure sont mobiliers ou immobiliers. MM. Aubry et Rau ont repoussé à bon droit l'analogie qu'on prétendrait ainsi établir entre des matières complètement différentes. La situation de l'héritier, soumis à une obligation de rapport, pour le règlement de laquelle la loi a pu, d'après l'intention présumée des parties, mettre à la charge du donataire en avancement d'hoirie d'objets mobiliers les risques et pertes de ces objets, est très différente de celle du donataire, dont le titre est susceptible d'être révoqué par suite d'une action en réduction. L'hypothèse d'une réduction n'étant point dans les prévisions des parties qui sont intervenues à la donation, il n'y a aucun motif de mettre à la charge du donataire les risques des objets mobiliers compris dans la libéralité. Enfin il convient de remarquer que l'art. 922, parlant des biens qui doivent être fictivement réunis à la masse, les désigne par ces expressions générales : « ceux dont il a été disposé entre vifs », sans faire entre les meubles et les immeubles une distinction analogue à celle qui se trouve établie en matière de rapport (V. en ce sens: MM. Aubry et Rau, *loc. cit.*, note 24; Laurent, t. 12, n° 70).

293. Une controverse qui dure encore s'est engagée sur la question de savoir si les sommes d'argent et les objets mobiliers dissipés doivent entrer en compte dans la masse, alors que les donataires sont insolvables. Cette question, qui a été examinée au *Rép.* n°s 1095 et 1222, est résolue affirmativement par MM. Aubry et Rau dans l'hypothèse même où les donations qui portent sur lesdits objets devraient, d'après leurs dates, subir la réduction (t. 7, § 684, p. 193, note 26). M. Laurent se prononce dans le même sens (*op. cit.*, t. 12, n° 71), en faisant observer que cette solution, quelque rigoureuse qu'elle soit, est commandée par l'art. 922. Les choses données, dit cet auteur, sortent du patrimoine du donateur au moment où la donation est parfaite ; donc toute donation doit être comprise dans la masse, à moins d'une exception formelle, qui n'existe pas pour le cas d'insolvabilité. L'opinion contraire, enseignée par Pothier (V. *Rép.* n° 1222), paraît surtout motivée par une considération d'équité, le désir de répartir la perte résultant de l'insolvabilité de certains donataires entre les réservataires et les donataires antérieurs. M. Demolombe s'est approprié cette opinion (*op. cit.*, t. 2, n°s 603 et 606), mais sans apporter aucun nouvel argument en sa faveur.

294. Si toutes les libéralités, quelles qu'elles soient, doivent entrer dans le calcul de la masse, alors même qu'elles ont été prises sur les revenus du donateur, on est d'accord pour faire une exception à l'égard des dons considérés comme de simples actes de bienfaisance. C'est ce qui a été reconnu au *Rép.* n° 1096. — Jugé que les sommes que le défunt a données sur ses revenus mêmes à un successible ne sont pas soumises à la réunion fictive prescrite par l'art. 922, alors que, d'après les circonstances, la donation de ces sommes constituait une œuvre de charité (Req. 29 juill. 1861, aff. Soullié-Cottineau, D. P. 62. 1. 288. V. aussi Caen, 28 mai 1879, aff. Lesueur, D. P. 80. 2. 49). — Les juges du fait sont d'ailleurs souverains pour apprécier si une donation présente ou non ce caractère (Arrêt précité du 29 juill. 1861 ; Civ. rej. 11 janv. 1882, D. P. 82. 1. 313).

295. On a examiné au *Rép.* n°s 1099 et suiv., avec tous les développements qu'elle comporte, la grave question de savoir si les libéralités faites par le défunt en avancement d'hoirie à l'un de ses successibles doivent être réunies fictivement à la masse pour le calcul de la quotité disponible. Ainsi qu'on l'on a vu *ibid.* n° 1100, c'est la solution affirmative qui a prévalu dans la doctrine et la jurisprudence. Il suffira de constater ici que ce système a été adopté par les auteurs les plus récents (V. Demolombe, t. 2, n° 290 ; Aubry et Rau, t. 7, § 684, p. 188 ; Laurent, t. 12, n°s 76 et suiv.) et qu'il ne paraît plus avoir été contesté devant les tribunaux. Cependant on peut citer des décisions assez récentes qui ont eu l'occasion de l'appliquer (V. notamment : Grenoble, 13 juin 1876, aff. Primard, D. P. 78. 2. 96 ; Trib. d'Auch, 30 déc. 1878, aff. Mouly, D. P. 80. 2. 217). — Mais, lorsque le défunt a légué une fraction de ses biens et non la quotité disponible, on doit rechercher s'il a entendu faire porter ce legs sur toute sa fortune, y compris les biens donnés entre vifs, ou seulement sur les biens existant à son décès (Arrêt précité du 13 juin 1876). Dans le doute, cette dernière intention doit être présumée, et la volonté contraire n'est pas suffisamment manifestée par cette seule circonstance que la portion de ses biens que le testateur a léguée correspondrait, dans son expression fractionnaire, à la quotité disponible (Même arrêt). De même, lorsque le testateur a légué à un de ses enfants, par préciput, le quart de ses biens meubles et immeubles qui lui *appartiendront* ou qu'il *délaissera au jour de son décès*, il n'y a pas lieu, pour calculer la valeur du préciput, de réunir à la masse les biens donnés en avancement d'hoirie (Pau, 3 mars 1886, aff. Domecq, D. P. 86. 2. 252).

296. La réunion fictive des biens donnés à l'un des successibles doit être opérée, même au cas où le donataire serait décédé avant le *de cujus* (*Rép.* n° 1113), à moins toutefois que l'objet donné ne soit rentré dans la succession de ce dernier par l'effet du retour successoral, auquel cas il entrerait en compte comme bien existant en nature, et non point cumulativement en cette qualité et comme bien donné (V. en ce sens : Aubry et Rau, t. 7, § 684, p. 193, note 28 ; Civ. rej. 28 mars 1866, aff. Bérard de Bonnière, D. P. 66. 1. 397).

297. La réunion fictive à la masse de tous les biens donnés aux successibles est-elle également applicable aux biens compris dans un partage d'ascendant ? Cette question controversée a été discutée au *Rép.* n°s 1115 à 1120. La solution négative qui a été adoptée tout d'abord par la jurisprudence de la cour de cassation (Req. 4 févr. 1845, *Rép.* n° 1115) se fonde sur ce principe que les biens ayant fait l'objet d'un partage d'ascendant sont enlevés complètement et à jamais du patrimoine de l'ascendant. Mais on fait observer en faveur de l'opinion contraire que, si le partage dessaisit irrévocablement l'ascendant donateur, le même effet se produit à l'égard des donations proprement dites qui entrent cependant dans la composition de la masse. On ajoute que le principe de l'irrévocabilité des partages d'ascendant n'est aucunement compromis par la réunion fictive, puisqu'il est bien entendu que cette réunion ne pourra jamais avoir pour résultat de porter atteinte aux droits des descendants sur les biens soumis au partage. Quant à l'art. 1077 qui, envisageant l'hypothèse d'un partage supplémentaire, dispose que les biens compris dans le partage d'ascendant ne doivent pas être réunis à la masse à partager, il est complètement étranger au calcul de la quotité disponible, lequel se trouve exclusivement régi par l'art. 922. L'argumentation qui vient d'être résumée est celle de MM. Aubry et Rau, t. 7, § 684, p. 189 et 190, note 19. M. Demolombe, t. 2, nos 320 et 321, développe le même système, qui est aussi celui de M. Laurent, t. 12, n° 73. Ce dernier auteur ajoute une considération suggérée par le rapprochement des art. 922 et 1076 c. civ. Le premier de ces articles, dit-il, exige la réunion fictive de tous les biens dont il a été disposé par donation entre vifs. Il ne s'agit donc plus que de savoir si le partage d'ascendant est une donation. L'art. 1076, ajoute M. Laurent, répond à la question, en décidant que les partages d'ascendant pourront être faits par actes entre vifs avec les *formalités, conditions* et *règles* prescrites pour les donations entre vifs.

Après quelques hésitations, la jurisprudence de la cour de cassation a abandonné le système qu'elle avait d'abord consacré. Elle est aujourd'hui fixée dans le sens des auteurs que l'on vient de citer. De nombreux arrêts décident que les biens compris dans un partage d'ascendant doivent être réunis fictivement à la masse sur laquelle la quotité disponible sera calculée (Douai, 12 févr. 1857, aff. Delafons, D. P. 57. 2. 165; Req. 13 févr. 1860, aff. Aubry, D. P. 60. 1. 169; 24 avr. 1861, aff. Vellefrey, D. P. 61. 1. 277; 17 août 1863, aff. de Matha, D. P. 64. 1. 29; Civ. rej. 14 mars 1866, aff. Saint-Guirons, D. P. 66. 1. 173). Mais de ce que le rapport est simplement fictif, on conclut que les enfants admis à partager ne sont pas tenus de contribuer sur les biens donnés au payement des dettes de la succession; que ce payement est exclusivement à la charge du légataire de la quotité disponible (Arrêt précité du 12 févr. 1857).

§ 3. — Estimation des biens composant la masse (*Rép.* nos 1121 à 1140).

298. Suivant le principe général posé dans l'art. 922, l'estimation des biens composant la masse doit être faite d'après leur valeur au jour du décès et, à l'égard des biens donnés, d'après leur état au jour de la donation (*Rép.* n° 1121). L'application de cette dernière règle a été envisagée au *Répertoire* à deux points de vue, suivant que les changements survenus dans l'état des biens donnés sont antérieurs ou postérieurs au décès du *de cujus*.

299. — I. CHANGEMENTS ANTÉRIEURS AU DÉCÈS (*Rép.* nos 1122 et 1132). — Il n'y a pas lieu de revenir sur les explications très détaillées qui ont été données sur ce sujet au *Répertoire*. Nous les résumerons en disant que, dans l'évaluation des biens donnés, il faut faire abstraction des améliorations ou des dégradations provenant du fait des donataires ou des tiers possesseurs. On doit, au contraire, prendre en considération l'augmentation de valeur ou la dépréciation qui aurait pour cause un cas fortuit (Aubry et Rau, t. 7, § 684 *bis*, p. 195). Application de cette règle a été faite au *Rép.* n° 1127, au cas d'expropriation de l'immeuble donné ou de dépossession par suite de réméré. M. Laurent, t. 12, n° 91, approuve cette solution. On doit également tenir compte à l'égard d'immeubles compris dans une donation de biens à venir ou institution contractuelle de la plus-value résultant des travaux effectués sur ces immeubles par le défunt (Req. 10 févr. 1885, aff. Dussaud, D. P. 88. 5. 373).

300. C'est une question délicate et controversée que celle de savoir si les règles qui viennent d'être tracées sont applicables aux meubles comme aux immeubles. Ainsi qu'on l'a observé au *Rép.* n° 1130, le doute vient de ce que, d'après l'art. 868, le rapport du mobilier devrait se faire sur le pied de la valeur qu'il avait lors de la donation. Mais cette objection qui avait déjà été présentée au conseil d'État a été écartée par ce motif que la position du donataire soumis à réduction est toute différente de celle de l'héritier assujetti au rapport. Aussi presque tous les auteurs sont-ils d'avis que l'estimation des meubles doit être faite d'après les mêmes principes que celle des immeubles (Aubry et Rau, t. 7, § 684 *bis*, p. 195, note 5; Demolombe, t. 2, nos 378 à 381; Laurent, t. 12, n° 93). Toutefois ces auteurs reconnaissent que le mode d'évaluation prescrit par l'art. 922 c. civ. conduit à des conséquences injustes, en ce qui concerne les donations ayant pour objet des denrées ou autres choses qui, par leur nature, sont destinées à être vendues ou promptement consommées. Aussi MM. Aubry et Rau, se fondant sur ce que les donations de cette nature sont assimilables à des donations de sommes d'argent, admettent-ils que les objets dont s'agit pourraient être estimés d'après leur valeur à l'époque de la donation. M. Demolombe, *loc. cit.*, partage cette manière de voir qui est également adoptée par M. Laurent. Ce dernier auteur fait judicieusement observer qu'en paraissant faire une exception à l'art. 922, on applique en réalité la règle qui y est contenue. « Que veut la loi, dit M. Laurent? Qu'on réunisse à la masse les valeurs qui se seraient trouvées dans l'hérédité si le défunt n'en avait pas disposé; or si ce dernier n'avait pas donné les denrées, il les aurait consommées ou vendues; c'est donc leur valeur au temps de la donation qui est sortie du patrimoine, c'est par conséquent cette valeur qui doit y rentrer au décès (n° 93, p. 135). » C'est la solution qui a été enseignée au *Rép.* n° 1129.

301. — II. CHANGEMENTS POSTÉRIEURS AU DÉCÈS (*Rép.* nos 1133 à 1140). — Suivant le principe indiqué au *Répertoire*, il n'y a aucun compte à tenir, dans l'estimation, des changements survenus postérieurement au décès et qui ont eu pour effet, soit d'augmenter, soit de diminuer la valeur des biens. Cette règle se justifie aisément. Dès l'instant où la succession s'ouvre, les héritiers sont saisis de la propriété et de la possession des biens réservés. C'est donc à ce même moment que l'étendue de leurs droits est déterminée. Toutes les chances postérieures de perte et d'augmentation sont, en conséquence, à leur charge (Laurent, t. 12, nos 95 et 96).

Appliquant le principe qui vient d'être énoncé, la jurisprudence a décidé : 1° que les fruits et intérêts produits par les biens du défunt depuis l'ouverture de la succession n'entrent point dans la masse pour le calcul de la quotité disponible et de la réserve (Civ. cass. 6 févr. 1867, aff. Danjean, D. P. 67. 1. 55; Pau, 3 mars 1886, aff. Domecq, D. P. 86. 2. 252); — 2° Qu'au cas de licitation des immeubles héréditaires, effectuée depuis l'ouverture de la succession, l'estimation de ces immeubles, au point de vue du calcul de la quotité disponible, doit être déterminée, non pas d'après le prix de l'adjudication, mais bien d'après la valeur des immeubles au jour du décès (Req. 16 juill. 1879, aff. Capdeville, D. P. 80. 1. 217).

§ 4. — De la déduction des dettes (*Rép.* nos 1141 à 1161).

302. L'art. 922, après avoir indiqué les biens qui doivent entrer dans la masse héréditaire, prescrit d'en déduire les dettes, avant de calculer la quotité disponible. Si l'on devait suivre à la lettre cette disposition de l'art. 922, on aboutirait, ainsi qu'on l'a observé au *Rép.* n° 1141, à des conséquences injustes pour les donataires, dans le cas où les dettes dépasseraient la valeur des biens existant dans la succession. L'excédent des dettes devrait, en effet, être imputé sur les biens donnés, ce qui est contraire à la règle de l'art. 921, d'après laquelle les créanciers du défunt ne peuvent ni demander la réduction, ni en profiter. Afin d'éviter ce résultat, on est unanimement d'accord en doctrine que la déduction des dettes doit être faite seulement jusqu'à concurrence de l'actif laissé par le *de cujus*. La quotité disponible sera ensuite calculée sur le montant des biens donnés, qui seront réductibles uniquement dans l'intérêt des héritiers réservataires. Cette solution équitable a été indiquée au *Rép.* n° 1142. Elle est approuvée par tous les auteurs (Aubry et Rau, t. 7, § 684, p. 185, note 3; Laurent, t. 12, n° 102; Demolombe, t. 2, n° 397). La cour de cassation l'a également consacrée (Civ. rej. 14 janv. 1856, aff. Salomon, D. P. 56. 1. 67).

303. On a passé en revue au *Rép.* nos 1147 et suiv. les différentes dettes qui doivent être l'objet de la déduction prévue par l'art. 922. Au nombre de ces dettes, il faut faire figurer les frais funéraires qui, bien que ne constituant pas une dette du défunt, ont cependant pour cause l'intérêt exclusif de ce dernier (V. en ce sens : Aubry et Rau, t. 7, § 684, p. 185; Demolombe, t. 2, n° 415). Cependant cette solution est contestée par M. Laurent, t. 12, n° 101. « On oublie, dit cet auteur, qu'il s'agit uniquement de fixer le chiffre de la fortune du défunt; on ne peut donc comprendre dans son passif que ce dont il était réellement débiteur au moment de son décès; il ne peut plus devenir débiteur après sa mort... »

304. Ainsi qu'il a été dit au *Rép.* n° 1156, on doit déduire également de la masse les frais de scellés, d'inventaire, de liquidation et de partage. Un arrêt (Grenoble, 11 mars 1869, aff. Berthon, D. P. 71. 2. 115), qui consacre cette manière de procéder en donne pour motif que ces frais constituent, non pas une dette personnelle des héritiers ou des légataires, mais une charge de la succession. MM. Aubry et Rau estiment, au contraire, qu'il s'agit là d'une dette personnelle. Cependant ils sont d'avis qu'il n'y a aucun inconvénient à l'assimiler à une dette de la succession, puisque les héritiers et légataires doivent en supporter proportionnellement leur part. Cette méthode simplifie la liquidation (Aubry et Rau, t. 7, § 684, p. 186; Demolombe, t. 2, nos 280, 289 et 401).

305. En ce qui touche les contributions qui grèvent la succession, la question de savoir si leur montant doit entrer en déduction dans le calcul de la quotité disponible a été résolue au *Rép.* n° 1159 au moyen d'une distinction entre les contributions foncières, dont les héritiers prennent la charge du jour où ils entrent en jouissance, et les contributions personnelles, qui sont dues en totalité dès le premier jour de l'année, et, par suite, qui doivent dans cette même mesure être acquittées par le *de cujus*. M. Demolombe, t. 2, n° 411, approuve cette distinction qui est combattue par M. Laurent, t. 12, n° 96. Suivant cet auteur, le propriétaire de l'immeuble doit l'impôt foncier, aussi bien que les impôts personnels dès le premier jour de l'année; c'est donc, dit-il, une dette du défunt, alors même qu'il a cessé de jouir, et, d'après la rigueur du droit, il faut la déduire de l'actif héréditaire quand il s'agit d'évaluer son patrimoine.

M. Laurent, *loc. cit.*, désapprouve également la distinction analogue qui a été admise au *Rép.* n° 1160, en ce qui touche les gages des domestiques, suivant que ces derniers sont attachés à la personne du *de cujus*, ou bien sont employés à la surveillance et à l'exploitation d'un immeuble. Dans le premier cas, avons-nous dit, les gages doivent être considérés comme une charge de la jouissance. Dans le second cas on doit déduire de la masse active la totalité des sommes payées. M. Laurent objecte que la nature du service importe peu. « Il s'agit de savoir ce que le défunt devait et, pour le décider, il faut consulter les conventions intervenues entre lui et ses serviteurs. »

Art. 2. — *De la réduction des donations et legs excédant la quotité disponible* (*Rép.* nos 1162 à 1288).

§ 1er. — De quelles libéralités, à quelle époque et par quelles personnes la réduction peut être demandée (*Rép.* nos 1168 à 1200).

306. On a fait ressortir au *Rép.* n° 1168 la portée étendue de la règle tracée dans l'art. 920 c. civ. Dans le cas où la quotité disponible est excédée, toute espèce de disposition à titre gratuit, quelle qu'en soit la forme, est sujette à réduction lors de l'ouverture de la succession. Il va de soi, d'ailleurs (*Rép.* n° 1169), que la gratuité d'un acte peut être prouvée par tous les moyens légaux. Par application de ce principe, la jurisprudence a considéré comme une libéralité et a soumis à la réduction : 1° le cautionnement consenti pour garantir une donation (Civ. cass. 12 août 1872, aff. de Sainneville, D. P. 73. 1. 15, et sur renvoi, Grenoble, 26 mars 1873, D. P. 73. 5. 356). Cette solution est approuvée par M. Laurent, t. 12, n° 230; — 2° La clause d'un contrat de mariage portant que le survivant des époux mariés, sous le régime de la communauté sans modification, aura la propriété des meubles et la jouissance viagère des immeubles qui dépendraient de la communauté (Civ. cass. 15 janv. 1872, aff. Baisier, D. P. 72. 1. 102); — 3° La stipulation dans un contrat d'assurance sur la vie portant que le capital de l'assurance sera payé au décès de l'assuré à un tiers désigné (Montpellier, 15 déc. 1873, aff. Pioche, D. P. 74. 2. 101, et sur pourvoi, Req. 10 nov. 1874, D. P. 75. 1. 248).

307. La validité des donations déguisées étant supposée admise, conformément à l'opinion qui prévaut en doctrine, et qui sera ultérieurement développée (V. *infrà*, n° 457), il s'ensuit que l'action en réduction leur est applicable. C'est ce qui a été reconnu au *Rép.* n° 1171. Il a été jugé en ce sens : 1° que la disposition testamentaire, par laquelle celui qui a reçu des aliments, une fois parvenu à une meilleure fortune, se reconnaît débiteur envers celui qui les lui a fournis, constitue une donation déguisée sujette à réduction (Nancy, 14 juill. 1875, aff. Humbert, D. P. 79. 5. 15); — 2° Qu'un bail fait pour cinquante ans, moyennant un prix notablement inférieur au revenu des immeubles loués et avec la clause que ce prix ne sera plus dû par le preneur à partir du décès de l'héritier réservataire déjà âgé et malade, les impôts demeurant néanmoins à la charge du bailleur, doit être considérée comme une libéralité déguisée réductible au cas où elle excède la quotité disponible (Caen, 26 janv. 1880, aff. Hays, D. P. 82. 2. 49). — L'héritier réservataire est, d'ailleurs, recevable à établir, par tous les genres de preuve l'existence des donations déguisées qui portent atteinte à ses droits; il en est de même des dons manuels (Caen, 28 mai 1879, aff. Lesueur, D. P. 80. 2. 49).

308. Le droit d'exercer l'action en réduction appartient, ainsi qu'il a été dit au *Rép.* n° 1175, exclusivement aux héritiers réservataires. La double qualité d'héritier et de réservataire doit exister chez le demandeur en réduction. L'application de cette règle se rencontre dans l'espèce suivante. Le *de cujus* avait institué un légataire universel au détriment de son frère héritier non réservataire. Mais, par suite de la renonciation de ce dernier, la qualité d'héritier a été dévolue à un ascendant lequel, réunissant ainsi dans sa personne le droit à la réserve et la qualité d'héritier, a pu exercer l'action en réduction qui n'appartenait pas à l'héritier premier en ordre. Ainsi jugé par un arrêt de la chambre des requêtes du 24 févr. 1863 (aff. Verdeillan, D. P. 63. 1. 121). Le succès de l'action en réduction est subordonné, en outre, à la condition de prouver (ce qui incombe à l'héritier) que les dispositions à titre gratuit laissées par le *de cujus* excèdent la quotité disponible (*Rép.* nos 1176 à 1178).

309. L'action en réduction appartient aux héritiers réservataires et à leurs ayants cause. Dans cette seconde catégorie de personnes, figurent les créanciers personnels de l'héritier. Ceux-ci seraient donc admis, ainsi qu'il a été dit au *Rép.* n° 1181, à exercer l'action en réduction, dans le cas même où l'héritier leur débiteur ferait acte de renonciation, mais ils devraient, au préalable, démontrer le caractère frauduleux de cette renonciation conformément à l'art. 1166 c. civ. (V. en ce sens : Aubry et Rau, t. 7, § 685, p. 219).

310. Quant aux créanciers héréditaires, ils ne peuvent agir en réduction que du chef et au nom des héritiers dont ils sont devenus créanciers personnels. Pour qu'il en soit ainsi, il faut, suivant une remarque déjà faite (*Rép.* n° 1185) que la succession ait été acceptée purement et simplement par un ou plusieurs héritiers réservataires. Si ces derniers acceptaient seulement sous bénéfice d'inventaire, les créanciers héréditaires ne pourraient ni demander la réduction des dispositions excessives, ni en profiter (Aubry et Rau, t. 7, § 685, p. 219).

311. Les principes qui viennent d'être rappelés conduisent à décider qu'en dehors des héritiers réservataires ou de leurs ayants cause aucune personne ne peut être admise à exercer l'action en réduction. Ceci s'applique, notamment, aux donataires ou légataires. Il a été jugé, en ce sens, que le donataire successible, qui a renoncé à la succession et en est créancier, ne peut, alors que la succession a été acceptée sous bénéfice d'inventaire par les autres héritiers, opposer la compensation entre sa créance contre la succession et la réduction dont il est passible (Req. 21 juin 1869, aff. de Rostaing, D. P. 74. 5. 377-378).

312. Il faut se garder, toutefois, d'exagérer la portée de la règle qui refuse aux légataires et donataires le droit de demander la réduction ou d'en profiter. D'une part, il a été décidé, à bon droit, croyons-nous, que le donataire d'une somme payable après le décès du donateur peut en exiger le payement du donataire postérieur de toute la quotité disponible, lorsque, dans un acte de liquidation, les héritiers réservataires, en attribuant au donataire postérieur la quotité disponible, ont mis la première donation à sa charge (Civ. rej. 21 mai 1867, aff. Chesnard, D. P. 67. 1. 206). D'autre part, en cas de concours de dispositions faites à des personnes au profit desquelles le défunt pouvait disposer de toute la quotité disponible ordinaire avec des dispositions faites à une personne à l'égard de laquelle la quotité disponible est plus restreinte, les donataires ou légataires peuvent se défendre contre l'action en réduction en demandant que les libéralités laissées aux donataires ayant une capacité restreinte et qui excèdent cette quotité spéciale, soient ramenées à leur mesure légale (Aubry et Rau, t. 7, § 685, p. 219). Ces auteurs font remarquer avec raison qu'en opposant cette exception, les donataires prétendent bien moins profiter d'une réduction, qu'ils ne cherchent à conserver ce dont le défunt a pu valablement disposer en leur faveur (t. 7, § 685, p. 219, et note 3). M. Demolombe, t. 2, n° 245, et t. 6, n° 513, partage cette opinion. La même doctrine découle d'un arrêt (Civ. rej. 4 janv. 1869, aff. Gayet, D. P. 69. 1. 10) qui a reconnu qualité aux légataires pour demander que les libéralités faites au conjoint soient ramenées aux limites de la quotité disponible fixée par l'art. 1094.

313. L'individu qui a qualité pour exercer l'action en réduction peut valablement y renoncer, conformément à la règle générale applicable à tous les droits qui n'ont pas un caractère d'ordre public. Cette renonciation peut, d'ailleurs, être expresse ou tacite, suivant les principes qui régissent toute renonciation. Mais, ainsi qu'on l'a observé au *Rép.* n° 1192, elle ne peut valablement intervenir avant que le droit sur lequel elle porte ait pris naissance, c'est-à-dire avant l'ouverture de la succession (Laurent, t. 12, n° 162).

314. La renonciation, si elle est expresse, ne soulève aucune difficulté. Quant à la renonciation tacite, on a indiqué au *Rép.* n°s 1193 à 1199 les divers faits d'où on pense l'induire. En cette matière, on ne doit pas perdre de vue ce principe que les renonciations ne se présument pas. Il faut donc que la volonté de renoncer résulte clairement et nécessairement du fait invoqué (Laurent, t. 12, n° 163; Aubry et Rau, t. 7, § 685 *quater*, p. 229, n° 2). La circonstance qui est le plus souvent considérée comme constitutive de renonciation tacite est l'exécution par l'héritier réservataire d'une donation faite par le défunt ou la délivrance des legs. Toutefois, l'un ou l'autre de ces faits n'emporte pas nécessairement renonciation tacite à l'action en réduction. Tout dépend des circonstances particulières de chaque espèce (Aubry et Rau, *loc. cit.*), qui permettront d'établir si l'héritier a agi sciemment, c'est-à-dire en connaissant le caractère excessif de la libéralité. — A supposer que l'exécution d'un legs ou d'une donation puisse être considérée comme une renonciation tacite au droit d'en demander la réduction, il va de soi que les effets de cette renonciation doivent être limités au legs ou à la donation dont l'exécution a été consentie. M. Laurent observe avec raison que l'héritier, en exécutant un legs sujet à réduction, fait une libéralité puisqu'il paie ce qu'il ne doit pas. Or celui qui donne à un légataire n'est pas tenu de donner aux autres. L'héritier qui ne pourra pas demander la réduction des legs qu'il a payés sera libre d'exiger la réduction des autres libéralités (Laurent, t. 12, n° 165). Cette règle de bon sens a été consacrée par la cour de cassation de Belgique, le 3 mai 1867 (aff. Vandermael, *Pasicrisie belge*, 1867. 1. 320).

§ 2. — De l'ordre de la réduction des libéralités excessives (*Rép.* n°s 1201 à 1239).

315. Suivant la règle tracée par l'art. 923 c. civ. et rappelée au *Rép.* n° 1201, les donations entre vifs ne sont sujettes à réduction qu'autant que les biens laissés libres par le *de cujus* et ceux dont il a disposé par acte testamentaire ne suffisent pas à remplir les héritiers réservataires de leurs droits (V. Aubry et Rau, t. 7, § 685 *bis*, p. 221; Laurent, t. 12, n° 174). Application de cette règle a été faite dans l'hypothèse où un bail contenait une donation déguisée excédant la quotité disponible. La cour de cassation a décidé, contrairement à la décision des juges du fond, qu'on ne pouvait, sans faire subir aucune réduction aux legs postérieurs, réduire arbitrairement la donation en en limitant les effets à l'exécution du bail sur la moitié seulement des immeubles successifs (Civ. cass. 19 déc. 1882, aff. Leroy, D. P. 83. 1. 343).

316. Lorsqu'il y a lieu de procéder à la réduction des donations entre vifs, cette réduction doit s'opérer en commençant par la libéralité la plus récente et en remontant successivement à la plus ancienne (*Rép.* n° 1203). Cette règle est absolue et s'applique, ainsi qu'il a été dit au *Rép.* n°s 1204 et suiv., à toute espèce de disposition entre vifs. Les auteurs sont unanimes en ce sens (Aubry et Rau, t. 7, § 685 *bis*, p. 222; Laurent, t. 12, n° 184).

317. Toutefois, on s'est demandé si les institutions contractuelles et les donations de biens présents faites entre époux durant le mariage n'étaient pas réductibles avant les donations ordinaires. Cette question a été tranchée négativement au *Rép.* n° 1213. Tous les auteurs enseignent cette doctrine qui ne saurait être sérieusement contestée. En effet, l'institution contractuelle, malgré ses ressemblances avec le legs et la donation entre époux, bien que révocable, confère cependant l'une et l'autre à la personne gratifiée un droit qui prend naissance au jour de la passation de l'acte. Ce sont donc des libéralités entre vifs (V. Laurent, t. 12, n°s 187 et 188; Aubry et Rau, t. 7, § 685 *bis*, p. 223, et note 11).

318. Une autre difficulté a été soulevée dans le cas d'un héritier donataire en avancement d'hoirie qui renonce à la succession pour s'en tenir à son don. A quelle époque cette donation doit-elle prendre rang? Suivant M. Marcadé dont l'opinion a été rapportée au *Rép.* n° 1214, ce serait seulement à l'époque de la renonciation. Cette opinion est aujourd'hui unanimement condamnée par la doctrine, qui voit dans l'héritier renonçant un donataire ordinaire, lequel ne doit être atteint par l'action en réduction qu'à la date où il a reçu sa libéralité (V. en ce sens : Demolombe, t. 2, n° 57; Laurent, t. 12, n° 190; Aubry et Rau, t. 7, § 685 *bis*, p. 222). La jurisprudence s'était déjà ralliée à cette manière de voir par un arrêt rapporté au *Rép.* n° 1214 (Amiens, 7 déc. 1852). Plus récemment, un arrêt (Dijon, 10 avr. 1867, aff. Aumônier, D. P. 67. 2. 228) a consacré la même doctrine.

319. La règle d'après laquelle les donations doivent être réduites suivant l'ordre de leurs dates est si inflexible qu'il n'appartient pas au donateur d'y faire échec, en indiquant comme devant être réduite en dernier lieu une donation d'un rang postérieur (Laurent, *op. cit.*, t. 12, n° 184). Mais le donateur pourrait régler lui-même l'ordre de réduction à l'égard de donations comprises dans un même acte ou bien faites par des actes multiples intervenus le même jour et sans indication d'heure. Dans un cas comme dans l'autre, ainsi qu'il a été dit au *Rép.* n° 1216, les diverses libéralités entre lesquelles il est impossible de faire une distinction de dates doivent être réduites au marc le franc, à moins que le donateur n'ait réglé un ordre de préférence. Ce mode de procéder est licite et ne fait d'ailleurs pas échec à la règle indiquée ci-dessus, car le donateur, en marquant celles des libéralités passées le même jour ou dans le même acte qui devront être réduites en premier lieu, ne touche pas à des droits acquis. En réalité, il fait une donation affectée d'une condition.

320. Les auteurs sont d'accord pour reconnaître au donateur le droit d'indiquer l'ordre de réduction dans l'hypothèse qui vient d'être examinée; mais une divergence se produit entre eux sur la question de savoir si le donateur doit manifester sa volonté d'une manière expresse. C'est l'opinion de M. Demolombe, qui applique par analogie à notre hypothèse l'art. 927 c. civ. (t. 2, n° 582). M. Laurent, t. 12, n° 184, enseigne, au contraire, que l'art. 927 est spécial aux dispositions testamentaires. La réduction proportionnelle des donations n'étant pas prévue par la loi doit être régie par les principes du droit commun qui permettent à la volonté de se manifester par des faits aussi bien que par des paroles. L'intention du disposant d'attribuer la préférence à telle ou telle donation pourra donc s'induire de toutes les circonstances de la cause. La jurisprudence s'est prononcée en ce sens. Il a été jugé que la volonté de déroger à la réduction au marc le franc pouvait résulter de ce fait, souverainement apprécié par les premiers juges, que le donataire, chargé de payer à des tiers des sommes déterminées, connaissait l'existence d'un héritier réservataire, agissait, dès lors, à ses risques et périls et se soumettait à la condition de ne pas faire réduire avant sa propre donation celles qui consistaient dans les sommes dont il s'était reconnu débiteur (Req. 10 août 1870, aff. Doucet, D. P. 72. 1. 81).

321. Il résulte des explications précédentes que la date d'une donation a une grande importance au point de vue de l'exercice de l'action en réduction. Comment cette date peut-elle être établie, et faut-il qu'elle satisfasse aux conditions exigées par l'art. 1328 c. civ. pour les dates certaines? Ces questions ne soulèvent aucune difficulté à l'égard des donations proprement dites pour lesquelles la rédaction d'un acte authentique est de rigueur. Tout autre est la situation des donations déguisées et des dons manuels. En ce qui touche cette catégorie spéciale des libéralités, il a été décidé que les dates auxquelles elles étaient intervenues pouvaient être établies à l'aide des mentions contenues dans les papiers domestiques du défunt, la règle d'après laquelle l'enregistrement est nécessaire pour donner aux actes date certaine à l'égard des tiers étant ici sans application (Caen, 28 mai 1879, aff. Lesueur, D. P. 80. 2. 49). Cette solution a été critiquée par M. Guillouard, *Revue critique*, 1879, p. 305. Elle a été défendue par M. Toutain, même *Recueil*, p. 161 et suiv., dans l'hypothèse où le conflit s'engagerait entre le donataire atteint par la réduction et l'héritier réservataire. M. Toutain fait observer avec raison, croyons-nous, que si l'héritier réservataire est un tiers par rapport au défunt, en tant qu'il demande la réduction d'un acte passé par son auteur, la qualité d'ayant cause prédomine en lui, en ce qui concerne la date de la donation, puisque le fait par le *de cujus* d'avoir donné à sa libéralité telle ou telle date constatée par sa signature est complètement étranger au droit de réserve qui appartient à l'héritier. D'après ce système, l'héritier à réserve est placé dans une situation mixte. En exerçant son droit contre les donataires, il est un tiers. Mais la date assignée aux donations lui est opposable; en cela, il est un ayant cause. Cette opinion a été développée au *Rép.* v° *Obligations*, n° 3931. Elle est également enseignée par M. Laurent, t. 19, n° 298.

Le raisonnement qui vient d'être exposé est sans valeur en ce qui touche la situation respective des donataires. Il faut reconnaître qu'à l'égard de cette catégorie de personnes, la théorie de la cour de Caen n'est guère soutenable. La portée restreinte qu'elle prétend attribuer à l'art. 1328 apparaît comme arbitraire et ne peut se concilier avec les termes généraux dans lesquels cet article est conçu. Nous croyons donc que, dans les rapports des donataires entre eux, le système de M. Guillouard doit être préféré. Toutes les libéralités ou déguisées, ou bien présentant le caractère de dons manuels qui n'auront pas acquis date certaine conformément à l'art. 1328 avant le décès du donateur, doivent être reportées à la date de ce décès, et, comme telles, elles seront réductibles au marc le franc.

322. Il peut arriver qu'en procédant à la réduction des donations, suivant les règles ci-dessus établies, on rencontre des donataires insolvables. En ce cas, pour compléter la part de réserve afférente aux héritiers, est-on en droit de s'adresser aux donataires antérieurs? En d'autres termes, l'insolvabilité d'un ou plusieurs donataires doit-elle être supportée par les donataires d'une époque antérieure ou bien par les héritiers? Ce sont ces derniers qui devraient la supporter, d'après M. Laurent, *op. cit.*, t. 12, n° 191, qui considère cette solution comme seule juridique. De quel droit, dit-il, peut-on agir en réduction contre les premières donations qui n'excèdent pas le disponible? MM. Aubry et Rau, t. 7, § 685 *ter*, p. 227, note 11, combattent cette opinion en faisant remarquer qu'elle conduirait à l'anéantissement total du droit de réserve au cas où le défunt, après avoir épuisé la quotité disponible par ses premières dispositions, aurait donné à un insolvable une somme égale au montant de la réserve. Aussi ces auteurs sont-ils d'avis qu'en cas d'insolvabilité d'un donataire, les héritiers peuvent demander la réduction des donations précédentes jusqu'à concurrence de leur réserve. Jugé, en ce sens, que le droit de l'héritier réservataire est supérieur à celui des donataires, et, par suite, que si les donataires les plus récents soumis à réduction sont insolvables ou inconnus, l'action en réduction doit nécessairement atteindre les donataires antérieurs (Civ. rej. 11 janv. 1882, aff. Lesueur, D. P. 82. 1. 313).

Ce système n'est d'ailleurs applicable qu'aux donations de sommes d'argent, denrées ou autres objets mobiliers. En ce qui concerne les donations d'immeubles, les héritiers réservataires, après avoir établi l'insolvabilité du donataire par la discussion préalable de tous ses biens, ont la faculté d'agir en revendication contre les tiers détenteurs des immeubles donnés (*Rép.* n° 1222; Aubry et Rau, t. 7, § 685 *ter*, p. 226, notes 5 et 6).

323. Avant d'atteindre les dispositions entre vifs, la réduction doit porter en premier lieu sur les dispositions testamentaires. Suivant les règles générales tracées au *Rép.* n°s 1224 à 1227, lorsqu'il y a lieu à réduction partielle des dispositions testamentaires, le retranchement se fait au marc le franc et, sans aucune distinction, entre les legs universels et les legs particuliers, soit de quantités, soit même de corps certains (Demolombe, t. 2, n°s 559 et 560; Aubry et Rau, t. 7, § 685 *bis*, p. 221, note 2; Laurent, t. 12, n° 181; Nicias Gaillard, *Revue critique*, t. 17, p. 193 et suiv.). Une doctrine différente à l'égard des legs de corps certains pourrait toutefois s'induire d'un arrêt (Civ. cass. 18 juin 1862, aff. Dumas, D. P. 62. 1. 412), lequel s'est fondé sur ce que le legs d'une créance constituait un legs de corps certain pour décider qu'il devait être réduit, non pas avant les autres legs de corps certains, mais conjointement avec ces derniers legs.

324. Une seule dérogation à cette règle devrait être admise au cas où le testateur aurait déclaré qu'il entendait que tel legs fût acquitté de préférence aux autres. Aux termes de l'art. 927 c. civ., la déclaration dont s'agit doit être expresse; mais est-il nécessaire que le testateur ait employé les termes mêmes dont se sert l'art. 927? M. Demolombe paraît exiger cette condition (t. 2, n° 565). Il résulte des explications données au *Rép.* n°s 1229 à 1232 et des décisions qui y ont été rapportées que la déclaration expresse exigée par l'art. 927 peut résulter suffisamment de toutes les énonciations propres à manifester d'une manière non équivoque la volonté du testateur qu'un legs soit acquitté de préférence aux autres (V. en ce sens: Aubry et Rau, t. 7, § 685 *bis*, p. 222, note 5). Cette doctrine découle également d'un arrêt qui a décidé, dans une hypothèse où le *de cujus* avait entamé la réserve, en donnant par préciput à l'un de ses deux enfants le tiers de ses biens en pleine propriété et léguant à son conjoint l'usufruit de la moitié de sa succession, alors qu'il était constaté que l'intention du *de cujus* avait été que ce dernier legs ne subît aucune réduction que la réduction devait être supportée par le donataire jusqu'à concurrence de la quotité disponible la plus élevée autorisée au profit de l'époux (Req. 1er mai 1876, aff. Fabre, D. P. 76. 1. 433).

§ 3. — Du mode de payement de la réserve par les donataires ou légataires en cas de réduction; De l'action contre les tiers (*Rép.* n°s 1240 à 1266).

325. — I. DU MODE DE PAYEMENT DE LA RÉSERVE PAR LES DONATAIRES (*Rép.* n°s 1240 à 1246). — Si les biens donnés se trouvent dans les mains des donataires, la réduction se fera en nature. Cette règle, qui découle par *a contrario* de l'art. 924, a été indiquée au *Rép.* n° 1240; elle est enseignée par l'unanimité des auteurs (Aubry et Rau, t. 7, § 685 *ter*, p. 224; Demolombe, t. 2, n° 689; Laurent, t. 12, n° 192). Elle comporte deux exceptions contenues dans les art. 924 et 866. Nous ne reviendrons pas sur l'explication de ces deux articles (V. *suprà*, n°s 282 à 284). Nous nous bornerons à citer deux arrêts qui ont trait à l'application du premier de ces articles; il a été jugé que le donataire successible a le droit de retenir sur les biens donnés sa part de réserve et la quotité disponible, pourvu qu'il y ait dans la succession des biens de même nature, alors même qu'il serait donataire universel, et que ces biens de même nature seraient rentrés dans la succession par suite de la réduction qu'il a subie (Req. 15 nov. 1871, aff. Delbreil, D. P. 71. 1. 281; Nancy, 2 déc. 1872, aff. Hasselot, D. P. 73. 2. 214).

326. La disposition par laquelle le *de cujus*, en gratifiant de plusieurs biens distincts le donataire, lui conférerait le droit d'indiquer à son choix, en cas de retranchement, les biens sur lesquels la réduction devra s'opérer de préférence ne constitue pas une dérogation à la règle de la réduction en nature. La cour de Montpellier a considéré une clause de ce genre comme valable, sous la seule restriction qu'elle ne portât pas atteinte à la réserve des autres héritiers (Montpellier, 27 déc. 1866, aff. Tapie-Mengaud, D. P. 67. 5. 316). Nous ne pouvons qu'approuver cette solution. La théorie du partage égal en biens meubles et immeubles est, en effet, étrangère à la question qui nous occupe, où il s'agit uniquement pour les héritiers d'obtenir leur part de réserve. En ce qui concerne la quotité disponible, il n'est pas douteux que le *de cujus* ait le droit d'y faire entrer tels biens qui lui conviennent de préférence à tels autres, pourvu que la valeur de ces biens n'excède pas le montant de la quotité disponible, et il peut déléguer l'exercice de ce droit au donataire ou légataire. Ce principe qui sert de base à l'arrêt de Montpellier précité a été consacré également par la cour de Bastia le 4 mars 1874 (aff. Franceschini, D. P. 75. 2. 15). Il résulte de cet arrêt que le testateur peut, en léguant la quotité disponible, laisser au légataire la faculté de choisir parmi les biens de la succession ceux qui composeront cette quotité (V. cependant en sens contraire : Chambéry, 17 janv. 1865, aff. Romanet, D. P. 65. 2. 217).

327. — II. DE L'ACTION DE L'HÉRITIER A RÉSERVE CONTRE LES TIERS (*Rép.* nos 1247 à 1266). — Ainsi qu'il a été dit au *Répertoire*, dans les cas où les tiers détenteurs des immeubles donnés peuvent être actionnés en réduction, ils ne sont pas tenus de subir le retranchement en nature. Ils ont le choix de ne fournir que l'équivalent (Aubry et Rau, t. 7, § 685 *ter*, 227, note 10).

Une seconde différence entre la situation des donataires et celle des tiers détenteurs, c'est que ces derniers ne doivent les fruits qu'à compter de la demande en réduction, tandis que les donataires sont tenus de les restituer à partir de l'ouverture de la succession, sauf le cas prévu par l'art. 928 (V. *infrà*, nos 330 et suiv.). Cette solution, qui a été indiquée au *Rép.* no 1251, est admise généralement (V. les auteurs cités *loc. cit.* et plus récemment M. Demolombe, t. 2, no 639). MM. Aubry et Rau, t. 7, § 685 *ter*, p. 228, note 15, enseignent, au contraire, que la restitution des fruits s'opère au regard des tiers détenteurs de la même manière qu'au regard des donataires eux-mêmes. Cela résulte, disent ces auteurs, des termes de l'art. 930 combinés avec ceux de l'art. 928. MM. Aubry et Rau font remarquer aussi que le tiers détenteur actionné en réduction n'est point un simple possesseur, mais un propriétaire dont le droit est sujet à révocation, de telle sorte que, sous ce rapport, les art. 549 et 550 c. civ. deviennent inapplicables. Ils ajoutent que ces deux articles reposant non seulement sur la faveur due aux tiers détenteurs, mais encore sur la négligence apportée par le propriétaire dans l'exercice de ses droits, l'esprit de la loi s'oppose à ce qu'on étende ces dispositions à une hypothèse où, d'après l'art. 928, aucune négligence ne peut être reprochée à l'héritier à réserve, lorsqu'il a formé sa demande dans l'année (V. aussi Laurent, t. 12, no 216). — La question paraît résolue implicitement dans le même sens par un arrêt de la cour de Dijon, du 6 août 1869 (aff. Teyras, D. P. 69. 2. 179), aux termes duquel le tiers acquéreur d'un immeuble soumis à l'action en réduction au profit d'héritiers réservataires n'est tenu à la restitution des fruits qu'à partir de la demande en réduction formée contre lui, *si elle est postérieure à l'année du décès du donateur*, encore qu'elle ait été intentée contre le donataire dans l'année du décès. M. Laurent, *loc. cit.*, critique sur ce dernier point l'arrêt de la cour de Dijon. « Dès que les héritiers agissent dans l'année, dit-il, ils ont droit aux fruits, et, par conséquent, les fruits doivent leur être restitués par les donataires ou par les tiers détenteurs. Tout ce que ceux-ci peuvent exiger, c'est qu'on leur notifie l'action formée contre le donataire. »

328. On a expliqué au *Rép.* nos 1253 et suiv. la règle édictée par l'art. 930 d'après laquelle les tiers détenteurs ne peuvent être poursuivis en réduction qu'après discussion préalable des biens des donataires. Par application de cette règle, il a été jugé que l'assignation adressée au tiers acquéreur d'avoir à assister à la discussion de la solvabilité du donataire ne pourrait être considérée comme une demande en réduction ayant pour effet de rendre ce tiers comptable des fruits (Dijon, 6 août 1869, aff. Teyras, D. P. 69. 2. 179).

329. Les différences qui viennent d'être relevées, au point de vue de l'exercice de l'action en réduction, entre le cas où les biens sont encore aux mains du donataire et celui où ils sont passés à des tiers détenteurs, supposent évidemment que ces biens ont été l'objet d'une aliénation régulière et véritable. Si, au contraire, cette aliénation était annulée comme simulée et frauduleuse, il va de soi que les règles concernant les tiers détenteurs cesseraient d'être applicables. C'est ce qu'un arrêt de la chambre des requêtes du 20 juill. 1868 (1) a eu l'occasion de décider.

§ 4. — Des effets de l'action en réduction (*Rép.* nos 1267 à 1280).

330. Les donataires soumis à la réduction doivent faire état des fruits, à compter de l'ouverture de la succession, lorsque la demande a été formée dans l'année, sinon à compter du jour de la demande (c. civ. art. 928). Cette règle s'applique à toutes les donations, y compris celles qui sont faites par contrat de mariage, conformément à l'art. 1081 c. civ. (Civ. rej. 26 avr. 1870, aff. Reydellet, D. P. 70. 1. 359). — Il n'y a difficulté qu'en ce qui concerne les donations déguisées. Ainsi qu'on l'a observé au *Rép.* no 1272, on a pu se demander si le déguisement ne rendait pas les héritiers excusables de n'avoir intenté leur action qu'après l'expiration de l'année du décès et si, dans ce cas, les fruits ne devaient pas être payés à compter du jour du décès, lorsque les héritiers établissent qu'ils ont introduit l'action en réduction aussitôt que la donation déguisée leur a été révélée. Ce raisonnement a été combattu au *Répertoire* à raison du caractère spécial du droit conféré par l'art. 928. MM. Aubry et Rau repoussent de même toute distinction entre les donations déguisées et les donations ouvertes, au point de vue de la restitution des fruits (t. 7, § 685 *ter*, p. 228. V. également Demolombe, t. 2, no 613).

331. La portée absolue de l'art. 928 entraîne une autre conséquence. Il a été jugé que la règle d'après laquelle la restitution des fruits est due seulement à compter du jour de la demande, lorsque celle-ci n'a pas été intentée dans l'année du décès du donateur, s'applique au donataire venant à la succession aussi bien qu'au donataire étranger à la succession (Civ. rej. 26 avr. 1870, aff. Reydellet, D. P. 70. 1. 359). — On peut citer toutefois, en sens contraire, deux arrêts de cours d'appel, qui décident que le donataire successible est tenu, dans tous les cas, de restituer les fruits de ce qui excède la quotité disponible, à compter du décès du donateur (Bastia, 29 juin 1857, aff. Ortoli, D. P. 58. 2. 65 ; Pau, 2 janv. 1871, aff. Castéron, D. P. 73. 2. 94).

332. Ainsi qu'il a été dit au *Rép.* no 1273, les biens immeubles sur lesquels porte la réduction reviennent aux mains des héritiers affranchis de toutes charges ou hypothèques autres que celles constituées par le défunt lui-même. Cette règle n'est qu'un corollaire du principe suivant lequel les tiers détenteurs eux-mêmes ne sont pas à l'abri de l'action en réduction. Est-elle applicable aux charges ou droits

(1) (Casabianca et Dugied C. Jonchières et Pons.) — LA COUR ;... — Sur le troisième moyen, tiré de la violation des art. 922, 923 et 930 c. nap., en ce que la nullité de la vente faite par Casabianca à Dugied de la maison d'Avignon précédemment donnée par la dame Hugues à Casabianca ne pouvait être poursuivie qu'autant qu'il serait prouvé que la donation avait excédé la quotité disponible, et dans tous les cas après discussion des biens donnés ; — Attendu, d'une part, que Dugied n'a jamais opposé à l'action en revendication de la maison dont il s'agit, formée par les dames Jonchières et Pons, que l'exception de garantie; qu'il n'a jamais prétendu que cette action fût prématurée, d'où il suit que ce moyen est nouveau et, par conséquent, non recevable devant la cour de cassation ; — Attendu, d'autre part, que pour annuler la vente consentie par Casabianca à Dugied le 26 nov. 1864, l'arrêt attaqué se fonde sur ce que cette vente n'a jamais été sincère, mais simulée et frauduleuse ; — Attendu que la vente étant déclarée nulle, et la maison dont il s'agit n'ayant pas cessé d'être la propriété du donataire Casabianca, la disposition des art. 922 et suiv. concernant les tiers détenteurs cessait d'être applicable à la cause ; — Attendu que les défenderesses éventuelles agissant pour la conservation de la réserve qu'elles tendient de la loi et non de leur mère exerçaient un droit qui leur était propre, et ne pouvaient, en conséquence, être repoussées par la maxime *quem de evictione tenet actio, eumdem agentem repellit exceptio* ; — Attendu, d'ailleurs, que la nullité reconnue de la vente entraînait l'annulation de l'obligation de garantie ;

Par ces motifs, rejette, etc.

Du 20 juill. 1868.-Ch. req.-MM. Bonjean, pr.-de Vergès, rap.-P. Fabre, av. gén., c. conf.-Duboy, av.

réels constitués sur des immeubles dont l'aliénation gratuite a été consentie sous l'apparence de contrat à titre onéreux ou par tout autre mode de déguisement, alors d'ailleurs que les tiers ont agi de bonne foi? Cette question a été examinée au *Rép.* n° 1277. Pour la résoudre, il faut rechercher si la simulation, à laquelle le donateur a eu recours et qui a induit en erreur les tiers de bonne foi, n'autorise pas ces derniers à se faire indemniser par le donateur des conséquences de cette erreur. La réponse affirmative découle des règles du droit commun. Par application de la règle *quem de evictione tenet actio, eumdem agentem repellit exceptio*, les héritiers du défunt seront non recevables à former contre les tiers dont il vient d'être parlé une action quelconque tendant à la résolution. Il n'en sera ainsi, toutefois, qu'autant que les héritiers auront accepté purement et simplement la succession, puisque c'est seulement à cette condition qu'ils seront tenus personnellement des obligations de leur auteur (V. en ce sens Aubry et Rau, t. 7, § 685 *ter*, p. 225 et 226, notes 3 et 4; Demolombe, t. 2, n°s 619 à 625).

§ 5. — Prescription de l'action en réduction ou revendication (*Rép.* n°s 1281 à 1288.)

333. L'action en réduction, comme toute autre action, peut être éteinte par la prescription. Ainsi qu'on l'a dit au *Rép.* n° 1281, la prescription ne commence à courir qu'à partir du décès du *de cujus*, puisque c'est seulement à cet instant que le droit des héritiers à réserve prend naissance. MM. Aubry et Rau réfutent l'argument d'analogie qu'on voudrait tirer de la situation du titulaire d'un droit de propriété subordonné à une condition suspensive. Si l'usucapion court contre cette personne dès avant l'arrivée de la condition, cela tient à ce qu'elle peut agir même *pendente conditione*, à l'effet d'interrompre la prescription. Tout autre est la position de l'héritier réservataire, qui, jusqu'au moment de l'ouverture de la succession, n'a pas un droit éventuel de réserve, mais une simple expectative (Aubry et Rau, t. 7, § 685 *quater*, p. 230, note 6; Demolombe, t. 2, n° 242; Laurent, t. 12, n° 169).

334. Au bout de quel laps de temps la prescription est-elle acquise? Au regard des donataires, tout le monde admet que la prescription trentenaire peut seule éteindre l'action en réduction (*Rép.* n° 1285; Aubry et Rau, t. 7, § 685 *quater*, p. 230; Laurent, t. 12, n° 167; Demolombe, t. 2, n°s 236 et 240). Conformément à cette doctrine, la prescription a été reconnue opposable à l'action en réduction intentée par un héritier, qui avait exécuté depuis plus de trente ans le testament, contenant un legs universel d'usufruit en sa faveur et un legs de nue propriété au profit de plusieurs petits-enfants du *de cujus* (Bordeaux, 4 déc. 1871, aff. Savary, D. P. 72. 2. 177).

335. En ce qui touche l'exercice de l'action en réduction contre les tiers détenteurs, il y a controverse sur le point de savoir si la prescription acquisitive de dix et vingt ans est opposable. En faveur du système de la négative on a déjà cité au *Rép.* n° 1287 l'opinion de M. Delvincourt. M. Laurent, t. 12, n° 168, enseigne la même solution, mais par des raisons différentes. L'usucapion, dit-il, suppose que le possesseur n'était pas propriétaire en vertu de son titre et qu'il le devient par la possession appuyée sur un juste titre et sur la bonne foi. Or le tiers qui a acquis du donataire a acquis du véritable propriétaire; il est lui-même propriétaire, jusqu'à ce que l'héritier agisse contre lui. Il est donc dans la même situation que le donataire lui-même (Laurent, t. 12, n° 168). On s'est prononcé au *Répertoire* en faveur du système contraire; c'est celui qui prévaut actuellement en doctrine (Demolombe, t. 2, n° 240; Aubry et Rau, t. 7, § 685 *quater*, p. 230, note 5). Ces derniers auteurs fondent leur opinion sur ce que l'action en réduction dirigée contre les tiers, à l'exception de quelques particularités sans importance, présente tous les caractères constitutifs de l'action en revendication et, par suite, doit être soumise aux mêmes causes d'extinction.

TIT. 3. — DES DONATIONS ENTRE VIFS
(*Rép.* n°s 1289 à 2459).

CHAP. 1er. — Des donations ordinaires
(*Rép.* n°s 1290 à 1938).

SECT. 1re. — CARACTÈRES ESSENTIELS DES DONATIONS ENTRE VIFS
(*Rép.* n°s 1290 à 1398).

336. Ces caractères ont été signalés au *Rép.* n° 1290; ce sont la gratuité, le dessaisissement actuel et irrévocable, l'acceptation de la part du donataire. Ils feront l'objet des trois articles qui vont suivre. Nous rappelons en outre que la donation constitue un contrat solennel, c'est-à-dire qu'elle doit satisfaire à certaines conditions de formes indiquées par la loi. Ces formalités seront examinées dans une section distincte (V. *infrà*, n°s 356 et suiv.).

ART. 1er. — *De la gratuité des donations* (*Rép.* n°s 1291 à 1315).

337. Ainsi qu'il a été dit au *Rép.* n° 1291, le principe de la gratuité du contrat de donation n'exclut pas d'une manière absolue l'adjonction de certaines charges à une libéralité. Mais il est évident que si les charges imposées au donataire égalaient l'avantage qui lui est concédé, la donation n'existerait plus que de nom; en réalité, elle constituerait un contrat à titre onéreux et, par suite, serait affranchie des conditions spéciales à la donation (Aubry et Rau, t. 7, § 701, p. 378). — La loi n'a point indiqué et ne pouvait pas indiquer l'importance que doivent avoir les charges pour transformer la donation onéreuse en un contrat onéreux proprement dit. C'est donc aux tribunaux, ainsi qu'on l'a dit au *Rép.* n° 1292, qu'il appartient de décider, d'après les circonstances de fait et d'espèce, si la gratuité de l'acte subsiste malgré les charges dont il est affecté. Pour former leur conviction, les juges sont en droit de s'entourer de tous renseignements qui leur semblent utiles, et même de recourir à des expertises. Jugé en ce sens que, pour savoir si un contrat a le caractère d'une donation avec charges ou d'une vente, le tribunal peut ordonner une expertise à l'effet de déterminer la valeur des immeubles dont l'aliénation a été accompagnée de charges (Trib. Saint-Calais, 18 août 1877) (1). Ce n'est là, d'ailleurs, qu'une application d'un principe général consacré par un arrêt de la cour de cassation (Civ. rej. 4 juin 1867, aff. Jolibois, D. P. 67. 1. 218).

338. Si maintenant on passe à l'examen de la jurisprudence, on pourra rapprocher des décisions rapportées au *Rép.* n°s 1298 à 1300 les espèces suivantes, où le caractère onéreux a été considéré comme prédominant. Il a été jugé: 1° que l'obligation prise par un tiers, dans un marché de travaux passé entre une fabrique d'église et un entrepreneur, de payer tout ou partie de ces travaux, sous certaines conditions destinées à satisfaire le caprice ou la vanité de ce tiers, constitue non une donation, mais un contrat commutatif (Req. 14 avr. 1863, aff. Bardet, D. P. 63. 1. 402); — 2° Que

---

(1) (Leroux de la Roche C. Enregistrement.) — LE TRIBUNAL; — Attendu qu'avant de statuer au fond sur le mérite de l'opposition formée par Charles-Prosper Leroux de la Roche à la contrainte qui lui a été signifiée le 10 mars dernier par l'administration de l'Enregistrement, il convient, pour arriver à déterminer la nature de l'acte du 16 nov. 1875, de rechercher quelle était, au jour du dit acte, la valeur des biens dont la propriété était transmise par la dame Leroux de la Roche à son fils; — Attendu que les estimations fournies tant par l'administration de l'Enregistrement que par la partie opposante à la contrainte sont contradictoires et ne sauraient présenter des éléments certains d'appréciation pour le tribunal; qu'il y a lieu, dès lors, de recourir à l'expertise sollicitée par Leroux de la Roche pour fixer la valeur locative et la valeur vénale des biens compris à l'acte du 16 nov. 1875; — Par ces motifs, avant faire droit au fond, ordonne que les immeubles seront visités par tels experts que les parties choisiront dans la quinzaine de la signification du présent jugement, à l'effet de déterminer quelle était la valeur locative des biens transmis par la dame Leroux de la Roche à son fils par l'acte du 16 nov. 1875 et à la date dudit acte, ainsi que la valeur vénale en capital desdits biens à la même époque; — Dit que, faute par les parties de s'être entendues dans ledit délai sur le choix des experts, le tribunal commet MM. Sarrazin, expert à Saint-Calais, Travaillard, architecte à Saint-Calais, et Thoury, expert à Montfort-le-Rotrou, à l'effet de procéder à ladite expertise, etc.

Du 18 août 1877.-Trib. civ. de Saint-Calais.

l'acte par lequel une femme paraît avoir disposé à titre gratuit envers son mari et ses enfants sous la forme d'une donation entre vifs, peut être considéré, à raison des circonstances, comme constituant en réalité un contrat à titre onéreux par lequel la femme s'est engagée à réparer le dommage résultant d'un délit d'adultère par elle commis et de la naissance d'un enfant adultérin auquel elle a donné le jour (Civ. rej. 20 juill. 1870, aff. Mévil, D. P. 70. 1. 334); — 3° Que la donation faite par un tuteur à son pupille, sous la condition que celui-ci renoncera au droit d'attaquer le compte de tutelle pour inobservation de l'art. 472 c. civ., a le caractère d'un contrat commutatif (Req. 12 nov. 1867, aff. Thomas, D. P. 69. 1. 528; Pau, 3 mars 1869, aff. Théron, D. P. 69. 2. 203, et sur pourvoi, Req. 21 déc. 1869, D. P. 70. 1. 308); — 4° Que l'acte qualifié donation, qui impose au donataire des charges ou des services d'une valeur sensiblement égale à celle des biens donnés, doit être regardé comme constituant en réalité un contrat à titre onéreux (Pau, 4 juin 1873, aff. Raugotte, D. P. 74. 2. 84); — 5° Que l'engagement de fournir des aliments à l'enfant dont une fille est accouchée constitue une obligation civile, qui n'est pas soumise aux formes des donations (Aix, 8 avr. 1873, aff. Senequier, D. P. 74. 2. 54); — 6° Que l'acte authentique par lequel un individu, attiré chez une femme mariée par des manœuvres concertées entre elle et son mari, a disposé d'une partie de ses biens au profit des deux conjoints, n'a point le caractère d'un acte à titre gratuit (Bordeaux, 14 août 1876, aff. Duffau, D. P. 79. 1. 22); — 7° Que la convention par laquelle un individu prend, pour remplir un devoir de conscience, l'engagement de subvenir aux besoins d'un mineur, n'a pas le caractère d'une pure libéralité et, par suite, n'est point soumise aux formalités des donations entre vifs (Civ. cass. 15 janv. 1873, aff. de S..., D. P. 73. 1. 180); — 8° Que l'acte par lequel un fils s'engage à payer à ses père et mère une pension alimentaire nécessaire à leur existence n'est pas une libéralité, alors même qu'il serait fait dans la forme des donations entre vifs (Caen, 27 janv. 1874, aff. Bigeard, D. P. 76. 2. 53); — 9° Qu'une convention entre cohéritiers par laquelle, deux successions étant ouvertes, plusieurs héritiers reconnaissent n'avoir aucun droit dans lesdites successions, et à la suite de laquelle ils ont procédé au partage de leurs biens respectifs, ne constitue pas une donation soumise aux formes de l'art. 931 c. civ. (Civ. rej. 9 déc. 1874, aff. Cadercaudanmarécor, D. P. 75. 1. 132).

339. En ce qui touche les donations rémunératoires, nous nous bornerons à une simple référence aux explications dont elles ont été l'objet au *Rép.* nos 1302 à 1313. Elles ont été définies : « donations qui ont eu lieu en vue de récompenser des services rendus par le donataire au donateur ». Cette définition est adoptée par la doctrine la plus récente (Aubry et Rau, t. 7, § 702, p. 379; Laurent, t. 12, n° 333). On admet aussi, conformément à l'opinion émise au *Répertoire*, que les donations dont il s'agit cesseraient de constituer des dispositions à titre gratuit au cas où le service rémunéré, d'une part, serait appréciable en argent et, d'autre part, aurait une valeur qui égalerait à peu près le montant de la prétendue donation (Aubry et Rau, t. 7, § 702, p. 380 ; Laurent, n°335). La cour de cassation a décidé, dans le sens de cette doctrine, que les donations rémunératoires ne sont dispensées des formes édictées pour les donations entre vifs que lorsqu'elles présentent le caractère d'une dation en payement constitutive d'un véritable contrat à titre onéreux (Req. 7 janv. 1862, aff. Schauer, D. P. 62. 1. 188). Ce même arrêt proclame, en outre, le pouvoir souverain des juges du fond pour constater si un acte a ou n'a pas le caractère de dation en payement (V. *Rép.* nos 1311 à 1313).

ART. 2. — *Du dessaisissement actuel et irrévocable. — Donations faites sous réserve d'usufruit ou de la nue propriété. — Donations de biens à venir. — Donations faites sous conditions potestatives à la charge de payer certaines dettes ou avec réserve du droit de disposer* (*Rép.* nos 1316 à 1382).

340. La condition du dessaisissement actuel et irrévocable, exigée pour la validité de la donation entre vifs, apparaît comme une exception aux principes du droit commun, d'après lesquels les parties peuvent valablement subordonner l'existence d'une convention à une modalité dont l'accomplissement dépend de la volonté de l'une d'elles (V. Aubry et Rau, t. 7, § 699, p. 364-365). L'origine et la raison d'être de la règle qui fait l'objet du présent article ont été indiquées au *Rép.* n° 1319. Cette règle vient de notre ancien droit coutumier et de la maxime « donner et retenir ne vaut ».

341. Il est à peine besoin de dire que toutes les donations sont, en principe, et à moins d'une exception formelle de la loi, astreintes à la condition du dessaisissement actuel et irrévocable. C'est ce qui a été décidé, notamment, à l'égard des donations en avancement d'hoirie (Comp. Civ. cass. 3 août 1870, aff. de Baroncelli-Javon, D. P. 72. 1. 356, et sur renvoi, Grenoble, 22 févr. 1871, D. P. 72. 2. 181), et à l'égard des donations déguisées sous l'apparence d'un contrat à titre onéreux (Civ. cass. 30 juin 1851, aff. Ramond, D. P. 57. 1. 308). Cependant le principe que le donateur doit se dépouiller irrévocablement au moment même de la disposition n'exclut pas d'une manière absolue l'apposition à la donation de certaines modalités. Cette proposition incontestée recevra son développement au cours de l'examen qui va suivre des conditions le plus habituellement insérées dans les donations.

342. — I. DONATIONS SOUS RÉSERVE D'UN DROIT D'USUFRUIT OU DE NUE PROPRIÉTÉ (*Rép.* nos 1323 à 1335). — Ainsi qu'on l'a déjà observé au *Rép.* n° 1323, la double condition d'actualité et d'irrévocabilité, exigée par l'art. 894 pour la validité des donations entre vifs, est réalisée par cela seul qu'un droit est réellement et immédiatement transmis au donataire sur les objets donnés. Il suit de là que la réserve du droit d'usufruit est valable, alors que le disposant se dessaisit de la nue propriété. Il en serait de même si, abandonnant l'usufruit, le donateur se réservait la nue propriété. Au contraire, il a été jugé avec raison que la donation d'immeubles faite avec la clause que le donateur se réserve jusqu'à son décès la propriété et l'usufruit des biens donnés est nulle, car cette réserve est inconciliable avec la condition d'un dessaisissement actuel (Civ. cass. 6 juill. 1863, aff. Alata, D. P. 63. 1. 286). Mais on a reconnu la validité d'une donation sous réserve d'usufruit d'une somme d'argent à prendre sur les biens existant au moment de la donation et subsidiairement sur les immeubles composant la succession du donateur (Poitiers, 26 août 1863, aff. Charron, D. P. 63. 2. 165, et sur pourvoi, Req. 28 févr. 1865, D. P. 65. 1. 221). Jugé, de même, que la donation d'une somme d'argent, avec réserve d'usufruit et stipulation de retour conventionnel pour le cas de prédécès du donataire, est valable comme constituant une donation de la nue propriété de cette somme et, par conséquent, une donation de biens présents (Pau, 7 juin 1872, aff. Perès, D. P. 73. 2. 76). Décidé enfin qu'une donation est valable bien que, par un autre acte passé le même jour, le donataire ait rétrocédé au donateur, mais sous condition suspensive seulement, la nue propriété de l'immeuble donné. En conséquence, cet acte de rétrocession, non plus que des actes postérieurs, tels qu'un bail de l'immeuble donné et un legs de l'usufruit dudit immeuble, faits par le donataire en faveur du donateur, ou des actes de jouissance et de gestion exercés par celui-ci, ne sauraient imprimer à la libéralité le caractère d'une donation à cause de mort ou n'ayant pas emporté de la part du donateur un dépouillement actuel et irrévocable (Civ. cass. 27 avr. 1874, aff. Renomd, D. P. 74. 1. 318).

343. Le donateur pourrait, d'ailleurs, se réserver sur les objets de sa libéralité un usufruit plus étendu que celui qui est réglé par les art. 578 et suiv. Cette réserve serait valable, pourvu qu'elle ne portât aucune atteinte à la règle de l'irrévocabilité de la donation. Ainsi il a été admis que le donateur d'un domaine avec réserve d'usufruit pouvait stipuler à son profit le droit de gérer, administrer et exploiter les biens donnés, celui de faire tous baux, toutes coupes de bois, d'apporter tous changements aux immeubles, et enfin d'en jouir comme aurait pu le faire le propriétaire, cette stipulation ne faisant pas obstacle à ce que la nue propriété du fonds fût irrévocablement transférée au donataire (Paris, 8 mars 1877, aff. Bonneval, D. P. 78. 2. 75, et sur pourvoi, Req. 19 févr. 1878, D. P. 78. 1. 377).

344. — II. DES DONATIONS DE BIENS A VENIR (*Rép.* nos 1336 à 1356). — La donation de biens à venir, c'est-à-dire de biens qui n'existent pas dans le patrimoine du donateur au moment de la disposition, contrevient au principe du dessaisissement actuel. Aussi est-elle formellement proscrite par l'art. 943 c. civ. (Comp. *Rép.* n° 1336). Suivant l'observation faite au *Rép.* n°s 1338 à 1342, on ne doit pas considérer comme biens à venir les droits éventuels; tels sont, par exemple, les biens sur lesquels le donateur a un droit subordonné à une condition suspensive (V. Aubry et Rau, t. 7, § 675, p. 150).

345. On a reconnu au *Rép.* n° 1345 la validité de la donation d'une somme payable seulement après le décès du donateur. Ce dernier, a-t-on dit, se dessaisit *hic et nunc* en conférant au donataire une créance actuelle et irrévocable, dont le payement seul est affecté d'un terme. Au contraire, la donation d'une somme à prendre sur les biens que le disposant laissera à son décès a été considérée comme constituant en principe une donation de biens à venir (*Rép.* n°. 1352. Conf. Demolombe, t. 3, n°s 404 et 405). — M. Laurent, t. 12, n° 423, a critiqué cette distinction. Suivant cet auteur, les deux hypothèses dont il vient d'être parlé ne diffèrent entre elles qu'au point de vue de la forme donnée par le donataire à l'expression de sa volonté. Au fond, elles procèdent d'une intention identique, celle d'engager seulement les biens que le donateur laissera à son décès. Aussi M. Laurent se prononce-t-il pour la nullité de l'une et de l'autre disposition, à moins que le donateur n'ait engagé ses biens pour la garantie du donataire (*op. cit.*, t. 12, n° 419). — MM. Aubry et Rau, t. 7, § 675, p. 150 et 151, admettent la distinction établie au *Répertoire*, en ce sens que dans la première hypothèse, celle d'une donation payable au décès, ils considèrent la disposition comme valable en principe, à moins que les clauses et circonstances de fait ne répugnent à l'idée d'un dessaisissement de la part du donateur; la seconde hypothèse, celle de la donation d'une somme à prendre sur les biens laissés leur apparaît, au contraire, comme constituant en général une donation de biens à venir, à moins que le caractère d'un dessaisissement actuel ne résulte de ces mêmes clauses ou circonstances de fait. L'intérêt de la distinction entre l'une et l'autre forme de disposition devient donc à peu près nul, à raison de ce double tempérament admis par MM. Aubry et Rau et qu'on trouve également appliqué par les arrêts. Jugé, notamment, que la donation d'une somme d'argent payable après le décès du donateur a le caractère d'une donation à cause de mort, ou d'une donation entre vifs, selon que le donateur a entendu laisser au gratifié une simple éventualité sur sa succession future sans s'obliger actuellement, ou constituer contre lui une créance actuelle et irrévocable dont l'exigibilité a été seule reportée après son décès (Civ. rej. 18 nov. 1861, aff. Frilet, D. P. 61. 1. 465). Par application de ce principe, on a pu valider en la déclarant actuelle et irrévocable la donation d'une somme d'argent à prendre, lors du décès du donateur, d'abord sur les biens existant lors de la donation et, subsidiairement, sur les immeubles composant la succession (Poitiers, 26 août 1863, aff. Charron, D. P. 63. 2. 165, et sur pourvoi, Req. 28 févr. 1865, D. P. 65. 1. 221). De même, les caractères d'une donation entre vifs valable ont été reconnus à la donation d'une somme d'argent à prendre après le décès du donateur sur les deniers, valeurs, créances de sa succession, et, en cas d'insuffisance, sur un donataire précédent qui en a été constitué débiteur (Req. 26 janv. 1886, aff. Arman, D. P. 86. 1. 442).

346. — III. Donations sous condition potestative (*Rép.* n°s 1357 à 1369). — L'art. 944 c. civ. prononce la nullité de toute donation faite sous une condition dont l'accomplissement dépend de la seule volonté du donateur. Cette disposition a été interprétée au *Rép.* n° 1357 comme portant interdiction d'insérer dans une donation toute condition suspensive ou résolutoire qui laisserait directement ou indirectement au donateur le pouvoir soit de révoquer la libéralité par lui faite, soit d'en neutraliser ou d'en restreindre l'effet. Cette interprétation est adoptée par toute la doctrine (V. Aubry et Rau, t. 7, § 699, p. 365; Demolombe, t. 3, n° 420; Laurent, t. 12, n° 409).

347. Il va de soi tout d'abord que la prohibition contenue dans l'art. 944 atteint la clause par laquelle le donateur se réserve d'annuler ultérieurement la donation (*Rép.* n° 1358). Devrait-on voir une clause de cette nature dans le fait par le donateur d'avoir imposé au donataire l'obligation de lui restituer sur sa seule réclamation les biens donnés? La question s'est présentée devant les tribunaux, et il a été jugé, eu égard au silence de la convention sur la force obligatoire de l'engagement pris par le donataire, que la libéralité devait être maintenue, s'il résultait de l'ensemble des dispositions de l'acte de donation et des autres circonstances de la cause, souverainement appréciées par les juges du fond, que le donateur n'avait pas entendu subordonner sa libéralité à la condition que le donataire prendrait à son égard un engagement civilement obligatoire (Civ. rej. 14 nov. 1883, aff. Jarret de la Mairie, D. P. 84. 1. 73).

348. On peut valablement subordonner une donation à l'arrivée d'un événement qui ne dépend pas de la volonté du donateur. Telle serait la condition de survie du donataire, celle du retour à la santé du donateur, qui ont été examinées au *Rép.* n°s 1359 à 1362. Au contraire, on a déclaré nulle la donation subordonnée à la condition que le donateur ne se mariera pas, ou embrassera tel état, ou encore que le donateur ira à Paris ou à Beauvais, etc. (*Rép.* n°s 1365 à 1367). On pourrait objecter contre cette solution que l'art. 944 proscrit seulement les conditions dont l'exécution dépend de la *seule* volonté du donateur. Or, le disposant n'est pas absolument maître de se marier ou d'embrasser tel état puisque, dans le premier cas, il est obligé d'obtenir le consentement de la personne qui deviendra son conjoint, et que, dans le second, l'entrée dans une carrière peut nécessiter l'intervention des tiers. MM. Aubry et Rau, qui prévoient cette objection, la réfutent en observant que l'art. 944, interprété d'après l'esprit du principe dont il est l'expression, doit s'appliquer à toutes les conditions que, dans le cours ordinaire des choses, le donateur est le maître de faire arriver ou défaillir (Aubry et Rau, t. 7, § 699, p. 366, note 7. — V. aussi Laurent, t. 12, n° 412). Sous le bénéfice de cette observation, toute condition qui ne saurait être considérée comme potestative au regard du donateur prendra place valablement dans une donation. Ainsi la clause d'une donation entre vifs portant que, si le montant de certaines indemnités à provenir d'une expropriation pour cause d'utilité publique était fixé avant le décès du donateur, il devait lui appartenir, et que, dans le cas contraire, il serait la propriété du donataire, doit être maintenue; elle constitue, en effet, une condition non pas potestative, mais mixte, en ce qu'elle ne dépend pas seulement de la volonté du donateur, mais encore de celle de l'expropriant (Req. 19 févr. 1878, aff. de Coulogne, D. P. 78. 1. 377). De même on a validé la donation faite dans un contrat de mariage par un futur époux aux enfants de son futur conjoint issus d'une union antérieure, bien qu'une pareille donation doive être considérée comme subordonnée à la condition tacite que le mariage s'accomplira, l'exécution de cette condition dépend, en effet, de la volonté du futur conjoint, étranger à la donation, non moins que de celle du donateur (Douai, 25 mai 1881) (1).

(1) (Boucher C. Blée.) — La cour; — Attendu que les nullités des contrats sont de droit étroit et ne peuvent, dès lors, être prononcées en dehors des cas fixés par la loi; — Attendu que la nullité, établie en matière de donation par l'art. 944 c. civ., s'applique exclusivement au cas de donation faite sous des conditions dont l'exécution dépend de la seule volonté du donateur; — Attendu que, si l'exécution des conditions ne dépend pas uniquement de cette volonté, mais exige aussi le concours de la volonté d'un tiers, la condition n'est pas *potestative* suivant la disposition de l'art. 1170 c. civ., mais *mixte*, dans les termes de l'art. 1171 du même code; — Attendu qu'il est impossible de reconnaître à la condition *mixte* le caractère des conditions qui, aux termes de l'art. 944 précité dudit code, vicient et annulent les donations, ces conditions se référant au cas unique où leur exécution réside tout entière dans la seule volonté du donateur; — D'où suit que la donation assortie d'une condition mixte ne saurait être arguée de nullité en vertu de cet article; — Attendu, en fait, que la donation, objet du litige, écrite dans l'acte public du 23 nov. 1841, qui a précédé le mariage de Marie-Françoise Pigeon avec François Boucher et en a établi les conditions civiles, est conçue dans les termes suivants : — « Art. 8. La future, voulant témoigner son attachement au futur et à ses enfants, fait, par ces

349. — IV. DONATIONS FAITES SOUS LA CONDITION DE PAYER CERTAINES DETTES (*Rép.* nos 1370 et suiv.). — Des termes de l'art. 945 c. civ. et des explications auxquelles cet article a donné lieu au *Rép.* n° 1370, il résulte que le donataire peut être valablement chargé de payer tout ou partie des dettes qui grèvent le patrimoine du donateur au moment où la libéralité est consentie. MM. Aubry et Rau, en indiquant cette solution, d'ailleurs incontestable, ajoutent, t. 7, § 699, p. 367, texte et note 11, que la donation dont s'agit serait valable lors même que le donateur n'aurait pas présenté et fait annexer à l'acte un état détaillé de ses dettes. Cette omission aurait seulement pour conséquence d'autoriser le donataire à refuser le payement des dettes dont l'existence au jour de la donation ne pourrait être légalement établie à son égard (V. aussi Laurent, t. 12, n° 434).

350. D'après ce même art. 945 c. civ., la condition de payer une ou plusieurs dettes futures pourrait être insérée dans une donation, pourvu que la nature et l'importance des dettes y fussent nettement indiquées. Mais la charge de payer des dettes futures indéterminées entraînerait la nullité de la donation pour le tout, quand même le donateur n'aurait contracté aucune nouvelle dette dans l'intervalle de la donation à son décès (Aubry et Rau, t. 7, § 689, p. 367; Laurent, t. 12, n° 436). Un arrêt a fait l'application de cette règle (Lyon, 8 févr. 1867, aff. Robin, D. P. 67. 2. 154).

351. Que faut-il entendre par dette future indéterminée? L'obligation de payer les legs pieux ou rémunératoires que le donateur pourra laisser a été considérée au *Rép.* n° 1375 comme une charge indéterminée. Au contraire, on a admis la validité de la charge de payer les frais funéraires du donateur (*ibid.*, n° 1376). Cette solution est enseignée par tous les auteurs (Demolombe, t. 3, nos 440 et suiv.; Aubry et Rau, t. 7, § 699, p. 368). L'importance des frais funéraires peut, en effet, s'évaluer avec une approximation suffisante, d'après la situation de fortune du donateur et le milieu social dans lequel il vit (Laurent, t. 12, n° 437).

352. Quel est l'effet de la condition de payer une dette future déterminée? Pothier disait que la donation devenait nulle dans la mesure correspondant au montant de la dette ou charge. C'était la conséquence rigoureuse, mais exacte de la règle « donner et retenir ne vaut ». Cette conséquence doit être admise encore aujourd'hui (V. Laurent, t. 12, n° 435). Il s'ensuit que la donation devrait être réduite du montant de la dette future, alors même que cette dette n'aurait pas été contractée par le donateur.

353. Dans le cas où la donation se trouve viciée par l'apposition d'une condition ayant trait au payement de dettes futures indéterminées, l'action qui appartient au donateur est généralement considérée, non pas comme une action en nullité tombant sous le coup de la prescription de l'art. 1304, mais bien comme une action en répétition ou revendication, qui dure trente ans (V. en ce sens : Aubry et Rau, t. 7, § 680, p. 368). Mais, à l'égard des héritiers du donateur, la prescription décennale court contre eux, parce qu'une donation, même nulle en la forme, peut être ratifiée par eux (Arg. art. 1340 c. civ.). La cour de Lyon a jugé en ce sens que la prescription de l'action en nullité d'une donation, atteinte du vice prévu par l'art. 945 c. civ., ne court pas du vivant du donateur, mais qu'elle court contre ses héritiers de la part desquels cette donation est susceptible de ratification, à partir du décès de leur auteur (Lyon, 8 févr. 1867, aff. Robin, D. P. 67. 2. 154). — M. Laurent, t. 12, n° 438, incline à admettre que la donation viciée par la condition susénoncée est simplement annulable. L'action du donateur ne serait donc qu'une action en nullité. Une opinion toute différente est celle de M. Larombière, *Théorie et pratique des obligations*, sur l'art. 1304, n° 2, qui enseigne que les héritiers eux-mêmes ne sont pas soumis à la prescription édictée par l'art. 1304.

354. — V. DES DONATIONS FAITES AVEC RÉSERVE DE DISPOSER (*Rép.* n° 1380). — Ainsi qu'il a été dit au *Rép.* n° 1380, les objets sur lesquels porte la réserve de disposer ne font point partie de la donation et, dans le cas où le donateur serait décédé sans avoir usé de ce droit, les objets réservés devraient être attribués à ses héritiers. Cette solution est commandée par l'art. 946 c. civ. Jugé que la donation d'une maison et de tout le mobilier qui s'y trouvera au décès du donateur, avec faculté, pour celui-ci, de disposer de ce mobilier pendant sa vie est nulle, quant au mobilier, soit comme donation de biens à venir, soit comme donation faite sous des conditions dont l'exécution dépend de la seule volonté du donateur (Civ. cass. 30 juin 1857, aff. Ramond, D. P. 57. 1. 308). Décidé aussi qu'une donation de valeurs mobilières, résultant d'une lettre par laquelle le propriétaire de ces valeurs donne au banquier chez qui elles sont déposées l'ordre de les passer au nom d'un tiers dont il déclare qu'elles sont la propriété, est à bon droit déclarée nulle faute de dessaisissement, alors qu'il est constant en fait que lesdites valeurs n'ont jamais été remises, du vivant du propriétaire, au tiers prétendu donataire, et que le propriétaire s'était même réservé de les retirer des mains du banquier et d'en disposer en cas de prédécès du tiers (Req. 13 nov. 1877, aff. de Chavagnac, D. P. 78. 1. 451).

La disposition de l'art. 946 cesserait d'être applicable dans le cas où, la réserve de disposer étant soumise à une condition complètement indépendante de la volonté du donateur, cette condition viendrait à défaillir. On a développé au *Rép.* n° 1381 cette opinion qui est également celle de MM. Aubry et Rau, t. 7, § 699, p. 367, note 9, et de M. Demolombe, t. 3, n° 470. M. Laurent se rallie à l'opinion contraire enseignée par Troplong. Il se fonde sur ce principe que la révocation qui dépend, fût-ce partiellement, de la volonté du donateur, doit être frappée de nullité (t. 12, n° 442). Mais, sur ce point, la doctrine de M. Laurent ne diffère pas de l'opinion que nous avons soutenue avec les auteurs précités, puisque nous avons toujours raisonné dans l'hypothèse où la condition à laquelle la réserve de disposer était subordonnée ne dépendait aucunement de la volonté du donateur.

ART. 3. — *De l'acceptation par le donataire.* — *Donations et libéralités qui en sont dispensées* (*Rép.* nos 1383 à 1398).

355. La donation, de même que les autres contrats, exige le concours des consentements des parties intéressées. Mais à la différence d'un simple contractant, le donataire, en dehors de son consentement, est tenu de fournir une acceptation sans laquelle, aux termes de l'art. 938 c. civ., la donation ne serait pas parfaite (V. *Rép.* n° 1384). On indiquera *infrà*, nos 363 et suiv., les formes de l'acceptation, ainsi que les personnes qui ont qualité pour autoriser cette acceptation, lorsque le donataire est mineur ou incapable. Nous nous bornerons, pour le moment, à rappeler que certaines donations sont dispensées de la formalité de l'acceptation expresse. On les a indiquées au *Rép.* nos 1388 à 1397. Ce sont en premier lieu les donations indirectes. — Dans cette catégorie rentrent les libéralités faites sous forme de stipulation pour un tiers dans les termes de l'art. 1121, conformément à l'opinion émise au *Rép.* n° 1394. M. Laurent, t. 12, n° 270, enseigne que l'acceptation de la libéralité par le tiers n'a pas besoin d'être expresse. C'est un point qui ne souffre plus aujourd'hui aucune discussion. Il a été jugé en ce sens que la stipulation faite au profit d'un tiers, comme condition de celle que le stipulant a faite pour lui-même, ne peut plus être révoquée, dès qu'il est constaté qu'il y a eu acceptation, même seulement virtuelle de la part de ce tiers (Req. 27 févr. 1856, aff. Chouippe, D. P. 56.

---

présentés, donation entre vifs et irrévocable à Gabriel Boucher et Victoire Boucher, enfants mineurs, nés du second mariage de son futur époux, ce accepté pour lesdits enfants mineurs par ledit sieur, leur père, futur époux, d'une somme de 4000 fr. à prendre sur les plus clairs deniers de la succession de la donatrice »; — Attendu que cette donation est évidemment subordonnée à la condition du mariage de la donatrice avec le père des donataires, et que ce mariage ne dépend pas de la seule volonté de la donatrice, mais aussi de la volonté du futur époux; que, par suite, ladite donation échappe à la nullité édictée par l'art. 944 c. civ., et qu'à tort les premiers juges l'ont annulée en se fondant sur ledit article; — Par ces motifs, déclare valable la donation annulée par ce jugement; condamne, en conséquence, la veuve intimée défaillante à payer à l'appelant avec tels intérêts que de droit la somme de 4000 fr., montant de la donation à lui consentie le 23 nov. 1841...

Du 25 mai 1881.-C. de Douai, ch. réun.-MM. Bardon, 1er pr.-Delorgue, av. gén.-Victor Théry, av.

1. 146. V. également Civ. cass. 12 janv. 1857, aff. Vernet, D. P. 57. 1. 278).

Au contraire, la question de savoir jusqu'à quel moment le tiers peut valablement accepter la libéralité à lui faite dans les formes prévues par l'art. 1121 est très controversée. On a déjà dit un mot de cette controverse *suprà*, v° *Assurances terrestres*, n° 419, à propos de l'assurance contractée au profit d'un tiers. Nous devons examiner maintenant la question à un point de vue plus général. Pour soutenir que l'acceptation doit intervenir avant la mort de l'auteur de la libéralité et avant celle du bénéficiaire, on invoque le principe qu'une offre ne peut être valablement acceptée ni après la mort de celui qui l'a faite, ni par les héritiers de celui à qui elle a été faite (V. en ce sens Marcadé, sur l'art. 1121 ; Colmet de Santerre, *Cours analytique*, t. 5, n° 33 *bis*). MM. Aubry et Rau, t. 4, § 343 *ter*, note 27, réfutent cette objection en faisant observer que la stipulation pour autrui n'est pas une offre faite en vue d'un contrat à conclure, mais une clause ou une charge d'une convention déjà formée : « Rien ne s'oppose, disent ces auteurs, à ce que l'on considère la stipulation pour autrui, dont l'effet subsiste entre le promettant et les héritiers du stipulant, comme pouvant être acceptée après la mort de celui-ci par le tiers ou ses héritiers ». La majorité des auteurs s'est ralliée à cette opinion, qui est aussi celle que nous avons développée au *Rép.* n° 1391 (V. Larombière, *Théorie et pratique des obligations*, t. 1, art. 1121, n° 8 ; Demolombe, t. 3, n°s 92 à 94, et *Traité des contrats*, t. 1, n°s 252 et 253).

Toutefois, une divergence se produit entre ces auteurs sur le point de savoir si les héritiers du stipulant ont, après la mort de celui-ci, le droit de révoquer la libéralité tant qu'elle n'a pas été acceptée. M. Demolombe, *loc. cit.*, leur refuse ce droit. MM. Aubry et Rau, *ibid.*, le leur accordent, en vertu de la règle que tous les droits et actions relatifs au patrimoine d'une personne passent à ses héritiers. La jurisprudence s'est prononcée en faveur de cette dernière opinion. Jugé que la stipulation pour autrui faite conformément à l'art. 1121 peut être acceptée après le décès du stipulant, et notamment, que la clause d'un acte de donation portant que le donataire payera une certaine somme à un tiers, comme condition de la donation, peut être acceptée par ce tiers après la mort du donateur, s'il est décédé sans l'avoir révoquée et si ses héritiers n'ont pas eux-mêmes usé de ce pouvoir de révocation (Req. 22 juin 1859, aff. Banet, D. P. 59. 1. 385).

Sont encore dispensés de l'acceptation expresse les dons manuels (V. *Rép.* n° 1397, et *infrà*, n°s 421 et suiv.).

SECT. 2. — DES FORMALITÉS NÉCESSAIRES POUR LA VALIDITÉ DE L'ACTE OU CONTRAT DE DONATIONS ENTRE VIFS (*Rép.* n°s 1399 à 1696).

356. Les formalités qui vont être examinées dans cette section ont trait : 1° à l'expression de la volonté du donateur; 2° à l'expression de la volonté du donataire; 3° à l'état estimatif qui doit accompagner la donation de meubles; 4° à la transcription requise pour la donation d'immeubles.

ART. 1er — *Expression de la volonté du donateur. — Formes générales de la donation proprement dite* (*Rép.* n°s 1400 à 1432).

357. Ainsi qu'on l'a expliqué au *Rép.* n° 1400, l'art. 931 c. civ., reproduisant les dispositions de l'ordonnance de 1731, exige, à peine de nullité, que l'acte portant donation entre vifs soit passé par-devant notaire et en minute. La rédaction d'un acte notarié étant exigée *ad solemnitatem*, le défaut d'accomplissement d'une ou plusieurs des formes requises pour la régularité de cet acte engendre une nullité absolue. Ainsi est nul l'acte de donation non signé par le donateur et portant seulement des caractères imparfaits, qui paraissent être les initiales de ses nom et prénom, mais laissent douteuse la question de savoir si, au moment de la clôture de l'acte, il persistait dans la volonté de parfaire la donation. Le tracé de ces caractères imparfaits ne peut suppléer à la déclaration de ne pouvoir signer, qui doit émaner du donateur et être mentionnée dans l'acte à peine de nullité (Req. 29 juill. 1875, aff. Biard, D. P. 76. 1. 79). A plus forte raison l'acte resté incomplet par le défaut de signature du donateur ne confère aucun droit au donataire, alors même que le donateur aurait été empêché de signer par le fait de ses parents et que sa mort aurait rendu impossible la perfection de la donation (Angers, 14 févr. 1866, aff. Piron, D. P. 66. 2. 166).

358. Ce n'est pas seulement la donation proprement dite, mais encore toutes les clauses accessoires dont elle est accompagnée, qui sont assujetties à la formalité de l'acte notarié. Ainsi on ne saurait être admis à prouver par un commencement de preuve par écrit l'existence de charges qui n'ont point été mentionnées dans l'acte de donation (V. Laurent, t. 12, n° 232; Civ. cass. 6 juin 1855, aff. Gelin, D. P. 55. 1. 243).

359. Le caractère absolu de la nullité qui atteint la donation, faute de passation d'un acte notarié, engendre plusieurs conséquences qui ont été signalées au *Rép.* n°s 1407 et 1408. Le vice de la donation ne peut être réparé par un acte confirmatif exprès. A plus forte raison ne peut-il être couvert par une ratification tacite, tel que le fait par le donateur d'avoir exécuté la libéralité (V. Laurent, t. 12, n° 229). Nous n'insistons pas sur ces divers points qui ont été spécialement traités au *Répertoire*, v° *Obligations*. Citons toutefois un arrêt, qui a jugé que la nullité d'une donation entre vifs, pour défaut de signature de l'un des témoins instrumentaires, est radicale et ne peut être couverte, ni par l'expiration du délai fixé par l'art. 1304, ni par l'exécution que le donateur aurait de son vivant donnée à la donation (Pau, 5 févr. 1866) (1).

(1) (Gachassin C. Duboé et Junca.) — LA COUR; — Attendu qu'il résulte d'une expédition régulière de l'acte dressé le 7 mai 1836 par Me Junca, notaire à Trébons, et portant donation au profit de Jeanne Duboé, et femme Gachassin, par ses père et mère, que l'un des témoins instrumentaires de cet acte a omis de signer la minute; que l'existence de cette irrégularité n'est pas déniée par les époux Gachassin qui ont eu tout le temps de faire une vérification qui leur importait; — Attendu qu'aux termes de l'art. 931 c. nap., tous actes portant donation entre vifs doivent être passés devant notaire dans la forme ordinaire des contrats; qu'aux termes de l'art. 14 de la loi du 25 vent. an 11, relatif à la forme des actes reçus par les notaires, ces actes doivent être signés par les parties, les témoins et le notaire; qu'enfin l'art. 68 de la même loi porte que ces formalités seront remplies sous peine de nullité; — Attendu que les formalités exigées pour les actes portant donation entre vifs sont substantielles et constitutives de l'acte lui-même; qu'elles n'ont pas été édictées par la loi dans le but de prouver l'obligation, mais bien pour établir l'obligation elle-même; qu'en dehors de l'accomplissement de ces formalités, l'obligation n'a pas d'existence légale et ne saurait produire aucun effet; — Attendu que les règles posées dans l'art. 1304 c. nap. et qui sont relatives au délai dans lequel on peut poursuivre l'annulation d'actes entachés de vices qui les rendent attaquables, comme l'incapacité du contractant, le dol, la lésion, ne sont pas applicables à des actes nuls de plein droit, comme ceux manquant de cause ou ayant une cause illicite, ni aux actes dressés en dehors des formes prescrites par la loi; que c'est le délai le plus long, celui de trente ans, qui est accordé par la loi pour l'exercice de l'action en nullité de ces actes, que l'on peut même attaquer indéfiniment par voie d'exception; — Qu'ainsi l'action introduite par Jacques Duboé doit être accueillie, et la donation dont il s'agit au procès déclarée nulle et de nul effet;

Attendu qu'il est vainement prétendu, au nom de la femme Gachassin, que si la donation dont elle a été gratifiée se trouve nulle dès le principe; elle a pu être ratifiée par l'exécution volontaire donnée à cet acte, soit par le père, soit par les héritiers de celui-ci; — Que bien qu'il soit établi par les quittances représentées que Duboé père a, en effet, acquitté en différents termes la donation qu'il avait faite à sa fille, la femme Gachassin, il ne s'ensuit pas qu'il ait pu valider un acte qui était nul en la forme et que, aux termes de l'art. 1339 c. nap., il devait faire refaire, s'il voulait lui donner de l'efficacité; — Attendu, quant à ses héritiers, que, quelle que soit l'époque à laquelle ils aient eu connaissance du vice de forme dont la donation était entachée, il ne résulte d'aucun élément du procès qu'ils aient en aucune façon voulu ratifier ladite donation; que Jacques Duboé ne l'a attaquée que lorsqu'il y a eu intérêt à le faire; que cet intérêt ne lui est apparu qu'au moment du règlement de succession de ses père et mère, et lorsque le travail du notaire liquidateur lui eut démontré que sa part préciputaire serait fortement ébréchée, la donation faite à sa sœur devant être exclusivement prélevée sur la quotité disponible, suivant la nouvelle jurisprudence de la cour de cassation; que Jacques Duboé a donc agi en temps utile,

360. Nous renvoyons au *Rép.* nos 1411 à 1420 pour l'examen détaillé des différentes formes auxquelles l'acte de donation doit satisfaire, ainsi que des énonciations qui doivent être contenues dans l'acte.

361. La donation peut sans aucun doute être faite par mandataire. Mais dans quelle forme doit être passée la procuration donnée au mandataire? La nécessité d'un acte notarié ne saurait être contestée depuis la loi du 21 juin 1843, qui, ainsi qu'on l'a observé au *Rép.* n° 1421, exige expressément cette formalité (V. Aubry et Rau, t. 7, § 659, p. 78, note 5; Demolombe, t. 3, nos 29 et 160; Laurent, t. 12, n° 236). Ces auteurs admettent qu'à défaut de la disposition explicite de la loi de 1843, le but poursuivi par le législateur, lorsqu'il a exigé que la donation fût passée en la forme authentique, commande que la procuration donnée à l'effet de consentir donation soit revêtue de la même authenticité. Cette opinion, qui présente de l'intérêt au point de vue de la législation belge, laquelle ne renferme pas de disposition analogue à celle de notre loi de 1843, a été consacrée par la cour de Gand. Un arrêt de cette cour a jugé que le mandat de consentir une donation au nom du donateur doit, comme l'acte de donation lui-même, et à peine de nullité, être revêtu de la forme authentique (Gand, 27 févr. 1883, aff. Ville d'Iseghem, D. P. 85. 2. 53).

362. Malgré la généralité des termes employés par l'art. 931, il est aujourd'hui admis par une doctrine et une jurisprudence unanimes que les formes solennelles prescrites par cet article concernent seulement les actes de donation (*Rép.* n° 1430; Laurent, t. 12, nos 270 à 272; Aubry et Rau, t. 7, § 659, p. 79 et suiv.; Demolombe, t. 3, nos 82 et 83). La loi elle-même consacre une dérogation au principe de la solennité des donations, en faveur des donations indirectes, résultant de renonciations gratuites à des droits quelconques (Arg. art. 1282 et 2183 c. civ.) (V. Laurent, *ibid.*, n° 271; Aubry et Rau, t. 7, § 659, p. 79, note 8). — Une dérogation analogue doit être admise au regard des dons manuels, c'est-à-dire des donations faites sans acte et des donations déguisées sous la forme d'un contrat à titre onéreux. Ces deux catégories de donations seront examinées en détail sous des rubriques spéciales (V. *infrà*, nos 417 et suiv., 456 et suiv.).

Enfin, d'après une décision du tribunal de Marseille du 17 mai 1882 (aff. Ville de Marseille, D. P. 83. 2. 246), les aliénations à titre gratuit faites par une commune ne seraient point assujetties à peine de nullité à l'observation des formes prescrites par les art. 931 et 932 c. civ. pour les donations entre particuliers. Cette solution ne saurait être admise. Il va de soi, en effet, que l'autorisation administrative nécessaire pour conférer à la commune la capacité d'aliéner la laisse sous l'empire du droit commun en ce qui concerne les formes solennelles exigées pour la validité des donations en général.

ART. 2. — *Expression de la volonté du donataire; Formes de l'acceptation* (*Rép.* nos 1433 à 1515).

363. On a déjà indiqué *suprà*, n° 355, le caractère solennel de l'acceptation requise du chef du donataire. Pour nous conformer à l'ordre suivi au *Répertoire*, nous étudierons maintenant les formes de cette acceptation. Suivant l'opinion émise au *Rép.* n° 1434, si l'acceptation de la donation doit, à peine de nullité, être faite en termes exprès, il ne s'ensuit pas que le terme *acceptation* soit sacramentel. MM. Aubry et Rau, t. 7, § 658, p. 76, note 3, et Demolombe, t. 3, n° 123, enseignent que le mot *acceptation* peut être valablement remplacé par des expressions équivalentes, pourvu que celles-ci ne laissent place à aucun doute sur la volonté d'accepter. C'est l'opinion que nous avons nous-même admise au *Répertoire*, en citant plusieurs arrêts à l'appui (*Rép.* n° 1435). Plus récemment il a été jugé dans le même sens que l'acceptation expresse d'une donation entre vifs résultait suffisamment de la mention que le donateur, voulant récompenser son époux, lui a fait donation, *à sa satisfaction*, des biens énoncés dans l'acte (Toulouse, 21 août 1874, aff. Favareu, D. P. 75. 2. 192).

364. Ainsi qu'on l'a observé au *Rép.* n° 1438, la nullité de forme résultant du défaut d'acceptation expresse est absolue et ne se couvre ni par une confirmation formelle, ni par une ratification tacite telle que l'exécution volontaire de la donation (Aubry et Rau, t. 7, § 658, p. 76, texte et note 4; Demolombe, t. 3, n° 119).

365. L'acceptation ne doit pas nécessairement être renfermée dans le même acte que la donation. Ainsi qu'il a été expliqué au *Rép.* n° 1442, l'acceptation peut être faite par un acte postérieur passé en forme notariée. La rédaction de cet acte est-elle soumise aux mêmes formalités que celle de l'acte de donation, et notamment à la présence réelle du second notaire prescrite par l'art. 2 de la loi du 21 juin 1843? La négative résulte d'un arrêt aux termes duquel l'acceptation par acte séparé d'une donation entre vifs n'est point nulle comme le serait la donation elle-même par cela seul que l'acte d'acceptation ne constate pas la présence des témoins instrumentaires au moment où le notaire en a donné lecture aux parties et a requis leurs signatures (Bordeaux, 14 nov. 1867, aff. Jeannot, D. P. 68. 2. 168). Mais cette opinion est combattue par la majorité des auteurs (V. Aubry et Rau, t. 7, § 659, p. 77, note 2; Demolombe, t. 20, n° 126). Un arrêt de la cour de Rennes, du 16 janv. 1874 (1), a consacré la doctrine des auteurs précités en décidant que l'acceptation par acte séparé d'une donation entre

---

et qu'aucun fait antérieur de sa part ne gênait l'exercice de son droit;

Attendu que les parties de Broca essaient en vain de soutenir que si la donation est nulle, on peut, toutefois, ne pas revenir sur son exécution et considérer les diverses sommes payées par Dubœ père à sa fille comme constituant des dons manuels; — Que suivant l'ancien droit, ainsi que dans le droit nouveau, des dons manuels faits sans fraude et par celui qui est capable de donner à titre gratuit peuvent être validés, quoique faits en dehors des formes exigées pour les donations entre vifs, mais que, dans l'espèce, il ne s'agit pas de dons manuels faits en vertu d'une libéralité spontanée, mais de payements effectués en vertu d'un acte de donation entaché d'un vice radical;

Attendu, sur le recours exercé par les époux Gachassin contre les héritiers de Junca, le rédacteur de l'acte dont l'annulation est demandée, que ce recours est fondé, et que lesdits héritiers doivent être condamnés à indemniser la femme Gachassin du montant du préjudice souffert par cette annulation; qu'en effet, le notaire est seul chargé par la loi de revêtir les actes de son ministère des formes légales qui en assurent l'authenticité et la validité; que, seul, il assume la responsabilité résultant d'omissions dues à sa négligence ou à sa faute; que les autres parties dans l'acte ne sauraient, comme on le prétend à tort, partager cette responsabilité, puisqu'elles n'ont reçu aucun mandat de la loi quant à la confection des actes publics confiée aux seuls notaires; — Attendu que la responsabilité du notaire ou de ses héritiers n'a d'autre limite que celle du préjudice à supporter par la femme Gachassin; — Attendu que le jugement déféré à la cour a déclaré que la renonciation de la femme Gachassin n'avait été que conditionnelle, et que, privée du bénéfice de la donation, elle devait être admise dans les successions de ses père et mère; qu'il n'a été fait appel de cette disposition du jugement par aucune partie; que, dès lors, les héritiers de Junca sont fondés à demander de lui être substitués et de recueillir à sa place ladite part réservataire qui viendra ainsi en diminution de la somme à payer, laquelle ne consistera plus que dans la différence qui pourra exister entre le montant de la part réservataire et celui de la donation; que cette différence ne peut être précisée dès à présent, la masse à partager n'étant pas fixée définitivement et pouvant subir des modifications suivant l'admission non encore justifiée, etc.; — Par ces motifs, etc.

Du 5 févr. 1866.-C. de Pau, ch. civ.-MM. de Romeuf, 1er pr.-Lespinasse, 1er av. gén., c. conf.-Forest, Soulié, Couarné et Oustalet, av.

(1) (Guillerm et Cloarec C. Robin.) — LA COUR; — En droit: — Considérant que la loi du 21 juin 1843, interprétant celle du 25 vent. an 11, et les art. 931 et 932 c. civ., a eu pour but de faire cesser les incertitudes de la doctrine et de la jurisprudence sur les formalités de rigueur à observer dans les actes notariés; — Que dans l'art. 1er consacrant une pratique généralement admise pour les actes ordinaires, elle n'exige pas la présence réelle du notaire en second et des témoins instrumentaires pour la réception de ces actes; — Que dans l'art. 2, au contraire, elle exige, à peine de nullité, cette présence réelle, sinon à la réception, du moins à la lecture et à la signature de certains actes d'une gravité particulière, spécialement énumérés audit article, et parmi lesquels figurent les donations entre-vifs et les procurations pour recevoir ces actes; — Considérant que si elle ne mentionne pas taxativement les acceptations de donations,

vifs est nulle, comme le serait l'acte même de donation, à défaut de la présence réelle du second notaire ou des témoins au moment de la lecture et de la signature.

366. Lorsque l'acceptation a eu lieu par acte séparé, la loi exige que la notification en soit faite au donateur. Aux termes de l'art. 932 c. civ., la donation n'a d'effet à l'égard du donateur que du jour de la notification. Cette disposition soulève une difficulté qui a déjà été examinée au *Rép.* n° 1445. On y a expliqué, au moyen des travaux préparatoires de l'art. 932, que, si l'effet de la donation à l'égard du donateur se produit seulement le jour de la notification, c'est en ce sens que le donateur conserve jusqu'à cette date la faculté de révocation. A l'égard du donataire, au contraire, la donation est parfaite du jour de l'acceptation, de telle sorte que l'incapacité du donataire ou son décès survenu postérieurement à l'acceptation et avant la notification ne rendrait pas celle-ci inefficace. Cette opinion est généralement admise en doctrine (V. en ce sens : Aubry et Rau, t. 7, § 650, p. 44, note 4; Demolombe, t. 3, n° 141). Toutefois elle est combattue par M. Laurent, t. 12, n° 264. Suivant cet auteur, l'acceptation ne suffirait pas à produire le concours de volontés nécessaire à l'existence de la donation. « Il faut de plus, dit-il, que l'acceptation soit portée à la connaissance du donateur. Tel est l'objet de la notification ; elle est donc le complément du consentement; ce n'est qu'à partir de la notification qu'il y a concours de volontés et que la donation existe. »

367. Le défaut de notification serait-il suppléé, soit par la connaissance que le donateur aurait acquise de l'acceptation, soit par l'exécution de la donation. L'affirmative a été soutenue par M. Coin-Delisle (*Rép.* n° 1449), et plus récemment par M. Demante, *Cours analytique*, t. 4, n° 71 *bis;* mais cette opinion est combattue par la plupart des auteurs. MM. Aubry et Rau, notamment, enseignent t. 7, § 659, p. 78, note 3, que la notification pourrait seulement être remplacée par la déclaration du donateur dans un acte authentique qu'il tient l'acceptation pour notifiée (V. dans le même sens : Demolombe, t. 3, n° 153; Laurent, t. 12, n° 269). A l'appui de cette doctrine, on observe que le rapprochement des art. 931 à 933 démontre l'intention du législateur de faire constater authentiquement tous les éléments qui concourent à la formation du contrat de donation. Dans ces conditions, on ne conçoit pas qu'une exception à la règle de l'authenticité puisse être admise en ce qui touche la notification, alors d'ailleurs que le sens de cette expression, employée à dessein par le législateur, emporte l'idée d'une signification faite dans les formes légales. — En ce qui touche la déclaration authentique du donateur qu'il tient l'acceptation pour notifiée, elle pourrait résulter du concours donné par le donateur à l'acte notarié contenant acceptation. C'est ce qui a été jugé par un arrêt (Bordeaux, 14 nov. 1867, aff. Jeannot, D. P. 68. 2. 168). Mais il est certain que l'acceptation d'une donation ne saurait être réputée valablement notifiée au donateur par cela seul que l'acquéreur des biens donnés aurait traité avec ledit donateur relativement à l'usufruit que ce dernier s'était réservé (Bordeaux, 22 mai 1861, aff. Mercier, D. P. 61. 2. 196)

368. La notification de l'acceptation pourrait-elle intervenir efficacement après que le donateur a été frappé d'une incapacité de disposer, si d'ailleurs aucune incapacité n'existait au moment de l'acceptation? La solution affirmative a été enseignée au *Rép.* n° 1454, comme conséquence du principe que la donation est accomplie et date du jour de l'acceptation. Mais on objecte contre cette doctrine que la règle ainsi formulée est vraie seulement à l'égard du donataire. A l'égard du donateur, le second alinéa de l'art. 932 exige qu'il ait reçu notification de l'acceptation pour que la donation soit parfaite. On en conclut que la capacité du donateur doit exister au jour de la notification (V. en ce sens : Aubry et Rau, t. 7, § 651, p. 42 et 43, note 2; Demolombe, t. 3, n° 150; Laurent, t. 12, n° 267). La jurisprudence s'est prononcée en faveur de cette seconde opinion, dans l'hypothèse où le donateur serait décédé avant la notification. Jugé que la donation entre vifs suivie d'une acceptation par acte séparé est nulle si cette acceptation, même intervenue du vivant du donateur, n'a été notifiée qu'après son décès à ses héritiers (Agen, 28 nov. 1855, aff. Rigal, D. P. 56. 2. 40; Besançon, 2 mai 1860, aff. Mourot, D. P. 60. 2. 195, et sur pourvoi, Req. 18 nov. 1861, D. P. 62. 1. 28). Mais il n'y a aucune raison de distinguer entre cette hypothèse et celle où le donateur aurait simplement été frappé d'une incapacité juridique.

369. Pour nous conformer à la méthode suivie au *Répertoire*, nous examinerons successivement les conditions de l'acceptation dans les cas où le donataire est un majeur capable, une femme mariée, un mineur ou un interdit, un enfant simplement conçu, un individu pourvu d'un conseil judiciaire, un condamné en état d'interdiction légale, un sourd-muet, une personne morale fondée dans un intérêt charitable.

370. — I. Donation faite a un majeur capable (*Rép.* nos 1457 à 1464). — Celui-ci peut accepter personnellement ou par un mandataire. Lorsque l'acceptation a lieu par mandataire, ce dernier doit être muni, ainsi qu'il a été dit au *Rép.* n° 1459, d'une procuration passée dans la même forme que l'acceptation elle-même. Il faut, en outre, que cette procuration soit annexée à l'acte de donation ou à l'acte d'acceptation, si l'acceptation a été faite par acte séparé, et ce, à peine de nullité de l'acceptation (Aubry et Rau, t. 7, § 659, p. 79, texte et note 6; Demolombe, t. 3, n° 161). Ces auteurs admettent d'ailleurs, suivant l'opinion émise au *Rép. ibid.*, que la procuration donnée en brevet serait suffisante, bien que l'art. 933 ait indiqué spécialement comme pièce à annexer l'expédition de la procuration. La règle générale contenue dans l'art. 21 de la loi du 25 vent. an 11 doit être suivie, car il serait impossible de donner une raison plausible de la dérogation qu'on voudrait fonder sur les termes de l'art. 933 c. civ. — En dehors du cas où ils sont munis d'une procuration régulière, les donataires présents ne peuvent accepter une donation au nom des donataires non présents (Bordeaux, 3 août 1858, aff. Goffre, D. P. 59. 2. 119).

371. — II. Donation faite a une femme mariée (*Rép.* nos 1465 à 1470). — Ainsi qu'il a été expliqué au *Rép.* n° 1465, la femme mariée ne peut, sans l'autorisation de son mari, accepter une donation entre vifs. Si la donation émanait du mari lui-même, on devrait considérer la femme

---

sans lesquelles les donations ne sauraient exister, c'est, d'une part, que l'acceptation a le plus souvent lieu dans l'acte même et par unité de contexte; de l'autre, que si l'acceptation a lieu par acte séparé, elle n'en est pas moins de l'essence de la donation, dont elle forme une partie intégrante et un complément indispensable, soumis, dès lors, aux mêmes formalités et aux mêmes garanties; — Que, sous l'empire de l'art. 932 seul, l'acceptation par acte séparé devait être faite dans la même forme authentique que la donation elle-même, et que la loi de 1843 a augmenté plutôt que restreint les exigences du code pour les actes spécialement énumérés dans son art. 2; qu'on ne saurait donc tirer un argument de texte de son prétendu silence en ce qui concerne les acceptations; — Considérant qu'on prétendrait également à tort que les solennités spéciales imposées par le législateur ont eu pour unique objet de protéger le donateur contre les entraînements et les surprises qui le portent à se dépouiller, et que le même danger n'existe pas pour le donataire, qui fait sa position meilleure; — Que si cela peut être vrai dans beaucoup de cas, il faut reconnaître que dans d'autres aussi, et notamment, comme dans l'espèce, dans les donations, partages d'ascendant, faites à des conditions onéreuses et avec le désir évident d'avantager certains enfants aux dépens des autres, il importe que les donataires, moins favorisés, soient éclairés sur les dangers de libéralités apparentes dont l'effet et le but sont de rompre l'égalité des partages et d'imposer à quelques-uns d'entre eux des charges dont ils ne peuvent mesurer l'étendue et voudraient en vain s'exonérer plus tard; — Qu'au surplus, la loi elle-même prend soin de sauvegarder les intérêts du donataire en soumettant la révocation des donations aux mêmes solennités que les donations elles-mêmes; — Considérant, en outre, que les actes soumis spécialement à ces formalités rigoureuses doivent porter la preuve de leur accomplissement dans une mention claire et non ambiguë; — En fait...; — Qu'on doit, d'ailleurs, déclarer l'acte nul pour vice de formes; — Qu'en effet, la mention que les deniers ont été comptés au vu des notaires soussignés ne suffit pas pour établir que la lecture de l'acte ait été faite en présence du second notaire et des témoins; — Et qu'elle ne résulte pas davantage de l'énonciation finale et de style que, lecture faite, les témoins ont signé avec les notaires; — Dit que l'acte de donation-partage du 16 nov. 1866 est nul et de nul effet.

Du 16 janv. 1874.-C. de Rennes, 2e ch.-MM. Maîtrejean, pr.-Nadault de Buffon, av. gén.

comme étant naturellement autorisée à l'accepter. Ces solutions sont admises sans conteste par tous les auteurs (V. Aubry et Rau, t. 7, § 652, p. 58); mais une grave controverse s'est engagée sur le caractère de la nullité résultant du défaut d'autorisation. Cette nullité est-elle absolue ou relative? Les arguments invoqués de part et d'autre ont été analysés au *Rép.* n° 1468. Aussi nous bornerons-nous à indiquer les auteurs récents qui se sont prononcés dans l'un et l'autre sens. MM. Derome, *Revue critique*, 1866, t. 18, p. 8; Larombière, *Théorie et pratique des obligations*, sur l'art. 1125, n° 5; Demolombe, t. 3, n° 219, estiment que le défaut d'autorisation engendre une nullité simplement relative. On invoque en ce sens la théorie générale sur la validité des contrats, théorie d'après laquelle l'absence d'autorisation engendre une action en nullité seulement au profit de l'incapable et ne rend pas le contrat inexistant. Cette doctrine a été adoptée par un arrêt de la cour d'Alger du 31 juill. 1854, aff. Roth, D. P. 56. 2. 168, qui décide que la nullité d'une donation entre-vifs faite à une femme mariée, résultant de ce qu'elle a été acceptée par celle-ci sans l'autorisation de son mari, ne peut être invoquée que par la femme, le mari ou leurs héritiers. — Nous avons soutenu au *Rép. loc. cit.* l'opinion contraire en nous fondant sur le caractère solennel de l'acceptation requise pour la validité de la donation. L'art. 938 exige, pour que la donation soit parfaite, qu'elle ait été dûment acceptée; il suit de là que l'acceptation qui ne satisferait pas aux règles prescrites par les art. 934 et 937 c. civ. laisserait la donation imparfaite, c'est-à-dire entachée d'une nullité absolue. Un passage du rapport de Jaubert au Tribunat, cité au *Rép. eod. loc.*, corrobore cette opinion qui est enseignée par MM. Aubry et Rau, t. 7, § 652, p. 61-62, note 12. Suivant ces auteurs, de la lecture des articles précités il ressort que les rédacteurs du code sont partis, soit de l'idée que tout ce qui est relatif au mode d'acceptation des donations tient à la forme de ces actes juridiques, soit de celle que l'irrévocabilité des donations exige pour leur perfection une acceptation qui lie le donataire aussi bien que le donateur. MM. Aubry et Rau avouent que l'une et l'autre de ces idées sont inexactes en doctrine, mais ils estiment qu'il n'en faut pas moins les accepter comme ayant servi de base à la rédaction de la loi. M. Laurent, t. 12, n° 259, se rallie à cette seconde opinion qui a été consacrée par la cour de cassation. Jugé que la donation entre vifs qui, faite à une femme mariée, a été acceptée par celle-ci sans autorisation de son mari ni de justice, est frappée d'une nullité absolue, l'art. 1125 c. civ. n'étant point applicable à cette hypothèse. En conséquence, le donateur a le droit de révoquer la donation, comme s'il n'y avait pas eu encore d'acceptation, tant que l'autorisation du mari ou celle de la justice ne sont point intervenues (Civ. cass. 14 juill. 1856, aff. Lazare, D. P. 56. 1. 282). Et les héritiers du donateur peuvent soutenir que la donation faite à une femme mariée et acceptée par elle est nulle pour défaut d'autorisation maritale (Sol. impl., Civ. rej. 29 janv. 1879, aff. Lallier, D. P. 79. 1. 76).

372. — III. Donation faite a un interdit ou a un mineur (*Rép.* n°s 1471 à 1488). — En ce qui concerne la donation faite au mineur, l'art. 935 distingue deux catégories de personnes qui ont qualité pour accepter au nom du donataire: d'une part, le tuteur qui ne peut agir qu'avec l'autorisation du conseil de famille, d'autre part, les père et mère du mineur et les autres ascendants qui ont le droit, même du vivant des père et mère, d'accepter au nom du mineur. Les père et mère ou ascendants ont qualité pour faire l'acceptation dont il s'agit en dehors des fonctions de la tutelle. Ainsi qu'il a été expliqué au *Rép.* n° 246, cette disposition de l'art. 935 est un vestige de l'ordonnance de 1731.

Nous ferons observer toutefois, avec MM. Aubry et Rau, t. 7, § 652, p. 59, que, s'il s'agissait d'une donation avec charges, elle ne pourrait être acceptée valablement par un ascendant, qui aurait dans cet acte des intérêts contraires à ceux du mineur. La cour de Lyon a annulé sur ce motif la donation faite par un père à ses enfants mineurs et acceptée pour ceux-ci par leur mère, alors que le donateur, mettant à la charge des donataires les avantages matrimoniaux stipulés au profit de l'acceptante, a donné ainsi à ces avantages une consécration qui rendait plus difficile pour les enfants l'exercice de l'action en nullité ou en réduction de l'art. 1098 c. civ. (Lyon, 24 juin 1868, aff. Girard, D. P. 68. 2. 177). Jugé de même que la donation faite à un mineur sous certaines charges et conditions n'est point valablement acceptée en son nom par ses père et mère, alors que, d'une part, l'acte cache sous la forme d'une donation un véritable contrat à titre onéreux, et, d'autre part, que les père et père doivent profiter indirectement des charges stipulées (Amiens, 1er mai 1884, aff. Duhamel, D. P. 85. 2. 176). Mais il a été reconnu que le père de famille avait qualité pour accepter la donation faite à son fils mineur par sa femme, alors même qu'il était déjà intervenu dans le même acte pour autoriser sa femme à faire la donation (Lyon, 23 mars 1877, aff. Mignard, D. P. 78. 2. 33).

373. Conformément à l'opinion émise au *Rép.* n° 1487, M. Laurent, t. 12, n° 248, enseigne que la disposition de l'art. 935 doit être appliquée aux père et mère naturels, aussi bien qu'aux ascendants légitimes. Des motifs analogues militent dans l'un et l'autre cas; on peut même dire, ajoute M. Laurent, qu'il y a un motif de plus en faveur des enfants naturels, c'est que souvent ces enfants n'ont pas de tuteur.

374. En ce qui touche le mineur émancipé, l'art. 935 dit expressément qu'il a qualité pour accepter les donations qui lui sont faites, mais avec l'assistance de son curateur. Tous les auteurs sont d'accord pour décider que l'autorisation du conseil de famille n'est point nécessaire, la loi ne l'ayant pas exigée (V. Aubry et Rau, t. 7, § 652, p. 59; Laurent, t. 12, n° 250).

375. L'irrégularité de l'acceptation consentie par le tuteur sans l'autorisation du conseil de famille, par le mineur émancipé, sans l'assistance de son curateur, produit-elle une nullité absolue ou relative de la donation? Nous retrouvons ici la question précédemment examinée (V. *suprà*, n° 371), au sujet de la donation faite à une femme mariée et acceptée par elle en dehors de l'autorisation de son mari. Nous nous sommes prononcés dans le sens de la nullité absolue de la donation. Des raisons identiques doivent faire admettre la même solution dans l'hypothèse d'une libéralité irrégulièrement acceptée au nom du mineur. C'est l'opinion qui a été soutenue au *Rép.* n°s 1477 à 1479. En rapportant les décisions intervenues sur la question, on a fait observer que la jurisprudence était divisée. Les arrêts qui ont été rendus depuis se sont prononcés dans le sens de la nullité absolue. Jugé: 1° que le donateur conserve le droit de révoquer la donation faite à un mineur et acceptée par le tuteur seul, tant qu'il n'a pas reçu la notification de l'acte d'acceptation du tuteur autorisé par le conseil de famille (Limoges, 16 déc. 1872, aff. Touyeras, D. P. 73. 2. 89); — 2° Que la donation solennelle acceptée par un mineur qui n'a pas été autorisé conformément à l'art. 935 c. civ. est frappée d'une nullité absolue et que cette nullité peut être invoquée par tous ceux qui y ont intérêt (Caen, 30 déc. 1878, aff. Lemarchand, D. P. 80. 2. 1).

376. Lorsqu'une donation est faite au mineur par son tuteur ou par son curateur, on a dit au *Rép.* n° 1488 que l'acceptation doit être effectuée dans le premier cas, soit par un ascendant, soit par le subrogé tuteur dûment autorisé, et, dans le second cas, par le mineur émancipé assisté d'un curateur *ad hoc* nommé par le conseil de famille. Ces solutions sont admises sans difficulté par les auteurs (V. Aubry et Rau, t. 7, § 652, p. 59; Demolombe, t. 3, n°s 197 et 198). Cependant M. Laurent, t. 12, n° 249, enseigne que, dans l'hypothèse d'une donation émanant du tuteur, le subrogé tuteur n'aurait pas qualité pour suppléer le tuteur au point de vue de la formalité de l'acceptation, car ce n'est point une opposition d'intérêt entre le pupille et le tuteur qui empêche ce dernier d'agir. La donation devrait donc être acceptée par un tuteur *ad hoc*, à défaut d'un ascendant.

377. — IV. Donation faite a l'enfant simplement conçu (*Rép.* n° 1489). — Elle pourra être acceptée, ainsi qu'il a été dit au *Rép.* n° 1489, par les représentants légaux de l'enfant, c'est-à-dire son père, sa mère ou un autre ascendant. Quelques auteurs cités au *Rép. eod. loc.* enseignent que le curateur au ventre aurait également qualité pour accepter une donation faite à l'enfant dont une femme se déclare enceinte au décès de son mari. Mais M. Laurent, t. 12, n° 249, refuse, avec raison, suivant nous, le pouvoir d'accepter des donations au curateur au ventre, à raison de la mission toute spéciale pour laquelle il est nommé.

378. — V. Donation faite a celui qui est pourvu d'un conseil judiciaire (*Rép.* n° 1490). — A la différence du mineur émancipé, le prodigue ou le faible d'esprit n'a besoin d'aucune assistance pour accepter une donation, la loi n'ayant point rangé l'acceptation des donations au nombre des actes pour lesquels l'intervention du conseil judiciaire est nécessaire. En donnant cette solution au *Répertoire*, on y a apporté une restriction dans le cas où la donation serait accompagnée de charges, pour l'exécution desquelles l'assistance du conseil judiciaire est exigée par l'art. 513 c. civ. Tous les auteurs approuvent cette restriction (Laurent, t. 12, n° 252; Demolombe, t. 3, n° 175 *bis*).

379. — VI. Donation a un condamné a la peine des travaux forcés a temps ou a la réclusion (*Rép.* n° 491). — Nous n'avons rien à ajouter aux explications présentées sur ce point au *Répertoire*.

380. — VII. Donation faite a un sourd-muet (*Rép.* n°s 1492 à 1495). — Ainsi qu'il a été expliqué au *Rép.* n° 1492, le cas qui nous occupe maintenant a été prévu par l'art. 936, qui distingue deux hypothèses: celle où le sourd-muet ne sait pas écrire, auquel cas l'acceptation devra être faite par un curateur nommé à cet effet, conformément aux règles de la tutelle; et, en second lieu, l'hypothèse où le donataire sachant écrire pourra faire l'acceptation lui-même. MM. Aubry et Rau, t. 7, § 652, p. 62 et 63, note 13, estiment que l'acceptation pourrait encore être faite valablement par un sourd-muet, qui ne saurait pas écrire, mais serait en état de manifester sa volonté par signes d'une manière précise et certaine. Le deuxième alinéa de l'art. 936 ne peut faire échec à cette solution, disent-ils, car la disposition dont s'agit n'a pas pour objet d'établir une règle d'incapacité; elle se borne à déterminer, dans l'intérêt général des sourds-muets, le mode suivant lequel les donations pourront être acceptées en leur nom, faute par eux de pouvoir manifester leur volonté. Si donc le législateur a indiqué qu'on devait recourir à ce mode d'acceptation, dans l'hypothèse où le sourd-muet ne saurait pas écrire, cela tient à ce que les sourds-muets n'ont, en général, pas d'autre moyen d'exprimer leurs intentions; il ne s'ensuit pas qu'on ait voulu limiter à l'écriture la forme dans laquelle les sourds-muets devront manifester leur volonté pour pouvoir accepter eux-mêmes. Cette opinion est combattue par MM. Laurent, t. 12, n° 254, et Demolombe, t. 3, n°s 166 et 167, à raison du caractère solennel du contrat de donation et des *termes exprès* dans lesquels la loi exige que l'acceptation soit faite. Or le langage par signes, s'il suffit pour manifester le consentement, ne constitue pas une acceptation en *termes exprès*. — L'argumentation que nous venons de résumer repose, croyons-nous, sur une confusion entre la rédaction de l'acte d'acceptation, qui émane du notaire et doit être conçue en termes exprès, et la volonté d'accepter, que le donataire doit manifester d'une manière non équivoque à l'officier ministériel rédacteur, sans que la loi ait indiqué la forme ou les termes dans lesquels cette manifestation devra se faire.

381. — VIII. Donations faites aux corporations et établissements publics (*Rép.* n°s 1496 à 1507). — Ainsi qu'il a été expliqué au *Rép.* n°s 1496 et suiv., les donations faites en faveur de départements, de communes, d'établissements publics ou d'utilité publique, d'établissements ecclésiastiques, ou de congrégations religieuses, d'ailleurs capables de recevoir, ne peuvent avoir effet qu'autant que l'acceptation en a été autorisée par le Gouvernement (V. Aubry et Rau, t. 7, § 649, p. 37 et 63). L'acceptation est faite par les administrateurs désignés à cet effet par les lois spéciales sur la matière, lorsque l'autorisation nécessaire a été donnée par le Gouvernement (V. *suprà*, n°s 139 et suiv., les conditions dans lesquelles cette autorisation doit intervenir). Suivant la règle générale indiquée au *Rép.* n° 1496, et qui a été rappelée *suprà*, v° *Culte*, n° 656, l'autorisation doit précéder l'acceptation, sauf en ce qui concerne les dons manuels (V. *suprà*, n° 151). — Toutefois, ainsi qu'on l'a observé au *Rép.* n° 1497, divers textes spéciaux prévoient au profit de quelques-unes des personnes morales susénoncées une acceptation à titre conservatoire qui peut être faite avant que l'autorisation gouvernementale soit intervenue. Tel est, notamment, l'art. 113 de la loi du 5 avr. 1884 sur l'organisation municipale, lequel porte « que le maire peut toujours, à titre conservatoire, accepter les dons et legs et former avant l'autorisation toute demande en délivrance ». Des dispositions analogues existent au profit des départements et de divers établissements charitables (Sur tous ces points, V. *suprà*, v° *Commune*, n°s 1177 et suiv.; *infrà*, v^is^ *Hospice; Organisation administrative*, etc.). Il est à remarquer que l'autorisation accordée par le préfet, postérieurement à l'acceptation du maire, à la donation entre vifs faite à une commune, rétroagit au jour même de l'acceptation (Montpellier, 4 juin 1855, aff. Dejean, D. P. 56. 2. 126).

382. — IX. Du recours accordé aux incapables pour défaut d'acceptation (*Rép.* n°s 1508 à 1515). — On a commenté au *Rép.* n° 1508 la disposition de l'art. 942 c. civ., aux termes de laquelle les mineurs et interdits ont un recours contre leurs tuteurs qui, en omettant de faire les diligences nécessaires pour accepter une donation consentie à leurs pupilles, ont rendu la donation inexistante. C'est par une erreur de rédaction, a-t-on dit, que le même recours parait être accordé par l'art. 942 aux femmes mariées contre leurs maris. Le mari, en effet, n'ayant pas le droit d'accepter au nom de sa femme, ne saurait être déclaré responsable de l'omission d'une formalité qu'il n'a pas qualité pour effectuer. Ce point est hors de conteste en doctrine (V. notamment Laurent, t. 12, n° 261).

383. Mais les auteurs sont divisés sur la question de savoir si la responsabilité de l'absence d'acceptation incombe encore au tuteur, alors que la donation inacceptée émane de lui. Pour écarter, dans cette hypothèse, la responsabilité du tuteur, on observe qu'un acte de libéralité ne doit jamais devenir la cause d'un recours en dommages-intérêts contre son auteur. Mais on peut répondre que le recours qu'il s'agit d'exercer contre le donateur prend sa source, non point dans la donation, mais dans la négligence dont le donateur s'est rendu coupable en qualité de tuteur. MM. Aubry et Rau auxquels nous empruntons cette argumentation enseignent, t. 7, § 652, p. 59, note 9, que le donateur qui est en même temps tuteur du donataire devrait être déclaré responsable de la nullité résultant d'un défaut d'acceptation s'il avait omis de faire les diligences nécessaires pour l'accomplissement de cette formalité. C'est la solution que nous avons nous-mêmes développée au *Rép.* n° 1512, et on peut dire qu'elle est admise par M. Demolombe, t. 3, n° 214, et M. Laurent, t. 12, n° 262, bien que ces deux jurisconsultes tendent à restreindre la responsabilité du tuteur, qui est en même temps donateur, au cas où cette personne vient à décéder sans avoir provoqué les mesures propres à faire accepter régulièrement la donation.

Art. 3. — *Formalité particulière à la donation de biens mobiliers. — Etat estimatif* (*Rép.* n°s 1516 à 1538).

384. L'art. 948 c. civ. exige, comme condition de validité de la donation d'effets mobiliers, la rédaction d'un état estimatif qui doit être annexé à la minute de la donation. L'application de cet article soulève trois questions, qui ont été examinées au *Répertoire* sous des rubriques distinctes: 1° quelles donations sont soumises à la formalité d'un état estimatif? 2° quelle est la forme de l'état estimatif? 3° quelle sanction est attachée à l'omission de cette formalité?

385. — I. Quelles donations sont soumises a la formalité d'un état estimatif (*Rép.* n°s 1519 et suiv.). — De la généralité des termes « effets mobiliers » employés par le législateur, on a conclu au *Rép.* n° 1519 que la disposition de l'art. 948 s'applique à toutes les donations de biens meubles, aux objets incorporels comme aux meubles corporels. Tous les auteurs sont d'accord sur ce point (V. Aubry et Rau, t. 7, § 660, p. 88; Demolombe, t. 3, n° 349), comme aussi pour enseigner que l'estimation n'est pas nécessaire lorsqu'il s'agit de la donation d'une créance. Il suffit, dans ce cas, d'indiquer, avec le nom du débiteur, le montant du capital nominal ou de la rente annuelle (*Rép. eod. loc.*; Aubry et Rau et Demolombe, *ibid.*).

386. Les auteurs que nous venons de citer admettent également, suivant l'opinion indiquée au *Rép.* n° 1522, que l'état estimatif prescrit par l'art. 948 ne concerne pas la donation d'objets mobiliers réputés immeubles par destination. Mais il repoussent la distinction que Duranton a voulu établir entre les donations qui ne portent que sur quelques meubles isolés et celles qui embrassent la totalité, ou une quote part des meubles présents. D'après Duranton, cette dernière catégorie de donations ne serait pas soumise à la formalité de l'état estimatif. Cette opinion, qui a été examinée et réfutée au *Rép.* n° 1523, est demeurée isolée dans la doctrine (V. Aubry et Rau, t. 7, § 660, p. 87; Demolombe, t. 3, n° 347; Laurent, t. 12, n° 378).

387. On a déjà fait observer au *Rép.* n° 1526 que la disposition de l'art. 948 est étrangère aux dons manuels dont la réalisation n'exige la rédaction d'aucun acte. Une solution identique doit être admise à l'égard des donations déguisées sous la forme d'un contrat à titre onéreux, qui sont régulières du moment qu'elles satisfont aux conditions de formes exigées pour le contrat à titre onéreux dont le donateur a emprunté les apparences (V. Aubry et Rau, t. 7, § 660, p. 87). Un arrêt s'est prononcé en ce sens en décidant que les donations déguisées ne sont point assujetties à la formalité de l'état estimatif (Limoges, 11 févr. 1856, aff. Ramond, D. P. 57. 1. 308).

388. Enfin la disposition de l'art. 948 ne s'applique pas aux institutions contractuelles, ni aux donations de biens à venir faites entre époux pendant le mariage. Il est impossible, en effet, d'estimer des effets mobiliers qui n'existent pas encore, ou qui pourraient ne plus exister au décès du donateur (V. Aubry et Rau, t. 7, § 660, p. 88; Laurent, t. 12, n° 387).

389. — II. FORMES DE L'ÉTAT ESTIMATIF (*Rép.* n°s 1527 à 1534). — Nous n'avons rien à ajouter aux explications qui ont été fournies sur ce point au *Rép.* n°s 1527 et suiv. Ainsi qu'il a été dit *ibid.* n°s 1529 et 1530, la description détaillée avec estimation des meubles donnés, quand elle a été insérée dans l'acte de donation, tient lieu d'état estimatif. De même, la prescription de l'art. 948 devrait être réputée accomplie au moyen d'une référence à un inventaire antérieur à la donation (Laurent, t. 12, n° 385). — Jugé aussi qu'une énonciation de sommes peut, dans une donation, tenir lieu de l'état estimatif prescrit par l'art. 948 (C. cass. de Belgique, 8 nov. 1888, aff. Drion-Houtort, *Pasicrisie belge*, 1889. 1. 24).

390. — III. SANCTION DE LA FORMALITÉ DE L'ÉTAT ESTIMATIF (*Rép.* n°s 1535 à 1538). — L'omission de cette formalité entraîne la nullité de la donation. Dans le cas où une partie seulement des objets mobiliers donnés n'aurait pas été décrite et estimée, la nullité n'atteindrait que cette partie de la donation, ainsi qu'on l'a observé au *Rép.* n° 1537 (V. conf. Laurent, t. 12, n° 386).

391. Conformément à l'opinion qui a été soutenue au *Rép.* n°s 1535 et 1538, MM. Aubry et Rau enseignent que la nullité résultant du défaut d'état estimatif est absolue (t. 7, § 660, p. 88). Ces auteurs en tirent cette conséquence que la nullité pourra être proposée par le donateur lui-même, par ses héritiers, et enfin par ses créanciers, même postérieurs à la donation. — MM. Aubry et Rau admettent, en outre, suivant la doctrine développée au *Rép.* n° 1538, que la délivrance des objets donnés, faite par le donateur en exécution d'une donation, nulle pour contravention à l'art. 948, n'en couvre pas la nullité et n'exclut pas l'action en répétition (t. 7, § 660, p. 88). — Les mêmes auteurs observent *ibid.*, note 14, que la tradition des objets donnés pourra dans certains cas être maintenue, si elle est constitutive d'un don manuel; mais cette solution, motivée par des circonstances de fait et d'espèce, ne contredit aucunement le principe exposé ci-dessus, lequel demeure applicable d'une façon générale. La même remarque a d'ailleurs déjà été présentée au *Rép.* n° 1538, *in fine.*

ART. 4. — *Formalité particulière de la donation d'immeubles; De la transcription* (*Rép.* n°s 1539 à 1599).

392. Par dérogation au principe inscrit dans l'art. 938, d'après lequel la propriété des objets donnés passe au donataire par le seul effet de l'acceptation, le donataire de biens immobiliers susceptibles d'hypothèques n'en devient propriétaire au regard des tiers qu'à dater du jour où la donation a été transcrite (c. civ. art. 939).

393. Pour nous conformer au plan adopté au *Répertoire*, nous examinerons séparément : 1° quelles donations doivent être transcrites; 2° quand doit être faite la transcription; 3° quels en sont les effets; 4° quelles personnes sont chargées dans certains cas de procéder à la transcription au nom et dans l'intérêt d'autrui; 5° quelles sont les conséquences du défaut de transcription, dans le cas où le donataire est un incapable; 6° quelles sont les personnes qui ne peuvent se prévaloir du défaut de transcription.

394. — I. QUELLES DONATIONS DOIVENT ÊTRE TRANSCRITES? (*Rép.* n°s 1546 à 1553). — L'art. 939 répondant à cette question ne parle que des donations de *biens susceptibles d'hypothèques*. Malgré l'emploi de ces termes précis et limitatifs, quelques auteurs, dont les noms ont été indiqués au *Rép.* n° 1546, enseignent qu'il y a lieu de faire transcrire toute donation de biens immobiliers quelconques, qu'ils soient ou non susceptibles d'hypothèques. Cette opinion est généralement abandonnée par la doctrine la plus récente. MM. Laurent, t. 12, n° 369; Aubry et Rau, t. 7, p. 382, texte et note 2, ont démontré sans peine, à l'aide des travaux préparatoires de l'art. 939, que la formalité dont il est question dans cet article a été calquée non pas sur l'insinuation ancienne, mais bien sur la disposition de la loi de brumaire an 11. Or cette loi n'assujettissait à la transcription que les mutations immobilières translatives de biens ou de droits, susceptibles d'hypothèque. La disposition de l'art. 939, comme l'indiquent les termes dans lesquels elle est conçue, n'a pas une portée plus étendue (V. Aubry et Rau, t. 7, § 704, p. 384, note 9; Demolombe, t. 3, n° 249). Jugé en ce sens que l'art. 939 ne prescrivant la transcription qu'à l'égard des biens susceptibles d'hypothèque, cette formalité n'est pas exigée pour les donations de droits d'usage et d'habitation (Bordeaux, 10 juill. 1856, aff. Faget, D. P. 57. 2. 56). — Nous devons ajouter que, si les donations de biens immobiliers non susceptibles d'hypothèque échappent ainsi à la formalité de la transcription, cela n'est vrai qu'au point de vue de l'application de l'art. 939 c. civ. En effet, il est généralement reconnu en doctrine que les dispositions de la loi du 23 mars 1855 (D. P. 55. 4. 27), en tant qu'elles sont ampliatives des prescriptions des art. 931 et 941 c. civ., doivent être appliquées simultanément avec ces dernières aux actes portant donations entre vifs. Il suit de là que les donations de biens immobiliers non susceptibles d'hypothèque seront soumises à la transcription en vertu de l'art. 2 de la loi de 1855, qui vise les actes entre vifs constitutifs d'antichrèse, d'usage ou d'habitation, les actes de renonciation à ces mêmes droits et les jugements qui s'y réfèrent. D'après ce même art. 2, n° 5, les actes entre vifs constatant la remise ou la cession, même à titre gratuit, de trois années au moins de fermages ou loyers non échus devront être transcrits (V. pour l'application de la loi de 1855 aux actes à titre gratuit : *Rép.* v° *Transcription hypothécaire*, n° 272; Aubry et Rau, t. 7, § 704, p. 396 et 397; Demolombe, t. 3, n°s 339 et 340).

395. En ce qui concerne la question de savoir si les donations par contrat de mariage, et les donations entre époux sont assujetties à la formalité de la transcription, V. *infrà*, n°s 535, 553, 592, 597; *Rép.* n°s 1916 et 2046 et suiv.

396. — II. QUAND DOIT ÊTRE FAITE LA TRANSCRIPTION ? (*Rép.* n°s 1554 à 1557). — La loi n'ayant point fixé de délai pour l'accomplissement de cette formalité, tous les auteurs admettent, conformément à l'opinion indiquée au *Rép.* n°s 1554 à 1555, que la transcription pourrait être utilement effectuée après le décès du donateur (V. Aubry et Rau, t. 7, § 704, p. 387; Demolombe, t. 3, n° 286). Mais si la transcription est en elle-même parfaitement valable, à quelque moment qu'elle intervienne, il peut se faire qu'elle soit inefficace vis-à-vis des tiers, au cas où ces derniers auraient acquis, dans l'intervalle entre la donation et la transcription, des droits primant celui du donataire. Il en est ainsi dans l'hypothèse, examinée au *Rép.* n° 1556, où le donataire a fait transcrire son acte de donation après que le donateur a été déclaré en faillite. La proposition susénoncée sera, d'ailleurs, plus spécialement développée dans le paragraphe qui suit.

397. — III. QUELS SONT LES EFFETS DE LA TRANSCRIPTION ET LES CONSÉQUENCES DU DÉFAUT DE TRANSCRIPTION? (*Rép.* n°s 1558 à 1581). — Ainsi qu'il a été expliqué au *Rép.* n° 1558, cette question comporte deux solutions bien distinctes, suivant que la formalité de la transcription, établie par les art. 939 et 941 c. civ., doit être régie par les principes de l'ancienne insinuation ou qu'on la considère, au contraire, comme la reproduction du régime hypothécaire constitué par la loi de brumaire an 11. Nous avons déjà indiqué *suprà* n° 394, les raisons pour lesquelles la seconde solution nous avait paru préférable. En adoptant ce point de départ, on est logiquement conduit à décider, conformément à la doctrine émise au *Rép.* n° 1558, que la transcription n'est point une condition de forme prescrite pour la validité de la donation entre les parties, qu'elle est nécessaire uniquement pour investir le donataire au regard des tiers de la propriété des biens donnés (V. Aubry et Rau, t. 7, § 704, p. 388). De ces deux propositions découlent des conséquences qui ont déjà été signalées au *Répertoire*.

398. En premier lieu, le défaut de transcription peut être opposé par tout intéressé. Le sens de ces mots a été précisé au *Rép.* n° 1562. Par *intéressés* il faut entendre tous ceux qui, n'étant pas tenus des engagements du donateur, ont intérêt, à raison des droits qu'ils tiennent de lui ou qui leur compètent contre lui, à soutenir que la propriété des biens donnés n'a été transmise au donataire que du jour de la transcription. Cette catégorie de personnes comprend tout d'abord les créanciers hypothécaires du donateur, aussi bien ceux antérieurs que ceux postérieurs à la donation. On trouvera rapportées au *Rép.* n° 1562 plusieurs décisions qui ont fait application du principe (*Adde* dans le même sens : Civ. cass. 26 janv. 1876, aff. Poivré, D. P. 76. 1. 169 ; Toulouse, 19 août 1880) (1). — Il résulte de ce dernier arrêt que la donation immobilière non transcrite est dépourvue d'existence légale au regard des créanciers du donateur, alors même que ceux-ci auraient eu connaissance de la donation en dehors de l'accomplissement de la formalité de la transcription. — Il a été jugé dans le même sens que le défaut de transcription d'une donation peut être invoqué par le tiers, auquel les immeubles donnés ont été plus tard hypothéqués conjointement par le donateur et par le donataire ou ses ayants cause, contre tous ceux qui, depuis la donation, avaient acquis, du chef du donataire, des privilèges ou hypothèques sur lesdits biens, alors même que l'obligation hypothécaire consentie au profit de ce tiers contiendrait la déclaration et du défaut de transcription de la donation et des charges dont les biens ont été grevés par le donataire, de telles déclarations n'emportant, de la part du créancier à qui elles sont faites, aucun abandon de ses droits (Paris, 2 mai 1860, aff. Larchevêque, D. P. 61. 2. 65).

399. Le droit de se prévaloir du défaut de transcription appartient également aux créanciers simplement chirographaires. L'opinion contraire, enseignée par MM. Coin-Delisle, Marcadé et Grenier, a été développée au *Rép.* n° 1568. Elle est condamnée par la doctrine la plus récente qui invoque tout à la fois le texte et l'esprit de l'art. 941 c. civ. (V. Aubry et Rau, t. 7, § 704, p. 391, texte et note 31 ; Demolombe, t. 3, n°s 300 et suiv.). La jurisprudence est aujourd'hui bien fixée dans ce dernier sens. Jugé que le défaut de transcription peut être opposé, même par les créanciers chirographaires, du moment qu'ils y ont intérêt (Req. 23 nov. 1859, aff. Huvey, D. P. 59. 1. 481 ; Limoges, 28 févr. 1879, aff. Basset, D. P. 80. 2. 126).

400. Il importe, toutefois, de noter que le droit d'invoquer le défaut de transcription ainsi reconnu aux créanciers chirographaires ne peut être exercé par eux que dans les termes de l'art. 938, c'est-à-dire à l'égard des donations de biens immobiliers susceptibles d'hypothèques. Quant aux donations qui portent sur les autres droits immobiliers, la transcription, à laquelle elles sont soumises depuis la loi du 23 mars 1855, ayant été établie par cette loi seulement dans l'intérêt des tiers qui ont acquis des droits sur l'immeuble et les ont régulièrement conservés, les créanciers chirographaires ne sauraient se prévaloir de l'absence de transcription de ces donations (V. Aubry et Rau, t. 7, § 704, p. 396 ; Demolombe, t. 3, n°s 336 et 337).

401. Dans quel cas les créanciers chirographaires auront-ils intérêt, et, par suite, seront-ils admis à invoquer le défaut de transcription ? MM. Aubry et Rau répondent à la question en distinguant trois hypothèses : 1° les créanciers chirographaires sont recevables à invoquer le défaut de transcription dans le cas où les immeubles donnés ont été frappés de saisie immobilière ou de saisie-brandon quant à leurs fruits, si la donation n'a pas été transcrite avant la transcription de la saisie immobilière, ou avant l'établissement de la saisie-brandon (Aubry et Rau, t. 7, § 704, p. 392 ; Demolombe, t. 3, n° 301) ; — 2° Il en est de même quand la donation n'a pas été transcrite avant le jugement déclaratif de la faillite du donateur. Nous avons déjà mentionné cette hypothèse (V. *suprà*, n° 396) qui a été examinée au *Rép.* n° 1556. MM. Aubry et Rau, *ibid.*, observent même que la transcription, quoique faite avant le jugement déclaratif de faillite, pourrait être déclarée tardive par application de l'art. 448 c. com., si elle n'était intervenue qu'après la cessation des payements, ou dans les dix jours précédents, et qu'il se fût écoulé plus de quinze jours entre la donation et la transcription. M. Demolombe, *eod. loc.*, approuve également cette solution, qui a été consacrée par la jurisprudence. Jugé en ce sens qu'une donation d'immeubles faite par une personne tombée depuis en faillite ne peut être valablement transcrite après la cessation des payements du donateur, alors que le donataire avait pleine connaissance de cette cessation de payements (Amiens, 18 août 1858, et sur pourvoi, Req. 23 nov. 1859, aff. Huvey, D. P. 59. 1. 481) ; — 3° Les créanciers chirographaires peuvent encore se prévaloir du défaut de transcription à l'effet d'attaquer, comme faite en fraude de leurs droits, la donation qui n'aurait été transcrite que postérieurement à l'époque où leurs droits ont pris naissance (V. Aubry et Rau, t. 7, § 704, p. 393). L'arrêt de la cour de Bordeaux du 26 févr. 1851, cité au *Rép.* n° 1567, a statué dans cette dernière hypothèse.

402. Suivant l'opinion indiquée au *Rép.* n° 1570, la connaissance que les tiers intéressés auraient acquise de l'existence de la donation ne les rendrait pas irrecevables à opposer le défaut de transcription, car la connaissance de fait ne saurait tenir lieu de l'accomplissement d'une formalité en dehors de laquelle la loi répute la donation inefficace. MM. Aubry et Rau, t. 7, § 704, p. 395, et Demolombe, t. 3, n° 313, approuvent cette solution qui est consacrée par une jurisprudence constante (V. les arrêts cités au *Rép.* n° 1570, et Pau, 29 mars 1871, aff. Roch, D. P. 71. 2. 245).

403. Ainsi qu'il a été expliqué au *Rép.* n° 1574, le défaut de transcription, qui ne peut être invoqué par le donateur, ne peut pas davantage être opposé par ses héritiers ou successeurs universels. A cet égard la formalité de la transcription diffère complètement de l'ancienne insinuation. Cette opinion est adoptée par la presque unanimité des auteurs (V. Aubry et Rau, t. 7, § 704, p. 388, note 27 ; Demolombe, t. 3, n° 306). Cependant M. Mourlon, *De la transcription*, t. 2, n° 433, a enseigné l'opinion contraire, d'après laquelle le donateur serait seul irrecevable à se prévaloir du défaut de transcription. La jurisprudence n'a jamais cessé de consacrer le système adopté au *Répertoire* (V. les arrêts cités au n° 1575). Plus récemment il a été décidé dans le même sens : 1° que le défaut de transcription d'une donation ne peut être opposé par les héritiers du donateur (Orléans, 6 juin 1868, aff. Rousseau, D. P. 68. 2. 194) ; — 2° Qu'il ne peut être invoqué que par les tiers, et non par le donateur ou ses héritiers (Req. 1er août 1878, aff. Abadie, D. P. 79. 1. 167).

404. Avec MM. Aubry et Rau, t. 7, § 704, p. 393, texte et note 36, et Demolombe, t. 3, n° 312, nous croyons que le droit d'invoquer le défaut de transcription n'appartient pas au donataire, ni à ses créanciers ou ayants cause, alors même qu'ils auraient intérêt à l'invoquer ; ce n'est point en faveur de ces personnes que les dispositions de l'art. 939 ont été écrites. Un arrêt décide en ce sens que le défaut de transcription d'une donation ne peut être invoqué par le donataire, bien que celui-ci ait intérêt à faire annuler la

(1) (Rolland C. Carrié.) — Le tribunal de Castel-Sarrasin a rendu, le 14 mai 1880, le jugement suivant : — « ... Au fond ; — Sur le mérite de l'incident : — Attendu, en droit, qu'il résulte formellement des art. 939, 940, 941 et 1071 que la donation immobilière non transcrite n'a point d'existence au regard des créanciers du donateur ou vendeur ; que cela est vrai alors même que le créancier aurait eu, en dehors de l'accomplissement de cette formalité légale, connaissance de la donation, la transcription étant la formalité intrinsèque spéciale nécessaire pour que la donation soit valable au regard des tiers... ». — Appel. — Arrêt.

La cour ; — Adoptant les motifs des premiers juges ; — Confirme.

Du 19 août 1880.-C. de Toulouse, 2e ch.-MM. Violas, f. f. pr.-Fabreguettes, av. gén., c. conf.-Cousin et Pillore, av.

donation en ce que, par exemple, il s'agirait d'un partage d'ascendant portant atteinte à sa réserve légale et protégé par la prescription de dix ans contre une action en réduction (Req. 1er mai 1861, aff. Gaudouin, D. P. 61. 1. 323). L'arrêt du 6 juin 1868, cité au numéro précédent, décide également que ceux qui ont été parties à l'acte ne peuvent arguer du défaut de transcription. — En ce qui concerne spécialement les créanciers du donataire, la doctrine que nous venons d'émettre a été approuvée par de nombreux arrêts. Il a été jugé que le créancier ayant stipulé, d'une part, de son débiteur une hypothèque sur un immeuble donné à ce dernier et, d'autre part, du donateur une autre hypothèque sur le même immeuble, pour le cas où la donation viendrait à être résolue, à raison, notamment, de l'inexécution des conditions, doit, s'il exerce son droit hypothécaire sans que cette éventualité se soit réalisée, être considéré comme agissant simplement en qualité de créancier hypothécaire du donataire ; que, par suite, ce créancier est non recevable à se prévaloir du défaut de transcription de la donation à l'effet de faire tomber une hypothèque constituée antérieurement à la sienne par le donataire au profit d'un autre créancier de celui-ci (Req. 15 janv. 1868, aff. Leblanc, D. P. 68. 1. 131. V. également Angers, 17 févr. 1869) (1). Il en serait de même, bien que l'immeuble ait été hypothéqué conjointement par le donataire et le donateur, si ce dernier n'était intervenu à l'acte que pour céder son droit d'antériorité résultant d'une inscription prise à son profit (Paris, 23 juin 1881) (2), et encore dans le cas où l'hypothèque accordée à un créancier

(1) (Plé C. Balleur.) — Le 15 juill. 1868, jugement du tribunal du Mans, ainsi conçu : — « Considérant que, par acte de Richard, notaire au Mans, en date du 10 févr. 1858, les époux Querville ont reconnu devoir à Plé une somme de 3500 fr., à la sûreté de laquelle ils ont affecté hypothécairement l'immeuble dont le prix est à distribuer et qu'ils ont déclaré tenir comme ils le tenaient, en effet, des époux Vincent, à titre de donation non encore transcrite ; — Que les époux Vincent, en survenant audit acte, ont *au besoin* directement hypothéqué l'immeuble de leur chef au profit de Plé, pour garantie de la créance contre les donataires, sous la réserve, toutefois, du privilège des donateurs pour les charges de la donation et du privilège de copartageant des donataires; qu'enfin lesdits époux Vincent ont, en outre, déclaré audit acte que l'hypothèque précédemment consentie par les époux Querville aux époux Balleur serait sans effet, comme n'ayant pas été consentie par les époux Vincent; — Considérant que les époux Vincent s'étant dépouillés de la propriété de l'immeuble par la donation qu'ils en avaient faite à leurs enfants, n'ont pu consentir à Plé qu'une hypothèque éventuelle, pour le cas où la donation serait révoquée ou la propriété transférée par les donateurs, à défaut de transcription par les époux Querville, à des tiers; — Que ni l'une ni l'autre de ces conditions ne s'est réalisée, et que, par conséquent, la garantie supplémentaire consentie à Plé par les époux Vincent n'a pas d'objet; — Que, d'un autre côté, les époux Vincent n'avaient aucune qualité pour déclarer sans effet l'hypothèque consentie aux époux Balleur par les donataires, et que, par conséquent, leur déclaration à cet égard n'a aucune valeur; — Considérant que Plé objecte vainement qu'il a reçu des donateurs sur l'immeuble donné une hypothèque *antérieure* à la transcription de la donation, et que, par conséquent, il aurait droit, aux termes de l'art. 941 c. nap., d'opposer aux époux Balleur le défaut de transcription; — Mais considérant que Plé n'a jamais été créancier des époux Vincent; qu'il ne s'est fait consentir par eux cette hypothèque que comme supplément éventuel de garantie; qu'il savait par la déclaration même des époux Vincent qu'ils n'étaient plus propriétaires de l'immeuble par eux donné et qu'il n'a stipulé cette garantie qu'en sa qualité de créancier et comme ayant cause des donataires chargés de la transcription; qu'il n'est donc pas recevable à opposer le défaut de transcription; — Considérant, d'ailleurs, que la transcription n'est qu'un moyen de publicité des aliénations d'immeubles; — Qu'à défaut de la transcription de la donation, les tiers qui ont traité avec le donateur sont présumés l'avoir fait dans l'ignorance de l'aliénation, mais que cette présomption ne saurait être invoquée par ceux qui, d'après les énonciations même de l'acte et la nature du contrat, n'ont traité avec le donateur qu'en sa qualité de donateur et pour se préserver du recours qu'il pourrait exercer contre les donataires; — Par ces motifs, etc. ». — Appel par le sieur Plé. — Arrêt.

LA COUR; — Adoptant les motifs des premiers juges, et attendu que l'acte du 10 févr. 1858 confère à Plé une hypothèque principale sans condition de la part des époux Querville, ses débiteurs directs, et ne lui confère de la part des époux Vincent, dont il n'était pas créancier, qu'une hypothèque subsidiaire donnée au besoin, selon l'expression de l'acte, c'est-à-dire éventuellement sous des conditions non résolues, et qu'il n'appartient pas à Plé d'intervertir les rôles et de substituer l'hypothèque subsidiaire et éventuelle des époux Vincent à l'hypothèque principale et directe des époux Querville; — Attendu que Querville avait été déclaré en faillite le 12 janv. 1858, un mois avant l'acte par lequel il consentait l'hypothèque à Plé; que les deux actes ont été reçus par le même notaire, qui connaissait l'insuffisance de la valeur de la maison hypothéquée pour garantie des deux créances; que le notaire et Plé ne pouvaient ignorer la faillite de Querville, et que la convention de 1858, passée dans ces conditions, est justement suspecte; — Confirme, etc.

Du 17 févr. 1869.-C. d'Angers, ch. civ.- MM. Métivier, 1er pr.-Merveilleux-Duvignaux, 1er av. gén.-Fairé et Guitton aîné, av.

(2) (Lerebour C. Dollois et Renard.) — LA COUR ; — Statuant sur l'appel interjeté par Lerebour d'un jugement du tribunal civil de Rambouillet en date du 19 févr. 1880 : — Considérant qu'aux termes d'un acte en date du 20 août 1872, les époux Brouscant ont fait donation à la dame Champion, leur fille, des immeubles dont le prix est en distribution ; que la donataire s'est obligée à servir aux donateurs une pension viagère, et que, pour assurer l'exécution de cette obligation, les époux Brouscant ont pris inscription, à la date du 2 févr. 1874, sur les immeubles par eux donnés ; — Considérant que la donation n'a pas été transcrite ; — Considérant que, le 28 janv. 1874, les époux Champion ont emprunté de Lerebour, appelant, la somme de 3000 fr., et ont affecté hypothécairement au remboursement de cette somme les immeubles dont il s'agit ; qu'inscription a été régulièrement prise par le créancier contre les époux Champion, ses débiteurs, le 6 février de la même année ; — Considérant enfin que, suivant acte en date des 14 et 19 sept. 1877, les époux Champion ont reconnu devoir à la société en nom collectif Dollois et Renard, dont Dollois est aujourd'hui liquidateur, la somme de 4800 fr., et, à la garantie du remboursement de cette créance, ont consenti une affectation hypothécaire qui a donné lieu à une inscription prise à la date du 23 sept. 1877 ; que les époux Brouscant, intervenant à ce même acte, ont à la fois déclaré consentir affectation hypothécaire au profit de la société et lui céder antériorité sur eux-mêmes dans l'effet de l'inscription dont ils étaient bénéficiaires ; qu'il a été fait mention en marge de cette inscription de la cession d'antériorité, mais qu'il n'a été pris contre les époux Brouscant aucune inscription ; — Considérant que Dollois ès nom se prévalant de l'inaccomplissement de la formalité de la transcription de la donation du 28 août 1872, a demandé et obtenu collocation antérieurement à Lerebour ; — Mais considérant qu'il ne peut agir qu'en qualité d'ayant cause des époux Champion, donataires, ou en vertu des droits qu'il tiendrait des époux Brouscant, donateurs ; — Considérant, d'une part, que, par application de l'art. 941 c. civ., l'ayant cause du donataire n'est pas recevable à opposer le défaut de transcription ; — Considérant, d'autre part, que les époux Brouscant n'ont pu, dans un seul et même acte, utilement procéder en deux qualités qui ne pouvaient coexister : comme créanciers hypothécaires cédant le gage dont ils étaient nantis, et comme propriétaires affectant hypothécairement les immeubles qui leur auraient appartenu ; que, dans l'établissement de propriété, partie inhérente de l'acte auquel ils ont été présents, les droits des époux Champion, résultant de l'acte de donation exclusif des propres droits des donateurs, sont énoncés et affirmés ; que ceux-ci, dès lors, n'ont pu agir en vertu d'un droit de propriété qu'ils reconnaissaient avoir transféré ; — Considérant que l'hypothèque dont Dollois ès nom est fondé à exciper procède exclusivement du fait des époux Champion ; — Que les époux Brouscant n'ont accédé au contrat que pour consentir, en qualité de créanciers, un droit d'antériorité qui n'est pas contesté, ou pour promettre, en qualité d'anciens propriétaires, l'immunité de la cause d'éviction dont leurs propres ayants cause auraient pu se prévaloir au préjudice de la société Dollois et Renard ; — Considérant, d'ailleurs, que ce contrat a été ainsi interprété et exécuté ; qu'il n'a pas été pris inscription au profit de Dollois et Renard contre les époux Brouscant, mais seulement contre les époux Champion ; que le conservateur s'est borné, en ce qui concerne les époux Brouscant, à faire mention de la cession d'antériorité en marge de l'inscription militant à leur profit ; qu'ainsi Dollois ès nom, n'est pas régulièrement investi d'un droit hypothécaire consenti par les donateurs, et n'a pas qualité pour agir comme étant leur ayant cause ; — Considérant qu'il résulte de ce qui précède que Dollois ès nom doit être colloqué en qualité de cessionnaire des époux Brouscant, à la date de l'inscription, prise par eux, jusqu'à concurrence du montant de la créance existant au profit des cédants, mais que, pour le surplus de sa créance, il ne peut être colloqué qu'à la date de son inscription, et postérieurement à la collocation de Lerebour ; — Par ces motifs ; — Réforme le règlement provisoire en ce que Dollois ès nom a été colloqué pour la totalité de sa créance antérieurement à l'appelant ; — Dit qu'au règlement de l'ordre : 1° Lerebour sera colloqué à la date de son inscription pour l'intégralité de sa créance ; 2° Dollois ès nom sera colloqué à la date de l'inscription prise par les époux Brouscant jusqu'à concurrence des causes de la créance de ses cédants ; 3° Il sera

du donateur aurait été accompagnée de la caution solidaire du donateur, si le cautionnement avait été frauduleusement consenti par le donateur dans le but exclusif de modifier l'ordre légal des hypothèques constituées par le donataire et d'attribuer la priorité de rang au créancier cautionné (Civ. cass. 26 janv. 1876, aff. Poivré, D. P. 76. 1. 169, et sur renvoi, Rennes, 10 janv. 1877) (1).

405. Au créancier du donataire il faut assimiler le tiers qui aurait acquis du donataire l'immeuble donné. Ce tiers ne peut pas non plus se prévaloir du défaut de transcription de la donation, car il ne saurait avoir plus de droit que n'en a le donataire dont il est l'ayant cause. C'est ce qui a été décidé par un arrêt de la cour de Nancy du 27 juill. 1875 (2).

406. En ce qui touche les successeurs particuliers à titre gratuit du donateur, et notamment les donataires d'immeubles antérieurement compris dans une donation non transcrite, ils peuvent se prévaloir du défaut de transcription. Pour leur refuser ce droit, on a invoqué un passage du rapport de Jaubert au Tribunat, passage cité au *Rép.* n° 1574. Mais la majorité des auteurs estime que l'opinion individuelle de Jaubert, qui d'ailleurs avait peut-être uniquement en vue les donataires universels, ne saurait prévaloir sur les principes généraux qui régissent les droits et les obligations des donataires à titre particulier. Sous l'empire de ces principes, on a reconnu (*Rép.* n° 1579), aux donataires postérieurs le droit d'invoquer le défaut de transcription. Les auteurs les plus récents partagent tous la même opinion (V. Aubry et Rau, t. 7, § 704, p. 390, et note 29; Mourlon, *De la transcription*, t. 2, n°s 429 à 431; Demolombe, t. 3, n°s 298 et 299). La jurisprudence, qui sur ce point est constituée uniquement par des arrêts de cours d'appel, s'est prononcée dans ce sens. Jugé que le défaut de transcription de la donation d'un immeuble peut être opposé par un donataire postérieur du même immeuble à titre particulier (Grenoble, 17 janv. 1867, aff. Jourdan, D. P. 68. 2. 17), et même par le donataire de l'universalité des biens présents du donateur (Pau, 29 mars 1871, aff. Roch, D. P. 71. 2. 245).

407. — IV. QUELLES PERSONNES SONT CHARGÉES PAR LA LOI DE FAIRE PROCÉDER DANS CERTAINS CAS A LA TRANSCRIPTION AU NOM ET DANS L'INTÉRÊT D'AUTRUI? (*Rép.* n°s 1582 à 1584). — Ainsi qu'il a été expliqué au *Rép.* n° 1582, l'art. 940 c. civ. impose l'obligation de faire opérer la transcription au mari, pour les biens donnés à sa femme; aux tuteurs, curateurs et administrateurs, pour les biens donnés à des mineurs, interdits et établissements publics. Cette disposition soulève plusieurs questions qui sont l'objet de controverses.

408. Le mari est-il tenu, aux termes de l'art. 940, de faire transcrire une donation faite à sa femme, dans le cas même où, d'après les conventions matrimoniales, les biens donnés ne se trouveraient pas soumis à l'administration maritale? On a enseigné l'affirmative au *Rép.* n° 1583, en se fondant sur la généralité des termes de l'art. 940. MM. Aubry et Rau, t. 7, § 704, p. 384 et 385, professent la même opinion. Toutefois, M. Demolombe se prononce pour la négative (t. 3, n° 274). A raison de la généralité de l'art. 940, on a dit au *Rép.* n° 1584 que le mari qui a refusé à sa femme l'autorisation d'accepter une donation serait encore tenu de faire transcrire la donation acceptée avec l'autorisation de justice. M. Demolombe, *op. cit.*, t. 3, n° 273, se rallie à cette solution. — On invoque en sens contraire l'opinion de Ricard émise à propos de l'insinuation, mais qui, dit-on, est applicable par identité de motifs à la transcription. Plusieurs auteurs, dont les noms ont été cités au *Rép. eod. loc.*, se prononcent en faveur de ce second système, qui est adopté par MM. Aubry et Rau, t. 7, § 704, p. 385, note 14.

409. L'obligation de faire transcrire est-elle imposée au

colloqué, pour le surplus de sa créance, à la date de son inscription, postérieurement à Lerebour.

Du 23 juin 1881.-C. de Paris, 3e ch.-MM. Alexandre, pr.-Godard, subst.-Vavasseur et Reboul, av.

(1) (Poivré C. Broudin, Boussard et joints.) — LA COUR; ... — Sur la question de priorité des hypothèques : — Considérant que l'ordre établi entre des créanciers hypothécaires est réglé par la loi d'après la date de leurs inscriptions respectives; — Considérant que l'hypothèque de Poivré a été inscrite avant celles des autres parties; — Considérant, il est vrai, que les biens sur lesquels elle porte provenaient en partie de Michel Vindras de la donation du 11 févr. 1857 et que, cette donation n'ayant pas été transcrite, ils étaient légalement présumés être restés dans le patrimoine de la donatrice au regard des tiers, qui pouvaient être trompés par un acte non rendu public; — Mais considérant que le défaut de transcription ne peut être opposé ni par le donateur, ni par le donataire ou ses ayants cause; que, vis-à-vis d'eux, et nonobstant l'omission de cette formalité, la donation est parfaite et irrévocable, et que, du jour du contrat, les biens admis sont devenus la propriété du donataire; — Considérant que les créanciers personnels du donataire sont ses ayants cause; que, loin d'avoir un intérêt juridique à contester la validité de la donation, ils sont intéressés à son existence; que par suite, ils ne peuvent exciper de sa non-transcription; — Considérant que, si ce droit appartient aux créanciers personnels du donateur, on ne saurait l'attribuer à ceux qui, créanciers du donataire, n'ont d'autre titre qu'un acte à eux frauduleusement consenti par le donateur dans le but exclusif de modifier l'ordre légal des hypothèques consenties par le donataire et de leur attribuer la priorité de rang, irrévocablement acquise à leur égard au premier inscrit du chef dudit donataire; — Considérant que tel est le caractère des actes rapportés par Broudin, au mois de novembre 1871; qu'en effet, si la veuve Vindras y est intervenue comme caution solidaire de son fils Michel Vindras, elle a pris soin de stipuler que l'effet de son cautionnement ne pourrait être mis à exécution qu'après son décès, et seulement sur les biens par elle hypothéqués, c'est-à-dire sur ceux dont elle avait donné la nue propriété; qu'elle n'a même pas affecté hypothécairement l'usufruit qu'elle s'était réservé; qu'elle n'a donc en réalité contracté aucun engagement personnel vis-à-vis de Boussard et autres créanciers de son fils, et qu'en leur consentant un cautionnement illusoire et une constitution hypothécaire sur les immeubles compris dans la donation non transcrite, elle a simplement essayé, de concert avec son fils et avec eux, d'anéantir les effets de cette donation en fraude de la loi, et au mépris des droits de Poivré;...

Du 10 janv. 1877.-C. de Rennes, aud. solen.-MM. de Kerbertin, 1er pr.-Montaubin, av. gén.-Toutain (du barreau de Caen), de Caqueray et Marie, av.

(2) (Letang C. Letang.) — LA COUR; — Attendu que le moyen principal, invoqué par l'appelant, consiste à soutenir qu'il serait, comme détenteur de l'usine de Givonne, un tiers acquéreur de bonne foi, tenant ses droits des époux Albert Letang-Vannaise, donateurs par le contrat de mariage du 4 déc. 1853, et pouvant comme tel se prévaloir du défaut de transcription de cet acte; — Attendu que ce moyen est formellement repoussé par l'économie générale et par les énonciations mêmes du contrat du 31 juill. 1864, passé devant Me Gibert, notaire à Sedan; qu'il ressort, en effet, des termes de cet acte et des stipulations relatives à la mouvance et établissement de la propriété, ainsi qu'au payement du prix, que c'est bien Jean Letang qui y est dénommé comme vendeur; que l'immeuble vendu lui appartient en vertu de la donation par contrat de mariage du 4 déc. 1853, et que c'est lui qui doit en recevoir le prix, fixé à 40000 fr., dont 10000 fr. directement et par compensation, et 30000 fr. au moyen de la délégation qu'il en a faite à ses père et mère, vis-à-vis desquels il se trouvera ainsi libéré; qu'enfin, les époux Albert Letang-Vannaise ne pouvaient pas figurer à ce contrat comme vendeurs, puisque la donation de 1853, parfaite entre eux et leur fils Jean Letang, avait transféré à ce dernier la propriété de l'immeuble; qu'ils ne pouvaient y intervenir et n'y sont réellement intervenus qu'à titre de garants solidaires de la vente, leur concours devant confirmer la donation de 1853 et emporter de leur part une renonciation tacite à l'action révocatoire que pouvait leur ouvrir le défaut de payement des 30000 fr. exigibles du donataire dans le délai de dix ans; — Attendu qu'ayant acquis l'usine de Givonne sur Jean Letang fils et non sur Albert Letang père, l'appelant ne tient ses droits que du donataire dont il est l'ayant cause, et qu'il ne peut, dès lors, se prévaloir du défaut de transcription pas plus que ne le pourrait Jean Letang lui-même aux termes de l'art. 941 c. civ.; — Attendu qu'il suit de là que la filature de Givonne, alors que la propriété en reposait sur la tête de Jean Letang, de 1853 à 1864, a été frappée de plein droit par l'hypothèque légale de la dame Letang-Ancel, aux termes des art. 2121 et 2135 c. civ., et qu'à défaut de purge par l'acquéreur Amédée Letang, elle n'a pu, suivant l'art. 2182 du même code, passer aux mains de celui-ci que grevée de cette affectation hypothécaire; que c'est donc à bon droit, qu'après avoir fait régulièrement inscrire son hypothèque à la date du 25 sept. 1874, l'intimée a fait commandement à l'appelant de lui payer le montant de ses reprises fixé à 14000 fr. ou de délaisser l'immeuble par lui acquis; — Attendu que ce moyen de droit est décisif et péremptoire; qu'il suffit pour justifier la confirmation du jugement dans ses parties essentielles et dispense la cour de se prononcer sur le mérite du deuxième moyen consacré par cette décision et tiré de la mauvaise foi et de la fraude, etc.

Par ces motifs, etc.

Du 27 juill. 1875.-C. de Nancy.

curateur du mineur émancipé? On pourrait le croire à raison du mot *curateur* qui figure dans l'énumération de l'art. 940. Mais MM. Aubry et Rau démontrent que cette expression a été employée par inadvertance pour désigner le tuteur de l'interdit. Cette interprétation s'appuie sur la corrélation qui existe entre les termes *tuteurs, curateurs* et *administrateurs* correspondant à ceux-ci, *à des mineurs, à des interdits* ou *à des établissements publics*, employés par l'art. 940 pour désigner, d'une part, les personnes chargées de transcrire, et, d'autre part, celles au nom de qui la transcription doit être opérée. Elle est confirmée par la rédaction de l'art. 942, qui ne mentionne plus que les tuteurs, comprenant dans cette dénomination les personnes désignées dans l'art. 940 par les deux termes de *tuteurs* et de *curateurs* (Aubry et Rau, t. 7, § 704, p. 385).

410. Tout en convenant que le curateur nommé au sourd-muet en conformité de l'art. 936 ne peut pas être compris sous le mot *curateur* employé par l'art. 940, MM. Aubry et Rau, t. 7, § 704, p. 386, note 17, et Demolombe, t. 3, n° 277, enseignent que ce curateur devrait être déclaré responsable du défaut de transcription de l'acte de donation. A l'appui de cette solution, on observe que l'obligation de faire transcrire, c'est-à-dire d'accomplir une formalité nécessaire pour assurer l'effet de la donation, découle logiquement de la mission, conférée au curateur, de représenter le sourd-muet pour l'acceptation de la donation.

411. Par suite d'un raisonnement analogue, on admet généralement que ceux qui ont pouvoir d'accepter la donation faite à un mineur contractent, dès qu'ils usent de ce pouvoir, l'obligation d'en requérir la transcription (V. les auteurs cités au *Rép.* n°s 1582 et suiv., et Demolombe, t. 3, n° 282). On a combattu cette opinion au *Rép. eod. loc.*, en faisant remarquer que l'ascendant, auquel la loi reconnaît le pouvoir d'accepter au nom du mineur, n'est pas dans la même situation que le tuteur auquel incombe l'obligation générale de surveiller les intérêts de son pupille. Il n'y a donc pas de raison suffisante pour appliquer au premier une pénalité qui a été écrite seulement pour le second. MM. Aubry et Rau, t. 7, § 704, p. 386, note 16, adoptent cette solution.

412. Enfin, suivant l'opinion qui prévaut en doctrine, le notaire qui reçoit un acte de donation n'est pas tenu par la seule nature de ses fonctions d'en faire opérer la transcription (V. en ce sens : Mourlon, *op. cit*, t. 1, n° 153. — V. cependant en sens contraire : Verdier, *Transcription*, t. 1, n°s 286 et suiv.). Un arrêt de la cour de Bordeaux du 25 mai 1869 (1) a consacré l'opinion ci-dessus ; il en a tiré cette conséquence que le notaire peut, comme créancier hypothécaire du donateur, inscrit depuis la donation, se prévaloir du défaut de transcription à l'encontre des créanciers du donataire.

413. — V. QUELLES SONT LES CONSÉQUENCES DU DÉFAUT DE TRANSCRIPTION SOIT A L'ÉGARD DES INCAPABLES, SOIT A L'ÉGARD DE CEUX QUI DEVAIENT FAIRE TRANSCRIRE EN LEUR NOM (*Rép.* n°s 1585 à 1589). — Ainsi qu'il a été expliqué au *Rép.* n° 1585, les femmes mariées, les mineurs, les interdits et les établissements publics ne sont pas restituables contre le défaut de transcription. L'art. 942 c. civ. qui pose ce principe, accorde à la femme, au mineur et à l'interdit, auxquels le défaut de transcription a causé un préjudice, une action en dommages-intérêts contre le mari ou le tuteur *s'il y échet*. L'insertion de ces termes dans l'art. 942 nous a conduit à admettre au *Rép.* n° 1587 que le mari ou tuteur pourrait être relevé par le juge des conséquences de sa responsabilité au cas où il existerait en sa faveur quelque excuse plausible. Ce tempérament est également admis par MM. Aubry et Rau, t. 7, § 704, p. 387, et Demolombe, t. 3, n° 284.

414. L'art. 942, qui accorde une action en dommages-intérêts aux femmes mariées, mineurs et interdits, ne mentionne pas les établissements publics. On s'est demandé si les administrateurs de ces établissements, qui auraient omis de faire procéder à la transcription d'une donation laissée aux établissements par eux administrés, ne devraient pas encourir une responsabilité identique à celle des tuteurs. En prévoyant cette question au *Rép.* n° 1589, nous l'avons tranchée par la négative, à raison du silence de l'art. 942. MM. Aubry et Rau, qui partagent notre manière de voir (t. 7, § 704, p. 387, note 20) observent avec raison que cette opinion n'a pas pour conséquence d'affranchir les administrateurs d'établissements publics de toute responsabilité dans tous les cas et quelles que soient les circonstances; mais qu'à la différence de celle des maris et tuteurs, la responsabilité de ces administrateurs n'est pas engagée en principe par le seul fait du défaut de transcription.

415. — VI. QUELLES SONT LES PERSONNES QUI D'APRÈS L'EXCEPTION PORTÉE PAR LA LOI ELLE-MÊME NE PEUVENT SE PRÉVALOIR DU DÉFAUT DE TRANSCRIPTION (*Rép.* n°s 1590 à 1599). — La catégorie des personnes qui ne peuvent invoquer le défaut de transcription comprend tout d'abord le donateur, formellement exclu par l'art. 941. Nous avons vu *suprà*, n°s 403 et suiv., qu'au donateur il faut assimiler ses ayants cause universels, ou à titre universel.

416. L'art. 941 range dans la même catégorie les personnes qui sont chargées de faire opérer la transcription et leurs ayants cause. Le sens qu'il convient de donner à ces mots *ayants cause* soulève des difficultés sérieuses. Suivant la remarque faite au *Rép.* n° 1593, en mentionnant dans l'art. 941 à la suite des personnes chargées de faire opérer la transcription, leurs ayants cause, le législateur a eu certainement en vue les ayants cause particuliers; car, pour les ayants cause universels, les principes du droit commun suffisaient pleinement à leur faire refuser un droit qui était enlevé à leur auteur. Un jugement du tribunal de Saverne, adopté par la cour de Colmar, le 26 nov. 1868 (2) a consacré cette manière de voir, en appliquant l'art. 941 à un ayant

(1) (Laguionie C. Laplansonnie.) — LA COUR; — Attendu qu'aux termes de l'art. 941 c. nap., le défaut de transcription d'une donation entre vifs de biens immeubles peut être opposé par toute personne ayant intérêt, à l'exception de celles qui sont chargées de remplir la formalité ou de leurs ayants cause et du donateur ; que le notaire qui a reçu l'acte n'est pas chargé, par la nature de ses fonctions, d'en faire opérer la transcription; qu'il n'y est obligé que lorsqu'il en a reçu et accepté le mandat spécial des parties ; que, s'il a nécessairement connaissance de la donation, cette connaissance ne peut remplacer à son égard la publicité de l'acte par la transcription, formalité essentielle pour que la donation reçoive toute sa perfection et produise son effet à l'égard des tiers ; — Attendu, dès lors, que, bien que Laplansonnie ait reçu, comme notaire, la donation faite par Laguionie père à ses enfants, le 20 janv. 1858, n'ayant pas été spécialement chargé de la faire transcrire, il a pu, comme créancier hypothécaire du donateur, inscrit depuis la donation, se prévaloir du défaut de transcription à l'encontre des créanciers du donataire; — Attendu qu'on ne saurait voir une renonciation à l'exercice de ce droit qu'il tient de la loi dans cette circonstance qu'il se serait opposé à la demande en résolution de la donation pour inexécution des conditions sous lesquelles elle avait été faite, de même qu'à la renonciation de la part du donateur aux droits d'usufruit qu'il s'était réservés dans l'acte; qu'ayant agi, dans le premier cas, en sa qualité de créancier du donataire et pour la conservation de ses droits contre ce dernier, l'exercice qu'il a fait de son droit n'implique pas par lui-même l'abandon de celui qu'il avait, comme créancier hypothécaire du donateur, de se prévaloir du défaut de transcription pour s'assurer, le cas échéant, en cette qualité, un droit de préférence à l'encontre des créanciers du donataire ; que l'abandon d'un droit, lorsque, comme dans les deux cas dont s'agit, il ne résulte pas nécessairement de la nature même de l'acte dont on prétend le faire ressortir, ne se présume pas facilement et doit être formellement exprimé; — Que c'est donc avec raison que le tribunal, ayant à régler une question de préférence entre des créanciers inscrits sur un immeuble, a décidé que Laplansonnie, créancier de Laguionie père, donateur, inscrit sur cet immeuble avant la transcription de l'acte de donation, était fondé à se prévaloir du défaut de transcription et devait, par conséquent, être colloqué avant les créanciers de Laguionie fils, donataire ; — Confirme, etc.

Du 25 mai 1869.-C. de Bordeaux, 2e ch.-MM. Gellibert, pr.-Jorant, 1er av. gén.-Méran fils et Faye, av.

(2) (Hirsch C. Lavallée.) — Le 1er mai 1868, jugement du tribunal civil de Saverne ainsi conçu : — Attendu que, le 12 oct. 1861, les époux Lavallée firent le partage anticipé de leurs biens entre leurs enfants, moyennant le payement, par chacun d'eux, d'une rente annuelle et viagère de 80 fr.; — Attendu que Catherine Lavallée, femme de Louis Grob, reçut dans ce partage quatre articles de biens que les donataires se sont engagés à ne pas aliéner sans le consentement des donateurs; — Attendu que les donateurs donnèrent depuis leur consentement à l'aliénation que firent les époux Grob des immeubles compris dans cette dona-

cause particulier. Cette interprétation admise, on est conduit, semble-t-il, à décider que le défaut de transcription ne pourra être invoqué par aucun des ayants cause particuliers de la personne chargée de faire opérer la transcription. C'est ce qui a été admis au *Rép. loc. cit.* Toutefois, la cour de cassation dans un arrêt rapporté au *Rép.* n° 1595 (Civ. cass. 10 mars 1840) a apporté une exception au principe qui vient d'être formulé. Cette exception, étendue par analogie et généralisée, a conduit certains auteurs à distinguer deux hypothèses : celle où les ayants cause particuliers entendent se prévaloir de droits que leur auteur ou débiteur a acquis sur l'immeuble donné postérieurement à la donation dont il a négligé de faire opérer la transcription, et celle où, au contraire, il s'agit d'une donation effectuée par les auteurs ou le débiteur des ayants cause particuliers et que celui-ci a omis de faire transcrire. Dans la première hypothèse, les successeurs particuliers à titre onéreux ou gratuit de la personne chargée d'opérer la transcription ne pourront se prévaloir de l'omission de cette formalité. S'il s'agit d'une donation faite par leur auteur, les ayants cause particuliers seront en droit d'opposer le défaut de transcription de cette donation. Voici comment MM. Aubry et Rau, qui adoptent ce système avec la majorité des auteurs, justifient l'exception apportée à la règle générale de l'art. 941 (t. 7, § 704, p. 394, note 37). Après avoir établi que le terme *ayant cause* n'a pas une signification absolue et invariable, que le sens de ce mot varie suivant la position des personnes auxquelles il s'agit d'appliquer la règle inscrite dans l'art. 941, et que la situation des successeurs particuliers et des créanciers se présente sous des aspects différents selon la nature diverse des droits qu'ils peuvent invoquer ou de l'intérêt qu'ils cherchent à faire prévaloir, ces auteurs continuent en ces termes : « Lorsqu'ils (les successeurs particuliers ou créanciers) opposent le défaut de transcription d'une donation faite par leur auteur, il s'agit pour eux de faire déclarer inefficace un acte d'aliénation, qui aurait pour résultat, s'il était maintenu, d'anéantir ou de diminuer leurs droits comme acquéreurs ou comme créanciers. Dans cette hypothèse, il est impossible de les considérer, par rapport au donataire et pour la solution du conflit qui existe entre eux et lui, comme les ayants cause du donateur. Quant à la circonstance que ce dernier était lui-même chargé de requérir la transcription, elle est indifférente en ce qui les concerne, puisqu'ils ne le représentent pas en particulier pour cette obligation, et qu'ils ne sont pas tenus de ses engagements en général. Il en est tout autrement quand il est question d'une donation émanée d'un tiers. En pareil cas, comme les créanciers ou successeurs particuliers de la personne chargée de requérir la transcription opposent le défaut d'accomplissement de cette formalité pour soutenir que, malgré la donation et postérieurement à sa passation, leur auteur ou débiteur a acquis sur les biens donnés des droits de propriété ou autres, il ne s'agit plus seulement pour eux de faire maintenir des droits qui leur appartiennent en leur qualité d'acquéreurs ou de créanciers sur les biens de leur auteur ou débiteur, mais de faire déclarer efficaces à leur profit des droits que ce dernier aurait acquis d'une personne sur le patrimoine de laquelle ils n'ont personnellement aucune prétention à former. Or, ils ne peuvent élever une pareille réclamation qu'en se substituant à leur auteur ou débiteur, à l'effet d'exercer ses droits et actions, ou, en d'autres termes, qu'en se présentant comme ses ayants cause; et, dès lors, la fin de non-recevoir qui ferait rejeter le défaut de transcription, si elle était proposée par ce dernier, la rend également non proposable de leur part ». M. Demolombe, t. 3, nos 326 et 327, approuve complètement cette opinion.

ART. 5. — *De certains dons et libéralités qui sont dispensés des formalités des donations entre vifs* (*Rép.* nos 1600 à 1696).

§ 1er. — Des dons manuels (*Rép.* nos 1600 à 1658).

417. L'importance de cette matière a été indiquée au *Répertoire*. On y a montré la place de plus en plus grande que cette catégorie de donations tendait à occuper, par suite de l'accroissement considérable de la fortune mobilière en France. Le bien fondé de cette observation s'est encore confirmé depuis la publication du *Répertoire*. Le nombre des valeurs au porteur augmente chaque année avec la formation de sociétés nouvelles. D'un autre côté, la liste fort longue des décisions judiciaires rendues en matière de dons manuels depuis trente ans indique, chez les donateurs, une tendance de plus en plus marquée à recourir au don manuel et à éviter ainsi les formes plus compliquées et plus coûteuses de l'acte solennel de donation. Dans ces conditions, les intérêts que le législateur avait pour but de protéger lorsqu'il a entouré le contrat de donation de certaines formalités, sont de moins en moins sauvegardés, et l'on a pu se demander s'il ne conviendrait pas de réglementer les dons manuels, notamment, de restreindre l'emploi de cette forme de donation aux libéralités de valeur minime.

418. Par ce premier aperçu sommaire sur la matière des dons manuels, on peut déjà se rendre compte de la multiplicité des questions qui y sont engagées, ainsi que de l'intérêt considérable que présente cette matière. Aussi a-t-elle été l'objet de commentaires détaillés dans tous les traités généraux publiés sur l'ensemble du droit civil (V. Aubry et Rau, t. 7, p. 41, § 649, 659, 660, p. 80 et suiv.; Demolombe, t. 3, nos 57 à 81; Laurent, t. 12, nos 374 à 401). D'autre part, divers articles ou études détachés ont été publiés sur les dons manuels. On pourra consulter, notamment, un article de M. Buchère sur le don manuel de l'usufruit ou de la nue propriété des titres au porteur dans le *Journal des valeurs mobilières*, 1881, p. 148 et suiv.; un autre de M. Couget : *De la jurisprudence en matière de don manuel de titres au porteur avec réserve d'usufruit* (*Recueil de l'Académie de législation de Toulouse*, 1883-1884, t. 32, p. 286 et suiv.); le dictionnaire des droits d'enregistrement par les rédacteurs du *Journal de l'enregistrement*, v° *Don manuel;* le discours

tion, à l'exception d'un seul; — Attendu que Louis Grob tomba en déconfiture et ne paya plus la rente viagère; qu'il vendit enfin le dernier des immeubles donnés, sans le consentement des donateurs, au défendeur Henri Hirsch, suivant contrat du 20 déc. 1866, enregistré et transcrit les 12 et 13 févr. 1867; — Attendu que les donateurs qui ne reçoivent plus leur rente viagère, demandent la révocation de la donation du 12 oct. 1861, pour cause d'inexécution des conditions; — Attendu que l'acquéreur Hirsch oppose à cette demande le défaut de transcription de la donation, prétendant que c'est le défaut de transcription qui l'a empêché de connaître les charges qui grevaient l'immeuble acquis; — Attendu qu'aux termes de l'art. 940 c. nap., la transcription doit être faite par le mari lorsque les biens auront été donnés à la femme, et que, d'après l'art. 941, le défaut de transcription pourra être opposé par toutes personnes ayant intérêt, excepté, toutefois, celles qui sont chargées de faire faire la transcription ou leurs ayants cause et le donateur; — Attendu que Louis Grob aurait dû faire faire la transcription, et que le sieur Hirsch est l'ayant cause de Louis Grob; — Attendu que la révocation d'une donation n'a pas lieu de plein droit, qu'elle doit être prononcée en justice, et qu'elle ne peut l'être qu'autant que les donateurs y ont intérêt; — Attendu que l'intérêt des donateurs, époux Lavallée, à recevoir une pension viagère est évident; qu'en laissant de côté l'inconvénient qu'éprouveraient les époux Lavallée de recevoir d'un autre que de leurs enfants la pension viagère qui leur est due, l'acquéreur qui voudrait éviter la révocation devrait au moins offrir de remplir toutes les conditions qui étaient imposées aux donataires, ce que le défendeur Hirsch ne fait pas; — Attendu que, quand les donateurs, époux Lavallée, ont consenti, pour venir au secours des conjoints Grob, à l'aliénation d'une partie des biens compris dans la donation, ils ne leur ont pas fait remise d'une partie de la rente viagère; que les 80 fr. qui avaient été stipulés devaient continuer à être payés; que c'est donc bien à tort que Henri Hirsch offre de payer seulement le tiers de cette pension viagère; — Attendu que l'offre de payer la totalité est encore insuffisante, puisqu'il est constant que plusieurs années d'arrérages sont encore dues aux donateurs; — Attendu que Henri Hirsch, évincé de l'immeuble acquis le 20 déc. 1866, a formé le 11 avril contre Louis Grob une demande qui doit être accueillie; — Déclare la donation du 12 déc. 1861 révoquée quant à l'immeuble désigné en la demande, etc. ». — Appel par le sieur Hirsch, lequel offre subsidiairement de payer les arrérages échus, de servir la rente dans l'avenir, et d'en assurer le service par une hypothèque sur le bien litigieux.

LA COUR; — Sur les conclusions principales de Hirsch : — Adoptant les motifs des premiers juges, etc.

Du 26 nov. 1868.-C. de Colmar, 1re ch.-MM. Hennau, pr.-de Laugardière, 1er av. gén.-Mathieu et Stehelin, av.

de rentrée prononcé devant la cour d'Agen, le 3 nov. 1883 (Agen, imp. Veuve Lamy), par M. Dubuc. Enfin nous devons citer deux monographies très remarquables, dans lesquelles la théorie des dons manuels a été étudiée d'une manière complète et approfondie, savoir : l'ouvrage de M. Paul Bressolles, intitulé : *Théorie et pratique des dons manuels*, 1885, et l'*Etude de jurisprudence et de législation sur les dons manuels*, de M. Maurice Colin, 1885, Chevalier-Marescq. Dans ces deux ouvrages, publiés en 1885, les législations étrangères sur les dons manuels sont l'objet d'un examen comparé auquel nous empruntons les renseignements suivants.

419. Il y a lieu de remarquer tout d'abord qu'aucune législation ne prohibe le don manuel. Mais, tandis que les unes (c'est le plus grand nombre) reconnaissent, soit expressément, soit implicitement, la validité de cette donation sans aucune limitation de quotité, les autres ne l'ont admise que dans une mesure restreinte, et moyennant certaines conditions. De là, deux groupes distincts de législations. Le premier groupe comprend d'abord toutes celles qui n'exigent pas de solennité pour les donations de meubles. Telles sont celles de l'Angleterre (Stat. 29, ch. II et III, § 4 et 17) ; de l'Autriche (c. civ. 2e part., ch. 18, § 943); de la Prusse (§ 1065; Camille Ré, *Revue de droit international*, t. 4, p. 91); de la Russie (cinquième livre du Svod, art. 593); de l'Empire ottoman (L. VII, art. 838 et 839 ; *Droit musulman exposé d'après ses sources*, par Nicolas de Tornauw, traduit par Eschbach); enfin de la Suède (code de 1734, ch. VIII, sect. *des immeubles*). Dans ce même groupe, il faut ranger, en second lieu, les législations qui, à l'imitation de la loi française, admettent le don manuel comme mode exceptionnel de disposer. La législation de la Belgique est de ce nombre, puisque notre code civil est encore en vigueur dans ce pays. On pourrait en dire autant de la loi italienne, à s'en tenir au texte de l'art. 1056 du code civil de 1866 qui reproduit presque littéralement l'art. 931 du code français. Mais, si les tribunaux italiens sont unanimes à reconnaître en principe la validité des dons manuels, ils ne s'accordent pas sur la quotité de biens qui peut faire l'objet d'une donation de cette nature. La majorité des tribunaux, se fondant sur la discussion à laquelle l'art. 1056 précité a donné lieu au sein de la commission législative, n'admettent la validité du don manuel que dans les limites où il est possible d'y voir un simple témoignage de gratitude ou d'affection (V. les arrêts cités par M. Colin, *op. cit.*, p. 229). D'autres adoptent sur l'art. 1056 une opinion identique à celle que la jurisprudence française admet elle-même, en ce qui concerne l'art. 931 c. civ. D'après ces tribunaux, le don manuel est valable, quelle qu'en soit l'importance (V. en ce sens : Gênes, 29 mai 1882, visé par l'arrêt de la cour de Paris du 17 déc. 1883, aff. Giusti, D. P. 85.2.117, qui, ayant à se prononcer sur la validité d'un don manuel régi par la loi italienne, a admis cette seconde opinion).

Le second groupe comprend les législations, qui apportent à la validité du don manuel certaines limitations. En Saxe, d'après l'art. 1056 c. civ., l'importance d'un don manuel ne doit pas excéder 1000 thalers (3750 fr.). En Bavière, ce maximum est de 1000 florins seulement (2500 fr.). Il est fixé à 500 ducats dans le canton de Vaud, à 36000 reis (1080 fr.) en Portugal, à 500 maravédis d'or (2838 fr. environ) en Espagne. Dans le cas où le don manuel excède le maximum fixé, la plupart des législations qu'on vient d'examiner admettent que la donation devrait être réduite à cette quotité et non annulée pour le tout (V. sur ces divers points : Colin, *op. cit.*, p. 222 et 223).

420. D'un emploi plus facile que la donation solennelle, mais aussi n'étant pas entouré des mêmes garanties au point de vue de la volonté libre et éclairée du donateur, le don manuel présente un double danger, d'abord au regard du disposant lui-même, et ensuite au regard de la société qui est intéressée à ce que les biens qui forment le patrimoine d'un individu ne soient pas trop facilement enlevés à ses héritiers naturels. Aussi s'est-il formé dans la doctrine la plus récente un courant d'opinion tendant à obtenir du législateur une réglementation restrictive des dons manuels. Divers systèmes ont été préconisés. D'une manière générale, les mesures proposées nous paraissent trop radicales.

Cette observation s'applique tout d'abord au système de M. Labbé, qui ne serait pas éloigné d'admettre la prohibition complète du don manuel. « Peut-être, écrit l'éminent professeur dans une note sur un arrêt, faudrait-il décider que la donation manuelle est nulle. Peut-être cette solution rigoureuse serait-elle plus prudente. Peut-être l'opinion opposée, formée à une époque où la fortune mobilière était méprisée comme vile, devrait-elle, pourrait-elle être répudiée maintenant que les meubles, surtout les meubles incorporels, composent plus de la moitié de la fortune des particuliers ». Il nous semble que ce système prohibitif cadrerait mal avec les idées qui prévalent aujourd'hui. Ce qu'on demande précisément au législateur, c'est de rendre plus facile et plus expéditive la formation des engagements, et, à cet effet, de réduire à leur strict minimum les formalités nécessaires.

Suivant M. Colin, *op. cit.*, p. 224, le don manuel devrait être maintenu en principe, mais il y aurait lieu de limiter la quotité des biens qui pourrait être transmise sous cette forme. En ce qui touche le mode de fixation de cette quotité, cet auteur préfère le système de la jurisprudence italienne, qui fait varier la quotité d'après la fortune du donateur et les circonstances de la cause au maximum unique et invariable adopté par plusieurs législations, notamment, celles de l'Espagne et de la Saxe (V. *suprà*, n° 419). — Le système préconisé par M. Colin présente un grand inconvénient. Il rend inévitable l'intervention des tribunaux à peu près dans chaque espèce de don manuel. De là, une augmentation considérable du nombre des procès; de là, aussi un grand arbitraire et une grande part d'aléa, puisque le sort d'un don manuel dépendra, non seulement de l'importance de la fortune du donateur et de l'appréciation très variable qui en sera faite, mais aussi de la jurisprudence admise par le tribunal appelé à trancher le différend. Tandis que, dans le ressort d'une cour d'appel, des dons manuels de 20000 fr. seront maintenus, ils seront déclarés nuls au delà de 1000 ou 1200 fr., dans un ressort voisin. De là, des bizarreries choquantes, comme on en peut relever déjà dans la jurisprudence italienne.

M. Paul Bressolles, *op. cit.*, p. 441 et suiv., propose aussi une réglementation du don manuel, et son système nous paraît préférable à tous ceux que nous venons d'examiner. Il remarque qu'un des grands inconvénients du don manuel, sinon le principal, tient à l'insuffisance des règles de preuve qui sont applicables à ce genre de libéralité. Il conviendrait donc, d'après M. Bressolles, d'une part, d'obliger le donataire à faire la preuve du don, conformément à l'art. 1341 c. civ., et, d'autre part, de rendre l'art. 792 c. civ. applicable à la dissimulation d'un don par l'un des héritiers du donateur (*op. cit.*, nos 312 et 313). Mais M. Bressolles repousse absolument toute limitation dans la valeur des biens qui pourraient être donnés sous forme de dons manuels, comme aussi il estime que le don manuel devrait produire effet, alors même qu'il aurait été consenti aux approches de la mort. Les mesures proposées par M. Bressolles touchant la réglementation des pactes joints à un don manuel, celle des dons manuels faits par l'intermédiaire d'une tierce personne, enfin celle des dons manuels consentis à des personnes morales, sont empreintes du même caractère de modération et de prudence. Nous ne pouvons examiner ici toutes les questions soulevées par chacune de ces différentes hypothèses, et nous devons renvoyer le lecteur à l'ouvrage de M. Bressolles, nos 310, 311, 314 à 318.

421. — I. De la validité des dons manuels en général (*Rép.* nos 1601 à 1602). — Comme on l'a vu au *Rép.* n° 1601, la validité des dons manuels n'est plus contestée depuis longtemps, ni en doctrine, ni en jurisprudence. On pourrait s'en étonner, eu égard à l'absence complète de texte mentionnant cette forme de libéralité, eu égard aussi aux termes généraux de l'art. 930, qui paraissent soumettre à la formalité d'un acte notarié toute donation. On a déjà observé au *Rép.* n° 1601 que cette généralité était plus apparente que réelle. L'art. 930 n'exige, en effet, l'intervention d'un notaire que pour les *actes* de donation, laissant ainsi complètement de côté les donations faites sans acte. Les travaux préparatoires du code prouvent, d'autre part, que cette rédaction de l'art. 930 a été intentionnelle, et qu'on a prévu l'argument qu'on en pouvait tirer en faveur de la validité des donations manuelles. Enfin le don manuel était admis sans difficulté dans l'ancien droit français. M. Bressolles, *op. cit.*, p. 17 à 42, a clairement démontré que le don manuel a toujours été considéré comme valable. Il en était ainsi antérieurement à l'ordonnance de 1731, alors qu'aucune forme précise n'était exigée pour l'efficacité des donations entre les parties. L'ordonnance de 1731 est venue modifier sur ce point la législation alors en vigueur, en soumettant à certaines formalités, non point toutes les donations, mais seulement *tous actes de donation*, employant ainsi la formule que les rédacteurs du code se sont appropriée. Or, ainsi qu'on l'a observé au *Rép. cod. loc.*, tous les commentateurs de l'ordonnance de 1731, et parmi eux le plus illustre, le chancelier d'Aguesseau, enseignaient que les dons manuels échappaient à la réglementation édictée par l'ordonnance. Telle est la pratique, qui a été constamment suivie jusqu'à la fin de l'ancien régime, ainsi qu'on pourra s'en rendre compte, en parcourant les documents de l'ancienne jurisprudence et l'opinion des jurisconsultes de l'époque rapportée au *Rép.* n° 1601, et dans l'ouvrage de M. Bressolles, *op. cit.*, p. 51 à 79.

422. — II. Des conditions essentielles qui sont requises pour la validité des dons manuels (*Rép.* n°s 1603 à 1614). — On a déjà remarqué au *Rép.* n° 1603 que si la tradition de l'objet donné est nécessaire à la réalisation du don manuel et si, d'autre part, cette tradition tient lieu de toute autre formalité, la perfection du don manuel exige l'intervention d'un second élément, la double intention chez le donateur et le donataire de faire et de recevoir le don d'un meuble. Tous les auteurs sans exception subordonnent l'existence du don manuel à la réunion de ces deux éléments essentiels, mais suffisants: l'accord des volontés en vue d'effectuer une libéralité, joint à la tradition matérielle du meuble objet de la libéralité; tradition qui joue ici le même rôle que dans les contrats réels du droit romain, c'est-à-dire qui doit être considérée non pas seulement comme l'exécution du contrat, mais en outre, et surtout, comme un élément constitutif, une cause efficiente de la libéralité même (V. Aubry et Rau, t. 7, § 659, p. 80 et 81; Laurent, t. 12, n° 277; Bressolles, *op. cit.*, p. 105; Colin, p. 22).

423. Comme conséquence des principes qui viennent d'être exposés, il faut décider qu'en l'absence de l'un des éléments qui concourent à sa formation, un don manuel ne saurait être déclaré valable. Ainsi, d'une part, la simple promesse verbale d'un don manuel accepté par le futur donataire est de nul effet, s'il n'y a pas eu tradition (V. en ce sens: Trib. civ. Seine, 16 avr. 1874, *Gazette des tribunaux* du 6 mai 1874). Il a été jugé, dans le même sens, que la simple remise d'un billet souscrit par un tiers au profit du prétendu donateur qui ne se dessaisit pas de la propriété dudit billet ne saurait être considérée comme un don manuel (Lyon, 21 févr. 1884, aff. Chatrou-Burret, D. P. 85. 2. 221. V. aussi Req. 13 nov. 1877, cité *suprà*, n° 354).

424. D'autre part, la tradition d'un meuble qui n'aurait pas été effectuée par le prétendu donateur avec l'intention de se dépouiller actuellement et irrévocablement au profit du donataire ne saurait constituer un don manuel. C'est ce qui a été décidé à l'égard de valeurs envoyées à un destinataire chargé de les garder jusqu'au retour de l'expéditeur en France, et accompagnées d'une lettre déclarant que ces valeurs deviendront le propriété du destinataire si l'expéditeur meurt avant de rentrer en France (Colmar, 5 juill. 1870, aff. Burg, D. P. 71. 2. 105).

425. Nous avons jusqu'à présent considéré le don manuel en lui-même, au point de vue des éléments qui concourent à sa formation, et nous avons constaté qu'il n'était soumis à aucune des conditions de forme des donations. Mais, à côté des conditions de forme, on sait qu'il existe d'autres conditions dites de fond, auxquelles les donations doivent satisfaire pour produire effet. Ces conditions ont trait à la capacité soit du donateur, soit du donataire, à la quotité de biens dont la loi permet la disposition, à l'irrévocabilité de la donation, etc. Le don manuel échappe-t-il à ces conditions de fond de même qu'aux conditions de forme? C'est un principe unanimement reconnu que le don manuel déroge uniquement aux règles de forme des donations (V. Aubry et Rau, t. 7, § 659, note 18; Demolombe, t. 3, n° 61; Laurent, t. 12, n°s 297, 300; Bressolles, *op. cit.*, p. 150; Colin, p. 113). Mais si ce principe ne souffre aucune difficulté, l'application de ces règles de fond aux dons manuels soulève différentes questions dont la solution est parfois délicate. Nous allons les parcourir rapidement.

426. — 1° *Règles de capacité.* — D'une manière générale, les parties ont besoin pour effectuer un don manuel de la même capacité que pour faire une donation ordinaire. C'est ainsi que les dons faits à des personnes qui ont en droit la capacité de recevoir, mais n'en ont pas l'exercice, comme les mineurs ou interdits, vaudront par la tradition faite à leurs représentants légaux (V. Bressolles, p. 154; Aubry et Rau, t. 1, § 113, p. 448; Demolombe, *De la minorité*, t. 1, n° 70). De même, un don manuel destiné à un enfant simplement conçu sera valablement effectué par l'entremise du représentant légal de cet enfant (Demolombe, t. 3, n° 200; Bressolles, p. 155). — Le don manuel pourrait-il être accepté, au nom du mineur, par une personne qui n'aurait reçu aucun mandat? Cette question qui était soulevée dans une espèce qui a donné lieu à un arrêt de la chambre des requêtes du 22 mai 1867 (aff. Daynes, D. P. 67. 1. 401) n'a pas été résolue. Nous croyons que la négative doit être admise. Le tiers peut seulement jouer le rôle de gérant d'affaires pour appréhender l'objet de la donation; mais la donation n'est parfaite qu'autant qu'elle a été ratifiée par une personne capable de représenter le mineur (V. sur le don manuel effectué par mandataire, *infrà*, n°s 442 et suiv.).

427. Deux époux peuvent-ils se faire réciproquement des dons manuels? La doctrine et la jurisprudence se prononcent sans hésitation pour l'affirmative (V. Bressolles, p. 155). Jugé en ce sens qu'un don manuel de titres au porteur par un mari à sa femme est valable, bien que le contrat de mariage des époux contienne une clause portant que la future ne sera réputée propriétaire des effets au porteur qui seraient en sa possession à la mort de son mari qu'autant qu'elle pourra justifier de la propriété de ces valeurs au moyen de bordereaux d'agent de change ou de tous autres titres probants (V. aussi Req. 25 janv. 1859, aff. Gillet, D. P. 59. 1. 411).

428. On a prétendu que la femme mariée faisant ou recevant un don manuel n'avait pas besoin de l'autorisation maritale. Un arrêt de la cour d'Aix, du 16 août 1879, cité par M. Bressolles, p. 157, qui consacre cette solution, en donne pour raison que la nature même du don manuel est incompatible avec la rédaction d'un écrit, en dehors duquel l'autorisation maritale ne saurait être donnée. M. Bressolles, p. 158 et 159, a fait justice de cette doctrine en se fondant sur la règle générale d'après laquelle les dons manuels sont assujettis aux mêmes conditions de fond que les autres donations. L'art. 217 c. civ., qui ne fait pas d'exception pour les dons manuels, est donc applicable à cette forme de libéralité. C'est ce que la cour de Paris a implicitement reconnu dans un arrêt du 17 déc. 1883 (aff. Giusti, D. P. 85. 2. 117). — L'autorisation du mari pourra résulter soit de son concours à l'acte, s'il a opéré ou reçu la tradition du meuble donné, soit d'un acte écrit qui n'a pas besoin d'être notarié. Cette autorisation pourrait même être donnée verbalement, sauf à l'intéressé à en faire la preuve par les moyens dont l'emploi lui serait permis pour prouver le don lui-même (V. en ce sens: Bressolles, p. 160; Paris, 28 juin 1851, aff. Dufay, D. P. 52. 2. 22). Cet arrêt est allé plus loin et a décidé que la femme n'a pas besoin de l'autorisation de son mari pour consentir des dons manuels et rémunératoires au moyen des économies réalisées sur ses revenus, et cela alors même que ces dons, faits à la même personne, formeraient au total une somme importante (58000 fr.). Cette solution nous paraît très contestable.

A défaut d'autorisation maritale, le don manuel est-il frappé d'une nullité relative ou absolue? En ce qui concerne les donations ordinaires, on considère généralement que l'absence d'autorisation de la part du mari engendre une nullité absolue (Aubry et Rau, t. 7, § 652, p. 61, note 12; Laurent, t. 12, n° 315; Civ. cass. 14 juill. 1856, aff. Lazare, D. P. 56. 1. 282). M. Bressolles, p. 163, estime que la même solution doit être admise en ce qui concerne les dons manuels, parce que les motifs pour lesquels l'autorisation maritale est exigée à l'égard des donations authentiques militent avec autant de force dans l'un et l'autre cas. Suivant M. Bressolles, en effet, l'autorisation maritale intervient dans les donations authentiques, non point à titre de simple condition de forme, mais dans un intérêt plus élevé, pour sauvegarder l'honneur et la dignité du mariage.

429. En ce qui concerne la question de savoir si l'autorisation administrative, exigée pour la validité des dispositions faites au profit des établissements publics, est nécessaire même à l'égard des dons manuels, V. *suprà*, n° 151.

430. — 2° *Règle de l'irrévocabilité.* — On sait que la règle « donner et retenir ne vaut », telle qu'elle est passée dans notre code civil, emporte prohibition de toute clause permettant au donateur de reprendre directement ou indirectement tout ou partie de la libéralité. Le principe du dépouillement irrévocable régit-il les dons manuels? La question ne se pose pas pour les auteurs qui proscrivent toute espèce de pacte ou condition accessoire du don manuel. Mais, d'après l'opinion générale qui sera développée plus loin, il est reconnu que des pactes peuvent être joints aux dons manuels. Si l'on adopte cette opinion, il faut admettre aussi que la liberté d'adjoindre à un don manuel des clauses et réserves a pour limite la règle « donner et retenir ne vaut » (V. Bressolles, p. 167).

431. Nous rencontrons l'application de cette règle dans l'hypothèse du don manuel *in extremis*. On a déjà examiné au *Rép.* n°s 1607 et 1608 la question de savoir si un don manuel, qui réunit d'ailleurs les éléments essentiels nécessaires à sa formation, serait encore valable, quoique fait aux approches de la mort et dans les quelques jours qui l'ont précédée. On s'est prononcé pour l'affirmative et on a cité plusieurs décisions en ce sens. Ce qui a fait douter de cette solution, c'est que quelques auteurs (V. notamment : Denisart, *Nouveau Denisart*, t. 7, v° *Donations entre vifs*, § 12) ont cru voir dans la libéralité dont s'agit une donation à cause de mort. Mais nous avons montré que cette assimilation était inadmissible. Du moment que le donateur s'est dépouillé d'une manière irrévocable, l'élément caractéristique de la donation à cause de mort fait défaut; le don manuel effectué aux approches de la mort n'est donc point nul pour ce seul motif. C'est ce que les anciens auteurs décidaient déjà (Comp. Bressolles, n° 30). Plusieurs arrêts du Parlement s'étaient prononcés dans le même sens (V. *ibid.*, n° 31). La doctrine la plus récente admet sans difficulté la validité du don manuel fait *in extremis* (Comp. Bressolles, *loc. cit.*; Colin, p. 115). La jurisprudence est fixée dans le même sens (Aux arrêts déjà cités au *Rép.* n° 1608, il faut joindre : Nancy, 20 déc. 1873, aff. Pothier, D. P. 75. 2. 6; Rouen, 8 juill. 1874, aff. Boussumier, D. P. 75. 2. 187). Ce dernier arrêt décide, notamment, que la remise à titre gratuit de valeurs au porteur, plus d'un mois avant le décès du disposant, et sans que la condition de son décès y soit apposée, ne constitue pas une donation à cause de mort, mais un don manuel entre vifs. — Il faut se garder de confondre avec l'hypothèse dont il vient d'être question la remise d'objets mobiliers faite par un malade à ses domestiques ou à d'autres personnes, avec réserve de pouvoir les reprendre en cas de retour à la santé. Cette donation constituerait, en effet, une véritable donation à cause de mort et, comme telle, elle devrait rester sans effet (Aubry et Rau, t. 7, § 659, p. 81; Demolombe, t. 3, n° 62).

432. Ceci nous amène à rechercher d'une manière générale quelles modalités, restrictions et réserves peuvent être jointes valablement à un don manuel. On a déjà mentionné (V. *suprà*, n° 416) l'opinion d'après laquelle tous les pactes accessoires au don manuel devraient être frappés de nullité. Cette opinion a été soutenue avec une grande autorité par M. Labbé, *Examen doctrinal*, *Revue critique de législation*, 1882, t. 48, p. 338, dont le raisonnement peut être résumé de la manière suivante : le don manuel, loin d'être autorisé par notre code civil, est au contraire formellement proscrit par l'art. 931. Si néanmoins il est, en pratique, *toléré*, c'est uniquement à raison de l'impossibilité où l'on se trouve d'y mettre efficacement obstacle, l'art. 2279 permettant à toute personne gratifiée par don manuel de se retrancher derrière le fait de la possession, laquelle, le cas de mauvaise foi excepté, « vaut acquisition de propriété et dispense le possesseur d'un juste titre ». Partant de ce principe que la seule « force du don manuel réside dans le fait de la possession transmise », M. Labbé en conclut que le don manuel n'est permis que si le fait de cette possession suffit à révéler la libéralité. Quand, pour faire connaître la portée et l'étendue du don, il est besoin qu'un titre se joigne à la possession, les motifs de la dérogation ne se retrouvent plus. On est alors en dehors « des limites de la nécessité attachée au fait de la possession »; l'art. 931 reprend son empire, et la rédaction d'un acte authentique s'impose. On aperçoit immédiatement les conséquences qui découlent de cette doctrine à l'endroit des pactes joints au don manuel. Ces pactes sont inefficaces. En effet, s'il était permis de transmettre par don manuel l'usufruit ou la nue propriété d'un meuble, on validerait, contre le gré de la loi, des donations mobilières qui ne seraient révélées ni par un acte authentique, ni par la possession du meuble, car cette possession est un fait « simple et en lui-même indécomposable ». M. Bressolles se rallie à peu près complètement au système de M. Labbé, dont il adopte le point de départ. Comme M. Labbé, M. Bressolles estime que le don manuel apparaît dans la théorie du code civil avec le caractère d'acte exceptionnel; il ne doit donc être reconnu valable que dans les limites où le code civil l'a autorisé. Or la pensée des rédacteurs du code civil au sujet des dons manuels se retrouve dans les précédents de l'ancienne jurisprudence. Tous les anciens auteurs déclaraient inapplicables au don manuel les diverses modalités ou réserves qui pouvaient prendre place dans la donation authentique. — Mais, après être ainsi tombé d'accord avec M. Labbé sur le principe, M. Bressolles en tire des conséquences toutes différentes. Tandis que M. Labbé déclare simplement inefficaces les pactes qui accompagnent un don manuel et fait produire effet à la libéralité comme donation pure et simple, M. Bressolles, p. 273 et suiv., prononce la nullité complète du don manuel. Pour décider ainsi, il se fonde sur la règle générale d'après laquelle les contrats sont indivisibles et doivent être maintenus tels que les parties les ont arrêtés, sans qu'on puisse en effacer ou modifier une ou plusieurs dispositions. Une exception est, il est vrai, apportée à ce principe par l'art. 900 c. civ., au regard des conditions impossibles ou illicites jointes à une donation. Mais, précisément dans l'hypothèse qui nous occupe, l'obstacle qui s'oppose à l'exécution d'une condition jointe à un don manuel, tient à la forme sous laquelle la condition s'est manifestée, et non pas à la nature de cette condition. Dans l'impossibilité de faire produire effet à la restriction que le donateur a mise à son don, il faut annuler le don manuel pour le tout. — Il existe cependant une hypothèse où M. Bressolles reconnaît que le don manuel devra être maintenu, malgré l'annulation du pacte qui y est joint; c'est lorsque ce pacte sera destiné à conférer au donataire un droit plus étendu que celui qui pouvait résulter du simple transfert de propriété; telle sera la clause portant dispense de rapport. En exécutant le don manuel dont s'agit, nonobstant l'inefficacité de la clause qui y est jointe, loin d'aller à l'encontre de la volonté du donateur, on en assure la réalisation dans la mesure que comporte le mode de donation employé (Bressolles, p. 277).

433. Nous avons analysé en détail les deux opinions de MM. Labbé et Bressolles, à raison de la valeur des arguments sur lesquels elles reposent. Nous devons constater toutefois que la doctrine ne partage pas généralement l'avis de ces auteurs et admet la validité des pactes joints à un don manuel, à l'exception de ceux qui seraient contraires à la règle de l'irrévocabilité des donations. « La donation manuelle, dit notamment M. Demolombe, t. 3, n° 78, est valable toutes les fois que la propriété des meubles donnés est par la tradition transférée du donateur au donataire; or les conditions ou les charges dont la tradition des meubles peut être accompagnée n'empêchent pas la translation de la propriété; donc la donation n'est pas moins valable; valable, disons-nous, telle qu'elle a été faite et acceptée sous les conditions ou les charges qui l'accompagnent dès qu'elles sont avérées ou prouvées légalement de toute manière. » M. Colin, *op. cit.*, p. 121, se prononce dans le même sens. « Nous ne croyons pas, dit-il, qu'on puisse contester au donateur la faculté de restreindre le don manuel qu'il consent par toutes les conditions ou toutes les charges qu'il pourrait valablement insérer dans un acte de donation ». Il est de fait qu'on ne voit pas pour quelle raison on devrait traiter le don manuel différemment des autres contrats, au point de vue de la faculté d'y adjoindre des clauses et conditions. En ce qui touche les conditions qui affectent des donations solennelles, la rédaction d'un acte notarié est nécessaire sans doute, mais c'est comme conséquence de la forme authentique exigée pour l'acte de donation, dont la condition est l'accessoire. Si, au contraire, le pacte ou la condition est l'accessoire d'un contrat pour lequel la forme authentique n'est point prescrite, il pourra être librement stipulé sous quelque forme que ce soit et devra être mis à exécution du moment que la preuve en sera rapportée. L'opinion contraire de M. Labbé ne se justifie qu'à la condition d'admettre cette idée fondamentale, très contestable, que le don manuel n'a en quelque sorte qu'une existence de fait et n'est pas légalement reconnu comme contrat. Mais cette théorie, sans doute très ingénieuse, n'est conforme, ni à la tradition ancienne sur le don manuel, ni à l'opinion des rédacteurs du code civil. Les travaux préparatoires nous montrent, en effet, qu'on a voulu accorder au don manuel plus qu'une simple tolérance. On l'a considéré comme un véritable contrat, qui diffère des autres uniquement en ce point, qu'il se forme toujours en dehors de la rédaction d'un acte quelconque, motif pour lequel il échappe aux formalités prescrites pour les actes de donation ordinaire.

434. La jurisprudence est aujourd'hui bien fixée dans le sens de la validité des modalités ou conditions jointes à un don manuel. La clause sur laquelle les tribunaux ont été le plus souvent appelés à statuer est le pacte de réserve d'usufruit. Quelques arrêts, il est vrai, ont déclaré inefficace le don manuel avec réserve d'usufruit, mais il convient d'ajouter que les motifs donnés à l'appui de cette solution diffèrent complètement de ceux développés par M. Bressolles et ne paraissent pas juridiques. Ainsi un arrêt (Paris, 9 mars 1878, aff. Desmarets, D. P. 79. 1. 253), a considéré que la réserve, faite par le donateur, de jouir pendant sa vie des rentes et obligations qui faisaient l'objet du don manuel, était contraire à la règle du dessaisissement actuel et complet, en dehors de laquelle le don manuel ne peut être maintenu. La même doctrine a été consacrée par deux arrêts de la même cour (Paris, 16 août 1878, aff. Brecq, D. P. 80. 1. 461; 21 nov. 1879) (1). Décidé aussi que le don manuel de titres au porteur, avec réserve, au profit du donateur, des coupons de ces titres pendant sa vie, est nul comme contraire à la règle qui exige que le donateur soit dessaisi actuellement et irrévocablement des biens donnés (Gand, 5 juin 1880, aff. Vankecke, *Pasicrisie belge*, 1880. 2. 295). On aperçoit aisément l'erreur commise par les arrêts précités. Elle provient d'une confusion entre deux des conditions requises pour la validité du don manuel, la tradition et le dessaisissement. La tradition, qui est une condition spéciale au don manuel, doit être effective et complète; mais le dessaisissement, qui est une condition de validité de toute libéralité entre vifs, peut être subordonné à l'arrivée d'un terme ou d'une condition, pourvu que cet événement ne dépende pas de la volonté du donateur. Une modalité de cette nature peut aussi bien prendre place dans un don manuel que dans toute autre donation. C'est ce que la cour de cassation n'a pas hésité à reconnaître, en cassant les décisions précitées de la cour de Paris. Elle a décidé que le don manuel de titres au porteur accompli par la tradition de ces titres est valable encore bien qu'il soit soumis à des charges ou conditions; spécialement, qu'un tel don peut être valablement fait sous la réserve par le donateur de l'usufruit des valeurs données (Civ. cass. 11 août 1880, aff. Brecq, D. P. 80. 1. 461. V. également : Req. 15 nov. 1881, aff. Rivière, D. P. 82. 1. 67). — La jurisprudence des cours d'appel est en général conforme à celle de la cour de cassation. Jugé que le don manuel peut avoir pour objet des titres au porteur, alors même que le donateur s'en est réservé les revenus (Angers, 27 mai 1880, aff. Rivière, D. P. 82. 1. 67-68). Il en est surtout ainsi quand un donateur a laissé au donataire la libre disposition des titres, à la seule charge de lui payer une somme annuelle représentant les intérêts de ces valeurs à l'époque de la donation (Dijon, 12 mai 1876, aff. Desmots, D. P. 77. 2. 129). La cour de Paris, par un arrêt postérieur, est revenue sur ses premières décisions et s'est ralliée à la doctrine de la cour de cassation (V. Paris, 17 déc. 1883, aff. Giusti, D. P. 85. 2. 117). La même cour avait, peu de temps auparavant, reconnu la validité d'un don manuel accompagné de la clause que le donateur conserverait la nue propriété des titres au porteur objet du don (Paris, 30 déc. 1881) (2).

435. Nous avons admis *suprà*, n° 433, avec MM. Demolombe et Colin que les conditions et charges grevant un don manuel sont valables, pourvu qu'elles soient régulièrement prouvées. Il suit de là que l'existence de ces charges ou conditions pourra être établie au moyen d'un acte sous seing privé ordinaire. Cette règle souffre, toutefois, exception en ce qui touche les dons manuels effectués au profit de communes, d'établissements de bienfaisance ou d'établissements religieux. Aux termes d'une décision du ministre de l'intérieur, du 18 oct. 1862, les dons manuels qui intéressent ces personnes morales doivent être constatés par acte notarié, lorsqu'ils sont accompagnés de certaines charges ou conditions.

436. Comme conséquence de la règle d'après laquelle les dons manuels sont assujettis aux mêmes conditions de fond que les autres donations, nous avons dit au *Rép.* n° 1613 que les règles du rapport sont applicables aux dons opérés manuellement. C'est ce que la doctrine et la jurisprudence s'accordent à reconnaître (Demolombe, *Successions*, t. 4, n°s 255 et 328; Aubry et Rau, t. 6, § 632, texte et note 19; Laurent, t. 10, n° 596; Bressolles, p. 315 et suiv.; Lyon, 18 août 1859, aff. Paret, D. P. 61. 5. 403; Paris, 19 août 1859, aff. Crovisier, D. P. 61. 5. 472; Req. 19 nov. 1861, aff. Maillard, D. P. 62. 1. 139 ; Caen, 28 nov. 1861, aff. Daune, D. P. 62. 2. 104 ; Civ. cass. 3 mai 1864,

(1) (Boulot C. Prévost.) — LA COUR;... — Considérant que la femme Boulot n'est pas fondée à invoquer la tradition qui lui a été faite des titres, pour invoquer l'existence d'un don manuel en sa faveur; qu'en effet, Prévost s'est expressément réservé, sa vie durant, la jouissance et les revenus desdites cinquante actions; que cette réserve d'usufruit indique clairement l'intention du prétendu donateur de retenir la possession sans laquelle son usufruit ne saurait être exercé; que si la femme Boulot a, comme elle le prétend, touché plus tard les coupons afférents aux titres, elle n'a pu agir et n'a agi qu'au nom et pour le compte de l'usufruitier à qui elle en remettait le montant; que sa possession, ainsi caractérisée par la déclaration même qu'elle produit, est entachée de précarité et ne s'est jamais appliquée qu'à un droit de nue propriété, qui aurait été démembrée de la propriété pleine et entière; que par ses caractères comme par son objet, elle a été impuissante à constituer un don manuel, ce mode de libéralité n'existant légalement qu'à la condition que le donateur se sera actuellement et irrévocablement dessaisi; que la femme Boulot ne justifie, d'ailleurs, d'aucune autre tradition à titre de libéralité, de la main à la main, qui lui aurait été faite à une époque quelconque, en dehors et indépendamment de la déclaration du 2 juin 1874 et de l'exécution qu'elle a reçue; — Par ces motifs; — Confirme, etc.

Du 21 nov. 1879.-C. de Paris, 1re ch.-MM. Larombière, 1er pr.-Chevrier, av. gén., c. conf.-Guerrier et Beaupré, av.

(2) (Marquet C. Clairet.) — LA COUR; — Adoptant les motifs qui ont déterminé les premiers juges; — Et considérant, en outre, que le dépôt fait en 1869 à la compagnie d'Orléans et la conversion des titres au porteur en titres nominatifs n'ont été opérés qu'en exécution du don manuel de ces titres fait par Marquet frère, au profit d'Anne Cléret, dite Augustine Cléret, au mois de janvier 1862; qu'il est établi, en effet, qu'à cette époque, Marquet a retiré de la Banque de France les dix actions au porteur dont il était alors propriétaire, et les a remises à Anne Cléret, qui en a, dès le lendemain, effectué le dépôt en son nom personnel; — Considérant que Marquet s'est dessaisi d'une manière complète et irrévocable des titres au porteur dont s'agit, et en a fait la remise effective à Anne Cléret; que ces titres, étant transmissibles par simple tradition, pouvaient être l'objet d'un don manuel; — Considérant que, si Anne Cléret a reconnu, le 26 janv. 1862, que la nue propriété de ces titres était réservée à Marquet, cette déclaration, confirmée au moment de la conversion en titres nominatifs, n'a point changé le caractère de la donation; que rien ne s'oppose à ce que la transmission d'un titre au porteur par don manuel soit soumise à des conditions convenues entre les parties; que celui auquel a été faite la tradition nécessaire à cette transmission peut consentir à ce que la nue propriété soit réservée au donateur, cette réserve n'altérant pas le droit attaché au dessaisissement du titre, lequel se trouve seulement restreint à la jouissance des revenus pendant la vie du donataire; — Par ces motifs, confirme, etc.

Du 30 déc. 1881.-C. de Paris, 1re ch.-MM. Larombière, 1er pr.-Loubers, av. gén.-Cresson et Strauss, av.

aff. Couderc, D. P. 64. 1. 173; Req. 12 mars 1873, aff. Bonnet, D. P. 73. 1. 194).

437. — III. DES CHOSES QUI PEUVENT ÊTRE L'OBJET D'UN DON MANUEL (*Rép.* nos 1615 à 1640). — Ainsi qu'on l'a observé au *Rép.* n° 1615, tous objets mobiliers corporels sont susceptibles d'être transmis au moyen d'un don manuel. Au contraire, les meubles incorporels ne peuvent être donnés de la main à la main. Ces deux règles trouvent leur application, en ce qui touche le don manuel d'un manuscrit. Tout le monde admet que le don d'un manuscrit, opéré de la main à la main, confère au donataire la propriété de l'ouvrage, en tant qu'objet matériel. En cette qualité, le donataire pourra l'aliéner et le transmettre à ses héritiers par succession (V. Aubry et Rau, t. 7, § 659, p. 83, note 23, *in fine;* Bressolles, p. 303). Mais la tradition de l'objet corporel, manuscrit, confère-t-elle à la personne qui en devient nantie, les droits incorporels que l'on désigne sous la dénomination de propriété littéraire, et notamment le droit de publier le manuscrit? La question est très controversée. D'accord avec M. Troplong, nous nous sommes prononcés au *Rép.* n° 1615 pour l'affirmative, en considérant le droit de propriété littéraire comme un accessoire de la propriété du manuscrit, envisagé comme objet corporel. Plusieurs décisions ont été citées en ce sens (*ibid.*), mais nous devons convenir que la jurisprudence paraît avoir évité de se prononcer sur la question de principe. Plus récemment, un jugement du tribunal de la Seine, du 23 août 1883 (aff. Héritiers de Viel-Castel, *Gazette des tribunaux* du 24 août 1883), a reconnu que le don manuel d'un manuscrit peut conférer au donataire le droit d'en opérer la publication, si telle avait été l'intention du donateur. Mais, en se fondant ainsi sur une appréciation d'intention, le tribunal paraît bien avoir répudié le système qui considère le droit de propriété littéraire comme l'accessoire de la possession du manuscrit. L'opinion qui prévaut en doctrine enseigne, en effet, que la propriété littéraire et la propriété du manuscrit sont choses distinctes. Ce principe étant admis, on doit décider par voie de conséquence que le don manuel ne peut servir à transférer d'une manière principale et directe le droit de propriété littéraire, qui est éminemment incorporel (V. en ce sens: Aubry et Rau, t. 7, § 659, p. 83, texte et note 23; Laurent, t. 12, n° 283; Bressolles, p. 307).

438. C'est pour cette même raison, tirée de la nature incorporelle de l'objet à transmettre, que nous avons décidé au *Rép.* n° 1617 que la tradition, quoique faite *animo donandi*, de l'acte instrumentaire portant constatation d'une créance, ne valait pas donation de celle-ci. Tous les auteurs sont d'accord sur ce point (V. Aubry et Rau, t. 7, § 659, p. 83; Demolombe, t. 3, nos 68 et 70; Laurent, t. 12, n° 279; Colin, *op. cit.*, p. 74 et suiv.), comme aussi pour admettre une exception en ce qui concerne les billets ou autres titres au porteur. Il est vrai que le titre au porteur, pas plus que le titre nominatif, ne peut être pris comme objet même du droit; mais, par l'effet de la forme au porteur du titre qui constate le droit, celui-ci devient impersonnel et peut être exercé par la personne qui possède le titre. Dans ces conditions, comme le remarque justement M. Colin, « la tradition du titre devient le signe légal de la transmission du droit ».

439. La double règle que nous venons d'indiquer est consacrée par une jurisprudence unanime. Il a été jugé, d'une part : 1° que la donation d'une créance ne peut être faite à un autre qu'au débiteur par voie de simple remise de cette créance (Grenoble, 17 juill. 1868, aff. Payre, D. P. 69. 2. 101); — 2° Que des promesses sous seing privé, qui n'ont pas même été stipulées négociables par simple endossement ne peuvent faire l'objet d'un don manuel et peuvent être revendiquées par les héritiers entre les mains du prétendu donataire (Paris, 19 déc. 1871, aff. Berranger, D. P. 73. 2. 131). — D'autre part, il a été décidé, en ce qui concerne la validité des titres au porteur : 1° que le don manuel d'objets mobiliers corporels ou de titres au porteur, fait sans fraude par un donateur ayant la capacité de disposer au profit d'un donataire ayant la capacité de recevoir, est valable, malgré l'inobservation des formes prescrites par la loi pour les donations entre vifs, pourvu que la tradition réelle des objets donnés ait été effectuée par le donateur avec l'intention de se dépouiller actuellement et irrévocablement (Lyon, 2 mars 1876, aff. Degabriel, D. P. 78. 2. 142); — 2° Que le don manuel de titres au porteur est valable (Liége, 22 janv. 1880, aff. Saive, *Pasicrisie belge*, 1880. 2. 166; — 3° Que, sous l'empire de la loi italienne, dont les dispositions sont sur ce point conformes à celles de la loi française, les titres au porteur peuvent faire l'objet d'un don manuel qui se manifeste par la remise du titre effectué avec la volonté d'en transférer la propriété (Paris, 17 déc. 1883, aff. Giusti, D. P. 85. 2. 117); — 4° Que le bénéficiaire d'un don manuel ayant pour objet un billet au porteur est déterminé par la tradition de ce billet avec intention de gratifier celui qui le reçoit (Req. 16 août 1881, aff. Brugéron, D. P. 82. 1. 477).

Au reste, comme on l'a dit au *Rép.* n° 1617, la règle qui prohibe le don manuel d'une créance ne s'applique pas au cas où la remise de l'acte est faite à titre gratuit au débiteur lui-même. La libéralité qui en résulte est parfaitement valable, et il importe peu que le débiteur ait mentionné sur l'acte que cette remise a eu lieu à titre de don (Req. 17 mai 1855, aff. Cot, D. P. 55. 1. 247).

440. Ainsi qu'il a été expliqué au *Rép.* nos 1624 à 1636, les billets à ordre et les lettres de change, dont le transfert s'opère, non par simple tradition, mais seulement au moyen d'un endossement régulier indiquant la valeur fournie ainsi que le nom du titulaire, ne peuvent faire l'objet d'un don manuel. Un arrêt a décidé, en ce sens, qu'on ne saurait voir un don manuel dans la remise d'un billet souscrit par un tiers au profit du prétendu donateur, qui ne se dessaisit pas de la propriété dudit billet (Lyon, 21 févr. 1884, aff. Chatrou-Burret, D. P. 85. 2. 221). — Jugé de même que les billets à ordre qui énoncent tout à la fois le nom du créancier et celui du débiteur, n'étant pas susceptibles d'être transférés par simple tradition, ne sauraient faire l'objet d'un don manuel (Pau, 19 mars 1888, aff. Luchert, D. P. 88. 2. 288). — Si la valeur indiquée est fictive, l'endossement aura le caractère d'un acte de pure libéralité; on se trouvera alors en présence d'une donation déguisée sous forme de contrat à titre onéreux et non d'un don manuel.

441. La question devient plus délicate dans l'hypothèse d'un effet de commerce revêtu d'un endossement en blanc. L'effet de commerce dont s'agit constitue-t-il un titre au porteur susceptible d'être transmis manuellement? La réponse affirmative n'est pas douteuse, si la remise d'un billet à ordre ou d'une lettre de change avec endossement en blanc a pour effet d'en transférer la propriété. Mais c'est là un point très contestable. Conformément à l'opinion admise au *Rép.* n° 1628, la jurisprudence la plus récente décide que la remise d'un effet de commerce avec endossement en blanc n'est pas, en principe, translative de propriété et ne vaut que comme procuration. Comme conséquence de cette règle, il a été jugé que le preneur doit être considéré par les tiers uniquement comme étant, pour la négociation, le mandataire de l'endosseur resté propriétaire. Par suite, le tiers auquel ce preneur remet ledit effet pour en remplir l'endos et qui le remplit lui-même à son nom avec la mention « valeur en compte », ne peut être envisagé comme un tiers porteur de bonne foi vis-à-vis de l'endosseur, alors qu'il n'a jamais rien compté à celui-ci et n'a eu pour but que de se couvrir d'une créance qu'il avait sur le mandataire personnellement; dès lors, l'endosseur a le droit de se faire restituer par le tiers l'effet à ordre demeuré entre les mains de celui-ci (Req. 14 juin 1882, aff. Brocheton, D. P. 84. 1. 224).

Mais la règle suivant laquelle l'endossement en blanc ne vaut que comme simple procuration peut être combattue par tous moyens de preuve tendant à établir que l'endosseur a eu l'intention de transférer la propriété de l'effet. C'est ce que la cour de cassation a reconnu en décidant que les juges du fond peuvent s'appuyer sur de simples présomptions pour décider, d'après les circonstances, que le porteur d'un effet endossé en blanc est réellement propriétaire de cet effet (Req. 16 déc. 1879, aff. Ruffier, D. P. 80. 1. 197). De la doctrine de cet arrêt, ainsi que des décisions analogues rapportées au *Rép.* n° 162, il semble bien résulter qu'un effet de commerce revêtu d'un endossement en blanc est susceptible de faire l'objet d'un don manuel. M. Colin, *op. cit.*, p. 78 et suiv., reconnaît aussi que la validité de l'endossement en blanc entraîne par voie de conséquence la possibilité de donner manuellement les effets de commerce qui ont été revêtus de cet endos.

442. — IV. Des dons manuels faits par l'intermédiaire d'un tiers (*Rép.* nos 1641 à 1651). — Le principe a été posé au *Rép.* n° 1641. Le mandat peut être employé en matière de don manuel, comme dans tout autre contrat, et le donataire est libre de se faire représenter par un mandataire aussi bien que le donateur. Si le tiers, chargé par le donateur du soin de le représenter, a opéré la remise de l'objet au donataire avant la mort du donateur, la validité du don manuel ne soulève aucune contestation. Il en est autrement, lorsque la tradition n'a été effectuée qu'après le décès du donateur. Dans cette hypothèse, les éléments constitutifs du don manuel font défaut. En effet, la remise au mandataire ne tient lieu ni de volonté d'accepter du donataire, ni surtout de la tradition qui doit lui être faite. Aussi, suivant l'opinion déjà indiquée au *Rép.* n° 1646, les auteurs s'accordent-ils pour déclarer inefficace la remise de l'objet et l'acceptation du gratifié intervenant après le décès du donateur (V. Demolombe, t. 3, nos 63 et 65; Aubry et Rau, t. 7, § 659, p. 82, n° 18; Laurent, t. 12, n° 293; Bressolles, p. 192; Colin, p. 27 et suiv.).

On a rapporté au *Rép.* n° 1646 plusieurs arrêts qui énoncent la même doctrine. Plus récemment, il a été jugé dans le même sens: 1° que le tiers qui reçoit en dépôt une somme d'argent, pour la remettre après le décès du déposant à une personne désignée par ce dernier, n'est pas réputé avoir accepté ce don manuel dans l'intérêt du donataire; qu'il faut, pour que le don puisse être considéré comme accepté, qu'il soit établi que le dépositaire l'a reçu comme mandataire exprès ou tacite du donataire et non pas seulement comme mandataire du déposant; qu'en conséquence, la somme ainsi déposée peut être retirée soit par le déposant, soit par le tuteur qui lui a été donné après son interdiction (Req. 22 mai 1867, aff. Daynes, D. P. 67. 1. 401); — 2° Que l'on ne saurait voir un don manuel, mais seulement un fidéicommis, dans le fait de celui qui remet une somme d'argent à un tiers en le chargeant de la transmettre après son décès à une autre personne; qu'en conséquence, si la transmission n'a pas eu lieu du vivant du remettant, la somme d'argent doit être restituée à ses héritiers ou à ses légataires (Montpellier, 25 févr. 1862) (1); — 3° Que la personne qui reçoit, après le décès du donateur, la somme qu'un tiers a été chargé de lui remettre, ne peut, faute de tradition et d'acceptation accomplies du vivant de ce donateur, être considérée comme un donataire; qu'en conséquence, la somme ainsi appréhendée ne faisant pas partie des biens donnés, doit être comprise dans l'actif de la succession (Req. 11 janv. 1882, aff. Lesueur, D. P. 82. 1. 313).

443. La circonstance que le donataire a eu connaissance de la libéralité et l'a acceptée du vivant du donateur suffirait-elle à valider un don manuel, alors que le tiers chargé d'opérer la tradition n'a remis l'objet au donataire qu'après la mort du donateur? Pour résoudre la question affirmativement, on observe que le fait de l'acceptation équivaut à la ratification par le donataire des actes accomplis dans son intérêt par le tiers, jouant le rôle de *negotiorum gestor* ou de mandataire tacite. Mais plusieurs auteurs n'admettent pas que le tiers en question puisse en principe jouer un

(1) (Dumas C. C...) — La cour; — Attendu qu'aux termes de la déclaration de M. l'abbé C... il a reçu de Marie Causse une somme de 1851 fr. 50 cent. en or, des billets et de saintes reliques dont Marie Causse lui a indiqué la destination; — Qu'évidemment, et par la nature et l'importance des objets de ce dépôt, la propriété ne pouvait en être acquise aux destinataires qu'après le décès de ladite Marie Causse; — Que si l'abbé C... ne le reconnaît pas formellement pour la somme de 1851 fr. 50 cent., il le reconnaît pour les billets, et implicitement pour les objets de sainteté dont Marie Causse n'aurait consenti à se dessaisir de son vivant, sous aucune condition, et à aucun prix; que la remise de ces objets ayant eu lieu, dans le même moment, en vue du même événement, il est impossible de ne pas admettre, dans le silence de l'abbé C..., qu'elle a eu lieu, pour chacun d'eux, sous la condition du prédécès de Marie Causse; — Qu'on ne peut trouver dans ces faits les conditions caractéristiques du don manuel, car l'abbé C... ne reçoit rien pour lui-même, il n'est le mandataire autorisé d'aucun des destinataires, et il ne peut s'opérer une tradition manuelle entre le prétendu donateur et les donataires; — Qu'en admettant que la tradition manuelle puisse s'opérer par l'intermédiaire d'un tiers qui se constitue le mandataire officieux des destinataires absents, on ne saurait trouver le don manuel dans un dépôt fait en mains tierces pour recevoir une destination après le décès du déposant, car l'époque déterminée pour la tradition des mains du déposant dans celles des bénéficiaires indique nécessairement que les objets déposés demeurent la propriété du déposant jusqu'à son décès, que peuvent ajourner indéfiniment les ressources de l'art ou de la nature; — Que si l'aveu judiciaire est indivisible, on ne peut en conclure que le juge ne peut déduire de cet aveu des conséquences juridiques autres que celles qui lui sont attribuées par les parties de qui il émane; — Qu'il importe donc peu que l'abbé C... déclare avoir reçu les 1851 fr. 50 cent. qui font l'objet du litige, à titre de don manuel, quand il ne revendique pas ce don pour lui-même et qu'il se reconnaît chargé de le transmettre à autrui; — Que rien ne s'oppose à ce que le juge, se fondant sur les faits et non sur les qualifications portées dans cet aveu, donne à ces faits une qualification autre que celle qu'ils ont reçue; — Attendu que la qualification juridique qui convient aux faits constatés par la déclaration de l'intimé n'est pas celle du don manuel qui ne se conçoit que par la remise de l'objet donné des mains du donateur dans celles du donataire, mais bien celle du fidéicommis, auquel s'appliquent les règles ordinaires du mandat et du dépôt volontaire; — Attendu que le mandat s'éteint par la mort du mandant, et que le dépôt ne peut être rendu, au cas de décès, qu'aux héritiers du déposant; — Qu'il est constant, en fait, que le mandat n'a reçu aucune exécution du vivant du mandant, et que le dépôt est resté entre les mains du dépositaire après le décès du déposant; — Que, dès lors, aux termes des art. 1939, 2003 c. nap., la somme qui a fait l'objet du dépôt et qui donne lieu au litige doit être restituée aux héritiers ou légataires de la dame Marie Causse; — Attendu qu'alors même qu'on admettrait la validité du don manuel fait par intermédiaire et subordonné à la condition du décès du donateur, ce qui conduirait au testament verbal, et soumettrait la volonté du testateur à celle d'autrui, on ne saurait l'admettre dans l'espèce actuelle; — Qu'en effet, le don manuel de 1851 fr. 50 cent., allégué par l'abbé C... n'était pas destiné à un donataire apte à recevoir, mais bien à un établissement religieux soumis à des règles spéciales (c. nap. art. 937); — Bien que ce don fût fait en vue d'une mort prochaine, cet événement n'était pas tellement imminent que Marie Causse ne pût donner à ses dispositions une forme authentique; — Qu'il est évident qu'en faisant reposer la libéralité de Marie Causse sur la simple remise manuelle des sommes qui en faisaient l'objet, on a voulu soustraire à la surveillance et à l'autorisation administrative une libéralité que la fabrique de Beaulieu pouvait n'être pas autorisée à accepter, en totalité ou en partie; — Que cette intention ressortirait avec évidence de ce fait que les sommes remises aux mains de l'intimé depuis le 8 janv. 1860 ont été déposées en totalité, sans que l'autorisation administrative ait été obtenue ou même demandée; — Qu'on ne peut sérieusement s'arrêter à la théorie qui dispense les dons manuels de l'autorisation administrative, parce qu'ils y échappent forcément par leur nature, car cette théorie conduit à la suppression d'une surveillance qui est la sauvegarde de l'intérêt des familles; — Que si le don manuel fait aux établissements publics est incompatible par sa nature avec la nécessité de l'autorisation administrative, les seules conclusions logiques qu'on puisse en induire, c'est que ce genre de don manuel est impossible ou n'est possible qu'autant que des circonstances impérieuses lui enlèvent le caractère de fraude à la loi et en font en quelque sorte un dépôt nécessaire; — Que cette exception peut d'autant moins s'appliquer dans l'espèce que Marie Causse a fait un testament authentique et postérieur de plusieurs jours à la remise du dépôt dont l'abbé C... a été nanti, et qu'aucune circonstance de force majeure n'a pu l'empêcher de donner la même authenticité à la remise par elle opérée entre les mains de l'abbé C... et aux conditions qui y étaient attachées; — Qu'en admettant la validité du don manuel fait à la fabrique de Beaulieu par l'intermédiaire de l'abbé C..., il devrait donc encore être annulé comme fait en fraude de la loi et destiné à couvrir par une interposition de personnes l'incapacité de la fabrique de Beaulieu; — Par ces motifs, met à néant la sentence attaquée, en ce qu'elle valide comme don manuel la remise d'une somme de 1851 fr. 50 cent. opérée par Marie Causse aux mains de l'abbé C..., dit que cette remise opérée dans les termes convenus par l'abbé C... constitue un fidéicommis auquel s'appliquent les règles du mandat et du dépôt volontaire; qu'en tous cas, le don de cette somme à la fabrique de Beaulieu par l'intermédiaire de l'abbé C... n'aurait eu pour objet que d'éluder, par une fraude à la loi, l'autorisation administrative à laquelle ce don devait être soumis; condamne, en conséquence, l'abbé C... à restituer à l'appelante ladite somme de 1851 fr. 50 cent., etc.

Du 25 févr. 1862.-C. de Montpellier, 1re ch.-MM. Goirand de la Baume, 1er pr.-Gouazé, 1er av. gén., c. conf.-Cazal et Glises, av.

autre rôle que celui de mandataire du donateur (V. Bressolles, *op. cit.*, p. 195; Laurent, t. 12, n° 294). En conséquence, les auteurs précités décident que le don manuel, accompli dans les conditions susindiquées, est inefficace par la raison que, si le concours des volontés existe à la rigueur, la tradition, c'est-à-dire la mise en possession légale du donataire, fait défaut (V. dans le même sens : Paris, 8 mars 1882, aff. Poulain, *Gazette des tribunaux* du 6 oct. 1882).

Toutefois, M. Bressolles reconnaît que le tiers devra, dans certaines circonstances, être réputé le mandataire tacite du donataire. C'est ce que l'arrêt déjà cité (Req. 22 mai 1867, *suprà*, n° 442), donne également à entendre. M. Bressolles va même jusqu'à admettre que la volonté de conférer au tiers le mandat de retirer l'objet pourrait s'induire, chez le donataire, des circonstances qui ont accompagné le fait de l'acceptation. Il en serait ainsi, notamment, si le donataire, en acceptant la donation, était convenu avec le tiers que celui-ci garderait le meuble ou la somme à titre de prêt, dépôt ou location.

444. Nous avons eu jusqu'à présent en vue l'hypothèse, d'ailleurs la plus fréquente, où le tiers mandataire a été chargé de faire livraison à une personne connue et capable. Si, au contraire, celle-ci était incapable, le don manuel devrait être déclaré nul, quelle que fût l'époque à laquelle la remise de l'objet lui aurait été faite (Demolombe, t. 1, n° 367; Bressolles, p. 205).

Faut-il décider de même dans le cas où le donataire, auquel le tiers est chargé d'effectuer la livraison, est inconnu? L'affirmative ne saurait être douteuse si le donataire est inconnu du donateur, car la donation est en ce cas faite à une personne incertaine (Bressolles, p. 207 et 208). Mais suivant la remarque de ce même auteur, on ne doit pas considérer comme destiné à un bénéficiaire incertain le don qu'un tiers est chargé de remettre aux pauvres d'une commune. Ceux-ci ont, en effet, un représentant connu et déterminé, c'est le bureau de bienfaisance (V. Aubry et Rau, t. 7, § 656, note 47). *Quid*, si le destinataire du don, connu du donateur et désigné par lui au mandataire, est inconnu au public et aux tiers intéressés? M. Bressolles, qui prévoit cette hypothèse (p. 211), n'hésite pas à valider le don ainsi effectué. La clandestinité du nom du donataire au regard du public et des tiers ne saurait être assimilée à l'incertitude sur la personne gratifiée. « Cela apparaît d'évidence, dit M. Bressolles, si, supprimant l'intermédiaire, on suppose l'espèce plus simple d'un don opéré directement du donateur au gratifié, mais au sujet duquel le secret aurait été convenu entre parties. Dans ce cas, l'ignorance par les tiers intéressés de la libéralité faite ne produit pas l'incertitude, telle que les auteurs et les arrêts sont unanimes à l'entendre, car l'individualité du gratifié ressort de la disposition elle-même » (V. dans le même sens : Caen, 25 mai 1875, aff. Poitevin-Couvert, D. P. 80. 2. 49, note; 28 mai 1879, aff. Lesueur, D. P. 80. 2. 49).

445. Mais, si le don manuel est valable, le mandataire n'est-il pas exposé à une action en responsabilité à raison du concours qu'il a prêté au donateur? M. Bressolles, p. 215 et suiv., résout affirmativement la question, sans distinguer suivant que la personne gratifiée vient ou non à être connue des tiers auxquels la libéralité porte préjudice, spécialement, des héritiers réservataires du donateur. Dans ce dernier cas, il estime que le mandataire doit être déclaré débiteur solidairement, avec le bénéficiaire du don, de la somme nécessaire pour parfaire la réserve. A notre avis, le mandataire ne peut être réputé en faute qu'autant qu'il a dissimulé la personne du donateur et qu'il a rendu ainsi impossible l'action des héritiers. Nous concluons de là qu'il échappe à toute responsabilité dans l'hypothèse où les héritiers connaissent la personne du gratifié, soit par les aveux du mandataire, soit par tout autre moyen de preuve. En ce cas, les héritiers réservataires sont placés dans la même situation que si leur auteur eût effectué directement et sans intermédiaire le don manuel qui empiète sur leur réserve.

446. — V. De la preuve du don manuel (*Rép.* n°s 1652 à 1658). — Deux hypothèses doivent être distinguées, suivant que le donataire a ou n'a plus la possession des objets donnés. Nous examinerons d'abord cette seconde hypothèse.

447. — A. Le donataire, qui réclame des objets qu'il prétend lui avoir été donnés de la main à la main, est tenu, conformément à la règle générale *actori incumbit probatio*, de faire la preuve du don manuel. A cet effet il doit prouver, ainsi qu'on l'a observé au *Rép.* n° 1652, non seulement le fait matériel de la remise antérieure entre ses mains des objets revendiqués, mais encore l'intention libérale de celui qui a opéré cette remise. Comment la preuve de ces deux éléments essentiels du don manuel pourra-t-elle être administrée? En ce qui touche le fait matériel de la remise, c'est un de ces faits purs et simples, qui, comme tout fait de possession, peuvent toujours se prouver par témoin. Il n'en est pas de même de l'accord des volontés, qui est un fait juridique. Ainsi qu'il a été dit au *Rép.* n° 1654, l'intention de donner existant chez l'auteur de la remise des objets litigieux ne pourra être établie au moyen de l'audition de témoins que dans les cas où la preuve testimoniale est admise conformément au droit commun. Cette règle, qui ne souffre aucune difficulté en doctrine (V. Colin, *op. cit.*, p. 83; Laurent, t. 12, n° 285; Bressolles, *op. cit.*, n° 273), est appliquée par une jurisprudence constante. Aux décisions déjà citées en ce sens au *Rép. loc. cit.*, il faut joindre un arrêt plus récent de la cour de Bordeaux du 26 janv. 1874 (*suprà*, v° *Contrat de mariage*, n° 308), qui formule très nettement le principe que nous venons d'indiquer. « Attendu, dit cet arrêt, que si les dons manuels ne sont pas assujettis aux formes particulières de la donation, ils doivent néanmoins être prouvés, conformément aux dispositions générales de la loi; que leur existence ne peut donc être prouvée par témoins, en dehors des cas où la preuve testimoniale est admise d'après les règles ordinaires ». Le même principe résulte implicitement d'un arrêt de la cour de Limoges, du 18 mai 1867, aff. Planet, D. P. 67. 2. 81. Dans cette affaire, en présence de la réclamation d'un légataire particulier, tendant à se faire restituer des titres qu'il prétend avoir remis au légataire universel sous la promesse qu'ils lui seraient rendus, alors que le légataire universel prétendait de son côté que les titres réclamés faisaient partie des valeurs héréditaires, les juges ont puisé dans l'interrogatoire sur faits et articles du légataire universel un commencement de preuve par écrit, pour décider, à l'aide des autres circonstances de la cause, que les titres en question avaient réellement été l'objet d'un don manuel au profit du légataire particulier. D'un autre côté, il a été jugé que si la mention « appartenant à un tel », écrite et signée, sur une bande enveloppant des titres au porteur, par le possesseur de ces titres, constitue au profit de la personne désignée une présomption de propriété, cette présomption n'est pas absolue et peut être combattue par la preuve contraire, la mention susindiquée étant l'œuvre unilatérale de la volonté du possesseur; qu'en conséquence, il appartient au juge du fait de décider souverainement, d'après l'ensemble des circonstances, que, malgré cette mention, le possesseur des titres en était resté propriétaire (Civ. cass. 27 avr. 1874, aff. Renomd, D. P. 74. 1. 318).

448. — B. Lorsque le donataire a la possession du meuble qui est revendiqué contre lui, soit par les héritiers du donateur, soit par le donateur lui-même, la situation est renversée. Dans cette hypothèse, le donataire a pour lui non seulement le bénéfice de la règle générale qui met la preuve à la charge du demandeur, mais encore la protection spéciale de l'art. 2279. Le principe suivant lequel *en fait de meubles la possession vaut titre*, suffit à justifier le droit de propriété du donataire, soit que celui-ci prétende avoir acquis d'un autre que le demandeur, soit qu'il avoue avoir reçu le don manuel du demandeur même ou de son auteur. Cependant quelques jurisconsultes ont prétendu que l'art. 2279 c. civ. était inapplicable dans cette seconde hypothèse, et à l'appui de cette interprétation, on peut citer divers passages d'arrêts récents. On a dit, notamment, que l'art. 2279 « a pour objet de protéger le possesseur d'un meuble contre une revendication intentée par un tiers, et non contre l'action de celui qui ayant été par lui-même ou par son auteur partie à l'acte qui est la cause de la possession attaque cet acte ». Nous relevons cet argument dans un arrêt de la chambre des requêtes du 5 août 1878 (aff. Desmaretz, D. P. 79. 1. 253). Un arrêt de la cour d'Amiens du 28 juill. 1879 (1), qui énonce le même principe déclare, en outre, que le système adverse aboutirait à consacrer des fraudes, en permettant aux voleurs de se retrancher derrière leur possession ; sous prétexte de libéralité reçue, ils attendraient de celui qu'ils auraient volé la preuve de sa propriété, et cette preuve ne pourrait presque jamais être administrée, les matières mobilières excluant l'acte écrit. Cet inconvénient a été signalé par M. Labbé, *Examen doctrinal, Jurisprudence civile, Revue critique de législation*, 1884, t. 50, p. 650.

449. L'opinion qui prévaut, aussi bien en doctrine qu'en jurisprudence, admet cependant que l'art. 2279 pourra être opposé par le possesseur, même à la personne dont il tient la chose (Bressolles, p. 350; Demolombe, t. 3, nos 79 et suiv.; Laurent, t. 12, n° 224; de Folleville, *Traité de la possession des meubles*, p. 59; Colin, p. 83 et suiv.). M. Bressolles, notamment, a clairement établi dans quel sens la proposition contraire doit être entendue. Elle signifie simplement « que les possesseurs, tenus d'une obligation personnelle de restitution, n'ont pas lieu de se prévaloir de leur possession pour refuser de restituer ». Par suite, en dehors d'une obligation de ce genre qu'il incombe au demandeur d'établir, la personne actionnée en restitution d'objets qu'elle prétend lui avoir été donnés de la main à la main est, par le seul fait de la possession de ces meubles, dispensée de fournir aucune preuve à l'appui de sa prétention. C'est ce que les tribunaux ont reconnu à différentes reprises, en décidant que la détention de valeurs mobilières ayant appartenu à un défunt suffit pour justifier l'allégation du possesseur qu'elles lui ont été remises à titre de don manuel (Nancy, 8 févr. 1873, aff. Pothier, D. P. 73. 2. 26 ; Req. 15 nov. 1881, aff. Rivière, D. P. 82. 1. 67 ; Pau, 28 mars 1885, aff. Daban, D. P. 86. 2. 209). C'est aux héritiers, qui prétendent que ces valeurs ont été seulement confiées à titre de dépôt, à faire la preuve légale du contrat de dépôt (Paris, 19 déc. 1871, aff. Berranger, D. P. 73. 2. 131. V. également : Toulouse, 15 mars 1881, aff. Pujol, D. P. 82. 2. 141). Jugé de même que, si un détenteur de valeurs au porteur actionné en restitution de ces valeurs déclare les avoir reçues à titre de don manuel, c'est au demandeur, qui soutient que cette remise a eu lieu à un autre titre, de le prouver par écrit, s'il s'agit d'une valeur

(1) (Drémont et Buisson C. Drémont.) — Le tribunal civil de Château-Thierry, le 8 févr. 1879, a rendu le jugement suivant : — Attendu qu'en exécution d'un jugement du tribunal, en date du 24 nov. 1877, il a été procédé par Gobert, notaire à Charly, aux compte, liquidation et partage de la communauté ayant existé entre les sieur et dame Drémont et de la succession dudit feu sieur Antoine-Frédéric Drémont ; — Attendu que la veuve Drémont et les sieur et dame Buisson ont déclaré approuver le travail du notaire, suivant procès-verbal en date du 21 mai 1878, et que, de son côté, Alexandre Drémont, l'un des copartageants, n'a pas voulu l'approuver, en ce que dix-sept obligations de l'Est et du Nord et des objets mobiliers consistant en un couvert d'argent et un cordage de l'ancien bac de Charly, ne lui ont point été attribués en entier, ou tout au moins en ce que lesdites obligations et autres objets n'ont point été compris dans la masse active de la communauté ; — Attendu qu'en réponse à ce contredit, Mme veuve Drémont et les époux Buisson ont déclaré que les obligations dont il s'agit sont en la possession des époux Buisson, comme provenant d'un don manuel fait à Mme Buisson par le défunt, à la date du 30 janv. 1877, en récompense des soins que les époux Buisson lui avaient donnés pendant sa maladie, et qu'ils ignoraient l'existence des autres objets indiqués par Alexandre Drémont ; — Attendu que le notaire, dans son travail, n'a point voulu trancher la difficulté soulevée ; qu'il a renvoyé les parties à se pourvoir devant le tribunal, et que néanmoins, sans attendre la solution de ces difficultés, il a procédé à son travail en prenant pour unique base de ses opérations les constatations de l'inventaire qui ne comprend pas les objets litigieux ; — Attendu que les parties reviennent devant le tribunal sur l'homologation de la liquidation, et qu'Alexandre Drémont demande la réformation du travail du notaire ; qu'il conclut à ce que le tribunal décide que les objets dont il s'agit soient déclarés faire partie de l'actif des communauté et succession ; qu'ils lui soient attribués en totalité en exécution des art. 792 et 1477 c. civ. ; qu'il conclut à ce que les époux Buisson soient condamnés à lui restituer les valeurs et objets dont il s'agit dans les trois jours du jugement à intervenir, sous une contrainte de 100 fr. pour chaque jour de retard pendant quinze jours ; passé ce délai, il sera fait droit ; — Attendu que, de plus, Alexandre Drémont demande, contre la veuve Drémont et les époux Buisson, une condamnation solidaire en 20000 fr. de dommages-intérêts et aux dépens ; — Attendu que, de leur côté, ceux-ci demandent que le tribunal, sans avoir égard aux contestations soulevées, prononce l'homologation pure et simple avec dépens contre Alexandre Drémont ; qu'il s'agit donc d'apprécier le différend qui divise les parties ; — En fait : — En ce qui concerne les dix-sept obligations 3 p. 100, dont quatorze du chemin de fer de l'Est et trois du chemin de fer du Nord ; — Attendu qu'il est reconnu par tous les intéressés qu'elles ont fait partie des propres de la femme Drémont comme lui provenant de la succession de sa mère, et que, par suite, elles sont tombées dans la communauté légale des époux Drémont ; — Attendu que ceux-ci n'avaient pas d'enfants, que la concorde ne régnait pas toujours dans le ménage, et qu'il résulte des renseignements fournis au tribunal que la dame Drémont aurait vu avec peine ces obligations tomber dans les mains de son mari ; qu'elle s'est arrangée pour toucher elle-même les coupons en se faisant assister par une personne dévouée ; que, lors de l'occupation allemande, elle avait craint d'être dépouillée de ses titres, et que c'est cette personne, et non son mari, qu'elle avait chargée de les cacher ; que tout porte à croire que le mari n'en soupçonnait pas même l'existence, et que, par conséquent, il n'a pu les donner manuellement aux époux Buisson ; — Mais attendu que Drémont, eût-il su qu'il était propriétaire de ces titres, toutes les circonstances de la cause rendent invraisemblable le don manuel allégué ; — Attendu d'abord qu'il n'a été fait nulle mention de l'existence de ces obligations dans l'inventaire ; qu'à la vérité, dans le système des défendeurs, les titres ne faisant plus partie de la communauté, il n'était pas d'une nécessité absolue d'en parler ; que, toutefois, on comprend difficilement que des donataires de bonne foi n'aient pas fait faire une mention, sinon dans le procès-verbal à cause des droits de mutation, au moins dans un écrit séparé, pour affirmer leurs droits de propriété, et pour prévenir les difficultés qui pourraient s'élever, lorsque le fait de la donation parviendrait à la connaissance du sieur Alexandre Drémont ; — Attendu, d'un autre côté, que le *de cujus* qui partageait son affection entre son neveu et sa nièce, Alexandre Drémont et la femme Buisson, leur avait fait une part égale dans ses biens ; que l'on ne comprend pas, malgré les allégations vagues et dénuées de toutes preuves mises au débat sur ce point, qu'alors qu'Alexandre Drémont n'avait nullement démérité de son oncle, celui-ci l'ait exhérédé, au moyen d'un don manuel d'une partie relativement importante de sa succession ; — Attendu que le motif donné à cette libéralité n'est pas sérieux ; que l'on déclare que c'est pour récompenser les époux Buisson des soins qu'ils avaient donnés à leur oncle, que celui-ci leur avait fait ce cadeau ; que Drémont, le *de cujus*, est tombé malade, le 22 janvier, et que ce serait dès le 30 du même mois, qu'il leur aurait fait cette libéralité, c'est-à-dire au bout de huit jours seulement ; que les soins donnés par les époux Buisson n'avaient pas été de longue durée, et qu'il est peu probable que le *de cujus*, qui n'était qu'au début de sa maladie, non encore alité à ce qu'il paraît, et qui était loin de croire à sa fin prochaine, n'ait pas attendu les derniers moments de sa vie pour récompenser les soins qui lui auraient été alors réellement rendus ; — Attendu, d'un autre côté, que, si ces titres lui appartenaient comme chef de la communauté, il n'ignorait pas qu'en les donnant ainsi, il en privait sa femme, copropriétaire pour moitié et usufruitière pour le surplus, en vertu du testament qu'il lui avait fait ; qu'il est peu probable qu'il se soit ainsi montré généreux aux dépens de sa femme, qui aurait été sans doute peu disposée à le permettre, si on en juge par les soins qu'elle a mis à conserver pour elle seule cette propriété ; — Attendu, d'ailleurs, que dans un interrogatoire dont il sera ci-après parlé, si la femme Drémont déclare que le don manuel a été fait par son mari en sa présence et de son consentement, les époux Buisson déclarent de leur côté que leur oncle voulant les récompenser de leurs bons soins leur a fait remettre par leur tante un paquet de valeurs ; qu'il y a, dans ces déclarations, des contradictions qui ne permettent pas d'y ajouter foi ; — Attendu qu'il résulte de tout ce qui précède que le don manuel allégué est tout à fait invraisemblable, et que si les époux Buisson sont devenus détenteurs des valeurs dont il s'agit, c'est parce que la dame Drémont les leur avait confiées pour sortir de la fausse position où elle s'était placée ; — Attendu, en effet, qu'Alexandre Drémont, informé de l'existence de ces obligations par l'ancien confident de la veuve Drémont, avait formé dès le 30 mars et 3 avr. 1877, même avant la clôture de l'inventaire, des oppositions sur ces titres, aux mains des compagnies, en indiquant les numéros de chacun d'eux ; qu'à la date du mois d'août suivant, il avait adressé à M. le procureur de la République une plainte en détournement de ces valeurs contre la dame veuve Drémont et les époux Buisson, et que M. le juge de paix de Charly s'est présenté le 5 octobre au domicile de la veuve Drémont et des époux Buisson, à l'effet de faire une perquisition pour retrouver les titres détournés ; — Attendu que les époux Buisson, ainsi forcés dans leur dernier retranchement, ont reconnu alors, pour éviter la perquisition, qu'ils étaient détenteurs des valeurs litigieuses, mais qu'ils ont ajouté qu'ils en étaient pro-

excédant 150 fr., ou par un commencement de preuve par écrit avec témoignages ou présomptions à l'appui (Pau, 12 janv. 1874, aff. Farbos, D. P. 75. 2. 114).

450. Les arrêts précités énoncent tout à la fois le principe de l'art. 2279 et ses limites d'application. Le principe, c'est que le possesseur d'objets mobiliers est, par le fait même de sa possession, dispensé de fournir aucune preuve à l'appui de son droit de propriété. Cette règle cesse d'être applicable, et le possesseur n'est plus protégé par l'art. 2279, lorsque, disent les arrêts, la présomption de propriété établie par cet article a été renversée au moyen de la preuve contraire fournie par le demandeur en restitution. Tout en tombant d'accord avec la jurisprudence sur la solution elle-même, à savoir que l'art. 2279 ne protège pas le possesseur contre n'importe quelles attaques, nous croyons, avec M. Bressolles, *op. cit.*, p. 335, que si le possesseur cesse d'être couvert par l'art. 2279 dans des cas que nous aurons à déterminer, cela tient non point à ce que la présomption de propriété établie par cet article a été détruite par la preuve contraire, mais bien à ce qu'il a été démontré que la possession de la personne actionnée en restitution ne réunissait pas les conditions requises pour que l'art. 2279 soit applicable. Il en est ainsi toutes les fois que le demandeur démontre que le possesseur détient les objets, non pas à titre de don manuel, mais en vertu, soit d'un contrat ou d'un quasi-contrat, soit d'un délit ou d'un quasi-délit. Dans ces diverses hypothèses, le prétendu donataire est reconnu manquer d'une possession *animo domini*. Or, précisément, une des conditions exigées pour la possession de l'art. 2279, c'est l'*animus domini*. Allons plus loin. L'art. 2279 suppose une possession qui n'est ni équivoque, ni clandestine. Si donc il est prouvé que le détenteur des objets mobiliers ne s'est pas conduit comme un véritable propriétaire, qu'il a cherché à dissimuler l'existence des objets entre ses moins, notamment, en ne présentant pas au payement les coupons des titres qu'il prétend avoir reçus à titre de don manuel, l'art. 2279 ne sera pas applicable, et le prétendu donataire sera tenu de justifier de son droit de propriété. — Ces diverses restrictions à l'application de l'art. 2279 sont approuvées par tous les auteurs (Comp. Bressolles, *op. cit.*, p. 355 et suiv.; Colin, *op. cit.*, nos 84 et suiv.; Demolombe, t. 3, no 79; Laurent, t. 12, no 286). On les trouve résumées dans le passage suivant, emprunté à un arrêt : « La règle *en fait de meubles* ne régit pas les rapports du possesseur avec celui qui, s'attaquant à la cause même de la possession, soutient que ce détenteur est tenu de lui restituer une chose dont il l'a dépouillé par un délit ou un quasi-délit. L'art. 2279 suppose, en outre, une possession civile *animo domini*, et non pas une possession équivoque ou suspecte, dont le caractère précaire résulte de faits déjà certains ou formellement articulés » (Nancy, 20 nov. 1869, aff. Desvoges-Schwartz, D. P. 70. 2. 142).

451. Pour démontrer que la possession du prétendu donataire est équivoque et obscure, le demandeur peut recourir à la preuve testimoniale comme aux simples présomptions, puisqu'il s'agit de faits de possession. Un arrêt de la cour d'Orléans du 23 janv. 1869 (aff. Mercier, D. P. 70. 1. 84), dit avec raison « que presque jamais en pareille matière une preuve directe ne pourra être administrée contre le prétendu donataire à titre de don manuel; qu'il n'est donc pas douteux que les présomptions fournies par les circonstances de la cause doivent suffire à former la conviction du juge si elles se présentent avec un caractère tel qu'il puisse affirmer avec certitude que le don manuel n'a pu avoir lieu ». La cour de cassation a consacré cet emploi des simples présomptions en reconnaissant aux juges du fond le pouvoir souverain de les apprécier (Civ. cass. 24 avr. 1866, aff. Remps, D. P. 66. 1. 347).

Il est aisé de comprendre par les explications précédentes que le caractère équivoque de la possession puisse résulter de circonstances extrêmement variables. Il est donc impossible de poser aucune règle générale. Nous nous bornerons à indiquer deux circonstances, qui seront le plus souvent le signe d'une possession manquant de l'*animus domini*.

452. La première de ces circonstances est le fait de la communauté d'habitation entre le donateur et le donataire. A cet ordre d'idées se rattachent les arrêts suivants, qui ont décidé : 1° que le détenteur de valeurs au porteur,

---

priétaires en vertu d'un prétendu don manuel à eux fait par le feu sieur Drémont et Mme veuve Drémont, que c'était de son consentement que ce don manuel avait été fait ; qu'il est évident que Mme Drémont voyant ses plans déjoués, et sa fraude sur le point d'être dévoilée, ne pouvant pas d'ailleurs conserver la propriété exclusive des titres, a eu recours au stratagème combiné d'avance avec les époux Buisson, d'un prétendu don manuel au profit de ceux-ci ; mais qu'il est manifeste que ce prétendu don manuel n'a jamais existé ; — En droit : — Attendu que les époux Buisson et la veuve Drémont opposent aux conclusions d'Alexandre Drémont les moyens suivants : 1° qu'ils prétendent qu'aux termes de l'art. 1356 c. civ., l'aveu qu'ils ont fait au juge de paix, d'abord, et ensuite au notaire pendant le cours de la liquidation, est indivisible ; et que, par conséquent, ils doivent être crus sur leur affirmation en ce qui concerne le don manuel ; — Attendu que si cet aveu est bien un aveu judiciaire, il est évidemment tardif ; qu'il n'a été fait au juge de paix que le 5 oct. 1877, et au notaire que le 21 mai 1878 ; — Attendu qu'Alexandre Drémont était sur les traces des obligations dès les 30 mars et 3 avr. 1877, dates de ses oppositions indiquant les numéros des titres, et que M. le juge de paix allait les mettre sous les mains de la justice, au moment où l'aveu a été passé ; que ce prétendu aveu n'a été d'aucune utilité à Alexandre Drémont, ni à la justice pour la manifestation de la vérité, puisque le détournement allait être constaté; qu'il est de jurisprudence qu'un aveu fait dans ces circonstances est sans valeur et doit être considéré comme non avenu ; que ce serait évidemment donner une prime à la mauvaise foi quand des détournements ont été commis, et que la preuve va en être établie, d'admettre l'aveu de la partie qui a commis le délit ou le quasi-délit, alors qu'elle a fait tous ses efforts pour en dérober la preuve, et que, vaincue par l'évidence et la nécessité, elle est forcée de reconnaître sa faute ; qu'en pareil cas, il est conforme à la morale et à la loi sainement entendue de ne pas tenir compte d'un pareil aveu et de ne lui faire produire aucun effet légal ; que le prétendu aveu des époux Buisson et de la dame Drémont doit donc être considéré comme non avenu et que le premier moyen de droit doit être rejeté ; — 2° Attendu que ces derniers prétendent encore qu'ils étaient en possession régulière des valeurs litigieuses, et qu'ils se retranchent derrière les dispositions de l'art. 2279 c. civ., qui dit qu'en fait de meubles la possession vaut titre ; que, par suite, ils soutiennent qu'il y a lieu à une présomption de propriété en leur faveur, laquelle présomption ne peut tomber que devant la preuve contraire ; — Attendu que la possession dont parle l'art. 2279 c. civ. doit être conforme à celle définie par l'art. 2229 du même code ; qu'elle doit en avoir tous les caractères, qu'elle doit être continue et non interrompue, paisible, publique, non équivoque, et à titre de propriétaire ; — Attendu que la possession des époux Buisson n'est qu'une simple détention de fait; qu'elle n'est point une possession paisible, puisque, dès qu'elle a été connue, elle a été contestée ; qu'elle n'est point publique, puisqu'ils l'ont cachée avec un tel soin qu'ils n'ont pas osé se présenter pour toucher le coupon desdites valeurs, échu en juillet 1877, et qu'il a fallu un commencement d'instruction correctionnelle pour que cette possession apparût au grand jour ; qu'elle est tout ce qu'il y a de plus équivoque, puisque le caractère n'en est pas certain, le droit de propriété ne l'étant pas lui-même ; — Attendu, d'ailleurs, qu'il est de jurisprudence que l'art. 2279 ne peut être invoqué par le possesseur que contre les tiers et non contre celui de qui il prétend tenir son droit ou contre ses représentants ; que ces principes sont incontestables et qu'ils sont la sauvegarde de la propriété, puisque sans eux il faudrait aller jusqu'à dire qu'il suffirait à celui qui a dérobé un objet mobilier d'avoir fait mainmise sur cet objet pour mettre le propriétaire de l'objet volé dans la nécessité de prouver son droit de propriété ; qu'il résulte de ce qui précède que le moyen tiré par les défendeurs de l'art. 2279 c. civ. n'a pas plus de valeur que le premier, et qu'il doit être également rejeté ; — En ce qui concerne le couvert d'argent non déclaré à l'inventaire : — Attendu que la dame Drémont en a fait comprendre douze dans l'inventaire, et qu'il paraît difficile d'admettre que c'est involontairement qu'elle a oublié de déclarer le treizième; que ce couvert a donc été aussi dissimulé ; — En ce qui concerne le cordage : — Attendu que les défendeurs consentent à le remettre, et qu'ils reconnaissent que ce qui se trouve dudit cordage dans la maison du *de cujus* représente en totalité la part revenant à Alexandre Drémont dans le cordage en question ; — Attendu qu'il y a lieu évidemment d'appliquer dans la cause les dispositions des art. 792 et 1477 c. civ., qui privent l'héritier et le conjoint de leur droit de copropriété dans les objets divertis ou recélés; — Par ces motifs, etc. » — Appel par la veuve Drémont. — Arrêt.

La cour; — Adoptant les motifs des premiers juges; — Confirme.

Du 28 juill. 1879.-C. d'Amiens, ch. civ.-MM. Saudbreuil, 1er pr.-Commoy, subst.-Havart et Choppart (du barreau de Paris), av.

ayant appartenu à une personne décédée, ne peut s'en faire déclarer propriétaire en invoquant la maxime « en fait de meubles possession vaut titre », s'il résulte des circonstances, et notamment de la communauté d'habitation de ce détenteur avec le défunt en qualité de serviteur à gages, qu'il détenait les valeurs dont s'agit, non pour lui, mais pour le défunt lui-même (Besançon, 24 juin 1865, sous Civ. cass. 24 avr. 1866, aff. Remps, D. P. 66. 1. 347); — 2° Que la communauté d'habitation ayant existé entre le prétendu donateur et le détenteur des valeurs est de nature à imprimer à la possession de celui-ci un caractère équivoque et incertain qui l'empêche de valoir titre (Pau, 12 janv. 1874, aff. Farbos, D. P. 75. 2. 114); — 3° Que la règle « en fait de meubles, possession vaut titre » ne protège que la possession *animo domini*, et non celle dont l'origine est équivoque ou obscure. Telle est celle de la veuve qui prétend que son mari lui a fait la remise matérielle de titres, pour la couvrir de ses reprises dotales, alors que ces valeurs ont été trouvées au domicile du défunt confondues avec les autres valeurs délaissées par lui et qu'il en a seul perçu les coupons jusqu'à sa mort (Toulouse, 10 mai 1881, sous Req. 13 mars 1882, aff. Gras, D. P. 82. 1. 433). Telle est encore celle de la domestique du défunt qui prétend que son maître lui a fait don manuel de titres au porteur, la veille de sa mort, qu'elle les a déposés dans un meuble de ce dernier dont elle les a retirés le lendemain du décès. Mais cette domestique ne peut se prévaloir de la règle « en fait de meubles possession vaut titre »; elle doit être admise à prouver par témoins la vérité des faits qu'elle allègue (Paris, 9 août 1875, aff. Daniel, D. P. 77. 2. 56).

453. La seconde circonstance, qui pourra faire présumer une possession *sine animo domini*, c'est que le don manuel prétendu ayant pour objet des titres au porteur, le détenteur se soit abstenu de toucher les coupons. Un arrêt de la cour de Paris, du 25 mars 1876 (aff. Charpillon, D. P. 77. 2. 9), s'est fondé sur cette circonstance pour refuser de tenir compte de la possession d'un prétendu donataire, qui avait dissimulé sa possession pendant plus d'un an. « Considérant, dit cet arrêt, qu'après s'être assuré que l'héritier avait pratiqué des oppositions sur les titres dont il était nanti, il (le possesseur) s'est abstenu, malgré ses besoins d'argent, de tenter de toucher les coupons échus; que, loin de provoquer par les voies judiciaires la mainlevée de ces oppositions,... il a essayé d'obtenir ces payements par l'intermédiaire d'une société de crédit, etc.; — Qu'ainsi la possession dont il se prévaut a été incertaine, équivoque, clandestine, et qu'il résulte de tous ces faits un ensemble de circonstances graves, précises et concordantes, qui suffisent à établir que le défunt ne s'est pas volontairement dépouillé de ses obligations en faveur du possesseur actuel ».

454. Laissant de côté les cas où la possession du prétendu donataire sera reconnue être équivoque ou clandestine, nous arrivons à l'hypothèse d'une possession réunissant, tout au moins en apparence, les caractères exigés par l'art. 2279. Le détenteur des objets mobiliers se trouve alors, en principe, protégé par la présomption de propriété qui découle du fait de la possession, à moins que le revendiquant ne prouve contre lui que le titre même de sa possession l'oblige à restituer. Cette preuve rendra l'art. 2279 inapplicable, ainsi que nous l'avons précédemment expliqué. Il y a lieu d'examiner maintenant dans quelles conditions la preuve dont il s'agit pourra être administrée. Il faut distinguer, suivant que l'obligation de restituer découle d'un contrat ou d'un quasi-contrat, d'un délit ou d'un quasi-délit. En ce qui touche l'existence d'un contrat, la preuve ne pourra être établie qu'au moyen d'un écrit ou tout au moins d'un commencement de preuve écrite, si l'objet du prétendu don est supérieur à 150 fr. Les auteurs sont unanimes en ce sens (Bressolles, *op. cit.*, n° 256). C'est ce qu'ont décidé les arrêts des cours de Pau, du 12 janv. 1874, et de Paris, du 19 déc. 1871 (cités *suprà*, n° 449). Au contraire, la preuve du quasi-contrat ou du délit pourra être faite par tous modes de preuve et même par simples présomptions (V. Colin, *op. cit.*, p. 93; Bressolles, p. 359). Plusieurs arrêts ont été rendus en ce sens, spécialement dans des espèces où la possession du défendeur avait pour origine un détournement (Orléans, 23 janv. 1869, aff. Mercier, D. P. 70. 1. 84; Paris, 25 mars 1876, cité *suprà*, n° 453).

455. Lorsque le demandeur prouve, dans les conditions qui viennent d'être indiquées, que le prétendu donataire est tenu de restituer en vertu du titre même de sa possession, le possesseur ne peut écarter l'accusation admise contre lui qu'en rapportant la preuve de la libéralité qu'il prétend lui avoir été consentie. Un arrêt (Grenoble, 16 mars 1869) (1), a appliqué cette règle au possesseur qui, tout en soutenant que les valeurs qu'il détient lui ont été données, reconnaît qu'elles lui ont été originairement confiées à titre de mandat. L'existence du mandat, révélée par l'aveu du possesseur, oblige ce dernier à faire la preuve de l'interversion de titre qu'il allègue, et cette preuve, par cela même que l'objet sur lequel elle porte est un contrat, ne pourra être faite que par écrit, ou du moins par un commencement de preuve par écrit si la libéralité est supérieure à 150 fr. Si l'on objectait que cette exigence d'une preuve écrite pour établir l'existence de la libéralité place le détenteur des objets mobiliers dans une situation moins favorable que le revendiquant qui pourra, ainsi qu'il a été dit, établir par simple témoignage le quasi-contrat ou le délit en vertu duquel le possesseur détient les objets, nous répondrions avec M. Colin que l'inégalité n'est qu'apparente (V. Colin, *op. cit.*, p. 93). En effet, le possesseur est en droit de combattre les témoignages et présomptions rapportées contre lui, en employant les mêmes moyens de preuve. S'il succombe dans cette lutte à armes égales, on ne voit pas sur quel fondement on pourrait lui permettre, contrairement à tous les principes, d'établir l'existence du contrat de donation, dans lequel il a figuré comme partie, autrement que par les modes réguliers de preuve, c'est-à-dire par écrit, si la donation est supérieure à 150 fr. Il suit de là que le donateur agira prudemment en se faisant remettre un écrit constatant l'intention de libéralité qui a procédé à la remise des objets mobiliers entre ses mains. Les accusations que les intéressés dirigent volontiers contre les libéralités prétendues de leur auteur seront ainsi facilement écartées.

§ 2. — Des donations déguisées sous forme de contrats à titre onéreux (*Rép.* n°s 1659 à 1696).

456. Les donations déguisées forment une seconde catégorie de libéralités, qui ne sont point soumises aux règles de forme des donations. C'est pour ce motif qu'elles ont été examinées au *Répertoire* immédiatement après les dons manuels. La validité des donations faites sous le voile de contrats à titre onéreux n'est plus guère contestée en doc-

(1) (Remillat C. Bonne.) — La cour; — Attendu que si, d'après l'art. 2279 c. nap., en fait de meubles la possession vaut titre, cette disposition n'établit en faveur du détenteur qui soutient que ces meubles lui ont été remis à titre de donation manuelle, qu'une présomption qui peut être détruite par des présomptions contraires dont la gravité et la précision seraient de nature à faire rejeter de la part du propriétaire desdits meubles l'intention d'en transmettre la propriété; — Attendu qu'il résulte de l'aveu même de Remillat que les valeurs dont il était resté nanti appartenaient à Guéraud qui ne les lui avait remises qu'à titre de mandat; — Que c'est à Remillat, dès lors, à établir que le titre de sa possession a été interverti, et qu'il est devenu possesseur *animo domini* de ces valeurs, par suite du don manuel qui lui en a été fait par Guéraud; — Attendu que les documents produits et les faits de la cause doivent faire écarter l'idée que Guéraud, à ses derniers moments, ait eu des préférences d'affection pour son neveu, au point de lui transmettre la propriété de tous ses titres et valeurs, dont celui-ci était resté détenteur comme son mandataire, et ce au détriment de la dame Olympe Guéraud, sa sœur, en faveur de laquelle il avait disposé, comme son unique héritière, de tous ses biens meubles et immeubles, droits et créances, par testament olographe déposé le 24 déc. 1867, testament qu'il eût été facile à Guéraud de révoquer ou de modifier, s'il avait eu l'intention bien arrêtée d'avantager son neveu Remillat, et qu'il a laissé subsister dans toute sa virtualité; — Qu'ainsi, ni en fait, ni en droit, la légitimité de la possession à titre de propriété des diverses valeurs réclamées à Remillat n'est par lui justifiée;

Par ces motifs, confirme le jugement du tribunal de Saint-Marcellin du 29 août 1868, etc.

Du 16 mars 1869.-C. de Grenoble, 1re ch.-MM. Petit, pr.-Rol, 1er av. gén.-L. Michal et Morin, av.

trine, et elle est consacrée par une jurisprudence constante. Nous nous bornerons donc sur ce point à de très courtes explications.

457. Le régime des donations déguisées sous l'ancienne législation et sous la législation intermédiaire a été examiné en détail au *Rép.* nos 1660 à 1666. Ainsi qu'on l'a exposé, en dépit de quelques résistances dans la doctrine, l'opinion dominante se prononçait pour la validité des donations déguisées. La tradition fournit ainsi à l'appui de la validité de ces donations un argument considérable, puisque, comme nous l'avons déjà observé, l'art. 931 c. civ. est conçu dans les mêmes termes que l'art. 1er de l'ordonnance de 1731. D'un autre côté, l'art. 911 du même code prouve que le législateur n'a pas considéré le déguisement et l'absence des formes exigées par les art. 931 et suiv. comme une cause de nullité des donations faites sous le voile de contrats à titre onéreux, lorsqu'elles ont eu lieu au profit de personnes capables. Ces deux arguments, déjà signalés au *Rép.* n° 1667, sont invoqués également par tous les auteurs plus récents qui enseignent la validité des donations déguisées (V. Aubry et Rau, t. 7, § 659, p. 84, note 24; Demolombe, t. 3, nos 99 à 102; Laurent, t. 12, nos 304 et suiv.). Quant aux objections qui peuvent être dirigées contre cette opinion, elles ont été indiquées au *Rép. eod. loc.*, et nous y renvoyons le lecteur.

458. Dans le sens de la validité des donations déguisées, on a rapporté au *Rép.* n° 1667 un très grand nombre de décisions. La même doctrine découle d'arrêts plus récents. Jugé: 1° que la donation déguisée sous la forme d'un transfert de rentes sur l'Etat est valable, s'il y a acceptation de la part du donataire (Paris, 9 mars 1860, aff. G..., D. P. 60. 5. 123); — 2° Qu'une libéralité faite, sous forme de reconnaissance de dette par une personne capable de donner et n'ayant pas d'héritiers à réserve, à une personne capable de recevoir, est valable (Civ. rej. 18 nov. 1861, aff. Frilet, D. P. 61. 1. 465); — 3° Qu'une libéralité, déguisée sous la forme d'un contrat à titre onéreux, faite sans fraude entre personnes capables de donner et de recevoir, est valable (Req. 25 juill. 1876, aff. Damotte, D. P. 78. 1. 123); — 4° Que les donations, faites sous la forme d'un contrat à titre onéreux par personnes capables ne sont pas soumises aux formalités prescrites pour les donations entre vifs (Riom, 12 déc. 1883, aff. Bertout, D. P. 85. 2. 101); et notamment, que l'acceptation d'une donation déguisée n'est soumise à aucune forme particulière; que, par suite, la preuve de cette acceptation peut résulter soit de la présence du donataire à l'acte, soit même des circonstances de la cause (Caen, 30 déc. 1878, aff. Lemarchand, D. P. 80. 2. 1); — 5° Qu'une reconnaissance, dont la cause est démontrée être fausse, peut valoir à titre de donation déguisée, si elle est intervenue entre personnes capables de disposer et de recevoir à titre gratuit (Orléans, 27 mai 1875, aff. Gobert, D. P. 2. 177; 17 juin 1875, aff. Lanabère, *ibid.*). — 6° Que les libéralités déguisées sous la forme d'un contrat à titre onéreux sont valables, lorsqu'elles ne sont pas faites en fraude de la loi ou des droits des tiers (Bruxelles, 20 janv. 1885, aff. X..., *Pasicrisie belge*, 1886. 2. 243).

459. La question de savoir si un acte qui présente les apparences d'un contrat à titre onéreux ne constitue pas une donation déguisée ne peut être résolue qu'au moyen d'une appréciation de tous les faits et circonstances de la cause. Les décisions rendues en cette matière sont toutes d'espèce, et c'est à peine si on peut y chercher des analogies pour la solution des hypothèses nouvelles qui viennent à se produire. On a présenté au *Rép.* nos 1668 à 1673 et 1683 à 1691 un tableau de la jurisprudence en cette matière. Les arrêts ont reconnu, tantôt l'existence d'une donation déguisée, tantôt le caractère d'un acte à titre onéreux. Décidé depuis: 1° que l'acte par lequel des immeubles ont été aliénés moyennant une rente viagère, dont les arrérages sont à peine supérieurs à la valeur estimative du loyer et inférieurs au revenu que l'acquéreur devait en retirer en cultivant lui-même des immeubles, doit être considéré, non comme une vente, mais comme une donation déguisée sous la forme d'un contrat à titre onéreux (Douai, 12 mars 1879, aff. Lengrand, D. P. 81. 1. 27); — 2° Qu'une cession de droits successifs, faite par un héritier à son cohéritier, moyennant un prix inférieur à la valeur des droits cédés, ne peut être attaquée pour cause de lésion, lorsqu'il résulte des circonstances souverainement appréciées par les juges que le cédant a voulu faire donation au cessionnaire de l'excédant de valeur de la chose cédée sur le prix stipulé (Req. 3 juin 1863, aff. Martal, D. P. 63. 1. 429); — 3° Que l'acte portant vente d'un immeuble, pour la nue propriété à un mineur, et pour l'usufruit à une autre personne, avec obligation solidaire au payement du prix, doit être considéré comme une donation déguisée faite au mineur par l'acquéreur de l'usufruit, lorsqu'il est constaté que cet acquéreur, oncle du mineur, connaissait l'impossibilité où était celui-ci ou sa famille de payer aucune partie du prix, et qu'en outre, aucune ventilation n'était opérée dans l'acte entre la valeur de l'usufruit et celle de la nue propriété (Caen, 30 déc. 1878, aff. Lemarchand, D. P. 80. 2. 1).

460. — I. CONDITIONS DE FORME NÉCESSAIRES POUR LA VALIDITÉ DES DONATIONS DÉGUISÉES (*Rép.* nos 1674 à 1682). — Ainsi qu'on l'a vu au *Rép.* n° 1680, c'est une règle constante que les donations déguisées ne sont point assujetties aux formalités prescrites pour les donations solennelles (V. conf. Aubry et Rau, t. 7, § 659, p. 84; Demolombe, t. 3, nos 99 à 102; Laurent, t. 12, nos 310 et suiv.). Il n'est pas nécessaire, notamment, qu'elles soient l'objet d'une acceptation expresse de la part du donataire. Cette dernière solution a été de nouveau consacrée par la jurisprudence (Douai, 1re ch., 27 févr. 1861, aff. Power C. Lewers.-MM. Moulon, 1er pr.-Morerette, 1er av. gén.-Merlin et Duhem, av.). « Attendu, dit cet arrêt, que les donations déguisées étant admises par la doctrine et la jurisprudence, on ne saurait leur imposer aucune forme particulière d'acceptation; que cette acceptation peut uniquement résulter de l'appréciation des circonstances et n'est pas soumise aux prescriptions de l'art. 932 c. nap., lequel se réfère au mode régulier et direct de libéralité prévu par l'art. 931 du même code » (V. aussi Douai, 26 avr. 1865, *infrà*, v° *Minorité-tutelle-émancipation*).

461. En vertu du même principe, si une libéralité a été faite à une femme mariée sous la forme d'une obligation unilatérale, telle qu'une reconnaissance de dette, on devra décider qu'une acceptation de la donataire n'étant point requise, le mari n'aura pas non plus à donner son autorisation. Cependant cette solution a rencontré de sérieuses résistances dans la jurisprudence. Plusieurs arrêts de cours d'appel se sont prononcés en ce sens que toute donation même déguisée, faite à une femme mariée, n'est valable qu'autant que le mari a donné son autorisation du vivant du donateur (V. Toulouse, 9 mars 1885, sous Req. 30 nov. 1885, aff. Solérène, D. P. 87. 1. 443. V. aussi Aix, 16 mars 1880, *ibid.*, note). Ces arrêts se fondent sur ce motif que l'autorisation maritale est exigée, en matière de donation, dans l'intérêt des bonnes mœurs qui sont intéressées à ce qu'une libéralité ne puisse être faite à une femme mariée à l'insu de son mari. Cette considération milite avec autant de force dans le cas où la libéralité se dissimule sous l'apparence d'un contrat à titre onéreux que dans l'hypothèse d'une donation proprement dite (V. Labbé, note sur l'arrêt précité du 30 nov. 1885). Mais l'opinion qui prévaut en doctrine est, au contraire, que l'autorisation maritale constitue, dans les donations, une formalité prescrite *ad solemnitatem*. Ce caractère solennel est la cause pour laquelle le défaut d'autorisation engendre dans les donations une nullité absolue, au lieu d'une nullité relative comme dans les autres contrats. Telle est l'opinion que nous avons développée *suprà*, nos 371 et 375. MM. Aubry et Rau, t. 7, § 652, p. 60 et 61; Laurent, t. 12, n° 315, y ont donné leur adhésion. Ceci étant admis, et partant de cette idée que tout ce qui est prescrit *ad solemnitatem* cesse d'être indispensable dans le cas où les parties dissimulent la libéralité sous l'apparence d'un contrat à titre onéreux, on est conduit à reconnaître que, si l'autorisation maritale peut encore être exigée en cas de donation déguisée, c'est uniquement en vertu de l'art. 207 c. civ. Cette autorisation n'aura donc pas à intervenir si l'acte à titre onéreux dont la donation a revêtu le simulacre constitue une obligation unilatérale. Telle est la solution qui a été effectivement consacrée par un arrêt récent de la cour de cassation (Civ. cass. 29 mai 1889, aff. Trillon. D. P. 89, 1re partie). La même solution avait déjà été adoptée par un arrêt de la cour de cassation de Belgique du 31 janv. 1867 (aff. Philipin, *Pasicrisie belge*, 1867. 1. 159).

462. Mais si les donations déguisées ne sont point assujetties aux formalités prescrites pour les donations solennelles, il ne s'ensuit pas qu'elles soient affranchies de toute condition de forme. Tous les auteurs enseignent que les conditions requises pour l'existence ou la validité de l'acte à titre onéreux dont les parties empruntent le simulacre doivent être remplies (V. Demolombe, t. 3, n° 104; Laurent, t. 12, n° 308). Le même principe a été formulé par de nombreux arrêts, qui ont décidé que les donations faites sous la forme de contrats à titre onéreux sont assujetties aux formes et conditions exigées par le contrat qui les renferme (Req. 3 déc. 1878, aff. Rebeyrol-Chameyral, D. P. 79. 1. 271; Grenoble, 19 mars 1881, aff. Perrier, D. P. 81. 2. 188; Civ. cass. 2 avr. 1884, aff. Antonelli, D. P. 84. 1. 277; 24 déc. 1884, aff. Battendier, D. P. 85. 1. 366). Jugé, spécialement, que la donation déguisée sous la forme d'une reconnaissance d'une dette supérieure à la somme reçue du créancier est nulle, alors que cette reconnaissance est contenue dans un acte sous seing privé non revêtu du bon ou approuvé (Paris, 7 déc. 1871, aff. Sordet, D. P. 72. 5. 149). Il en serait autrement, et la libéralité déguisée sous forme d'une reconnaissance de dette serait valable, bien que cette reconnaissance ne fût pas revêtue d'un *bon ou approuvé*, si celle-ci émanait d'une femme qui, longtemps domestique et journalière, n'a cessé de l'être qu'à une époque très voisine de la confection du billet (Angers, 30 mai 1873, aff. Pilon, D. P. 73. 2. 140). Serait certainement valable la donation déguisée sous la forme d'un billet à ordre daté, revêtu de la signature et du *bon pour* du souscripteur et causé valeur reçue comptant (Civ. rej. 5 déc. 1877, aff. Flottard, D. P. 78. 1. 481). De même, on ne pourrait annuler pour inobservation des formalités prescrites pour les donations entre vifs l'écrit contenant reconnaissance d'une dette naturelle et engagement envers la mère d'enfants naturels mineurs, de leur servir des aliments (Civ. rej. 27 mai 1862, aff. Mont, D. P. 62. 1. 208). — Décidé également que la donation déguisée sous la forme d'une promesse négociable est valable (C. cass. de Belgique, 31 janv. 1867, cité *suprà*, n° 461).

Au contraire, on ne peut valider comme donation déguisée un acte qui n'exprime aucune cause de nature à lui donner le caractère d'un acte à titre onéreux et n'a d'autre cause qu'une intention de libéralité (Civ. cass. 23 mai 1876, aff. Lot, D. P. 76. 1. 254). De même, est nulle la donation déguisée sous la forme d'un contrat de dépôt, si la personne du prétendu déposant n'est pas indiquée dans l'acte, alors même que le dépositaire apparent serait le donateur, et quand même il serait spécifié que le dépôt est fait au nom et pour le compte du donataire (Besançon, 17 janv. 1883, aff. Panien, D. P. 83. 2. 216). Est encore nul pour inobservation des formes des donations entre vifs un acte qui, en la forme comme au fond, a le caractère d'une pure libéralité. Tel est l'acte sous seing privé portant déclaration que celui au profit duquel il a été souscrit aura le droit de prendre une somme déterminée dans la succession du souscripteur, sans expression ou sans preuve d'une cause susceptible d'imprimer à cet acte les apparences d'une obligation à titre onéreux (Req. 7 janv. 1862, aff. Schauer, D. P. 62. 1. 188). Tel est encore le cas d'une rente viagère constituée à l'aide d'un acte sous seing privé par un enfant à son père ou à sa mère dans le but déclaré de lui donner un témoignage de reconnaissance pour les soins qu'il en a reçus (Req. 23 mars 1870, aff. Brion, D. P. 70. 1. 327). — Enfin il a été décidé que la règle qui valide les donations faites sous le voile d'un acte à titre onéreux dont elles empruntent la forme ne saurait s'appliquer au cas où le contrat onéreux, loin de déguiser la libéralité, la met au contraire en relief (Bourges, 16 mai 1884) (1).

463. Il résulte des explications qui précèdent que les libéralités déguisées sous l'apparence d'un contrat à titre onéreux sont, quant à la forme, soumises uniquement aux règles du contrat dont elles empruntent l'apparence. Un arrêt (Req. 4 déc. 1867) (2) en a tiré cette conséquence qu'une

(1) (Peschery C. Dubois.) — LA COUR; — Attendu que par testament olographe en date du 20 mai 1876, Caroline Morlé, femme Peut, a institué sa légataire universelle la femme Dubois, exhérédant ainsi l'appelant, son cousin germain du côté maternel; que le 28 juin 1879, deux jours après l'envoi en possession de la légataire, les époux Dubois, intimés, ont apposé leurs signatures au bas d'un écrit portant engagement de leur part de remettre à Peschery, après le décès du sieur Peut, usufruitier, une somme de 50000 fr., soit en argent, soit en biens, et ce, pour réparer autant que possible le tort causé par le testament prérappelé au sieur Peschery; — Attendu que ces dernières expressions jettent un jour singulier sur la nature de l'engagement pris par les intimés et l'intention à laquelle ils obéissaient en prenant cet engagement; qu'ils ont voulu réparer un tort causé, non par eux, mais par l'acte testamentaire auquel ils étaient étrangers; que leur engagement revêt donc la nature d'un contrat de bienfaisance, dont l'efficacité était subordonnée à l'observation des formalités prescrites par l'art. 931 c. civ.; — Attendu que, s'il est juridique de reconnaître la validité des donations faites sous le voile des contrats à titre onéreux, lorsque l'acte dont on emprunte la forme est valable, il n'en saurait être de même, lorsque le contrat onéreux, loin de déguiser la libéralité, la met au contraire en relief; qu'au cas particulier, les termes de l'acte du 28 juin : « voulant réparer autant que possible le tort causé par le testament », sont trop clairs et trop formels pour ne pas enlever au contrat son caractère onéreux, et lui donnent, au contraire, sa véritable nature, celle d'un contrat de pure bienfaisance;... — Par ces motifs, etc.

Du 16 mai 1884.-C. de Bourges.-MM. Colle, pr.-Andrieu, av. gén.

(2) (Antonioz et Pithon C. de Révél et autres.) — Le 31 mai 1865, arrêt de la cour de Chambéry ainsi conçu : — « Attendu que la collocation des époux de Révél et Beccaria d'Incisa repose sur l'affectation hypothécaire résultant de l'acte du 10 juin 1854 et sur l'inscription du 12 du même mois; — Attendu, en droit, que cette affectation hypothécaire est régulière et valable; que vainement on soutient que, constituant une libéralité et une nouvelle donation, elle n'aurait point été acceptée par les époux de Révél, et qu'elle l'aurait été tardivement par les époux d'Incisa, postérieurement à l'inscription des appelants; — Qu'en effet, l'hypothèque n'est que la conséquence de l'obligation principale, que, simple gage du payement, elle ne saurait, pas plus que le payement lui-même, être considérée comme une libéralité; que le débiteur pouvant se libérer effectivement, il peut *à fortiori*, avant de tomber en faillite ou de faire une cession de biens, consentir à l'un ou à plusieurs de ses créanciers une hypothèque, sans faire une vraie donation (c. civ. sarde, art. 2218 et 1355); — Attendu que l'affectation hypothécaire à la suite d'une reconnaissance de dette d'où résulte un engagement unilatéral, peut valablement se faire par le débiteur seul, en l'absence du créancier, pourvu qu'elle soit constatée par un acte authentique, seule condition exigée par les art. 1412, 2187 c. civ. sarde, comme par l'art. 2127 c. nap.; que nulle part la loi n'impose au créancier l'obligation d'accepter également par acte public; que l'acceptation n'a pas besoin d'être expresse; qu'elle peut résulter d'un simple fait, soit de l'inscription de l'hypothèque consentie, soit de la production à l'ordre de la part du créancier; que, à quelque époque que celui-ci manifeste sa volonté de se prévaloir de l'hypothèque, cette manifestation rétroagit au jour de l'inscription qui l'a vérifiée; — Attendu que les art. 932 c. nap. et 127 c. civ. sarde renferment les dispositions spéciales exceptionnelles, et ne s'appliquent qu'aux donations entre vifs ordinaires, qui doivent, à peine de nullité, être expressément acceptées par le donataire avant la mort du donateur; — Qu'en admettant, par hypothèse, l'assimilation d'une simple affectation hypothécaire au contrat de donation lui-même, la prétention des appelants se trouverait encore repoussée, aux termes des art. 1133 c. civ. sarde et 1087 c. nap., « les donations faites par contrat ou en vue d'un mariage déterminé ne pouvant être attaquées ni déclarées nulles, sous prétexte du défaut d'acceptation »; — Attendu que, dans l'espèce, indépendamment de l'acceptation expresse et authentique de la part de la dame d'Incisa, suivant acte du 20 juill. 1854, il y a eu évidemment acceptation tacite de toutes les parties; — Que d'abord l'acte du 10 juin constate que le sieur de Vars a consenti l'hypothèque sur la demande qui lui a été faite, ce qui implique acceptation; qu'ensuite, elle a été régulièrement inscrite, le 12 du même mois, à la diligence du notaire, procédant comme mandataire des intéressés; que ceux-ci, dans leurs agissements, ont clairement manifesté l'intention d'accepter l'hypothèque et vouloir en profiter; — Qu'ainsi les critiques de forme sont en tous points mal fondées, etc. ». — Pourvoi en cassation par les sieurs Antonioz et Pithon, pour violation des art. 1123, 1127, 1412, 1413, 2187, 1256 et 1451 c. civ. sarde (c. nap. art. 874, 931, 932, 2127, 1165, 1338), en ce que l'arrêt attaqué a déclaré valable une hypothèque conventionnelle consentie gratuitement pour une dette antérieurement contractée, bien que l'on n'eût observé ni les formes prescrites pour la validité de la donation, ni celles exigées pour la validité de l'hypothèque, c'est-à-dire l'acceptation de la part des bénéficiaires et la forme authentique. — Arrêt.

LA COUR; — Sur la première branche du moyen : — Attendu que si la garantie résultant de l'hypothèque consentie le 10 juin

hypothèque, consentie après coup pour sûreté de la dot constituée à un enfant, bien que pouvant être considérée comme un avantage gratuit, n'était soumise pour sa validité qu'aux conditions exigées pour la constitution d'une hypothèque, et non aux formalités prescrites pour les donations.

464. Si, en principe, une donation peut valablement être dissimulée sous les apparences d'un contrat à titre onéreux à la seule condition que les formes prescrites pour la validité de cet acte aient été observées, il est généralement admis que la simulation employée sera une cause de nullité si elle a été accompagnée de dol et de fraude, c'est-à-dire, comme on l'a expliqué au *Rép.* n° 1674, si la donation déguisée fait fraude à quelque disposition prohibitive (V. Laurent, t. 12, n° 324). Ce principe est consacré par la jurisprudence (Req. 3 déc. 1878, aff. Rebeyrol, D. P. 79. 1. 271; Grenoble, 19 mars 1881, aff. Perrin, D. P. 81. 2. 188). Jugé encore que la libéralité déguisée sous l'apparence d'un contrat à titre onéreux est nulle pour le tout, et non pas seulement réductible, lorsque la simulation a été employée afin d'éluder l'incapacité partielle de recevoir dont se trouvait frappé le bénéficiaire (Bordeaux, 12 juin 1876) (1).

465. — II. Des règles substantielles de capacité, de disponibilité, de révocabilité et autres auxquelles restent soumises les donations déguisées (*Rép.* nos 1692 à 1696). — Ainsi qu'il a été expliqué au *Rép.* nos 1692 et suiv., les donations déguisées sont soumises, au point de vue de la capacité des personnes, de la disponibilité des biens, des cas de révocation, etc., aux mêmes règles de fond que les donations faites ostensiblement. Ainsi la donation, déguisée sous forme de vente d'une maison et de tout le mobilier qui s'y trouvera au décès du donateur, avec faculté pour celui-ci de disposer de ce mobilier pendant sa vie, a été annulée à bon droit comme constituant une donation faite sous des conditions dont l'exécution dépend de la seule volonté du donateur (Civ. cass. 30 juin 1857, aff. Ramond, D. P. 57. 1. 308). Au contraire, la donation, déguisée sous la forme d'une vente, par laquelle le donataire acquiert un immeuble et donne quittance du prix en son nom personnel, et qui ne contient, d'ailleurs, aucun condition potestative de la part du donateur, a été reconnue valable (Civ. cass. 27 avr. 1874, aff. Renomd, D. P. 74. 1. 318). Enfin, toujours comme conséquence du principe que les donations déguisées sont soumises aux mêmes règles de fond que les donations ordinaires, il est admis par la jurisprudence que la disposition de l'art. 960 c. civ. qui révoque de plein droit les donations pour cause de survenance d'enfant est applicable aux libéralités déguisées sous la forme de contrats à titre onéreux (V. *infrà*, n° 521). L'inobservation d'une des règles dont il s'agit, qui serait une cause de nullité pour une donation solennelle, entraînerait *a fortiori* l'annulation de la libéralité faite sous le déguisement d'un acte à titre onéreux. Mais on peut se demander si une donation qui, faite ostensiblement, serait simplement sujette à réduction, notamment au cas d'atteinte au droit de réserve, devrait être annulée en totalité pour cause de fraude, si elle eût été dissimulée sous les apparences d'un acte à titre onéreux. MM. Aubry et Rau, examinant cette question, enseignent que le déguisement ne sera une cause d'annulation totale que dans les hypothèses prévues par les art. 911 et 1099 c. civ., c'est-à-dire dans le cas de dispositions faites au profit d'un incapable ou de donations entre époux qui excèdent la quotité disponible spéciale des art. 1094 et 1096 (V. aussi Bordeaux, 12 juin 1876, *suprà*, n° 464). Il suit de là que la donation déguisée qui porte atteinte aux droits des héritiers à réserve sera seulement soumise à réduction, comme si elle avait été faite par acte authentique. Dans cette hypothèse, en effet, la loi n'accorde aux héritiers qu'une action en réduction, et non pas une action en nullité. M. Laurent, *op. cit.*, t. 12, n° 325, se fonde sur cette observation pour repousser l'annulation complète de la donation déguisée qui porte atteinte à la réserve. La cour de cassation s'est prononcée dans le même sens, en décidant que, dans le cas où le déguisement a été employé pour faire fraude à la loi sur la réserve, les parties intéressées n'ont qu'une action en réduction (Civ. cass. 13 déc. 1859, aff. Berthon, D. P. 59. 1. 503). Jugé de même que les donations déguisées sont seulement réductibles à la quotité disponible, encore qu'elles aient eu pour but, par un concert établi entre le donateur et le donataire, de porter atteinte à la réserve des héritiers (Pau, 30 déc. 1884, aff. Miniague, D. P. 86. 2. 142). Un arrêt (Montpellier, 27 nov. 1867) (2) décide de même que l'héritier qui est en possession des biens héréditaires en vertu d'une donation dégui-

---

1854 par le sieur de Vars au profit de ses deux filles, les dames d'Incisa et de Révél, peut être considérée comme constituant un avantage gratuit, il n'en résulte nullement que cette garantie dût être acceptée dans les formes exigées pour l'acceptation des donations entre vifs; — Qu'il est constant que les avantages indirects ou déguisés sous la forme de contrats à titre onéreux ne sont soumis, quant à la forme, qu'aux règles des contrats dont ils empruntent l'apparence; — Que de même que le débiteur eût pu, sans être tenu de suivre la forme de la donation, conférer valablement à ses filles un avantage supérieur à cette garantie, en payant de son vivant ce qui n'était dû qu'à son décès, il a pu, à plus forte raison, leur conférer l'avantage moindre résultant de l'hypothèque, à la condition de se conformer à la forme prescrite pour ce genre de garantie;

Sur la deuxième branche du moyen : — Attendu que si l'art. 2187 c. civ. sarde, comme l'art. 2127 c. nap., exige que l'hypothèque soit consentie par acte authentique, aucune disposition de loi n'oblige le créancier qui en veut profiter à l'accepter dans la même forme; — Que vainement les demandeurs s'efforcent de faire ressortir la nécessité d'une acceptation authentique de l'art. 1412 c. civ. sarde; qu'il résulte des termes de cet article que les contrats accessoires ou dépendant d'autres contrats rédigés dans la forme authentique doivent être rédigés dans la même forme; qu'il est sans application à la simple manifestation de l'intention du créancier de profiter de l'engagement régulièrement souscrit par son débiteur; — Rejette, etc.

Du 4 déc. 1867.-Ch. req.-MM. Bonjean, pr.-Nachet, rap.-P. Fabre, av. gén., c. conf.-Bosviel, av.

(1) (Brigot et Sisos *C.* Brigot.) — La cour; — Sur les conclusions subsidiaires tendant à faire déclarer que la donation du 2 déc. 1848, au profit de la demoiselle Brigot et de la dame Sisos, est simplement réductible; — Attendu que si les dispositions faites en faveur d'une personne frappée d'incapacité partielle de recevoir sont simplement réductibles quand elles ont eu lieu ouvertement, elles doivent être annulées pour le tout quand elles ont été déguisées sous l'apparence d'un contrat onéreux, ou sous le nom d'une personne interposée, afin d'éluder les prescriptions de la loi; que la nullité est, dans ce cas, la peine de la fraude à laquelle les parties ont eu recours; — Attendu que la disposition de l'art. 911 c. civ. s'étend à la donation faite secrètement à un tiers pour être ostensiblement remise par lui à l'incapable; — Attendu que l'intervention de la dame Meulenotte dans la donation du 2 déc. 1848 n'a eu pour but que d'assurer aux deux filles naturelles de Flor-Nicolas Brigot le bénéfice d'une libéralité que ce dernier n'aurait pu leur faire directement; que c'est donc à bon droit que les premiers juges en ont prononcé la nullité; — Attendu que le sieur Dercq et la dame Meulenotte, veuve Brigot, n'ont point constitué avoué, etc.; — Par ces motifs; — Confirme.

Du 12 juin 1876.-C. de Bordeaux, 1re ch.-MM. Izoard, 1er pr. Fortier-Maire, av. gén.-Trarieux et Bayle, av.

(2) (Renouvier *C.* Bonnery.) — La cour; — Considérant que le code Napoléon détermine la portion des biens dont tout donateur, par acte entre vifs ou par testament, aura la libre disposition eu égard au nombre d'enfants qu'il laissera à son décès; — Que ce droit exceptionnel, juste auxiliaire de l'autorité paternelle, est la seule dérogation au principe de l'égalité des partages, disposition à la fois restrictive et tutélaire, puisqu'elle crée, en l'amoindrissant limitativement, une réserve devant laquelle la volonté du donateur est obligée de s'incliner; — D'où suit que toute disposition excédant la quotité disponible est réductible à cette quotité lors de l'ouverture de la succession; — Considérant que la conséquence nécessaire de cette réduction oblige le donataire de rapporter à la masse successorale tout ce qu'il a reçu au delà du préciput et de la réserve, rapport qui ne destitue pas le donataire de ses droits, mais lui impose une limite légale; — Qu'on ne peut, en effet, lui enlever le bénéfice des libéralités autorisées, sous prétexte qu'elles ont été dissimulées, la présomption étant qu'il les a reçues à titre de donation indirecte, quelle que soit, d'ailleurs, la forme qu'elles aient revêtue, et que, dans ce cas, le législateur ne prescrit autre chose que la réduction de la libéralité (c. nap. art. 843 et 844); — Qu'il en est autrement si l'héritier a diverti ou recélé des effets de succession, la loi prononçant alors sa déchéance relativement aux objets recélés ou divertis; — Mais considérant qu'on ne peut, sans forcer abusivement le sens de la loi, assimiler à un détournement la simple dissimulation

sée sous la forme d'un contrat onéreux peut être astreint à la réduction au cas où cette donation excéderait la quotité disponible, mais ne saurait être déclaré coupable de recel dans le sens de l'art. 792 c. civ.

466. Au reste, ainsi que l'enseignent MM. Aubry et Rau, t. 1, § 35, p. 115, en dehors des cas où la simulation constitue par elle-même une cause de nullité, toute personne intéressée est admise à établir le véritable caractère d'une donation déguisée sous les apparences d'un contrat à titre onéreux, afin de lui appliquer les règles de nullité, de révocation ou de réduction que comportent les dispositions à titre gratuit. Comment la preuve du déguisement pourra-t-elle être administrée? M. Laurent, t. 12, n° 328, répond à cette question au moyen d'une distinction, selon que les personnes qui invoquent la simulation ont été parties à l'acte revêtu des apparences du contrat onéreux, ou y sont demeurées étrangères. Dans le premier cas, les intéressés auront pu se procurer une preuve littérale de la simulation; ils ne pourront donc faire usage de la preuve testimoniale que dans les conditions où cette preuve est permise par le droit commun. Au contraire, les tiers devront être admis librement à prouver par témoins la simulation. — Dans laquelle de ces deux catégories doit-on ranger les héritiers du donateur? Evidemment, dans la seconde. Lorsque les héritiers critiquent les dispositions prises contre eux par le défunt, ils agissent en vertu d'un droit qu'ils tiennent de la loi, et non pas en qualité de représentants du *de cujus* (V. Laurent, *op. cit.*, p. 409). La jurisprudence a ratifié les solutions qui précèdent. Jugé, d'une part, qu'un ascendant n'est pas recevable à prouver, par témoins, ou par des présomptions, contrairement à des actes authentiques, l'existence d'une donation déguisée au profit de son descendant, à l'effet de reprendre dans la succession de ce dernier l'immeuble objet de cette donation à titre de retour légal (Dijon, 28 mars 1862, aff. Royer, D. P. 62. 2. 188). — Jugé, d'autre part, que la preuve par témoins ou par simples présomptions est admissible, lorsqu'il s'agit de libéralités déguisées portant atteinte à la réserve (Req. 18 août 1862, aff. Krosnowski, D. P. 63. 1. 144; 20 mars 1865, aff. Bayle Labasse, D. P. 65. 1. 285; 20 juill. 1868, rapporté *suprà*, n° 329). Par exemple, les enfants du premier lit, qui attaquent comme simulée et frauduleuse la stipulation d'apport énoncée au contrat de mariage de leur père avec sa seconde femme en faveur de celle-ci, peuvent prouver par toutes les voies légales, et notamment à l'aide de présomptions graves, précises et concordantes, la simulation dont ils se plaignent (Orléans, 23 févr. 1861, aff. de Moyencourt, D. P. 61. 2. 84-85). — De même, la preuve testimoniale est admissible à l'effet d'établir qu'une vente, constatée par acte authentique, n'est qu'une libéralité déguisée excédant la quotité disponible (Pau, 21 mars 1860, aff. Darroquy, D. P. 61. 2. 96).

SECT. 3. — EFFETS, ÉTENDUE ET INTERPRÉTATION DES DONATIONS (*Rép.* n°s 1697 à 1736).

ART. 1er. — *Effets des donations. — Garantie due par le donateur. — Obligations du donataire quant aux dettes* (*Rép.* n°s 1697 à 1732).

467. — I. EFFETS DES DONATIONS QUANT A LA TRANSMISSION DE LA PROPRIÉTÉ (*Rép.* n°s 1697 à 1700). — La donation est essentiellement un contrat translatif de propriété. Ce caractère, qui découle des art. 711 et 894 c. civ., a déjà été signalé à différentes reprises. Pour que la donation transfère la propriété, il est nécessaire qu'elle ait pour objet un corps certain. Si la chose donnée était déterminée seulement par son espèce, la propriété ne serait transmise au donataire qu'au moment où la chose aurait été déterminée. Mais, dans l'un et l'autre cas, la transmission s'opérera de même et en vertu du seul échange des consentements. Ce principe que l'art. 1138 c. civ. formule d'une manière générale est spécialement déclaré applicable au contrat de donation par l'art. 938 c. civ. (Demolombe, t. 3, p. 204; Laurent, t. 12, n° 365).

468. Mais si la propriété est ainsi transmise par le seul effet de la donation, c'est uniquement dans les rapports du donateur et du donataire entre eux (*Rép.* n° 1698). Vis-à-vis des tiers, ainsi qu'il a été observé au *Rép.* n° 1699, l'effet de la donation est subordonné à certaines conditions de publicité. On a déjà indiqué, en ce qui concerne les donations de biens immobiliers, la formalité de la transcription (V. *suprà*, n°s 392 et suiv.). Dans le cas où la chose donnée est un meuble corporel, le donataire qui n'aura pas été investi par une tradition effective sera primé par tout acquéreur postérieur du même objet qui en aura été mis en possession de bonne foi le premier. L'art. 1141 le décide ainsi dans le cas de vente. Tous les auteurs enseignent, suivant l'opinion émise au *Rép.* n° 1699, que la même disposition est applicable à la donation, parce qu'elle découle du principe plus général écrit dans l'art. 2279 (V. Laurent, t. 12, n° 366). Quant aux donations qui ont pour objet une créance, le donataire n'en est saisi au regard des tiers, conformément à la disposition de l'art. 1690 c. civ., qu'après signification du transport au débiteur (*Rép.* n° 1700; Laurent, t. 12, n° 367).

469. — II. OBLIGATION DE GARANTIR DE LA PART DU DONATEUR (*Rép.* n°s 1701 à 1713). — Suivant le principe énoncé au *Rép.* n° 1701, l'obligation de garantie n'est pas de l'essence de la donation. Par exception, le donateur devrait indemniser le donataire du préjudice qu'il lui aurait causé par son dol (*Rép.* n° 1704). Tel serait le cas où le donateur, après avoir fait don d'un immeuble, l'aurait ensuite vendu à un tiers. Lorsque, par suite du défaut de transcription de la donation, la vente de l'immeuble consentie postérieurement doit produire effet, il a été jugé que le donateur est tenu d'indemniser le donataire du préjudice que lui cause cette vente (Montpellier, 4 juin 1855, aff. Commune de Vailhourlhes, D. P. 56. 2. 126). La solution est approuvée par tous les auteurs (V. notamment : Laurent, t. 12, n° 390). On a jugé de même que le donataire, évincé par l'action hypothécaire d'un créancier du donateur, a un recours en garantie contre l'héritier du donateur, si la donation ne renfermait pas la charge d'acquitter les dettes grevant les immeubles donnés (Grenoble, 11 mars 1870, aff. Plantier, D. P. 72. 5. 148).

470. Ainsi qu'il a été dit au *Rép.* n° 1713, le donataire pourrait exercer le recours en garantie, qui aurait appartenu au donateur lui-même, contre ceux qui lui ont transmis l'immeuble ultérieurement donné (Laurent, t. 12, n° 393). Enfin il est certain, comme on l'a enseigné au *Rép.* n° 1706, que le donataire devra être indemnisé complètement du préjudice que lui cause l'éviction, si le donateur s'est obligé à la garantie. Les effets de cette obligation seront réglés par les dispositions du code sur la garantie en matière de vente (Laurent, t. 12, n° 395).

471. — III. OBLIGATIONS DU DONATAIRE QUANT AUX DETTES

---

des effets reçus, car le détournement implique la soustraction frauduleuse d'un objet dont on a la possession à un titre quelconque, tandis que la dissimulation suppose que l'objet a été reçu, qu'il est soumis à rapport et qu'il est encore retenu avec ou sans droit; — Considérant que, dans cette dernière hypothèse, la règle posée dans l'art. 844 c. nap. est seule applicable, et que l'héritier bénéficiaire n'est soumis qu'à l'obligation de rapporter à ses cohéritiers tout ce qu'il a reçu directement ou indirectement, sans pouvoir retenir ce qui excède la quotité disponible; — Que ces principes, admis en doctrine, et consacrés par la jurisprudence, doivent régler le sort du litige; — En fait : — Considérant que Bonnery père a constamment manifesté pour son fils une préférence dont il était sans doute le meilleur juge, mais qu'il a réalisée d'une manière excessive, soit en lui donnant le tiers de ses biens par préciput et hors part, soit par la confusion de ses propres intérêts avec ceux de son fils, et par l'abandon fait à celui-ci de la direction de leurs affaires communes; que c'est à l'aide de cette promiscuité dont on voit clairement le but que Bonnery fils a reçu des avantages indirects au delà de la quotité disponible, avantages résultant d'actes authentiques et de titres privés produits à l'audience, que Bonnery fils a vainement tenté de rattacher à sa fortune personnelle ; — Considérant que le premier juge a fait à cet égard une juste appréciation des faits de la cause; mais que, tout en reconnaissant la réalité des donations indirectes dissimulées sous forme de contrat de vente, d'obligation, de quittance et de lettres de change sous seing privé, il a déterminé d'une manière insuffisante la somme à rapporter à la masse successorale; etc.; — Déclare que Bonnery fils est tenu de rapporter, etc.

Du 27 nov. 1867.-C. de Montpellier, 1re ch.-MM. Aragon, pr.-Petiton, subst.-Lisbonne et Genie, av.

(*Rép.* nos 1714 à 1732). — Si l'acte de donation met certaines dettes à la charge du donataire, il n'est pas douteux, ainsi qu'il a été dit au *Rép.* n° 1714, que le donataire soit tenu de les acquitter et ne puisse être contraint à en payer d'autres. Les deux termes de cette proposition se justifient par cette remarque que la convention, dans l'hypothèse qui nous occupe, suffit à régler complètement les rapports du donataire avec le donateur.

472. Si la donation ne mentionne aucune dette, le donataire est-il obligé de plein droit à payer tout ou partie des dettes du donateur? La réponse négative ne fait pas de doute dans le cas où le donataire a été gratifié d'un ou plusieurs objets déterminés. Cette solution, ainsi qu'on l'a observé au *Rép.* n° 1721, est expressément indiquée par l'art. 871 c. civ. à l'égard du légataire particulier; elle est à plus forte raison applicable au donataire. C'est d'ailleurs ce que tous les auteurs admettent sans hésitation (Laurent, t. 12, n° 399; Demolombe, t. 3, n° 451). Mais la question est controversée, lorsque la donation a pour objet la totalité ou une quote-part des biens présents. Dans un premier système, qui a été exposé au *Rép.* n° 1717, on assimile le donataire d'une quotité ou de la totalité des biens présents à un légataire universel, et on invoque à l'appui de cette doctrine la règle *non intelliguntur bona nisi deducto œre alieno*, qui était déjà appliquée en cette matière par les anciens auteurs. — L'opinion contraire prévaut aujourd'hui en doctrine. On dit en ce sens qu'il est inexact d'assimiler à un légataire universel ou à titre universel le donataire qui reçoit tout ou partie des biens présents. Ce dernier n'est jamais qu'un successeur particulier puisqu'il n'a droit qu'aux biens possédés par le donateur à l'époque de la donation, c'est-à-dire à des biens déterminés. Or les dettes ne sont pas une charge des biens particuliers, sinon les successeurs à titre particulier devraient aussi être tenus des dettes, ce qui est contraire à la règle écrite dans notre code. Quant à la maxime précitée *non intelliguntur bona...*, elle n'est exacte qu'à l'égard d'une universalité de biens. Ainsi la donation qui porte sur l'ensemble ou sur une quote-part des biens présents du donateur, n'oblige pas de plein droit le donataire au payement des dettes qui grèvent le patrimoine du donateur (V. en ce sens: Aubry et Rau, t. 7, § 706, p. 403, note 2; Laurent, t. 12, n° 399; Demolombe, t. 3, n° 453, et les autorités indiquées au *Rép.* nos 1718 et 1719). — Mais l'obligation de payer les dettes pourra être imposée au donataire par une convention expresse ou seulement tacite. C'est ce qu'enseignent les auteurs précités (Aubry et Rau, t. 7, § 706, p. 406, note 6; Demolombe, t. 3, n° 456; Laurent, t. 12, n° 402). La jurisprudence, après avoir consacré par plusieurs arrêts le système que nous avons développé en premier lieu (V. les arrêts cités au *Rép.* n° 1717), paraît, dans son dernier état, incliner vers la seconde opinion. Jugé que le donataire de tous les biens présents est tenu des dettes existant au jour de la donation, quoiqu'elles n'y aient pas été exprimées, s'il résulte, soit des termes de l'acte, soit des circonstances de la cause, que les parties ont entendu que ces dettes seraient acquittées avec les biens donnés (Montpellier, 13 janv. 1854, aff. Escarpy, D. P. 55. 2. 211). — Jugé de même que le donataire de totalité ou partie des biens présents n'est pas tenu de plein droit des dettes du donateur, mais que cette obligation peut résulter d'une convention expresse ou tacite entre le donateur et le donataire (Toulouse, 29 janv. 1872, aff. Molas, D. P. 73. 2. 111; Grenoble, 12 mai 1882) (1). Il en serait ainsi *a fortiori*, dans le cas où la donation de tous les biens présents aurait été accompagnée d'un état détaillé des dettes mises à la charge du donataire (Chambéry, 25 janv. 1861, aff. Commandeur, D. P. 61. 2. 87).

473. MM. Aubry et Rau, t. 7, § 706, p. 404, n° 3, enseignent même que, dans le cas où il s'agit d'une donation qui porte sur une quotité ou sur l'ensemble des biens présents, on doit présumer chez le donateur, qui n'a pas encore délivré les biens formant l'objet de la donation, l'intention de retenir une valeur suffisante pour acquitter, dans la proportion de la quotité de ces biens, les dettes qui existaient au jour de la donation. A l'appui de cette présomption, on fait observer que le donateur, lorsqu'il donne tout son avoir n'entend donner que ce qu'il a; or il n'a réellement que ce qui lui reste après déduction des dettes. Il va de soi que cette présomption devra tomber en présence d'une clause contraire insérée dans l'acte de donation. Il en sera de même, si le donateur a délivré les biens sans faire la déduction des dettes. M. Demolombe, t. 3, nos 452 à 460, développe une doctrine analogue. M. Laurent, t. 12, n° 406, la combat. Suivant cet auteur, l'intention présumée qu'on attribue au donateur dans le système de MM. Aubry et Rau et Demolombe est inadmissible, soit qu'on l'envisage comme une présomption légale, puisque la loi ne l'a pas prévue, soit comme une simple présomption de l'homme, l'art. 1353 ne permettant les présomptions de cette espèce que dans les cas où la preuve testimoniale est recevable, c'est-à-dire lorsque la valeur du fait litigieux ne dépasse pas 150 fr. — L'arrêt de la cour de Toulouse du 29 janv. 1872, cité *suprà*, n° 472, semble avoir voulu consacrer le système enseigné par MM. Aubry et Rau et Demolombe. Il a décidé que, dans le silence de l'acte de donation, l'obligation pour le donataire de payer les dettes doit être présumée, lorsque le donateur en nue propriété a manifesté l'intention d'exercer la retenue des dettes au moment où la délivrance des biens donnés lui a été demandée.

474. A défaut de clause expresse ou de convention tacite, chargeant le donataire du payement des dettes, les créanciers du donateur auront du moins la ressource, en cas de fraude, d'intenter l'action paulienne. On a cité au *Rép.* nos 1718 et 1720 des arrêts qui admettent cette voie de recours. Il n'est pas douteux que les créanciers puissent en faire usage (V. Laurent, t. 12, n° 402).

475. Enfin, en l'absence de tout engagement exprès ou implicite, le donataire n'est pas tenu personnellement et directement des dettes du donateur; il peut, comme détenteur des biens donnés, être indirectement contraint à acquitter les dettes affectées hypothécairement sur ces biens (V. Aubry et Rau, t. 7, § 706, p. 407), sauf à en poursuivre le remboursement contre le donateur au moyen de l'action en garantie. Il a été jugé en ce sens que le donataire, évincé par l'action hypothécaire d'un créancier du donateur, a un recours en garantie contre l'héritier du donateur, si la donation ne renfermait pas la charge d'acquitter les dettes grevant les immeubles donnés (Grenoble, 11 mars 1870, aff. Plantier, D. P. 72. 5. 148).

(1) (Terrail C. Béranger.) — La cour; — Attendu, en droit, que si le donataire de tous les biens présents et à venir est tenu de payer les dettes du donateur, c'est parce qu'il recueille une universalité dont les dettes sont la charge : *Universi patrimonii, non certarum rerum, œs alienum onus est;* — Attendu, au contraire, que le donataire d'une quote-part ou même de la totalité des biens présents n'est pas tenu des dettes, en sa seule qualité de donataire, parce qu'il n'est ni acquéreur d'une universalité, ni continuateur de la personne du donateur; — Attendu, il est vrai, que l'obligation de payer les dettes peut être imposée au donataire par une clause expresse ou implicite de l'acte de donation; — Attendu que c'est à tort que Zoé-Célestine Terrail, femme Lanteaume, a été appelée en cause; qu'elle n'est donataire que d'une quote-part des biens présents ou même d'une somme d'argent déterminée; qu'elle n'est pas tenue davantage personnellement en vertu d'une clause expresse ou implicite de la donation, l'acte de donation-partage du 29 janv. 1874 étant absolument muet à l'égard des dettes; que si, dans la déclaration qu'elle a signée, ainsi que sa sœur, le même jour, elle reconnaît l'existence des dettes de son père, il faut prendre telle qu'elle est cette déclaration qui laisse ces mêmes dettes à la charge de Marie-Julie Terrail; qu'enfin, dans l'acte du 4 mai 1876, Antoine Béranger reconnaît implicitement, sans qu'il soit besoin d'y voir une novation, que Marie-Zoé-Célestine Terrail, n'est pas sa débitrice; qu'il y a donc lieu de confirmer le jugement quant à elle; — Attendu, en ce qui concerne Marie-Julie Terrail, femme Béranger, que, sans qu'il y ait à examiner aujourd'hui de quelle manière le créancier pourra poursuivre ses exécutions, et sans préjuger si Marie-Julie Terrail doit ou non comme donataire en vertu d'une clause implicite de l'acte de donation-partage, elle est incontestablement tenue des dettes comme ayant assumé l'obligation de les payer par la déclaration qu'elle a faite le même jour après la donation-partage du 29 janv. 1874, soit que pour les trois dettes elle ait pris l'engagement personnel de les acquitter par l'apposition de sa signature sur les trois billets ou par la reconnaissance formelle qu'elle a faite de ces dettes dans l'acte authentique du 4 mai 1876; — Qu'il y a également lieu de confirmer le jugement sur ce point;...

Du 12 mai 1882.-C. de Grenoble, 2e ch.-MM. Orsat, pr.-Sarrut, av. gén.-Morin et Benoist, av.

476. Dans quelles limites le donataire soumis à l'obligation de payer les dettes du donateur ou d'acquitter certaines charges est-il tenu de cette obligation? Cette question a déjà été examinée au *Rép.* n° 1731. Conformément à l'opinion qu'on y a exposée, l'obligation de supporter les dettes *ultrà vires*, qui incombe au légataire universel ou à titre universel ne pèse pas au même titre sur le donataire, lequel est tenu des dettes seulement en vertu de la convention.

Il est certain que l'on ne saurait appliquer au donataire les principes qui régissent les légataires en ce qui concerne la charge des dettes. Toutefois, il est généralement admis que, sauf stipulation contraire, le donataire qui a pris l'engagement d'acquitter une ou plusieurs dettes est tenu de cette obligation sur ses biens personnels, et même au delà de l'émolument de la donation. Cette solution se justifie par ce motif que le donataire n'est pas seulement soumis à une obligation *ob rem*, mais à un engagement personnel qui grève comme tel son propre patrimoine (Laurent, t. 12, n° 404; Demolombe, t. 3, n° 459; Aubry et Rau, t. 7, § 706, p. 407, note 10).

Art. 2. — *Étendue et interprétation des donations* (*Rép.* n°s 1733 à 1736).

477. Les règles qui président à cette interprétation ont été tracées au *Répertoire*, et ne comportent aucun développement nouveau. Au surplus, l'interprétation des dispositions à titre gratuit ne diffère pas de l'interprétation des conventions en général, sauf en un point: l'intention de libéralité ne pouvant se présumer, les clauses douteuses ou obscures ne doivent pas être interprétées dans le sens le plus favorable à une extension de la donation. On trouvera au *Rép.* n°s 1734 et suiv. diverses applications de ce principe.

Sect. 4. — Exceptions au principe de l'irrévocabilité. — Conditions résolutoires; Retour conventionnel; Inexécution des conditions; Ingratitude; Survenance d'enfant (*Rép.* n°s 1737 à 1938).

478. Ces diverses causes de révocation des donations entre vifs sont considérées par le législateur lui-même comme des exceptions au principe de l'irrévocabilité, puisque c'est sous cette qualification qu'elles sont énumérées au code dans la sect. 2 du chap. 4. Toutefois, il convient d'observer, avec la plupart des commentateurs (V. notamment: Laurent, t. 12, n° 485), que cette qualification n'est pas exacte. En effet, quand on exige, pour que la donation soit valable, qu'elle ait été faite d'une manière irrévocable, on veut dire simplement qu'il ne faut pas que le donateur conserve le pouvoir de la révoquer. Or, dans aucune des hypothèses indiquées ci-dessus, la révocation ou la résolution de la donation ne dépend de la volonté du donateur; toujours elle s'opère en dehors de son intervention, par suite, soit d'une faute imputable au donataire, soit de l'arrivée d'un événement qu'il n'est pas au pouvoir des parties de modifier. Sous le bénéfice de cette observation, nous allons passer en revue les différentes causes de révocation ci-dessus énumérées.

Art. 1er. — *De l'accomplissement des conditions résolutoires en général, et en particulier du retour conventionnel* (*Rép.* n°s 1743 à 1787).

479. En exposant précédemment la théorie des conditions impossibles et illicites, nous avons dit que les conditions résolutoires ne rentrent pas dans cette catégorie, et peuvent prendre place dans la donation comme dans toute autre convention. On a fait observer au *Rép.* n° 1743 que les conditions de cette nature sont régies par l'art. 1183 c. civ., qui pose les principes généraux applicables à toutes les conditions résolutoires. Mais cet article appartenant à la théorie des obligations, c'est à ce mot qu'ont été renvoyées toutes les explications qui se rattachent à cette matière.

Nous nous bornerons à étudier quand à présent, suivant la méthode suivie au *Répertoire*, la condition résolutoire, dite *droit de retour conventionnel*. Ainsi qu'il a été expliqué au *Rép.* n° 1745, le code civil, à la différence de la législation ancienne et de celle du droit intermédiaire, a admis tout à la fois le retour légal, dont il sera question au mot *Succession*, et le retour conventionnel, dont il sera question ci-après.

480. — I. Comment s'établit le droit de retour (*Rép.* n°s 1749 à 1758). — A raison de son caractère exceptionnel, la condition de retour ne peut exister en dehors d'une réserve expresse; d'autre part, elle ne peut être étendue par voie d'interprétation au delà des termes dans lesquels les parties l'ont stipulée. Ce double principe, indiqué au *Rép.* n°s 1749 et suiv., est enseigné par tous les auteurs (V. Aubry et Rau, t. 7, § 700, p. 369; Laurent, t. 12, n°s 450 et 451; Demolombe, t. 3, n° 499); mais son application soulève quelques difficultés qui seront examinées ci-après.

481. Il est hors de conteste, ainsi qu'il a été dit au *Rép.* n° 1750, que la clause d'avancement d'hoirie n'équivaut pas à la réserve du droit de retour. Plusieurs arrêts en ce sens ont été cités *ibid.*, et la doctrine la plus récente approuve sans réserve cette solution (V. Aubry et Rau, t. 7, § 700, p. 369, note 5; Demolombe, t. 3, n° 512). Il a été jugé dans le même sens que la prohibition de vendre ou d'aliéner sans le consentement de l'ascendant du donateur n'emporte pas stipulation de retour conventionnel (Nancy, 24 déc. 1869, aff. Gérard, D. P. 72. 2. 57). Toutefois, les auteurs que nous venons de citer admettent que la réserve du droit de retour pourrait, à défaut d'une clause spéciale de l'acte de donation, résulter implicitement de l'ensemble des clauses de cet acte. La cour de cassation a sanctionné cette doctrine en décidant que la clause portant défense d'aliéner, imposée au donataire, a pu valablement être considérée par les juges du fond, qui l'ont rapprochée des autres circonstances de la cause, comme une manifestation de la volonté du père donateur de s'assurer le bénéfice du retour conventionnel, la stipulation du retour conventionnel n'étant pas assujettie à des termes sacramentels (Req. 2 mars 1887, aff. Lélong, D. P. 87. 1. 204). Jugé encore que la clause de retour, qu'un père a stipulée en constituant des dots à ses enfants, a pu être considérée comme non révoquée par l'acte ultérieur, même qualifié de partage, dans lequel le donateur a attribué une somme égale aux mêmes enfants dotés inégalement sans reproduire cette clause de retour, s'il résulte du nouvel acte souverainement interprété par les juges du fait que l'unique but des parties a été le rétablissement de l'égalité entre les donataires avec maintien des stipulations insérées dans leur contrat de mariage (Civ. rej. 30 juill. 1860, aff. Bérard de Bonnières, D. P. 60. 1. 317). Enfin la clause par laquelle un ascendant faisant donation de ses biens à son enfant sous réserve de l'usufruit à son profit lui interdit d'aliéner ou d'hypothéquer ces biens de son vivant, sans son consentement, a été interprétée comme renfermant une stipulation de retour conventionnel (Paris, 15 avr. 1858, aff. Creton, D. P. 59. 2. 10).

482. — II. Pour quels cas le donateur peut stipuler le droit de retour et quand ce droit est ouvert (*Rép.* n°s 1759 à 1770). — Ainsi qu'il a été expliqué au *Rép.* n° 1759, malgré l'ambiguïté de la rédaction de l'art. 951, § 1er, c. civ., le droit de retour peut être stipulé pour le cas de prédécès du donataire avec ou sans postérité, comme aussi pour le cas de prédécès du donataire et de ses descendants (V. Laurent, t. 12, n° 450; Demolombe, t. 20, n° 497; Aubry et Rau, t. 7, § 700, p. 370). Mais la question de savoir quelle est celle de ces hypothèses que les parties ont eu en vue est parfois délicate, à raison des termes employés dans l'acte de donation.

483. On a pu se demander, notamment, lorsque le droit de retour a été stipulé pour le cas de prédécès du donatair sans autre explication, si l'événement de cette condition devait donner ouverture au droit de retour, bien que le donataire ait laissé des enfants? La réponse affirmative prévaut en doctrine, comme plus conforme à la volonté exprimée par le donateur. Par cela seul que celui-ci n'a mentionné que le donataire, sans parler de ses descendants, il a marqué son intention que les biens lui fissent retour si le donataire prédécédait (Laurent, t. 12, n° 451; Aubry et Rau, t. 7, § 700, p. 370, note 8; Demolombe, t. 3, n° 498). La jurisprudence a consacré cette solution. Jugé que le donateur, qui a stipulé le droit de retour pour le cas de prédécès du donataire, peut exercer ce droit, lors même que le donataire prédécédé laisse des enfants (Req. 10 nov. 1875, aff. Delmas, D. P. 76. 1. 480).

484. Une hypothèse voisine de la précédente est celle où le donateur a stipulé le droit de retour sans rien ajouter. Le droit s'ouvrira-t-il en cas de prédécès du donataire, ou seulement après que le donataire et ses descendants seront prédécédés? On s'est prononcé au *Rép.* n° 1767, en faveur de cette seconde opinion, par le motif qu'on doit présumer que la volonté du donateur a été de gratifier les descendants du donataire aussi bien que ce dernier. M. Laurent combat cette solution, à raison du caractère restrictif de la clause de retour. Cette clause, dit-il, étant une dérogation au principe général en vertu duquel le donataire devient propriétaire irrévocable, doit produire effet aussitôt que le retour est possible, c'est-à-dire à la mort du donataire (t. 12, n° 452).

485. On a enseigné au *Rép.* n° 1764 que le droit de retour, stipulé pour le cas de prédécès du donataire sans enfants s'éteint définitivement si le donataire décède laissant des enfants, quand bien même ces enfants viendraient à mourir avant le donateur. Cette solution est approuvée par tous les auteurs sans exception. On considère, en effet, que la condition résolutoire stipulée pour le cas de prédécès sans enfants, vient à défaillir par cela même qu'il existe des enfants au décès du donataire (V. Laurent, t. 12, n° 453; Aubry et Rau, t. 7, § 700, p. 370, note 9; Demolombe, t. 3, n° 501).

486. Si le droit de retour a été subordonné au prédécès du donataire et de ses descendants, la condition résolutoire ne se réalisera que si tous les descendants décèdent avant le donateur. En est-il encore de même lorsque la donation ayant été faite par contrat de mariage, le donataire ne laisse point d'enfants issus de ce mariage, mais seulement d'un mariage postérieur? C'est une question d'intention. Il a été jugé que la donation de biens présents, faite par contrat de mariage à l'un des futurs époux et à ses descendants en ligne directe, pouvait être interprétée comme comprenant dans l'expression de *descendants en ligne directe* non seulement les enfants, nés du mariage en considération duquel elle a lieu, mais encore des enfants nés d'un mariage postérieur; que, par suite, l'existence de ces derniers enfants met obstacle au retour stipulé par le donateur pour le cas de prédécès du donataire sans enfants (Paris, 21 déc. 1865, et Req. 29 juill. 1867, aff. Conchies, D. P. 68. 1. 87). La cour de Paris s'est fondée sur les termes généraux de la clause d'après laquelle le donateur paraît avoir voulu préférer à lui-même les enfants du donataire quels qu'ils soient. C'est aussi l'opinion de M. Demolombe, t. 3, n° 505. Mais M. Laurent critique cette solution. Il est difficile de croire, dit cet auteur, t. 12, n° 454, que, dans une donation faite en vue d'un mariage et pour le favoriser, le donateur ait songé à préférer à lui-même des enfants qui naîtront d'un mariage postérieur, auquel il n'a pas pu penser, et que peut-être il n'aurait pas voulu favoriser.

Il convient de citer également, à titre d'exemples d'interprétation des clauses de retour conventionnel, les arrêts suivants qui ont décidé: 1° que la donation faite sous réserve expresse de retour, avec la clause que cette réserve n'empêchera pas le donataire de disposer des biens donnés comme bon lui semblera, doit être interprétée en ce sens que le donataire n'est pas autorisé à transmettre les biens par testament (Bordeaux, 27 mars 1878, aff. Simonnet, D. P. 79. 2. 146); — 2° Que, dans le cas où une donation entre vifs a été faite conjointement et solidairement par deux époux sous la réserve du droit de retour pour le cas où le donataire viendrait à décéder sans enfants avant les deux donateurs, cette clause doit être entendue en ce sens que les deux donateurs ont voulu subordonner les effets de leur libéralité au prédécès de l'un et de l'autre des donateurs, et non au prédécès de l'un d'eux seulement (Req. 11 mai 1875) (1).

487. — III. De la transmissibilité du droit de retour (*Rép.* n°s 1771 à 1772). — Par dérogation au principe général d'après lequel, en stipulant pour soi, on est censé stipuler pour ses héritiers, l'art. 951, § 2, c. civ. n'autorise la stipulation du retour conventionnel qu'au profit du donateur seul. Il n'en était pas ainsi dans l'ancien droit et dans le droit intermédiaire, suivant la remarque qui a été faite au *Rép.* n° 1771. On a rapporté *ibid.* un arrêt de la chambre des requêtes du 26 janv. 1837, constatant la solution différente admise par la législation ancienne. Il a été jugé plus récemment, dans le même sens, que, dans l'ancien droit et sous l'empire de la législation intermédiaire, le donateur pouvait stipuler le droit de retour, non seulement pour lui-même, mais aussi pour ses héritiers, sans qu'un pacte de cette nature pût être assimilé à une substitution fidéicommissaire (Bastia, 8 juill. 1863, sous Civ. rej. 7 janv. 1868, aff. Leca, D. P. 68. 1. 123). Sous la législation actuelle, la stipulation cumulative au profit du donateur et de ses héritiers ou d'un tiers serait certainement nulle quant à ces derniers. Mais cette clause, suivant MM. Aubry et Rau, t. 7, § 700, p. 369, ne porterait aucune atteinte à la donation et devrait même produire effet le cas échéant au profit du donateur. Au contraire, si le retour avait été réservé uniquement en faveur des héritiers du donateur ou d'un tiers, la donation tout entière serait nulle comme renfermant une substitution fidéicommissaire (V. sur ce point pour plus de détails *infrà*, v° *Substitution*).

488. — IV. De la validité de certaines conditions résolutoires qui sont de la même nature que la stipulation du droit de retour et spécialement de celle qui soumettrait à la résolution une donation pour le cas où le donateur échapperait à tel danger, guérirait de telle maladie (*Rép.* n° 1773). — La validité des conditions de cette nature a déjà été signalée à diverses reprises (V. *suprà*, n°s 22 et suiv.), notamment à propos des dons manuels (V. *suprà*, n°s 422 et suiv.). Elle est indiscutable. Ces conditions ne sauraient être considérées comme potestatives de la part du donateur, puisque l'événement, dont l'arrivée entraînera la résolution de la donation, est en dehors de la volonté du donateur. Par suite, la libéralité ne peut recevoir la qualification de donation à cause de mort (V. Aubry et Rau, t. 7, § 644, p. 5, texte et note 4).

489. — V. Des effets du droit de retour (*Rép.* n°s 1774 à 1787). — Ainsi qu'il a été expliqué au *Rép.* n° 1775, l'ouverture du droit de retour opère la révocation de la donation *ex tunc*, c'est-à-dire que les choses sont remises au même état que si la donation n'avait pas existé. Ce principe trouve son application dans l'art. 952 c. civ., aux termes duquel l'effet du retour est de résoudre les aliénations des biens donnés qui auraient pu être consenties par le donataire à ses enfants et de faire revenir ces biens au donateur francs et quittes de toutes charges et hypothèques.

490. Toutefois, une dérogation au principe de l'art. 1183 est admise par tous les auteurs, en ce qui concerne les fruits. On enseigne communément que les héritiers du donataire, ou de ses enfants, selon les cas, ne sont pas tenus de restituer les fruits perçus avant l'ouverture du droit de retour (V. Aubry et Rau, t. 7, § 700, p. 373; Demolombe, t. 3, n° 524; Laurent, t. 12, n° 471). En faveur de cette solution, on invoque un argument d'analogie tiré des art. 958 et 962 qui, dans le cas de révocation pour cause d'ingratitude ou de survenance d'enfants, n'obligent le donataire à la restitution des fruits qu'à compter de la demande ou de la notification de la naissance de l'enfant. La même solution a été consacrée par un arrêt, mais par le motif plus général que le détenteur, qui a joui de bonne foi des biens donnés avec clause de retour, n'est tenu de la restitution des fruits qu'à partir du jour de la demande (Civ. rej. 7 janv. 1868, aff. Leca, D. P. 68. 1. 123).

491. L'art. 952, qui pose le principe de l'anéantissement rétroactif de toutes les charges ou hypothèques pesant sur l'immeuble du chef du donataire, y apporte, mais sous cer-

(1) (Barré C. Joliet.) — La cour; — Sur le moyen unique pris de la violation des art. 894, 951 et 952 c. civ.: — Attendu qu'il est déclaré par l'arrêt attaqué qu'il résulte de l'économie tout entière de l'acte du 15 mai 1835 que les sieurs et dame Versillé, en faisant conjointement et solidairement donation entre vifs à chacun de leurs neveux et nièces d'une somme de 8000 fr., et en réservant expressément le droit de retour des sommes données, dans le cas où le donataire y ayant droit viendrait à décéder sans enfants avant les deux donateurs, ont évidemment voulu subordonner les effets de leurs libéralités au prédécès de l'un et de l'autre des donateurs et non au prédécès de l'un d'eux seulement; — Qu'en décidant, par suite, qu'Emile Barré, l'un des donataires, étant décédé sans postérité avant la dame Versillé, la somme à lui donnée devait rentrer dans le patrimoine du donateur survivant, l'arrêt attaqué n'a fait que tirer la conséquence d'une interprétation qui rentrait dans le domaine souverain des juges du fond et n'a pu violer aucun des articles cités;

Par ces motifs, rejette, etc.

Du 11 mai 1875.-Ch. req.-MM. de Raynal, pr.-Tardif, rap.-Reverchon, av. gén., c. conf.-Leroux, av.

taines conditions, une restriction en ce qui concerne l'hypothèque légale de la femme. Nous n'avons pas à revenir sur les explications qui ont été fournies sur ce point au *Rép.* n° 1782.

492. Les dispositions du code civil, qui régissent, comme nous venons de l'indiquer, la matière du retour conventionnel ne sont point d'ordre public et, par suite, les parties sont en droit d'y apporter par des conventions spéciales telles ou telles dérogations à l'effet soit de restreindre les effets légaux de la clause de retour (on en cité des exemples au *Rép.* n° 1778), soit, au contraire, à les étendre. Tel serait le cas où le donateur aurait stipulé qu'en cas de retour les biens donnés ne seraient pas soumis à l'hypothèque légale de la femme. MM. Aubry et Rau, t. 7, § 700, p. 374, approuvent formellement cette stipulation, dont la validité a été reconnue au *Rép.* n° 1785.

ART. 2. — *De l'inexécution des charges ou conditions mises à la donation* (*Rép.* n°s 1788 à 1821).

493. L'examen de cette cause de révocation ne nous retiendra pas longtemps. Toutes les questions qui s'y rattachent ont déjà été étudiées au *Répertoire*.

494. — I. QUELLES SONT LES CONDITIONS DONT L'INEXÉCUTION REND LA DONATION RÉVOCABLE? (*Rép.* n°s 1789 à 1800). — Tous les auteurs reconnaissent, suivant l'opinion émise au *Rép.* n° 1789, que le mot *conditions*, employé par l'art. 953 c. civ., désigne uniquement les conditions qui constituent des charges ou des obligations pour le donataire (V. Aubry et Rau, t. 7, § 707 *bis*, p. 410; Laurent, t. 12, n° 487). Par l'intervention d'une modalité de cette espèce, la donation participe de la nature des contrats synallagmatiques. Aussi l'art. 953, qui prononce la révocation de la donation pour inexécution des charges, n'est-il que la reproduction du principe plus général posé par l'art. 1183 c. civ.

495. On a dit au *Rép.* n° 1792 que l'inexécution d'une charge n'est une cause de révocation de la donation qu'autant que cette charge est licite et possible à réaliser. C'est la conséquence de la règle qui répute non écrites les conditions impossibles ou illicites dans les donations. Toutefois, nous avons admis précédemment, en exposant la théorie générale des conditions impossibles et illicites (V. *suprà*, n°s 27 et suiv.), que la nullité de la condition doit entraîner l'annulation de la donation dans son entier, lorsque cette condition a été la cause impulsive et déterminante de la libéralité. C'est en se plaçant à ce point de vue que l'on a pu décider que l'inaccomplissement d'une condition, fût-elle impossible à réaliser, était une cause de révocation de la donation. A plus forte raison en est-il ainsi, lorsque le donataire a provoqué par son fait l'événement qui a rendu la condition irréalisable. A diverses reprises, les tribunaux ont prononcé sur ce motif la résolution d'une donation faite à une commune, à la condition expresse que l'immeuble donné serait affecté à une école dirigée par les frères des écoles chrétiennes, ou par toute autre congrégation religieuse, et que cette destination ne pourrait jamais être changée, alors que, sur la demande de la commune, un arrêté préfectoral avait remplacé les frères par des instituteurs laïques (Aix, 25 févr. 1880, aff. Garnier, D. P. 80. 2. 249; Douai, 16 janv. 1882, aff. Ville de Béthune, D. P. 83. 2. 2; Trib. Gray, 1er mars 1883, aff. Fariney, D. P. 83. 3. 109).

496. Si l'exécution de l'obligation, possible au moment de la donation, était devenue ultérieurement impossible, le donateur serait fondé à demander la révocation de la libéralité, alors même que cette impossibilité aurait pour cause des circonstances complètement indépendantes de la volonté du donataire, pourvu toutefois que ce dernier eût été mis en demeure avant l'arrivée de ces circonstances (V. en ce sens: Aubry et Rau, t. 7, § 707 *bis*, p. 412).

497. — II. QUAND IL Y A LIEU A LA RÉVOCATION (*Rép.* n°s 1801 à 1806). — Aux termes de l'art. 956 c. civ., la révocation pour inexécution des charges n'a pas lieu de plein droit. Ainsi qu'on l'a observé au *Rép.* n° 1801, c'est à l'art. 1184 c. civ., auquel la disposition de l'art. 956 est empruntée, qu'il faut recourir pour décider comment et dans quels cas la résolution pourra être prononcée. Conformément à cette doctrine approuvée par tous les auteurs (V. notamment Aubry et Rau, t. 7, § 707 *bis*, p. 410; Laurent, t. 12, n° 494), il est admis que la résolution doit en principe être demandée en justice, et qu'elle ne peut s'opérer qu'en vertu d'un jugement, sauf cependant le cas où les parties, en stipulant le pacte commissoire, auraient convenu qu'il opérerait de plein droit. Toujours par application des règles du pacte commissoire, l'inexécution des charges ne devrait donner lieu à révocation qu'autant que le donataire aurait été constitué en demeure. C'est l'opinion de MM. Aubry et Rau, t. 7, § 707 *bis*, p. 411. Cependant il a été jugé que la révocation d'une donation pour cause d'inexécution des conditions peut être prononcée sans mise en demeure préalable (Poitiers, 16 févr. 1885, aff. Guichard, D. P. 86. 2. 38).

498. — III. PAR QUI ET CONTRE QUI LA RÉVOCATION POUR CAUSE D'INEXÉCUTION DES CONDITIONS ET CHARGES PEUT ÊTRE DEMANDÉE (*Rép.* n°s 1807 à 1815). — On a enseigné au *Rép.* n° 1807 que l'action en révocation appartient au donateur et à ses ayants cause, à l'exclusion du tiers au profit duquel la charge aurait été stipulée. Ce dernier a simplement une action personnelle contre le donataire pour le contraindre à exécuter la charge (Aubry et Rau, t. 7, § 707 *bis*, p. 412; Demolombe, t. 3, n° 597; Laurent, t. 12, n° 499).

499. Au nombre des ayants cause du donateur qui peuvent demander en son lieu et place la révocation, viennent en première ligne ses héritiers. On ne pourrait, en général, leur opposer une fin de non-recevoir à raison de l'inaction de leur auteur (Demolombe, t. 3, n° 592; Aubry et Rau, t. 7, § 707 *bis*, p. 412). Suivant l'opinion émise au *Rép.* n° 1811 les créanciers du donateur sont fondés à demander la révocation de la donation pour inexécution des charges, alors même que celles-ci auraient été stipulées dans l'intérêt d'un tiers (Conf. Aubry et Rau, t. 7, § 707 *bis*, p. 412; Demolombe, t. 3, n° 595; Laurent, t. 12, n° 498). Une solution identique découle implicitement d'un arrêt qu'il faut rapprocher des décisions déjà citées au *Rép.* n° 1811. Cet arrêt a jugé, dans le cas où une donation a été faite à la charge par le donataire de payer les dettes du donateur, que le créancier de ce dernier qui, après avoir fait prononcer contre le donataire l'expropriation des biens donnés, provoque et poursuit l'ordre ouvert pour la distribution du prix sans faire aucune protestation ni réserve, se rend par là non recevable à demander la révocation de la donation pour inexécution des conditions; il doit être réputé avoir renoncé à son droit de révocation (Grenoble, 28 juill. 1862, aff. Brun, D. P. 62. 2. 204).

500. La révocation, ainsi qu'il a été expliqué au *Rép.* n° 1814, doit être poursuivie contre le donataire ou ses héritiers. Elle produira ses effets à l'égard des tiers acquéreurs ou des créanciers du donataire qui, toutefois doivent être mis en cause. Ceux-ci seront, du reste, admis, en principe, à arrêter l'effet de la demande en révocation, en offrant d'exécuter les obligations imposées au donataire (*Rép.* n° 1818). C'est l'opinion de MM. Aubry et Rau, t. 7, § 708, p. 413. Jugé en ce sens que le créancier du donataire qui, intervenant sur une demande en révocation de la donation pour inexécution des charges, offre, pour le présent, de payer les frais de l'instance commencée, les arrérages échus de la pension du donateur et les dettes que le donataire s'était engagé à solder, et qui, pour l'avenir, garantit l'inexécution des conditions de la donation, est bien fondé à réclamer le rejet de la demande en révocation (Poitiers, 10 nov. 1875, aff. Rateau, D. P. 76. 2. 179). Jugé encore que l'offre, faite par un créancier du donataire, de céder son rang hypothécaire aux parties poursuivant la révocation pour inexécution des conditions doit faire rejeter cette action, alors que l'offre ainsi faite a pour résultat de sauvegarder complètement les droits des demandeurs en révocation (Bordeaux, 26 déc. 1887) (1). Il est à peine besoin de remarquer que les offres émanées du tiers acquéreur de biens compris

(1) (Veuve Raymond C. Raymond-Lange et demoiselle Fretté.) — LA COUR; — Attendu qu'il est de doctrine et de jurisprudence que l'art. 1184 s'applique à la révocation des donations pour inexécution des charges, et que le donataire ou ses ayant cause peuvent arrêter la révocation en acquittant les charges; — Attendu que la demoiselle Fretté, en sa qualité de créancière du sieur Raymond-

dans une donation, dont la révocation est demandée pour inexécution des charges, n'auront pour effet d'arrêter cette action qu'autant que le tiers acquéreur aura offert d'acquitter l'intégralité des charges, et non pas seulement la partie correspondante à la portion de biens donnés dont il est détenteur (V. en ce sens : Colmar, 26 nov. 1868) (1). — Au reste, il a été jugé que l'offre faite au donateur qui poursuit la révocation pour inexécution des conditions auxquelles la donation est assujettie, n'est pas soumise aux règles tracées pour la validité des offres réelles, lorsqu'elle émane, non du débiteur, mais d'un créancier inscrit sur l'immeuble donné, et qu'elle a eu lieu dans le but d'empêcher la révocation de la donation et la résolution de l'hypothèque de ce créancier (Nancy, 22 févr. 1867, aff. Ledard, D. P. 67. 2. 101). Mais la règle que l'on vient d'exposer souffre exception dans le cas où les charges devraient, dans l'intention du donateur, être remplies par le donataire lui-même. On a cité un arrêt en ce sens au *Rép.* n° 1818 (V. conf. Aubry et Rau, *loc. cit.*; Demolombe, t. 3, n° 604).

501. — IV. QUELS SONT LES EFFETS DE LA RÉVOCATION POUR CAUSE D'INEXÉCUTION DES CONDITIONS (*Rép.* n°s 1815 à 1821). — La révocation pour inexécution des conditions, ainsi qu'il a été dit au *Rép.* n° 1815, produit en matière de donation les mêmes effets qu'à l'égard de tout autre contrat. Notons toutefois, avec MM. Aubry et Rau, t. 7, § 707, p. 412, que les art. 717 et 838, dern. al. du code de procédure civile, aux termes desquels l'action résolutoire du vendeur se trouve purgée dans certains cas par l'adjudicataire de l'immeuble vendu, ne s'appliquent pas à l'action révocatoire pour inexécution des charges imposées au donataire (V. également : Demolombe, t. 3, n° 503). Il a été jugé, dans le même sens, que l'action en révocation d'une donation d'immeubles pour inexécution des conditions est recevable, même après l'adjudication sur saisie prononcée contre le donataire (Caen, 19 févr. 1856, aff. Mignot, D. P. 57. 2. 44).

502. Une question qui divise encore la doctrine est celle de savoir à partir de quelle époque le donataire, dont le droit a été résolu pour inexécution des conditions, est obligé à restituer les fruits. Ayant à prendre parti entre plusieurs opinions contradictoires, on a enseigné au *Rép.* n°s 1819 et 1820 que les fruits sont dus par le donataire à compter de sa mise en demeure, et par les tiers du jour où une action en revendication a été dirigée contre eux. M. Demolombe, t. 3, n° 611, estime que le donataire, qui subit la révocation de la libéralité pour inexécution des charges, ne doit pas être traité plus sévèrement que le donataire obligé à restitution pour cause d'ingratitude; or ce dernier doit les fruits à compter seulement du jour de la demande. M. Laurent a très bien montré l'inexactitude du point de vue auquel se place M. Demolombe. Dans le cas d'ingratitude, la loi dit formellement que la donation n'est révoquée qu'à partir de la demande; le donataire ayant conservé la qualité de propriétaire jusqu'à cette époque, il s'ensuit qu'il gagne définitivement les fruits perçus antérieurement à la demande de révocation. Au contraire, la révocation pour inexécution des charges opère rétroactivement, et les choses sont remises au même état que si la donation n'eût pas existé. M. Laurent en conclut que le donataire doit tous les fruits perçus depuis que la donation a été faite (t. 12, n°s 512 et 513). Mais cette solution, fondée sur des principes empruntés à la matière des conventions à titre onéreux, nous paraît excessive, appliquée à une donation. Dans le cas de retour conventionnel, il a été dit *suprà*, n° 490, que le donataire a le droit de conserver les fruits, quoique la donation soit résolue, parce que l'intention du donateur était de gratifier. Un raisonnement analogue doit trouver place à l'égard de la donation soumise à certaines charges. L'intention du donateur est, avant tout, de gratifier. Tant que le donataire n'a pas été mis en demeure d'exécuter les charges, on doit supposer que le donateur a voulu le laisser jouir de la libéralité. Le donataire acquiert donc les fruits jusqu'au moment de la mise en demeure.

503. Si le donataire est obligé, dans les conditions qui viennent d'être indiquées, de restituer les fruits et intérêts perçus, il a droit, par contre, au remboursement des dépenses utiles qu'il a faites sur la chose donnée. Jugé en ce sens que la commune, tenue de restituer un immeuble qui lui avait été donné sous la condition d'y entretenir une école dirigée par des frères des écoles chrétiennes, alors que l'enseignement laïque a été substitué à l'enseignement religieux par arrêté préfectoral, a droit au remboursement des impenses utiles, et notamment des frais de reconstruction du bâtiment donné démoli jusqu'au sol (Trib. Gray, 1er mars 1883, aff. Fariney, D. P. 83. 3. 109).

ART. 3. — *De l'ingratitude du donataire* (*Rép.* n°s 1822 à 1860).

504. — I. QUELLES DONATIONS SONT RÉVOCABLES POUR INGRATITUDE (*Rép.* n°s 1823 à 1832). — Toutes les donations, quelles que soient leur forme ou les modalités qui les affectent, sont en principe révocables pour ingratitude, ainsi qu'il a été expliqué au *Rép.* n°s 1823 à 1828. Ainsi sont soumises à cette cause de révocation les donations rémunératoires et même onéreuses, les donations mutuelles, les donations déguisées, les dons manuels, les simples remises de dettes *animo donandi* (Aubry et Rau, t. 7, § 708, p. 418; Demolombe, t. 3, n° 657). Mais l'art. 959 c. civ. excepte de cette cause de révocation les donations faites en faveur du mariage. Cette disposition de l'art. 959 est certainement applicable aux donations consenties par des tiers à l'un ou l'autre des futurs époux. En est-il de même pour les donations faites entre futurs conjoints? Cette question controversée a été examinée au *Rép.* v° *Séparation de corps*, n°s 369 et suiv. Nous nous bornerons à constater ici que le système qui assimile les donations faites entre futurs époux à celles qui émanent des tiers, après avoir longtemps prévalu, est aujourd'hui généralement abandonné pour l'opinion contraire, qui est celle de la jurisprudence (V. *infrà*, v° *Divorce et séparation de corps*).

Lange, voulant user de cette faculté, fait des offres tendant à céder son rang hypothécaire aux consorts Raymond jusqu'à concurrence de la somme représentant les cinq dernières années d'arrérages;

Attendu, d'une part, que les intimés, dans leurs conclusions complémentaires et à l'audience, ont déclaré accepter lesdites offres, pourvu qu'elles soient réalisables; — Attendu, sur ce point, qu'il appert de l'examen comparatif des divers certificats du conservateur des hypothèques versés aux débats, notamment, de ceux délivrés à la date du 13 de ce mois que l'hypothèque de la demoiselle Fretté n'est primée que par une seule hypothèque intéressant le sieur Graterolle dont la créance se trouverait réduite à 800 fr., d'où il résulterait que la créance des consorts Raymond du chef de leur mère pourrait être utilement colloquée; que dans ces conditions l'offre faite par la demoiselle Fretté sauvegarde leurs droits mieux que ne le ferait la révocation de la donation, laquelle à raison des complications de procédure qui en seraient la conséquence serait ruineuse pour toutes parties;

Par ces motifs; — Infirme, etc... et statuant à nouveau moyennant l'offre faite par la demoiselle Fretté et acceptée par les parties de Me Blay de ce qu'elle consent à les laisser colloquer dans l'ordre à intervenir pour la distribution des prix des immeubles saisis sur la tête de Raymond-Lange pour cinq années d'arrérages de la pension due à la veuve Raymond avec cette précision que cette collocation sera faite avant celle de la créance de la demoiselle Fretté; dit n'y avoir lieu de prononcer la révocation de la donation du 29 déc. 1874 pour inexécution des charges du chef de Raymond-Lange.

Du 26 déc. 1887.-C. de Bordeaux, 1re ch.-MM. Delcurrou, 1er pr.-Lainé et Barennes, av.

(1) (Hirsch C. Lavallée.) — LA COUR;... — Sur les conclusions subsidiaires : — Considérant qu'elles assurent aux époux Lavallée la satisfaction légitime à laquelle ils ont droit; que par elles, en effet, l'appelant offre aujourd'hui, non seulement de servir aux dits époux Lavallée, pour l'avenir, la rente annuelle et viagère de 80 fr. que les conjoints Grob leur devaient en vertu de la donation du 12 oct. 1861, mais encore de leur solder, dans la huitaine du présent arrêt, les quatre annuités échues et non payées, ainsi que l'année courante, et en outre de consentir hypothèque sur le bien litigieux, comme garantie du service de ladite rente; — Considérant que cette offre d'hypothèque ne peut s'entendre qu'en ce sens que les frais en seront supportés par lui, puisqu'il doit exécuter tous les engagements résultant de la donation pour éviter les suites de l'action révocatoire, et que la donation mettait formellement l'hypothèque à la charge des donataires; — Réforme quant à ce, donne acte à Hirsch de ses offres, dit qu'il n'y a plus lieu de prononcer la révocation de la donation du 12 oct. 1861, ni d'ordonner le déguerpissement de Hirsch, etc.

Du 26 nov. 1868.-C. de Colmar, 1re ch.-MM. Hennau, pr.-de Laugardière, 1er av. gén.-Mathieu et Stéhelin, av.

505. — II. Quelles sont les causes de cette révocation (*Rép.* nos 1833 à 1846). — Suivant l'observation déjà faite au *Rép.* n° 1833, les cas de révocation pour ingratitude, qui étaient fort nombreux dans l'ancien droit, sont actuellement limités à trois, savoir : 1° lorsque le donataire a attenté à la vie du donateur; 2° lorsqu'il s'est rendu coupable envers lui de sérieux délits ou injures graves; 3° lorsqu'il lui a refusé des aliments.

506. En ce qui touche le cas d'attentat à la vie du donateur, il a déjà été remarqué au *Rép.* n° 1835 qu'il n'est pas nécessaire, pour que la révocation soit encourue, que le donataire ait été condamné pour ce fait. MM. Aubry et Rau, t. 7, § 108, p. 414, et Demolombe, t. 3, n° 621, enseignent qu'il n'est même pas indispensable que les actes dont le donataire s'est rendu coupable présentent les caractères de la tentative de meurtre ou d'assassinat selon le droit criminel; il suffit que ces actes manifestent d'une manière non douteuse l'intention de donner la mort. — Au contraire, des faits qui ne seraient pas moralement imputables au donataire ne devraient pas être pris en considération à l'appui de la demande en révocation (Aubry et Rau, t. 7, § 708, p. 414). C'est ce qui a déjà été dit au *Rép.* n° 1837; il en serait de même des faits qui ne supposeraient pas nécessairement une intention homicide de la part du donataire. Jugé en ce sens que le défaut de soins et d'assistance, qui ne dénotait pas nécessairement la volonté de hâter la mort, ne pouvait être considéré comme un attentat à la vie du donateur (Req. 1er déc. 1885, aff. Pourcelle, D. P. 86. 1. 222).

507. Le second cas de révocation, qui comprend les sévices, délits et injures graves, a été examiné au *Rép.* nos 1838 à 1843. On a expliqué *ibid.* le sens de ces trois expressions.

508. Les délits contre les biens du donateur sont une cause de révocation au même titre que les délits contre sa personne. Cette opinion qui a été développée au *Rép.* n° 1839 est aussi celle de MM. Aubry et Rau, t. 7, § 708, p. 414, et Demolombe, t. 20, n° 631. Elle a été consacrée par plusieurs décisions (V. les arrêts cités au *Rép.* n° 1839, et plus récemment : Bordeaux, 6 mars 1854 (1); Trib. Lyon, 27 déc. 1866, aff. Gavel, D. P. 67. 3. 31). On peut rapprocher de ces décisions un arrêt de la cour de Poitiers du 28 nov. 1864 (aff. Bergeon, D. P. 65. 2. 160), qui a considéré que le fait par un époux, donataire de son conjoint, d'avoir, du vivant de ce dernier et postérieurement à la donation, participé à la fabrication d'un faux testament destiné à faire passer la fortune du donateur dans la famille du donataire, devait entraîner la révocation de la donation pour cause d'ingratitude.

509. Les délits aussi bien que les injures ne doivent être pris en considération qu'autant qu'ils présentent une certaine gravité. Celle-ci doit être appréciée, ainsi qu'il a été dit au *Rép.* n° 1843, eu égard aux circonstances et à la qualité des parties (Comp. dans le même sens : Aubry et Rau, t. 7, § 708, p. 415). Mais on ne saurait réserver cette qualification aux seules injures qui intéressent l'honneur ou la probité. Un arrêt qui avait posé en thèse que l'inconduite de la femme ne pouvait être considérée comme une injure de nature à motiver la révocation des libéralités reçues de son mari, a été cassé comme restreignant arbitrairement le sens et la portée des mots *injures graves* (Civ. cass. 16 févr. 1874, aff. Jaylé, D. P. 74. 1. 197). Il résulte également d'un autre arrêt qu'une demande en interdiction intentée sans fondemen par l'enfant donataire contre le père donateur, ou encore des imputations injurieuses énoncées dans la requête à fin d'interdiction pourraient motiver la révocation de la donation pour cause d'ingratitude. Il en serait, toutefois, autrement au cas où il serait établi que l'enfant n'a pas agi méchamment, et que la requête a été l'œuvre de ses hommes d'affaires (Lyon, 12 juill. 1881) (2). D'autre part, il a été jugé que la demande en révocation d'une donation pour ingratitude peut être fondée sur les injures graves proférées contre le donateur par le donataire dans sa défense devant la cour d'assises (Req. 4 août 1873, aff. Montenard, D. P. 74. 1. 198).

510. L'injure grave faite à la mémoire du donateur décédé est-elle une cause de révocation de la donation? L'affirmative semble résulter de l'art. 1047 c. civ. rapproché des art. 1046 et 955. Mais cette solution est formellement contredite par l'art. 957, 2e al., aux termes duquel l'action en révocation d'une donation entre vifs pour cause d'ingratitude n'appartient aux héritiers que lorsqu'elle a pris naissance dans la personne du donateur. Cela exclut évidemment

---

(1) (Veau C. Bahuet.) — La cour; — Attendu qu'aux termes de l'art. 955 c. nap., la donation entre vifs peut être révoquée pour cause d'ingratitude, si le donataire a attenté à la vie du donateur, s'il s'est rendu coupable envers lui de sévices, délits ou injures graves; que ce mot *délits* doit s'entendre spécialement des délits commis sur les biens, puisque les délits qui s'attaquent à la personne forment des causes distinctes de révocation; — Que, pour que le délit sur les biens prenne le caractère de l'ingratitude, il faut sans doute qu'il ait une certaine gravité; mais que, dans l'esprit de notre législation, on doit moins considérer les conséquences matérielles que la moralité de l'acte et l'intention qui y a présidé; — Attendu qu'il résulte de l'instruction criminelle dirigée contre Madeleine Bahuet et de l'arrêt de la cour d'assises de la Charente, du 15 juin 1848, qui l'a condamnée à cinq ans de réclusion, qu'elle a, à diverses fois et spécialement dans l'intervalle qui sépare les donations faites en sa faveur par Jean-Pierre Veau, son maître, les 14 et 25 avr. 1847, de la mort du donateur, décédé le 11 juillet suivant, soustrait frauduleusement, au préjudice et dans la maison de celui-ci, une quantité considérable de linge et divers effets mobiliers; que le dernier vol dont elle s'est rendue coupable fut celui d'une somme de 2180 fr. en or qu'elle enleva furtivement, le 5 juill. 1849, six jours avant le décès du donateur, du meuble où elle était renfermée; que ces vols répétés et importants, commis par la donataire au préjudice du maître qui lui accordait toute sa confiance, et l'avait comblée de tous ses bienfaits, présentent les caractères les plus marqués de l'ingratitude; — Qu'on ne saurait s'arrêter à cette considération que, le donateur touchant à ses derniers moments, le délit était bien moins dirigé contre lui que contre ses héritiers; que, sans doute, si l'on n'envisage que l'événement, le préjudice a principalement porté sur ces derniers, mais que les vols de linge ont été commis bien avant sa maladie; que rien ne prouve qu'au moment de la dernière soustraction, celle de 2180 fr., il fût dans un état désespéré; qu'on voit, par les aveux mêmes de Madeleine Bahuet, qu'il avait toute sa connaissance...; — Qu'il y a donc, dans les délits successifs commis par Madeleine Bahuet, ingratitude flagrante envers son bienfaiteur, et que c'est à tort que les premiers juges ont refusé de leur attribuer ce caractère; — Infirme, etc.

Du 6 mars 1854.-C. de Bordeaux.

(2) (Foray C. Foray.) — La cour; — Sur l'appel principal de la veuve Foray en sa qualité: — Considérant que la cour n'a pas à rechercher si Foray père était en état de démence au mois de novembre 1878, au moment où Eugène Foray, son fils, a provoqué son interdiction; bien moins encore s'il l'était deux mois auparavant, le 25 sept. 1878, lorsqu'il a fait le testament mystique aujourd'hui attaqué; — Considérant que la cour n'a pas à examiner non plus si Eugène Foray, en dirigeant contre son père une action en justice qui devait contrister ses derniers jours, n'a pas, pour un intérêt d'argent peu important, sacrifié dans une certaine mesure le devoir de respect que lui imposait sa qualité de fils; qu'il s'agit uniquement d'apprécier si la demande en interdiction elle-même, ou au moins les articulations de fait par lesquelles on a cherché à la justifier, constituent une injure grave vis-à-vis de Foray père et permettent de prononcer pour cause d'ingratitude, conformément à l'art. 955 c. civ., la révocation de la donation qu'il a faite à Eugène Foray son fils, à la date du 10 mars 1878; — Considérant que la demande en interdiction n'est que l'exercice d'un droit, et que, pour qu'elle pût être qualifiée d'acte d'ingratitude, il faudrait, ce qui n'est aucunement prouvé, qu'Eugène Foray eût agi méchamment et sans croire à la démence de son père, ou encore agi avec une légèreté, une imprudence équivalentes au dol; — Considérant qu'à la vérité certaines expressions, certaines articulations de la requête sont regrettables; — Mais qu'il faut reconnaître que ces mots d'imbécillité, de démence ou de fureur qu'on rencontre dans la requête en interdiction ont été copiés dans l'art. 489 c. civ., et qu'ils n'ont point, dans le langage du droit, un sens aussi accentué que dans le langage du monde; — Considérant que si Eugène Foray n'a point prouvé que son père ait voulu le tuer, il reste du moins constant qu'un jour Foray père a paru désirer la mort de son fils; — Considérant surtout qu'il n'est aucunement établi que la requête en interdiction soit l'œuvre personnelle d'Eugène Foray; qu'il a sans doute fourni des indications à ses hommes d'affaires, mais que tout démontre que la rédaction est l'œuvre de ces derniers; — Adoptant, d'ailleurs, les motifs qui ont déterminé les premiers juges, en tant qu'ils n'ont rien de contraire à ce qui vient d'être dit; — Confirme, etc.

Du 12 juill. 1881.-C. de Lyon, 1re ch.-MM. Rieussec, pr.-Bloch, av. gén.-Mathevon et Dulac, av.

l'hypothèse où l'injure n'aurait été commise qu'après le décès du donateur. La doctrine se prononce généralement en ce sens (Aubry et Rau, t. 7, § 708, p. 415, note 8; Demolombe, t. 3, n° 639). Un arrêt de la cour de Metz du 24 mai 1859 (1) consacre la même solution.

511. En ce qui touche le refus d'aliments de la part du donataire, la doctrine admet généralement, suivant l'opinion exprimée au *Rép.* n° 1845, qu'elle ne saurait constituer une cause de révocation, lorsque le donateur a des parents ou alliés auxquels il est en droit de réclamer des aliments et qui sont en état de lui en fournir (Aubry et Rau, t. 7, § 708, p. 416, note 9; Demolombe, t. 3, n° 647).

512. — III. Quels effets produit la révocation pour cause d'ingratitude et comment elle opère (*Rép.* n°s 1847 à 1852). — Il a déjà été expliqué au *Rép.* n° 1847 que la révocation pour cause d'ingratitude ne produit d'effet qu'à partir du jour où elle est demandée. Cet effet ne se produit même au regard des tiers, d'après l'art. 958, 1er al., qu'à compter du jour où la mention d'un extrait de la demande aura été faite en marge de la transcription de la donation. Mais la nature même de cette formalité démontre qu'elle est spéciale aux donations sujettes à transcription. Quant aux autres donations, la révocation est efficace sitôt qu'elle est demandée. MM. Aubry et Rau appliquent, notamment, ce principe à la révocation d'une donation ayant pour objet une créance. En conséquence, ils prononcent l'annulation du transport de cette créance consenti par le donataire, alors que la signification ou l'acceptation du transport a eu lieu postérieurement à l'introduction de la demande en révocation (Aubry et Rau, t. 7, § 708, p. 424, note 31).

513. — IV. Contre qui et par qui la demande en révocation pour ingratitude peut être intentée (*Rép.* n°s 1853 à 1856). — Ainsi qu'il a été dit au *Rép.* n° 1853, les héritiers ou successeurs du donataire ingrat ne sont point passibles de l'action en révocation. Toutefois, nous avons admis que la demande formée contre leur auteur pourrait, après le décès de celui-ci, être suivie contre eux. Cette opinion est généralement admise en doctrine (V. Aubry et Rau, t. 7, § 708, p. 420); elle est cependant combattue par MM. Demolombe, t. 3, n° 679, et Demante, t. 4, n° 100 *bis*.

514. En ce qui concerne l'exercice de l'action en révocation, il appartient exclusivement au donateur et, sous certaines conditions, à ses héritiers, mais non aux autres ayants cause universels ou à titre universel du donateur. C'est la doctrine que nous avons enseignée au *Rép.* n° 1856, et elle est approuvée par MM. Aubry et Rau, t. 7, § 708, p. 418, note 18, qui considèrent que, si l'art. 957, 2e al., admet les héritiers du donateur à intenter l'action en révocation pour ingratitude, c'est en tant que représentants de sa personne, et non pas en qualité de successeurs aux biens. MM. Demolombe, t. 3, n°s 690 et suiv., et Demante, t. 4, n° 100 *bis*, enseignent, au contraire, que l'action en révocation pour ingratitude appartient à quiconque recueille *loco hæredis* l'universalité ou une quote-part de l'universalité des biens du défunt. — M. Larombière se prononce pour un système intermédiaire. Tout en refusant aux créanciers du donateur ainsi qu'à ceux de ses héritiers le droit d'introduire l'action en révocation, il leur reconnaît celui de continuer l'action engagée par leur auteur (*Théorie et pratique des obligations*, t. 1er, sur l'art. 1166, n° 9).

515. — V. Dans quel délai doit être intentée la demande en révocation pour cause d'ingratitude (*Rép.* n°s 1857 à 1860). — Ainsi qu'il a été expliqué au *Rép.* n° 1857, le délai d'un an, pendant lequel, aux termes de l'art. 957 c. civ., l'action en révocation doit être introduite à peine de déchéance, court à l'égard du donateur, soit du jour où les faits imputés au donataire ont eu lieu, soit du jour à partir duquel ces faits ont pu être connus par le donateur (V. Aubry et Rau, t. 7, § 708, p. 421). Aucune autre prorogation de délai ne doit être admise. Un arrêt a décidé, en ce sens, que le délai d'un an pendant lequel doit être intentée l'action en révocation à raison de l'ingratitude du donataire, n'est pas suspendu, à l'égard des donations entre époux, pendant la durée du mariage (Rouen, 5 août 1863, aff. Hérichard, D. P. 64. 2. 235). MM. Aubry et Rau, t. 7, § 708, p. 423, note 27, appliquent la doctrine de cet arrêt notamment au cas où l'époux donateur aurait introduit une action en séparation de corps sans demander la révocation des avantages faits à son conjoint.

516. Quant aux héritiers, ainsi qu'il a été dit au *Rép.* n° 1859, le délai court contre eux, suivant certaines distinctions. Si le donateur est décédé sans avoir formé la demande en révocation et moins d'un an après l'époque où il a eu connaissance de l'ingratitude du donataire, les héritiers ne peuvent agir que pendant le laps de temps qui reste à courir pour parfaire l'année (V. Aubry et Rau, t. 7, § 708, p. 421; Rouen, 5 août 1863, cité *suprà*, n° 515).

517. Nous devons noter à l'occasion de cette règle que le refus de la femme d'habiter avec son mari, malgré le jugement qui l'a condamnée à réintégrer le domicile conjugal, a pu être considéré comme une injure ayant duré jusqu'au décès du mari. Par suite, l'action en révocation pour ingratitude des donations faites à la femme a été déclarée recevable de la part des héritiers du donateur, bien que celui-ci n'ait pas intenté cette action de son vivant et fût décédé plus d'un an après le refus de cohabitation de sa femme (Req. 22 déc. 1869, aff. Basset, D. P. 70. 1. 292).

518. Si, au contraire, le donateur était décédé sans avoir connu l'ingratitude du donataire, le délai ne commencerait à courir contre les héritiers qu'à dater du décès de leur auteur ou du jour où ils auraient eux-mêmes connu les faits dont le donataire s'est rendu coupable (Aubry et Rau, t. 7, § 708, p. 421, note 23; Demolombe, t. 3, n° 683).

519. Enfin il n'est pas douteux que les héritiers seraient recevables, même après l'expiration du délai d'un an, à continuer l'action en révocation utilement introduite par leur auteur. Mais on ne saurait considérer comme une demande proprement dite les conclusions à fin de révocation d'une libéralité prises par le donateur au cours d'une instance en séparation de corps contre le conjoint donataire. Cette instance se trouve, en effet, anéantie avec toutes ses conséquences par la mort de l'époux demandeur (V. Aubry et Rau, t. 7, § 708, p. 422). Jugé, en ce sens, que la demande en révocation d'une donation pour cause d'ingratitude ne peut être introduite

(1) (Veuve Millet C. Millet.) — La cour; — Sur la demande en révocation de la donation pour cause d'ingratitude: — Attendu qu'il est incontestable que la remise faite par l'abbé Millet, pendant sa vie, d'une certaine somme d'argent et de quelques effets mobiliers à son neveu, Jean-Baptiste Millet, constitue une donation entre vifs; — Attendu que, si l'art. 1047 c. nap. autorise la révocation des dispositions testamentaires pour injures graves faites à la mémoire du testateur, les art. 955 et 957, même code, n'ouvrent pas la même action aux héritiers du donateur, quand il y a eu donation entre vifs; — Attendu qu'en matière de donation entre vifs, l'action en révocation pour ingratitude du donataire est personnelle au donateur; que celui-ci a été établi par la loi seul juge de la gravité de l'injure et de l'opportunité de la demande en révocation dont l'injure doit devenir la cause; — Attendu que la volonté du législateur à cet égard est écrite avec netteté, soit dans l'art. 955, qui ne parle que des injures dont le donataire s'est rendu coupable envers la personne, et non de celles qui ont pu être commises envers la mémoire du donateur, soit dans l'art. 957, qui refuse en règle générale l'action révocatoire aux héritiers du donateur, et ne l'autorise par exception qu'autant que le donateur est mort dans l'année où l'injure a été commise; — Attendu que cette exception même confirme la généralité de la règle qui interdit l'action révocatoire aux héritiers du donateur; car, dans le cas que prévoit et que limite l'exception, c'est le temps qui a manqué au donateur pour exercer une action qui lui appartient et qu'il laisse dans sa succession; et cette action est la réparation d'une injure faite personnellement au donateur pendant sa vie, et non celle d'une offense dirigée après sa mort contre sa mémoire; — Attendu qu'il paraît naturel que la loi ait ouvert aux héritiers du testateur l'action en révocation née de l'ingratitude du légataire envers la mémoire du défunt, parce qu'au moment du décès du testateur, rien n'est définitivement arrêté sur le partage de la succession; les droits de chacun ne sont réglés qu'après le décès de l'auteur commun des personnes successibles et peuvent s'évanouir par les torts graves de l'une de ces personnes; mais que, dans le cas d'une donation entre vifs, le droit du donataire a été exercé et consommé avant le décès du donateur; la mort de celui-ci ne donne aucun droit à celui-là, et le législateur a pu penser qu'il serait en même temps illogique et dangereux d'autoriser un débat posthume et inconvenant entre les héritiers du donateur et un donataire investi depuis longtemps de l'objet de la donation; ... — Par ces motifs, met l'appel au néant, etc.

Du 24 mai 1859.-C. de Metz, 1re ch.-MM. Woirhaye, 1er pr.-Leclerc, 1er av. gén., c. conf.-Collot et Boulangé, av.

par les héritiers du donateur qui est décédé plus d'un an après le délit sans avoir formé cette demande, alors même qu'il aurait intenté de son vivant une demande en séparation de corps contre le donataire son conjoint et conclu expressément en même temps à la révocation des libéralités (Req. 29 déc. 1873, aff. Abéjean, D. P. 74. 1. 431). Jugé de même, dans le cas où un jugement prononçant la séparation de corps et la révocation d'une libéralité pour ingratitude a été cassé comme ayant été rendu après le décès de la femme demanderesse, que les héritiers de la femme ne peuvent se prévaloir des premières conclusions à fin de révocation, à l'appui d'une demande nouvelle formée après les délais fixés par l'art. 957 c. civ. (Besançon, 12 févr. 1873, aff. Delespine d'Audilly, D. P. 73. 2. 122).

ART. 4. — *De la survenance d'enfant au donateur* (*Rép.* n°s 1861 à 1938).

520. — I. QUELLES DONATIONS SONT SOUMISES A LA RÉVOCATION POUR SURVENANCE D'ENFANT (*Rép.* n°s 1867 à 1891). — Ainsi qu'il a été expliqué au *Rép.* n° 1867, la révocation pour survenance d'enfant s'applique à toute espèce de libéralités entre vifs, en quelque forme et à quelque titre qu'elles aient été faites. Les arrêts rapportés au *Rép.* n°s 1867 à 1874 contiennent de nombreuses applications de ce principe. Plus récemment, il a été jugé, dans le même sens : 1° que la donation, faite sous forme de constitution de rente, est révoquée par la survenance d'un enfant au donateur (Grenoble, 30 avr. 1858, aff. Cagnet, D. P. 58. 2. 164); — 2° Que la révocation pour cause de survenance d'enfant est applicable à la renonciation gratuite à un usufruit, faite par un légataire au profit d'un autre (Lyon, 7 avr. 1870, aff. Clair, D. P. 71. 2. 187).

521. Il n'est pas douteux que la révocation pour survenance d'enfant atteint les donations déguisées. C'est ce qui a été enseigné au *Rép.* n° 1875 et on y a cité plusieurs décisions conformes à cette opinion (V. dans le même sens : Lyon, 7 août 1870, aff. Clair, D. P. 71. 2. 187 ; Aix, 11 mars 1874, aff. Ferrat, D. P. 75. 2. 28; Req. 9 juill. 1879, aff. Lengrand, D. P. 81. 1. 27). La doctrine approuve unanimement cette opinion (V. Demolombe, t. 3, n° 759; Aubry et Rau, t. 7, § 708, p. 428, note 6). — Mais il existe un dissentiment sur le point de savoir si, en pareille hypothèse, la révocation aura un effet rétroactif à l'égard des tiers. MM. Aubry et Rau, d'accord avec Bayle-Mouillard sur Grenier, t. 2, n° 206, mais contrairement à l'opinion de Troplong, t. 3, n° 1424, se prononcent pour la solution négative (*op.* et *loc. cit.*)

522. Mais si la révocation pour survenance d'enfants atteint toute espèce de libéralité, il est non moins certain qu'elle frappe seulement les actes présentant réellement ce caractère. Cette remarque a déjà été faite au *Rép.* n°s 1867 et suiv., et on a cité à l'appui maintes conventions qui, à raison de leur caractère onéreux, ont été reconnues n'être pas révocables pour survenance d'enfant. Plus récemment, il a été jugé dans le même sens que les avantages qui peuvent résulter d'un acte de partage au profit de l'un des copartageants n'ayant pas, en l'absence d'une volonté clairement manifestée à cet égard, le caractère de libéralités, ne sont pas révocables pour survenance d'enfant (Req. 21 mars 1854, aff. Fourdinier, D. P. 54. 1. 379); — 2° Que l'héritier qui a consenti un abandon à diverses personnes désignées dans un projet de testament fait par son auteur, n'est pas fondé à faire prononcer pour cause de survenance d'enfant la révocation de cet abandon, qui constitue non une libéralité, mais l'exécution volontaire d'une obligation naturelle et d'honneur (Trib. Belley, 6 févr. 1856, aff. Burtin, D. P. 56. 3. 21); — 3° Que la transaction par laquelle plusieurs légataires interprétant un testament ambigu lui attribuent un sens favorable à l'un d'eux, ne constitue pas une donation déguisée et n'est pas révocable pour survenance d'enfant (Lyon, 7 avr. 1870, aff. Clair, D. P. 71. 2. 187).

523. Echappent seules à la révocation pour survenance d'enfant les donations faites par contrat de mariage, soit par les époux l'un à l'autre, soit aux époux par l'un de leurs ascendants (*Rép.* n°s 1883 et suiv.). Les donations faites entre époux par contrat de mariage ne seraient pas révoquées, même si l'enfant survenu à l'époux donateur était le fruit d'un mariage subséquent (Rennes, 5 déc. 1854, aff. X..., D. P. 55. 2. 344 ; Civ. rej. 11 mai 1857, aff. Berger, D. P. 57. 1. 215).

524. L'exception relative aux donations faites entre époux est applicable, ainsi qu'il a été dit au *Rép.* n° 1886, aux donations qu'ils se sont consenties postérieurement au mariage (V. Aubry et Rau, t. 7, § 708, p. 430) ; mais elle ne s'étend pas à celles que l'un des époux aurait faites à l'autre antérieurement au contrat de mariage (V. Demolombe, t. 3, n° 774 ; Aubry et Rau, t. 7, § 708 , p. 430). Il a été jugé qu'une donation entre vifs est révoquée par suite de la survenance d'un enfant au donateur, bien qu'il ait été stipulé dans cette donation qu'elle serait nulle si la donataire épousait du vivant du donateur un autre que lui et qu'ils aient, peu de temps après, contracté ensemble le mariage dont l'enfant est né (Bordeaux, 30 nov. 1859, aff. Dussol, D. P. 60. 2. 193).

525. — II. DANS QUELS CAS S'OPÈRE LA RÉVOCATION POUR CAUSE DE SURVENANCE D'ENFANT (*Rép.* n°s 1892 à 1913). — La révocation, pour qu'elle puisse s'opérer, exige comme première condition, ainsi qu'il a été expliqué au *Rép.* n° 1892, que le donateur n'ait, au moment où il a consenti la libéralité, ni enfant, ni descendant. La doctrine paraît aujourd'hui bien fixée en ce sens que l'existence, au temps de la donation, d'un enfant naturel reconnu ne formerait pas obstacle à la révocation (V. Aubry et Rau, t. 7, § 708, p. 431 ; Demolombe, t. 3, n° 729). La même solution découle d'un arrêt de Douai du 7 juin 1850, déjà cité au *Rép.* n° 1898. Plus récemment, il a été jugé que l'existence, au temps de la donation, d'un enfant naturel reconnu, alors même qu'il aurait été légitimé par le mariage subséquent de ses père et mère, ne fait pas obstacle à la révocation par la survenance d'un enfant légitime (Aix, 11 mars 1874, aff. Ferrat, D. P. 75. 2. 28). Cette solution est approuvée par les auteurs précités (Aubry et Rau, t. 7, § 708, p. 432 et 433 ; Demolombe, t. 3, n° 730).

526. Suivant l'opinion que nous avons soutenue au *Rép.* n° 1899, MM. Aubry et Rau, t. 7, § 708, p. 433, texte et note 21, enseignent que la donation faite à l'enfant naturel lui-même ne serait pas révoquée par la survenance d'enfants légitimes. Les libéralités faites en faveur de l'enfant naturel portent, disent ces auteurs, le caractère de donations en avancement d'hoirie, et par conséquent, ne lèsent pas les intérêts des enfants légitimes. A ce titre, elles échappent à l'application de l'art. 960, qui concerne uniquement les donations par lesquelles le donateur s'est imprudemment, dans la persuasion erronée qu'il n'aurait pas d'enfants, dépouillé d'une partie de ses biens au préjudice des enfants qui lui sont survenus. Cependant cette solution est combattue par M. Demolombe, t. 3, n° 731.

527. Ainsi qu'on l'a enseigné au *Rép.* n°s 1900 et 1901, l'existence au temps de la donation d'un enfant adoptif, ou d'un enfant légitime mort civilement, ne fait pas obstacle à la révocation pour survenance d'enfant (V. Aubry et Rau, t. 7, § 708, p. 433 et 434 ; Demolombe, t. 20, n°s 733 et 738). Au contraire, l'absence, au temps de la donation, de l'enfant unique du donateur ne produit pas le même effet que son décès, quel que soit d'ailleurs l'état d'absence de cet enfant. Cette opinion, que nous avons soutenue au *Rép.* n° 1904, est approuvée par MM. Aubry et Rau, t. 7, § 708, p. 434, notes 24 et 25, et Demolombe, t. 3, n° 739.

528. Comme on l'a expliqué au *Rép.* n°s 1905 et suiv., le fait qui donne lieu à la révocation, c'est la naissance au donateur d'un enfant légitime postérieurement à la donation. Il est nécessaire que l'enfant soit né vivant et viable. Il appartient aux tribunaux de rechercher, en cas de mort d'un enfant peu d'heures après sa naissance, s'il était organisé pour la vie, ou si, au contraire, il était atteint de quelque défectuosité dans son organisme ne permettant pas de le considérer comme viable (Lyon, 24 mars 1876) (1). Il est in-

(1) (Carron C. Vallaton.) — Le 15 juin 1875, le tribunal civil de Lyon a rendu le jugement suivant : — « Attendu que les parties reconnaissent que tout le procès est de savoir si Louis Régnier, enfant légitime du donateur, qui n'a vécu que onze heures, ainsi qu'il résulte de deux actes de l'état civil des 22 et 23 févr. 1875 versés au procès, était ou non né viable, capable de révoquer par

différent, si l'enfant n'est pas désavoué, qu'il soit né avant le cent quatre-vingtième jour du mariage. Il a été jugé en ce sens que la donation entre vifs est révoquée par la survenance d'un enfant né depuis le mariage du donateur et présenté par lui à l'officier de l'état civil comme issu de ce mariage, bien qu'il ne se fût pas écoulé cent quatre vingts jours depuis la célébration, sans que le donataire soit recevable à prouver que le donateur aurait épousé une fille enceinte des œuvres d'un autre dans l'unique but de se créer frauduleusement une cause de révocation de la libéralité (Agen, 6 avr. 1869, aff. Rouède, D. P. 74. 5. 172). MM. Aubry et Rau, t. 7, § 709, p. 435, approuvent cette décision.

La situation serait tout autre, s'il s'agissait, non point d'un enfant né depuis le mariage du donateur et, par suite, investi de la qualité d'enfant légitime, tant qu'il n'a pas été désavoué, mais d'un enfant naturel reconnu par le donateur et légitimé par le mariage subséquent de celui-ci avec la mère de l'enfant. La légitimation par le donateur d'un enfant né depuis la donation n'est de nature à faire échec, conformément à l'art. 960 c. civ., au principe de l'irrévocabilité des donations qu'autant qu'il s'agit d'une légitimation sérieuse reposant sur une paternité réelle. Le donataire serait donc recevable, pour échapper à l'action en révocation, à prouver que la paternité est fictive, et que la légitimation n'est qu'un moyen frauduleux employé pour obtenir l'anéantissement de la donation (Agen, 29 juin 1864) (1).

529. Une question controversée est celle de savoir si la survenance d'un enfant issu d'un mariage putatif révoque la donation, même dans l'hypothèse où l'époux donateur serait de mauvaise foi. Dans un premier système, qui compte pour partisans les auteurs indiqués au *Rép.* n° 1906 et en outre M. Demolombe, t. 3, n° 745, on décide que la révocation n'a lieu, ni au profit du donateur, ni au profit des enfants. A l'appui de cette opinion, on dit que le bénéfice de la révocation ne peut s'acquérir à l'aide d'un acte illicite et, par suite, doit être refusé à celui qui a sciemment contracté une union entachée de nullité. Une seconde opinion admet la révocation, mais seulement en faveur des enfants ; elle est enseignée par MM. Delvincourt et Duranton (V. *Rép.* n° 1906). Enfin MM. Aubry et Rau, t. 7, § 709, p. 436, note 29, estiment que la révocation s'opère, non seulement en faveur des enfants, mais au regard du donateur lui-même. Ces auteurs font observer que le législateur, en prononçant la révocation même au cas de survenance d'un enfant naturel légitimé par mariage subséquent, a montré que son intention était de s'attacher bien moins aux circonstances dans lesquelles l'enfant survenant a reçu le jour et au caractère de l'union donc il est issu qu'au fait de la légitimité de cet enfant. Or on ne peut contester la qualité d'enfant légitime à l'enfant issu d'un mariage nul, pourvu que celui-ci ait été contracté de bonne foi, fût-ce par un seul des époux.

530. Suivant l'opinion développée au *Rép.* n° 1909, l'adoption ne saurait être assimilée, au point de vue de la révocation des donations, à la survenance d'un enfant légitime (V. *suprà*, v° *Adoption*, n° 48). Un jugement (Trib. Bergerac, 28 juin 1871) (2), s'est prononcé en ce sens.

---

sa survenance la donation que son père avait faite; — Attendu que les époux Carron, demandeurs, se fondent sur cette si courte existence de onze heures et aussi sur le certificat du médecin Duzéa, remis à l'officier de l'état civil, déclarant que l'enfant dont s'agit est né avant terme, et soutiennent que de ces deux faits résulte une présomption de non-viabilité, qu'ils demandent à être admis à compléter par témoins; — Attendu, au contraire, que le tuteur Vallaton ès qualité repousse l'offre en preuve des demandeurs et soutient que la viabilité de l'enfant est entièrement démontrée par le fait, qui n'est pas nié, que l'enfant a vécu onze heures; — Attendu que l'enfant né viable est celui qui est né organisé pour la vie, *perfecto natus*, suivant l'expression de la doctrine; que s'il est vrai que la vie, quand elle se prolonge, emporte avec elle la preuve de la viabilité, il serait impossible d'accorder cet effet à une existence de onze heures, s'il est démontré que l'enfant est mort par suite des défectuosités de son organisation; qu'il y a donc lieu de réserver, en l'état, toutes les questions juridiques que le procès soulève et de recourir aux lumières d'un homme de l'art pour connaître l'organisation physique que l'enfant Régnier a apportée en naissant et les circonstances qui ont amené sa mort; — Qu'il est manifeste que dans cette délicate matière, qui est essentiellement du domaine de la science médicale, la preuve testimoniale ne saurait apporter à la justice que des renseignements insuffisants; — Attendu que ni l'une ni l'autre des parties n'ayant conclu à l'expertise qui est ordonnée d'office, il est loisible au tribunal, en dehors du consentement des parties, de ne nommer qu'un seul expert; — Par ces motifs, le tribunal, jugeant avant faire droit, tous droits et moyens des parties demeurant expressément réservés, nomme d'office seul expert dans la cause M. Duzéa, docteur médecin qui, serment préalablement prêté, dira et rapportera : 1° Si l'enfant Louis Régnier, qui, d'après les actes de l'état civil susénoncés, n'a vécu que onze heures, est mort par suite des défectuosités de l'organisation physique qu'il avait apportées en naissant et quelles étaient ces défectuosités. Est-il né avant terme? Quelle a été la durée approximative de la gestation? 2° Si l'enfant était organisé pour vivre plus longtemps, quel est l'accident qui a déterminé la mort? Pendant combien de temps, sans cet accident, l'organisation de l'enfant lui aurait-elle permis de vivre? Autorise l'expert à s'entourer de tous les renseignements utiles et même à entendre des témoins, à la charge de relater exactement leurs déclarations; et même s'il le juge nécessaire à l'accomplissement de son mandat, à faire exhumer le corps de l'enfant en observant les règles de la matière, etc. »
— Appel. — Arrêt.

La cour; — Sur la demande de désignation d'un autre expert : — Considérant que le docteur Duzéa présente toutes les garanties désirables d'impartialité et de capacité; que personne ne peut éclairer la justice mieux que le médecin qui a donné ses soins à la dame Régnier pendant sa grossesse, et qui a connu toutes les circonstances qui se sont produites lors de la naissance et de la mort de l'enfant; — Que le certificat constatant le décès de cet enfant, rédigé par le docteur Duzéa avant qu'aucune contestation se fût élevée, n'a point été donné en vue d'un procès qui n'existait pas, et dont il n'était pas encore question; — Adoptant au surplus les motifs des premiers juges; — Confirme, etc.

Du 24 mars 1876.-C. de Lyon, 1re ch.-MM. Millevoye, 1er pr.-Pine-Desgranges et Lépine, av.

(1) (Barrié C. Dulat.) — La cour; — Sur la fin de non-recevoir : — Attendu qu'aux termes de l'art. 339 c. nap., la reconnaissance d'un enfant naturel peut être contestée par tous ceux qui y ont intérêt, et que, d'après l'art. 331, on n'a le droit de légitimer par mariage subséquent que les enfants reconnus avant le mariage de leurs père et mère, ou qui sont reconnus dans l'acte de célébration; d'où il suit que la reconnaissance est le préalable indispensable, le titre fondamental de la légitimation, et par conséquent, les parties qui peuvent contester la reconnaissance sont recevables aussi à attaquer la légitimation;

Au fond: — Attendu que Barrié fit donation d'une somme de 6000 fr. à l'épouse Dulat, sa nièce, dans le contrat de mariage de cette dernière; que peu de temps après, sous le prétexte qu'il avait à se plaindre des époux Dulat, Barrié chercha par tous les moyens à se soustraire au payement des 6000 fr. qu'il avait promis; qu'il résulte clairement de tous les documents du procès qu'il a fait successivement procéder à des publications de mariage avec quatre filles enceintes; qu'ensuite, ses projets n'ayant pas abouti, il eut recours, en août et septembre 1862, à de nouvelles publications de mariage avec la fille Hirondelle, également enceinte, et qui avait déjà donné le jour à plusieurs enfants; — Que le mariage a suivi l'accomplissement de ces formalités à la date du 14 sept. 1863, deux jours après la naissance d'un enfant de cette fille, qu'il a reconnu et légitimé; — Attendu qu'il est avoué par Barrié lui-même qu'il n'a agi ainsi que dans le but exclusif de faire tomber la donation du 17 mars 1861; que tout prouve que les reconnaissance et légitimation de l'enfant dont il s'agit sont mensongères et frauduleuses, en ce sens que jamais Barrié, mû uniquement dans cette affaire par l'esprit de haine et de vengeance, n'a eu le moindre rapport avec la fille Hirondelle, ni avant le mariage, ni après; que cette fille et son enfant n'ont pas été admis dans la maison de Barrié, qu'il n'a pas voulu les recevoir et entretenir des relations avec eux (il est âgé de soixante-cinq ans et a toujours eu des mœurs régulières); que l'acte jugé par lui nécessaire pour faire révoquer la donation une fois accompli, il n'a caché à personne le but qu'il s'était proposé en légitimant l'enfant né de la fille Hirondelle; mais que l'art. 960 c. nap. n'a fait exception au grand principe de l'irrévocabilité des donations entre vifs que dans le cas où il s'agit d'une légitimation sérieuse, d'une paternité réelle et non d'une paternité fictive et mensongère, imaginée dans le seul but d'anéantir la donation et de se soustraire à ses engagements; qu'il résulte de tous ces faits que la légitimation est frauduleuse et doit être tenue pour non avenue; — Par ces motifs, etc.

Du 29 juin 1864.-C. d'Agen, 1re ch.-MM. Sorbier, 1er pr.-Drême, 1er av. gén.-Delpech et Séré, av.

(2) (Barbeyron C. Chardonnier.) — Le tribunal; — Attendu que, suivant contrat à la date du 17 févr. 1859, reçu Voisin La-

531. — III. Comment et au profit de qui s'opère la révocation pour survenance d'enfant (*Rép.* nos 1914 à 1927). — Il est admis par tous les auteurs, selon l'opinion émise au *Rép.* n° 1914, que la révocation pour survenance d'enfant s'opère de plein droit (Aubry et Rau, t. 7, § 709, p. 439), et que les biens donnés sont censés n'être jamais sortis du patrimoine du donateur. Ce dernier principe engendre cette conséquence qu'en cas de révocation par suite de la naissance d'un posthume, cet enfant n'aura droit aux biens donnés qu'en qualité d'héritier de son père (Aubry et Rau, t. 7, § 709, p. 439 ; Demolombe, t. 3, n° 789 ; *Rép.* n° 1926).

532. — IV. Effets de la révocation pour survenance d'enfants (*Rép.* nos 1928 à 1934). — Suivant l'opinion exprimée au *Rép.* n° 1928, la révocation a lieu *ex tunc*, c'est-à-dire avec effet rétroactif. Elle est régie par les principes généraux sur les conditions résolutoires, sauf en ce qui concerne la restitution des fruits.

533. La disposition de l'art. 962 c. civ., qui autorise le donataire à conserver les fruits perçus de quelque nature qu'ils soient jusqu'au jour où la naissance de l'enfant lui aura été notifiée, a déjà été commentée au *Rép.* n° 1929. MM. Aubry et Rau assimilent, au point de vue de la règle de l'art. 962, les fruits que le donataire doit être réputé avoir perçus à ceux qu'il a réellement perçus (t. 7, § 709, p. 440). Cette doctrine a été admise par un arrêt, mais avec une distinction. Il a été jugé que le donataire a droit, en qualité de propriétaire, alors même qu'il ne les aurait pas encore perçus, aux fruits échus avant la survenance de l'enfant, mais qu'il ne peut retenir les fruits échus depuis l'époque de la naissance de l'enfant jusqu'à celle où la notification lui en a été faite qu'autant qu'il les a réellement perçus (Aix, 11 mars 1874, aff. Ferrat, D. P. 75. 2. 28).

534. Le donateur ne pourrait valablement s'engager à garantir le donataire contre les effets de la révocation pour cause de survenance d'enfants, pas plus qu'il ne pourrait renoncer par avance à invoquer cette révocation (c. civ. art. 963). Mais rien ne s'oppose à ce qu'un tiers s'oblige vis-à-vis du donataire à le garantir en prévision du cas où la donation se trouverait révoquée pour survenance d'enfant. M. F. Mourlon, dans une dissertation insérée D.P. 66. 2. 74, s'est élevé contre cette opinion. Cet auteur, invoquant les art. 2012 et 2013 c. civ., objecte que l'anéantissement de la donation par suite de la survenance d'un enfant entraîne, par voie de conséquence, la nullité du cautionnement qui en est l'accessoire. Il suffit, pour faire tomber cette objection, d'observer que ce n'est point la nullité de la donation, mais sa révocation, que la loi prononce pour cause de survenance d'enfant ; la donation n'en demeure pas moins valable en principe, et cela suffit pour qu'elle ait pu être valablement cautionnée. La jurisprudence a consacré cette dernière solution (Toulouse, 24 mars 1866, aff. Desplas, D. P. 66. 2. 73 ; Req. 19 févr. 1868, même affaire, D. P. 68. 1. 174).

CHAP. 2. — Des donations faites par contrat de mariage aux futurs époux et aux enfants à naître du mariage (*Rép.* nos 1939 à 2254).

Sect. 1re. — De la donation de biens présents (*Rép.* nos 1940 à 1971).

535. Suivant l'observation faite au *Rép.* n° 1940, les donations faites par contrat de mariage et, spécialement, celles qui portent sur des biens présents sont soumises aux mêmes conditions de forme et de fond que les autres donations (V. Aubry et Rau, t. 8, § 735, p. 53). Comme conséquence de ce principe, il a été décidé (*Rép.* n° 1942) que la formalité de l'état estimatif est applicable aux donations d'objets mobiliers effectuées par contrat de mariage. Il a été jugé plus récemment que les donations d'immeubles faites à titre particulier par contrat de mariage sont assujetties à la transcription exigée par l'art. 941 c. civ. (Grenoble, 17 janv. 1867, aff. Jourdan, D. P. 68. 2. 17 ; Aubry et Rau, t. 8, § 735 *bis*, p. 55).

536. Mais l'art. 1087, ainsi qu'on l'a observé au *Rép.* n° 1960, consacre une dérogation à la règle générale en dispensant les donations par contrat de mariage de la formalité d'une acceptation expresse. Ce qui ne veut pas dire, comme le remarque M. Laurent, t. 15, n° 161, que les donations dont s'agit ne doivent pas être acceptées ; mais le simple consentement du donataire tient lieu d'acceptation.

537. Une autre dérogation résulte de l'art. 1088. Aux termes de cet article, les donations faites en faveur du mariage sont caduques, si le mariage ne s'ensuit pas. Cette disposition s'applique certainement, ainsi qu'on l'a observé au *Rép.* n° 1962, aux donations faites par contrat de mariage, de telle sorte que ces donations doivent être présumées subordonnées à la condition que le mariage s'ensuivra. M. Laurent, qui admet l'existence de cette présomption en vertu d'un argument tiré de l'art. 1541 c. civ., reconnaît d'ailleurs qu'elle peut être combattue par la preuve contraire. Tel serait le cas où l'on viendrait à établir que la donation, bien qu'inscrite au contrat de mariage, est néanmoins indépendante tant des conventions matrimoniales que du mariage lui-même (Laurent, t. 15, n° 168).

538. Mais une donation en faveur du mariage peut, ainsi qu'il a été expliqué au *Rép.* n° 1962, être faite par acte séparé. Cette donation, à la différence de celle consentie dans le contrat de mariage, n'est pas présumée faite en faveur du mariage. Si donc il n'est point prouvé que tel est le caractère de la donation dont s'agit, sa caducité ne résultera pas *ipso facto* de la non-célébration du mariage (Laurent, t. 15, n° 168). Cette différence entre la donation par contrat de mariage et la donation par acte séparé est bien mise en relief dans un arrêt de la cour de Toulouse qui consacre l'opinion de M. Laurent, sauf en un point. Cet arrêt décide, d'une part, que la donation de biens présents, faite par acte séparé, n'est pas présumée faite en faveur du mariage, quoiqu'elle ait lieu au profit des futurs époux ; d'autre part, que, par cela seul qu'une donation de biens présents a été faite par contrat de mariage, il y a présomption que cette libéralité a eu lieu en faveur du mariage. Mais, suivant le même arrêt, cette présomption est absolue et ne peut être combattue par une preuve contraire (Toulouse, 4 août 1881, aff. Servat, D. P. 82. 2. 94).

Sect. 2. — De la donation de biens a venir ou institution contractuelle (*Rép.* nos 1972 à 2124).

539. Par dérogation aux règles du droit commun, l'art. 1082 c. civ., ainsi qu'il a été expliqué au *Rép.* n° 1972, permet de disposer par contrat de mariage au profit des futurs époux et des enfants à naître, de tout ou partie des biens que le donateur laissera à son décès. Cette donation de biens à venir est spécialement connue sous le nom d'institution contractuelle.

Art. 1er. — *Origine, nature et caractères généraux de l'institution contractuelle* (*Rép.* nos 1973 à 2004).

540. Les origines de l'institution contractuelle dans notre ancien droit coutumier ont été mises en lumière au *Rép.* nos 1973 et 1974. Nous n'y reviendrons pas. Quant à la nature et aux caractères généraux de la donation qui

---

forge, lors notaire à Lamothe-Montravel, Jacques Denoix aîné et Marie Marchand, son épouse, déclarèrent faire donation aux conjoints Barbeyron des immeubles qu'ils possédaient alors dans les communes de Lamothe-Montravel et Saint-Michel-Montaigne ; — Attendu que Marie Marchand, par acte en date du 3 mai 1864, passé devant M. le juge de paix du canton de Vélines, se constitua tutrice officieuse d'Eugénie Chardonnier, et que, par son testament authentique du 18 nov. 1870, elle déclara adopter cette dernière et l'instituer sa légataire universelle ; — Attendu que, se fondant sur ces deux derniers actes, et en même temps sur les dispositions de l'art. 960 c. civ., d'après lesquels suivant lui, toutes donations entre vifs sont révoquées tout aussi bien en cas d'adoption que par la survenance d'un enfant, Léonard Chardonnier, exerçant les droits d'Eugénie Chardonnier, sa fille mineure, a fait assigner devant le présent tribunal lesdits conjoints Barbeyron pour entendre prononcer la nullité de ladite donation, et subsidiairement, pour la faire réduire à la moitié des biens donnés, et faire ordonner le partage, suivant les droits des parties, tant de ces biens que de ceux que possédait la donatrice au moment de son décès ; — Attendu que, de leur côté, les conjoints Barbeyron ont conclu à ce que cette action fût déclarée purement et simplement non recevable et mal fondée : 1°...

nous occupe, on les a également indiqués au *Rép.* n°s 1976 à 1978. MM. Aubry et Rau, t. 8, § 739, p. 60, les résument de la manière suivante : « Le caractère distinctif de l'institution contractuelle consiste en ce que, d'un côté, elle est à certains égards irrévocable, et en ce que, de l'autre, elle ne porte cependant que sur des biens à venir et se trouve subordonnée à la survie du gratifié. C'est par le premier de ces traits que l'institution contractuelle diffère du legs et de l'ancienne donation à cause de mort; c'est par le second qu'elle se distingue de la donation entre vifs ordinaire ». Ce caractère distinctif de l'institution contractuelle existait déjà dans notre ancien droit. C'est ce que plusieurs arrêts ont reconnu en décidant que, sous l'empire de l'ordonnance de 1731, les institutions contractuelles étaient, à raison de leur irrévocabilité, assimilées aux donations entre vifs et devaient dès lors être reçues par acte notarié (Civ. cass. 4 mars 1863, aff. Cazeaux, D. P. 63. 1. 148; Agen, 25 avr. 1866, même affaire, D. P. 67. 2. 48). Sous l'empire de la législation actuelle, il a été jugé, dans le même sens, que la donation, faite par contrat de mariage à l'un des futurs époux, de tous les immeubles que possédera le donateur à l'époque du décès d'un tiers, et pour le cas où le donateur survivrait à ce dernier, ne constitue pas une donation à cause de mort (Req. 20 févr. 1865, aff. de Truchis, D. P. 65. 1. 220).

541. Ainsi qu'il a été observé au *Rép.* n° 1982, l'existence d'une institution contractuelle ne résulte ni de la qualification que le disposant a donnée à sa libéralité, ni de l'emploi de termes sacramentels. Les juges ont à apprécier si la donation mérite ou non la qualification d'institution contractuelle, à raison de la nature et des caractères de la disposition. C'est ainsi que la donation par contrat de mariage à l'un des futurs époux d'une somme à prendre sur les plus clairs biens de la succession des donateurs et à l'ouverture de la succession, bien que qualifiée dans l'acte de donation entre vifs, a été reconnue constituer une institution contractuelle caduque par le prédécès du donataire (Besançon, 9 juin 1862, aff. Fremiot, D. P. 62. 2. 116). Inversement, il a été jugé que la clause d'un contrat de mariage, par laquelle un père fait à son fils donation de biens présents et à venir, ne s'oppose pas à ce que le juge, appréciant la libéralité d'après la lettre du contrat, les distinctions qu'il contient, la situation à laquelle il était pourvu et l'intention des parties manifestée par des actes postérieurs explicites, décide que la disposition a été restreinte à des biens présents seulement, dont le donataire a été mis en jouissance par un autre article du contrat et pour un cas spécial qui s'est réalisé; que, dès lors, cette donation n'était pas caduque, malgré le prédécès du donataire (Req. 22 nov. 1881, aff. Jayle-Andrieux, D. P. 82. 1. 216).

542. Les juges du fond ont un pouvoir discrétionnaire pour déterminer le sens et l'étendue des clauses d'une institution contractuelle (*Rép.* n° 1981). Ainsi la disposition d'un contrat de mariage portant donation en faveur de l'un des futurs époux de sa part et portion virile intégrale dans la succession du donateur a pu, par une interprétation souveraine du contrat, être considérée comme s'appliquant à la part et portion virile du donataire, telle qu'elle semblait devoir être déterminée à l'époque de la donation, et non telle qu'elle s'est trouvée réellement fixée lors de l'ouverture de la succession (Civ. rej. 28 juin 1858, aff. de Beauvau Craon, D. P. 58. 1. 331). De même, les juges du fond, en usant de leur pouvoir d'interprétation, peuvent décider, d'après l'intention des parties et les termes employés pour l'exprimer, que la clause d'un contrat de mariage par laquelle le mari a fait à sa femme survivante donation de la moitié des biens qu'il laisserait à son décès et, en outre, d'une somme déterminée à prendre sur sa succession doit être entendue en ce sens que cette somme sera prise en totalité sur la moitié des biens revenant aux héritiers légitimes (Req. 25 juill. 1881, aff. Bornot, D. P. 82. 1. 177). D'une manière générale, en cas de difficultés sur l'interprétation d'une institution contractuelle, les juges doivent en restreindre les stipulations au cas expressément prévu, non seulement en se renfermant dans le sens littéral des termes employés, mais en recherchant quelle était, au moment du contrat, la situation des parties (Paris, 1er déc. 1855, aff. Ville de Paris, D. P. 55. 1. 159).

Enfin la disposition par laquelle le père de famille intervenant au contrat de mariage de l'un de ses enfants l'institue conjointement et par égales portions avec ses frères et sœurs héritier général et universel de tous ses biens, s'interdisant la faculté de pouvoir avantager ses autres enfants à son préjudice, a pu être considérée, par une interprétation souveraine des juges du fond, comme constituant, non seulement une promesse d'égalité, mais une institution contractuelle, générale et universelle opposable aux tiers (Riom, 21 févr. 1883, aff. Boudouroux, D. P. 85. 1. 108, et sur pourvoi, Req. 10 mars 1884, D. P. 85. 1. 108).

543. Cependant la qualification d'institution contractuelle ne saurait être attribuée à une disposition qui ne réunirait pas les caractères indiqués précédemment. Au point de vue de la qualification à appliquer, la cour de cassation peut incontestablement exercer son contrôle. C'est ce qui résulte des décisions rapportées au *Rép.* n°s 1985 et 1986. Plus récemment, il a été décidé, par application du même principe, que la clause d'une donation par contrat de mariage par laquelle le donateur, en gratifiant entre vifs et irrévocablement d'une somme d'argent l'un des futurs époux, stipule que cette somme sera payable seulement une année après le décès du donateur et celui de son conjoint sans intérêts jusqu'à cette date, n'a d'autre effet que de fixer l'époque d'exigibilité d'une créance dès à présent certaine et n'imprime pas à la libéralité le caractère d'une institution contractuelle (Req. 19 juin 1876, aff. Diard, D. P. 77. 1. 223).

544. Ainsi qu'il a été expliqué au *Rép.* n°s 1994 à 2003, la promesse d'égalité très fréquemment insérée dans les contrats de mariage est certainement valable. Il a même été jugé qu'une promesse d'égalité avait pu valablement prendre place dans le contrat de mariage passé sous l'empire de la loi du 17 niv. an 2 (Bordeaux, 22 mai 1861, aff. Mercier, D. P. 61. 2. 196). Mais la promesse d'égalité n'équivaut pas à une institution contractuelle, en ce sens que l'ascendant conserve le droit de disposer librement à titre gratuit de la quotité disponible au profit d'étrangers. Cette opinion, qui a été enseignée au *Rép.* n° 2000, est approuvée par tous les auteurs (Demolombe, t. 6, n°s 305 et 306; Aubry et Rau, t. 8, § 739, p. 90) ; elle a également pour elle la jurisprudence (Conf. les décisions citées au *Rép.* n° 2001). Jugé depuis que la promesse d'égalité faite par un père à son enfant dans le contrat de mariage de ce dernier n'est pas une institution contractuelle, en ce sens que, si l'ascendant ne peut avantager l'un de ses autres enfants au préjudice de celui-ci, il conserve le droit de disposer de la quotité disponible en faveur de tiers (Riom, 2 mars 1882, aff. Moussat, D. P. 83. 2. 15 ; Req. 22 févr. 1887, aff. de Casaux, D. P. 88. 1. 128). L'ascendant serait même libre de léguer tel bien déterminé à un autre de ses enfants; ce legs serait valable, pourvu qu'il ne fût pas fait à titre de préciput; car à cette condition il n'empêche pas l'institué de recueillir sa part entière de succession tant en meubles qu'en immeubles (Req. 11 févr. 1879, aff. Gallay, D. P. 79. 1. 297). Cependant deux arrêts de cours d'appel (Limoges, 23 juill. 1862, aff. Savignat, D. P. 62. 2. 213 ; Bordeaux, 20 janv. 1863,

— 2° parce que l'art. 960 c. civ., n'est pas applicable, en cas d'adoption du donataire;

En ce qui concerne leur deuxième moyen : — Attendu que c'est avec plein fondement qu'ils soutiennent que l'adoption ne révoque pas les donations entre vifs; — Qu'en effet, les dispositions de l'art. 960 c. civ. formulant l'une des exceptions à la règle de l'irrévocabilité de ces donations, doivent nécessairement s'entendre dans un sens restrictif; que ledit article est muet sur l'enfant adoptif, et que l'on ne saurait admettre aucune assimilation entre cette filiation et la filiation légitime et naturelle, par la raison que la survenance d'un enfant légitime ou naturel est un événement que l'on peut désirer, mais que l'on n'est pas toujours le maître de produire, tandis que l'adoption est un fait qui dépend de la volonté de celui que juge à propos de la conférer ; — Qu'au surplus, cette interprétation de l'article précité est celle admise par la jurisprudence de la cour de cassation et par l'unanimité des auteurs qui ont écrit sur cette matière ; — Que le tribunal ne saurait hésiter à la consacrer;...

Par ces motifs, etc.

Du 28 juin 1871.-Trib. civ. Bergerac.

aff. Guérin, D. P. 63. 5. 126) ont considéré la promesse d'égalité comme équivalant à une institution contractuelle et emportant, de la part de son auteur, l'engagement d'assurer toute sa fortune à ses enfants.

545. On a examiné au *Rép.* n° 2129, la question de savoir si les dispositions de lois qui régissent les donations de biens à venir appartiennent au statut réel ou au statut personnel. Pour poser la question d'une façon plus pratique, demandons-nous si un donateur étranger auquel la loi de son pays interdit toute donation de biens à venir pourrait valablement consentir en France une institution contractuelle. La réponse à cette question se trouve dans la combinaison des deux règles suivantes, qui sont généralement admises en doctrine au point de vue de l'application des lois françaises à des étrangers (V. Aubry et Rau, t. 1, § 31, p. 105) : 1° Pour apprécier la capacité des parties qui ont passé un acte juridique, le juge français, doit en général, s'attacher au statut personnel respectif de chacune d'elles; — 2° Pour décider si un acte juridique relatif à des biens meubles ou immeubles qui se trouvent en France est ou non valable quant aux choses qui en forment l'objet ou quant au genre de disposition qu'il renferme, le juge français doit, en général, appliquer exclusivement la loi française. La première règle a conduit la cour de Paris à décider qu'une donation contractuelle, consentie en Italie par un Espagnol au profit de sa fille, alors que la loi espagnole interdit ce genre de disposition, ne peut être exécutée ni sur les immeubles possédés à l'étranger par le donateur, ni sur ceux qui lui appartiennent en France, bien que sa succession se soit ouverte dans ce dernier pays (Paris, 12 mars 1881, aff. Ramon Garcia, D. P. 81. 2. 137). Dans cet arrêt, nous relevons le passage suivant, par lequel la cour répond à l'argument que l'on tirait de la seconde des règles ci-dessus indiquées : « Considérant qu'il ne s'agit pas d'un contrat passé en France conformément à l'art. 1082 c. civ., mais d'un acte passé à Rome où le comte Garcia résidait alors; — Que ce n'est donc pas au point de vue de la loi française qu'il convient de se placer pour apprécier la validité de cet acte, mais bien au point de vue de la capacité personnelle du donateur stipulant hors de France dans les limites qui lui étaient fixées non par la loi française, mais par celle de son pays ». Mais la cour de cassation, s'attachant précisément à ce second principe, qu'on doit s'en tenir à la loi française pour apprécier la validité d'un contrat, lorsque la question est posée devant un tribunal français et à l'occasion d'un contrat relatif à des choses qui se trouvent en France, a décidé que la promesse d'égalité faite par un père de famille étranger dans le contrat de son fils, né et résidant avec lui en France, doit être considérée comme valable par la justice française, alors surtout que des Français en réclament le bénéfice, bien qu'une telle clause soit interdite par la loi personnelle de cet étranger comme étant contraire à l'ordre public (Req. 20 févr. 1882, aff. Becker, D. P. 82. 1. 119).

ART. 2. — *Personnes par qui et au profit de qui l'institution contractuelle peut être faite* (*Rép.* n°s 2005 à 2044).

546. Ainsi qu'il a été dit au *Rép.* n° 2005, l'institution contractuelle peut émaner d'une personne quelconque, pourvu que celle-ci jouisse de la capacité exigée pour faire une donation ordinaire. Cette règle est la conséquence du caractère de disposition entre vifs que nous avons reconnu à l'institution contractuelle. Par application de cette règle, il a été décidé, d'une part, que le mineur ne peut jamais disposer par voie d'institution contractuelle (*Rép.* n° 2005) et, d'autre part, que la femme mariée a besoin de l'autorisation soit de son mari, soit de justice, pour consentir une disposition de cette nature (*Rép.* n° 2006. V. dans le même sens : Aubry et Rau, t. 8, § 739, p. 65; Demolombe, t. 6, n° 283; Laurent, t. 15, n° 197; Colmet de Santerre, t. 4, n° 253 *bis*).

547. En ce qui touche les personnes qui peuvent être l'objet d'une institution contractuelle, nous avons déjà dit au *Rép.* n° 2024, que l'art. 1082 c. civ. n'autorise ce genre de disposition qu'au profit des futurs époux et des enfants à naître (V. Laurent, t. 15, n° 199; Aubry et Rau, t. 8, § 739, p. 66). C'est, en effet, uniquement pour favoriser les mariages que l'institution contractuelle a été admise dans la législation aujourd'hui en vigueur. MM. Aubry et Rau, t. 8, § 739, p. 66, estiment que, sous la dénomination d'enfants à naître, il faut comprendre les enfants déjà nés qui viendraient à être légitimés par l'union en vue de laquelle l'institution est faite. En dehors des futurs époux et des enfants à naître, toutes les autres personnes sont incapables d'être gratifiées par voie d'institution contractuelle. C'est l'opinion unanime des auteurs (Demolombe, t. 23, n° 293; Aubry et Rau, *loc. cit.*), et un arrêt s'est prononcé dans le même sens (Dijon, 29 janv. 1868) (1).

548. Ces mêmes auteurs s'accordent à proscrire, suivant l'opinion développée au *Rép.* n°s 2017 et 2018, la clause dite d'*association*, au moyen de laquelle, dans l'ancien droit, on arrivait à faire participer au bénéfice de l'institution contractuelle des personnes autres que les futurs époux, ou les enfants à naître, et notamment des frères ou sœurs (V. Aubry et Rau, t. 8, § 739, p. 66, texte et note 25; Demolombe, t. 6, n° 294; Laurent, t. 15, n° 207; Colmet de Santerre, t. 4, n° 255 *bis* VII et VIII).

549. Ainsi qu'il a été expliqué au *Rép.* n° 2026, l'institution contractuelle faite aux futurs époux s'adresse également aux enfants à naître, en vertu d'une sorte de substitution vul-

(1) (Barbaud C. Munier.) — LA COUR; — Considérant qu'il s'agit de déterminer le caractère de la donation faite par François Munier à la veuve Barbaud, sa seconde femme, ou aux enfants que cette femme avait eus d'un premier lit; — Que l'art. 10 du contrat de mariage, reçu Bernard, notaire à Auxonne le 6 mai 1862, est ainsi conçu : « Déclare Munier que voulant dès aujourd'hui témoigner à la future toute l'affection qu'il a pour elle, il lui fait par les présentes donation, et à son défaut à ses enfants ou descendants, d'une somme de 10000 fr. en pleine propriété, à prendre sur le plus clair des biens qu'il délaissera; toutefois, si le futur survivait à la donataire, ladite somme ne serait payée qu'au décès du donateur, sans intérêts, et serait immédiatement garantie par une inscription sur tous les biens du sieur Munier qui demeureront à ce hypothéqués »; — Que, quel que soit le peu de précision de ces deux dispositions, leur commune interprétation ne peut laisser aucun doute, et qu'il résulte suffisamment, soit du texte lui-même, soit de l'intention des parties, que Munier n'a jamais entendu conférer à la veuve Barbaud qu'une donation de biens à venir ou une institution contractuelle; — Que s'il avait voulu faire au profit de sa future une donation entre vifs, il n'eût pas institué à son défaut ses enfants ou descendants du premier lit, héritiers saisis de plein droit par suite de l'irrévocabilité du contrat; — Qu'il est évident que le mari ne s'est pas dépouillé et que la femme n'a pas été saisie actuellement de la somme de 10000 fr. puisque cette somme était à prendre sur le plus clair des biens que délaisserait Munier; — Qu'il ne s'agissait donc que d'une somme qui, fixe et déterminée dans son chiffre, n'en constituait pas moins une chose incertaine et éventuelle, pouvant ne point exister dans la fortune du mari à l'ouverture de la succession; — Que, sans doute, le donateur ne pouvait plus en disposer à titre gratuit au préjudice de ses engagements, mais qu'il fallait attendre l'époque de son décès pour savoir si la donataire trouverait 10000 fr. dans la succession après le payement de toutes les dettes et charges qui la grevaient; — Qu'étant morte avant son mari, la veuve Barbaud n'a donc jamais eu aucun droit acquis à la propriété de la somme donnée, par conséquent, aucun droit transmissible à ses héritiers; — Que la donation n'étant ni actuelle, ni de biens présents, mais seulement contractuelle, les appelants ne peuvent donc y prétendre du chef de leur mère; — Considérant qu'ils ne sont pas mieux fondés de leur propre chef; — Qu'en déclarant qu'en cas de survie de sa part, la somme ne serait payée aux enfants Barbaud qu'à son décès sans intérêts, Munier a clairement révélé sa pensée, et que la faculté de prendre une inscription éventuelle sur ses biens n'a eu pour objet ni pour effet de modifier la nature même de l'acte; — Que nés du premier mariage de leur mère et complètement étrangers à Munier, la donation n'a d'autre caractère à leur égard qu'une donation à cause de mort, et qu'à ce titre elle est frappée de nullité; — Que fût-elle entre-vifs en ce qui les concerne, elle serait encore nulle faute d'acceptation par eux ou en leur nom avant le décès du donateur; — Que tombés immédiatement dans sa succession, les biens du défunt restent le gage commun de ses créanciers, et par conséquent sont affectés aux droits et reprises de la dame Daragon, troisième femme de Munier; — Considérant néanmoins qu'à défaut d'appel incident de ladite dame Daragon, la cour ne peut que confirmer la décision des premiers juges et en ordonner l'exécution;

Par ces motifs, statuant sur l'appellation émise du jugement rendu par le tribunal civil de Dijon le 6 août 1867, confirme, etc.

Du 29 janv. 1868.-C. de Dijon, 1re ch.-MM. Neveu-Lemaire, 1er pr.-Proust, 1er av. gén.-Perdrix et Bourgogne, av.

gaire, par cela seul que l'instituant n'a pas manifesté de volonté contraire (Aubry et Rau, t. 8, § 739, p. 68 et 69; Demolombe, t. 6, n° 329; Colmet de Santerre, t. 4, n° 256 *bis*. V). Nous devons cependant noter, dans un sens opposé, l'opinion de M. Bonnet, *Des dispositions par contrat de mariage et des dispositions entre époux*, t. 2, n° 370.

550. L'institution contractuelle pourrait être restreinte au profit des seuls futurs époux (Aubry et Rau, t. 8, § 739, p. 68, texte et note 27; Demolombe, t. 6, n° 288; Laurent, t. 15, n° 205). Mais l'instituant ne pourrait limiter la substitution vulgaire admise par la loi à quelques-uns des enfants à naître; il ne pourrait non plus leur assigner des parts inégales (*Rép*. n° 2037; Aubry et Rau, t. 8, § 739, p. 69, note 30; Laurent, t. 15, n° 204), ou bien encore instituer seulement *per saltum* les enfants à naître à l'exclusion de leurs père et mère (Aubry et Rau, t. 8, § 739, p. 70, note 32; Demolombe, t. 6, n° 296).

ART. 3. — *Conditions intrinsèques de la validité de l'institution contractuelle* (*Rép*. n°s 2045 à 2048).

551. Sous cette rubrique, on a examiné au *Répertoire* à quel moment la capacité de disposer ou de recevoir devait exister soit chez l'instituant, soit chez l'institué. On s'est prononcé au *Rép*. n° 2046, en faveur d'un système mixte, d'après lequel l'instituant n'aurait besoin de la capacité de disposer, qu'au moment de la passation du contrat de mariage, tandis que la capacité devrait exister chez l'institué, à la fois au moment de la disposition et au moment de la mort de l'instituant. L'opinion qui prévaut aujourd'hui en doctrine assimile de tous points l'institution contractuelle à la donation entre vifs. Conformément à ce système, on enseigne qu'une institution contractuelle, faite par une personne jouissant de la plénitude de ses droits et au profit d'un individu capable de recevoir est valable, alors même que le donateur, ou même le donataire, se trouverait, au moment du décès de l'instituant, sous le coup d'une condamnation à une peine afflictive perpétuelle (V. Aubry et Rau, t. 8, § 739, p. 65 et 66; Demolombe, t. 6, n° 394).

ART. 4. — *Des formes de l'institution contractuelle* (*Rép*. n°s 2049 à 2060).

552. L'institution contractuelle, ainsi qu'il a été expliqué au *Rép*. n° 2049, doit, sous le rapport des formes, être assimilée à une convention matrimoniale. Elle ne peut donc être effectuée que par contrat de mariage, ou par un acte susceptible d'en tenir lieu (V. Aubry et Rau, t. 8, § 739, p. 63, note 10; Demolombe, t. 6, n° 276). D'ailleurs, suivant l'opinion émise au *Rép*. n° 2055, rien n'empêche que plusieurs institutions contractuelles soient faites par diverses personnes dans un même contrat de mariage (Aubry et Rau, t. 8, § 739, p. 64; Bonnet, t. 1, n° 263).

553. Mais l'institution contractuelle qui porte sur un ou plusieurs immeubles n'est pas soumise à la transcription. Cette opinion, qui a été enseignée au *Rép*. n° 2057, est approuvée par la doctrine (Laurent, t. 15, n° 188; Aubry et Rau, t. 8, § 739, p. 64, note 13; Demolombe, t. 6, n° 277). La jurisprudence est dans le même sens. Jugé que les art. 939 et 941, d'après lesquels la donation entre vifs n'est opposable aux tiers qu'autant qu'elle a été transcrite, ne s'appliquent pas à l'institution contractuelle, laquelle n'est pas, dès lors, assujettie à la transcription, même après l'époque de son ouverture (Civ. rej. 4 févr. 1867, aff. Brisebois, D. P. 67. 1. 65; Req. 15 mai 1876, aff. Jalabert, D. P. 77. 1. 195).

ART. 5. — *Des biens que peut comprendre l'institution contractuelle* (*Rép*. n°s 2061 à 2063).

554. Ainsi qu'il a été expliqué au *Rép*. n° 2061, l'institution contractuelle peut porter, soit sur la totalité des biens que le disposant laissera à son décès, soit sur une partie de ces biens. Dans cette seconde hypothèse, l'objet de l'institution consistera en une fraction aliquote du patrimoine ou en biens individuellement déterminés. Cette solution, que nous avons enseignée, contrairement à l'opinion de MM. Delvincourt et Duranton, est approuvée unanimement par la doctrine récente (Aubry et Rau, t. 8, § 739, p. 61, note 8; Demolombe, t. 6, n° 273; Bonnet, t. 1, n° 296; Laurent, t. 15, n° 193). La jurisprudence a ratifié cette manière de voir, en considérant comme une institution contractuelle la donation faite dans le contrat de mariage par l'un des époux à l'autre d'une somme déterminée à prendre sur les plus clairs deniers de la succession du donateur (Rouen, 11 juill. 1856, aff. Lemoine, D. P. 57. 2. 109-110; 20 déc. 1856, aff. Samson, *ibid.*; Besançon, 9 juin 1862, aff. Fremiot, D. P. 62. 2. 116. V. également: Bruxelles, 12 août 1862, aff. de Robaulx, *Pasicrisie belge*, 1864. 2. 45).

ART. 6. — *Quand s'ouvre l'institution contractuelle* (*Rép*. n°s 2064 à 2068).

555. La propriété des biens compris dans l'institution contractuelle n'est transmise à l'institué qu'au jour du décès de l'instituant. Ce point a été établi au *Rép*. n° 2064 et ne souffre d'ailleurs aucune difficulté.

556. Si l'institué était mort avant l'instituant, le décès de ce dernier opérerait transmission des biens au profit des enfants de l'institué qui lui auraient survécu. La même transmission pourrait-elle avoir lieu dans le cas où l'époux donataire, ayant survécu à l'instituant, aurait renoncé au bénéfice de l'institution, ou bien serait dans l'impossibilité de la recueillir? Cette question a été examinée au *Rép*. n° 2067 où l'on s'est prononcé pour l'affirmative. Mais cette solution a été combattue par plusieurs auteurs. M. Laurent, notamment (t. 15, n° 234), se refuse à assimiler le cas de renonciation à celui du prédécès de l'époux donataire. Il argumente en ce sens du texte de l'art. 1082 qui prévoit uniquement « le cas où le donateur survivrait à l'époux donataire ». Ce raisonnement est approuvé par M. Bonnet, t. 2, n° 370. L'opinion contraire prévaut en doctrine. Elle se fonde sur ce que la vocation des enfants et descendants à naître s'opère par l'effet d'une substitution vulgaire. La transmission des biens à leur profit aura donc lieu dans tous les cas qui donnent ouverture à une substitution vulgaire, c'est-à-dire dans tous ceux où, par une cause quelconque, l'institué ne recueille pas la disposition à lui faite (V. en ce sens: Aubry et Rau, t. 8, § 739, p. 69, note 29; Demolombe, t. 6, n° 329; Colmet de Santerre, t. 4, n° 256 *bis*).

ART. 7. — *Effets de l'institution contractuelle. — Aliénations postérieures* (*Rép*. n°s 2069 à 2108).

557. L'institution contractuelle est étudiée ici au point de vue des effets qu'elle produit avant le décès de l'instituant. Ainsi qu'il a été observé au *Rép*. n° 2069, jusqu'à l'arrivée de cet événement, l'institué est simplement investi de la qualité de successeur éventuel et saisi irrévocablement du droit de succession qui résulte de cette qualité, mais aucune transmission de biens ne s'opère à son profit. Quant à l'instituant, il conserve, sa vie durant, la propriété pleine et entière de son patrimoine, et la seule restriction apportée à l'exercice de ce droit, c'est de ne pouvoir faire postérieurement à l'institution aucune disposition à titre gratuit opposable à l'institué (V. Aubry et Rau, t. 8, § 739, p. 73; Demolombe, t. 6, n° 310). Les conséquences qui découlent de ce principe ont été indiquées au *Répertoire*.

558. En premier lieu, l'instituant est libre de consentir toute espèce d'aliénation à titre onéreux, dans quelque forme que ce soit (*Rép*. n°s 2070 à 2076). — Jugé, en ce sens, que le donateur par contrat de mariage de l'usufruit des meubles et immeubles qu'il laissera à son décès, conservant la faculté de disposer de ses biens à titre onéreux, la femme donataire de cet usufruit ne peut s'opposer à la radiation sur les immeubles aliénés de son hypothèque légale (Civ. cass. 12 mai 1875, aff. Gonsard, D. P. 75. 1. 347). Mais tous les auteurs apportent à cette proposition le tempérament que nous avons nous-même admis au *Rép*. n° 2077, pour le cas où l'aliénation aurait été faite de mauvaise foi en fraude, ou en haine de l'institution. — Toutefois, on n'est pas d'accord sur la nature de l'action qui compète à l'institué en pareille hypothèse. Suivant M. Demolombe, t. 6, n° 312, qui adopte l'opinion de Duranton, l'institué pourrait exercer l'action paulienne en prouvant la complicité des tiers et l'intention frauduleuse du disposant. MM. Aubry et Rau, t. 8, § 739, p. 76, note 54, reconnaissent le même droit à l'institué; mais ils enseignent, en outre, que celui-ci serait autorisé à faire annuler les aliénations et autres constitutions de droit consenties par l'instituant à la seule condition de prouver qu'elles ont été effectuées à titre gratuit. Enfin M. Laurent, t. 15, n° 214, admet uniquement cette seconde action fondée sur l'art. 1083 et refuse à l'institué l'action paulienne, qui ne saurait lui appartenir parce qu'il n'est pas créancier de l'instituant.

559. Le disposant ayant, par l'effet de l'institution contractuelle, perdu le droit de faire des aliénations à titre gratuit, ne pourrait valablement consentir une seconde institution postérieure à la première. Cette proposition, énoncée au *Rép.* n° 2080, est admise sans difficulté par toute la doctrine (V. notamment : Laurent, t. 15, n° 216). Il a été jugé en ce sens que si l'ascendant qui a fait, par contrat de mariage, donation de biens présents et à venir au profit de l'un de ses descendants, conserve le droit de faire un partage, c'est à la condition que ce partage ne portera aucune atteinte à l'institution contractuelle (Req. 7 avr. 1873, aff. Mermet, D. P. 73. 1. 421. V. également : Lyon, 28 janv. 1855, aff. Maurier, D. P. 56. 2. 46). — Mais M. Laurent, *loc. cit.*, observe que rien n'empêche le donateur de faire une seconde institution du vivant du premier institué, en la substituant au prédécès de ce dernier. Cette solution a été consacrée par la jurisprudence sur ce motif que la seconde disposition, ne devant produire effet qu'en cas de caducité de la première, n'est point inconciliable avec elle (Req. 29 nov. 1858, aff. de Corrent, D. P. 59. 1. 132).

560. L'art. 1083 c. civ., tout en proscrivant pour l'instituant l'usage des dispositions à titre gratuit, l'autorise cependant à faire des donations « de sommes modiques, à titre de récompense ou autrement ». La majorité des auteurs, conformément a l'opinion que nous avons exprimée au *Rép.* n°s 2086 et 2087, interprète ce passage de l'art. 1083 en ce sens que l'instituant pourra disposer de sommes modiques pour présents d'usage ou pour causes pieuses. L'importance de ces dispositions sera appréciée par les tribunaux, eu égard à la situation de fortune du donateur; enfin les dispositions faites à titre particulier et pour les causes sus-indiquées seront, en cas d'excès, simplement réductibles, et non pas annulables en totalité (V. Aubry et Rau, t. 8, § 739, p. 74, texte et notes 48 et 49; Demolombe, t. 6, n° 317; Colmet de Santerre, t. 4, n° 256; Bonnet, t. 2, n° 423; Laurent, t. 15, n° 221. Comp. également : Req. 11 nov. 1857, aff. de Gibot, D. P. 58. 1. 183).

561. Le principe d'après lequel l'institution contractuelle ne confère à l'institué jusqu'au décès de l'instituant qu'un droit éventuel sur une succession future, engendre diverses conséquences qui ont déjà été signalées au *Rép.* n°s 2099 et suiv. En premier lieu, l'institué ne peut, du vivant de l'instituant, ni céder, ni vendre son droit (V. Aubry et Rau, t. 8, § 739, p. 78; Laurent, t. 15, n° 224). Il ne peut davantage y renoncer, soit dans l'intérêt de l'instituant et de ses héritiers, soit même dans l'intérêt d'un tiers. Cette solution qui est admise sans difficulté par tous les auteurs (Demolombe, t. 6, n° 324; Bonnet, t. 2, n° 451; Colmet de Santerre, t. 4, n° 256 *bis* III; Laurent, t. 15, n° 224) avait cependant été contestée par MM. Aubry et Rau dans leurs premières éditions. Ces auteurs, partant de l'idée que le droit de l'institué est un droit conventionnel et irrévocable, en avaient conclu qu'un pareil droit ne tombait pas sous l'application des art. 791, 1130 et 1600 c. civ. Mais, dans la dernière édition de leur ouvrage, t. 8, § 739, p. 79, note 60, MM. Aubry et Rau ont reconnu que le droit de l'institué, bien que conventionnel et irrévocable, constitue, à raison de son objet qui sera déterminé seulement à la mort de l'instituant, un droit successif éventuel auquel il n'est pas permis de renoncer. La jurisprudence est bien fixée en ce sens. Jugé que la renonciation de l'un des époux, pendant le mariage à l'institution contractuelle qui résulte à son profit de son contrat de mariage est nulle, comme renonciation à une succession non ouverte (Civ. rej. 11 et 12 janv. 1853, aff. de Chanaleilles, et aff. de Charentais, D. P. 53. 1. 17; Agen, 17 déc. 1856 (1); Caen, 23 mai 1861 (2);

(1) (Molié *C.* Monméjean.) — LA COUR ; — Attendu que l'institution contractuelle est une vraie succession, et l'institué un véritable héritier, appelé après la mort de l'instituant, à recueillir tout ou partie de l'hérédité de ce dernier; que ce n'est donc qu'après l'ouverture de la succession que le donataire a le droit de la répudier ou de l'accepter; que, dès lors, il est inutile de rechercher si, dans le contrat de mariage de leur fille, épouse Molié, à laquelle les époux Monméjean ont donné le quart de leurs biens par préciput, ceux-ci ont renoncé ou donné pouvoir de renoncer au gain de survie qu'ils avaient stipulé dans leur pacte matrimonial ; que ces renonciations sont nulles en vertu des art. 1130, 791, 1395 c. nap.; — Par ces motifs, etc.

Du 17 déc. 1856.-C. d'Agen, ch. civ.-MM. Sorbier, 1er pr.-Drême, 1er av. gén.

(2) (Bréard-Lalande *C.* Druet.) — LA COUR ; — Considérant que, sans avoir besoin d'examiner si, par la procuration que Bréard-Lalande a donnée à sa femme, le 24 janv. 1850, pour l'autoriser à constituer en dot à sa fille la terre de Durnetot, il a renoncé virtuellement à l'usufruit que lui assurait son contrat de mariage en date du 31 janv. 1831, la question du procès est celle de savoir si cette renonciation serait valable et pourrait être opposée audit Bréard-Lalande ; — Considérant qu'aux termes de l'art. 1130 c. nap., on ne peut renoncer à une succession future, ni faire aucune stipulation sur une pareille succession, même avec le consentement de celui de la succession duquel il s'agit ; — Que l'époux donataire contractuel pour le cas où il survivrait à l'époux donateur, a sur les objets à lui donnés un droit irrévocable, si ces objets se trouvent dans la succession, ou s'ils n'en sont pas sortis par un titre onéreux ; mais que ce droit ne peut s'exercer qu'au décès de l'époux donateur et lorsque sa succession est ouverte ; que cette éventualité, quant aux effets du droit constitué en faveur de l'époux survivant, ne lui enlève pas le caractère d'un droit successif ne pouvant s'exercer que sur une hérédité ; qu'y renoncer avant l'ouverture de la succession est donc faire un acte que la loi réprouve et qu'elle frappe de nullité ; — Que, d'un autre côté, les conventions matrimoniales ne peuvent recevoir aucun changement après la célébration du mariage (c. nap. art. 1395); que permettre au mari pendant sa durée de renoncer au droit que les stipulations de son contrat lui assurent, serait apporter une profonde modification à ces mêmes stipulations, ce que la loi n'a pas voulu autoriser ; que, sous ce rapport encore, la renonciation de Bréard-Lalande ne serait pas valable ; — Que vainement on soutiendrait que les pactes de cette nature sont aussi moraux qu'utiles ; qu'il est du devoir des pères et mères de donner à leurs enfants, et que la loi, en leur imposant l'obligation de subvenir à tous leurs besoins, a dû encourager leurs dispositions libérales en leur faveur ; que la femme mariée sous le régime dotal peut donner ses immeubles dotaux pour l'établissement de ses enfants ; que les renonciations aux droits assurés à l'époux survivant ont aussi un caractère évident d'utilité, puisqu'elles ont pour objet de faciliter les mariages et de trouver souvent un établissement avantageux, qui, sans cet abandon, ne pourrait peut-être se réaliser ; — Que ces arguments dont le législateur avait été à même d'apprécier la portée, ne l'ont pas arrêté, et qu'il a posé, dans son art. 1130, une disposition absolue, qui prohibe toute renonciation à une succession future ou à des droits qui ne peuvent s'exercer qu'à l'ouverture d'une succession et sur les biens de cette succession ; — Considérant que l'on ne pourrait soutenir que Bréard-Lalande, par la procuration donnée à sa femme, serait au moins tenu de respecter l'institution qu'elle a faite en faveur de sa fille dans son contrat de mariage ; que lui refuser le droit d'attaquer, sous ce rapport, la renonciation qu'il aurait faite, serait reconnaître la validité d'un acte que la loi condamne et frappe de nullité ; — Que, sous quelque aspect donc que la loi envisage la question, il faut dire que Bréard-Lalande n'a pu renoncer à un droit qui n'était pas ouvert, et qui ne pouvait s'exercer qu'au décès de sa femme et sur les biens de sa succession ; — Considérant enfin que les époux Druet ne sont pas plus fondés à soutenir que la donation faite à Bréard-Lalande, leur père et beau-père, dans son contrat de mariage, n'était irrévocable que dans le cas où la dame Bréard aurait voulu disposer à titre gratuit des avantages qu'elle aurait faits à son mari, mais que l'institution qu'elle a faite en faveur de sa fille n'a pas ce caractère ; que c'est un acte à titre onéreux, qui, dès lors, ne peut tomber sous le coup de l'art. 1083 c. nap.; — Considérant que cette institution est une institution purement gratuite; que la réserve d'une rente viagère, relativement minime, n'en a changé ni la nature, ni le caractère ; et que, dès lors, la donation antérieurement faite au profit de Bréard-Lalande doit recevoir son exécution, puisque l'institution postérieure n'a pu lui enlever son irrévocabilité ; — Par ces motifs, réforme le jugement dont est appel ; dit qu'en admettant que Bréard-Lalande ait, par la procuration donnée à sa femme, le 24 janv. 1850, renoncé à ses droits éventuels constitués par son contrat de mariage sur la succession de sa femme, que cette renonciation est nulle et ne peut être opposée à Bréard-Lalande ; dit, en conséquence, que l'usufruit que lui assure son contrat de mariage sera exercé dans toute son étendue, etc.

Du 22 mai 1861.-C. de Caen, 2e ch.-MM. Le Menuet de la Juganniére, pr.-d'Englesqueville, subst.-Bertauld, Carel et Paris, av.

Agen, 13 juill. 1868 (1); Montpellier, 12 août 1874) (2).

562. Une seconde conséquence du principe posé ci-dessus, c'est que les créanciers de l'institué ne sont autorisés à saisir les biens compris dans l'institution qu'après le décès de l'instituant. Cette solution indiquée au *Rép.* n° 2104 ne souffre aucune difficulté (V. dans le même sens : Aubry et Rau, t. 8, § 739, p. 80). Jugé également qu'une institution contractuelle, ne conférant irrévocablement qu'une vocation dans une hérédité, ne peut créer, du vivant de l'instituant, un droit susceptible d'être saisi par les créanciers de l'institué (Paris, 9 févr. 1875, aff. de Malézieu, D. P. 75. 2. 155).

563. Enfin l'institué n'a pas qualité, pendant la vie de l'instituant, pour demander la rétractation des dispositions à titre gratuit consenties par ce dernier sur des biens compris dans l'institution (V. Aubry et Rau, t. 8, § 739, p. 80; Demolombe, t. 6, n° 323). — Mais l'institué ne serait-il pas autorisé à prendre du vivant même de l'instituant certaines mesures conservatoires? M. Demolombe, *loc. cit.*, résout cette question négativement, à raison de l'analogie qui existe entre la position de l'institué et celle de l'héritier à réserve. MM. Aubry et Rau, *ibid.*, note 64, observent, au contraire, qu'à la différence de l'héritier à réserve, dont le droit ne prend naissance que lors de l'ouverture de la succession, l'institué a, dès le jour de l'institution et du vivant même de l'instituant, un droit actuel auquel correspond, pour ce dernier, l'obligation, également actuelle, de ne rien faire qui soit de nature à porter atteinte à l'institution. De cette situation respective de l'instituant et de l'institué découle, suivant MM. Aubry et Rau, au profit de ce dernier, le droit de s'adresser aux tribunaux en vertu de l'art. 1180 c. civ., pour obtenir des mesures conservatoires. — La jurisprudence s'est rangée à cette opinion. Il a été décidé, dans l'hypothèse où un père, après avoir fait au profit d'un enfant d'un premier lit une institution de biens présents et à venir, a reconnu, dans son contrat de mariage avec une seconde femme, un apport simulé, que l'institué était recevable, après la séparation de corps prononcée entre son père et la seconde femme de celui-ci, à intervenir dans l'instance relative à la liquidation, pour demander des mesures conservatoires de son droit. Le tribunal a pu ordonner, notamment, que la seconde femme ne toucherait de son mari le montant de l'apport simulé qu'à la charge de fournir caution et de le rembourser à l'institué le jour du décès du mari (Req. 22 janv. 1873, aff. Papoul-Loze, D. P. 73. 1. 473). — D'autre part, un arrêt, se fondant sur l'analogie qui existe entre l'institution contractuelle et le legs a reconnu, d'une manière implicite il est vrai, que l'institution contractuelle emporte, comme le legs, un droit hypothécaire sur les immeubles du donateur (Orléans, 17 janv. 1862, aff. Hardy, D. P. 62. 2. 250). La légalité de l'assimilation ainsi établie est, à coup sûr, très contestable. En tous cas, et d'après l'arrêt précité lui-même, le droit hypothécaire ne prendrait naissance qu'après le décès de l'instituant, c'est-à-dire lorsque l'institution s'est réalisée.

564. L'institué contractuellement est-il tenu *ultra vires* des dettes de la succession? Ainsi qu'on l'a fait au *Rép.* n° 2105, nous renvoyons l'examen de cette question au titre 4 (V. *infrà*, n°s 610 et suiv.).

Art. 8. — *De la révocation et de la caducité des institutions contractuelles* (*Rép.* n°s 2109 à 2124).

565. On a indiqué au *Rép.* n°s 2109 à 2114 les cas dans

(1) (Lajus C. Durand.) — Le 20 juin 1867, le tribunal de Condom a rendu le jugement suivant : — « Attendu qu'aux termes d'un acte de 1862, les époux Durand se sont démis de leurs entiers biens et en ont opéré le partage entre tous leurs enfants, et, pour donner à leur disposition plus de fixité et d'étendue, ils ont l'un et l'autre renoncé à l'usufruit de la moitié des biens qu'ils avaient réciproquement stipulés à titre de gain de survie et au profit du survivant d'entre eux dans leur contrat de mariage; — Attendu que l'un des enfants qui ont concouru à l'acte de partage, et celui que les père et mère ont investi de la part préciputaire, demande la nullité de cet acte par les motifs que les père et mère, en renonçant par anticipation au gain du survie qu'ils avaient l'un et l'autre stipulé au profit du survivant, ont renoncé réellement à une succession non ouverte et qu'ils ont traité sur une sucession future; — Mais attendu que la stipulation d'un gain de survie entre époux dans leur contrat de mariage ne constitue pas un droit héréditaire sur la succession l'un de l'autre, mais qu'il constitue, au contraire, un simple droit de créance, dont la répétition doit être exercée sur la succession du prémourant des époux ; si donc la loi interdit de renoncer à une succession future, ou de traiter sur une telle succession, l'interdiction n'intéresse ni n'atteint que les seuls héritiers et ne s'applique pas aux créanciers qui ont des droits à exercer sur une succession non ouverte ; — — Attendu que le gain de survie réciproquement stipulé par les époux Durand, et au profit du survivant dans leur contrat de mariage, ne constitue qu'un droit de créance sur la succession du prémourant; qu'ils ont pu par anticipation renoncer à un tel droit, sans contrevenir aux dispositions des art. 791 et 1130 c. nap.; — Attendu que, par suite, il y a lieu de déclarer mal fondée l'action en nullité introduite par Lajus, comme tuteur de son enfant mineur, contre l'acte de partage du 27 juin 1862; — Par ces motifs, etc. ». — Appel par Lejus. — Suivant les intimés, le partage du 27 juin 1862 n'aurait pu être attaqué qu'après la mort du survivant des ascendants donateurs, tous leurs biens ayant été confondus dans l'acte de donation. — Arrêt.

La cour; — Sur la fin de non-recevoir : — Attendu que les intimés prétendent que dans l'acte de partage du 27 juin 1862, les biens des père et mère ont été mêlés et confondus, et que l'un des ascendants est encore en vie; qu'en cet état aucun des enfants ne peut être reçu à critiquer cet acte qu'après le décès de ce dernier; — Que les appelants répondent avec raison qu'ils n'attaquent point le partage, mais la donation qu'il renferme; mais le don d'usufruit fait par les père et mère moyennant certaines prestations en nature et en argent qu'on doit payer immédiatement ; qu'ils ont donc un intérêt né et actuel pour agir ;

Au fond : — Attendu qu'aux termes de l'art. 1395 c. nap., les conventions matrimoniales ne peuvent recevoir aucun changement après la célébration de l'union conjugale ; que c'est au moment du mariage qu'il faut prendre ses précautions et mettre l'intérêt des deux époux à l'abri des séductions qui pourraient plus tard le compromettre ; que le contrat ne touche pas seulement à la personne des conjoints, qu'il réagit sur la famille entière, sur les enfants à naître et sur les tiers ; qu'aussi l'immutabilité des conventions qu'il renferme est de son essence ; que ce serait, par suite, modifier, violer ce contrat, que de renoncer, soit d'une manière absolue, soit au profit d'un enfant, à un usufruit stipulé dans cet acte; que c'est cependant ce qu'ont fait les père et mère, dans le partage du 27 juin 1862 ; — Que de plus en cédant, moyennant une pension annuelle, cet usufruit, ils ont traité sur une succession future ; que cet usufruit est éventuel, parce qu'il est subordonné à la survie du donateur ; qu'il est incertain quant à sa quotité ; qu'à tort le tribunal a considéré ce don d'usufruit comme une créance pour le survivant des époux ; que cet usufruit est, au contraire, un vrai droit successif et ressemblant de tous points à celui d'un enfant qui doit hériter de son père et n'est pas plus une créance que le droit d'un réservataire sur la succession de son auteur ; — Attendu qu'en admettant que la mère survivante ait, après le décès de son mari, renoncé par un acte régulier à son usufruit sur les biens de son mari, cette renonciation, dont on ne rapporte d'ailleurs aucune preuve, ne suffirait pas pour donner la vie au don d'usufruit contenu dans le partage du 27 juin précité, puisque cette donation, contraire aux art. 1395, 791 et 1130 c. nap., était radicalement nulle *ab initio*, et nulle d'une nullité d'ordre public ; — Attendu que ce don et le partage forment ici un tout indivisible, et que la nullité de l'un entraine nécessairement la nullité de l'autre ; — Par ces motifs, réformant, etc.

Du 13 juill. 1868.-C. d'Agen, ch. civ.-MM. Sorbier, 1er pr.-Drême, 1er av. gén.-Delpelch et Corrent de Labardie (du barreau d'Auch), av.

(2) (Préjade C. Marty.) — La cour ; — Attendu que le gain de survie stipulé dans le contrat de mariage des époux Marty réduit à l'usufruit de la moitié des biens délaissés par Marty père, a épuisé la quotité disponible; que, par suite, ce dernier n'a pu valablement disposer d'un quart par préciput au profit de son fils André-Antoine Marty, dans son contrat de mariage du 13 déc. 1838 ; — Attendu que vainement la dame Marty mère, pour rendre valable le don préciputaire fait en faveur de son fils, a renoncé à son gain de survie, soit dans un acte de partage d'ascendant de 1842, soit en 1866 ; que la première renonciation est nulle comme constituant une stipulation sur une succession future et une modification aux conventions matrimoniales ; que la seconde est également nulle, le bénéficiaire de l'usufruit en ayant profité pendant de longues années avant la renonciation ; qu'il importe peu que la dame Marty n'ait pas bénéficié de l'entier usufruit auquel elle avait droit, qu'en profitant de cet usufruit en tout ou en partie après le décès de son mari, elle a fait acte d'héritier et s'est rendue inhabile à renoncer ;

Par ces motifs et ceux des premiers juges ; — Confirme.

Du 12 août 1874.-C. de Montpellier.

lesquels l'institution contractuelle peut être révoquée. La révocation pour cause d'ingratitude, a-t-on dit, ne s'applique pas à ce genre de disposition (Conf. Aubry et Rau, t. 8, § 739, p. 88).

566. Tous les auteurs admettent, suivant l'opinion dévéveloppée au *Rép.* n° 2110, que l'institution contractuelle est révocable pour inexécution des charges imposées à l'institué (Aubry et Rau, t. 8, § 739, p. 88; Laurent, t. 15, n° 247).

567. L'institution contractuelle devient caduque dans les hypothèses énumérées au *Rép.* nos 2115 à 2120, savoir : si le mariage en vue duquel elle a été faite n'est pas célébré ; si toutes les personnes instituées, soit en première ligne, soit par voie de substitution, décèdent avant l'instituant, ou encore, si ces mêmes personnes renoncent toutes au bénéfice de l'institution. En ce qui touche la renonciation à l'institution contractuelle, il convient de noter que cette renonciation n'est pas soumise à la formalité d'une déclaration au greffe prescrite par l'art. 784 c. civ. pour les renonciations à succession (V. Civ. cass. 24 nov. 1857, aff. Hirou, D. P. 57. 1. 425).

568. Lorsque l'un ou l'autre de ces événements se réalise, quelles sont les personnes qui profitent de la caducité de l'institution? D'après l'opinion générale, l'institution contractuelle doit être réputée non avenue et ne s'impute pas sur la quotité disponible, de telle sorte que cette quotité sera exclusivement affectée à l'acquittement des donations postérieures, qui, sans la caducité de l'institution, eussent été privées d'exécution en tout ou en partie. Cette solution a toutefois été contestée dans le cas où l'institution contractuelle devient caduque par suite de renonciation. On s'est fondé sur l'art. 786 c. civ., pour soutenir que le bénéfice de la renonciation devait, en pareil cas, tourner au profit exclusif des héritiers *ab intestat*. MM. Aubry et Rau, t. 8, § 739, p. 87, note 95, ont refuté cette argumentation, en faisant observer que l'art. 786 est étranger à l'hypothèse dont s'agit, puisque l'institué ne peut être considéré comme le cohéritier des successibles *ab intestat*. La dévolution des biens formant l'objet de la renonciation doit être réglée suivant le principe que la caducité d'une disposition à titre gratuit profite à ceux auxquels l'exécution de cette disposition aurait préjudicié (V. dans le même sens : Laurent, t. 15, n° 246; Bonnet, t. 2, n° 458; Demolombe, t. 6, n° 340. V. aussi Sol. impl., Req. 29 nov. 1858, aff. de Corrent, D. P. 59. 1. 132).

Sect. 3. — De la donation faite cumulativement des biens présents et a venir (*Rép.* nos 2125 à 2191).

Art. 1er. — *Nature et caractères de la donation faite cumulativement des biens présents et à venir* (*Rép.* nos 2132 à 2150).

569. Ainsi qu'il a été expliqué au *Rép.* n° 2132, la donation ayant cumulativement pour objet des biens présents et à venir se distingue de l'institution contractuelle dans la forme, par la mention expresse des biens présents, qui sont compris dans l'institution contractuelle seulement d'une manière implicite. D'un autre côté, suivant l'opinion généralement admise en doctrine et qui a été indiquée au *Rép.* n° 2136, la donation faite cumulativement de biens présents et à venir ne constitue pas un assemblage de deux donations distinctes et juxtaposées, l'une portant sur des biens présents, l'autre sur des biens à venir. On doit y voir une donation unique d'une nature particulière (V. Aubry et Rau, t. 8, § 740, p. 91 et 92, note 3; Demolombe, t. 6, n° 364; Bonnet, t. 2, n° 549; Laurent, t. 15, n° 254). Jugé, en ce sens, que la disposition d'un contrat de mariage qui comprend dans une seule clause des biens présents et à venir ne saurait être considérée comme une institution contractuelle pure et simple, mais qu'elle constitue une donation unique et cumulative, alors même que les biens présents ont été spécifiés et que le donateur s'en est réservé l'usufruit (Limoges, 26 nov. 1872, aff. Caillaud, D. P. 73. 2. 104). — Toutefois, cet arrêt réserve le cas où il résulterait des termes de l'acte que l'intention du disposant a été de diviser la libéralité en deux donations distinctes. Il est évident que la question de savoir si la volonté du disposant a été de faire une donation cumulative ou bien deux donations distinctes sera quelquefois très délicate à résoudre. C'est une question de fait et d'interprétation d'acte abandonnée à l'appréciation des tribunaux (Aubry et Rau, t. 8, § 740, p. 93; Demolombe, t. 6, n° 364; Bonnet, n° 549). La cour de cassation l'a reconnu en décidant que la clause d'un contrat de mariage par laquelle un père fait à son fils donation de biens présents et à venir ne s'oppose pas à ce que le juge, appréciant la libéralité d'après la lettre du contrat, les distinctions qu'il contient, la situation à laquelle il était pourvu et l'intention des parties manifestée par des actes postérieurs explicites, décide que la disposition a été restreinte à des biens présents seulement, dont le donataire a été mis en jouissance par un autre article du contrat et pour un cas spécial qui s'est réalisé; que, dès lors, cette donation n'est pas caduque, malgré le prédécès du donataire (Req. 22 nov. 1881, aff. Jayle Andrieux, D. P. 82. 1. 216. V. également Req. 21 janv. 1874, aff. Rivière, D. P. 74. 1. 311).

Art. 2. — *En quoi la donation faite cumulativement des biens présents et à venir se rapproche de l'institution contractuelle* (*Rép.* nos 2151 à 2154).

570. Il est communément admis, suivant l'opinion développée au *Rép.* n° 2151, que cette donation diffère dans le fond de l'institution contractuelle en ce point seulement que le donataire jouit d'un droit d'option en vertu duquel il est, sous certaines conditions et après le décès du donateur, autorisé à scinder la disposition, c'est-à-dire à répudier les biens à venir pour s'en tenir aux biens présents (V. Aubry et Rau, t. 8, § 740, p. 93; Demolombe, t. 6, n° 352; Bonnet, t. 2, nos 521 et 542; Laurent, t. 15, n° 254).

A part ce droit d'option, la donation faite cumulativement des biens présents et à venir et l'institution contractuelle sont soumises aux mêmes règles. Mêmes conditions de forme : la donation cumulative ne peut être faite que par contrat de mariage. Même substitution vulgaire tacite au profit des enfants à naître (V. sur ces points : *Rép.* nos 2151 et suiv., et les auteurs précités *loc. cit.*).

571. Le donataire de biens présents et à venir n'est saisi de la propriété des biens compris dans la donation, sans qu'il y ait à distinguer entre les biens présents et ceux à venir, qu'au moment du décès du donateur. Il suit de là en premier lieu que ce dernier conserve, sa vie durant, le droit d'aliéner à titre onéreux les objets donnés, comme aussi ces objets pourront être saisis, sans que le donataire puisse y mettre opposition (V. Aubry et Rau, t. 8, § 740, p. 94, note 10; Demolombe, t. 6, n° 349; Laurent, t. 15, n° 263). Il a été jugé en ce sens que le bénéficiaire d'une donation cumulative de biens présents et à venir n'a pas le droit de s'opposer à la vente ou à la saisie des immeubles compris dans la donation; qu'il suffit, pour sauvegarder les droits éventuels du donataire, qu'il en soit fait mention et réserve dans un dire inséré au cahier des charges (Bordeaux, 23 juin 1870, aff. Joly, D. P. 73. 2. 216). Il s'ensuit en second lieu qu'en cas de prédécès du donataire ou de sa postérité, la donation contractuelle de biens présents et à venir est entièrement caduque, tant pour les biens présents que pour ceux à venir (Montpellier, 28 août 1855, aff. Aubouy, D. P. 56. 2. 195).

Art. 3. — *Quels biens peut comprendre la donation de biens présents et à venir* (*Rép.* nos 2155 à 2157).

572. Suivant l'opinion de M. Duranton qui a été indiquée au *Rép.* n° 2155, la donation de biens présents et à venir ne pourrait porter que sur la totalité ou sur une fraction aliquote des biens appartenant au donateur. On argumente en ce sens des mots « en tout ou en partie », par lesquels l'art. 1084 détermine l'étendue que peut avoir la donation cumulative. Mais l'art. 1082 ne s'exprime pas autrement en ce qui concerne l'institution contractuelle. Or la majorité des auteurs, ainsi que nous l'avons vu précédemment, enseigne que l'institution contractuelle peut avoir pour objet même des biens héréditaires individuellement envisagés (V. *suprà*, n° 554; Aubry et Rau, t. 8, § 739, p. 61). La même solution doit être admise en ce qui touche les biens que peut comprendre la donation de biens présents et à venir, à raison de la très grande analogie qui existe entre la donation cumulative et l'institution contractuelle.

ART. 4. — *Effets de la donation de biens présents et à venir, suivant qu'il y a ou non un état des dettes* (*Rép.* nos 2158 à 2191).

573. Ainsi qu'on l'a observé au *Rép.* n° 2158, et ce point ne souffre aucune difficulté en doctrine, la donation de biens présents et à venir diffère dans ses effets de l'institution contractuelle, à cette seule condition qu'on ait annexé à l'acte de donation un état des dettes et charges du donateur existant à cette date. En l'absence de cet état, la donation de biens présents et à venir dégénère en une institution contractuelle pure et simple (Aubry et Rau, t. 8, § 740, p. 95; Demolombe, t. 6, nos 731 et 733; Colmet de Santerre, t. 4, n° 258 *bis* I; Laurent, t. 15, n° 266; Grenoble, 19 janv. 1847, aff. Baquillon, D. P. 56. 2. 11; Req. 13 nov. 1861, aff. Jaconnet, D. P. 62. 1. 26).

574. L'état des dettes exigé par l'art. 1084 ne peut être remplacé par une déclaration indiquant le montant total des dettes. Cette proposition, énoncée au *Rép.* n° 2158, avait trouvé confirmation dans un arrêt rapporté *ibid.* Plus récemment, il a été jugé dans le même sens que l'état des dettes et charges ne peut être suppléé ni par la déclaration que les immeubles donnés ne sont grevés d'aucune dette ni par la dispense de contribuer aux dettes, lorsque cette dispense s'étend même au passif à venir du donateur (Limoges, 26 nov. 1872, aff. Caillaux, D. P. 73. 2. 104. V. dans le même sens : Demolombe, t. 6, n° 360; Aubry et Rau, t. 8, § 740, p. 95; Bonnet, t. 2, n° 530).

575. L'état des dettes et charges que l'art. 1084 c. civ. prescrit d'annexer à la donation cumulative de biens présents et à venir, à l'effet de conserver au donataire le droit de s'en tenir aux biens présents, doit comprendre toutes les dettes et charges grevant le donateur au temps de la donation, et notamment les dettes résultant de comptes courants même non arrêtés à cette époque (Montpellier, 7 déc. 1860, aff. Justin Durand, D. P. 61. 2. 180, et sur pourvoi, Req. 23 nov. 1861, D. P. 62. 1. 26).

576. Si l'état des dettes exigé par l'art. 1084 a été annexé à la donation cumulative, le donataire peut, à son choix, ou accepter l'ensemble de la disposition, auquel cas il acquiert les droits et obligations d'un institué contractuel ordinaire, ou bien opter pour les biens présents et renoncer au surplus des biens du donateur. Dans cette dernière hypothèse, la donation cumulative se trouve convertie en une donation de biens présents, et, comme telle, assujettie aux formalités prescrites pour ce genre de donation.

Une première application de cette règle a été signalée au *Rép.* n° 2162, en ce qui concerne la formalité d'un état estimatif des objets mobiliers. L'inexistence de cet état n'enlève pas au bénéficiaire d'une donation cumulative le droit d'opter pour la donation de biens présents, la loi n'ayant subordonné le droit d'option qu'à la rédaction d'un état des dettes. Mais le donataire ne peut, même au regard des héritiers du donateur, faire valoir son droit sur les objets mobiliers appartenant au donateur à l'époque de la disposition que pour ceux de ces objets qui ont été décrits et estimés conformément à l'art. 948 c. civ. (V. outre les auteurs cités au *Rép. ibid.* : Aubry et Rau, t. 8, § 740, p. 97; Demolombe, t. 6, n° 368; Colmet de Santerre, t. 4, n° 257 *bis* III et IV).

Contre cette solution, M. Laurent, t. 15, n° 261, objecte « que la loi ne dit pas que l'option du donataire transforme la donation cumulative en donation de biens présents; l'art. 1084 dit seulement que le donataire peut s'en tenir aux biens présents. Comment les biens présents seront-ils constatés? Sur ce point, la loi garde le silence. Est-ce à dire qu'elle s'en réfère à l'art. 948? Cet article n'a qu'un but, c'est d'assurer l'irrévocabilité des donations mobilières, c'est-à-dire des donations qui, au moment où elles sont faites, portent sur les meubles présents du donateur ». Toutefois, M. Laurent reconnaît que la preuve de la consistance des biens présents incombe au donataire, sauf à ce dernier à suppléer au défaut d'état estimatif par tous autres moyens de preuve.

577. Les observations que nous venons de présenter au sujet de l'état estimatif des meubles s'appliquent également à la formalité de la transcription pour les immeubles. La personne gratifiée sous forme de donation cumulative, qui déclare s'en tenir aux biens présents, peut revendiquer tous les immeubles appartenant au donataire à l'époque de la donation. A cet effet, il a droit d'attaquer et de faire tomber les aliénations consenties même à titre onéreux par le donateur. Toutefois, cette action ne sera recevable qu'à l'égard des immeubles qui auront été soumis à la formalité de la transcription. Cette règle, énoncée au *Rép.* n° 2171, est admise sans difficulté par tous les auteurs (V. Aubry et Rau, t. 8, § 740, p. 97; Demolombe, t. 6, n° 363; Laurent, t. 15, n° 260).

SECT. 4. — DE LA DONATION FAITE SOUS CONDITION POTESTATIVE OU AVEC RÉSERVE DE DISPOSER (*Rép.* nos 2192 à 2217).

578. Ainsi qu'il a été expliqué au *Rép.* n° 2192, l'art. 1086 c. civ. consacre une nouvelle dérogation aux règles de droit commun, en faveur des donations consenties par contrat de mariage au profit des époux ou des enfants à naître. Que la donation ait pour objet des biens présents ou des biens à venir, l'art. 1086 permet de la subordonner à des conditions dont l'exécution dépend de la volonté du donateur, et notamment à la condition de payer indistinctement toutes les dettes et charges de la succession de ce dernier. Le donateur pourra également se réserver le droit de disposer d'un effet ou d'une somme comprise dans la donation. L'art. 1086 ne mentionne cette clause que dans le cas d'une donation de biens présents. On sait, en effet, qu'en ce qui touche la donation simplement de biens à venir, la faculté pour le donateur de disposer à titre onéreux des biens qui en font partie existe de plein droit. Toutefois, même dans l'hypothèse d'une donation de biens à venir, le donateur pourrait avoir intérêt à se réserver le droit de disposer par voie d'aliénation gratuite. Cette clause devrait certainement être regardée comme licite, à raison du premier alinéa de l'art. 1086, qui autorise d'une manière générale toutes les conditions dont l'exécution dépendrait de la volonté du donateur. Jugé, dans le sens de la validité de la clause susindiquée, que le père qui, en donnant à son fils, par contrat de mariage et à titre de préciput, toute la portion disponible qu'il laisserait à son décès, s'est réservé expressément par le même acte le droit de disposer de l'usufruit de la moitié de son entière succession, et a ajouté que le préciput devrait supporter une réduction jusqu'à concurrence du legs de jouissance, peut léguer à sa femme l'usufruit de la moitié de ses biens, sans que ce dernier legs doive être soumis à réduction (Toulouse, 10 mars 1875, et Req. 1er mai 1876, aff. Fabre, D. P. 76. 1. 433). — Lorsqu'une réserve de disposer accompagne une donation contractuelle, il importe de ne pas se méprendre sur l'étendue de cette faculté. Un arrêt (Besançon, 16 mars 1857, aff. d'Arcine, D. P. 57. 2. 137), décide à cet égard que la mère qui, en donnant à ses deux enfants par leur contrat de mariage tous ses biens présents et à venir, s'est réservé le droit de disposer de certains immeubles, ne peut, lorsque ces immeubles dépendent de la communauté non encore liquidée existant entre elle et son mari, donner à un tiers plus de la moitié des immeubles dont il s'agit.

579. Toutes les conditions dont l'art. 1086 permet l'insertion dans les donations en faveur du mariage appartiennent à la catégorie des conditions dites potestatives. Mais on sait que, sous cette désignation, deux sortes de conditions doivent être distinguées : 1° les conditions purement potestatives, c'est-à-dire celles dont l'exécution dépend entièrement de la volonté du disposant, dont le type est la condition *si je veux*; 2° les conditions potestatives mixtes, dont la réalisation nécessite tout à la fois la volonté du stipulant et l'intervention d'une tierce personne ou d'un événement. L'art. 1086 a-t-il entendu autoriser ces deux sortes de conditions potestatives? M. Laurent, t. 15, n° 286, ne le pense pas; il estime que l'art. 1086 n'a eu en vue que les conditions potestatives mixtes. Il en donne pour raison la règle générale contenue dans l'art. 1174 c. civ., aux termes duquel toute obligation est nulle, lorsqu'elle a été contractée sous une condition potestative de la part de celui qui s'oblige. C'est la condition purement potestative que vise l'art. 1174. Or si l'insertion d'une condition de cette nature dans une convention équivaut à l'absence complète de lien, il doit à plus forte raison en être de même en matière de donation. — Mais, en ce qui touche les dispositions à titre gratuit par acte entre vifs, la loi édicte une règle spéciale, la maxime *donner et retenir ne vaut*, rappelée dans l'art. 944. C'est à cette règle que l'art. 1086 apporte une dérogation, et non à la règle de l'art. 1174. En outre, on peut faire observer que les conditions indiquées par l'art. 1086 à titre d'exemple, telles que la condition de payer les dettes et charges de la succession ou la réserve de disposer, appartiennent à la catégorie des conditions potestatives mixtes ; on doit donc présumer que c'est à des conditions du même genre que le législateur a entendu se référer en autorisant toutes autres conditions dont l'exécution dépendrait de la volonté du donateur.

580. Aux termes de l'art. 1086, si le donateur meurt sans avoir usé du droit de disposer qu'il s'était réservé, l'objet sur lequel portait cette réserve appartient au donataire. Cette solution était commandée par le principe suivant lequel toute condition non réalisée doit être réputée non avenue. On trouvera au *Rép.* nos 2202 à 2217 plusieurs exemples de donations faites sous la réserve de disposer. Un autre exemple est fourni par un arrêt de la cour d'Agen du 21 nov. 1860 (aff. Duplan, D. P. 61. 2. 34), lequel décide que la donation faite par contrat de mariage à l'un des deux époux n'est pas nulle par cela seul que le donateur s'est réservé l'usufruit de l'immeuble donné, et qu'en outre, il s'est réservé la faculté d'aliéner cet immeuble, alors d'ailleurs que cette faculté est devenue caduque par le décès du donateur sans qu'il en ait usé.

SECT. 5. — DISPOSITIONS COMMUNES AUX DIVERSES DONATIONS FAITES PAR CONTRAT DE MARIAGE OU A LA PLUPART D'ENTRE ELLES (*Rép.* nos 2218 à 2254).

581. Peu de choses sont à ajouter aux explications contenues au *Répertoire* sous cette rubrique. Ainsi qu'il a été expliqué *ibid.* n° 2221, les diverses donations dont on vient d'indiquer les caractères exceptionnels sont soumises en la forme à cette condition commune de ne pouvoir être faites que par contrat de mariage. Il suit de là que la nullité du contrat de mariage résultant, notamment, de ce que le conjoint mineur n'a pas été assisté des personnes dont le consentement est nécessaire pour la validité du mariage, entraînerait la nullité de la donation de biens à venir faite dans ce contrat (Civ. rej. 19 juin 1872, aff. Larrive, D. P. 72. 1. 346). — Mais de ce que les donations contractuelles ne peuvent être faites que par contrat de mariage il ne résulte pas évidemment que le contrat de mariage doive renfermer uniquement des donations de cette nature. Il a été jugé, au contraire, que les père et mère peuvent, dans le contrat de mariage d'un de leurs enfants, souscrire des avantages particuliers même en faveur de leurs autres enfants, et notamment procéder au partage de leurs biens entre tous leurs héritiers. Cette disposition, tout en restant soumise aux règles ordinaires à l'égard des autres enfants, est régie par les règles spéciales aux donations contractuelles en ce qui concerne le futur conjoint (Lyon, 30 nov. 1874, aff. Talon-Nique, D. P. 77. 2. 212).

582. La donation contractuelle, dont l'efficacité est subordonnée, comme celle du contrat dans lequel elle est renfermée, à la condition que le mariage projeté sera célébré, est cependant parfaite dès le jour où le contrat de mariage a été signé. Comme conséquence de ce principe, il a été décidé que la donation par contrat de mariage ne peut être révoquée à la seule volonté du donateur dans l'intervalle du contrat à la célébration du mariage (Req. 16 févr. 1875, aff. Graux, D. P. 76. 1. 177).

583. Suivant la doctrine exposée au *Rép.* nos 2238 et suiv., les donations faites dans les contrats de mariage par les tiers, bien que constituant des actes à titre gratuit, participent cependant, à certains égards, de la nature des contrats à titre onéreux. Les auteurs les plus récents se prononcent dans le même sens (V. Aubry et Rau, t. 4, § 313, p. 138 et suiv. ; Larombière, *Théorie et pratique des obligations*, t. 1, sur l'art. 1167, n° 34 ; Demolombe, *Traité des contrats*, t. 2, n° 211). La jurisprudence a depuis longtemps consacré cette doctrine, et en a tiré, notamment, cette conséquence déjà signalée au *Répertoire*, que les créanciers du donateur ne peuvent poursuivre la révocation de la constitution de dot, comme étant faite en fraude de leurs droits, qu'à la condition de prouver que les deux époux ont participé à la fraude. On reviendra sur cette question, *infrà*, v° *Obligations*.

CHAP. 3. — Des donations entre époux (*Rép.* nos 2255 à 2459).

SECT. 1re. — DES DISPOSITIONS ENTRE FUTURS ÉPOUX PAR CONTRAT DE MARIAGE (*Rép.* nos 2256 à 2364).

ART. 1er. — *Des donations faites par l'un des époux seulement* (*Rép.* nos 2256 à 2348).

§ 1er. — Historique (*Rép.* nos 2257 à 2269).

584. V. *Rép.* nos 2257 et suiv.

§ 2. — Règles générales (*Rép.* nos 2270 à 2292).

585. Il n'y a pas lieu d'exposer à nouveau les règles générales qui ont été indiquées au *Répertoire* dans ce paragraphe. Rappelons cependant que les futurs époux peuvent par contrat de mariage se faire entre eux toutes les donations soit de biens présents, soit de biens à venir, soit de biens présents et à venir, qu'un tiers est autorisé à faire par ce même contrat en leur faveur (V. Aubry et Rau, t. 8, § 741, p. 98 ; Laurent, t. 15, n° 298).

586. En principe, les donations entre futurs époux sont assujetties aux mêmes règles que les donations contractuelles consenties par des étrangers. Ainsi l'acceptation d'une donation contractuelle n'a pas besoin d'être expresse. Elle peut résulter de tous actes de nature à indiquer que l'époux entend profiter de la libéralité à lui faite (V. Req. 7 mars 1855, aff. Caudron, D. P. 55. 1. 408). Toutefois, ainsi qu'il a été dit au *Rép.* nos 2290 et 2291, les donations entre futurs époux de biens à venir ou de biens présents et à venir deviennent caduques par le prédécès du donataire, alors même qu'il laisse des enfants issus de son mariage avec le donateur. Elles ne sont pas révocables pour cause de survenance d'enfants (c. civ. art. 960). Au contraire, elles sont révocables pour ingratitude suivant l'opinion qui prévaut aujourd'hui (V. *infrà*, v° *Divorce et séparation de corps*). — Il est également admis que les donations de biens à venir faites entre époux, à la différence de ce qui a été enseigné à l'égard des donations faites aux époux par des tiers (*Rép.* nos 2238 et suiv., et *suprà*, n° 583), ne participent pas de la nature des contrats à titre onéreux (Civ. rej. 23 déc. 1856, aff. Métayer, D. P. 57. 1. 17).

Enfin, en ce qui touche la capacité requise chez les contractants, les donations entre futurs époux sont soumises à des règles spéciales (V. *Rép.* n° 2282, et *suprà*, nos 94 et 95). Il en est de même en ce qui concerne la quotité disponible (V. *suprà*, nos 190 et suiv.).

§ 3. — Des différentes espèces de donations contractuelles (*Rép.* nos 2293 à 2348).

587. — I. DONATION DE BIENS PRÉSENTS (*Rép.* nos 2294 à 2316). — L'art. 1092 c. civ. déclare que « la donation entre vifs de biens présents, faite entre époux par contrat de mariage, ne sera point censée faite sous la condition de survie du donataire, si cette condition n'est formellement exprimée ». Cette disposition constitue le droit commun applicable à toute donation entre vifs ; aussi eût-il été inutile de la répéter si le législateur n'avait voulu trancher expressément une question qui était controversée dans l'ancien droit, ainsi que l'expliquent MM. Laurent, t. 15, n° 303, et Demolombe, t. 6, n° 411. — Il a été jugé, d'ailleurs, qu'une donation faite par l'un des époux à son conjoint dans leur contrat de mariage pouvait, à raison de clauses qui ne permettent d'en fixer l'étendue qu'à l'époque du décès du donateur, être considérée comme subordonnée à la survie du donataire (Req. 20 déc. 1854, aff. Cros, D. P. 55. 1. 117).

588. Il est quelquefois difficile de déterminer si le disposant a eu l'intention de faire une donation de biens présents ou seulement de biens à venir. Il en est ainsi, notamment, dans le cas de la donation d'une somme à prendre sur la succession du donateur. Doit-on y voir une donation de biens présents à terme, ou au contraire une donation de biens à venir? Nous avons déjà examiné cette question précédemment (V. *suprà*, n° 541). Dans l'hypothèse spéciale où une donation de ce genre a été consentie entre époux, la jurisprudence et la doctrine se prononcent pour la donation de biens à venir. Les décisions rapportées au *Rép.* n° 2296 sont en ce sens. Jugé de même que la donation, faite dans le contrat de mariage par l'un des époux à l'autre en cas de survie de celui-ci, d'une somme déterminée à prendre sur les plus clairs deniers de la succession du donateur, ou sur la succession du prémourant, constitue, non une donation entre vifs, mais une institution contractuelle (Rouen, 11 juill. 1856, aff. Lemoine, D. P. 57. 2. 109 ; 20 déc. 1856, aff. Samson, D. P. 57. 2. 110).

589. Mais si, au contraire, la donation était reconnue frapper les biens présents du donateur et non les biens à venir, le caractère de donation de biens présents s'ensuivrait forcément (V. *Rép.* n° 2297). — Il a été jugé que la disposition d'un contrat de mariage, portant que les époux se font donation réciproque à titre de gain de survie d'une certaine somme à prendre par le survivant « sur le plus clair net et liquide des biens du prédécédé », a pu être considérée comme une donation frappant les biens présents, et non pas ceux qui seraient laissés par le donateur à son décès (Req. 27 déc. 1859, aff. Bonneteau, D. P. 60. 1. 105). Un arrêt (Toulouse, 24 mai 1855, aff. Coulon, D. P. 56. 2. 104) a décidé de même que la stipulation de gains de survie ne constitue pas une institution contractuelle, mais bien une donation entre vifs, à la garantie de laquelle doivent, dès lors être affectés, à partir du jour du mariage, les biens de toute nature du donateur.

590. — II. DONATION DE BIENS A VENIR ET DE BIENS PRÉSENTS ET A VENIR CUMULATIVEMENT (*Rép.* n°s 2317 à 2345). — Nous n'avons pas à revenir sur les caractères qui distinguent ces deux sortes de donations contractuelles de la donation de biens présents. Quant aux règles qui leur sont applicables, ce sont, ainsi qu'on l'a observé précédemment (V. *suprà*, n°s 554 à 563), celles qui régissent les donations du même genre consenties par des étrangers. Mais nous avons signalé en même temps une différence importante, en ce que les donations entre époux, portant sur des biens à venir, ne sont pas transmissibles aux enfants issus du mariage en cas de prédécès de l'époux donataire.

Cette disposition de l'art. 1093 signifie en premier lieu que les enfants ou descendants de l'époux donataire ne seront pas de plein droit substitués au lieu et place du donataire prédécédé. Cette solution est admise sans difficulté. Jugé en ce sens qu'un préciput stipulé réciproquement par les époux dans leur contrat de mariage est de sa nature un gain de survie qui ne peut être exercé que par l'époux survivant et n'est pas, dès lors, ouvert en faveur des représentants de chacun des époux (Civ. cass. 30 avr. 1856, aff. de la Beraudière, D. P. 56. 1. 398).

L'art. 1093 peut, en second lieu, être interprété en ce sens que la donation de biens à venir en cas de prédécès de l'époux donataire ne sera pas transmissible aux enfants ou descendants même expressément substitués au donataire. Telle est l'interprétation qui a été adoptée au *Rép.* n° 2322, et qui prévaut en doctrine (Comp. outre les auteurs cités en ce sens au *Rép. ibid.*, Demolombe, t. 6, n° 417 ; Colmet de Santerre, t. 4, n° 269 *bis*). Mais elle a été combattue par MM. Duranton et Grenier (V. *Rép.* n° 2323) et surtout par MM. Aubry et Rau, t. 8, § 741, p. 99, note 4. Ces derniers auteurs estiment que la seule raison d'être de la disposition finale de l'art. 1093, c'est qu'il n'existe pas dans les donations faites par les époux entre eux, à la différence de celles qui leur sont faites par des tiers, des motifs suffisants pour supposer au donateur l'intention de comprendre les enfants et descendants à naître dans sa libéralité. Cette considération conduit à décider que les enfants et descendants à naître du mariage ne sont pas de plein droit, et par l'effet d'une substitution tacite, appelés à recueillir en cas de prédécès du donataire le bénéfice d'une donation faite à l'un des époux par son conjoint. Elle ne constitue pas un motif suffisant pour priver le donateur du droit de comprendre ces descendants dans la disposition au moyen d'une déclaration expresse de substitution.

Aucun arrêt ne paraît avoir été rendu sur la question dans les termes où nous venons de l'examiner. La cour de Chambéry a décidé, il est vrai, que la clause d'un contrat de mariage qui attribue à la femme un droit d'usufruit sur la moitié des acquisitions faites par son mari pendant la durée du mariage, n'a pu avoir pour effet de créer un droit spécial de nue propriété au profit des enfants à naître de cette union ; et que cette disposition, eût-elle figuré formellement dans le contrat de mariage, constituerait une institution contractuelle faite par l'un des futurs époux en faveur d'enfants non conçus et serait comme telle, frappée de nullité (Chambéry, 22 janv. 1882, aff. Bugeat, D. P. 83. 2. 135). Mais on remarquera que, dans cette espèce, la disposition, dont on prétendait faire jouir les descendants, n'était pas comprise dans la donation faite à l'époux. Les enfants ne pouvaient donc être appelés à en recueillir le bénéfice sous forme de substitution, mais bien sous forme d'une institution contractuelle directe. Dans ces conditions, il était exact de dire que l'institution était nulle. On a vu précédemment que l'art. 1082 n'autorise pas l'institution contractuelle *per saltum* au profit des enfants à naître à l'exclusion des futurs époux (V. *suprà*, n° 550).

591. — III. DONATIONS FAITES SOUS DES CONDITIONS POTESTATIVES, OU AVEC RÉSERVE DE DISPOSER DE TOUT OU PARTIE DES BIENS DONNÉS. — V. *Rép.* n°s 2346 à 2348.

ART. 2. — *Des donations mutuelles ou réciproques entre futurs époux* (*Rép.* n°s 2349 à 2364).

592. Ainsi qu'on l'a observé au *Rép.* n°s 2349 et suiv., les donations mutuelles entre futurs époux doivent être, quant à l'étendue et à la nature des dispositions, comme aussi quant à leurs effets, complètement assimilées aux donations faites par un seul des futurs conjoints à l'autre (V. Laurent, t. 15, n° 300). Les donations d'immeubles sont soumises à la transcription (*Rép.* n°s 2355 et suiv.).

593. Les tribunaux ont un pouvoir discrétionnaire, suivant la remarque déjà faite (*Rép.* n° 2353) pour déterminer le caractère des donations mutuelles (V. conf. Req. 1er août 1867) (1). Jugé à cet égard : 1° qu'on ne saurait conclure de la clause d'un contrat de mariage portant que « chacun des époux disposera comme bon lui semblera de la moitié des acquêts », que les parties aient entendu restreindre aux propres l'étendue de la donation d'usufruit faite au profit du survivant (Agen, 5 déc. 1861, aff. Monès, D. P. 64. 2. 97) ; — 2° Que la disposition d'un contrat de mariage attribuant au conjoint survivant la pleine propriété de la part du prémourant dans la communauté, et, d'autre part, l'usufruit de tous les immeubles qui appartiendront à ce dernier peut être interprétée en ce sens que le donataire n'a aucun droit à prétendre sur le prix d'un immeuble propre aliéné pendant le mariage et dont récompense est due par la communauté (Req. 9 avr. 1872, aff. Leroy, D. P. 73. 1. 28) ; — 3° Que la stipulation d'un contrat de mariage, par laquelle des époux déclarent « qu'en cas de prédécès de l'un d'eux, le survivant aura la jouissance d'une somme déterminée dont la propriété reste acquise aux héritiers du défunt » peut être interprétée en ce sens que l'époux donateur n'a voulu qu'instituer contractuellement l'époux survivant (Chambéry, 1er mai 1874, et Req. 3 févr. 1875, aff. Lombard, D. P. 75. 1. 486. Comp. dans le même sens : Rouen, 11 juill. 1856, aff. Lemoine, et 20 déc. 1856, aff. Samson, D. P. 57. 2. 109).

SECT. 2. — DES DISPOSITIONS ENTRE ÉPOUX PENDANT LE MARIAGE (*Rép.* n°s 2365 à 2459).

ART. 1er. — *De la nature et de l'étendue des dispositions entre époux pendant le mariage* (*Rép.* n°s 2366 à 2435).

594. On a décrit au *Rép.* n°s 2366 à 2375 le régime des dispositions entre époux pendant le mariage dans le droit romain, le droit germanique, et dans notre ancien droit français. Des mesures restrictives, qui étaient en vigueur sous ces législations et dont la cause principale doit être rattachée au désir d'empêcher les époux de consentir des

(1) (Maupetit.) — LA COUR ; — Attendu que, selon l'art. 1161 c. nap., applicable au moins par analogie aux donations contractuelles aussi bien qu'aux conventions, toutes clauses d'un acte s'interprètent les unes par les autres, en donnant à chacune le sens qui résulte de l'acte entier ; — Attendu que, conformément à cette règle si sage, l'arrêt attaqué signale bien dans le contrat de mariage du 26 avr. 1835 quelques termes qui sembleraient supposer une donation de pleine propriété, mais qu'il rencontre

libéralités irréfléchies sous l'empire de l'entraînement de la passion, notre droit moderne n'en a conservé qu'une seule, qu'on peut considérer comme un remède suffisant contre le danger qui vient d'être indiqué. L'art. 1096 déclare révocable toute donation consentie entre époux au cours du mariage. Le principe de l'irrévocabilité des donations étant ainsi écarté d'une manière générale, pour toutes les donations consenties entre époux au cours du mariage, rien ne s'oppose à ce que les époux se fassent entre eux des donations qui, d'après le droit commun, devraient être déclarées nulles comme contraires à la règle « donner et retenir ne vaut. » Cette solution, qui découle nécessairement de la règle édictée par la loi, est au surplus, ainsi qu'on l'a observé au *Rép.* n° 2377, explicitement formulée dans l'art. 947 c. civ. Il suit de là que les époux pourront se faire, par acte entre vifs, des donations de biens à venir, ou de biens présents et à venir cumulativement, ou encore des donations affectées de conditions potestatives (Aubry et Rau, t. 8, § 743, p. 100, note 2; Demolombe, t. 6, n°s 455 et 456; Colmet de Santerre, t. 4, n° 276; Laurent, t. 15, n° 315).

595. Ainsi qu'il a été dit au *Rép.* n° 2381, la révocabilité des donations entre époux au cours du mariage est un principe d'ordre public auquel il n'est permis de déroger par aucun acte et sous aucune forme. Il a été jugé, notamment, que l'époux donateur ne pourrait renoncer à la faculté de révocation, même par un acquiescement donné au jugement qui aurait rejeté une action en nullité formée par lui contre une donation déguisée, ou faite par personne interposée (Dijon, 7 mars 1866, aff. Thévenin, D. P. 66. 2. 91; Req. 22 janv. 1873, aff. Papoul-Lozé, D. P. 73. 1. 473). Un arrêt plus récent (Toulouse, 20 mai 1886, aff. Hebrard, D. P. 87. 2. 40) consacre également cette règle que les donations entre époux consenties au cours du mariage sous la forme de contrats à titre onéreux sont révocables.

596. La donation entre époux, bien que toujours révocable, ne doit être confondue ni avec le testament, ni avec la donation à cause de mort. Cette observation faite au *Rép.* n°s 2387 et suiv. engendre plusieurs conséquences qui ont déjà été signalées et sur lesquelles nous devons revenir.

597. Tout d'abord, en ce qui concerne les conditions soit de forme, soit de fond, les donations entre époux sont assujetties non pas aux règles des testaments, mais à celles des dispositions entre vifs. De là l'obligation de rédiger un acte notarié (*Rép.* n° 2392), la formalité de l'acceptation expresse (*Ibid.* n° 2393), et, s'il s'agit d'une donation des biens présents, la rédaction d'un état estimatif pour les meubles (*Rép.* n° 2394; Laurent, t. 15, n° 320), la formalité de la transcription pour les immeubles (*Rép.* n° 2396; Laurent, *ibid.*, n° 319).

A raison du caractère d'acte entre vifs que nous venons de reconnaître à la donation entre époux, on doit décider que l'époux mineur ne pourra pendant le mariage faire une donation au profit de son conjoint ni de biens présents, ni même de biens à venir seulement (Aubry et Rau, t. 8, § 744, p. 108, note 12; Demolombe, t. 6, n° 462). Jugé, en ce sens que l'époux mineur demeure durant le mariage incapable de disposer par voie de donation au profit de son conjoint, et ne peut le gratifier que par testament à l'âge et dans les limites déterminées par l'art. 904 c. civ. (Bordeaux, 18 déc. 1866, aff. Cherchouly, D. P. 67. 2. 124).

598. D'une manière plus générale, et suivant les règles développées en matière de dispositions entre vifs, la capacité des époux de donner ou de recevoir doit être envisagée uniquement à l'époque de la donation ou de la notification de l'acceptation, si elle a eu lieu par acte séparé. Conformément à ce principe, la majorité des auteurs enseigne qu'une donation même de biens à venir seulement faite entre époux pendant le mariage reste valable, malgré la condamnation à une peine afflictive perpétuelle dont le donateur ou le donataire serait ultérieurement frappé (Aubry et Rau, t. 8, § 744, p. 108 et 109, notes 14 et 15; Demolombe, t. 6, n° 465; Colmet de Santerre, t. 4, n° 276 *bis* IV).

599. Quant aux effets des donations entre époux, et sauf ce qui sera dit de la révocabilité (laquelle ne concerne d'ailleurs que la donation de biens présents), ils sont identiques à ceux que produisent les donations du même ordre passées entre personnes étrangères. Ainsi, dans le cas d'une donation de biens à venir, la disponibilité des biens doit être envisagée uniquement au moment du décès du donateur. On a pu, par suite, déclarer valable la donation de biens présents et à venir, faite par une femme mariée sous le régime dotal au profit de son mari dans la forme d'un acte entre vifs; cette donation, étant subordonnée au prédécès de la donatrice et n'opérant aucun dessaisissement réel et immédiat, ne porte aucune atteinte au principe de l'inaliénabilité de la dot (Caen, 8 mai 1866, aff. Sorel, D. P. 67. 2. 161).

600. Si le prédécès de l'époux donataire est une cause de caducité des donations de biens à venir faites entre époux au cours du mariage, c'est par application des art. 1089 et 1093, qui font de cette cause de caducité un des caractères inhérents à la donation de biens présents et à venir, ou de biens à venir seulement. Quelques auteurs, ainsi qu'il a été dit au *Rép.* n° 2404, ont prétendu soumettre à la même caducité la donation de biens présents faite au cours du mariage. Ils s'appuient en général sur cette proposition inexacte, que les donations faites entre époux pendant le mariage ne constituent au fond que des dispositions testamentaires ou des donations à cause de mort. Mais le caractère de dispositions entre vifs que nous avons reconnu à ces donations conduit, au contraire, à décider que les donations entre époux ayant pour objet des biens présents ne deviennent pas, en principe, caduques par le prédécès de l'époux donataire (Comp. en ce sens : Aubry et Rau, t. 8, § 744, p. 110, note 24; Colmet de Santerre, t. 4, n° 276 *bis*; Demolombe, t. 6, n° 469; Laurent, t. 15, n° 339). La jurisprudence, suivant la remarque déjà faite au *Rép.* n° 2405, est depuis longtemps fixée dans le sens de cette opinion. Aux arrêts cités *ibid.* il faut joindre un arrêt de la cour de Toulouse, du 26 févr. 1861 (aff. Traisin, D. P. 61. 2. 58).

601. Nous arrivons maintenant à l'examen du droit de révocation de l'époux donateur. Ainsi qu'il vient d'être dit, c'est sur ce point unique que la donation entre époux diffère de la donation entre vifs ordinaire. Suivant l'opinion émise au *Rép.* n° 2406, le droit de révocation ne s'éteint pas avec le décès du donataire : par cela même que les héritiers de celui-ci sont appelés à recueillir le bénéfice de la libéralité consentie à leur auteur, ils sont soumis à l'action révocatoire, dont l'époux donateur peut user jusqu'à son décès. La doctrine la plus récente est en ce sens (Comp. Aubry et Rau, t. 8, § 744, p. 113; Demolombe, t. 6, n° 470; Colmet de Santerre, t. 4, n° 276 *bis* I), ainsi que la jurisprudence. Jugé, notamment, que les donations de biens présent faites entre époux pendant le mariage sont révocables même après la mort du conjoint donataire, et au préjudice des héritiers de celui-ci (Rennes, 6 déc. 1878, aff. Dubois, D. P. 79. 2. 117; Toulouse, 20 mai 1886, aff. Hébrard, D. P. 87. 2. 40).

602. Selon la règle énoncée au *Rép.* n° 2411, et qui n'est au surplus que l'application pure et simple du droit commun, la révocation des donations entre époux peut avoir lieu expressément ou tacitement (Comp. Aubry et Rau, t. 8, § 744, p. 113; Laurent, t. 15, n° 331).

603. En ce qui touche la révocation expresse, MM. Aubry et Rau, t. 8, § 744, p. 114, observent qu'elle ne peut plus avoir lieu aujourd'hui que par testament ou par un acte notarié reçu conformément aux dispositions de l'art. 2 de la loi du 21 juin 1843. Cette loi ayant assimilé, sous le rapport de la forme, les actes notariés contenant révocation de donation aux actes notariés contenant révocation de testament, on doit en conclure qu'une révocation ne pourrait être faite par un acte sous seing privé non revêtu des formes testamentaires (V. dans le même sens : Demolombe, t. 6, n° 478; Colmet de Santerre, t. 4, n° 276 *bis* IX).

604. En principe, la clause d'un testament par lequel le testateur déclare révoquer tout testament antérieur ne saurait entraîner la révocation d'une donation faite au conjoint (Comp. Laurent, t. 15, n° 331; Aubry et Rau, t. 8, § 744,

---

d'autres dispositions plus graves et plus explicites qui prouvent que les époux Maupetit n'ont entendu que se faire une donation d'usufruit; — Attendu que cette interprétation d'un acte d'ailleurs obscur était dans le domaine exclusif des juges du fond, et échappe par sa souveraineté à la censure de la cour de cassation; — Rejette, etc.

Du 1er août 1867.-Ch. req.-MM. Bonjean, pr.-Woirhaye, rap.-P. Fabre, av. gén., c. conf.-Tenaille-Saligny, av.

p. 114). — Jugé cependant que la clause d'un testament portant révocation de tout testament antérieur pouvait être considérée, à raison de circonstances de fait souverainement appréciées par les juges du fond, comme atteignant, outre un précédent testament, une donation faite pendant le mariage par le testateur à son conjoint et qui n'était sous une autre forme que la reproduction du testament révoqué (Civ. rej. 28 août 1865, aff. Durand-Vallès, D. P. 65. 1. 352).

605. Les cas de révocation tacite des donations entre époux ont été examinés au *Rép.* nos 2414 et suiv. D'une manière générale, on peut dire avec MM. Aubry et Rau, t. 8, § 744, p. 114, que la révocation tacite résultera de tous les faits ou actes de l'époux donateur qui indiquent d'une manière non équivoque son intention de révoquer la donation (V. dans le même sens : Demolombe, t. 6, no 430; Laurent, t. 15, no 332). Ces auteurs admettent que les règles sur la révocation tacite des testaments trouvent leur application en matière de donation entre époux. Il suit de là qu'une donation entre époux sera révoquée par une donation entre vifs, ou par un testament fait postérieurement et s'appliquant aux mêmes biens. Jugé, notamment, que la donation faite par l'un des époux à son conjoint, pendant le mariage, de la quotité disponible, peut être considérée comme frappée de révocation tacite par l'effet de la donation ultérieure que cet époux fait à un de ses enfants d'une somme absorbant le disponible (Civ. rej. 16 juin 1857, aff. Odiot, D. P. 57. 1. 284).

ART. 2. — *Des donations mutuelles entre époux pendant le mariage* (*Rép.* nos 2436 à 2459).

606. Les donations mutuelles, ainsi qu'il a été expliqué au *Rép.* no 2450, ne diffèrent des autres donations passées entre époux au cours du mariage que sous le rapport de la forme. L'art. 1097 c. civ. interdit, à peine de nullité, les dispositions mutuelles qui seraient faites par un seul et même acte, qu'il s'agisse d'une donation entre vifs ou d'un testament.

607. On a examiné au *Rép.* no 2455 la question de savoir si la prohibition de l'art. 1097 est applicable au cas où les époux, en faisant une donation à un tiers, se réservent l'usufruit des biens donnés ou constituent une rente viagère en stipulant la reversibilité de la totalité de l'usufruit ou de la rente viagère au profit du survivant d'entre eux. L'affirmative, enseignée au *Répertoire*, est aujourd'hui adoptée par la majorité des auteurs (V. Aubry et Rau, t. 8, § 743, p. 102; Demolombe, t. 6, no 449; Bonnet, *Des partages d'ascendant*, t. 1, no 276; Laurent, t. 15, no 324. — V. toutefois en sens contraire : Bauby, *Revue pratique*, 1860, t. 10, p. 455). Les cours d'appel sont divisées sur la question. On trouvera au *Rép.* no 2455 des arrêts rendus dans l'un et l'autre sens. Plus récemment, un arrêt de la cour de Poitiers du 20 févr. 1861 (aff. Cosset, D. P. 61. 2. 94), un autre de la cour de Nîmes du 16 déc. 1865 (aff. Porte, D. P. 66. 5. 332) ont décidé que des époux communs en biens, en faisant entre leurs enfants un partage anticipé de leur patrimoine, peuvent valablement stipuler à leur profit, et même au profit du survivant d'entre eux, la réserve de l'usufruit de la totalité des biens donnés (V. dans le même sens : Trib. Cambrai, 23 mars 1854, sous Civ. cass. 30 janv. 1856, aff. Forest, D. P. 56. 1. 92). Un autre arrêt (Metz, 18 juin 1863) (1) a suivi la même doctrine en validant la disposition par laquelle deux époux avaient fait donation à leurs enfants, par un même acte, des biens dépendant de leur communauté, en se réservant une rente viagère payable sans réduction jusqu'au décès du survivant des deux époux. La cour de cassation, après avoir, par un premier arrêt, décidé que la stipulation dont il s'agit constitue une donation mutuelle, qui est nulle si elle est renfermée dans un seul et même acte (V. en ce sens : Req. 26 mars 1855, cité au *Rép. ibid.*), a validé, postérieurement, la clause par laquelle deux époux, faisant le partage anticipé de leurs biens entre leurs enfants, se réservent l'usufruit des biens donnés et stipulent que cet usufruit sera réversible en totalité sur la tête du survivant (Civ. cass. 24 janv. 1860, aff. Hervieu, D. P. 60. 1. 73). Mais la cour suprême est revenue depuis, à sa première doctrine et a jugé que la clause par laquelle le père et la mère, en se démettant de leurs biens au profit de leurs enfants par un partage anticipé, se réservent l'usufruit des biens donnés et stipulent que cet usufruit appartiendra pour le tout au survivant d'entre eux, est nulle comme constituant une donation mutuelle et réciproque faite entre époux pendant le mariage et par un seul et même acte (Civ. cass. 19 janv. 1881, aff. Gelly, D. P. 81. 1. 181. V. dans le même sens : Dijon, 23 déc. 1881, aff. Desvignes, D. P. 83. 1. 196; Nancy, 11 juin 1887, aff. Mangeot, D. P. 88. 2. 183). — Toutefois, cette clause ne peut plus, après la mort du dernier ascendant bénéficiaire de l'usufruit ainsi constitué, être attaquée par ses héritiers (Req. 25 févr. 1878, aff. Pinton, D. P. 78. 1. 449).

608. La donation faite au survivant des époux avec la clause que tout ce dont cet époux sera propriétaire à son décès sera partagé entre ses héritiers et ceux de l'époux prédécédé constitue, sans aucun doute, une donation mutuelle qui ne saurait valablement être effectuée par un seul acte (Civ. rej. 10 mars 1869, aff. Launay, D. P. 69. 1. 336). Cependant, si l'on suppose que l'usufruit stipulé réversible avait été constitué sur un bien de communauté, et que la femme survivante renonçât à la communauté, l'effet de cette renonciation serait de faire considérer le mari comme ayant toujours été propriétaire exclusif du bien donné sous réserve d'usufruit, et la donation mutuelle se transformerait en une donation simple faite par le mari sous réserve d'usufruit au profit de sa femme (Agen, 21 nov. 1860, aff. Duplan, D. P. 61. 2. 34).

609. Enfin il a été jugé que l'acte par lequel deux époux ont vendu la nue propriété d'un immeuble commun, avec cette condition que l'acquéreur n'entrerait en jouissance de la chose vendue qu'au décès du survivant d'entre eux, avait pu être interprétée en ce sens que cette clause ne contenait pas une donation mutuelle entre époux par un seul et même acte, mais fixait seulement l'époque à laquelle l'usufruit se réunira à la nue propriété, sans que cette décision tombât sous le contrôle de la cour de cassation (Req. 18 janv. 1882, aff. Desvignes, D. P. 83. 1. 196).

TIT. 4. — DES TESTAMENTS (*Rép.* nos 2460 à 4442).

CHAP. 1er. — Règles générales sur la nature et les effets du testament (*Rép.* nos 2461 à 2485).

610. MM. Aubry et Rau, *Droit civil français*, 4e éd., t. 7, § 647, p. 9, donnent du testament la définition suivante : « Le testament est une déclaration de dernière volonté, et

(1) (Hitter C. Hitter.) — LA COUR ; — Attendu que, par acte public du 14 oct. 1858, les mariés Hitter ont fait donation à la demoiselle Hitter, leur fille mineure, de divers immeubles dépendant de la communauté qui existait entre eux ; — Attendu que l'appelant n'est pas fondé à prétendre que la donation serait nulle parce qu'elle contiendrait la réserve, au profit des époux Hitter, d'une rente annuelle et viagère de 2000 fr., payable sans réduction jusqu'au décès du survivant des donateurs, clause qui constituerait une donation mutuelle entre époux, faite durant le mariage, par un seul et même acte, et prohibée par l'art. 1097 c. nap. ; — Attendu, en effet, qu'il n'y a aucune assimilation à établir entre la stipulation dont il s'agit et la réserve réciproque d'usufruit faite en faveur du survivant des époux donateurs ; que toutes les circonstances de la cause signalent la donation du 14 oct. 1858 comme un acte de bienfaisance, étranger à toute pensée de donation entre les mariés Hitter, ayant pour but exclusif de procurer à la demoiselle Hitter un établissement avantageux et indépendant des éventualités que pouvaient faire naître les démêlés fâcheux survenus dans le ménage de ses parents ; — Attendu que, dans ces circonstances, la pension viagère de 2000 fr. qui a un caractère en quelque sorte alimentaire, forme une condition indivisible de la donation, et a pu être constituée *in solidum* au profit des deux donateurs pour la période d'existence la plus prolongée, sans qu'on puisse dire qu'il y a réversibilité de l'un à l'autre, en tout ou en partie ; — Attendu, dans tous les cas, que la disposition critiquée ne tomberait sous le coup de l'art. 1097 c. nap. que pour la portion de la rente afférente à chaque donateur, c'est-à-dire pour la moitié, et que cette moitié ne saurait réagir sur les autres parties du contrat, à l'égard desquelles elle serait réputée non avenue aux termes de l'art. 900 c. nap. ;

Par ces motifs, confirme, etc.

Du 18 juin 1863.-C. de Metz, 1re ch.-MM. Alméras-Latour, 1er pr.-Thilloy, av. gén.-Boulangé, av.

toujours révocable, contenue dans un acte instrumentaire revêtu de certaines solennités, par laquelle une personne (le testateur) dispose, pour le temps où elle ne sera plus, en faveur d'une ou de plusieurs autres personnes (légataires) soit de la totalité ou d'une partie aliquote de ses biens, soit d'objets déterminés, ou impose dans son propre intérêt certaines charges à ses héritiers ».

Les éléments de cette définition, que nous avons développés au *Rép.* nos 2461 et suiv., peuvent se résumer dans les propositions suivantes : 1° tout testament doit renfermer une déclaration de volonté de la part du testateur; 2° le testament est un acte solennel; 3° le testateur ne peut disposer par testament que pour le temps où il ne sera plus; 4° le testament est essentiellement révocable jusqu'au décès du testateur.

CHAP. 2. — De la forme des testaments (*Rép.* nos 2486 à 3416).

SECT. 1re. — RÈGLES GÉNÉRALES SUR LA FORME DES TESTAMENTS (*Rép.* nos 2487 à 2575).

611. On a vu au *Rép.* n° 2487 que toute la matière des testaments est dominée par deux principes généraux : 1° l'on ne peut disposer à titre gratuit, à cause de mort, que par testament (c. civ. art. 983); 2° les formalités prescrites pour les différentes espèces de testaments doivent toutes être observées à peine de nullité (c. civ. art. 1001). — De ces principes il résulte que toute forme de dispositions autre que le testament, acte essentiellement unilatéral, est interdite par la loi ; et c'est par application de cette règle que la cour de Paris a jugé, le 12 nov. 1858 (aff. Heurteux, D. P. 59. 2. 131) que le testament dans lequel est imposée au légataire universel, qui l'accepte par acte inscrit sur la même feuille, la condition de laisser à son tour toute sa fortune aux héritiers naturels du testateur, est nul comme ayant pour cause une convention sur succession future.

ART. 1er. — *Par la loi de quel temps et par la loi de quel lieu la forme des testaments doit être réglée* (*Rép.* nos 2499 à 2509).

612. — I. TEMPS (*Rép.* nos 2499 à 2505). — C'est un principe de bon sens, ainsi que nous l'avons vu au *Rép.* n° 2499, que la forme d'un acte se règle par la loi du temps où l'acte a été passé : car c'est la seule loi que l'auteur de l'acte ait pu connaître et vouloir appliquer (Aubry et Rau, t. 7, § 664, p. 94). En conséquence, un testament qui n'a pas été fait suivant les formes prescrites à peine de nullité par la loi en vigueur lors de sa confection, est nul, quoiqu'il réunisse toutes les conditions de forme exigées par la loi du temps où le testateur est décédé.

La jurisprudence a eu à faire application de cette règle à un testament passé en Savoie avant l'annexion de cette province à la France. La loi sarde, sous l'empire de laquelle avait été rédigé l'écrit, ne reconnaissait pas le testament olographe; elle n'autorisait que deux sortes de testaments : le testament public fait devant un notaire, et le testament secret déposé dans les minutes de cet officier public ou dans les archives des cours et tribunaux ; aux termes de la même loi, ce dernier testament ne valait que par le dépôt fait par le testateur de l'écrit qu'il disait contenir ses dernières dispositions, écrit qui, jusque-là, demeurait dépourvu de toute valeur légale. Par suite de l'annexion qui soumettait la Savoie à la loi française, un testament olographe non déposé, nul aux termes de la loi sarde, allait-il devenir valable comme se suffisant à lui-même, en vertu de la loi française ? La cour de Chambéry, le 17 juin 1865, avait décidé que le testament dont il s'agissait dans l'espèce était resté à l'état de projet, faute par le testateur de l'avoir déposé dans les minutes d'un notaire, ainsi que le prescrivait l'art. 758 c. civ. sarde, et elle en avait conclu qu'il était indifférent que le testateur fût décédé sous l'empire de la loi française qui n'exige plus ce dépôt, attendu que la circonstance que le testament réunissait les conditions de validité prescrites par la législation en vigueur lors de ce décès ne pouvait imprimer à ce testament une perfection qui lui faisait défaut par la volonté même de son auteur. La chambre des requêtes, le 19 févr. 1867 (aff. Maistre, D. P. 67. 1. 391) a rejeté le pourvoi, sans examiner la question de droit, et par ce simple motif de fait que l'écrit n'avait pas été déposé et était ainsi resté à l'état de simple préparation d'un testament quand est survenue l'annexion de la Savoie à la France ; que, dans ce passage d'une législation à une autre, il était permis aux juges de la cause de rechercher dans les documents du procès si l'auteur de l'écrit ne l'avait laissé sans dépôt, pendant de longues années, que parce qu'il l'avait considéré comme un projet depuis longtemps abandonné, ou si, au contraire, il avait conservé l'intention de le déposer, comme le soutenait le demandeur en cassation; or, à la suite de cette recherche, la cour d'appel déclarait que, dans l'intention du testateur, l'écrit n'avait jamais été qu'un simple projet qu'il se proposait de modifier. Il est évident que la cour suprême aurait pu aller plus loin, et décider en droit que le testament, nul aux termes de la loi sarde, seule en vigueur, lorsqu'il avait été rédigé, devait définitivement demeurer nul.

613. — II. LIEU (*Rép.* nos 2506 à 2509). — Il en est du lieu comme du temps ; c'est la loi du lieu où le testament a été fait qui régit uniquement cet acte (*Rép.* n° 2506).

Un arrêt (Pau, 9 juin 1857, aff. Barrios, D. P. 58. 2. 137), a déclaré soumis à la loi française le testament d'un Italien, décédé en France, par cette considération que la fortune du *de cujus* étant purement mobilière, la règle *Mobilia sequuntur personam* soumettait le testament à la loi du domicile. Cette décision eût trouvé une base plus solide dans la règle : *Locus regit actum*.

614. Cette dernière règle, comme nous l'avons vu au *Rép.* nos 2508 et 2509, est applicable même au testament olographe (V. les auteurs et les arrêts cités *ibid.* ; *adde* : Merlin, *Répertoire*, v° *Testaments*, sect. 1re, § 4, art. 1er, n° 3; Troplong, *Donations et testaments*, n° 1736 ; Massé et Vergé sur Zachariæ, t. 3, § 430, note 1 ; Demolombe, t. 4, n° 483 ; Aubry et Rau, t. 7, § 661, p. 90; Laurent, t. 13, n° 160; Aix, 11 juill. 1881) (1). Et il a même été jugé qu'un

(1) (Méras C. Méras.) — Le 4 déc. 1880, le tribunal civil de Marseille a rendu le jugement suivant : — Attendu que le sieur Fernand Méras établi depuis de longues années à Marseille, avait épousé la dame Françoise Marliani, veuve du sieur Mariano Gil; qu'il avait disposé de sa succession par un testament écrit en entier, daté et signé de sa main, et dont la date est ainsi conçue : « Fait et écrit de ma main à mon domicile, rue Haute-Montaux, 32, à Marseille, le 10 juin 1874 »; — Attendu que, sur requête appuyée d'un acte de notoriété établissant que le sieur Fernand Méras était décédé sans héritiers à réserve, aucune opposition ne s'étant d'ailleurs produite, le sieur Joachim Méras, en sa qualité d'héritier institué, fut, par ordonnance du président du tribunal, à la date du 15 mars 1876, envoyé en possession de l'hérédité; que les légataires particuliers furent ensuite mis en possession de leur legs et les droits de mutation furent perçus ; — Attendu qu'ainsi cet acte de dernière volonté a reçu son exécution ; — Attendu cependant que le sieur Edouard Méras, dont les sœurs et la mère, veuve de Diego Méras, sont au nombre des légataires précités, avait été omis par Fernand Méras dans son testament ; qu'il se présenta devant M. Francisco Galicio y Junqueras, juge du tribunal de première instance de Madrid, et y fit une déclaration d'*ab intestat* du sieur Fernand Méras; que sur ce point le tribunal de première instance de Madrid ordonna, par sentence provisoire du 3 févr. 1876, qu'il serait procédé à des informations et des annonces à Madrid, à Cordoue et à Marseille; — Attendu qu'averti par ces annonces, le sieur Joachim Méras produisit, le 8 avril suivant, devant le même juge, le testament olographe du sieur Fernand Méras et y joignit sa requête; qu'après l'accomplissement de diverses formalités, le juge, par sentence du 18 oct. 1876, considérant qu'il existait un testament, que le sieur Edouard Méras pouvait faire toutes les réclamations qu'il croirait opportunes sur la validité de ce titre, mais que dès lors on n'avait pas à poursuivre la procédure du jugement d'*ab intestat*, prononça qu'il n'y avait pas lieu de donner suite à la requête présentée dans ce but; — Attendu que le sieur Edouard Méras émit appel devant le tribunal supérieur; — Attendu que, par une sentence du 15 avr. 1878, ce tribunal, considérant principalement que si les solennités extérieures de tous les actes civils, en règle générale, sont régies par les lois du pays où le testament a été établi, ce principe ne peut être appliqué, suivant la doctrine la plus généralement admise en Espagne, lorsqu'il s'agit d'actes dans lesquels n'est point intervenu un officier public, et moins encore quand il

étranger (un Néerlandais) peut tester valablement en France dans la forme olographe, alors même que la législation de son pays n'admet que les testaments faits dans la forme authentique et interdit les testaments olographes (Orléans, 3 août 1859, aff. Siman Whall, D. P. 59. 2. 158).

Art. 2. — *De la rédaction par écrit, et de la perte ou destruction des testaments* (*Rép.* nos 2510 à 2541).

615. C'est un principe élémentaire, ainsi que nous l'avons vu au *Rép.* n° 2511, que le testament, acte solennel et astreint à des formes précises, doit nécessairement être écrit (Pau, 24 mars 1884, aff. Jauzion, D. P. 85. 2. 201). Il ne saurait être établi par la preuve testimoniale. L'art. 1347, qui autorise ce mode de preuve lorsqu'il existe un commencement de preuve par écrit, ne concerne que les conventions ordinaires et n'est pas applicable au cas où un testament n'est pas représenté. L'écriture étant de l'essence d'un tel acte, on ne peut y suppléer que dans les cas spéciaux de l'art. 1348 (Orléans, 13 déc. 1862, aff. Beaussier, D. P. 63. 2. 5).

616. Mais, bien que le legs purement verbal n'ait pour l'héritier aucune valeur obligatoire, faut-il aller jusqu'à dire qu'il ne produise même pas une obligation naturelle? M. Troplong a envisagé la difficulté sans la résoudre. Le savant auteur, *Donations et testaments*, t. 3, n° 1752, après avoir rappelé les controverses qui s'étaient élevées sur les effets, dans le for intérieur, du testament nul pour défaut de solennité, ajoute : « Quelque chose qu'on puisse dire et écrire sur cette question, qui est plutôt du domaine de la théologie que de celui de la jurisprudence, l'homme délicat saura toujours comment il doit se conduire, indépendamment de l'opinion des docteurs. C'est une affaire de conscience, qui doit se régler suivant les circonstances, et sur laquelle il n'est pas possible de donner des règles générales ». Une telle considération est insuffisante au point de vue du droit. M. Massol, *De l'obligation naturelle en droit romain et en droit français*, p. 298, s'est prononcé d'une façon plus expresse; tout en reconnaissant dans notre hypothèse l'existence d'une obligation de conscience, il refuse d'y voir une obligation naturelle proprement dite. Ce système a été dès longtemps repoussé par la jurisprudence (Req. 26 janv. 1826, *Rép.* n° 1408; Trib. La Réole, 4 mars 1846, aff. Lavaissière, D. P. 46. 3. 59; Paris, 16 févr. 1860, aff. Sergent, D. P. 60. 5. 122. V. aussi anal. : Toulouse, 10 janv. 1843, *Rép.* n° 1669-5°; Civ. rej. 15 févr. 1854, aff. Boudent, D. P. 54. 1. 51). Et la cour de cassation n'a pas cessé de persister dans cette voie. La chambre civile, le 19 déc. 1860 (aff. Chassaing, D. P. 61. 1. 17), a formellement jugé que, s'il est vrai que le legs verbal est nul de plein droit, et d'une nullité telle qu'elle ne puisse pas être couverte même par l'aveu du légataire universel, il ne saurait en être ainsi lorsque cet aveu est suivi de la délivrance réelle du legs au légataire particulier; que cette délivrance constitue, en effet, un acte

---

s'agit de testaments olographes qui ne peuvent offrir par eux-mêmes aucune garantie d'avoir été réellement établis dans le pays d'où ils sont datés, révoqua l'acte frappé d'appel, et par un arrêt du 18 du même mois, déclara qu'il entendait ainsi donner mainlevée de la suspension prononcée par le premier juge; — Attendu que la procédure d'*ab intestat* ayant repris son cours en vertu de ces arrêts, tous les parents de Fernand Méras, y compris le sieur Joseph Méras, comparurent le 16 déc. 1878, devant le tribunal et le procureur fiscal, sollicitant que le tribunal déclarât que fussent reconnues comme héritières de l'*ab intestat* toutes les parties figurant dans la procédure, lesquelles convinrent de partager l'héritage dans la proportion qui, suivant la loi, devait revenir à chacun des héritiers, c'est-à-dire d'abord aux frères existants et ensuite aux neveux pour la part qu'ils représentent; — Attendu que, là-dessus, le 21 dudit mois de décembre 1878, le juge du tribunal de Madrid prononça qu'il déclarait héritiers de tous les biens et actions de Fernand Méras, décédé *ab intestat*, son frère Joachim pour une part, ses neveux Édouard, dame Maria de la Paz et dame Elisa, pour une autre part, et enfin dame Virginée, veuve Van Hallen pour une autre part; — Attendu qu'à la suite de ces faits le sieur Édouard Méras fit signifier, le 4 févr. 1879, au sieur Joachim Méras et aux sieurs de Verville et Jean-Baptiste Teissère, exécuteurs testamentaires, un acte portant que le sieur Fernand Méras, sujet espagnol, étant décédé à Marseille où sa succession s'est ouverte par diverses décisions qu'ont rendues les tribunaux et cours d'Espagne passés aujourd'hui en force de chose jugée, la succession du défunt a été attribuée définitivement à ses héritiers de droit, au nombre desquels se trouve le requérant; qu'en l'état, ce dernier entend revendiquer comme héritier les biens meubles et immeubles délaissés par ledit sieur Fernand Méras, soit en Espagne, soit en France, et ce nonobstant toute prétendue disposition testamentaire de Fernand Méras, qu'il n'entend reconnaître en aucune façon; qu'en conséquence, il leur fait inhibitions et défenses expresses de se dessaisir d'aucunes sommes, valeurs, titres et créances tant mobilières qu'immobilières dépendant de la succession; que les termes de cet acte sont précieux à recueillir, car ils indiquent le sens et la portée de l'action que le sieur Édouard Méras allait introduire devant le tribunal de céans par son ajournement en date du 6 mai suivant, par lequel il formait une action en partage de la succession, et demandait la mise en vente des maisons, rue Falque, nos 30, 32, 38 et 40, et rue Fortunée, nos 21 et 23; — Attendu que, par ses conclusions prises à l'audience, ledit sieur Édouard Méras a requis qu'il plût au tribunal déclarer exécutoires en France les sentences et décisions des tribunaux espagnols précitées, déclarant les héritiers *ab intestat* ci-dessus désignés, et, par suite, qu'il serait procédé entre les hoirs Méras, tous sujets espagnols, au partage des biens situés à Marseille, dépendant de la succession dudit sieur Fernand Méras, lesquels biens seraient attribués aux hoirs Méras dans les proportions déterminées par les sentences ci-dessus rapportées, ordonner qu'il serait préalablement procédé à la vente aux enchères devant l'un des juges, à cet effet commis, des immeubles dépendant de la succession, mais spécialement et seulement des maisons sises à Marseille, rue Falque, nos 30, 32, 38 et 40; — Attendu que cette demande ne saurait être accueillie; que le sieur Fernand Méras n'est point décédé *ab intestat*, mais, au contraire, en l'état d'un testament olographe, précité, à la date du 10 juin 1874; que cet acte est écrit en entier, daté et signé de la main dudit sieur Fernand Méras; que ce fait est incontestable, qu'il n'a pu même s'élever la moindre objection contre la régularité de ce testament; — Attendu que le testament olographe fait foi de sa date; que la jurisprudence est unamine et constante à cet égard; qu'il est donc certain, comme l'atteste le testateur lui-même, que ce testament a été fait et écrit de sa main, à son domicile, rue Haute-Montaux, n° 32, à Marseille, le 10 juill. 1874; — Attendu que la forme extérieure et la solennité des actes sont déterminées par la loi du pays où ces actes sont passés; que ce principe s'applique aux testaments, et qu'en conséquence, la forme en est régie par la loi du pays où le testateur dispose; que ce principe, reconnu par la jurisprudence, a été formellement exprimé dans l'arrêt de la cour de cassation du 25 août 1847, dans la cause d'un sieur Quartin, sujet anglais, décédé en Abyssinie, laissant un testament olographe daté de Paris; — Attendu qu'il s'agit, dans le litige actuel, principalement de biens immeubles d'une valeur très considérable, situés à Marseille; qu'il n'est point question de la capacité du testateur, ni d'un objet tenant au statut personnel, mais de la forme d'un acte ayant principalement pour objet des immeubles; que l'art. 3 c. civ. dispose catégoriquement, que les immeubles, même ceux possédés par des étrangers, sont régis par la loi française; que c'est donc à bon droit et légitimement que le testament olographe, fait à Marseille par le sieur Fernand Méras, a été mis à exécution dans cette ville, et que les divers ayants droit, en vertu de cet acte, ont été mis en possession des immeubles qu'il leur attribue; — Attendu qu'il est inexact que cette succession ne concerne que des sujets espagnols; qu'au contraire, le sieur Méras a laissé une partie considérable de ses biens aux dames Ducolombier, épouse Rey, Ducolombier, épouse de Verville, et Me Marliani, avoué, qui sont Français; qu'il ne suffit pas qu'en faisant subir à ces demandes successivement diverses modifications, le sieur Édouard Méras se restreigne en dernier lieu, quant aux immeubles dont il demande la vente, à ceux que le testateur a légués aux membres de sa famille; que le demandeur semble mettre ainsi habilement de côté les hoirs Gil, dont la position est si favorable, puisque leur auteur, premier mari de la dame Marliani Méras, a été l'origine de la fortune distribuée par le testateur, et qu'il paraît ainsi laisser à l'écart les légataires français, mais qu'il ne s'explique même point formellement à cet égard, et qu'il demande expressément le partage de la succession tout entière comme étant *ab intestat;* qu'il pourrait donc revenir plus tard et poursuivre la vente des biens dont ses légataires sont en possession, comme il arrive souvent dans les partages où provisoirement on s'abstient de demander la licitation de quelques-uns des immeubles; que, du reste, ce qu'il ne ferait point lui-même, quelqu'un de ses parents pourrait le demander; — Attendu qu'il est d'ailleurs impossible que le tribunal considère la succession à la fois comme étant *ab intestat* et comme testamentaire; que si quelquefois une partie de la succession est seulement réglée par le testament, elle n'est point pour cela succession *ab intestat*, puisqu'elle fait l'objet d'un testament, mais seulement la portion que le testateur a laissée en dehors du testament se trouve dévolue aux héritiers naturels; — Attendu que le sieur Fernand Méras n'a point laissé une portion de ses biens en dehors du testament; que cet acte, au contraire, comprend l'universalité de son avoir, et qu'après avoir disposé en divers legs

d'exécution, contre lequel le légataire universel qui l'a effectuée n'est pas restituable. Et la chambre des requêtes, le 20 nov. 1876 (aff. Servarès, D. P. 78. 1. 376), a dit plus explicitement encore que, si une disposition de dernière volonté purement verbale est nulle de plein droit, elle peut cependant, comme constituant une obligation naturelle, servir de cause à une obligation civile valable. Les conséquences tirées du principe posé par ces deux arrêts sont les suivantes. D'une part, l'exécution d'un legs verbal constitue, pour l'héritier ou le légataire universel qui, malgré la nullité de ce legs, en a consenti la délivrance, l'acquit d'une obligation naturelle, et non une donation entre vifs ; par suite, cette délivrance n'est pas passible du droit proportionnel de mutation (Arrêt précité du 19 déc. 1860). — D'autre part, une disposition de dernière volonté purement verbale, bien qu'étant nulle de plein droit, peut cependant, comme constituant une obligation naturelle, servir de cause à une obligation civile valable. En conséquence, le bénéficiaire d'une disposition de cette nature peut, au cas où il existe à son profit un commencement de preuve par écrit, être admis à prouver par témoins que le légataire universel a pris envers lui, pour obéir aux intentions exprimées par le testateur à son lit de mort, l'engagement d'exécuter cette disposition (Arrêt précité du 20 nov. 1876). — Mais il n'y a là, bien entendu, qu'une obligation naturelle dont l'exécution ne saurait, en conséquence, être demandée en justice (Comp. Aubry et Rau, t. 4, § 297, texte et note 6).

617. Le principe qu'un légataire ne saurait demander en justice l'exécution d'une disposition faite à son profit, sans rapporter l'écrit contenant cette disposition, n'est-il susceptible d'aucun tempérament ? La question se pose spécialement, dans la pratique, au cas où le demandeur invoque un testament qui aurait existé, mais qui aurait disparu.

Il est une hypothèse où cette demande ne saurait évidemment être admise : c'est celle où la disparition de l'acte serait le fait du testateur lui-même, désireux de révoquer son testament. — Remarquons toutefois que cette preuve de la révocation ne saurait résulter de simples présomptions quelque graves qu'elles soient (Lyon, 14 déc. 1875, aff. de Bourgoing, D. P. 76. 2. 199). Ainsi l'on ne saurait tirer la preuve d'une telle révocation de ce fait qu'un testament ayant été fait en double original, un seul des doubles serait représenté (Même arrêt). Sur ce dernier point, le principe avait déjà été posé dans les termes les plus nets par la chambre civile (Civ. rej. 12 déc. 1859, aff. Pautard, D. P. 60. 1. 334), qui déclare expressément que, lorsqu'un acte de dernière volonté a été rédigé par précaution en double original, la preuve de son existence ne saurait dépendre de la représentation de ces deux originaux ; que la précaution de l'auteur de cet acte a obtenu tout son effet, lorsqu'après son décès, l'un des originaux a été produit et déposé, comme dans l'espèce, dans des archives publiques. D'autre part, toute lacération, faite par le testateur, de son testament n'implique pas nécessairement, par elle-même, la volonté d'anéantir cet acte ; et l'intention qui a présidé à la lacération opérée doit être recherchée dans la nature de cette lacération et dans les circonstances de la cause. Ainsi le testament qui a été retrouvé en deux fragments inégaux, dont le premier est susceptible de se suffire à lui-même, en ce qu'il contient au recto les dispositions principales et au verso la date et la signature, peut être considéré comme n'ayant été lacéré que pour retrancher un legs particulier contenu dans le second fragment. En tout cas, l'arrêt qui le décide ainsi, en argumentant de l'état matériel de la pièce, des conditions différentes dans lesquelles ont été conservés les deux fragments, et des autres circonstances de la cause, renferme une appréciation de fait et d'intention qui rentre dans le domaine des juges du fond (Req. 23 janv. 1888, aff. Marguet, D. P. 88. 1. 149).

618. Mais supposons, au contraire, que le testament ait disparu par suite d'un fait étranger au testateur, c'est-à-dire par un cas fortuit, imprévu et résultant d'une force majeure, pour employer les termes de l'art. 1348, § 4, c. civ. Le légataire aura-t-il alors le droit de recourir à la preuve testimoniale pour reconstituer le testament qu'il ne peut représenter ? La cour de Caen, le 31 janv. 1856 (aff. Pautard, D. P. 60. 1. 334), en se prononçant pour l'affirmative, s'est appuyée sur ce motif de droit que l'art. 1341, qui prescrit de passer acte de toutes choses excédant 150 fr., et défend d'admettre la preuve testimoniale contre et outre le contenu aux actes, s'applique à tous les actes, sans distinction de ceux qui contiennent des dispositions de dernière volonté ou des donations entre vifs ; que, par une conséquence directe, l'art. 1348 qui admet la preuve par témoins dans le cas où le titre qui servait de preuve littérale a été perdu par suite d'un cas fortuit ou résultant d'une force majeure, doit être général et s'appliquer aussi à tous les actes, à ceux de dernière volonté comme aux autres. — Nous ne saurions nous associer à ce raisonnement, qui prend sa base dans l'art. 1341; cet article est absolument étranger à la matière des testaments, et personne assurément ne soutiendrait que l'on peut, en principe, faire la preuve testimoniale de tout legs dont la valeur est inférieure à 150 fr. La cour de Toulouse, dans un arrêt du 12 août 1862 (aff. Espallac, D.P. 63.

---

de sa fortune presque tout entière, il a encore institué le sieur Joachim Méras pour son héritier; — Attendu, d'autre part, qu'en vain le sieur Edouard Méras fait-il valoir le règlement auquel il a été procédé le 18 déc. 1878, devant le tribunal de Madrid, et auquel a pris part le sieur Joachim Méras, comme une renonciation de sa part aux droits que lui donnait le testament; qu'on ne présume pas légèrement la renonciation du bénéfice auquel on a droit; que le sieur Joachim Méras a toujours manifesté l'intention d'accepter le legs et l'héritage auxquels il était appelé, et c'est sur sa demande qu'il fut envoyé en possession; que, dès que les annonces d'une procédure *ab intestat*, poursuivie devant les autorités espagnoles, se sont produites, il s'est empressé de se présenter devant le tribunal de Madrid, et d'y faire valoir le testament olographe du sieur Fernand Méras; que ce n'est que lorsque le tribunal supérieur, declarant tenir ce testament comme non avenu, a ordonné la continuation de la procédure *ab intestat*, qu'il a comparu pour faire valoir les droits lui compétant même dans cet état de choses; — Attendu que le consentement exprimé dans une donnée exactement déterminée ne peut être considéré comme existant réellement, lorsque la situation effective est absolument différente; que le consentement étant en réalité subordonné à un fait déclaré positif, n'existe pas lorsque ce fait prétendu n'a pas lui-même d'existence; — Attendu qu'ainsi le sieur Joachim s'est porté comme héritier naturel devant l'autorité espagnole, prononçant qu'il n'y avait pas de testament et que la succession du sieur Fernand Méras était *ab intestat*, mais qu'il ne peut être lié devant l'autorité française qui reconnaît et déclare que ce fait, en France du moins, est complètement inexact, que la succession du sieur Fernand Méras n'est nullement *ab intestat*, qu'il existe au contraire un testament parfaitement régulier, et en vertu duquel la succession a été partagée, ainsi qu'elle devait l'être, entre les divers ayants droit; — Attendu qu'au reste cette déclaration faite en Espagne n'est point sans effet; qu'au contraire s'il s'agit de biens situés en Espagne, elle était parfaitement valable, et le sieur Joachim Méras était en droit de la faire quant à ce qui concernait, en Espagne, la succession réputée *ab intestat;* qu'elle s'appliquait donc régulièrement aux biens délaissés par le sieur Fernand Méras, situés en Espagne; que ce n'est point là une pure hypothèse, puisque ledit sieur Méras avait transporté dans ce pays une portion de son mobilier comprenant ses chevaux, et que l'inventaire dressé, le 8 févr. 1876, par Me Gavot, notaire à Marseille, constate, d'après le titre retrouvé, qu'il était dû à Fernand Méras une somme de 5000 fr. par Elisa Méras, épouse de Royas, demeurant à Madrid; — Attendu, en conséquence, qu'il ne saurait y avoir lieu, dans ces circonstances, de déclarer exécutoires en France les sentences et décisions ci-dessus énoncées, émanant des tribunaux espagnols, contraires aux dispositions qui, conformément à la loi française, ont été mises à exécution; qu'il n'y a pas lieu d'ordonner le partage demandé; — Par ces motifs, etc. ». — Appel par le sieur Méras. — Arrêt.

La cour; — Attendu que l'action d'Edouard Méras ne repose plus que sur un pacte de famille qui aurait été conclu en Espagne devant l'autorité espagnole qui lui aurait donné sa sanction; — Mais attendu que ce pacte, en supposant qu'il eût le sens et la portée qu'Edouard Méras lui attribue, n'aurait été souscrit que sous l'empire d'une erreur de droit et de fait; erreur de droit, qui consistait à croire que le testament de Fernand Méras était nul, tandis qu'il était valable; erreur de fait, conséquence de la première, qui consistait à croire que tous les biens dépendant de la succession de Fernand Méras seraient rapportés par les légataires français, et deviendraient l'objet d'un partage entre les héritiers du sang;

Par ces motifs, adoptant, d'ailleurs, les motifs des premiers juges: — Ordonne que ce dont est appel sortira son plein et entier effet.

Du 11 juill. 1881.-C. d'Aix, 1re ch.-MM. Rigaud, 1er pr.-Alphandéry, av. gén.-Boissard, Platy-Stamaty (du barreau de Marseille) et Paul Rigaud, av.

2. 13), donne à son raisonnement une base bien plus solide, lorsqu'elle considère, pour admettre l'application du quatrième paragraphe de l'art. 1348, que, dans le cas prévu par cette disposition, la nécessité de recourir à la preuve orale se manifeste avec autant d'énergie, lorsqu'il s'agit d'un titre consistant dans un acte de dernière volonté que lorsqu'il s'agit d'un contrat ordinaire ; que limiter aux actes de cette dernière nature l'application de l'art. 1348, ce serait encourager les entreprises criminelles, vis-à-vis surtout des testaments olographes, de tous ceux qui, ayant intérêt à les faire disparaître, pourraient parvenir à s'en emparer. Quoi qu'il en soit, le principe est certain, comme nous l'avons indiqué au *Rép*. nos 2518 et suiv. Il est universellement admis par la doctrine (V. outre les auteurs cités *ibid.* : Merlin, *Questions de droit*, v° *Suppression de titres*, § 1er; Toullier, *Le droit civil expliqué*, t. 9, n° 218 ; Bayle-Mouillard sur Grenier, *Des donations et testaments*, n° 224 ; Aubry et Rau, t. 7, § 647, p. 10 ; Demolombe, t. 4, n° 32 ; Larombière, *Théorie et pratique des obligations*, t. 4, sur l'art. 1348, n° 49), soit qu'il s'agisse d'une destruction du testament par l'héritier, auquel cas l'art. 1382 donne à l'action du légataire une base inébranlable, soit qu'il s'agisse d'un véritable cas fortuit (Merlin, *Répertoire*, vis *Preuve*, sect. 2, § 3, art. 1er, nos 25 et suiv., et *Testament*, sect. 2, § 1er, art. 2, n° 5 ; Toullier, t. 5, n° 666 ; Bonnier, *Traité des preuves*, 2e éd., n° 133; Massé et Vergé sur Zachariæ, t. 3, § 416, note 7, et les auteurs précités). La jurisprudence est également unanime à reconnaître dans notre espèce l'application de l'art. 1348 (Civ. cass. 9 juin 1852, aff. Pautard, D. P. 54. 1. 433 ; Caen, 31 janv. 1856, même affaire, D. P. 60. 1. 334 ; Civ. rej. 12 déc. 1859, même affaire, *ibid.* ; Toulouse, 12 août 1862, aff. Espallac, D. P. 63. 2. 13 ; Grenoble, 1er juill. 1875, aff. Sauvajon (1) ; Poitiers, 16 juill. 1879, aff. Dugas, D. P. 79, 2. 267. — Comp. Orléans, 13 déc. 1862, aff. Beaussier, D. P. 63. 2. 5 ; Rouen, 18 juin 1877, aff. Saunier, D. P. 77. 2. 181; Poitiers, 23 mars 1881, aff. Dugas, D. P. 81. 2. 152 ; 18 mars 1885, aff. Favreau, D. P. 86. 1. 289).

619. Mais il reste à déterminer quelle preuve incombe au légataire qui veut ainsi profiter de l'art. 1348. Il est évident tout d'abord qu'il doit prouver l'existence de l'acte. Il est encore essentiel qu'il articule d'une manière précise et prouve le fait particulier de force majeure qui a causé la perte du testament. En effet, pour avoir le droit d'invoquer l'art. 1348, § 4, il est tenu d'établir avant toute chose qu'il est dans le cas exceptionnel prévu par cet article (Bonnier, *op. cit.*, n° 133 ; Larombière, *op. cit.*, sur l'art. 1348, n° 42). Et, comme le dit très bien un arrêt (Orléans, 13 déc. 1862, aff. Beaussier, D. P. 63. 2. 5), des termes et de l'esprit du paragraphe 4 dudit article, il résulte que, pour que cet article reçoive son application dans le cas exceptionnel qu'il prévoit, le créancier doit prouver non seulement la perte du titre, mais encore, en premier lieu,

---

(1) (Sauvajon *C.* Sanderet.) — LA COUR ; — Adoptant les motifs exprimés par les premiers juges qui, s'appuyant sur les documents les plus sûrs et les témoignages les plus véridiques, ont très explicitement constaté la volonté énergique et persistante de Chaillet, d'attribuer sa succession à la dame Sanderet, de Valonne, sa cousine, à l'exclusion de sa sœur utérine, la dame Sauvajon, et l'existence non interrompue d'un testament rédigé, écrit et signé par lui, dans le sens de cette disposition, testament qu'il a toujours gardé en sa possession personnelle dans les résidences lointaines où ses fonctions l'ont appelé, et durant ses voyages ou son séjour en France, et dont il ne s'est jamais dessaisi jusqu'à sa mort, sans qu'il y ait lieu de supposer aucun changement dans sa volonté, sans qu'il apparaisse d'aucune expression ou manifestation d'un sentiment contraire ; — Et attendu qu'on s'est vainement efforcé, dans l'intérêt des consorts Sauvajon, de faire admettre comme vraisemblable ou possible la révocation de cet acte dont l'existence est avérée, mais que le testateur aurait à la fin supprimé pour laisser prévaloir l'hérédité naturelle et égale, dont il aurait voulu jusque là prévenir ou écarter l'application ; — Que non seulement cette hypothèse est contredite par la pensée bien connue et les propres paroles de Chaillet, annonçant que les visites de sa nièce, la demoiselle Sauvajon, pendant sa dernière maladie, et l'accueil qu'il avait pu lui faire ne devaient modifier en aucune sorte ses intentions à l'égard de sa sœur, celle-ci restant toujours exclue de ses affections comme de sa présence ; — Mais qu'il serait dans tous les cas hors de vraisemblance et de toute probabilité de supposer et d'admettre que, même sous l'impression de sentiments favorables à sa nièce, Chaillet eût anéanti son testament sans le remplacer par d'autres dispositions de sa dernière volonté ; — Qu'il n'aurait certainement jamais abandonné toute pensée de libéralité envers la dame Sanderet au point de ne pas même lui remettre la créance qu'il avait contre elle ; qu'il n'avait pas également oublié son attachement et sa reconnaissance envers la dame Bergeron, au moment où elle lui prodiguait le plus de soins, pour lui supprimer après lui la pension volontaire qu'il n'avait jamais cessé de lui servir ; — Qu'il aurait encore moins livré sans condition et sans mesure sa succession entière à la merci de sa sœur, pour la compromettre dans les affaires douteuses et embarrassées de celle-ci et de son mari au détriment inévitable de sa nièce à laquelle il aurait voulu et pu facilement l'assurer ; — Qu'il ne devait sous aucun rapport et dans aucune supposition décéder sans testament et qu'il n'aurait point, aux approches de la mort, déclaré avoir réglé toutes ses affaires, s'il n'avait pas conservé ou établi l'acte qui consacrait ses dernières volontés ; — Attendu que ces considérations, décisives entre toutes, démontrent que Chaillet a laissé à sa mort un testament qui déterminait le sort de sa fortune et qui se trouvait au nombre des papiers, actes et pièces dont Sauvajon, de concert avec sa femme, s'est emparé sans contrôle et en compagnie complaisante et suspecte, sous prétexte que la dame Sauvajon était saisie par la loi de l'hérédité du défunt ; qu'il suit de là que les mariés Sauvajon ou ceux qui les représentent sont responsables de ce testament qu'ils ont retenu, occulté ou détruit au préjudice de la dame Sanderet, ainsi que l'établissent les enquêtes et les divers documents du procès, suivant l'appréciation judicieuse et l'exposition développée que renferme dans ses motifs la décision des premiers juges, à laquelle la cour se réfère en l'approuvant ; — Attendu que les mariés Sanderet, qui ne pouvaient exercer le droit naissant pour la dame Sanderet du testament de Chaillet ou de l'occultation de ce titre par les mariés Sauvajon, que du jour où ils auraient retrouvé et rassemblé les éléments de preuve opposables à ces derniers, ne transigeaient pas sur l'exercice de ce droit et sur ce droit lui-même, lorsqu'ils ont purement et simplement réglé par l'acte enregistré du 20 févr. 1872 avec les héritiers apparents leur dette envers Chaillet et la remise des effets mobiliers déposés chez eux ; — Que les transactions comme la chose jugée se renferment dans leur objet spécial et ne s'appliquent qu'aux différends mêmes qui s'y trouvent compris ; — Que l'acte du 20 févr. 1872 ne portait pas sur le différend actuellement agité ; qu'il ne contenait aucune renonciation à des droits définis ; qu'il ne saurait motiver aucune fin de non-recevoir, aucune exception contre l'action intentée par les mariés Sanderet aux consorts Sauvajon, en réparation des dommages qu'ils ont éprouvés par l'effet de la dissimulation ou de la suppression du testament de Chaillet ; — Attendu qu'ainsi présentée, cette action n'a pas pour objet exclusif et absolu de faire établir et consacrer à l'aide de la preuve testimoniale et des présomptions et envers des tiers et des successibles étrangers à tout fait de fraude, le texte régulier d'un testament dont les termes précis ne sont pas rapportés, mais qu'elle a principalement pour but de faire rendre et représenter au légataire universel lésé par la disparition d'un testament, ce titre que le successible a soustrait ou détourné et qu'il retient par fraude ou par dol, et, en cas de refus ou de résistance opposée à cette restitution, d'obtenir contre lui la réparation du préjudice causé par le fait délictueux ou quasi-délictueux, destruction ou occultation que ce refus ou cette résistance fait nécessairement supposer ; — Attendu que l'action exercée dans ces termes et dans ces conditions s'appuie juridiquement et sur la disposition légale qui autorise à suppléer par la preuve testimoniale au titre perdu par cas fortuit, et à plus forte raison par le fait de celui contre lequel on l'invoque, et sur le principe général proclamé par l'art. 1382 c. civ., qui oblige quiconque a causé du dommage par sa faute à le réparer ; — Attendu qu'ici la réparation la plus sûre et la plus exacte consiste naturellement dans la remise à la partie lésée des valeurs ou objets composant la succession et indûment appréhendés ou retenus au préjudice de son droit ; — Attendu que c'est ainsi que le tribunal a effectivement procédé et au fond prononcé dans la décision visée par l'appel, et que c'est dans le sens qui précède que son jugement doit être confirmé, sauf à la dame Sanderet, légataire universelle, reconnue et réellement instituée, à remplir, après le recouvrement effectué du montant de la succession, les charges ou obligations qu'elle saurait lui avoir été imposées par la volonté du testateur ; — Par ces motifs ; — Sans s'arrêter à l'appel émis par la veuve Sauvajon et les mariés Perard envers le jugement rendu par le tribunal de première instance de Valence le 3 juill. 1874, et au besoin envers le jugement interlocutoire émané du même tribunal dans la même cause, à la date du 28 mai 1873, non plus qu'à toutes les demandes, fins et conclusions des appelants, met ledit appel à néant, ordonne que ce dont est appel sortira son plein et entier effet, renvoie la cause et les parties devant les premiers juges pour mettre leur sentence à exécution, etc.

Du 1er juill. 1875.-C. de Grenoble, 2e ch.-MM. Gautier, pr.-Debanne, av. gén.-Michal et Gueymard, av.

la cause de la perte, c'est-à-dire le cas fortuit, l'accident, le fait particulier et déterminé de force majeure qui l'a occasionnée; qu'à cette condition préalable et essentielle est subordonnée l'admissibilité de la preuve testimoniale de l'existence et de la validité du titre, laquelle sans cela présenterait les inconvénients les plus graves et des dangers manifestes (V. dans le même sens : Rouen, 18 juin 1877 et Poitiers, 16 juill. 1879, cités *suprà*, n° 618).

620. Le légataire doit en outre prouver la teneur du testament (*Rép.* n°s 2521 et 2522). On ne saurait, toutefois, exiger qu'il reconstitue, à l'aide des documents recueillis dans l'enquête, sa teneur exacte et littérale (Rouen, 18 juin 1877, cité *suprà*, n° 618 ; Lyon, 15 févr. 1888) (1).

Il doit prouver encore que le défunt a eu jusqu'à sa mort l'intention de maintenir le testament (Poitiers, 16 juill. 1879; 23 mars 1881 ; 18 mars 1885, cités *suprà*, n° 618).

621. Mais n'est-il pas encore nécessaire que le demandeur rapporte la preuve de la régularité du testament ? — Il est certainement essentiel que la date précise du testament soit établie. En conséquence, la preuve n'est pas complète si les témoins se bornent à attester que l'acte portait l'indication non seulement de l'année, mais aussi du mois et du jour où il a été rédigé, sans pouvoir spécifier quels étaient ce mois et ce jour (Rouen, 18 juin 1877, aff. Saunier, D. P. 77. 2. 181 ; Lyon, 15 févr. 1888, *suprà*, n° 620). — Quant aux autres éléments de validité, il faut faire une distinction, que nous avons déjà trouvée dans les motifs d'un arrêt de la cour de Riom du 17 nov. 1821 (*Rép.* n° 2519-2°). Si le testament a disparu par suite d'accident ou de force majeure, le demandeur est absolument tenu d'en prouver la régularité. S'il a disparu par le fait de l'héritier défendeur au procès, le demandeur est dispensé de cette preuve; en effet, outre qu'il ne serait pas juste que la position du légataire fût rendue trop difficile par le fait volontaire de l'héritier, il est naturel de présumer que, si ce dernier a fait disparaître le testament, c'est qu'il ne trouvait pas dans cet acte lui-même, dans son irrégularité, le moyen de faire tomber le legs. Cette distinction, comme on l'a vu au *Rép.* n° 2526, admise par MM. Delvincourt et Troplong, est également approuvée par les auteurs plus récents (V. Massé et Vergé sur Zachariæ, t. 3, § 416, note 7; Demolombe, t. 4, n° 32; Aubry et Rau, t. 7, § 647, p. 10).

622. L'hypothèse de la perte du testament par cas fortuit est, d'ailleurs, la seule dans laquelle la preuve du testament puisse se faire au moyen de la preuve testimoniale. Cette preuve ne saurait être admise, en dehors de toute perte du testament, dans le cas où le légataire invoquerait un commencement de preuve par écrit, en vertu de l'art. 1347; ledit article, comme on l'a fait remarquer *suprà*, n° 618, ne concerne que la preuve des conventions ordinaires considérées en elles-mêmes, il est étranger et inapplicable à la matière des testaments, pour la validité desquels des formes particulières ont été prescrites ; l'écriture étant de l'essence des dispositions de dernière volonté, elles ne sauraient trouver d'existence légale dans une preuve testimoniale, qui ne peut, en dehors des cas de fraude formelle-

(1) (M... C. J.) — Le 1er juin 1887, jugement du tribunal civil de Lyon, ainsi conçu : — Attendu que l'abbé M... est décédé le 25 déc. 1885, laissant un testament olographe daté du 16 novembre de la même année, et par lequel il instituait pour sa légataire universelle Mathilde M..., femme J..., sa nièce ; — Attendu que, par exploit du 18 juin 1886, la veuve M... née M..., agissant en sa qualité de tutrice de ses enfants mineurs Marie et Laure M..., a assigné Mathilde M..., femme J... et le sieur J... son mari, ce dernier tant en son nom personnel que pour assister et autoriser la dame son épouse, en 10000 fr. de dommages-intérêts pour réparation du préjudice que lui a fait éprouver la soustraction d'un codicille qui accompagnait ledit testament ; ... — Attendu que, pour justifier sa demande, la dame veuve M... prétend : 1° qu'à une époque voisine du décès de l'abbé M..., celui-ci a fait part à plusieurs personnes de son intention de faire diverses libéralités notamment en faveur de ses petites-nièces ; 2° que deux mois avant son décès, il a prodigué à celles-ci, en présence de témoins, des marques non équivoques d'intérêt et d'affection ; 3° qu'alors qu'il était alité, il a fait dire à la veuve M... que ses dispositions étaient prises et qu'il n'avait pas oublié ses nièces ; 4° que ce codicille contenant ces dispositions a été vu par plusieurs personnes ; 5° que pendant la dernière maladie de l'abbé M..., elle a été, ainsi que ses enfants, tenue à l'écart ; 6° que les scellés n'ont été apposés que trois jours après le décès, et que dans cet intervalle, la femme J... a pu disposer en toute liberté des divers titres, papiers, documents laissés par le défunt ; 7° que ledit codicille a été supprimé par le fait des mariés J... ; — Attendu qu'il est vrai que tous les faits sont contestés par les défendeurs, mais que s'ils étaient prouvés, ils auraient évidemment une influence sur le sort de la demande, et que, dès lors, c'est le cas pour le tribunal d'ordonner d'office au besoin que la dame veuve M... sera admise à en rapporter la preuve ; — Par ces motifs; — Dit que les conclusions modifiées et produites par la veuve M..., postérieurement au 23 juillet dernier, l'ont été tardivement, qu'elles sont rejetées du débat et exclues des qualités ; — Surseoit à statuer au fond ; — Dit que la veuve M... est autorisée à prouver, tant par titres que par témoins : 1° qu'à une époque voisine du décès de l'abbé M..., celui-ci a fait part à plusieurs personnes de son intention de faire diverses libéralités, notamment, en faveur de ses petites-nièces ; 2° que, deux mois avant son décès, il a prodigué à celles-ci, en présence de témoins, des marques non équivoques d'intérêt et d'affection ; 3° qu'alors qu'il était alité, il a fait dire à la veuve M... que ses dispositions étaient prises et qu'il n'avait pas oublié ses nièces ; 4° que le codicille contenant ces dispositions a été vu par plusieurs personnes ; 5° que pendant la dernière maladie de l'abbé M..., elle a été, ainsi que ses enfants, tenue à l'écart ; 6° que les scellés n'ont été apposés que trois jours après le décès, et que, dans cet intervalle, la dame J... a pu, en toute liberté, disposer des divers titres, papiers ou documents laissés par le défunt ; 7° qu'enfin ledit codicille a été supprimé par le fait des mariés J... ; — Réserve aux mariés J... la preuve contraire ». — Appel par les époux J... — Arrêt.

LA COUR; — Sur la fin de non-recevoir : — Considérant que la suppression d'un codicille au testament de l'abbé M... était alléguée dès le début de l'instance et servait de bases dans les conclusions prises par la veuve M..., à la demande de 10000 fr. de dommages-intérêts qu'elle formulait contre les appelants ; qu'ainsi, et sans qu'il fût nécessaire de faire état des conclusions postérieures qu'ils rejetaient, les premiers juges ont pu, en se tenant dans les limites de leur droit, admettre les demandeurs à faire la preuve d'un fait allégué par leurs conclusions principales, et que leurs conclusions subsidiaires tendaient d'ailleurs uniquement à établir ;

Au fond : — Considérant que le testament contenant les dernières volontés de l'abbé M... est parfaitement régulier ; qu'il se suffit absolument à lui-même et que nul élément de la cause ne tend à faire admettre seulement la probabilité qu'il ait été suivi d'un codicille; qu'ainsi et dix ans plus tôt, le 15 juin 1875, le curé M... avait disposé de sa modeste fortune en faveur de Mme J..., et l'avait instituée sa légataire universelle par un testament identique à celui du 16 nov. 1885 ; que la seule différence à signaler entre ces deux testaments est qu'en 1875, il léguait, à sa servante une rente de 200 fr., tandis que cette disposition a disparu de celui de 1885, mais par cet unique motif que dans l'intervalle qui sépare ces deux époques l'abbé M... a trouvé le moyen d'assurer autrement le sort de cette fille, après sa mort ; — Considérant que tous les faits et documents de la cause donnent une force probante invincible à ces deux testaments, dont le rapprochement témoigne de la persévérance des sentiments affectueux du testateur pour celle qui est restée sa légataire universelle, en même temps que les autres mettent à jour ce qu'ont été et ce que seront ensuite ses intentions dernières à l'égard des autres membres de sa famille ; — Considérant, au surplus, que les faits dont la veuve M... demande à faire la preuve, en admettant qu'ils soient pertinents, ne sont pas admissibles ; que l'on ne saurait sans danger pour l'ordre public admettre une preuve par témoins, à l'encontre d'écrits réguliers, offrant tous les caractères de la sincérité et paraissant exprimer la volonté certaine et réfléchie du testateur, alors surtout que cette articulation en preuve ne s'étale d'aucunes présomptions de fait qui en fassent ressortir la portée et en légitiment l'admission au lieu de se continuer dans des affirmations que rien ne paraît justifier et ne rend même vraisemblables ; — Considérant encore, et en admettant même que l'existence antérieure d'un codicille fût établie, que ce commencement de preuve devrait être complété pour avoir un effet utile ; qu'ainsi il faudrait démontrer que ledit codicille était en entier écrit, daté et signé par le testateur ; préciser ses dispositions, prouver de plus qu'il n'a pas disparu par le fait du testateur lui-même ; que, cette preuve, impossible à faire d'ailleurs, n'est même pas offerte, et que sans elle cependant celle que l'on demande à rapporter serait absolument inefficace ; qu'il n'y a donc pas lieu de s'y arrêter ;

Par ces motifs ; — Sans s'arrêter à la fin de non-recevoir proposée et la rejetant comme non fondée ;... — Emendant ; — Dit que l'offre de preuve de la dame veuve M... est repoussée comme non admissible et sans portée suffisante ; — La déboute de sa demande.

Du 15 févr. 1888.-C. de Lyon, 1re ch.-MM. Fourcade, 1er pr.-Chenest, av. gén.-Gourju et Missol, av.

ment articulés, suppléer au défaut des solennités requises (Orléans, 13 déc. 1862, aff. Beaussier, D. P. 63. 2. 5).

623. De l'hypothèse où le testament a été détruit, il faut rapprocher, sans la confondre avec elle, le cas où une personne, par violences, menaces ou dol, aurait empêché le *de cujus* de faire son testament. Un arrêt (Montpellier, 22 mai 1850, aff. Espinasse, D. P. 54. 5. 743) a refusé dans ce cas au légataire, non seulement toute action en revendication, ce qui est légitime, mais même toute action en dommages-intérêts. Nous avons critiqué au *Rép.* n° 2536 la solution de l'arrêt sur ce dernier point, et notre critique a reçu l'approbation de la jurisprudence et de la doctrine. La cour de Toulouse, le 16 mai 1865 (aff. Bourjac, D. P. 65. 2. 202), a formellement admis, dans cette hypothèse, l'action en dommages-intérêts, par cette considération, assurément décisive « qu'il ne faut pas confondre l'action en dommages avec l'action en revendication d'une succession dont on se prétend privé; que, sans doute, un étranger ne peut revendiquer une succession, si ce n'est en vertu d'un testament écrit; mais que, s'il y a eu de la part d'un tiers empêchement de tester en faveur d'une personne, l'auteur de l'empêchement a causé à cette personne un dommage, et que, s'il y a une loi qui exige un testament écrit, il y a aussi une autre loi, un autre principe non moins fondamental, l'art. 1382, qui veut que tout fait quelconque de l'homme qui cause un dommage à autrui oblige celui par la faute de qui il est arrivé à le réparer; qu'il importe peu que par l'art. 1382, on arrive à un résultat qui se rapproche de celui qui ne peut être obtenu qu'en vertu d'un testament; qu'il ne faut considérer ici que le fait dommageable... ». MM. Demolombe, t. 4, n° 27; Aubry et Rau, t. 7, § 647, note 9, p. 11, se sont approprié cette distinction (V. aussi Laurent, t. 13, n°s 122 et 123). — Jugé encore en ce sens que l'héritier qui détruit le testament du *de cujus*, ou qui excite celui-ci à déchirer son propre testament dans le délire de la maladie, est passible, envers les légataires, de dommages-intérêts égaux à l'importance des legs qui leur étaient faits (Toulouse, 17 janv. 1876, aff. Massiès, D. P. 77. 2. 5.)

Art. 3. — *De l'approbation et de la ratification des testaments nuls* (*Rép.* n°s 2542 à 2575).

624. Nous avons vu au *Rép.* n°s 2544 et suiv. que l'exécution volontaire, par un héritier, d'un testament entaché de nullité, ne le rend non recevable à attaquer ce testament qu'autant qu'elle a eu lieu tout à la fois avec connaissance de la nullité et avec intention de la réparer (Aubry et Rau, t. 7, § 664, texte et note 10, p. 95; Solon, *Des nullites*, t. 2, p. 411). Ce principe est consacré par la jurisprudence (Colmar, 30 juin 1857, aff. Touvet, D. P. 58. 2. 42; Dijon, 5 févr. 1863, aff. Dufour, D. P. 63. 2. 53; Bastia, 27 juin 1865, aff. Ceccaldi, D. P. 66. 2. 162; Toulouse, 8 févr. 1866, aff. Bounel, D. P. 66. 2. 32; Civ. rej. 14 mars 1867, aff. Legoubé, D. P. 67. 1. 201; Rouen, 13 déc. 1871, aff. Leboucher, D. P. 73. 5. 389; Req. 9 juill. 1873, aff. Crottet, D. P. 74. 1. 219; Paris, 5 mai 1874, aff. Villette, D. P. 75. 2. 101; Civ. cass. 10 nov. 1874, aff. Pelletier, D. P. 75. 1. 40; Bordeaux, 12 juin 1876, aff. Eygnières, D. P. 78. 2. 118; Civ. cass. 9 janv. 1884, aff. Baudoin, D. P. 84. 1. 231; Pau, 24 mars 1884, aff. Jauzion, D. P. 85. 2. 201). En conséquence, doit être annulé l'arrêt qui déclare un testament ratifié par l'exécution qu'il a reçue des héritiers, s'il n'énonce point que, lors de cette exécution, les héritiers connaissaient les vices de forme et exceptions opposables à cet acte (Civ. cass. 9 janv. 1884, aff. Baudoin, D. P. 84. 1. 231). Nul n'est, en effet, présumé renoncer à son droit, et l'exécution volontaire d'un acte n'élève une fin de non-recevoir contre l'action en nullité dont il est l'objet que lorsque cette exécution implique directement et nécessairement, contre celui à qui elle est opposée, la preuve qu'il a eu connaissance du vice entraînant la nullité, et, de plus, qu'il a eu l'intention formelle de le couvrir ou de le réparer (D. P. 84. 1. 231, note 1-2).

625. En principe, c'est au légataire qu'incombe la charge de prouver que l'héritier, au moment de l'exécution, a connu le vice sur lequel est fondée l'action en nullité (Chambéry, 12 août 1872, aff. Crottet, D. P. 74. 1. 219; Aubry et Rau, t. 7, § 664, p. 96). Toutefois, lorsqu'il s'agit d'un vice apparent, la présomption est que l'héritier en a eu connaissance (Bordeaux, 12 juin 1876, aff. Eygnières, D. P. 78. 2. 118). Mais la partie à qui cette fin de non-recevoir est opposée doit être admise à prouver que le testament ne lui a pas été communiqué et qu'elle n'a pu en prendre connaissance (Même arrêt).

626. Quels sont les faits d'où les magistrats pourront induire que l'héritier, en exécutant le testament, en connaissait le vice et a entendu le ratifier? C'est là une pure question de fait que la cour de cassation abandonne à l'examen des juges du fond (Civ. cass. 29 août 1864, aff. Lagardère, D. P. 64. 1. 345; Civ. rej. 16 juin 1869, aff. Acezat, D. P. 69. 1. 478; Req. 9 juill. 1873, aff. Crottet, D. P. 74. 1. 219).

Par exemple, il a été décidé : 1° que l'héritier à réserve qui a volontairement exécuté le testament à l'égard du légataire universel de la quotité disponible n'est plus recevable à l'attaquer pour captation et suggestion, alors qu'il ne prouve point et n'offre pas même de prouver que cette exécution ait été le résultat d'une erreur de sa part, et que, d'ailleurs, il est établi que tous les faits par lui articulés pour justifier la captation étaient à sa connaissance dès avant l'exécution; cette exécution résulte suffisamment de l'inventaire fait à la requête de l'héritier en présence du légataire universel et surtout d'une demande en licitation et partage formée contre lui par l'héritier (Dijon, 5 févr. 1863, aff. Dufour, D.P. 63. 2. 53); — 2° Que le fait, de la part de l'héritier légitime, d'avoir volontairement reçu des mains de l'héritier institué, après le décès du testateur, le montant d'un legs particulier qui lui a été fait, constitue une exécution volontaire de ce testament, et, par suite, une renonciation tacite à l'attaquer, soit pour vice de forme, soit pour tout autre motif (Bastia, 27 juin 1865, aff. Ceccaldi, D. P. 66. 2. 162); — 3° Que le consentement d'un légataire au partage d'une succession opéré conformément aux dispositions d'un premier testament, à une époque où il connaissait l'existence d'un testament postérieur l'instituant légataire universel, constitue une exécution volontaire du premier testament, emportant renonciation à en opposer la révocation et à profiter du legs universel; par suite, doit être cassé l'arrêt qui, tout en reconnaissant que les faits articulés, s'ils étaient prouvés, impliqueraient la connaissance que le légataire aurait eue du second testament et la volonté de renoncer au legs qu'il contenait, a rejeté la preuve offerte par le motif qu'une telle renonciation ne se présume pas, et qu'elle ne pourrait résulter que d'un fait ou d'un acte émané du renonçant vis-à-vis de la personne appelée à profiter de la renonciation (Civ. cass. 10 nov. 1874, aff. Pelletier, D. P. 75. 1. 40).

Mais, à l'inverse, il a été jugé : 1° que l'on ne saurait voir une ratification d'un testament attaqué pour cause d'incapacité de l'un des témoins, dans le seul fait du concours de l'héritier à un inventaire reproduisant les dispositions de ce testament, sans rapporter les conditions relatives aux témoins (Colmar, 30 juin 1857, aff. Touvet, D. P. 58. 2. 42); — 2° Que l'exécution volontaire d'un testament qui rendrait inhabile à l'attaquer celui de qui elle émanerait ne résulte pas suffisamment de ce fait seul que le successible, présent à la levée des scellés faite sur la demande du légataire universel, aurait apposé sa signature au bas du procès-verbal sans protestation, alors d'ailleurs qu'il n'avait pris aucune part à un débat existant entre d'autres successibles et le légataire (Toulouse, 8 févr. 1866, aff. Bonnel, D. P. 66. 2. 32); — 3° Que le consentement donné par les héritiers du sang, dans un acte notarié, à l'exécution pure et simple d'un testament, et leur renonciation à l'attaquer par quelque motif que ce soit, ne constituent pas une fin de non-recevoir contre l'action en nullité fondée sur le même testament à raison du vice résultant de la fausseté de sa date, alors que ce vice a été ultérieurement découvert, et qu'il n'est intervenu depuis cette découverte aucun consentement ou transaction (Civ. rej. 14 mai 1867, aff. Legoubé, D. P. 67. 1. 201); — 4° Que l'on ne saurait voir une exécution volontaire emportant, de la part des héritiers naturels, renonciation à poursuivre contre un tiers l'annulation d'un testament entaché de fidéicommis, dans l'acte par lequel ils se sont fait céder les droits du légataire apparent, alors qu'ils n'ont ni expressément, ni même tacitement, reconnu dans cet acte la validité du testament vis-à-vis du tiers auquel ils en opposent la nullité (Pau, 24 mars 1884, aff. Jauzion, D. P. 85. 2. 201). — De ces dernières solutions on peut rapprocher un arrêt de la cour de Paris du 5 mai 1874 (aff. Villette, D. P. 75. 2. 101), aux termes duquel le légataire universel qui a payé le droit de mutation pour son legs n'est pas fondé à prétendre qu'en lui laissant effectuer ce payement, les héritiers ont reconnu son droit, et qu'ils ne sont plus, dès lors, recevables à contester le legs universel.

627. Faut-il admettre que toute sorte de nullité est susceptible de ratification? La question s'est posée au sujet de la nullité résultant d'une substitution fidéicommissaire. Un arrêt (Montpellier, 24 mars 1841, *Rép.* v° *Substitution*, n°s 247 et 259), admet que la ratification est possible même dans cette hypothèse (V. dans le même sens : Toullier, *Le droit civil expliqué*, t. 9, n° 40; Rolland de Villargues, *Des substitutions*, n° 344). Mais la doctrine (Coin-Delisle, *Donations et testaments*, sur l'art. 896, n° 54; Larombière, *Théorie et pratique des obligations*, t. 4, sur les art. 1339 et 1340, n° 17; Demolombe, t. 1, n° 186; Massé et Vergé sur Zachariæ, t. 3, § 501, note 5; Bertauld, *Questions pratiques et doctrinales de code Napoléon*, t. 1, n°s 467 et suiv.), et la jurisprudence (Req. 2 mars 1858, aff. Lapie, D. P. 58. 1. 308; 24 avr. 1860, aff. Loué, D. P. 60. 1. 224) tendent vers une solution moins absolue, dont nous trouvons la formule dans un arrêt de la cour d'Amiens du 6 mars 1866 (aff. Cochet, D. P. 69. 2. 41). Dans ce système, aujourd'hui dominant, on reconnaît que si la nullité dont la loi frappe les dispositions testamentaires entachées de substitution est d'ordre public, et qu'une nullité de cette nature n'est pas susceptible d'être couverte par une ratification pure et simple, qui aurait pour effet de laisser subsister la charge de conserver et de rendre, toutefois, on admet qu'il n'est pas interdit à l'héritier du sang, saisi de plein droit des biens compris dans le legs frappé de nullité, de conclure, avec celui qui en était le bénéficiaire, un traité, une transaction ayant pour résultat, tout à la fois, de l'investir de tout ou partie desdits biens, et de faire disparaître la substitution. En conséquence, l'héritier peut rendre valable la disposition faite au profit du légataire grevé de substitution en l'affranchissant de la charge de conserver et de rendre qui y était apposée.

Sect. 2. — Des testaments conjonctifs (*Rép.* n°s 2576 à 2585).

628. L'art. 968 dispose qu'un testament ne pourra être fait dans le même acte par deux ou plusieurs personnes, soit au profit d'un tiers, soit à titre de disposition réciproque et mutuelle. Cette disposition doit être entendue strictement. Nous avons dit au *Rép.* n° 2582 que l'art. 968 ne défend que les testaments conjonctifs contenus dans un seul et même acte, et nous avons cité *ibid.* n° 2583 un arrêt de la chambre des requêtes du 21 juill. 1851 (aff. Charrier, D. P. 51. 1. 267) qui a déclaré valables deux testaments écrits en termes identiques, l'un sur le *recto*, l'autre sur le *verso* de la même feuille de papier, par deux personnes qui s'étaient réciproquement nommées légataires universelles, quoique ces testaments fussent matériellement inséparables et faits en contemplation l'un de l'autre (Comp. Demolombe, t. 4, n° 18; Aubry et Rau, t. 7, § 667, p. 100; Laurent, t. 13, n° 146). Une espèce presque identique s'est présentée devant la même chambre, le 3 févr. 1873 (aff. Dumolin, D. P. 73. 1. 467), et l'arrêt rendu à cette date a déclaré valables les dispositions, même faites en contemplation l'une de l'autre, par deux époux réciproquement testateurs et légataires, alors qu'elles ont une existence indépendante et forment deux testaments distincts, pouvant être chacun l'objet d'une révocation spéciale. Aux termes de cet arrêt, il en est ainsi, notamment, des testaments de deux époux, dont l'un est écrit sur le verso du premier feuillet et l'autre sur le recto du second feuillet de la même feuille de papier, de telle sorte que les deux feuillets peuvent être facilement détachés sans porter atteinte à l'intégrité matérielle de chacun desdits actes. La chambre civile (Civ. cass. 11 déc. 1867, aff. Georges, D. P. 67. 1. 471) avait jugé de même que deux testaments faits en contemplation l'un de l'autre par deux époux réciproquement testateurs et légataires ne peuvent être considérés comme établissant une convention ou des engagements mutuellement obligatoires, mais constituent, au contraire, deux actes distincts, qui doivent être examinés isolément l'un de l'autre, lorsqu'il s'agit de statuer sur leur validité et leurs effets. Dans ce cas, le testament de l'époux survivant se trouve frappé de caducité par le prédécès de l'autre époux, tandis que le testament de celui-ci doit produire ses effets légaux en faveur du survivant.

629. A plus forte raison, l'art. 968 c. civ., aux termes duquel un testament ne peut être fait dans un même acte par deux ou plusieurs personnes, soit au profit d'un tiers, soit à titre de disposition réciproque et mutuelle, ne s'oppose pas à ce que deux personnes s'entendent pour faire simultanément des dispositions testamentaires au profit d'un tiers, ni même à ce qu'elles écrivent leurs testaments sur la même feuille de papier, pourvu qu'ils forment des actes séparés (Trib. Seine, 8 mars 1882, aff. Mourgoin, D. P. 84. 2. 33).

630. Une espèce assez singulière s'est présentée devant la cour de Paris, le 23 nov. 1876 (aff. Quatrevaux, D. P. 77. 2. 111). Un testament instituait un légataire universel sous la condition que les héritiers de celui-ci remettraient après sa mort une somme déterminée à la famille du testateur; et, au bas de l'acte contenant ce testament, se trouvait l'engagement écrit et signé par le légataire universel institué « d'exécuter fidèlement le testament qu'il déclarait accepter dans toute sa teneur ». La cour a déclaré que cet acte ne constituait dans son ensemble ni un pacte sur succession future, ni un testament fait dans le même acte par deux personnes au profit d'un tiers, ou à titre de disposition réciproque et mutuelle.

Sur l'art. 1097 c. civ., qui renferme à l'égard des dispositions mutuelles entre époux une prohibition analogue à celle de l'art. 968, V. *suprà*, n°s 606 et suiv.

Sect. 3. — Des testaments olographes (*Rép.* n°s 2586 à 2784).

631. La première forme de tester autorisée par le code civil est celle du *testament olographe*. Deux articles sont consacrés par le code à cette sorte de testament : l'art. 970 précise les formes qu'il doit revêtir, l'art. 1007 prescrit les formalités nécessaires pour qu'il soit mis à exécution. La loi ne s'est donc préoccupée que des formes extrinsèques du testament olographe. Mais il importe d'examiner, dans le silence du code, quelles en sont les conditions intrinsèques grâce auxquelles un acte, revêtant d'ailleurs les formes du testament olographe aura, en effet, force de testament ; ce sera l'objet de notre art. 1er. Sous les art. 2, 3, 4 et 5 nous analyserons les formes extrinsèques exigées par l'art. 970 c. civ. Enfin notre art. 6 sera consacré aux formalités prescrites par l'art. 1007 c. civ. pour la mise à exécution des testaments olographes. Cette diversion est, d'ailleurs, conforme à celle du *Répertoire*.

Art. 1er. — *Actes qui ont le caractère de testament olographe* (*Rép.* n°s 2589 à 2616).

632. Aux termes de l'art. 970 c. civ., « le testament olographe n'est point valable, s'il n'est écrit en entier, daté et signé de la main du testateur ; il n'est assujetti à aucune autre forme ». De cette rédaction il ne faudrait pas conclure que tout acte écrit en entier, daté et signé par une personne, soit un testament olographe. Il résulte du texte même que cet article n'a trait qu'aux formalités extérieures, et passe sous silence tout ce qui concerne les conditions de fond. Or la première condition de validité, pour un testament olographe comme pour tout autre, c'est qu'il y ait testament. Et pour qu'un acte soit un testament, ainsi qu'on l'a fait remarquer au *Rép.* n° 2589, il faut : 1° que cet acte contienne une disposition et non un simple projet, un ordre, et non un conseil, ni une prière; 2° que la disposition soit reportée, pour son exécution, après le décès de l'auteur de l'acte. — Jugé, en ce sens, qu'un acte public ou sous seing privé ne peut valoir comme testament, quoiqu'il soit revêtu des solennités voulues par la loi, qu'autant que son auteur dispose, pour le temps où il ne sera plus, de tout ou partie de ses biens; qu'en conséquence, une simple note apposée au bas de la copie d'une donation mutuelle entre époux par laquelle l'un des conjoints se borne à préciser la portée des libéralités respectives et exprime le vœu qu'un partage égal ait lieu à la mort du donataire survivant entre les héritiers des deux familles, quoique datée, écrite et signée par son auteur, ne peut être considérée comme un testament olographe (Req. 23 juin 1879, aff. Thomas, D. P. 80. 1. 408). Décidé également qu'une note écrite, datée et signée, et portant ces mots : « Vous donnerez telles actions à tels de mes parents » peut n'être pas considérée comme un testament si elle ne contient que des instructions adressées à un tiers; qu'en conséquence, les parents désignés ne peuvent revendiquer lesdites actions lorsqu'il résulte de la déclaration du tiers, dont la sincérité paraît certaine, que le disposant l'a plus tard chargé verbalement de remettre ces actions à une autre personne (Lyon, 6 août 1874, aff. Ravel, D. P. 75. 2. 113-115).

633. Mais, aucune expression n'est sacramentelle : en conséquence, on peut voir un véritable testament, et non une donation entre vifs, dans l'acte écrit, daté et signé de la main de son auteur, par lequel il déclare *donner* tout ce qu'il possède en toute propriété, alors qu'il résulte des circonstances de la cause que la disposition a été faite pour le temps où il n'existera plus (Rennes, 22 juin 1881, aff. Chevallier, D. P. 81. 2. 238). Cette solution pour laquelle on s'était prononcé au *Rép.* n° 2599, et qui pouvait revendiquer l'autorité de la cour de cassation (Civ. cass. 21 mai 1833, *Rép. ibid.*), a de même triomphé dans la doctrine (V. notamment : Laurent, t. 13, n°s 176 et suiv.). Elle se fonde principalement sur l'art. 1157 c. civ., qui impose aux tribunaux l'obligation d'interpréter les actes dans le sens où ils peuvent produire quelque effet, plutôt que dans un sens où ils seraient inopérants. Celui qui *donne* par un acte sous seing privé fait une donation nulle, tandis que ce même acte peut être un testament valable. Il est donc conforme à l'esprit de l'art. 1157 de voir dans un tel acte un testament plutôt qu'une donation.

634. Il ne faudrait pas exagérer, d'ailleurs, ce pouvoir d'interprétation ainsi laissé aux juges, et leur permettre de chercher en dehors de l'acte des raisons de décider. Le testament doit, pour le fond comme pour la forme, contenir en lui-même la preuve des conditions essentielles à son existence et à sa validité; et, dès lors, en cas de contestation sur le point de savoir si un acte, produit comme constituant un testament, en présente ou non les caractères, les juges ne peuvent puiser ailleurs que dans cet acte les éléments de leur décision. Ainsi, lorsque la qualification de testament est déniée à un écrit, soit parce qu'il contiendrait une donation entre vifs non revêtue des formes exigées par la loi, soit parce qu'à raison de son style inusité, il ne révélerait pas, de la part de son auteur, une intention sérieuse et définitive de faire un acte de disposition, les juges ne peuvent se fonder sur des enquêtes et sur les documents de la cause, pour décider que l'écrit dont il s'agit renferme un acte de disposition fait par testament et sérieux, lequel doit, dès lors, recevoir ses effets, quelque étranges qu'en puissent être le style et la forme : il ne leur est permis de se livrer à cette appréciation qu'à l'aide des termes mêmes de l'acte qui leur est soumis (Civ. cass. 13 juin 1866, aff. de Meynard, D. P. 66. 1. 478). — C'est par application du même principe que la cour de Chambéry (27 août 1872, aff. Blondet, D. P. 73. 2. 184) a refusé de reconnaître un testament dans l'espèce suivante : un créancier avait remis à un tiers une quittance avec recommandation de la remettre au débiteur dans le cas où il mourrait, et le débiteur invoquait cet acte comme une disposition de dernière volonté : c'était aller chercher en dehors de l'acte des bases d'interprétation, et la cour s'est à bon droit refusée à reconnaître la validité d'une telle disposition de dernière volonté.

635. Si un acte apparaît comme réalisant la double condition ci-dessus mentionnée, et ce sans qu'il soit besoin de rechercher en dehors de cet acte des bases d'interprétation, — si d'ailleurs il réunit les conditions de forme qui seront étudiées sous les art. 2, 3 et 4 ci-après, — l'acte doit être considéré comme un testament olographe. Jugé, en ce sens, qu'un écrit réunissant les conditions déterminées par l'art. 970 c. civ. a pu être déclaré valoir comme testament olographe, bien que le testateur l'ait intitulé *copie*, s'il est constaté par les juges du fait, que le testateur, en employant ce mot, a entendu refaire un testament qu'il avait précédemment annulé, et non pas en dresser une simple copie (Req. 4 nov. 1857, aff. Soulié-Cottineau, D. P. 58. 1. 75). — Cela est vrai, spécialement en matière de lettres missives (Demante, *Cours analytique*, t. 4, n° 115 *bis*; Demolombe, t. 4, n° 125; Aubry et Rau, t. 7, § 668, p. 105; Laurent, t. 13, n° 180), et à ce sujet, il a été jugé : 1° que la lettre écrite, datée et signée de la main de son auteur, dans laquelle celui-ci donne mission à un tiers de distribuer aux enfants de l'un de ses neveux une certaine somme que son légataire universel devra verser entre les mains de ce tiers à certaines époques que la lettre indique, doit être considérée comme un testament olographe, et non pas comme le simple projet d'un testament à faire ultérieurement et dont la représentation puisse être exigée (Poitiers, 16 mars 1864, aff. Savy, D. P. 64. 2. 117); — 2° Qu'une lettre missive écrite, datée et signée, doit être considérée comme un testament olographe, si elle manifeste clairement l'intention, de la part de celui qui l'a faite, de disposer actuellement des biens qu'il laissera à son décès (Paris, 19 mars 1873, aff. Charpillon, D. P. 73. 2. 113); — 3° Qu'une lettre missive, écrite en entier, datée et signée par le testateur, constitue un testament olographe complet, alors qu'elle contient des dispositions au profit d'un tiers, et la révocation d'un testament antérieur (Req. 13 août 1878) (1); — 4° Qu'une lettre missive, écrite en entier, datée et signée par le *de cujus*, vaut comme un testament olographe, s'il apparaît de ses termes que son auteur a voulu disposer par cet acte même (Req. 10 févr. 1879, aff. Paimblanc, D. P. 79. 1. 298). — V. aussi Bruxelles, 12 févr. 1887 (aff. Roug, *Pasicrisie belge*, 1889. 2. 121).

636. Tout autre acte qu'une lettre missive, par exemple, un livre domestique (V. Demante, t. 4, n° 115 *bis*; Demolombe, t. 21, n° 124; Aubry et Rau, t. 7, § 668, p. 105), devrait pareillement être considéré comme un testament olographe, s'il réunissait les conditions que nous avons signalées; et il a été jugé avec raison que l'écrit remis par le testateur au dépositaire de son testament olographe, pour lui spécifier dans quel cas ce testament devra être ou produit ou anéanti, vaut lui-même comme acte testamentaire, lorsqu'il est tracé tout entier, daté et signé de la main du testateur; que, dès lors, c'est par les dispositions combinées de cet acte et du testament olographe, avec lequel il se confondait et ne faisait qu'un dans la pensée du testateur, que la succession de ce dernier doit être régie (Lyon, 24 janv. 1865, aff. Simonard, D. P. 65. 2. 49). En effet, du moment où l'écrit dont il s'agit modifie les volontés exprimées dans le testament, par exemple, en subordonnant à une condition un legs qui, dans le testament, était pur et simple, il doit être considéré lui-même comme un acte testamentaire, pourvu qu'il soit revêtu des formes légales. — Mais il a été jugé que le testament olographe remis à un tiers par le testateur, avec mandat verbal de ne le produire qu'au cas d'accomplissement d'un événement déterminé (si, par exemple, un précédent testament était contesté), doit recevoir son effet, abstraction faite de ce mandat verbal, lequel ne peut modifier le caractère des legs contenus au testament tel qu'ils résultent de leurs termes, ni, dès lors, les convertir en dispositions conditionnelles, quand, dans l'acte testamentaire, elles sont faites purement et simplement (Req. 19 nov. 1867, aff. de Magnoncour, D. P. 68. 1. 216).

637. Pour qu'un écrit puisse ainsi passer pour un testament olographe, il suffit qu'à lui seul il forme un tout. Peu importe qu'il fasse partie d'un écrit plus considérable, dont le surplus devrait être considéré comme nul. C'est ce qui a

(1) (Fit C. Lecoq et Noguez.) — La cour; — Sur le premier moyen, tiré de la violation des art. 967, 969, 970 c. civ. : — Attendu, sans examiner si la signature « L. J. Alphonse » apposée au bas de la lettre du 26 juill. 1874, ne satisfaisait pas au vœu de la loi dans les circonstances où cette lettre a été écrite, que la lettre du 16 du même mois qui, d'après l'arrêt attaqué, contenant la révocation du testament olographe du 1er mars 1865, et les dispositions de Cœur de l'Etang en faveur de sa femme, formait ainsi le testament complet du *de cujus*, est signée : Cœur de l'Etang, c'est-à-dire du nom de famille du testateur; que les articles susvisés n'ont donc pas été violés;

Par ces motifs, rejette, etc.

Du 13 août 1878.-Ch. req.-MM. Bédarrides, pr.-Lepelletier, rap.-Benoist, av. gén., c. conf.-Lefebvre, av.

été décidé dans l'espèce suivante : Le 6 mai 1850, un sieur Béranger était décédé laissant un écrit ainsi conçu : « Je soussigné déclare faire une rente de 600 fr. par année à mademoiselle Clarisse Leleu, pendant sa vie durante, payable par trois mois en trois mois, à compter du jour qu'elle viendrait à sortir de chez moi; et en cas que je viendrais à décéder, la rente sera augmentée de 400 fr. de plus par an. Le 3 juill. 1837. Signé Béranger ». La chambre des requêtes, le 4 août 1857 (aff. Béranger, D. P. 58. 1. 118), tout en annulant la première de ces dispositions, à raison de l'omission des formalités prescrites par la loi pour la validité des donations, a maintenu la seconde comme testament olographe, et décidé ainsi que l'acte qui renferme à la fois une donation entre vifs et une disposition testamentaire, peut être déclaré valable, quant à cette dernière disposition, s'il réunit les conditions exigées pour la validité des testaments olographes, quoiqu'il soit nul, quant à la première, comme dépourvu, par exemple, d'authenticité et d'acceptation expresse. La cour a, d'ailleurs, ajouté le montant de la donation annulée pour vice de forme au montant du legs renfermé dans le même acte, et ce, par interprétation des termes de la disposition testamentaire, et attendu que la nullité de la donation dérivait d'une omission de forme, et non d'un défaut de volonté chez le testateur.

638. La même question se pose dans des conditions plus délicates lorsque l'écrit où l'on prétend voir un testament olographe, au lieu de faire partie d'un acte nul en la forme pour le surplus, mais intact, se trouve compris dans un acte lacéré. Que faudrait-il penser, par exemple, d'un codicille écrit, daté et signé de la main du testateur et contenant l'institution d'un légataire universel, alors que la partie inférieure de la feuille sur laquelle il est écrit a été lacérée par le testateur, au milieu d'une phrase, et qu'il n'y a aucun lien entre cette phrase, demeurée incomplète au *recto*, et celle qui se lit au haut du *verso?* La cour de Douai, le 19 mai 1877 (aff. Estienne, D. P. 78. 2. 27), n'a pas hésité à reconnaître la validité d'un pareil codicille. La question était délicate. Souvent, en effet, dans ce cas, l'intention du testateur demeure incertaine. On peut se demander si la partie conservée n'a plus été à ses yeux qu'un projet destiné à lui servir de modèle pour son testament véritable, ou si elle est restée l'expression définitive de ses dernières volontés. C'est dans les considérations de fait, ainsi qu'on l'a indiqué au *Rép.* n°s 2639 et suiv., que le juge devra chercher la base de sa décision. Mais, dans le doute, si l'écrit conservé par le testateur a été un testament et, s'il en a encore extérieurement la forme, comme la preuve de la révocation est à la charge des héritiers, on devra plutôt se prononcer, comme l'a fait la cour de Douai, pour la validité.

639. D'ailleurs, la base de cette solution sera toujours la validité du codicille en la forme. Un écrit qui ne présente pas les conditions extrinsèques d'un testament olographe, ne peut rien valoir à ce titre, alors même qu'il se rattacherait par les liens les plus étroits à un testament régulier en la forme, mais nul au fond. Jugé que des notes sans suite, raturées et surchargées, non datées ni signées, mais dans lesquelles le *de cujus* a manifesté l'intention que sa fortune fût répartie entre divers bénéficiaires, ne peuvent être reliées à un testament régulier en la forme, mais nul au fond comme simulé, pour former ensemble un testament valable (Dijon, 2 avr. 1874, aff. Picardat, D. P. 75. 2. 26). De tels actes, nuls quand on les prend séparément, ne peuvent devenir valables par leur réunion.

640. Ajoutons en terminant qu'un acte synallagmatique, lors même qu'il serait écrit en entier, daté et signé par le testateur, ne saurait jamais être considéré comme un testament olographe (Comp. Req. 3 juill. 1848, aff. Dubois, D. P. 50. 5. 442, déjà cité au *Rép.* n° 2593). Comme le fait avec raison remarquer cet arrêt, dès lors que deux parties figurent dans l'acte pour prendre des engagements réciproques, cette circonstance exclut l'idée d'un acte testamentaire qui doit être l'œuvre d'une seule personne.

ART. 2. — *De l'écriture du testament olographe par le testateur* (*Rép.* n°s 2617 à 2651).

641. La première condition exigée par l'art. 970 c. civ. pour la validité du testament olographe, c'est qu'il soit *écrit en entier* de la main du testateur. La jurisprudence se montre très large dans l'interprétation de cette formule. Ainsi il a été jugé que l'assistance d'un tiers à la confection du testament olographe rédigé par un individu qui se trouve dans l'impuissance de tracer les caractères de ce testament sans un secours étranger, à raison, par exemple, de son état de cécité presque complet, ne vicie pas le testament, lorsqu'il a été écrit en entier, daté et signé de la main du testateur (Req. 28 juin 1847, D. P. 47. 1. 341, cité au *Rép.* n° 2620). Une telle solution conforme, d'ailleurs, à l'opinion émise au *Rép. ibid.* ne saurait être admise qu'à la condition qu'il fût acquis en fait que le testateur était bien l'auteur spontané et réfléchi de l'écrit invoqué, malgré l'aide auquel il a cru devoir recourir. Aussi, dans une espèce voisine, la cour de cassation n'a pas hésité à reconnaître qu'un testament olographe n'est réputé *écrit* par le testateur, dans le sens de l'art. 970 c. nap., qu'autant que ce testateur a eu, en l'écrivant, l'intelligence de la valeur des caractères que formait sa main; qu'ainsi le testament olographe émané d'un testateur ne sachant pas lire, et qui n'a écrit et signé ce testament que sur un modèle et assisté d'une personne qui appelait une à une toutes les lettres de son nom, ne peut être considéré comme écrit de la main du testateur, et, dès lors, est nul (Req. 20 déc. 1858, aff. Magnan, D. P. 59. 1. 274). — En d'autres termes, on peut tolérer de la part d'un tiers une simple assistance, mais non une véritable participation (Limoges, 24 janv. 1883 (1); Troplong, t. 3, n° 1470; Aubry et Rau, t. 7, § 668, p. 102; Demolombe, t. 4, n° 61).

642. Mais, dès lors que le testateur a su ce qu'il voulait

(1) (Patillaud C. Pourichou.) — Le 8 juin 1882, jugement du tribunal de Limoges, ainsi conçu : — « Attendu que, par testament authentique, en date du 31 juill. 1880, Marie Bassinet a institué le sieur Pourichou son mari pour son légataire universel, à la charge par lui d'acquitter divers legs particuliers; — Attendu que Marie Bassinet est décédée le 18 oct. 1880; — Attendu que le sieur Pourichou, ayant appris que la nommée Hélène Bassinet, épouse Patillaud, sœur de Marie Bassinet, sa femme décédée, entendait se prévaloir d'un testament olographe, déposé en l'étude de Me Nassans, qu'elle soutenait avoir été fait à son profit, le 12 oct. 1880, par Marie Bassinet, a formé contre les époux Patillaud une action ayant pour objet de faire déclarer ce testament nul et de nul effet; — Attendu que, pour justifier sa demande, le sieur Pourichou prétend que le testament olographe du 12 oct. 1880 n'est pas l'œuvre de Marie Bassinet; qu'à la date du 12 oct. 1880, elle était dans un état de maladie qui ne lui permettait pas de manifester une volonté; qu'il lui était matériellement impossible de tenir une plume et d'écrire, et que le simple rapprochement de l'écriture et de la signature de ce testament avec d'autres écritures ou signatures de Marie Bassinet démontre qu'il n'émane pas d'elle; — Attendu que le sieur Pourichou, déniant formellement l'écriture du testament objet du procès, le tribunal, par jugement du 27 janv. 1881, a ordonné la vérification de l'écriture de ce testament, et autorisé les époux Patillaud à prouver, tant par experts que par témoins, qu'il émanait de Marie Bassinet, et qu'il avait été écrit et signé par elle; — Attendu qu'il a été procédé aux mesures d'instruction ainsi prescrites, et qu'il s'agit aujourd'hui d'en apprécier les résultats; — Attendu que les témoignages recueillis dans l'enquête ne fournissent aucune preuve directe de l'allégation des défendeurs, que le testament du 12 oct. 1880 a été fait par Marie Bassinet, écrit et signé par elle; qu'il n'en résulte aucune indication précise; qu'à cet égard l'enquête est négative; — Attendu qu'il résulte, au contraire, du rapport des experts que le testament attaqué serait en réalité l'œuvre de Marie Bassinet, et que les experts déclarent, en effet, que la physionomie et les particularités de son écriture leur donnent la conviction que ce testament a été écrit de sa main; — Attendu que le sieur Pourichou produit, il est vrai, au procès une contre-vérification, de laquelle il résulterait que l'écriture du testament du 12 oct. 1880 n'est pas l'œuvre de la testatrice, mais que cette contre-vérification, faite sans aucune des garanties exigées par la loi, sur l'initiative et à la demande du sieur Pourichou seul, par un expert choisi par lui, n'a aucune valeur juridique, qu'il n'y a pas lieu de s'y arrêter; — Attendu, toutefois, que les experts déclarent, en terminant leur rapport et comme conclusion, que, dans la confection du testament attaqué, la main de Marie Bassinet a été aidée et dirigée par une tierce personne, qui assujettissait en même temps le papier; — Attendu que cette appréciation des experts est confirmée par l'enquête; que le témoin Penet déclare, en effet, qu'à la suite d'une entrevue des époux Patillaud et du sieur Pourichou dans l'étude de Me Hervy, notaire, au sujet du testament de Marie Bassinet, l'épouse Patillaud, rentrée à

écrire, et l'a écrit lui-même, le testament olographe est valable. Peu importe (en dehors de toute idée de captation, ce qui est un point de vue absolument étranger à celui qui nous occupe) qu'un tiers ait été présent à la rédaction de l'acte, encore bien que cette présence se manifestât par des signes extérieurs. Jugé en ce sens que l'existence, dans un testament olographe écrit en entier de la main du testateur, de barres, de taches d'encre accidentelles et d'astérisques faits sur des indications au crayon dont la trace subsistait encore, n'est pas une cause de nullité du testament, alors même qu'il serait permis d'en conclure la preuve de l'intervention d'une main étrangère, de telles particularités étant complètement indifférentes à la manifestation de la volonté du testateur (Civ. rej. 2 mai 1864, aff. de Clinchamps, D. P. 64. 1. 265).

643. Faudrait-t-il donner la même solution si l'on se trouvait en présence de l'intervention évidente d'un tiers, venant modifier le texte primitif du testament? Deux hypothèses sont à considérer : ou bien la modification a été apportée dans l'acte *à l'insu* du testateur, ou elle l'a été *de son consentement*. Dans le premier cas, si l'écriture a été ajoutée au testament sans l'aveu du testateur, il faut dire qu'elle n'en fait pas partie. Le testament n'en demeure pas moins écrit en entier de la main du testateur (V. *Rép.* nº 2617, et les auteurs cités : Aubry et Rau, t. 7, § 668, p. 102; Massé et Vergé, sur Zachariæ, t. 3, § 437, p. 92, note 2; Saintespès-Lescot, *Donations et testaments*, t. 4, nº 991; Demolombe, t. 4, nº 64). C'est en se plaçant à ce point de vue que la chambre des requêtes a décidé : 1º que l'addition de quelques mots écrits après coup par une main étrangère dans un testament olographe n'entraîne pas la nullité de ce testament (Req. 5 mai 1872, aff. Blaget, D. P. 73. 5. 442); — 2º Qu'une pareille addition, irrégulière en elle-même, ne peut vicier un testament sorti antérieurement des mains du testateur, complet et revêtu de toutes les formes légales (Req. 14 avr. 1874, aff. Crebassa, D. P. 75. 5. 423).

644. Mais si les additions ont été faites par une main étrangère *au vu et au su* du testateur, il est difficile de donner la même solution. Peut-on dire alors, en effet, que le testament ait été *écrit en entier* par le *de cujus?* Evidemment non. Aussi les auteurs cités au numéro qui précède enseignent-ils, en général, conformément à l'opinion de Pothier, qu'il y a lieu d'annuler pour le tout un testament ainsi modifié. A ce système rigoureux M. Demolombe, t. 4, nº 69, n'admet qu'un seul tempérament : c'est au cas où l'écriture étrangère, bien que se trouvant sur le même papier que le testament, serait en dehors du testament lui-même, dont elle n'emprunterait alors ni la date, ni la signature.

Il est permis de se demander si un système aussi sévère n'attache pas un respect excessif à la lettre, au détriment de l'esprit de la loi. Il est clair que si, dans le testament, l'écriture étrangère alterne avec celle du testateur, en sorte qu'il faille combiner l'une et l'autre pour obtenir un sens complet, l'esprit comme la lettre de l'art. 970 exigent l'annulation d'un tel acte, qui n'est point, en réalité, l'œuvre du seul testateur. Mais s'il s'agit de simples additions, si, en faisant abstraction de ces additions accidentelles, le testament présente un sens complet, s'il n'est pas établi, en fait, que ces additions aient eu pour objet d'enlever définitivement toute valeur au texte primitif de l'acte, il est bien dur d'annuler, à raison de circonstances étrangères, un testament qui, d'ailleurs, abstraction faite de ces additions, présente un tout complet et satisfaisant. Aussi certains auteurs, cités au *Rép.* nº 2621, ont-ils proposé une solution plus modérée, pour laquelle on s'est également prononcé au *Rép. ibid.*, et d'après laquelle le testament ne doit être annulé qu'au cas où les additions qui y sont apportées par une main étrangère feraient si bien corps avec l'écriture même du *de cujus*, qu'on ne saurait en faire abstraction, et dire que le testament soit l'œuvre du seul testateur. Telle est également l'opinion soutenue par Bayle-Mouillard, sur Grenier, et Demante, *Cours analytique*, t. 4, nº 115 *bis*.

645. La question que l'on vient d'examiner n'a pas encore été nettement résolue par la jurisprudence. Un arrêt (Lyon, 27 juin 1876, aff. Jacquin, D. P. 79. 1. 129) a déclaré valable un testament qui contenait des modifications apportées après coup par une main étrangère, mais dans des circonstances de fait qu'il importe de rapporter. L'arrêt constate que sur « l'original du testament en question, on aperçoit des notes, substitutions de chiffres et ratures, tracées au crayon, qui sont indiquées comme étant l'expression du dernier état des intentions de la testatrice, et qui affectent ou contredisent les dispositions primitives; que, dans l'espèce, il est reconnu entre toutes les parties que les mots écrits au crayon en marge du testament ou dans l'interstice de ses lignes n'émanent pas de la testatrice, qu'elles sont l'œuvre d'une personne qui avait, en 1865, reçu de cette femme la mission de lui préparer un nouveau testament ». En cet état des faits, la cour considère que, pour trancher les contestations soulevées dans de pareilles hypothèses, le juge doit s'éclairer par l'examen des circonstances qui ont entouré les faits, et s'inspirer de toutes les présomptions offertes par la cause. Elle déclare alors, en fait, que tout porte à croire que les ratures et bâtonnements opérés sur le texte, pour le mettre en rapport avec les notes marginales, ont été exécutés en même temps et par la même main; que ces modifications ont dû être tracées du consentement de la *de cujus* et sous son inspiration, mais que le nouveau testament qui devait les contenir n'a jamais été écrit; qu'il en est de même d'un projet de testament dont le modèle, encore accompagné de la feuille de papier timbré sur lequel il devait être transcrit, a été retrouvé dans les papiers de la défunte; que ces circonstances attestent qu'à certaines époques la testatrice a éprouvé le désir de modifier le testament qui lui a survécu, mais qu'elle n'a donné aucune suite à ces velléités. La cour conclut que tout concourt à prouver que ce testament doit encore être tenu comme étant la représentation exacte des dernières volontés de la défunte, et qu'il doit être exécuté sans tenir compte des ratures, surcharges et additions au crayon qui s'y trouvent. — La difficulté n'est donc pas nettement résolue par cet arrêt, qui s'est retranché derrière une question de fait. Néanmoins la solution, telle qu'elle est, n'est pas sans intérêt au point de vue du droit. Evidemment la cour de Lyon laisse bien loin derrière elle le système rigoureux proposé par Pothier et suivi, depuis le code civil, par la majorité des auteurs; mais elle ne s'arrête pas même au système plus modéré adopté au *Rép.* nº 2621; elle va jusqu'à supprimer pour ainsi dire toute règle fixe, et s'arrête à une simple interprétation de volonté. Peut-être doit-on regretter de voir ainsi substituer à une question de forme une ques-

---

l'étude, lui raconta que sa sœur Marie Bassinet, étant très mal et très fatiguée, ne pouvant guère se remuer, sa fille Laure Patillaud avait été obligée, pour lui faire écrire son testament, de lui tenir la plume à la main, et de la lui guider sur le papier pendant qu'elle écrivait; — Attendu que, si, aux termes du droit, un testament olographe n'est pas nul par cela seul que le testateur aurait été aidé par le secours d'une main étrangère, il appartient au tribunal de tenir lieu des circonstances, et pour apprécier la valeur du testament, de vérifier le caractère du concours prêté à son auteur; — Attendu que l'enquête démontre clairement qu'à la date du testament, Marie Bassinet était dans l'état le plus grave, qu'elle était mortellement atteinte, qu'elle ne quittait plus son lit, qu'elle était affaissée, repliée sur elle-même, et incapable à vrai dire de tout mouvement sans une intervention étrangère; — Attendu que le concours prêté en pareille circonstance par Laure Patillaud à Marie Bassinet, pour lui faire écrire son testament ne saurait être considéré comme une simple assistance, destinée à faciliter la testatrice; que, si on tient compte de l'extrême difficulté qu'éprouvait en tout temps Marie Bassinet pour apposer sa signature, ainsi que le déclare la dame Hervy, on doit voir, dans l'intervention de Laure Patillaud, une véritable participation à la confection du testament attaqué; — Attendu que ce testament ne remplit pas, dès lors, les conditions voulues par la loi; qu'il n'est pas seulement l'œuvre personnelle de la testatrice, qu'il n'émane pas d'elle seule, que les circonstances de la cause permettent de douter sur sa sincérité; qu'il y a lieu, par suite, d'en prononcer la nullité; — Par ces motifs; — Déclare le sieur Pourichou bien fondé dans sa demande, annule le testament olographe du 12 oct. 1880 ». — Appel par les époux Patillaud. — Arrêt.

LA COUR; — Adoptant les motifs des premiers juges; — Confirme, etc.

Du 24 janv. 1883.-C. de Limoges, 1re ch.-MM. Peyrot, pr.-Savignon, av. gén.

tion d'intention. On ne saurait cependant méconnaître qu'en des hypothèses telles que celle qui vient d'être rapportée, il serait parfois bien contraire à l'intention du testateur de s'en tenir à une interprétation judaïque du texte de la loi. Assurément, comme l'a dit la cour de Lyon, s'il est juste d'admettre que le testateur puisse jusqu'à sa mort changer de volonté, il faut au moins que ces modifications résultent de faits incontestables, et ne laissent pas subsister de doute sur la dernière intention du *de cujus*. Qu'après avoir fait son testament en une forme valable, il en projette un autre; que même il prie un tiers de lui en rédiger le projet, tant que ce projet, étranger au testament primitif, n'a pas pris la forme d'un testament nouveau, le premier subsiste avec toute sa force. En sera-t-il autrement, parce que le conseil du testateur, au lieu de rédiger un nouveau projet composé de toutes pièces, se sera contenté, par quelques indications portées au crayon sur le testament primitif, de donner à la pensée du testateur la forme définitive qu'il adoptera, le jour où il la consacrera par l'écriture? A ce point de vue (et bien que l'usage de l'encre ou du crayon soit indifférent en principe au point de vue qui nous occupe, ainsi qu'on le verra bientôt), il n'est pas sans intérêt de remarquer que, dans l'espèce jugée par la cour de Lyon, l'emploi du crayon pour annoter un testament écrit à l'encre était bien fait pour rendre vraisemblable le caractère provisoire de ces annotations. C'est pour ces raisons, sans doute, que le système de la cour de Lyon a trouvé grâce devant la cour suprême. La chambre civile, par arrêt du 16 juill. 1878 (D. P. 79. 1. 129), a rejeté le pourvoi en déclarant qu'un testament olographe contenant, en marge et dans l'interstice des lignes, des mots écrits au crayon de la main d'un tiers, ainsi que des ratures, surcharges et additions, également au crayon, opérées dans le texte pour le mettre en rapport avec les notes marginales, avait pu être déclaré valable, bien que ces modifications eussent été introduites du consentement et sous l'inspiration du testateur, si les juges du fait, dont les déclarations à cet égard étaient souveraines constataient qu'elles n'avaient été préparées qu'en vue d'un projet de nouveau testament, auquel le testateur n'avait donné aucune suite. Et le même système a triomphé depuis devant la cour de Poitiers, qui, par arrêt du 1er févr. 1881 (aff. Turquois, D. P. 81. 2. 149), a décidé qu'un testament olographe contenant une addition insérée par une main étrangère, du consentement du testateur, peut être déclaré valable, lorsque cette addition ne fait pas partie du testament qui, sans elle, se suffit à lui-même et forme un tout complet; spécialement, lorsqu'elle se réfère, par une allusion anticipée, à un projet de modification auquel le testateur n'a donné aucune suite.

646. Ainsi qu'on l'a vu au *Rép.* n° 2646, le procédé d'écriture employé par le testateur importe peu. Jugé, depuis, en ce sens : 1° que, bien qu'entièrement écrit et signé au crayon, un testament olographe doit être déclaré valable, s'il présente les caractères d'un acte complet; on soutiendrait à tort que l'écriture au crayon doit, à elle seule, le faire réputer simple projet (Trib. civ. Nivelles (Belgique), 4 mai 1864, aff. Pols, D. P. 65. 3. 30); — 2° Qu'un testament olographe, écrit partie à l'encre, et partie au crayon, non d'un seul contexte, mais à des intervalles différents, et avec une seule signature au crayon, est valable, lorsqu'il réunit d'ailleurs les formes exigées par l'art. 970 c. civ., et qu'il résulte des circonstances que son auteur a voulu faire un acte sérieux (Besançon, 6 juin 1882, aff. Girod, D. P. 83. 2. 60). V. dans le même sens : Bruxelles, 29 févr. 1868, aff. Lacroix *C.* Stroobant, *Pasicrisie belge*, 1868, 2. 227; Laurent, t. 13, n° 171 ; Aubry et Rau, t. 7, § 668, p. 105 ; Demolombe, t. 4, n° 122).

Art. 3. — *De la date du testament olographe* (*Rép.* nos 2652 à 2718).

647. Le testament olographe, écrit en entier par le testateur, doit être, en outre, daté de sa main (c. civ. art. 970). Il est nécessaire que la date soit précise. Ainsi l'acte testamentaire portant une date alternative, par exemple « le 26 *ou* 27 juill. 1886, » dont les deux termes s'excluent réciproquement et qui ne permet pas de fixer d'une manière précise le jour où il a été rédigé, est nul comme s'il n'était pas daté, alors d'ailleurs qu'il est impossible de suppléer au défaut de date par des éléments puisés dans le testament lui-même (Pau, 11 juill. 1887, aff. Labat, D. P. 88. 5.

648. L'application de la règle édictée par l'art. 970 n'offre aucune difficulté lorsque le testament constitue un acte simple et d'un seul contexte. Mais il en est autrement quand le testament se compose de plusieurs parties indépendantes, soit qu'il ait été écrit à diverses époques, soit qu'il comporte des additions par interligne ou renvoi, ou bien des codicilles. Suffirait-il alors d'une date unique, ou bien faudrait-il exiger une date distincte pour chaque partie du testament?

Il est certain tout d'abord qu'un testament peut être écrit en plusieurs reprises : cette circonstance, ainsi qu'on l'a vu au *Rép.* n° 2633, n'empêche pas qu'il ne soit parfaitement valable. Contrairement à l'avis de Marcadé, cité au *Rép. ibid.*, tous les auteurs se prononcent en ce sens (V. Grenier, *Donations et testaments*, t. 1, n° 228 *bis*; Merlin, *Répertoire*, v° *Testament*, sect. 2, § 4, art. 3 ; Duranton, t. 9, n° 33 ; Troplong, *Donations et testaments*, t. 3, n° 1482 ; Zachariæ, éd. Massé et Vergé, t. 3, p. 92, note 3 ; Aubry et Rau, t. 7, § 668, p. 106; Laurent, t. 13, n° 173). En effet, si l'unité de contexte est, pour le testament mystique, une condition essentielle de validité (c. civ. art. 976), l'art. 970 ne contient pour le testament olographe aucune semblable exigence. Aussi la jurisprudence, qui, dès longtemps, s'était approprié l'opinion dominante en doctrine (Bruxelles, 20 mai 1829, *Rép.* n° 2735), a-t-elle persisté dans cette voie. Jugé en ce sens : 1° qu'il n'est pas nécessaire pour la validité d'un testament olographe qu'il soit écrit le même jour et tout d'un trait, qu'il peut être tracé à plusieurs reprises, et qu'il suffit qu'il soit écrit tout entier, daté et signé de la main du testateur (Rennes, 8 févr. 1860, aff. Thibault, D. P. 61. 2. 3) ; — 2° Que les diverses dispositions d'un même testament olographe peuvent être rédigées à des dates différentes et pendant un espace de temps plus ou moins long ; que chacune d'elles n'a pas besoin d'être datée et signée isolément ; et qu'il suffit que l'ensemble de l'acte soit écrit en entier, daté et signé par le testateur (Douai, 17 mai 1878, aff. Douay, D. P. 78. 2. 229).

649. Seulement, pour un testament ainsi composé de plusieurs pièces, la question se pose de savoir à quelles parties profite la date unique apposée en un point quelconque du testament. La loi ne déterminant pas la place que doit occuper dans un testament olographe la date exigée par l'art. 970 c. civ., nous avons admis au *Rép.* nos 2594 et suiv. que le testateur peut l'écrire dans toute partie de son testament, pourvu qu'elle puisse être considérée comme s'appliquant à l'ensemble du testament, corrélation soumise à l'appréciation souveraine des juges du fait (V. Laurent, t. 13, n° 174 ; Aubry et Rau, t. 7, § 668, p. 107 ; Demolombe, t. 4, n° 115). — Jugé, conformément à cette doctrine, que la date d'un testament olographe est valable, même à l'égard des dispositions qui la suivent, lorsqu'il résulte de l'état matériel de l'acte et de sa teneur que cette date apposée, par exemple, après quelques-unes des dispositions du testament, et avant d'autres, appartient à l'ensemble de ce testament écrit d'un seul jet et sans désemparer (Req. 7 juill. 1869, aff. Chabé, D. P. 70. 1. 76).

650. Une question analogue se présente en ce qui touche la place que doivent respectivement occuper dans le testament olographe la date et la signature. Contrairement à l'opinion de Toullier et Merlin, et d'accord avec la majorité des auteurs, nous avons admis au *Rép.* n° 2672 que la date ne doit pas nécessairement, et à peine de nullité, précéder la signature. Telle paraît être également l'opinion de MM. Aubry et Rau, t. 7, § 668, p. 107. Ces auteurs font observer, toutefois, qu'il convient de mettre la date « avant la signature, qui, d'après la nature des choses, semble devoir clore le testament ». La jurisprudence a confirmé sur ce point l'opinion adoptée au *Répertoire*. Décidé, outre les arrêts rapportés *ibid.* n° 2673 : 1° qu'il importe peu que la date ait été écrite avant ou après la signature, pourvu qu'il ne soit pas douteux qu'elle émane du testateur (Rennes, 8 févr. 1860, aff. Thibault, D. P. 61. 2. 3); — 2° Que la date d'un testament peut être valablement apposée après la signature, à la condition qu'il existe entre cette date et le corps du testament une liaison qui n'en forme qu'un seul et même acte, et qu'il en est ainsi, spécialement, dans le cas où la date suit immédiatement la signature sur la même ligne et sans être reportée à un autre alinéa (Besançon, 19 déc. 1877, aff. Bonfils, D. P. 79. 2. 64).

651. Même question dans une hypothèse voisine, celle où le corps du testament se trouve modifié par des additions passagères, opérées notamment au moyen d'interlignes et de renvois. Et d'abord, ces interlignes et ces renvois sont-ils valables? La doctrine, comme on l'a vu au *Rép.*, n°s 2630 et suiv., s'est prononcée pour la validité, et elle reste fixée en ce sens (V. Troplong, t. 3, n° 1474; Aubry et Rau, t. 7, § 668, p. 105; Laurent, t. 13, n° 181). M. Demolombe partage également cette opinion, et voici comment il la justifie : « L'art. 970, dit ce dernier auteur, t. 4, n° 134, n'exige pas que les dispositions marginales soient revêtues d'une date et d'une signature particulières. Bien plus, il n'exige pas qu'elles soient approuvées, ni qu'elles se rattachent au corps de l'acte par un signe quelconque de renvoi. Ce que notre article exige seulement pour toutes les dispositions, de quelque manière qu'elles soient placées sur le papier, c'est que la date et la signature s'y appliquent; or, il se peut assurément que l'on reconnaisse que la disposition marginale a été écrite en même temps que le corps de l'acte;... car il n'y a pas là une disposition additionnelle proprement dite, il n'y a qu'un seul et unique testament ». « Ce que nous venons de dire, ajoute M. Demolombe, t. 4, n° 136, des dispositions additionnelles qui sont écrites en marge, il faut le dire également de celles qui sont écrites en interligne. » Quant à la jurisprudence, elle est conforme à l'opinion des auteurs. Jugé, en effet : 1° que les clauses additionnelles d'un testament olographe sont valables, bien que non datées, lorsqu'elles se rattachent à cet acte tant par des signes matériels que par un lien intellectuel et moral, et qu'elles forment le complément et l'application du testament (Req. 18 août 1862, aff. de Rancher de Bast, D. P. 63. 1. 348); — 2° Que les clauses additionnelles d'un testament olographe sont valables, quoique non spécialement datées, lorsqu'elles ont été écrites au même moment que les dispositions principales et qu'il existe une liaison naturelle et sensible entre les deux parties du testament (Bordeaux, 23 janv. 1871, aff. Joinaud, D. P. 71. 2. 199); — 3° Que les interlignes dans un testament olographe sont valables, quoiqu'ils ne soient pas approuvés, et que, lorsqu'ils sont écrits en même temps que le corps de l'acte, ils en font partie intégrante et participent à sa date et à sa signature (Req. 13 nov. 1871, aff. Dauder, D. P. 72. 1. 183); — 4° Que le renvoi, placé dans un testament olographe à la suite de la date et à côté de la signature, est valable si la date n'a été apposée qu'au dernier moment en même temps que le renvoi lui-même (Lyon, 27 mai 1874) (1); — 5° Que l'on doit déclarer valable comme faisant partie intégrante du testament, toute disposition, et notamment l'institution d'un légataire universel, insérée sous forme de renvoi en marge, s'il est constant que le testateur l'a écrite en même temps qu'il apposait en bas de la feuille la date et la signature destinées dans son intention à donner une existence légale à l'ensemble du testament ainsi complété (Req. 13 juill. 1875, aff. Tissu, D. P. 76. 5. 430).

652. Néanmoins, il importe de remarquer la réserve faite par ces arrêts, en ce qui touche la date des renvois et des interlignes. Lorsque ces renvois et interlignes sont contemporains du testament, la décision se justifie d'elle-même. Mais s'il s'agissait d'additions postérieures, que faudrait-il décider? La solution dépend d'une distinction, dont les termes ont été posés d'une façon très nette par la chambre des requêtes : « Les additions faites à un testament olographe, postérieurement à sa date, sous forme d'interligne ou de renvoi à la marge, peuvent être considérées comme n'ayant pas besoin d'une date spéciale et d'une signature nouvelle, lorsque ces additions ont pour but exclusif d'expliquer ou d'interpréter les dispositions de l'acte, ou de compléter des phrases incomplètes; mais, quand elles constituent des dispositions nouvelles modifiant la disposition des biens d'abord adoptée dans le testament primitif, une date spéciale est nécessaire » (Req. 22 nov. 1870, aff. Rausens, D. P. 72. 1. 272). En effet, comme l'expliquait fort bien M. le procureur général Loiseau devant la cour de Besançon, le 19 juill. 1861 (aff. Puvis, D. P. 61. 2. 131), « si le testateur, après avoir dressé lui-même l'instrument et clôturé l'acte par sa signature, veut faire de nouveaux legs, modifier ou détruire les effets de ses dernières volontés, instituer un nouveau légataire, en pareil cas, quelle que soit la place occupée par l'acte additionnel, c'est un testament nouveau ». Il est impossible d'admettre, suivant la juste expression de l'arrêt rendu sur ces conclusions, que la date du testament couvre et valide une disposition postérieure. On ne peut donc approuver un arrêt, d'ailleurs isolé, de la cour d'Orléans, du

(1) (Thivolle C. Tissu.) — LA COUR; — Considérant que, par son testament olographe du 16 sept. 1872, le docteur Barrangeard a institué Marie Thivolle sa légataire universelle; que cette disposition n'est pas consignée dans le corps même du testament, mais dans un renvoi inséré à la suite de la date et à côté de la signature, et que Louis Tissu, héritier du sang, en conteste la validité; — Considérant qu'aux termes de l'art. 970 c. civ., le testament olographe doit être écrit, daté et signé de la main du testateur; que la loi ne le soumet qu'à ces seules conditions, et que, du moment qu'elles ont été remplies, il est valable et régulier; — Que, par application de ces principes, les additions ou changements opérés par le testateur, au moyen de surcharges, renvois ou interlignes, sont généralement maintenus par la jurisprudence, alors même qu'ils n'ont pas été spécialement datés, signés et approuvés; qu'il n'y aurait lieu de les rejeter qu'autant qu'ils auraient été faits à une date postérieure à celle du testament, ou qu'ils ne seraient pas couverts par la signature, et que c'est à celui qui les attaque à faire cette preuve; — Considérant que le renvoi qui fait l'objet du litige a été certainement écrit de la main du docteur Barrangeard, et que, d'après la position qu'il occupe immédiatement à côté de la signature, il est évidemment compris dans les dispositions testamentaires auxquelles il s'applique; — Que le seul grief articulé contre lui, c'est qu'il serait d'une date postérieure à celle du testament; que, dès lors, il ne serait pas daté, et manquerait d'une des trois conditions prescrites par l'art. 970; — Considérant que diverses présomptions ont été relevées par les premiers juges à l'effet d'établir que le corps du testament et le renvoi n'ont pas été écrits à la même date; mais que, quelle que soit leur vraisemblance, ces présomptions n'ont pas une gravité suffisante pour entraîner la nullité de la disposition; qu'elles sont, d'ailleurs, combattues par d'autres tirées, soit de la forme du testament lui-même, soit des circonstances de la cause; — Considérant, en effet, que de la configuration du testament, des ratures dont il est surchargé, des divers aspects de l'écriture, il paraît résulter qu'il n'a pas été rédigé en une seule fois et d'un seul contexte, mais qu'il n'a été d'abord préparé que comme un simple projet que le testateur se réservait de changer ou de modifier, et que la date n'y a été apposée qu'au dernier moment, en même temps que l'approbation des ratures et le renvoi contenant l'institution du legs universel; — Que cette appréciation résulte, notamment, de la différence que présentent, soit pour la forme des caractères, soit pour la nuance de l'encre, les mots : 16 *Septembre* de la date, avec les mots : *Lyon, le*, qui les précèdent immédiatement, et de la ressemblance qu'ils ont, au contraire, avec les mots qui composent le renvoi; — Qu'elles sont confirmées par ces circonstances que le testament dont s'agit paraît avoir été presque textuellement copié sur un autre du 26 novembre précédent, et que le docteur Barrangeard, gravement malade le 16 septembre, est décédé le 9 octobre suivant; — Que le fait de la copie sur papier timbré des dispositions écrites d'abord sur papier libre donne lieu de supposer que le corps du testament remonte à une époque voisine de ces dispositions, et, par conséquent, antérieure au 16 septembre; que, d'un autre côté, l'état de santé du défunt, au moment où la date a été écrite, ne permet guère d'admettre qu'il ait alors pu transcrire le testament entier; qu'enfin, le peu de temps écoulé entre cette date et le décès rend peu vraisemblable que le testateur ait, dans cet intervalle, apporté de nouveaux changements à ses volontés; — Considérant, d'ailleurs, que s'il restait quelque doute, il devrait être interprété plutôt pour le maintien des dispositions testamentaires que pour leur caducité; que l'on n'articule aucun fait de dol ou de fraude; que Marie Thivolle était depuis longtemps au service du docteur Barrangeard; que pendant sa longue maladie, elle lui a constamment prodigué les soins les plus dévoués, et que celui-ci avait déjà manifesté par d'autres actes l'intention de lui laisser tout ou partie de sa succession; — Par ces motifs, statuant sur l'appel interjeté par Marie Thivolle et y faisant droit; — Réforme le jugement rendu le 3 janvier dernier par le tribunal civil de Lyon, valide en toutes ses dispositions le testament du docteur Barrangeard, en date du 16 sept. 1872; — Déclare, en conséquence, Marie Thivolle envoyée en possession de son legs universel, et rejette la demande en pétition d'hérédité formée par Tissu.

Du 27 mai 1874.-C. de Lyon.

3 juill. 1858 (aff. Thinault, D. P. 58. 2. 145), d'après lequel, dans les testaments olographes, les renvois marginaux, lorsqu'ils sont écrits de la main du testateur, s'incorporent au testament et lui empruntent sa date, alors même qu'il est constant en fait qu'ils ont été écrits postérieurement à la confection du testament, à moins qu'il ne soit prouvé que cet emprunt de date a eu pour but de dissimuler un dol ou une fraude préjudiciable. Jugé, au contraire : 1° que les dispositions écrites en marge d'un testament olographe, et sous forme de renvoi doivent être datées, à peine de nullité, lorsqu'il est constaté qu'elles sont postérieures au corps du testament, et lorsqu'elles ont le caractère, non pas de clauses destinées à éclaircir, expliquer ou compléter les autres parties de ce testament, mais de dispositions nouvelles et distinctes; qu'il ne suffit pas qu'elles soient écrites et signées par le testateur (Civ. cass. 27 juin 1860, aff. Puvis, D. P. 60. 1. 287); — 2° Que la clause écrite en marge d'un testament olographe dont elle modifie les dispositions sans se rattacher à ces dispositions, soit par un signe caractérisque de renvoi, soit par l'ordre des idées, est nulle, si elle ne porte pas une date et une signature spéciales, et s'il n'est pas prouvé qu'elle a été écrite avant que le testament lui-même fût daté et signé (Caen, 21 août 1860, aff. Beaumarais, D. P. 61. 2. 4); — 3° Que les dispositions écrites par le testateur en marge d'un testament olographe, sous forme de renvoi, et signées de lui, sont nulles si, étant postérieures au testament, elles ne portent pas une date spéciale et distincte de celle de ce dernier acte (Besançon, 19 juill. 1861, aff. Puvis, D. P. 61. 2. 131); — 4° Que les dispositions placées en marge ou à la suite d'un testament olographe, bien que non datées, sont valables lorsqu'elles ont été l'objet d'un renvoi écrit et signé par le testateur, et qu'elles ont une corrélation évidente avec le testament, dont elles sont en réalité le complément ou l'explication nécessaire, et sont nulles, au contraire, à défaut de date spéciale, lorsqu'elles sont indépendantes des clauses du testament et qu'elles forment un codicille à part (Dijon, 24 juill. 1861, aff. de Bast, D. P. 61. 2. 151); — 5° Que les dispositions écrites en marge d'un testament olographe, postérieurement à sa confection, doivent être accompagnées d'une date spéciale, si elles ne se rattachent au corps du testament ni par l'ordre des idées, ni même par un signe matériel caractéristique de renvoi, et si, par exemple, elles constituent des dispositions nouvelles et modificatives de celles contenues dans ce testament, alors, d'ailleurs, que la postériorité de ces dispositions est établie à l'aide d'éléments de preuve puisés dans le testament lui-même (Req. 16 déc. 1861, aff. Beaumarais, D. P. 62. 1. 95); — 6° Que l'addition faite à un testament olographe sous forme de renvoi à la marge est nulle, si elle n'est pas datée, bien qu'elle ait été commencée dans un interligne, alors qu'il résulte tant de l'aspect matériel du testament que de la comparaison de ses diverses parties que l'addition constituait une disposition nouvelle et distincte ajoutée postérieurement à la date du testament (Amiens, 6 févr. 1862, aff. Ferté, D. P. 63. 2. 127); — 7° Que les additions faites à un testament olographe postérieurement à sa date, sous forme d'interlignes, ne sont valables que si elles sont signées et datées, alors que ces additions constituent des clauses nouvelles et distinctes et qu'elles modifient l'économie et le sens de l'acte, comme le ferait un testament postérieur ou un codicille (Paris, 12 mai 1870, aff. Rausens, D. P. 74. 5. 475); — 8° Que les additions faites à un testament olographe, sous forme d'interlignes, doivent être datées à peine de nullité, lorsqu'il est constaté qu'elles sont postérieures au corps du testament, et qu'elles constituent non des clauses destinées à expliquer ou interpréter les autres parties du testament, mais des dispositions nouvelles et distinctes, modifiant l'attribution des biens d'abord adoptée par le testateur dans l'acte primitif (Req. 16 août 1881, aff. Thibaudat, D. P. 82. 1. 247). — Ajoutons d'ailleurs que la cour de cassation reconnaît aux juges du fond un pouvoir souverain pour décider, d'après les circonstances intrinsèques du testament, son état matériel, son contexte et le rapprochement de ses diverses dispositions, que ces additions faites sous forme d'interlignes ont été ajoutées à une époque postérieure à la confection du testament et ne peuvent participer à sa date (Même arrêt).

653. En résumé, on voit par les citations qui précèdent que, pour savoir si un renvoi ou interligne non daté doit être déclaré valable, il importe avant tout de déterminer à quelle époque le testament a reçu cette addition : est-ce au moment même où il a été écrit ou postérieurement ? Il est donc essentiel de déterminer quelle est celle des parties qui supportera le poids de la preuve. Sera-ce celle qui produit le testament ou celle qui l'attaque ? En droit, la présomption est que l'interligne, écrit par le testateur, a la même date que le testament. Vainement on soutiendrait qu'un testament olographe n'est qu'un acte sous seing privé, soumis, comme tel, aux règles des art. 1323 et 1328 c. civ., et que c'est à celui qui l'invoque à en prouver la sincérité à tous les points de vue. Jusqu'à preuve contraire, le testament fait foi de tout ce qu'il contient. C'est donc celui qui prétend que l'interligne a été ajouté après coup qui doit en rapporter la preuve. Dans ce sens il a été jugé que, lorsque l'écriture et la signature du testateur ne sont pas méconnues, les mots placés en interligne sont censés avoir été écrits en même temps que le corps du testament; que, par suite, c'est à ceux qui prétendent que ces mots ont été ajoutés après coup à en rapporter la preuve (Req. 11 nov. 1874, aff. Chatellier, D. P. 75. 1. 310).

654. Pour en finir avec la question des interlignes et des renvois, ajoutons que les tribunaux, en tenant compte de ces corrections, ont le droit de réparer les inadvertances évidentes commises par le testateur. Ainsi il a été jugé que lorsqu'un testateur, après avoir fait deux legs de 40000 fr., a raturé les mots *quarante mille* pour écrire au-dessus, et en interligne, les mots *trente-cinq*, les juges du fond peuvent déclarer que c'est par inadvertance que les ratures, couvrant les mots *quarante*, ont été étendues aux mots *mille*, et décider, en conséquence, que chacun des legs est, non pas de 35 fr., mais de 35000 fr. (Req. 4 août 1873, aff. Chaline, D. P. 74. 1. 253). Ce n'est là que l'application d'un principe de bon sens et d'équité qui défend de rendre le testateur victime d'une inadvertance ou d'expressions impropres. Dans le même sens, il a été jugé : 1° que lorsque le testateur s'est servi de termes vicieux, il faut rechercher sa volonté plutôt que de s'attacher au sens littéral des mots, l'art. 1156 c. civ. s'appliquant aux testaments aussi bien qu'aux conventions (Besançon, 6 juin 1882, aff. Girod, D. P. 83. 2. 60); — 2° Que lorsqu'un acte de dernière volonté paraît écrit d'un seul contexte et sans interruption, qu'il n'est point allégué qu'il ait été rédigé à plusieurs dates, et que, d'ailleurs, la date mise en tête répond aux prescriptions de la loi, on argumenterait vainement d'une expression impropre employée par le testateur (dans l'espèce, des mots : *un autre testament joint au premier*, désignant des clauses inscrites à la suite des dispositions principales), pour conclure à l'existence de deux testaments distincts, dont l'un serait daté et non signé, et dont l'autre serait signé et non daté (Pau, 16 juin 1884, aff. Cistac, D. P. 85. 2. 254). Cependant, il est impossible de ne point remarquer quel pouvoir arbitraire et illimité cette jurisprudence laisse aux tribunaux, puisque, dans les circonstances si caractéristiques de l'arrêt précité du 4 août 1873, alors que la même rature est reproduite identiquement deux fois dans le testament, il est permis au juge d'affirmer souverainement, sans en donner la moindre preuve matérielle, qu'il n'y a là qu'une inadvertance du testateur, et que de ces deux mots *quarante mille*, raturés par un seul trait de plume, le premier est annulé, tandis que le second persiste avec toute sa validité.

655. La question que nous venons d'examiner au sujet des renvois et interlignes se pose également à propos des codicilles ajoutés aux testaments ; mais les solutions que nous avons données s'appliquent *a fortiori* à cette hypothèse; et il nous suffira de signaler un arrêt de la cour de Lyon, du 11 déc. 1860 (aff. Ducroux, D. P. 61. 2. 62), aux termes duquel le codicille écrit et signé par le testateur à la suite d'un testament olographe est nul s'il ne porte aucune date, et que cette omission, une fois constatée, ne saurait être suppléée par des conditions tirées de l'intention plus ou moins apparente du testateur, et étrangères au testament lui-même, à l'effet de rattacher ce codicille au corps de l'acte et de lui attribuer la même date.

656. Enfin la même question se pose encore au sujet des testaments écrits sur plusieurs feuillets. Ce procédé est parfaitement licite ; « aucune disposition de la loi ne défend d'écrire un testament olographe sur des feuilles volantes ou séparées; sans doute, il est nécessaire qu'il règne entre ces feuilles une liaison qui en forme un seul et même acte; mais la loi, n'ayant pas spécifié la nature et le mode de ce lien, en a laissé l'appréciation à la sagesse des juges du fait, et l'unité de contexte une fois reconnue, la conséquence naturelle est que la signature apposée à la dernière feuille s'applique aux feuilles précédentes, c'est-à-dire à l'acte entier » (Req. 3 déc. 1850, aff. Gaultier, D. P. 51. 1. 46). C'est en se fondant sur ce principe qu'un arrêt (Paris, 22 janv. 1850, aff. Lacoste, D. P. 50. 2. 79), a déclaré valable le testament olographe écrit sur deux feuillets séparés dont l'un était resté, pour servir à la rédaction d'un nouveau projet de testament, entre les mains du notaire chez lequel il était déposé, et l'autre dans les mains du testateur, alors qu'il ressortait des circonstances de la cause que ce dernier n'avait eu l'intention ni de le lacérer, ni de le révoquer. La chambre des requêtes, le 16 août 1852 (D. P. 52. 5. 533) a rejeté le pourvoi formé contre cet arrêt. — Jugé de même : 1° que le testament olographe fait sur deux feuillets séparés est valable pour le tout, quoique le premier feuillet soit terminé par la signature du testateur non accompagnée de la date exigée par l'art. 970 c. civ., lorsque la même signature se trouve reproduite, avec la date, sur le second, et qu'il résulte du rapprochement des deux feuillets qu'ils ne constituent qu'un seul et même testament (Req. 17 juill. 1867, aff. Bisson, D. P. 68. 1. 210); — 2° Que le testament olographe peut être écrit sur des feuillets séparés, et que sa date peut être apposée après la signature, à la condition qu'il existe entre ces feuillets, la date et les dispositions écrites, une liaison qui n'en forme qu'un seul et même acte (Civ. rej. 9 juin 1869, aff. Prudhomme, D. P. 69. 1. 495). La validité du testament en pareil cas est également admise par tous les auteurs (V. Troplong, *Donations et testaments*, t. 3, n° 1473; Massé et Vergé sur Zachariæ, t. 3, § 437, note 6; Aubry et Rau, t. 7, § 668, p. 105; Demolombe, t. 4, n° 128). « Lorsque, dit M. Demolombe, *loc. cit.*, cette liaison des différentes feuilles est reconnue, il n'y a pas même à distinguer si elles sont ou ne sont pas cotées ou parafées. »

§ 1er. — De la manière d'exprimer la date des testaments olographes (*Rép.* nos 2653 à 2680).

657. Aujourd'hui, comme sous l'ordonnance de 1738, la date exigée pour la validité d'un testament olographe doit s'entendre, non de l'indication de l'heure, qui est superflue (Nancy, 10 mars 1888, aff. Baillon, D. P. 88. 2. 212), mais de l'indication des jour, mois et an. Cette opinion, pour laquelle on s'était prononcé au *Rép.* n° 2653, a reçu la consécration de la cour de cassation. A l'arrêt de la chambre des requêtes, du 3 mars 1846, cité *ibid.*, il y a lieu d'ajouter un arrêt de rejet de la chambre civile du 14 mai 1867 (aff. Legoubé, D. P. 67. 1. 201). Ainsi que l'a décidé le premier de ces arrêts, le testament, daté seulement du millésime de l'année, sans indication du mois et du jour, est donc nul, faute de date. En effet, comme le remarquait très justement dans cette affaire l'arrêt de la cour d'Aix confirmatif d'un jugement du tribunal de Marseille du 6 juin 1843, pour qu'il y ait véritablement date dans le sens légal, il faut toujours que l'on puisse connaître le jour précis où l'acte a été fait; si la date a été exigée principalement pour pouvoir apprécier la capacité du testateur à l'époque de la confection du testament, et fixer, d'une manière précise, le rang de chaque testament dans le cas où il en existerait plusieurs, on ne peut cependant soutenir que la date n'est plus nécessaire lorsqu'un seul testament est présenté, et qu'aucun doute ne s'élève sur la capacité de celui auquel on l'attribue. Lorsque certaines formes sont exigées impérieusement par la loi pour la validité d'un acte, leur exécution est rigoureusement nécessaire dans tous les cas, et alors même que les motifs qui ont pu déterminer le législateur n'existeraient point dans l'espèce. D'ailleurs, l'énonciation du jour, du mois ou de l'année peut être remplacée par une mention équivalente ne laissant aucun doute. Ainsi est suffisamment daté un testament mentionnant qu'il a été fait « le jour de Saint-Roch de telle année », la date de la fête de Saint-Roch étant de notoriété publique (C. cass. Turin, 4 mars 1881) (1). Il en serait de même si le testateur avait daté son testament du jour de quelque événement constaté, par exemple, par un acte de l'état civil (Troplong, t. 3, n° 1482; Demolombe, t. 4, n° 83; Aubry et Rau, t. 7, § 668, p. 103).

658. Dès lors que le testament contient l'indication de l'année, du jour et du mois, et est daté, ni une erreur ni une surcharge ne sauraient faire disparaître l'acte, et devenir une cause de nullité. On a signalé au *Rép.* n° 2683 un arrêt de la chambre des requêtes validant un testament daté du 15 juin *mil cent seize*. Jugé de même, en cas de surcharge : 1° que la date convertie par une surcharge en une date postérieure, peut être déclarée valable quant à cette dernière date (Civ. rej. 15 juill. 1846, aff. Tronnet, D. P. 46. 1. 342); — 2° Qu'un testament olographe ne peut être annulé comme portant une date incertaine par cela seul que le mot dési-

(1) (Premoli et Vimercati.) — La cour ; — Sur le recours de la comtesse Ortensia Premoli, auquel a adhéré la comtesse Bianca San Severino Vimercati, sa mère : — Sur le premier moyen, tiré de la violation de l'art. 3 des dispositions préliminaires, et des art. 773 et 804 c. civ. italien : — Attendu que le législateur, après avoir, dans l'art. 774 c. civ., compris le testament olographe parmi les modes de tester, en a déterminé dans l'art. 775 les conditions essentielles en décidant qu'il doit être « écrit en entier, daté et signé de la main du testateur »; que, voulant d'un autre côté trancher les difficultés qui, sous l'empire du code civil français, s'étaient posées sur la question de savoir si la date du testament doit renfermer non seulement l'élément du temps dans lequel il a été écrit, mais encore l'élément du lieu, le législateur italien ajoute : « La date du testament doit indiquer le jour, le mois et l'année »; que l'indication du lieu ne doit pas être regardée, en présence du silence du législateur italien, comme un élément constitutif de la date; — Attendu qu'en restreignant les éléments de la date aux seules circonstances du temps, le législateur italien se sert de la formule : « *elle devra indiquer* », ce qui signifie *faire connaître*; que celui qui veut tester dans la forme olographe doit, dès lors, faire connaître l'année où a été écrit le testament, le mois de cette année et le jour de ce mois; que le législateur n'ayant pas exigé de forme sacramentelle, le testateur satisfait au vœu de la loi toutes les fois qu'il précise d'une façon certaine les jour, mois et an où le testament a été écrit; — Attendu que le sens propre des termes employés répond à l'intention du législateur, la doctrine et la jurisprudence admettant universellement que la date du testament n'est exigée que pour savoir si, lors de sa confection, le testateur avait la capacité légale, ou déterminer, quand il y a plusieurs testaments, lequel doit avoir la préférence, et annuler les autres; qu'il n'est point nécessaire pour cela d'indiquer la date par une formule spéciale et sacramentelle; qu'en se référant à des faits, à des événements historiques connus, on peut aussi bien faire connaître et indiquer (comme le veut la loi) un jour, un mois et une année déterminés; qu'il est impossible de supposer que le législateur ait entendu refuser toute efficacité à une date énoncée dans un testament sous forme de référence à un fait, à un événement ne pouvant laisser aucun doute sur l'instant où le testament a été écrit; — Attendu que la question actuellement pendante consiste à savoir si l'indication des éléments constitutifs de la date peut avoir lieu en énonçant d'une façon positive le mois, le quantième du mois et de l'année, d'une ère déterminée, ou si elle résulte suffisamment de toute indication au moyen de laquelle chacun des éléments se trouve sûrement désigné; que les termes de la loi et l'intention du législateur démontrent qu'aucun mode spécial n'ayant été établi pour la constatation des jour, mois et an où le testament a été fait, elle peut également avoir lieu en se reportant à un fait ou à un événement historique connu; que la seule question à résoudre est de savoir si les termes dont s'est servi le testateur en datant son testament font connaître (comme dit la loi) avec précision les jour, mois et année où il a été écrit; que c'est là un fait d'appréciation ; — Attendu que le comte Carlo Premoli a daté son testament en ces termes : « Créma, le jour de Saint-Roch 1876 »; — Attendu que les juges du premier et du second degré, notamment, la cour d'appel de Brescia, constatent dans l'arrêt attaqué que ce mode employé par le testateur ne laisse aucun doute sur ce fait que ledit testament a été écrit le 16 août 1876, car il est de notoriété publique que c'est ce jour-là que tombe la fête de Saint-Roch, ce qui est établi par les attestations du clergé de Créma, des syndics de différentes communes, notamment, de ceux du lieu où le testament a été fait et où le testateur habitait la plus grande partie de l'année; qu'il est reconnu dans tout le monde catholique que la fête de Saint-Roch est célébrée ce jour-là; qu'en basant leur décision sur ce fait que la commémoration de Saint-Roch a lieu généralement, et particulièrement dans le diocèse de Créma, le 16 août, les juges échappent à toute censure de la cour suprême, cette constatation étant un fait d'appréciation, et que, dès lors, ils n'ont violé ni l'art. 3 des dispositions préliminaires, ni les art. 775 et 804 c. civ.; — Rejette, etc.

Du 4 mars 1881.-C. cass. de Turin.-M. Eula, 1er pr.

gnant le mois a été écrit sur un mot qui désignait un autre mois et dont le reste a été raturé, alors que cette superposition est le fait même du testateur, qui paraît s'être servi pour l'opérer de la plume et de l'encre qu'il avait employées pour écrire son testament, et qu'il n'est pas douteux que le testateur ait eu l'intention d'annuler le mot qu'il avait précédemment écrit pour lui substituer comme seul valable celui qu'il a écrit par-dessus (Poitiers, 11 avr. 1864, aff. Moreau, D. P. 64. 2. 160) ; — 3° Qu'une date surchargée est suffisante, si elle peut être précisée (Douai, 12 févr. 1884) (1). Jugé enfin que la date d'un testament olographe, qui désigne par un mot informe le mois durant lequel il a été rédigé, doit néanmoins être réputée suffisante dès qu'on peut la rétablir avec certitude, en intercalant une lettre dans les caractères tracés par le testateur, et en négligeant, d'ailleurs, les incorrections d'orthographe qui lui sont habituelles (Lyon, 25 juin 1879, aff. Dellevaux, D. P. 81. 2. 135). Dans cette espèce, le testateur, complètement illettré, ainsi que le prouvait le surplus de son testament, avait écrit *mrce* le mot *mars*. Dans ces diverses affaires la date, bien que mal écrite, existait ; c'est ce qui a permis de maintenir des testaments qui autrement eussent été nuls.

659. La cour de Paris a cependant déclaré valable un testament qui ne portait aucune date. L'espèce est assez singulière pour mériter d'être signalée, en empruntant les termes mêmes de l'arrêt : « Considérant, dit la cour, que la femme Rousca est décédée le 28 oct. 1849, à deux heures de l'après-midi, et que Rousca s'est suicidé le même jour, à trois heures de l'après-midi, dans une chambre située au-dessus de celle où reposait le corps de sa femme ; — Considérant qu'indépendamment de toutes les circonstances qui prouvent que le testament a été écrit durant l'heure qui s'est écoulée entre la mort de la femme et le suicide du mari, et de toutes les énonciations du testament qui fortifient complètement cette preuve, on y remarque notamment la disposition suivante : « Je prie M. de Balloy de me faire enterrer avec ma femme, et de faire exécuter mes dernières volontés, s'il est possible » ; — Considérant qu'il est de toute évidence que cette prière, adressée par Rousca à de Balloy, alors maire, et l'invocation à son autorité pour l'exécution de ses volontés dernières, ne peuvent, d'après leurs termes, avoir pour objet que le fait actuel et immédiat d'une double inhumation ; d'où il suit que cette disposition du testament suppose clairement et irrésistiblement le prédécès de la femme au moment où elle a été écrite ; — Qu'on ne pourrait le reporter à une époque antérieure à ce décès, sans lui attribuer arbitrairement et violemment un sens autre que le sens raisonnable et naturel ; — Qu'ainsi, il y a lieu de reconnaître que la date de la confection du testament est rigoureusement circonscrite, et par les énonciations du testament même, dans l'heure qui, dans l'après-midi du 28 oct. 1849, s'est écoulée entre la mort de la femme Rousca et le suicide du testateur ; — Que ce degré de précision, quant au jour et à l'heure, écarte toutes les objections fondées sur l'incertitude et l'indétermination de la date, que susciterait justement un intervalle de temps plus ou moins considérable écoulé entre les deux termes où se placerait la confection du testament, puisqu'ici non seulement on retrouve, dans les énonciations mêmes du testament, l'indication étroitement limitative des jour, mois et an où il a été fait, mais que l'heure même de cette confection y est rigoureusement marquée. » En cet état des faits, y avait-il lieu pour la cour, usant d'une faculté que lui reconnaît la jurisprudence, quand la date du testament est fausse, de la rectifier au moyen des énonciations de l'acte lui-même ? M. l'avocat général Meynard de Franc s'était refusé à l'admettre par ce motif que le testateur n'avait pas manifesté son intention de dater le testament, et que le seul cas où le juge ait le droit de recourir aux énonciations est celui où ces énonciations mêmes ont été écrites pour servir de date. La cour ne s'est pas arrêtée à cette objection, et a jugé qu'un testament olographe, quoique ne contenant pas l'indication des jour, mois et an auxquels il a été fait, est suffisamment daté, si les énonciations qu'il renferme permettent de fixer d'une manière précise le moment où il a été rédigé, alors même que ces énonciations n'auraient pas été écrites pour tenir lieu de date (Paris, 5 avr. 1851, aff. Rousca, D. P. 52, 2. 128). Et cette solution a reçu l'entière approbation de MM. Aubry et Rau, t. 7, § 668, note 7, p. 103. Jugé aussi, en Belgique, que l'omission, dans la date, de l'indication de l'année, ne vicie pas le testament olographe si les énonciations de l'acte permettent de suppléer à cette omission. Il en est ainsi, spécialement, lorsque le testament indique la commune et la rue où habite le légataire institué, et que celui-ci n'est venu habiter en cet endroit que moins d'un an avant le décès du testateur, en sorte que le mois et le jour, qui seuls sont indiqués, appartiennent nécessairement à cette période (Gand, 2 mars 1889, aff. Waremoes, *Pasicrisie belge*, 1889. 2. 240).

§ 2. — De la fausseté et de la rectification de la date, et de la foi due à la date des testaments olographes (*Rép.* nos 2681 à 2718).

660. La fausseté de la date du testament équivaut à l'absence de date. Telle est l'opinion unanime de la doctrine et de la jurisprudence française (V. outre les arrêts et les auteurs cités au *Rép.* n° 2681 : Rouen, 14 avr. 1847, aff. Dévé, D. P. 48. 2. 152 ; Paris, 19 mai 1848, aff. Chapotot, D. P. 48. 2. 124 ; Req. 8 mai 1855, aff. Gruchet, D. P. 55. 1. 163 ; 6 août 1856, aff. Sève, D. P. 56. 1. 431 ; 18 nov. 1856, aff. Obert, D. P. 57. 1. 85 ; Rouen, 11 mai 1857, aff. Pinel, D. P. 57. 2. 132 ; Civ. cass. 31 janv. 1859, aff. Augé, D. P. 59. 1. 66 ; Lyon, 22 févr. 1859, aff. Guillon, D. P. 59. 2. 112 ; Req. 18 août 1859, aff. Eynard, D. P. 59. 1. 415 ; Civ. rej. 20 févr. 1860, aff. Commune de Saint-Martin de Londres, D. P. 60. 1. 116 ; Req. 31 juill. 1860, aff. Scoufflaire, D. P. 60. 1. 450 ; 11 mai 1864, aff. Mahaut, D. P. 64. 1. 294 ; Lyon, 25 févr. 1870, aff. Jomand, D. P. 71. 2. 11 ; Pau, 9 janv. 1871, aff. Mimbiolle, D. P. 72. 2. 96 ; Bordeaux, 28 févr. 1872, aff. Bleynie-Lagrave, D. P. 72. 2. 204 ; Montpellier, 31 déc. 1872, aff. Vernière, D. P. 73. 2. 116 ; Req. 5 févr. 1873, aff. Bonhoure, D. P. 73. 1. 435 ; Douai, 10 févr. 1873, aff. Dacquin, D. P. 74. 2. 58 ; Lyon, 14 déc. 1875, aff. de Bourgoing, D. P. 76. 2. 199 ; Bordeaux, 12 juin 1876, aff. Eygnières, D. P. 78. 2. 118 ; Caen, 16 janv. 1877, aff. Lecarpentier, D. P. 78. 2. 112 ; Civ. rej. 8 janv. 1879, même affaire, D. P. 79. 1. 78 ; Req. 15 déc. 1879, aff. Gay, D. P. 80. 1. 267 ; Paris, 19 déc. 1881, aff. du Bois du Bais, D. P. 82. 2. 102 ; Req. 29 nov. 1882, même affaire, D. P. 83. 1. 84 ; Caen, 1er mai 1883 (2) ; Civ. cass. 13 mars 1883, aff. Pascal, D. P. 84. 1. 14 ; Req. 9 juill. 1885, aff. Grenier, D. P.

(1) (Flacon C. Ville d'Avesnes.) — La dame veuve Hannoye, décédée en septembre 1881, a légué par testament olographe sous certaines conditions 40000 fr. à la ville d'Avesnes, qui après avoir obtenu l'autorisation légale, a réclamé aux héritiers la délivrance du legs. MM. Flacon fils et consorts, héritiers de la dame Hannoye, ont contesté la validité du testament dont la date, prétendaient-ils, n'était pas certaine. Le tribunal d'Avesnes ayant validé le testament et condamné les héritiers à exécuter le legs avec intérêts du jour de la délivrance, appel a été interjeté par ceux-ci. — Arrêt.

La cour ; — Attendu que le testament olographe doit être daté par le testateur ; que la date doit être certaine à peine de nullité, conformément aux dispositions de l'art. 970 c. civ. ; — Mais attendu que ledit testament n'étant pas un acte authentique ne se trouve point soumis aux dispositions de l'art. 6 de la loi de ventôse an 11, et que des surcharges peuvent se trouver sur la date sans que sa validité en soit affectée ; qu'il suffit que ladite date puisse être reconnue, et qu'elle soit certaine ; — Attendu que le testament de la dame Hannoye indique en chiffres la date du mois et de l'année de sa confection ; que ces chiffres sont surchargés ; mais qu'un examen attentif permet de les préciser et de donner au testament sa véritable date du 22 avr. 1881 ; que ce testament est donc valable ; — Par ces motifs ; — Confirme, etc.

Du 12 févr. 1884.-C. de Douai, 2e ch.-MM. Mazeaud, pr.-Paul Berton, av. gén.-Allaert et Dubois, av.

(2) (Chevallier C. Chevallier.) — La cour ; — Attendu que les testaments sont des actes solennels soumis par la loi, pour leur validité, à des formes rigoureuses ; — Attendu qu'aux termes des art. 970 et 1001 c. civ., le testament olographe doit être daté à peine de nullité ; que la fausse date équivaut à l'absence de date ; — Attendu qu'il ne suffit pas de dater de tel mois ou de telle année ; que la date d'un testament est l'indication sincère et précise du jour même dans lequel ce testament est intervenu ; que cette indication peut être faite par tous moyens, notamment, par

86. 1. 368; 11 janv. 1886, aff. Imbert-Bertrand, D. P. 86. 1. 440; 20 juill. 1886, aff. Marchand, D. P. 87. 1. 83; Marcadé, sur l'art. 970; Massé et Vergé sur Zachariæ, t. 5, § 437, n° 4; Duranton, t. 9, n° 35; Demante, t. 4, n° 115 *bis*-2; Bayle-Mouillard sur Grenier, n° 228 *bis*, note *g*; Demolombe, t. 4, nos 91 et suiv.; Aubry et Rau, t. 7, § 668, p. 103; Laurent, t. 13, nos 202 et suiv.; et *Rép.* n° 2681).

661. Et cette nullité est complète et non pas partielle. Le testament olographe énonçant une date dont l'inexactitude est démontrée par plusieurs de ses dispositions, qui mentionnent notamment des faits postérieurs à cette date, doit être annulé pour le tout, et non pas seulement pour les dispositions auxquelles sa date ne peut s'appliquer, lorsqu'il est déclaré en fait que l'état matériel du testament ne permet pas de reconnaître si la date exprimée peut s'appliquer aux autres parties du testament (Civ. rej. 20 févr. 1860, aff. Commune de Saint-Martin de Londres, D. P. 60. 1. 116).

662. La solution proclamée par tant d'auteurs et d'arrêts est assurément grave, car c'est toujours chose grave que d'annuler un testament alors que, le testateur étant mort, aucune réparation n'est plus possible. Le mal irréparable causé par une telle annulation est fait pour inspirer de sérieux scrupules, et la loi elle-même s'en est émue lorsqu'elle a pris soin de déclarer (art. 900) que dans les testaments les conditions impossibles ou illicites, au lieu d'entraîner la nullité du testament, comme il arriverait d'une convention (art. 1172), seraient seulement réputées non écrites. Aussi ce système a-t-il soulevé des critiques acerbes. « Il est difficile, dit M. Accolas, *Manuel de droit civil*, éd. 1869, t. 2, chap. 5, p. 17, note 2, d'imaginer quelque chose d'aussi puéril, d'aussi empreint de l'esprit formaliste et légiste, que l'enseignement des auteurs et les décisions des tribunaux français sur la date des testaments. De quoi s'agit-il dans cette matière, sinon uniquement d'assurer son plein effet à la volonté du testateur? et, en dehors de cette idée, en est-il une autre qui ne conduise à la déraison et à l'injustice? » — La jurisprudence belge se sépare, d'ailleurs, très nettement sur ce point des tribunaux français et décide d'une manière constante que la fausseté de la date n'est pas une cause de nullité. Le principal argument de cette jurisprudence, c'est le respect de la volonté du défunt. Une fausse date, disait devant la cour de cassation de Belgique, le 26 mars 1875 (aff. Ghesquière, D. P. 75. 2. 217), M. le procureur général Faider, une fausse date ou une date fausse ne peut pas résulter de ce qui est conforme à la volonté libre du testateur. Le testament est essentiellement libre, parce qu'il est secret. Cet acte exprime purement la volonté libre d'un testateur sain d'esprit. Il fait son testament comme il veut, quand il veut, où il veut, et il lui donne la date qu'il veut. S'il antidate, s'il postdate, il a ses raisons pour le faire. Aucun texte de la loi ne lui a ôté cette liberté. Il pourrait avouer son antidate, sa postdate. Il n'est obligé par aucune loi de donner à son testament la date du jour où il l'a écrit: la loi ne lui demande aucun compte de sa date; la loi veut que le testament soit daté de la main du testateur; un testament olographe qui porte l'écriture, la signature, la date, de la main du testateur, est régulier, valable dans la forme; il n'a pas de fausse date, puisque la date est celle que le testateur lui a donnée, librement et sainement; elle ne sera fausse ou nulle, comme le testament entier, que si elle est le résultat de la fraude ou de la démence: en ce cas, celui qui attaquera le testament saura à quelle époque il a été fait; il saura si à cette époque le testateur était privé de sens ou de liberté; alors, il prouvera que l'œuvre du testateur est viciée par une antidate qui est le fruit du dol et de la fraude ou d'un esprit dérangé. Hors de là, il n'y a pas de fausse date... Le testament olographe est, avant tout, l'expression de la volonté libre du testateur; l'état de choses créé par lui, il l'a voulu; les intéressés, aidés au besoin par les tribunaux, régleront tout en se conformant à la volonté du défunt, et fixeront les conséquences des actes et les droits qu'ils confèrent. Respecter l'antidate libre et volontaire, c'est respecter la volonté du testateur: *Voluntas ante omnia*. C'est rendre hommage à la réalité. » Et c'est bien là la théorie qui se fait jour dans les diverses décisions des tribunaux belges. « En prescrivant les trois conditions qu'elle exige pour la validité du testament olographe, la loi ne limite d'aucune manière le droit du testateur de donner à l'acte qui renferme ses dernières volontés telle date qu'il juge convenir; d'où la conséquence qu'il peut même l'antidater, sans que, par là, le testament en soit vicié, pourvu qu'au moment où il a posé le fait, ainsi qu'à la date indiquée, il ait été capable; qu'il ait agi librement, et que la date apposée n'ait pas été le résultat du dol ou de la fraude ». Ainsi s'exprime la cour de cassation belge dans un arrêt du 2 avr. 1857 (aff. Gossiaux, D. P. 57. 2. 142). Et la même cour, conformément aux conclusions précitées de M. le procureur général Faider, a déclaré encore, avec non moins d'énergie, le 26 mars 1875 (aff. Ghesquière, D. P. 75. 2. 217), « que la date du jour, mois et an, apposée au testament olographe par le testateur, lorsqu'elle ne jette pas de doute sur ses intentions et se rapporte à une époque de sa vie où il pouvait disposer comme il l'a fait, bien qu'elle ne soit pas exactement celle du jour où il a rédigé son acte, n'en manifeste pas moins sûrement sa volonté de formuler ses dispositions avec les solennités requises et d'une manière définitive; qu'elle répond, quant à la forme, aux conditions exigées par l'art. 970 c. civ.; que cet article, suivant les expressions du rapport fait au Tribunat par le tribun Jaubert, a eu pour but unique d'établir des précautions suffisantes pour reconnaître la volonté du testateur et multiplier les facilités toutes les fois qu'il ne resterait pas de doute sur cette volonté; que le disposant, qui donne à son écrit olographe une date autre que celle du jour où il le rédige, use d'une faculté dérivant tout naturellement du droit que la loi lui accorde d'écrire son acte à différentes reprises et dans l'indépendance du secret le plus absolu ». Jugé, de même, plus récemment que la fausseté de la date d'un testament olographe n'est une cause de nullité que si elle constitue une manœuvre de suggestion ou de captation, ou si l'antidate a pour but de dissimuler l'incapacité du testateur (Bruxelles, 10 mars 1886, aff. Barbe Gillis, *Pasicrisie belge*, 1886. 2. 265).

Cette manière d'entendre les choses est assurément très conforme à la nature de l'acte de dernière volonté; mais l'est-elle autant à l'intention manifestée par le législateur, lorsqu'il a voulu que le testament fût daté? A quoi bon l'obliger à indiquer la date à laquelle il formule ses dernières volontés, si, cette date, il peut la puiser dans sa seule fantaisie, sans qu'elle se rapporte en rien à la réalité des faits? Comme le dit très bien M. Laurent, t. 13, n° 202, critiquant avec vigueur la jurisprudence belge: « Le texte veut une date; la date doit être vraie; or l'antidate est

---

relation à certains événements; que le rang qu'un jour occupe dans un mois et dans une année n'est qu'un moyen de fixer ce jour avec précision; — Attendu que le testament olographe de Jean-Marie Chevallier porte la date du 8 janv. 1878, ce qui fixe, de la manière la plus précise, le jour de sa confection, qui était un mardi, et exclut tout autre jour; — Attendu qu'il est constant, en fait, que la date est fausse, puisque le papier timbré, sur lequel le testament a été écrit, porte, dans le filigrane, la date 1879, et n'a été mis en circulation qu'après le 1er janv. 1879; qu'il en résulte que le testament n'a pas été fait le jour indiqué, 8 janv. 1878, et que la date est, par suite, entièrement fausse; — Attendu qu'il ne résulte du testament lui-même, ni directement, ni indirectement, rien absolument qui puisse corriger l'erreur, et qui indique que ce testament aurait été fait un jour déterminé autre que celui indiqué; que c'est par une supposition gratuite que les légataires en veulent fixer la date à deux ans plus tard, au jeudi 8 janv. 1880; qu'il est établi seulement que le testament dont il s'agit n'a pu être fait que depuis le 1er janv. 1879, date de l'émission du papier timbré, au 23 juin 1880, date du décès du testateur; mais que cette période, contenant plus d'une année, ne constitue pas une date telle que l'exige la loi, c'est-à-dire l'indication d'un jour précis; — Attendu, d'ailleurs, que la fausseté de la date n'a pu être involontaire de la part du testateur; que, s'il est possible que, dans les premiers jours d'une année on emploie, par habitude et inadvertance, le millésime de l'année précédente (1879 pour 1880) la même inadvertance ne peut faire employer le millésime d'une année antérieure (1878 pour 1880); que, par suite, loin qu'il soit établi que le testateur ait commis une erreur involontaire, il y a tout lieu de présumer, au contraire, qu'il a agi sciemment en donnant à son testament une fausse date; — Par ces motifs; — Confirme le jugement dont est appel.

Du 1er mai 1883.-C. de Caen.-MM. Houyvet, 1er pr.-Lerebours-Pigeonnière, av. gén.-Lainé-Deshayes et Simon, av.

une date fictive; donc elle n'est pas une date; et, partant, elle vicie le testament ».

663. Ainsi qu'il résulte des citations qui précèdent, la jurisprudence belge ne cherche point sa base en dehors de la pure théorie. Elle ne reproduit pas un argument, qui pourtant a souvent été formulé contre le système français, et qui consiste à dire que ce système peut conduire aux résultats pratiques les plus fâcheux, en brisant le plus souvent, par suite d'une simple inadvertance, l'œuvre d'une méditation sérieuse et réfléchie. C'est qu'en vérité tels sont les tempéraments apportés par notre jurisprudence à son propre système, que le grave inconvénient qu'on signale sera le plus souvent évité. On admet d'abord, en effet, que la date n'est pas fausse lorsque, sans être la date exacte de chaque disposition du testament, elle est bien la date finale à laquelle le testament a été clos. En second lieu, on excuse la date erronée, lorsqu'elle est le résultat d'une simple inadvertance. Troisièmement, on n'autorise, pour établir la fausseté de la date, que les considérations tirées du testament lui-même. Enfin on permet toujours, en principe, de rétablir la date reconnue fausse, pourvu que ce soit également à l'aide d'arguments tirés *ex visceribus testamenti.*

664. — *Premier tempérament.* — Il ne faut considérer comme une date fausse que la date qui ne serait pas celle de la clôture du testament. Pour vérifier si la date écrite par le testateur est exacte, il ne faut pas se reporter au jour où le corps du testament a été écrit, mais au jour où la date a été apposée. En conséquence, un testament olographe peut être pleinement valable, bien que daté à une époque de longtemps postérieure à celle de sa rédaction, « attendu qu'aucune disposition de loi n'a interdit la faculté de laisser s'écouler, dans la confection d'un testament olographe, un intervalle de temps quelconque entre la rédaction des dispositions intérieures et la désignation de la date » (Civ. rej. 15 juill. 1846, aff. Tronnet, D. P. 46. 1. 342). Jugé, de même, qu'un testament olographe ne doit pas nécessairement être annulé comme portant une fausse date, par cela seul qu'il indique comme pouvant se réaliser dans l'avenir un événement accompli en réalité antérieurement à sa date (Poitiers, 2 mars 1864, aff. Boyer, D. P. 64. 2. 130). En effet, il est incontestable, comme le fait très bien remarquer ce dernier arrêt, que le testateur a pu préparer son testament longtemps avant le jour où il l'a complété par la date et la signature, et cela afin de le soumettre à de plus mûres réflexions; qu'il a pu copier et recopier plusieurs fois cet acte important sans modifier les énonciations qui avaient vieilli; qu'il a pu se servir d'un modèle rédigé anciennement et qu'il n'a pas corrigé; que, dans tous ces cas, le testateur agit dans son droit et fait un acte valable. Lors donc qu'on parle, à propos d'un testament olographe, d'une fausse date, il faut entendre une date qui n'est pas celle du jour où elle a été écrite, quelle qu'ait été antérieurement l'époque où le corps du testament a été rédigé. C'est seulement la fausse date ainsi comprise qui vicie le testament comme si toute date faisait défaut.

665. — *Deuxième tempérament* (Rép. n° 2697). — Le testament n'est pas vicié par l'erreur de date, lorsque cette erreur ne provient que d'une simple inadvertance (Demante, t. 4, n° 115 *bis*; Aubry et Rau, t. 7, § 668, p. 104; Demolombe, t. 4, n°s 91 à 92 *bis*), notamment, lorsqu'il est établi que le testateur considérait, par erreur, comme accomplis, des faits mentionnés dans l'acte et postérieurs à sa date, ou même, lorsque l'accomplissement des faits indiqués était seulement regardé par lui comme prochain et assuré. Jugé en ce sens: 1° que lorsqu'un testament, dont la date est régulière, contient un legs au profit de personnes que le testateur désigne, l'une comme sa domestique, l'autre comme mariée, bien qu'à la date exprimée au testament, celle-là ne fût pas encore à son service, et que celle-ci ne fût pas encore mariée, le juge a pu conclure la sincérité de la date de ce que la première légataire était, à l'époque du testament, sur le point d'entrer au service du testateur, et de ce qu'à la même époque, le mariage de la seconde était décidé (Req. 29 avr. 1850, aff. Plonquette, D. P. 50. 1. 153); — 2° Que, lorsqu'un testament contient un legs au profit d'un individu que le testateur désigne comme son commis, bien qu'à la date exprimée au testament il n'eût pas encore cette qualité, le juge a pu admettre la sincérité de la date, en se fondant sur ce que le testateur avait entendu donner à son légataire la qualification qui lui appartiendrait à l'époque où le testament recevrait son exécution (Req. 4 nov. 1857, aff. Soullié, D. P. 58. 1. 75). Un arrêt récent a appliqué le même tempérament dans une espèce où le testament avait été écrit sur trois feuillets différents, tous trois datés, mais dont l'un ne portait pas la même date que les autres. Il a décidé, en se fondant sur diverses circonstances, que cette différence de date était le résultat d'une inadvertance, et que le testament tout entier avait été fait à la date inscrite sur deux des feuillets (Req. 20 févr. 1889) (1). — Mais c'est là l'extrême limite à laquelle il est per-

(1) (Pouzols C. Fabrique et église de Saint-Etienne de Toulouse.) — Le 14 mars 1888, arrêt de la cour de Toulouse, ainsi conçu: — Attendu que Vital-François-Mathieu Amouroux est décédé à Granague, le 7 avr. 1886, à l'âge de quatre-vingt-seize ans; qu'il est constant que, depuis la fin de 1882, il avait été frappé de cécité; que, lors de l'inventaire qui a été fait à son domicile, on a trouvé une enveloppe scellée de cinq cachets de cire rouge avec cette suscription: « Sous cette enveloppe est renfermé mon testament olographe que j'ai écrit, daté et signé de ma main »; qu'en effet, cette enveloppe contenait sur une feuille double de papier timbré du prix de 1 fr. 20 cent., les dispositions de dernière volonté du *de cujus*; — Attendu que cette œuvre testamentaire examinée par la cour se compose de trois parties écrites sans blancs, immédiatement à la suite l'une de l'autre, présentant chacune des dispositions particulières, avec dates et signatures spéciales; qu'en tête de la première partie on lit: « Le vingt septembre mil huit cent quatre-vingt », et à la fin: « Granague, le vingt septembre mil huit cent quatre-vingt... Amouroux »; que la deuxième partie commence ainsi: « *Le même jour, vingt novembre* (ce mot surchargé par le chiffre 7) mil huit cent quatre-vingt », et se termine ainsi; « Granague, ledit jour vingt novembre mil huit cent quatre-vingt... Amouroux »; qu'enfin la troisième débute ainsi: « *Le même jour, vingt septembre* mil huit cent quatre-vingt »; — Attendu que, dans la date qui précède la deuxième partie, il est certain, d'après un examen fait à la loupe et la reproduction qui est donnée en *fac-simile* de l'observation qui a été pratiquée, que le mot « nov. » a été surchargé par le chiffre 7, qui représente le mot de « septembre »; — Attendu qu'on prétend sans fondement que la couleur de l'encre, la physionomie différente de l'écriture, la conformation de certains mots révéleraient d'abord l'intervention d'une main étrangère et ensuite la fausseté des dates respectives de chacune des dispositions; que rien n'établit que le testament entier n'ait pas été intégralement fait le même jour, vingt septembre mil huit cent quatre-vingt; que si l'écriture de la dernière partie est plus tremblée que celle des deux précédentes, cette circonstance peut tenir à ce qu'elle aurait été tracée pendant la nuit et avec une plume différente et usée, par un vieillard dont la vue était déjà affaiblie et dont l'état valétudinaire était sujet à des vicissitudes susceptibles d'heure en heure de ralentir ou d'alourdir la main; — Attendu que tout révèle, d'ailleurs, l'unité du testament dont les trois fragments forment un ensemble complet; qu'après avoir, dans sa première disposition, statué sur sa fortune immobilière et ses meubles meublants Vital Amouroux règle dans la seconde, la dévolution de ses valeurs mobilières, qui constituaient au moins la moitié de son avoir; qu'enfin, dans la troisième, il confirme en ces termes ses intentions pieuses, ses croyances religieuses: « Je dis à nouveau qu'après avoir payé tous les legs nommés ci-dessus, le surplus sera employé à faire dire des messes à perpétuité, pour moi et pour les miens, à l'église Saint-Etienne, mon ancienne paroisse »; que la preuve que le testament n'a pas été rédigé à des époques diverses éloignées les unes des autres résulte de l'emploi de la feuille double, de la suscription de l'enveloppe qui lui servait de récipient, de sa mise sous scellés; — Attendu, il est vrai, que dans la seconde partie la date du 20 novembre a été apposée *in fine*, au lieu de celle du 20 septembre, mais que cette incertitude peut être réparée; qu'en effet, loin qu'un doute insoluble se présente à l'esprit, toutes les énonciations du testament permettent de rétablir la vraie date et de redresser une erreur qui est le fruit, non d'une intention quelconque de simulation, mais simplement de la distraction et de l'inadvertance du rédacteur; qu'en effet, le testament, dans sa deuxième partie, s'exprimant ainsi: « Le même jour », s'approprie, par une référence énergique, la date du 20 septembre qui précède; qu'il faut même remarquer qu'Amouroux avait reconnu l'erreur qu'il avait commise, puisqu'après avoir écrit: « Le même jour, vingt nov. mil huit cent quatre-vingt », il a surchargé le mot « nov. » et l'a transformé en 7, figurant le mois de septembre; que s'il a reproduit son erreur dans la date finale de la deuxième partie, cette indication erronée peut être facilement remaniée, puisque la troisième partie du testament débute ainsi: « Le même jour, vingt septembre mil huit cent quatre-vingt »; — Attendu qu'il

mis d'aller, et il semble difficile d'approuver un arrêt de la chambre des requêtes du 12 août 1851 (aff. Desdevises, D. P. 52. 1. 35), d'après lequel l'erreur dans la date d'un testament olographe n'emporte pas nullité de ce testament, alors qu'elle consiste dans une simple antidate (du 16 au 17 du même mois) commise par inadvertance, et qu'il n'est point articulé que cette antidate ait eu lieu par suite d'une intention frauduleuse, et dans le but, notamment, de déguiser l'insanité d'esprit du testateur, ou l'existence de manœuvres pratiquées à l'époque véritable de la confection du testament (résolu par la cour d'appel). Cette solution ne paraît guère pouvoir s'expliquer que par la faveur exceptionnelle que méritait l'espèce.

666. — *Troisième tempérament* (*Rép.* n° 2698). — La preuve de la fausseté de la date ne peut être puisée que dans le testament lui-même, *ex visceribus testamenti*, au moins lorsqu'elle n'est invoquée que comme simple vice de forme. C'est la règle que l'on exprime en disant que le testament olographe fait foi de sa date jusqu'à inscription de faux, sauf quand il est attaqué pour captation ou suggestion (V. *infrà*, n° 686; Aubry et Rau, t. 7, § 669, texte et note 10, p. 103; Demolombe, t. 4, nos 160 à 162; Marcadé sur l'art. 970, n° 14; Colmet de Santerre, t. 4, n° 115 *bis* I; Nancy, 15 juill. 1843, *Rép.* n° 2699; Douai, 15 avr. 1845, aff. Luget, D. P. 45. 2. 159; Req. 4 janv. 1847, aff. Joffrion, D. P. 47. 1. 147; 29 avr. 1850, aff. Plonquette, D. P. 50. 1. 153; 12 août 1851, aff. Desdevises, D. P. 52. 1. 35; 18 nov. 1856, aff. Obert, D. P. 57. 1. 85; Civ. cass. 31 janv. 1859, aff. Augé, D. P. 59. 1. 66; Req. 11 mai 1864, aff. Mahaut, D. P. 64. 1. 294; Bordeaux, 12 juin 1876, aff. Eygnières, D. P. 78. 2. 118; Civ. rej. 8 janv. 1879, aff. Lecarpentier, D. P. 79. 1. 78; Req. 15 déc. 1879, aff. Gay, D. P. 80. 1. 261; Aix, 16 févr. 1881, aff. Kœnig, D. P. 82. 2. 69; Aix, 11 juin 1881, *suprà*, n° 599; Douai, 8 nov. 1881, aff. Descamps, D. P. 82. 2. 69; Orléans, 8 mars 1883, aff. Sévin, D. P. 84. 2. 227; Req. 10 déc. 1883, aff. Buzelin, D. P. 84. 1. 135).

667. Les circonstances intrinsèques qui permettent de démontrer la fausseté de la date, abstraction faite de celles qui sont fournies pas le timbre du papier, et sur lesquelles nous reviendrons *infrà*, nos 670 et suiv., sont assez rares. Voici quelques exemples puisés dans la jurisprudence. Il a été jugé que les testaments olographes portant la date du *trente et un* novembre, ou du *trente et un* avril, sont nuls, de pareils actes ne contenant pas d'énonciation permettant d'en établir la véritable date (Req. 31 juill. 1860, aff. Scoufflaire, D. P. 60. 1. 450; Lyon, 25 févr. 1870, aff. Jomand, D. P. 71. 2. 11; Douai, 10 févr. 1873, aff. Dacquin, D. P. 74. 2. 58). M. Coin-Delisle, *Donations et testaments*, p. 347, a seul soutenu une opinion contraire : « Il y a erreur sur le quantième, dit l'honorable jurisconsulte, mais cette date suffit pour prouver que le testateur a voulu dater du *dernier jour* du mois ». Cet argument ne paraît pas décisif. Il ne s'agit pas de savoir si le testateur a voulu dater de tel jour son testament; il s'agit de savoir s'il l'a réellement fait le jour auquel il a entendu se référer. Or serait-il permis d'affirmer que le testament a été fait le 30 novembre ou le 30 avril, quand il est daté du lendemain? N'est-ce pas plus vraisemblable que le testament a été fait le 1er avril ou le 1er mai? La véritable date, en présence de ce double mode de rectification, est donc nécessairement douteuse, et ce doute suffit pour faire tomber la date ainsi mentionnée, et avec elle le testament, dans une matière où les exigences de la loi doivent être observées, sinon par l'emploi des termes sacramentels, du moins à l'aide d'équivalents ne laissant aucune incertitude. Il faut donc préférer à l'opinion de M. Coin-Delisle la doctrine contraire, qui a triomphé dans la jurisprudence. — Jugé que le testament est nul pour défaut de date : 1° s'il porte une date postérieure au décès du testateur (Lyon, 22 févr. 1859, aff. Guillon, D. P. 59. 2. 112; Req. 18 août 1859, aff. Eynard, D. P. 59. 1. 415. — Comp. *Rép.* nos 2694-5° et 2702); — 2° S'il renferme un legs relatif à la fille unique du testateur, alors que, à la date énoncée par le testament, le testateur avait deux filles, et n'a perdu l'une d'elles que quelques mois plus tard (Bordeaux, 28 févr. 1872, aff. Bleynie Lagrave, D. P. 72. 2. 204); — 3° Si le testament contient un legs au profit d'un enfant désigné par son nom et son sexe, qui n'était pas né à la date où se rapporte la date apparente (Lyon, 14 déc. 1875, aff. de Bourgoing, D. P. 76. 2. 199).

668. Il ne serait permis d'aller chercher en dehors du testament la preuve de la fausseté de la date que si cette fausseté était invoquée, non plus comme vice de forme, mais comme élément de fraude. « Ne doit-on pas, disait M. le conseiller d'Oms, dans un rapport sur une affaire jugée par la chambre des requêtes, le 22 févr. 1853 (aff. Grenier, D. P. 53. 1. 131), excepter de l'application des principes le cas où le testament est imprégné de dol et de fraude, où il est soutenu que ses dispositions ont été obtenues à l'aide de suggestions dolosives et de manœuvres frauduleuses? Dans ce cas, le procès n'est pas dirigé contre la date du testament; la fausseté de la date n'est pas l'objet direct et principal de la contestation. La question de la fausseté de la date du testament ne se présente qu'accessoirement à l'action de dol et de fraude. L'antidate du testament n'est même présentée que comme l'un des éléments de la fraude, comme l'agent le plus actif pour en assurer le succès. La raison dit, en effet, que, lorsque des manœuvres frauduleuses ont asservi la volonté du testateur au point de lui imposer des dispositions testamentaires contraires à ses véritables intentions, ces mêmes manœuvres auront bien pu déterminer l'antidate du testament. Ne serait-ce pas un contre-sens que d'admettre que la date du testament, qui n'est après tout qu'une partie du testament, eût plus de force que les dispositions substantielles de cet acte, et qu'il fallût avoir recours à la procédure spéciale et exceptionnelle de l'inscription de faux pour infirmer cette date, alors que de simples présomptions suffiraient pour anéantir les clauses les plus essentielles du testament? » Aussi décide-t-on que, dans cette hypothèse, le testament cesse de faire foi de sa date, et que la fausseté de cette date peut être prouvée par tous moyens. Jugé en ce sens : 1° qu'un testament olographe cesse de faire pleine foi de sa date, jusqu'à inscription de faux, lorsqu'il est attaqué pour cause de dol ou de fraude, et qu'en cas pareil, la fausseté de la date apposée sur ce testament peut être établie par de simples présomptions, aussi bien que la fraude qu'elle a eu pour but de préparer et de faciliter (Req. 22 févr. 1853, aff. Grenier, D. P. 53. 1. 131); — 2° Que la fausseté de la date d'un testament olographe attaqué pour fraude peut être établie par des présomptions tirées du testament, à la double condition que les faits de suggestion allégués soient pertinents, et que les inductions tirées du testament, à l'appui d'une fausse date ne soient pas détruites par des inductions contraires (Req. 30 juin 1873, aff. Lucas, D. P. 74. 1. 104); — 3° Qu'en admettant qu'en règle générale, la fausseté de la date d'un testament olo-

n'est pas possible d'amputer l'œuvre testamentaire, d'y opérer une division purement imaginaire et de tronquer ainsi un ensemble formant une parfaite harmonie et réalisant dans son contexte successif des dispositions préparées de longue main, ainsi qu'en témoignent les brouillons et projets écrits versés aux débats ; — Par ces motifs ; — Déclare que le testament de Vidal-François-Mathieu Amouroux, testament formé de trois fragments successifs se reliant entre eux d'une manière indivisible, a été fait par lui en entier le 20 septembre 1880, et qu'il n'existe aucune incertitude ou simulation de la date, pas plus dans la deuxième partie que dans la première et la troisième, etc. ». Pourvoi en cassation par le sieur Pouzols. — Arrêt.

La cour ; — Sur l'unique moyen du pourvoi pris de la violation des art. 970 et 1001 c. civ. ; — Attendu que l'arrêt attaqué constate, en fait, que l'enveloppe contenant les dispositions de dernière volonté du sieur Amouroux portait l'inscription suivante : « Sous cette enveloppe est enfermé mon testament olographe que j'ai écrit, daté et signé de ma main » ; que l'œuvre testamentaire se compose de trois parties, écrites sans blancs, immédiatement à la suite l'une de l'autre, présentant chacune des dispositions particulières avec des dates et signatures spéciales ; qu'en tête de la première partie on lit : « le 20 sept. 1880 ; que la deuxième commence ainsi : « le même jour, 20 novembre (le mot nov. surchargé d'un chiffre 7) 1880 », et se termine ainsi : « Granague, ledit jour novembre 1880 » ; qu'enfin la troisième débute ainsi : « le même jour 20 septembre 1880 » ; — Attendu que, dans ces circonstances, les dispositions dont il s'agit formant un seul testament, l'arrêt attaqué a pu, comme il l'a fait, sans violer les articles cités, rectifier la date erronée de la deuxième partie par celle de la troisième ; — Rejette.

Du 20 févr. 1889.-Ch. req.-MM. Bédarrides, pr.-Demangeat, rap.-Petiton, av. gén.-Choppard, av.

graphe dont l'écriture est reconnue ne puisse être établie que par l'inscription de faux, cette règle n'est pas applicable au cas où le testament est attaqué pour cause de captation et de suggestion; que, dans cette hypothèse, la fausseté peut, aussi bien que la fraude qu'elle a pour but de faciliter et de couvrir, être démontrée par tous les moyens de preuve admis par la loi (Req. 21 août 1876, aff. Vuillemin, D. P. 78. 5. 445); — 4° Que si l'antidate d'un testament olographe, lorsqu'elle n'est invoquée que comme un simple vice de forme, sans allégation de fraude, ne peut être prouvée qu'à l'aide des énonciations du testament lui-même, alors même que le demandeur en nullité s'est pourvu par la voie de l'inscription de faux, il en est autrement quand le testament est attaqué pour insanité d'esprit du testateur ou captation et suggestion; que, dans ce cas, la fausseté de la date peut, aussi bien que la fraude ou l'incapacité alléguées, être démontrée par tous les moyens de preuve admis par la loi (Orléans, 8 mars 1883, aff. Sevin, D. P. 84. 2. 227); — 5° Que l'antidate peut être établie par tous les moyens de preuve, soit par la preuve testimoniale, soit à l'aide de présomptions, lorsque le testament est attaqué pour cause de dol ou fraude; qu'il y a lieu d'annuler pour cause de suggestion et comme portant une fausse date un testament olographe qui ne fournit évidemment qu'une expression incomplète de la volonté du testateur, qui n'a été signé par lui, à l'instigation d'un tiers, que quelques instants avant son décès, à un moment où il ne pouvait plus se rendre compte des graves conséquences de cette apposition de signature, et qui a été revêtu d'une antidate dans le but frauduleux de faire croire qu'il remontait à une époque où le *de cujus* était à même de disposer en pleine connaissance de cause (Req. 20 juill. 1886, aff. Marchand, D. P. 87. 1. 83). — Mais en dehors du cas de fraude la preuve de la fausseté de la date ne peut être tirée de circonstances extrinsèques qu'autant qu'elles auraient leur racine dans le testament même (Req. 11 janv. 1886, aff. Imbert Bertrand, D. P. 86. 1. 440; 18 juill. 1887, aff. Lenouvel, D. P. 87. 1. 369).

669. — *Quatrième tempérament* (*Rép.* n°ˢ 2692 et suiv.). — Hors le cas où la fausse indication de la date est intentionnelle (Merlin, *Répertoire*, v° *Testament*, sect. 2, § 1ᵉʳ, art. 6, n° 10; Colmet de Santerre, t. 4, n° 115 *bis*; Demolombe, t. 4, n°ˢ 91 à 92 *bis*; Aubry et Rau, t. 7, § 668, note 10, p. 104; Req. 11 mai 1864, aff. Mahaut, D. P. 64. 1. 294), la date reconnue fausse peut toujours être rectifiée, pourvu que la rectification soit puisée, comme la preuve de la fausseté elle-même, dans le testament. Il faut, d'ailleurs, qu'elle repose, non sur de simples probabilités, sur des présomptions, si puissantes qu'on les suppose, mais sur une certitude matérielle qui permette d'affirmer invinciblement la véritable date. En un mot, il faut démontrer que le testament a été fait à cette date, et qu'il n'a pu l'être à aucune autre (Req. 8 mai 1855, aff. Gruchet, D. P. 55. 1. 163; 6 août 1856, aff. Sève, D. P. 56. 1. 431; Rouen, 11 mai 1857, aff. Pinel, D. P. 57. 2. 132; Civ. cass. 31 janv. 1859, aff. Augé, D. P. 59. 1. 66; Lyon, 22 févr. 1859, aff. Guillon, D. P. 59. 2. 112; Req. 3 mai 1859, aff. Thinault, D. P. 59. 1. 273; 18 août 1859, aff. Eynard, D. P. 59. 1. 415; 31 juill. 1860, aff. Scoufflaire, D. P. 60. 1. 450; 11 mai 1864, aff. Mahaut, D. P. 64. 1. 294; 28 juin 1869, aff. Blanchard, D. P. 72. 1. 32; Pau, 9 janv. 1871, aff. Mimbiolle, D. P. 72. 2. 96; Montpellier, 31 déc. 1872, aff. Vernière, D. P. 73. 2. 116; Req. 5 févr. 1873, aff. Bonhoure, D. P. 73. 1. 435; Lyon, 14 déc. 1875, aff. de Bourgoing, D. P. 76. 2. 199; Bordeaux, 12 juin 1876, aff. Eygnières, D. P. 78. 2. 118; Lyon, 5 avr. 1878, aff. Musy, D. P. 78. 2. 263; Civ. rej. 8 janv. 1879, aff. Lecarpentier, D. P. 79. 1. 78; Req. 4 févr. 1879, aff. Musy, D. P. 79. 1. 228; 15 déc. 1879, aff. Gay, D. P. 80. 1. 267; Aix, 16 févr. 1881, aff. Kœnig, D. P. 82. 2. 69; Douai, 8 nov. 1881, aff. Descamps, D. P. 82. 2. 69; Civ. cass. 13 mars 1883, aff. Pascal, D. P. 84. 1. 14; Req. 9 juill. 1885, aff. Grenier, D. P. 86. 1. 368; Merlin, *Répertoire*, v° *Testament*, sect. 2, § 1ᵉʳ, art. 6, n° 10; Toullier, t. 5, n° 361; Duranton, t. 9, p. 36; Grenier, *Donations et testaments*, t. 1, n° 228 *bis*; Troplong, t. 3, n°ˢ 1484 et 1489; Demolombe, t. 4, n°ˢ 93 à 97; Aubry et Rau, t. 7, § 668, texte et note 11, p. 104; *Rép.* n° 2694).

670. Toutefois, si la date erronée d'un testament olographe ne peut être rectifiée qu'à l'aide d'éléments puisés dans le testament, il n'en est pas de même lorsque cette date est régulière et complète, et que l'exactitude n'en est contestée que parce qu'elle serait contradictoire avec certaines énonciations du testament rapprochées de circonstances prises en dehors de ce testament. En pareil cas, il est permis au juge d'apprécier ces circonstances extrinsèques, pour statuer sur l'existence de la prétendue contradiction, et se prononcer sur la sincérité de la date. C'est ce qui résulte des décisions citées au *Rép.* n° 2697, et notamment, de l'arrêt de la chambre des requêtes, du 29 avr. 1850. Dans le même sens, il a été jugé : 1° que l'inexactitude de la date d'un testament olographe peut, lorsqu'elle est le résultat d'une erreur, être rectifiée à l'aide des autres énonciations du testament, et même de faits extrinsèques consultés uniquement pour déterminer le sens et la portée de ces énonciations (Req. 8 mai 1855, aff. Gruchet, D. P. 55. 1. 163); — 2° Que, si les tribunaux peuvent rectifier la date erronée d'un testament olographe à l'aide du testament lui-même et en s'attachant aux énonciations de cet acte, ils peuvent aussi avoir égard à certains faits extrinsèques, mais en les envisageant seulement dans leur relation avec les mêmes énonciations et comme moyen d'en apprécier la portée (Metz, 4 juill. 1867, aff. Charlier, D. P. 67. 2. 164); — 3° Que si la fausseté de la date, dans un testament olographe, ne peut être rectifiée qu'au moyen des éléments fournis par l'acte lui-même, il est sans doute permis, pour apprécier la portée de ces éléments, de recourir à des faits extrinsèques, pourvu qu'ils se rattachent au testament, et que la rectification en résulte avec la certitude la plus complète; que, spécialement, la véritable date du testament peut être rétablie à l'aide de la mention qui y est faite de ventes consenties par le testateur et constatées par des actes notariés; mais que, s'il est constant que lesdites ventes avaient été réalisées antérieurement par des actes sous seing privé, le juge doit également tenir compte de l'époque où ces actes avaient été passés, et ne peut, du moins, en faire abstraction, sans indiquer les motifs pour lesquels il considère les contrats de vente comme n'ayant eu d'existence légale qu'à partir du jour où ils ont été revêtus de la forme authentique (Civ. cass. 13 mars 1883, aff. Pascal, D. P. 84. 1. 14). La cour d'Aix a fait de cette règle une application intéressante, en décidant, le 9 janv. 1884 (aff. Monier, D. P. 85. 2. 115), qu'un testament daté du 30 février peut être déclaré valable, et considéré comme étant daté du 30 janvier, lorsque l'exactitude du millésime n'est point douteuse, que le testateur est décédé à la fin du mois de janvier; que, d'ailleurs, le quantième *trente* est énoncé dans le corps du testament avant de se retrouver dans la formule de la date, et qu'il est démontré, à l'aide des termes du testament, que cet acte est concomitant avec un document incontestablement écrit le 30 janvier de la même année (Comp. en sens inverse les arrêts cités *suprà*, n° 667).

Mais les tribunaux ne doivent user de cette faculté qu'avec une extrême réserve; et, bien que la cour de cassation leur reconnaisse en cette matière un droit d'appréciation souveraine (Civ. rej. 8 janv. 1879, aff. Lecarpentier, D. P. 79. 1. 78; Req. 29 nov. 1882, aff. du Bois du Bais, D. P. 83. 1. 84), ils ne doivent pas perdre de vue que, suivant l'énergique expression de la chambre des requêtes dans son arrêt du 11 janv. 1886, cité *suprà*, n° 668, il faut que les preuves extrinsèques auxquelles ils se réfèrent aient leurs racines dans le testament même. C'est donc là une exception bien étroite à la règle, et l'on peut maintenir en principe que la date d'un testament ne peut être rectifiée, de même qu'elle ne peut être attaquée, qu'à l'aide d'éléments fournis par le testament lui-même.

671. Parmi ces éléments faut-il compter les indications fournies par le millésime du papier timbré? C'est la question qu'il nous reste à examiner avec quelques détails, car elle présente le plus grand intérêt pratique. Cette question au premier abord peut sembler fort douteuse. Dès lors qu'on admet que le juge ne peut chercher ses éléments de conviction hors du testament, il est, semble-t-il, bien singulier de lui permettre de les puiser, non dans l'acte lui-même, mais dans l'objet matériel sur lequel cet acte est écrit. C'est la thèse que, dès 1832, M. Dalloz fut appelé à plaider devant la cour de cassation, et il le fit avec la plus grande énergie. Mais la cour ne lui donna pas raison, et, sans motiver autrement sa décision sur ce point, un arrêt de la chambre des requêtes du 1er mars 1832 (*Rép.* n° 2689-1°) se contenta de déclarer que l'élément de conviction puisé par les juges dans le millésime du papier timbré était bien tiré de l'acte lui-même, puisque *la feuille de timbre fait corps avec le testament*. La cour a été plus explicite dans son arrêt du 11 mai 1864 (aff. Mahaut, D. P. 64. 1. 294), aux termes duquel la preuve de la fausseté de la date d'un testament olographe écrit sur papier timbré, peut résulter, *sinon comme preuve légale irrécusable, du moins comme preuve de fait soumise à l'appréciation des juges*, de la circonstance que cette date est antérieure à celle de l'émission du papier, indiquée dans le filigrane. « Attendu, dit l'arrêt, sous un premier rapport, que c'est la loi elle-même qui prescrit que les papiers timbrés porteront un filigrane particulier (L. 13 brum. an 7, art. 3), et que ce filigrane, ordonné par la loi, est exécuté par les soins et sous la surveillance d'une administration publique; attendu, sous un autre rapport, que, si le filigrane ne doit être considéré que comme un fait indiquant la date de l'émission du papier, sans qu'il puisse constituer à cet égard une preuve légale, l'arrêt attaqué ne lui a pas attribué un autre caractère ; qu'il n'y a point vu, ainsi qu'à tort le pourvoi le lui reproche, une preuve irrésistible, une présomption *juris et de jure;* mais qu'en l'absence de toute preuve contraire, il a pu y trouver une justification suffisante de la fausseté de la date du testament. » Il est donc aujourd'hui constant en jurisprudence que le juge, pour statuer sur la date d'un testament olographe, peut se fonder sur les indications matérielles fournies par le timbre même du papier sur lequel ce testament est écrit.

Cependant il importe de remarquer que cette décision n'est pas absolue, et ne se rapporte pas à toutes les indications que peut fournir la feuille de papier timbré. Ces indications, on le sait, sont de plusieurs sortes. La feuille contient d'abord un filigrane empreint dans la pâte même du papier : ce filigrane indique la date de la fabrication. En outre, la feuille est revêtue d'un timbre sec, qui a subi à diverses reprises des modifications. Ainsi pendant quelques années, comme le fait remarquer un arrêt de la cour de Rouen du 11 févr. 1884 (aff. Enault, D. P. 85. 2. 38), l'administration du timbre a fait apposer dans le segment inférieur du timbre sec une lettre indicative de l'année où le papier timbré a été débité. Enfin, lorsque le prix de la feuille de timbre est augmenté par l'imposition de nouveaux décimes, une mention indicative est imprimée au timbre sec. Nous allons étudier séparément la portée que la jurisprudence attache à chacun de ces trois éléments.

672. En ce qui touche le *filigrane* du papier, qui consacre, ainsi que le dit la cour de Rouen dans l'arrêt du 11 févr. 1884, cité *suprà*, n° 671, un *millésime indélébile*, la jurisprudence française est unanime à déclarer qu'il constitue l'élément intrinsèque auquel le juge peut se référer. Conformément aux arrêts cités au *Rép.* n° 2688, il a été fréquemment jugé que la preuve de l'incertitude ou de l'inexactitude de la date d'un testament olographe peut être tirée du filigrane du papier sur lequel le testament est écrit, dans le cas, par exemple, où la date du testament est antérieure à l'époque indiquée par ce filigrane pour la confection ou la mise en circulation du papier. Ainsi est nul le testament olographe portant la date du 1er janv. 1844, alors que le papier sur lequel il est écrit porte le timbre de 1849 (Req. 18 nov. 1856, aff. Obert, D. P. 57. 1. 85. V. dans le même sens: Bordeaux, 12 juin 1876, aff. Eygnières, D. P. 72. 2. 118; Caen, 16 janv. 1877, aff. Lecarpentier, D. P. 78. 2. 112; Lyon, 5 avr. 1878, aff. Musy, D. P. 78. 2. 263; Civ. rej. 8 janv. 1879, aff. Lecarpentier, D. P. 79. 1. 78; Lyon, 25 juin 1875 (1); Besançon, 12 déc. 1888) (2). — D'autre part, le filigrane du papier timbré, tout en démontrant la fausseté de la date du testament, peut être pris en considération pour en rétablir la véritable date (Aix, 16 févr.

(1) (Héritiers Dagot C. Mathias.) — La cour ; — Considérant que Jacques Dagot est décédé à Vénissieux, le 18 mai 1874, laissant un testament olographe daté du 27 mars 1858, par lequel il institue la demoiselle Mathias pour sa légataire universelle ; — Que cet acte est écrit, daté et signé de la main du testateur, mais qu'il est sur une feuille de papier timbré au filigrane de 1868 ; — Considérant que les formalités rigoureuses prescrites par l'art. 970 c. civ. pour la validité des testaments olographes doivent être observées à peine de nullité ; — Considérant que lorsqu'elle exige la date du testament, la loi veut l'indication vraie de l'époque de la confection, qu'une date évidemment fausse, ou qui manque de précision, doit être assimilée au défaut absolu de date et entraîner la nullité du testament, à moins qu'il ne contienne des énonciations et des éléments de nature à fixer la date véritable d'une manière certaine et nécessaire ; — Qu'on ne saurait considérer comme tels des indices plus ou moins probables permettant d'admettre des conjectures différentes ; — Considérant qu'après avoir reconnu et proclamé ces principes, les premiers juges ont cru trouver dans le filigrane du papier employé par Jacques Dagot une preuve suffisante pour fixer au 27 mars 1868 la date réelle du testament ; — Considérant que rien n'autorise à supposer, comme on l'a soutenu pour les héritiers Dagot, que la date de 1858 a été écrite par le testateur dans l'intention de tromper la demoiselle Mathias et de se soustraire à ses obsessions en lui remettant un testament qu'il savait entaché d'une nullité radicale ; qu'il semble démontré, au contraire, que Dagot avait fait son testament sur papier libre, le 27 mars 1858, et qu'en le copiant sur papier timbré postérieurement au 1er janv. 1868, il lui a laissé sa date primitive ; qu'en rejetant le moyen tiré d'une inexactitude volontaire de la part du testateur, le jugement dont est appel a fait une juste appréciation des circonstances de la cause ; — En ce qui touche la rectification de la date : — Considérant que le filigrane du papier ne permet pas de la fixer avec exactitude ; qu'il prouve seulement que le testament a été écrit après le 1er janv. 1868, mais que Dagot n'étant mort qu'en 1874, il a pu le faire en 1869 ou tout autre année ultérieure à 1868 ; qu'on ne saurait admettre qu'un testament olographe, devant être cru jusqu'à inscription de faux, pour toutes celles de ses allégations dont la fausseté n'est pas démontrée, il faut reconnaître comme vrai le chiffre qui indique le siècle et celui qui indique l'année ; — Que rien, en effet, dans le filigrane du papier, n'établit que le testament a été fait dans une année dont le quatrième chiffre est un chiffre 8 ; — Que la date se compose de trois éléments, le jour, le mois et l'année ; — Que la date de l'année ne peut également être décomposée à son tour, qu'elle est une et doit être acceptée ou contestée pour le tout ; — Que la loi qui protège jusqu'à l'inscription de faux une date complète ne s'applique pas à une fraction de date ; — Considérant que la feuille de papier timbré sur laquelle le testament est écrit porte en marge à l'encre bleue la griffe n° 490 ; — Que cette marque, qui est celle du bureau de la rue de la Magdeleine, 21, à Lyon, indique suffisamment que ce papier a été acheté dans le bureau dont il porte la marque ; — Qu'il résulte également de documents officiels relevés sur les registres de la direction de l'enregistrement que le premier envoi de papier timbré au filigrane de 1868 n'est parvenu dans le département du Rhône que le 2 avr. 1868 ; que le rapprochement de ces deux faits démontre jusqu'à l'évidence que le testament n'a pas été écrit le 27 mars 1868, et que l'indication du jour et du mois n'est pas plus exacte que celle de l'année ; qu'on cherche vainement à écarter ce dernier moyen en soutenant que la fausseté des énonciations ne peut être établie par des enquêtes, des attestations ou des certificats ; — Que ce principe, dont la vérité n'est pas contestée, ne trouve pas son application dans l'espèce, puisque la griffe apposée par l'employé de l'enregistrement sur la feuille de papier timbré qui est ici le principal élément de preuve fait partie du testament aussi bien que le filigrane ; — Que rien ne s'oppose à ce que des indices fournis sur le testament, et déjà concluants par eux-mêmes, soient complétés par d'autres documents ; — Par ces motifs ; — Faisant droit sur l'appel, déclare nul et de nul effet le testament dont excipe la demoiselle Mathias, etc.

Du 25 juin 1875.-C. de Lyon, 1re ch.-MM. Millevoye, 1er pr.-Sauzet, av. gén.-Brouchoud et Piné-Desgranges, av.

(2) (Mauvais C. Mauvais.) — La cour ; — Attendu que le testament olographe de Mauvais porte la date du 12 juill. 1883, et qu'il est écrit sur une feuille de papier timbré, dont le filigrane porte le millésime de 1884 ;

Attendu que des renseignements fournis il résulte que le filigrane n'est remis au fabricant de papier par l'Administration qu'à la fin de l'année qui précède, ou dans les premiers jours de celle qui précède, ou dans les premiers jours de celle qui y est indiquée ; que cette date est constatée officiellement par un procès-verbal de remise; qu'elle a pu s'effectuer quelquefois dans les derniers jours du mois de novembre, mais jamais avant cette époque ; que le papier est envoyé après sa fabrication à l'Administration, qui y fait apposer le timbre ; qu'il s'écoule donc un certain nombre de jours avant qu'il puisse être mis en circulation; qu'il est donc impossible de supposer que la feuille sur laquelle est écrit le testament ait pu exister à la date du 12 juill. 1883, et avoir été mise en vente à cette époque, soit par erreur, soit pour toute autre cause ; que l'appelant n'offre pas de le prouver ;

1881, aff. Kœnig, D. P. 82. 2. 69 ; Douai, 8 nov. 1881, aff. Descamps, *ibid.*). Ainsi, lorsqu'un testament olographe écrit sur papier timbré exprime une date qui en placerait la confection à une époque antérieure à l'année mentionnée dans le filigrane du papier, et qu'il devient, dès lors, manifeste que cette date est erronée, le juge peut, si d'ailleurs il reconnaît que l'inexactitude n'a pas été volontaire, substituer l'année indiquée par le filigrane à celle inexactement énoncée, en se fondant sur ce que le testament, qui n'a pu être fait avant cette année, n'a pu davantage être fait après, parce qu'un individu y est désigné comme propriétaire d'un immeuble qu'il a vendu dans la même année au su du testateur (Req. 8 mai 1855, aff. Gruchet, D. P. 55. 1. 163). Jugé de même que dans un testament dont le mois et le quantième sont reconnus exacts et dont le millésime seul est erroné, le juge peut substituer l'année indiquée par le filigrane du papier timbré à celle inexactement énoncée, en se fondant sur ce que le testament, qui n'a pu être fait avant cette année, n'a pu davantage être fait après, parce que l'exécuteur testamentaire y est indiqué comme remplissant une fonction qu'il n'avait plus l'année suivante au jour désigné par le testament (Req. 28 juin 1869, aff. Blanchard, D. P. 72. 1. 32). Décidé encore que, si l'erreur de date peut être démontrée par le filigrane du papier, elle n'est point une cause de nullité lorsqu'un codicille, qui suit immédiatement le testament, qui s'y rattache par un lien matériel et moral indissoluble et fait corps avec lui, permet de la rectifier d'une manière incontestable ; que, par exemple, un testament daté du 25 févr. 1871 et écrit sur du papier timbré émis seulement en 1872, doit être validé, quand il ressort du rapprochement de la date de l'émission du papier timbré et de la date non contestée du codicille (25 août 1872) que le testament qui, énonçant exactement le jour et le mois où il a été rédigé, ne peut être ni de 1871, ni postérieur au 16 août 1872, est nécessairement du 25 févr. 1872 (Req. 4 févr. 1879, aff. Musy, D. P. 79. 1. 228). — Mais la rectification, dont il est permis de chercher l'un des éléments dans le filigrane indiquant l'époque d'émission du papier timbré sur lequel le testament a été écrit, n'en résulte pas d'une manière suffisante, quand le temps écoulé entre cette émission et le décès du testateur rend impossible la fixation précise de l'année où le testament a été fait, alors même qu'il serait possible d'arriver à préciser cette année, en maintenant comme véridiques les chiffres de la date du testament conformes à ceux de la date du filigrane (Req. 11 mai 1864, aff. Mahaut, D. P. 64. 1. 294). — Jugé par application du même principe que le testament olographe daté du 25 juin 1822, tandis que le filigrane du papier indique l'année 1823, ne peut être validé sous prétexte que cette énonciation réunie à l'indication dans l'acte d'un domicile que le testateur n'a eu que de 1822 à 1839, attesterait que ce testament a été fait de la fin de 1823 à 1839; que, dès lors, il y aurait simplement lieu de remplacer le troisième chiffre du millésime de 1822 par le chiffre 3, le seul qui puisse lui être substitué, le testament n'ayant pu être fait ni en 1842, ni en 1852, et qu'ainsi la date de l'acte testamentaire serait du 25 juin 1832, une telle substitution de chiffre étant purement conjecturale, attendu que rien n'établit que le chiffre ne doive pas aussi bien s'appliquer au quatrième chiffre qu'au troisième (Civ. cass. 31 janv. 1859, aff. Augé, D. P. 59. 1. 66). — Décidé encore que si l'erreur de date peut être démontrée par le filigrane du papier, elle n'est point une cause de nullité, lorsqu'un codicille qui suit immédiatement le testament, qui s'y rattache par un lien matériel et moral indissoluble et fait corps avec lui, permet de la rectifier d'une manière incontestable ; que, par exemple, un testament daté du 25 févr. 1871, et écrit sur du papier timbré émis seulement en 1872, doit être validé, quand il ressort du rapprochement de la date de l'émission du papier timbré et de la date non contestée du codicille (25 août 1872), que le testament qui, énonçant exactement le jour et le mois où il a été rédigé, ne peut être ni de 1871, ni postérieur au 16 août 1872, est nécessairement du 25 févr. 1872 (Req. 4 févr. 1879, aff. Musy, D. P. 79. 1. 228).

673. Mais si la jurisprudence attache au filigrane empreint dans la pâte même du papier une force probante, en quelque sorte invincible, suivant l'expression employée par la chambre civile dans son arrêt du 8 janv. 1879, cité *suprà*, n° 672, elle est loin d'accorder le même crédit aux *figures* et *énonciations* qui sont simplement imprimées, après la fabrication, sur la feuille de papier. En effet, il y a là deux éléments très distincts, et, comme le faisait remarquer une lettre émanant de la direction générale du timbre, produite devant la cour de Montpellier, le 31 déc. 1872 (aff. Vernière, D. P. 73. 2. 116), « le millésime indique l'année de la fabrication du papier, mais l'époque précise de la mise en circulation du papier ne peut être constatée ». Il est vrai que, pendant quelques années, l'administration du timbre avait fait un essai tendant à déterminer, indépendamment de l'époque de la fabrication (révélée par le filigrane), l'époque de l'émission du papier, au moyen d'une lettre imprimée dans le secteur inférieur du timbre sec. Ainsi, quelle que fût d'ailleurs l'époque de la fabrication, l'émission du papier en 1865 devait être constatée par l'impression de la lettre A, en 1866 par la lettre B, en 1867 par la lettre C, et ainsi de suite jusqu'en 1874 où le timbre sec portait la lettre J. C'est au cours de cet essai que la cour de Montpellier, le 31 déc. 1872, a cru pouvoir s'attacher à l'impression de cette lettre, par préférence même au filigrane ; elle a, en conséquence, annulé un testament daté du 15 avr. 1868, bien qu'il fût écrit sur une feuille de papier portant le filigrane de cette même année 1868, parce que le timbre sec portait la lettre E, correspondant à l'émission de 1869. Il faut chercher la base de cette solution dans la lettre de la direction générale du timbre, déjà citée, laquelle déclare « que la lettre qui figure dans le segment inférieur du timbre sec apposé sur le papier permet de reconnaître l'année pendant laquelle il a été timbré; qu'ainsi tout le papier timbré du 1er janv. au 31 déc. 1868 doit porter dans ce segment la lettre D, que la lettre E indique l'année 1869, etc. » (*Ibid.*). Mais c'était une présomption bien fragile, d'autant qu'il ne paraît pas que la mesure ainsi essayée ait été toujours rigoureusement appliquée. C'est donc avec raison que la jurisprudence s'est refusée à suivre la cour de Montpellier dans cette voie. En effet, comme l'a fort bien dit la cour d'Aix, dans un arrêt du 8 août 1876 (aff. Fabre, D. P. 78. 1. 298), maintenu par la chambre des requêtes le 6 nov. 1877 (*Ibid.*), s'il est vrai que, depuis quelques années, l'administration de l'enregistrement ait fait apposer, dans le segment inférieur du timbre sec, une lettre indiquant l'année pendant laquelle le papier timbré a été débité, il faut en même temps reconnaître que l'apposition de cette lettre n'a pas un caractère d'authenticité suffisant pour déterminer, d'une manière incontestable, l'année à laquelle doit

---

Attendu que, dans ces conditions, la fausseté de la date est certaine ; que vainement l'appelant voudrait en établir la sincérité par la production d'une autre pièce émanant également du testateur, portant en tête : « Pour mes bienfaits » et contenant diverses dispositions ; que si cette pièce, qui sera enregistrée avec le présent arrêt, porte la même date que le testament, il n'est pas établi qu'elle ait été faite le même jour, et que, d'ailleurs, on comprend que si les deux actes ont été rédigés au même moment, le testateur aura pu facilement commettre sur les deux la même erreur ;

Attendu que, la fausseté de la date étant ainsi reconnue d'une manière certaine, il appartiendrait à l'appelant de prouver la date véritable au moyen de constatations tirées de l'acte lui-même ; mais qu'il ne peut arriver à faire cette preuve ; qu'en admettant comme certaine la date du 12 juillet, il faut remarquer que le testateur n'est décédé que le 19 mai 1887, sans qu'il soit possible de préciser par aucun fait tiré du testament à laquelle des trois années où il a survécu on peut rapporter la confection de l'écrit ; que l'acte doit donc être annulé comme non daté ;

Attendu que la renonciation à un droit ne se présume pas ; qu'il n'y a donc aucun argument à tirer de ce que deux intimés auraient reçu de l'appelant, l'un une somme de 300 fr., l'autre une somme de 70 fr., à valoir sur ce qu'il leur devait; que la date du payement de 300 fr. à Edouard Beaufils est même antérieure à celle de l'introduction de l'instance dirigée par Charles Mauvais, à une époque où le vice pouvait n'être pas connu ; que, d'ailleurs, l'appelant détenait l'entière succession, et qu'en recevant de lui une certaine somme à valoir sur leurs droits, les cohéritiers ne manifestaient pas suffisamment l'intention de renoncer à toute action en nullité de testament ;

Par ces motifs ; — Confirme...

Du 12 déc. 1888.-C. de Besançon, 1re ch.-MM. Faye, 1er pr.-Masse, av. gén., c. conf.-Péquignot et Lerch, av.

se reporter l'émission des feuilles de papier timbré; une erreur peut facilement être commise, et l'apposition de la lettre dont s'agit ne présente pas les mêmes caractères de certitude que ceux résultant du millésime placé dans un filigrane qui, conformément à l'art. 3 de la loi du 13 brum. an 7, est imprimé dans la pâte même destinée à la fabrication du papier timbré. Et la cour de Rouen s'est prononcée en termes identiques, le 11 févr. 1884 (aff. Enault, D. P. 85. 2. 38). — Cette doctrine est d'autant plus sûre que, ainsi que le fait remarquer ce dernier arrêt, la possibilité d'une négligence ou d'une erreur commise par les agents inférieurs de l'Administration, dans la distribution, le classement ou le timbrage des feuilles, n'est ni inadmissible, ni invraisemblable, qu'il semble même résulter de certains documents de jurisprudence que quelquefois du papier timbré à l'époque où l'usage de la lettre placée dans le timbre sec était encore en vigueur, aurait, néanmoins, été débité sans être marqué de ce signe, et qu'il n'est pas possible d'attribuer une portée rigoureuse à une pratique dont la stricte observation, en admettant qu'elle devienne décisive, n'aurait dû, ni pu subir la moindre exception.

674. La jurisprudence montre la même réserve en ce qui touche les *contre-timbres* indiquant une augmentation de droits. Jugé en ce sens que, si la preuve de la fausseté ou de l'inexactitude de la date d'un testament olographe peut être puisée dans le testament lui-même, cette preuve ne résulte pas du fait que le testament porte un contre-timbre indiquant une augmentation de droits établie postérieurement à la date du testament, s'il est démontré par le filigrane que le papier sur lequel la disposition a été écrite a été émis avant cette date, et s'il n'est pas matériellement impossible que l'empreinte du timbre supplémentaire ait été apposée après la rédaction du testament (Nancy, 14 févr. 1880, aff. Blaise, D. P. 81. 2. 71). Et cette décision est fondée sur des motifs qu'il importe de retenir, parce qu'ils montrent ce qu'il y a de fragile dans des arguments tels que ceux qui nous occupent en ce moment : « Attendu, dit cet arrêt, que, d'une part, la date du 1er juin n'est infirmée ou démentie, d'une manière expresse ou implicite, par aucune des énonciations contenues dans le testament; que, d'autre part, elle n'est point en contradiction avec le filigrane imprimé dans la pâte même du papier timbré sur lequel le testament est écrit; — Attendu, cependant, que les premiers juges l'ont déclarée fausse, par le motif que le papier dont la testatrice a fait usage porte le timbre de 1 fr., plus 2 décimes, et que ce supplément de 2 décimes a été édicté, postérieurement au 1er juin 1871, par la loi du 23 août suivant; qu'il y a donc lieu, pour la cour, de rechercher si la décision du tribunal est fondée sur une preuve intrinsèque; — Attendu, en fait, que la feuille de papier timbré, dont la dame Blaise a prétendu s'être servie le 1er juin 1871, a été fabriquée avant et débitée après le 4 sept. 1870; qu'en effet, le filigrane intérieur représente l'aigle impériale, mais que cet emblème est absent du timbre noir apposé à l'extérieur; — Attendu que des feuilles semblables, créées à la même époque, ont été, depuis le 4 sept. 1870 jusqu'au 23 août 1871, mises en circulation avec un simple timbre de 1 fr. seulement; que, dans cet état matériel, elles étaient à la disposition du public, le 1er juin 1871, date du testament; — Attendu que, par application de la loi du 23 août, est intervenu, le 25 août, un arrêté du chef du pouvoir exécutif de la République française, contenant un art. 1er ainsi conçu : « A partir de la promulgation de la loi du 23 août 1871, les papiers timbrés actuellement en usage seront revêtus d'un contre-timbre indiquant l'augmentation des droits »; qu'ainsi, sur les papiers timbrés en usage avant le 23 août, l'Administration a postérieurement ajouté un timbre supplémentaire constatant les 2 dixièmes en sus; — Attendu que l'empreinte du timbre supplémentaire n'était évidemment pas à cette époque un élément intrinsèque du papier timbré, puisque l'addition au timbre principal était faite après coup par l'Administration elle-même sur les feuilles encore blanches, et qu'elle pouvait, après coup également, être faite par des mains étrangères sur les feuilles déjà revêtues d'une écriture quelconque ». Le pourvoi formé contre cet arrêt a été rejeté par la cour de cassation (Civ. rej. 25 mai 1881, D. P. 82. 1. 49), qui reconnaît d'ailleurs, en cette matière, aux juges du fond un pouvoir souverain d'appréciation.

675. Les tribunaux ont parfois fait de ce pouvoir une application remarquable, sans pour cela se mettre en opposition avec les principes qui viennent d'être posés. On sait qu'une loi du 12 juill. 1862 (art. 17, D. P. 62. 4. 60 et 68), a élevé à 50 cent. le prix de la demi-feuille de papier timbré. La cour de Rouen, le 29 juill. 1865 (aff. Legoubé, D. P. 67. 1. 201) a déclaré nul un testament daté du 8 janv. 1862, bien que le filigrane portât la date de cette même année 1862, parce que le timbre sec portait le prix de 50 cent. En effet, dans cette espèce, il était indéniable en fait que la feuille de papier timbré, bien qu'elle ait pu être fabriquée avant le 8 janv. 1862, n'avait assurément été émise que postérieurement au 15 juillet de cette année, le prix de 50 cent. n'ayant existé qu'à partir de cette date. La chambre civile a consacré le même système en rejetant le pourvoi le 14 mai 1867 (D. P. 67. 1. 201). Et la cour de Riom, le 19 juill. 1871 (aff. Bonhoure, D. P. 73. 1. 435) a, dans une espèce identique, donné la même solution.

676. Quoi qu'il en soit, on voit tout ce qu'il y a de subtil et de dangereux dans des solutions ainsi fondées sur l'impression du timbre sec sur la feuille de papier timbré, et combien il faut louer la jurisprudence, dès lors qu'elle considérait la matérialité du timbre comme l'un des éléments intrinsèques pouvant déterminer la date d'un testament, de s'en être tenue en principe aux indications du filigrane empreint dans la pâte même du papier. Et cependant des événements récents sont venus démontrer que, même dans cette limite, l'état matériel du papier timbré ne fournissait encore à l'appréciation des tribunaux qu'une base bien peu solide. Il résulte, en effet, de communications assez nombreuses adressées à la *Gazette des tribunaux* (V. les numéros des 4, 6, 10, 16, 18 et 27 avr. 1884), que des feuilles de papier timbré portant la date de l'année 1885 au milieu du médaillon du filigrane, ont été vues en circulation dans diverses localités, notamment, à Lille, à Avignon et dans le Pas-de-Calais, pendant les premiers mois de l'année 1884. Une note insérée dans la partie non officielle du *Journal officiel* du 26 avr. 1884 a contesté la portée de ces constatations, en affirmant que le prétendu 5 du millésime 1885 n'était qu'un 3 défiguré, et que la confusion annoncée pouvait provenir également de transparences résultant d'un défaut accidentel de fabrication. Cependant de nouvelles observations, postérieures à la publication de cette note, ont signalé l'existence de feuilles de papier timbré portant parfaitement la date de 1885, notamment, à Laon (V. la *Gazette des tribunaux* du 9 mai). Il n'est donc pas impossible que des actes datés de 1884 aient été écrits, sans être antidatés, sur des feuilles dont le filigrane laisse apparaître le millésime de 1885. Les tribunaux pourront difficilement attacher désormais le caractère d'une preuve juridique au millésime du papier timbré, et seront sagement inspirés en étendant à ce millésime l'argumentation consacrée, pour les mentions imprimées au timbre sec, par les arrêts rapportés ci-dessus.

Est-ce au caractère suspect que revêt ainsi le filigrane du papier timbré qu'il faut attribuer la décision rendue par la chambre civile le 29 mai 1889 (aff. Loret, D. P. 89. 1. 273)? Aux termes de cet arrêt, le millésime que porte le filigrane du papier timbré ne peut, en l'absence de toutes énonciations ou preuves tirées du testament lui-même, suppléer à l'omission d'un des éléments essentiels de la date; en conséquence, il y a lieu d'annuler, pour défaut de date, le testament olographe qui ne contient pas l'indication, écrite de la main du testateur, de l'année dans laquelle il a été fait, mais seulement celle du jour et du mois. Dans des conditions semblables (sauf qu'il s'agissait d'un testament authentique), la même chambre avait, le 18 janv. 1858 (aff. Moreau, D. P. 58. 1. 24), admis une solution absolument contraire. Si l'on se reporte au texte de l'arrêt de 1889, pour rechercher quelles considérations ont pu dicter à la même cour, en deux espèces aussi voisines, deux solutions aussi opposées, il semble qu'on n'en puisse trouver d'autres que celles qui ont trait à la forme des deux testaments. Pour le testament authentique, où le notaire intervient pour donner la forme légale à l'acte dont le fond est arrêté par le testateur, les règles de preuve peuvent n'être pas les mêmes que pour le testament olographe, où le fond et la forme à la fois sont l'œuvre du testateur, et de lui seul. En conséquence, on peut se montrer moins exigeant, lorsqu'il s'agit de vérifier la forme d'un acte à la rédaction duquel le testateur est étranger, que lorsqu'on se trouve, au contraire, en présence d'un acte où le fond et la forme doivent émaner de la volonté personnelle et exprimée du testateur. Telle est, semble-t-il, la pensée que l'on peut induire de l'arrêt de 1889, où nous lisons « que s'il est permis de réparer l'omission au moyen des énonciations du testament lui-même, parce que, comprises en cet acte, elles émanent du testateur et sont écrites de sa main, on ne peut trouver dans le seul millésime du filigrane du papier timbré sur lequel est transcrit le testament, une date remplissant les conditions essentielles de la validité de cet acte, *c'est-à-dire l'œuvre personnelle du* de cujus *et l'affirmation écrite de sa main, du jour où il a rédigé l'acte de ses dernières volontés*. Mais si l'on rapproche cet arrêt d'un autre arrêt de la chambre civile du 19 mai 1885 (aff. Durant, D. P. 85. 1. 345), sur lequel nous reviendrons *infrà*, n° 713, et qui pousse aux dernières limites les rigueurs de la jurisprudence, en ce qui touche la forme des testaments notariés, on est tenté de se demander jusqu'à quel point la chambre civile est pénétrée de cet argument, fondé sur une sorte de mansuétude, qui devrait présider à l'examen du testament authentique, et si, au fond, elle ne s'est pas laissé impressionner, dans son arrêt du 29 mai 1889, par le discrédit qui s'attache désormais aux preuves tirées du filigrane, depuis la constatation d'erreurs malheureusement indéniables.

ART. 4. — *De la signature des testaments olographes* (*Rép.* n°s 2719 à 2735).

677. Le testament olographe écrit en entier de la main du testateur et daté doit, en outre, être signé par lui. Tant que le testament n'est pas signé, il n'est qu'un projet; c'est en y apposant sa signature que le testateur en fait un acte définitif, susceptible d'exécution; car, pour emprunter les expressions d'un arrêt de la cour de Grenoble du 22 févr. 1865 (aff. Gauthier, D. P. 66. 2. 22), « la signature est l'acte par lequel le testateur atteste que ce qu'il a écrit est l'expression de sa dernière volonté ».

678. Quelle est donc la place que doit occuper la signature dans le testament? D'abord il est certain qu'elle doit être apposée sur le testament lui-même : il ne suffirait pas qu'elle le fût sur l'enveloppe qui le renferme (Paris, 3 juin 1867 (1); Trib. Vendôme, 9 août 1884) (2). — Mais dans le testament où doit-elle être placée? Est-ce nécessairement à la fin? C'est ce qu'exige l'arrêt cité *suprà*, n° 677, et il en tire cette conséquence que le *post-scriptum* d'une lettre missive, s'il n'est pas signé, ne peut valoir comme testament olographe, alors même que, dans le corps de la lettre, son auteur exprimerait au destinataire l'intention de faire un testament en sa faveur. Ce principe, ainsi formulé, contient sans nul doute une exagération. La loi n'est pas à ce point formaliste. On a vu, bien au contraire qu'elle admet comme valables des clauses additionnelles du testament, bien qu'elles ne soient pas datées, si elles se rattachent à cet acte tant par des signes matériels que par un lien intellectuel et moral (Req. 7 juill. 1869, aff. Caffieri, D. P. 70. 1. 76). Ce qui est vrai de la date est vrai de la signature (Demolombe, t. 4, n° 133; Aubry et Rau, t. 7, § 668, p. 105). Une clause qui serait écrite après la signature, mais qui n'aurait aucun lien avec les dispositions précédentes, devrait assurément, faute de signature, être tenue pour nulle et non avenue. Elle serait, au contraire, pleinement valable, si elle s'y rattachait intimement. C'est ce qu'a reconnu un arrêt de la cour de Bordeaux du 23 janv. 1871 (aff. Joinaud, D. P. 71. 2. 199), en déclarant que la clause de révocation des testaments antérieurs, ajoutée après la signature d'un testament olographe, est valable, si elle n'est pas indépendante des dispositions principales, dont elle renferme, au contraire, l'explication et la confirmation.

679. En quoi consiste la signature? Le *Rép.* n° 2720 l'a définie, en déclarant que la signature n'est autre chose que l'indication du signe ou de la dénomination sous laquelle un homme est généralement connu. Cette dénomination est, à proprement parler, le nom patronymique, accompagné ou non du prénom (*Rép.* n°s 2721 et 2722). Mais, s'il était établi en fait que le testateur était constamment connu sous un surnom qu'il signait habituellement même dans les actes publics, ce surnom devrait être considéré comme une signature suffisante du testament olographe (Paris, 7 avr.

(1) (Morel C. Prudhomme.) — LA COUR; — Considérant que si le jugement a admis qu'il pouvait être suppléé à l'irrégularité et même à l'absence de date d'un testament olographe, c'est à condition que les éléments de la rectification se trouvent dans le testament lui-même; que, en effet, la forme dans laquelle la date doit être constatée n'étant pas déterminée, il suffit qu'elle résulte de l'acte lui-même pour que la condition imposée par l'art. 970 c. nap. soit exécutée; mais qu'il n'est pas possible de remplacer la date par des indications prises hors du testament; que ce n'est pas, en effet, la preuve de la date, mais la date elle-même qu'il faut pour l'exécution de l'art. 970, que c'est là une condition à laquelle le testament doit satisfaire lui-même, et qui ne peut être remplacée par le juge à l'aide d'éléments extérieurs de conviction; — Considérant que si l'on admettait le contraire, et si la preuve de la date était laissée à la disposition du juge, on arriverait à faire de même pour la signature et même pour l'écriture, car il est tel écrit non signé ou incomplètement écrit par le testateur qui fournit une manifestation aussi certaine de sa volonté que peut le faire un testament régulièrement écrit, daté et signé par lui; — Considérant que l'enveloppe d'un testament, destiné sans doute à le suivre et à en protéger le secret, n'est pas le testament lui-même; que si, par exemple, cette enveloppe non signée contenait quelques dispositions ou indications contraires à celles du testament, personne ne voudrait soutenir qu'elle en constituerait une révocation totale ou partielle; qu'elle ne peut pas plus compléter le testament qu'elle ne pourrait le détruire ou le modifier; — Considérant, en fait, que le testament de Jean-Baptiste Morel ne contient point la date du mois dans lequel il a été écrit; que l'enveloppe dans laquelle il a été remis au notaire porte à la vérité la date du 4 juill. 1864, jour du dépôt; mais que, d'une part, cette enveloppe n'est point signée comme l'ont par erreur indiqué les premiers juges; qu'elle porte bien le nom de Jean-Baptiste Morel, mais dans le corps de l'écriture et en caractères complètement différents de ceux de la signature placée par Morel dans le testament lui-même; que, d'autre part, cette enveloppe et sa suscription avaient naturellement pour but et pour utilité, non de compléter le testament, mais d'en accompagner et d'en constater le dépôt; que le testateur a confirmé cette constatation sur son registre particulier, en y mentionnant, non qu'il avait fait, mais qu'il avait déposé son testament le 4 juillet; — Considérant qu'ainsi l'indication placée sur l'enveloppe du testament dont il s'agit, non seulement se trouve en dehors de l'acte, mais ne donne même pas d'une manière certaine la preuve morale de sa date et la certitude que le testament ait été écrit le 4 juill. 1864; que l'incertitude s'accroît de cette circonstance que le modèle sur lequel le testament a été dressé portait la date du 4 juin; — Considérant qu'ainsi, en fait comme en droit, la date portée sur l'enveloppe du testament dont s'agit ne peut être appliquée à l'acte lui-même et remplir la condition essentielle imposée par l'art. 970 c. nap.; — Infirmant, déclare nul le testament de Jean-Baptiste Morel; — Condamne l'intimée à l'amende, etc.

Du 3 juin 1867.-C. de Paris, 1re ch.-MM. Devienne, 1er pr.-Oscar de Vallée, 1er av. gén.-Bétolaud et Josseau, av.

(2) (Ville de Montrichard C. Héritiers Rigollot.) — LE TRIBUNAL; — Attendu que l'écrit, daté du 8 août 1883, invoqué par la ville de Montrichard, comme étant le testament olographe du sieur Rigollot, n'est pas revêtu de la signature de ce dernier; — Attendu que l'apposition de la signature est une formalité essentielle du testament olographe, et la seule qui atteste que l'écrit n'est pas un simple projet, mais bien un acte définitif, auquel le testateur a imprimé, en le signant, comme le sceau de sa volonté certaine et persistante; — Attendu que l'écrit dont s'agit était renfermé dans une simple enveloppe gommée, dont la suscription, datée et signée par le sieur Rigollot, indiquait qu'elle contenait son testament; — Attendu que cette enveloppe ne faisait pas partie intégrante du testament, auquel elle n'était réunie par aucun lien matériel ni nécessaire, et que la signature dont elle est revêtue ne peut suppléer à celle omise au bas du testament; — Attendu que s'il est vraisemblable que l'écrit renfermé dans l'enveloppe contenait la manifestation des volontés du défunt, rien n'assure cependant qu'un simple projet sur papier libre, à dessein non signé, et peut-être modifié depuis, n'a pu être inséré par erreur dans l'enveloppe, à la place du testament véritable; — Attendu que la volonté du défunt ne se trouve pas attestée avec certitude, et qu'en tout cas elle n'a pas reçu une manifestation conforme aux exigences de la loi; — Par ces motifs, déclare nul et de nul effet, à titre de testament, l'écrit dont s'agit, etc.

Du 9 août 1884.-Trib. civ. de Vendôme.-MM. Isnard, pr.-Van Cassel, proc. de la Rép.-Petit et Deloynes, av.

1848, aff. Michallet, D. P. 48. 2. 90. V. Demante, t. 4, n° 115 *bis* III et IV; Aubry et Rau, t. 7, § 666, p. 99; Demolombe, t. 4, nos 103 à 105). Tous les auteurs s'accordent, en effet, à reconnaître que la signature conforme à la manière habituelle de signer remplit le vœu de la loi qui a entendu seulement que la personne du testateur fût certaine. Or l'identité du testateur est tout aussi bien et même beaucoup plus sûrement constatée par l'apposition du nom sous lequel il est ordinairement connu dans la société, que par celui d'un nom de famille qui serait ignoré de la plupart. Il faudrait seulement faire cette réserve avec le *Rép.* n° 2723 qu'un surnom ne serait pas une signature suffisante, s'il n'était, d'usage, employé que dans les relations familières, et non dans les actes sérieux de la vie. — Les mêmes observations s'appliquent à la signature qui ne comprendrait que le prénom du testateur (V. *Rép.* nos 2724 et suiv., et les auteurs précités).

680. La signature doit être lisible. Mais c'est tout ce qu'il est permis d'exiger. Il serait excessif d'annuler un testament parce que la signature contiendrait une faute d'orthographe (*Rép.* nos 3014 et suiv., 3248 et suiv.; Demolombe, t. 4, n° 110; Aubry et Rau, t. 7, § 666, p. 99). Jugé en ce sens qu'un testament olographe, dont la signature consiste dans le nom de famille écrit en entier et d'une manière lisible, est régulier, bien que ce nom soit inexactement reproduit, et que le testateur qui, en général, n'observait pas les règles de l'orthographe, eût coutume de signer correctement (Lyon, 25 juin 1879, aff. Dellevaux, D. P. 81. 2. 135). — A plus forte raison ne peut-on pas exiger la présence d'un paraphe, même habituel au testateur, lorsqu'il est constant en fait que la signature émane de lui (Aix, 27 janv. 1846, aff. Mille, D. P. 46. 2. 230).

681. Enfin faut-il que la signature soit distincte et séparée du corps même du testament? M. Troplong, *Donations et testaments*, t. 3, n° 1494, et M. Laurent, t. 13, n° 227, l'exigent à peine de nullité. C'est une opinion bien rigoureuse, et le plus sage est ici, comme le plus souvent en matière de testament olographe, de s'en remettre à l'appréciation des faits. Les mots employés et la forme qu'ils auront reçue devront, suivant les circonstances, l'éducation et les habitudes du testateur, être regardés comme le complément du testament ou comme l'indice d'un testament resté inachevé, et, comme le dit très bien M. Coin-Delisle, *Donations et testaments*, sur l'art. 970, n° 42 : « la question est de nature à ne se décider que sur la vue des pièces, et dès que les juges ont la conviction que le nom du testateur n'a pas été mis dans l'intention de signer, mais d'annoncer qu'il signerait, il n'y a pour eux ni signature, ni testament ». C'est ce que nous avons admis au *Rép.* n° 2729 (V. les auteurs cités *ibid.* et n° 2730. *Adde :* Demolombe, t. 4, n° 114). C'est par application de ces principes que la cour de Pau, le 15 févr. 1876 (aff. Ducos, D. P. 79. 1. 311) et la cour de Besançon, le 19 déc. 1877 (aff. Bonfils, D. P. 79. 2. 64), ont validé deux testaments, signés l'un : « Fait à Vic-Bigorre, ce 14 juin 1867, par moi, Ducos, (Jean-Jacques), prêtre, domicilié audit Vic-Bigorre »; l'autre : « Ceci est mon testament, fai par moi Joséphine Mourez, veuve Graujean, fait le treize juillet mile vuisean sante quinze ». — Et la chambre des requêtes, le 29 mai 1877 (D. P. 79. 1. 311) a rejeté le pourvoi formé contre le premier de ces arrêts.

682. Quant à la signature des codicilles, des testaments contenant des renvois ou interlignes, et des testaments écrits sur des feuillets séparés, V. ce que nous avons dit de la date, *suprà*, nos 652 et suiv.

ART. 5. — *Vérification de l'écriture et de la signature des testaments olographes* (*Rép.* nos 2736 à 2767).

683. Les conditions intrinsèques nécessaires à la validité des testaments olographes donnent lieu, ainsi qu'en font foi les nombreux documents de jurisprudence que nous avons rapportés, à des difficultés de toutes sortes. Mais il en est une qui les domine toutes, et que, par ce motif, nous avons cru, à l'exemple du *Répertoire*, devoir réserver pour une étude séparée. Quand un débat s'élève sur la validité du testament olographe, et qu'il faut procéder à la vérification de l'écriture de ce testament, quelle est celle des parties à qui incombe la charge de la preuve? Est-ce à l'héritier dépouillé par le testament produit, est-ce, au contraire, au légataire gratifié par ce testament?

684. Pour bien saisir toute l'étendue de la question et les raisons qui peuvent aider à la trancher, il est nécessaire d'anticiper sur des règles que nous étudierons plus loin en détail (V. *infrà*, nos 932 et suiv.) et qui précisent quelle est la situation respective de l'héritier légitime et du légataire. Si l'on se place en présence d'un legs universel, cette situation varie, suivant que l'héritier légitime est ou non un héritier à réserve. Lorsqu'au décès du testateur, il y a des héritiers auxquels une quotité de ses biens est réservée par la loi, ces héritiers sont saisis de plein droit, par sa mort, de tous les biens de sa succession; et le légataire universel est tenu de leur demander la délivrance des biens compris dans le testament (c. civ. art. 1004). Au contraire, lorsqu'au décès du testateur il n'y a pas d'héritier réservataire, le légataire universel est saisi de plein droit par la mort du testateur, sans être tenu de demander la délivrance (c. civ. art. 1006). Dans ce cas, si le testament est olographe ou mystique, le légataire universel est seulement tenu de se faire envoyer en possession par une ordonnance du président (c. civ. art. 1008). Le système de la loi est donc bien simple : le légataire universel jouit du bénéfice de la saisine légale quand il ne trouve en face de lui que des héritiers non réservataires; il n'a pas la saisine quand il se trouve en présence d'héritiers à réserve. Quant au légataire à titre universel et au légataire particulier, ils n'ont jamais la saisine.

685. Cette distinction capitale restreint singulièrement le champ de notre controverse. En effet, il est d'abord deux séries d'hypothèses dans lesquelles la question ne se pose pour ainsi dire pas : c'est le cas où le légataire ne recueille qu'un legs à titre universel ou à titre particulier; c'est, en outre, le cas où le légataire universel se trouve en conflit avec un héritier à réserve. Dans ces cas, le légataire n'est pas saisi de la succession; il est contraint de demander à l'héritier la délivrance, en invoquant le testament : il est donc naturel qu'il soit tenu d'en prouver la validité (V. en ce sens : Demolombe, t. 4, n° 145).

686. La question est encore assez simple, même dans l'hypothèse où le testateur ne laisse pas d'héritier à réserve, si le légataire universel n'a pas encore demandé l'envoi en possession. En effet, comme l'a fait remarquer la cour de Pau en termes excellents, dans son arrêt du 18 nov. 1864 (aff. Lacroix, D. P. 65. 2. 86) « le testament olographe est un acte sous seing privé, et, quoique la loi lui donne pour effet, en l'absence d'héritiers à réserve, de saisir immédiatement et de plein droit le légataire universel des droits à l'hérédité, il doit, comme tous les actes sous seing privé, lorsque la signature et l'écriture du prétendu testateur sont méconnues, être soumis à une vérification d'écriture; tant que le légataire universel n'a pas été envoyé en possession des biens de l'hérédité, la vérification d'écritures doit être à sa charge, par le motif bien simple qu'étant demandeur en délivrance de l'hérédité, il doit justifier sa demande, produire le titre sur lequel il la fonde, et si ce titre est contesté, justifier sa sincérité ». C'est dans le sens de cette opinion déjà présentée au *Rép.* n° 2742, comme dominante, que la doctrine et la jurisprudence ont achevé de se fixer (Demolombe, t. 4, n° 145). Et la cour de cassation n'a fait qu'appliquer cette théorie, en décidant (Req. 21 mai 1860, aff. Neyrat, D. P. 60. 1. 434) que le légataire universel à la charge duquel a été mise, en première instance, faute d'ordonnance d'envoi en possession, l'obligation de procéder à la vérification de l'écriture du testament olographe qui l'a institué, ne peut, après rejet du testament par le jugement rendu à la suite de cette vérification, exciper en appel de l'envoi en possession qu'il a subrepticement obtenu durant l'instance engagée devant la cour, pour faire retomber sur les héritiers la preuve de la fausseté du testament. En effet, quelque influence qu'on accorde, dans notre controverse, à l'envoi en possession, il est évident que l'on ne saurait s'attacher à un envoi en possession frauduleux, surpris à la religion du président (comme dans l'espèce) à l'insu des héritiers, au mépris d'une dénégation d'écriture déjà faite, et qui même avait déjà triomphé en première instance.

687. Mais la controverse est très vive, au contraire, dans le cas où, en l'absence d'héritier à réserve, le légataire universel a déjà obtenu l'envoi en possession. Faut-il dire alors que la saisine légale de l'art. 1008 et l'ordonnance d'envoi en possession qui en consacre l'effet, ont pour résultat de rejeter sur l'héritier la charge de la vérification du testament? La profonde divergence déjà signalée au *Rép.* nos 2743 et suiv. entre la jurisprudence de la cour de cassation et la doctrine n'a fait que s'aggraver avec le temps.

688. La cour de cassation persiste à déclarer que la vérification de l'écriture du testament olographe incombe à l'héritier non réservataire qui la dénie, et non au légataire universel envoyé en possession de son legs. Le principe a été formulé par elle dans un arrêt déjà cité au *Rép.* n° 2745 (Req. 9 nov. 1847, aff. Barbier, D. P. 48. 1. 10) en des termes qu'il importe de retenir : « Attendu que le testament olographe est investi par la loi d'un caractère et d'une force d'exécution qui lui sont particuliers ; qu'en effet, aux termes des art. 1006 et 1008 c. civ., le légataire universel, dans le cas où il n'existe pas d'héritiers à réserve, est saisi de plein droit de la succession par la mort du testateur, sans être tenu de demander la délivrance de son legs, et à la charge seulement, si le testament est olographe ou mystique, de se faire envoyer en possession par une ordonnance du président rendue sur requête ; que cet envoi en possession n'est que la conséquence et la consécration de la saisine de droit, établie en faveur du légataire universel ». Depuis lors, la chambre des requêtes, le 23 janv. 1850 (aff. Gilbert, D. P. 50. 1. 24), et le 10 janv. 1877 (aff. Courtois, D. P. 77. 1. 159), s'est contentée d'affirmer le principe sans déduire ses motifs. Quant à la chambre civile, elle s'est bornée jusqu'en 1853 à reprendre, avec une modification insensible, la formule de la chambre des requêtes, qu'elle reproduit ainsi : « Attendu que le testament olographe est investi par la loi d'un caractère et d'une force d'exécution qui lui sont particuliers ; — Qu'en effet, aux termes des art. 1006 et 1008 c. civ., le légataire universel, dans le cas où il n'y a pas d'héritiers à réserve, est saisi de plein droit de la succession par la mort du testateur, sans être tenu de demander la délivrance de son legs, et à la charge seulement, si le testament est olographe ou mystique, de se faire envoyer en possession ; — Attendu que, par l'ordonnance d'envoi en possession rendue en conformité de l'art. 1008, le légataire réunit la possession de fait à la possession de droit qui lui est conférée par la loi, de tous les biens qui composent la succession ; qu'il n'a rien à prouver pour se maitenir dans cette possession, et que c'est à ceux qui attaquent son titre à en prouver le vice prétendu » (Civ. cass. 13 mars 1849, aff. Cloarec, D. P. 49. 1. 95 ; 21 juill. 1852, aff. Lemière, D. P. 52. 1. 220 ; 23 août 1853, aff. Gauthier, D. P. 53. 1. 261). Depuis lors, la formule a été modifiée de la façon suivante : « Attendu que le légataire universel, lorsqu'il n'y a pas d'héritiers à réserve, est saisi de plein droit de l'hérédité du testateur, sans avoir à demander la délivrance ; que, toutefois, si le testament qui l'institue est olographe, il est tenu de se faire envoyer en possession par une ordonnance du président ; mais que l'accomplissement de cette condition, sans opposition ou nonobstant opposition de la part des héritiers du sang, réunit en sa faveur la saisine de fait à la saisine de droit ; que les héritiers du sang, qui viennent ensuite agir en pétition d'hérédité et en délaissement, se trouvent, par conséquent, dans les conditions de tout demandeur ; que c'est à eux, dès lors, qu'incombe l'obligation de prouver le vice de son titre et la légitimité de leurs prétentions » (Civ. cass. 25 juin 1867, aff. Leclercq, D. P. 67. 1. 217 ; 5 août 1872, aff. Letavernier de la Mairie, D. P. 72. 1. 376). — Un certain nombre de cours d'appel se sont ralliées au système des arrêts de la cour suprême, dont ils empruntent à peu près textuellement les termes (Agen, 11 déc. 1850, aff. Pommès, D. P. 51. 2. 54 ; Besançon, 26 févr. 1868, aff. Coquard, D. P. 68. 2. 92 ; Angers, 12 nov. 1868, aff. Goussé, D. P. 69. 2. 14 ; Besançon, 3 mai 1869, aff. Guillaume, D. P. 69. 2. 163). Un arrêt est à remarquer dans cette catégorie, parce qu'il précise un élément de décision que la cour suprême avait un peu laissé dans l'ombre : c'est un arrêt de la cour de Pau, du 18 nov. 1864 cité *suprà*, n° 686, qui déclare que, quand le légataire universel a été envoyé, par ordonnance du président du tribunal, en possession provisoire des biens du testateur, cette ordonnance a eu pour effet de donner au testament une sorte de consécration qui en fait du moins présumer la validité. Aux auteurs signalés au *Rép.* n° 2743 comme partageant l'opinion de la cour de cassation, nous ne pouvons guère ajouter que M. Girard de Vassons, *Revue critique*, t. 16, p. 254.

689. Analysons, en allant au fond des choses, le système de la cour de cassation. Ainsi que le font très exactement remarquer MM. Aubry et Rau, t. 7, § 669, note 7, p. 109, les arguments de la cour suprême sont au nombre de trois. Le premier peut se formuler ainsi : les héritiers *ab intestat* ne pouvant, après l'envoi en possession des légataires universels, dénier l'écriture et la signature du testament olographe en vertu duquel cet envoi a été ordonné, qu'en se constituant demandeurs, ils se trouvent soumis à la règle générale : *actori incumbit onus probandi*. C'est ce que la chambre civile exprime en disant « que les héritiers du sang, qui viennent agir en pétition d'hérédité et en délaissement, se trouvent dans la condition de tout demandeur; que c'est à eux, dès lors, qu'incombe l'obligation de prouver le vice du titre invoqué par le légataire universel et la légitimité de leurs prétentions » (V. les arrêts des 25 juin 1867 et 5 août 1872 cités *suprà*, n° 688). — Cet argument ne repose que sur une équivoque. Il est très vrai que l'héritier *ab intestat* doit, comme tout demandeur, établir le fait qui sert de base à son action. Mais ce fait, quel est-il ? « C'est, dit très bien M. Demolombe, t. 4, n° 148, qu'il est le parent au degré successible du défunt. Donc ce que l'héritier doit prouver, c'est sa relation de parenté avec le défunt, d'où résulte, à son profit, la pétition d'hérédité qu'il exerce. Voilà la preuve qu'il doit founir; toute cette preuve, bien entendu, mais rien que cette preuve ». Que, s'il se heurte à une exception tirée de l'existence d'un testament, il n'a qu'à se borner à en dénier l'écriture. « Il est évident qu'une telle réponse, qui n'est qu'une défense à l'exception dont on se prévaut contre lui, ne saurait l'obliger à aucune preuve, d'abord parce que, s'il est demandeur sur l'action principale en délaissement de la succession de son auteur, il devient défendeur à l'exception tirée du testament, et ensuite parce que, se bornant en vertu de son droit à une simple négative, il ne saurait être contraint à faire la preuve d'un fait négatif; le bénéficiaire du testament au contraire, demandeur dans son exception, et obligé, par l'art. 1315, de prouver l'obligation dont il réclame l'exécution, articule un fait positif qu'il a le devoir et la possibilité de prouver » (Caen, 17 janv. 1853, aff. Lecesne, D. P. 53. 2. 109). — Mais, objecte-t-on, cet argument ne serait décisif qu'autant qu'on serait dans la matière des actes sous seings privés, auxquels seuls s'appliquent les art. 1323 et 1324 c. civ.; or, le légataire universel, saisi de la succession dans les termes des art. 1006 et suiv. c. civ., n'est tenu que de remplir les formalités prescrites par ces articles, et les art. 1323 et 1324, édictés pour la preuve des obligations, sont étrangers à la matière des testaments (Besançon, 3 mai 1869, aff. Guillaume, D. P. 69. 2. 163). C'est là une grave erreur; le testament olographe n'est rien autre chose qu'un acte sous seing privé, plus important dans ses conséquences que les autres actes de cette espèce, mais qui n'a pas plus d'authenticité que ces actes; l'art. 999 c. civ. lui donne cette qualification, et appelle formellement le testament olographe un acte sous seing privé (Caen, 2 juin 1851, aff. Foucard, D. P. 53. 2. 9). Un autre arrêt de la même cour fait valoir dans le même sens des considérations historiques qu'il est intéressant de rappeler : « L'art. 291 de la coutume de Paris, dit-il, appelait improprement solennel le testament olographe, et cela voulait dire seulement, selon le *Commentaire* de Ferrière, t. 4, p. 81, n° 12, *fait au désir de la coutume pour être valable;* la jurisprudence admise au Châtelet obligeait le légataire à faire vérifier le testament olographe, lorsque l'héritier ne reconnaissait pas qu'il était écrit et signé par celui auquel on l'attribuait, ainsi que cela est attesté par Bourjon, dans son *Commentaire sur le droit commun de la France*, t. 2, p. 379 (Caen, 17 janv. 1852, aff. Gauthier, D. P. 53. 1. 261). L'application des art. 1323 et 1324 s'impose donc absolument.

690. Le second argument de la cour de cassation consiste à dire que la saisine légale du légataire universel exclut celle des héritiers *ab intestat*, qu'il n'a rien à prouver pour se maintenir dans cette possession, et que c'est à ceux qui attaquent son titre à en prouver le vice prétendu (Arrêts des 13 mars 1849, 21 juill. 1852 et 23 août 1853, cités *suprà*, n° 688). — MM. Aubry et Rau, t. 7, § 669, note 7, démontrent sans peine que ce n'est là qu'une pétition de principe. En effet, celui qui se dit saisi d'une succession en qualité de légataire universel doit, avant tout, établir sa qualité, et, lorsque cette qualité est mise en doute par la dénégation de la signature ou de l'écriture du testament olographe sur lequel se fonde le légataire, celui-ci est obligé d'en poursuivre la vérification, puisque ce n'est que par cette vérification que l'existence de son titre pourra être établie. Quant à la saisine, qui ne confère au légataire universel que la possession légale, elle est sans portée juridique dès lors qu'on conteste le droit qui précisément formait la base de cette saisine. C'est ce qu'a fort bien fait ressortir un arrêt de Douai, le 8 févr. 1855 (aff. Tirmache, D. P. 56. 1. 216), par un rapprochement ingénieux : « Attendu, dit cet arrêt, que le détenteur d'un immeuble qui aurait triomphé au possessoire n'en serait pas moins tenu, s'il se prévalait au pétitoire d'un acte sous seing privé, d'en justifier la sincérité, et que, placé dans une position analogue, le légataire universel envoyé en possession doit être obligé à la justification du testament olographe qui l'institue ; — Attendu qu'il ne peut pas plus se prévaloir de la saisine de droit que de la saisine de fait, l'une et l'autre étant subordonnées à la condition qu'il prouvera au besoin sa qualité de légataire universel ».

691. Reste l'argument tiré de l'ordonnance d'envoi en possession, laquelle, suivant les expressions de la cour de Pau (Arrêt du 18 nov. 1864, cité *suprà*, n° 686), a pour effet de donner au testament une sorte de consécration, qui en fait du moins présumer la validité. Cet argument procède d'idées évidemment inexactes sur les caractères et la portée de l'ordonnance d'envoi en possession. Cette ordonnance a pour seul objet et pour seul effet de mettre le légataire universel à l'abri du reproche de voie de fait (Aubry et Rau, t. 7, § 669, note 7). Rendue sur une simple requête, sans vérification, même provisoire, de l'écriture de l'acte, hors la présence des héritiers légaux qui ne doivent pas y être appelés, alors qu'ils peuvent ignorer la demande d'envoi en possession et même l'existence du testament, cette ordonnance n'a d'autre portée que celle d'autoriser le légataire institué à se mettre en possession de fait de l'hérédité ; si cette autorisation et la prise de possession qui en est la conséquence intervertissent la position des intéressés relativement à la possession provisoire des biens, elles ne peuvent avoir aucune influence sur le fond des droits et obligations des parties. L'envoi en possession comporte virtuellement, mais nécessairement, la réserve des droits des héritiers légaux, et, par conséquent, la faculté pour eux de méconnaître l'écriture de l'acte sous seing privé qui leur est opposé ; il est basé sur la présomption de validité de l'acte, présomption qui subsiste tant que l'écriture n'est pas méconnue et qui disparaît en présence de la présomption de méconnaissance (Douai, 7 juill. 1866, aff. Leclercq, D. P. 67. 1. 217). Accorder à cette ordonnance la moindre portée au sujet de la véracité de l'écriture du testament, c'est méconnaître l'objet de l'art. 1008 : « D'après les termes dans lesquels cet article est rédigé, il est clair que le droit du président se borne à vérifier si l'acte qualifié testament olographe en a bien les caractères extérieurs, et si la disposition qu'il contient est bien une disposition universelle ; le magistrat peut d'autant moins s'occuper de la sincérité même de l'écriture du testament, que l'article précité veut qu'il statue sur une requête à laquelle est joint l'acte de dépôt du testament, et non pas le testament lui-même » (Caen, 17 janv. 1853, aff. Lecesne, D. P. 53. 2. 109). En résumé, il y a double motif pour que l'ordonnance d'envoi en possession ne puisse être invoquée pour établir, à l'encontre des héritiers du sang, même une présomption de véracité pour l'écriture du testament : au point de vue des personnes, elle est étrangère aux héritiers ; au point de vue de l'objet, elle est étrangère à la question d'écriture.

692. De cette analyse, il résulte qu'aucun des trois arguments invoqués par la cour suprême n'est de nature à infirmer le système contraire, qui s'appuie sur la combinaison des art. 999 et 1343 c. civ., et qui a sa base dans le droit commun. D'ailleurs, ce système n'a pas seulement un fondement théorique inébranlable ; il se recommande encore par la plus sérieuse considération d'utilité pratique ; « En admettant l'opinion contraire, on enhardirait l'audace des faussaires, qui auraient un avantage évident, en faisant un faux testament, à s'attribuer la qualité de légataire universel, puisque, par ce moyen, en se faisant envoyer en possession, souvent sans que l'héritier puisse en avoir connaissance, ils pourraient s'emparer de toute la succession, en imposant à l'héritier l'obligation de faire une vérification qui aurait dû être à leur charge, et ils pourraient, par des soustractions ou autrement, rendre quelquefois la vérification difficile et même impossible à faire » (Caen, 17 janv. 1852, aff. Gauthier, D. P. 53. 1. 261).

Ajoutons que la jurisprudence opposée fournit elle-même des armes pour la combattre. La chambre civile a admis, dans une espèce où la réticence relative à l'existence du testament par l'une des légataires universelles, lors de l'apposition des scellés, et la précipitation avec laquelle l'envoi en possession avait été demandé, pouvaient, jusqu'à un certain point, rendre suspect le testament lui-même, que l'arrêt attaqué avait pu, dans les circonstances exceptionnelles du procès, sans violer aucune loi, mettre à la charge des légataires universelles l'obligation de prouver la sincérité du testament dont elles demandaient l'exécution (Civ. rej. 6 mai 1856, aff. Tirmache, D. P. 56. 1. 216). Et la cour de Pau, le 18 nov. 1864 (aff. Lacroix, D. P. 65. 2. 86), a reconnu, de même, que les principes ne sont pas tellement absolus que, lorsque l'envoi en possession provisoire a été ordonné à l'insu des héritiers et sans qu'ils aient été mis en demeure de former une opposition avant l'ordonnance, ou lorsque, à raison de circonstances exceptionnelles, le testament peut paraître suspect, on ne puisse mettre à la charge du légataire universel la vérification du testament. M. Demolombe, t. 4, n° 159, a fort bien montré que ces arrêts avaient, en décidant ainsi, porté le dernier coup à leur propre cause. « Cette concession, dit-il, qui transforme en une question de fait ce qui est une question de droit, devient elle-même un argument de plus contre la doctrine qui a été forcée de la faire. En effet, que le testament soit ou ne soit pas plus ou moins suspect, est-ce que ses arguments ne sont pas toujours les mêmes? Est-ce que le légataire universel ne peut pas toujours invoquer sa possession de droit et sa possession de fait? »

693. Nous ne pouvons donc que persister dans l'opinion soutenue au *Rép.* n° 2743, suivant laquelle la vérification de l'écriture du testament incombe toujours au légataire, qu'il soit légataire universel, à titre universel, ou à titre particulier, qu'il soit ou non envoyé en possession de son legs (V. en ce sens, outre les autorités déjà citées *ibid.* : Paringault, *Revue pratique*, t. 6, p. 36 et suiv. ; Bayle-Mouillard sur Grenier, *Donations*, t. 2, n° 292-4°, note *f* ; Aubry et Rau, t. 7, § 669, p. 109 ; Massé et Vergé sur Zachariæ, t. 3, § 438, note 2 ; Saint-Espès Lescot, *Donations*, t. 4, n° 1362 ; Demante et Colmet de Santerre, t. 4, n° 151 *bis* ; Demolombe, t. 4, n° 148 ; Caen, 17 janv. 1852, aff. Gauthier, D. P. 53. 1. 261 ; Douai, 7 juill. 1866, aff. Leclercq, D. P. 67. 1. 217 ; Bourges, 24 août 1870, aff. Letavernier de la Mairie, D. P. 72. 1. 376).

694. Quand la vérification de l'écriture est reconnue nécessaire, il n'est pas indispensable de recourir à la procédure spéciale de vérification instituée par le code de procédure, et le juge du fait a toute liberté dans le choix des procédés qui peuvent déterminer son opinion (Req. 23 mars 1885, aff. Le Temple, D. P. 86. 1. 108).

Art. 6. — *De l'effet et de l'exécution des testaments olographes* (*Rép.* n°s 2768 à 2784, et 3641 à 3645).

695. Le testament olographe, revêtu de toutes les formes que nous avons étudiées jusqu'ici, n'est pas par cela seul exécutoire. L'exécution en est subordonnée à certaines formalités énoncées dans l'art. 1007 c. civ. : « Tout testament olographe sera, avant d'être mis à exécution, présenté au président du tribunal de première instance de l'arrondissement dans lequel la succession est ouverte. Ce testament sera ouvert, s'il est cacheté. Le président dressera procès-verbal de la présentation, de l'ouverture et de l'état du testament, dont il ordonnera le dépôt entre les mains du notaire par lui commis. » Il est généralement admis, comme on l'a vu au *Rép.* n° 2777, que ces formalités ne sont pas prescrites à peine de nullité (Conf. Aubry et Rau, t. 7, § 710, p. 444; Demolombe, t. 4, n° 503). Toutefois, il a été jugé que le testateur ne peut en prohiber l'accomplissement : une semblable clause prohibitive devrait être réputée non écrite (Angers, 3 mars 1881) (1).

696. Le président, à qui un testament olographe est présenté, doit se borner à dresser procès-verbal de la présentation, de l'ouverture et de l'état du testament, et à en ordonner le dépôt chez le notaire qu'il commet; il ne peut insérer ce testament en totalité ou en partie dans son procès-verbal, qu'autant que cette mesure est indispensable pour assurer la conservation du testament (Aix, 29 août 1883, aff. Giraud, D. P. 84. 2. 68). C'est, en effet, une pratique vicieuse, que celle, adoptée dans quelques tribunaux, qui consiste à insérer dans les procès-verbaux d'ouverture et ordonnances de dépôt des testaments olographes la copie textuelle ou tout au moins l'analyse de ces actes. Un premier inconvénient résulte d'une augmentation injustifiée des frais; en effet, cette insertion est parfaitement inutile, puisque le testament doit être déposé chez un notaire; il n'y a donc point de compensation à l'augmentation de frais de timbre et d'expédition qui en résulte. En outre, ce dépôt indirect au greffe n'est pas entouré des mêmes garanties de secret et d'inviolabilité qui protègent le dépôt aux minutes du notaire, en sorte qu'il peut en résulter, contre le vœu des intéressés, des communications et publications préjudiciables. La pratique critiquée avec raison par l'arrêt précité ne serait excusable, ainsi que le dit très bien le même arrêt, que si le testament, considéré dans sa matérialité, ne se suffisait pas à lui-même, et s'il était nécessaire d'en assurer la conservation, au cas, par exemple, où le testament serait écrit au crayon.

697. Le président, en rendant l'ordonnance qui prescrit le dépôt du testament olographe chez un notaire, fait acte de juridiction gracieuse; l'ordonnance n'est donc point susceptible de recours. Au moins, c'est là le principe (Demolombe, t. 4, n° 501). Toutefois, il se pourrait que, par suite des circonstances de la cause, elle prît un caractère contentieux. Faudrait-il alors maintenir la règle que l'ordonnance est inattaquable par voie d'appel? La chambre des requêtes, le 22 févr. 1847 (aff. Colombeaud, D. P. 47. 1. 141) et la cour de Douai, le 12 nov. 1852 (aff. Pouilly, D. P. 56. 2. 24) avaient bien semblé se prononcer implicitement pour la recevabilité de l'appel; mais c'est par la cour d'Aix que, pour la première fois, la question a été expressément tranchée en ce sens : « Attendu, dit cette cour, que si, en principe, les ordonnances rendues sur requête ne sont pas susceptibles d'appel, la règle que l'appel est de droit commun doit cependant leur être appliquée, même lorsqu'elles n'ont pas été précédées de débats contradictoires, toutes les fois que, par le caractère que leur impriment les circonstances de la cause ou les conséquences de la décision elle-même, elles peuvent être considérées comme ne rentrant plus dans l'ordre des actes de la juridiction purement gracieuse et discrétionnaire du président; — Qu'on ne comprendrait pas que, au cas d'incompétence ou d'excès de pouvoir, la loi eût refusé aux parties intéressées un recours légal contre de pareilles décisions; — Qu'il doit suffire également qu'un grief sérieux pour les parties puisse résulter de l'ordonnance du juge, pour la faire considérer comme susceptible d'appel devant la juridiction supérieure, si, d'ailleurs, tout autre recours tel que la voie du référé, l'opposition, ou l'instance directe devant le tribunal est, en fait, impossible, la lésion d'un droit que cette ordonnance aurait ainsi consacré permettant de l'assimiler à toutes décisions émanées de la juridiction contentieuse » (Aix, 29 août 1883, cité *suprà*, n° 696). Ces considérations sont parfaitement exactes, et l'on peut poser en principe, d'une façon générale, que l'ordonnance sur requête est, par exception, susceptible d'appel, toutes les fois que, par suite des circonstances de la cause ou des conséquences de la décision elle-même, elle ne peut plus être considérée comme un acte de juridiction gracieuse, et prend, au contraire, le caractère d'une décision contentieuse.

698. Quand l'ordonnance, non attaquée ou confirmée sur appel, a ordonné le dépôt du testament olographe chez un notaire, ce dépôt doit être effectué. Mais dans quelle forme?

(1) (B... C. B...) — La cour; — Considérant que le sieur Félix B..., propriétaire à Mayenne, est décédé en cette ville, le 30 janv. 1881, laissant pour unique héritière la demoiselle Marie-Eléonore-Sophie-Clémence B..., sa sœur; que le même jour, 30 janvier, Me Riandière-Laroche, notaire à Mayenne, a présenté au président du tribunal divers testaments en la forme olographe, dont ce magistrat a fait l'ouverture et la description et ordonné le dépôt en l'étude de Me Laroche; que, le lendemain, 31 janvier, le même notaire a de nouveau présenté au président du tribunal : 1° une enveloppe cachetée portant la suscription suivante : « Ceci est un de mes testaments, qui ne devra être ouvert et recevoir son exécution qu'après la mort de ma sœur. Il existe un autre testament qui devra être ouvert immédiatement après ma mort et recevoir son exécution, en ce qui concerne son actualité. Le testament présent est écrit, signé de ma main, et mûrement réfléchi. Mayenne, le 18 mai 1872. Signé : B... »; 2° une seconde enveloppe, dans laquelle on trouva, en même temps qu'un testament de la demoiselle B..., contenant une suscription identique, un autre testament du sieur B..., clos et scellé et portant pour suscription ces mots : « Ceci est un testament qui ne sera ouvert et ne devra recevoir son exécution qu'après la mort de ma sœur. J'ai fait un autre testament qui devra être ouvert et recevoir son exécution après ma mort. Mayenne, 20 juin 1872. Signé : B... »; — Considérant que, sur la requête qui lui était présentée au nom de la demoiselle B..., d'avoir à procéder à l'ouverture desdits testaments, conformément à l'art. 1007 c. civ., M. le président du tribunal de Mayenne a, par ordonnance en date du 21 janvier dernier, déclaré n'y avoir aucun intérêt à les ouvrir actuellement, et, respectant la volonté du testateur, a ordonné purement et simplement le dépôt des deux plis cachetés en l'étude de Me Riandière-Laroche; — Considérant que la demoiselle B... a relevé appel de cette ordonnance et demandé à la cour d'ordonner que les deux plis portant les suscriptions précitées soient ouverts par un magistrat à ce commis, pour être ensuite déposés en l'étude d'un notaire; — Considérant que l'art. 1007 c. civ. est ainsi conçu : « Tout testament olographe sera, avant d'être mis à exécution, présenté au président du tribunal de première instance de l'arrondissement, dans lequel la succession est ouverte. Ce testament sera ouvert s'il est cacheté »; — Considérant que ces termes de la loi sont impératifs et absolus, et qu'ils édictent une prescription d'ordre public à laquelle la volonté du testateur ne peut déroger; que la faculté laissée au testateur de prohiber pendant un temps indéterminé l'ouverture de son testament priverait forcément l'héritier du sang du légitime contrôle qu'il peut exercer sur les dispositions testamentaires, et du droit qui lui appartient d'en faire valoir, s'il y a lieu, la nullité; — Considérant que, par un autre testament, en date, à Mayenne, du 5 févr. 1878, dont il a pris soin de prescrire l'ouverture et l'exécution immédiatement après sa mort, le testateur lègue à la demoiselle B..., sa sœur et unique héritière, l'usufruit de toute sa fortune; que cette disposition n'aurait pas de sens, si, dans le testament dont il a prohibé l'ouverture, le testateur n'avait disposé de la propriété; que, dans de telles conditions, la propriété de la succession du *de cujus* demeure incertaine; que les biens qui la composent sont forcément indisponibles, inaliénables; que la liquidation et le payement du droit de mutation dû à l'État sont impossibles; qu'à ces différents points de vue, la prohibition édictée par le testateur est contraire à l'ordre public, et doit, aux termes de l'art. 900 c. civ., être réputée non écrite...; — Considérant d'ailleurs, en fait, que dans la suscription du testament portant la date du 5 févr. 1878, le testateur s'exprime en ces termes : « Ce testament, écrit, daté et signé de ma main, devra être ouvert de suite après ma mort. Il devra être conservé avec soin, *car il contient l'expression de volontés dont on aura l'explication à l'ouverture de mon autre testament* »; que dans une annexe, en date du 15 mai suivant, il ajoute que celui de ces testaments « qui devra être ouvert immédiatement après sa mort, devra recevoir une prompte exécution »; qu'il a ainsi subordonné lui-même l'effet du testament dont il ordonnait l'exécution immédiate à la connaissance de celui dont il prohibait l'ouverture et dont le texte seul peut, de son aveu même, donner l'explication des volontés par lui consignées dans son testament du 5 févr. 1878; qu'il est vraisemblable que M. B... ne s'est pas suffisamment rendu compte de l'obstacle que la prohibition par lui édictée apportait à l'exécution des dispositions dont il avait à cœur la réalisation immédiate, et qu'il ne l'eût pas lui-même maintenue s'il en eût compris les effets et la portée; — Par ces motifs; — Faisant droit à l'appel de la demoiselle B..., infirme l'ordonnance rendue le 31 janvier dernier par le président du tribunal de Mayenne, etc.

Du 3 mars 1881.-C. d'Angers.

Suffira-t-il que le notaire reçoive le testament, sans dresser acte du dépôt? Ce serait là un procédé tout exceptionnel, et qui semble peu régulier. « L'art. 43 de la loi du 22 frim. an 7 défend, sous peine d'amende, à tout notaire de recevoir aucun acte en dépôt, sans dresser acte du dépôt; il n'excepte que les testaments déposés chez les notaires par les testateurs. Cependant les notaires s'abstiennent de dresser acte du dépôt des testaments olographes qui leur sont remis après le décès des testateurs, en vertu d'ordonnances du président du tribunal, et pensent avoir suffisamment rempli le vœu de la loi en inscrivant ces ordonnances sur leur répertoire. Non seulement cet usage est contraire au texte formel de l'art. 43 de la loi du 22 frim. an 7, mais l'utilité de la rédaction de l'acte notarié de dépôt ressort des dispositions de l'art. 1007 c. nap. et des art. 916 et 918 c. proc. civ. En effet, d'après ces articles, l'ordonnance dont la minute est conservée par le greffier et dont l'expédition doit être remise au notaire en même temps que le testament, constate seulement que le dépôt est ordonné; quant au fait du dépôt en l'étude, c'est l'acte même prévu par l'art. 42 de la loi du 22 frim. an 7 qui peut seul le constater d'une manière régulière et légale. » Ainsi s'exprime une circulaire de la régie de l'enregistrement, du 17 mars 1852, communiquée aux chambres des notaires, en vertu d'une décision du ministre des finances du 20 janvier précédent et citée au *Rép.* n° 2783 (D. P. 52. 3. 24). Toutefois cette solution, conforme à celle qui a été donnée au *Rép. ibid.*, demeure fort critiquée. Au jugement du tribunal de la Seine, du 26 mai 1853, cité au *Rép. ibid.*, qui l'a repoussée, il y a lieu d'ajouter, dans le même sens : Trib. Lyon, 6 juin 1855 (aff. Ville, D. P. 55. 3. 95). Toutefois, elle a été approuvée par le tribunal de Compiègne, le 8 mars 1855 (aff. Nouette, D. P. 55. 3. 41). Au surplus, le simple dépôt d'un testament olographe en l'étude d'un notaire en vertu d'ordonnance du président ne donne pas lieu à un émolument proportionnel au profit du notaire (Trib. Angers, 13 juill. 1847, aff. Hervé, D. P. 49. 1. 318).

699. Le notaire, une fois dépositaire du testament, est tenu d'en donner communication aux parties intéressées, lorsqu'elles le requièrent, comme aussi de leur en délivrer des grosses, expéditions ou copies, auxquelles il donne par sa signature le caractère de l'authenticité; mais il ne peut ni s'en dessaisir, si ce n'est dans les circonstances et avec les précautions que la loi a pris soin de régler, ni être contraint d'en laisser prendre soit par l'une des parties, soit par des tiers, des copies dont il ne certifie pas l'exactitude par sa signature (Bordeaux, 7 janv. 1869, aff. Rambaud, D. P. 69. 2. 245). Aussi a-t-il été jugé que les notaires ne peuvent être contraints de se dessaisir des minutes pour qu'elles soient soumises par un tiers, même dans leurs études et en leur présence, à une opération photographique dans le but d'en obtenir une reproduction plus ou moins exacte; que ce mode d'opérer, qui n'est pas sans danger pour la minute, n'est, en effet, autorisé par aucune loi; qu'il est, en outre, évidemment contraire aux règles du notariat consignées dans la loi du 25 vent. an 11, et, par conséquent, ne pourrait être employé que du consentement exprès de toutes les parties intéressées (Même arrêt).

700. Le notaire n'est que dépositaire du testament olographe; il n'est donc pas responsable des droits ou amendes auxquels ce testament peut donner lieu : ainsi le décide une circulaire du ministre des finances du 11 mars 1873 (1). — La loi ne lui accorde pas d'honoraires à raison de ce dépôt, mais il n'est cependant pas interdit au juge de lui passer de tels honoraires en taxe (Trib. civ. d'Epernay, 2 juin 1870) (2).

701. Telles sont les formalités nécessaires à l'exécution du testament olographe. Tant que ces formalités ne sont pas accomplies, le testament ne peut être exécuté. Mais c'est là la seule sanction de ces règles ; leur inobservation ne saurait entraîner la nullité du testament (Douai, 12 nov. 1852, aff. Pouilly, D. P. 56. 2. 24); elle a seulement pour effet d'en suspendre provisoirement l'exécution.

Sect. 4. — Du testament par acte public (*Rép.* nos 2785 à 3220).

Art. 1er. — *Règles générales* (*Rép.* nos 2786 à 2839).

702. Aux termes de l'art. 971, « le testament par acte public est celui qui est reçu par deux notaires, en présence de deux témoins, ou par un notaire, en présence de quatre témoins ». C'est donc un acte notarié, soumis, comme tel, à toutes les règles prescrites par la loi du 25 vent. an 11, en tout ce qui n'est pas contraire aux dispositions spéciales du code civil (*Rép.* n° 2788); la jurisprudence est depuis longtemps fixée en ce sens (Civ. cass. 1er oct. 1810, *Rép.* n° 3139-1°), ainsi que la doctrine (Troplong, t. 3, nos 1513, 1569 à 1574; Demolombe, t. 4, n° 227 *bis*; Aubry et Rau, t. 7, § 670).

703. Ces règles générales sont écrites dans les art. 8 à 16 de la loi de ventôse. Ainsi d'abord un notaire ne pourrait recevoir un testament dans lequel ses parents ou alliés en ligne directe, à tous les degrés, et en ligne collatérale jusqu'au degré d'oncle ou de neveu inclusivement, seraient intéressés soit comme testateurs, soit comme légataires, ou qui contiendrait quelque disposition en faveur de l'une de ces personnes ou de lui-même (L. 25 vent. an 11, art. 8) (*Rép.* n° 2827). Il ne pourrait même, s'il était béné-

(1) La question s'est élevée de savoir si le notaire en l'étude duquel le président du tribunal civil a ordonné d'office le dépôt de testaments olographes rédigés sur papier non timbré, est responsable des amendes de contravention encourues par le testateur, ainsi que des droits de timbre exigibles. — La négative est certaine. — Une décision ministérielle du 29 sept. 1807 a reconnu, en effet, que les notaires peuvent recevoir en dépôt, sans enregistrement préalable, les testaments et les pièces y annexées, lorsque la remise leur en est faite par ordonnance du juge, et elle ajoute que dans ce cas les notaires doivent fournir aux receveurs de l'enregistrement, dans les dix jours qui suivent l'expiration du délai de trois mois à compter du décès des testateurs, des extraits certifiés des testaments dont les droits ne leur ont pas été remis par les héritiers ou les légataires. — Cette décision, dont les motifs s'appliquent au timbre comme à l'enregistrement, n'a pas cessé de servir de règle. — Le notaire auquel un testament est remis sur l'ordre du juge doit donc le recevoir en dépôt, conformément à la doctrine de l'arrêt de la cour de cassation, du 15 déc. 1860. Mais il n'est pas responsable des droits ou amendes auxquels il donne lieu ; il peut se borner à délivrer au receveur de l'enregistrement l'extrait prescrit par la décision du 29 sept. 1807, et au moyen duquel l'administration agira directement contre les parties.

Du 11 mars 1873.-Décis. min. fin.

(2) (Jémot C. Hospice d'Epernay.) — Le tribunal ; — Attendu que Me Jémot réclame à l'hospice d'Epernay le payement d'un mémoire de frais taxé par ordonnance du président de ce tribunal, du 19 mars 1866, à la somme de 114 fr., composée : 1° de celle de 4 fr. pour timbre du mémoire et coût de l'expédition du testament olographe en date du 14 mars 1863, par lequel la dame Chandon-Moët a légué à l'hospice une somme de 22000 fr., payable un an après son décès, testament qui a été déposé pour minute à Me Jémot, en vertu d'une ordonnance du président du 31 août 1864 ; 2° de celle de 110 fr. alloués audit notaire pour honoraires proportionnels du legs à raison de un demi pour cent ; — Attendu que l'hospice offre au notaire la somme de 4 fr. ci-dessus énoncée, mais se refuse au payement de celle de 110 fr., en se fondant : 1° sur ce que cette somme ne saurait être à la charge du légataire particulier, et 2° sur ce qu'en tout cas il n'est dû à Me Jémot aucun honoraire du genre de celui qui a été alloué, et que sous ce rapport, par conséquent, l'ordonnance de taxe devrait être réformée; — Sur le premier point : — Attendu que l'ordonnance qui a prescrit le dépôt du testament entre les mains de Me Jémot, et a ainsi imposé à ce dernier l'obligation de garder et de conserver cet acte en ses minutes, a créé pour le notaire une responsabilité résultant de l'exercice de ses fonctions ; — Attendu qu'à cette responsabilité doit correspondre une rémunération qui compense pour l'officier public les risques qu'il encourt ; — Attendu que la garde du testament par le notaire profite à tous ceux qui sont appelés à recueillir le bénéfice de ses dispositions en leur assurant la conservation du titre sur lequel repose leur droit; qu'il est juste, par conséquent, que chacun des intéressés contribue à la rémunération due pour cette cause ; que cette décision n'est que l'application du droit commun ; — Attendu que l'hospice d'Epernay oppose à Me Jémot la disposition de l'art. 1016 c. nap., aux termes duquel « les frais de la demande en délivrance sont à la charge de la succession » ; — Mais attendu que la rémunération réclamée a pour objet les soins que le notaire doit donner à la garde et à la conservation du titre non seulement avant, mais encore après la délivrance effectuée ; que, par conséquent, les frais dont s'agit ne peuvent rentrer dans ceux que la loi a qualifiés « *de frais de demande en délivrance* », ni dans ceux de délivrance proprement dite ; que

ficiaire d'un legs, dresser l'inventaire des papiers nécessaires pour une action en captation du testament qui l'institue (Rouen, 21 janv. 1879) (1).

704. Toutefois, il convient de distinguer soigneusement les libéralités proprement dites et les reconnaissances ou rémunérations de dettes préexistantes. La chambre des requêtes, dès 1840, a établi cette distinction, en décidant (Req. 4 mai 1840, *Rép.* v° *Notaire*, n° 411-1°) que le testament qui charge le légataire universel de payer au notaire rédacteur une somme déterminée et les intérêts, que le testateur déclare devoir à ce notaire par billet, n'est pas nul comme contenant une disposition en faveur du notaire, alors toutefois que le billet est représenté, qu'il n'est pas prescrit, et qu'il est reconnu, en fait, que le testament n'a ni changé ni amélioré la situation du notaire. Jugé, de même : 1° que la disposition par laquelle le testateur prescrit de prélever sur un prix de vente à lui dû, déposé en l'étude du notaire rédacteur du testament, la somme destinée à payer à ce notaire des frais et honoraires à lui dus, ne constitue pas une libéralité au profit de ce notaire, capable d'entraîner la nullité du testament, mais un simple rappel d'une dette constante et reconnue (Req. 27 mai 1845, aff. Kelner, D. P. 45. 1. 316) ; — 2° Qu'on ne saurait voir une libéralité interdisant au notaire de participer à la confection d'un testament authentique, soit dans la désignation de ce notaire par le testateur comme administrateur d'un établissement d'utilité publique créé ou avantagé par la disposition testamentaire, soit dans sa nomination comme exécuteur testamentaire, dans les conditions prévues par la loi, et spécialement sans prélèvement sur l'hérédité, soit dans l'expression du vœu fait par le testateur que cet officier public soit, « autant que possible », chargé de la liquidation de sa succession, le notaire ne devant être à cet égard rémunéré de son travail professionnel que d'après le tarif légal et dans des conditions identiques à celles du salaire ordinaire attribué à tous les officiers publics pour les actes de leur ministère (Req. 4 juin 1883, aff. Fédry, D. P. 84. 1. 51); — 3° Qu'un testament authentique contenant, de la

---

cette partie de l'art. 1016 est donc sans application à l'espèce; que si l'article présentait un argument d'analogie, on le trouverait plutôt dans la disposition qui met les droits d'enregistrement à la charge du légataire; — Sur le second point : — Attendu qu'aucune disposition du tarif n'ayant fixé l'émolument dû au notaire en matière de testament, ces actes rentrent dans la classe de ceux dont la taxe, aux termes de l'art. 173 du décret du 16 févr. 1807, est laissée à l'appréciation du président du tribunal; — Attendu que si les notaires ne peuvent réclamer comme un droit l'allocation d'honoraires proportionnels aux valeurs léguées, aucun texte n'ayant établi en leur faveur ce mode de rémunération, l'art. 173 susvisé, en indiquant au magistrat d'une manière générale qu'il doit tenir compte de la nature de l'acte, lui laisse par cela même la faculté d'avoir égard à l'importance des valeurs; qu'il serait contraire à toute équité que dans l'établissement de la taxe il dût être fait abstraction de l'élément qui détermine l'étendue de la responsabilité du notaire; — Attendu, en conséquence, qu'il convient, dans la fixation du chiffre d'honoraires dus à Me Jémot pour la cause ci-dessus spécifiée, de tenir compte du montant du legs; que toutefois une somme de 84 fr. sera une rémunération suffisante à cet égard; — Par ces motifs, etc.

Du 2 juin 1870.-Trib. civ. d'Epernay.

(1) (Lévesque et Deslandes C. Warnery.) — Le 10 déc. 1878, ordonnance de référé, conçue en ces termes : — « Attendu que le référé introduit par Warnery et auquel Charles Murizon a, par ses conclusions, déclaré donner adjonction, comprend quatre questions : 1°...; 2°...; 3° Dire que par application de l'art. 8 de la loi du 25 vent. an 11, Me Hurrier, notaire à Elbeuf, est légalement incapable de dresser l'inventaire à cause du legs établi en son profit par les testaments attaqués; 4° Dire enfin que les parties en complet désaccord sur le choix de l'officier public qui doit procéder à l'inventaire, le magistrat jugeant en référé a le droit de désigner pour dresser cet acte le notaire qu'il lui plaira choisir; — ... Sur les 3e et 4e questions : — Attendu qu'aux termes de l'art. 8 de la loi du 25 vent. an 11, les notaires ne peuvent recevoir aucun acte qui contiendrait quelque disposition en leur faveur; que cette exclusion est absolue et s'applique aux officiers publics dont les intérêts sont engagés soit directement, soit indirectement, dans les actes qu'ils sont appelés à recevoir ou à dresser; — Attendu qu'il n'est pas contesté que Hurrier, notaire à Elbeuf, est légataire particulier de la demoiselle Capplet pour une somme de 10000 fr.; qu'il a donc un intérêt direct et actuel, ou tout au moins éventuel, à défendre dans les contestations qui sont pendantes devant le tribunal entre la dame Deslandes et les héritiers naturels de la demoiselle Capplet; que l'honorabilité incontestée et incontestable de cet officier public ne saurait faire disparaître les causes d'exclusion édictées par la loi de ventôse an 11; — Attendu, d'ailleurs, qu'une jurisprudence constante attribue au juge des référés le droit de désigner le notaire à qui seront confiées les opérations d'inventaire et toutes autres qui sont la conséquence d'un décès dans le cas où il existe un désaccord entre les parties intéressées dans une succession; que, dans l'espèce, le désaccord est complet entre la légataire universelle, l'exécuteur testamentaire et les héritiers naturels; — Par ces motifs ; — Disons que Me Hurrier est légalement incapable de dresser cet inventaire et que, ne le fût-il pas, les parties intéressées étant en complet désaccord sur le choix de l'officier public qui devra procéder à cette opération, ce choix appartient au juge des référés qui ne doit avoir et ne peut voir dans le choix à faire que l'intérêt exclusif des justiciables; déléguons, en conséquence, pour procéder à la confection de l'inventaire et aux actes ou opérations qui sont ou seront nécessaires, Me Bligny, notaire à Rouen, président de la chambre des notaires ». — Appel par le sieur Lévesque, exécuteur testamentaire, et la veuve Deslandes. — Arrêt.

LA COUR : — Attendu que l'exécuteur testamentaire et la légataire universelle de la demoiselle Capplet ne font porter leur appel que sur les deux derniers chefs de contestation : le premier, en ce que le juge du référé a déclaré le notaire Hurrier légalement incapable de dresser l'inventaire de la succession; le second, parce que, en cas de désaccord des parties, il s'est attribué la désignation du notaire instrumentaire; — Sur le premier chef : — En droit, que si l'art. 8 de la loi du 25 vent. an 11 interdit au notaire de recevoir des actes dans lesquels ses parents ou alliés au degré prohibé sont parties ou intéressés, cette prohibition s'applique, à plus forte raison, au notaire lui-même; que le caractère d'authenticité que la loi imprime aux actes de son ministère manque à la fois de base et de garantie, lorsqu'il instrumente non plus comme officier public, mais à son profit personnel; qu'il ne peut, dès lors, recevoir les actes qui contiennent quelques dispositions en sa faveur, ni ceux dans lesquels il a un intérêt personnel, direct ou indirect, ou même éventuel; que la loi de son institution ne permet pas à son impartialité d'être suspectée; — En fait, que la demoiselle Capplet a légué à Me Hurrier, son notaire depuis deux ans environ, une somme de 10000 fr. (par testaments des 8 juin et 28 déc. 1876; que ces actes étant attaqués à tort ou à raison par les héritiers du sang, qui prétendent trouver dans les papiers de la succession les preuves nécessaires pour obtenir leur annulation, il importe peu, comme on le soutient, que l'inventaire ne soit qu'un acte énonciatif, ne créant pas de droits; — Que c'est une mesure conservatoire ayant pour but de protéger les droits éventuels des parties, et qu'à ce titre il est incontestable que, si les héritiers du sang ont un intérêt certain et immédiat à rechercher les documents qui peuvent habiliter ou confirmer leur demande, le légataire a lui-même un intérêt contraire; — Que vainement on ajoute que l'honorabilité de Me Hurrier, la présence du juge de paix et l'adjonction d'un second notaire sont de nature à rassurer les héritiers sur la sincérité des opérations; — Qu'en matière d'attributions ministérielles et de devoirs publics, il n'y a pas lieu de s'arrêter à de pareilles considérations; — Que ce serait une contravention formelle aux prescriptions de la loi de ventôse qui ne veut pas que le notaire puisse être discuté, et qu'une atteinte aussi regrettable soit portée à sa dignité professionnelle; — Qu'ainsi, dès qu'il est établi qu'un notaire a un intérêt personnel dans la rédaction d'un acte, son impartialité, quelle que soit d'ailleurs son honorabilité, est frappée d'une suspicion légale, et qu'il se trouve sous l'empire d'une incapacité absolue;

Sur le second chef : — Attendu qu'aux termes de l'art. 935 c. pr. civ., lorsqu'une dissidence se produit entre les parties sur le choix du notaire chargé de dresser l'inventaire, la loi n'attribue aucune préférence en ce qui concerne ce choix, soit à l'exécuteur testamentaire, soit au légataire universel ou aux héritiers; que la nomination appartient d'office au président du tribunal; que c'est donc à bon droit que le juge du référé, en présence du désaccord existant, a désigné pour procéder aux opérations de l'inventaire le président de la chambre des notaires, Me Bligny; qu'il n'aurait pu, d'ailleurs, pas plus que les parties elles-mêmes, désigner un officier public frappé d'une présomption légale d'incapacité; — Adoptant, au surplus, les motifs de l'ordonnance de référé en ce qu'ils n'ont rien de contraire au présent arrêt; — Par ces motifs; — Confirme l'ordonnance de référé; dit que Me Bligny n'est désigné que pour procéder aux opérations de l'inventaire et à celles qui s'y rattachent intimement, sans rien préjuger pour telles opérations qui pourraient être ultérieurement nécessaires, etc.

Du 21 janv. 1879.-C. de Rouen, 1re ch.-MM. Neveu-Lemaire, 1er pr.-Reynaud, av. gén.-Revelle, Marais et Ricard, av.

part du testateur, reconnaissance et rémunération d'une dette préexistante, au profit du notaire rédacteur, ne peut être, par cela seul, déclaré nul, par application de l'art. 8 de la loi du 25 vent. an 11, comme reçu par un notaire y ayant un intérêt personnel; que, spécialement, ne constitue pas, en faveur du notaire rédacteur d'un testament authentique, un avantage gratuit de nature à lui interdire toute participation à la confection dudit testament, à peine de nullité, la disposition contenant affectation d'une certaine somme, à prélever sur la succession, au payement des frais et honoraires pouvant être dus par le testateur audit notaire, pour consultations, projets d'actes ou de testaments antérieurs, sauf, d'ailleurs, l'obligation, formellement imposée à celui-ci de rendre compte et justifier de l'emploi de ladite somme; et qu'il en est de même de la clause du testament contenant simple indication, dépourvue de caractère obligatoire, du notaire rédacteur pour procéder à la liquidation de la succession du testateur (Paris, 25 avr. 1885, et Req. 8 nov. 1886, aff. Feuillate, D. P. 87. 1. 395).

705. Les art. 9 et 10 de la loi du 25 vent. an 11, relatifs aux témoins des actes notariés, n'ont pas d'application en matière de testaments, cette matière étant spécialement régie par l'art. 975 c. civ., que nous étudierons plus loin en détail (V. *infrà*, nos 767 et suiv.).

706. Au contraire, il faut appliquer aux testaments authentiques, comme aux autres actes notariés, l'art. 11 de la loi de ventôse, aux termes duquel le nom, l'état et la demeure du testateur doivent être connus du notaire qui rédige le testament. C'est, à vrai dire, en cet article que se concentrent les devoirs les plus impérieux du notaire, dans la fonction spéciale que lui attribue l'art. 971 c. civ. Le notaire est, en effet, le premier juge de l'état et de la capacité du testateur ; et ceci nous amène à rechercher quelles conditions sont nécessaires pour qu'une personne puisse tester par acte authentique.

707. La première de toutes les conditions, pour ce testament comme pour les autres, c'est que le testateur soit sain d'esprit. De ce point le notaire est juge. S'il s'apercevait que le testateur n'est pas sain d'esprit ou que l'état de sa santé lui enlève l'usage de ses facultés, le notaire pourrait et même devrait refuser de dresser le testament (*Rép.* n° 2791, et v° *Notaire*, n° 288-1°).

Mais il ne faudrait pas pousser à l'extrême la règle ainsi posée, et en tirer cette conséquence que le fait seul qu'un notaire a reçu un testament authentique prouve suffisamment que le testateur était sain d'esprit; car un testament authentique peut être annulé dès lors que l'insanité du testateur est établie (Dijon, 22 déc. 1881) (1). On décide même que l'on peut, sans être obligé de recourir à la voie de l'inscription de faux, être admis à prouver que le testateur n'était pas sain d'esprit, *malgré l'énonciation contraire du testament authentique*, parce que cette énonciation n'exprime que l'opinion du notaire sur un état mental que la loi ne l'a pas chargé de constater (Req. 5 juill. 1888, aff. Chollet, D. P. 89. 1. 151). Et il a été jugé en ce sens que la déclaration, par le notaire, dans un testament authentique, que le testateur était sain d'esprit, ne fait pas obstacle à ce que l'insanité d'esprit du testateur soit établie à l'aide de la preuve testimoniale, sans recourir à l'inscription de faux (Bourges, 26 févr. 1855, aff. Guillot-Chemerand, D. P. 55. 2. 295. V. aussi Poitiers, 10 févr. 1857, aff. Bernard, D. P. 57. 2. 126; Dijon, 8 déc. 1881) (2). — Mais il faut distinguer à ce sujet

(1) (Jacqueson C. Jacqueson et Mercier.) — Le 31 mars 1881, le tribunal civil de Beaune a rendu le jugement suivant : — « Attendu, en droit, que l'art. 901 c. civ. dispose que, pour faire une donation ou un testament, il faut être sain d'esprit ; qu'en rappelant ainsi par un texte spécial une règle qui est de l'essence de tous les contrats, le législateur a évidemment voulu montrer que, pour disposer à titre gratuit, il faut une capacité plus certaine encore et plus complète que pour contracter à titre onéreux ; que le principe posé par l'art. 901 est donc plus large que celui de l'art. 504, et qu'il en résulte que les donations ou testaments peuvent être attaqués pour cause de démence de leur auteur, alors même que celui-ci n'a pas été interdit ; que, dans ce cas, il suffit au demandeur d'établir que le donateur ou testateur n'était pas sain d'esprit au moment où il a disposé, et que cette preuve résultera suffisamment de cette double circonstance qu'il était en état de démence soit avant, soit après la date de l'acte, et à une époque rapprochée de cette date ; que c'est là une règle généralement admise; qu'elle est d'accord avec la raison, et que la preuve ainsi faite ne pourrait être détruite que par celle que feraient les bénéficiaires de la donation ou du testament que, malgré son état général de démence, le testateur ou le donateur avait, au moment de disposer, recouvré toute sa raison et était capable de le faire ; — Attendu, en fait, et dans l'espèce, que la veuve Marmorat a quitté la ville de Beaune et qu'elle a été emmenée à Epinac, le 25 oct. 1878, par son neveu naturel, Pierre Jacqueson, et qu'un mois après, le 25 novembre, elle a, par testament public, institué conjointement pour ses légataires universels ledit Pierre Jacqueson et la sœur de celui-ci, la dame Mercier, et à leur défaut leurs descendants ; que ce testament est attaqué par le frère de la testatrice, et qu'il est démontré de la façon la plus péremptoire, soit par l'enquête à laquelle il a fait procéder, soit par les documents de la cause, qu'avant son départ de Beaune, et surtout au moment de ce départ, la testatrice était en état de démence sénile, et que pour cette cause elle a été interdite par jugement du 21 juin 1879; que tous les témoins de l'enquête s'accordent, en effet, à constater que, dans les derniers temps de son séjour à Beaune, la veuve Marmorat était dans l'enfance, et que leur conviction est basée sur les faits les plus caractéristiques qu'ils révèlent ; qu'à raison de cet état, le demandeur avait introduit une instance en interdiction contre elle dès le 4 nov. 1878, et que cette interdiction a été prononcée le 21 juin suivant, à la simple vue de l'interrogatoire qu'elle avait subi le 28 mars précédent, et sur l'avis conforme et unanime de son conseil de famille en date du premier du même mois. ; que l'interrogatoire du 28 mars est la constatation la plus évidente du désordre complet d'esprit de la testatrice, et que cependant le quatrième témoin de l'enquête, qui l'a revue le jour où elle l'a subi, déclare qu'à ce moment-là la veuve Marmorat était mieux moralement qu'avant son départ de Beaune; qu'il est donc certain que son état de démence existait antérieurement à son testament et qu'il a persisté jusqu'à son décès; que, du reste, il s'agit dans l'espèce d'un état de démence sénile qui provient de l'affaiblissement des facultés mentales amené par l'âge et qui va toujours s'aggravant avec les années; que le seul témoin de l'enquête dont la déposition pourrait avoir quelque portée, à savoir le médecin qui a donné des soins à la veuve Marmorat pendant son séjour à Epinac, déclare seulement que cette femme ne lui a pas paru avoir perdu le jugement, et rend témoignage en même temps de l'affaiblissement de ses facultés intellectuelles; que les autres témoins ne déposent que de faits insignifiants ou se bornent à déclarer qu'ils ne l'ont pas entendu déraisonner; qu'enfin les témoins instrumentaires du testament ne la connaissaient pas; que le notaire n'a posé en leur présence à la veuve Marmorat aucune question de nature à constater sa sanité d'esprit; que lui-même ne déclare pas s'en être assuré à ce moment-là, et que cependant le laconisme et l'hésitation avec lesquels la testatrice a fait connaître ses dernières volontés étaient bien de nature à éveiller son attention; que tout se réunit donc pour démontrer que l'état de démence de la veuve Marmorat existait au moment même où elle a testé, et que dans tous les cas il n'est pas établi que cette femme avait recouvré toute sa raison à l'époque de cet acte ; — Par ces motifs; — Déclarant concluante l'enquête et non concluante la contre-enquête; — Annule le testament de la dame Pierrette Jacqueson, veuve de Louis Marmorat, reçu Me Perrin, notaire à Epinac, le 25 nov. 1878. » — Appel. — Arrêt.

La cour; — Adoptant les motifs des premiers juges ; — Confirme.

Du 22 déc. 1881.-C. de Dijon, 1re ch.-MM. Klié, pr.-Vèzes, av. gén.-Cardot et Lombart, av.

(2) (Voisenet C. Aublin.) — Le 13 avr. 1881, jugement du tribunal civil de Semur, conçu en ces termes : — « Considérant que, suivant testament reçu Me Thomas, notaire à Laroche-en-Breuil, le 28 févr. 1880, Anne Charlot a institué pour sa légataire universelle Marie Charlot, sa sœur; — Considérant que Voisenet, en qualité d'héritier de la demoiselle Charlot, a assigné les défendeurs pour ouïr dire que ce testament serait considéré comme nul, étant le résultat de la suggestion, de la captation et de l'insanité d'esprit de la testatrice; qu'à l'appui de sa demande, il offre de prouver les faits suivants (suit l'énumération des faits); — En ce qui concerne Marie Charlot, femme Aublin : — Considérant que, s'il est de principe que l'inscription de faux n'est pas nécessaire pour établir contre la mention d'un testament authentique l'insanité d'esprit du testateur, il doit en être autrement, et l'inscription de faux devient absolument nécessaire quand les faits qu'on demande à prouver sont en opposition avec ceux que le notaire a attestés dans la limite de ses pouvoirs; — Considérant, dans l'espèce, que les faits articulés tendraient à établir que l'idiotisme ou l'imbécillité de la testatrice étaient complets; qu'elle était incapable de comprendre la portée d'un acte civil, qu'elle n'avait pas de suite dans les idées, et que la plupart du temps ses paroles étaient incohérentes et sans signification ; — Considérant que les faits cotés sous les numéros deux, trois, quatre, cinq, six et onze, seraient le résultat et la preuve de l'état

la simple déclaration faite par le notaire et l'énonciation que ferait son acte de faits précis, prouvant que le testateur était sain d'esprit. L'inscription de faux pourrait seule combattre une semblable énonciation et la preuve des faits invoqués à l'appui d'une demande en nullité de testament authentique, pour cause d'insanité d'esprit du testateur, ne saurait être reçue, sans inscription de faux, quand ces faits sont en opposition avec ceux que le notaire a attestés dans la limite de ses pouvoirs ; ici ne s'applique pas la règle qui permet de prouver, sans inscription de faux, que le testateur n'était pas sain d'esprit, malgré l'énonciation contraire du testament authentique. Spécialement, lorsqu'il est constaté par le notaire que le testateur a dicté son testament, et, qu'après lecture faite de ce testament, il a déclaré le bien comprendre et y persévérer, la preuve de faits tendant à établir qu'à l'époque où il a testé, le testateur était dans un état d'imbécillité complète, sans intervalle lucide, qu'il était dans l'impossibilité de lier deux idées, et qu'il pouvait à peine articuler des mots qui fussent entendus, n'est recevable qu'à la charge par celui qui offre cette preuve de s'inscrire en faux contre le testament, de semblables articulations démentant les faits qui y sont régulièrement constatés (Req. 1er déc. 1851, aff. Maraval, D. P. 51. 1. 327). En effet, dans cette hypothèse, il ne s'agit plus d'une opinion émise par le notaire, alors que la loi ne l'avait pas chargé d'émettre une semblable opinion, mais d'une attestation de faits par lui faite dans le cercle de ses pouvoirs. Et la cour de Liège n'a fait qu'appliquer ce principe, entièrement conforme à la théorie de la foi due aux actes notariés, en décidant, par arrêt du 14 mai 1873 (aff. Tison, D. P. 74. 2. 36), que, lorsqu'un testament authentique est argué de nullité, pour insanité d'esprit du testateur au moment de sa confection, l'articulation de faits en contradiction formelle avec les énonciations du testament se rapportant à des points que le notaire avait mission de constater, ne peut être admise en preuve ; et qu'il en est ainsi, spécialement, des faits tendant à prouver qu'au moment de l'arrivée du notaire, le testateur n'articulait plus que des paroles inintelligibles et vides de sens, qu'à sa sortie il était en délire, qu'au moment de la réception du testament, il ne savait plus ce qu'il faisait, qu'il ne comprenait plus rien, et que ses facultés intellectuelles étaient totalement altérées, etc., tandis que le notaire constate que le testateur lui a dicté son testament en présence des témoins et qu'il l'a écrit tel que le testateur le lui a dicté ; car la preuve sollicitée tendrait directement à établir la non-existence de faits légalement constatés par un acte faisant foi jusqu'à inscription de faux, et ne pourrait, par conséquent, être admise.

708. Pour qu'une personne puisse tester par acte authentique, il ne suffit pas qu'elle soit saine d'esprit; il faut encore qu'elle soit capable de remplir les diverses formalités auxquelles est subordonnée la validité d'un tel acte. Ainsi l'art. 972 exige, comme on le verra *infrà*, n° 716, que le testament soit dicté par le testateur, et qu'ensuite il en soit donné lecture au testateur en présence de témoins. Le *muet* ne pourrait donc tester dans cette forme (Troplong, *Donations et testaments*, t. 3, n° 1449; Aubry et Rau, t. 7, § 663, p. 92; Demolombe, t. 4, nos 168, 243 et 244).

709. En serait-il de même du *sourd?* Plusieurs opinions se sont formées sur ce point. Dans un premier système, on se prononce pour la nullité du testament authentique qui serait fait par un sourd. En effet, dit-on, il est essentiel que le testateur, après avoir dicté le testament au notaire, en reçoive lecture. Les uns exigent que cette lecture soit faite par le notaire lui-même, et à haute voix. D'autres se contentent d'une lecture faite à haute voix par une personne quelconque, autre toutefois que le testateur lui-même. Mais les uns et les autres sont d'accord pour exclure la lecture faite par le testateur, même à haute voix (V. *infrà*, n° 725). La conséquence de ce système, reconnue d'ailleurs expressément par les auteurs qui le défendent, c'est l'impossibilité pour le sourd de tester par acte public (Paris, 16 janv. 1874, aff. Faber, D. P. 75. 2. 39). Il en résulte que le sourd qui ne sait pas écrire n'ayant pas alors la ressource du testament olographe, ne peut tester que suivant les formes très compliquées du testament mystique; et que, s'il ne sait ni lire, ni écrire, il ne peut faire aucune espèce de testament. « Cela est regrettable sans doute, dit M. Dutruc, *op.* et *loc. cit.*, mais le désir de venir en aide à une situation heureusement exceptionnelle ne peut autoriser à détourner de son sens naturel une disposition que justifient d'ailleurs parfaitement les considérations les plus graves. »

710. La rigueur même de ce système l'a fait rejeter par la jurisprudence, et par beaucoup d'auteurs qui autorisent le testateur à se donner à lui-même lecture du testament, écrit par le notaire sous sa dictée. Mais suffit-il alors que le testateur fasse cette lecture à voix basse? Il semble que la chambre civile s'en contente, car, dans une espèce (Civ. rej. 14 févr. 1872, aff. Blanc, D. P. 72. 1. 457) où les faits étaient constatés par le testament dans les termes suivants: « Ainsi dicté à haute et intelligible voix par la testatrice à nous notaire qui l'avons écrit de notre main, tel que la testatrice nous l'a dicté. Nousdit notaire l'avons ensuite lu à la testatrice, qui, ayant déclaré qu'elle sait lire, l'a lu ensuite elle-même, attendu sa surdité, et a déclaré le bien comprendre et le trouver entièrement conforme à ses volontés... le tout, après lecture du présent testament faite par nous notaire à la testatrice, et par la testatrice elle-même en présence de témoins », la cour justifie ainsi la solution qu'elle donne : « Attendu que ces constatations satisfont aux prescriptions de la loi; — Que, d'une part, en effet, elles établissent que le notaire a lu le testament en entier à la testatrice, devant les témoins, qui ont pu ainsi s'assurer par eux-mêmes que les dispositions dictées par la testatrice avaient été exactement reproduites par le notaire; — Que, d'autre part, elles établissent que la testatrice, qui savait lire, a pris connaissance entière de son testament par la lecture qu'elle en a faite elle-même devant le notaire et les témoins instrumentaires, et qu'elle s'est ainsi assurée qu'il contenait bien l'expression de ses volontés, ce qu'elle a formellement déclaré ». — L'arrêt ne constate pas que la lecture ait été faite à haute voix (ce qui d'ailleurs était constant en fait), et c'est en dehors de toute considération de ce genre qu'il maintient le testament. Dans ces termes, ce système semble peu satisfaisant, car il paraît bien contraire à l'esprit de la loi. En effet, comment les témoins pourraient-ils affirmer que le testateur, qui ne leur a pas donné lecture de l'acte, a bien eu connaissance de ses dispositions telles que le notaire les a écrites, et qu'il les a bien approuvées, comme étant réellement ses dernières volontés? Un arrêt de la

---

d'imbécillité allégué par Voisenet; — Mais considérant que de semblables faits attaquent le testament dans les énonciations que le notaire y a insérées relativement à sa substance, puisque cet acte contient la mention que la testatrice a dicté le testament tel qu'il a été écrit; que les dispositions renfermées dans ce testament paraissent sages et réfléchies; qu'aucune d'elles ne révèle la démence ou l'imbécillité; qu'il y est consigné, en outre, qu'après lecture, la testatrice a déclaré l'avoir dicté tel qu'il est écrit et y persiste comme étant l'expression exacte de sa volonté; — Considérant que ces énonciations, qui émanent d'un notaire dans le cercle de ses attributions, détruisent pleinement les faits articulés, et que la foi due à l'acte authentique ne permet pas d'en admettre la preuve sans inscription de faux; — Par ces motifs; — Sans s'arrêter à la demande en preuve; — Renvoie les époux Aublin de la demande principale dans laquelle Voisenet est déclaré non recevable, l'en déboute ». — Appel. — Arrêt.

LA COUR ; — Attendu que, si les faits articulés dans les conclusions de l'appelant étaient régulièrement prouvés, il en résulterait qu'Anne Charlot était faible d'esprit et ne possédait pas un esprit suffisant pour disposer de ses biens; — Attendu que la constatation de la sanité d'esprit du testateur ne rentre pas dans les attributions légales des notaires, et que les énonciations à ce relatives étant étrangères à la substance et à la solennité de l'acte, ne sauraient faire foi, jusqu'à inscription de faux; — Attendu que, dans l'espèce, les faits articulés n'impliquent aucunement de la part d'Anne Charlot l'impossibilité de parler et de déclarer devant un notaire et des témoins quelles étaient ses dispositions dernières, mais seulement que ces dispositions émanaient d'une intelligence faible, incomplète, restée à l'état d'enfance, et d'une volonté facile à dominer; — Attendu que, ces faits étant pertinents, il y a lieu d'admettre Voisenet à en rapporter la preuve;... — Par ces motifs; — Réforme, et avant dire droit au fond, autorise Voisenet à rapporter la preuve par toutes voies de droit, même par témoins, des faits articulés, sauf à la dame Aublin à former la preuve du contraire, etc.

Du 8 déc. 1881.-C. de Dijon, 1re ch.-MM. Cantel, 1er pr.-Vèzes, av. gén.

cour de Paris du 21 févr. 1879 (1) ne s'est associé à ce système qu'à raison de cette circonstance de fait que le testateur, après avoir lu attentivement le testament, avait fait diverses observations prouvant qu'il l'avait bien compris. — Aussi, tout en admettant que le testateur sourd peut se donner à lui-même lecture du testament écrit par le notaire sous sa dictée, on exige généralement, suivant l'opinion émise au *Rép.* n° 2923, que cette lecture ait été faite à voix haute. Telle paraît bien avoir été la pensée de la cour de cassation, lorsque (Civ. rej. 10 avr. 1854, aff. Gauzit, D. P. 54. 1. 169), pour déclarer nul un testament lu par le testateur à voix basse, elle s'est fondée sur ce « que, sans examiner si, au cas où le testateur est atteint de surdité, il peut être suppléé à la formalité qui exige que lecture lui soit donnée, il suffisait de reconnaître qu'en fait, dans l'espèce, le testament avait été, il est vrai, lu par le testateur en présence des témoins, mais que rien n'indiquait que cette lecture eût été faite de façon à être entendue des témoins ». En se rangeant au même avis, la cour d'Aix, dans un arrêt du 10 nov. 1869 (aff. Blanc, D. P. 70. 2. 106), a montré en termes excellents que, dès lors que le testateur a lu le testament à haute voix, le vœu de la loi est satisfait : « Attendu, dit cet arrêt, que le testament porte la mention d'une double lecture entière faite par le notaire et la testatrice, en présence des témoins et de manière à frapper leur oreille ; — Qu'ainsi la testatrice, après avoir dicté ses volontés, a contrôlé par la lecture qu'elle a faite elle-même l'exactitude de l'écriture qui en était l'expression, a fait comprendre aux autres, en parlant à haute voix, qu'elle avait lu ses dispositions en entier ; — Qu'elle a donc pu dire avec raison qu'elle comprenait qu'elles avaient été bien rendues, et qu'elle y persistait ; — Attendu que les témoins, de leur côté, entendant lire le testament par le notaire, ont constaté l'exactitude de sa rédaction, et, par la testatrice, l'exactitude de sa perception ; qu'on se trouve ainsi en présence d'une volonté exactement exprimée et d'une expression formellement contrôlée » (V. en ce sens : Marcadé, *Explication du code civil*, sur l'art. 972, n° 3; Demante, *Cours analytique*, t. 4, n° 107 *bis*-2; Bayle-Mouillard, sur Grenier, *Donations et testaments*, t. 2, p. 231, note *a*; Coin-Delisle, *Donations et testaments*, sur l'art. 972, n° 20, et *Revue critique de législation*, 1853, t. 3, p. 367).

711. La même question s'est également posée, à une date toute récente, au sujet de l'*aveugle*. La faculté de tester par acte authentique lui a été reconnue par la cour de Toulouse le 13 avr. 1886 (aff. Ricardie, D. P. 87. 2. 5) dans un arrêt qui offre une véritable revue de la doctrine et de la jurisprudence. En principe, dit d'abord cet arrêt, les aveugles, les sourds, les muets et même les sourds-muets de naissance jouissent, malgré leurs infirmités, de la faculté de disposer à titre gratuit, pourvu qu'ils sachent et puissent manifester leur volonté dans la forme prescrite pour le mode de disposition qu'ils entendent employer (Demolombe, t. 1, n°s 351, 352 ; Aubry et Rau, t. 7, § 648, p. 18, et § 670, p. 127 ; Colmar, 14 juin 1870, aff. Gsell, D. P. 74. 5. 168 ; Limoges, 5 juin 1878, et sur pourvoi, Req. 17 déc. 1878, aff. Degest, D. P. 79. 1. 409). En outre, il est indiscutable qu'un aveugle peut faire un testament olographe, lorsqu'il sait écrire, puisque la loi exige comme seule condition que ce testament soit écrit, daté et signé par le testateur (Demolombe, t. 4, n° 71 *ter* ; Troplong, *Donations et testaments*, 3e éd., t. 1, n° 540 ; Aubry et Rau, t. 7, § 663, p. 92, note 3; Comp. Req. 28 juin 1847, aff. Mempey, D. P. 47. 1. 341). A l'inverse, il est certain qu'un aveugle ne pourrait pas faire un testament mystique, puisque l'art. 978 c. civ. exige formellement que la personne qui veut employer la forme mystique jouisse encore de la vue lors de la confection du testament (Req. 22 juin 1852, aff. de Murat, D. P. 53. 1. 107 ; Aubry et Rau, t. 7, § 663, p. 92, note 5 ; Demolombe, t. 1, n° 352 *bis*). Reste donc à rechercher si, dans les formalités requises pour le testament par acte public, il s'en trouve qui ne puisse être remplie par l'aveugle. Ces formalités, la cour de Toulouse les réduit avec raison à cinq : 1° la dictée par le testateur en présence des témoins; — 2° L'écriture par le notaire en présence du testateur et des témoins ; — 3° La lecture par le notaire au testateur en présence des témoins ; — 4° La mention de l'accomplissement de ces prescriptions ; — 5° La signature du testateur, des témoins et du notaire. — En ce qui touche la dictée, rien ne s'oppose évidemment à ce qu'un aveugle dicte son testament tout aussi bien qu'un autre. — Quant à la présence du testateur à l'écriture, il suffit d'une simple présence physique, sans qu'on ait à exiger une surveillance. La surveillance est le fait du témoin ; aussi un testament public ne saurait être valablement reçu en présence d'un témoin aveugle (Paris, 16 janv. 1874, aff. Faber, D. P. 75. 2. 39; Demolombe, t. 4, n° 192; Aubry et Rau, t. 7, § 670, p. 115 ; Troplong, t. 3, n° 1678. V. *infrà*, n° 755). Mais l'arrêt précité fait très exactement remarquer qu'il faut se garder d'établir une analogie absolue entre le testateur et le témoin ; que l'œuvre de celui-ci consiste à contrôler, vérifier, certifier la reproduction écrite par le notaire de la dictée du testateur ; qu'imposer la même obligation au testateur dans le silence de l'art. 972 c. civ., § 1er et 2, ce serait ajouter à la loi ; que, sans parler des illettrés ou de certains myopes qui sont presque aussi étrangers qu'un aveugle au fait de l'écriture, il suffit de constater que la plupart du temps le testateur, vaincu par la maladie et près de son heure dernière, n'a pas la force de tourner ses regards vers le notaire ; qu'on conçoit fort bien que la présence requise de sa part soit la simple présence réelle sans activité de vision (Demolombe, t. 4, n° 258) ; que tel est le véritable esprit de la loi, qui ordonne la lecture au testateur justement parce qu'il a pu ne pas voir écrire. — Enfin, quant aux autres formalités, la cécité du testateur ne saurait porter obstacle à l'accomplissement d'aucune d'elles, pas même à la signature du testament. En effet, il y aurait non-sens à décider que l'aveugle ne peut signer un testament public, alors qu'il peut faire un testament olographe, alors surtout qu'on admet comme valable, sur un testament authentique, la signature d'un illettré qui sait seulement signer, et par conséquent ne peut vérifier le contexte de ce qu'il signe. — Toutes ces raisons sont décisives, et la chambre des requêtes, le 23 mai 1887 (aff. Fonteneau, D. P. 88. 1. 469), en rejetant le pourvoi formé contre cet arrêt, a définitivement consacré la validité du testament fait par un aveugle en la forme authentique.

712. Parmi les conditions de forme requises par la loi

(1) (X... C. Héritiers Guilly.) — La cour ; — Sur la fin de non-recevoir, etc. ; — Au fond, en ce qui touche la demande en nullité du testament de Guilly, pour vice de forme : — Considérant que l'art. 972 c. civ., qui détermine la forme du testament authentique, se borne à ordonner qu'après qu'il aura été dicté par le testateur, et écrit par le notaire, il en sera donné lecture à ce testateur en présence des témoins ; que le but de cette disposition est de constater que le testateur s'est assuré par lui-même, en présence des témoins, que le notaire a exprimé ses volontés d'une manière exacte, et de lui permettre, dans le cas contraire, de les préciser ou de les rectifier ; — Considérant que, lorsque le testateur est atteint de surdité, cette prescription légale est suffisamment remplie par la lecture faite par le testateur de l'acte rédigé par le notaire, lors même qu'elle n'aurait pas été faite à haute voix, si elle a été suivie d'une seconde lecture faite par le notaire aux témoins instrumentaires, en présence du testateur, si ce dernier a déclaré ou manifesté, d'une manière certaine, l'avoir bien compris ; — Considérant qu'il résulte de l'enquête à laquelle il a été procédé que Guilly a pris connaissance du testament écrit par le notaire au moyen de la lecture attentive qu'il en a faite, et que les observations par lui soulevées à la suite de cette lecture prouvent suffisamment qu'il en a compris le sens et la portée ; qu'il est, en outre, constaté par le testament lui-même et par les dispositions de l'enquête, qu'une lecture à haute voix en a été faite par le notaire en présence des témoins qui avaient assisté à la rédaction ; — Considérant que ces constatations suffisent pour établir qu'il a été satisfait aux prescriptions de la loi ; qu'il en résulte, en effet, d'une part, que le testateur, qui ne pouvait entendre la lecture du testament en raison de son état de surdité, s'est assuré par la lecture qu'il en a faite lui-même en présence du notaire et des témoins instrumentaires, qu'il contenait bien l'expression de ses volontés, et, d'autre part, que le notaire a lu ce testament en présence des témoins, qui ont pu également s'assurer qu'il reproduisait exactement les dispositions dictées en leur présence par le testateur ; que dans ces circonstances, la lecture à haute voix par le testateur n'étant d'ailleurs prescrite par aucune disposition de la loi, l'absence de cette formalité n'a pu invalider le testament de Guilly ;... — Par ces motifs, infirme.

Du 21 févr. 1879.-C. de Paris, 4e ch.

du 25 vent. an 11 pour la validité des actes notariés, et spécialement, des testaments authentiques, il y a lieu d'insister sur celles qui sont relatives à la date (art. 13) (*Rép.* nos 2800 et suiv.). En principe, les exigences de la loi relatives à la date des testaments olographes (V. *suprà*, nos 647 et suiv.) sont également applicables aux testaments authentiques (*Rép.* no 2806; Civ. rej. 18 janv. 1858, aff. Moreau, D. P. 58. 1. 24). Jugé en ce sens que l'erreur dans la date d'un testament, ou l'omission d'un de ses éléments essentiels, est une cause de nullité, à moins que le testament lui-même ne renferme le moyen de rectifier ou de compléter cette date. Ainsi, l'omission du millésime, dans l'énonciation de la date d'un testament notarié, n'est pas une cause de nullité, si l'époque d'émission du timbre qui fait corps avec la minute de ce testament, rapprochée de celle de la cessation des fonctions du notaire rédacteur de l'acte, permet de déterminer ce millésime avec certitude (Même arrêt). — D'ailleurs, bien que l'art. 12 de la loi de ventôse exige seulement l'énonciation de *l'année et du jour* où l'acte est passé, on admet généralement que cette exigence s'étend implicitement à la mention du *mois*, à moins que le jour ne soit indiqué par le nom d'une fête parfaitement connue (*Rép.* vo *Date*, no 4; Merlin, *Répertoire*, vo *Testament*, sect. 11, § 1er, art. 6; Demolombe, *Donations et testaments*, t. 4, no 230; Aubry et Rau, t. 8, § 755, texte et note 31; Paris, 2 janv. 1883, et Civ. cass. et rej. 19 mai 1885, aff. Durant, D. P. 85. 1. 345). Donc, pour que le testament authentique soit valable, il faut qu'il contienne l'indication exacte de l'année, du mois et du jour où il a été fait.

713. Au surplus, la date du testament n'est pas tellement indivisible dans toutes ses parties que l'erreur commise dans un des éléments qui la constituent doive nécessairement faire considérer comme nulles les autres énonciations (*Rép.* no 2691; Demolombe, t. 4, no 95; Civ. rej. 14 mai 1867, aff. Legoubé, D. P. 67. 1. 201-202; Aix, 16 févr. 1881, aff. Kœnig, D. P. 82. 2. 69; Douai, 8 nov. 1881, aff. Descamps, *ibid.*). Mais, quel que soit celui des éléments de la date qui est erroné, il vicie toute la date, s'il ne peut être rectifié à l'aide d'éléments puisés dans le testament lui-même. Jugé en ce sens que le testament authentique qui porte une date inexacte (dans l'espèce, la date du samedi, 14 févr. 1876, alors qu'en 1876 le 14 février ne tombait point un samedi), doit être annulé, lorsque rien, dans cet acte, ne permet de discerner si l'erreur porte sur l'indication du jour de la semaine, ou sur celle du mois, ou du quantième du mois ou même de l'année, ni, par conséquent, de rétablir la date véritable à l'aide du testament ou du calendrier, cette fausse date ne pouvant d'ailleurs être rectifiée à l'aide d'éléments étrangers au testament lui-même, notamment du répertoire du notaire (Paris, 2 janv. 1883, et Civ. cass. et rej. 19 mai 1885, aff. Durant, D. P. 85. 1. 345).

714. Comme on l'a vu au *Rép.* no 2808, l'art. 13 de la loi du 25 vent. an 11, relatif à l'écriture des actes notariés, aux noms des parties et des témoins, ainsi qu'aux procurations annexées à l'acte, est applicable aux testaments authentiques comme aux autres actes notariés. Il en est de même des art. 15 et 16 de cette loi, relatifs aux renvois, surcharges, interlignes et additions dans le corps des actes (*Rép.* nos 2809 et suiv., 2815 et suiv). Mais, comme ils ne prononcent la nullité que des mots ajoutés, le testament n'en reste pas moins valable, abstraction faite de ces mots, surtout s'ils ne s'appliquent pas à une partie essentielle de l'acte (Toulouse, 16 juin 1887, aff. Lacoste, D. P. 88. 2. 61).

715. La signature, qui fait l'objet de l'art. 14 de la loi de ventôse, est soumise, en matière de testament, à des règles spéciales que nous étudierons en détail, *infrà*, nos 734 et suiv.

ART. 2. — *De la dictée par le testateur et de l'écriture par le notaire* (*Rép.* nos 2840 à 2910).

§ 1er. — De la dictée par le testateur (*Rép.* nos 2841 à 2865).

716. Le testament doit être dicté par le testateur. Il serait nul, si le testateur n'avait manifesté sa volonté que par signes, par voie de relation à un autre acte, ou à l'aide de notes remises au notaire (*Rép.* no 2843. Conf. Aubry et Rau, t. 7, § 670, p. 124; Demolombe, t. 4, no 248), ou s'il s'était contenté de remettre à celui-ci un modèle préparé à l'avance (Caen, 17 nov. 1884) (1). Mais cette prohibition ne va pas jusqu'à interdire l'usage d'un brouillon ou de notes

(1) (Hodiesne C. Favier et autres.) — LA COUR; — Attendu que, par un testament reçu par Me Loisel, notaire à Cherbourg, le 2 juill. 1856, Bertin a institué la demoiselle Hodiesne sa légataire universelle; que, par un second testament reçu par le même notaire, le 16 nov. 1869, il a révoqué le premier, réduit la demoiselle Hodiesne à un legs de 15000 fr., et a institué divers légataires particuliers et un légataire universel; — Attendu que la demoiselle Hodiesne demande la nullité de ce dernier testament, tant pour vice de forme que pour cause de suggestion et de captation; qu'elle soutient, en outre, subsidiairement que plusieurs des dispositions du dernier testament sont nulles, comme étant faites à des incapables, ou étant d'une exécution impossible; — En ce qui concerne la nullité de forme : — Attendu que la demoiselle Hodiesne invoque quatre moyens de nullité...; —Attendu qu'elle allègue que le testament n'a pas été dicté par le testateur; mais qu'elle ajoute un fait précis dont elle demande à faire la preuve : c'est-à-dire que le testament a été copié purement et simplement par le notaire sur un projet de testament qui s'est retrouvé lors de l'inventaire, et qui avait été soumis antérieurement à diverses personnes; que la preuve offerte de ce fait est parfaitement concluante; — Attendu qu'après le décès de Bertin, lors de la confection d'un inventaire, deux projets de testament furent trouvés et inventoriés; — Attendu que le premier de ces projets a été écrit par le sieur Levieux, agent d'affaires, institué par Bertin son exécuteur testamentaire et son légataire universel; qu'il contenait quinze dispositions distinctes, parmi lesquelles figure, sous le no 13, un legs fait à la fabrique de l'église Sainte-Trinité de Cherbourg jusqu'à concurrence de 50000 fr.; —Attendu que ce projet fut soumis au sieur Orry, trésorier de la fabrique, lequel en fit une nouvelle copie, reproduction exacte du premier projet dans toutes ses dispositions, sauf en ce qui concerne le legs fait à la fabrique sous le no 13; que ce dernier legs fut augmenté, par le sieur Orry, de 10000 fr., et qu'en outre, la fabrique fut dispensée des charges qui lui avaient été imposées dans le premier projet; — Attendu que ce deuxième projet fut soumis à divers ecclésiastiques, et que l'un d'eux, sans se donner la peine de recopier tout au long le testament une troisième fois, modifia de nouveau, sur une feuille à part annexée au second projet, la disposition au profit de la fabrique, et convertit son legs précédent en un nouveau legs comprenant le surplus des valeurs mobilières et immobilières de la succession, c'est-à-dire en un véritable legs universel; — Attendu que ce deuxième projet ainsi amendé contenait, à la suite de l'indication du nom de certains légataires particuliers, plusieurs espaces laissés en blanc, afin de consigner leurs prénoms ou le nom de famille des femmes mariées, détail que l'auteur du projet devait ignorer; que le nom du légataire universel était également laissé en blanc, par la raison que, ne devant rien recueillir, il pouvait être le premier venu; que son institution avait uniquement pour but d'empêcher les réclamations des héritiers du sang près du Gouvernement; que le choix de ce légataire universel devait, par suite, être indifférent au testateur; — Attendu qu'il est établi que le projet dont il s'agit a été remis au notaire rédacteur du testament; qu'en effet, c'est lui-même qui, de son écriture, a rempli les blancs dont il vient d'être parlé, de manière à n'avoir plus à faire du tout qu'une copie servile; — Attendu que le testament du 16 nov. 1869 n'est, en effet, que la copie textuelle du projet remis au notaire; — Attendu que les intimés objectent que, si le testament est la copie exacte d'un modèle, il peut néanmoins avoir été dicté tel, soit que le testateur l'ait appris mot pour mot et l'ait récité de mémoire, soit qu'il l'ait dicté en le lisant sur le modèle; — Attendu que ces deux hypothèses sont également inadmissibles; — Attendu, en effet, que Bertin était âgé de quatre-vingt-cinq ans, complètement aveugle, et à peu près complètement sourd; que, dès 1866, dans la dernière lettre qu'on ait trouvée de lui, il écrivait : « Je n'entends presque plus et j'y vois encore moins; mon œil gauche est tout à fait perdu, et le droit ne vaut pas beaucoup mieux; je n'ai pu lire tes lettres, ni celles de M. le curé, ainsi que les journaux, que je ne peux plus lire; je peux encore me conduire dans la rue avec précaution; je ne puis même lire l'écriture que je viens de tracer sur ce papier qu'avec grande peine »; — Attendu que, depuis cette époque, Bertin a cessé de tenir son registre de comptabilité, qu'il avait jusque-là toujours tenu de sa main; que ces infirmités ont dû s'aggraver avec l'âge de 1866 à 1869; que le testament attaqué constate que le testateur n'a même pu apposer sa simple signature, à cause de l'extrême affaiblissement de sa vue; que le même acte constate également que la lecture du testament a dû lui être réitérée à très haute voix; — Attendu qu'il est matériellement impossible que Bertin, n'y voyant pas même pour signer, ait pu lire, sur un manuscrit, ses dispositions testamentaires, de manière à pouvoir les dicter au notaire; — Attendu qu'il est

équivalentes prises sous la dictée du testateur. Jugé, par exemple : 1° qu'un testament authentique est réputé avoir été dicté par le testateur aux notaires, comme l'exige la loi, alors même qu'il n'est que la copie faite après coup, sans nouvelle dictée, de celui que le testateur avait réellement dicté et que les notaires avaient pensé ne pouvoir servir à raison des ratures et renvois dont il était surchargé, si d'ailleurs la fidélité de cette copie est attestée par la signature du testateur et des témoins, apposée après qu'il leur a été donné lecture de l'acte (Bordeaux, 9 mars 1859, aff. Fieffé, D. P. 59. 2. 220) ; — 2° Que, de même, un testament authentique est réputé *dicté*, dans le sens de l'art. 971 c. civ., quoique le notaire ait d'abord écrit sur une feuille de papier libre les dispositions de dernière volonté que lui avait dictées le testateur, s'il les a immédiatement transcrites sur un feuillet de papier timbré, et en a ensuite donné lecture, en présence de témoins, au testateur qui a déclaré que l'acte contenait bien l'expression de sa volonté (Civ. rej. 19 mars 1861, aff. Belot, D. P. 61. 1. 99-100. V. en ce sens : Demolombe, t. 4, n° 254; Aubry et Rau, t. 7, § 670, p. 125) ; — 3° Qu'un testament authentique régulier en la forme n'est pas nul, parce que le testateur aurait, préalablement à sa dictée, remis au notaire une note destinée à rappeler ses volontés sur lesquelles il aurait été ensuite successivement interpellé, s'il est établi que chacune de ses dispositions a été indiquée par le testateur lui-même après explications entre lui et l'officier public (Pau, 18 juill. 1887, aff. Vignaux, D. P. 88. 2. 214).

717. Le testament serait également nul, si le testateur n'avait fait que répondre à des interrogations qui lui auraient été adressées (V. *Rép.* n° 2845, et les auteurs cités. *Adde :* Merlin, *Répertoire*, v° *Suggestion*, § 2; Demolombe, t. 4, n° 245; Aubry et Rau, t. 7, § 670-2°, p. 124 ; Laurent, t. 13, n°s 308 et suiv.). Jugé en ce sens : 1° qu'un testament ne peut être réputé avoir été dicté par le testateur lorsque, sur les interpellations qui lui étaient adressées, il s'est borné à répondre par le monosyllabe *oui*, ou lorsque, ayant désigné les objets légués, il n'a désigné le légataire ni par ses noms ni par aucune indication propre à le faire connaître (Bordeaux, 9 mars 1859, aff. Fieffé, D. P. 59. 2. 220); — 2° Qu'un testament écrit par le notaire à un moment où l'état de maladie du testateur mettait celui-ci dans l'impossibilité de manifester sa volonté autrement que par des monosyllabes, doit être annulé, comme n'ayant pas été *dicté*, ainsi que l'exigent, à peine de nullité, les art. 971 et 972; qu'en conséquence, la preuve de ce fait ne peut être repoussée, sous prétexte que le testateur avait toute son intelligence au moment où il testait, que ses libéralités ont été l'expression d'une volonté réfléchie, et qu'il a lui-même fait connaître aux témoins sa pensée, quand elle a été recueillie par le notaire, de telles constatations n'établissant ni l'existence, ni la possibilité physique de la dictée (Civ. cass. 30 août 1858, aff. Lemaire, D. P. 58. 1. 365); — 3° Qu'il y a nullité du testament dans le cas où le testateur, au lieu de dicter lui-même ses dernières volontés, s'est borné à répondre, soit verbalement, soit par gestes, aux questions qui lui étaient posées par le notaire (Trib. Roanne, 23 juill. 1872, aff. Challand, D. P. 74. 5. 473-474); — 4° Qu'il y a lieu de déclarer nul le testament authentique à la dictée duquel le testateur, atteint de paralysie, n'a concouru qu'en répondant par des monosyllabes ou des signes aux questions du notaire, tandis que l'un des légataires indiquait l'objet des libéralités et leurs destinataires (Dijon, 16 févr. 1872, aff. Féron, D. P. 72. 2. 213); — 5° Qu'un testament authentique doit être annulé, s'il est établi que le testateur privé presque entièrement de l'usage de la parole, n'y a concouru qu'en répondant, par monosyllabes, aux questions qui lui ont été adressées par le notaire lors de la lecture faite par celui-ci (Nîmes, 25 mars 1878, aff. Batailler, D. P. 79. 2. 136); — 6° Que le testament authentique dans lequel le testateur s'est borné à répondre affirmativement ou négativement aux interpellations qui lui ont été faites par le notaire est nul, d'après la loi belge comme d'après la loi française (Civ. rej. 12 févr. 1879, aff. Duhamel, D. P. 79. 1. 84).

718. Mais la règle de la dictée par le testateur n'exclut pas, pour le notaire et pour les assistants, la faculté d'adresser au testateur des questions destinées à préciser ses véritables intentions, sous la condition que ces questions ne soient pas conçues de manière à gêner sa liberté et à lui suggérer des dispositions auxquelles il ne songeait pas (*Rép.* n° 2848 ; Aubry et Rau, t. 7, § 670, p. 124; Demolombe, t. 4, n° 246 ; Req. 15 janv. 1866) (1). Jugé également, en ce sens, outre les arrêts cités au *Rép.* n°s 2846 et 2847 : 1° qu'il n'importe pour l'accomplissement de cette condition de la dictée, ni que le notaire ait, au cours de la dictée, donné au testateur quelques explications sur la portée de certains mots, et lui ait adressé des questions pour vérifier si sa pensée était bien saisie, ni que le notaire ait adressé au testateur des interpellations, si celui-ci a fait des réponses ne laissant aucun doute sur sa volonté, et si, par exemple, interrogé sur le point de savoir s'il entendait qu'une hypothèque légale fût attachée à l'exécution d'un legs, il a répondu qu'il ne voulait pas grever ses légataires, réponse d'après laquelle le notaire a écrit que le legs dont il s'agit

encore plus inadmissible que Bertin ait pu apprendre de mémoire un projet de testament, de manière à le répéter exactement, mot pour mot; qu'à son grand âge et ne pouvant pas lire, il lui était impossible d'apprendre le testament sur un manuscrit ; et qu'entendant très difficilement, il n'a pu en faire répéter la lecture assez souvent et assez longtemps pour pouvoir en retenir toutes les expressions avec la plus parfaite exactitude ; que le testament, fort long contient neuf pages de l'écriture du notaire ; qu'il renferme des dispositions très compliquées et combinées avec une grande habileté, pour assurer l'exécution de dispositions faites au profit d'incapables et éviter le contrôle du conseil d'État; que Bertin, homme illettré et étranger à ces sortes d'affaires, était absolument incapable de comprendre lui-même toutes ces habiletés, et, à plus forte raison, de les expliquer au notaire; — Attendu que les testaments sont des actes solennels soumis par la loi, pour leur validité, à des formalités rigoureuses, dont le but est de constater que le testament est bien l'œuvre personnelle du testateur ; que l'art. 972 c. civ. exige que le testament par acte public soit dicté par le testateur et écrit par le notaire, tel qu'il a été dicté; — Attendu qu'il est dès à présent établi par les documents produits devant la cour que les conditions exigées par cet article n'ont pas été remplies, et que le testament a été copié textuellement par le notaire sur un modèle préparé par des tiers intéressés...; — Par ces motifs ; — Infirme; — Dit à bonne cause l'inscription de faux de la demoiselle Hodiesne contre le testament reçu par Me Delaporte, notaire à Cherbourg, le 16 nov. 1869; — Déclare nul ledit testament comme n'ayant pas été dicté par le testateur au notaire, et n'ayant pu, par suite, être écrit tel qu'il a été dicté, etc.

Du 17 nov. 1884.-C. de Caen, 1re ch.

(1) (Héritiers Bazerque *C.* Bazerque.) — La cour ; — Attendu que si les art. 972 et 1001 c. nap. veulent que le testament soit dicté par le testateur au notaire et écrit par celui-ci tel qu'il est dicté, et si, par conséquent, on ne saurait considérer comme répondant au vœu de ces articles le testament dans lequel le testateur se serait borné à répondre par *signe* ou par *oui* aux questions à lui adressées par l'officier public, il est constant, d'autre part, que la règle de la dictée par le testateur n'exclut pas pour le notaire la faculté d'adresser au testateur les questions qui peuvent éclairer sur ses véritables intentions, à la condition toutefois que ces questions ne soient pas conçues de manière à gêner la liberté du disposant, ni à lui suggérer des dispositions auxquelles sans ces provocations il n'eût point songé; — Attendu qu'il est constaté, en fait, par l'arrêt attaqué, et qu'il résulte de l'enquête que le notaire a demandé à la testatrice : « A qui voulez-vous donner le quart? »; — Qu'à cette question elle a répondu : « Le quart, je veux le donner à Blaise, il n'y a que lui pour soutenir la maison » ; — Attendu que la question n'impliquait aucune suggestion, aucune insinuation contraire à la liberté et à la spontanéité, qui sont de l'essence des dispositions testamentaires; que la déclaration explicite et motivée de la testatrice ne saurait être non plus assimilée à une de ces réponses vagues qui puissent laisser de l'incertitude sur les véritables intentions du testateur ; — Attendu, en outre, qu'il est déclaré par l'arrêt, comme résultant de l'enquête et de tous les documents du procès, que la testatrice était saine d'esprit, et que cet acte porte l'empreinte d'une volonté énergique, persévérante, raisonnée, émanant d'une personne en pleine possession de son intelligence, et se rendant très bien compte de la situation qu'elle veut assurer; — Que, dans ces circonstances, qu'il lui appartenait d'apprécier souverainement, l'arrêt attaqué a pu déclarer le testament valable comme réellement dicté par la testatrice, sans violer ni l'art. 972, ni l'art. 1001 c. nap.; — Rejette, etc.

Du 15 janv. 1866.-Ch. req.-MM. Bonjean, pr.-Anspach, rap.-P. Fabre, av. gén.-Aubin, av.

n'emporterait pas hypothèque, mais obligerait simplement avec solidarité les légataires chargés de l'acquitter;... ni même que le testateur ait fait à l'une de ces interpellations une réponse purement monosyllabique, si cette réponse s'appliquait à une clause révocatoire qui était un complément naturel et presque de forme du testament (Civ. rej. 19 mars 1861, aff. Belot, D. P. 61. 1. 100. Comp. Civ. rej. 12 févr. 1879, aff. Duhamel, D. P. 79. 1. 84).

719. La dictée peut être faite dans une langue étrangère. Mais, en pareil cas, il est indispensable que le notaire comprenne l'idiome du testateur (Aubry et Rau, t. 7, § 670, p. 125). Cependant la cour de Saint-Louis (Sénégal) a validé le 26 juill. 1876 (1) un testament dicté par un indigène ne parlant que le *wolof* au greffier-notaire, qui n'entendait pas cette langue, mais était assisté d'un interprète (*Rép.* nos 2873 et 2874). Suivant la doctrine contenue dans un arrêt de la chambre des requêtes, du 12 août 1868 (aff. Paccioni, D. P. 72. 1. 133), est déclaré valable le testament authentique dicté par le testateur dans une langue étrangère qui lui était familière, et écrit par le notaire en cette langue, pourvu toutefois qu'il ait été écrit en français dans la partie qui est l'œuvre personnelle du notaire.

720. L'exigence de la loi relative à la dictée par le testateur est absolue, et la nullité s'impose pour le tout, alors même qu'une partie aurait été dictée (Civ. cass. 27 avr. 1857, aff. Chaminade, D. P. 57. 1. 365). En conséquence, lorsqu'un testament renferme plusieurs dispositions, dont la première, contenant l'institution d'héritier, a seule été dictée par le testateur, tandis que les autres, qui énumèrent les charges de cette institution, après avoir été préparées à l'avance par le testateur, avec l'aide d'un tiers, ont été dictées par celui-ci, le testament doit être annulé pour le tout, comme n'ayant pas été dicté exclusivement par le testateur (Aix, 16 févr. 1871, aff. Lafont, D. P. 72. 2. 52). D'ailleurs, en thèse générale, à supposer que la formalité de la dictée puisse être remplacée par des équivalents, il faut, du moins, que le mode de manifestation employé ne puisse laisser aucun doute sur la volonté du disposant; spécialement, un testament ne saurait être considéré comme manifestant avec une certitude suffisante la volonté du testateur, lorsque celui-ci n'a pu, à raison de sa fatigue, dicter que la première disposition, que les autres dispositions ont été dictées par un tiers, et qu'une déclaration étrangère au testament et émanant d'un tiers intervenu au cours de sa rédaction y a été intercalée (Même arrêt).

721. D'ailleurs, la cour de cassation reconnaît aux juges du fond un pouvoir souverain pour apprécier si un testament n'a pas été dicté par le testateur (Req. 8 nov. 1875, aff. Parisot, D. P. 76. 1. 339; Req. 18 févr. 1889) (2), et si les observations et les interpellations faites au testateur sur ses dispositions peuvent être considérées comme des suggestions de nature à vicier sa volonté (Req. 2 mai 1876, aff. Calmon, D. P. 77. 1. 245). Mais encore faut-il que les motifs de leur décision soient déduits en des termes nets et précis, et l'arrêt qui, en présence d'une articulation portant « qu'un testament authentique n'a pas été dicté en entier, mais qu'au contraire, il a été procédé par interrogations adressées au testateur », au lieu d'user du pouvoir d'appréciation qui appartient au juge du fond pour déclarer non existant le fait allégué, se borne, en rejetant l'articulation comme non pertinente et non admissible, à invoquer diverses circonstances dont aucune ne dément directement et formellement le fait allégué, ne contient pas preuve suffisante que la dictée du testament authentique a eu lieu conformément à la loi (Civ. cass. 6 déc. 1886, aff. Lebbé, D. P. 87. 1. 399).

§ 2. — De l'écriture par le notaire (*Rép.* nos 2866 à 2910).

722. Le testament doit être écrit, tel qu'il est dicté, par le notaire, ou par l'un des notaires qui le reçoivent. Il pourrait être écrit en partie par l'un des notaires et en partie par l'autre; il faudrait alors faire mention de cette circonstance (Aubry et Rau, t. 7, § 670, texte et note 47, p. 125). En tous cas, l'acte doit constater que l'écriture émane du notaire; et lorsque la mention relative à l'écriture du testament authentique par le notaire est insérée dans le corps de l'acte et conçue en termes exclusivement

(1) (Héritiers B... C. X...) — La cour; — Considérant qu'à la date du 10 oct. 1873, la dame A... V..., veuve B..., s'est présentée devant Me Deproge, greffier-notaire à Gorée, pour faire ses dernières dispositions; — Que l'officier civil a reçu le testament de ladite dame, en présence de quatre témoins choisis par elle; que la testatrice ne sachant pas *parler le français* et le notaire *n'entendant pas le wolof*, idiome de la veuve B..., celle-ci a dicté son testament en wolof à Me Deproge, lequel l'a écrit en français, traduction préalablement faite par l'un des témoins, qui parlait les deux langues; — Qu'après avoir recueilli les dernières volontés de la testatrice, le notaire lui a donné lecture de l'acte, par l'intermédiaire de la même personne, également en présence des trois autres témoins, qui comprenaient parfaitement, comme celui ayant fait l'office d'interprète, tant l'idiome wolof que la langue française; qu'il est, d'ailleurs, constant et non contesté que toutes les autres formalités prescrites pour la réception des testaments par acte public ont été remplies; — Considérant que le testament en question est argué de nullité par le motif qu'il contiendrait une violation de l'art 972 c. civ., en ce que la veuve B..., au lieu de communiquer directement avec le notaire, ne lui a indiqué ses volontés que par l'intermédiaire d'un interprète, et n'a perçu que de la même manière la lecture de l'acte, violation qui serait de nature à invalider le testament, aux termes de l'art. 1001 c. civ.; — Considérant que de tout temps, au Sénégal et dépendances, l'assistance d'interprètes a été nécessaire aux tribunaux et aux fonctionnaires publics pour communiquer avec les diverses parties de la population indigène; — Qu'aujourd'hui même, des interprètes, salariés sur les fonds du budget local, sont attachés officiellement et d'une manière permanente aux juridictions établies dans la colonie, pour servir, en toute matière, d'intermédiaires entre les membres de l'ordre judiciaire et les justiciables qui parlent les langues wolof, peul ou toucouleur, soninké, malinké, bambara et arabe; — Que la grande majorité des indigènes ne parlent ni n'entendent la langue française; qu'un certain nombre de personnes de sang mêlé, notamment, les femmes dites *signares* (classe à laquelle appartenait la testatrice) ne parlent pas ladite langue et même ne l'entendent parfois que d'une manière très imparfaite; que, d'un autre côté, les greffiers-notaires ne pouvant presque jamais être recrutés dans la colonie, il est nécessaire d'appeler à ces fonctions des sujets pris dans la métropole ou aux Antilles, auxquels il est impossible, sinon toujours, au moins pendant une partie notable de leur exercice, de communiquer avec les indigènes dans leur idiome africain; — Qu'une pareille situation impose l'alternative ou d'admettre l'interprétation comme une nécessité, ou de refuser aux individus ne parlant pas le français et entièrement illettrés la faculté de tester dans aucune des formes autorisées par la loi française; — Considérant que, dans cet état de choses, il faudrait, pour que la cour se crût légalement obligée d'adopter le système des appelants, qu'elle se trouvât en présence d'un texte interdisant formellement aux notaires la faculté de recevoir, à l'aide d'un interprète, les dernières volontés des personnes dont ils n'entendent pas le langage; que non seulement cette prohibition n'existe pas, mais que tout autorise à croire qu'il n'est point entré dans l'intention du législateur colonial, lorsqu'il a promulgué le code civil au Sénégal, en 1830, de mettre dans l'impossibilité de bénéficier de dispositions importantes de la loi française le plus grand nombre des habitants du pays où il voulait en vulgariser l'application; — Considérant enfin qu'il n'est pas établi que la testatrice ne comprît aucunement le français; qu'il est présumable, au contraire, à raison du milieu où elle vivait, qu'elle avait une notion suffisante de cette langue pour pouvoir s'assurer personnellement que ses paroles ont été exactement traduites par la personne investie de sa confiance, et sa pensée bien rendue par l'officier public dans les clauses si simples du testament attaqué; — Que l'ensemble des circonstances ci-dessus rappelées ne permet pas de douter que le testament de la veuve B..., dont la réception a été entourée de toutes les garanties de sincérité possibles, ne contienne l'expression fidèle de la volonté de la défunte; — Par ces motifs, confirme le jugement rendu par le tribunal de première instance de Gorée, le 8 avr. 1876, et dont est appel.

Du 26 juill. 1876.-C. de Saint-Louis (Sénégal).

(2) (Veuve Kerdodé C. Sibiril.) — La cour; — Sur le moyen unique du pourvoi, tiré de la violation des art. 971, 972 c. civ. et 7 de la loi du 20 avr. 1810; — Attendu, en droit, que l'acte authentique fait foi, jusqu'à inscription de faux, de l'existence matérielle des faits que l'officier public y a énoncés, comme les ayant accomplis lui-même ou comme s'étant passés en sa présence dans l'exercice de ses fonctions; qu'il fait, spécialement, foi de l'observation des formalités dont il affirme l'accomplissement;

Attendu, en fait, que Théobald Sibiril et la veuve Kerdodé ès qualités ont attaqué par la voie de l'inscription de faux le testament de la veuve Sibiril reçu le 8 oct. 1884 par le notaire Poilleu, en la forme authentique, et contenant la mention qu'il

applicables aux dispositions qui la précèdent, cette formalité ne peut être réputée accomplie en ce qui concerne le surplus du testament, alors que l'insuffisance de cette mention n'est suppléée par aucune autre énonciation du même acte (Civ. cass. 22 juin 1881, aff. Floch, D. P. 82. 1. 180).

723. Par ces mots de l'art. 972 : *tel qu'il a été dicté*, il ne faut pas entendre, comme nous l'avons vu au *Rép.*, n° 2866, que le notaire soit obligé de reproduire mot à mot les paroles du testateur ; il suffit qu'il rende exactement le sens et la substance de ses paroles (Aubry et Rau, *ibid.*; Demolombe, t. 4, n°s 250 et suiv.). Jugé en ce sens : 1° que, s'il est vrai que *dicter* signifie prononcer mot à mot ce qu'on destine à être en même temps écrit, il n'en résulte pas que le notaire, assujetti par l'art. 972 c. civ. à écrire le testament sous la *dictée* du testateur, doive employer des mots qui soient identiquement les mêmes que ceux prononcés par le testateur, pourvu que la rédaction faite par le notaire reproduise complètement et exactement la volonté du testateur (Req. 15 janv. 1845, aff. Miquel, D. P. 45. 1. 92) ; — 2° Que la formalité de la dictée d'un testament authentique est suffisamment remplie, bien que le notaire, au lieu de placer l'expression des volontés du testateur dans la bouche de celui-ci, et d'écrire, par exemple : Je donne et lègue, etc., ait constaté ces volontés à la troisième personne, en écrivant : le testateur a dit vouloir donner, etc. (Bourges, 26 févr. 1855, aff. Guillo-Ghemerand, D. P. 55. 2. 295) ; — 3° Qu'il y a dictée du testament authentique quand le testateur a exprimé ses volontés spontanément en dehors de toute interrogation et de toute interpellation suggestive, et que le rôle du notaire a consisté à reproduire par écrit, dans une forme appropriée à la nature de l'acte, les volontés testamentaires ainsi déclarées devant lui et les témoins (Paris, 31 janv. 1874, aff. Poulin, D. P. 75. 2. 121) ; — 4° Que si, aux termes de l'art. 972, le testament doit être dicté par le testateur et écrit par le notaire tel qu'il est dicté, cette disposition ne doit pas être entendue en ce sens que le notaire soit obligé de reproduire littéralement les expressions dont le testateur s'est servi ; que le vœu de la loi est rempli si la volonté de celui-ci a été oralement et spontanément exprimée, et si elle a été immédiatement et fidèlement constatée par l'écriture (Bordeaux, 21 déc. 1874, aff. Favreau, D. P. 77. 1. 245) ; — 5° Que le notaire n'est pas tenu de reproduire identiquement les paroles du testateur ; qu'il suffit qu'il exprime avec exactitude et fidélité la volonté que le testateur a oralement et librement manifestée ; que, spécialement, il peut, en interprétant les paroles incomplètement articulées et les gestes du testateur, inscrire dans le testament le nom du légataire que le testateur entendait désigner, mais qu'il n'a point nommé ; et que la question de savoir si ce nom traduit exactement l'intention exprimée par le testateur, rentre dans les attributions souveraines des juges du fond (Req. 6 déc. 1875, même affaire, D. P. 77. 1. 245) ; — 6° Que lorsque le testament a exprimé sa volonté en ces termes : « Rien pour ma sœur et sa fille, tout pour mes autres neveux », le notaire a pu valablement, après avoir adressé au testateur différentes questions pour préciser le sens de ces phrases, formuler ainsi la disposition : « Je déshérite ma sœur et sa fille, voulant que tous les biens que je délaisserai soient recueillis par mes autres neveux » (Civ. rej. 12 févr. 1879, aff. Duhamel, D. P. 79. 1. 84) ; — 7° Qu'il suffit que le notaire, écrivant sous la dictée du testateur, exprime exactement la substance des paroles prononcées par celui-ci (Arrêt précité du 12 févr. 1879 ; Req. 13 juin 1882, aff. Herry, D. P. 82. 1. 312) ; — 8° Que le notaire qui reçoit un testament authentique n'est pas tenu, en écrivant sous la dictée du testateur, de reproduire mot pour mot les paroles de celui-ci ; il lui est permis d'adresser au disposant des questions et d'intervenir pour l'éclairer, afin d'éviter l'insertion de dispositions illégales, ambiguës ou contradictoires (Pau, 18 juill. 1887 aff. Vignaux, D. P. 88. 2. 214).

724. Ainsi qu'on l'a vu au *Rép.* n°s 2873 et 2874, le testament doit être écrit par le notaire en langue française. Il en est ainsi, spécialement, lorsque la dictée en a été faite dans un idiome étranger. Jugé qu'en pareil cas le notaire devra écrire le testament en français, en l'interprétant dans l'idiome du testateur ; et que, si celui-ci déclare le bien comprendre, l'acte sera valable (C. cass. Belgique, 5 mai 1887, aff. Reding, D. P. 88. 2. 120).

Art. 3. — *De la lecture du testament au testateur en présence des témoins* (*Rép.* n°s 2911 à 3005).

725. Que le testament ait été reçu par un seul ou par deux notaires, il doit en être donné lecture au testateur en présence des témoins. — Est-il nécessaire que la lecture soit donnée par le notaire lui-même? MM. Duranton, t. 9, n° 83, et Troplong, t. 3, n°s 1533 et 1550, se bornent à dire, sans examiner la question, que la lecture doit être donnée par le notaire. M. Demolombe, t. 4, n° 269, se prononce dans le même sens, mais après examen (V. dans le même sens, outre les auteurs cités *suprà*, n° 710 ; Grenier, *Traité des donations et des testaments, etc.*, t. 2, n° 231 ; Poujol, *Traité des donations et des testaments*, sur l'art. 972, n° 15 ; Vazeille, *Successions, donations et testaments*, sur l'art. 972, n° 8 ; Massé et Vergé, sur Zachariæ, t. 3, p. 108 ; Michaux, *Traité pratique des testaments*, n°s 1878 et suiv. ; Dutruc, *Revue du notariat*, 1868, n°s 268 et suiv.). Quant à nous, nous ne pouvons que persister dans l'opinion déjà formulée au *Rép.* n° 2922, suivant laquelle la lecture peut être faite par une personne quelconque, excepté toutefois le testateur lui-même (V. conf. Rolland de Villargues, *Répertoire du notariat*, v° *Testament*, n° 309 ; Demante, t. 4, n° 117 *bis* ; Aubry et Rau, § 670, t. 7, p. 126). Un arrêt de la cour de Bordeaux, du 5 juill. 1855 (aff. Balès, D. P. 56. 2. 9) a, en effet, très bien démontré qu'on ne saurait justifier une exigence plus sévère ; que l'art. 972, en ce qui touche la lecture, n'exige que trois choses : 1° qu'elle soit donnée au testateur ; 2° qu'elle lui soit donnée en présence des témoins ; 3° que cette double circonstance soit expressément mentionnée ; mais que la loi, qui prescrit formellement au notaire d'écrire lui-même le testament, ne lui prescrit pas d'en donner lui-même lecture. Suivant la cour, le silence du législateur à cet égard est d'autant plus significatif qu'en rédigeant l'art. 972, il avait sous les yeux l'art. 23 de l'ordonnance de 1735, qui, après avoir dit que les notaires, ou l'un d'eux, écriront les dernières volontés du testateur, ajoute qu'ils lui en feront ensuite la lecture, de laquelle il sera fait une mention expresse. Il semble donc, ajoute l'arrêt, que les rédacteurs du code se soient écartés à dessein du texte de l'ordonnance, et qu'en même temps qu'ils prennent une précaution de plus en exigeant, ce que l'ordonnance ne fait pas, que la lecture soit donnée en présence des témoins, et que l'acte en porte la preuve, ils n'aient pas attaché la même importance à ce qu'elle fût donnée par le notaire lui-même. Et de fait ce système de la loi se justifie pleinement. S'il est essentiel que le notaire écrive de sa main le testament, parce que c'est le plus sûr moyen de constater qu'il a lui-même recueilli et consigné les dispositions dictées par le testateur, il n'est pas également important qu'il en donne personnellement lecture ; ce qui importe, ce qui est substantiel, c'est que cette lecture soit donnée, et qu'elle le soit en présence des témoins, afin de s'assurer par le contrôle de tous que les intentions du testateur ont été bien comprises par le notaire, et exactement reproduites, afin de mettre le testateur lui-même en mesure de reviser ses propres dispositions, de les modifier, de les changer, si cela lui convient, d'y apposer enfin le sceau de sa dernière volonté. Mais l'opération

avait été dicté à celui-ci par la testatrice ; que les deux susnommés, à l'appui de leur demande en inscription de faux, ont articulé et offert de prouver que la dictée n'avait pas eu lieu réellement sous la forme prescrite par l'art. 972 c. civ. ; que cette preuve ayant été autorisée, il a été procédé aux enquête et contre-enquête ;

Attendu que la cour de Rennes, appréciant les témoignages produits, a déclaré que les premiers juges avaient à tort annulé le testament en question, comme n'ayant pas été dicté dans les formes prescrites par l'art. 972 c. civ. ; que cette irrégularité n'était pas suffisamment établie ; — Attendu que, par cette constatation et cette appréciation des faits de la cause, qui n'excédaient pas la limite de son pouvoir souverain, la cour a donné un motif explicite et régulier justifiant le rejet de la demande en nullité dirigée contre ledit testament ;

Par ces motifs, rejette.

Du 18 févr. 1889.-Ch. req.-MM. Bédarrides, pr.-Talandier, rap.-Petiton, av. gén.-Sabatier, av.

matérielle de la lecture, qui ne laisse d'autre trace que la mention imprimée dans l'acte, peut être aussi utilement, quelquefois même plus utilement, faite par un autre que le notaire; l'on conçoit donc très bien que le législateur, tout en supposant, ce qui aura lieu presque toujours, que le notaire lira lui-même le testament qu'il a écrit, n'ait pas néanmoins voulu en faire une règle absolue; qu'il ait entendu laisser à cet égard une latitude qui, à raison de la faiblesse accidentelle de l'officier public, des infirmités du testateur, peut offrir des avantages et ne saurait avoir d'inconvénients sérieux (Même arrêt). — Quant au mode de lecture qui doit être employé en cas de surdité du testateur, V. ce que nous avons dit *suprà*, n°s 709 et suiv.

§ 1er. — De la mention que c'est le testament qui a été lu (*Rép.* n°s 2912 à 2928).

726. La lecture doit, ainsi que nous l'avons vu au *Rép.* n°s 2914 et suiv., porter sur tout le testament, et par conséquent sur les renvois et apostilles, s'il en existe (Conf. Aubry et Rau, t. 7, § 670-2° *c*, p. 126; Demolombe, t. 4, n° 274).

Mais, si une disposition additionnelle à un testament authentique se trouvait entachée de nullité, à défaut de lecture, cette nullité vicierait-elle le testament tout entier? On a signalé au *Rép.* n°s 2996 et suiv. la tendance de la doctrine et de la jurisprudence vers la nullité intégrale du testament. Plus récemment un arrêt de la cour de Toulouse, du 22 juin 1864 (aff. Fabrique de l'église de Saint-Jory, D. P. 64. 2. 167) a jugé dans le même sens que la nullité d'une disposition additionnelle à un testament authentique, pour défaut d'accomplissement de l'une des formalités exigées par la loi (dans l'espèce, la lecture) entraîne la nullité du testament entier; que vainement on dirait que la clause est de peu d'importance et presque insignifiante, si, d'ailleurs, elle contient réellement une disposition de dernière volonté, et s'il résulte des circonstances de la cause que le testateur attachait une sérieuse importance à son exécution. Nous persistons, quant à nous, dans l'opinion plus modérée que nous avions admise (*Rép.* n° 2996) qui restreint la nullité à la disposition dont la lecture a été omise. MM. Demolombe, t. 4, n° 274, et Aubry et Rau, t. 7, § 670-2° *c*, note 53, p. 126, ont adopté cette doctrine.

727. Toutefois, cette nécessité de la lecture ne s'applique qu'à ce qui constitue à proprement parler le testament, et nous avons vu au *Rép.* n° 2918, que la même exigence ne doit pas être étendue, par exemple, à la mention que le testateur a signé ou n'a pu signer. Malgré un arrêt contraire de la cour de Paris, du 14 juill. 1851 (aff. Picart, D. P. 52. 2. 179, et *Rép.* n° 2919), aux termes duquel la déclaration que le testateur ne peut pas signer doit être lue au testateur, comme le reste de l'acte, avec mention de cette lecture, à peine de nullité, surtout s'il s'agit d'un testament *in extremis*, la juriprudence persiste, conformément à la doctrine soutenue au *Répertoire*, à reconnaître que la lecture au testateur, en présence des témoins, de la partie de la rédaction de l'acte testamentaire qui relate sa déclaration de ne pouvoir signer, n'est pas prescrite à peine de nullité (V. outre les arrêts cités au *Rép.* n° 2920 : Angers, 3 janv. 1855, aff. Blanchard, D. P. 55. 2. 240; Req. 4 juin 1855, aff. Durand, D. P. 55. 1. 386; 1er juill. 1874, aff. Picard, D. P. 75. 1. 68).

§ 2. — Du mode de mention expresse de la lecture au testateur en présence de témoins (*Rép.* n°s 2929 à 2950).

728. On sait que deux éléments composent la mention de lecture; il faut : 1° qu'elle s'adresse au testateur; 2° qu'elle soit faite en présence des témoins. La mention de lecture n'est complète que par la réunion de ces deux énonciations, exprimées, chacune et dans leur ensemble, d'une manière expresse (*Rép.* n°s 2929 et suiv.). Ainsi la mention de la lecture du testament en présence des témoins ne constate pas suffisamment que le testament a été lu au testateur. Il en serait de même de la mention que le testament a été lu dans l'appartement du testateur et à côté de son lit. De même, la mention que le testament a été lu *au testateur et aux témoins*, ou bien *aux témoins ainsi qu'au testateur*, ne prouve pas suffisamment que la lecture en ait été faite au testateur en présence des témoins (Aubry et Rau, t. 7, § 670, n° 2, texte et notes 66-69, p. 128 et 129).

§ 3. — Du mode de mention de la lecture au testateur (*Rép.* n°s 2951 à 2962).

729. On a exposé au *Rép.* n° 2953 que, si l'art. 972 veut que le testament soit lu au testateur, et qu'il en soit fait mention expresse, on peut admettre des expressions équivalentes. Mais il faut que ces expressions constituent une mention expresse de la formalité, de manière à ne laisser subsister aucun doute. Cette doctrine, puisée dans un arrêt de la cour de Rennes du 16 janv. 1811 (cité *ibid.*), a reçu de la cour de Chambéry, le 12 févr. 1873 (aff. Perrier, D. P. 73. 2. 159) une nouvelle confirmation; et la chambre des requêtes, le 24 déc. 1873 (même affaire, D. P. 74. 1. 432), s'y est formellement associée par un arrêt qui déclare que, si l'art. 972 prescrit la lecture du testament au testateur en présence des témoins, et exige la mention expresse de l'accomplissement de cette formalité, la loi n'indique aucune forme spéciale, ni aucune expression sacramentelle pour la mention de cette formalité; que le vœu du législateur est rempli, lorsque l'observation de la formalité prescrite ressort manifestement de l'acte et de l'ensemble de sa rédaction; en sorte que si, par exemple, le testament mentionne la lecture du testament au testateur, et qu'il énonce de plus la présence réelle et non interrompue des quatre témoins, il résulte de la combinaison de ces énonciations que l'acte contient une mention suffisante de la lecture du testament au testateur en présence des témoins. — Le critérium est en somme celui que nous avons donné au *Rép.* n° 2956 : il suffit d'une mention qui suppose nécessairement que le testateur a reçu lecture de l'acte.

730. Les énonciations du testament sur ce point ne sauraient tomber que devant une inscription de faux. En effet, s'il n'est pas nécessaire de recourir à la voie de l'inscription de faux pour combattre les énonciations d'un testament authentique relatives à la capacité physique ou à la capacité intellectuelle de celui de qui il émane, ce n'est qu'autant que ces énonciations ne font qu'exprimer l'opinion du notaire sur l'état physique ou mental du testateur; il en est autrement, lorsqu'elles constatent l'accomplissement de l'une des formalités substantielles de l'acte, et que cet accomplissement implique forcément l'existence chez le testateur de la faculté physique ou intellectuelle qui lui est contestée. Et spécialement, la mention, dans un testament authentique, « qu'après lecture du testament donnée par le notaire, le testateur a déclaré y persévérer comme contenant ses dernières volontés », et que, « requis de le signer, il a déclaré ne le savoir », emportant la conséquence forcée que le testateur a réellement entendu, et la lecture de l'acte, et les interpellations qui lui ont été adressées, le fait de cette audition se trouve établi d'une manière authentique et ne peut tomber que devant une inscription de faux (Poitiers, 10 févr. 1857, aff. Bernard, D. P. 57. 2. 126).

§ 4. — Du mode de mention de la lecture en présence des témoins (*Rép.* n°s 2963 à 2985).

731. Ici encore, il n'existe point de formule sacramentelle : l'art. 972 c. civ. ne prescrit aucune forme, ni aucune expression spéciale pour la mention des formalités qu'il exige; d'où il suit que, pour que le vœu de cet article soit rempli, il suffit que l'accomplissement des formalités ressorte manifestement de l'acte et de l'ensemble de sa rédaction (Civ. cass. 7 déc. 1846, aff. Lavalette, D. P. 47. 1. 40). C'est aux tribunaux à apprécier si les termes de l'acte donnent satisfaction aux exigences de la loi. De nombreux arrêts rendus sur ce point ont été cités au *Rép.* n°s 2966 et suiv. Depuis, il a été jugé : 1° qu'il y a mention suffisante de la lecture au testateur en présence des témoins, lorsque le testament renferme la mention expresse qu'il a été lu par le notaire au testateur, et que son préambule constate formellement la présence réelle et non interrompue des témoins (Chambéry, 12 févr. 1873, aff. Perrier, D. P. 73. 1. 159, et sur pourvoi, Req. 24 déc. 1873, D. P. 74. 1. 432); — 2° Que la présence des témoins à la lecture du testament par le notaire au testateur est suffisamment mentionnée par la constatation de cette lecture suivie de ces mots : « Tout ce que dessus a eu lieu en la présence réelle des témoins soussignés », cette référence générale à l'ensemble de l'œuvre testamentaire ne présentant aucune ambiguïté (Req. 14 déc. 1886, aff. Desamis, D. P. 87. 1. 389).

§ 5. — De la personne de qui doit émaner la mention de lecture (*Rép.* nos 2986 à 2990).

732. L'art. 972 n'exige pas, comme le faisait l'art. 5 de l'ordonnance de 1735, que la mention de lecture soit placée dans la bouche du notaire, plutôt que dans celle du testateur. Nous en avons conclu (*Rép.* n° 2987) que le testament ne serait pas nul par cela seul que la mention de lecture émanerait du testateur. Un arrêt (Bordeaux, 5 juill. 1855, aff. Balès, D. P. 56. 2. 9), sans se prononcer expressément sur ce point, paraît plutôt pencher du côté de notre opinion ; il déclare, en effet, que sans doute au notaire seul il appartient d'accomplir les solennités, mais qu'il reste toujours à savoir ce qui constitue la solennité de la lecture, et si le notaire qui, tout en empruntant l'organe d'un tiers, préside néanmoins à la lecture, qui se l'approprie et la constate, n'accomplit pas suffisamment cette solennité ; que, si l'art. 972 n'ordonnait pas expressément au notaire d'écrire de sa main le testament, il pourrait assurément le faire écrire par un autre ; qu'on ne voit pas pourquoi il ne pourrait le faire lire par un tiers, lorsque la loi ne lui impose pas expressément le devoir de le lire lui-même. Cet arrêt semble écarter ainsi toute cause de nullité qui ne serait pas écrite expressément dans la loi.

§ 6. — Du lieu où doit être placée la mention de lecture (*Rép.* nos 2991 à 3005).

733. Nous nous bornerons à rappeler ici que la mention de lecture, en quelque endroit qu'elle soit placée, satisfait au vœu de la loi, pourvu qu'elle porte sur toutes les clauses de l'acte (*Rép.* n° 2991). Quant aux applications de ce principe, elles ont été présentées au *Répertoire* avec un détail qui nous dispense d'y revenir.

ART. 4. — *De la signature par le testateur, les témoins et le notaire. — Caractères de la signature ; sa mention ; déclaration de ne savoir signer* (*Rép.* nos 3006 à 3091).

§ 1er. — Caractère de la signature, et nécessité d'en faire mention (*Rép.* nos 3007 à 3031).

734. Pour ce qui concerne la forme de la signature, V. *Rép.* nos 3007 et suiv. V. aussi ce qui a été dit *suprà*, nos 677 et suiv. au sujet de la signature des testaments olographes.

735. Comme on l'a vu au *Rép.* n° 3021, c'est la signature qui donne au testament sa perfection ; le testament par acte public reste donc imparfait et doit être considéré comme inexistant, lorsque la mort a surpris le testateur avant qu'il ait achevé sa signature, comme aussi lorsque le testateur est mort ou a perdu l'intelligence avant que les témoins et le notaire aient signé, et enfin lorsque l'un des témoins ou des notaires est mort avant d'avoir apposé sa signature (V. conf. Aubry et Rau, t. 7, § 670-2° *c*, p. 130; Demolombe, t. 4, n° 300). Jugé en ce sens qu'il y a lieu de déclarer nul le testament authentique dont les dispositions ont été lues au testateur ainsi que l'attestation de l'impossibilité où il s'est trouvé de signer, si l'intelligence du testateur a défailli avant l'apposition des signatures du notaire et des témoins (Poitiers, 30 déc. 1872, aff. Azuret, D. P. 73. 2. 123).

736. Les signatures, ainsi qu'on l'a dit au *Rép.* n° 3026, doivent être placées à la fin de l'acte. Mais il n'est pas nécessaire, pour la validité du testament authentique, que la signature du testateur et des témoins soit apposée au bas de chacun des feuillets dont l'acte se compose (Aix, 16 févr. 1871, aff. Lafont, D. P. 72. 2. 52).

737. En ce qui touche la signature des témoins, on sait que l'art. 974 c. civ. admet, pour les testaments passés à la campagne, un tempérament consistant en ce que l'acte peut n'être signé que par un des témoins, s'il est reçu par deux notaires, ou par deux des quatre témoins, s'il est reçu par un seul notaire (*Rép.* nos 3107 et suiv.). — Sur ce qu'on doit entendre par *campagne*, V. *Rép. ibid.* Suivant ce qui a été dit au *Rép.* n° 3112, on admet que les tribunaux ont à cet égard un pouvoir souverain d'appréciation (V. conf. Troplong, *Donations et testaments*, t. 3, n° 1594 ; Aubry et Rau, t. 7, § 670, p. 134 ; Demolombe, t. 4, n° 327). — Un arrêt a déclaré nul, à défaut de signature de l'un des quatre témoins, le testament reçu par un seul notaire dans un chef-lieu de canton d'une population agglomérée de plus de huit cents habitants, et formant un petit centre de commerce dans lequel se tiennent un marché par semaine et une foire par mois (Bordeaux, 20 déc. 1871, aff. Nieul, D. P. 72. 2. 192).

738. Le testament doit, à peine de nullité, mentionner expressément la signature du testateur (V. *Rép.* n° 3030). Doit-il également mentionner la signature des témoins ? — Sous l'ordonnance de 1735, la mention de la signature des témoins appelés à la rédaction des actes de dernière volonté n'était pas exigée ; il suffisait que ces témoins eussent signé (art. 165). La cour de Bordeaux avait jugé le contraire le 11 févr. 1858 (aff. Courtois, D. P. 59. 1. 410) ; mais la chambre des requêtes par arrêt du 17 mai 1859 (Même affaire, *ibid.*), a rétabli le principe que nous avions formulé au *Rép.* n° 3027. Quant aux testaments faits sous le régime du code civil, nous avons vu (*Rép.* nos 3029 et suiv.), que la jurisprudence, après quelques hésitations, avait fini par reconnaître la nécessité de cette mention, aussi bien pour la signature des témoins que pour celle du testateur.

739. La présence effective des témoins au moment où le testateur signe ou déclare ne pas pouvoir signer est-elle une condition essentielle de la validité du testament ? Nous nous sommes prononcés au *Rép.* n° 3024 en faveur de l'affirmative, également admise par la chambre des requêtes le 3 mai 1836 (*Rép.* n° 3121). Un jugement du tribunal de Semur avait écarté ce système par le motif que l'art. 973, en exigeant la signature du testateur ou sa déclaration qu'il ne savait ou ne pouvait signer, n'a pas ajouté que cette signature et cette déclaration dussent être faites en présence desdits témoins ; que de ce silence on pouvait conclure que le code civil, en ce qui concerne les signatures, a laissé les testaments sous l'empire des règles communes à tous les autres actes, règles tracées par l'art. 14 de la loi du 15 vent. an 11, et qu'il n'est point permis, en pareil cas, d'ajouter aux exigences de la loi, ni de suppléer aux nullités qu'elle n'a point prononcées. Mais ce jugement a été infirmé par la cour de Dijon, le 2 mars 1853 (aff. Bordot, D. P. 53. 2. 66), qui au contraire, pose expressément en principe de droit « que la présence réelle des témoins à la signature du testateur, ou à sa déclaration qu'il ne peut signer, doit être considérée comme une condition essentielle de la régularité du testament par acte public ». — Quant à la question de savoir s'il est nécessaire que cette circonstance essentielle soit mentionnée dans le testament, V. *Rép.* nos 3120 et suiv.

§ 2. — Du mode de mention de la signature ou du défaut de signature (*Rép.* nos 3032 à 3055).

740. Sur le mode de mention de la signature du testateur, nous rappellerons seulement ce que nous avons dit au *Rép.* nos 3032 et 3033, que cette mention doit être claire et précise, sans qu'il soit nécessaire d'employer aucun terme sacramentel.

§ 3. — De la fausse déclaration de ne savoir signer (*Rép.* nos 3056 à 3061).

741. Le testament dans lequel le testateur aurait déclaré ne savoir signer devrait en général être considéré comme nul, si, en réalité, il savait signer, et qu'il signât habituellement avant cette déclaration. Il en serait de même du testament où le testateur aurait faussement déclaré ne pouvoir signer. Une fausse déclaration de cette nature ne peut être envisagée que comme un refus déguisé de signer (*Rép.* n° 3056 ; Req. 13 août 1883, aff. Pinassaud, D. P. 84. 1. 118 ; Aubry et Rau, t. 7, § 670-2°, texte et notes 81, 82, p. 132).

742. Mais il en serait autrement, ainsi que le font remarquer MM. Aubry et Rau, *ibid.*, si cette déclaration inexacte avait été faite de bonne foi. Aussi la chambre des requêtes, le 13 mai 1868 (aff. Perrot, D. P. 69. 1. 317), a-t-elle fort bien jugé que la déclaration faite dans un testament par le testateur qu'il ne sait pas signer, alors qu'il le savait et se trouvait seulement dans l'impossibilité de le faire, par suite d'une paralysie de la main, n'était pas une cause de nullité, attendu qu'il était déclaré, dans l'espèce, par les juges du fond que la testatrice voulait faire un testament sérieux, valable, et que sa déclaration sur la cause qui l'empêchait de signer avait été faite avec une entière bonne foi et sans aucun esprit de mensonge, et attendu que l'inexactitude de langage échappée involontairement à une personne malade ne peut constituer une violation de l'art. 973.

§ 4. — De la mention de déclaration du fait de ne pouvoir ou ne savoir signer, et de la cause d'empêchement (*Rép.* nos 3062 à 3085).

743. La mention que le testateur ne peut ou ne sait signer a un très grand intérêt pratique. On a vu au *Rép.* n° 3038 que, quand le testateur ne signe pas le testament, le notaire doit recevoir de lui la déclaration qu'il ne sait ou ne peut signer, et mentionner cette déclaration ainsi que la cause de l'empêchement. C'est le testateur, et nul autre, qui doit faire cette déclaration ; le notaire ne fait que la consigner dans son acte. Et la cour de Lyon, par arrêt du 9 mai 1873 (aff. Challand, D. P. 74. 5. 473), a déclaré nul un testament authentique dans lequel la déclaration que le testateur ne savait pas signer était reconnue avoir été faite, non par le testateur lui-même, mais par un tiers (Comp. Dijon, 16 févr. 1872, aff. Féron, D. P. 72. 2. 213).

744. La déclaration *de ne savoir signer* fait suffisamment connaître la cause du défaut de signature. Faudrait-il considérer comme un équivalent la déclaration *de ne savoir écrire ?* La question a été examinée au *Rép.* nos 3043 et suiv. La négative, soutenue, comme on l'a vu par plusieurs auteurs, notamment, par Delvincourt et Duranton, a été adoptée depuis par MM. Demolombe, t. 4, n° 319, et Aubry et Rau, t. 7, § 670-2°, texte et note 78, p. 131. Ces derniers auteurs font observer « qu'il n'y a pas parfaite équipollence entre les deux énonciations et que beaucoup de personnes savent signer, c'est-à-dire tracer et assembler les lettres qui forment leur nom, sans savoir écrire, c'est-à-dire figurer toutes sortes de mots ». M. Troplong enseigne (*Donations et testaments*, n° 1589) que la mention expresse exigée par l'art. 973 peut être remplacée par des équipollents, lorsqu'ils remplissent *identiter et æqualiter* le but de la loi, et il ajoute même que c'est là un point de fait « subordonné aux circonstances, aux impressions des juges, à la faveur des cas particuliers, à la propension des magistrats pour ou contre le testament » ; et MM. Aubry et Rau, *loc. cit.*, et note 79, se rallient en définitive à un tempérament analogue, car ils admettent comme équipollent la déclaration de ne savoir écrire, quand elle se trouve appuyée d'autres énonciations ou de faits matériels résultant du testament même, qui prouvent que le terme *écrire* a été employé comme synonyme de *signer*, ou que le testateur ne savait réellement pas signer : « Ainsi, par exemple, disent-ils, lorsque le testateur interpellé de signer a déclaré *ne savoir écrire*, cette déclaration satisfait au vœu de la loi. Ainsi encore la déclaration de ne savoir écrire peut être considérée comme remplissant le vœu de la loi, lorsqu'après cette déclaration le testateur a apposé une marque au lieu de signature. — L'opinion contraire, professée par Toullier et les autres auteurs cités au *Rép.* n° 3043, et qui admet l'équivalence absolue des expressions *ne savoir écrire* et *ne savoir signer*, est partagée par M. Laurent, t. 13, n° 366.

Quant à la jurisprudence, c'est en ce dernier sens qu'elle paraît définitivement fixée ; car, indépendamment des arrêts cités au *Rép.* n° 3044, il a été jugé : 1° que la disposition de la loi du 10 sept. 1791, portant que, lorsque le testateur ne saura ou ne pourra signer, le notaire devra, à peine de nullité, faire mention formelle de la réquisition de signer adressée au testateur, et de la déclaration ou réponse de celui-ci, de ne pouvoir ou ne savoir signer, est suffisamment observée par la mention, exprimée dans le testament, « qu'il a été signé, à l'exception de la testatrice qui ne sait *écrire*, de ce requise conformément à la loi » (Bastia, 13 déc. 1854, et sur pourvoi, Civ. rej. 1er févr. 1859, aff. Casale, D. P. 59. 1. 85) ; — 2° Que la mention, dans un testament notarié, que le testateur ne sait signer n'est point assujettie à l'emploi de termes sacramentels, et qu'elle résulte suffisamment, par exemple, de l'énonciation faite dans l'acte que le testateur a déclaré ne savoir ni lire, ni écrire (Bourges, 13 févr. 1860, et sur pourvoi, Civ. cass. 23 déc. 1861, aff. Saint-Hérand, D. P. 62. 1. 31) ; — 3° Que la mention, faite par le notaire, que la testatrice a déclaré *ne savoir ni lire, ni écrire*, satisfait au vœu de la loi, et que le testament qui la renferme ne saurait être annulé pour violation de l'art. 973 (Bourges, 15 févr. 1868, *suprà*, n° 69).

745. Il faudrait assimiler à la déclaration de ne savoir signer la déclaration du testateur qu'il ne savait pas bien, et ne pouvait signer (Req. 4 juin 1855, aff. Durand, D. P. 55. 1. 386).

746. A la différence de la déclaration de ne savoir signer, laquelle fait suffisamment connaître par elle-même la cause de l'empêchement, la déclaration *de ne pouvoir signer* ne se suffit pas à elle seule (*Rép.* n° 3084) ; il faut y joindre l'indication de la cause qui empêche le testateur de signer.

Mais cette indication peut n'être qu'implicite (*Rép.* n° 3080), et résulter, par exemple, de la mention de cet empêchement, combinée avec les autres clauses de l'acte (Civ. rej. 10 déc. 1861, aff. Farant, D. P. 62. 1. 38). Par exemple, le testament indique suffisamment que l'impossibilité de signer où s'est trouvé le testateur avait sa cause dans des infirmités corporelles, lorsque la partie de l'acte où il est parlé des facultés intellectuelles du testateur constate en même temps l'existence de ces infirmités (Même arrêt). — C'est par un motif analogue qu'il a été jugé que la déclaration dans un testament notarié que le testateur, après avoir signé l'acte, a éprouvé un tremblement qui ne lui a pas permis de parafer un renvoi, équivaut au parafe de ce renvoi, comme elle équivaudrait à la signature même du testament (Req. 30 juill. 1856, aff. Ferrand, D. P. 57. 1. 92). — Quant à la question de savoir si la mention que le testateur ne sait ou ne peut signer doit à peine de nullité lui être lue devant les témoins comme le reste de l'acte, V. *suprà*, n° 727.

§ 5. — Du lieu où doit être placée la mention relative à la signature (*Rép.* nos 3086 à 3091).

747. On admet généralement que la mention de la signature peut être placée où bon semble au notaire, l'art. 972 n'ayant pas sur ce point édicté de règle spéciale (*Rép.* n° 3088). MM. Aubry et Rau, t. 7, § 670-2°, texte et note 87, p. 133, sont d'un avis contraire, car ils appliquent ici l'art. 14 de la loi du 25 vent. an 11. Mais, à défaut de sanction, cette controverse a peu d'intérêt.

Art. 5. — *Des témoins. — Leur nombre et présence. — Leur intelligence de la langue française. — Leur domicile et leur capacité civile et politique* (*Rép.* nos 3092 à 3220).

§ 1er. — Nombre de témoins ; mention de leur présence (*Rép.* nos 3092 à 3125).

748. En ce qui concerne le nombre des témoins, V. *Rép.* nos 3092 et suiv.

749. La présence des témoins est nécessaire depuis le commencement jusqu'à la fin des opérations. Ainsi un testament authentique écrit par le notaire en l'absence des témoins instrumentaires, même seulement dans son préambule, est nul (Civ. cass. 27 avr. 1857, aff. Chaminade, D. P. 57. 1. 365 ; Demolombe, t. 4, n° 264 ; Aubry et Rau, t. 7, § 670, p. 125. V. aussi Nîmes, 25 mars 1878, aff. Batailler, D. P. 79. 2. 136).

750. Comment doit être entendue la présence des témoins ? — Il n'est pas rigoureusement nécessaire qu'ils soient dans la pièce même où se trouvent le notaire et le testateur. Tout ce qu'on exige, et avec raison, c'est qu'ils ne soient pas dans l'impossibilité de remplir leur rôle de témoins, c'est-à-dire qu'ils puissent voir et entendre. Aussi la chambre civile a-t-elle jugé avec raison que les témoins d'un testament authentique doivent être considérés comme ayant été présents à l'écriture de ce testament, quoiqu'ils se soient retirés dans une pièce contiguë à la chambre où se trouvait le testateur, si de la porte restée ouverte ils ont pu voir le testateur dictant et le notaire écrivant le testament (Civ. rej. 19 mars 1861, aff. Belot, D. P. 61. 1. 100).

751. Une autre question à examiner est celle de savoir à quel moment la présence des témoins est nécessaire. Sur ce point le principe a été énoncé en des termes excellents par un arrêt de la cour de Bordeaux du 8 mai 1860 (aff. Fieffé de Lièvreville, D. P. 60. 2. 129), lequel déclare qu'aux termes des art. 971 et 1001 c. civ., le testament par acte public doit, à peine de nullité, être reçu par les notaires, en présence des témoins; que le mot *reçu* s'entend de la dictée, de l'écriture et de l'ensemble des opérations qui constituent le testament; qu'il faut que les témoins assistent à tout, qu'ils soient en situation de tout voir et de tout entendre, afin qu'ils puissent tout contrôler et attester sciemment, par leur signature au pied de l'acte, que tout s'est passé ainsi que l'acte le constate; qu'en un mot, la présence simultanée des témoins instrumentaires est nécessaire pendant toute la durée du testament; que, si l'un d'eux s'absente, ne fût-ce qu'un moment, l'opération qui se continue hors sa présence est radicalement viciée, et le testament nul pour le tout, sans qu'il y ait à rechercher s'il s'est passé quelque chose d'essentiel pendant l'absence du témoin, car ce serait substituer une appréciation de fait, toujours arbitraire, à une règle de droit impérative et absolue. — La jurisprudence a fait de fréquentes applications de ce principe, et, notamment, il a été jugé : 1° que l'absence d'un témoin instrumentaire, pendant l'opération de la dictée et de la rédaction d'un testament notarié, est une cause de nullité du testament, quelque courte qu'en ait été la durée, et quoique ce témoin se soit simplement retiré dans une pièce voisine de la chambre où se trouvait le testateur, si, d'une part, il est établi que ce témoin ne pouvait ni voir ni entendre ce qui se passait dans la chambre du testateur, et si, d'autre part, il n'est point prouvé que, pendant ce temps, le travail de la dictée et de la rédaction du testament ait été complètement suspendu (Req. 18 janv. 1864, aff. Barbier, D. P. 64. 1. 139); — 2° Qu'en tout cas, fût-il établi que, durant la courte absence du témoin, il y aurait eu seulement transcription par le notaire de dispositions antérieurement dictées, cette opération devrait être considérée comme essentielle, ayant été faite en présence du testateur, qui pouvait à tout moment modifier l'expression de ses volontés (Bordeaux, 9 mars 1859 et 8 mai 1860, aff. Fieffé de Liévreville, D. P. 59. 2. 220, et 60. 2. 129); — 3° Que le fait d'un témoin d'être sorti de la chambre du testateur pendant la rédaction du testament (dans le but, par exemple, de donner comme médecin des soins à un blessé), constitue une absence de nature à vicier cet acte, alors même que le témoin aurait séjourné dans une chambre contiguë, dont la porte serait restée ouverte, s'il était hors de la vue des autres témoins et s'il ne pouvait entendre les paroles qu'aurait proférées le testateur (Même arrêt du 8 mai 1860); — 4° Que l'écriture du testament authentiqus devant être faite, comme sa dictée, en présence des témoins à peine de nullité, il y a lieu d'annuler le testament public dont le notaire rédacteur a écrit une partie pendant l'absence d'un témoin hors de la chambre où se passait l'acte, quelque courte qu'ait été cette absence (Req. 17 juill. 1884, aff. Lebassé, D. P. 86. 5. 414).

752. Toutefois les critiques soulevées contre les testaments étant souvent assez subtiles, la jurisprudence montre parfois quelque hésitation à les admettre, et c'est ainsi qu'il a été jugé : 1° que si l'inscription de faux dirigée contre un testament est fondée sur ce que l'un des témoins se serait absenté à un certain moment, pendant la réception de l'acte, il y a lieu de rejeter comme non pertinente la preuve d'un tel fait, si le demandeur ne précise pas à quel instant de la confection et pendant quelle disposition l'absence de ce témoin aurait eu lieu (Angers, 8 mars 1855, aff. Sinois, D. P. 55. 2. 129); — 2° Que l'articulation que les témoins instrumentaires du testament authentique, se tenant dans la chambre à quelque distance du lit du testateur, n'ont pas été à portée d'entendre la dictée du testament, n'est pas de nature à infirmer la force de ce testament, alors surtout qu'elle est produite uniquement pour ébranler la foi de l'acte sur l'exactitude de la dictée, et que la reproduction véridique des volontés du testateur par le notaire n'est pas douteuse (Paris, 31 janv. 1874, aff. Pou[illegible]n, D. P. 75. 2. 121).

§ 2. — S'il est nécessaire que les témoins comprennent la langue française et celle du testateur (*Rép.* nos 3126 à 3134).

753. La question de savoir s'il est nécessaire que les témoins connaissent la langue dans laquelle le testament est rédigé a été diversement résolue (V. *Rép.* nos 3126 et suiv.). Mais l'opinion qui a prévalu, et qui était déjà consacrée en général par la jurisprudence, ainsi qu'on l'a vu *ibid.* nos 3129 et suiv., est que cette condition n'est pas exigée pour la validité du testament authentique (V. en ce sens : Aubry et Rau, t. 7, § 670-1°, p. 115 et 116; C. cass. de Belgique, 5 mai 1887, aff. Reding, D. P. 88. 2. 120. — *Contrà :* Demolombe, t. 4, n° 197; Laurent, t. 13, n° 268). Il suffit qu'il soit constaté que les témoins ont acquis une connaissance exacte et complète des dispositions testamentaires, au moyen de la lecture par interprétation que le notaire en a donnée. — Mais il est essentiel qu'ils comprennent l'idiome dont le testateur s'est servi pour dicter son testament (*Rép. ibid.;* Aubry et Rau, t. 7, § 670-1°, texte et notes 6 et 7, p. 115 et 116). Jugé que le testament est nul, lorsqu'un des témoins instrumentaires ignorait la langue française dans laquelle ce testament a été dicté, écrit et lu (Rennes, 8 janv. 1884, aff. Raphalen, D. P. 85. 2. 96).

§ 3. — Du domicile des témoins et de la mention de leur demeure (*Rép.* nos 3135 à 3148).

754. Il est aujourd'hui définitivement admis, contrairement à l'opinion de Toullier, qu'il n'est pas nécessaire que les témoins habitent l'arrondissement communal du lieu où le testament est reçu (V. outre les auteurs *cités* au *Rép.* n° 3135 ; Demante, t. 4, n° 115 *bis* 1; Demolombe, t. 4, n° 188, *in fine;* Aubry et Rau, t. 7, § 670-1°, p. 117; Laurent, t. 13, n° 261).

Mais, quelle que soit la demeure des témoins, il est indispensable, comme nous l'avons dit au *Rép.* n° 3139, que cette demeure soit indiquée : c'est là une énonciation essentielle. Jugé, en ce sens, que le testament authentique doit contenir, à peine de nullité, l'énonciation des noms et de la demeure des témoins instrumentaires; par suite, est nul le testament dans lequel la demeure d'un témoin n'est indiquée que par cette mention : « originaire de..., et actuellement en traitement à l'hospice de... », alors surtout que le lieu d'origine du témoin est inexactement rapporté et que l'un de ses prénoms est omis (Angers, 21 janv. 1875, et 23 mars 1876, aff. Davian, D. P. 76. 2. 71 et 78. 2. 15). — Mais la jurisprudence admet que les prescriptions de l'art. 12 de la loi du 25 vent. an 11 sur le notariat sont suffisamment observées, lorsque la détermination de la demeure des témoins résulte de l'ensemble des clauses du testament. Ainsi il est constant que la mention qu'un témoin *est* de telle commune remplit le vœu de la loi, pourvu qu'en effet ce témoin habite la commune désignée (*Rép.* nos 3143 et suiv.).

§ 4. — De la capacité naturelle, politique et civile des témoins (*Rép.* nos 3149 à 3220).

755. — I. Incapacités absolues (*Rép.* n° 3149 à 3174). — Les témoins appelés pour assister à la confection d'un testament authentique doivent posséder les qualités physiques et morales nécessaires, d'une part, pour comprendre les paroles du testateur et s'assurer par eux-mêmes de l'accomplissement de toutes les formalités prescrites par la loi, et, d'autre part, pour pouvoir, au besoin, rendre compte de ce qui s'est passé en leur présence (Aubry et Rau, t. 7, § 670-1°, p. 115).

Ainsi la cécité absolue d'un témoin est une cause de nullité absolue du testament authentique (Paris, 16 janv. 1874, aff. Faber, D. P. 75. 2. 39).

756. Le muet ne serait plus, comme autrefois, incapable de servir de témoin dans un testament authentique (*Rép.* n° 3156; Demolombe, t. 4, n° 194; Aubry et Rau, t. 7, § 670-1°, p. 116). Quelques auteurs, comme on l'a vu au *Rép. ibid.*, exigent, pour qu'on admette le muet à servir de témoin, qu'il sache écrire ; cette condition ne paraît pas indispensable (Aubry et Rau, *loc. cit.*).

757. L'individu qui serait absolument sourd serait incapable, à peine de nullité, de servir de témoin dans la confection d'un testament notarié (Aubry et Rau, t. 7, § 670, p. 115; Besançon, 18 nov. 1874, et sur pourvoi, Sol. impl., Req. 8 nov. 1875, aff. Bon, D. P. 76. 1. 339). Mais il n'en serait pas de même de l'individu qui entend difficilement, sans toutefois être sourd, s'il est reconnu constant qu'il peut soutenir une conversation et comprendre lorsqu'on lui parle fort où qu'on lui parle de près (Arrêt précité du 18 nov. 1874).

758. Cette incapacité physique du témoin ne peut être prouvée qu'au moyen d'une inscription de faux, et les juges du fait sont souverains pour décider si le demandeur a réussi, par cette procédure, à faire sa preuve (Req. 8 nov. 1875, cité *suprà*, n° 757).

759. L'idiot serait incapable d'être témoin (Aubry et Rau, t. 7, § 670-1°, p. 115). De même, la personne actuellement atteinte de démence ou de fureur (*Rép.* n° 3157; Aubry et Rau, *ibid.* p. 116). Mais celle-ci pourrait être témoin, pendant un intervalle lucide.

760. L'interdit peut être témoin, car aucune disposition de loi n'enlève aux interdits cette capacité, et ce qu'il y a lieu de considérer, c'est moins la condition légale de l'individu que sa capacité physique (Aubry et Rau, *ibid.*; Troplong, t. 3, n° 1678; Demolombe, t. 4, n° 185. — V. toutefois en sens contraire: Duranton, t. 9, n° 106; Bayle-Mouillard sur Grenier, t. 1, n° 247, note *a;* Demante, t. 4, n° 125 *bis* III). — Quant à l'individu pourvu d'un conseil judiciaire, V. *Rép.* n° 3158.

761. Les individus qui réunissent les qualités physiques et morales nécessaires pour être témoins ne peuvent être appelés à un testament qu'autant qu'ils ont, en outre, les capacités civiles et politiques énumérées par l'art. 980 c. civ. Il faut d'abord qu'ils soient mâles et majeurs. Ils doivent être, en outre, sujets français (Colmar, 26 déc. 1860 (1); Troplong, t. 3, n° 1674; Demante, t. 4, n° 125 *bis;* Demolombe, t. 4, n° 182; Aubry et Rau, t. 7, § 670, p. 116). Enfin les témoins doivent avoir la jouissance des droits civils; mais il n'est pas nécessaire qu'ils jouissent de la plénitude des droits politiques (*Rép.* n° 3159; Aubry et Rau, t. 7, n° 670, p. 117; Demolombe, t. 4, n°s 179 et 187).

762. On a vu au *Rép.* n° 3163 que le failli peut figurer comme témoin dans un testament authentique (V. conf. Laurent, t. 13, n° 261; Bruxelles, 29 janv. 1872, *Pasicrisie belge*, 1872. 2. 141).

763. — II. Incapacités relatives (*Rép.* n°s 3175 à 3210). — Parmi les incapacités relatives, la principale est celle qui frappe les légataires eux-mêmes (*Rép.* n° 3179).

Peu importe à ce sujet la modicité du legs (*Rép. ibid.*; Aubry et Rau, t. 7, § 670-1°, texte et note 16, p. 118; Demolombe, t. 4, n° 200; Req. 13 déc. 1847, aff. de la Fressange, D. P. 48. 1. 128), et même, suivant la doctrine qui paraît avoir prévalu, le caractère rémunératoire de ce legs (Req. 31 mars 1885, aff. Mouly, D. P. 85. 1. 406. — Comp. *Rép.* n° 3183, *loc. cit.*; Demolombe, t. 4, n° 201; Laurent, t. 13, n° 271). Peu importe également le mode et le caractère de la disposition (Aubry et Rau, *ibid.*; Vazeille, sur l'art. 975, n° 1; Coin-Delisle, sur l'art. 980, n° 31; Demolombe, t. 4, n°s 201 et 202; Zachariæ, § 670, note 11. V. les arrêts cités au *Rép.* n° 3184). En outre, il a été jugé que, lorsqu'un testament impose au légataire universel l'obligation de ne recevoir les sommes dues par les débiteurs du testateur que dans un certain délai à partir du décès de ce dernier, et avec les intérêts seulement du jour de ce même décès, la caution de l'un de ces débiteurs n'a pu être prise pour témoin de ce testament, une telle disposition constituant un véritable legs au profit des débiteurs et de leurs cautions (Riom, 23 mai 1855, aff. Machelot, D. P. 57. 5. 224).

764. La prohibition de l'art. 975 atteint, en second lieu, les parents et alliés des légataires (*Rép.* n°s 3188 et suiv.); en ce qui concerne les alliés, elle continue à subsister, quoique le conjoint par lequel s'était formée l'alliance soit décédé sans postérité (Demolombe, t. 4, n° 208; Aubry et Rau, t. 7, § 670, p. 118). Ici encore la modicité du legs importe peu, et la cour de Dijon, le 1er avr. 1874 (aff. Courtois, D. P. 75. 2. 84), a annulé un testament authentique, parce que l'un des témoins était allié au troisième degré d'un vigneron du testateur, gratifié, comme tous les autres, d'un legs rémunératoire de 200 fr. Décidé, de même que l'on doit déclarer entièrement nul le testament authentique à la réception duquel a concouru comme témoin l'allié d'un légataire, nonobstant la modicité du legs et son caractère rémunératoire ou de simple gratification (Dijon, 1er avr. 1874, aff. Courtois, D. P. 75. 2. 84).

765. Ainsi qu'on l'a vu au *Rép.* n° 3196, la déclaration, faite par le témoin et constatée dans l'acte, qu'il n'est ni parent, ni allié des légataires, ne mettrait pas le testament à l'abri de la nullité. — Jugé, de même: 1° que la parenté ou l'alliance, au degré prohibé, de l'un des témoins instrumentaires d'un testament dressé en la forme authentique, avec l'un des légataires éventuellement appelés à profiter de la disposition, bien que non individuellement nommé dans le testament, entraîne la nullité de ce testament (Metz, 23 mars 1865, aff. Lalouet, D. P. 65. 2. 91); — 2° Que la parenté d'un témoin, dans un testament notarié, avec l'un des légataires est une cause de nullité du testament, alors même que ce légataire ne serait pas personnellement dénommé dans l'acte, en ce qu'il se trouverait compris, par exemple, dans une classe de personnes collectivement instituées, si, d'une part, le testateur savait qu'il était au nombre de ces personnes, et si, d'autre part, il connaissait son lien de parenté avec le témoin (Req. 18 juin 1866, aff. Rousseau, D. P. 67. 1. 30).

766. A la différence des parents et alliés des légataires, les parents et alliés du testateur, non légataires eux-mêmes, ne sont, comme nous l'avons vu au *Rép.* n° 3202, frappés d'aucune incapacité (Aubry et Rau, t. 7, § 670, p. 119; Demante, t. 4, n° 120 *bis;* Demolombe, t. 4, n°s 211 et 212).

767. La prohibition de l'art. 975 atteint, en dernier lieu, les clercs des notaires qui ont participé au testament. La question de savoir si telle personne, qui travaille chez un notaire, est à considérer comme son clerc, constitue une question de fait, et, comme nous l'avons vu au *Rép.* n° 3207, est abandonnée à l'appréciation des tribunaux (Aubry et Rau, t. 7, § 670-1°, note 19; Demolombe, t. 4, n° 209). Par exemple, il a été jugé que l'individu qui travaille habituellement chez un notaire peut, d'après les circonstances abandonnées à l'appréciation souveraine des tribunaux, être considéré comme clerc, dans le sens de l'art. 976 c. civ., alors même qu'il ne serait point inscrit au stage. En conséquence, son concours, comme témoin, à un testament reçu par le notaire chez lequel il travaille en cette qualité, entraîne la nullité du testament (Civ. rej. 25 janv. 1858, aff. Borel de Bottemont, D. P. 58. 1. 63). Mais le fait de donner accidentellement son concours à un notaire pour la rédaction des actes ou la surveillance du travail de l'étude ne constitue pas, de la part d'un individu ne se destinant pas au notariat, et exerçant, d'ailleurs, une profession différente (celle d'arpenteur géomètre) pour laquelle il est imposé, l'exercice des fonctions de clerc dans le sens de l'art. 976 c. civ.; par suite, n'est pas nul le testament reçu dans l'étude, auquel cet individu a figuré en qualité de témoin (Colmar, 4 nov. 1857, aff. Touvet, D. P. 59. 2. 120).

768. La prohibition de l'art. 975, relative aux clercs, doit, comme toutes les dispositions du même ordre, être appliquée strictement, et c'est à bon droit que l'on a refusé d'assimiler au clerc de notaire le drogman du consulat, dans

(1) (Bropst *C.* Salathé et Heyder.) — La cour; — Considérant que, en vertu de la présomption d'idonéité existant en faveur du témoin Daniel Heyder, qui a figuré au testament attaqué de Urs Bropst, reçu par Me Salathé le 15 nov. 1859, et dont les appelants contestent la capacité légale, c'est à eux qu'incombe la preuve de l'incapacité de ce témoin; qu'ils fondent cette incapacité sur ce que Daniel Heyder serait étranger, non sujet de l'empereur, dès lors incapable, aux termes de l'art. 980 c. nap.; — Que pour établir l'extranéité... (ici le détail des circonstances sur lesquelles l'arrêt se fonde pour reconnaître au témoin la qualité d'étranger); — Attendu que de tout ce qui précède il y a donc lieu de reconnaître que Daniel Heyder, fils de Jules Heyder, étranger, n'ayant rempli aucune des formalités voulues pour acquérir la qualité de Français, est lui-même étranger, et n'avait pas, par suite, la capacité légale pour figurer au testament attaqué, lequel, par voie de conséquence, doit être déclaré nul aux termes des art. 980 et 1001 c. nap.

En ce qui touche les demandes en garantie...

Par ces motifs, etc.

Du 26 déc. 1860.-C. de Colmar.-M. Véran, av. gén.

une espèce où le testament avait été reçu par le chancelier (Aix, 16 févr. 1871, aff. Lafont, D. P. 72. 2. 52).

769. Faudrait-il en dire autant du domestique ou serviteur du notaire, et l'autoriser à servir de témoin dans un testament reçu par son maître? Assurément, il n'est pas compris dans la disposition prohibitive de l'art. 975. Mais l'art. 10 de la loi du 25 vent. an 11 porte : « Les parents, alliés, soit du notaire, soit des parties contractantes, au degré prohibé par l'art. 8, leurs clercs et *leurs serviteurs*, ne pourront être témoins ». La question revient à savoir si l'on doit appliquer la loi de l'an 11, même dans les matières régies par le code civil. Plusieurs auteurs, cités au *Rép.* n° 3209, l'ont résolue affirmativement. Mais nous persistons dans l'opinion contraire, adoptée au *Rép. ibid.* Elle nous paraît incontestable en présence du texte de l'art. 975, et de l'intention formellement exprimée par les auteurs du code. Le tribun Jaubert, rapporteur du titre *Des testaments*, comme il l'avait été de la loi de ventôse, a déclaré expressément que « la loi générale du 25 vent. an 11 ne peut être invoquée dans la matière des testaments, pour lesquels une loi particulière règle tout ce qui est relatif aux témoins ». Aussi devons-nous approuver un arrêt de la cour de Grenoble, du 12 juill. 1878 (aff. Bégan, D. P. 79. 2. 93), qui a refusé d'annuler un testament dans lequel le domestique du notaire avait servi de témoin, « attendu que les dispositions qui règlent la capacité des témoins testamentaires sont de droit étroit et ne peuvent être étendues par analogie ; que la capacité est la règle et que l'incapacité des témoins ne se présume pas ; que le code civil règle, spécialement, la capacité des témoins testamentaires, dans les art. 974, 975 et 980, qui forment la loi unique et complète qui régit cette capacité ; que le code, postérieur à la loi du 25 vent. an 11 sur le notariat, a aboli, aux termes de l'art. 7 de la loi du 30 vent. an 12, les dispositions générales édictées par ladite loi de l'an 11 relatives à la capacité des témoins testamentaires ; qu'il est évident que, si le code avait entendu que ces dispositions de la loi de l'an 11 subsistassent encore, il eût jugé inutile de reproduire l'exclusion des clercs de notaire qui était prononcée par cette même loi ». La doctrine paraît aujourd'hui fixée dans le même sens (V. Demante, n° 120 *bis*-I; Aubry et Rau, 4e éd., t. 7, § 670, texte et note 13, p. 117; Demolombe, t. 4, n° 213; Laurent, t. 13, n° 279; C. cass. Belgique, 22 janv. 1858, aff. Prince de Rheina Wolbeck, *Pasicrisie belge*, 1858. 1. 53).

770. — III. Capacité putative des témoins (*Rép.* nos 3211 à 3220). — Dans le cas où des témoins, réputés capables, portent en eux une cause d'incapacité, nous avons vu au *Rép.* n° 3211 qu'on a toujours appliqué la maxime : *Error communis facit jus*. Ainsi un testament, irrégulier à raison d'un défaut absolu de capacité dans l'un des témoins, doit être maintenu, si, à l'époque de sa confection, une erreur générale et publique attribuait à ce témoin la qualité qui lui manquait en réalité, la capacité putative équivalant dans ce cas à la capacité réelle. D'un autre côté, l'incapacité résultant, par exemple, de la parenté ou de l'alliance de l'un des témoins avec un légataire, ne vicie pas le testament, lorsque, à raison de circonstances extraordinaires, il a été absolument impossible au testateur et au notaire de connaître cette incapacité. Mais la seule circonstance que le légataire, dont l'un des parents a servi de témoin, aurait été désigné au testament par sa qualité, et non sous son nom, ne suffirait pas à faire disparaître le vice de cet acte, lorsque le testateur connaissait le lien de parenté existant entre le témoin et la personne qu'il entendait gratifier (V. outre les auteurs cités au *Rép. ibid.* : Aubry et Rau, t. 7, § 670-1°, texte et notes 27 à 30; Demante, *Cours*, t. 4, n° 125 *bis*; Demolombe, t. 4, nos 220 et 220 *bis* ; Laurent, t. 13, nos 281 à 286).

La jurisprudence a consacré ces solutions (V. les arrêts cités au *Rép.* nos 3212 et suiv.). Décidé, de même, que l'erreur commune sur la qualité d'un témoin appelé lors de la confection d'un testament authentique peut couvrir le vice de son incapacité réelle : ainsi, a pu valablement figurer comme témoin dans ledit testament l'étranger qui passait, aux yeux de tous, dans le pays où il était depuis longtemps établi, pour citoyen français, et qui, en vertu de cette opinion commune et générale, jouissait d'une capacité putative non contestée (Req. 1er juill. 1874, aff. Douillet, D. P. 75. 1. 157). — Spécialement le testament doit être maintenu : 1° dans le cas où le témoin, né en France de parents français, a été pendant sa minorité naturalisé Anglais avec ses père et mère, mais a continué à résider en France, s'y est marié avec une Française, a fait inscrire ses enfants à l'état civil sans les indiquer comme fils d'étranger, enfin n'a jamais cessé d'exercer en France son droit de vote et des fonctions municipales ou administratives (Paris, 16 janv. 1874, aff. Faber, D. P. 75. 2. 39); — 2° Lorsque le témoin, Belge d'origine, est depuis longtemps domicilié et marié en France, a été incorporé dans la garde nationale, porté sur la liste électorale et sur la liste du jury, enfin a été précédemment témoin dans un acte authentique (Req. 6 mai 1874, aff. Fouquet, D. P. 74. 1. 412); — 3° Dans le cas où l'étranger, réputé d'origine française, a été constamment porté, pendant quinze ans, sur les listes électorales, sur la liste du jury criminel, et a fait partie de la garde nationale (Douai, 12 août 1873, aff. Douillet, D. P. 75. 1. 157).

Inversement, la jurisprudence n'a jamais hésité à décider que la capacité putative d'un témoin dans un testament notarié ou dans une donation entre vifs ne peut équivaloir à sa capacité réelle, qu'autant que le testateur ou le donateur, les témoins et le notaire, se sont trouvés sous l'empire d'une erreur invincible ou quasi-invincible, et telle qu'il n'a pu dépendre d'eux de l'éviter (Amiens, 8 juill. 1873, aff. Lelong, D. P. 74. 2. 91 ; Douai, 26 mars 1873, aff. Facon, D. P. 74. 2. 92).

Sect. 5. — Des testaments mystiques (*Rép.* nos 3221 à 3351).

Art. 1er. — *Des personnes qui peuvent tester sous la forme mystique* (*Rép.* nos 3222 à 3237).

771. Le testament mystique est interdit par l'art. 978 à « ceux qui ne savent ou ne peuvent lire » (*Rép.* nos 3229 et suiv.). Mais, comme l'a fort bien dit la cour de Liège, des motifs mêmes qui ont en partie dicté les dispositions sur la matière, il ressort nécessairement que la prohibition de l'art. 978 n'est applicable que lorsque le testateur est dans l'impossibilité absolue de lire, et non dans le cas où il n'éprouve, pour le faire, qu'une certaine difficulté (Liège, 21 juill. 1882, aff. Dechesne, D. P. 84. 2. 142). Et cet arrêt est pleinement conforme à la jurisprudence française, car il a été jugé : 1° que l'art. 978 ne s'applique que quand le testateur ne sait ou ne peut lire (Req. 22 juin 1852, aff. de Murat, D. P. 53. 1. 107) ; — 2° Que le testament mystique écrit par un tiers, et que le testateur n'a signé qu'après l'avoir eu plusieurs jours en sa possession, est valable, encore qu'il soit établi qu'il lisait difficilement l'écriture d'autrui, s'il est certain qu'il a été à même de la lire en se faisant assister, suivant son habitude, par des personnes plus instruites que lui (Paris, 30 nov. 1866, aff. Foin, D. P. 67. 5. 435) ; — 3° Qu'un testament mystique, écrit de la main d'un tiers, ne peut être annulé à raison des doutes qui existeraient sur la possibilité, pour le testateur, d'en prendre lecture ; qu'il s'agit là d'une incapacité dont la preuve complète doit être rapportée par l'héritier (Req. 7 mai 1866, aff. Brauhauban, D. P. 66. 1. 231. Comp. Req. 27 mai 1868, aff. Bourdet, D. P. 68. 1. 496).

772. Si la loi exige ainsi que l'auteur d'un testament mystique puisse lire, est-il nécessaire qu'il ait, en effet, lu son testament après l'avoir fait écrire par un tiers, et qu'il soit fait mention de cette lecture? — En ce qui touche la mention de la lecture, elle n'est assurément pas nécessaire, alors même que la lecture elle-même le serait. Cette mention, en effet, dans l'acte intérieur, ne servirait à rien, puisqu'elle émanerait de la personne qui aurait écrit le surplus du testament; et, dans l'acte de suscription, on ne saurait exiger du notaire qu'il certifiât un fait qui a pu se passer en dehors de lui (Demolombe, t. 4, n° 399).

773. Mais *quid* de la lecture elle-même? Est-elle indispensable? Et, sans parler de l'hypothèse où le testateur ne pouvait ou ne savait lire, sur laquelle nous n'avons plus à revenir (V. *suprà*, n° 771), s'il était constant en fait que le testateur, sachant et pouvant lire, n'avait point lu son testament écrit par un tiers, ce testament devrait-il être annulé? Dès 1839, la jurisprudence se montra favorable au système qui n'exige pas qu'en fait le testateur ait pris lecture de son testament et nous avons cité au *Rép.* n° 3231, un arrêt de la cour de Gand, du 15 juin 1839, aux termes duquel il suffit qu'il soit prouvé que le testateur savait et pouvait lire, sans qu'on ait à rechercher si le testateur, en fait, a procédé à la lecture. Le même système a été admis par la cour de Besançon, le 27 août 1851 (aff. de Murat, D. P. 53. 1. 107), et le pourvoi formé contre ce dernier arrêt a été rejeté (Req. 22 juin 1852, *ibid.; Rép.* n° 3235). La cour suprême ne s'est pas positivement expliquée sur la question; cependant on lit dans son arrêt que la cour de Besançon « a pu décider, comme elle l'a fait, qu'il suffisait que le testateur eût pu lire son testament, sans qu'il fût nécessaire de rechercher, avec les premiers juges, s'il l'avait réellement lu avant de le présenter au notaire. »

774. C'est en cet état que la question s'est de nouveau présentée devant la cour de Pau, le 3 juill. 1865 (V. *infrà*, n° 776). Le système jusqu'alors dominant était vivement combattu devant la cour par une consultation de MM. Rodière, Bressolles et Molinier, professeurs à la faculté de droit de Toulouse, à laquelle MM. Demolombe et Valette avaient donné, chacun en particulier, leur adhésion motivée (V. le *Recueil judiciaire de la cour de Pau*, 3e année, p. 462 et suiv.). Les savants professeurs tiraient leur principal argument du danger que présentaient, dans le système de la jurisprudence, des surprises que la loi avait voulu précisément rendre impossibles, sans parler des erreurs involontaires qui pourraient échapper au rédacteur d'un acte que le testateur signerait de confiance. « C'est justement, disaient-ils en substance, parce que la loi n'a pas autorisé une telle confiance, qu'elle a interdit la forme mystique aux personnes illettrées qui sont hors d'état de pouvoir lire. La loi est ici tellement défiante que, lorsque le testateur ne peut exprimer par paroles que le papier qu'il présente est son testament, elle exige (art. 979) que le testament soit écrit en entier de sa main, et ne lui permet pas d'écrire simplement que ce papier a été lu par lui. » Et cet argument est reproduit avec force par M. Troplong, *Donations et testaments*, t. 3, n° 1663 : « Il résulte de l'art. 978, dit le savant auteur, que le testateur qui fait écrire son testament par une main étrangère doit le lire pour s'assurer de l'exactitude de sa dictée; car pourquoi la loi exige-t-elle que le testateur sache lire, si ce n'est pour faire lui-même cette vérification? Mais aucun texte n'exige que l'écriture intérieure contienne la mention que la précaution dont il s'agit a été prise. La loi s'en rapporte à l'intérêt du testateur; elle suppose que la prudence lui aura fait faire ce que son intérêt lui conseillait. Cependant, s'il était prouvé par le testament même que le testateur ne l'a pas lu, par exemple, parce que son état ne lui permettait pas de pouvoir lire, il ne faudrait pas chercher d'autre moyen de nullité; le testament serait nul parce que le testateur ne pouvait pas lire ». Quant à M. Demolombe, en adhérant à la consultation de ses collègues de Toulouse, il insistait sur les périls que présente le système adverse, et terminait par ces graves paroles : « S'il était admis une fois que le testament mystique peut être fait ainsi, *in extremis*, par ceux qui, sans être encore privés absolument de la faculté de lire, n'en auraient plus néanmoins déjà, par suite de leurs douleurs ou de leurs infirmités, ni le courage, ni la force, il y aurait là, pour les familles, un grand péril, puisque le testament mystique pourrait alors prendre la place du testament par acte public, le seul évidemment qui puisse être employé en ces situations suprêmes, et qui est le seul, en effet, qui offre les garanties si sagement prescrites, et qui, précisément dans ces situations mêmes, sont encore plus que jamais nécessaires ».

775. La gravité de ces arguments n'échappa point aux défenseurs du testament. Ils invoquèrent à leur tour une consultation de MM. Senard, Dufaure et Allou, avocats du barreau de Paris, et qui devaient être tous trois bâtonniers de leur ordre. « Il n'est pas vrai, dit en substance cette réponse, que l'obligation de savoir lire conduise nécessairement à l'obligation de lire : le législateur a pu vouloir que le testateur fût toujours en état de lire, de contrôler le testament par lui confié à la rédaction d'un tiers, et cependant respecter la confiance qu'il accorde à ce tiers en s'abstenant de lire. La capacité par elle-même est une garantie, alors même qu'elle ne s'exerce pas. Supposons que le testateur ne sache pas lire : rien alors ne protège l'œuvre testamentaire contre la fraude; le testateur est abandonné à la merci de celui dont il a réclamé le concours. Si, au contraire, il sait lire, il a le contrôle de sa capacité, même lorsqu'il ne l'exerce pas; la fraude est surveillée, et par là même déjouée. Il n'est trompé d'ailleurs que s'il le veut bien; il ne l'est que par son propre abandon et sa trop grande confiance, et non plus, comme tout à l'heure, parce qu'il y a chez lui infirmité native et originaire. » En d'autres termes, la loi a voulu mettre une arme entre les mains du testateur; libre à lui d'y recourir ou de la négliger à son gré.

776. Ce second système, peut-être moins satisfaisant en théorie, était mieux fait pour triompher en jurisprudence. Il triompha, en effet, et la cour de Pau, le 3 juill. 1865 (aff. Brauhauban, D. P. 65. 2. 210) déclara qu'il n'est pas nécessaire, pour la validité d'un testament mystique, que le testateur l'ait lu, s'il a su et pu le lire; qu'ainsi un testament mystique n'est pas nul parce que le testateur, qui, d'ailleurs, savait et pouvait lire, après l'avoir fait écrire par un tiers, a refusé de le lire lui-même et se l'est fait lire par ce tiers, puis l'a signé et remis en présence de témoins. Et cet arrêt, après une réfutation minutieuse du système adverse, termine sur cette considération capitale « qu'il n'appartient pas aux tribunaux, sous le prétexte d'interpréter la loi, d'y introduire des dispositions nouvelles, de créer des nullités qu'elle n'a pas prévues; que le juge est tenu d'appliquer la loi, selon ses termes clairs et précis; qu'en se bornant à exiger, pour la validité du testament mystique, que le testateur sût et pût lire, elle a pu croire sauvegarder suffisamment ses intérêts en lui assurant les moyens de vérifier son œuvre; que tout ce qu'on pourrait, à la rigueur, soutenir dans l'opinion contraire, c'est que la loi serait incomplète ou insuffisante; mais qu'il n'appartient pas aux tribunaux de la réformer ou même d'y ajouter par leurs décisions ». — La cour de cassation, en rejetant le pourvoi formé contre cet arrêt (Req. 7 mai 1866, aff. Brauhauban, D. P. 66. 1. 231), a persisté dans le système qu'elle avait admis dès le 22 juin 1852 (V. *suprà*, n° 773), et qu'elle a reproduit plus récemment dans son arrêt du 27 mai 1868 (aff. Bourdet, D. P. 68. 1. 496) (V. dans le même sens : Aubry et Rau, t. 7, § 671, p. 139; Aix, 13 août 1866) (1).

777. La seconde condition de capacité spéciale exigée par la loi, c'est que le testateur, s'il ne peut parler, puisse au moins écrire (c. civ. art. 979). — Mais à quel moment doit-il être satisfait à cette exigence de la loi? C'est, comme on l'a vu au *Rép.* n° 3228, au moment où est rédigé, non pas le testament lui-même, mais l'acte de suscription (V. conf. Aubry et Rau, t. 7, § 671, texte et note 32, p. 142).

ART. 2. — *De l'écriture et de la signature du testament mystique* (*Rép.* nos 3238 à 3251).

778. L'art. 976 laisse au testateur la plus grande latitude pour l'écrit contenant ses dispositions (*Rép.* n° 3239) : il peut l'écrire lui-même, ou le faire écrire par qui il lui plaît, même par le notaire qui doit dresser l'acte de suscription (Aubry et Rau, t. 7, § 671, p. 136), et même par une personne gratifiée dans cet acte (Troplong, t. 3, n° 1621 ; Demolombe, t. 4, n° 333; Aubry et Rau, t. 7, § 671, p. 136). En conséquence, est valable le testament mystique contenant

(1) (Rey C. Jourdan.) — LA COUR;... — Au fond : — Attendu que si la loi impose comme condition de la validité d'un testament mystique que le testateur puisse le lire, elle n'exige pas que cette lecture ait lieu; elle veut que le testateur puisse s'assurer de la réalité du titre et de la sincérité de sa rédaction; mais elle ne lui impose pas l'obligation de ne pas accorder sa confiance en la probité de celui qui écrit cet acte, tout important qu'il soit; c'est un contrôle qu'il doit avoir la possibilité d'exercer, mais qu'il a la faculté d'exercer ou de ne pas exercer; — Attendu qu'il est dès maintenant certain pour la cour que la demoiselle Rey, à l'époque où elle a déposé son testament mystique aux mains du notaire Giraud, pouvait lire cet acte; que la nouvelle preuve demandée à cet égard est, dès maintenant, contredite par les éléments divers du procès, et ne saurait, en conséquence, être autorisée; — Adoptant, au surplus, les motifs des premiers juges; — Confirme, etc.

Du 13 août 1866.-C. d'Aix, 1re ch.-MM. de Fortis, pr.-Reybaud, 1er av. gén.-Arnaud et Paul Rigaud, av.

une disposition au profit du notaire qui a dressé l'acte de suscription (Comp. *infrà*, n° 792), alors même que le testament est écrit par le notaire lui-même (C. cass. de Belgique, 29 janv. 1873, aff. Ollivier, D. P. 73. 2. 1).

779. Pourvu que l'acte testamentaire soit signé du testateur, il peut contenir des dispositions écrites à diverses époques. En effet, comme l'a très bien dit la cour de Toulouse, le 7 juin 1880 (aff. Boué, D. P. 81. 2. 53), le testament mystique n'est fait et n'existe réellement qu'au moment où le testateur fait au notaire la remise de l'écrit qui contient ses dispositions testamentaires; la remise et la déclaration faites au notaire, et l'acte de suscription qui en est dressé, transforment l'acte préparé par le testateur, qu'il soit écrit de sa main ou par une main étrangère, en un testament qui reçoit de ces formalités et de l'acte de suscription l'existence légale; avant l'acte de suscription, il n'y a qu'un acte préparatoire, un simple projet qui n'arrive à la vie que par l'accomplissement des formalités susvisées. Ainsi le testateur mystique a pour date, non la date qui est dans l'écrit testamentaire, mais celle de l'acte de suscription; c'est à cette dernière date qu'il faut se reporter pour savoir si le testateur est capable de faire la disposition qu'il a faite; s'il était incapable au moment de la confection de l'écrit qui contient ses dispositions et qu'il fût capable au moment de l'acte de suscription, le testament devrait valoir, puisque c'est alors seulement qu'il devient parfait (Même arrêt). Et la cour remarque avec grande raison que c'est là une différence essentielle entre le testament mystique et le testament olographe, différence qui, d'ailleurs, s'explique aisément par la nature particulière de chacun de ces actes. — De même, des surcharges, ratures ou additions ne sauraient vicier le testament mystique. Une addition interlinéaire faite après coup dans un testament olographe est nulle, parce qu'elle n'a pas de date, et que la date du testament ne peut pas s'y appliquer; on ignore à quelle époque elle a été faite et si le testateur était capable au moment où cette disposition a été ajoutée; mais l'écrit testamentaire, dans le testament mystique, n'ayant pas de date antérieure à celle de l'acte de suscription, le testateur peut jusqu'à ce moment introduire dans cet écrit toutes les modifications qui émanent de sa volonté; il importe peu qu'une disposition additionnelle ait été insérée à une époque postérieure à la signature; si elle est placée dans le corps de l'écrit au-dessus de la signature, il sera vrai de dire que matériellement elle est revêtue d'une signature. En conséquence, le testateur peut insérer dans l'écrit testamentaire, même postérieurement à l'apposition de sa signature, toutes les additions qu'il lui convient, à la condition qu'elles soient placées dans le corps de l'acte au-dessus de cette signature. Et il n'est pas nécessaire, en ce cas, que les dispositions additionnelles soient revêtues d'une signature spéciale (Même arrêt).

780. Au contraire, une règle commune aux testaments mystiques et aux testaments olographes est celle qui a trait aux altérations opérées en dehors du testateur. Ainsi que nous l'avons vu *suprà*, n° 643, le bon sens indique qu'un testament olographe ou mystique, régulier au moment où il a été fait, ne saurait être vicié par les ratures, surcharges ou interlignes qui peuvent y être pratiquées ultérieurement par une main étrangère, à l'insu ou après le décès du testateur. En pareil cas, il appartient aux tribunaux de rechercher et de rétablir en leur forme et sens primitifs les clauses de ce testament. Ainsi les ratures, grattages ou interlignes faits par inadvertance au corps d'un testament mystique, avant la clôture du procès-verbal descriptif prescrit par l'art. 1019 c. civ., n'en emportent pas nullité, et les dispositions altérées peuvent être rétablies à l'aide de l'état matériel du testament et de la transcription qui en avait été faite avant son altération, en tête du procès-verbal au cours duquel, par suite d'une interruption de l'opération, ces altérations ont eu lieu (Req. 11 mai 1869, aff. Camentrou, D. P. 69. 1. 513).

781. Quant à la question de la date, elle continue à être résolue par les auteurs et la jurisprudence dans le sens de la doctrine exposée au *Rép.* n° 3247; on admet sans difficulté que l'acte intérieur n'étant qu'un projet, il importe peu qu'il soit ou non daté (Demante, t. 4, n° 121 *bis;* Demolombe, t. 4, n° 339; Aubry et Rau, t. 7, § 671, p. 137; Laurent, t. 13, n° 393).

Art. 3. — *De la clôture et du scel du testament* (*Rép.* n°s 3252 à 3270).

782. Ainsi qu'on l'a exposé au *Rép.* n°s 3252 et suiv., l'écrit renfermant les dispositions de dernière volonté, ou le papier qui lui sert d'enveloppe, doit être clos et scellé de telle manière qu'on ne puisse ouvrir ou retirer cet écrit sans l'endommager ou sans rompre l'enveloppe dans laquelle il se trouve renfermé (Conf. Aubry et Rau, t. 7, § 671, p. 137). C'est ce qu'un arrêt de la cour de cassation exprime en disant que, si l'art. 976 ne détermine pas de quelle manière et dans quelle forme cette disposition doit être exécutée, il a toujours été admis, sous l'empire de l'ordonnance de 1735, comme sous notre code actuel qui renferme une disposition identique, que le concours du scel et de la clôture doit exister de manière à assurer le secret et l'identité du testament et à rendre impossible, par conséquent, la substitution d'un autre testament, sans laisser de traces de l'ouverture frauduleuse et de la rupture du scel, qui est le complément et la garantie de la clôture (Req. 27 mars 1865, aff. Cornuault, D. P. 66. 1. 228).

783. En ce qui touche la clôture, la cour de cassation des Etats sardes, dans son arrêt du 21 mars 1857 (aff. Traverso, D. P. 58. 2. 41), a montré une exigence tout à fait conforme à l'esprit de notre loi, en décidant que, si la mention que le testament mystique est *clos et scellé*, peut être valablement exprimée sans qu'on y emploie ces derniers mots qui ne sont point sacramentels, on ne saurait, toutefois, considérer comme un équipollent la mention que le testateur a remis au notaire un *pli scellé*, le mot *pli* n'emportant point nécessairement avec lui l'idée de *clôture*.

784. Pour le scel, il se présente, ainsi que nous l'avons vu au *Rép.* n° 3260, une question fort délicate. Faut-il considérer comme équivalentes les expressions *sceller* et *cacheter?* En d'autres termes, faut-il que le scellement soit fait au moyen d'un sceau ou cachet portant une empreinte? L'empreinte est exigée par plusieurs auteurs (*Rép. ibid.; adde:* Nicias-Gaillard, *Revue critique*, 1857, t. 10, p. 481; Demolombe, t. 4, n°s 346 et 347; Aubry et Rau, t. 7, § 671, p. 137), et nous avons signalé en ce sens deux arrêts, l'un de la chambre des requêtes du 7 août 1810 (*Rép.* n° 3261), l'autre de la cour de Bruxelles du 18 févr. 1818 (*Ibid.*). — Mais l'opinion contraire, soutenue comme on l'a vu *ibid.* par de graves auteurs (V. aussi Mimerel, *Revue critique*, 1856, t. 8, p. 292, n° 2; Demante, t. 4, n° 121 *bis*) avait été adoptée par la cour d'Agen, le 27 févr. 1855 (aff. Simon, D. P. 55. 2. 223, et *Rép.* n° 3261). Depuis la publication du *Répertoire*, cet arrêt a été l'objet d'un pourvoi qui a été rejeté par la chambre civile, le 2 avr. 1856 (D. P. 56. 1. 135).

Aux termes de l'arrêt de rejet, un testament mystique est réputé clos et scellé, dans le sens de l'art. 976 c. civ., par cela seul que la clôture et le scellement du papier qui lui sert d'enveloppe rendent impossible l'ouverture de cette enveloppe sans traces de fracture; il n'est pas nécessaire que, sur la matière employée au scellement, soit apposé un cachet laissant une *empreinte;* et, spécialement, un testament mystique, clos par un lien de fil traversant huit fois son enveloppe, doit être réputé scellé, selon le vœu de la loi, lorsque seize cachets de cire appliqués, même sans opérer d'empreinte, sur chacun des points où le fil traverse le papier, ne permettent pas de l'ouvrir, sans laisser de traces apparentes de la rupture de ces cachets. — La chambre civile se fonde sur un double argument: exiger une empreinte sur le scel, c'est, d'une part, ajouter à la loi, et, d'autre part, prendre une précaution inutile. Sur l'étendue de l'exigence de la loi, l'arrêt explique que, dans les lois comme dans l'usage, le mot *sceller* a plusieurs acceptions différentes, suivant les personnes chargées de cette opération, et selon le but qu'elles se proposent; qu'il ne s'entend de l'apposition d'un sceau laissant une empreinte que lorsqu'il s'agit, pour des personnes publiques, d'imprimer à leurs actes un caractère de solennité exclusivement attaché aux empreintes du sceau de l'Etat ou de celui d'une autorité quelconque; que, pour ces cas, les lois ont établi des moyens de reconnaître les empreintes des sceaux et d'en réprimer la contrefaçon; que si, chez les Romains, et en France pendant une partie du moyen âge, de simples citoyens ont été dans l'usage de se servir de sceaux privés dans les actes, à l'effet de confirmer ou même de remplacer leur signature, l'emploi des sceaux a depuis longtemps cessé d'être dans le domaine privé ; que, lorsqu'elle doit être pratiquée par de simples particuliers, l'action de sceller se prend, non dans son sens étymologique, mais, dans un sens plus large, pour l'opération qui consiste à unir ensemble plusieurs objets, ou plusieurs parties séparées d'un même tout, avec des précautions telles qu'on ne puisse plus les diviser sans bris ou fracture. Mais la chambre civile tient en second lieu à justifier son système au point de vue de l'intérêt pratique, ce qu'elle fait en déclarant que ce mode de scellement satisfait au vœu de l'art. 976 c. civ., en ce que, protégeant le secret des dispositions testamentaires plus efficacement que la simple clôture du papier qui les contient ou de celui qui sert d'enveloppe, il ne permet pas d'ouvrir ce papier sans laisser des traces de fracture ; que, pour obtenir ce résultat, il n'est point nécessaire d'ajouter à la matière que l'on emploie l'empreinte d'un cachet que le plus grand nombre des citoyens ne possède point, et qui, en tout cas, étant celui d'un particulier, serait sans caractère, sans garantie et sans valeur aux yeux de la loi.

785. Dans les limites que nous venons de signaler, la clôture et le scel sont indispensables. Le défaut de l'un ou de l'autre entraîne la nullité du testament, par cela seul qu'une altération ou une substitution a été possible ; car, ainsi que l'ont proclamé la doctrine et la jurisprudence, il n'est pas nécessaire, pour entraîner la nullité du testament, que cette altération ou substitution ait eu lieu ; il suffit qu'elle soit possible (Poitiers, 2 déc. 1863, aff. Cornuault, D. P. 66. 1. 228).

ART. 4. — *De la présentation du testament et de la déclaration du testateur* (*Rép.* n°s 3271 à 3289).

786. V. *Rép.* n°s 3271 et suiv.

ART. 5. — *De l'acte de suscription* (*Rép.* n°s 3290 à 3315).

787. La doctrine est restée fixée en ce sens que l'acte de suscription doit être écrit par le notaire lui-même (*Rép.* n° 3297 ; Demante, t. 4, n° 12 *bis* ; Demolombe, t. 4, n° 351 ; Aubry et Rau, t. 7, § 671 ; Laurent, t. 13, n° 404).

788. L'acte de suscription doit être écrit, aux termes de l'art. 976, sur la feuille contenant les dispositions du testateur ou sur l'enveloppe. S'il était écrit autre part, il serait nul. C'est encore un point sur lequel la doctrine n'a point varié (Demolombe, t. 4, n° 355 ; Aubry et Rau, t. 7, § 671, texte et note 13, p. 138 ; Laurent, t. 13, n° 403).

789. L'acte de suscription, ajoute l'art. 976, doit être signé tant par le testateur que par le notaire et les témoins. Comme nous l'avons vu au *Rép.* n° 3334, il est indispensable que tous les témoins le signent, alors même qu'on serait à la campagne ; car la disposition exceptionnelle de l'art. 974, écrite pour les testaments authentiques, ne saurait être étendue aux testaments mystiques (V. outre les auteurs cités *ibid.* : Demante, t. 14, n° 12 *bis* I ; Demolombe, t. 4, n° 386 ; Aubry et Rau, t. 7, § 671, texte et note 14, p. 138). — Quant au testateur, en cas que, par un empêchement survenu depuis la signature du testament, il ne puisse signer l'acte de suscription, il sera fait mention de la déclaration qu'il en aura faite, sans qu'il soit besoin, en ce cas, d'augmenter le nombre des témoins (art. 976) (*Rép.* n° 3308). — Cette déclaration peut, d'ailleurs, se trouver aussi bien dans le corps de l'acte qu'à la fin (Duvergier sur Toullier, t. 5, n° 484, note 6 ; Troplong, t. 3, n° 1647 ; Demolombe, t. 4, n° 385 ; Aubry et Rau, t. 7, § 671, texte et note 15, p. 139).

790. Le testament mystique, revêtu de toutes les formes que nous venons d'analyser, est-il un testament authentique, auquel il faille appliquer les règles du testament par acte public ? Il faut distinguer à ce sujet les deux actes qui le composent : l'acte testamentaire et l'acte de suscription.

En ce qui concerne le premier, c'est assurément un testament, mais ce n'est pas un acte authentique (Aubry et Rau, t. 7, § 671, p. 143). La cour de Paris, le 10 juin 1848 (aff. Rousse, D. P. 48. 2. 143, et *Rép.* n° 3314-3°), a fort bien dit que le testament mystique n'est pas reçu par un ou deux notaires, mais écrit par le testateur ou par un tiers, que le notaire n'intervient que pour la présentation et l'acte de suscription qui n'est pas le testament, et, conséquemment, ne fait pas un acte de son ministère en ce qui concerne la disposition testamentaire dont il n'a aucune connaissance, et sur laquelle il n'est pas consulté. On lit de même, dans un arrêt de rejet de la cour de cassation belge du 29 janv. 1873 (aff. Ollivier, D. P. 73. 2. 1), que la disposition testamentaire est un acte secret et l'œuvre personnelle du testateur ; qu'elle conserve ce caractère, même si le testateur ne l'a pas écrite, par sa signature et l'obligation dont il est tenu de clore et sceller ou de faire clore et sceller le papier qui la contient. Cet acte est donc bien un testament, mais n'est pas un acte authentique.

Quant à l'acte de suscription, au contraire, c'est bien un acte authentique, mais ce n'est pas un testament. Les arrêts précités déclarent en ce sens « que l'acte de suscription n'est qu'un procès-verbal constatant l'accomplissement de certaines formalités prescrites par la loi pour constater l'identité de l'écrit et prévenir toute altération de cet écrit, ou toute substitution d'un écrit nouveau ; qu'un pareil acte, ainsi considéré dans son but, peut donc être rangé au nombre des actes simples dont parle l'art. 20 de la loi du 25 vent. an 11 (Arrêt précité du 10 juin 1848) » ; et encore « que l'acte de suscription est un acte authentique et public, qui doit être dressé par un notaire assisté de témoins, mais que cet acte ne contient pas de dispositions ; qu'à la différence du testament authentique, il n'a pas pour but de faire constater par l'officier public et les témoins les dernières volontés du testateur ; qu'il consiste uniquement dans un procès-verbal destiné à établir l'identité du papier que le testateur déclare renfermer dans son testament et à en assurer la conservation ». — Donc aucun de ces deux actes ne réunissant à la fois le caractère de testament et le caractère d'acte authentique, on ne saurait appliquer au testament mystique dans son ensemble les règles spéciales édictées pour le testament authentique (Comp. toutefois, sur ce point, très discuté en doctrine, sinon en jurisprudence : Toullier, t. 5, n° 501 ; Grenier, t. 1, n° 276 ; Duranton, t. 9, n° 145 ; Vazeille, sur l'art. 976, n° 23 ; Coin-Delisle, sur le même article, n° 6 ; Troplong, t. 3, n° 1652 ; Demolombe, t. 4, n° 411).

791. Les principes que l'on vient de poser ont servi de base à la jurisprudence dans plusieurs espèces intéressantes. Ainsi l'on s'est demandé si le notaire est tenu de garder minute du testament mystique, et s'il peut se refuser à restituer ce testament au testateur qui le lui a remis en dépôt. La cour de Paris (Arrêt du 10 juin 1848, cité *suprà*, n° 790), d'accord avec la majorité des auteurs (*Rép.* n° 3313), a jugé que le testament mystique n'est point un acte authentique dont le notaire soit tenu de garder minute ; que, par suite, le notaire qui a reçu l'acte de suscription ne peut se refuser à restituer ce testament au testateur qui l'a déposé entre ses mains, sauf à exiger une décharge notariée aux frais du testateur. Et cette solution se justifie d'autant mieux que l'art. 1007 c. civ. veut que le notaire qui a dressé l'acte de suscription soit appelé devant le président du tribunal pour assister à l'ouverture du testament, s'il se trouve sur les lieux, et que le testament soit ensuite déposé chez un notaire à nommer par le président ; qu'ainsi la loi suppose que le testament peut se trouver en la possession d'une personne autre que le notaire qui a fait l'acte de suscription ; que l'art. 916 c. proc. civ. suppose même qu'il peut se trouver chez le testateur.

792. Une question analogue se pose en ce qui touche la capacité du notaire. Si la loi annule le testament authentique qui institue le notaire rédacteur, c'est à raison de l'intervention du notaire à l'acte public, comme partie intéressée. Ce motif ne peut s'appliquer à l'acte par lequel le notaire se borne à attester l'accomplissement des formalités requises pour la suscription du testament mystique (Arrêt du 29 janv. 1873, cité *suprà*, n° 790). Aussi la cour de cassation belge (Même arrêt), conformément à l'opinion d'un grand nombre d'auteurs (Merlin, *Répertoire*, v° *Testament*, sect. 2, § 3, art. 3, n° 20 ; Toullier, t. 5, n° 167 ; Duranton, t. 9, n° 143 ; Coin-Delisle, *Donations et testaments*, sur l'art. 980, n° 40 ; Marcadé, *Explication du code civil*, sur l'art. 976, n° 5 ; Aubry et Rau, t. 7, § 671, p. 139 ; Demolombe, t. 4, n° 362), a-t-elle refusé d'annuler un testament mystique par cela seul qu'il contenait une disposition au profit du notaire rédacteur de l'acte de suscription, et bien que l'acte testamentaire eût été écrit par le notaire lui-même (V. toutefois en sens contraire : Grenier, *Donations et testaments*, t. 2, n° 269 *bis ;* Bayle-Mouillard, sur Grenier, *op.* et *loc. cit.*, note *a ;* Vazeille, *Donations et testaments*, sur l'art. 976, n° 15 ; Favard, *Répertoire*, v° *Testament*, sect. 1, § 54, n° 5 ; Troplong, *Donations et testaments*, t. 3, n° 1639 ; Saint-Espès-Lescot, *Donations et testaments*, t. 4, n° 1155).

Art. 6. — *De la continuité d'action ; des témoins, de leur signature* (*Rép.* n°s 3316 à 3335).

§ 1er. — De la continuité d'action (*Rép.* n°s 3317 à 3319).

793. Il n'y a rien à ajouter sur ce point aux explications contenues au *Répertoire.*

§ 2. — Des témoins et de leur signature (*Rép.* n°s 3220 à 3335).

794. Les témoins doivent être au moins au nombre de six, et jouir des qualités requises par l'art. 980, lequel est commun à toutes les formes de testament. Mais on ne saurait étendre aux témoins du testament mystique les incapacités spécialement établies par l'art. 975 pour les témoins des testaments par acte public (*Rép.* n° 3321 ; Aubry et Rau, t. 7, § 671, p. 139).

795. Quant aux incapacités prononcées par la loi du 25 vent. an 11 pour les témoins instrumentaires en général, nous devons les écarter ici, comme nous l'avons fait dans la matière des testaments authentiques (V. *suprà*, n° 769) et pour les mêmes raisons (V. Aubry et Rau, *ibid.* Comp. Troplong, t. 3, n°s 1603, 1606, 1635 et 1681, qui paraît avoir varié sur ce point).

796. Sur la signature des témoins, V. *suprà*, n°s 737 et suiv.

Art. 7. — *De la validité, comme olographe, d'un testament nul comme mystique* (*Rép.* n°s 3336 à 3346).

797. Les diverses formalités requises par les art. 976, 977 et 979 doivent être observées à peine de nullité du testament comme testament mystique. Mais si l'acte renfermant les dernières dispositions du testateur était écrit en entier, daté et signé de sa main, en sorte qu'il revêtit toutes les formes d'un testament olographe, serait-il valable comme tel, s'il se trouvait être nul comme testament mystique? Nous avons signalé au *Rép.* n°s 3337 et suiv. la controverse qui s'est élevée sur ce point. Suivant MM. Aubry et Rau, t. 7, § 671, texte et note 33, p. 142, cette question est plutôt de fait que de droit, et doit être résolue d'après l'intention présumée du testateur. Mais, ainsi que les savants auteurs le font justement remarquer, il paraît impossible d'admettre, à moins que cela ne résulte de l'acte même qui contient les dernières volontés du testateur, que ce dernier, en revêtant des formalités du testament mystique un écrit valable comme testament olographe, ait entendu subordonner l'efficacité de ces dispositions à l'accomplissement régulier de ces formalités, qui de leur nature ne sont destinées qu'à mieux assurer le secret et la conservation du testament. (Comp. Demante, t. 4, n° 121 *bis ;* Demolombe, t. 4, n°s 408 et 409).

Art. 8. — *De l'ouverture du testament mystique* (*Rép.* n°s 3347 à 3351).

798. S'il résultait de l'examen des faits que le testateur, en ouvrant de son vivant son testament mystique, n'avait, d'autre intention que de le révoquer, la révocation serait de droit. Mais l'ouverture pratiquée par un tiers, à l'insu du testateur, ne saurait, pas plus qu'une lacération, une rature ou une surcharge accomplie dans les mêmes circonstances (V. *suprà*, n°s 643 et 780), vicier un testament valable.

Sect. 6. — Des règles particulières sur la forme de certains testaments (*Rép.* n°s 3352 à 3416).

Art. 1er. — *Des testaments militaires* (*Rép.* n°s 3353 à 3368).

799. — I. Personnes qui peuvent tester militairement (*Rép.* n°s 3353 et 3354). — Le testament militaire n'est permis qu'aux *militaires* et aux *individus employés dans les armées.* Il faut évidemment restreindre cette définition de l'art. 981 à ceux qui sont présents à l'armée sous les ordres de l'autorité militaire, soit comme combattants, soit comme non-combattants, à l'exclusion de ceux qui ne font que suivre l'armée sans dépendre de l'autorité militaire. MM. Aubry et Rau, t. 7, § 672, p. 145, note 1, citent parmi les personnes qui jouissent du privilége de tester militairement les chirurgiens, leurs aides, les fournisseurs et les gens attachés aux officiers. Les officiers du corps de santé militaire et les hommes incorporés dans les sections d'infirmiers rentrent évidemment dans la définition de l'art. 981. Mais, comme on l'a déjà fait observer au *Rép.* n° 3354, les domestiques autres que les ordonnances (à supposer qu'on tolère leur présence auprès des officiers) ne doivent pas jouir du privilége de tester militairement, car ils n'appartiennent pas à l'armée. On peut douter également, et pour la même raison, que ce privilège puisse être étendu aux fournisseurs, personnages purement civils, qui ne font que suivre l'armée sans en faire partie. En résumé, l'art. 981 ne paraît applicable qu'à ceux qui sont inscrits sur les contrôles de l'armée, au rang d'officiers ou d'hommes de troupe, ou d'assimilés.

800. — II. Par qui et comment l'acte est reçu (*Rép.* n°s 3355 à 3361). — V. *Rép.* n°s 3355 et suiv.

801. — III. Dans quelles circonstances on peut tester militairement (*Rép.* n°s 3362 à 3367). — L'art. 983 qui statue sur ce point a été suffisamment expliqué au *Rép.* n°s 3362 et suiv. — Sur ce qu'il faut entendre par *place assiégée*, pour l'application de cet article, V. *Rép.* n° 3367; Troplong, t. 3, n° 1703; Demolombe, t. 4, n° 419.

802. — IV. Durée du testament. — V. *Rép.* n° 3368.

Art. 2. — *Des testaments faits en temps de maladie contagieuse* (*Rép.* n°s 3369 à 3378).

803. Les art. 985 et 986 ne soulèvent aucune difficulté; il suffit de se référer au commentaire dont ils sont l'objet au *Répertoire.*

Art. 3. — *Des testaments faits durant un voyage de mer* (*Rép.* n°s 3379 à 3400).

804. Aux termes de l'art. 994, le testament n'est point réputé fait en mer, quoiqu'il l'ait été dans le cours du voyage, si, au temps où il a été fait, le navire avait abordé une terre, soit étrangère, soit de la domination française, où il y aurait un officier public français : auquel cas, il ne sera valable qu'autant qu'il aura été dressé suivant les formes prescrites en France, ou suivant celles usitées dans le pays où il aura été fait. — Nous avons signalé au *Rép.* n° 3391, les trois interprétations auxquelles cet article avait donné lieu. C'est la suivante qui paraît aujourd'hui triompher : le testament reçu dans la forme établie par l'art. 988, à un moment où le navire avait abordé une terre étrangère, serait réputé fait en mer, s'il n'y avait pas dans le pays d'officier public français, encore bien qu'il s'y trouvât un officier public étranger, devant lequel le testament eût pu être fait (Coin-Delisle, sur l'art. 994, n°s 6 et 8; Marcadé, sur l'art. 994; Demante, t. 4, n° 132 *bis ;* Demolombe, t. 4, n° 453; Aubry et Rau, t. 7, § 674, note 1, p. 147).

805. Les art. 990 à 993 prescrivent diverses mesures ayant pour objet la conservation des testaments faits sur mer; mais ces formalités ne sont point exigées à peine de nullité (Vazeille, sur l'art. 990, n° 1; Coin-Delisle, sur l'art. 990, n° 1; Troplong, t. 3, n° 1717; Demante, t. 4, n° 131 *bis;* Demolombe, t. 4, n°s 460 et 461; Aubry et Rau, t. 7, § 674, note 2, p. 148). En effet, d'une part, l'art. 996 qui traite de la validité du testament maritime ne renvoie qu'à l'art. 988, et non aux art. 990 à 993; d'autre part, l'art. 1001 ne prononce la nullité du testament qu'en ce qui touche les formalités intrinsèques et constitutives de la solennité des testaments (Demolombe, *ibid.*).

806. Le testament fait sur mer ne peut contenir aucune disposition au profit des officiers du vaisseau, s'ils ne sont parents du testateur (art. 997). Et cette prohibition, comme nous l'avons vu au *Rép.* n° 3399, s'applique même au testament olographe (V. outre les auteurs cités *ibid.:* Vazeille, sur l'art. 997, n° 1; Coin-Delisle, sur l'art. 997, n° 2; Demolombe, t. 4, n° 469; Aubry et Rau, t. 7, § 674, p. 148).

Art. 4. — *Règles communes aux trois testaments précédents* (*Rép.* nos 3401 à 3407).

807. A côté des règles que nous venons d'exposer et qui sont spéciales à chacune des trois sortes de testaments privilégiés, il y a des règles communes à tous ces testaments. Celles qui ont trait à la signature n'offrent point de difficulté. Elles sont contenues dans l'art. 998 dont l'explication a été donnée au *Rép.* n° 3401.

808. Les testaments privilégiés doivent être datés, quoique la loi ne l'exige pas expressément. En effet, suivant une remarque que nous avons faite au *Rép.* n° 3405, d'après M. Troplong, et que reproduisent MM. Demolombe, t. 4, n° 434, et Aubry et Rau, t. 7, § 672, texte et note 7, p. 145, la date qui est une formalité substantielle pour tous les actes authentiques, devient indispensable, surtout quand il s'agit de testaments privilégiés, puisque seule elle peut constater, d'une manière régulière et officielle, que de pareils testaments ont été faits dans les circonstances exceptionnelles où la loi les autorise (V. en sens contraire : Laurent, t. 13, n° 446).

809. Mais ces formalités sont les seules dont l'observation soit exigée pour la validité des testaments privilégiés. Ainsi il n'est pas nécessaire que ces testaments soient dictés par le testateur, ni qu'ils soient écrits par ceux qui les reçoivent, ni qu'ils contiennent mention des signatures. En d'autres termes, comme nous l'avons dit au *Rép.* nos 3402 et 3404, les règles du code sur les testaments privilégiés suffisent aux actes qu'elles concernent, et l'on doit en les appliquant faire abstraction soit des règles générales du code lui-même sur la forme des testaments ordinaires, soit de la loi du 25 vent. an 11. Le principe ainsi posé est absolument général, et il n'y a point de motif pour y faire exception en ce qui touche, par exemple, les témoins. Aussi, contrairement à l'opinion de MM. Aubry et Rau, t. 7, § 672, texte et notes 5 et 6, p. 145, et Demolombe, t. 4, n° 432, nous ne saurions appliquer aux testaments privilégiés ni l'art. 980, ni l'art. 975. Il serait sans doute très utile en législation que les dispositions si sages de ces deux articles fussent rendues applicables aux testaments privilégiés; mais il y a là, semble-t-il, une extension qui dépasse le pouvoir de l'interprète (V. en ce sens : Laurent, t. 13, nos 447 et 448).

Art. 5. — *Des testaments faits par des Français en pays étranger* (*Rép.* nos 3408 à 3416).

810. Le Français qui veut tester en pays étranger peut faire un testament olographe (art. 999); et, dans ce cas, nous avons vu au *Rép.* n° 3408 qu'il doit suivre les formes prescrites pour ce testament par la loi française, et non celles de la loi étrangère.

811. Il peut, en outre, tester « par acte authentique avec les formes usitées dans le lieu où il fait son testament. » Ainsi s'exprime l'art. 999. A-t-il, dans ce cas, liberté absolue pour faire un choix entre les diverses formes usitées dans ce pays? D'après une opinion, le Français en pays étranger peut faire son testament avec les formes usitées dans le pays où cet acte est passé, quelles que soient, d'ailleurs, ces formes, authentique, sous signature privée, ou même verbale. Comme on l'a vu au *Rép.* n° 3410, tel est le système enseigné par Marcadé, et cet auteur l'a soutenu très énergiquement : « Tout Français, dit-il, peut, en pays étranger, ou tester olographement s'il sait écrire, ou le faire dans l'une des formes autorisées par la loi locale, quelles que soient ces formes. Nous disons : *quelles que soient ces formes.* Il ne faudrait pas croire, en effet, que notre article ait employé à dessein l'expression de testament authentique, et que *l'authenticité de l'acte fût indispensable.* Pourvu qu'on ait suivi les formes du pays, authentiques ou non, le testament est valable. La seconde partie de notre article a voulu dire seulement que le testament pourrait se faire d'après la règle *locus regit actum* » (V. dans le même sens : Mourlon, *Répétitions écrites*, t. 2, p. 351; Saint-Espès-Lescot, *Donations et testaments*, t. 4, n° 1281; Massé et Vergé, sur Zachariæ, t. 3, p. 80; Demolombe, t. 4, n° 475. V. aussi Laurent, t. 13, nos 149 et suiv.). Et ce système paraît bien implicitement approuvé par un arrêt de la cour de Paris du 10 août 1872 (aff. Lhote, D. P. 73. 2. 149) qui, pour valider un testament fait par un Français en Californie, s'est contenté de remarquer que ce testament avait été reçu « dans la forme établie aux États-Unis de Californie ».

812. D'autres auteurs se sont montrés plus exigeants à cet égard. « L'art. 999, disent MM. Aubry et Rau, t. 7, § 661, texte et note 1, p. 89, ne laisse pas aux Français qui se trouvent en pays étranger la faculté d'adopter indistinctement toutes les formes de testament qui pourraient y être usitées. Cet article veut, en effet, que le testament soit fait *par acte authentique*, et n'admet ainsi que d'une manière restrictive la règle *locus regit actum* » (V. dans le sens de cette dernière opinion, qui nous paraît plus exacte : MM. Coin-Delisle sur l'art. 999, n° 7; Bayle-Mouillard sur Grenier, t. 2, n° 280, p. 606; Troplong, t. 3, nos 1734 et 1735). C'est en ce sens que la jurisprudence paraît être aujourd'hui fixée. Nous lisons, en effet, dans un arrêt de la chambre des requêtes du 28 févr. 1854 (aff. de Levis-Mirepoix, D. P. 54. 1. 126, et *Rép.* n° 3412-2°), « que le législateur, en autorisant le Français à faire, en pays étranger, ses dispositions testamentaires par acte authentique, avec les formes usitées dans le lieu où cet acte est passé, n'a pas entendu restreindre l'exercice de cette faculté au mode de testament par acte public permis en France par l'art. 969, et dont la forme se trouve réglée par les art. 971 et suiv., mais a voulu, au contraire, l'étendre *à tous les modes divers* usités en pays étranger, pour donner aux testaments le caractère de l'authenticité, *quelles que soient, d'ailleurs, les formes auxquelles le statut local a attaché ce caractère* ». La même chambre a jugé plus explicitement encore qu'il résulte des termes formels de l'art. 999 c. civ. comparés avec les art. 969, 971 et 994 du même code, que le testament d'un Français en pays étranger n'est pas valable s'il n'est en forme olographe ou en forme authentique (Req. 3 juill. 1854, aff. Ancinelle, D. P. 54. 1. 313, et *Rép.* n° 3410); et le même système se retrouve dans son arrêt du 19 août 1858 (aff. Senior, D. P. 59. 1. 81), rendu conformément au rapport de M. le conseiller Bayle-Mouillard, qui s'exprimait ainsi : « Aux termes de l'art. 999 c. nap., lorsque le Français qui se trouve à l'étranger ne fait pas un testament olographe, il faut au moins que ce testament soit fait tout à la fois en bonne forme *et en forme authentique* suivant la loi du lieu. *Cette double condition est nécessaire*, et s'il y a contestation sur la validité du testament, il faut que l'arrêt qui le déclare valable contienne la preuve que ces deux conditions de régularité et d'authenticité ont été accomplies ».

813. Mais, étant admis qu'il faut exiger, dans le testament du Français fait en la forme étrangère, que cette forme soit authentique, que faut-il entendre par ces derniers mots? Assurément, il ne faut ici parler que de l'authenticité telle qu'elle est réglée par la loi étrangère, et non par la loi française (Aubry et Rau, t. 7, § 661, texte et note 1). Comme l'a dit la chambre des requêtes (Arrêt du 28 févr. 1854, cité *suprà*, n° 812), « le législateur, en autorisant le Français à faire en pays étranger ses dispositions testamentaires par acte authentique, avec les formes usitées dans le lieu où cet acte est passé, n'a pas entendu restreindre l'exercice de cette faculté au mode de testament par acte public permis en France par l'art. 969, et dont la forme se trouve réglée par les art. 971 et suiv., mais a voulu, au contraire, l'étendre à tous les modes divers usités en pays étranger pour donner aux testaments le caractère de l'authenticité. » — En conséquence, on ne saurait invoquer contre la validité d'un semblable testament l'omission de formalités prescrites par la loi française, si on ne prouve en même temps que ces formalités sont aussi exigées par la législation du pays dans lequel le testament a été fait (Toulouse, 11 mai 1850, aff. Serres, D. P. 52. 2. 64). — Par exemple, on ne saurait critiquer le testament, en se fondant sur l'absence de la signature des témoins, bien que cette formalité soit exigée par la loi française. — De même, on ne saurait exiger la présence à l'acte d'un officier public. La cour de Pau, le 26 juill. 1853 (aff. Couget, D. P. 54. 2. 108) l'a ainsi jugé, en remarquant (par référence à l'art. 999 c. civ. qui autorise le Français en pays étranger à tester, soit dans la forme olographe, en se conformant aux dispositions de l'art. 970 du même code, soit dans la forme *authentique*, suivant les formes usitées dans le pays où l'acte est passé) « que cette différence établie en ce qui concerne ces deux manières de tester indique clairement l'intention du législateur de ne pas exiger, pour le testament authentique, qu'il soit retenu par un notaire ou tout autre officier public ayant mission de la loi; que, s'il en eût été autrement, il n'eût pas manqué de se référer à l'art. 1317 c. civ., comme il s'en est référé à l'art. 970 pour la formation du testament olographe ». Et la chambre des requêtes s'est approprié ce raisonnement en rejetant le pourvoi (Req. 3 juill. 1854, D. P. 54. 1. 313), par ce motif qu'il résulte de l'art. 999 que la présence d'un officier public n'est pas toujours nécessaire pour conférer cette authenticité, qui dépend uniquement de la législation du lieu où l'acte a été passé. Même doctrine dans l'arrêt de rejet du 19 août 1858 (aff. Senior, D. P. 59. 1. 81), au moins implicitement.

814. Les mêmes principes ont été appliqués par les arrêts suivants, qui ont décidé: 1° que l'authenticité d'un testament fait en pays étranger dépend uniquement de la législation du lieu où cet acte a été passé, et, en conséquence, elle n'est pas subordonnée au concours d'un officier public, si ce concours, quoiqu'il puisse avoir pour effet, d'après la loi du pays, de conférer l'authenticité au testament, est cependant susceptible d'y être remplacé par d'autres formalités qui ont également pour résultat de rendre authentique le testament dans lequel elles ont été observées. Ainsi est valable, comme testament authentique, le testament fait par un Français à la Louisiane, en présence de cinq témoins, et conformément à la loi du pays, bien qu'il y existe aussi des officiers publics devant lesquels on puisse de même tester solennellement (Pau, 26 juill. 1853, aff. Couget, D. P. 54. 2. 108, et sur pourvoi, Req. 3 juill. 1854, D. P. 54. 1. 313) ; — 2° Que le testament oral d'un israélite est authentique, selon la loi des israélites, lorsqu'il a été fait devant deux témoins ayant ou non la qualité de rabbins, qui l'ont recueilli par écrit, et présenté à la chambre de justice ou tribunal rabbinique, laquelle a déclaré ce testament valable et authentique. En conséquence, le testament fait suivant cette forme par un israélite français dans un pays (Jérusalem) où les formes prescrites par la loi orale des israélites sont en vigueur, est régulier, en vertu de l'art. 999 c. civ., et il doit recevoir son exécution, si, comme l'exige la loi judaïque pour la validité du testament oral, le testateur est mort de la maladie dont il était atteint lorsqu'il a disposé (Req. 19 août 1858, aff. Senior, D. P. 59. 1. 81).

815. Au surplus, et en l'absence d'une preuve contraire expressément rapportée, le testament fait à l'étranger par un Français en la forme authentique est présumé avoir été rédigé selon les formes prescrites par les lois du pays, s'il a été passé devant l'officier public du lieu auquel ces lois attribuent la mission de recevoir les actes de cette nature (Toulouse, 11 mai 1850, aff. Serres, D.P. 52. 2. 64, et *Rép.* n° 3412).

816. L'exigence de l'art. 999 relativement à l'authenticité du testament fait par le Français à l'étranger a donné lieu à une difficulté intéressante. Faut-il entendre strictement ces mots « testament authentique » qui, dans notre terminologie, semblent ne pas comprendre le testament mystique, et décider, en conséquence, que la confection d'un testament mystique ne donnerait pas satisfaction à l'exigence de l'art. 999 ? On a combattu cette solution en soutenant que les testaments mystiques sont de véritables testaments authentiques. Ce caractère leur est assigné par Merlin, *Répertoire*, v° *Testament*, sect. 2, § 3, art. 3, n° 29 ; Toullier, t. 5, n° 501 ; Coin-Delisle, n° 6; Duranton, t. 9, n° 145; Vazeille, n° 23 ; Poujol, n° 21. « Régulier en la forme, dit M. Duranton, *loc. cit.*, le testament mystique est un acte authentique, en ce sens que la dénégation de la signature du testateur n'autorise pas le juge à ordonner la vérification de l'écriture et à suspendre l'exécution de l'acte, et encore moins à rejeter sur ceux qui invoquent le testament l'obligation de prouver, comme dans le testament olographe, que la signature est celle du défunt à qui elle est attribuée... La déclaration du testateur dans l'acte de suscription imprime, en quelque sorte, à l'écriture privée dont se compose le testament le caractère de l'authenticité, comme si le notaire avait vu le testateur écrire sous ses yeux. S'il n'en était ainsi, pourquoi l'acte serait-il regardé comme testament, dans le cas où il n'est point écrit par le testateur ; bien plus, dans le cas où il n'est ni écrit, ni signé par lui?... » Mais nous ne saurions nous associer à ces considérations, que nous avons expressément combattues (V. *suprà*, n° 790). Le testament mystique n'est pas un acte authentique, et l'on ne saurait valider le testament mystique fait par un Français à l'étranger que si la forme mystique est au nombre de celles qui, dans la législation sous l'empire de laquelle il a été passé, ont pour résultat de conférer au testament le caractère de l'authenticité, et si les prescriptions de cette loi sur ce mode de testament ont été, dans l'espèce, complètement observées. C'est uniquement en vertu de cette considération de fait que la chambre des requêtes a déclaré valable le testament d'un Français fait dans les États sardes en la forme mystique (Req. 28 févr. 1854, cité *suprà*, n° 812).

817. La forme olographe et la forme étrangère authentique sont les seules qui soient énumérées dans l'art. 999. Faut-il considérer cette énumération comme limitative, et repousser comme abrogée la forme de tester instituée par l'ordonnance de 1681 sur la marine (liv. 1er, tit. 9, art. 24), c'est-à-dire le testament passé devant le chancelier du consulat français en présence du consul et de deux témoins? Pour écarter cette forme de testament, on argumente de l'art. 7 de la loi du 30 vent. an 12, aux termes duquel les ordonnances, coutumes, etc., cessent d'avoir force de loi dans les matières qui sont l'objet du code civil. Mais à cet argument, la cour de Dijon a répondu avec raison, dans un arrêt du 9 avr. 1879 (aff. Nectoux, D. P. 79. 2. 108), que la compétence des agents consulaires pour recevoir des actes intéressant leurs nationaux est une matière qui touche au droit public autant qu'au droit privé ; que le code civil n'avait point pour objet de la réglementer, et qu'en l'absence d'une abrogation expresse, la législation en vigueur à l'époque de la promulgation du code a dû conserver toute sa force; que, spécialement en ce qui concerne les testaments, il est inadmissible que les auteurs du code civil aient voulu enlever aux Français résidant à l'étranger le droit de tester devant les officiers publics attachés aux consulats français, au moment même où ils les autorisaient à tester devant un officier étranger. La cour juge, en conséquence, que les dispositions de l'art. 24, liv. 1er, tit. 9, de l'ordonnance de 1681 sur la marine concernant les testaments reçus dans les chancelleries des consulats français, n'ont été abrogées ni par l'art. 999, ni par l'art. 994 c. civ., et elle a validé le testament passé en pays étranger par un Français, en présence du consul de France, et reçu par le chancelier du consulat avec toutes les formalités prescrites par les dispositions précitées. Cette opinion, que nous avions soutenue au *Rép.* n° 3409, et à l'appui de laquelle on peut invoquer l'autorité d'une circulaire du ministre des affaires étrangères, du 22 mars 1834 (*Rép.* n° 3408), est aujourd'hui dominante dans la doctrine (V. outre les auteurs cités au *Rép.* n° 3408: Aubry et Rau, t. 7, § 661, p. 90; Demolombe, t. 4, n° 477; Colmet de Santerre, t. 4, n° 138 *bis*-II) et dans la jurisprudence (V. Aix, 16 févr. 1871, aff. Lafont, D. P. 72. 2. 52; Civ. cass. 20 mars 1883, aff. Vidal, D. P. 83. 1. 145).

818. Mais les partisans de ce système se divisent sur la question des formes que doit suivre l'agent consulaire pour recevoir le testament. La cour de Dijon, dans son arrêt du 9 avr. 1879 (cité *suprà*, n° 817), déclare qu'il n'est pas possible de séparer, dans l'art. 24 de l'ordonnance de 1681, la disposition qui donne qualité au chancelier et au consul pour recevoir l'acte testamentaire, de celle qui règle la forme de cet acte; que, l'art. 999 ayant complètement passé sous silence cette espèce particulière de testament, il faut, ou la rejeter d'une manière absolue, ou reconnaître qu'elle continue à être régie, tant au point de vue de la forme qu'en ce qui concerne la capacité des officiers publics, par la loi spéciale de la matière. Mais, comme l'ordonnance ne règle pas d'une manière complète tout ce qui concerne les testaments reçus par les chanceliers de consulat, la cour de cassation (Civ. cass. 20 mars 1883, aff. Vidal, D. P. 83. 1. 145) en conclut qu'elle se réfère implicitement et nécessairement aux dispositions du droit commun, et que, dès lors, on doit appliquer la règle prescrite tant par le code civil que par la loi du 25 vent. an 11. Déjà la cour d'Aix avait jugé que la disposition de l'ordonnance de 1681 concernant les testaments reçus par le chancelier dans les Echelles du Levant doit être complétée par la législation générale sur la matière, et notamment par les articles du code civil qui exigent, à peine de nullité, que le testament soit dicté par le testateur (Aix, 16 févr. 1871, aff. Lafont, D. P. 72. 2. 52).

CHAP. 3. — Des institutions d'héritier et des legs (*Rép.* n°s 3417 à 4021).

SECT. 1re. — DES INSTITUTIONS D'HÉRITIER ET DES LEGS EN GÉNÉRAL (*Rép.* n°s 3420 à 3566).

819. Nous n'avons pas à revenir ici sur les modifications profondes introduites par notre droit moderne quant à la portée des dispositions testamentaires. Sans reprendre en détail des principes qui ont été amplement étudiés au *Rép.* n°s 496 et suiv., 3420 et 3421, il nous suffit de rappeler qu'il n'y a plus à distinguer aujourd'hui entre l'*institution d'héritier* et le *legs*. La dénomination employée par le testateur importe peu : la libéralité inscrite dans le testament n'est jamais qu'un *legs* (art. 1002), le bénéficiaire du testament n'est jamais qu'un légataire ; la loi seule fait des héritiers (*Rép.* n° 3422; Demolombe, t. 4, n°s 8, 9, 50 et 126; Aubry et Rau, t. 7, § 665, p. 97).

820. Au surplus, cette question n'a qu'un intérêt de terminologie; car, au point de vue de la propriété, et, sauf ce que nous dirons plus loin de la saisine, la situation juridique du légataire est identique à celle de l'héritier. « Les legs ne sont pas une dette de la succession, mais ils constituent, au contraire, une mutation directe entre le testateur et les héritiers ou légataires »; c'est en ces termes excellents que le principe est formulé par la cour de cassation (Civ. cass. 30 mars 1858, aff. Labarthe, D. P. 58. 1. 151). Les conséquences de ce principe sont nombreuses et fécondes. Il a été jugé, notamment, que le droit résultant du legs n'étant pas une simple créance, mais un droit de propriété non susceptible de s'éteindre par confusion, les enfants, héritiers à la fois de leur père et de leur mère, ne confondent pas, au cas de legs par un époux à l'autre, le droit qu'ils tiennent de l'époux légataire avec leurs droits d'hérédité dans la succession de l'autre époux, lors même que le légataire est décédé sans avoir demandé la délivrance de son legs ; que, par suite, les créanciers de l'un des héritiers du légataire ont le droit de s'opposer à ce qu'il soit procédé, hors de leur présence, au partage de sa succession, sans que les héritiers du légataire puissent prétendre, qu'étant en même temps héritiers du testateur, il s'est opéré en leur personne une confusion qui a éteint leurs droits et ceux de leurs créanciers sur le legs fait à leur auteur (Civ. rej. 14 nov. 1853, aff. Matet, D. P. 53. 1. 325, déjà cité au *Rép.* n° 3640). En effet, dit la cour, la veuve légataire du quart des biens de son mari n'était point une simple créancière de la succession de celui-ci, mais une véritable cohéritière, et n'a pu perdre ce caractère pour n'avoir pas demandé de son vivant la délivrance du legs ; il y a donc eu en droit transmission de la propriété des biens légués, d'abord à la veuve légataire, puis de celle-ci à ses héritiers, qui, se trouvant en même temps héritiers de leur père, n'ont pas eu de délivrance à demander, mais qui n'en tiennent pas moins la propriété des biens composant la succession paternelle à deux titres différents, savoir : trois quarts comme héritiers de leur père, et un quart comme héritiers de leur mère ; dans cette situation, les principes sur la *confusion* étaient sans application et ne pouvaient mettre obstacle à l'exercice du droit réservé par l'art. 882 c. civ. en faveur des créanciers d'un copartageant (Même arrêt). — Une autre application du même principe a été faite en matière de réduction des legs. Il a été jugé que la réduction proportionnelle que doivent subir les legs particuliers, en cas d'insuffisance des biens libres de la succession (bénéficiaire) pour le payement du passif frappe les legs de sommes d'argent à l'exécution desquels certains immeubles héréditaires ont été spécialement affectés par le testateur, aussi bien que tous autres legs particuliers; on dirait vainement que de tels legs constituent, à la charge de celui qui recueille les biens grevés de cette affectation, une créance à payer tout entière, comme le surplus du passif (Req. 3 mars 1858, aff. de Tourdonnet, D. P. 58. 1. 200). — Enfin, en matière d'enregistrement, c'est par application de ce principe que toutes les valeurs d'une succession ne sont passibles que d'un seul droit de mutation, lequel varie seulement dans sa quotité à raison du degré de parenté de chacun de ceux qui sont appelés à les recueillir; c'est ce que déclare un arrêt de la cour de cassation (Civ. cass. 30 mars 1858, aff. Labarthe, D. P. 58. 1. 151). Il en est ainsi, quel que soit, d'ailleurs, le mode de disposition du testateur, pourvu qu'il opère une dévolution immédiate de la propriété des choses léguées sur la tête des légataires; il n'y a pas non plus à distinguer à cet égard entre le cas où les choses léguées existent en nature dans la succession et le cas où elles n'y existent pas sous cette forme ; et il n'importe pas davantage que le legs mis à la charge, soit du légataire universel, soit du légataire particulier, ait pour objet des sommes d'argent ou autres valeurs mobilières, tandis que les forces de la succession seraient exclusivement de nature immobilière (Même arrêt).

ART. 1er. — *Termes dans lesquels l'institution peut être faite* (*Rép.* n°s 3422 à 3428).

821. En thèse générale, aucune formule sacramentelle n'est imposée par la loi au testateur pour la manifestation de sa volonté (*Rép.* n° 3422; Aubry et Rau, t. 7, § 665, p. 97). La disposition peut même n'être qu'implicite. Mais il est nécessaire que les termes employés par le testateur expriment une volonté. Ainsi la simple recommandation faite par le testateur à son légataire universel de laisser, après le décès de celui-ci, une certaine somme d'argent à un tiers, ne crée aucun droit en faveur de ce tiers (Grenoble, 6 janv. 1880, aff. Dutel, D. P. 81. 2. 141). Il en serait de même si le testateur s'était contenté d'exprimer une prière, un vœu, un désir, un conseil. Une telle disposition ne crée pas plus d'obligation pour l'héritier qu'elle ne confère de droit à la personne en faveur de laquelle elle est formulée, et c'est par ce motif que la recommandation faite au légataire universel de rendre, lors de son décès, à un tiers les biens qu'il a reçus du testateur ne constitue pas une substitution prohibée (Req. 25 mai 1869, aff. Albony, D. P. 69. 1. 318; Paris, 23 janv. 1869, aff. de Torsay, D. P. 69. 2. 121; Req. 16 mars 1875, aff. Barathon, D. P. 75. 1. 483 ; *Rép.* v° *Substitution*, n°s 58 et suiv., 269).

822. Les tribunaux sont d'ailleurs juges de la portée qu'il faut donner aux expressions employées par le testateur; et la cour de Grenoble a fait usage de ce pouvoir d'appréciation en décidant, par son arrêt du 6 janv. 1880, cité *suprà*, n° 821, que la disposition par laquelle le testateur, après avoir conféré au légataire universel le droit de disposer des biens légués comme bon lui semblera, le charge de donner après son décès ces biens à une personne déterminée, devait, en la rapprochant des autres termes du testament, être considérée comme une simple recommandation (V. dans le même sens : Angers, 19 mai 1853, aff. Lambert, D. P. 53. 2. 204, déjà cité au *Rép.* n° 3422-7°; Req. 26 juin 1882, aff. Barthélemy, D. P. 84. 1. 447).

823. La disposition testamentaire peut-elle résulter d'une exhérédation? Cette question suppose résolue celle de savoir ce que vaut, dans notre droit moderne, une exhérédation. Or, sur ce dernier point, il est impossible de donner une réponse absolue : la solution dépend de l'étendue de l'exhérédation.

824. Si le testateur exhérède une partie seulement de ses héritiers légitimes, il fait un acte valable. En effet, la dévolution de la succession *ab intestat* n'est autre chose, dans notre droit moderne, que le testament, supposé du *de cujus* établi d'après le degré d'affection qu'on peut lui supposer pour sa parenté. Treilhard disait au Corps législatif: « Lorsqu'on trace un ordre de succession, on dispose pour tous ceux qui meurent sans avoir disposé ; la loi présume qu'ils n'ont eu d'autre volonté que la sienne» (Fenet, t. 12, p. 137). Dans la discussion au conseil d'Etat, Portalis, Berlier, Tronchet, soutenant des opinions quelquefois opposées, partaient cependant d'un principe commun : l'affection présumée du défunt comme règle du partage de sa succession (*ibid.*, p. 19). A s'en tenir donc aux divers ordres de succession du code et aux travaux législatifs qui l'ont précédé, on ne peut douter que les auteurs du code, réagissant à la fois contre les théories féodales de l'ancienne jurisprudence française et contre les théories ultra-démocratiques de la loi du 17 niv. an 2, n'aient bien entendu substituer à l'action arbitraire de la loi attribuant en quelque sorte le patrimoine d'un mourant à l'Etat, pour le partager selon certaines vues politiques, le principe du droit de propriété, principe selon lequel la volonté expresse ou supposée du défunt règle le partage de sa succession, et est le dernier acte qu'il accomplit comme propriétaire (Note de M. Thiercelin sous Civ. rej. 17 nov. 1863, aff. Baudain, D. P. 63. 1. 441). — Si l'on part de ce principe que la succession légitime n'est autre chose que la succession dévolue suivant l'intention présumée du défunt, suivant son testament tacite, rien ne s'oppose à la validité d'un testament exhérédant expressément un ou plusieurs des héritiers légitimes. Une telle disposition équivaut absolument à ce que serait un testament révoquant pour partie un testament antérieur : il confirmerait implicitement la partie du premier testament non révoquée. Cette exhérédation partielle est donc pleinement valable; elle a pour effet d'attribuer la part des héritiers exclus aux autres héritiers appelés par la loi. C'est ce qu'on exprime par cette formule « *Exclure, c'est disposer* » (Colmar, 22 juin 1831, et sur pourvoi, Req. 7 juin 1832, *Rép.* n° 4156; Bordeaux, 26 août 1850, aff. Praisnaud, D. P. 51. 2. 31, et *Rép.* n° 3422-6°; Trib. Nantes, 13 déc. 1858, aff. Baudain, D. P. 63. 1. 441; Bordeaux, 20 févr. 1865, aff. Fieffé, D. P. 65. 2. 150; Nancy, 21 déc. 1867, et sur pourvoi, Civ. rej. 10 févr. 1869, aff. Dantreville, D. P. 69. 1. 175; Massé et Vergé sur Zachariæ, t. 3, p. 22, note 13; Coin-Delisle, *Donations et testaments*, sur l'art. 895; Laurent, t. 13, n° 482; *Rép.* n°s 3422, 3449 et 4156. — Comp. Req. 6 nov. 1878, aff. Coquerel, D. P. 79. 1. 249).

825. Mais que faudrait-il décider pour le cas où il s'agirait d'une exhérédation générale et absolue? Il ne saurait plus être ici question d'une institution implicite. Tous les héritiers du sang sont exclus, quels qu'ils soient. Qu'adviendra-t-il de l'hérédité? Une alternative s'impose : ou le testament sera valable, et alors, faute d'héritier, la succession reviendra à l'Etat, comme succession en déshérence; ou bien le testament sera nul, et les héritiers du sang ne laisseront pas que de recueillir la succession. Quelle est celle des deux solutions qui doit l'emporter?

La question s'est posée en jurisprudence au sujet d'un testament ainsi conçu : « J'institue pour le gérant de ma succession M. Nicaise, notaire à Champtoceaux, et, en cas de décès ou de refus, son successeur ou remplacé au gré de la majorité des légataires, et le prie de veiller à l'accomplissement de mes dernières volontés. Je lègue aux désignés ci-dessous durant leur vie; seulement, au décès de chacun d'eux, le legs sera réparti par égale part et remis à chaque légataire particulier. *Je déclare aussi par le présent, comme clause essentielle, que mes parents n'ont et n'auront jamais rien à prétendre à ma succession*, ni à aucun objet de mon mobilier. A mon décès, mon domicile leur sera interdit. Le gérant sera seul chargé d'acquitter mes legs particuliers ci-après (Suit la désignation de ces legs à servir par année, à divers hôpitaux, bureaux de bienfaisance et simples particuliers.) Le gérant ne pourra pas vendre le bien, ni remettre l'argent placé; il pourra acheter avec le consentement de tous les légataires au nom de la succession. Les fermes et placements seront également faits au nom de la succession. Le gérant sera seul en possession de tous les titres et papiers divers, en donnera connaissance aux légataires, et ne pourra se démunir d'aucun titre. Mon mobilier sera vendu par les soins du gérant, l'argent placé et réparti par égale part à tous les légataires. S'il y avait de l'excédent sur les revenus, il serait également réparti de la même manière, excepté le gérant de la succession, dont il n'aura aucun droit, charge, perte à supporter ». Le tribunal de Nantes, le 13 déc. 1858 (aff. Baudain, D. P. 63. 1. 441) a validé ce testament : l'argumentation n'est autre que celle que nous avons produite dans l'hypothèse précédente. Il commence par rappeler le principe consacré par l'art. 537 c. civ. que les particuliers ont la libre disposition des biens qui leur appartiennent; que ce droit absolu de disposer n'est soumis à des restrictions que dans les cas que la loi spécifie, notamment, quand il a été contrevenu aux lois et aux bonnes mœurs, ou qu'il a été porté atteinte aux droits attribués à certaines classes d'héritiers (c. civ. art. 900 et 915). Il constate que le sieur Baudain, au moment où il faisait son testament, le 1er janv. 1851, comme au jour de sa disparition ou de son décès présumé, n'avait aucun héritier à réserve; qu'ainsi il pouvait librement disposer de tous ses biens en usufruit et en nue propriété, à la seule condition de se conformer à la loi. Ayant ainsi posé ce principe, d'ailleurs incontestable, le tribunal rappelle la doctrine et la jurisprudence, qui établissent que la disposition indirecte des biens suffit pour caractériser un testament, que l'institution d'héritier est inutile, qu'ainsi le testateur qui exclut de sa succession un ou plusieurs de ses successibles attribue par cela même la part dont il les prive à ceux que la loi appelle à la recueillir à leur défaut, et sans qu'il soit besoin de les désigner nommément; et le tribunal consacre ainsi de nouveau la règle : « *Exclure c'est disposer* ».

826. Mais ici s'élève une grave objection. Le système adopté par le tribunal de Nantes se justifie très bien, comme on l'a vu *suprà*, n° 824, dans le cas où, une partie des héritiers légitimes étant exclus, ceux qui restent se trouvent appelés à leur défaut. Mais, comme l'argumentation a, dans ce cas, pour base l'existence de ces héritiers, en quelque sorte subsidiaires, qui se trouvent implicitement institués, ne tombe-t-elle pas d'elle-même, lorsque, par l'effet de l'exhérédation générale, une institution implicite ne peut se supposer? L'objection est capitale. Le tribunal de Nantes ne s'y est pourtant pas arrêté, et voici comment il y répond : « Etant ainsi reconnu et consacré qu'exclure, c'est disposer régulièrement et valablement, on ne saurait à bon droit prétendre que ce principe ne s'étend et ne s'applique qu'au seul cas où, une branche d'héritiers légitimes étant exclue, l'autre branche vient naturellement la remplacer. En effet, il comprend dans sa généralité, par exemple, cette autre éventualité où tous les héritiers du sang étant écartés par le testateur, il y a lieu d'appeler les successeurs irréguliers que la loi elle-même a établis, parce qu'il est évident qu'il y a en leur faveur une disposition indirecte, laquelle est aussi efficace que celle dont les héritiers légitimes peuvent se prévaloir et obtenir le bénéfice. Or ces successeurs irréguliers se trouvent expressément désignés dans les art. 723, 724, 767 et 768 c. civ., desquels il résulte qu'à défaut d'héritiers du sang aptes à recueillir les biens de la succession, ou de légataires institués, ces biens sont dévolus aux enfants naturels du défunt, au conjoint survivant non divorcé, enfin à l'Etat ». En conséquence, le jugement attribuait à l'Etat la succession.

Si l'on analyse avec quelque précision le système du tribunal, on voit qu'il assimile complètement cette hypothèse à la précédente, et met sur le même plan, quant à l'institution implicite, les successeurs irréguliers et les héritiers légitimes. Doit-on approuver ce raisonnement? Peut-être y aurait-il lieu de distinguer suivant la qualité des successeurs irréguliers que laisse après lui le testateur. S'il laisse des enfants naturels, ou même un conjoint non divorcé, la théorie du tribunal de Nantes semble acceptable. Sans doute, il y a une grande différence, aux yeux de la loi, entre les héritiers légitimes d'une part, et d'autre part l'enfant naturel ou le conjoint du *de cujus* : les premiers seuls sont héritiers, l'autre n'est que successeur irrégulier. Mais, bien que cette dénomination même dénote chez le législateur l'idée d'une sorte de hiérarchie, il n'en est pas moins certain que, s'il appelle (sous quelque nom que ce soit) l'enfant naturel, puis le conjoint, à recueillir la succession, c'est à raison des sentiments d'affection qu'il suppose chez le défunt, en sorte que le raisonnement applicable au cas où une partie seulement des héritiers légitimes a été exhérédée conserverait encore toute sa force : le testament qui exclurait tous ces héritiers et même les parents naturels pourrait être à la rigueur considéré comme contenant institution implicite du conjoint survivant. Il ne paraît pas que cette hypothèse se soit encore présentée dans la pratique. En tout cas, ce n'était pas celle sur laquelle avait à statuer le tribunal de Nantes.

827. L'espèce soumise à ce tribunal rentrait dans la seconde branche de la distinction : le testateur ne laissait, en dehors des héritiers légitimes, d'autre successeur irrégulier que l'Etat. Or, si l'Etat succède aux biens compris dans une succession en déshérence, ce n'est point en vertu d'un testament supposé du défunt, c'est parce que les biens vacants et sans maître appartiennent au domaine public (c.

civ. art. 539). Les termes mêmes de l'art. 768 le prouveraient au besoin. La loi ne dit plus, comme en parlant du conjoint (art. 769) : « Lorsque le défunt ne laisse ni parents au degré successible, ni enfants naturels, les biens de sa succession *appartiennent* au conjoint divorcé qui lui survit »; elle dit, très différemment : « A défaut de conjoint survivant, la succession *est acquise* à l'Etat ». Cette nuance est très importante : il n'y a plus là de dévolution fondée sur une présomption d'affection qui ne saurait trouver place ici : l'Etat acquiert la propriété de la succession, parce que cette succession ne peut rester sans maître. Il suit de là que l'argument du tribunal de Nantes est sans portée en tant qu'il s'applique à l'Etat : on ne peut dire que le testateur, en exhérédant tous ses héritiers légitimes, ait entendu faire implicitement une disposition au profit de l'Etat. Dans ces conditions, le système de l'institution implicite manquait de base, et c'est ce que la cour de Rennes, le 27 févr. 1860 (aff. Baudain, D. P. 60. 2. 160), infirmant le jugement de première instance, a établi en termes excellents : « Considérant que si la loi confère à l'homme la faculté de préférer des héritiers de son choix à ceux qu'elle donne, elle ne lui attribue pas le pouvoir d'exclure ceux-ci sans leur substituer personne; que de son texte comme de son esprit il résulte que le pouvoir de disposer dans les formes légales est le seul qu'elle reconnaisse et qu'elle sanctionne ; que les art. 895, 967 et 1002 c. nap. déterminent de la manière la plus précise le sens dans lequel les mots *dispose* et *dispositions* y sont employés; que, s'il est vrai que la disposition puisse être implicite et indirecte, il faut toujours que la volonté de la faire soit constante et appartienne intégralement au testateur; que, si cette disposition peut même résulter d'une exclusion, c'est seulement quand cette exclusion est conçue dans des termes tels, et intervient dans de telles circonstances, que la volonté d'exclure comprenne nécessairement celle de disposer ».

Ces considérations sont décisives. L'exhérédation directe, pure et simple, n'est légitime qu'autant qu'elle se réfère soit à un testament exprès, dont elle augmente ainsi les effets, soit au testament que la loi a fait pour tous les particuliers décédés *intestat* quand elle a réglé l'ordre des successions. Or, quand elle est complète, quand elle atteint tous les héritiers, elle crée un état de déshérence volontaire que la loi n'admet pas, puisqu'elle a réglé l'ordre des successions précisément pour le prévenir (Note de M. Thiercelin, citée *suprà*, n° 824) ; et, comme dit très bien l'arrêt, « l'exclusion que le testateur a prononcée et à laquelle sa généralité même semble ôter toute valeur morale ne peut avoir aucune valeur juridique; elle n'a pas pu créer cette inhabilité à succéder que suppose le système des représentants de l'Etat, et de laquelle il résulterait une fiction de déshérence que le code n'admet pas ». — Cet arrêt a été déféré à la cour suprême, mais l'arrêt de la chambre civile (Civ. rej. 17 nov. 1863, aff. Baudain, D. P. 63. 1. 441), qui a rejeté le pourvoi, n'apporte pas grande lumière dans la controverse; car, laissant de côté les théories de droit soulevées en première instance et devant la cour d'appel, il se fonde uniquement sur des considérations de fait. La cour relève avec soin cette circonstance : 1° que, dans le testament incriminé, le testateur avait disposé seulement des revenus de ses biens, et qu'il a été dans sa pensée de n'attribuer à qui que ce fût la propriété de ses meubles et de ses immeubles; 2° qu'il avait entendu qu'après lui cette propriété appartînt à ce qu'il a appelé *sa succession;* qu'il avait institué à cet effet un gérant perpétuel, qui devait en conserver indéfiniment la saisine, pourvoir aux nécessités de l'administration, avec faculté d'acquérir au nom *de la succession* sans jamais pouvoir aliéner. Puis, tirant de là cette conséquence que le testateur, au moyen d'une exclusion universelle, avait cherché à mettre ses biens hors du commerce, à les frapper d'une indisponibilité perpétuelle et à instituer sous le nom de sa succession une espèce d'établissement de mainmorte; qu'une disposition de cette nature est contraire à la loi et à l'ordre public, que l'exclusion universelle prononcée pour arriver à ce but illégal, ayant une cause illicite, est frappée de la même nullité, la cour déclare que l'exclusion prononcée par le testateur doit être réputée non écrite, et que la succession doit être dévolue suivant les règles de la succession *ab intestat.* — Aucune théorie juridique ne ressort de cet arrêt. La cour ne se prononce même pas sur le point de savoir si l'exhérédation générale doit être, ainsi que l'avait pensé le tribunal de Nantes, tenue pour une institution implicite de l'Etat; elle déclare, au contraire, en fait, que de l'institution d'un gérant perpétuel, capable d'acheter, mais incapable d'aliéner, il résultait que le testateur, après avoir exclu expressément ses successeurs réguliers, avait de plus entendu exclure l'Etat. Mais, comme on l'a vu ci-dessus, la question de savoir quelle est, en droit, la valeur de l'exhérédation prononcée par le testateur est nettement résolue par l'arrêt de la cour de Rennes (V. dans les même sens : Laurent, t. 13, n° 483).

828. Au surplus, le meilleur guide, dans une difficulté de ce genre, c'est l'intention du testateur. Ainsi, lorsqu'après avoir exclu ses héritiers naturels, le testateur a institué un légataire universel, et que ce legs devient caduc, il y a lieu de rechercher s'il a voulu frapper les premiers d'une indignité absolue ou seulement leur préférer le second : dans ce dernier cas, la caducité du legs universel profite aux héritiers du sang, et non à l'Etat (Lyon, 29 juill. 1885, aff. Portier, D. P. 86. 2. 229).

Art. 2. — *De l'erreur en matière de legs* (*Rép.* n°s 3429 à 3432).

829. L'erreur peut porter soit sur la chose léguée, soit sur la personne du légataire, soit sur la cause du legs. Quant aux deux premiers genres d'erreur, nous nous contenterons, à l'exemple du *Rép.* n° 3429, de renvoyer nos explications, d'une part, à la section 4 du présent chapitre (V. *infrà*, n°s 956 et suiv.), d'autre part, à l'art. 3 de la présente section (V. *infrà*, n° 831), et nous ne retiendrons ici que ce qui a trait à l'erreur sur la cause du legs.

830. En matière d'obligations, l'erreur dans le motif déterminant ne saurait, comme, par exemple, la fausse cause, entraîner la nullité du contrat (*Rép.* v° *Obligations*, n°s 115 et suiv.; Larombière, *Théorie et pratique des obligations*, sur l'art. 1131). En matière de testament, la distinction entre la cause finale et le simple motif s'impose bien aussi en principe ; mais, dans la pratique, c'est toujours par des considérations de fait que se résout une difficulté de ce genre. Et, quand il est reconnu que les motifs énoncés dans le testament comme ayant déterminé le testateur à disposer de sa fortune de la manière qu'il indique renferment une erreur de fait, les libéralités ainsi motivées peuvent être déclarées nulles comme fondées sur une fausse cause. Spécialement, la déclaration du testateur que « n'ayant point d'héritiers et ne devant rien à personne, il lègue aux pauvres les actions industrielles qu'il possède », doit faire déclarer ce legs nul, s'il se présente des parents du testateur au degré successible, qui établissent qu'ils sont restés inconnus de celui-ci jusqu'au moment de son décès et se trouvent dans une position de fortune qu'il aurait certainement prise en considération (Paris, 9 févr. 1867, aff. Ducamp, D. P. 67. 2. 195).

Art. 3. — *Désignation de la personne* (*Rép.* n°s 3433 à 3470).

831. Le testament doit contenir la désignation du légataire, désignation telle qu'aucun doute ne puisse s'élever sur l'individualité de la personne (Pau, 24 mars 1884, aff. Jauzion, D. P. 85. 2. 201). Toutefois, ainsi qu'on l'a fait remarquer au *Rép.* n° 3434, il n'est pas nécessaire que le testateur indique par ses nom et prénoms celui qu'il gratifie; il suffit qu'il le désigne d'une manière claire et non équivoque (Douai, 22 août 1878, aff. Baillon, D. P. 79. 2. 128; Aubry et Rau, t. 7, § 657, p. 73). Ainsi un arrêt a déclaré valable le legs fait au profit des treize villes de France ayant le plus d'ouvrières pauvres, les villes ainsi désignées ne pouvant être qualifiées de personnes incertaines, puisque leur individualité était susceptible d'être déterminée par l'autorité judiciaire (Amiens, 26 févr. 1879) (1). Les tribunaux ont

(1) (Héritiers Boucher de Perthes.) — La cour; — Considérant que, par son testament et codicille, le sieur Boucher de Perthes a ordonné que, sur une somme considérable à prélever sur sa succession, 10000 fr. seraient donnés à chacune des vingt villes

donc en cette matière une faculté d'appréciation, et la cour de cassation reconnaît à ce sujet aux juges du fait un pouvoir souverain (Req. 18 mai 1852, aff. Ville de Paris, D. P. 52. 1. 137; 8 août 1881, aff. Montesquieu-Volvestre, D. P. 82. 1. 221).

832. Mais où le juge du fait pourra-t-il puiser les éléments de cette appréciation? Est-ce seulement dans les énonciations du testament lui-même, ou bien peut-il s'inspirer de tous faits et circonstances, même extérieurs au testament? Un arrêt de cassation du 28 déc. 1818 (*Rép.* n° 3493) semble poser en principe que c'est l'acte testamentaire lui-même que les juges doivent consulter, non seulement pour décider si le testateur a entendu révoquer ou modifier quelques-unes des dispositions de son testament, mais encore pour « expliquer celles qui sont obscures »; et l'on peut rapprocher de cette solution un arrêt de la chambre des requêtes du 13 août 1840 (*Rép.* n° 3495). — Il y aurait quelque exagération à prendre au pied de la lettre la doctrine de ces deux arrêts, qui ne doit pas être étendue au delà des limites que commandaient les circonstances. En effet, dans les deux espèces soumises à la cour suprême, il s'agissait de vérifier l'existence de la disposition elle-même, et l'on comprend très bien que le juge du fait ne soit pas autorisé à aller chercher en dehors du testament des preuves extrinsèques pour suppléer à une disposition que le testament ne renfermerait pas. Mais, ainsi que la chambre des requêtes l'a dit en termes excellents dans une autre circonstance, « si l'incertitude sur la disposition elle-même ne peut être levée que par les énonciations du testament, il en est autrement de l'incertitude sur la personne qui en est l'objet; pour dissiper le doute qui peut résulter des termes dont le testateur s'est servi dans la désignation de ceux qu'il a voulu gratifier, les tribunaux peuvent et doivent avoir égard aux faits et circonstances de la cause » (Req. 22 janv. 1851, aff. Gilbon, D. P. 51. 1. 89, et *Rép.* n° 3440-2°). Et c'est dans le sens de cet arrêt, conforme d'ailleurs au système soutenu au *Rép.* n° 3439, que la jurisprudence paraît désormais fixée (Paris, 26 mars 1862, aff. Graffard, D. P. 62. 5. 194, et sur pourvoi, Req. 23 févr. 1863, aff. Chiron, D. P. 63. 1. 171).

833. Toutefois, cette faculté d'interprétation comporte une réserve qui se justifie d'elle-même, et que la chambre des requêtes a fort exactement formulée : « Si, lorsque les termes d'un testament laissent quelque incertitude, soit sur la personne du légataire, soit sur l'objet de la disposition, les tribunaux peuvent, pour sortir de cette incertitude, recourir, non seulement aux énonciations qu'il renferme, mais encore à tous les genres de preuve extrinsèques propres à faire connaître l'intention du testateur, il en est autrement au cas où les expressions du testament excluent tout doute sur l'intention du testateur : *cum in verbis nulla ambiguitas est, non debet admitti voluntatis quæstio* (Req. 23 févr. 1863, cité *suprà*, n° 832). Ainsi, lorsque le légataire est désigné par un nom, un prénom et un lien de parenté qui se rapportent clairement à la personne par laquelle le legs est réclamé, la preuve testimoniale n'est pas admissible pour établir que le testateur a voulu instituer une autre personne ayant même nom et même lien de parenté, mais n'ayant pas le prénom que le testateur lui aurait donné par erreur ; ici s'applique la règle que, en l'absence de toute ambiguïté dans l'expression, la recherche de l'intention n'est pas admissible (Même arrêt).

834. L'hypothèse où le pouvoir d'appréciation des tribunaux aura le plus souvent à s'exercer est celle où le testateur, sans prendre la peine de désigner nommément les bénéficiaires de son legs, se sera contenté de les désigner par l'expression du degré de parenté qui les lie à lui, instituant, par exemple, pour légataires ses *enfants*, ses *neveux*, ses *cousins*. En présence d'une telle disposition, le juge du fait devra tenir compte avant tout des circonstances qui sont de nature à préciser la volonté du testateur (V. Laurent, t. 13, n° 491). Ainsi, bien que dans le mot *enfants*, la loi comprenne généralement toute la descendance, ce mot, lorsqu'il est employé dans un testament, doit être entendu suivant le sens que paraît y avoir attaché le testateur (Riom, 24 mai 1861, aff. Bourrand, D. P. 61. 2. 133). Et c'est ainsi, par une interprétation de volonté, qu'il a été jugé qu'une disposition par laquelle un testateur déclarait qu'il voulait que sa succession fût partagée entre ses cousins et ses petits-cousins, comme s'il était leur oncle, sans que les plus proches parents pussent en écarter les plus éloignés, devait être entendue, non pas en ce sens que tous les cousins, même jusqu'au douzième degré, étaient appelés par le testateur, mais en ce sens que les cousins-germains seulement et, en cas de décès, leurs enfants, devaient venir à la succession, ces derniers par représentation (Angers, 23 août 1849, aff. Lenicolais, D. P. 51. 2. 16, et sur pourvoi, Req. 12 août 1851, aff. Coulombu, D. P. 54. 5. 463-464).

835. Mais, en l'absence d'indices particuliers, il est, dans cette série d'hypothèses, certaines règles d'interprétation qui s'imposent. Ainsi le mot *enfants* doit être pris dans l'acception la plus générale, celle qui comprend tous les descendants, à quelque degré que ce soit, non seulement lorsque l'intention du testateur est évidente à cet égard (Bruxelles, 7 mai 1834, *Rép.* n° 3452), mais encore lorsqu'il n'est pas clairement démontré que le testateur a entendu restreindre sa libéralité aux enfants proprement dits (Metz, 6 avr. 1870, aff. Trichard, D. P. 71. 2. 106). Jugé en ce sens, conformément à l'opinion soutenue au *Rép.* n° 3453, que l'expression *enfants*, employée dans un testament, comprend les petits-enfants, lorsqu'elle n'est accompagnée d'aucun terme restrictif; qu'ainsi le legs fait, pour le cas de prédécès du légataire, à ses enfants existant à l'époque du testament et à tous autres enfants du légataire, doit, si le légataire meurt avant le testateur, ainsi que l'un des enfants désignés dans le testament, profiter, pour la part de l'enfant prédécédé, aux enfants de ce dernier, qui sont alors appelés à la recueillir par représentation (Poitiers, 10 août 1858, aff. Mathias, D. P. 59. 2. 108. — Comp. Caen, 15 févr. 1876, aff. Boisse, D. P. 77. 2. 110).

Mais l'expression *enfants*, employée dans un acte de libéralité, ne comprend pas l'enfant naturel reconnu. Spécialement, le legs fait au profit des frères et sœurs du testateur et en cas de prédécès à leurs enfants, ne peut être réclamé par un enfant naturel reconnu par eux, alors surtout que le testateur a ordonné que sa succession serait partagée par souche entre ces enfants (Besançon, 7 févr. 1846, aff. Desjardins, D. P. 47. 2. 106. V. conf. Laurent, t. 13, n° 493).

836. Une semblable difficulté d'interprétation naîtra souvent d'une habitude de langage qui consiste à désigner sous l'appellation masculine tous les parents du même degré, quel que soit leur sexe, par exemple, dans un testament ainsi conçu : « Après la mort de ma femme, mes biens seront répartis parmi mes neveux, enfants de mes deux sœurs; à défaut, parmi leurs descendants. » La question est de savoir si les nièces sont comprises dans cette expression : mes neveux. Or, dans la langue juridique, le mot *neveux*, employé seul au pluriel, doit s'entendre de toutes les personnes placées à ce degré de parenté, sans distinction de sexe, suivant cette règle du droit romain : *Id autem eo venit, quod semper sexus masculinus etiam fœmininum sexum continet* (l. 62, D., *De legatis*, 3°) ; *Quod non est ex contrario accipiendum ut filiarum nomine etiam masculi contineantur* (l. 45, D., *De legatis*, 2°). Cette règle est souvent observée, même dans le langage usuel, à raison de la prééminence du genre masculin. Dès lors, quand un testateur se sert de l'une de ces expressions susceptibles d'être étendues d'un sexe à

de France (aujourd'hui réduites à treize) ayant le plus d'ouvrières pauvres, pour fonder une prime annuelle de 500 fr. au moins en faveur des plus méritantes de ces travailleuses; — Considérant que les villes de France ainsi constituées directement légataires ne sauraient être qualifiées de personnes incertaines, puisque leur individualité est susceptible d'être déterminée par l'autorité judiciaire, seule compétente à l'effet d'interpréter les actes du droit civil, et notamment le sens et la portée des dispositions faites par des particuliers au profit des personnalités ou des établissements publics; — Considérant qu'il résulte des statistiques, renseignements administratifs et autres documents produits, que les treize villes de France ayant le plus d'ouvrières pauvres de toutes catégories, au 2 août 1868, jour du décès du testateur, étaient celles de Paris, Lyon, Lille, Mulhouse, Roubaix, Tarare, Saint-Quentin, Saint-Etienne, Caen, Grenoble, Elbeuf, Troyes et Alençon;

Par ces motifs, confirme, etc.

Du 26 févr. 1879.-C. d'Amiens, 1re ch.-MM. Saudbreuil, 1er pr.-Detourbet, av. gén.-Dauphin et Cresson (du barreau de Paris), av.

l'autre, la présomption est qu'il s'en est servi dans le sens le plus large, à moins qu'elle ne soit accompagnée d'autres termes qui en restreignent la portée, ou de circonstances qui induisent à croire que cette restriction a été dans la pensée du disposant (Aix, 6 mai 1854, aff. Raybaud, D. P. 56. 2. 40). C'est la solution qu'avait donnée le *Rép.* n° 3452, et qui a été suivie depuis par la cour de Bordeaux, le 14 juin 1859 (aff. Manières, D. P. 59. 2. 201). — V. sur ces questions : Laurent, t. 14, n°s 491 à 504.

837. A côté de ces hypothèses où le testateur se sera borné à désigner, au lieu du nom de la personne instituée, le degré de parenté du bénéficiaire, il en est une infinité d'autres où le légataire, sans être individuellement nommé, est cependant désigné, par telle ou telle circonstance, d'une façon plus ou moins nette. C'est ici surtout que les juges du fait auront à faire usage du pouvoir d'interprétation qui leur est reconnu. Outre les espèces qui ont été rapportées au *Rép.* n°s 3134 et suiv., nous citerons à titre d'exemples, les suivantes, dans lesquelles il a été jugé : 1° que la disposition testamentaire par laquelle le testateur, après avoir partagé ses biens entre ses héritiers légitimes, déclare que ceux-ci sont les enfants de deux de ses parents les plus proches de la ligne paternelle, peut être considérée comme excluant par cela même de la succession les parents de la ligne maternelle, sans qu'une telle interprétation de volonté, qui rentre dans le pouvoir souverain des juges du fond, puisse tomber sous la censure de la cour de cassation (Req. 16 déc. 1862, aff. Moussier, D. P. 63. 1. 234) ; — 2° Que la disposition d'un testament par laquelle le testateur, après avoir légué quelques-uns de ses biens à une personne, lui donne le droit d'en distribuer le surplus à ses héritiers comme elle le jugera convenable, et, s'il en est de morts, à leurs enfants à leur majorité, ne doit pas être entendue en ce sens que le testateur ait voulu léguer à ladite personne l'entière propriété de cette partie de ses biens, en lui laissant la faculté d'en distribuer tout ou partie à ses héritiers ou de les exhéréder selon son caprice ; qu'elle ne constitue pas non plus un legs fiduciaire, mais un simple mandat de procéder au partage des biens auxquels s'applique la clause, entre tous les héritiers, conformément aux règles de la dévolution légale, et notamment à celles relatives à la représentation et au partage par souches (Nancy, 28 janv. 1860, aff. Poirot, D. P. 62. 2. 62) ; — 3° Que la disposition par laquelle un testateur déclare léguer certaines choses à un tel, *pour lui et ses héritiers*, peut, selon les circonstances, être interprétée comme appelant à recueillir le legs les héritiers de l'institué lui-même (Douai, 11 mai 1863, aff. Hobacq, D. P. 63. 2. 196) ; — 4° Que la clause d'un testament ainsi conçue : « Je lègue aux ouvriers qui sont à mon service, à ceux qui sont chez moi », comprend les ouvriers qui travaillaient chez le testateur au jour de la confection de son testament, alors même qu'ils n'y auraient plus travaillé au jour de son décès ; et que le juge du fond peut le décider ainsi par une interprétation souveraine de la volonté du disposant, sans violer la règle d'après laquelle le testateur doit être présumé avoir disposé en vue et pour l'époque de sa mort (Req. 14 juin 1876, aff. Gallet, D. P. 77. 1. 260) ; — 5° Que le legs fait sans désignation expresse du légataire n'est point nul, lorsque cette désignation ressort clairement du texte du testament et peut être ainsi suppléée ; que, spécialement, le legs fait pour la fondation d'un lit d'hôpital, dans une commune où il n'existe pas d'hospice ayant une existence légale, mais où la commune s'occupe de réunir des ressources pour en fonder un, doit être réputé fait à la commune ; qu'en conséquence, un pareil legs n'est pas nul comme fait à un établissement sans existence légale, ou comme fait à un légataire incertain, et que le maire a qualité pour en demander la délivrance au nom de la commune (Douai, 10 juin 1884, aff. Briet, D. P. 85. 2. 156).

V. au surplus, en ce qui concerne l'interprétation du testament quant à la désignation de la personne, *infrà*, n°s 845 et suiv.

Art. 4. — *Des legs secrets* (*Rép.* n°s 3471 à 3480).

838. On a exposé au *Rép.* n° 3471 la controverse soulevée par Delvincourt, au sujet des legs secrets, c'est-à-dire des dispositions par lesquelles des valeurs sont remises à une personne de confiance, pour en faire, après le décès du testateur, un usage conforme à la volonté, verbalement exprimée, de celui-ci. On ne saurait trop s'élever contre la prétention de valider de telles dispositions, qui ne constituent en somme qu'un testament oral (Toullier, t. 5, n°s 351 et 606 ; Duranton, t. 9, n° 408 ; Vazeille, sur l'art. 967, n° 8 ; Troplong, t. 2, n°s 549 à 555 ; Demolombe, t. 1, n° 609 ; Aubry et Rau, t. 7, § 656, p. 71). La jurisprudence, comme on l'a vu au *Rép.* n° 3472, a confirmé cette doctrine. Depuis ont été annulés comme contenant ou constituant des legs secrets : 1° le testament dont le bénéfice doit revenir à des inconnus par l'intermédiaire d'un exécuteur testamentaire, ou d'un héritier dont l'institution n'est qu'apparente, le testateur ayant ajouté au legs ces mots : *pour qu'il fasse de ma succession l'usage que je lui indiquerai par une note séparée* (Pau, 9 juin 1857, aff. Barrios, D. P. 58. 2. 137) ; — 2° La disposition testamentaire par laquelle le testateur lègue à une personne le reliquat d'une certaine somme « pour remplir ses volontés », après des prélèvements indiqués, si, par son rapprochement avec d'autres libéralités faites au même légataire, cette disposition peut être considérée comme renfermant un fidéicommis au profit de personnes inconnues et comme dès lors frappée de nullité (Req. 30 nov. 1869, aff. Britelle, D. P. 70. 1. 202) ; — 3° Le testament dont l'enveloppe porte cette mention : « Sous ce pli est renfermé mon testament olographe, avec les notes explicatives de mes instructions, qui doivent toujours rester aux mains de mon légataire universel et n'être confiées qu'avec la plus grande discrétion, parce que j'ai lieu de craindre que, si quelques-uns de mes parents en avaient connaissance, ils ne fissent attaquer le testament comme un fidéicommis seulement, et non comme un legs absolu, quoique dans ce cas j'autoriserais mon légataire universel à prêter serment que tout lui appartient » ; alors que l'une de ces notes est ainsi conçue : « *Je ne donne pas en pur don* à Joseph-Remy Toussaint, ni à M. l'abbé Caussin ; je les *constitue mes exécuteurs testamentaires*, et les charge, sur leur âme et conscience, d'y pourvoir ainsi que je vais l'indiquer » (Dijon, 2 avr. 1874, aff. Picardat, D. P. 75. 2. 26) ; — 4° Le testament chargeant le légataire de distribuer gratuitement à des personnes indiquées dans une lettre des valeurs qu'il lui avait confiées (Caen, 6 août 1877, et sur pourvoi, Req. 10 févr. 1879, aff. Paimblanc, D. P. 79. 1. 298) ; — 5° Le testament par lequel le testateur charge son légataire universel, après les dettes payées, « de faire droit, s'il est possible, à quelques dispositions dont il a connaissance, dans la mesure dont lui seul sera juge et maître absolu » (Liège, 21 déc. 1882) (1).

839. Mais c'est par un abus évident des mots qu'on a

(1) (De Villenfagne C. Laurent.) — La cour ; — Attendu qu'il résulte des documents du procès, ainsi que des explications données par les parties, que le *de cujus*, baron de Flotte, avait vendu ses propriétés au comte de Laubespin, moyennant une rente viagère ; que des difficultés troublèrent les bonnes relations qui existaient entre MM. de Flotte et de Laubespin ; que ce dernier mourut en 1879, et que M. de Flotte choisit comme receveur de ses biens M. Laurent, juge à Dinant, qui avait été le receveur du comte de Laubespin, et qui resta, après sa mort, chargé des affaires de sa veuve ; que, le 4 nov. 1879, le sieur de Flotte faisait savoir au sieur de Villenfagne, son cousin germain et son héritier légal, « que, tant qu'il était importuné par le comte, il avait pensé à avantager le sieur de Villenfagne de certaines dispositions, mais que, lorsqu'il s'était trouvé jouir tranquillement de ses droits, il avait repris aussitôt la filière de ses premiers sentiments et de ses premières dispositions, et qu'il ne l'avait plus tenu en compte ouvert » ; que, quelques jours après, le 17 nov. 1879, il formule ainsi, dans un testament olographe, ses dispositions de dernière volonté : « Je soussigné, Marie-Louis-Ferdinand, baron de Flotte, demeurant au château de la Thilaire, commune d'Hastière-Lavaux, ai fait mon testament ainsi qu'il suit. Révoquant toute disposition antérieure, déclare instituer comme légataire universel M. Laurent, juge de paix à Dinant, je dis Louis Laurent juge au tribunal de Dinant, à la charge de faire droit à tout ce qui restera à acquitter à la suite de mon décès, et faire droit, s'il est possible, à quelques dispositions dont il a connaissance, dans des mesures dont lui seul sera juge et maître absolu » ; que le baron de Flotte mourut le 1er oct. 1880, c'est-à-dire environ un an après avoir fait ce testament ; — Attendu que de Villenfagne soutient que

demandé la nullité d'un legs comme secret, parce que le testateur avait ordonné que l'héritier, à la charge duquel il le mettait, devrait l'ignorer pendant toute sa vie. La chambre des requêtes, par arrêt du 30 avr. 1867 (aff. de Beaufort, D. P. 67. 1. 403), a fait justice de cette prétention.

ART. 5. — *De la faculté d'élire* (*Rép.* n°s 3481 et 3482).

840. Le legs fait avec faculté d'élire est bien plus fréquent dans la pratique que le legs secret. On sait qu'il faut entendre par ces mots *faculté d'élire*, la faculté laissée par le testateur à un tiers de désigner le bénéficiaire du legs (*Rép.* n° 3481). Malgré la controverse soulevée par M. Troplong (V. *ibid.* n° 3482), la doctrine est aujourd'hui unanime à déclarer que la nullité prononcée par la loi du 17 niv. an 2 contre une telle disposition a été maintenue dans notre droit moderne (Merlin, *Répertoire*, v° *Légataire*, § 2, n° 18 *bis;* Grenier, *Observations préliminaires*, n° 8 ; Toullier, t. 5, n° 350 ; Demolombe, t. 1, n° 619 ; Aubry et Rau, t. 7, § 655 et 656, p. 70). La jurisprudence n'a pas hésité à se prononcer dans le même sens. C'est ainsi que la cour d'Agen, le 25 nov. 1861 (aff. Guy, D. P. 62. 2. 34), a déclaré nulle la disposition par laquelle le testateur léguait tous ses biens à deux enfants naturels, de l'âge de dix à douze ans, un garçon et une fille, pris dans l'hospice du département, sur le choix qu'en ferait la sœur supérieure de l'hôpital de telle ville, et à qui on ferait porter le nom du testateur. Sur le pourvoi formé contre cet arrêt, la chambre civile a été appelée à se prononcer sur la question ; sans même recourir aux arguments historiques sur lesquels s'était surtout fondée la cour d'Agen, la cour suprême s'est déclarée pour la nullité, par ce simple motif qu'aux termes de l'art. 895 c. civ., le testament est un acte par lequel le testateur dispose pour le temps où il ne sera plus ; que le testateur doit donc choisir lui-même ses légataires, et non pas en abandonner le choix au libre arbitre d'un tiers qui serait, en ce cas, le véritable disposant (Civ. rej. 12 août 1863, aff. Gauran, D. P. 63. 1. 357). C'est pour le même motif que la cour de Dijon, par arrêt du 1er juin 1883 (1), a déclaré nul un testament par lequel le testateur ordonnait que sa fortune fût employée en *bonnes œuvres*, les capitaux devant être placés et les revenus distribués par un tiers, seul chargé de donner exécution aux dernières volontés du testateur. — Antérieurement, un arrêt de la cour de Liège, du 14 mai 1873 (aff. Tison, D. P. 74. 2. 36) avait consacré le même système en annulant, comme fait au profit d'une personne incertaine, le legs fait par le testateur à un hospice qui devait être désigné par un tiers. Cet arrêt, comme autrefois celui de la cour d'Agen, ajoute à l'argument de doctrine proclamé par notre chambre civile un argument historique tiré de la loi de l'an 2 et des travaux préparatoires du code civil.

841. Mais, si les tribunaux maintiennent très fermement le principe, ils montrent parfois moins de rigueur dans l'application. Ainsi la cour de Metz, le 13 mai 1864 (aff.

---

l'institution universelle faite au profit de Laurent est nulle, par le motif que, bien que qualifié de légataire universel, il ne serait en réalité qu'un exécuteur testamentaire, chargé d'exécuter les volontés secrètes du testateur, sans pouvoir rien recueillir de sa succession; qu'il s'agit de rechercher si cette prétention est fondée; — Attendu que le *de cujus* a imposé par son testament à M. Laurent, une double obligation : celle d'acquitter les dettes de la succession, et, en second lieu, celle de faire droit, dans les limites du possible, c'est-à-dire, s'il reste suffisamment de biens après l'acquittement des dettes, aux dispositions qu'il lui a fait connaître; — Attendu que rien n'indique, dans ce testament, l'intention du testateur d'attribuer à son légataire universel une partie quelconque de sa succession; que, lorsqu'on rapproche cet acte de dernière volonté des faits qui l'ont précédé, on doit admettre que le baron de Flotte, après la mort de M. de Laubespin, c'est-à-dire à une époque où il n'avait encore aucune relation avec celui qu'il devait choisir comme son receveur et son légataire universel, cessa de vouloir avantager son cousin, pour « reprendre la filière » d'anciennes dispositions; que Laurent, avec lequel il n'eut jusqu'à sa mort que des relations d'affaires n'apparaît dans ce testament que comme un simple exécuteur testamentaire, un intermédiaire chargé de transmettre à d'autres la totalité de la succession; — Attendu qu'il est de principe que toute disposition testamentaire doit être l'expression personnelle de la volonté du testateur; que cette volonté, consignée dans le testament, doit déterminer expressément la substance même du legs, c'est-à-dire la chose léguée, et la personne qui est appelée à la recueillir; que, dans l'espèce, les personnes réellement instituées sont des personnes incertaines ou connues du légataire seul; que de telles dispositions sont contraires à la loi et ne peuvent être validées; — Attendu que l'on argumenterait en vain des expressions dont le *de cujus* s'est servi à la fin de son testament, pour soutenir que Laurent, en sa qualité de légataire universel, pourrait retenir tout ou partie de l'hérédité; que tel ne peut être, en effet, le sens de cette disposition; qu'il est impossible d'admettre que le testateur, après avoir imposé à son légataire la charge de faire droit aux dispositions dont il a connaissance, l'aurait autorisé, dans le même acte, à n'en tenir aucun compte; qu'une telle contradiction ne saurait s'expliquer; que l'hypothèse prévue par le testateur ne peut être que celle-ci : dans le cas où les biens disponibles ne permettraient pas de faire droit à toutes les dispositions dont Laurent a connaissance, celui-ci pourra les réduire dans des mesures dont il sera seul juge, ce qui n'implique en aucune façon la faculté de conserver une partie quelconque de la succession; — Attendu, au surplus, qu'en admettant même que le testateur aurait laissé son légataire universel juge et maître absolu de réaliser à son gré les intentions que le testateur lui a fait connaître, une telle disposition serait encore frappée de nullité, puisqu'elle ne trouve pas son expression dans le testament même, mais qu'elle est entièrement abandonnée à la volonté d'un tiers; — Par ces motifs; — Reçoit l'opposition à l'arrêt par défaut du 16 mai dernier; — Ce fait, réforme le jugement dont est appel; — Déclare nul et de nul effet le testament olographe fait par le baron Marie-Louis-Ferdinand de Flotte, le 17 nov. 1879; — Dit et déclare que l'intimé n'est pas le légataire universel du *de cujus;* — Autorise l'appelant, héritier légal de celui-ci, à se mettre en possession et jouissance de tous les biens composant la succession dont il s'agit; — Condamne l'intimé à remettre à l'appelant tous les biens généralement quelconques dont il a pris possession, à rendre compte de sa gestion bénéficiaire, avec restitution des fruits perçus et intérêts, etc.

Du 21 déc. 1882.-C. de Liège, 2e ch.-MM. Lecoq, pr.-Boseret et Emile Dupont, av.

(1) (Naulin C. Pascalis.) — LA COUR ; — Sur les conclusions principales de l'appelant (M. Naulin): — Attendu que la disposition testamentaire du testament de la demoiselle Chardigney, qui fait l'objet du procès actuel, est ainsi conçue: « Le reste de ce que je possède sera employé en bonnes œuvres; le capital ne sera pas dépensé; on ne donnera que les revenus; le capital sera placé comme bon semblera, par M. le curé de Saint-Pierre, mais en placement sûr; les revenus, il n'en devra de compte à personne. Si M. Naulin, curé de Saint-Pierre, à Mâcon, en ce moment, n'existait plus, ce serait aux successeurs existants »; — Attendu que, malgré sa rédaction incorrecte, cette clause ne présente aucune obscurité; qu'en exprimant la volonté que son bien fût employé en bonnes œuvres, la testatrice n'a point imposé une simple charge, soit à ses héritiers légitimes, soit à un légataire institué; qu'en effet, ses héritiers légitimes sont exclus de la succession, et M. Naulin et ses successeurs dans la cure de Saint-Pierre ne figurent point dans le testament en qualité de légataires à un titre quelconque, mais seulement comme chargés, avec des pouvoirs plus ou moins étendus, d'exécuter les intentions de la testatrice; — Attendu, dès lors, que les bonnes œuvres, au profit desquelles la dame Chardigney a voulu que sa fortune fût employée, seraient en définitive le seul bénéficiaire de la disposition dont il s'agit, et que tout le procès se réduit à la question de savoir si le legs ainsi formulé est fait en faveur de personnes certaines et déterminées; — Attendu que les expressions *bonnes œuvres*, prises dans leur généralité et sans qu'aucune des clauses du testament en précise ou en limite l'application, s'étendent à une série d'actes et à des catégories de personnes trop nombreuses pour qu'il soit possible aux tribunaux de vérifier soit la légalité des œuvres que la testatrice a entendu favoriser, soit la capacité des personnes qu'elle a voulu qualifier; — Attendu que le vice résultant de l'incertitude sur la personne du légataire ne saurait être corrigé, dans l'espèce, par cette circonstance que le choix des bonnes œuvres est confié au curé de Saint-Pierre, qui est une personne déterminée; qu'il est de principe, en effet, dans notre droit, que la libéralité doit être l'expression personnelle et directe de la volonté du disposant, et que le choix du légataire ne peut être laissé par le testateur à son héritier ou à un tiers ; qu'il faut, dès lors, que le légataire soit désigné par le testament lui-même à peine de nullité de la disposition; — Attendu que le legs dont il s'agit ayant été fait au profit de personnes incertaines, c'est avec raison que les premiers juges ont déclaré qu'il ne pouvait produire aucun effet, et qu'il échet de confirmer leur décision, sans qu'il soit besoin d'examiner les autres moyens de nullité proposés par la dame Pascalis; — Par ces motifs; — Sans s'arrêter aux conclusions de l'appelant; — Confirme le jugement rendu le 30 août 1882 par le tribunal de Mâcon, en ce qu'il prononce la nullité de la disposition relatée dans les motifs ci-dessus, etc.

Du 1er juin 1883.-C. de Dijon, 1re ch.-MM. Cantel, 1er pr.-Mairet, av. gén.-Bonneville et Thévenet (du barreau de Lyon), av.

Alexandre Jeanpierre, D. P. 64. 2. 169), a eu à statuer sur un testament ainsi conçu : « Attendu que la mort vient d'enlever Charles-Sébastien Liébault, mon neveu, qui était mon seul et unique héritier, et que, de mon côté, je me trouve chargé d'ans et d'infirmités, je me sens pressé du désir de disposer de l'universalité des biens meubles et immeubles dont je serai possesseur lors de mon décès; en conséquence, je veux qu'ils soient partagés ainsi qu'il suit : je donne et lègue la moitié desdits biens aux enfants ou descendants d'eux, le cas échéant, de Dominique Jeanpierre, mon cousin germain, ancien greffier de paix à Forbach, suivant le partage et la proportion qu'il jugera le plus convenable; à son défaut, mes parents des deux sexes de Château-Salins en décideront à la pluralité des suffrages. » La cour a considéré que cette clause par laquelle le testateur léguait une portion déterminée de ses biens aux enfants ou descendants d'une personne nominativement désignée, suivant le partage et la proportion que cette personne jugerait le plus convenable, était simplement un mode d'exécution prescrit par le testateur, une voie par lui choisie afin d'opérer, entre les colégataires, la répartition de la chose léguée conjointement, et que, dès lors, elle ne devait point être considérée comme renfermant la faculté prohibée d'élire un héritier; en conséquence, elle a validé le testament. Cette solution peut donner lieu à des doutes très sérieux. Supposons, en effet, que la personne chargée de faire la distribution «*suivant la proportion qu'elle jugera le plus convenable* », attribue à l'un la presque totalité, en ne laissant aux autres qu'une somme insignifiante, un franc, par exemple : ne sera-ce point là l'usage d'une véritable faculté d'élire? La cour de Nancy, dans un arrêt déjà cité *suprà*, n° 837, avait été mieux inspirée, en exigeant, pour valider une disposition analogue, que la personne chargée du partage respectât les règles de la dévolution légale, notamment, quant à la représentation et au partage par souches.

842. Une disposition très voisine du legs avec faculté d'élire est celle qui consiste à créer par testament une fondation ayant une destination soit scientifique, soit charitable, dans une académie ou dans un hôpital. Si, dans cette hypothèse, on considérait la disposition comme un legs fait au profit des lauréats ou des malades qui seront choisis dans les conditions fixées par le testament, une telle disposition tomberait évidemment sous le coup de la nullité qui frappe le legs fait avec faculté d'élire. Il est plus exact de considérer comme légataire le corps savant ou l'hôpital lui-même, à charge par lui de faire de la somme léguée un emploi déterminé : un pareil legs est ainsi pleinement valable, et les personnes désignées pour répartir le bénéfice du legs sont pleinement maîtresses de leur choix; elles sont les juges souverains, soit des conditions d'admission au concours, soit des titres à l'obtention des prix, et les prétendants n'ont jamais le droit d'en appeler de leurs décisions à la justice ordinaire. Les héritiers de l'auteur de la libéralité peuvent, comme ses représentants, surveiller l'exécution du testament; mais l'individu qui se présente pour obtenir un des prix institués est non recevable à intervenir dans l'exécution d'un acte qui lui est étranger, tant que son droit à la récompense n'a pas été reconnu (Paris, 10 juill. 1865, aff. Guillon, D. P. 65. 2. 191).

Au surplus, l'autorité judiciaire a seule qualité pour statuer sur les difficultés soulevées à cette occasion. Il n'appartient point au conseil d'État de connaître du recours formé par un particulier contre la délibération d'une académie qui a fixé le montant d'un prix à décerner en exécution de dispositions testamentaires, et contre la décision ministérielle qui a refusé d'annuler cette délibération ; l'autorité judiciaire est seule compétente pour statuer sur une telle question. Il appartient également à la même autorité de décider si le réclamant a qualité pour attaquer la délibération précitée (Cons. d'Ét. 31 janv. 1867, même affaire, D. P. 68. 3. 25. V. dans le même sens : Agen, 3 juill. 1854, aff. Feroux, D. P. 55. 2. 41, cité au *Rép.* n° 3470).

843. Il faut, bien entendu, que le choix s'exerce à la fois suivant l'intention du testateur, et suivant les règlements qui régissent l'établissement légataire. Jugé à cet égard : 1° que lorsqu'un legs de bienfaisance a été fait au profit de personnes indéterminées, à choisir dans les diverses paroisses d'une commune, les conseils de fabrique de ces paroisses sont sans qualité, si le testateur ne leur en a expressément attribué le droit, pour critiquer le choix des personnes que l'autorité municipale a désignées pour recueillir le bénéfice de ce legs, encore bien qu'un arrêté municipal aurait admis les conseils de fabrique à participer à l'élection de ces personnes, en présentant une liste de candidats (Agen, 3 juill. 1854, cité *suprà*, n° 842) ; — 2° Que la disposition par laquelle un testateur lègue une certaine somme à l'hospice des incurables de sa ville natale, pour la fondation à perpétuité d'un lit « dont son héritier disposera à son gré », doit, alors que le testateur n'ignorait pas ou n'a pu ignorer que l'hospice est soumis à des règlements particuliers, être entendue en ce sens que l'héritier aura seulement le choix de la personne, sans pouvoir déroger aux conditions réglementaires d'admissibilité (Req. 15 févr. 1870, aff. Lupart, D. P. 71. 1. 173). — Et les intéressés ont le droit de surveiller l'exécution du legs, pourvu qu'ils n'empiètent pas sur les droits de la personne chargée par le testateur d'exécuter sa volonté (Caen, 15 oct. 1888) (1).

844. Quant aux fondations destinées, par exemple, à faire dire des messes, elles constituent une simple charge de la succession, bien plutôt qu'un legs (Vazeille, sur l'art. 697, n° 8 ; Troplong, t. 2, n° 548 ; Aubry et Rau, t. 7, § 656, p. 72). C'est ainsi qu'il a été jugé : 1° que la clause qui charge les héritiers de faire dire annuellement, pour le repos de l'âme du testateur, un certain nombre de messes, dans une église déterminée, ne constitue pas, au profit de la fabrique de cette église, une fondation ou un legs dont elle ait le droit de poursuivre l'exécution contre les héritiers ; que c'est une charge de la succession dont il n'appartient qu'à l'exécuteur testamentaire d'exiger l'accomplissement, et cela, encore bien que, pour garantir l'exécution d'une telle clause, le testateur ait ordonné qu'il serait pris une inscription hypothécaire sur ses biens (Douai, 30 mai 1853, aff. Fabrique de Simencourt, D. P. 54. 2. 174; Bordeaux, 23 juin 1856, aff. Fabrique de Saint-Eloi, D. P. 57. 2. 62) ; — 2° Que la disposition d'un testament par laquelle le testateur ordonne que le prix des biens qu'il laissera soit employé à faire dire des prières soit pour lui, soit pour une autre personne, constitue, non un legs fait au profit d'une personne incapable ou incertaine, mais seulement une charge imposée et une mission confiée aux exé-

(1) (Anger, curé de Carrouges, C. Bureau de bienfaisance de Carrouges.) — La cour ; — Attendu que Paul-Timothée Anger, curé doyen de Gacé, a, par son testament olographe du 29 janv. 1861, légué aux pauvres de Carrouges un titre de rente de 300 fr.; que non seulement cette disposition est faite en termes exprès au profit des pauvres de Carrouges, mais qu'il résulte de l'ensemble du testament que le testateur a voulu que les arrérages de la rente de 300 fr. leur fussent en toute circonstance entièrement et exclusivement attribués; — Attendu que les pauvres, comme tous autres légataires, ont le droit de réclamer le montant du legs fait à leur profit, et, par suite, d'exiger la justification du payement des sommes qui leur sont dues ; — Attendu que ni une condition substantielle imposée par le testateur, ni une clause quelconque du testament n'interdit aux pauvres ou à leurs représentants légaux le droit d'exiger cette justification ; — Attendu que le testateur s'est borné à imposer comme une condition expresse, formelle et *sine qua non*, que ce soient les curés qui se succéderont dans la paroisse de Carrouges qui seuls feront ou feront faire la distribution ; que ce mot distribution est répété à diverses reprises dans le testament ; que le testateur déclare que, si l'autorité civile venait, par exigence de la loi, à revendiquer la distribution annuelle des 300 fr. et prétendre la faire, soit par elle-même, soit par délégués laïques, il veut que son legs soit nul et de nulle valeur ; — Attendu que ce droit de faire la distribution n'est nullement exclusif de l'obligation de rendre compte de l'emploi des 300 fr., obligation dont le testateur n'a point dispensé le curé de Carrouges, en faisant de cette dispense une condition essentielle du legs ; — Attendu que le maire de Carrouges, au nom du bureau de bienfaisance, ne revendique nullement la distribution de la somme annuelle; qu'il ne prétend pas avoir le droit de la contrôler ni de discuter l'emploi et la répartition telle que la fera le curé ; qu'il demande seulement que ce dernier lui produise l'état des personnes secourues et le montant des sommes distribuées, de manière à pouvoir certifier que les pauvres de la commune ont reçu la somme qui leur a été léguée ; — Vu, quant aux dépens, l'art. 139 c. pr. civ.; — Par ces motifs, confirme.

Du 15 oct. 1888.-C. de Caen, 1re ch.-M. Houyvet, 1er pr.

cuteurs testamentaires (Caen, 30 nov. 1865, aff. Odollent, D. P. 66. 2. 43); — 3° Que la disposition par laquelle un testateur ordonne que ce qui restera de ses biens au décès du légataire sera employé à acquitter des messes perpétuelles pour le repos de son âme est valable, cette disposition ne constituant pas un legs fait à des personnes incertaines, mais l'emploi d'une somme à la rémunération d'un service déterminé (Pau, 18 janv. 1886, aff. Haritcecort, D. P. 87. 2. 63).

De ce qu'une telle disposition ne constitue pas un legs au profit de la fabrique, il résulte encore que l'autorisation du Gouvernement n'est pas nécessaire pour qu'une telle disposition reçoive son exécution (Caen, 30 nov. 1865, aff. Odollent, D. P. 66. 2. 43).

ART. 6. — *Interprétation du testament* (*Rép.* nos 3483 à 3508).

845. Il arrive souvent que les testaments, et surtout les testaments olographes, contiennent des passages obscurs et ambigus. Il y a lieu, dans ce cas, à une interprétation, qui, tout naturellement, est du ressort des tribunaux, et des tribunaux civils seuls (Agen, 3 juill. 1854, aff. Feroux, D. P. 55. 2. 41; Trib. confl. 11 déc. 1875, aff. Hospices de Perpignan, D. P. 76. 3. 52).

846. Mais il importe de limiter, comme on l'a fait au *Rép.* n° 3484, le terrain dans lequel l'action interprétative doit, pour ainsi dire, être circonscrite. Il n'y a pas lieu à interprétation d'un testament, lorsque la clause testamentaire n'a rien d'obscur ou d'ambigu, que les expressions en sont nettes, précises, et ne donnent lieu à aucune incertitude (Bordeaux, 16 mai 1881) (1). Par exemple, la disposition ainsi conçue: « Je lègue à mon épouse les cinq douzièmes de ce que je possède et la propriété des meubles et ustensiles de la maison et de notre usage », ne peut être interprétée en ce sens que le testateur aurait disposé de l'ensemble de la communauté, y compris la moitié appartenant à sa femme (Pau, 26 juill. 1886, aff. Cohe, D. P. 87. 2. 63). En somme, la règle, en matière de dispositions à cause de mort, est que l'on doit, avant tout, s'attacher à reconnaître l'intention du testateur, et que, si cette intention apparaît d'une manière suffisamment claire et non équivoque, bien qu'imparfaitement exprimée, le testament doit être exécuté comme la loi elle-même: *in conditionibus testamentorum voluntatem potius quam verba considerari oportet* (Amiens, 1er avr. 1868, aff. Préfet de la Somme, D. P. 70. 2. 81).

847. Sans doute, dès que l'ambiguïté existe et est reconnue, les juges sont investis du droit d'interpréter. Mais il leur est interdit de substituer leur volonté à celle du défunt, et, sous prétexte d'interprétation, de refaire le testament, de supprimer une clause claire et précise, pour la remplacer par une autre qui produit des effets légaux différents (Demolombe, t. 4, n° 740; Aubry et Rau, t. 7, § 712, texte et note 2, p. 459). Il y a là une règle de bon sens, que la cour suprême a toujours maintenue avec la plus grande fermeté. C'est ainsi qu'elle a décidé: 1° que les juges du fond excèdent leur pouvoir d'interprétation, lorsque, se fondant sur les résultats d'une enquête, au moyen de laquelle ils ont recherché les motifs qui avaient pu déterminer la volonté du testateur, ils substituent au légataire institué un tiers que rien n'empêchait le testateur de désigner directement lui-même (Req. 19 févr. 1884, aff. Larseneur, D. P. 84. 1. 388); — 2° Que, lorsqu'une femme mariée a légué à sa sœur une somme d'argent, payable après le décès du mari de la testatrice qu'elle a institué en même temps son légataire universel, le juge du fond ne peut pas interpréter cette disposition comme constituant un legs des reprises matrimoniales de la testatrice, et attribuer ainsi à la légataire particulière un droit d'hypothèque légale sur les biens personnels du légataire universel (Civ. cass. 20 janv. 1868, aff. Marié, D. P. 68. 1. 12); — 3° Que le legs d'une quotité déterminée de rente 3 pour 100 sur l'État français ne peut être entendu en ce sens que l'intention du testateur a été d'attribuer au légataire, jusqu'à concurrence de cette quotité, la propriété exclusive de la portion d'une inscription de rente 3 pour 100 qui lui appartenait, une pareille interprétation ayant pour effet de transformer le legs d'une chose indéterminée en un legs de corps certain, et excédant, comme telle, les pouvoirs du juge (Civ. cass. 2 déc. 1879, aff. Guérin, D. P. 80. 1. 69); — 4° Que, lorsque le testateur a disposé que si, au décès du dernier survivant de ses frères et sœurs, l'un de ses autres collatéraux n'a pas d'enfants légitimes, sa succession appartiendra à un tiers, les juges du fond ne peuvent, par voie d'interprétation, décider que ce legs conditionnel est un legs pur et simple, et attribuer, d'ores et déjà, la succession à ce tiers (Civ. cass. 4 févr. 1884, aff. Dupuis, D. P. 84. 1. 247); — 5° Que, lorsque le testament ne contient aucune indication relative aux biens dont le testateur a l'intention de disposer, les juges du fait ne peuvent, sous prétexte d'interprétation, et en se fondant tant sur certains de ses termes que sur des circonstances extrinsèques, décider que le testateur a entendu disposer de la totalité de ses biens (Civ. cass. 18 nov. 1884, aff. Marc, D. P. 85. 1. 317); — 6° Que le juge ne peut, sous prétexte d'interprétation, décider que les deux légataires universels institués par deux testaments successifs, acquitteront par moitié les legs particuliers faits dans ces deux testaments, lorsque le disposant a mis, en termes clairs et précis, à la charge de chacun de ces légataires, l'acquittement des legs particuliers dans une proportion autre que la moitié (Civ. cass. 7 juill. 1886, aff. Ville de Nancy, D. P. 87. 1. 75); — 7° Que, en présence d'un testament fixant en termes précis la ligne suivant laquelle sera construit un mur séparatif des deux héritages appartenant au testateur, le juge du fait ne peut ordonner que ce mur suivra un autre tracé, sous prétexte d'une erreur commise par le disposant et dont la preuve résulterait, non du testament lui-même, mais d'une expertise étrangère à cet acte (Civ. cass. 9 août 1886, aff. Roman, D. P. 87. 1. 40). — Comp. Paris, 4 déc. 1860, aff. Martin, D. P. 62. 2. 80). Mais si le juge du fond déclarait, en fait, dans la même hypothèse, que la disposition testamentaire aux termes de laquelle un mur, destiné à séparer deux lots, doit être construit « sur l'alignement du coin » d'un bâtiment, manque de précision

(1) (Laroche C. Héritiers Prunet.) — LA COUR; — Attendu que Jean-Pierre Prunet jeune est décédé à Angoulême le 11 janv. 1880, à la survivance de sa veuve et de sa fille unique, la dame Massougues; que, par son testament olographe, en date du 31 août 1875, régulièrement déposé, il a légué, au besoin, par préciput et hors part, aux enfants nés et à naître, issus du mariage de sa fille Marie Prunet avec Georges de Massougues, la moitié de tous les biens meubles et immeubles qui lui appartiendront au moment de sa mort, sans aucune exception, les instituant à cet effet ses légataires à titre universel; que du mariage de Marie Prunet et de Georges de Massougues sont issus deux enfants, nés tous les deux avant le décès de Jean-Pierre Prunet; que la clause de la disposition relative aux enfants à naître reste sans objet, puisqu'au moment du décès, aucun autre enfant n'était conçu, et que les enfants qui pourraient naître dans l'avenir ne sauraient s'en prévaloir, aux termes de l'art. 906 c. civ.; mais que la caducité du legs à l'égard des appelés ne peut avoir aucun effet sur le droit acquis aux enfants existant; — Attendu que ce legs ne présente aucune obscurité, aucune ambiguïté, et ne peut dès lors autoriser aucune interprétation; que les premiers juges, en voulant interpréter une disposition qui ne comportait aucune interprétation, sont parvenus à transformer un legs pur et simple en un legs dont l'existence est soumise à une condition; que cette condition n'existe ni dans le texte, ni dans l'esprit de la disposition; que le testateur, par une mesure de sage prévoyance dans les conditions particulières où sa famille était placée, a voulu assurer, dans les limites où la loi le lui permettait, la transmission directe de ses biens à ses petits-enfants; que le legs à titre universel fait aux petits-enfants est régulier et valable; qu'il leur en doit être fait délivrance; — Attendu que le testateur n'a prescrit aucune mesure particulière pour l'administration des biens légués à ses petits-enfants, ni pour l'emploi des revenus dans le cas où l'usufruit dont ils sont grevés s'éteindrait avant leur majorité; — Par ces motifs; — Disant droit sur l'appel interjeté par Laroche ès qualités, annule le chef de ce jugement qui a prononcé la caducité du legs à titre universel, au profit des enfants de Massougues, contenu dans le testament de Jean-Pierre Prunet, et, faisant ce que les premiers juges auraient dû faire, déclare régulier et valable le legs à titre universel fait par Jean-Pierre Prunet dans son testament olographe du 31 août 1875, au profit des enfants nés ou à naître du mariage de Marie Prunet avec Georges de Massougues; — Dit que ce legs profite aux deux enfants nés de ce mariage, etc.

Du 16 mai 1881.-C. de Bordeaux.-MM. Bretenet, pr.-Calmon, av. gén.-Lhéridon (du barreau d'Angoulême), av.

et de clarté, l'encoignure d'un bâtiment se réduisant à un point géométrique, susceptible de fixer l'extrémité, et non la direction d'une ligne droite, il y aurait lieu d'interpréter la clause dont il s'agit à l'aide des autres passages du testament corroborés par les circonstances extrinsèques; et le juge du fond serait autorisé à déduire de cet ensemble de dispositions et de faits que la clôture à construire, au lieu de former en ligne droite le prolongement du mur du bâtiment sur lequel elle prend son amorce, doit subir une légère déviation oblique, de façon à ne pas rétrécir un passage qui, d'après une autre clause du testament, est destiné à s'exercer « sur un chemin battu » désigné par le testateur (Req. 26 nov. 1888, aff. Roman, D. P. 89. 1. 101).

848. Ainsi, lorsque les juges croient devoir interpréter une disposition testamentaire, la validité de cette interprétation est subordonnée aux deux conditions suivantes : que d'une part, la clause soit véritablement douteuse et ambiguë, et que, d'autre part, le juge se contente d'interpréter le testament sans le refaire. Ces deux conditions, la cour suprême se réserve le droit de vérifier si elles sont réunies dans l'arrêt qui lui est déféré (*Rép.* n° 3507; Civ. rej. 27 févr. 1884, aff. Deslandes, D. P. 84. 1. 353), de même qu'elle se réserve l'appréciation des caractères légaux d'une disposition testamentaire, et notamment, la qualification de legs universel ou particulier donnée à cette disposition (*Rép. ibid.*). — Dans ce sens, il a été jugé que l'interprétation, du moment où elle ne repose que sur des considérations et des raisonnements, et ne rencontre aucune base dans les termes dont le testateur s'est servi pour exprimer ses volontés, dénature et refait l'œuvre de ce testateur, et tombe sous le contrôle de la cour de cassation; que, spécialement, lorsque le testament porte que certains immeubles sont laissés « en toute propriété » à un légataire, et que le juge du fond reconnaît, en outre, que l'invitation faite à ce légataire de disposer desdits immeubles à sa mort, en faveur d'un tiers dénommé, est impérative et absolue, il ne peut refuser de voir, dans ces dispositions, un legs avec charge de conserver et de rendre, ce qui est la marque de la substitution prohibée, en prétextant qu'il y a dans le testament deux legs distincts, l'un d'usufruit au profit du premier bénéficiaire, l'autre de nue propriété au profit du second; et l'arrêt rendu dans ces termes doit être cassé, parce que, s'il appartient aux juges du fait d'interpréter les clauses obscures d'un testament, leur pouvoir ne va pas jusqu'à leur permettre de les dénaturer et de les remplacer arbitrairement par d'autres dispositions non écrites en cet acte (Civ. cass. 7 janv. 1889, aff. Chanut, D. P. 89. 1. 11).

849. Mais, en dehors de ce contrôle extrêmement restreint dans son objet, la cour de cassation reconnaît aux juges du fait un pouvoir souverain (Demolombe, t. 4, n° 738; Aubry et Rau, t. 7, § 712, p. 462. V. outre les nombreux arrêts cités au *Rép.* n°s 3504 et suiv.: Req. 21 juill. 1856, aff. Rolland, D. P. 56. 1. 316; Civ. rej. 27 août 1856, aff. Dornier, Hospices de Gray, D. P. 56. 1. 329; Req. 17 mai 1859, aff. Courtois, D. P. 59. 1. 396; 19 nov. 1860, aff. de Coulogne, D. P. 61. 1. 265; 16 déc. 1861, aff. Commune de Gorges, D. P. 62. 1. 120; Civ. rej. 22 janv. 1862, aff. de Villeneuve, D. P. 62. 1. 184; Req. 28 janv. 1862, aff. Chauvin, D. P. 62. 1. 226; 16 déc. 1862, aff. Moussier, D. P. 63. 1. 234; 30 déc. 1865, aff. Terrail, D. P. 66. 1. 154; 21 nov. 1871, aff. Depraz, D. P. 71. 1. 255; 3 déc. 1872, aff. Malfre, D. P. 73. 1. 233; 10 févr. 1873, aff. Lambert, D. P. 73. 1. 248; 29 avr. 1874, aff. de Traynel, D. P. 74. 1. 479; 29 juin 1874, aff. Lescoualch, D. P. 75. 1. 35; 25 mai 1875, aff. Beaucourt, D. P. 77. 1. 75; 16 mai 1876, aff. Olivier, D. P. 77. 1. 345; 31 juill. 1876, aff. Houal, D. P. 77. 1. 28; 17 janv. 1877, aff. Leprince, D. P. 78. 1. 258; 25 avr. 1877 (1); 4 févr. 1879, aff. Marcel, D. P. 79. 1. 220; 30 juill. 1879, aff. Maria, D. P. 80. 1. 259;

(1) (Prince de Béarn C. de Choiseul-Praslin.) — Le 5 févr. 1876, jugement du tribunal ainsi conçu : — « Attendu que, par un testament du 17 août 1872, la marquise de Calvières, décédée le 14 déc. 1873, a institué pour son légataire universel le prince de Béarn Viana, à la charge d'acquitter les legs particuliers et de payer les droits de mutation de ces legs, mais à la condition que les legs particuliers ne seraient payables que deux ans et demi après la mort de la testatrice, et que jusqu'à cette époque le prince de Béarn percevrait pour son compte personnel les fruits, revenus et capitaux de la succession, sans que les légataires y pussent prétendre aucun droit; — Attendu que, par le même testament, la marquise de Calvières a légué au duc Gaston de Choiseul-Praslin la forêt de Manoury, à la charge de payer à son frère, le comte Raynald de Choiseul, une rente annuelle de 6000 fr.; qu'elle a légué, en outre, au duc de Choiseul-Praslin et au comte Raynald de Choiseul, chacun pour moitié, si à l'époque de son décès il existait des baux de chasse, droit de faire des herbes ou toutes autres petites locations sur la forêt de Manoury, le prix de ces baux pour toute leur durée; — Attendu qu'au décès de la marquise de Calvières, le droit de chasse dans la forêt de Manoury était loué au vicomte Aguado jusqu'au 1er avr. 1877, moyennant 2680 fr. par an; — Attendu que le comte Raynald de Choiseul, prétendant avoir droit à la moitié de ce loyer depuis le 14 déc. 1873, réclame au vicomte Aguado 2678 fr. dus par lui le 1er août 1875; — Attendu que le duc de Choiseul-Praslin, sans insister autrement sur le loyer du droit de chasse, conclut d'une manière générale au rejet de la demande du prince de Béarn qui voudrait que le vicomte Aguado fût tenu de lui payer les termes échus du loyer du droit de chasse et l'indemnité destinée à réparer les dégâts commis par le gibier; — Attendu que le prince de Béarn demande, au contraire, que le vicomte Aguado lui paye, non seulement 2290 fr., représentant les termes échus le 1er août 1875 du loyer du droit de chasse dans la forêt de Manoury, mais encore 12306 fr. 65 cent., montant de l'indemnité à laquelle il prétend avoir droit pour dégâts causés par le gibier; qu'il demande enfin que le comte Raynald de Choiseul soit condamné à lui payer 1000 fr. de dommages-intérêts; — Attendu que le vicomte Aguado s'en rapporte à la prudence du tribunal, déclarant être prêt à payer ce qu'il doit à qui sera ordonné par justice; — En ce qui concerne le loyer du droit de chasse : — Attendu que la marquise de Calvières a légué par une disposition générale, au prince de Béarn Viana, tous les revenus pendant deux ans et demi, pour lui rendre moins onéreuses les charges qu'elle lui imposait par son testament; — Que le loyer du droit de chasse de la forêt de Manoury est un revenu qui ne devrait être excepté du legs fait au sieur Béarn que si la testatrice en avait manifesté l'intention d'une manière précise; — Que cette manifestation de volonté ne résulte pas du legs du prix du bail du droit de chasse de cette forêt fait au duc de Choiseul-Praslin et au comte de Choiseul; — Que ce legs doit, en effet, s'interpréter ainsi qu'après la jouissance de deux ans et demi du prince de Béarn, les légataires particuliers auront droit chacun à la valeur du prix du bail; — En ce qui concerne l'indemnité pour dégâts causés par le gibier : — Attendu que des experts ont estimé le dommage éprouvé depuis le commencement de l'hiver 1874 à 1875 à 12306 fr., soit 8289 fr. 55 cent., pour le taillis de la forêt, et 4017 fr. 06 cent., pour les récoltes des fermes voisines; que ces chiffres ne sont pas contestés par les parties; — Attendu que l'indemnité relative aux récoltes représente une partie du produit de ces fermes; qu'elle doit donc être allouée au prince de Béarn qui, soit qu'il ait touché, en raison même des dégâts qui se produisent chaque année, un loyer moindre, soit qu'il soit tenu comme recevant le prix des baux, d'indemniser les locataires du préjudice que le gibier leur a fait éprouver, a droit à cette indemnité; — Attendu que l'indemnité relative au taillis a pour but de réparer le dommage causé au bois lui-même, dommage existant dès à présent, mais qui ne se fera sentir qu'à l'époque où les coupes ravagées par le gibier seront exploitées, c'est-à-dire à une époque bien postérieure à la cessation de jouissance du prince de Béarn; que c'est donc, non à ce dernier, mais au propriétaire du bois lui-même, au duc de Choiseul-Praslin, par conséquent, que cette indemnité doit être attribuée; — En ce qui concerne les dommages-intérêts : — Attendu que la demande du prince de Béarn contre le comte de Choiseul n'est pas justifiée; — Par ces motifs, etc. ». — Appel; et, le 12 mai 1876, arrêt confirmatif de la cour de Paris. Pourvoi en cassation par le prince de Béarn pour violation de l'art. 967 c. civ., en ce que le juge a, par des considérations d'équité, dénaturé la clause parfaitement claire d'un testament et substitué sa volonté à celle de la testatrice, nettement constatée par lui. — Arrêt.

La cour; — Sur le premier moyen, pris d'un excès de pouvoir et d'une violation de l'art. 967 c. civ. : — Attendu que des motifs de l'arrêt attaqué sainement entendus il résulte que les juges du fond ont interprété le testament de la marquise de Calvières dans toutes ses parties; qu'ils en ont concilié les diverses dispositions en recherchant l'objet précis auquel s'appliquait chaque clause, que s'ils ont attribué au duc de Choiseul l'indemnité due par le locataire de la chasse pour réparation des dégâts causés par le gibier aux taillis qui devaient être coupés à une époque où le duc de Choiseul jouirait de la forêt qui lui était léguée, c'est en décidant que cette somme faisait partie de l'objet de la libéralité dont il était gratifié; — Attendu que les juges du fond ont ainsi constaté la véritable intention de la marquise de Calvières et non pas substitué, sous un vain prétexte d'équité, leur volonté à celle de la testatrice; qu'ils n'ont donc ni commis un excès de pouvoir, ni violé l'art. 967 c. civ.

Du 25 avr. 1877.-Ch. req.-MM. de Raynal, pr.-Connelly, rap.-Godelle, av. gén., c. conf.-Lesage, av.

17 déc. 1879, aff. Lothon, D. P. 80. 1. 257; 11 févr. 1880, aff. Tarbouriech, D. P. 80. 1. 339; 10 mars 1880, aff. Robert, D. P. 81. 1. 61; 7 juill. 1880, aff. Bonnanfant, D. P. 82. 1. 55; 2 août 1880, aff. Lachassaigne, D. P. 80. 1. 451; 12 juill. 1881, aff. Gircourt, D. P. 82. 1. 375; 22 août 1881, aff. Bureau de bienfaisance de Brûlon, D. P. 82. 1. 476; Civ. rej. 24 avr. 1882, aff. Izar, D. P. 83. 1. 72; Req. 26 juin 1882, aff. Barthélemy, D. P. 84. 1. 447; 9 août 1882, aff. Poindreau, D. P. 83. 1. 295; Civ. rej. 18 déc. 1882, aff. Gilly, D. P. 83. 1. 464; Req. 4 juin 1883, aff. Fédry, D. P. 84. 1. 51; 10 févr. 1885, aff. Dupuy, D. P. 86. 1. 111; Civ. rej. 15 janv. 1887, aff. Darcel, D. P. 87. 1. 186).

850. Les juges du fait étant ainsi investis d'un pouvoir souverain pour interpréter les testaments, quelles sont les règles qui devront les guider dans cette interprétation? La première, celle qui domine toute la matière, ainsi qu'on l'a indiqué au *Rép.* n° 3485, c'est que les tribunaux doivent avant tout rechercher la volonté du testateur (Aubry et Rau, t. 7, § 712, p. 460). Ainsi, pour apprécier la nature d'une disposition testamentaire, il faut rechercher quelle a été la volonté du disposant, et ne pas s'arrêter au sens littéral des termes dont il s'est servi pour qualifier sa libéralité; spécialement, pour reconnaître si un legs est universel ou à titre universel, ce n'est pas la dénomination que lui a donnée le testateur qui doit être considérée, si d'ailleurs ce legs a par lui-même et par la force de la loi un caractère qui lui est propre (Rouen, 2 mars 1853, aff. Lerond, D. P. 54. 2. 111; Besançon, 6 juin 1882, aff. Girod, D. P. 83. 2. 60). Ainsi il a été jugé que la clause d'un testament olographe ainsi conçue : « Ma volonté est que X... jouisse, après ma mort, de tous les biens dont je puis disposer », peut être interprétée en ce sens que le testateur a entendu léguer la propriété, et non pas seulement l'usufruit. De même, un individu qualifié légataire universel peut n'être réputé que légataire à titre universel, en ce que, par exemple, le testateur n'a attribué à ce légataire que l'usufruit de certains biens et la pleine propriété de certains autres (Rouen, 2 mars 1853, aff. Lerond, D. P. 54. 2. 111; Paris, 30 août 1853, aff. Montchenil, *ibid.*). — Le juge ne fait ainsi qu'appliquer les règles générales d'interprétation édictées par le code civil (art. 1156 et suiv.) en matière de conventions, mais qui dominent aussi bien les testaments que les conventions elles-mêmes (Bastia, 10 avr. 1854, aff. Arrighi, D. P. 54. 2. 216; Rennes, 22 juin 1881, aff. Chevallier, D. P. 81. 2. 238; Riom, 2 mars 1882, aff. Moussat, D. P. 83. 2. 15; Besançon, 6 juin 1882, aff. Girod, D. P. 83. 2. 60). C'est évidemment par une référence implicite à l'art. 1162 c. civ., aux termes duquel « dans le doute, la convention s'interprète contre celui qui a stipulé, et en faveur de celui qui a contracté l'obligation », que la cour d'Angers a décidé, le 11 mars 1870 (aff. Fonteneau, D. P. 71. 2. 24), que, dans l'interprétation d'un legs, le juge doit admettre le sens qui enlève le moins à l'héritier. Ainsi le legs de « tout ce que le testateur possédera à son décès d'argent et de biens fonciers » ne comprend, en ce qui concerne l'argent, que les espèces monnayées et les billets de banque, à l'exclusion des titres de créance, alors, d'ailleurs, que la disposition ainsi entendue n'est en contradiction avec aucune des clauses du testament (Même arrêt). — Jugé, dans le même sens, en Belgique, qu'en cas de doute sur l'étendue d'un legs, la clause ambiguë doit être interprétée contre le légataire et en faveur de l'héritier (Bruxelles, 2 juin 1879, aff. Haenen, *Pasicrisie belge*, 1879. 2. 330). La chambre des requêtes, le 26 avr. 1875 (aff. Lebon de Nonac, D. P. 75. 1. 485), a posé un principe à la fois plus juridique et plus équitable en décidant que, lorsque les expressions employées par le testateur présentent quelque ambiguïté, le doute doit être résolu en faveur de la validité du testament. — Enfin un arrêt de la cour de Gand du 29 juill. 1885 (*Pasicrisie belge*, 1886. 2. 58), déclare qu'en cas de doute les dispositions testamentaires doivent être interprétées dans le sens avec lequel elles peuvent avoir quelque effet (c. civ. 1157).

851. Toutefois, le texte même du testament sera souvent insuffisant à déterminer la véritable pensée du testateur. Dans ce cas, et alors d'ailleurs qu'il ne s'agit que d'interpréter les termes de l'acte, non de les rectifier, le juge peut-il éclairer sa décision par des preuves extrinsèques au testament lui-même? Un arrêt de la chambre des requêtes, du 31 juill. 1872 (aff. Bastien, D. P. 73. 1. 104), l'y autorise en termes absolus : « Attendu que les questions d'intention appartiennent souverainement aux juges du fait, et que, pour interpréter une disposition de dernière volonté, ils peuvent recourir aussi bien aux preuves extérieures qu'aux énonciations mêmes du testament. » Cette formule, prise au pied de la lettre, serait trop large. Il n'y a là pour le juge qu'une ressource accessoire et en quelque sorte subsidiaire; et la chambre civile, le 18 nov. 1884 (aff. Marc, D. P. 85. 1. 317), cassant un arrêt de la cour de Toulouse du 6 avr. 1881, a pris soin de poser en principe que les circonstances étrangères ne peuvent être invoquées pour rechercher la volonté du testateur qu'autant que ladite volonté résulte d'abord, *et principalement*, des termes dont il s'est servi dans l'acte testamentaire (Comp. Toullier, t. 6, n° 316; Proudhon, *De l'usufruit*, t. 2, n° 487; Duranton, t. 9, n° 361; Demolombe, t. 4, n°s 739 à 748; Zachariæ, § 714, texte et note 2; Aubry et Rau, t. 7, § 712, texte et note 6, p. 461).

En fait, c'est bien dans ces termes que s'est toujours maintenue la jurisprudence, en décidant, notamment : 1° que l'interprétation d'un testament, dont tous les éléments sont empruntés à ce testament lui-même, peut être surabondamment fortifiée par des présomptions tirées de la situation respective du testateur et de ses héritiers légitimes, et qu'il n'y a pas là violation de la règle qui ne permet pas d'interpréter un testament à l'aide de documents extrinsèques; qu'ainsi la clause d'un testament par laquelle le testateur déclare léguer à l'un de ses successibles toute la fortune dont il peut disposer *sans léser aucun ayant droit* à sa succession, a pu être considérée comme constituant, au profit de ce successible, un legs universel et non pas seulement un simple legs de sa part héréditaire, à l'aide de son rapprochement avec d'autres clauses du même testament, chargeant, notamment, le même légataire de distribuer les dons qu'il renferme, sans qu'une telle interprétation de volonté soit viciée par la circonstance que les juges l'auraient également induite de l'absence complète de toute relation entre le testateur et ceux des parents ainsi exhérédés (Req. 7 juill. 1869, aff. Chabé, D. P. 70. 1. 76); — 2° Que les juges peuvent, en vertu de la mission qui leur appartient de fixer le sens et la portée des expressions d'une disposition testamentaire, et alors qu'ils n'ont recours qu'aux énonciations mêmes de l'acte, rapprochées les unes des autres, et surabondamment expliquées par celles d'un testament antérieur et par les autres documents de la cause, reconnaître et déclarer que le notaire appelé à rédiger le testament sous la dictée du testateur, a écrit, par inadvertance, dans l'énoncé de l'un des legs, le mot *meubles* pour le mot *immeubles* (Dijon, 21 juill. 1869, aff. Cornuot, D. P. 70. 2. 174, et sur pourvoi, Req. 9 mai 1870, D. P. 71. 1. 60); — 3° Que l'interprétation d'un testament peut être considérée comme ayant sa base dans le contexte même de l'acte, conformément à la règle établie en cette matière, s'il est déclaré que l'intention du testateur résulte clairement de la disposition testamentaire dont il s'agit de déterminer le sens, quoiqu'il soit ajouté que la même intention est confirmée par la conduite et les actes antérieurs du défunt; qu'ainsi, le legs universel fait par le testateur à son frère, ou aux enfants de celui-ci, et aux autres neveux et nièces qui existeraient lors du décès, ou à leurs représentants, peut être interprété comme fait *conjointement* au frère, ou, à défaut de celui-ci, à ses enfants, et, par représentation, aux autres neveux et nièces du testateur, et non pas en première ligne au frère seul, puis, pour le cas seulement de caducité de cette première institution, aux légataires énumérés dans la suite de la disposition, si cette interprétation est puisée dans la teneur même du testament, encore que, pour la fortifier, les juges l'aient déclarée conforme aux sentiments de famille du testateur, tels qu'ils sont révélés par sa conduite et tous les documents de la cause, ces actes extrinsèques étant alors consultés, moins pour en faire sortir un testament nouveau, contraire au texte du testament produit, que pour fixer le sens des termes obscurs de ce testament (Req. 17 nov. 1869, aff. Gower, D. P. 70. 1. 275); — 4° Que les tribunaux peuvent, pour s'éclairer sur le sens des dispositions testamentaires soumises à leur examen, prendre en considération non seulement ces dispositions elles-mêmes, mais encore les faits et les documents propres à les expliquer; qu'ils peuvent, par exemple, se servir d'un projet de testament pour déterminer le sens d'un testament qui n'indique la personne des légataires que par leurs prénoms, et le montant des legs que par des unités (Nîmes, 4 mai 1875, aff. Barrot, D. P. 76. 2. 181); — 5° Que les tribunaux, sans pouvoir, à l'aide de présomptions puisées dans les faits extérieurs, substituer à une clause claire et précise d'un testament une disposition arbitraire et non écrite produisant des effets légaux différents, doivent, lorsque les termes du testament présentent quelqu'ambiguïté, rechercher l'intention du testateur dans l'économie générale du testament, et l'éclairer au besoin par tous les documents extérieurs propres à manifester cette intention; que, spécialement, lorsque, après avoir, dans une disposition directe et principale, rappelé l'ordre légal de l'hérédité, en laissant tout ce qu'il possède à ses deux héritiers du sang les plus proches dans chaque ligne, qui partageront également son héritage, un testateur charge les légataires universels (et non *ses* légataires universels) d'acquitter divers legs particuliers, en prélevant les droits de mutation sur sa succession, il y a lieu de les considérer de ce chef comme de simples exécuteurs testamentaires, et non comme des légataires universels conjoints avec accroissement au profit du survivant; surtout quand le testateur ignore les formules juridiques, qu'il résulte de toutes les circonstances de la cause qu'il n'a jamais eu la pensée d'exhéréder l'une des lignes au profit de l'autre, et que le prétendu légataire universel survivant a lui-même, par ses actes, interprété ainsi le testament (Rouen, 26 janv. 1876, aff. Olivier, D. P. 76. 2. 101); — 6° Que le juge peut rechercher l'intention du testateur, quand elle ne ressort pas suffisamment d'une disposition testamentaire, d'abord à l'aide des indications contenues dans le testament, et accessoirement, à l'aide de preuves obtenues en dehors de l'acte testamentaire; que, spécialement, le juge peut décider qu'une clause testamentaire portant remise générale des dettes contractées envers le testateur par ses héritiers, comprend les sommes prêtées à un des héritiers pour le compte d'une société civile dont celui-ci était le gérant, en se fondant accessoirement sur une déposition faite dans une instruction criminelle par le légataire universel (Req. 1er déc. 1879, aff. Bernier, D. P. 80. 1. 134).

852. Mais s'il s'agissait non plus d'interpréter une clause du testament, mais de la rectifier, il serait interdit de s'en référer à ces circonstances extérieures, alors surtout qu'il s'agirait de rectifier des expressions dont la clarté exclut tout doute sur l'intention du testateur (Req. 23 févr. 1863, aff. Chiron, D. P. 63. 1. 171). Jugé, en ce sens, que les juges ne peuvent, sous le prétexte d'interpréter un testament, se placer en dehors de cet acte pour créer, à l'aide de dispositions puisées dans des faits extérieurs, des dispositions non écrites ou pour modifier celles qui existent, par exemple, pour ajouter à un legs pur et simple une condition (Paris, 13 juill. 1866, V. *infrà*, n° 1011). Décidé, de même, que le legs d'une rente viagère et alimentaire, incessible et insaisissable, renferme, quoiqu'il ait été fait sans désignation du chiffre de cette rente, une disposition complète que les tribunaux ne peuvent annuler, en se fondant sur des circonstances extrinsèques qui démontreraient que la volonté du testateur est restée en suspens et inachevée (Civ. cass. 1er juill. 1862, et sur renvoi, Amiens, 21 mai 1863, aff. Martin, D. P. 64. 5. 229).

853. C'est en s'inspirant des règles ci-dessus tracées que les tribunaux devront procéder à l'interprétation des testaments qui leur sont soumis. Cette interprétation peut se produire dans les hypothèses les plus diverses, et c'est seulement à titre d'exemple que nous en citerons quelques-unes. Il a été jugé: 1° que la clause par laquelle un testateur dispose que les légataires ne pourront obtenir la délivrance de leurs legs qu'après avoir fait constater le décès de son neveu (alors absent pour le service militaire), dans les formes voulues par la loi du 17 janv. 1817, a pu, à raison de ce que la preuve de ce décès était devenue presque impossible, être interprétée en ce sens que le testateur a seulement entendu soumettre la délivrance du legs à l'accomplissement des formalités de déclaration d'absence prescrites par la loi de 1817 (Req. 12 juill. 1847, aff. Goubault, D. P. 47. 4. 2); — 2° Que les attributions supplémentaires faites, dans un testament, à ceux des légataires qui auront *recueilli* leurs legs, ont pu être considérées comme devant accroître aux seuls legs recueillis directement, et non à ceux recueillis par suite de *caducité*. Ainsi la clause d'un testament portant qu'après le payement de divers legs énoncés dans ce testament, les sommes héréditaires demeurées libres seront distribuées au marc le franc entre tous les légataires qui auront recueilli les legs à eux faits, a pu, par interprétation souveraine des termes du testament et de la volonté du testateur, être déclarée ne pas profiter aux legs recueillis comme caducs par le légataire universel, et accroître uniquement à ceux que les légataires ont touchés en vertu de leur propre institution (Civ. rej. 27 août 1856, aff. Hospices de Gray, D. P. 56. 1. 329); — 3° Que la disposition testamentaire contenant un legs de rente viagère, avec réversibilité partielle au profit d'un tiers, et, par exemple, au profit de la femme du légataire, a pu, par appréciation de la volonté du testateur, être considérée comme renfermant deux legs distincts et indépendants l'un de l'autre, et que, par suite, la caducité du legs principal, résultant du prédécès de celui en faveur duquel il a été fait, n'entraîne pas la caducité de la clause de réversibilité (Req. 19 nov. 1860, aff. de Coulogne, D. P. 61. 1. 265); — 4° Que le testament dans lequel, après institution d'un légataire universel et déclaration que, si ce légataire ne se marie pas, le legs passera, après lui, à un autre légataire institué en deuxième ordre, il est ajouté: « il sera payé *par lui*, pour les pauvres, etc., une rente déterminée », peut, par interprétation souveraine de ses termes et de la volonté du testateur, être déclaré ne mettre ce dernier legs qu'à la charge du second légataire, pour le cas d'ouverture de son institution, sans l'imposer au premier (Req. 16 déc. 1861, aff. Commune de Gorges, D. P. 62. 1. 120); — 5° Que la disposition testamentaire par laquelle le testateur, après avoir partagé ses biens entre ses héritiers légitimes, déclare que ceux-ci sont les enfants de deux de ses parents les plus proches de la ligne paternelle, peut être considérée comme excluant par cela même de la succession les parents de la ligne maternelle (Req. 16 déc. 1862, aff. Moussier, D. P. 63. 1. 234); — 6° Que la disposition par laquelle un testateur « donne à chacun de ses héritiers son avoir par portions égales » n'indique pas nécessairement la volonté de substituer le partage par têtes au partage par souches établi par la loi; il en est ainsi, surtout, lorsque le testateur est peu versé dans la connaissance des lois et que de l'ensemble des circonstances on peut induire son intention de conserver aux droits des héritiers légitimes le caractère d'égalité qui leur est imprimé par la loi (Paris, 24 mai 1873, aff. Pierre, D. P. 74. 2. 130); — 7° Que l'arrêt qui, recherchant l'intention du testateur, constate, d'après les faits de la cause, qu'il n'a voulu faire le legs d'une somme d'argent que pour le cas où il survivrait à sa femme, ne fait qu'user du pouvoir souverain d'appréciation qui appartient aux juges du fond; il en est de même de l'arrêt qui déclare qu'un testateur a suffisamment manifesté l'intention de substituer un testament nouveau à ses précédents testaments (Req. 29 avr. 1874, aff. de Traynel, D. P. 74. 1. 479); — 8° Qu'il appartient au juge de décider que le testateur, en appelant ses deux héritiers naturels à recueillir son patrimoine par portions égales, n'a pas entendu modifier l'ordre légal de son hérédité, ni créer des légataires conjoints (Req. 16 mai 1876, aff. Olivier, D. P. 77. 1. 345); — 9° Que la disposition par laquelle le testateur, après avoir déclaré que sa fortune serait partagée entre ses héritiers légitimes conformément à leurs droits, a exprimé qu'il voulait que le lot de l'un d'eux fût pris dans des immeubles désignés, constitue non un simple allotissement, mais un véritable legs, qui investit le bénéficiaire, dès le jour du décès, des biens à lui attribués. En conséquence, si, dans le partage, cet héritier laisse attribuer partie de ces immeubles à un autre et consent à recevoir en échange des valeurs mobilières de l'hérédité, cette attribution constitue une cession immobilière qui donne lieu au droit de mutation à titre onéreux sur le prix représenté par les valeurs mobilières cédées en échange. Lorsque, dans ce même cas, le testateur a fait des legs particuliers de sommes d'argent qui ne se trouvent pas en nature dans la succession, le montant de ces legs doit être déduit des biens héréditaires pour la liquidation du droit de mutation exigible à raison de la cession immobilière (Civ. cass. 13 déc. 1876, aff. Vaillant, D. P. 77. 1. 172); — 10° Qu'un testament peut être déclaré valable, bien qu'il se réfère, pour la désignation des objets légués, à un autre acte non revêtu des formes testamentaires, lorsqu'il est constaté par les juges du fond, dont l'appréciation est souveraine à cet égard, que l'intention du testateur de répartir son patrimoine de la manière par lui indiquée est clairement exprimée dans ce testament, qui renferme ainsi la substance de la disposition (Req. 17 déc. 1879, aff. Lothon, D. P. 80. 1. 257); — 11° Que le juge du fond agit dans les limites de ses pouvoirs, lorsqu'en présence de l'obscurité et de la complexité des clauses d'un testament, il décide par interprétation qu'un legs a été fait en pleine propriété et n'est soumis à aucune condition résolutoire, et que les mots : *je désire, je recommande*, rapprochés des autres expressions de l'acte, ne constituent pas une disposition impérative d'où puisse résulter un droit pour un tiers (Req. 26 juin 1882, aff. Barthélemy, D. P. 84. 1. 447); — 12° Que les juges du fond sont souverains pour décider, d'après les clauses d'un testament, qu'un legs d'usufruit fait à une femme mariée est, dans l'intention du testateur, subordonné à l'exécution du legs, fait à son mari, de la pleine propriété de l'objet sur lequel devait porter cet usufruit, et que la caducité de celui qui est fait au mari, par suite de la survie du testateur à ce légataire, entraîne la caducité du legs attribué à la femme (Civ. rej. 18 déc. 1882, aff. Gilly, D. P. 83. 1. 464); — 13° Que l'art. 1023 c. civ., d'après lequel le legs fait au créancier n'est pas censé en compensation de sa créance, établit une simple présomption qui cède à la preuve de l'intention contraire du testateur, et que les tribunaux peuvent induire des termes du testament, par voie d'interprétation, cette intention contraire (Pau, 14 févr. 1887, aff. Carrère, D. P. 88. 5. 298).

854. Nous signalerons encore les décisions suivantes, qui ont déterminé par voie d'interprétation quelles étaient les personnes instituées par le testateur. Jugé : 1° que lorsqu'un legs a été fait au profit de certains pauvres qu'une commune devra désigner, c'est à la commune, et non aux pauvres désignés pour recueillir le bénéfice de ce legs, qu'il appartient d'en réclamer l'exécution contre les débiteurs du legs ; les pauvres ne peuvent qu'intervenir dans l'instance introduite, à cet effet, par la commune, pour y surveiller la défense de leurs droits, et c'est à tort que le débiteur opposerait le défaut de qualité de la commune (Lyon, 29 avr. 1853, aff. Commune de Belleville, D. P. 54. 2. 187); — 2° Que la disposition par laquelle un testateur déclare léguer certaine chose à un tel, pour lui et ses héritiers, peut, selon les circonstances, être interprétée comme appelant à recueillir le legs les héritiers de l'institué à défaut de l'institué lui-même (Douai, 11 mai 1863, aff. Hobacq, D. P. 63. 2. 196) ; — 3° Que le legs fait à une commune pour l'établissement d'un hospice, avec disposition au profit de cet hospice, et pour son entretien, de divers immeubles du testateur, peut, même quant à cette seconde disposition, être considéré comme également fait à la commune chargée de la fondation, et non à l'hospice lui-même. Par suite, la disposition dont il s'agit ne saurait être annulée comme faite à un établissement public sans existence reconnue (Civ. rej. 2 mai 1864, aff. de Clinchamps, D. P. 64. 1. 265) ; — 4° Que la disposition par laquelle le testateur, après avoir institué un légataire universel, déclare instituer « à son défaut, en cas de prédécès, ses héritiers ou ayants cause », peut être interprétée par les juges du fond, sans qu'ils excèdent les limites de leur pouvoir d'interprétation, en ce sens que ces expressions sont applicables aux héritiers du sang du premier institué mort avant le *de cujus*, et non à son légataire universel, bien que ce légataire ait, en l'absence d'héritiers à réserve, recueilli la totalité de sa succession (Req. 2 mars 1874, aff. Ducasse, D. P. 76. 1. 77) ; — 5° Que la clause insérée dans la donation d'une rente faite aux pauvres d'une commune représentés par le bureau de bienfaisance, par laquelle le testateur dispose que la distribution des arrérages sera opérée par le curé, implique que celui-ci en devra rendre compte au bureau de bienfaisance, si le testateur a pris soin d'indiquer les classes dans lesquelles seront choisies les personnes à secourir, avec déclaration que la libéralité sera révoquée de plein droit en cas d'inexécution de ladite condition ; mais il suffit que le curé fasse connaître l'emploi matériel des fonds, en mentionnant, sans production de pièces à l'appui, les noms et prénoms des personnes secourues, le montant des secours accordés et la nature desdits secours, le bureau de bienfaisance n'ayant pas le droit de critiquer soit l'opportunité, soit l'étendue de chacune des distributions (Douai, 30 déc. 1874, aff. Desservant de Lesars, D. P. 77. 2. 158) ; — 6° Que lorsqu'un testateur a déclaré léguer tous ses biens « à la société de secours mutuels du lieu de son domicile », l'arrêt qui décide, par appréciation de l'ensemble des clauses du testament, que ce legs a été fait en faveur de l'institution des sociétés de secours mutuels, et qu'en conséquence, toutes les associations de cette nature existant dans la ville où le testateur était domicilié au moment de son décès doivent bénéficier de la disposition, échappe au contrôle de la cour de cassation (Req. 25 mai 1875, aff. Beaucourt, D. P. 77. 1. 75) ; — 7° Qu'en présence d'un testament qui « institue comme légataires universels A. et B., d'une part, et, d'autre part, les enfants de C., avec accroissement entre eux et représentation dans chaque branche à l'infini », le juge du fond peut décider, par voie d'interprétation, que le testateur a entendu diviser la succession entre les deux groupes avec accroissement dans chaque groupe au profit du survivant, et accroissement d'un groupe à l'autre, seulement en cas d'extinction de ce groupe (Req. 5 déc. 1881) (1) ; — 8° Que lorsqu'un testateur (en Belgique) a fait une fondation au profit d'une catégorie d'individus indéterminés, et qu'il a désigné, par erreur ou ignorance de la loi, une commune ou un établissement public pour recevoir et gérer les fonds affectés à cet effet, il y a lieu pour le juge, sans s'attacher au texte de la disposition, de rechercher, d'après la volonté du testateur, quels sont les véritables institués appelés à recueillir le bénéfice de la fondation (Bruxelles, 16 avr. 1883, aff. Ville d'Arlon, D. P. 85. 2. 27). — 9° Que dans le cas où le testateur a institué *ses héritiers les plus proches* comme légataires universels, ce sont les règles du partage entre colégataires, et non celles de la succession *ab intestat* qui doivent être appliquées (Poitiers, 16 août 1883, aff. Belliard, D. P. 84. 2. 133) ; spécialement, si les héritiers les plus proches se trouvent être la mère et la sœur du *de cujus*, le partage entre elles doit se faire par moitié, par suite des droits égaux résultant, pour chacune des légataires, du legs fait à plusieurs conjointement ; et la sœur ne peut prétendre aux trois quarts de la succession, en vertu de l'art. 751 c. civ. dont les dispositions sont spéciales aux successions *ab intestat* (Même arrêt) ; — 10° Que lorsque le testateur a

(1) (Godtschalck *C.* Godtschalck.) — Le 6 avr. 1880, arrêt de la cour d'appel de Douai, conçu en ces termes : — « Attendu que le testament litigieux est ainsi conçu : « J'institue pour mes légataires universels MM. Eudoxe Poulle et Félix Cloué d'une part, et les enfants de M. Ignace-Joseph Godtschalck, d'autre part, avec accroissement entre eux et représentation dans chaque branche à l'infini » ; — Attendu que les mots « d'une part et d'autre part » écrits dans ce testament et s'appliquant à deux groupes de légataires pris dans deux branches de parents de la ligne paternelle du testateur ne peuvent être supprimés, et que, quel que soit le sens qu'on leur attribue, loin d'arriver à un testament équipollent à celui qui aurait institué pour légataires universels Eudoxe Poulle, Joseph Cloué et les enfants d'Ignace Godtschalck, on est toujours conduit à cette conséquence que les mots « d'une part et d'autre part » établissent nécessairement une division entre la branche Poulle, dans laquelle le testateur choisit deux légataires, et la branche Ignace Godtschalck, dans laquelle tous les enfants sont institués ; — Attendu que cette division n'étant assortie d'aucun signe révélateur d'une intention d'inégalité, il y a lieu de reconnaître que la volonté du testateur a été que ses légataires universels de la branche Poulle, d'une part, et ses légataires universels de la branche Ignace Godtschalck, d'autre part, auraient droit à la moitié de sa succession ; — Attendu que cette attribution de part ne change point la qualité de légataire universel que le testateur a également voulu conférer à tous ses institués ; que le legs universel n'est pas assujetti à la condition d'un seul légataire ; qu'il conserve son caractère, alors même qu'il y a plusieurs légataires, et bien que cette pluralité entraîne le partage entre eux ; que, par suite, comme il est loisible au testateur d'instituer plusieurs légataires universels en réglant lui-même, au lieu et place de la loi, les parts à prendre pour chacun d'eux, le legs, dans ce cas, pas plus que dans l'autre, ne perd la condition essentielle du legs universel dont l'effet est de rendre chacun des institués apte à recueillir, s'il reste seul, la totalité de la succession ; — Attendu, d'un autre côté, que la volonté irrécusable du testateur d'exclure absolu-

légué à sa femme l'usufruit de tous ses biens, à la charge de donner, à la mort du *de cujus*, une somme déterminée à chacun de ses neveux, issus de ses frères et sœurs, et à ses petits-neveux, en ajoutant qu'après la mort de sa veuve tout reviendra à ses neveux, cette dernière disposition est exclusive, par ses termes et par son rapprochement de celle qui la précède, de l'institution des petits-neveux comme légataires universels (Montpellier, 28 mars 1887, aff. Granier, D. P. 89. 2. 32).

855. Les exemples suivants ont plus spécialement trait à la détermination, par voie d'interprétation, de l'objet du legs. Il a été jugé : 1° que la clause par laquelle le testateur « institue et nomme pour son héritière unique et universelle sa sœur, à laquelle il nomme un exécuteur testamentaire qu'il charge de lui fournir tout ce qui lui serait nécessaire, voulant qu'au décès de cette sœur les biens qui se trouveront exister soient hérités par les neveux du testateur et de la sœur instituée... » doit, en raison, soit de l'état de cécité de la sœur, soit de l'affection du testateur pour ses neveux, être interprétée en ce sens qu'elle renferme une institution d'usufruit des biens pour la sœur et de nue propriété pour les neveux ; et c'est à tort qu'on prétendrait y voir soit une substitution *de residuo*, valable au profit de la sœur, soit une substitution fidéicommissaire nulle aux termes de l'art. 896 c. civ. (Bastia, 20 mai 1850, aff. Orsini, D. P. 50. 2. 134) ; — 2° Que la disposition par laquelle un mari lègue à sa femme la pleine propriété et jouissance de sa part et portion dans tous les biens qu'ils ont acquis ensemble et que le testateur laissera au jour de son décès, comprend toutes les valeurs mobilières et immobilières, de quelque nature que ce soit, acquises durant le mariage, et qui appartiennent en commun aux époux, alors, d'ailleurs, que tous les documents de la cause, loin d'indiquer une intention restrictive, viennent, au contraire, à l'appui de cette interprétation (Poitiers, 12 mai 1857, aff. Lardier, D. P. 58. 2. 80) ; — 3° Que la disposition par laquelle le testateur fait un legs à son débiteur peut, par appréciation des termes de cette disposition rapprochés des circonstances de la cause, être interprétée en ce sens que la somme due ne serait pas déduite de la somme léguée, sans qu'une telle décision, qui repose sur une déclaration souveraine de volonté, soit soumise au contrôle de la cour de cassation (Civ. rej. 22 janv. 1862, aff. de Villeneuve, D. P. 62. 1. 184); — 4° Que le legs de l'universalité des biens meubles que le testateur laissera au jour de son décès comprend les créances actives résultant de la vente des immeubles, et même le prix impayé de ces immeubles, bien que l'aliénation soit postérieure au testament et résulte d'une expropriation pour cause d'utilité publique ; peu importe, d'ailleurs, dans le cas où le testament contenait des dispositions relatives aux immeubles, qu'il ne se trouve pas d'autres immeubles dans la succession (Alger, 22 déc. 1862, aff. Alphonsi, D. P. 63. 2. 33) ; — 5° Que le legs de l'usufruit de tous les biens qui composeront la succession du testateur, pour en jouir à partir du jour de son décès, comprend même l'usufruit des biens dont, au jour de ce décès, le testateur n'avait que la nue propriété, et qui étaient grevés d'usufruit au profit d'un tiers, alors surtout que l'âge de ce tiers avait pu faire penser au testateur que l'usufruit prendrait fin avant son décès (Rennes, 19 mai 1863, aff. Legonidec, D. P. 63. 5. 230; Bordeaux, 16 juin 1863, aff. Laforest, D. P. 63. 2. 157). — Il en est ainsi surtout lorsque l'âge de ce tiers avait pu faire penser au testateur que l'usufruit prendrait fin avant son décès (Arrêt précité du 19 mai 1863); — 6° Que le testament qui lègue successivement à la même personne l'usufruit, puis la propriété des mêmes biens, doit être interprété comme renfermant un legs de pleine propriété (Paris, 20 janv. 1872, aff. Joseph, D. P. 73. 2. 15); — 7° Que le légataire auquel la même somme ou la même rente a été léguée deux fois, à la charge de la même personne et dans le même testament, ne peut réclamer qu'une seule fois le bénéfice de cette libéralité, s'il n'apparaît pas que le testateur ait entendu donner effet aux deux dispositions; il en est ainsi, alors même que ces dispositions auraient été rédigées à des intervalles plus ou moins éloignés (Bordeaux, 28 janv. 1873, aff. Richard, D. P. 74. 5. 306) ; — 8° Qu'il appartient aux juges du fait de décider, par une interprétation souveraine du testament, que des obligations au porteur ne sont pas comprises dans le legs de tous les meubles et effets mobiliers qui se trouveront à l'époque du décès du testateur dans un appartement désigné, ou que le legs par une femme à son mari « de tous les meubles et effets mobiliers apportés par contrat de mariage, ainsi que des meubles et effets mobiliers appartenant à la communauté » ne comprend que les meubles corporels inventoriés, et non pas toute la fortune mobilière (Req. 10 févr. 1873, aff. Lambert, et aff. Bignet, D. P. 73. 1. 248) ; — 9° Que lorsqu'une même somme d'argent a été léguée par deux époux, dans deux testaments séparés, il appartient aux tribunaux de déclarer, par interprétation de la volonté des testateurs, que le légataire ne peut réclamer qu'une seule fois cette somme ; notamment, lorsqu'il résulte de l'examen des deux testaments qu'ils sont copiés l'un sur l'autre, que chacun des testateurs s'y est inspiré de la même pensée et de la même volonté que l'autre, et que le mari, n'ayant aucune fortune, n'a voulu léguer que dans le cas de prédécès de sa femme, cas auquel il se trouverait héritier de celle-ci, par suite des dispositions antérieures qu'elle avait faites (Caen, 26 mai 1873, aff. de Traynel, D. P. 74. 2. 131-132); — 10° Que l'arrêt qui décide qu'un legs universel ne devait pas, dans la pensée du testateur, comprendre la quotité de biens réservée par la loi à son père, échappe au contrôle de la cour de cassation (Req. 17 janv. 1877, aff. Leprince, D. P. 78. 1. 258); — 11° Que lorsqu'un testateur a déclaré léguer « la quotité disponible, c'est-à-dire tout ce dont la loi lui permet de disposer dans tous les biens meubles et immeubles qu'il laissera à son décès », les juges du fond décident souverainement, par interprétation de ces termes, et en se fondant, en outre, sur une lettre écrite au légataire par le testateur, que la quotité disponible léguée doit être calculée sur les biens existant dans la succession de ce dernier, à l'exclusion de ceux qu'il a compris dans un partage d'ascendant antérieur (Req. 30 juill. 1879, aff. Maria, D. P. 80. 1. 259); — 12° Que les juges peuvent, sans excéder les limites de leurs attributions souveraines, décider, par interprétation des termes d'un testament, ainsi que du codicille qui s'y rattache, et par appréciation des circonstances dans lesquelles ces actes sont intervenus, que la volonté du défunt a été que l'usufruit par lui légué à son frère et à l'épouse de ce dernier ne subirait aucune réduction au décès de l'un d'eux (Req. 10 mars 1880, aff. Anatole Robert, D. P. 81. 1. 61) ; — 13° Que la disposition, écrite en forme de codicille à la suite d'un testament olographe portant institution d'un légataire universel, et conçue en ces termes : « Je désire, si au moins cela ne dérange pas ses projets, qu'il donne à sa fille le bien de l'île quand il la mariera, mais je ne lui en fais par une obligation ; il aura la jouissance toute sa vie et ne lui donnera qu'après sa mort », a pu, rapprochée d'une disposition additionnelle du même testament, être interprétée en ce sens que l'usufruit seulement du bien désigné est donné au légataire universel et la nue

ment de sa succession tous ses parents de la ligne maternelle ne reçoit ainsi aucune atteinte; qu'en effet, tant qu'il y aura des légataires dans les deux branches, l'accroissement se fera entre les survivants de chaque branche par une conséquence forcée de la division voulue par le testateur entre les deux branches, mais que le jour où il n'y aurait plus de légataire dans l'une des deux branches, l'accroissement aurait lieu au profit des légataires de l'autre branche, ayant été établi entre tous institués en vue de cette éventualité; qu'il faudrait, dès lors, qu'il ne restât plus un seul représentant de l'une ou de l'autre branche pour que l'entière succession du testateur ne rencontrât point le légataire universel voulu par le testament, etc. ». — Pourvoi en cassation par les consorts Godtschalck. — Arrêt.

La cour; — Sur le moyen unique, tiré de la violation des art. 895, 967 et 1002 c. civ. : — Attendu qu'il appartient aux tribunaux de déterminer le sens des dispositions testamentaires obscures ou ambiguës; — Attendu que, dans l'espèce, la clause litigieuse présentait de l'ambiguïté; que les juges du fond, loin de lui substituer une disposition nouvelle d'une portée légale différente, se sont bornés à en fixer la véritable signification d'après les termes du testament et l'intention du testateur, et qu'en statuant ainsi, ils n'ont fait qu'user de leur pouvoir souverain d'interprétation; — D'où il suit qu'aucun des articles susvisés n'a été violé; — Rejette, etc.

Du 5 déc. 1881.-Ch. req.-MM. Bédarrides, pr.-Petit, rap.-Chévrier, av. gén., c. conf.-Bosviel, av.

propriété à sa fille (Req. 2 août 1880, aff. de Lachassaigne, D. P. 80. 1. 451); — 14° Que la clause d'après laquelle la somme léguée aux pauvres d'une commune sera employée à la fondation, dans un hospice voisin d'un lit destiné à ces pauvres, peut être interprétée en ce sens que le capital lui-même doit être appliqué à la destination ainsi spécifiée, et que l'emploi en est obligatoire au moment de la délivrance du legs (Req. 22 août 1881, aff. Bureau de bienfaisance de Brûlon, D. P. 82. 1. 476); — 15° Que les juges du fond décident souverainement qu'un legs d'immeubles et de sommes d'argent, accompagné d'une clause ainsi conçue : « mais pour n'avoir la jouissance desdites valeurs », ne confère au légataire que la nue propriété desdits biens (Req. 14 nov. 1881) (1); — 16° Que lorsqu'un legs est limité à toutes les actions et obligations de chemins de fer français, il y a lieu d'en distraire celles de la société du Nord-Belge, bien que ce chemin de fer soit exploité par la compagnie française du Nord, attendu que l'assiette de ce chemin de fer est en Belgique (Douai, 9 août 1882) (2); — 17° Que le legs fait à une ville à charge de fonder un établissement public peut être interprété en ce sens qu'il y a dans cette disposition un seul legs en toute propriété fait à la ville, et non deux legs distincts, l'un de nue propriété en faveur de celle-ci, l'autre d'usufruit perpétuel au profit de l'établissement public, lequel serait contraire à l'art. 619 c. civ. (Req. 4 juin 1883, aff. Fédry, D. P. 84. 1. 51); — 18° Que les juges du fond décident souverainement que, dans l'intention du testateur, le legs d'une armoire ne comprenait pas les titres et valeurs y contenus (Req. 5 nov. 1883) (3); — 19° Que deux legs universels, résultant de deux testaments successifs, peuvent légale-

(1) (Gaillard C. Gaillard.) — La cour; — Sur le second moyen, tiré de la violation des art. 906, 970, 1002, 1014 c. civ., et excès de pouvoir : — Attendu qu'aux termes de son testament olographe, en date du 20 janv. 1880, Frédéric Gaillard a légué aux enfants de son frère Désiré Gaillard : 1° une maison sise à Angers; 2° une somme de 50000 fr. et 5000 fr., don d'amitié, à sa filleule la dame Rouzeau, mais pour n'avoir la jouissance desdites valeurs; que ces expressions n'étaient point inintelligibles, mais laissaient seulement planer une certaine obscurité sur l'intention précise du testateur; que c'était pour la cour d'appel d'Angers un droit et un devoir de rechercher cette intention, comme elle l'a fait, dans les termes mêmes du testament et dans l'esprit qui l'avait dicté; — D'où il suit que l'arrêt attaqué, en décidant que les legs particuliers écrits au profit des exposants dans le testament du 20 janv. 1880 étaient des legs en nue propriété seulement, a fait une appréciation souveraine de la volonté du testateur, n'a commis aucun excès de pouvoir et n'a violé aucun des articles visés au pourvoi; — Rejette, etc.

Du 14 nov. 1881.-Ch. req.-MM. Bédarrides, pr.-Voisin, rap.-Petiton, av. gén., c. conf.-Lesage, av.

(2) (Deliod de la Croix C. d'Aigremont.) — La cour; — Attendu que, par testament du 23 juin 1867, M. le comte Deliod de la Croix a légué aux descendants d'Aigremont, parmi lesquels se trouvaient les appelants, toutes les actions et obligations de chemins de fer français exclusivement, dont il serait propriétaire au jour de sa mort; que la seule question du procès est de savoir si les trois cent trente-quatre obligations du Nord-Belge, trouvées dans la succession du testateur, peuvent être considérées comme des obligations d'un chemin de fer français et doivent être, comme telles, comprises dans le legs dont il s'agit; — Attendu que, pour le prétendre, les appelants se fondent sur cette circonstance que c'est une compagnie française, la compagnie du chemin de fer du Nord, qui a obtenu la concession du chemin de fer dont s'agit, qui l'a construit et établi à ses frais, qui l'exploite avec son personnel et son matériel français, et qui est seule débitrice des obligations litigieuses, émises pour la construction et l'établissement du chemin de fer, lequel n'est en réalité que le prolongement du réseau français exploité en France par la même compagnie;

Mais attendu que la nationalité d'un chemin de fer, comme celle de tout autre immeuble, est absolument indépendante de la nationalité de celui qui peut en avoir, comme propriétaire ou concessionnaire, la possession et la jouissance; qu'elle ne peut se déterminer que par des caractères qui soient propres à l'immeuble lui-même, notamment et avant tout, par son assiette sur le sol national, par la souveraineté nationale dont il relève, par le statut réel qui le régit; — Attendu que le chemin de fer du Nord-Belge est établi sur le territoire belge dont il fait partie intégrante; que, si son exploitation a été concédée à la compagnie française du chemin de fer du Nord, il n'en reste pas moins soumis à la souveraineté de la nation belge, à toutes les dispositions de la loi territoriale de ce pays, à l'autorité de son gouvernement, à sa surveillance et à sa police, à toutes les décisions enfin que pourrait prendre, à son égard, dans le libre exercice de sa souveraineté, la nation sur le territoire de laquelle il se trouve; — Attendu que l'extranéité de ce chemin de fer est si énergiquement caractérisée par cette situation qu'elle s'est révélée à tous dès le principe et s'est manifestée par les conditions mêmes dans lesquelles se sont produites l'émission des obligations créées pour son exploitation et l'organisation du service et de l'amortissement de ces obligations; que c'est avec raison, à ce point de vue, que les premiers juges ont constaté et relevé que lesdites obligations avaient été émises en Belgique avec le timbre belge; qu'elles n'avaient jamais payé aucun impôt en France, ni pour le timbre, ni pour les droits de transmission; qu'elles ne sont pas cotées à la Bourse de Paris, tandis qu'elles le sont à celle de Bruxelles; qu'enfin c'est en Belgique que se font les tirages annuels d'amortissement; — Met l'appel à néant; — Confirme le jugement, etc.

Du 9 août 1882.-C. de Douai, 1re ch.-M. Jorel, pr.

(3) (Desmergers C. de Veyny et autres.) — Le 16 déc. 1881, jugement du tribunal de Clamecy ainsi conçu : — Attendu que la demoiselle de Borne de Grandpré a, dans son testament en date du 12 avr. 1879, formulé la disposition suivante : « Je donne et lègue à Louise Febvre (épouse Desmergers), une somme de 10000 fr., tous les meubles et le mobilier qui seront dans ma chambre à mon décès, et dans le cabinet à côté de ma chambre mon *armoire*, tout ce qu'il y a dedans, excepté une boîte en métal dans laquelle il y a de l'argent pour mon enterrement »; — Attendu que le même testament renferme, en outre, deux legs, de chacun 2000 fr. en faveur des enfants Desmergers; qu'enfin, par un codicille fait le 27 avril dernier, la veille de sa mort, la demoiselle de Grandpré ajoute aux libéralités précédemment consenties par elle, au profit des époux Desmergers, un nouveau legs d'une sommme de 2000 fr., qu'ils devaient à la testatrice aux termes d'un billet du 30 oct. 1876; — Attendu que, lors de l'inventaire dressé après le décès de la demoiselle de Grandpré, il a été trouvé dans l'armoire léguée, indépendamment d'un grand nombre d'objets mobiliers, tels que des bas, des bonnets, une montre en or, des livres de piété, etc., des titres de rente sur l'Etat français produisant ensemble 2300 fr. de rente, plus 818 fr. en deniers comptants; que les époux Desmergers réclament la délivrance des objets à eux légués, y compris les titres de rente et les valeurs renfermées dans l'armoire, dont ils reconnaissent cependant qu'une somme de 100 fr. doit être déduite; — Mais attendu que les légataires à titre universel de la demoiselle de Grandpré soutiennent que la prétention des demandeurs n'est fondée ni en droit, ni en fait; que, suivant eux, aux termes de l'art. 536 c. civ., la vente ou le don d'une maison avec tout ce qui s'y trouve ne comprend pas l'argent comptant, ni les dettes actives ou autres droits dont les titres peuvent être déposés dans la maison; qu'on doit adopter la même solution au cas de legs d'un meuble comme armoire; qu'en outre, les différentes circonstances dans lesquelles la demoiselle de Grandpré a avantagé les époux Desmergers et la relation qui existe entre les clauses de son testament ne permettent pas d'admettre l'interprétation que les demandeurs cherchent à donner à ses dernières volontés; — Attendu, en droit, que si tout d'abord il semble anormal d'étendre au legs d'une armoire qui est sinon destinée, au moins employée à recevoir des valeurs, les règles qui s'appliquent au cas de vente d'une maison avec tout ce qui s'y trouve, on est cependant obligé de reconnaître que, dans les deux hypothèses, il y a même raison de décider; que si, en effet, le législateur n'admet pas que la vente d'une maison avec tout ce qu'elle renferme puisse comprendre (à moins de stipulation expresse), les droits dont les titres sont déposés dans cette maison ainsi que l'argent comptant, c'est qu'il part de ce principe que les droits, qui sont des choses incorporelles, ne peuvent résider nulle part, et qu'il assimile l'argent à un titre de créance; — Attendu que ce principe, une fois admis, doit recevoir application aussi bien dans le cas du legs d'un meuble que dans celui de la vente ou du don d'une maison; que, contrairement aux prétentions des demandeurs, c'est donc bien l'art. 536 c. civ., et non les art. 527 et 530 qu'il convient d'invoquer dans l'espèce soumise au tribunal; — Attendu, dès lors, qu'il y a lieu de décider que les mots : « mon armoire et tout ce qu'il y a dedans », employés par la demoiselle de Grandpré, n'expriment pas l'intention de sa part de léguer les titres et les valeurs que renfermait ce meuble, et que, par conséquent, les époux Desmergers ne sont pas fondés en droit à les revendiquer; — Attendu qu'à la vérité ils pourraient être admis à prouver que l'intention de la testatrice a été de leur en attribuer la propriété, mais que non seulement ils ne font pas cette preuve, mais encore que leur prétention est contredite par la plupart des circonstances de la cause; — Attendu, en effet, que la testatrice a entendu tout d'abord attribuer à ses légataires à titre universel les créances et les deniers comptants et généralement toutes les valeurs mobilières qu'elle laisserait à son décès; qu'elle est passée ensuite à l'énumération des objets destinés à ses légataires particuliers; qu'il est facile de se convaincre que l'acte par lequel la demoiselle de Grandpré a formulé ses dernières volontés a été rédigé par elle

ment coexister, si, en l'absence d'une révocation expresse, le juge du fond, usant du pouvoir souverain qui lui appartient, pour apprécier la volonté du testateur et interpréter ses dispositions, décide que ces deux legs ne sont pas inconciliables et peuvent l'un et l'autre recevoir leur exécution (Civ. cass. 7 juill. 1886, aff. Ville de Nancy, D. P. 87.1. 75).

Art. 7. — *Modalités des legs* (*Rép.* nos 3509 à 3551).

856. — I. Terme. — Le terme peut être certain ou incertain. S'il est incertain, c'est un principe qu'il équivaut à une condition : *dies incertus conditionem in testamento facit* (L. 75, *Dig. de condit.*; *Rép.* n° 4331; Troplong, *Donations et testaments*, t. 1, n° 393; Demolombe, t. 5, n° 309; Aubry et Rau, t. 7, § 717, note 4, p. 473. — V. toutefois : Laurent, t. 13, n° 535).

857. La question de savoir si le testateur a voulu instituer un terme ou une condition est une de celles qui rentrent dans le pouvoir d'appréciation souverain des tribunaux (V. *suprà*, nos 845 et suiv.). Elle doit être tranchée d'après la volonté présumée du testateur (Duranton, t. 9, n° 292; Troplong, t. 1, nos 403 et 404; Demolombe, t. 5, n° 310; Aubry et Rau, t. 7, § 717, p. 474). Il est donc impossible de poser à ce sujet des règles absolues, et nous nous bornerons à citer deux exemples d'une semblable interprétation. Il a été jugé qu'un legs payable à l'époque de la majorité du légataire peut être considéré comme un legs à terme, et non comme un legs subordonné à la condition que le légataire survivra à sa majorité, sans qu'une telle décision, qui repose sur une appréciation souveraine de la volonté du testateur, soit soumise au contrôle de la cour de cassation (Req. 17 mai 1859, aff. Courtois, D. P. 59.1. 396). Jugé, au contraire, dans une autre espèce, que la disposition testamentaire par laquelle le testateur, après avoir légué certains biens à une personne, lègue à une autre personne ce qui pourra rester des mêmes biens au décès du premier légataire, constitue en faveur du second un legs conditionnel et non pas un legs à terme, et que, par suite, ce legs est caduc si le second institué décède avant le premier (Poitiers, 24 mai 1869, aff. Touffreau, D. P. 70. 2. 35).

858. — II. Condition. — La condition est, en matière de legs, comme en matière d'obligations, l'événement futur et incertain d'où le testateur a fait dépendre l'existence du legs, soit en le suspendant jusqu'à ce que l'événement arrive, soit en le résiliant selon que l'événement arrivera ou n'arrivera pas (c. civ. art. 1168). Il résulte de cette définition que la condition est seulement suspensive, et non restrictive du legs, et c'est ce qui distingue la condition d'une autre clause très voisine, celle que les Romains appelaient *modus*, et qui est, au contraire, restrictive, mais non suspensive du legs. Il arrive quelquefois, en effet, comme on l'a vu au *Rép.* n° 3547, que le testateur indique, par exemple, le mode d'emploi, la destination de la chose qu'il lègue : c'est là *le mode* ou *clause modale*. Des exemples que nous en avons donnés au *Rép.* n° 3548 il y a lieu de rapprocher celui qui est fourni par l'arrêt de la cour de Paris du 7 févr. 1850 (aff. Demay, D. P. 52. 2. 46, cité au *Rép.* nos 3921 et suiv.).

859. Les conditions, en matière de testament, soulèvent des questions diverses, dont l'importance pratique est considérable à raison de l'emploi très fréquent de cette modalité dans les dispositions à cause de mort. La première qui soit de nature à se présenter est celle de savoir si le testament renferme une véritable condition, ou si l'on n'y trouve pas plutôt une disposition analogue, bien que juridiquement différente, qui devrait être annulée comme illicite. Elle se présente fréquemment dans le cas où un testateur a légué la même chose à deux personnes sous l'alternative de deux condition suspensive et résolutoire inverses, ou lorsqu'il lègue simultanément à deux personnes la nue propriété ou l'usufruit d'une même chose sous une certaine condition : c'est là une disposition assurément bien voisine de la substitution prohibée; faudra-t-il alors voir dans le

---

avec un soin minutieux et qu'elle s'est complu dans les moindres détails; qu'on ne comprendrait pas qu'elle ait passé sous silence les titres et l'argent placés dans son armoire, si elle avait eu l'intention de les léguer aux demandeurs, alors qu'elle a pris le soin de désigner, par une mention spéciale, les objets d'une valeur insignifiante; que, d'autre part, il serait inexplicable qu'au moment où la testatrice venait de léguer expressément à la femme Desmergers une somme de 10000 fr., elle ait eu la volonté de lui distribuer, par une seconde disposition détournée et obscure, une autre somme dépassant 50000 fr.; — Attendu, en outre, que l'intention de la demoiselle de Grandpré ressort manifestement du rapprochement entre elles de ses diverses dispositions testamentaires; qu'il est à remarquer que le testament du 12 avr. 1879, gratifiant les époux Desmergers, n'est que la reproduction exacte d'un testament rédigé, le 24 août 1874, par la demoiselle de Grandpré; que, dans ce testament, on lit également cette clause: « Je donne à Louise, femme Desmergers, etc... mon armoire, tout ce qu'il y a dedans »; or, il est établi que la demoiselle de Grandpré n'était pas, à cette époque, propriétaire des titres de rente en litige; donc elle ne pouvait les léguer, et, en reproduisant, dans son second testament, la phrase textuelle du testament de 1874, elle n'a évidemment entendu léguer, comme se trouvant dans l'armoire, que ce que renfermait ce meuble en 1874; — Attendu que les époux Desmergers prétendent, il est vrai, que l'armoire de la demoiselle de Grandpré pouvait alors contenir aux lieu et place des titres de rente des valeurs équivalentes; que ce n'est là qu'une supposition que rien n'autorise, et que les renseignements fournis aux débats rendent même insoutenable; qu'en effet, il a été allégué, au nom des consorts de Veyny, et non contesté, que les titres litigieux avaient été acquis par la demoiselle de Grandpré, partie avec de l'argent déposé chez son banquier, et partie avec le produit d'une vente de son domaine de Montreuillon; — Attendu que l'intention de la demoiselle de Grandpré de ne pas comprendre les titres de rentes et l'argent revendiqué dans le legs fait au profit des époux Desmergers ressort encore clairement de la lecture de son codicille en date du 27 avril dernier; qu'on ne saurait s'expliquer comment la testatrice aurait eu, la veille de sa mort, la pensée de faire remise aux demandeurs d'une somme relativement minime de 2000 fr., si précédemment elle avait eu l'intention de leur léguer les valeurs considérables qu'ils réclament aujourd'hui; qu'en vain les époux Desmergers soutiennent que les termes de la disposition testamentaire qu'ils invoquent sont favorables à leur cause, et que, si l'on admettait la prétention des défendeurs, la disposition dont s'agit ne produirait aucun effet utile, puisque la testatrice lègue tout d'abord tous les meubles et le mobilier qui seront dans sa chambre à coucher et le cabinet à côté, ce qui comprend l'armoire, et qu'ensuite elle lègue séparément ce que renferme l'armoire en dehors de l'argent; — Attendu qu'en matière d'interprétation de testament, les tribunaux doivent surtout se préoccuper de l'intention du testateur, et ne donner aux termes employés que le sens qui se concilie avec cette intention; qu'il ne saurait évidemment suffire d'une répétition inutile, ou d'une tournure de phrase impropre, échappée à l'attention du testateur, pour dénaturer sa pensée; que si, dans certains cas, il y a lieu de recourir à la règle posée par l'art. 1157 c. civ. pour interpréter une clause obscure d'un testament, ce n'est qu'autant qu'il existe des doutes — ce qui ne se produit pas dans l'espèce actuelle — sur la volonté formelle de celui qui l'a rédigé; — Attendu enfin que les demandeurs sont mal venus à soutenir que la demoiselle de Grandpré, en ne leur léguant qu'une somme de 16000 fr., ne leur aurait presque rien laissé, puisque ce legs ne constitue que la remise d'une dette dont elle n'avait jamais eu l'idée d'exiger le payement; — Attendu que rien n'établit que la demoiselle de Grandpré n'ait jamais songé à réclamer le remboursement de ce qui lui était dû; mais, qu'en fût-il ainsi, le legs par elle consenti n'en conserverait pas moins son caractère de généreuse libéralité, et aurait dû ne provoquer chez les époux Desmergers que des sentiments de reconnaissance tout en les détournant de convoiter une fortune à laquelle ils n'ont aucun droit; — Par ces motifs; — Dit que le legs de l'armoire ne comprend ni les titres de rente, ni l'argent qu'elle renformait; — Condamne les époux Desmergers en tous les dépens, etc. ». — Appel par les époux Desmergers, et, le 15 mai 1882, arrêt confirmatif de la cour de Bourges. — Pourvoi en cassation par les époux Desmergers. — Arrêt.

La cour; — Sur les deux premiers moyens du pourvoi réunis, et tirés, l'un de la violation de l'art. 7 de la loi du 20 avr. 1810, l'autre de la violation des art. 1157, 1018, 527 et 529 c. civ., et fausse application de l'art. 536 du même code : — Attendu que, pour interpréter la disposition litigieuse, la cour de Bourges ne s'est pas fondée en droit sur le texte de l'art. 536; que, de ce chef, les demandeurs en cassation ne sont, par conséquent, pas recevables à élever un grief; — Attendu que l'arrêt attaqué s'est, au contraire, attaché uniquement à rechercher et à déterminer, en fait, l'intention véritable de la testatrice, au moyen d'appréciations puisées dans les actes testamentaires eux-mêmes, et corroborées par les circonstances de la cause; qu'en statuant ainsi, il a suffisamment répondu aux conclusions d'appel, et n'a pas excédé les limites du pouvoir souverain que laissent aux tribunaux, dans cette matière, les articles visés par le pourvoi; — Rejette, etc.

Du 5 nov. 1883.-Ch. req.-MM. Bédarrides, pr.-Ballot-Beaupré, rap.-Chévrier, av. gén., c. conf.-Clément, av.

testament une substitution qui en entraîne la nullité, ou une simple condition qui doive le laisser pleinement valable? Ce n'est pas le lieu d'examiner cette question, qui trouvera sa place *infrà*, v° *Substitution*. Nous nous bornerons à dire ici d'une façon générale que, dans les hypothèses que l'on vient d'indiquer, la jurisprudence tend aujourd'hui à valider la disposition comme ne contenant point de substitution prohibée, parce qu'elle ne produit pas le double effet dévolutif que la loi a voulu atteindre en prohibant les substitutions (V. notamment Req. 8 févr. 1869, aff. Lartigue-Sauteran, D. P. 70. 1. 13; Civ. rej. 19 mars 1873, aff. Dabrin, D. P. 73. 1. 55; Civ. cass. 18 juin 1873, aff. Pollet, D. P. 73. 1. 283; Req. 29 juill. 1873, aff. Bodinier, D. P. 74. 1. 52).

La même difficulté s'est présentée à d'autres points de vue. Nous citerons, notamment, les arrêts suivants, qui ont jugé: 1° que la disposition par laquelle, après avoir légué la jouissance de certains biens à une personne, le testateur dit que ces biens reviendront à une autre personne au décès du premier légataire, constitue au profit du second un legs conditionnel, et non un legs de nue propriété (Bourges, 20 janv. 1879, aff. Guénot Grandpré, D. P. 79. 2. 174); — 2° Que, la libéralité testamentaire ayant pour objet un immeuble dépendant d'une communauté de biens qui avait existé entre la testatrice et son mari, et qui, bien que dissoute, n'était encore ni liquidée, ni partagée à la date du testament, ne devant pas être considérée comme un legs de la chose d'autrui, dans le sens de l'art. 1021 c. civ., il en résulte que la clause du même testament qui, pour le cas où le légataire ne serait pas mis en possession de cet immeuble, lui attribue une portion des biens de la disposante, ne saurait être annulée comme constituant une stipulation pénale destinée à assurer l'exécution d'une disposition nulle, attendu qu'il n'y a là qu'un legs conditionnel qui n'a rien de contraire à la loi (Civ. cass. 6 juin 1883, aff. Barbot, D. P. 84. 1. 33).

860. Une seconde question qui s'impose très fréquemment à l'examen du juge est celle de savoir si la condition qui affecte la libéralité est ou non licite. On a étudié *suprà*, n°s 21 et suiv. la disposition de l'art. 900 c. civ., qui, dans les donations ou les testaments, déclare non écrites les conditions impossibles ou illicites, et l'on a examiné les principales hypothèses dans lesquelles la doctrine et la jurisprudence ont eu à se demander s'il y avait lieu ou non à l'application de cet article. Nous n'ajouterons ici que quelques explications complémentaires relatives à certaines conditions, et qui s'appliquent principalement au cas où elles sont inscrites dans un testament.

861. On a indiqué *suprà*, n°s 61 et suiv., les solutions qui ont prévalu en ce qui touche la clause d'insaisissabilité apposée à une disposition à titre gratuit, et l'on a vu, notamment, qu'elle est généralement considérée comme valable, même lorsqu'elle s'applique à des immeubles dont le donateur ou le testateur a la libre disposition. Mais quel est précisément l'effet de cette clause, lorsqu'elle s'applique à une disposition testamentaire? Il est d'abord évident que la clause d'insaisissabilité, contenue dans un testament, n'a pas effet à l'égard des créanciers du défunt, même devenus, en l'absence d'une demande en séparation de patrimoines, créanciers personnels de l'héritier auquel cette clause a été imposée. Ainsi l'enfant, institué légataire de la portion disponible, avec substitution au profit de ses enfants nés et à naître, est tenu des dettes du défunt sur la pleine propriété des valeurs grevées, quoique le testateur ait déclaré que les intérêts de ces valeurs lui seraient attribués à titre de pension alimentaire incessible et insaisissable (Civ. cass. 17 mars 1856, aff. Afforty, D. P. 56. 1. 152). C'est là une proposition qui se justifie d'elle-même.

862. Mais que décider en ce qui touche les créanciers du légataire? La question est tranchée par l'art. 582 c. proc. civ. qui, se référant à l'art. 581 par lequel est autorisée dans les testaments la clause d'insaisissabilité, ajoute en termes exprès: « Les objets mentionnés aux numéros 3 et 4 de l'article précédent pourront être saisis par des créanciers postérieurs à l'acte de donation ou à l'ouverture du legs ». Aussi a-t-il été jugé, conformément à l'opinion de MM. Troplong, t. 1, n° 272, et Aubry et Rau, t. 7, § 692, texte et note 40, p. 297: 1° que la clause testamentaire qui frappe d'insaisissabilité les immeubles légués est valable, alors qu'elle s'applique à des biens dont le testateur avait la libre disposition; mais que, toutefois, cette clause ne peut être invoquée que contre les créanciers du légataire antérieurs à l'ouverture du legs, et que les créanciers à l'égard desquels un immeuble a été valablement frappé d'insaisissabilité, ne peuvent prendre sur cet immeuble une inscription hypothécaire (Req. 10 mars 1852, aff. Lefrançois, D. P. 52. 1. 111); — 2° Que la condition d'insaisissabilité écrite dans un testament est opposable même à des créanciers qualifiés par les juges du fait de créanciers postérieurs au décès du testateur, s'il résulte du commandement en vertu duquel ont procédé ces créanciers, que les créances servant de base aux poursuites étaient antérieures à ce décès (une telle qualification constitue alors non pas un simple mal jugé, mais une erreur de droit tombant sous le contrôle de la cour de cassation) (Civ. cass. 20 déc. 1864, aff. de Naucaze, D. P. 65. 1. 24); — 3° Que le créancier du légataire, dont la créance est antérieure à l'ouverture du legs, n'a aucun droit sur les biens déclarés indirectement insaisissables, qui sont compris dans ledit legs (Req. 16 avr. 1877, aff. Mattéi, D. P. 78. 1. 165).

863. L'art. 581 exige expressément, pour admettre l'insaisissabilité des meubles légués, que ces meubles aient été *déclarés* insaisissables. La cour de cassation se montre moins exigeante en ce qui touche les immeubles. Elle admet que cette condition d'insaisissabilité ne doit pas nécessairement faire l'objet d'une déclaration expresse (Req. 16 avr. 1877, aff. Mattei, D. P. 78. 1. 165); et elle autorise les juges à l'induire, soit des clauses d'un ou de plusieurs testaments (Même arrêt), soit, par voie de conséquence, d'une stipulation d'inaliénabilité, attendu, dans ce dernier cas, « qu'une pareille stipulation comprend nécessairement l'interdiction de faire indirectement par voie d'expropriation ce qu'elle défend de faire directement par voie d'aliénation volontaire » (Req. 27 juill. 1863, aff. Douillet, D. P. 64. 1. 494).

864. On s'est occupé *suprà*, n°s 63 et suiv., des clauses pénales par lesquelles le donateur ou le testateur cherche à assurer l'exécution des dispositions qu'il a prises. D'après la distinction que nous avons admise, conformément à l'opinion générale, ces clauses sont considérées comme valables, ou au contraire réputées nulles, suivant que les droits auxquels elles portent atteinte sont d'intérêt purement privé, ou qu'elles touchent à l'ordre public, et l'on a cité *suprà*, n°s 65 et suiv., divers exemples de clauses qui ont été annulées comme rentrant dans la seconde catégorie. — Le caractère licite de la clause pénale a, au contraire, été reconnu dans les espèces suivantes, où il a été jugé: 1° que le légataire institué encourt la déchéance, lorsque, sous prétexte que l'un des autres legs porte sur une chose qui lui appartient, il dispose de cette chose, et empêche ainsi, ou au moins tente d'empêcher la complète exécution du testament, surtout si, pour apporter à cette exécution un obstacle plus puissant, il interdit, dans son propre testament, à celui à qui ce legs a été fait, d'en réclamer la délivrance, sous peine d'être privé de sa succession à laquelle il est appelé par la loi (Civ. cass. 10 juill. 1849, aff. Regnier, D. P. 49. 1. 253); — 2° Que, en vertu de la clause pénale par laquelle le testateur, après avoir mis à la charge du légataire le payement d'une rente viagère à un tiers, et, pour garantie du service de cette rente, fait défense à ce légataire d'aliéner, jusqu'à extinction de ladite rente, aucun des immeubles qui lui sont légués, sous peine de perdre tout droit aux immeubles aliénés, qui, dans ce cas, devront être attribués au crédi-rentier, la vente consentie par le légataire au mépris de la prohibition doit être annulée, et le vendeur doit être déclaré déchu au profit du crédi-rentier de tout droit sur les biens qui ont fait l'objet de cette vente (Douai, 27 avr. 1864, aff. Vasseur, D. P. 64. 2. 89); — 3° Que, le testateur qui ne dispose que dans la mesure de la quotité disponible et sans porter aucune atteinte aux principes de la réserve, peut légalement sanctionner par une clause pénale la disposition par laquelle il attribue un domaine à l'un de ses héritiers, avec dispense expresse de rapport en nature et sous la condition de rapporter à la succession une somme déterminée, représentative de la valeur de cet immeuble; que, spécialement, il peut, pour le cas où l'un de ses héritiers attaquerait cette disposition, léguer la quotité disponible à ceux qui la respecteraient (Civ. rej. 11 juill. 1883, aff. de Rigaud, D. P. 83. 1. 444).

L'héritier qui, refusant d'exécuter le testament, demande la licitation du domaine ainsi légué, ne peut repousser l'application de cette clause pénale (Même arrêt).

865. Il y a lieu de remarquer, en outre, que, dans bien des cas, le caractère licite ou illicite de la clause pénale sera plus ou moins difficile à déterminer. Il serait injuste alors d'appliquer la clause pénale *de plano*, et sans examiner les motifs qu'a pu avoir l'héritier ou le légataire d'enfreindre la volonté du testateur. En pareil cas, comme l'a fort bien dit la cour de Gand, dans un arrêt du 18 avr. 1863 (aff. Polneau, D. P. 64. 2. 81) « une grande latitude doit être laissée au juge dans les décisions qu'il est appelé à prendre; dans le cas où l'application rigoureuse d'une clause pénale testamentaire est requise; il faut surtout s'attacher à rechercher le sentiment qui a dicté l'attaque contre le testament; et si, comme le disent les anciens auteurs, de légitimes motifs déterminent l'héritier à attaquer le testament, sans qu'il soit possible de supposer qu'il s'est laissé guider par un esprit de calomnie et de vexation, il y a lieu de refuser l'application de la clause pénale testamentaire. » Au contraire, la clause pénale devra recevoir son entière application, si l'héritier est déclaré mal fondé en sa demande.

Ainsi une espèce des plus fréquentes est celle-ci : le testateur fait défense à son héritier d'attaquer le testament, sous peine d'être privé de sa quotité disponible; or, l'héritier prétend que le testament a pour effet d'entamer sa réserve. — Les cours de Dijon et d'Orléans ont essayé, dans cette hypothèse, d'écarter absolument l'application de la clause pénale, en décidant que cette privation conditionnelle de la quotité disponible crée simplement au profit de l'héritier réservataire une option à faire par lui entre l'exécution du testament ou la réduction de sa part à la réserve (Dijon, 8 mars 1861, aff. Echalié, D. P. 63. 1. 37; Orléans, 5 févr. 1870, aff. Pinel, D. P. 70. 2. 49). Mais la jurisprudence a refusé d'entrer dans cette voie. L'arrêt de la cour de Dijon a été cassé (Civ. cass. 9 déc. 1862, aff. Echalié, D. P. 63. 1. 36), attendu que la privation de la quotité disponible prononcée pour ce cas avait tous les caractères d'une peine pure et simple, et non pas ceux d'une disposition conditionnelle subordonnée à une option à faire par le légitimaire qui se serait trouvé placé dans une alternative dont les deux termes n'auraient eu rien de contraire à la loi. Depuis, la cour de Paris, le 17 mars 1877 (aff. Regnault, D. P. 80. 1. 345) a rejeté, de même, cette théorie du droit d'option, et sa décision a reçu la consécration de la chambre des requêtes, le 6 mai 1878 (*Ibid.*).

866. Reconnaissant donc qu'il se trouve en présence d'une véritable clause pénale, que devra faire le juge? Il devra examiner, en fait, si l'héritier est fondé à soutenir que sa réserve est atteinte par le testament. Si cette prétention est reconnue fondée, l'application de la clause pénale sera écartée, puisqu'il sera désormais certain que cette clause ne servait qu'à garantir un testament contraire à la loi; si, au contraire, l'héritier succombe, on appliquera la clause pénale. Conformément à ces principes, il a été jugé : 1° que l'héritier réservataire auquel le testateur a fait défense d'attaquer les dispositions de son testament, sous peine de la privation de la quotité disponible, peut, sans encourir la peine stipulée, demander la nullité de ces dispositions, comme portant atteinte à sa réserve; et que la clause pénale ne doit lui être appliquée, en ce cas, que si la prétention sur laquelle il a fait reposer son action n'est pas justifiée (Civ. cass. 9 déc. 1862, cité *suprà*, n° 865); — 2° Que la clause testamentaire portant que celui des héritiers du testateur qui attaquera le testament sera réduit à sa part dans la réserve, n'est encourue par l'héritier qui demande la rescision du testament pour une lésion de nature à porter atteinte à la réserve elle-même, qu'autant que cette atteinte à la réserve ne serait pas établie, et que, dès lors, l'application en est subordonnée au jugement à intervenir sur l'action à raison de laquelle la clause pénale était invoquée (Civ. rej. 14 mars 1866, aff. Saint-Guirons, D. P. 66. 1. 173); — 3° Que l'héritier réservataire auquel le testateur a fait défense d'attaquer les dispositions de son testament, sous peine de la privation de la quotité disponible, peut sans doute, sans encourir la peine stipulée, demander la nullité de ces dispositions comme portant atteinte à sa réserve, mais que la clause pénale doit lui être appliquée, dès qu'il est démontré, en fait, que, malgré les dispositions critiquées, sa réserve est demeurée intacte (Nancy, 13 févr. 1867, aff. Echalié, D. P. 67. 2. 36).

867. Remarquons d'ailleurs que, bien que ces arrêts semblent ne vouloir faire qu'avec une grande réserve application de la clause pénale, la jurisprudence n'en est pas moins fort rigoureuse pour l'héritier contestant. D'abord il est condamné à supporter la peine édictée, alors même qu'il triompherait sur le plus grand nombre de ses contestations, pour peu qu'il succombe sur une seule. Jugé, en effet : 1° que lorsqu'un testateur a déclaré qu'il réduit à la réserve l'un de ses héritiers, s'il conteste l'une ou l'autre des dispositions de son testament, cette clause doit recevoir son application, si l'héritier désigné a contesté toutes les dispositions dont il s'agit, alors même que l'une d'elles serait illicite, pourvu que les autres soient d'ailleurs valables (Civ. rej. 2 août 1869, aff. Echalié, D. P. 69. 1. 403); — 2° Que lorsqu'un testateur a légué à son héritier une rente viagère, à la condition de n'élever aucune contestation contre son testament sous peine de déchéance du legs, l'héritier qui contrevient à cette prohibition encourt l'application de la clause pénale, alors même que quelques-unes des dispositions du testament par lui attaquées seraient déclarées illicites et nulles, si les autres sont reconnues licites et valables (Orléans, 5 févr. 1870, aff. Pinel, D. P. 70. 2. 49, et sur pourvoi, Req. 9 janv. 1872, D. P. 72. 1. 128).

En second lieu, les tribunaux ne donnent à l'héritier aucune facilité pour exercer ses contestations. Aux termes d'une jurisprudence constante, le droit appartenant à un héritier d'attaquer le testament de son auteur sans encourir la clause pénale que le testateur y a édictée pour le protéger contre les actions de ses héritiers, lorsqu'il fonde son action sur l'existence, dans ce testament, de dispositions portant atteinte à sa réserve, n'emporte pas celui de subordonner cette action à la vérification préalable, au moyen d'une expertise judiciaire, de la question de savoir si la réserve a été ou non entamée (V. conf. Aubry et Rau, t. 7, § 692, texte et note 28, p. 295) : l'héritier doit exercer son action, à ses risques et périls, avant toute demande d'expertise (Req. 30 mai 1866, aff. Guérillon, D. P. 67. 1. 264). Et la chambre civile, le 15 févr. 1870 (aff. Beaucourt, D. P. 70. 1. 182), a jugé, de même, que l'héritier qui répond aux conclusions de ses cohéritiers tendant à la liquidation et au partage de la succession conformément aux dispositions du testateur, par des conclusions tendant à ce qu'il soit procédé à une expertise pour reconnaître si le partage en nature des immeubles dont le testateur a prescrit la vente est possible, et, en cas d'affirmative, pour qu'il soit procédé à la formation des lots, contrevient à la disposition du testament, et encourt l'application de la clause pénale édictée par le testateur. Il en serait autrement, toutefois, si l'héritier, sur cette demande en partage, s'était contenté de s'en rapporter à justice (Même arrêt), puisque, dans ce cas, il n'aurait ni pris les devants pour une contestation, ni contesté lorsque l'occasion lui en était offerte. — Par un tempérament analogue, si le légataire universel a assigné en compte, liquidation et partage le cohéritier qui a consenti à ces opérations ordonnées ensuite par jugement, ce dernier ne peut pas être contraint par le légataire universel à opter avant la fin de la liquidation, sous peine d'encourir immédiatement la déchéance écrite dans le testament; par suite, il n'y a pas lieu pour le tribunal de statuer, dès à présent, sur la validité de la clause pénale ou sur la nullité résultant de ce qu'elle aurait pour but de consacrer au profit des ayants cause d'un spoliateur les détournements et recels par lui commis au préjudice de son cohéritier, ni sur le droit d'option de celui-ci, ni sur la renonciation qu'il prétend inférer de l'instance en partage formée par le légataire universel (Rouen, 21 avr. 1875, aff. Duval, D. P. 75. 2. 235).

868. Aux exemples de conditions licites ou illicites qui ont été donnés ci-dessus on peut ajouter les suivants. — Il a été jugé d'une part : que l'on doit regarder comme licite la condition imposée au légataire en usufruit de payer, à son décès, au légataire de la nue propriété autant de fois une somme déterminée que l'usufruit aurait duré d'années, pourvu que le légataire d'usufruit ait été constitué lui-même directement débiteur de cette obligation (Civ. cass. 31 mars 1868, aff. Cappeau, D. P. 68. 1. 247). — Ajoutons qu'un legs conditionnel est valable, alors même que la condition, licite d'ailleurs, serait de nature à être réalisée du vivant du testateur. Ainsi, la clause par laquelle le testateur, après avoir disposé de ses biens en faveur d'une personne, stipule que cette personne l'entretiendra jusqu'à la mort, est valable; et cette clause, en l'absence de tout accord intervenu entre le testateur et le légataire et de tout engagement pris par celui-ci, ne saurait être considérée comme un contrat à titre onéreux (Civ. cass. 22 mars 1882, aff. Lanzini, D. P. 83. 1. 76, et sur renvoi, Dijon, aud. solen., 2 mai 1883,-MM. Cantel, 1er pr.-Mairet, av. gén.-Ally et Cardot, av.).

D'autre part, ont été déclarées illicites : 1° la condition imposée dans un testament à un légataire de ne pas rechercher sa mère naturelle, c'est-à-dire lui interdisant un droit qu'il a reçu de la loi et qui tient à l'ordre public (Trib. Tarbes, 11 avr. 1856, aff. Gardères, D. P. 57. 2. 154); — 2° La clause d'un testament qui renferme la création d'une fondation de secours (une concession de logements gratuits) au bénéfice de laquelle devront être appelés de préférence les ouvriers qui seraient tombés dans le malheur par suite de leurs opinions démocratiques et socialistes (Paris, 27 nov. 1855, et sur pourvoi, Req. 4 août 1856, aff. Tandou, D. P. 56. 1. 453); — 3° La disposition testamentaire qui, dans une fondation faite au profit des pauvres d'une commune, porte exclusion perpétuelle, pour l'exécution de ce legs, et, par exemple, pour le choix des légataires, de toute intervention de la part de l'autorité administrative (Mêmes arrêts); — 4° La disposition d'un testateur qui, en léguant à une personne l'usufruit de partie de ses biens, et spécialement l'usufruit d'un ou de plusieurs immeubles, dispose que, durant cet usufruit, l'administration des biens légués appartiendra, non à l'usufruitier lui-même, mais à une personne désignée au testament (Civ. rej. 20 mai 1867, aff. Jomand, D. P. 67. 1. 200); — 5° La condition que tous les biens mobiliers laissés par le légataire se partageront par moitié entre les héritiers de celui-ci et ceux du testateur, cette condition devant être réputée non écrite, comme contenant un legs de la chose d'autrui ou une stipulation sur une succession non ouverte, et ne peut, par conséquent, conférer aux héritiers du testateur aucun droit sur la succession du légataire, ni même sur les biens provenus du testateur qui pourraient se retrouver en nature dans cette succession (Civ. cass. 11 déc. 1867, aff. Georget, D. P. 67. 1. 471); — 6° La clause par laquelle le testateur interdit au légataire universel (âgé de cinquante ans) de disposer non seulement des biens légués, mais encore des revenus de ces biens avant que le dernier de ses enfants (alors âgé de huit ans) ait atteint sa vingt-cinquième année, alors surtout qu'elle n'est justifiée ni par l'intérêt légitime du disposant, ni par celui de l'un des légataires (Alger, 20 janv. 1879, aff. Michel, D. P. 79. 2. 143).

869. La doctrine et la jurisprudence, ainsi qu'on l'a vu *suprà*, nos 25 et suiv., s'accordent à écarter l'application de l'art. 900 dans le cas où la condition impossible ou illicite, au lieu d'être un simple accessoire de la libéralité, doit en être considérée comme la cause impulsive et déterminante. Nous n'avons pas à revenir sur ce point qui a été suffisamment étudié plus haut. Nous ajouterons seulement que, si un legs peut de la sorte être annulé comme intimement lié à une condition illicite qui en est reconnue la cause impulsive, c'est parce que la corrélation du legs et de cette cause est en quelque sorte exprimée par le testateur. Mais on ne pourrait annuler un legs en lui *supposant* une cause illicite. Ainsi un legs ne saurait être annulé comme ayant une cause illicite, sous prétexte qu'il aurait eu pour cause unique la conviction, de la part du testateur, que le légataire était son enfant adultérin; la nullité de ce legs ne pourrait davantage être demandée comme conséquence de la nullité de plein droit qui frappe la reconnaissance implicite par le testateur de sa paternité adultérine, une reconnaissance d'adultérinité ne pouvant pas plus préjudicier au légataire que lui profiter; les énonciations dont on prétend faire ressortir la pensée d'un testateur, et, par exemple, l'opinion qu'il aurait eue de sa paternité adultérine, ne peuvent être recherchées que dans le testament seul, abstraction faite de tous documents étrangers et de toutes circonstances extrinsèques, et doivent la faire apparaître clairement, dans des termes non équivoques (Pau, 16 juin 1884, aff. Cistac, D. P. 85. 2. 254). De même, lorsqu'après avoir, à l'aide des documents du procès, vérifié l'écriture d'un testament olographe dont la sincérité était contestée, et reconnu qu'il était écrit, daté et signé par celui auquel il était attribué, le juge du fait a déclaré qu'il était bien l'œuvre de ce dernier, il importe peu que, parmi les circonstances de la cause, il rappelle les relations illicites ayant existé entre le testateur et la légataire, s'il ne les indique pas comme étant la cause de la libéralité, et si, d'ailleurs, le testament n'en fait aucune mention (Civ. rej. 10 août 1885, aff. Marchessaux, D. P. 86. 1. 212).

870. On a traité au *Rép.* nos 111 et suiv. des conditions potestatives et mixtes et l'on a fait connaître les difficultés qui peuvent s'élever, dans certains cas, sur le point de savoir si les conditions de ce genre doivent ou non être réputées accomplies. — Il a été jugé, depuis, à cet égard, que la condition, imposée à un légataire, d'accepter le legs, à peine de déchéance, dans un certain délai, peut, par une appréciation souveraine d'intention être considérée comme suspensive, non de l'existence, mais de l'exécution du legs ; et la condition doit être réputée accomplie, quoique le legs n'ait pas été accepté dans le délai fixé, s'il est constaté, en fait, que c'est l'héritier ou le légataire universel chargé de délivrer ce legs qui a mis obstacle à l'acceptation, en négligeant, par exemple, de donner avis au légataire, domicilié en pays étranger (en Russie), de l'existence du legs (Paris, 1er mai 1857, et sur pourvoi, Req. 15 févr. 1858, aff. Despommiers, D. P. 58. 1. 196). — Ajoutons que si aucun délai n'a été fixé par le testateur pour l'exécution de la condition, le juge peut suppléer sur ce point au silence du testament. Ainsi il a été décidé que l'héritier chargé de la délivrance d'un legs soumis à la condition que le légataire renoncera à telle action qui lui appartient contre le testateur, est fondé à demander qu'il soit fixé par justice un délai pour l'option que devra faire le légataire entre la libéralité et l'action dont elle est destinée à lui tenir lieu (Metz, 9 juin 1852, aff. Desormeaux, D. P. 52. 2. 189).

871. En ce qui concerne la *substitution vulgaire*, dont on a parlé au *Rép.* n° 3530, il a été jugé que si les conditions jointes à la substitution peuvent être entendues *lato sensu*, et étendues des cas qu'elles précisent à d'autres cas analogues non exprimés, cette extension, basée sur la recherche de la volonté du testateur, ne doit être admise qu'avec réserve. Ainsi, lorsque la substitution a été faite pour le cas où le premier institué viendrait à décéder avant le testateur, on ne peut assimiler le cas de révocation du legs fait au premier institué au cas de prédécès de celui-ci, alors que rien, dans les circonstances de la cause, n'indique que l'intention réelle et définitive du testateur ait été de transformer la substitution en une institution directe (Paris, 13 nov. 1874, aff. Vernaud, D. P. 75. 2. 115).

872. — III. Charges. — De même que le testateur peut retarder l'effet de son legs jusqu'à l'événement d'un certain terme, ou le subordonner à certaines conditions, il peut imposer à son légataire certaines charges (*Rép.* nos 3531 et suiv. Comp. Aubry et Rau, t. 7, § 715, p. 470).

Pour qu'un legs grevé d'une charge soit valable, il faut que la charge ne détruise pas complètement l'effet de ce legs, de façon à le réduire à une simple apparence (Aubry et Rau, t. 7, § 692, p. 293). Une disposition qui, par exemple, obligerait le légataire à se dessaisir aussitôt de la chose léguée, sans conserver le moindre émolument, serait nulle ; car il est de l'essence du legs qu'il gratifie le légataire. C'est par ce motif que la jurisprudence annule les legs secrets, dont l'émolument ne doit pas profiter au légataire désigné dans le testament, mais à des tiers que le testateur a voulu gratifier indirectement (V. *suprà*, nos 838 et suiv.).

873. Comme on l'a vu au *Rép.* n° 3549, et *suprà*, n° 52, l'art. 900 qui répute non écrites dans les dispositions entre vifs ou testamentaires les conditions impossibles ou illicites, s'applique également aux charges dont les legs peuvent être grevés. Il suffira sur ce point de renvoyer à ce qui a été dit *suprà*, nos 21 et suiv., en matière de condition. Nous nous contenterons ici de citer de nouveaux exemples de charges impossibles ou illicites fournis par la jurisprudence. La cour de Rouen, le 16 nov. 1875 (aff. Lingois, D. P. 76. 2. 154) a réputé non écrite, comme étant *impossible*, la charge imposée par une aïeule à son petit-fils, institué par elle son légataire universel, de faire exhumer la mère et les sœurs de celui-ci, alors que leur mari et père survivant s'opposait à l'exhumation, que leur mort remontait à plusieurs années, et que leurs restes mortels reposaient dans le même cimetière que ceux de l'aïeule et à quelques pas de son tombeau; et elle a, en conséquence, ordonné la mainlevée de l'inscription hypothécaire prise par l'exécuteur testamentaire pour assurer l'exécution des volontés de la testatrice. — Quant à la charge *illicite*, nous en trouvons un exemple dans un jugement du tribunal de Castelsarazin, du 7 mai 1869 (aff. Fieuzal, D. P. 70. 3. 26), aux termes duquel la clause par laquelle un ecclésiastique, en laissant toute sa fortune à un hospice pour la fondation de nouvelles salles, a énoncé comme condition formelle et de rigueur qu'il serait inhumé dans la chapelle dudit hospice, est nulle comme contraire au décret du 23 prair. an 12, qui prohibe les inhumations dans les chapelles des hôpitaux, encore bien que le Gouvernement ait quelquefois dérogé à cette prohibition (V. *suprà*, v° *Culte*, n° 837).

874. A quel moment y a-t-il lieu de rechercher si la charge imposée doit ou non recevoir son exécution? La chambre des requêtes a jugé le 21 juin 1870 (aff. Ville d'Alençon, D. P. 71. 1. 97) que, lorsqu'un legs a été fait sous condition d'exécuter une certaine charge (spécialement, un payement d'annuités) au profit d'un établissement non encore autorisé au moment du décès du testateur, cet établissement, venant plus tard à être autorisé, a le droit de réclamer l'exécution de cette charge, et que l'autorisation ayant un effet rétroactif, l'établissement peut réclamer l'exécution de la charge tant pour le passé que pour l'avenir, spécialement, les annuités échues et à échoir. Il est évident que cette décision, toute de faveur, procède d'un sentiment analogue à celui qui a dicté l'art. 906 et déclaré habile à recueillir un legs l'enfant simplement conçu lors du décès du testateur. En thèse générale, c'est au moment où s'ouvre le droit au legs qu'il y a lieu de rechercher si la charge imposée est, en réalité, illicite et impossible; un événement postérieur serait, en principe, impuissant à faire revivre une charge qu'on aurait d'abord été obligé de déclarer nulle (Aubry et Rau, t. 7, § 692, p. 290, texte et note 7). Ainsi l'hôpital qui a accepté la fondation de deux lits pour les *malades* d'une commune voisine n'est pas tenu d'admettre, à défaut de malades, des *incurables* de cette commune, quoique, postérieurement à la fondation, il ait ajouté au service des malades un service d'incurables (Paris, 25 févr. 1878, aff. Commune de Sompuis, D. P. 78. 2. 153).

Mais qu'arriverait-il, si un cas de force majeure ou une loi, par exemple, venait, postérieurement à l'ouverture du legs, rendre la charge impossible ou illicite? La question s'est présentée dans l'espèce suivante. Le sieur Ladureau est décédé à Paris le 20 oct. 1846, laissant un testament par lequel il léguait à l'administration de l'assistance publique une rente perpétuelle de 500 fr., pour délivrer tous les ans un prisonnier pour dettes, père d'une nombreuse famille, qui l'aurait le mieux mérité, au choix du directeur de la prison pour dettes de Clichy. Après la loi du 22 juill. 1867, les héritiers du sieur Ladureau ont réclamé à l'Assistance publique la restitution du titre de rente, sous prétexte que la condition du legs serait devenue inexécutable. Sur cette demande, il n'est point intervenu de décision de droit, le tribunal s'étant borné à juger en fait que si la loi du 22 juill. 1867 a supprimé la contrainte par corps en matière civile et en matière commerciale, elle a été maintenue en matière criminelle, correctionnelle et de simple police, pour l'exécution des arrêts, jugements et exécutoires portant condamnation, au profit de l'État, à des amendes, restitutions, dommages-intérêts, et aussi en faveur des particuliers, pour réparations de crimes, délits ou contraventions commis à leur préjudice, même au cas où ces condamnations seraient prononcées à leur profit par les tribunaux civils, après reconnaissance par la juridiction criminelle; qu'il s'ensuit que, sous la législation actuelle, il peut y avoir encore des prisonniers pour dettes; que la disposition dont il s'agit pouvait donc recevoir toujours son application (Trib. Seine, 17 mai 1873, aff. Ladureau, D. P. 74. 3. 79). Mais si le tribunal avait eu à statuer en droit, il semble qu'il aurait dû déclarer que, la cause impulsive de la libéralité étant venue à défaillir, la libéralité elle-même devait disparaître.

875. La nullité de la charge impossible ou illicite entraîne-t-elle la nullité du testament auquel elle est attachée? C'est une pure question de fait, comme en matière de condition. La nullité atteindra ou non le testament, suivant que la charge en aura été, ou non, la cause impulsive et déterminante (Duranton, t. 8, n° 111; Aubry et Rau, t. 7, § 692, p. 293). Telle est la jurisprudence de la cour suprême, qui, en matière de charge comme en matière de condition proprement dite, décidait, le 27 mars 1861, que l'inexécution des conditions écrites dans un acte de donation ou dans un testament peut être considérée comme insuffisante pour entraîner la révocation de la donation ou du legs, s'il est constaté, d'une part, qu'il ne s'agissait pas d'une condition dont l'observation fût impérative, et, d'autre part, que le donataire ou le légataire, tout en ayant à se reprocher une certaine lenteur dans l'accomplissement des charges qui lui étaient imposées, a été arrêté, lorsqu'il a voulu les exécuter, par un obstacle de force majeure qui a empêché cette exécution; qu'ainsi lorsqu'un testateur a déclaré, dans son testament portant institution d'un legs universel, sa volonté d'être inhumé auprès de son fils, et qu'en l'absence du légataire, à l'époque de son décès, les parents exhérédés l'ayant fait enterrer dans la fosse commune du cimetière, l'affectation de cette fosse commune à de nouvelles sépultures a, plus tard, rendu impossible l'exhumation du corps du défunt, l'action en révocation du legs, pour inexécution de la condition imposée au légataire, a pu être repoussée, à raison du caractère non impératif de la charge, et du fait de force majeure qui est venu en empêcher l'exécution, quoiqu'il soit en même temps constaté que le légataire a eu à se reprocher une lenteur regrettable et une certaine insouciance dans l'accomplissement de la volonté du testateur, sans qu'une telle solution, basée sur une appréciation souveraine de fait et d'intention, soit soumise au contrôle de la cour de cassation (Req. 27 mars 1861, aff. Bayard, D. P. 61. 1. 264). Le tribunal de Castelsarrazin s'est inspiré des mêmes principes dans son jugement du 7 mai 1869 (aff. Fieuzal, D. P. 70. 3. 26), en décidant que l'inexécution de la charge (alors, d'ailleurs, que le légataire a tout fait pour que la volonté du défunt reçût satisfaction) ne peut être considérée comme entraînant la caducité du legs au bénéfice d'un légataire universel éventuellement appelé par le testament, s'il est démontré que la condition n'exprimait en réalité qu'un simple vœu, et que les termes de la clause ont eu uniquement pour objet de stimuler le zèle de l'établissement légataire, pour qu'il sollicitât plus activement du Gouvernement l'inhumation demandée par le défunt.

876. Si la charge est imposée au profit d'un tiers, ce tiers a une action directe contre le légataire qui en est grevé (*Rép.* n° 3534). Mais c'est à la condition que ladite charge constitue effectivement un droit à son profit. Comme exemple de cas où cette condition fait défaut, on peut citer la clause testamentaire qui affecte une certaine somme à faire dire des messes dans une église déterminée; une pareille clause ne constitue, au profit de la fabrique, ni une fondation, ni un legs, dont elle ait le droit de poursuivre l'exécution contre les héritiers (V. notamment : Douai, 30 mai 1853, aff. Lesoing, D. P. 54. 2. 174; Bordeaux, 23 juin 1856, aff. Fabrique de Saint-Eloi, D. P. 57. 2. 62). — En d'autres termes, l'exécution d'une semblable charge, quand elle a été imposée à un légataire, ne peut être poursuivie que par l'héritier, et reste abandonnée à la conscience de celui-ci, quand c'est lui qui en a été grevé, le tout, d'ailleurs, à moins qu'il n'existe un exécuteur testamentaire, dont le rôle sera justement d'assurer l'exécution de la charge (Troplong, t. 4, n° 2194; Aubry et Rau, t. 7, § 715, p. 471).

Art. 8. — *Acceptation ou répudiation du legs* (*Rép.* n°s 3552 à 3566).

877. — I. Conditions intrinsèques nécessaires pour la validité de l'acceptation ou de la répudiation. — La première de toutes, c'est que l'acceptation ou la répudiation émane d'une personne capable (*Rép.* n° 3555). Or, ici la capacité requise est la capacité nécessaire pour renoncer à une succession (Aubry et Rau, t. 7, § 726, texte et note 14, p. 531).

878. Mais faut-il nécessairement que l'acceptation émane du légataire lui-même? Ses créanciers ne pourraient-ils pas accepter le legs en son lieu et place? En d'autres termes, l'art. 788 c. civ. est-il applicable aux legs, comme il l'est aux successions ? Nous avons au *Rép.* n° 3565 refusé d'admettre cette extension, en nous fondant sur les différences profondes qui séparent les deux hypothèses. Aujourd'hui, et malgré l'unanimité à peu près absolue de la doctrine en sens contraire (Merlin, *Répertoire*, v° *Légataire*, § 4, n° 3 ; Troplong, déjà cité au *Rép. ibid.* ; Proudhon, *Usufruit*, n° 2368 ; Massé et Vergé, sur Zachariæ, t. 3, § 503, p. 302 ; Aubry et Rau, t. 7, § 726, p. 532 ; Demolombe, t. 3, n° 337), nous croyons encore devoir persister dans notre opinion, encouragés, notamment, par un remarquable jugement du tribunal de Rouen du 4 juin 1865 (aff. Malas, D. P. 67. 2. 9). Ce jugement confirmé par arrêt de la cour de Rouen, du 3 juill. 1866 (D.P. 67. 2. 10) démontre à merveille « que la subrogation aux droits du débiteur, admise pour les successions par l'art. 788 c. nap., ne trouve pas dans la loi, au titre des *Donations et testaments*, la même sanction ; que les raisons de décider ne sont pas les mêmes, et qu'au contraire, il faut reconnaître qu'il était nécessaire de laisser au légataire seul la liberté d'accepter ou de répudier les legs faits à son profit ; qu'en effet, quand il s'agit d'une succession, l'héritier est appelé par la loi seule à la recueillir ; qu'il ne cause préjudice à personne en profitant de ses droits héréditaires et que l'on comprend, en présence des créanciers qui ont pu compter, avant de contracter avec lui, sur la réalisation de ce gage futur, que, quelle que soit l'origine de la fortune qui lui échoit, il n'avait pas le droit de se montrer, en la répudiant, plus difficile que la loi, qui proclame la légitimité de l'augmentation de son patrimoine ; mais qu'il en est autrement quand il s'agit d'un testament ; que le légataire peut avoir les plus légitimes raisons de ne pas en profiter, et que lui seul peut raisonnablement avoir le choix entre sa réputation, le repos de sa conscience, sa liberté même, dans certains cas, et l'augmentation de sa fortune ; qu'il ne peut pas être tenu de dévoiler ses propres fautes, et qu'il doit lui être permis de les réparer en renonçant au bénéfice d'un legs dont il connaît les vices ; et qu'on s'explique d'autant mieux que le législateur n'ait pas reproduit pour les testaments les dispositions de l'art. 788, qu'il devait se montrer plus favorable à l'intérêt des créanciers de l'héritier légitime qu'à celui des créanciers d'un légataire, qui n'ont jamais pu prendre en considération l'avantage inespéré d'un acte de libéralité ». On ne peut exprimer en des termes meilleurs les raisons, à notre sens décisives, qui proscrivent en notre matière l'application de art. 788. — Tout au plus, ferons-nous à l'opinion adverse cette concession déjà énoncée au *Rép.* n° 3565 et fondée sur les principes généraux, que, si la renonciation du légataire ne paraissait pas avoir été dictée par des raisons de conscience et de délicatesse ou de dignité personnelle, si elle paraissait être l'effet soit d'un mauvais calcul, soit de l'intention de nuire aux créanciers, ces derniers pourraient se faire autoriser à accepter.

879. Une autre condition de fond nécessaire pour qu'un legs soit valablement accepté ou répudié, c'est qu'il ne le soit pas contrairement à l'intention du testateur, et, par exemple, contrairement à une indivisibilité établie par lui entre plusieurs dispositions du testament. Sans aucun doute le bénéficiaire de deux legs différents peut accepter l'un et répudier l'autre, lorsque ces deux legs ne sont pas indivisibles. Ainsi deux legs portant sur des objets différents, par exemple, l'un sur l'usufruit des immeubles du défunt, l'autre sur la pleine propriété de son mobilier, peuvent être considérés comme deux legs distincts, quoique des charges imposées au légataire soient communes à ces deux legs, si, d'ailleurs, le légataire consent à demeurer grevé de toutes ces charges. L'acceptation, en pareil cas, du legs de la pleine propriété du mobilier n'emporte pas acceptation du legs en usufruit des immeubles, et ne met pas obstacle à ce que ce dernier legs soit répudié (Civ. cass. 5 mai 1856, aff. Guilbert, D. P. 56. 1. 218). Et, dans une espèce analogue, il a été jugé que le légataire appelé par le testament à recueillir la propriété d'un mobilier désigné et l'usufruit de tous les autres biens du testateur, peut n'accepter que le legs du mobilier et partie du legs d'usufruit (Civ. rej. 8 juill. 1874, aff. Petitjean, D. P. 74. 1. 457). — Mais au contraire, et, à raison de l'indivisibilité qui unit les deux dispositions, lorsque le testateur a institué un légataire universel avec la mission d'employer les biens de la succession en bonnes œuvres, et lui a fait un legs particulier pour le récompenser de ses peines dans l'accomplissement de cette charge, ce légataire ne peut pas renoncer au legs universel pour conserver le legs particulier, même en offrant de remplir les dernières volontés du testateur (Lyon, 27 mars 1874, aff. Dumanoir, D. P. 75. 5. 388).

880. — II. Dans quelle forme le legs doit être accepté ou répudié. — Doit-on appliquer ici l'art. 784 c. civ., écrit en matière de succession, et exiger une renonciation expresse faite au greffe du tribunal ?

En ce qui touche le légataire à titre particulier, simple successeur à des biens déterminés, et qui n'est tenu d'aucune obligation envers les créanciers héréditaires, on s'accorde à écarter l'application de l'art. 784 (Trib. Toulouse, 9 févr. 1858, et Trib. Muret, 26 févr. 1858, aff. Leblanc, D. P. 60. 1. 119-120 ; Riom, 26 juill. 1862, aff. Esbelin, D. P. 62. 2. 146 ; Agen, 19 déc. 1866, aff. Sirvain, D. P. 67. 2. 5 ; Pau, 30 nov. 1869, aff. Maignon, D. P. 74. 5. 308 ; Bruxelles, 27 avr. 1882, aff. Prevost, D. P. 83. 2. 111. V. aussi Marcadé, t. 3, sur art. 784, n° 224, note 1).

881. Il y a controverse, au contraire, en ce qui touche le légataire universel. Le légataire universel est dans une situation identique à celle de l'héritier, et tenu comme lui des dettes *ultra vires emolumenti* (Civ. cass. 13 août 1851, aff. Toussaint de Gérard, D. P. 51. 1. 281) ; et cette considération a déterminé quelques auteurs (Troplong, *Donations et testaments*, n° 2155 ; Aubry et Rau, t. 7, § 726, n° 2, p. 531), à étendre au légataire universel la disposition de l'art. 784 écrite pour l'héritier *ab intestat*. — Décidé, dans le même sens, que « l'art. 784 c. civ. s'applique, quant aux formes qu'il prescrit, à la renonciation émanée d'un héritier institué et d'un légataire universel, puisqu'il y a même raison pour assujettir leur renonciation aux formes spéciales de publicité qui régissent la renonciation des héritiers *ab intestat* » (Riom, 26 juill. 1862, aff. Esbelin, D. P. 62. 2. 146). — Mais c'est là une assimilation abusive. Il y a entre le légataire universel et l'héritier une différence essentielle, portant précisément sur le point qui a dicté, en matière de succession *ab intestat*, l'art. 784 : c'est que le légataire, même universel, ne succède qu'aux biens, et ne représente pas la personne du défunt. C'est un point qui a été soigeusement relevé par la cour de Nancy, le 1er févr. 1884 (aff. Leclerc, D. P. 85. 2. 180). Or l'intérêt des tiers est de connaître celui qui continue la personne du défunt contre la succession duquel ils ont des droits à exercer ; de là, la nécessité, pour l'héritier qui renonce à la succession, de le faire dans une forme spéciale, au greffe du tribunal dans l'arrondissement duquel elle s'est ouverte, tandis que, pour le légataire, la simple manifestation de la volonté de répudier le legs doit suffire, quelle que soit la forme dans laquelle elle se soit produite, pourvu qu'elle ne puisse être mise en doute. En outre, il faut remarquer que l'art. 784 annule les renonciations qui ne sont pas faites dans la forme qu'il prescrit. Or les nullités sont *stricti juris* et ne doivent pas être étendues d'un cas à un autre. L'art. 784 doit donc être écarté en matière de legs universel (V. conf. Laurent, t. 13, n° 554).

Il suit de là que la renonciation à un legs universel, comme à un legs particulier, peut revêtir une forme quelconque, notamment celle d'un acte notarié (Trib. Muret, 26 févr. 1858, aff. Leblanc, D. P. 60. 1. 119 ; Trib. Toulouse, 9 févr. 1858, même affaire, D. P. 60. 1. 119-120 ; Pau, 30 nov. 1869, aff. Maignon, D. P. 74. 5. 308). Et cette renonciation, étant un acte unilatéral, n'a pas besoin d'être expressément acceptée par les héritiers pour produire son effet. En tout cas, l'acceptation de la renonciation par les héritiers résulte de la mention qui en est faite dans une déclaration de succession à l'enregistrement, alors même que les héritiers auraient laissé les légataires renonçant en possession des biens légués (Même arrêt du 30 nov. 1869).

882. Dès lors que l'on n'exige pas la forme solennelle de la renonciation par acte au greffe, on est amené à se contenter d'une renonciation implicite. Et alors se pose la question de savoir quels actes seront tenus pour acceptation ou répudiation du legs. Il y a là une question de fait que la cour de cassation abandonne à l'examen du juge du fond, dont la décision est sur ce point souveraine (Req. 11 août 1874, aff. Echalié, D. P. 77. 5. 274-278). Comme exemple de semblables décisions de fait, nous citerons les arrêts suivants qui ont décidé : 1° que le légataire qui a renoncé à son legs ne peut être considéré comme l'ayant ultérieurement accepté que par l'effet d'actes authentiques ou privés émanés de lui, et spécialement, que la preuve de l'acceptation ne résulte pas du fait, par ce légataire, de s'être laissé qualifier de légataire dans des instances où il avait le droit de figurer comme exécuteur testamentaire, et où il n'a pris, dans ses propres actes, que cette dernière qualité; en conséquence, cette renonciation conserve toute sa force, et l'administration de l'enregistrement n'est pas admise à réclamer le droit de mutation sur le legs qui en a été l'objet (Trib. Muret, 26 févr. 1858, et sur pourvoi, Civ. cass. 13 mars 1860, aff. Leblanc, D. P. 60. 1. 118-120; Trib. Toulouse, 9 févr. 1858, et sur pourvoi, Civ. rej. 13 mars 1860, même affaire, *ibid.*); — 2° Que l'héritier qui, sous la législation sarde, a contesté l'identité de l'écrit présenté comme étant le testament de son auteur, sans diriger aucune attaque contre la volonté même du testateur, conserve, si le testament est reconnu sincère, le legs que ce testament renfermait à son profit, une telle contestation n'impliquant pas de sa part une renonciation à ce legs (Civ. rej. 30 juill. 1861, aff. de Lachenal, D. P. 63.1. 82); — 3° Que l'exécution que le légataire universel institué par un testament révocatoire a donnée au testament révoqué a pu être considérée comme emportant, de la part de ce légataire, renonciation à son legs, alors même qu'elle n'aurait pas pour conséquence légale de faire revivre le testament révoqué, et que la renonciation a pu, dès lors, être validée, sans que les juges aient eu à statuer sur le sort de ce testament, ni à donner de motifs sur la question soulevée à cet égard devant eux, ni à faire figurer cette question dans les questions de droit énoncées aux qualités de l'arrêt (Trib. Mont-de-Marsan, 10 févr. 1860, Pau, 12 févr. 1861, et sur pourvoi, Req. 19 mai 1862, aff. Tanziède, D. P. 62. 1. 450); — 4° Que le légataire universel, institué par un testament révocatoire d'un testament antérieur où il était aussi institué, mais conjointement avec d'autres légataires universels, n'est pas réputé renoncer à ce testament révocatoire, lorsqu'il consent à partager la succession avec ces autres légataires, comme elle l'eût été en vertu du testament révoqué, s'il est reconnu en fait qu'il n'a ainsi abandonné une part de son legs que par voie de convention transactionnelle, cet abandon partiel de la libéralité impliquant au contraire l'acceptation du testament révocatoire qui la renferme; en conséquence, un tel abandon n'emporte pas ouverture de la succession légitime au profit des héritiers du sang, sous prétexte qu'il constituerait une répudiation du testament révocatoire, ne faisant pas revivre le testament révoqué (Trib. Mont-de-Marsan, 13 août 1863; Pau, 19 janv. 1864, et sur pourvoi, Req. 5 juill. 1865, aff. Dayre, D. P. 65. 1. 476); — 5° Que la qualité d'héritier acceptant n'est pas exclusive de celle de légataire universel; qu'en conséquence, l'acceptation de la succession par un légataire universel, en sa qualité d'héritier du sang, pour la portion qui lui est dévolue par la loi et sous bénéfice d'inventaire, ne peut être considérée comme emportant de sa part renonciation tacite à se prévaloir de l'institution testamentaire; et une telle renonciation ne résulte pas davantage du concours du légataire universel, en la même qualité d'héritier, à la vente du mobilier de la succession requise par les héritiers naturels (Rouen, 5 août 1869, aff. Pottier, D. P. 71. 2. 4, et sur pourvoi, Req. 17 mai 1870, D. P. 71. 1. 56); — 6° Que le fait, par celui qui est en même temps l'unique héritier du sang et le légataire universel du *de cujus* d'avoir fait célébrer les funérailles de celui-ci, conformément aux pieux désirs exprimés dans son testament, n'emporte pas acceptation irrévocable de la qualité d'héritier universel (Rouen, 16 nov. 1875, aff. Lingois, D. P. 76. 2. 154).

883. — III. Effets de l'acceptation du legs. — Il a été jugé qu'une ville qui a été instituée légataire à titre particulier d'une rente, avec condition d'employer cette rente au profit d'une société de bienfaisance dépourvue d'existence légale au moment où s'ouvre la succession, devient, par l'acceptation de ce legs, débitrice personnelle de la société, si cette société vient plus tard à être autorisée, et qu'elle doit lui servir cette rente, bien que le débiteur du legs ne l'acquitte pas (Caen, 12 nov. 1869, aff. Ville d'Alençon, D. P. 69. 2. 225).

Sect. 2. — Du legs universel (*Rép.* n°s 3567 à 3696).

Art. 1er. — *Caractères du legs universel* (*Rép.* n°s 3568 à 3603).

884. Ainsi qu'on l'a vu au *Rép.* n° 3569, l'institution d'un légataire universel n'est pas soumise à des termes sacramentels ou à une formule déterminée, il suffit que l'intention d'instituer un légataire universel résulte du testament. Or les expressions employées par le testateur étant souvent vicieuses, il y aura lieu d'interpréter le testament. Cette interprétation n'est d'ailleurs pas entièrement abandonnée aux juges du fait, et comme on l'a indiqué *suprà*, n° 848, la cour de cassation se réserve ici un droit de contrôle.

Le premier élément de cette interprétation est, ici comme toujours, la volonté du défunt, plutôt que les expressions qu'il a employées. Ainsi la question de savoir si une disposition testamentaire constitue un legs universel, un legs à titre universel ou un legs à titre particulier, doit être décidée d'après les définitions données par la loi, sans avoir égard à la qualification que le testateur lui-même peut avoir attribuée à sa disposition, dans le cas où cette qualification ne serait point en harmonie avec la nature réelle de cette dernière (*Rép.* n° 3570; Aubry et Rau, t. 7, § 714, p. 464). Jugé en ce sens qu'un legs portant exclusivement sur des *objets déterminés* constitue un legs particulier, quelle que soit la dénomination qui lui a été donnée dans le testament, et alors même, notamment, que le testateur l'aurait qualifié de legs universel; et que, spécialement, la disposition d'un testament par laquelle le testateur déclare instituer deux *légataires universels*, ajoutant qu'il donne à l'un d'eux certains biens, limitativement désignés, et à l'autre « le surplus de tous ses biens meubles et immeubles, en quelque lieu qu'ils soient situés », prend, quant au premier, le caractère d'un simple legs particulier, quoiqu'il ait été qualifié de legs universel (Civ. cass. 9 août 1858, aff. Mercier, D. P. 58. 1. 334, et sur renvoi, Orléans, aud. solen., 6 janv. 1860,-MM. Duboys (d'Angers), 1er pr.-Savary, proc. gén.-Robert de Massy et Bourbault (du barreau de Bourges), av.).

885. Il ne faut pas s'attacher davantage à l'émolument que le légataire doit, en définitive, retirer de son legs. Ce qui détermine la nature et le caractère juridique d'un legs universel, c'est, non l'avantage réel qu'en retire le légataire, mais le droit éventuel à l'universalité de la succession qui lui est conféré (*Rép.* n°s 3568, 3582, 3586, 3587, 3605 et 3611; Demolombe, t. 4, n°s 533, 613; Aubry et Rau, 4e éd., t. 7, § 714, texte et notes 20 à 22). Dès lors qu'il y a vocation, même éventuelle, à l'universalité de la succession, il y a legs universel valable, encore bien que tout l'émolument serait absorbé par des legs particuliers (V. les auteurs précités). Des applications de cette règle ont été faites, notamment, par les arrêts rapportés au *Rép.* n°s 3570-4° et 3594.

886. Mais la question paraît, au premier abord, plus délicate, quand le testament ne contient, avec le legs universel, qu'une charge unique qui l'absorbe tout entier. C'est dans ces termes qu'elle s'est posée devant la cour d'Orléans, le 8 janv. 1885 (aff. de Biencourt, D. P. 86. 1. 465). Par testament du 1er août 1882, la demoiselle Baron avait institué pour son légataire universel le sieur Armand de Biencourt, à la condition « d'employer tous les biens meubles et immeubles légués à l'établissement à perpétuité, à Azay-le-Rideau, d'une école libre de garçons dirigée par un instituteur chrétien, congréganiste catholique, au choix du légataire. En aucun cas, sous aucun prétexte, et dans aucun temps, disait le testament, l'affectation des biens ne peut être changée, et si cette fondation est impossible à l'époque du décès de la testatrice, les revenus des biens seront employés en œuvres pieuses au choix du légataire, jusqu'à ce que des temps meilleurs permettent d'accomplir ses volontés ». Les héritiers du sang ayant demandé la nullité du testament, un jugement du tribunal de Chinon, du 27 janv. 1884, confirmé par l'arrêt précité de la cour d'Orléans, accueillit cette demande, attendu que de Biencourt n'était pas investi en réalité de la qualité de légataire universel; qu'en effet, les termes mêmes du testament lui refusaient de la manière la plus absolue la disposition des biens prétendus légués; que, dans aucun des cas prévus, à aucune époque, aucune partie de ces biens, si minime qu'on la suppose, n'était susceptible de se réunir légitimement aux biens de l'institué, ni d'accroître son patrimoine. Cette décision a été cassée, et avec raison (Civ. cass. 5 juill. 1886, D. P. 86. 1. 465). « Attendu, dit l'arrêt de cassation, que la demoiselle Baron a légué tous ses biens meubles et immeubles, et généralement tout ce qu'elle posséderait à sa mort, au sieur Armand de Biencourt; — Attendu qu'il ressort manifestement de cette disposition, vocation, au profit de de Biencourt, à l'universalité des biens composant la succession de la testatrice; qu'il importe peu, dès lors, que l'exécution des charges qui ont été imposées audit de Biencourt, et l'accomplissement du mandat qu'il a, par là même, à remplir, doive absorber en totalité l'émolument de la disposition faite à son profit; qu'il n'en reste pas moins le continuateur juridique de la personne de la testatrice en sa qualité de légataire universel de cette dernière. » La cour d'Angers, saisie comme cour de renvoi, le 22 juin 1887 (D. P. 89. 2. 4), s'est conformée à la solution de la cour suprême. — Dans une espèce identique, la cour de Bourges, le 11 janv. 1887 (aff. Rimbault, D. P. 87. 2. 80), a jugé de même que, dès lors qu'il ressort du testament vocation à l'universalité des biens composant la succession, il importe peu que l'exécution des charges imposées au légataire doive absorber en totalité l'émolument de la disposition faite à son profit; que celui-ci n'en reste pas moins le continuateur juridique de la personne du testateur, en sa qualité de légataire universel de ce dernier; que l'on ne pourrait, sans violer l'art. 1003 c. civ., décider que le légataire n'est pas en réalité investi de la qualité de légataire universel, parce qu'il résulterait de la juste et saine application du testament qu'aucune portion des biens composant la succession n'est susceptible de se réunir légitimement aux biens de l'institué. — Il faut donc faire abstraction de tout ce qui n'a trait qu'à l'émolument définitif qui peut ressortir du testament. La seule chose à considérer, c'est le caractère juridique de la disposition. « Pour savoir si un legs est universel, disait à la chambre civile le rapporteur de l'arrêt de cassation du 7 août 1827 (rapporté au *Rép.* n° 3596), il faut se demander : qu'arriverait-il, si les autres dispositions étaient caduques? Le legs dont il s'agit embrasserait-il l'universalité? Si la réponse est affirmative, le legs est universel. »

887. Suivant les règles d'interprétation formulées par MM. Aubry et Rau, t. 7, § 714-1°, p. 464, texte et note 4, l'on doit considérer comme des legs universels non seulement les dispositions formulées dans les termes suivants ou dans des termes analogues : *Je lègue à Pierre tous les biens que je laisserai; j'institue Pierre pour mon héritier; je donne à Pierre et à Paul tous mes biens; j'institue Pierre et Paul mes héritiers ;* mais encore la disposition par laquelle le testateur aurait légué l'universalité de ses biens à deux ou plusieurs personnes, avec cette clause additionnelle : *pour, par mes légataires, jouir et disposer de mes biens, ou en faire le partage par portions égales.* — Conformément à ces règles, il a été jugé depuis la publication du *Répertoire :* 1° que la disposition par laquelle le testateur, après quelques legs particuliers, déclare laisser le surplus de ses biens de toute nature à telles personnes, qu'il qualifie à diverses reprises de ses légataires universels, puis répartit lesdits biens entre ces personnes par fractions inégales, constitue un legs universel, et non pas plusieurs legs à titre universel; alors, d'ailleurs, que l'intention de faire un legs universel ressort de l'ensemble du testament, et notamment d'une clause par laquelle, prévoyant l'annulation de certains legs particuliers, le testateur a dit qu'ils retourneraient à ses légataires universels (Paris, 5 mars 1861, aff. Ogier, D. P. 61. 2. 49); — 2° Que la disposition par laquelle un testateur lègue à plusieurs personnes conjointement l'universalité des biens qu'il laissera à son décès constitue un legs universel en faveur de chacune des personnes désignées, alors même que, dans une disposition accessoire ayant pour objet l'exécution de l'institution, le testateur détermine la part que chaque légataire prendra dans sa succession lors du partage, cette disposition ne changeant pas le caractère des legs, fixé par la disposition principale du testament, et ne les faisant pas dégénérer en legs à titre universel (Req. 12 févr. 1862, même affaire, D. P. 62. 1. 244) ; — 3° Que la disposition testamentaire aux termes de laquelle, par dérogation aux art. 733 et 734 c. civ., une succession devra être partagée par branches sans distinction des lignes paternelle et maternelle, de manière que les héritiers de chaque branche recueillent la part afférente à cette branche, les enfants par représentation de leurs parents, réunit tous les caractères d'un legs universel et conjoint au profit des parents représentant, à des degrés inégaux, les diverses branches de la famille paternelle et maternelle du testateur, et imprime, par là même, la qualité de légataire à chacun de ces mêmes parents, quelle que soit, d'ailleurs, la part devant lui revenir dans l'héritage commun, et bien que les légataires ne soient pas individuellement nommés dans le testament (Metz, 23 mars 1865, aff. Lalouet, D. P. 65. 2. 91); — 4° Que si l'on trouve dans une disposition le caractère essentiel du legs universel, c'est à-dire la vocation à l'universalité des biens, et si la testatrice a indiqué la part que chacun des appelés prendrait dans cette universalité, cette indication ne portant que sur l'exécution, et non sur la disposition même, ne modifie nullement son caractère légal (Paris, 9 janv. 1872, aff. Cordier, D. P. 72. 2. 202); — 5° Qu'il y a institution de légataires universels dans le testament qui porte, après diverses autres dispositions particulières, que ceux des héritiers non exhérédés recueilleront conjointement la succession comme s'ils étaient tous de la même ligne et au même degré, et qu'ils se partageront par portions égales la masse active des biens après la prestation de tous les legs et l'accomplissement de toutes les charges et conditions (Req. 31 juill. 1876, aff. Houal, D. P. 77. 1. 28); — 6° Que la disposition par laquelle le testateur appelle conjointement deux personnes à l'universalité de sa succession n'en conserve pas moins les caractères d'une institution universelle, bien qu'elle soit suivie de ces mots : *pour partager par moitié*, alors surtout que, dans la suite de l'acte, le testateur a continué de donner aux colégataires la qualification de légataires universels; et que le caractère de la disposition n'est pas modifié par la substitution vulgaire contenue dans le même testament au profit des enfants des deux légataires, pour le cas où ceux-ci ne se présenteraient pas pour recueillir le legs (Angers, 27 mars 1878, aff. Pasquier, D. P. 78. 2. 231); — 7° Que lorsque le testament attribue le legs *de eo quod supererit* à deux personnes qui doivent le partager par moitié, les deux institués sont des légataires universels conjoints (Orléans, 4 juill. 1885, aff. Bodin, D. P. 86. 2. 195). — Mais, d'autre part, il a été décidé que les juges du fond peuvent, par interprétation des termes du testament, des documents du procès et de la volonté du testateur, décider qu'il y a un legs à titre universel, et non un legs universel, dans la clause suivante : « Je nomme et institue pour mes légataires généraux et universels, conjointement entre eux et par égale part, mon frère et ma nièce » ; que, par suite, en cas de prédécès du premier légataire, sa part ne passe pas à l'autre par droit d'accroissement, mais appartient aux héritiers *ab intestat* (Req. 27 mars 1876, aff. Boissier, D. P. 76. 1. 377).

888. Le legs de l'universalité des biens est un legs universel, lors même qu'il se trouve, d'après les termes du testament, restreint à la nue propriété, et que l'usufruit a été séparément légué à une autre personne. Le légataire a, en effet, la certitude de recueillir la pleine propriété quand arrivera, à la mort de l'usufruitier, l'extinction inévitable de l'usufruit (c. civ. art. 617), et on peut même dire qu'il recueille immédiatement cette propriété dont l'usufruit n'est qu'une charge. *Usu fructus in petitione servitutis locum obtinet*, disaient les *Institutes de Justinien*, liv. 2, tit. 20, § 9 (V. *Rép.* n° 3596 et les auteurs cités *ibid; Adde :* Aubry et Rau, t. 7, § 714, texte et note 7, p. 465; Colmet de Santerre, t. 4, n° 244 *bis*-4°; Demolombe, t. 4, n° 538; Laurent, t. 13, n° 518; Angers, 27 mars 1878, aff. Pasquier, D. P. 78. 2. 231, et 28 mars 1878, aff. Bougère, D. P. 79. 2. 8).

Quant au legs de toute la succession en usufruit seulement, on ne saurait, comme on l'a vu au *Rép. ibid.*, lui reconnaître le même caractère. La situation est, en effet, essentiellement différente ; car la nue propriété ne se réunira jamais à l'usufruit comme l'usufruit se réunit à la nue propriété, en sorte que le legs universel ou à titre universel de la nue propriété contient une vocation universelle que ne comporte pas le legs universel ou à titre universel de l'usufruit. On a rarement soutenu que le legs en usufruit, quoique de l'universalité des biens, constituât un legs universel (V. cependant en ce sens Zachariæ, *Droit civil français*, § 711, texte et note 11). On se demande seulement s'il doit être classé parmi les legs à titre universel ou au nombre des legs à titre particulier.

889. Ainsi qu'on l'a vu au *Rép.* n° 3583, le legs de *ce dont il est permis de disposer* forme un legs universel, en ce sens que, si le testateur ne laisse pas d'héritiers à réserve, ou que ces héritiers renoncent ou soient exclus pour cause d'indignité, ce légataire aura droit à l'universalité des biens du défunt (V. outre les auteurs cités au *Rép. ibid.* : Aubry et Rau, t. 7, § 714, p. 465 ; Troplong, t. 4, n° 1784 ; Demolombe, t. 4, n° 540). Il en serait de même, du moins en général, et sauf interprétation contraire de la volonté du testateur, du legs de la quotité ou de la portion disponible, bien qu'il eût existé, à l'époque de la confection du testament, des descendants ou des ascendants qui pouvaient éventuellement avoir droit à une réserve (Aubry et Rau, *ibid*).

890. Une hypothèse toute différente est celle qui a été examinée au *Rép.* n° 3588. Lorsque, après avoir légué à une personne une quote-part de ses biens, par exemple, le tiers ou le quart, le testateur lègue à une autre personne le surplus de sa fortune, cette dernière disposition ne forme, comme la première, qu'un legs à titre universel (Aux autorités citées en ce sens au *Rép. adde :* Aubry et Rau, t. 7, § 714, p. 465).

891. Au contraire, et c'est ce que nous avons dit également au *Rép.* n° 3591, si, après avoir fait à une ou plusieurs personnes des legs particuliers, le testateur avait légué le surplus de ses biens à une autre personne, cette disposition formerait un legs universel, quelle que fût d'ailleurs l'importance des objets légués à titre particulier, eu égard à la totalité de l'hérédité (Aubry et Rau, t. 7, § 714, p. 466 ; Proudhon, *De l'usufruit*, t. 2, n°s 601 et 602 ; Demolombe, t. 4, n° 543 ; Laurent, t. 13, n°s 516 et suiv. ; et les autorités citées au *Rép. ibid.*). En effet, il a été jugé, outre les arrêts cités au *Rép. ibid.* : 1° que la disposition par laquelle le testateur déclare instituer deux légataires universels, ajoutant qu'il donne à l'un d'eux certains biens, limitativement désignés, et à l'autre « le surplus de tous ses biens meubles et immeubles, en quelque lieu qu'ils soient situés » prend, quant au premier, le caractère d'un simple legs particulier, et que, par conséquent, le second legs a le caractère d'un legs universel (Civ. cass. 9 août 1858, aff. Mercier, D. P. 58. 1. 334) ; — 2° Qu'il en est de même de la disposition par laquelle le testateur, après quelques legs particuliers, déclare laisser le surplus de ses biens de toute nature à telles personnes, qu'il qualifie à diverses reprises de ses légataires universels, puis répartit lesdits biens entre ces personnes par fractions inégales (Paris, 5 mars 1861, aff. Ogier, D. P. 61. 2. 49) ; — 3° Que lorsqu'un testateur, après avoir institué un légataire en usufruit de tous ses biens et plusieurs légataires particuliers, attribue éventuellement l'excédant de tout l'actif de sa succession à quelques-uns des légataires particuliers, cette institution constitue un legs universel (Paris, 9 janv. 1872, aff. Cordier, D. P. 72. 2. 202) ; — 4° Que le même caractère doit être attribué à la clause par laquelle un testateur, après avoir fait des legs particuliers, laisse à des personnes dénommées le *reste disponible* de sa succession (Orléans, 4 juill. 1885, aff. Bodin, D. P. 86. 2. 195) ; — 5° Que, lorsque le testateur, après avoir fait divers legs particuliers, lègue à un tiers tout le reste de sa fortune, cette disposition constitue un legs universel (Dijon, 11 janv. 1883) (1).

892. Tout ce qu'il faut exiger, pour reconnaître ainsi à la seconde disposition le caractère d'un legs universel, c'est qu'elle porte, en effet, sur l'universalité de la succession, défalcation faite des legs particuliers écrits auparavant. Sur ce caractère plus en moins général de la disposition, les tribunaux ont un pouvoir d'appréciation souveraine (Req. 30 janv. 1878) (2). Ainsi la clause par laquelle le testateur, après avoir disposé à titre particulier de ses immeubles et de son fonds de commerce, exprime la volonté que le surplus de l'argent soit réservé aux héritiers désignés par lui, peut être interprétée en ce sens qu'elle s'applique à la succession tout entière et non pas seulement à l'argent comptant; cette disposition constitue, dès lors, un legs universel, et la décision

---

(1) (Evêque de Langres.) — La dame Elisa Fourchard est décédée, laissant un testament en date du 25 janv. 1881, par lequel, à la suite de quelques legs particuliers, elle déclarait léguer « A Monseigneur l'évêque de Langres, pour les œuvres des vocations sacerdotales, tout le reste de se fortune. » — Sur la requête de Mgr l'évêque de Langres, tendant à se faire envoyer en possession de ce legs, le président du tribunal civil de cette ville, a rendu, le 17 nov. 1882, une décision ainsi conçue : — « Attendu que la disposition testamentaire concernant l'évêque de Langres est conçue dans des termes tels qu'ils laissent subsister des doutes sur la question de savoir si cet évêque est ou non légataire universel, et que, dès lors, les droits du requérant semblent pouvoir être sérieusement contestés; — Refusons l'envoi en possession qui nous est demandé ». — Appel par Mgr l'évêque de Langres. — Arrêt.

LA COUR ; — Sur la recevabilité de l'appel : — Attendu que l'ordonnance déférée à la cour présente, tant en la forme qu'au fond, tous les caractères d'une décision judiciaire; qu'elle contient des motifs dans lesquels est appréciée la qualité de légataire universel dont se prévaut l'évêque de Langres, et un dispositif qui rejette la requête d'envoi en possession; — Attendu que cette décision aurait pour effet définitif, si elle ne pouvait être réformée, de refuser à l'évêque de Langres la saisine attachée par la loi à sa qualité de légataire universel et de l'obliger à procéder par voie d'action en délivrance, alors cependant que la testatrice n'a laissé aucun héritier à réserve; — Attendu que la loi et la jurisprudence font dériver de la saisine, soit en ce qui concerne le droit aux fruits de la succession, soit en ce qui touche la charge de prouver la sincérité du testament lorsqu'elle est contestée, des avantages sérieux dont il importe au légataire universel de conserver le bénéfice; — Attendu que l'ordonnance qui refuse à un légataire universel l'envoi en possession qu'il sollicite lui fait un grief incontestable dont il doit avoir le droit de demander la réparation, et que la seule voie qui lui soit ouverte pour cela est celle de l'appel devant une juridiction supérieure;

Au fond: — Attendu que par son testament olographe, du 25 janv. 1881, la demoiselle Fourchard, après avoir fait quelques dispositions à titre particulier, déclare léguer à Mgr l'évêque de Langres *tout le reste de sa fortune ;* — Attendu que cette dernière disposition qui investit l'évêque de Langres de l'universalité des biens composant la succession de la testatrice, sous la simple déduction des objets et valeurs légués à titre particulier, est évidemment un legs universel dans le sens de l'art. 1003 c. civ.; — Attendu qu'aux termes des art. 1006 et 1008 du même code, le légataire universel qui n'est pas en concours avec un héritier à réserve, est saisi de plein droit par la mort du testateur, de tous les biens de la succession, sous la seule condition, lorsque le testament est olographe ou mystique, de se faire envoyer en possession par une ordonnance du président; — Attendu que cet envoi en possession ne saurait être refusé au légataire universel qui est dans les conditions prévues par la loi, alors surtout qu'il n'y a pas d'opposition de la part des héritiers du sang; — Par ces motifs; — Reçoit l'appel émis par l'évêque de Langres, de l'ordonnance rendue sur requête du 17 nov. 1882, par le président du tribunal civil de Langres; — Et statuant au fond; — Réforme; — Dit que l'évêque de Langres est envoyé en possession des biens à lui légués par la demoiselle Fourchard dans son testament ci-dessus rappelé.

Du 11 janv. 1883.-C. de Dijon, 1re ch.-MM. Cantel, 1er pr.-Mairet, av. gén.-Ally, av.

(2) (Pastole C. Commune de Maves.) — LA COUR ; — Sur le moyen unique pris de la violation de l'art. 1003 c. civ. et des règles de la preuve : — Attendu que par le testament du 26 avr. 1869, à la suite de plusieurs libéralités particulières, Turpin dit que si, comme il en a le ferme espoir, elles n'excèdent pas les forces de sa succession, il lègue la somme qui sera disponible, quelle qu'en soit l'importance, à la commune de Maves, pour la reconstruction de l'église de cette commune, et que, suivant le même acte, il institue Pastole son légataire universel, après l'avoir gratifié d'un don de 6000 fr. porté à 18000 fr. par un codicile du lendemain ; — Attendu que, sans rechercher si le legs de la somme éventuellement disponible est universel ou à titre particulier, l'arrêt dénoncé reconnaît et déclare, d'après l'ensemble et l'économie du testament, que le disposant ne laisse nullement percer l'intention d'admettre le légataire universel à concourir avec la commune sur ce qui restera de ses biens après la liquidation de sa succession, et que la qualité de légataire universel conférée à Pastole n'est point incompatible avec les avantages faits à la commune, puisque cette qualité le rend apte à profiter des legs particuliers qui deviendraient caducs; — Attendu que ces constatations de la volonté du testateur sont souveraines; qu'elles suffisaient à la solution du différend qui divisait les parties sur le sens du testament; et qu'étant donnée l'interprétation consacrée par l'arrêt, c'est à bon droit qu'il ordonne que Pastole, après l'acquittement des charges de la succession et des legs particuliers, délivrera le surplus à la commune de Maves; — Rejette, etc.

Du 30 janv. 1878.-Ch. req.-MM. Bédarrides, pr.-Guillemard, rap.-Robinet de Cléry, av. gén., c. conf.-Bellaigue, av.

qui interprète ainsi le testament échappe à la censure de la cour de cassation (Paris, 3 juin 1878, et sur pourvoi, Req. 4 févr. 1879, aff. Marcel, D. P. 79. 1. 220). Jugé, de même, que la clause par laquelle, après avoir fait plusieurs legs particuliers, le testateur dispose en faveur d'un légataire de « tout ce qui reste d'argent, propriété et maison », est souverainement interprétée par les juges du fond, d'après diverses circonstances rapprochées du testament, et principalement d'après les termes et l'économie de cet acte, comme attribuant à ce légataire l'universalité des biens de la succession, y compris les meubles meublants (Req. 10 févr. 1885, aff. Dupuy, D. P. 86. 1. 111).

893. Toutefois, la règle générale que l'on vient de formuler n'ayant pour base que l'intention présumée du testateur devrait nécessairement céder devant la preuve d'une intention contraire. C'est ainsi, et par suite de considérations de fait qu'il a été jugé : 1° que le legs par lequel le testateur déclare, après divers legs particuliers, « laisser une note de son avoir, et que, si la dépense n'absorbe pas tout son avoir, le surplus sera pour telle personne désignée », est un legs particulier et non un legs universel, s'il apparaît par l'économie et l'ensemble du testament, ainsi que par les expressions employées, que l'intention du testateur a été de faire porter uniquement le legs sur des objets nettement déterminés (Civ. cass. 8 janv. 1872, aff. Morin, D. P. 73. 1. 57) ; — 2° Que le legs de « ce qui restera », fait à la suite de legs particuliers, peut, par interprétation de l'ensemble des dispositions testamentaires et de l'intention du testateur, n'être qu'un legs particulier, et non un legs universel (Paris, 2 déc. 1872, aff. Léon, D. P. 73. 2. 116).

C'est cette intention seule qui est à consulter, et le legs peut être suivant les circonstances, considéré comme universel bien qu'il contienne une désignation détaillée des biens légués, ou comme particulier, bien qu'il comprenne en fait la totalité de la succession. Jugé, par exemple, que le legs d'immeubles déterminés dont l'énumération est suivie des mots « enfin de tous les biens dont je n'ai pas disposé », constitue un legs particulier, auquel n'accroissent pas les autres legs immobiliers frappés de caducité, lorsqu'il résulte des termes du testament que par ces expressions le testateur a entendu, non pas ajouter au legs une disposition additionnelle et extensive, mais énoncer simplement le fait que les immeubles qu'il léguait n'étaient point compris dans les autres dispositions du même testament (Civ. rej. 25 avr. 1860, aff. Roux, D. P. 60. 1. 230. V. aussi Douai, 22 juill. 1854, cité au *Rép.* n° 3708). — Mais, à l'inverse, le legs par lequel le testateur, après avoir disposé « de tous ses capitaux, argent comptant et créances de toute nature et de toute espèce », donne « le surplus de ce qu'il possède », est justement qualifié de legs à titre universel, alors même que le testament contiendrait l'énumération des biens légués, si la disposition comprend tous les immeubles du *de cujus*, sauf déduction d'un seul, légué à titre particulier (Nancy, 10 juill. 1880, aff. Circourt, D. P. 82. 1. 375). En effet, l'énumération des immeubles contenue dans le testament n'est pas nécessairement limitative, et les juges du fond, procédant par voie d'interprétation souveraine, peuvent la considérer comme simplement indicative et ne modifiant pas le caractère de la disposition (Req. 12 juill. 1881, même affaire, *ibid.*).

894. Le legs universel fait à un établissement public ou à une commune ne perd pas ce caractère, lorsque l'autorisation de l'accepter n'est accordée que pour une quotité déterminée : il ne se transforme pas, à raison de la restriction attachée à l'autorisation, en un legs à titre universel (Aubry et Rau, t. 7, § 714, p. 466 ; Demolombe, t. 4, n° 602 ; Pont, *Revue critique*, 1853, t. 4, p. 8). En effet, ainsi que l'a fort bien dit la chambre des requêtes, dans un arrêt du 4 déc. 1866 (aff. Fieffé de Liévreville, D. P. 67. 1. 107), aux termes de l'art. 1003 c. civ., le legs universel est la disposition testamentaire par laquelle le testateur donne à une ou plusieurs personnes l'universalité de ses biens ; il suit de cette définition que c'est au testament lui-même qu'il y a lieu de recourir pour reconnaître le véritable caractère de la libéralité qu'il contient. Le décret qui a ultérieurement autorisé l'établissement légataire à accepter le legs fait à son profit pour une portion seulement a bien pu, dans un intérêt public, modifier l'étendue de la libéralité, mais n'a pu en changer le caractère, irrévocablement fixé par les dispositions du testament.

En conséquence, il a été jugé : 1° que le décret impérial qui n'autorise que pour une quote-part l'acceptation du legs universel fait au profit d'une commune ou d'un établissement public n'a pas pour effet de modifier le caractère de ce legs et de le convertir en un legs à titre universel ; que dès lors, s'il n'y a pas d'héritiers à réserve, la commune ou l'établissement public est saisi de plein droit des biens légués, sans avoir besoin d'en demander la délivrance (Amiens, 8 mars 1860, aff. Douilly, D. P. 60. 2. 209 ; Bordeaux, 20 févr. 1865, aff. Fieffé, D. P. 65. 2. 150 ; Req. 4 déc. 1866, aff. Fieffé de Liévreville, D. P. 67. 1. 107) ; ... Et il a droit aux fruits à partir de l'ouverture de la succession (Arrêts précités des 8 mars 1860 et 20 févr. 1865) ; — 2° Que le décret d'autorisation, qui ne permet au bureau de bienfaisance d'accepter que pour les trois quarts le legs universel, n'a pu que diminuer l'émolument de ce legs, mais non changer sa nature, ce qui serait altérer la volonté du testateur ; que le bureau de bienfaisance garde donc, bien qu'avec un émolument réduit, le titre de légataire universel qui lui est attribué par le testament (Lyon, 22 mars 1866, aff. Bourlier, D. P. 66. 2. 84) ; — 3° Que le legs fait par un testateur de tous ses biens meubles et immeubles aux sociétés de secours mutuels du lieu de son domicile, et, dans le cas où ces sociétés ne seraient pas autorisées à recueillir, aux hospices, a, quant à cette dernière disposition aussi bien qu'à l'égard de l'institution directe, le caractère de legs universel ; et que ce caractère n'est pas modifié par le décret d'autorisation qui a attribué les meubles aux sociétés de secours mutuels et les immeubles aux hospices ; que, par suite, en l'absence d'héritiers à réserve, les hospices, de même que les sociétés de secours mutuels, ne sont pas soumis à l'obligation de demander la délivrance (Req. 8 mai 1878, aff. Société de secours mutuels de Lille, sur pourvoi contre Douai, 25 juill. 1877, D. P. 79. 1. 61). — Un arrêt contraire de la cour de Nîmes, du 29 déc. 1862 (aff. Commune de Collorgues, D. P. 65. 2. 152), est demeuré isolé.

Art. 2. — *Droits et obligations du légataire universel* (*Rép.* n°s 3604 à 3696).

§ 1er. — Transmission des biens (*Rép.* n°s 3605 à 3611).

895. Le legs universel, comme tout autre legs, est acquis de plein droit au légataire, dès l'instant du décès du testateur, quand il s'agit d'un legs pur et simple ou d'un legs affecté d'un terme ou d'une condition résolutoire (*Rép.* n° 3616 ; Duranton, t. 9, n° 279 ; Grenier, t. 1, n° 366 ; Demolombe, t. 4, n° 548 ; Aubry et Rau, t. 7, § 717, texte et note 1, p. 473), et dès l'accomplissement de la condition, si le legs est affecté d'une condition suspensive (Aubry et Rau, *ibid.*). Dès cet instant, sauf ce qui sera dit *infrà*, n°s 901 et suiv., relativement à la saisine, le légataire universel devient propriétaire de l'ensemble des biens laissés par le testateur, et ces biens lui appartiennent à titre de légataire universel. Cette qualité n'est d'ailleurs pas exclusive de celle d'héritier acceptant (Rouen, 5 août 1869, aff. Le Ricque, D. P. 71. 2. 4, et sur pourvoi, Req. 17 mai 1870, D. P. 71. 1. 56). En conséquence, l'acceptation de la succession par un légataire universel, en sa qualité d'héritier du sang, pour la portion qui lui est dévolue par la loi, et sous bénéfice d'inventaire, ne peut être considérée comme emportant de sa part renonciation tacite à se prévaloir de l'institution testamentaire ; une telle renonciation ne résulte pas davantage du concours du légataire universel, en la même qualité d'héritier, à la vente du mobilier de la succession, requise par les héritiers naturels (Mêmes arrêts). — Toutefois, si le testateur a institué légataires universels ses héritiers du sang, sa succession est dévolue aux institués en vertu du testament, et non en vertu de la loi ; elle ne peut donc être régie par les règles relatives aux successions *ab intestat*, sans quoi la disposition testamentaire serait complètement inutile ; et comme il est de principe que tous ceux qui sont institués conjointement et sans expression de part succèdent par égales portions, le partage doit s'opérer par tête et non par souche (Bordeaux, 14 juin 1859, aff. Manières, D. P. 59. 2. 201).

896. De l'acquisition immédiate de la succession par le légataire universel, acquisition qui a pour effet d'enlever aux héritiers (sauf au cas de réserve) toute qualité héréditaire, il résulte des conséquences capitales.

D'abord le légataire universel a seul intérêt et, par suite seul droit à faire rentrer dans la succession des valeurs qui ne doivent profiter qu'à lui (*Rép.* n° 3605). Ainsi il n'appartient qu'au légataire universel de demander la nullité des legs particuliers mis à sa charge et qui sont attaqués comme contraires à l'ordre public (*Rép.* n° 3611), ou comme contenant des dispositions secrètes (Civ. rej. 14 déc. 1819, *Rép.* nos 4376-7° et 3478), ou comme faits au profit d'incapables par personnes interposées (Req. 3 mars 1857, aff. de Sauvan, D. P. 57. 1. 198), alors, d'ailleurs, que les legs particuliers n'absorbent pas la totalité de la succession, et que l'institution d'un légataire universel doit être réputée sérieuse (Même arrêt). — De même encore, l'héritier non réservataire n'est pas, à défaut d'intérêt, recevable à demander la nullité d'une donation entre vifs émanée du défunt, par exemple, pour cause de captation, lorsqu'il existe un légataire universel envoyé en possession, qui profiterait seul de cette nullité, et il n'importe qu'il déclare vouloir attaquer le testament, et même qu'il l'ait attaqué plus ou moins sérieusement, la recevabilité de son action en nullité de la donation étant subordonnée à l'annulation préalable du testament (Req. 20 août 1867, aff. Hurres, D. P. 68. 1. 265). Et même l'héritier à réserve, en concours avec un légataire universel de la quotité disponible, n'est pas recevable à demander la nullité des legs particuliers pour cause de captation, cette nullité ne pouvant profiter qu'au légataire universel (Dijon, 5 févr. 1863, aff. Dufour, D. P. 63. 2. 53).

897. Le légataire universel, ayant une vocation générale à toute la succession, est nécessairement saisi de tout ce qui n'a pas été excepté de son legs par le testament (*Rép.* n° 3608). Cette règle paraît applicable au cas où un testateur institue un légataire universel en nue propriété, et néglige de disposer de l'usufruit. Il semble que le légataire universel doive, par suite de cette omission, acquérir la pleine propriété. En effet, aux termes d'un arrêt de la chambre des requêtes du 3 déc. 1872 (aff. Malfre, D. P. 73. 1. 233), le légataire de la nue propriété est appelé à voir nécessairement la jouissance se réunir en ses mains à cette nue propriété; il est donc nécessairement propriétaire de la chose léguée, dès le décès du testateur. Il est immédiatement propriétaire de l'universalité tout entière, sauf l'exercice du droit de l'usufruitier, quand il existe un usufruitier. L'usufruit, en effet, suivant une doctrine qui, depuis les jurisconsultes romains, est admise sans contestation, n'est qu'une simple charge qui ne démembre pas, qui ne fractionne pas cette universalité (Demolombe, t. 4, n° 538). Si donc le testateur n'a pas imposé cette charge au légataire universel et n'a pas disposé de l'usufruit, il réunit dès le jour du décès la jouissance à la nue propriété. — La cour de Douai, le 3 déc. 1875 (aff. Fardouët, D. P. 77. 1. 11), a cependant admis le contraire par des considérations de fait qu'il est intéressant de rapporter: « Attendu, dit l'arrêt, que Dugarin institue Charles Fardouët son légataire universel en nue propriété; que ces expressions excluent par elles-mêmes toute idée de legs universel « en pleine propriété », toute intention de la part de Dugarin de faire jouir Fardouët des biens légués aussitôt le décès; qu'elles expriment, au contraire, de la part du testateur la volonté formelle qu'après sa mort d'autres aient avant Fardouët la jouissance des biens légués en nue propriété à ce dernier; qu'il ressort de là que, dans la volonté du testateur, l'usufruit, qu'il n'entendait pas léguer à Fardouët, et dont il ne disposait, d'ailleurs, au profit d'aucune personne nommément désignée, devait à sa mort appartenir directement à ses successibles suivant les proportions fixées par la loi; — Attendu que, du rapprochement des différentes dispositions de l'acte testamentaire, du texte comme de l'esprit dudit acte, ressort une volonté certaine de la part de Dugarin de préférer, quant à l'usufruit des biens qu'il délaisserait, ses héritiers légaux à son légataire universel ». Le légataire universel s'est pourvu contre cette décision, et son pourvoi a été admis par la chambre des requêtes, sans doute par les raisons de droit que nous avons formulées; mais il a été rejeté par arrêt de la chambre civile, le 9 janv. 1877 (D. P. 77. 1. 11). Cet arrêt est fondé sur ce qu'en décidant que l'usufruit des biens légués à Fardouët appartenait aux héritiers légitimes de Dugarin, l'arrêt attaqué s'était borné à faire une interprétation des dispositions du testament et une constatation de la volonté du testateur, qui, rentrant dans les attributions exclusives des juges du fait, échappent à la censure de la cour de cassation. Ainsi la question dont il s'agit n'a pas été résolue par la cour de cassation.

898. Un arrêt de la chambre des requêtes, du 23 déc. 1868 (aff. Duchemin, D. P. 69. 1. 193), a fait des principes une application plus rigoureuse, en reconnaissant le droit absolu et définitif du légataire universel, à partir du jour du décès, sur tout ce qui n'est pas distrait de son legs par une disposition testamentaire ou judiciaire spéciale. Cet arrêt a jugé que le legs universel, annulé sur la demande d'un seul des colégataires institués dans le même testament, continue de subsister vis-à-vis des autres colégataires, et que, par suite, celui à qui ce legs a été fait conserve le droit de concourir au partage de la succession, sauf à lui à ne pas faire valoir son legs contre le colégataire sur l'action duquel la nullité en a été prononcée; que, dans ce cas, il n'est pas réduit à une action en sous-partage contre les colégataires restés étrangers à la demande en nullité.

899. De même que le légataire universel n'est privé que de ce qui lui est enlevé spécialement, de même tout ce qui, à un titre quelconque, accroît à l'hérédité, lui appartient. Aussi la cour de cassation a-t-elle pu juger (en admettant que la répudiation d'un legs particulier, même d'abord accepté et délivré, rend ce legs caduc, et que la chose léguée rentre dans la succession du défunt), que, lorsque la chose léguée consiste dans une créance de somme d'argent, le légataire universel, investi de cette créance par l'effet de la répudiation du légataire particulier, a qualité pour en réclamer le payement, sans que le débiteur puisse contester la répudiation, un tel droit n'appartenant qu'au légataire universel (Req. 9 août 1859, aff. Bazerque, D. P. 59. 1. 449).

900. Enfin une des applications les plus remarquables du même principe est celle qui consacre la vocation à toute l'hérédité de chacun des colégataires universels, et par suite, le droit d'accroissement entre eux, alors même que le testateur leur aurait assigné des parts. En effet, le legs universel étant, selon l'art. 1003 c. civ., la disposition par laquelle le testateur donne à une ou plusieurs personnes l'universalité des biens qu'il laissera à son décès, il est évident que cette disposition, lorsqu'elle est faite *in solidum* à plusieurs, même avec assignation de parts, leur confère à chacun l'aptitude à recueillir l'hérédité tout entière, puisque sans cela, il n'y aurait plus, contrairement à la volonté du testateur, que des legs de quotités distinctes et absolument séparées, des legs de fractions fixes et invariables, en d'autres termes, des legs à titre universel, et point de legs *in solidum*, point de legs universel (c. civ. art. 1010). Dès lors, du moment où il est reconnu, en fait, d'après la volonté explicitement ou implicitement manifestée par le testateur, que le legs avec partage des biens donnés constitue véritablement un legs universel, il en résulte qu'il y a droit d'accroissement entre les colégataires, sans qu'il y ait à opposer l'art. 1044, qui ne s'applique qu'aux dispositions conjonctives avec assignation de parts dans un legs particulier, ou dans un legs d'une quotité ou d'une espèce de biens (Req. 18 juin 1878, aff. Guégan, D. P. 79. 1. 33. V. dans le même sens: Civ. cass. 19 oct. 1808, 14 mars 1815, 18 déc. 1832, *Rép.* n° 4414; Req. 9 mars 1857, aff. Wyons, D. P. 57. 1. 213; Aix, 17 mars 1858, aff. Nicolas, D. P. 59. 2. 51; 12 févr. 1862, aff. Ogier, D. P. 62. 1. 244; 27 janv. 1868, aff. Rey, D. P. 69. 1. 409; 31 juill. 1876, aff. Houal, D. P. 77. 1. 29. V. aussi Laurent, t. 13, nos 510 et suiv.). — Si la jurisprudence de la chambre des requêtes présente, en petit nombre d'ailleurs, des décisions contraires (Req. 18 mai 1825, *Rép.* n° 251; 19 févr. 1861, aff. Dornier, D. P. 61. 1. 261; 27 mars 1876, aff. Boissier, D. P. 76. 1. 377), cela tient à des circonstances de fait qui n'ébranlent en rien le principe lui-même.

§ 2. — Saisine; demande en délivrance (*Rép.* nos 3612 à 3640).

901. On a exposé au *Rép.* nos 3612 et suiv., le système consacré par le code civil, suivant lequel le légataire universel a ou n'a pas la saisine des biens de la succession, suivant que le testateur n'a point laissé, ou qu'il a, au contraire, laissé des héritiers réservataires. Les explications fournies sur ce point n'ont besoin d'aucun complément.

902. L'obligation de demander la délivrance, lorsqu'il n'a point la saisine, incombe-t-elle au légataire universel, dans le cas même où il est nanti de la possession des objets compris dans son legs? Les premiers commentateurs du code le dispensaient de cette demande, lorsqu'il était en possession (Merlin, *Répertoire*, v° *Légataire*, § 5, n° 7; Delvincourt, t. 2, p. 362; Toullier, t. 5, n° 541; Grenier, *Donations et testaments*, t. 1, n° 30; Coin-Delisle, *Donations et testaments*, sur les art. 1014 et 1015, n° 3); et ce système avait été suivi par la cour de Nîmes, le 5 juin 1838 (*Rép.* n° 3817), par la cour de Limoges, le 5 juin 1846 (aff. Legay, D. P. 49. 2. 88; *Rép.* n° 3631), et par la cour de Rennes, le 20 janv. 1873 (aff. Lebreton, D. P. 76. 2. 17). « Attendu, dit ce dernier arrêt, que la légataire universelle était en possession des meubles et immeubles qui lui ont été légués; que la notification par elle faite aux héritiers qu'elle entendait profiter du bénéfice du legs équivalait, dès lors, à une demande en délivrance, et qu'elle résulte suffisamment du maintien de ses droits au procès. » Mais les auteurs les plus récents (Demolombe, t. 5, n° 618; Aubry et Rau, t. 7, § 718, p. 476; Colmet de Santerre, t. 4, n° 158 *bis*-4°), suivant la doctrine professée, dans l'ancien droit, par Ricard, *Donations entre vifs et testamentaires*, part. 2, chap. 1er, sect. 1re, se sont prononcés pour la nécessité d'une demande en délivrance, et le même système a été adopté par un arrêt de la cour d'Alger, le 19 févr. 1875 (aff. Schwilk, D. P. 77. 2. 83). On fait remarquer en ce sens que, dans le cas où le légataire est demeuré en possession de tous les biens de la succession, sans adresser de demande en délivrance à l'héritier réservataire, rien n'indique que celui-ci, et, après sa mort, ses héritiers, aient connu la situation, et qu'il n'a pu, par conséquent, y avoir de délivrance volontaire ou tacite; que le légataire, nanti d'une possession de fait, n'est pas dispensé de présenter son titre de légataire à l'héritier à réserve, par une demande en délivrance; que, tant qu'il ne l'a pas fait, il demeure, aux termes de l'art. 1005 c. civ., non investi de la jouissance de son legs et sans titre légal pour la perception des fruits, en ce qui concerne l'héritier réservataire. Il paraît difficile, en effet, d'introduire une distinction là où la loi n'en a établi aucune, alors surtout que suivant la remarque faite par MM. Aubry et Rau, t. 7, § 718, note 1, p. 476, la nécessité de la demande en délivrance est une conséquence en quelque sorte forcée de la saisine héréditaire, dont les effets ne peuvent être neutralisés, ni par une disposition du testateur, ni par un fait unilatéral du légataire.

Mais il est évident que la délivrance peut être volontaire de la part de l'héritier (art. 1005), et résulter, par exemple, d'une lettre missive (*Rép.* n° 3637). Elle pourrait même être simplement tacite, et résulter de l'exécution volontaire du legs. C'est ce que l'on admet à l'égard des legs à titre particulier (V. *Rép.* nos 3879 et suiv.), et cette solution doit être étendue à tous les legs, quels qu'ils soient (Comp. Aubry et Rau, t. 7, § 718, p. 478).

903. La demande en délivrance ne peut être régulièrement formée que lorsque le droit du légataire est ouvert. — Ainsi cette demande n'est recevable, s'il s'agit d'un legs subordonné à une condition suspensive, qu'après l'accomplissement de la condition (Aubry et Rau, t. 7, § 718, p. 479).

904. Il en faut dire autant, en principe, du legs fait à une commune ou à un établissement public, et, comme tel, soumis à une autorisation du Gouvernement (Aubry et Rau, t. 7, § 718, texte et note 13, p. 479); car la cour de Bordeaux, le 9 mars 1859 (aff. Fieffé de Liévreville, D. P. 59. 2. 220) a fort bien montré qu'un tel legs n'est pas pur et simple; qu'il est subordonné à l'autorisation du Gouvernement, c'est-à-dire à un événement futur et incertain, ce qui, aux termes de l'art. 1181 c. civ., est le caractère de la condition suspensive; que cette condition, écrite dans la loi, et qui touche à la capacité du légataire, n'a pas moins de force que si elle était écrite dans le testament; que ce n'est pas seulement l'exercice du droit qui est suspendu, c'est le droit lui-même, puisque, si l'autorisation est refusée, le droit s'évanouit. Il en résulte que jusqu'à l'autorisation la propriété des biens légués appartient non pas à l'établissement légataire, mais à l'héritier légitime; il semble donc juridique d'en conclure que les droits de mutation sont dus par celui-ci (V. cependant en sens contraire : Trib. Valence, 29 mai 1873) (1).

D'ailleurs, comme les communes, les départements ou les établissements publics ont reçu de la loi la faculté d'accepter provisoirement, à titre conservatoire, les legs faits en leur faveur (L. 18 juill. 1837, art. 48, *Rép.* v° *Commune*, n° 2409; 27 janv. 1851, D. P. 51. 4. 154; 10 août 1871, D. P. 71. 4. 102), on les admet, par analogie, à former au même titre, une demande en délivrance, dont les effets définitifs, quoique subordonnés à l'autorisation du gouvernement, rétroagissent, si l'autorisation est accordée au jour où cette demande a été introduite (Aubry et Rau, t. 7, § 718, note 14, p. 479). Aujourd'hui, d'ailleurs, toute difficulté a disparu sur ce point, depuis que la loi du 5 avr. 1884 sur l'organisation municipale, déclare (art. 113) que « le maire

(1) (Baï C. Enregistrement.) — LE TRIBUNAL; — Attendu que le chanoine Baï est décédé à Valence, le 24 sept. 1867, sans avoir d'héritier réservataire, laissant un testament olographe, en date du 4 sept. 1867, aux termes duquel il institue sa parente, la dame Baï (en religion sœur Laurentia), légataire universelle de tous ses biens; et, entre autres dispositions, lègue au petit séminaire de Valence une maison sise à Valence, pour le petit séminaire en prendre possession après le décès de ladite dame Baï; — Attendu que dans sa déclaration de succession, en date du 25 oct. 1867, la dame Baï n'a acquitté les droits de succession que pour la jouissance de la maison dont la nue propriété est léguée au petit séminaire, et non les droits de succession sur cette nue propriété, montant à 297 fr. 85 cent.; — Attendu que l'administration de l'enregistrement soutient que le petit séminaire n'ayant pas encore été autorisé à accepter, il y a lieu de réclamer cette somme à la dame Baï; et qu'il a été décerné contrainte contre elle pour le payement de ces 297 fr. 85 cent., à la date du 3 avr. 1869; — Attendu que par acte du 24 avr. 1869, la dame Baï a formé opposition à cette contrainte, soutenant qu'elle ne devait pas cette somme, et qu'il y a lieu d'examiner le mérite de cette opposition; — Attendu que la dame Baï s'appuie avec raison sur l'art. 32 de la loi du 22 frim. an 7, l'art. 1016 c. civ., et la loi du 18 avr. 1831, car ces articles de loi sont positifs et ne peuvent laisser aucun doute sur leur interprétation; ils disent de la manière la plus explicite que chaque legs peut être enregistré séparément; que chaque légataire doit payer les droits afférents à son legs; que les legs faits aux établissements publics doivent être soumis aux droits proportionnels d'enregistrement établis par la loi et n'établissent aucune solidarité entre le légataire particulier et l'héritier ou légataire universel; ils ne font aucune distinction entre les legs faits aux établissements publics et ceux faits à des particuliers; — Attendu que l'administration de l'enregistrement reconnaît bien que s'il s'agissait d'un legs pur et simple, d'un corps certain et déterminé, les droits devraient être payés par le légataire, celui-ci étant censé propriétaire de l'objet du legs à partir du jour de la mort du testateur; mais qu'il s'agit ici non d'un legs pur et simple, mais d'un legs conditionnel, catégorie dans laquelle se trouvent, du reste, tous les legs faits aux établissements publics; et il n'est contesté par personne que, dans le cas de legs conditionnel, les droits de mutation doivent être acquittés par l'héritier, et, non par le légataire; en effet, dit l'administration, l'art. 910 c. civ. dispose que le legs fait à un établissement public n'a d'effet qu'autant que l'acceptation est autorisée par le gouvernement; il y a là forcément une condition suspensive, puisque le droit de l'établissement légataire est subordonné à l'accomplissement de la condition de l'autorisation gouvernementale; il est par là même suspendu et incertain dans la réalisation définitive de son existence; — Attendu que toute la question se résout ainsi, à savoir : si le legs fait à un établissement public est par là même conditionnel, alors que le testateur n'a stipulé aucune condition; — Attendu qu'on ne peut dire qu'un semblable legs soit conditionnel dans le sens de la loi, car, dans le legs conditionnel, il s'agit d'un événement prévu par le testateur, qui a voulu que le legs ait lieu ou n'ait pas lieu, suivant que cet événement se réalisera ou ne se réalisera pas; il s'agit de la nature du legs en lui-même, et non d'une condition mise à son acceptation, autrement tout legs étant toujours soumis à la condition de l'acceptation du légataire devrait être considéré comme conditionnel, si l'on admettait le système de l'enregistrement; et, peu importe que le légataire se détermine par lui-même à accepter ou à refuser, ou qu'il soit obligé de demander le consentement d'une autre personne, ou même de subir sa volonté; car cette obligation ne change rien à la nature du legs, et de pur et simple ne le transforme pas en legs condi-

peut toujours, à titre conservatoire, accepter les dons et legs et *former avant l'autorisation toute demande en délivrance* ». Ce texte, formel en ce qui touche les communes, fournit désormais pour les autres personnes morales soumises au même régime un argument d'analogie décisif.

905. Quant aux effets de la demande en délivrance, qui sont réglés par l'art. 1005, V. *Rép.* n°s 3629 et suiv.

906. Le légataire universel déclaré indigne est-il réputé, néanmoins, avoir eu la saisine? La question a de l'intérêt, notamment, dans le legs où le testateur a substitué vulgairement une autre personne au légataire pour le cas où celui-ci ne recueillerait pas la succession. Si on la résout affirmativement, c'est aux héritiers légitimes que profitera la déclaration d'indignité; dans le cas contraire, il y aura ouverture à la substitution. Un arrêt de la chambre des requêtes, du 22 juin 1847 (aff. Gouthey, D. P. 47. 1. 200, cité au *Rép.* n° 3530, et v° *Succession*, n° 157), a consacré la première solution. — Cette question, qui peut également s'élever à l'égard des héritiers *ab intestat*, se rattache plutôt à la matière de l'indignité; on y reviendra *infrà*, v° *Succession*.

907. Le légataire universel qui, à raison d'un recel ou divertissement, a été privé, par application de l'art. 792 c. civ., de sa part dans certains titres dépendant de la succession, cesse d'être légalement saisi de ces titres; et, par suite, il a été jugé qu'il est sans qualité pour faire réduire, jusqu'à concurrence de la quote-part qui doit appartenir à l'opposant dans les valeurs détournées, l'effet de l'opposition formée, pour sûreté de ces valeurs, par un des successeurs *ab intestat*, notamment par l'enfant naturel du *de cujus* (Req. 20 nov. 1872, aff. Alibert, D. P. 73. 1. 256).

908. Indépendamment de la saisine qu'il tient de la nature même de son legs, le légataire universel peut, en certains cas, recevoir une sorte de saisine accessoire, si le testateur l'a chargé spécialement de conserver le montant d'un legs fait à un tiers jusqu'à une époque déterminée, par exemple, jusqu'à la majorité de ce tiers. Ce point avait été contesté, à raison de l'art. 1026 c. civ. qui interdit au testateur de prolonger la saisine de l'exécuteur testamentaire au delà de l'an et jour. Mais la chambre des requêtes, dans un arrêt du 30 mai 1881 (aff. Trésy, D. P. 82. 1. 22), a écarté cette objection, et jugé que, quelle que soit la qualité du légataire, lorsque le testateur l'a chargé spécialement de conserver le montant d'un legs fait à un tiers jusqu'à une époque déterminée, ce légataire est fondé à retenir ce legs jusqu'à cette date en vertu du mandat qu'il a reçu, sans qu'il y ait violation des règles relatives à la saisine soit de l'exécuteur testamentaire, soit du légataire universel.

909. Si le légataire universel est une personne morale qui ait besoin d'une autorisation pour accepter le legs, quel est l'effet, en ce qui touche la saisine, de cette situation de droit particulière? Nous avons déjà démontré, *suprà*, n° 904, avec la cour de Bordeaux (Arrêt du 9 mars 1859, aff. Fieffé de Lièvreville, D. P. 59. 2. 220) que la nécessité de cette autorisation fait du legs écrit au profit d'une telle personne un véritable legs conditionnel. Mais ce droit conditionnel n'est pas un droit résoluble; « car, s'il n'était soumis qu'à une condition résolutoire, les communes en auraient provisoirement, conformément à la disposition finale de l'art. 1183 c. civ., le plein exercice: elles pourraient accepter les donations qui leur sont faites, se mettre en possession des successions dont elles seraient saisies par un legs universel, demander la délivrance des legs particuliers, et n'auraient pas eu besoin du secours qui leur a été accordé par l'art. 48 de la loi du 18 juill. 1837 » (Arrêt précité du 9 mars 1859). C'est donc bien là, ainsi que le dit cet arrêt, une condition suspensive. Or, en cas de legs universel fait sous condition suspensive, l'héritier légitime reste, jusqu'à l'événement de la condition, saisi de l'hérédité (Troplong, t. 4, n° 1815; Demolombe, t. 4, n° 561; Aubry et Rau, t. 7, § 720, p. 483). En conséquence, jusqu'à l'obtention de l'autorisation, la saisine appartient non à la commune, mais aux héritiers légitimes (Même arrêt; Civ. rej. 7 juill. 1868, aff. Bourlier, D. P. 68. 1. 446). Mais la condition légale d'autorisation, une fois accomplie, a un effet rétroactif au jour où le droit a pris naissance, en sorte que, dans ce cas, le légataire universel est bien fondé à réclamer les fruits de son legs depuis le décès du testateur (Même arrêt du 7 juill. 1868).

910. Une remarque s'impose à propos de la même hypothèse, c'est que la restriction de l'autorisation à une fraction seulement du legs universel est sans effet relativement à la saisine. En effet, suivant la remarque que nous avons faite *suprà*, n° 894, cette restriction n'a pas pour effet de réduire le legs universel au rang d'un legs à titre universel. Or, en l'absence d'héritiers à réserve, tout legs universel saisit le légataire. C'est ce qui a été jugé par plusieurs arrêts (Amiens, 8 mars 1860, aff. Douilly, D. P. 60. 2. 209; Bordeaux, 20 févr. 1865, aff. Fieffé, D. P. 65. 2. 150, et sur pourvoi, Req. 4 déc. 1866, D. P. 67. 1. 107; Lyon, 22 mars 1866, aff. Bourlier, D. P. 66. 2. 84, et sur pourvoi, Civ. rej. 7 juill. 1868, D. P. 68. 1. 446; Req. 8 mai 1878, aff. Société de secours mutuels de Lille, D. P. 79. 1. 61). Il n'y a là que l'application de ce principe général, qu'il faut considérer, pour définir un legs, non l'émolument de ce legs, mais son caractère juridique (V. *suprà*, n°s 885 et suiv.).

§ 3. — Présentation du testament au président (*Rép.* n°s 3641 à 3645).

911. V. *Rép.* n°s 3641 et suiv.

§ 4. — Envoi en possession (*Rép.* n°s 3646 à 3677).

912. Les règles posées ci-dessus relativement à la saisine légale s'appliquent à tous les legs universels, quelle qu'en soit l'origine. Mais cette saisine légale n'entraîne pas toujours la saisine de fait: il n'en est ainsi que dans le cas où le legs universel résulte d'un testament par acte public; si le testament est olographe ou mystique, le légataire universel est tenu de se faire envoyer en possession par une ordonnance du président mise au bas d'une requête à laquelle est joint l'acte de dépôt (art. 1008) (*Rép.* n° 3646). Cet envoi en possession, pour emprunter les expressions d'un arrêt de la cour de Paris du 26 mars 1884 (aff. Depuille, D. P. 85. 2. 158), n'a pour but et pour effet que de convertir en saisine de fait la saisine légale accordée par l'art. 1006 c. civ. au légataire universel qui ne se trouve pas en présence d'héritiers à réserve, lorsque le titre qui l'institue n'offre ni les garanties, ni la force exécutoire d'un testament authentique.

913. Quand peut être demandé l'envoi en possession? — Du texte même de l'art. 1008 il résulte que ce ne peut être qu'après le dépôt du testament aux minutes d'un notaire, puisque la requête d'envoi en possession doit être accompagnée de l'acte de dépôt.

Mais quand le legs est soumis à l'autorisation administrative, l'établissement légataire est-il tenu d'attendre, pour demander l'envoi en possession, que cette autorisation soit

---

tionnel. Les legs faits aux incapables peuvent être purs et simples, quoiqu'ils ne puissent accepter sans le consentement d'autrui; c'est ainsi que le legs fait au mineur ne pourra être accepté sans l'autorisation de son conseil de famille; que le legs fait à la femme mariée ne pourra être accepté par elle qu'avec l'autorisation de son mari ou de la justice. Dans ce dernier cas surtout, il y a identité de situation entre la femme mariée et l'établissement public; le mari, dans un intérêt de haute moralité, sera juge du point de savoir si la femme peut accepter, de même que l'État, dans un but de haut intérêt public, sera juge du point de savoir si l'établissement public peut accepter; cependant, personne ne peut soutenir que le legs fait à une femme mariée soit par là même conditionnel; — Attendu que, dans une circulaire aux préfets, prise d'accord avec le ministre des finances, en date du 11 déc. 1829, le ministre de l'intérieur reconnait implicitement que les établissements publics doivent seuls acquitter les droits de mutation et que, bien que cette circulaire ne puisse constater un titre légal, elle n'en doit pas moins être prise en sérieuse considération, puisqu'elle montre l'interprétation que l'État, c'est-à-dire le créancier du droit de mutation, donne à la loi; — Attendu enfin que c'est inexactement que l'enregistrement soutient qu'en cas de non-payement des droits par l'établissement public, on pourrait lui opposer la prescription biennale, car la prescription ne court contre le créancier qui a accordé un terme, qu'à partir du jour de l'expiration de ce terme; — Par ces motifs, etc.

Du 29 mai 1873.-Trib. de Valence.

survenue? En aucune façon, ainsi que nous l'avons dit au *Rép.* n° 3662, conformément à un arrêt de la cour de Riom du 16 mai 1850 (aff. Gony, D. P. 52. 2. 130). Et la chambre des requêtes, le 12 déc. 1871 (aff. Mahé de la Villeglé, D. P. 71. 1. 301), se fondant sur ce qu'aux termes des art. 48 de la loi du 18 juill. 1837, 11 de la loi du 13 août 1851, et 5 de l'ordonnance du 2 avr. 1817, la commission administrative des hospices qui ont été institués légataires universels par un testament olographe, a le droit de provoquer toutes les mesures conservatoires propres à assurer la pleine et entière efficacité du legs aussitôt que l'autorisation du Gouvernement interviendra, a déclaré pleinement valable un envoi en possession accordé, à titre conservatoire, à un hospice, attendu que cet envoi en possession, à titre conservatoire, était subordonné, quant à ses effets, à l'autorisation du Gouvernement d'accepter le legs universel; qu'il avait pour but d'assurer, en cas d'autorisation, tous les effets de la saisine de plein droit accordée par l'art. 1006 du même code, et notamment, la perception des fruits à compter du jour du décès du testateur (V. en ce sens Aubry et Rau, t. 7, § 710, p. 445). Ce droit pour les établissements publics de demander un envoi en possession à titre conservatoire n'est que l'application, en ce qui les concerne, du principe général commun à tous les légataires universels, qui leur permet de requérir, avant d'avoir été envoyés en possession, toutes mesures conservatoires utiles, par exemple, la nomination d'un administrateur provisoire de la succession litigieuse entre eux et les héritiers du sang (Paris, 18 nov. 1871, aff. Vallienne, D. P. 72. 2. 69).

914. Qui est compétent pour statuer sur la demande d'envoi en possession? — C'est, dit l'art. 1008, le président du tribunal. Et l'on en doit conclure, comme on l'a fait au *Rép.* n° 3650, que le président est ici investi d'une juridiction personnelle non susceptible de délégation; que, par suite, il ne peut renvoyer les parties devant le tribunal (Aubry et Rau, t. 7, § 710, texte et note 7, p. 445). Toutefois, au moins dans l'opinion qui considère l'ordonnance du président comme susceptible d'appel (V. *infrà*, n° 922), si le président a refusé l'envoi en possession, la cour d'appel serait compétente pour envoyer le légataire en possession, par infirmation de l'ordonnance (Grenoble, 26 sept. 1857, aff. Marie Vespe, D. P. 58. 2. 160; Nancy, 3 févr. 1870, aff. Remy, D. P. 70. 2. 113).

915. Quel est le président compétent pour ordonner l'envoi en possession? — Nous avons dit au *Rép.* n° 3649 que c'est celui du tribunal du lieu où la succession s'est ouverte (V. conf. Aubry et Rau, t. 7, § 710, p. 445; Dijon, 25 mars 1870, aff. Courtalon, D. P. 74. 5. 305; Riom, 29 nov. 1879, aff. Rouger, D. P. 81. 2. 69), c'est-à-dire le tribunal du domicile du défunt. Et cette compétence exclut celle du président du tribunal du lieu où le testateur aurait eu une résidence distincte de son domicile (Rennes, 19 sept. 1870, aff. Mahé de la Villeglé, D. P. 71. 1. 301), et, à plus forte raison, celle de tout autre magistrat, à peine de nullité (Aubry et Rau, *ibid.*). Il importerait même peu que les formalités antérieures à l'envoi en possession eussent été accomplies devant un autre tribunal. Jugé en ce sens : 1° que l'ordonnance d'envoi en possession rendue par le président du tribunal du lieu de l'ouverture de la succession est valable, encore que l'ordonnance d'ouverture et de dépôt du testament olographe en vertu de laquelle cet envoi a eu lieu, émanerait du président du tribunal d'un autre siège, contrairement à la disposition de l'art. 1007, si cette dernière n'a point été attaquée (Req. 22 févr. 1847, aff. Colombeaud, D. P. 47. 1. 141); — 2° Que lorsque le dépôt d'un testament olographe dans les minutes d'un notaire a été prescrit par le président d'un tribunal autre que celui du lieu de l'ouverture de la succession, l'envoi en possession du légataire universel institué par ce testament est régulièrement demandé devant le président du tribunal de ce dernier lieu, sur la simple production d'une expédition du testament ainsi déposé; et que cet envoi en possession ne peut, dès lors, être refusé, sur le motif que l'original même du testament ne serait pas représenté (Nancy, 18 juin 1869, aff. Tisserant, D. P. 70. 2. 113-114; 19 mai 1883, aff. Chatelain, D. P. 84. 2. 67); — 3° Que le président du tribunal du domicile du testateur est compétent pour ordonner cet envoi en possession, alors même qu'une ordonnance antérieure du président du tribunal de sa résidence a prescrit le dépôt d'un des testaments en l'étude d'un notaire, la levée des scellés, la confection de l'inventaire, et a nommé un notaire pour représenter les intéressés non présents (Rennes, 19 sept. 1870, aff. Mahé de la Villeglé, D. P. 71. 1. 301).

916. Le président devant statuer *cognita causa*, sur quels points doit porter son examen? — Nous avons formulé au *Rép.* n° 3653 une distinction qui est aujourd'hui universellement admise: le juge n'a le droit de refuser l'envoi en possession que dans le cas où le testament olographe produit devant lui est affecté d'un vice de forme. Si, au contraire, le vice allégué ne se rapporte pas à la forme *extérieure* du testament et constitue un vice *intrinsèque*, l'envoi en possession est obligatoire, sauf l'exercice, devant les tribunaux, de l'action en nullité. La mission du président, disent MM. Aubry et Rau, t. 7, § 710, notes 8 et 9, p. 445 et 446, se borne, en général, à examiner si le testament a été régulièrement déposé, s'il est fait dans la forme prescrite par la loi, s'il renferme un legs universel, enfin, s'il n'existe pas d'héritiers à réserve. Suivant qu'il s'élève ou non, sous ces divers rapports, des objections sérieuses contre la demande, il doit, ou la rejeter, même en l'absence de toute opposition, ou accorder l'envoi en possession, sans égard à l'opposition que les héritiers *ab intestat* pourraient y avoir formée; si les héritiers s'opposaient à l'exécution du testament olographe, en contestant formellement la signature ou l'écriture du testateur ou le caractère universel du legs, le président pourrait, suivant les circonstances, et en appréciant le caractère plus ou moins sérieux de la contestation, refuser ou accorder l'envoi en possession (Troplong, t. 3, n° 1500. Comp. Poitiers, 5 mars 1856, aff. Cottenceau, D. P. 56. 2. 143). — Jugé à cet égard : 1° que l'envoi en possession d'un legs universel dans le cas prévu par l'art. 1008 c. civ. est subordonné à la production d'un testament ayant une existence légale; que, par suite, le juge peut refuser de rendre une ordonnance d'envoi en possession demandée en vertu d'une pièce qui ne lui paraît pas suffisamment justifier l'institution d'héritier ou de légataire universel; et que, spécialement, cet envoi en possession peut être refusé, lorsque la sincérité de l'écriture du testament produit est déniée par les héritiers légitimes, et que l'offre de preuve faite par le prétendu légataire, pour démontrer que l'acte invoqué émane bien du testateur, n'est pas concluante (Req. 27 mai 1856, aff. Quatrefages du Fesq, D. P. 56. 1. 249); — 2° Qu'il ne suffit pas que l'écriture d'un testament olographe, contenant institution d'un légataire universel, soit vaguement déniée par les héritiers légitimes, pour que le président du tribunal doive refuser l'envoi en possession à ce légataire; que le président n'a ce droit que dans le cas où la dénégation d'écriture lui paraît avoir un caractère réel de gravité; mais que, pour faire cette appréciation, il ne peut pas entrer dans l'examen de la valeur intrinsèque du testament, et doit se borner à constater l'apparence du droit du légataire ou des héritiers (Agen, 26 août 1856, aff. Pérès, D. P. 56. 2. 296); — 3° Que le président du tribunal civil, investi par l'art. 1008 du droit d'envoyer en possession de son legs le légataire universel institué par testament olographe, est compétent pour examiner, en cas de contestation, si le legs dont l'envoi en possession est réclamé devant lui, a ou n'a pas le caractère d'un legs universel; sauf aux parties à reproduire devant les tribunaux leur contestation, que l'ordonnance purement provisoire du président n'a pu ni juger, ni même préjuger (Req. 26 nov. 1856, aff. Béguin de Porcheresse, D. P. 56. 1. 429); — 4° Que le président du tribunal civil, saisi de la demande d'envoi en possession d'un legs universel résultant d'un testament olographe, est compétent pour examiner si la disposition testamentaire produite devant lui constitue un legs universel, et est, dès lors, susceptible de cet envoi en possession; mais que sa déclaration, à cet égard, doit être formulée dans les *motifs* et non dans le *dispositif* de l'ordonnance, à peine de nullité (Nancy, 3 févr. 1870, aff. Remy, D. P. 70. 2. 113); — 5° Que le président ne doit rejeter la demande d'envoi en possession formée par un légataire universel qu'autant qu'il existe des doutes sérieux sur la validité du testament; et qu'il ne doit pas tenir compte de simples dénégations d'écriture et de signature qui ne s'appuient sur aucune raison plausible

(Caen, 7 mars 1873, aff. Boutin, D. P. 75. 2. 137); — 6° Que l'art. 1008 c. civ. laisse au magistrat auquel l'envoi en possession est demandé par un légataire universel la faculté de refuser cet envoi, lorsqu'une contestation d'une gravité suffisante est soulevée sur le droit du demandeur, notamment, quand la sincérité du testament est mise en question (Poitiers, 17 mars 1880, aff. Bouchet, D. P. 82. 2. 36); — 7° Que l'opposition formée par des héritiers non réservataires à l'envoi en possession d'un légataire universel, institué par testament olographe, n'est recevable qu'autant qu'elle s'appuie sur des faits précis de nature à faire supposer que le testament est infecté de vices extrinsèques ou intrinsèques, ou que la disposition qu'il contient n'a pas le caractère d'un legs universel; qu'elle ne saurait être admise, lorsque les héritiers du sang se bornent à méconnaître l'écriture et la signature du testament en se réservant de demander la nullité du testament pour cause de captation et suggestion, au cas où il serait reconnu être l'œuvre du testateur (Rouen, 23 mars 1880, aff. Avollée, D. P. 81. 2. 139).

917. L'ordonnance du président, qui accorde ou refuse l'envoi en possession, est-elle susceptible de recours? — Ainsi qu'on l'a vu au *Rép.* n° 3664, il est peu de questions plus controversées. Tandis que d'aucuns refusent en ce cas un recours quelconque, d'autres, au contraire, proposent les recours les plus variés, l'opposition devant le tribunal, l'appel, le recours en cassation, le référé, l'opposition devant le président.

918. On a proposé le *recours devant le tribunal* auquel appartient le président (V. notamment : Besançon, 26 févr. 1868, aff. Coquard, D. P. 68. 2. 92), par analogie avec les art. 192 et 1028 c. proc. civ., qui instituent un semblable recours en matière de restitution des pièces confiées à un avoué, et en matière d'arbitrage. Sans même rechercher si ces articles ont bien, dans leur domaine, la portée qu'on leur prête, il nous suffira de remarquer que ce sont là des dispositions exceptionnelles qu'il est interdit d'étendre. C'est un point constant que, dans notre organisation judiciaire, le tribunal n'a aucun pouvoir de revision sur les actes du magistrat qui le préside (Paris, 6 janv. 1866, aff. Gibiat, D. P. 66. 2. 25, et sur pourvoi, Civ. rej. 26 nov. 1867, D. P. 67. 1. 473); il y aurait même là une incompétence qui pourrait être proposée en tout état de cause, et même d'office (Aix, 3 mars 1871, aff. Tomicich, D. P. 72. 2. 41); car il serait aussi contraire à la dignité de la justice qu'à l'ordre des juridictions qu'un tribunal pût être rendu juge des actes du magistrat placé à sa tête (Arrêt précité du 26 nov. 1867). — Cette réfutation suffit, et il n'est pas besoin de chercher un argument dans l'art. 809 c. proc. civ., d'après lequel les ordonnances de référé ne sont pas susceptibles d'opposition et ne peuvent être attaquées que par la voie de l'appel. Si l'on en croit la savante étude de M. le président Bazot, insérée dans la *Revue critique*, 1875, p. 249, « rien n'établit mieux que la juridiction du président n'est pas subordonnée à celle du tribunal. S'il était possible que le tribunal pût jamais réformer les appréciations de son président, qu'il constituât vis-à-vis de ce magistrat une juridiction supérieure, se comprendrait-il que le législateur eût obligé les parties à porter au loin et à grands frais l'appel des ordonnances de référé, alors qu'elles avaient près d'elles une juridiction investie de pouvoirs suffisants? » C'est là un argument d'analogie, qui, puisé dans la matière des ordonnances de référé, nous paraît sans application aux ordonnances sur requête.

919. D'après un autre système, consacré par de nombreux arrêts, les ordonnances sur requête peuvent être attaquées par la voie du référé introduit devant le président, conformément aux art. 806 et suiv. c. proc. civ., du moins quand la réserve du référé a été exprimée dans l'ordonnance, et même, selon quelques arrêts, quand elle ne l'a pas été. Le président peut, non seulement modifier, mais aussi, d'après la jurisprudence dominante, rapporter la première ordonnance, et la seconde ordonnance ainsi rendue est susceptible d'appel par application de l'art. 809 c. proc. civ. (Req. 24 avr. 1844, *Rép.* n° 3670; 16 mai 1860, aff. Torillon, D. P. 60. 1. 432; Paris, 16 juin 1866, aff. Roux, D. P. 67. 2. 159; 6 août 1866, aff. Dutour, et 23 mars 1867, aff. Mazoyer, D. P. 67. 2. 65; Alger, 19 nov. 1870, aff. Chamaouni, D. P. 75. 2. 108; 29 avr. 1872, aff. Trabet, D. P. 72. 2. 227; et les renvois des notes). M. Bertin a consacré tout un ouvrage au développement de ce système (*Des ordonnances sur requête*. V. aussi *le Droit* des 12-13 juill. 1875), et M. le président Bazot s'y est associé dans l'article déjà cité de la *Revue critique* (V. *suprà*, n° 918). — Ce système a pour lui des avantages incontestables d'utilité; il prête moins que le précédent au grave reproche de créer un recours qui n'est pas écrit dans la loi. Sans doute, le recours par voie de référé contre une ordonnance sur requête n'est pas plus consacré que les autres par le code de procédure; mais est-il autre chose que l'exercice pur et simple du droit du président? Saisi d'une requête, le président a bien évidemment un entier pouvoir d'appréciation : il peut admettre la requête, il peut la rejeter; pourquoi ne pourrait-il pas, par un moyen terme, réserver sa solution définitive jusqu'après des explications contradictoires qui lui seront apportées par voie de référé? — Mais, quelle que soit la régularité de cette procédure en général, il n'en demeure pas moins que dans le cas particulier l'on réforme ainsi une ordonnance contre laquelle la loi n'a établi aucun mode de réformation, et que les auteurs dont nous étudions le système n'ont pu légitimer cette pratique que par une distinction très subtile, et qui consiste à séparer l'ordonnance de la mesure qu'elle autorise. Quant à l'ordonnance, il n'y a, et il n'est pas utile qu'il y ait aucun recours; quant à la mesure autorisée, sa légitimité et son opportunité peuvent être contestées soit par action principale devant le tribunal, soit, en cas d'urgence, par référé introduit devant le président. Telle est la distinction que pose M. Bertin, *op. cit.*, n°s 123 et suiv., et qu'il justifie ainsi : « L'erreur des anciens systèmes, dit-il en substance, a été de croire que l'ordonnance sur requête, qui est de sa nature un acte d'administration, produit les effets que produirait un acte de juridiction, qu'elle confère les mêmes droits, qu'elle protège avec la même efficacité les mesures qu'elle autorise. On a cru et on croit encore que, lorsque le président statue sur requête, il constate l'existence d'un *droit* et ordonne la mise à exécution de ce droit. Et cette croyance a eu pour résultat nécessaire l'opinion suivant laquelle l'ordonnance sur requête est intimement liée à la mesure autorisée, et la conviction qu'il est impossible d'attaquer cette mesure sans attaquer en même temps l'ordonnance. Mais il n'en est rien. L'ordonnance sur requête n'est pas une *décision*. Elle ne juge ni ne préjuge rien; elle n'apprécie pas même provisoirement les droits du requérant, et ne lui confère pas, en conséquence, même à titre provisoire, le droit de mise à exécution. Que fait-elle donc? Une seule chose : elle permet à celui qui ne pouvait pas agir d'agir régulièrement, et elle rend ainsi valable, *en la forme*, un acte qui, autrement, n'aurait pas pu se produire, ou qui, s'il s'était produit en l'absence d'autorisation, aurait été nul. Mais cette autorisation, accordée aux risques et périls de l'impétrant, et sous la réserve implicite des droits des tiers, n'imprime pas le sceau du droit à la mesure autorisée; elle lui laisse le caractère d'un *simple fait* dont la légitimité peut être contestée par toutes les voies de recours, ordinaires et extraordinaires. » Quant à M. le président Bazot, *op. cit.*, p. 343 et 346, il formule ainsi la même distinction : « Ici encore (c'est-à-dire quand la mesure est rétractée par une ordonnance de référé), ce n'est pas l'ordonnance qui est attaquée et qu'on réforme; *elle aura produit son effet propre*, mais elle tombera de soi-même devant un jugement qui est entré dans une appréciation plus intime du litige, sans cependant le trancher définitivement et au fond »; et plus loin, p. 346 : « Le tiers qui sera gêné par la mesure conservatoire intentera à son choix ou l'action principale, ou un référé. Il obtiendra ainsi, par des voies régulières et même rapides, une décision soit sur le fond, soit sur le provisoire. L'ordonnance sur requête n'aura pas été attaquée; *elle aura produit son effet*, et la mesure discrétionnaire disparaîtra devant une décision destinée à la remplacer ».

920. Les deux systèmes qui précèdent encourent, l'un et l'autre, le reproche commun de créer la loi, au lieu de l'appliquer; aussi aucun d'eux n'est-il entré dans la pratique journalière. Les solutions véritablement pratiques sont celles qui tentent d'appliquer à notre espèce les voies de recours instituées par le code de procédure, c'est-à-dire l'opposition et l'appel, et qu'il nous reste à examiner.

921. Le système de l'opposition formée devant le président même qui a rendu l'ordonnance sur requête a été énergiquement soutenu par M. B. Cazalens dans une dissertation insérée D. P. 75. 2. 73 et suiv. Il a eu peu d'écho dans la jurisprudence (V. cependant en faveur du droit d'opposition, outre les arrêts cités au *Rép.* n° 3664 : Gand, 28 mars 1856, *Journal des avoués*, t. 81, p. 589 ; Besançon, 3 (ou 5) mai 1869, aff. Guillaume, D. P. 69. 2. 163 ; Agen, 7 juill. 1869, aff. Désangles, D. P. 75. 2. 105, note. V. en sens contraire : Agen, 11 déc. 1850, aff. Pommès, D. P. 51. 2. 54 ; Bordeaux, 6 mai 1863, aff. Fieffé de Lièvreville, D. P. 63. 2. 178).

922. Quant au système de l'appel, il réunit les autorités les plus graves (A celles qui ont été citées au *Rép.* n° 3664, il y a lieu d'ajouter : Roland de Villargues, *Répertoire*, v° *Juridictions*, n° 17 ; Marcadé, *Explication théorique et pratique du code civil*, sur l'art. 1008, n° 1, et les arrêts suivants : Grenoble, 26 sept. 1857, aff. Vespe, D. P. 58. 2. 160 ; Besançon, 26 févr. 1868, aff. Coquard, D. P. 68. 2. 92 ; Nancy, 18 juin 1869, aff. Tisserant, et 3 févr. 1870, aff. Rémy, D. P. 70. 2. 113-114 ; Caen, 7 mars 1873, aff. Boutin, D. P. 75. 2. 137 ; Limoges, 3 janv. 1881 (1) ; Dijon, 11 janv. 1883, *suprà*, n° 891 ; Nancy, 19 mai 1883, aff. Chatelain, D. P. 84. 2. 67). — Jugé que l'appel est régulièrement interjeté par voie d'ajournement notifié à l'héritier légitime, alors même que celui-ci n'a pas été mis en cause devant le président, si c'est sur l'opposition par lui signifiée à ce magistrat que s'est fondé le refus d'envoi en possession (Arrêt précité du 7 mars 1873).

923. Les arguments qu'on invoque à l'appui de ce système sont de deux sortes : 1° l'appel est de droit commun, et doit s'appliquer à toutes les ordonnances qui constituent des actes de juridiction contentieuse ; 2° les conséquences d'une telle ordonnance sont trop graves pour que le pouvoir du président puisse s'exercer sans recours. — Quelle est la valeur de ces arguments ?

Et d'abord est-il vrai que l'ordonnance d'envoi en possession soit un acte de juridiction contentieuse, et non gracieuse ? La cour de Besançon, dans son arrêt du 26 févr. 1868, et la cour de Nancy, dans celui du 19 mai 1883 (cités *suprà*, n° 922), se contentent de l'affirmer sans discussion ; au contraire les deux autres arrêts de Nancy et l'arrêt de Caen insistent sur ce point dans leurs motifs. — La cour de Nancy considère qu'en accordant ou en refusant l'envoi en possession au légataire universel porteur d'un testament olographe, le président du tribunal remplit un devoir que lui impose l'art. 1008 c. civ. ; que, dès lors, son ordonnance n'est pas un acte de juridiction purement volontaire et gracieuse (Arrêts des 18 juin 1869 et 3 févr. 1870, cités *suprà*, n° 922). Il est difficile de s'arrêter à un pareil argument : quelle est la matière où le président n'est pas à la fois obligé de statuer d'une façon quelconque, mais libre de statuer comme il lui plaît ? La démonstration de la cour de Caen dans son arrêt du 7 mars 1873 (cité *suprà*, n° 922), n'est pas plus décisive, quand elle déclare « que l'appel est de droit commun et que cette règle générale s'applique à toutes les ordonnances qui constituent des actes de juridiction ; qu'on ne doit pas attribuer ce caractère à des ordonnances qui, n'ayant pas à statuer sur la revendication d'un droit, ne peuvent, par leur nature et leurs effets, causer aucun préjudice ; que telles sont, notamment, les désignations d'officiers publics ou ministériels pour une mission déterminée, les abréviations de délais, les fixations de jour pour une opération quelconque, parce que, dans ces divers cas, il ne s'agit que d'actes d'administration ; mais que, lorsqu'une partie soumet au magistrat compétent l'appréciation d'un droit qu'elle prétend avoir, que ce droit lui est dénié par le juge, et que cette méconnaissance lui fait grief, elle est recevable à exercer un recours devant la juridiction du second degré, par cela seul que ce recours n'est pas défendu ». Quelle est l'ordonnance qui ne statue pas sur la revendication d'un droit ? Et, par exemple, quand le président accorde ou refuse le droit de former une saisie-arrêt qui s'élève parfois à des sommes importantes, par une ordonnance que l'on s'accorde à laisser sans recours, ne fait-il pas aux parties un grief, au moins aussi grave, et souvent plus irréparable, que lorsqu'il accorde ou refuse un envoi en possession ?

Ce n'est point à des arguments de cet ordre qu'il convient de s'attacher, et les arrêts qui ce sont prononcés pour l'opinion contraire ont, bien mieux que ceux-ci, précisé le terrain du débat. En ce qui touche les héritiers, ils n'ont point de peine à démontrer que l'appel leur est interdit. Ils n'ont qu'à rappeler cette règle fondamentale, qu'on ne peut admettre au droit d'appel que des parties ayant succombé dans la lutte soutenue par elles en première instance. C'est ce que dit, dans les meilleurs termes, un arrêt de la cour de Poitiers du 12 août 1874 (aff. Malleville, D. P. 76. 2. 28) : « Il est de principe que le droit d'appeler d'une décision judiciaire appartient exclusivement à ceux qui ont été parties dans l'instance ; l'appel soit sur le fond, soit sur la compétence, suppose nécessairement un premier degré de juridiction où l'appelant aurait été en cause et aurait succombé ». Or, dans notre hypothèse, il n'y a pas, et il ne doit pas y avoir de débat contradictoire devant le président. Le même arrêt ajoute avec beaucoup de raison que : « les héritiers, auxquels le légataire ne peut, dans aucun cas, ni directement, ni indirectement, être obligé de demander la délivrance, doivent demeurer étrangers à l'observation de la formalité exigée par l'art. 1008, et que le seul moyen pour eux de faire valoir leurs droits est d'agir, à la suite de l'envoi en possession, par voie d'action principale comme ils le feraient si le testament était notarié ». Et la cour de Paris, le 26 mars 1884 (aff. Depuille, D. P. 85. 2. 158), a démontré de même, en termes non moins nets, que « dans les cas prévus par l'art. 1008 précité, le président du tribunal est investi d'un pouvoir qui lui est propre, à l'effet de vérifier la sincérité tout au moins apparente d'un testament olographe invoqué par le légataire universel, avant que celui-ci puisse appréhender la succession dévolue par la loi aux héritiers du sang ; mais que son ordonnance ne préjudicie en rien aux droits de ces derniers et de tous autres prétendants, qui peuvent non seulement demander la nullité du testament, mais encore solliciter, par voie de référé, toute mesure urgente et provisoire, destinée à assurer la conservation et la bonne administration de la succession devenue litigieuse ; que c'est par cette raison que le légataire universel n'est point tenu d'appeler devant le président du tribunal, duquel il sollicite une ordonnance d'envoi en possession, les héritiers naturels du *de cujus* ; qu'une pareille ordonnance, rendue sans contradiction de la part d'héritiers qui ne doivent point être appelés devant le président, ne constitue point une décision judiciaire susceptible d'être attaquée soit par la voie de l'opposition, soit par la voie de l'appel ».

Si toutefois des débats contradictoires avaient, en fait, eu lieu devant le président, il a été jugé par la cour de Poitiers, qui cependant est l'une des plus fermes à se prononcer contre l'appel, que, dans ce cas, l'appel serait exceptionnellement recevable, attendu que si, en principe, les ordonnances rendues sur requête ne sont pas susceptibles d'appel, la règle que l'appel est de droit commun doit cependant être appliquée toutes les fois que le juge n'a pas eu à faire acte de juridiction purement gracieuse, et, spécialement, lorsque la matière qui lui a été soumise a, en fait, donné lieu devant lui à une contestation (Poitiers, 17 mars 1880, aff. Bouchet, D. P. 82. 2. 36). La même solution avait été donnée par la cour de Paris, le 18 mai 1850 (aff. Debosque, D. P. 54.

(1) (Héritiers de Bonfils Lavernelle.) — La cour ; — En la forme : — Considérant que l'ordonnance d'envoi en possession rendue dans les termes de l'art. 1008 c. civ. ne saurait être considérée comme émanant de la juridiction gracieuse et discrétionnaire, mais bien de la juridiction contentieuse, et qu'un tel acte a tous les caractères d'un jugement en premier ressort ; — Considérant, dès lors, qu'il ne saurait être ouvert d'autre recours contre une décision de cette nature (qu'elle envoie ou refuse d'envoyer en possession) que la voie de l'appel devant les magistrats du degré immédiatement supérieur ; que l'appel interjeté est donc recevable ; — Au fond :... Déclare l'appel recevable, dit qu'il a été mal jugé par l'ordonnance dont est appel ; — Et réformant, ordonne que les exposants ci-dessus nommés seront envoyés en possession du legs universel contenu dans le testament olographe de la demoiselle Marie-Louise d'Alzac, au profit du sieur Oscar de Bonfils Lavernelle, en date du 4 déc. 1862, etc.

Du 3 janv. 1881.-C. de Limoges, 1re ch.-MM. Ardant, pr.-Barrailler, av. gén.-Chouffour, av.

5. 466); mais l'espèce était loin d'être aussi intéressante, car il s'agissait, non d'une ordonnance sur requête, mais d'une ordonnance de référé (Comp. Req. 24 avr. 1844, *Rép.* n° 3670).

924. Quant au deuxième argument du système que nous combattons, il n'est pas plus décisif que le premier; c'est celui qui se fonde sur la gravité des effets que peut entraîner l'ordonnance du président. « Le droit d'appeler de cette ordonnance, dit la cour de Nancy dans son arrêt du 3 févr. 1870 (cité *suprà*, n° 922), s'induit de son importance même, puisqu'elle modifie la position des intéressés, et intervertit, en cas de litige, leur rôle respectif devant les tribunaux; on ne comprendrait pas que le juge de première instance pût, sans recours possible au juge supérieur, paralyser l'effet de dispositions auxquelles, dans son respect pour les dernières volontés de l'homme, le législateur attribue l'autorité de la loi: *Dicat testator et erit lex;* on ne comprendrait pas davantage que, sans avoir le moyen légal d'y mettre obstacle, les héritiers naturels vissent passer aux mains de l'héritier institué des biens dont celui-ci pourra abuser, et qui ne leur reviendront, s'ils leur reviennent, qu'amoindris ou dépréciés par cet abus; de semblables conséquences répugnent à l'esprit général d'une législation pleine de sagesse et dans laquelle le droit d'appeler constitue le droit commun. » — En ce qui touche l'interversion du rôle dans l'instance principale, nous ne pouvons que rappeler que cette conséquence de l'envoi en possession est loin d'être admise généralement par la doctrine et la jurisprudence (V. *suprà*, n°s 687 et suiv.). Et quant aux autres dangers que présente, dit-on, l'ordonnance d'envoi en possession, on les exagère singulièrement, en laissant dans l'ombre le véritable caractère de cette mesure, caractère essentiellement provisoire et provisionnel. Pour réfuter cette argumentation, il importe de préciser quel est, en notre matière, le rôle du président. La cour de Poitiers l'a fait en des termes qui défient toute critique: « Le président, saisi par simple requête, se borne à apprécier s'il y a lieu d'accorder provision au titre, sans préjuger, d'ailleurs, aucune des questions relatives à la validité du testament, et sans préjudice des mesures conservatrices qui pourront être requises par les intéressés; cette mission n'a rien de contentieux, et n'a d'autre but que de donner à l'acte olographe la force exécutoire qu'aurait de plein droit l'acte authentique » (Poitiers, 12 août 1874, aff. Malleville, D. P. 76. 2. 28). De telles considérations répondent à tous les arguments que l'on peut tirer du danger que présenterait chez le président une juridiction sans appel. Sans doute, son ordonnance pourra avoir des effets graves, mais quelle ordonnance sur requête n'a pas des effets d'une gravité au moins égale, par exemple, l'ordonnance qui, sans contradiction, autorise une saisie-arrêt? Qu'on ne parle pas ici des intérêts (du légataire ou des héritiers, suivant les cas) sacrifiés par une ordonnance sans recours; car l'argument atteindrait, à plus forte raison, le testament authentique, qui, de lui-même, emporte *voie parée* sans le contrôle d'aucun magistrat. L'ordonnance du président n'a ici d'autre objet (et c'est ce qu'a fait remarquablement ressortir la cour de Poitiers dans son arrêt précité) que de conférer la force exécutoire, par une sorte de visa de *pareatis*, à un testament qui en serait, sans cela, dépourvu. Cette autorité qu'aurait, sans contrôle, tout notaire rédacteur d'un testament public, est-il convenable de la refuser à un président de tribunal qui, après examen d'un testament olographe ou mystique, statue sur l'envoi en possession *cognitâ causâ?*

925. C'est dans ce dernier sens, et conformément à l'opinion admise au *Rép.* n° 3665, que ce sont prononcés les auteurs les plus récents (V. Colmet de Santerre, t. 4, n° 151 *bis;* Aubry et Rau, t. 7, § 710, p. 446; Demolombe, t. 4, n° 512), et de nombreux arrêts l'ont consacrée (V. outre ceux qui ont été cités au *Rép.* n° 3666: Bordeaux, 6 mai 1863, aff. Fieffé de Lièvreville, D. P. 63. 2. 178; Angers, 23 août 1867, aff. Goussé, D. P. 69. 2. 14; Pau, 30 mai 1870, aff. Garbage, D. P. 71. 2. 84; Poitiers, 12 août 1874, aff. Malleville, D. P. 76. 2. 28; Paris, 27 juin 1878 (1); Riom, 6 déc. 1878, aff. Avérous, D. P. 80. 2. 3). — Jugé qu'en tout cas, lorsque l'ordonnance du président est produite au cours d'une instance en liquidation de la succession, il n'appartient pas au tribunal saisi de la rapporter (Angers, 12 nov. 1868, aff. Goussé, D. P. 69. 2. 14).

L'arrêt précité du 30 mai 1870 écarte, en pareille matière, non seulement les voies de l'appel et de l'opposition, mais aussi celle de la tierce opposition. Il réserve, d'ailleurs, aux héritiers le droit de procéder par action nouvelle devant le tribunal ou le président siégeant en référé, à l'effet de prévenir, autant que possible, par des mesures conservatoires, en attendant le jugement de leurs contestations au fond, les conséquences d'une ordonnance qui ne peut plus être ni rétractée, ni réformée. — Décidé aussi, dans le même sens, que les héritiers du sang et tous autres prétendants à un droit sur la succession peuvent solliciter, par voie de référé, toute mesure urgente et provisoire, destinée à assurer la conservation et la bonne administration de la succession devenue litigieuse (Paris, 26 mars 1884, aff. Depuille, D. P. 85. 2. 158).

926. Il est toutefois une hypothèse où chacun s'accorde à autoriser l'appel de l'ordonnance qui a statué sur un envoi en possession: c'est le cas où cette ordonnance émane d'un juge incompétent. La cour de Riom, le 29 nov. 1879 (aff. Rouger, D. P. 81. 2. 69) a fort bien dit que, dans une telle circonstance, on ne doit pas s'arrêter à l'objection tirée « de ce que les ordonnances de cette nature ne dérivent point de la juridiction contentieuse; que, s'il s'est élevé des difficultés sur ce point en doctrine et en jurisprudence, ces difficultés n'ont aucun rapport avec le cas actuel et ne s'appliquent point, notamment, au cas où il est établi que le magistrat, qui a rendu l'ordonnance arguée de nullité, n'était pas même investi de la juridiction gracieuse déterminée par les art. 1007 et 1008 c. civ.; que les dispositions législatives qui règlent les juridictions sont d'ordre public; que la voie de l'appel doit demeurer ouverte, lorsqu'elles sont méconnues, au profit des particuliers qui ont intérêt à les invoquer ». Dans un arrêt antérieur, la même cour, après avoir posé en principe que l'appel n'est point recevable en pareille matière, avait déjà admis que cette voie de recours peut être autorisée, à titre exceptionnel, au cas où le magistrat qui statue sur requête a méconnu les limites de son pouvoir provisionnel en statuant sur sa compétence, ou ordonné une mesure d'un caractère définitif (Riom, 6 déc. 1878, aff. Avérous, D. P. 80. 2. 3). — D'ailleurs, il est bien entendu que la demande en nullité pour incompétence d'une ordonnance par laquelle le président d'un tribunal envoie en possession un légataire universel, doit être portée devant la cour d'appel, et non devant le tribunal civil (Dijon, 25 mars 1870, aff. Courtalon, D. P. 74. 5. 306).

927. S'il s'agit d'un testament étranger qui soit soumis aux formalités de l'envoi en possession, l'exécution en France de l'ordonnance du juge étranger accordant l'envoi en possession d'un legs universel est subordonnée à l'exéquatur préalable du juge français. C'est au président du tribunal civil, et non à la chambre du conseil, qu'il appartient de statuer sur cette demande d'exéquatur (Paris, 2 févr. 1869, aff. Santé, D. P. 74. 5. 305).

928. Quant aux effets de l'envoi en possession, V. *Rép.*

---

(1) (A... C. N...) — La cour; — Statuant sur l'appel interjeté par la veuve A... d'une ordonnance d'envoi en possession rendue au profit de la dame N..., par le président du tribunal de la Seine, le 13 avr. 1878: — Considérant qu'aux termes de l'art. 1008 c. civ., le légataire universel, lorsqu'il n'existe pas d'héritiers réservataires, est saisi par la mort du testateur sans être tenu de demander la délivrance aux héritiers; que la loi ne distingue pas à cet égard entre le cas où le testament est authentique et celui où il est olographe; qu'elle prescrit seulement pour ce dernier cas l'obtention d'une ordonnance d'envoi en possession; — Que cette ordonnance est un acte de la juridiction volontaire du président du tribunal et que le droit de la rendre est exclusivement attribué à ses fonctions; — Que l'envoi en possession n'a rien de contentieux et n'a d'autre but que de donner à l'acte olographe la forme d'exécution qui lui manque, et au légataire la saisine de fait, et de lui permettre ainsi l'exercice des droits que lui confère le testament; — Que l'ordonnance ainsi rendue au bas de la requête qui est présentée au président du tribunal, sans contradiction de la part des héritiers qui ne doivent pas être appelés, ne constitue pas une décision judiciaire susceptible d'être attaquée par la voie d'appel; — Par ces motifs, déclare l'appel de la veuve A... non recevable, etc.

Du 27 juin 1878.-C. de Paris, 4e ch.-MM. Salmon, pr.-Harel, subst.-Lesourd et Lenté, av.

nos 3674 et suiv. — Ajoutons que, tant que le légataire universel n'a pas été envoyé en possession, il est sans qualité, notamment, pour défendre aux actions des créanciers de la succession, qui doivent être dirigées contre les héritiers légitimes (Bordeaux, 26 janv. 1877) (1), et, à défaut, contre un curateur à la succession vacante (Paris, 30 mars 1868) (2). Les jugements ainsi obtenus sont opposables au légataire universel, après qu'il s'est fait envoyer en possession (Même arrêt du 26 janv. 1877).

§ 5. — Obligations du légataire universel (*Rép.* nos 3678 à 3696).

929. — I. Cas ou le testateur ne laisse pas d'héritiers a réserve. — Les légataires universels qui se trouvent saisis de l'hérédité en l'absence d'héritiers à réserve, représentent passivement la personne du défunt, et sont tenus des dettes et charges de la succession comme le seraient des héritiers *ab intestat*, c'est-à-dire *ultra vires*. En effet, le droit à une quotité de succession implique l'obligation de supporter une quotité proportionnelle des dettes et charges; ce droit et cette obligation sont des conséquences corrélatives de tout titre successif universel; il n'y a point à distinguer, sous ce rapport, entre les successeurs à titre universel qui sont institués par la loi et ceux qui sont institués par la volonté de l'homme. Telle est la doctrine généralement admise (V. outre les auteurs cités au *Rép.* no 3680 : Aubry et Rau, t. 7, § 723, p. 496; Demolombe, *Traité des successions*, t. 3, no 117, et t. 5, nos 37 et 38; Colmet de Santerre, t. 4, no 148 *bis* III; Laurent, t. 14, no 100). — De cette règle que le légataire universel succède à toutes les obligations du testateur, la cour de Dijon, dans un arrêt du 12 août 1874 (aff. Geoffroy, D. P. 76. 2. 92), a conclu que le légataire universel d'un possesseur de mauvaise foi est tenu de restituer les fruits perçus par son auteur pendant son indue possession. Mais il n'est tenu de restituer les fruits qu'il a personnellement perçus qu'à compter du jour où il les a perçus de mauvaise foi, ayant acquis la connaissance de l'indue possession de son auteur.

930. Le légataire universel est-il également tenu *ultrà vires* des legs particuliers? Nous l'avons admis au *Rép.* no 3690, et telle est l'opinion générale (V. outre les auteurs cités au *Rép. ibid.* et no 3688 : Duranton, t. 9, no 204; Vazeille, sur l'art. 1017, no 3; Chabot, *Successions*, sur l'art. 873, no 32; Colmet de Santerre, t. 4, no 152 *bis* XII; Demolombe, *Successions*, t. 4, no 522, et *Donations*, t. 4, no 572; Laurent, t. 14, no 109; Bertauld, *Revue pratique*, t. 10, p. 531 et 532). En effet, comme l'a très bien dit la cour d'Angers, le 1er mai 1867 (aff. Ménage, D. P. 67. 2. 85), « les termes mêmes des art. 724 et 873 qui imposent à l'héritier pur et simple l'obligation d'acquitter : le premier, toutes les charges, le deuxième, les dettes et charges de la succession, comprennent évidemment les legs sous cette appellation de *charges*, qui, aussi générale que possible, ne peut être sérieusement une simple redondance de la loi, restreinte aux frais funéraires ou à quelques autres d'aussi modique importance, et convient parfaitement aux legs eux-mêmes, lesquels sont réellement des charges de la succession; il est beaucoup plus admissible que le législateur, en réglant les conditions moyennant lesquelles il assurait les avantages présents et éventuels d'une succession, ait voulu, en se servant d'un terme aussi absolu, lui faire comprendre qu'il s'engageait, par son acceptation, à acquitter non seulement tout ce qui était dû par le défunt, mais encore tout ce qui était imposé par celui ci à sa succession » (V. dans le même sens : Poitiers, 16 mars 1864, aff. Savy de la Garnache, D. P. 64. 2. 117). — Cette solution suppose, d'ailleurs, résolue affirmativement la question de savoir si l'héritier lui-même est tenu des legs particuliers *ultrà vires émolumenti;* car il est manifeste que les obligations du légataire universel ne sauraient, sous ce rapport, être plus étendues que celles qui incombent à l'héritier légitime. C'est en ce sens que la doctrine se prononce généralement (V. *Rép.* vo *Succession*, no 1318), bien que l'opinion contraire ait été soutenue par de graves autorités (V. *infrà*, eod. vo).

(1) (Caussat C. Papillon.) — Le 17 mars 1876, le tribunal civil de Bordeaux a rendu le jugement suivant : — « Attendu que Papillon, porteur d'un billet à ordre souscrit solidairement par Théophile Polet et Ernest Polet, a fait assigner devant le tribunal de commerce de Bordeaux Théophile Polet et Marie Polet frère et sœur d'Ernest Polet, décédé, et ses seuls héritiers légitimes, pour avoir payement de la somme de 5000 fr., montant dudit billet ; — Que le 5 mars 1875, et après les délais pour faire inventaire et pour délibérer, le tribunal de commerce a rendu un jugement qui a condamné Théophile Polet et Marie Polet, en leurdite qualité d'héritiers d'Ernest Polet, à payer à Papillon ladite somme de 5000 fr., avec intérêts et frais ; — Attendu que la dame Caussat, légataire universelle d'Ernest Polet, suivant un testament olographe en date du 14 oct. 1873, déposé au rang des minutes de Me Cathala, le 22 sept. 1874, autorisée par le jugement du tribunal de Narbonne en date du 5 mars 1875 à accepter ce legs, a été envoyée en possession de la succession par ordonnance de M. le président du tribunal de Bordeaux en date du 8 mars 1875 ; — Attendu que jusqu'à ce moment, la succession d'Ernest Polet était légalement représentée par les héritiers légitimes ayant la saisine légale aux termes de l'art. 724 c. civ.; — Que, par suite, le jugement obtenu contre eux par Papillon est opposable à la dame Caussat, à laquelle la saisine a passé, le 8 mars 1875, comme conséquence de l'ordonnance d'envoi en possession ; — Qu'il est incontestable que le créancier d'une succession ne peut exercer son action que contre les héritiers saisis des biens du *de cujus ;* que les jugements obtenus contre eux sont nécessairement opposables à ceux qui sont plus tard substitués aux héritiers légitimes dans la saisine desdits biens ; et que la loi n'exige aucune formalité particulière pour exécuter ces jugements contre les nouveaux représentants de la succession ; — Que Papillon a donc pu valablement adresser à la dame Caussat un commandement en vertu du jugement du 5 mars 1875 rendu contre les représentants légaux de la succession d'Ernest Polet qu'elle possède aujourd'hui ; — Par ces motifs ; — Déclare la dame Caussat mal fondée dans sa demande en nullité du commandement du 20 déc. 1875, etc. ». — Appel par la veuve Caussat. — Arrêt.

La cour ; — Sur les conclusions principales de la veuve Caussat : — Adoptant les motifs des premiers juges ; — Sur les conclusions subsidiaires : — Attendu que le jugement rendu le 5 mars 1875 au profit de Papillon contre Théophile et Marie Polet, héritiers apparents de Ernest Polet, n'a été attaqué ni par ces derniers, ni par la veuve Caussat ; que celle-ci ne pourrait être admise à dénier la signature qui a servi de base à la condamnation qu'après avoir, par l'un des moyens que la loi autorise, obtenu la réformation d'une décision qui lui est opposable, quoiqu'elle n'ait pas figuré en personne dans l'instance ; — Par ces motifs ; — Confirme, etc.

Du 26 janv. 1877.-C. de Bordeaux, 4e ch.-MM. Bourgade, pr.-Jollivet et Moulinier, av.

(2) (Bassot C. Beuron.) — Le sieur Delahaye était décédé laissant un testament par lequel il instituait plusieurs légataires universels. Ceux-ci n'ayant pas demandé l'envoi en possession, et les héritiers légitimes ayant renoncé, un curateur fut nommé à la succession vacante. Un sieur Beuron, créancier du défunt, ayant exercé des poursuites sur un immeuble dépendant de la succession, le curateur intenta contre lui une action en discontinuation de ces poursuites. Le sieur Beuron a opposé le défaut de qualité du curateur. Le 10 août 1867, jugement du tribunal de la Seine, qui admet cette fin de non-recevoir par les motifs suivants : — « Attendu qu'il est établi que les héritiers naturels de Delahaye ont renoncé à la succession; — Attendu que les six personnes appelées par le testament à recueillir la succession du défunt sont de véritables légataires universels, puisqu'ils sont tous appelés éventuellement à recueillir la totalité de la succession; — Que, dès lors, les légataires, étant saisis de plein droit des biens du défendeur, avaient qualité pour répondre au commandement qui leur avait été adressé par Beuron, et que le curateur à la succession vacante ne pouvait demander la nullité des poursuites régulièrement dirigées; — Que ses fonctions doivent cesser en présence des droits des légataires universels; — Par ces motifs, etc. ». — Appel par le curateur. — Arrêt.

La cour; — Considérant que les héritiers du sang ont renoncé à la succession; — Que les légataires universels saisis de plein droit et d'après l'art. 1006 c. nap. ne peuvent cependant exercer leurs droits, suivant l'art. 1008, s'agissant d'un testament olographe, qu'après envoi en possession prononcé par le président du tribunal de première instance; — Considérant que les légataires, n'ayant pas rempli cette formalité, sont sans qualité quant à présent pour répondre aux actions intentées contre la succession; — Que Bassot, nommé curateur à la succession vacante, doit donc être considéré comme le seul détenteur régulier de la succession; — Infirme, etc.

Du 30 mars 1868.-C. de Paris, 2e ch.-MM. Puissan, pr.-Try, subst.-Frémard et Cauchois, av.

931. Une autre conséquence qui découle de la succession du *légataire* à la personne, et de son obligation indéfinie, c'est que les parents légitimes du défunt ne sauraient, à aucun titre, être recherchés pour les dettes et charges de la succession (Aubry et Rau, t. 7, § 723, p. 496). — Mais il en est autrement dans le cas où un legs universel est annulé à l'égard de certains biens, comme renfermant, par exemple, une substitution prohibée; les héritiers naturels du défunt, à qui ces biens se trouvent par suite dévolus, sont tenus de contribuer, dans la proportion de leur émolument, aux dettes et charges de la succession concurremment avec le légataire universel, car ils sont réputés les appréhender en leur qualité d'héritiers, et doivent, dès lors, supporter une portion de dettes proportionnelle à ces biens; ils objecteraient vainement qu'ils ne sont que des successeurs à titre particulier, affranchis de tout passif (Poitiers, 15 mai 1853, aff. Bricault Verneuil, D. P. 55. 2. 359, et sur pourvoi, Req. 22 avr. 1856, D. P. 56. 1. 324). — Et, par une raison analogue, la commune ou l'établissement public qui n'a été autorisé à accepter que pour une certaine quotité (les trois quarts, par exemple) le legs universel qui lui a été fait par un testateur, n'est aussi tenu que dans la même proportion au payement des legs particuliers, ces legs devant être, pour le surplus, acquittés par les héritiers qui sont appelés à bénéficier de la réduction de la libéralité, alors d'ailleurs que ces héritiers ne sont pas des héritiers à réserve (Trib. Seine, 28 juin 1870, aff. Matz, D. P. 70. 3. 118).

932. Dans ces hypothèses diverses que l'on vient d'indiquer, les héritiers du sang prennent la place du légataire, en cas de caducité totale ou partielle du legs universel. On en a tiré une conséquence intéressante, c'est que la caducité du legs universel par le prédécès de l'institué n'entraîne pas la nullité des legs particuliers que le testateur avait mis à sa charge; la délivrance de ces legs peut être poursuivie contre les héritiers légitimes, appelés à recueillir la succession à défaut du légataire universel (Rennes, 14 mai 1825, *Rép.* n° 3603-3°; Pau, 24 juin 1862, aff. Dartigues, D. P. 63. 2. 152; Nîmes, 16 août 1865, aff. Eyssette, D. P. 66. 2. 127). Cette doctrine, généralement admise par les auteurs (V. dans l'ancien droit: Ricard, *Dispositions conditionnelles*, n° 145; Furgole, *Testaments*, chap. 7, sect. 7, n°s 1 et suiv.; et sous l'empire du code civil: Proudhon, *Usufruit*, t. 2, n°s 597 et suiv.; Duranton, t. 9, n° 457; Troplong, *Donations et testaments*, t. 1, n°s 421 et 428; Coin-Delisle, sur les art. 1046 et 1047, n° 11; Bayle-Mouillard sur Grenier, t. 2, n° 324, note *b*, appendice, et t. 3, n° 349, note *a*; Aubry et Rau, t. 7, § 726, p. 532; Massé et Vergé, sur Zachariæ, t. 3, § 503, p. 302, et note 7; Demolombe, t. 5, n° 358), doit toutefois être restreinte au cas où la charge imposée au légataire universel ne lui est pas personnelle (Demolombe, *loc. cit.*).

933. Le légataire universel n'a qu'un moyen de se soustraire à l'obligation indéfinie qui le grève, c'est d'user du bénéfice d'inventaire (Angers, 1er mai 1867, aff. Ménage, D. P. 67. 2. 85); mais alors il doit remplir toutes les formalités prescrites à l'héritier qui veut user de cette ressource, et la confection d'un inventaire, en l'absence de toute déclaration au greffe, ne l'empêcherait pas d'être tenu *ultra vires* (Poitiers, 16 mars 1864, aff. Savy de la Garnache, D. P. 64. 2. 117).

934. Il serait, d'ailleurs, déchu de ce droit si l'on pouvait induire de quelqu'un de ses actes une acceptation pure et simple de son legs. Toutefois, cette acceptation tacite ne doit pas être facilement supposée, et la cour de Rouen, le 16 nov. 1875 (aff. Lingois, D. P. 76. 2. 154), a jugé avec raison que le fait, par celui qui est en même temps l'unique héritier du sang et le légataire universel du *de cujus*, d'avoir fait célébrer les funérailles de celui-ci, conformément aux pieux désirs exprimés dans son testament, n'emporte pas acceptation irrévocable de la qualité d'héritier universel. — Un autre arrêt (Besançon, 12 déc. 1882, aff. Mariotte, D. P. 83. 2. 184), a donné une solution analogue dans une espèce où la veuve, légataire universelle de son mari, en se faisant envoyer en possession de la succession de son mari, avait, dans sa requête, spécifié qu'elle se réservait le droit d'accepter bénéficiairement la succession ou même d'y renoncer: il a déclaré qu'on ne pouvait considérer ladite veuve comme ayant accepté la succession. On peut rapprocher de ces décisions un arrêt (Paris, 5 mai 1874, aff. Villette, D. P. 75. 2. 101), aux termes duquel le légataire universel qui a payé le droit de mutation pour son legs n'est pas fondé à prétendre qu'en lui laissant effectuer ce payement, les héritiers ont reconnu son droit et qu'ils ne sont plus, dès lors, recevables à contester le legs universel.

935. — II. CAS OU LE TESTATEUR LAISSE DES HÉRITIERS A RÉSERVE. — Lorsqu'un héritier réservataire se trouve en concours avec le légataire universel, nous avons dit au *Rép.* n° 3681 que celui-ci ne cesse pas pour cela de représenter le *de cujus* et d'être tenu *ultra vires* des dettes de la succession. Cette opinion qui, outre les autorités citées au *Répertoire*, a rallié encore M. Demolombe, t. 4, n°s 573 et 574, est définitivement entrée dans la pratique, à la suite de l'arrêt de cassation du 13 août 1851 (aff. Toussaint de Gérard, D. P. 51. 1. 281, cité au *Rép. ibid.*). Mais la doctrine contraire, d'après laquelle le légataire universel n'est tenu des dettes, dans le cas dont il s'agit, que jusqu'à concurrence de son émolument, a encore été soutenue par MM. Aubry et Rau, t. 7, § 723, texte et notes 5 et 6, p. 497 et 498, et Laurent, t. 14, n° 101. Suivant MM. Aubry et Rau, la question n'est pas tranchée par les art. 1009 et 1012, que l'on invoque habituellement à l'appui du premier système; les mots: *pour sa part et portion*, qui y sont employés, exprimeraient la même idée que ceux-ci: *au prorata de son émolument*, qu'on lit dans l'art. 871. « C'est dans l'art. 724, disent-ils, et dans cet article seul qu'il est question de l'obligation d'*acquitter toutes les charges de la succession*. Or, cet article n'impose cette obligation absolue qu'aux successeurs qui se trouvent, comme continuateurs et représentants de la personne du défunt, investis de la saisine. »

936. Quant aux legs, la situation du légataire universel qui se trouve en concours avec des héritiers à réserve est toute différente de ce qu'elle est quant aux dettes. Le légataire universel doit acquitter, d'après l'art. 1009 c. civ., « tous les legs », c'est-à-dire qu'il doit les payer à lui seul, et sans que l'héritier à réserve y contribue, par opposition aux dettes qu'il n'est tenu d'acquitter que pour sa part et portion avec le réservataire. Mais ensuite, le légataire universel, placé en face des légataires particuliers, n'acquittera leurs legs qu'après avoir fait subir à chacun d'eux une réduction proportionnelle (Aubry et Rau, t. 7, § 723, p. 497). — Cette dernière solution doit-elle être appliquée au cas où le légataire universel se trouve en présence non plus d'un héritier à réserve, mais d'un institué contractuel? Le tribunal de Marseille, le 18 janv. 1870 (aff. Boulbène, D. P. 72. 2. 81), l'avait décidé ainsi en se fondant sur l'étroite analogie qui existe entre la réserve et l'institution contractuelle: « Attendu que, lorsqu'on étudie intimement le véritable caractère de l'institution contractuelle, on trouve que le disposant confère à l'institué des droits semblables à ceux que les enfants ont sur le patrimoine paternel; que, par une sorte d'adoption successorale, le contrat consacre en sa faveur le même engagement que la nature et la loi sanctionnent pour les héritiers du sang; que, libre de vendre, d'aliéner à titre onéreux, le donateur, pas plus que le père de famille, ne peut cependant faire aucune libéralité qui pourrait, au moment de son décès, entamer la partie de sa succession qu'il a volontairement frappée d'indisponibilité; que, s'il oublie cet engagement, l'institué peut attaquer et faire réduire la donation ou le legs qui porterait atteinte à son droit, tout aussi bien que l'héritier à réserve; que, dans l'un comme dans l'autre cas, il y a donc une partie indisponible qui doit rester intacte, qui est réservée, mise à part, en dehors des libéralités possibles; que l'indisponibilité, qui assure à l'institué la part qui lui revient dans la succession, a donc tous les caractères d'une véritable réserve ». La cour d'Aix, le 16 juill. 1870 (*ibid.*), a réformé ce jugement, par ce motif que « le légataire universel est, en principe, tenu d'acquitter tous les legs, que l'art. 926 ne déroge à cette règle qu'exceptionnellement et pour le cas où il y a un héritier à réserve, que cette exception doit être restreinte à ce cas particulier, et ne saurait être étendue au cas où il existe seulement une institution contractuelle ». Cette solution nous paraît très contestable. « A la vérité, comme le disent MM. Aubry et Rau, t. 7, § 723, note 3, p. 497, le droit de l'institué contractuellement, même pour une quote-part de l'hérédité, ne constitue pas une réserve. Mais, de même que la réserve, l'institution contractuelle a pour effet de rendre indisponible la quote-part qui en forme l'objet, et de créer ainsi, entre l'institué, le légataire universel et les légataires particuliers, des rapports identiques à ceux qu engendre la réserve. D'un autre côté, l'institution contractuelle, donnant à l'institué le droit de provoquer le partage de la succession tout entière, affecte nécessairement tous et chacun des objets dont celle-ci se compose, et diminue ainsi, dans la proportion pour laquelle elle s'exerce, le droit de chacun des légataires, sans distinction entre les legs universels et les legs particuliers » (V. dans le même sens : Demolombe, t. 6, n° 309).

937. On a examiné *suprà*, n° 472, la question de savoir si le donataire universel est tenu de plein droit au payement des dettes qui grèvent le patrimoine du donateur. — Que faut-il décider en ce qui touche l'institué contractuellement? Comme on l'a vu au *Rép.* n° 3684, l'opinion généralement admise était que l'institué est, comme le légataire universel, tenu des dettes *ultra vires emolumenti*, à moins qu'il n'ait eu recours au bénéfice d'inventaire. Telle est également la doctrine enseignée par MM. Aubry et Rau, t. 8, § 739, p. 83 et 84, et Demolombe, t. 6, n°s 360 et suiv. Mais M. Laurent, t. 15, n° 241, se prononce en sens contraire, par le motif que l'institué contractuellement, n'ayant pas la saisine, ne représente pas la personne du défunt ; il n'est donc tenu des dettes, suivant cet auteur, que jusqu'à concurrence de son émolument. Ajoutons que d'après MM. Aubry et Rau, *loc. cit.*, note 79, l'institué n'est pas tenu des dettes *ultra vires*, lorsqu'il se trouve en concours avec des héritiers à réserve. Quant aux legs, l'institué contractuellement n'en est pas tenu, puisque l'instituant ne peut faire à son préjudice de dispositions à titre gratuit (V. *suprà*, n° 537 ; Laurent, t. 15, n° 242).

938. Enfin quelle est, à cet égard, la situation du donataire de biens présents et à venir? La question, comme on l'a vu au *Rép.* n° 3684, a été diversement résolue. L'opinion de Troplong, que nous avons adoptée, et d'après laquelle ce donataire, même quand il recueille l'universalité des biens du défunt, n'est tenu que dans les limites de son émolument, est combattue par MM. Aubry et Rau, t. 7, § 740, texte et note 16, p. 95, qui, dans le droit actuel, ne voient aucune raison de distinguer, au point de vue de l'obligation aux dettes, entre le légataire universel et le donataire de tous biens présents et à venir (V. aussi Demolombe, t. 6, n° 354).

939. Remarquons, en terminant, que le principe de la représentation de la personne n'a d'application stricte qu'au point de vue des droits pécuniaires : quant aux droits qu'on peut appeler *de famille*, ils ne sont pas enlevés à la famille proprement dite par le fait du legs universel ; et le tribunal de Reims, le 20 juill. 1883 (1) a pu juger, en se fondant d'ailleurs sur une interprétation de volonté, que, dans le silence du testament, les héritiers du sang peuvent être considérés comme investis du droit de donner la sépulture au *de cujus* dans leur caveau de famille, de préférence au légataire universel.

Sect. 3. — Du legs a titre universel (*Rép.* n°s 3697 à 3744).

Art. 1er. — *Caractères du legs à titre universel* (*Rép.* n°s 3698 à 3713).

940. Le caractère essentiel du legs à titre universel, ce qui le distingue du legs à titre particulier, c'est qu'il doit être fait *per modum universitatis*, c'est-à-dire, s'il porte par exemple sur des immeubles, qu'il doit comprendre tous les immeubles ou une quote-part de tous les immeubles. Ce qu'il faut considérer, ce n'est pas l'émolument que le légataire retire définitivement d'un tel legs, mais la nature de son titre, et s'il est susceptible d'augmentation ou de diminution. C'est ainsi que le legs d'un ou de plusieurs immeubles déterminés ne constituerait qu'un legs à titre particulier, lors même que le testateur n'aurait pas laissé d'autres immeubles, et, réciproquement, le legs de tous les immeubles constituerait un legs à titre universel, lors même que le testateur n'aurait laissé qu'un seul immeuble (*Rép.* n° 3703. *Adde* aux auteurs cités : Demolombe, t. 4, n° 582 ; et, parmi les anciens auteurs : Pothier, *Donations testamentaires*, chap. 2, sect. 1re, § 2). Par application de ces principes, le legs des immeubles que le testateur possède au moment où il dispose n'est qu'un legs particulier; et si la cour de Toulouse, le 25 août 1871 (aff. Malfre, D. P. 73. 1. 233) a maintenu comme un legs à titre universel une disposition faite dans les termes suivants : « Je donne et lègue tous mes biens immeubles, sans en excepter aucun, *que je jouis et possède présentement*, je les donne, dis-je, au consistoire de Montauban, auquel je recommande expressément de faire un hôpital protestant qui sera entretenu par mesdits biens », c'est par cette considération de fait que, dans l'intention du testateur, ce legs comprenait tous les immeubles que le testateur pourrait posséder *au jour de son décès* ; et c'est sur cet élément de fait que s'est appuyée la chambre des requêtes pour rejeter le pourvoi (Req. 3 déc. 1872, même affaire, D. P. 73. 1. 233).

941. De la définition du legs universel, il résulte que la disposition testamentaire qui charge un légataire à titre universel de payer à un autre légataire une certaine fraction des valeurs comprises dans son legs constitue elle-même un legs à titre universel au profit de cet autre légataire (Req. 27 mars 1855, aff. Bonaventure, D. P. 55. 1. 257). En effet, quoiqu'un tel legs ne porte que sur une quote-part laissée au premier légataire, il n'en constitue pas moins un legs de quotité (Aubry et Rau, t. 7, § 714, p. 467).

942. Pour qu'un legs, répondant d'ailleurs à la définition, constitue un legs à titre universel, il n'est pas nécessaire qu'il porte sur la pleine propriété ; la circonstance qu'il ne porterait que sur la nue propriété ne le ferait pas dégénérer en legs particulier. En effet, suivant une remarque que

(1) (Pierlot C. Laurent.) — Le tribunal ; — Attendu qu'Alphonse Pierlot, célibataire, négociant à Tours-sur-Marne, est décédé dans ladite commune, le 14 sept. 1881, laissant pour légataire universel Eugène Laurent ; — Attendu que le corps de Pierlot, déposé dans une sépulture provisoire, dans le cimetière de Tours-sur-Marne, a été ultérieurement inhumé au même lieu, mais dans une chapelle construite aux frais du légataire universel, et destinée à recevoir, outre les dépouilles mortelles d'Alphonse Pierlot, celles des membres de la famille Laurent ; — Attendu que les consorts Pierlot soutiennent que le légataire universel était sans droit pour disposer ainsi de la dépouille de leur plus proche parent, et demandent à être autorisés à la faire transporter dans le cimetière d'Ay, où reposent leurs ancêtres, et où ils se proposent d'ériger un tombeau dans lequel reposeraient les membres défunts de la famille Pierlot ; — Attendu que la proposition faite et réitérée par lesdits consorts de se désister de leur prétention, sous la seule condition que le monument élevé dans le cimetière de Tours-sur-Marne ne recevrait pas d'autre corps que celui d'Alphonse Pierlot, ayant été rejetée, et le testament du défunt ne renfermant aucunes dispositions relatives à sa sépulture, il appartient au tribunal de suppléer à son silence et d'interpréter ses intentions dans le sens le plus vraisemblable et le plus respectueux pour sa mémoire ; — Or, attendu que Pierlot étant célibataire, ses neveux et nièces constituent sa parenté la plus directe ; qu'il est attesté par ses dispositions testamentaires, que, si certaines affections, jointes au désir d'assurer l'avenir de sa maison de commerce, ont pu le déterminer à transporter à la famille Laurent la plus grande partie de sa fortune, il n'a pas néanmoins cessé de se préoccuper de ses devoirs envers les héritiers de son nom et de son sang ; qu'au surplus, il importe au respect dû au nom et à la mémoire du défunt que ses dépouilles mortelles ne soient pas à jamais séparées de celles de tous les siens, pour retomber dans une même tombe avec celle des membres d'une famille qui doit être considérée comme lui étant étrangère ;

Par ces motifs ; — Déclare les consorts Pierlot bien fondés dans leur demande ; — Les autorise à procéder par toutes les voies de droit et après l'accomplissement des formalités ordinaires, à l'exhumation du corps du défunt, et à le faire inhumer dans le cimetière d'Ay.

Du 20 juill. 1883.-Trib. civ. de Reims.-MM. Vassard, pr.-Boulloche, subst.-Paris et Piéton, av.

nous avons déjà faite *suprà*, n° 897, en matière de legs universel, et que nous trouvons formulée dans un arrêt de la chambre des requêtes (Req. 3 déc. 1872, aff. Malfre, D. P. 73. 1. 233) « le légataire de la nue propriété est appelé à voir nécessairement la jouissance se réunir en ses mains à cette nue propriété; il est donc véritablement propriétaire de la chose léguée, dès le décès du testateur ».

943. Il sera souvent difficile de déterminer si le legs contenu dans le testament est universel ou à titre universel. Pour trancher cette difficulté, les expressions employées par le testateur importent peu. Ce qu'il faut rechercher, c'est l'intention du testateur. Ainsi la disposition testamentaire en vertu de laquelle deux légataires, qualifiés universels, sont appelés à recueillir chacun la moitié de la succession, peut constituer soit un legs universel, soit un legs à titre universel, suivant que l'intention du testateur, souverainement appréciée par les juges du fond, a été de concéder ou de refuser aux légataires institués le droit d'accroissement (Req. 7 juill. 1880, aff. Bonnanfant, D. P. 82. 1. 55). Il faut donc rechercher uniquement quelle a été l'intention du testateur au point de vue de l'accroissement, et, pour ce, s'en référer à l'art. 1044. Suivant cet article, il y a lieu à accroissement au profit des légataires, dans le cas où le legs est fait à plusieurs conjointement : le legs est réputé fait conjointement, lorsqu'il l'est par une seule et même disposition, et que le testateur n'a pas assigné la part de chacun des colégataires dans la chose léguée. Or, ainsi que le fait très bien remarquer la cour de Montpellier, dans un arrêt du 16 déc. 1878 (aff. Tarbouriech, D. P. 80. 1. 339), « pour faire application de l'art. 1044, et pour discerner si l'assignation de parts exclusive du droit d'accroissement existe ou doit être écartée, la jurisprudence et la doctrine s'accordent généralement à faire dépendre principalement la solution de la distinction suivante, à savoir si l'assignation est comprise dans la disposition principale elle-même, comme constituant une condition inhérente et inséparable, ou, au contraire, si l'assignation apparente ne se réfère qu'à l'exécution de la disposition conjonctive dont elle ne serait qu'une explication accessoire et surabondante, se référant uniquement au partage rendu nécessaire par le concours de colégataires : *concursu partes fiunt* ». La chambre des requêtes, en rejetant le pourvoi (Req. 11 févr. 1880, *ibid.*), a pleinement approuvé cette règle d'interprétation. — Par application de ces principes, il a été jugé : 1° que les juges du fond peuvent, par interprétation des termes du testament, des documents du procès et de la volonté du testateur, décider qu'il y a un des legs à titre universel, et non un legs universel, dans la clause suivante : « Je nomme et institue pour mes légataires généraux et universels, conjointement entre eux et par égale part, mon frère et ma nièce »; que par suite, en cas de prédécès du premier, sa part ne passe pas à l'autre par droit d'accroissement, mais appartient aux héritiers *ab intestat* (Req. 27 mars 1876, aff. Boissier, D. P. 76. 1. 377) ; — 2° Que la disposition par laquelle le testateur a institué conjointement deux légataires universels en usufruit seulement, pour recueillir ensemble la moitié de sa fortune, ne comprend, malgré la généralité apparente de ces expressions « légataires universels », que la moitié et non la totalité de l'usufruit de la succession (Rennes, 6 mars 1878, aff. Jonglez, D. P. 80. 2. 87) ; — 3° Que les juges du fond peuvent, par interprétation des termes du testament, des documents du procès et de la volonté du testateur, décider qu'il y a, non un legs universel, mais un legs à titre universel dans la disposition par laquelle le testateur donne tout ce qu'il possèdera au jour de son décès à ses légataires, pour être partagé par égales portions entre eux; que, par suite, en cas de prédécès de l'un des légataires, sa part ne passe point à l'autre par droit d'accroissement, mais appartient aux héritiers (Arrêt précité du 11 févr. 1880).

944. Il arrive souvent qu'un testateur lègue l'usufruit de tout ou partie de sa succession. Quel est le caractère d'un tel legs? Cette question, étudiée au *Rép.* n°s 3710 et suiv., fera l'objet d'un nouvel examen sous l'art. 1er de la sect. 4 du présent chapitre (V. *infrà*, n°s 956 et suiv.).

ART. 2. — *Droits et obligations du légataire à titre universel* (*Rép.* n°s 3714 à 3744).

§ 1er. — Demande en délivrance (*Rép.* n°s 3714 à 3734).

945. Le légataire à titre universel, comme tous les autres, acquiert, ainsi qu'on l'a vu au *Rép.* n° 3714, à partir du jour du décès, la propriété de ce qui lui est légué. Mais, à la différence du légataire universel, il n'est jamais saisi (*Rép.* n° 3715). Il est donc toujours tenu de demander la délivrance, et l'art. 1011 détermine qu'il devra s'adresser, pour l'obtenir, d'abord aux héritiers à réserve, puis au légataire universel, enfin, et à défaut, aux héritiers non réservataires. A défaut d'héritiers légitimes, il devrait diriger sa demande contre les successeurs irréguliers (*Rép.* n° 3719. Conf. Aubry et Rau, t. 7, § 720, p. 483, texte et note 1).

946. Sur la demande en délivrance, il faut, en principe, appliquer au légataire à titre universel toutes les règles que nous avons posées pour le légataire universel non saisi (V. *suprà*, n°s 902 à 906). Ainsi, malgré l'autorité d'un arrêt de la cour de Rennes du 20 janv. 1873 (aff. Lebreton, D. P. 76. 2. 17), aux termes duquel la veuve, légataire à titre universel de son mari, n'est pas tenue de former la demande en délivrance contre les héritiers réservataires de celui-ci, si elle est en possession des choses à elle léguées dès l'ouverture de la succession, et si elle a notifié aux héritiers l'intention où elle est d'accepter le legs à elle fait, nous répéterons ici que le fait de la possession ne saurait dispenser de la demande en délivrance (V. *suprà*, n° 902; Alger, 19 févr. 1875, aff. Schwilk, D. P. 77. 2. 83).

947. Le testateur lui-même ne saurait faire échec à la nécessité de la délivrance. « Cette règle est absolue; le testateur ne peut en affranchir le légataire, et toute disposition de sa part à ce sujet ne saurait avoir d'autre effet que de faire courir les fruits ou les intérêts de la chose léguée dès le jour de son décès, au profit de son légataire, en conformité du droit que lui réserve l'art. 1015 c. civ. » (Chambéry, 11 mars 1884, aff. Bally, D. P. 85. 2. 78).

948. Mais la délivrance peut être volontaire (V. *suprà*, n° 902, *in fine*). C'est par application de cette règle qu'il a été jugé que l'état d'indivision entre les héritiers et le légataire à titre universel n'empêche pas ceux entre qui il existe d'être en possession et n'exclut pas la délivrance volontaire du legs; que, par conséquent, le légataire a droit, pendant cette indivision, aux fruits et intérêts des biens de la succession (Req. 11 août 1874, aff. Echalié, D. P. 77. 5. 276).

949. Enfin, il faut appliquer aux legs à titre universel, aussi bien qu'aux legs universels, les règles relatives aux établissements publics gratifiés d'un legs. Ainsi, en vertu des principes ci-dessus posés (V. *suprà*, n° 904), bien que le légataire à titre universel soit obligé de demander la délivrance aux héritiers, et soit, par suite, privé de la saisine des choses léguées, l'existence de son droit, une fois la délivrance obtenue, remonte au jour du décès du testateur. Et il en est ainsi même à l'égard des établissements publics dont l'acceptation est soumise à l'autorisation du Gouvernement, la condition légale de l'autorisation ayant, lorsqu'elle vient à s'accomplir, un effet rétroactif au jour où le droit a pris naissance; en conséquence, lorsque le testateur a institué légataires à titre universel plusieurs personnes désignées et un établissement public, le partage opéré entre les premiers légataires et les héritiers, avant que l'établissement public ait obtenu l'autorisation du Gouvernement et ait demandé la délivrance de son legs, est nul à l'égard de cet établissement, qui peut demander qu'il soit procédé à une nouvelle liquidation de la succession; et si l'un des héritiers qui ont concouru sans droit à ce partage ne peut, à raison de son insolvabilité, rapporter la part qu'il a recueillie dans la succession, la perte qui en résulte doit être mise à la charge de toutes les parties ayant pris part au partage (Req. 8 févr. 1870, aff. de Saint-Pierre, D. P. 71. 1. 12).

§ 2. — Obligations du légataire à titre universel (*Rép.* n°s 3735 à 3744).

950. Le légataire à titre universel, comme le légataire universel, continue la personne du défunt. Aussi avons-nous admis au *Rép.* n° 3737 qu'il est tenu, même *ultra vires*, des dettes de la succession. Ce principe, dont nous avons étudié l'application en matière de legs universel (V. *suprà*, nos 929 et suiv.) a, depuis lors, été consacré par la cour de Montpellier, 9 juin 1869 (aff. Brieudes, D. P. 71. 1. 141), et par la chambre des requêtes, le 11 mai 1870 (*Ibid.*). — Toutefois, MM. Aubry et Rau, t. 7, § 723, p. 500, et Laurent, t. 14, nos 112 et suiv., conformément au système par eux admis à l'égard du légataire universel qui est en concours avec des héritiers réservataires (V. *suprà*, nos 935 et suiv.), soutiennent que le légataire à titre universel n'est tenu des dettes que dans les limites de son émolument.

951. Conformément à la doctrine exposée au *Rép.* no 3736, on s'accorde à reconnaître qu'il n'y a aucune distinction à faire, en ce qui concerne l'obligation du légataire à titre universel, entre les dettes mobilières et les dettes immobilières. Ainsi le légataire dont le legs porte sur l'universalité ou une quote-part du mobilier seulement, n'en est pas moins tenu, dans la proportion de son legs, des dettes immobilières; comme réciproquement, le légataire de tout ou partie des immeubles seulement est tenu, dans la même proportion, des dettes mobilières (Aubry et Rau, t. 7, § 723, p. 501. V. conf. Colmet de Santerre, t. 4, no 155 *bis*, II; Demolombe, t. 4, no 600).

952. La charge des dettes de la succession se répartit entre les héritiers et les légataires à titre universel dans la proportion de la part qui leur est dévolue dans la succession (c. civ. art. 871). Cette règle ne souffre-t-elle pas exception dans le cas où le légataire à titre universel se trouve spécialement chargé du payement de legs particuliers? Ce légataire ne serait-il pas fondé alors à prétendre que sa part contributoire doit être fixée d'après la quotité de biens qui lui restera déduction faite des legs qui la grèvent? L'affirmative a été soutenue par Toullier, t. 4, no 519, et M. Troplong, t. 4, no 1858. Si l'on suppose, par exemple, que le défunt, dont la succession s'élève à 30000 fr. d'actif, et est grevée d'un passif de 10000 fr., ait laissé deux héritiers et un légataire à titre universel du tiers, à la charge duquel il a mis un legs particulier de 5000 fr., ce légataire, d'après les auteurs précités, ne serait tenu des dettes que pour un cinquième (2000 fr.) parce que la part qu'il recueille effectivement (5000 fr.) comparée à celles des deux héritiers, ne constitue qu'un cinquième de la succession et qu'aux termes de l'art. 871, le légataire à titre universel ne contribue au payement des dettes que dans la proportion de son émolument. MM. Aubry et Rau combattent ce système et soutiennent avec raison, suivant nous, qu'en pareil cas, le légataire à titre universel, bien qu'il ne lui reste en définitive que la sixième partie de la succession, n'en doit pas moins supporter le tiers du passif (4000 fr.) En se servant du mot *émolument*, dans l'art. 871, « le législateur disent MM. Aubry et Rau, n'a voulu dire autre chose, si ce n'est que la part contributoire du légataire à titre universel se règle, non d'après la quotité de biens que le testateur lui a léguée, mais d'après celle qu'il est admis à recueillir eu égard à la présence d'héritiers à réserve avec lesquels il peut se trouver en concours. Le testateur, ajoutent-ils, peut incontestablement mettre le payement d'un legs particulier à la charge du légataire à titre universel. Or, si la portion contributoire des héritiers aux dettes de la succession pouvait être augmentée en raison de cette circonstance, ils contribueraient indirectement à l'acquittement du legs particulier, et leur position se trouverait la même que si le testateur avait laissé ce legs à la charge de la succession tout entière, ce qui serait manifestement contraire à son intention ».

953. Le testateur peut dispenser le légataire à titre universel de contribuer ainsi aux dettes et charges de la succession. Dans cette hypothèse, suivant qu'il s'agira d'une charge héréditaire ou d'une charge personnelle au légataire, celui-ci en sera ou non dispensé. Par exemple, les droits de mutation, ainsi que les frais d'enregistrement et d'expédition du testament, constituent, non une dette de la succession, mais une charge personnelle des légataires, à raison des biens légués à chacun d'eux, tandis que, par exemple, les honoraires du notaire rédacteur du testament sont une dette de l'hérédité. Il en résulte que la clause testamentaire par laquelle le défunt a affranchi l'un de ses légataires à titre universel de toute contribution aux dettes de la succession, n'empêche point que ce légataire ne soit seul tenu au payement de la portion tant des droits de mutation que des frais d'enregistrement et d'expédition du testament, afférente à son legs, et ne puisse pas en répéter le montant contre les héritiers ou les autres légataires; tandis que les honoraires du notaire rédacteur du testament étant, au contraire, une dette de l'hérédité, ne doivent pas être supportés par le légataire à titre universel, qu'une clause de ce testament a affranchi de toute contribution aux dettes de sa succession (Nîmes, 17 juin 1856, aff. Castan, D. P. 57. 2. 129).

954. Il faut aussi distinguer des charges générales de la succession les charges spéciales qui grèvent la quotité particulière, léguée à titre universel. Ainsi la cour de Nîmes, ayant jugé que le service d'une rente foncière en nature de grains constitue une charge de la jouissance de l'immeuble qui en est grevé, en a conclu que le légataire à titre universel de l'usufruit d'un immeuble assujetti à une telle rente est seul tenu de la servir, encore que le défunt l'ait affranchi, par une clause testamentaire, de toute contribution aux dettes de sa succession (Arrêt du 17 juin 1856, cité *suprà*, no 953).

955. En ce qui concerne la charge des legs, on a admis au *Rép.* no 3741, conformément à l'opinion de Duranton, que l'héritier réservataire, qui se trouve en concours avec un légataire à titre universel, ne supporte la charge des legs particuliers que proportionnellement à la quote-part de biens qu'il recueille sur la quotité disponible. Cette solution a été admise également par MM. Saint-Espès-Lescot, *Donations et testaments*, t. 4, no 1406, et Colmet de Santerre, t. 4, no 156 *bis*. Mais elle est combattue par MM. Demolombe, t. 4, no 606, et Aubry et Rau, t. 7, § 723, p. 502 et 503. Ces auteurs estiment que l'héritier à réserve est tenu de contribuer aux dettes en proportion de sa part héréditaire tout entière. — Suivant M. Demolombe, le texte même de l'art. 1013 justifierait cette dernière opinion. « L'art. 1013, dit-il, suppose le cas où l'héritier à réserve, en concours avec un légataire à titre universel, recueille dans la succession, comme héritier *ab intestat*, une part plus forte que sa réserve; et, dans cette hypothèse, que décide-t-il? que le légataire sera tenu d'acquitter les legs particuliers *par contribution* avec l'héritier; or ces mots, appliqués au cas prévu par le texte, nous paraissent signifier que l'héritier est tenu d'y contribuer en raison de la part qu'il conserve dans la succession, par l'effet de sa vocation héréditaire; de même que, réciproquement le légataire est tenu d'y contribuer en raison de la part qu'il y prend par l'effet du testament. » Le même auteur répond de la manière suivante à l'objection tirée de ce que la quotité disponible peut seule être grevée de legs : « Cette règle est vraie sans doute, en ce sens que la réserve ne peut être entamée par les legs; et il est incontestable que, dans le cas où les legs épuisent la quotité disponible, l'héritier à réserve n'est, en aucune façon, tenu d'y contribuer... Mais l'héritier, même réservataire, qui recueille dans la succession une part plus forte que sa réserve, n'a pas deux titres : l'un, en vertu duquel il recueillerait sa réserve, l'autre, en vertu duquel il recueillerait la portion disponible... L'héritier réservataire n'a qu'un titre unique, celui d'héritier *ab intestat*; et dès que sa réserve n'est pas entamée, il ne saurait l'invoquer en aucune manière... Il n'y a pas lieu de parler de réserve là où l'héritier réservataire recueille dans la succession, une portion plus forte que sa réserve ».

SECT. 4. — DU LEGS A TITRE PARTICULIER (*Rép.* nos 3745 à 4021).

ART. 1er. — *Caractères du legs particulier. — Quelles choses peuvent être la matière d'un legs particulier* (*Rép.* nos 3746 à 3809).

956. Tous les legs auxquels ne s'applique ni la définition des legs universels, ni la définition des legs à titre universel, telles qu'elles sont données par les art. 1003 et 1010, sont des legs à titre particulier (art. 1010). Ici encore, c'est à l'intention du testateur qu'il faut s'en référer pour déterminer le caractère du legs plutôt qu'aux expressions souvent vicieuses dont il a pu se servir. Il ne suffit pas pour instituer un légataire universel que le testateur lui ait donné ce titre et ait eu l'intention de lui conférer cette qualité; il est nécessaire, en outre, que le legs réunisse les caractères déterminés par la loi pour le legs universel, et que la vocation, fût-ce éventuelle, à l'universalité des biens du *de cujus* est une condition *sine quâ non* de l'existence d'un legs universel (Rennes, 30 mai 1881, aff. Fontenau, D. P. 81. 2. 215); en conséquence, si un legs porte exclusivement sur des objets déterminés quelle que soit la dénomination qui lui ait été donnée dans le testament, et alors même que le testateur a qualifié l'institué de légataire universel et a eu l'intention de lui conférer cette qualité, c'est un legs particulier, et il importe peu que le bénéficiaire du legs ait pris lui-même le titre ou ait fait acte de légataire universel (Même arrêt). — V. aussi *suprà*, n° 884.

957. Les juges ont sur ce point un pouvoir souverain d'appréciation, et il a été jugé : 1° que le legs d'immeubles déterminés dont l'énumération est suivie des mots « enfin de tous les biens dont je n'ai pas disposé », a pu être considéré comme un legs particulier, auquel n'accroissent pas les autres legs immobiliers frappés de caducité, lorsqu'il résulte des termes du testament que, par ces expressions, le testateur a entendu, non pas ajouter au legs une disposition additionnelle et extensive, mais énoncer simplement le fait que les immeubles qu'il léguait n'étaient point compris dans les autres dispositions du même testament (Civ. rej. 25 avr. 1860, aff. Roux, D. P. 60. 1. 230); — 2° Que la décision par laquelle les juges du fait, interprétant les termes d'un testament, ont qualifié « legs particulier » le legs d'objets spécialement désignés, quoiqu'embrassant les successions paternelle et maternelle du testateur avec les bénéfices d'une société existant entre lui et le légataire, est souveraine et échappe à la censure de la cour de cassation; et qu'il en est de même de la décision par laquelle les juges du fait ont décidé, d'après l'intention du testateur et les termes du testament, que l'héritier à réserve ne pouvait réclamer à la fois sa réserve et la somme fixe à laquelle le testateur avait évalué les biens de sa succession, et qu'il devait opter entre ces deux demandes (Req. 21 nov. 1871, aff. Depraz, D. P. 71. 1. 255); — 3° Que la disposition par laquelle le testateur lègue à chacun de ses quatre légataires un quart des immeubles qu'il laissera, autres que certains immeubles qu'il spécifie, peut par interprétation de volonté être considérée comme constituant un legs particulier, et non un legs à titre universel (Rouen, 17 nov. 1873) (1); — 4° Que la disposition insérée dans un testament à la suite de divers legs d'immeubles spécialement désignés, par laquelle le testateur déclare léguer tous ses immeubles non spécifiés dans les dispositions précédentes, y compris ses droits dans un bien déterminé, et, de plus, une somme d'argent, peut être considérée, par interprétation de la volonté du disposant, comme constituant non pas un legs à titre universel, mais un legs particulier (Req. 2 déc. 1878, aff. Lachot, D. P. 80. 1. 103).

958. Le legs du *mobilier* doit-il être considéré comme comprenant l'universalité de tous les biens meubles appartenant au testateur, et constitue-t-il, dès lors, un legs à titre universel? — On a vu au *Rép.* n° 3985 et suiv. que la jurisprudence était assez indécise sur l'interprétation de ces mots : mobilier, meubles, etc., lorsqu'elle les rencontrait dans un testament. La cour de Grenoble, le 25 janv. 1873 (aff. Teisseire, D. P. 73. 2. 114), a posé le vrai principe, en jugeant que la règle d'interprétation de l'art. 535 c. civ. n'est pas impérative, et n'est, en matière testamentaire surtout, qu'une présomption qui peut céder à d'autres présomptions, tirées, soit du testament, soit des circonstances antérieures rapprochées des termes du testament. En conséquence, le legs de tout le mobilier que le testateur laissera dans un lieu déterminé peut être entendu en ce sens qu'il ne comprend pas les titres de créance, l'art. 535 c. civ. devant être laissé de côté dans la recherche de la volonté du défunt (Agen, 6 mars 1860) (2). De même, la disposition par la-

(1) (Bouveret C. Nouvel et Chatel.) — Le 4 mai 1872, jugement du tribunal civil de Louviers, ainsi conçu : — « Attendu que par testament olographe en date, à Louviers, du 29 juill. 1867, Adélaïde Dautresme a déclaré instituer pour ses légataires universels : Marie Bouveret, Blanche Bouveret et Léon Bouveret, à la charge de différents legs énumérés audit testament, et notamment, du legs à Ovide Chatel, de quatre hectares de terre labourable, à son choix, dans la pleine d'Écrosville, et aussi du legs fait à Eugène Chatel, à Eugène Forment, à la dame Manchon et à la dame Langlois, pour chacun un quart des immeubles qu'il laisserait à son décès, autres que ceux donnés à Ovide Chatel, et ceux situés sur le territoire de Louviers, réservés à ses légataires universels; — Attendu que, par un codicille en date, à Louviers, du 20 juill. 1870, le testateur, rectifiant le testament, a déclaré révoquer le legs particulier fait à Eugène Forment et aux dames Manchon et Langlois, et faire le même legs à la fille aînée de la dame Manchon, à la fille aînée d'Eugène Forment et au fils aîné de la dame Langlois, toutes autres dispositions était maintenues; — Attendu que la dame Nouvel, Eugène Chatel, Pierre Langlois, au nom d'Étienne Langlois, son fils mineur, et Eugène Forment, au nom de Félicie Forment, sa fille mineure, ont formé contre les légataires universels une action en délivrance des legs faits à leur profit dans le testament et dans le codicille susénoncés; — Attendu que les légataires universels consentent la délivrance des legs, mais en tant qu'ils seront considérés comme legs à titre universel, et que les demandeurs en délivrance contribueront aux dettes de la succession; — Que la question soumise au tribunal est donc de savoir si le legs conjoint, faisant l'objet de la contestation, est un legs à titre universel ou un legs particulier; — Attendu que, suivant la définition donnée par le législateur dans l'art. 1010 c. civ., le legs à titre universel est celui par lequel le testateur lègue une quote-part de ses biens, ou tous ses meubles, ou tout son mobilier; qu'il suit de là que le legs est à titre universel lorsqu'il a pour objet une fraction de l'universalité, et que le caractère de ce legs se détermine surtout par les effets qu'il peut éventuellement produire, et par la vocation incontestable du légataire à tous les biens légués *par modum universitatis;* — Et attendu que c'est la volonté du testateur qui décide du legs; — Qu'on doit rechercher si la formule employée est l'expression exacte de la volonté et correspond au caractère apparent de la disposition; — Qu'il faut tenir compte, d'ailleurs, de l'ensemble du testament et de l'enchaînement des idées qui l'ont dicté; — Qu'il ne paraît pas douteux que le testateur peut, sans altérer le caractère du legs à titre universel, distraire de la quote-part léguée certains immeubles déterminés, mais à la condition qu'il y aura expressément ou implicitement vocation éventuelle du légataire à tous les immeubles composant cette quote-part; — Or, attendu que l'économie du testament, la place qu'occupe le legs conjoint, la forme dans laquelle ce legs est attribué, révèlent chez le testateur l'intention de ne faire que deux catégories de legs, un legs universel et des legs à titre particulier; — Que, loin d'appeler éventuellement les légataires conjoints à l'universalité de la quote-part, Dautresme a formellement et expressément exclu l'immeuble à prendre à Escroville et les immeubles situés à Louviers; — Qu'il a d'ailleurs qualifié lui-même dans le codicille les legs faits aux demandeurs de legs particuliers, et qu'ils doivent être considérés comme tels; — Par ces motifs, dit que les legs attribués aux demandeurs par Adélaïde Dautresme dans le testament du 29 juill. 1857 et le codicille du 20 juill. 1870 sont des legs à titre particulier, qu'ils sont exempts de toute contribution aux dettes et charges ». — Appel par les consorts Bouveret. — Arrêt.

LA COUR; — Adoptant les motifs des premiers juges; — Confirme.

Du 17 nov. 1873.-C. de Rouen, 1re ch.-MM. Massot, 1er pr.-Hardouin, av. gén.-Desseaux et Decorde, av.

(2) (Chaudarié C. Dubos.) — LA COUR; — Attendu qu'après avoir, dans son testament olographe du 14 janv. 1858, légué à Henriette Chaudarié, sa servante, 200 fr. par an pour se loger, et 500 fr. de pension viagère, le sieur Laboute a encore disposé en sa faveur dans le même acte de la manière suivante : « Je lui donne en toute propriété tous mes meubles et objets mobiliers de quelque nature qu'ils soient qui se trouveraient dans ma maison à mon décès, sans que personne ait le droit de rien toucher, ni demander »; qu'il s'agit de savoir si ce legs embrasse les lettres de change, titres ou créances qui existaient dans la maison de Laboute, à l'ouverture de sa succession; — Attendu qu'il est bien vrai que, d'après l'art. 535 c. nap., les créances et généralement tout ce qui n'a pas le caractère d'immeuble est compris sous la dénomination d'*effets mobiliers;* mais qu'il est permis de douter que dans la pensée des testateurs, qui souvent ne connaissent pas la signification légale de ces mots, une telle locution renferme un sens aussi étendu que celui qui leur est donné par la disposition précitée; que beaucoup de personnes, en léguant leurs objets mobiliers, n'entendent point léguer leurs créances, mais seulement les choses qui servent à l'usage des appartements et de la personne; que c'est là l'acception usuelle et pratique des mots *effets mobiliers*, et le législateur lui-même, dans l'art. 948 c. nap., et dans les art. 986 et 989 c. proc. civ., leur a donné une signification bien plus restreinte que dans l'art. 535; qu'il faut reconnaître que les termes *effets mobiliers* cessent d'avoir une étendue aussi grande, lorsqu'ils sont joints à une disposition restrictive; que cette restriction peut résulter, comme dans l'espèce actuelle, de la désignation du lieu où existent les objets légués; que les créances n'ont pas une assiette assez fixe et constante pour qu'on

quelle un testateur lègue « en toute propriété tout son mobilier, n'importe où il se trouve », peut, par interprétation de sa volonté, être restreinte aux meubles meublants (Grenoble, 25 janv. 1873, précité). De même encore, la disposition par laquelle un testateur indique qu'il lègue à une personne l'usufruit de tous ses biens et la propriété de son mobilier, doit s'entendre en ce sens que la propriété du mobilier servant à la personne du légataire seule a été léguée, et non la propriété de tous les biens meubles (Dijon, 30 déc. 1869, aff. Georges, D. P. 74. 5. 307).

De pareilles décisions sont-elles soumises au contrôle de la cour de cassation? La chambre des requêtes, le 28 janv. 1862 (aff. de Lénardière, D. P. 62. 1. 226), a fait sur ce point une distinction capitale: « lorsque l'intention du testateur est en dehors du débat, et qu'il ne s'agit que de déterminer la nature et le caractère légal de la disposition contestée, il appartient essentiellement à la cour de cassation de statuer sur un pareil litige; mais il en est autrement lorsque la décision attaquée repose, non sur l'appréciation du caractère légal d'un testament, mais sur l'intention du testateur; la recherche de cette intention ne relève pas plus de la juridiction de la cour de cassation que celle de l'intention qui a présidé à un contrat, la solution, quelle qu'elle soit, ne pouvant, dans l'une et l'autre hypothèse, impliquer qu'un mal jugé, et non une violation de la loi ». Ainsi l'expression « mobilier » employée dans un testament n'est soumise à l'appréciation de la cour de cassation que lorsque les juges du fond se sont basés exclusivement, pour en déterminer la portée, sur les dispositions de loi qui définissent le sens de cette expression, sans déclaration de la volonté du testateur; et l'arrêt qui comprend dans cette expression tout ce qui est censé meuble d'après la loi, quoiqu'elle ne soit pas employée seule, et que, par exemple, le testateur l'ait fait suivre des mots : « soit argent, argenterie, meubles », contient une décision souveraine qui échappe au contrôle de la cour de cassation, lorsqu'il a pour base, non la qualification légale du mot *mobilier*, mais l'interprétation de la volonté du testateur (Même arrêt).

959. Faut-il voir un legs particulier ou un legs à titre universel dans celui qui porte sur une universalité quelconque, autre que la succession du testateur? La doctrine et la jurisprudence s'accordent à reconnaître également que le legs d'une universalité quelconque, telle qu'une succession, une part d'associé, etc., n'est qu'un legs à titre particulier (Grenier, n° 288; Duranton, t. 9, n°s 230 et 231; Toullier, n° 510; Pothier, *Donations et testaments*, chap. 2, sect. 152; Proudhon, *De l'usufruit*, t. 4, n°s 1845 et suiv.; Chabot, *Des successions*, sur l'art. 871, n° 1; Aubry et Rau, t. 7, § 714, texte et note 18, p. 467; Demolombe, t. 4, n°s 531 et suiv.; *Rép.* n°s 3698 et suiv.). En présence d'un testament ainsi conçu : « Je donne tout ce qui me restera au jour de mon décès dans la communauté », le tribunal de Soissons a très exactement remarqué: « que l'art. 1010 c. civ. ne considère comme fait à titre universel que les legs portant sur une quote-part de la portion disponible ou une quotité fixe de tous les immeubles ou de tout le mobilier, tous les autres legs étant des legs particuliers; que le texte légal, voulant une portion de l'universalité, ne peut évidemment s'appliquer ici, ni concorder avec les expressions ci-dessus citées »; et il a jugé, en conséquence, que le legs de l'émolument devant revenir au testateur dans la communauté de biens d'entre lui et sa femme, constitue un legs particulier et non un legs à titre universel, alors surtout que la disposition testamentaire impose au bénéficiaire la charge de payer les dettes contractées par le testateur en dehors de la communauté (Trib. Soissons, 29 juill. 1868, aff. Herbin, D. P. 71. 3. 94). La chambre civile a rendu une décision analogue, dans une espèce où le testament était ainsi conçu : « Je désire que rien ne soit changé à la disposition que je vais prendre. En conséquence, ne sachant pas quel peut être le résultat que j'ai dans la maison D. Valantin, qui m'a procuré de quoi y avoir une mise et d'y ajouter mon nom, je prie instamment ceux qui croient avoir des droits dans ma succession de laisser mon oncle Durand Valantin, que je ne sais comment remercier de tout ce qu'il a fait pour moi, disposer comme bon lui semblera de tout ce qui figure en mon nom dans la maison D. et B. Valantin, parce que je pense que c'est une juste restitution ». La cour du Sénégal, le 20 oct. 1865 (aff. Valantin, D. P. 68. 1. 324), avait vu là un legs universel, en se fondant sur diverses considérations de fait qui paraissaient impliquer chez le testateur l'intention de laisser au légataire toute sa fortune; mais la chambre civile, en cassant cet arrêt, a formellement décidé que le legs par lequel un testateur dispose uniquement, et en termes formels, de sa part d'associé dans une maison de commerce, est un legs à titre particulier, et ce par ces motifs, qui semblent à l'abri de toute critique, que la disposition de dernière volonté dont il s'agissait dans l'espèce ne comprenait ni l'universalité des biens du testateur, ni une quote-part de cette universalité, qu'elle portait uniquement et en termes formels sur la part d'intérêt du testateur dans une maison de commerce à laquelle le testateur était associé, et invitait ceux qui croiraient avoir droit à la succession dudit testateur à laisser le légataire disposer comme bon lui semblerait de ce qui faisait l'objet du legs; « qu'une telle disposition est essentiellement constitutive d'un legs à titre particulier, comme portant sur une chose déterminée; qu'elle ne saurait, dès lors, être réputée avoir les caractères et les effets d'un legs universel, ni sous le prétexte que, à sa date, son auteur n'aurait pas eu d'autres biens, ni sous le prétexte qu'il aurait eu l'intention de disposer de l'universalité de ses biens en faveur de son légataire, alors que cette prétendue intention, inconciliable avec une disposition essentiellement constitutive d'un legs particulier, ne s'est point manifestée, en dehors des termes de cette disposition, dans les formes déterminées par la loi » (Civ. cass. 15 juin 1868, même affaire, D. P. 68. 1. 324).

960. Reste la grave question de savoir quel est le caractère du legs portant sur l'usufruit d'une quote-part ou même de l'universalité des biens du testateur. Nous avons vu *suprà*, n° 888, qu'on est à peu près d'accord pour refuser à ce legs le caractère d'un legs universel. Mais la lutte est, au contraire, très vive entre ceux qui le considèrent comme un legs à titre universel, et ceux qui n'y voient qu'un legs à titre particulier.

Le système suivant lequel le legs en usufruit de la totalité ou d'une quote-part de l'hérédité constitue un legs *à titre universel*, a été soutenu comme on l'a vu au *Rép.* n° 3710 par Duranton et par Troplong. Mais la jurisprudence s'est généralement montrée peu favorable à cette

les répute nécessairement meubles de la maison où se rencontrent les titres qui les constatent; — Attendu, en tous cas, qu'il est de principe que pour apprécier le sens et la portée d'une clause testamentaire, on doit s'attacher moins aux termes de l'acte qu'à l'intention et à la volonté du testateur; qu'il appartient, dès lors, aux magistrats de rechercher, soit dans le contexte du testament, soit dans les autres éléments de la cause, si l'auteur de la disposition a entendu employer les mots *effets mobiliers* dans le sens de la définition dont parle l'art. 535; — Attendu, en fait, que Laboute, décédé le 14 nov. 1858, n'avait aucune créance dans sa maison ni ailleurs, lorsqu'il a fait son testament; qu'il a légué tous ses immeubles présents et à venir à l'église consistoriale de Tonneins; que les titres de créance trouvés à son décès dans sa maison provenaient du prix de ventes d'immeubles, toutes opérées postérieurement à son testament dans les derniers temps de sa vie, et dont le prix a servi en majeure partie à l'achat d'autres immeubles; que l'importance du surplus du prix, comparativement à la valeur des legs faits à Henriette Chaudarié, ne permet pas de supposer que Laboute eût disposé en sa faveur du restant de ces créances par prétérition, et sans les mentionner d'une manière nominative et non équivoque dans un écrit quelconque; que ce qui porte encore à penser qu'il n'a pas voulu les comprendre dans le legs d'effets mobiliers, c'est qu'il a été déclaré par Henriette Chaudarié, amplement du reste rémunérée par son maître, que Laboute, sur le point de mourir, lui avait fait remise et don de deux billets pris dans la maison, et valant plus de 2000 fr., don complètement inutile, si par son testament Laboute eût déjà légué à Henriette tous ses titres de créance; qu'enfin, s'il pouvait rester quelque doute sur la véritable intention du testateur, et sur le sens qu'il attachait aux mots *effets mobiliers*, le doute, d'après la loi et l'équité, devrait être interprété en faveur des héritiers du sang, sœurs du disposant, qui ne sont pas sans doute nommées dans le testament, mais dont Laboute, en définitive, ne paraît pas avoir jamais eu à se plaindre; — Par ces motifs, confirme le jugement du tribunal civil de Marmande, etc.

Du 6 mars 1860.-C. d'Agen.-MM. Sorbier, 1er pr.-Drême, av. gén.

opinion. A la vérité, quelques arrêts de la cour suprême ont qualifié de legs à titre universel le legs de l'usufruit constitué sur l'ensemble ou sur une quote-part de la succession; mais on donne peut-être aux arrêts cités une portée qu'ils ne comportent pas. En effet, dans les deux arrêts de cassation rendus par la chambre civile les 7 août 1827 (*Rép.* n° 3596) et 5 mai 1856 (aff. Guilbert, D. P. 56. 1. 218), la préoccupation principale de la cour paraît avoir été de repousser la qualification de légataire universel qu'on voulait attribuer à un simple légataire d'usufruit; et dans l'arrêt de la chambre des requêtes du 8 déc. 1862 (aff. de Lapanouze, D. P. 63. 1. 73), où il s'agissait de savoir si l'héritier légitime, actionné en délivrance par des légataires particuliers, avait le droit de mettre en cause le légataire de l'usufruit général des biens du défunt, la chambre des requêtes, pour justifier la validité de cette mise en cause, a invoqué comme argument principal un motif qui conserverait toute son autorité dans le cas où l'usufruitier général serait définitivement tenu pour un simple légataire à titre particulier. Cette remarque faite par le tribunal de Langres, le 4 déc. 1872 (aff. Petitjean, D. P. 74. 1. 457. V. *infrà*, n° 963) se retrouve chez MM. Aubry et Rau, t. 7, § 714, note 19, p. 469; et ce qui en vérifie l'exactitude, c'est que ces arrêts, tout en énonçant le principe auquel ils s'arrêtent, négligent de formuler les arguments qui seraient de nature à le justifier.

Ces arguments, quand ils ont été produits, ont été tirés des art. 611 et 612 c. civ., ainsi conçus : « L'usufruitier à titre particulier n'est pas tenu des dettes auxquelles le fonds est hypothéqué. L'usufruitier universel ou à titre universel doit contribuer avec le propriétaire au payement des dettes. » De là, deux arguments distincts.

L'un est tiré de l'emploi des expressions : usufruitier universel, à titre universel, à titre particulier, et des termes semblables que l'on rencontre dans l'art. 942 c. proc. civ. : « légataire universel ou à titre universel, soit en propriété, soit en usufruit ». — Cet argument est sans portée, et le tribunal de Langres, le 19 déc. 1878 (aff. Pelletier, D. P. 80. 2. 124), dans un jugement qui a été confirmé par arrêt de la cour de Dijon du 14 juill. 1879 (*Ibid.*), sur lequel nous aurons à revenir (V. *infrà*, n° 963), a fort bien indiqué « que le législateur, en qualifiant, dans ces articles, l'usufruitier : légataire universel, à titre universel ou à titre particulier, a voulu seulement exprimer sa pensée d'une manière laconique (l'art. 1010 en fait foi), et non point formuler une définition juridique qu'il devait donner au siège même de la matière et par un texte tout spécial ». A l'appui de cette considération, le même jugement remarque avec beaucoup de justesse « que ce n'est pas seulement dans les articles susvisés que le législateur, pour s'exprimer plus brièvement, a sacrifié la propriété de l'expression; en effet, l'art. 1422 c. civ. prohibe les donations entre vifs universelles, alors pourtant que, si l'on prend les termes employés dans leur acception juridique, ces sortes de donations ne sont pas possibles, car nul, tant qu'il vit, ne peut avoir une universalité à sa disposition ».

L'autre argument consiste en ce que l'usufruitier dit universel ou à titre universel est tenu, aux termes de l'art. 612, d'une contribution aux dettes semblable à celle que les art. 1009 et 1012 imposent au légataire universel ou à titre universel. C'est encore là faire abus des mots. Comme l'a fort bien dit la cour d'Agen, « si le légataire universel ou à titre universel est tenu personnellement des dettes, il n'en est pas de même de l'usufruitier; la contribution aux dettes, à laquelle il est astreint par l'art. 612, n'est pas une obligation personnelle dont les créanciers de la succession puissent poursuivre l'exécution contre lui; ce n'est qu'une charge dont l'usufruitier est grevé au profit du nu-propriétaire, et qui n'a d'autre résultat que de faire subir à l'usufruitier un retranchement proportionnel sur les revenus des biens soumis à sa jouissance; ce n'est pas une véritable contribution au payement des dettes » (Agen, 19 déc. 1866, aff. Devèze-Sirvain, D. P. 67. 2. 5); et, pour emprunter les expressions de la cour de Dijon, dans son arrêt du 14 juill. 1879 (aff. Pelletier, D. P. 80. 2. 124), puisées presque textuellement dans Proudhon, *Usufruit*, t. 1, n° 475, « la loi, en réglant au regard du nu-propriétaire seulement sa part contributive aux dettes de la succession, ne l'astreint qu'à la privation d'une partie de sa jouissance correspondant aux intérêts des dettes, ne lui impose aucune obligation pour le payement du capital, et ne le soumet à aucune action personnelle de la part des créanciers héréditaires ».

961. Ainsi les partisans de ce premier système ne peuvent se prévaloir d'aucun argument décisif. Bien au contraire, ils se heurtent aux objections les plus graves. Si l'on attribue la qualité de légataire universel au légataire en usufruit de tout ou partie de l'hérédité, on en fait un continuateur de la personne du défunt, et, partant, un débiteur personnel de ses créanciers, *ultra vires*, ce qui est inadmissible. Ajoutons, avec MM. Aubry et Rau, t. 7, § 714, note 19, p. 468, que l'usufruit, droit réel sur la chose d'autrui, et droit temporaire, répugne à la transmission à titre universel. Cette argumentation est décisive, et la cour de Rennes, le 15 janv. 1880 (aff. Le Saux, D. P. 81. 2. 114), l'a résumée en des termes qui ne laissent plus de place à la controverse : « Le successeur universel ou à titre universel est celui qui, dans une proportion plus ou moins considérable, représente la personne du défunt, celui qui est appelé à recueillir, à un moment donné, la totalité ou une quote-part de la succession, pour en jouir et en disposer comme le *de cujus* lui-même, celui, en un mot, qui est propriétaire, créancier et débiteur à la place du défunt; mais il est impossible de considérer comme représentant la personne du testateur le simple usufruitier, qui n'a que le droit de jouir des biens dont la propriété est à un autre, qui ne peut ni en disposer, ni les dénaturer, et dont la jouissance même est essentiellement temporaire et incertaine. Le legs d'usufruit, si étendu qu'on le suppose, ne conférant qu'un droit réel sur les biens de la succession, laisse ces biens eux-mêmes dans la propriété de cette succession; il ne transmet au légataire aucun droit ni à l'universalité des biens du testateur, ni à une quote part de cette universalité, ni aux immeubles, ni aux meubles, ni à une quote-part des immeubles ou des meubles. Ne rentrant ni dans les prévisions de l'art. 1003, ni dans celles de l'art. 1010, § 1er, un tel legs tombe nécessairement sous l'application de l'art. 1010, § 2 : « Tout autre legs ne forme qu'une disposition à titre particulier. » Ce dernier argument tiré de l'art. 1010 est, à notre sens, péremptoire.

962. Aussi la doctrine est-elle aujourd'hui à peu près unanime à ne voir dans le légataire en usufruit de tout ou partie de la succession qu'un simple légataire à titre particulier (V. outre les auteurs cités au *Rép.* n° 3711 : Duvergier sur Toullier, t. 3, n° 432, p. 175, note *a*; Bayle-Mouillard sur Grenier, *Donations et testaments*, t. 2, p. 625; Saint-Espès-Lescot, t. 4, n° 1381; Aubry et Rau, t. 7, p. 468, note 19; Demolombe, *Usufruit*, t. 2, n° 258; Laurent, t. 13, n° 126).

963. Quant à la jurisprudence, à part les décisions sus-relatées de la chambre civile, qui, d'ailleurs, n'ayant pas eu à se prononcer sur la question spéciale que nous examinons, ne sauraient être considérées comme l'ayant résolue, on peut dire que les cours d'appel, et même la chambre des requêtes, sont unanimes en faveur du second système. On trouve des applications intéressantes de ce principe dans les arrêts cités au *Rép.* n° 3711, et dans les suivants, qui ont jugé : 1° que celles des dettes de la succession qui existent au profit de l'héritier légitime se trouvent éteintes par confusion, le passif, en cas pareil, pesant exclusivement sur ce dernier; que le légataire universel ou à titre universel de l'usufruit ne peut, dès lors, être astreint à payer, dans la proportion de son usufruit, conformément à l'art. 612 c. civ., les intérêts des dettes ainsi frappées d'extinction (Bordeaux, 19 févr. 1853, aff. Marteau, D. P. 54. 2. 146); — 2° Que le légataire de l'usufruit portant sur tous les biens ou sur une quote-part des biens du testateur n'est pas tenu personnellement des dettes de la succession; et que, dès lors, les créanciers héréditaires sont sans intérêt, s'il a renoncé à son legs, à le faire déclarer déchu du bénéfice de sa renonciation et obligé envers eux en qualité de successeur universel, à raison, par exemple, de faits impliquant acceptation du legs, ou d'actes de détournement dans le sens des art. 774, 778 et 792 c. civ. (Nîmes, 22 déc. 1866, aff. Tressaud, D. P. 68. 2. 13); — 3° Que la contribution aux dettes, à laquelle le légataire en usufruit d'une quote-part des biens est astreint par l'art. 612 n'est qu'une charge dont il est grevé au profit du nu-propriétaire, et n'a d'autre résultat que de lui faire subir un retranchement proportionnel sur les revenus des biens soumis à sa jouissance (Agen, 19 déc. 1866, aff. Devèze-Sirvain, D. P. 67. 2. 5); — 4° Que le bénéficiaire d'un legs d'usufruit, même étendu à une universalité de biens, ne peut être actionné par les légataires particuliers en payement des legs à eux faits par le *de cujus*. Mais le légataire universel chargé d'acquitter les dettes de la succession peut, dans un but de libération personnelle, et même en l'absence de toute réclamation de la part des légataires particuliers, actionner le conjoint survivant, usufruitier par contrat de mariage et détenteur de toutes les valeurs composant la succession, en payement de ces legs particuliers, ou consignation aux mains du légataire universel d'une somme suffisante pour assurer ce payement (Orléans, 13 févr. 1869, aff. Chauvin, D.P. 69.2.109); — 5° Que la femme légataire de l'usufruit de tous les biens de son mari n'est point garante des engagements pris par le testateur, et peut poursuivre la nullité d'un don manuel fait par celui-ci en fraude de la loi et au préjudice de la communauté, sans qu'on puisse lui opposer l'exception de garantie (Trib. Langres, 19 déc. 1878, et Dijon, 14 juill. 1879, aff. Pelletier, D. P. 80. 2. 124); — 6° Que le retrait successoral peut être exercé contre le mari qui, légataire de l'usufruit de tous les meubles et immeubles de sa femme, s'est rendu cessionnaire de droits héréditaires dans la succession de celle-ci (Rennes, 15 janv. 1880, aff. Le Saux, D. P. 81. 2. 114). — En terminant, nous signalerons d'une façon toute spéciale un remarquable jugement du tribunal de Langres du 4 déc. 1872 (aff. Petitjean, D. P. 74. 1. 457), statuant en matière d'enregistrement, qui présente ce double intérêt d'abord de contenir un exposé complet de la controverse, et secondement d'avoir reçu l'approbation, au moins implicite, de la chambre des requêtes, le 8 juill. 1874 (*Ibid.*), dans le seul arrêt qu'elle ait rendu en la matière.

964. Pour qu'un legs soit valable à titre de legs particulier, il ne suffit pas qu'il réunisse les caractères d'un tel legs; il faut en outre, comme on l'a vu au *Rép.* nos 3746 et suiv., que la chose léguée puisse être la matière d'un legs particulier. Ainsi, nous avons vu au *Rép.* n° 3757 que l'art. 1021 prohibe, en principe, le legs de la chose d'autrui (Aubry et Rau, t. 7, § 675 et 676, p. 151 à 156). La cour de cassation (Civ. cass. 24 mars 1869, aff. Bureau de bienfaisance de Mantilly, D. P. 69. 1. 351) a fort bien précisé que cette nullité suppose que le disposant n'avait aucun droit, même éventuel, sur la chose léguée. Une testatrice avait légué un champ, en déclarant qu'elle ne possédait ce champ qu'à titre de possession plus que trentenaire, qu'elle ne voulait pas se servir de cette prescription pour en acquérir la propriété, et qu'elle entendait qu'il fût restitué au propriétaire légitime ou à ses ayants cause, en cas qu'ils en fissent la réclamation en temps opportun, après son décès. La chambre civile, dans l'arrêt précité, déclare que cette reconnaissance de la propriété et cette renonciation à la prescription sont exclusivement relatives à celui contre lequel la testatrice disait avoir prescrit; qu'à l'égard de tous autres, elle a conservé entiers les droits attachés à la possession, droits qui ont fait partie de son patrimoine, et qu'elle a pu transmettre à ses héritiers ou légataires, sous telles conditions et charges licites qu'il lui a plu de leur imposer, et, en conséquence, le legs a été maintenu.

965. L'art. 1021 s'oppose-t-il à la validité d'un legs portant sur une chose dont le testateur n'est que copropriétaire indivis? Nous avons, au *Rép.* nos 3780 à 3787, répondu sans peine à cette question, dans le cas où l'indivision porte spécialement et isolément sur la chose léguée (*Adde*, sur cette hypothèse, qui n'offre aucune difficulté : Aubry et Rau, t. 7, § 675 et 676, p. 155; Colmet de Santerre, t. 4, nos 166 *bis*, VII et VIII; Demolombe, t. 4, n° 694). Mais supposons que cette chose fasse partie d'une universalité (succession, communauté) non encore partagée au moment du décès; on se trouve alors en présence d'une très réelle difficulté. En effet, une seule hypothèse a été prévue et réglée par la loi : celle où l'indivision est la communauté, et où le disposant est le mari. L'art. 1423 veut que le legs s'exécute alors à tout événement, le légataire pouvant réclamer soit l'objet lui-même, s'il tombe au lot du testateur, soit, dans le cas contraire, la valeur de cet objet. On a examiné *suprà*, v° *Contrat de mariage*, n° 428, la question de savoir si cette disposition est applicable au cas où c'est la femme qui a légué des effets dépendant de la communauté, et on l'a résolue affirmativement. Cette solution doit-elle être généralisée, et y a-t-il lieu de l'appliquer à tout legs quelconque ayant pour objet une chose dépendant d'une masse dans laquelle le testateur a un droit indivis? M. Demolombe, t. 4, n° 695, considère l'art. 1423 comme l'expression du droit commun et en accorde le bénéfice à tout légataire gratifié dans des conditions analogues. Cette opinion qui avait déjà été professée, comme on l'a vu au *Rép.* n° 3788, par Delvincourt et Duranton, soulève de graves objections, et nous avons cru devoir l'écarter (V. *Rép. ibid.*), par le motif qu'il s'agit là d'une disposition exceptionnelle, dont l'application, dès lors, ne saurait être généralisée (V. dans le même sens : Caen, 4 juin 1825, *Rép.* n° 3772).

Mais ce point admis, la difficulté n'est pas résolue, il reste à déterminer, en dehors de l'hypothèse prévue par l'art. 1423, les effets juridiques du legs ayant pour objet une chose dépendant d'une masse dont le testateur était copropriétaire. La plupart des auteurs appliquent ici le principe de la rétroactivité du partage (c. civ. art. 883). Ainsi le sort du legs demeure en suspens tant que subsiste l'indivision; il sera fixé par les résultats du partage : le légataire obtiendra la chose léguée tout entière, si elle tombe au lot des héritiers du testateur; au contraire, la disposition sera caduque, si cet objet échoit à l'autre copropriétaire (V. Zachariæ, traduct. Aubry et Rau, t. 5, § 676, note 5; Marcadé, sur l'art. 1021, nos 2 et 3; Colmet de Santerre, t. 4, n° 166 *bis* VIII; Laurent, t. 14, n° 138). — Une autre solution a été proposée par MM. Aubry et Rau, 4e éd., t. 7, § 675 et 676, p. 154. D'après ces auteurs, la fiction établie par l'art. 883 serait exclusivement applicable au règlement des droits respectifs des copartageants sur les biens soumis au partage; les résultats de cette opération ne sauraient donc exercer aucune influence sur la validité du legs; celui-ci serait valable, dans tous les cas, pour la part de copropriété appartenant au testateur; à l'inverse, le droit du légataire serait toujours limité à cette part; il ne pourrait s'étendre au surplus, alors même que la chose léguée viendrait à échoir aux héritiers du testateur. — Cette opinion repose sans doute sur des considérations fort sérieuses. Elle paraît conforme à l'intention probable du testateur qui, vraisemblablement, n'a pas entendu subordonner l'effet de sa libéralité aux éventualités d'une opération postérieure à son décès; elle a, en outre, cet avantage que le droit du légataire se trouvera, dès l'époque de son ouverture, déterminé d'une façon précise et définitive. Il est, toutefois difficile d'écarter, en cette matière, l'application de l'art. 883. Ce texte s'exprime en termes absolus : c'est d'une manière générale, et à tous les points de vue, que le propriétaire est réputé n'avoir jamais eu aucun droit sur les objets non compris dans son lot; et l'on peut reprocher à la doctrine de MM. Aubry et Rau d'en restreindre arbitrairement la portée. Sans doute, il serait loisible au testateur de déroger au principe de la rétroactivité du partage; mais il faudrait que son intention à cet égard fût clairement établie, et lorsqu'il ne l'a pas fait connaître, on doit présumer qu'il a voulu se conformer à la règle générale édictée par la loi. — Le système de MM. Aubry et Rau paraît avoir été admis par la cour de Caen, dans son arrêt précité du 4 juin 1825, dont il faut rapprocher un arrêt de la cour de Lyon du 4 juill. 1873 (aff. Pernet, D. P. 74. 5. 526). On lit, en effet, dans le premier de ces arrêts, que le legs fait par l'héritier, avant le partage de la succession, est *valable jusqu'à concurrence de sa part héréditaire dans les biens légués*. La solution qui consiste à appliquer en cette manière le principe édicté par l'art. 883, a, au contraire, été consacrée par un arrêt de la cour de Paris, du 6 mai 1861 (aff. de Saulty, D. P. 62. 1. 261). Elle a été adoptée également par la cour de Caen, dans un arrêt du 13 mai 1880 (aff. Barbot, D.P. 84. 1. 33). Ce dernier arrêt a été déféré à la cour de cassation; mais cette cour ne s'est pas prononcée sur la question; elle s'est bornée à déclarer que le legs qui a pour objet une chose appartenant par indivis à la testatrice, ne saurait par cela même être pris comme legs de la chose d'autrui au sens de l'art. 1021 c. civ. (Civ. cass. 6 juin 1883, aff. Barbot, D. P. 84. 1. 33).

966. On a examiné au *Rép.* nos 3770 et suiv., la question de savoir si le legs de la chose appartenant à l'héritier est nul par application de l'art. 1021, et on l'a résolue négativement. La doctrine contraire est soutenue par MM. Aubry et Rau, t. 7, § 675 et 676, texte et note 12, p. 152, Demante, t. 4, n° 166 *bis ;* Demolombe, t. 4, n° 687, Laurent, t. 14, n° 132. Mais ces auteurs admettent, en général conformément à l'opinion de Troplong (V. *Rép.* n° 3771) que le legs de la chose de l'héritier est valable, quand il est la condition du legs qui lui est fait à lui-même (V. outre les auteurs cités au *Rép.* : Troplong, t. 4, n° 1948; Demolombe, *ibid.*, n° 688; Aubry et Rau, *ibid.*, p. 153; Laurent, *ibid.*, n° 131; Dijon, 10 juill. 1879, aff. Petitjean, D. P. 80. 2. 129). — Cette solution serait applicable, d'après ce dernier arrêt, même au cas où l'héritier auquel la condition a été imposée serait mineur. Aux termes de cet arrêt, le testateur peut valablement, comme condition de sa libéralité, imposer au mineur son légataire, l'obligation de céder à un tiers un immeuble appartenant à ce mineur, pourvu que cet abandon soit reconnu avantageux par une délibération du conseil de famille, homologuée par le tribunal; qu'on ne saurait considérer comme légalement impossible une transmission de ce genre, qui ne constitue ni une vente, soumise à la formalité de l'enchère (c. civ. art. 457), ni une donation, interdite au mineur (c. civ. art. 903), mais seulement la délivrance d'un legs dont l'héritier mineur est tenu comme le majeur, et qu'il peut effectuer de la même manière et dans le même temps que celui-ci (V. conf. Demolombe, t. 3, n° 179; Valette, *Cours de code civil*, t. 1, n° 568).

967. La disposition de l'art. 1021 ne concerne, ainsi que nous l'avons vu au *Rép.* n° 3759, que les legs de corps certains, et non les legs de choses indéterminées. Et même, elle ne s'applique pas aux dispositions portant sur des choses déterminées seulement quant à leur espèce; de pareilles dispositions sont valables, bien que la succession ne contienne aucun objet de l'espèce de ceux que le testateur a désignés (Aubry et Rau, t. 7, § 675 et 676, n° 149; Demolombe, t. 4, p. 680; Colmet de Santerre, t. 4, n° 166 *bis* II). Aussi la cour de Lyon a-t-elle jugé, le 25 juin 1879 (aff. Dellevaux, D. P. 81. 2. 135), que le legs d'une somme déterminée, suivi de cette mention « valeur en actions » est valable, quoique la succession du testateur ne comprenne aucun titre de cette nature, une pareille disposition devant être considérée, non comme un legs de corps certain, mais comme l'indication d'un mode de payement que le légataire serait libre d'imposer aux héritiers.

Art. 2. — *Effets du legs particulier. — Délivrance; Hypothèque ; Revendication ; Droits des légataires entre eux* (*Rép.* n°s 3810 à 3910).

968. Le légataire particulier devient par la mort du testateur, propriétaire de la chose léguée ; mais il ne peut se mettre en possession, ou prétendre aux fruits et intérêts de cette chose qu'à compter du jour de sa demande en délivrance, ou de la délivrance volontairement consentie (art. 1014). Toutefois, il a été jugé, contrairement d'ailleurs à l'opinion de M. Demolombe, t. 4, n°s 625 et suiv., et de MM. Aubry et Rau, t. 7, § 718, p. 476, que cette règle ne s'applique qu'au légataire proprement dit, et que le bénéficiaire d'une charge imposée à un legs, telle qu'une rente, est, à la différence du légataire direct, dispensé de demander la délivrance (Grenoble, 7 mai 1872) (1).

Le légataire a reçu de la loi, outre l'action en délivrance, l'action hypothécaire et l'action en revendication.

§ 1er. — Action en délivrance (*Rép.* n°s 3814 à 3887).

969. Est-il toujours nécessaire que le légataire forme une demande en délivrance ? Assurément non.

D'abord, il est une hypothèse où la demande en délivrance est bien évidemment inutile; c'est celle où cette délivrance est volontairement consentie (Comp. *suprà*, n° 968). Décidé à cet égard que dans le cas où le copropriétaire d'un immeuble a légué sa portion à l'un de ses copropriétaires, la délivrance du legs, par l'héritier du testateur, auquel le même immeuble appartenait aussi en copropriété du vivant de son auteur, peut résulter de ce que le légataire a, pendant une longue suite d'années, exercé sur l'immeuble indivis, sans opposition de cet héritier, une jouissance s'étendant à la portion léguée (Req. 25 janv. 1865, aff. Jaunac, D. P. 65. 1. 108).

La demande en délivrance ne serait pas non plus nécessaire si le légataire était déjà en possession de la chose léguée (*Rép.* n° 3816. Comp. *suprà*, n° 902).

970. La jurisprudence admet également, conformément à l'opinion soutenue au *Rép.* n° 3822, que l'héritier à réserve, gratifié d'un legs particulier, n'est pas tenu de demander la délivrance (Riom, 11 avr. 1856, aff. Buy, D. P. 57. 2. 22; Montpellier, 23 mai 1858, aff. Delmas, D. P. 60. 2. 38). En effet, comme le fait très bien remarquer ce dernier arrêt, le légataire, « qui était en possession légitime au jour de l'ouverture de la succession, étant lui-même réservataire, il se trouvait légalement nanti de l'objet légué, dont il avait de plus la saisine légale ; c'eût donc été à lui-même qu'il aurait dû adresser la demande en délivrance ».

971. La doctrine paraît être restée fixée dans le sens de l'opinion soutenue au *Rép.* n°s 3829 et suiv., d'après laquelle le testateur ne peut affranchir le légataire de l'obligation de demander la délivrance (V. Aubry et Rau, t. 7, § 718, p. 478; Demolombe, t. 5, n° 622). C'est également ce qui a été jugé par un arrêt (Chambéry, 11 mars 1884, aff. Bally, D. P. 85. 2. 78).

972. Lorsqu'il y a lieu, et c'est le droit commun, à demande en délivrance, cette demande doit être formée en justice et ne saurait résulter d'une sommation extrajudiciaire (*Rép.* n° 3864. V. conf. Agen, 29 mars 1860 (2) ; Aubry et Rau, t. 7, § 718, p. 478; mais il n'est pas indispensable qu'elle soit contenue dans une assignation. La demande en délivrance d'un legs peut résulter des conclusions prises par le légataire contre les héritiers légitimes, à fin de rejet

(1) (Hospice du Bourg du Péage C. Bonnardel.) — La cour; — Sur les arrérages des rentes de 300 fr. et de 150 fr., payables à l'hospice : — Attendu que ces deux rentes ont été, non pas une libéralité directe constituant un legs particulier à l'hospice, mais une condition et une charge du legs fait à la dame Bonnardel du domaine de Bayonne; que la délivrance volontaire de ce legs par l'abbé Clément, dans l'acte du 6 août 1852, comprenait la libéralité faite à l'hospice qui en était l'accessoire inséparable; — Attendu que la dame Bonnardel, en acceptant purement et simplement le legs, s'engageait implicitement à exécuter la charge dont il était grevé, sans qu'il fût besoin pour l'hospice d'une demande spéciale en délivrance, qui de légataire particulier à légataire particulier n'est pas exigée par la loi; — Attendu que l'acte du 6 août 1852 a donc réalisé pour l'hospice la délivrance volontaire prévue par l'art. 1014 c. civ., et qu'on lui opposerait vainement que son droit est demeuré suspendu jusqu'à l'autorisation du Gouvernement intervenue en 1863, la délivrance volontaire comme la demande en délivrance constituant un acte conservatoire qui faisait courir les intérêts; qu'il y a donc lieu, contrairement à la décision des premiers juges, d'accorder à l'hospice, avec les intérêts du jour de la demande, les intérêts de la période quinquennale qui l'a précédé, les intérêts antérieurs se trouvant prescrits par application de l'art. 2277 dont la dame Bonnardel demande l'application; — Par ces motifs, dit que les arrérages des rentes de 300 fr. et 150 fr. seront payés à l'hospice par la dame Bonnardel non seulement du jour de la demande, mais encore pour la période de cinq ans qui la précède, etc.

Du 7 mai 1872.-C. de Grenoble, 1re ch.-MM. Bonafous, 1er pr.-Berger, av. gén.-Michal, Gueymard et Giraud, av.

(2) (Rigaud C. Hospice de Gimont.) — La cour; — Attendu que l'abbé de Cahuzac a, dans son testament du 22 août 1855, légué à l'hospice de Gimont (Gers) une métairie, dite de Carignan; que l'hospice prétend que les fruits lui en sont dus à partir de la sommation du 25 sept. 1855, qu'il a adressé au sieur Rigaud, héritier du testateur, sommation dans laquelle il demande la délivrance de la métairie, et accepte ainsi d'une manière implicite le legs qui lui a été fait; — Mais attendu que les fruits appartiennent à l'héritier tant que le légataire particulier ne forme pas régulièrement sa demande en délivrance; et qu'il résulte des art. 1005 et 1015 c. nap. que cette demande doit être intentée en justice et ne peut consister en une simple sommation; — Que l'art. 11 de la loi du 13 août 1851, ni aucun autre article de cette loi, ne contiennent de disposition dérogatoire, sous ce rapport, au code Napoléon; qu'elle n'a eu qu'un double but, en autorisant l'acceptation provisoire, immédiatement et sans retard, des dons et legs faits aux hospices; qu'elle a voulu d'abord prévenir ainsi la caducité des donations dans le cas où le décès du donateur interviendrait avant l'autorisation administrative, et permettre ensuite aux hospices de faire aussitôt, dès

d'une demande en restitution de la chose léguée, formée par ces derniers (Req. 13 nov. 1855, aff. Lahargue, D. P. 56. 1. 185).

973. Contre qui la demande en délivrance doit-elle être formée? — L'art. 1014 renvoie à l'art. 1011, qui énumère comme défendeurs nécessaires à cette demande : les héritiers réservataires, les légataires universels, et les héritiers non réservataires, subsidiairement entre eux (*Rép.* n° 3856). En principe, il est nécessaire d'assigner, dans chacune de ces trois catégories, tous ceux qui la composent. Néanmoins, la demande en délivrance formée par un légataire contre quelques-uns des héritiers seulement, est régulière, si ces héritiers étaient alors les seuls connus du légataire (Req. 13 nov. 1855, cité *suprà*, n° 972).

974. Quel est le tribunal compétent pour statuer sur la demande en délivrance? C'est assurément (c. proc. civ. art. 59) le tribunal civil dans l'arrondissement duquel la succession s'est ouverte (*Rép.* n° 3864). — Mais ne faudrait-il pas donner une solution différente, si le montant des legs était inférieur ou égal au chiffre de la compétence des juges de paix? — Le système de la compétence du juge de paix a été soutenu par M. Chauveau, *Supplément aux lois de la procédure*, quest. 262-15°. M. Ad. Harel, *Journal des huissiers*, 1866, p. 37, adhère à l'opinion de M. Chauveau, que consacre un jugement du tribunal civil de Saint-Omer du 27 avr. 1865 (aff. Pamart, D. P. 66. 3. 24). Mais l'autorité de ce jugement est assez contestable. D'une part, en effet, il ne contient aucun motif sur ce point, et d'autre part, il ne donne cette solution que sous une forme purement incidente, et pour aboutir, en l'espèce, à une solution contraire : « Considérant, dit le tribunal, que, bornée à la délivrance d'un legs de 100 fr., la demande serait de la compétence exclusive du juge de paix; mais qu'il s'y joint, dans l'espèce, une demande à fin de séparation de patrimoines qui lui est connexe, puisqu'elle se rattache au même droit, et tend à en garantir les effets, ladite demande justiciable des tribunaux civils ». — Au contraire, les arguments qui militent en faveur de la doctrine opposée ont été soigneusement déduits dans un jugement du tribunal de paix d'Olmeto du 8 août 1863 (aff. Susini, D. P. 66. 3. 24), où nous lisons « que ces sortes de demandes, quelque minimes qu'elles soient, ne sont nullement de la compétence des juges de paix, alors même que le testament ne serait pas contesté, comme dans l'espèce; que l'art. 59 c. proc. civ., bien qu'étranger au titre des justices de paix, peut cependant être ici considéré comme déclaratif des vrais principes, qui résultent d'ailleurs d'un nombre infini d'arrêts et de l'usage du palais; qu'aux termes de ces articles, le défendeur doit être assigné en matière de succession, « sur les demandes relatives à l'exécution des dispositions à cause de mort jusqu'au jugement définitif, devant le tribunal du lieu où la succession est ouverte ». Et nous ne pouvons que nous associer à ce système, également soutenu par M. L. Jay, *Bulletin des décisions des juges de paix*, 1864, p. 10.

975. Quant à l'époque où peut être formée la demande en délivrance, V. *suprà*, n° 904, ce qui a été dit au sujet des legs universels.

976. La délivrance doit être accordée dès lors que le legs est reconnu valable, et sans que les juges aient à s'inquiéter de circonstances extérieures. Ainsi la délivrance d'un legs fait à une femme mariée ne peut lui être refusée sous le prétexte qu'elle ne justifie pas de sa capacité de le recevoir sans emploi : cette délivrance doit lui être faite sans condition d'emploi, par cela seul que l'héritier ou légataire universel n'établit pas lui-même qu'une telle condition lui ait été imposée par son contrat de mariage. Il en est ainsi notamment quand la femme déclare être mariée sans contrat (Lyon, 25 juin 1857, aff. Durand-Dolbeau, D. P. 58. 2. 6).

977. On a expliqué au *Rép.* nos 3870 et suiv. les dispositions de l'art. 1016 c. civ. concernant les frais de la demande en délivrance. — Conformément à l'arrêt de la cour de Metz, du 14 févr. 1820, rapporté *ibid.* n° 3871-5°, il a été jugé que la règle suivant laquelle ces frais ne peuvent jamais être pris sur la réserve ne met pas obstacle à ce qu'ils soient compris dans la condamnation aux dépens prononcée contre le réservataire par le jugement qui a repoussé son action en nullité du testament (Req. 4 nov. 1857, aff. Soulié-Cottineau, D. P. 58. 1. 76. Conf. Aubry et Rau, t. 7, § 718, p. 480).

Quant aux frais de partage et d'inventaire, ces frais, faits dans un intérêt commun, doivent être supportés par l'héritier et les légataires dans la proportion de leurs droits; il doit en être de même des frais de la liquidation, qui sont aussi nécessaires à l'héritier qu'aux légataires, puisqu'ils servent à déterminer l'étendue de la réserve, et à faire réduire, s'il y a lieu, les libéralités qui y portent atteinte (Bordeaux, 28 juill. 1860, et sur pourvoi, Req. 29 juill. 1861, aff. Soulié-Cottineau, D. P. 62. 1. 288). En effet, comme l'a fort bien dit M. le conseiller Hardoin dans son rapport sur cette affaire, les frais d'inventaire et de liquidation sont faits dans l'intérêt de tous les ayants droit, des réservataires comme des légataires; ces frais, nécessaires pour établir le calcul de la réserve, sont, à vrai dire, des dettes héréditaires, qui doivent être prises sur la masse, et payées avant toute attribution de biens aux héritiers, même réservataires (*Ibid.*).

978. Les effets de la demande en délivrance sont indiqués par l'art. 1014. Le plus important est de faire courir au profit du légataire les intérêts de son legs. En effet, le légataire n'a pas droit aux intérêts courus avant la demande en délivrance (*Rép.* n° 3814), à moins que le testateur n'ait ordonné le contraire (*Rép.* n° 3841). Dans ce dernier cas, on admet généralement qu'il n'y a pas de termes sacramentels pour faire courir au profit du légataire particulier l'intérêt des sommes léguées sans qu'il ait besoin pour cela de demander la délivrance, et qu'il suffit que la volonté du testateur à cet égard résulte clairement des clauses du testament (Aux auteurs cités au *Rép. ibid. adde* : Aubry et Rau, t. 7, § 721, note 3, p. 486; Demolombe, t. 4, n° 648). Dans ce sens, il a été jugé que le testateur, en faisant un legs particulier d'une certaine somme payable au légataire le jour de son établissement par mariage, sans intérêts jusqu'à cette époque, déclare d'une manière suffisamment expresse qu'il entend que les intérêts de la somme léguée courent, à partir de cette époque, de plein droit et sans demande en délivrance (Limoges, 2 avr. 1862, aff. Mallebay, D. P. 62. 2. 87). A défaut d'une telle disposition, la demande en délivrance eût été nécessaire, car le legs à terme doit, sur ce point, être assimilé au legs pur et simple. Les intérêts d'une somme léguée à terme ne courent pas de plein droit du jour de l'échéance du terme, alors même qu'il serait dit dans le testament : « sans intérêts jusqu'alors »; le légataire n'y a droit que du jour de sa demande en délivrance (Lyon, 24 janv. 1865, aff. Simonard, D. P. 65. 2. 49). — La volonté du testateur d'attribuer les fruits de la chose léguée au légataire dès le jour de l'ouverture de la succession pourrait même résulter d'une clause qui reculerait son entrée en jouissance jusqu'à une époque déterminée. Ainsi il a été jugé qu'une pareille clause, lorsqu'elle a pour objet d'après la déclaration du testateur, de permettre à l'héritier de « retirer tous les menus grains, cabaux et bestiaux de croît qui se trouveront sur le bien légué », n'implique pas

---

l'ouverture de la succession, tous actes conservatoires, c'est-à-dire de demander la délivrance des objets légués, sans être obligés, pour agir, d'attendre, comme auparavant, l'autorisation du Gouvernement; que la loi de 1851, en un mot, a entendu, non accorder un privilège aux hospices, et les dispenser d'une demande formelle et régulière en délivrance, mais ne pas faire tourner contre eux les délais, les retards et les garanties institués dans leur intérêt, mais les replacer sous l'empire du droit commun, en ne les privant plus forcément des fruits courus pendant le temps qu'ils sont en instance pour se faire habiliter; que c'est donc à tort que les premiers juges ont décidé que l'acceptation provisoire dont parle l'art. 11 de la loi du 13 août 1851, et qu'on peut induire rigoureusement des termes de la sommation du 25 sept. 1855, tenait lieu d'une demande en délivrance, et donnait droit aux fruits dès le jour même de cette acceptation; — Par ces motifs, disant droit de l'appel, émendant le jugement du tribunal civil d'Auch du 9 août 1859, dit que la restitution des fruits n'aura lieu au profit de l'hospice de Gimont, qu'à compter de la demande en délivrance faite en justice le 20 avr. 1859, etc.

Du 29 mars 1860.-C. d'Agen.-MM. Sorbier, 1er pr.-Drême, 1er av. gén.-Saint-Gresse (du barreau de Toulouse), et Périé, av.

nécessairement que l'héritier ait, à l'exclusion du légataire, droit à la totalité des fruits à percevoir sur l'immeuble pendant le temps fixé : une telle disposition a pu être interprétée en ce sens que les fruits du bien légué devront appartenir au légataire, malgré l'ajournement de son entrée en jouissance, à la seule exception des objets dont le testateur a voulu faciliter l'enlèvement. Du moins, les juges du fond ne font en cela qu'user du droit qu'ils ont de rechercher l'intention du testateur, par le rapprochement des dispositions diverses du testament (Req. 20 déc. 1865, aff. Terrail, D. P. 66. 1. 154).

979. Il est, d'ailleurs, bien entendu que la délivrance volontaire du legs équivaut, quant au cours des intérêts, à la demande en délivrance formée en justice. En conséquence, les intérêts d'un legs particulier sont réclamés à bon droit à partir du jour où la délivrance a été consentie par l'héritier, alors même qu'une contestation postérieure sur les conditions du legs aurait fait différer la remise effective de la somme léguée, si, d'ailleurs, les difficultés soulevées ont été résolues contre l'héritier; et il en est ainsi, notamment, dans le cas où le légataire particulier est un hospice ou autre établissement public, alors que la délivrance n'a été consentie qu'après obtention par celui-ci de l'autorisation d'accepter (Req. 15 févr. 1870, aff. Lupart, D. P. 71. 1. 173).

V. au surplus, en ce qui concerne l'acquisition des fruits par les établissements soumis à la nécessité d'une autorisation : Agen, 29 mars 1860 (*suprà*, n° 972).

980. Il nous reste à déterminer comment doit s'opérer la répartition des intérêts et fruits entre l'héritier saisi et le légataire en d'autres termes. Quels sont les fruits auxquels l'héritier a droit jusqu'à la demande en délivrance? Le tribunal de Nancy, le 24 juill. 1866 (aff. Hospices de Nancy, D. P. 70. 2. 169), a admis que l'héritier du sang, investi de la saisine légale et ayant, comme tel, la jouissance des biens de la succession jusqu'à la demande en délivrance des legs, doit être assimilé à un usufruitier, et, en conséquence, ne peut prétendre qu'aux produits auxquels l'usufruitier aurait droit; et ce système a été implicitement approuvé, dans la même affaire, par la cour de Nancy, le 26 févr. 1870 (D. P. 70. 2. 169) et par la chambre des requêtes le 21 août 1871 (D. P. 71. 1. 213). — Cette solution est conforme à la doctrine que nous avons soutenue au *Rép.* n°s 3834 et 3835 (V. aussi Aubry et Rau, t. 3, § 206, texte *in fine*, et note 29, et § 230. — *Contrà :* E. Dubois, *Dissertation* insérée D. P. 70. 2. 169).

§ 2. — Action hypothécaire (*Rép.* n°s 3888 à 3899).

981. Malgré les termes formels de l'art. 1014 c. civ., l'existence d'une hypothèque proprement dite, au profit des légataires, a été contestée par des jurisconsultes d'une grande autorité (Aubry et Rau, t. 7, § 722, texte et note 24, p. 493). Ces auteurs se fondent, notamment, sur ce qu'une disposition contenue dans le projet rédigé par la commission de rédaction du code civil (art. 100) et ainsi conçue : « L'hypothèque du légataire est légale : elle résulte de la donation valablement faite *même sous signature privée...* » n'a pas été reproduite dans le texte définitif, et sur ce qu'au titre des *privilèges et hypothèques*, on ne trouve aucune disposition qui établisse au profit des légataires, explicitement ou implicitement, une hypothèque quelconque. Quant aux expressions employées par l'art. 1017 : « ils en seront tenus *hypothécairement pour le tout* », on ne saurait pas plus, suivant eux, « les considérer comme attributives d'une hypothèque légale aux légataires qu'il n'est permis de voir dans les mêmes expressions dont se sert l'art. 873, la concession d'une pareille hypothèque au profit des créanciers ». MM. Aubry et Rau estiment donc que le légataire n'a d'autre garantie pour se soustraire aux conséquences de la confusion du patrimoine du défunt avec celui de l'héritier, que le bénéfice de la séparation des patrimoines (*Rép.* n° 3899). — Cette opinion, malgré le talent avec lequel elle a été soutenue, n'a trouvé aucun écho ni dans la doctrine, ni dans la jurisprudence.

982. Comme on l'a vu au *Rép.* n°s 3894 et suiv., le testateur peut substituer à l'hypothèque générale que la loi accorde au légataire une hypothèque spéciale sur certains immeubles. Mais en ce cas les héritiers n'ont pas le droit de demander la restriction judiciaire de l'hypothèque partielle ainsi spécifiée par le testateur (Angers, 23 juill. 1880) (1).

983. L'art. 1017 c. civ. n'accordant une hypothèque au légataire que sur les biens recueillis par l'héritier dans la succession, il en résulte que le légataire ne peut faire porter son hypothèque sur un immeuble qui a été donné entre vifs par le *de cujus* à son héritier. Cet immeuble ne fait pas partie de la succession ; il est devenu un bien personnel de l'héritier, sur lequel le légataire ne peut prétendre exercer son hypothèque légale. C'est ce que nous avons dit au *Rép.* n° 3892, d'après Pothier et Toullier, et ce qu'a jugé la cour d'Aix, le 3 janv. 1883 (aff. Duzon, D. P. 83. 2. 206).

984. L'hypothèque que l'art. 1017 confère aux légataires particuliers sur les biens de l'hérédité n'a d'effet que contre l'héritier et ses créanciers ; sauf le cas de confusion et de novation par l'acceptation de l'héritier pour débiteur, elle n'en a aucun contre les créanciers du testateur, quelle que soit la nature de leurs titres (Bordeaux, 26 avr. 1864, aff. Calvet, D. P. 64. 2. 220). En effet, comme le dit fort bien cet arrêt, il est de principe que « les créanciers du défunt ont, sur les biens de la succession, un droit préférable à celui des légataires, et que ceux-ci ne peuvent rien recevoir des libéralités qui leur ont été faites et qui sont une charge de la succession, qu'autant que les créanciers, envers lesquels le défunt s'était personnellement obligé sur tous ses biens, ont été désintéressés; par conséquent, le créancier doit être payé sur les biens de l'hérédité avant les légataires ».

985. L'hypothèque légale de l'art. 1017 ne subsiste que tant que le légataire n'a pas été rempli de ses droits. Dès lors qu'il a reçu et accepté une attribution quelconque, la situation devient identique à celle, très fréquente dans la pratique, où le mari conserve, après décompte et liquidation, le montant des reprises de la femme prédécédée, en vertu d'un droit d'usufruit constitué à son profit, soit par contrat de mariage, soit par testament. La jurisprudence est fixée en ce sens que l'hypothèque légale, transmise par la femme à ses héritiers, est éteinte en pareil cas, comme s'il y avait eu payement ; elle n'admet pas que cette hypothèque subsiste pour la garantie de la restitution à laquelle le mari est désormais tenu à titre d'usufruitier (V. *infrà*, v° *Privilèges et hypothèques*). Par un motif analogue, le légataire auquel une certaine somme a été attribuée, pour le remplir de ses droits, lors de la liquidation et du partage de la succession, ne peut se prévaloir ni de l'hypothèque établie par l'art. 1017 c. civ., ni du privilège accordé au copartageant, alors que ladite somme est restée entre

(1) (Sauvageon C. Le Ridant.) — La cour; — Sur la première question : — Considérant qu'est susceptible de réduction judiciaire l'hypothèque générale seule, c'est-à-dire celle qui, résultant de la loi ou d'un jugement, porte *sans limitation* aucune tous les biens présents et *à venir* du débiteur (c. civ. art. 2161); — Considérant que l'hypothèque à laquelle a droit la femme Sauvageon, tant en vertu de la loi (c. civ. art. 1017) qu'en vertu du testament de Louis Le Ridant, ne peut être considérée comme générale dans le sens de l'art. 2161, parce que, d'une part, ayant pris naissance au moment même du décès du testateur, qui a fixé sans retour la consistance du patrimoine de ce dernier, elle n'a jamais pu porter que sur des biens *présents* et non sur des biens *à venir;* parce que, d'un autre côté, eût-elle affecté nécessairement tous les immeubles de la succession de Louis Le Ridant, elle n'eût, en aucun cas, atteint qu'une partie des biens et des biens présents *du débiteur* de la rente, Jules Le Ridant; parce qu'enfin, en fait, le testateur a très clairement manifesté l'intention de la limiter à ses acquêts, si ces biens étaient suffisants pour garantir le service exact de la rente; — Que c'est donc sans droit que les premiers juges ont restreint au seul domaine de Kercado, qui n'est pas même un acquêt de Louis Le Ridant, l'effet d'une hypothèque déjà limitée par la loi et par le fait de l'homme, et par conséquent, non réductible, au moins en ce qui concernait les acquêts spécialement désignés au testament; — Qu'en le faisant ils ont faussement appliqué les art. 1017 et 1161 c. civ., et méconnu la volonté formelle du testateur, volonté à laquelle le légataire universel avait acquiescé en consentant la délivrance du legs de la femme Sauvageon sans protestation ni réserve, dans les termes mêmes du testament, et ce après l'inscription déjà prise par la crédi-rentière, etc.

Du 23 juill. 1880.-C. d'Angers, ch. réun.-MM. Jac, 1er pr.-Bernard, av. gén.

les mains de l'héritier en vertu d'une disposition testamentaire qui lui en réservait l'usufruit (Civ. cass. 9 août 1882, aff. Poullain, D. P. 83. 1. 134). En effet, aux termes de l'art. 2180 c. civ., les privilèges et les hypothèques s'éteignent par l'extinction de l'obligation principale, et, dans l'espèce, l'obligation originaire de l'héritier s'est trouvée éteinte par l'effet du partage et de la liquidation; ainsi, et spécialement, le legs a été acquitté, et, dès lors, a cessé d'être dû, dès le jour où, par la liquidation, il a été fait attribution au légataire de la somme lui revenant dans la succession.

§ 3. — Action en revendication (*Rép.* nos 3900 à 3902).

986. Cette action, conséquence du droit de propriété acquis au légataire par le fait même du décès du testateur, ne soulève pas de difficultés sérieuses.

§ 4. — Droits des légataires entre eux (*Rép.* nos 3903 à 3910).

987. Les difficultés que nous avons signalées au *Répertoire* (V. notamment nos 3904 et 3908) dans le cas où l'actif de la succession est insuffisant pour l'acquittement de tous les legs, ont donné lieu à d'intéressantes controverses. Comment se régleront les droits des légataires, quand le testament présentera côte à côte des legs de corps certains et des legs de quantité? — Toullier, comme on l'a vu *ibid.*, a soutenu que les legs de corps certains doivent d'abord être prélevés, et qu'ensuite, le surplus des biens doit être réparti au marc le franc entre les légataires de somme d'argent. Ce système repose sur deux arguments principaux : 1° la faveur spéciale que semble avoir attaché le testateur aux legs de corps certains; 2° le caractère définitif de la propriété, qui est acquise au légataire de corps certains par l'effet du décès, propriété qui est exclusive de toute idée de répartition. Telles sont les considérations qui ont déterminé les nombreuses décisions citées au *Rép.* n° 3909.

Mais ce système heurte de front le principe d'égalité, qui semble avoir été la base de tout le système de la loi en matière de legs, et que nous trouvons remarquablement formulé dans un article de M. Nicias-Gaillard, *Revue critique*, année 1860, t. 16, p. 200. « Les legs, dit ce magistrat, ont tous la même date, celle de la mort du testateur. Aussi viennent-ils par concurrence, et ils souffrent, s'il y a lieu, une diminution proportionnelle, non pas seulement au cas exprès de l'art. 927, spécial, nous le voulons bien, pour la réduction, au profit de la réserve, mais aussi par rapport aux légataires entre eux, chaque fois qu'il n'y a plus matière à l'entier acquittement de tous les legs. La condition est la même pour tous; nul ne peut se faire une situation particulière plus avantageuse. » En effet, il est au moins un cas où la théorie de la loi est bien nette. L'art. 926, quand il s'agit d'assurer l'intégrité de la portion attribuée aux héritiers réservataires entamée par des dispositions testamentaires, ordonne que la réduction en soit faite au marc le franc, et l'art. 927 n'affranchit de cette réduction proportionnelle que les legs à l'égard desquels le testateur aura expressément déclaré sa volonté de les faire acquitter de préférence aux autres. Or il est reconnu que la réduction dont il s'agit ici s'étend à toute espèce de legs, aussi bien aux legs de corps certains qu'aux legs de quantité, sans que les premiers puissent être réputés devoir passer avant les seconds, dans la pensée du testateur. Pourquoi ne pas étendre ce système, inattaquable en équité, au cas où la réduction a pour but, non de compléter la réserve, mais d'assurer l'acquittement de toutes les dispositions testamentaires? Les deux hypothèses sont très clairement assimilées dans l'exposé des motifs, présenté par M. Bigot-Préameneu au Corps législatif, dans la séance du 2 flor. an 11 : « Les legs, y est-il dit, ne doivent être payés qu'après l'acquit des *dettes* et des charges; la quotité réservée par la loi est au nombre de ces charges. Chaque légataire ayant un même droit aux biens qui lui sont légués, l'équité veut que la contribution soit faite entre eux au marc le franc ». Ce système a prévalu dans la jurisprudence. On a cité en ce sens plusieurs arrêts au *Rép.* n° 3908 (V. aussi Orléans, 7 avr. 1848, cité *ibid.* n° 3909 *in fine*). Depuis, la chambre civile, le 25 nov. 1861 (aff. Dartigues, D. P. 61. 1. 457), cassant un arrêt de la cour de Toulouse, du 24 févr. 1859 (*Ibid.*), a jugé de même que le mode de réduction établi à l'égard des legs particuliers, par les art. 926 et 927 c. civ., pour le cas où, les dispositions du défunt excédant la quotité disponible, il est nécessaire de compléter la réserve, doit être également observé lorsque les biens de la succession, acceptée sous bénéfice d'inventaire, sont insuffisants, à raison des dettes héréditaires, pour acquitter tous ces legs; qu'en conséquence, la réduction doit, dans ce dernier cas, comme lorsqu'il s'agit de parfaire la réserve, frapper indistinctement les legs de corps certains et les legs de sommes d'argent, sans que les premiers puissent être préférés aux seconds, si le testateur n'a pas formellement dérogé à la règle d'égalité proportionnelle existant entre tous les légataires, par l'indication d'un ordre de préférence dans l'exécution de ses legs. Les motifs de ce dernier arrêt sont intéressants à retenir, car ils formulent de la façon la plus nette la théorie que nous trouvions en germe dans le discours de M. Bigot-Préameneu : « Attendu, dit la chambre civile, qu'il y a lieu à la réduction des legs particuliers, non seulement lorsque, les dispositions du défunt excédant la quotité disponible, il s'agit de compléter la réserve, mais encore dans le cas où, comme dans l'espèce, les biens d'une succession acceptée sous bénéfice d'inventaire sont insuffisants pour acquitter les dettes héréditaires qui doivent passer avant les libéralités; que, dans ce dernier cas, comme dans le premier, la réduction des legs particuliers se fait au marc le franc, suivant la règle d'égalité proportionnelle à laquelle le vœu du testateur doit être présumé conforme, à moins qu'il n'y ait formellement dérogé par l'indication d'un ordre de préférence entre ses légataires ». La doctrine de la chambre civile a été suivie, sur renvoi, par la cour de Pau, le 24 juin 1862 (D. P. 63. 2. 152), et a été de nouveau consacrée par la même chambre (Civ. cass. 18 juin 1862, aff. Dumas, D. P. 62. 1. 411), qui a affirmé une fois de plus que, quand l'actif d'une succession bénéficiaire ne suffit pas à en acquitter le passif, tous les legs particuliers sans distinction doivent contribuer au payement des dettes, à moins de volonté contraire manifestée par le testateur. — Ce dernier arrêt a tranché en même temps une question intéressante, en décidant que, lorsque les legs particuliers sont soumis à une réduction proportionnelle pour l'acquit des dettes de la succession, le legs fait avec obligation de payer une somme d'argent à un sous-légataire doit être réduit d'après sa valeur intégrale, sans défalcation du montant de ce sous-legs : c'est au légataire qui en est grevé à réclamer, s'il y a lieu, du sous-légataire, sa part contributive dans la réduction qu'il a subie.

988. Sur la disposition de l'art. 927, qui permet au testateur d'ordonner l'acquittement d'un certain legs, par préférence aux autres, V. *suprà*, n° 324.

Art. 3. — *Etendue et payement du legs* (*Rép.* nos 3911 à 4002).

989. Nous avons vu au *Rép.* n° 3921 que le testateur peut prescrire certaines mesures destinées à assurer l'exécution de son legs. Il y a là une disposition accessoire et de précaution qui ne saurait avoir pour effet, au cas où son exécution recevrait une entrave partielle, de réduire d'autant le droit du légataire à l'intégralité du legs. Ainsi il arrive fréquemment que le testateur affecte au service d'une prestation dont il gratifie son légataire un certain titre de rente dépendant de sa succession. La prestation devra toujours rester la même, quels que soient les événements qui atteignent le titre destiné à servir de garantie; et, par exemple, si, au service du legs d'une rente viagère, le testateur a affecté une inscription de rente sur l'Etat à 5 pour 100, depuis réduit à 4 1/2, c'est sur l'héritier ou légataire universel, et non sur le légataire particulier de la rente viagère, que la réduction doit peser; et, par suite, celui-ci peut exiger de ceux-là un titre supplémentaire garantissant le service de la rente au taux que le testateur a fixé (*Rép.* n° 3924). Jugé, de même, que le legs d'une somme d'argent, avec indication, pour faire face à ce legs, d'une créance sur un tiers, continue de subsister, même au cas d'extinction ultérieure de cette créance, notamment, par voie de compensation, et encore que la compensation ait été invoquée par le testateur, lorsque l'affectation dont il s'agit est purement démonstrative et non limitative, ce que les juges peuvent induire, par exemple, de la déclaration du testateur dans son testament, qu'il a entendu, par sa disposition, maintenir l'égalité entre son légataire et d'autres légataires de même degré (Req. 20 déc. 1865, aff. Terrail, D. P. 66. 1. 154).

990. L'héritier ne peut, d'ailleurs, exiger d'autres mesures conservatoires que celles qui résultent du droit commun, ou des termes du testament. Ainsi un legs fait à un établissement public sans conditions, doit recevoir son exécution dans les termes mentionnés au testament, et sans qu'il soit permis au légataire universel d'exiger, sous prétexte d'assurer sa libération, des formalités autres que celles que la loi a prescrites ; et, par exemple, le légataire universel ne saurait, en se fondant sur ce qu'un décret du Gouvernement a prescrit l'emploi des sommes léguées en rentes sur l'Etat, se refuser valablement à en faire le payement au trésorier de l'établissement donataire, pour l'opérer entre les mains du receveur général du département où cet établissement est situé (Agen, 17 janv. 1849, aff. Evêque de Cahors, D. P. 49. 2. 59).

991. Si le legs est alternatif, à qui appartiendra l'option ? Au légataire ou à l'héritier ? C'est là une pure question d'interprétation du testament. Il semble, toutefois, qu'en cas de doute le choix doive appartenir à l'héritier (*Rép.* n° 3926 ; Aubry et Rau, t. 7, § 722, p. 492). S'il est reconnu en fait que l'option appartient au légataire, il faut dire alors que « la libéralité porte concurremment sur les deux objets, au choix du légataire ; que celui-ci a un droit égal à l'un ou à l'autre, en choisissant à son gré celui qui satisferait le mieux ses convenances ; mais que tant qu'il n'a pas, par l'exercice du droit d'option qui lui est conféré par ladite disposition, fixé son choix sur l'un des deux, il s'étend également à l'un ou à l'autre » (Pau, 12 nov. 1872, aff. Dussert, D. P. 74. 2. 47). De ce droit actuel du légataire à chacun des deux objets, à l'exclusion toutefois de l'autre, il résulte que si l'un des deux vient à périr, la libéralité continue à porter sur le seul objet subsistant (Même arrêt. Comp. *Rép.* n° 3930).

992. Mais qu'arriverait-il, en cas de legs alternatif avec option laissée au légataire, si celui-ci mourait avant d'avoir exercé son choix ? Nous avons vu au *Rép.* n° 3935 que le droit romain avait varié sur ce point suivant les époques, mais que, dans le dernier état, l'option passait à l'héritier du légataire. Telle est encore la règle qui devrait être suivie aujourd'hui, à moins de circonstances contraires ; et, comme l'a très bien dit la cour de Pau, ce principe ne souffrirait exception qu'au cas où le droit d'élection eût été clairement et formellement restreint à la personne du légataire ou que la nature des choses et la force des circonstances amèneraient nécessairement cette conclusion ; mais que si rien de semblable ne se rencontre dans la cause, s'il ne résulte ni des termes du testament, sainement interprétés, ni de la nature des choses, que le droit d'option, bien que devant être normalement exercé par le légataire, doive être considéré comme ayant été, dans l'espèce, limité par le testateur exclusivement à sa personne, l'option doit passer à son héritier (Pau, 12 nov. 1872, cité *suprà*, n° 991).

993. Une question intéressante, en ce qui touche l'étendue du legs, est celle de savoir quels sont ces *accessoires* qui, aux termes de l'art. 1018, doivent être délivrés avec la chose léguée. Nous ne reviendrons pas sur les principes qui ont été complètement exposés au *Rép.* n°s 3946 et suiv., et dont on trouvera *ibid.* de nombreuses applications (Comp. Aubry et Rau, t. 7, § 722, p. 491 ; Demolombe, t. 4, n°s 702 et suiv.). — Au surplus, la difficulté se réduira souvent à une pure question de fait.

994. En principe, l'accessoire doit être délivré au légataire sans indemnité de sa part. Néanmoins, cette question a donné lieu à une très vive discussion, portée jusque devant la chambre civile, dans l'espèce suivante. Le 4 févr. 1832, le sieur Duvivier légua à la dame Gauthier un terrain sur lequel était construit un moulin à eau, qu'il donna à bail en 1837 au sieur Gavignot. Ce bail fut prorogé en 1839 pour six ans, à partir du 1er janv. 1846, avec la condition que le fermier élèverait, dans les dépendances du moulin, certaines constructions qu'il entretiendrait pendant la durée du bail, et qu'il laisserait lors de la sortie des lieux au sieur Duvivier, à la charge par ce dernier de lui en payer le prix, d'après leur valeur fixée à cette époque, à dire d'experts. Si le legs du moulin comprenait les constructions, n'était-ce pas du moins au légataire, et non à l'héritier, de supporter le remboursement dû au locataire aux termes du bail ? Le tribunal de Pontoise avait mis ce remboursement à la charge du légataire particulier. Ce jugement fut infirmé par un arrêt de la cour de Paris du 7 juill. 1849 (aff. Meignen, D. P. 54. 1. 436), qui déclare que le legs comprend les constructions, mais n'oblige pas le légataire à en payer le prix encore dû au moment de l'ouverture du legs, cette dette résultant, non pas du bail dont le légataire doit supporter les obligations, mais d'une clause distincte de ce bail qui présente les caractères d'une vente à terme de constructions, à la charge de l'hérédité. Le pourvoi fut rejeté par la chambre civile le 27 janv. 1852 (D.P.54.1.436), mais seulement après un arrêt de partage et contrairement aux conclusions de M. l'avocat général Rouland. — On conçoit que le rapport très étroit qui existait entre la clause litigieuse et le bail à propos duquel elle avait été contractée ait dû faire naître des hésitations ; mais on ne peut, en définitive, qu'approuver la décision de la chambre civile fondée sur ce que, aux termes de l'art. 1018, la chose léguée doit être délivrée au légataire avec les accessoires nécessaires et dans l'état où elle se trouvera au jour du décès du donateur ; que, d'après l'art. 1019, les constructions nouvelles faites sur le fonds légué sont censées faire partie du legs sans aucune nouvelle disposition du testateur ; qu'enfin, suivant l'art. 1024, le légataire à titre particulier n'est point tenu des dettes de la succession.

995. En ce qui concerne les fruits, qui sont les accessoires les plus importants de la chose léguée, V. *suprà*, n°s 978 et suiv.

ART. 4. — *Charges du légataire particulier* (*Rép.* n°s 4003 à 4021).

996. En principe, aux termes de l'art. 1024, le légataire à titre particulier n'est point tenu des dettes de la succession, sauf la réduction qui peut atteindre le legs et l'action hypothécaire des créanciers. Il est même affranchi (sauf en ce touche les droits d'enregistrement que l'art. 1016 met expressément à sa charge) de toute contribution aux frais de la succession (*Rép.* n° 4003). Aussi, contrairement à la doctrine d'un jugement du tribunal d'Angers du 13 juill. 1847 (aff. Hervé, D. P. 49. 1. 318, et *Rép.* n° 4016), qui avait fait supporter au légataire particulier les frais de dépôt du testament qui l'avait institué, il a été jugé : 1° que le légataire à titre universel, auquel le testateur a fait une position semblable à celle du légataire particulier en l'affranchissant de toute contribution aux dettes de sa succesison, n'est pas tenu de supporter une part des honoraires dus au notaire rédacteur du testament (Nîmes, 17 juin 1856, aff. Castan, D. P. 57. 2. 199) ; — 2° Que le légataire particulier n'est pas tenu de contribuer, proportionnellement à la valeur de son legs, au payement des honoraires dus au notaire pour la rédaction ou la garde du testament (Trib. Anvers, 9 juill. 1864, aff. Sevestre, D. P. 65. 3. 60).

997. Mais ce n'est là que le droit commun, et il reste bien entendu, comme nous l'avons vu au *Rép.* n° 4017, que le testateur peut soumettre le légataire particulier à toutes les charges et conditions qui n'ont rien de contraire aux mœurs, à l'ordre public ni aux lois. — Dans cette hypothèse, le bénéficiaire de la charge imposée comme condition du legs a-t-il un droit direct à l'exécution de la charge, droit indépendant de l'exécution du legs dont cette charge est l'accessoire ? Evidemment non, et nous devons dire ici du legs avec charge ce que dit M. Larombière de l'obligation avec charge : « La juxtaposition de la stipulation secondaire n'enlève point au stipulant, en ce qui le concerne, le droit de poursuivre la résolution ou la révocation du contrat. Son existence accessoire est elle-même subordonnée au maintien du contrat principal, sur lequel elle a germé, bien que le tiers l'ait acceptée plus tard, et ait acquis, par son acceptation, une action directe contre le promettant. Elle n'est, en effet, irrévocable que tout autant que la convention dont elle est le mode ne sera elle-même ni résolue, ni révoquée. En cas de résolution et de révocation, le tiers ne peut exiger le payement du mode, et le promettant, s'il a payé, a la répétition de l'indû, parce que, autrement, le payement aurait lieu ou a déjà eu lieu sans cause » (Larombière, *Théorie et pratique des obligations*, t. 1, art. 1121, n° 10, p. 122). Aussi ne saurions-nous approuver un arrêt de la cour de Caen, du 12 nov. 1869 (aff. Ville d'Alençon, D. P. 69. 2. 225), ni l'arrêt de la chambre des requêtes qui a rejeté le pourvoi (Req. 21 juin 1870, D. P. 71. 1. 97), d'après lesquels une ville qui a été instituée légataire à titre particulier d'une rente, avec condition d'employer cette rente au profit d'une société de bienfaisance, devient, par l'acceptation de ce legs, débitrice personnelle de la société, et doit servir cette rente, bien que le débiteur du legs ne l'acquitte pas.

CHAP. 4. — Des exécuteurs testamentaires (*Rép.* n°s 4022 à 4133).

SECT. 1re. — NATURE DE LA CHARGE DES EXÉCUTEURS TESTAMENTAIRES ET MODE DE LEUR NOMINATION (*Rép.* n°s 4023 à 4034).

998. L'exécuteur testamentaire est, comme nous l'avons vu au *Rép.* n° 4024, le mandataire du testateur seul, et non des héritiers et légataires. Il ne peut être nommé que par un testament (*Rép.* n° 4027). Mais il peut l'être par un testament autre que celui dont il doit assurer l'exécution (Demolombe, t. 4, n°s 22 et 23; Aubry et Rau, t. 7, § 711-1°, p. 447). D'ailleurs il n'est pas nécessaire que le testament emploie à cet égard des expressions sacramentelles; car, suivant un principe que nous avons formulé à maintes reprises, c'est d'après l'intention du testateur, et non d'après les expressions dont il s'est servi, qu'il faut interpréter son testament (V. *suprà*, n° 850). Les tribunaux sont investis à cet égard d'un pouvoir souverain d'interprétation (V. *suprà*, n° 849), dont nous avons déjà cité un exemple au *Rép.* n° 3594, pour déterminer, par exemple, s'ils se trouvent en présence d'un légataire universel ou d'un simple exécuteur testamentaire.

999. Il est un premier cas, tout d'abord, où l'institution universelle devra être ramenée à un simple mandat d'exécuteur testamentaire; c'est le cas où il est établi que cette institution est simulée, et n'a d'autre but que de masquer un fidéicommis. « Il est clair, dit M. Demolombe, t. 1, n° 644, que ce prétendu légataire universel ne serait qu'un exécuteur testamentaire, ou un fiduciaire, chargé de protéger frauduleusement contre l'action des héritiers *ab intestat* les dispositions faites au profit des incapables, afin que les héritiers n'ayant pas d'intérêt n'eussent point par cela même d'action. Dès qu'il est démontré que le titre du légataire universel n'est pas sérieux, on ne doit voir en lui qu'une personne interposée. » Jugé en ce sens que le legs universel fait au profit d'une personne à laquelle une certaine somme est, en même temps, léguée à titre particulier, peut être considéré comme ne conférant à cette personne que la qualité d'exécuteur testamentaire, lorsque de l'ensemble du testament il résulte qu'elle n'est pas un légataire universel sérieux, et que, par exemple, elle n'a été instituée que pour écarter, par défaut d'intérêt, les tentatives que feraient les héritiers du sang, auprès du Gouvernement, à fin de réduction des legs faits dans le même testament à des établissements publics, et pour faire arriver aux établissements légataires la portion de leurs legs dont l'acceptation ne serait pas autorisée (Req. 30 nov. 1869, aff. Britelle, D. P. 70. 1. 202).

1000. Mais la même solution pourrait s'imposer en dehors même de toute simulation de ce genre; et il a été jugé : 1° que la disposition d'un testament dans laquelle un légataire est qualifié de *légataire universel* peut être interprétée en ce sens que, par cette qualification, le testateur n'a entendu nommer celui qu'il désignait ainsi par erreur, que simple exécuteur testamentaire, lorsque l'institution d'un legs universel à son profit serait en contradiction flagrante, soit avec les autres dispositions du testament concernant le même légataire et ses colégataires, soit avec des testaments antérieurs que le testateur a déclaré confirmer (Orléans, 27 févr. 1869, aff. Verna-Boutet, D. P. 70. 2. 90); — 2° Que, bien qu'elle soit qualifiée par le testateur de légataire universel, la personne qui n'est investie par lui d'aucune universalité de biens, et est seulement chargée de remettre à un tiers désigné le surplus de l'actif de la succession après l'acquittement du passif et des legs, est un simple exécuteur testamentaire (Orléans, 4 juill. 1885, aff. Bodin, D. P. 86. 2. 195). — Ainsi, lorsqu'un testateur, après avoir, dans un premier testament, fait des legs particuliers à tous ses héritiers, puis, dans un second, confirmé ces legs et chargé l'un d'eux de gérer ses affaires s'il venait à ne pouvoir les gérer lui-même, ajoutant : « après mon décès, je le nomme mon *mandataire* », laisse un troisième testament où il déclare également confirmer le second, et reproduit la clause relative à la gestion de ses affaires par le légataire particulier qu'il avait choisi, mais avec ce changement d'expressions : « on ferait un inventaire des papiers, et après mon décès, je le nomme mon *légataire universel* », ces derniers mots peuvent, rapprochés de l'ensemble des dispositions émanées du testateur et toutes exclusives de la volonté de créer un légataire universel, ne s'entendre que de la nomination d'un mandataire ou exécuteur testamentaire comme dans le testament précédent (Arrêt précité du 27 févr. 1869). On voit par cette dernière décision jusqu'à quelle extrême limite on peut étendre le pouvoir d'interprétation que la cour suprême reconnaît aux juges du fait.

SECT. 2. — DES PERSONNES CAPABLES D'ÊTRE EXÉCUTEURS TESTAMENTAIRES (*Rép.* n°s 4035 à 4054).

1001. Aux explications qui ont été données au *Rép.* n°s 4037 et suiv. nous ajouterons seulement que l'incapacité dont les mineurs sont frappés aux termes de l'art. 1030 c. civ. a été avec raison étendue par analogie aux communes (Bruxelles, 16 avr. 1883, aff. Ville d'Arlon, D. P. 85. 2. 27). Aux termes du même arrêt, une commune ne peut ni ne doit, pas plus qu'un établissement public, assumer la mission perpétuelle de gérer des biens absolument étrangers aux services dont elle est investie par la loi, pour en remettre les revenus à un tiers ou à un autre établissement public légalement représenté, sans en retirer un bénéfice elle-même (Même arrêt). Cette dernière solution se justifie pleinement tant par l'assimilation de la commune aux mineurs, expressément formulée dans l'arrêt, que par ce principe qu'une personne civile n'a de personnalité que pour l'objet spécial qui lui a fait conférer ou reconnaître cette personnalité (V. Av. Cons. d'Ét. 13 avr. et 2 déc. 1881, D. P. 82. 3. 21; 13 juill. 1881, D. P. 82. 3. 23).

SECT. 3. — DES DROITS, DES POUVOIRS ET DES OBLIGATIONS DE L'EXÉCUTEUR TESTAMENTAIRE (*Rép.* n°s 4055 à 4125).

1002. Le testateur peut désigner plusieurs exécuteurs testamentaires. S'il le fait, il peut assigner à chacun d'eux des fonctions spéciales (art. 1033), auquel cas chacun d'eux doit se cantonner dans sa mission particulière; sinon, ils ont tous des pouvoirs égaux, et, dans ce cas, un seul peut agir au défaut des autres (*Rép.* n° 4055). La nomination par le testateur de plusieurs exécuteurs testamentaires n'a pas pour conséquence de les obliger à agir collectivement, s'il ne l'a expressément ordonné; en conséquence, la vente passée par un seul d'entre eux, en exécution des dispositions testamentaires, est valable (Bastia, 13 mars 1873, aff. Porri, D. P. 76. 1. 123).

1003. — I. DE LA SAISINE. — L'art. 1026 autorise le testateur à donner à son exécuteur testamentaire la saisine du tout ou seulement d'une partie de son mobilier (*Rép.* n° 4057). Cette disposition est-elle applicable même au cas où le testateur laisse des héritiers à réserve? Ce qui peut faire hésiter sur ce point, c'est que la réserve doit être laissée exempte de toutes charges, conditions ou restrictions relatives à la dévolution, au partage, à l'administration ou à la disposition des biens qui la composent (Aubry et Rau, t. 7, § 679-3°, p. 165). Aussi quelques auteurs en ont-ils conclu que, si le testateur a des héritiers à réserve, il ne peut donner à l'exécuteur testamentaire la saisine que d'une partie du mobilier (Duranton, t. 9, n° 401; Vazeille, sur l'art. 1026, n° 2; Massé et Vergé, sur Zachariæ, § 491, p. 261, note 20; Aubry et Rau, t. 7, § 711-4°, note 28, p. 453). Mais ce système est arbitraire : il faut admettre que la saisine peut être donnée pour tout le mobilier, ou ne peut pas être donnée pour une partie quelconque. Or cette dernière solution est évidemment inadmissible. L'art. 1025 c. civ. autorise le testateur à nommer un ou plusieurs exécuteurs testamentaires; l'art. 1026 lui permet expressément de donner aux exécuteurs testamentaires la saisine du tout ou seulement d'une partie de son mobilier; cette disposition est générale et absolue et ne distingue pas entre le cas où le testateur ne laisse aucun héritier à réserve et celui où, laissant des héritiers réservataires, il lègue toute la quotité disponible (Paris, 18 déc. 1871, aff. Aubertot, D. P. 73. 2. 15). Et c'est avec raison, car ainsi que nous l'avons dit au *Rép.* n° 4058, il ne faut pas se méprendre sur la nature de la saisine de l'exécuteur testamentaire : elle a pour but de mettre dans sa main les moyens d'acquitter les legs sans être forcé de former une demande en délivrance contre l'héritier; elle n'est qu'une conséquence du mandat et ne nuit en rien aux droits de l'héritier naturel qui jouit de la saisine légale de toute la succession, laquelle passe, à défaut d'héritier légitimaire, au légataire universel. C'est ce qu'a fait très bien ressortir une ordonnance de référé du président du tribunal civil de la Seine du 31 août 1871 (aff. Aubertot, D. P. 73. 2. 15), où nous lisons : « que la saisine ne porte aucune atteinte à la réserve, puisqu'elle n'est qu'une simple détention qui n'enlève juridiquement à l'héritier ni la propriété, ni même la possession civile des biens; qu'elle confère seulement à l'exécuteur testamentaire un droit, ou plutôt même un devoir, d'administration ». Il faut donc reconnaître que le testateur peut donner à son exécuteur testamentaire la saisine de tout son mobilier, dans le cas même où il existe des héritiers à réserve; et que ceux-ci n'ont pas alors le droit de demander la nomination d'un administrateur provisoire de la succession (Même arrêt du 18 déc. 1871). Telle est aussi l'opinion de Zachariæ, *Droit civil français*, § 715, note 15, de MM. Demolombe, t. 5, n° 51, Colmet de Santerre, t. 4, n° 171 *bis* V, et Laurent, t. 14, n° 340.

1004. Mais cette saisine doit être renfermée dans des limites de temps qui sont précisées par l'art. 1026. Le testateur ne peut proroger au delà d'un an et un jour la durée de la saisine qu'il donne à ses exécuteurs testamentaires (*Rép.* n° 4065). Ainsi il y a lieu d'annuler la disposition par laquelle un testateur, en créant une fondation destinée à pourvoir à perpétuité à l'éducation et à l'apprentissage de ses parents collatéraux, institue, pour assurer l'accomplissement de ses volontés, des exécuteurs testamentaires dont il proroge indéfiniment la saisine, et auxquels il confère le pouvoir de se donner indéfiniment des successeurs (Pau, 7 déc. 1861, aff. Haramboure, D. P. 63. 5. 164). La cour de Lyon a annulé de même, à la fois comme indéterminée dans sa durée et comme s'appliquant à des immeubles, la clause d'un testament qui investissait l'exécuteur testamentaire du droit d'administrer de la manière la plus absolue les immeubles de la succession, jusqu'au décès d'un tiers, auquel était légué l'usufruit de ces immeubles (Lyon, 26 août 1864) (1). Il a été jugé aussi que, sans examiner si, et dans quelle mesure, le testateur peut conférer à un tiers le mandat de gérer et administrer après sa mort les biens légués, la clause du testament qui investit de la gestion et administration, pour plus d'an et jour, et relativement à des immeubles, l'exécuteur testamentaire lui-même, pris en cette seule qualité, est nulle comme contraire à l'art. 1026 c. civ., et doit être déclarée non écrite par application de l'art. 900 du même code (Civ. rej. 20 mai 1867, aff. Jomand, D. P. 67. 1. 200. V. aussi dans le même sens : Alger, 20 janv. 1879, aff. Michel, D. P. 79. 2. 143). Ce système, fondé sur les termes très nets de l'art. 1026, a également prévalu dans la doctrine (V. outre les auteurs cités au *Rép. ibid.* : Demolombe, t. 5, n° 48; Colmet de Santerre, t. 4, n° 171 *bis* III; Laurent, t. 14, n° 341). — L'exécuteur testamentaire qui n'a pas la saisine des meubles du défunt ne peut s'opposer à ce que les titres dépendant de la succession soient remis au légataire universel investi de la saisine, et, en ce cas, sa contestation étant mal fondée, il doit être personnellement condamné aux dépens (Pau, 27 juin 1887, aff. Lupau, D. P. 88. 2. 252).

1005. — II. VENTE DU MOBILIER ET DES IMMEUBLES. — L'exécuteur testamentaire a reçu de l'art. 1031 le pouvoir de provoquer la vente du mobilier, à défaut de deniers suffisants pour acquitter les legs. Ce pouvoir peut-il être étendu par le testateur à la vente des immeubles? — Cette question, dès l'ancien droit, était fort controversée. Tandis que Furgole, *Des testaments*, chap. 10, sect. 4, n°s 38 et suiv., étendait le pouvoir de l'exécuteur jusqu'à l'autoriser à faire vendre les héritages de la succession pour acquitter les legs, Ricard, *Donations*, part. 2, chap. 2, et Pothier, *Donations testamentaires*, chap. 5, § 3, restreignaient ce pouvoir à la saisine et à la faculté de disposer du mobilier. Cette dernière doctrine avait prévalu dans la majorité des parlements, et surtout dans le ressort du parlement de Paris (V. Ferrière, sur l'art. 297 de la *Coutume de Paris*, t. 3, p. 430; les auteurs du *Nouveau Denisart*, t. 8, p. 212, § 2, n° 4). Mais la jurisprudence postérieure au code civil s'est, au contraire, comme nous l'avons vu au *Rép.* n° 4087, prononcée dans le sens opposé; et la cour de Metz, le 13 mai 1869 (aff. Bocquillon, D. P. 69. 2. 192), a jugé de même qu'un exécuteur testamentaire peut être investi par le testateur, lorsqu'il n'existe pas d'héritier à réserve, du droit de vendre les immeubles de la succession sans formalités de justice, d'en toucher le prix, et de le distribuer entre les héritiers, même au cas où il s'agirait d'immeubles facilement partageables en nature. En faveur de cette opinion, qui est également dominante dans la doctrine (V. outre les auteurs cités au *Rép. ibid.* : Rolland de Villargues, *Répertoire du notariat*, v° *Exécuteur testamentaire*, n° 102; Duranton, t. 9, n° 411; Massé et Vergé sur Zachariæ, t. 3, § 491, p. 265; Emile Paultre, *Revue du notariat et de l'enregistrement*, t. 1, n° 75; Vazeille, sur l'art. 1031, n° 12; Aubry et Rau, t. 7, § 711, p. 450; Demolombe, t. 5, n°s 91 et suiv.), on peut invoquer cette considération que le testateur, en l'absence d'héritiers à réserve, a le droit d'ordonner la vente de ses immeubles, afin de convertir en une somme d'argent la somme à partager (Req. 17 avr. 1855, aff. Deschamps, D. P. 55. 1. 201), et que, s'il lui plaît de charger l'exécuteur testamentaire par lui désigné de vendre ses immeubles sans formalités de justice, d'en toucher le prix, et d'en faire la distribution, de telles dispositions n'ont rien de contraire à la loi, à l'ordre

(1) (Portanier C. Jomand.) — LA COUR; — Considérant que l'intention de la testatrice ressort trop clairement des termes mêmes de son testament, pour qu'il soit nécessaire de recourir à la règle de l'interprétation; — Considérant que la demoiselle Villard, en conférant à Antoine Jomand la qualité et les fonctions d'exécuteur testamentaire, l'a chargé en même temps de gérer et d'administrer d'une manière si complète et si absolue les trois immeubles dont elle avait légué l'usufruit à sa nièce, la dame Portanier, que tout acte de gestion était interdit à l'usufruitière, qui ne pouvait exercer sa jouissance que par l'entremise et selon la volonté de l'exécuteur testamentaire; — Considérant que le droit conféré à Antoine Jomand n'est autre chose que la saisine de trois immeubles dont il est réellement investi sous une autre dénomination; — Considérant que la durée de cette saisine n'était limitée que par le décès de l'usufruitière; — Considérant que cette disposition testamentaire est en opposition formelle avec l'art. 1026 c. nap., qui ne permet pas au testateur de conférer à l'exécuteur testamentaire la saisine des immeubles de la succession, et qui, dans tous les cas, limite à l'an et jour à compter du décès la durée de la saisine sur les valeurs mobilières; — Considérant que c'est bien à l'exécuteur testamentaire que la demoiselle Villard a voulu conférer ces pouvoirs exorbitants; mais que, dans le cas même où elle aurait distingué, ce qui n'a pas été fait, le mandat pour administrer, de l'exécution testamentaire, on ne comprendrait pas comment la testatrice aurait pu donner à un simple mandataire un pouvoir que la loi défendait de transmettre à un exécuteur testamentaire; — Considérant qu'on comprendrait bien moins encore l'existence d'un mandat irrévocable survivant au décès du mandant et ayant pour conséquence de paralyser dans les mains de la dame Portanier, sans utilité et sans avantage pour personne, l'exercice du droit d'usufruit tel qu'il est réglé par la loi; — Considérant que l'art. 900 c. nap. dispose que les conditions impossibles et celles qui sont contraires aux lois et aux mœurs, sont réputées non écrites dans les testaments, et que c'est le cas de faire application de cette règle; — Par ces motifs, infirme; déclare non écrite la disposition testamentaire qui confère à Antoine Jomand la gestion et l'administration des immeubles dont l'usufruit a été légué à la dame Portanier; ordonne, en conséquence, que la dame Portanier sera mise en possession des immeubles dont elle a l'usufruit, pour les gérer et administrer conformément aux règles du droit.

Du 26 août 1864.-C. de Lyon, 2e ch.-MM. Valois, pr.-Roux et Pine-Desgranges, av.

public et aux bonnes mœurs, et que rien ne s'oppose à leur exécution (Arrêt précité du 13 mai 1869).

1006. — III. Exercice des actions. — L'art. 1031 donne mission à l'exécuteur testamentaire de veiller à ce que le testament soit exécuté, et même, en cas de contestation sur son exécution, d'intervenir pour en soutenir la validité (*Rép.* n° 4099). Mais à cela se borne son droit. Il n'a pas, par exemple, qualité pour exercer les actions concernant les biens légués à charge de restitution, ces actions résidant en la personne du grevé. Jugé aussi que l'exécuteur testamentaire n'a pas qualité pour défendre à une demande ayant pour objet de faire décider la validité ou la nullité d'une condition mise à un legs universel (Lyon, 15 mars 1854, *suprà*, n° 60). — Il peut seulement, en cas de contestation sur l'exécution du testament, intervenir pour en soutenir la validité (Metz, 13 juill. 1865, aff. Bujon, D. P. 65. 2. 126). D'ailleurs, ce droit d'intervention, il peut l'exercer pour la première fois en appel (Rennes, 12 juill. 1864, et sur pourvoi, Req. 15 avr. 1867, aff. Trouessart, D. P. 67. 1. 294).

1007. — IV. Mandat particulier. — L'exécuteur testamentaire est le mandataire du testateur, et c'est, en principe, un mandataire général. Mais son mandat ne peut-il pas être restreint à un objet particulier? L'affirmative, dans l'ancien droit, n'était pas contestée (V. notamment : Furgole, *Traité des testaments*, chap. 10, sect. 4, n° 16. V. aussi *ibid.*, n° 6). Sous le code civil, la même doctrine paraît bien être professée par M. Demolombe : « La loi, dit cet auteur, t. 5, n° 84, en autorisant le testateur à nommer un exécuteur testamentaire, l'a, par cela même, virtuellement autorisé à lui conférer tous les pouvoirs nécessaires pour faire accomplir ses dispositions, suivant les circonstances diverses qu'il était difficile que le législateur pût prévoir et régler invariablement *à priori*. Aussi nos articles se bornent-ils à exprimer les fonctions générales et ordinaires de l'exécuteur testamentaire ; et rien, dans la forme de leur rédaction, n'annonce qu'ils aient pour but de limiter le pouvoir du testateur ». A plus forte raison, le testateur doit-il avoir le droit de restreindre un mandat qu'il pourrait faire absolument général. Aussi la cour d'Orléans, le 10 juill. 1885 (aff. Guillon, D. P. 86. 1. 241), a-t-elle jugé que la clause d'un testament par laquelle le testateur, sans faire aucune autre disposition, charge un tiers de trier et de détruire tous ses papiers inutiles, est valable, et a pour effet d'attribuer à ce tiers la qualité d'exécuteur testamentaire, avec la propriété des objets compris dans la disposition dont l'exécution lui est confiée. La chambre des requêtes, le 26 janv. 1886 (*Ibid.*) a rejeté le pourvoi, « attendu que, d'après la déclaration des juges du fond, cette clause avait eu pour effet d'attribuer à la personne désignée la pleine propriété des objets compris dans la disposition dont l'exécution lui était confiée: qu'en lui reconnaissant, par suite, en ce qui la concerne, la qualité d'exécuteur testamentaire, avec les droits et les pouvoirs que le défunt y a attachés lui-même, ils n'ont fait que se livrer à une interprétation d'acte qui leur appartenait ». Ce motif est intéressant à relever, car il semble que, si la cour d'appel n'avait pas, en fait, reconnu l'existence d'un legs des papiers au profit de celui qui était reconnu être exécuteur testamentaire, cette qualité eût dû lui être déniée. — Est-il donc indispensable, pour qu'un exécuteur testamentaire puisse être valablement institué, que le testament contienne des legs? Une telle exigence serait excessive. Il n'est pas nécessaire que le testament renferme des dispositions relatives aux biens du testateur; il peut n'avoir d'autre objet que d'imposer certaines charges aux héritiers; ainsi un acte de dernière volonté est valable, alors même qu'il ne renfermerait que des dispositions relatives à la sépulture de son auteur (Aubry et Rau, t. 7, § 647, p. 9 et 12). Par un motif analogue le testament pouvait valoir, dans l'espèce précitée, bien qu'il ne contînt pas autre chose que la disposition relative au tri et à la destruction des papiers; et une telle disposition suffisait pour légitimer l'institution d'un exécuteur testamentaire ; car, dès que le testateur peut faire une disposition, il doit pouvoir en assurer l'accomplissement (Demolombe, *loc. cit.*).

Dans une hypothèse comme celle qui vient de nous occuper, il faut reconnaître à l'exécuteur testamentaire un droit absolu sur les papiers qui lui sont confiés, et ce, en vertu de la saisine spéciale, qui fait échec même à la saisine des héritiers du sang. Spécialement, lorsqu'un testateur a formellement exprimé, dans son testament, la volonté que tous ses papiers intimes fussent remis à une personne désignée avec charge de les conserver, les héritiers naturels invoqueraient vainement, pour obtenir communication des lettres et papiers intimes du défunt, le droit d'administration qui leur est conféré par la saisine légale et les nécessités de leur défense ; et même, au cas où la saisine des héritiers naturels se trouve en conflit avec la saisine de l'exécuteur testamentaire, relativement à un legs particulier tel que celui des papiers intimes du défunt, les juges ne peuvent prescrire aucune mesure qui pourrait compromettre le sort du legs et le droit de propriété du légataire; ainsi, ils ne peuvent, au mépris de l'opposition formelle de l'exécuteur testamentaire, ordonner la communication aux héritiers naturels du défunt, des papiers intimes que ce dernier avait légués à un tiers, sous prétexte de leur permettre d'y rechercher les preuves d'une captation et d'une fraude (Bordeaux, 29 mars 1887, aff. Religieuses de Saint-Paul, D. P. 88. 2. 261).

1008. — V. Responsabilité de l'exécuteur testamentaire. — L'exécuteur testamentaire qui accepte le mandat à lui confié par le défunt, est tenu de l'exécution de ce mandat, comme tout autre mandataire, et il est, dès lors, responsable de ses fautes ou de sa négligence (*Rép.* n° 4100). Jugé en ce sens que l'exécuteur testamentaire qui, investi de la saisine des biens du défunt, a négligé, même sans dol ni fraude, d'exécuter la clause d'un testament par laquelle ce dernier ordonnait l'affranchissement d'un de ses esclaves, est passible de dommages-intérêts envers l'esclave dont l'état de servitude s'est ainsi prolongé par l'effet de sa négligence (Civ. cass. 27 août 1855, aff. Gertran D. P. 55. 1. 371). — Le testateur peut-il dispenser l'exécuteur testamentaire de l'obligation de rendre compte? Comme on l'a vu au *Rép.* n° 4110, la question est controversée (*Adde*, dans le sens de l'affirmative, que nous avons adoptée : Aubry et Rau, t. 7, § 711, texte et note 46, p. 457; Nîmes, 23 mai 1865 (1). — *Contrà* : Demolombe, t. 5, n° 119; Laurent, t. 14, n° 386). Au reste, la dispense ne saurait être opposée à des héritiers à réserve (Aubry et Rau, *ibid.*; Arrêt précité du 23 mai 1865).

Sect. 4. — De la durée et de l'expiration des fonctions d'exécuteur testamentaire (*Rép.* n°s 4126 à 4133).

1009. L'exécution testamentaire finit, en principe, comme le mandat. Elle s'éteint, notamment, par l'achèvement de la tâche dévolue à l'exécuteur testamentaire. Jugé, en ce sens que les pouvoirs de l'exécuteur testamentaire doivent être considérés comme expirés, lorsqu'ils sont devenus sans utilité pour la réalisation de la volonté du testateur, par suite de la délivrance des legs et de la fin des instances dans lesquelles l'exécuteur testamentaire aurait eu qualité pour intervenir (Req. 19 avr. 1859, aff. Guichard, D. P. 59. 1. 277).

1010. Les fonctions d'exécuteur testamentaire seraient censées n'avoir jamais été conférées, si elles avaient été révoquées avant le décès du testateur. Mais il a été jugé que la nomination d'un exécuteur testamentaire n'est pas révoquée par un testament postérieur contenant une institution d'héritier qui depuis a été annulée, alors que les autres dispositions de ce testament ne renferment ni une révocation expresse, ni une révocation tacite résultant d'incompatibilité (Limoges, 13 mai 1867, aff. Planet, D. P. 67. 2. 81).

(1) (Allary C. Oziol.) — La cour;... — Sur le chef relatif à la gestion d'Oziol et à la reddition du compte qui lui est demandée : — Attendu que le testateur s'en est rapporté à la bonne foi d'Oziol pour l'exécution de ses volontés comme pour l'administration de ses affaires après son décès; qu'il l'a formellement dispensé par son testament de rendre compte de cette administration; que le testateur avait le droit d'accorder une pareille dispense, maître qu'il était de disposer de la totalité de sa fortune, ainsi qu'il entendait; — Attendu, d'ailleurs, qu'Oziol a suffisamment justifié devant la cour qu'il a fait des sommes qu'il a touchées sur la succession de J. Allary un juste et légitime emploi, comme l'ont décidé les premiers juges ; — Confirme, etc.

Du 23 mai 1865.-C. de Nîmes, 3e ch.-MM. Liquier, pr.-Faudau, subst. proc. gén.-Michel, av.

CHAP. 5. — De la révocation des testaments, de leur caducité, et du droit d'accroissement (*Rép.* nos 4134 à 4442).

Sect. 1re. — Révocation des testaments (*Rép.* nos 4137 à 4315).

Art. 1er. — *Révocation par le fait du testateur* (*Rép.* nos 4137 à 4291).

1011. Aux termes de l'art. 1035, les testaments ne peuvent être révoqués, en tout ou en partie, que par un testament postérieur, ou par un acte devant notaires, portant déclaration du changement de volonté (*Rép.* no 4141). Il résulte de ce texte que, de même que le testament, la révocation doit nécessairement être écrite. La question s'est posée devant la chambre civile de la cour de cassation, le 31 mars 1857 (aff. Rochette, D. P. 57. 1. 151), de savoir si le mandat verbal, donné par un testateur à un tiers, de conserver dans ses mains ce testament, et de ne le produire que dans un cas déterminé, et, par exemple, pour le cas où l'héritier légitime du testateur voudrait aliéner le bien qui s'y trouve légué à un autre, est valable. Elle n'a pas été résolue. Elle n'aurait pu l'être évidemment que dans le sens de la négative. En effet, ce mandat emporte, pour le légataire, faculté de révoquer le testament ; il doit donc être nécessairement donné par écrit et dans la forme d'un testament valable. Donné verbalement, un pareil mandat est illégal et nul (Paris, 13 juill. 1866) (1), et, si le testament est supprimé en exécution de ce mandat, le légataire peut en demander l'exécution, alors même qu'il n'a pas d'autres preuves de l'existence et de la destruction de l'acte que les aveux du dépositaire et des personnes intéressées à le détruire (Toullier, t. 5, no 667).

§ 1er. — Révocation expresse (*Rép.* nos 4138 à 4194).

1012. La révocation expresse ne peut résulter que d'un testament postérieur ou d'un acte notarié (V. *suprà*, no 603). Elle ne peut donc être prouvée, du moins en principe, ni par témoins, ni au moyen de présomptions (Lyon, 14 déc. 1875, aff. de Bourgoing, D. P. 76. 2. 199). Mais il en serait autrement dans le cas de fraude, et à la charge alors par les héritiers du sang d'articuler à la fois que le testateur avait l'intention de révoquer ses dispositions testamentaires, et qu'il a été empêché de le faire par des manœuvres frauduleuses (Req. 15 mai 1860, aff. Thierrée, D. P. 60. 1. 277). Ainsi, l'offre de prouver par témoins que le légataire aurait soustrait le testament, afin de faire croire au testateur que cet acte n'existait plus et que la révocation en était inutile, a pu être déclarée inadmissible, lorsqu'il est constaté que jamais le testateur n'a eu la volonté de révoquer ce testament (*Rép.* no 4142. V. dans le même sens : Aubry et Rau, t. 7, § 725-1o, p. 510).

1013. Si le testateur a recours à un acte notarié, il n'est pas nécessaire que l'acte revête, outre les formes exigées des actes notariés en général, celles qui sont particulières au testament authentique (*Rép.* no 4143). L'acte notarié qui, sans contenir aucune disposition de biens, révoque un testament antérieur, est valable s'il est régulier comme acte authentique, quand même il serait fait dans la forme testamentaire et serait irrégulier comme testament (Req. 1er juin 1870, aff. Devic, D. P. 71. 1. 110). Et la solution serait la même, soit que l'acte à révoquer fût un testament proprement dit, soit qu'il fût lui-même un acte révocatoire. La révocation d'un testament révocatoire ne doit pas nécessairement se produire sous la forme d'un troisième testament ; elle peut résulter d'un acte notarié passé dans la forme ordinaire, et exprimant la volonté du testateur de rendre à ses dispositions

(1) (X... C. T...) — La cour ; — Considérant que par ses premières conclusions, dont elle ne s'est pas désistée, la femme X... a demandé, comme elle l'avait fait devant les premiers juges, la nullité des deux derniers testaments de T... son père et l'exécution d'un testament antérieur de 1850 ; que, par ses dernières conclusions, elle déclare accepter le testament du 20 févr. 1856, dont elle demande à la cour d'ordonner l'exécution, en annulant celui du 23 mars 1861, par le motif que dans l'intention de son père il n'aurait été qu'un moyen de confirmer celui de 1856, et d'en assurer l'exécution ; — Considérant que le testament du 20 févr. 1856 contient deux dispositions principales, dont l'une est conditionnelle et subordonnée à l'exécution de l'autre ; que par la première T... fait attribution à la femme X..., pour la remplir de sa réserve légale, indépendamment de la toute propriété de certains immeubles et de valeurs mobilières, de l'usufruit de sa terre de Paray-le-Fraisil, dont il lègue la nue propriété à ses deux petits-fils Jacques et Raymond X... ; que par la deuxième, faite pour le cas où la femme X... viendrait à contester son testament, il déclare léguer à ses petits-fils, en toute propriété, toute la quotité disponible de ses biens meubles et immeubles ; que le dernier testament fait cinq années après, le 23 mars 1861, ne renferme qu'une seule disposition sur laquelle T... renouvelle, il est vrai, au profit de ses petits-fils le legs de la quotité disponible, mais sans subordonner l'exécution de ce legs à la condition qu'il y avait précédemment attachée, et sans le faire dépendre du refus d'acceptation par la femme X..., d'une disposition qui n'est plus reproduite ; qu'il substitue ainsi un legs pur et simple à un legs conditionnel ; que dans les termes précis et absolus de ce testament, rien ne révèle l'intention de maintenir celui du 20 févr. 1856 ; que les volontés nouvelles qui y sont exprimées, et que T... dit être bien arrêtées et réfléchies, créent, au contraire, pour ceux qui sont appelés à sa succession, des droits différents de ceux qui résultaient de ses précédentes dispositions, dont la révocation est la conséquence de l'impossibilité de les concilier avec le legs pur et simple contenu dans le dernier testament ; que les circonstances dans lesquelles ont lieu sa production par M... et la déclaration de celui-ci qu'il lui avait été confié par T... avec recommandation de ne le présenter que dans le cas où sa fille refuserait d'accepter l'usufruit qu'il lui avait légué en 1856, ne peuvent suffire pour invalider et rendre sans effet une volonté testamentaire régulièrement exprimée ; que lorsqu'il y a incertitude sur le sens d'une disposition conçue en termes obscurs ou ambigus, et lorsque le principe, le germe d'une volonté, s'y trouvent déposés, les faits et les actes extérieurs peuvent sans doute être invoqués et consultés accessoirement au testament pour reconnaître une intention non assez clairement manifestée ; mais qu'il en est autrement lorsque, comme dans l'espèce, le testament ne présente dans ses termes aucune incertitude, et qu'il s'agirait, non de l'interpréter, mais d'ajouter au legs pur et simple qu'il contient une disposition conditionnelle, de suppléer à ce qui n'est pas exprimé, et de substituer une volonté présumée à une volonté positive ; qu'en matière de testament, où la loi ne reconnaît de volonté que celle qui est écrite et où elle n'admet pour l'établir ni un commencement de preuve par écrit, ni la preuve testimoniale, le droit d'interprétation a ses règles et ses limites spéciales, qui interdisent aux magistrats de se placer complètement en dehors de l'acte de dernière volonté pour créer, à l'aide de présomptions puisées successivement dans des faits extérieurs, des dispositions non écrites ou pour modifier celles qui existent ; que T..., en déposant entre les mains de M... son testament de 1861, aurait pu sans doute s'en remettre à lui du soin de le présenter ou de le détruire dans un cas prévu mais incertain ; mais que ce mandat, qui aurait eu pour objet de substituer un tiers au testateur lui-même, de lui conférer un droit de révocation, ne peut être reconnu et avoir de valeur légale que lorsqu'il a été donné par écrit de la main du testateur, daté et signé par lui, comme le testament auquel il se réfère et dont il devient alors le complément ; que des recommandations, des instructions purement verbales ne peuvent pas plus avoir la force de révoquer ou modifier un testament que de le constituer ; qu'enfin les diverses notes extraites des carnets de T... et dans lesquelles il a exprimé, comme dans son testament de 1856, le désir que sa terre de Paray restât dans sa famille, indépendamment de leur caractère vague et informe, ne renferment rien de relatif soit à l'intention qui lui est attribuée de n'avoir voulu faire en 1861 à ses petits-fils qu'un legs conditionnel et subordonné à la volonté de leur mère, soit aux instructions qu'il aurait données à M... pour que le testament de 1856 fût seul exécuté ; — Que le testament du 23 mars 1861, régulier dans sa forme, clair, précis et formel dans ses termes, incompatible avec l'exécution des dispositions précédemment faites, subsiste donc seul, et doit être seul la loi des parties, ainsi que les frères X... l'ont demandé devant les premiers juges ; qu'il devient, par suite, sans intérêt d'examiner les questions que l'exécution du testament du 20 févr. 1856 seul aurait pu faire naître, de rechercher si la condition qu'il renferme constituait ou non une clause pénale illicite, et si la femme X..., en élevant les contestations sur lesquelles les premiers juges ont statué, a encouru la déchéance du droit d'accepter les dispositions de ce testament ; — Adoptant au surplus et en tant que de besoin les motifs des premiers juges en ce qu'ils ne sont pas contraires à ceux qui précèdent ; — Infirme, en ce que le testament du 20 févr. 1856 a été déclaré valable ; — Emendant, déclare nul et de nul effet, ledit testament dont la deuxième disposition se confondrait, d'après le jugement, avec le testament de 1861, le jugement sortissant effet dans toutes ses autres dispositions, etc.

Du 13 juill. 1866.-C. de Paris, 4e ch.-MM. Tardif, pr.-Sallé, av. gén.-Sénard et Dufaure, av.

primitives leur pleine efficacité (Req. 26 mars 1879, aff. Guézille, D. P. 79. 1. 285).

1014. Mais le plus souvent le testateur aura choisi, pour l'acte révocatoire, la forme du testament. La révocation pourra donc résulter d'un testament revêtant l'une des trois formes ordinaires, ou même d'un testament privilégié (*Rép.* n° 4154; Demolombe, t. 5, n° 138; Aubry et Rau, t. 7, § 725-1°, p. 510).

1015. Si la révocation est contenue dans un acte en forme de testament, est-il nécessaire que cet acte renferme, outre la déclaration de révocation, d'autres dispositions explicites de dernière volonté? — Assurément non. Si l'acte revêt la forme authentique, c'est la conséquence même de l'art. 1035. Mais nous avons vu au *Rép.* n° 4155 que la même solution devrait être donnée pour les deux autres formes, olographe et mystique (Conf. Aubry et Rau, t. 7, § 725, texte et note 5, p. 511. — *Contrà :* Laurent, t. 14, n° 186), et que, notamment, l'acte rédigé dans la forme des testaments olographes, par lequel le testateur, sans faire de dispositions nouvelles, déclare révoquer, à l'exception d'un seul, tous ses testaments antérieurs, est valable comme testament révocatoire dans le sens de l'art. 1035 c. civ. (Bordeaux, 27 mars 1846, aff. Lapoyade-Barbier, D.P.46.2.193, cité au *Rép. ibid.*). Cette solution a été de nouveau consacrée par la jurisprudence, et il a été jugé que la révocation d'un testament contenue dans un acte écrit, daté et signé par le testateur, est valable, bien que cet acte ne contienne aucune disposition nouvelle (Caen, 22 juill. 1868 (1); Bordeaux, 5 mai 1879, aff. Vergnaud, D. P. 81. 2. 144). Mais, la si révocation d'un testament peut résulter d'une simple déclaration de changement de volonté exprimée dans un acte privé, cet acte n'a une semblable force que s'il est possible de l'assimiler à un testament, et, dès lors, que s'il est écrit, daté et signé de la main du testateur. Et il a été jugé que la clause de révocation ajoutée après la signature d'un testament olographe est réputée non datée, et par suite, doit être réputée non avenue, lorsque le testateur, se bornant à l'écrire et à la signer, ne lui a pas donné une date spéciale ; on objecterait vainement que cette clause doit être considérée comme ayant la même date que le testament (Req. 10 janv. 1865, aff. Gay, D. P. 65. 1. 185). — Toutefois, en vertu de ce principe que les clauses additionnelles d'un testament olographe sont valables, quoique non spécialement datées, lorsqu'elles ont été écrites au même moment que les dispositions principales, et qu'il existe une liaison naturelle et sensible entre les deux parties du testament, il a été jugé que la clause de révocation des testaments antérieurs ajoutée après la signature d'un testament olographe est valable, si elle n'est pas indépendante des dispositions principales, dont elle renferme au contraire l'explication et la confirmation (Bordeaux, 23 janv. 1871, aff. Joinaud, D. P. 71. 2. 199).

1016. Pour que la clause de révocation, contenue dans un testament ultérieur, soit valable, est-il nécessaire que l'acte qui la contient réunisse les formes particulières que cet acte requiert d'après sa nature? La question a été amplement examinée au *Rép.* n°s 4161 à 4166. L'affirmative, que nous avons adoptée, a, comme on l'a vu, prévalu dans la jurisprudence. L'arrêt de la chambre des requêtes, du 10 avr. 1855 (aff. Dulac, D. P. 55. 1. 145, cité au *Rép.* n° 4163), consacre formellement ce système, pour le cas où la révocation est contenue dans un testament authentique frappé de nullité, spécialement à raison du défaut de présence des témoins à la dictée du testateur, attendu que, si l'art. 1035 c. civ. permet de révoquer un testament précédent par un testament postérieur ou par un acte notarié portant déclaration de changement de volonté, le testateur, en usant du choix qui lui est donné par la loi, doit au moins, pour que cette révocation soit valable, se conformer aux règles qui sont propres à l'acte qu'il choisit; qu'ainsi la nullité du testament qui révoque tout testament antérieur, doit entraîner la nullité de la clause révocatoire. Ce raisonnement s'applique, d'ailleurs, évidemment à la nullité pour vice de forme non seulement du testament authentique, mais de tout autre testament (V. dans le même sens, outre les auteurs cités au *Rép.* n° 4162 : Demolombe, t. 5, n°s 154 et 155; Laurent, t. 14, n° 188).

1017. Faut-il appliquer la même théorie au cas où la nullité du testament provient, non plus d'un vice de formes, mais d'une incapacité de disposer et de recevoir, chez le testateur et l'institué? Aux termes de l'art. 1037, « la révocation faite dans un testament postérieur aura tout son effet, quoique ce nouvel acte reste sans exécution par l'incapacité de l'héritier institué ou du légataire, ou par leur refus de recueillir ». Ainsi lorsque la nullité provient seulement d'une incapacité de recevoir, le testament, bien que nul en définitive, vaudra, néanmoins, pour opérer révocation (*Rép.* n° 4174; Aubry et Rau, t. 7, § 725, p. 513). Jugé en ce sens : 1° que dans le cas où un testament, régulier dans la forme, contient à la fois une disposition par personne interposée et la révocation d'un testament précédent, la nullité de la disposition faite au profit d'une personne incertaine, et, par suite, incapable, laisse subsister la clause révocatoire (Pau, 24 mars 1884, aff. Jauzion, D. P. 85. 2. 201); — 2° Que la clause d'un testament qui révoque un testament antérieur conserve son effet nonobstant la nullité qui frappe l'institution contenue dans ce testament nouveau, d'ailleurs régulier en la forme, alors que cette clause n'est ni contredite, ni modifiée par aucune autre disposition du même testament d'où l'on puisse inférer que le testateur ait voulu en restreindre les effets. Ainsi celui qui, institué purement et simplement par un premier testament, a été ensuite institué également par un second testament contenant révocation du premier, mais cette fois avec une charge de conserver et de rendre qui, valable au moment de la confection du testament, d'après la loi alors en vigueur, ne l'était plus au moment du décès du testateur, ne peut, en se fondant uniquement sur la volonté présumée du testateur, demander l'exécution du premier testament (Civ. cass. 23 juill. 1867, aff. Dubosq, D. P. 67. 1. 329).

1018. L'art. 1037 ne s'appliquerait pas, et la solution contraire devrait être admise, si la nullité était fondée sur une incapacité de disposer chez le testateur. Mais la question de savoir sur quelle espèce d'incapacité est fondée la nullité du testament ne laisse pas quelquefois d'être délicate. Elle s'est posée, notamment, en ce qui concerne la disposition faite par un pupille au profit de son tuteur, avant l'époque déterminée par l'art. 907. Faut-il dire que cette nullité n'est fondée que sur une incapacité de recevoir chez le tuteur, ou qu'elle est fondée, au contraire, sur une incapacité de disposer chez le mineur? Marcadé, sur l'art. 907, n° 3, ne voit ici qu'une incapacité de recevoir. « En effet, dit-il, un mineur a-t-il, en face de son tuteur, moins d'intelligence, moins de maturité d'esprit que vis-à-vis de tout autre? » Contrairement à cette opinion, enseignée de même

(1) (Deloué C. Prével.) — La cour; — Considérant que si l'écriture et la signature de l'acte représenté par Deloué, portant la date du 26 sept. 1835, ne sont pas reconnues, elles ne sont pas non plus méconnues par Prével, et qu'elles doivent, dès lors, être considérées comme vraies et sincères; qu'il s'agit donc de rechercher si cet acte révoque et annule le testament du 28 avr. 1823, fait par la veuve Mesnier au profit dudit Prével; — En fait, considérant que l'acte du 26 sept. 1835 est ainsi conçu : « Je, soussignée, Victoire-Catherine Lanon, femme Mesnier, déclare, par le présent, mon testament olographe, révoquer tous testaments antérieurs à ce jour »; qu'il est daté et signé; — En droit, considérant que cet acte révocatoire, qualifié testament par celle qui l'a écrit, daté et signé de sa main, est fait dans les formes légales du testament olographe; — Considérant qu'aux termes de l'art. 1035 c. nap., les testaments peuvent être révoqués par un testament postérieur; — Qu'il importe peu que ce testament ne contienne aucun legs; qu'en effet, par cet acte de sa volonté, la dame Mesnier, si elle n'a rien légué, a, au moins, disposé à nouveau de sa fortune; — Que, dans l'art. 1035 c. nap., la loi entend par ces mots : « testament postérieur » un acte fait dans la forme d'un testament, et que l'efficacité de la révocation que cet acte contient ne dépend pas de l'inscription d'un legs quelconque dans le testament; — Que l'application de cette disposition de loi ne pouvait être sérieusement subordonnée à une condition qu'il eût été trop facile d'éviter en faisant, dans l'acte révocatoire, un legs quelconque d'une valeur dérisoire, et que la loi, en respectant l'expression définitive de la volonté du testateur, ne l'a pas soumise à d'autres formalités que celles qu'elle a prescrites pour la validité des testaments; — Que le testament du 26 sept. 1835, étant valable, révoque donc celui du 28 avr. 1834; — Par ces motifs, infirmant, déclare valable le testament du 26 sept. 1835; dit et juge que le testament du 28 avr. 1823 est révoqué, etc.

Du 22 juill. 1868.-C. de Caen, 1re ch.-MM. Edm. Olivier, 1er pr.-Tardif de Moidrey, subst.-Toutain et Villey, av.

par Poujol, sur l'art. 907, n° 4, Coin-Delisle, sur l'art. 907, n°s 3 et 15, ne voit dans notre article qu'une incapacité de disposer. La vérité est plutôt dans une opinion mixte. « Ce qui est vrai, suivant nous, dit M. Demolombe, t. 1, n° 498, c'est que l'art. 907 prononce tout à la fois une incapacité active de disposer contre le mineur et une incapacité passive de recevoir contre le tuteur ou l'ex-tuteur. Voilà sa double base; et cela est tout simple, puisqu'il prononce une incapacité relative, c'est-à-dire une de ces incapacités de personne à personne qui supposent précisément dans chacune d'elles la corrélation des causes de l'incapacité... Est-ce que le mineur, dit-on, n'a pas, en face de son tuteur, autant de maturité d'esprit qu'en face de tout autre? Nous répondons qu'il a certainement moins d'indépendance et que tel est le vrai motif de cette incapacité relative. » La chambre civile, le 11 mai 1864 (aff. Beauquesne, D. P. 64. 1. 187), s'est inspirée de cette idée, lorsqu'elle a déclaré que : « la prohibition édictée par l'art. 907 repose sur un défaut de volonté présumé du testateur; que cette présomption de la loi est fondée sur l'empire qu'à ses yeux le tuteur exerce nécessairement sur l'esprit de son pupille et qui ne laisse pas à celui-ci une liberté de volonté suffisante pour tester valablement au profit de son tuteur; qu'ainsi le testament fait par le mineur, au mépris de cette prohibition, doit être déclaré nul comme n'étant pas l'expression de la libre volonté du testateur ». Et la cour en conclut logiquement que, puisque l'art. 1037 ne s'applique qu'au cas où il s'agit exclusivement d'une incapacité de recevoir personnelle à l'institué, et non pas lorsqu'il s'agit, comme dans l'espèce, non seulement de l'incapacité de l'institué, mais encore, et principalement, de l'incapacité du disposant lui-même, la nullité atteint, en même temps que le testament, la révocation qu'il renferme (V. en ce sens : Aubry et Rau, t. 7, § 725, texte et note 10, p. 513; Laurent, t. 14, n° 195).

1019. La révocation totale ou partielle d'un testament est elle-même susceptible d'être rétractée par une déclaration faite dans l'une des formes ci-dessus indiquées (Aubry et Rau, t. 7, § 725, p. 514).

Si cette déclaration est contenue dans un testament, elle fait revivre de plein droit, et indépendamment de toute déclaration à cet égard, les premières dispositions du testateur, et celles-ci conservent alors leurs effets, bien qu'elles n'aient été remises en vigueur par aucun acte nouveau de dernière volonté (Req. 15 mai 1878, aff. Ménétrier, D. P. 79. 1. 32).

Mais la révocation du testament révocatoire ne doit pas nécessairement se produire sous la forme d'un testament; elle peut être valablement faite au moyen d'une déclaration passée en la forme ordinaire des actes notariés, et d'où il résulte que le testateur a voulu que son testament primitif conservât sa pleine efficacité (Rennes, 1er juill. 1878, aff. Buffé, D. P. 79. 2. 15; Troplong, *Donations et testaments*, t. 4, n° 2065; Demolombe, t. 5, n°s 161 et suiv.; Aubry et Rau, t. 7, § 725, texte et note 13; Pont, *Revue de législation*, t. 3, p. 104 et suiv. V. *suprà*, n°s 603 et 1012); et cette révocation suffit à faire revivre le testament antérieur. En effet, il faut se garder de confondre le testament détruit et le testament simplement révoqué; le premier, matériellement anéanti, n'a plus d'existence, tandis que le second conserve tout à la fois son existence matérielle, protégée par la garantie des solennités requises, et son existence légale, en ce sens du moins qu'il renferme toujours la preuve des dispositions que le testateur a exprimées; il est toujours valable et toujours susceptible d'exécution, pourvu qu'au jour du décès, il ne rencontre pas l'obstacle d'une révocation; on ne saurait voir cet obstacle dans une révocation anéantie par le testateur (Même arrêt). Il n'en est ainsi, toutefois, qu'autant que l'acte spécial de révocation manifeste l'intention de faire revivre ce testament. Faute d'une telle déclaration, le premier testament serait définitivement anéanti (*Rép.* n° 4179; Aubry et Rau, t. 7, § 725, p. 514; Colmet de Santerre, t. 4, n° 184 *bis* VI; Demolombe, t. 5, n° 162). Jugé en ce sens que, lorsqu'une donation universelle faite par une femme à son mari pendant le mariage a été révoquée tacitement par un testament postérieur, la révocation pure et simple de ce testament n'a pas pour effet de faire revivre la donation antérieure, alors que l'acte révocatoire ne contient à cet égard aucune déclaration expresse et ne renouvelle pas ses dispositions (Caen, 8 mai 1866, aff. Sorel, D. P. 67. 2. 161).

1020. Indépendamment de ces conditions de forme, la révocation expresse d'un testament est soumise aux mêmes conditions de fond que le testament lui-même. Il est manifeste, notamment, que le testateur qui veut détruire un testament doit être sain d'esprit et capable d'exprimer sa volonté aussi librement que lorsqu'il dispose de son hérédité; il suit de là que les mêmes vices de volonté qui sont une cause de nullité de la disposition testamentaire sont également une cause de nullité de la révocation du testament (Toulouse, 17 janv. 1876, aff. Massiès, D. P. 77. 2. 5).

1021. La cour de cassation reconnaît aux juges du fait un pouvoir souverain pour déterminer la portée de la clause révocatoire, lorsqu'ils se fondent sur une appréciation des circonstances de la cause et de la volonté du testateur (Req. 14 avr. 1885, aff. Jauzion, D. P. 86. 1. 300-301). — Jugé à cet égard : 1° que la clause par laquelle un testateur, après institution d'un légataire universel, déclare révoquer *toute disposition testamentaire antérieure*, a pu, malgré la généralité de ces expressions, et par une appréciation souveraine de volonté, qui n'est point soumise au contrôle de la cour de cassation, être considérée comme n'ayant pas pour effet de frapper de révocation le legs universel fait dans un testament précédent, au profit du même légataire. Par suite, si le legs résultant du second testament est nul comme entaché de substitution prohibée, le légataire au profit duquel il a eu lieu conserve le droit au legs pur et simple qui a été fait en sa faveur dans le premier testament, le testateur n'ayant pas entendu révoquer ce premier legs dans son second testament (Req. 5 juill. 1858, aff. Porte, D. P. 58. 1. 385); — 2° Que la clause d'un testament portant révocation de tous testaments antérieurs peut, par une interprétation de volonté qui échappe au contrôle de la cour de cassation, être considérée comme subordonnée à la condition que le testament qui la renferme recevra son effet, et être, en conséquence, déclarée non avenue, si ce testament est annulé, par exemple, pour incapacité du légataire institué; et que l'intention du testateur de ne faire qu'une révocation conditionnelle dans son dernier testament peut être établie à l'aide des testaments auxquels s'applique la clause révocatoire, sans infraction à la règle qui défend aux juges de puiser leurs éléments de conviction dans des documents extrinsèques, le juge se déterminant alors par l'examen de l'ensemble des dispositions testamentaires dont il est appelé à apprécier la validité et à régler l'exécution (Req. 10 juill. 1860, aff. Pinel, D. P. 60. 1. 454); — 3° Que lorsqu'un testateur, après avoir, dans deux testaments, institué pour légataires certains membres de sa famille, en déclarant sa volonté de déshériter les autres, laisse un troisième testament dans lequel, révoquant les deux testaments antérieurs, il donne aux mêmes légataires l'usufruit de ses biens, et en laisse la nue propriété à leurs successeurs, la nullité de ce legs de nue propriété, comme fait à des personnes incertaines, peut être étendue à la clause révocatoire, s'il est déclaré que le testateur a entendu maintenir l'exhérédation reproduite dans tous ses testaments, même pour l'hypothèse où le dernier ne recevrait pas son effet, et qu'il n'a, en conséquence, révoqué ses testaments antérieurs que pour le cas d'exécution de ce dernier testament; qu'en conséquence, le legs de pleine propriété résultant des deux premiers testaments au profit des légataires réduits à un simple usufruit par le troisième testament annulé quant au légataire de la nue propriété, revit par l'effet de cette annulation, et que les héritiers légitimes frappés d'exclusion ne peuvent réclamer cette nue propriété, sous prétexte qu'à raison de la révocation ou de la nullité des diverses dispositions testamentaires qui la concernent, elle se trouverait replacée dans la succession *ab intestat* du disposant (Même arrêt); — 4° Que la clause d'un testament portant révocation de tout testament antérieur a pu être considérée, d'après les circonstances, comme atteignant, outre un précédent testament, une donation faite pendant le mariage par le testateur à son conjoint, et qui n'était, sous une autre forme, que la reproduction du testament révoqué; et ce, par une appréciation souveraine de volonté, qui échappe au contrôle de la cour de cassation (Civ. rej. 28 août 1865, aff. Durand Vallès, D. P. 65. 1. 352); — 5° Que l'acte de dernière volonté qui déclare aboli un testament antérieur peut être interprété en ce sens que cette abolition, bien qu'exprimée sans conditions, a été subordonnée, dans la pensée du testateur, au maintien d'un autre testament dont l'existence est mentionnée dans l'acte de révocation, et que l'arrêt qui le décide ainsi, en se fondant tant sur les termes de l'écrit que sur les circonstances extrinsèques de la cause, échappe au contrôle de la cour de cassation (Civ. rej. 17 nov. 1880, aff. de Jenteville, D. P. 81. 1. 180). — C'est en vertu de ce pouvoir souverain qu'il a été jugé également que si plusieurs testaments portant une même date contiennent une clause révocatoire, cette clause peut être réputée ne s'appliquer qu'aux legs formulés dans des testaments antérieurs, et non à ceux qui résultent des testaments renfermant cette clause de révocation (Paris, 22 mars 1881) (1).

§ 2. — Révocation tacite (*Rép.* nos 4195 à 4291).

1022. Malgré les termes, en apparence, restrictifs des art. 1036 et 1038, on admet, comme impliquant révocation tacite des testaments : 1° la confection d'un testament postérieur et incompatible avec le premier (*Rép.* n° 4196) ; 2° la conclusion d'actes entre-vifs incompatibles avec le testament (*Rép.* n° 4239) ; 3° la cessation de l'unique motif qui avait déterminé la confection du testament (*Rép.* n° 4274) ; 4° la destruction ou annulation du testament (*Rép.* n° 4275).

1023. Mais en dehors de ces quatre circonstances, on ne saurait admettre qu'un testament soit révoqué autrement que par une déclaration expresse. Ainsi, non seulement le juge ne saurait faire état de simples présomptions (Lyon, 14 déc. 1875, aff. de Bourgoing, D. P. 76. 2. 199) ; mais il a même été jugé que la révocation tacite d'un testament ne résulte pas du fait seul que le testateur l'a redemandé par un billet écrit de sa main à son exécuteur testamentaire pour le remettre au légataire universel institué par ledit testament et en même temps son héritier naturel, alors surtout que ledit billet n'est pas revêtu des formes requises pour la validité d'un testament olographe (Rouen, 16 nov. 1875, aff. Lingois, D. P. 76. 2. 154). Cette dernière circonstance de fait est intéressante à retenir, car si le billet avait été écrit en entier, signé et daté de la main du testateur, il aurait valu comme testament révocatoire, en la forme olographe. — Il a encore été jugé que la déclaration du testateur, dans un testament authentique, qu'il n'a fait aucun testament antérieur, ne saurait, dans le cas où cependant il existe un précédent testament olographe déposé par lui chez un notaire, être considérée comme impliquant la volonté de révoquer ce testament, alors que les dispositions qu'il contient ne sont pas inconciliables avec celles du testament authentique (Trib. Versailles, 7 janv. 1870, aff. Carpentier, D. P. 70. 3. 85).

1024. — I. Testament postérieur (*Rép.* nos 4196 à 4238). — Un testament postérieur, qui ne renferme pas de mention expresse de révocation, ne révoque, dans les testaments précédents, que les dispositions qui se trouvent incompatibles avec celles qu'il contient lui-même, ou qui y sont contraires (art. 1037). La règle du droit romain : *Testamentum posterius rumpit prius*, règle qui se rattachait à la nécessité de l'institution d'héritier dans tout testament, est étrangère au droit français (*Rép.* n° 4196 ; Merlin, *Répertoire*, v° *Révocation du legs*, § 2, n° 2 ; Aubry et Rau, t. 7, § 725, texte et note 17, p. 517).

1025. L'incompatibilité des deux testaments peut être matérielle, c'est-à-dire telle qu'une impossibilité absolue s'oppose à leur exécution simultanée. C'est ce qui arriverait, par exemple, si le testateur avait, par deux testaments successifs, légué à une personne, d'abord la pleine propriété, puis ensuite l'usufruit du même immeuble, ou si, par un second testament, il avait légué sous une condition suspensive le même objet que, par un premier testament, il avait légué purement et simplement (Aubry et Rau, t. 7, § 725-2°, texte et note 19, p. 517).

1026. Mais ne suffirait-il pas, pour emporter révocation, d'une incompatibilité purement morale et intentionnelle ? La cour de cassation, après s'être d'abord prononcée pour la négative (Civ. cass. 5 mai 1824, *Rép.* n° 4291), a depuis longtemps, comme nous l'avons vu au *Rép.* n° 4200, fixé sa jurisprudence en ce sens que la révocation des dispositions d'un premier testament qui sont incompatibles avec celles contenues dans un testament postérieur, n'est pas subordonnée à une incompatibilité matérielle, mais peut résulter de l'intention clairement manifestée par le testateur, dans son dernier testament, de ne point laisser simultanément subsister les dispositions qu'il renferme et celles par lui précédemment faites. A part une dissidence constatée chez la cour de Bourges, le 30 avr. 1879 (aff. Marion, D. P. 82. 1. 199), qui d'ailleurs, comme on va le voir, est revenue à la doctrine commune, on peut dire que le système de l'incompatibilité purement morale et intentionnelle est aujourd'hui universellement admis tant par les cours d'appel que par la cour suprême (Agen, 7 mai 1850, aff. Duvigneau, D. P. 50. 2. 93, et *Rép.* n° 4200 ; Grenoble, 17 mars 1853, aff. Périer, D. P. 55. 2. 331 ; Toulouse, 13 nov. 1863, aff. Baric, D. P. 63. 2. 203 ; Agen, 24 juill. 1867, et sur pourvoi, Req. 23 juill. 1868, aff. Carles, D. P. 68. 1. 495 ; Montpellier, 17 mars 1869, aff. d'Espous, D. P. 69. 2. 97 ; Req. 18 mars 1879 (2) ; Bourges, 19 janv. 1880,

(1) (Bourlot C. de Casaux.) — Le 13 août 1879, jugement du tribunal civil de Fontainebleau, conçu en ces termes : — « En ce qui touche la demande en délivrance de legs : — Attendu que la dame de Casaux, mère du défendeur, est décédée en son domicile, au château d'Ulay, près Grez, canton de Nemours (Seine-et-Marne), le 3 juin 1878, laissant quatre testaments olographes, portant tous les quatre même date du 7 nov. 1875, et contenant tous les quatre cette même clause : « Je révoque tous les testaments et dispositions que je puis avoir faits précédemment » ; — Attendu que, si quelques dispositions contenues dans ces quatre testaments sont différentes, il en est une identiquement reproduite dans tous : c'est le legs fait, en faveur de Bourlot, d'une rente annuelle et viagère de 600 fr., incessible et insaisissable, dont les arrérages devaient commencer à courir du jour du décès de la testatrice, et qui étaient payables les premiers janvier, avril, juillet et octobre de chaque année ; — Attendu que de Casaux fils, seul et unique héritier de la *de cujus*, refuse de consentir la délivrance du legs fait à Bourlot, prétendant que les quatre testaments sont nuls... pour cause de révocation, les quatre testaments s'annulant les uns les autres ; ... — Or, attendu que si, de ces quatre testaments, qui ont été faits, pour ainsi dire, deux par deux, deux absolument semblables offrent certaines différences, dans le nombre des légataires particuliers et le montant du legs fait à quelques-uns, avec les deux autres, aussi semblables entre eux, ils n'en sont pas moins tous quatre identiques en ce qui concerne le legs fait à Bourlot, legs qu'ils reproduisent tous uniformément ; que, dès lors, les dispositions de ces actes doivent être considérées comme ne constituant en réalité qu'un seul testament se rapportant à la même date du 7 nov. 1875 en ce qu'il y a de conforme entre eux ; qu'il importe peu qu'il n'ait pas été fait mention de l'heure à laquelle chacun d'eux a été rédigé, puisque dans toutes les hypothèses possibles, il est évident que la clause révocatoire ne présentant, comme les testaments, qu'une seule et même date, ne peut jamais s'appliquer à la disposition faite en faveur de Bourlot, et ne saurait porter que sur des testaments qui auraient précédé le 7 nov. 1875 ; — Attendu que, si des difficultés doivent ou peuvent s'élever à l'occasion d'autres dispositions contenues dans lesdits testaments, elles ne peuvent autoriser le défendeur à demander la nullité de la disposition relative à Bourlot, et à l'égard de laquelle les testaments doivent recevoir leur exécution ; — Par ces motifs, etc. ». — Appel. — Arrêt.

La cour ; — Adoptant les motifs des premiers juges ; — Confirme.

Du 22 mars 1881.-C. de Paris, 1re ch.-MM. Larombière, 1er pr.-Loubers, av. gén., c. conf.-Jullemier et Lefèvre, av.

(2) (Lécat C. Wallerant.) — La cour ; — Sur le moyen unique tiré de la violation de l'art. 1036 c. civ. ; — Attendu que les testaments peuvent être révoqués expressément, ou tout au moins par un testament postérieur ; que l'art. 1036 c. civ., aux termes duquel il y a révocation tacite lorsque les nouvelles dispositions sont incompatibles avec les précédentes, ou y sont contraires, ne distinguant pas entre l'incompatibilité ou contrariété morale et l'incompatibilité ou contrariété matérielle, s'applique aussi bien à la première qu'à la seconde ; — Attendu que pour déclarer que, par son testament du 10 sept. 1870, le sieur Delgrange avait entendu révoquer son testament du 18 juill. 1870, l'arrêt attaqué se fonde tout aussi bien sur le rapprochement de ces dispositions que sur les circonstances dans lesquelles elles ont été faites ; que le moyen manque ainsi par le fait qui lui sert de base, et qu'il n'y a d'ailleurs là qu'une appréciation de fait et d'intention qui tombait dans le domaine souverain des juges du fond ;

Par ces motifs, rejette, etc.

Du 18 mars 1879.-Ch. req.-MM. Bédarrides, pr.-Voisin, rap.-de Cléry, av. gén., c. conf.-Jozon, av.

aff. de Lanet, D. P. 80. 2. 183 ; 17 mai 1882, et sur pourvoi, Req. 23 juill. 1883, aff. Tourangin des Brissards, D. P. 84. 1. 123 ; Paris, 22 nov. 1882, et sur pourvoi, Req. 13 juin 1883, aff. Brisson, D. P. 84. 1. 159; Req. 21 nov. 1888, aff. Leduc, D. P. 89. 1. 181 ; Demolombe, t. 5, nos 169 et suiv. ; Aubry et Rau, t. 7, § 725, p. 517, 518 ; Marcadé, *Revue critique*, t. 1, p. 453 et suiv. ; Colmet de Santerre, t. 4, n° 183 *bis* ; Laurent, t. 14, n° 204).

1027. D'ailleurs, aux termes d'une jurisprudence constante, le point de savoir si un ou plusieurs testaments successifs ont été révoqués par un testament postérieur, à raison de l'inconciliabilité de leurs dispositions, ou si, au contraire, ces mêmes testaments doivent subsister les uns et les autres et être concurremment exécutés, soulève des questions d'intention et d'incompatibilité qui rentrent dans le pouvoir souverain d'interprétation des juges du fond (c. civ. art. 1036) (Req. 13 déc. 1869, aff. d'Espous, D. P. 70. 1. 266 ; 5 avr. 1870, aff. de Pinteville, D. P. 71. 1. 22 ; Rennes, 1er févr. 1875, et sur pourvoi, Req. 31 juill. 1876, aff. Houal, D. P. 77. 1. 28 ; Req. 17 août 1876, aff. Bienfait, D. P. 78. 1. 148 ; 23 janv. 1878, aff. Texier, D. P. 78. 1. 3 ; 18 mars 1879, *suprà*, n° 1026 ; Civ. rej. 17 nov. 1880, aff. de Jenteville, D. P. 81. 1. 180 ; Req. 3 juill. 1882, aff. Levesque, D. P. 83. 1. 294 ; 23 juill. 1883, aff. Tourangin des Brissards, D. P. 84. 1. 123 ; 21 nov. 1888, aff. Leduc, D. P. 89. 1. 181 ; Demolombe, t. 5, n° 171 ; Aubry et Rau, t. 7, § 725-2°, p. 517). — Les considérations de fait qui peuvent déterminer les tribunaux sont variables à l'infini.

1028. S'il apparaît de l'ensemble des dispositions du second testament que le testateur a voulu procéder à une répartition unique et complète de sa fortune, il faudra déclarer révoqué le testament antérieur. Jugé en ce sens : 1° que, bien que l'incompatibilité de deux legs ne soit pas matérielle, comme si, après avoir légué une pension viagère, le testateur renouvelle ce legs dans un second testament, en élevant même le chiffre de cette pension, la dernière annule toutefois la première, dès qu'il paraît manifeste que le testateur a eu l'intention de ne donner effet qu'à la dernière (Toulouse, 13 nov. 1863, aff. Baric, D. P. 63. 2. 103) ; — 2° Que le legs d'une somme d'argent fait à une commune dans un premier testament, doit être considéré comme révoqué par un second testament, qui rappelle tous les legs contenus dans le premier, sauf celui fait à la commune qu'il passe sous silence, alors qu'il résulte des dispositions nouvelles que le testateur a voulu procéder à une distribution unique et complète de la totalité de ses biens (Bourges, 19 janv. 1880, aff. de Lanet, D. P. 80. 2. 183) ; — 3° Que le legs fait par un premier testament doit être considéré comme révoqué par prétérition dans un second testament, alors qu'il résulte des dispositions de ce dernier testament et des circonstances dans lesquelles il a été fait que le testateur a voulu procéder à une distribution unique et complète de sa fortune (Req. 23 juill. 1883, aff. Tourangin des Brissards, D. P. 84. 1. 123).

1029. La solution inverse s'imposerait, si l'on constatait, en fait la volonté chez le testateur de ne point révoquer son premier testament. Jugé en ce sens que, en présence de deux testaments successifs dont l'exécution simultanée dépasserait la quotité disponible, il peut y avoir lieu d'ordonner non pas la suppression du premier par suite de révocation, mais seulement la réduction des legs contenus dans l'un et dans l'autre (Pau, ch. civ., 16 févr. 1874, aff. Bur *C.* Bolet,-MM. Julhiet, pr.-Lespinasse, 1er av. gén.-Forest et Soulé, av.). Jugé, de même, que les juges du fait décident souverainement la question de savoir si le testateur, en faisant un second testament, a entendu maintenir le premier, et si deux dispositions testamentaires successives sont inconciliables entre elles ; spécialement, ils sont souverains pour ordonner l'exécution simultanée de deux testaments, lorsqu'ils se fondent, d'une part, sur ce que, dans le second, le testateur a déclaré maintenir toutes les dispositions par lui précédemment faites, et d'autre part, sur ce que la disposition additionnelle et le complément de libéralité sans charges nouvelles contenus dans le second acte ne présentent aucune incompatibilité avec le premier (Req. 3 juill. 1882, aff. Levesque, D. P. 83. 1. 294).

1030. En dehors d'une volonté, sinon nettement formulée, au moins clairement apparente dans le testament, le juge doit recourir aux considérations de fait. D'après MM. Aubry et Rau, t. 7, § 725-2°, p. 518, il semble que, pour l'exercice de ce pouvoir d'appréciation, le juge doive se guider par cette idée que, dans le doute, la révocation ne saurait se présumer. Ainsi l'addition ou la suppression, dans un second testament, de quelques dispositions accessoires ne saurait faire conclure à la révocation de la disposition principale contenue dans le premier. Par exemple, le legs universel pur et simple doit recevoir son exécution malgré l'existence d'un testament subséquent qui institue le même légataire en le grevant d'une substitution prohibée, s'il n'en résulte aucune révocation expresse ou tacite du premier testament ; il en est ainsi surtout si l'intention persistante du testateur de laisser sa fortune au premier légataire résulte des termes d'un autre testament postérieur aux deux premiers (Rouen, 6 janv. 1869, aff. Lefebvre, D. P. 71. 2. 248). Et, de même, la disposition par laquelle le testateur, après avoir institué un légataire universel, établit, en cas de prédécès de celui-ci, une substitution vulgaire en faveur de ses enfants, n'offrant ni incompatibilité, ni contrariété avec des testaments postérieurs qui reproduisent l'institution d'héritier, mais sans répéter la substitution vulgaire, ne peut être considérée comme ayant été révoquée par ces testaments ; en conséquence, si le légataire est mort avant le testateur, ses enfants sont fondés à réclamer le bénéfice de la substitution vulgaire établie à leur profit, et à se prétendre légataires universels à la place de leur père décédé (Rouen, 5 août 1869, aff. Le Ricque, D. P. 71. 2. 4).

Ainsi encore, un legs universel fait par un testament postérieur ne doit pas, en principe, être envisagé comme révoquant par lui-même les legs particuliers, ni même les legs à titre universel, contenus dans un testament antérieur, alors, du moins, que ces derniers legs n'ont pas épuisé toute la succession (Aubry et Rau, t. 7, § 725-2°, p. 518). En effet, il n'existe pas d'incompatibilité absolue entre de précédents legs, soit à titre universel, soit à plus forte raison, à titre particulier, et un legs universel fait dans un testament postérieur. La loi elle-même suppose la possibilité du concours d'un ou plusieurs légataires à titre universel avec un légataire universel ; et si le testateur, après avoir disposé par des legs à titre universel d'une quote-part de la succession, a, dans un second testament, institué un légataire universel, au lieu d'instituer un légataire à titre universel, on peut supposer qu'il a agi ainsi, non pour révoquer le premier legs à titre universel, mais pour conférer à son second légataire un droit d'accroissement qui sans cela eût appartenu aux héritiers *ab intestat* (Merlin, *Répertoire*, v° *Révocation de legs*, § 2, n° 2 ; Grenier, t. 1, n° 343 ; Troplong, t. 4, n° 2078 ; Demolombe, t. 5, n° 180 ; Aubry et Rau, t. 7, § 725, note 24, p. 518-519). Il a été jugé dans ce sens : 1° que l'institution d'un légataire universel n'a pas pour effet de révoquer les legs particuliers contenus dans un testament antérieur qui n'est pas expressément révoqué, alors d'ailleurs que rien, dans le second testament, n'indique l'intention de transférer au légataire universel ce qui avait fait l'objet des legs précédents (Limoges, 13 mai 1867, aff. Planet, D. P. 67. 2. 81) ; — 2° Que le testament qui reproduit un legs universel et quelques-uns seulement des legs particuliers contenus dans un testament antérieur, n'emporte pas révocation des legs particuliers qu'il ne reproduit pas, ces derniers legs n'étant pas incompatibles avec le testament nouveau, et la révocation ne pouvant, dès lors, en être prononcée que si la volonté de les révoquer a été formellement exprimée par le testateur, ou résulte des autres clauses du nouveau testament (Req. 4 juin 1867, aff. Galangau, D. P. 67. 1. 331) ; — 3° Que l'institution d'un légataire universel par un nouveau testament, surtout quand cette mesure a été amenée par le décès de l'individu précédemment institué comme héritier, n'emporte pas révocation des legs particuliers qui ne figurent pas au nombre de ceux rappelés audit testament, si la révocation, à défaut d'une clause expresse, ne résulte pas clairement de l'interprétation de l'acte ; que, spécialement, aucune intention de révocation ne peut s'induire du défaut de rappel d'un legs destiné à assurer à un ami du testateur la continuation d'une jouissance d'immeubles commencée du vivant de celui-ci, alors que ce legs avait été énoncé, en dehors du précédent testament, dans un codicille qui ne devait être produit que pour le cas où l'héritier refuserait de donner effet à une convention de bail reconnue par un acte spécial, et devant recevoir son exécution pendant un temps déterminé à partir du décès du testateur (Trib. Seine, 4 mars 1869, aff. de Salis, D. P. 69. 3. 66).

1031. Mais de ces décisions mêmes il résulte que la solution inverse s'imposerait, si une volonté de révocation apparaissait dans le testament. Aussi a-t-il été jugé : 1° que, lorsque, dans un dernier testament, le testateur, après avoir nommé de nouveau un légataire universel qu'il avait déjà institué dans des testaments antérieurs, *le prie de suppléer à toutes les omissions qu'il aurait pu faire dans ce testament*, on doit voir là une révocation absolue des précédents testaments, encore bien que, dans le dernier, il n'y ait pas de dispositions spéciales desquelles on puisse faire résulter particulièrement cette révocation intentionnelle (Grenoble, 17 mars 1853, aff. Périer, D. P. 55. 2. 331) ; — 2° Qu'un premier testament renfermant un legs universel et des legs particuliers, suivi d'un testament postérieur nommant un autre légataire universel, sans reproduire ces legs particuliers, peut être considéré comme révoqué, même quant aux legs particuliers, quoiqu'il n'y ait pas impossibilité matérielle de les exécuter simultanément avec le nouveau legs universel, s'il résulte du rapprochement des deux testaments et des circonstances que le testateur a entendu ne maintenir le premier testament dans aucune de ses parties (Agen, 24 juill. 1867, et sur pourvoi, Req. 23 juill. 1868, aff. Carles, D. P. 68. 1. 495) ; — 3° Que les legs particuliers, contenus dans un premier testament qui institue en même temps un légataire universel, sont, indépendamment d'une révocation expresse, tacitement et virtuellement révoqués par un testament postérieur qui laisse à un nouveau légataire universel tout ce que le testateur possédera au jour de son décès, alors du moins que cette intention résulte des termes mêmes du testament (Paris, 12 févr. 1877, aff. Raimondi, D. P. 77. 2. 97); — 4° Que la disposition par laquelle un testateur, après avoir signalé celui de ses testaments qui porte la date la plus récente comme contenant l'expression complète de ses volontés définitives et dernières, institue un légataire universel «pour disposer de tous les biens meubles et immeubles en toute propriété qui composeront sa succession, à compter du jour de son décès, sans être tenu de demander la délivrance du présent legs », révèle suffisamment chez le testateur l'intention de révoquer toutes les dispositions renfermées dans un testament antérieur (Limoges, 20 déc. 1876, aff. Texier, D. P. 78. 1. 375).

1032. Un legs universel est-il révoqué par un testament postérieur dans lequel le testateur aurait institué un ou plusieurs autres légataires universels (*Rép.* n° 4205)? MM. Aubry et Rau, t. 7, § 725, p. 519, tout en reconnaissant que cette question est, de sa nature, une simple question de fait, considèrent qu'elle se trouve virtuellement résolue dans le sens de la révocation, par la présomption légale résultant de l'art. 1045, qui exclut implicitement la conjonction, et, par suite, l'accroissement entre légataires d'une même chose institués par des actes différents. Cette doctrine est trop absolue, et c'est avec raison que M. Demolombe, t. 5, n° 173, refuse de voir dans l'art. 1045 autre chose qu'une simple présomption de révocation, susceptible de fléchir devant l'intention contraire. La cour de cassation a décidé, en ce sens, que, lorsqu'un testateur laisse deux testaments olographes réguliers datés du même jour, par chacun desquels il dispose de la totalité de ses biens, sans clause révocatoire dans aucun des deux, et sans qu'il soit possible de savoir lequel avait été fait le dernier, ces deux testaments sont également valables et doivent recevoir une exécution simultanée, si, d'ailleurs, il n'existe ni incompatibilité, ni contrariété entre leurs dispositions respectives ; en conséquence, le légataire universel institué dans l'un de ces testaments et le légataire universel institué dans l'autre doivent concourir ensemble ; et il en est de même des légataires particuliers des mêmes objets, alors qu'il n'est pas établi que ces objets ne sont pas susceptibles d'être divisés sans détérioration (Req. 17 août 1876, aff. Bienfait, D. P. 78. 1. 148). Jugé de même que deux legs universels, résultant de deux testaments successifs, peuvent légalement coexister si, en l'absence d'une révocation expresse, le juge du fond, usant du pouvoir souverain qui lui appartient pour apprécier la volonté du testateur et interpréter ses dispositions, décide que ces deux legs ne sont pas inconciliables et peuvent l'un et l'autre recevoir leur exécution (Civ. cass. 7 juill. 1886, aff. Ville de Nancy, D. P. 87. 1. 75).

1033. Toutefois les tribunaux ont le droit et le devoir de se montrer sévères dans leur appréciation, lorsqu'on leur demandera d'écarter la présomption de révocation écrite dans l'art. 1045 ; et c'est faute d'avoir découvert dans le second testament instituant un légataire universel la volonté de maintenir le premier qui déjà en avait institué un, que la cour de Paris, le 9 janv. 1872 (aff. Cordier, D. P. 72. 202), et la cour de Besançon, le 9 mars 1881 (aff. Arbey, D. P. 81. 2. 185), ont jugé que le second legs universel annulait le premier.

1034. En dehors des hypothèses qui viennent d'être examinées, et qui ont une importance théorique particulière, les difficultés qui se présentent sont variables à l'infini. Nous citerons quelques espèces à titre d'exemple. Il a été jugé : 1° qu'un legs universel fait sous réserve d'usufruit au profit d'un tiers n'est révoqué que pour le mobilier par l'acte ultérieur dans lequel le testateur dispose en faveur de ce tiers de la pleine propriété de ses biens mobiliers et de l'usufruit de ses immeubles, sans révocation expresse du legs antérieur, la révocation tacite ne pouvant être intégrale, alors qu'il n'existe entre les deux actes de disposition qu'une incompatibilité partielle, et qu'il est déclaré, en fait, que, dans le dernier, le testateur n'a pas entendu régler à nouveau le sort de sa succession entière (Req. 15 mai 1860, aff. Thierrée, D. P. 60. 1. 277); — 2° Que lorsque le testateur a, dans un premier testament, légué à l'un de ses fils la quotité disponible, par préciput et hors part, puis, dans un second testament, a fait au même enfant un legs particulier à prélever dans sa succession, ce dernier legs a pu être considéré comme imputable sur le premier, et non comme lui étant substitué, alors que, outre l'absence d'une incompatibilité matérielle, il ne résulte pas des circonstances que le testateur ait voulu contredire ses anciennes dispositions par les nouvelles, et qu'elles établissent, au contraire, qu'il a entendu faire une simple imputation et non une substitution de legs (Montpellier, 17 mars 1869, aff. d'Espous, D. P. 69. 2. 97); — 3° Qu'un legs particulier contenu dans un second testament ne révoque pas nécessairement le legs universel écrit au profit de la même personne dans un testament antérieur (Paris, 30 juill. 1880) (1); — 4° Que les juges du fait ne font qu'user de leur pouvoir d'interprétation, en maintenant simultanément, comme s'appliquant à des espèces de biens différentes aux yeux de la disposante, le legs en pleine propriété de sa part dans les acquêts de communauté, fait par une femme à son mari, et la disposition

(1) (L'Etat C. Perrin.) — La cour; — Considérant que, par un premier testament, en date du 13 avr. 1871, Charles Giraud a institué pour sa légataire universelle Joséphine-Rose Perrin, à charge de divers legs particuliers; que, par un second testament, en date du 17 janv. 1873, qui ne contient d'ailleurs aucune révocation expresse du premier, il a légué à la ville de Boulogne-sur-Mer une somme de 350000 fr. pour fonder une maison de refuge aux marins infirmes appartenant au port de ladite ville, et à Joséphine-Rose Perrin une somme de 100000 fr., plus le mobilier lui appartenant, ainsi que l'argenterie et les sommes qui pourraient exister dans son appartement le jour de son décès ; — Considérant que l'Etat, invoquant l'art. 1036 c. civ., soutient vainement qu'il y a incompatibilité ou contrariété entre le legs particulier fait à Joséphine-Rose Perrin et son institution antérieure comme légataire universelle, et que, cette institution se trouvant ainsi tacitement révoquée, la succession de Charles Giraud, à défaut de successibles connus, est tombée en déshérence, grevée seulement des legs particuliers; qu'en effet, le legs universel et le legs particulier faits au profit de Joséphine-Rose Perrin sont si peu incompatibles ou contraires l'un à l'autre, que, pris et exécutés à la lettre, ils aboutissent à ce résultat que la légataire universelle est tenue en cette qualité de se payer elle-même, par voie de confusion, le montant de son legs particulier; que ce résultat s'accorde lui-même parfaitement avec la nature propre et les effets légaux de la confusion qui libère la personne plutôt qu'elle n'éteint l'obligation; qu'il est vrai que, en cas d'acceptation pure et simple du legs universel, le legs particulier n'ajoutait rien à l'émolument de la libéralité, puisque la légataire, en vertu de l'institution précédente, était appelée à recueillir la totalité de la succession sous la charge des legs particuliers; que

en usufruit seulement de tous les biens de sa succession, contenue dans une donation postérieure, de la même femme au même époux, sous la condition de survie (Req. 13 juin 1883, aff. Brisson, D. P. 84. 1. 159).

1035. La révocation tacite de legs contenus dans un premier testament subsiste en général, bien que les nouvelles dispositions testamentaires dont elle est résultée, demeurent sans effet, soit par suite du refus des légataires de les accepter, soit à raison de leur incapacité ou de leur prédécès au testateur. Le principe consacré par l'art. 1037 s'applique, en effet, à la révocation tacite, comme à la révocation expresse (Aubry et Rau, t. 7, § 725-2°, texte et note 29, p. 521; Troplong, t. 4, n° 2081; Demolombe, t. 5, n° 204). Ainsi le testament par lequel le testateur dispose de tous ses biens meubles et immeubles, sans nulle réserve ni exception, emporte révocation de tous testaments antérieurs, encore bien que la disposition nouvelle soit nulle, comme faite au profit d'une personne incertaine (Liège, 14 mai 1873, aff. Tison, D. P. 74. 2. 36).

1036. Il en est de même lorsque la nouvelle disposition est entachée de nullité, comme renfermant une substitution prohibée (Demolombe, t. 5, n° 206; Aubry et Rau, t. 7, § 725-2°, p. 521; Poitiers, 6 mai 1847, aff. Caldelar, D. P. 47. 2. 132, et sur pourvoi, Civ. rej. 25 juill. 1849, D. P. 49. 1. 321). Mais il n'en est ainsi, comme le font très justement remarquer MM. Aubry et Rau, *loc. cit.*, que sauf interprétation contraire de la volonté du testateur; et c'est pourquoi, en se conformant à la théorie d'un arrêt de la chambre des requêtes du 5 juill. 1858 (aff. Porte, D. P. 58. 1. 385), la cour de Caen a jugé, le 17 janv. 1865 (aff. Dubosq, D. P. 65. 2. 149) que si, en thèse générale, un testament demeure révoqué par une seconde disposition testamentaire faite de la même chose, au profit de la même personne, surtout lorsque cette seconde disposition contient une clause révocatoire, alors même que le legs ne peut recevoir son exécution, parce qu'il renferme une substitution prohibée, il appartient aux tribunaux de rechercher si, dans l'intention du testateur, cette révocation est nécessaire et absolue, ou si, au contraire, elle n'est que conditionnelle et relative, et subordonnée au cas où le second testament pourrait recevoir son exécution.

1037. Si le testament était nul pour vice de forme ou de volonté, ou si le nouveau legs fait sous une condition soit suspensive, soit résolutoire, devenait caduc par défaut d'accomplissement de la condition suspensive ou se trouvait résolu par l'événement de la condition résolutoire, la révocation tomberait (*Rép.* n° 4154; Merlin, *Répertoire*, v° *Révocation de legs*, § 4, n° 3, et *Questions*, eod. v°, § 1er; Favard, *Répertoire*, v° *Testament*, sect. 3, § 1er; Maleville, sur l'art. 1037; Grenier, *Donations et testaments*, t. 3, n° 344, et Bayle-Mouillard sur Grenier, *ibid.*, note *a*; Delvincourt, t. 2, note 6 sur la p. 101; Vazeille, sur l'art. 1037, n° 3; Duranton, t. 9, n° 450; Coin-Delisle, sur l'art. 1037, n° 1; Marcadé, sur l'art. 1037; Troplong, n° 2081; Massé et Vergé sur Zachariæ, t. 3, § 502, p. 297, texte et note 12; Colmet de Santerre, t. 4, n° 184 *bis* II; Saint-Espès-Lescot, *Donations et testaments*, t. 5, nos 1628 et 1629; Demolombe, t. 5, n° 205; Aubry et Rau, t. 7, § 725, p. 521).

1038. Faut-il dire de l'institution contractuelle ce que nous venons de dire du testament? Cela dépend du caractère que l'on reconnaît à cette forme de dispositions. Or, la cour de Besançon, le 23 janv. 1867 (aff. Bouillard, D. P. 67. 2. 1) a fort bien dit : « qu'on ne saurait voir dans l'institution contractuelle une aliénation sous condition suspensive; que, constituant dans son essence une assurance irrévocable de la succession de l'institué, elle ne diffère du testament ordinaire que par son irrévocabilité; qu'elle en a donc tous les effets et ne peut puiser dans le caractère qui lui est propre qu'une nouvelle force révocatoire sur les dispositions antérieures, incompatibles ou contraires, dans les conditions des art. 1036 et suiv. c. civ. » (V. en ce sens : Duranton, t. 9, n° 449; Demolombe, t. 5, n° 236; Aubry et Rau, t. 7, § 725-2°, p. 521). En conséquence, l'institution contractuelle, par laquelle les deux époux disposent réciproquement au profit du survivant de tous les biens qu'ils laisseront à leur décès, entraîne révocation d'un précédent testament par lequel la femme aurait institué pour ses légataires universels les enfants d'un premier mari (Même arrêt du 23 janv. 1867).

1039. D'ailleurs, et par application des principes que nous avons formulé *suprà*, n° 1035, relativement au testament, cette institution contractuelle, bien qu'annulée, conserve la valeur d'un acte révocatoire d'un testament antérieur, où l'instituant avait disposé des biens compris dans l'institution contractuelle annulée, cette institution constituant la preuve légale et la manifestation non équivoque d'un changement de volonté de la part du testateur (Pau, 26 févr. 1868, aff. Devert, D. P. 68. 2. 132). Elle devrait donc être considérée comme révoquant tout testament antérieur, alors même qu'elle demeurerait sans effet par suite du prédécès de l'époux institué contractuellement (Demolombe, t. 5, n° 236; Aubry et Rau, t. 7, § 725-2°, p. 522; Besançon, 23 janv. 1867, aff. Bouillard, D. P. 67. 2. 1), ou d'une annulation prenant sa base dans l'interdiction d'aliéner résultant du régime dotal (Req. 25 avr. 1887, aff. Roussel, D. P. 88. 1. 169).

1040. Toutefois, suivant la remarque que nous avons faite au *Rép.* n° 4214, une institution contractuelle n'emporte pas révocation d'un legs fait antérieurement, *à titre rémunératoire*, de sommes comprises dans cette institution; ce legs doit être maintenu, en vertu de l'art. 1083 c. civ., qui valide les dons de sommes modiques faits sur les valeurs données contractuellement, sans distinguer si ces dons sont antérieurs ou postérieurs à l'institution (Conf. Aubry et Rau, t. 7, § 725-2°, p. 521).

1041. — II. ALIÉNATION (*Rép.* nos 4239 à 4274). — L'aliénation de la chose léguée emporte, aux termes de l'art. 1038, révocation du legs. Pour qu'un acte émané du testateur ait cette puissance révocatoire, il faut qu'il constitue une aliénation véritable. Ainsi le fait, par le testateur, de se constituer en dot la chose qu'il avait léguée, ne saurait emporter révocation du legs, si la propriété de cette chose était réservée au constituant. Jugé en ce sens que la clause d'un contrat de mariage par laquelle l'un des époux apporte en mariage ses biens immobiliers, dont il se réserve le revenu qu'il déclare être d'une somme déterminée à parfaire, en cas d'insuffisance, par un ascendant intervenant au contrat, n'emporte pas, quant aux revenus ainsi déclarés et garantis, une *aliénation*, dans le sens de l'art. 1038 c. civ., au profit de la future épouse ou des enfants à naître du mariage, et n'entraîne pas, dès lors, pour les mêmes revenus, la révocation du legs que l'époux, auteur de l'apport, avait fait avant son mariage, de l'universalité de ses biens (Req. 6 févr. 1865, aff. Le Templier, D. P. 66. 1. 131).

1042. La présomption légale de révocation écrite dans l'art. 1038 ne s'applique qu'autant que le legs porte sur un corps certain et déterminé (Req. 1er déc. 1851, aff. Maraval, D. P. 51. 1. 327; Aubry et Rau, t. 7, § 725, p. 522, texte et note 39). Ainsi elle ne s'appliquerait pas au legs d'une somme d'argent, alors même qu'une créance aurait été démonstrativement indiquée par le testateur comme devant servir à l'acquittement du legs. Jugé, en conséquence, que le legs d'une somme d'argent, avec indication, pour faire face à ce legs, d'une créance sur un tiers, continue de subsister, même en cas d'extinction ultérieure de cette créance, notamment par voie de compensation, et encore que la compensation ait été invoquée par le testateur, lorsque l'affectation dont il s'agit

---

cependant, suivant l'état de la fortune qu'aurait laissée le testateur, elle pouvait avoir intérêt à faire valoir le legs particulier fait en sa faveur concurremment avec les autres, et en cas d'insuffisance des valeurs héréditaires, avec réduction proportionnelle à défaut de préférence exprimée; que Charles Giraud semble même avoir prévu cette éventualité lorsqu'il a fait son dernier testament du 17 janv. 1873; que sa fortune, purement mobilière, était, pour la plus grande partie des valeurs qui la composaient, soumise aux fluctuations des cours de la Bourse; qu'il a pu craindre, après avoir légué à la ville de Boulogne-sur-Mer la somme considérable de 350000 fr., qu'il ne restât pour sa légataire universelle, à l'ouverture de la succession, qu'un actif insignifiant ou nul; que c'est dans cette prévision qu'il a fortifié l'institution d'un legs universel par celle d'un legs particulier, et que, dans le même ordre d'idées, il a nommé le sieur Plauzolles son exécuteur testamentaire; — Mettant l'appel à néant; — Confirme le jugement de première instance.

Du 30 juill. 1880.-C. de Paris, 1re ch.-MM. Larombière, 1er pr.-Villetard de Laguérie, av. gén., c. conf.-Victor Lefranc et Martini, av.

est purement démonstrative, et non limitative, ce que les juges ont pu induire, par exemple, de la déclaration du testateur, dans son testament, qu'il a entendu, par sa disposition, maintenir l'égalité entre son légataire et d'autres légataires de même degré (Req. 20 déc. 1865, aff. Terrail, D. P. 66. 1. 154).

C'est par la même raison que l'art. 1038 est inapplicable, comme on l'a vu au *Rép.* nos 4250 et suiv., soit au legs universel, soit au legs à titre universel.

1043. La présomption de révocation de l'art. 1038 n'est pas subordonnée à l'exécution effective de l'aliénation : elle reçoit application dans le cas même où l'aliénation se trouve être inefficace ou nulle, et sans qu'il y ait, sous ce rapport, aucune distinction à faire entre les vices du fond et les vices de forme (Aubry et Rau, t. 7, § 725, texte et note 40, p. 523; Demolombe, t. 5, nos 225 et suiv.).

1044. L'aliénation partielle d'une chose léguée ne fait présumer la révocation du legs que pour la portion aliénée. — Quant aux charges dont le testateur grèverait la chose léguée, elles n'auraient d'autre effet que de restreindre le bénéfice ou l'émolument du legs, sans entraîner aucune présomption de révocation, même partielle (Toullier, t. 5, n° 652; Troplong, t. 4, n° 2101; Zachariæ, § 725, note 12, *in fine;* Aubry et Rau, t. 7, § 725, p. 523).

1045. La révocation d'un legs résultant de l'aliénation de la chose léguée conserve son effet, non seulement lorsque le testateur redevient, à un titre quelconque, propriétaire de la chose, mais dans le cas même où l'aliénation ayant eu lieu sous une condition résolutoire, la chose léguée est rentrée dans les mains du testateur, par suite de cette condition. En effet, la règle que l'art. 1038 pose expressément en ce qui concerne les ventes avec faculté de réméré, paraît, du moins en général, devoir être appliquée aux aliénations faites sous d'autres conditions résolutoires. Cette solution, admise au *Rép.* n° 4249, est adoptée par les auteurs les plus récents (V. Colmet de Santerre, t. 4, nos 185 et 185 *bis* I; Demolombe, t. 5, n° 217; Aubry et Rau, t. 7, § 725, p. 523; Laurent, t. 14, n° 225).

1046. Au contraire, la présomption de l'art. 1038 ne s'applique pas avec le caractère de présomption légale, à l'aliénation faite sous une condition suspensive, en ce sens que, si la condition vient à défaillir, le legs ne sera pas de plein droit considéré comme révoqué. En effet, cette hypothèse n'a pas été prévue par l'art. 1038, et il est de principe que les présomptions légales sont de droit étroit (*Rép.* n° 4249. *Adde:* Demolombe, t. 5, n° 218; Aubry et Rau, t. 7, § 725, texte et note 44, p. 524; Laurent, t. 14, n° 225; Req. 15 mai 1860, aff. Thierrée, D. P. 60. 1. 277; Rennes, 28 mars 1860, aff. X..., D. P. 61. 5. 431; Req. 19 avr. 1882, aff. Labat de Lapeyrière, D. P. 83. 1. 152).

1047. Du reste, l'aliénation de la chose léguée ne fait présumer la révocation du legs que lorsqu'elle procède de la volonté du testateur. La présomption de révocation ne s'attache ni à la vente forcée poursuivie par les créanciers, ni à la vente sur licitation provoquée contre le testateur par ses communistes, ni à toute autre aliénation pratiquée en dehors de sa volonté. En effet, la disposition de l'art. 1038 est fondée sur l'interprétation de la volonté du testateur (*animus adimendi legatum*). Vainement objecterait-on que les mots *toute aliénation* se trouvent dans cet article, car la généralité de ces termes est restreinte par les expressions *que fera le testateur*, expressions qui indiquent clairement que le législateur n'a eu en vue que les aliénations volontaires pratiquées par le testateur lui-même (*Rép.* n° 4245; Colmet de Santerre, t. 4, n° 185 *bis;* Demolombe, t. 5, n° 238; Aubry et Rau, t. 7, § 725, texte et note 46, p. 525). C'est pour ce motif qu'il a été jugé que le legs de rentes sur l'État que le testateur a ultérieurement converties, en vertu d'une loi, ne devient pas caduc, par l'effet de cette conversion qui ne procède pas de la libre volonté du testateur (Trib. Gand, 26 janv. 1881) (1).

Par une conséquence de ce principe, on décide généralement que l'aliénation de la chose léguée, opérée par le tuteur du testateur interdit, n'emporte pas révocation du legs (*Rép.* n° 4247). « Ce n'est pas, dit fort bien M. Troplong, *Donations et testaments*, n° 2096, le testateur qui a aliéné; c'est son tuteur qui a procédé à l'aliénation, par un acte de bonne administration; mais cette volonté ne doit pas détruire sa disposition. La volonté du testateur ne saurait s'expliquer par les actes d'une personne étrangère. » Cette solution a plusieurs fois été consacrée par la jurisprudence. On a rapporté en ce sens au *Rép.* n° 4248 un jugement du tribunal civil de la Seine, du 19 août 1828. Le tribunal de Versailles, le 22 juill. 1859 (aff. Dufour de Neuville, D. P. 62. 1. 321) s'est prononcé dans le même sens : — « Attendu que l'intention révocatoire, comme cause d'annulation des legs, ne saurait être admise quand l'aliénation a eu lieu pendant l'état d'interdiction du testateur, c'est-à-dire à une époque où n'étant plus *mentis compos*, il n'était pas capable d'une volonté susceptible elle-même d'aucun effet civil (c. nap. art. 502); — Qu'on prétend, il est vrai, que la volonté légalement efficace qui dans cette situation lui manque est suppléée par celles réunies du tuteur, du conseil de famille et de la justice dont le concours équivaut tellement à la sienne que les aliénations qui ont été ainsi faites sont considérées comme l'ayant été par l'interdit lui-même (c. nap. art. 1314, 457 et 509); — Attendu que si cela est vrai en ce qui concerne les tiers, ce ne l'est pas quand, en matière de testament, il s'agit d'annuler un legs à raison et par l'effet de l'intention révocatoire de celui dont elle était émanée; — Attendu que, dans l'ordre rationnel des choses, pour qu'une telle intention opère, il faut qu'elle soit certaine en tant que propre et personnelle au testateur; — Attendu que cette certitude, contraire elle-même à un fait certain, celui de sa volonté quand elle était moralement entière, c'est-à-dire antérieure à l'interdiction, ne saurait être déduite d'une présomption ». Il est vrai que ce jugement a été infirmé par la cour de Paris, le 31 juin 1860 (*Ibid.*). Mais cet arrêt a été l'objet d'un pourvoi, admis par la chambre des requêtes; et si ce pourvoi a été définitivement rejeté par la chambre civile (Civ. rej. 19 août 1862, *ibid.*), c'est par des motifs qui, loin de combattre notre opinion, lui donnent au contraire implicitement une pleine et entière consécration.

1048. Si, dans le cas que nous venons de signaler, l'aliénation opérée en dehors de la volonté du testateur ne peut être considérée comme révoquant le legs, faut-il déclarer que ce legs, faute de révocation, demeure valable, et continue à produire ses effets? Assurément non, et c'est ce qu'a fort bien montré la chambre civile (Arrêt du 19 août 1862, cité *suprà*, n° 1047), en déclarant : « qu'aux termes de l'art. 1014 c. civ., tout legs ne donne de droit à la chose

(1) (Dam *C.* Dewitte.) — Le tribunal ; — Attendu qu'il résulte de l'ensemble des dispositions testamentaires du *de cujus* que le legs fait à la demanderesse en ces termes (traduction) : « Je donne et lègue, en outre, en pleine propriété, au même Edmond Genico, vingt obligations sur l'État belge, rente 4 1/2 p. 100 d'un capital nominal de 1000 fr. chacune », a pour objet des valeurs appartenant au testateur au moment de la confection de son testament, qu'il possédait à cette époque, et qui, comme il le dit très expressément, étaient ordinairement déposées dans son coffre-fort; — Attendu que les titres 4 p. 100 trouvés dans la succession du *de cujus* représentent en partie les titres 4 1/2 p. 100 légués par le testateur; que la conversion autorisée par la loi du 23 juill. 1879 n'a pu changer la nature de l'obligation, mais uniquement le taux de l'intérêt; que l'obligation est restée la même, bien que représentée par un nouveau titre; qu'en acceptant un titre 4 p. 100 pour un titre 4 1/2 pour 100, le testateur n'a pas aliéné son obligation, mais consenti à la réduction du taux de l'intérêt; qu'il a reçu une obligation du même emprunt belge; — Attendu que le legs doit donc recevoir son exécution jusqu'à concurrence des titres 4 pour 100 trouvés dans la succession du *de cujus* ; — Attendu qu'il en est autrement des titres 4 1/2 p. 100 non représentés dans la succession par des valeurs de même nature en 4 p. 100, et qui, remboursés, aliénés ou perdus, rentrent dans les cas prévus par les art. 1038 et 1042 c. civ.; que le legs de ces valeurs doit être considéré comme caduc ou révoqué; — Par ces motifs; — Dit que le legs fait au demandeur dans le testament dont il s'agit comprend les obligations de l'emprunt belge 4 p. 100 trouvées dans la succession du *de cujus*, s'élevant ensemble à la valeur nominale de 14000 fr.; — Condamne le défendeur à délivrer ces obligations au demandeur avec les intérêts à partir du jour de la demande; déclare les parties non autrement fondées en leurs conclusions.

Du 26 janv. 1881.-Trib. civ. de Gand.

léguée que du jour du décès du testateur, et qu'en conséquence, les droits du légataire ne s'ouvrent qu'à ce jour ; que ces droits ne peuvent donc s'exercer que sur les biens alors existant dans la succession et sur l'objet légué qui s'y trouve en nature ; que les biens qui ont été aliénés pendant la vie du testateur, régulièrement et d'une manière légale, n'appartiennent pas à sa succession, et qu'ils ne peuvent, en conséquence, être l'objet des réclamations et de la demande en délivrance des légataires pour lesquels cette aliénation est un fait accompli ; que l'héritier ou le légataire universel, considéré comme débiteur envers le légataire particulier, ne lui doit et n'est tenu de lui délivrer les choses à lui léguées que lorsqu'elles se trouvent dans l'hérédité ». — Quel est donc le sort juridique de ce legs, qui n'est pas révoqué, et qui cependant demeure sans effet ? La réponse est dans le même arrêt de la chambre civile du 19 août 1862, adoptant sur ce point la théorie de l'arrêt qui lui était déféré (Paris, 31 juin 1860, *ibid.*) et de la doctrine (Grenier, t. 1, n° 323 ; Troplong, t. 4, n° 2095 ; Aubry et Rau, t. 7, § 725, texte et note 47, p. 525) : « le legs devient caduc par cela même que la chose spécialement léguée n'est plus dans la succession ; il importe peu que l'aliénation n'en ait pas été faite par le testateur. En effet, si l'aliénation de la chose léguée par le testateur lui-même emporte la révocation du legs par la présomption d'un changement de volonté, l'aliénation qui en a lieu par toute autre cause légale, pendant la vie du testateur, en emporte l'extinction par le retranchement de la chose léguée des biens de la succession ; relativement aux droits à exercer par le légataire, ce retranchement est une véritable *perte de la chose* dans le sens de l'art. 1042 ». Telle est la vraie théorie, il n'y a pas dans ce cas révocation ; il y a caducité par suite de la perte de la chose. La distinction est capitale au point de vue des conséquences. Si l'aliénation était résolue soit pendant la vie du testateur, soit même après sa mort, la chose aliénée rentrerait dans le patrimoine du testateur ou de son héritier, soumise au legs qu'elle n'avait mis à néant que sous la condition de ne pas être elle-même réputée non avenue (Grenier, Troplong, Aubry et Rau, *loc. cit.*). Le légataire conserve donc ici, nonobstant l'aliénation, un droit éventuel à la chose léguée. Seulement, il faut le remarquer, là se borne son droit ; provisoirement, le legs est éteint, non seulement quant à la chose léguée, mais encore quant à son prix, quoique ce prix soit encore dû au moment du décès du testateur. « S'il avait été payé pendant le vie du testateur, et confondu dans ses biens, l'héritier ou le légataire universel ne pourrait être tenu de le représenter et d'en faire compte au légataire particulier ; il ne le peut davantage dans le cas où le prix reste dû en tout ou partie, la créance pour le payement du prix ne remplaçant pas la chose dans la succession, et les biens eux-mêmes, seul objet du legs, n'étant pas moins en dehors de la succession ; les droits existant sur l'objet vendu ne sauraient s'exercer sur le prix qu'autant qu'ils seraient antérieurs à l'aliénation, et, le légataire dont les droits ne sont nés qu'à l'ouverture de la succession ne saurait se prévaloir d'aucun droit préexistant » (Arrêt précité du 19 août 1862). Et l'on ne saurait objecter que : « d'après les dispositions de l'art. 1303 c. civ., le débiteur, en cas de perte de la chose due, est tenu de céder à son créancier ses droits ou actions en indemnité par rapport à cette chose : cette règle tient à ce que les droits du créancier sont antérieurs à la perte, elle ne saurait s'appliquer au profit du légataire particulier qui n'avait aucun droit avant le décès du testateur » (Même arrêt).

1049. Les règles que nous venons de poser sont en principe, ainsi que nous l'avons vu au *Rép.* n° 4258, applicables à la *donation* de la chose léguée comme à l'aliénation à titre onéreux (V. Civ. cass. 16 juin 1857, aff. Odiot, D. P. 57. 1. 284). Ainsi il a été jugé qu'un legs est révoqué par l'effet de la donation postérieurement faite à un tiers des objets légués, alors même que cette donation se trouverait nulle faute d'acceptation (Bordeaux, 3 août 1858, aff. Goffre, D. P. 59. 2. 82 et 119). La doctrine contraire d'un arrêt de la cour de Paris du 11 déc. 1847 (aff. Roger, D. P. 48. 2. 129) que nous avions cité au *Rép.* n° 4269, sans l'approuver, a été définitivement abandonnée par la doctrine (V. outre les auteurs cités au *Rép. ibid.* : Toullier, t. 5, n° 560 ; Duranton, t. 9, n°s 458 et suiv. ; Coin-Delisle, *ibid.* sur l'art. 1035, n° 5 ; Massé et Vergé sur Zachariæ, t. 5, § 502, note 16 ; Demolombe, t. 5, n°s 225 et suiv.). — Au contraire, conformément au principe énoncé *suprà*, n° 1046, un testament n'est pas révoqué par une donation postérieure faite par le testateur sous la condition de survie du donataire, lorsque cette donation est devenue caduque par le prédécès du donataire (Caen, 25 nov. 1847, aff. Étasse, D. P. 48. 2. 129, cité au *Rép.* n° 4249 ; Rennes, 28 mars 1860, aff. X..., D. P. 61. 5. 431).

1050. La donation de la chose léguée n'emporte pas révocation du legs, si elle est faite au profit du légataire, du moins en principe. En effet, comme nous l'avons dit au *Rép.* n° 4258, une telle donation, loin d'impliquer un changement de volonté chez le testateur, est la preuve manifeste de la persistance de cette volonté. Il n'en est autrement que si la donation contient des dispositions ou des conditions essentielles n'existant pas dans le testament et manifestant une volonté différente de celle exprimée dans cet acte (Merlin, *Répertoire*, v° *Révocation de legs*, § 2, n° 2-4° ; Grenier, t. 1, n° 345 *bis* ; Troplong, t. 4, n° 2090 ; Duranton, t. 9, n° 461 ; Coin-Delisle, sur l'art. 1038, n° 5 ; Demolombe, t. 5, n° 220 ; Aubry et Rau, t. 7, § 725, p. 524 ; Lyon, 28 juin 1856, aff. Gourbière, D. P. 57. 2. 69). En effet, « même alors que le légataire et le donataire seraient une seule et même personne, si la donation contenait des dispositions ou des conditions essentielles, n'existant pas dans le testament, et qui feraient de la volonté qui a inspiré la donation, une volonté toute différente de celle exprimée dans le testament, il y aurait là révocation, aux termes de l'art. 1038, parce que la disposition de la donation exclurait la disposition du testament à laquelle, par conséquent, il ne serait plus permis de revenir » (Même arrêt). — La cour de Rouen a cependant, en sens contraire, posé en principe que deux libéralités successives faites par un testament et une donation à la même personne pour une seule et même cause doivent se confondre comme les effets nécessaires de cette cause dans le silence du disposant à cet égard (Rouen, 16 nov. 1875) (1) ; mais cette solution qui, d'ailleurs, n'est

(1) (Lefebvre C. Héritiers Deshayes.) — LA COUR ; — Attendu qu'il s'agit de rechercher si la veuve Lefebvre doit cumuler la rente viagère de 6000 fr. que Deshayes lui a léguée par testament olographe du 23 mars 1873 avec les titres de rente sur l'État de 4500 fr. achetés par lui le 23 octobre suivant et immatriculés en son nom pour la nue propriété, et pour l'usufruit au nom de la veuve Lefebvre ; ou si l'achat de ces titres de rente n'est qu'un mode d'exécution partielle de la rente de 6000 fr. que Deshayes a entendu réaliser de son vivant ; — Attendu qu'en matière d'interprétation de testaments, le juge est appréciateur souverain de l'intention du testateur d'après les faits de la cause ; — Qu'après avoir institué pour ses légataires universels tous ses parents de la ligne paternelle, Deshayes par trois testaments successifs a légué à la veuve Lefebvre, chargée en dernier lieu des soins de sa maison et habitant avec lui, outre des valeurs importantes de sa succession, une rente viagère en usufruit, incessible et insaisissable, d'abord de 2400 fr., le 11 janv. 1865, puis de 4000 fr. le 18 févr. 1867, enfin de 6000 fr. le 23 mars 1873, payable par trimestre et d'avance, le premier trimestre immédiatement exigible après son décès ; — Qu'il lui accorde le droit après un délai de quatre mois à partir du même jour, d'exiger de ses héritiers, solidairement tenus du service de cette charge, l'acquisition d'une rente sur l'État de pareille somme, en usufruit au profit de la veuve Lefebvre et en nue propriété pour ses héritiers ; — Qu'il est évident qu'il n'a jamais eu l'intention de cumuler la rente testamentaire de 6000 fr. avec une donation entre vifs de 4500 fr. ; — Que la progression même qu'il a suivie dans ses dispositions de dernière volonté le démontre suffisamment ; — Qu'il y a d'ailleurs à cette prétention une objection irréfragable, c'est que la fortune tout entière du défunt ne parviendrait pas à acquitter la rente de 10000 fr. aujourd'hui réclamée par l'appelante, et que l'institution universelle trois fois répétée et mûrement réfléchie au profit des héritiers serait sans effet ; qu'en imputant, au contraire, les inscriptions de 4500 fr. achetés le 23 octobre sur la rente de 6000 fr., il reste dans la succession des ressources plus que nécessaires pour la compléter par un nouveau titre de 1500 fr., et gratifier les héritiers de la ligne paternelle des libéralités que Deshayes leur a destinées sans interruption de 1865 à 1873 ; — Qu'il n'y a pas de motifs pour que la veuve Lefebvre, poursuivant son système, n'exige le cumul des trois rentes successives comme devant recevoir également leur exécution, l'incompatibilité n'existant pas plus dans un cas que dans l'autre ; — Qu'une telle conséquence prouve surabondamment le mal fondé de sa demande ; — Que si Deshayes avait voulu ajouter à sa libéralité une donation entre

formulée que dans les motifs de l'arrêt, donne lieu à de sérieuses critiques, et une semblable décision ne trouverait de base solide, ainsi qu'on va le voir *infrà*, n° 1051 que dans des motifs tirés de l'interprétation de la volonté du testateur.

1051. Malgré le principe que la donation au légataire de la chose léguée, en l'absence de toutes clauses et charges modificatives, ne révoque pas le legs, il a été jugé, et avec raison, qu'un legs peut être considéré comme réalisé en tout ou en partie, au moyen d'une donation entre vifs faite par le testateur au profit du même légataire, postérieurement à son testament, lorsqu'il existe entre les deux libéralités une identité de cause qui, jointe aux autres circonstances, démontre que la volonté du testateur a été d'absorber le legs dans la donation, et non de les cumuler (Req. 27 avr. 1852, aff. de Corn, D. P. 52. 1. 121, cité au *Rép.* n° 4262). Il y a là, en effet, une question d'interprétation de volonté qui doit évidemment dominer. L'héritier est donc recevable à établir, à l'aide de toute preuve, qu'un legs particulier de somme d'argent exprimé dans le testament, a été exécuté par anticipation au moyen du don de pareille somme fait par le testateur au légataire quelque temps avant sa mort; il n'est pas nécessaire, en pareil cas, que l'intention du testateur d'exécuter lui-même le testament ressorte de déclarations recueillies par acte authentique (Trib. Seine, 12 mars 1870, aff. Rajou, D. P. 71. 3. 22). Mais c'est là une preuve qui incombe nécessairement à l'héritier. Ainsi, au cas où, postérieurement à la rédaction de son testament, le testateur a fait, par acte entre vifs (dans un contrat de mariage, par exemple), à une personne qu'il a inscrite comme légataire pour une somme déterminée, un don se composant d'une somme d'un chiffre égal, il n'y a pas présomption nécessaire que le testateur, eût-il même disposé que la donation entre vifs ne produirait ses effets qu'après son décès, a voulu simplement confirmer et exécuter par anticipation la donation testamentaire; c'est, dès lors, aux héritiers à prouver par des faits précis qu'il existe entre les deux libéralités, à défaut d'une incompatibilité absolue, une incompatibilité intentionnelle (Limoges, 12 juin 1852, aff. Dubois, D. P. 53. 2. 229).

1052. La donation entre vifs de tous les biens présents n'emporte aucune présomption de révocation, en ce qui concerne les legs particuliers de sommes d'argent ou d'autres objets déterminés seulement quant à leur espèce. Elle ne fait pas davantage présumer la révocation totale ou partielle des legs universels ou à titre universel. En effet, les legs universels ou à titre universel, ayant pour objet, non point des choses déterminées et actuellement existantes, mais l'ensemble des biens que le testateur laissera à son décès, en tant qu'on les considère comme formant une universalité juridique, la donation faite par le testateur, même de tous ses biens présents, ne porte point sur ce qui forme l'objet de pareils legs et ne peut, par conséquent, en opérer la révocation (*Rép.* n°s 4264 et suiv.; Merlin, *Répertoire*, v° *Révocation de codicille*, § 3; Toullier, t. 5, n° 650; Vazeille, sur l'art. 1038, n° 6; Coin-Delisle, sur l'art. 1038, n° 6; Troplong, t. 4, n° 2094; Aubry et Rau, t. 7, § 725, p. 522 et suiv.).

Il a été jugé en ce sens qu'un legs universel n'est pas révoqué par la donation entre vifs, que le testateur a faite ultérieurement au légataire, d'une partie seulement des objets légués; spécialement, que la donation qu'une femme fait, dans son contrat de mariage, à son futur époux, de la moitié de ses biens en toute propriété et de l'autre moitié en usufruit, ne révoque pas le legs universel qu'elle lui avait fait antérieurement; et il en est ainsi encore bien que le contrat de mariage contienne la stipulation d'une société d'acquêts entre les futurs époux, et d'une dispense de caution pour le futur à raison de l'usufruit donné. Peu importe également que le futur, qui a aussi, successivement, fait un legs universel au profit de la future et donné à celle-ci, par le contrat de mariage, la pleine propriété de la moitié de ses biens et l'usufruit de l'autre moitié, ait, dans ce même contrat, réservé, pour le cas où il prédécéderait, la jouissance d'une certaine somme au profit de ses héritiers: on prétendrait à tort qu'une telle réserve constitue une révocation du legs fait à la future, et que, les libéralités étant réciproques, cette révocation doit entraîner celle du legs fait au futur (Bordeaux, 27 avr. 1855, aff. Bordes, D. P. 56. 2. 116).

Une solution contraire est donnée cependant par M. Demolombe, t. 5, n° 199. Le savant auteur estime qu'un legs universel contenu dans un premier testament est révoqué par une disposition à titre universel, faite ultérieurement par le testateur au profit du légataire universel primitivement institué, « car il serait difficile de comprendre comment le testateur aurait continué de vouloir léguer le tout à celui auquel il n'a légué en dernier lieu qu'une fraction » (Conf. Colmet de Santerre, t. 4, n° 183 *bis*, II). Et la cour d'Angers, le 4 déc. 1868 (aff. Pelu, D. P. 69. 2. 89) a jugé en ce sens que le testateur qui, après avoir légué à une personne l'universalité de ses biens, fait, par acte postérieur, donation à cette même personne de l'usufruit seulement de ces mêmes biens, est réputé avoir, par cette disposition nouvelle, révoqué le legs universel contenu dans son testament. — Mais il a été jugé par la cour de cassation (Civ. rej. 2 juill. 1867, aff. Donati, D. P. 67. 1. 272), qu'un legs universel n'est pas révoqué par l'effet d'une donation ultérieure qui comprend, non l'universalité des biens du testateur en termes exprès, mais seulement les immeubles possédés par lui dans un certain canton, et les meubles et immeubles qu'il acquerra à l'avenir et laissera à son décès. Aux termes de cet arrêt, une telle donation n'affectant pas nécessairement, par elle-même, les caractères légaux d'une institution universelle, a pu être déclarée, en fait, ne porter que sur une partie de l'héritage, et laisser subsister le titre de légataire universel, antérieurement conféré à un autre que le donataire; qu'en conséquence, le légataire universel, ainsi resté saisi de la succession, a seul qualité, à l'exclusion des héritiers légitimes, pour demander la nullité de cette donation, comme entachée, notamment, de vice de forme.

1053. Enfin la question s'est posée de savoir si la donation que l'un des époux fait à son conjoint, par contrat de mariage, de l'usufruit de tous ses biens, emporte révocation du legs universel qu'il lui avait fait antérieurement de la pleine propriété des mêmes biens. Aux termes de deux arrêts, l'un de la cour de Dijon du 8 déc. 1869 (aff. Duc, D. P. 70. 2. 151), l'autre de la cour de Douai du 26 déc. 1882 (aff. Leroux, D. P. 83. 2. 247), cette donation n'emporte pas révocation du legs universel antérieur, une telle

---

vifs, il n'eût pas manqué de manifester clairement sa pensée, alors surtout qu'ancien greffier de justice de paix, il avait acquis dans ces fonctions une certaine expérience des affaires; — Que le modèle sur papier libre d'un projet de codicille, aujourd'hui représenté par l'appelante, est l'éclatante confirmation de ce fait; — Que ce projet porte, en effet, en termes exprès: « Que par addition au testament de 1873 et pour que la volonté de Deshayes ne donne lieu à aucune difficulté d'interprétation, il entend que le legs fait à la dame Lefebvre soit indépendant de ce qu'elle a pu et pourra recevoir de son vivant, voulant qu'elle le conserve sans avoir à rendre compte à ses légataires universels ou à ses héritiers »; — Que cette consultation restée lettre morte entre les mains de la veuve Lefebvre jette la plus vive lumière sur les intentions du testateur, et témoigne à n'en pas douter, qu'averti du danger d'une interprétation contraire, Deshayes n'a entendu faire aucune disposition additionnelle à l'acte qui contenait ses volontés suprêmes; — Qu'au surplus, il est de principe que deux libéralités faites à la même personne pour une seule et même cause, loin de se cumuler, se confondent comme les effets nécessaires de cette cause, lorsque le donateur ne s'est point exprimé sur le cumul; — Qu'il n'y a pas lieu de déroger à cette règle par cela seul que le motif déterminant de la libéralité ne peut être avoué par la morale; — Qu'aux termes de l'art. 1035 c. civ., en exécutant lui-même le legs de son vivant et transformant en disposition actuelle et irrévocable ce qui n'était d'abord qu'une éventualité sujette à révocation, le testateur déclare évidemment changer de volonté et révoquer le legs jusqu'à concurrence de la donation; — Qu'il ne reste plus, dès lors, qu'à combler la différence, dont le premier avantage excède le second; — Qu'il n'y a là qu'un mode d'exécution partielle; et qu'une nouvelle preuve de cette vérité, c'est que la clause d'incessibilité de la rente énoncée dans les trois testaments n'existe plus dans les énonciations des titres achetés pour la servir;...

Par ces motifs, etc.

Du 16 nov. 1875.-C. de Rouen, 1re ch.-MM. Neveu-Lemaire, 1er pr.-Pouyer, av. gén.-Henri Frère et Ricard, av.

donation n'étant pas inconciliable avec ce legs, qu'elle transforme simplement, quant à l'usufruit, en une libéralité irrévocable, mais laisse subsister avec sa révocabilité, quant à la nue propriété. Et il n'importe que la donation d'usufruit ait été accompagnée de l'obligation de faire inventaire, obligation exclusive, chez l'époux légataire, de la qualité de plein propriétaire de la chose donnée, si la réciprocité de la donation rendait cette clause utile pour le cas où la donation serait recueillie par l'autre époux.

1054. — III. Cessation de l'unique motif qui avait déterminé le testateur a faire le legs (*Rép.* n° 4274). — La cessation de l'unique motif qui avait porté le testateur à faire un legs, en fait présumer la révocation, lorsque c'est par le fait du testateur que ce motif a cessé d'exister. Ainsi, par exemple, on doit considérer comme tacitement révoqué le legs fait à un exécuteur testamentaire en cette qualité, lorsque, par un testament subséquent, le testateur a nommé à sa place un autre exécuteur testamentaire. Ainsi encore le legs par préciput que le testateur a fait au profit de l'un de ses deux héritiers, dans le seul but d'établir une parfaite égalité entre lui et son cohéritier qui avait également reçu un pareil legs, doit être considéré comme révoqué, lorsque le testateur a rétracté cette dernière disposition, par exemple, en aliénant la chose qui en faisait l'objet (V. outre les auteurs cités au *Rép.* n° 4274 : Merlin, *Répertoire*, v° *Révocation de legs*, § 2, n° 6; Duranton, t. 9, n° 455; Demolombe, t. 5, n° 246; Aubry et Rau, t. 7, § 725, p. 526).

1055. — IV. Destruction ou cancellation du testament (*Rép.* n°s 4275 à 4291). — La destruction, lacération ou cancellation d'un testament olographe, faite sciemment par le testateur lui-même, emporte la révocation du testament (*Rép.* n° 4275). Cette preuve de révocation tacite n'est, d'ailleurs, admissible, au cas où il existait plusieurs originaux du testament, que si tous les originaux se trouvaient à la fois détruits, lacérés ou cancellés. Telle est du moins, la solution qui été admise au *Rép.* n° 4290, conformément à l'opinion de la plupart des auteurs (*Adde :* Aubry et Rau, t. 7, § 725, p. 526-527; Laurent, t. 14, n° 243). Il en serait autrement s'il était établi que l'original demeuré intact n'est resté intact que par la fraude du tiers qui en était dépositaire (Aubry et Rau, *loc. cit.*, note 51; Demolombe, t. 5, n° 250; Laurent, t. 14, n° 244).

1056. Si le testateur n'avait biffé ou raturé que quelques-unes de ses dispositions, en laissant intactes la date et la signature, les dispositions cancellées seraient seules révoquées (*Adde* aux auteurs cités au *Rép.* n° 4289 ; Troplong, t. 4, n° 2112; Aubry et Rau, t. 7, § 725, p. 527). Ainsi la révocation d'un legs universel résultant de ce que, dans un testament olographe, le nom du légataire se trouve biffé de la main du testateur, ne doit pas faire considérer comme également révoqués les legs particuliers contenus au profit d'autres personnes dans le même testament (Limoges, 12 juin 1852, aff. Dubois, D. P. 53. 2. 229). — Jugé, de même, que, lorsque le testateur a supprimé à l'aide d'un couteau ou de ciseaux, une partie de son testament, laissant subsister les parties essentielles de l'acte, il n'y a lieu de considérer comme révoquées que les parties supprimées (Req. 29 janv. 1878) (1).

1057. Mais si le testateur, en bâtonnant son testament, ne laisse pas subsister au moins la signature et la date, la révocation du testament est complète et définitive; car ce qui subsiste ne saurait évidemment, en l'absence de ces éléments essentiels, valoir comme testament olographe. Et les dispositions testamentaires, bâtonnées dans le corps et à la signature de l'acte où il ne reste plus que la date, ne peuvent revivre ni au moyen d'un écrit postérieur à la date du testament, et signé du testateur, qui ne renferme aucune manifestation de volonté, mais contient simplement des explications et des excuses adressées à la famille exhérédée (alors surtout qu'il est établi que cet écrit est antérieur au fait de la cancellation), ni au moyen de l'enveloppe du même testament, portant : ceci est mon testament, avec la signature du testateur, mais sans date et sans aucune autre mention (Agen, 13 avr. 1864, et sur pourvoi, Req. 6 mars 1866, aff. Dellas, D. P. 66. 1. 270).

1058. Le fait même de la lacération ou de la cancellation suffit à prouver la révocation. Il n'en serait autrement que dans le cas où il serait prouvé que le fait de destruction procède d'un accident, ou qu'il est l'œuvre d'un tiers, et non du testateur. Mais la vérification de ce fait ne peut être mise à la charge de l'héritier légitime, saisi de plein droit des biens et actions du défunt et qui trouve dans la loi un titre complet; le fardeau de cette preuve incombe à celui qui se prétend institué, et ne présente qu'un titre essentiellement défectueux, dont il demande cependant la nullité (Agen, 13 avr. 1864, aff. Dellas, D. P. 66. 1. 270). Telle est du moins la règle quand le testament a été trouvé dans les papiers du testateur, ou, cacheté, entre les mains d'un tiers. S'il avait été trouvé chez un tiers, mais sans enveloppe ni cachet, la présomption serait contraire (*Rép.* n° 4286, *in fine*. *Adde :* Demolombe, t. 5, n° 254; Aubry et Rau, t. 7, § 725, p. 527).

1059. La révocation par déchirement ou cancellation s'applique aussi bien à un testament révocatoire qu'à un testament ordinaire. La révocation d'un premier testament doit être réputée non avenue si le testament postérieur qui la contenait a été cancellé et détruit dans sa forme primitive par le testateur lui-même; il en est ainsi, spécialement, lorsque le testateur a bâtonné le second testament et tracé de sa main le mot *annulé* à la suite de ses dispositions; et le testament primitif conserve alors ses effets, bien qu'il n'ait été remis en vigueur par aucun acte nouveau de dernière volonté (Dijon, 4 mai 1877, et sur pourvoi, Req. 15 mai 1878, aff. Ménétrier, D. P. 79. 1. 32). Les règles qui viennent d'être exposées s'appliquent également au cas où le testateur, qui aurait obtenu la remise de son testament mystique, ou qui, par une circonstance quelconque, se serait trouvé en possession de la minute de son testament public, l'aurait anéanti, lacéré ou cancellé (Merlin, *Répertoire*, v° *Révocation de testament*, § 4, n° 3 ; Toullier, t. 5, n° 659 ; Aubry et Rau, t. 7, § 725, p. 528).

Art. 2. — *Révocation par la loi* (*Rép.* n°s 4292 à 4315).

1060. Les legs peuvent être révoqués, après la mort du testateur, soit pour cause d'inexécution des charges qui y sont attachées, soit pour cause d'ingratitude. Contrairement aux règles de la donation entre vifs, la survenance d'un enfant légitime posthume n'entraîne pas de plein droit la révocation des dispositions testamentaires faites par le défunt (*Rép.* n° 4312 ; Laurent, t. 14, n° 246). Cette révocation ne peut même pas être prononcée pour cause d'erreur, dans le cas où le testateur serait mort sans avoir connu la grossesse de sa femme (*Rép.* n° 4313 ; Laurent, *loc. cit.*; Alger, 31 déc. 1878, aff. Defrance, D. P. 80. 2. 36). La solution contraire, sur ce dernier point, qui résulte de certains arrêts rapportés au *Rép.* n° 4314, est également soutenue par M. Demolombe, t. 5, n° 364.

1061. — I. Inexécution des charges. — Le droit de demander la révocation d'un legs, pour cause d'inexécution des charges sous lesquelles il a été fait, appartient à toute personne intéressée à la faire prononcer, comme devant en profiter. Ainsi la révocation peut, selon les cas, être deman-

(1) (Héritiers Estienne C. Estienne.) — La cour; — Sur le moyen unique, pris d'un excès de pouvoir et de la violation des art. 895, 967, 970, 1035 et 1038 c. civ. : — Attendu, en fait, que l'arrêt a constaté et affirmé l'existence, comme acte de dernière volonté complet en soi, régulier et valable, du codicille olographe du 15 avr. 1866, écrit, daté et signé par le testateur Casimir Estienne, conformément à la loi; — Attendu, quant à son état matériel, que l'arrêt, repoussant l'idée d'une *lacération* révélatrice de la volonté de révoquer ou d'annuler, y voit seulement un *retranchement*, opéré par le testateur, avec un soin et une attention délibérée (*consulto*), des legs particuliers inscrits d'abord sur la partie inférieure de la page; — Attendu, en droit, qu'il s'agissait de savoir si ce retranchement avait eu pour objet de supprimer des dispositions spéciales ou de réduire l'écrit à un simple projet de testament; que pour décider cette question, la cour d'appel s'est fondée sur des circonstances de fait qu'il lui appartenait de recueillir, de constater et d'apprécier, et qui justifient son arrêt; — Qu'ainsi elle n'a commis aucun excès de pouvoir et n'a pu violer les articles susvisés;

Par ces motifs, rejette, etc.

Du 29 janv. 1878.-Ch. req.-MM. Bédarrides, pr.-Babinet, rap.-Robinet de Cléry, av. gén., c. conf.-Collet, av.

dée par la personne tenue de l'acquittement des legs grevés de charges, par le substitué, par le colégataire conjoint (Proudhon, *De l'usufruit*, t. 2, n° 686; Troplong, t. 4, n° 2194; Demolombe, t. 5, n° 357; Aubry et Rau, t. 7, § 727, p. 546). La révocation peut être encore demandée, s'il s'agit de charges imposées à un légataire, soit en faveur d'un tiers, soit dans l'intérêt du testateur lui-même, par les successibles *ab intestat* de ce dernier (Troplong, Aubry et Rau, *loc. cit.*; Caen, 27 juin 1868) (1). Dans ce cas, le droit des héritiers est indivisible et peut n'être exercé que par un seul d'entre eux, pour la totalité de la charge, à une époque où l'action serait prescrite contre les autres, si la prescription n'est pas acquise contre celui-là (Même arrêt).

Mais le droit de demander la révocation ne compète pas aux tiers dans l'intérêt desquels les charges ont été établies; ils ne jouissent que d'une action personnelle contre le légataire pour le contraindre à l'exécution de ces charges (Aubry et Rau, *loc. cit.* — V. en ce sens : Civ. rej. 19 mars 1855, aff. Guillard, D. P. 55. 1. 297, cité au *Rép.* n° 4293).

1062. La révocation du legs pour inexécution des charges, est, au surplus, régie par des règles analogues à celles qui ont été développées *suprà*, n° 494 et suiv., au sujet de la révocation pour la même cause des donations entre vifs.

1063. La question de savoir si les charges imposées à un légataire présentent un caractère tellement impératif que leur inexécution doive entraîner la révocation du legs, ne donne lieu qu'à une simple appréciation de la volonté du testateur, et, par suite, la solution des difficultés qui peuvent s'élever à ce sujet, échappe au contrôle de la cour de cassation (Aubry et Rau, t. 7, § 727, p. 546; Req. 16 juill. 1855, aff. Dornier, D. P. 55. 1. 419; 27 mars 1861, aff. Bayard, D. P. 61. 1. 264). Jugé, par exemple : 1° que la clause d'un acte de donation d'immeubles qui interdit au donataire de disposer, avant le décès du donateur, de la pleine propriété des immeubles à lui donnés, a pu être considérée comme constituant une simple stipulation accessoire, dont l'infraction n'était pas susceptible d'entraîner la révocation de la donation, et non une condition de cette donation, sans qu'une telle décision, fondée sur une appréciation souveraine des termes de l'acte et de l'intention des parties, tombe sous le contrôle de la cour de cassation (Arrêt précité du 16 juill. 1855); — 2° Que l'inexécution des conditions écrites dans un acte de donation ou dans un testament peut être considérée comme insuffisante pour entraîner la révocation de la donation ou du legs, s'il est constaté, d'une part, qu'il ne s'agissait pas de conditions dont l'observation fût impérative, et d'autre part, que le donataire ou le légataire, tout en ayant à se reprocher une certaine lenteur dans l'accomplissement des charges qui lui étaient imposées, a été arrêté, lorsqu'il a voulu les exécuter, par un obstacle de force majeure qui a empêché cette exécution (c. civ. art. 956 et 1046). Ainsi, lorsqu'un testateur a déclaré, dans son testament portant institution d'un legs universel, sa volonté d'être inhumé auprès de son fils, et qu'en l'absence du légataire à l'époque de son décès, les parents exhérédés l'ayant fait enterrer dans la fosse commune du cimetière, l'affectation de cette fosse commune à de nouvelles sépultures a plus tard rendu impossible l'exhumation du corps du défunt, l'action en révocation du legs, pour inexécution de la condition imposée au légataire, a pu être repoussée, à raison du caractère non impératif de la charge, et du fait de force majeure qui est venu en empêcher l'exécution, quoiqu'il soit en même temps constaté que le légataire a eu à se reprocher une lenteur regrettable et une certaine insouciance dans l'accomplissement de la volonté du testateur, sans qu'une telle solution, basée sur une appréciation souveraine de faits et d'intention, soit soumise au contrôle de la cour de cassation (Arrêt précité du 27 mars 1861).

1064. — II. Ingratitude. — La révocation pour cause d'ingratitude ne peut avoir lieu (art. 1046 et 1047) que dans les cas suivants : 1° si le légataire a attenté à la vie du testateur; 2° s'il s'est rendu coupable envers lui de sévices, délits ou injures graves; 3° s'il a fait une injure grave à sa mémoire (*Rép.* n° 4292; Aubry et Rau, t. 7, § 727, p. 546). La loi laisse à la conscience et à la prudence des juges l'appréciation de la gravité des griefs invoqués. Mais ceux-ci doivent se cantonner dans le domaine du fait, et la chambre civile (Civ. cass. 16 févr. 1874, aff. Jaylé, D. P. 74. 1. 197) a cassé un arrêt de la cour de Bordeaux du 27 mai 1872 (*Ibid.*), qui avait formulé comme propositions de droit que l'inconduite de la femme ne peut être considérée comme une cause de révocation pour ingratitude des libéralités qu'elle a reçues de son mari (V. sur ce point *Rép.* n° 4304), et que les injures qui n'intéressent pas l'honneur et la probité ne présentent pas les caractères exigés par la loi pour motiver la révocation d'une donation entre vifs et d'un testament. L'arrêt de cassation est fondé sur ce que ces propositions de droit sont en opposition, l'une et l'autre, avec l'art. 955 c. civ., en ce qu'elles restreignent arbitrairement le sens et la portée des expressions *injures graves* employées par cet article.

Nous citerons à titre d'exemple quelques-unes des décisions de fait qui se trouvent formulées dans les arrêts.

1065. En ce qui touche l'*attentat*, il a été jugé qu'il n'entraîne révocation du legs qu'autant que le légataire avait sa liberté morale au temps de l'action, et n'était pas, par exemple, en état de démence (Dijon, 17 juill. 1872) (2).

1066. Relativement aux *délits*, il a été jugé, conformé-

(1) (Héritiers Larose C. Fanny.) — La cour;... — Attendu que le testament du 26 avr. 1826 ne contient aucun legs au profit du desservant ou de la fabrique de l'église de Millières; que, dès lors, ni l'un ni l'autre n'auraient pu en demander la délivrance ni en poursuivre l'exécution; mais que Larose, en léguant à sa femme la pièce de terre de la Campagnette, lui a imposé, à elle et à ses représentants, à perpétuité, la charge d'employer chaque année 40 fr. à faire dire des messes et un service pour le repos de son âme; — Que la surveillance de l'exécution de cette charge appartient nécessairement aux représentants du testateur, comme le révèlent les art. 1046, 953 et 954 c. nap., sans quoi cette exécution serait abandonnée à la discrétion du légataire ou de ses héritiers, ce qui est inadmissible; — Attendu que ce droit de surveillance doit, pour avoir de l'efficacité, être indivisible, puisque, s'il en était autrement, il dépendrait du mauvais vouloir ou de la négligence d'un seul des représentants du défunt, de faire qu'une charge qui, dans la volonté de celui-ci, n'était pas susceptible de division, ne serait exécutée que partiellement; — Qu'il suit de là que chacun des héritiers Larose a qualité pour contraindre les héritiers Fanny à justifier de l'emploi annuel de la somme de 40 fr. selon sa destination, et qu'il suffit que la prescription du droit de surveillance ne soit pas acquise contre un seul des représentants du testateur, pour que les héritiers Fanny soient tenus à l'exécution totale de la charge imposée à leur auteur par le testament du 26 avr. 1827; — Attendu que la prescription ne court, en pareille matière, en faveur du légataire, que du jour où les héritiers du testateur ont eu connaissance légale du testament; que jusque-là ils ne peuvent exercer aucune action, puisqu'ils ignorent si le légataire acceptera ou répudiera le legs qui lui est fait; — Attendu que, dans l'espèce, la veuve Larose n'a fait signifier le testament du 26 avr. 1827, avec demande en délivrance, aux héritiers de son mari, que les 28 mars et 1er avr. 1828; que, par cette demande en délivrance, elle reconnaissait la charge qui lui était imposée; que c'est donc seulement à partir de la dernière de ces dates que la prescription a commencé; — Qu'il est reconnu entre les parties, et d'ailleurs parfaitement établi par la généalogie qui a été produite, que, par suite de minorités, la prescription trentenaire n'a pas été encourue par rapport aux représentants des cinq douzièmes de l'hérédité, lesquels sistent dans la présente instance; d'où il suit que les premiers juges ont à tort accueilli l'exception de prescription proposée par les époux Fanny, et que leur décision doit être infirmée;... — Par ces motifs, infirme, etc.

Du 27 juin 1868.-C. de Caen, 2e ch.-MM. Champin, pr.-Roussel-Bonneterre, av. gén.-Toutain et Paris, av.

(2) (Faye C. Michaud.) — La cour; — Considérant que Faye, administrateur de l'hospice des aliénés de Lyon et mandataire de Crouzet, ancien employé de la préfecture de Saône-et-Loire, admis dans cet hospice, réclame au profit de celui-ci la délivrance du legs universel que lui a fait, le 15 juin 1868, Marie Michaud, sa femme, mortellement frappée par lui, le 11 mars 1869, dans un hôtel de cette ville; — Que Michaud père soutient, au contraire, tant en son nom personnel que comme tuteur d'Eugénie Michaud, sœur de Marie, que cet écrit informe, en supposant qu'il soit un testament, doit être révoqué pour cause d'ingratitude ou d'indignité, en tous cas, annulé comme étant le résultat de la violence; — Sur le premier chef : — Que malgré la précision de Crouzet dans ses aveux, et quelle que soit la logique qui ait paru présider à la perpétration de son crime, on est forcé de recon-

ment à la décision d'un arrêt de la chambre civile du 24 déc. 1827 (*Rép.* n° 4300), que le délit commis contre la propriété du testateur est, aussi bien que celui commis contre sa personne, une cause de révocation pour cause d'ingratitude ; ainsi, le fait d'une domestique d'avoir, quelques jours avant le décès du maître au service duquel elle se trouvait, détourné des valeurs appartenant à celui-ci, doit faire déclarer révoqué le legs qu'il lui laissait par son testament (Trib. Lyon, 27 déc. 1866, aff. Gavel, D. P. 67. 3. 31. V. dans le même sens : Laurent, t. 14, n° 256). — Quant au détournement commis au préjudice de la succession du testateur, il ne saurait, comme on l'a vu au *Rép. loc. cit.*, motiver la révocation du legs pour cause d'ingratitude (*Adde*, dans le même sens : Aubry et Rau, t. 7, § 727, note 6, p. 547 ; Laurent, t. 14, n° 257).

1067. En ce qui concerne les *injures*, il a été jugé, conformément à la doctrine professée au *Rép.* n° 4304, que l'inconduite d'un légataire dans la demeure même du testateur ne constitue pas à son égard une injure grave, alors que celui-ci en avait connaissance à l'époque du testament (Lyon, 14 janv. 1870, aff. Charmillon, D. P. 76. 5. 396). Décidé encore que l'héritier qui conteste l'identité de l'écrit présenté comme étant le testament de son auteur, sans diriger aucune attaque contre la volonté même du testateur, conserve, si le testament est reconnu sincère, le legs que ce testament renfermait à son profit, attendu que cette contestation ne peut être considérée comme une injure à la mémoire du testateur, donnant lieu contre l'héritier à son exclusion de la succession pour cause d'indignité (Civ. rej. 30 juill. 1861, aff. de Lachenal, D. P. 63. 1. 82).

1068. D'ailleurs, les torts d'un légataire sont susceptibles d'être éteints par le pardon du testateur (*Rép.* n° 4299 ; Lyon, 14 janv. 1870, cité *suprà*, n° 1067). Il est même des cas où ce pardon doit se présumer : c'est ce qui arriverait, par exemple, dans le cas où, malgré des faits d'ingratitude constants, le testateur persisterait, dans plusieurs testaments successifs, à instituer le même légataire. Dans une semblable hypothèse, les faits d'ingratitude qui ont motivé l'annulation d'un premier legs peuvent, bien qu'antérieurs au testament nouvellement découvert, être déclarés non susceptibles d'entraîner la nullité de ce dernier (Même arrêt).

1069. MM. Aubry et Rau, t. 7, § 727, texte et note 8, p. 548, enseignent que l'action en révocation pour cause d'ingratitude ne peut être intentée que par les successeurs universels qui représentent la personne du testateur. Ces auteurs se fondent sur la « nature toute spéciale de cette action, qui est toujours une action *vindictam spirans*, qu'elle soit dirigée contre une disposition testamentaire ou contre une donation entre vifs, et qui, à ce titre, ne peut appartenir qu'à ceux qui représentent la personne du défunt. Mais cette doctrine est généralement repoussée, et la plupart des auteurs admettent que l'action dont il s'agit appartient indistinctement à toute personne chargée de l'acquittement du legs, même au légataire particulier auquel incomberait l'obligation de l'acquitter (V. Duranton, t. 9, n° 432 ; Coin-Delisle, sur l'art. 1046, n° 10 ; Demolombe, t. 5, n° 292 ; Laurent, t. 14, n° 267).

Quant au délai dans lequel l'action en révocation doit être intentée, V. *Rép.* n°s 4294 et suiv. — L'opinion, d'après laquelle l'art. 957, qui établit les règles sur ce point en matière de donations entre vifs, doit être appliqué à la révocation des legs, a été, depuis la publication du *Répertoire*, consacrée par un arrêt de la cour de Bruxelles, du 14 déc. 1883 (aff. Carlier, *Pasicrisie belge*, 1884. 2. 143).

1070. On a admis au *Rép.* n° 4306, que les dispositions de l'art. 727, concernant les causes d'indignité, sont applicables au légataire universel (Comp. *suprà*, n° 906). Cette opinion a été consacrée par la cour de Lyon, le 12 janv. 1864 (aff. Crépin, D. P. 64. 2. 66) (V. conf. Troplong, t. 2, n° 581). Mais la doctrine contraire, suivant laquelle les légataires quels qu'ils soient, ne sont passibles que d'une action en révocation pour ingratitude, est enseignée par la plupart des auteurs récents (V. Demolombe, t. 5, n° 278 ; Aubry et Rau, t. 7, § 727, texte et note 7, p. 547 ; Laurent, t. 14, n° 273).

Sect. 2. — De la caducité des testaments (*Rép.* n°s 4316 à 4394).

1071. — I. Prédécès du légataire (*Rép.* n°s 4317 à 4328). — L'acquisition au profit du légataire est impossible, d'abord, si le légataire prédécède au testateur (*Rép.* n° 3417), ou meurt avant l'événement de la condition ou du terme incertain auquel le legs était subordonné (Aubry et Rau, t. 7, § 726, p. 528). Jugé en ce sens que le don particulier mis dans une institution contractuelle à la charge de l'institué, et consistant en une somme payable à l'ouverture de la succession du donateur, devient, alors surtout que telle a été l'intention du disposant, caduc par le prédécès de celui qui

---

naître le trouble profond de ses facultés intellectuelles ; — Que tout indique, à la vérité, une préméditation froidement conçue et résolument exécutée, le faux nom qu'il a pris, le rasoir qu'il a dérobé, la lâche et calme atrocité de son attentat, son habileté à tromper toute surveillance, la précaution enfin de s'emparer de la fortune mobilière de sa femme ; mais qu'en regard de ces combinaisons et de ces calculs, on rencontre des hallucinations étranges, des conceptions bizarres, les stupides transports d'une imagination en délire ; — Que les témoins sont unanimes à constater ces désordres ; — Qu'à l'étude attentive des phénomènes que présente son état mental, les médecins aliénistes ont reconnu *la folie lucide* ou *lypémanie* ; — Qu'il n'est pas dénié que deux de ses sœurs aient été frappées de la même infirmité ; — Que le juge d'instruction lui-même dans son ordonnance définitive constate la démence de l'inculpé, au moment de son crime ; — Qu'en présence de ces documents et lorsque la responsabilité pénale est écartée, il paraît bien difficile d'admettre la responsabilité civile ; — Que si la révocation des dispositions testamentaires est autorisée quand le donataire a attenté à la vie du donateur, c'est à la condition que le donataire avait sa liberté morale au temps de l'action ; — Que l'ingratitude suppose l'oubli volontaire du bienfait, et que les art. 955 et 1046 c. civ. n'atteignent point le malheureux dont la conscience se voile avec la raison ; — Que l'art. 727 exige même une condition de plus : la condamnation du meurtrier ; et qu'une ordonnance de non-lieu étant intervenue, aucune indignité ne peut être légalement prononcée ; — Qu'il convient à cet égard de ne point adopter les motifs des premiers juges ;... — Mais considérant, sur le second chef, que si la maladie de Crouzet ne s'est point d'abord révélée avec la gravité qui devait le conduire au meurtre, le principe du mal n'en existait pas moins depuis longtemps ; que, depuis plus de deux ans, son caractère était devenu plus sombre, plus taciturne, plus inquiet ; que son humeur s'était singulièrement aigrie et avait revêtu avec une nouvelle intensité deux des formes les plus funestes de l'égoïsme, la jalousie et la cupidité ; que, sous l'influence de ces préoccupations exclusives, il avait fait mettre sous son nom et voulait s'assurer toutes les valeurs mobilières appartenant à sa femme ; qu'il l'obsédait sans cesse, la pressait impérieusement de faire un testament ; que les discussions les plus vives avaient éclaté à ce sujet, et que les confidences de Marie Michaud prouvent jusqu'à l'évidence qu'il avait provoqué ces libéralités avec la constante opiniâtreté d'une idée fixe ; — Qu'en admettant que l'écrit tracé par elle au crayon sur la première page d'un agenda de poche, au milieu de notes informes et sans intérêt, puisse être considéré comme un testament revêtu des formes extérieures d'une apparente régularité, il lui manquerait encore l'élément essentiel, ce qui constitue sa force et sa vie, c'est-à-dire l'expression libre et sincère de la volonté du testateur ; — Qu'il est constant au procès que cette jeune femme, dominée par la crainte, n'a cédé qu'à une pression étrangère, à une contrainte morale capable d'altérer l'indépendance de son esprit, à ce que les témoins ont appelé *un véritable délire de persécution* ; — Qu'en proie aux ardentes convoitises, aux caprices insensés d'un homme dur, inflexible, dissimulé, elle n'a pu résister aux menaces, quelquefois même aux violences physiques auxquelles il s'est livré dans les accès de son exaltation ; — Qu'on a constaté sur elle des traces de meurtrissures ; et que, peu de temps encore avant son départ, on entendait les cris de celle qu'il tentait d'étrangler la nuit, se promenant dans sa chambre à grands pas, et réclamant son contrat de mariage ; — Que tout, dans la cause, ses confidences, ses appréhensions, ses terreurs, jusqu'à cet agenda qu'elle portait sur elle comme une protection contre les éventualités d'un événement tragique et qui en a peut-être précipité le dénoûment, tout concourt à démontrer qu'elle n'a obéi qu'à une puissance à laquelle elle n'a pu se soustraire ; — Que la violence étant le vice le plus profond qui puisse infecter un testament, celui de la femme Crouzet a été atteint dans son essence et ne peut produire aucun effet juridique ; qu'il doit donc être annulé... ;

Par ces motifs..., dit qu'il n'y a lieu d'annuler le testament de Marie Michaud pour cause d'ingratitude ou d'indignité, etc.

Du 17 juill. 1872.-C. de Dijon, 1re ch.-MM. Neveu-Lemaire, 1er pr.-Proust, av. gén.-Gouget et Lombart, av.

est appelé à en profiter; par suite, le legs que celui-ci aurait fait à son tour de la somme comprise dans le don, est sans effet, et non pas seulement subordonné à la survivance de l'institué au donateur (Besançon, 19 mai 1859, aff. Burlet, D. P. 59. 2. 135). Mais il a été jugé qu'un legs, fait sous la condition que le légataire habitera une maison déterminée, n'est pas caduc par le décès du légataire avant l'accomplissement de la condition, lorsque l'intention du testateur a été principalement de faire une libéralité au légataire, et que la condition ou la charge d'habiter dans la maison léguée n'a point été la cause déterminante du legs (Req. 29 juin 1874, aff. Lescoualch, D. P. 75. 1. 35). Et la disposition de l'universalité des immeubles en faveur du légataire et la charge d'une rente viagère imposée à celui-ci et à ses ayants cause, doivent être considérées comme des preuves de la volonté du testateur de ne pas faire dépendre la validité du legs de l'accomplissement de la condition; du moins, le juge qui le décide ainsi, par interprétation du testament, reste dans les limites de son droit d'appréciation souveraine (Même arrêt). Jugé encore : 1° que le juge du fond peut, sans excéder le pouvoir souverain d'interprétation qui lui appartient en matière testamentaire, décider, d'après les termes du testament et l'ensemble de ses dispositions, que le décès du légataire de l'usufruit, survenu avant le décès du testateur, quoique non prévu par ce dernier, n'a pas entraîné la caducité du legs de la pleine propriété des biens, subordonné par lui à la cessation de cet usufruit, qui, en fait, n'a pas existé (Req. 9 août 1882, aff. Poindreau, D. P. 83. 1. 295); — 2° Que lorsqu'un testateur a disposé qu'après le décès de son légataire universel, s'il existait encore dans la succession de celui-ci quelques-uns des biens donnés, ces biens seraient recueillis par un autre légataire, il peut être décidé, par interprétation des termes du testament, que la caducité du premier legs par suite du prédécès de l'institué n'empêche pas le second légataire de recueillir l'ensemble des biens légués en vertu de l'institution faite à son profit (Civ. rej. 24 avr. 1882, aff. Izar, D. P. 83. 1. 72).

1072. La règle ci-dessus, fondée sur la nature du legs et la volonté présumée du testateur, resterait d'ailleurs sans application si ce legs avait été fait au légataire et à ses héritiers (Toullier, t. 5, n° 672; Grenier, t. 1, n° 348; Demolombe, t. 5, n° 301; Zachariæ, § 726, texte et note 1; Aubry et Rau, t. 7, § 726, p. 528-529). Ainsi il a été jugé que lorsqu'un testateur a institué pour légataires ses héritiers naturels avec exclusion de l'un d'eux seulement, le prédécès de l'un des héritiers institués, mais qui laisse des enfants, n'a pas pour effet de rendre caduc le legs qui le concerne, s'il apparaît, d'après l'ensemble du testament ou d'après les faits et circonstances de la cause, que l'intention du testateur a été, non de restreindre la libéralité à la personne de ce légataire, mais de l'étendre à ses descendants, et d'appeler ces derniers à sa succession comme la loi les eût appelés : en ce cas, les enfants du légataire prédécédé peuvent invoquer le bénéfice de la disposition testamentaire (Bourges, 28 juill. 1863, aff. Massé, D. P. 63. 2. 223; Paris, 14 mai 1864, aff. Delacour, D. P. 64. 2. 184). Mais il a été jugé en sens inverse que le legs tombe en caducité par le prédécès du légataire, bien qu'il laisse des enfants, si le testateur, tout en se montrant préoccupé de leur sort, a omis, soit volontairement, soit involontairement, de les comprendre, par une désignation quelconque, dans la libéralité faite à leur père (Rouen, 12 mars 1872, aff. Thomas, D. P. 73. 2. 219).

1073. — II. Incapacité du légataire (*Rép.* n°s 4372 à 4374). — L'acquisition du legs est encore impossible, lorsque le légataire se trouve, au moment du décès du testateur, incapable de le recueillir (*Rép.* n° 4372; Aubry et Rau, t. 7, § 650, texte n° 2, *in fine*, notes 10 à 12, et § 726, texte n° 1, *a*, p. 45 et 529). — C'est ce qui arrive, notamment, lorsqu'un legs fait au profit d'une commune, d'un établissement public, etc., n'est pas autorisé par le Gouvernement (*Rép.* n° 4373). Dans ce cas, le legs ou la portion du legs devenue caduque par suite de la réduction, retombe dans la succession pour être dévolue aux ayants droit selon les règles de la loi combinées avec la volonté du testateur. Spécialement, lorsque le testateur a exhérédé son héritier du premier degré, et disposé à titre particulier en faveur d'héritiers d'un ordre subséquent, la portion retranchée du legs universel peut être attribuée, par une interprétation souveraine du testament, aux légataires particuliers, à l'exclusion de l'héritier exhérédé; et cet héritier ne peut prétendre que la réduction dont le legs a été l'objet ayant été obtenue sur sa requête, et précédée d'une transaction consentie à son profit par le légataire universel, il a sur la portion réduite des droits personnels à l'exclusion de tout autre héritier (Req. 6 nov. 1878, aff. Coquerel, D. P. 79. 1. 249). Jugé, d'autre part, que lorsqu'un legs fait à une commune est caduc pour défaut d'autorisation, c'est l'héritier du sang qui doit recueillir la libéralité, s'il n'y a pas de légataire universel, et si le testateur n'a pas indiqué l'emploi des sommes léguées pour le cas où le legs n'aurait pas d'effet (Caen, 5 janv. 1869, aff. Lemercier, D. P. 74. 5. 439).

1074. Il a été jugé avec raison que la déchéance dont la loi frappe l'héritier qui a diverti ou recélé des objets dépendant de la succession ne s'applique pas au légataire qui, en vue de frustrer l'héritier légitime, a recélé des objets dont quelques-uns seulement se trouvaient compris dans son legs (Troplong, t. 4, n° 2201; Zachariæ, § 727, note 2; Aubry et Rau, t. 6, § 727, note 6, p. 547; Trib. Angers, 10 juin 1868, aff. de Chanterenne, D. P. 69. 2. 139).

1075. — III. Défaillance de la condition (*Rép.* n°s 4329 à 4338). — L'acquisition du legs est encore impossible, quand la condition suspensive à laquelle l'exécution du legs est subordonnée vient à défaillir (*Rép.* n° 4329; Aubry et Rau, t. 7, § 726, texte n° 1, *c*, p. 529). — D'ailleurs, un testament peut, par application de la volonté du testateur, induite des termes de ce testament et des circonstances de la cause, être considéré comme implicitement soumis à la même condition qu'un contrat passé le même jour entre le testateur et le légataire; ainsi, le legs portant attribution au légataire, à charge de payer une certaine somme à la succession, d'objets mobiliers que, suivant acte du même jour, le testateur avait promis de lui vendre, à une époque fixée, moyennant pareille somme, s'il vivait encore, et à la condition que le légataire prendrait à bail l'immeuble que garnissaient ces objets, a pu, par interprétation de la volonté du testateur, être déclaré caduc au cas où, même avant le décès du testateur, la condition ainsi mise à la promesse de la vente s'est trouvée défaillie, par suite, notamment, du refus du légataire d'affermer l'immeuble : on objecterait vainement que le testateur est nécessairement réputé avoir entendu maintenir ce testament, dès qu'il ne l'a point révoqué après la mise à néant du bail et de la promesse de vente (Civ. rej. 31 juill. 1861, aff. Gouin, D. P. 61. 1. 390).

1076. — IV. Perte de la chose (*Rép.* n°s 4339 à 4363). — Enfin l'acquisition du legs est impossible (art. 1042) lorsque la chose déterminée dans son individualité, qui formait l'objet du legs, périt en totalité avant le décès du testateur, ou, s'il s'agit d'un legs conditionnel, avant l'événement de la condition (Aubry et Rau, t. 7, § 726, texte n° 1, *d*, p. 529). C'est en vertu de cette règle, ainsi que nous l'avons vu *suprà*, n° 1047, qu'on déclare caduc le legs d'une chose aliénée par le tuteur du testateur interdit, du vivant de celui-ci. Ce principe n'est nullement contredit par les arrêts qui ont décidé : 1° que le legs d'une créance due au testateur par le légataire, ou d'une somme à prendre sur une créance due par un tiers, peut être réputé comprendre, non pas la créance elle-même, mais l'émolument de cette créance, l'argent qu'elle représente; qu'en conséquence, l'extinction de ces créances pendant la vie du testateur, soit par payement, soit par compensation, n'entraîne pas nécessairement la caducité du legs (Grenoble, 16 mai 1870, aff. Amblard, D. P. 71. 2. 64); — 2° Que le legs d'une somme d'argent représentée par une créance ne devient pas caduc par le remboursement de cette créance du vivant du testateur, et que les juges du fond ont un pouvoir souverain pour apprécier si des termes du testament il résulte que c'est la somme d'argent plutôt que la créance en nom que le testateur a eu l'intention de léguer (Req. 6 janv. 1874, aff. Bruneau, D. P. 76. 5. 395).

1077. Si la perte n'est que partielle, la caducité n'est aussi que partielle. Ainsi le legs d'un immeuble dont une partie se trouve être expropriée pour cause d'utilité publique, devient caduc, mais seulement quant à cette partie

(Paris, 27 nov. 1879) (1), sans que, d'ailleurs, le montant de l'indemnité puisse être attribué au légataire (Même arrêt).

1078. — V. RÉPUDIATION (*Rép.* nos 4364 à 4371). — La répudiation des legs est-elle assujettie à la déclaration au greffe prescrite, en matière de succession, par l'art. 784? Nous avons admis l'affirmative en ce qui concerne le legs universel (V. *suprà*, nos 880 et suiv.) et la même solution a été adoptée au *Rép.* no 4365, pour le legs à titre universel (V. toutefois en sens contraire, outre les auteurs cités *ibid.*: Aubry et Rau, t. 7, § 726, p. 531). Quant aux legs particuliers, il est certain que cette formalité n'est pas exigée (*Rép. ibid.*; Aubry et Rau, *loc. cit.*; Trib. Toulouse, 9 févr. 1858, aff. Leblanc, D. P. 60. 1. 118; Trib. Muret, 26 févr. 1858, aff. Leblanc, D. P. 60. 1. 118; Agen, 19 déc. 1866, aff. Devèze-Sirvain, D. P. 67. 2. 5; Chambéry, 11 mars 1884, aff. Bally, D. P. 85. 2. 78). La répudiation du legs peut donc être valablement faite par acte notarié (Jugement et arrêt précités des 9, 26 févr. 1858 et 19 déc. 1866).

1079. Cette répudiation peut même être purement tacite, pourvu qu'aucun doute ne puisse exister sur l'intention du légataire (Troplong, t. 4, nos 2156 et 2157; Aubry et Rau, t. 7, § 726, texte no 2, p. 531; Bruxelles, 1er déc. 1858, aff. Henquin, *Pasicrisie belge*, 1859. 2. 101; Liège, 6 août 1859, aff. Daris, *Pasicrisie belge*, 1861. 2. 34; Riom, 26 juill. 1862, aff. Esbelin, D. P. 62. 2. 146; Pau, 30 nov. 1869, aff. Maignon, D. P. 74. 5. 308; Req. 15 févr. 1882, aff. Louis Blanc, D. P. 82. 1. 413; Bruxelles, 27 avr. 1882, aff. Prévost, D. P. 83. 2. 111). Ainsi elle peut résulter de tout acte qui manifeste de la part du légataire, d'une façon claire et certaine, l'intention de renoncer au legs, notamment, d'une clause de la déclaration de succession signée par le légataire, et qui contient cette renonciation; mais il est nécessaire que cette clause ne laisse aucun doute sur la volonté de renoncer (Arrêt précité du 27 avr. 1882).

1080. La répudiation, une fois accomplie, doit être considérée comme définitive. Le légataire qui a renoncé à son legs, ne peut être considéré comme l'ayant ultérieurement accepté, que par l'effet d'actes authentiques ou privés émanés de lui; et spécialement, la preuve de l'acceptation ne résulte pas du fait, par ce légataire, de s'être laissé qualifier de légataire dans des instances où il avait le droit de figurer comme exécuteur testamentaire, et où il n'a pris, dans ses propres actes, que cette dernière qualité; en conséquence, cette renonciation conserve toute sa force, et l'administration de l'enregistrement n'est pas admise à réclamer le droit de mutation sur le legs qui en a été l'objet (Civ. cass. et Civ. rej. 13 mars 1860, aff. Leblanc, D. P. 60. 1. 118).

1081. Au surplus, le bénéficiaire de deux legs distincts peut accepter l'un et répudier l'autre, lorsque ces deux legs

(1) (De Fontarce C de Fontarce.) — Le tribunal civil de Bar-sur-Seine a rendu, le 27 août 1873, le jugement suivant: — « Attendu qu'en vertu d'un jugement du tribunal civil de Bar-sur-Seine, Me Bourbonne, notaire en ladite ville, a procédé suivant procès-verbal du 15 janv. 1878 aux opérations de compte, liquidation et partage de la succession de la dame Jeanne Françoise Ligerit de Beaudais, veuve de Jean-Baptiste Trumet de Fontarce, décédée à Menton, le 11 févr. 1877, laissant pour habiles à se dire et porter ses héritiers Armand Trumet de Fontarce, son fils, pour moitié, et, conjointement pour l'autre moitié, Raoul et René Trumet de Fontarce, ses petits-enfants, sous la tutelle de leur mère, la dame Albert Trumet de Fontarce; — Attendu que la dame Albert Trumet de Fontarce, ès nom, critique l'état liquidatif et prétend que c'est à tort que le notaire liquidateur a attribué à Armand Trumet de Fontarce l'intégralité d'une somme de 250000 fr. provenant de l'expropriation partielle, pour cause d'utilité publique, d'un hôtel situé à Paris, dépendant de la succession dont s'agit; — Attendu que, par un codicille, en date du 1er févr. 1874, la dame veuve Trumet de Fontarce a légué à son fils Armand la totalité dudit hôtel, à la charge par lui de payer à titre de soulte aux mineurs de Fontarce, conjointement, une somme de 144000 fr., formant la moitié du prix d'acquisition de cet hôtel; — Attendu que le notaire liquidateur a attribué aux mineurs de Fontarce ladite soulte de 144000 fr. fixée par la testatrice; que la dame Albert de Fontarce, ès nom, ne contestant pas cette attribution, en demande implicitement le maintien, et qu'ainsi elle réclame, au nom de ses enfants mineurs, la moitié de l'indemnité d'expropriation et l'intégralité de la soulte déterminée par le codicille du 1er févr. 1874;

En ce qui touche l'indemnité d'expropriation: — Attendu qu'un jugement du tribunal de la Seine, en date du 23 sept. 1876, enregistré, transcrit au bureau des hypothèques, le 23 décembre suivant, a prononcé l'expropriation, pour cause d'utilité publique, d'une partie de l'hôtel légué par la dame veuve Trumet de Fontarce à son fils Armand; — Attendu que la dame veuve Trumet de Fontarce est décédée à Menton, le 11 févr. 1877, postérieurement audit jugement d'expropriation; — Attendu que le jury a fixé, le 12 mars 1877, à 250000 fr., l'indemnité d'expropriation partielle dudit hôtel; — Attendu que le notaire liquidateur a proposé d'attribuer l'intégralité de cette indemnité au légataire Armand de Fontarce, présentant cette solution comme conforme aux règles et aux principes qui régissent la matière des expropriations, ainsi qu'aux intentions de la testatrice; — Attendu que le jugement d'expropriation est translatif de propriété, encore que l'indemnité n'ait pas été fixée; — Attendu que le propriétaire, dont le droit est converti en une somme d'argent à régler à l'amiable ou par la voie du jury, perd irrévocablement sa propriété si le jugement n'est point attaqué et rapporté; — Attendu que la dame veuve Trumet de Fontarce ne s'est point pourvue en cassation contre la décision du 23 sept. 1876, dans les délais fixés par l'art. 20 de la loi du 3 mai 1841; que cette décision est, par conséquent, devenue irrévocable; que, dans ces circonstances, la partie de l'hôtel frappée par l'expropriation a été détachée de l'objet légué pendant la vie de la dame de Fontarce et avant la naissance des droits du légataire; — Attendu que le légataire particulier ne peut réclamer la chose léguée que lorsqu'elle se trouve dans l'hérédité; — Attendu que la portion de l'hôtel atteinte par l'expropriation a été retranchée du patrimoine de la testatrice antérieurement à son décès, et que, par suite, elle ne faisait plus partie de ses biens lors de l'ouverture de sa succession; que ce retranchement constitue une véritable perte pour le légataire qui ne peut prétendre à aucun droit sur une partie d'immeuble qui n'appartenait plus à la succession au moment où il devait lui être transmis; que les principes énoncés dans l'art. 1042 c. civ., qui régissent la perte totale de la chose léguée, s'appliquent également à la perte partielle, avec cette différence qu'au cas de perte totale, le legs est éteint, et qu'au cas de perte partielle, le legs subsiste pour la partie qui n'a pas péri; qu'il est, en outre, de principe constant que le prix, même dû, d'un corps certain et déterminé qui a fait l'objet d'un legs, ne remplace pas la chose léguée, lorsque cette chose ne se trouve pas en nature dans la succession; qu'on ne saurait non plus considérer, ainsi que le soutient Armand de Fontarce, la somme d'argent allouée à titre d'indemnité, par le jury d'expropriation, comme l'accessoire de son legs, qui porte sur un objet certain et nettement déterminé; — Attendu, enfin, que la dame de Fontarce n'a pas disposé de l'indemnité d'expropriation en faveur de son fils Armand; — D'où il suit que c'est à tort que le notaire liquidateur a compris dans le legs fait au sieur Armand Trumet de Fontarce l'indemnité d'expropriation dont s'agit; que cette indemnité appartient à la succession et qu'elle doit être partagée entre les héritiers; — En ce qui touche la soulte de 144000 fr., etc. ». — Appel par le sieur Armand de Fontarce. — Arrêt.

LA COUR; — Considérant qu'Armand Trumet de Fontarce est tenu de subir la loi de l'art. 1018 c. civ.; qu'il ne peut demander la délivrance de la chose léguée que telle qu'elle subsiste au moment où son droit est ouvert; — Considérant que, postérieurement à la date du testament du 1er févr. 1874, l'immeuble légué a subi l'expropriation publique partielle de 354 mètres, pris sur les 1350 mètres formant jusque-là son ensemble superficiel; que le jugement d'expropriation a été régulièrement prononcé le 23 sept. 1876, et qu'il est passé en force de chose jugée avant le décès de la testatrice, survenu le 11 février suivant; — Considérant qu'il ressort des termes exprès de la loi du 3 mai 1841 (art. 15 et suiv.), et notamment de l'art. 18, comme aussi d'une doctrine et d'une jurisprudence univoques, que le jugement d'expropriation a pour effet la dépossession immédiate de l'exproprié, et la mutation non moins immédiate de la propriété; que le droit réel du propriétaire ancien est purement transporté sur le prix, le tout sous la condition de la consommation de l'expropriation (L. 3 mai 1841, art. 60); que, d'une part, le prix ou l'indemnité de 250000 fr., réglée plus tard par le jury (12 mars 1877) pour la portion détachée de l'immeuble, est tombée, du vivant de la dame Trumet mère, dans l'actif de sa fortune mobilière; qu'il lui appartenait, si elle le jugeait à propos, d'en opérer entre ses héritiers le partage supplémentaire (c. civ. art. 1077), ou d'en constituer un legs particulier par une nouvelle disposition codicillaire, ce qu'elle n'a point fait; que, d'autre part, l'appelant n'est fondé à se faire délivrer l'immeuble légué que dans l'état où il se trouvait au jour du décès, à savoir, diminué des 354 mètres enlevés par le jugement d'expropriation, du 23 sept. 1876; que, quant à l'emprise retranchée, elle a péri pour lui, et que le legs est caduc partiellement (c. civ. art. 1042); — Adoptant les motifs des premiers juges, tant sur ce chef que sur celui qui fait l'objet du subsidiaire des conclusions d'appel; — Par ces motifs; — Confirme, etc.

Du 27 nov. 1879.-C. de Paris, 3e ch.-MM. Alexandre, pr.-Pagès, av. gén.-Oscar de Vallée et Barboux, av.

ne sont pas indivisibles; et deux legs portant sur des objets différents, par exemple, l'un sur l'usufruit des immeubles du défunt, l'autre sur la pleine propriété de son mobilier, peuvent être considérés comme deux legs distincts, quoique les charges imposées au légataire soient communes à ces deux legs, si, d'ailleurs, le légataire consent à demeurer grevé de toutes ces charges. Ainsi l'acceptation, en cas pareil, du legs de la pleine propriété du mobilier, n'emporte pas acceptation du legs en usufruit des immeubles, et ne met pas obstacle à ce que ce dernier legs soit répudié: par suite, cet usufruit reste dans la succession légitime, et le legs qui en a été fait ne donne pas ouverture à un droit de mutation (Civ. cass. 5 mai 1856, aff. Guilbert, D. P. 56. 1. 218).

SECT. 3. — DU DROIT D'ACCROISSEMENT (*Rép.* nos 4395 à 4442).

1082. La caducité d'un legs résultant d'une des causes que nous avons étudiées sous la section précédente (sauf toutefois la perte de la chose léguée) profite en général à celui ou à ceux qui auraient été tenus du payement du legs, ou au préjudice desquels il aurait reçu son exécution (*Rép.* n° 4395; Aubry et Rau, t. 7, § 726, p. 533). Toutefois, cette règle peut recevoir exception par l'effet du droit d'accroissement. Quand il y a lieu à accroissement, la caducité de la disposition faite au profit d'un légataire, profite aux autres légataires institués en même temps que lui. Il en est ainsi, par exemple, en cas de prédécès de l'un des légataires, auxquels une même chose a été léguée conjointement. Et il a été jugé qu'en ce cas la part de ce légataire accroît à ses colégataires, encore qu'il soit représenté par des enfants ayant à l'affection du testateur des droits égaux à ceux des légataires survivants (Poitiers, 6 janv. 1864, aff. Guilbaud, D. P. 64. 2. 137).

1083. Les art. 1044 et 1045 déterminent dans quels cas il y a lieu à accroissement. On a examiné au *Rép.* nos 4408 et suiv. les différentes solutions consacrées par le législateur suivant que la *conjonction* a lieu *re et verbis*, ou *verbis tantum* ou enfin *re tantum*. — Comme on l'a vu *ibid.* n° 4409, l'accroissement, admis par la loi au cas de conjonction *re et verbis* est, au contraire, écarté lorsque la conjonction est purement verbale; c'est-à-dire quand il y a *assignation de parts*. Mais l'application de cette dernière règle n'est pas sans difficulté, et elle a donné lieu à des controverses qui ont été exposées au *Rép.* nos 4410 et suiv. D'après l'interprétation que nous avons adoptée *ibid.* nos 4412 et suiv., il y a lieu de distinguer suivant que l'assignation de parts porte sur la disposition elle-même, ou seulement sur son exécution. Ce système paraît avoir prévalu; il est enseigné, du moins, par les auteurs les plus récents (V. Demolombe, t. 5, n° 371; Aubry et Rau, t. 7, § 726, notes 34 et 35, p. 536).

On a examiné *suprà*, n° 900, la question de savoir si l'assignation de parts fait obstacle à l'accroissement, lorsqu'il s'agit de legs universels. C'est surtout au sujet de legs de cette espèce que la jurisprudence a eu l'occasion de se prononcer sur les effets de l'assignation de parts.

Nous n'avons rien à ajouter aux explications qui ont été données au *Rép.* nos 4418 et suiv. sur le cas où il y a conjonction *re tantum* entre les légataires. Il y a lieu seulement de noter que les auteurs les plus récents s'accordent à écarter comme nous le système soutenu par Proudhon (V. *Rép.* n° 4420) et que nous avons nous-même combattu *ibid.* n° 4421, d'après lequel l'accroissement aurait lieu, en cas de conjonction *re tantum*, encore bien que la chose léguée serait susceptible d'être divisée sans détériortion (V. Aubry et Rau, t. 7, § 726, texte et note 39; Colmet de Santerre, t. 4, nos 99 *bis* IV et V; Demolombe, t. 5, n° 377; Laurent, t. 14, n° 312). Mais les mêmes auteurs, *loc. cit.*, s'associent aux critiques dont la disposition de l'art. 1045 a été l'objet (V. *Rép.* n° 4421).

1084. Sur la question de savoir si l'accroissement s'opère avec ou sans les charges, MM. Aubry et Rau, t. 7, § 726, texte et note 48, p. 542, adoptent le système de Delvincourt et Duranton, qui distinguent, comme le faisait le droit romain, entre la conjonction *re et verbis* et la conjonction *re tantum*. Mais l'opinion soutenue par Proudhon et les autres auteurs cités au *Rép.* n° 4427, d'après laquelle le légataire qui profite de l'accroissement est toujours tenu d'acquitter les charges dont la part caduque était grevée, semble avoir prévalu. Elle est enseignée par MM. Demolombe, t. 5, nos 395 et 396; Colmet de Santerre, t. 4, n° 199 *bis* IX; Laurent, t. 14, n° 319.

1085. Contrairement à la doctrine enseignée au *Rép.* n° 4430, M. Colmet de Santerre, t. 4, n° 199 *bis* IX, est d'avis que, dans le système du code civil et à la différence de ce qui avait lieu en droit romain, l'accroissement est un bénéfice personnel au légataire, dont celui-ci ne peut, dès lors, profiter qu'à la condition d'être encore vivant au moment où la part de son colégataire devient vacante. Mais cette opinion, qui assimile le droit d'accroissement à la substitution vulgaire, n'a pas prévalu. Elle est combattue par MM. Aubry et Rau, t. 7, § 726, texte et note 51, p. 544 (V. aussi Demolombe, t. 5, n° 390).

1086. On a admis au *Rép.* n° 4431, que l'indignité d'un légataire, semblable dans ses effets, à l'incapacité, rend caduque la disposition testamentaire, et, par suite, donne ouverture au droit d'accroissement, en faveur des légataires conjoints. La cour de cassation s'est prononcée dans le même sens (Req. 13 nov. 1855, aff. Lassargue, D. P. 56. 1. 185. V. la note sur cet arrêt, et *infrà*, v° *Succession*. Comp. *suprà*, n° 906).

1087. On s'est demandé si, en cas de legs d'usufruit fait à deux personnes par disposition conjointe, l'accroissement se produit même quand l'usufruit, après avoir été recueilli par les deux légataires, vient à s'éteindre dans la personne de l'un d'eux. La solution négative, que nous avons admise avec la plupart des auteurs, contrairement à la règle consacrée par le droit romain, est également enseignée par les auteurs les plus récents (V. Aubry et Rau, t. 7, § 726, p. 544 et 545; Demolombe, t. 5, nos 388 et 389; Colmet de Santerre, t. 4, n° 100 *bis*; Laurent, t. 14, n° 316). — Jugé, dans le même sens, que lorsqu'un des légataires auxquels l'usufruit d'une quote-part de la succession avait été léguée conjointement, vient à mourir après avoir recueilli sa part, celle-ci n'accroît pas à la part de ses colégataires, mais fait retour à la nue propriété (Rennes, 6 mars 1878, aff. Jonglez, D. P. 80. 2. 87. V. dans le même sens: Bruxelles, 7 avr. 1856, aff. Sergeyssens, *Pasicrisie belge*, 1856. 2. 371; Trib. Louvain, 2 nov. 1872, *ibid.*, 1873. 2. 88). — Au reste, l'accroissement aurait lieu, même dans cette hypothèse, si le testateur avait manifesté soit expressement, soit implicitement, la volonté que le survivant des légataires conservât l'usufruit tout entier (Aubry et Rau, *ibid.*, p. 545; Laurent, *loc. cit.* Comp. Req. 1er juill. 1841, cité au *Rép.* n° 4436; Liège, 31 déc. 1858, aff. Evrard, *Pasicrisie belge*, 1859. 2. 275; Arrêt précité du 6 mars 1878).

1088. La caducité du legs d'usufruit, ainsi qu'on l'a dit au *Rép.* n° 4438, opère réunion à la nue propriété. Si donc la nue propriété a été en même temps attribuée à un autre légataire, celui-ci profite de la caducité. Est-ce à dire qu'il y ait *accroissement* à son profit? La question a de l'intérêt au point de vue de l'attribution des fruits: ceux-ci appartiendront, depuis l'ouverture de la succession, au légataire de la nue propriété, si l'on décide que l'accroissement s'opère à son profit. Dans le cas contraire, il n'y aura droit qu'à compter du jour où le legs d'usufruit est devenu caduc par la répudiation ou le décès du légataire. C'est en ce dernier sens que la question a été résolue par un arrêt de la cour de cassation (Req. 3 juin 1861, aff. Bouché, D. P. 61. 1. 327). L'arrêt relève, d'ailleurs, cette circonstance que les deux legs avaient été faits par deux dispositions distinctes et séparées (V. dans le même sens; Laurent, t. 14, n° 317).

TIT. 5. — DES DISPOSITIONS QUI PEUVENT AFFECTER LA FORME DES DONATIONS OU DES TESTAMENTS (*Rép.* nos 4443 à 4660).

CHAP. 1er. — Des substitutions (*Rép.* n° 4443).

1089. De même qu'au *Répertoire*, cette importante matière fera l'objet d'un traité spécial (V. *infrà*, v° *Substitution*). — V. cependant en ce qui touche la forme des actes qui peuvent contenir une substitution, *suprà*, n° 1036.

CHAP. 2. — Des partages d'ascendants (*Rép.* nos 4444 à 4660).

1090. Le partage d'ascendant peut, aux termes de l'art. 1075 c. civ., être opéré par acte entre vifs ou par testament. Les caractères juridiques d'un tel partage diffèrent profondément, suivant qu'il affecte l'une ou l'autre de ces deux formes.

1091. Dans les partages testamentaires, l'élément dominant, et, en général, unique, est celui du partage. L'ascendant qui, sans gratifier d'avantages particuliers tel ou tel de ses enfants, use du pouvoir de faire entre eux la distribution de ses biens, ne peut être considéré comme exerçant une véritable libéralité, encore bien que cette distribution ait lieu à la suite et comme condition ou mode d'une institution collective faite au profit des enfants, ou que les biens soient distribués entre eux sous la forme de legs individuels. Quant aux enfants eux-mêmes, ils recueillent les biens qui leur sont attribués en qualité d'héritiers, plutôt qu'à titre de légataires (Aubry et Rau, *Droit civil français*, 4e éd., t. 7, § 728-1°, p. 3; Genty, *Des partages d'ascendants*, p. 197; Demolombe, *Donations et testaments*, t. 4, n° 49; Bonnet, *Traité théorique et pratique des partages d'ascendants*, t. 1, nos 101 et suiv.).

1092. Mais s'il s'agit d'un partage d'ascendant fait, non plus par testament, mais par acte entre vifs, la détermination de la nature juridique d'un tel acte donne lieu à des dissidences profondes. — Un premier système avait été admis en termes explicites par la chambre des requêtes, le 4 févr. 1845 (aff. Meillonas, D. P. 45. 1. 49, cité au *Rép.* n° 4604-1°). Dans ce système qui reposait sur l'idée d'une ouverture partielle et anticipée de la succession de l'ascendant, on considérait les biens distribués entre les enfants comme étant sortis du patrimoine de l'ascendant d'une manière aussi complète et aussi absolue que s'ils avaient été aliénés à titre onéreux. On en concluait, d'une part, que les biens partagés n'étaient pas soumis au rapport fictif prescrit pour le calcul de la quotité disponible par l'art. 922; et, d'autre part, que la prescription des actions en nullité ou en rescision du partage courait du jour même de l'acte, et non pas seulement du jour du décès de l'ascendant. Un tel système se heurtait ouvertement à la règle *nulla viventis hereditas*. C'est un principe incontestable, ainsi que le faisait remarquer M. le conseiller d'Ubexi, devant la chambre des requêtes, le 13 févr. 1860 (aff. Aubry, D. P. 60. 1. 169), que les biens partagés ne forment avec ceux existant au décès de l'ascendant qu'un seul patrimoine; et ce principe a été constamment proclamé par la chambre civile (Civ. rej. 30 juin 1847, aff. Selva, D. P. 47. 1. 193; Civ. cass. 2 août 1848, aff. Puylaurens, D. P. 48. 1. 174; 16 juill. 1849, aff. Besse, D. P. 49. 1. 237; Civ. rej. 14 juill. 1852, aff. Gladieux, D. P. 52. 1. 203; Civ. cass. 31 janv. 1853, aff. Escoffier, D. P. 53. 1. 31; Civ. rej. 28 févr. 1855, aff. Gousseaume, D. P. 55. 1. 82). Et la chambre des requêtes elle-même (Req. 18 févr. 1851, aff. Béron d'Oche, D. P. 51. 1. 294; 13 févr. 1860, aff. Aubry, D. P. 60. 1. 169) a abandonné le système qu'elle avait consacré dans son arrêt précité du 4 févr. 1845.

1093. Un autre système a été proposé et développé par M. Genty, p. 214 et suiv., et adopté, au moins en principe, par M. Demolombe, t. 6, nos 122 et suiv. Il se résume ainsi: Le partage d'ascendant par acte entre vifs renferme deux éléments, l'un actuel, l'autre éventuel. L'élément actuel, c'est la donation par laquelle l'ascendant se dépouille irrévocablement de la propriété des biens compris dans l'acte; l'élément éventuel, c'est la distribution des biens. Faite entre les enfants en vue de leur qualité d'héritiers présomptifs et pour le règlement de leurs droits successifs éventuels, elle ne revêtira définitivement le caractère de partage que pour ceux-là seuls des enfants qui, ayant survécu à l'ascendant, auront accepté sa succession. La qualité d'héritiers présomptifs chez les enfants pouvant s'évanouir rétroactivement par leur prédécès à l'ascendant ou leur renonciation à sa succession, ils ne sauraient, de son vivant, être considérés comme des copartageants; leur position est celle de simples donataires en avancement d'hoirie. — MM. Aubry et Rau, t. 7, § 728, note 2, p. 3 et 4, combattent avec énergie ce système, comme divisant et séparant ce qui, dans la pensée commune des parties, forme un seul et même tout, et dénaturant ainsi le caractère de l'acte. Suivant les savants auteurs, la distribution des biens compris dans un partage d'ascendant fait entre vifs est actuelle et irrévocable, comme la donation même dont elle est la condition ou le mode. Etablie dans le but de prévenir la nécessité d'un partage de ces biens après la mort de l'ascendant, elle n'a, dans l'intention de celui-ci, rien d'incertain, ni d'éventuel; quant aux enfants, ils reçoivent les biens qui leur sont attribués, non pas comme étant pour chacun d'eux l'objet d'une donation individuelle faite en sa faveur, mais comme formant son lot de partage dans la masse des biens abandonnés. Quant à l'assimilation établie par MM. Genty et Demolombe entre les enfants copartagés et les donataires ordinaires en avancement d'hoirie, MM. Aubry et Rau la réfutent par la remarque suivante: si l'ascendant est autorisé à comprendre dans la masse des biens qu'il entend distribuer entre ses enfants ceux dont il avait fait donation en avancement d'hoirie à un ou plusieurs d'entre eux, il ne pourrait évidemment pas, en procédant à un second partage, comprendre dans la masse, sans le consentement des intéressés, des biens qui leur avaient été attribués par le premier.

1094. Reste un troisième système, proposé par M. Réquier, *Traité théorique et pratique des partages d'ascendants*, nos 91 à 100, admis d'une façon à peu près complète par M. Bonnet, t. 1, nos 107 et suiv., et auquel MM. Aubry et Rau, t. 7, § 728, texte et note 2, p. 2, s'associent également. D'après ces auteurs, les partages d'ascendants faits entre vifs sont des actes d'une nature essentiellement complexe. Ils supposent, comme condition première et indispensable, l'abandon fait par l'ascendant à ses descendants de tout ou partie des biens qu'il possède, abandon que la loi soumet aux règles de forme et de fond prescrites pour les donations entre vifs. Mais si, à ce point de vue, on peut dire que le caractère prédominant de ces actes est celui de la donation entre vifs, l'élément du partage coexiste cependant avec celui de la donation, dont il ne peut se séparer, et avec lequel il forme, de sa nature et d'après l'intention commune des parties, un tout indivisible. En transmettant actuellement aux descendants la propriété des biens abandonnés par l'ascendant, l'acte n'a pas seulement pour effet de faire sortir irrévocablement du patrimoine de l'ascendant les biens qui en forment l'objet; il établit aussi immédiatement et définitivement entre ces descendants des rapports de copartagés, qui produisent entre eux, en cette qualité même, et indépendamment de celle d'héritiers présomptifs de l'ascendant, les mêmes droits et obligations réciproques que ceux qui résultent d'un partage ordinaire.

Sect. 1re. — Règles générales ou communes aux partages d'ascendants faits par donation ou par testament (*Rép.* nos 4452 à 4499).

Art. 1er. — *Personnes capables d'opérer le partage d'ascendant et d'en être l'objet* (*Rép.* nos 4452 à 4466).

1095. — I. Personnes capables d'opérer le partage (*Rép.* nos 4452 à 4457). — Comme on l'a vu au *Rép.* n° 4452 les règles établies par les art. 1076 à 1080 s'appliquent exclusivement aux partages faits par des *ascendants* entre leurs descendants. Ainsi le partage opéré entre deux époux, d'une part, et les enfants de l'un de ces époux nés d'un premier lit, d'autre part, doit être considéré comme une donation entre vifs, et non comme un partage d'ascendant (Nancy, 11 juin 1887, aff. Mangeot, D. P. 88. 2. 183).

1096. D'ailleurs, l'ascendant qui, dans le contrat de mariage de l'un de ses enfants, lui a fait une promesse d'égalité, n'en jouit pas moins de la faculté de faire entre ses enfants le partage de ses biens, à la condition d'y observer l'égalité promise. Ce principe, formulé au *Rép.* nos 4455 à 4457, est généralement reconnu par la doctrine (*Adde* aux auteurs cités au *Rép.* n° 4455: Demolombe, t. 6, n° 73 *bis*; Réquier, n° 123; Bonnet, t. 1, n° 158; Aubry et Rau, t. 7, § 731, p. 20) et par la jurisprudence (V. outre les arrêts indiqués au *Rép.* n° 4456: Req. 26 mars 1845, aff. Chante-Grellet, D. P. 46. 1. 374; Dijon, 13 juill. 1870, aff. de Rocca, D. P. 72. 1. 94; 8 mars 1878, aff. Gallay, D. P. 79. 2. 78, et sur pourvoi, Req. 11 févr. 1879, D. P. 79. 1. 297). En effet, comme le fait fort justement remarquer la cour de Dijon, dans son arrêt précité du 8 mars 1878, «par la stipulation dont s'agit, le père de famille n'a renoncé qu'à un droit, très important, il est vrai, mais à un seul, celui de disposer à titre gratuit au profit d'un autre de ses enfants; il conserve, dans leur plénitude, tous les autres droits que la loi lui accorde pour la répartition de ses biens entre ses enfants, à la seule condition que l'institué recueille toute sa part héréditaire dans ceux qu'il laissera à son décès ».

1097. L'ascendant qui, dans son contrat de mariage aurait fait, en faveur de sa femme, une institution contractuelle portant sur une quote-part de ses biens, ne pourrait faire ensuite, au préjudice de l'instituée, le partage de sa succession entre ses enfants ou descendants. C'est un point qui n'est pas contestable (V. Aubry et Rau, t. 7, § 31, texte et note 13, p. 20-21). — Mais le même obstacle résulterait-il de l'institution contractuelle faite par l'ascendant au profit de l'un de ses enfants dans le contrat de mariage de celui-ci? MM. Aubry et Rau, *loc. cit.*, l'admettent, contrairement à l'opinion de M. Demolombe, t. 6, n° 78, et ils justifient ainsi cette solution : L'enfant institué par préciput pour une quote-part de biens a, comme tel, un titre spécial, indépendant de sa qualité d'héritier *ab intestat* ; et ce titre qu'il n'appartient pas à l'instituant d'écarter, ni même de modifier, l'autorise à provoquer le partage de la succession, nonobstant le partage que ce dernier en aurait fait lui-même.

1098. De ce que le partage d'ascendant n'est permis, comme son nom l'indique, qu'aux ascendants, il ne faudrait pas conclure qu'une personne quelconque ne puisse distribuer ses biens au profit de qui bon lui semble. C'est, au contraire, un principe, ainsi que nous l'avons vu au *Rép.* n° 4452, qu'il est permis à tout individu de faire le partage anticipé de ses biens entre ses héritiers collatéraux. Mais un pareil acte doit être considéré légalement comme constituant une libéralité ordinaire, et se trouve régi, non par les dispositions spéciales des art. 1076 à 1080, mais par les principes du droit commun en matière de dispositions à titre gratuit. Il ne saurait, en conséquence, être attaqué par voie de nullité ou de rescision, conformément aux art. 1078 et 1079 (V. outre les auteurs cités au *Rép. ibid.*: l'art. 1075, § 5; Marcadé sur l'art. 1075; Colmet de Santerre, t. 4, n° 242 *bis* I et II; Demolombe, t. 6, nos 697 à 702; Aubry et Rau, t. 8, § 728, p. 5).

1099. — II. Personnes qui peuvent être l'objet du partage (*Rép.* nos 4458 à 4466). — Tous les auteurs admettent, comme on l'a fait au *Rép.* n° 4459, que l'enfant *adoptif* est au nombre des descendants qui doivent être compris dans le partage (Genty, p. 101; Réquier, n° 161; Demolombe, t. 6, n° 161 *bis*; Bonnet, t. 2, n° 547; Aubry et Rau, t. 8, § 730, p. 12), à la condition, toutefois, comme on l'a vu au *Rép. ibid.*, que le disposant soit l'adoptant lui-même, puisque l'adoption ne crée aucun lien de droit entre l'adopté et les ascendants de l'adoptant.

1100. *Quid* de l'enfant *naturel* ? Nous avons signalé au *Rép.* n° 4460 l'opinion de MM. Duranton, Troplong et Genty, auxquels il faut ajouter Zachariæ, § 729, note 2, *in medio*, et Poujol, sur l'art. 1078, n° 3, d'après lesquels l'enfant naturel ne devrait pas, en ce qui concerne ce point, être assimilé à l'enfant légitime. MM. Aubry et Rau, t. 8, § 730, texte et note 5, p. 12-13, d'accord en cela avec MM. Vazeille, sur l'art. 1078, n° 3; Demolombe, t. 6, n° 161 *bis*; Réquier, n° 161, et Bonnet, t. 2, n° 548, se prononcent pour l'opinion contraire. En ce sens ils font remarquer que, bien que l'enfant naturel ne soit pas héritier, il n'en est pas moins copropriétaire de l'hérédité à laquelle il se trouve appelé ; qu'il peut demander que la part à laquelle il a droit lui soit délivrée en objets héréditaires, et par voie de tirage au sort ; qu'enfin il est autorisé à réclamer le rapport des avantages dont ont été gratifiés les héritiers avec lesquels il se trouve en concours; en sorte qu'il a, non plus seulement, comme dans l'ancien droit, une créance alimentaire, mais un droit de copropriété dans l'hérédité.

1101. Au surplus, les seuls descendants auxquels s'applique l'art. 1078 sont ceux qui existent lors de l'ouverture de la succession, et qui l'acceptent (*Rép.* n° 4461; Demolombe, t. 6, nos 160 et 161 ; Réquier, n° 169 ; Bonnet, t. 2, n° 545; Aubry et Rau, t. 8, § 730, p. 12. — Comp. Colmar, 20 févr. 1867, aff. Arbogast, D. P. 67. 2. 42, et la note de M. Rau sur cette affaire, *ibid.*).

Art. 2. — *Caractères des partages d'ascendants* (*Rép.* nos 4467 à 4499).

1102. La question de savoir si un acte, qualifié de partage d'ascendant, a véritablement ce caractère, et si, malgré la qualification employée, il ne doit pas, à raison des stipulations qu'il renferme, et notamment des charges qu'il impose à l'un des enfants, tant vis-à-vis de l'ascendant que vis-à-vis des autres enfants, être considéré, quant à l'enfant grevé de ces charges, comme un acte à titre onéreux, est une question de fait (Aubry et Rau, t. 8, § 728, texte n° 2, p. 6), dont la solution ne peut être soumise au contrôle de la cour de cassation (Civ. rej. 18 juin 1867, aff. Boisset, D. P. 67. 1. 274). Les règles qui doivent à ce point de vue guider la solution des juges du fait sont les suivantes. Pour qu'un acte ait le caractère d'un partage d'ascendant, il faut qu'il contienne : 1° dessaisissement du donateur ; 2° division réelle des biens ; 3° division entre tous les descendants ; 4° composition régulière des lots.

1103. On remarquera que dans cette énumération des conditions requises pour la validité du partage d'ascendant ne se rencontre pas l'exigence d'un partage intégral de la succession. C'est qu'en effet, ainsi que nous l'avons vu au *Rép.* n° 4483, sous le régime du code civil, contrairement aux règles de l'ancien droit, l'ascendant peut ne comprendre dans son partage qu'une partie des biens composant son patrimoine. Ainsi la disposition par laquelle un ascendant fait donation de la majeure partie de ses biens à ses enfants par parts égales, par préciput et hors part, avec dispense de rapport, constitue en réalité un partage d'ascendant en avancement d'hoirie (Liège, 5 févr. 1881, aff. Thérifays, *Pasicrisie belge*, 1881. 2. 133). C'est la conséquence implicite de l'art. 1077, aux termes duquel « si tous les biens que l'ascendant laissera au jour de son décès n'ont pas été compris dans le partage, ceux de ces biens qui n'y auront pas été compris sont partagés conformément à la loi ». Du même article on a tiré encore cette conséquence que, non seulement l'ascendant peut faire, par acte entre vifs ou par testament, plusieurs partages successifs, mais qu'il lui est permis de partager ses biens entre ses enfants par des actes séparés, reliés entre eux de façon à constituer un seul et même tout (Genty, p. 165 et 166; Demolombe, t. 23, n° 40 ; Bonnet, t. 1, nos 355 et 356; Aubry et Rau, t. 8, § 730 et 731, p. 11 et 22).

1104. — I. Dessaisissement de l'ascendant (*Rép.* nos 4467 à 4473). — Il n'y a partage d'ascendant qu'autant que l'ascendant se dessaisit, en les répartissant entre ses enfants, des biens qui sont dans son patrimoine au moment du partage (Lyon, 23 mai 1868, aff. de Riballier, D. P. 69. 2. 112; Bordeaux, 8 mars 1870, aff. Prévost, D. P. 71. 2. 202. — Comp. Sol. impl., Req. 10 déc. 1855, aff. Nougarède de Fayet, D. P. 56. 1. 163).

1105. Les effets de ce dessaisissement sont, d'ailleurs, variables suivant la forme de l'acte de partage. Si le partage est fait par testament, la transmission des biens ne s'opère qu'au décès de l'ascendant, qui reste jusque-là maître de le révoquer (Aubry et Rau, t. 8, § 733-2°, p. 32). Au contraire, dans le cas d'un partage entre vifs, le dessaisissement de l'ascendant est actuel et irrévocable. C'est en quoi le partage d'ascendant opéré par acte entre vifs diffère de l'ancienne *démission de biens*, qui, ainsi que nous l'avons vu au *Rép.* n° 4472, produisait un dessaisissement actuel, mais révocable. Bien que, par une habitude vicieuse, les mots : *démission de biens*, soient encore employés quelquefois pour désigner un partage d'ascendant véritable, on s'accorde à reconnaître que les anciennes *démissions de biens*, telles qu'elles se comportaient dans l'ancien droit, ont été abolies par le code civil (C. cass. Belgique, 1er juill. 1864, aff. Vermandel, *Pasicrisie belge*, 1864. 1. 373).

1106. — II. Division réelle des biens (*Rép.* nos 4474 à 4478). — Le partage, ainsi que nous l'avons vu au *Rép.* n° 4474, doit être réel, effectif : il n'existerait pas dans la simple réserve de l'opérer.

Et d'abord, pour qu'il y ait partage d'ascendant valable, il faut avant tout qu'il y ait partage; ainsi l'acte, même qualifié de partage d'ascendant, qui, après avoir attribué à l'un des enfants un immeuble, donne aux autres une somme équivalente, à prélever dans la succession de l'ascendant, qui s'oblige seulement à en servir les intérêts, constitue, non un véritable partage d'ascendant, mais une donation entre vifs (Req. 10 déc. 1855, aff. Nougarède de Fayet, D. P. 56. 1. 163). De même, l'acte par lequel un père déclare faire donation entre vifs de sommes ou valeurs actuellement exigibles à quelques-uns de ses enfants, et aux autres de sommes payables seulement à une époque déterminée, n'a point le caractère d'un partage d'ascendant, mais constitue une donation ordinaire, passible du droit propre à ce genre d'acte (Trib. Angoulême, 20 avr. 1857, aff. Delage, D. P. 57. 3. 56; Comp. Dijon, 20 nov. 1865, aff. Trahand, D.P. 66. 2. 86).

1107. Faudrait-il, en conséquence, déclarer nul l'acte aux termes duquel l'ascendant se démet de ses biens au profit de ses enfants, alors que l'un ou plusieurs de ceux-ci cèdent ensuite, moyennant un prix, tous leurs droits mobiliers et immobiliers à un ou plusieurs de leurs copartageants? Un arrêt de la cour de Bordeaux, du 29 avr. 1861 (*Recueil de Bordeaux*, 1861. 173), paraît voir sans difficulté dans un tel acte un partage d'ascendant pleinement valable. La jurisprudence se montre généralement plus réservée. Elle distingue suivant que cette cession procède du plein gré des copartageants, ou bien qu'elle a été imposée par l'ascendant donateur. — Dans ce dernier cas l'acte est nul. Ainsi l'acte par lequel les père et mère donnent tous leurs biens à leurs enfants, et la cession postérieure par laquelle l'un des donataires abandonne à l'autre, moyennant un prix en argent, tous ses droits dans ladite donation, constituent, dans leur ensemble, un partage d'ascendant, mais sont annulables pour contravention à la règle d'égalité du lotissement, s'il est souverainement constaté par le juge du fait que ces actes forment un tout indivisible, et qu'ils ont été combinés par les parties afin d'atteindre une inégalité illicite (Req. 16 nov. 1885, aff. Delon, D. P. 86. 1. 395). — Mais, dans le premier cas, au contraire, c'est-à-dire quand les parties, maîtresses de leurs droits, ont combiné, en dehors de l'ascendant, cette rétrocession à l'une d'elles des droits acquis à l'autre par le partage, rien ne s'oppose à la validité d'une telle convention, qui ne forme point un tout avec le partage lui-même. C'est ainsi qu'il a été jugé par la cour de Bordeaux le 21 juill. 1863 (*Recueil de Bordeaux*, 1863. 419) que, bien que dans le même acte se trouvent réunies et la donation-partage faite par le père de famille de ses biens propres à ses enfants, et la cession à l'un de ceux-ci par tous les autres de leurs droits dans la succession indivise de leur mère prédécédée, on doit voir là, en l'absence de toute clause ou stipulation commune, ainsi que *de toute pression du père*, non un partage cumulatif, mais bien deux actes distincts régis par des principes différents. Il a même été jugé que les cessions au moyen desquelles, à la suite d'une donation-partage faite par les père et mère, un des enfants a réuni dans sa main les parties d'un domaine attribuées par le partage à deux de ses copartageants, ne portent pas atteinte à la régularité dudit partage, encore qu'elles aient pu être la suite et l'exécution d'une convention antérieure au partage, lorsqu'il n'est pas constaté que les ascendants y aient concouru et qu'elle a été librement conclue entre trois des copartageants (Civ. rej. 29 janv. 1877, aff. Ravard, D. P. 77. 1. 105. Comp. Civ. rej. 16 janv. 1867, aff. Perrier, D. P. 67. 1. 153; Lyon, 23 mai 1868, aff. de Riballier, D. P. 69. 2. 112; Colmar, 10 mai 1865, aff. Adam, D. P. 70. 5. 261).

1108. La loi, avons-nous dit, exige pour la validité du partage d'ascendant, que le partage soit réel, effectif. Il ne faudrait pas conclure de là à la nécessité d'un partage matériel. La division matérielle des biens n'est pas indispensable pour le partage d'ascendant; il suffit, pour le constituer, de la dévolution à tous les enfants selon leur droit héréditaire (Rouen, 21 mars 1878) (1). Et dans ce sens il a été jugé : 1° que l'acte par lequel le père, après avoir stipulé un préciput en faveur d'un de ses quatre enfants, leur fait donation universelle par quart de tout le reste de ses biens, constitue un partage d'ascendant, alors même que la division matérielle des biens entre les copartageants n'a eu lieu que plusieurs années après (Bordeaux, 4 déc. 1871, aff. Savary, D. P. 72. 2. 177); — 2° Que l'acte par lequel un ascendant fait à ses enfants, sous forme de vente et moyennant certaines charges, la démission de tous ses biens présents, pour être partagés par eux dans la proportion de leurs droits héréditaires éventuels, constitue un partage d'ascendant, bien que la division par lots ait ensuite été faite entre les enfants par acte séparé et hors la présence de l'ascendant (Req. 5 nov. 1877, aff. Verdier, D. P. 78. 1. 372).

1109. Il n'est pas non plus indispensable, comme l'enseignent MM. Aubry et Rau, t. 8, § 728-2°, p. 5, que l'ascendant ait fait lui-même, et par voie d'autorité, la distribution des biens : il suffit, lorsque les descendants y procèdent eux-mêmes, que la répartition ait lieu en la présence et avec le consentement de l'ascendant. Aussi a-t-il été jugé, conformément à ce qui a été dit au *Rép.* n° 4476 : 1° que lorsque des père et mère, après avoir par deux actes séparés, du même jour, donné entre vifs, par préciput et hors part, certains de leurs immeubles à deux de leurs enfants, ont, par un troisième acte, encore du même jour, à raison de leur grand âge, et pour faciliter le partage à faire entre leurs enfants, fait collectivement à tous un abandonnement de la presque totalité de leurs biens, avec formation de lots, et partage entre eux des biens abandonnés, sans soulte ni retour, mais sous condition d'une rente viagère au profit des donateurs, ces divers actes, par le lieu où ils ont été passés, l'unité de temps qui a présidé à leur confection, par l'esprit qui les a dictés, les causes déterminantes y énoncées, et par le but proposé y relaté, se lient intimement, ne forment qu'un seul et même tout, constituent en réalité le partage d'ascendant autorisé par l'art. 1075 c. civ., encore qu'il soit dit que les lots ont été formés par les quatre enfants donataires et le partage fait entre eux, puisqu'il est constant que le tout s'est accompli en la présence, sous les yeux et avec le concours des père et mère (Colmar, 21 févr. 1855, aff. Moitié, D. P. 70. 5. 262); — 2° Qu'en cas de donation par un ascendant de tous ses biens, immédiatement suivie dans le même acte, du partage de ces biens fait entre eux par les enfants donataires, il n'y a là qu'un seul acte, susceptible d'être attaqué conformément à l'art. 1079 (Bordeaux, 26 nov. 1867, *Recueil de Bordeaux*, 1867. 431); — 3° Que l'acte par lequel une mère donne à deux de ses enfants, par préciput et hors part,

(1) (Beaudoin C. Beaudoin.) — La cour ; — Sur l'appel principal : — Attendu que par l'acte du 31 août 1865, dont il s'agit de déterminer le caractère, la dame Beaudoin mère a cédé et a abandonné à la demoiselle Beaudoin, à la dame Lambert et à Alphonse Beaudoin, indiqués par elle comme ses seuls enfants : 1° toutes les reprises, créances et indemnités tant sur la société d'acquêts que sur la succession de son ancien mari ; 2° tous ses droits dans les biens meubles et immeubles de la société d'acquêts, et 3° l'usufruit auquel elle avait droit, en vertu de son contrat de mariage, sur les biens composant la succession de son mari ; que cette cession, déclarée, consentie et acceptée à titre de forfait et de transaction, a eu lieu moyennant une rente viagère de 3000 fr. que les trois enfants cessionnaires se sont obligés, conjointement et solidairement, à servir et à payer par tiers à la cédante ; — Attendu qu'en dépouillant cet acte des apparences que le rédacteur s'est efforcé de lui donner, on doit reconnaître qu'il renferme une donation qui, malgré les charges grevant les donataires, n'en conserve pas moins sa nature de disposition à titre de bienfaisance, et que, par cette donation faite au profit de ceux que la mère de famille considère comme ses seuls enfants, elle se dessaisit de l'universalité de ses biens ; — Attendu que les caractères qui viennent d'être indiqués ne sont pas ceux des actes prévus par l'art. 918 c. civ., supposant l'aliénation à charge de rente viagère ou avec réserve d'usufruit d'un ou de plusieurs biens seulement au profit d'un ou de plusieurs successibles, non pas de tous; que cet article n'est donc pas applicable à la cause ; — Que ces caractères conviennent, au contraire, au partage d'ascendant dont l'élément dominant et le signe distinctif consistent dans une ouverture anticipée de succession, résultant d'une démission générale des biens faite au profit de tous les enfants ou descendants, de telle sorte que, si un seul a été omis, cette omission entraîne la nullité, aux termes de l'art. 1078 c. civ. ; — Que l'on objecte, à la vérité, que l'art. 1075 suppose que l'ascendant a fait la distribution et le partage de ses biens, ce qui n'a pas eu lieu par l'acte du 31 août 1865 ; mais attendu que la jurisprudence de la cour de cassation a admis que la division matérielle des biens n'est pas indispensable pour le partage d'ascendant, et qu'il suffit pour le constituer de la dévolution de l'universalité des biens à tous les enfants selon leur droit héréditaire ; — Statuant sur l'appel principal et sur l'appel incident, et donnant acte à Charles-Alexandre Beaudoin de ce qu'il déclare s'en rapporter à justice ; — Met les appellations à néant ; confirme le jugement dont est appel ; condamne les appelants à l'amende ; dit que les dépens seront employés en frais de liquidation, etc.

Du 21 mars 1878.-C. de Rouen.

jusqu'à concurrence de la quotité disponible, tous ses immeubles, avec stipulation qu'ils procéderont immédiatement entre eux au partage des biens avec le concours et l'assistance de la donatrice, constitue un partage d'ascendant (Amiens, 15 févr. 1869) (1); — 4° Que l'acte qui contient à la fois donation par l'ascendant et partage des biens donnés par les enfants entre eux, constitue un partage d'ascendant, s'il a été procédé au partage en présence, avec le conseil et sous la sanction de la signature de l'ascendant (Montpellier, 27 juill. 1869) (2); — 5° Que, lorsque l'abandon par un ascendant de tous ses biens à ses enfants a été immédiatement suivi, dans le même acte, de la licitation de ces biens faite entre eux par ces derniers, on peut ne voir là qu'un seul acte, constitutif, en son entier, d'un véritable partage d'ascendant (Bordeaux, 14 déc. 1869, *Recueil de Bordeaux*, 1870. 105); — 6° Que l'acte contenant, d'une part, l'abandon par un père de famille de ses biens au profit de ses enfants, d'autre part, le partage de ces biens entre les donataires, constitue, non pas une simple donation suivie d'un partage ordinaire, mais un partage d'ascendant, alors que la répartition immédiate des biens donnés a été imposée aux donataires par l'ascendant donateur, et qu'il a été procédé à cette répartition, non par voie de tirage au sort, mais par voie d'attribution (Lyon, 6 mars 1878, aff. Depaix, D. P. 78. 2. 65).

1110. Mais, comme le disent très justement MM. Aubry et Rau, t. 8, § 728-2°, p. 6, on ne saurait considérer comme un partage d'ascendant l'acte par lequel l'ascendant a fait, au profit de ses descendants, une donation collective de tout ou partie de ses biens, lorsque la division a eu lieu

---

(1) (Leclercq C. Mail.) — Jugement du tribunal civil de Clermont du 24 juill. 1868, ainsi conçu: — « Attendu que l'acte notarié du 1er mars 1862, dont la nullité est demandée par les époux Mail, contient donation entre vifs par la veuve Leclercq-Follet, par préciput et hors part, jusqu'à concurrence de la quotité disponible, au profit de ses deux fils Polydore et Jules Leclercq, de cinquante-cinq corps d'immeubles y désignés; — Qu'il est exprimé audit acte que cette donation est consentie à la condition : 1° que Jules Leclercq fera le rapport au présent partage de 17000 fr. à lui précédemment constitués en dot par sa mère; 2° que les deux enfants procéderont immédiatement au partage en deux lots égaux des valeurs et des biens donnés, avec le concours et l'assistance de la donatrice; — Qu'immédiatement, en effet, le même acte établit, en présence de la mère donatrice, la masse des biens à partager, dont il a été composé deux lots, dont le premier a été attribué par le sort à Polydore Leclercq et le second à son frère; — Qu'il résulte encore de cet acte que la jouissance des donataires a dû commencer du jour de la donation, même à l'égard des 17000 fr. rapportés par Jules Leclercq, dont les intérêts avaient été réservés au profit de sa mère, aux termes du contrat de mariage de ce dernier, passé devant Lecat, notaire à Cormeilles, le 27 nov. 1749, et devaient lui être servis jusqu'au partage anticipé que la dame Leclercq pourrait faire de ses immeubles entre ses enfants, ou, si ce partage anticipé n'avait pas lieu, jusqu'au partage de sa succession; — Attendu qu'il n'est pas méconnu par Polydore et Jules Leclercq que la donation et le partage du 1er mars 1862 ne comprennent tous les immeubles dont leur mère avait alors la toute propriété, et que l'on y a omis seulement divers immeubles dont elle n'avait alors que la nue propriété, l'usufruit résidant encore sur la tête de la dame Leclercq, de Belleuse; que les défendeurs allèguent même que l'intention de la donatrice aurait été de laisser à l'écart ces derniers biens comme devant servir à remplir la femme Mail (troisième enfant de la donatrice) de sa réserve légale; — Que, dans ces conditions, l'acte dont s'agit est un véritable partage anticipé des biens de la veuve Leclercq; que, s'il contient une donation au profit des enfants, comme tout partage entre vifs, cette donation n'est faite qu'à la condition d'opérer le partage des biens, de suite et avec le concours de la donatrice; que de plus, il est fait rapport au partage, suivant la volonté expresse de celle-ci, de la somme de 17000 fr. qui, d'après la clause du contrat de mariage de Jules Leclercq combinée avec les dispositions de la loi, ne devait être rapportée qu'au moment d'un partage anticipé, ou, à son défaut, à la succession de la veuve Leclercq; — Qu'il est constant qu'après avoir fait ces dispositions, la veuve Leclercq ne conservait plus entre ses mains aucuns biens ou valeurs à sa disposition; — Qu'au reste, dans la clause rappelée ci-dessus, le notaire rédacteur a lui-même qualifié cet acte, non seulement de donation, mais encore de partage; qu'il a même reconnu, dans la contre-enquête, qu'il avait été appelé auprès de la veuve Leclercq pour faire un partage, et, qu'enfin, la déposition du sieur Peaucellier, témoin de l'enquête, constate que, fort peu de temps avant l'acte du 1er mars, il avait concouru à des pourparlers engagés entre les enfants Leclercq pour arriver à un partage amiable, qui n'avait pu réussir faute d'accord entre les parties intéressées; — Qu'il ne peut donc y avoir aucun doute sur la nature de l'acte du 1er mars 1862, par lequel la veuve Leclercq s'est dessaisie de tous ses immeubles, partagés immédiatement, avec son concours, entre ses deux fils; — Attendu qu'aux termes de l'art. 1078 c. nap., un partage anticipé n'est valable qu'à la condition d'être fait entre tous les enfants qui existeront à l'époque du décès; — Attendu que l'acte du 1er mars 1862 ayant été fait en l'absence de la femme Mail, l'un des enfants de la veuve Leclercq, est frappé d'une nullité radicale qui entraîne inévitablement celle de la donation elle-même, accessoire nécessaire du partage anticipé, puisque l'art. 1078 ci-dessus cité déclare qu'à défaut du concours de tous les enfants, l'acte de partage est nul pour le tout; — Que, d'ailleurs, le partage immédiat des biens donnés ayant été imposé expressément comme condition de la donation, il s'ensuit qu'il en était le but et le motif déterminant; — Attendu que les défendeurs prétendent vainement qu'il faut distinguer ici entre la donation suivie de partage et la clause de préciput stipulée dans cet acte, et qu'il y aurait lieu, dans tous les cas, en admettant la nullité du partage et de la donation, de maintenir le don préciputaire contenu en leur faveur dans l'acte attaqué; — Attendu qu'une distinction de cette sorte est possible seulement lorsque l'acte de partage anticipé contient un don préciputaire tout à fait indépendant de la donation principale servant de base au partage; qu'on peut admettre alors, suivant les circonstances, que le don préciputaire doit recevoir son exécution malgré la nullité du partage et de la donation principale; — Mais que, dans l'espèce, l'acte de partage anticipé contient une seule donation, laquelle est faite par préciput et hors part; que le préciput est, dès lors, inséparable de la donation, qu'il manifeste uniquement le caractère et le mode attribués par la donatrice à sa libéralité, et qu'on ne peut donc laisser subsister le caractère et la modalité d'une donation, lorsque cette donation elle-même doit disparaître; — Attendu, au surplus, que cet acte, déjà entaché, ainsi qu'il vient d'être dit, d'une nullité intrinsèque, est nul encore à raison de ce que la donatrice de qui il émane n'avait pas toute la sanité d'esprit exigée par la loi; — Attendu... (suivent des faits tendant à établir l'insanité d'esprit alléguée); — Qu'il résulte de ces circonstances que la dame Leclercq était véritablement incapable de consentir en pleine connaissance de cause et avec une libre et saine volonté l'acte du 1er mars 1862 qui faisait passer immédiatement la toute propriété de tous ses biens aux mains de ses deux fils au préjudice de sa fille; ... — Par ces motifs, déclare nul et de nul effet, dans toutes ses dispositions, l'acte de donation et partage du 1er mars 1862, tant pour prétérition dans cet acte de l'un des enfants de la veuve Leclercq, que pour cause d'insanité d'esprit et d'incapacité de la donatrice; dit et ordonne que, sans s'arrêter ni avoir égard à cet acte, qui sera considéré comme non avenu, tous les immeubles donnés seront compris au partage réclamé par les époux Mail, etc. ». — Appel par les sieurs Leclercq. — Arrêt.

LA COUR; — Adoptant les motifs des premiers juges; — Confirme, etc.

Du 15 févr. 1869.-C. d'Amiens, 1re ch.-MM. Hardouin, pr.-Wateau, 1er av. gén.-Daussy et Dauphin, av.

(2) (Cavaillé et Evesque C. Abinal.) — LA COUR; — Sur l'appel incident, relatif à la réformation de la disposition du jugement qui annule la donation anticipée faite par Pierre Cayzac à ses enfants : — Attendu que, si le père de famille a, dans l'acte du 20 févr. 1843, laissé à ses enfants le soin de faire par eux-mêmes le partage de biens qu'il venait de leur abandonner, c'est en sa présence, avec son conseil et sous la sanction de sa signature qu'il y a été procédé; — Attendu, en effet, que, dans l'esprit qui l'avait dictée, la donation devait être suivie du partage, et que ces deux actes, réunis dans un même contexte, ne devaient en former qu'un seul au point de vue de leur exécution; — Attendu que la sollicitude du donateur ayant été éveillée, de son vivant, par une action en rescision, il protesta très énergiquement pour le maintien de ses dispositions et pour la validité du partage qui les avait suivies; — Attendu que le jugement qui intervint déclara cette action *intempestive*, comme ayant été introduite *du vivant du donateur*; s'il y avait deux actes indépendants l'un de l'autre, l'action en rescision aurait été certainement admise; le tribunal se fonda, en la rejetant, sur ce qu'il s'agissait non de rescinder un simple partage, mais un partage d'ascendant, et il n'a pu être décidé qu'il n'y avait partage d'ascendant; qu'on considérait la donation et partage comme formant un seul tout indivisible; — Attendu qu'en présence de l'acte du 20 févr. 1843, de ses dispositions, de l'unité du temps qui a présidé à sa confection, du but proposé, des manifestations ultérieures de la volonté du père de famille et de l'autorité de la chose jugée, il faut donc reconnaître, sans s'arrêter à l'appel incident, que c'est à bon droit que la sentence attaquée a annulé la donation, en même temps qu'elle rescindait le partage pour cause de lésion de plus du quart; — ... Confirme, etc.

Du 27 juill. 1869.-C. de Montpellier, 1re ch.-MM. Sigaudy, 1er pr.-Hérail, subst.-Gervais et Lisbonne, av.

entre les enfants par un acte distinct de la donation, et auquel l'ascendant est resté étranger de fait et d'intention (Barafort, *Des partages d'ascendants*, p. 83 ; Aubry et Rau, *ibid.*, p. 6). Jugé en ce sens : 1° que l'acte par lequel l'ascendant aurait donné ses biens entre vifs à ses enfants, à la charge par eux de se les partager d'après l'estimation qui en serait faite par experts, ne constitue pas un partage d'ascendant (Lyon, 23 mai 1868, aff. de Riballier, D. P. 69. 2. 112); — 2° Qu'il n'y a partage d'ascendant qu'autant que l'ascendant répartit entre ses enfants les biens qui sont dans son patrimoine à l'époque du partage; qu'ainsi, lorsqu'un ascendant a fait donation à ses enfants de tous ses biens indivisément, et sans faire du partage une condition de la donation, le partage, tant des biens donnés, que des biens indivis de la succession de la mère prédécédée, fait le même jour, par acte séparé, entre les enfants, sans le concours de l'ascendant donateur, et sans aucune clause qui le rattache à ladite donation, constitue un partage ordinaire, et non un partage d'ascendant (Bordeaux, 8 mars 1870, aff. Prévost, D. P. 71. 2. 202); — 3° Que, lorsqu'un ascendant a fait donation à ses enfants de ses biens indivisément, le partage, par voie de licitation amiable, tant des biens donnés que des biens indivis de la succession de la mère prédécédée, fait le même jour, par acte séparé, entre les enfants, constitue un partage ordinaire et non un partage d'ascendant, si l'ascendant y est demeuré complètement étranger de fait et d'intention (Req. 24 juin 1872, même affaire, D. P. 72. 1. 472); — 4° Que, si le partage fait par les enfants donataires, dans l'acte même de donation, des biens abandonnés par leurs parents, doit, en général, être présumé l'œuvre de ces derniers, et soumis, en conséquence, aux règles qui régissent les partages d'ascendant, cette présomption cesse, lorsque les circonstances démontrent que les ascendants ne sont intervenus dans l'acte que pour faire la donation, et qu'ils sont restés étrangers à la répartition des biens (Limoges, 2 juill. 1877, aff. Poyet, D. P. 78. 2. 53); — 5° Que la répartition des biens donnés par un ascendant à ses descendants, bien que contenue dans l'acte même de donation, ne constitue pas un partage d'ascendants, mais un partage ordinaire, s'il résulte des termes de l'acte que cette opération a été l'œuvre des donataires seuls; et qu'il importe peu que la donation ait été faite à la charge par les descendants de procéder au partage sans désemparer et sous la médiation de l'ascendant donateur (Poitiers, 4 févr. 1878, aff. Gaboreau, D. P. 78. 2. 67). — En tous cas, et lors même qu'on se trouverait en présence d'un véritable partage d'ascendant, les conventions intervenues entre les copartageants après le partage consommé, en dehors de tout concours de l'ascendant, devraient être considérées comme absolument étrangères au partage (Req. 27 nov. 1865, aff. Levannier, D. P. 66. 1. 216). Elles pourraient donc être annulées, comme faites en violation des art. 791 et 1130 c. civ., sans que cette nullité s'étendît au partage lui-même (Même arrêt).

1111. Au reste, la question de savoir si, dans ce cas, la donation et le partage forment un seul et même tout, conforme à l'intention de l'ascendant, constitue un point de fait, qui échappe au contrôle de la cour de cassation. Jugé, en effet, qu'il appartient aux juges du fond de décider, par une interprétation souveraine, que l'acte constatant, d'une part, une donation faite par des parents à leurs enfants, et, d'autre part, le partage des biens donnés entre ceux-ci, par voie de licitation, conformément au désir exprimé par les donateurs, ne constitue pas, dans son ensemble, un partage d'ascendants, mais que les deux opérations qu'il renferme sont indépendantes l'une de l'autre (Req. 2 juill. 1878, aff. Goumy, D. P. 78. 1. 463).

1112. — III. DIVISION ENTRE TOUS LES DESCENDANTS (*Rép.* n°s 4479 à 4482). — Il résulte de l'art. 1078 que le partage d'ascendant doit être fait entre tous les descendants. Aux termes du même article, pour savoir s'il a été donné satisfaction à la loi, ce n'est pas à la date du partage qu'il faut compter les descendants, mais à la date du décès. Le partage, disent MM. Aubry et Rau, t. 8, § 730, p. 12, peut être nul quoique tous les descendants existant lors de sa confection y aient été compris; et réciproquement il peut être valable, malgré la prétérition de quelques-uns d'entre eux. Ainsi, pour prendre les exemples donnés par ces auteurs, l'omission d'un enfant né postérieurement au partage, et celle même d'un enfant posthume, entraîne la nullité du partage. Au contraire, l'exclusion d'un enfant existant lors du partage, mais décédé avant l'ouverture de la succession, ne porte aucune atteinte à la validité de cet acte (Comp. Duranton, t. 9, n° 639; Demolombe, t. 6, n° 160). Il faut, d'ailleurs, assimiler aux enfants décédés avant l'ascendant ceux qui ont été exclus de la succession pour cause d'indignité ou y ont renoncé (Aubry et Rau, texte et note 4 ; Demolombe, t. 6, n° 161 ; Réquier, n° 169 ; Bonnet, t. 2, n° 545).

1113. Lorsqu'un partage d'ascendant est frappé de nullité en vertu de l'art. 1078, cette nullité est absolue (Caen, 10 mai 1852, aff. Chauvin, D. P. 53. 2. 185). Toutefois, la nullité dont le partage est atteint n'a pas pour but de faire rentrer les biens aux mains du donateur; en conséquence, il n'a pu, postérieurement au partage, disposer en faveur de sa femme des biens dont il s'était irrévocablement dessaisi; les enfants survenus au donateur ont seuls le droit de demander, en vertu de l'art. 1078, la nullité des donations antérieurement faites par leur auteur (Même arrêt). — Remarquons que ce droit des enfants est uniquement fondé sur leur qualité d'héritiers. L'enfant omis dans un partage d'ascendant, ou né depuis ce partage, ne peut en provoquer un nouveau, lors du décès de l'ascendant, qu'à titre d'héritier de cet ascendant, en sorte qu'il perd ce droit s'il renonce à la succession (Colmar, 20 févr. 1867, aff. Arbogast, D. P. 67. 2. 42).

1114. — IV. COMPOSITION DES LOTS (*Rép.* n°s 4484 à 4499). — L'égalité des lots est de l'essence de tout partage. La règle de l'égalité est donc applicable aux partages d'ascendants (*Rép.* n° 4484; Aubry et Rau, t. 8, § 732, p. 22). Aussi a-t-il été jugé : 1° que le partage d'ascendant, dans lequel l'un des enfants a été réduit à un simple usufruit, est affecté d'une inégalité radicale, non dans la *valeur* du lot de cet enfant, mais dans la *nature* de son droit, et que, dès lors, ce partage doit être annulé pour vice dans la composition des lots, encore que l'usufruit portât sur des biens de même nature que ceux attribués aux autres copartageants (Req. 25 févr. 1856, aff. Guérin, D. P. 56. 1. 113); — 2° Que les principes de la loi en matière de réserve s'opposent à ce que l'un des copartagés soit réduit à un usufruit (Caen, 13 déc. 1872) (1); — 3° Que le partage anticipé par lequel les immeubles sont attribués à l'un des enfants est nul, quelle que soit la latitude qu'on doive laisser au père de famille dans la distribution de ses biens, s'il résulte de cet acte que les autres enfants puissent être éventuellement privés de toute part, leur droit héréditaire étant subordonné, par l'acte même, à des chances aléatoires (Bordeaux, 5 juin 1861, *Recueil de Bordeaux*, 1861. 305). — Mais le principe d'égalité ne serait pas violé, si l'ascendant donateur, créancier d'un de ses enfants, mettait dans le lot de celui-ci la totalité de sa créance, au lieu de la répartir entre tous les copartagés ; car ce procédé trouverait sa base

(1) (Hébert C. Drieu et Renouf.) — LA COUR ;... — Sur la troisième question : — Attendu, en droit, que l'art. 913 c. civ., en établissant une réserve au profit des enfants, en a fixé la quotité d'une manière stable et précise ; qu'il n'a pas voulu, ni pu vouloir qu'elle consistât dans des valeurs aléatoires périssables et non susceptibles de transmission par le réservataire à sa propre descendance ; — Que c'est ce qui ressort de ces expressions du texte précité : les libéralités ne pourront excéder la moitié des biens du disposant, s'il ne laisse qu'un enfant légitime, le tiers s'il en laisse deux; le quart, s'il en laisse trois ou un plus grand nombre ; — Que cependant, si la réserve pouvait se composer d'un simple usufruit, il serait impossible, au décès du père de famille, d'en apprécier avec exactitude la valeur, puisque cet usufruit peut s'éteindre le lendemain du jour où il prend naissance; et que, dans ce cas, il ne représente aucune quotité de la succession ; — Que, d'ailleurs, le législateur, en assurant aux enfants une réserve sur les biens de leur père, n'a pas eu uniquement en vue la personne de l'enfant réservataire ; qu'il a de plus eu pour but de favoriser l'établissement par mariage de ce dernier, et la création d'une nouvelle famille, résultat qui ne serait pas atteint si la réserve, ne reposant que sur sa tête, devait finir avec lui ; que, dès lors, le droit de chaque enfant est de l'obtenir en pleine propriété ; — Attendu que l'atteinte à la réserve légale résulte souvent de donations déguisées ou d'avantages indirects, et que les unes et les autres sont soumises à l'action en réduction ouverte par les art. 920 et suiv. c. civ. ; qu'il suit de là que si le père de famille, dans le

et sa justification dans les règles du rapport en moins prenant (Nîmes, 1er juin 1866) (1).

1115. C'est surtout en ce qui touche la répartition des meubles et des immeubles que cette règle de l'égalité doit recevoir son application. La doctrine contraire, dont nous avons signalé au *Rép.* n° 4486 quelques applications, a définitivement succombé, et la jurisprudence est aujourd'hui fixée dans le sens de l'opinion soutenue au *Rép.* nos 4485 et 4489, suivant laquelle les meubles et les immeubles doivent être également répartis, conformément aux art. 826 et 832. Tel est, du moins, le principe qui a été maintes fois posé (V. outre les arrêts cités au *Rép.* nos 4488 et 4492 : Rouen, 9 mars 1855, aff. Dufour, D. P. 56. 2. 36; Req. 11 août 1856, aff. Treillet, D. P. 57. 1. 21; Agen, 16 févr. 1857, aff. Sempé, D. P. 58. 2. 106; Req. 18 août 1859, aff. Vedel, D. P. 59. 1. 410; Bordeaux, 13 juin 1860, *Recueil de Bordeaux*, 1860. 248; Req. 7 août 1860, aff. Payenneville, D. P. 60. 1. 498; Poitiers, 20 févr. 1861, aff. Cosset, D. P. 61. 2. 93; Pau, 9 juill. 1861, aff. Céby, D. P. 61. 2. 192; Agen, 4 avr. 1862, aff. Mailhé, D. P. 62. 2. 100; Civ. rej. 7 janv. 1863, aff. Céby, D. P. 63. 1. 226; Bordeaux, 15 févr. 1865, *Recueil de Bordeaux*, 1865. 102; 16 août 1865, *ibid.*, 1865. 417; Civ. cass. 24 juin 1868, aff. Queilles, D. P. 68. 1. 289; Bordeaux, 15 mars 1869, *Recueil de Bordeaux*, 1869. 142; 18 mars 1870, *ibid.*, 1870. 240; Req. 8 janv. 1872, aff. de Rocca, D. P. 72. 1. 94; Grenoble, 10 mai 1873, aff. X..., D. P. 74. 5. 366; Req. 8 mars 1875, aff. Bareau, D. P. 75. 1. 278; 26 juin 1882, aff. Gentis, D. P. 83. 1. 70; Toulouse, 31 déc. 1883, aff. Touzac, D. P. 84. 2. 81). — Un arrêt de la cour d'Agen, du 12 déc. 1866 (aff. Lamade, D. P. 67. 2. 17), contraire à la jurisprudence de la cour suprême, des cours d'appel, et de la cour d'Agen elle-même, est demeuré isolé. — Quant à la doctrine, elle s'est généralement prononcée dans le sens de l'opinion que nous avons soutenue (V. outre les auteurs cités au *Rép.* n° 4485 : Vazeille, sur l'art. 1079, n° 9; Troplong, t. 4, n° 2304; Demolombe, t. 6, nos 199 à 201; Bonnet, t. 1, nos 283 à 290; Aubry et Rau, t. 8, § 732, p. 22. — V. en sens contraire : Réquier, nos 144 et suiv.; Laurent, t. 15, n° 60; Barafort, p. 9 à 44). Ce dernier auteur a vivement critiqué le système de la jurisprudence, comme contraire aux principes qui devraient régir les partages d'ascendants et au but que cette institution doit atteindre, et son ouvrage a principalement pour objet de démontrer la nécessité d'une réforme législative sur ce point. — Quelques interprètes restreignent l'application de la règle au partage testamentaire, et estiment que le partage entre vifs ne saurait être annulé pour inobservation des art. 826 et 832, l'acceptation de ce partage par les donataires couvrant alors le vice dont il est entaché (Duranton, t. 9, n° 658; Genty, p. 147; Colmet de Santerre, t. 4, nos 234 *bis*, XVII et XVIII; Bonnet, t. 1, n° 291; Héan, *Revue pratique*, 1858, p. 168, et 1859, p. 336). Mais cette opinion combattue par Troplong, t. 2, n° 2305; Demolombe, t. 6, nos 200 et 201; Aubry et Rau, t. 8, § 732, texte et note 3; Laurent, t. 15, n° 61, est implicitement condamnée par la jurisprudence (V. notamment: Civ. cass. 11 mai 1847, aff. Dumaine, D. P. 47. 1. 167, et *Rép.* n° 4492-3°; Bordeaux, 7 janv. 1853, aff. Maufras, D. P. 53. 2. 22, et *Rép.* n° 4492-6°; Civ. rej. 18 févr. 1855, aff. Goussaume, D. P. 55. 1. 81, et *Rép.* n° 4489-6°; Req. 25 févr. 1856, aff. Guérin, D. P. 56. 1. 113, et *Rép.* n° 4492-9°; et les arrêts précités des 11 août 1856 et 18 août 1859).

1116. Mais les auteurs (Malleville, sur l'art. 1079; Delvincourt, t. 2, p. 150; Merlin, *Répertoire*, v° *Partage d'ascendant*, n° 12, Toullier, t. 5, n° 806; Grenier, t. 1, n° 399; Duranton, t. 9, n° 658; Demolombe, t. 6, nos 203 et 204; Aubry et Rau, t. 8, § 732, texte et note 2, p. 23-24) et la jurisprudence sont unanimes à reconnaître que ce principe doit recevoir exception, conformément à l'art. 827, quand les

---

but d'avantager un ou plusieurs de ses enfants, n'attaque pas un acte de libéralité qui réduit sa réserve sur les biens de son propre père à un usufruit, pour gratifier de la nue propriété un ou plusieurs des petits-enfants, cet agissement constitue une libéralité sujette à rapport de la part de ces derniers, au moins pour ce qui excède la quotité disponible; que c'est ce qui ressort clairement de la disposition de l'art. 843 c. civ.; — Attendu enfin que l'approbation que donnent, pendant la vie du père de famille, les enfants spoliés, aux actes qui leur préjudicient, n'élève contre eux aucune fin de non-recevoir, lorsqu'ils attaquent ces mêmes actes après le décès de leur père, parce qu'elle est présumée n'avoir pas été libre et avoir été imposée par la crainte d'une plus complète exhérédation;

Attendu, en fait, qu'André Hébert, aïeul des parties en cause, décéda le 4 mai 1853, laissant un fils unique Jean-Baptiste Hébert, père desdites parties; que, par testament du 3 mars 1851, André avait légué à François Hébert et à Olympe Hébert devenue femme Renouf, deux de ses six petits-enfants, la nue-propriété de divers immeubles, en en faisant la distribution par parties inégales entre les deux légataires, et en réservant l'usufruit à son fils; que ces immeubles excédaient la moitié en pleine propriété des biens que le disposant a laissés à son décès; que cependant Jean-Baptiste Hébert a exécuté ce legs dans le but évident d'avantager les deux légataires aux dépens de sa propre succession; qu'il ressort avec évidence des circonstances de la cause, qu'en leur conférant cet avantage indirect, il a eu la volonté de les dispenser du rapport; mais que, par application des principes ci-dessus, cet avantage doit être rapporté à la succession de Jean-Baptiste, pour tout l'excédent de la quotité disponible, quoique les enfants frustrés aient paru y donner leur assentiment du vivant de leur père;...

Par ces motifs, etc.

Du 13 déc. 1872.-C. de Caen.-MM. Champin, pr.-Lanfranc de Panthou, av. gén.-Moriel, Laisné-Deshayes et Gallot, av.

(1) (Syndics Achard C. Achard.) — Le 5 avr. 1865, jugement du tribunal d'Avignon ainsi conçu : — « Attendu que les syndics de la faillite Achard demandent le partage de la succession de la dame Madeleine Gaspard, veuve Achard; — Que les défendeurs résistent à cette demande en partage, en se prévalant du partage testamentaire fait par la mère commune réglant la part de chacun de ses enfants dans sa succession; — Attendu que les syndics de la faillite Achard demandent la nullité de ce partage testamentaire au prétexte que la mère Achard a mis au lot d'Alphonse Achard le failli, la créance qu'elle avait sur lui, au lieu de la répartir par égales parts entre tous les cohéritiers; — Attendu qu'aux termes des art. 829 et 869 c. nap., le rapport se fait en moins prenant pour toutes les sommes qu'un des héritiers a reçues à titre de donation ou à titre de prêt; que, dès lors, le partage testamentaire n'a fait que ce que la loi eût fait elle-même en l'absence du testament; — Attendu que les syndics opposent à cette doctrine l'état de faillite en prétendant que ce mode de procéder tend à détruire l'égalité qui doit régner entre les créanciers en cas de faillite, et se prévaloir d'une doctrine contraire tirée de quelques décisions judiciaires; — Attendu que cette objection est repoussée par cette considération, à savoir que les autres héritiers ne sont pas seulement des créanciers de l'héritier débiteur, n'ayant comme leur auteur que le droit de demander le payement de leur dette; ils sont aussi les cohéritiers de l'héritier débiteur, ayant en cette qualité le droit de demander le rapport de cette dette, et, lorsqu'ils demandent le rapport, ils ne sont plus des créanciers, ils sont des copartageants; — Attendu que cette doctrine est professée par la généralité des auteurs et des arrêts, qui n'admettent d'exception que lorsque les sommes qui ont été payées par le père ou par la mère constituent un véritable prêt fait dans l'intérêt du prêteur, ou bien lorsqu'il y a eu concordat; — Attendu, dès lors, que la question se réduit à savoir si, en l'espèce, les sommes payées par la mère commune pour son fils, Alphonse Achard, constituent de sa part une donation par avancement d'hoirie, ou bien un prêt ordinaire; — Attendu, en fait, qu'il résulte de toutes ces circonstances de la cause et des documents du procès, que la dame Achard a voulu venir au secours de son fils, qui était en pleine déconfiture; qu'elle a cherché à le tirer de cette fâcheuse situation, en faisant pour lui les payements dont il s'agit; que ce n'était pas là un placement de fonds à titre de prêt; qu'en effet, on ne prête pas ainsi des sommes aussi considérables à une personne que l'on sait être en déconfiture; que cela est de plus fort démontré par l'aval posé par la mère Achard sur la plupart des billets représentés, pour faciliter à son fils la négociation desdits billets; qu'enfin si elle a exigé les intérêts des sommes par elle payées au 5 pour 100, c'est qu'elle était obligée de se ménager des ressources pour vivre;... — Attendu que, ces faits une fois constatés et appréciés, il n'y a plus qu'à décider que le rapport est dû pour la totalité des sommes reçues; — Par ces motifs, etc. ». — Appel par les syndics de la faillite. — Arrêt.

LA COUR; — Attendu que les motifs du jugement entrepris répondent suffisamment aux allégations dénuées de toute preuve qui sont consignées dans les conclusions prises devant la cour par les appelants; qu'ils sont conformes aux principes du droit allégués par une jurisprudence constante; — Attendu, en outre, que rien ne prouve que, comme le prétendent les appelants, le testament et la vente aient été combinés dans une intention frauduleuse et dans le but de frustrer les créanciers; — D'où il suit qu'il y a lieu de déclarer l'appel mal fondé; — Adoptant, au surplus, les motifs pris par les premiers juges; — Par ces motifs, etc.

Du 1er juin 1866.-C. de Nîmes, 3e ch.-MM. Teissonnière, pr.-Battaille, av. gén.-Balmelle et Barcilon (du barreau de Carpentras), av.

biens ne sont pas commodément partageables (Civ. rej. 9 juin 1857, aff. Jouannet, D. P. 57. 1. 294; Agen, 11 juill. 1861, aff. Bacqué, D. P. 61. 2. 233; Grenoble, 11 janv. 1864, aff. Pallavicino, D. P. 65. 2. 57; Agen, 1er juin 1864, aff. Escabasse, D. P. 64. 2. 183; Bordeaux, 1er mars 1864, *Recueil de Bordeaux*, 1864. 18; 31 déc. 1867, *ibid.*, 1867. 463; Limoges, 3 déc. 1868, aff. Lazerat, D. P. 69. 2. 176; Civ. rej. 23 mars 1869, aff. Dulmo, D. P. 69. 1. 333; Bordeaux, 14 déc. 1869, *Recueil de Bordeaux*, 1870. 105; Dijon, 13 juill. 1870, aff. de Rocca, D. P. 72. 1. 94; Req. 24 déc. 1873, aff. Perrier, D. P. 74. 1. 432; Civ. cass. 27 juill. 1874, aff. Malbec, D. P. 75. 1. 366; Bordeaux, 3 mai 1876, *Recueil de Bordeaux*, 1876. 160; Civ. cass. 26 déc. 1876, aff. Malbec, D. P. 77. 1. 171; Lyon, 23 mars 1877, aff. Mignard, D. P. 78. 2. 33; Bordeaux, 6 févr. 1878, *Recueil de Bordeaux*, 1878. 205; Req. 25 févr. 1878, aff. Pintou, D. P. 78. 1. 449; Bordeaux, 3 juin 1887, aff. Linarès, D. P. 88. 2. 125).

1117. La jurisprudence assimile, d'ailleurs, au cas où le donateur a été déterminé par ce fait que les biens n'étaient pas commodément partageables, le cas où il a simplement pris en considération l'*intérêt bien entendu* des enfants (*Adde* aux arrêts cités au *Rép.* n° 4489 : Poitiers, 20 févr. 1861, aff. Cosset, D. P. 61. 2. 93. — V. toutefois : Toulouse, 31 déc. 1883, aff. Touzac, D. P. 84. 2. 81), à la condition d'ailleurs que l'on ne comprenne pas sous ces mots *intérêt bien entendu* un simple *intérêt de convenance* (*Rép.* n° 4480). Une application remarquable de cette règle a été faite par la chambre des requêtes; aux termes de son arrêt du 7 août 1860 (aff. Payenneville, D. P. 60. 1. 498), la règle d'après laquelle, dans les partages d'ascendant, comme dans les partages ordinaires, chaque lot doit se composer, s'il se peut, de la même quantité de meubles, d'immeubles, de droits ou de créances de même nature et valeur, cesse de recevoir son application, à l'égard, notamment, des immeubles, lorsqu'il est constaté que le peu d'étendue de chacun de ces immeubles n'en permet pas la division; par suite, l'ascendant peut, en ce cas, attribuer les immeubles à quelques-uns seulement des enfants donataires, en en plaçant un dans chacun de leurs lots, à la charge par eux de payer aux autres une somme d'argent, l'ascendant étant alors réputé obéir à une nécessité que ces enfants auraient dû subir eux-mêmes, s'ils avaient fait le partage après la mort de cet ascendant; et ce partage doit être maintenu, alors même que les immeubles ainsi attribués à quelques-uns des enfants seulement n'appartiendraient que pour partie à l'ascendant donateur, et seraient déjà, pour l'autre partie, la copropriété indivise de tous ses enfants, si *l'intérêt bien entendu* de ceux-ci commande de laisser subsister le partage même pour la portion de biens étrangère à l'ascendant donateur, sauf à tenir compte aux enfants lotis en argent de la plus-value que pourrait avoir acquise, depuis le partage, la portion d'immeubles irrégulièrement comprise dans ce partage.

1118. Au surplus, la cour de cassation reconnaît aux juges du fait un pouvoir souverain pour décider si les biens étaient ou non commodément partageables en nature (Civ. rej. 28 févr. 1855, aff. Gousseaume, D. P. 55. 1. 82; Civ. cass. 18 déc. 1855, aff. Estelle, D. P. 56. 1. 20; Civ. rej. 23 mars 1869, aff. Dulmo, D. P. 69. 1. 333; Req. 8 mars 1875, aff. Bareau, D. P. 75. 1. 278; Civ. rej. 26 déc. 1876, aff. Malbec, D. P. 77. 1. 171). Les arrêts suivants donnent l'exemple des circonstances qui peuvent être prises en considération par le juge dans un sens ou dans l'autre. Il a été jugé que les immeubles doivent être réputés partageables dans le sens des art. 826 et 832 c. civ., quoique certains modes d'allotissement en nature soient susceptibles de causer une dépréciation, si ces modes d'allotissement peuvent être évités; que, spécialement, lorsque dans la masse donnée pour deux tiers à l'un des enfants, et pour un tiers à l'autre, se trouve un seul immeuble que l'ascendant donateur a attribué en totalité au premier, sauf au second à prendre une part plus forte dans les autres valeurs héréditaires, ce partage ne peut être maintenu sous prétexte que la division de l'immeuble en nature, c'est-à-dire en trois lots, aurait pu placer le lot du second enfant entre les deux lots de son copartageant, et déprécier ainsi cet immeuble, rien n'empêchant, en cas pareil, l'ascendant de disposer les lots de manière à éviter ce morcellement, et la dépréciation qui en eût été la conséquence (Civ. cass. 18 déc. 1855, aff. Estelle, D. P. 56. 1. 20). — Jugé, au contraire, que les juges du fait peuvent déclarer que des immeubles compris dans un partage d'ascendant n'étaient ni utilement, ni commodément partageables, en se fondant moins sur leur consistance matérielle que sur les conditions dans lesquelles s'effectuait le partage, notamment sur l'obligation qui incombait à l'héritier qui n'a reçu que des valeurs mobilières, de rapporter les sommes dont il était débiteur envers l'ascendant, et de payer les dettes de celui-ci, conditions telles que lotir cet héritier en immeubles, c'était l'exposer à l'expropriation immédiate des immeubles qui lui seraient attribués (Req. 8 mars 1875 précité).

Sect. 2. — Règles spéciales aux partages entre vifs (*Rép.* nos 4500 à 4543).

Art. 1er. — *Règles relatives au fond des partages entre vifs, ou règles intrinsèques* (*Rép.* nos 4501 à 4532).

§ 1er. — Capacité pour procéder au partage entre vifs (*Rép.* nos 4502 à 4507).

1119. La première condition nécessaire pour la validité du partage, c'est que le partageant soit propriétaire des biens partagés. — Ainsi, en principe, l'acte de partage dans lequel un ascendant comprend, outre ses biens propres, ceux provenant de son conjoint prédécédé et des enfants donataires eux-mêmes, serait frappé de nullité (Req. 7 août 1860, aff. Payenneville, D. P. 60. 1. 498). Toutefois, la cour de Paris, le 24 juin 1886 (1), paraît s'être rangée à l'opinion contraire, en déclarant valable une clause pénale destinée à garantir un pareil acte contre les attaques des enfants. — La nullité devrait, d'ailleurs, être écartée, si l'enfant qui la propose avait expressément consenti à ce que le partage fût effectué de la sorte, et même en avait provoqué l'accomplissement. C'est dans une telle circonstance de fait que la cour de Montpellier, le 6 mars 1871 (aff. Cabanes, D. P. 71. 2. 252), a déclaré valable le partage anticipé entre les enfants fait cumulativement par le père de ses propres biens et des biens de la mère prédécédée, et jugé, en conséquence, qu'un des enfants n'est pas recevable à attaquer ce partage, en demandant qu'il soit formé deux masses distinctes, sous prétexte qu'il n'a pas sa réserve dans la succession maternelle, s'il a sa réserve sur la masse entière des deux succes-

(1) (Fréchu C. Fréchu.) — La cour; — Considérant qu'il n'est pas défendu de déroger aux lois qui n'intéressent pas l'ordre public ou les bonnes mœurs; que cette règle générale, qui ressort des dispositions de l'art. 6 c. civ., doit servir de base pour l'interprétation de l'art. 900 du même code; que si ce dernier article ne reproduit pas les termes de l'art. 6, rien dans son texte ni dans son esprit ne permet d'admettre qu'il renferme une restriction de la règle générale, en prohibant toute dérogation aux lois, même à celles qui ne concernent que des intérêts privés; — Considérant qu'en comprenant dans le lotissement qu'il a effectué, par son testament, non seulement de ses immeubles et de ses créances propres, mais encore des immeubles et des créances dépendant de la communauté et de la succession de sa femme prédécédée, Fréchu n'a pas disposé de la chose d'autrui, mais qu'il a imposé à ses enfants une obligation de faire, sanctionnée par une clause pénale, à savoir l'obligation d'exécuter par le tirage au sort le partage dressé par lui; qu'une semblable disposition ne touche qu'à des intérêts privés; — Considérant que Fréchu a laissé au libre arbitre des parties intéressées l'option entre l'exécution du partage et leur part réservataire; qu'ayant le droit de disposer d'une manière absolue d'une partie de ses biens, il a pu légitimement n'en disposer qu'éventuellement; qu'il n'a point privé ses héritiers du droit de considérer ledit partage comme non avenu, mais que, prévoyant le cas où l'une d'elles userait de ce droit, il a disposé en faveur de l'autre de la quotité disponible, à titre de préciput; qu'en cela il n'a point contrevenu à la loi; — Considérant qu'il en est de même de la disposition par laquelle il a attribué certains papiers et certains objets mobiliers à chacune de ses filles; — Par ces motifs; — Infirme; — Emendant, décharge les appelants des dispositions et condamnations contre eux prononcées; statuant à nouveau, dit que la condition insérée au testament-partage de Fréchu était licite, et qu'elle doit recevoir son application; — Dit, en conséquence, qu'à raison de ce que la dame Delimoges a refusé d'exécuter les dispositions testamentaires de son père, elle est privée et exclue de la quotité disponible.

Du 24 juin 1886.-C. de Paris.-MM. Choppin, pr.-Martinet, subst. proc. gén.-Benoist et Léon Renault, av.

sions (Comp. dans le même sens : Aubry et Rau, t. 8, § 731, p. 17; Demolombe, t. 6, nos 89 et 90; Genty, p. 159; Bonnet, t. 1, nos 248 à 250; Réquier, n° 138).

1120. D'ailleurs, pour que cette nullité puisse être invoquée, il faut que les biens étrangers à l'ascendant aient été compris dans le partage réellement et non pas seulement d'une façon apparente. Ainsi l'acte portant donation, par un ascendant, à ses enfants, de sa part dans des immeubles indivis entre lui et la succession de son conjoint recueillie par les enfants donataires, puis partage des mêmes immeubles entre ces derniers, y compris la portion dont ils étaient déjà copropriétaires, est valable, lorsqu'il ne ressort des clauses de l'acte aucune immixtion de l'ascendant donateur dans le partage des valeurs auxquelles ne s'appliquait pas la donation (Req. 2 déc. 1862, aff. Péraud, D. P. 63. 1. 228).

1121. Que faudrait-il décider, dans le cas où l'ascendant aurait compris dans le partage des biens dont il avait déjà disposé en faveur de l'un de ses héritiers, par avancement d'hoirie et sans dispense de rapport? L'acte serait valable, car les biens dont il s'agit n'étaient pas définitivement sortis du patrimoine de l'ascendant, dans lequel ils compteraient encore si celui-ci n'avait pas jugé à propos d'opérer à l'avance la répartition de son patrimoine, répartition acceptée par l'enfant donataire qui s'est implicitement soumis à effectuer le rapport. C'est ce qui a été établi au *Rép.* n° 4552 (*Adde* dans le même sens : Demolombe, t. 6, n° 77; Aubry et Rau, t. 8, p. 20, § 731; Réquier, n° 130; Lyon-Caen, *Partage d'ascendants*, p. 200; Laurent, t. 15, n° 43). Aussi la cour de Toulouse, le 26 juill. 1878 (aff. Mader, D. P. 79. 2. 177), a-t-elle déclaré valable une donation-partage contenant, outre les biens présents des ascendants, des biens qui appartenaient déjà aux enfants donataires en vertu de donations faites en avancement d'hoirie, et, comme tels, sujets à rapport.

§ 2. — Caractères des partages opérés entre vifs (*Rép.* nos 4508 à 4532).

1122. — I. DISTRIBUTION A TITRE GRATUIT (*Rép.* nos 4508 à 4510). — Il est essentiel à la donation-partage que les dispositions qu'elle renferme soient purement gratuites; mais, pas plus qu'en matière de donations pures et simples, cette règle n'exclut la possibilité d'imposer des *charges* aux enfants copartagés (Comp. *Rép.* nos 4508 et suiv.). Il faut seulement que ces charges soient valables.

L'une des plus fréquentes est celle qui consiste à imposer au donataire le payement des dettes du donateur. Cette charge est licite, pourvu qu'elle n'ait trait qu'aux dettes actuelles, mentionnées en un état annexé à la donation (Lyon, 8 févr. 1867, aff. Robin, D. P. 67. 2. 154). C'est à raison seulement de cette exigence particulière que la cour de cassation (Civ. cass. 4 mars 1878, aff. Cayrel, D. P. 78. 1. 149) a déclaré nulle une donation-partage qui, après avoir imposé aux donataires l'obligation de payer les dettes actuelles du donateur, ajoutait que « les parties acquitteront généralement toutes les dettes passives qui pourront grever la succession du donateur, y compris les intérêts échus ou à échoir », attendu qu'une telle clause met à la charge des donataires toutes les dettes que le donateur laissera à son décès.

1123. — II. DESSAISISSEMENT ACTUEL ET IRRÉVOCABLE (*Rép.* nos 4511 à 4521). — Ce que nous avons dit plus haut du dessaisissement de l'ascendant (V. *suprà*, n° 1104) nous dispense d'insister longuement sur ce point. Toutefois, il est une hypothèse qui, par son intérêt pratique, mérite une attention particulière: c'est celle où la donation-partage contient une réserve d'usufruit. Si cette réserve a lieu en faveur de l'ascendant donateur lui-même, elle est évidemment valable, ainsi que nous l'avons dit au *Rép.* n° 4515, par application de l'art. 949 civ. — Mais *quid*, si cette réserve d'usufruit est imposée au profit du survivant des époux? La cour de Poitiers l'a validée le 20 févr. 1861 (aff. Cosset, D. P. 61. 2. 93), « attendu qu'elle n'est qu'une charge imposée aux donataires, et acceptée valablement par chacun d'eux » (Conf. Poitiers, 10 juin 1851, aff. Lebeau, D. P. 53. 2. 11). Il nous paraît plus sûr de persister dans l'opinion par nous émise au *Rép.* n° 4516, et de considérer une telle clause comme une donation mutuelle entre les époux faite durant le mariage dans un seul et même acte, et nulle, comme telle, aux termes de l'art. 1097. C'est le même motif qui a fait prononcer la nullité d'une clause analogue dans le cas où les père et mère de l'un des futurs, lui donnant par contrat de mariage un immeuble qu'ils ont déclaré être leur propriété commune à titre d'acquêt, se sont réservé l'usufruit de cet immeuble, et ont stipulé qu'au décès de l'un d'eux le survivant conservera l'usufruit entier (Agen, 21 nov. 1860, aff. Duplan, D. P. 61. 2. 34).

1124. — III. ACCEPTATION DE LA DONATION (*Rép.* nos 4522 à 4532). — Les règles relatives à l'acceptation des donations sont, en principe, applicables à la donation-partage. Une donation-partage serait donc nulle, si elle n'était revêtue de l'acceptation de *tous* les enfants (*Rép.* nos 4522 et 4523). Toutefois, si la nullité provenait de la non-acceptation au nom d'un descendant mineur, elle ne pourrait être invoquée contre celui-ci (Lyon, 23 mars 1877, aff. Mignard, D. P. 78. 2. 33).

1125. Cette question de l'acceptation au nom d'un mineur présente, dans la pratique, un assez grand nombre de difficultés que nous avons signalées au *Rép.* nos 4528 et suiv. Nous rappellerons seulement qu'en principe la donation-partage intéressant des mineurs n'est pas assujettie aux formalités sans l'accomplissement desquelles l'art. 466 c. civ. la répute provisionnelle (Req. 4 mai 1846, aff. Jeanjean, D. P. 46. 1. 129, cité au *Rép.* n° 4470). C'est dans cet esprit qu'il a été jugé : 1° que le tuteur peut valablement accepter pour son pupille une donation-partage qui lui attribue des immeubles et des meubles moyennant une soulte, cette soulte ne pouvant être assimilée à une aliénation (Grenoble, 11 janv. 1864, aff. Pallavicino, D. P. 65. 2. 57); — 2° Que l'acceptation faite au nom du mineur, par son tuteur, d'une donation-partage comprenant tous les biens du père et de la mère, et contenant une réserve de l'usufruit de ces biens au profit du survivant d'eux, n'entraîne aucune aliénation, même en usufruit, d'immeubles ayant appartenu au mineur; et que, par suite, il n'est pas nécessaire que cette acceptation soit homologuée par le tribunal (Req. 25 févr. 1878, aff. Pinton, D. P. 78. 1. 449).

1126. Nous avions dit au *Rép.* n° 4531 que si le père et la mère faisaient le partage en commun par le même acte, le père accepterait valablement le partage en ce qui concerne la mère et la mère en ce qui concerne le père. Cette opinion a été pleinement consacrée par la jurisprudence (Paris, 23 juin 1849, aff. Horiot, D. P. 50. 2. 10; Poitiers, 20 févr. 1861, aff. Cosset, D. P. 61. 2. 93).

1127. Enfin il a été jugé que l'autorisation donnée par un mari à sa femme, à l'effet de partager ses biens entre leurs enfants, partage dont le père ne devait pas profiter, n'enlève pas à celui-ci le droit de l'accepter pour ses enfants mineurs, conformément à l'art. 935 c. civ. (Caen, 3 mars 1855, aff. Lenoir, D. P. 56. 2. 91).

ART. 2. — *Règles relatives aux formes des partages entre vifs, ou règles extrinsèques* (*Rép.* nos 4533 à 4543).

1128. En principe, comme on l'a vu au *Rép.* n° 4534, l'acte contenant la donation-partage doit être notarié. Cependant, le partage d'ascendant peut être fait dans la forme d'un contrat à titre onéreux (Aubry et Rau, t. 8, § 729, p. 9; Bonnet, t. 1, n° 367; Demolombe, t. 6, n° 15).

1129. L'acceptation doit être expresse (*Rép.* n° 4526); et il a été jugé avec raison qu'on ne saurait voir une acceptation régulière d'une donation-partage dans l'acte par lequel le donataire a disposé des biens qui lui avaient été attribués par cette donation comme de choses lui appartenant, en indiquant ladite donation comme son titre de propriété (Bordeaux, 22 mai 1861, aff. Mercier, D. P. 61. 2. 196).

Si l'acceptation a lieu par acte séparé, elle doit être notifiée à l'ascendant donateur, de son vivant, à peine de nullité (Req. 30 juill. 1856, aff. Rigal, D. P. 56. 1. 409); et la nullité peut être demandée même par l'enfant dont l'acceptation, par acte séparé, n'a pas été notifiée (Même arrêt).

1130. Enfin, lorsque le partage entre vifs comprend des immeubles, il est assujetti à la formalité de la transcription (*Rép.* n° 4543. *Adde*: Aubry et Rau, t. 8, § 729, p. 10; Demolombe, t. 6, n° 12; Réquier, n° 45; Bonnet, t. 1, n° 330). Et, à ce sujet, il a été jugé que lorsque, dans un partage d'ascendant, le lot de l'un des enfants a été composé du montant non encore touché d'une donation qui lui avait été faite précédemment en avancement d'hoirie, et, en outre, de valeurs complémentaires, il n'y a à son égard libéralité que relativement à ces dernières valeurs; que, pour ce qui concerne le montant de la donation antérieure, le partage ne constitue qu'une dation en payement; et que, par suite, le défaut de transcription ne pourrait être opposé à l'enfant que pour les valeurs au sujet desquelles le partage a le caractère de libéralité nouvelle (Limoges, 26 mars 1852, aff. Veyriras, D. P. 53. 2. 143).

Sect. 3. — Règles spéciales aux partages testamentaires (*Rép.* nos 4544 à 4560).

1131. Les règles de forme applicables aux partages testamentaires sont exactement celles qui régissent tous les testaments (*Rép.* nos 4557 et suiv.). — Ajoutons que, par application de ces règles, le même acte testamentaire ne peut comprendre le partage des biens de plusieurs personnes, et, spécialement, de deux époux (V. Grenier, t. 1, n° 402; Toullier, t. 5, n° 815; Duranton, t. 9, n° 622; Aubry et Rau, t. 8, § 729, texte et note 7, p. 10; Réquier, n° 43; Demolombe, t. 6, n° 18; Bonnet, t. 1, nos 402 à 406).

1132. Quant aux règles de fond, elles sont les mêmes en général que pour les partages entre vifs. — Ainsi notamment le partage ne peut valablement porter que sur des objets appartenant au testateur et à lui seul (V. *suprà*, n° 1119). Il faut donc déclarer nul le testament par lequel une mère, partageant ses biens entre ses enfants, a compris dans ce partage, outre ses biens propres, les biens de son mari et ceux de ses enfants eux-mêmes; un tel partage forme un tout indivisible, auquel on ne peut appliquer l'art. 900 c. civ., portant que, dans toute disposition entre vifs ou testamentaire, les conditions contraires aux lois ou aux mœurs doivent être réputées non écrites (Angers, 25 janv. 1862, aff. Billod, D. P. 62. 2. 36). — Et même la nullité dont il s'agit n'est pas couverte par des traités intervenus entre les enfants depuis le décès de la testatrice, et par lesquels ils ont approuvé, tout en le modifiant en quelques points, le partage testamentaire, alors que, d'une part, ces traités, embrassant les biens du père encore vivant, constituent par là même une stipulation sur une succession future, et que, d'autre part, lesdits traités ne mentionnent ni les nullités à réparer, ni la volonté de les réparer; que cette nullité n'est pas couverte non plus par l'exécution que les parties auraient donnée au testament, lorsqu'il apparaît, d'après les circonstances de la cause, que lesdites parties ignoraient alors les vices du testament (Même arrêt).

Quant à la question de savoir si les biens de la communauté peuvent, avant la dissolution de celle-ci, être compris dans un partage d'ascendant, elle a été traitée au *Rép.* nos 4135 et suiv. et v° *Contrat de mariage*, nos 2135 et suiv. — V. aussi *suprà*, v° *Contrat de mariage*, nos 2135 et suiv., où l'on a cité deux arrêts (Civ. cass. 23 déc. 1861, aff. Saint-Hérand, D. P. 62. 1. 31, et sur renvoi, Orléans, 5 juin 1862, D. P. 63. 2. 159), aux termes desquels la femme ne peut, par voie de disposition testamentaire, procéder à la division de la communauté encore subsistante, à l'effet de comprendre sa part de l'actif commun dans un partage par elle fait entre ses enfants par le même testament. Une décision contraire avait été rendue dans la même affaire par la cour de Bourges, le 15 févr. 1860 (V. *suprà*, n° 69). Cette solution n'est d'ailleurs pas spéciale à la femme; elle s'applique également, d'après la doctrine consacrée par la cour de cassation, au cas où le partage émanerait du mari, ou même des deux époux conjointement (Civ. cass. 13 nov. 1849, aff. Dupont, D. P. 49. 1. 311, et *Rép. loc. cit.*). C'est également ce qu'admettent les auteurs les plus récents (V. notamment : Aubry et Rau, t. 8, § 734, p. 18; Demolombe, t. 6, n° 87; Bonnet, t. 1, n° 267). Au reste, la nullité dont l'opération est entachée ne saurait être couverte ni par le consentement de l'époux survivant, ni même par le consentement des enfants, à moins qu'il ne soit unanime. C'est du moins ce qui a été jugé, contrairement aux décisions citées au *Rép.* n° 2136, par les arrêts précités des 23 déc. 1861 et 5 juin 1862 (V. conf. Aubry et Rau, *loc. cit.*; Demolombe, t. 6, n° 88; Bonnet, t. 1, n° 268).

1133. La nullité du partage comprenant d'autres biens que ceux du testateur ne saurait être arrêtée par l'effet d'une clause pénale insérée dans le testament (Caen, 15 juin 1863) (1). — Mais la nullité de cette clause pénale ne s'opposerait pas à ce que les enfants fissent entre eux une transaction tendant aux mêmes fins. Jugé en ce sens que, lorsqu'un ascendant a fait dans son testament le partage, entre ses enfants et petits-enfants, de ses biens personnels et des biens de sa femme prédécédée dont il était usufruitier, en stipulant que l'héritier qui ne se conformerait pas à la volonté du testateur serait réduit à sa part dans la réserve, une transaction consistant dans l'engagement réciproque d'exécuter le testament peut valablement intervenir entre les enfants majeurs, d'une part, et le tuteur des petits-enfants mineurs, d'autre part; et que, s'il est justifié que la tran-

(1) (Renard C. Tusson.) — La cour; — Considérant que, par son testament du 26 juill. 1851, Augustin Renard a fait deux lots, non seulement de ses biens, conformément à l'art. 1075 c. nap., mais encore de la plus grande partie des biens qui appartiennent à son épouse survivante, soit comme propres, soit à raison de la société conjugale qui existait entre les époux Renard, mariés sous l'empire du statut normand; — Considérant qu'en disposant ainsi, par testament, de biens qui ne lui appartiennent pas, qui faisaient partie d'une communauté non dissoute et qui forment la majeure partie des biens devant composer la succession d'une personne vivante, Augustin Renard a fait des dispositions illégales, frappées de nullité par un motif d'ordre public; qu'en effet le motif qui a dicté la prohibition décrétée par les art. 791, 1130 et 1600 c. nap. doit s'appliquer aux testaments comme aux stipulations conventionnelles, car on reconnaît sans hésiter que la règle générale écrite dans l'art. 6, qui ne permet pas de déroger, *par des conventions particulières*, aux lois qui intéressent l'ordre public, s'applique aussi aux testaments; — Considérant qu'un testament doit être entièrement l'œuvre du testateur, que son exécution ne peut être soumise au caprice ou à la volonté d'un tiers; — Considérant que les lots testamentaires du 26 juill. 1851, formés illégalement par Auguste Renard, qui a excédé les pouvoirs que lui conférait l'art. 1075 c. nap., étaient subordonnés pour leur exécution : 1° au consentement de la dame veuve Renard, à son acceptation d'un legs d'usufruit, sous la condition qu'elle abandonnerait la propriété de la majeure partie de ses biens; 2° à l'acceptation, par Romain Renard, du premier desdits lots, composé exclusivement d'un domaine formant la presque totalité de la succession immobilière du père, ce qui emporterait sa renonciation à la part qui aurait pu lui revenir, cessant ces mêmes lots, dans la succession maternelle, non encore ouverte; 3° enfin, au consentement de la dame Tusson à abandonner ses droits sur presque tous les biens de la succession paternelle, pour obtenir par anticipation une plus forte part dans les biens qui auraient pu lui revenir de la succession de sa mère; — Considérant que le pacte qui se serait formé par le concours des volontés de la veuve Renard, de son fils et de sa fille, la dame Tusson, et sans lequel le partage testamentaire dont il s'agit ne pourrait être mis à exécution, présenterait les caractères d'un pacte sur une succession future, à raison de ce qu'il porterait sur la plus grande partie des biens de ladite veuve Renard, qui devaient composer cette succession; qu'un pareil pacte, que les combinaisons illégales du testament du 26 juill. 1851 tendaient à imposer à l'intimée, serait nul d'une nullité d'ordre public, quand même la dame Renard y aurait donné son assentiment;

Considérant que c'est évidemment dans le but de protéger les lots testamentaires par lui faits contre toute attaque et toute demande en nullité, quand même cette demande serait fondée sur la violation d'un principe d'ordre public, qu'Augustin Renard a édicté une peine testamentaire en formulant une clause pénale contre celui de ses enfants qui ne se soumettrait pas aux dispositions illégales et nulles qu'il a voulu lui imposer; — Considérant que la dame Tusson est donc bien fondée dans son attaque contre les lots testamentaires du 26 juill. 1851, pour atteinte à sa réserve légale dans la succession paternelle; — Considérant qu'en appréciant dans son ensemble le testament du 26 juill. 1851 et ses diverses combinaisons, qui avaient évidemment pour but de la réduire à sa part la plus faible possible dans les biens de son père et de sa mère, on reconnaît que la clause pénale qu'il renferme était destinée à en protéger toutes les dispositions, même contre une attaque pour atteinte à sa réserve légale, en inspirant à la dame Tusson qui ne pouvait apprécier ses droits, qu'après des estimations et des calculs plus ou moins compliqués, la crainte de rendre par cette attaque, sa position encore plus fâcheuse que celle que lui faisaient les lots testamentaires; — Considérant que, sous ce rapport, la clause pénale dont il s'agit doit encore être déclarée nulle, comme destinée à protéger une atteinte portée à un principe fondé sur un motif d'ordre public; — Considérant enfin que, d'après toutes les circonstances de la cause, c'est avec raison que les premiers juges ont annulé tout à la fois les lots testamentaires et la clause pénale destinée à les protéger;

Par ces motifs, confirme, etc.

Du 15 juin 1863.-C. de Caen, 1re ch.-MM. Mabire, pr.-Cotton d'Englesqueville, subst.-Tiphaigne et Trolly, av.

saction a été revêtue de toutes les formalités légales et qu'elle sauvegarde les intérêts des mineurs, il y a lieu par le tribunal d'en prononcer l'homologation (Douai, 7 déc. 1871, aff. Lesaffre, D. P. 73. 2. 212).

Sect. 4. — Effets des partages d'ascendants (*Rép.* nos 4561 à 4574).

1134. — I. Acquisition des lots. — Ainsi que nous l'avons vu au *Rép.* n° 4562, les biens compris dans un partage d'ascendant fait entre vifs sont immédiatement et irrévocablement attribués aux copartagés (Conf. Rennes, 18 août 1860, aff. Hélias, D. P. 61. 2. 233). L'une des conséquences de ce principe, c'est que ces biens ne peuvent plus, à moins qu'il n'en ait été fait réserve expresse, être compris dans la succession de l'ascendant partageant, même au moyen d'un rapport fictif (Même arrêt).

1135. Mais, du principe ainsi posé, il ne faudrait pas conclure à la disparition immédiate de tout droit pouvant grever les biens partagés du chef de l'ascendant : les droits acquis sont évidemment sauvegardés. Ainsi le partage fait par deux époux, de tous leurs biens, entre leurs enfants, n'emporte pas renonciation aux gains de survie qui peuvent frapper à leur profit les biens donnés, et notamment laisse subsister sur ces biens la donation d'usufruit faite par les époux au survivant d'eux, dans leur contrat de mariage (Req. 30 juill. 1856, aff. Rigal, D. P. 56. 1. 409). On en a tiré cette conséquence que la quotité dont celui des deux époux qui est décédé le premier a pu disposer au profit de l'un des enfants donataires, doit être calculée déduction faite du gain de survie ouvert à son conjoint, par suite de son prédécès (Même arrêt).

1136. L'acquisition des lots, en matière de partage d'ascendant, est, d'ailleurs, dominée par le principe général contenu dans l'art. 883. Le partage d'ascendant n'a, comme tout autre partage, qu'un effet déclaratif (Comp. Aubry et Rau, t. 8, § 733, note 7, p. 30; Demolombe, t. 6, n° 118; Genty, p. 205 et 206; Réquier, nos 88 et 89; Bonnet, t. 2, n° 492). En conséquence, lorsqu'un immeuble dont une femme mariée était copropriétaire par indivis au moment du contrat de mariage et qui a été exclu de la constitution de dot, lui a été attribué en totalité par l'effet d'un partage d'ascendant, cet immeuble doit être réputé extradotal pour le tout, et dès lors peut être hypothéqué par la femme et frappé de saisie immobilière par ses créanciers (Caen, 26 nov. 1868, aff. Goulard, D. P. 70. 5. 262).

1137. Toutefois, on sait que la fiction de l'art. 883 doit être interprétée restrictivement (V. *Rép.* v° *Succession*, nos 2378 et suiv.). C'est là un principe modérateur, dont la cour de Poitiers, le 16 août 1883 (aff. Belliard, D. P. 84. 2. 133), a fait une application intéressante. Une donation entre vifs d'immeubles, faite par deux époux à leurs deux enfants conjointement, avait été suivie, dans le même acte, d'un partage entre les donataires qui avaient accepté ensemble la donation des biens paternels et des biens maternels; par l'effet de ce partage, le fils était devenu attributaire des biens du père, et la fille des biens de la mère. Dans ces conditions, la fille devait-elle être considérée comme donataire unique des biens maternels, et tenue d'en rapporter fictivement la valeur totale à la succession de sa mère, pour le calcul de la quotité disponible, conformément à l'art. 922 c. civ.? Il semblerait qu'on dût être conduit à ce résultat par une application absolue de l'art. 883. Mais la fiction de cet article, restreinte à l'attribution de propriété des biens eux-mêmes considérés *in specie*, ne saurait avoir pour effet de dénaturer le caractère de l'acte de partage lui-même. Aussi la cour de Poitiers a-t-elle justement considéré que le père et la mère qui avaient fait conjointement et cumulativement à leur fils et à leur fille donation entre vifs d'immeubles appartenant à chacun d'eux, avaient entendu constituer, chacun pour moitié, une masse à partager également entre les deux donataires, et gratifier leur fils et leur fille chacun de la moitié de la valeur des biens dont ils se dépouillaient. Il importait peu que, par l'effet du partage auquel il avait été procédé dans le même acte entre les donataires, les biens du père eussent été attribués au fils et ceux de la mère à la fille : le père, comme la mère, n'avait pas moins, en réalité, donné à chacun de ses enfants la moitié de la valeur de ses biens propres. Par suite, dans le cas où le fils prédécédé aurait légué à sa mère la moitié de ses biens, et où, celle-ci venant à mourir à son tour, il y aurait lieu, pour le calcul de la quotité disponible, de réunir fictivement à la masse de sa succession les biens propres qu'elle avait donnés conjointement tant à son fils qu'à sa fille, la moitié qui lui était revenue dans la succession de son fils ne devrait être comptée, dans la composition de cette masse, que pour ce qui excéderait la moitié de la valeur du don qu'elle lui avait fait (Arrêt précité du 16 août 1883).

1138. — II. Rapports des copartagés entre eux. — Quelle que puisse être la nature de l'acte contenant le partage, c'est aux principes du partage seuls qu'il faut s'attacher pour définir les rapports des copartagés entre eux (Aubry et Rau, t. 8, § 733, p. 30). — Jugé en ce sens que, à supposer que, entre le partageant et les enfants partagés, un partage d'ascendant constitue une donation, il n'a, entre les enfants partagés qui ont accepté un tel acte, que le caractère d'un simple partage; et que, par suite, si l'un des partagés ne remplit pas envers un de ses copartagés les conditions de l'acte, celui-ci n'est point fondé à agir en révocation du partage, et n'a qu'une action en garantie de son lot contre celui-là (Grenoble, 8 janv. 1851, aff. Borel, D. P. 51. 2. 188, cité au *Rép.* n° 4579-2°). — Jugé de même que, si le partage d'ascendant par acte entre vifs constitue, entre les père ou mère partageants et les enfants partagés, une véritable donation soumise à toutes les règles de ce contrat, il n'a, dans le rapport des enfants entre eux, que le caractère du partage ordinaire de succession; qu'en conséquence, le défaut de payement par l'un des copartagés d'une somme que l'acte l'oblige à payer aux autres, n'autorise point ceux-ci à demander la révocation du partage, ou à exercer, à défaut de l'action en révocation, l'action résolutoire pour inexécution édictée par l'art. 1184 c. civ., cette action n'étant point applicable au partage (Besançon, 8 juin 1857, aff. Pelletret, D. P. 58. 2. 66). — Jugé encore que le partage d'ascendant constitue entre les enfants un partage ordinaire, et n'a les caractères d'une donation que vis-à-vis de l'ascendant; qu'en conséquence, l'enfant auquel a été attribué une somme d'argent qui doit lui être payée par un de ses copartageants, n'a pour sûreté de sa créance que le privilège établi par l'art. 2109 c. civ., et n'est pas, en cas de non-payement, admis à exercer l'action révocatoire ouverte au donateur par l'art. 953 (Req. 7 août 1860, aff. Payenneville, D. P. 60. 1. 498). — C'est par application du même principe qu'il a été jugé que le partage d'ascendant n'est soumis, à défaut par l'un des enfants donataires d'exécuter les conditions du partage, et notamment, de payer les soultes mises à sa charge, ni à l'action en révocation ouverte en matière de donation, ni à l'action résolutoire à défaut de payement du prix : les copartageants lésés n'ont, comme dans les partages ordinaires, qu'une action en rescision, ou leur privilège de copartageants, s'ils l'ont utilement inscrit (Limoges, 8 janv. 1847, aff. Espezolles, D. P. 47. 2. 159, cité au *Rép.* n° 4579-1°).

1139. — III. Payement des dettes. — Nous avons dit au *Rép.* n° 4571 que le partage d'ascendant, alors au moins qu'il est universel, a pour effet de charger les copartagés du payement des dettes. Souvent le partage aura contenu une répartition des dettes. Dans ce cas, et lorsque, dans le partage anticipé de ses biens, le père de famille a expressément indiqué celles de ses dettes qu'il met à la charge de ses donataires, ceux-ci peuvent se refuser au payement de toutes autres dettes même antérieures au partage, sauf aux créanciers, s'il y a lieu, à attaquer la donation, comme faite en fraude de leurs droits (Bordeaux, 18 janv. 1858, aff. Mie, D. P. 59. 2. 182). — Mais, dans cette mesure, l'obligation du copartagé au payement des dettes est absolue. Jugé que le partage anticipé de tous ses biens qu'un père fait entre ses enfants, en les chargeant de payer certaines dettes, a pour effet d'obliger personnellement chaque copartagé envers les créanciers du disposant, à raison, non seulement de la portion de dettes ainsi mise à sa charge, mais encore de sa part virile de toutes celles ayant acquis date certaine avant le partage, et, en outre, de toutes les dettes hypothécaires grevant les biens donnés; qu'en conséquence, les copartagés ne peuvent se soustraire, ni par le délaissement, ni par la purge, à l'exercice des droits hypothécaires des créanciers du disposant (Nîmes, 20 août 1856, aff. Ausset, D. P. 56. 2. 220).

1140. Au reste, si le partage d'ascendant est fait par donation entre vifs, le donataire ne peut être tenu que des dettes actuelles, telles qu'elles ressortent de l'état annexé à la donation : l'obligation de payer les dettes postérieures serait nulle et entraînerait la nullité de l'acte de partage (*Rép.* n° 4573). Ainsi il a été jugé que l'acte de donation-partage qui, après avoir imposé aux donataires l'obligation de payer les dettes actuelles du donateur, ajoute que « les parties acquitteront généralement toutes les dettes passives qui pourront grever la succession du donateur, y compris les intérêts échus ou à échoir », met, sans aucune ambiguïté, à la charge des donataires, toutes les dettes que le donateur laissera à son décès, et renferme, en conséquence, une condition entraînant la nullité de la donation; par suite, le jugement qui, en présence d'une pareille clause et sous prétexte d'interprétation, déclarerait que la donation-partage n'assujettit les donataires qu'au payement des dettes actuelles du donateur, devrait être cassé pour violation de l'art. 945 c. civ. (Civ. cass. 4 mars 1878, aff. Cayrel, D. P. 78. 1. 149).

1141. — IV. CONDITIONS DU PARTAGE. — Les conditions imposées par l'acte de partage doivent recevoir leur exécution, pourvu qu'elles soient valables. Il a été jugé que la clause d'un partage d'ascendant portant que les biens qui se trouveront dans la succession du donateur seront partagés entre les enfants du défunt par égales portions est nulle, et n'enlève pas, dès lors, à l'ascendant le droit de disposer ultérieurement de ces biens, par donation ou testament, dans les limites de la quotité disponible, notamment, au profit de l'un de ses enfants; une telle clause n'étant permise, à raison de son caractère d'institution contractuelle, que dans un contrat de mariage (Grenoble, 12 févr. 1859, aff. Aubry, D. P. 60. 1. 169).

1142. L'insertion d'une charge ou condition ne saurait avoir pour effet de changer le caractère de l'acte de partage. Ainsi la condition imposée dans un partage d'ascendant, à l'un des enfants loti en immeubles, de rapporter en nature une somme par lui reçue en avancement d'hoirie, équivaut à l'établissement d'une soulte à la charge de cet enfant (Nîmes, 20 nov. 1854, aff. Dumas, D. P. 55. 2. 107), mais ne saurait donner à l'acte le caractère d'une sorte de vente immobilière. Ainsi lorsque, dans un partage d'ascendant, le donateur attribue à l'un de ses enfants une part plus forte dans les immeubles, à la charge de payer une somme d'argent à l'enfant investi du lot le moins fort, cette somme d'argent ne peut pas être considérée comme le prix d'une aliénation d'immeuble, mais a un caractère purement mobilier (Caen, 5 nov. 1845, aff. Dubourg, D. P. 46. 2. 144, cité au *Rép.* n° 4494).

SECT. 5. — DE L'ANNULATION ET DE LA RÉVOCATION OU CADUCITÉ DES PARTAGES D'ASCENDANTS (*Rép.* n°s 4575 à 4596).

ART. 1er. — *De la nullité des partages d'ascendants* (*Rép.* n°s 4575 à 4577).

1143. V. *Rép.* n°s 4575 et suiv.

ART. 2. — *De la révocation et de la caducité des partages d'ascendants* (*Rép.* n°s 4578 à 4596).

1144. — I. PARTAGES ENTRE VIFS. — 1° *Révocation pour cause d'inexécution des conditions* (*Rép.* n°s 4578 et 4579). — L'inexécution des conditions a pour effet de révoquer le partage. Cette révocation annule d'une façon complète la dévolution faite au profit de l'enfant du chef duquel procède la nullité : celui-ci ne peut rien conserver des biens compris dans son lot. Ainsi, lorsque le partage cumulatif des biens du père prédécédé, de la mère survivante et de leur communauté, a été fait sous la condition d'une rente au profit de la mère, avec réserve de reprendre le lot de l'enfant en retard de payer sa part de la rente, la mère est fondée, le cas échéant, à reprendre le lot entier du retardataire, et non pas seulement la portion de ce lot formée des biens à elle propres (Bordeaux, 16 mai 1870, aff. Daisson, D. P. 71. 2. 247).

1145. Mais cette révocation encourue par l'un des enfants a-t-elle pour effet de réagir contre tous les autres, en sorte que celui-là ait le droit de provoquer un nouveau partage? La jurisprudence et la doctrine sont, à cet égard, divisées. — MM. Demolombe, t. 6, n° 141, et Réquier, n° 83, appliquent purement et simplement ici les dispositions de l'art. 1078, qui déclare nul le partage d'ascendant dans lequel n'ont pas été compris tous les enfants existants lors du décès du testateur; en conséquence ils autorisent l'enfant, cause de la révocation, à provoquer un nouveau partage après la mort de l'ascendant; et c'est en ce sens que se sont prononcées la cour de Bordeaux, le 4 déc. 1871 (aff. Savary, D. P. 72. 2. 177), et la cour de Besançon, le 23 mars 1880 (aff. Dévoille, D. P. 81. 2. 15). — Mais la cour de Douai, le 25 juill. 1879, (aff. Démaret, D. P. 80. 2. 123), a répondu, non sans raison, qu'en « vain l'on prétend que la révocation de la donation a tout anéanti rétroactivement et doit faire regarder cette donation comme n'ayant jamais existé à l'égard de l'enfant de qui procède la révocation; qu'une fiction légale ou une analogie ne sauraient prévaloir contre la réalité des faits; que si, par une circonstance postérieure, et à lui personnelle, cet enfant a vu prononcer la révocation du partage, en ce qui le concernait, il ne peut s'en prendre qu'à lui-même de la mesure dont il a été l'objet, laquelle n'affectait que les rapports entre lui et le père de famille, et ne pouvait avoir d'influence sur les rapports entre lui et ses frères ». Aussi la cour a-t-elle déclaré que la révocation partielle d'un partage anticipé d'ascendants, pour inexécution des conditions, prononcée contre un seul des descendants, n'entraîne pas la nullité du partage tout entier, et que le descendant évincé n'a pas le droit de réclamer un nouveau partage après le décès des ascendants donateurs; surtout si, lors de la liquidation de la succession de ces ascendants, il lui a été attribué des valeurs représentant celles dont il a été dépouillé par suite de l'action en révocation (Arrêt précité du 25 juill. 1879. — V. conf. Aubry et Rau, t. 8, § 733, p. 27-28, texte et note 4; Genty, p. 281-282).

1146. — 2° *Révocation pour cause de survenance d'enfant* (*Rép.* n°s 4581 à 4585). — Le partage d'ascendant se trouve, en cas de survenance d'un nouvel enfant au donateur, atteint d'une nullité absolue (*Rép.* n° 4581); et c'est à tort que les enfants copartageants prétendraient, en renonçant à la succession de leur auteur, retenir les biens objet du partage jusqu'à concurrence de la quotité disponible et de la réserve (Caen, 10 mai 1852, aff. Chauvin, D. P. 53. 2. 185; Lyon, 6 mars 1878, aff. Depaix, D. P. 78. 2. 65).

1147. Cette nullité est-elle absolue, ou relative seulement à l'enfant omis? La cour de Caen a jugé que les enfants survenus au donateur ont seuls le droit de demander la nullité de la donation-partage, puisqu'à l'égard de tous autres le donateur s'est irrévocablement dessaisi (Caen, 10 mai 1852, cité *suprà*, n° 1146). — Mais ce système n'est pas généralement suivi, et il a été jugé, au contraire, que le partage d'ascendant est alors nul pour le tout, et que la nullité peut en être demandée, non seulement par l'enfant né postérieurement à sa confection, mais encore par les enfants qui y avaient figuré (Rouen, 26 déc. 1873, aff. Jouan, D. P. 77. 5. 320; Req. 5 nov. 1877, aff. Verdier, D. P. 78. 1. 372-373).

1148. La nullité est encore absolue à un autre point de vue, en ce sens qu'elle atteint l'acte tout entier. Ainsi il a été jugé qu'elle s'applique, non seulement au partage, mais à la donation elle-même, laquelle est anéantie même quant à la part attribuée à un copartageant décédé avant le père de famille, et qu'elle est opposable au tiers acquéreur des biens formant cette part, lequel est, en conséquence, tenu de les restituer pour être compris dans le nouveau partage auquel il sera procédé. Le tiers acquéreur, en ce cas, ne jouit pas du droit de rétention accordé à l'héritier qui fait un rapport en nature, et il ne peut, dès lors, retenir la possession de l'immeuble jusqu'au remboursement des dépenses qu'il y a faites en améliorations et en constructions (Lyon, 6 mars 1878, aff. Depaix, D. P. 78. 2. 65). — Toutefois il a été jugé que la nullité d'un partage d'ascendant, pour cause de survenance d'enfant, ne s'étend point aux dispositions étrangères au partage renfermées dans le même acte, et, spécialement, à la donation par préciput faite dans les formes voulues par la loi au profit de quelques-uns des copartagés (Bordeaux, 20 août 1853, aff. Bernard, D. P. 54. 5. 258).

1149. — II. PARTAGES TESTAMENTAIRES. — La doctrine a continué, en général, à se prononcer contre l'opinion combattue au *Rép.* n° 4593, d'après laquelle le partage d'ascendant fait par testament serait caduc, en cas de prédécès de l'un des enfants copartagés, bien qu'il ait laissé lui-même des enfants ou descendants pour le représenter (V. Aubry et Rau, t. 8, § 730, texte et note 7, p. 13-14; Demolombe, t. 6, n°s 109 et 110, 146 et 147, 163; Réquier, n° 162; Bertauld, *Questions pratiques et doctrinales*, t. 2, n° 147. — *Contrà* : Laurent, t. 15, n° 104). Elle admet, d'autre part, contrairement à l'opinion adoptée au *Rép.* n° 4595, que le partage subsiste même dans le cas où le copartagé prédécédé n'a point laissé d'enfants (Aubry et Rau, *ibid.*, texte et note 17, p. 16; Colmet de Santerre, t. 4, n° 243 *bis*, VIII; Demolombe, t. 6, n°s 109 et 110; Laurent, t. 15, n° 80). Ces deux solutions ont été consacrées par un arrêt de la cour de Riom, du 7 mars 1885 (aff. Boncompain, D. P. 87. 2. 8). — Lorsque l'héritier mort après le partage dans lequel il a été compris a laissé des enfants, ceux-ci recueillent par droit de représentation, la part attribuée à leur auteur (Même arrêt). Mais si cet héritier n'a point laissé de postérité, que devient la part qu'il était appelé à recueillir ? Les auteurs résolvent la question par la distinction suivante. Si l'ascendant, avant de procéder au partage, avait fait une institution universelle au profit de tous les partagés, il y aurait accroissement au profit des colégataires (Aubry et Rau, *loc. cit.*; Demolombe, t. 6, n° 107; Genty, p. 285; Laurent, t. 15, n° 80). Dans le cas où cette institution n'a pas été faite, la disposition est réputée caduque, et les biens qui en sont l'objet sont dévolus aux autres enfants ou descendants, comme faisant partie de l'hérédité, et partagés entre eux conformément à l'art. 1077 (V. les mêmes auteurs, *loc. cit.*; Arrêt précité du 7 mars 1885).

SECT. 6. — DE LA LÉSION CONTENUE DANS LES PARTAGES D'ASCENDANTS ET DE L'ATTEINTE A LA RÉSERVE (*Rép.* n°s 4597 à 4629).

1150. On sait que la loi permet aux successibles d'attaquer les libéralités du défunt qui portent atteinte à leur réserve (art. 920), et d'autre part les partages d'où ils sortent lésés de plus du quart (art. 887). Le partage d'ascendant, qui participe à la fois de la libéralité et du partage, peut être affecté de ce double vice; la loi devait donc permettre de l'attaquer dans l'un et l'autre cas : c'est l'objet de l'art. 1079, lequel n'a d'autre but que d'étendre à cet acte exceptionnel les dispositions du droit commun. — Le partage d'ascendant qui porterait atteinte à la réserve, alors même qu'il ne contiendrait pas une lésion de plus du quart, tomberait sous le coup de l'art. 1079, bien que cet avantage excessif eût pour effet de profiter à plusieurs des copartagés, et non pas seulement à l'un d'entre eux (Montpellier, 14 juin 1865 (1)). D'autre part, la lésion de plus du quart ouvrirait l'action de l'art. 1079, alors même que le partage d'ascendant laisserait la réserve intacte, si, s'agissant d'un enfant préciputaire, le juge constatait une lésion de plus du quart, calculée tant sur la réserve que sur le préciput combinés ; ce dernier point ressort *a contrario* de deux arrêts de la cour de Toulouse du 10 juill. 1862 (2) et de la cour d'Agen du 1er juin 1868 (3).

1151. Quand un descendant éprouve l'un des préjudices prévus par l'art. 1079, atteinte à la réserve ou lésion de

(1) (Bournhol *C.* Artus et autres.) — LA COUR ; — Attendu que si un acte de partage est rescindable pour une lésion inférieure au quart, quand il en résulte pour l'un des copartageants un avantage plus grand que la loi ne le permet, il en doit être ainsi quand, par le résultat du partage, l'avantage dérivant de la lésion est attribué à deux des cohéritiers ; qu'en admettant la rescision pour moindre lésion dans les partages d'ascendant, le législateur n'a pas seulement voulu, dans l'intérêt de la morale, que le préciputaire rendit tout ce qui excédait le préciput; il a voulu que le réservataire ne fût point lésé, et il ne l'est pas moins dans le cas où l'avantage dérivant de la lésion profite à deux préciputaires que dans le cas où il profite à un seul; que, du reste, le jugement du 13 juin 1863 n'a pas ordonné la vérification de la lésion de plus du quart, mais bien la vérification d'une lésion quelconque, soit qu'elle dérive des attributions excessives faites à François Bournhol dans le partage, soit qu'elle dérive du rapprochement de ces attributions avec celles faites à Pierre Bournhol en vertu de la donation du préciput faite à celui-ci dans son contrat de mariage du 26 févr. 1842; met l'appellation au néant; ordonne que la sentence attaquée sortira son entier effet, etc.

Du 14 juin 1865.-C. de Montpellier, 1re ch.-MM. de la Baume, 1er pr.-Gouazé, 1er av. gén.-Génie et Ferrier, av.

(2) (Ville *C.* Ville.) — Le sieur Ville est décédé après avoir, par testament, partagé sa fortune entre ses enfants. Antérieurement, il avait gratifié l'un d'eux, Bernard Ville aîné, du quart par préciput de ses immeubles. Le partage ayant été attaqué par plusieurs des enfants Ville comme préjudiciant à leurs droits, il a été procédé, par expertise, d'abord à l'évaluation de la totalité des biens compris dans la succession, puis à celle de chacun des lots attribués à chaque enfant. La masse totale de l'actif héréditaire a été évaluée à 381300 fr. En même temps, il a été reconnu que Bernard Ville avait droit, en qualité de préciputaire, à 95325 fr. et comme réservataire à 57195 fr. soit, en tout à 152520 fr.; mais que l'attribution qui lui avait été faite à son double titre ne représentait qu'une valeur de 139330 fr., qu'il éprouvait, par suite, un déficit de 13190 fr. D'autre part, les experts ont constaté que le lot d'un autre cohéritier, le sieur Ville cadet, simple réservataire, qui devait être de 57195 fr., s'élevait, en réalité à 74000 fr., qu'ainsi ce cohéritier détenait un excédent de 16805 fr. En conséquence le tribunal de Pamiers, saisi du litige, a condamné Ville cadet à payer à Bernard Ville la somme de 13190 fr. pour combler le déficit que présentait son lot. — Appel par Ville cadet. — Arrêt.

LA COUR; — Attendu que l'art. 887 c. nap. a fixé le chiffre légal de la lésion en matière de partage et n'accorde aucune action en rescision lorsque le déficit ne dépasse pas le quart; — — Attendu que l'art. 1079, § 1er, du même code, pose la même règle en matière de partage d'ascendant ; qu'en laissant une pareille latitude aux évaluations du père de famille, la loi s'est préoccupée à la fois de la dignité paternelle, de la paix des familles, et de cette considération puissante qu'en matière d'estimation d'immeubles, l'évaluation vraie et absolue ne peut être atteinte ni espérée; — Attendu que le paragraphe 2 de l'art. 1079 porte à la vérité, que le partage pourra aussi être attaqué dans le cas où il résulterait, du partage et des dispositions faites par préciput que l'un des copartageants aurait un avantage plus grand que la loi ne le permet; mais que ce motif particulier de rescision ne peut être invoqué par l'enfant avantagé de la quotité disponible, car c'est au contraire contre lui qu'il a été introduit dans la loi; — Attendu, en effet, que le paragraphe 2 de l'art. 1079, qui fait exception au principe posé dans le paragraphe précédent, n'a pour but que de sauvegarder uniquement l'intérêt des enfants qui sont réduits à leur simple réserve, et d'empêcher l'enfant avantagé de la quotité disponible, de prendre au préjudice de ses frères quelque chose au delà de sa part héréditaire rigoureusement calculée; — Attendu que cette interprétation est conforme au texte et à l'esprit de la loi, tel du reste qu'il est indiqué par les débats qui ont précédé sa promulgation; — Attendu qu'en rapprochant ces principes des faits de la cause, il en résulte que B. Ville aîné, avantagé du préciput dans la succession de son père, ne peut être fondé à obtenir le supplément qu'il réclame, qu'autant que la lésion par lui éprouvée dans le partage paternel dépassera la limite du quart; — Attendu qu'il résulte des chiffres ci-dessus posés, que cette limite n'a pas été atteinte; qu'en effet, d'après le rapport le déficit qui a été signalé n'est que de 13190 fr., alors que son droit s'élève à 152520 fr.; — Attendu que la solution serait la même dans le cas où l'on voudrait, pour le calcul de la lésion, ne considérer tour à tour que le préciput et la réserve; — Attendu, dès lors, qu'il y a lieu de dire droit sur l'appel de Ville cadet et de le relaxer de la demande en payement de la somme de 13190 fr. réclamée contre lui par Bernard Ville aîné;

Par ces motifs, déclare qu'il n'existe pas dans le partage de la succession de Ville père, au préjudice de Bernard Ville, une lésion de nature à motiver la rescision de ce partage ou un complément de lot; ce faisant, infirme, etc.

Du 10 juill. 1862.-C. de Toulouse, 2e ch.-MM. Niel, pr.-Tourné, av. gén.-Fourtanier, Rumeau et Depeyrier, av.

(3) (Farget et Prévot *C.* Simonnet.) — LA COUR; — Attendu qu'il résulte des termes mêmes de l'art. 1079 que le partage d'ascendant ne peut être attaqué, en vertu du deuxième alinéa, que dans le cas où l'enfant donataire du préciput a reçu un avantage qui dépasse la quotité disponible; — Qu'en permettant, dans ce cas, par exception, aux réservataires d'attaquer le partage quoiqu'ils n'aient pas éprouvé une lésion de plus du quart, le législateur a eu pour unique but de prévenir les abus auxquels le père de famille aurait pu être entraîné par une préférence exclusive en faveur de l'enfant donataire de la quotité disponible; — Que le sens du second paragraphe de l'art. 1079 a été ainsi précisé dans la discussion qui a précédé la rédaction définitive de cet article et dans l'exposé des motifs fait par l'orateur du Gouvernement; — Attendu, d'ailleurs, que s'il était permis d'attaquer le partage toutes les fois qu'un avantage fait à l'un ou à l'autre des copartagés porterait une atteinte quelconque à la réserve, *la*

plus du quart, il peut, dit cet article, *attaquer* le partage. Sous cette expression vague, quelle est l'action que lui accorde le législateur? Est-ce une action en *rescision* de tout le partage, ou seulement une action en *réduction* des libéralités excessives? — Nous avons signalé au *Rép.* nº 4616 le système d'après lequel la simple atteinte à la réserve, aussi bien que la lésion de plus du quart, entraînerait la nullité du partage, et donnerait lieu, par conséquent, à une action en *rescision*, par l'effet de laquelle tout le partage se trouverait rescindé (V. en ce sens, outre les auteurs et les arrêts cités *ibid.*: Duranton, t. 9, nºs 644, 650 et 651; Genty, nº 50; Colmet de Santerre, t. 4, nº 247 *bis*. VIII et XII; Demolombe, t. 6, nºs 189 et 189 *bis*; Bonnet, t. 2, nºs 599 et suiv.; Beautemps-Beaupré, *De la portion de biens disponible*, t. 2, nºs 794 et suiv.; Grenoble, 6 mai 1842, *Rép.* nº 4646).

Il n'est pas difficile de voir tout ce que ce système a d'exagéré et d'arbitraire. Le code admet expressément, en matière de partages ordinaires, deux actions distinctes : aux termes de l'art. 887, *il peut y avoir lieu à rescision lorsqu'un des cohéritiers établit à son préjudice une lésion de plus du quart;* aux termes de l'art. 920, *les dispositions soit entre vifs, soit à cause de mort, qui excèdent la quotité disponible sont réductibles à cette quotité lors de l'ouverture de la succession.* Voilà donc en droit commun deux vices de partage, bien distincts entre eux, et qui donnent ouverture à deux actions également bien distinctes : action en rescision dans le cas de lésion de plus du quart, action en réduction dans le cas d'atteinte à la réserve. Lorsque la loi étend ces deux vices aux partages d'ascendants, pourquoi en aurait-elle changé le caractère? Pourquoi aurait-elle changé la nature de l'action attachée à chacun d'eux? En tous cas elle ne l'a pas fait, et rien n'autorise à suppléer à son silence, alors surtout qu'on n'y est contraint par aucune utilité. Comme l'a fort bien dit la chambre des requêtes, dans son arrêt du 30 juin 1852 (aff. Faget, D. P. 54. 1. 434, cité au *Rép.* nº 4618-2º), « la nullité d'un partage d'ascendant ne peut être demandée qu'autant qu'il résulte de ce partage une lésion de plus du quart au préjudice de l'un des cohéritiers, c'est-à-dire un dommage notoire et présumé volontaire; hors ce cas, et lorsque la lésion de plus du quart n'existe pas, et qu'il ne se rencontre qu'une libéralité qui porte une atteinte quelconque à la réserve, l'action en réduction des donations suffit pour rendre à l'héritier réservataire la portion de biens dont il a été indûment privé ». Cette doctrine, adoptée au *Rép.* nº 4618, est aussi celle de MM. Aubry et Rau, t. 8, § 734, p. 49; Réquier, nºs 208 et suiv.; Laurent, t. 15, nºs 142 et suiv., et la jurisprudence qui s'y était déjà conformée dans les arrêts cités *ibid.*, l'a de nouveau consacrée. Par son arrêt du 1er mai 1861 (aff. Gaudouin, D. P. 61. 1. 323), la chambre des requêtes a, sur une question incidente, nettement distingué « l'action en réduction qu'intente l'un des copartageants qui prétend sa réserve entamée par des libéralités excessives, et l'action en rescision pour cause de lésion de plus du quart ». Et par son arrêt du 17 août 1863 (aff. de Matha, D. P. 64. 1. 29), la même chambre a déclaré, en termes exprès, qu'un partage d'ascendant ne peut être attaqué pour atteinte à la réserve de l'un des enfants que par voie d'action en réduction de l'avantage excessif, conformément à l'art. 920 c. civ., et que, dès lors, l'enfant lésé est non recevable à demander, pour une telle cause, la rescision du partage lui-même. — Cette distinction a le plus grand intérêt pratique, puisque l'une des actions a pour effet de faire disparaître absolument tout le partage, tandis que l'autre ne fait que le modifier en partie par la réduction des libéralités excessives : c'est cette différence capitale que la chambre des requêtes a voulu faire ressortir en employant par opposition les mots de *rescision totale* et de *rescision partielle* (Req. 1er mai 1861, aff. Gaudouin, D. P. 61. 1. 323). Néanmoins, il est permis de critiquer l'emploi de ces expressions en ce qu'elles appliquent à l'action en réduction la même dénomination qu'à l'action en rescision, dont on veut précisément la distinguer. Cette assimilation singulière, qu'il importait de relever afin d'éviter tout malentendu, s'explique par cette circonstance que, dans l'arrêt précité, la chambre des requêtes, tout en distinguant très nettement l'une de l'autre par leurs caractères l'action en réduction et l'action en rescision, entendait cependant les assimiler sur un point secondaire, la durée de la prescription. Pour justifier l'application à l'une et à l'autre de l'art. 1304, la chambre des requêtes a appliqué aux deux actions le mot de *rescision* contenu dans cet article.

1152. L'action en réduction et l'action en rescision étant ainsi théoriquement distinguées, il reste à rechercher dans quelles circonstances de fait l'une ou l'autre pourra être intentée. En d'autres termes, si l'on veut établir que le partage d'ascendant contient, soit une lésion de plus du quart, soit une atteinte à la réserve, quels biens devront être compris dans la masse qui sera l'objet de ce calcul? Nous avons signalé au *Rép.* nºs 4604 et suiv., les divergences qui se sont produites sur ce point.

Suivant un système consacré par plusieurs arrêts cités au *Rép.* nº 4604, les partages d'ascendant faits entre vifs constituent des pactes de famille irrévocables de leur nature; en conséquence, à moins de stipulation contraire, les biens compris dans le partage sortent intégralement et à jamais du patrimoine de l'ascendant; la propriété de ces biens est irrévocablement fixée au profit des copartagés, même en ce qui concerne la réserve et la portion disponible qui leur correspondent; au décès de l'ascendant, il ne reste à partager que les seuls biens qu'il possède alors, et c'est sur ces biens que doivent se calculer la quotité disponible et la réserve.

1153. Ce système ne nous a point paru fondé (*Rép.* nº 4603). Il n'est pas douteux qu'en présence d'une donation et d'un partage ordinaires, le calcul de la réserve ou de la lésion doive être établi sur une masse générale des biens du défunt comprenant, à la fois, non seulement les biens trouvés dans son patrimoine lors de son décès, mais encore ceux qui avaient pu sortir de ce patrimoine au moyen de libéralités antérieures. Or nul texte exceptionnel ne permet de déroger à ce principe général dans le cas particulier du partage d'ascendant; et la chambre des requêtes, le 13 févr. 1860 (aff. Aubry, D. P. 60. 1. 169), a fort bien dit que « la disposition de l'art. 922 qui veut que pour le calcul et la fixation de la quotité disponible, on réunisse fictivement à la masse à partager les biens précédemment donnés par acte entre vifs, est absolue, et comprend dans sa généralité les biens que de son vivant le père de famille a partagés entre tous ses enfants, comme ceux dont il aurait disposé en faveur de quelques-uns seulement par préciput ou par avancement d'hoirie; qu'en effet, le partage d'ascendant suppose avant tout une donation, qu'une exception formellement écrite dans la loi pourrait seule soustraire à l'application du droit commun; que loin qu'il soit possible d'admettre que cette exception soit entrée dans la pensée du législateur, l'art. 1076, en soumettant les partages anticipés faits par acte entre vifs aux formalités, conditions et règles des donations entre vifs, consacre à leur égard la règle générale et les déclare virtuellement, mais nécessairement, soumis à la réunion fictive qui forme l'une des conditions de toute donation ». Et si l'on objecte que les partages d'ascendants sont irrévocables, et dessaisissent immédiatement l'ascendant qui ne plus plus y porter aucune atteinte, la cour suprême répond avec grande raison « que, sous ce double rapport, la donation produit les mêmes effets et présente les mêmes caractères, ce qui n'empêche pas la loi de la soumettre par une disposition expresse à la réunion fictive; qu'ainsi l'objection, sans valeur lorsqu'il s'agit de la donation, ne saurait en avoir davantage à l'égard du partage anticipé ». — La jurisprudence et la doctrine se sont généralement prononcées en faveur de l'opinion que

---

faculté accordée au père de famille par l'art. 1075 serait illusoire lorsqu'il aurait donné par préciput la quotité disponible, puisque le partage qu'il ferait de ses biens composant la réserve ne pourrait être maintenu qu'à la condition qu'il aurait observé entre tous ses enfants une égalité parfaite toujours impossible à réaliser dans la pratique; — En fait : — Attendu que Simonnet aîné, donataire de la quotité disponible, loin d'avoir été avantagé dans le partage fait par le père commun, a reçu un lot inférieur à ce qui devait lui revenir pour son préciput et sa part dans la réserve; que l'avantage qui aurait porté atteinte à la réserve des intimés a été fait aux dames Farget et Prévot, qui n'avaient été l'objet d'aucun don par préciput; qu'il n'y a donc pas lieu d'appliquer ici le deuxième alinéa de l'art. 1079;...

Par ces motifs, réformant, etc.

Du 1er juin 1868.-C. d'Agen, ch. civ.-MM. Sorbier, 1er pr.-Drême, 1er av. gén.-Gladi et Delpech, av.

nous avions soutenue, à savoir que les biens compris dans le partage anticipé fait par un ascendant doivent, au décès de ce dernier, être fictivement rapportés à sa succession pour calculer le montant de la quotité disponible (V. *suprà*, n° 297. *Adde :* Bourges, 21 févr. 1854, aff. Marnier, D. P. 55. 5. 335-336 ; Rennes, 20 déc. 1860, aff. Le Gac, D. P. 61. 2. 234; Douai, 26 janv. 1861, aff. Marescaux, D. P. 61. 2. 235; Metz, 28 mai 1861, aff. Spitz, D. P. 61. 2. 236; Riom, 3 mai 1862, aff. Souligoux, D. P. 62. 2. 110; Bordeaux, 9 juin 1863, aff. Saint-Guirons, D. P. 63. 2. 207, et sur pourvoi, Civ. rej. 14 mars 1866, D. P. 66. 1. 173; Bordeaux, 2 juill. 1868, *Recueil de Bordeaux*, 1868. 299; Paris, 15 mars 1873, aff. Bellot, D. P. 74. 5. 366. — V. toutefois : Bordeaux, 27 déc. 1869, aff. Guittard, D. P. 71. 2. 201).

1154. Etant donnés les biens qui doivent entrer dans la formation de la masse destinée au calcul de la quotité disponible et de la réserve, il reste à déterminer à quel moment devra être calculée la valeur de ces biens. C'est une question qui a longtemps divisé la doctrine et la jurisprudence. Suivant un premier système, c'est d'après leur valeur au jour du partage que l'on doit estimer les biens qui y sont compris pour apprécier s'il y a eu lésion au préjudice de l'un des copartageants, ou atteinte à la réserve légale. Cette opinion a été soutenue, notamment par MM. Larombière, *Théorie et pratique des obligations*, t. 4, sur l'art. 1304, nos 41 à 43 ; Dubernet de Boscq, *Revue critique*, 1859, p. 251 et 481, et surtout par M. Réquier, *Traité des partages d'ascendants*, nos 134 et suiv., *Revue pratique*, 1868, p. 193, et note insérée D. P. 69. 2. 9 (V. aussi dans le même sens: Laurent, t. 15, nos 120 et suiv.). Plusieurs arrêts ont adopté la même doctrine (V. outre celui de Nîmes du 24 déc. 1849, cité au *Rép.* n° 4610; Orléans, 27 déc. 1856, aff. Nesmes, D. P. 58. 2. 77; Guadeloupe, 3 mars 1858, aff. de Kerdoret, D. P. 59. 2. 30; Rennes, 18 août 1860, aff. Hélias, D. P. 61. 2. 233; Poitiers, 5 mars 1862, aff. Rouyer, D. P. 62. 2. 119; Agen, 7 juin 1861, aff. Lagardère, D. P. 61. 2. 116; 11 juill. 1861, aff. Boqué, *ibid.;* 16 mai 1866, aff. Lagleyse, D. P. 66. 2. 121; Angers, 13 mars 1867, aff. Ravé, D. P. 67. 2. 214; C. cass. Belgique, 7 août 1845, aff. X..., *Pasicrisie belge*, 1846. 1. 144; Liège, 20 juill. 1850, aff. Mathot C. Evilard, *ibid.*, 1850. 2. 290). Un des arrêts précités (Guadeloupe, 3 mars 1858) en a conclu que la perte ou la détérioration de biens compris dans l'un des lots, survenue postérieurement au partage, est aux risques du copartageant. Mais le système qui a prévalu est celui que nous avons soutenu au *Rép.* n° 4609, d'après lequel l'estimation des biens doit se faire d'après leur état au moment du partage, et d'après leur valeur à l'époque du décès de l'ascendant (V. en ce sens : Troplong, t. 4, n° 2331; Genty, p. 318; Aubry et Rau, t. 8, § 734, texte et note 12; Demolombe, t. 6, nos 183, 220 à 221 *bis;* Barafort, p. 45 et suiv.; Bonnet, t. 2, nos 633 et suiv.). Et la jurisprudence a été définitivement fixée en ce sens par de nombreux arrêts (Req. 18 févr. 1851, aff. Béron d'Oche, D. P. 51. 1. 294; Agen, 30 déc. 1856, aff. Blanchard, D. P. 59. 5. 278; 21 juin 1858, aff. Aché, D. P. 58. 2. 197 ; Civ. cass. 4 juin 1862, aff. de Kerdoret, D. P. 62. 1. 401 ; Agen, 30 juill. 1862, aff. Malherbe, D. P. 62. 2. 169 et 66. 2. 121; Bordeaux, 9 juin 1863, aff. Saint-Guirons, D. P. 63. 2. 207; Civ. cass. 28 juin 1864, aff. Lévesque, D. P. 64. 1. 280; 29 août 1864, aff. Lagardère, D. P. 64. 1. 345; 24 juin 1868, aff. Queilles, D. P. 68. 1. 289; Limoges, 3 déc. 1868, aff. Lazerat, D. P. 69. 2. 176; Civ. cass. 25 août 1869, aff. Baylac, D. P. 69. 1. 466; Civ. rej. 15 mai 1876, aff. Pérès, D. P. 76. 1. 322 ; Civ. cass. 26 déc. 1876, aff. Malbec, D. P. 77. 1. 171; Bordeaux, 8 mai 1878, aff. Eyquem, D. P. 79. 2. 183; Bourges, 22 déc. 1879, aff. Marotte, D. P. 80. 2. 118).

Par application de cette doctrine, l'arrêt précité du 4 juin 1862, qui a cassé celui de la cour de la Guadeloupe, du 3 mars 1858 précité, a décidé que le copartageant dont le lot, composé, par exemple, d'un immeuble situé dans une colonie française, a diminué de valeur par l'effet de l'émancipation des noirs, survenue entre l'époque de la donation et celle du décès de l'ascendant donateur, est recevable à demander la rescision du partage, si, au jour de la mort du donateur, il est résulté de cette diminution une lésion de plus du quart à son préjudice. — Aux termes de l'arrêt précité du 15 mai 1876, la règle s'applique même au cas où le partage d'ascendant fait par le père aurait compris, outre les biens de celui-ci, ceux de la mère prédécédée, du moment où le partage est attaqué pour atteinte à la réserve de l'un des enfants dans la succession de son père.

1155. MM. Demolombe, t. 6, n° 222, et Genty, p. 326, restreignent l'application de la doctrine qui vient d'être exposée aux immeubles compris dans le partage ; en d'autres termes, ces auteurs appliquent ici la distinction qui est faite par les art. 859 et 868 en matière de rapport. Mais cette opinion, combattue par MM. Aubry et Rau, t. 8, § 734, texte et note 13, p. 39, et Bonnet, t. 2, n° 649, a été condamnée par la jurisprudence. Jugé que la règle suivant laquelle les biens compris dans un partage d'ascendant, attaqué pour cause de lésion, doivent être estimés d'après leur état à l'époque du partage, et leur valeur lors du décès du donateur, s'applique aux meubles aussi bien qu'aux immeubles (Req. 16 déc. 1878, aff. Isalène, D. P. 79. 1. 223); ... alors surtout que l'ascendant donateur s'était réservé jusqu'à son décès l'usufruit du mobilier donné (Lyon, 5 avr. 1878, aff. Isalène, D. P. 79. 1. 223-224). — Décidé également que cette règle s'applique même aux biens dont l'ascendant s'est réservé l'usufruit ou à ceux qui ont été vendus par l'enfant avantagé, de concert avec cet ascendant : on soutiendrait à tort que les premiers biens doivent être évalués d'après leur état à l'époque de la cessation de l'usufruit, et les seconds, d'après leur valeur au moment de la vente (Civ. rej. 18 juin 1867, aff. Boisset, D. P. 67. 1. 274).

1156. A quelles personnes appartient la double action instituée par l'art. 1079? — C'est évidemment à ceux-là seuls qui se trouvent victimes de la lésion de plus du quart ou de l'atteinte à la réserve. Les descendants qui sont lésés de moins d'un quart, et dont la réserve n'est pas entamée, ne peuvent intenter ni l'une ni l'autre de ces actions (Duranton, t. 9, n° 648 ; Aubry et Rau, t. 7, § 734, p. 35 ; Req. 30 juin 1852, aff. Faget, D. P. 54. 1. 434).

1157. Mais, d'autre part, si le partage d'ascendant est rescindé pour cause de lésion sur la demande de l'un des copartagés, cette nullité a un effet général, en sorte que tous les héritiers sont replacés dans l'indivision (Duranton, t. 9, n° 653 ; Demolombe, t. 6, n° 175 ; Réquier, n° 172 ; Bonnet, t. 2, n° 566). La chambre des requêtes, le 6 août 1884 (aff. Debosque, D. P. 85. 1. 49), en posant le principe, en a tiré cette conséquence intéressante, que l'on ne peut écarter du nouveau partage l'un des cohéritiers qui avait également demandé la rescision du partage d'ascendant pour cause de lésion, et dont la demande, à raison de la ratification donnée par lui au partage après le décès du donateur, avait été déclarée non recevable par une décision judiciaire passée en force de chose jugée. Le rejet de cette demande rend, il est vrai, le copartageant qui l'a formée non recevable à provoquer un nouveau partage; mais il ne faut pas oublier, d'autre part, que le cohéritier qui n'a pu obtenir la rescision pour son compte a été le contradicteur nécessaire à la demande en rescision qui a triomphé, et que, par suite, s'il ne peut demander un nouveau partage, il est fondé à y prendre part à raison de la rescision obtenue contre lui. Il peut invoquer l'autorité de la chose jugée, non pas comme ayant gagné sa cause, mais comme l'ayant perdue.

1158. Le copartageant lésé ne peut intenter l'action en rescision qu'autant qu'il devient l'héritier de l'ascendant. Ainsi cette action ne lui appartient pas s'il renonce à la succession, ou en est exclu pour indignité (Aubry et Rau, t. 8, § 734, p. 35; Réquier, n° 181). Suivant M. Bonnet, t. 2, nos 522 et suiv., cette solution ne serait applicable qu'au cas de partage testamentaire; elle devrait être écartée en cas de partage entre vifs, parce qu'alors la qualité de copartagés, chez les descendants, est indépendante de celle d'héritier et subsiste bien qu'ils ne recueillent pas la succession de l'ascendant. Mais MM. Aubry et Rau, *ibid.*, note 5, paraissent avoir victorieusement réfuté cette opinion, en faisant remarquer que « l'action en rescision du partage suppose, dans la personne de celui qui prétend l'exercer, un droit personnel et propre à l'égalité, préexistant au partage, ou qui, existant en germe à l'époque du partage, s'est réalisé depuis. Or ce droit à l'égalité, les descendants ne le tirent que de leur qualité d'héritier; et il n'est pas admissible qu'ils puissent, en l'absence de cette qualité, trouver dans le partage même le droit de l'attaquer et de renverser ainsi l'œuvre de l'ascendant » (V. aussi : Demolombe, t. 6, n° 178; Genty, p. 178).

Mais l'action en rescision d'un partage d'ascendant, pour lésion de plus du quart, peut, lorsque l'un des enfants donataires est décédé avant l'ascendant donateur, être exercée de son chef par les autres enfants, jusqu'à concurrence de leur part dans la succession de l'enfant prédécédé (Civ. rej. 18 juin 1867, aff. Boisset, D. P. 67. 1. 274). Elle se trouve, en effet, comme toute autre action, dans la succession de l'enfant lésé.

1159. La doctrine a continué d'admettre, suivant l'opinion émise au *Rép.* n° 4619, que l'art. 891 c. civ. aux termes duquel le défendeur à l'action en rescision peut en arrêter le cours et empêcher un nouveau partage, en offrant et en fournissant au demandeur le supplément de sa part héréditaire, s'applique aux partages d'ascendant (V. Aubry et Rau, t. 8, § 734, p. 40; Demolombe, t. 6, n° 181; Réquier, n° 133; Bonnet, t. 2, n° 590; Laurent, t. 15, n° 126). Mais cette disposition ne peut être invoquée que dans le cas où c'est la rescision du partage qui est demandée; le défendeur à l'action en réduction établie par l'art. 1079 ne saurait s'en prévaloir (Aubry et Rau, t. 7, § 734, p. 50; Req. 17 août 1863, aff. de Matha, D. P. 64. 1. 29. — *Contrà :* Réquier, n°s 216 et 217).

1160. On a exprimé au *Rép.* n° 4624 l'opinion que les juges ne sont pas tenus de recourir à une expertise avant de statuer sur l'action en rescision d'un partage d'ascendant. — Décidé en ce sens que cette action peut être rejetée sans expertise, si le tribunal possède des éléments suffisants pour apprécier le bien ou mal fondé de la demande; qu'à cet égard, l'évaluation des biens peut être suffisamment faite à l'aide du revenu cadastral de la commune (Agen, 1er juin 1864, aff. Escabasse, D. P. 64. 2. 183).

1161. Suivant l'opinion exprimée au *Rép.* n° 4626, l'obligation d'*avancer* les frais imposée par l'art. 1080 à l'enfant qui attaque le partage, n'implique pas celle de les *consigner*. Toutefois, il a été décidé que les juges peuvent ordonner que l'enfant demandeur consignera les frais d'estimation dont la loi l'oblige à faire l'avance (Lyon, 18 avr. 1860, aff. Recorbet, D. P. 61. 5. 338). M. Laurent, t. 15, n° 125, critique cette décision par le motif que « les tribunaux ne peuvent pas imposer des obligations aux plaideurs ».

Sect. 7. — Des fins de non-recevoir qui peuvent s'élever contre l'action en nullité ou en rescision du partage (*Rép.* n°s 4630 à 4655).

1162. — I. Fin de non-recevoir tirée du défaut d'intérêt (*Rép.* n°s 4630 à 4633). — V. *Rép.* n°s 4630 et suiv.

1163. — II. Fin de non-recevoir tirée de l'extinction de l'action (*Rép.* n°s 4643 à 4655). — 1° *Délai de cette action* (*Rép.* n°s 4643 à 4645). — L'art. 1079 a gardé le silence sur le délai durant lequel doit être exercée l'action qu'il institue. Faut-il appliquer ici la prescription du droit commun qui est de trente années, ou la prescription de dix ans spécialement édictée par l'art. 1304 pour les *actions en nullité ou rescision des conventions?* — Sur ce point, nous avons proposé au *Rép.* n° 4643 une distinction entre les partages entre vifs et les partages testamentaires, distinction qui a été adoptée par la jurisprudence.

1164. S'il s'agit d'un partage opéré par acte entre vifs, c'est-à-dire d'un acte rentrant dans la classe des *conventions* de l'art. 1304, cet article devra sans difficulté recevoir son application. En conséquence, la prescription de dix ans pourra être invoquée, sans qu'il y ait à distinguer entre l'action en nullité et l'action en rescision (V. conf. Demolombe, t. 6, n° 231 *bis ;* Réquier, n° 236; Aubry et Rau, t. 8, § 734, p. 41). Jugé en ce sens que l'art. 1304 c. civ., qui déclare prescriptible par dix ans l'action en nullité d'une convention, quand cette action n'est pas limitée à un moindre temps par une loi particulière, s'applique à l'action en nullité d'une donation entre vifs, devenue susceptible de ratification par suite du décès du donateur; que spécialement, un partage d'ascendant, fait par acte de donation entre vifs, ne peut, après dix années écoulées depuis le décès de l'ascendant donateur, être attaqué par l'un des enfants donataires, à raison de l'irrégularité de son acceptation; et, sur le motif, par exemple, que cette acceptation émanerait d'un mandataire porteur d'un mandat non notarié (Req. 27 nov. 1865, aff. Levannier, D. P. 66. 1. 216). De même, la nullité d'un partage d'ascendant fait par donation entre vifs, résultant de ce que des copartagés mineurs n'y ont pas été valablement représentés, se couvre par la prescription de dix ans à dater du décès du *de cujus* (Req. 13 juill. 1869, aff. Carduner, D. P. 71. 1. 171).

1165. Mais la question est fort délicate lorsque le partage d'ascendant fait entre vifs est attaqué non plus par action en nullité ou rescision, mais par action en réduction pour atteinte à la réserve. Il est, en effet, certain que l'action en réduction se prescrit, en droit commun, non par dix ans, mais par trente ans (*Rép.* n°s 1285 et suiv.; Aubry et Rau, t. 5, § 685 *quater*, p. 230; Demolombe, t. 2, p. 386). Or, pour que ce principe général reçoive exception, il faut qu'on se trouve précisément dans l'hypothèse exceptionnelle de l'art. 1304, c'est-à-dire qu'on soit en présence d'une action en nullité ou rescision. Est-ce bien le cas, lorsqu'on attaque une donation-partage à raison de libéralités préciputaires excessives? On répond sans difficulté par l'affirmative dans le système, énoncé *suprà*, n° 1150, suivant lequel l'existence dans un partage d'ascendants, de libéralités préciputaires excessives donne lieu non à une simple *réduction* de ces libéralités, mais à la *rescision totale* du partage; en effet, dans ce système, l'action en réduction n'est autre chose qu'une véritable action en rescision, nécessairement soumise à l'art. 1304. Mais nous n'avons pas cru devoir nous rallier à ce système qui a été généralement repoussé.

1166. Dans le système que nous avons adopté *suprà*, n° 1152, et qui est celui de la cour de cassation, l'existence de libéralités préciputaires excessives donne lieu à une simple action en réduction. Nous avons néanmoins admis au *Rép.* n° 4645 que cette action se trouve soumise aux prescriptions de l'art. 1304, et ce système a été consacré par un arrêt de la chambre des requêtes du 1er mai 1861 (aff. Gaudoin, D. P. 61. 1. 323). Cet arrêt tire argument de l'art. 1079 qui, en réunissant les deux actions dans une disposition unique sans faire aucune distinction quant à l'exercice de chacune d'elles, les place sur la même ligne, et les soumet virtuellement aux mêmes règles et aux mêmes conditions. Ce premier argument, il faut le reconnaître, n'a pas grande valeur puisque, ainsi que nous l'avons vu, l'art. 1079 a négligé de préciser la portée de l'action qu'il institue, et, par suite, d'en réglementer l'exercice. Le véritable motif qui a déterminé la chambre des requêtes, c'est une sorte d'identification qu'elle a établie entre l'action en rescision et l'action en réduction. Elle déclare, en effet, que l'action en réduction qu'intente l'un des copartageants qui prétend sa réserve entamée par des libéralités excessives, et l'action en rescision pour cause de lésion de plus du quart, sont de la même nature; qu'elles tendent au même but et doivent produire des résultats analogues; que toutes deux sont également ouvertes au profit des parties contractantes elles-mêmes, et que, dans le silence de la loi, rien n'expliquerait pourquoi l'une durerait trente ans, tandis que l'autre se prescrirait par dix années seulement. « Attendu, dit l'arrêt précité, que la disposition de l'art. 1304 c. civ. est absolue, et comprend dans sa généralité toutes les actions en nullité ou en rescision auxquelles les conventions peuvent donner lieu; attendu qu'à cet égard il n'y a pas à distinguer entre la rescision totale et la rescision partielle; qu'il suffit que l'action soit formée par l'une des parties contractantes, et qu'elle doive avoir pour résultat, si elle est accueillie, une atteinte à la convention, pour qu'elle tombe sous l'application de l'art. 1304 et soit soumise à la prescription spéciale qu'il édicte ». — Jugé, dans le même sens, que l'action en réduction d'un partage d'ascendant entre vifs, pour atteinte à la réserve légale de l'un des copartageants, est, comme l'action en rescision de ce partage, soumise à la prescription de dix ans établie par l'art. 1304, et non à la prescription de trente ans (Bordeaux, 17 déc. 1875, aff. Laborde, D. P. 77. 2. 211). La question a été diversement résolue par les auteurs. M. Demolombe, t. 6, n° 231 *bis*, admet que la prescription applicable ici est celle de trente ans. Telle est également l'opinion professée par M. Laurent, t. 15, n° 150. « La prescription exceptionnelle de dix ans, dit cet auteur, est une confirmation tacite ; elle suppose que la convention est entachée d'un vice qui la rend nulle, en ce sens que la nullité en peut être demandée ; en n'agissant pas, la partie contractante qui avait le droit d'agir est censée renoncer à ce droit et confirme la convention. Or, l'attaque dont parle l'art. 1079 n'est pas une action qui tende à l'annulation du partage, il n'y a pas de vice qui infecte le partage ; on demande la réduction d'un avantage excessif, mais cet avantage ne résulte pas exclusivement du partage, il résulte aussi d'une donation préciputaire, qui peut être étrangère au partage. L'enfant avantagé conserve, néanmoins, la donation et son lot ; seulement il devra réparer le préjudice que souffre le demandeur par suite du double avantage que le défendeur a reçu. Dès qu'il ne s'agit pas d'une action en nullité, l'art. 1304 doit être écarté. » Telle est également l'opinion qu'avaient adoptée MM. Aubry et Rau, dans leurs premières éditions ; mais ils se sont ralliés en dernier lieu au système qui a prévalu dans la jurisprudence. Voici en quels termes ils justifient leur nouvelle opinion : « Bien que l'action en réduction ne s'attaque pas au partage considéré isolément et en soi, son admission n'en doit pas moins avoir pour conséquence la ratification partielle de cet acte. Or une action par laquelle une personne demande à revenir, même partiellement, contre les résultats d'une convention dans laquelle elle a été partie et à laquelle elle a donné son consentement, ne doit-elle pas tomber sous le coup de l'art. 1304 ? Ne trouve-t-on pas, dans la réunion de ces circonstances, des motifs suffisants pour appliquer la prescription de dix ans établie par cet article, et pour écarter celle de trente ans, qui semble devoir être réservée aux actions formées par des tiers contre des actes auxquels ils n'ont pas concouru ? » (V. dans le même sens : Réquier, nos 237 à 239).

1167. On s'accorde, d'ailleurs, à reconnaître que l'action qui appartient à l'enfant omis dans un partage d'ascendant constitue une véritable pétition d'hérédité, et n'est, dès lors, prescriptible que par le laps de trente ans (Aubry et Rau, t. 8, § 730, p. 14-15 ; Demolombe, t. 6, no 217 ; Réquier, no 230 ; Bonnet, t. 2, no 616 ; Besançon, 23 mars 1880, aff. Dévoille, D. P. 81. 2. 15-16). — De même, dans le cas où la donation-partage est, non pas seulement annulable, mais radicalement nulle (à raison, par exemple, de la démence du donataire, dont le consentement n'existe pas), l'art. 1304 étant inapplicable à cette hypothèse, l'action ne se prescrit que par trente ans à compter du décès du donateur (Rennes, 19 mai 1884) (1).

1168. Nous avons envisagé jusqu'ici l'hypothèse où le partage d'ascendant était contenu dans un acte entre vifs, et, si l'on admet en pareil cas la prescription de dix ans, ce n'est que par application de l'art. 1304, attendu qu'un partage d'ascendant fait entre vifs forme un véritable contrat entre toutes les parties qui y figurent (Req. 1er mai 1861, aff. Gaudouin, D. P. 61. 1. 323). — Il est évident que cet argument fait défaut, lorsqu'on se trouve en présence d'un partage d'ascendants fait par testament, car le testament n'est point régi par l'art. 1304, spécial aux conventions. Aussi s'accorde-t-on à reconnaître que les actions dirigées contre un testament-partage ne sont prescriptibles, suivant le droit commun, que par trente années (Civ. cass. 25 nov. 1857, aff. Sollier, D. P. 57. 1. 425 ; Req. 22 janv. 1872, aff. Dard, D. P. 72. 1. 321 ; *Rép.* no 4643). L'opinion de M. Genty, signalée *ibid.*, d'après laquelle la prescription décennale serait applicable à l'action en rescision, même quand il s'agit d'un partage testamentaire, est généralement repoussée par les auteurs (V. Aubry et Rau, t. 8, § 734, p. 42 ; Colmet de Santerre, t. 4, no 247 *bis* ; Demolombe, t. 6, no 216 ; Réquier, no 229 ; Bonnet, t. 2, nos 616 et 619).

1169. — 2o *Point de départ du délai* (*Rép.* nos 4646 à 4653). — Le point de départ du délai de dix ou trente ans est déterminé par la règle « *Contra non valentem agere non currit præscriptio* ».

D'après le sytème aujourd'hui dominant en jurisprudence, les partages d'ascendants ne peuvent être attaqués par les enfants qu'après le décès de leur auteur, et c'est seulement à compter de cette époque que court le délai de la prescription. Il n'y a pas à distinguer sous ce rapport, suivant la nature de l'action, et la règle est la même, qu'il s'agisse d'un partage entre vifs ou d'un partage testamentaire (V. outre les arrêts cités au *Rép.* no 4648 : Civ. cass. 14 juill. 1852, aff. Gladieux, D. P. 52. 1. 203 ; 31 janv. 1853, aff. Escoffier, D. P. 53. 1. 31 ; Limoges, 25 juin 1856, aff. Moreau, D. P. 56. 2. 135 ; Pau, 9 juill. 1861, aff. Céby, D. P. 61. 2. 192 ; Poitiers, 5 mars 1862, aff. Bouyer, D. P. 62. 2. 119 ; Toulouse, 22 mai 1863, aff. Daran, D. P. 63. 2. 78 ; Lyon, 1er juill. 1869, *Recueil de Lyon*, 1869, 377 ; Req. 13 juill. 1869, aff. Carduner, D. P. 71. 1. 171 ; Lyon, 20 févr. 1877, *Moniteur judiciaire de Lyon* du 22 mars 1877 ; Bordeaux, 17 déc. 1875, aff. Laborde, D. P. 77. 2. 211). La doctrine est restée divisée sur cette question (V. pour le système qui fixe dans tous les cas, au décès de l'ascendant, le point de départ de la prescription : Troplong, t. 4, no 2231 ; Genty, p. 258 et suiv. ; Marcadé, *Revue critique*, 1851, p. 280 ; Demolombe, t. 6, no 220 ; Réquier, nos 231 et suiv. ; Bonnet, t. 2, nos 627 et suiv. — Dans le sens de la doctrine qui fixe le point de départ à l'époque du partage, quand il s'agit d'un partage entre vifs, et qui a été adoptée au *Rép.* no 4646, V. Rolland de Villargues, *Répertoire du notariat*, vo *Partage d'ascendant*, no 102 ; Duranton, t. 9, no 647 ; Vazeille, *Des prescriptions*, t. 2, no 563 ; Larombière, *Théorie et pratique des obligations*, sur l'art. 1304, nos 41 à 43 ; Colmet de Santerre, t. 4, no 247 *bis* VII à IX ; Dubernet Du Bosc, *Revue critique*, 1859, p. 251 et 481 ; Derôme, *Même revue*, 1866, p. 124.

1170. La solution serait différente si l'acte de partage était distinct de la donation, et si le père de famille y était demeuré étranger. Dans ce cas, il n'y a pas, à proprement parler, de partage d'ascendant (Colmar, 10 mai 1865, aff. Adam, D. P. 70. 5. 261), mais une donation et un partage soumis l'un et l'autre aux règles particulières de ces sortes d'actes. Rien ne s'oppose donc, dans cette hypothèse, à ce que la donation soit attaquée du vivant même du donateur, et c'est ainsi qu'il a été jugé : 1o que, lorsqu'un même acte contient une donation faite par un ascendant à ses enfants et le partage par ces enfants entre eux des biens donnés, ce partage ne doit pas être considéré comme fait par l'ascendant, si celui-ci, quoique présent, n'y a pris aucune part ; que, dès lors, la demande en rescision d'un tel partage pour cause de lésion de plus du quart peut être intentée du vivant de l'ascendant donateur (Riom, 4 août 1866, aff. Gayot, D. P. 66. 2. 152) ; — 2o Qu'il n'y a partage d'ascendant qu'autant que l'ascendant se dessaisit, en les distribuant entre ses enfants, des biens qui sont dans son patrimoine à l'époque du partage ; qu'ainsi l'acte par lequel un père, après avoir attribué à son fils aîné le quart de ses biens à titre de préciput, fait donation à ses quatre enfants du restant de son patrimoine sans le distribuer ni le partager lui-même, mais en laissant exclusivement ce soin aux donataires, constitue, non un partage d'ascendant, mais une donation entre

---

(1) (Consorts Le Goarant *C.* Consorts Le Beux.) — LA COUR ; — Considérant que, si la donation-partage du 26 janv. 1832 représente Mathieu Le Beux, l'un des trois donataires, comme atteint d'une faiblesse d'organes le rendant impropre à tout travail, elle ne prouve pas suffisamment, et rien n'établit, d'ailleurs, qu'il fût dans un tel état d'imbécillité qu'il ne pût comprendre, et valablement accepter les obligations auxquelles il se soumettait ; — Considérant, au surplus, que la nullité résultant de sa prétendue démence serait aujourd'hui couverte par la prescription ; qu'en fait, l'action n'a été introduite qu'en 1883, c'est-à-dire plus de trente ans après la mort du donateur, survenue le 27 févr. 1852, et que Mathieu Le Beux, décédé lui-même en décembre 1882, n'a jamais été interdit, ni séquestré dans un asile d'aliénés ; qu'en droit, l'acte dont s'agit serait, non pas simplement annulable, comme entaché d'un des vices prévu par l'art. 1304 c. civ., mais bien radicalement nul et inexistant, pour cause d'un défaut complet de consentement ; que, dès lors, il y a lieu d'appliquer à l'espèce l'art. 2262 c. civ., lequel, dans ses termes généraux, comprend tous les cas non régis par des dispositions exceptionnelles, et de fixer au 27 févr. 1852 le point de départ d'une prescription qui n'a jamais été légalement suspendue, et a continué à courir jusqu'à son accomplissement ; — Considérant que, dans ces circonstances, les intimés ne peuvent demander la liquidation et le partage des biens ayant appartenu à Yves Le Beux ;

Par ces motifs ; — Réformant le jugement dont est appel ; — Dit mal fondée et en tous cas prescrite l'action en nullité de la donation-partage du 26 janv. 1832, etc.

Du 19 mai 1884.-C. de Rennes, 1re ch.-MM. de Kerbertin, 1er pr.-Lambert, av. gén.

vifs; qu'en conséquence, les copartageants peuvent, du vivant même de l'ascendant donateur, exercer toutes demandes en rescision ou en nullité des conventions intervenues entre eux pour arriver au partage des biens à eux donnés (Lyon, 23 mai 1868, aff. de Riballier, D. P. 69. 2. 112).

1171. Dans ce même cas, la prescription court contre l'action en nullité dès le jour où cette action est ouverte, c'est-à-dire dès le jour de l'acte. Et, en effet, il a été jugé : 1° que, lorsque des enfants, entre lesquels le père ou la mère survivant a fait le partage anticipé de ses biens, sous réserve de l'usufruit des biens donnés, et avec extension de cet usufruit aux valeurs composant la succession du prédécédé, opèrent à leur tour, dans le même acte, le partage de cette succession, ce second partage est complètement distinct du premier, et, dès lors, le délai de l'action en rescision ou en réduction dont il peut être l'objet court du jour du partage lui-même, et non pas à dater du décès de l'ascendant, comme s'il s'agissait du partage émané de ce dernier (Civ. rej. 16 janv. 1867, aff. Perrier, D. P. 67. 1. 153); — 2° Que si, en principe, la prescription de l'action en rescision contre un acte de donation-partage fait entre vifs ne court que du jour du décès de l'ascendant donateur, toutefois, si la donation et le partage sont distincts, et si le père de famille est demeuré étranger à l'acte de partage, la prescription de l'action en rescision contre cet acte a pour point de départ la date de l'acte de partage (Req. 24 juin 1872, aff. Prévost, D. P. 72. 1. 472. *Adde* dans le même sens : Besançon, 11 févr. 1882) (1) ; — 3° Qu'il est permis d'établir, pour la fixation du point de départ de la prescription, une distinction entre la donation entre vifs d'une part, et le partage des biens donnés, d'autre part, et de faire courir la prescription de l'action en rescision du partage du jour de l'acte et non de celui du décès du donateur, dans le cas où il est reconnu par le juge du fond, au moyen de l'interprétation, soit des circonstances, soit des énonciations et des dispositions de l'acte de donation et partage, que le père de famille est, par le fait de sa volonté, demeuré étranger aux stipulations du partage opéré alors sans sa surveillance et sans son concours; qu'en ce cas, en effet, la donation peut, suivant les circonstances, être considérée comme une donation ordinaire, n'étant point la cause efficiente et génératrice de la convention intervenue postérieurement entre les enfants du donateur (Civ. cass. 23 mars 1887, aff. Béal, D. P. 87. 1. 400).

1172. Une hypothèse très fréquente est celle où un père et une mère ont fait conjointement et cumulativement entre leurs enfants le partage anticipé de leurs biens confondus dans une seule masse, sans distinguer les biens devant composer l'hoirie de chacun d'eux. En pareil cas, le délai de dix ans pour attaquer ce partage ne court que du décès de l'ascendant donateur survivant, même en ce qui concerne les biens dépendant de la succession de l'ascendant prédécédé. La doctrine est fixée en ce sens (Demolombe, t. 6, n° 22; Réquier, n° 240; Bonnet, t. 2, n° 658; Aubry et Rau, t. 8, § 734, p. 42. — *Contrà :* Laurent, t. 15, n° 118), et la même solution est également consacrée par une jurisprudence constante (V. Req. 6 mars 1855, aff. Delatour, D.P. 55. 1. 101, cité au *Rép.* n° 4652 ; Orléans, 27 déc. 1856, aff. Nesmes, D. P. 58. 2. 57; Civ. cass. 19 déc. 1859, aff. Lasserre, D. P. 59. 1. 494; Lyon, 18 avr. 1860, aff. Recorbet, D. P. 61. 5. 338; Agen, 7 juin 1861, aff. Lagardère, D. P. 61. 2. 116; Pau, 9 juill. 1861, aff. Céby, D. P. 61. 2. 192; Poitiers, 5 mars 1862, aff. Bouyer, D. P. 62. 2. 119; Toulouse, 22 mai 1863, aff. Daran, D. P. 63. 2. 78; Agen, 1er juin 1864, aff. Escabasse, D. P. 64. 2. 183; Req. 2 janv. 1867, aff. Gladieux, D. P. 67. 1. 110 ; Civ. rej. 18 juin 1867, aff. Boisset, D. P. 67. 1. 274; Civ. cass. 27 juill. 1874, aff. Malbec, D. P. 75. 1. 360 ; Req. 16 nov. 1885, aff. Delon, D. P. 86. 1. 395). Il en est ainsi, alors surtout que l'acte de partage n'indique pas la valeur respective des deux successions et la part afférente à chacune d'elles dans la composition des lots (Arrêt précité du 19 déc. 1859);... Lorsque les ascendants donateurs se sont réservé par moitié l'usufruit des biens donnés (Arrêt précité du 9 juill. 1861);... Lorsque les stipulations du partage sont indivisibles et que, notamment, sa rescision, en ce qui touche les biens provenant de l'ascendant prédécédé, devrait entraîner aussi la révocation, même à l'égard du survivant, pour inexécution des conditions stipulées dans l'acte de partage en faveur de ce dernier (Arrêt précité du 2 janv. 1867);... lorsque le partage a été fait sous des charges qui sont à la fois la condition des dispositions émanées et de l'un et de l'autre des ascendants, et font de ces deux dispositions un tout indivisible (Arrêt précité du 18 juin 1867). Peu importerait d'ailleurs, qu'il fût possible de distinguer les biens de l'un et de l'autre, en ce que, par exemple, tous les immeubles appartiendraient au père, tandis que la mère n'aurait que des créances ou reprises en argent, lorsque d'ailleurs les stipulations, clauses et conditions portant sur le double patrimoine considéré comme un seul et unique héritage, font de la donation-partage un contrat homogène, essentiellement indivisible, en sorte qu'il serait impossible de toucher à la volonté de l'ascendant décédé sans porter atteinte à celle du survivant (Arrêt précité du 22 mai 1863). — Contrairement à cette jurisprudence, il a été jugé : 1° que l'action en nullité ou en rescision d'un partage anticipé et entre vifs, fait conjointement par un père et une mère entre leurs enfants, s'ouvre, en ce qui concerne les biens dont s'est démis le premier mourant de ces ascendants, à partir du décès de celui-ci, et non pas seulement à partir du décès du survivant (Agen, 17 nov. 1856, aff. Pujos, D. P. 56. 2. 297); — 2° Que, bien qu'un père et une mère aient fait cumulativement le partage anticipé de leurs biens, sans distinction d'origine, entre leurs enfants, ceux d'entre ces derniers qui se trouvent lésés peuvent, dès le décès du premier mourant, et sans attendre le décès du survivant, demander la réduction des avantages excessifs qui entament leur réserve (Agen, 16 févr. 1857, aff. Sempé, D. P. 58. 2. 106). — Mais ce sont là des décisions isolées.

1173. La règle relative aux partages collectifs dont les applications viennent d'être signalées, n'a d'autre fondement que l'indivisibilité des deux opérations, lorsqu'en fait cette indivisibilité est constatée. La solution est donc contraire quand ces opérations sont distinctes. Ainsi, lorsque dans le partage comprenant la succession de l'ascendant prédécédé et les biens de l'ascendant survivant, les parties ont distingué les biens paternels et les biens maternels, de telle sorte qu'il n'existe pas de confusion entre les uns et les autres, il n'y a aucune indivisibilité entre ces deux opérations; par conséquent, le délai des actions en

---

(1) (Klopfenstein C. Klopfenstein.) — La cour; — Sur l'appel principal : — Considérant que, si l'acte du 19 juin 1864 porte que la donation entre vifs consentie par Jean Klopfenstein à ses enfants est faite à titre de partage anticipé et conformément aux art. 1075 et 1076 c. civ., et s'il mentionne que les deux donataires ont droit de venir à l'abandon chacun pour moitié, loin que le père de famille ait attribué des parts à chacun de ses enfants, toutes les parties ont déclaré que les biens abandonnés resteraient indivis entre les donataires, jusqu'au moment où ils jugeraient convenable de sortir de l'indivision, soit par un partage, soit par une licitation; — Considérant que ce n'est que le surlendemain que les donataires ont procédé à cette opération; qu'ils y ont procédé entre eux sans l'assistance et en l'absence du père donateur, qui, en se dessaisissant irrévocablement de ses biens, s'était, d'ailleurs, dessaisi du droit d'en opérer ultérieurement le partage; — Considérant qu'on ne saurait donc voir dans la réunion des deux actes des 19 et 21 juin, quelque qualification que les parties leur aient donnée, un seul acte de partage d'ascendant; que chacun de ces deux actes a ses caractères particuliers et doit produire les effets qui lui sont propres; — Considérant que la donation entre vifs du 19 n'a évidemment lésé aucun des droits de Joseph Klopfenstein; — Considérant que Joseph Klopfenstein a reçu l'équivalent des biens qu'il a abandonnés par l'acte du 21 juin 1864, et qu'il n'est pas resté en possession de ces biens; que la prescription contre toute action en rescision de cet acte a donc couru à partir de ce jour même; que cette prescription est acquise; — Par ces motifs; — Infirme le jugement dont est appel; en ce que, sans s'arrêter à l'exception de prescription présentée par Christophe Klopfenstein, il a ordonné une vérification tendant à établir la lésion dont seraient entachés l'acte du 19 juin 1864 et l'un des actes du 21 du même mois; — Statuant à nouveau sur ce point; — Déclare mal fondée l'action en rescision pour cause de lésion en ce qui touche l'acte du 19 juin 1864; — Faisant droit à l'exception; — Déclare prescrite la même action en ce qui touche l'acte du 21 du même mois, portant licitation des biens immeubles donnés par l'acte du 19 juin, etc.

Du 11 févr. 1882.-C. de Besançon.

nullité ou en rescision part du jour de l'acte, en ce qui concerne le partage des biens dépendant de ladite succession (Agen, 11 janv. 1865, aff. Cantarel, D. P. 65. 2. 31). Jugé, de même, que, bien qu'il ait été procédé par un seul et même acte au partage après décès des biens de l'un des auteurs communs et au partage anticipé des biens du survivant, il n'y a aucune indivisibilité entre ces deux opérations, alors qu'il a été formé deux masses héréditaires, que deux estimations distinctes ont eu lieu, et qu'il n'y a aucune confusion entre les patrimoines; par conséquent, le sort de chacun de ces deux partages est indépendant du sort de l'autre. Peu importe d'ailleurs qu'il y ait eu unité de lotissement, alors que, les lots ayant été payés en argent aux enfants par celui d'entre eux auquel les biens étaient attribués en nature, il est facile de savoir, d'après les estimations, quelle part ils ont reçue dans les biens paternels et dans les biens maternels (Agen, 20 avr. 1864, aff. de Péret, D. P. 64. 2. 109).

1174. Par un motif analogue, si le partage avait été fait, dans le même acte, par un mari et par une femme, entre leurs enfants nés de lits différents, les enfants n'auraient à considérer, quant à la recevabilité de leur action, que le décès du donateur qui est leur ascendant, sans être contraints d'attendre le décès de son conjoint; et la même règle s'appliquerait à la prescription. Ainsi, le partage anticipé de ses biens fait par un père entre ses enfants nés de lits différents peut être attaqué par l'enfant du premier lit, du jour du décès de son père, et du vivant de sa belle-mère, bien que, par le même acte, celle-ci ait fait une donation à son propre enfant; en conséquence, la nullité dudit partage ne peut plus être demandée par l'enfant du premier lit, s'il s'est écoulé dix années depuis le décès du père (Bordeaux, 17 déc. 1875, aff. Laborde, D. P. 77. 2. 211).

1175. Les règles que nous venons de rappeler, quant à la recevabilité de l'action en nullité ou rescision du partage d'ascendant, ne sont pas seulement fondées sur le motif que les enfants ne sont saisis de la qualité d'héritiers, et ne peuvent exercer les actions qui leur compètent en cette qualité, qu'à l'ouverture de la succession de leur auteur, que, jusqu'à cette époque, ils n'ont aucun titre légal pour exiger leur réserve ou pour demander la réparation du préjudice résultant des vices de leur lotissement, mais encore et surtout sur ce motif que c'est seulement au décès de l'ascendant donateur qu'on peut vérifier les forces de la succession, déterminer le chiffre de la réserve et apprécier l'existence de la lésion dont l'un des enfants copartagés aurait à se plaindre (Civ. cass. 9 juill. 1872, aff. Tallavignes, D. P. 73. 1. 72).

Faudrait-il, dès lors, appliquer la même règle lorsque ce motif fait défaut, et que l'action est fondée sur un vice qui peut se révéler dès le décès du prémourant? Tel serait le vice résultant soit de l'incapacité de l'ascendant donateur, soit de l'indisponibilité des biens compris dans le partage, comme dans le cas d'un partage comprenant des biens dotaux, lesquels ne peuvent être l'objet d'aucune disposition entre vifs, même par voie de partage d'ascendant (Req. 18 avr. 1864, aff. Bouthenaud-Grandpré, D. P. 64. 1. 209). — La question est fort controversée. M. Demolombe, t. 6, n° 228, se fondant sur l'indivisibilité du partage d'ascendant fait cumulativement par les père et mère, n'admet pas que, même dans le cas dont il s'agit, la prescription commence à courir avant le décès du survivant, quels que soient l'origine et le caractère de l'action qu'il s'agit d'intenter contre le partage. M. Réquier, *Partages d'ascendant*, n° 251, arrive à la même conclusion, en motivant surtout son opinion sur l'intérêt des enfants, qui ne leur permet pas de demander la nullité du partage avant le décès du père survivant, sous peine de perdre tout ce qu'ils tenaient de la bienfaisance paternelle. — Ces considérations, si graves qu'elles soient, n'ont pas suffi à entraîner la jurisprudence. En effet, comme l'a fort bien dit la cour de Rouen, le 14 mars 1864 (aff. Boillet, D. P. 66. 1. 65), « s'il est décidé en jurisprudence que l'action en rescision ou en réduction donnée aux héritiers par l'art. 1079 c. civ. se prescrit, en cas de partage cumulatif, à partir seulement de la mort du dernier décédé des copartageants, cette décision ne se fonde et ne peut juridiquement se fonder que sur deux motifs : le premier déduit de ce qu'il faut nécessairement attendre le décès de l'ascendant survivant pour connaître la force totale des successions réunies, et pour savoir si, par suite de faits postérieurs au partage, notamment par l'attribution de biens héréditaires non partagés à l'avance, le préjudice, fondement invoqué de l'action, ne viendrait pas à disparaître; le second, tiré de ce que le partage cumulatif étant indivisible de sa nature, et n'étant attaqué qu'à raison d'une atteinte au droit successoral de quelqu'un des copartagés, il suit de là, d'une part, que l'acte doit subsister ou périr en son entier; d'autre part, que celui qui veut le quereller reste dans l'impossibilité légale d'agir jusqu'au moment où la qualité d'héritier de tous les copartageants lui est acquise; or aucun de ces deux motifs ne s'applique au cas dont il s'agit ». Ici, en effet, comme dit encore très bien le même arrêt, « la demande en nullité ne touche pas au fond des clauses du partage; elle met en débat la question de savoir, non pas s'il a été fait conformément à l'intérêt et aux droits héréditaires des copartagés, mais si l'un des copartageants était habile à le faire, et, en cas de négative sur ce point, si, aux termes de l'art. 1560 c. civ., il ne lui appartenait pas d'en poursuivre la révocation ». La cour de Rouen a tiré de là cette conclusion que l'action en nullité d'une donation-partage faite par les père et mère de tous leurs biens réunis en une seule masse, lorsqu'elle est fondée sur l'inaliénabilité des biens dotaux compris dans cet acte, se prescrit dans les délais légaux à partir de la dissolution du mariage des époux donateurs, et non à partir du décès de l'époux survivant; et c'est dans le sens de ce second système, également professé par M. Bonnet, t. 2, n° 662, que s'est fixée la jurisprudence de la cour de cassation. Il a été, en effet, jugé par deux arrêts conçus en termes identiques que si, au cas de donation-partage faite par le père et la mère au profit de leurs enfants de tous leurs biens réunis en une seule masse, l'action en rescision ou en réduction accordée par l'art. 1079 c. civ. ne se prescrit qu'à partir du décès de l'ascendant survivant, il ne saurait en être de même de l'action en nullité fondée sur l'inaliénabilité des biens dotaux compris dans le partage, qui prend naissance dans le fait même du partage de ces biens, qui est exercée par les enfants du chef de leur mère, et dont la prescriptibilité se trouve pour eux, comme pour elle, régie par les dispositions de l'art. 1560 (Civ. rej. 29 janv. 1866, aff. Boillet, D. P. 66. 1. 65; Req. 25 févr. 1878, aff. Pinton, D. P. 78. 1. 449).

1176. — III. Fin de non-recevoir tirée du consentement ou de l'exécution (*Rép.* n°s 4634 à 4642). — L'action qui compète à l'enfant lésé par le partage d'ascendant s'éteint, si cet enfant ratifie le partage expressément ou tacitement (*Rép.* n° 4638). C'est là la conséquence naturelle de ce principe, proclamé par la cour suprême, que toutes les actions d'une nature quelconque sont susceptibles de s'éteindre par la renonciation expresse ou tacite, soit en vertu des principes généraux du droit, soit par l'application textuelle ou par analogie des art. 1338 et 1340 c. civ. (Req. 26 févr. 1877, aff. Marchal, D. P. 78. 1. 162).

Il est clair d'ailleurs qu'il ne peut s'agir là que d'une ratification ou d'une acceptation *ex post facto*, et que cette règle ne saurait être étendue, par exemple, à l'acceptation contenue dans l'acte même de donation-partage (*Rép.* n° 4635); car, si l'on attachait cet effet irritant à une telle acceptation, qui forme une condition essentielle de la donation-partage, les partages d'ascendants faits entre vifs comporteraient tous cette fin de non-recevoir.

1177. Il est encore toute une catégorie de faits d'acceptation qui ne sauraient être érigés en fins de non-recevoir : ce sont ceux qui se produisent du vivant de l'ascendant. Ce système, dominant en doctrine (*Rép.* n° 4636; Demolombe, t. 23, n° 227; Réquier, n° 250; Bonnet, t. 2, n° 661; Aubry et Rau, t. 8, § 734, p. 43. — *Contrà* : Laurent, t. 15, n° 138), est aujourd'hui définitivement consacré par la jurisprudence. Comme l'a fort bien fait remarquer la chambre civile dans un arrêt de principe (Civ. cass. 6 févr. 1860, aff. Lissandre, D. P. 60. 1. 89), d'une part, le respect et la reconnaissance due par les enfants au père de famille leur ôtent la faculté et leur interdisent le droit d'intenter de son vivant une action en justice contre l'acte émané de sa volonté, et par lequel il s'est, sans aucune contrainte, dépouillé de ses biens en leur faveur; d'autre part, les causes de nullité ou de rescision de cet acte ne peuvent être vérifiées qu'au décès de l'ascendant; c'est seulement alors qu'il est possible de reconnaître si, eu égard à l'ensemble et à la nature des biens dont se compose la succession, les règles essentielles du partage ont été, ou non, respectées. Une ratification antérieure au décès ne saurait donc être considérée comme donnée en connaissance de cause. Jugé en ce sens : 1° que les causes de rescision et de nullité du partage fait par un ascendant ne pouvant être vérifiées qu'au décès de cet ascendant, l'action qu'accorde aux héritiers réservataires l'art. 1079 c. civ. restant intacte jusqu'à cette époque, nonobstant tous actes d'exécution survenus du vivant de l'ascendant donateur (Civ. rej. 18 juin 1867, aff. Boisset, D. P. 67. 1. 274); — 2° Que les actes d'exécution d'un partage d'ascendant consenti du vivant du donateur ne valent pas ratification et ne font pas obstacle à ce que le partage soit attaqué après son décès (Bordeaux, 8 juin 1870, aff. Baylac, D. P. 73. 1. 196); — 3° Que l'action en nullité d'un partage d'ascendant pour vice dans la composition des lots, ou l'action en rescision du même partage pour lésion de plus du quart, ne peut être l'objet d'une renonciation, par voie de désistement ou de transaction, du vivant de l'ascendant donateur (Civ. cass. 9 juill. 1872, aff. Tallavignes, D. P. 73. 1. 72); — 4° Qu'aucune action en nullité ou rescision ne peut, du vivant de l'ascendant, être couverte par une confirmation expresse ou tacite (Civ. cass. 27 juill. 1874, aff. Malbec, D. P. 75. 1. 366); — 5° Que l'action en rescision pour lésion de plus du quart dirigée contre un partage d'ascendant ne peut être déclarée non recevable à raison d'actes passés et même de décisions (dans l'espèce, une sentence arbitrale) intervenues du vivant de l'auteur de ce partage (Req. 8 mars 1875, aff. Bareau, D. P. 75. 1. 278).

1178. Par le même motif, et conformément à ce que nous avons vu *suprà*, n° 1172, au cas où le père et la mère ont fait cumulativement par le même acte le partage de leurs biens entre leurs enfants, ceux-ci ne peuvent valablement ratifier cet acte qu'après le décès de l'un et l'autre ascendant. La jurisprudence est fixée en ce sens que, dans le cas d'un partage anticipé fait conjointement par les père et mère en faveur de leurs enfants, sans aucune distinction des deux patrimoines, de manière que tous les biens soient confondus en une seule masse, l'action en nullité n'étant ouverte contre cet acte, pour l'une et l'autre succession, qu'après le décès des deux donateurs, toute ratification intervenue pendant la vie de l'un d'eux, même postérieurement au décès du premier, est sans valeur, même en ce qui concerne la succession de ce donateur prédécédé, et ne peut être opposée comme fin de non-recevoir à l'action en nullité (Agen, 1er juill. 1864, aff. Escabasse, D. P. 64. 2. 183; Civ. cass. 11 juin 1872, aff. Bouquet des Chaux, D. P. 72. 1. 452; Toulouse, 26 juill. 1878, aff. Mader, D. P. 79. 2. 177; Orléans, 29 juill. 1880, aff. Rident, D. P. 81. 2. 161). Jugé, toutefois, que les actes de ratification émanés de l'un des enfants pendant l'intervalle qui s'est écoulé du décès de l'un au décès de l'autre des père et mère rendent cet enfant non recevable à attaquer le partage en ce qui concerne les biens du prédécédé, mais lui laissent le droit de l'attaquer ultérieurement en ce qui concerne les biens du survivant (Agen, 16 févr. 1857, aff. Sempé, D. P. 58. 2. 106).

1179. Mais lorsqu'il s'agit non plus d'un vice spécial aux partages d'ascendants, mais d'un vice de droit commun (incapacité du donateur ou indisponibilité de l'objet partagé) lequel se révèle dès avant le décès de l'ascendant, les mêmes motifs que nous avons rencontrés en matière de prescription rendent possible et efficace une ratification qui serait prématurée, s'il s'agissait d'un vice spécial (V. *suprà*, n° 1175). Ainsi l'action formée par un enfant à fin de nullité de la donation-partage dans laquelle ses père et mère ont compris des biens dotaux, est non recevable, lorsque cet enfant a exécuté la donation librement, en pleine connaissance du vice qui l'entachait, et à une époque où, par suite de la dissolution du mariage des donateurs, la dotalité avait cessé. Vainement l'on prétendrait que, la donation-partage ne pouvant être ratifiée qu'après le décès des donateurs, et que l'acte d'exécution ayant été fait pendant la vie du survivant, la ratification résultant de cet acte ne serait pas valable; un tel moyen, qui pourrait être invoqué s'il s'agissait d'une demande en rescision pour violation des art. 826 et 832 c. civ. ou pour cause de lésion, ne peut être opposé à une demande uniquement fondée sur une inaliénabilité temporaire, qui avait cessé avec le mariage, et ne frappait que les biens de la mère prédécédée (Poitiers, 21 déc. 1880, aff. Fortain, D. P. 81. 2. 172).

1180. Quant à la ratification intervenue postérieurement au décès de l'ascendant, elle a toujours pour effet d'éteindre l'action en nullité ou rescision (*Rép.* n° 4638; Bordeaux, 23 mars 1853, aff. de Saint-Ours, D. P. 53. 2. 223; Trib. Tours, 26 juin 1855, aff. Nesmes, D. P. 58. 1. 77; Bordeaux, 21 nov. 1855, aff. Martin, D. P. 56. 2. 113; Agen, 16 févr. 1857, aff. Sempé, D. P. 58. 2. 106; Civ. cass. 6 févr. 1860, aff. Lissandre, D. P. 60. 1. 89; 29 août 1864, aff. Lagardère, D. P. 64. 1. 345; 30 nov. 1868, aff. Catala, D. P. 69. 1. 21).

1181. Il est à peine besoin d'ajouter que, pour qu'un acte puisse constituer une ratification réparant le vice du partage, il faut que cet acte ait été accompli en connaissance de cause et, de plus, librement (Bordeaux, 23 mars 1853, aff. de Saint-Ours, D. P. 53. 2. 223; Civ. cass. 29 juill. 1856, aff. Allès, D. P. 56. 1. 292; 25 nov. 1857, aff. Pollier, D. P. 57. 1. 425; 28 nov. 1866, aff. Struillon, D. P. 66. 1. 469). — Jugé en ce sens : 1° que l'exécution que l'un des enfants auxquels il a été fait un partage d'ascendant a donnée à cet acte, même après le décès du partageant, mais à une époque où il ne paraît pas que la lésion lui fût connue, ne suffit pas pour rendre non recevable la demande en rescision du partage (Bordeaux, 21 nov. 1855, aff. Martin, D. P. 56. 2. 113); — 2° Que la nullité d'un partage testamentaire n'est pas couverte par l'exécution que les parties lui auraient donnée, lorsqu'il apparaît, d'après les circonstances de la cause, que lesdites parties ignoraient alors les vices du testament (Angers, 25 janv. 1862, aff. Billod, D. P. 62. 2. 36); — 3° Que l'action en rescision d'un partage d'ascendant pour cause de lésion ne peut être déclarée non recevable à raison, soit de l'approbation expresse, soit de l'exécution volontaire donnée à ce partage depuis le décès de l'ascendant donateur, lorsqu'il n'est pas établi qu'au moment de cette approbation ou de cette exécution volontaire le demandeur en rescision ait connu la valeur réelle de tous les biens compris audit partage et de ceux composant la succession de l'ascendant donateur (Bordeaux, 9 juin 1863, aff. Saint-Guirons, et sur pourvoi : Civ. rej. 14 mars 1866, D. P. 66. 1. 173); ni surtout l'atteinte portée à sa réserve (Arrêt précité du 9 juin 1863); — 4° Que l'exécution volontaire d'un acte nul ou annulable n'a la force d'une confirmation ou d'une ratification qu'autant que cette exécution a eu lieu en pleine connaissance du vice dont l'acte était infecté et dans l'intention de le réparer; que c'est donc à bon droit qu'un arrêt qui déclare que les héritiers réservataires, résidant loin des biens partagés et ignorant les vices de l'acte en question, n'avaient été éclairés sur la lésion considérable qu'il leur causait que par un acte de vente consenti postérieurement au décès des donateurs, rejette la fin de non-recevoir tirée de l'exécution (Civ. rej. 18 juin 1867, aff. Boisset, D. P. 67. 1. 274).

1182. Pour résoudre la question de savoir si l'héritier a entendu véritablement ratifier en connaissance de cause un acte nul, les juges peuvent tenir compte de tous les éléments de conviction qui leur sont présentés; ils peuvent même, pour déclarer qu'il y a ratification, faire état de faits qui, par eux-mêmes, ne sauraient constituer une ratification. Jugé, par exemple, que les actes qui ne peuvent valoir comme ratification d'un partage d'ascendant, parce qu'ils sont antérieurs au décès de l'ascendant donateur, peuvent servir à prouver que les vices du partage étaient connus de la personne qui l'a valablement ratifié par des actes postérieurs au décès du donateur (Civ. rej. 30 juin 1868, aff. Saint-Espès-Lescot, D. P. 68. 1. 327). Jugé de même que, si les actes d'exécution faits par les donataires du vivant des ascendants donateurs ou de l'un d'eux, ne suffisent pas à couvrir les vices du partage effectué, ces actes peuvent au moins servir à prouver que les vices du partage étaient connus du copartageant; par suite, l'héritier qui, en connaissance de cause, a ainsi exécuté le partage, et qui, postérieurement au décès du dernier survivant des donateurs, a touché, sans protestation ni réserve des sommes dues en vertu de ces actes d'exécution, n'est plus recevable à poursuivre la nullité du partage (Toulouse, 26 juill. 1878, aff. Mader, D. P. 79. 2. 177).

SECT. 8. — DES EFFETS DE L'ANNULATION DU PARTAGE (*Rép.* nos 4636 à 4660).

1183. En principe, un acte nul ne peut produire aucun effet : cette règle fondamentale s'applique aux partages d'ascendants. — Toutefois, elle n'est absolue qu'en ce qui touche les partages nuls pour vice de forme. Dans ce cas, l'acte étant inexistant ne peut évidemment produire aucun effet utile. Il devrait en être de même des nullités de fond, si le partage d'ascendant avait un caractère unique; mais on sait que cet acte participe du double caractère du partage et de la libéralité. Il s'ensuit que, si le partage d'ascendant est affecté d'un vice qui ne porte que sur les conditions spéciales au partage, l'acte, nul en tant que partage, vaudra en tant que libéralité (*Rép.* n° 4658. — Comp. Demolombe, t. 6, n° 235; Réquier, p. 363 et 370. — V. toutefois Laurent, t. 15, n° 129). — Jugé en ce sens que le partage d'ascendant, bien que nul comme partage en ce que tous les immeubles ont été attribués à l'un des enfants ou descendants, peut conserver ses effets légaux en tant que donation, sauf réduction des libéralités excessives qu'il peut contenir (Agen, 16 févr. 1857, aff. Sempé, D. P. 58. 2. 106).

1184. Mais il en serait autrement, et la nullité absolue du partage s'imposerait, dans deux cas : 1° si l'acte se trouvait nul en même temps comme donation; 2° s'il était constaté, en fait, que le partage des biens était la condition essentielle et déterminante de la libéralité, en sorte que l'une et l'autre formassent un tout indivisible. — Dans la première hypothèse, il a été jugé que le partage d'ascendant est nul pour le tout, lorsque l'annulation est prononcée pour un moyen qui atteint spécialement la donation, tel que l'indisponibilité des biens résultant de la dotalité (Agen, 16 févr. 1857, cité *suprà*, n° 1183).

1185. Et il a été décidé dans la seconde hypothèse : 1° qu'un acte de partage d'ascendant entre vifs, nul comme partage, en ce qu'il manque de quelqu'une des conditions voulues par les art. 1075 et suiv. c. civ., ne peut valoir comme simple donation entre vifs, alors que c'est en réalité un partage de ses biens que l'ascendant a eu l'intention d'accomplir (Douai, 10 nov. 1853, aff. Lebon, D. P. 55. 2. 170); — 2° Qu'un acte de partage d'ascendants entre vifs, nul comme partage, en ce que par exemple, l'égalité dans la composition des lots n'y a pas été observée (c. civ. art. 832), ne peut valoir comme donation, même vis-à-vis des descendants non successibles ou des étrangers figurant dans ce partage,... alors surtout que ceux-ci n'ont été gratifiés qu'en vue d'autres dispositions du partage qui se sont évanouies par suite de l'annulation de cet acte, en sorte que, dans la pensée de l'ascendant donateur, l'existence de ces libéralités était liée au maintien du partage (Rouen, 9 mars 1855, aff. Dufour, D. P. 56. 2. 36); — 3° Que la démission de biens faite par un ascendant à ses enfants et petits-enfants présents à l'acte, sous la condition expresse que ces biens seront partagés entre les donataires, sous les yeux du donateur et de son consentement, est nulle, si le partage qui l'a suivie est lui-même annulé, pour prétérition d'un autre enfant de l'ascendant donateur, et qu'il n'y a pas lieu d'appliquer la règle suivant laquelle la nullité d'un partage d'ascendant n'entraîne pas celle des dons préciputaires qu'il renferme, mais donne lieu simplement à un nouveau partage, l'abandon de biens étant, en ce cas, lié au sort du partage qui en est la condition (Req. 3 juin 1863, aff. Martal, D. P. 63. 1. 429).

1186. Quant aux effets de l'annulation du partage vis-à-vis des tiers, ils sont déterminés par la règle : *Resoluto jure dantis, resolvitur jus accipientis.* Ainsi il a été jugé : 1° que la résolution, pour cause de lésion de plus du quart, du partage entre vifs fait par un ascendant, résout en même temps l'aliénation faite, postérieurement au partage, par un des copartagés, de l'objet à lui attribué dans ledit partage (Civ. cass. 22 août 1877, aff. Jalras, D. P. 77. 1. 481); — 2° Que l'annulation d'un partage d'ascendant entre vifs, prononcée après la mort du donateur, est opposable aux tiers auxquels les copartageants ont transmis des biens compris dans le partage, et entraîne la résolution de leurs droits, et que même le tiers acquéreur ne peut se prévaloir, pour échapper à cette résolution, de la prescription de dix ou vingt ans, laquelle n'a pu courir à son profit du vivant de l'ascendant, alors du moins que l'origine de l'immeuble lui a été révélée dans l'acte d'aliénation (Montpellier, 10 janv. 1878, aff. Jalras, D. P. 80. 2. 35); — 3° Que les biens compris dans un partage d'ascendant n'appartenant aux copartagés que sous la réserve de l'annulation ou de la rescision qui peut en être prononcée, et ceux-ci ne pouvant transmettre aux acquéreurs de ces biens qu'un droit résoluble comme le leur même, l'annulation du partage a pour effet de résoudre l'aliénation; que, par suite, si la garantie dont le copartageant est tenu vis-à-vis du tiers auquel il a vendu son lot, le rend non recevable à exercer lui-même une action en nullité du partage, ses cohéritiers, demeurés étrangers à la vente, peuvent se joindre à lui pour poursuivre cette annulation qui produit à leur égard tous ses effets légaux (Civ. cass. 21 juin 1882, aff. de Cossette, deux arrêts, D. P. 83. 1. 353); — 4° Que la nullité d'un partage d'ascendant pour cause de survenance d'enfant entraîne la nullité de toute aliénation faite par le donataire avant l'annulation de la donation-partage; et que le tiers acquéreur ne peut se prévaloir, soit de ce que la vente aurait été faite par un héritier apparent, soit de la prescription décennale, soit de ce que l'immeuble aliéné peut, par l'effet du partage, se trouver dans le lot de l'héritier vendeur (Riom, 14 déc. 1886, aff. Ferreroles, D. P. 88. 2. 21); — 5° Que les biens compris dans un partage d'ascendant n'appartiennent aux copartagés que sous la réserve de la rescision qui peut en être prononcée, et ceux-ci ne peuvent transmettre aux acquéreurs de ces biens qu'un droit résoluble comme le leur (Req. 26 juill. 1887, aff. François de Neuchâteau, D. P. 89. 1. 71). — Mais la nullité de l'aliénation consentie par les copartagés ne résulte pas d'une manière immédiate de la rescision seule du partage; elle reste subordonnée au résultat du nouveau partage, en vertu de la fiction de l'art. 883 c. civ., d'après laquelle les copartagés sont censés avoir succédé seuls et immédiatement aux objets compris dans leur lot; par suite, on doit rejeter comme prématurée l'action en délaissement intentée par un ou plusieurs des copartagés contre le tiers acquéreur de l'immeuble aliéné, tant qu'un nouveau partage n'a pas mis fin à l'indivision et fixé définitivement les droits des cohéritiers sur les biens indivis (Même arrêt. V. la note sur cet arrêt, *ibid.*).

1187. La question des dépens de l'instance en nullité d'un partage d'ascendant est réglée d'une façon expresse par l'art. 1080. Aux termes de cet article, l'enfant qui a attaqué le partage fait par l'ascendant supporte les frais de l'estimation ainsi que les dépens de la contestation, si sa réclamation n'est pas fondée. Il n'y a donc pas lieu, en pareil cas à la compensation autorisée, entre frères et sœurs, par l'art. 131 c. proc. civ. (*Rép.* n° 4628; Aubry et Rau, t. 8, § 734, p. 39; Demolombe, t. 6, n° 209; Réquier, n° 190; Laurent, t. 15, n° 125). On a, au contraire, admis au *Rép. ibid.*, que la disposition de cet article peut être invoquée par les frères et sœurs, dans le cas où l'annulation du partage est prononcée contre eux. Mais il a été jugé que l'héritier qui fait annuler un partage d'ascendant ne peut être tenu de supporter tout ou partie des frais de ce partage (Riom, 16 mars 1882, aff. Charmensat, D. P. 83. 2. 35).

1188. Quelles sont les conséquences de l'annulation du partage au point de vue des fruits ou intérêts des biens compris dans le partage? MM. Aubry et Rau, t. 8, § 734, p. 45, enseignent que les descendants contre lesquels a été prononcée la rescision ne doivent la restitution des fruits ou intérêts perçus que du jour de la demande, à moins qu'ils ne soient déclarés avoir possédé de mauvaise foi les biens formant leur lot. Les règles ordinaires sur la restitution des fruits entre cohéritiers, après une possession commune et indivise, sont, disent-ils, inapplicables au cas de rescision d'un partage d'ascendant (V. dans le même sens : Demolombe, t. 6, n° 240; Réquier, n° 286 *bis*; Bonnet, nos 693 et 694). Un arrêt (Civ. cass. 11 juill. 1866, aff. Céby, D. P. 66. 1. 325), a consacré cette solution. Dans l'espèce sur laquelle il a statué, il s'agissait d'un partage d'ascendant annulé pour inobservation des art. 826 et 832 c. civ. Mais, comme le remarquent MM. Aubry et Rau, *ibid.*, note 32, la portée de cette décision est générale, et elle s'appliquerait, notamment, au cas où le partage est rescindé pour cause de lésion.

Table sommaire

des matières contenues dans le Supplément et le Répertoire.

(Les chiffres précédés de la lettre *S* renvoient au Supplément; les chiffres précédés de la lettre *R* renvoient au Répertoire.)

Table des articles du code civil.

(Les chiffres précédés de la lettre *S* renvoient au Supplément; les chiffres précédés de la lettre *R* renvoient au Répertoire.)

Table chronologique des Lois, Arrêts, etc.

10 janv. Rennes. 404.
16 janv. Caen. 660 c., 672 c.
17 janv. Req. 849 c., 855 c.
23 janv. Req. 50.
26 janv. Bordeaux. 928.
29 janv. Civ. 1107 c.
12 févr. Paris. 1031 c.
20 févr. Lyon. 1169 c.
26 févr. Req. 1176 c.
8 mars. Paris. 343 c.
9 mars. Paris. 65 c., 72 c.
17 mars. Paris. 865 c.
19 mars. Req. 56 c., 60 c.
23 mars. Lyon. 372 c., 1116 c., 1124 c.
16 avr. Req. 862 c., 863 c.
25 avr. Req. 849.
4 mai. Dijon. 1059 c.
19 mai. Douai. 638 c.
29 mai. Req. 681 c.
18 juin. Rouen. 618 c., 619 c., 620 c., 621 c.
19 juin. Req. 85 c.
2 juill. Limoges. 1110 c.
11 juill. Req. 60 c.
25 juill. Douai. 894 c.
5 août. Req. 74 c., 75 c., 86 c.
6 août. Caen. 838 c.
18 août. Trib. Saint-Calais. 337.
22 août. Civ. 1186 c.
5 nov. Req. 1108 c., 1147 c.
6 nov. Req. 673 c.
13 nov. Req. 354 c., 423 c.
27 nov. Civ. 290 c.
27 nov. Paris. 30 c., 74 c.
5 déc. Civ. 462 c.
7 déc. Cons. d'Et. 130 c.
19 déc. Besançon. 630 c., 681 c.

1878

2 janv. Req. 88 c.
10 janv. Montpellier. 1186 c.
28 janv. Req. 1027 c.
29 janv. Req. 1056.
30 janv. Req. 892 c.
4 févr. Poitiers. 1110 c.
6 févr. Bordeaux. 1116 c.
19 févr. Req. 343 c., 348 c.
25 févr. Req. 607 c., 1116 c., 1125 c., 1175 c.
25 févr. Paris. 874 c.
4 mars. Civ. 1122 c., 1140 c.
6 mars. Lyon. 1109 c., 1146 c., 1148 c.
6 mars. Rennes. 943 c., 1087 c.
8 mars. Dijon. 1096 c.
9 mars. Paris. 434 c.
19 mars. Req. 289 c.
21 mars. Rouen. 1108.
25 mars. Nîmes. 717 c., 749 c.
27 mars. Angers. 887 c., 888 c.
27 mars. Bordeaux. 486 c.
28 mars. Angers. 888 c.
28 mars. Trib. Dunkerque. 128 c.
5 avr. Lyon. 669 c., 672 c., 1155 c.
2 mai. C. cass. Belgique. 62 c.
6 mai. Req. 65 c., 250 c., 805 c.
8 mai. Req. 894 c., 910 c.
8 mai. Bordeaux. 1154 c.
15 mai. Req. 1019 c., 1059 c.
17 mai. Douai. 648
28 mai. Req. 186 c., 158 c.
3 juin. Paris. 892 c.
5 juin. Limoges. 711 c.
13 juin. Orléans. 189 c.
18 juin. Req. 900 c.
27 juin. Paris. 925.
1er juill. Rennes. 1019 c.
2 juill. Req. 1111 c.
12 juill. Grenoble. 769 c.
15 juill. Req. 85 c.
16 juill. Civ. 645 c.
23 juill. Bastia. 136 c.
26 juill. Toulouse. 1124 c., 1178 c., 1182 c.
1er août. Req. 403
5 août. Req. 448
13 août. Req. 635.
16 août. Paris. 434 c.
22 août. Douai. 831 c.
6 nov. Req. 824 c., 1073 c.
20 nov. Civ. 30 c., 31 c.
28 nov. Bruxelles. 39 c.
2 déc. Req. 130 c., 957 c.
3 déc. Req. 462 c., 464 c.
6 déc. Rennes. 601 c.
6 déc. Riom. 925 c., 926 c.
16 déc. Req. 1155
16 déc. Montpellier. 943 c.
17 déc. Req. 79 c., 711 c.
18 déc. Angers. 57 c.
19 déc. Trib. Langres. 960 c., 963 c.
30 déc. Caen. 375 c., 458 c., 459 c.
30 déc. Trib. Auch. 295 c.
31 déc. Alger. 1060 c.

1879

8 janv. Civ. 660 c., 666 c., 669 c., 670 c., 672 c., 673 c.
20 janv. Alger. 56 c., 868 c., 1004 c.
20 janv. Bourges. 859 c.
21 janv. Rouen. 703.
29 janv. Civ. 371 c.
4 févr. Req. 669 c., 672 c., 849 c., 892 c.
10 févr. Req. 635 c., 838 c.
11 févr. Req. 544 c., 1096 c.
12 févr. Civ. 717 c., 718 c., 723 c.
17 févr. Rennes. 47 c.
21 févr. Paris. 710.
26 févr. Amiens. 831.
28 févr. Limoges. 399 c.
10 mars. Alger. 219 c.
12 mars. Douai. 459 c.
18 mars. Req. 1026, 1027 c.
26 mars. Req. 1013 c.
9 avr. Dijon. 817 c., 818 c.
30 avr. Bourges. 1026 c.
5 mai. Req. 168 c.
5 mai. Bordeaux. 1015 c.
7 mai. Grenoble. 214 c.
8 mai. Paris. 136 c.
15 mai. Orléans. 196 c.
28 mai. Caen. 294 c., 307 c., 321 c., 444 c.
2 juin. Bruxelles. 850 c.
23 juin. Req. 632 c.
24 juin. Bordeaux. 70.
25 juin. Lyon. 658 c., 680 c., 967 c.
9 juill. Req. 521 c.
10 juill. Dijon. 966 c.
14 juill. Dijon. 960 c., 963 c.
16 juill. Req. 301 c.
16 juill. Poitiers. 618 c., 619 c., 620 c.
21 juill. Req. 136 c.
25 juill. Douai. 1145 c.
28 juill. Amiens. 448.
30 juill. Req. 849 c., 855 c.
13 août. Angers. 259 c., 263 c., 266 c.
16 août. Aix. 428 c.
12 nov. Req. 290 c.
21 nov. Paris. 434.
27 nov. Paris. 1077.
29 nov. Riom. 915 c., 926 c.
1er déc. Req. 351 c.
2 déc. Civ. 847 c.
9 déc. Nîmes. 87 c.
15 déc. Req. 660 c., 666 c., 669 c.
16 déc. Req. 441 c.
17 déc. Req. 849 c., 853 c.
20 déc. Nancy. 47 c.
20 déc. Circ. 152 c.
22 déc. Bourges. 1154 c.
23 déc. Caen. 284 c.
31 déc. Agen. 274 c., 276 c.
31 déc. Liège. 158 c.

1880

6 janv. Grenoble. 821 c., 822 c.
15 janv. Rennes. 961 c., 963 c.
19 janv. Bourges. 1026 c., 1028 c.
22 janv. Liège. 439 c.
26 janv. Caen. 249 c., 255 c., 307 c.
9 févr. Req. 191 c., 192 c.
11 févr. Req. 849 c., 943 c.
14 févr. Nancy. 674 c.
21 févr. Av. Cons. d'Et. 104 c.
25 févr. Aix. 31 c., 495 c.
10 mars. Req. 849 c., 855 c.
16 mars. Aix. 461 c.
17 mars. Poitiers. 916 c., 923 c.
23 mars. Besançon. 1145 c., 1167 c.
23 mars. Rouen. 916 c.
13 avr. Req. 127 c.
20 avr. Req. 223 c.
28 avr. Toulouse. 89.
8 mai. Nancy. 76 c.
27 mai. Angers. 434 c.
5 juin. Gand. 434 c.
7 juin. Toulouse. 779 c.
7 juill. Req. 849 c., 943 c.
10 juill. Nancy. 893 c.
23 juill. Angers. 982.
29 juill. Orléans. 1178 c.
30 juill. Paris. 1034.
2 août. Req. 849 c., 855 c.
9 août. Cons. d'Et. 147 c., 150 c.
11 août. Civ. 434 c.
19 août. Toulouse. 898.
10 nov. Req. 183 c., 280 c.
17 nov. Civ. 1021 c., 1027 c.
13 déc. Caen. 965 c.
21 déc. Poitiers. 1179 c.

1881

3 janv. Limoges 922.
17 janv. Av. Cons. d'Et. 104 c.
19 janv. Civ. 607 c.
26 janv. Paris. 151 c.
26 janv. Trib. Gand. 1047.
1er févr. Poitiers. 645 c.
2 févr. Civ. 241 c.
5 févr. Liège. 1103 c.
16 févr. Aix. 666 c., 669 c., 672 c., 713 c.
8 mars. Angers. 695.
4 mars. C. cass. Turin. 657.
9 mars. Besançon. 1038 c.
12 mars. Paris. 545 c.
15 mars. Toulouse. 449 c.
19 mars. Grenoble. 462 c., 464 c.
22 mars. Paris. 1021.
23 mars. Grenoble. 281.
23 mars. Poitiers. 618 c., 620 c.
25 mars. Paris. 101 c.
30 mars. Trib. Seine. 150 c.
31 mars. Trib. Béthune. 31 c.
31 mars. Av. Cons. d'Et. 107 c.
6 avr. Toulouse. 851 c.
12 avr. Req. 75 c., 87 c.
13 avr. Cons. d'Et. V. 2 déc. Av. Cons. d'Et.
13 avr. Av. Cons. d'Et. 150 c., 1001 c.
30 avr. Circ. 152 c.
10 mai. Toulouse. 452 c.
16 mai. Bordeaux. 846.
25 mai. Civ. 674 c.
25 mai. Douai. 348.
30 mai. Req. 908 c.
30 mai. Rennes. 956 c.
3 juin. Req. 1088 c.
11 juin. Aix. 666 c.
22 juin. Civ. 722 c.
22 juin. Rennes. 633 c., 850 c.
23 juin. Paris. 404.
11 juill. Aix. 614.
11 juill. Nîmes. 31.
12 juill. Req. 849 c., 893 c.
12 juill. Lyon. 509.
13 juill. Av. Cons. d'Et. 150 c., 1001 c.
25 juill. Req. 158 c., 242 c., 243 c., 542 c.
4 août. Toulouse. 538 c.
8 août. Req. 881
16 août. Req. 439 c., 652 c.
22 août. Req. 849 c., 855 c.
8 nov. Douai. 666 c., 669 c., 672 c., 713 c.
14 nov. Req. 855.
15 nov. Req. 434 c., 449 c.
22 nov. Req. 541 c., 569 c.
2 déc. Av. Cons. d'Et. (et non 13 avr. Cons. d'Et.). 150 c., 1001 c.
5 déc. Req. 854.
8 déc. Dijon. 707.
19 déc. Paris. 660
20 déc. Dijon. 72 c.
22 déc. Dijon. 707.
23 déc. Dijon. 607
30 déc. Paris. 434.

1882

11 janv. Civ. 294 c., 822 c., 442 c.
16 janv. Douai. 31 c., 495 c.
18 janv. Req. 609 c.
22 janv. Chambéry. 590 c.
11 févr. Besançon. 1171.
15 févr. Req. 1079 c.
20 févr. Req. 69 c., 545 c.
2 mars. Riom. 544 c., 850 c.
8 mars. Paris. 443 c.
8 mars. Trib. Seine. 629 c.
13 mars. Req. 452 c.
16 mars. Riom. 1187 c.
22 mars. Civ. 868 c.
17 avr. Req. 87 c.
19 avr. Req. 1046 c.
24 avr. Civ. 849 c., 1071 c.
27 avr. Bruxelles. 880 c., 1079 c.
12 mai. Grenoble. 472.
17 mai. Bourges. 1026 c.
17 mai. Trib. Marseille. 362 c.
20 mai. Trib. confl. 146 c.
23 mai. Civ. 234 c.
29 mai. Gênes. 419 c.
6 juin. Besançon. 646 c., 654 c., 850 c.
7 juin. Circ. 152 c.
13 juin. Req. 136 c., 723 c.
14 juin. Req. 441 c.
21 juin. Civ. 1186 c.
26 juin. Req. 822 c., 849 c., 853 c., 1115 c.
3 juill. Req. 1027 c., 1029 c.
21 juill. Liège. 771 c.
9 août. Req. 849 c., 1071 c.
9 août. Civ. 985 c.
9 août. Douai. 855.
22 nov. Paris. 1026 c.
27 nov. Nîmes. 241 c.
29 nov. Req. 660 c., 670 c.
12 déc. Besançon. 984 c.
18 déc. Civ. 849 c., 853 c.
19 déc. Civ. 315 c.
21 déc. Liège. 838.
26 déc. Douai. 1053 c.

1883

2 janv. Paris. 712 c., 713 c.
3 janv. Aix. 988 c.
10 janv. Lyon. 154 c., 162 c.
11 janv. Dijon. 891, 922 c.
11 janv. Liège. 47 c.
17 janv. Besançon. 462 c.
22 janv. Req. 46 c.
24 janv. Limoges. 641.
30 janv. Civ. 134 c., 158 c.
1er févr. Orléans. 290 c.
9 févr. Paris. 158 c.
21 févr. Riom. 542 c.
27 févr. Civ. 76 c., 98 c.
27 févr. Gand. 361 c.
1er mars. Trib. Gray. 31 c., 495 c., 508 c.
8 mars. Orléans. 666 c., 668 c.
13 mars. Civ. 660 c., 669 c., 670 c.
20 mars. Civ. 817 c., 818 c.
16 avr. Bruxelles. 100 c., 854 c., 1001 c.
1er mai. Caen. 660.
2 mai. Dijon. 868 c.
19 mai. Nancy. 915 c., 922 c., 923 c.
1er juin. Dijon. 840.
4 juin. Req. 704 c., 849 c., 855 c.
6 juin. Civ. 68 c., 859 c., 965 c.
13 juin. Req. 1026 c., 1034 c.
7 juill. Lyon. 286 c.
11 juill. Civ. 864 c.
17 juill. Civ. 26 c., 28 c., 30 c.
20 juill. Reims. 939.
23 juill. Req. 1026 c., 1027 c., 1028 c.
13 août. Req. 741 c.
16 août. Poitiers. 854 c., 1137 c.
23 août. Trib. Seine. 487 c.
29 août. Aix. 696 c., 697 c.
3 nov. Agen (Discours de rentrée). 418 c.
5 nov. Req. 855 c.
14 nov. Civ. 347 c.
10 déc. Req. 666 c.
12 déc. Riom. 458 c.
14 déc. Bruxelles. 1069 c.
17 déc. Paris. 419 c., 428 c., 434 c., 439 c.
31 déc. Toulouse. 1115 c., 1117 c.

1884

8 janv. Rennes. 753 c.
9 janv. Civ. 624 c.
9 janv. Aix. 670 c.
14 janv. Civ. 260 c.
22 janv. Civ. 156 c., 158 c.
27 janv. Trib. Chinon. 886 c.
1er févr. Nancy. 881 c.
4 févr. Civ. 847 c.
11 févr. Rouen. 671 c., 672 c., 673 c.
12 févr. Douai. 658.
19 févr. Req. 847 c.
21 févr. Lyon. 423 c., 440 c.
27 févr. Civ. 848 c.
6 mars. Paris. 113 c.
10 mars. Req. 542 c.
11 mars. Chambéry. 947 c., 971 c., 1078 c.
19 mars. Civ. 81 c.
24 mars. Pau. 615 c., 624 c., 626 c., 631 c., 1017 c.
26 mars. Paris. 912 c., 923 c., 925 c.
2 avr. Civ. 462 c.
5 avr. Loi. 142 c., 145 c., 381 c., 904 c.
1er mai. Amiens. 372 c.
10 mai. Bourges. 462.
19 mai. Rennes. 1167.
30 mai. Angers. 30 c.
10 juin. Douai. 837 c.
16 juin. Pau. 654 c., 869 c.
17 juill. Req. 751 c.
22 juill. Civ. 232 c., 241 c.
6 août. Req. 1157 c.
6 août. Lyon. 26 c., 30 c.
9 août. Trib. Vendôme. 678.
17 nov. Caen. 746.
18 nov. Civ. 847 c., 851 c.
27 nov. Orléans. 31 c.
24 déc. Civ. 462 c.
30 déc. Pau. 465 c.

1885

8 janv. Orléans. 886 c.
20 janv. Bruxelles. 458 c.
5 févr. Orléans. 156 c., 158 c.
10 févr. Req. 299 c., 849 c., 892 c.
16 févr. Poitiers. 497 c.
7 mars. Riom. 1149 c.
9 mars. Toulouse. 461 c.
12 mars. Poitiers. 62 c.
18 mars. Poitiers. 87 c., 618 c., 620 c.
23 mars. Req. 694 c.
28 mars. Pau. 449 c.
31 mars. Req. 763 c.
31 mars. Civ. 277 c.
14 avr. Req. 166 c., 1021 c.
25 avr. Paris. 704 c.
19 mai. Civ. 676 c., 712 c., 713 c.
3 juin. Dijon. 74 c.
30 juin. Req. 196 c.
4 juill. Orléans. 887 c., 891 c., 1000 c.
8 juill. Req. 31 c.
9 juill. Req. 660 c., 660 c.
10 juill. Orléans. 1007 c.
16 juill. Req. 87 c.
25 juill. Décr. 141 c.
29 juill. Gand. 850 c.
29 juill. Lyon. 828 c.
10 août. Civ. 92 c., 869 c.
16 nov. Req. 1107 c., 1172 c.
30 nov. Req. 461 c.
1er déc. Req. 506 c.
7 déc. Req. 29 c.
18 déc. C. sup. just. Luxembourg. 30.

1886

11 janv. Req. 660 c., 668 c., 670 c.
18 janv. Pau. 844 c.
26 janv. Req. 345 c., 1006 c.
28 févr. Civ. 148 c.
3 mars. Pau. 276 c., 295 c., 301 c.
10 mars. Bruxelles. 662 c.
13 avr. Toulouse. 711 c.
17 avr. Av. Cons. d'Et. 3 c.

20 mai. Toulouse. 595 c., 601 c.
24 juin, Paris. 1119.
5 juill. Civ. 886 c.
7 juill. Civ. 847 c., 855 c., 1032 c.
20 juill. Req. 660 c., 608 c.
26 juill. Pau. 846 c.
27 juill. Req. 70 c.
9 août. Civ. 847 c.
30 oct. Loi. 31 c., 32 c.
3 nov. Civ. 29 c., 31 c.
8 nov. Req. 704 c.
8 nov. Civ. 20 c.
17 nov. Av. Cons. d'Et. 145 c.
30 nov. Av. Cons. d'Et. 145 c., 150 c.
6 déc. Civ. 721 c.
14 déc. Req. 731 c.
14 déc. Riom. 1186 c.

1887

11 janv. Bourges. 886 c.
12 janv. Av. Cons. d'Et. 145 c.
15 janv. Civ. 849 c.
12 févr. Bruxelles. 635 c.
14 févr. Douai. 224 c.
14 févr. Pau. 853 c.
22 févr. Req. 544 c.
2 mars. Req. 481 c.
2 mars. Av. Cons. d'Et. 145 c.
22 mars. Rennes. 103 c.
23 mars. Civ. 1171 c.
28 mars. Montpellier. 854 c.
29 mars. Bordeaux. 1007 c.
25 avr. Req. 1039 c.
5 mai. C. cass. Belgique. 724 c., 753 c.
23 mai. Req. 711 c.
8 juin. Bordeaux. 1116 c.
10 juin. Paris. 30 c.
11 juin. Nancy. 607 c., 1095 c.
16 juin. Toulouse. 714 c.
22 juin. Civ. 31 c.
22 juin. Angers. 886 c.
27 juin. Pau. 1004 c.
28 juin. Civ. 30 c.
11 juill. Pau. 647 c.
15 juill. Liège. 230 c.
18 juill. Req. 668 c.
18 juill. Pau. 710 c., 723 c.
26 juill. Req. 1186 c.
28 juill. Trib. Liège. 257 c.
10 août. Montpellier. 53.
26 déc. Bordeaux. 500.
28 déc. Rouen. 109 c.
30 déc. Trib. Orange. 30 c., 109 c.

1888

23 janv. Req. 617 c.
15 févr. Lyon. 620, 621 c.
10 mars. Nancy. 657 c.
19 mars. Pau. 440 c.
23 mars. Circ. 152 c.
18 juin. Civ. 31 c.
20 juin. Req. 163 c.
5 juill. Req. 707 c.
15 oct. Caen. 843.
22 oct. Civ. 87 c.
3 nov. Circ. 152 c.
8 nov. C. cass. Belgique. 889 c.
21 nov. Req. 1026 c., 1027 c.
26 nov. Req. 847 c.
12 déc. Besançon. 672.

1889

7 janv. Civ. 846 c.
18 févr. Req. 721.
20 févr. Req. 665.
2 mars. Gand. 650 c.
29 mai. Civ. 461 c. 676 c.

DISTILLATEURS. — DISTILLERIE. — V. *infrà*, v^is *Impôts indirects; Manufactures et ateliers dangereux, insalubres ou incommodes; Voirie par terre.*

DISTRACTION DES DÉPENS. — V. *Frais et dépens;* — *Rép.* eod. v°, n°s 120 et suiv.

DISTRACTION D'IMMEUBLES. — V. *Vente publique d'immeubles;* — *Rép.* eod. v°, n°s 1125 et suiv.

DISTRIBUTION D'ÉCRITS OU IMPRIMÉS. — V. *Presse-outrage-publication;* — *Rép.* eod. v°, n°s 422 et suiv.

DISTRIBUTION PAR CONTRIBUTION.

Division.

---

§ 1er. — Historique. — Législation. — Droit comparé (*Rép.* n°s 2 à 4).

1. La législation que nous avons exposée au *Répertoire* sur la procédure de la distribution par contribution est encore en vigueur. Mais elle est sans doute appelée à disparaître peut-être dans un avenir prochain. En effet, un projet de loi, dû à l'initiative du Gouvernement, a été soumis au vote des Chambres et adopté déjà, sauf quelques modifications par le Sénat. Présenté à la Chambre des députés en 1883, il n'a pas encore été discuté devant cette assemblée. Nous devons faire connaître ici, sommairement, en vue du cas probable où ce projet de loi serait adopté par la Chambre des députés, quelle en est l'économie. Elle peut se résumer dans les deux idées suivantes : 1° tenter à l'amiable, comme en matière d'ordre, la distribution par contribution entre les créanciers de tout ou partie de l'actif non hypothéqué du débiteur commun. On sait, en effet, que malgré ses termes impératifs la disposition de l'art. 656 c. proc. civ. est en réalité purement facultative (Boitard, *Leçons de procédure civile*, 14e éd., t. 2, n° 891). — Ce que le législateur a voulu dans le projet de loi en question, c'est : 1° obliger les créanciers à tenter un arrangement amiable, et, pour cela, il a organisé une procédure spéciale, semblable à celle qui a été instituée par la loi du 21 mai 1858 (D. P. 58. 4. 38) en matière d'ordre; 2° en cas d'insuccès de cette tentative amiable, améliorer la procédure, afin de réduire les frais qu'entraîne le mode actuel de distribution. Telles sont les deux idées fondamentales qui se dégagent de ce projet de loi. Le législateur a, en outre, résolu des questions qui sont l'objet de vives controverses en doctrine et en jurisprudence. C'est ainsi que, prévoyant le cas où le propriétaire produisant pour loyers à lui dus, peut, s'il ne veut pas attendre que le règlement provisoire soit terminé, appeler la partie saisie et l'avoué le plus ancien devant le juge-commissaire, l'art. 662 du projet n'autorise ce dernier à statuer préliminairement sur le privilège que si celui-ci n'est pas contesté ou ne l'a pas été précédemment, lors de la tentative de règlement amiable. De même, le projet prévoit le cas où le débiteur vient à tomber en faillite au cours de la procédure de la distribution. L'art. 675 décide que, si la faillite est prononcée avant que le procès-verbal du juge-commissaire n'ait constaté l'accord définitif, ou avant l'expiration du délai accordé aux créanciers pour produire, le juge-commissaire devra se dessaisir de la procédure. Le projet contient, en outre, des dispositions d'un ordre secondaire concernant quelques points de détail. C'est ainsi qu'il oblige le créancier appelé à la distribution amiable à répondre à cette convocation sous peine d'une amende de 5 fr. à 25 fr., à moins qu'il ne se soit désisté de toute demande de collocation (art. 659). Ce désistement peut se donner en quelque forme que ce soit, par acte sous seing privé, même par lettre. De même, le délai pour produire n'est plus d'un mois, mais de quarante jours, à partir de la sommation. Le projet prévoit aussi le cas où la distribution est ouverte sur des valeurs mobilières; le juge-commissaire en ordonne alors la négociation et renvoie, pour statuer sur cette distribution, au moment où le produit de la vente sera connu. Signalons enfin l'assimilation, faite par le projet de loi, quant à l'obligation de consigner, entre l'officier public et le tiers saisi. Celui-ci doit consigner dans la quinzaine de la sommation à lui faite soit par la partie saisie, soit par les créanciers opposants ou l'un d'eux, ou dans la quinzaine de sa déclaration affirmative, et, en cas de contestation de celle-ci, dans la quinzaine de la signification du jugement qui fixe définitivement la somme à déposer (art. 657).

Bien que cette loi, si elle est votée, modifie sur certains points importants la législation actuellement en vigueur, les décisions que nous faisons connaître ci-après n'en ont pas moins leur importance. Il est, en effet, des questions sur lesquelles la nouvelle loi ne se prononce pas, et que la jurisprudence actuelle permettra de résoudre. En outre, aux termes de l'art. 3, les contributions ouvertes avant la promulgation de la loi seront réglées d'après les dispositions des lois antérieures.

2. Aux notions de droit comparé présentées au *Rép.* n° 4, nous croyons intéressant d'ajouter l'analyse sommaire des dispositions du *Code de procédure civile pour l'empire d'Allemagne* du 30 janv. 1877 (Traduit par MM. Glasson, Lederlin et Dareste, 1887). D'après l'art. 758 de ce code, la qualification de *procédure de distribution* est réservée à la distribution du prix d'un *immeuble*, lorsque ce prix n'est pas suffisant pour satisfaire tous les créanciers intéressés à la poursuite. Le tribunal de baillage compétent, après avoir reçu avis de l'état de l'affaire, somme chacun des créanciers de produire, dans le délai de deux semaines, un bordereau établissant sa créance en principal et accessoires (art. 759). Après ce délai, le tribunal dresse un projet de distribution (art. 760). Ce projet doit être déposé au greffe trois jours avant la communication aux intéressés (art. 761). Si, au jour fixé pour la communication, il ne s'élève pas de contredit, le projet de distribution est mis à exécution. S'il s'élève des contredits, chaque créancier est appelé à s'expliquer à cet égard. Si un accord intervient, le projet est rectifié dans les conditions de cet accord. En cas contraire, le projet est mis à exécution dans la mesure où le contredit n'y met point obstacle (art. 762). La non-comparution d'un créancier, au jour fixé pour les communications, emporte adhésion au projet (art. 762). Le créancier contestant doit, dans le délai d'un mois, justifier son contredit, sous peine de déchéance (art. 764). Le tribunal, en statuant sur le contredit, indiquera en même temps les créanciers à qui sera payée la partie litigieuse de la masse et les sommes qui leur seront payées (art. 766). — Quant aux deniers provenant de meubles saisis ou vendus, leur attribution ne donne pas lieu à une procédure dite de *distribution*. Ce point est réglé sous la rubrique : *De l'exécution forcée sur les biens meubles* (art. 708 et suiv.). Et cette attribution est faite, non pas au prorata des créances, mais suivant l'ordre des saisies. En effet, par la saisie le créancier acquiert sur l'objet saisi un droit de gage qui lui assure les mêmes droits qu'un nantissement établi par contrat (art. 709. Comp. art. 728, 751, 758 et 810 du code de procédure précité).

3. Outre les ouvrages cités au *Répertoire*, il y a lieu de mentionner, comme traitant de la matière qui nous occupe : Audier, *Code des distributions et des ordres* 1865 ; Tessier, *Traité de la distribution par contribution*, 1875, t. 1, le seul paru ; Patron, *Code manuel de la distribution par contribution*, 1888. A ces ouvrages il faut ajouter ceux qui traitent en général de la procédure civile.

§ 2. — Cas où la distribution a lieu. — Créanciers opposants ou non. — Sommes à distribuer. — Contribution amiable (*Rép.* n°s 5 à 37).

4. — I. Cas où la distribution a lieu (*Rép.* n°s 5 à 14). — Nous n'avons rien à ajouter à ce qui a été dit à ce sujet au *Répertoire*. Nous nous bornerons à rappeler qu'il n'y a pas lieu à distribution par contribution, lorsque la somme à distribuer dépasse le montant des créances (*Rép.* n° 12). Ce principe a été consacré par un arrêt de la cour d'Orléans, du 5 mars 1851 (aff. Guillot-Rosimond, D. P. 52. 5. 204). Mais si une distribution par contribution était ouverte alors que les deniers seraient suffisants pour désintéresser complètement les créanciers, la procédure ne serait pas nulle (Trib. Seine, 28 juill. 1885 (1). V. également : Patron, t. 1, n° 12. — *Contrà* : Tessier, t. 1, p. 51).

5. Il y a un autre cas où une distribution par contribution n'est pas nécessaire : c'est lorsque, dans un ordre ouvert sur le prix d'un immeuble, les créanciers hypothécaires inscrits ont été intégralement payés et qu'il existe un excédent. Il a été jugé que, dans ce cas, le juge-commissaire chargé du règlement de l'ordre est compétent pour distribuer cet excédent, sans qu'il soit besoin de recourir à la distribution par contribution, mais à la condition toutefois que les difficultés auxquelles les créances chirographaires ont pu donner lieu aient été aplanies ou puissent l'être facilement sans retarder la clôture de l'ordre (Orléans, 14 déc. 1848, aff. Jutteau, D. P. 49. 2. 210 ; Bastia, 25 janv. 1862 (2) ; Chauveau et Carré, *Lois de la procédure*, quest. 2157, éd. 1843, et *Supplément*, quest. 2157. — *Contrà* : Lyon, 17 août 1841, aff. Berthollot, D. P. 49. 2. 210).

6. On verra *infrà*, n° 12, que, d'après une opinion consacrée par deux arrêts de la cour de Rouen, il ne peut être donné suite à une distribution par contribution, lorsque le débiteur est déclaré en faillite au cours de la procédure de contribution.

7. — II. Créanciers (*Rép.* n°s 15 à 26). — Tout créancier, quelle que soit la nature de sa créance, est admis à la distribution par contribution, quand bien même il aurait précédemment choisi une autre voie pour se faire payer. Ainsi il a été jugé que le créancier qui a eu recours d'abord à une ouverture d'ordre, peut abandonner ce moyen pour recourir à une distribution par contribution, si cette dernière lui paraît préférable, sans qu'on puisse lui opposer une fin de non-recevoir (Rennes, 26 déc. 1857, aff. Laureau, D. P. 58. 2. 142).

8. Mais, à l'inverse, pour être admis à la distribution, il faut être seulement créancier ; et, comme la qualité de propriétaire est exclusive de celle de créancier, il en résulte que le propriétaire des sommes à distribuer ne peut pas être admis à la distribution. Par application de cette idée, il a été décidé que, lorsque la femme renonçante se prétend, à raison de ses reprises, propriétaire des deniers provenant de la vente des effets de la communauté et mis en distribution, elle soulève une question préjudicielle qui met obstacle à ce qu'avant la décision de cette question, elle soit renvoyée à la distribution par contribution qui se trouve ouverte (Rouen, 22 juill. 1854, aff. Moinet, D. P. 54. 2. 212).

9. — III. Des sommes sur lesquelles s'ouvre la distribution

(1) (Mary, Cagin et Révillon C. Lebœuf et Lougarre.) — Le tribunal ; — Attendu qu'une contribution a été ouverte pour la distribution d'une somme de 7336 fr. 35 cent., provenant de divers recouvrements opérés pour le compte du sieur Lebœuf et déposée par le tiers chargé de ces recouvrements à la Caisse des consignations, par suite d'une opposition pratiquée entre ses mains par la dame Mary, opposition suivie, depuis ce dépôt, de deux autres oppositions à la requête des sieurs Cagin et comp. et du sieur Révillon ; — Attendu que le sieur Lebœuf et le sieur Lougarre ont élevé contre le règlement provisoire intervenu sur cette contribution divers contredits tendant, d'une part, à l'annulation du règlement attaqué par le motif que, la somme à distribuer étant supérieure au montant total des trois créances colloquées, il n'y avait pas lieu à contribution, et subsidiairement, d'autre part, au rejet des collocations de ces trois créances qui auraient été obtenues sans titre ni droit ; ...

En ce qui concerne le sieur Lebœuf dont les contredits sont seuls recevables : — Sur la demande en nullité du règlement provisoire : — Attendu que si l'art. 656 c. proc. civ. prescrit l'ouverture d'une distribution par contribution pour le cas où les deniers arrêtés ne suffisent pas au payement intégral des créanciers opposants, cet article n'a pas fait de la circonstance qu'il énonce et qui se rencontrera le plus ordinairement une condition essentielle à la validité de la contribution ; qu'à défaut de règlement amiable entre créanciers chirographaires, le tribunal n'est pas investi du droit d'opérer par voie d'attribution, l'art. 773 c. proc. civ. n'ayant créé ce droit qu'en matière d'ordre, et lorsqu'il y a moins de quatre créanciers inscrits ; qu'à l'égard des créanciers chirographaires, la procédure de la contribution les dispense de la nécessité d'exercer des actions directes et principales soit contre le débiteur qui refuse de les payer, comme cela est arrivé dans l'espèce, soit contre ceux d'entre eux dont ils croiraient devoir contester les droits ; qu'elle peut donc être utilement employée et qu'elle ne saurait être annulée, bien qu'elle doive aboutir à un payement intégral des créances colloquées, en l'absence d'une disposition formelle de loi qui, pour cette hypothèse, en prononce la nullité ; ...

Par ces motifs, etc.

Du 28 juill. 1885.-Trib. civ. de la Seine.-MM. Cadet de Vaux, pr.-Brésillion, rap.-Duval, subst., c. conf.-Baton, Ferdeuil et Raveton, av.

(2) (Alfonsi et autres.) — Le 16 nov. 1861, jugement du tribunal civil de Bastia, ainsi conçu : — «... En ce qui touche le sous-ordre porté au chap. 4 du même règlement : — Considérant qu'une distribution par contribution est nécessaire pour les deniers restants après les collocations hypothécaires ; — Considérant que le juge-commissaire est compétent pour procéder à titre de sous-ordre à cette distribution entre les créanciers du sieur François Alfonsi, débiteur saisi ; que ce cas doit être assimilé à celui qui est formellement prévu par l'art. 775 nouveau c. proc. civ. ; qu'il existe entre les deux cas les mêmes caractères et les mêmes raisons de décider, puisque sans ce sous-ordre les fonds restant après les collocations hypothécaires seraient attribués au débiteur saisi et qu'un bordereau lui serait délivré, comme à un créancier colloqué ; — Considérant, néanmoins, que le juge-commissaire et après lui, le tribunal ne sauraient accomplir cette distribution par contribution que tout autant que les difficultés auxquelles les créances chirographaires ont pu donner lieu ont été aplanies ou peuvent l'être facilement

PAR CONTRIBUTION (*Rép.* n°s 27 à 30). — On a vu au *Rép.* n°s 27 et suiv. que la distribution par contribution s'ouvre, en général, sur le prix de toutes les valeurs mobilières du débiteur et, dans certains cas, sur le prix d'immeubles. Nous devons rappeler ici une règle qui a été posée au *Rép.* n° 29, à savoir que la distribution par contribution ne peut être ouverte sur les deniers provenant d'une créance non exigible ou non liquide. Cette règle a été de nouveau consacrée par la jurisprudence (V. notamment : Toulouse, 6 mars 1852, *Journal des avoués*, 1852, p. 522; Trib. Nérac, 24 févr. 1877, aff. Fauché, D. P. 78. 3. 7).

10. Les sommes allouées par jugement au débiteur exproprié à titre de réparation et de dommages-intérêts, pour le préjudice que lui a causé l'adjudicataire, à raison de manœuvres frauduleuses et d'entraves à la liberté des enchères, conservent le caractère de valeurs purement mobilières et ne doivent pas être considérées comme un accessoire ou un complément du prix d'adjudication, bien que les condamnations aient eu pour but de combler la différence entre le prix de l'adjudication et la valeur réelle de l'immeuble vendu. En conséquence, ces sommes doivent être distribuées par voie de contribution entre tous les créanciers opposants; il n'y a pas lieu de les attribuer exclusivement aux créanciers inscrits, pour les distribuer entre eux par voie d'ordre (Civ. cass. 22 août 1842, *Rép.* v° *Privilèges et hypothèques*, n° 2174-4°).

11. — IV. CONTRIBUTION AMIABLE (*Rép.* n°s 31 à 37). — Il y a lieu de se référer sur ce point aux explications contenues au *Répertoire*.

§ 3. — Contribution judiciaire. — Compétence (*Rép.* n°s 38 à 44).

12. La seule question sur laquelle nous ayons à revenir, en ce qui touche la contribution judiciaire, est celle de savoir si le tribunal civil devant lequel une distribution par contribution a été ouverte sur un commerçant reste compétent, lorsque le débiteur saisi est déclaré en faillite. Il n'y a aucune difficulté, si l'on suppose que la faillite est déclarée avant l'expiration du délai d'un mois accordé aux créanciers pour produire ; en pareil cas, le tribunal civil cesse d'être compétent, et il n'appartient plus qu'au tribunal de commerce de statuer sur la distribution. Mais que faut-il décider pour le cas où ce délai est déjà expiré au moment où intervient la déclaration de faillite? Les auteurs s'accordent à décider qu'en pareil cas la compétence de la juridiction civile subsiste. Et, il en est ainsi, à plus forte raison, lorsque la déclaration est postérieure au règlement provisoire. Peu importe que l'ouverture de la faillite soit reportée à une date antérieure à celle du règlement (Bioche, *Dictionnaire de procédure*, v° *Distribution par contribution*, n° 53 ; Tessier, n°s 93 et 94; Rousseau et Laisney, *Dictionnaire de procédure*, v° *Ordre et contribution*, n°s 12 et 13 ; Patron, t. 1, n°s 119 et 120). — La même solution est consacrée, en général, par la jurisprudence. Ainsi il a été jugé : 1° que, lorsque dans une instance en distribution de deniers par contribution portée devant le tribunal civil, il a été fait aux créanciers des sommations de produire, et que des forclusions ont été prononcées, s'il arrive que le débiteur soit déclaré en faillite, le tribunal civil reste saisi de l'instance, qui ne doit pas être renvoyée devant le tribunal de commerce (Paris, 5 juin 1823, *Rép.* v° *Compétence*, n° 57-2°); — 2° Que le règlement provisoire, qui confère aux créanciers des droits irrévocables sur la somme à distribuer, doit recevoir son exécution même après la déclaration de faillite du débiteur, et cela, même si la faillite est reportée à une époque antérieure au règlement ou à l'ouverture de la contribution, sauf à continuer la poursuite avec le syndic (Paris, 30 mars 1848, aff. Pourrageaud, D. P. 48. 2. 91) ; — 3° Que lorsqu'une contribution a été régulièrement ouverte et a donné lieu à un règlement provisoire, elle doit continuer d'être suivie devant le tribunal civil qui en est saisi, malgré la faillite du débiteur (Paris, 4 déc. 1856) (1). On peut ajouter à ces décisions un arrêt de la cour de Rouen du 31 mai 1850 (aff. Baziret, D. P. 54. 5. 251), et un jugement du tribunal civil de la Seine, du 2 juill. 1875 (*Journal des avoués*, t. 100, p. 434). Mais il est à remarquer que, pour écarter la compétence du juge commercial, cet arrêt se fonde principalement sur ce que, dans l'espèce, le règlement n'avait pas été contredit dans le délai légal et était, par suite, devenu inattaquable. — La cour de Rouen s'est, d'ailleurs, prononcée en sens contraire dans deux autres arrêts. Elle a jugé : 1° que lorsque, postérieurement à la sommation de produire dans une distribution par contribution, mais avant le règlement provisoire, le débiteur a été déclaré en état de faillite, il n'y a pas lieu de procéder à ce règlement; les créanciers doivent se retirer devant le syndic et le juge-commissaire pour faire vérifier leurs créances et statuer sur leurs contestations, et notamment sur la prétention élevée par les créanciers produisants d'avoir droit à la somme à distribuer exclusivement aux créanciers non produisants et forclos (Rouen, 6 juin 1851, aff. Leborgne, D. P. 54. 5. 250); — 2° Que lorsque le débiteur tombe en faillite avant le jugement sur les contredits, la juridiction civile doit se dessaisir de la distribution de la somme consignée et la renvoyer devant la juridiction commerciale dans le ressort de laquelle la faillite s'est ouverte (Rouen, 1er août 1861) (2).

§ 4. — Consignation des deniers (*Rép.* n°s 45 à 54).

13. La consignation des deniers est, comme on l'a exposé au *Rép.* n° 45, le préliminaire indispensable de la contribu-

sans retarder la clôture de l'ordre ; — Considérant que la créance de Morati Dominique, dans les contredits et à l'audience, a été contestée même dans son existence; que cette contestation ne peut être en l'état vidée; qu'elle peut même exiger diverses mesures d'instruction ; que, partant, il convient de renvoyer Morati Dominique et les veuves Léonidéi et Martin à se pourvoir par-devant qui de droit, pour procéder à la distribution par contribution, les droits des parties intéressées demeurant réservés ; — Par ces motifs, etc. ». — Appel. — Arrêt.

LA COUR ; — Adoptant les motifs des premiers juges ; — Confirme, etc.

Du 25 janv. 1862.-C. de Bastia, 1re ch.-MM. Germanes, 1er pr.-Gavini, Milanta, Savelli et Graziani, av.

(1) (Astier C. Douzeaud.) — En 1854, plusieurs distributions par contribution ont été ouvertes contre les époux Froment sur diverses sommes à eux appartenant. Elles ont été l'objet d'un règlement provisoire le 7 juin 1855; puis le 10 juillet suivant, le sieur Froment a été déclaré en faillite. — Le syndic et le sieur Astier, créancier du sieur Froment, ont demandé le dessaisissement du tribunal civil et le renvoi de la procédure devant le tribunal de commerce, qu'ils prétendaient être seul compétent désormais. — Le 22 janv. 1856, jugement du tribunal civil de la Seine, qui rejette cette prétention par les motifs suivants : — « En ce qui touche la nullité des contributions dont il s'agit et le renvoi devant le syndic de la faillite Froment : — Attendu que lesdites contributions ont été ouvertes les 16 mai, 19 août et 21 nov. 1854, et qu'elles ont été réglées provisoirement le 7 juin 1855; qu'ainsi le tribunal a été saisi de la distribution des sommes que ces contributions avaient pour objet, antérieurement à l'ouverture de la faillite, dont la déclaration n'a été poursuivie que le 10 juillet suivant; que dès lors, les contributions Froment ayant été régulièrement ouvertes, elles doivent continuer d'être poursuivies devant le tribunal qui en est saisi, et qu'il n'y a lieu de renvoyer les parties devant le syndic de la faillite;... — Par ces motifs, déboute Astier et comp. de leur contestation à fin de renvoi devant le syndic de la faillite de Froment, pour procéder à la distribution des sommes, objet des contributions dont il s'agit; ordonne qu'il sera passé outre à la poursuite desdites contributions... — Appel par le sieur Astier. — Arrêt.

LA COUR ; — Adoptant les motifs, etc. ; — Confirme, etc.

Du 4 déc. 1856.-C. de Paris, 4e ch.-MM. de Vergès, pr.-Saillard, av. gén.-Langlois, Busson et Monnier, av.

(2) (Fleury C. Marot.) — LA COUR ; — Attendu que la question capitale et la seule qu'il soit nécessaire de juger dans la cause, est celle de savoir si la contribution ouverte suivant les règles du code de procédure doit être renvoyée devant la juridiction commerciale pour y être faite suivant les dispositions du code de commerce, lorsque le débiteur, sur lequel cette contribution a lieu, a été déclaré en faillite avant le jugement des contredits, qu'étant *in bonis* il a élevé contre le règlement provisoire ; — Attendu qu'en pareille matière, le procès-verbal dressé en exécution de l'art. 663 c. proc. civ. ne devient définitif et ne confère aux créanciers colloqués de droit acquis à la somme mise en distribution qu'à défaut de contredits dans la quinzaine de la dénonciation, ou, en cas de contredits, qu'autant que le jugement qui les a appréciés est passé en force de chose jugée ;

tion judiciaire. On a vu également *ibid.* nos 46 et suiv., que l'obligation de consigner incombe à tout détenteur des deniers à distribuer, notamment, à l'officier ministériel qui a touché le prix de la vente des meubles saisis. — Il a été jugé qu'en cas d'oppositions formées sur ce prix, l'huissier qui a procédé à la vente ne peut se dispenser de la consignation prescrite par les art. 656 et 657 c. proc. civ. en versant directement aux saisissants les deniers provenant de cette vente, sous prétexte que les oppositions à lui signifiées seraient nulles, faute d'avoir été notifiées au créancier saisissant, conformément à l'art. 509 c. proc. civ. (Req. 20 janv. 1862, aff. Hugonnet, D. P. 62. 1. 337). Il n'existe pas, en effet, de nullité de plein droit, et, par suite, aucun payement ne devait être fait au mépris des oppositions, quelles que fussent les conséquences du défaut de signification desdites oppositions. En conséquence, l'huissier est responsable envers les créanciers opposants du défaut de consignation des deniers arrêtés, son infraction à l'obligation de consigner, dont il était tenu, ayant privé les opposants de la faculté de régulariser leurs oppositions (Même arrêt). On peut ajouter que l'ouverture de la contribution, qui eût été la conséquence de la consignation des deniers, aurait même rendu inutile cette régularisation d'exploit, puisque tout créancier, opposant ou non opposant, a le droit de se faire payer à la contribution jusqu'à forclusion : le défaut d'opposition dispense seulement le saisissant d'appeler le créancier non opposant à la procédure de distribution (*Rép.* no 90. V. conf. Tessier, p. 173 ; Patron, no 77).

L'obligation de consigner est absolue, et il a été jugé, notamment, que l'officier qui a procédé à la vente (spécialement, un commissaire-priseur) ne peut s'y soustraire par le motif que le débiteur saisi aurait été déclaré en faillite (Trib. Seine, 24 mai 1870, aff. Michel, D. P. 71. 5. 404).

14. Ainsi qu'on l'a vu au *Rép.* no 52, il ne peut être procédé à aucune distribution avant que la consignation ait été effectuée, sauf quelques exceptions que nous avons fait connaître. Mais le défaut de consignation préalable à la distribution par contribution ne peut être invoqué par le tiers saisi comme un obstacle à la distribution réglée selon la loi de procédure, lorsqu'il provient de son fait personnel et exclusif (Poitiers, 20 avr. 1880, aff. Grasset, D. P. 80. 2. 229). Dans ce cas même, le défaut de consignation exposerait le tiers saisi à des dommages-intérêts, s'il en était résulté un préjudice pour les intéressés.

§ 5. — Nomination du juge-commissaire. — Droit de la requérir (*Rép.* nos 55 à 64).

15. V. *Rép.* nos 55 et suiv.

§ 6. — Requête et sommation de produire et de prendre communication. — Production des titres. — Privilèges (*Rép.* nos 65 à 81).

16. — I. Requête au juge-commissaire. — V. *Rép.* nos 65 et 66.

17. — II. Sommation de produire. — Le poursuivant est tenu de faire aux créanciers sommation de produire. On admet sans difficulté que la loi veut parler ici des *créanciers opposants.* Mais ces créanciers sont-ils les seuls auxquels s'applique l'art. 659 c. proc. civ. ?

Ne doit-on pas leur assimiler ceux qui, sans avoir pratiqué une saisie-arrêt dans les termes des art. 557 et suiv. c. proc. civ., se sont néanmoins fait connaître dans un acte ayant un caractère authentique, par exemple, dans un inventaire. La question est controversée. Un arrêt de la cour de Bruxelles du 28 déc. 1826 (cité au *Rép.* no 21, et rapporté *ibid.* no 2), l'a résolue affirmativement. Mais la chambre des requêtes a adopté la solution négative (*Rép.* no 93-1o). Le tribunal de la Seine qui a eu à se prononcer sur la même question a décidé qu'on doit considérer comme opposants, aux termes des art. 659 et 660 c. proc. civ., les créanciers dont les créances, noms et adresses, se trouvent mentionnés dans l'inventaire dressé par le liquidateur de la société débitrice après sa dissolution, alors surtout que ces indications sont, en outre, relatées dans le procès-verbal de dépôt à la Caisse des consignations, puis dans l'état des charges et oppositions que délivre le directeur de la caisse (Trib. civ. Seine, 21 août 1877, aff. Soulaine, D. P. 79. 2. 185). D'autre part, il a été jugé que, lorsque les créanciers opposants n'ont pas fait signifier leur opposition au saisissant, celui-ci n'est pas tenu de les appeler à la procédure de distribution conformément à l'art. 659 (Lyon, 11 déc. 1860, aff. Hugonnet, D. P. 62. 1. 337). — M. Patron, qui examine cette question *loc. cit.*, nos 171 et suiv., pense que la sommation ne doit être faite qu'aux créanciers qui ont formé une opposition régulière et aux créanciers dénommés à l'inventaire, et non à ceux qui se sont bornés à signifier une saisie-arrêt non dénoncée ni contre-dénoncée, ou une simple défense faite sans titre ni permission du juge.

En ce qui concerne la sommation de produire, elle peut être signifiée au domicile élu. Cette décision, qui ne fait aucun doute en ce qui touche les oppositions (*Rép.* no 68) a été étendue aux significations de transport par un arrêt de la cour de Douai du 14 janv. 1865 (aff. Théry, D. P. 65. 2. 212). — Il s'agissait, dans l'espèce, d'un cessionnaire en vertu de deux transports, lequel, lors de la signification de ces transports, avait dans chacun d'eux fait une élection de domicile différente. La sommation de produire ne lui avait été notifiée qu'au domicile élu dans la première signification. Le tribunal d'Arras, et après lui la cour de Douai, ont déclaré valable la sommation de produire en ce qui concerne la première cession, et nulle en ce qui concerne la seconde, et cela, bien que dans la seconde signification le créancier eût rappelé la première cession.

18. — III. Productions des titres. — V. *Rép.* nos 69 à 73.

19. — IV. Privilège (*Rép.* nos 74 à 81). — On a vu au *Rép.* no 76 que, si le propriétaire à qui il est dû des loyers veut être payé avant la distribution, il peut, aux termes de l'art. 661 c. proc. civ., appeler la partie saisie et l'avoué le plus ancien

---

qu'en l'absence de l'une ou de l'autre de ces circonstances, les droits des créanciers contestés sont mis en suspens ; qu'alors, les créanciers ne peuvent avoir acquis un droit d'attribution exclusive à la somme mise en distribution ; — Attendu que, dans la quinzaine qui lui a été accordée pour contredire le procès-verbal provisoire, Bullot, sur lequel la distribution était ouverte, et encore *in bonis*, a contesté en termes absolus les collocations accordées aux créanciers produisant, et qu'avant qu'il ait été statué par le tribunal sur son contredit, Bullot a été dessaisi de l'administration de ses biens (art. 443 c. com.) ; que cette administration est passée dans les mains du syndic de la faillite, qui, sous la surveillance du juge-commissaire, est seul chargé de faire la distribution de l'actif mobilier et immobilier à tous les créanciers, selon le droit qui appartient à chacun ; que, dès lors, la juridiction civile devait se dessaisir de la distribution de la somme consignée et la renvoyer, comme le syndic le lui demandait, devant la juridiction commerciale dans le ressort de laquelle la faillite de Bullot s'était ouverte ; que le jugement dont est appel doit être réformé ; — Attendu qu'il n'est rien préjugé sur les droits qui, en vertu de titres valables, peuvent appartenir par privilège ou préférence à tous, ou à quelques-uns des créanciers colloqués sur les sommes consignées ; que ceux-ci restent dans tous leurs droits pour les faire valoir dans la faillite ; — Attendu qu'en matière de distribution comme en matière d'ordre, il est convenable, pour ne pas multiplier les frais sans utilité, que les individus intéressés à se défendre d'un contredit qui attaque la contribution dans sa base, s'entendent sur le choix de l'avoué qui doit défendre les droits de tous, sinon la loi veut qu'ils soient représentés par l'avoué le plus ancien ; qu'il devait en être ainsi dans l'espèce, et que les frais postérieurs au contredit du débiteur doivent rester à la charge personnelle des parties qui se sont fait représenter par un avoué particulier ; — Par ces motifs, juge que par la survenance de la faillite de Bullot, avant que le procès-verbal provisoire ait acquis la force de la chose jugée, la distribution de la somme consignée a cessé d'être dans les attributions du tribunal civil, et est entrée dans les attributions de la juridiction commerciale dans le ressort de laquelle la faillite était ouverte, pour être procédé conformément aux dispositions du code de commerce en matière de faillite ; en conséquence, infirme le jugement du 8 mai dernier, et faisant ce que le premier juge aurait dû faire, et sans rien préjuger sur les droits particuliers qui pourraient appartenir aux créanciers sur la somme consignée, renvoie procéder à la distribution de cette somme devant le tribunal de commerce compétent, etc.

Du 1er août 1861.-C. de Rouen, 2e ch.-MM. Forestier, pr.-de Leffemberg, av. gén.-Lemarey et Desseaux, av.

en référé devant le juge-commissaire pour faire statuer préalablement sur son privilège à raison des loyers dus. On a voulu induire des termes de cet article que le juge-commissaire peut statuer sur le privilège du bailleur, dans tous les cas, même lorsque la demande d'admission du privilège donne lieu à contestation. Mais cette interprétation a été repoussée par la jurisprudence. Il résulte d'un arrêt de la chambre des requêtes, du 26 janv. 1875 (aff. Ambrois, D. P. 75. 1. 306) que l'art. 661 n'a été établi que pour le cas où la créance privilégiée du propriétaire n'est pas contestée. Dans ce cas, le juge-commissaire à qui le propriétaire en a référé, conformément à l'art. 661, peut lui attribuer le montant de sa créance non contestée, et cela sans délai, sans attendre le règlement commun à tous les créanciers. Mais si, au contraire, la créance du bailleur est contestée, le juge-commissaire doit se dessaisir et renvoyer les parties devant le tribunal conformément aux termes de l'art. 669 (V. sur l'application de l'art. 661, les conclusions de M. l'avocat général Babinet à l'occasion de l'arrêt que nous venons de citer, *ibid.*). La solution adoptée par la cour de cassation est également consacrée par un arrêt de la cour de Rouen du 20 avr. 1880 (1) (V. aussi Patron, t. 2, n° 1072).

20. Ce dernier arrêt tranche une autre question qui s'est élevée à propos de l'art. 661 : c'est celle de savoir quel est le caractère de l'ordonnance rendue par le juge-commissaire en exécution de cet article. La cour de Rouen décide que ce n'est pas une mesure de simple administration, ni un acte de juridiction gracieuse; c'est une véritable décision judiciaire sur une demande en collocation. C'est ce qu'avait précédemment jugé la chambre civile de la cour de cassation par un arrêt de rejet du 21 févr. 1854 (aff. Caisse des dépôts et consignations, D. P. 54. 1. 398).

21. Mais cette décision n'a-t-elle qu'un caractère provisoire, comme les ordonnances rendues en matière de référé ordinaire? M. Rodière, *Traité de compétence et de procédure en matière civile*, t. 2, p. 255, se prononce pour l'affirmative. Il pense que, soit que le juge-commissaire accorde le privilège, soit qu'il le refuse, la question peut être soumise de nouveau au tribunal par la voie ordinaire des contredits. Nous avons au *Rép.* n° 78 admis l'opinion contraire qui a été depuis consacrée par la jurisprudence (Arrêts des 20 avr. 1880, *suprà*, n° 19, et 21 févr. 1854, cité *suprà*, n° 20). Ce dernier arrêt décide formellement que l'ordonnance rendue préliminairement par le juge-commissaire, en vertu de l'art. 661, a le caractère d'une décision rendue sur un incident de contribution, et non d'une décision intervenue en matière ordinaire de référé; car elle prononce sur le fond du droit. La cour suprême en tire la conséquence que cette ordonnance est régie quant à la signification et aux voies de recours, non pas par l'art. 809 c. proc. civ., mais par l'art. 669, c'est-à-dire qu'elle sera susceptible d'opposition, si elle est rendue par défaut, que le délai d'appel sera de dix jours, et que, pour faire courir ce délai, la signification à avoué suffira (V. dans le même sens : Tessier, *op. cit.*, t. 1, n° 174 et suiv. V. également sur cette question : Patron, *op. cit.*, t. 2, n° 1069 et suiv.).

22. Aux termes de l'art. 662, le privilège du bailleur prime tous les autres, même les *frais de poursuite*, et, par ces mots, l'art. 662 vise les frais de la distribution par contribution (*Rép.* n° 80). On comprend les motifs de cette disposition. Ainsi que le fait remarquer M. Rodière, *op. cit.*, t. 2, p. 256, « ces frais ne profitent en rien au bailleur qui peut même, comme on l'a vu, faire statuer préliminairement sur son privilège ». Mais en sera-t-il de même des frais faits antérieurement à la distribution par les créanciers pour arriver à la vente, tels que les frais de commandement, les frais de saisie et de vente? Nous ne le pensons pas. Ces frais ont été faits dans l'intérêt du bailleur aussi bien que dans celui des autres créanciers, ils doivent donc primer la créance du bailleur. Cette solution qui, à notre avis, ne saurait faire de doute en présence des termes de l'art. 2101 c. civ. a été implicitement consacrée par un arrêt de la cour de Lyon du 16 janv. 1851 (aff. Ollagnier, D. P. 52. 2. 296), et par un arrêt de la chambre civile de la cour de cassation du 25 avr. 1854 (aff. Villefranque, D. P. 54. 1. 137) (V. également en ce sens : Boitard, *Leçons de procédure civile*, 14e éd., t. 2, n° 898; Tessier, n° 180 et suiv.; Rodière, *op. cit.*, t. 2, p. 256). Ce dernier auteur invoque à l'appui de son opinion un autre argument. « Supposons, écrit-il, qu'ils (les frais faits par le créancier pour arriver à la vente) eussent été avancés par l'huissier qui aurait fait la vente, cet officier ministériel aurait pu, d'après l'art. 657, en déduire le montant sur le prix. Si c'est le créancier qui a fait les avances, il est donc de toute justice qu'il exerce un droit analogue. »

§ 7. — Forclusion de produire (*Rép.* n° 82 à 102).

23. On a examiné au *Rép.* n° 83 et suiv. la question de savoir si la forclusion est nécessairement encourue dès que le délai d'un mois, à dater de la sommation, est expiré, ou si la production peut encore être faite utilement, tant que le procès-verbal de distribution n'est pas clos. La première solution que nous avons admise au *Répertoire* avec plusieurs auteurs et qui a prévalu dans la jurisprudence (V. *ibid.* n° 85 et suiv.), a été adoptée depuis par MM. Rodière, *op. cit.*, t. 2, p. 253; Audier, sur l'art. 660, n° 12 et suiv.; Tessier, n° 142; Bioche, *op. cit.*, v° *Distribution par contribution*, n° 187; Rousseau et Laisney, *op. cit.*, v° *Distribution par contribution*, n° 135.

24. L'application de l'art. 660 soulève une autre difficulté que l'on a rencontrée au *Rép.* n° 88 et 94. Il s'agit de savoir si les créanciers non opposants et qui, par suite, n'ont pas reçu de sommation pour produire, sont, comme les créanciers opposants, déchus du droit d'être colloqués s'ils ne produisent pas dans les délais de l'art. 660. La jurisprudence paraît fixée dans le sens de l'affirmative. C'est ainsi qu'il a été jugé qu'en matière de distribution par contribution la forclusion prononcée contre les créanciers opposants, faute par eux de produire dans le mois de la sommation, s'applique à plus forte raison aux créanciers qui n'ont pas formé opposition avant le règlement provisoire, quoique, faute d'oppo-

(1) (Exel C. Bidault.) — La cour; — En ce qui touche la recevabilité de l'appel : — Attendu que, quand le juge commis à une distribution par contribution statue préliminairement en référé sur le privilège du propriétaire, aux termes de l'art. 661 c. proc. civ., son ordonnance n'a pas le caractère d'une mesure de simple administration, mais d'une véritable décision judiciaire sur une demande en collocation, décision soumise aux deux degrés de juridiction conformément au droit commun; qu'il en résulte que, s'il a prononcé seul, en présence des parties, sur une difficulté qui sort du cercle de ses attributions, au lieu de renvoyer à l'audience, selon le vœu de l'art. 666 du même code, le recours ouvert contre le jugement du tribunal appelé à vider le différend est nécessairement ouvert contre l'ordonnance du juge-commissaire incompétent pour en connaître; que les mêmes considérations exigent la même voie de recours, soumis aux mêmes formes et aux mêmes délais par l'art. 669;

Sur la compétence du juge-commissaire : — Attendu que si le juge-commissaire peut, à la demande du propriétaire et par un motif d'urgence, lui attribuer par préférence, sur les deniers à distribuer le montant des loyers qui lui sont dus, cette compétence exceptionnelle cesse complètement, dès que l'exercice du privilège est contesté, et qu'il s'agit de prononcer sur la contestation; que le juge-commissaire n'exerce pas une juridiction contentieuse proprement dite; qu'il doit, en pareil cas, renvoyer à l'audience, où le créancier contestant, la partie saisie, et l'avoué le plus ancien des opposants sont mis en cause, et où le jugement sera rendu sur son rapport et les conclusions du ministère public; qu'en demandant par voie de référé à être colloqué préliminairement et par privilège au cours de la contribution ouverte sur le prix de vente du mobilier de Chrétien, pour la somme de 2000 fr. à raison des loyers qui leur étaient dus, les consorts Exel ont usé de la faculté que leur accordait l'art. 661; mais que le juge-commissaire ne s'est pas borné dans son ordonnance du 24 déc. 1879 à les colloquer pour la somme de 800 fr., montant des loyers échus; qu'il a rejeté purement et simplement leur demande en collocation pour la somme de 1200 fr. due pour indemnité de relocation en vertu de l'accord intervenu entre les parties par suite de la résiliation du bail, sous prétexte que la loi n'accordait aucune préférence pour une créance de cette nature; qu'il est évident qu'en tranchant seul cette question, au lieu de la renvoyer au tribunal, le juge-commissaire a excédé les limites du pouvoir restreint que lui conférait l'art 661, et manifestement violé les règles de sa compétence; qu'il y a lieu, dès lors, d'annuler son ordonnance;

Par ces motifs, etc.

Du 20 avr. 1880.-C. de Rouen, 1re ch.-MM. Neveu-Lemaire, 1er pr.-Gauthier de la Ferrière, av. gén., c. conf.-Ricard et Hardouin, av.

sition, ils n'aient pas reçu cette sommation (Metz, 16 août 1849, aff. Marcel D. P. 56. 2. 128 ; Civ. rej. 13 nov. 1861, aff. Adnot, D. P. 61. 1. 483; Civ. cass. 14 avr. 1869, aff. Duparchy, D. P. 69. 1. 408; Alger, 11 févr. 1878, aff. Espinasse, D. P. 79. 2. 185 ; Audier, *op. cit.*, sur l'art. 660, n° 220; Rousseau et Laisney, *op. cit.*, v° *Ordre et contribntion*, n° 129; Tessier, n° 151; Patron, t. 1, n° 239). La solution diamétralement opposée, et qui consistait à accorder aux créanciers non opposants la faculté de produire utilement tant que la distribution n'est pas consommée (*Rép.* n° 94), paraît aujourd'hui abandonnée. Une opinion intermédiaire est défendue par MM. Rodière, *op. cit.*, t. 2, p. 254; Boitard, *op. cit.*, t. 2, n° 895, et Levillain, note sous l'arrêt précité du 11 févr. 1878. D'après ces jurisconsultes, les créanciers non opposants ne doivent encourir la forclusion que s'ils n'ont pas produit avant la confection du règlement provisoire par le juge-commissaire.

25. M. Rodière, *op. cit.*, t. 2, p. 254, cite un cas où « toutes les oppositions postérieures à la vente devraient être considérées comme non avenues ». C'est celui où l'huissier aurait, conformément à l'art. 622 c. proc. civ., discontinué la vente parce qu'il aurait obtenu une somme suffisante pour désintéresser complètement le saisissant et ceux des créanciers qui se seraient fait connaître. L'huissier est alors censé avoir reçu le payement pour le compte des créanciers, en sorte que la propriété des deniers passe à l'instant de la tête de ces créanciers sans faire impression sur celle du saisi. « De même, ajoute l'éminent professeur, s'il s'agit de deniers saisis-arrêtés, le jugement intervenu en suite de la déclaration du tiers saisi valant transport, à due concurrence, au profit du saisissant et des créanciers qui se sont présentés antérieurement, toutes les oppositions postérieures sembleraient devoir être écartées comme tardives. »

26. Ainsi le créancier qui n'a pas produit de titres dans le mois de la sommation doit être déclaré forclos. Cette production doit être effective. Ainsi il ne suffirait pas qu'une femme qui poursuit sa séparation de biens contre son mari, se bornât à énoncer ses titres, lorsqu'elle demande à être colloquée, à raison de ses reprises, dans une distribution par contribution ouverte au cours de l'instance en séparation de biens sur une somme appartenant à son mari. Il faut qu'elle produise ses titres entre les mains du juge-commissaire (Dijon, 8 juill. 1868) (1).

27. La forclusion prononcée par l'art. 660 atteint-elle uniquement le créancier qui n'a produit aucun titre, ou doit-on admettre que la loi a entendu frapper de déchéance même celui dans la production duquel il manquerait quelques pièces, et lui interdire de compléter sa justification? La négative résulte de plusieurs arrêts rapportés au *Rép.* n° 89 (V. aussi Patron, t. 1, n°s 249 et 250). Toutefois un arrêt de la cour d'Angers du 5 janv. 1877 (aff. Bignon, D. P. 77. 2. 174), déclare qu'un créancier n'est pas recevable à faire des productions nouvelles, alors que le mois imparti par l'art. 660 est expiré, et qu'il a été procédé, sur le vu des seules pièces qu'il lui a convenu de produire, au règlement provisoire. — Mais peut-on considérer comme un complément de justification la présentation d'un titre tout à fait nouveau, alors que le titre primitivement produit a été annulé dans l'intervalle? La cour de Douai, dans un arrêt du 27 déc. 1880 (aff. de Saint-Philibert, D. P. 80. 2. 59), ne l'a pas admis, et avec raison. En effet, l'annulation du titre originaire place le créancier qui l'invoque dans la situation de celui qui n'a fait aucune production; et, si les délais pour contredire sont expirés, on ne saurait admettre ce créancier à faire usage d'un document que les autres intéressés ne peuvent plus discuter. La solution contraire serait un encouragement à la fraude; on dissimulerait des titres sérieux pendant les périodes déterminées par les art. 660 et 664, et l'on attendrait, pour les produire, que les autres créanciers ne fussent plus à même de les contester. Comme le fait justement remarquer la cour de Douai, la demande de collocation fondée sur un nouveau titre n'est pas plus recevable que le serait celle d'un nouveau créancier qui se présenterait après le règlement provisoire.

28. Le délai pour produire est d'un mois à partir de la dernière sommation (*Rép.* n° 98; Carré et Chauveau, *op. cit.*, t. 4, quest. 2173; Bioche, *op. cit.*, v° *Distribution par contribution*, n° 90; Boitard, *op. cit.*, t. 2, n° 891; Rodière, *op. cit.*, t. 2, p. 253. V. également en ce sens : Paris, 15 juill. 1861, aff. Sigorgue, D. P. 61. 2. 217); et ce délai ne court qu'autant que toutes les sommations prescrites par l'art. 659 ont été adressées. Il en résulte que, si l'on a omis de signifier la sommation à l'un des créanciers, le délai ne court pas, et le défaut de production dans le délai légal n'emporte déchéance ni à l'égard du créancier non sommé, ni même à l'égard des autres créanciers (Trib. Seine, 21 août 1877, aff. Soulaine, D. P. 79. 2. 185).

29. La forclusion encourue contre les créanciers qui n'ont pas produit dans le délai légal profite aux créanciers diligents. Ceux-ci se trouvent investis d'un droit exclusif d'attribution sur les sommes à distribuer. Il en résulte qu'aucune circonstance postérieure, même la déclaration de faillite du débiteur, ne peut permettre aux créanciers forclos de toucher une part quelconque dans la somme à distribuer (Metz, 16 août 1849, aff. Marcel, D. P. 56. 2. 128; Civ. rej. 13 nov. 1861, aff. Adnot, D. P. 61. 1. 483; Trib. Seine, 21 août 1877, aff. Soulaine, D. P. 79. 2. 185; 30 juin 1885) (2). — V. *suprà*, n° 12, l'application qui a été faite de cette idée en matière de com-

(1) (Bezu C. Etienne.) — LA COUR; — Considérant que l'énonciation des titres sur lesquels un créancier appuie sa demande en collocation ne saurait remplacer la production de ce titre exigée par l'art. 660 c. proc. civ., et nécessaire soit au magistrat, soit aux autres créanciers, pour apprécier le fondement et l'étendue de la demande; — Que la dame Etienne, en présentant, le 28 nov. 1867, au juge-commissaire, sa demande en collocation sur les valeurs appartenant à son mari qui étaient à distribuer, devait l'appuyer, ce qu'elle n'a point fait: 1° de la production de son contrat de mariage; 2° de l'acte de partage de la succession de sa mère; 3° de la demande en séparation de biens qu'elle avait formée contre son mari, titres qui pouvaient établir l'existence et la quotité probable des reprises qu'elle prétendait exercer contre lui; — Qu'à la vérité ces pièces n'établissaient pas qu'elle eût un droit actuellement réglé et définitif, mais qu'elles étaient la base de ses prétentions et pouvaient seules donner au juge le moyen de les apprécier dans leur éventualité, et aux autres créanciers celui de les admettre ou de les discuter; — Que c'était aussi par cette production que la dame Etienne aurait pu se donner le droit de se prévaloir plus tard de la liquidation de ses reprises intervenue le 17 janv. 1868, et qu'elle était dans l'impossibilité de présenter avant cette date;

Considérant que la sommation de produire faite aux créanciers étant à la date du 21 nov. 1867, le règlement provisoire de collocation à celle du 30 déc. 1867, tandis que la production des pièces faite par la dame Etienne n'a eu lieu que le 28 janv. 1868, c'est avec raison que le tribunal a déclaré que la demande de la dame Etienne était frappée de forclusion et devait être retranchée du règlement de collocation fait par le juge-commissaire; — Confirme, etc.

Du 8 juill. 1868.-C. de Dijon, 3e ch.-MM. Boissard, pr.-Proust, av. gén.

(2) (Syndic Bonneau C. Dame Serin et Stelmans.) — LE TRIBUNAL; — Attendu que l'art. 660 c. proc. civ., en prononçant la forclusion contre tout créancier qui n'a pas produit dans les délais prescrits, investit par cela même les créanciers qui ont rempli cette formalité d'un droit exclusif d'attribution sur les sommes consignées; — Que le jugement déclaratif de la faillite du débiteur, s'il intervient après l'expiration de ces délais, ne peut porter atteinte à des droits exclusivement acquis ni relever la masse de la faillite de la déchéance prononcée contre elle; — Que même, si la cessation des payements était reportée à une époque antérieure à l'ouverture de la contribution, ce report qui permet d'annuler certains actes déterminés par les art. 446 et 447 c. com., ne peut avoir aucun effet sur la procédure de contribution; — Que celle-ci réglée par la loi et garantie contre tout soupçon de fraude et d'inégalité entre les créanciers par l'intervention du magistrat commis et par la publicité dont elle est entourée, soustrait les attributions qu'elle prononce aux causes de nullité édictées par la loi commerciale;

Attendu, en fait, que la dernière sommation de produire a eu lieu le 23 déc. 1884, et que la forclusion prend date au 24 janv. 1885; — Que le jugement prononçant la faillite de Serin n'est intervenu que le 28 janv. 1885, et n'a pu, dès lors, conférer au syndic un droit quelconque sur les sommes en distribution, qui, à cette époque, ne faisaient plus partie de l'actif du failli; — Par ces motifs, déclare Bonneau mal fondé en sa demande; l'en déboute, et le condamne en tous les dépens.

Du 30 juin 1885.-Trib. civ. de la Seine.-MM. Cadet de Vaux, pr.-Duval, subst., c. conf.-Carré, Maugras et Flamand, av.

pétence. — De ce principe on peut conclure, par analogie avec ce qui a été décidé en matière d'ordre, que les créanciers frappés de déchéance pour n'avoir pas produit, sont non recevables à attaquer d'une manière directe ou indirecte les collocations et à demander, par exemple, pour cause de simulation, la nullité des créances colloquées (Civ. rej. 20 avr. 1857, aff. Verdier, D. P. 57. 1. 164. V. en ce sens : Patron, n° 258).

30. L'art. 660 s'applique uniquement aux demandes en collocation. Il suit de là : 1° que, si un jugement attribue à l'un des créanciers qui n'avait pas provoqué de distribution par contribution le montant total d'une somme déposée à la Caisse des consignations pour être distribuée à qui de droit, les autres créanciers qui n'ont pas, antérieurement à la signification de ce jugement, formé opposition sur la somme consignée, n'ont encouru ni la forclusion faute de produire ou de prendre communication prononcée par les art. 660 et 664 c. proc. civ., ni aucune autre forclusion ou déchéance (Civ. rej. 8 déc. 1852, aff. Dubrac, D. P. 53. 1. 38); — 2° Que la demande tendant à faire annuler une procédure de contribution ouverte au préjudice d'une contribution antérieure non terminée, n'est pas sujette à la forclusion édictée par cet article (Req. 23 juin 1886 (1); Audier, *op. cit.*, sur l'art. 660, n° 2; Tessier, *op. cit.*, n° 155).

31. De même, il a été jugé que la forclusion prononcée par l'art. 660 contre tout créancier opposant qui n'a pas produit dans le mois de la sommation qui y est prescrite, ne concerne que le droit de production et ne s'étend pas à une demande dont le but est de distraire de la contribution la somme qui en est l'objet pour la faire soumettre à la procédure de l'ordre, une telle contestation mettant en question l'existence même de la contribution et n'intéressant pas seulement le nombre des créanciers qui y seront admis (Paris, 17 mai 1888, *Le Droit* du 17 juill. 1888).

§ 8. — Règlement provisoire (*Rép.* n°s 103 à 111).

32. Il s'est présenté sur ce point une difficulté qui a été tranchée par la cour de cassation dans l'arrêt du 13 nov. 1861, cité *suprà*, n° 29. Le règlement provisoire avait été arrêté par le président du tribunal par suite d'empêchement du juge commis pour procéder à la distribution par contribution. Mais le règlement définitif avait été fait par le juge primitivement commis, et cela, sans qu'une nouvelle ordonnance lui eût rendu la direction de la procédure. Ce règlement fut attaqué, et, au nombre des moyens soulevés, on invoqua celui tiré de ce que le règlement provisoire avait été signé par un magistrat non régulièrement commis pour remplacer le juge-commissaire momentanément empêché. Ce moyen fut repoussé par le tribunal de la Seine, puis par la cour de Paris, enfin, sur pourvoi, par la chambre civile de la cour de cassation qui décida qu'en cas d'empêchement momentané du juge commis pour procéder à une distribution par contribution, le président du tribunal peut arrêter ce règlement provisoire en se commettant lui-même pour remplacer le magistrat empêché.

33. La position respective des créanciers est définitivement fixée au jour du règlement provisoire eu égard au montant de leurs créances à cette époque, et il n'importe que des acomptes aient été payés avant le règlement définitif, pourvu que le montant de la collocation n'excède pas ce qui reste dû au créancier (Orléans, 23 avr. 1863, aff. Chamozzi, D. P. 63. 2. 79).

§ 9. — Dénonciation de l'état de collocation provisoire. — Contredits et forclusion de contredire (*Rép.* n°s 112 à 121).

34. On a vu au *Rép.* n°s 113 et 114 que, lorsque le saisi n'a pas constitué avoué, la dénonciation prescrite par l'art. 663 c. proc. civ. doit lui être faite par exploit à personne ou domicile dans les délais ordinaires des exploits d'ajournement, augmentés à raison des distances. C'est ce qu'a également décidé depuis un arrêt de la cour de Rouen du 1er déc. 1854 (aff. Violette, D. P. 55. 2. 121) (V. aussi en ce sens: Tessier, *op. cit.*, n° 196; Patron, t. 1, n° 287; Rousseau et Laisney, *op. cit.*, v° *Ordre et contribution*, n° 215).

35. L'arrêt de la cour de Rouen, cité *suprà*, n° 34, décide que le délai pour contredire à l'état de collocation provisoire ne court contre toutes les parties, qu'à dater de la dernière des dénonciations faites soit aux créanciers produisants, soit au saisi (Patron, t. 2, n° 812).

36. L'art. 663 ne prescrit pas de signifier au tiers saisi la sommation de prendre communication des demandes en collocation, de l'état de distribution et d'y contredire. Le tiers saisi n'est pas, en effet, compris par les art. 656 et suiv. au nombre de ceux qui doivent prendre part à la procédure de distribution par contribution. Mais si le créancier poursuivant a fait cette sommation au tiers saisi, celui-ci peut, comme tout créancier, produire une contestation (Poitiers, 20 avr. 1880, aff. Grasset, D. P. 80. 2. 229). Ce droit de contestation lui avait été déjà reconnu par un arrêt de la cour de Paris du 15 déc. 1853 (aff. Poisson, D. P. 54. 2. 11).

37. Ainsi qu'on l'a vu au *Rép.* n° 115, le créancier qui n'a pas, dans la quinzaine de la sommation, pris communication des pièces et contredits, est forclos (Patron, t. 1, n° 664, et t. 2, n° 817). Mais cette forclusion doit s'entendre seulement en ce sens que le créancier ne peut plus, passé le délai qui lui est accordé par les art. 663 et 664, élever de son chef un contredit; il ne lui est pas interdit de reprendre un contredit élevé, en temps utile, par un autre créancier, lorsque celui-ci s'en désiste. C'est ce qui a été jugé par la cour de Paris dans l'arrêt du 15 déc. 1853, cité *suprà*, n° 36. L'arrêt décide que les contredits élevés par un créancier dans les délais sur un règlement provisoire de contribution profitent à tous les autres, et que ceux-ci ont le droit de se l'approprier. S'il en était autrement, en effet, tous les créanciers seraient obligés l'un après l'autre de répéter sur le procès-verbal le premier dire fait par l'un d'eux, ce qui multiplierait inutilement les frais. Une décision identique se trouve dans l'arrêt de la cour d'Orléans du 23 avr. 1863 (aff. Chamozzi, D. P. 63. 2. 79) (V. conf. Patron, t. 2, n°s 838 et 870; Rousseau et Laisney, *op. cit.*, v° *Ordre et contribution*, n° 236; Dutruc, *Supplément aux lois de la procédure* de Carré et Chauveau, v° *Distribution par contribution*, n° 108).

38. Cet arrêt décide, en outre, qu'en tous cas, le droit de reprendre le contredit élevé par un autre créancier appartient à l'avoué le plus ancien. La cour de Rouen a même été plus loin dans cette voie en décidant que les parties qui ont le même intérêt doivent se faire représenter par un seul avoué, et que celle qui se ferait représenter par un avoué particulier en supporterait personnellement les frais (Rouen, 1er août 1861, *suprà*, n° 12).

39. Il est un autre cas où le créancier peut attaquer une collocation même après le délai de quinzaine: c'est celui où sa collocation est l'objet d'un contredit. Dans ce cas, le créancier peut, bien que le délai légal soit expiré, contester comme fondée sur un titre frauduleux ou sans cause, la collocation du créancier qui l'attaque. Et il importerait peu que le créancier qui a contesté primitivement se soit désisté de son contredit, alors surtout que son désistement est postérieur aux conclusions par lesquelles on conteste sa créance (Paris, 12 juin 1865 (2); Patron, *op. cit.*, t. 2, n° 821).

40. La forclusion encourue en vertu de l'art. 664 entraîne nécessairement celle de produire un titre nouveau à l'appui de la demande de collocation (Douai, 27 déc. 1880, aff. de

(1) (Joly et consorts *C.* Déglise.) — La cour; — Sur le premier moyen tiré de la fausse application de l'art. 666 c. proc. civ., de la violation de l'art. 660 du même code, et de l'art. 7 de la loi du 20 avr. 1810 : — Attendu que la demande des consorts Déglise, tendant à faire annuler une procédure de contribution ouverte au préjudice d'une contribution antérieure non terminée, n'était point sujette à la forclusion édictée par l'art. 660, laquelle s'applique exclusivement aux demandes en collocation; — Attendu que cette action en nullité, émanée de créanciers opposants sur les fonds à distribuer, a été régulièrement introduite, comme incident de contribution, par un dire en suite duquel le juge-commissaire a renvoyé les parties à l'audience ; que les motifs de l'arrêt attaqué répondent suffisamment aux conclusions des demandeurs, telles qu'on les trouve relatées dans les qualités dudit arrêt ;

Sur le deuxième moyen, etc.

Du 23 juin 1886.-Ch. req.-MM. Alméras-Latour, f. f. pr.-Cotelle, rap.-Loubers, av. gén.-Bouchié de Belle, av.

(2) (Lefebvre *C.* Devaux.) — La charge du sieur Lenoir Dufresne,

Saint-Philbert, D. P. 81. 2. 59). Il en résulte que, si le titre qui a servi de base à la production vient à être déclaré nul après le délai pour prendre communication de l'état de collocation et contester, la demande de collocation et la collocation provisoire obtenues de ce chef sont sans valeur et non existantes.

41. On peut par voie de simple contredit soulever une demande en nullité d'une procédure de distribution par contribution (Orléans, 5 mars 1851, aff. Guillot-Rosimond, D. P. 52. 5. 204).

§ 10. — Contestation sur le règlement provisoire. — Jugement (*Rép.* n°s 122 à 140).

42. L'art. 666 c. proc. civ. qui, en cas de difficultés sur le règlement provisoire d'une distribution par contribution, prescrit le renvoi des parties à l'audience avant qu'il ne soit passé outre à ce règlement, n'a trait qu'aux difficultés élevées par les parties présentes à la distribution, et non aux contestations qu'une personne qui n'y a pas été partie soulèverait par voie de dire consigné sur le procès-verbal de règlement provisoire, dans le but, notamment, de s'opposer à la continuation de la procédure de contribution; un tel dire ne met pas obstacle au règlement définitif, sauf au tiers qui l'a fait à attaquer ce règlement (Civ. rej. 13 nov. 1861, aff. Adnot, D. P. 61. 1. 483; Rousseau et Laisney, v° *Ordre et contribution*, n° 248).

43. La disposition de l'art. 667, aux termes de laquelle l'avoué le plus ancien doit être appelé devant le tribunal, n'est pas prescrite à peine de nullité. Il résulte uniquement de l'omission de cette formalité que la décision intervenue ne sera pas opposable aux créanciers qui n'auront pas été représentés (Bordeaux, 3 juill. 1851, aff. Bardoulat, D. P. 53. 5. 164. V. également: Civ. rej. 21 févr. 1854, aff. Caisse des consignations, D. P. 54. 1. 398).

44. D'autre part, il a été jugé que la mise en cause de l'avoué le plus ancien est réputée avoir eu lieu selon le vœu de la loi, lorsque l'avoué qui a été appelé était de fait le plus ancien, quoiqu'il n'ait pas figuré à la distribution en cette qualité, mais seulement comme avoué de l'un des créanciers (Arrêt du 21 févr. 1854, cité *suprà*, n° 43; Rousseau et Laisney, *op. cit.*, n° 257).

45. Les dires du contredit formé sur le procès-verbal sont les seuls qui puissent être plaidés à l'audience. Cette solution, qu'on a déjà indiquée au *Rép.* n° 134, a été consacrée par un jugement du tribunal de La Rochelle du 30 juill. 1879 (aff. Grasset, D. P. 80. 2. 229).

46. Il a été également jugé que le créancier qui a formé en temps utile un contredit contre une des collocations portées au règlement provisoire ne peut, dans l'instance qui s'en est suivie, critiquer pour la première fois devant le tribunal les autres collocations (Bordeaux, 12 avr. 1853, aff. Villefranque, D. P. 53. 2. 242). Cette décision, comme la précédente, est la conséquence des principes admis en ce qui concerne la forclusion prononcée par l'art. 664 (V. *Rép.* n°s 118 et suiv., et *suprà*, n°s 37 et suiv.).

47. Le jugement sur contredit a pour résultat de fixer le classement des créances entre elles, et de mettre obstacle à de nouvelles productions. Mais il ne confère pas aux créanciers colloqués la propriété des sommes saisies sur le débiteur et conservées, en attendant le règlement définitif, à la Caisse des dépôts et consignations (Req. 22 déc. 1884, aff. Dorion, D. P. 85. 1. 199; Patron, t. 2, n° 942). On comprend, en effet, que le jugement qui intervient sur les contredits ne puisse avoir d'effet que sur les points qu'il a pour objet de régler. Il en résulte que le tiers qui a fait reconnaître, par requête civile, contre le débiteur, son droit de propriété sur lesdites sommes, doit être autorisé à les toucher, nonobstant le jugement sur contredit rendu en faveur des créanciers colloqués, alors même que son instance sur requête civile a été postérieure à ce jugement (Même arrêt du 22 déc. 1884).

48. De même, on devrait décider, par analogie avec ce qui a été jugé en matière d'ordre, que les sommes indûment payées en vertu d'un jugement sur contredit peuvent être répétées lorsque la question de savoir si elles étaient dues n'a pas été soulevée à l'époque du règlement (Req. 14 juin 1854, aff. Constanty, D. P. 54. 1. 310).

§ 11. — Signification du jugement (*Rép.* n°s 141 à 143).

49. V. *Rép.* n°s 141 et suiv.

§ 12. — Appel. — Délai (*Rép.* n°s 144 à 169).

50. Nous n'avons rien à ajouter à ce qui a été dit au *Répertoire* relativement au délai accordé par l'art. 669 c. proc. civ. pour interjeter appel et au point de départ de ce délai. Nous nous bornerons à rappeler que le délai de dix jours court aussi contre la partie à la requête de laquelle a été signifié le jugement à avoué (*Rép.* n° 149). Cette décision a été de nouveau consacrée par la cour de Grenoble dans un arrêt du 25 nov. 1859 (aff. Dupérier, D. P. 61. 5. 156). — V. aussi Patron, *op. cit.*, t. 2, n° 944; Boitard, *op. cit.*, t. 2, n° 904; Rodière, *op. cit.*, t. 2, n° 259.

51. Quant à l'acte d'appel, il doit être notifié, à peine de nullité, au domicile de l'avoué, et non de la partie qui a obtenu le jugement (*Rép.* n° 152; Civ. cass. 7 avr. 1852, aff. Lamotte, D. P. 52. 1. 101). Et cette nullité est encourue, quand bien même l'appel serait postérieurement réitéré par acte d'avoué à avoué (Caen, 9 mai 1854) (1).

---

huissier à Paris, ayant été vendue, il y eut lieu à distribution par contribution sur une portion du prix de vente. Un sieur Lefebvre, qui en qualité de cessionnaire de la somme à distribuer avait demandé son admission par préférence à tous les créanciers opposants, vit sa demande repoussée par le juge-commissaire qui ne l'admit à la collocation qu'en concours avec les autres créanciers. Contredit par Lefebvre, qui conteste ces collocations. Jusqu'à l'audience, aucune contestation des créanciers ne s'éleva, mais à l'audience même le sieur Devaux demanda le rejet de Lefebvre de la contribution comme excipant d'une cession nulle comme frauduleuse et sans cause. Lefebvre abandonna alors sa contestation et prétendit que le tribunal n'avait plus de raison de statuer, puisque son admission, au marc le franc, par suite de la cession à lui faite, n'avait pas été contestée dans les délais de l'art. 663 c. proc. civ., et que les contestations survenues tardivement devaient être annulées. — Jugement du tribunal de la Seine, du 14 janv. 1865, repoussant les conclusions de Lefebvre. — Appel. — Arrêt.

La cour; — En ce qui touche l'exception de forclusion opposée par l'appelant: — Considérant que Lefebvre ayant saisi le tribunal civil de la Seine d'un débat relatif à la collocation de Devaux, celui-ci a conclu incidemment au rejet de la créance de Lefebvre, comme entachée de dol et de fraude; — Qu'on prétend vainement que ces conclusions à cet égard doivent être déclarées non recevables comme prises après l'expiration du délai imparti par l'art. 663 c. proc. civ.; — Qu'en effet, la forclusion prononcée par cet article ne peut être opposée par le créancier contestant au créancier contesté; que sa qualité de défendeur relève de la déchéance; que ce dernier, en attaquant incidemment la créance de son adversaire, ne fait qu'user du droit de la défense, qui consiste essentiellement à repousser les prétentions du demandeur, non seulement, en prouvant qu'elles sont mal fondées, mais en établissant que cet adversaire est sans droit, sans qualité, ou sans intérêt, pour soulever la contestation, résultat qu'on ne saurait atteindre qu'en contestant la créance et les droits dont se prévaut le créancier contestant;

En ce qui touche l'objection tirée du désistement de Lefebvre: — Considérant que le désistement n'a été signifié que postérieurement aux conclusions par lesquelles Devaux déclarait contester la créance de Lefebvre; que le tribunal était saisi de la contestation; que Devaux était conséquemment fondé à refuser, comme il l'a fait, d'accepter le désistement; — Au fond: ... — Sans s'arrêter aux fins de non-recevoir opposées par Lefebvre, dont il est débouté, confirme, etc.

Du 12 juin 1865.-C. de Paris, 2e ch.-MM. Legorrec, f. f. pr.-Sénard, av. gén., c. conf.-Paillet et Guiard, av.

(1) (Manuel et autres C. Morillaud et autres.) — La cour; — Sur l'appel interjeté vis-à-vis de Morillaud, Duval, Desprez, veuve Jouenne, Pigeon et consorts: — Considérant, en fait, que le jugement du 10 juin 1853 dont est appel, rendu sur incident en matière de distribution par contribution, a été signifié le 3 oct. 1853; — Que, par exploit du 7 du même mois d'octobre, signifié au domicile réel et en parlant à la personne des intimés susnommés, les sieurs Manuel et joints ont déclaré interjeter appel dudit jugement; — Que, par acte prétorial du 11 du même mois, cet acte d'appel a été notifié à l'avoué des intimés, auquel on a déclaré qu'on se référait, pour l'indication des griefs, à l'exploit du 7, sans même parler de la citation; — Considérant, en droit, qu'aux termes de l'art. 669 c. proc. civ., l'acte d'appel dont il s'agit aurait dû être signifié au domicile de l'avoué des intimés;

52. Nous avons exposé au *Rép.* nos 157 et 158 la difficulté qui s'élève sur le point de savoir si toutes les parties indiquées à l'art. 667 doivent être assignées devant la cour, et si les créanciers intimés sont en droit de prétendre que l'appel est nul en ce qu'il n'a pas été interjeté contre les autres. Sur ce point M. Rodière, *op. cit.*, t. 2, p. 260, pense que l'art. 667 doit être entendu en ce sens qu'on ne peut jamais intimer d'autres parties que celles indiquées par cet article, et qu'on n'est pas obligé de les intimer toutes. Cet auteur cite, au nombre des cas où il n'y a pas lieu d'intimer toutes les parties indiquées à l'art. 667, celui où il ne s'agit que d'une question de privilège, sans que la créance soit contestée; dans ce cas, il serait inutile d'intimer la partie saisie, il suffirait d'intimer l'avoué le plus ancien des opposants (Conf. Patron, t. 2, nos 974 et suiv.).

53. D'autre part, il a été jugé que l'intimation de l'avoué le plus ancien, en cas d'appel du jugement qui résout une difficulté élevée sur l'état de distribution par un des créanciers produisants, n'est pas prescrite à peine de nullité, et que son omission ne rend pas l'appel non recevable. Seulement l'appelant, si son appel est accueilli, ne pourra se prévaloir de l'arrêt contre les créanciers qui n'auront pas été représentés devant la cour (Bordeaux, 3 juill. 1851, aff. Bardoulat, D. P. 53. 5. 164).

54. Mais, à l'inverse, les parties mentionnées dans l'art. 667 doivent seules être intimées. Il est, en effet, admis que l'avoué le plus ancien mis en cause, en exécution de l'art. 667 c. proc. civ., et intimé sur l'appel du jugement rendu sur ces difficultés, doit être considéré comme le représentant de la masse, et, comme tel, être admis, en cas de désistement de l'appelant, à reprendre dans l'intérêt collectif des créanciers les contestations abandonnées (Paris, 8 janv. 1853, aff. Richard, D. P. 54. 2. 6). Ce principe a été également consacré par un arrêt de la cour de Caen, du 12 juin 1854 (aff. Debaupte, D. P. 55. 2. 193), et la cour de Caen en tire cette conséquence que ceux des créanciers qui n'ont pas constitué cet avoué ne peuvent intervenir qu'à leurs frais.

55. Les règles posées par l'art. 669 relativement à l'appel en matière de distribution par contribution ne s'appliquent qu'aux jugements qui statuent sur les contestations auxquelles donne lieu l'état de distribution provisoire et qui sont jugées dans la forme réglée par les art. 667 et 668 (*Rép.* nos 148 et 149). Ces règles sont sans application aux difficultés particulières qui peuvent survenir, après la clôture définitive du procès-verbal, entre les créanciers colloqués (Civ. cass. 28 nov. 1853, aff. Girard, D. P. 54. 1. 106; Rousseau et Laisney, *op. cit.*, v° *Ordre et contribution*, n° 322). Aussi, lorsqu'après la clôture définitive du procès-verbal de distribution, une opposition a été faite par le syndic d'un des créanciers colloqués, sur lequel une collocation en sous-ordre a été admise, à la délivrance de ce bordereau en sous-ordre, la demande en mainlevée de cette opposition constitue une demande principale soumise aux règles ordinaires, et non point un incident à la distribution par contribution (Même arrêt). Le même principe se retrouve dans un arrêt de la cour d'Agen, du 29 mars 1854 (aff. Doal, D. P. 55. 2. 64).

56. En ce qui concerne l'ordonnance du juge-commissaire statuant sur le privilège du bailleur, V. *suprà*, nos 19 et suiv.

57. L'appel ne peut porter que sur un chef à l'égard duquel il a été élevé un contredit, devant le juge-commissaire et devant le tribunal de première instance (*Rép.* n° 163). Par suite, on ne peut, pour la première fois en appel, ni attaquer l'existence d'une créance pour laquelle il y a eu production, ni invoquer un privilège nouveau et différent de celui énoncé dans la demande à fin de collocation (Orléans, 23 avr. 1863, aff. Chamozzi, D. P. 63. 2. 79).

§ 13. — Demande de subrogation à la poursuite (*Rép.* nos 169 à 172).

58. V. *Rép.* nos 169 et suiv.

§ 14. — Règlement définitif. — Payement (*Rép.* nos 173 à 194).

59. Nous avons développé assez complètement au *Répertoire* les règles relatives au règlement définitif et au payement, pour n'avoir pas à insister sur ces deux points. Elles n'ont donné lieu à aucune difficulté nouvelle.

60. Toutefois, nous devons mentionner que, contrairement à l'opinion de la cour de Paris, qui avait décidé que l'ordonnance du juge-commissaire portant règlement définitif est un véritable jugement contre lequel est ouverte la voie de l'appel dans les délais ordinaires (*Rép.* n° 181), la cour de Douai a jugé que cette ordonnance n'est pas un jugement, mais une décision susceptible d'être attaquée par voie de tierce opposition et par voie d'action principale (Douai, 14 janv. 1865, aff. Théry, D. P. 65. 2. 212).

61. En tous cas, le règlement définitif n'a l'autorité de la chose jugée que dans les limites de la fixation et de l'attribution des dividendes afférents aux créances qui y ont été colloquées, et non relativement à ces créances elles-mêmes, alors qu'aucune décision judiciaire, rendue, notamment, par suite de contredits, ne les a consacrées. Par suite, le droit, pour le débiteur, de le contester dans des contributions ultérieures reste entier (Trib. Seine, 2e ch., 21 févr. 1888, aff. Granger et autres, *Le Droit* du 11 avr. 1888).

§ 15. — Cas où il survient de nouvelles sommes à distribuer (*Rép.* nos 195 et 196).

62. V. *Rép.* nos 195 et suiv.; Patron, t. 2, nos 1121 et suiv.

---

que, s'il est vrai qu'en thèse générale le but de la loi est rempli quand l'exploit a touché la personne même du défendeur, il n'en saurait être ainsi quand, pour assurer la rapidité d'une procédure exceptionnelle et concilier les divers intérêts qui s'y rattachent, le législateur a désigné un domicile spécial auquel l'appel devait être nécessairement notifié; qu'en effet, cette indication, dans l'espèce, n'intéresse pas seulement l'appelant; qu'elle intéresse également l'intimé d'abord, qu'elle met à même de profiter plus promptement des conseils de son avoué, et ensuite la masse, dont la mise en cause, dans la personne de l'avoué le plus ancien des opposants, n'est pas prescrite à peine de nullité, et à laquelle, cependant, il importe que le juge-commissaire soit averti sans délai de l'appel qui doit suspendre son travail; — Qu'il est donc vrai de dire que, dans le cas de l'art. 669 c. proc. civ., la signification de l'acte d'appel au domicile de l'avoué est une condition substantielle de sa validité; — Qu'on objecterait vainement que l'acte prétorial du 11 oct. 1853 a suppléé, en le complétant, à l'irrégularité de l'exploit d'appel du 7 du même mois; — Qu'en effet, cet acte est nul lui-même, aux termes de l'art. 669, puisqu'il est simplement signifié d'avoué à avoué, et qu'il ne contient pas citation; — Que si la partie a pu ne tenir aucun compte de l'exploit du 7 octobre, attendu sa nullité évidente, l'avoué a pu, de son côté, par la même raison, n'informer ni sa partie, ni le juge-commissaire de l'acte prétorial du 11 et le considérer comme non avenu; — Que les lois de procédure appartiennent au droit conventionnel et positif; que, par conséquent, on ne saurait, sans jeter l'incertitude et le trouble dans l'esprit des citoyens, et sans abandonner le sort des exploits à la subtilité des discussions, admettre que les règles précises et les conditions substantielles des actes puissent être remplacées par de prétendus équivalents;

Par ces motifs, déclare nul l'exploit du 7 oct. 1853 et la signification prétoriale du 11 du même mois, contenant appel et notification d'appel du jugement du 10 juin 1853, à la requête de Manuel et joints, vis-à-vis de Morillaud, Duval, Desprez, la veuve Jouenne; Pigeon et consorts; — Dit, en conséquence, que ledit jugement sortira à leur égard son plein et entier effet, etc.

Du 9 mai 1854.-C. de Caen, 1re ch.-MM. Souëf, 1er pr.-Mabire, 1er av. gén.-Bertauld et Trolley, av.

Table sommaire

des matières contenues dans le Supplément et le Répertoire.

(Les chiffres précédés de la lettre *S* renvoient au Supplément; les chiffres précédés de la lettre *R* renvoient au Répertoire.)

Table des articles du code de procédure civile

(Les chiffres précédés de la lettre *S* renvoient au Supplément; les chiffres précédés de la lettre *R* renvoient au Répertoire.)

Table chronologique des Lois, Arrêts, etc.

DIVERTISSEMENT. — V. *Contrat de mariage*, nos 762 et suiv.; *Succession*; — *Rép.* vis *Contrat de mariage*, nos 2197 et suiv.; *Succession*, nos 628 et suiv.

DIVIDENDE. — V. *Société*; — *Rép.* eod. v°, nos 1383 et suiv.

DIVISIBILITÉ. — V. *Obligations*; — *Rép.* v° *Appel civil*, nos 623 et suiv., 1190 et suiv.

DIVORCE ET SÉPARATION DE CORPS. — 1. Comme le divorce n'existait pas au moment de la publication du *Répertoire*, on n'en a traité qu'accessoirement, sous le mot *Séparation de corps*. Maintenant que le divorce est rétabli, il doit nécessairement faire l'objet d'une étude spéciale et complète dans le *Supplément*; et, pour ne pas séparer deux matières qui ont entre elles les rapports les plus étroits, nous traiterons également ici de la séparation de corps. Les renvois qui seront faits au *Répertoire* se rapporteront au mot *Séparation de corps*, quand aucun autre mot ne sera indiqué.

Division.

CHAP. 1er. — Historique et législation. — Droit comparé (*Rép.* nos 2 à 11).

2. — Historique et législation (*Rép.* nos 2 à 9). — Le divorce a fait son apparition dans la législation française avec la loi du 20 sept. 1792. Mais chacun sait que cette institution a une origine très ancienne et qu'elle exista chez la plupart des peuples du globe. On a déjà donné au *Rép.* nos 2 et suiv. quelques notions historiques sur le divorce en droit romain. Nous jugeons inutile de revenir ici sur ce sujet, et nous nous bornerons à renvoyer ceux qui voudraient en faire une étude plus approfondie au savant ouvrage de M. Ernest Glasson, intitulé : *Le mariage civil et le divorce dans l'antiquité et dans les principales législations modernes de l'Europe*.

3. Nous ne nous proposons pas non plus de discuter ici la grave question de l'indissolubilité du mariage. A toutes les époques, mais surtout depuis que la Révolution française a rompu en cette matière avec la tradition catholique et a proclamé la sécularisation du mariage, cette question a été l'objet de vives controverses entre les moralistes, les hommes politiques et les jurisconsultes. Ce n'est pas ici le lieu de reprendre ces controverses. On trouvera d'ailleurs un résumé des arguments produits de part et d'autre dans les travaux préparatoires de la loi qui a rétabli le divorce, D. P. 84. 4. 97, note 1. Dans son livre que nous avons cité *suprà*, n° 2, M. Glasson nous paraît avoir très exactement formulé la conclusion qui ressort de toutes ces discussions sur le divorce : « L'indissolubilité du mariage, dit-il, est l'idéal, et toute bonne loi doit consacrer cet idéal ou y tendre dans la limite du possible. Mais est-ce à dire que le législateur puisse dans tous les pays, et à toutes les époques, consacrer l'indissolubilité du lien conjugal, même en violentant les mœurs ? Sans doute, la nature humaine est partout la même, mais les races et les mœurs diffèrent selon les contrées. On ne conçoit pas une nation régulièrement organisée sans les pouvoirs publics, la famille, la propriété, le respect des contrats. Mais il peut arriver qu'à raison de certaines particularités, tenant à la race, aux mœurs, aux traditions, le législateur soit parfois obligé de consacrer une dérogation au droit naturel. La loi d'Israël ne permettait-elle pas le divorce aux Juifs *à cause de la dureté de leur cœur ?* Notre doctrine n'est pas autre (*op. cit.*, p. 488). » Il y a toutefois dans ce passage une expression qui nous semble dépasser la pensée du judicieux auteur. Sous aucun prétexte, le législateur ne saurait autoriser une dérogation au droit naturel. S'il était reconnu que le divorce est en opposition avec ce droit antérieur et supérieur à toutes les législations humaines, il devrait être absolument banni des codes de tous les peuples civilisés. Mais c'est là précisément la question en litige. Le divorce est certainement contraire à l'idéal du mariage. Il est contraire aussi à la morale de l'Evangile, au moins suivant l'interprétation qui en est donnée par l'Eglise catholique (V. P. Perrone, *De matrimonio christiano*, t. 3, p. 113 et suiv.). Mais les auteurs les plus hostiles au divorce enseignent eux-mêmes que, si la règle de l'indissolubilité du mariage est imposée par la religion, elle ne résulte pourtant pas nécessairement du droit naturel (V. Bellarmin, *De matrimonio*, liv. 1, chap. 4; P. Liberatore, *Institutiones philosophicæ*, t. 3, p. 218).

4. La loi des 20-25 sept. 1792, qui a pour la première fois établi le divorce en France, a été insérée au *Rép.* p. 887 et suiv. Elle instituait trois espèces de divorces : le divorce par consentement mutuel; le divorce prononcé sur la demande d'un des conjoints, pour simple cause d'incompatibilité d'humeur ou de caractère ; le divorce pour cause déterminée. Cette même loi abolissait la séparation de corps. Elle fut encore complétée et modifiée dans un sens favorable au divorce par plusieurs actes législatifs.

Un décret du 8 niv. an 2 décida que le mari divorcé pourrait se remarier immédiatement après le divorce, la femme après dix mois révolus, modifiant en cela la loi de 1792, qui exigeait un délai d'une année avant le second mariage pour les deux conjoints, sauf exception en faveur du mari dans tous les cas de divorce pour cause déterminée, et en faveur de la femme en cas d'absence du mari depuis cinq ans. — Le décret du 4 flor. an 2 eut encore pour but de faciliter le divorce. Il permit de le prononcer sur un simple acte de notoriété, délivré par le conseil général de la commune ou par les comités civils des sections, sur l'attestation de six citoyens, constatant que deux époux vivaient séparés de fait depuis plus de six mois. En outre, il autorisait la femme divorcée à se remarier sans délai, lorsqu'elle prouvait par acte de notoriété qu'elle était séparée de fait depuis dix mois; celle qui accouchait après le divorce était dispensée d'attendre ce délai. Enfin un décret du 24 vend. an 3 décida que le divorce demandé contre un époux émigré pourrait être prononcé sans aucune citation (*Rép.* v° *Emigré*, n°s 70 et suiv., et 171).

5. Telle fut la législation révolutionnaire sur le divorce. Ses effets se firent sentir, moins dans les campagnes, qui restaient attachées aux principes religieux et aux anciennes coutumes, que dans les grandes villes. « A Paris, dit M. Glasson, *op. cit.*, p. 261, dans les vingt-sept mois qui suivirent la promulgation de la loi de 1792, les tribunaux prononcèrent cinq mille neuf cent quatre-vingt-quatorze divorces. Dans les trois premiers mois de 1793, les divorces égalèrent à Paris le nombre des mariages ». Une première réaction contre ces abus se produisit en l'an 3. Par un décret du 15 therm. an 3, la Convention suspendit l'exécution des décrets de nivôse et de floréal an 2 et chargea son comité de législation de reviser toutes les lois concernant le divorce. La Convention se sépara sans que cette revision s'accomplît. Sous le Directoire, une proposition d'abolition du divorce pour incompatibilité d'humeur fut présentée au Conseil des Cinq-Cents; elle aboutit seulement à la loi du premier jour complém. an 5, qui statua que le divorce pour incompatibilité d'humeur ne pourrait être prononcé qu'après un délai de six mois, à partir du dernier acte de non-conciliation exigé par la loi de 1792. « Malgré la réaction de l'an 3, dit encore M. Glasson, *loc. cit.*, les abus continuèrent. Dans le seul mois de pluviôse an 3, il y eut deux cent vingt-trois divorces, dont deux cent cinq demandés par des femmes pour incompatibilité d'humeur. En l'an 6, le nombre des divorces dépassa dans la capitale celui des mariages. Trois ans plus tard, le mal était à peu près aussi grand ». « A Paris, en l'an 9, dit le tribun Carion Nisas, le nombre des mariages a été de quatre mille environ, celui des divorces de sept cents; en l'an 10, celui des mariages d'environ trois mille seulement, celui des divorces de neuf cents, proportion croissante et décroissante qui, des deux côtés, effraie, et qui prouve que le divorce, loin d'être un remède, est, comme je l'ai dit, un mal de plus, et que, au lieu d'appeler les citoyens au mariage, comme on l'a prétendu, il les en dégoûte, il les en écarte ». La loi de 1792 demeura, néanmoins, en vigueur jusqu'à la promulgation du titre 6 du code civil sur le divorce, qui fut décrété le 30 vent. an 11 (20 mars 1803) et promulgué le 10 germ. an 11 (31 mars 1803).

6. Instruits par l'expérience, les rédacteurs du code civil étaient en général peu favorables au divorce. Dans son livre intitulé *Du divorce au dix-neuvième siècle*, qui parut en 1801, au moment où le projet du code était soumis aux tribunaux, M. de Bonald remarquait avec raison que, dans le discours préliminaire de Portalis et l'exposé contradictoire des motifs pour et contre l'indissolubilité du mariage, l'avantage restait tout entier à la cause de l'indissolubilité, et même qu'il régnait à cet égard une contradiction frappante entre l'esprit général du discours et la rédaction du code. Le premier consul lui-même, d'après Locré, *Législation civile*, t. 1, p. 93, voyait le divorce d'un mauvais œil : « Qu'est-ce qu'une famille dissoute, disait-il? Que sont les époux qui, après avoir vécu dans les liens les plus étroits que la nature et la loi puissent former entre des êtres raisonnables, deviennent tout à coup étrangers l'un à l'autre, sans pouvoir s'oublier? Que sont les enfants qui n'ont plus de père, qui ne peuvent confondre dans les mêmes embrassements les auteurs désunis de leurs jours; qui, obligés de les chérir et de les respecter également, sont pour ainsi dire forcés de prendre parti entre eux; qui n'osent rappeler en leur présence le déplorable mariage dont ils sont les fruits? Ah! gardons-nous d'encourager le divorce! Ce serait un grand malheur qu'il passât dans nos habitudes! » Le divorce fut cependant admis par le nouveau code. Ici, comme en d'autres matières, les rédacteurs du code cherchèrent une transaction entre les principes du droit ancien et les lois révolutionnaires. Le premier consul, de son côté, entrevoyait sans doute déjà le parti qu'il espérait tirer plus tard du divorce pour l'établissement de sa dynastie. Le divorce pour incompatibilité d'humeur fut supprimé, mais le divorce pour cause déterminée fut maintenu, et les causes en furent seulement réduites à trois : l'adultère, les excès, sévices ou injures graves; la condamnation de l'un des époux à une peine infamante. Le divorce par consentement mutuel fut également conservé, sur l'insistance toute spéciale du premier consul, mais il fut entouré de plus de garanties. Enfin la séparation de corps fut autorisée dans les mêmes cas où il était permis de demander le divorce pour cause déterminée.

7. La législation du code civil ne produisit pas, à beaucoup près, les mêmes scandales que la loi de 1792. Sous l'Empire, la moyenne des divorces n'a été, dit-on, à Paris que de cinquante à soixante-quinze par an (Glasson, *op. cit.*, p. 266). La loi du 8 mai 1816, qui abolit le divorce, eut moins pour but de faire cesser des abus dont l'opinion publique ne se plaignait pas, que de mettre la loi civile en harmonie avec les principes de la religion catholique, qui était alors, aux termes de la Charte de 1814, la religion de l'Etat. Il faut constater aussi que l'abolition du divorce ne souleva à cette époque aucune réclamation.

8. « Il est fâcheux, comme le dit M. Glasson, *op. cit.*, p. 268, qu'on ait toujours mêlé la question du divorce à des difficultés politiques ou religieuses. » Mais cette confusion est inévitable; elle résulte forcément du fait que le divorce est en opposition avec la religion de la majorité des Français, et qu'il constitue en France une innovation révolutionnaire. Après la révolution de 1830, le rétablissement du divorce fut proposé successivement par M. de Schönen, en 1831, par M. Evariste Bavoux, en 1832 et en 1833. Voté chaque fois par la Chambre des députés, il fut toujours repoussé par la Chambre des pairs, où il eut, notamment, pour adversaire Portalis, l'un des auteurs du code civil. En 1848, M. Crémieux, comme garde des sceaux, soumit à l'Assemblée nationale un projet de loi qui abrogeait la loi de 1816 et rétablissait le titre du divorce dans le code civil, en modifiant seulement l'art. 310; mais ce projet fut retiré par M. Marie.

9. La question ne fut plus soulevée législativement pendant toute la durée du second Empire et pendant les premières années de la troisième République. Elle fut reprise en 1876 par M. Alfred Naquet, alors député. Sa proposition, déposée le 6 juin 1876, « s'inspirait, comme il l'a dit lui-même, des principes de la loi de 1792 bien plus que de ceux du code civil ». Elle fut « accueillie comme une excentricité, tant la question était peu mûre à ce moment-là » (*Exposé des motifs de la proposition déposée le 11 nov. 1881, Journ. off.* du 22 nov. 1881, Doc. parlem., Ch. dép., p. 1704). Sur le rapport de M. Constans, la Chambre des députés, dans la séance du 4 déc. 1876, refusa de prendre cette proposition en considération (*Journ. off.* du 10 déc. 1876, p. 9192). M. Naquet ne se découragea pas. Le 21 mai 1878, il déposa un nouveau projet, dans lequel il reproduisait en général les dispositions du code civil, en ajoutant seulement quelques causes de divorce à celles admises par ce code. Contrairement à l'avis de la commission d'initiative, ce projet fut pris en considération par la Chambre dans la séance du 27 mai 1879. Une commission de onze membres fut nommée pour l'étudier, et un rapport favorable au rétablissement du divorce fut déposé au nom de cette commission par M. Léon Renault (*Journ. off.* des 31 janv. et 1er févr. 1879, Doc. parlem., Ch. dép., p. 1097 et suiv., p. 1146 et suiv.). Mais les conclusions de ce rapport, discutées à la Chambre dans les séances des 5, 7 et 8 févr. 1881, furent repoussées par 247 voix contre 216, sur 463 votants (*Journ. off.* des 6, 8, 9 févr. 1881, Débats parlem., Ch. dép.).

10. Après le renouvellement de la Chambre, M. Naquet revint à la charge. Il déposa de nouveau sa proposition le 11 nov. 1881. Elle fut prise en considération le 10 déc. 1881, sur un rapport sommaire présenté au nom de la commission d'initiative par M. de Marcère (*Journ. off.* du 7 déc. 1881, Doc. parlem., Ch. dép., p. 1837). M. de Marcère fut également le rapporteur de la commission spéciale chargée d'examiner la proposition de M. Naquet. Son rapport fut déposé le 14 mars 1882 (*Journ. off.* du 30 mars 1882, Doc. parlem., Ch. dép., p. 108), et le projet élaboré par la commission vint en discussion à la séance du 6 mai 1882. La Chambre ayant décidé, dans la séance du 8 mai, qu'elle passerait à une seconde lecture, un rapport supplémentaire fut déposé par M. de Marcère le 27 mai (*Journ. off.* du 4 juin 1882, Doc. parlem., Ch. dép., p. 1453). La deuxième délibération eut lieu dans les séances des 13, 15, 17 et 19 juin, et le projet de la commission fut adopté, à cette dernière séance, par 331 voix contre 138, sur 469 votants (*Journ. off.* des 14, 16, 18, 20 juin 1882).

11. Ce projet, transmis au Sénat, fut soumis à l'examen d'une commission de neuf membres, au nom de laquelle M. Labiche déposa, le 7 févr. 1884, un rapport, favorable en principe au rétablissement du divorce, mais qui apportait diverses modifications au projet de la Chambre (*Journ. off.* du 21 févr. 1884, Doc. parlem., Sénat, p. 65). La première délibération commença au Sénat le 26 mai 1884, et le 7 juin, par 151 voix contre 108, la haute Chambre décida qu'elle passerait à une seconde délibération (*Journ. off.* des 27, 28, 30, 31 mai, 1er, 6, 8 juin 1884). Celle-ci eut lieu à la suite d'un rapport supplémentaire de M. Labiche dans les séances du 19 au 24 juin, et enfin l'ensemble du projet fut adopté définitivement par 153 voix contre 116, sur 269 votants (*Journ. off.* des 20, 21, 22, 24, 25 juin 1884). Renvoyé à la Chambre des députés, à raison des changements apportés par le Sénat, ce projet y fut voté sans modification, sur un rapport de M. Letellier, dans la séance du 19 juill. 1884, par 355 voix contre 115, sur 470 votants. Il fut promulgué par décret du 27 juill. 1884 (*Journ. off.* du 29 juill. 1884).

12. C'est ainsi que le divorce a été rétabli en France, soixante-huit ans après qu'il y avait été aboli. La loi du 27 juill. 1884 (D. P. 84. 4. 97) a abrogé celle du 8 mai 1816 et a déclaré rétablies les dispositions du code civil sur le divorce, à l'exception de celles relatives au divorce par consentement mutuel. Elle a de plus modifié un certain nombre d'articles du code. En dehors des modifications de pure forme, cette loi a supprimé la restriction de l'art. 230 d'après laquelle l'adultère du mari n'était une cause de divorce que si le mari avait tenu sa concubine dans la maison commune. Elle a, en revanche, exigé que la condamnation de l'un des époux fût afflictive en même temps qu'infamante pour fournir à l'autre époux une cause de divorce. Elle a atténué la disposition de l'art. 295, d'après laquelle les époux divorcés ne pouvaient plus se réunir, en ne la maintenant que pour le cas où l'un ou l'autre des époux aurait contracté un nouveau mariage et divorcé pour la seconde fois. Enfin, tout en maintenant l'ancien art. 310 qui autorisait la conversion de la séparation de corps en divorce après trois ans, la loi de 1884 a permis à chacun des époux de demander cette conversion, tandis qu'autrefois l'époux contre lequel la séparation de corps avait été prononcée était seul en droit de l'obtenir. De plus, la nouvelle loi a rendu la conversion facultative pour le juge, qui auparavant ne pouvait la refuser. Sauf ces différences, la loi du 27 juill. 1884 a reproduit à peu près exactement les anciennes règles du code civil sur le divorce pour cause déterminée ; mais — et c'est la principale différence entre le système de cette loi et celui du code — elle n'a pas rétabli le divorce par consentement mutuel. Elle a, d'ailleurs, maintenu les dispositions du code sur la séparation de corps.

13. Au cours de la discussion au Sénat du projet qui est devenu la loi du 27 juill. 1884, un sénateur, M. Denormandie, avait proposé de rendre plus simple la procédure organisée par le code pour les instances en divorce. Cette proposition n'avait pas été accueillie. Mais les complications de la procédure du code, rendues plus sensibles encore par les nombreuses demandes de divorce qui se produisirent après la loi de 1884, soulevèrent des réclamations. C'est pourquoi le ministre de la justice chargea une commission extra-parlementaire, instituée déjà auparavant pour la revision du code de procédure civile, de préparer un projet de loi tendant à la simplification de la procédure du divorce. Ce projet fut déposé au Sénat le 11 juin 1885 (*Journ. off.*, Doc. parlem., Sénat, p. 2998). « Le but que s'est proposé la commission, disait l'exposé des motifs, a été de dégager la procédure d'embarras inutiles, de diminuer ainsi les charges des plaideurs, de simplifier des formes qui, actuellement, sans profit réel pour la justice, dérobent aux magistrats un temps précieux ». Après avoir été étudié et un peu modifié dans une commission du Sénat, qui choisit pour rapporteur M. Labiche, ce projet fut discuté en première délibération les 7, 10 et 12 déc. 1885 (*Journ. off.* des 8, 11, 13 décembre), et en deuxième délibération les 22 et 24 déc. 1885 (*Journ. off.* des 23 et 25 décembre). Le texte adopté par le Sénat fut transmis à la Chambre des députés, qui, sur un rapport de M. Letellier, l'adopta à son tour, sans discussion, dans la séance du 14 avr. 1886 (*Journ. off.* du 15 avril). Cette nouvelle loi fut promulguée le 18 avr. 1886 (*Journ. off.* du 19 avril). Elle a remplacé la plupart des dispositions de la loi du 27 juill. 1884. Nous la reproduisons ici, en la faisant précéder de la partie de la loi de 1884 qui est restée en vigueur.

TABLEAU DE LA LÉGISLATION SUR LE DIVORCE.

27-29 juill. 1884. — Loi qui rétablit le divorce (D. P. 84. 4. 97).

Art. 1er. La loi du 8 mai 1816 est abrogée.

Les dispositions du code civil abrogées par cette loi sont rétablies, à l'exception de celles qui sont relatives au divorce par consentement mutuel, et avec les modifications suivantes, apportées aux art. 230, 232, 234, 235, 261, 263, 295, 296, 298, 299, 306, 307 et 310. Sont abrogés les art. 233, 275 à 294, 297, 305, 308 et 309 c. civ. (1).

TIT. 6. — DU DIVORCE.

CHAP. 1er. — *Des causes du divorce.*

Art. 229. Le mari pourra demander le divorce pour cause d'adultère de sa femme.

230 (L. 27 juill. 1884). La femme pourra demander le divorce pour cause d'adultère de son mari.

231. Les époux pourront réciproquement demander le divorce pour excès, sévices ou injures graves, de l'un d'eux envers l'autre.

232 (L. 27 juill. 1884). La condamnation de l'un des époux à une peine afflictive et infamante sera pour l'autre époux une cause de divorce.

233 (abrogé par la loi du 27 juill. 1884).

CHAP. 2. — *De la procédure du divorce* (L. 27 juill. 1884).

234 à 252 (remplacés par la loi du 18 avr. 1886. V. ci-après).
253 à 274 (abrogés par la loi du 18 avr. 1886).

CHAP. 3. — *Du divorce par consentement mutuel.*

275 à 294 (abrogés par la loi du 27 juill. 1884).

CHAP. 3 (ancien chap. 4). — *Des effets du divorce* (L. 27 juill. 1884).

295 (L. 27 juill. 1884). Les époux divorcés ne pourront plus se réunir, si l'un ou l'autre a, postérieurement au divorce, contracté un nouveau mariage suivi d'un second divorce. Au cas de réunion des époux, une nouvelle célébration du mariage sera nécessaire.

Les époux ne pourront adopter un régime matrimonial autre que celui qui réglait originairement leur union.

Après la réunion des époux, il ne sera reçu de leur part aucune nouvelle demande de divorce, pour quelque cause que ce soit, autre que celle d'une condamnation à une peine afflictive et infamante prononcée contre l'un d'eux depuis leur réunion.

296 (L. 27 juill. 1884). La femme divorcée ne pourra se remarier que dix mois après que le divorce sera devenu définitif.

297 (abrogé par la loi du 27 juill. 1884).

298 (L. 27 juill. 1884). Dans le cas de divorce admis en justice pour cause d'adultère, l'époux coupable ne pourra jamais se marier avec son complice.

299 (L. 27 juill. 1884). L'époux contre lequel le divorce aura été

(1) Nous avons cru devoir, pour la commodité des recherches, intercaler à leur place les articles du code civil maintenus par la présente loi, de manière que le lecteur ait sous les yeux le texte entier du titre 6, relatif au divorce, tel qu'il doit être rétabli d'après cette loi.

prononcé perdra tous les avantages que l'autre époux lui avait faits, soit par contrat de mariage, soit depuis le mariage.

300. L'époux qui aura obtenu le divorce, conservera les avantages à lui faits par l'autre époux, encore qu'ils aient été stipulés réciproques et que la réciprocité n'ait pas lieu.

301. Si les époux ne s'étaient fait aucun avantage, ou si ceux stipulés ne paraissaient pas suffisants pour assurer la subsistance de l'époux qui a obtenu le divorce, le tribunal pourra lui accorder, sur les biens de l'autre époux, une pension alimentaire, qui ne pourra excéder le tiers des revenus de cet autre époux. Cette pension sera révocable dans le cas où elle cesserait d'être nécessaire.

302. Les enfants seront confiés à l'époux qui a obtenu le divorce, à moins que le tribunal, sur la demande de la famille ou du ministère public, n'ordonne, pour le plus grand avantage des enfants, que tous ou quelques-uns d'entre eux seront confiés aux soins soit de l'autre époux, soit d'une tierce personne.

303. Quelle que soit la personne à laquelle les enfants seront confiés, les père et mère conserveront respectivement le droit de surveiller l'entretien et l'éducation de leurs enfants, et seront tenus d'y contribuer à proportion de leurs facultés.

304. La dissolution du mariage par le divorce admis en justice ne privera les enfants nés de ce mariage d'aucun des avantages qui leur étaient assurés par les lois, ou par les conventions matrimoniales de leurs père et mère; mais il n'y aura d'ouverture aux droits des enfants que de la même manière et dans les mêmes circonstances où ils se seraient ouverts s'il n'y avait pas eu de divorce.

305 (abrogé par la loi du 27 juill. 1884).

Chap. 4 (ancien chap. 5). — *De la séparation de corps.*

306 (L. 27 juill. 1884). Dans le cas où il y a lieu à demande en divorce, il sera libre aux époux de former une demande en séparation de corps.

307 (remplacé par la loi du 18 avr. 1886. V. ci-après).

308 et 309 (abrogés par la loi du 27 juill. 1884).

310 (L. 27 juill. 1884). Lorsque la séparation de corps aura duré trois ans, le jugement pourra être converti en jugement de divorce sur la demande formée par l'un des époux.

Cette nouvelle demande sera introduite par assignation, à huit jours francs, en vertu d'une ordonnance rendue par le président.

Elle sera débattue en chambre du conseil.

L'ordonnance nommera un juge rapporteur, ordonnera la communication au ministère public et fixera le jour de la comparution.

Le jugement sera rendu en audience publique.

(Un paragraphe a été ajouté à cet article par la loi du 18 avr. 1886. V. ci-après).

311. La séparation de corps emportera toujours séparation de biens.

Art. 2 à 4 (abrogés par la loi du 18 avr. 1886).

18-20 avr. 1886. — Loi sur la procédure en matière de divorce et de séparation de corps (D. P. 86. 4. 27).

Art. 1er. — Les art. 234 à 252 et l'art. 307 du code civil sont remplacés par les dispositions suivantes :

234. L'époux qui veut former une demande en divorce présente, en personne, sa requête au président du tribunal ou au juge qui en fait fonctions.

En cas d'empêchement dûment constaté, le magistrat se transporte, assisté de son greffier, au domicile de l'époux demandeur.

En cas d'interdiction légale résultant d'une condamnation, la requête à fin de divorce ne peut être présentée par le tuteur que sur la réquisition ou avec l'autorisation de l'interdit.

235. Le juge, après avoir entendu le demandeur et lui avoir fait les observations qu'il croit convenables, ordonne au bas de la requête que les parties comparaîtront devant lui au jour et à l'heure qu'il indique, et commet un huissier pour notifier la citation.

236. Le juge peut, par l'ordonnance permettant de citer, autoriser l'époux demandeur à résider séparément en indiquant, s'il s'agit de la femme, le lieu de la résidence provisoire.

237. La requête et l'ordonnance sont signifiées, en tête de la citation donnée à l'époux défendeur, trois jours au moins avant le jour fixé pour la comparution, outre les délais de distance, le tout à peine de nullité.

Cette citation est délivrée par huissier commis, et sous pli fermé.

238. Au jour indiqué, le juge entend les parties en personne; si l'une d'elles se trouve dans l'impossibilité de se rendre auprès du juge, ce magistrat détermine le lieu où sera tentée la conciliation, ou donne commission pour entendre le défendeur; en cas de non-conciliation ou de défaut, il rend une ordonnance qui constate la non-conciliation ou le défaut, et autorise le demandeur à assigner devant le tribunal.

Le juge statue à nouveau, s'il y a lieu, sur la résidence de l'époux demandeur, sur la garde provisoire des enfants, sur la remise des effets personnels, et il a la faculté de statuer également, s'il y a lieu, sur la demande d'aliments.

Cette ordonnance est exécutoire par provision; elle est susceptible d'appel dans les délais fixés par l'art. 809 du code de procédure.

Par le fait de cette ordonnance, la femme est autorisée à faire toutes procédures pour la conservation de ses droits, et à ester en justice jusqu'à la fin de l'instance et des opérations qui en sont les suites.

Lorsque le tribunal est saisi, les mesures provisoires prescrites par le juge peuvent être modifiées ou complétées au cours de l'instance, par jugement du tribunal, sans préjudice du droit qu'a toujours le juge de statuer, en tout état de cause, en référé, sur la résidence de la femme.

Le juge, suivant les circonstances, avant d'autoriser le demandeur à citer, peut ajourner les parties à un délai qui n'excède pas vingt jours, sauf à ordonner les mesures provisoires nécessaires.

L'époux demandeur en divorce devra user de la permission de citer qui lui a été accordée, par l'ordonnance du président, dans un délai de vingt jours à partir de cette ordonnance.

Faute par l'époux demandeur d'avoir usé de cette permission dans ledit délai, les mesures provisoires ordonnées à son profit cesseront de plein droit.

239. La cause est instruite et jugée dans la forme ordinaire, le ministère public entendu.

Le demandeur peut, en tout état de cause, transformer sa demande en divorce en demande en séparation de corps.

Les demandes reconventionnelles en divorce peuvent être introduites par un simple acte de conclusions.

Les tribunaux peuvent ordonner le huis clos.

La reproduction des débats par la voie de la presse, dans les instances en divorce, est interdite, sous peine de l'amende de 100 à 2000 fr. édictée par l'art. 39 de la loi du 30 juill. 1881.

240. Le tribunal peut, soit sur la demande de l'une des parties intéressées, soit sur celle de l'un des membres de la famille, soit sur les réquisitions du ministère public, soit même d'office, ordonner toutes les mesures provisoires qui lui paraissent nécessaires dans l'intérêt des enfants.

Il statue aussi sur les demandes relatives aux aliments pour la durée de l'instance, sur les provisions et sur toutes les autres mesures urgentes.

241. La femme est tenue de justifier de sa résidence dans la maison indiquée, toutes les fois qu'elle en est requise; à défaut de cette justification, le mari peut refuser la provision alimentaire, et, si la femme est demanderesse en divorce, la faire déclarer non recevable à continuer ses poursuites.

242. L'un ou l'autre des époux peut, dès la première ordonnance et sur l'autorisation du juge, donnée à la charge d'en référer, prendre pour la garantie de ses droits des mesures conservatoires, notamment requérir l'apposition des scellés sur les biens de la communauté.

Le même droit appartient à la femme, même non commune, pour la conservation de ceux de ses biens dont le mari a l'administration ou la jouissance.

Les scellés sont levés à la requête de la partie la plus diligente; les objets et valeurs sont inventoriés et prisés; l'époux qui est en possession en est constitué gardien judiciaire, à moins qu'il n'en soit décidé autrement.

243. Toute obligation contractée par le mari à la charge de la communauté, toute aliénation par lui faite des immeubles qui en dépendent, postérieurement à la date de l'ordonnance dont il est fait mention en l'art. 235 sera déclarée nulle, s'il est prouvé d'ailleurs qu'elle a été faite ou contractée en fraude des droits de la femme.

244. L'action en divorce s'éteint par la réconciliation des époux survenue, soit depuis les faits allégués dans la demande, soit depuis cette demande.

Dans l'un et l'autre cas, le demandeur est déclaré non recevable dans son action; il peut néanmoins en intenter une nouvelle pour cause survenue ou découverte depuis la réconciliation et se prévaloir des anciennes causes à l'appui de sa nouvelle demande.

L'action en divorce s'éteint également par le décès de l'un des époux survenu avant que le jugement soit devenu irrévocable par la transcription sur les registres de l'état civil.

245. Lorsqu'il y a lieu à enquête, elle est faite conformément aux dispositions des art. 252 et suivants du code de procédure civile.

Les parents, à l'exception des descendants, et les domestiques des époux peuvent être entendus comme témoins.

246. Lorsque la demande en divorce a été formée pour toute autre cause que celle qui est prévue par l'art. 232, le tribunal, encore que cette demande soit bien établie, peut ne pas prononcer immédiatement le divorce.

Dans ce cas, il maintient ou prescrit l'habitation séparée et les mesures provisoires pendant un délai qui ne peut excéder six mois.

Après le délai fixé par le tribunal, si les époux ne se sont pas réconciliés, chacun d'eux peut faire citer l'autre à comparaître devant le tribunal dans le délai de la loi pour entendre prononcer le jugement de divorce.

247. Lorsque l'assignation n'a pas été délivrée à la partie défenderesse en personne, et que cette partie fait défaut, le tribunal peut, avant de prononcer le jugement sur le fond, ordonner l'insertion dans les journaux d'un avis destiné à faire connaître à cette partie la demande dont elle a été l'objet.

Le jugement ou l'arrêt qui prononce le divorce par défaut est signifié par huissier commis.

Si cette signification n'a pas été faite à personne, le président ordonne sur simple requête la publication du jugement par extrait dans les journaux qu'il désigne. L'opposition est recevable dans le mois de la signification, si elle a été faite à personne, et, dans le cas contraire, dans les huit mois qui suivront le dernier acte de publicité.

248. L'appel est recevable pour les jugements contradictoires dans les délais fixés par les art. 443 et suivants du code de procédure civile.

S'il s'agit d'un jugement par défaut, le délai ne commence à courir qu'à partir du jour où l'opposition n'est plus recevable.

En cas d'appel, la cause s'instruit à l'audience ordinaire et comme affaire urgente.

Les demandes reconventionnelles peuvent se produire en appel, sans être considérées comme demandes nouvelles.

Le délai pour se pourvoir en cassation court du jour de la signification à partie, pour les arrêts contradictoires; et, pour les arrêts par défaut, du jour où l'opposition n'est plus recevable.

Le pourvoi est suspensif.

249. Le jugement ou l'arrêt qui prononce le divorce n'est pas susceptible d'acquiescement.

250. Extrait du jugement ou de l'arrêt qui prononce le divorce est inséré aux tableaux exposés tant dans l'auditoire des tribunaux civils et de commerce que dans les chambres des avoués et des notaires.

Pareil extrait est inséré dans l'un des journaux qui se publient dans le lieu où siège le tribunal, ou, s'il n'y en a pas, dans l'un de ceux publiés dans le département.

251. Le dispositif du jugement ou de l'arrêt est transcrit sur les registres de l'état civil du lieu où le mariage a été célébré.

Mention est faite de ce jugement ou arrêt en marge de l'acte de mariage, conformément à l'art. 49 du code civil. Si le mariage a été célébré à l'étranger, la transcription est faite sur les registres de l'état civil du lieu où les époux avaient leur dernier domicile, et mention est faite en marge de l'acte de mariage, s'il a été transcrit en France.

252. La transcription est faite à la diligence de la partie qui a obtenu le divorce; à cet effet, la décision est signifiée, dans un délai de deux mois à partir du jour où elle est devenue définitive, à l'officier de l'état civil compétent, pour être transcrite sur les registres. A cette signification doivent être joints les certificats énoncés en l'art. 548 c. pr. civ., et, en outre, s'il y a eu arrêt, un certificat de non-pourvoi.

Cette transcription est faite par les soins de l'officier de l'état civil, le cinquième jour de la réquisition, non compris les jours fériés, sous les peines édictées par l'art. 50 du code civil.

A défaut, par la partie qui a obtenu le divorce, de faire la signification dans le premier mois, l'autre partie a le droit, concurremment avec elle, de faire cette signification dans le mois suivant.

A défaut par les parties d'avoir requis la transcription dans le délai de deux mois, le divorce est considéré comme nul et non avenu.

Le jugement dûment transcrit remonte, quant à ses effets entre époux, au jour de la demande.

307. Elle (la séparation de corps) sera intentée, instruite et jugée de la même manière que toute autre action civile; néanmoins, les art. 236 à 244 lui seront applicables : elle ne pourra avoir lieu par le consentement mutuel des époux.

Le tuteur de la personne judiciairement interdite peut, avec l'autorisation du conseil de famille, présenter la requête et suivre l'instance à fin de séparation.

Art. 2. Le paragraphe suivant est ajouté à l'art. 310 :

La cause en appel sera débattue et jugée en chambre du conseil, sur rapport, le ministère public entendu. L'arrêt sera rendu en audience publique.

Art. 3. Le paragraphe ajouté à l'art. 313 c. civ. par la loi du 6 déc. 1850 est modifié ainsi qu'il suit :

313. En cas de jugement ou même de demande soit de divorce, soit de séparation de corps, le mari peut désavouer l'enfant né trois cents jours après la décision qui a autorisé la femme à avoir un domicile séparé, et moins de cent quatre-vingt jours depuis le rejet définitif de la demande ou depuis la réconciliation.

L'action en désaveu n'est pas admise s'il y a eu réunion de fait entre les époux.

Art. 4. Sont abrogés les art. 253 à 274 c. civ., l'art. 881 c. proc. civ., les art. 2, 3 et 4 de la loi du 27 juill. 1884, et toutes les dispositions contraires à la présente loi.

Art. 5. La présente loi est applicable à l'Algérie et aux colonies de la Martinique, de la Guadeloupe et de la Réunion.

Dispositions transitoires.

Art. 6. Les instances en séparation de corps pendantes au moment de la promulgation de la loi du 27 juill. 1884 peuvent être converties, par le demandeur, en instances de divorce.

Cette conversion peut être demandée même en cours d'appel.

La procédure spéciale de divorce sera suivie à partir du dernier acte valable de la procédure de séparation de corps.

Peuvent être convertis en jugements de divorce, comme il est dit en l'art. 310 du code civil, tous jugements de séparation de corps, antérieurs à la promulgation de la présente loi, devenus définitifs depuis trois ans.

Art. 7. La présente loi s'appliquera aux instances de divorce commencées sous l'empire de la loi du 27 juill. 1884.

14. L'abrogation de la loi du 8 mai 1816 a eu pour conséquence de rendre leur force obligatoire à toutes les dispositions législatives ayant trait au divorce, qui se trouvent éparses dans les codes et les lois particulières. Les textes qui se trouvent ainsi, en tout ou en partie, remis en vigueur sont les suivants : *Code civil :* art. 386, 767, 1441, 1452, 1463, 1518; *Code de procédure civile :* art. 66; *Code d'instruction criminelle :* art. 156, 322, § 5; *Tarif du 16 févr.* 1807 : art. 29, § 63; 79, § 3; 91, § 17; 92, § 27; *Loi sur l'enregistrement du 22 frim. an* 7 : art. 68, § 6; *Loi du 28 avr.* 1816 : art. 45, n° 8, 49, n° 2. — Quant à ces deux dernières lois, qui sont des lois fiscales, il y a lieu d'observer qu'elles doivent être appliquées avec la modification de tarif résultant de la loi du 28 févr. 1872, art. 4 (D. P. 72. 4. 12) (V. *infrà*, n°s 505 et 528).

15. Le rétablissement du divorce a déjà suscité en France de nombreux commentaires des lois auxquelles est dû ce rétablissement et des anciens textes du code civil qu'elles ont remis en vigueur. Voici les principaux de ces ouvrages, auxquels nous aurons fréquemment occasion de renvoyer dans le cours de ce travail : *Traité pratique du divorce commentaire de la loi du 27 juill.* 1884, par M. L. Goirand, 1 vol. in-8°, 1884; *Traité théorique et pratique du divorce, explication de la loi du 27 juill.* 1884, avec formules, par M. Adrien Carpentier, 1 vol. in-8°, 1885 ; *La loi du 18 avr.* 1886 *et la jurisprudence en matière de divorce*, avec formules, par M. Adrien Carpentier, 1 vol. in-8°, 1888 ; *Traité pratique du divorce et de la séparation de corps*, par M. Robert Frémont, 2e éd. (antérieure à la loi de 1886), 1 vol. in-8°, 1885; *Code du divorce, commentaire de la loi du 27 juill.* 1884, par M. Ch. Constant, 2 vol. in-12, 1885; *De la procédure du divorce, analyse de la loi des 17-27 juill.* 1884 *sur le divorce*, par P. Flandin, broch. in-8°, 1885; *Etude sur le pouvoir d'appréciation des tribunaux en matière de conversion des jugements de séparation de corps en jugements de divorce*, par M. Alexandre Médecin, broch. in-8°, 1885; *Les conventions matrimoniales et le divorce*, par M. Albert Pellerin, broch. in-8°, 1885; *Loi sur la procédure en matière de divorce et de séparation de corps, supplément au dictionnaire théorique et pratique de procédure civile, commerciale, criminelle et administrative*, avec formules, par MM. Rodolphe Rousseau et Laisney, 1 vol. in-8°, 1884; *De la procédure du divorce et de la séparation de corps, commentaire de la loi du* 18 *avr.* 1886, par J. Depeiges, broch. in-8°, 1887 ; *Manuel-formulaire du divorce et de la séparation de corps*, par MM. Henri Coulon et Albert Faivre, 4e éd., 1 vol. in-12, 1887; *Le divorce et la séparation de corps, traité théorique et pratique*, par Paul Vraye et Georges Gode, 2e éd., 2 vol. in-8°, 1887; *Le divorce et les lois du 27 juill.* 1884 *et du 18 avr.* 1886, par Guillaume Poulle, 1 vol. in-8°, 1887; *Traité théorique et pratique de la conversion de la séparation de corps en divorce*, par G. Morael, 1 vol. in-8°, 1888. — On trouve aussi un commentaire du titre du code civil sur le divorce dans les *Principes de droit civil français* de M. Laurent, t. 3, n°s 171 et suiv.

16. Depuis la publication du *Répertoire*, la matière de la séparation de corps a été traitée dans les ouvrages généraux publiés sur le code civil, et notamment, dans l'ouvrage de M. Laurent que nous venons de citer, et dans la quatrième édition du *Cours de droit civil français* de MM. Aubry et Rau, t. 5, p. 171 et suiv., § 489 à 495. Cette même matière est également étudiée, en même temps que celle du divorce, dans les ouvrages de M. Frémont, de M. Depeiges, de MM. Henri Coulon et Albert Faivre et de MM. Paul Vraye et Georges Gode, cités ci-dessus. Elle a aussi fait l'objet des deux traités spéciaux suivants, dont l'un, toutefois, n'est qu'une réédition : *De la séparation de corps*, par M. Massol, 2e éd., 1 vol. in-8°, 1875; *Traité de la séparation de corps*, par N.-M. Le Senne, 1 vol. in-8°, 1879.

17. — II. DROIT COMPARÉ. — On a déjà donné au *Rép.* nos 11 et suiv. quelques notions sur le divorce à l'étranger. On a aussi reproduit (D. P. 84. 4. 99) deux tableaux, empruntés au rapport de M. Léon Renault sur la deuxième proposition de M. Naquet, dans lesquels est exposé l'état de la législation sur le divorce et la séparation de corps dans les différents pays civilisés en 1880. Pour compléter ces renseignements, nous indiquerons ici les principales dispositions des législations étrangères les plus importantes, et spécialement les lois qui ont été promulguées depuis la publication du *Répertoire*, nous bornant à renvoyer le lecteur, pour plus de détails, à l'ouvrage de M. Glasson déjà cité (V. *suprà*, n° 2). Nous parlerons d'abord des pays qui n'admettent que la séparation de corps, ensuite de ceux qui admettent à la fois le divorce et la séparation de corps, et enfin de ceux où le divorce existe seul.

18. En *Italie*, le code civil promulgué en 1866 décide que le mariage ne se dissout que par la mort de l'un des époux (art. 148). Cependant la séparation de corps est admise : elle peut être demandée pour cause d'adultère, d'abandon volontaire, d'excès, de sévices, de menaces et d'injures graves (art. 150), et aussi à raison d'une condamnation criminelle (art. 151). L'adultère du mari n'est une cause de séparation de corps que si la concubine est entretenue au domicile du mari, ou ailleurs d'une manière notoire, ou enfin s'il y a dans les circonstances une injure grave pour la femme (art. 150). La femme peut encore demander la séparation, lorsque le mari, sans justes motifs, refuse d'établir sa résidence d'une manière fixe et conforme à sa condition (art. 152). La femme qui a obtenu la séparation de corps contre le mari n'est plus tenue d'obtenir l'autorisation de celui-ci (art. 135). Une innovation du code italien est la disposition qui permet aux époux de se séparer d'un commun accord, avec l'homologation du tribunal (art. 158); la séparation de corps peut ainsi avoir lieu sans éclat et sans scandale. Plusieurs tentatives ont été faites, dans ces dernières années, en Italie, pour y introduire le divorce; mais jusqu'ici elles n'ont pas abouti.

19. Le divorce n'existe pas non plus en *Espagne*. Le mariage civil y a été établi par une loi du 9 févr. 1870. Mais un décret du 9 févr. 1875 a restreint beaucoup l'application de cette loi en décidant que les mariages contractés conformément au droit canonique produiraient tous les effets civils. Ces mariages doivent seulement, sous peine d'amende, être inscrits sur les registres de l'état civil dans les huit jours de leur célébration (V. *Annuaire de législation étrangère*, 5e année, 1876, p. 608). La loi de 1870 elle-même n'admet pas le divorce; elle autorise seulement la séparation de corps, sous le nom de « divorce quant à la cohabitation ». Cette séparation peut avoir lieu pour huit causes différentes (art. 85 et suiv.) : adultère de la femme; adultère du mari avec scandale public, avec abandon de la femme ou avec entretien de la concubine au domicile conjugal; mauvais traitements graves infligés par le mari à la femme, en actions ou en paroles; violence physique ou morale exercée par le mari sur la femme pour la faire changer de religion; mauvais traitements infligés aux enfants, au point de mettre leur vie en danger; tentative par le mari de prostituer sa femme; tentative de corruption à l'égard des enfants; condamnation aux travaux forcés ou à la réclusion perpétuelle. La séparation de corps n'entraîne la séparation de biens que si elle est prononcée contre le mari (V. Lehr, *Éléments de droit civil espagnol*, nos 115 et suiv.).

20. Le code civil promulgué en *Portugal* en 1868 reconnaît deux sortes de mariage : le mariage religieux célébré selon les formes et les conditions du droit canonique pour les catholiques, et le mariage civil contracté devant l'officier de l'état civil pour les non-catholiques. Le divorce n'est pas admis; la séparation de corps seule est possible pour les mêmes causes qu'en droit français. Toutefois, l'adultère du mari n'est considéré comme cause de séparation de corps qu'autant qu'il a été accompagné d'un scandale public, ou d'un abandon complet de la femme ou d'entretien de la concubine au domicile conjugal (art. 1204).

21. La *Belgique* demeure régie, au point de vue du divorce, par notre ancien code civil français.

22. En *Autriche*, comme nous l'avons déjà dit au *Rép.* n° 10, le code distingue entre les époux catholiques et les non-catholiques. C'est au moment du mariage que se détermine la religion des époux. Pour les époux dont un au moins est catholique, le mariage est indissoluble, et la séparation de corps est seule admise. Elle peut être demandée pour adultère, crime, abandon, attentat, sévices, injures graves, dilapidation de la fortune du conjoint, atteinte aux bonnes mœurs de la famille, vices corporels invétérés et susceptibles de contagion. Le code autrichien permet la séparation de corps volontaire, comme le code italien; il n'oblige pour cela les époux qu'à se présenter devant le tribunal et n'exige même pas qu'ils fassent connaître leurs motifs de séparation. Les époux qui n'étaient pas catholiques au moment de leur mariage peuvent divorcer. Les causes de divorce qu'ils peuvent invoquer sont : l'adultère, la condamnation à une réclusion d'au moins cinq ans, l'abandon intentionnel, les attentats, les sévices répétés, l'aversion insurmontable. Le divorce des juifs est régi par des dispositions particulières. Il peut avoir lieu par consentement mutuel, après un essai de réconciliation devant le rabbin et une comparution devant le tribunal. Il n'est possible autrement que dans le cas où la femme s'est rendue coupable d'adultère. La séparation de corps peut, d'ailleurs, toujours être demandée, quelle que soit la religion des époux (V. une étude sur le divorce en Autriche, par Ch. Lyon-Caen, dans le *Bulletin de la Société de législation comparée*, t. 11, 1882, p. 64 et suiv.).

23. En *Hollande*, le code civil en vigueur depuis 1838 admet à la fois le divorce et la séparation de corps. Les causes du divorce sont : l'adultère, sans distinction entre celui du mari et celui de sa femme, l'abandon malicieux ayant duré au moins cinq ans, les sévices ou mauvais traitements graves. La séparation de corps peut être demandée pour les mêmes causes et, en outre, pour sévices simples et injures graves. Elle peut aussi avoir lieu sur la demande faite conjointement par les deux époux, deux ans au moins après le mariage, sauf au juge à apprécier s'il y a lieu ou non de la prononcer. Quand la séparation, prononcée pour quelque cause que ce soit, a duré cinq ans, les époux peuvent d'un commun accord la faire convertir en divorce. Bien que le divorce par consentement mutuel ne soit pas admis par le code hollandais, il n'est pas impossible d'y arriver indirectement au moyen de la séparation de corps préalable. L'absence ne figure pas dans le code parmi les causes de divorce; mais, lorsqu'elle a duré dix ans, le conjoint de l'absent peut, après des publications, se faire autoriser à se remarier; son second mariage entraîne la dissolution du premier, quand même l'absent reparaîtrait.

24. En *Angleterre*, comme nous l'avons dit au *Rép.* n° 10, le divorce ne pouvait autrefois avoir lieu que par acte du Parlement, et l'usage était de ne l'accorder qu'en cas d'adultère. Une loi du 28 août 1857 l'a rendu plus accessible, en organisant pour les causes de divorce une juridiction et une procédure spéciales. Mais encore aujourd'hui, dit M. Glasson, *Le mariage civil et le divorce*, 2e éd., p. 317, « autant la loi anglaise se montre facile pour la formation du mariage, autant elle voit le divorce avec défaveur. » Le mariage peut être contracté devant un ministre du culte ou devant l'officier de l'état civil (*registrar*). Le divorce ne peut être prononcé que par *la cour des divorces et des causes matrimoniales*, créée par la loi de 1857, et qui est devenue depuis 1873 la cinquième chambre de la première section de la cour suprême. Une seule cause de divorce est admise, l'adultère, et même pour que l'adultère du mari puisse motiver le divorce, il faut qu'il ait été accompagné de certaines circonstances aggravantes : bigamie, inceste, rapt, vice contre nature, grave cruauté, abandon non justifié pendant deux ans. La séparation de corps peut être demandée devant la même juridiction que le divorce, dans quatre cas : adultère, abandon sans motifs pendant deux ans, grave cruauté, crimes contre nature. Si la demande en divorce ou en séparation est accueillie, la cour rend un premier arrêt, qui est susceptible d'être frappé d'appel par l'un ou l'autre époux dans le délai d'un mois, et par les créanciers des époux, les tiers intéressés et le ministère public (*Quenn's proctor*) pendant trois mois. Ce délai passé, l'arrêt définitif est rendu. Enfin, d'après une loi du 27 mai 1878, toute cour, ou même tout juge siégeant seul, a, sans qu'il soit nécessaire de recourir à la cour suprême, le droit d'autoriser la femme, en cas de violences du mari (*assault*), à quitter le domicile conjugal, tout en lui attribuant une pension et, dans quelques cas, la garde des enfants (V. *Annuaire de législation étrangère*, 8e année, p. 45; Lehr, *Eléments de droit civil anglais*, p. 60).

25. Aux *Etats-Unis*, les règles en matière de divorce varient suivant les Etats. Dans quelques-uns (Caroline du Sud, Virginie), c'est encore le pouvoir législatif qui est compétent, comme l'était autrefois le parlement en Angleterre, pour accorder le divorce; mais en général cette compétence a passé aux tribunaux. Dans l'Etat de New-York, il n'y a, à proprement parler, qu'une cause de divorce, l'adultère. Toutefois, le mariage peut être annulé si l'un des époux est idiot ou atteint de démence ou s'il est inapte au mariage au moment de la célébration. La séparation de corps peut être prononcée dans des cas déterminés par la loi. En d'autres Etats (Massachussets, Connecticut), le divorce est admis pour des causes assez nombreuses, et la séparation de corps existe également.

26. Une loi du 6 févr. 1875, applicable dans tout l'*empire d'Allemagne*, y a établi le mariage civil (*Annuaire de législation étrangère*, 1876, p. 215 et suiv.). Dans son art. 77, cette loi a statué que, lorsqu'il y aurait lieu, d'après le droit en vigueur, de prononcer la séparation de corps perpétuelle, ce serait le divorce qui serait prononcé. Cette disposition a ainsi remplacé par le divorce la séparation de corps dans tous les Etats de l'Allemagne où cette séparation seule était admise, notamment en Bavière, et aussi dans les Etats dont la législation admettait à la fois le divorce et la séparation de corps, comme en Alsace-Lorraine, où une loi du 27 nov. 1873 avait déjà abrogé la loi du 8 mai 1816 et remis en vigueur le titre du divorce du code civil. La loi du 6 févr. 1875 laisse seulement subsister la séparation de corps temporaire, qui est autorisée par le code prussien, le code badois et le code saxon. Les causes du divorce, d'après le code prussien, sont très nombreuses (V. *Rép.* n° 11). Il en est de même d'après le code saxon et dans la plupart des Etats de l'Allemagne. Ne pouvant entrer ici dans les détails de la législation de chaque pays, nous signalerons seulement, comme particularité digne de remarque, qu'en général les lois allemandes ne distinguent pas entre l'adultère du mari et celui de la femme.

Les époux alsaciens-lorrains entre lesquels la séparation de corps a été autrefois prononcée sous l'empire du code civil, peuvent en obtenir la conversion en divorce, à la seule condition qu'il n'y ait eu aucune réconciliation entre eux (Lyon, 23 févr. 1887, aff. Fritsch, D. P. 88. 2. 33).

27. Le divorce est admis en *Russie*, mais pour des causes moins nombreuses qu'en Allemagne. Ces causes sont : l'adultère, l'impuissance ou la stérilité antérieure au mariage, la condamnation à une peine emportant dégradation civique, l'absence pendant cinq ans au moins. Le divorce est prononcé par l'autorité ecclésiastique ou par les tribunaux civils, suivant qu'il a lieu ou non entre orthodoxes (V. Lehr, *Eléments de droit civil russe*, p. 26 et suiv.). La séparation de corps, limitée ou illimitée, existe en Pologne et peut même avoir lieu par consentement mutuel; mais le divorce n'y est pas autorisé (Lehr, *op. cit.*, p. 31).

28. En *Suisse*, le mariage est régi par une loi fédérale du 24 déc. 1874, en vigueur depuis le 1er janv. 1876. Cette loi a établi le mariage civil et le divorce dans toute l'étendue de la confédération. Elle n'a permis la séparation de corps que comme une mesure temporaire, qui ne peut être ordonnée pour plus de deux ans, et seulement lorsqu'il n'existe aucune cause de divorce. Les causes de divorce sont : l'adultère, l'attentat à la vie, les sévices ou injures graves, la condamnation à une peine infamante, l'abandon malicieux prolongé pendant deux ans au moins, l'aliénation mentale existant depuis trois ans et reconnu incurable. La loi ne dit pas que le divorce peut avoir lieu par consentement mutuel; mais, quand les deux époux le demandent, le tribunal peut le prononcer s'il reconnaît que la vie commune est incompatible avec la nature du mariage. Les effets du divorce ou de la séparation de corps temporaire sont déterminés, non par la loi fédérale, mais par la législation de chaque canton; c'est la loi du canton où le mari est domicilié qui est applicable dans chaque espèce.

CHAP. 2. — Des causes du divorce et de la séparation de corps (*Rép.* nos 13 à 86).

29. Aux termes de l'art. 307 c. civ., la séparation de corps ne peut avoir lieu par le consentement mutuel des époux (*Rép.* n° 13). Il en est de même du divorce, depuis qu'il a été rétabli par la loi du 27 juill. 1884. Il résulte de l'art. 1er de cette loi que les dispositions du code civil relatives au divorce par consentement mutuel demeurent abrogées. La remise en vigueur de ces dispositions avait été adoptée par la Chambre des députés; mais elle a été rejetée par le Sénat, conformément à l'avis du Gouvernement (V. la note sous l'art. 233 c. civ., D. P. 84. 4. 102).

30. Pour soutenir que le divorce par consentement mutuel devait être rétabli, on a dit qu'il ne fallait pas le confondre avec le divorce pour incompatibilité d'humeur; que c'était une simple forme de procédure, qui permettait de tenir secrètes des causes de divorce non moins précises et non moins graves que celles qui ont été inscrites dans la loi. Cependant, toutes les garanties imposées par le code civil dans le cas de divorce par consentement mutuel se résumaient en ceci : 1° impossibilité de divorcer de cette manière si le mari avait moins de vingt-cinq ans ou la femme moins de vingt et un ans, si le mariage avait duré moins de deux ans ou plus de vingt ans, ou enfin si la femme avait atteint quarante-cinq ans ; 2° autorisation des pères et mères ou autres ascendants vivants des époux; 3° résolution persistante des époux, affirmée avec solennité devant le président du tribunal, tous les trois mois, pendant une année d'épreuve. Il faut bien reconnaître que ces formalités laissaient la faculté de divorcer, quand même il n'existait aucune cause grave et légitime de divorce, si ce n'est le désir commun des époux de s'affranchir du lien conjugal et de pouvoir contracter une nouvelle union. Une telle faculté était aussi contraire à la morale qu'à la perpétuité du mariage; c'est donc avec raison qu'elle n'a pas été maintenue.

31. Le divorce, comme la séparation de corps, ne peut donc être prononcé que pour des causes déterminées. Ces causes sont indiquées limitativement par les art. 229 à 232. Ce sont : 1° l'adultère; 2° les excès, sévices ou injures graves de l'un des époux envers l'autre; 3° la condamnation de l'un des époux à une peine afflictive et infamante. Ces trois causes sont communes au divorce et à la séparation de corps. Toutefois, le divorce peut encore être prononcé dans un cas spécial, celui de la conversion en jugement de divorce du jugement de séparation de corps, après trois années écoulées depuis ce dernier jugement (c. civ. art. 310) (V. *infrà*, nos 665 et suiv.).

32. Les dispositions de la loi qui déterminent les causes de divorce et de séparation de corps sont essentiellement limitatives. Dans la discussion de la loi de 1884, on a proposé d'y introduire plusieurs autres causes, notamment, l'absence déclarée, la démence, le changement de religion, mais ces propositions ont été rejetées (V. la note 1, sous l'art. 232, D. P. 84. 4. 102. — Comp. *Rép.* nos 21 et suiv.).

Le principe de la détermination limitative des causes de divorce et de séparation de corps ne fléchirait même pas au profit d'étrangers dont la loi nationale admettrait d'autres causes. Tout ce qui régit cette matière, en effet, est d'ordre public, et les juges ne peuvent s'en écarter sous aucun prétexte (Vraye et Gode, t. 1, n° 27).

33. Du principe que le divorce et la séparation de corps ne peuvent avoir lieu que pour les causes déterminées par la loi, il résulte que toute convention qui aurait pour objet de produire entre les époux les mêmes effets que le divorce ou la séparation de corps est nulle, d'une nullité absolue (*Rép.* nos 14 et suiv.). Ainsi, la jurisprudence a déclaré nuls : 1° le traité par lequel deux époux, s'autorisant réciproquement à faire un ménage distinct, sont convenus que l'un d'eux, en raison de la supériorité de sa fortune, payera à l'autre une pension annuelle pendant le temps que durera leur séparation volontaire (Grenoble, 11 mai 1851, aff. Eymard, D. P. 53. 2. 62); — 2° Le traité par lequel un époux s'est engagé, pour éviter un procès en séparation de corps de la part de son conjoint, à laisser vivre celui-ci en état de séparation volontaire (Amiens, 14 déc. 1852, aff. d'Hédouville, D. P. 54. 2. 9); — 3° La séparation amiable entre époux, stipulée pour un certain nombre d'années, avec droit pour la femme de reprendre l'administration de ses biens propres et d'exercer le retrait immédiat des meubles par elle apportés en mariage (Nancy, 22 janv. 1870, aff. Thiébaut, D. P. 70. 2. 76); — 4° L'engagement pris par le mari, au cas de séparation amiable, de fournir à la femme une pension alimentaire (Paris, 11 mai 1874, aff. Marchand, D. P. 75. 2. 41). — Jugé, toutefois, que ledit engagement implique l'autorisation pour la femme de contracter avec des tiers et d'engager les biens de la communauté dans les limites des besoins de la femme; que, par suite, celle-ci peut valablement obliger son mari pour le montant de la pension convenue (Même arrêt).

34. La cour de cassation a même décidé que toute convention qui a pour objet de régler les conditions d'une séparation volontaire entre époux est nulle, comme ayant une cause illicite, et que cette nullité vicie indistinctement toutes les clauses d'une semblable convention, dans laquelle les engagements réciproques des contractants ont également pour cause le maintien et le règlement de la séparation prohibée par la loi (Civ. cass. 14 juin 1882, aff. Grassin, D. P. 83. 1. 248).

35. Les causes du divorce et de la séparation de corps doivent être réelles. Il pourrait arriver, comme on l'a dit au *Rép.* n° 17, que, par un concert frauduleux, des époux simulassent de prétendues causes de divorce ou de séparation. En pareil cas, si le tribunal s'apercevait de la fraude, il est évident qu'il devrait rejeter la demande. Si le divorce ou la séparation avait été prononcé par un jugement devenu définitif, ce jugement aurait nécessairement force de chose jugée; les parties pourraient, néanmoins, l'attaquer par voie de requête civile, dans les hypothèses où cette voie de recours peut être admise (V. *Rép.* n° 18, et v° *Requête civile*, n° 27).

36. Les causes du divorce étant les mêmes que celles de la séparation de corps, on peut se demander si le même fait qui serait jugé insuffisant pour motiver le divorce ne pourrait pas suffire pour autoriser la séparation de corps. D'après un auteur (Carpentier, *Traité théorique et pratique du divorce*, n° 6), une semblable distinction serait tout à fait illégale. La loi n'a pas plus d'antipathie pour le divorce qu'elle n'a de sympathie pour la séparation; elle le prouve en donnant la même base aux deux actions. L'examen comparatif de leur gravité n'appartient donc pas au juge, mais seulement aux parties, qui sont libres de choisir celle qui leur paraît la plus propre à régir leur situation.

Nous ne croyons pas devoir nous ranger à ce sentiment, qui nous paraît contraire à la nature des choses. Le divorce brise le lien conjugal; la séparation de corps ne fait que le relâcher. Le divorce, non seulement à l'égard des époux, mais aussi à l'égard des enfants, emporte des effets beaucoup plus considérables que la séparation. Nous comprendrions donc parfaitement que de deux époux qui demanderaient, l'un le divorce, et l'autre la séparation de corps, pour des faits identiques, le premier fût débouté de sa demande, tandis que le second obtiendrait gain de cause (V. en ce sens : Orléans, 5 mars 1885, *infrà*, n° 694).

SECT. 1re. — DE L'ADULTÈRE (*Rép.* nos 63 à 80).

37. Les caractères généraux de l'adultère ont été exposés v° *Adultère*, nos 5 et suiv.; — *Rép.* eod. v°, nos 10 et suiv. Nous avons montré que trois conditions sont nécessaires pour qu'il y ait adultère : 1° l'union consommée des sexes; 2° la circonstance que l'une des parties est mariée; 3° la volonté coupable chez la personne mariée. En dehors de l'adultère proprement dit, les écarts de conduite, les privautés coupables, les actes licencieux commis par l'un des époux ne suffisent pas par eux-mêmes pour motiver le divorce ou la séparation de corps; ils peuvent seulement avoir ce résultat par le caractère injurieux qu'ils peuvent revêtir à l'égard de l'autre époux (V. *infrà*, n° 82).

38. Bien que la loi du 27 juill. 1884 ait complètement assimilé, au point de vue du divorce et de la séparation de corps, l'adultère du mari à celui de la femme, il est utile néanmoins de les envisager séparément.

39. — I. ADULTÈRE DE LA FEMME. — « Le mari, dit l'art. 229 c. civ., pourra demander le divorce pour cause d'adultère de la femme. » Comme il résulte de ce texte, un seul fait d'adultère de la part de la femme suffit pour permettre au mari de demander le divorce, et, si ce fait est prouvé, le divorce doit être prononcé. C'est en ce sens qu'on dit que l'adultère est une cause péremptoire de divorce (*Contrà :* Vraye et Gode, t. 1, n° 27. — Comp. *infrà*, n° 43).

40. L'adultère de la femme doit être volontaire. S'il était le résultat d'un viol ou d'une erreur, le mari ne pourrait pas l'invoquer comme une cause de divorce, car ce ne serait pas réellement un adultère (V. *suprà*, n° 37). Mais il ne faut pas aller jusqu'à dire, comme le fait un auteur (Frémont, n° 11) « qu'on ne pourrait admettre à demander le divorce le mari qui, par son éloignement prolongé, expose à des défaillances la vertu de sa femme, ni celui qui introduit un tiers dans le domicile conjugal et par son imprudence expose son épouse à de continuelles tentations. » C'est là, en quelque sorte, proclamer le droit à l'adultère pour la femme dans certaines situations. Or ce droit n'existe jamais. Il suffit que l'adultère ait été commis avec consentement pour que le mari puisse faire prononcer le divorce (V. toutefois, *infrà*, n° 402).

41. — II. ADULTÈRE DU MARI. — L'ancien art. 230 c. civ. portait : « La femme pourra demander le divorce pour cause d'adultère de son mari, *lorsqu'il aura tenu sa concubine dans la maison commune* ». Ces derniers mots ont été supprimés par la loi du 27 juill. 1884, en sorte qu'aujourd'hui le texte de l'art. 230, qui autorise la femme à demander le divorce pour cause d'adultère de son mari, est exactement corrélatif à celui de l'art. 229, qui permet au mari de demander le divorce pour cause d'adultère de sa femme. C'est là une innovation considérable qui n'a pas passé sans objection lors du vote de la loi. A la Chambre, le nouveau texte de l'art. 230 a été, il est vrai, adopté sans discussion en première délibération, dans la séance du 8 mai 1882. Au cours de la deuxième délibération et dans la séance du 15 juin 1882, M. Gatineau a proposé, mais sans succès, un amendement tendant à rétablir cet article comme il était dans le code civil. Au Sénat, la commission a fait la même proposition, et le Sénat s'y est rallié dans la séance du 5 juin 1884; mais, lors de la deuxième délibération, dans la séance du 20 juin 1884, le Sénat, sur la demande de MM. Demôle et de Pressensé, est revenu sur son précédent vote et a accepté le texte du nouvel art. 230, tel qu'il avait été adopté par la Chambre (V. la note 1 sous l'art. 230, D. P. 84. 4. 101).

42. Nous avons indiqué au *Rép.* n° 63 les raisons pour lesquelles l'adultère du mari avait été jusqu'ici traité autrement que celui de la femme. Encore actuellement il ne constitue un délit que lorsque le mari a entretenu sa concubine dans la maison conjugale, et, même avec cette condition, il est puni de peines moins graves que l'adultère de la femme (V. *suprà*, v° *Adultère*, n° 98). En faveur de l'assimilation de l'adultère du mari à celui de la femme, par rapport au divorce et à la séparation de corps, on a fait valoir surtout cette considération que le devoir de fidélité, inscrit dans l'art. 212 c. civ., est le même pour les deux époux; on en a conclu que la violation de ce devoir, au moins dans les rapports des époux entre eux, devait avoir la même conséquence. L'ancien art. 230, a-t-on dit, consacrait une grande iniquité, et il ne protégeait le foyer que d'un seul côté, du côté où, par l'éducation des femmes et les sentiments élevés que leur suggèrent les devoirs de la maternité, la famille est naturellement le moins vulnérable. D'un autre côté, cet article était fait pour encourager l'immoralité des hommes; ceux-ci n'avaient qu'à laisser leur concubine en dehors du domicile conjugal pour que la femme légitime fût condamnée à subir les effets toujours si funestes de leurs dérèglements. On a fait remarquer enfin qu'il ne faut pas craindre que l'application du nouvel art. 230 ait pour résultat de rendre les divorces plus fréquents. La femme, la mère de famille, soucieuse avant tout de l'honneur de sa maison et de l'avenir de ses enfants, la mère chrétienne, à qui sa religion enseigne le pardon des offenses, voudra le plus souvent s'efforcer de ramener dans le sentier du devoir l'époux qui s'en sera momentanément écarté, et ce n'est que rarement, en cas seulement de scandale éclatant, en cas de honteux débordements, qu'une femme se résignera à demander le divorce pour cause d'adultère de son mari.

43. Nous avons vu *suprà*, n° 39, qu'un seul adultère de la femme est pour le mari une cause péremptoire de divorce. En est-il de même quant à l'adultère du mari? Cette question est controversée. Quelques auteurs soutiennent que les tribunaux ont en cette matière un pouvoir souverain d'appréciation. Les juges, dit-on, pourront tenir compte de la jeunesse du mari, du caractère de la femme, des difficultés d'ordre intérieur, etc.; ils pourront peut-être tenir compte aussi des torts de l'épouse outragée, car il ne s'agit plus ici de séparation de corps, la solution est autrement grave, et les juges devront regarder à deux fois avant de prononcer la dissolution d'un mariage dont la bonne harmonie n'est peut-être que momentanément troublée par la faute du mari (Frémont, n° 28). D'après d'autres auteurs (Vraye et Gode, t. 1, n° 27), l'adultère a ses degrés, et les juges auront à apprécier, dans la plénitude de leur pouvoir discrétionnaire, si l'adultère invoqué, qu'il ait été commis, soit par le mari, soit par la femme, a, eu égard aux conditions dans lesquelles il s'est produit, des caractères suffisants pour motiver le divorce ou la séparation de corps.

Mais ce système, en présence surtout de la discussion qui a eu lieu au Sénat à l'occasion du nouvel art. 340, nous paraît insoutenable. On sait que la commission du Sénat avait proposé de maintenir l'ancienne rédaction, d'après laquelle la femme ne pouvait demander le divorce que lorsque le mari avait tenu sa concubine dans la maison conjugale. A ce sujet M. Labiche, rapporteur de la commission, disait : « En aucun cas, le code ne reconnaît la légitimité de l'adultère du mari; en aucun cas, nous les partisans du code, nous n'entendons innocenter l'infidélité du mari... Mais la question qui nous est soumise en ce moment est tout autre. Il s'agit uniquement de décider si, pour prononcer le divorce, nous considérerons l'adultère simple du mari comme une cause péremptoire de divorce, — c'est ce que veulent MM. Demôle et de Pressensé, — ou comme une cause soumise à l'appréciation du juge. Notre code, vous le savez, prévoit deux espèces de causes de divorce : les unes sont des causes que les légistes appellent des causes péremptoires, c'est-à-dire des causes qui, lorsque la preuve est faite, dispensent de tout débat, de toute appréciation du juge, ne permettent aucune décision négative... Un adultère a été commis par la femme. Permettra-t-on au juge, au tribunal, d'apprécier les circonstances dans lesquelles cet adultère a été commis? Lui permettra-t-on de décider que cet adultère présente des circonstances atténuantes, et que, par conséquent, il n'est pas suffisant pour justifier le divorce? M. Demôle s'est révolté avec raison contre cette doctrine; il a reconnu que l'adultère de la femme ne pouvait pas ne pas être une injure grave pour le mari; qu'en conséquence, dans tous les cas, l'adultère de la femme devait être une cause péremptoire de divorce. Notre législation admet donc, pour le divorce, des causes péremptoires et des causes laissées à l'appréciation des tribunaux. En ce moment, le débat entre nous ne porte donc pas, comme on le supposait, sur le point de savoir si la faute du mari est excusable, mais sur le point tout à fait différent de savoir si cette faute doit avoir, nécessairement et dans tous les cas, pour conséquence la dissolution de l'union conjugale; si le magistrat sera toujours nécessairement, obligatoirement, dans la nécessité de prononcer le divorce toutes les fois que la femme lui apportera la preuve d'une faute commise par son mari » (*Journ. off.* du 21 juin 1884, p. 1130). La question étant ainsi posée, et le Sénat l'ayant résolue en adoptant le texte que combattait M. Labiche, l'interprétation de ce texte ne peut plus être douteuse. Pour le mari comme pour la femme, dès que l'adultère est constaté et prouvé, les magistrats n'ont plus aucun pouvoir d'appréciation; ils doivent alors prononcer le divorce, car la demande est justifiée (V. en ce sens : Nancy, 12 nov. 1884, aff. Lefort, D. P. 86. 2. 31; Carpentier, n° 9; Coulon et Faivre, art. 230, p. 49 et suiv.; Poulle, p. 109 et suiv.).

Il appartient toutefois aux juges du fait, comme l'a décidé la cour de cassation (Req. 12 mai 1885) (1), de déclarer que l'adultère allégué n'est pas établi, et alors ils ont à apprécier si les faits d'inconduite ou d'immoralité constatés ont un caractère de gravité suffisant pour constituer des injures dans le sens de la loi.

44. Sous l'empire de l'ancien art. 230 c. civ., c'était souvent une question délicate de savoir si le mari avait tenu sa concubine dans la maison commune (V. *Rép.* n°s 67 et suiv.). Les décisions de la jurisprudence sur ce sujet n'ont plus aujourd'hui d'intérêt pratique par rapport au divorce et à la séparation de corps. On peut seulement encore les invoquer par analogie pour l'interprétation de l'art. 339 c. pén. (V. *suprà*, v° *Adultère*, n°s 7 et suiv.). Il a été jugé par la cour de cassation, en cas de demande en séparation de corps pour cause d'adultère du mari avec entretien de la concubine dans la maison commune, que la déclaration faite par les juges du fond qu'il résultait des documents de la cause que le mari avait tenu sa concubine dans la maison commune, était souveraine, et, dès lors, ne pouvait être attaquée devant la cour de cassation, sous prétexte, notamment, que le lieu où l'adultère avait été commis était un simple pied-à-terre situé hors la commune où résidaient les époux et dans lequel la femme n'était jamais venue (Req. 28 nov. 1859, aff. Devilliers, D. P. 60. 1. 254).

45. On s'est demandé si l'adultère du mari commis hors du domicile conjugal avant la loi du 27 juill. 1884 pourrait, depuis cette loi, être invoqué par la femme comme cause péremptoire de divorce. La négative peut s'appuyer sur l'art. 2 c. civ., qui déclare que la loi ne dispose que pour l'avenir et qu'elle n'a point d'effet rétroactif. Mais ce principe ne protège que les droits acquis, et il est difficile de dire que le mari qui a commis un adultère avant la loi de 1884 a un droit acquis à ne pas voir prononcer contre lui le divorce ou la séparation de corps. « A ce compte, comme le remarque un auteur (Baudry-Lacantinerie, *Commentaire théorique et pratique de la loi du 27 juill.* 1884, p. 20), un mari serait en droit de soutenir également que le divorce ne peut pas être prononcé contre lui pour des faits, quels qu'ils soient, antérieurs à la promulgation de la loi nouvelle, parce que, d'après la loi en vigueur, à l'époque où ils ont été accomplis, ces faits ne pouvaient pas entraîner le divorce, mais seulement la séparation de corps ». L'intention du législateur d'attribuer à la loi de 1884 un certain effet rétroactif ne semble pas douteuse; en autorisant les époux qui avaient demandé la séparation de corps avant cette loi à convertir leur demande en instance en divorce, le législateur a par là même permis aux époux demandeurs d'invoquer les causes de divorce établies par la loi nouvelle. Le simple adultère du mari, même antérieur à cette loi, doit donc suffire pour entraîner le divorce (V. en ce sens : Nancy, 12 nov. 1884, aff. Lefort, D. P. 86. 2. 31; Pau, 28 mars 1887, aff. Barus, D. P. 87. 2. 248; Poulle, p. 107 et suiv.).

SECT. 2. — DES EXCÈS, SÉVICES ET INJURES GRAVES (*Rép.* n°s 23 à 62).

46. Aux termes de l'art. 231 c. civ., « les époux pourront réciproquement demander le divorce pour excès, sévices ou injures graves de l'un d'eux envers l'autre ». Ce texte n'a pas été modifié par la loi du 27 juill. 1884. Le projet voté par la Chambre des députés et transmis au Sénat le 27 juin 1882 donnait aux tribunaux la faculté d'accorder le divorce : 1° pour cause d'absence de l'un des époux pendant cinq ans; 2° pour condamnation à certaines peines correctionnelles de nature à entacher l'honneur de l'époux condamné. Ces deux dispositions ont été rejetées par le Sénat (V. note 2, sous l'art. 231, D. P. 84. 4. 101).

47. Les excès, sévices et injures graves pouvant motiver

(1) (Fourmont C. Fourmont.) — LA COUR; — Sur le premier moyen du pourvoi, tiré de la violation des art. 229 et 231 c. civ., en ce que l'arrêt attaqué a refusé de prononcer la séparation de corps à la requête du sieur Fourmont, bien qu'il eût établi l'adultère, ou tout au moins des injures graves, à la charge de sa femme: — Attendu que ce moyen manque en fait, l'arrêt déclarant que l'adultère n'est pas établi, et que les faits de légèreté qu'on pourrait reprocher à la dame Fourmont n'ont pas un caractère suffisant de gravité pour constituer des injures dans le sens de la loi;... — Rejette, etc.

Du 12 mai 1885.-Ch. req.-MM. Bédarrides, pr.-Bécot, rap.-Chévrier, av. gén., c. conf.-Massenat-Déroche, av.

une demande en divorce ou en séparation de corps ont certains caractères qui leur sont communs. C'est ainsi qu'ils doivent être intentionnels et émaner d'une personne moralement responsable. Des blessures, même graves, qui ne proviendraient que d'une imprudence, ou des injures proférées par un époux inconscient, ne sauraient constituer des causes de divorce. L'impossibilité de vivre en commun résultant de l'altération des facultés mentales de l'un des époux n'autoriserait pas non plus l'autre époux à faire prononcer la séparation de corps ou le divorce; il pourrait faire placer son conjoint dans un établissement d'aliénés, mais la maladie et l'infortune de ce conjoint ne doivent pas être invoquées contre lui dans le but d'obtenir un divorce ou une séparation de corps qui entraînerait la révocation des avantages à lui faits par contrat de mariage (*Rép.* n° 189; Req. 14 janv. 1861, aff. Fontaine, D. P. 61. 1. 196; Poitiers, 25 mars 1889, aff. Brisson, D. P. 90, 2e part.; Demolombe, *Cours de code civil*, t. 4, n° 401; Laurent, t. 3, nos 189 et suiv.; Carpentier, *Traité du divorce*, n° 28). Nous ne pouvons, en conséquence, approuver la doctrine d'un arrêt d'après lequel les imputations dirigées par un mari contre sa femme, bien qu'elles ne puissent dériver que des hallucinations d'un esprit troublé, doivent cependant entraîner la séparation de corps, lorsqu'elles sont si graves et si persévérantes que la cohabitation n'offrirait plus pour la femme aucune sécurité (Montpellier, 1er févr. 1866, aff. de G..., D. P. 67. 5. 390). L'impossibilité de la vie commune n'est pas à elle seule, en effet, une cause de séparation de corps. Toutefois, il a été jugé que les excès, sévices ou injures graves auxquels un mari s'est livré contre sa femme peuvent entraîner la séparation de corps, quoique, à l'époque où ces faits ont eu lieu, le mari ait été interné dans un asile d'aliénés, s'il a été mis en liberté comme ayant la conscience et la responsabilité de ses actes (Paris, 29 avr. 1881) (1).

48. Les excès, sévices et injures graves ne peuvent consister dans l'exercice régulier d'un droit légal. Ainsi, il a été jugé que le fait par un mari d'avoir, avec l'autorisation de la police, transporté et détenu dans une maison de santé sa femme atteinte de démence, n'était pas un sévice de nature à autoriser la femme à demander le divorce (Paris, 10 janv. 1807, *Rép.* n° 433-4°). On ne devrait pas non plus assimiler à des sévices ou à des injures les moyens de coercition qu'un mari aurait employés pour décider sa femme à réintégrer le domicile conjugal : saisie des revenus de la femme, recours à la force publique, etc. (Carpentier, *op. cit.*, n° 31). Il résulte même d'un arrêt que, le mari ayant le devoir et le droit de diriger la femme, de compléter son éducation morale, lorsqu'elle est jeune, et d'employer les moyens nécessaires à cet effet, il s'ensuit qu'on ne saurait toujours ranger parmi les injures et les sévices graves, autorisant la femme à demander la séparation, les actes de correction ou même de vivacité du mari (Chambéry, 4 mai 1872, aff. Buffet, D. P. 73. 2. 129). Cet arrêt, toutefois, semble reconnaître au mari sur la personne de sa femme un droit de correction corporelle qui, d'après la plupart des auteurs modernes, n'existe plus ni dans notre législation, ni dans nos mœurs (V. la note sous l'arrêt précité).

49. En tout cas, les excès, sévices et injures graves ne supposent pas nécessairement des faits délictueux. Jugé que, bien qu'une femme poursuivie devant la cour d'assises pour tentative d'homicide sur la personne de son mari ait été acquittée, le mari n'en a pas moins le droit de former pour le même fait une demande en divorce (Trib. Seine, 13 août 1885, et Paris, 20 oct. 1886, aff. Genuyt de Beaulieu, D. P. 88. 2. 101).

50. Il est de jurisprudence que les faits invoqués à l'appui d'une demande en divorce ou en séparation de corps comme ayant le caractère d'excès, sévices ou injures graves, au sens de l'art. 231 c. civ., sont souverainement appréciés par les tribunaux, dont le jugement sur ce point échappe à la censure de la cour de cassation (Req. 6 févr. 1860, aff. Vasnier, D. P. 60. 1. 122; 14 janv. 1861, aff. Fontaine, D.P. 61. 1. 196; 4 mai 1863, aff. Laudinat, D. P. 64. 1. 28; 7 févr. 1872, aff. Beaudoin, D. P. 72. 1. 252; 17 déc. 1872, aff. de Beauffremont, D. P. 73. 1. 156; 30 juin 1875, aff. Dauriac, D. P. 76. 1. 442. — V. toutefois, en ce qui concerne les excès, *infrà*, n° 56).

51. Il est aussi généralement admis en jurisprudence que, dans l'appréciation de ces différents faits, et principalement des injures, les juges doivent tenir compte de la position sociale, de l'éducation, du genre de vie et des habitudes des époux (*Rép.* nos 28 et 45; Bruxelles, 31 juill. 1850 (2); Req. 11 avr. 1865, aff. Hérault, D. P. 66. 1. 166; Douai, 10 avr. 1872, *infrà*, n° 63; Demolombe, t. 4, n° 385; Aubry et Rau, t. 5, § 491, p. 177, note 21; Massol, p. 67 et suiv.; Le Senne, n° 62; Frémont, nos 36 et suiv.; Vraye et Gode, t. 1, n° 68). Un seul auteur, M. Laurent, t. 3, nos 188 et 194, a essayé de soutenir que le juge, pour apprécier les excès, sévices ou injures, n'a pas à se préoccuper de la situation sociale des époux. « Il y a, dit-il, de la canaille en gants jaunes, et il y a aussi, chez les pauvres et les ouvriers, des cœurs haut placés. Gardons-nous donc de généraliser une distinction qui aboutirait à une flagrante iniquité. » Mais ce n'est là, comme on l'a justement remarqué, qu'une querelle de mots. M. Laurent est bien obligé

(1) (Triozon C. Triozon.) — Le 14 févr. 1880, un jugement du tribunal civil de la Seine a statué en ces termes : — « Attendu que la femme Triozon demande sa séparation de corps contre son mari et articule, à l'appui, des faits de violences et injures graves; — Attendu qu'il résulte des documents de la cause que les violences dont la femme Triozon a eu à se plaindre ont été provoquées par l'état de santé de Triozon, qui, sur la demande de sa femme, a dû être enfermé dans une maison d'aliénés; que Triozon, à l'époque où il se serait livré à des violences vis-à-vis de sa femme, n'avait pas conscience de ce qu'il faisait, et qu'il ne peut être responsable des actes commis par lui dans l'état où il se trouvait; — Attendu que la démence ne peut être une cause de séparation; que les époux, aux termes de la loi, se doivent mutuellement secours et assistance; que le devoir de la femme Triozon était de donner ou faire donner à son mari tous les soins que réclamait son état; qu'en conséquence, sa demande n'est pas fondée; — Par ces motifs, déboute la femme Triozon de sa demande. » — Appel par la dame Triozon. — Arrêt.

La cour; — Considérant qu'il ressort, dès à présent, des documents fournis au procès, que si Triozon, sous l'empire d'excès alcooliques et d'accès de jalousie, a dû être, en 1878, interné momentanément et mis en observation dans un asile d'aliénés, il a été, par deux fois, et au bout de très peu de temps (trois mois), mis en liberté, comme ayant la conscience et la responsabilité de ses actes; — Considérant qu'à la même époque, il s'était, à diverses reprises, livré contre sa femme à des excès, sévices et injures extrêmement graves; que, dès son retour au domicile conjugal, après son internement, celle-ci a formé la demande dont la cour est aujourd'hui saisie; que, dans cette situation, elle est fondée à solliciter de justice la mesure protectrice de la séparation de corps et de biens; — Par ces motifs, etc.

Du 29 avr. 1881.-C. de Paris, 3e ch.-MM. Alexandre, pr.-Manuel, av. gén.-Larnac et Lebrasseur, av.

(2) (G... C. dame G....) — La cour; — Attendu que la position sociale des parties et l'éducation qu'elles ont reçue doivent être prises en considération, et servir de base d'appréciation des sévices et injures graves présentés comme causes de divorce; — Qu'en effet, tel fait, telle imputation porte une atteinte cruelle à une personne bien élevée et d'une condition supérieure, qui n'est presque pas ressenti par une autre placée dans une condition inférieure et dont l'éducation n'a pas développé cette délicatesse de sentiments qui domine chez la première; — Attendu que les parties, et par leur position sociale et par l'éducation qu'elles ont reçue, se devaient d'autant plus d'égards qu'elles étaient plus à même de ressentir les blessures que devaient nécessairement leur faire tout manque de convenance dans leurs rapports, et à plus forte raison les sévices et les injures que l'une aurait pu se permettre vis-à-vis de l'autre; — Attendu qu'il est prouvé par les enquêtes que l'appelant, dès les premiers jours de son mariage avec l'intimée, non seulement a manqué aux égards qu'un mari doit à sa femme, mais qu'il s'est même oublié jusqu'à proférer contre elle, et à diverses reprises, des épithètes qui devaient la blesser profondément et des mots orduriers, qui indiquaient le mépris le plus grand pour son épouse; — Attendu qu'il est également résulté des enquêtes que l'appelant a reçu dans le domicile conjugal, dans ses appartements particuliers, des femmes introduites à l'insu ou malgré son épouse, et dont la présence a été et a dû être gravement injurieuse pour celle-ci; — Attendu que ces injures, résultant de paroles et de faits, peuvent, dans l'espèce, être considérées comme assez graves pour motiver la prononciation du divorce, surtout si on ajoute les sévices auxquels il est prouvé que l'appelant s'est livré envers l'intimée;

Par ces motifs, met l'appel à néant, etc.

Du 31 juill. 1850.-C. de Bruxelles.

d'admettre que les injures, en particulier, sont plus ou moins graves suivant le caractère des personnes et leur éducation. « Ce n'est pas, dit-il, la position sociale que le juge doit prendre en considération, c'est l'éducation, ce sont les habitudes, les sentiments des parties qui sont en cause. » Or, le caractère et l'éducation dépendent pour beaucoup de la position sociale. Il y a contradiction à demander aux juges de tenir compte des habitudes et de l'éducation et, en même temps, à faire abstraction de la situation sociale des époux.

52. Suivant un arrêt, la condition sociale des parties peut bien, quand il s'agit d'injures ou de violences passagères, atténuer les faits allégués à l'appui d'une demande en séparation de corps; mais cet ordre de considérations est sans valeur quand les griefs articulés consistent dans l'oubli des devoirs et dans les sentiments qui sont la base même du mariage (Dijon, 30 juill. 1868, aff. Soulier, D. P. 68. 2. 247).

53. Il a été jugé qu'un seul fait d'excès, de sévice ou d'injure grave peut, selon les circonstances, motiver la séparation de corps (Req. 22 juin 1880, aff. Pombourg, D. P. 81. 1. 104). « Cette décision, remarquent MM. Vraye et Gode, t. 1, n° 63, est vraie, parce qu'elle est accompagnée de cette juste restriction : « suivant les circonstances ». Mais en général, il arrivera presque toujours, du moins pour les sévices et injures graves, qu'un seul fait ne sera pas suffisant pour motiver le divorce ou la séparation de corps; le pluriel qu'emploie le texte en parlant de *sévices* ou *injures* semble prouver d'ailleurs que le législateur avait en vue des faits multiples et répétés. »

54. Nous allons maintenant traiter distinctement ainsi qu'on l'a déjà fait au *Répertoire*, d'abord des excès et des sévices et ensuite des injures graves.

Art. 1er. — *Des excès et des sévices* (*Rép.* nos 23 à 27).

55. On a défini au *Rép.* n° 23 ce qu'il faut entendre par *excès* et *sévices*. Les excès sont des actes d'un caractère tel qu'ils mettent en danger la vie de l'époux qui en est l'objet. Les sévices sont des actes de cruauté, de brutalité ou de méchanceté qui ne portent pas atteinte à la vie de l'époux, mais qui cependant lui rendent la vie commune insupportable.

56. D'après la plupart des auteurs, tout excès constaté doit entraîner la séparation de corps ou le divorce. En effet, comme on l'a expliqué au *Rép.* n° 24, le mot *excès* a été introduit dans l'art. 231 par les rédacteurs du code pour remplacer un article qui figurait dans le projet du conseil d'Etat et qui était ainsi conçu : « L'attentat de l'un des époux à la vie de l'autre sera pour ce dernier une cause de divorce.» L'excès, c'est donc l'attentat à la vie; or, un seul fait de cette nature a suffisamment de gravité pour motiver le divorce ou la séparation de corps (Demolombe, t. 4, n° 384; Aubry et Rau, t. 5, § 491, p. 177, note 18; Bournat, *Revue pratique*, année 1861, t. 11, p. 430 et suiv.; Carpentier, n° 34; Frémont, n° 53; Vraye et Gode, t. 1, n° 46). — Il a été jugé que la tentative de meurtre commise par une femme sur la personne de son mari rentre directement dans le terme général d'excès employé par l'art. 231 c. civ., et constitue une cause de divorce, alors même que la poursuite criminelle exercée contre elle à raison de ce fait a été suivie d'un acquittement, et que les circonstances qui ont précédé son attentat en atténuent dans la plus large mesure la gravité (Trib. Seine, 13 août 1885, et Paris, 20 oct. 1886, aff. Genuyt de Beaulieu, D. P. 88. 2. 101).

57. Les sévices laissent plus de place que les excès au pouvoir d'appréciation qui appartient aux tribunaux. On admet en général qu'ils doivent avoir un certain caractère d'habitude et de continuité et être tels qu'ils rendent la vie insupportable à l'époux qui en est victime (V. *Rép.* n° 24). Ils acquièrent plus de gravité s'ils sont exercés sur la femme enceinte; ils peuvent, au contraire, être atténués par l'inconduite, les injures, les provocations de l'époux qui en est l'objet.

58. Les auteurs rangent au nombre des sévices la séquestration de l'un des époux, et plus spécialement de la femme, par son conjoint (Villequez, *Du divorce*, p. 68, n° 5; Carpentier, n° 48-II; Frémont, n° 60). La jurisprudence n'offre pas d'exemple, à notre connaissance, de séparation de corps ou de divorce prononcé pour cette cause. Il est bien entendu, d'ailleurs, que la séquestration ne pourrait être invoquée ni comme un sévice, ni comme une injure, si elle avait été motivée par l'état de démence de l'époux séquestré.

59. Le fait par l'un des époux d'avoir communiqué le mal vénérien à son conjoint a été considéré dans la jurisprudence tantôt comme un sévice, tantôt comme une injure. A lui seul, ainsi que nous l'avons soutenu au *Rép.* n° 51, ce fait ne suffit pas pour motiver le divorce ou la séparation de corps. Mais les circonstances peuvent lui donner une plus grande gravité (V. *Rép.* nos 52 et suiv.; Demolombe, t. 4, n° 389; Aubry et Rau, t. 5, § 491, p. 176, note 17; Le Senne, n° 72; Vraye et Gode, t. 1, n° 59). — Il a été jugé : 1° que le fait par le mari d'avoir, dès le début du mariage et à plusieurs reprises, communiqué à la femme une maladie syphilitique, prend, dans le cas où cette communication est due à des relations imposées par la violence, un caractère d'injures et de sévices suffisant pour faire prononcer la séparation de corps (Rennes, 14 juill. 1866, aff. M..., D. P. 68. 2. 163); — 2° Que le mari qui se sait ou qui a de justes raisons de se croire atteint d'une maladie vénérienne et qui, dans cet état, continue à cohabiter avec sa femme et lui inocule le germe de la maladie, se rend coupable envers elle de l'injure la plus grave et du sévice le plus caractérisé (Trib. Huy, 6 mai 1877) (1). — Mais jugé que la communication d'une maladie syphilitique à la femme par le mari n'est pas une cause de séparation de corps, alors qu'au moment du mariage, il se croyait guéri, et que la communication de la maladie a été ainsi involontaire et exempte de toute injure (Paris, 5 févr. 1876, aff. G..., D. P. 76. 5. 405).

Art. 2. — *Des injures* (*Rép.* nos 28 à 62).

60. Les injures graves susceptibles d'entraîner le divorce ou la séparation de corps peuvent résulter, soit de paroles, soit d'écrits, soit d'actes matériels ou même d'abstentions par lesquels un des époux porte atteinte à l'honneur de son conjoint ou lui témoigne sa haine et son mépris. Cette cause est celle qui est la plus fréquemment invoquée à l'appui des demandes de séparation de corps et de divorce. C'est aussi la plus large, en ce sens que c'est celle qui laisse le plus de latitude à l'appréciation des juges.

61. La publicité est toujours une circonstance aggravante de l'injure; mais, comme on l'a dit au *Rép.* n° 28, elle n'en est pas un élément essentiel. « Si la publicité proprement dite, celle qui consiste dans l'audition des outrages par des tiers étrangers aux époux, remarque avec raison M. Frémont, n° 53, était exigée pour constituer l'injure grave, il en résulterait, ce qui serait contre le bon sens, qu'un mari pourrait impunément adresser à sa femme, chez lui, des reproches immérités d'inconduite, la traiter, par exemple, sans encourir aucun risque, de voleuse ou d'adultère. » Mais le défaut de publicité atténue la portée des injures, et le plus souvent les injures non publiques ne peuvent pas être prouvées (Demolombe, t. 4, n° 325; Aubry et Rau, t. 5, § 491, p. 177,

(1) (X... C. X...) — Le tribunal; — Attendu que l'enquête a établi que le défendeur a, à deux reprises différentes et notamment dans le courant du mois d'août 1876, communiqué à sa femme une maladie syphilitique qui a fortement altéré la santé de cette dernière et a même mis sa vie en danger; — Que cette communication a eu lieu volontairement, en ce sens que le défendeur a continué à cohabiter avec sa femme après qu'il avait connaissance du mal dont il était infecté; que les déclarations du premier témoin de l'enquête, le docteur L... ne laissent aucun doute à cet égard; — Attendu que le mari qui se sait ou qui a de justes raisons de se croire atteint d'une maladie vénérienne, et qui, dans cet état, continue à cohabiter avec sa femme et lui inocule le germe de la maladie redoutable, fruit de ses débauches, se rend coupable envers elle de l'injure la plus grave et du sévice le plus caractérisé, puisqu'il compromet peut-être pour toujours la santé de son épouse et qu'il lui inflige à la fois les douleurs physiques et la flétrissure morale d'une maladie honteuse; — Attendu, d'un autre côté, que l'enquête a encore révélé que le défendeur, qui s'adonne à la boisson, a, dans différentes circonstances, adressé à la demanderesse les injures les plus grossières; — Que c'est ce qui résulte, notamment, de la déposition du témoin Julienne H... veuve T...;

Par ces motifs, etc.

Du 6 mai 1877.-Trib. de Huy.

notes 23 et suiv.; Carpentier, n° 37; Frémont, *loc. cit.;* Vraye et Gode, t. 1, n° 54).

62. Nous répartirons les exemples fournis par la jurisprudence en deux catégories, suivant la division qui a déjà été adoptée au *Répertoire :* injures verbales ou écrites, injures réelles ou faits injurieux.

63. — I. INJURES VERBALES OU ÉCRITES (*Rép.* n°s 29 à 44). — Les paroles injurieuses proférées par l'un des époux à l'égard de l'autre sont ou non considérées comme des injures graves et comme devant entraîner le divorce ou la séparation de corps, suivant qu'elles sont plus ou moins outrageantes, plus ou moins répétées, plus ou moins publiques, plus ou moins réfléchies. C'est en cette matière surtout que les juges doivent tenir compte du caractère, des habitudes et du milieu social des époux. — Ainsi, il a été jugé : 1° que les mots *canaille* et *rosse* adressés par le mari à sa femme devant leurs enfants constituaient des injures graves pouvant servir de fondement à la séparation (Bruxelles, 23 avr. 1866, aff. F..., *Pasicrisie belge,* 1867. 2. 83); — 2° Mais, au contraire, que les propos grossiers de *vache, truie, coche,* etc., dont un mari se servait vis-à-vis de sa femme, ne pouvaient, soit à raison des habitudes des époux, soit à raison du milieu social auquel ils appartenaient, motiver la séparation de corps au profit de la femme (Douai, 10 avr. 1872) (1); — 3° Que la loi n'admet comme injures graves que celles qui sont l'expression sincère d'un sentiment mauvais, réfléchi, permanent, rendant la vie commune insupportable à l'époux offensé, et non des paroles vives, inconvenantes, échappées à une violence passagère, et qui trouve son excuse dans les circonstances qui l'ont fait naître (Paris, 16 févr. 1872, sous Req. 17 déc. 1872, aff. de Beauffremont, D. P. 73. 1. 156).

64. L'imputation d'adultère adressée par l'un des époux à l'autre peut aussi constituer ou non une cause de divorce ou de séparation de corps, suivant les circonstances dans lesquelles elle se produit (V. *Rép.* n°s 30 et suiv.). — Jugé : 1° que le fait du mari d'avoir porté contre sa femme une plainte en adultère qui a été écartée par une ordonnance de non-lieu ne peut être considéré comme une injure grave de nature à motiver une demande en séparation de corps, lorsque cette plainte a eu pour cause unique, non un esprit de vengeance ou d'outrage, mais des apparences fâcheuses et des imprudences constatées dans la conduite de la femme (Paris, 13 juill. 1870, aff. D..., D. P. 71. 2. 129); — 2° Que l'imputation d'adultère ne constitue pas une injure grave, lorsque, revêtant le caractère d'un épanchement confidentiel plutôt que celui d'un outrage, elle trouve une excuse dans des apparences de nature à alarmer la jalousie conjugale (Pau, 27 févr. 1871, aff. Etchaudy, D. P. 72. 5. 403); — 3° Mais que l'imputation virtuelle d'adultère résultant d'une action en désaveu de paternité peut être considérée comme une injure grave de nature à motiver la séparation de corps, lorsque le jugement qui a rejeté cette action comme non recevable a été volontairement exécuté par le mari, et qu'il est établi que la pensée du désaveu a été suggérée à celui-ci postérieurement à la naissance de l'enfant désavoué (Caen, 11 févr. 1880, aff. Ingouf, D. P. 81. 2. 183).

65. Il faut, en général, que la plainte en adultère ou l'action en désaveu repose sur des faits supposés et ait un caractère diffamatoire pour constituer une injure grave. Sans ces circonstances elle n'est que l'exercice d'un droit de la part du conjoint qui l'a formée (Demolombe, t. 4, n° 387; Aubry et Rau, t. 5, § 491, p. 175 et suiv., notes 11 et 12; Le Senne, n°s 76 et suiv.; Frémont, n°s 120 et suiv.; Vraye et Gode, t. 1, n° 51).

66. De même, une annonce dans les journaux par laquelle le mari déclare qu'il ne payera pas les dettes de sa femme peut être justifiée par la conduite et les prodigalités de la femme; c'est alors un moyen légitime employé par le mari pour révoquer le mandat tacite en vertu duquel la femme l'oblige pour les dépenses de ménage (V. *suprà,* v° *Contrat de mariage,* n° 335). Mais si une telle publication n'est pas suffisamment motivée par les désordres de conduite de la femme, elle constitue alors une offense qui, ajoutée surtout à d'autres griefs, peut être invoquée par la femme demanderesse en séparation de corps ou en divorce (Comp. Douai, 14 janv. 1857, aff. Focqueur, D. P. 57. 2. 133; Colmar, 1er juill. 1858, aff. Kœnig, D. P. 58. 2. 212; Bruxelles, 29 juill. 1858) (2).

67. Nous avons rapporté au *Rép.* n°s 35 et suiv. un certain nombre de décisions desquelles il résulte que les imputations injurieuses et diffamatoires adressées par l'un des époux à l'autre, au cours d'une instance en séparation de corps ou en divorce, soit dans les actes de procédure, soit dans les plaidoiries, peuvent servir de base à la séparation ou au divorce. Cependant, il importe de ne rien exagérer sous ce rapport. Sans aller jusqu'à dire, avec quelques auteurs, que les récriminations de l'un des époux contre l'autre, au cours de l'instance engagée, ne doivent en aucun cas être considérées comme des injures (Laurent, t. 3, n° 193; Vraye et Gode, t. 1, n° 55), il faut reconnaître que la nécessité de la défense autorise les époux à exprimer librement les torts et les griefs qu'ils se reprochent mutuellement. Le demandeur est bien obligé de dévoiler les faits sur lesquels il fonde sa demande, et, s'il ne parvient pas à les prouver, l'autre époux ne peut pas prétendre pour cela qu'il l'a injurié et calomnié. Le défendeur est dans une situation tout aussi digne d'intérêt; aux accusations portées contre lui, il a bien le droit de répondre par d'autres accusations, qu'il n'est, lui aussi, peut-être pas à même de justifier. A notre avis, ce sont seulement les injures et les accusations dont la mauvaise foi sera bien démontrée qui pourront alors être invoquées, soit à l'appui de la demande principale, soit pour motiver la demande reconventionnelle.

Nous avons cru devoir, à ce sujet (*Rép.* n° 34), rappeler la distinction faite par l'art. 23 de la loi du 17 mai 1819 entre les faits relatifs à la cause et ceux qui y sont étrangers. Cette distinction a été reproduite dans l'art. 41 de la loi du 29 juill. 1881 (D. P. 81. 4. 81). Mais elle a peu d'application dans notre matière, car il n'est guère de faits injurieux ou diffamatoires allégués par les époux l'un contre l'autre qu'on puisse considérer comme étrangers à la cause, dans une instance en divorce ou en séparation de corps (Comp. Le Senne, n°s 80 et suiv.; Carpentier, n° 48, p. 103 et suiv.; Frémont, n°s 64 et suiv., et 75).

68. La question de savoir si les injures contenues dans des lettres peuvent être invoquées à l'appui d'une demande en séparation de corps ou en divorce est traitée au *Rép.*

---

(1) (Femme Bataille C. Bataille.) — LA COUR; — Attendu que l'appelante n'a pas atteint la preuve des faits par elle articulés; — Attendu que les propos grossiers de vache, truie, coche, dont l'intimé se servait vis-à-vis de sa femme, ne sauraient, soit à raison des habitudes des époux Bataille, soit à raison du milieu social auquel ils appartiennent, constituer des injures suffisamment graves pour autoriser la séparation de corps réclamée par la femme; — Attendu qu'il en est de même des mots : tête raccourcie, qui, dans l'intention de l'intimé, constituaient une allusion blessante au premier mariage de l'appelante, mais n'impliquaient pas nécessairement une injure assez grave pour motiver la séparation de corps réclamée; — Par ces motifs, etc.

Du 10 avr. 1872.-C. de Douai, 1re ch.-MM. de Meyer, pr.-Carpentier, 1er av. gén.-Allaert et Coquelin, av.

(2) (Dame H... C. H...) — Le 17 avr. 1858, jugement du tribunal de Mons, ainsi conçu : « Vu une lettre écrite par le défendeur au sieur C... le 2 oct. 1857; — Vu le numéro de la *Gazette de Mons* du 12 du même mois; — Attendu qu'il est dès maintenant établi par lesdites pièces que le défendeur a, depuis le mois de juillet 1857, abandonné son épouse et rompu toute communication avec elle; qu'il a de plus annoncé publiquement par la voie des journaux « qu'il ne reconnaîtrait plus les dettes que pourrait contracter sa femme, avec laquelle il a cessé d'habiter »; — Attendu que ces faits constituent une injure suffisamment grave pour motiver la séparation de corps; — Qu'il serait superflu, dès lors, d'indiquer ultérieurement sur les autres faits articulés par la demanderesse, etc.; — Par ces motifs, le tribunal admet la demande en séparation... ». — Appel par le mari. L'appelant soutenait qu'il n'existait aucune cause déterminée qui pût servir de base à l'action de l'intimée, et il déniait les faits articulés par celle-ci à l'appui de la demande. La dame H... conclut à la confirmation du jugement et subsidiairement elle demanda à être admise à prouver une série de faits à la charge de son mari. — Arrêt.

LA COUR; — Attendu qu'en présence des circonstances de la cause, les faits invoqués par le premier juge pour admettre la séparation de corps et de biens prononcée par le jugement dont il est appel sont suffisants; — Par ces motifs, etc.

Du 29 juill. 1858.-C. de Bruxelles.

nos 38 et suiv. Pour la résoudre, il faut distinguer entre les lettres écrites par l'un des époux à l'autre et les lettres adressées à un tiers.

69. En ce qui concerne les premières, il n'y a aucun doute ; l'époux qui les a reçues et qui s'y trouve outragé peut s'en prévaloir (V. les arrêts cités au *Rép.* n° 38 ; Aubry et Rau, t. 5, § 491, p. 180, note 34 ; Rousseau, *Traité théorique et pratique de la correspondance par lettres missives et télégrammes*, n° 141). — La jurisprudence belge a vu des injures suffisamment graves pour motiver le divorce : 1° dans des lettres adressées par un mari à sa femme et où celle-ci était accusée d'être une femme sans cœur, incapable de comprendre ses devoirs d'épouse et de mère, qui se serait complue depuis dix ans à abreuver son mari de chagrins et de vexations de toute espèce, et ce, alors d'ailleurs que ces accusations étaient imméritées (Bruxelles, 24 avr. 1866) (1) ; — 2° Dans une correspondance échangée entre deux époux, dans laquelle la femme déclarait ouvertement à son mari la haine et la répulsion qu'il lui inspirait (Bruxelles, 25 juin 1867) (2). Il est bien entendu,

(1) (Dame F... C. F.). — LA COUR;... — Au fond : — Attendu que la demande en divorce formée par l'intimée se base sur des injures graves de l'appelant envers elle ; — Attendu que l'art. 231 c. civ., qui range ces injures au nombre des causes déterminées du divorce laisse aux magistrats à apprécier le degré de gravité qu'elles doivent revêtir pour motiver la rupture du lien conjugal ; — Attendu que les injures dont se plaint l'intimée ressortiraient, suivant elle, tant de la teneur des lettres qui lui ont été adressées par l'appelant, aux dates des 1er, 10 et 13 juill. 1861, que de ses assiduités notoires et persistantes auprès d'une fille du nom de D... P... ; — Attendu que les lettres prémentionnées (des 1er, 10 et 13 juill. 1861) représentent l'intimée comme une femme sans cœur, incapable de comprendre ses devoirs d'épouse et de mère, nourrissant des sentiments de haine contre l'appelant, qu'elle se serait complue depuis dix ans à abreuver de chagrins et de vexations de toute espèce, n'oubliant rien et ne sachant pas même pardonner, dépourvue de toute dignité et foulant aux pieds, en présence même de son enfant, sans respect pour son jeune âge, les convenances les plus vulgaires ; — Attendu qu'il est incontestable que, si ces reproches étaient mérités, l'intimée ne pourrait s'en prendre qu'à elle-même de la froideur et de l'antipathie que lui montre l'appelant ; mais que, bien loin qu'il en soit ainsi, il suffit de jeter les yeux sur la correspondance produite au procès pour se convaincre que les prétendus griefs de l'appelant, non seulement ne s'étayent d'aucun élément de preuve, mais qu'ils reçoivent de cette correspondance le plus éclatant démenti ; — Attendu, notamment, que, dans le courant du mois de mai 1854, alors que plus de trois années s'étaient écoulées depuis son mariage, l'appelant, écrivant à son beau-père pour solliciter de lui des secours pécuniaires, lui disait que l'intimée était un ange, qu'elle était si bonne pour lui qu'il serait à moitié fou si elle ne lui donnait quelque consolation et un peu d'espoir ; que c'est dans le malheur qu'on apprécie le cœur de celle qui vous aime, et que c'est depuis qu'il est malheureux qu'il connaît l'étendue de son bonheur de l'avoir pour femme ; que vers la fin du même mois, dans une lettre qu'il adressait à sa belle-mère, il disait qu'il aimait l'intimée de toute son âme, que si, pour obtenir sa main, il avait trompé ses futurs beaux-parents, l'excès de son amour pour leur fille était son excuse ; que s'il a été bien malheureux dans ces derniers temps, il a eu aussi des moments de bonheur, et que ceux-là, c'est dans l'amour de sa femme qu'il les a trouvés, dans l'amour de sa femme, qui jamais ne l'a rendu plus heureux, et qui lui a donné des preuves d'amour et d'abnégation qu'il n'oubliera jamais ; — Qu'il ajoutait qu'il voudrait consacrer sa vie entière à lui prouver sa reconnaissance et à la remercier de tout ce qu'elle avait fait pour lui : il souffrira tout ce qu'il faudra souffrir, il ne demande qu'une seule chose, c'est de ne pas faire souffrir Isabelle avec lui, c'est de lui épargner tout chagrin, tout tourment ; c'est de lui donner le bonheur qu'elle mérite et de lui faire supporter à lui toute la peine de ses fautes ; seul il est coupable, seul il doit être puni ; — Attendu que d'autres lettres, postérieurement émanées de l'appelant, contiennent la manifestation des mêmes sentiments d'estime et d'affection pour l'intimée et établissent qu'il a continué, au moins jusqu'en 1857, à rendre hommage aux éminentes qualités qu'il avait reconnues en elle ; — Attendu, dès lors, qu'à moins de faire à l'appelant l'injure de supposer que ce portrait si flatteur qu'il traçait en 1854 n'eût été qu'un acte d'insigne hypocrisie, ayant pour unique but de lui faire obtenir plus facilement de ses beaux-parents le pardon et les secours qu'il implorait d'eux, il faut bien reconnaître que le langage qu'il a tenu dans les lettres invoquées à l'appui de la demande est en tout point contraire à la vérité, et ne lui a été dicté que par le besoin qu'il éprouvait de se justifier en attribuant à l'intimée des torts imaginaires ; — Attendu que si l'on interroge la correspondance de cette dernière avec l'appelant, on y puise également la conviction qu'elle n'a jamais cessé d'être pour ses enfants une bonne mère, et pour son mari une épouse affectueuse et dévouée ; que toutes les lettres qu'elle écrit à l'appelant témoignent de son sincère et tendre attachement pour lui et pour leurs enfants, de son vif désir d'être le moins possible séparée de lui, et du regret qu'elle éprouve de se voir souvent obligée dans leur intérêt commun de céder aux exigences de ses parents qui voulaient la retenir presque constamment auprès d'eux ; que telle était sa bonté pour l'appelant que même après avoir eu la douleur d'apprendre qu'il lui avait retiré son affection pour la reporter sur une autre femme, après avoir été l'objet de ses dédains, de ses mépris et de sa froide et cruelle ironie, elle se montrait encore prête à tout lui pardonner et à jeter sur le passé le voile de l'oubli, s'il avait voulu sincèrement renoncer à la coupable liaison qui avait porté le trouble et la dissension dans la vie commune ; — Attendu que c'est donc contrairement à ses propres convictions et en l'absence de tout tort et de toute provocation de la part de l'intimée, que l'appelant, dans ses lettres des 1er, 10 et 13 juill. 1861, a formulé contre elle les plus odieuses imputations ; — Attendu que ces imputations qui blessent profondément la dignité, l'honneur et la délicatesse de l'intimée constituent à elles seules des injures suffisamment graves pour autoriser la justice à briser le lien qui unit les parties ; — Attendu que, dans l'espèce, cette gravité s'accroît encore de la preuve acquise des persistantes assiduités de l'appelant auprès de la fille D... P..., nonobstant le scandale auquel ces assiduités donnaient lieu ; — Attendu, en effet, qu'en supposant qu'il faille éliminer des faits reprochés à l'appelant, en ce qui concerne ses rapports avec la fille D... P..., celui de la présence de cette fille à l'hôtel des Pays-Bas, à Anvers, à la date du 19 ou du 20 sept. 1860, il n'en restera pas moins clairement établi par les enquêtes que l'appelant a, pendant près d'une année, antérieurement à la requête en divorce, entretenu avec cette fille des relations incompatibles avec le devoir de fidélité à lui imposé par l'art. 212 c. civ. ; — Attendu que depuis le jugement dont il est appel, il s'est écoulé plus de deux années sans que l'appelant ait fait aucune tentative à l'effet de se réconcilier avec l'intimée, et que le système de défense adopté par lui devant la cour ne permet plus d'espérer que cette réconciliation puisse s'opérer ; que, partant, il échet d'admettre immédiatement le divorce ; — Par ces motifs, etc., dit que l'appelant, au principal, est sans griefs ; met, en conséquence, son appel au néant ; et statuant sur l'appel incident de l'intimée, met le jugement dont il est appel au néant en ce qu'il a disposé que le divorce ne sera admis que si, après une année d'épreuve, les parties ne se sont pas réunies ; émendant, admet immédiatement le divorce.

Du 24 avr. 1866.-C. de Bruxelles, 3e ch.-MM. Mesdach, av. gén., c. conf.-L. Leclercq, de Linge et Lejeune, av.

(2) (X... C. dame X...) — LA COUR ; — Attendu que des termes de l'art. 247 c. civ. il résulte que la demande en divorce, pour cause déterminée, peut, sans qu'il soit besoin de recourir à des enquêtes ou à d'autres actes judiciaires, trouver sa justification dans des faits constants au moment où elle se produit ; — Mais attendu que ces faits doivent constituer une des trois causes que la loi admet seules comme pouvant motiver le divorce, c'est-à-dire l'adultère, des excès, sévices ou injures graves, ou bien une condamnation de l'époux défendeur à une peine infamante ; — Attendu que l'appelant prétend qu'il est dès à présent établi que l'intimée s'est rendue coupable envers lui des plus graves injures ; — Attendu que sa prétention est pleinement justifiée ; — Qu'en effet, dans la correspondance qui s'échangea, en octobre et novembre 1866, entre l'appelant et l'intimée, après qu'elle avait abandonné le domicile conjugal, on voit qu'elle lui avoue ouvertement l'aversion invincible et s'accroissant chaque jour qu'elle éprouve pour lui ; qu'elle lui déclare qu'en l'abandonnant elle n'a pas fait un coup de tête ni cédé à un caprice, mais qu'elle a posé un acte dont toutes les conséquences ont été mûrement pesées par elle, avec l'intention de les subir quelles qu'elles puissent être ; qu'elle ne s'arrête même pas devant les affirmations les plus offensantes quand elle lui dit : que la mort lui paraîtrait préférable à la vie en commun avec lui ; que le lien qui l'unit à lui est pour elle tellement insupportable qu'elle ne reculera devant rien de ce qui pourra lui en obtenir la rupture ; que l'isolement le plus complet, la mort la plus affreuse lui semblerait préférable à l'existence sous le toit conjugal ; — Attendu que l'expression de cette aversion et des résolutions qu'elle a suggérées a été d'autant plus outrageante pour l'appelant que l'intimée y a persisté et a déclaré qu'elle en restait animée, même après que, par lui-même ou par des amis communs et avec une générosité et une longanimité extrêmes, avec des témoignages de la plus tendre affection, il avait fait appel à tous les sentiments auxquels il croyait que devait être accessible le cœur d'une femme du rang et de l'éducation de l'intimée ; — Attendu que la nature et la persistance de ces outrages, aussi bien que les autres faits constatés au procès, écartent tout soupçon de collusion entre l'appelant et

toutefois, que les juges devraient écarter des lettres qu'ils reconnaîtraient avoir été écrites par l'un des époux à l'autre dans le but de fournir à celui-ci le moyen de faire sanctionner par la justice une séparation ou un divorce concerté entre eux (Aubry et Rau, *loc. cit.*).

70. Quant aux lettres écrites par l'un des époux à des tiers, on doit encore distinguer si elles ont ou non un caractère confidentiel. Il n'est pas douteux, en effet, que l'époux demandeur en divorce ou en séparation de corps ait le droit d'invoquer à l'appui de sa demande les lettres outrageantes que son conjoint a écrites à des tiers dans l'intention formelle que les lettres lui soient communiquées ou que les outrages qu'elles contiennent lui soient répétés (Bruxelles, 26 janv. 1874, *Pasicrisie belge*, 1874. 2. 175). Mais s'il s'agit de lettres destinées à rester secrètes entre leur auteur et le destinataire, la question de savoir si elles peuvent être produites par l'époux qui les a en sa possession est très controversée. Comme cette question n'est pas spéciale au cas d'injures, nous y reviendrons, lorsque nous traiterons de la preuve des faits sur lesquels est fondée la demande en divorce ou en séparation de corps (V. *infrà*, nos 414 et suiv.).

71. — II. FAITS INJURIEUX (*Rép.* nos 45 à 62). — L'injure grave qui peut motiver le divorce ou la séparation de corps n'est pas seulement l'injure qui se traduit en paroles ou par écrit; elle peut aussi résulter, comme on l'a montré au *Rép.* n° 45, de faits, d'actes ou d'omissions qui, plus encore que des paroles, peuvent blesser un époux dans ses sentiments intimes et lui rendre la vie commune avec son conjoint désormais odieuse et insupportable. Ainsi, d'après une jurisprudence constante, le refus persistant du mari de recevoir sa femme au domicile conjugal peut être considéré comme une injure grave de nature à justifier une demande en séparation de corps ou en divorce (V. outre les arrêts cités au *Rép.* n° 45 : Colmar, 1er juill. 1858, aff. Kœnig, D. P. 58. 2. 212; Metz, 5 avr. 1865, aff. Sechehaye, D. P. 65. 2. 99; Pau, 31 mai 1869, aff. Dassieu-Milhommes, D. P. 74. 5. 445; Paris, 27 janv. 1870, et sur pourvoi, Req. 8 janv. 1872, aff. Jalabert, D. P. 72. 1. 87; Paris, 21 mars 1877 (1); Riom, 22 déc. 1886, aff. Serizay, D. P. 87. 2. 230; Demolombe, t. 4, n° 388; Aubry et Rau, t. 5, § 491, p. 176, note 14; Massol, 2e éd., p. 76, n° 6; Carpentier, n° 42; Frémont, n° 93; Vraye et Gode, t. 1, n° 50).

72. La cour de Paris avait cru pouvoir ne pas prononcer la séparation de corps au profit de la femme, dans un cas où le mari avait refusé de recevoir celle-ci à la suite du rejet d'une demande en séparation de corps formée par elle, alors qu'il était établi que la femme avait depuis vingt-quatre ans et sans motifs légitimes abandonné le domicile commun, et qu'en faisant sommation à son mari de la recevoir elle n'avait pas réellement l'intention de se réunir à lui (Paris, 31 mars 1873, aff. A..., D. P. 73. 2. 121). Mais la cour de cassation a annulé cette décision, en déclarant « qu'aucune séparation de fait volontaire n'est autorisée par la loi entre les époux, et que la vie commune est une de leurs obligations essentielles; qu'ils n'en peuvent être dispensés que dans le cas d'une séparation de corps judiciairement prononcée » (Civ. cass. 27 janv. 1874, aff. A..., D. P. 74. 1. 140).

73. Cependant la plupart des auteurs admettent que le refus du mari de recevoir sa femme peut être dans certains cas suffisamment justifié, et qu'alors ce refus n'est pas une cause de divorce ou de séparation de corps, parce qu'il n'a pas un caractère injurieux (V. en ce sens les auteurs cités *suprà*, n° 71. Comp. Laurent, t. 3, n° 195). — La cour de cassation elle-même a reconnu qu'il n'y a pas une injure de nature à faire prononcer la séparation de corps au profit de la femme dans le refus du mari de laisser rentrer celle-ci au domicile conjugal, alors qu'une instance en séparation de corps a été précédemment formée par le mari et qu'une ordonnance du président a assigné à la femme une résidence distincte; quand bien même le mari n'aurait pas donné suite à sa demande, tant que l'instance n'est pas déclarée périmée, l'ordonnance du président conserve son effet et doit recevoir son exécution (Req. 7 avr. 1862, aff. de Sapinaud, D. P. 63. 1. 199).

La cour de Paris, dans un arrêt postérieur à celui cité *suprà*, n° 72, et qui n'a pas été déféré à la cour suprême, a jugé que le refus par le mari de recevoir sa femme ne constitue pas une injure grave, si la femme, déboutée d'une demande en séparation de corps et condamnée à réintégrer le domicile conjugal, s'est refusée à y rentrer pendant trente ans, et si, en faisant sommation à son mari de la recevoir après ce laps de temps, elle n'a pas l'intention sérieuse de rétablir la vie commune et cherche seulement à se procurer un moyen de séparation (Paris, 9 avr. 1875) (2). — Il y a lieu toutefois de se demander si le mari peut, en pareil cas, se borner à repousser la demande en séparation de corps de la femme, sans être obligé d'en former une de son côté. La négative semble résulter de l'arrêt de la cour de cassation du 27 janv. 1874, cité *suprà*, n° 72. Nous croyons pourtant que, du moment où il est constaté que le refus du mari de recevoir sa femme n'a pas le caractère d'une injure grave vis-à-vis de celle-ci, la femme doit être déboutée de sa demande en séparation de corps, et qu'il n'y a pas à se préoccuper de savoir si le

---

l'intimée; — Attendu, conséquemment, que c'est à tort et en infligeant grief à l'appelant que le premier juge, devant une justification déjà complètement établie par les pièces dont il avait pris connaissance, a ordonné une enquête, qui, dès lors, était superflue; — Par ces motifs, etc.

Du 25 juin 1867.-C. de Bruxelles.

(1) (Messelet C. Messelet.) — LA COUR; — Considérant que Messelet a refusé de recevoir sa femme au domicile conjugal, ainsi que cela résulte du procès-verbal en date du 25 nov. 1875; — Que ce fait, accompagné de termes injurieux, outrageants, suffit pour faire prononcer la séparation de corps contre Messelet au profit de sa femme; — Par ces motifs, met l'appellation et ce dont est appel au néant, en ce que les premiers juges ont refusé de prononcer la séparation de corps; déclare la femme Messelet séparée de corps et de biens d'avec son mari, etc.

Du 21 mars 1877.-C. de Paris, 3e ch.-MM. Bonnefoy des Aulnays, f. f. pr.-Hémar, av. gén.-P. Cauvin et Debacq, av.

(2) (K... C. K...) — La dame K... avait formé une demande de séparation de corps en 1841. Elle avait été déboutée de sa demande et condamnée à réintégrer le domicile conjugal. Elle avait néanmoins vécu séparée de fait de son mari depuis cette époque. En 1870, elle fit sommation à son mari de la recevoir. Le sieur K... répondit que la démarche de la dame K... n'était pas sérieuse; qu'elle s'était elle-même volontairement exclue depuis trente ans du domicile commun, et que certainement elle n'eût pas offert d'y rentrer si elle avait pensé que son offre pût être acceptée. Sur cette réponse, la femme intenta une nouvelle demande de séparation de corps. Le sieur K... forma, de son côté, une demande reconventionnelle. Le 9 janv. 1874, jugement du tribunal civil de la Seine, conçu en ces termes : — « En ce qui touche la demande en séparation de corps de la dame K... contre son mari : — Attendu que la femme K... a déjà formé contre son mari, en 1843, une demande en séparation; — Que, sur cette demande, il est intervenu entre les parties, à la date du 8 mars 1843, un jugement du tribunal de Soissons confirmé par arrêt de la cour d'Amiens, qui a repoussé cette demande et ordonné à la femme K... de réintégrer le domicile conjugal dans le délai de six mois; — Attendu que la femme K... ne s'est pas conformée à l'injonction qui lui a été faite par la justice; qu'elle a préféré vivre séparée de son mari; — Que sa demande, actuellement fondée sur le refus de K... de recevoir sa femme, ne peut, en raison des circonstances particulières de la cause, constituer une injure grave; — En ce qui touche la demande en séparation de corps de K... contre sa femme : — Attendu que la femme K..., après avoir été condamnée par le jugement de Soissons et l'arrêt de la cour d'Amiens à rentrer au domicile conjugal, s'est refusée à retourner vivre avec son mari; — Qu'elle a pendant trente ans désobéi aux injonctions de la justice; — Que ce fait même est une injure grave pour l'honneur et la considération d'un mari et de nature à pouvoir faire prononcer la séparation de corps; — Par ces motifs; — Déboute la femme K... de sa demande; — Déclare les époux K... séparés de corps à la requête du mari ». — Appel. — Arrêt.

LA COUR; — En ce qui touche la demande de la femme K... : — Adoptant les motifs des premiers juges; — Et considérant, en outre, qu'il est constant pour la cour que la femme K..., en faisant sommation à son mari de la recevoir au domicile conjugal, n'a pas été inspirée par le sentiment de son devoir ou par un mouvement de repentir; qu'elle n'avait pas l'intention sérieuse de réintégrer le domicile conjugal et qu'elle ne cherchait qu'à se procurer un moyen de faire prononcer sa séparation de corps; — Que, dans ces circonstances, le refus du mari ne peut avoir le caractère d'une injure grave; — En ce qui touche la demande de K... : — Adoptant les motifs des premiers juges; — Confirme.

Du 9 avr. 1875.-C. de Paris, 5e ch.-MM. Rolland de Villargues, f. f. pr.-Buffard, av. gén.-Dutard et Leberquier, av.

mari entend ou non faire prononcer la séparation à son profit. Des raisons de convenance, de légitimes susceptibilités peuvent empêcher le mari d'aller jusqu'à l'extrême limite de son droit; on ne doit pas l'obliger à former une demande qui lui répugne (Comp. *Rép.* v° *Mariage*, n° 751).

74. L'abandon de l'un des époux par l'autre était, sous l'empire de la loi du 20 sept. 1792, une cause de divorce. Une semblable disposition se trouvait dans le projet du code civil, mais elle en fut retranchée. Le mot *abandon*, disait le tribun Gillet au Corps législatif (*Rép.* p. 895, note, n° 68), « présente une idée complexe : d'abord celle de l'éloignement, qui est un fait, et celle du délaissement, qui est une intention. Or, si le fait peut être aisément constaté, il en est autrement de l'intention, qui souvent est contraire et presque toujours équivoque ». Nous avons vu aussi *suprà*, n° 46, que le projet de loi voté par la Chambre des députés en 1882 portait que l'absence pourrait être une cause de divorce. A ce sujet, M. Batbie fit observer au Sénat que si l'absence est volontaire et si l'absent ne veut pas revenir, quoiqu'on le presse de vives instances, « alors il n'est pas besoin de loi spéciale, de disposition nouvelle, il suffit de se référer à la législation qui permet de prononcer le divorce ou la séparation pour cause d'injure grave » (*Journ. off.* du 8 juin 1884, p. 1042). A la suite de ces observations, la disposition relative à l'absence fut rejetée par le Sénat.

Il résulte de ces précédents que l'abandon du domicile conjugal par l'un des époux ou même l'abandon absolu de l'un des époux par l'autre ne peut motiver le divorce ou la séparation de corps que lorsque ce fait a le caractère d'une injure grave. Pour cela, toutefois, il n'est pas nécessaire que l'abandon soit entouré de circonstances aggravantes; indépendamment de toutes circonstances d'une autre nature, il peut être par lui-même une injure, car, s'il est volontaire et intentionnel, il emporte la violation de tous les devoirs imposés par le mariage (V. en ce sens, outre les arrêts cités au *Rép.* n°s 48 et suiv. : Trib. Anvers, 4 févr. 1865 (1); Paris, 9 avr. 1875, *suprà*, n° 73; Trib. Gand, 8 nov. 1881 (2); Trib. Langres, 13 août 1884, aff. Bocquenet, D. P. 84. 5. 155; Orléans, 5 mars 1885, *infrà*, n° 694; Riom, 22 déc. 1886, aff. Serizay, D. P. 87. 2. 230; Carpentier, n° 48, p. 106 et suiv.; Frémont, n° 86).

Il a été jugé par la cour de cassation qu'en décidant que l'abandon par le mari du domicile conjugal et son refus d'en indiquer un nouveau dans des conditions acceptables pour la femme constituaient une injure grave motivant la séparation de corps, les juges du fond s'étaient livrés à une appréciation de faits rentrant dans leur pouvoir souverain (Req. 6 févr. 1860, aff. Vasnier, D. P. 60. 1. 122). Mais jugé : 1° qu'il n'y a pas injure grave dans le fait de la femme qui a quitté le domicile conjugal et a refusé de se réunir à son mari, pour ne pas laisser son vieux père dans l'isolement (Liège, 4 déc. 1867) (3); — 2° Que le départ du mari pour l'Amérique à la suite du mauvais état de ses affaires ne constitue pas un abandon injurieux et un oubli volontaire de ses obligations matrimoniales (Bruxelles, 21 juin 1870) (4); — 3° Que l'abandon du domicile conjugal par un époux qui s'est enfui pour échapper à une condamnation correctionnelle ou criminelle ne peut pas être considéré comme une injure à l'égard de l'autre époux (Bruxelles, 14 nov. 1871,

---

(1) (X... C. femme X...) — LE TRIBUNAL; — Attendu que la défenderesse ne méconnaît pas qu'elle a, le 4 sept. 1863, soit trois mois après son mariage, abandonné le domicile conjugal et délaissé son mari en se retirant chez ses parents; mais qu'il résulte encore des pièces de la procédure que, depuis cette date, elle refuse obstinément de rejoindre son mari et déclare même, dans ses conclusions du 27 janvier dernier, qu'elle sera heureuse de se voir divorcée avec celui qui ne lui inspire que terreur, mépris et dégoût; — Attendu que le refus persistant de l'épouse de cohabiter avec son époux, joint à une aversion et à un mépris aussi caractérisé, doit être considéré à juste titre comme étant l'injure la plus grave que la femme puisse faire subir à son mari; — Attendu que, dans ce cas, l'art. 231 c. civ. donne au mari le pouvoir de demander le divorce contre sa femme; — Par ces motifs, etc.

Du 4 févr. 1865.-Trib. d'Anvers.

(2) (D... C. femme D...) — LE TRIBUNAL; — Attendu qu'il est établi que l'ajournée D... a abandonné le domicile conjugal depuis plus de deux ans, et qu'elle refuse de le réintégrer; — Qu'en effet, sommée par exploit d'huissier, en date du 24 déc. 1880, de venir habiter avec son mari, elle a répondu : « Je refuse formellement de retourner auprès de mon mari; je ne veux plus avoir aucune affaire avec lui »; — Que sommée de nouveau par exploit du 31 mars 1881, elle a répondu : « J'ai pu me passer de mon mari pendant deux ans; je puis encore m'en passer; dites à mon mari qu'il me laisse tranquille, je reste habiter avec ma mère »; — Attendu que ce refus persistant de rentrer au domicile conjugal constitue une injure grave envers le demandeur; — Par ces motifs, admet le divorce, etc.

Du 8 nov. 1881.-Trib. de Gand.

(3) (M... C. dame M...) — LA COUR; — Attendu qu'il résulte des pièces produites et des explications données contradictoirement à l'audience que le sieur L. M... a, le 17 sept. 1857, épousé la demoiselle A...; que la première année du mariage, les époux ont pris leur habitation à Florennes, chez le sieur A..., père de l'épouse; que chacun d'eux s'est ensuite fixé dans le sein de sa propre famille; que s'étant de nouveau réunis et installés à Villers-le-Gambon, la dame M... au bout de quelques mois est allée rejoindre son père à Florennes; qu'au commencement de 1866, une correspondance s'est engagée entre les deux époux; que le sieur M... conjurait sa femme de revenir auprès de lui; que celle-ci lui exposait les raisons pour lesquelles cela ne pouvait se faire; que c'est alors que, par exploit de l'huissier B... de Philippeville, l'appelant principal a, le 15 mai 1866, fait sommer l'intimée de réintégrer le domicile conjugal, sommation à laquelle celle-ci a refusé d'obtempérer; — Attendu que c'est en se fondant sur ce refus que le tribunal de Dinant a accueilli la demande en divorce formée par le mari, et qu'il a, en outre, sur la demande du père de l'intimée, présent à l'audience, confié à la mère l'enfant issu du mariage; — Attendu que c'est de cette dernière disposition que le sieur M... a interjeté appel; que de son côté la dame M... sollicite par appel incident la réformation du jugement en ce qu'il a admis le divorce à la requête du mari; qu'elle forme, en outre, reconventionnellement contre lui une demande en divorce à l'appui de laquelle elle articule certains faits avec offre de preuve; — Attendu que le code civil n'a plus rangé parmi les causes de divorce, ainsi que l'avait fait la loi du 20 sept. 1792, l'abandon de l'un des époux par l'autre; qu'il faut donc pour que cet abandon autorise la dissolution du mariage, que, par les circonstances dans lesquelles il a eu lieu, il constitue une de ces injures graves que l'art. 231 c. civ. considère comme ne pouvant être supportée par l'épouse à qui elle s'adresse; — Attendu que, dans l'espèce, l'attitude de l'intimée devant son mari n'a nullement présenté ce caractère; qu'en effet, ce dernier reconnaît, dans sa requête en divorce, « que jamais son union ne fut troublée par aucune contrariété; » que d'après la correspondance même qu'il invoque, l'intimée n'a refusé de se rendre à Villers-le-Gambon que pour ne pas laisser son vieux père dans l'isolement, ajoutant que sans cette considération elle serait prête à suivre son mari jusqu'aux Indes; qu'elle a sollicité même une entrevue avec lui afin d'aviser aux moyens de se réunir à Florennes; — Attendu que c'est immédiatement après cette communication que l'appelant principal a adressé à sa femme la sommation qui sert de base à sa demande; que si la dame M... a répondu à l'exploit qu'elle ne retournerait pas à Villers-le-Gambon « parce qu'elle n'y avait pas été traitée convenablement et que son mari la laissait manquer du nécessaire; » que si dans le cours de la procédure elle a ajouté qu'elle désirait elle-même le divorce, ces déclarations ne sont pas elles-mêmes, et dans la circonstance, outrageantes; que cette susceptibilité s'explique, puisque à une demande d'entrevue il était répondu par une sommation d'huissier;

Par ces motifs, rejette la demande en divorce formée par le sieur M... dit, par suite, que l'appel principal est sans objet, etc.

Du 4 déc. 1867.-C. de Liège.

(4) (X... C. X...) — LA COUR; — Attendu que le départ de l'intimé pour l'Amérique, à la suite du mauvais état de ses affaires, ne constitue pas un abandon injurieux et un oubli volontaire de ses obligations matrimoniales; que si, depuis ce départ, il n'est point venu en aide à sa femme et à ses enfants recueillis par le propre frère de celle-ci, rien n'établit et il n'est pas même allégué qu'il était en position de le faire; — Attendu que la simple imputation portée contre la demanderesse de dépenses exagérées de toilette, en la supposant sans fondement, ne constitue qu'une appréciation personnelle sans caractère virtuellement injurieux, et que l'enquête n'a nullement révélé que l'intimé ait attribué à ces dépenses exagérées la cause de ses désastres; — Attendu, quant au surplus des faits, que les témoins n'en parlent qu'en termes vagues et par ouï-dire; qu'il résulte de ce qui précède que la demanderesse appelante n'a point fourni la preuve des faits admis par le jugement du 28 avr. 1870; — Par ces motifs, met l'appel à néant, etc.

Du 21 juin 1870.-C. de Bruxelles.

aff. X..., D. P. 87. 5. 160; Paris, 11 févr. 1887, *infrà*, n° 100).

75. Si le mari refuse à sa femme le nécessaire, si l'un ou l'autre époux manque aux devoirs de secours, d'assistance, de protection qui lui sont imposés par le mariage à l'égard de son conjoint, il peut y avoir dans toutes ces hypothèses des faits d'injures suffisamment graves pour motiver le divorce ou la séparation de corps. — Ainsi, les tribunaux ont prononcé la séparation de corps pour injures graves : 1° dans un cas où le mari avait abandonné sa femme, l'avait laissée pendant ses couches dans un dénûment absolu, et où il avait, en outre, porté contre elle des accusations d'adultère et avait dit à plusieurs personnes, lors de la naissance d'un de ses enfants, qu'il aimerait mieux qu'on lui annonçât la mort de sa femme (Dijon, 30 juill. 1868, aff. Soulier, D. P. 68. 2. 247); — 2° Dans un autre cas où le mari avait laissé maltraiter et outrager sa femme en sa présence par un tiers et, la femme ayant voulu s'en aller, avait acquiescé aussitôt à son départ (Bordeaux, 23 juill. 1873, *infrà*, n° 82); — 3° Dans un cas encore où le mari avait obligé sa femme à quitter le domicile conjugal pour cesser de subvenir à son entretien et lui refusait systématiquement l'autorisation dont elle avait besoin pour se procurer un établissement et des ressources (Riom, 22 déc. 1886, aff. Serizay, D. P. 87. 2. 230).

76. On s'est demandé si le refus d'obéissance de la part de la femme vis-à-vis du mari pourrait constituer une cause de divorce. Ce refus, a-t-on dit, s'il n'est accompagné d'aucune circonstance aggravante, ne saurait être assimilé à une injure grave (Carpentier, n° 45). Il nous semble cependant que la seule désobéissance de la femme en certaines matières particulièrement importantes serait, à elle seule, une grave offense pour le mari. Ainsi, comme le remarque M. Le Senne, n° 98, « on a jugé avec raison qu'une femme ne pouvait pas prendre d'engagement sur un théâtre sans l'agrément de son mari (Trib. Seine, 2 août 1837, et Paris, 4 mai 1852, *Rép.* v° *Théâtre*, n° 181), pas plus qu'elle ne saurait malgré lui devenir caissière dans ce théâtre, ni entrer dans une maison en qualité de gouvernante, institutrice, etc. En manquant à ce devoir, la femme fournirait quelquefois contre elle une cause de séparation de corps ».

77. La jurisprudence a encore vu une injure grave dans le refus volontaire et persistant de la part de l'un des époux de consommer le mariage ou d'avoir des relations intimes avec son conjoint. Une telle abstention peut, en effet, prendre un caractère injurieux lorsqu'elle n'a d'autre cause que le mépris ou l'antipathie (V. en ce sens : Aubry et Rau, t. 5, § 491, p. 176; Le Senne, n° 68; Carpentier, n° 41; Frémont, n° 99; Vraye et Gode, t. 1, n° 49; Poulle, p. 114 et suiv.). — Ainsi, il a été jugé : 1° qu'on doit considérer comme pertinent et admissible, en tant que cause de divorce, le fait articulé par le mari, que sa femme se refuse à tous rapports avec lui et lui répond par des paroles outrageantes et même par des violences quand il réclame ses droits de mari (Bruxelles, 2 juin 1858) (1); — 2° Qu'il y a injure grave de nature à entraîner la séparation de corps ou le divorce de la part du mari qui refuse avec persistance, après le mariage, de rendre à sa femme le devoir conjugal, si d'ailleurs le mari ne prouve pas l'existence d'empêchements légitimes qui écartent toute idée de mépris et d'outrage (Metz, 25 mai 1869, aff. Burtin, D. P. 69. 2. 202; Aix, 7 avr. 1876, aff. B..., D. P. 77. 2. 127; Paris, 19 mai 1879 (2); Douai, 29 avr. 1884, aff. Callau, D. P.

(1) (X... C. X...) — Le 27 mars 1858 jugement du tribunal de Bruxelles ainsi conçu : — « Attendu que, pour décider si les faits articulés par le demandeur en divorce sont ou non pertinents, le tribunal ne doit s'occuper ni des difficultés de la preuve à faire, ni des atténuations de fait que les enquêtes pourront révéler, mais qu'il doit se borner à l'examen des faits en eux-mêmes et en apprécier toute la gravité comme si la preuve en était déjà faite; — Attendu que les faits cotés sous les n°s 4, 6, 8 et 14 des conclusions du demandeur constituent des faits d'adultère qui, aux termes de l'art. 229 c. civ., sont de nature à motiver le divorce; — Attendu que ces faits sont suffisamment détaillés et assez nettement définis pour que la preuve en soit admise; — Attendu que les faits cotés sous les n°s 5 et 7 constituent les circonstances accessoires de ceux dont il vient d'être parlé, puisqu'ils indiquent, d'une part, les précautions que prenait la demanderesse pour cacher sa coupable conduite à son mari, et d'autre part, la mauvaise renommée que cette conduite avait attiré sur sa maison ; qu'il suit de là que ces deux faits ont avec les précédents une corrélation tellement intime, qu'il est impossible de ne pas en admettre la preuve; — Attendu que sous les n°s 3 et 11, le demandeur articule que son épouse se refusait obstinément à tous rapports avec lui, et que quand il réclamait ses droits d'époux, elle lui répondait par des paroles outrageantes, voire même par des violences et des coups; — Attendu que ces refus constituent, au point de vue du mariage, les injures les plus graves qu'une épouse puisse infliger à son mari, et que leur gravité augmente encore, s'ils sont accompagnés de paroles blessantes et de violences qui, prises isolément, ne seraient point suffisantes pour motiver le divorce; qu'il y a donc lieu d'admettre également la preuve de ces faits; — Attendu que s'il est vrai que les deux premiers faits posés par le demandeur sont antérieurs au mariage et par cela même non pertinents pour motiver un divorce dans les circonstances ordinaires, toujours est-il que, rapprochés des autres faits dont il vient d'être question, ils servent à les caractériser d'une manière toute spéciale, et montrent dans tout son jour le système de conduite de la demanderesse à l'égard de son époux; que notamment, ces deux faits, s'ils sont prouvés, établiront que l'épouse s'est jouée du lien qu'elle contractait par spéculation, et que, en donnant solennellement sa foi au demandeur, elle était déjà décidée à ne pas remplir ses obligations d'épouse ; — Attendu que dans ces circonstances on ne peut leur refuser un caractère de pertinence et qu'il y a lieu d'en admettre également la preuve; — Attendu, enfin, quant au fait coté sous le n° 13, qu'il est désormais acquis avec toutes les circonstances qu'il peut comporter; qu'il est constaté par les pièces de procédure dont les parties sont libres de tirer tel parti que de conseil, et que, si la pertinence ne peut en être contestée, il n'y a pas lieu cependant d'en ordonner la preuve ultérieure, autre que celle à résulter de la production des dossiers antérieurs; — Par ces motifs, le tribunal avant de faire droit au fond, admet le demandeur à prouver par tous moyens, témoins compris, etc. ». — Appel par la femme X... — Arrêt.

LA COUR; ... — Au fond : — Adoptant les motifs des premiers juges; — Met l'appel à néant, etc.

Du 2 juin 1858.-C. de Bruxelles.

(2) (Femme Quihou C. Quihou.) — LA COUR; — Considérant que les faits articulés par l'appelante tendent à établir que Quihou, dès le début du mariage, a contracté des habitudes d'ivrognerie et d'intempérance; que ces habitudes, au dire de la femme, auraient exercé sur les relations conjugales une influence funeste, et que, sous leur empire, Quihou aurait laissé sa femme dans l'isolement et dans l'abandon, ne lui témoignant jamais d'autre sentiment que celui du dédain et de l'indifférence; qu'une pareille conduite et de pareils procédés, s'ils étaient établis, constitueraient des injures graves de nature à entraîner la séparation de corps; — Considérant que les faits articulés, soit qu'on les prenne isolément, soit qu'on les envisage dans leur ensemble, sont pertinents et admissibles, et qu'il y a lieu d'en ordonner la preuve; — Par ces motifs...; autorise la femme Quihou à faire la preuve, tant par titres que par témoins, des huit faits par elle articulés et qui sont les suivants : 1° dès les premiers jours du mariage, Quihou a montré l'habitude de boire et rentrait fréquemment chez lui dans un état d'ébriété complète; — 2° Notamment le 31 janv. 1876, au mariage d'un oncle de la dame Quihou, auquel ils assistaient, Quihou, avant le repas, a tellement pris d'absinthe qu'il a été obligé de se coucher sur un lit, pendant plusieurs heures, donnant ainsi à tous ses parents le spectacle de son ivresse; — 3° Ces scènes se sont renouvelées fréquemment, et, malgré les observations de la dame Quihou, elles ont pris même un caractère de gravité tel qu'elles ont provoqué chez lui des crises nerveuses et que dans ces moments Quihou, hors de lui, n'a plus conscience de son état, et qu'ainsi vers la fin du mois de février 1876, la dame Quihou, effrayée et craignant de recevoir un mauvais coup, a dû passer une nuit entière sur un matelas dans une chambre voisine; — 4° Pour satisfaire sa passion, Quihou retient chaque mois la moitié de l'argent qu'il gagne comme jardinier au Jardin d'acclimatation ; — 5° De plus, il ne témoigne que de l'indifférence pour sa femme, restant des semaines entières sans lui adresser la parole; il ne rentre chez lui qu'aux heures des repas, laissant le reste du temps sa femme dans le plus complet abandon; — 6° Après avoir fait à son mari toutes les observations et remontrances possibles, la dame Quihou s'est adressée à ses parents, le frère et l'oncle de Quihou; elle leur a exposé ses griefs; ces messieurs les ont consignés par écrit et les ont ensuite communiqués à Quihou; — 7° Ce dernier a reconnu tous ses torts et a promis de changer de conduite, mais ces promesses ont été vaines, et peu après il a repris son même genre de vie et ses habitudes d'ivresse; — 8° et dernier. Bien que la vie commune ait duré six mois, que pendant ce temps les époux aient partagé le même lit, il est néanmoins constant que, par défaut d'attention, par suite de l'abus alcoolique et de plaisirs solitaires, Quihou n'a jamais eu de rapports avec sa femme, dont l'état physique est le même qu'avant son mariage; — Commet pour procéder à

85. 2. 73; Trib. Dunkerque, 27 nov. 1884 (1); Besançon, 26 juin 1889) (2). — Un arrêt toutefois a rejeté comme non susceptible d'être prouvé le fait, articulé par une femme contre son mari, que l'abstention de celui-ci de remplir ses devoirs conjugaux était la seule cause de la stérilité dont elle était affligée (Bordeaux, 5 mai 1870, aff. L..., D. P. 70. 2. 206). — Jugé aussi que le refus de remplir le devoir conjugal, notamment de la part de la femme, ne constitue une injure que s'il est habituel (Trib. Genève, 3 juill. 1885) (3). — Aux termes de l'art. 180 du code civil prussien, « les femmes qui nourrissent leurs enfants sont en droit de refuser le devoir conjugal ».

78. Ainsi que nous l'avons dit *suprà*, n° 59, le fait par l'un des époux d'avoir communiqué le mal vénérien à son conjoint peut être considéré, soit comme un sévice, soit comme une injure. En tout cas, d'après la jurisprudence et la doctrine, ce fait n'est susceptible de motiver le divorce ou la séparation de corps qu'à raison des circonstances plus ou moins graves dont il peut être accompagné (V. les auteurs et les arrêts cités au *Rép.* n°s 51 et suiv., et *suprà*, n° 59).

79. Nous avons combattu au *Rép.* n° 51, la distinction proposée par M. Massol entre le cas où la maladie est communiquée par le mari à la femme et l'hypothèse inverse; dans cette seconde hypothèse, suivant cet auteur, il y aurait toujours une injure grave pour le mari, quand encore le mal aurait été contracté par la femme dès avant le mariage. M. Massol a reproduit cette théorie dans la seconde édition de son ouvrage (p. 79). « Nous le demandons, dit-il, n'est-ce pas l'injure la plus grave qui est faite au mari? Un homme honnête aurait-il épousé cette femme? Que l'on fasse attention qu'il ne s'agit pas d'une allégation concernant l'inconduite de la femme. Nous admettons que la prétendue inconduite de la femme antérieure ne suffit pas pour qu'il y ait lieu à séparation de corps; mais ici il s'agit d'un fait avéré et à l'égard duquel le doute n'est point permis. » Ces raisons ne nous paraissent pas suffisantes pour faire décider d'une manière absolue que la communication du mal vénérien par la femme au mari sera toujours une cause de divorce ou de séparation de corps. On voit assez fréquemment des hommes, même honnêtes, épouser des femmes qui ont eu notoirement une mauvaise conduite avant leur mariage; il nous semble qu'alors le mari serait mal venu à se plaindre des vestiges qu'a pu laisser cette mauvaise conduite. En pareil cas, tout dépend des circonstances (Comp. Frémont, n° 106; Vraye et Gode, t. 1, n° 59).

80. L'adultère est par lui-même une injure grave pour l'époux trompé. C'est ce qui permettait à la jurisprudence, avant la loi du 27 juill. 1884, de prononcer quelquefois la séparation de corps à raison de l'adultère du mari, bien que ce fait n'eût pas été commis dans la maison conjugale (*Rép.* n° 79). Aujourd'hui encore, comme le remarquent MM. Vraye et Gode, t. 1, n° 56, l'époux demandeur qui veut obtenir le divorce ou la séparation de corps à raison de l'adultère qu'il reproche à son conjoint, peut, s'il le juge à propos, qualifier cet adultère d'injure grave. Il y aurait même peut-être intérêt, s'il avait lieu de craindre de ne pas réussir à faire la preuve complète de l'adultère consommé. Le tribunal ayant une plus grande liberté d'appréciation en matière d'injures, la seule tentative d'adultère pourrait alors suffire pour motiver le divorce ou la séparation.

81. Sans aller jusqu'à dire que l'ivresse habituelle est une injure grave en dehors de tous sévices et de tout outrage (Vraye et Gode, t. 1, n° 66), on doit reconnaître cependant, avec un arrêt de la cour de cassation de Belgique du 22 juin 1882 (4), que les habitudes d'ivrognerie de l'un des époux peuvent devenir, dans certaines circonstances, une

---

ladite enquête M. le conseiller Try, lequel, en cas d'empêchement sera remplacé sur simple requête présentée à M. le président de cette chambre ; — Réserve à Quihou la preuve contraire.

Du 19 mai 1879.-C. de Paris.-MM. Descoustures, pr.-Fourchy, av. gén., c. conf.-Sal et Trolley de Rocques, av.

(1) (Masson C. Masson.) — Le tribunal; — Attendu que la dame Caroline-Eugénie-Joane Kindt a épousé le sieur Antoine Masson à la mairie de Gravelines le 10 févr. 1883; — Attendu que l'expertise médicale à laquelle il a été procédé le 23 mai 1884 établit d'une manière certaine que la dame Masson est encore vierge; — Attendu que, du rapprochement des faits constatés ci-dessus, il résulte à l'évidence que, pendant le temps qu'a duré la cohabitation des époux Masson, aucune relation intime ne s'est établie entre eux; — Attendu que l'état d'abstention prolongée, reproché par la demanderesse à son mari, constitue de la part de ce dernier une injure grave de nature à justifier la demande de la dame Masson; — Attendu qu'aux termes de l'art. 4 de la loi du 27 juill. 1884, la demande en séparation de corps, originairement formée par la concluante, peut être convertie en instance en divorce, et que la dame Masson entend user du bénéfice de cette loi; — Par ces motifs; — Admet le divorce entre la dame Masson et son mari; — Dit que la dame Masson se retirera devant l'officier de l'état civil de la ville de Gravelines pour le faire prononcer, etc.

Du 27 nov. 1884.-Trib. civ. de Dunkerque.-M. Tabary, pr.

(2) (Thevenot C. Thevenot.) — La cour; — Attendu que Thevenot a contracté mariage avec la demoiselle Pauline Girard le 8 févr. 1887, et que, pendant les vingt mois qu'a duré la vie commune, il n'a pas eu avec elle de rapports intimes; que cette situation est établie par deux certificats de médecins attestant que la dame Thevenot n'a pas été déflorée et qu'elle est d'ailleurs reconnue par l'appelant; — Attendu qu'à l'âge des époux cette abstention du mari constitue par elle seule, sans qu'il soit besoin de relever d'autres circonstances, une injure des plus graves vis-à-vis d'une femme bien constituée et d'une conduite irréprochable, à moins que le mari ne démontre que sa volonté y est demeurée étrangère; — Attendu que, pour l'expliquer, Thevenot avait prétendu en première instance n'avoir pu vaincre la résistance de sa femme; qu'en présence de la correspondance des époux qui témoignait d'une part de l'affection de la femme pour son mari, affection qui rendait l'allégation invraisemblable, et, d'autre part, de torts que l'appelant reconnaissait au moment où allait s'engager l'instance et dont il demandait pardon tant à sa femme qu'à sa belle-mère, ce système a dû être abandonné, et que Thevenot attribue pour la première fois en appel son abstention à la faiblesse de son tempérament qui ne lui aurait pas permis les rapprochements sexuels; — Que la seule preuve qu'il entende fournir résulterait, selon lui, de deux certificats émanant de médecins qu'il a consultés; mais que ces certificats établissent, au contraire, qu'il est bien conformé, qu'il a toutes les apparences de la virilité et qu'il n'a jamais eu de maladie qui ait pu accidentellement le frapper d'impuissance; que les médecins n'ont pu dès lors que reproduire les affirmations de leur client qu'ils ne pouvaient contrôler, et se borner à lui indiquer un traitement approprié à l'état qu'il alléguait; qu'en admettant donc qu'une pareille preuve puisse être faite et qu'un homme puisse être admis à établir qu'il s'est marié sans être à même de remplir ses devoirs conjugaux, il faut reconnaître que Thevenot ne justifie pas son allégation, que la défense produite en première instance la rend invraisemblable, et que les documents qu'il fournit sont plutôt de nature à détruire qu'à confirmer son nouveau système; — Attendu, dès lors, que les présomptions les plus graves existent en faveur d'une abstention volontaire outrageante pour la femme; que la demande de la dame Thevenot est donc justifiée, sans qu'il soit besoin de recourir à l'enquête qu'elle demande subsidiairement sur d'autres faits; — Par ces motifs, statuant sur l'appel interjeté par Thevenot envers le jugement du tribunal civil de Saint-Claude en date du 13 mars 1889, sans qu'il y ait besoin de recourir à une enquête qui est inutile, déclare l'appel mal fondé, confirme ledit jugement, etc.

Du 26 juin 1889.-C. de Besançon.-MM. Faye, 1er pr.-Masse, av. gén.-Tavernier et Belin, av.

(3) (X... C. X...) — Le tribunal; — Vu la demande en divorce formée par le demandeur contre la défenderesse et la demande reconventionnelle formée par celle-ci; — Attendu que le demandeur articule à l'appui de sa demande et offre de prouver que la défenderesse lui suscitait de fréquentes querelles et lui a interdit dernièrement l'accès de la chambre nuptiale; — ... Attendu que le second fait serait insuffisant pour motiver une demande en divorce; que l'on peut fort bien admettre, en effet, qu'une femme se refuse, dans certaines circonstances, à se soumettre aux désirs charnels de son mari, sans que ce refus constitue de sa part une injure grave à son égard; qu'il faudrait établir que la défenderesse se refusait habituellement à remplir ses devoirs conjugaux — ce qui n'est pas même articulé — pour qu'un fait semblable constituât une injure grave; — Par ces motifs, etc.

Du 3 juill. 1885.-Trib. civ. de Genève.-M. Marignac, pr.

(4) (X... C. X...) — La cour; — Sur la première branche du moyen proposé: violation de l'art. 231 c. civ., en ce que l'arrêt attaqué a admis comme cause du divorce des habitudes d'ivrognerie de l'un des époux, alors que la loi exige des excès, sévices ou injures graves de l'un des époux envers l'autre pour que le divorce puisse être admis: — Attendu que pour admettre le divorce l'arrêt dénoncé se fonde sur ce que les habitudes d'ivro-

cause de divorce, notamment, quand elles se produisent malgré les remontrances pressantes et réitérées de l'autre époux et quand elles causent un scandale public (V. dans le même sens : Bruxelles, 10 août 1868 (1); Trib. Meaux, 13 déc. 1882 (2); Le Senne, n° 91). — Il peut se faire cependant que l'ivresse, surtout si elle est involontaire ou accidentelle, soit une circonstance atténuante des injures proférées dans cet état. On doit même, suivant nous, approuver la doctrine d'un jugement du tribunal d'Anvers, aux termes duquel, « si le vice de l'ivresse, surtout par sa fréquence et sa longue continuité..., est incontestablement une cause de troubles et de peines pour le conjoint et un mauvais exemple pour les enfants, ce vice ne constitue pas cependant l'injure grave et caractérisée qui peut donner lieu à la dissolution d'un contrat qui engendre entre les époux l'obligation de supporter mutuellement leurs défauts, » lorsque, comme dans l'espèce, le conjoint qui s'en plaint, et notamment le mari, a laissé l'autre époux libre de s'abandonner à son malheureux penchant (Trib. Anvers, 26 mai 1867) (3).

82. L'attitude et la conduite de l'un des époux peuvent constituer à elles seules vis-à-vis de l'autre époux, une injure susceptible d'entraîner le divorce ou la séparation de corps (Le Senne, n°s 87 et suiv.; Carpentier, n° 48, p. 105). — Ainsi, il a été jugé : 1° que l'inconduite de la femme, attestée par une condamnation prononcée contre elle pour excitation habituelle de mineurs à la débauche, constitue à l'égard du mari, même dans le cas de séparation de fait, une injure grave de nature à faire prononcer à son profit la séparation de corps (Trib. Saumur, 2 août 1862, aff. M..., D. P. 62. 3. 72); — 2° Qu'il y a une injure grave de la part du mari dans le fait d'avoir laissé outrager et maltraiter sa femme par un tiers en sa présence dans le domicile conjugal (Bordeaux, 23 juill. 1873) (4); — 3° Que le fait d'un mari d'avoir fait à une domestique des propositions honteuses et de s'être, en outre, livré sur elle à des actes obscènes dans le domicile conjugal, quoique ne constituant pas l'adultère, peut être considéré comme une injure grave vis-à-vis de la femme qui en a eu connaissance (Bruxelles,

---

gnerie de la femme X... ont été parfois accompagnées de faits et de propos tels qu'elles doivent être considérées comme une injure grave pour le mari ; — Attendu que cette décision, loin de violer l'art. 231 c. civ., en est au contraire une juste application, puisqu'elle ne prononce la dissolution du mariage entre les parties qu'après avoir constaté, en fait, l'existence de l'une des causes de divorce que cet article détermine ; — Par ces motifs, rejette.
Du 22 juin 1882.-C. cass. de Belgique.

(1) (X... C. X...) — LA COUR; — Attendu que, s'il est vrai que le simple fait de l'un des époux de s'adonner à l'ivrognerie ne constitue point pour l'autre époux une cause de divorce, cette ivrognerie peut cependant, lorsqu'elle est devenue une habitude invétérée, qu'elle se renouvelle presque chaque jour, qu'elle est entourée de circonstances engendrant un véritable scandale, qu'elle résiste à toutes les sollicitations, à tous les conseils et même à toutes les injonctions de l'autre époux, en un mot lorsqu'elle imprime sur toute la conduite de celui qui s'y livre une tache honteuse qui va atteindre même son conjoint, revêtir alors les caractères d'une de ces injures graves qui autorisent la demande en divorce; — Attendu qu'il en est surtout ainsi lorsque c'est la femme que le vice de l'ivrognerie atteint d'une manière si notoire et presque publique qu'il lui fait oublier ce qu'elle se doit à elle même, comme épouse et comme femme, et l'exemple, et le respect que comme mère elle doit inspirer à ses enfants ; — Attendu que c'est dans ces conditions fâcheuses que se présentent les faits reprochés par l'appelant à l'intimée; — Attendu que la loi, en rangeant les injures graves au nombre des causes du divorce, n'a pas déterminé le degré de la gravité qui devait les entourer; qu'elle en a abandonné l'appréciation au juge, qui doit rechercher dans les faits et dans l'ensemble de la cause les éléments de sa conviction; — Que c'est donc à tort que le premier juge a déclaré en principe que le vice de l'ivrognerie ne peut constituer une cause de divorce, et a rejeté comme dénués de toute pertinence les faits qui s'y rattachent, etc.
Du 10 août 1868.-C. de Bruxelles

(2) (A... C. A...) — LE TRIBUNAL ; — Attendu que de l'enquête il résulte que, peu de temps après son mariage, la femme A.... s'est adonnée à la boisson; qu'elle s'enivrait fréquemment ; que, de temps à autre, elle faisait boire un verre de vin pur à ses jeunes enfants, sous prétexte de les fortifier ; que, dans le pays qu'elle habitait, on se disait de bouche en bouche : « Allez chez la femme A..., vous la trouverez encore ivre » ; que le tapage qu'elle faisait dans ses moments d'ivresse ou les cris de ses enfants attiraient du monde dans sa cour, jusqu'à vingt ou vingt-cinq personnes; que par une curiosité malsaine, on pénétrait dans son domicile ; qu'un jour qu'elle était enceinte de son second enfant, voulant, sur les conseils d'une voisine, se mettre au lit, elle tomba par terre sur le jeune enfant de quatorze mois qu'elle portait dans ses bras; et qu'une fois elle a été trouvée ivre-morte étendue par terre sur l'accotement d'une route, ses jupons relevés jusqu'au dessus du genou et recouverte en partie de terre que des passants avaient dû lui jeter; — Attendu, en outre, que, d'un procès-verbal adressé par la gendarmerie au procureur de la République près le tribunal de Meaux, il résulte que, le 16 novembre dernier, la femme A... a roulé dans le fossé d'une route avec sa brouette et celui de ses jeunes enfants assis sur ce véhicule ; qu'on a dû la retirer du fossé et la placer sur la brouette pour la reconduire à son domicile ; qu'on l'y a déposée sur de la paille dans un hangar, et que cette chute doit encore être attribuée à l'ivresse ; — Attendu que toute personne qui, s'enivrant presque journellement, donne au public, comme aux siens l'affligeant spectacle de sa dégradation, se déconsidère aux yeux de tous ; que la femme surtout y perd le respect qui lui est particulièrement dû, et qu'une pareille conduite de sa part est souverainement injurieuse pour son mari; qu'il y a donc lieu de prononcer la séparation de corps demandée par A... ; — Par ces motifs, etc.
Du 13 déc. 1882.-Trib. de Meaux.

(3) (X... C. X...) — LE TRIBUNAL; — Attendu que le divorce est regardé par le législateur comme une des mesures les plus graves que la justice puisse appliquer, puisqu'il tend à rompre un des contrats qui intéressent le plus l'ordre social; — Que c'est pour ce motif que la loi ne l'autorise que dans les cas d'absolue nécessité et notamment lorsqu'il existe, de la part de l'un des époux envers l'autre, des excès, sévices ou injures graves, au point de rendre la vie commune insupportable ; — Attendu qu'il résulte de l'enquête que les injures, paroles grossières, menaces et actes contraires à la pudeur dont se plaint le demandeur et qu'il articule contre sa femme, ne se sont produits que lorsqu'elle était en état d'ivresse; — Que si le vice de l'ivresse, surtout par sa fréquence et sa longue continuité dans les circonstances révélées par l'enquête, est incontestablement une cause de troubles et de peines pour le mari et un mauvais exemple pour les enfants, ce vice ne constitue pas cependant l'injure grave et caractérisée qui peut donner lieu à la dissolution d'un contrat qui engendre entre les époux l'obligation de supporter mutuellement leurs défauts et de ne rien négliger pour y porter remède et en diminuer les conséquences; — Attendu que le demandeur paraît, au contraire, avoir abandonné la défenderesse à son malheureux penchant; — Par ces motifs; — Déclare le demandeur non fondé en sa demande ; l'en déboute, etc.
Du 26 mai 1867.-Trib. d'Anvers.

(4) (Montméja C. Montméja.) — LA COUR; — Attendu qu'aux termes des art. 213 et 214 c. civ., le mari doit protection à sa femme, et que la femme doit habiter avec son mari; que la loi civile et la loi morale font donc à ce dernier un devoir étroit et rigoureux d'assurer à sa femme, dans son domicile, les égards et le respect qui lui sont dûs; — Attendu que, sans s'arrêter à la déclaration de Jean Montazel, dont on ne peut faire état, puisqu'elle a été reçue en dehors des formalités et des garanties prescrites par la loi, il résulte de l'enquête, et notamment des dépositions faites par les 4e, 5e, 6e, 9e et 22e témoins, qu'à la suite de scènes violentes, injurieuses et réitérées, dont la responsabilité retombe plus directement sur Arthur Montméja fils, mais que Montméja père a eu le tort grave de tolérer dans son domicile, et en sa présence, la dame Montméja a dû quitter la maison conjugale et chercher asile chez une tierce personne ; que ce projet, manifesté par elle, n'a rencontré chez son mari aucune opposition; qu'un témoin lui ayant fait observer que, si le caractère de sa femme et celui de son fils étaient incompatibles, il devait rappeler sa femme et habiter avec elle, il n'a fait que des réponses évasives; — Attendu que l'oubli des devoirs que sa qualité d'époux et de père imposait à Montméja a été poussé par lui jusqu'aux limites les plus blâmables; que les mauvais traitements dont sa femme était l'objet n'ont rencontré chez lui qu'une indifférence et une impassibilité offensante pour la dame Montméja; que, dans le mois de juillet notamment, cette dame a été enfermée pendant toute une nuit dans son appartement, et a dû réclamer, pour en sortir, l'intervention de l'autorité municipale ; — Que si Montméja ne s'est point associé directement à cet acte de violence, il l'a laissé accomplir sous ses yeux et dans sa maison; que, d'après les témoins, son fils et lui ont même déjeuné avec le maire et l'adjoint avant de laisser à ceux-ci le soin de s'occuper de la situation de la dame Montméja, qui était séquestrée depuis la veille dans son appartement ; — Attendu que l'attitude de Montméja père, son indifférence scandaleuse en présence de faits aussi graves, son empressement même à acquiescer au départ

28 juin 1875, *Belgique judiciaire*, 1875, 1449); — 4° Qu'en dehors des actes d'infidélité, les faits d'inconduite de la femme peuvent, suivant les circonstances, constituer, au regard du mari, des injures graves de nature à faire prononcer la séparation de corps (Aix, 11 août 1875, aff. Reddon, D. P. 76. 2. 134; Trib. Auxerre, 3 mai 1881 (1); Riom, 22 déc. 1886, aff. Serizay, D. P. 87. 2. 230).

Il a encore été jugé que le fait par une femme d'accueillir des imputations calomnieuses dirigées contre son mari (dans l'espèce, l'imputation d'avoir une maîtresse et deux enfants naturels, et d'avoir continué des relations coupables pendant son voyage de noces) et d'ouvrir une enquête sur la conduite du mari, constitue une injure grave susceptible de motiver la séparation de corps; il importe peu que la femme ait reconnu à l'audience la fausseté des accusations auxquelles elle avait ajouté foi (Trib. Lyon, 14 nov. 1885) (2).

83. L'injure grave pourrait encore résulter de l'attitude d'un époux à l'égard des parents de son conjoint. Si, par exemple, un mari se plaisait à abreuver d'outrage les père et mère de sa femme, ou s'il se montrait brutal et grossier envers les enfants que celle-ci aurait d'un précédent mariage, de tels procédés, qui froisseraient la femme dans ses plus chères affections, seraient à bon droit invoqués par elle comme causes de divorce ou de séparation de corps (Le Senne, n° 64). Toutefois, comme le remarque un auteur (Carpentier, n° 48, p. 102), c'est dans les rapports des gendres et des brus avec leurs beaux-parents que les tribunaux devront se montrer particulièrement attentifs aux circonstances du fait, au point de départ de l'injure, aux torts réciproques, aux relations antérieures des deux familles.

84. Ainsi qu'on l'a décidé au *Rép.* n° 57, une action en nullité de mariage formée par l'un des époux et non accueillie en justice serait pour l'autre époux une cause suffisante de séparation de corps ou de divorce, si la demande en nullité était basée sur un motif injurieux, par exemple, sur de prétendues manœuvres dolosives qui auraient déterminé le mariage (Le Senne, n° 85; Frémont, t. 1, n° 127).

On pourrait aussi voir une injure grave dans le fait par l'un des époux d'avoir intenté une action en divorce ou en séparation de corps qu'il aurait dû abandonner ou qui serait reconnue mal fondée.

85. Avant la loi du 27 juill. 1884, il a été jugé qu'il y avait injure grave dans le fait par le mari d'avoir déclaré devant l'officier de l'état civil la naissance d'un enfant né de

de sa femme, sont aussi blessants que des paroles outrageantes; qu'on ne peut dénier à sa conduite un caractère éminemment injurieux pour sa femme; — Attendu, dès lors, que le tribunal de Sarlat a mal apprécié les faits établis par l'enquête, en déclarant la dame Montméja mal fondée dans sa demande en séparation de corps; — Par ces motifs, déclare la dame Montméja séparée de corps et de biens d'avec le sieur Romain Montméja, son mari.

Du 23 juill. 1873.-C. de Bordeaux, 1re ch.-MM. Izoard, 1er pr.-Fabre de la Bénodière, av. gén.-Bayle et Lévesque, av.

(1) (X... C. X...) — LE TRIBUNAL; — Attendu que le mariage impose aux époux des devoirs réciproques; que ces devoirs, résumés par les art. 212, 213 et 214 c. civ., sous ces mots: *fidélité, secours, assistance, protection* et *cohabitation*, supposent avant tout chez les époux un égal souci de tout ce qui peut constituer l'honneur conjugal et la décence de la vie commune; que chacun doit veiller avec d'autant plus de soin sur ses actions que le moindre écart de conduite, la moindre imprudence ne restent point des fautes personnelles, mais rejaillissent sur le conjoint atteint dans sa dignité; — Attendu que ce sont ces principes qu'a sanctionnés l'art. 231 c. civ., en autorisant les époux à demander réciproquement la séparation de corps pour injures graves de l'un envers l'autre; que le législateur, il est vrai, n'a pas défini ce qu'il fallait entendre par injures graves; qu'il y avait, en effet, impossibilité à donner à ces mots un sens précis, une acception assez générale pour s'appliquer à tous les cas, dans toutes les circonstances et à toutes les conditions sociales; que tout ce que l'on peut dire, c'est que l'injure doit impliquer une violation des devoirs conjugaux, et que cette violation doit avoir un caractère de gravité tel que la vie commune devienne désormais impossible pour l'époux outragé; — Attendu que la violation des devoirs conjugaux ne consiste pas uniquement de la part de la femme dans les actes d'infidélité; que cette espèce d'injure d'une gravité tout exceptionnelle a été prévue par l'art. 229 c. civ.; que l'art. 231 a une portée différente; qu'il atteint les imprudences de conduite, les légèretés compromettantes, les manquements aux convenances, aux préjugés mêmes du milieu social auquel appartiennent les époux; que l'honneur domestique, sur lequel repose le mariage tel que le législateur l'a compris, se compose de vertus réelles et d'apparences conformes aux réalités; qu'il ne suffit pas que la femme observe ses devoirs de fidélité, si, par la bizarrerie de ses allures et l'étrangeté de ses agissements, elle laisse libre carrière à la malignité publique; que la femme vraiment soucieuse du respect qu'elle se doit à elle-même et qu'elle doit à son mari est celle qui met les actes de sa conduite extérieure en harmonie avec la pureté de ses intentions; que l'intérieur d'un bourgeois, le comptoir d'un commerçant, ne sauraient, sans scandale, devenir le théâtre d'aventures romanesques; — Attendu que, quel qu'ait pu être le degré réel d'intimité des rapports entre la dame X... et le sieur V... (ce qui ne pouvait être que difficilement établi avec une précision irréfragable par les témoignages de l'enquête), il n'en est pas moins vrai que les apparences accusent la dame X... au point de lui faire perdre le bénéfice d'une vertu même inébranlable; que les sorties journalières, les absences fréquentes et quelquefois prolongées, les rencontres répétées et toujours dans les mêmes rues avec le sieur V..., peuvent à la rigueur être expliquées par quelques raisons plus ou moins plausibles ou être attribuées à l'effet du hasard, si peu qu'il ait été aidé; mais qu'on ne saurait également imputer aux complaisances du hasard les échanges de signes, les attentes à la fenêtre et les stations devant la maison Limosin, les disparitions rapides dans le passage étroit avoisinant le domicile conjugal, les entrées par la petite porte de l'écurie s'ouvrant seulement de l'intérieur, les départs précipités au moindre bruit qui révèle la présence du mari; que ces faits ont été établis péremptoirement par des témoignages dignes de foi que les dépositions de la contre-enquête ont laissés intacts; qu'ils constituent, à supposer même qu'ils soient restés contre toute vraisemblance à l'état d'entretiens ou de visites purement platoniques, un oubli de toute dignité, un écueil où l'honneur des maris serait exposé à des naufrages trop faciles, s'il ne trouvait pas dans la loi une salutaire protection; — Attendu que cette conduite de la dame X... est d'autant plus blâmable que les rumeurs de l'opinion publique auraient dû l'éclairer et lui inspirer une attitude de réserve et non de défi; qu'elle se produisait avec tous les caractères d'actes de rebellion contre l'autorité maritale après la défense formelle et si légitime que lui avait faite son mari d'avoir à cesser toutes relations avec le sieur V...; que de tous ces faits et des circonstances qui les accompagnent résulte bien le type par excellence de l'injure grave que prévoit l'art. 231 c. civ.;

Par ces motifs; — Prononce la séparation de corps à la requête du mari, etc.

Du 3 mai 1881.-Trib. civ. d'Auxerre.-M. Ruben de Couder, pr.

(2) (Dame Janès C. Janès). — LE TRIBUNAL; — Attendu que la dame Janès, se fondant notamment sur l'abandon du domicile conjugal par son mari depuis le 5 oct. 1884, a formé contre lui une demande en séparation de corps et a coté depuis des faits divers; — Attendu que de son côté le sieur Janès a formé une demande reconventionnelle basée sur les griefs qui lui étaient reprochés et sur les bruits calomnieux répandus sur son compte; — Attendu que dans cet état le tribunal a, par jugement du 4 juill. 1885, ordonné une enquête et refusé de prononcer la séparation entre les jeunes époux, dont il espérait la réconciliation, surtout en présence de la survenance d'un enfant issu de ce mariage; — Attendu que malheureusement le seul lien qui les rattachait et devait faire espérer un rapprochement s'est brisé; que cet enfant, en effet, est décédé à Mézieux, le 9 juillet dernier; que de nouveaux renseignements fournis au tribunal et des circonstances de la cause, il résulte la preuve que toute réconciliation est devenue impossible et que la séparation s'impose; — Attendu que cette séparation doit être prononcée aux torts et griefs des deux parties; — Attendu que le mari a eu le tort de céder à une irritation mal justifiée et de quitter le domicile conjugal à la suite de la scène du 5 oct. 1884, et qu'il n'a depuis jamais consenti à reprendre la vie commune; — Attendu, d'autre part, que le sieur Janès a été calomnié avec persistance; qu'on affirmait qu'il avait une maîtresse et deux enfants naturels; qu'on ajoutait même qu'il avait continué des relations coupables pendant son voyage de noces; — Attendu que ces faits sans aucun fondement ont été propagés et ont reçu une grande publicité; que la dame Janès a eu le tort de les accueillir et d'ouvrir sur son mari et sur sa conduite une enquête outrageante; — Attendu que la dame Janès reconnaît aujourd'hui *la fausseté de toutes ces accusations*, mais que cette reconnaissance est tardive et ne peut effacer le préjudice moral dont le sieur Janès a cruellement souffert; — Par ces motifs; — Dit et prononce que la dame Janès est et demeure séparée de corps et de biens d'avec son mari, et que défense est faite à ce dernier de la hanter et fréquenter; prononce reconventionnellement au profit du sieur Janès la séparation de corps contre sa femme, etc.

Du 14 nov. 1885.-Trib. civ. de Lyon, 1re ch.-MM. Monpela, pr.-Chantreuil, subst.-Morin et Thévenet, av.

lui et d'une femme avec laquelle il vivait en concubinage, et d'avoir indiqué cette dernière comme étant sa femme légitime (Caen, 22 mai 1872) (1). Depuis la nouvelle loi, ce fait, d'où résulterait la preuve de l'adultère du mari, entraînerait nécessairement le divorce ou la séparation de corps (V. *suprà*, n° 42).

86. L'époux qui contracte un second mariage alors qu'il sait que son conjoint est encore vivant, fait par là même à celui-ci une injure dont la gravité justifie amplement le divorce ou la séparation de corps (Lyon, 29 déc. 1881, aff. Gouzenne, D. P. 82. 2. 113).

87. Le refus par l'un des époux de consentir à la célébration religieuse après le mariage civil peut-il être considéré comme une injure grave? Cette question, déjà prévue au *Rép.* n° 58, est encore controversée; mais l'affirmative prévaut dans la doctrine, comme dans la jurisprudence (Angers, 29 janv. 1859, aff. L..., D. P. 60. 2. 96; Demolombe, t. 4, n° 390; Aubry et Rau, t. 5, § 491, p. 176, note 16; Duvergier, *Revue critique*, année 1866, t. 28, p. 325 et suiv.; Carpentier, n° 43; Frémont, n°s 130 et suiv.; Vraye et Gode, t. 1, n° 57; Poulle, p. 118 et suiv.).

L'opinion contraire a cependant été soutenue par M. Laurent, t. 3, n° 196, dont l'argumentation est assez spécieuse. « L'injure grave, dit-il, comme toute cause de divorce, suppose la violation d'un devoir imposé aux époux par la loi. Où est la loi qui fait aux époux un devoir de célébrer le mariage religieux? C'est la conscience qui considère cette cérémonie comme un devoir; mais depuis quand les scrupules religieux engendrent-ils une obligation civile?... » On a répondu à cet argument en niant que les causes de divorce supposent nécessairement la violation d'une obligation dérivant de l'union conjugale. Ainsi, a-t-on dit, l'honnêteté individuelle n'est pas une obligation découlant du mariage, et cependant l'un des conjoints peut demander le divorce à raison de la condamnation de son conjoint à une peine afflictive et infamante (Carpentier, *loc. cit.*). Mais cette réponse nous semble insuffisante. L'époux qui ne craint pas de violenter la conscience de son conjoint jusqu'à vouloir le contraindre à une cohabitation qui ne serait pour celui-ci qu'un concubinage, manque certainement aux devoirs que lui impose le mariage. Si cet époux est le mari, il doit protection à sa femme, et loin de la protéger, il l'opprime; si cet époux est la femme, elle doit obéissance à son mari, et elle lui désobéit sur un sujet d'une gravité exceptionnelle. Enfin le premier devoir des époux est de se respecter l'un l'autre; or ce n'est pas respecter son conjoint que de vouloir l'avilir à ses propres yeux. M. Laurent a donc tort de dire qu'il n'y a pas violation des devoirs conjugaux de la part de l'époux qui refuse de suivre son conjoint à l'église, sans avoir fait connaître ses intentions à cet égard avant le mariage. Mais M. Laurent produit encore un autre argument. Il accorde que l'époux est coupable « s'il a feint de partager des croyances qui ne sont pas les siennes ». Mais, ajoute-t-il, « cette faute est-elle une injure grave dans le sens de l'art. 231? C'est un fait antérieur au mariage, c'est une espèce de dol qui a engagé la femme à consentir au mariage. Si la loi admettait le dol comme vice du consentement, il y aurait lieu dans l'espèce à agir en nullité. Mais le dol ne vicie pas le consentement en cette matière. Le mariage est donc valable, et comme aucune obligation civile résultant du mariage n'a été violée, il faut décider qu'il n'y a pas cause de divorce ». Que le mariage en pareil cas ne puisse être argué de nullité, c'est l'opinion dominante (V. Montpellier, 4 mai 1847, aff. Roques, D. P. 47. 2. 81, et la note). Quoi qu'il en soit, il est inexact de dire que l'injure dont se plaint l'époux trompé est antérieure au mariage. Il est possible que l'autre époux ait été déloyal dès avant le mariage, mais il est possible aussi que l'idée de se refuser à la célébration religieuse ne lui soit venue qu'après le mariage civil; en tout cas, son refus n'est une injure à l'égard de l'autre époux que parce qu'il se produit et se révèle seulement après le mariage.

M. Le Senne, n° 65, admet bien que le refus de faire consacrer religieusement le mariage peut devenir une cause de séparation de corps. Mais, suivant lui, ce n'est point parce que ce refus peut constituer une injure grave, « car comment trouver dans ce fait une atteinte à la réputation ou à la considération de l'époux victime de sa confiance?... ». Il admet cependant que la considération de cet époux pourra en souffrir. « Mais, dit-il, ce qui souffrira réellement, c'est son cœur; ce sont ses sentiments religieux, qui seront froissés, et les froissements pourront être si pénibles et si durables qu'ils deviendront des sévices, cause réelle de séparation, soumise à la souveraine appréciation des juges, qui devront considérer l'éducation, le caractère, les mœurs, la condition des époux, voir si la vie commune est supportable. » — Cette opinion nous semble devoir être rejetée, car par *sévices* on entend généralement des actes de méchanceté habituels et répétés, tandis que le refus de consentir au mariage religieux est un fait unique et peut fort bien ne pas être inspiré par la cruauté. Mais nous disons que ce fait est une injure, parce que, comme M. Le Senne le reconnaît lui-même, il aboutit, quel que puisse être d'ailleurs le mobile de l'époux auquel il est imputable, à placer l'autre époux dans une situation que sa propre conscience réprouve. Sans aucun doute, en notre matière, le mot injure ne désigne pas seulement une injure verbale ou écrite, il doit être pris dans le sens large du mot latin *injuria* et comprend toute injustice grave et intolérable qu'un époux peut infliger à son conjoint. — Il a été jugé que, lorsque, après le mariage civil, le mari s'oppose pendant un certain temps à la célébration du mariage religieux et refuse de recevoir dans le domicile conjugal et d'admettre à sa table sa femme, en lui assignant même une résidence chez un étranger, l'ensemble de ces circonstances constitue une injure grave de nature à faire prononcer la séparation de corps (Orléans, 10 juill. 1862) (2).

88. Nous avons admis au *Rép.* n° 60 que le refus de la part du mari de laisser baptiser ses enfants ne serait pas une cause de séparation. Cependant, le contraire a été jugé dans un cas où le mari, sans avoir caché ses opinions irréligieuses avant le mariage, n'avait cependant jamais laissé apparaître ses intentions quant au refus de baptême pour ses enfants. La cour de Lyon a vu dans ce refus, annoncé d'ailleurs brusquement à la mère dans un moment où une émotion pénible pouvait mettre sa vie en danger, une violence morale et l'oubli d'une promesse tacite, mais virtuelle (Lyon, 25 mars 1873, aff. B..., D. P. 74. 5. 445. — Comp. Massol, p. 88, n° 14).

Quant au cas où le mari empêche sa femme de remplir

---

(1) (Femme Beauché C. Beauché.) — LA COUR; — Considérant que l'inconduite habituelle de Beauché est dès à présent prouvée par les documents produits, et notamment par un acte de naissance, inscrit sur les registres de l'état civil de la ville du Mans, à la date du 20 oct. 1868, duquel il résulte que ledit Beauché a présenté un enfant, du sexe masculin, comme né de lui et d'une femme avec laquelle il vivait en concubinage et qu'il a indiquée comme étant sa femme légitime; — Que l'adultère du mari ainsi constaté constitue à lui seul une injure grave dont la femme doit obtenir immédiatement réparation, sans qu'il soit besoin de recourir à une plus ample information; — Qu'il y a lieu, par suite, de prononcer, dès à présent, la séparation de corps au profit de la femme Beauché;

Par ces motifs, etc.

Du 22 mai 1872.-C. de Caen, 1re ch.-MM. Piquet, pr.-Brigueil, av. gén.-Gallot et Laisné-Deshayes, av.

(2) (Baranger C. Baranger.) — LA COUR; — Attendu que des documents du procès, notamment, de la correspondance échangée entre les époux Baranger, il résulte qu'aussitôt après son mariage civil avec la veuve Pélissier, l'appelant s'est opposé pendant un certain laps de temps à la célébration du mariage religieux; — Qu'il a refusé de recevoir l'intimée au domicile conjugal et de l'admettre à sa table; qu'il lui a même assigné une résidence chez un étranger; enfin qu'il a eu recours à des prétextes mensongers et honteux pour expliquer ses résistances aux demandes multipliées de sa femme de ne pas rester dans l'isolement; — Attendu que cet ensemble de circonstances constitue au plus haut degré l'injure grave prévue par l'art. 231 c. nap.; — Attendu que cette injure a dû paraître d'autant plus intolérable à l'intimée qu'elle contrastait davantage avec les procédés antérieurs de Baranger, qui, par ses prévenances et ses protestations, avait su, non seulement gagner l'affection de la veuve Pélissier (sa femme actuelle), mais encore obtenir de cette dernière des avances d'argent qui se sont élevées à une somme importante; — Par ces motifs, met l'appellation au néant, etc.

Du 10 juill. 1862.-C. d'Orléans, 1re ch.-MM. Mané, pr.-Petit, av. gén.-Lesguillou et Lecoy, av.

ses devoirs religieux, on ne peut qu'approuver ce qu'en dit M. Le Senne, n° 66 : « Pour moi, dit-il, je suis d'avis que les juges devront prononcer la séparation, s'ils reconnaissent que la conduite du mari constitue une injure ou une violence morale envers sa femme jusqu'à lui rendre la vie commune impossible. Il est aisé de comprendre que la femme pieuse gémira sans cesse au fond de son cœur, lorsqu'elle éprouvera un obstacle insurmontable à l'exercice de ses pratiques religieuses, lorsqu'elle subira une entrave à l'acquittement d'un devoir intime, lorsqu'elle se verra menacée de rester indéfiniment dans les étreintes d'un cas de conscience » (V. dans le même sens : Massol, 2e éd., n° 13, p. 86, et n° 15, p. 90).

89. Le changement de religion de l'un des époux pendant le mariage ne saurait évidemment constituer une injure pour l'autre époux qui reste libre de conserver sa propre religion. Cependant ce fait lui-même pourrait devenir injurieux, s'il avait lieu en haine du conjoint. Il y aurait également une injure grave dans le fait du mari qui voudrait contraindre sa femme à changer de religion (Comp. Demolombe, t. 4, n° 390; Le Senne, n° 67; Poulle, p. 120).

90. M. Carpentier, n° 48, p. 102, suppose qu'une mère, après avoir vainement demandé à son mari de faire donner l'éducation religieuse à ses enfants, passe outre à l'autorité du mari et fasse donner en secret cette éducation à laquelle le père répugne; le mari pourra-t-il baser sur ce fait une demande en divorce? « L'affirmative nous paraît évidente, répond l'auteur que nous citons... Il y a là une véritable violation d'un devoir inscrit dans la loi, l'autorité du mari comme chef. » Qu'il y ait dans ce fait une désobéissance de la femme, cela est certain. Mais jusqu'à quel point cette désobéissance sera-t-elle injurieuse pour le mari? C'est une question qui dépend des circonstances et que les tribunaux apprécieront.

91. Les auteurs ne sont pas d'accord sur le point de savoir si des actes antérieurs au mariage et qui sont de nature à porter atteinte à l'honneur et à la considération de l'époux auquel ils ont été cachés, tels que l'inconduite de la femme, son état de grossesse, son inscription sur les registres de la police comme fille publique, une condamnation infamante, etc., peuvent motiver le divorce ou la séparation de corps. Nous nous sommes prononcés au *Rép.* n° 61 pour l'affirmative, d'accord avec diverses décisions de la jurisprudence (V. dans le même sens : Demolombe, t. 4, n° 392; Massol, 2e éd., p. 98, n° 5; Carpentier, n° 35; Frémont, nos 80 et 133; Poulle, p. 120 et suiv.; Vraye et Gode, t. 1, nos 62, 85 et suiv.). Mais la négative est soutenue par plusieurs auteurs considérables (Demante, *Cours analytique de code civil*, t. 2, n° 7 *bis*; Marcadé, t. 2, art. 386, n° 4; Aubry et Rau, t. 5, § 491, p. 178, note 26; Le Senne, n° 70; Laurent, t. 3, n° 192). Ces auteurs invoquent surtout le texte de la loi; c'est, disent-ils, l'injure *de l'un des époux envers l'autre* qui peut motiver le divorce; or, tant que le mariage n'est pas célébré, il ne peut y avoir injure envers un époux. C'est là, suivant nous, un mauvais argument. Dans le cas, par exemple, où la femme se marie étant grosse des œuvres d'un autre homme que son mari, ce qui constitue l'injure, c'est le fait de la part de cette femme d'avoir caché son état, c'est cette dissimulation coupable, qui n'a pas été seulement antérieure au mariage, mais qui, comme le dit M. Demolombe, *loc. cit.*, s'est consommée avec la célébration du mariage et s'est encore prolongée depuis. M. Le Senne, *loc. cit.*, admet bien qu'il y a là « une tromperie indigne de pardon ». Mais « est-ce une injure? Non, dit-il, à moins de corrompre le sens du mot, car l'injure suppose un sentiment de mépris, une intention malveillante, un certain désir d'humilier, qui n'existent pas dans l'espèce ». Nous avons déjà observé *suprà*, n° 87, qu'il ne faut pas ainsi restreindre le sens du mot *injure* en tant que cause de divorce ou de séparation de corps; l'injure est ici tout fait qui, de la part de l'un des époux, est de nature à blesser l'autre époux dans ses sentiments intimes ou à porter atteinte à sa considération. Ainsi, comme le remarque justement M. Frémont, n° 133, quand on dit que des faits injurieux antérieurs au mariage peuvent être une cause de séparation de corps, on veut simplement exprimer cette pensée, « que des hypothèses peuvent se présenter où des faits qui seraient par eux-mêmes des causes de divorce ou de séparation, s'ils étaient survenus depuis le mariage, le sont encore, s'ils sont survenus avant, parce que la connaissance de ces faits aurait pu, à moins de pardon du conjoint, empêcher le mariage; qu'en les cachant, l'un des époux a trompé la confiance de l'autre, a surpris son consentement; qu'il y a là une duperie constituant une injure envers l'autre époux, car elle subsiste nécessairement jusqu'après la célébration. Mais le degré de gravité de l'injure résultant de cette duperie ne peut se mesurer qu'à la gravité du fait que l'on a dissimulé ». — Il résulte de deux décisions du tribunal d'Anvers que, en admettant que les devoirs des époux existent dès le moment où ils se préparent à célébrer le mariage, ou qu'une réticence commise au moment de la célébration puisse déjà constituer une injure d'un époux envers l'autre, encore faut-il, pour ce cas exceptionnel, des circonstances particulièrement graves, à raison surtout de la moralité et de la délicatesse de l'époux qui se plaint d'être trompé (Trib. Anvers, 27 févr. 1873 (1); 27 mai 1876) (2).

92. Dans le sens contraire à notre opinion, il a été jugé : 1° que les faits qui constituent l'injure grave doivent s'être passés postérieurement à la célébration du mariage pour pouvoir être invoqués comme cause de divorce et de sépa-

(1) (X... *C.* dame X...) — Le tribunal; — Attendu que l'art. 236 c. civ. exige que toute demande en divorce détaille les faits dont le juge doit pouvoir apprécier la pertinence et la gravité; — Attendu que l'exposant, dans sa requête, allègue, il est vrai, qu'il a été l'objet d'injures répétées, mais qu'il n'en fait connaître qu'une seule, qui doit résulter de la réticence dont son épouse aurait usé à son égard en dissimulant la conception d'un enfant, né le 9 octobre dernier à Anvers, moins de cent quatre-vingts jours après la célébration du mariage, et désavoué par exploit du 6 novembre suivant; — Attendu que le texte des art. 229 à 232 c. civ., en n'admettant comme cause de divorce que des faits commis par les époux, exclut virtuellement toutes les actions remontant à une époque où les parties n'avaient pas encore la qualité d'époux; — Attendu que les travaux préparatoires à la publication du code civil indiquent également que le législateur n'a entendu autoriser le divorce que pour les infractions les plus graves aux devoirs respectifs des conjoints; — Attendu qu'il est naturel, du reste, de ne voir dans les actes antérieurs ou concomitants à la célébration du mariage que des faits pouvant, en certaines circonstances, vicier le consentement et, par suite, motiver la nullité de l'engagement; — Attendu qu'en admettant, néanmoins, que les devoirs des époux remontent même aux préparatifs du mariage ou qu'une réticence commise au moment de la célébration puisse déjà constituer une injure d'un époux envers l'autre, encore faudrait-il, pour ce cas exceptionnel, des circonstances particulièrement graves, à raison surtout de la moralité et de la délicatesse de l'époux qui se plaint d'être trompé; — Attendu que rien de pareil ne se présente dans l'espèce; qu'il résulte, en effet, de l'acte de mariage que l'exposant y reconnut et légitima un enfant né de sa femme le 18 janv. 1868 et inscrit aux registres des naissances de la commune de Emblehem; — Attendu que ce fait exclut, dans le chef de l'exposant, une moralité et une délicatesse telles qu'il ait le droit de se dire blessé d'une autre faute, commise par sa femme avant le mariage et à laquelle lui-même serait resté étranger; — Attendu qu'il n'existe, dès lors, aucune raison de porter les investigations de la justice sur des allégations dont la vérification est d'ailleurs entourée de difficultés qui ont inspiré au législateur en ces matières, une réserve extrême et parfaitement justifiée; — Par ces motifs, déclare n'y avoir lieu à autoriser le sieur X... à citer sa femme en divorce.

Du 27 févr. 1873.-Trib. d'Anvers.

(2) (X... *C.* X...) — Le tribunal; — Attendu que la demanderesse poursuit le divorce du chef d'injures graves; que les injures alléguées sont de deux natures : d'un côté, le mari aurait, la première année de son mariage, menacé sa femme d'un couteau en présence de témoins; d'un autre côté, il encourrait condamnation sur condamnation; — Attendu que le premier fait est vague et ne pourrait constituer une injure qu'à raison des circonstances particulières sur lesquelles la requête se tait complètement; qu'il ne saurait donc être question d'en ordonner la preuve; — Attendu que les faits de condamnation doivent être prouvés par écrit; que l'art. 236 exige même que les pièces soient produites avec la requête; que jusqu'ores, il n'en est fourni aucune; — Attendu que le défendeur, il est vrai, ne dénie pas les condamnations, mais que l'aveu, même complet, est inopérant pour établir une cause de divorce; — Attendu, au surplus, que les époux ne sont mariés que depuis le 2 janv. 1873; qu'une des condamnations invoquées, celle du 9 avr. 1872, est antérieure au mariage; que la requête ne dit pas que le défendeur ait eu recours à la moindre manœuvre pour dissimuler cette condamnation; que la défenderesse doit donc s'être bien peu informée des antécédents de son futur d'alors, pour

ration de corps; qu'en conséquence, on ne saurait considérer comme une injure grave ni la grossesse de la femme antérieure au mariage, ni la dissimulation de cet état de grossesse au mari (Trib. Cambrai, 28 mars 1888, aff. X..., D. P. 88. 5. 165); — Qu'il en est ainsi, alors même que la femme aurait eu des relations intimes avec son futur mari et lui aurait laissé croire, pour l'amener au mariage, qu'il était l'auteur de sa grossesse (Trib. emp. d'Allemagne, 9 mai 1884) (1).

93. La condamnation de l'un des époux à une peine correctionnelle peut-elle être considérée comme une injure grave pour l'autre époux? Non, à moins que la condamnation n'ait été encourue pour un fait qui atteigne directement le conjoint dans son honneur ou dans ses droits d'époux, et dans cette hypothèse même, c'est le fait, bien plutôt que la condamnation, qui constitue l'injure. La jurisprudence, tant en France qu'en Belgique, s'est généralement prononcée en ce sens (Paris, 16 juill. 1839, *Rép.* n° 81; Grenoble, 24 janv. 1865, aff. Micoud, D. P. 65. 2. 220; Trib. Liège, 21 oct. 1877 (2); Trib. Bruxelles, 22 déc. 1877) (3).

---

n'avoir pas appris un fait aussi récent; — Attendu que, l'eût-elle effectivement ignoré, quoique les affirmations précises du mari tendent à faire croire le contraire, toujours resterait-il vrai qu'elle n'a pas, au moment du mariage, attaché grand prix à ne prendre qu'un mari dont les antécédents fussent irréprochables; — Attendu que les deux condamnations qu'il semble avoir subies depuis lors ne peuvent donc pas, par elles-mêmes, constituer une injure, et qu'il n'est allégué aucune circonstance de nature à leur imprimer un caractère spécialement outrageant pour la femme; — Attendu qu'il y a d'autant plus lieu de se montrer rigoureux à cet égard que notre législation a enlevé à toutes les peines et pour le condamné lui-même le caractère infamant que quelques-unes avaient antérieurement; — Par ces motifs, faisant application de l'art. 246 c. civ., rejette la demande.

Du 27 mai 1876.-Trib. civ. d'Anvers.

(1) (S... *C.* S...) — Les époux S... se sont mariés le 18 août 1881, et la dame S... accoucha le 24 novembre suivant d'un enfant viable. Lors du mariage, le mari croyait sa femme enceinte de ses œuvres; mais leurs relations ne datant que du 1er mai 1881, il intenta une demande en divorce pour injure grave, aux termes de l'art. 231 c. civ. Son action ayant été repoussée, il se pourvut en revision devant le tribunal de l'empire qui rendit le jugement suivant:

LE TRIBUNAL; — Le demandeur en revision fait valoir contre l'arrêt d'appel rendu contre lui que les effets de la conduite très répréhensible de son épouse se sont manifestés surtout après le mariage, qu'elle a continué à le tromper en le laissant dans la certitude qu'elle était enceinte de ses œuvres, que cette infraction aux devoirs conjugaux et à la loi morale constitue envers le mari une grave offense rentrant dans la catégorie des injures présentées comme une cause de divorce par l'art. 231 c. civ. — On ne saurait adopter cette manière de voir: le texte, l'esprit et l'origine de l'art. 231 protestent là-contre. On était arrivé en France, sous l'empire de la constitution de 1791, à voir dans le mariage une sorte de convention bilatérale qui conduisit plus tard à la liberté complète de la dissolution de l'union conjugale. Voyant dans cet état de choses une situation destructive de la morale publique, les rédacteurs du code civil édictèrent certaines dispositions restrictives nées de la nécessité de déterminer certains cas de violation des devoirs du mariage qui constitueraient des causes de divorce. Le divorce par consentement mutuel rappelle surtout cette idée du mariage regardé comme un contrat bilatéral. Il en est de même si l'on considère l'idée vraie de l'essence du mariage; alors même qu'on n'y verrait pas un contrat de droit civil, on doit reconnaître que les obligations qui en découlent ne prennent naissance qu'après sa célébration et qu'on ne peut, par conséquent, les violer avant. L'art. 231 indique donc chez le législateur l'intention de ne s'attacher qu'à ce qui a eu lieu entre *époux*, c'est-à-dire postérieurement au mariage, ce qu'il exprime ainsi: « Les époux pourront réciproquement demander le divorce pour excès, sévices ou injures graves de l'un *d'eux envers l'autre* ». La version badoise porte il est vrai: « de l'un envers l'autre » omettant les mots: « d'eux » ce qui ne modifie pas le sens de la phrase. Les faits qui constituent les injures graves doivent donc s'être produits postérieurement au mariage. L'erreur dans laquelle la dame S... a laissé son mari est antérieure au mariage et ne saurait être regardée comme une violation des devoirs d'un mariage qui n'était pas encore célébré. Sans doute, les conséquences de cette triste inconduite se sont perpétuées après le mariage, mais le caractère juridique des faits originaires n'en est nullement modifié. La continuation du mensonge résultant de ce fait que la défenderesse n'a point, ainsi que son devoir d'épouse lui en faisait une obligation, averti son mari, postérieurement à la célébration du mariage de son état de grossesse, apparaît comme irrelevante. En effet, même en regardant ce silence comme une faute grave, l'aveu de la femme n'aurait cependant nullement modifié l'état des choses. Quand bien même, aussitôt après le mariage, c'est-à-dire après sa célébration par l'officier d'état civil, la dame S... aurait dévoilé à son mari toute la vérité, la situation de celui-ci n'en serait pas devenue meilleure, la défenderesse n'en demeurant pas moins son épouse. Le silence de celle-ci ne doit donc pas être regardé comme constituant, postérieurement au mariage, une injure grave à l'égard de son mari, etc.

Du 9 mai 1884.-Trib. de l'empire d'Allemagne, 2e ch. civ.

(2) (Femme X... *C.* X...) — LE TRIBUNAL; — Attendu que les faits exposés sous les numéros 1, 3 et 4 des conclusions de la demanderesse sont pertinents, et que la preuve en est admissible; — Attendu que sous les numéros 2 et 5, la demanderesse demande à établir deux condamnations à la charge du défendeur, l'une pour escroquerie, prononcée par le tribunal correctionnel de Liège à trois années d'emprisonnement et à 100 fr. d'amende, l'autre pour faux en écritures de commerce, par la cour criminelle de La Haye, à cinq années de réclusion, condamnations qu'elle considère comme portant outrage à sa dignité d'épouse; — Attendu que l'art. 232 c. civ., en indiquant comme une cause spéciale de divorce la condamnation de l'un des époux à une peine infamante, limite par cela même l'effet que doivent produire, en cette matière, des jugements de condamnation; qu'en thèse générale, une condamnation encourue par l'époux ne peut être considérée, ainsi que le voudrait la demanderesse, comme une injure grave envers son conjoint; qu'il en serait autrement, sans doute, si la condamnation procédait d'un fait atteignant directement et personnellement l'époux, mais que cette circonstance n'apparaît pas dans les condamnations articulées; qu'il n'y a donc pas lieu d'en ordonner la preuve; — Attendu, en ce qui concerne spécialement le numéro 5, que la condamnation à cinq années de réclusion aurait été prononcée par une cour étrangère, dont l'arrêt ne pourrait être exécuté en Belgique, ni, par conséquent, y produire des effets légaux; — Par ces motifs, admet la demanderesse à prouver, etc.

Du 21 oct. 1877.-Trib. de Liège.

(3) (Femme X... *C.* X...) — LE TRIBUNAL; — Attendu que l'art. 232 c. civ. dispose que la condamnation de l'un des époux à une peine infamante sera pour l'autre époux une cause de divorce; — Attendu que Treilhard, dans l'exposé des motifs, disait, à propos de cet article, que « forcer un époux de vivre avec un infâme, ce serait renouveler le supplice d'un cadavre attaché à un corps vivant »; — Attendu, en effet, que le législateur de 1810, suivant en cela les errements de l'ancien droit criminel, considérait encore la peine comme un acte de vengeance et attachait l'infamie, non au crime « dont la peine est en quelque sorte la réparation expiatoire, » mais à la peine même; — Attendu que le législateur belge, en abolissant la distinction entre les peines afflictives et infamantes, et en n'édictant plus que des peines criminelles, correctionnelles ou de police, n'a pas voulu seulement introduire dans la loi une simplification terminologique, mais a entendu modifier complètement le système pénal antérieur, ainsi que cela résulte de l'exposé des motifs de la loi de 1867, des rapports faits aux chambres législatives, et de toutes les discussions auxquelles cette loi a donné lieu; qu'il a jugé que « en frappant d'infamie le condamné, la société ferait plus qu'elle ne peut et qu'elle ne doit »; — Attendu que le texte de l'art. 232 c. civ. n'est plus en rapport avec la législation pénale actuelle; qu'il faut, non plus avoir égard à la peine dont l'un des époux a été frappé, mais au fait qui a motivé l'application de cette peine et examiner si ce fait constitue par lui-même une injure grave pour l'autre époux; — Attendu que ce manque de concordance entre la législation civile et la législation pénale actuelle avait frappé l'un des membres de la chambre des représentants, qui, à la séance du 17 nov. 1851, s'exprimait comme suit: « Le code pénal supprime la classification des peines infamantes. Je prierai M. le ministre de la justice, avant de mettre le nouveau code pénal à exécution, de songer à mettre en rapport avec cette suppression plusieurs dispositions du code civil; car il en est qui se rapportent à cette partie de la législation pénale, notamment celle qui admet comme cause de divorce la condamnation du conjoint à une peine infamante. C'est nécessaire pour ne pas laisser une période pendant laquelle ce droit ne pourrait être exercé; » — Que M. Tesch, ministre de la justice, lui répondit aussitôt: « L'observation que vient de faire l'honorable M. Orts avait déjà fixé mon attention. Il y aura, par suite de la revision du code pénal, des modifications à apporter à certaines lois... »; — Qu'enfin à la séance du Sénat du 24 mars 1852, M. le baron d'Aucthay, rapporteur de la commission de justice, s'exprima dans le même sens; — Attendu qu'aucune disposition législative n'ayant jusqu'ores rétabli cette concordance, les tribunaux ne peuvent combler cette lacune sans sortir de leurs attributions; — Attendu, en conséquence, que la condamnation à dix années d'interdiction des droits énumérés en l'art. 31 c. pén. et à cinq

C'est à tort que l'on cite parfois en sens contraire un arrêt de la cour de Caen et un jugement du tribunal de Saumur qui ont admis la séparation de corps à la suite de condamnations correctionnelles (Caen, 23 févr. 1857 (1); Trib. Saumur, 2 août 1862, aff. M..., D. P. 62. 3. 72). Ces deux décisions reposent sur les faits qui ont motivé les condamnations, et non sur les condamnations elles-mêmes. — L'opinion contraire pourrait, néanmoins, invoquer en sa faveur : 1° un jugement du tribunal du Havre, du 18 janv. 1866, cité par M. Le Senne, n° 107, duquel il résulte que la condamnation à la surveillance de la haute police, « outre que, dans l'opinion publique, elle a note d'infamie, est virtuellement exclusive des garanties de protection et de domicile consacrées par les art. 213 et 214 c. civ. et peut être considérée comme une injure grave, sinon par elle-même, du moins par l'indignité dont elle est la marque et par la flétrissure qu'elle imprime »; — 2° Un arrêt de la cour de Bruxelles, qui a prononcé le divorce contre une femme ayant encouru cinq condamnations correctionnelles pour détournement, recel et faux en écriture (Bruxelles, 17 févr. 1881) (2); — 3° Et un arrêt récent de la cour de Toulouse, duquel il résulte que des condamnations à des peines correctionnelles pour des faits d'un caractère dégradant (dans l'espèce, pour abus de confiance et pour filouterie d'aliments), peuvent être considérées comme une injure grave de nature à faire prononcer le divorce, lorsqu'il n'est intervenu aucune réconciliation entre les époux depuis le moment où elles ont été encourues (Toulouse, 7 juill. 1886, aff. Decourt, D. P. 88. 2. 52). — Toutefois, dans ces deux dernières espèces, ce sont les faits délictueux, bien plus que les condamnations, qui constituent l'injure à l'égard du conjoint.

94. La plupart des auteurs récents, qui ont commenté la loi de rétablissement du divorce, enseignent cependant d'une manière absolue qu'une condamnation correctionnelle peut, à raison de la flétrissure qui en résulte, servir de base au divorce ou à la séparation de corps (Carpentier, n° 48, p. 105; Frémont, nos 109 et suiv.; Vraye et Gode, t. 1, n° 61). On prétend justifier cette opinion par les travaux préparatoires de la nouvelle loi; mais elle ne s'appuie en réalité que sur un passage du rapport de M. Letellier à la Chambre des députés sur le projet de loi modifié par le Sénat. « Le Sénat, est-il dit dans ce rapport, a supprimé la faculté que vous aviez voulu donner aux tribunaux d'accorder le divorce en raison de la condamnation de l'un des époux à des peines correctionnelles entachant en fait l'honneur du condamné. Nous regrettons cette disposition... que la raison semblait commander. Un homme peut être infâme sans que la peine à laquelle il a été condamné soit légalement infamante, et s'il est vrai qu'aucun supplice n'est comparable, pour une nature élevée, à celui d'être uni à un être dégradé et pervers, le divorce semblait devoir être admis dans ce cas. La solution du Sénat ne nous a cependant pas paru sans remède. Nous demeurons convaincus que, dans l'immense majorité des cas, les tribunaux considéreront l'infamie du fait de l'un des époux comme une injure grave envers l'autre époux et prononceront le divorce. » Cette opinion, bien qu'exprimée au nom d'une commission parlementaire, ne nous semble pas devoir l'emporter sur la jurisprudence citée plus haut et qui est plus conforme, selon nous, à l'esprit de la loi et à la véritable notion du mariage. Le déshonneur de l'un des époux est un malheur pour l'autre; mais, par lui-même, il ne constitue pas une injure vis-à-vis de celui-ci, qui ne doit pas pour cela seul être délié de l'obligation de cohabiter avec son conjoint, de le secourir et de l'assister, dans la bonne comme dans la mauvaise fortune (Comp. Demolombe, t. 4, n° 396; Aubry et Rau, t. 5, § 491, p. 178, note 25; Massol, 2e éd., p. 93, n° 1).

Sect. 3. — *De la condamnation de l'un des époux à une peine afflictive et infamante* (*Rép.* nos 81 à 86).

95 « La condamnation de l'un des époux à une peine *afflictive et infamante*, dit l'art. 232 c. civ., modifié par la loi du 27 juill. 1884, sera pour l'autre époux une cause de divorce. » L'ancien art. 232 portait : « La condamnation de l'un des époux à une peine infamante sera, etc. » ce qui comprenait, outre les peines afflictives, les peines du bannissement et de la dégradation civique, qui sont seulement infamantes. Le projet voté par la Chambre des députés excluait nommément ces deux peines; mais il reconnaissait, en outre, comme cause de divorce l'absence déclarée. La disposition relative à l'absence fut rejetée par le Sénat dans la séance du 7 juin 1884, et le texte actuel de l'art. 232 fut voté sur la proposition de M. Humbert. « Le but de cette nouvelle rédaction, a dit M. Humbert, à la séance du Sénat du 20 juin 1884 (*Journ. off.* du 21 juin 1884, p. 1138), est de faire décider qu'à l'avenir le bannissement et la dégradation civique, qui sont des peines simplement infamantes, ne seront plus une cause de divorce ni de séparation de corps. »

96. Les peines afflictives et infamantes sont : la mort, les travaux forcés à perpétuité, la déportation, les travaux forcés à temps, la détention et la réclusion. — La condamnation de l'un des époux à l'une de ces peines est pour l'autre époux une cause péremptoire de divorce ou de séparation ; c'est-à-dire que, cette condamnation étant établie, le juge ne peut se refuser à admettre le divorce ou la séparation, suivant la demande du conjoint.

97. Ainsi qu'on l'a déjà observé au *Rép.* n° 81, la condamnation à une peine correctionnelle, prononcée, à raison de l'admission de circonstances atténuantes, pour un fait qualifié crime, ne suffit pas pour motiver le divorce ou la séparation de corps. Ce n'est pas à la qualification du fait, ni à la peine que ce fait pouvait entraîner, mais à la peine effectivement prononcée, que la loi a attaché le droit de demander le divorce (Grenoble, 24 janv. 1865, aff. Micoud, D. P. 65. 2. 220; Demolombe, t. 4, n° 396; Aubry et Rau, t. 5, § 491, p. 178, note 25; Le Senne, n° 100; Carpentier, *Traité du divorce*, n° 51; Poulle, p. 125; Vraye et Gode, t. 1, n° 76).

98. Actuellement l'art. 232 c. civ., qui n'a pas été modifié en Belgique comme chez nous, s'y trouve inapplicable, à raison de ce que l'art. 7 du code pénal belge promulgué en 1867 ne qualifie plus aucune peine d'infamante (Trib. Bruxelles, 22 déc. 1877, *suprà*, n° 93; Frémont, n° 159).

99. La condamnation invoquée comme cause de divorce ou de séparation de corps doit être définitive. Cela résultait de l'art. 261 c. civ., modifié par la loi du 27 juill. 1884, mais

---

années de surveillance de la haute police, prononcée par la cour d'assises du Brabant le 4 avr. 1876 contre le défendeur du chef d'un vol domestique à l'aide d'effraction et de fausses clefs et d'un vol simple, ne constitue pas une cause de divorce; et que, d'autre part, les faits qui ont motivé cette condamnation ne revêtent point par eux-mêmes le caractère d'injures graves à l'égard de la demanderesse; — Attendu que les faits cotés en ordre subsidiaire par elle sont pertinents et relevants, mais que la preuve n'en est pas rapportée; — Par ces motifs, déboute la demanderesse de ses conclusions contraires au présent jugement et, avant de statuer sur l'admission du divorce, admet la demanderesse à prouver par tous moyens de droit, notamment par les témoins qui seront ultérieurement désignés conformément à l'art. 249 c. civ., les faits repris *sub-numeris* 1, 2, 3, 4 et 5 en sa requête introductive d'instance, réserve au défendeur la preuve contraire par les mêmes moyens.

Du 22 déc. 1877.-Trib. de Bruxelles.

(1) (Femme X... *C.* X...) — La cour; — Considérant que le fait qui a motivé la condamnation correctionnelle prononcée contre X..., par lui-même et par sa nature infâme, rapproché, d'ailleurs, des faits d'abandon et de mépris articulés et non démentis, constitue une injure grave qui rend la vie commune insupportable à la femme X...; — Par ces motifs, donne défaut contre X... qui n'a pas constitué avoué et, pour le profit, infirme le jugement dont est appel; quoi faisant, déclare la femme X... séparée de corps avec son mari, etc.

Du 23 févr. 1857.-C. de Caen.

(2) (Donkelaer, femme Graven *C.* Graven.) — La cour; — Attendu que le mariage crée entre les époux, avec l'union intime des êtres, une étroite solidarité morale qui impose à chacun d'eux le devoir de s'abstenir d'actes coupables dont la honte pourrait rejaillir sur son conjoint et nuire à sa légitime considération; — Attendu que l'appelante a volontairement méconnu cette obligation en commettant divers méfaits qui ont entraîné à sa charge, le 16 déc. 1879, des condamnations aux peines suivantes : 1° un an de prison et 50 fr. d'amende pour détournement frauduleux ; 2° huit jours de prison et 25 fr. d'amende pour recèlement frauduleux; 3° six mois de prison et 50 fr. d'amende pour détour-

qui a été abrogé par celle du 18 avr. 1886 ; il était ainsi conçu : « Lorsque le divorce sera demandé par la raison qu'un des époux est condamné à une peine afflictive et infamante, les seules formalités à observer consisteront à présenter au tribunal de première instance une expédition en bonne forme de la décision portant condamnation, avec un certificat du greffier constatant que cette décision n'est plus susceptible d'être réformée par les voies légales ordinaires. Le certificat du greffier devra être visé par le procureur général ou par le procureur de la République ». L'abrogation de cet article a eu simplement pour but, comme cela a été déclaré dans l'exposé des motifs, de soumettre la demande en divorce basée sur l'art. 232 aux mêmes formes de procédure que toute autre demande ; il n'en reste donc pas moins vrai que la seule condamnation qui puisse motiver le divorce est celle qui n'est plus susceptible d'être réformée par les voies légales ordinaires. Et par voies légales ordinaires, il faut entendre ici toute voie de recours qui suspend l'effet de la condamnation, notamment le pourvoi en cassation. Aussi longtemps, en effet, que la culpabilité de l'époux condamné n'est pas juridiquement et définitivement établie, on ne peut permettre à son conjoint de poursuivre et d'obtenir contre lui, en se basant sur la condamnation, un divorce ou une séparation de corps que la chose jugée rendrait irrévocable (Carpentier, *Traité du divorce*, n° 54, et *La loi du* 18 *avr.* 1886 *et la jurisprudence en matière de divorce*, n° 79 ; Vraye et Gode, t. 1, n° 77 ; Poulle, p. 126).

100. Si la condamnation a été prononcée par contumace, elle ne devient définitive, suivant l'opinion généralement admise, qu'après l'expiration du délai de vingt années accordé au condamné pour se représenter ; le conjoint ne peut donc obtenir le divorce en vertu de la condamnation qu'après ces vingt années (V. outre les arrêts et les auteurs cités au *Rép.* n° 82 : Trib. Anvers, 23 mars 1876 (1) ; Trib. Limoges, 7 nov. 1884 (2) ; Paris, 11 févr. 1887 (3) ; Aubry et Rau, t. 5, § 491, p. 178, note 27 ; Le Senne, n° 102 ; Carpentier, *Traité du divorce*, n° 54 ; Frémont, n° 152 ; Vraye et Gode, t. 1, n° 78 ; Poulle, p. 126.) Toutefois, le fait ayant motivé la condamnation et ayant été suivi de l'abandon du conjoint par l'époux contumax pourra, dans certains cas, constituer une injure grave, qui permettra au tribunal de prononcer le divorce ou la séparation de corps sans attendre l'expiration du délai de vingt ans (Comp. Dijon, 5 mai 1871, et sur pourvoi, Req. 14 mai 1872, aff. Besson, D. P. 73. 1. 17).

101. En ce qui concerne la *revision*, il y a lieu, suivant nous, de distinguer. Il est certain, comme on l'a dit au *Rép.* n° 83, que la demande en divorce ou en séparation de corps ne pourrait pas être rejetée sous prétexte que la condamnation est susceptible de revision. Mais, lorsque le pourvoi en revision est régulièrement formé, nous pensons qu'il doit faire obstacle au divorce ou à la séparation à partir du moment où, d'après la loi (c. pén. art. 444), il a un effet suspensif (Comp. en ce sens : Aubry et Rau, t. 5, § 491, p. 178, note 28 ; Le Senne, n° 103).

102. La condamnation à une peine afflictive et infamante

---

nement frauduleux ; 4° trois mois de prison et 25 fr. d'amende du même chef ; 5° six mois de prison pour faux en écriture ; — Attendu que ces nombreuses condamnations sont constitutives d'une injure d'autant plus grave que l'intimé mérite à tous égards l'estime publique, et qu'il exerce, comme employé de l'Etat, des fonctions où l'honorabilité la plus entière est absolument nécessaire ; — Attendu que, dans ces circonstances, il y a lieu d'admettre entre parties le divorce par application de l'art. 231 c. civ., et de retirer ainsi à l'appelante le nom respectable qu'elle a compromis par sa conduite et qu'elle est, dès lors, indigne de porter ; — Par ces motifs ; — Met l'appel à néant, etc.

Du 17 févr. 1881.-C. de Bruxelles, 2e ch.-MM. Constant Casier, pr.-Van Schoor, av. gén.-Weber et Georges Janson, av.

(1) (Femme X... *C.* X...). — LE TRIBUNAL ; — Attendu que par exploit d'huissier du 27 janv. 1876, enregistré, la demanderesse intenta régulièrement contre son mari une action en divorce fondée sur des injures graves résultant tant de l'abandon du mari, qui a quitté sa femme depuis 1872, que de sa condamnation à dix années de réclusion du chef de banqueroute frauduleuse, prononcée par arrêt de la cour d'assises du Brabant du 1er avr. 1874, rendu par contumace ; — Attendu que cet arrêt, n'étant point définitif, ne peut pas suffire à motiver le divorce ; — Attendu que le fait d'abandon du mari n'est pas non plus par lui-même une cause de divorce ; qu'il ne revêt le caractère d'injure grave que s'il est accompagné de circonstances outrageantes, notamment, s'il a eu lieu sans esprit de retour ; — Attendu que les circonstances dans lesquelles l'abandon a eu lieu ne sont pas suffisamment établies, mais qu'il y a lieu d'admettre la demanderesse à la preuve des faits cotés et qui sont propres à le caractériser ; — Par ces motifs, donne défaut contre le défendeur, admet la demande en divorce ; et, avant de statuer au fond, admet la demanderesse à la preuve des circonstances dans lesquelles l'abandon a eu lieu et l'arrêt par contumace a été prononcé, savoir, etc.

Du 23 mars 1876.-Trib. d'Anvers.

(2) (C... *C.* C...) — LE TRIBUNAL ; — En droit : — Attendu que l'effet de l'art. 232 nouveau c. civ., portant que la condamnation de l'un des époux à une peine afflictive et infamante sera pour l'autre une cause de divorce, est subordonné aux dispositions de l'art. 261 du même code, qui veut que le divorce, qui est poursuivi pour cette cause, ne puisse être prononcé qu'autant que la décision qui prononce la condamnation n'est pas susceptible d'être réformée par les voies légales ; — Attendu que, d'après les art. 476, 635 et 641 c. instr. cr., tout jugement rendu par contumace, portant condamnation à une peine afflictive et infamante, est anéanti et susceptible d'être réformé lorsque, pendant les vingt ans qui suivent la date du jugement, le condamné se constitue prisonnier, ou qu'il est arrêté ; que, sous l'empire du code civil, et antérieurement à la loi de 1816, abolitive du divorce, la cour de cassation avait décidé que le divorce ne pouvait être obtenu par l'épouse du condamné contumax avant l'expiration de ce délai de vingt ans ; qu'une doctrine unanime a consacré une solution semblable au cas où la séparation de corps est poursuivie par l'épouse de celui qui a été condamné par contumace à une peine afflictive et infamante ; — Attendu, en fait, que par arrêt de contumace du 8 mars 1874, rendu par la cour d'assises de la Haute-Vienne, Léopold C... a été condamné à la peine afflictive et infamante de dix ans de réclusion pour abus de confiance qualifiés ; que depuis la date de cet arrêt jusqu'au moment actuel, moins de vingt ans se sont écoulés ; que d'un autre côté, C... ne s'est point constitué prisonnier, ni n'a été arrêté ; que, conséquemment, aujourd'hui l'arrêt du 8 mars 1874 est encore susceptible d'être réformé par une voie légale ordinaire ; que le certificat, délivré, le 26 août 1884, par le greffier de la cour d'appel de Limoges, se borne à énoncer qu'il n'existe sur les registres du greffe aucune mention de déclaration constatant qu'un recours quelconque a été formé contre l'arrêt prédaté ; que la vérité de cette attestation n'infirme nullement les propositions ci-dessus émises, desquelles il résulte que si, maintenant ou jusqu'au 8 mai 1894, le condamné se constituait prisonnier ou était arrêté, l'arrêt de condamnation tomberait de plein droit ;

Par ces motifs, etc.

Du 7 nov. 1884.-Trib. civ. de Limoges, 1re ch.-M. Gilbert, pr.

(3) (B... *C.* B...) — Le tribunal civil de la Seine a rendu, le 16 juill. 1886, le jugement suivant : — « Attendu que Mme B... a formé contre son mari, à la date du 24 juill. 1885, une demande en divorce ; que cette demande est uniquement fondée sur les faits suivants : « condamnation du mari à une peine afflictive et infamante et abandon du domicile conjugal » ; — Attendu, en droit, que la condamnation à une peine infamante, admise par l'art. 232 c. civ. comme cause de divorce, ne peut être invoquée par l'époux demandeur qu'autant qu'elle est définitive et que la peine n'est plus susceptible d'être réformée par les voies légales ; qu'en matière de contumace la condamnation ne devient définitive que par l'expiration des vingt années après lesquelles la peine est éteinte par la prescription, puisque, jusque-là, aux termes de l'art. 476 c. instr. cr., le condamné, en se représentant, peut faire tomber la condamnation prononcée ; — Attendu, en fait, que B.... a été condamné par contumace à dix ans de réclusion, par arrêt de la cour d'assises de la Seine, en date du 16 oct. 1877 ; qu'ainsi la condamnation n'est pas définitive ; — Attendu, quant à l'abandon du domicile, qu'il ne peut être considéré comme une cause de divorce que si les circonstances dans lesquelles il s'est accompli présentent le caractère d'une injure grave à l'encontre de l'époux abandonné ; — Attendu que, de la demande même de la femme B... il résulte que la disparition de son mari ne paraît avoir été motivée que par le désir d'échapper aux conséquences du fait criminel pour lequel il est poursuivi ; que, par suite, cet abandon ne saurait être considéré comme injurieux pour la femme ; — Attendu que dans ces circonstances la demande n'est pas justifiée ; — Par ces motifs, déclare la femme B... non recevable, en tous cas mal fondée en sa demande, l'en déboute, et la condamne aux dépens ». — Appel. — Arrêt.

LA COUR ; — Adoptant les motifs des premiers juges, confirme.

Du 11 févr. 1887.-C. de Paris, 4e ch.-MM. Faure-Biguet, pr.-Calary, av. gén.

n'en demeure pas moins une cause de divorce, quand même le condamné a été gràcié ou a obtenu une commutation de peine. La grâce, en effet, supprime la peine, mais n'efface pas la condamnation (*Rép.* n° 84; Paris, 19 août 1847, aff. Gastal, D. P. 47. 4. 436; Aubry et Rau, t. 4, § 491, p. 179, note 29; Le Senne, n° 104; Frémont, n° 156; Carpentier, *op. cit.* n° 52; Vraye et Gode, t. 1, n° 81).

103. La prescription de la peine laisse également subsister pour le conjoint le droit de demander le divorce ou la séparation (Carpentier, *loc. cit.;* Vraye et Gode, t. 1, n° 81 *bis*).

104. Aux termes de l'art. 634 c. instr. cr., modifié par la loi du 14 août 1885 (D. P. 85. 4. 60), « la réhabilitation efface la condamnation et fait cesser pour l'avenir toutes les incapacités qui en résultaient ». On a déduit avec raison de cette disposition que la réhabilitation obtenue par l'époux condamné élève une fin de non-recevoir contre la demande en divorce fondée sur la condamnation (Rousseau et Laisney, *Dictionnaire de procédure*, t. 1, v° *Divorce*, n° 102; Vraye et Gode, t. 1, n° 82). C'est, du reste, ce que l'on admettait déjà antérieurement, en ce qui concerne la séparation de corps, sous l'empire de l'ancien art. 634 c. instr. cr. (V. *Rép.* n° 84; *adde :* Aubry et Rau, t. 5, § 191, p. 179).

105. Il en est de même de l'amnistie. On a invoqué à tort ici le principe que l'amnistie ne peut pas porter atteinte aux droits des tiers (Coulon, Faivre et Jacob, p. 27). Ce principe signifie seulement que, si l'amnistie éteint l'action publique, elle laisse subsister l'action civile en réparation du dommage causé par le crime ou délit. Le droit de demander le divorce étant attaché non au crime ou délit, mais à la condamnation prononcée, ce droit doit nécessairement tomber par l'effet de l'amnistie, qui fait disparaître jusqu'au souvenir de cette condamnation (Aubry et Rau, t. 5, § 491, p. 179, note 30; Carpentier, *op. cit.*, n° 52; Vraye et Gode, t. 1, n° 83).

106. Une condamnation afflictive et infamante antérieure à la loi du 27 juill. 1884 peut-elle être une cause de divorce? Nous avons déjà rencontré *suprà*, n° 45, une question analogue au sujet de l'adultère du mari. Nous l'avons résolue par l'affirmative, et ici encore la même solution semble commandée. La loi, en permettant de convertir en demandes de divorce les demandes de séparation de corps pendantes au moment de sa promulgation, a par cela même montré que le législateur considérait les faits antérieurs à la nouvelle loi comme pouvant motiver le divorce (V. en ce sens : Turin, 25 mai et 8 oct. 1808, cités au *Rép.* n° 441; Vraye et Gode, t. 1, n° 84).

107. Si la condamnation est antérieure au mariage, la question de savoir si elle peut néanmoins servir de base au divorce ou à la séparation de corps, dans le cas où le conjoint du condamné l'a ignorée, est controversée. On reconnaît généralement que, si le conjoint a connu la condamnation dès avant le mariage, il ne peut s'en faire un grief, et cette concession est invoquée par ceux qui soutiennent que la condamnation ne suffit pas à elle seule pour motiver le divorce ou la séparation de corps; que l'époux trompé peut seulement se plaindre d'une injure grave. Le texte de l'art. 232 est favorable à cette opinion, car c'est la condamnation « de l'un des deux *époux* » qu'il déclare être pour l'autre une cause de divorce; si la condamnation est antérieure au mariage, elle n'a pas frappé l'époux (V. en ce sens : Demolombe, t. 4, n° 392; Aubry et Rau, t. 5, § 491, p. 178, note 26; Massol, 2e éd., p. 98, n° 5; Le Senne, n° 101). Les auteurs qui pensent que la condamnation antérieure au mariage doit entraîner de plein droit le divorce ou la séparation de corps, lorsqu'elle a été cachée au conjoint, argumentent des motifs de l'art. 232 : cet article, disent-ils, a pour but d'empêcher qu'un époux innocent ne soit obligé de vivre avec un conjoint flétri par la justice, et il importe peu que la flétrissure soit antérieure au mariage, si l'époux ne l'a connue qu'après le mariage (Carpentier, *op. cit.*, n° 52; Vraye et Gode, t. 1, n° 87. — Comp. *Rép.* n° 86).

108. Il a été jugé que l'époux demandeur en séparation de corps peut invoquer la condamnation de son conjoint à une peine infamante survenue postérieurement à l'appel interjeté par lui contre le jugement qui a rejeté sa demande (Paris, 24 avr. 1872, aff. Bacquoy-Guédon, D. P. 72. 2. 172); il n'y a pas là une nouvelle demande proscrite par l'art. 464 c. proc. civ.

109. Une condamnation prononcée par un tribunal étranger ne pourrait être la base d'une demande en divorce fondée sur l'art. 232, car les jugements rendus en pays étranger n'ont pas force de chose jugée en France (Carpentier, *op. cit.*, n° 53; Vraye et Gode, t. 1, n° 89. — Comp. Trib. Liège, 21 oct. 1877, *suprà*, n° 93). Mais toute condamnation à une peine afflictive et infamante prononcée en France peut motiver le divorce, quelle que soit la juridiction répressive dont elle émane, cour d'assises, tribunal militaire, tribunal maritime ou juridiction spéciale des colonies, car l'art. 232 ne distingue pas (Carpentier, *ibid.;* Vraye et Gode, t. 1, n° 88).

CHAP. 3. — De la procédure en matière de divorce et de séparation de corps (*Rép.* nos 87 à 308).

110. Dans ce chapitre, nous devons étudier, en suivant, autant que possible, l'ordre des articles du code civil, modifié par les lois du 27 juill. 1884 et du 30 avr. 1886, non seulement la procédure proprement dite, mais encore les différentes questions qui s'y rattachent. Nous traiterons successivement : 1° des personnes par qui et contre qui la demande en divorce ou en séparation de corps peut être formée; 2° du tribunal compétent pour cette demande; 3° du préliminaire de conciliation; 4° des formalités de la demande et des demandes reconventionnelles; 5° des mesures provisoires et conservatoires; 6° de la nullité des actes passés par le mari en fraude des droits de la femme; 7° des causes d'extinction de l'action ou des fins de non-recevoir contre la demande; 8° des moyens de preuve; 9° du jugement; 10° des voies de recours contre le jugement; 11° de la publication du jugement ou de l'arrêt qui prononce le divorce et de sa transcription sur les registres de l'état civil.

SECT. 1re. — PAR QUI ET CONTRE QUI LA DEMANDE EN DIVORCE OU EN SÉPARATION DE CORPS PEUT ÊTRE FORMÉE (*Rép.* nos 88 et 89).

111. Le droit que les art. 229 à 232 et 306 c. civ. confèrent aux époux de demander le divorce ou la séparation de corps est essentiellement personnel. C'est l'époux outragé qui doit d'abord apprécier si les griefs qu'il a contre son conjoint sont assez graves pour le déterminer à solliciter la rupture du lien conjugal ou la cessation de la vie commune. Quelle que soit, d'ailleurs, la gravité de ces griefs, l'époux a toujours la faculté de pardonner et de ne pas user du droit qu'il tient de la loi. Le divorce ou la séparation de corps ne peut donc être demandé, en principe, que par l'un des époux contre l'autre.

112. La première conséquence de ce principe est que l'action en divorce ou en séparation de corps ne peut pas être exercée par les créanciers d'un époux, à raison de l'intérêt pécuniaire qu'ils auraient à ce que le divorce ou la séparation eût lieu. Il en est ainsi même de la séparation de biens (c. civ. art. 1166), et le législateur pouvait se dispenser de le dire pour le divorce et la séparation de corps.

113. En second lieu, les héritiers d'un époux décédé ne peuvent pas exercer l'action en divorce ou en séparation, même après qu'elle a été intentée par leur auteur (c. civ. art. 244) (V. *infrà*, n° 131).

114. Mais l'un des époux peut être incapable d'ester en justice, pour une cause quelconque, et alors il y a lieu de rechercher par qui cet époux devra être assisté ou représenté dans l'exercice de l'action en divorce ou en séparation de corps. La femme, tout d'abord, est en partie relevée de l'incapacité qui, pour elle, résulte du mariage. Elle n'est pas soumise à demander l'autorisation du mari, mais peut présenter directement sa requête au président du tribunal à l'effet de faire citer son mari à comparaître devant lui pour se concilier; à défaut de conciliation, elle est valablement autorisée à ester en justice jusqu'à la fin de l'instance et des opérations qui en sont la suite, par le fait de l'ordonnance lui permettant d'assigner son mari devant le tribunal (c. civ. art. 238, § 4).

115. L'époux mineur, que ce soit le mari ou la femme, doit-il être assisté de son curateur pour intenter l'action en divorce ou en séparation de corps? Oui, d'après plusieurs auteurs, à raison de l'importance de l'action et des questions de liquidation, de récompenses, de révocation de donations qui s'en suivent (Demolombe, t. 8, n° 312; Aubry et Rau, t. 1, § 133, p. 554, note 17; Le Senne, n° 118; Depeiges, n° 25). Cependant il y a un arrêt en sens contraire (Bordeaux, 1er juill. 1806, *Rép.* n° 225), et la doctrine de cet arrêt est soutenue également par un certain nombre d'auteurs. Ils se fondent sur les termes de l'art. 482 c. civ., qui n'exige l'assistance du curateur que pour les actions immobilières; l'action en divorce ne rentre pas dans cette catégorie, et c'est une action qui intéresse la personne bien plus que les biens (Carré et Chauveau, *Lois de la procédure*, t. 6, p. 729, quest. 2964; Dutruc, *Supplément alphabétique aux lois de la procédure*, v° *Séparation de corps*, n° 3; Carpentier, *Traité du divorce*, n° 68; Vraye et Gode, t. 1, n° 118). Dans le doute, le plus sûr pour l'époux mineur serait d'agir avec l'assistance de son curateur, et c'est aussi la solution qui nous paraît la plus juridique. L'action en divorce ou en séparation de corps n'a pas moins d'importance qu'une action immobilière, et, s'il est vrai que l'art. 482 ne parle que des actions immobilières, ce texte est trop peu explicite pour qu'on puisse le considérer comme limitatif. — Dans ce système, l'époux mineur, qui aurait son conjoint pour curateur, devrait avant d'agir se faire nommer un curateur *ad hoc*.

116. L'individu pourvu d'un conseil judiciaire ne peut *plaider* sans être assisté de son conseil (c. civ. art. 499 et 513); il a donc besoin de cette assistance pour intenter une demande en divorce ou en séparation de corps, en première instance ou pour interjeter appel, ainsi que pour défendre à une pareille demande (Limoges, 2 juin 1856, aff. Barrot, D. P. 57. 2. 26; Amiens, 9 juill. 1873, *infrà*, v° *Interdiction;* Demolombe, t. 8, n° 723; Aubry et Rau, t. 1, § 140, p. 570; Le Senne, n° 119; Dutruc, *op. cit.*, n° 7; Frémont, n°s 178 et suiv.; Depeiges, n° 29; Vraye et Gode, t. 1, n° 119. — *Contrà :* Carpentier, n° 69, p. 127). — Toutefois, cet individu n'ayant pas besoin de l'assistance de son conseil judiciaire pour faire des actes conservatoires, l'appel par lui interjeté sans cette assistance devrait être validé, s'il était ratifié par le conseil (Comp. Bruxelles, 24 déc. 1851, *Rép.* v° *Interdiction-conseil judiciaire*, n° 292-5°).

117. Il a toujours été admis que le tuteur d'un époux interdit a qualité pour intenter au nom de celui-ci une demande en séparation de corps (V. *Rép.* n° 89; Bordeaux, 17 mai 1858, aff. Laveau, D. P. 71. 5. 353; Caen, 26 juill. 1865, aff. de Richemont, D. P. 66. 5. 424; Demolombe, t. 8, n° 428; Aubry et Rau, t. 5, § 492, p. 183, note; Massol, *Traité de la séparation de corps*, 2e éd., p. 117, n° 3; Le Senne, n° 116). Mais on se demandait si le tuteur avait besoin pour agir d'être autorisé par le conseil de famille. Cette question est aujourd'hui tranchée dans le sens de l'affirmative par l'art. 307, § 2, c. civ., aux termes duquel « le tuteur de la personne judiciairement interdite peut, avec l'autorisation du conseil de famille, présenter la requête et suivre l'instance à fin de séparation ».

118. Le tuteur peut-il également, avec l'autorisation du conseil de famille, former au nom de l'interdit une demande en divorce? La négative a été consacrée par la cour de cassation de Belgique, le 11 nov. 1869 (aff. B..., D. P. 70. 2. 1), et il résulte des travaux préparatoires de la loi du 18 avr. 1886 que la même solution doit être adoptée en France en ce qui concerne l'individu judiciairement interdit. Relativement à l'individu frappé d'interdiction légale, l'art. 234, § 3, contient la disposition suivante : « En cas d'interdiction légale résultant d'une condamnation, la requête à fin de divorce ne peut être présentée par le tuteur que sur la réquisition ou avec l'autorisation de l'interdit ». Dans le projet de loi présenté par le Gouvernement, cette disposition était précédée d'une autre, ainsi conçue : « Le tuteur de la personne judiciairement interdite peut, avec l'autorisation du conseil de famille, présenter la requête à fin de divorce ». Mais ce paragraphe a été retranché par la commission du Sénat et remplacé par la disposition additionnelle de l'art. 307, citée *suprà*, n° 117, qui permet au tuteur de l'individu interdit judiciairement de former une demande en séparation de corps avec l'autorisation du conseil de famille. Ce changement de rédaction ne peut s'expliquer que par l'intention, de la part de la commission sénatoriale, de refuser au tuteur de l'interdit judiciaire la faculté d'intenter une action en divorce. On s'explique, d'ailleurs, fort bien que le législateur ait cru devoir établir ici une différence entre les demandes en divorce et les demandes en séparation de corps. « Les premières, qui brisent l'union conjugale, exigent, comme le remarque très justement M. Depeiges, n° 27, un acte de volonté personnelle qui exclut la représentation de l'incapable par son mandataire légal; on ne comprendrait pas que le mariage pût se dissoudre sans que l'un des époux eût conscience du résultat poursuivi en son nom. Les secondes produisent des effets qui n'ont rien d'irrévocable; revenant à la raison, l'interdit peut faire cesser par sa simple volonté l'état de séparation de corps; d'un autre côté, la protection de ses intérêts moraux et matériels exige que son tuteur puisse provoquer la séparation contre un conjoint qui déshonore le toit conjugal par sa brutalité ou ses débauches » (V. en ce sens : Carpentier, *La loi du 18 avr. 1886*, n° 27; Coulon et Faivre, art. 234, p. 95 et suiv. — *Contrà :* Vraye et Gode, t. 1, n°s 105 et suiv.).

119. Lorsque l'interdit a pour tuteur son conjoint, la demande en séparation de corps peut être formée par le subrogé tuteur ou par un tuteur *ad hoc* (V. Colmar, 16 févr. 1832, et Paris, 21 août 1841, cités au *Rép.* n° 89; Caen, 26 juill. 1865, cité *suprà*, n° 117).

120. Suivant quelques auteurs, l'individu judiciairement interdit pourrait demander lui-même le divorce, s'il était dans un intervalle lucide (Laurent, t. 3, n° 216; Frémont, n° 172; Coulon et Faivre, art. 234, p. 102. — *Contrà :* Carpentier, *La loi du 18 avr. 1886*, n° 27).

121. L'individu non interdit, mais placé dans un asile d'aliénés, pourrait aussi, en produisant des certificats constatant sa lucidité d'esprit, former lui-même une demande en divorce ou en séparation de corps (Demolombe, t. 8, n° 863). Mais on se demande s'il pourrait être valablement représenté dans l'instance en divorce ou en séparation par un mandataire spécial nommé conformément à l'art. 33 de la loi du 30 juin 1838. L'affirmative n'est pas douteuse, s'il s'agit seulement de continuer une instance commencée par l'époux avant son internement dans l'asile ou de défendre à une action formée contre lui par son conjoint (Civ. rej. 20 mars 1878, aff. Pannier, D. P. 78. 1. 180). Mais on décide généralement qu'un mandataire *ad litem* n'aurait pas qualité pour former la demande au nom de l'aliéné (Dutruc, *op. cit.*, n° 8; Depeiges, n° 28; Carpentier, *La loi du 18 avr.* 1886, n° 28; Vraye et Gode, t. 1, n° 116).

122. Ainsi que nous l'avons vu *suprà*, n° 118, l'individu frappé d'interdiction légale est valablement représenté dans l'instance en divorce par son tuteur; mais « la requête à fin de divorce ne peut être présentée par le tuteur que sur la réquisition ou avec l'autorisation de l'interdit » (c. civ. art. 234, § 3). La loi n'ayant pas déterminé la forme de la réquisition ou de l'autorisation qui doit émaner de l'interdit, il suffit que sa volonté soit clairement exprimée, par exemple au pied de la requête présentée par le tuteur ou dans un acte extrajudiciaire, tel qu'une sommation (Depeiges, n° 31).

123. On se demande si le tuteur est obligé de déférer à la réquisition de l'interdit ou s'il peut s'y refuser, notamment parce que les motifs allégués à l'appui de la demande lui paraissent insuffisants. A notre avis, le texte de la loi décide cette question. La requête ne peut être présentée que par le tuteur; il n'est pas admissible que celui-ci puisse être contraint d'agir contre sa volonté. S'il refuse de présenter la requête, l'interdit n'a d'autre recours que de demander la destitution et le remplacement de son tuteur, conformément aux art. 446 et suiv. c. civ. (Vraye et Gode, t. 1, n° 114. — *Contrà :* Depeiges, n° 32).

124. La règle d'après laquelle le tuteur de l'individu interdit légalement ne peut agir que sur la réquisition ou avec l'autorisation de l'interdit est-elle applicable à la demande en séparation de corps? Pour soutenir la négative, on s'appuie sur ce que l'art. 234 n'est pas de ceux que l'art. 307 déclare applicables à l'action en séparation de corps. D'un autre côté, l'art. 307 n'autorise que « le tuteur de la personne judiciairement interdite » à intenter l'action en séparation de corps avec l'autorisation du conseil de famille. Du rapprochement de ces deux textes, on conclut que l'individu frappé d'interdiction légale doit pouvoir plaider lui-même en séparation de corps (Vraye et Gode, t. 1, n° 111). Mais cette conclusion nous semble inadmissible. Les art. 234 et 307 supposent l'un et l'autre qu'un interdit doit être représenté en justice par son tuteur, et, si le condamné interdit légalement ne peut exercer l'action en divorce que par le fait de son tuteur, on ne voit pas pourquoi il pourrait plutôt agir seul pour la demande en séparation de corps. Nous croyons donc que l'art. 234, § 3, doit être appliqué par analogie à cette demande, qui ne touche pas moins personnellement le condamné que la demande en divorce (V. en ce sens : Depeiges, n° 30).

125. Les étrangers peuvent-ils demander le divorce ou la séparation de corps devant les tribunaux français? (V. *infrà*, n° 140).

126. Il nous reste à dire quelques mots de la capacité requise pour défendre à la demande en divorce ou en séparation de corps. — Tout d'abord, il est évident que la femme n'a pas besoin pour cela d'une autorisation maritale expresse ; étant assignée par son mari, elle est par cela même autorisée tacitement par lui à ester en justice (Comp. Req. 8 mars 1875, aff. Bézinge, D. P. 75. 1. 482; Civ. rej. 18 mars 1878, aff. de Bauffremont, D. P. 78. 1. 201).

127. Suivant l'opinion que nous avons adoptée *suprà*, n° 115, l'époux mineur contre lequel est demandé le divorce ou la séparation de corps doit être assisté d'un curateur.

128. L'individu pourvu d'un conseil judiciaire doit de même être assisté de son conseil (V. *suprà*, n° 116). L'aliéné interdit ne peut être l'objet d'une demande en divorce ou en séparation que pour des causes antérieures à son état de démence (V. *suprà*, n° 47. Comp. Trib. Seine, 4 mars 1869, aff. Serres, D. P. 70. 3. 79). L'action doit être alors formée contre son tuteur, qui n'aura pas besoin d'une autorisation du conseil de famille pour y défendre, car cette autorisation n'est requise que pour intenter une demande de séparation de corps.

129. Nous avons déjà indiqué *suprà*, n° 121, que l'individu placé dans un établissement d'aliénés doit être représenté par un mandataire *ad litem*, dans le cas où une demande en divorce ou en séparation est poursuivie contre lui.

130. Quant à l'individu frappé d'interdiction légale, son tuteur, qui le représente pour la demande (V. *suprà*, n° 118), doit aussi le représenter pour la défense, et en ce cas il n'y a plus lieu à la réquisition ou à l'autorisation de l'interdit exigée par l'art. 234, § 3 (Paris, 7 avr. 1887, aff. Caillet, D. P. 88. 2. 245).

131. Quelques auteurs se sont demandé si une action en divorce ou en séparation pourrait être régulièrement poursuivie contre un époux absent. Rien ne s'oppose à l'exercice de cette action pendant la période de présomption d'absence; mais il en est autrement, dit-on, après la déclaration d'absence, parce que l'existence de l'absent est alors incertaine et que l'action ne peut pas être intentée contre les envoyés en possession des biens de l'absent, de même qu'elle ne pourrait pas l'être contre ses héritiers (Carpentier, *Traité du divorce*, n° 67). Ces raisons cependant ne nous paraissent pas décisives. Si le conjoint de l'absent a de justes motifs de demander le divorce ou la séparation de corps, l'ignorance où l'on est du sort de l'absent ne suffit pas pour dépouiller ce conjoint d'un droit préexistant en sa faveur. Les envoyés en possession provisoire n'auront certainement pas qualité pour défendre à l'action, qui devra nécessairement être dirigée contre l'absent lui-même; la procédure aura lieu par défaut, comme cela se fait toutes les fois que le domicile du défendeur est inconnu. Il pourra, sans doute, arriver quelquefois que la justice prononce le divorce ou la séparation contre une personne décédée; mais le même cas peut se produire tout aussi bien lorsque le défendeur est présent, et les héritiers de l'absent auraient toujours la faculté de faire tomber les effets du jugement, en démontrant le décès de leur auteur (V. en ce sens : Depeiges, n° 41).

SECT. 2. — DE LA COMPÉTENCE (*Rép.* n°s 90 à 95).

132. L'ancien art. 234 c. civ. portait que la demande en divorce ne pourrait être formée qu'au tribunal de l'arrondissement dans lequel les époux auraient leur domicile. Cette disposition était peu utile, car elle ne faisait que reproduire pour le divorce la règle générale : *Actor sequitur forum rei* ; elle a donc pu disparaître sans inconvénient. L'art. 234 modifié par la loi du 18 avr. 1886 indique simplement que l'époux qui veut former une demande en divorce doit présenter sa requête au président du tribunal ou au juge qui en fait les fonctions. Comme il s'agit d'une action purement personnelle, le tribunal compétent est celui du domicile du défendeur (c. proc. civ. art. 59). La femme ayant pour domicile légal celui de son mari (c. civ. art. 108), c'est devant le tribunal de ce domicile qu'elle doit porter son action. C'est aussi devant le tribunal de son propre domicile que le mari portera son action en divorce, alors même que sa femme aurait une résidence de fait dans le ressort d'un autre tribunal. — La demande en séparation de corps est sous ce rapport soumise aux mêmes règles que l'action en divorce.

133. Il est un cas toutefois où, suivant la plupart des auteurs, le domicile de la femme, en droit comme en fait, n'est pas le même que celui du mari; c'est lorsque les époux sont séparés de corps (V. *infrà*, v° *Domicile*, n° 48). Dans ce cas spécial, le mari qui formerait une demande de divorce devrait la porter devant le tribunal du domicile de la femme (Goirand, p. 47; Coulon et Faivre, art. 234, p. 97; Depeiges, n° 56; Vraye et Gode, t. 1, n° 160. — Pour la demande de conversion de la séparation de corps en divorce, V. *infrà*, n°s 665 et suiv.).

134. Sauf cette exception, tout autre tribunal que celui du domicile du mari est incompétent pour connaître de la demande en divorce. D'après un arrêt de la cour de Bruxelles, lorsqu'un Belge s'est établi en France, même sans autorisation du Gouvernement, et n'a conservé en Belgique ni domicile, ni résidence, les tribunaux belges sont incompétents pour connaître de la demande en divorce formée contre lui par sa femme, alors même que le juge français, saisi de cette même demande en divorce, se serait déclaré incompétent à raison de la qualité d'étranger du défendeur (Bruxelles, 18 janv. 1888, aff. Garlet, D. P. 88. 2. 249).

135. Si le domicile actuel du mari est inconnu, c'est au lieu de son dernier domicile que la femme doit former sa demande en divorce ou en séparation de corps (Carpentier, *La loi du* 18 *avr.* 1886, n° 34). — Il a été jugé : 1° qu'en cas d'abandon de la femme par le mari, le tribunal du dernier domicile de celui-ci est compétent pour connaître de la demande en divorce formée par la femme ; qu'on ne saurait considérer comme constituant un nouveau domicile la résidence passagère du mari chez sa mère, alors qu'il ne justifie pas d'un logement séparé où il pourrait recevoir sa femme et que les nécessités de la profession qu'il a adoptée (celle de voyageur de commerce) l'entraînent à des déplacements qui durent une partie de l'année (Trib. Lyon, 26 nov. 1885) (1) ; — 2° Qu'une vie errante est exclusive de tout domicile, et qu'une femme qui a été abandonnée par

(1) (Larive C. Larive.) — LE TRIBUNAL; — Attendu qu'il résulte des renseignements et documents produits que les époux Larive se sont établis à Lyon en 1869; que le mari a exploité, pendant cinq ans, quai Fulchiron, n° 1, un magasin de librairie; que le commerce n'ayant pas prospéré, fut liquidé, qu'ensuite Larive installa sa femme rue Saint-Dominique, dans un appartement où elle fit ses couches, et que, pour se créer des ressources, il voyagea au compte de la maison Vivès de Paris, dont il avait été le représentant à Lyon ; — Attendu qu'il est constant que depuis 1874, époque à laquelle il paraît avoir abandonné sa femme, Larive ne s'est fixé nulle part; que les nécessités du genre de vie et de profession qu'il a adopté l'entraînent à des déplacements qui durent la majeure partie de l'année; qu'aucun acte de sa part n'a prouvé son intention de se créer un autre domicile ou principal établissement; — Attendu, il est vrai, qu'il prétend être domicilié à Ciep (Haute-Garonne); qu'il justifie de son inscription sur les listes électorales de cette commune et produit un certificat du maire attestant ces faits ; — Attendu que ces circonstances ne suffisent pas pour créer le domicile; que tout d'abord Larive paraît résider chez sa mère pendant les courts moments de répit que lui laisse sa profession ; qu'il n'établit pas qu'il ait un logement séparé où il soit installé dans ses meubles, où il puisse recevoir sa femme; que l'inscription sur les listes électorales n'emporte pas élection de domicile, puisque, pour y avoir droit, il suffit d'être inscrit dans une commune au rôle d'une des quatre contributions directes; que le certificat du maire de Ciep, n'attestant pas que Larive a, conformément à l'art. 104 c. civ., fait à la mairie sa déclaration de changement de domicile, n'a aucune valeur juridique; — Attendu qu'il résulte de l'ensemble des faits qui précèdent que Larive a conservé l'ancien

son mari peut valablement, dans l'impossibilité où elle se trouve de déterminer le lieu où celui-ci a transporté son principal établissement, l'assigner devant le tribunal du lieu où se trouvait le domicile conjugal (Trib. Seine, 12 juill. 1886) (1).

136. Si même le mari n'a aucun intérêt qui le rattache au lieu de son dernier domicile et si un assez long temps s'est écoulé depuis qu'il l'a quitté, la femme peut alors former sa demande en divorce ou en séparation devant le tribunal de sa propre résidence, alors même que cette résidence a changé depuis le départ du mari. La résidence de la femme peut en ce cas être considérée comme le domicile du mari, car il devrait y demeurer, à défaut par lui d'en offrir un autre à la femme. On peut dire aussi que l'abandon de la femme par le mari qui cesse de donner de ses nouvelles équivaut, de la part de celui-ci, à une autorisation pour elle de se choisir un domicile; or, suivant les principes généraux, lorsque le défendeur n'a ni domicile, ni résidence connus en France, le demandeur peut l'assigner devant le tribunal de son propre domicile (c. proc. civ. art. 59) (Comp. Vraye et Gode, t. 1, n° 165 ; Carpentier, *La loi du* 18 *avr.* 1886, n° 34).

137. Lorsque le mari quitte son ancien domicile pour en prendre un nouveau, c'est le tribunal de ce nouveau domicile qui devient compétent pour connaître de l'action en divorce ou en séparation de corps non encore intentée. Mais, si le changement de domicile se produit depuis que le tribunal est saisi de la demande, il n'a aucune influence sur la compétence, et le tribunal régulièrement saisi n'en doit pas moins connaître de l'action principale et de toutes actions accessoires. Si le mari formait devant le tribunal de son nouveau domicile une instance connexe, par exemple une demande en réintégration du domicile conjugal, la femme pourrait lui opposer une exception de litispendance. Le mari ne saurait, en effet, par un simple changement de domicile, soustraire la connaissance de l'action à des juges légalement saisis. Le seul effet de ce changement de domicile sera d'obliger la femme à lui signifier les actes de procédure au nouveau domicile par lui choisi.

138. Mais à quel moment le tribunal sera-t-il saisi de la demande? On a soutenu que le tribunal ne pouvait être considéré comme régulièrement saisi que lorsque l'époux défendeur avait été assigné à comparaître devant le tribunal, après que la tentative de conciliation devant le président avait eu lieu. Cette opinion, qui s'était produite au sujet de la procédure en séparation de corps et avant le rétablissement du divorce, se fondait principalement sur les termes de l'art. 878 c. proc. civ., suivant lequel le président, après avoir vainement fait aux époux les représentations qu'il croyait propres à opérer un rapprochement, rendait une ordonnance « portant que, attendu qu'il n'a pu concilier les parties, il *les renvoie à se pourvoir* » (Le Senne, *Traité de la séparation de corps*, n°s 281 et suiv.). Mais l'art. 878 c. proc. civ. est maintenant abrogé implicitement par le nouvel art. 307 c. civ., et, dès avant cette abrogation, il a été jugé par la cour de cassation que la requête présentée par l'époux demandeur en séparation de corps au président du tribunal à l'effet d'être autorisé à citer son conjoint à comparaître devant ce magistrat, devait être considérée comme le premier acte de l'instance soumise à la juridiction du tribunal; que, dès lors, la notification de cette requête et de l'ordonnance permettant de citer et la citation donnée en conséquence avaient pour effet de lier l'instance et de saisir le tribunal, qui, par suite, ne pouvait être dessaisi par le changement de domicite du mari après cette notification (Req. 8 déc. 1880, aff. Rousselin, D. P. 81. 1. 260). Aujourd'hui, les auteurs sont d'accord pour reconnaître que l'instance en divorce ou en séparation de corps doit être réputée commencée et le tribunal saisi dès avant l'ajournement devant le tribunal; mais ils diffèrent encore sur le moment précis auquel cet effet a lieu. Suivant les uns, le tribunal est saisi « au moment où la requête est présentée au président » (Carpentier, *Traité du divorce*, n° 112 ; Vraye et Gode, t. 1, n° 170); suivant d'autres, l'instance est engagée « lorsque le défendeur a reçu la signification de la requête et de l'ordonnance du président en conformité de l'art. 237 » (Depeiges, n° 57; Paris, 5 août 1886, aff. Fontenailles, D. P. 87. 2. 117, et la note de M. Glasson sous cet arrêt), ou même seulement « postérieurement au procès-verbal de non-conciliation » (Coulon et Faivre, p. 98). Quant à nous, aucune de ces solutions ne nous satisfait parfaitement. Le fait de la présentation de la requête est bien le point de départ de la demande en divorce; mais, comme la requête peut encore être retirée sur les observations du président, nous croyons plus exact de dire que la demande n'est définitivement formée qu'au moment où le président ordonne au bas de la requête, conformément à l'art. 235 c. civ., que les parties comparaîtront devant lui. C'est aussi à partir *de la date de cette ordonnance* qu'aux termes de l'art. 243 les obligations contractées par le mari à la charge de la communauté sont susceptibles d'être annulées. L'ordonnance rendue en conformité de l'art. 235 étant le premier acte de juridiction qui intervient dans l'instance en divorce ou en séparation de corps, il n'y a rien d'anormal à décider que l'instance est engagée et que le tribunal est saisi dès l'instant où cette ordonnance est rendue et avant même qu'elle ait été notifiée au défendeur. C'est donc à la date de cette ordonnance que se fixe la compétence du tribunal; peu importe que le mari change ensuite de domicile; on ne saurait admettre que ce changement pût obliger la femme à présenter de nouveau sa requête au président d'un autre tribunal (Comp. Poitiers, 11 mars 1863, aff. de Sapinaud, D. P. 63. 2. 96 ; Paris, 5 févr. 1889, aff. Calvet-Rognat, D. P. 90, 2e part.).

139. L'incompétence de tout autre tribunal civil que celui du domicile de l'époux défendeur étant purement relative, il en résulte qu'elle doit être proposée *in limine litis*. Il a été jugé que si l'époux défendeur à la demande en séparation de corps ou en divorce comparait devant le président du tribunal sans opposer cette incompétence, il est déchu du droit de s'en prévaloir devant le tribunal (Paris, 5 août 1886, aff. Fontenailles, D. P. 87. 2. 117; Orléans, 13 juill. 1887, aff. Picot, D. P. 88. 2. 192; Paris, 5 févr. 1889, aff. Calvet-Rognat, cité *suprà*, n° 138). — Toutefois, nous pensons que de simples réserves de la part du défendeur touchant la compétence suffiraient pour lui conserver le droit de proposer son déclinatoire au début de la procédure qui a lieu devant le tribu-

---

domicile de Lyon où il a eu pendant cinq ans son principal établissement; qu'ainsi le tribunal de Lyon a été valablement saisi et demeure compétent; qu'il devient inutile d'examiner les autres moyens des parties; — Par ces motifs; — Se déclare compétent pour connaître de la demande en divorce formée par la dame Larive contre son mari; — Renvoie les parties à une audience ultérieure pour suivre sur les derniers errements de la procédure.

Du 26 nov. 1885.-Trib. civ. de Lyon.-MM. Marion, pr.-Réfiquet et Arcis, av.

(1) (B... C. B...) — LE TRIBUNAL; — Attendu qu'à la demande de divorce formée par la dame B..., le mari oppose une exception d'incompétence tirée de ce que son domicile aurait été fixé à Meaux depuis le mois de juin 1885; — Attendu que le mariage entre les époux B... a été célébré à Paris le 3 oct. 1860, et que les époux ont demeuré ensemble dans cette ville pendant plusieurs années jusqu'au jour où, la vie commune ayant été rompue entre eux, B... s'est livré à une vie errante, au cours de laquelle il a encouru une série de condamnations pour divers faits, tels que vagabondage et rupture de ban; — Qu'à la fin de 1880 il encourait encore une condamnation à deux mois de prison dans le département du Nord; — Qu'il a résidé ensuite plus ou moins longtemps dans diverses localités du midi et du nord de la France, dans lesquelles il ne saurait être considéré comme ayant acquis un véritable domicile; — Que s'il est vrai que, dans le mois de juillet 1885, on le voit demeurant à Meaux, dans un hôtel garni, il est constant qu'au mois d'août suivant il indiquait dans un acte authentique son domicile comme étant à Chauny (Aisne); qu'au mois de septembre il travaillait à Bondy, et que le 9 janv. 1886 un acte lui a été signifié, parlant à sa personne, à Paris, rue du Faubourg-Saint-Antoine, n°...; — Attendu que, dans ces conditions, et la requête introductive se plaçant à la date du 4 nov. 1883, il ne saurait être considéré comme ayant, à cette date, acquis à Meaux un domicile légal en y fixant son principal établissement; — Qu'il n'y a donc lieu d'admettre le déclinatoire proposé;

Par ces motifs; — Rejette l'exception d'incompétence, retient la cause, condamne B... aux dépens de l'incident et renvoie la cause au premier jour pour être statué au fond.

Du 12 juill. 1886.-Trib. civ. de la Seine, 4e ch.-MM. Gréhen, pr.-Jacomy, subst., c. conf.-Félix Roussel et Baton, av.

nal. Nous pensons aussi, avec M. Carpentier, *La loi du 18 avr. 1886*, n° 37, p. 61, que, si le défendeur n'a pas comparu devant le président, il n'est pas déchu du droit d'opposer l'incompétence relative.

140. Les tribunaux français sont-ils compétents pour prononcer le divorce ou la séparation de corps entre époux étrangers? Cette question a été traitée en ce qui regarde la séparation de corps au *Rép.* v[is] *Droits civils*, n°s 318 et suiv.; *Séparation de corps*, n°s 92 et suiv.

Dans l'élaboration de la loi du 18 avr. 1886, au Sénat, M. Bozérian a proposé d'ajouter à l'art. 234 un paragraphe ainsi conçu : « Les étrangers domiciliés en France pourront s'adresser aux tribunaux français pour faire prononcer le divorce, lorsqu'il est autorisé par les lois de leur pays ». Mais cet amendement n'a pas été admis par la commission sénatoriale ; cette commission a pensé que la grave question de la compétence des tribunaux français pour les litiges entre étrangers était trop importante et trop délicate pour être résolue dans une loi spéciale à la procédure du divorce. L'amendement fut, d'ailleurs, retiré par son auteur, sur l'assurance qui lui fut donnée que la commission instituée au ministère de la justice pour la revision du code de procédure civile avait adopté une disposition qui accordait aux étrangers, comme aux Français, le libre accès des tribunaux, sous la seule condition de fournir la caution *judicatum solvi*.

On reste donc, en ce qui concerne la question qui nous occupe, sous l'empire des principes posés par la doctrine et la jurisprudence. Les auteurs sont divisés. Quelques-uns (V. Bonfils, *De la compétence des tribunaux français à l'égard des étrangers*, n°s 198 et suiv.; Durand, *Essai de droit international privé*, n°s 212 et 213; Glasson, *France judiciaire*, 1880-81, p. 225; Laurent, t. 1, n°s 440 et suiv.; Bertauld, *Questions pratiques et doctrinales*, t. 1, n°s 182 et 201), admettent sous certaines distinctions d'un caractère général (V. *infrà*, v° *Droits civils*) que les tribunaux français sont tenus de statuer sur les demandes en séparation de corps ou en divorce formées entre époux étrangers. Il a été jugé, en ce sens, que la séparation est une mesure de protection accordée à l'un des époux pour le soustraire aux sévices et injures graves de l'autre, et que les tribunaux français sont pleinement compétents pour en connaître et la prononcer, bien qu'il s'agisse d'époux étrangers (Trib. Lyon, 13 août 1856, aff. Rachel, D. P. 58. 1. 313). — Mais l'incompétence de la juridiction française en pareille matière est plus généralement admise par la doctrine (V. Aubry et Rau, t. 8, § 748 *bis*, p. 144 et 148; Massé, *Droit commercial*, t. 1, n°s 666 et 670; Fœlix et Demangeat, *Traité de droit international*, t. 1, n° 158, p. 308, note *a*; Féraud-Giraud, *Journal de droit international privé*, 1885, p. 375 et suiv.), et c'est en ce sens que la jurisprudence est fixée (Lyon, 25 févr. 1857, et sur pourvoi, Req. 10 mars 1858, aff. Rachel, D. P. 58. 1. 313; Paris, 13 févr. 1858, aff. Bauer, D. P. 58. 2. 56; 23 juin 1859, aff. Dausoigne Méhul, D. P. 60. 2. 213; Metz, 26 juill. 1865, aff. Raucq, D. P. 65. 2. 160; Nancy, 16 mars 1878, et sur pourvoi, Req. 5 mars 1879, aff. Mazy, D. P. 80. 1. 9; Trib. Seine, 4 déc. 1884 (1); 28 févr. 1885 (2); Aix, 4 mai

---

(1) (Eskoff C. Eskoff.) — LE TRIBUNAL; — Attendu que, suivant jugement rendu par défaut contre avoué, faute de conclure par la 4e chambre du tribunal de la Seine, à la date du 24 avr. 1884, la dame Eskoff a été autorisée à faire la preuve de divers faits par elle articulés à l'appui d'une demande en séparation de corps ; que le même jugement a condamné Eskoff à servir à sa femme depuis le jour de la demande une pension alimentaire de 30 fr. par mois payable d'avance ; que, suivant acte du palais, en date du 5 juill. 1884, Eskoff a formé opposition à ce jugement ; qu'il conclut à ce que le tribunal se déclare incompétent ; — Attendu que l'opposition est régulière en la forme ; — Mais attendu, au fond, que, sans qu'Eskoff rapporte la preuve exacte de sa nationalité, il est constant qu'il est d'origine étrangère ; qu'il paraît certain qu'il est né dans une ville du nom de Wislika qui fait aujourd'hui partie de la Pologne russe ; qu'il n'a été ni naturalisé Français, ni même autorisé à établir son domicile en France ; qu'il est donc étranger, et que la dame Eskoff, qui est née en Suisse, est elle-même étrangère tant par sa naissance que par son mariage avec Eskoff ; — Attendu qu'il est de principe que les tribunaux français ne peuvent pas statuer au fond sur les contestations qui s'élèvent entre étrangers, à moins que ces contestations ne leur soient soumises du consentement des deux parties, surtout lorsque leur résultat aurait pour effet de modifier l'état civil de ces dernières et leur capacité ; qu'il en est spécialement ainsi d'une demande en séparation de corps qui intéresse essentiellement le statut personnel, alors même que les étrangers en cause, comme les époux Eskoff, habiteraient depuis longtemps le territoire français et se seraient, comme eux, mariés en France devant l'officier de l'état civil français ; qu'en vain la dame Eskoff prétend qu'Eskoff ayant dans ses conclusions d'opposition demandé le rejet de la demande de sa femme, le débat s'est trouvé lié au fond, et qu'Eskoff ne peut plus opposer l'incompétence du tribunal français ; qu'en effet, sans qu'il soit besoin d'examiner si l'objection est fondée en fait, l'exception soulevée par Eskoff, reposant sur un motif d'ordre public, peut être opposée en tout état de cause devant les juges du fond ; qu'en vain aussi la dame Eskoff soutient qu'Eskoff ne pouvant rentrer dans son pays, l'exception soulevée par lui, si elle était accueillie, la mettrait dans l'impossibilité d'obtenir la justice qu'elle réclame ; que, quelle que soit au point de vue de l'exercice des droits civils et politiques la situation résultant pour Eskoff des lois de son pays d'origine, ces lois concernent les rapports existant entre Eskoff et son gouvernement, mais ne peuvent influer sur l'application en France des principes en matière de juridiction et de compétence ; qu'il résulte de ce qui précède que l'exception d'incompétence opposée par Eskoff doit être accueillie, mais qu'il appartient au tribunal, en présence des conclusions de la demande de la dame Eskoff, de prendre et de prescrire toutes les mesures provisoires de nature à assurer à la femme Eskoff, pendant le temps nécessaire, la possibilité de suivre devant le tribunal compétent son instance en séparation de corps; qu'il y a donc lieu de maintenir à la demanderesse l'autorisation de conserver une résidence distincte de celle de son mari ; qu'en outre, la résidence qui lui avait été assignée étant trop éloignée du lieu de ses occupations, il convient de l'autoriser à demeurer rue Mandar, n° 4 ; qu'il y a lieu également de maintenir au profit de la dame Eskoff la condamnation prononcée contre son mari, par le jugement par défaut du 24 avr. 1884, au payement d'une pension mensuelle de 30 fr.; — Attendu enfin qu'Eskoff n'a versé aucune somme sur la pension à laquelle il avait été condamné, et ce, bien que le jugement par défaut fût déclaré exécutoire nonobstant opposition ou appel ; que la Banque de France, qui était dès avant le mariage d'Eskoff, dépositaire de douze obligations au porteur de la compagnie des chemins de fer Victor-Emmanuel, jouissance du 1er avr. 1880, appartenant à la dame Eskoff, a, à la suite d'une opposition signifiée par Eskoff à la remise aux mains de la dame Eskoff de ces titres et des intérêts par eux produits, déposé les douze obligations dont s'agit à la Caisse des dépôts et consignations, à la charge de cette opposition ; qu'en présence du mauvais vouloir d'Eskoff à l'acquittement de la pension alimentaire à laquelle il a été condamné, il y a lieu d'autoriser la dame Eskoff à toucher de la Caisse des dépôts et consignations le montant de la pension à elle allouée, d'abord sur les intérêts, ensuite sur le capital de ces valeurs ; — Attendu enfin qu'il y a lieu d'ordonner, vu l'urgence, l'exécution provisoire du présent jugement ; — Par ces motifs, en la forme, reçoit Ekcoff opposant au jugement par défaut en date du 24 avr. 1884; — Au fond, se déclare incompétent pour connaître de la demande en séparation de corps intentée par la dame Eskoff contre son mari ; — Renvoie la cause devant les juges qui doivent en connaître, et néanmoins dit que l'ordonnance de M. le président du tribunal de la Seine, en date du 24 août 1880, en ce qu'elle autorise la dame Eskoff à résider provisoirement hors du domicile conjugal, sortira son plein et entier effet et continuera à être exécutée pendant l'espace de deux années, à compter de ce jour, pendant lesquelles la dame Eskoff sera tenue de se pourvoir ; — Dit néanmoins qu'au lieu d'habiter rue de Paris, n° 48, où l'ordonnance l'autorise à résider, la dame Eskoff résidera rue Mandar, n° 4, à Paris ; — Condamne Eskoff à servir à sa femme une pension mensuelle de 30 fr., et ce, à partir du jour de la demande, pendant l'espace des deux années ci-dessus fixées pour l'introduction de la demande, etc.

Du 4 déc. 1884.-Trib. civ. de la Seine, 4e ch.-MM. Horteloup, pr.-Flandin, subst.-Louiche-Desfontaines et Richer, av.

(2) (F... C. F...) — LE TRIBUNAL; — Attendu que, le 6 janv. 1878, la demoiselle L... a contracté mariage à Londres avec le sieur P... de nationalité américaine; — Attendu qu'aux termes de la loi française la femme P... a suivi la nationalité de son mari ; — Que par assignation du 14 nov. 1884, elle a intenté une demande en séparation de corps contre son mari et articulé un certain nombre de faits à l'appui de sa demande ; — Qu'elle demande une pension alimentaire, une provision *ad litem* et la garde des enfants; — Attendu qu'en ce qui concerne la demande principale, le sieur P... oppose à l'action de sa femme l'exception d'incompétence; — Attendu qu'en fait il est constant que le sieur P... est de nationalité américaine; que par son mariage, sa femme au regard de la loi française est devenue également américaine; — Qu'il est de principe que les tribunaux français ne peuvent pas statuer au fond sur les contestations qui s'élèvent entre étrangers, à moins que ces contestations ne leur soient

1885, aff. Botok, D. P. 86. 2. 229; Trib. Seine, 11 janv. 1888) (1).

141. Cette règle, toutefois, reçoit des exceptions et des tempéraments. — Tout d'abord, ainsi que nous l'avons déjà indiqué, les tribunaux français sont compétents lorsque les époux étrangers ont été autorisés à établir leur domicile en France, conformément à l'art. 13 c. civ. (Rennes, 21 août 1823, *Rép.* v° *Droits civils*, n° 326; Civ. rej. 23 juill. 1855, aff. Collett, D. P. 55. 1. 353; Aubry et Rau, t. 8, § 748 *bis*, p. 145, note 39).

142. Les tribunaux français peuvent encore être compétents pour connaître des demandes de divorce et de séparation de corps entre étrangers, lorsqu'il existe des conventions diplomatiques entre la France et la nation à laquelle appartiennent ces étrangers. Ainsi, ils peuvent statuer entre Suisses domiciliés en France (Conv. 15 juin 1869, D. P. 70. 4. 6; Req. 1er juill. 1878, aff. Beuveguin, D. P. 80. 1. 12, note 1. — V. cependant Angers, 20 févr. 1861, cité *infrà*, n° 145); entre Espagnols aussi domiciliés en France (Conv. 7 janv. 1862, D. P. 62. 4. 32; 6 févr. 1882, D. P. 83. 4. 34; Req. 3 juin 1885, aff. Corchon, D. P. 85. 1. 409) entre Brésiliens, également domiciliés (Req. 22 juill. 1886, aff. da Fonseca y Guimarës, D. P. 87. 1. 224) (V. *Traité international*; — *Rép.* eod. v°), mais non entre époux italiens (Trib. Seine, 11 janv. 1888, *suprà*, n° 140).

143. En dehors des exceptions que nous venons de signaler, l'incompétence des tribunaux français pour statuer sur les actions en divorce ou en séparation de corps entre étrangers n'est pas absolue, en ce sens que, si le juge a la faculté de se dessaisir, il n'est pourtant pas obligé de relever d'office son incompétence. C'est, du moins, l'opinion qui prévaut en jurisprudence (Paris, 13 févr. 1858, aff. Bauer, D. P. 58. 2. 56; Req. 10 mars 1858, aff. Rachel, D. P. 58. 1. 313; Paris, 7 mai 1875, aff. Potocki, D. P. 76. 2. 137). C'est ce qu'admettent également les auteurs qui se prononcent pour l'incompétence des tribunaux français (V. *suprà*, n° 140. — V. en sens contraire, les arrêts cités au *Rép.* nos 318, 320 et 321, et Le Senne, *Revue pratique*, 1867, p. 505 et suiv.).

144. L'incompétence ne peut même plus être opposée par le défendeur, lorsqu'il a accepté la juridiction du tribunal français, et, dans l'opinion la plus générale, il est censé l'accepter, s'il ne formule pas son exception *in limine litis*. — C'est du moins ce qu'ont décidé un grand nombre d'arrêts, contrairement à l'opinion émise au *Rép.* v° *Droits civils*, n° 323 (Metz, 10 juill. 1849, aff. Schmidt, D. P. 52. 2. 6; Paris, 16 janv. 1852, aff. Wachs, D. P. 55. 1. 354; 13 févr. 1858, aff. Bauer, D. P. 58. 2. 56; 23 juin 1859, aff. Dausoigne-Méhul, D. P. 60. 2. 213; Rouen, 12 mai 1875, aff. Beuveguin, et sur pourvoi, Req. 1er juill. 1878, D. P. 80. 1. 12, note 1); Nancy, 16 mars 1878, et sur pourvoi, Req. 5 mars 1879, aff. Mazy, D. P. 80. 1. 9; Lyon, 23 févr. 1887, aff. Fritsch, D. P. 88. 2. 33. V. conf. Massé, *op. cit.*, t. 1, n° 666. — *Contrà* : Poitiers, 15 juin 1847, aff. Epoux C..., D. P. 48. 2. 149; Trib. Seine, 4 déc. 1884, *suprà*, n° 140).

145. Enfin, si les tribunaux français sont incompétents pour statuer sur le fond d'une demande en divorce ou en séparation de corps entre étrangers, ils peuvent cependant

---

soumises du consentement des deux parties, surtout lorsque leur résultat aurait pour effet de modifier l'état civil de ces dernières et leur capacité; — Qu'il en est ainsi spécialement d'une demande en séparation de corps qui intéresse essentiellement le statut personnel; — Que le tribunal, chargé uniquement d'appliquer les principes de la loi française en matière de juridiction et de compétence, n'a pas à se préoccuper des dispositions des lois étrangères en ce qui concerne les mêmes questions; — En ce qui concerne la pension alimentaire: — Attendu que les deux parties sont d'accord pour soumettre à la juridiction française cette question, ainsi que celles relatives à la pension *ad litem* et aux enfants; — Que, d'ailleurs, aux termes d'une jurisprudence constante, le tribunal français est compétent pour statuer sur ce chef; — Par ces motifs; — Se déclare incompétent en ce qui concerne la demande principale en séparation de corps; renvoie les parties devant les tribunaux qui doivent en connaître; — Condamne le sieur P... à payer à sa femme une pension alimentaire de 500 fr. par mois d'avance, à partir du jour de la demande, à la charge par elle de subvenir à tous les frais d'entretien et d'éducation des enfants issus du mariage, et notamment de la jeune Marie-Anna; — Confie ces enfants à la garde de la femme P...; — Dit que la jeune Marie-Anna sera placée à l'institution de Sainte-Geneviève, dirigée par les religieuses de Saint-Régis, à Asnières, place de la Station, n° 19, où le sieur P... pourra la voir aux heures réglementaires, mais sans pouvoir la faire sortir; — Dit qu'il n'y a lieu à provision *ad litem*, l'instance devant se suivre devant un tribunal étranger; — Dit que les dispositions du présent jugement, en ce qui concerne la pension alimentaire et la garde des enfants, cesseront d'avoir effet à partir du 1er mars 1886, à moins qu'à cette époque la dame P... ne justifie avoir introduit régulièrement sa demande en séparation devant la juridiction américaine; — Ordonne l'exécution provisoire du chef de la pension alimentaire et de la garde des enfants; — Condamne P... aux dépens.

Du 28 févr. 1885.-Trib. de la Seine, 4e ch.-MM. Brisout de Barneville, pr.-Raynaud et Magnier, av.

(1) (Catello de Riso C. Catello de Riso.) — LE TRIBUNAL; — Attendu que la demanderesse a contracté mariage le 30 juin 1870, devant l'officier de l'état civil du neuvième arrondissement de Paris, avec le sieur Catello de Riso; — Attendu qu'il est établi par les documents produits que Catello de Riso est sujet italien, étant né le 25 avr. 1841, à Castellamare, province de Naples, de parents italiens; — Attendu que, par suite de son mariage avec un étranger, la dame de Riso a perdu sa nationalité pour suivre la condition de son mari; — Attendu qu'il est de principe que les tribunaux français sont incompétents pour connaître des contestations entre étrangers, à moins que ces contestations ne leur soient soumises du consentement exprès des deux parties; qu'il en est ainsi alors surtout qu'il s'agit de questions relatives au statut personnel et que la décision à intervenir aurait pour effet de modifier l'état des parties ou leur capacité; — Attendu, d'autre part, qu'il n'existe entre la France et l'Italie aucun texte de convention diplomatique assurant aux nationaux respectifs de l'une des nations le libre accès devant les tribunaux de l'autre nation, pour les litiges qu'ils peuvent avoir entre eux; — Attendu enfin que vainement la dame de Riso soutient que le défendeur a quitté son pays sans esprit de retour, qu'il n'a plus ni domicile ni résidence en Italie, qu'il s'est fixé en France et qu'il y a complètement accepté l'autorité des tribunaux français pour la connaissance des obligations par lui contractées; — Attendu que la renonciation au domicile légal ne se présume pas, et que la dame de Riso n'allègue aucun fait à l'appui de cette renonciation; que de Riso n'a fait personnellement aucun acte permettant de le considérer comme ayant perdu son domicile en Italie; qu'il est venu en 1870, en France, pour suivre le maître chez lequel il était engagé à Naples comme valet de pied, et qu'il n'a eu depuis lors qu'une résidence de fait et temporaire en France; — Attendu, d'ailleurs, que de Riso oppose formellement l'exception d'incompétence à la demande introduite par sa femme et qu'il échet de l'accueillir quant au fond du procès; — Sur la pension alimentaire et la garde des enfants: — Attendu qu'il s'agit de mesures provisoires, urgentes, dont la solution ne préjuge en rien le fond du débat; — Que, d'une part, en effet, il importe d'assurer à la demanderesse les moyens et ressources suffisants pour son entretien pendant le temps que le tribunal déterminera pour l'introduction de sa demande principale devant les tribunaux compétents; — Que d'autre part, dans l'intérêt des enfants mineurs issus du mariage, il y a lieu de pourvoir à la garde et à la protection qui leur sont dues; — Que dès lors, le tribunal est compétent pour statuer sur ces deux chefs de la demande; — Attendu que le tribunal a les éléments nécessaires pour fixer le montant de la pension alimentaire et la durée pendant laquelle elle devra être servie; — Que jusqu'à ce jour c'est la dame de Riso qui a principalement pris soin des enfants mineurs issus du mariage, et qu'il convient de lui en confier la garde à l'avenir; — Sur la provision *ad litem* : — Attendu que cette mesure, bien qu'ayant un caractère provisoire, n'est pas de droit naturel, et que le tribunal n'est pas compétent pour la prononcer; — Par ces motifs, se déclare incompétent pour connaître de la demande en séparation de corps formée par la dame de Riso, ainsi que de la demande relative à la provision *ad litem*; — Renvoie la demanderesse à se pourvoir sur ces deux chefs devant les tribunaux compétents ainsi qu'elle avisera; et retenant la cause en ce qui touche les chefs de la demande relatifs à la pension alimentaire et à la garde des enfants, condamne de Riso à payer à sa femme une pension alimentaire de 40 francs par mois et d'avance; — Dit que la garde des deux enfants mineurs issus du mariage sera confiée à la mère; — Ordonne l'exécution provisoire du présent jugement, lequel recevra son exécution pendant l'espace d'une année, à compter de ce jour, pendant lequel laps de temps la dame de Riso devra se pourvoir devant les tribunaux compétents; — Dit qu'à défaut par la demanderesse de justifier de l'introduction de sa demande dans ledit délai, le présent jugement cessera de produire son effet et, vu la qualité des parties, compense les dépens.

Du 11 janv. 1888.-Trib. civ. de la Seine, 4e ch.-MM. Lauth, pr.-Sagot-Lesage et Nicolay, av

ordonner les mesures provisoires exigées par les circonstances pour la sûreté des personnes et la conservation de leurs biens. Ils peuvent notamment autoriser la femme étrangère à quitter le domicile conjugal, condamner le mari à lui payer une pension alimentaire, valider une saisie-arrêt pratiquée pour obtenir payement de cette pension, pourvoir à la garde des enfants (Lyon, 15 févr. 1857, sous Req. 10 mars 1858, aff. Rachel, D. P. 58. 1. 313; Angers, 20 févr. 1861 (1); Trib. Seine, 4 déc. 1884, et 11 janv. 1888, *suprà*, n° 140; Aubry et Rau, t. 8, § 748 *bis*, p. 144; Frémont, n° 214; Goirand, p. 231; Coulon et Faivre, p. 99; Depeiges, n° 36).

146. Dans quelques cas, fort rares, il est vrai, l'un des époux peut être français et l'autre étranger; c'est ce qui arrive, par exemple, lorsque l'un des époux devient étranger par suite d'une naturalisation obtenue au cours du mariage, tandis que l'autre époux reste français. Les tribunaux français sont alors compétents, par application des art. 14 et 15 c. civ. Si l'époux français est demandeur en divorce, il peut appeler son conjoint devant le tribunal du domicile de celui-ci ou même devant son propre domicile (c. proc. civ. art. 59 et 69) (V. Douai, 3 août 1858, aff. Hauël, D. P. 58. 2. 218). Si, au contraire, c'est l'époux étranger qui veut se porter demandeur, l'époux français peut être traduit par lui devant le tribunal compétent, qui est généralement celui de son domicile. — M. Depeiges, n° 37, se demande si, en pareil cas, l'époux français pourra requérir de son conjoint la caution *judicatum solvi*. « Bien que cette exigence, dit-il, puisse paraître singulière dans notre matière, nous croyons qu'il faut répondre affirmativement, puisque les art. 16 c. civ. et 166 c. proc. civ. ne font aucune distinction entre les diverses demandes civiles auxquelles un Français peut être en butte de la part d'un étranger. Il faut toujours réserver, bien entendu, les cas de dispense résultant des traités diplomatiques ou du bénéfice du domicile. » Nous pensons qu'il faut réserver aussi le cas où la demande serait formée par une femme mariée sous un régime, tel que la communauté légale ou le régime dotal, qui attribuerait l'administration de ses biens au mari; celui-ci ne saurait alors exiger de sa femme une garantie qui n'aurait pas de raison d'être vis-à-vis de lui, puisqu'il serait lui-même détenteur de la fortune de sa femme.

147. D'après plusieurs conventions internationales, le défendeur étranger doit être traduit devant les tribunaux de son pays, et non devant la juridiction française, par dérogation à l'art. 14 c. civ. Il en est ainsi, notamment, pour la Suisse. Mais il a été jugé que le mari défendeur éventuel à une demande en séparation de corps ne pourrait pas éluder la compétence des tribunaux français par une naturalisation frauduleuse, acquise, au moment même où la demande allait être intentée, dans une nation avec laquelle existe un traité attribuant juridiction aux tribunaux étrangers (Req. 19 juill. 1875, aff. Ramondenc, D. P. 76. 1. 5).

148. Dans l'hypothèse où les tribunaux français sont appelés à prononcer le divorce ou la séparation de corps entre étrangers, il y a lieu d'observer: 1° que les étrangers ne peuvent invoquer que les causes de divorce ou de séparation reconnues par leur loi nationale; 2° qu'ils ne peuvent les invoquer qu'autant qu'elles sont conformes aux causes de divorce ou de séparation admises par la loi française. — La première de ces règles est la conséquence de ce que les lois qui déterminent les causes de divorce ou de séparation de corps, étant relatives à l'état des personnes, appartiennent au statut personnel (Comp. Civ. cass. 15 juill. 1878, aff. Plaquet, D. P. 78. 1. 340, et sur renvoi, Amiens, 15 avr. 1880, D. P. 81. 2. 79). La seconde résulte de ce que ces mêmes lois doivent être considérées comme d'ordre public. — Suivant M. Carpentier, *La loi du 18 avr. 1886*, n° 238, les tribunaux français pourraient admettre entre étrangers d'autres causes de divorce que celles consacrées par la loi française, car « on ne peut pas dire qu'en n'autorisant que ces causes-là, la loi française a considéré que toutes les autres blesseraient la morale publique ». L'auteur que nous citons reconnaît pourtant que les tribunaux devraient écarter « la simple incompatibilité d'humeur, les dissentiments religieux, le consentement mutuel dépourvu de tout contrôle ». Mais alors quelles sont les causes qui pourraient être admises par les juges français? Il nous semble que toutes celles qui n'ont pas été consacrées par la loi française sont, par là-même, contraires à l'ordre public en France; car, si elles ne l'étaient pas, le législateur ne les aurait pas rejetées. C'est pourquoi nous pensons qu'un étranger qui sollicite des tribunaux français le divorce ou la séparation de corps ne doit pouvoir l'obtenir que dans

---

(1) (Conzette C. Conzette.) — Le 18 déc. 1860, jugement du tribunal civil d'Angers ainsi conçu: — « Attendu que Conzette justifie qu'il est né Suisse, au canton des Grisons, et qu'il a conservé sa nationalité; — Attendu que Clémentine Chesneau, en contractant mariage avec lui, à Angers, le 24 janv. 1854, et conformément aux art. 12 et 19 c. nap., a suivi la condition de son mari; qu'elle a perdu la qualité de Française durant son mariage que les pièces produites par Conzette dans son acte de mariage, et notamment la permission de la chancellerie des Grisons, du 7 déc. 1853, prouvent qu'il a entendu conserver sa nationalité et la conférer à sa femme; — Attendu que le statut personnel, sur lequel se fonde la famille, suit les époux en quelque lieu qu'ils se trouvent, et ne saurait varier au gré de ceux-ci, ni être modifié par les règlements internationaux procédant du fait des gouvernements; — Attendu que les fins de non-recevoir proposées par la femme Conzette ne peuvent prévaloir contre ces principes immuables de la loi française; — Que, d'ailleurs, la comparution des parties devant le président et les propositions d'arrangement entre les époux n'impliquent point a renonciation du mari à ses droits de citoyen suisse; qu'il n'a pas acquiescé au jugement de ce tribunal du 29 mai dernier, prononçant la séparation de corps entre lui et sa femme; qu'il est dans le délai d'opposition et recevable à la faire valoir; — Attendu que l'art. 13 du traité fait entre la Suisse et la France le 4 vendém. an 12 et l'art. 3 de celui du 31 déc. 1828, ne sont pas applicables dans l'espèce; que d'abord, en admettant leur application et s'agissant de deux personnes suisses, il faudrait leur consentement mutuel et persévérant devant les juridictions françaises pour qu'elles puissent y régler leurs différends; or, dès le début, Conzette, assigné en séparation de corps, a fait défaut devant le tribunal et a repoussé sa compétence par l'exception de nationalité proposée sur l'opposition; — Attendu que ces deux traités ayant forme de règlement et d'ordonnance, ne concernent, ainsi que l'exprime leur intitulé, que les rapports de voisinage, de justice et de police entre les deux Etats; que les art. 1er et 2 de celui de 1828 ont pour objet l'exécution des jugements en matière civile et l'affranchissement du cautionnement *judicatum solvi*; que l'art. 3 maintient le principe du domicile du défendeur dans les affaires litigieuses, et laisse les parties loisibles d'y déroger dans les cas prévus; que le paragraphe 3 du même article réserve, dans le cas de succession, le domicile de chaque sujet dans son pays, et en fait l'application aux tutelles, ce qui confirme la règle des art. 12 et 19 c. nap., règle à laquelle n'ont pu et n'ont voulu déroger ces traités diplomatiques; — Considérant que la séparation de corps, bien qu'elle ne dissolve pas le mariage, modifie d'une manière essentielle l'état des époux et leurs rapports avec leurs enfants; qu'ainsi la femme à qui la loi a imposé l'obligation de suivre son mari et d'habiter avec lui, se trouve affranchie de cette obligation; que la puissance paternelle se trouve transférée en grande partie à la femme qui obtient la séparation et que le juge charge de la garde des enfants; qu'ainsi le statut personnel est intéressé à un plus haut point dans ces questions; — Considérant que les lois des deux pays qui régissent les mariages et leur dissolution ne sont pas identiques, ni dans leurs principes, ni dans leurs conséquences; que si les tribunaux français prononcent la séparation de corps, la loi suisse permet le divorce, et qu'en même temps les partages de communauté diffèrent essentiellement dans l'un et l'autre pays; — Considérant enfin que les époux suisses ne peuvent obtenir en France le divorce, ni les époux français user en Suisse de ce mode de séparation interdit dans leur patrie; — Mais considérant que, du moment qu'une femme étrangère habitant la France a de justes motifs de craindre pour elle et pour sa famille, elle peut provisoirement recourir aux formes protectrices de la loi française pour s'isoler de son époux, en attendant qu'elle suive la séparation ou le divorce devant l'autorité compétente, souvent fort éloignée et peu accessible; que l'ordonnance du président qui l'autorise à résider provisoirement au lieu qu'il a indiqué, doit être maintenue, ainsi que la garde provisoire des enfants et la gestion du fonds de commerce; — Par ces motifs, reçoit Conzette opposant au jugement de ce tribunal, en date du 2 mai dernier, rapporte ce jugement, se déclare incompétent pour connaître de la demande en séparation de corps introduite par sa femme, maintient provisoirement l'habitation séparée de celle-ci conformément à l'ordonnance du président, du 5 mai 1869, etc. ». — Appel. — Arrêt.

LA COUR; — Adoptant les motifs des premiers juges; — Confirme, etc.

Du 20 févr. 1861.-C. d'Angers.

le cas où un Français lui-même l'obtiendrait (Comp. Lyon, 23 févr. 1887, aff. Fritsch, D. P. 88. 2. 33).

Il résulte d'un arrêt de la cour de Bruxelles que, d'après le droit anglais, les causes de divorce sont déterminées par la loi du domicile des époux, et que, par suite, le divorce peut être prononcé en Belgique entre époux anglais domiciliés, pour les causes admises par la loi belge (Bruxelles, 14 mai 1881) (1).

149. Il a été jugé que le divorce entre époux étrangers, prononcé en France avant la loi du 8 mai 1816 abolitive du divorce, sans l'observation des conditions établies par le statut personnel des époux, et, notamment, par consentement mutuel, alors que ce statut le faisait dépendre d'une sentence qui eût pu être accordée ou refusée, était nul; mais que, comme il s'agissait d'un divorce antérieur au code civil, cette nullité était couverte par la loi du 26 germ. an 11, qui a donné effet à tous les divorces prononcés par l'officier de l'état civil ou autorisés par jugement avant la publication de ce code, cette loi s'appliquant à tous les divorces obtenus en France, même entre époux étrangers (Chambéry, 15 juin 1869, aff. Fernet, D. P. 69. 2. 188).

150. Les Français domiciliés à l'étranger peuvent demander le divorce ou la séparation de corps devant les tribunaux du pays où ils se trouvent, si les lois de ce pays ne s'y opposent pas. Ils n'ont alors à observer que les règles de procédure en usage dans le lieu où ils ont formé leur

---

(1) (Dame Bigwood C. Bigwood.) — Les époux Bigwood, de nationalité anglaise, étant domiciliés en Belgique, la dame Bigwood a intenté contre son mari une demande en divorce pour cause d'excès, sévices et injures graves. Le sieur Bigwood a soutenu que la demande n'était pas recevable, par le motif que le statut personnel des époux, c'est-à-dire la loi anglaise, n'autorisait pas à prononcer le divorce pour les causes invoquées par la femme. — Le 19 févr. 1881, jugement du tribunal civil de Bruxelles, ainsi conçu : — « Attendu que la demanderesse en divorce, née en Belgique de parents étrangers, a acquis la nationalité belge par suite de la déclaration faite par elle le 23 mars 1869, en conformité de l'art. 9 c. civ.; qu'elle s'est mariée le 29 juill. 1871 avec le défendeur, sujet anglais, et a perdu ainsi sa nationalité pour suivre la condition de son mari; — Attendu que l'art. 3 c. civ., après avoir formulé le principe que les lois de police et de sûreté obligent tous ceux qui habitent le territoire, et que les immeubles, même possédés par des étrangers, sont régis par la loi belge, se borne à dire que les lois concernant l'état et la capacité des personnes régissent les Belges, même résidant en pays étranger, sans décider quelle est la loi applicable en Belgique aux étrangers qui y résident; — Attendu que l'on doit conclure de cet article, par analogie et pour les mêmes motifs, que les lois personnelles, qui suivent le Belge à l'étranger, suivent aussi l'étranger en Belgique; que, dès lors, pour tout ce qui concerne son état et sa capacité, l'étranger reste soumis aux lois de son pays, pour autant que ces lois ne sont pas en opposition avec les bonnes mœurs ou avec le droit public belge; — Attendu que cette conséquence des principes affirmés par le code civil est généralement admise par la doctrine et la jurisprudence; que, d'autre part, les lois qui régissent le mariage et le divorce sont évidemment des lois personnelles; — Attendu qu'au moment de son mariage, le défendeur résidait en Belgique depuis longtemps; qu'après son mariage, il a continué à être inscrit sur les registres de la population de la commune d'Ixelles avec sa femme et sa famille; que, pendant trois mois de l'année 1876, il a résidé seul à Paris, laissant sa femme au domicile conjugal; mais qu'il est revenu ensuite en Belgique, où s'est toujours trouvé le siège de ses affaires et son principal établissement; — Attendu que le défendeur n'a conservé en Angleterre aucune résidence, aucune propriété, aucun intérêt quelconque; qu'il a donc, bien évidemment, tout en conservant sa nationalité, établi son domicile en Belgique; qu'il le comprend si bien, du reste, qu'il ne conteste pas la compétence du tribunal de Bruxelles au point de vue de ce domicile; — Attendu, d'autre part, que les époux Bigwood se sont mariés en Belgique avec les formalités prescrites par les lois belges; que c'est en vain que le défendeur prétend que le mariage contracté devant l'officier de l'état civil d'Ixelles serait nul, comme ayant été précédé, le 29 nov. 1870, d'un autre mariage célébré en l'hôtel de l'ambassade anglaise, à Bruxelles, suivant les lois anglaises; — Attendu que ce premier mariage, en le supposant entouré de toutes les formalités requises par la loi anglaise, et notamment par le statut 12 et 13, Victoria, c. 68, n'en était pas moins célébré en Belgique et ne pouvait être valable que si les époux étaient tous deux étrangers; — Attendu que la demanderesse était belge et domiciliée en Belgique à l'époque où ce mariage a été célébré à l'ambassade anglaise; que le mariage, pour être valable à son égard, devait être célébré dans la forme requise par la loi belge et prononcé par l'officier de l'état civil compétent; que c'est donc à bon droit que les époux, ayant des doutes sur la validité du mariage célébré devant le chapelain de l'ambassade anglaise, se sont mariés avec les formalités requises par la loi belge, devant l'officier de l'état civil de la commune d'Ixelles, le 29 juill. 1871; — Attendu que la question qui reste à résoudre est donc celle de savoir si, d'après la loi anglaise, deux époux domiciliés en Belgique et mariés suivant les formes de la loi belge sont soumis, quant aux causes du divorce, à la loi anglaise ou à la loi de leur domicile; — Attendu que le droit anglais, fondé sur la coutume, ne se préoccupe pas du principe de nationalité, mais admet que l'état de chaque personne est réglé par la loi de son domicile; — Attendu que cette conception du droit civil international, conforme à l'esprit des coutumes, était admise en France et en Belgique avant le code civil; que, sous l'ancien droit, il n'était pas douteux que l'état et la capacité des étrangers, ainsi que les droits et les obligations qui en dérivent, dépendaient de la loi du domicile; — Attendu que ces idées ont continué à régner en Angleterre, où le droit coutumier est toujours en vigueur; que, notamment en matière du divorce, la jurisprudence anglaise décide que les causes et les formes du divorce sont réglées par la loi du domicile des époux; — Attendu que ce système est exposé comme admis en Angleterre par M. Westlake, *A treatise on private international law*, 2e éd., publiée en 1880, de la manière suivante : « Le divorce ne peut être prononcé que pour cause suffisante d'après la *lex fori*; et, du moment qu'il existe une cause suffisante d'après la *lex fori*, le divorce ne peut être refusé parce qu'il serait refusé ou par la *lex loci contractûs* du mariage, ou par la loi personnelle des parties au moment où aurait eu lieu le fait sur lequel l'action en divorce est fondée. Cette doctrine, ajoute l'auteur, est adoptée en Angleterre aussi bien pour l'admission du divorce que pour la reconnaissance de la validité du divorce prononcé à l'étranger. » — Attendu que le seul doute qui ait surgi sur cette question dans la jurisprudence anglaise était relatif à l'admission de la loi du domicile étranger, lorsqu'il s'agissait d'un mariage contracté en Angleterre par des Anglais; mais que, même dans ce cas, la jurisprudence la plus récente a admis la validité du divorce prononcé conformément à la loi du domicile des époux; — Attendu que, le mariage des époux Bigwood ayant été célébré en Belgique conformément à la loi belge et les époux ayant depuis leur mariage continué à avoir leur domicile en Belgique, il résulte de ce qui précède que le divorce peut être poursuivi par la demanderesse pour les causes prévues par la loi belge; — Par ces motifs; — Rejetant la fin de non-recevoir proposée par le défendeur, admet la demande en divorce, etc. ». — Appel par M. Bigwood. — Arrêt.

LA COUR; — Attendu, en droit, que, selon les principes suivis en Angleterre, le transfert du domicile s'opère par le fait de l'habitation réelle dans un lieu, joint à l'intention d'y fixer son principal établissement, et que c'est une erreur de soutenir que, par cela seul qu'un Anglais conserve sa nationalité, il lui est impossible d'avoir son domicile à l'étranger; qu'en effet, si ce soutènement était fondé, la question du procès, telle qu'elle se pose relativement aux causes du divorce, ne saurait jamais être soulevée, puisque l'Anglais ne pourrait avoir son domicile ailleurs qu'en Angleterre et que, dès lors, la loi de son domicile se confondrait toujours et nécessairement avec sa loi nationale; — Attendu, en fait, que l'ensemble des circonstances matérielles relevées au jugement *à quo* démontre suffisamment que l'appelant est fixé en Belgique d'une manière permanente; qu'il a dans ce pays son principal et même son unique établissement; que c'est donc à bon droit qu'il a été décidé qu'il y est domicilié; qu'il l'a, d'ailleurs, si bien reconnu lui-même qu'il a été ainsi qualifié dans tous les actes de la procédure en première instance, et que non seulement il n'a jamais songé à protester, mais que dans son acte d'appel, alors pourtant que son attention avait été éveillée sur l'importance de ce point, il se proclame encore, en termes formels, domicilié à Saint-Gilles, rue Jourdan, n° 3; — Attendu, d'autre part, que des considérations émises par le premier juge et auxquelles la cour se réfère, il résulte que, d'après la loi anglaise, les causes du divorce se déterminent, non d'après la nationalité des époux, mais uniquement d'après la règle admise à leur domicile lors de l'intentement de l'action, et cela sans distinguer entre les mariages contractés à l'étranger et ceux qui ont eu lieu sur le territoire anglais; — Attendu, en conséquence, qu'il importe peu de rechercher si le mariage avenu entre parties à l'ambassade anglaise était valable, et si les causes du divorce, par la raison qu'elles intéressent essentiellement l'ordre public, ne devraient pas toujours être appréciées en Belgique d'après la loi belge, puisque ces deux questions, fussent-elles résolues dans le sens qu'a plaidé l'appelant, il n'en faudrait pas moins conclure des prémisses ci-dessus posées que la demande en divorce est admissible;

Par ces motifs; — Confirme.

Du 14 mai 1881.-C. de Bruxelles, 4e ch.-MM. Jamar, pr.-Laurent, av. gén., c. contr.-Stocquart, Decoster, Sigart et Willemaers, av.

demande; c'est l'application de la règle : *Locus regit actum* (V. Lyon, 23 févr. 1887, cité *suprà*, n° 148). Mais ils ne pourraient se prévaloir des jugements qu'ils auraient obtenus à l'étranger qu'autant que le divorce ou la séparation de corps aurait été prononcé par ces jugements pour des causes reconnues par la loi française. Il en est ainsi, alors même que l'époux demandeur se serait fait naturaliser à l'étranger. Cette naturalisation ne pourrait rendre opposable à l'époux demeuré Français un divorce obtenu au mépris des prescriptions de la loi française (Comp. Req. 19 juill. 1875, aff. Ramondenc, D.P.76.1.5; Civ. rej. 18 mars 1878, aff. de Bauffremont, D. P. 78. 1. 201; Carpentier, *op. cit.*, n° 235).

151. Ainsi qu'on l'a déjà dit au *Rép.* n° 95, pour l'action en séparation de corps, les tribunaux civils sont seuls compétents pour connaître de la demande en divorce. Alors même que cette demande aurait sa cause dans un crime ou un délit commis par l'époux défendeur, elle ne pourrait être portée, par voie d'action civile, devant le tribunal de répression. « En attribuant à la juridiction pénale, investie de l'action publique, le droit de connaître de l'action civile qui naît du délit, dit avec raison M. Carpentier, *La loi du* 18 *avr.* 1886, n° 31, l'art. 3 c. instr. cr. ne fait allusion en effet qu'à l'action qui a pour but de réparer les conséquences dommageables de ce délit, et ce serait bouleverser l'ordre des juridictions que de l'interpréter en ce sens qu'il leur confère également le pouvoir de connaître de demandes qui, par leur nature, ressortissent exclusivement de la justice civile. Or il n'est pas douteux que la demande en divorce, comme toutes les questions d'état, est de ce nombre. »

152. Si les tribunaux civils sont seuls compétents pour connaître de l'action en divorce ou en séparation de corps, ils doivent cependant, lorsqu'une telle action se fonde sur un crime ou un délit imputé à l'époux défendeur et pour lequel des poursuites ont été introduites par le ministère public, surseoir à leur sentence « tant qu'il n'a pas été prononcé définitivement sur l'action publique intentée avant ou pendant la poursuite de l'action civile ». C'est l'application de la règle que le criminel tient le civil en état, édictée par l'art. 3, § 2, c. instr. cr. L'ancien art. 235 c. civ., qui avait été rétabli par la loi du 27 juill. 1884, reproduisait cette règle spécialement pour la matière du divorce. Cet article a été supprimé par la loi du 18 avr. 1886; mais la règle, qui est générale et d'ordre public, n'en doit pas moins continuer à recevoir son application.

153. L'ancien art. 235 disposait que l'action en divorce resterait suspendue « jusqu'après l'arrêt de la cour d'assises ». Sur l'observation d'un sénateur, que d'autres juridictions que la cour d'assises pouvaient prononcer des peines criminelles (D. P. 84. 4. 103, note 4), ces mots avaient été remplacés dans le texte de la loi de 1884 par ceux-ci : « jusqu'après la décision de la juridiction répressive ». On soutenait, néanmoins, qu'il fallait, pour que l'action en divorce pût être suspendue, que la poursuite intentée par le ministère public fût de nature à entraîner une condamnation afflictive et infamante (Carpentier, *Traité du divorce*, n° 92). La même opinion est encore professée aujourd'hui, par le motif qu'elle ne reposait pas sur le texte de la loi, mais sur son esprit, qui était d'éviter une contrariété de décisions ne pouvant se rencontrer qu'en cas de condamnation à une peine afflictive et infamante (Carpentier, *La loi du* 18 *avr.* 1886, n° 32). — Quant à nous, nous croyons que la règle de l'art. 3 c. instr. cr. doit s'appliquer aujourd'hui, même en matière de divorce, dans toute sa généralité. En cas de poursuites correctionnelles, comme en cas de poursuites criminelles, l'action publique et l'action civile en divorce ou en séparation de corps pourraient également aboutir à des décisions contradictoires. Il n'est pas même besoin de supposer, pour que cette hypothèse se réalise, le cas de poursuites correctionnelles d'adultère; il pourrait se faire, par exemple, que le jugement correctionnel acquittât l'époux défendeur comme n'ayant pas commis les sévices dont se plaindrait l'époux demandeur, tandis que le jugement civil prononcerait le divorce pour ces prétendus sévices. La règle de l'art. 3 c. instr. cr., ayant pour but d'empêcher cette contrariété de décisions, doit, par conséquent, s'appliquer dans tous les cas où un tel résultat est possible.

154. On ne doit pas oublier, toutefois, que l'art. 3 c. instr. cr. n'oblige les juges civils à surseoir qu'à la décision du fond; il ne s'oppose pas à ce que l'action soit formée ni à ce que la procédure suive son cours (*Rép.* v° *Question préjudicielle*, n° 16; Carpentier, *La loi du* 18 *avr.* 1886, n° 32).

Sect. 3. — Du préliminaire de conciliation (*Rép.* n°s 96 à 113).

155. La demande en divorce, comme la demande en séparation de corps (V. *Rép.* n° 96), doit être précédée d'une tentative de conciliation, non devant le juge de paix, mais devant le président du tribunal civil compétent. Voici comment l'exposé des motifs de la loi du 18 avr. 1886 a expliqué l'utilité de cette procédure préliminaire : « Une demande tentée à la légère, une demande introduite sous le coup de désaccords passagers, sous le ressentiment d'une injure que le temps doit affaiblir, n'en détruira pas moins l'union des deux époux. Il est donc nécessaire de prendre des précautions pour qu'une instance en divorce ne puisse être entreprise sans que le demandeur ait eu le temps de mûrement réfléchir sur les conséquences de son action, sur la gravité des causes qu'il veut invoquer. A cet effet, le projet établit ou plutôt maintient une sorte de préliminaire de conciliation tenté par le président du tribunal ».

156. Il a été jugé, en matière de séparation de corps, que la tentative de conciliation devant le président est d'ordre public et doit avoir lieu à peine de nullité; que l'omission de cette formalité peut être invoquée en tout état de cause (Bourges, 6 janv. 1873, aff. Defond, D. P. 73. 2. 207; Paris, 28 août 1879) (1). Il en est de même, évidemment, en matière de divorce (Carpentier, *Traité théorique et pratique du divorce*, n° 110; Poulle, p. 145).

157. Par exception, cependant, certaines demandes sont dispensées du préliminaire de conciliation. — 1° Ce sont d'abord les demandes formées par ou contre un tuteur, au nom d'un individu en état d'interdiction légale ou judiciaire. L'essai de conciliation ne peut avoir lieu alors, comme le

(1) (X... C. X...) — La cour; — En ce qui touche la nullité de la procédure : — Considérant que la comparution des époux devant le président du tribunal, avant la demande en séparation de corps, prescrite dans le but d'opérer autant que possible un rapprochement, est une mesure d'ordre public dont l'inobservation entraîne la nullité de toute la procédure qui a suivi; — Considérant que, s'il n'est pas nécessaire, pour la validité du préliminaire de conciliation, que l'époux défendeur comparaisse devant le magistrat, il est du moins nécessaire que, par une citation conforme à toutes les prescriptions de la procédure, il ait été mis sérieusement en demeure de satisfaire au vœu de la loi; — Considérant que le délai de trois jours francs, fixé par l'art. 51 c. proc. civ., concerne uniquement le préliminaire de conciliation devant le juge de paix, et ne peut, par analogie, s'imposer à l'époux demandeur en séparation de corps; que le délai de la citation à comparaître étant déterminé par le président lui-même, la citation est régulière, pourvu qu'elle ait été délivrée à la personne ou au domicile légal du défendeur; mais que cette régularité de l'exploit d'ajournement n'est pas suffisante, et qu'il faut encore que l'époux défendeur ne soit pas, par le fait de l'époux demandeur, placé dans l'impossibilité de se présenter en temps utile devant le président; — Considérant, en fait, que, signifiée le 27 sept. 1878, au domicile légal de X..., alors momentanément absent, la citation ne lui a été envoyée par sa femme que le 27 et ne lui a été remise que le 28, le jour même où il était cité en conciliation à Reims, à onze heures et demie; — Considérant que ce retard dans la connaissance que X... a eue de la citation, causé par le fait personnel de sa femme, a supprimé pour lui une garantie essentielle, et l'a privé du bénéfice du préliminaire de conciliation, qui aurait pu avoir pour résultat d'éteindre la demande formée contre lui; que c'est donc à tort que, se fondant sur la remise régulière de la citation à ce domicile légal de X... et sur l'absence de toute manœuvre dolosive de la part de la dame X..., à l'effet d'empêcher son mari de se présenter en conciliation, les premiers juges ont repoussé l'exception proposée par l'appelant; — Par ces motifs; — Dit que le préliminaire de conciliation ordonné par l'art 877 c. proc. civ. n'a pas été rempli; — En conséquence, déclare nulle et de nul effet toute la procédure suivie à la requête de la dame X..., ensemble les jugements survenus sur cette procédure, etc.

Du 28 août 1879.-C. de Paris, 2e ch.-MM. Puget, pr.-Boucher, av. gén.-Paris (du barreau de Reims) et Menesson, av.

veut la loi, car l'art. 238 exige que les parties comparaissent en personne devant le président ; or l'interdit n'est pas admis à comparaître en justice, et le tuteur n'a aucune qualité pour le remplacer dans cette circonstance (Depeiges, n° 93; Carpentier, *La loi du* 18 *avr.* 1886, n°s 48 et suiv.; Poulle, p. 116 et suiv. V. cependant : Paris, 7 avr. 1887, aff. Caillet, D. P. 88. 2. 245. — Comp. *Rép.* n° 97). — 2° Sont aussi dispensées du préliminaire de conciliation les demandes en divorce ou en séparation de corps formées reconventionnellement à une demande principale (c. civ. art. 239, § 3, et 307) (V. *infrà*, n°s 237 et suiv.). — 3° Aucune tentative de conciliation n'est également nécessaire, lorsque l'un des époux demande la conversion de la séparation de corps en divorce (c. civ. art. 310) (V. *infrà*, n°s 665 et suiv.). — Il a été jugé que la disposition de l'art. 4 de la loi du 27 juill. 1884 (devenue l'art. 6 de la loi du 18 avr. 1886), aux termes de laquelle, en cas de conversion d'une instance en séparation de corps pendante au moment de la promulgation de la loi, la procédure spéciale au divorce ne doit être suivie qu'à partir du dernier acte valable de la procédure en séparation de corps, écarte nécessairement la formalité du préliminaire de conciliation devant le président du tribunal, lorsque la demande de conversion a été formée en appel (Civ. rej. 30 juin 1886, aff. Larché, D. P. 87. 1. 60).

158. Avant la loi du 18 avr. 1886, le préliminaire de conciliation n'avait pas lieu non plus, lorsque la demande était fondée sur la condamnation de l'un des époux à une peine afflictive et infamante. L'art. 261 c. civ., aujourd'hui supprimé, déclarait que, dans ce cas, les seules formalités à observer consistaient à présenter au tribunal une expédition en bonne forme de la décision portant condamnation, avec un certificat du greffier constatant que cette décision n'était plus susceptible d'être réformée par les voies légales ordinaires. La loi du 18 avr. 1886 a abrogé les art. 253 à 274 c. civ. et par là même l'art. 261. Il en résulte que la demande en divorce ou en séparation de corps motivée sur une condamnation doit être instruite et jugée comme une demande fondée sur toute autre cause. L'exposé des motifs de la loi nouvelle s'est expliqué nettement sur ce point : « L'art. 261 réglait, pour le cas où le divorce était demandé à raison de la condamnation de l'un des époux, une procédure extrêmement sommaire, dans laquelle, d'après l'opinion commune, le défendeur n'était même pas mis en cause. Le projet ne maintient pas cette procédure exceptionnelle. La demande de divorce basée sur l'art. 232 sera instruite et jugée en la forme ordinaire ». Aujourd'hui donc, cette demande n'est pas dispensée du préliminaire de conciliation. — Il faut observer toutefois que, si la demande est formée, comme cela se produit généralement, pendant que l'époux condamné subit sa peine, il n'y a néanmoins pas lieu à l'essai de conciliation, parce que cet époux est en état d'interdiction légale et que la demande est alors poursuivie contre son tuteur (V. *suprà*, n° 157).

159. L'art. 234 nouveau est ainsi conçu : « L'époux qui veut former une demande en divorce présente, en personne, sa requête au président du tribunal ou au juge qui en fait fonctions. — En cas d'empêchement dûment constaté, le magistrat se transporte, assisté de son greffier, au domicile de l'époux demandeur. — En cas d'interdiction légale résultant d'une condamnation, la requête à fin de divorce ne peut être présentée par le tuteur que sur la réquisition ou avec l'autorisation de l'interdit ». Cet article n'est pas déclaré applicable à la demande de séparation de corps par l'art. 307 ; cette demande reste donc régie par les art. 875 et 876 c. proc. civ. (V. *Rép.* n°s 100 et suiv., et *infrà*, n° 172).

160. L'ancien art. 236 c. civ. stipulait que toute demande en divorce détaillerait les faits, et l'art. 875 c. proc. civ. dispose, de même, que l'époux qui veut se pourvoir en séparation de corps présente au président du tribunal de son domicile une requête « contenant sommairement les faits ». Bien que la loi ne le dise pas, la requête tendant au divorce doit également contenir un exposé sommaire des faits allégués par le demandeur ; car, si cet exposé est nécessaire en matière de séparation de corps, il ne l'est pas moins lorsqu'il s'agit du divorce. De plus, si la requête doit, aux termes de l'art. 237, être signifiée en tête de la citation donnée à l'époux défendeur, c'est afin de faire connaître à cet époux les causes pour lesquelles son conjoint demande le divorce ; il est donc nécessaire que ces causes soient énoncées dans la requête (V. en ce sens : Vraye et Gode, t. 1, n° 182). Il a été jugé, à cet égard, en matière de séparation de corps, qu'il appartient aux juges d'apprécier souverainement si les faits qui servent de base à une demande en séparation de corps sont suffisamment détaillés dans la requête (Req. 2 mars 1808, *Rép.* n° 101), et que l'époux contre lequel la séparation a été demandée ne saurait être admis à se prévaloir pour la première fois en appel de ce que les faits servant de motifs à la requête n'y auraient pas été assez explicitement énoncés (Rennes, 24 nov. 1820, *Rép.* n° 102). Ces solutions seraient encore mieux justifiées aujourd'hui, en matière de divorce, puisqu'aucune disposition légale ne détermine formellement ce que doit contenir la requête.

161. On a examiné au *Rép.* n°s 103 et suiv. la question de savoir si l'époux demandeur en séparation de corps peut, postérieurement à la requête et dans le cours du procès, articuler d'autres faits que ceux qu'il a énoncés dans cette requête. Sur cette question, la jurisprudence est assez hésitante. Elle admet bien que le demandeur peut, après la tentative de conciliation, articuler de nouveaux faits qui ne sont survenus que depuis le commencement de l'instance (Paris, 7 août 1810, *Rép.* n° 25), ou des faits qui n'étaient point connus du demandeur au début de l'instance (Besançon, 9 avr. 1808, *Rép.* n° 24 ; Metz, 8 juill. 1824, *Rép.* n° 104-1° ; Paris, 25 mai 1837, *Rép.* n° 61-1°), ou enfin des faits qui ne sont que le développement des causes énoncées d'une manière générale dans la requête (Paris, 28 juill. 1809, *Rép.* n° 100-2° ; Douai, 9 avr. 1825, *Rép.* n° 100-1° ; Bordeaux, 29 déc. 1829, *Rép.* n° 104-2° ; Bruxelles, 18 avr. 1835, *Rép.* n° 100-1° ; C. cass. Belgique, 22 févr. 1844) (1). Mais ces décisions semblent supposer que le demandeur ne pourrait invoquer des faits qui constitueraient une autre cause de séparation de corps, par exemple, des faits d'adultère, alors que la demande a été formée pour excès, sévices ou injures graves (V. cependant en sens contraire : Poitiers (ou Limoges), 15 janv. 1817, *Rép.* n° 103-6°).

162. En matière de divorce, il a été jugé, avant la suppression de l'art. 236 c. civ., que le demandeur en divorce ne peut pas, après avoir présenté au président du tribunal la

---

(1) (D... C. D...) - LA COUR; — En ce qui concerne le moyen fondé sur la violation prétendue des art. 236, 237, 239, 241, 242, 243 et 252 c. civ., en ce que l'arrêt attaqué aurait admis à l'appui de la demande en divorce des faits non détaillés dans la requête introductive : — Attendu que l'arrêt attaqué (Liège, 19 juill. 1843), en adoptant sans restriction les motifs du jugement de première instance, décide par cela même, comme l'a fait ce jugement, que les faits qu'il constate constituent, par leur réunion et la manière dont ils se sont succédé depuis le mariage, des sévices, excès et injures assez graves pour faire admettre le divorce ; qu'il s'agit donc d'apprécier le moyen proposé dans ses rapports avec les motifs du jugement de première instance ; — Attendu que la plus grande partie des faits énoncés dans les considérants dudit jugement ont été détaillés dans la requête en divorce, conformément au vœu de la loi ; — Attendu que, si ce jugement prend en considération d'autres faits peu nombreux, qui n'ont pas été détaillés, ou qui ne l'ont pas été d'une manière suffisante dans la requête introductive, il n'a pas admis ces faits comme constituant par eux-mêmes une cause de divorce, mais qu'il a pu les mettre en rapport avec les faits détaillés, pour en déterminer la gravité ; qu'aussi le jugement, dont l'arrêt admet les motifs, porte en termes que les tribunaux doivent avoir égard, en cette matière, à toutes les circonstances résultant des preuves acquises au procès qui peuvent aggraver ou diminuer la nature des faits articulés par le conjoint demandeur ; — Attendu que, sous ce point de vue, l'appréciation qu'aurait faite l'arrêt de certains faits non détaillés dans la requête en divorce n'est interdite par aucune loi ; — Attendu que le moyen proposé est d'autant moins admissible, dans l'espèce, que la défenderesse avait été reçue à prouver que les faits de sévices et excès qu'elle avait articulés s'étaient renouvelés plusieurs fois, et que, lors des enquêtes, le demandeur ne s'est aucunement opposé à ce que les témoins fussent entendus sur les faits qu'il relève à l'appui de son pourvoi ; qu'il suit de tout ce qui précède que l'arrêt attaqué n'a contrevenu à aucun des textes cités ; — Sur le moyen de cassation puisé dans la violation prétendue des art. 97 de la constitution, 141 c. proc. civ. et 7 de la loi du 20 avr. 1810 : ... (Sans intérêt);

Par ces motifs ; — Rejette.

Du 22 févr. 1844.-C. cass. de Belgique.

requête détaillant les faits à l'appui de sa demande, articuler ultérieurement des faits nouveaux, qui ne seraient pas le simple développement des premiers (Douai, 9 mai 1885, aff. Barbier, D. P. 86. 2. 99). Cette doctrine doit-elle encore être admise aujourd'hui, alors que le texte qui obligeait le demandeur en divorce à détailler les faits dans sa requête a disparu du code? Nous croyons, avec M. Carpentier, *La loi du* 18 *avr.* 1886, n° 43, qu'il faut répondre affirmativement. Le demandeur peut, sans doute, postérieurement à la requête, demander à prouver des faits nouveaux à l'appui de la cause qu'il a déduite dans cette requête, mais il ne doit pas pouvoir saisir le tribunal d'une nouvelle cause; il peut faire valoir des moyens nouveaux, mais non former une demande nouvelle. Telle est la solution qui nous paraît la plus juridique. Les règles sur la procédure du divorce sont de droit étroit, et, du moment qu'une requête est exigée pour exposer les causes de la demande, le débat doit être circonscrit sur les faits énoncés dans cette requête. De plus, le droit de la défense requiert que l'époux défendeur connaisse dès le début de l'instance les motifs pour lesquels son conjoint prétend faire prononcer le divorce (*Contrà :* Vraye et Gode, t. 1, n° 184).

163. Après l'exposé des faits, l'époux demandeur, dans sa requête, doit conclure au divorce. — Il y a lieu de se demander s'il ne pourrait pas aussi, mais subsidiairement, conclure à la séparation de corps. Nous avons admis *suprà*, n° 36, que des faits qui seraient insuffisants pour autoriser le divorce pourraient cependant motiver la séparation de corps. D'autre part, nous verrons *infrà*, n°s 229 et suiv., que la loi permet de transformer en tout état de cause la demande en divorce en demande de séparation de corps. Il est ainsi vrai de dire, avec la cour de cassation (Civ. cass. 22 févr. 1888, aff. Decourt, D. P. 88. 1. 223), qu'une demande en divorce comprend virtuellement une demande en séparation de corps. Il semble donc que le demandeur devrait pouvoir de prime abord conclure subsidiairement à la séparation, pour le cas où le tribunal ne trouverait pas les faits assez graves pour prononcer le divorce. Néanmoins, l'opinion contraire nous paraît préférable. Dans la matière du divorce, comme nous l'avons déjà remarqué, tout est de droit étroit, et, de ce que la partie demanderesse peut transformer son action en divorce en action en séparation de corps, on ne doit pas conclure qu'elle puisse poursuivre concurremment les deux actions, ni laisser aux juges le soin d'opter entre les deux; cette option doit être faite par la partie elle-même (Comp. en ce sens : Paris, 30 juill. 1885, et sur pourvoi, Civ. rej. 30 juin 1886, aff. Laroché, D. P. 87. 1. 60; Carpentier, *La loi du* 18 *avr.* 1886, n° 81).

164. La loi ne dit pas si la requête doit être signée par un avoué, mais l'exposé des motifs et le rapport au Sénat ne laissent aucun doute sur l'intention du législateur à cet égard. « Il n'a pas paru nécessaire, dit l'exposé des motifs, de dire formellement que la requête présentée au président devrait nécessairement avoir été rédigée par un avoué. C'est là une règle générale, et il y a d'autant moins de raison de s'en écarter, dans l'espèce, qu'il est nécessaire, pour que les représentations du président portent tout leur effet, que les motifs de la demande soient nettement exposés ». La même observation a été faite par M. Labiche, dans son rapport au Sénat (V. pour les honoraires de l'avoué : Tarif 16 févr. 1807, art. 79, § 3).

165. L'ancien art. 236 stipulait que la requête devait être accompagnée des pièces à l'appui. L'art. 875 c. proc. civ. dit aussi que l'époux demandeur en séparation de corps doit joindre à sa requête « les pièces à l'appui, s'il y en a ». Bien que cette disposition ne se retrouve plus dans la nouvelle loi sur la procédure du divorce, il convient de l'observer encore. On peut même dire que l'adjonction de certaines pièces sera, dans certains cas, le complément naturel de la requête; au besoin, le magistrat qui reçoit la requête pourrait les exiger (V. en ce sens : Carpentier, *La loi du* 18 *avr.* 1886, n° 47).

166. La requête doit être adressée au président; mais elle ne serait pas nulle pour être adressée au tribunal tout entier (Depeiges, n° 59; Vraye et Gode, t. 1, n° 186; Carpentier, *op. cit.*, n° 41).

167. Le demandeur doit présenter sa requête en personne. Mais peut-il se faire accompagner de son avoué ou d'un conseil? Aucun texte ne s'y oppose, et il paraît qu'à Paris il est d'usage que l'avoué accompagne son client. Nous pensons toutefois que le président pourrait exiger que le demandeur comparût seul (Comp. Carpentier, *Traité du divorce*, n° 99; Vraye et Gode, t. 1, n° 188).

168. La loi a prévu le cas où le demandeur ne pourrait se présenter devant le magistrat, et elle dispose qu'alors celui-ci se transportera, assisté de son greffier, au domicile de l'époux demandeur (c. civ. art. 234, § 2). D'après l'ancien texte du code (art. 236), ce n'était qu'au cas où le demandeur était empêché par maladie, et sur le certificat de deux médecins, que le juge devait se transporter. Plus large dans sa rédaction, le nouvel art. 234 prescrit ce transport dans tout cas d'empêchement dûment constaté. Il laisse ainsi au président la souveraine appréciation des causes d'empêchement qui peuvent être invoquées et des justifications qui en sont fournies. Comme il s'agit d'une décision de juridiction gracieuse, le magistrat, en cette matière, a un pouvoir discrétionnaire. S'il refusait de se transporter alors que cette mesure serait réellement nécessaire, le demandeur n'aurait que la ressource de la prise à partie (Vraye et Gode, t. 1, n° 192).

169. La preuve de l'empêchement invoqué pourra être faite, soit par un acte de notoriété, soit à l'aide de certificats. Nous pensons qu'elle devra être présentée par une requête spéciale, signée d'un avoué, comme cela se fait ordinairement en matière de juridiction gracieuse. Cependant, d'après M. Carpentier, *La loi du* 18 *avr.* 1886, n° 45, une requête qui serait rédigée par le demandeur lui-même, en dehors des formes usitées, ne devrait pas être tenue pour nulle, et il importerait peu qu'elle fût communiquée au président d'une façon ou d'une autre.

170. L'art. 234, § 2, dit que le juge se transportera au *domicile* du demandeur; mais cette expression ne doit pas être prise dans son sens juridique; il faut entendre le lieu où le demandeur se trouve, *domicile* ou *résidence* (Vraye et Gode, t. 1, n° 193).

171. Le président auquel doit être présentée la requête en divorce est celui du tribunal compétent pour connaître de la demande (V. *suprà*, n° 132). Ce magistrat, en cas d'empêchement de l'époux demandeur, peut bien se transporter dans le ressort de son tribunal; mais, si l'époux se trouve en dehors de ce ressort, comment procéder? — On a pensé que le président compétent devait alors donner commission rogatoire au président du lieu de la résidence de l'époux, à l'effet de recevoir la requête et de remplir les formalités du préliminaire de conciliation. Mais cette manière de procéder a été considérée comme illégale par la cour d'Alger (Alger, 2 févr. 1885) (1), dont la décision est approuvée par M. Depeiges, n° 58, et par M. Carpentier, *La loi du* 18 *avr.* 1886,

(1) (Dame M... C. M...) — M... condamné à cinq ans de prison pour vol s'était établi, à l'expiration de sa peine, à Dellys, arrondissement de Tizi-Ouzou (Algérie); sa femme, qui habitait Genève, intenta contre lui une demande en divorce. A cet effet, elle présenta requête au président du tribunal de Tizi-Ouzou, demandant à ce magistrat, vu sa maladie dûment constatée par l'attestation de deux médecins de Genève, de la dispenser de comparaître devant lui. En conséquence, elle demandait que le président du tribunal d'Annecy ou celui de Nantua, les deux plus voisins de sa résidence, fût commis rogatoirement pour recevoir sa demande en divorce, faire toutes observations utiles et l'entendre concurremment avec son mari, après avoir fait sommation audit mari de comparaître aux jours et heures indiqués, afin de faire toutes les représentations de nature à amener un rapprochement entre les époux (c. civ. art. 239). — Sur cette requête, le président du tribunal de Tizi-Ouzou a rendu, à la date du 15 nov. 1884, une ordonnance ainsi conçue : — « Attendu que la requérante, bien que résidant en Suisse, n'a pas d'autre domicile légal que celui de son mari; que toute demande en divorce doit être remise avec les pièces à l'appui au président du tribunal de l'arrondissement dans lequel les époux ont leur domicile; que la loi du 27 juill. 1884, qui règle la procédure ordinaire du divorce ne renferme aucune disposition qui permette au président du tribunal compétent de commettre rogatoirement le président d'un autre tribunal à l'effet de recevoir la demande en divorce, d'entendre la partie demanderesse et de faire comparaître devant lui les époux pour tenter un rapprochement; — Attendu que le certificat médical produit par la requérante constate que celle-ci, dans l'état de santé où elle se

n° 45. Il faut tenir pour certain, suivant ces auteurs, que le demandeur ne peut déposer sa requête en divorce s'il ne se trouve pas au moins sur le territoire de l'arrondissement du tribunal, de manière que le magistrat puisse se transporter auprès de lui. — MM. Vraye et Gode, t. 1, n° 195, pensent, au contraire, que le président du tribunal compétent peut commettre rogatoirement le président d'un autre tribunal pour recevoir la demande et remplir les autres formalités du préliminaire de conciliation, bien que la loi ne l'ait pas dit spécialement pour le cas qui nous occupe. « Il y a bien, disent-ils, un inconvénient à cette manière de procéder : c'est d'obliger le défendeur à se transporter au lieu de la résidence de son conjoint; mais cet inconvénient est d'autant moins de nature à nous arrêter que le défendeur n'est pas tenu de se présenter, et il est, en tout cas, beaucoup moins grave d'exposer le défendeur à se déplacer que de dénier au demandeur, sous prétexte de questions de forme, la possibilité de recourir à une demande en divorce que la loi l'autorise à former. »

172. Lorsque le demandeur est interdit légalement, c'est à son tuteur qu'il appartient de présenter la requête (c. civ. art. 234, § 3) (V. *suprà*, n° 118). — Le tuteur doit alors lui-même comparaître devant le président, car il remplace l'époux dans la procédure (Vraye et Gode, t. 1, n° 197).

173. Suivant l'opinion que nous avons adoptée *suprà*, n° 118, le tuteur de l'individu interdit judiciairement ne peut jamais, au nom de celui-ci, former une demande en divorce.

174. L'époux mineur ou pourvu d'un conseil judiciaire doit-il comparaître accompagné de son curateur ou de son conseil? Nous pensons, avec MM. Vraye et Gode, t. 1, n° 199, que cela n'est pas nécessaire. Cet époux doit être assisté de son curateur ou de son conseil judiciaire; mais l'assistance peut consister en une autorisation donnée dans la requête.

175. La requête doit être remise au président « ou, ajoute la loi, au juge qui en fera fonction ». On ne doit pas entendre par là que le président pourrait conférer à un juge déterminé une délégation spéciale et permanente pour recevoir toutes les demandes de divorce. Un juge ne peut faire fonctions de président qu'en cas d'absence ou d'empêchement de celui-ci. Si la requête était remise à un juge et qu'il fût établi qu'aucun empêchement ne s'opposait à ce qu'elle fût présentée au président, la procédure serait nulle (Carpentier, *Traité du divorce*, n° 100; Vraye et Gode, t. 1, n° 189).

176. Il a été décidé que le juge qui, en l'absence du président, a reçu la requête du demandeur en divorce et ordonné la comparution des parties devant lui, est compétent pour recevoir lui-même les comparants, encore qu'au jour fixé pour la comparution le président ne soit plus empêché (Besançon, 16 août 1811, cité au *Rép.* n° 444).

Il résulte, toutefois, d'un arrêt de la cour de cassation, qu'en matière de séparation de corps la comparution des parties peut avoir lieu devant le président, alors même que la requête a été présentée à un juge, à raison de l'empêchement du président (Req. 19 févr. 1861, aff. Cécille, D. P. 61. 1. 430). La même décision a été rendue, en matière de divorce, par le tribunal de Bruxelles (Trib. Bruxelles, 26 mars 1881) (1). — D'après MM. Vraye et Gode, t. 1, n° 189, c'est au juge qui a reçu la requête qu'il appartient de procéder aux formalités prescrites par les art. 234 à 238. Ce juge ne doit pas, quand même le président, d'abord absent ou empêché, serait de retour ou libre, se dessaisir d'une mission dont il a été régulièrement saisi. Cela résulte, notamment, de la disposition de l'art. 235 qui prescrit au *juge* d'ordonner devant lui la comparution des parties. Cependant le juge qui n'agit en somme que comme faisant fonctions de président pourrait, sans qu'il en résultât aucune nullité, dire dans l'ordonnance prévue par l'art. 235 que les parties comparaîtront, non devant lui, mais devant le président du tribunal.

177. Aux termes de l'art. 235 nouveau, « le juge, après avoir entendu le demandeur et lui avoir fait les observations qu'il croit convenable, ordonne au bas de la requête que les parties comparaîtront devant lui au jour et à l'heure qu'il indique, et commet un huissier pour notifier la citation ». Cet article, comme le précédent, n'est pas applicable à la demande de séparation de corps (c. civ. art. 107). Pour les formalités requises au sujet de cette demande, V. *Rép.* n° 497.

178. La loi veut que le président adresse des observations au demandeur, dans le but d'éteindre, s'il est possible, le procès *ab ovo*. Elle a organisé au début de l'instance en divorce, comme cela a été dit dans l'exposé des motifs, une sorte de conciliation à deux degrés : « Dans le premier, le demandeur seul se présente devant le juge, et déjà il lui sera adressé des observations qui pourront parfois l'amener à renoncer à son action. Lors de la seconde épreuve, les deux parties sont présentes, ou au moins doivent être convoquées ».

179. Losque l'époux persiste dans sa demande, le président rend une ordonnance, qui doit comprendre nécessairement deux choses : 1° la fixation du jour et de l'heure auxquels les deux époux devront comparaître devant le magistrat; 2° la commission d'un huissier pour notifier la citation à l'époux défendeur. Cette ordonnance est rédigée par le greffier, qui, d'après l'art. 234, doit être présent. L'indication du jour et de l'heure de la comparution est laissée à la discrétion du président. Toutefois, comme la citation doit être donnée au défendeur trois jours au moins avant le jour de la comparution (c. civ. art. 237), cet intervalle de trois jours au moins doit séparer les deux degrés de conciliation.

180. L'ordonnance rendue par le président au bas de la requête de l'époux demandeur peut contenir une troisième disposition. « Le juge, dit l'art. 236 c. civ., peut, par l'ordonnance permettant de citer, autoriser l'époux demandeur à résider séparément en indiquant, s'il s'agit de la femme, la résidence provisoire. » Cet article est applicable en matière de séparation de corps (c. civ. art. 307). Il en est de même de tous ceux qui suivent, jusqu'à l'art. 244; à partir de la première ordonnance, jusqu'au jugement, la procédure de la demande en séparation de corps est la même que celle de la demande en divorce.

181. L'art. 236 n'a fait, du reste, que transporter dans la demande en divorce une procédure qui était déjà autorisée en matière de séparation de corps par l'art. 878 c. proc. civ.; ce dernier article toutefois ne conférait au président le pouvoir de fixer une résidence à la femme qu'après la tentative de conciliation.

182. Les dispositions de l'art 236 sont ainsi expliquées dans l'exposé des motifs de la loi du 18 avr. 1886 : « La situation faite aux époux du jour où la citation en conciliation a été lancée, rend pénible, parfois dangereuse, la coha-

---

trouve, ne saurait sans danger entreprendre un voyage sur mer, et que ce voyage pourrait avoir pour elle des conséquences fatales; — Attendu que la mesure sollicitée ne serait dès lors d'aucune utilité pour la requérante, puisque la loi exige à peine de nullité qu'elle se présente en personne à toutes les phases de la procédure devant le tribunal saisi de l'instance; — Par ces motifs, déclarons n'y avoir lieu à faire droit à la requête ». — Appel par la dame M... — Arrêt.

LA COUR; — Adoptant les motifs des premiers juges, confirme.

Du 2 févr. 1885.-C. d'Alger.-MM. Sautayra, 1er pr.-Du Moiron, av. gén.-Chéronnet, av.

(1) (H... C. H...) — LE TRIBUNAL; ... — Sur la cinquième fin de non-recevoir tirée de ce que la demande ayant été remise à M. le président A..., les époux ont comparu devant M. le vice-président B..., qui a ensuite fait rapport au tribunal : — Attendu que le président du tribunal doit intervenir, en matière de divorce, à titre de son office et que les art. 236 et 240 c. civ. prévoient le cas où ce magistrat est remplacé par un juge qui remplit accidentellement les fonctions qui lui sont spécialement attribuées; — Attendu que le code civil n'exige pas que ce soit nécessairement la même personne qui reçoive la demande, et qui fasse ensuite aux parties les représentations propres à opérer un rapprochement; — Attendu que donner à la loi une pareille interprétation serait imposer à la demanderesse pour un fait qui lui est étranger et qu'elle n'a aucun moyen de prévoir ou de prévenir, des retards et des frais qui pourraient lui être hautement préjudiciables; — Attendu qu'il n'est pas dénié qu'au moment de la comparution des parties devant lui, M. le vice-président B... faisait régulièrement les fonctions de président, en l'absence du titulaire empêché, conformément à l'art. 201 de la loi du 18 juin 1869; — Attendu que le tribunal, en accueillant la fin de non-recevoir proposée, prononcerait une nullité qui n'est pas écrite dans la loi; — Par ces motifs, rejetant les fins de non-recevoir proposées par le défendeur, admet la demande en divorce.

Du 26 mars 1881.-Trib. de Bruxelles.

bitation ; il était indispensable d'accorder au juge le droit de la faire cesser. L'époux demandeur peut provoquer cette mesure, le mari aussi bien que la femme. Cette dernière hypothèse pourrait se réaliser, par exemple, si les époux avaient leur domicile au siège d'une maison de commerce dirigée par la femme. La seule différence admise, c'est qu'on ne pourra imposer une résidence déterminée au mari, dont le choix reste libre ».

183. C'est sur la réquisition du demandeur que le président peut l'autoriser à résider séparément ; cette réquisition pourra être formulée, soit dans la requête tendante au divorce ou à la séparation de corps, soit même verbalement (Carpentier, *La loi du* 18 *avr.* 1886, n° 54 ; Vraye et Gode, t. 1, n° 208).

184. En ce qui concerne la détermination de la résidence, l'art. 236 fait une distinction entre le mari et la femme. Si c'est le mari qui est demandeur, le président n'a pas à lui indiquer une résidence ; il peut transporter son habitation où bon lui semble ; l'autorisation qui lui est accordée de résider séparément a seulement pour effet d'interdire à la femme de le suivre. Si c'est la femme, au contraire, qui sollicite cette autorisation, le président doit déterminer le lieu où elle sera tenue de résider. Cette détermination n'a, d'ailleurs, qu'un caractère absolument provisoire, car elle pourra être remise en question dès que les deux époux comparaîtront devant le président (c. civ. art. 238).

185. Lorsque la femme est demanderesse, le président peut-il, dès la première ordonnance permettant de citer, ordonner qu'elle restera au domicile conjugal et enjoindre au mari de le quitter ? La négative nous paraît certaine. Si le président n'a même pas le droit d'imposer une résidence déterminée au mari demandeur, il ne peut pas à plus forte raison en imposer une au mari défendeur, qu'il n'a pas encore entendu (Carpentier, *op. cit.*, n° 53. — *Contrà :* Poulle, *Le divorce*, p. 206). On doit reconnaître, toutefois, que cette mesure pourrait être demandée au président, même avant la comparution des époux, par voie de référé, car le référé suppose un débat contradictoire (Carpentier, *ibid.*).

186. Le président ne pourrait pas non plus, en autorisant la femme demanderesse à se retirer dans un domicile particulier, ordonner que les enfants y resteront sous sa garde ; ce n'est que comme juge des référés, en cas d'urgence et pour des motifs graves, que le président aurait qualité pour ordonner cette mesure, au préjudice de la puissance paternelle du mari (Grenoble, 2 mai 1864, aff. Ithier, D. P. 65. 2. 145).

187. L'ordonnance du président, rendue en vertu des art. 235 et 236, est-elle susceptible d'appel ? Non, car c'est un acte de pure juridiction gracieuse. Il est vrai que cette ordonnance peut contenir pour le demandeur l'autorisation d'avoir une résidence séparée ; mais, si le défendeur veut contester l'opportunité de cette mesure, c'est devant le président, au moment de la tentative de conciliation, qu'il devra porter sa réclamation (V. en ce sens : Req. 19 févr. 1861, aff. Cécille, D. P. 61. 1. 430 ; Paris, 22 févr. 1861, aff. Camatte, D. P. 62. 2. 90 ; Depeiges, n° 63 ; Carpentier, *op. cit.*, n°s 51 et 56). — Si le président avait outrepassé les pouvoirs qui lui sont accordés par la loi, c'est par voie d'ordonnance nouvelle rendue en référé, et non par voie d'appel, que la partie lésée devrait faire valoir ses droits (Carpentier, n° 56). C'est aussi par cette voie que l'époux défendeur pourrait faire retirer l'autorisation de résider séparément accordée à son conjoint, au cas où celui-ci ne donnerait pas suite à la permission de citer.

188. L'art. 237 c. civ. est relatif à la citation en conciliation ; il est ainsi conçu : « La requête et l'ordonnance sont signifiées en tête de la citation donnée à l'époux défendeur trois jours au moins avant le jour fixé pour la comparution, outre les délais de distance, le tout à peine de nullité. — Cette citation est délivrée par huissier commis et sous pli fermé ». Cet article reproduit, avec quelques modifications, la disposition finale de l'ancien art. 238 c. civ. ; il contient, en outre, deux innovations : 1° il détermine le délai qui doit s'écouler entre la remise de la citation et le jour de la comparution ; 2° il stipule que la citation sera remise sous pli fermé.

189. Aux termes de l'art. 237, il doit s'écouler un délai de trois jours au minimum entre la date de la citation et le jour de la comparution. Ce délai est le même que celui exigé par l'art. 51 c. proc. civ. pour la citation en conciliation devant le juge de paix. Des arrêts avaient jugé que cet article n'était pas applicable en matière de séparation de corps (Amiens, 19 juin 1872, aff. G..., D. P. 72. 2. 160 ; Paris, 28 août 1879, *suprà*, n° 156). Le nouvel art. 237, étendu à la demande en séparation de corps par l'art. 307, tranche donc cette question dans le sens opposé.

190. Le délai de trois jours est franc ; cela résulte des termes de la loi ; il ne comprend ni le jour de la citation, ni celui de la comparution. — Il est imposé à peine de nullité. Toutefois, en cas d'inobservation de ce délai, la nullité serait couverte si le défendeur avait comparu au préliminaire de conciliation, car le délai est établi en sa faveur, et il peut y renoncer. Il pourrait aussi, tout en comparaissant sur une citation donnée à trop bref délai, requérir l'indication d'un nouveau jour (Depeiges, n° 61 ; Carpentier, *La loi du* 18 *avr.* 1886, n° 57).

191. La citation doit être délivrée par l'huissier commis. — Au cas où le président aurait oublié d'en commettre un, il serait facile de réparer cet oubli, soit en faisant compléter l'ordonnance, soit en en obtenant une nouvelle. Si, dans le silence de l'ordonnance ou même nonobstant sa disposition, la citation était remise par un huissier non commis, cette citation serait-elle nulle ? Pour la négative, on peut dire que l'art. 237, qui prononce la nullité en cas d'inobservation du délai, ne la prononce pas en ce qui concerne l'huissier (V. en ce sens : Vraye et Gode, t. 1, n° 214). Mais on peut invoquer en sens contraire la jurisprudence qui décide qu'il y a nullité absolue, lorsque les significations d'arrêts ou de jugements par défaut ont été faites par un autre huissier que celui qui était commis (Civ. cass. 2 déc. 1845, aff. Boissin, D. P. 46. 1. 24. V. en ce sens : Depeiges, n° 62 ; Carpentier, *loc. cit.*).

192. La citation doit être délivrée sous pli fermé. — A ce propos, il était dit dans l'exposé des motifs de la loi : « Comment ce pli sera-t-il fermé ? L'acte sera-t-il mis sous enveloppe ou sous doubles bandes entrecroisées ? Où sera inscrite la mention du *parlant à* ... ? Ces points seront réglés par les instructions que le département de la justice, d'accord avec la direction générale de l'enregistrement, devra adresser aux officiers ministériels ». Les instructions ainsi annoncées n'ont point paru. Voici comment la chambre des avoués du tribunal de la Seine, dans ses instructions sur l'application de la loi du 18 avr. 1886, conseille de procéder : « la copie de la citation sera mise sous enveloppe, mais l'huissier ne fermera l'enveloppe « qu'après avoir parlé à la personne elle-même, à son domestique ou au concierge ; il pourra ainsi mentionner le *parlant à*..., sur la copie comme sur l'original, et satisfaire ainsi aux doubles exigences du code de procédure et de la loi nouvelle ». Il faut ajouter que l'huissier devra indiquer sur l'enveloppe, en guise d'adresse, les nom, prénoms, profession et domicile de l'époux cité (Depeiges, n° 62). La citation devra aussi mentionner que la copie a été remise sous pli fermé.

193. Si la copie est remise à l'époux en personne, nous pensons que l'huissier peut se dispenser de la placer sous pli fermé, car cette formalité n'aurait plus alors de raison d'être (Vraye et Gode, t. 1, n° 216).

194. Lorsque l'époux défendeur n'a ni domicile, ni résidence connus, il y a lieu d'appliquer l'art. 69, n° 8, c. proc. civ., aux termes duquel « l'exploit sera affiché à la principale porte de l'auditoire du tribunal où la demande est portée ; une seconde copie sera donnée au procureur du roi, lequel visera l'original ». D'après MM. Vraye et Gode, t. 1, n° 219, l'affichage ne devrait pas avoir lieu, et le nouvel art. 237 c. civ. aurait abrogé sur ce point l'art. 69, n° 8, c. proc. civ. Nous sommes d'avis, au contraire, que c'est ce dernier texte, plutôt que l'art. 237, qui doit alors être observé. Les formalités de l'art. 69 sont substantielles et prescrites à peine de nullité (c. proc. civ. art. 70) ; il n'en est pas de même, à notre avis du moins, de celle prescrite par l'art. 237 *in fine* (V. *infrà*, n° 195).

195. Suivant M. Depeiges, n° 62, « il y aurait nullité si la citation était signifiée dans la forme ordinaire, au lieu de l'être sous pli fermé, car le but de la loi ne serait pas atteint. On a voulu prendre certaines précautions pour que la demande en divorce ne fût pas l'objet d'indiscrétions regrettables. L'acte qui serait signifié sans être clos permettrait à ces indiscrétions de se produire; il contiendrait une violation formelle d'une disposition impérative ». Nous pensons, au contraire, avec d'autres auteurs, que la citation ne serait pas nulle si elle n'était pas remise sous pli fermé. La loi, en effet, n'a pas édicté dans ce cas la peine de nullité, comme elle l'a fait pour l'inobservation du délai de distance; or les nullités sont de droit étroit, et il ne s'agit pas, d'ailleurs, d'une formalité ayant un caractère substantiel (Carpentier, *La loi du* 18 *avr.* 1886, n° 57; Vraye et Gode, t. 1, n° 214). La remise à un tiers de la copie non fermée pourrait, toutefois, donner lieu à des dommages-intérêts au profit de l'époux cité et même à une action en diffamation.

196. « Au jour indiqué, dit l'art. 238 nouveau c. civ., le juge entend les parties en personne; si l'une d'elles se trouve dans l'impossibilité de se rendre auprès du juge, ce magistrat détermine le lieu où sera tentée la conciliation, ou donne commission pour entendre le défendeur; en cas de non-conciliation ou de défaut, il rend une ordonnance qui constate la non-conciliation ou le défaut et autorise le demandeur à assigner devant le tribunal. » — Le juge devant entendre les parties en personne, elles ne peuvent pas, par conséquent, se faire représenter par mandataires dans le préliminaire de conciliation. Plusieurs auteurs ajoutent qu'il ne leur est pas permis non plus de se faire assister d'avoués ni de conseils (Goirand, n° 69; Carpentier, *op. cit.*, n° 58; Depeiges, n° 64; Vraye et Gode, t. 1, n° 122). L'art. 877 c. proc. civ. le décide ainsi, il est vrai, en matière de séparation de corps. Mais cet article est maintenant remplacé et, par là même, abrogé par l'art. 238 (c. civ. art. 307), et la loi ne prohibant plus d'une manière expresse la présence d'avoués ou de conseils, nous pensons que cette présence ne serait pas une cause de nullité. On doit reconnaître cependant que le vœu du législateur est que les avoués et avocats des parties s'abstiennent d'assister à la tentative de conciliation (V. en ce sens : Coulon et Faivre, p. 120).

197. On s'est demandé si le curateur ou le conseil judiciaire de l'époux mineur ou pourvu d'un conseil devait se présenter avec lui. Nous pensons, ainsi que nous l'avons déjà indiqué *suprà*, n° 174, que la présence de ces personnes n'est pas nécessaire et qu'elles assistent suffisamment le mineur ou le prodigue en l'autorisant à poursuivre sa demande, mais cependant que rien ne s'oppose à ce qu'elles l'assistent plus effectivement encore en l'accompagnant devant le président (*Contrà :* Carpentier, *op. cit.*, n° 58).

198. Le président doit faire aux époux les représentations qu'il croit propres à les concilier. La loi ne le dit pas en termes formels; mais c'est là évidemment la mission du juge dans toute tentative de conciliation qui a lieu devant lui. — Il a été jugé, toutefois, qu'il n'est pas nécessaire, pour la régularité d'un jugement prononçant une séparation de corps, que ce jugement constate que le président, devant lequel les époux ont comparu en personne, leur a fait les représentations propres à opérer un rapprochement (Req. 30 janv. 1877, aff. Peltier, D. P. 78. 1. 363).

199. L'art. 238 prévoit le cas où l'une des parties se trouverait dans l'impossibilité de se rendre auprès du juge; dans ce cas, « le magistrat détermine le lieu où sera tentée la conciliation, ou donne commission pour entendre le défendeur ». Le juge apprécie souverainement l'impossibilité où serait l'une ou l'autre des parties de se rendre devant lui. Cette impossibilité peut être portée à sa connaissance, par lettre ou autrement, soit avant le jour fixé pour la comparution, soit au moment même où cette comparution doit avoir lieu. Mais, comme le remarque M. Depeiges, n° 64, si cette impossibilité était établie lors de la première ordonnance, rien n'empêcherait le président de prendre, dès cette époque, les mesures nécessaires pour assurer l'accomplissement de la formalité (V. *suprà*, n° 168).

200. Lorsque c'est l'époux demandeur qui se trouve dans l'impossibilité de comparaître, le président peut seulement remettre l'essai de conciliation à un autre jour ou à un autre lieu, sans que ce lieu puisse être fixé en dehors du ressort du tribunal; la loi n'autorise pas le président à faire entendre le demandeur par commission rogatoire (V. cependant : Paris, 22 févr. 1861, aff. Camatte, D. P. 62. 2. 90). Lorsque, au contraire, c'est l'époux défendeur qui est empêché, le président a le choix ou d'ordonner que la comparution aura lieu un autre jour et en tel endroit de son ressort qu'il désigne, ou de donner commission rogatoire au président d'un autre ressort à l'effet d'entendre la partie défaillante. Cette distinction résulte du texte de la loi, et elle a été signalée dans l'exposé des motifs. « On trouvera, dit cet exposé, inscrite dans l'art. 5 (devenu l'art. 238 c. civ.) une facilité nouvelle donnée au juge pour la tentative de conciliation. Si le défendeur est dans l'impossibilité de se rendre auprès du juge, celui-ci pourra donner commission rogatoire pour l'entendre. *Cette disposition s'applique au défendeur seul.* »

201. L'ordonnance par laquelle le président indique un autre jour ou un autre lieu pour la comparution doit, de nouveau, commettre un huissier pour notifier une nouvelle citation. Cette ordonnance, en effet, n'est qu'une modification de la première et doit être rendue en conformité de l'art. 235. Toutefois, si elle ne contenait pas une nouvelle commission d'huissier, nous pensons que l'huissier désigné par la première ordonnance resterait compétent pour signifier la seconde citation. Cette citation devrait, du reste, comme la première, être délivrée trois jours au moins avant le jour fixé pour la comparution, outre les délais de distance; elle devrait aussi être remise sous pli fermé (Vraye et Gode, t. 1, n° 225).

202. La commission rogatoire à l'effet d'entendre le défendeur peut-elle être donnée par le président à un juge de paix? Suivant MM. Vraye et Gode, t. 1, n° 226, le président ne pourrait commettre qu'un autre président, parce que c'est au premier magistrat du tribunal seul que la loi attribue compétence pour les tentatives de conciliation en matière de divorce. Mais la compétence du président n'est pas tellement exclusive qu'il ne puisse être remplacé par un autre magistrat (c. civ. art. 234, § 1er). C'est pourquoi nous pensons, avec M. Depeiges, n° 66, qu'il faut ici se référer à l'art. 1035 c. proc. civ., aux termes duquel les juges peuvent commettre «... un juge, ou même un juge de paix, suivant l'exigence des cas » (V. en ce sens : Coulon et Faivre, p. 549).

203. Lorsqu'il y a eu commission rogatoire, le demandeur présente requête au magistrat commis, qui fixe les jour et heure où le défendeur sera entendu, soit dans son cabinet, soit même dans un autre lieu qu'il détermine; en outre, il commet un huissier pour citer le défendeur. La nouvelle requête et l'ordonnance qui la suit sont notifiées au défendeur, avec la citation, dans les formes prescrites par l'art. 237 c. civ.

204. Le magistrat commis doit dresser procès-verbal pour constater, soit le défaut de comparution du défendeur, soit, si le défendeur comparaît, ses déclarations et notamment ses observations relativement aux mesures provisoires, telles que la garde des enfants, la pension alimentaire, qui pourront être requises par le demandeur. Il ne suffirait pas que le juge commis constatât que le défendeur a refusé de se concilier; car ce n'est pas devant lui que se termine la tentative de conciliation; sa mission consiste seulement à « entendre le défendeur », afin de mettre le magistrat conciliateur à même de statuer sur tous les points dont la décision lui appartient aux termes de l'art. 238 c. civ.

205. Soit que le défendeur ait fait défaut devant le juge commis, soit qu'il ait comparu, le demandeur doit présenter une nouvelle requête au président du tribunal compétent pour être autorisé à assigner et pour faire statuer, s'il y a lieu, sur les mesures provisoires. Sur cette requête (et sans qu'il soit nécessaire que le président fixe un nouveau jour pour la comparution du demandeur, comme le disent à tort MM. Vraye et Gode, t. 1, n° 230), le président prend connaissance du procès-verbal dressé par le juge commis; il adresse au demandeur les observations qu'il juge convenables, et, si le demandeur persiste à poursuivre l'action, il rend une ordonnance par laquelle il l'autorise à assigner devant le tribunal et statue sur les mesures provisoires.

206. Il peut arriver que le demandeur ne se présente pas devant le président au jour fixé pour l'essai de conciliation, et ne justifie pas d'ailleurs d'un empêchement. Dans cette hypothèse, soit que le défendeur se présente, soit qu'il fasse également défaut, le président n'a aucune ordonnance à rendre : l'abstention du demandeur doit faire supposer qu'il abandonne sa demande (Vraye et Gode, t. 1, n° 234;

Coulon et Faivre, p. 120). M. Carpentier estime que « le défaut du demandeur ne saurait obliger le président à le débouter de son action, et qu'il pourrait, au contraire, tout aussi bien rendre immédiatement en sa faveur une ordonnance l'autorisant à citer qu'ajourner à une date ultérieure la comparution » (*La loi du* 18 *avr.* 1886, n° 60). Mais, pour autoriser le demandeur à assigner et même pour ajourner la comparution, encore faut-il que le président en soit requis, et par qui en sera-t-il requis, si le demandeur est absent?

207. Si les parties se réconcilient, le président n'a également aucune ordonnance à rendre. La réconciliation est un fait dont l'une des parties pourrait, si la demande était renouvelée plus tard, tirer une fin de non-recevoir; mais nous ne croyons pas que le président devrait en dresser procès-verbal, même s'il en était requis, la loi ne l'y autorisant pas.

208. Lorsque les deux époux ont comparu et ne se sont pas réconciliés, et même aussi lorsque le défendeur a fait défaut, le président n'est pas obligé de rendre immédiatement une ordonnance autorisant le demandeur à citer. Il peut ordonner une nouvelle comparution. C'est ce qui résulte du sixième paragraphe de l'art. 238 : « Le juge, suivant les circonstances, avant d'autoriser le demandeur à citer, peut ajourner les parties à un délai qui n'excède pas vingt jours, sauf à ordonner les mesures provisoires nécessaires ». Ce paragraphe de l'art. 238 a transporté au président la faculté que l'ancien art. 240 conférait au tribunal, en matière de divorce, de suspendre pendant vingt jours le permis de citer. — Déjà auparavant, en matière de séparation de corps, et, bien qu'il n'y eût à cet égard aucun texte précis, on reconnaissait généralement au président un droit semblable (*Rép.* nos 111 et suiv.; Paris, 26 mai 1869, aff. Gandrille, D. P. 69. 2. 247; Bourges, 6 janv. 1873, aff. Defond, D. P. 73. 2. 207).

209. Le président peut-il user du droit de suspendre l'autorisation de citer, même dans le cas où les faits allégués par le demandeur constituent des causes péremptoires de divorce? L'affirmative nous paraît certaine. Même lorsque la demande est basée sur l'adultère du défendeur, l'époux offensé a toujours le droit de pardonner, et c'est un conseil qu'il est permis au président de lui donner. On doit donc, dans cette hypothèse comme dans les autres, reconnaître au président le pouvoir de suspendre sa décision, afin de laisser au demandeur le temps de la réflexion. La loi, d'ailleurs, ne fait pas de distinction. — Le président aurait encore ce pouvoir, suivant nous, et par les mêmes motifs, dans le cas où la demande est fondée sur une condamnation afflictive et infamante, lorsque cette demande n'est pas dispensée du préliminaire de conciliation (V. *suprà*, n° 158. Comp. Carpentier, *La loi du* 18 *avr.* 1886, n° 61; Coulon et Faivre, 4e éd., p. 127).

210. L'ajournement doit être prononcé par une ordonnance. Il ne peut, d'après la loi, excéder vingt jours. Il résulte de ces expressions que le délai n'est pas franc. Si, par exemple, l'ordonnance a été rendue le 1er du mois, la nouvelle comparution des parties doit être fixée, au plus tard, le 21 du même mois (Depeiges, n° 67; Vraye et Gode, t. 1, n° 250).

211. Quand les deux parties ont comparu la première fois, l'ordonnance d'ajournement n'a pas besoin d'être signifiée au défendeur. Mais, si cette ordonnance a été rendue par défaut, le demandeur doit la signifier au défendeur défaillant, avec citation à comparaître au nouveau jour indiqué par le président. La citation doit être donnée par l'huissier commis et sous pli fermé (V. toutefois : Bourges, 6 janv. 1873, aff. Defond, D. P. 73. 2. 207).

212. Si le magistrat s'était borné à un ajournement pur et simple et n'avait pas indiqué la date de la nouvelle comparution, le demandeur devrait, pour réparer cette omission, présenter requête au président afin qu'il fixe les jour, lieu et heure de la comparution. L'ordonnance portant cette fixation serait signifiée au défendeur, ainsi que la requête (Vraye et Gode, t. 1, n° 258).

213. Le président apprécie souverainement s'il y a lieu ou non d'ajourner les parties. Son ordonnance, sur ce point, est un acte de juridiction gracieuse, et non de juridiction contentieuse. Si elle est rendue par défaut, elle n'est donc pas susceptible d'opposition. Contradictoire ou par défaut, elle n'est pas non plus susceptible d'appel, sauf en ce qui concerne les mesures provisoires qu'elle peut contenir (V. *infrà*, nos 260 et suiv.; Depeiges, n° 67; Vraye et Gode, t. 1, nos 251 et suiv.).

214. A l'expiration du délai fixé par le président, les parties doivent comparaître de nouveau, et c'est alors que le magistrat, si l'apaisement n'a pu se faire, accorde au demandeur l'autorisation de citer le défendeur devant le tribunal. Il statue, en même temps, s'il y a lieu, sur les mesures provisoires requises par l'un ou l'autre époux (V. *infrà*, nos 218 et suiv.).

215. L'ordonnance portant autorisation de citer vaut, pour la femme, autorisation d'ester en justice. « Par le fait de cette ordonnance, dit l'art. 238, § 4, la femme est autorisée à faire toutes procédures pour la conservation de ses droits et à ester en justice jusqu'à la fin de l'instance et des opérations qui en sont les suites. » — Il a été jugé que la femme peut, sans nouvelle autorisation, procéder sur une demande incidente relative à l'administration de ses enfants et sur l'intervention formée par un membre de la famille, en vertu de l'art. 302 c. civ. (Req. 11 mai 1858, aff. Joubert, D. P. 58. 1. 285).

216. L'autorisation de citer pourrait-elle être refusée par le président? Sous l'empire de l'ancien art. 240, alors que l'autorisation de citer devait être accordée par le tribunal, sur le rapport du président et sur les conclusions du ministère public, on a soutenu que le tribunal qui pouvait l'accorder pouvait aussi la refuser (Goirand, p. 70 et suiv.). Mais aujourd'hui, il est impossible de reconnaître un droit aussi exorbitant au président seul. Il n'est pas juge, en effet, de la gravité des motifs sur lesquels repose la demande; c'est le tribunal seul qui peut les apprécier et décider s'il y a lieu ou non de prononcer le divorce. La loi, qui ne permet au président de suspendre l'autorisation de citer que pendant vingt jours, l'oblige par là même à la donner, si toutes les tentatives de conciliation qu'il a pu faire pendant ce délai n'ont pas abouti. Ce n'est pas, d'ailleurs, comme le remarquent justement MM. Vraye et Gode, t. 1, n° 249, dans l'autorisation accordée par le président que les parties puisent le droit de citer. Ce droit leur appartient en vertu de la loi, qui ouvre l'action en divorce dans des cas déterminés. L'autorisation du président n'est que la constatation de ce droit, dont l'exercice était subordonné à une tentative de conciliation qui a échoué (V. en ce sens : Depeiges, n° 68; Coulon et Faivre, 4e éd., p. 127 et suiv.; Vraye et Gode, *loc. cit.*). — En matière de séparation de corps, il a été jugé que, lorsqu'il n'y avait pas eu de conciliation, le président ne pouvait refuser le permis d'assigner, en se fondant sur le peu de gravité des griefs de séparation, ni décider qu'il ne serait donné suite à la demande que dans un délai éloigné; que l'ordonnance contenant un semblable refus était susceptible d'appel (Paris, 26 mai 1869, aff. Gandrille, D. P. 69. 2. 247). Il est certain qu'aujourd'hui également le demandeur pourrait appeler de l'ordonnance qui lui refuserait l'autorisation de former son action en divorce ou en séparation de corps.

217. Le président a-t-il qualité pour statuer sur les irrégularités de la procédure du préliminaire de conciliation? L'affirmative doit être admise en ce qui concerne les irrégularités commises jusqu'à la comparution des parties. Le président, par exemple, serait compétent pour prononcer la nullité d'une citation qui violerait les dispositions de l'art. 237. « En effet, dit M. Depeiges, n° 68, il est inadmissible que ce magistrat puisse être contraint de procéder à un acte de sa juridiction qui serait entaché de nullité comme conséquence d'actes antérieurs également nuls. D'ailleurs, comme l'a fait remarquer M. Denormandie à la séance du Sénat du 7 déc. 1885, le président fait en notre matière acte de juridiction contentieuse. Un véritable débat est engagé devant lui. Il doit donc, s'il y a lieu, apprécier les actes par lesquels ce débat lui est soumis. Nous en concluons que le défendeur, après avoir satisfait à la citation en conciliation, serait déchu du droit d'en opposer plus tard la nullité devant le tribunal : son silence équivaudrait à une renonciation. » C'est ainsi que l'on décide que, si le défendeur comparaît devant le président sans opposer l'incompétence relative du tribunal, il perd le droit de demander son renvoi devant le tribunal compétent (V. *suprà*, n° 139).

218. L'art. 238, § 7, dispose que « l'époux demandeur en divorce devra user de la permission de citer, qui lui a été accordée par l'ordonnance du président, dans un délai de vingt jours à partir de cette ordonnance ». Le paragraphe 8 et dernier du même article ajoute : « Faute par l'époux demandeur d'avoir usé de cette permission dans ledit délai, les mesures provisoires ordonnées à son profit cesseront de plein droit ». On s'accorde à reconnaître que la déchéance du bénéfice des mesures provisoires est la seule peine attachée à l'inobservation de la règle du paragraphe 7 ; le demandeur pourra donc encore assigner après l'expiration du délai du vingt jours, sans avoir à demander une nouvelle autorisation. Celle qu'il a obtenue à la suite du préliminaire de conciliation conserve son effet, tant que l'instance n'a pas été déclarée périmée (Carpentier, *La loi du* 18 *avr.* 1886, n° 78 ; Vraye et Gode, t. 1, n° 259 ; Coulon et Faivre, 4e éd., p. 129. — Comp. Req. 7 avr. 1862, aff. de Sapinaud, D. P. 63. 1. 199 ; Poitiers, 11 mars 1863, même affaire, D. P. 63. 2. 96).

219. Mais si le demandeur laisse s'écouler trois ans depuis la dernière ordonnance du président sans assigner son conjoint devant le tribunal, la péremption peut être demandée par l'époux défendeur (Req. 7 avr. 1862, et Poitiers, 11 mars 1863, cités *suprà*, n° 218).

SECT. 4. — DES FORMALITÉS DE LA DEMANDE ET DES DEMANDES RECONVENTIONNELLES (*Rép.* nos 114 à 119).

220. Aux termes de l'art. 239 nouveau c. civ. : « la cause est instruite et jugée dans la forme ordinaire, le ministère public entendu ». Ce texte, édicté par le législateur de 1886, a pour but d'abroger l'ancienne procédure spéciale au divorce, qui avait été remise en vigueur par la loi du 27 juill. 1884. Cette procédure avait été compliquée à dessein par les rédacteurs du code, et ses complications, il faut le reconnaître, n'avaient guère d'autre résultat que de retarder la solution du litige et, surtout, d'encombrer les audiences des tribunaux et d'entraver l'administration de la justice. Après la tentative de conciliation, qui avait lieu comme aujourd'hui devant le président, ce magistrat, lorsqu'il n'avait pu réconcilier les parties, devait en dresser procès-verbal, puis il ordonnait la communication de la demande et des pièces au ministère public et le référé du tout au tribunal. C'était le tribunal qui accordait la permission de citer ; mais il ne pouvait la refuser, il avait seulement le droit, comme l'a encore le président, de suspendre cette autorisation pendant un délai maximum de vingt jours. A la suite de l'assignation, les parties étaient tenues de comparaître en personne, en chambre du conseil ; le demandeur exposait ou faisait exposer les motifs de sa demande, représentait les pièces à l'appui et nommait les témoins qu'il se proposait de faire entendre. Un procès-verbal était dressé de toutes ces formalités, et le tribunal renvoyait les parties à l'audience publique, dont il fixait le jour et l'heure. C'était alors seulement que commençait la publicité de l'instance. A la première audience, où les parties devaient encore venir en personne, on ne plaidait que sur les fins de non-recevoir qui pouvaient être opposées. Lorsque le tribunal avait déclaré la demande recevable, le demandeur proposait ses moyens sur le fond et articulait les faits dont il offrait la preuve. Après un nouveau débat sur la pertinence des faits, un nouveau jugement intervenait pour ordonner l'enquête. Les parties devaient alors proposer leurs reproches contre les témoins, et le tribunal statuait encore sur les reproches par un jugement spécial. Puis l'enquête et la contre-enquête avaient lieu devant le tribunal entier séant à huis clos. Les enquêtes étant closes, le tribunal renvoyait de nouveau les parties à une audience qu'il indiquait, en ordonnant la communication de la procédure au ministère public et en nommant un juge rapporteur. Après les plaidoiries et les conclusions du ministère public, le tribunal rendait son jugement définitif, et, si le divorce était admis, les parties devaient encore une fois se rencontrer devant l'officier de l'état civil pour entendre prononcer leur divorce.

221. Il est facile de voir combien toutes ces formalités étaient gênantes et néanmoins peu utiles. Leur moindre défaut était d'entraîner des frais considérables. La comparution personnelle des plaideurs, en obligeant ceux-ci à entendre les reproches qu'ils s'adressaient réciproquement, occasionnait souvent des disputes et des scènes de violences pendant les audiences. La nécessité de procéder aux enquêtes devant le tribunal tout entier absorbait un temps considérable et retardait l'expédition des autres affaires. C'est pour remédier à ces inconvénients et à d'autres encore que fut proposée par le Gouvernement la loi du 18 avr. 1886, dont l'idée dominante a été de soumettre les demandes en divorce aux règles de la procédure ordinaire, lesquelles règles étaient déjà applicables aux instances en séparation de corps (Comp. c. civ. art. 307 ancien).

222. L'assignation devant le tribunal était soumise par l'ancien art. 241 à certaines formalités. « Le demandeur, disait cet article, fera citer le défendeur, dans la forme ordinaire, à comparaître en personne à l'audience, à huis clos, dans le délai de la loi ; il fera donner copie, en tête de la citation, de la demande en divorce et des pièces produites à l'appui ». Bien que cette dernière disposition n'ait pas été reproduite par la nouvelle loi, il y a lieu encore néanmoins de signifier en tête de l'assignation copie de l'ordonnance qui permet de citer et des pièces sur lesquelles la demande peut être fondée (c. proc. civ. art. 65). Mais l'omission de cette formalité ne serait pas une cause de nullité (Gand, 21 mai 1884, aff. Bulcke, D. P. 85. 2. 100). L'assignation en divorce ou en séparation de corps est, au surplus, soumise, quant à la forme et au délai, aux règles ordinaires des exploits d'ajournement (V. *Rép.* v° *Exploit*, nos 508 et suiv.).

223. L'assignation ne doit pas être délivrée sous pli fermé. C'est seulement pour la citation en conciliation que cette formalité exceptionnelle est prescrite par la loi (c. civ. art. 237).

224. Si l'ordonnance portant autorisation de citer a été rendue par défaut, il n'est pas nécessaire que l'assignation soit signifiée par un huissier commis, et quand même il en aurait été commis un, le demandeur pourrait valablement faire délivrer l'assignation par un autre huissier, car la commission n'est exigée par aucun texte (Vraye et Gode, t. 1, n° 260).

225. L'assignation doit nécessairement énoncer, au moins sommairement, les griefs sur lesquels la demande est fondée (c. proc. civ. art. 61). Comme conclusion, elle doit demander au tribunal de prononcer le divorce ou la séparation de corps et, en cas de divorce, d'ordonner la transcription et la mention du jugement à intervenir, prescrites par l'art. 251 c. civ. Enfin le demandeur peut conclure subsidiairement à ce que le tribunal l'autorise à faire la preuve des faits allégués, conformément aux dispositions des art. 252 et suiv. c. proc. civ. (*Instructions de la chambre des avoués au tribunal de la Seine*).

226. L'assignation est nécessaire même dans le cas où la demande est fondée sur une condamnation à une peine afflictive et infamante. Nous avons déjà vu, *suprà*, n° 158, que la procédure sommaire qui était autorisée autrefois par l'ancien art. 261 pour ce cas spécial est maintenant abrogée. Avant cette abrogation, la question de savoir si l'art. 261 était applicable en matière de séparation de corps divisait les auteurs. Mais elle était résolue affirmativement par la jurisprudence, et l'époux demandeur était admis à présenter sa demande par une simple requête, appuyée d'une expédition de l'arrêt de condamnation et d'un certificat constatant que cet arrêt n'était plus susceptible d'être réformé (V. *Rép.* n° 237 ; Dijon, 28 déc. 1864, aff. Hild, D. P. 65. 2. 7 ; Trib. Dijon, 16 janv. 1867, aff. Vezaine, D. P. 69. 3. 46 ; Caen, 13 mai 1867, aff. Launé, D. P. 67. 5. 393 ; Bordeaux, 11 août 1868, aff. Bonnamy, D. P. 69. 2. 116 ; Caen, 29 janv. 1872, aff. Barré, D. P. 72. 2. 159 ; Angers, 11 déc. 1884, aff. Poupard, D. P. 85. 2. 273. — *Contrà :* Aubry et Rau, t. 5, § 493, note 1, p. 189 ; Frémont, nos 612 et suiv.).

227. On s'est demandé si les délais de distance doivent être observés lorsque l'époux contre lequel la demande est formée se trouve soumis à la transportation. A ce sujet, le rapporteur de la commission du Sénat, dans la préparation de la loi de 1886, s'est exprimé ainsi : « On nous a posé la question de savoir ce que deviendrait la procédure dans le cas où l'époux, par exemple, serait à la Nouvelle-Calédonie. On a manifesté la crainte de nous voir rendre la procédure impraticable par suite des délais de distance. Voici ce que nous répondons : « Cette observation est juste, si l'on se place au point de vue de l'art. 261, la condamnation de l'un des époux devant entraîner *ipso facto* le divorce, lorsque l'autre époux le demande. La majorité de la commission s'est placée à un autre point de vue. Elle a pensé que le condamné, quelqu'indigne qu'il soit, n'en continuait pas moins d'exister au regard de sa femme et de ses enfants. La disposition adoptée (suppression de l'ancien art. 261) est une assimilation à ce qui se passe en matière de mariage d'enfants de condamné. Des renseignements recueillis, il résulte que le père condamné est toujours consulté ». Ces observations laissent incertaine la question relative aux délais de distance. Mais il faut noter que, lorsque l'époux défendeur est en état d'interdiction légale, c'est contre son tuteur que doit être formée la demande en divorce (V. *suprà*, n° 130). Alors, nonobstant les considérations qui précèdent, nous ne pensons pas qu'on puisse imposer au demandeur l'observation de délais de distance calculés comme si le domicile légal du défendeur était, non chez son tuteur, mais dans le lieu où il subit sa peine (V. en ce sens: Depeiges, n° 92. — *Contrà :* Carpentier, *La loi du 18 avr.* 1886, n° 79).

228. La cause ayant été portée devant le tribunal par l'assignation, la procédure à suivre est la même que pour les affaires ordinaires. Les règles du code de procédure civile sur la constitution d'avoué, les exceptions, les conclusions, etc. sont applicables (c. civ. art. 239). — L'art. 239, § 1er, indique que le ministère public doit être entendu. D'après MM. Vraye et Gode, t. 1, n° 261, l'audition du ministère public ne serait ici prescrite que pour le jugement définitif, et non pour les incidents qui peuvent surgir relativement aux demandes de provision, à la garde des enfants, etc. Mais il nous paraît plus sûr et plus conforme aux principes de décider que, dans les causes de divorce ou de séparation de corps, aucun jugement ne peut être rendu que sur les conclusions du ministère public (V. *Rép.* v° *Ministère public*, n° 205).

229. L'art. 239, § 2, dispose que « le demandeur peut, en tout état de cause, transformer sa demande en divorce en demande en séparation de corps ». C'est là une disposition nouvelle ; elle a été ajoutée, au cours des travaux préparatoires de la loi de 1886, par la commission du Sénat. On a considéré que toute demande en divorce comprend implicitement une demande en séparation de corps, et que, par application de l'adage : *Qui peut le plus peut le moins*, l'époux qui a conclu au divorce ne fait que réduire ses conclusions en ne demandant plus que la séparation. — Il n'est pas douteux, d'ailleurs, que la règle de l'art. 239, § 2, ne soit applicable à l'époux qui s'est porté demandeur reconventionnel, aussi bien qu'au demandeur principal.

230. La demande peut-elle être transformée même dans le cas où le défendeur fait défaut? Pour la négative, on peut dire qu'en principe le demandeur ne peut requérir contre le défendeur défaillant d'autres conclusions que celles qui sont énoncées dans l'assignation. On peut ajouter que le défendeur qui ne s'oppose pas à la demande en divorce ne ferait peut-être pas défaut s'il se trouvait en présence d'une demande de séparation de corps. Mais si la loi, comme nous l'avons dit *suprà*, n° 163, a considéré la demande en séparation de corps comme implicitement comprise dans la demande en divorce, il en résulte que l'époux qui a d'abord conclu au divorce peut toujours, et quand même son conjoint fait défaut, ne plus conclure qu'à la séparation, car c'est là, aux yeux du législateur, une réduction de la demande (V. en ce sens: Depeiges, n° 95; Carpentier, *La loi du 18 avr.* 1886, n° 80).

231. La transformation de la demande est-elle encore possible en cause d'appel? La négative est soutenue. L'art. 239, dit-on, est étranger à la procédure d'appel (Comp. art. 248). Lorsque le tribunal a statué sur une demande en divorce, c'est la même demande qui doit être soumise à la cour; si les conclusions tendant au divorce étaient changées en conclusions tendant à la séparation de corps, il y aurait ainsi une demande nouvelle, ce qui serait contraire à la règle de l'art. 464 c. proc. civ. (Depeiges, n° 95). Malgré ces arguments, nous pensons que le demandeur conserve en appel la faculté de transformer sa demande de divorce en demande de séparation de corps L'art. 239, § 2, en effet, est général, et, dès l'instant que la seconde demande est considérée comme une réduction de la première, elle ne constitue pas une demande nouvelle (V. en ce sens: Carpentier, *La loi du 18 avr.* 1886, n° 80; Vraye et Gode, t. 1, n° 460; Coulon et Faivre, p. 140. V. aussi Civ. cass. 22 févr. 1888, aff. Decourt, D. P. 88. 1. 223).

232. Quant à la procédure, la transformation de la demande en divorce en demande en séparation de corps peut se faire par simples conclusions. Nous pensons toutefois que, si l'époux défendeur fait défaut, on devrait lui signifier à domicile les conclusions nouvelles.

233. Après la transformation, il va sans dire que c'est la procédure de la séparation de corps qui doit seule être suivie; il ne peut y avoir lieu, notamment, au sursis autorisé pour le cas de divorce par l'art. 246, ni à la publication de l'assignation dont il est question dans l'art. 247.

234. Si la demande en divorce peut être transformée en demande en séparation de corps, il est évident que la réciproque n'est pas vraie. L'époux qui a d'abord conclu simplement à la séparation de corps ne peut donc pas, par des conclusions nouvelles, demander le divorce (Civ. cass. 22 févr. 1888, aff. Decourt, D. P. 88. 1. 223). Mais on a posé la question de savoir si celui qui a transformé sa demande de divorce en demande de séparation pourrait se désister des conclusions par lesquelles il a demandé acte de cette transformation et conclure définitivement au divorce. La négative nous paraît certaine. La demande primitive est devenue, par la transformation, une demande de séparation de corps; elle ne peut donc plus devenir une demande de divorce, car il n'est pas possible, comme nous venons de le dire, de transformer une demande de séparation en demande de divorce (V. en ce sens: Carpentier, *op. cit.*, n° 80. — V. cependant en sens contraire: Depeiges, n° 95).

235. Ainsi que nous l'avons déjà décidé *suprà*, n° 163, l'époux qui demande le divorce ne peut pas conclure subsidiairement à la séparation de corps; il doit opter entre les deux choses (Depeiges, n° 96; Carpentier, *La loi du 18 avr.* 1886, n° 81; Vraye et Gode, t. 1, n° 464).

236. Mais il a été jugé que la femme autorisée par l'ordonnance du président à agir en séparation de corps est recevable à demander subsidiairement sa réintégration au domicile conjugal (Paris, 31 mars 1873, aff. A..., D. P. 73. 2. 121).

237. D'après l'art. 239, § 3, « les demandes reconventionnelles en divorce peuvent être introduites par un simple acte de conclusions ». — Avant la loi du 18 avr. 1886, la question de savoir si le divorce ou la séparation de corps pouvait être demandé reconventionnellement, sans nouvelle tentative de conciliation, était très controversée en doctrine et en jurisprudence (V. pour l'affirmative : *Rép.* n°s 116 et suiv.; Nancy, 16 déc. 1859, aff. de L..., D. P. 60. 5. 351 ; Pau, 19 avr. 1864, aff. Palas, D. P. 64. 2. 226; Orléans, 29 juill. 1864, aff. Lepage, *ibid.;* Agen, 30 nov. 1864, aff. Deveze, D. P. 65. 2. 12; Paris, 13 janv. 1865, aff. Bourasset, D. P. 65. 2. 10; Bordeaux, 23 août 1865, aff. Fricourt, D. P. 66. 2. 90; Aix, 4 déc. 1865, aff. Delahaye, *ibid.;* Bourges, 13 mars 1872, aff. Defond, D. P. 72. 5. 401; Paris, 14 mars 1872, aff. Burger, *ibid.;* Req. 10 déc. 1872, aff. Defond, D. P. 74. 1. 80; Req. 2 déc. 1873, aff. Douroux, D. P. 74. 1. 433; Aix, 11 août 1875, aff. Reddon, D. P. 76. 2. 134; 22 avr. 1885, aff. Remacle, D. P. 86. 2. 84; Req. 14 déc. 1885, aff. Servel, D. P. 86. 1. 33; Demolombe, t. 4, n° 437; Aubry et Rau, t. 5, § 493, p. 190, note 5. — V. pour la négative : Rennes, 26 déc. 1820, *Rép.* n° 119; Paris, 10 mars 1864, aff. de la Varende, D. P. 64. 2. 60; Bordeaux, 11 juill. 1864, aff. Cazauvieilh, D. P. 64. 2. 228; Colmar, 24 nov. 1864, aff. Pfeiffer, D. P. 65. 2. 12; Liége, 4 déc. 1867, *suprà*, n° 74; Trib. Puy, 17 mars 1871, aff. Chapuis, D. P. 74. 5. 443; Laurent, t. 3, n° 271 ; Le Senne, n°s 152 et suiv. ; Carpentier, *Traité du divorce*, n° 98; Frémont, n°s 679 et suiv.; Goirand, p. 120, n° 4). La disposition de l'art. 239, § 3, consacre l'opinion qui avait prévalu dans la jurisprudence en matière de séparation de corps. « Il a paru, disait l'exposé des motifs, que, la conciliation ayant été tentée et n'ayant pas abouti, il était peu utile de l'exiger une seconde fois. »

238. Contre une demande principale de divorce le défendeur peut former, non seulement une demande reconventionnelle de divorce, mais aussi une demande de séparation de corps. La demande reconventionnelle de séparation de corps peut également intervenir sur une demande principale de même nature. Mais, sur une demande de séparation de corps, le défendeur ne peut pas former une demande reconventionnelle de divorce. L'exposé des motifs de la loi s'est expliqué très clairement sur ce point. « On peut supposer, dit-il, qu'à une demande en séparation de corps le défendeur réponde en demandant le divorce. Dans ce cas, qui n'est plus prévu par le deuxième paragraphe de l'art. 239 c. civ., les formes ordinaires doivent être observées pour la seconde demande. Il y a en réalité deux demandes principales, la procédure spéciale à chacune d'elles doit être suivie. L'instance est introduite, et, quand les deux affaires seront en état, le tribunal pourra statuer par un seul et même jugement. » M. Denormandie, au Sénat, et M. Letellier, dans son rapport à la Chambre des députés, ont donné des explications analogues.

239. La demande reconventionnelle peut être formée en tout état de cause, jusqu'au jugement définitif. Elle peut l'être même en appel (c. civ. art. 248, § 4) (V. *infrà*, n° 498) Toutefois, nous pensons, avec MM. Vraye et Gode, t. 1, n° 390, que cette demande ne serait plus recevable après un jugement ou un arrêt de sursis. Par un tel jugement, en effet, le tribunal est dessaisi ; une nouvelle assignation sera nécessaire pour qu'il statue définitivement. De plus, par ce jugement, le divorce est implicitement admis; si une réconciliation ne se produit pas pendant le sursis, la solution du débat ne sera plus douteuse (Comp. c. civ. art. 246). A ce moment, par conséquent, l'instruction de la demande est terminée, et il n'est plus temps de prendre des conclusions reconventionnelles.

240. Lorsqu'une demande reconventionnelle est formée, dans une instance en divorce ou en séparation de corps, cette demande doit naturellement s'instruire en même temps que la demande principale. Il doit être également statué sur les deux demandes par le même jugement. Si l'une des demandes est rejetée, aucune difficulté n'existe. Si les deux demandes tendent l'une et l'autre au divorce ou si elles tendent l'une et l'autre à la séparation de corps, et si elles sont toutes les deux justifiées, le devoir du juge est encore tout tracé : il prononcera le divorce ou la séparation de corps aux torts réciproques des deux époux. Mais, si la demande principale tend au divorce et la demande reconventionnelle à la séparation de corps, et qu'elles se trouvent toutes deux bien fondées, il semble que le juge ne peut prononcer à la fois le divorce et la séparation sans se mettre en contradiction avec lui-même, car le mariage ne peut être en même temps dissous et maintenu. Dans cette hypothèse, on a décidé que le juge devait se borner à prononcer le divorce, sur la demande de l'époux demandeur, mais aux torts des deux époux (Carpentier, *La loi du 18 avr. 1886*, n° 86). — Mais il faut prévoir le cas où le jugement ne serait pas mené à fin, faute de transcription ou de toute autre formalité. C'est pourquoi nous pensons que le tribunal, après avoir admis le divorce, doit néanmoins prononcer la séparation de corps, *en tant que de besoin*, à la requête de l'époux qui a formé la demande reconventionnelle (V. en ce sens : Paris, 27 juin 1888, aff. Duchenne, D. P. 90, 2e part.; Rouen, 7 août 1888, aff. Cliquet, *ibid.*).

241. Il peut arriver aussi qu'un tribunal se trouve saisi en même temps de deux demandes principales en divorce ou en séparation de corps entre les mêmes parties. Alors se présentent plusieurs questions.

Tout d'abord, ces deux demandes doivent-elles nécessairement s'instruire et se juger séparément? Nous ne le pensons pas. Il résulte, au contraire, du passage de l'exposé des motifs cité *suprà*, n° 238, que, quand les deux affaires sont en état, le tribunal peut les joindre et statuer sur le tout par un seul et même jugement (Comp. *Rép.* v° *Jugement*, n° 9; Paris, 31 déc. 1887, aff. Tarot, D. P. 90, 2e part.).

242. Si les demandes ne sont pas en état, y a-t-il lieu de surseoir au jugement de l'une jusqu'à ce que l'autre puisse être jugée? Non, évidemment, car il ne doit pas être possible à un époux défendeur en divorce ou en séparation de corps de retarder la solution du litige en formant une nouvelle demande (Paris, 3 août 1885) (1). Les deux demandes seront donc alors jugées séparément. Si la première décision prononce la séparation de corps, rien n'empêche que la seconde ensuite ne prononce le divorce. Mais si c'est le divorce qui est prononcé par le premier jugement, qu'adviendra-t-il de la demande en séparation de corps? Le tribunal pourra-t-il plus tard déclarer séparés des époux qui seront déjà divorcés? D'après M. Carpentier, *loc. cit.*, le jugement de divorce a pour effet de rendre inutile la demande en séparation, et par conséquent, par le fait même de ce jugement, cette demande doit tomber. Mais cette opinion entraîne de graves inconvénients. L'époux contre lequel le divorce est prononcé perd les avantages matrimoniaux qui lui ont été faits par son conjoint; ordinairement aussi la garde des enfants lui est retirée. Si cet époux a, comme son conjoint, de justes griefs à invoquer à l'appui de sa demande, sera-t-il déchu du droit d'obtenir, lui aussi, la révocation des avantages par lui faits ou la garde des enfants, uniquement parce qu'il aura été devancé? Une telle conséquence est inadmissible. Suivant nous, le seul moyen de l'éviter est

---

(1) (Fournié C. dame Fournié). — La dame Fournié avait formé contre son mari une demande en séparation de corps; celui-ci introduisit à son tour contre elle une demande en divorce, et il conclut à ce qu'il plût au tribunal de surseoir à statuer sur l'instance en séparation jusqu'après jugement sur l'instance en divorce. Le 5 avr. 1885, jugement du tribunal civil de la Seine qui refuse de faire droit à ces conclusions. — Appel. — Arrêt.

La cour; — En ce qui touche l'appel principal de Fournié: — Sur la demande de sursis: — Considérant que la loi a ouvert, au choix des époux, pour faire cesser la vie commune, deux voies distinctes dans leurs effets, mais égales dans leur principe et dans leurs causes; que si l'instance en divorce a pour but d'atteindre, au point de vue conjugal, un résultat plus radical que l'instance en séparation de corps, sa poursuite n'implique virtuellement aucun privilège sur cette dernière; que sous l'empire du code civil, non plus que dans la loi nouvelle, ne se trouve aucune disposition de procédure qui permette d'enlever à l'un des époux, surtout s'il a la priorité, le bénéfice et le libre exercice de son action; qu'agissant l'un contre l'autre, les époux se trouvent dans la situation, l'un de demandeur au principal, et l'autre de reconventionnellement demandeur; qu'à ces deux rôles respectifs et de droit commun nulle exception n'est apportée par la loi et ne peut se tirer par voie d'induction de la diversité des procédures ; — Considérant que, loin de créer une exception dilatoire au profit de l'instance en divorce contre la séparation de corps, le législateur, dans les art. 259 et 260, a donné au juge la faculté d'imposer un délai d'épreuve au demandeur en divorce; qu'il en est autrement de la séparation de corps, laquelle, aux termes de l'art. 870 c. proc. civ., est instruite dans les formes établies par les autres demandes ; — Considérant que cette dernière disposition est en parfaite concordance avec le droit qu'a la femme d'obtenir solution sur les questions d'intérêt pécuniaire qui, soit au point de vue de la séparation de biens, soit au point de vue des avantages matrimoniaux, dépendent de l'instance en séparation de corps;

En ce qui touche les papiers déposés chez Meignen, notaire: — Considérant qu'aux termes de l'art. 270 c. civ., il n'y a lieu de retenir à l'inventaire que les papiers pouvant avoir trait à la conservation des droits pécuniaires de la dame Fournié; qu'en ce qui concerne les autres papiers, il convient de faire une distinction ; que les papiers purement personnels au sieur Fournié, écrits par lui ou à lui adressés, tels que lettres missives, notes intimes et autres papiers sans aucun rapport avec la communauté, doivent être rendus; — Considérant, d'autre part, que les papiers purement personnels à la dame Fournié, tels que lettres missives écrites par elle, ou à elle adressées, notes intimes et autres papiers de même nature, doivent être considérés comme sa propriété au même titre que ses hardes ou ses bijoux; — Mais considérant qu'elle n'a pas interjeté appel aux fins de leur remise entre ses mains; qu'il y a lieu de les maintenir aux mains du notaire dans les termes du jugement; — Par ces motifs, met les appellations à néant; — Ordonne que le jugement dont est appel sortira son plein et entier effet en ce qui touche la demande de sursis; — Dit que les papiers appartenant à Fournié, par lui écrits ou à lui adressés, n'ayant aucun trait à la conservation des intérêts de sa femme, lui seront remis après vérification par le notaire et le juge de paix de son arrondissement, que la cour commet à cet effet, sur sa simple quittance, par quoi le notaire sera déchargé; — Dit et ordonne que les papiers appartenant à la dame Fournié, écrits par elle ou à elle adressés, seront maintenus entre les mains de Meignen, notaire, dans les termes du jugement.

Du 3 août 1885.-C. de Paris, 2e ch.-MM. Ducreux, pr.-Banaston, av. gén., c. conf.-Cresson et Brunet, av.

de décider que le tribunal, même après un jugement de divorce, pourra encore, non pas prononcer la séparation de corps ou le divorce entre les mêmes époux, mais statuer sur les questions accessoires que comprend explicitement ou implicitement toute demande en séparation de corps ou en divorce. En d'autres termes, l'époux dont la demande en séparation de corps, par exemple, est encore pendante au moment où le divorce est prononcé sur la demande de l'autre époux, peut néanmoins donner suite à son action, non en tant qu'elle tendait à la séparation, mais en tant qu'elle est de nature à entraîner la révocation des avantages matrimoniaux ou d'autres conséquences découlant plus ou moins directement de la demande principale. S'il est reconnu que cette demande était bien fondée, le tribunal doit accorder au demandeur les mêmes avantages qui seraient résultés pour lui de la séparation de corps prononcée à son profit (Comp. Vraye et Gode, t. 1, n° 395 *bis*).

243. Les demandes en divorce ou en séparation de corps, devant être jugées dans la même forme que les autres affaires contentieuses, sont portées à l'audience publique. Néanmoins « les tribunaux, dit l'art. 239, § 4, peuvent ordonner le huis clos ». — « Il a semblé, a dit le rapporteur de la loi au Sénat, que la publicité des audiences, qui est la garantie d'une bonne administration de la justice, ne pouvait être interdite que dans certains cas, dont les magistrats seraient appréciateurs. » Les causes de divorce et de séparation sont certainement de celles qui, suivant les expressions de l'art. 87 c. proc. civ., peuvent entraîner du scandale ou des inconvénients graves ; c'est ce qui explique la disposition spéciale de l'art. 239, § 4. A la différence de l'art. 87 c. proc. civ., ce texte n'exige pas que le tribunal, lorsqu'il ordonne le huis clos, en rende compte au procureur général, ou la cour au ministre de la justice.

244. La loi du 27 juill. 1884 sur le divorce, dans son art. 3, avait déjà pris soin d'interdire la publication des débats sur les instances en divorce ou en séparation de corps. La loi de 1886 a renouvelé cette interdiction, dans le paragraphe 5 de l'art. 239, qui est ainsi conçu : « La reproduction des débats par la voie de la presse, dans les instances en divorce, est interdite sous peine de l'amende de 100 fr. à 2000 fr. édictée par l'art. 39 de la loi du 29 juill. 1881 ». Ce texte ne parle que des instances en divorce ; mais il n'en est pas moins applicable aux instances en séparation de corps, comme cela résulte de l'art. 307.

On a critiqué cette disposition ; mais elle nous paraît sage. La reproduction des débats judiciaires par la voie de la presse n'est pas une garantie pour la justice, car tout dépend de la manière dont cette reproduction est faite ; il est bien rare qu'elle soit parfaitement exacte et impartiale. Elle ne sert le plus souvent qu'à satisfaire une curiosité malsaine ou qu'à fournir un aliment à la malignité publique. Dans les affaires de divorce surtout, elle n'aurait que des inconvénients ; elle permettrait de divulguer les secrets les plus intimes des familles et de jeter le déshonneur, non seulement sur la personne des époux, mais encore sur les enfants et sur les autres membres de la famille qui, bien malgré eux le plus souvent, se trouvent mêlés à de tels débats.

245. Par les mots « la reproduction des débats par la voie de la presse », la loi interdit tout compte rendu, même très abrégé, qui serait publié dans un journal, dans une brochure, une affiche ou un livre. Mais, contrairement à l'opinion exprimée par MM. Vraye et Gode, t. 2, n° 893, nous ne croyons pas que ces expressions pourraient être étendues au compte rendu qui serait fait verbalement, même dans une conférence publique. Il pourrait y avoir alors diffamation ; mais ce ne serait plus une reproduction par la voie de la presse.

246. La prohibition s'applique, en principe, aux incidents qui peuvent survenir dans le cours d'une instance en divorce aussi bien qu'aux débats sur le fond (Comp. Trib. corr. Seine, 25 nov. 1876, aff. du Lac, D. P. 77. 3. 111). Est-ce à dire qu'il ne sera même pas permis de relater, dans un journal judiciaire, certains faits d'une instance en divorce, pour rendre intelligible la solution donnée à une question de droit par la juridiction qui aura statué sur l'affaire ? Cette conséquence, devant laquelle ne reculent pas quelques auteurs, nous paraît excessive. Ces auteurs objectent, il est vrai, qu'il s'agit ici d'une contravention et que l'infraction matérielle, sans intention de nuire, suffit pour que la contravention soit punissable. Mais on ne saurait voir raisonnablement la « reproduction des débats », interdite par la loi, dans la simple indication des faits ou actes de procédure sur lesquels la justice a eu à statuer, lorsque d'ailleurs cette indication n'a rien de blessant pour la morale ni rien de diffamatoire pour les personnes (V. *Rép.* v° *Presse*, n° 999 ; Chassan, *Traité des délits et contraventions de la parole*, t. 1, n° 921. — *Contrà :* Vraye et Gode, t. 2, n° 894).

247. On s'accorde à reconnaître que la loi ne s'oppose pas à la publication des jugements rendus en matière de divorce ou de séparation de corps, pourvu, bien entendu, que cette publication ne soit pas faite dans un but de diffamation. Mais on s'est demandé si la demande, c'est-à-dire la requête, l'assignation ou l'articulation de faits, pourrait également être publiée ? A notre avis, cette question doit être résolue négativement. Les débats d'une instance en divorce ne consistent en définitive que dans la demande et dans les conclusions en défense prises sur cette demande. — On prétend cependant que la solution contraire « souffre d'autant moins de difficulté » que le législateur, dans l'art. 247, a prescrit lui-même l'insertion dans les journaux d'un avis destiné à faire connaître la demande à l'époux défendeur, lorsqu'il fait défaut et que l'assignation n'a pas été remise à sa personne. Mais il n'y a réellement aucune assimilation à établir entre l'insertion dont il s'agit et la publication des faits sur lesquels est motivée une instance en divorce. Rien ne s'oppose même à ce qu'un journal annonce qu'une demande en divorce a été formée par telle personne ; ce qui est interdit, c'est de révéler les circonstances de la cause, et cette interdiction existe aussi bien lorsque la cause est encore soumise au juge conciliateur que lorsqu'elle est déjà parvenue à l'audience publique (*Contrà :* Vraye et Gode, t. 2, n° 896).

248. La peine encourue pour la reproduction des débats d'une instance en divorce ou en séparation de corps peut-elle être mitigée, à raison de circonstances atténuantes ? Pour la négative, on a dit que le législateur de 1886 n'a pas formellement déclaré applicable à la contravention dont il s'agit l'art. 463 c. pén. ; or on sait que cet article ne peut être appliqué que lorsque la loi le permet d'une manière expresse (Depeiges, n° 85). Mais il faut observer que l'art. 239, § 5, renvoie, quant à la peine, à l'art. 39 de la loi du 29 juill. 1881. Or, d'après l'art. 64 de la même loi, l'art. 463 c. pén. est applicable à tous les cas qu'elle prévoit. Nous considérons comme hors de doute que l'hypothèse spéciale de l'art. 239, § 5, doit être assimilée, sous ce rapport, à toutes les autres contraventions prévues par la loi sur la presse ; autrement, on ne s'expliquerait pas pourquoi le législateur a rappelé cette loi (Carpentier, *op. cit.*, n° 88 ; Vraye et Gode, t. 2, n° 895 ; Coulon et Faivre, art. 239, p. 143). La contravention prévue par l'art. 239, § 5, ne peut, bien entendu, être réprimée que par le tribunal correctionnel, suivant les règles du droit pénal. Le tribunal civil saisi de l'instance en divorce n'a aucune compétence pour cela.

249. Eu égard à l'importance de la demande en divorce et aux effets irrévocables qui peuvent en résulter, le législateur a cru devoir prendre certaines précautions, lorsque l'époux défendeur fait défaut. Il est possible que cet époux n'ait pas été touché par l'assignation et ne connaisse pas la demande formée contre lui. C'est pourquoi, d'après l'art. 247, § 1er, « lorsque l'assignation n'a pas été délivrée à la partie défenderesse en personne et que cette partie fait défaut, le tribunal peut, avant de prononcer le jugement sur le fond, ordonner l'insertion dans les journaux d'un avis destiné à faire connaître à cette partie la demande dont elle a été l'objet ». — Cette disposition n'est pas applicable en matière de séparation de corps (c. civ. art. 307).

250. Le tribunal apprécie souverainement s'il y a lieu d'ordonner l'insertion dont il s'agit en l'art. 247, § 1er, et c'est lui qui désigne les journaux dans lesquels elle se fera. De même qu'il peut désigner plusieurs journaux différents, il peut aussi ordonner que l'insertion sera faite plusieurs fois dans le même journal. La loi laisse toute latitude aux magistrats sous ce rapport (Vraye et Gode, t. 1, nos 263 et suiv.).

251. Quant à ce que doit comprendre cette insertion, la loi l'indique suffisamment en parlant d'un « avis destiné à faire connaître à la partie défaillante la demande dont elle est l'objet ». Il s'agit donc d'un simple avis indiquant que telle demande est formée par telle personne contre telle autre devant tel tribunal. On peut indiquer aussi le nom de l'huissier qui a remis l'assignation et la date de cet acte. Mais il serait contraire à l'esprit du législateur de reproduire en entier cette assignation, avec ses motifs. Le texte primitif de l'art. 247 a été modifié par le Sénat, précisément pour indiquer que la publicité qui pourrait être donnée à la demande devait se réduire à un simple avis (V. D. P. 86. 4. 30, note 3).

252. L'insertion de l'avis peut être ordonnée à toute époque avant le jugement définitif. Cela résulte des termes de l'art. 247, qui dit : « Le tribunal peut, avant de prononcer le jugement sur le fond... ».

253. Le jugement qui prescrit l'insertion ne constitue pas une décision contentieuse. Il n'est pas susceptible d'appel, à moins qu'il ne contienne d'autres dispositions, telles qu'une déclaration de compétence, un appointement de preuve ou une autre décision interlocutoire.

254. On s'est demandé si le tribunal pourrait, par ce jugement, prescrire un délai entre l'insertion de l'avis et le moment où l'affaire sera jugée au fond. En fait, le tribunal a toujours la faculté de remettre le jugement d'une affaire, et il devra naturellement laisser écouler un certain temps après l'insertion avant de rendre son jugement définitif. Mais ce temps pourra varier, suivant les circonstances, et nous ne croyons pas que le tribunal ait le droit de décider par jugement, sauf dans l'hypothèse de l'art. 246, qu'il sera sursis à l'instruction ou au jugement de l'affaire pendant un délai déterminé. Pour que le tribunal pût ordonner un tel sursis, il faudrait que la loi l'y eût autorisé, et, si elle l'avait fait, elle aurait certainement limité le temps pendant lequel le sursis pourrait être prescrit. A défaut d'un texte formel, on ne saurait accorder aux juges le pouvoir de retarder indéfiniment la décision d'un litige. En ordonnant la publication de l'avis destiné à faire connaître la demande au défendeur, le tribunal doit donc se borner à remettre l'affaire jusqu'à ce que la publication de cet avis ait pu produire son effet (V. en ce sens : Vraye et Gode, t. 1, n° 269).

255. Si l'époux défendeur vient à être informé de la demande par la publication, et s'il veut se défendre, il doit alors constituer avoué. A partir du moment où il comparaît par le fait de son avoué, l'affaire devient contradictoire ; mais il n'est pas pour cela relevé des déchéances qu'il a pu encourir précédemment, notamment lorsque l'enquête a déjà eu lieu. Il ne serait pas admis, par exemple, à faire procéder à une contre-enquête si les délais impartis à cet effet par le code de procédure étaient expirés. Mais il pourrait demander au tribunal d'ordonner une nouvelle enquête sur les faits qu'il articulerait (Comp. Vraye et Gode, t. 1, n° 270).

256. Outre l'insertion autorisée par l'art. 247, § 1er, laquelle est facultative pour le tribunal, la loi exige, comme nous le verrons plus loin, lorsque le jugement prononçant le divorce est par défaut et n'a pas été signifié à la partie elle-même, qu'une publication de ce jugement ait lieu également dans les journaux (V. *infrà*, nos 466 et suiv.).

SECT. 5. — DES MESURES PROVISOIRES ET CONSERVATOIRES (*Rép.* nos 120 à 178).

257. La demande en divorce, comme l'instance en séparation de corps, exige qu'il soit pris certaines mesures provisoires, principalement dans l'intérêt de la femme et des enfants et pour la conservation de leurs biens. Avant la loi du 18 avr. 1886, c'était au tribunal qu'il appartenait d'ordonner ces mesures, en cas de demande en divorce (c. civ. art. 268 ancien). En matière de séparation de corps, l'art. 268 c. proc. civ. conférait au président le pouvoir d'autoriser la femme à se retirer dans telle maison dont les parties seraient convenues ou que le président indiquait d'office, et d'ordonner que les effets à l'usage journalier de la femme lui seraient remis. C'était dans l'ordonnance rendue à la suite du préliminaire de conciliation que le président pouvait prendre ces mesures. Nous avons déjà vu *suprà*, n° 180, que la loi nouvelle a permis au président d'autoriser l'époux demandeur à résider séparément, dès la première ordonnance rendue sur la requête présentée par cet époux (c. civ. art. 236). Lorsqu'intervient la seconde ordonnance, à la suite de la citation en conciliation, les pouvoirs du président, en ce qui concerne les mesures provisoires à prendre, sont alors beaucoup plus étendus. Aux termes de l'art. 238, § 2, « le juge statue à nouveau, s'il y a lieu, sur la résidence de l'époux demandeur, sur la garde provisoire des enfants, sur la remise des effets personnels, et il a la faculté de statuer également, s'il y a lieu, sur la demande d'aliments ».

258. Cette disposition n'a été adoptée au Sénat qu'après de vives critiques. On a soutenu que c'était attribuer au président seul un pouvoir exorbitant que de lui reconnaître le droit d'enlever au mari la garde des enfants. Mais on a répondu, avec raison, que, dès l'instant que le président avait le droit d'autoriser une séparation provisoire, il fallait aussi lui permettre de statuer sur le sort des enfants. « Il faut, a-t-on dit, que le président du tribunal qui autorisera la femme, s'il le juge convenable, s'il y a pour cela des motifs suffisamment sérieux, à quitter le domicile conjugal, à se retirer chez sa mère, puisse aussi lui dire : « Vous emmènerez avec vous vos jeunes filles ! » (Séance du Sénat du 7 déc. 1885, Discours de M. Pâris). Au surplus, comme le remarque M. Depeiges, n° 69, les parties étant en présence devant le juge conciliateur peuvent discuter utilement toutes les mesures provisoires qu'il y a lieu de prendre dans l'intérêt des deux époux et des enfants issus du mariage : il n'y a donc aucun inconvénient à confier au président, en sa qualité de conciliateur, des mesures qu'il pourrait toujours ordonner comme juge des référés, et qui ne sauraient léser aucun intérêt, puisqu'elles sont essentiellement provisoires, qu'elles sont destinées à finir avec l'instance, et qu'elles peuvent, du reste, être modifiées à tout instant au cours de la procédure.

Déjà sous l'empire de l'art. 878 c. proc. civ., la jurisprudence avait reconnu au président, en matière de séparation de corps, le droit d'ordonner, tout au moins en cas d'urgence et comme juge des référés, les mesures provisoires qu'exigeait la personne des enfants issus du mariage, et d'en confier la garde, soit à l'un des époux, soit à un tiers (Caen, 1er juill. 1867, aff. Plaine, D.P. 67. 5. 390 ; Req. 15 juill. 1879, aff. de Missiessy, D. P. 81.1. 209).

259. On a posé la question de savoir si le juge conciliateur pourrait ordonner d'office les mesures provisoires qu'il jugerait convenables. Mais la loi semble indiquer que ces mesures doivent nécessairement être provoquées par l'un ou l'autre époux. Ainsi l'art. 236 dit que le juge peut, par l'ordonnance permettant de citer, *autoriser* l'époux demandeur à résider séparément ; l'art. 238, § 2, dispose que le juge statue *à nouveau, s'il y a lieu*, sur la résidence de l'époux demandeur et a la faculté de statuer également sur la *demande* d'aliments. Ces diverses expressions supposent que le président est requis de prendre une décision sur ces divers points ; c'est, en effet, d'abord aux époux qu'il convient d'apprécier si l'une ou l'autre des mesures dont il s'agit est nécessaire. L'art. 240 permet, il est vrai, au tribunal d'ordonner, *même d'office*, toutes les mesures provisoires qui lui paraissent nécessaires dans l'intérêt des enfants. Mais de ce que la loi a accordé ce droit au tribunal, on ne peut pas conclure que le même droit appartient également au président. Il nous semble, quant à nous, que la conclusion contraire est seule légitime (V. en ce sens, en ce qui concerne l'ensemble des mesures provisoires : MM. Vraye et Gode, t. 2, n° 535, et en sens contraire, relativement à la garde des enfants : les mêmes auteurs, *ibid.*, n° 521).

260. L'ordonnance du président, aux termes de l'art. 238, § 3, « est exécutoire par provision ; elle est susceptible d'appel dans les délais fixés par l'art. 809 c. proc. civ. ». Nous pensons avec M. Depeiges, n° 75, que, dans le cas d'absolue nécessité, le président pourrait ordonner que son ordonnance sera exécutée sur la minute. L'art. 811 c. proc. civ. autorise une pareille disposition dans les ordonnances de référé ; cette règle peut être appliquée par analogie. « Dans notre matière, dit très bien M. Depeiges, *loc. cit.*, on peut emprunter quelques règles aux ordonnances de référé, puisque nos ordonnances s'en rapprochent singulièrement. En effet, le président a deux rôles distincts : comme conciliateur, il essaye de rapprocher les époux ; s'il ne réussit pas, il constate que les parties n'ont pu se réconcilier et donne le permis d'assigner qui est la conséquence de sa constatation. Comme juge du provisoire, il prend les mesures urgentes que nécessite la désunion des deux époux. A ce second titre, il agit comme le ferait le juge des référés, qui est le juge ordinaire des cas d'urgence et des mesures provisoires. »

261. Il convient de remarquer que l'ordonnance rendue par le président à la suite du préliminaire de conciliation n'est susceptible d'aucun recours, en tant qu'elle autorise le demandeur à citer. Cette autorisation est, comme nous l'avons montré *suprà*, n° 216, la conséquence du défaut de conciliation; c'est un acte de simple juridiction gracieuse.

Toutefois, si, par cette ordonnance, le président avait rejeté une exception d'incompétence formellement soulevée devant lui par le défendeur, nous pensons que sa décision sur ce point pourrait être frappée d'appel (Arg. art. 238, § 3) (V. en ce sens, par analogie: Poitiers, 29 juill. 1878, aff. Peaucellier, D. P. 79. 2. 75. V. aussi Aix, 13 janv. 1873, aff. de G..., D. P. 73. 5. 341). Cet arrêt, bien qu'il ait déclaré non recevable un appel fondé sur l'incompétence du président, n'est pas contraire à notre opinion, car il constate que le mari appelant avait fait défaut et n'avait par conséquent pas soulevé l'exception d'incompétence devant le président; il devait alors opposer cette exception devant le tribunal.

262. En tant qu'elle statue sur les mesures provisoires, l'ordonnance du président, lorsqu'elle est rendue par défaut, est-elle susceptible d'opposition? La question est douteuse et controversée, mais nous croyons devoir nous prononcer pour la négative. En l'absence de règle spéciale, on doit appliquer ici la disposition de l'art. 809 c. proc. civ., aux termes de laquelle les ordonnances sur référé ne sont pas susceptibles d'opposition. De plus, en aucun cas l'opposition n'était admise autrefois en matière de divorce, et si la loi avait voulu autoriser cette voie de recours contre l'ordonnance du président, elle aurait dû le dire ou tout au moins l'indiquer, en déterminant le point de départ du délai d'appel en cas de défaut, comme elle l'a fait pour les jugements dans le nouvel art. 248 c. civ. (V. en ce sens: Carpentier, *La loi du 18 avr.* 1886, n° 72, p. 100; Vraye et Gode, t. 1, n° 245. — *Contrà*: Depeiges, n° 74).

263. La question de savoir si l'on pouvait appeler, en matière de séparation de corps, de l'ordonnance par laquelle le président statuait sur les mesures provisoires, était autrefois controversée (V. pour la négative, les arrêts cités au *Rép.* n° 144). Mais l'affirmative avait fini par prévaloir dans la jurisprudence, au moins pour le cas où le président avait eu à statuer sur des contestations élevées entre les époux (V. en ce sens, outre les arrêts cités au *Rép. ibid.*: Req. 15 févr. 1859, aff. Delamarre, D. P. 59. 1. 201; Colmar, 23 mai 1860, aff. Jutbardt, D. P. 60. 2. 200; Aix, 13 janv. 1873, aff. de G..., D. P. 73. 5. 341; Paris, 19 mai 1874, aff. Périer, D. P. 76. 2. 27; 4 août 1877, aff. Jousse, D. P. 78. 2. 220; Poitiers, 29 juill. 1878, aff. Peaucellier, D. P. 79. 2. 75; Paris, 27 mai 1879, aff. de Missiessy, D. P. 81. 1. 209). Aujourd'hui, cette question est résolue par l'art. 238, § 3, cité *suprà*, n° 260. Que les mesures provisoires aient été ou non l'occasion d'un débat entre les époux, il est certain que la décision du président sur ce chef peut toujours être frappée d'appel (Carpentier, *La loi du 18 avr.* 1886, n° 72; Depeiges, n° 74; Bordeaux, 23 mars 1887, aff. de Montlaur, D. P. 88. 2. 109). — Il est bien entendu, cependant, que si l'ordonnance ne faisait que consacrer un accord survenu entre les parties, l'appel n'en serait pas recevable. On doit remarquer aussi que si l'ordonnance se bornait à déclarer, en l'absence de conclusions contraires de la femme, que la garde des enfants restera au père, conformément à la loi, cette décision non contentieuse ne serait pas susceptible d'appel; elle pourrait seulement être modifiée, après débat contradictoire, soit par le président, soit par le tribunal (Comp. Paris, 5 mars 1886, aff. Camelière, D. P. 87. 2. 190).

264. L'appel est porté devant la cour; il est régi par l'art. 809 c. proc. civ. relatif aux ordonnances sur référé. Il peut être interjeté même avant le délai de huitaine, à partir de l'ordonnance, et il n'est plus recevable s'il a été interjeté après la quinzaine, à dater du jour de la signification. Il est jugé sommairement et sans procédure.

265. L'arrêt qui intervient est susceptible d'un recours en cassation, comme dans les cas ordinaires (V. toutefois Req. 19 févr. 1861, aff. Cécille, D. P. 61. 1. 430).

266. La décision du président quant aux mesures provisoires peut toujours être modifiée par le tribunal, comme l'indique le paragraphe 5 de l'art. 238 : « Lorsque le tribunal est saisi, les mesures provisoires prescrites par le juge peuvent être modifiées ou complétées au cours de l'instance, par jugement du tribunal, sans préjudice du droit qu'a toujours le juge de statuer, en tout état de cause, en référé, sur la résidence de la femme ».

267. A partir du moment où le tribunal est saisi, c'est-à-dire à partir du moment où l'assignation en divorce ou en séparation de corps a été lancée et où le délai donné au défendeur pour comparaître est expiré (Comp. Paris, 2 août 1841, aff. Carpentier, D. P. 49. 2. 45, note), la compétence pour statuer sur les mesures provisoires appartient au tribunal et non plus au président (Pau, 10 août 1887, aff. Menetière, D. P. 88. 2. 242). Mais le tribunal est saisi ordinairement peu de jours après l'ordonnance du président qui a accordé l'autorisation d'assigner; l'assignation doit être donnée, comme nous l'avons vu *suprà*, n° 218, dans le délai de vingt jours, à peine de déchéance, pour le demandeur, du bénéfice des mesures provisoires. Comment concilier, à partir du moment où l'instance est liée, la compétence du tribunal quant aux mesures provisoires avec le droit accordé aux parties d'appeler devant la cour des dispositions de l'ordonnance du président relatives à ces mesures? Tandis que la cour réformera peut-être ces dispositions, le tribunal, à qui on peut également demander de les modifier, ne pourra-t-il pas les maintenir? Ne va-t-on pas se trouver ainsi en présence de deux décisions judiciaires contradictoires? Cette difficulté a été prévue dans les travaux préparatoires de la loi. Dans le but d'éviter le conflit de décisions dont nous venons de parler, un sénateur, M. Griffe, a proposé un amendement qui tendait à ce que le recours contre l'ordonnance rendue par le président ne fût pas porté devant la cour, mais fût déféré au tribunal. On objecta contre cette proposition que le tribunal ne pouvait être juge au second degré de la décision rendue par son président, et l'amendement de M. Griffe fut rejeté. L'article ayant été renvoyé à la commission, celle-ci crut devoir modifier la rédaction du paragraphe 3; elle y ajouta une disposition d'après laquelle l'ordonnance du président ne pourrait être frappée d'appel que jusqu'au jour où le tribunal serait saisi, et, si l'appel avait été formé avant ce jour, la cour se trouverait dessaisie. Mais cette nouvelle proposition fut vivement combattue, notamment par M. Dauphin, comme établissant un système antijuridique, inconnu jusqu'ici dans notre législation, contraire à tous les principes et qui renversait l'ordre des juridictions. Pour déterminer le Sénat à repousser la nouvelle rédaction de la commission, M. Dauphin démontra que la compétence reconnue au tribunal pour modifier les mesures provisoires n'était pas inconciliable avec le droit d'appeler devant la cour de l'ordonnance du président. « Lorsqu'une cour d'appel, dit-il, est appelée à juger sur des mesures ordonnées par un président, elle statue sur ce qui existait à l'heure où le président a rendu son ordonnance, et elle dit si le président a eu raison ou s'il a eu tort, ce qui n'empêche pas que le tribunal, saisi à nouveau sur un autre état de choses, doive examiner cet autre état et prenne d'autres mesures provisoires, sans qu'il y ait aucune opposition entre les deux décisions de justice. A ce jour, 9 décembre, il faut que les enfants, au lieu de rester entre les mains de la mère, à laquelle on les avait confiés avec raison le 9 novembre, entrent dans un couvent; ce sont des situations successives, que le juge examine en première instance, que la cour apprécie au jour où l'ordonnance a dû être rendue, ce qui n'empêche pas le moins du monde le tribunal de rendre ultérieurement une autre décision... Ce ne sont que des mesures provisoires. La cour a donc mission de juger si la mesure provisoire a été bonne à un jour déterminé, ce qui n'empêche pas le tribunal de juger, au jour où il est ensuite saisi, s'il y a une autre mesure provisoire qu'il doit accorder... Le tribunal, dit-on, luttera peut-être contre l'arrêt de la cour. Permettez-moi de vous dire que cela est invraisemblable. Le tribunal, qui sait que son jugement peut être soumis sur appel à la cour qui vient de statuer sur l'ordonnance du président, s'inclinera toujours devant l'arrêt lorsqu'il n'y aura pas une situation modifiée... » A la suite de ces observations, qui furent appuyées par M. Léon Renault, la commission revint à sa rédaction primitive, et c'est celle qui a été adoptée.

268. Le système de la loi est ainsi facile à dégager. Lorsque les mesures provisoires ont été ordonnées par le président, celui des époux qui se trouve lésé par l'ordonnance doit interjeter appel devant la cour, car la cour est seule compétente pour *infirmer et réformer* l'ordonnance, tant que la situation des époux reste la même. L'appel de l'ordonnance est recevable, pourvu qu'il soit formé dans les quinze jours de la signification, lors même que le tribunal se trouve déjà saisi du fond de la demande. C'est à tort qu'il a été décidé par plusieurs arrêts que l'appel ne pouvait plus être formé lorsque le tribunal était saisi (Paris, 13 août 1886, aff. Henry, D. P. 88. 2. 241 ; 27 avr. 1888, aff. Burdo, *ibid.*; 15 juin 1888, aff. Pigeon, *ibid.*; Nîmes, 2 mars 1889, aff. G..., D. P. 90, 2e part.; Carpentier, *La loi du* 18 *avr.* 1886, n° 76). Ce système est la reproduction de celui de la commission, qui a été repoussé par le Sénat, et il aboutit à rendre le tribunal juge d'appel de la décision de son président; c'est la cour seule qui peut connaître de cette décision, eu égard à la situation dans laquelle elle a été prise ; c'est donc à la cour qu'on doit en demander *la réformation* dans tout état de cause (V. en ce sens : Paris, 3 févr. 1887, aff. Larché, D. P. 88. 2. 241 ; Depeiges, n° 77; Vraye et Gode, t. 1, n° 247; Coulon et Faivre, p. 125).

269. Mais si la situation a changé depuis l'ordonnance et si l'un des époux, qui s'était d'abord tenu pour satisfait des mesures prises par le président, désire les faire modifier, c'est au tribunal, à partir du moment où les parties sont en instance devant lui, que cet époux doit s'adresser. Le tribunal, en effet, est seul compétent, non pour *réformer* les dispositions de l'ordonnance, mais, selon les expressions de la loi, pour les *modifier ou les compléter,* à raison de nouvelles circonstances survenues au cours de l'instance. Alors même que l'ordonnance aurait été déférée à la cour, c'est encore au tribunal que devraient être demandées les modifications devenues nécessaires depuis le commencement de l'instance; en pareil cas, il n'y aurait pas litispendance; le tribunal aurait à apprécier la situation des époux et des enfants au moment de la nouvelle demande, tandis que la cour apprécierait la décision du président eu égard à l'époque où elle avait été prise. Il n'y aurait pas conflit entre les deux décisions, car celle du tribunal, plus récente, devrait seule recevoir son exécution à partir du moment où elle aurait été rendue, sauf appel de cette décision devant la cour (V. en ce sens : Depeiges, Vraye et Gode, Coulon et Faivre, *loc. cit.* — *Contrà :* Poulle, p. 209 et suiv. Cet auteur, s'appuyant sur les premiers mots du paragraphe 5 de l'art. 238 « lorsque le tribunal est saisi », soutient que la cour est dessaisie du droit de connaître de l'ordonnance du président dès que l'instance est liée devant le tribunal. Il reprend ainsi, tout en le critiquant, le système de l'amendement Griffe, qui, comme nous l'avons vu, a été rejeté).

270. Le paragraphe 5 de l'art. 238 réserve expressément le droit « qu'a toujours le juge de statuer, en tout état de cause, en référé, sur la résidence de la femme ». Alors même que le tribunal est saisi de la demande, le président, comme juge des référés, peut donc encore être appelé à ordonner des mesures provisoires, en cas d'urgence. Mais sa compétence est-elle restreinte à la seule question de la résidence de la femme? Nous ne le pensons pas. La disposition finale du paragraphe 5 de l'art. 238 nous paraît, comme à M. Depeiges, n° 78, purement énonciative; elle ne doit pas faire obstacle à ce que le juge des référés soit saisi de toute autre mesure trop urgente pour attendre la décision du tribunal. La juridiction des référés est une juridiction de droit commun, dont on ne peut dépouiller les parties sans un texte formel. On pourrait donc, en cas d'urgence extrême, demander au président, au cours de l'instance, de statuer sur la garde des enfants ou sur les aliments, comme sur la résidence de l'un des époux. Le tribunal, bien entendu, ne serait pas lié par cette ordonnance, et sa décision, quoique provisoire elle-même, pourrait se substituer à celle du président (V. en ce sens : Depeiges, *loc. cit.*; Carpentier, *La loi du* 18 *avr.* 1886, n° 77). — Il a été jugé, mais avant la loi de 1886, que le juge des référés est compétent pour ordonner, pendant l'instance en séparation de corps, toutes les mesures provisoires et urgentes ne faisant point préjudice au principal, et ce, alors même qu'elles sont sollicitées par le mari défendeur; qu'il peut notamment remettre au père la garde de l'enfant abandonné par la mère, à laquelle il avait été confié par un jugement, prescrire la levée des scellés apposés à la requête de la femme, nommer un séquestre chargé de toucher des mains des tiers saisis les sommes dues au mari, autoriser la remise au mari d'une provision sur les sommes touchées par le séquestre (Paris, 4 août 1871, aff. Gabillon, D. P. 73. 2. 21). — Le juge des référés, toutefois, n'est compétent qu'en cas d'urgence; lorsque le tribunal est saisi de la demande, c'est lui, en règle générale, qui doit statuer sur toute mesure provisoire et même sur le changement de résidence de la femme, que ce changement soit demandé par la femme ou par le mari (Dijon, 20 déc. 1871, aff. Mossel, D. P. 72. 5. 402; Angers, 17 juill. 1873, aff. Lainé, D. P. 74. 5. 444).

271. Nous avons déjà vu *suprà*, n° 218, qu'en vertu des deux derniers paragraphes de l'art. 238, les mesures provisoires ordonnées par le président durant le préliminaire de conciliation cessent de plein droit si le demandeur n'a pas usé de la permission de citer dans le délai de vingt jours à partir de l'ordonnance qui la lui a accordée. Cette disposition a été adoptée par le Sénat sur la demande de MM. Griffe et Léon Renault; elle a pour but d'empêcher que le demandeur, après avoir obtenu du président les mesures provisoires qu'il désirait, ne reste indéfiniment dans le *statu quo*. Elle a, toutefois, l'inconvénient d'obliger le demandeur à prendre parti dans un bref délai, alors même qu'il hésite à donner suite à son action. Sous ce rapport, on peut considérer cette disposition comme regrettable. Si le défendeur avait voulu faire cesser l'état provisoire, il aurait toujours pu demander la rétractation des mesures prises, soit au président, soit au tribunal (V. en ce sens le discours de M. Allou, à la séance du Sénat du 10 déc. 1885).

272. Le délai de vingt jours dans lequel le demandeur doit assigner n'est pas franc. Le jour où l'ordonnance a été rendue ne doit pas être compté; mais l'assignation qui n'interviendrait que le vingt et unième jour n'empêcherait pas la péremption des mesures provisoires (Carpentier, *op. cit.*, n° 78). Cette péremption est de droit. Nous croyons toutefois que, si elle n'a pas été opposée par l'époux défendeur et si le demandeur fait signifier la citation après le délai de vingt jours, les mesures provisoires qui ont été ordonnées doivent continuer à être observées. Cela résulte de l'esprit de la loi; le défendeur, en effet, ne peut plus se plaindre que le *statu quo* soit maintenu, puisque le tribunal est saisi.

273. Nous devons maintenant étudier séparément, comme on l'a fait au *Répertoire* pour la séparation de corps, les diverses mesures provisoires qui peuvent être ordonnées. Nous traiterons successivement : 1° de la résidence séparée des époux ; 2° de la garde des enfants ; 3° de la remise des effets personnels ; 4° des aliments et de la provision *ad litem ;* 5° des mesures conservatoires relatives aux biens (apposition des scellés, inventaire, saisie-arrêt, séquestre, etc.).

274. Nous rappelons que tout ce qui concerne les mesures provisoires est applicable au cas de demande en séparation de corps, comme au cas de demande en divorce (c. civ. art. 307) (V. *suprà*, nos 180 et suiv. et 257).

Art. 1er. — *De la résidence séparée des époux* (*Rép.* nos 132 à 144).

275. De toutes les mesures provisoires commandées par la situation, en cas de demande en divorce ou en séparation de corps, la plus urgente, comme on l'a montré au *Rép.* n° 132, est celle qui a pour but d'affranchir les époux de la vie commune pendant le procès. Le législateur l'a compris; aussi avons-nous déjà vu que l'art. 236 confère au président la faculté d'autoriser l'époux demandeur à résider séparément dès le premier acte de l'instance (V. *suprà*, nos 180 et suiv.); que l'art. 238, § 2, autorise ce magistrat à statuer de nouveau à ce sujet dans l'ordonnance qui constate la non-conciliation (V. *suprà*, n° 257) ; que ce même article, § 5, permet au tribunal, lorsqu'il est saisi de la demande principale, de compléter ou de modifier les mesures provisoires prescrites par le juge, tout en réservant au président le droit de statuer, en tout état de cause, en référé, sur la résidence de la femme (V. *suprà*, n° 270).

276. Par qui peut être provoquée la fixation d'une résidence séparée? Cette mesure peut être sollicitée d'abord par l'époux demandeur, aussi bien par le mari que par la femme (V. *suprà*, n° 182). Mais, de plus, bien que les art. 236 et 238 ne s'occupent que de la résidence de *l'époux demandeur*, nous pensons qu'à défaut par celui-ci de provoquer dès le début de l'instance la séparation d'habitation, le défendeur aurait qualité pour le faire, même déjà devant le président conciliateur. La vie commune présentera, en effet, quelquefois plus de dangers pour le défendeur que pour le demandeur, notamment quand ce sera la femme qui sera défenderesse. Il peut arriver, par exemple, que le mari ne se soit porté demandeur qu'en prévision d'une demande que la femme allait former. En pareil cas, il nous paraît évident que la femme ne saurait être privée du droit d'obtenir l'autorisation de résider séparément. Au surplus, l'art. 241 nouveau c. civ. suppose implicitement que la femme défenderesse a pu recevoir la désignation d'une résidence provisoire; car, après avoir décidé que, si la femme ne justifie pas de sa résidence dans la maison indiquée, le mari peut refuser la provision alimentaire, il ajoute que, « si la femme est demanderesse en divorce », le mari peut la faire déclarer non recevable à continuer ses poursuites. Si donc la loi, dans les art. 236 et 238, a visé l'époux demandeur seulement, c'est qu'elle s'est placée dans le cas le plus ordinaire, sans entendre pour cela refuser au défendeur le droit de réclamer à son profit la même mesure provisoire (V. en ce sens: Depeiges, n° 70; Carpentier, *La loi du 18 avr. 1886*, n° 67. — *Contrà :* Vraye et Gode, t. 2, n° 558).

277. L'autorisation d'avoir une résidence séparée peut-elle être refusée à l'époux qui la demande? Les art. 268 ancien c. civ. et 878 c. proc. civ. faisaient de la séparation provisoire un droit absolu pour la femme; lorsqu'elle provoquait cette mesure, le juge ne pouvait se dispenser de l'ordonner (V. *Rép.* n° 132; Colmar, 22 mai 1861, aff. Schmaltzer, D. P. 62. 5. 288). Bien que les art. 236, 238 et 240 nouveaux c. civ. paraissent accorder aux magistrats un pouvoir discrétionnaire quant à la fixation de la résidence des époux, comme relativement à toutes les autres mesures provisoires, rien dans les travaux préparatoires de la loi de 1886 n'indique que le législateur ait entendu établir une règle nouvelle à ce sujet. Si donc, en principe, on doit aujourd'hui décider que le juge pourrait, sans violer la loi, refuser à un époux l'autorisation de résider séparément pendant l'instance en divorce ou en séparation de corps, il faut pourtant reconnaître que le juge ne devrait user de ce pouvoir que dans des cas très exceptionnels, surtout quand l'autorisation est demandée par la femme (V. en ce sens: Depeiges, n° 70; Vraye et Gode, t. 2, n° 560).

278. On a vu *suprà*, n°s 257 et suiv., quel est le juge compétent pour statuer sur la demande en autorisation de résider séparément, comme sur les autres mesures provisoires, aux diverses périodes de l'instance en divorce ou en séparation de corps.

279. Dans le cas où le tribunal veut user du droit que lui accorde l'art. 246 nouveau c. civ. de ne pas prononcer immédiatement le divorce, « il maintient, dit la loi, ou prescrit l'habitation séparée et les mesures provisoires pendant un délai qui ne peut excéder six mois ». Il résulte de ce texte que, dans cette hypothèse, si la résidence séparée n'avait pas encore été ordonnée, elle devrait nécessairement être prescrite par le tribunal. Le sursis n'est possible qu'à cette condition (Vraye et Gode, t. 2, n° 563).

280. Lorsque le juge autorise l'un ou l'autre époux à résider séparément, doit-il toujours fixer le lieu de résidence de la femme? Cette question ne se pose que dans le cas où l'autorisation de résider séparément est demandée par le mari; car, si elle est demandée par la femme, le juge doit nécessairement indiquer où la femme pourra résider (Arg. art. 236 c. civ.). Mais, si l'autorisation d'avoir une résidence séparée est sollicitée par le mari, le juge peut se borner à accorder cette autorisation, et alors le mari n'a pas le droit d'expulser la femme du domicile conjugal; c'est lui qui doit quitter le domicile commun. Cette solution résulte du passage de l'exposé des motifs de la loi de 1886, que nous avons déjà cité *suprà*, n° 182 (V. en ce sens : Vraye et Gode, t. 2, n° 561). — Le mari a, du reste, la faculté, sous la loi nouvelle comme précédemment, de faire assigner à sa femme une résidence provisoire en dehors du domicile conjugal (V. *Rép.* n° 134).

281. Au sujet de la fixation de la résidence provisoire assignée à la femme, il a été jugé : 1° que l'ordonnance qui fixe cette résidence doit prescrire d'une manière précise et déterminée la maison dans laquelle celle-ci est autorisée à se retirer (Paris, 4 août 1877, aff. Jousse, D. P. 78. 2. 220); — 2° Que le tribunal peut autoriser la femme demanderesse en séparation de corps à gérer seule un hôtel meublé, établi dans un immeuble dépendant de la communauté, si la jouissance de cet hôtel lui fournit les avantages d'une résidence séparée et des moyens de vivre (Poitiers, 25 févr. 1878, aff. Vincent, D. P. 79. 2. 68).

282. Ainsi que nous l'avons admis au *Rép.* n° 136, rien dans la loi ne s'oppose à ce que la résidence de la femme soit fixée en dehors du ressort du tribunal dans lequel le mari est domicilié (V. en sus des auteurs cités au *Rép. ibid.* : Le Senne, n° 176; Frémont, n° 722; Vraye et Gode, t. 2, n° 544).

283. La femme pourrait même être autorisée à résider en pays étranger. C'est aux magistrats à apprécier, d'après les circonstances et eu égard aux bienséances, quel est le lieu le plus convenable pour la résidence de la femme; et si, par exemple, ses parents demeurent à l'étranger, on peut lui permettre de résider chez ses parents (Bruxelles, 18 mai 1869, *Belgique judiciaire*, 1869, p. 1318; Le Senne, n° 177; Frémont, n° 724; Carpentier, *Traité du divorce*, n° 225; Vraye et Gode, t. 2, n° 545. Comp. *Rép.* n° 139).

284. Pour la question de savoir si la résidence de la femme peut changer avec le domicile de la personne chez laquelle elle a été autorisée à se retirer, V. *Rép.* n° 137. — Il a été jugé qu'une femme qui avait reçu l'injonction d'établir son domicile provisoire chez sa mère, avait pu suivre celle-ci dans la résidence nouvelle où elle était allée se fixer depuis l'ordonnance du président, et qu'en décidant que cette femme, en agissant ainsi, s'était conformée aux prescriptions de l'ordonnance, le juge du fait n'avait fait qu'user du droit d'appréciation lui appartenant en cette matière (Req. 29 juin 1868, aff. Huard, D. P. 71. 5. 351).

285. On s'est demandé si les juges pourraient autoriser la femme à conserver pour elle une partie du domicile commun et à y vivre séparée de son mari. Rien dans la loi ne s'oppose à cet arrangement; il aurait seulement parfois l'inconvénient de maintenir les époux trop près l'un de l'autre (Comp. Vraye et Gode, t. 2, n° 546).

286. Une jurisprudence qu'on peut aujourd'hui considérer comme constante a reconnu au président, statuant comme juge conciliateur ou en référé, et au tribunal le pouvoir de fixer la résidence provisoire de la femme dans le domicile commun et d'enjoindre au mari de quitter ce domicile. Cette mesure, en effet, peut être commandée par l'intérêt de la famille, notamment lorsque le domicile conjugal est le siège d'un établissement commercial qui est géré par la femme. Le droit pour les magistrats de l'ordonner est constaté dans un passage de l'exposé des motifs de la loi de 1886, déjà cité *suprà*, n° 182 (V. en ce sens, outre les arrêts et les auteurs cités au *Rép.* n°s 140 et suiv.: Douai, 6 avr. 1853, aff. Vasseur, D. P. 56. 2. 145; Colmar, 23 mai 1860, aff. Juthardt, D. P. 60. 2. 200; Paris, 1er févr. 1864 (1);

(1) (Petit C. Dame Petit.) — LA COUR; — Sur la fin de non-recevoir ;... (Sans intérêt); — Au fond ; — Considérant que le droit du mari défendeur à la séparation de conserver le domicile conjugal comme chef de la communauté, n'a rien d'absolu, et que, selon la situation respective des époux et l'intérêt de la famille, ce domicile peut être abandonné à la femme; — Considérant, en fait, que Petit est ouvrier serrurier travaillant dans les ateliers d'autrui; qu'il n'a au domicile conjugal aucun établissement professionnel; que sa résidence dans un garni pendant le cours du procès ne présente pas les dangers et les inconvénients qu'elle offrirait pour la femme Petit et le jeune enfant confié à sa garde; que, d'ailleurs, Petit a dans son travail des moyens d'existence; que cette ressource fait défaut à la femme Petit; qu'elle est surtout hors d'état de répondre aux charges d'un loyer et de l'instal-

Bordeaux, 27 mai 1872, aff. Thomasson, D. P. 73. 2. 84 ; Liège, 17 juin 1880 (1); Paris, 25 févr. 1885, aff. Peras, D. P. 86. 2. 86 ; V. aussi Poitiers, 25 févr. 1878, cité *suprà*, n° 281-2° ; Aubry et Rau, t. 5, § 493, p. 194, note 24 ; Goirand, p. 148 ; Vraye et Gode, t. 2, n° 547. — *Contrà :* Colmar, 22 mai 1861, aff. Schmaltzer, D. P. 62. 5. 288 ; Le Senne, n° 178). Mais, comme nous l'avons dit *suprà*, n° 185, une telle mesure ne pourrait pas être prise contre le mari avant qu'il n'ait été cité en conciliation et sans qu'il ait été mis à même de faire valoir ses moyens de défense. — Il a été jugé que le mari qui, en déguerpissant le domicile conjugal, exécute l'ordonnance par laquelle le président assignait ce domicile à sa femme pour résidence provisoire pendant l'instance en séparation de corps et autorisait cette dernière à l'expulser au besoin par la force, ne doit pas être réputé y acquiescer et ne se rend pas non recevable à interjeter appel (Arrêt précité du 23 mai 1860). Jugé aussi que, dans le cas où la femme est laissée au domicile conjugal pour y gérer un fonds de commerce, il y a lieu de tenir compte de l'intérêt que peut avoir le mari, chef de la communauté, à ce que les bénéfices produits par la gestion de la femme ne soient pas distraits, et qu'alors le juge peut ordonner que ces bénéfices seront encaissés par un séquestre (Paris, 25 févr. 1885 précité). Dans le même cas, le juge pourrait aussi ordonner l'inventaire du mobilier dont la femme reste en possession (Arrêts précités des 27 mai 1872, et 25 févr. 1878).

287. Le lieu de résidence de la femme peut toujours être changé, soit par le président, soit par le tribunal, suivant les règles de compétence que nous avons exposées *suprà*, nos 267 et suiv. (V. Douai, 6 avr. 1853, aff. Vasseur, D. P. 56. 2. 145). — Si le mari veut faire changer la résidence de la femme, à raison de circonstances survenues depuis la fixation de cette résidence, c'est au tribunal qu'il doit demander ce changement, et non à la cour, par voie d'appel de l'ordonnance ou du jugement qui a autorisé la femme à résider séparément (Comp. Dijon, 22 août 1856, aff. X..., D. P. 56. 2. 206). Au contraire, la demande du mari tendant au changement de la résidence de la femme devrait être portée devant la cour par voie d'appel et non devant le tribunal, si elle était fondée, par exemple, sur ce que, n'ayant pas reçu la citation en conciliation, il n'a pu soumettre au président ses objections relativement au domicile désigné (Trib. Gray, 8 juin 1870, aff. Grosperrin, D. P. 71. 5. 350).

288. La décision judiciaire qui autorise la femme à avoir une résidence séparée a pour effet d'établir le domicile provisoire de la femme, vis-à-vis du mari, au lieu où cette résidence a été indiquée. C'est, dès lors, à ce lieu que le mari doit faire à la femme la notification des actes qu'il a à lui signifier (Nancy, 11 août 1865 (2) ; Chambéry, 19 juill. 1887, aff. Decheverens, D. P. 88. 2. 89).

289. Aux termes de l'art. 241 nouveau c. civ., « la femme est tenue de justifier de sa résidence dans la maison indiquée toutes les fois qu'elle en est requise ; à défaut de cette justification, le mari peut refuser la pension alimentaire, et, si la femme est demanderesse, la faire déclarer non recevable à continuer ses poursuites ». Cet article est la reproduction de l'ancien art. 269 c. civ. Il subordonne l'obligation imposée à la femme de justifier de sa résidence, quand elle en est requise par le mari, à une double sanction : si elle ne fournit pas la justification qui lui est demandée, le mari peut lui refuser la pension alimentaire ; il peut, en outre, si elle est demanderesse, la faire déclarer non recevable à continuer les poursuites. La question de savoir si

---

lation d'un ménage pour elle et pour son enfant; que de plus, elle est propriétaire de l'immeuble dans lequel se trouve le domicile conjugal, circonstance qui, si elle n'est pas décisive quand elle est isolée, vient cependant à l'appui des autres raisons qui militent en faveur du maintien de la mère de famille dans ce domicile; — Par ces motifs ; — Confirme, etc.

Du 1er févr. 1864.-C. de Paris, 2e ch.-MM. Anspach, pr.-Armet de Lisle, av. gén.-Bouloche et Benoit-Champy, av.

(1) (H... C. H...). — LA COUR ; — Attendu que l'art. 268 c. civ., qui autorise la femme demanderesse ou défenderesse en divorce à abandonner le domicile conjugal pendant la poursuite, n'est que démonstratif et n'a prévu que le cas le plus général ; qu'il ne fait aucun obstacle à ce que les tribunaux, lorsque l'intérêt des époux ou celui des enfants le commande, prescrivent au contraire au mari de quitter lui-même le domicile conjugal; — Attendu que, dans l'espèce, la dame H... et les enfants qu'elle a eus de son premier mariage sont propriétaires de la maison qu'ils habitent avec l'intimée; qu'avant son second mariage, l'appelante y exerçait depuis plusieurs années un commerce de tresses de paille et qu'elle a continué à y exercer ce commerce ; — Attendu que, si l'intimé a établi son domicile dans cette maison depuis qu'il a épousé l'appelante et si la patente pour 1880 a été prise en son nom comme chef de la communauté, il ne s'ensuit pas qu'il dirige en réalité un commerce auquel il ne s'était jamais livré jusqu'à l'époque de son mariage; — Attendu que, ce mariage n'ayant duré que quelques mois, il y a lieu de présumer qu'il n'a pas eu le temps de s'initier aux affaires et de se mettre en rapport avec la clientèle ; que dans ces circonstances, l'abandon du commerce par la femme pourrait être une cause de ruine pour elle et pour ses enfants, et que, dès lors, il ne peut s'agir de la contraindre à quitter provisoirement la maison qui est le siège de ce commerce; — Attendu qu'il y a d'autant moins lieu de l'obliger à abandonner cette maison qu'elle aura en tout cas le droit d'y demeurer après le procès, quelle que soit l'issue de celui-ci; — Attendu que, les époux ne pouvant vivre pour le moment ensemble, il est nécessaire de faire défense à l'intimé d'habiter pendant l'instance la maison de sa femme, et par suite de le relever de la garde des objets qui garnissent cette maison et de confier cette garde à l'appelante; — Par ces motifs; — Autorise l'appelante à habiter pendant l'instance en divorce la maison sise à S..., où elle exerce son commerce; ordonne à l'intimé de quitter ladite maison et de n'y plus résider pendant l'instance; autorise au besoin l'appelante à l'en faire expulser par toutes les voies de droit, etc.

Du 17 juin 1880.-C. de Liège.

(2) (Lahache C. Lahache.) — LA COUR ; — Considérant, en droit, que dès l'instant où, dans une instance en séparation de corps, le président du tribunal a autorisé la femme à quitter le domicile de son mari et lui a assigné une autre résidence, c'est à cette résidence que se trouve fixé provisoirement, et vis-à-vis du mari, le domicile de cette dernière ; — Que si, en thèse générale et aux termes de l'art. 108 c. nap., la femme n'a pas d'autre domicile que celui de son mari, c'est par une conséquence toute logique de l'obligation que lui impose l'art. 214, même code, d'habiter avec lui et de le suivre partout où il juge à propos de résider ; que la communauté d'habitation devait entraîner naturellement la communauté de domicile ; — Mais que cette disposition de la loi n'a plus sa raison d'être dès qu'il est intervenu une mesure légale qui a fait cesser ou a suspendu cette obligation ; — Que, l'art. 214 n'étant plus alors applicable, il doit en être de même de l'art. 108, qui n'en est que la conséquence; — Qu'au domicile assigné par cet article se trouve substitué, vis-à-vis du mari, un domicile spécial et provisoire ; que c'est là l'esprit et la portée des art. 268 c. nap. et 878 c. proc. civ.; que c'est à ce domicile spécial que le mari, avec qui il a été contradictoirement constitué, doit faire à sa femme la signification de tous les actes qu'il a à lui notifier ; — Que c'est là une conséquence logique et nécessaire de la situation que fait aux époux une instance en séparation de corps ; qu'il est évident que tant que dure entre eux l'état d'hostilité qui doit résulter d'un procès de cette nature, il serait contraire à la raison de charger le mari de recevoir, à son propre domicile, et pour sa femme, les exploits que lui-même lui notifie ; que ce serait lui donner la faculté de cacher ces exploits à cette dernière et d'arriver par là à paralyser son action ; — Considérant, en fait, que par l'ordonnance du président du tribunal d'Épinal, en date du 29 janv. 1864, ladite ordonnance dûment signifiée à Lahache, la dame Lahache, demanderesse en séparation de corps, a été autorisée à se retirer dans la commune de Laval-Devant-Bruyères, au domicile de sa sœur ; — Considérant que l'appel interjeté par Lahache du jugement du tribunal d'Épinal, du 14 janv. 1865, qui prononce la séparation de corps, n'a été signifié ni à la personne de la dame Lahache, ni à la résidence qui lui a été assignée au domicile de sa sœur à Laval ; qu'il résulte de l'exploit du ministère d'Aubry, huissier à Épinal, portant la date du 25 mars 1865, que la signification en a été faite au domicile dudit Lahache, lequel a déclaré que sa femme était absente et a refusé de recevoir la copie ; et que cette copie, à défaut par un voisin d'avoir voulu lui-même la recevoir, a été déposée à la mairie d'Epinal d'où il est certain qu'elle n'a pas même été transmise, à Laval, à la dame Lahache ; qu'il est de toute évidence qu'une signification faite dans de telles conditions est nulle, et qu'il y a lieu de prononcer la nullité de l'exploit d'appel du 25 mars, et, dès lors, d'ordonner la continuation des poursuites commencées ; — Par ces motifs, déclare nul et de nul effet l'appel interjeté par Lahache ; en conséquence, déclare Lahache non recevable et mal fondé en sa demande en discontinuation des poursuites commencées ; dit que lesdites poursuites seront continuées, etc.

Du 11 août 1865.-C. de Nancy, 1re ch.-MM. Jullien, pr.-Souëf, av. gén., c. conf.-Bernard et Larcher, av.

cette disposition est applicable à la séparation de corps était autrefois très controversée (V. *Rép.* n° 231, et *infrà*, n° 403). L'affirmative n'est plus douteuse aujourd'hui (c. civ. art. 307).

290. Comment la femme fera-t-elle la justification exigée par l'art. 241? — Par témoins ou au moyen d'un certificat délivré par l'autorité municipale, ou encore à l'aide d'un acte de notoriété. D'après la loi, la preuve incombe à la femme; en fait, cependant, il arrivera souvent que le mari qui voudra se prévaloir des déchéances édictées contre elle par l'art. 241 cherchera d'abord à établir que la femme a quitté le lieu de résidence qui lui était assigné.

291. A défaut par la femme de faire la justification qui lui incombe, le mari peut refuser de lui servir la pension alimentaire qui lui a été allouée pendant le procès. Toutefois, MM. Coulon et Faivre, p. 152, pensent « qu'il pourrait être décidé, selon les circonstances de la cause, que le droit à la pension créé par l'art. 238, § 2, est éteint, mais que l'obligation de secours et d'assistance imposée aux époux par l'art. 212 c. civ. subsiste aussi longtemps que le lien conjugal, et que la femme trouve dans cette obligation un droit égal à une pension alimentaire, lequel motiverait une instance distincte et un nouveau jugement accordant ou refusant cette pension ». Cette opinion nous paraît très contestable. La femme qui quitte la résidence qui lui a été assignée doit être assimilée à la femme qui abandonne le domicile conjugal; or le mari peut refuser des aliments à la femme, quand elle se met dans cette situation (V. *Rép.* v° *Mariage*, n° 757. V. aussi Civ. cass. 12 janv. 1874, aff. de Chanay, D. P. 74. 1. 153).

292. Pour les divers cas d'application de l'art. 241 c. civ. et pour la fin de non-recevoir opposable aux poursuites de la femme en vertu de cet article, V. *infrà*, n°s 403 et suiv.

293. En ce qui concerne la question de savoir quelles voies de recours sont ouvertes contre la décision judiciaire qui autorise l'époux demandeur à résider séparément ou fixe la résidence provisoire de la femme, V. *suprà*, n°s 260 et suiv.

294. Avant la loi de 1884, il a été jugé que l'ordonnance du président qui assignait à la femme défenderesse à une demande en séparation de corps une résidence distincte du domicile du mari, conservait son effet, quoiqu'il n'eût pas été donné suite à cette demande, tant que l'instance n'avait pas été déclarée périmée (Req. 7 avr. 1862, aff. de Sapinaud, D. P. 63. 1. 199). Cette décision ne serait plus exacte aujourd'hui, si le demandeur n'avait pas donné suite, dans le délai de vingt jours, à l'ordonnance qui l'autorisait à citer (c. civ. art. 238 *in fine*) (V. *suprà*, n°s 271 et suiv.).

295. Mais si le demandeur, après avoir cité, avait laissé sa demande en suspens devant le tribunal, nous pensons qu'il y aurait lieu encore de décider que l'ordonnance du président qui aurait statué sur la résidence séparée devrait produire son effet tant que l'instance ne serait pas périmée. La déchéance édictée par les derniers paragraphes de l'art. 238 ne serait plus alors applicable, car les règles de cette espèce sont de droit étroit et ne doivent pas être étendues en dehors de l'hypothèse spécialement prévue. Toutefois il a été jugé que, si la femme demanderesse en séparation de corps a abandonné le domicile provisoire qui lui avait été fixé et a établi sa résidence dans un autre lieu, elle est réputée alors n'avoir d'autre domicile que celui de son mari, et cela alors même que l'instance en séparation de corps n'a point été déclarée prescrite, ni périmée; qu'en conséquence des poursuites de saisie immobilière ont pu être valablement dirigées contre ladite femme par son mari, au domicile de celui-ci (Req. 19 août 1862, aff. Louault, D. P. 63. 1. 129).

ART. 2. — *De la garde des enfants* (*Rép.* n°s 122 à 131).

296. L'ancien art. 267 c. civ. décidait que l'administration provisoire des enfants devait rester au mari, demandeur ou défendeur en divorce, à moins qu'il n'en fût ordonné autrement par le tribunal, sur la demande de la mère, de la famille ou du ministère public, pour le plus grand avantage des enfants (V. *Rép.* n° 122). Le législateur de 1886 n'a pas reproduit la même rédaction; il s'est borné à conférer aux juges le droit de prendre les mesures provisoires nécessaires dans l'intérêt des enfants (c. civ. art. 238, § 2 et 5, et 240). Toutefois, tant que la justice n'en a pas décidé autrement, le père continue pendant l'instance en divorce ou en séparation de corps à exercer vis-à-vis de ses enfants tous les droits qu'il tient de la puissance paternelle. — Il résulte d'un arrêt que le jugement qui constate ce droit du père, en indiquant que la garde des enfants lui restera provisoirement confiée, alors qu'aucunes conclusions contraires n'ont été prises sur ce point par la mère, n'est pas susceptible d'être attaqué seulement sur ce chef par voie d'appel devant la cour; il n'y a là, en effet, qu'une indication conforme à la loi et non une décision contentieuse (Paris, 5 mars 1886, aff. Camelière, D. P. 87. 2. 190. V. toutefois la note sur cet arrêt, *ibid.*).

297. Nous avons vu *suprà*, n°s 257 et 258, que, d'après l'art. 238, § 2, le président du tribunal a qualité pour statuer, dès l'ordonnance qu'il rend après la citation en conciliation, sur la garde provisoire des enfants. Le même pouvoir, qui n'était autrefois conféré expressément par la loi qu'au tribunal, avait été déjà reconnu au président, non sans quelques controverses, par la jurisprudence (V. en sus des arrêts cités au *Rép.* n° 122: Caen, 1er juill. 1867, aff. Plaine, D. P. 67. 5. 390; Orléans, 1er mai 1869, aff. Genet, D. P. 69. 2. 166; Paris, 4 août 1871, aff. Gabillon, D. P. 73. 2. 21; Req. 15 juill. 1879, aff. de Missiessy, D. P. 81. 1. 209. — V. toutefois: Grenoble, 2 mai 1864, aff. Ithier, D. P. 65. 2. 145).

298. Aux termes de l'art. 240 nouveau, « le tribunal peut, soit sur la demande de l'une des parties intéressées, soit sur celle de l'un des membres de la famille, soit sur les réquisitions du ministère public, soit même d'office, ordonner toutes les mesures provisoires qui lui paraissent nécessaires dans l'intérêt des enfants ». Cet article contient une innovation en ce qu'il accorde au tribunal le droit de statuer, au besoin, *d'office* sur les mesures nécessitées par l'intérêt des enfants. Ainsi que nous l'avons admis *suprà*, n° 259, ce pouvoir exceptionnel ne doit pas être reconnu au magistrat conciliateur (Comp. Le Senne, n° 263).

299. Les membres de la famille, bien qu'ils ne soient pas parties à l'instance, ont le droit d'intervenir pour provoquer les mesures qu'ils croient utiles dans l'intérêt spécial des enfants. « La loi de 1792, est-il dit dans l'exposé des motifs, avait, pour cette hypothèse, organisé une constitution particulière d'un conseil de famille. Sous l'empire du code, la jurisprudence belge a admis que les parents interviennent après s'être constitués en une sorte de conseil. Ce n'est point cette solution qu'autorise le projet. Un membre de la famille, pris individuellement, en son nom, mais dans l'intérêt de l'enfant, pourra demander au tribunal telles mesures qu'il jugera avantageuses. » Le ministère public peut également prendre des réquisitions devant le tribunal, dans l'intérêt des enfants. Mais nous pensons, comme M. Carpentier, *La loi du* 18 *avr.* 1886, n° 68, que ni les membres de la famille ni le ministère public ne pourraient intervenir devant le président en conciliation; la disposition exceptionnelle de l'art. 240 ne doit pas être étendue au delà de ses termes.

300. Par les mots « l'un des membres de la famille », la loi entend évidemment toute personne qui tient aux enfants par les liens du sang ou l'époux d'une telle personne. Il nous semble, toutefois, que le droit d'intervention ne doit appartenir qu'aux parents au degré successible, c'est-à-dire jusqu'au douzième degré; au delà de ce degré, en effet, la parenté n'existe plus aux yeux de la loi, puisqu'elle n'a plus d'effet légal (Depeiges, n° 79. — *Contrà*: Vraye et Gode, t. 2, n° 523). Du reste, à défaut d'une intervention officielle et régulière, les membres de la famille pourraient signaler au ministère public les mesures qu'il leur paraîtrait convenable de requérir.

301. La loi n'ayant pas déterminé la forme dans laquelle les membres de la famille peuvent provoquer des mesures provisoires relatives aux enfants, leur intervention doit avoir lieu conformément aux art. 339 et suiv. c. proc. civ. (Depeiges, n° 79). Cette intervention peut, du reste, se produire en tout état de cause, et même après le jugement qui a prononcé le divorce ou la séparation de corps, car les dispositions qui statuent sur la garde et l'éducation des enfants sont toujours susceptibles d'être modifiées (Paris, 17 juill. 1886, aff. Gérardin, D. P. 87. 2. 211).

302. Quant au ministère public, il agira par voie de

réquisitions, comme dans tous les cas où il a le droit d'agir d'office (Vraye et Gode, t. 2, n° 525).

303. Le ministère public qui a pris des réquisitions devant le tribunal en ce qui concerne les enfants, a le droit d'appeler du jugement, sur la partie relative à ses réquisitions (Vraye et Gode, t. 2, n° 526 ; Massabiau, *Manuel du ministère public*, 4e éd., t. 1, n° 1641).

304. La loi n'a pas spécifié quelles sont les mesures que le président ou le tribunal a le droit de prendre dans l'intérêt des enfants. Elle a laissé ainsi aux magistrats un pouvoir discrétionnaire. Ils peuvent, non seulement retirer la garde des enfants au père pour la remettre à la mère, mais encore la confier à telle personne qu'il leur plaît de désigner. L'art. 302 nouveau c. civ. autorise formellement les juges à ordonner « pour le plus grand avantage des enfants, que tous ou quelques-uns d'eux seront confiés aux soins, soit de l'autre époux, soit d'une tierce personne ». Ce qui peut être fait par le jugement définitif, peut tout aussi bien être prescrit, au cours de l'instance, à titre de mesure provisoire. Les juges peuvent ordonner, notamment, que les enfants seront placés dans une maison d'éducation qu'ils désignent et régler les conditions dans lesquelles les parents pourront les visiter. Il est bien entendu, toutefois, que, pour le choix de cette maison, les magistrats devront d'abord s'en rapporter aux père et mère, et que, si ceux-ci se mettent d'accord sur l'établissement qu'il convient de désigner, les juges doivent se borner à sanctionner cet accord ; ils doivent, autant que possible, et à moins qu'il ne puisse en résulter un préjudice réel pour les enfants, se conformer sous ce rapport aux vœux des parents (V. *Rép.* n° 123 ; Civ. cass. 6 févr. 1865, aff. Vuidet, D. P. 65. 1. 218 ; Req. 3 avr. 1865, aff. Burel, D. P. 65. 1. 386 ; 2 déc. 1873, aff. Douroux, D. P. 74. 1. 433 ; 15 juill. 1879, aff. de Missiessy, D. P. 81. 1. 209 ; Vraye et Gode, t. 2, nos 515 et suiv.).

305. Les mesures provisoires ordonnées relativement à la garde des enfants sont toujours susceptibles d'être rétractées ou modifiées, si les circonstances viennent à changer et si l'intérêt des enfants l'exige (V. *Rép.* n° 124). — Quant à la question de savoir quelle est la juridiction compétente pour modifier ces mesures, V. *suprà*, nos 267 et suiv.

Il résulte d'un arrêt de la cour de cassation que le chef d'un jugement de séparation de corps qui concerne la garde des enfants, et qui, par exemple, décide que les enfants resteront auprès de leur mère, sans accueillir les conclusions par lesquelles le père demandait à être autorisé à les voir à des jours et dans des lieux déterminés, n'est pas susceptible de recours en cassation, une telle décision n'ayant point un caractère définitif et pouvant être modifiée selon les circonstances (Req. 19 févr. 1861, aff. Cécille, D. P. 61. 1. 430).

306. En tout cas, le pourvoi en cassation qui serait formé contre un arrêt ayant statué sur la garde provisoire des enfants n'aurait pas un effet suspensif. On invoquerait à tort, en sens contraire, la disposition de l'art. 248 c. civ., qui déclare suspensif le pourvoi formé contre l'arrêt qui statue sur la demande en divorce. Cette disposition n'est nullement applicable aux décisions relatives aux mesures provisoires. Il résulte, en effet, de l'art. 238, § 3, que même l'ordonnance du président qui ordonne de telles mesures est exécutoire par provision. Il en est ainsi, à plus forte raison, d'une décision du tribunal ou de la cour (V. cependant : Besançon, 1er juin 1885, aff. Kœhl, D. P. 86. 2. 64).

307. Quand la garde des enfants est retirée au père et confiée à la mère ou à un tiers, elle s'étend naturellement tout à la fois à leurs personnes et à leurs biens. Les juges, cependant, pourraient ne prendre des mesures que relativement à la personne, ou relativement aux biens, ou même à une portion des biens. On comprendrait, par exemple, que l'administration des biens des enfants fût laissée au père, si sa gestion avait toujours été habile et irréprochable, alors même que l'administration de leurs personnes serait attribuée à la mère. Mais, à défaut d'une restriction formelle, la mère qui a été investie de la garde de ses enfants est, en principe, substituée au père pour l'exercice de tous les droits attachés à la puissance paternelle (Vraye et Gode, t. 2, nos 530 et suiv.). — Il a été jugé, notamment, que la mère, dans cette hypothèse, a le droit d'agir pour les enfants, au lieu et place du père, quand leur intérêt l'exige ; qu'elle peut donner elle-même, alors surtout que le père ne conteste pas, le consentement requis pour l'engagement volontaire d'un an et se soumettre personnellement aux obligations pécuniaires afférentes à cet engagement (Trib. Marseille, 14 déc. 1872) (1).

308. Toutefois, le père qui s'est vu enlever la garde de ses enfants, n'en conserve pas moins le droit de surveiller leur éducation. Il peut notamment veiller à ce que la mère n'abuse pas de son influence sur les enfants pour les faire changer de religion (Comp. Req. 9 juin 1857, aff. Berthon, D. P. 57. 1. 401). Il peut demander que les enfants soient placés dans un pensionnat, et sa volonté à cet égard doit être sanctionnée par le tribunal, s'il est reconnu qu'elle est, non abusive ni vexatoire, mais conforme aux intérêts des enfants (Trib. Lyon, 10 mars 1866, aff. X..., D. P. 67. 3. 96). Dans certaines circonstances, la volonté du père pourra même prévaloir sur celle de la mère, comme, par exemple, s'il s'agit de choisir les parrain et marraine d'un enfant, lors de son baptême (Req. 29 juin 1868, aff. X..., D. P. 71. 5. 352).

309. Quoique le père n'ait plus la garde de ses enfants, il peut toujours les émanciper (c. civ. art. 477). Mais l'émancipation ne doit pas être pour lui un moyen d'éluder les prescriptions de la décision judiciaire qui a restreint son

---

(1) (Barjavel *C.* Barjavel.) — LE TRIBUNAL ; — Attendu que, par jugement du 7 de ce mois, la dame Barjavel a été autorisée à faire preuve des faits articulés à l'appui de sa demande en séparation de corps ; qu'en outre, en vertu du même jugement, la demanderesse a obtenu pendant l'instance le droit de garde et de surveillance de ses deux fils mineurs qui doivent continuer à demeurer avec leur mère dans le domicile indiqué ; — Attendu que cette disposition du jugement, motivée par l'intérêt des enfants, est exécutoire nonobstant appel ; qu'il suit de là que la mère a le droit d'agir au nom de ses enfants, dans tous les cas d'urgence, et lorsque leur intérêt l'exige ; qu'à ce double titre le jugement précité a suspendu le plein exercice de l'autorité maritale et de la puissance paternelle, et substitué sous ce dernier rapport et dans une certaine mesure l'action de la mère, chargée de la garde et surveillance des enfants, à celle du père, provisoirement privé des droits attachés à sa qualité ; — Attendu que la mère peut donc, en l'état et vu l'urgence, faire et consentir, dans l'intérêt de son fils aîné âgé de vingt ans révolus, ce que le père aurait pu faire lui-même, puisque l'urgence est incontestable et l'intérêt du jeune Barjavel évident ; — Attendu, d'ailleurs, que le jeune Barjavel, quoiqu'encore mineur, peut, sans l'autorisation paternelle, contracter un engagement militaire, aux termes de l'art. 374 c. civ. ; — Attendu, d'ailleurs que, si l'âge fixé par cet article a été modifié par les lois militaires de 1832 et 1872 (art. 48), il n'en résulte pas moins que le consentement n'est exigé que pour ceux qui sont âgés de moins de vingt ans ; — Attendu que si la position exceptionnelle faite aux jeunes gens qui sont admis à profiter des dispositions des art. 53 et 54 de la loi de 1872, a forcé le législateur à exiger le consentement du père, ou de la mère ou tuteur, ce n'est point dans le but d'étendre la puissance paternelle, puisque l'art. 48 permet toujours l'engagement à l'âge de vingt ans sans consentement, mais à cause des obligations spéciales et pécuniaires imposées pour les engagements d'un an ; qu'il suit de là que la dame Barjavel, chargée, par le jugement du 7 décembre courant, de la garde et de la surveillance de ses enfants peut consentir, au lieu et place du père, qui ne conteste pas et se borne à faire défaut, pourvu qu'elle fournisse la somme nécessaire pour les frais d'équipement et autres fixés, pour l'année 1873, à 1500 fr. ; — Qu'en conséquence, le tribunal n'a point à intervenir pour donner au fils Barjavel, âgé de vingt ans, un consentement qui ne lui est pas nécessaire pour contracter un engagement militaire, mais qu'à la mère appartient, en l'état du jugement du 7 décembre, le droit de donner le consentement spécial pour l'engagement d'un an, en se soumettant personnellement aux obligations pécuniaires exigées dans ce cas par la loi de 1872 ; — Par ces motifs, statuant par défaut contre Barjavel, et ayant tel égard que de raison, dit n'y avoir lieu d'accorder au jeune Barjavel, âgé de plus de vingt ans, l'autorisation exigée pour contracter un engagement d'un an conformément aux prescriptions de la loi du 17 août 1872 ; — De même suite dit et déclare que, dans le silence du père, la dame Barjavel a capacité suffisante, en vertu du jugement du 7 décembre courant, pour donner elle-même le consentement requis, à la charge de se soumettre personnellement aux obligations pécuniaires exigées pour le cas spécial par la loi précitée et tous les règlements faits pour son exécution.

Du 14 déc. 1872.-Trib. civ. de Marseille, 1re ch.-MM. Gamel, pr.-Maille, subst.-Ch. Teissière, av.

autorité. Si cette décision a ordonné que les enfants seraient placés dans une maison d'éducation, le placement doit avoir lieu, malgré l'émancipation (Req. 4 avr. 1865, aff. Burel, D. P. 65. 1. 387; Rouen, 12 juin 1866) (1).

310. Si, malgré la décision de justice qui ordonne que les enfants seront remis à l'un des époux ou à un tiers, l'autre époux les retient, comment peut-on l'obliger à les livrer? Cette question a déjà été prévue au *Rép.* n° 127. Nous avons dit que force devait rester à la loi, et que l'époux ou la personne à qui les enfants doivent être remis a le droit de se les faire livrer *manu militari*. On ne peut objecter ici, comme on le fait lorsqu'il s'agit de savoir si la femme peut être ramenée de force au domicile conjugal, que l'emploi de la force serait impuissant; car, s'il est vrai que la femme, aussitôt réintégrée au domicile, a la liberté d'en sortir, il n'en est pas de même des enfants, qu'il est ordinairement facile de retenir et qu'on a légalement le droit de contraindre à rester chez leurs parents ou là où leurs parents les placent. Toutefois, avant de recourir aux moyens coercitifs, même à l'égard des enfants, il y a lieu de demander à cet effet l'autorisation du tribunal ou du président siégeant en référé (V. *Rép.* v° *Puissance paternelle*, n° 26, et par analogie, *ibid.* v° *Mariage*, n°s 761 et suiv. V. dans le même sens : Aubry et Rau, t. 6, § 550, note 12, p. 78; Laurent, t. 3, n° 256, p. 297; Goirand, p. 159; Vraye et Gode, t. 2, n° 528; Coulon et Faivre, art. 240, p. 147).

311. En dehors de la coercition matérielle, qui n'est pas toujours possible, notamment lorsque les enfants sont à l'étranger, les tribunaux peuvent-ils condamner celui des époux qui refuse de les livrer à des dommages-intérêts? Non, d'après une première opinion. Les dommages-intérêts, dit-on, ne peuvent être prononcés que lorsqu'il y a préjudice; or quel préjudice réel et actuel peut invoquer l'époux ou le tiers auquel la justice a ordonné que les enfants seraient confiés? La somme à laquelle on condamnerait l'époux qui retient ses enfants serait, en réalité, une amende qu'on lui infligerait pour le punir de ne pas obéir à justice; aucune loi n'autorise les tribunaux civils à prononcer ainsi des condamnations pénales, à titre de sanction ou de contrainte, pour assurer l'exécution de leurs décisions (V. en ce sens : Bruxelles, 5 août 1880, aff. de Bauffremont, D.P.82.2.81; Laurent et Goirand, *loc. cit.*, *supra*, n° 310). On répond à cette argumentation en disant que l'obligation de rendre les enfants est une obligation de faire et que toute obligation de faire se résout en dommages-intérêts, en cas d'inexécution de la part du débiteur (c. civ. art. 1142). Un préjudice moral peut, d'ailleurs, motiver des dommages-intérêts tout aussi bien qu'un préjudice matériel (*Rép.* v° *Responsabilité*, n° 156). Or, un père ou une mère peut-il souffrir moralement un plus grand dommage que celui d'être privé de ses enfants et de les voir dans les mains d'un époux indigne, qui leur donne l'exemple de la révolte et qui leur inculque ses ressentiments et ses instincts vicieux?... Cette seconde opinion est celle qui prévaut dans la jurisprudence; il résulte de plusieurs arrêts que, comme sanction de l'obligation imposée à un époux de remettre ses enfants à son conjoint auquel la garde en a été attribuée, les tribunaux peuvent le condamner à des dommages-intérêts fixés par chaque jour de retard, pendant tout le temps que durera sa résistance (Req. 25 mars 1857, aff. Perrault, D. P. 57. 1. 213; 4 avr. 1865, aff. Burel, D. P. 65. 1. 387; Rouen, 12 juin 1866, *supra*, n° 309; Paris, 7 août 1876 et 13 févr. 1877, aff. de Bauffremont, D. P. 78. 2. 125-127; Civ. rej. 18 mars 1878, même affaire, D. P. 78. 1. 201; C. cass. Belgique, 15 mars 1883) (2).

312. On a élevé la question de savoir si c'est au profit de l'époux qui a la garde des enfants ou au profit des enfants eux-mêmes que doivent être, en pareil cas, prononcés les dommages-intérêts (Comp. l'arrêt du 5 août 1880, cité *supra*, n° 311). A notre avis, cette question dépend des circonstances. En tout cas, l'époux pourrait réclamer des dommages-intérêts en faveur des enfants, comme il peut en réclamer pour lui-même. Généralement, l'intérêt des enfants et celui de leurs parents sont si intimement unis qu'il importe peu que les dommages-intérêts soient alloués aux uns ou aux autres. Et s'il est vrai, comme on l'a dit, que les dommages-intérêts doivent appartenir à celui dont le droit est violé par la résistance qu'ils sont destinés à vaincre, l'époux qui a obtenu la garde de ses enfants peut certainement en obtenir, car son droit n'est pas moins atteint que celui des enfants eux-mêmes. La puissance paternelle, dit-on, est établie pour le bien de ceux sur qui elle s'exerce et non pour l'avantage de celui qui l'exerce. Cela est incontestable; mais on ne peut nier que la paternité et la puissance paternelle elle-même emportent avec elles des avantages, des jouissances, même des droits pécuniaires (c. civ. art. 384); l'époux que son conjoint prive de ces biens est donc personnellement lésé.

313. Au lieu de condamner l'époux qui refuse de rendre les enfants à des dommages-intérêts, les tribunaux pourraient-ils autoriser la saisie de ses revenus et la nomination d'un séquestre pour les percevoir? La jurisprudence et la plupart des auteurs ont admis la légitimité de ce moyen de contrainte à l'égard de la femme non séparée, lorsqu'il s'agit de l'obliger à réintégrer le domicile conjugal (V. les arrêts cités au *Rép.* v° *Mariage*, n° 759. *Adde* : Caen, 14 août 1848, aff. Briand, D. P. 50. 2. 185; Paris, 27 janv. 1855, aff. J..., D. P. 55. 2. 208; Nîmes, 20 févr. 1862, aff. Laporte, D. P. 63. 2. 193; Demolombe, t. 3, n°s 105 et suiv.; Aubry et Rau, t. 5, § 471, notes 5 et 6, p. 135) et même à rendre, après le rejet de sa demande en séparation de corps,

---

(1) (Luce *C.* Dame Luce.) — Le 13 avr. 1866, jugement du tribunal de Rouen ainsi conçu : — « Sur la demande de la dame Luce, tendant à ce que sa jeune fille soit conduite dans le pensionnat de Duclair : — Attendu qu'un jugement du 8 févr. 1866, se fondant sur les consentements passés à l'audience par les représentants des époux Luce, avait ordonné que leur jeune fille, née le 1er oct. 1850, serait placée dans un pensionnat; — Attendu que, le 27 février dernier, Luce a émancipé sa fille, suivant déclaration passée devant le juge de paix de Duclair; — Attendu que Luce se refuse à la conduire dans le pensionnat, en alléguant que cette émancipation a donné à sa fille le droit de se choisir un domicile; — Attendu qu'en considérant que cette jeune fille n'est âgée que de quinze ans et quelques mois, son émancipation n'a pu être faite dans son intérêt; — Attendu d'ailleurs que rien dans la cause ne justifie l'opportunité de cette mesure, et que l'on ne peut méconnaître, dès lors, que son père n'a eu d'autre but, en la prenant, que de se soustraire à l'exécution du jugement du 8 février dernier; — Attendu que, tout en reconnaissant le droit de l'autorité paternelle en cette matière, il faut aussi tenir compte de ce que le tribunal puisant dans la loi le pouvoir d'assigner une résidence à la demoiselle Luce pendant l'instance en séparation de ses parents, l'émancipation qui a suivi la décision du tribunal n'a pu paralyser l'effet de cette décision, et que, quant à présent, cette émancipation ne peut subsister que sous la réserve de cette décision qui l'avait précédée; — Attendu que la sanction naturelle du jugement du 8 février dernier consiste à forcer Luce à l'exécuter sous une contrainte de 10 fr. par chaque jour de retard au profit de sa femme, conformément, du reste, à une jurisprudence récente; — Sur le choix du pensionnat, etc. ». — Appel par le sieur Luce. — Arrêt.

La cour; — Adoptant les motifs des premiers juges; — Confirme, etc.

Du 12 juin 1866.-C. de Rouen, 1re ch.-MM. Forestier, pr.-Couvet, av. gén.-Homais et Ducoté, av.

(2) (Du Bus de Gisignies *C.* Du Bus de Gisignies.) — La cour; — Sur le deuxième moyen, violation de l'art. 9 de la Constitution et abus de pouvoir, en ce que l'arrêt dénoncé confirme une décision qui, en prononçant une condamnation pécuniaire à titre de pure contrainte, applique une peine non comminée par la loi : — Attendu que le droit accordé à la défenderesse de visiter son enfant trouve sa base dans l'art. 303 c. civ.; qu'à ce droit correspond l'obligation pour le demandeur de ne pas apporter d'entrave à son exercice; qu'il ne s'agit pas là, pour ce dernier, d'un simple devoir moral, mais d'une obligation de faire dont l'exécution, aux termes de l'art. 1142, donne lieu à des dommages-intérêts;

Attendu qu'il appartient, dès lors, au juge d'évaluer souverainement l'indemnité réclamée au cas de violation du droit qu'il reconnaît; que la condamnation pécuniaire accordée à titre de réparation du préjudice résultant de l'inexécution d'une obligation sanctionnée par une décision judiciaire, n'a aucun des caractères d'une peine dans le sens de l'art. 9 de la Constitution;

Attendu que les termes de l'arrêt indiquent nettement la nature et la cause de la condamnation prononcée, et qu'il est, dès lors, suffisamment motivé;

Par ces motifs, rejette, etc.

Du 15 mars 1883.-C. cass. de Belgique, 1re ch.-MM. de Longé, 1er pr.-Protin, rap.-Mélot, av. gén., c. conf.-Lejeune et Picard, av.

les enfants dont la garde lui avait été provisoirement confiée (Colmar, 10 juill. 1833, *Rép.* v° *Mariage*, n° 761. — V. en sens contraire sur ce dernier point : Goirand, p. 160 ; Vraye et Gode, t. 2, n° 528). Mais une sanction semblable pourrait-elle être prononcée contre la femme divorcée ou séparée de corps ou contre le mari? Il nous semble que, si l'on admet la possibilité de condamner la femme ou même le mari qui refuse de rendre les enfants à des dommages-intérêts, on doit décider *a fortiori* que le tribunal peut autoriser la saisie de leurs revenus. Cette mesure, en effet, qui ne frappe que la jouissance des biens est moins grave que celle qui atteint la propriété. Nous pensons, par exemple, qu'il pourrait être décidé que telle part des revenus de la femme séparée de corps ou divorcée ou même du mari sera saisie et mise sous séquestre jusqu'à ce que les enfants soient rendus, et que, s'ils ne sont pas rendus avant leur majorité, le produit des revenus séquestrés appartiendra aux enfants à titre de dommages-intérêts. Ce n'est là, au fond, qu'une forme de condamnation à des dommages-intérêts (Comp. Trib. Seine, 13 janv. et 30 mars 1876, aff. de Bauffremont, D. P. 78. 2. 125).

ART. 3. — *Remise des effets personnels* (*Rép.* n°s 145 et 146).

314. L'art. 238, § 2, nouveau c. civ. dispose, comme nous l'avons déjà vu, que le juge conciliateur, dans l'ordonnance qui constate la non-conciliation ou le défaut de la partie défenderesse, « statue à nouveau, s'il y a lieu, sur la résidence de l'époux demandeur, sur la garde provisoire des enfants, *sur la remise des effets personnels*... ». Il s'agit ici évidemment des effets personnels de l'époux autorisé à résider séparément et aussi de ceux des enfants, si leur garde a été attribuée à cet époux ou à un tiers.

Avant la loi du 18 avr. 1886, aucun texte ne prévoyait la remise des effets personnels en cas de demande en divorce. Pour le cas de demande en séparation de corps, l'art. 878 c. proc. civ. disposait seulement que le président, en autorisant la femme à procéder sur sa demande, et à se retirer provisoirement dans telle maison dont les parties conviendraient ou qu'il désignerait d'office, devait ordonner que *les effets à l'usage journalier* de la femme lui seraient remis.

315. Nous avons vu qu'aujourd'hui, aux termes de l'art. 236, le juge peut déjà, par l'ordonnance permettant de citer en conciliation, autoriser l'époux demandeur à résider séparément. Bien que la loi ne l'ait pas dit, nous pensons que, par cette même ordonnance, le président pourrait aussi permettre à cet époux de se faire remettre les effets qui lui sont le plus nécessaires; cette remise est, en effet, la conséquence de l'autorisation de quitter le domicile conjugal.

316. Si le juge conciliateur n'avait pas statué sur la remise des effets personnels, l'époux autorisé à quitter le domicile conjugal pourrait s'adresser au président en référé pour faire ordonner cette remise, car elle présente presque toujours un caractère d'urgence. Il pourrait également d'ailleurs saisir le tribunal de la question par voie d'incident (c. civ. art. 240, § 2). La décision du président ou du tribunal serait susceptible d'appel (Comp. Req. 15 févr. 1859, aff. Delamarre, D. P. 59. 1. 201).

317. Par *effets personnels*, il faut entendre les vêtements, linges, outils, livres, objets mobiliers à l'usage personnel de l'époux et des enfants, en un mot tout ce qui leur est nécessaire pour vivre et continuer l'exercice de leur profession. S'il y a désaccord à ce sujet entre les deux époux, le président ou le tribunal décidera. Les magistrats ont, en cette matière, un pouvoir discrétionnaire (V. *Rép.* n° 145; Le Senne, n° 203; Laurent, t. 3, n° 261 ; Vraye et Gode, t. 2, n° 567). En cas de désaccord, la décision du président ou du tribunal devra naturellement indiquer les effets que l'époux aura le droit de se faire remettre.

318. Il peut se faire que celui des époux qui reste au domicile conjugal, ordinairement le mari, refuse d'exécuter la décision qui prescrit la remise des effets personnels. Alors, comme on l'a dit au *Rép.* n° 146, l'autre époux ou le tiers qui a la garde des enfants pourra faire procéder à la saisie de ces effets par ministère d'huissier. S'il y avait lieu de craindre que l'époux qui détient les effets ne résistât par la force, il conviendrait de faire stipuler, dans l'ordonnance ou dans le jugement qui ordonne la remise, que l'époux à qui cette remise doit être faite pourra, au besoin, se faire assister du commissaire de police, du garde champêtre ou de la gendarmerie. Si ces moyens devenaient nécessaires et que l'époux ne fût pas autorisé à y recourir, une ordonnance de référé y suppléerait (Le Senne, n° 206 ; Vraye et Gode, t. 2, n° 567).

ART. 4. — *Des aliments et de la provision* ad litem (*Rép.* n°s 147 à 158).

319. Aux termes de l'art. 238, § 2, nouveau c. civ., le président, par l'ordonnance qui constate la non-conciliation « a la faculté de statuer, s'il y a lieu, sur la demande d'aliments ». Il y a là une importante extension des pouvoirs du magistrat conciliateur, car l'art. 878 c. proc. civ. décidait qu'en matière de séparation de corps les demandes de provision devaient être portées à l'audience, et il en était de même sous l'empire des anciens textes du code civil en matière de divorce (art. 259 et 268 anciens). Tout au plus admettait-on que le président pouvait, comme juge des référés, allouer un secours alimentaire, en cas d'urgence (V. *Rép.* n° 153).

320. L'art. 240 nouveau dispose, en outre, que le tribunal « statue sur les demandes relatives aux aliments pour la durée de l'instance, sur les provisions et sur toutes les autres mesures urgentes ». Ainsi que nous l'avons expliqué *suprà*, n°s 266 et suiv., le juge conciliateur n'est compétent pour toutes les mesures provisoires que jusqu'au moment où le tribunal est saisi par l'assignation. A partir de ce moment, c'est le tribunal qui doit statuer sur toute demande ayant pour objet, soit l'allocation d'une pension alimentaire ou d'une provision, soit l'augmentation, la suppression ou la modification de celle qui aurait été déjà accordée. Toutefois, s'il s'agissait de réformer l'ordonnance du président, il faudrait en appeler devant la cour (V. *suprà*, n° 268).

321. L'art. 238, § 2, ne parle que de la *demande d'aliments ;* l'art. 240 charge le tribunal de statuer, non seulement sur *les demandes relatives aux aliments*, mais encore *sur les provisions* et sur toutes les autres mesures urgentes. Du rapprochement de ces deux textes, on doit conclure, suivant nous, que le président peut bien allouer une provision alimentaire, mais que la provision *ad litem*, qui peut être nécessaire à l'un ou à l'autre des époux pour suivre le procès, doit être demandée au tribunal. La compétence du président, en effet, étant tout exceptionnelle, ne saurait être étendue au delà des limites strictes qui lui sont assignées par la loi. On comprend, d'ailleurs, que le président ait le pouvoir d'allouer des aliments à l'époux qu'il autorise à quitter le domicile conjugal et à qui il confie la garde des enfants. Mais il n'y a pas la même nécessité de faire accorder à cet époux par le président, avant que la demande ne soit portée devant le tribunal, une provision qu'il pourrait employer à toute autre chose qu'à payer les frais de sa demande (V. en ce sens : Vraye et Gode, t. 2, n° 583. — *Contrà :* Depeiges, n° 71 ; Carpentier, *La loi du 18 avr.* 1886, n° 71 ; Coulon et Faivre, art. 238, p. 124). Nous admettons cependant que le président pourrait, en cas d'absolue nécessité, allouer à un époux la somme qui lui serait indispensable, soit pour se rendre au lieu fixé pour le préliminaire de conciliation, soit même pour payer les premiers frais de la demande en conciliation et de l'assignation devant le tribunal; une telle allocation, en effet, rentrerait à la rigueur dans la provision alimentaire.

322. On se demandait autrefois si le mari avait le droit, aussi bien que la femme, de réclamer, soit une pension alimentaire, soit une provision *ad litem*. L'affirmative avait prévalu (*Rép.* n° 151 ; Rouen, 13 nov. 1878, aff. Féré, D. P. 80. 2. 190). Cette question ne nous paraît plus pouvoir faire doute aujourd'hui, car ce n'est plus seulement à la femme que les nouveaux textes (c. civ. art. 238 et 240) accordent le droit de demander des aliments ou des provisions, ils ne distinguent pas entre les époux. Il peut se faire, d'ailleurs, que la femme seule ait de la fortune et que le régime matrimonial des époux lui en laisse l'administration ; c'est alors que le mari doit nécessairement pouvoir obtenir au moins une pension alimentaire. S'il n'a absolument aucune fortune, ce serait plutôt l'assistance judiciaire qu'il devrait solliciter qu'une provision *ad litem*, car il n'est guère juste que ce soit la femme qui lui fournisse les moyens de plaider contre elle-même. Nous reconnaissons cependant que sa demande tendant à obtenir une telle provision peut s'appuyer sur l'art. 212 c. civ., aux termes duquel les époux se doivent mutuellement secours et assistance. Jusqu'à ce que le tribunal ait prononcé, on ne sait pas lequel des deux époux a tort ou raison; et, comme ce peut être le mari qui ait raison, la femme, en prévision de cette hypothèse, doit lui fournir la possibilité de soutenir ses droits (V. en ce sens : Laurent, t. 3, n° 264; Carpentier, *Traité théorique et pratique du divorce*, n° 247; Vraye et Gode, t. 2, n° 584).

323. La question de savoir dans quels cas une pension alimentaire ou une provision *ad litem* doit être accordée, soit à la femme, soit au mari, est laissée à l'appréciation des magistrats. Mais, en principe, la pension ou la provision doit être allouée toutes les fois que l'époux qui la sollicite n'a pas de ressources suffisantes pour vivre ou pour plaider. Ainsi, lorsque les époux sont mariés sous le régime de la communauté légale ou sous celui de la communauté réduite aux acquêts ou sous le régime sans communauté, comme alors le mari a l'administration de tous les biens personnels de la femme, celle-ci doit généralement obtenir une pension et une provision. Il n'en serait autrement que si le contrat de mariage laissait à la femme le droit de toucher elle-même une partie de ses revenus et que cette partie fût reconnue suffisante pour lui permettre de pourvoir à tous ses besoins. Sous le régime dotal, la femme ne saurait également se passer de provision, tant pour vivre que pour plaider, à moins qu'elle n'ait des paraphernaux qui lui en procurent les moyens. — Il a même été jugé que, lors même que la femme aurait en propre des revenus suffisants pour faire face pendant le procès à toutes les dépenses nécessaires pour son alimentation, son habitation et son entretien personnel, le mari défendeur ne devait pas moins être tenu de contribuer à ces dépenses dans une certaine limite, parce que le lien du mariage et les obligations qui en naissent subsistent toujours (Aix, 19 août 1868, aff. Régis, D. P. 70. 1. 106). Mais cette décision, dans ses termes, était exagérée; jusqu'au divorce ou à la séparation, ce ne sont pas seulement les obligations dérivant du mariage qui subsistent, ce sont aussi les droits du mari, tous les droits que lui accorde le régime matrimonial. Si la nécessité permet d'y apporter des exceptions, afin que la femme puisse vivre et faire face aux frais du procès, ces exceptions ne doivent cependant pas être étendues (V. en ce sens : *Rép.* n° 152; Demolombe, t. 4, n° 458; Aubry et Rau, t. 5, § 493, p. 195; Vraye et Gode, t. 2, n°s 574 et suiv.).

324. Il a été jugé que le droit, pour la femme demanderesse en séparation de corps, d'obtenir une provision alimentaire ne saurait être détruit, en principe, par la déclaration de faillite du mari, alors surtout que cette déclaration est postérieure au jugement qui statue sur la demande en provision (Dijon, 4 févr. 1880, aff. Parize, D. P. 81. 2. 36).

Jugé aussi que la femme qui, étant dépourvue de ressources personnelles, ne s'est pas fait allouer de pension alimentaire pendant une instance en séparation de corps, oblige son mari, comme elle s'oblige elle-même, au payement des aliments qui lui sont fournis durant le procès (Paris, 11 mai 1874, aff. Marchand, D. P. 75. 2. 41). — Il en serait de même en cas de séparation amiable entre les époux, l'obligation du mari d'entretenir sa femme dérivant de la loi elle-même (Dijon, 11 juill. 1872, aff. Collet, D. P. 73. 2. 215. — Comp. Req. 30 nov. 1868, aff. de Montmorillon, D. P. 69. 1. 132).

325. Quelques auteurs ont pensé qu'une pension alimentaire ne pouvait être accordée à la femme qu'autant qu'elle avait quitté le domicile conjugal (Le Senne, n° 216; Carpentier, *Traité du divorce*, n° 238; Depeiges, n° 71). Cette opinion a été suggérée par le texte de l'ancien art. 268 c. civ.; mais elle ne trouve plus aujourd'hui d'appui dans la loi. Il peut se faire que la femme croie devoir rester au domicile conjugal, par exemple, pour y soigner ou y protéger les enfants, et qu'elle ait besoin néanmoins d'une pension, parce que le mari lui refuse ce qui lui est nécessaire. On doit donc reconnaître aux juges la faculté d'accorder une provision alimentaire à la femme, alors même qu'elle n'a pas une habitation séparée. Et ce que nous disons ici de la femme serait également vrai pour le mari (Comp. *Rép.* n° 148; Vraye et Gode, t. 2, n° 578).

326. Quant à la quotité de la provision alimentaire, elle doit être proportionnée, comme on l'a dit au *Rép.* n° 152, aux besoins de l'époux qui la demande et aux facultés de l'époux qui doit la fournir. Les besoins de l'époux demandeur dépendent nécessairement de sa position sociale, de sa fortune et de sa manière de vivre. Ainsi, il a été reconnu qu'une provision de 2500 fr. par mois pouvait être accordée, sur la fortune du mari, à une femme dont les revenus paraphernaux se montaient pourtant déjà à 50000 fr. par an (Aix, 19 août 1868, et Req. 9 mars 1869, aff. Régis, D. P. 70. 1. 106. Comp. Civ. rej. 30 août 1864, aff. de la Moussaye, D. P. 65. 1. 69).

327. La provision alimentaire est généralement allouée sous la forme d'une pension en argent, payable par mois ou par trimestre. Cependant les tribunaux auraient le droit de décider qu'elle sera fournie en nature. Une telle décision pourrait avoir sa raison d'être dans le cas, par exemple, où des habitudes de prodigalité chez l'époux demandeur feraient craindre qu'une pension en argent ne fût détournée de sa destination. Il arrive aussi parfois que les tribunaux, pour tenir lieu de pension alimentaire à la femme, l'autorisent à continuer la gestion d'un fonds de commerce dépendant de la communauté et à en percevoir les bénéfices (V. Bordeaux, 27 mai 1872, aff. Thomasson, D. P. 73. 2. 84; Poitiers, 25 févr. 1878, aff. Vincent, D. P. 79. 2. 68).

328. La provision alimentaire est insaisissable, sauf pour cause d'aliments (c. proc. civ. art. 581 et 582). Mais, d'après la jurisprudence, l'émolument peut en être cédé (V. *Mariage*; — *Rép.* eod. v°, n° 713; Vraye et Gode, t. 2, n° 589. — *Contrà* : Le Senne, n° 221).

329. La provision *ad litem* est, de sa nature, incessible et insaisissable, car elle n'est accordée que pour une fin déterminée. Elle ne peut servir qu'au payement des frais exposés par l'époux qui l'a obtenue. L'avoué de cet époux, comme on l'a dit au *Rép.* n° 154, peut poursuivre lui-même, comme exerçant les droits de son client, le payement de ses frais et avances, jusqu'à concurrence du montant de la provision, contre l'époux débiteur de cette provision, quel que soit le résultat du procès, et alors même que l'époux créancier se serait désisté de sa demande (Req. 22 nov. 1853, aff. Leconte, D. P. 54. 1. 37). Mais si la provision accordée se trouvait insuffisante, comme aussi s'il n'en avait pas été demandé, l'avoué de l'époux qui s'est désisté ou qui a succombé n'aurait de recours que contre son client, et, si ce client était une femme mariée sous le régime de la communauté, il ne pourrait la poursuivre que sur la nue propriété de ses biens personnels (V. *suprà*, v° *Contrat de mariage*, n°s 351 et suiv.; Le Senne, n° 220; Vraye et Gode, t. 2, n° 590). De même, si la femme qui a succombé dans sa demande est mariée sous le régime dotal, le payement des frais avancés par son avoué ne peut être poursuivi, en l'absence ou en cas d'insuffisance de la provision *ad litem*, que sur la nue propriété des biens dotaux, et non sur les revenus, qui appartiennent au mari (Civ. cass. 5 juill. 1865, aff. Vidal, D. P. 65. 1. 312).

330. L'époux qui a l'assistance judiciaire ne doit pas obtenir de provision *ad litem*, car il n'en a pas besoin. Toutefois l'époux qui aurait eu l'assistance judiciaire en première instance, pourrait réclamer une provision en appel, si le bénéfice de l'assistance ne lui était pas continué (Vraye et Gode, t. 2, n° 591). — D'après un arrêt, la femme demanderesse en divorce n'a pas besoin d'une provision *ad litem* pour défendre à l'appel formé par le mari contre l'ordonnance du président du tribunal qui prescrit des mesures provisoires (Paris, 12 janv. 1889, aff. Clichet, D. P. 90, 2e part.).

331. Les décisions qui allouent à l'un des époux une pension alimentaire ou une provision *ad litem*, ayant un caractère provisionnel, sont susceptibles d'être modifiées au cours de l'instance, à raison des changements qui peuvent survenir dans la situation des parties. — Il a été jugé, en matière de séparation de corps, que la femme qui, avec la provision accordée en première instance, n'a pu payer l'intégralité des frais faits devant les premiers juges, peut demander en appel une somme pour parfaire le payement de ces frais et une provision nouvelle pour les frais à faire devant la cour, en même temps qu'une pension alimentaire (Orléans, 26 nov. 1857, aff. Renard, D. P. 61. 5. 441). — Jugé, toutefois, que le jugement qui, dans une instance en séparation de corps, alloue à la femme demanderesse une pension annuelle d'une somme déterminée « pour subvenir à ses besoins jusqu'au jugement définitif ou jusqu'à celui de la liquidation, au cas où la séparation serait prononcée », alors d'ailleurs que cette dernière disposition n'a été l'objet d'aucun appel, a, quant au chiffre et à la durée de l'allocation, l'autorité de la chose jugée, et que, dès lors, le mari ne peut réclamer la réduction de la pension allouée, en se fondant sur ce qu'un tel jugement a un caractère essentiellement provisoire (Req. 11 avr. 1865, aff. Hérault, D. P. 66. 1. 166). — Il a encore été décidé que c'est aux juges saisis du litige et devant lesquels la procédure est instruite que doit être demandée provision suffisante pour subvenir aux frais de l'instance pendante; que, par suite, l'époux demandeur en séparation de corps à qui une provision a été accordée en première instance par un jugement dont il n'a pas interjeté appel ne peut, sur l'appel du jugement définitif, demander que cette provision soit augmentée à raison de son insuffisance, mais que la cour peut lui accorder une provision nouvelle, destinée à subvenir aux frais de l'appel (Paris, 22 févr. 1864, aff. Marcelot, D. P. 66. 5. 425; 27 avr. 1888) (1). Mais ces décisions, contraires à celle précitée de la cour d'Orléans, nous paraissent avoir méconnu le caractère provisionnel des jugements qui statuent en cours d'instance sur les demandes de provision. Il peut arriver qu'un époux se soit trompé sur la somme dont il avait besoin pour faire face aux frais de l'instance et qu'il se trouve, par suite, dans la nécessité de solliciter un supplément de provision. Ce supplément, il pourrait sans aucun doute le demander par voie incidente au tribunal; or, ce qu'il peut faire ainsi en première instance, il doit pouvoir tout aussi bien le faire en appel, lorsque le fond du débat a été porté devant la cour. — Il va de soi, d'ailleurs que les jugements qui accordent une provision alimentaire ou *ad litem* constituent, malgré leur caractère provisionnel, des titres de créance dont l'exécution peut être poursuivie par toutes les voies de droit (Vraye et Gode, t. 2, n° 579).

332. D'après le texte de l'art. 241 c. civ., le mari peut refuser de payer la provision alimentaire accordée à la femme si celle-ci ne justifie pas, lorsqu'elle en est requise, de sa résidence dans la maison qui lui a été indiquée (V. *suprà*, n°s 289 et suiv., et *infrà*, n°s 403 et suiv. V. aussi *Rép.* n° 149). Le mari n'est pas non plus tenu de payer les fournitures faites à la femme pour ses besoins, dans le cas où elle ne justifie pas de sa résidence au lieu qui lui a été assigné (Civ. cass. 12 janv. 1874, aff. de Chanay, D. P. 74. 1. 153).

ART. 5. — *Mesures conservatoires relatives aux biens* (*Rép.* n°s 159 à 178).

333. L'art. 242 c. civ. (nouveau) est ainsi conçu : « L'un ou l'autre des époux peut, dès la première ordonnance, et sur l'autorisation du juge, donnée à la charge d'en référer, prendre pour la garantie de ses droits des mesures conservatoires, notamment requérir l'apposition des scellés sur les biens de la communauté. — Le même droit appartient à la femme, même non commune, pour la conservation de ceux de ses biens dont le mari a l'administration ou la jouissance. — Les scellés sont levés à la requête de la partie la plus diligente, les objets et valeurs sont inventoriés et prisés, l'époux qui est en possession en est constitué gardien judiciaire, à moins qu'il n'en soit décidé autrement. » L'origine de cette disposition remonte à un décret du 22 vend. an 2, qui autorisait l'époux demandeur en divorce à faire apposer les scellés sur les effets mobiliers de la communauté (V. *Rép.* v° *Séparation de corps*, p. 888). L'art. 270 c. civ. (ancien) contenait au profit de la femme commune en biens, demanderesse ou défenderesse en divorce, une disposition semblable, et, comme on l'a dit au *Rép.* n° 159, il était admis par la doctrine et par la jurisprudence que cette disposition était applicable à la séparation de corps (V. outre les arrêts et auteurs cités au *Rép. ibid.* : Req. 29 juill. 1884, aff. d'Andigné, D. P. 86. 5. 378; Aubry et Rau, t. 5, § 493, n° 2, p. 194 et 196; Le Senne, *Traité de la séparation de corps*, n° 264). On avait même étendu à la femme non commune et au mari le droit de requérir l'apposition des scellés et l'inventaire (V. Demolombe, t. 4, n°s 466 et suiv.; Massol, *De la séparation de biens*, 2e éd., p. 249, n° 26; Aubry et Rau, *loc. cit.*, p. 197 et suiv.; Le Senne, *op. cit.*, n°s 265 et 270). Le nouvel art. 242 consacre cette extension; il accorde au mari comme à la femme, même non commune, le droit de prendre toutes mesures conservatoires.

334. Toutefois, sous l'empire de l'ancien art. 270, la plupart des auteurs décidaient que la femme, et même le mari, n'avaient pas besoin d'une autorisation du juge pour faire apposer les scellés sur le mobilier commun (V. en ce sens : *Rép.* n° 164; Lyon, 1er avr. 1854, aff. Rachel, D. P. 56. 2. 241; Demolombe, t. 4, n° 470; Massol, p. 245, n° 21; Aubry et Rau, t. 5, § 493, p. 196 et 198, notes 30 et 40. — *Contrà* : Le Senne, n° 268). D'après le nouvel art. 242, l'autorisation du juge est nécessaire pour toutes les mesures conservatoires, sans distinction. La loi, en exigeant cette autorisation, a sans doute voulu prévenir les abus et les vexations auxquels un époux pourrait se livrer à l'égard de son conjoint, sous prétexte de prendre des mesures conservatoires.

335. L'autorisation de requérir l'apposition des scellés ou de prendre toute autre mesure doit être demandée au président par requête et accordée par ordonnance. Cette autorisation peut être donnée dès la première ordonnance qui permet de citer en conciliation; la demande pourrait donc en être faite dans la requête même qui a pour but d'obtenir cette première ordonnance (Depeiges, n° 81; Vraye et Gode, t. 2, n° 596).

336. La loi exige même que l'autorisation ne soit accordée par le juge *qu'à la charge d'en référer*. Ces expressions ont été empruntées à la pratique du palais en matière d'ordonnances de référé (V. *Rép.* v° *Référé*, n°s 136 et suiv.). Elles signifient que, s'il s'élève des difficultés sur l'exécution des mesures conservatoires autorisées, les parties seront tenues d'en référer au président qui a donné l'autorisation. Le président conserve ainsi le droit de rétracter sa décision ou de la modifier. Cette réserve est utile, parce que l'autorisation n'est pas donnée contradictoirement et que la bonne foi du magistrat peut avoir été surprise par l'époux qui a présenté la requête (Vraye et Gode, t. 2, n° 597). C'est à tort, et par suite d'une fausse interprétation des mots *à la charge d'en référer*, que M. Depeiges, n° 81, a pensé que l'ordonnance portant autorisation devait être soumise au tribunal, sur le rapport du président.

337. L'ordonnance qui autorise un époux à prendre des mesures conservatoires est un acte de juridiction gracieuse; elle n'est donc pas susceptible d'appel. Mais, s'il en est référé au juge qui l'a rendue et qu'il ait à statuer sur des contestations entre les parties, la nouvelle ordonnance qui intervient constitue une décision contentieuse, de laquelle il peut être interjeté appel (Vraye et Gode, t. 2, n° 598). On doit remarquer, cependant, que le président apprécie souverainement le point de savoir s'il y a lieu d'autoriser telle ou telle mesure; on ne pourrait donc pas appeler de l'ordonnance en tant que l'autorisation est accordée ou refusée (V. *Rép.* v° *Référé*, n°s 140 et suiv.).

Les mesures conservatoires, telles que l'apposition des scellés et l'inventaire, peuvent, d'ailleurs, tout aussi bien être autorisées par le tribunal ou par la cour que par le président (Arg. *a fortiori*, art. 240) (Comp. Req. 15 févr. 1859, aff. Delamarre, D. P. 59. 1. 201).

(1) (Langlais C. Langlais.) — LA COUR; — Considérant que la provision de 1000 fr., demandée par la dame Langlais est exagérée; qu'il y a lieu de la fixer à 500 fr., et de donner acte à Langlais de ce qu'il déclare être prêt à verser cette somme entre les mains de Me X..., avoué de la dame Langlais; — En ce qui touche les conclusions additionnelles prises au nom de la dame Langlais : — Considérant que, par jugement rendu au début de l'instance, la provision pour les frais de première instance a été fixée à 500 francs; que la dame Langlais n'a pas interjeté appel de cette décision passée en force de chose jugée, et ne peut pas être fondée en sa demande, devant la cour, d'une provision pour les frais d'une instance terminée devant le tribunal; — Par ces motifs; — Donne acte à Langlais de ce qu'il est prêt à verser la somme de 500 fr. pour provision *ad litem*, condamne, en tant que de besoin, Langlais, à payer ladite somme de 500 fr. pour les causes susénoncées; déclare, d'autre part, la dame Langlais mal fondée dans ses conclusions additionnelles tendant à obtenir à titre de supplément de provision sur les frais de première instance une somme de 314 fr. 25 cent., l'en déboute.

Du 27 avr. 1888.-C. de Paris, 3e ch.-MM. Boucher-Cadart, pr.-Godart, av. gén.-Fortier et Duparcq, av.

338. Il résulte de l'art. 242, § 1er, que chacun des époux peut *notamment requérir l'apposition des scellés sur les biens de la communauté*; la loi ajoute, paragraphe 2, que le même droit appartient à la femme, *même non commune, pour la conservation de ceux de ses biens dont le mari a l'administration ou la jouissance*. On peut se demander si ces deux textes sont limitatifs, et si, par exemple, les scellés ne pourraient pas être apposés à la requête de la femme, mariée ou non en communauté, sur les meubles propres du mari. A notre avis, la loi ne s'oppose nullement à ce que l'apposition des scellés s'étende à d'autres biens que ceux de la communauté, si elle est autorisée par le juge dans ces conditions. Les termes de la loi ne sont pas limitatifs, le mot *notamment* l'indique assez. Si la femme a des reprises à exercer contre son mari, il peut se faire que les biens de communauté soient insuffisants pour garantir ses droits, et dans ce cas elle doit pouvoir empêcher le mari de faire disparaître son actif personnel (Vraye et Gode, t. 2, no 600). Nous pensons même que la femme séparée de biens pourrait, avec l'autorisation du juge, faire poser les scellés sur les biens de son mari, si celui-ci avait, en fait, l'administration ou la jouissance des biens de la femme. La loi, en effet, est générale. On objecte que la femme n'a pas besoin dans ce cas de faire apposer les scellés pour conserver ses droits. En droit, cela est vrai, en ce sens du moins que la femme peut retirer le pouvoir d'administration qu'elle a donné ou laissé prendre au mari. Mais, en fait, si elle veut rentrer en possession de ses biens et empêcher son mari de les dissiper, elle n'a guère d'autre moyen efficace que de faire mettre ses biens sous scellés (Comp. en ce sens : Coulon et Faivre, 4e éd., art. 242, p. 159. — *Contrà :* Vraye et Gode, t. 2, no 601).

339. Les scellés ayant été apposés à la requête de l'un ou de l'autre des époux, la loi autorise la partie la plus diligente à en requérir la levée. Cette partie n'a pas besoin pour cela de l'autorisation du juge. Ici ne s'applique pas, d'ailleurs, la disposition de l'art. 928 c. proc. civ., aux termes de laquelle les scellés ne peuvent être levés que trois jours après l'apposition. Cette disposition est spéciale au cas où les scellés ont été apposés après décès.

340. Les objets et valeurs qui se trouvaient sous les scellés sont inventoriés et prisés, à moins que les époux ne soient d'accord pour faire lever les scellés sans inventaire. Rien ne s'oppose, en effet, à ce que l'époux qui a requis l'apposition s'en désiste et consente à ce que la levée ait lieu sans description (Vraye et Gode, t. 2, no 604). — Jugé que si, dès le début de l'inventaire, la femme a consenti à ce que des meubles déterminés ne fussent pas inventoriés, elle n'est pas recevable à demander plus tard que cette omission soit réparée, et que lesdits meubles soient compris dans l'inventaire (Req. 29 juill. 1884, aff. d'Andigné, D. P. 86. 5. 378). Néanmoins, si, à raison des circonstances, un supplément d'inventaire devenait nécessaire, il pourrait être requis par l'un ou l'autre époux, avec l'autorisation du juge, comme toute autre mesure conservatoire.

341. L'inventaire est assujetti aux formes et conditions prescrites par l'art. 943 c. proc. civ. Il doit comprendre les objets et valeurs dont il a pour but d'assurer la conservation, et même les titres et papiers de nature à constater les droits pécuniaires des époux. Mais les papiers purement personnels aux époux, tels que lettres missives, notes intimes et autres papiers sans importance pécuniaire, doivent être remis à l'époux auquel ils appartiennent (Rouen, 23 mars 1864, aff. Bignon, D. P. 64. 2. 70; Caen, 19 déc. 1865, aff. de Richemont, D. P. 66. 2. 69; Paris, 3 août 1885, *suprà*, no 242). L'inventaire, notamment, ne doit pas être pour l'un ou l'autre époux un moyen de se livrer à des perquisitions dans les papiers de son conjoint et de rechercher des éléments de preuve pour la demande en divorce ou en séparation de corps; il ne doit donc pas porter sur les lettres missives ou autres papiers confidentiels, étrangers aux rapports pécuniaires des époux (Paris, 2 mars 1886, aff. Préterre, D. P. 87. 2. 200). — Dans un cas où la femme exigeait que des lettres adressées au mari et trouvées dans un meuble secret fussent comprises à l'inventaire, la jurisprudence a déclaré suffisante l'offre du mari de laisser lire ces lettres par le notaire chargé de l'inventaire, en présence du juge de paix, à l'effet de constater seulement si elles contenaient des renseignements utiles à l'établissement de la situation active et passive de la communauté (Rouen, 23 mars 1864, précité). — Il a été jugé aussi que le tribunal peut déléguer le juge de paix à l'effet de prendre seul connaissance de tous les titres, papiers et lettres missives, et de décider quels sont ceux qui doivent être inventoriés (Caen, 19 déc. 1865, précité).

342. Aux termes de l'art. 242 *in fine*, l'époux qui est en possession des objets et valeurs inventoriés en est constitué gardien judiciaire, à moins qu'il n'en soit décidé autrement. La loi ne dit pas par qui pourra être nommé un autre gardien. L'exposé des motifs semble indiquer que la nomination devra être demandée au tribunal. « Le paragraphe 3 de l'art. 242, dit-il, reproduit le dernier paragraphe de l'art. 270 ancien, avec une légère différence : l'époux qui a en sa possession les objets mis sous scellés n'en est pas le gardien nécessaire; le tribunal peut en désigner un autre. » Cependant, nous pensons, avec M. Depeiges, no 83, et MM. Vraye et Gode, t. 2, no 605, que, si les époux ne sont pas d'accord pour laisser à l'un d'eux ou à un tiers la garde provisoire des objets inventoriés, la difficulté peut être portée, à raison de l'urgence, devant le juge des référés (Arg. art. 943-9o et 944 c. proc. civ.).

343. On peut se demander à qui les objets resteront confiés jusqu'au moment où il sera statué sur la question. L'art. 937 c. proc. civ. fournit la solution. Il dispose que les scellés sont levés successivement au fur et à mesure de la confection de l'inventaire; qu'ils sont réapposés à la fin de chaque vacation. Tant que la personne qui doit avoir la garde des objets inventoriés n'est pas désignée, l'inventaire n'est pas complet (c. proc. civ. art. 943-9o). Les scellés devront donc être réapposés en attendant que le gardien judiciaire ait été nommé ; ils seront ensuite levés sur sa réquisition (Vraye et Gode, t. 2, no 606).

344. L'époux ou le tiers constitué gardien judiciaire est tenu, en principe, de conserver les objets inventoriés, afin de pouvoir les représenter en nature. Mais, s'il s'agit d'objets dépendant de la communauté, on peut se demander si le mari a toujours le droit de les aliéner. Nous avons soutenu l'affirmative, au *Rép.* no 362, en nous appuyant sur la disposition finale de l'ancien art. 270 c. civ., qui était ainsi conçue : « Les scellés ne seront levés qu'en faisant inventaire avec prisée, et à la charge par le mari de représenter les choses inventoriées ou *de répondre de leur valeur comme gardien judiciaire*. » Bien que ces derniers mots ne se retrouvent plus dans la loi, nous persistons à penser que le mari ne peut pas être, par le seul fait de l'apposition des scellés et de l'inventaire, dépouillé de ses droits sur les biens communs, pas plus qu'il ne saurait l'être de ses droits sur ses biens propres. L'inventaire est une mesure qui a pour but de constater l'actif commun ou même l'actif du mari, mais il ne frappe pas cet actif d'indisponibilité. Si le mari fait des aliénations en fraude des droits de la femme, celle-ci aura la faculté de les faire annuler (c. civ. art. 243), mais c'est là son unique ressource (V. en ce sens : Carpentier, *Traité théorique et pratique du divorce*, no 259, et *La loi du 18 avr. 1886*, no 95. Comp. Paris, 2 mars 1886, aff. Préterre, D. P. 87. 2. 200. — *Contrà :* Massol, 2e éd., p. 251, no 27; Laurent, t. 3, no 265; Depeiges, no 83; Vraye et Gode, t. 2, no 607). Il a été jugé que l'ancien art. 270 n'accordait pas au mari gardien judiciaire la faculté de représenter le mobilier inventorié ou sa valeur et encore moins sa prisée, mais qu'il lui imposait l'obligation absolue, comme celle de tout gardien judiciaire, de représenter le mobilier en nature, sauf à répondre de sa valeur, en cas d'inaccomplissement (Paris, 26 mars 1885) (1).

(1) (Mouthiez C. dame Mouthiez). — LA COUR ; — En ce qui touche l'attribution faite à Mouthiez, au prix de la prisée, des meubles et objets mobiliers compris dans l'inventaire et non représentés par lui ; — Considérant que c'est à tort que les premiers juges ont accepté le travail du notaire, qui a compris aux recettes du compte d'administration de Mouthiez la somme de 1603 fr. 50 cent., montant de la prisée des objets restés en la possession dudit Mouthiez, lequel s'en était chargé, ainsi qu'il est constaté dans l'inventaire ; — Considérant, d'une part, que la clause du contrat de mariage déclarant que l'estimation donnée

Il a été décidé aussi que le détournement, de la part du mari, des objets confiés à sa garde en vertu de l'ancien art. 270 c. civ. constituait le délit prévu et puni par l'art. 400, § 3, c. pén., et que l'immunité établie par l'art. 380 c. pén. pour les vols entre époux n'était pas applicable à ce cas (Lyon, 10 mai 1865) (1).

345. En tout cas, même dans l'opinion qui interdit au mari d'aliéner, sans le consentement de la femme, les objets dont il est constitué gardien, on admet que, s'il s'agit de choses qui se consomment par l'usage ou d'objets, tels que les marchandises d'un fonds de commerce, qui sont destinés à être vendus, l'époux qui en a la garde peut en disposer; il devra seulement payer la valeur des choses consommées ou faire compte du prix des marchandises vendues (Vraye et Gode, t. 2, n° 608).

346. Les frais des scellés que la femme demanderesse en séparation de corps a fait apposer en cours d'instance sur les biens de la communauté doivent être, comme les frais d'inventaire, portés au passif de la communauté, nonobstant la condamnation prononcée contre le mari aux dépens de l'instance en séparation de corps (Orléans, 27 déc. 1883) (2).

347. Sous l'empire de l'ancien art. 270 c. civ., c'était une

---

aux garde-robe et meubles meublants des futurs époux vaudrait vente à la communauté, et que la reprise à exercer serait bornée au montant des estimations, ne saurait recevoir d'application lorsqu'il s'agit, non pas de la reprise à exercer ainsi par l'un ou l'autre des époux, mais de la consistance d'un mobilier de communauté qui, après avoir été dûment inventorié, devait figurer dans la liquidation à l'actif de cette communauté; — Considérant, en outre, que l'art. 270 c. civ., qui porte qu'après la levée des scellés il sera fait inventaire avec prisée, et à la charge par le mari de représenter les choses inventoriées ou de répondre de leur valeur comme gardien judiciaire, ne lui accorde pas la faculté de représenter le mobilier ou sa valeur et encore moins sa prisée, mais lui impose l'obligation absolue, comme celle de tout gardien judiciaire, de représenter le mobilier en nature, sauf à répondre de sa valeur en cas d'inaccomplissement; — Considérant qu'il était interdit à Mouthiez de vendre ce mobilier sans le consentement de sa femme, surtout après la défense qu'elle lui avait fait signifier le 5 juin 1880; que, d'ailleurs, il n'allègue même pas qu'il l'ait vendu et n'offre aucun compte du prix qu'il aurait touché; — Considérant que la cour peut, à l'aide des détails de l'inventaire et des autres documents de la cause, apprécier la valeur réelle du mobilier dont s'agit; — Par ces motifs; ... Infirme le jugement dont appel en ce qu'il a dispensé Mouthiez de la représentation des objets mobiliers confiés à sa garde, comme gardien judiciaire, et lui a fait tenir compte seulement du chiffre de leur prisée; — Dit que Mouthiez sera tenu de représenter lesdits objets dans le huitaine de la signification du présent arrêt, sinon et faute de ce faire, de tenir compte à la femme Mouthiez et en sus du chiffre de la prisée, d'une somme de 500 fr. pour sa part dans la plus-value du mobilier dont s'agit.

Du 26 mars 1885.-C. de Paris, 6e ch.-MM. Choppin, pr.-Martinet, subst. proc. gén.-Pitte et Ferdreuil, av.

(1) (Roire.) — Le 30 mars 1865, jugement du tribunal correctionnel de Lyon, ainsi conçu : « Attendu que, par procès-verbal en date du 3 juin 1864, le juge de paix du 4e canton de Lyon, agissant en vertu de l'art. 270 c. nap., a apposé les scellés sur une armoire contenant différents papiers et titres appartenant à Roire, et qu'il a été procédé en même temps à l'inventaire des marchandises comprises dans le magasin, et que Roire a été constitué gardien judiciaire de ces marchandises; — Attendu qu'il résulte des débats que néanmoins ces marchandises ont été enlevées du magasin par Roire, secrètement et de très grand matin, entreposées chez différentes personnes et vendues par Roire qui en a touché le prix; — Attendu que Roire, poursuivi aux termes de l'art. 400 c. pén., pour enlèvement d'objets confiés à sa garde, prétend que l'art. 270, en supposant qu'il soit applicable à la séparation de corps, soumet seulement le mari à représenter les choses inventoriées ou à répondre de leur valeur; — Attendu, d'une part, qu'une jurisprudence et une doctrine constantes démontrent que l'art. 270 s'applique à la séparation de corps comme au divorce; — Attendu, d'autre part, que si le système de Roire était admis, il en résulterait que les mesures conservatoires permises par la loi en faveur de la femme seraient complètement illusoires, puisque le mari resterait maître de disposer de tous les objets inventoriés, et que la femme n'aurait pas plus de garanties sérieuses contre le gardien officiel que contre le mari; — Attendu, au contraire, que, dans ce cas, la loi a voulu soumettre le mari à la responsabilité du gardien judiciaire; — Attendu que cette responsabilité trouve sa sanction dans l'art. 400 c. pén. invoqué, et avec raison, contre le prévenu; — Attendu que Roire objecte, en deuxième lieu, que le vol commis par l'époux au préjudice de son conjoint n'étant pas punissable aux termes de l'art. 380 c. pén., il doit en être de même des détournements qui auraient été commis sur des marchandises confiées à la garde du mari en vertu de l'art. 270; — Attendu que l'immunité de l'art. 380 c. pén. a été établie surtout en vue des difficultés, pour le magistrat, d'apprécier certains actes de la vie conjugale et de préciser légalement les caractères d'un vol entre personnes chez qui, en principe, tout doit être commun; — Attendu que ces difficultés ne se présentent nullement dans l'application de l'art. 400, qui ne punit pas le vol, puisque la propriété des objets inventoriés reste toujours entre les mains du saisi, mais la violation d'un dépôt tirant sa force d'un acte de l'autorité publique, acte qui sauvegarde non seulement les droits de la femme, mais aussi, dans une certaine mesure, ceux de tous les créanciers, ce qui prouve qu'une véritable garantie dans les formalités de l'art. 270 est dans la désignation d'un gardien judiciaire; — Qu'ainsi, dans l'espèce, le sieur Victoire, propriétaire du magasin occupé par Roire, auquel il devait un terme de loyer, aurait fait procéder à une saisie, s'il n'avait pas cru les marchandises garnissant le magasin à l'abri de tout détournement à la suite de l'inventaire fait par le juge de paix et de la nomination de Roire comme gardien de ces marchandises; — Attendu que Roire s'est rendu coupable d'avoir détourné des marchandises confiées à sa garde, fait prévu par les art. 400 et 406 c. pén.; — Mais attendu que Roire justifie avoir appliqué au payement de dettes sérieuses et antérieures à son gardiénat une grande partie du produit des ventes de marchandises, et qu'il y a lieu de lui faire application de l'art. 463 c. pén.; — Par ces motifs, etc. » — Appel par le sieur Roire. — Arrêt.

LA COUR; — Considérant qu'il résulte de l'instruction et des débats que Roire, placé sous le coup de la demande en séparation de corps formée par sa femme, a volontairement détourné et vendu à son profit les objets mobiliers qui avaient été inventoriés par le juge de paix, et qui lui avaient été confiés à lui-même en qualité de gardien judiciaire, en exécution de l'art. 270 c. pén.; — Considérant que ce fait constitue le délit prévu par l'art. 400, § 3, c. pén.; — Qu'en effet le but de cet article est d'atteindre un délit particulier, *sui generis*, la violation de la mainmise judiciaire apposée sur des objets mobiliers; — Considérant que les caractères essentiels de ce délit se produisent les mêmes, soit que, comme dans les saisies ordinaires, la mainmise résulte d'un simple acte d'huissier agissant en vertu d'un titre exécutoire, soit que, comme dans l'espèce, elle résulte d'un acte du juge lui-même, agissant directement et en exécution de la loi; — Considérant qu'il y a même plus d'audace, et, par conséquent, plus d'immoralité, dans la violation de la mainmise établie par le juge lui-même, que dans la violation de celle qui ne procède que de l'acte d'un simple officier ministériel; — Considérant que les faits établis à la charge du prévenu, rentrant ainsi dans les dispositions de l'art. 400 c. pén., les premiers juges ont fait justement au prévenu l'application de cet article combiné avec l'art. 406 du même code; — Confirme, etc.

Du 10 mai 1865.-C. de Lyon, ch. corr.-MM. Durieu, pr.-Gay, av. gén.-Lançon, av.

(2) (Vallée C. Dame Vallée.) — LA COUR; ... — En ce qui touche les frais de scellés : — Attendu que ces frais n'ont été qu'une conséquence de la liquidation ; qu'ils ne se rapportent que d'une manière indirecte à l'instance en séparation ; qu'ils doivent suivre le sort des frais d'inventaire et être comme eux compris au passif de la communauté ; — En ce qui touche le rapport des arrérages de la pension alimentaire : — Attendu qu'il est constant, en fait, que durant l'instance en séparation de corps jusqu'au jour de la liquidation, la dame Vallée a reçu une somme d'environ 4400 fr., montant des arrérages de la rente alimentaire que devait lui faire son mari ; que le notaire liquidateur n'a point fait état de la partie de cette somme reçue par la femme pendant l'instance dans le règlement de cette communauté; que le tribunal l'a imputée pour partie sur les revenus des reprises de la dame Vallée, laissant le surplus à la charge du mari ; — Attendu qu'à bon droit Vallée critique cette disposition du jugement comme contraire aux principes qui régissent en matière de liquidation des reprises et de la communauté les droits des époux; qu'en effet, aux termes de l'art. 1409 c. civ., la communauté comprend passivement toutes les charges du mariage, notamment les aliments des époux ; qu'il s'ensuit que la pension alimentaire fournie par le mari à la femme pendant l'instance en séparation de corps est une charge de la communauté et doit s'imputer d'abord sur l'excédent d'actif qu'elle présente ; que ce n'est qu'au cas d'insuffisance de cet actif qu'elle peut devenir une dette personnelle du mari ; — Attendu que, dans l'espèce, la communauté des époux présentant un excédent d'actif, c'est sur cet excédent que doit s'imputer la pension alimentaire fournie par Vallée, conformément à ses conclusions ; — Par ces motifs, infirme le jugement du tribunal civil de Tours du 7 août 1883 ; — Statuant à nouveau... — Dit que les frais de scellés, comme ceux d'inventaire, seront portés à la charge de la communauté ; — Dit que la pension alimentaire touchée par la dame Vallée au cours de l'ins-

question très controversée que celle de savoir si la femme pouvait recourir à d'autres mesures conservatoires que l'apposition des scellés et l'inventaire (V. *Rép.* nos 172 et suiv.). Le texte du nouvel art. 242 étant plus large que celui de l'ancien art. 270, nous pensons qu'aujourd'hui toute mesure ayant un caractère conservatoire peut être autorisée par le président ou par le tribunal, auxquels on doit reconnaître à ce sujet un pouvoir discrétionnaire (V. en ce sens : Depeiges, n° 81; Carpentier, *La loi du 18 avr.* 1886, nos 92 à 98; Vraye et Gode, t. 2, n° 599). Ainsi la femme peut se faire autoriser à pratiquer des saisies-arrêts entre les mains des débiteurs de la communauté ou du mari, pour la garantie du montant approximatif de ses reprises. Elle peut demander que les deniers communs soient versés à la Caisse des dépôts et consignations. Elle peut également provoquer la nomination d'un séquestre, qui sera chargé d'administrer ses biens propres et ceux de la communauté pendant l'instance, si la mauvaise administration du mari justifie la nécessité de cette mesure (C. cass. Belgique, 7 janv. 1860, *infrà*, n° 352; Paris, 4 août 1871, aff. Gabillon, D. P. 73. 2. 21; Bordeaux, 29 mai 1883 (1); 8 janv. 1884 (2); Paris, 31 mars 1886, *Gazette des tribunaux* des 26-27 avr. 1886. — V. cependant : Paris, 2 mars 1886, aff. Préterre, D. P. 87. 2. 200).

SECT. 6. — DE LA NULLITÉ DES ACTES PASSÉS PAR LE MARI EN FRAUDE DES DROITS DE LA FEMME (*Rép.* nos 357 à 363).

348. L'art. 243 c. civ. (nouveau), qui n'est que la reproduction littérale de l'ancien art. 271, dispose ainsi : « Toute obligation contractée par le mari à la charge de la communauté, toute aliénation par lui faite des immeubles qui en dépendent, postérieurement à la date de l'ordonnance dont il est fait mention en l'art. 235, sera déclarée nulle, s'il est prouvé d'ailleurs qu'elle a été faite ou contractée en fraude des droits de la femme. » Au *Répertoire*, on a reporté l'explication de ce texte à la section *des effets de la séparation de corps.* Cependant, il ne suppose pas nécessairement que le divorce ou la séparation de corps a été prononcé; alors même que la demande aurait été rejetée ou qu'elle aurait été éteinte par le décès de l'un des époux, les actes passés par le mari en fraude des droits de la femme, pendant l'instance, n'en seraient pas moins susceptibles d'être annulés.

349. On s'était demandé autrefois si l'art. 243 était applicable en matière de séparation de corps. L'affirmative était généralement admise (*Rép.* n° 358). La question ne pourrait plus se poser aujourd'hui, en présence de l'art. 307, qui déclare formellement applicables à l'action en séparation de corps les art. 236 à 244.

350. Il résulte implicitement de l'art. 243 que les droits qui appartiennent au mari, en vertu de la loi ou du contrat de mariage, tant sur les biens de la communauté que sur les propres de la femme, lui demeurent entiers pendant l'instance en divorce ou en séparation de corps. Il conserve l'administration de la communauté et peut même en aliéner les immeubles. La loi dispose seulement que, si les obligations ou les aliénations qu'il consent ont lieu en fraude des droits de la femme, elles peuvent être déclarées nulles. — On s'accorde à reconnaître que cette disposition n'est qu'une application du principe général, édicté par l'art. 1167, d'après lequel les créanciers peuvent attaquer les actes faits par leur débiteur en fraude de leurs droits (Demolombe, t. 4, n° 462; Carpentier, *Traité théorique et pratique du divorce*, n° 262; Depeiges, n° 84; Poulle, n° 221; Vraye et Gode, t. 2, n° 649).

351. La loi parle spécialement des obligations contractées par le mari à la charge de la communauté, des aliénations par lui faites des meubles qui en dépendent; mais ces termes ne doivent pas être considérés comme limitatifs. Tout acte juridique passé par le mari pendant l'instance pourra être annulé, si la fraude est prouvée. Il en serait ainsi, notamment d'un bail (*Rép.* n° 360) ou d'une aliénation mobilière (*Rép.* n° 362; Vraye et Gode, t. 2, n° 658). — Il a été jugé, sous l'empire de l'ancien art. 271 c. civ., que les obligations contractées par le mari durant l'instance en séparation de corps n'engagent pas la communauté, à moins qu'elles ne constituent des actes d'administration accomplis de bonne foi, ou que la femme n'en ait profité (Besançon, 15 févr. 1864, aff. Chapuis, D. P. 64. 2. 37).

352. C'est à partir de l'ordonnance dont il est fait men-

---

tance en séparation est également à la charge de la communauté et doit être prélevée jusqu'à concurrence de l'excédent d'actif qu'elle présente, etc.

Du 27 déc. 1883.-C. d'Orléans, 2e ch.-MM. Boullé, pr.-Desplanches et Chevallier, av.

(1) (Labrèze C. Labrèze.) — LA COUR; — Attendu que la demande de nomination d'un séquestre formée en référé par la dame Labrèze était recevable; que c'est là, en effet, une mesure conservatoire autorisée par le droit commun, et qui n'est nullement en opposition avec les dispositions de l'art. 270 c. civ.; que, d'autre part, les termes de l'art. 1961 du même code ne sont pas limitatifs; qu'on ne saurait admettre que le législateur, qui s'est montré si soucieux des intérêts de la femme mariée et si rigoureux dans les moyens employés pour la protéger, lui ait refusé le seul remède efficace contre les dilapidations et les fraudes de son mari; que, sans doute, celui-ci reste chef de la communauté durant l'instance en séparation de corps, mais que ses pouvoirs peuvent être provisoirement restreints, comme l'indique suffisamment l'art. 270 c. civ.; — Attendu, en principe, qu'un séquestre aurait donc pu être nommé; mais que cette mesure n'est pas justifiée, au fond, par les faits de la cause; qu'il n'y a lieu, évidemment, de nommer un séquestre pour des immeubles qui ont été vendus à des tiers et sont présumés être sortis régulièrement des mains du mari, alors que les ventes effectuées ne sont pas attaquées; qu'en ce qui touche le prix de vente du mobilier et des immeubles, les documents produits devant la cour établissent qu'ils sont encore dans les mains des acquéreurs et que la dame Labrèze a les moyens d'empêcher qu'ils ne soient versés dans les mains de son mari; — Par ces motifs, déclare la dame Labrèze mal fondée dans son appel de l'ordonnance de référé rendue par M. le président du tribunal de Bazas; dit, en conséquence, qu'il n'y a pas lieu de nommer le séquestre demandé et condamne l'appelante à l'amende et aux dépens.

Du 29 mai 1883.-C. de Bordeaux, 1re ch.-MM. Beylot, pr.-Bourgeois, av. gén.-Roy de Clotte et Lanauve, av.

(2) (Dame Gréteau C. Gréteau.) — LA COUR; — Attendu que l'épouse Gréteau a introduit une instance en séparation de corps actuellement pendante devant le tribunal de Bordeaux; — Attendu que le contrat de mariage des époux Gréteau reçu le 31 mars 1857 par Me Dubignon, notaire, les soumet au régime de la communauté réduite aux acquêts; qu'il n'est pas contesté que la femme commune en biens est autorisée, au cours de l'instance en séparation de corps, à provoquer les mesures conservatoires nécessaires à la sauvegarde de ses droits; — Qu'il est reconnu que ces mesures ne sont pas restreintes à l'application des scellés, la seule que mentionne l'art. 270 c. civ.; — Que, d'après une doctrine certaine, la femme peut pratiquer des saisies-arrêts entre les mains des débiteurs de son mari jusqu'à concurrence du montant approximatif de ses reprises, demander que les deniers communs soient versés à la caisse des dépôts et consignations, et même faire placer sous séquestre, lorsque la gravité du péril justifie cette mesure, ses biens propres et ceux de la communauté; — Que le danger auquel la femme est exposé, soit par la mauvaise gestion de son mari, soit par le ressentiment que peut lui inspirer une demande en séparation, toujours irritante, commande et justifie la restriction momentanément apportée aux droits absolus d'administration dont l'époux est investi pendant la durée du mariage; — Attendu qu'il est établi que Gréteau est sans fortune personnelle, et que, depuis quelque temps, il n'acquittait plus aux fournisseurs du mariage commun les sommes qui leur étaient dues; — Que, d'autre part, il résulte des actes authentiques produits que sa femme aurait à exercer des reprises en argent s'élevant à plus de 5000 fr., et que les vins confiés à l'administration d'un tiers ont été récoltés sur des immeubles propres à la femme Gréteau; — Attendu que dans cette situation, et à raison du désordre de l'administration du mari, constaté par des dettes déjà anciennes qu'il n'a pas payées, il serait à craindre que les vins de la dernière récolte fussent mal soignés ou que la vente en fût opérée dans des conditions qui compromettraient les intérêts légitimes de la femme; — Que la mesure de conservation ordonnée en référé est donc justifiée par l'urgence et par la nécessité de protéger des droits mis en péril; — Qu'il y a même lieu de considérer que cette mesure porte uniquement sur les vins récoltés, et qu'elle n'a pas les effets étendus d'une nomination de séquestre, qui aurait enlevé au mari tous ses droits d'administration;

Par ces motifs, confirme, etc.

Du 8 janv. 1884.-C. de Bordeaux, 2e ch.-MM. Dulamon, pr.-Labroquère, av. gén.-Jollivet et Lanauve, av.

tion en l'art. 235 que les actes du mari sont déclarés annulables. Cette ordonnance est celle par laquelle le juge ordonne que les parties comparaîtront devant lui pour la tentative de conciliation. — Les actes du mari antérieurs à cette ordonnance ne pourraient-ils pas également être annulés en cas de fraude ? Non, d'après quelques auteurs, qui argumentent *a contrario* de l'art. 243, et se fondent aussi sur ce que le mari peut dissiper à son gré les biens communs, sans que la femme ait d'autre moyen pour s'y opposer que de demander la séparation de biens (Vraye et Gode, t. 2, n° 659. V. aussi Carpentier, *Traité du divorce*, n° 263). Mais de ce que le mari peut disposer librement des biens de la communauté et même les dissiper pour son agrément ou par de fausses spéculations, il ne résulte pas qu'il puisse en disposer pour s'en avantager lui-même ou pour porter préjudice à la femme. Et si l'art. 243 rappelle en notre matière le principe de l'art. 1167, ce principe n'en est pas moins général. C'est donc à bon droit, suivant nous, que la jurisprudence l'applique à tous les actes frauduleux qui peuvent être passés par le mari durant la communauté ou pendant le mariage (V. *suprà*, v° *Contrat de mariage*, n°s 398 et suiv.). L'art. 243 c. civ. a néanmoins sa raison d'être, car c'est surtout après l'introduction d'une instance en divorce ou en séparation de corps que le mari pourra être entraîné à dilapider les biens de la communauté ou de la femme, en haine de celle-ci ; il était donc utile de rappeler, pour ce cas spécial, que les actes ainsi faits par le mari sont annulables. Mais on n'en doit pas conclure que les actes antérieurs, et notamment ceux faits à la veille de l'introduction de la demande, sont toujours inattaquables (V. en ce sens, outre les arrêts et les auteurs cités *suprà*, v° *Contrat de mariage, loc. cit.;* Bruxelles, 9 avr. 1851 (1) ; C. cass. de Belgique, 7 janv. 1860 (2) ; Depeiges, n° 84).

353. Pour que les actes faits par le mari pendant l'ins-

(1) (Catherine et consorts C. Dame Catherine.) — Les époux Catherine ayant vécu séparés de fait pendant plusieurs années, la femme fit sommation au mari de la recevoir au domicile conjugal ou de lui payer une pension alimentaire. Peu de temps après cette sommation, le mari vendit, par acte notarié, à Augustin Catherine et Lecollier, ses frère et beau-frère, tous ses immeubles, plus des rentes et créances hypothécaires, pour la somme de 5599 fr., que les acquéreurs ont déclaré avoir reçue avant l'acte. La femme Catherine forma une demande de séparation de corps et obtint du tribunal de Charleroi une provision alimentaire; puis elle demanda, contre son mari et contre les acquéreurs des propriétés de celui-ci, la nullité de la vente, comme simulée et faite en fraude de ses droits. Cette nullité ayant été prononcée par un jugement par défaut, le mari et les acquéreurs y formèrent opposition. Ils prétendirent que la vente était sérieuse et exempte de fraude, invoquant l'art. 1421 c. civ. qui confère au mari le pouvoir de vendre les immeubles de la communauté et soutenant que l'art. 271 c. civ. était inapplicable, puisque la vente avait eu lieu avant l'introduction de la demande en séparation de corps. Le 22 déc. 1849, le tribunal de Charleroi rendit le jugement suivant : « Considérant que les circonstances qui se présentent le plus ordinairement dans les cas de simulation de vente se rencontrent dans l'espèce actuelle ; — Que rien n'atteste, en effet, que le sieur Remy Catherine qui, en 1844, 1845, et à la fin de 1846, faisait encore des acquisitions de créances importantes, se soit trouvé, le 10 avr. 1848, dans la nécessité de vendre, non seulement ces mêmes créances, mais même sa maison d'habitation; — Qu'il est constant que la vente argüée du 10 avr. 1848 avait été précédée d'une invitation adressée à deux reprises différentes au sieur Remy Catherine de se rendre chez le juge de paix du canton, à l'effet de prévenir, s'il était possible, l'action en séparation de corps qui lui a été intentée environ un mois après; — Que l'acte de vente ne porte pas que le prix a été compté en présence du notaire instrumentant, mais bien que le vendeur l'a reçu antérieurement des acheteurs; — Que ces acheteurs sont frère et beau-frère du vendeur ; qu'ils cherchent à expliquer, non pas quand et comment le vendeur aurait reçu d'eux respectivement les sommes de 1881 fr. et de 3718 fr. comme l'exprime l'acte de vente, mais quand et comment ils seraient respectivement devenus les créanciers du vendeur; — Qu'à cette fin ils produisent deux duplicata de quittances qui leur auraient été délivrées avec subrogation par de prétendus créanciers du sieur Remy Catherine ; — Que ces quittances, coulées dans le même moule, sont ainsi conçues : « Je soussigné A. J. François (ou A. D. Demaret), reconnais avoir reçu du sieur Augustin Catherine (ou du sieur François Lecollier) la somme de 3128 fr. (ou 1682 fr.) y compris les intérêts pour pareille somme que j'avais prêtée au sieur Remy Catherine (ou François Lecollier) qu'il garantissait pour son frère ; en conséquence, je subroge Augustin Catherine (ou François Lecollier) à mes droits contre Remy Catherine, qui accepte la délégation faite à son frère; » — Que, non seulement les prétendues obligations primitives de 3128 fr. et de 1682 fr. ne sont pas jointes à ces quittances, mais que leur date n'y est même pas énoncée ; qu'aucune pièce du procès n'indique, d'ailleurs, à quoi ces sommes importantes auraient été employées par le sieur Remy Catherine ; qu'on n'eût pas mieux fait si l'on avait cherché à empêcher tout contrôle de ces prétendues opérations ; — Qu'il est d'ailleurs de toute invraisemblance qu'il se soit rencontré deux individus qui aient prêté des sommes aussi importantes au sieur Remy Catherine, et qui, en exigeant la garantie, soit du frère, soit du beau-frère de celui-ci, se soient contentés à cet égard d'une promesse verbale ; — Qu'abstraction même de cette circonstance si grave que le vendeur est demeuré en possession de l'immeuble par lui prétenduement vendu et a continué à en payer les charges, il est manifeste que l'acte du 10 avr. 1848 renferme des ventes simulées; que conséquemment le sieur Remy Catherine est resté propriétaire des objets prétenduement vendus, les présomptions graves, précises et concordantes résultant des faits qui précèdent n'étant détruites par aucun fait ou présomption contraire; — Que les demandeurs en opposition se bornent à cet égard dans leur conclusions à prétendre que les prêts prérappelés ont réellement été faits au sieur Catherine par les sieurs François et Demaret et remboursés par les sieurs Augustin et Lecollier; — Attendu qu'on invoque vainement l'art. 271 c. civ. pour prétendre que la loi ne déclare nulles que les obligations contractées et les ventes d'immeubles faites par le mari postérieurement à l'ordonnance qui a autorisé la femme à agir ; que cet article a pour objet de déclarer nuls les actes qu'il indique dès qu'ils sont faits en fraude des droits de la femme, sans qu'on doive justifier de la participation des tiers à la fraude ou à la simulation; que là où la fraude existe elle doit être réprimée lorsqu'elle est pratiquée pour nuire à un tiers ; — Que si la loi ne prononce pas une nullité absolue, c'est parce qu'elle eût pu nuire à la communauté en entravant les opérations utiles que le mari, comme chef, reste toujours autorisé à faire; — Considérant que les dommages-intérêts alloués sont proportionnés au préjudice souffert; — Par ces motifs, le tribunal déboute les demandeurs, etc. » — Appel. — Un arrêt du 13 mars 1850 ordonna la preuve de certains faits qui tendaient à contredire les présomptions admises par le premier juge. L'enquête ayant eu lieu, la cour de Bruxelles statua définitivement par l'arrêt suivant.

La cour ; — Vu l'arrêt de cette cour, en date du 13 mars 1850 ; — Sur la demande en nullité de l'enquête :... (Sans intérêt) ; — Au fond : — Attendu que les appelants n'ont pas administré à suffisance de droit la preuve des faits propres à énerver les considérations que le premier juge a fait valoir pour motiver son jugement ; — Attendu que la preuve de la simulation de la vente attaquée vient en outre se fortifier par diverses circonstances ; que l'acte ne mentionne pas que cette vente se fait pour remboursement de prêts antérieurs, ainsi que le prétendent les appelants ; qu'il ne mentionne pas non plus l'intérêt inégal que les acquéreurs ont dans l'acquisition ; que le prix de vente surpasse la somme prétenduement due du chef de prêt ; — Que ces circonstances de la cause et celles alléguées par les appelants rendent ces prêts invraisemblables; que le vendeur a continué à occuper l'immeuble vendu ; que ce dernier, si les soutènements des appelants sont exacts, aurait fait des dépenses exagérées pour son état, sans qu'il apparaisse que cela eût eu le moindre retentissement dans la localité : que la rumeur publique signale la simulation de l'acte attaqué ; qu'à la date de cet acte Remy Catherine, vendeur, y était menacé de poursuites de la part de son épouse ; — Par ces motifs, déclare non recevable la demande en nullité de l'enquête, etc.

Du 9 avr. 1851.-C. de Bruxelles, 3e ch.-MM. A. Picard et Orts fils, av.

(2) (Dame de Heusch C. de Heusch.) — La cour ; — Sur le premier moyen: ... (Sans intérêt) ; — Sur le deuxième moyen, consistant dans la contravention aux art. 271, 238, 1421 c. civ. et 876 c. proc. civ., en ce que l'arrêt attaqué admet la femme demanderesse en séparation de corps à attaquer comme frauduleux un contrat passé par le mari, chef de la communauté, avant la demande en séparation : — Attendu que la demanderesse, Augustine de Heusch, assignée en mainlevée de l'opposition qu'elle avait pratiquée entre les mains d'Eugène de Heusch, puisait dans l'art. 1167 c. civ. le droit de soutenir que la cession dont on se prévalait contre elle était simulée et faite en fraude de ses droits ; — Attendu que les pouvoirs du mari comme chef de la communauté, quelle que soit l'étendue que leur donne l'art 1421 c. civ., ne l'autorisent pas à s'enrichir au préjudice de la femme par des actes frauduleux et simulés ; — Attendu que l'art. 271 c. civ. n'apporte aucune restriction aux droits de la femme ; — Attendu que cet article doit s'entendre des cas, où, même en l'absence de toute participation à la fraude de la part de ceux qui

tance soient annulés, il ne suffit pas qu'ils portent préjudice à la femme, il faut qu'ils aient été faits en fraude de ses droits. Les travaux préparatoires de la loi de 1886 ne laissent aucun doute sur ce point. M. Bezérian, sénateur, avait proposé de remplacer les mots *en fraude des droits de la femme* par *au préjudice des droits de la femme*. M. Labiche, rapporteur de la commission sénatoriale, a combattu cette proposition, en résumant ainsi la pensée de la commission : « La disposition de notre art. 243 veut dire que, pour annuler les opérations faites par le mari, il ne suffit pas que ces opérations constituent un préjudice pour la communauté; il est de plus nécessaire que ces opérations soient faites en fraude des droits de la femme. La fraude implique la mauvaise foi, la mauvaise intention ; la fraude est, du reste, définie par la loi et par la jurisprudence, et, pour cette définition, nous nous en référons au droit commun que nous n'avons pas qualité pour constater officiellement en ce moment » (Séance du Sénat du 22 déc. 1885).

354. Sur la question de savoir quand un acte est fait en fraude des droits de la femme, on doit donc se reporter au droit commun, c'est-à-dire aux règles adoptées par la doctrine et par la jurisprudence pour l'interprétation de l'art. 1167 c. civ. (V. *Rép.* v° *Obligations*, n°s 956 et suiv.). En conformité de ces règles, il y a lieu de distinguer entre les actes à titre onéreux et les actes à titre gratuit. Pour ceux-ci, il suffit que la fraude, c'est-à-dire l'intention de faire tort à la femme, ait existé de la part du mari ; il n'est pas nécessaire que le tiers avec lequel il a traité ait été *conscius fraudis*. Pour les actes à titre onéreux, au contraire, la fraude doit avoir existé, non seulement de la part du mari, mais encore de la part du tiers, en ce sens que celui-ci doit avoir eu connaissance du préjudice porté à la femme (Goirand, p. 171 ; Carpentier, *Traité du divorce*, n° 265 ; Depeiges, n° 84 ; Vraye et Gode, t. 2, n° 650. V. cependant : C. cass. Belgique, 7 janv. 1860, *suprà*, n° 352). Nous rappelons toutefois que le mari ne peut pas disposer entre vifs à titre gratuit des immeubles de la communauté, sauf pour l'établissement des enfants communs. Aussi la preuve de la fraude de la part du mari ne serait-elle pas nécessaire pour faire tomber les aliénations à titre gratuit qu'il aurait faites (V. *suprà*, v° *Contrat de mariage*, n°s 402 et suiv.).

355. La preuve de la fraude incombe à la femme qui attaque l'acte ; mais elle peut la faire par témoins ou par simples présomptions (Vraye et Gode, t. 2, n°s 651 et 657).

356. Un bien aliéné par le mari à un tiers qui a été *conscius fraudis* peut avoir été ensuite aliéné par l'acquéreur à un sous-acquéreur, qui, lui, n'a pas connu la fraude. Alors d'après l'opinion dominante, la femme ne peut pas faire tomber la seconde aliénation, à moins, bien entendu, qu'il ne s'agisse d'une aliénation à titre gratuit ; elle peut seulement obtenir des dommages-intérêts contre le mari et contre le tiers qui a participé à la fraude (Vraye et Gode, t. 2, n° 652. V. *Rép.* v° *Obligations*, n°s 1007 et suiv.).

357. La nullité prononcée par l'art. 243 c. civ. est établie au profit de la femme ; elle ne peut donc être invoquée que par la femme ou par ses héritiers et ayants cause, mais non par le mari ni par les créanciers du mari (Bruxelles, 27 nov. 1872, aff. X..., *Pasicrisie belge*, 1872. 5. 329 ; Carpentier, *Traité du divorce*, n° 266 ; Vraye et Gode, t. 2, n° 653). Mais c'est à tort, suivant nous, que l'on prétend que la femme ne pourrait plus invoquer cette nullité après sa réconciliation avec le mari (Carpentier, *loc. cit.*). Parce que la femme aurait pardonné au mari les torts qu'il avait envers elle, devrait-elle encore lui abandonner les biens dont il aurait tenté de la dépouiller ?

358. MM. Vraye et Gode, t. 2, n° 656, ont essayé d'établir une différence entre les actes faits en fraude des droits de la femme et les actes simulés par le mari pour léser la femme. Mais cette distinction n'a aucun intérêt pratique en notre matière. En droit commun, on décide avec raison que les actes simulés peuvent être attaqués même par les créanciers postérieurs, qui ne pourraient pas prétendre que ces actes ont été faits en fraude de leurs droits (Aubry et Rau, t. 4, § 313, n° 5, p. 146). Or la femme aura toujours des droits antérieurs aux actes qu'elle attaquera, à moins qu'on ne suppose que ces actes sont antérieurs au mariage, et dans cette hypothèse l'art. 243 ne pourrait évidemment plus être invoqué.

359. L'action en nullité qui appartient à la femme en vertu de l'art. 243 c. civ. dure trente ans. L'art. 1304 c. civ. qui limite à dix ans la durée de l'action en nullité ou en rescision d'une convention ne lui est pas applicable, car il est de jurisprudence que cet article ne régit que les actions en nullité ouvertes aux parties contractantes elles-mêmes et non celles qui peuvent être exercées par les tiers ; or la femme est un tiers par rapport aux actes passés par le mari en fraude de ses droits (Vraye et Gode, t. 2, n° 661. — Comp. Civ. rej. 9 janv. 1865, aff. Depuichault, D. P. 65. 1. 19 ; Larombière, *Théorie et pratique des obligations*, t. 1, art. 1167, n° 54 ; Demolombe, t. 25, n°s 241 et suiv. ; Aubry et Rau, t. 4, § 313, p. 144, note 44).

360. On s'est demandé si l'action de la femme pourrait être repoussée par la prescription acquisitive édictée par l'art. 2265 c. civ. en faveur du possesseur ayant juste titre et bonne foi. Pour que la question puisse se présenter, il faut supposer qu'il s'agit d'un acquéreur à titre gratuit, car, comme nous l'avons vu *suprà*, n° 354, un acquéreur à titre onéreux ne peut être inquiété par la femme que s'il a été *conscius fraudis* ; or l'acquéreur qui a connu la fraude du mari n'est pas de bonne foi ; il ne peut donc invoquer l'art. 2265. Mais un acquéreur à titre gratuit peut avoir ignoré la fraude, et alors rien ne s'oppose à ce qu'il se retranche derrière la prescription de l'art. 2265, s'il possède depuis dix ou vingt ans, suivant la distinction faite dans cet article, car il a juste titre et bonne foi (V. *Rép.* v° *Prescription civile*, n°s 877 et suiv. — *Contrà* : Vraye et Gode, t. 2, n° 662).

361. On s'est également demandé si le détenteur de meubles que le mari aurait vendus pour faire fraude aux droits de la femme pourrait invoquer la règle de l'art. 2279 : « En fait de meubles, possession vaut titre ». Ici encore la question ne peut se poser que pour un acquéreur à titre gratuit, car l'art. 2279 ne peut être invoqué que par le détenteur de bonne foi (V. *Rép.* v° *Prescription civile*, n° 268). Mais le droit pour le détenteur de bonne foi de se prévaloir de cet article ne nous paraît pas douteux. C'est en vain qu'on objecte que l'art. 2279 ne s'oppose qu'à l'action en revendication, et que l'action de la femme est une action personnelle ; en tant qu'elle réfléchit contre le tiers détenteur, l'action de la femme est bien une action en revendication, car, si ce tiers est de bonne foi, la femme n'a aucune action personnelle contre lui (*Contrà* : Vraye et Gode, t. 2, n° 663).

---

ont traité avec le mari, celui-ci a, depuis l'ordonnance mentionnée en l'art. 238, contracté des obligations ou aliéné des immeubles en fraude des droits de la femme ; — Attendu qu'interprété dans ce sens l'art. 271 se concilie parfaitement avec le principe posé dans l'art. 1167 ; — Qu'il suit de ce qui précède que l'arrêt n'a contrevenu à aucune des dispositions citées par le pourvoi ; — Sur le troisième moyen, déduit de la contravention aux art. 558, 559, 563, 564 et 565 c. proc. civ. en ce que l'arrêt dénoncé a refusé d'annuler une opposition ou défense de payer faite à un tiers débiteur, sans titre ni permission du juge, sans assignation du débiteur saisi en validité de la saisie et sans dénonciation de la demande en validité de saisie au tiers saisi ; — Attendu qu'il résulte du rapprochement et de la combinaison des art. 270 c. civ. et 869 c. proc. civ. que l'apposition des scellées n'est pas la seule mesure que la femme demanderesse en séparation soit autorisée à prendre pour la conservation de ses droits ; — Attendu que l'arrêt attaqué décide que l'acte notifié aux époux de Heusch-Stappaerts, n'est une saisie-arrêt, ni au fond ni dans la forme ; que cet acte, qui consiste dans une simple défense de payer à Pauline de Heusch ou au mari de l'opposante, est une mesure prise pour la conservation des droits de cette dernière ; — Attendu, d'ailleurs, que la femme propriétaire *in habitu* de sa part dans la communauté faisait l'opposition entre les mains de celui qu'elle considérait comme son propre débiteur, ce qui exclut toute idée de saisie-arrêt ; — Attendu, dès lors, qu'il ne pouvait s'agir de l'observation des formalités requises en matière de saisie-arrêt, et que, par suite, l'arrêt attaqué n'a pu contrevenir à aucun des textes cités à l'appui du troisième moyen ; — Par ces motifs, rejette, etc.

Du 7 janv. 1860.-C. cass. de Belgique, 1re ch.-MM. le baron de Gerlache, 1er pr.-Van Huegaerden, rap.-Cloquette, av. gén., c. conf.-Marton, Bosquet et Dupont, av.

SECT. 7. — DES CAUSES D'EXTINCTION DE L'ACTION OU DES FINS DE NON-RECEVOIR CONTRE LA DEMANDE (*Rép.* nos 179 à 235).

362. L'art. 224 nouveau c. civ. indique deux cas dans lesquels l'action en divorce ou en séparation de corps s'éteint : la réconciliation des époux ou le décès de l'un d'eux. Dans l'un et l'autre de ces cas, le demandeur peut être déclaré non recevable. D'autres fins de non-recevoir peuvent encore être opposées à la demande; elles seront examinées plus loin.

ART. 1er. — *Réconciliation* (*Rép.* nos 204 à 220).

363. « L'action en divorce, dit l'art. 244, § 1er, s'éteint par la réconciliation des époux survenue, soit depuis les faits allégués dans la demande, soit depuis cette demande. » Ce texte est la reproduction, sauf de légers changements de rédaction, de l'ancien art. 272 c. civ. Bien qu'il ne parle que de l'action en divorce, il est également applicable à l'action en séparation de corps (c. civ. art. 307). Si les époux se réconcilient, ils renoncent par cela même au divorce ou à la séparation de corps. Mais cette renonciation emporte-t-elle déchéance du droit d'intenter l'action? On aurait pu en douter, parce qu'il s'agit d'une matière d'ordre public. De là, l'utilité de notre texte. Il est inspiré, comme beaucoup de dispositions de notre sujet, par la défaveur avec laquelle le législateur voit le divorce ou la séparation.

364. La réconciliation implique, d'ailleurs, quelque chose de plus que la simple renonciation de la part de l'époux offensé au droit d'intenter la demande. Une renonciation peut être purement unilatérale; une réconciliation exige le concours des deux personnes qui se réconcilient. Deux conditions nous paraissent donc nécessaires pour qu'il y ait réconciliation : d'une part, le rapprochement des époux; d'autre part, le pardon de l'époux outragé (V. cependant en sens contraire : C. cass. Belgique, 23 mai 1872) (1). — Par le rapprochement des époux, nous n'entendons pas, toutefois, le rétablissement de la vie commune. La réconciliation résulte de l'accord des volontés plutôt que de la manière de vivre (Comp. note de M. Labbé sur l'arrêt du 14 mars 1883, rapporté *infrà*, n° 367). — Jugé que des relations intimes qui auraient rapproché accidentellement les deux époux pendant l'instance en séparation de corps n'emportent pas nécessairement réconciliation, s'il est constant en fait que la volonté de l'un des époux n'a pas été entièrement libre (Besançon, 13 juin 1864, aff. Bertin, D. P. 64. 2. 112).

365. Le rétablissement de la vie commune ne suffit pas toujours à lui seul pour faire présumer la réconciliation (V. *Rép.* n° 212). Il en est néanmoins un des signes les plus certains (Comp. Paris, 5 avr. 1859, aff. Poisson, D. P. 59. 2. 68; Req. 12 nov. 1862, aff. Mac-Nab, D. P. 63. 1. 244).

366. La réconciliation peut s'être produite devant le président ou le juge conciliateur. Elle résulte alors du pardon accordé en connaissance de cause et du désistement consenti librement par l'époux demandeur en présence du défendeur (Caen, 25 juill. 1882) (2). — Mais la circonstance que la femme demanderesse en séparation de corps est retournée, après l'ordonnance du président rendue conformément à l'art. 878 c. proc. civ., au domicile conjugal et y a vécu jusqu'au jour où elle a lancé son assignation, n'est pas à elle seule une preuve de réconciliation (Dijon, 6 mars 1884) (3).

367. La réconciliation doit être réelle et définitive. Si elle est subordonnée à une condition par l'époux offensé, celui-ci peut se rétracter tant que la condition n'est pas acceptée et même accomplie (Caen, 14 mars 1883) (4). — Si la

(1) (X... C. X...). — LA COUR; — Sur le premier moyen de cassation, pris de la violation des art. 6307, 1133 c. civ., et de la violation ou fausse application des art. 272, 273, 274 même code : — Attendu que le droit de demander le divorce est établi dans l'intérêt des époux; — Que dès lors, ils peuvent renoncer à l'action intentée à cette fin et aux faits sur lesquels se fonde une telle action, à moins qu'il n'existe, en matière de divorce, une dérogation à cette règle; — Attendu qu'aucune disposition légale ne consacre semblable dérogation; — Que l'art. 272 c. civ., dont on l'induit, loin d'avoir cette portée, se borne à appliquer les principes généraux; — Que son texte n'est pas limitatif et que la réconciliation dont il traite n'éteint l'action en divorce que parce que le rapprochement des époux implique une renonciation à cette demande; — Attendu que l'époux outragé, quels que soient les torts de son conjoint, est libre de ne pas provoquer le divorce; que, partant, il est rationnel qu'après avoir fait la demande, il puisse en arrêter les effets; — Attendu que, si cette renonciation, dégagée de la pensée d'un rapprochement, n'éteignait pas l'action du divorce, la loi se serait abstenue de procurer aux époux le moyen d'obtenir indirectement le même résultat; — Que telle est cependant la portée des art. 266 et 269 c. civ., aux termes desquels il est au pouvoir du demandeur de créer au profit de son conjoint des fins de non-recevoir péremptoires, soit en restant inactif pendant deux mois, soit, si la demande émane de la femme, en refusant d'habiter la maison indiquée pour sa résidence; — Attendu que la fin de non-recevoir puisée dans la simple renonciation aux poursuites en dissolution du divorce ne blesse ni l'ordre public, ni les bonnes mœurs; — Qu'il convient, non de proscrire semblable défense, mais de lui assurer l'accueil favorable réservé à toutes les exceptions propres à empêcher le divorce, que le législateur du code civil a admis à regret; — Attendu que, d'après ces considérations, l'arrêt dénoncé rendu par la cour d'appel de Liège, le 6 août 1871, en autorisant le défendeur à prouver des faits de nature à établir que l'action en divorce dirigée contre lui est éteinte, sinon par la réconciliation, au moins par la renonciation, ne contrevient à aucun des textes invoqués à l'appui du premier moyen; — Sur le second moyen de cassation : ... (Sans intérêt); — Par ces motifs, rejette.

Du 23 mai 1872.-C. cass. de Belgique.

(2) (Renault C. Renault.) — LA COUR; — Attendu, en fait, que les époux Renault ont comparu le 28 mai, à deux heures de l'après-midi, devant M. le président du tribunal civil de Caen, sans surprise et en pleine connaissance de cause, sachant que le président avait principalement pour mission de tenter d'opérer entre eux un rapprochement et une réconciliation; que, sur les représentations faites aux époux par ce magistrat, le mari a déclaré qu'il consentait à pardonner, à se réconcillier avec sa femme, et à ne pas donner suite à son action en séparation de corps; qu'ensuite, à trois heures moins un quart, les époux ont quitté M. le Président; qu'il est constant qu'aussitôt après, les époux ont, à la porte du cabinet du président, exécuté ce qui avait été convenu; qu'ils ont traité la question de la rentrée de la dame Renault au domicile conjugal et sont tombés d'accord sur les voies et moyens; qu'ils sont convenus que la dame Renault allait rentrer au domicile conjugal et qu'il valait mieux attendre au soir; que la dame Renault attendrait jusque-là à l'hôtel de la place Royale; qu'il n'est pas contesté que les époux, qui s'étaient déjà embrassés dans le cabinet de M. le Président, se sont séparés en se donnant la main et en se disant : « A ce soir »; que si, dans une deuxième comparution obtenue plus ou moins habilement de la femme, qui eût pu s'y refuser, le mari a, trois quarts d'heure plus tard, protesté contre les résultats de la première, ce fait est sans influence sur un consentement et un désistement acquis, aussi librement donné que librement accepté, et qui absolument parfait de tous points, ne pouvait plus être rétracté; — Par ces motifs, confirme le jugement dont est appel, etc.

Du 25 juill. 1882.-C. de Caen, 1re ch.-MM. Houyvet, 1er pr.-Vaudrus, subst.-Carel et Laisné-Deshayes, av.

(3) (G... C. femme G...) — LA COUR; ... — Sur la fin de non-recevoir tirée de la réconciliation : — Attendu que si, après l'ordonnance rendue par le président du tribunal en exécution de l'art. 878 c. proc. civ., la femme G... est retournée au domicile conjugal, qu'elle n'avait point quitté auparavant, et y a vécu jusqu'au lendemain du jour où elle a eu lancé son assignation en séparation de corps, on ne saurait voir dans ce fait isolé la preuve d'une réconciliation, contre laquelle proteste avec une force invincible l'envoi même de l'acte introductif d'instance; ... — Par ces motifs; — Rejette la fin de non-recevoir opposée à l'action de la femme, etc.

Du 6 mars 1884.-C. de Dijon, 1re ch.-MM. Marignan, 1er pr.-Mairet, av. gén.-Gouget et Metman, av.

(4) (Aze C. Aze.) — LA COUR; — Attendu que Aze a été, au mois de décembre 1877, appelé sous les drapeaux, incorporé au 73e de ligne, et envoyé en Tunisie; — Attendu que, pendant qu'il était en Afrique, sa femme est devenue enceinte, et qu'elle est accouchée, le 28 mars 1882, d'un enfant qu'il a dû désavouer, et que le désaveu a été admis par un jugement passé en force de chose jugée; — Attendu que l'adultère commis par la dame Aze est dès lors constant, et est, d'ailleurs, avoué par elle; — Attendu que, le 4 juill. 1882, Aze a formé une demande en séparation pour cause d'adultère; que la dame Aze oppose, comme fin de non-recevoir à cette action, deux lettres qui lui ont été écrites par son mari, de Tunisie, les 10 et 11 févr. 1882, et desquelles elle prétend faire résulter une réconciliation; — Attendu que les époux ont échangé entre eux de nombreuses lettres; — Que Aze, en apprenant la grossesse de sa femme, a passé successivement par les sentiments les plus violents et les plus divers, tantôt sous l'impression de la colère et de la vengeance, tantôt

réconciliation n'a été qu'apparente et simulée de la part de l'époux défendeur, il est évident que les juges ne doivent en tenir aucun compte (Grenoble, 21 janv. 1864, aff. Brachier, D. P. 66. 5. 425).

368. Il n'est cependant pas exigé par la loi que la réconciliation ait été de longue durée. Il suffit qu'elle ait existé réellement pour que l'action en divorce soit éteinte, et les juges violeraient l'art. 244 si, tout en constatant que les époux se sont réconciliés, ils déclaraient néanmoins l'action recevable, sous prétexte que la réconciliation aurait duré trop peu de temps (Comp. Crim. cass. 8 déc. 1832, *Rép.* v° *Adultère*, n° 87; Demolombe, t. 4, n° 406; Aubry et Rau, t. 5, § 492, p. 185, note 12; Laurent, t. 3, n° 209).

369. La réconciliation n'est réelle que lorsqu'elle a eu lieu en connaissance de cause. On ne saurait, en effet, considérer comme pardonnés des torts qui étaient ignorés de l'époux offensé. — Jugé en ce sens: 1° que la femme défenderesse en séparation de corps ne peut se prévaloir, pour établir la preuve d'une réconciliation, des termes d'une lettre à elle écrite par son mari, lorsqu'il n'en résulte point qu'au moment où il l'écrivait le mari eût connaissance de la gravité des désordres dont elle s'était rendue coupable (Besançon, 20 févr. 1860, aff. M..., D. P. 60. 2. 54); — 2° Qu'en matière de séparation de corps, l'exception tirée de la réconciliation des époux ne peut être admise que si l'époux à qui elle a été opposée a eu connaissance de l'injure que cette réconciliation aurait effacée (Req. 4 déc. 1876, aff. d'Arnaud-Bey, D. P. 77. 1. 313); — 3° Que, dans une instance en divorce, le mari défendeur ne peut arguer de ce qu'une réconciliation aurait eu lieu, s'il est constant qu'à l'époque où la vie commune a été reprise, et où ont été échangées des correspondances affectueuses, la femme ignorait les torts de son conjoint vis-à-vis d'elle (Req. 14 mars 1888, aff. Colisson, D. P. 88. 1. 271).

370. Les faits qui constituent la réconciliation peuvent être antérieurs ou postérieurs à l'instance en divorce ou en séparation de corps, mais ils doivent être nécessairement postérieurs aux causes pour lesquelles la séparation ou le divorce est demandé (Bruxelles, 17 juill. 1852) (1).

371. La question de savoir s'il y a eu réconciliation est, d'ailleurs, appréciée souverainement par les juges du fait (*Rép.* n° 206; Aubry et Rau, t. 5, § 492, p. 184 et suiv.; Carpentier, *Traité du divorce*, n° 273; Poulle, p. 165).

372. Les faits invoqués comme constituant la réconciliation peuvent être prouvés par témoins ou par écrit, par lettres missives, comme peuvent l'être les causes de divorce et de séparation. L'ancien art. 274 c. civ. disait: « Si le demandeur en divorce nie qu'il y ait eu réconciliation, le défendeur en fera la preuve, soit par écrit, soit par témoins, dans la forme prescrite en la première section du présent chapitre ». Bien que cette disposition n'ait pas été reproduite par la loi nouvelle, elle reste vraie (V. *Rép.* n° 208). C'est d'ailleurs, à l'époux qui invoque la réconciliation à en fournir la preuve (Req. 4 déc. 1876, aff. d'Arnaud-Bey, D. P. 77. 1. 313).

373. La preuve de la réconciliation peut résulter de l'aveu de la partie à laquelle on l'oppose. Le texte de l'ancien art. 274, cité *suprà*, n° 372, confirme cette opinion (Demolombe, t. 4, n° 420; Aubry et Rau, t. 5, § 492, p. 185, note 14; Vraye et Gode, t. 1, n° 141. — *Contrà*: Laurent, t. 3, n° 210).

374. On n'est pas d'accord sur le point de savoir si le serment litisdécisoire pourrait être déféré sur le fait de la réconciliation. Nous avons soutenu la négative au *Rép.* n° 263 (V. dans le même sens: Demolombe, *loc. cit.*; Le Senne, n° 352; Laurent, t. 3, n° 210). D'après MM. Aubry et Rau, t. 5, § 492, p. 185, note 15, « si l'aveu du demandeur est suffisant pour établir le fait de la réconciliation, on ne voit pas pourquoi le défendeur ne serait pas, à défaut de preuve, admis à lui déférer le serment sur ce fait » (Comp. en ce sens: Carpentier, *Traité du divorce*, n° 290; Poulle, p. 170; Vraye et Gode, t. 1, n° 142).

375. La réconciliation, d'après l'art. 244 nouveau, a pour effet d'éteindre l'action. Elle fournit donc une exception ou fin de non-recevoir au défendeur. Le demandeur, dit l'art. 244, § 2, « est déclaré non recevable dans son action ». Cette exception est d'ordre public: elle peut être opposée en tout état de cause, même en appel. Elle doit, au besoin, être suppléée d'office par le juge (Trib. Lyon, 9 déc. 1871, aff. Regnier, D. P. 71. 5. 353; Le Senne, n° 314; Vraye et Gode, t. 1, n° 130 *bis*).

376. Qu'arrivera-t-il si la réconciliation se produit après le jugement ou l'arrêt qui a prononcé le divorce ou la séparation de corps, mais avant que ce jugement ou cet arrêt ne soit passé en force de chose jugée? Les auteurs s'accordent à décider que la réconciliation pourra bien être invoquée en appel, s'il y a appel du jugement, mais qu'elle ne suffirait pas pour faire tomber le jugement ou l'arrêt, lorsqu'il serait devenu définitif. On ne pourrait pas, par exemple, demander au tribunal de faire défense à l'officier de l'état civil de transcrire le jugement de divorce. D'après l'art. 244 c. civ., en effet, c'est seulement « l'action en divorce » qui s'éteint par la réconciliation; or lorsque le jugement a acquis l'autorité de la chose jugée, l'action en divorce a produit tout son effet, et l'époux qui a obtenu gain de cause a un droit acquis dont il ne peut plus être privé, même en cas de réconciliation (Goirand, p. 113; Coulon et Faivre, p. 175 et suiv.; Vraye et Gode, t. 1, n°s 129 et suiv.).

377. La réconciliation, une fois constatée, doit être admise contre toute demande en divorce ou en séparation, quelle qu'en soit la cause. On a cité au *Rép.* n° 205 des arrêts qui ont décidé que l'exception de réconciliation ne pouvait être opposée à une demande fondée sur la condamnation de l'un des époux à une peine infamante. C'est là une erreur, qui est repoussée par la grande majorité des commentateurs. Elle est, pourtant encore soutenue par MM. Vraye et Gode, t. 1, n° 132, dont l'argumentation se résume dans cette phrase: « La réconciliation n'efface pas l'infamie, seul motif sur lequel est fondé l'art. 232 c. civ. ». La réponse est facile: la réconciliation emporte de la part de l'époux du condamné, la renonciation au droit de se plaindre de l'infamie encourue par celui-ci. Si l'art. 232 autorise l'époux du condamné à demander le divorce, c'est parce qu'il considère que la vie commune, par l'effet du déshonneur qui rejaillirait sur cet époux innocent, pourrait lui devenir insupportable. Mais,

---

cédant à des sentiments de pitié pour sa femme et d'affection pour son jeune enfant; — Attendu que sa correspondance doit être appréciée dans son ensemble et ne saurait être divisée; que les lettres des 10 et 11 février indiquent plutôt, de la part de Aze, un projet de reprendre sa femme qu'une résolution définitive et réfléchie qui, seule, peut constituer une réconciliation; que, d'ailleurs, le projet annoncé était soumis à des conditions qui n'ont pas été acceptées avant la rétractation desdites lettres des 10 et 11 février; que ces conditions n'ont même jamais été exécutées par la femme, notamment, en ce qui concerne le lieu où elle devait faire ses couches et l'endroit où l'enfant adultérin devait être élevé; — Attendu que, si Aze s'était montré disposé à la pitié et au pardon envers sa femme repentante et avouant ses torts, on s'explique qu'il ait changé d'avis lorsqu'il a reçu, deux jours après, le 11 février, une lettre de sa femme l'accusant et l'injuriant; — Par ces motifs, rejette la fin de non-recevoir, etc.

Du 14 mars 1883.-C. de Caen, 1re ch.-MM. Houyvet, 1er pr.-Lerebours-Pigeonnière, av. gén.-Carel et Tillaye, av.

(1) (Marcq C. Marcq.) — LA COUR; — Attendu que les enquêtes directe et contraire fournissent la preuve de nombreux propos injurieux articulés par l'appelant à l'intimée, injures d'une gravité suffisante, eu égard à la condition des parties, pour fonder la demande en séparation de corps et de biens; — Attendu qu'il est également établi que l'appelant, dans un mouvement d'exaspération contre son épouse, et pour lui témoigner tout le mépris qu'elle lui inspirait, lui a craché à la figure; — Que, pût-on même admettre que l'appelant, comme il le prétend, et comme l'a dit un témoin de l'enquête contraire, se fût borné à cracher par terre devant l'intimée, l'injure n'en serait pas moins grave, puisque ce fait grossier, posé en présence de tiers, était l'expression du profond mépris que l'appelant voulait témoigner à sa femme; — Attendu que la preuve de la communication volontaire de la syphilis par l'appelant à l'intimée est établie au procès à toute suffisance de droit; que toute preuve ultérieure serait frustratoire; — Attendu que l'exception de réconciliation formellement proposée en cause d'appel est non fondée, puisque des faits de nature à entraîner la séparation de corps et de biens ont été posés postérieurement à ceux dont l'appelant veut faire résulter cette réconciliation; — Attendu que l'enfant doit être confié, etc.

Du 17 juill. 1852.-C. de Bruxelles, 1re ch.-MM. Duvignaud et Orts, Moscart et Debecker, av.

comme l'a très bien dit M. Depeiges, n° 52, « la loi ne méconnaît pas la grandeur du pardon. Le conjoint du condamné n'est pas obligé de demander le divorce; pouvant s'abstenir, pourquoi ne pourrait-il pas renoncer? ». D'ailleurs, l'art. 244, qui dispose que l'action en divorce s'éteint par la réconciliation, ne fait aucune distinction entre les différentes causes du divorce (V. en ce sens : Demolombe, t. 4, n° 404; Aubry et Rau, t. 5, § 492, p. 184, note 8; Le Senne, n° 315; Goirand, p. 110; Frémont, nos 321 et suiv.; Carpentier, *Traité du divorce*, n° 270, et *La loi du* 18 *avr.* 1886, n° 104; Depeiges, *loc. cit.*; Poulle, p. 165; Coulon et Faivre, 4e éd., p. 176). — Jugé en ce sens que l'époux dont le conjoint a été condamné à des peines criminelles ou correctionnelles ne peut se prévaloir de ces condamnations pour demander le divorce, lorsqu'il a consenti à reprendre la vie commune (Toulouse, 7 juill. 1886, aff. Decourt, D. P. 88. 2. 52).

378. La réconciliation, qui implique une renonciation à l'action, ne doit pas être confondue avec le simple désistement de la procédure. Ce désistement ne produit d'autre effet que de remettre les parties dans le même état où elles étaient avant la demande (c. proc. civ. art. 403); il n'empêche donc pas par lui seul de former une nouvelle demande (Le Senne, n° 317). — Un époux pourrait, par exemple, se désister d'une demande en séparation de corps et intenter ensuite une demande en divorce. En se désistant toutefois, il ferait prudemment de réserver ses droits, afin que le désistement ne pût pas ensuite lui être opposé comme un signe de réconciliation (Depeiges, n° 48). Le désistement peut, d'ailleurs, être rétracté tant qu'il n'a pas été accepté par l'époux défendeur (Douai, 16 janv. 1884) (1).

La jurisprudence décide que le désistement motivé par une convention de séparation amiable est nul et ne rend pas l'époux qui s'est désisté non recevable à poursuivre sa demande (Amiens, 14 déc. 1852, aff. d'Hédouville, D. P. 54. 2. 9; Nancy, 22 janv. 1870, aff. Thiébaut, D. P. 70. 2. 76). En pareil cas, en effet, on ne peut dire qu'il y a eu une véritable réconciliation.

379. D'après l'art. 244, § 2, bien que l'action en divorce soit éteinte par suite de la réconciliation, l'époux demandeur « peut néanmoins en intenter une nouvelle pour cause survenue ou découverte depuis la réconciliation, et se prévaloir des anciennes causes à l'appui de sa nouvelle demande ». Cette disposition est, à peu de chose près, la reproduction de l'ancien art. 273. Nous avons vu au *Rép.* n° 215 qu'on était d'accord déjà pour appliquer ce dernier article en matière de séparation de corps.

Il a été jugé que le mari qui, après avoir communiqué à sa femme une maladie syphilitique, avait obtenu le pardon de ses torts, ne pouvait opposer cette réconciliation à une demande en séparation de corps ultérieurement formée à raison de nouveaux torts de même nature (Rennes, 14 juill. 1866, aff. M..., D. P. 68. 2. 163).

380. Pour que l'époux demandeur puisse, après la réconciliation, intenter une nouvelle demande, est-il nécessaire que les faits nouveaux soient assez graves pour motiver par eux-mêmes le divorce ou la séparation de corps? Cette question, déjà examinée au *Rép.* nos 216 et suiv., est encore controversée. Mais la jurisprudence et la plupart des auteurs admettent que les faits nouveaux, s'ils n'ont pas à eux seuls la gravité nécessaire pour motiver le divorce, peuvent produire cet effet en s'ajoutant aux anciens. Telle doit être la pensée du législateur, car autrement comment expliquer la disposition de l'art. 244, § 2? Cette interprétation est, d'ailleurs, très raisonnable. La réconciliation a nécessairement un caractère conditionnel; elle implique, de la part de l'époux qui a des torts envers l'autre, l'engagement de mieux se comporter à l'avenir; si cet engagement n'est pas tenu, l'autre époux n'est plus lié par le pardon qu'il a accordé (V. en ce sens, outre les auteurs et les arrêts cités au *Rép.* nos 216 et suiv. : Req. 13 mars 1860, aff. Faulte de Puyparlier, D. P. 60. 1. 400; C. cass. Belgique, 3 août 1871 (2);

(1) (Femme Tinson *C.* Tinson.) — LA COUR; — Attendu qu'à la suite d'injures, d'outrages et de violences, la femme Tinson demanda, en 1882, la séparation de corps contre son mari; que Tinson, de son côté, demanda reconventionnellement sa séparation de corps contre sa femme et qu'il articula dans ce but douze faits dont il demanda à fournir la preuve; que les enquêtes et contre-enquêtes, faites conformément à la loi, allaient être soumises à l'appréciation du tribunal, lorsque Tinson par acte d'avoué à avoué, fit signifier à sa femme un désistement de sa demande reconventionnelle; — Que la femme Tinson n'ayant pas répondu, celui-ci demanda au tribunal, qui le lui donna, acte de son désistement; — Que le tribunal ayant prononcé la séparation au profit de la femme, Tinson a relevé appel de cette décision, et, reprenant en outre sa demande reconventionnelle abandonnée, a conclu devant la cour à ce que la séparation de corps fût prononcée contre sa femme;

Sur l'appel contre le jugement :... (Sans intérêt);

Sur la demande reconventionnelle de Tinson : — Attendu qu'en signifiant par acte du palais son désistement à sa femme, Tinson faisait à cette dernière une offre qui, si elle eût été acceptée, devenait irrévocable, mais qui, à l'égale de toute sollicitation, pouvait être retirée tant qu'elle n'était pas acceptée; — Que la femme Tinson n'a accepté ni expressément, ni tacitement, le désistement de son mari, puisque demanderesse au procès elle a continué sa procédure et obtenu jugement contre lui; — Attendu que l'on objecterait vainement que le tribunal, qui pouvait obliger la femme à accepter le désistement de son mari, a rendu ce désistement irrévocable en donnant acte à Tinson; — Attendu que le tribunal qui n'était pas saisi de la question de savoir si la femme serait tenue d'accepter le désistement, s'est borné à donner, ainsi que cela lui était demandé, acte à Tinson lui-même de son offre, mais non de l'acceptation qui ne l'a pas suivie; — Qu'en ce faisant, le tribunal a donné plus de solennité à cette offre, mais sans en modifier la nature; — Que le lien de droit qui seul pourrait rendre la promesse irrévocable n'a donc été formé ni par l'acceptation expresse ou tacite de la femme, ni par une décision judiciaire;

Par ces motifs;... — Confirme le jugement dont est appel; — Dit que la demande reconventionnelle de Tinson est recevable; — Et statuant sur le fond, etc.

Du 16 janv. 1884.-C. de Douai.-MM. Mazeaud, pr.-Dubron et Dubois, av.

(2) (P... *C.* P...) — LA COUR; — Sur le premier moyen de cassation, déduit de la violation des art. 272 et 273 c. civ., en ce qu'à tort la cour d'appel de Bruxelles a considéré comme une réconciliation l'épreuve à laquelle les parties s'étaient soumises par leur convention du 13 nov. 1867 et a refusé, par suite, à la demanderesse le droit d'invoquer des causes antérieures de divorce: — Attendu que l'arrêt attaqué du 24 avr. 1871 énonce formellement qu'à la date du 13 nov. 1867, les époux P... se sont réconciliés et ont repris la vie commune; — Attendu que cette constatation en fait étant dans le domaine exclusif du juge du fond, échappe au contrôle de la cour de cassation; — Que le premier moyen manque de base; — Sur le deuxième moyen, pris de la violation de l'art. 273 c. civ., en ce que la cour de Bruxelles a décidé, contrairement au vœu de ce texte, que pour faire revivre les faits qui ont précédé la réconciliation des époux, il faut des faits subséquents d'une gravité telle qu'ils puissent à eux seuls motiver le divorce; — Attendu qu'aux termes de l'art. 273 c. civ., le demandeur en divorce ne peut faire usage de causes antérieures à la réconciliation que si, depuis ce rapprochement, des causes nouvelles se sont produites; — Attendu que cette faculté est, dès lors, subordonnée à la survenance, non d'un simple grief ou d'un tort quelconque, mais d'un fait rentrant dans la catégorie de ceux que le législateur déclare propres à donner naissance à l'action en divorce pour cause déterminée; — Attendu que l'art. 231 c. civ., spécifiant ces faits, exige des excès, des sévices ou des injures graves de l'un des époux envers l'autre; — Attendu que le caractère de chacun desdits faits dépend essentiellement de sa gravité; que le juge saisi, comme dans l'espèce, d'une demande en divorce fondée sur des faits nouveaux et sur des faits anciens, doit donc s'enquérir de l'importance des premiers et n'autoriser le recours aux seconds que si la gravité des autres permet de leur donner la qualification d'excès, de sévices ou d'injures graves; — Attendu que, pour accomplir les devoirs de cette mission, la cour d'appel de Bruxelles, connaissant de l'action litigieuse, a recherché si les faits survenus depuis la réconciliation des époux P... étaient assez graves pour autoriser l'usage des causes antérieures et a refusé cette autorisation; — Attendu que l'arrêt attaqué, statuant à ce point de vue sur deux scènes de violences, décide qu'elles n'offrent pas un caractère de gravité suffisant pour qu'on puisse les considérer *comme constituant des sévices;* — Que le même arrêt, appréciant la rupture des relations avec d'anciens amis, déclare que ce fait *n'est pas une cause de divorce;* — Attendu que ces décisions sont en harmonie parfaite avec les attributions conférées au juge, dans les circonstances du procès, par l'art. 273 c. civ.; — Attendu que la cour de Bruxelles, s'expliquant au sujet des faits reprochés au mari et qui auraient été posés au cours de la procédure, dit, à la vérité, que ces faits *ne sont pas d'une gravité suffisante pour motiver le divorce;* — Mais que ces termes doivent s'interpréter en ce

Civ. rej. 18 janv. 1881, aff. Préterre, D. P. 81. 1. 125; Aubry et Rau, t. 5, § 492, p. 186, note 16; Laurent, t. 4, n° 212; Frémont, n°s 344 et suiv.; Depeiges, n° 54; Coulon et Faivre, 4e éd., p. 176 et suiv.; Vraye et Gode, t. 1, n° 134). — La cour de cassation reconnaît, du reste, aux tribunaux et aux cours d'appel un pouvoir absolu d'appréciation quant au plus ou moins de gravité des faits invoqués, comme antérieurs ou postérieurs à la réconciliation (Arrêts précités des 13 mars 1860 et 18 janv. 1881; Req. 11 mai 1885) (1).

381. Quant à l'effet de la réconciliation en cas de demande en conversion de la séparation de corps en divorce, V. *infrà*, n° 690.

ART. 2. — *Décès de l'un des époux* (*Rép.* n° 222).

382. « L'action en divorce, dit l'art. 244, § 3, s'éteint également par le décès de l'un des époux survenu avant que le jugement soit devenu irrévocable par la transcription sur les registres de l'état civil. » Cette disposition a été introduite par la loi du 18 avr. 1886 dans le but de mettre fin à une ancienne controverse. L'exposé des motifs la justifie ainsi : « Une question délicate s'est présentée : quelle pouvait être la conséquence, sur le sort d'une instance en divorce, du décès du demandeur ou du défendeur? Quelles distinctions pouvaient être faites? L'action en divorce est-elle si étroitement attachée à la personne des époux qu'elle ne puisse être suivie par les héritiers de l'un d'eux, si un décès survient en cours d'instance? Cette opinion a prévalu. Pour les héritiers, il s'agit uniquement d'intérêts pécuniaires, qui, assurément, peuvent être fort respectables, fort importants. Mais suffisent-ils pour qu'on permette l'exercice d'une action qui, dans la plupart des cas, entraîne de fâcheux débats? En outre, en tout état de cause, les héritiers pourront-ils poursuivre l'action, ou pourra-t-elle être poursuivie contre eux? Il eût fallu fixer au cours de l'instance le moment après lequel le décès de l'époux n'entraînerait pas la cessation de la procédure. Cette désignation, tout arbitraire, ne tenait pas compte, en tous cas, du droit de pardon qui appartient toujours à l'époux demandeur. Jusqu'au dernier moment, les conclusions peuvent être modifiées; la demande peut être retirée. Il eût fallu renoncer à cet espoir dans le cas de demandes suivies dans un but tout pécuniaire ».

D'après le projet du Gouvernement, le divorce était acquis à l'époux qui l'avait obtenu dès que le jugement était devenu définitif et alors même que la transcription de ce jugement sur les registres de l'état civil n'avait pas eu lieu; c'est le Sénat qui, sur une observation de M. de Gavardie, a ajouté à l'art. 244 les mots : « par la transcription sur les registres de l'état civil », pour indiquer que jusqu'à cette transcription le jugement de divorce ne serait pas réputé irrévocable.

383. L'art. 244, § 3, est applicable à la séparation de corps (c. civ. art. 307). Mais, comme le jugement de séparation de corps n'est pas soumis à la transcription sur les registres de l'état civil, ce jugement devient irrévocable dès qu'il est définitif (Vraye et Gode, t. 1, n° 152).

384. L'exception ou fin de non-recevoir qui naît du décès de l'un des époux peut, comme celle résultant de la réconciliation, être opposée en tout état de cause, même en cassation. Elle doit même être suppléée d'office par le juge, car elle est d'ordre public (Vraye et Gode, t. 1, n° 154).

385. Ainsi que nous venons de le rappeler, la question de savoir quel était l'effet du décès de l'un des époux dans le cours d'une instance en séparation de corps avait donné lieu à une controverse. Cette controverse avait un double intérêt : on s'était demandé si l'action en séparation de corps ne pouvait pas être poursuivie après le décès, soit par les héritiers de l'époux décédé, soit contre eux, dans le but de faire statuer sur la révocation des avantages matrimoniaux que les époux s'étaient faits ou sur les dépens de l'instance.

386. Nous avons déjà constaté au *Rép.* n°s 385 et suiv. que la jurisprudence tendait à décider que le décès de l'un des époux entraînait l'extinction absolue de l'action. Cette doctrine s'était accentuée et avait même définitivement prévalu depuis la publication du *Répertoire*. Il y avait eu encore, il est vrai, quelques décisions en sens contraire (Rouen, 20 août 1863, aff. Hubert, D. P. 65. 2. 119; Paris, 5 avr. 1864, aff. Minet, *ibid.*; Metz, 30 août 1864, aff. Kiffer, *ibid.*; Besançon, 21 (et non 28) juin 1869, aff. Delespine d'Andilly, D. P. 71. 1. 82). Mais, suivant le dernier état de la jurisprudence, la mort de l'un des époux, survenue avant qu'une décision irrévocable eût statué sur l'action en séparation de corps, anéantissait l'instance entière, de telle sorte que les juges n'avaient plus le pouvoir de statuer ni sur la révocation des avantages matrimoniaux, ni sur les dépens (V. en ce sens : Caen, 3 mai 1864, aff. Séchet, D. P. 65. 2. 119; Paris, 7 juill. 1870, aff. Serres, D. P. 70. 2. 231; Civ. cass. 27 juill. 1871, aff. Delespine d'Andilly, D. P. 71. 1. 81; Metz, 6 mars 1872, aff. Marquigny, D. P. 72. 2. 151; Dijon, 7 févr. 1873, aff. Delespine d'Andilly, D. P. 73. 2. 122; Bordeaux, 27 janv. 1873, aff. Caboy, D. P. 74. 2. 207; 18 févr. 1873, aff. Abejean, D. P. 73. 2. 217). — Jugé de même que les héritiers de l'époux décédé ne peuvent exciper des conclusions par lui prises accessoirement à la demande en séparation de corps, pour demander, après son décès, la révocation des libéralités faites par lui à son conjoint dans le contrat de mariage (Bordeaux, 18 févr. 1873 précité). L'art. 244, § 3, n'a fait en définitive que confirmer cette jurisprudence, conforme d'ailleurs à l'opinion

---

sens que lesdits faits n'ont pas la gravité voulue pour qu'ils puissent être rangés au nombre des actes propres à justifier une action en divorce, c'est-à-dire pour qu'ils puissent constituer des excès, des sévices ou des injures graves; — Attendu, en effet, que cette signification ressort du rapprochement de ce passage avec ceux ci-dessus indiqués, qui manifestent clairement la pensée du juge de n'apprécier l'importance des faits incriminés que pour déterminer leur nature dans ses rapports avec la loi; — Attendu que la même pensée apparaît dans la partie finale de l'arrêt ainsi conçue : « Attendu que des considérations qui précèdent il résulte que les faits nouveaux ne sont pas d'une gravité suffisante *pour faire revivre les faits antérieurs à la réconciliation;* » — Que la cour, en attribuant une telle influence au défaut de gravité des faits nouveaux, décide implicitement, mais d'une manière non équivoque à l'égard de tous ces faits, qu'ils ne constituent pas des causes de divorce dans le sens de l'art. 273 précité; — Attendu que l'arrêt dont se plaint la demanderesse ne dit pas qu'il lui refuse la faculté de faire usage des faits antérieurs à la réconciliation, parce que les faits postérieurs ne suffisent pas, à eux seuls, pour motiver le divorce, ce qui semblerait indiquer que ces faits doivent être de nature à assurer le succès de la demande, abstraction faite des causes anciennes, et que celles-ci pourraient être invoquées alors seulement, c'est-à-dire lorsqu'elles seraient surabondantes pour former la conviction du juge; — Attendu que, la cour d'appel de Bruxelles n'ayant pas consacré semblable système, le deuxième moyen de cassation manque également de base; — Par ces motifs; — Rejette.

Du 3 août 1871.-C. cass. de Belgique.

(1) (Masson C. Masson.) — LA COUR; — Sur le premier moyen, tiré de la violation de l'art. 273 c. civ., en ce que l'arrêt attaqué a déclaré non recevable une demande en séparation de corps, par le motif qu'elle était fondée sur des faits anciens compris dans une première instance terminée par un désistement; fausse application de l'art. 1351 c. civ., et des principes en matière de chose jugée : — Attendu qu'il résulte des constatations de l'arrêt attaqué que, les époux Masson ayant formé réciproquement l'un contre l'autre une demande en séparation de corps, cette séparation ayant été prononcée au profit de la dame Masson par le tribunal de Cherbourg, le 2 janv. 1884, appel a été émis par Masson de cette décision, et qu'à l'audience du 12 mai 1884, les époux Masson ayant l'un et l'autre demandé acte à la cour de ce qu'ils abandonnaient leur action, et Masson ayant conclu à l'infirmation du jugement, la cour de Caen a rendu, à cette date, un arrêt qui a prononcé cette infirmation, en constatant une renonciation complète et sans condition à chacune des demandes en séparation de corps, et, comme conséquence, l'abandon sans réserve par les deux époux de tous leurs griefs antérieurs; — Attendu que, le 19 juillet suivant, la dame Masson a formé une seconde action en séparation de corps contre son mari, en alléguant des griefs nouveaux qui lui auraient permis de revenir sur les anciens; mais qu'il est souverainement constaté par l'arrêt attaqué que les griefs nouveaux n'étaient nullement justifiés; que, dans ces circonstances, en refusant d'accueillir la nouvelle demande de la dame Masson, qui n'établissait l'existence d'aucun grief postérieur à l'instance visée par l'arrêt du 12 mai 1884 conformément à ses propres conclusions, la cour de Caen n'a violé aucun des articles de loi précités; — Sur le deuxième moyen :... (Sans intérêt);

Par ces motifs, rejette, etc.

Du 11 mai 1885.-Ch. req.-MM. Bédarrides, pr.-Féraud-Giraud, rap.-Chevrier, av. gén., c. conf.-Lefort, av.

de la majorité des auteurs (V. dans le même sens : Demolombe, t. 4, nos 429 et suiv. ; Le Senne, *Revue pratique*, année 1869, t. 27, p. 491 et suiv. ; Aubry et Rau, t. 5, § 492, p. 182 ; Laurent, t. 3, n° 217 ; Goirand, p. 38 ; Frémont, nos 180 et suiv. ; Depeiges, nos 22 et suiv. ; Carpentier, *La loi du 18 avr. 1886*, n° 113 ; Vraye et Gode, t. 1, nos 152 et suiv.).

387. Il peut se faire que le divorce ou la séparation de corps soit prononcé par le tribunal dans l'ignorance du décès de l'un des époux. Alors l'époux survivant peut demander l'annulation du jugement, si les héritiers de l'autre époux prétendent s'en prévaloir, soit par la voie de l'appel (Lyon, 4 avr. 1851, aff. Raffin, D. P. 52. 2. 241), soit par la voie de l'opposition, lorsqu'il s'agit d'un jugement par défaut (Bordeaux, 27 janv. 1873, aff. Caboy, D. P. 74. 2. 207). Dans le cas même où le jugement aurait acquis force de chose jugée, nous pensons que l'époux survivant pourrait, par voie d'action principale, faire déclarer que ce jugement ne lui est pas opposable, si les héritiers de l'époux prédécédé prétendaient en tirer avantage dans la liquidation de la communauté ou des reprises. La dissolution du mariage se serait alors produite dès avant ce jugement, qui, par suite, n'avait plus de raison d'être et devrait rester sans effet.

ART. 3. — *Autres fins de non-recevoir* (*Rép.* nos 180 à 203, 223 à 235).

388. La réconciliation et le décès de l'un des époux, qui entraînent l'extinction de l'action, ne sont pas, comme nous l'avons dit *suprà*, n° 362, les seules fins de non-recevoir qui puissent être opposées à la demande en divorce ou en séparation de corps. D'autres exceptions peuvent s'élever contre cette demande. Ces exceptions sont, en général, susceptibles, comme la réconciliation et le décès, d'être invoquées par l'un ou l'autre époux. Il en est une cependant qui, étant spéciale à la femme demanderesse, ne peut être opposée que par le mari : elle résulte du défaut par la femme de justifier de sa résidence dans la maison qui lui a été assignée pendant l'instance. Nous en traitons *infrà*, nos 403 et suiv. Les autres fins de non-recevoir, communes aux deux époux, peuvent être tirées de la prescription, de la péremption, de la chose jugée, d'un divorce précédent, de la réciprocité des torts entre les époux ou de la provocation. Nous allons les examiner. — Ce sont, d'ailleurs, les seules qui puissent être opposées à l'époux demandeur.

389. — I. PRESCRIPTION (*Rép.* nos 181 à 185). — L'action en divorce se prescrit-elle par le laps de trente ans à compter des faits qui peuvent lui servir de cause ou même par un laps de temps plus court? Cette question est traitée au *Rép.* nos 181 et suiv., en ce qui concerne l'action en séparation de corps ; nous l'avons résolue par la négative, mais elle est toujours controversée.

On a soutenu que si l'action en divorce était fondée sur un fait qualifié crime ou délit, elle serait prescrite dès lors qu'il se serait écoulé dix ans ou trois ans depuis ce crime ou ce délit (Comp. Massol, p. 134 et suiv.). Mais cette opinion est généralement repoussée. L'action civile qui, aux termes des art. 637 et 638 c. instr. cr., se prescrit en même temps que l'action publique, n'est autre que l'action en réparation du préjudice causé par le crime ou délit ; c'est l'action qui peut être portée, en même temps que l'action publique, devant la juridiction répressive ; or, comme nous l'avons vu, *suprà*, n° 151, une demande en divorce ou en séparation de corps ne pourrait pas être formée devant un tribunal de répression (*Rép.* nos 182 et suiv. ; Trib. Bruxelles, 20 juin 1885 (1) ; Depeiges, n° 44 ; Vraye et Gode, t. 1, n° 503). — L'action en divorce motivée sur la condamnation de l'un des époux à une peine infamante ne serait pas éteinte non plus par la prescription de la peine (V. *suprà*, n° 103 ; Le Senne, n° 331).

390. Les auteurs se divisent seulement sur le point de savoir si la prescription peut être opposée à une demande en divorce ou en séparation fondée sur des faits qui remontent à plus de trente ans. Pour la négative, on invoque le principe de l'art. 2262 c. civ., d'après lequel toutes les actions, tant réelles que personnelles, se prescrivent par trente ans. Il est vrai que, d'après l'art. 2253, la prescription ne court point entre époux. Mais, dit-on, ce dernier article ne doit pas être appliqué à l'action en divorce, car il suppose une action susceptible d'être intentée après le mariage, et il a pour but d'empêcher que la paix du ménage ne soit troublée par une action interruptive de la prescription ; il est donc étranger à la matière qui nous occupe (V. en ce sens : Aubry et Rau, t. 5, § 492, p. 187 ; Le Senne, n° 329 ; Laurent, t. 3, n° 215 ; Depeiges, n° 44 ; Vraye et Gode, t. 1, n° 503).

Nous persistons, néanmoins, à penser que l'action en divorce ou en séparation de corps n'est pas sujette à être prescrite. Si l'art. 2253 n'est pas applicable en notre matière, il n'y a pas plus de raisons d'admettre l'application de l'art. 2262. En principe, tout ce qui touche à l'état des personnes est hors du commerce et par cela même imprescriptible. Pour que l'action en divorce fût exceptée de ce principe, il faudrait un texte formel qui n'existe pas. La loi dit bien que cette action s'éteint par la réconciliation des époux ; mais elle n'a pas dit que le silence gardé durant trente ans par l'époux offensé devrait faire présumer la réconciliation. En fait, les tribunaux pourraient le décider dans des cas particuliers ; mais une telle présomption pourrait aussi se trouver contraire à la vérité. Ne peut-on pas supposer, en effet, qu'un époux envers lequel son conjoint avait des torts très graves ait consenti à une séparation amiable, sans pour cela renoncer au droit de demander la séparation de corps ou le divorce si les circonstances l'y obligeaient? Au bout de trente ans, dans l'opinion que nous combattons, cet époux pourrait être forcé par son conjoint à reprendre la vie commune. Cette conséquence nous paraît absolument inacceptable (V. en ce sens : Trib. Abbeville, 20 mai 1884 (2) ; Demolombe, t. 4, n° 409 ; Carpentier, *Traité théorique et pra-*

(1) (V... C. M...) — LE TRIBUNAL ; — ... Attendu que la prescription de trois ans ne s'applique qu'à l'action publique et à l'action en réparation du dommage causé par le délit ; que l'action en réparation, n'étant que la conséquence de l'infraction, est soumise à la prescription de l'infraction elle-même ; que cette prescription n'est donc pas applicable à l'action en divorce, ni aux faits qui servent de base à la demande ; — Par ces motifs, déboutant respectivement les parties de toutes conclusions non admises, joint les causes, et avant de statuer sur l'admission des demandes respectives des parties, admet le demandeur à la preuve des faits suivants, etc.

Du 20 juin 1885.-Trib. civ. de Bruxelles, 3e ch.-MM. Dequesne, vice-pr.-Desmedt, f. f. proc. roi ; c. conf.-Jules Janson et P. Ruelens, av.

(2) (Dame Berthe C. son mari.) — Les époux Berthe s'étaient mariés en 1841. Dès l'année suivante, la dame Berthe avait quitté le domicile conjugal et était rentrée chez ses parents. Les deux époux avaient vécu séparés de fait depuis cette époque. En 1883, la femme forme une action en séparation et elle articule à l'appui de sa demande des faits d'injures et de mauvais traitements dont elle prétend avoir été victime pendant le temps qu'a duré la vie commune. Tous ces faits remontant à plus de trente ans, le sieur Berthe soutient qu'ils sont couverts par la prescription. Cette exception est repoussée par le tribunal d'Abbeville, dans le jugement suivant :

LE TRIBUNAL ; — Attendu qu'il n'y a pas à s'arrêter aux divers moyens invoqués par le sieur Berthe ; qu'évidemment, d'une part, la prescription ne saurait être sérieusement invoquée par le sieur Berthe, puisqu'il n'y a pas et ne peut jamais y avoir prescription au profit du mari contre la femme pendant la durée du mariage ; que, d'autre part, la dame Berthe peut toujours invoquer contre son mari les causes de séparation qui existent en sa faveur à elle, puisque si ces causes sont dès à présent et à bon droit considérées comme établies, elles justifient la demande en séparation, pourvu que lesdites causes n'aient pas été couvertes et effacées par une réconciliation postérieure à l'existence des torts, injures ou sévices du mari à l'égard de sa femme, et que, dans l'espèce également, il est précisément à noter que les torts du mari n'ont pas été couverts par la réconciliation ; — Attendu que ce qui démontre que la réconciliation n'a pas eu lieu entre les époux c'est que, depuis l'année 1842, la séparation de fait amenée par la mésintelligence desdits époux, à la suite des violences du mari, n'a pas cessé d'exister ; que les sieur et dame Berthe ont, en effet, toujours eu depuis cette époque, chacun un domicile différent, dans des communes différentes, et vivent absolument étrangers l'un à l'autre, comme si aucun lien ne les avait jamais unis ; — Attendu que le fait par le sieur Berthe d'avoir laissé subsister pendant tant d'années une séparation de fait aussi marquée, aussi incontestable et aussi absolue entre lui et sa femme, et de n'avoir jamais usé de son droit de sommer cette dame d'avoir à réintégrer le domicile conjugal, indique bien qu'il avait définitivement abandonné la dame Berthe et que l'abandon était venu de lui, parce que la vie commune avec elle

tique du divorce, nº 135, et *La loi du* 18 *avr.* 1886, nº 100; Frémont, nº 378; Poulle, nº 168).

391. — II. PÉREMPTION. — On a déjà vu, *suprà*, nº 219, que la péremption de trois ans, édictée par l'art. 397 c. proc. civ., est applicable aux instances en divorce et en séparation de corps. Ces instances, en effet, sont soumises aux règles de la procédure ordinaire (c. civ. art. 239 et 307). Mais il faut bien remarquer que la péremption fait seulement tomber la procédure, qu'elle n'éteint pas l'action ; le demandeur auquel on l'oppose conserve le droit de former une nouvelle demande (V. outre les arrêts cités *suprà*, nº 219 : *Rép.* vº *Péremption*, nº 88 ; Depeiges, nº 43; Carpentier, *La loi du* 18 *avr.* 1886, nº 100; Vraye et Gode, t. 1, nº 507).

392. Il y a une péremption spéciale qui, aux termes de l'art. 156 c. proc. civ., frappe les jugements par défaut, quand ils ne sont pas exécutés dans les six mois de leur date ; ces jugements sont alors réputés non avenus. On est d'accord pour reconnaître que cette péremption s'applique aux jugements de séparation de corps. Mais la question de savoir si elle doit être étendue aux jugements rendus en matière de divorce est controversée. La négative a été jugée par la cour de cassation de Belgique le 29 févr. 1840 (1), et cette décision nous paraît exacte sous l'empire du code civil. Alors, en effet, les jugements par défaut en matière de divorce n'étaient pas susceptibles d'opposition (*Rép.* nº 488); il n'y avait par conséquent aucun motif d'exiger qu'ils fussent exécutés dans un court délai. De plus, la procédure du divorce était réglée d'une manière complète par le code civil, et rien n'autorisait à étendre à cette matière les dispositions du code de procédure. Aujourd'hui, au contraire, les règles de la procédure ordinaire sont rendues applicables aux causes de divorce par l'art. 239, § 1er. L'application de l'art. 156 c. proc. civ. aux jugements par défaut rendus dans ces instances ne pourrait donc être écartée, à notre avis, qu'autant que la loi y aurait spécialement dérogé. Or aucune dérogation n'existe dans la loi, au moins pour tous les jugements qui sont rendus dans le cours de l'instance jusqu'au jugement définitif. Nous en concluons que ces jugements doivent être exécutés dans les six mois, sous peine de tomber en péremption. Pour le jugement ou l'arrêt qui prononce le divorce, l'art. 247 c. civ. édicte, il est vrai, des règles spéciales. Ce jugement ou cet arrêt, quand il est par défaut, doit être signifié par un huissier commis ; si la signification est faite à la personne du défendeur, l'opposition doit être formée dans le mois ; dans le cas contraire, le jugement doit être publié par extrait dans les journaux, et l'opposition est recevable dans les huit mois qui suivent le dernier acte de publicité. Toutefois, il ne résulte pas de là que l'époux qui a obtenu le jugement prononçant le divorce puisse attendre indéfiniment avant de le mettre à exécution. Le contraire semble plutôt résulter de ce passage du rapport de M. Labiche au Sénat : « L'art. 247 a pour objet d'éviter les difficultés, souvent insurmontables, de l'exécution du jugement par défaut. Par cet article, le jugement acquiert l'autorité de la chose jugée dans les conditions et délais indiqués... Le demandeur n'est, du reste, pas enchaîné par le délai ; il peut poursuivre l'exécution du jugement obtenu, par un commandement, par une saisie, par la liquidation de ses reprises, etc., et amener ainsi le défendeur à faire opposition ». Le nouvel art. 247 c. civ. n'est donc nullement inconciliable avec l'art. 156 c. proc. civ. L'époux au profit duquel le divorce a été prononcé par défaut peut fort bien poursuivre l'exécution du jugement par les voies ordinaires ; il doit, dans tous les cas, pour que ce jugement devienne définitif, le faire signifier par l'huissier commis et, si le jugement n'est pas signifié à personne, le faire publier. La publication du jugement, dans le cas où elle est requise, peut tenir lieu de l'exécution ; mais, si l'époux qui l'a obtenu laissait passer six mois sans procéder à aucun acte d'exécution ni de publication, et sans que le jugement fût signifié à la personne du défendeur, l'art. 156 c. proc. civ. se trouverait applicable et la péremption qu'il édicte pourrait être opposée (Depeiges, nº 43 ; Vraye et Gode, t. 1, nº 509. — *Contrà* : Carpentier, *La loi du* 18 *avr.* 1886, nº 100).

393. — III. CHOSE JUGÉE (*Rép.* nºs 186 à 192). — En droit commun, l'exception de chose jugée peut être soulevée lorsqu'une demande est formée entre les mêmes parties, tend au même objet et se fonde sur la même cause qu'une précédente demande déjà déduite en justice (c. civ. art. 1351). Pour que cette exception soit opposable à une action en divorce ou en séparation de corps, il faut donc qu'il y ait identité de cause entre cette action et celle sur laquelle la justice a déjà statué. Or quelle est la cause d'une pareille action ? En droit, cette cause réside dans les faits articulés à l'appui de la demande ; ce sont ces faits qui, aux termes des art. 229 et suiv. c. civ., permettent de demander le divorce. Une demande en divorce ou en séparation de corps pourra donc être repoussée par l'exception de chose jugée, alors, mais alors seulement, que cette demande sera fondée uniquement sur des faits déjà articulés à l'appui d'une précédente demande qui aura été rejetée (V. *suprà*, vº *Chose jugée*, nº 125).

394. Si la nouvelle demande est fondée sur des faits nouveaux, c'est-à-dire postérieurs à ceux qui ont été invoqués dans la première, il est évident qu'il n'y a pas chose jugée, encore bien que les nouveaux faits seraient de même nature que les anciens. En pareil cas, le demandeur peut même se prévaloir des faits anciens, lorsque la première demande n'a été écartée qu'à raison de leur peu de gravité ou du défaut de preuves ou de la réconciliation des époux (c. civ. art. 244) (Req. 13 mars 1860, aff. Faulte de Puyparlier, D. P. 60. 1. 400 ; 5 janv. 1874, aff. de Bauffremont, D. P. 76. 5. 403 ; Civ. rej. 29 mars 1887, aff. Gilet de Chalonge, D. P. 87. 1. 453 ; Demolombe, t. 4, nº 425 ; Aubry et

---

lui était sinon impossible, au moins pénible et des moins agréables, et qu'il savait que ladite dame ne lui avait pas pardonné ses brutalités à son égard ; — Attendu que, dans ces circonstances, les torts du sieur Berthe doivent être tenus pour indéniables et désormais acquis au procès sans qu'il soit besoin d'en rechercher à l'aide d'une enquête la preuve surabondante ; — Par ces motifs, déclare les époux Berthe séparés de corps à la requête de la femme, etc.

Du 20 mai 1884.-Trib. civ. d'Abbeville.-M. Binet, pr.

(1) (X... *C.* X...). — LA COUR ; — Vu les art. 156 et 881 c. proc. civ., 263, 264 et 266 c. civ. ; — Attendu que la procédure en matière de divorce fait l'objet d'une législation spéciale qui était réglée par le code civil, et expressément maintenue par l'art. 881 c. proc. civ. ; qu'ainsi les dispositions de ce dernier code n'y sont pas applicables lorsqu'elles ne peuvent se concilier avec l'économie de cette législation spéciale ; — Que telle est la disposition de l'art. 156 dudit code portant : « Tous jugements par défaut contre une partie qui n'a pas constitué d'avoué seront signifiés par un huissier commis, soit par le tribunal, soit par le juge du domicile du défaillant que le tribunal aura désigné ; ils seront exécutés dans les six mois de leur obtention, sinon seront réputés non avenus » ; — Qu'en effet, le législateur, pour empêcher les abus qui se commettaient autrefois, au moyen des jugements rendus par défaut contre partie, a accordé, par cette disposition nouvelle, un temps indéterminé pour former opposition aux jugements de cette espèce, en bornant en même temps leur existence à six mois, si on négligeait de les exécuter, et a aussi obligé la demanderesse d'en poursuivre l'exécution dans le délai pendant lequel le recours est encore ouvert à la partie condamnée, tandis qu'il résulte clairement des art. 263, 264, 265 et 266 c. civ., dont les dispositions sont générales et s'appliquent, par conséquent, aussi aux jugements par défaut contre partie ; que les jugements de cette espèce en matière de divorce ne sont pas susceptibles d'opposition, mais d'appel seulement endéans les trois mois de leur signification ; que pendant ce délai leur exécution est expressément défendue ; qu'elle ne peut être poursuivie que lorsqu'il n'y a plus aucun recours ouvert à la partie condamnée, et que le jugement est passé en force de chose jugée, disposition qui a pour but d'éviter de graves inconvénients que cette exécution pourrait entraîner si le jugement venait ensuite à être réformé ; — Qu'enfin les jugements sont périmés lorsque l'époux demandeur a laissé passer deux mois, après l'expiration des délais d'appel, sans faire prononcer le divorce par l'officier de l'état civil ; — Que la généralité des termes, dans lesquels ces articles sont conçus, ne permet pas non plus de douter qu'ils ne soient applicables à tous les jugements de divorce quelles que soient les causes sur lesquelles ils sont fondés, par conséquent, aussi aux demandes en divorce basées sur l'art. 310 c. civ., et qu'il n'y a d'exception à faire que pour le divorce par consentement mutuel, à cause de la nature toute particulière de ce divorce ; — Que de tout ce qui précède il résulte que l'art. 156 c. proc. civ. a été faussement appliqué à l'espèce et que par suite, les art. 263 et suiv. c. civ. ont été violés ;

Par ces motifs, casse et annule.

Du 29 févr. 1840.-C. cass. de Belgique.

Rau, t. 5, § 492, p. 187). Le demandeur ne pourrait-il même pas invoquer, sans violer l'autorité de la chose jugée, avec des griefs nouveaux, des faits qui auraient été déclarés faux et inexistants dans les motifs d'un précédent jugement? Nous inclinons à admettre l'affirmative, car le jugement qui rejette une demande en divorce ou en séparation de corps reconnaît bien que cette demande n'est pas fondée, mais il n'a pas nécessairement l'autorité de la chose jugée quant à l'existence de tous les faits qui ont été allégués à l'appui de la demande. En tout cas, comme l'a reconnu la cour de cassation dans l'arrêt précité du 13 mars 1860, tous les faits invoqués dans une première demande pourraient être reproduits, quoique le jugement qui les aurait écartés en eût motivé le rejet sur l'inexistence des uns et l'insuffisance des autres, si le défaut de spécification, dans ce jugement, des faits dont l'inexistence était établie ne permettait pas de les distinguer de ceux qui auraient été simplement déclarés insuffisants (Comp. Req. 4 juill. 1877, aff. Wannoschot, D. P. 79. 1. 477).

395. L'autorité de la chose jugée ne s'opposerait pas non plus à ce qu'un époux fît valoir à l'appui d'une seconde demande en divorce des griefs qu'il ignorait lors de sa première demande et qui, par conséquent, n'ont pas pu être soumis par lui au tribunal (Comp. art. 244, § 2). Il a même été jugé que, devant l'allégation d'ignorance du demandeur, la preuve que les faits auraient été connus de lui incombe au défendeur à titre d'exception, comme au cas où celui-ci opposerait la fin de non-recevoir tirée de la réconciliation (Paris, 1er août 1874, aff. de Bauffremont, D. P. 76. 1. 465).

396. Mais l'époux qui a omis volontairement d'invoquer des faits qu'il connaissait est-il déchu du droit de s'en prévaloir ultérieurement, comme y ayant volontairement renoncé? En principe, nous estimons qu'il faut répondre négativement. Un époux a pu croire qu'il obtiendrait le divorce ou la séparation sans être obligé de révéler des faits qu'il désirait tenir secrets. S'il a succombé dans sa demande, il doit avoir le droit de former une nouvelle demande en se fondant sur ces griefs qu'il n'a plus de raisons de cacher (*Rép.* n° 188. Comp. Req. 3 févr. 1875, aff. de Bauffremont, D. P. 76. 1. 465, et *suprà*, v° *Chose jugée*, n° 125).

397. Il a été jugé que le moyen tiré de la violation de la chose jugée qui, après avoir été présenté en première instance, n'a pas été reproduit en appel, est nouveau et non recevable devant la cour de cassation (Req. 4 juill. 1877, aff. Wannoschot, D. P. 79. 1. 477. — Comp. *suprà*, v° *Chose jugée*, nos 209 et suiv.).

398. — IV. Précédent divorce. — Lorsque des époux divorcés se sont réunis, ils ne sont plus admis à demander le divorce pour quelque cause que ce soit, autre que celle d'une condamnation à une peine afflictive et infamante prononcée contre l'un d'eux depuis leur réunion (c. civ. art. 295, § 3). Sauf cette exception, il y a là une fin de non-recevoir péremptoire, opposable à toute demande en divorce formée entre époux qui ont déjà divorcé une fois (V. *infrà*, n° 553).

399. — V. Torts réciproques; Provocation; Connivence (*Rép.* nos 193 à 203). — On a examiné au *Rép.* nos 193 et suiv. la question de savoir si la réciprocité des torts entre les époux peut constituer une fin de non-recevoir contre la demande en séparation de corps. La même question se présente pour la demande en divorce, et les solutions que nous avons données, et qui sont, d'ailleurs, conformes à la jurisprudence, peuvent être étendues à cette demande. On s'accorde aujourd'hui à reconnaître que les torts de l'époux demandeur n'élèvent aucune fin de non-recevoir contre son action. Une sorte de compensation était, il est vrai, admise autrefois entre les griefs de chaque époux, et les auteurs qui ont encore soutenu ce système depuis le code civil se prévalaient de l'art. 336 c. pén., d'après lequel le mari ne peut dénoncer l'adultère de sa femme quand il est lui-même coupable d'avoir entretenu une concubine dans la maison conjugale. Mais cet argument a perdu de sa force depuis que l'art. 308 c. civ., qui autorisait le juge civil à condamner la femme convaincue d'adultère, est abrogé, et depuis que l'adultère du mari commis même en dehors de la maison conjugale suffit pour motiver le divorce. Aucune corrélation n'existe plus, en notre matière, entre les règles du droit civil et les principes du droit pénal. D'ailleurs, la compensation résultant de torts réciproques a été écartée par les auteurs du code civil; car la cour d'Agen avait demandé formellement qu'elle fût érigée en fin de non-recevoir, et les rédacteurs du code n'ont pas tenu compte de cette réclamation (V. outre les auteurs et des arrêts cités au *Rép.* n° 194: Req. 4 déc. 1855, aff. Lemore, D. P. 56. 1. 257; 30 mars 1859, aff. Rolland, D. P. 59. 1. 466; Nancy, 3 juin 1869, aff. Berviller, D. P. 69. 2. 230; Civ. rej. 18 janv. 1881, aff. Préterre, D. P. 81. 1. 125; Aubry et Rau, t. 5, § 492, p. 187 et suiv.; Laurent, t. 3, n° 214; Frémont, nos 356 et suiv.; Carpentier, *Traité du divorce*, nos 57 et suiv.; Vraye et Gode, t. 1, n° 39).

400. Toutefois, il est un cas où, d'après plusieurs auteurs, le demandeur pourrait être repoussé par une fin de non-recevoir tirée de ses propres torts : c'est celui où les deux époux auraient été également condamnés à une peine afflictive et infamante. Alors, dit-on, l'un d'eux ne saurait être admis à se prévaloir de la condamnation de l'autre pour faire prononcer le divorce ou la séparation de corps à son profit. On en donne deux raisons, l'une tirée du texte de l'art. 232, et l'autre, de l'esprit de la loi. L'art. 232 dit que « la condamnation de l'*un* des époux... sera pour l'autre une cause de divorce »; il suppose, par conséquent, que l'un des époux seulement a été condamné. Et, si le législateur a établi cette cause de divorce, c'est pour affranchir un époux innocent de la honte d'être uni à un criminel; or ce motif disparaît quand chaque époux est également coupable (V. en ce sens : Demolombe, t. 4, n° 415; Depeiges, n° 49; Vraye et Gode, t. 1, n° 39). Nous avons fait remarquer au *Rép.* n° 197 que le second argument sur lequel s'appuie ce système n'aurait plus la même force dans l'hypothèse où l'un des époux aurait été condamné au bannissement pour crime politique, tandis que l'autre aurait encouru une condamnation pour un crime de droit commun, par exemple, pour vol qualifié. Aujourd'hui cette objection ne pourrait être produite, car nous avons vu *suprà*, n° 95, que le bannissement, qui n'est pas une peine afflictive, ne constitue plus une cause de divorce. Néanmoins, des auteurs soutiennent, non sans apparence de raison, que deux époux condamnés sont, par rapport à l'art. 232, dans une situation identique à celle de deux époux également coupables d'adultère ou de sévices, par rapport aux art. 229 et 230; on admet que ces derniers peuvent l'un et l'autre obtenir le divorce, sans qu'il y ait de compensation entre leurs torts respectifs. Ne faut-il pas décider, de même, que les condamnations encourues par chaque époux ne se compensent pas et constituent une double cause de divorce? (Le Senne, n° 332; Carpentier, *Traité du divorce*, n° 61).

401. S'il n'y a pas de compensation entre les torts réciproques des époux, les juges peuvent cependant, comme nous l'avons dit au *Rép.* n° 195, y voir une atténuation des griefs reprochés au défendeur et décider, par suite, que ces griefs ne sont pas assez graves pour justifier la demande en divorce ou en séparation de corps (Civ. rej. 18 janv. 1881, aff. Préterre, D. P. 81. 1. 125). — Jugé même que si, en principe, la réciprocité des torts des époux n'élève aucune fin de non-recevoir contre l'action en séparation de corps intentée par l'un d'eux, il y a lieu toutefois de rejeter la demande, quand les torts de l'époux demandeur prennent un caractère de provocation suffisant pour excuser ceux du défendeur (Nancy, 20 déc. 1873, aff. Mangin, D. P. 74. 2. 208. Comp. *Rép.* nos 198 et suiv.). La provocation elle-même, d'après cet arrêt et d'après la majorité des auteurs, ne constitue pas une fin de non-recevoir proprement dite, mais elle sera souvent un motif de rejeter la demande (Le Senne, n° 327; Depeiges, n° 50; Vraye et Gode, t. 1, n° 39 *in fine*).

402. A plus forte raison, lorsque l'époux demandeur a été lui-même la cause ou le promoteur des faits qu'il reproche à son conjoint, la demande doit-elle alors être repoussée, sinon comme non recevable, au moins comme mal fondée. Tel serait le cas où le mari, qui demanderait le divorce pour cause d'adultère de sa femme, aurait lui-même favorisé l'adultère ou en aurait profité (Paris, 6 avr. 1811, *Rép.* n° 468; Demolombe, t. 4, n° 415; Aubry et Rau, t. 5, § 492, p. 187; Frémont, n° 372; Vraye et Gode, t. 1, n° 39).

403. — VI. Non-justification de résidence par la femme (*Rép.* nos 231 à 235). — Nous avons déjà vu *suprà*, n° 289, que, d'après l'art. 241 c. civ., la femme demanderesse en divorce, qui ne pas justifie de sa résidence dans la maison qui lui a été désignée, peut être déclarée non recevable à continuer ses poursuites. On discutait autrefois si cette règle, déjà inscrite dans l'ancien art. 269 c. civ., était applicable en matière de séparation de corps (V. pour la négative, outre les arrêts et les auteurs cités au *Rép.* n° 231 : Agen, 15 mars 1865, aff. Albespit, D. P. 65. 2. 168 ; Aubry et Rau, t. 5, § 493, p. 196, note 29. — V. pour l'affirmative : *Rép. loc. cit.* ; Bordeaux, 8 août 1867, aff. Carreyre, D. P. 67. 5. 391 ; Paris, 27 févr. 1868, aff. Mittoux, D. P. 68. 2. 53 ; Paris, 13 juill. 1870, aff. D..., D. P. 71. 2. 129). Aujourd'hui, l'art. 307 c. civ. déclare formellement l'art. 241 applicable à l'action en séparation de corps.

404. Le défaut par la femme de justifier de sa résidence permet bien de la déclarer non recevable à continuer ses poursuites, mais n'entraîne pas pour elle la déchéance du droit d'obtenir le divorce ou la séparation de corps. L'action n'est pas éteinte, comme en cas de réconciliation ou de décès de l'un des époux. Le mari peut seulement demander que toute audience soit refusée à la femme, tant qu'elle n'aura pas réintégré le domicile provisoire qui lui a été assigné (Paris, 24 déc. 1885 (1); Laurent, t. 3, n° 259 ; Carpentier, *La loi du 18 avr.* 1886, n° 91 ; Poulle, p. 172 ; Vraye et Gode, t. 2, n° 551).

405. Si aucune résidence n'avait été indiquée à la femme par le président ou par le tribunal, s'il était seulement intervenu une convention entre les époux sur le lieu où la femme devrait se tenir pendant l'instance, le fait par la femme d'avoir quitté ce lieu ne motiverait pas contre elle l'application de l'art. 241 c. civ. La disposition rigoureuse et exceptionnelle de cet article ne peut pas être étendue au delà du cas spécial qu'elle prévoit (Carpentier, *Traité du divorce*, n° 231 ; Vraye et Gode, t. 2, n° 553).

406. Quant à la manière dont la femme peut justifier de sa résidence, V. *suprà*, n° 290.

407. La jurisprudence et la plupart des auteurs décident que la fin de non-recevoir résultant du défaut par la femme de justifier de sa résidence n'est pas absolue. Les tribunaux peuvent apprécier les motifs pour lesquels la femme a quitté sa résidence et refuser de la déclarer non recevable dans ses poursuites, si ces motifs leur paraissent légitimes. On cherche généralement à appuyer cette solution sur les termes de la loi, qui dit que le mari *peut* faire déclarer la femme non recevable ; il nous paraît toutefois difficile de conclure de ces termes que les juges aient la faculté d'écarter la demande du mari. Mais, comme on l'a vu au *Rép.* n° 233, la fin de non-recevoir n'est pas absolue, en ce sens que son admission est subordonnée à l'appréciation qu'il appartient aux tribunaux de faire des causes de l'absence dont se plaint le mari (V. dans le même sens : Agen, 15 mars 1865, aff. Albespit, D. P. 65. 2. 168 ; Bordeaux, 8 août 1867, aff. Carreyre, D. P. 67. 5. 391 ; Paris, 27 févr. 1868, aff. Mittoux, D. P. 68. 2. 53 ; Req. 29 juin 1868, aff. Huard, D. P. 71. 5. 351 ; Trib. Lyon, 17 nov. 1869, aff. B..., D. P. 71. 5. 351 ; Paris, 13 juill. 1870, aff. D..., D. P. 71. 2. 129 ; Req. 8 janv. 1872, aff. Jalabert, D. P. 72. 1. 87 ; Bourges, 8 mai 1872, aff. Kiesgen, D. P. 73. 2. 95 ; Laurent, t. 3, n° 259 ; Goirand, p. 149 ; Coulon et Faivre, 4e éd., p. 152 ; Vraye et Gode, t. 2, n° 552). — Il a été jugé, notamment, que la femme ne doit pas être déclarée non recevable, lorsqu'elle a eu des motifs légitimes pour changer de résidence, que ce changement a été connu et tacitement approuvé par son mari et toute sa famille et qu'avant toute plainte du mari elle avait réintégré la résidence désignée (Agen, 15 mars 1865, précité) ;... lorsque la femme justifie n'avoir quitté la résidence à elle indiquée que pour se livrer plus facilement à son travail, et que, d'ailleurs, son mari ne l'a point mise en demeure de réintégrer cette résidence (Paris, 27 févr. 1868, précité) ;... lorsque, ayant reçu l'injonction d'établir son domicile provisoire chez sa mère, dans telle ville, la femme a supposé qu'elle devait suivre sa mère dans une résidence nouvelle (Req. 29 juin 1868 précité) ;... si la femme s'est vue obligée de quitter sa résidence provisoire pour aller liquider le fonds qu'elle exploitait (Trib. Lyon, 17 nov. 1869 précité) ;... si le changement de résidence, d'ailleurs notifié au mari, n'a pas été volontaire de la part de la femme, et si d'ailleurs la nouvelle résidence choisie par elle offre les mêmes garanties que la première (Req. 8 janv. 1872 précité) ;... lorsque la femme, après avoir quitté la résidence qui lui avait été assignée, a demandé et obtenu du tribunal la fixation d'une nouvelle demeure provisoire, qu'elle a toujours habitée depuis, et que cette fixation a été immédiatement portée à la connaissance du mari (Bourges, 8 mai 1872 précité).

408. Le juge peut, d'ailleurs, s'il le juge convenable, accorder à la femme qui a abandonné la résidence à elle fixée par le président un délai pour réintégrer ladite résidence ou obtenir la désignation d'une autre (Paris, 27 févr. 1868, aff. Mittoux, D. P. 68. 2. 53).

409. Il a été jugé que la fin de non-recevoir résultant contre la femme demanderesse en séparation de corps de son absence du domicile qui lui a été indiqué par la justice peut être proposée pour la première fois en appel, alors surtout que cette absence n'a eu lieu ou n'a été connue du mari que depuis le jugement de première instance (Metz, 17 janv. 1855, aff. Pol-Morel, D. P. 55. 2. 146). — Mais cette fin de non-recevoir ne pourrait être suppléée d'office par le juge. L'art. 241 c. civ., disant que le mari *peut* faire déclarer la femme non recevable, indique suffisamment que le mari est libre de ne pas user de ce moyen (Vraye et Gode, t. 2, n° 557).

410. Nous avons vu *suprà*, n° 286, que le juge enjoint quelquefois au mari de quitter le domicile conjugal, qui est alors assigné pour résidence à la femme. En pareil cas, si le mari est demandeur et qu'il refuse de se conformer à la décision judiciaire, peut-il être déclaré non recevable dans sa demande ? Cette question nous paraît devoir être résolue négativement, car les fins de non-recevoir sont de droit étroit et ne peuvent pas être étendues par analogie. Nous admettrions seulement que le tribunal pourrait décider que la femme ne serait tenue de payer une pension alimentaire au mari qu'autant que celui-ci aurait quitté le domicile conjugal.

Sect. 8. — De la preuve (*Rép.* nos 236 à 263).

411. Nous devons examiner maintenant les divers modes de preuve à l'aide desquels l'époux qui demande le divorce ou la séparation de corps peut justifier sa demande. Nous parlerons successivement, comme on l'a fait au *Rép.* nos 236 et suiv., de la preuve littérale, de la preuve testimoniale, des présomptions, de l'aveu et du serment.

412. — I. Preuve littérale (*Rép.* nos 237 et 238). — La preuve littérale résulte d'actes authentiques ou d'écrits sous seing privé. La demande en divorce peut être quelquefois justifiée par un acte authentique. Il en est ainsi notamment dans le cas où cette demande est fondée sur une condamnation afflictive et infamante. Pour ce cas, l'ancien art. 261 c. civ., qui a été abrogé, comme nous l'avons déjà vu *suprà*, n° 158, disposait que les seules formalités à observer consistaient à présenter au tribunal une expédition en bonne forme de la décision portant condamnation, avec un certificat du greffier constatant que cette décision n'était plus susceptible d'être réformée par les voies légales ordinaires. Le certificat du greffier devait être visé par le procureur général ou par le procureur de la République. Bien que ce mode de preuve ne soit plus rigoureusement prescrit, il doit

(1) (R... C. R...) — La cour ; — Sur la fin de non-recevoir proposée par R... : — Considérant que le fait par la femme, demanderesse en divorce ou en séparation de corps, d'avoir quitté la résidence qui lui avait été assignée, constitue aux termes de l'art. 269 c. civ., non une cause de déchéance de l'action, mais une fin de non-recevoir contre la continuation des poursuites ; — Qu'en effet, l'art 269 précité, placé parmi les dispositions relatives aux mesures provisoires que comporte l'instruction de la demande, parle seulement de discontinuation des poursuites, mais ne dit pas, comme l'art. 273 du même code, que la femme sera non recevable en sa demande si elle est dans le cas prévu audit article ; — Qu'il suit de là que la femme reprend l'exercice de son action, lorsqu'elle s'est soumise à l'autorité de justice, soit en rentrant à la résidence qui lui avait été fixée, soit en faisant agréer ses motifs d'excuse ; — Que dans l'espèce, il est constant que si, au cours de l'année 1884, la femme R... a quitté, pendant plusieurs mois, la maison où elle devait résider, elle y est revenue depuis plus d'un an et s'y trouve maintenant encore ; — Que, dès lors, il n'y a lieu de s'arrêter à la fin de non-recevoir proposée par le mari ;... — Par ces motifs, etc.

Du 24 déc. 1885.-C. de Paris, 4e ch.-MM. Faure-Biguet, pr.-Calary, av. gén.-Porchereau et Seligmann, av.

cependant toujours, autant que possible, être employé, car c'est le seul procédé légal et régulier à l'aide duquel peut être prouvée une condamnation. Nous pensons toutefois que, à la rigueur, le tribunal pourrait se contenter d'un extrait du casier judiciaire de l'époux condamné, surtout si la condamnation avait été prononcée dans le ressort même où la demande est formée, et si d'autre part il était établi que cette condamnation est définitive (V. en ce sens : Vraye et Gode, t. 1, n° 90).

413. Des actes ou écrits sous seing privé peuvent également être invoqués à l'appui de la demande en divorce ou en séparation de corps. Mais les juges doivent prendre garde si ces écrits n'ont pas été faits pour les besoins de la cause; ils ne doivent s'y arrêter que si ces documents sont corroborés de preuves accessoires ou de présomptions ne laissant aucun doute sur leur sincérité (Demolombe, *Cours de code civil*, t. 4, n° 473; Le Senne, *Traité de la séparation de corps*, n° 337; Vraye et Gode, t. 1, n° 174).

414. La question de la production des lettres missives dans les procès en séparation de corps ou en divorce a donné lieu à de vives controverses en doctrine et en jurisprudence. Cette question est déjà traitée au *Rép.* n° 42. En général, comme l'a dit un arrêt, les lettres particulières sont confidentielles, le secret qu'elles contiennent est réputé inviolable; d'où il résulte qu'elles ne peuvent être produites en justice sans le consentement de ceux à qui elles appartiennent (V. *Lettre missive*; — *Rép.* eod. v°, n°s 3 et suiv.). Mais ces principes rigoureux doivent être tempérés en matière de divorce et de séparation de corps. Alors, en effet, il s'agit de vérifier des faits intimes, qui se passent dans l'intérieur de la famille. La loi décide, par dérogation aux règles ordinaires, que le témoignage des parents et des domestiques devient admissible. On doit admettre, par analogie, que la correspondance privée peut être aussi, dans cette hypothèse, un moyen d'éclairer la justice.

Tout d'abord, il est reconnu sans difficulté que, dans une instance en divorce ou en séparation de corps, l'époux demandeur peut prouver les torts de son conjoint par des lettres que celui-ci lui a adressées (V. *Lettre missive*; — *Rép.* eod. v°, n° 22; *suprà*, n° 68; Demolombe, t. 4, n° 394; Rousseau, *Traité de la correspondance*, n° 144; Aubry et Rau, t. 8, § 760 *ter*, p. 290; Laurent, t. 3, n° 204; Vraye et Gode, t. 1, n° 178).

415. La question est plus délicate lorsqu'il s'agit de lettres écrites par l'un des époux à un tiers, par l'époux adultère, par exemple, à son complice. L'autre époux, le mari ou la femme, peut-il produire ces lettres, si elles sont arrivées entre ses mains? Quelques auteurs répondent négativement d'une manière absolue (Laurent, t. 3, n°s 201 et suiv.; Carpentier, *Traité du divorce*, n° 18. V. aussi Paris, 11 juin 1875) (1). Mais l'affirmative a prévalu dans la jurisprudence, sous une seule restriction. Il résulte d'assez nombreux arrêts que, dans une demande en séparation de corps ou en divorce, un époux a le droit de se prévaloir de lettres confidentielles, adressées à un tiers, nonobstant l'opposition du souscripteur et du destinataire, si ces lettres ne sont pas arrivées entre ses mains par des moyens illicites (Paris, 22 févr. 1860, aff. G..., D. P. 60. 5. 353; Rouen, 13 nov. 1878, aff. Féré, D. P. 80. 2. 190; Bordeaux, 13 janv. 1879, aff. Mercat, *ibid.*; Lyon, 6 mars 1883, aff. Bouvier, D. P. 85. 2. 191; Gand, 21 mai 1884, aff. Bulcke, D. P. 85. 2. 100; Civ. cass. 15 juill. 1885, aff. Schwarz, D. P. 86. 1. 145; Req. 11 juin 1888, aff. Gallot, D. P. 88. 1. 477). Mais il a été jugé que l'époux qui n'est ni l'auteur, ni le destinataire d'une lettre confidentielle ne peut en faire usage en justice, s'il ne la détient que par suite d'une soustraction (Besançon, 30 déc. 1862, aff. Vuillemot, D. P. 63. 2. 63). Jugé même qu'il en est ainsi, lorsque c'est par le résultat d'une erreur que l'époux se trouve en possession de la lettre (Req. 3 mai 1875, aff. Geffroy, D. P. 76. 1. 183).

416. Dans l'appréciation des moyens par lesquels un époux s'est procuré les lettres qu'il invoque, la jurisprudence tend à faire une distinction entre le mari et la femme. A raison du droit que l'autorité maritale confère au mari sur la personne de sa femme, on permet au mari de produire en justice des lettres qui sont tombées entre ses mains par l'effet du hasard ou qu'il a interceptées; peu importe d'ailleurs que ces lettres émanent de la femme ou de son complice (V. Civ. cass. 15 juill. 1885, cité *suprà*, n° 415). Ainsi, il a été jugé que le mari pouvait se prévaloir de lettres destinées à la femme, mais remises au mari par suite d'une erreur de suscription (Alger, 12 nov. 1866, aff. W..., D. P. 67. 2. 126);... d'une lettre écrite par la femme à sa sœur et interceptée par le mari (Bruxelles, 28 avr. 1875, aff. de W..., D. P. 76. 2. 25);... d'une lettre écrite par la femme à ses parents et dont le mari s'était emparé par force (Nîmes, 6 janv. 1880, aff. Dufau, D. P. 80. 2. 191). La cour de cassation a elle-même admis, en matière pénale, que l'adultère de la femme peut être établi par le mari à l'aide de lettres écrites par la femme à son complice et que le mari a achetées de celui-ci à prix d'argent (Crim. rej. 9 juin 1883, aff. Meisels, D. P. 84. 1. 89). — Mais il a été jugé, par un arrêt récent, que la demande en compulsoire formée par un mari à l'effet de fouiller les dépêches transmises par un bureau télégraphique et d'y rechercher l'original d'un télégramme que sa femme aurait expédié à un tiers, dans le but d'arriver au divorce, doit être repoussée comme tendant à l'obtention d'une mesure illégale (Pau, 2 janv. 1888, aff. Fontan, D. P. 89. 2. 134).

417. En ce qui concerne la femme, il a été jugé qu'elle peut produire, à l'appui de sa demande en séparation de corps, des lettres écrites par son mari à des tiers pour qu'elles

---

(1) (Gentil C. Gentil.) — La dame Gentil, plaidant en séparation de corps contre son mari, prétendait se servir contre celui-ci de lettres qui avaient été adressées à Gentil par son père et des brouillons des réponses faites par le mari. Elle disait avoir trouvé ces pièces dans un meuble du domicile commun. Lesdites pièces ayant été déposées entre les mains d'un séquestre nommé par justice, le mari forma une demande incidente devant le tribunal pour obtenir qu'elles lui fussent restituées et pour qu'il fût fait défense à la femme de s'en servir. Le 17 févr. 1874, le tribunal de la Seine repoussa la demande du mari par un jugement ainsi motivé : — « En ce qui touche l'incident soulevé par Gentil relativement aux lettres déposées ès mains du séquestre : — Attendu qu'au point de vue du procès actuel, Gentil ne saurait être considéré comme un tiers vis-à-vis de la demanderesse; — Que, d'autre part, la personne à laquelle avaient été adressées certaines de ces lettres, ou enfin qui avait écrit les autres, n'intervient pas au procès actuel pour en réclamer la propriété; — Attendu que ces lettres ont été trouvées au domicile conjugal par la femme Gentil, et qu'il n'est nullement établi que cette dernière soit entrée en leur possession par une voie de fait ou par tout autre moyen répréhensible; — Qu'il y a donc lieu de maintenir aux débats les lettres susvisées, etc. ». — Appel par le sieur Gentil. — Arrêt.

LA COUR; — Considérant que les lettres particulières sont confidentielles, et qu'en principe, le secret qu'elles contiennent est réputé inviolable; qu'elles sont la propriété de ceux qui écrivent et un dépôt entre les mains de ceux qui les reçoivent, d'où il résulte qu'elles ne peuvent être produites en justice et invoquées par des tiers contre ceux à qui elles appartiennent; — Considérant, en fait, que l'intimée reconnaît, dans les conclusions par elle prises devant les premiers juges, que les documents qui font l'objet du procès se composent : 1° de lettres écrites antérieurement au mariage par Gentil père à sa femme et à son fils; 2° d'une correspondance échangée entre Gentil père et son fils, à une époque contemporaine du mariage et qui y est relative; — Considérant que ces documents sont évidemment la propriété personnelle de Gentil fils et de son père; — Qu'en vain, la femme Gentil prétend les avoir trouvés dans le tiroir d'un meuble dépendant de la communauté; — Que cette circonstance, en admettant qu'elle fût établie, ne saurait légitimer la mainmise pratiquée par elle sur des pièces essentiellement confidentielles qui ne lui appartenaient pas; — Considérant que si la rigueur des principes relatifs à l'inviolabilité du secret des lettres peut fléchir dans la matière de la séparation de corps, où les preuves sont recherchées dans l'intimité et dans la famille, et si les tribunaux ont le pouvoir d'apprécier, selon les circonstances, quand il y a lieu de permettre ou d'interdire la production des lettres particulières, cette production ne saurait être autorisée dans l'espèce, en présence des faits de la cause;

Par ces motifs, ordonne que, dans les trois jours du présent arrêt, les lettres déposées ès mains d'Olivier, séquestre, seront remises à l'appelant, tant par la femme Gentil que par ledit séquestre, à quoi faire sera ce dernier contraint, quoi faisant déchargé; — Fait défense à la femme Gentil de faire usage desdites lettres au procès, d'en publier tout ou partie, ou d'en faire une communication quelconque.

Du 11 juin 1875.-C. de Paris, 5e ch.-MM. de la Faulotte, pr.-Dubois, subst.-Salle et Bertrand-Taillet, av.

lui soient communiquées (Dijon, 11 mai 1870, aff. de Montagu, D. P. 71. 5. 238);... des lettres découvertes par elle dans un meuble commun où le mari les avait laissées par inadvertance (Rouen, 13 nov. 1878, aff. Féré, D. P. 80. 2. 190);... des lettres adressées à un tiers et remises à la femme par le destinataire (Bordeaux, 13 janv. 1879, aff. Mercat, D. P. 80. 2. 190);... des lettres écrites par le mari à sa concubine, et que la femme possède par suite d'une remise volontaire de celle-ci en vue de l'usage qui en est fait (Lyon, 6 mars 1883, aff. Bouvier, D. P. 85. 2. 191). — Mais, jugé, au contraire, que la femme ne peut se prévaloir contre son mari de lettres trouvées par elle dans le tiroir d'un meuble dépendant de la communauté (Paris, 11 juin 1875, *suprà*, n° 415), ni d'une lettre que la femme a interceptée aux mains de la domestique d'un voisin, au moment où celle-ci, sur la demande du mari, la portait à la poste (Rouen, 13 nov. 1878, aff. Féré, D. P. 80. 2. 190).

Ainsi que nous l'avons déjà dit ailleurs (D. P. 85. 2. 191, note), nous n'apercevons pas de raison décisive pour faire ici à la femme une situation moins favorable. La femme doit pouvoir défendre son honneur et son droit d'épouse avec autant de liberté que le mari; elle doit jouir, comme demanderesse ou comme défenderesse, des mêmes facilités que le mari pour rassembler ses preuves. En supprimant la disposition de l'art. 230 c. civ., qui exigeait l'entretien de la concubine dans la maison conjugale comme élément constitutif de l'adultère du mari, en assimilant dès lors, à ce point de vue, le mari et la femme, le législateur de 1884 a bien manifesté son intention de protéger l'honneur de la femme avec le même soin que l'honneur du mari. On doit donc admettre que la femme est, aussi bien que le mari, recevable à invoquer en justice des lettres susceptibles de justifier sa demande, à la seule condition que la possession qu'elle a de ces lettres ne résulte pas d'un délit, d'un abus de confiance, d'un acte illicite, réprouvé par la loi ou par la morale.

418. En tout cas, comme la production des lettres dans les procès n'est prohibée par aucune loi, les juges du fond sont seuls appréciateurs de l'opportunité et de la convenance d'une production de ce genre (V. par analogie : Req. 3 févr. 1873, aff. Dumolin, D. P. 73. 1. 468).

419. Les juges ne sauraient, d'ailleurs, admettre comme preuves des copies qu'un époux produirait comme les ayant prises lui-même sur la correspondance de son adversaire, une partie ne pouvant se faire des titres à elle-même (Trib. Anvers, 8 août 1874, aff. de W..., D. P. 76. 2. 25).

420. — II. PREUVE TESTIMONIALE (*Rép.* n°s 239 à 257). — Sauf le cas où la demande est fondée sur une condamnation afflictive et infamante, les faits pouvant motiver le divorce ou la séparation de corps sont susceptibles d'être établis par la preuve testimoniale.

Avant la loi du 18 avr. 1886, les enquêtes en matière de divorce étaient soumises à des formes spéciales, déterminées par les art. 252 à 256 c. civ.; les dépositions des témoins étaient reçues par le tribunal séant à huis clos, en présence du ministère public, des parties et de leurs conseils ou amis, jusqu'au nombre de trois de chaque côté. Le rapporteur de la loi de 1886 devant le Sénat a exposé comme il suit les motifs qui ont fait abandonner ce mode de procéder : « Les art. 252 et 253 ordonnent l'enquête à l'audience et par le tribunal. Cette disposition n'a aucune utilité et produit souvent des résultats regrettables; de plus, elle constitue pour le tribunal une perte de temps considérable qui n'est compensée par aucun intérêt. C'est, en outre, un mode de procéder détestable, à cause de l'intervention des conseils ou amis, autorisés par l'art. 253 à assister aux dépositions des témoins. Les enquêtes sont converties en scènes de récriminations, et l'autorité des magistrats est parfois insuffisante pour ramener le calme. Aussi, loin de faciliter un rapprochement, cette présence de conseils ou d'amis est-elle une cause de conflit pendant et après l'enquête. La forme de l'enquête édictée par le code de procédure est bien plus simple et moins onéreuse; elle offre tout autant de garanties, et elle a, en outre, le grand avantage d'assurer le secret, sur lequel il n'est pas possible de compter avec la disposition de l'art. 253 ». Aujourd'hui, l'art. 245 nouveau statue que, « lorsqu'il y a lieu à enquête, elle est faite conformément aux dispositions des art. 252 et suiv. c. proc. civ. ». La même règle est applicable en matière de séparation de corps, bien que l'art. 307 ne le dise pas; cela résulte tant de l'art. 879 c. proc. civ. que des art. 239 et 307 c. civ. combinés.

421. La disposition de l'art. 245 nouveau régit même les enquêtes commencées antérieurement à la loi du 18 avr. 1886 (Nancy, 10 mars 1887) (1). Voici ce qui est dit à ce sujet dans les instructions données pour l'application de la nouvelle loi par la chambre des avoués de Paris : « Le tribunal, avant la promulgation de la loi, avait ordonné l'enquête; le jugement ne contient pas de commission du juge. Il y a lieu, dès lors, d'introduire un incident devant le tribunal pour faire nommer le juge enquêteur par un nouveau jugement, par conclusions dans les affaires contradictoires, par réassignation dans les affaires par défaut. Cet incident de pure forme ne pourra donner lieu à aucun débat, puisque l'admissibilité et la pertinence des faits ont été précédemment reconnues par le tribunal. Il semble que le délai pour ouvrir l'enquête ne devra commencer à courir que de

---

(1) (Mathieu C. Dame Mathieu.) — LA COUR; — Attendu que par jugement du 4 juin 1884, le tribunal de Nancy, sur la demande du mari, a prononcé aux torts de la femme la séparation des époux Mathieu et donné, en outre, au mari la garde du fils issu de leur mariage; — Attendu que par acte du 26 juillet suivant la dame Mathieu a formé appel de cette double décision, et que par ses conclusions devant la cour elle demande aujourd'hui que la séparation de corps soit prononcée aux torts respectifs des époux, et que leur fils confié à tort, suivant elle, par les premiers juges aux soins de son père, soit et demeure confié à la garde exclusive de la mère; — Attendu que, de son côté, l'intimé demande à la cour de mettre à néant l'appel de la dame Mathieu; — Mais attendu que par des conclusions nouvelles et incidentes celui-ci demande, en outre, que l'instance en séparation de corps soit convertie en instance de divorce, et articule, pour le cas où la cour ne croirait pas devoir *de plano* prononcer cette mesure, une série de faits tendant à la justifier; — Attendu que sur la conversion de l'instance la dame Mathieu conclut de son côté à ce que cette demande soit, dès à présent, déclarée non recevable, et pour le cas où il en serait autrement décidé, à ce que les parties soient, au préalable, renvoyées devant le président ou l'un des membres de la cour, conformément aux art. 236 et suiv. c. civ.; — Attendu enfin que, dans l'hypothèse où ce renvoi ne serait pas ordonné, elle articule aussi, dans ses conclusions subsidiaires, des faits tendant à établir que les torts des deux époux auraient été réciproques; — Attendu que c'est en cet état que l'affaire se présente devant la cour; — Sur la demande en conversion : — Attendu que, l'appel de la dame Mathieu ayant été interjeté le 26 juill. 1884, l'instance en séparation de corps était pendante au moment de la promulgation de loi du 27 du même mois sur le divorce; — Attendu que, dans ces circonstances, l'instance pouvait être convertie par le demandeur en instance de divorce, cette conversion pouvant, en effet, aux termes des art. 4 de la loi du 27 juill. 1884 et 6 de la loi du 18 avr. 1886, être demandée même en cour d'appel; — Sur la procédure à suivre : — Attendu qu'il n'y a pas lieu de renvoyer au préalable les parties devant le président, comme le demande la dame Mathieu; — Attendu, en effet, que pour les instances pendantes lors de la promulgation de la loi nouvelle, la procédure du divorce, aux termes des articles précités, ne doit *être suivie* qu'à partir du dernier acte valable de la procédure de séparation de corps; — Attendu que si, dans cette hypothèse, l'intention du législateur avait été que la procédure fût recommencée, dans les formes spéciales de la procédure du divorce, en son entier et à remonter aux premiers actes mentionnés aux art. 236 et suiv. c. civ., le législateur l'aurait dit et aurait formulé autrement sa pensée; que la loi de 1884 et celle de 1886 décident, au contraire, que la procédure spéciale du divorce *sera suivie*, ce qui indique clairement qu'elle ne sera pas recommencée, *à partir* du dernier acte valable de la procédure de séparation de corps; que, dans l'affaire actuelle, le dernier acte valable de cette procédure étant l'acte d'appel de la dame Mathieu, il ne reste plus, dans cet état de la cause, pour suivre la procédure du divorce, qu'à statuer au fond, ou, s'il y a lieu, à ordonner l'enquête qui, aux termes du nouvel art. 245 c. civ., doit être faite conformément aux dispositions des art. 242 et suiv. c. proc. civ.;

Par ces motifs; — Reçoit en la forme la demande en conversion faite en cour d'appel par le sieur Mathieu et, faisant droit aux conclusions des parties tendant à l'enquête, autorise, avant de statuer au fond, ledit Mathieu à prouver par témoins en la forme ordinaire des enquêtes, les articulations de ses conclusions; réserve à la dame Mathieu la preuve contraire.

Du 10 mars 1887.-C. de Nancy, 2e ch.-MM. Pécheur, pr.-Villard, av. gén.-Larcher et Contal, av.

la signification du jugement commettant le juge enquêteur ».

422. Le paragraphe 2 de l'art. 245 c. civ. apporte une dérogation aux règles ordinaires des enquêtes en ce qui concerne les témoins pouvant être assignés ou reprochés. En droit commun, les parents et alliés en ligne directe de l'une ou l'autre des parties ou le conjoint, même divorcé, ne peuvent pas être assignés (c. proc. civ. art. 268); les parents et alliés jusqu'au degré de cousin issu de germain inclusivement, les parents et alliés du conjoint, jusqu'au même degré, si le conjoint est vivant ou si la partie ou le témoin en a des enfants vivants, et si le conjoint est décédé et n'a pas laissé de descendants, les parents et alliés en ligne directe, les frères, beaux-frères, sœurs et belles-sœurs, peuvent être reprochés ; il en est de même des serviteurs et domestiques (c. proc. civ. art. 283). Mais, en matière de divorce, l'art. 245, § 2, dispose que « les parents, à l'exception des descendants, et les domestiques peuvent être entendus comme témoins ». Ce texte est, à peu près, la reproduction de l'ancien art. 251, qui toutefois ajoutait : « Mais le tribunal aura tel égard que de raison aux dépositions des parents et des domestiques ».

423. Comme nous l'avons dit au *Rép.* n° 244 pour l'ancien art. 251, la règle de l'art. 245, § 2, doit être étendue à la procédure de séparation de corps. Il y a identité de motif (V. outre les arrêts et les auteurs cités au *Rép.* n° 244 : Caen, 28 janv. 1874 aff. Lesage, D. P. 75. 2. 44 ; Dijon, 27 mars 1879, aff. Prost, D. P. 79. 2. 181 ; Frémont, n° 553 ; Depeiges, n° 120; Carpentier, *La loi du* 18 *avr.* 1886, n°s 116 et 186; Vraye et Gode, t. 1, n° 449).

424. La prohibition d'entendre comme témoins les *descendants* des époux comprend, non seulement les enfants communs, mais aussi les enfants d'un précédent mariage. Le contraire a été jugé (Besançon, 16 déc. 1872, aff. Maréchal, D. P. 73. 2. 62). Mais la solution qui précède est conforme au texte de l'art. 245, § 2, et, déjà sous l'empire de l'ancien art. 251, elle était plus généralement admise (*Rép.* n° 246 ; Dijon, 27 mars 1879, aff. Prost, D. P. 79. 2. 181 ; Massol, 2e éd., p. 192 ; Laurent, t. 3, n° 234 ; Carpentier, *Traité du divorce*, n° 154; Goirand, p. 85; Frémont, n° 552; Coulon et Faivre, 4e éd., p. 193 ; Vraye et Gode, t. 1, n° 276).

425. La prohibition s'étend également aux enfants naturels reconnus, aux enfants adoptifs et à leurs descendants (Goirand, *loc. cit.;* Frémont, n° 553 ; Vraye et Gode, t. 1, n°s 277 et suiv.).

426. Bien que l'art. 245 ne parle que des *parents*, il n'est pas douteux que les *alliés* des époux peuvent être entendus comme témoins aussi bien que les parents proprement dits. On pourrait seulement se demander si les conjoints des descendants ne peuvent pas également être appelés à déposer. Nous pensons qu'ils doivent être assimilés aux descendants et que leur témoignage n'est pas recevable. Le code de procédure, en effet, met toujours sur la même ligne, au point de vue des témoins reprochables, les parents et les alliés. Ainsi faisait déjà l'ordonnance de 1667 : « Les parents et alliés des parties, disait-elle (tit. 22, art. 11), jusqu'aux enfants des cousins issus de germains inclusivement, ne pourront être témoins en matière civile... ». Les rédacteurs du code, voulant déroger à cet article, se sont bornés à dire que « les parents des parties, à l'exception de leurs enfants ou descendants ne sont pas reprochables du fait de la parenté »; c'est la disposition de l'ancien art. 251, devenu l'art. 245. Mais, de même que les alliés en ligne ascendante ou collatérale doivent être assimilés aux parents, qui peuvent déposer, de même les alliés en ligne directe descendante doivent aussi être assimilés aux descendants, dont le témoignage n'est pas admis (Vraye et Gode, t. 1, n° 279).

427. Le conjoint divorcé peut-il être admis à déposer? L'affimative est soutenue par MM. Vraye et Gode, t. 1, n° 280. D'après eux, le conjoint divorcé ne pourrait être exclu qu'en vertu de l'art. 268 c. proc. civ. ; or cet article n'est pas applicable à la matière du divorce, qui est régie spécialement par le code civil. En outre, on ne concevrait pas, disent ces auteurs, l'exclusion du conjoint divorcé, qui n'a ni lien depar enté, ni lien d'affinité, quand les parents et les alliés les plus proches seraient admis à déposer. Ces motifs ne nous paraissent pas déterminants. Tout d'abord, il n'est pas douteux aujourd'hui que la procédure du divorce est régie tant par le code civil que par le code de procédure (c. civ. art. 239 et 245). Nous venons de voir, d'ailleurs, *suprà*, n°s 422 et 426, que, même au point de vue spécial des témoins susceptibles d'être entendus dans une instance en divorce, le texte de l'art. 245 c. civ. est incomplet et doit être interprété d'après les dispositions des art. 268 et 283 c. proc. civ. Or, il résulte de ces dispositions que le conjoint divorcé du descendant de l'un des époux peut être reproché si le descendant en a des enfants vivants ; en ce cas, en effet, ce conjoint est considéré comme allié en ligne directe. A plus forte raison, devrait-on reprocher le conjoint divorcé de l'époux qui aurait encore des enfants de ce conjoint. Nous croyons même que l'on peut aller plus loin et décider que, dans tous les cas, le conjoint divorcé ne doit pas être entendu. Ce conjoint est exclu d'une manière absolue par la disposition de l'art. 268 c. proc. civ. ; or l'art. 245 c. civ. déroge à cette disposition en ce qui concerne les parents, mais il ne parle pas du conjoint divorcé; celui-ci, par conséquent, reste sous le coup de la prohibition.

428. Au surplus, il est admis en jurisprudence que les reproches édictés par la loi ne sont pas limitatifs, et que les tribunaux peuvent écarter le témoignage de certains témoins pour d'autres causes (V. *Enquête ; — Rép.* eod. v°, n°s 514 et suiv.). Rien ne s'oppose à ce que cette théorie soit appliquée en matière de divorce (Vraye et Gode, t. 1, n° 283).

429. Il va de soi aussi que, si les parents et domestiques ne sont pas reprochables à raison de leur parenté ou de leur qualité, ils peuvent l'être pour toute autre cause. Toutefois, les parents dont le témoignage est admissible ne seraient pas reprochables en tant qu'héritiers présomptifs ou donataires de l'un des époux, ni parce qu'ils auraient bu ou mangé avec l'une des parties et à ses frais depuis le jugement ordonnant enquête. Le législateur ayant considéré le témoignage des parents comme nécessaire et ayant supprimé, en ce qui les concerne, le reproche fondé sur la parenté, on doit présumer qu'il a entendu écarter aussi pour eux des reproches fondés sur des causes moins graves et dont l'existence sera généralement motivée par la parenté (*Rép.* n°s 245 et 247 ; Caen, 28 janv. 1874, aff. Lesage, D. P. 75. 2. 44). Suivant M. Massol, p. 190 et suiv., les causes de reproches dont nous parlons ne seraient pas opposables aux ascendants, mais elles suffiraient pour faire écarter le témoignage des autres parents. Cette distinction ne nous paraît pas suffisamment motivée.

430. Nous pensons que les descendants et leurs alliés, ainsi que le conjoint divorcé, ne sont pas seulement reprochables, mais incapables de déposer. En d'autres termes, leur témoignage doit être rejeté même d'office ; c'est l'application de l'art. 268 c. proc. civ., auquel l'art. 245 c. civ. a seulement dérogé pour les ascendants (Vraye et Gode, t. 1, n°s 285 et suiv.).

431. Il a été jugé autrefois qu'en matière de divorce l'art. 293 c. proc. civ. était inapplicable, et que l'enquête déclarée nulle par la faute de l'avoué ou par celle de l'huissier pouvait être recommencée (Civ. cass. 28 déc. 1807, *Rép.* n° 475). Pareille décision a été rendue en matière de séparation de corps (Dijon, 29 mai 1845, aff. Raviaud, D. P. 45. 2. 173 ; Nancy, 30 déc. 1860, aff. Bonfils, D. P. 61. 5. 183), et il semble que cette doctrine devrait être étendue à toutes les causes intéressant l'ordre public et l'état des personnes (V. en ce sens : *Rép.* v° *Enquête*, n° 445 ; Demolombe, t. 4, n° 483 ; Massol, p. 186, note 1 ; Depeiges, n° 90 ; Vraye et Gode, t. 1, n° 290). Il a cependant été jugé en sens contraire que l'art. 293 c. proc. civ. s'applique en matière de séparation de corps comme en toute autre matière, mais qu'il laisse aux juges le droit d'ordonner d'office la preuve des faits qui leur paraissent concluants et, par conséquent, la faculté d'ordonner une nouvelle enquête, après annulation de celle faite à la requête de la partie (Douai, 5 nov. 1860 (1); 13 mars 1869, aff. Broutin, D. P. 69. 2. 106).

(1) (Bois *C.* Bois.) — Dans l'instance en séparation de corps formée par la femme Bois contre son mari, la contre-enquête du sieur Bois fut annulée, par arrêt de la cour de Douai du 7 nov. 1859, par le motif que le délai prescrit par l'art. 73 c. proc. civ. n'avait pas été observé lors de l'assignation délivrée à la femme conformément à l'art. 261 du même code. Le sieur Bois sollicita du tribunal d'Avesnes l'autorisation de recommencer sa contre-enquête, en prétendant que la prohibition de l'art. 293 c. proc.

432. Relativement aux faits sur lesquels peut porter l'enquête ou la contre-enquête, V. *Rép.* nos 253 et suiv. — Il a été jugé qu'en matière de séparation de corps, le juge qui procède à la contre-enquête peut refuser d'adresser aux témoins produits par l'époux défendeur des questions portant sur des faits qui ne sont pas de nature à détruire ou à atténuer les griefs de l'époux demandeur, mais seulement à faire suspecter d'une manière générale la moralité de celui-ci (Paris, 23 juin 1855, aff. D..., D. P. 57. 2. 33).

433. L'époux défendeur ayant la faculté de former une demande reconventionnelle en tout état de cause (V. *suprà*, nos 237 et suiv.), il faut admettre, contrairement à ce qu'on décidait autrefois, que les faits révélés par la contre-enquête, bien qu'ils n'aient pas été articulés avant le jugement qui a ordonné la preuve, peuvent servir de base à la demande reconventionnelle (Paris, 20 janv. 1886 (1) ; Carpentier, *La loi du* 18 *avr.* 1886, no 116. — *Contrà :* Bordeaux, 23 janv. 1866, aff. Cluzeau, D. P. 66. 5. 423).

434. Le jugement qui autorise une partie à faire la preuve par témoins des faits par elle allégués, lui accorde un droit auquel elle est libre de renoncer, à ses risques et périls. En conséquence, lorsqu'à la suite d'un jugement qui a autorisé des époux respectivement demandeurs en séparation de corps à faire la preuve de faits articulés par chacun d'eux, la femme s'est désistée du bénéfice de ce jugement et a conclu à ce que, faute par le mari de procéder à l'enquête, les parties revinssent devant le tribunal, les juges peuvent alors prononcer la séparation de corps, bien que l'enquête ordonnée n'ait pas eu lieu (Req. 4 déc. 1876, aff. d'Arnaud-Bey, D. P. 77. 1. 313).

435. Il résulte d'un arrêt de la cour de cassation que, si un tiers a été admis à intervenir dans une instance en séparation de corps, dans le but d'y sauvegarder sa réputation qui peut être mise en question, notamment dans les enquêtes, il a par cela même le droit de prendre part aux enquêtes pour y fournir la preuve contraire des faits susceptibles de l'atteindre (Civ. cas. 26 mars 1888, aff. B..., D. P. 88. 1. 465).

436. — III. PRÉSOMPTIONS (*Rép.* nos 258 et 259). — La preuve des faits articulés à l'appui d'une demande en divorce ou en séparation de corps peut résulter de présomptions tirées des documents de la cause, aussi bien que d'une enquête. Toutes les fois, en effet, que la preuve testimoniale est admissible, les juges peuvent fonder leurs décisions sur de simples présomptions (c. civ. art. 1353) (V. en ce sens : *Rép.* no 258 ; Req. 6 juin 1853, aff. Guyet, D. P. 53. 1. 244 ; 29 avr. 1862, aff. de Ces-Caupenne, D. P. 62. 1. 515 ; 23 févr. 1881, aff. Pagès, D. P. 81. 1. 344).

437. — IV. AVEU (*Rép.* nos 260 et 261). — L'aveu de l'époux défendeur ne saurait évidemment suffire pour per-

---

civ. n'était pas applicable dans les causes qui intéressent l'ordre public. Cette demande fut rejetée par un jugement du 10 févr. 1860. — Appel par Bois. — Arrêt.

LA COUR ; — Attendu en droit que, suivant les art. 307 c. nap. et 879 c. proc. civ., les demandes en séparation de corps doivent être instruites et jugées comme tout autre action civile ; — Que l'art. 293 dispose en termes aussi généraux qu'impératifs et qui excluent toute distinction, que l'enquête déclarée nulle par la faute de l'officier ministériel ne sera pas recommencée ; — Que, d'après l'art. 1029, aucune des nullités prononcées par ce code n'est comminatoire ; — Qu'au surplus, même au cas d'annulation de l'enquête, l'intérêt de la partie demeure toujours sauvegardé par l'art. 254, qui réserve au tribunal la faculté d'ordonner d'office la preuve des faits qui lui paraîtraient concluants ; — Attendu, en fait, que, dans les circonstances de la cause, le tribunal a écarté avec raison, comme étant dépourvue de pertinence, l'offre de preuve de l'appelant ; — Confirme, etc.

Du 5 nov. 1860.-C. de Douai, 1re ch.-MM. de Moulon, 1er pr.-Morcrette, 1er av. gén.-Merlin et Duhem, av.

(1) (Dame B... C. B...) — La dame B... ayant formé une instance en séparation de corps contre son mari, le tribunal civil de la Seine avait, par un jugement du 4 juill. 1883, prononcé la séparation de corps contre elle-même sur une demande reconventionnelle du mari. Appel principal fut interjeté par la dame B... et appel incident par le sieur B... La loi du 27 juill. 1884 survint avant que la cour n'eût statué, et les deux époux, usant du bénéfice de l'art. 4 de cette loi, demandèrent chacun de leur côté la conversion de l'instance de séparation de corps en instance de divorce. Mais, au moment des plaidoiries, le sieur B... se désista purement et simplement de sa demande de conversion et reprit ses conclusions primitives qui tendaient à la confirmation du jugement de première instance. La dame B... soutint que le désistement de son mari était tardif ; qu'il était, en outre, irrégulier, parce qu'il n'avait pas été signé par le sieur B... lui-même ; qu'en supposant ce désistement valable, il devait avoir pour effet d'éteindre l'instance tout entière, et enfin que le tribunal n'avait pu valablement puiser la preuve des faits pour lesquels il avait prononcé la séparation de corps contre elle, dans la contre-enquête de son mari. Ces diverses objections ont été écartées par la cour dans l'arrêt suivant :

LA COUR ; — En ce qui touche la demande de la dame B... : — Considérant qu'à la date du 6 nov. 1884, et au cours de l'instance d'appel, la dame B..., invoquant les termes de l'art. 4 de la loi du 27 juill. 1884, a déclaré convertir l'action en séparation de corps par elle formée contre son mari en instance à fin de divorce ; que cette demande est donc la seule sur laquelle la cour ait à statuer ; — Considérant que les faits résultant de l'enquête et de la contre-enquête n'établissent pas que depuis l'année 1872, époque du mariage, B... se soit habituellement livré envers sa femme à des actes de violence, les témoins qui en déposent n'ayant pas eu connaissance personnelle des faits qu'ils ont rapportés ; que si en une circonstance particulière, en 1879 ou 1880 à la suite d'une altercation, B... a usé d'une certaine violence envers sa femme, et si, à une ou deux reprises, il a adressé à celle-ci des paroles grossières, ces faits isolés, envisagés au point de vue du degré d'éducation de B... et de la profession qu'il exerçait, ne constituent pas des sévices ou des injures suffisamment graves pour motiver le divorce ; que la demande de la dame B... doit être rejetée ; — En ce qui touche la demande de B... : — Considérant que B..., qui, par ses premières conclusions, avait conclu à ce que la dame B... fût déboutée de son appel, a, le 3 juill. 1884, formé un appel incident tendant : 1° à être déchargé de la pension alimentaire et mensuelle de 150 fr. qu'il avait été condamné à servir à sa femme, alors que la garde des trois enfants issus du mariage était confiée à une tierce personne ; 2° à ce que, au cas où la garde des enfants ne serait pas maintenue au sieur V..., cette garde lui fût confiée à lui-même ; que, le 8 nov. 1884, B... a pris des conclusions par lesquelles il a demandé acte de ce qu'il entendait convertir en instance en divorce la demande en séparation de corps par lui intentée contre sa femme ; mais que, par des conclusions en date du 26 déc. 1885, réitérées par acte d'avoué à avoué signifié le 30 du même mois et signé par B..., celui-ci a déclaré se désister purement et simplement des conclusions par lesquelles il avait demandé la conversion de sa demande en séparation de corps en instance de divorce ; — Considérant que la dame B... soutient : 1° que ces dernières conclusions doivent être rejetées comme tardives aux termes de l'art. 70 du décret du 30 mars 1808, et en tout cas comme non revêtues de la signature de B... ; 2° que le désistement de sa demande à fin de divorce ne permettait pas à B... de demander à la cour de faire droit à ses premières conclusions tendant à la confirmation du jugement qui a prononcé la séparation de corps à sa requête ; — Sur le premier point : — Considérant qu'après les plaidoiries commencées la dame B... a fait signifier des conclusions en réponse à celles par lesquelles son mari déclarait se désister de sa demande en divorce ; qu'un débat contradictoire s'est engagé sur la portée de ce désistement plus de trois jours après le moment où il a été signifié ; que les conclusions dont s'agit ayant ainsi été sérieusement discutées ne peuvent être rejetées comme tardives ; qu'enfin elles ont été, le 31 déc. 1875, réitérées par acte d'avoué à avoué signé par B... ; — Sur le second point ; — Considérant qu'aux termes de l'art. 403 c. pr. civ., le désistement a pour effet de remettre les choses de part et d'autre au même état qu'elles étaient au moment de la demande ; que le désistement donné par B... de sa demande en divorce remet donc les choses en l'état et cesse de faire obstacle à ce qu'il soit statué sur ses conclusions primitives tendant à la confirmation du jugement qui a prononcé à son profit la séparation de corps ; — Considérant, d'autre part, que la dame B... n'est pas fondée à prétendre que les faits résultant de la contre-enquête ne pourraient servir de base à une action reconventionnelle de la part de son mari, et ne forment pas contre elle une preuve juridique ; que, la dame B... n'ayant pas usé des moyens légaux pour administrer une preuve contraire, il appartient au tribunal, comme il appartient à la cour, d'apprécier ces faits au point de vue, tant de la demande principale que de la demande reconventionnelle ; — Au fond ..... (Sans intérêt) ; — Par ces motifs, donne acte à la dame B... de ce qu'elle déclare convertir en instance de divorce la demande en séparation de corps antérieurement formée par elle contre son mari ; — La déclare mal fondée en ladite demande à fin de divorce, l'en déboute ; — Donne acte à B... du désistement par lui donné des conclusions par lesquelles il avait déclaré convertir en instance de divorce, la demande en séparation de corps par lui formée contre la dame B... ; — Déclare recevables les conclusions par lesquelles B... a notifié ce désistement ; — Confirme le jugement en ce qui touche la séparation de corps prononcée à la requête de B... ; etc.

Du 20 janv. 1886.-C. de Paris, 2e ch.-MM. Rousselle, pr. Quesnay de Beaurepaire, av. gén.-Barbier et Vraye, av.

mettre de prononcer le divorce ou la séparation de corps, car le divorce, pas plus que la séparation de corps, ne peut avoir lieu par le consentement mutuel des époux (c. civ. art. 307). Mais, comme l'a dit la cour de cassation, « si l'aveu du défendeur est à lui seul inefficace pour prouver la réalité des faits qui servent de fondement à la demande, il peut néanmoins être pris en considération, particulièrement lorsqu'il n'est pas explicite et purement volontaire, et qu'il s'induit de faits constants, dont il appartient aux tribunaux de déterminer le caractère et les conséquences » (Req. 29 avr. 1862, aff. de Cès-Caupenne, D. P. 62. 1. 515. V. dans le même sens : *Rép.* n° 261 ; Le Senne, n° 336 ; Carpentier, *Traité du divorce*, n° 17 ; Poulle, p. 157 ; Depeiges, n° 89 ; Vraye et Gode, t. 1, n° 173).

On a vu *suprà*, n° 373, que l'aveu est regardé comme suffisant pour établir le fait de la réconciliation.

438. Pour obtenir des aveux, l'un des époux peut demander au tribunal qu'il soit procédé à l'interrogatoire sur faits et articles de son conjoint. Si les faits articulés sont pertinents, rien ne s'oppose à ce que cette mesure d'instruction soit ordonnée (*Rép.* v° *Interrogatoire sur faits et articles*, n° 24; Demolombe, t. 4, n° 476; Carpentier, *Traité du divorce*, n° 21 ; Depeiges, n° 89 ; Vraye et Gode, t. 1, n° 176).

439. — V. SERMENT (*Rép.* n°s 262 et 263). — Ainsi que nous l'avons démontré au *Rép.* n° 262, le serment litisdécisoire ne peut être déféré sur les faits qui servent de fondement à une demande en divorce ou en séparation de corps. Il est de principe, en effet, que la délation de serment n'est pas recevable relativement aux faits sur lesquels les parties n'ont pas le droit de transiger (*Rép.* v° *Obligations*, n°s 5192 et suiv. ; Aubry et Rau, t. 5, § 491, p. 182 ; Laurent, t. 3, n° 206 ; Le Senne, n° 349 ; Carpentier, *Traité du divorce*, n° 20 ; Vraye et Gode, t. 1, n° 175). La plupart des auteurs excluent également, en cette matière, le serment supplétoire (*Rép. ibid.* ; Aubry et Rau, *loc. cit.* ; Le Senne, n° 350 ; Vraye et Gode, *loc. cit.*). Cependant, M. Carpentier, *loc. cit.*, observe que ce serment n'est qu'un supplément d'information, qu'il est loisible au juge de demander à la conscience de l'une des parties, quand la demande principale n'est pas complètement dénuée de preuves.

440. Sur la question de savoir si le serment litisdécisoire peut être déféré sur le fait de la réconciliation, V. *suprà*, n° 374.

SECT. 9. — DU JUGEMENT (*Rép.* n°s 264 à 287).

ART. 1er. — *Faculté de surseoir au jugement de divorce.*

441. Aux termes de l'art. 246 nouveau, « lorsque la demande en divorce a été formée pour toute autre cause que celle qui est prévue par l'art. 232, le tribunal, encore que cette demande soit bien établie, peut ne pas prononcer immédiatement le divorce. — Dans ce cas, il maintient ou prescrit l'habitation séparée et les mesures provisoires pendant un délai qui ne peut excéder six mois. Après le délai fixé par le tribunal, si les époux ne sont pas réconciliés, chacun d'eux peut faire citer l'autre à comparaître devant le tribunal dans le délai de la loi pour entendre prononcer le jugement de divorce ». L'origine de cette disposition se trouve dans les anciens art. 259 et 260 c. civ., qui autorisaient déjà le tribunal, dans certains cas, à ne pas prononcer le divorce immédiatement et à imposer aux parties un temps d'épreuve, lorsqu'une réconciliation pouvait encore être espérée. Cette faculté de surseoir au jugement de divorce a seulement été modifiée par la loi du 18 avr. 1886 sous deux rapports : tandis que le code civil l'avait restreinte à l'hypothèse où la demande était formée pour cause d'excès, de sévices ou d'injures graves, la loi nouvelle l'a étendue à tous les cas de divorce, sauf celui prévu par l'art. 232 (condamnation de l'un des époux) ; mais, en revanche, le temps d'épreuve, qui pouvait être d'un an d'après le code civil, a été réduit au *maximum* de six mois.

442. On s'est demandé au *Rép.* n° 266 si la faculté de surseoir au jugement était applicable en matière de séparation, et, avec la plupart des auteurs, on s'est prononcé pour la négative. Cette solution n'est plus douteuse aujourd'hui : l'art. 246 ne parle que de la demande en divorce, et il n'est pas de ceux que l'art. 307 déclare applicables à la séparation de corps.

443. L'application de l'art. 246 est soumise à une double condition. Il faut : 1° que la demande en divorce ait été formée pour cause d'adultère ou pour cause d'excès, sévices ou injures graves ; 2° que cette demande soit bien établie. — Lorsque la demande est motivée par la condamnation de l'un des époux à une peine afflictive et infamante, il n'y a pas de sursis possible ; c'est une différence qui subsiste encore entre cette hypothèse et celle où la demande est fondée sur l'une des causes prévues par les art. 229 à 231 ; cette différence est la seule, car nous avons vu que la procédure spéciale qui était autorisée par l'ancien art. 261 pour le cas de condamnation a été abrogée (V. *suprà*, n° 158).

En outre, le tribunal ne peut surseoir au jugement de divorce que si la demande lui paraît bien fondée et s'il est résolu à prononcer le divorce à l'expiration du sursis, lorsque les époux ne se seront pas réconciliés. Cela résulte du dernier alinéa de l'art. 246, qui dispose que, à défaut de réconciliation, chacun des époux peut faire citer l'autre « à comparaître devant le tribunal dans le délai de la loi pour entendre prononcer le *jugement de divorce* ». L'ancien art. 260 était encore plus explicite, il disait : « ... pour y entendre prononcer le *jugement définitif, qui pour lors admettra le divorce* ». Mais la nouvelle rédaction n'est évidemment que le résumé de l'ancienne (Vraye et Gode, t. 1, n° 296).

444. Le tribunal devant être fixé sur le bien fondé de la demande avant d'ordonner le sursis, il en résulte que le sursis ne peut être prononcé que si l'affaire est en état de recevoir jugement définitif.

445. En ordonnant le sursis, le tribunal « maintient ou prescrit, dit la loi, l'habitation séparée et les mesures provisoires pendant un délai qui ne peut excéder six mois ». Nous avons admis, *suprà*, n° 277, que les juges pourraient, dans des cas exceptionnels, refuser aux époux l'autorisation d'habiter séparément, pendant la durée de l'instance. Mais cela n'est plus vrai du moment où le tribunal prononce le sursis. La demande se trouvant justifiée, la communauté d'habitation ne peut plus être alors imposée aux époux. Tout ce que les juges peuvent encore faire, c'est de les soumettre pendant un temps à une sorte de séparation de corps provisoire, et ils ne doivent naturellement recourir à ce moyen que s'ils ont l'espérance, comme le dit un auteur (Laurent, t. 3, n° 243) « qu'une séparation provisoire suffira pour calmer les passions et réconcilier les époux » (Carpentier, *La loi du 18 avr. 1886*, n° 117 ; Vraye et Gode, t. 2, n° 563).

446. Il nous paraît certain que, si la femme venait à quitter, pendant la durée du sursis, la résidence qui lui a été assignée, elle tomberait encore sous le coup de l'art. 241 c. civ. : le mari pourrait refuser de lui payer sa provision alimentaire et la faire déclarer non recevable à poursuivre sa demande. L'instance, en effet, n'est pas terminée, le mariage subsiste, et, suivant le texte de l'art. 246, les mesures provisoires sont maintenues (Vraye et Gode, t. 2, n° 564).

447. Le sursis peut être prononcé même dans le cas où le défendeur fait défaut. Rien ne s'y oppose dans la loi (Depeiges, n° 98 ; Coulon et Faivre, p. 198).

448. Le *maximum* du sursis est de six mois, mais le tribunal peut le prononcer pour une durée moins longue. On décide que « le sursis ne saurait être prononcé plusieurs fois, quand même le délai fixé aurait été très court, et que l'on se trouverait encore dans les six mois du jugement de sursis » (Vraye et Gode, t. 1, n° 298). Cette opinion a été exprimée dans l'exposé des motifs ; elle ne nous paraît cependant pas résulter nécessairement du texte de la loi.

449. Quel sera le point de départ du sursis ? Commencera-t-il à courir du jour du jugement ou du jour de la signification ? Nous admettons que le tribunal peut le faire commencer dès le jour du jugement. Mais si le jugement ne s'explique pas formellement à cet égard, nous pensons que le délai ne doit courir que du jour où le jugement est signifié. Cette condition nous paraît même nécessaire pour que le temps d'épreuve ait toute sa durée en cas de jugement par défaut (V. en ce sens : Liège, 3 mars 1887, aff. Devillers, D. P. 88. 2. 308. — *Contrà* : Vraye et Gode, t. 1, n° 304).

450. Suivant la règle ordinaire, le jour *a quo* ne doit pas être compris dans le délai, et tant que ce délai n'est pas terminé, la procédure ne peut pas être reprise : c'est seulement « après le délai » qu'aux termes de l'art. 246, § 3, chacun des époux peut faire citer l'autre pour la prononciation du divorce. Il est possible, toutefois, que les deux époux restent alors dans l'inaction. Mais si cette situation durait plus de trois ans, la péremption d'instance serait opposable (Carpentier, *La loi du* 18 *avr.* 1886, n° 122).

451. Le droit de surseoir à la prononciation du divorce nous paraît appartenir aussi bien à la cour d'appel qu'au tribunal, sous la condition seulement que le tribunal n'en ait pas déjà fait usage. « L'ajournement, dit l'exposé des motifs de la loi de 1886, ne pourrait être prononcé plusieurs fois. En outre, cette faculté n'appartient qu'au juge de première instance et non au juge d'appel. » Cela est vrai en ce sens que, si le tribunal a déjà ordonné un sursis, la cour ne peut plus en ordonner un second. Mais la cour, saisie de l'appel d'un jugement qui prononce ou rejette le divorce, peut fort bien reconnaître qu'il y aurait opportunité à ne rendre une décision définitive qu'après l'épreuve d'un sursis, et son pouvoir à cet égard ne saurait être moindre que celui du tribunal (Vraye et Gode, t. 1, n° 301).

452. Le jugement du tribunal qui ordonne le sursis peut-il être frappé d'appel? La négative a été jugée autrefois, sous l'empire de l'ancien art. 259 (Trèves, 11 juin 1806) (1), mais nous croyons que c'est à tort. Le jugement dont il s'agit n'est pas purement préparatoire, puisqu'il préjuge le fond et que, si les époux ne se réconcilient pas, le divorce devra ensuite nécessairement être prononcé. De plus, même en tant qu'il surseoit à statuer, ce jugement peut faire grief à l'une ou à l'autre partie : au demandeur, qui a le droit de prétendre que le divorce doit lui être accordé sans délai, et encore plus au défendeur qui, si le tribunal s'est trompé et si la demande en réalité est mal fondée, ne doit pas plus être obligé de subir un divorce provisoire qu'un divorce définitif. Dans le doute, d'ailleurs, on doit de préférence admettre la possibilité de l'appel (V. en ce sens : Liège, 1er févr. 1855 (2); 3 mars 1887, aff. Devillers, D. P. 88. 2. 308; Vraye et Gode, t. 1, n° 302; Coulon et Faivre, 4e éd., p. 198. — *Contrà* : Carpentier, *La loi du* 18 *avr.* 1886, n° 124). — Il a été décidé autrefois par la cour de cassation que l'arrêt qui, en déclarant une demande en divorce bien établie et suffisamment justifiée, renvoyait la prononciation de l'arrêt définitif à un an, conformément à l'art. 260 c. civ., pouvait être attaqué par le recours en cassation, avant que l'arrêt de divorce ne fût rendu (Req. 26 mai 1807, *Rép.* n° 495).

453. Si le jugement prononçant le sursis était rendu par défaut, il serait certainement susceptible d'opposition (Carpentier, *op. cit.*, n° 124).

454. Après l'expiration du délai de sursis, si les époux ne se sont pas réconciliés, chacun d'eux peut faire citer l'autre pour entendre prononcer le jugement de divorce. La citation n'est soumise à aucune forme particulière; elle doit être délivrée comme toute autre assignation, en observant, s'il y a lieu, les délais de distance.

455. Devant le tribunal, l'époux cité pourra prétendre qu'une réconciliation est intervenue. C'est la seule question qui puisse encore être débattue. Si cette exception n'est pas soulevée, le divorce sera prononcé sans débats (Carpentier, *La loi du* 18 *avr.* 1886, n° 126 ; Depeiges, n° 97; Vraye et Gode, t. 1, n° 309; Coulon et Faivre, p. 200 et suiv.).

Art. 2. — *Jugement définitif.*

456. On a vu *suprà*, n° 249, qu'en matière de divorce, avant de prononcer le jugement sur le fond, le tribunal peut, lorsque l'époux défendeur fait défaut et que l'assignation ne lui a pas été délivrée à lui personnellement, ordonner l'insertion dans les journaux d'un avis destiné à faire connaître à cet époux la demande dont il est l'objet. C'est la disposition de l'art. 247, § 1er; elle a déjà été commentée *suprà*, nos 249 et suiv.

457. L'ancien art. 258 c. civ. disait : « Le jugement définitif sera prononcé publiquement; lorsqu'il admettra le divorce, le demandeur sera autorisé à se retirer devant l'officier de l'état civil pour le faire prononcer ». Ce texte a été abrogé par la loi du 18 avr. 1886. La règle que le jugement définitif doit être rendu à l'audience publique n'en subsiste pas moins. Elle résulte aujourd'hui de l'art. 239 nouveau, aux termes duquel la cause est instruite et jugée dans la forme ordinaire (V. *suprà*, n° 220. Comp. *Rép.* n° 271).

458. Par son jugement, le tribunal peut prononcer le divorce, s'il s'agit d'une demande en divorce, ou la séparation de corps, si c'est cette séparation qui est demandée. Il peut, au contraire, rejeter purement et simplement la demande. Il peut aussi prononcer le divorce ou la séparation de corps sur une demande reconventionnelle du défendeur (V. *suprà*, nos 237 et suiv.).

459. Il y a lieu de remarquer que le tribunal, lorsque la demande en divorce est justifiée, ne doit plus se borner seulement comme sous l'empire de l'ancien art. 258 précité, à *admettre* le divorce. Il doit le prononcer (Arg. art. 247, § 2, 249, 250). C'était autrefois à l'officier de l'état civil qu'il appartenait de prononcer le divorce. Mais cette formalité a été supprimée et remplacée par la transcription du jugement de divorce sur les registres de l'état civil (V. *infrà*, n° 524). Toutefois, pour le jugement de divorce, comme pour celui de séparation de corps, la loi n'impose aucune formule sacramentelle. Le tribunal peut dire qu'il « prononce le divorce », ou qu'il « déclare les époux divorcés », ou employer des termes équivalents (Vraye et Gode, t. 1, n° 311).

460. En ce qui concerne les motifs du jugement, il a été décidé : 1° que le jugement de séparation de corps fondé sur ce qu'il résulte des documents de la cause que l'époux contre lequel la séparation est prononcée a commis, envers l'autre époux, « des excès, sévices et injures graves, est suffisamment motivé, quoiqu'aucun fait particulier n'y soit spécifié » (Req. 14 janv. 1861, aff. Fontaine, D. P. 61. 1. 196); — 2° Qu'un arrêt qui se fonde sur les documents du procès pour repousser la demande en preuve de faits articulés devant la cour, est suffisamment motivé quant au rejet de cette demande (Req. 23 févr. 1881, aff. Pagès, D. P. 81. 1. 344). — V. aussi les arrêts cités au *Rép.* nos 274 et suiv.

461. Suivant la règle générale, les dépens doivent être mis à la charge de la partie qui succombe (c. proc. civ. art. 130). Mais il peuvent être compensés, en tout ou en partie, à raison de ce que le procès a lieu entre conjoints (c. proc. civ. art. 131).

462. La question de savoir si les dépens auxquels la femme a été condamnée peuvent être répétés contre la communauté, est traitée *suprà*, v° *Contrat de mariage*, nos 351 et suiv. — Relativement à la femme dotale, V. *ibid.*, nos 1363 et suiv.

463. Le jugement définitif qui prononce le divorce est soumis à un droit d'enregistrement de 50 fr. par la loi du 28 avr. 1816, art. 48, n° 2 (*Rép.* v° *Enregistrement*, n° 31, p. 40, note). Par suite de l'augmentation édictée par l'art. 4 de la loi du 28 févr. 1872 (D. P. 72. 4. 12), ce droit s'élève aujourd'hui à 75 fr., et, en y ajoutant les décimes,

(1) (P... *C.* dame P...) — Sur la demande en divorce intentée contre son mari par la dame P. est intervenu un jugement qui l'autorise à se séparer de lui, mais sursoit à prononcer le divorce pendant l'année d'épreuve. — Appel par le mari. La dame P... a soutenu que cet appel n'était pas recevable. — Arrêt.

La cour ; — Attendu que ce jugement est prononcé avant faire droit sur le divorce, par application de l'art. 259 c. civ.; qu'il résulte de cet article, ainsi que de l'art. 262 même code, que l'on ne peut pas considérer ledit jugement sous le rapport du divorce, comme susceptible d'appel; — Déclare l'appelant non recevable, quant à présent, dans son appel, etc.

Du 11 juin 1806.-C. de Trèves.-MM. Georget et Papé, av.

(2) (H... *C.* M...) — La cour ; — Dans le droit, 1° l'appel est-il recevable ? 2° En cas d'affirmative, y a-t-il lieu de réformer la décision des premiers juges, et, évoquant le fond, d'admettre le divorce ? — Considérant sur la première question, qu'en soumettant les parties à une année d'épreuve avant le divorce, les premiers juges n'ont pas décrété une simple mesure pour mettre la cause en état, mais une mesure définitive qui donne ouverture à l'appel ; — Considérant, sur la deuxième question : ... (Sans intérêt); — Par ces motifs, sur les conclusions conformes de M. Dubois, déclare l'appel recevable et y faisant droit, etc.

Du 1er févr. 1855.-C. de Liége, 1re ch.-MM. Forgeur et Robert, av.

à 93 fr. 75. — Pour les droits à percevoir, en cas d'appel, sur l'arrêt prononçant le divorce, et, à défaut d'appel, sur la transcription du jugement, V. *infrà*, nos 505 et 539.

Les jugements préparatoires ou interlocutoires rendus en matière de divorce sont assujettis au droit de 7 fr. 50 (L. 28 avr. 1816, art. 45, n° 8 ; 28 févr. 1872, art. 4).

Quant aux jugements de séparation de corps, ils sont soumis au droit fixe de 22 fr. 50, lorsque le droit proportionnel ne s'élève pas à cette somme (L. 22 frim. an 8, art. 68, § 6, n° 2 ; 28 févr. 1872, art. 4).

464. Aux termes des art. 298, § 2, et 308 anciens c. civ., la femme adultère contre laquelle le divorce ou la séparation de corps était prononcé devait être condamnée, par le même jugement et sur la réquisition du ministère public, à la réclusion dans une maison de correction, pour un temps déterminé, qui ne pouvait être moindre de trois mois, ni excéder deux années (V. *Rép.* nos 280 et suiv.). Cette disposition pénale, qui constituait une anomalie dans le code civil, a été abrogée par la loi du 27 juill. 1884 (D. P. 84. 4. 97). En conséquence, la répression de l'adultère ne peut plus avoir lieu aujourd'hui qu'en vertu des art. 336 à 339 c. pén., et la juridiction pénale a seule compétence pour statuer à ce sujet (V. *suprà*, v° *Adultère*).

Il a été jugé, sous l'empire de l'ancien art. 308 : 1° que la femme contre laquelle la séparation de corps était prononcée pour cause d'adultère ne pouvait être condamnée à l'emprisonnement par le même jugement, s'il s'était écoulé plus de trois ans depuis que l'adultère avait été commis (Besançon, 20 févr. 1860, aff. M..., D. P. 60. 2. 54); — 2° Mais que la peine d'emprisonnement pouvait être appliquée à la femme, malgré le désistement donné par le mari de la plainte en adultère dont il avait fait précéder sa demande en séparation de corps (Req. 23 nov. 1864, aff. V..., D. P. 65. 1. 384) ; — 3° Et que la condamnation à l'emprisonnement n'était pas subordonnée à une mention spéciale et expresse de la réquisition du ministère public, la mention générale insérée au jugement que le ministère public avait été entendu dans ses conclusions faisant suffisamment présumer que cette réquisition avait eu lieu (Même arrêt).

465. Il résulte de plusieurs décisions judiciaires que la femme dont l'adultère ou l'inconduite notoire a motivé le divorce ou la séparation de corps peut, de plus, être condamnée à payer au mari des dommages-intérêts, si elle lui a fait éprouver un préjudice, et, par exemple, s'il a été obligé de quitter le pays et de se démettre des fonctions qu'il y exerçait (Trib. Besançon, 1er févr. 1866, aff. B..., D. P. 66. 2. 136; Rennes, 22 févr. 1869, aff. M..., D. P. 73. 1. 209; Trib. Seine, 15 juill. 1875, aff. X..., D. P. 77. 5. 400).

ART. 3. — *Signification et publication du jugement prononçant le divorce par défaut.*

466. Le jugement qui prononce le divorce, lorsqu'il est contradictoire, doit être signifié dans la forme ordinaire. Mais, lorsqu'il est par défaut, sa signification est soumise à des formalités spéciales, déterminées par l'art. 247 nouveau c. civ. dans ses paragraphes 2 et 3 : « Le jugement ou l'arrêt qui prononce le divorce par défaut, dit cet article, est signifié par huissier commis. — Si cette signification n'a pas été faite à personne, le président ordonne sur simple requête la publication du jugement par extrait dans les journaux qu'il désigne. » Cette double disposition est une innovation de la loi du 18 avr. 1886. Elle ne concerne que le jugement de divorce, et n'est pas applicable en matière de séparation de corps.

467. L'art. 247 ne s'applique qu'aux jugements et aux arrêts prononçant le divorce par défaut contre partie, non à ceux qui sont seulement par défaut contre avoué ou faute de conclure. Cela résulte de la distinction que fait la loi suivant que la signification a été ou non faite à personne, distinction qui n'aurait pas de raison d'être s'il s'agissait d'un jugement par défaut contre avoué. Cela résulte aussi des travaux préparatoires de la loi de 1886, et notamment de ce passage de l'exposé des motifs : « Il était nécessaire que les décisions de défaut fussent aussi rares que possible. Tel est le but du paragraphe 1er de l'art. 247 (qui ordonne la publication de la demande, lorsque l'assignation n'a pas été délivrée à la partie défenderesse en personne, et que cette partie fait défaut). Il importait également qu'une exécution du jugement fût possible, *et que la menace d'une opposition n'en suspendît pas indéfiniment les effets*. A cet effet, le deuxième paragraphe du même article distingue deux cas : si le jugement peut être signifié à personne, le délai d'opposition ne sera que d'un mois; si la signification à personne n'a pu avoir lieu, l'exécution qui fera courir les délais d'opposition consistera en mesures de publicité ». Or, ce n'est que dans l'hypothèse d'un jugement de défaut contre partie que l'exécution du jugement aurait pu être suspendue indéfiniment par la menace d'une opposition; car, d'après le droit commun, en cas de défaut contre avoué, l'opposition n'est recevable que dans la huitaine de la signification à avoué (c. proc. civ. art. 157). En cas de défaut contre partie, au contraire, l'opposition peut être formée jusqu'à l'exécution du jugement (c. proc. civ. art. 158), et l'on sait que la question de savoir si le jugement est suffisamment exécuté présente souvent, en fait, de très grandes difficultés. C'est pour prévenir ces difficultés dans la matière du divorce que le législateur a cru devoir prendre des mesures pour porter le jugement à la connaissance de la partie défaillante et limiter ensuite le délai de l'opposition. Mais ces mesures ne sont nullement nécessaires, lorsque le défendeur a constitué avoué et laissé prendre contre lui un jugement par défaut faute de conclure. Alors, en effet, il connaît l'instance formée contre lui, il a même un avoué pour l'y représenter, et cet avoué est chargé de l'avertir lorsqu'il doit former opposition au jugement. C'est donc uniquement au cas où le jugement est rendu par défaut contre partie que doivent être appliquées les règles tracées par les paragraphes 2 et 3 de l'art. 247 (Carpentier, *La loi du* 18 *avr.* 1886, n° 129; Vraye et Gode, t. 1, n° 319).

468. Il résulte de l'art. 247, § 2, que le jugement ou l'arrêt qui prononce le divorce contre une partie qui fait défaut doit commettre un huissier pour la signification. D'après MM. Vraye et Godé, t. 1, n° 313, si le jugement avait omis la commission, le demandeur aurait le droit de faire signifier par un huissier de son choix, sans encourir aucune nullité. Nous croyons, au contraire, que le demandeur devrait alors faire compléter le jugement, soit par un second jugement, soit au moins par une ordonnance du président, et que la signification qui serait faite par un huissier non commis serait nulle (V. *Rép.* v° *Jugement par défaut*, nos 234 et suiv).

469. L'huissier commis doit, autant que possible, signifier le jugement à la personne même du défendeur ; c'est le vœu de la loi. Si, pour atteindre ce résultat, l'huissier est obligé de se présenter plusieurs fois au domicile du défendeur, nous pensons que les voyages qu'il fera à cet effet devront lui être passés en taxe ; car il aura de cette manière épargné aux parties les frais plus considérables de la publication du jugement, sans parler du délai d'opposition qui se trouvera réduit à un mois au lieu de six mois.

470. Lorsque la signification n'a pas été faite à personne, l'avoué du demandeur doit, pour que le jugement acquière l'autorité de la chose jugée, présenter requête au président du tribunal à l'effet de faire ordonner qu'un extrait du jugement sera publié dans les journaux que le président désignera. C'est au président à apprécier dans quels journaux la publication doit être faite. Il peut en désigner plusieurs, même en dehors de son ressort, comme il pourrait n'en désigner qu'un seul, le *Journal officiel* par exemple. Son ordonnance, sous ce rapport, n'est susceptible d'aucun recours (Vraye et Gode, t. 1, n° 316. — Comp. *suprà*, n° 253).

471. C'est seulement un extrait, et non le jugement tout entier, qui doit être publié. Il suffit, à notre avis, que cet extrait contienne les indications exigées par l'art. 872 c. proc. civ. pour la publication des jugements de séparation de biens : la date du jugement, la désignation du tribunal qui l'a rendu, les noms, prénoms, profession et demeure des époux.

472. Nous pensons que le président pourrait, s'il le jugeait opportun, ordonner plusieurs insertions successives, soit dans le même journal, soit dans des journaux différents. La loi, en effet, lui laisse toute latitude d'appréciation, et l'art. 247, § 3, semble même supposer que plusieurs insertions peuvent être faites, puisqu'il fait courir le délai de l'opposition à partir du « dernier acte de publicité » (Depeiges, n° 99. — *Contrà :* Vraye et Gode, t. 1, n° 318).

Sect. 10. — Des voies de recours.

473. Le jugement rendu sur la demande en divorce ou en séparation de corps peut être attaqué par la voie de l'opposition, de l'appel, du pourvoi en cassation ou de la requête civile, suivant le droit commun. Nous traiterons séparément de chacune de ces voies de recours.

474. Jusqu'à la loi du 18 avr. 1886, on n'était pas d'accord sur le point de savoir si les parties, pour faire acquérir plus vite à un jugement de divorce ou de séparation de corps l'autorité de la chose jugée, pouvaient y acquiescer. Dans le sens de l'affirmative, on soutenait que les parties devaient pouvoir faire expressément ce qu'elles avaient le droit de faire tacitement en laissant écouler les délais d'opposition et d'appel. En sens contraire, on argumentait de ce que le divorce et la séparation de corps se rapportent à l'état des personnes et qu'en cette matière, qui est d'ordre public, les conventions ne peuvent avoir aucun effet (V. *suprà*, v° *Acquiescement*, n° 28; — *Rép.* eod. v°, n°s 180 et suiv.). La question est aujourd'hui résolue, au moins en ce qui concerne le divorce, par l'art. 249 nouveau c. civ., qui est ainsi conçu : « Le jugement ou l'arrêt qui prononce le divorce n'est pas susceptible d'acquiescement ». Il résulte de ce texte : 1° qu'un acquiescement exprès ou tacite de l'une des parties n'empêcherait pas cette même partie de former valablement opposition ou appel au jugement prononçant le divorce (Comp. Caen, 28 mars 1849, aff. Bossard, D. P. 53. 5. 417); — 2° Que l'acquiescement n'autoriserait pas à faire transcrire le dispositif du jugement sur les registres de l'état civil avant l'expiration des délais accordés pour exercer une voie de recours quelconque, et que l'officier de l'état civil devrait refuser d'opérer la transcription, quand même il en serait requis par les deux parties (Depeiges, n° 107; Carpentier, *La loi du 18 avr. 1886*, n° 144).

De ce que l'acquiescement n'est pas possible en cette matière, un arrêt récent a conclu que la cour saisie de l'appel d'un jugement qui a prononcé le divorce doit nécessairement connaître de cet appel, encore bien que l'appelant ne soutienne pas ses conclusions, et peut, tout en donnant défaut-congé contre lui, infirmer la décision des premiers juges (Req. 23 oct. 1889, D. P. 90, 1re part.).

475. La règle de l'art. 249 doit-elle être étendue au jugement qui prononce la séparation de corps? L'affirmative nous paraît certaine. Les motifs qui ont fait prohiber l'acquiescement à un jugement de divorce existent aussi bien en matière de séparation de corps. Cette matière intéresse également l'ordre public, et la séparation ne peut pas plus avoir lieu par consentement mutuel que le divorce (V. *suprà*, v° *Acquiescement*, n° 28).

476. Mais l'art. 249 ne doit être appliqué qu'au jugement qui prononce le divorce ou la séparation de corps. On admet généralement qu'il est permis d'acquiescer aux jugements préparatoires ou interlocutoires, et même au jugement par lequel la demande en divorce ou en séparation est rejetée (*Rép.* v° *Acquiescement*, n° 186; Demolombe, t. 4, n° 489; Aubry et Rau, t. 5, § 493, p. 192, note 15; Poulle, p. 182; Vraye et Gode, t. 1, n° 350 *in fine*).

477. Si l'époux contre lequel le divorce ou la séparation de corps a été prononcé ne peut en acquiesçant au jugement se priver du droit d'y former opposition ou d'en interjeter appel, ne peut-il pas du moins se désister de l'opposition ou de l'appel qu'il a formé? Nous n'hésitons pas à répondre affirmativement. Le désistement doit être distingué de l'acquiescement. Par l'acquiescement, on renonce au droit de former opposition ou appel; par le désistement, on renonce seulement à plaider; or nul ne peut être forcé de plaider malgré lui. Le désistement n'atteint que la procédure, tandis que l'acquiescement porte sur le fond du droit. Ce que la loi a voulu en prohibant l'acquiescement, c'est que les parties ne puissent renoncer à se pourvoir par voie d'opposition ou d'appel pendant le délai qu'elle leur impartit à cet effet; mais, si l'opposition ou l'appel a été formé témérairement, rien n'empêche une partie de ne pas donner suite à cette procédure. Il est bien entendu, d'ailleurs, que, tant que les délais ne seront pas expirés, il sera loisible à la partie qui s'est désistée de réitérer son opposition ou son appel. Le désistement ne rendra le jugement définitif que lorsqu'il interviendra après l'expiration des délais (Depeiges, n° 110; Coulon et Faivre, p. 239 et suiv.; Vraye et Gode, t. 1, n° 350. — Comp. *Rép.* v° *Acquiescement*, n° 320; Civ. rej. 11 mai 1853, aff. Chabot, D. P. 53. 1. 158. V. aussi *suprà*, n° 378).

Art. 1er. — *Opposition.*

478. Avant la loi du 18 avr. 1886, le jugement du tribunal qui prononçait le divorce n'était pas susceptible d'opposition; cette voie de recours n'était admise qu'en appel contre les arrêts par défaut. Cela s'expliquait par une raison historique; au moment où le code civil avait été discuté et voté, on était encore sous l'empire de l'ordonnance de 1667, qui n'autorisait pas l'opposition en première instance (*Rép.* n° 488; Willequet, *Du divorce*, p. 172; Laurent, t. 3, n° 229). Il y a lieu de remarquer à ce sujet que la faculté de former opposition, reconnue par la nouvelle loi, ne s'étend pas aux jugements antérieurs à cette loi. Il est de règle, en effet, que les voies de recours par lesquelles on peut attaquer les décisions judiciaires sont déterminées par la loi en vigueur à l'époque où ces décisions ont été rendues (Depeiges, n° 102. — Comp. *Rép.* v° *Lois*, n° 355).

479. La loi nouvelle ne dit pas formellement que tous les jugements par défaut en matière de divorce sont susceptibles d'opposition. Mais l'intention du législateur de faire rentrer ces jugements sous l'empire du droit commun n'est pas douteuse. Elle résulte, notamment, de ce passage du rapport de M. Labiche au Sénat : « L'opposition doit-elle être admise en matière de divorce? Il est superflu de faire remarquer l'importance d'une semblable question. Aussi la commission extraparlementaire l'a-t-elle étudiée avec le plus grand soin, et votre commission avait le devoir d'en faire autant. Il a semblé à ces deux commissions qu'il y avait lieu de suivre les règles ordinaires, et que, par conséquent, les jugements par défaut en matière de divorce devaient être susceptibles d'opposition. »

480. En droit commun, lorsque le jugement est rendu par défaut contre une partie ayant un avoué, l'opposition est recevable dans la huitaine qui suit la signification du jugement à avoué (c. proc. civ. art. 157). Il n'est pas dérogé à cette règle en matière de divorce. Nous avons déjà vu *suprà*, n° 467, que les dispositions spéciales de l'art. 247 c. civ. ne sont pas applicables aux jugements par défaut contre avoué.

481. Lorsque le jugement est rendu contre une partie qui n'a pas d'avoué, l'opposition est recevable jusqu'à l'exécution du jugement (c. proc. civ. art. 158). Les jugements rendus en matière de divorce, de même que ceux rendus en matière de séparation de corps, restent aussi, en général, soumis à cette règle; il n'y a d'exception que pour *le jugement ou l'arrêt qui prononce le divorce par défaut*. Ce jugement ou cet arrêt doit, comme nous l'avons expliqué *suprà*, n° 468, être signifié par un huissier commis. Lorsque la signification n'a pas été faite à personne, un extrait du jugement est publié dans les journaux. Aux termes de l'art. 247, § 3, *in fine*, « l'opposition est recevable dans le mois de la signification, si elle a été faite à personne, et, dans le cas contraire, dans les huit mois qui suivront le dernier acte de publicité ».

482. En ce qui concerne les délais fixés par cette disposition, le rapport de la commission du Sénat s'exprime ainsi : « La commission a eu à se préoccuper du délai dans lequel l'opposition pouvait intervenir. On a pensé qu'un mois était un délai suffisant, si la signification avait été faite à la personne intéressée. Dans le cas contraire, on propose huit mois comme étant actuellement le délai le plus long fixé pour les ajournements par le code de procédure civile (c. proc. civ. art. 73-4°)... L'art. 247 a pour objet d'éviter les difficultés, souvent insurmontables, de l'exécution du jugement par défaut. Par cet article, le jugement acquiert l'autorité de la chose jugée dans les conditions et délais édictés. Assurément, le délai de huit mois est long, mais il a été prescrit, parce qu'il importe d'éviter toute erreur, et parce que, quand il n'est pas établi que l'époux a été touché personnellement par la signification, on ne saurait trop prendre de précautions pour éviter une surprise. Si ce délai peut paraître excessif dans les cas ordinaires, il se justifie en matière de divorce; la copie du jugement remise à un domestique, à un concierge, peut être détournée et ne jamais parvenir au destinataire. Le demandeur n'est, du reste, pas enchaîné par le délai ; il peut poursuivre l'exécution du jugement obtenu par un commandement, par une saisie, par la liquidation de ses reprises, etc., et amener ainsi le défendeur à faire opposition. » De cette dernière phrase on a conclu qu'alors même que le défendeur est encore dans le délai, son opposition n'est plus recevable dès l'instant qu'il a eu nécessairement connaissance d'un acte d'exécution quelconque (Vraye et Gode, t. 1, n° 327). Mais cette opinion nous semble contraire au texte même de la loi, qui déclare l'opposition recevable « dans le mois de la signification » ou « dans les huit mois qui suivront le dernier acte de publicité ». Tout ce qu'a dit le rapporteur, c'est que le demandeur peut néanmoins par des poursuites, exercées à ses risques et périls, « amener le défendeur à faire opposition ». Mais si, malgré ces poursuites, le défendeur reste dans l'inaction, nous pensons que son opposition n'en demeure pas moins recevable tant que le délai qui lui est accordé par la loi n'est pas expiré. Autrement, on retomberait précisément dans les difficultés que le législateur a voulu supprimer en notre matière, celle de savoir si l'exécution a été ou non suffisante pour qu'on puisse la réputer connue du défendeur défaillant. Il ne faut pas d'ailleurs oublier qu'aucun acte, pas même le payement des frais, ne peut emporter renonciation de la part du défendeur au droit de former opposition au jugement, puisque tout acquiescement à ce jugement est nul. On doit donc tenir pour certain que l'opposition sera toujours recevable jusqu'à l'expiration des délais établis par l'art. 247 (V. en ce sens : Depeiges, n° 101 ; Carpentier, *La loi du 18 avr. 1886*, n° 133).

483. Lorsque la signification n'a pas été faite à personne, le délai de huit mois court, d'après la loi, à partir du *dernier acte de publicité*, c'est-à-dire à partir du jour où a été publié le journal dans lequel a paru la dernière des insertions ordonnées par le président du tribunal. La date de cette publication pourra être attestée par un certificat du gérant du journal.

484. Les délais d'un mois ou de huit mois accordés pour former opposition ne sont pas *francs;* car, d'après le texte de la loi, l'opposition doit être formée *dans* ces délais. Toutefois, le jour de la signification ou le jour du dernier acte de publicité ne doit pas être compté. Si l'on suppose que ce jour soit le 2 janvier, l'opposition devra être faite au plus tard le 2 février, ou le 2 septembre (Depeiges, n° 100 ; Carpentier, *La loi du 18 avr. 1886*, n° 133 ; Vraye et Gode, t. 1, n° 322).

485. Y a-t-il lieu d'augmenter ces délais à raison des distances? Suivant quelques auteurs, le délai de huit mois ne comporterait aucune extension, mais celui d'un mois devrait être augmenté conformément à l'art. 1033 c. proc. civ. (Depeiges, Carpentier, *loc. cit.*). Cette distinction ne nous paraît nullement fondée, et nous croyons que les délais dont il s'agit ne sont pas susceptibles d'augmentation (Comp. *Rép.* v° *Jugement par défaut*, n° 254).

486. D'après l'art. 156 c. proc. civ., les jugements par défaut contre partie doivent être exécutés dans les six mois, sous peine d'être réputés non avenus. Mais cette règle cesse évidemment d'être applicable dans le cas où le jugement de divorce reste susceptible d'opposition pendant huit mois; ce jugement n'étant pas définitif, son exécution ne saurait être obligatoire sous peine de péremption, ou du moins la seule exécution qu'il comporte, et qui doit avoir lieu dans les six mois, c'est la publication par extrait, nécessaire pour faire courir le délai d'opposition (V. au surplus *suprà*, n° 392).

487. Les règles qui précèdent sont applicables, non seulement aux jugements, mais également aux arrêts qui prononcent le divorce contre une partie n'ayant pas d'avoué (c. civ. art. 247).

ART. 2. — *Appel* (*Rép.* n° 288 à 306).

488. Pour savoir quels jugements sont susceptibles d'appel, en matière de divorce ou de séparation de corps, il y a lieu de se reporter aux règles du droit commun (c. proc. civ. art. 451 et suiv.). — Avant la loi du 18 avr. 1886, on n'était pas d'accord sur le point de savoir si, dans une instance en divorce, les jugements interlocutoires pouvaient être frappés d'appel avant le jugement définitif (V. dans le sens de l'affirmative : C. cass. Belgique, 23 mai 1884, aff. Hoogstoel, D. P. 85. 2. 97. V. surtout la note de M. Glasson, sous cet arrêt, dans laquelle la controverse est très complètement exposée et discutée). L'art. 262 c. civ., dont la rédaction avait fait naître cette controverse, étant aujourd'hui abrogé, et le nouvel art. 239 posant en principe que l'instance en divorce est soumise aux règles de la procédure ordinaire, il n'est plus douteux que les jugements qui interviennent dans le cours de cette instance sont maintenant régis, quant à l'appel, par l'art. 451 c. proc. civ. — En ce qui concerne, toutefois, le jugement par lequel le tribunal surseoit à la prononciation du divorce, V. *suprà*, n° 452.

489. L'art. 248 c. civ. (nouveau) indique quels sont les délais d'appel : « L'appel est recevable pour les jugements contradictoires dans les délais fixés par les art. 443 et suiv. c. proc. civ. — S'il s'agit d'un jugement par défaut, le délai ne commence à courir qu'à partir du jour où l'opposition n'est plus recevable. » Cet article n'est pas compris dans ceux que l'art. 307 rend applicables à la séparation de corps. Mais les principes sont les mêmes, sauf la différence des délais d'opposition (V. *suprà*, n°s 480 et suiv.).

490. Aux termes des art. 443 et suiv. c. proc. civ., le délai d'appel est toujours de deux mois, mais il doit être augmenté à raison des distances. Ce délai court, pour les jugements contradictoires, du jour de la signification à personne ou domicile, et, pour les jugements par défaut, du jour où l'opposition n'est plus recevable. En conséquence, s'il s'agit d'un jugement prononçant le divorce par défaut, le délai d'appel ne commence à courir qu'un mois après la signification du jugement à la personne même du défendeur ou que huit mois après la dernière publication effectuée conformément à l'art. 247.

491. Il est généralement reconnu que le délai d'appel est franc (V. *suprà*, v° *Appel civil*, n° 167).

492. L'appel a pour effet de suspendre l'exécution du jugement. La loi ne l'a pas dit, parce que c'est le droit commun; elle a déclaré seulement qu'en matière de divorce le pourvoi en cassation aurait un effet suspensif, parce qu'il en est autrement en toute autre matière (V. *infrà*, n° 510). Les tribunaux conservent, néanmoins, le droit d'ordonner l'exécution provisoire de leurs décisions, en ce qui concerne notamment la garde des enfants, la pension alimentaire, etc. (Vraye et Gode, t. 1, n° 335).

493. « En cas d'appel, dit l'art. 248, § 3, la cause s'instruit à l'audience ordinaire et comme affaire urgente. » Après que la loi du 27 juill. 1884 eût rétabli le divorce, une vive controverse s'engagea sur le point de savoir si les affaires de divorce devaient être jugées par les cours d'appel en audience ordinaire ou en audience solennelle (V. Dijon, 12 déc. 1884, aff. Leinweber, D. P. 85. 2. 99 ; Orléans, 9 janv. 1885, aff. Sajou, *ibid.*; Douai, 5 févr. 1885, aff. Liénard, *ibid.*; Req. 28 déc. 1885, aff. Roque, D. P. 86. 1. 359; Civ. rej. 12 janv. 1887, aff. Lenoir, D. P. 87. 1. 160; Civ. cass. 9 févr. 1887, aff. de Clamecy, D. P. 88. 1. 24). Un décret du 1er mai 1885 (D. P. 85. 4. 25) mit fin à la controverse en déférant les affaires de divorce à l'audience ordinaire, et cette solution a été consacrée législativement, en 1886, dans l'art. 248 c. civ. — La même solution avait déjà été donnée, pour les affaires de séparation de corps, par une ordonnance du 16 mai 1835 (V. *Rép.* n° 295).

Toutefois, si, de deux affaires connexes portées en appel devant la même cour, l'une doit être jugée en audience solennelle, et l'autre en audience ordinaire, ces deux affaires peuvent être jointes et jugées toutes deux en audience solennelle. Ainsi, la demande en divorce ou en séparation de corps intentée par la femme contre le mari et la demande en nullité de mariage formée par le mari contre la femme peuvent être jugées simultanément par la cour en chambres réunies (Lyon, 19 août et 29 déc. 1881, aff. Gouzenne, D. P 82. 2. 113).

494. Que veut dire la loi, lorsqu'elle dispose que la cause doit s'instruire en appel « comme affaire urgente »? Les auteurs ne sont pas d'accord sur le sens exact de ces mots. Suivant les uns, ils n'ont aucun sens précis. Empruntés par le législateur à l'ancien art. 262 c. civ., ils avaient seulement pour but, dans cet article d'indiquer qu'en appel la cause n'était plus soumise aux mêmes formalités et aux mêmes lenteurs qu'en première instance (Carpentier, *La* *loi du* 18 *avr.* 1886, n° 137; Coulon et Faivre, p. 212). D'autres auteurs expliquent ces expressions dans l'art. 262 par la procédure en vigueur à l'époque de la confection du code civil. Dans les parlements, les affaires qui pouvaient être expédiées sommairement, ou celles qui requéraient une prompte solution étaient inscrites sur des rôles spéciaux et jugées à certains jours déterminés. Un édit du 15 nov. 1689 créait, notamment, un rôle spécial pour les affaires « qui regardaient l'état des personnes et autres dont l'expédition ne pouvait être retardée sans un préjudice trop considérable pour ceux qui y étaient intéressés ». Bien que l'organisation judiciaire eût été profondément modifiée, la procédure établie par l'ordonnance de 1667 et par les règlements postérieurs était encore seule suivie au moment de la discussion du titre du divorce. Or, les formes alors en usage pour les affaires urgentes ont été remplacées, dans le code de procédure civile, par les dispositions relatives aux affaires sommaires (art. 404 et suiv.). L'appel en matière de divorce doit donc aujourd'hui être instruit comme affaire urgente ou requérant célérité, à bref délai, et sur procédure sommaire (Vraye et Gode, t. 1, n° 332). Mais, à notre avis, si le législateur avait voulu soumettre les causes de divorce à toutes les règles de procédure des matières sommaires, il l'aurait dit d'une manière plus précise. Le rapporteur de la loi au Sénat nous indique le but du paragraphe 3 de l'art. 248 : « Il confirme, dit-il, la disposition du décret du 1er mai 1885, aux termes duquel les causes de divorce doivent être portées en appel à l'audience ordinaire, et s'instruire comme affaire urgente : ceci a été prescrit pour que ces causes puissent venir même pendant les vacances judiciaires, si cela semble nécessaire. » Il y a dans ce passage une inexactitude; la règle que les instances en divorce doivent s'instruire comme affaires urgentes n'est pas dans le décret du 1er mai 1885; néanmoins, le rapporteur détermine bien le sens exact, la portée pratique de cette règle dans la nouvelle loi. Et si l'on se reporte au décret du 30 mars 1808 sur la police et la discipline des cours et tribunaux, on voit dans l'art. 44 que la chambre des vacations, dans les cours d'appel, est chargée « des matières sommaires et de celles qui requièrent célérité », ce qui indique qu'il peut y avoir des affaires urgentes ou requérant célérité, susceptibles, par conséquent, d'être jugées pendant les vacances, en dehors des matières sommaires. Les causes de divorce sont légalement assimilées à ces affaires urgentes. C'est là tout ce qui résulte de l'art. 248. Mais il serait d'autant plus étrange qu'on dût les considérer comme des affaires sommaires que les causes de séparation de corps, dont l'intérêt est pourtant moins grave, sont de l'aveu de tout le monde des affaires ordinaires (V. en ce sens : Depeiges, n° 109).

495. D'après l'art. 464 c. proc., il ne peut être formé en appel aucune nouvelle demande, à moins qu'il ne s'agisse de compensation, ou que la demande nouvelle ne soit la défense à l'action principale. L'application de cette règle, en matière de séparation de corps ou de divorce, a souvent donné lieu à des difficultés (V. *Rép.* nos 296 et suiv.).

Les parties peuvent certainement requérir en appel et la cour peut ordonner de nouvelles mesures d'instruction, une enquête, une expertise ou telle autre opération préparatoire. Mais l'époux demandeur peut-il articuler des faits nouveaux à l'appui de sa demande? Sur cette question, la jurisprudence est toujours quelque peu hésitante; l'affirmative cependant tend à prévaloir. — Il a été jugé : 1° que l'époux demandeur en séparation de corps peut invoquer à l'appui de sa demande des faits postérieurs au jugement frappé d'appel qui a ordonné la preuve des faits articulés en première instance (Req. 3 avr. 1865, aff. Burel, D. P. 65. 1. 386); — 2° Que la condamnation dont le mari a été frappé pour avoir tenu une concubine dans la maison conjugale, depuis le jugement qui a rejeté la demande en séparation de corps formée contre lui par sa femme, peut être invoquée par celle-ci en appel comme un moyen nouveau à l'appui de sa demande (Poitiers, 1er avr. 1867, aff. Marseigne, D. P. 68. 2. 204); — 3° Que l'époux qui a obtenu la séparation de corps en première instance pour cause d'injures graves peut, sur l'appel interjeté par l'autre époux, proposer pour la première fois le moyen tiré de l'adultère, sans recourir pour cela à un appel incident (Chambéry, 4 mai 1872, aff. Buffet, D. P. 73. 2. 129). Mais jugé, en sens contraire, que l'époux demandeur en séparation de corps ne peut articuler pour la première fois en cause d'appel des faits antérieurs à l'introduction de la demande, quand bien même il n'en aurait eu connaissance que postérieurement au jugement de première instance (Paris, 18 nov. 1886) (1).

496. Suivant un arrêt de la cour de cassation, la cour d'appel qui, pendant son délibéré sur une demande en séparation de corps, ordonne, à titre officieux, la comparution personnelle des époux dans la chambre du conseil, a recours à une mesure d'instruction irrégulière; toutefois, cette irrégularité n'est pas de nature à entraîner la cassation de l'arrêt, lorsque cet arrêt a été rendu, par adoption pure et simple des motifs des premiers juges, et que, par suite, rien n'indique que la comparution des parties ait amené au procès quelque élément nouveau dont la cour ait fait état (Req. 30 juin 1875, aff. Dauriac, D. P. 76. 1. 442).

497. La cour saisie de l'appel d'une demande en divorce ou en séparation de corps peut ordonner toutes mesures provisoires relatives à la résidence de la femme, à la garde des enfants, aux provisions alimentaires ou *ad litem*, et à la conservation des biens (V. *suprà*, nos 304 et suiv.).

498. En première instance, comme nous l'avons vu

---

(1) (K... C. K...) — Le sieur K... avait formé contre sa femme une demande de séparation de corps. Par jugement du 23 avr. 1884, le tribunal civil de la Seine, estimant que les faits constatés par l'enquête n'étaient pas d'une gravité suffisante, repoussa la demande. Le sieur K... interjeta appel, et devant la cour, tout en faisant valoir les mêmes griefs qu'en première instance, il demanda à être admis à faire preuve d'autres faits, antérieurs à l'introduction de la demande, mais dont il prétendait n'avoir eu connaissance que depuis le jugement. La dame K... soutint que l'articulation de ces faits était non recevable, comme constituant une demande nouvelle.

LA COUR; — Sur l'articulation des faits proposés pour la première fois en appel : — Considérant que ces faits remontent aux années 1866, 1867 et 1868, et sont tous antérieurs à la demande introduite par K... ; — Qu'une telle articulation constitue une demande nouvelle et méconnaît la règle fondamentale du double degré de juridiction ; — Considérant, en effet, en premier lieu, qu'une partie qui introduit une instance en séparation de corps, et qui n'a d'autre moyen que l'enquête pour justifier son action, formule la demande d'une sentence interlocutoire qui l'habilite à faire la preuve de faits déterminés par la loi et précisés par l'articulation elle-même ; — Considérant que sur cette demande s'établit un litige complet et spécial sur la pertinence et l'admissibilité des faits ; que le jugement qui intervient sur ce débat est un interlocutoire lui-même, susceptible d'appel indépendamment de toute sentence sur le fond ; — Qu'ainsi le débat est circonscrit par la formule même de la demande en preuve ; — Considérant, dès lors, que l'articulation proposée pour la première fois en cause d'appel de faits antérieurs à l'exploit introductif d'instance ne peut pas être comprise dans la demande originaire et constitue ainsi qu'il est ci-dessus énoncé une demande nouvelle dans les conditions même des errements de la procédure nécessaire, c'est-à-dire d'admission à la preuve ; — Considérant, en deuxième lieu, que la demande d'admission à la preuve ainsi que le débat sur la pertinence et l'admissibilité des faits ne peuvent être soustraits à la loi du double degré de juridiction, condition substantielle dans notre législation de la manifestation de la vérité judiciaire et du droit de la défense ; — Considérant qu'on ne peut assimiler l'articulation et la demande en preuve à la découverte d'un moyen péremptoire portant en soi la démonstration inéluctable du fait invoqué et qui eût entraîné la séparation de corps *de plano* ; — Qu'un mode indispensable de procédure réglé par la loi n'est pas en soi un moyen du fond, mais simplement la voie juridique qui mène à le produire ; — Considérant que, si, par exception, la jurisprudence admet, en cause d'appel, l'articulation de faits postérieurs au jugement, les motifs en sont faciles à déduire ; d'une part, il y avait impossibilité pour le demandeur d'articuler des faits non existants au cours de la première instance ; en deuxième lieu, il est de jurisprudence constante que les faits dommageables qui se produisent après jugement peuvent être l'objet de conclusions additionnelles devant la cour ; et, enfin, c'est que les faits dont il s'agit sont considérés comme la suite et le complément des faits articulés ; — Considérant qu'aucune raison ne justifie l'extension de cette exception aux faits antérieurs à la demande ; — Qu'il y a lieu de rejeter comme non recevable l'articulation produite par K... pour la première fois en cause d'appel ; — Au fond, adoptant les motifs des premiers juges ; — Par ces motifs; — Déclare non recevable la nouvelle articulation de faits présentés par K... ; — Confirme, avec amende et dépens.

Du 18 nov. 1886.-C. de Paris, 2e ch.-MM. Ducreux, pr.-Quesnay de Beaurepaire, av. gén., c. conf.-Blin et Dubasty, av.

suprà, n° 237, les demandes reconventionnelles en divorce peuvent être introduites par un simple acte de conclusions (c. civ. art. 239, § 3). Aux termes de l'art. 248, § 4, « les demandes reconventionnelles peuvent se produire en appel sans être considérées comme demandes nouvelles. » Avant la loi de 1886, les auteurs se prononçaient généralement en sens contraire, même en matière de séparation de corps (Aubry et Rau, t. 5, § 492, p. 188, note 30; Laurent, t. 3, n° 342; Le Senne, n° 367; Goirand, p. 123; Frémont, 2e éd., n° 688. — *Contrà :* Demolombe, t. 4, n° 437). Mais dans la jurisprudence, l'opinion consacrée par le nouvel art. 248 avait prévalu (Nancy, 21 janv. 1858, aff. de Gourcy, D. P. 59. 1. 228; 16 déc. 1859, aff. de L..., D. P. 60. 5. 351; Aix, 11 août 1875, aff. Reddon, 3e arrêt, D. P. 76. 2. 134; Angers, 27 avr. 1880 (1); Toulouse, 7 déc. 1882 (2); Req. 14 déc. 1885, aff. Servel, D. P. 86. 1. 33. — V. toutefois en sens contraire : Liège, 4 déc. 1867, aff. Mayen *C.* Aubron, *Pasicrisie belge*, 68. 2. 38. — V. aussi Civ. cass. 4 mai 1859, aff. de Gourcy, D. P. 59. 1. 228).

D'après MM. Coulon et Faivre, art. 248, p. 213, la règle de l'art. 248, § 4, ne devrait pas être étendue aux instances en séparation de corps, attendu que les seuls articles déclarés applicables à la séparation de corps par l'art. 307 c. civ. sont les art. 336 à 344. Mais il serait bien singulier que la loi, qui a transporté dans la matière du divorce une règle admise par la jurisprudence en matière de séparation de corps, dût avoir pour conséquence d'abroger cette même règle là où elle était appliquée précédemment. Comme nous avons eu déjà l'occasion de le remarquer (V. *suprà*, n° 423), d'autres dispositions du titre du divorce que celles des art. 236 à 244 doivent être étendues à la séparation de corps. Or, si la demande reconventionnelle en divorce doit, aux termes de l'art. 248, § 4, être considérée, non comme une demande nouvelle, mais comme une défense à l'action principale, il en est de même évidemment de la demande reconventionnelle en séparation de corps, lorsqu'elle se produit soit sur une demande de divorce, soit sur une demande principale de séparation.

499. Quant à la question de savoir si la transformation de la demande en divorce en demande en séparation de corps peut avoir lieu en appel, V. *suprà*, n° 231.

500. La cour peut-elle ordonner un sursis avant la prononciation du divorce, conformément à l'art. 246 c. civ.? (V. *suprà*, n° 451).

501. Le droit d'évocation appartient à la cour en matière de divorce comme en toute autre matière (Goirand, p. 103; Vraye et Gode, t. 1, n° 337; Liège, 3 mars 1887, aff. Devillers, D. P. 88. 2. 308). Dans l'espèce sur laquelle a statué cet arrêt, le tribunal avait prononcé le divorce, bien qu'il ne se fût pas écoulé un an depuis la signification du jugement qui avait ordonné l'année d'épreuve. La cour d'appel a réformé cette décision (V. *suprà*, n° 449); mais en même temps, elle a évoqué la cause et prononcé elle-même le divorce en se fondant sur ce que le délai de sursis était expiré pendant l'instance d'appel.

502. L'arrêt de la cour est rendu dans la forme ordinaire. Les décisions qu'il peut contenir sont les mêmes que celles qui peuvent être prononcées par le tribunal (V. *suprà*, n° 458).

503. Si l'arrêt est par défaut contre partie, et s'il prononce le divorce ou confirme le jugement qui l'a prononcé, il doit être signifié par un huissier commis. Lorsque la signification n'a pas été faite à personne, il y a lieu de procéder à la publication prescrite par l'art. 247 c. civ. (V. *suprà*, nos 466 et suiv.). A notre avis, c'est le président de la chambre qui a rendu l'arrêt, et non le premier président, qui doit désigner les journaux dans lesquels la publication aura lieu.

504. L'arrêt prononçant le divorce par défaut contre partie est susceptible d'opposition dans les délais fixés par l'art. 247, § 3 (V. *suprà*, nos 478 et suiv.).

505. La loi du 28 avr. 1816 (art. 49, n° 2) soumet au droit fixe de 100 fr. l'arrêt qui prononce définitivement sur la demande en divorce, soit qu'il l'admette, soit qu'il la rejette. Ce droit, porté à 150 fr. par l'art. 4 de la loi du 28 févr. 1872, s'élève actuellement avec les décimes à 187 fr. 50; il est perçu lors de l'enregistrement de l'arrêt. Comme nous l'indiquerons plus loin, ce droit est dû, en cas de divorce, même s'il n'y a pas d'appel; mais alors il est perçu sur la première expédition de l'acte dressé par l'officier de l'état civil (V. *infrà*, n° 539).

506. Pour la question de savoir si l'on peut se désister de l'appel formé en matière de divorce, V. *suprà*, n° 477. Il a été jugé que la partie à laquelle un désistement est signifié a le droit, surtout en matière de divorce, d'exiger que ce désistement soit constaté par arrêt (Paris, 9 juin 1885 (3). V. *suprà*, v° *Désistement*, n° 5).

(1) (C... *C.* C...) — La cour; — Attendu que la demande en séparation de corps formée reconventionnellement par C... n'est qu'une demande incidente à l'action formée par sa femme, qu'elle tend au même but, à savoir la cessation de la vie conjugale, et qu'elle n'est en réalité qu'une défense à l'action principale de la dame C...; qu'elle peut donc, aux termes de l'art. 464 c. proc. civ., être formée pour la première fois en appel; — Par ces motifs, déclare recevable en la forme la demande reconventionnelle en séparation de corps formée par C... en appel.

Du 27 avr. 1880.-C. d'Angers, 2e ch.-MM. Bigot, pr.-Leury, 1er av. gén.-Lelong et Lémery, av.

(2) (Roques *C.* Roques.) — La cour; — En ce qui touche la demande reconventionnelle en séparation de corps formée par le sieur Roques : — Attendu que cette demande, qui n'a pas été formulée en première instance, est l'objet d'une fin de non-recevoir prise de l'art. 464 c. proc. civ. qui interdit de former, en cause d'appel, aucune nouvelle demande; — Attendu que la disposition dont il s'agit a pour but de soumettre toutes les demandes à un double degré de juridiction, mais que ce principe, si important qu'il soit, doit fléchir devant un intérêt supérieur, celui de la libre défense des parties; qu'aussi le même article qui renferme la prohibition fait-il exception à la règle pour le cas où la demande nouvelle est une défense à l'action principale; — Attendu que cette exception étant des plus favorables, il convient de lui donner la plus large extension; qu'il n'est pas nécessaire, pour qu'elle reçoive son application, que la demande nouvelle ait directement pour but ou pour résultat de faire tomber, en tout ou en partie, l'action principale; qu'il suffit qu'elle en puisse modifier les conséquences, en diminuer les effets, ou en atténuer la portée; — Attendu qu'une séparation de corps produit, au préjudice de celui qui l'a encourue, des effets de plusieurs natures; qu'elle constitue contre lui une condamnation morale extrêmement grave, puisqu'elle met à sa charge les torts principaux, et par suite, tant vis-à-vis du public que de la famille, la responsabilité de la cessation de la vie commune; qu'elle autorise les juges à restreindre ses droits, en ce qui concerne la garde et la surveillance des enfants issus du mariage; qu'elle entraîne enfin de plein droit la révocation des avantages consentis en sa faveur par son conjoint dans le contrat de mariage; — Attendu que la situation n'est plus la même quand la demande reconventionnelle en séparation est accueillie; qu'elle a pour conséquence, en effet, de diminuer la condamnation morale des époux et leur responsabilité en les partageant entre eux; qu'elle peut et doit modifier la décision à intervenir sur la garde et la surveillance des enfants; qu'elle rétablit, en outre, l'égalité entre les époux en révoquant au profit de tous les deux des libéralités qui n'étaient annulées que pour un seul; — Attendu que ces conséquences indiscutables démontrent, d'une manière manifeste, que la demande reconventionnelle en séparation exerce une grande influence sur l'action principale; qu'elle en atténue les effets et la portée, et que, par suite, elle est une défense à cette action; — Attendu que cette opinion, fondée sur les motifs les plus juridiques, a l'avantage, en outre, d'être celle qui présente le plus d'utilité pratique; qu'elle évite, en effet, en terminant toutes les contestations entre les époux, un procès nouveau et de nouveaux débats toujours si pénibles en pareille matière; qu'il convient, d'ailleurs, de remarquer que la demande principale et la demande reconventionnelle ont le même objet, la cessation de la vie commune et l'appréciation des torts respectifs des époux; qu'elles sont donc en quelque sorte inséparables et indivisibles, et qu'il est raisonnable de les soumettre toutes les deux à la même juridiction; — Attendu, dès lors, qu'à tous les points de vue, la fin de non-recevoir doit être écartée; — Attendu, au fond... (Sans intérêt); — Par ces motifs; — Confirme le jugement rendu par le tribunal civil de Toulouse, le 16 janv. 1882; et, sans s'arrêter ni avoir égard à la fin de non-recevoir élevée contre la demande reconventionnelle du sieur Roques, et la rejetant; — Ordonne, etc.

Du 7 déc. 1882.-C. de Toulouse, 2e ch.-MM. Bermond, pr.-Liège d'Iray, av. gén.-Désarnauts et Buffa, av.

(3) (Dame D... *C.* D...) — La cour; — En ce qui touche le désistement de la dame D...; — Considérant que la disposition de l'art. 402 c. proc. civ. n'est que facultative; que D... n'est pas

ART. 3. — *Pourvoi en cassation et requête civile* (*Rép.* nos 307 et 308).

507. Aux termes de l'art. 248, § 5, c. civ. nouveau, le délai pour se pourvoir en cassation court, à l'égard des arrêts contradictoires, du jour de la signification à partie. Dans ce texte, les mots *signification à partie* sont employés par opposition à ceux de *signification à avoué*; la loi n'exige pas ici, comme dans l'art. 247, une signification à la personne même. Il est de règle, en effet, en toute matière, que le délai dans lequel on peut se pourvoir en cassation court de la signification à personne ou domicile (V. *suprà*, v° *Cassation*, n° 109).

508. En ce qui concerne les arrêts par défaut, le point de départ du délai imparti pour se pourvoir contre ces arrêts, est le moment où l'opposition auxdits arrêts cesse d'être recevable. On a indiqué *suprà*, n° 481, quel est ce moment.

509. Le délai dans tous les cas est de deux mois, suivant la règle ordinaire. Il est franc et susceptible d'augmentation à raison des distances (V. *suprà*, v° *Cassation*, nos 113 et suiv.).

510. L'art. 248, § 6, ajoute : « Le pourvoi est suspensif. » Cette disposition se trouvait déjà dans l'ancien art. 263 c. civ. Elle était nécessaire pour empêcher que les époux divorcés n'eussent la faculté de contracter un nouveau mariage, tandis que l'arrêt prononçant le divorce serait encore susceptible d'être annulé. A notre avis, elle ne s'applique qu'au pourvoi formé contre l'arrêt qui prononce le divorce, car elle n'a de raison d'être que pour celui-là. On reconnaît bien, en général, qu'elle ne doit pas être étendue aux décisions qui n'ordonnent que des mesures provisoires ou interlocutoires (Depeiges, n° 112; Vraye et Gode, *Le divorce*, t. 1, n° 342 *bis*; Coulon et Faivre, art. 248, p. 244). Mais on a conclu de la généralité du texte que le pourvoi est également suspensif, lorsqu'il est dirigé contre un arrêt qui a rejeté la demande en divorce (Besançon, 1er juin 1885, aff. Kœhl, D. P. 86. 2. 64; Depeiges, *loc. cit.*; Vraye et Gode, n° 342). Or, le texte de l'art. 248 n'est général qu'en apparence. Il doit s'interpréter d'après l'art. 247 qui précède, lequel ne s'occupe que de « l'arrêt qui prononce le divorce ». Dans le doute, d'ailleurs, c'est l'interprétation la plus stricte qui doit prévaloir, car l'art. 248, § 6, constitue une dérogation au droit commun (V. en ce sens : Carpentier, *La loi du 18 avr.* 1886, n° 142).

511. On s'est demandé au *Rép.* n° 307 si le pourvoi contre l'arrêt qui prononce la séparation a également un effet suspensif. La négative est certaine. La raison qui obligeait à attribuer un effet suspensif au pourvoi contre l'arrêt de divorce n'existe pas en matière de séparation de corps; l'art. 248 n'est, d'ailleurs, pas applicable en cette matière (Demolombe, t. 4, n° 492; Le Senne, n° 368; Vraye et Gode, t. 1, n° 454).

512. La requête civile est-elle admissible en matière de divorce? Cette question était discutée avant la loi du 18 avr. 1886. Un arrêt avait jugé que la requête civile, n'étant point interdite par la loi spéciale au divorce, devait être admise en cette matière comme en toute autre (Paris, 9 juill. 1814, *Rép.* v° *Requête civile*, n° 27). Mais, d'autre part, on soutenait que le silence de la loi sur cette voie de recours suffisait pour l'exclure (Laurent, t. 3, n° 249; Carpentier, *Traité du divorce*, n° 188). Le projet primitif de la loi de 1886 contenait un article ainsi conçu : « Le jugement ou l'arrêt qui prononce le divorce ne peut être exécuté qu'autant qu'il n'est plus susceptible d'aucune voie de recours de la part des parties. Il ne peut être attaqué par la voie de la requête civile. » La première partie de ce texte a été, sur la proposition de la commission du Sénat, remplacée par la disposition qui est devenue l'art. 249 c. civ. La seconde partie qui écartait la requête civile a été supprimée, également sur la proposition de la commission, et malgré l'opposition du commissaire du gouvernement qui en demandait le maintien. Un amendement proposé par M. Oudet pour restreindre en notre matière les délais de la requête civile a été rejeté. Il résulte donc très évidemment de la discussion de la loi de 1886 au Sénat que les auteurs de cette loi ont admis la possibilité de la requête civile contre un jugement de divorce, conformément aux règles du droit commun (Vraye et Gode, t. 1, nos 345 et suiv. ; Carpentier, *La loi du 18 avr.* 1886, n° 143; Coulon et Faivre, art. 249, p. 249; Pouille, p. 179 et suiv.).

SECT. 11. — DE LA PUBLICATION DU JUGEMENT OU DE L'ARRÊT QUI PRONONCE LE DIVORCE ET DE SA TRANSCRIPTION SUR LES REGISTRES DE L'ÉTAT CIVIL.

513. Le divorce prononcé par un jugement ou un arrêt qui a acquis force de chose jugée n'est pas encore définitif. Pour produire tous ses effets, tant à l'égard des tiers qu'entre les époux, il doit recevoir une certaine publicité et être transcrit sur les registres de l'état civil.

ART. 1er. — *Publication du jugement ou de l'arrêt de divorce.*

514. Cette publication est prescrite par l'art. 250 c. civ., ainsi conçu : « Extrait du jugement ou de l'arrêt qui prononce le divorce est inséré aux tableaux exposés tant dans l'auditoire des tribunaux civils et de commerce que dans la chambre des avoués et des notaires. — Pareil extrait est inséré dans l'un des journaux qui se publient dans le lieu où siège le tribunal ou, s'il n'y en a pas, dans l'un de ceux publiés dans le département ».

Avant la loi du 18 avr. 1886, aucune publicité de ce genre n'était prescrite ni pour le divorce, ni pour la séparation de corps (V. *Rép.* n° 342). La disposition de l'art. 250 est donc nouvelle. Elle a été vivement combattue par M. Griffe lors de la seconde délibération de la loi au Sénat. « Les tiers de bonne foi, disait M. Griffe, ne peuvent éprouver aucun préjudice par le fait de la rétroactivité du divorce au jour de la demande (art. 252, dernier alinéa, *infrà*, n° 540). A quoi bon, dès lors, leur faire connaître ce jugement avant la transcription nécessaire sur les registres de l'état civil ? Sans cette transcription, le divorce n'existe pas encore ; pourquoi donc le rendre public ? » M. Labiche, rapporteur de la commission, a répondu : « Votre commission a pensé que, quand la désunion des époux avait déjà reçu la consécration de justice, il était intéressant pour les tiers de savoir que, dans un temps qui ne peut être très éloigné, puisque le délai maximum où le divorce deviendra irrévocable est de deux mois, la séparation d'intérêts des époux pouvait devenir un fait accompli. »

515. La loi n'a pas indiqué d'époque précise, ni fixé un délai de rigueur pour la publication ordonnée par l'art. 250 c. civ. Mais elle semble supposer que c'est là le premier acte d'exécution du jugement ou de l'arrêt prononçant le divorce. La publication doit donc avoir lieu, aussitôt que le jugement est devenu définitif (Depeiges, n° 114, *in fine*).

516. C'est seulement *un extrait* du jugement ou de l'arrêt qu'il y a lieu de publier. La loi ne dit pas ce que doit contenir cet extrait ; mais il faut appliquer par analogie l'art. 872 c. proc. civ., qui, en cas de séparation de biens, ordonne aussi la publication d'un extrait du jugement, « contenant la date, la désignation du tribunal où il a été rendu, les noms, prénoms, profession et demeure des époux ».

517. L'art. 250 c. civ. n'indique pas non plus quels sont les tribunaux civils et de commerce et les chambres des avoués et des notaires où l'extrait du jugement doit être publié. Si l'on se reporte à l'art. 872 c. proc. civ., on voit qu'en cas de séparation de biens la publication est faite au domicile du mari. C'est là également qu'il y a lieu de la faire en cas de divorce. — D'après quelques auteurs, si le divorce est prononcé à la suite d'une séparation de corps et alors que les deux époux ont chacun un domicile distinct, la

tenu d'accepter le désistement de sa femme en la forme en laquelle il a été signifié; qu'il a le droit de demander que ce désistement soit consacré par arrêt ; — Considérant que ce droit est d'autant plus certain à son profit qu'il s'agit dans l'espèce d'une question d'état; que D... a, en effet, par le jugement dont est appel, obtenu que le divorce fût prononcé à son profit par voie de conversion ; — Par ces motifs ; — Donne acte à D... du désistement à lui signifié par sa femme par acte d'avoué à avoué ; — Condamne la dame D... à l'amende et aux dépens.

Du 9 juin 1885.-C. de Paris, 2e ch.-MM. Ducreux, pr.-Pradines, av. gén.

publication devrait se faire, non seulement au domicile du mari, mais encore à celui de la femme (Carpentier, *La loi du 18 avr.* 1886, n° 146; Vraye et Gode, t. 1, n° 354). Mais il résulte des termes de l'art. 250, notamment du paragraphe 2, que la loi n'exige qu'une seule publication. Presque toujours cependant les deux époux ont déjà un domicile séparé lorsque le divorce est prononcé. Nous estimons donc que la publication au domicile du mari est suffisante dans tous les cas.

518. Lorsqu'il y a eu appel, la publication n'en doit pas moins avoir lieu au siège du tribunal du domicile du mari, et non au siège de la cour; cela résulte du texte de l'art. 250, § 2. — Pour la question de savoir si c'est par l'avoué de la cour ou par l'avoué du tribunal que doit être faite, dans ce cas, la publication, nous pensons qu'il faut suivre la règle de l'art. 472 c. proc. civ. Si le jugement a été confirmé, son exécution doit être poursuivie par l'avoué de première instance; dans le cas contraire, c'est l'avoué d'appel qui doit faire exécuter l'arrêt (V. en ce sens : Depeiges, n° 114, *in fine;* Carpentier, *La loi du* 18 *avr.* 1886, n° 146, *in fine;* Vraye et Gode, t. 1, n° 361).

519. D'après l'art. 872 c. proc. civ., l'extrait du jugement de séparation de biens doit rester exposé pendant un an aux lieux indiqués par la loi; cette disposition nous paraît également applicable à la publication du jugement ou de l'arrêt de divorce (V. en ce sens : Vraye et Gode, t. 1, n° 355).

520. Conformément au même art. 872, s'il n'y a pas de tribunal de commerce, l'extrait du jugement devra être affiché dans la principale salle de la maison commune du domicile du mari (Vraye et Gode, t. 1, n° 356. V. *suprà,* v° *Contrat de mariage,* n° 639).

521. L'extrait du jugement ou de l'arrêt doit, de plus, être inséré dans l'un des journaux qui se publient dans le lieu où siège le tribunal. A notre avis, il suffit que le journal soit imprimé et publié dans l'arrondissement du tribunal pour que l'insertion puisse être valablement faite; il n'est pas nécessaire que le journal paraisse dans la ville même où siège le tribunal (*Contrà :* Vraye et Gode, t. 2, n° 357). Si aucun journal ne se publie dans le ressort du tribunal, l'extrait sera inséré, comme l'indique la loi, dans un des journaux publiés dans le département.

522. D'après l'art. 66 c. com., « tout jugement qui prononcera une séparation de corps ou un divorce entre mari et femme dont l'un serait commerçant, sera soumis aux formalités prescrites par l'art. 872 c. proc. civ.; à défaut de quoi, les créanciers seront toujours admis à s'y opposer, pour ce qui touche leurs intérêts, et à contredire toute liquidation qui en aurait été la suite. » Il n'a été fait aucune allusion à cet article dans les travaux préparatoires de la loi de 1886, et, en présence du nouvel art. 250 c. civ. qui ordonne pour tous les cas de divorce une publicité analogue à celle organisée par l'art. 872 c. proc. civ., on peut se demander si l'art. 66 c. com. doit encore être appliqué, lorsque le divorce est prononcé entre commerçants. Pour l'affirmative, on fait remarquer que l'art. 872 c. proc. civ. prescrit une formalité de plus que l'art. 250 c. civ. : la lecture du jugement à l'audience du tribunal de commerce; on ajoute que l'art. 66 c. com. ne peut pas être rangé au nombre des « dispositions contraires » à la nouvelle loi, que celle-ci a abrogées dans son art. 4 (Depeiges, n° 114, *in fine;* Vraye et Gode, t. 1, n° 359). Nous sommes pourtant disposés à adopter l'opinion contraire. Si l'art. 66 c. com. reste applicable concurremment avec le nouvel art. 250 c. civ., alors il devrait y avoir, lorsque l'un des époux divorcés est commerçant, une double publication. Mais, comme la publication organisée par l'art. 250 est plus complète que celle prescrite par l'art. 66 c. com., il nous semble que celle-ci devient inutile. L'art. 66 c. com. doit continuer à recevoir son application en cas de séparation de corps; mais en cas de divorce, il fait maintenant double emploi avec le nouvel art. 250 et se trouve, par suite, implicitement abrogé.

523. Si les publications prescrites par l'art. 250 n'ont pas eu lieu, quelle en sera la conséquence? On soutient que l'art. 250 n'a pas de sanction, parce que, quand même le divorce n'a pas été publié, les tiers peuvent toujours le connaître par la transcription qui en est faite sur les registres de l'état civil et par la mention en marge de l'acte de mariage (Depeiges, n° 114). Mais la sanction de l'art. 250 résulte implicitement du motif pour lequel il a été édicté. Les publications étant ordonnées dans l'intérêt des tiers, on doit en tirer cette conséquence que, si ces publications n'ont pas été faites, le divorce pourra ne pas être opposable, quant à ses effets pécuniaires, aux tiers de bonne foi qui auront eu de justes raisons de croire que le mariage subsistait encore. Cette sanction est celle qui est attachée par l'art. 66 c. com. au défaut de publications, lorsque la séparation de corps ou le divorce est prononcé entre époux dont l'un est commerçant; c'est aussi celle qu'entraîne, en cas de séparation de biens, l'inobservation des prescriptions de l'art. 872 c. proc. civ., et en cas de séparation de corps, l'omission des publications ordonnées par l'art. 880 c. proc. civ. (V. *suprà,* v° *Contrat de mariage,* n° 644. V. aussi dans le même sens : Vraye et Gode, t. 1, n° 362).

ART. 2. — *Transcription du jugement ou de l'arrêt de divorce sur les registres de l'état civil.*

524. Sous l'empire du code civil, comme nous l'avons vu, le tribunal ne prononçait pas le divorce, il se bornait à l'admettre. Pour que le divorce devînt définitif, il fallait qu'il fût prononcé par l'officier de l'état civil. La partie qui avait obtenu gain de cause pouvait seule requérir l'accomplissement de cette formalité; elle devait, pour cela, appeler l'autre partie à comparaître devant l'officier de l'état civil dans un délai de deux mois à compter du jour où la décision judiciaire était devenue définitive, sous peine de déchéance du bénéfice de cette décision (c. civ. art. 264 à 266 anciens). Ce système avait de graves inconvénients, qui furent révélés par la pratique. Les officiers de l'état civil se trouvaient souvent embarrassés par des questions délicates de compétence, de domicile, de délai, soulevées devant eux. La comparution des époux, que la loi avait prescrite comme un dernier essai de conciliation, sans toutefois la rendre obligatoire pour le défendeur, n'était bonne qu'à faire naître des scènes violentes ou scandaleuses. C'est pourquoi le législateur de 1886 crut devoir abandonner ces formalités et les remplacer par une simple transcription du jugement ou de l'arrêt de divorce sur les registres, comme en matière de rectification d'actes de l'état civil. « Le dispositif du jugement ou de l'arrêt, dit l'art. 251 c. civ. (nouveau), est transcrit sur les registres de l'état civil du lieu où le mariage a été célébré. — Mention est faite de ce jugement en marge de l'acte de mariage, conformément à l'art. 49 c. civ. Si le mariage a été célébré à l'étranger, la transcription est faite sur les registres de l'état civil du lieu où les époux avaient leur dernier domicile, et mention est faite en marge de l'acte de mariage, s'il a été transcrit en France ». L'art. 252 indique ensuite la manière de procéder pour faire opérer la transcription et la mention qui en est la suite : « La transcription est faite à la diligence de la partie qui a obtenu le divorce; à cet effet, la décision est signifiée, dans un délai de deux mois à partir du jour où elle est devenue définitive, à l'officier de l'état civil compétent, pour être transcrite sur les registres. A cette signification doivent être joints les certificats énoncés en l'art. 548 c. proc. civ., et, en outre, s'il y a eu arrêt, un certificat de non-pourvoi. — Cette transcription est faite par les soins de l'officier de l'état civil, le cinquième jour de la réquisition, non compris les jours fériés, sous les peines édictées par l'art. 50 c. civ. — A défaut, par la partie qui a obtenu le divorce, de faire la signification dans le premier mois, l'autre partie a le droit, concurremment avec elle, de faire cette signification dans le mois suivant. — A défaut par les parties d'avoir requis la transcription dans le délai de deux mois, le divorce est considéré comme nul et non avenu. — Le jugement dûment transcrit remonte, quant à ses effets entre époux, au jour de la demande ».

525. D'après l'art. 251 c. civ., la transcription du dispositif du jugement ou de l'arrêt de divorce doit être faite sur les registres de l'état civil du lieu où le mariage a été célébré. C'est donc à l'officier de l'état civil de ce lieu que le jugement ou l'arrêt doit être signifié. — Quand le mariage a été célébré à l'étranger, la transcription se fait sur les registres de la commune où les époux avaient leur dernier domicile. C'est au moment où la demande en divorce a été formée qu'il faut se placer pour savoir, dans cette hypothèse, quel est l'officier de l'état civil compétent. Si, à ce moment, les époux étaient déjà séparés de corps et avaient ainsi des domiciles différents, quelques auteurs décident que la transcription devrait être faite sur les registres de l'état civil du domicile de chacun d'eux (Carpentier, *La loi du 18 avr.* 1886, n° 151; Vraye et Gode, t. 1, n° 373).

526. La transcription doit être requise dans le délai de deux mois à partir du jour où le jugement ou l'arrêt est devenu définitif. Ce délai commence à courir, s'il s'agit d'un jugement, après l'expiration du délai d'appel; s'il s'agit d'un arrêt, après l'expiration du délai de recours en cassation. Lorsqu'il y a eu pourvoi, le délai court, soit du jour de l'arrêt de rejet, soit du jour du désistement, soit du jour où le demandeur a encouru la forclusion faute d'avoir signifié l'arrêt d'admission (L. 2 juin 1862, art. 2), soit enfin, en cas de cassation, du jour où l'arrêt de la cour de renvoi est devenu définitif. — On admet généralement que ce délai n'est pas franc; le *dies à quo* n'y est pas compris, mais la signification à l'officier de l'état civil doit avoir lieu au plus tard le dernier jour des deux mois (Depeiges, n° 116; Carpentier, *La loi du 18 avr.* 1886, n° 153; Vraye et Gode, t. 1, n° 364).

527. C'est seulement le dispositif du jugement ou de l'arrêt prononçant le divorce qui doit être transcrit. Il suffit donc de signifier à l'officier de l'état civil ce dispositif, en indiquant le tribunal ou la cour qui a rendu la décision, la date du jugement ou de l'arrêt, les noms, prénoms, professions et domiciles des parties. La signification doit, de plus, comprendre une réquisition d'opérer la transcription (c. civ. art. 252, § 2).

528. A la signification doivent être joints, dit la loi, « les certificats énoncés en l'art. 548 c. proc. civ., et en outre, s'il y a eu arrêt, un certificat de non-pourvoi ». — Les certificats exigés par l'art. 548 c. proc. civ. pour que l'exécution d'un jugement puisse être requise d'un tiers sont : 1° un certificat de l'avoué de la partie poursuivante, contenant la date de la signification du jugement faite au domicile de la partie condamnée; 2° un certificat du greffier du tribunal, attestant qu'il n'existe contre le jugement ni opposition, ni appel (V. *Rép.* v° *Jugement*, n°s 517 et suiv.). S'il y a eu appel, puis désistement, ce dernier certificat peut être remplacé par l'original de la signification du désistement dûment accepté. — Lorsqu'il s'agit d'un arrêt, il n'y a lieu de produire un certificat du greffier de la cour que si l'arrêt est par défaut, pour constater qu'aucune opposition n'a été formée; mais il faut un certificat du greffier de la cour de cassation constatant qu'il n'y a pas eu pourvoi. Ce certificat, d'après une décision du ministre des finances en date du 5 déc. 1884, doit être rédigé sur papier timbré (L. 13 brum. an 7, art. 12), être inscrit au répertoire (L. 22 frim. an 7, art. 49), et être soumis à l'enregistrement dans les vingt jours de sa date (Même loi, art. 20). Le droit d'enregistrement est de 1 fr. 50 en principal (Même loi, art. 68, § 1er, n° 77; L. 28 févr. 1872, art. 4, § 1er). Le droit de greffe est, comme pour les certificats de défaut, de 4 fr. 50.

529. S'il y a eu pourvoi, le rejet peut en être constaté, soit par un certificat du greffier de la cour de cassation, soit par une expédition de l'arrêt. Dans l'hypothèse où le pourvoi aurait été admis, mais où la partie qui l'a formé aurait encouru la déchéance résultant du défaut de signification de l'arrêt d'admission, il est assez difficile de dire quelle justification devrait être exigée. Peut-être alors faudrait-il produire, suivant l'avis de quelques auteurs, un arrêt de la chambre civile constatant la déchéance encourue (V. en ce sens : Carpentier, *La loi du 18 avr.* 1886, n° 155; Vraye et Gode, t. 1, n° 336).

530. Le dispositif du jugement ou de l'arrêt est transcrit sur les registres des mariages. Cette transcription doit être faite, d'après l'art. 252, § 2, « par les soins de l'officier de l'état civil, le cinquième jour de la réquisition, non compris les jours fériés, sous les peines édictées par l'art. 50 du code civil. » C'est à tort, suivant nous, que des auteurs interprètent ce texte en ce sens que la transcription peut être faite, au gré de l'officier de l'état civil, dans les cinq jours qui suivent la réquisition (Vraye et Gode, t. 1, n° 370). La loi prescrit de la faire le cinquième jour, et non pas dans les cinq jours. D'après l'art. 10 du projet, la transcription devait être faite dans la huitaine de la réquisition; mais cette rédaction, qui fut votée en première lecture au Sénat, a été modifiée, avant la seconde délibération, par la commission. Il y aurait eu, en effet, des inconvénients à ce que le moment de la transcription, qui fixe la date du divorce, dépendît pendant huit jours de l'arbitraire de l'officier de l'état civil ou du secrétaire de la mairie. C'est sans doute pour faire disparaître cette anomalie que l'on a stipulé que la transcription aurait lieu à date fixe (Carpentier, *La loi du 18 avr.* 1886, n° 156; Poulle, p. 185). Le jour de la réquisition ne doit pas être compté dans le délai de cinq jours, et la loi en excepte aussi les jours fériés.

531. A défaut, par l'officier de l'état civil, d'opérer la transcription au jour fixé, il est passible d'une amende de 100 fr. au *maximum* et de dommages-intérêts envers les parties (c. civ. art. 50).

532. C'est à la partie qui a obtenu le divorce à faire les diligences nécessaires pour que la transcription ait lieu. Cette partie a seule qualité pour requérir la transcription dans le premier mois qui suit le jour où le jugement ou l'arrêt est devenu définitif. Faute par cette partie d'avoir fait faire la signification à l'officier de l'état civil pendant ce mois, l'autre partie a, concurremment avec son conjoint, le droit de faire cette signification dans le second mois. C'est là encore une innovation de la loi de 1886. Avant cette loi, seul l'époux qui avait obtenu gain de cause pouvait requérir l'officier de l'état civil de prononcer le divorce. Cette règle était logique dans le système du code, où la justice ne faisait qu'autoriser le divorce. Actuellement où le divorce est prononcé par le tribunal ou par la cour, il est assez naturel que l'un et l'autre époux puissent le faire constater. La faculté laissée ainsi au défendeur de se prévaloir du jugement prononçant le divorce contre lui a été critiquée au Sénat par M. Pâris : « Il est sans précédent, a-t-il dit, que la partie qui aura perdu son procès puisse imposer sa loi à celle qui l'a gagné ». M. Griffe a répondu qu'au contraire, cela était conforme au droit commun, suivant lequel les jugements profitent à toutes parties. M. Léon Renault a vivement soutenu le système de la nouvelle loi. Il a adjuré le Sénat, « au nom de la moralité, de la dignité de la famille, de ne pas refuser à l'époux défendeur, quand il y a eu contre lui jugement ou arrêt définitif, le droit de dire au demandeur qui laisse passer un mois sans faire prononcer le divorce autorisé à son profit : « La vie conjugale, après ce que vous avez fait plaider et juger contre moi, je ne puis plus la tolérer. Il est trop tard pour que je puisse accepter votre clémence ».

533. Il va de soi que, si le divorce est prononcé sur la demande des deux conjoints et à leurs torts réciproques, tous les deux ont le droit de requérir la transcription du jugement dès le premier mois.

534. Si les deux parties ont laissé expirer le délai de deux mois sans requérir la transcription, « le divorce, dit la loi, est considéré comme nul et non avenu ». L'exposé des motifs a précisé le sens de cette disposition : « Bien que la déchéance prononcée paraisse rigoureuse, y est-il dit, on a reconnu qu'elle était inévitable; les époux ne doivent pas reprendre la vie commune et la faire cesser à leur gré, en opérant inopinément une transcription retardée dans ce but. Une union ainsi prolongée aurait le caractère d'un mariage avec faculté de répudiation arbitraire ; aussi fallait-il exiger la transcription du divorce, et l'exiger dans un certain délai. Si cette transcription n'a pas eu lieu, il y a une présomption légale qu'une réconciliation s'est opérée. » Il résulte de là que le défaut de transcription équivaut à la réconciliation. Ce n'est donc pas seulement la procédure qui est réputée non avenue; c'est le droit au divorce qui est éteint. L'époux qui avait obtenu le divorce ne pourrait renouveler sa demande que pour cause nouvelle, survenue ou découverte depuis la déchéance qu'il a encourue, comme au cas de réconciliation (Vraye et Gode, t. 1, n°s 377 et suiv. Comp. Laurent, *Principes de droit civil*, t. 3, n° 250. V. *suprà*, n°s 379 et suiv.).

535. La nullité résultant du défaut de transcription dans le délai peut être invoquée, non seulement par l'un ou l'autre époux, mais par toute partie intéressée. Elle pourrait être demandée même par le ministère public, en vertu de l'art. 46 de la loi du 20 avr. 1810, qui lui donne le droit d'action dans toute matière intéressant l'ordre public (Coulon et Faivre, art. 452, p. 296).

536. Il peut se faire que la transcription ait été requise dans le délai légal et qu'elle n'ait cependant pas eu lieu, soit parce que l'officier de l'état civil a négligé de la faire, soit peut-être même parce qu'il a refusé d'y procéder, en prétendant qu'il était incompétent ou que les pièces produites n'étaient pas régulières. Alors, sans doute, les époux conservent le bénéfice du jugement; mais, pour que la transcription soit opérée valablement, ils doivent, suivant nous, procéder comme en cas d'omission d'un acte de l'état civil, sauf leur recours contre l'auteur responsable de l'omission (Comp. *suprà*, v° *Acte de l'état civil*, n° 62). D'après un arrêt de la cour de Paris, la déchéance résultant du défaut de transcription dans le délai, étant fondée sur une présomption de renonciation au bénéfice de la décision, ne saurait être encourue, s'il est prouvé que le défaut de transcription doit être attribué à des circonstances de force majeure; mais l'officier de l'état civil qui a refusé en pareil cas d'opérer la transcription à cause de l'expiration du délai, a agi prudemment et ne doit pas être condamné aux dépens (Paris, 30 mai 1888, aff. Monpiou, D. P. 90, 2e part.).

537. Outre la transcription, il faut encore que mention du jugement ou de l'arrêt soit faite en marge de l'acte de mariage (c. civ. art. 251). Cette mention doit être opérée conformément à l'art. 49 c. civ. Elle n'a pas besoin d'être requise spécialement par les parties; l'officier de l'état civil est suffisamment averti qu'il doit la faire par la signification du jugement ou de l'arrêt et par la loi. Il doit, en outre, comme le prescrit l'art. 49, donner avis dans les trois jours au procureur de la République pour que celui-ci fasse porter la mention sur le registre déposé au greffe.

538. Aucun délai fatal n'est prescrit pour la mention, et son omission n'entraîne pas la nullité du divorce. L'officier de l'état civil ou le greffier qui aurait négligé de la faire serait seulement passible de l'amende prononcée par l'art. 50 c. civ.; il pourrait être aussi déclaré responsable envers les tiers auxquels sa négligence aurait porté préjudice (Carpentier, *La loi du* 18 *avr.* 1886, n° 158; Depeiges, n° 117; Vraye et Gode, t. 1, nos 379 et suiv.).

539. Nous avons vu *suprà*, n° 505, que la loi du 28 avr. 1816 (art. 49, n° 2), a établi un droit fixe de 100 fr., porté aujourd'hui à 150 fr. (187 fr. 50 avec les décimes), sur l'arrêt de la cour d'appel qui prononce définitivement sur une demande en divorce. La même loi ajoute: « S'il n'y a pas d'appel, le droit sera perçu sur l'acte de l'état civil ». D'après une circulaire de l'administration de l'Enregistrement, en date du 5 mai 1886, l'acte dressé autrefois par l'officier de l'état civil est aujourd'hui remplacé par la transcription sur les registres de l'état civil de la décision judiciaire qui prononce définitivement le divorce et par la mention de cette décision en marge de l'acte de mariage. La perception du droit de 150 fr. doit donc s'opérer désormais d'après la distinction suivante: — s'il n'y a pas d'appel du jugement de première instance, le droit de 150 fr. est dû sur la première expédition de la transcription de ce jugement ou de l'acte de mariage modifié par la mention faite en marge; — en cas d'appel, le droit, étant perçu sur l'arrêt, ne doit pas être exigé sur l'expédition de la transcription ou de la mention de cet arrêt. — La transcription du jugement ou de l'arrêt et la mention en marge de l'acte de mariage ne donnent donc ouverture par elles-mêmes à aucun droit d'enregistrement. C'est seulement lorsque l'une ou l'autre partie veut avoir une expédition de la transcription ou de l'acte de mariage avec la mention du jugement de divorce que le droit de 150 fr. peut être exigé, s'il n'y a pas eu appel et si ce droit n'a pas pu être perçu sur l'arrêt. Mais ce droit doit être supporté par la partie qui a été condamnée aux dépens; car, comme le remarque la circulaire précitée, « la transcription du jugement sur les registres de l'état civil et la mention ordonnée en marge de l'acte de mariage font partie intégrante de la procédure de l'action en divorce ». La même circulaire déclare que l'expédition assujettie à l'enregistrement doit recevoir la formalité en débet, quand elle est délivrée à un époux qui jouit du bénéfice de l'assistance judiciaire. L'enregistrement est fait gratis, conformément à l'art. 4 de la loi du 10 déc. 1850 (D. P. 51. 4. 9), lorsque l'expédition est délivrée pour le mariage d'un indigent.

540. A quel moment le divorce produit-il ses effets? Cette question n'offrait aucune difficulté sous l'empire des anciens textes du code civil. Le divorce devait être prononcé par l'officier de l'état civil (art. 264). Jusque-là, il n'existait pas et ne pouvait produire aucun effet. Aujourd'hui, le divorce est prononcé par le tribunal ou par la cour. Bien qu'il doive ensuite être transcrit, à peine de nullité, sur les registres de l'état civil, on peut soutenir que le divorce dûment transcrit doit rétroactivement produire ses effets au jour du jugement. On peut même invoquer en ce sens la dernière disposition de l'art. 252, ainsi conçue: « Le jugement dûment transcrit remonte, quant à ses effets entre époux, au jour de la demande ». Si le divorce rétroagit entre époux au jour de la demande, on peut dire qu'il doit être réputé exister *ergà omnes* à partir du jour où il a été prononcé (V. en ce sens: Carpentier, *La loi du* 18 *avr.* 1886, n° 159. Comp. les observations de M. Allou au Sénat sur l'art. 252, D. P. 86. 4. 31, note 1-2). — Cette opinion nous paraît pourtant devoir être rejetée. Il résulte de l'exposé des motifs de la loi de 1886 que le législateur a voulu simplement substituer la transcription du dispositif du jugement à la prononciation du divorce par l'officier de l'état civil. « La nature de la formalité, y est-il dit, est seule modifiée; les effets de la formalité subsistent. » Conformément à ce système, nous avons vu qu'aux termes de l'art. 244, § 3, « *l'action en divorce* s'éteint par le décès de l'un des époux survenu avant que le jugement soit devenu irrévocable par la transcription sur les registres de l'état civil ». Il a été jugé, de même, que le divorce n'étant réellement acquis au bénéficiaire que par la transcription sur les registres de l'état civil du jugement qui l'a admis, l'acte qui constate le décès de la femme, arrivé antérieurement à cette transcription, doit être rectifié si la femme y est qualifiée d'épouse divorcée (Grenoble, 10 sept. 1887, aff. Déléage, D. P. 89. 2. 230). On verra aussi, *infrà*, n° 557, que c'est du jour de la transcription que court le délai de dix mois après lequel la femme divorcée peut se remarier (c. civ. art. 296). De tout cela il résulte bien que le divorce n'existe réellement et ne produit tous ses effets qu'à partir de la transcription. La disposition finale de l'art. 252, d'après laquelle le jugement « remonte, quant à ses effets entre époux, au jour de la demande », ne s'étend même pas, comme nous venons de le voir, aux effets relatifs à la personne des époux; elle ne concerne que les effets du divorce quant aux biens et aux rapports pécuniaires des époux (Vraye et Gode, t. 1, n° 386, et t. 2, n° 611).

CHAP. 4. — Des effets du divorce et de la séparation de corps (*Rép.* nos 309 à 402).

541. Le divorce et la séparation de corps peuvent être demandés pour les mêmes causes, et la procédure pour y arriver est, en grande partie, la même; c'est pourquoi nous avons pu jusqu'ici traiter concurremment des deux actions. Mais les effets du divorce sont très différents de ceux de la séparation de corps; nous diviserons donc ce chapitre en deux sections, dont la première sera consacrée aux effets du divorce et la seconde aux effets de la séparation de corps.

SECT. 1re. — DES EFFETS DU DIVORCE.

542. En nous conformant à l'ordre du code, nous étudierons les effets du divorce, d'abord quant aux époux personnellement, ensuite quant aux biens des époux et enfin quant aux enfants.

ART. 1er. — *Effets du divorce relativement aux époux.*

543. Le divorce dissout le mariage (c. civ. art. 227). Les principaux effets de la dissolution du mariage quant aux époux sont la cessation des devoirs réciproques de fidélité, de secours et d'assistance, la suppression de la puissance maritale sur la personne de la femme, la suppression du droit réciproque de succession, du droit de jouissance conféré au conjoint survivant par la loi du 14 juill. 1866 (D. P. 66. 4. 96) sur les œuvres littéraires de l'époux prédécédé, enfin la faculté pour les époux divorcés de contracter un nouveau mariage.

544. Bien que l'obligation alimentaire cesse en principe avec le divorce, l'art. 301 c. civ. permet cependant au tribunal, lorsque l'époux qui a obtenu le divorce est sans fortune, d'accorder à cet époux sur les biens de l'autre une pension alimentaire, qui ne peut excéder le tiers des revenus de celui-ci (V. *infrà*, nos 587 et suiv.).

545. Les obligations alimentaires réciproques entre gendres et belles-filles, d'une part, beaux-pères et belles-mères, d'autre part, cessent-elles également par l'effet du divorce? Cette question, qui paraît donner lieu à des hésitations dans la jurisprudence sera examinée *infrà*, v° *Mariage* (V. notamment à cet égard : Paris, 18 juill. 1889, aff. Ledanseur C. Mougeot, *Gazette des tribunaux* du 24 juill. 1889). — En tout cas, il est certain que le divorce laisse subsister les empêchements au mariage résultant de l'affinité. Ses effets, sous ce rapport, ne sauraient être plus absolus que ceux de la mort même (Laurent, t. 3, n° 187; Vraye et Gode, t. 2, n° 644).

546. La femme divorcée peut-elle continuer à porter le nom du mari? Aucune loi n'attribue formellement à la femme mariée le nom de son mari; mais elle est habituellement désignée sous ce nom, et l'usage l'autorise à le porter. Après le divorce, le mari peut-il faire défense à la femme de continuer à porter son nom? On s'est préoccupé de cette question dans les travaux préparatoires de la loi de 1884, qui a rétabli le divorce. A la séance de la Chambre des députés du 15 juin 1882, M. de La Rochefoucauld, duc de Bisaccia, a proposé un amendement portant que la femme divorcée ne pourrait, à dater de la prononciation du divorce, porter le nom de son ancien mari. Cet amendement fut combattu pour divers motifs : suivant les uns, il était inutile, la perte du nom du mari étant, pour la femme, la suite nécessaire du divorce; suivant d'autres, au contraire, la femme devait pouvoir conserver ce nom jusqu'à un second mariage. Néanmoins la commission, par l'organe de son rapporteur, M. de Marcère, conclut à son adoption (Séance du 17 juin). Mais cette conclusion fut vivement critiquée par MM. Lepère et Gatineau. Le premier observa que le nom du mari restait aux enfants, et que, dans le cas où le divorce était prononcé au profit de la mère et où celle-ci obtenait la garde des enfants, il était injuste de lui interdire de garder le même nom que ses enfants, alors d'ailleurs qu'elle l'avait toujours porté honorablement. M. Lepère ajouta que le nom peut avoir une grande importance au point de vue commercial et que, si la femme avait fondé un établissement de commerce sous le nom de son mari, le divorce ne devait pas lui enlever le droit de conserver les avantages attachés à ce nom. Cette seconde considération fut aussi développée par M. Gatineau, qui proposa en définitive à la Chambre de repousser tous les amendements et de laisser aux tribunaux le soin de résoudre les difficultés qui pourraient s'élever, en attendant une loi spéciale qui réglerait d'une manière complète la propriété des noms propres. « En ce qui touche la raison commerciale des fonds de commerce, dit-il, le nom subsistera, quand le juge, déterminé par les circonstances, n'aura pas décidé le contraire. » Cet avis paraît avoir été adopté par la Chambre, car l'amendement La Rochefoucauld fut repoussé, et MM. de Douville-Maillefeu et Lepère retirèrent le leur. Il résulte de cette discussion qu'une femme divorcée peut, dans certains cas, continuer à se servir du nom de son mari, surtout quand c'est elle qui a obtenu le divorce, mais que les tribunaux peuvent aussi, sur la demande du mari ou même de tout intéressé, faire défense à la femme de porter désormais ce nom (V. en ce sens : Trib. Toulouse, 18 mai 1886, aff. Ismaël, D. P. 89. 2. 9; Alger, 29 déc. 1886, aff. O..., *ibid.*; Nîmes, 8 août 1887, aff. Delort, *ibid.*; Carpentier, *Traité du divorce*, n° 329; Frémont, nos 846 et suiv.; Vraye et Gode, t. 2, n° 644; Poulle, *Du nom de la femme divorcée ou séparée de corps*. — *Contrà* : Trib. Lyon, 4 mars 1886, aff. X..., D. P. 89. 2. 9; Trib. Die, 12 août 1886, aff. Chalver, *ibid.*). Suivant M. Flurer, note sur les arrêts et jugements précités, *ibid.*, il y a lieu de distinguer : le nom patronymique du mari n'ayant jamais appartenu à la femme, il ne saurait être question de lui reconnaître, après le divorce, le droit de le porter. Il en est autrement du nom commercial, dont la femme a pu acquérir le droit de faire usage. C'est à ce point de vue que pourrait s'exercer le pouvoir d'appréciation des tribunaux, « qui ont le droit de veiller à ce que la personne qui emploie le nom d'autrui à titre de nom commercial n'en abuse pas, mais ne s'en serve que comme d'un signe de ralliement destiné à conserver une clientèle ». — Ajoutons que le Sénat a adopté, dans les premiers jours du mois de février 1887, un projet de loi, non encore voté par la Chambre, qui contient un paragraphe ainsi conçu : « Par l'effet du divorce, chacun des époux reprend l'usage de son nom ». Si cette disposition devient définitive, il en résultera que la femme divorcée ne devra plus, dans tous les cas et sauf les arrangements qui pourraient intervenir entre les époux dans le règlement de leurs intérêts, prendre le nom de son ancien mari.

547. L'ancien art. 295 c. civ. interdisait aux époux qui avaient divorcé pour une cause quelconque la faculté de se remarier ensemble. « Il importe, avait dit Treilhard, que les époux soient d'avance pénétrés de toute la gravité de l'action qu'ils vont intenter, qu'ils n'ignorent pas que le lien sera rompu sans retour, et qu'ils ne puissent pas regarder l'usage du divorce comme une simple occasion de se soumettre à des épreuves passagères pour reprendre ensuite la vie commune quand ils se croiraient suffisamment corrigés. » C'était là une fausse théorie : l'impossibilité d'une nouvelle union ne pouvait empêcher un seul divorce; elle empêchait seulement les époux divorcés de revenir l'un à l'autre, résultat que la loi doit, au contraire, favoriser. Le projet déposé par M. Naquet, et qui est devenu la loi du 27 juill. 1884, laissait encore subsister cette impossibilité dans le cas seulement où l'un ou l'autre époux aurait, postérieurement au divorce, contracté un nouveau mariage. Le texte définitivement adopté par le Sénat, sans faire disparaître entièrement l'interdiction du second mariage, l'a restreinte à l'hypothèse où l'un ou l'autre époux, après s'être remarié, aurait divorcé une seconde fois. Le paragraphe 1er du nouvel art. 295 est ainsi conçu : « Les époux divorcés ne pourront plus se réunir si l'un ou l'autre a, postérieurement au divorce, contracté un nouveau mariage suivi d'un second divorce. Au cas de réunion des époux, une nouvelle célébration du mariage est nécessaire ». — On a fait remarquer avec raison, que dans ce texte les mots « postérieurement au divorce » constituent une superfétation; le second mariage ne peut évidemment avoir été contracté qu'après la dissolution du premier (Vraye et Gode, t. 2, n° 637).

548. L'interdiction établie par l'art. 295, § 1er, constitue un empêchement prohibitif au second mariage des époux, non un empêchement dirimant (Vraye et Gode, t. 2, n° 641).

549. Si les époux divorcés se remarient, « ils ne pourront, dit l'art. 295, § 2, adopter un régime matrimonial autre que celui qui réglait originairement leur union ». Cette règle a été établie par la loi du 27 juill. 1884; elle ne pouvait exister dans le code, puisque la réunion des époux divorcés était impossible. « Elle a pour objet d'éviter, a dit le rapporteur de la commission du Sénat, que les époux n'aient recours au divorce afin de changer les stipulations de leur contrat de mariage, ce qui pourrait avoir des inconvénients graves, soit au point de vue de l'intérêt d'un des époux, soit au point de vue de l'intérêt des tiers. »

550. Les époux sont tenus d'adopter le même régime qu'ils avaient avant le divorce, mais non toutes les clauses de leur premier contrat de mariage. S'ils étaient mariés, par exemple, sous le régime de la communauté réduite aux acquêts, ils ne pourront pas adopter le régime dotal ou celui de la séparation de biens; mais leur nouveau contrat de mariage pourra contenir des clauses particulières ne modifiant pas le régime, telles qu'une stipulation de préciput, une donation, une attribution de tout ou partie de la communauté au survivant (Vraye et Gode, t. 2, nos 731 et suiv.).

551. Il peut arriver que des époux qui avaient un contrat de mariage établissant un autre régime que la communauté légale se remarient sans faire un nouveau contrat. Quelle sera, dans ce cas, leur situation? L'acte de mariage indiquant alors que les époux sont mariés sans contrat, la femme, d'après l'art. 1391 c. civ., sera réputée, à l'égard des tiers, capable de contracter dans les termes du droit commun, à moins que, dans l'acte qui contiendra son engagement, elle n'ait déclaré avoir un contrat de mariage. Nonobstant le divorce, en effet, la femme pourra encore se prévaloir de l'ancien contrat, qui continuera à régir les rapports des époux entre eux, par application de l'art. 295, § 2; seulement ce contrat ne pourra pas être opposé aux tiers, si son existence ne leur a pas été spécialement dénoncée (V. en sens : Vraye et Gode, t. 2, n° 733).

552. Quelle est la sanction de la règle de l'art. 295, § 2?

Tout d'abord, il est bien certain que, si les époux divorcés, en se remariant, avaient adopté par contrat de mariage un autre régime que celui qu'ils avaient autrefois, leur nouveau mariage ne serait pas nul pour cela. La seule sanction de la règle de l'art. 295, § 2, c'est la nullité du régime adopté dans le second contrat. Mais cette nullité n'aura pas pour résultat, comme cela a lieu ordinairement lorsqu'un contrat de mariage est déclaré nul, de faire considérer les époux comme mariés sous le régime de la communauté légale. Le régime établi par leur ancien contrat revivra, au moins dans les rapports des époux entre eux. Quant aux tiers qui auraient traité avec les époux sur la foi du second contrat, la nullité du nouveau régime adopté dans ce contrat pourra ou non leur être opposée, suivant qu'ils auront, ou non, su que les époux s'étaient remariés après avoir divorcé. Comme nul n'est censé ignorer la loi, les tiers qui traiteraient avec des époux remariés après divorce devraient, pour leur sécurité, s'assurer que le second contrat de mariage de ces époux est conforme à l'ancien, quant au régime adopté.

553. « Après la réunion des époux, dit l'art. 295, § 3, il ne sera reçu, de leur part, aucune nouvelle demande de divorce pour quelque cause que ce soit, autre que celle d'une condamnation à une peine afflictive et infamante prononcée contre l'un d'eux depuis leur réunion. » Ainsi, après le second mariage des époux qui ont précédemment divorcé, leur union devient indissoluble, sauf le cas de condamnation. Une séparation de corps, toutefois, serait encore possible, même en dehors de ce cas; mais il est bien entendu qu'elle ne serait pas susceptible de conversion (Carpentier, *Traité du divorce*, n° 317).

554. D'après l'art. 228 c. civ., « la femme ne peut contracter un nouveau mariage qu'après dix mois révolus depuis la dissolution du mariage précédent ». L'art. 296 ne fait que reproduire cette règle pour le cas de divorce. Avant la loi du 27 juill. 1884, cet article portait : « Dans le cas de divorce prononcé pour cause déterminée, la femme divorcée etc. ». Il indiquait ainsi que la règle de l'art. 228 n'était pas applicable en cas de divorce par consentement mutuel. Cette sorte de divorce étant abrogée, il n'y avait plus lieu de s'en préoccuper; mais, en présence de l'art. 228, l'art. 296 n'a plus guère d'utilité.

555. Le motif du délai imposé à la femme qui veut se remarier par les art. 228 et 296 est d'empêcher la confusion de part (V. *Rép.* v° *Mariage*, n° 965). Ce motif disparaît si le second mariage doit avoir lieu entre les deux époux divorcés. C'est pourquoi quelques auteurs enseignent que la règle de l'art. 296 cesse d'être applicable dans cette hypothèse (Carpentier, *Traité du divorce*, n° 320; Vraye et Gode, t. 2, n° 623). Cette exception, toutefois, si raisonnable qu'elle soit, nous paraît difficile à admettre, en présence des termes généraux des art. 228 et 296. On peut remarquer que, lorsque la femme accouche peu de temps après la dissolution du mariage, la confusion de part n'est plus à craindre et le motif de l'interdiction de contracter un nouveau mariage avant l'expiration du délai de dix mois disparaît aussi dans cette hypothèse. L'interdiction n'en subsiste pas moins, de l'avis de tous les auteurs (V. notamment: Carpentier, *loc. cit.*; Poulle, p. 232), bien que les raisons de convenance, qui justifient la règle, en cas du décès du mari, n'existent pas lorsqu'il y a divorce.

556. La généralité de la règle de l'art. 296 conduit encore à décider que le délai de dix mois doit être observé même lorsque le divorce est prononcé à la suite d'une séparation de corps ayant duré plus ou moins de temps (Poulle, *ibid.*).

557. Le délai de dix mois court, d'après la loi, du jour où le divorce est devenu définitif. Cela signifie du jour où le divorce est devenu irrévocable par la transcription du jugement sur les registres de l'état civil (V. *suprà*, n° 540).

558. On s'accorde à reconnaître que l'empêchement au mariage, qui résulte des art. 228 et 296, est seulement prohibitif (*Rép.* v° *Mariage*, n° 969; Goirand, p. 161; Carpentier, *Traité du divorce*, n° 320; Vraye et Gode, t. 2, n° 619). — Mais, conformément à l'art. 194 c. pén., l'officier de l'état civil qui aurait reçu l'acte de mariage d'une femme divorcée avant l'expiration du délai de dix mois, serait passible d'une peine de 16 à 300 fr. d'amende. Certains auteurs émettent un avis contraire, par la raison que le texte de l'art. 194 vise seulement la contravention à l'art. 228 c. civ., sans parler de l'art. 296 (Coulon et Faivre, p. 323). Mais, comme nous l'avons observé *suprà*, n° 554, la règle de l'art. 296 est comprise dans celle de l'art. 228; la sanction de cette règle est donc applicable dans tous les cas.

559. Il a même été jugé que cette règle est d'ordre public, et qu'en conséquence, la femme étrangère qui a divorcé, d'après la loi de son pays, ne peut contracter un nouveau mariage en France qu'après dix mois révolus depuis son divorce, alors même que sa loi nationale lui permet de se remarier aussitôt après (Paris, 13 févr. 1872, aff. Mayer, D. P. 73. 2. 160. V. dans le même sens : Demolombe, t. 3, n° 232 *bis*). Cette décision, toutefois, a été critiquée par M. Laurent, *Le droit civil international*, t. 5, n° 272. Suivant cet auteur, la prohibition de l'art. 228 rentre dans le statut personnel, et; si elle était d'ordre public, la loi en aurait fait un empêchement dirimant (V. aussi en ce sens : Vraye et Gode, t. 2, n° 621; Poulle, p. 232). Certains empêchements au mariage sont pourtant bien d'ordre public, quoiqu'ils ne soient pas dirimants; nous citerons, par exemple, celui qui défend à l'époux contre lequel le divorce a été prononcé pour adultère d'épouser son complice (V. *infrà*, n° 561).

560. L'art. 298 c. civ. est ainsi conçu : « Dans le cas de divorce admis en justice pour cause d'adultère, l'époux coupable ne pourra jamais se marier avec son complice ». L'ancien art. 298 contenait une autre disposition d'après laquelle la femme adultère devait être condamnée, sur la réquisition du ministère public et par le jugement même qui prononçait le divorce, à une réclusion de trois mois à deux années. Mais, comme nous l'avons vu, *suprà*, n° 464, cette disposition a été supprimée en 1884.

La première partie de l'art. 298, qui interdit à l'époux coupable de se remarier avec son complice, avait été aussi supprimée par la Chambre, mais elle a été rétablie par le Sénat. Les considérations que certains orateurs faisaient valoir en faveur de cette suppression étaient, il faut en convenir, plus plaisantes que sérieuses : « Je suis convaincu, disait l'un d'eux, que les séducteurs qui auront en perspective le mariage avec leur complice, se laisseront en temps utile arrêter par un esprit de sage et prudente réserve... Il y a plus, et si la chose était possible au point de vue légal, il faudrait dispenser les complices d'adultère de toute condamnation quand ils se marieraient ». La règle de l'art. 298 a rencontré, il est vrai, une objection plus grave : « Si vous édictez d'une manière définitive, a dit M. Jolibois à la Chambre, que celui contre lequel le divorce a été prononcé pour adultère ne pourra épouser son complice, c'est comme si vous écriviez dans la loi que le scandale ne peut cesser, qu'il doit se perpétuer ». Il est évident, en effet, ajoute un auteur, que si la femme ne peut pas épouser son complice, elle vivra hors mariage avec lui, avec cette aggravation que les enfants issus de ce commerce ne pourront jamais être légitimés par mariage subséquent (Poulle, p. 234). Mais une objection analogue pourrait être faite contre tout empêchement au mariage. La preuve que celui qui nous occupe a sa raison d'être dans des motifs de haute moralité, c'est qu'il a une origine très ancienne. Le droit romain annulait le mariage contracté entre les coupables (L. 11, § 11 et L. 40, D. *Ad legem Juliam de adulteriis*, l. 48, t. 5). L'Eglise, sans aller aussi loin, fait résulter de l'adultère un empêchement dirimant, lorsqu'il s'y joint des circonstances particulièrement aggravantes, savoir : lorsque les coupables ont attenté aux jours de l'époux innocent et lorsqu'ils se sont promis le mariage en cas de mort de cet époux. Toutefois, l'Eglise admet des dispenses, et c'est aussi, à notre avis, ce que la loi aurait dû faire dans notre cas.

561. On décide généralement que l'empêchement créé par l'art. 298 n'est que prohibitif (Bruxelles, 14 mars 1865, aff. Carpentero, *Pasicrisie belge*, 1865. 2. 103; Gand, 21 avr. 1888 (1); Laurent, t. 3, n° 290; Goirand, p. 187; Frémont,

(1) (Léonard et consorts C. Vande Wattyne, veuve Léonard et la veuve Beernaert.) — LA COUR ; — Attendu que la question principale soulevée par les appelants en défense à l'action poursuivie contre eux, ainsi que contre l'intimée Joséphine Léonard, veuve Beernaert, en partage et liquidation de la communauté des époux Léonard-Finet et de la succession de Melchior Léonard, par l'intimée Céline Vande Wattyne, en qualité de tutrice légale de sa fille mineure Clary's Léonard, issue de son union avec feu Désiré-

n° 867; Carpentier, *Traité du divorce*, n° 325; Vraye et Gode, t. 2, n° 626; Poulle, p. 235; Coulon et Faivre, p. 326). Mais cet empêchement ne cesse pas par le décès de l'époux qui a obtenu le divorce (Bruxelles, 14 mars 1865, précité; Laurent, *loc. cit.*; Carpentier, *op. cit.*, n° 324; Vraye et Gode, *loc. cit.*; Coulon et Faivre, art. 298, p. 332).

562. Pour qu'il y ait lieu à l'application de l'art. 298, il est nécessaire que la complicité d'adultère soit constatée. On a prétendu qu'elle ne pouvait l'être régulièrement que par une condamnation correctionnelle prononcée contre les coupables (Botton et Lebon, *Code annoté du divorce*, p. 122; Rousseau et Laisney, *Dictionnaire de procédure*, v° *Divorce*, n° 327). Mais ce système n'a pas prévalu; il impose une condition que la loi n'a pas établie. Celle-ci n'ayant rien spécifié quant à la manière dont le complice de l'adultère peut être connu, on doit pour cela s'en référer au droit commun. Si ce complice est désigné dans les motifs du jugement cela suffira pour justifier l'opposition qui pourra être formée au mariage de l'époux coupable (Bruxelles, 19 juin 1861, aff. Carpentero, *Pasicrisie belge*, 1865. 2. 250). A défaut d'une semblable désignation, l'opposant pourra se servir des procès-verbaux de l'enquête sur laquelle le divorce a été admis, s'il les a en sa possession. Enfin nous pensons, contrairement à l'opinion de plusieurs auteurs, que l'opposant devrait être admis à prouver la complicité, pourvu, bien entendu, que le divorce eût été admis pour adultère et non pour une autre cause. Autrement, il dépendrait uniquement du tribunal qui prononce le divorce de faire que l'art. 298 fût ou non applicable, en mentionnant ou en ne mentionnant pas dans son jugement le nom du complice; or, une prohibition aussi grave que celle dont il s'agit ne saurait dépendre uniquement de l'arbitraire des juges ou des hasards de la rédaction du jugement (V. en ce sens : Vraye et Gode, t. 2, n° 629. — *Contrà :* Coulon et Faivre, art. 298, p. 330 et suiv.). — En tout cas, le tribunal qui prononce le divorce n'a pas à faire défense à l'époux coupable d'adultère d'épouser son complice. Cette défense résultant de la loi elle-même, il n'est pas nécessaire de l'insérer dans le jugement, et elle y serait prématurée, car on ne sait pas, au moment où le jugement est rendu, si l'époux et son complice ont l'intention de se marier (Vraye et Gode *ibid.*, n° 628).

563. Quand même l'un des époux aurait été condamné pour adultère, l'art. 298 ne serait pas applicable si le divorce avait été prononcé pour une autre cause. Ainsi, bien qu'un mari ait été convaincu d'adultère, si la séparation de corps a été prononcée contre lui pour cause d'injure grave, avant la loi du 27 juill. 1884, parce qu'il n'avait pas entretenu sa concubine dans la maison commune, et si la séparation a été convertie en divorce, il pourra néanmoins épouser sa complice, parce que l'adultère n'a pas été la cause formelle de la séparation de corps et du divorce (Bruxelles, 23 janv. 1882 (1); Carpentier, *Traité du divorce*, n° 326; Vraye et Gode, t. 2, n° 631).

564. Qui peut former opposition au mariage de l'époux divorcé et de son complice? Les parents indiqués par l'art. 173 c. civ., c'est-à-dire le père, et, à défaut du père, la mère, et, à défaut des père et mère, les aïeuls et aïeules, mais non les parents désignés par l'art. 174, car l'opposition n'est recevable de la part de ceux-ci que pour défaut de consentement du conseil de famille ou pour démence. Le droit d'opposition appartient aussi, en notre matière, au ministère public; l'art. 46 de la loi du 20 avr. 1810 lui donne, en effet, le droit d'agir pour l'exécution des lois toutes les fois que l'ordre public est intéressé (Vraye et Gode, t. 2, n° 630; Coulon et Faivre, art. 298, p. 328 et suiv. — V. cependant en sens contraire : Bruxelles, 14 mars 1865, cité *suprà*, n° 561). Mais le conjoint divorcé ne peut pas s'opposer au

---

Edmond Léonard, est la question de la validité de ce mariage, à la solution de laquelle se trouve subordonnée celle de la légitimité de l'enfant; — Attendu qu'il est constant que le divorce de l'intimée Vande Wattyne et de son premier mari, prononcé à Gand, le 25 août 1869, a été admis contre cette intimée pour cause d'adultère, dont feu Désiré-Edmond Léonard avait été judiciairement reconnu complice; — Que c'est pour se soustraire à l'application de la loi belge (c. civ. art. 298), qui interdisait le mariage entre eux, que ladite intimée et Désiré-Edmond Léonard ont contracté mariage en Angleterre (à Douvres), le 27 juin 1870, en négligeant les publications préalables qui auraient dû être faites à Gand conformément à l'art. 63 du code;... — Attendu que l'art. 298 dispose que « dans le cas de divorce admis en justice pour cause d'adultère, l'époux coupable ne peut jamais se marier avec son complice »; — Attendu que, quelque accentuée que soit une défense faite en ces termes, ce n'est pas cette formule même qui détermine la nature de l'empêchement à mariage qui en résulte; — Attendu que le législateur ne s'est pas exprimé à l'art. 298 autrement qu'il ne l'a fait aux art. 228, 295, 296 et 297; que cependant aucune infraction à ces dernières dispositions n'entraîne la nullité du mariage; — Attendu que, dans une matière aussi grave, les nullités ne peuvent résulter que d'un texte formel de la loi; — Attendu que, bien que le titre du divorce n'ait été promulgué que le 31 mars 1803, c'est-à-dire quatre jours après le titre du mariage (27 mars 1803), il est certain que la disposition de l'art. 298 était déjà adoptée depuis le 9 sept. 1802, lorsque, le 28 octobre de la même année, furent arrêtées les principales dispositions sur le mariage (Locré, éd. belge, t. 2, p. 371 à 548); que, par suite, rien n'eût empêché le législateur, s'il avait entendu considérer comme nul le mariage entre l'époux adultère et son complice, de le déclarer au chap. 4 du tit. 5 du liv. 1er du code civil, dans lequel il a réuni toutes les dispositions concernant les demandes en nullité de mariage, en prenant soin, pour chacune de celles qu'il autorisait, de déterminer les personnes ayant en principe qualité pour l'intenter; — Attendu qu'il n'en a rien fait; qu'il n'a pas davantage, au titre *Du divorce* sous lequel figure l'art. 298, prononcé la nullité du mariage contracté au mépris de cette disposition; que, par suite, il y a lieu de reconnaître avec la doctrine et la jurisprudence que l'empêchement que formule cet article du code civil est simplement prohibitif;... — Par ces motifs, confirme le jugement dont est appel, etc.

Du 21 avr. 1888.-C. de Gand, 1re ch.-MM. de Meren, 1er pr.-Penneman, subst. proc. gén.-Dervaux et Ad. Du Bois, av.

(1) (C... C. Officier de l'état civil d'Anvers.) — LA COUR; — Attendu que le tribunal civil d'Anvers a, par son jugement du 9 juill. 1880, admis la demande en divorce de V... contre son époux C... et l'a autorisée à se retirer devant l'officier de l'état civil pour le faire prononcer, ce qui a eu lieu le 2 décembre suivant; que ce jugement était motivé sur ce que « si le flagrant délit d'adultère dans la maison commune n'avait pas été établi par l'enquête, il était au moins prouvé qu'en habitant avec Marie H... l'appelant entretenait avec celle-ci des relations qui étaient pour sa femme légitime l'injure la plus grave; » — Attendu qu'en présence de ces précédents, c'est à tort que le jugement dont est appel a consacré le refus de l'officier de l'état civil de la ville d'Anvers de procéder à la célébration du mariage de C... avec M. H... en donnant à l'art. 298 c. civ. une interprétation qu'il ne comporte pas; — Qu'en effet, s'il ne permet pas à l'époux coupable de se marier avec sa complice, ce n'est, l'art. 298 l'énonce expressément, que pour le cas de divorce *admis en justice* pour cause d'adultère; que l'art. 230 disposant que s'il a tenu sa concubine dans la maison commune il s'ensuit nécessairement qu'à défaut de cette dernière condition, l'adultère du mari ne peut constituer un cas de divorce et par suite, donner lieu à la prohibition de mariage prononcée audit art. 298; — Attendu que le premier juge, pour soumettre l'appelant à cette prohibition, à raison de ses relations hors de la maison commune avec Marie H..., n'a tenu aucun compte de la distinction essentielle, si nettement exprimée en l'art. 298, qui borne son application au cas de divorce admis en justice pour cause d'adultère, visant ainsi directement les art. 229 et 230 c. civ. et nullement l'art. 231, le seul que le jugement précité du 9 juill. 1880 ait appliqué, en n'invoquant pour prononcer le divorce que l'injure grave résultant d'un concubinage qui, dans les conditions où il se produisait, ne tombait pas sous l'application de l'art. 230; — Attendu que la thèse du premier juge est en opposition formelle non seulement avec le texte de l'art. 298, mais encore avec l'interprétation et la portée que les discussions au conseil d'Etat lui ont données; que, dans la séance du 16 niv. an 10, le président de la section de législation, Boulay, s'expliquant à ce sujet, déclarait: « Que l'intention de la section était d'attacher les mêmes effets à tout adultère qui opère le divorce; que celui de la femme l'opère dans tous les cas, celui du mari seulement quand il tient sa concubine dans la maison commune; » — Attendu que les considérations morales invoquées par le premier juge ne peuvent prévaloir contre le texte précis de la loi, confirmé par les documents qui ont préparé et motivé son adoption; — Par ces motifs, met le jugement dont est appel à néant; émendant, condamne l'intimé en sa dite qualité à procéder à la célébration du mariage de l'appelant C... avec la demoiselle H... et ce dans les huit jours de la signification du présent arrêt, sous peine de 100 fr., à titre de dommages-intérêts, par jour de retard, et le condamne en sadite qualité aux dépens des deux instances.

Du 23 janv. 1882.-C. de Bruxelles.

mariage de son ancien conjoint; aucun texte ne l'y autorise (Carpentier, *Traité du divorce*, n° 323).

565. La prohibition de l'art. 298 suppose que le premier mariage de l'époux coupable d'adultère a été effectivement dissous par le divorce. Elle est un effet du divorce, et, si le divorce doit être considéré comme nul et non avenu, faute d'avoir été transcrit, cette prohibition ne saurait être applicable. MM. Vraye et Gode, t. 2, n° 633, argumentent à tort, suivant nous, des termes de l'art. 298 pour soutenir qu'il suffit que le divorce ait été *admis en justice*, et qu'il n'est pas nécessaire qu'il soit devenu définitif par la transcription, pour que le mariage soit désormais interdit entre l'époux coupable et son complice. Les termes de l'art. 298 ont pour but d'indiquer que le divorce doit avoir été admis pour cause d'adultère; mais le législateur n'a nullement entendu dire qu'il suffirait que le divorce eût été admis par le tribunal, pour que la prohibition fût applicable, car tant que le jugement de divorce n'est pas transcrit, le mariage, comme nous l'avons vu, *suprà*, n° 540, n'est pas dissous; un second mariage, par conséquent, n'est pas possible; et, si la transcription n'a pas été requise dans le délai, comme nous l'avons vu *suprà*, n° 534, les époux sont censés s'être réconciliés; par suite, à aucune époque et quoi qu'il arrive, le jugement de divorce ne peut plus produire d'effet. — De même, si le conjoint de l'époux coupable d'adultère vient à mourir après le jugement, mais avant la transcription, l'art. 298 ne sera pas applicable; car, aux termes de l'art. 244, § 3, l'action en divorce s'éteint par le décès de l'un des époux survenu avant que le jugement soit devenu irrévocable par la transcription. Si le décès éteint l'action, il éteint par cela même les conséquences de l'action (*Contrà :* Vraye et Gode, t. 2, n° 634).

566. La prohibition de l'art. 298 n'est pas non plus applicable en cas de séparation de corps, après la mort de l'époux qui a fait prononcer la séparation; la loi ne parle que du cas de divorce (Toulouse, 10 juin 1852, aff. L..., 2e arrêt, D. P. 52. 2. 169).

ART. 2. — *Effets du divorce relativement aux biens.*

567. Quant aux biens, le divorce produit naturellement tous les effets attachés à la dissolution du mariage. — Ainsi, aux termes de l'art. 1441 c. civ., il entraîne la dissolution de la communauté (V. *suprà*, v° *Contrat de mariage*, nos 586 et suiv.). D'après l'art. 1463, la femme divorcée qui n'a point, dans les trois mois et quarante jours après le divorce définitivement prononcé, accepté la communauté, est censée y avoir renoncé (V. *ibid.*, nos 783 et suiv.). Par *le divorce définitivement prononcé*, il faut entendre maintenant le divorce transcrit sur les registres de l'état civil (V. *suprà*, n° 540). C'est donc du jour de la transcription que court pour la femme le délai de trois mois et quarante jours qui lui est laissé pour accepter la communauté. C'est aussi du jour de la transcription du jugement de divorce que commence à courir l'année dans laquelle la femme doit prendre inscription pour conserver le rang de son hypothèque légale. Bien que l'art. 8 de la loi du 23 mars 1855 (D. P. 55. 4. 27), qui exige que cette inscription soit prise « dans l'année de la dissolution du mariage », ne parle que de *la veuve*, il n'est pas douteux que sa disposition ne doive être étendue à la femme divorcée; la rédaction de cette loi s'explique par le fait que le divorce n'existait pas en 1855 (Carpentier, *Traité du divorce*, n° 345; Vraye et Gode, t. 2, n° 665).

568. Aux termes de l'art. 1452 c. civ., la dissolution de la communauté opérée par le divorce ne donne pas ouverture aux droits de survie de la femme; mais celle-ci conserve la faculté de les exercer après la mort du mari. Bien que cet article ne parle que des droits de survie de la femme, la même règle serait cependant applicable aux droits de survie du mari (V. *suprà*, v° *Contrat de mariage*, nos 730 et suiv.). Il est bien entendu, d'ailleurs, que l'art. 1452 ne fait pas obstacle à l'application de l'art. 299 c. civ., dont nous allons nous occuper *infrà*, n° 570. La femme ou le mari ne conserve ses droits de survie que s'ils n'ont pas été révoqués par le jugement de divorce.

569. Il n'y a pas lieu non plus, en cas de dissolution de la communauté par le divorce, à la délivrance actuelle du préciput; l'époux qui a obtenu le divorce conserve seulement ses droits au préciput en cas de survie (c. civ. art. 1518) (V. *suprà*, v° *Contrat de mariage*, n° 1056). On pourrait toutefois déroger à cette règle par contrat de mariage; ainsi, une femme pourrait stipuler à son profit, en se mariant sous le régime de la communauté, un préciput qui s'ouvrirait par le divorce ou par la séparation de corps (Limoges, 6 août 1849, aff. Niveau, D. P. 50. 5. 71; *Rép.* v° *Contrat de mariage*, n° 2924).

570. Indépendamment des effets attachés à la dissolution du mariage, le divorce entraîne la révocation des libéralités faites à l'époux contre lequel le divorce est prononcé par son conjoint. « L'époux contre lequel le divorce aura été prononcé, dit l'art. 299 c. civ., perdra tous les avantages que l'autre époux lui avait faits, soit par contrat de mariage, soit depuis le mariage. » L'art. 300 ajoute: « L'époux qui aura obtenu le divorce conservera les avantages à lui faits par l'autre époux, encore qu'ils aient été stipulés réciproques et et que la réciprocité n'ait pas lieu ». Ces deux articles ont été rétablis par la loi du 27 juill. 1884 tels qu'ils existaient avant la loi de 1816, sauf de légers changements de rédaction. Dans l'exposé des motifs du titre du Divorce, Treilhard les expliquait ainsi : « L'époux coupable s'est placé au rang des ingrats : il sera traité comme eux; il a violé la première condition du contrat, il ne sera pas reçu à en réclamer les dispositions ». La révocation des avantages faits à l'époux contre lequel le divorce est prononcé est donc une peine dont la loi frappe cet époux, à cause de son ingratitude et de son manque de foi envers son conjoint. S'il n'y avait que l'ingratitude, la loi aurait pu laisser les libéralités entre conjoints soumises aux règles générales des art. 955 et 1046 qui autorisent la révocation des donations et des legs pour cause d'ingratitude du donataire ou du légataire; mais, entre époux, l'ingratitude est aggravée d'une violation du contrat matrimonial. Dès l'instant, d'ailleurs, que le mariage est rompu par la faute d'un des conjoints, il est juste que cet époux perde les avantages qui ne lui avaient été faits qu'en considération du mariage.

571. Pourrait-on déroger par contrat de mariage aux règles des art. 299 et 300 ? En ce qui concerne la première de ces règles, nous pensons que toute stipulation contraire serait nulle. Il serait contraire, en effet, à l'ordre public de promettre d'avance l'impunité à l'époux qui violerait les devoirs que lui impose le mariage. De plus, au moment du mariage, une telle promesse ne saurait être faite par l'autre époux en connaissance de cause et avec une entière liberté d'esprit (V. en ce sens : Frémont, n° 939; Vraye et Gode, t. 2, n° 669; Coulon et Faivre, art. 299, p. 345). Mais, à notre avis, les futurs époux pourraient valablement convenir dans leur contrat de mariage, par dérogation à l'art. 300, qu'en cas de divorce ou de séparation de corps tous les avantages qu'ils se seraient faits, même ceux en faveur de l'époux ayant obtenu le divorce ou la séparation, seraient révoqués. Il n'y aurait là qu'une condition parfaitement licite, mise par chaque époux à ses libéralités. — Il a été jugé par la cour de Bruxelles que la clause d'un contrat de mariage suivant laquelle une somme apportée par l'un des époux devait être prélevée par lui sur la communauté dans le cas seulement où la communauté se dissoudrait autrement que par le décès de l'un des époux, n'est par contraire à la loi ni à l'ordre public (Bruxelles, 15 janv. 1863) (1).

(1) (Catherine Wilmutte C. Nicolay.) — Le contrat de mariage des parties, passé le 7 août 1850, contenait les stipulations suivantes : Art. 1er. Les futurs époux adoptent le régime de la communauté légale. — Art. 2. Le futur époux apporte en mariage 6000 fr., qu'il possède, en quatre obligations de 1000 fr. de l'emprunt belge, et le surplus en numéraire; laquelle somme il a représentée à la future épouse qui le reconnaît. — Art. 3. En cas de dissolution de la communauté autrement que par décès de l'un des époux, le futur époux prélèvera cet apport de 6000 fr. sur les biens de la communauté. — Art. 4. Le futur époux déclare encore apporter au mariage la somme de 5000 fr. qu'il a remise, antérieurement aux présentes, à la future épouse, qui le reconnaît pour payer à son fils le montant de quelques effets dont elle lui était redevable pour le rachat de sa part dans la succession de son père et pour d'autres dettes. — Art. 5. Les futurs époux ont déclaré que, par la stipulation ci-dessus, ils n'entendent pas exclure de la communauté *tous autres biens* qui, d'après l'art. 1401 c. civ. et les suivants, doivent y entrer ». — En 1859, le mariage fut dis-

572. Que faut-il entendre par l'expression *avantages*, dans l'art. 299? Cette expression comprend d'abord toutes les donations, mobilières ou immobilières, de biens présents ou de biens à venir, faites par l'un des époux à l'autre, soit dans le contrat de mariage, soit au cours du mariage. Elle comprend même les donations déguisées. Il a été jugé, en ce sens, que le mari qui a obtenu la séparation de corps peut réclamer les apports qu'il justifie avoir faits dans la communauté d'acquêts, nonobstant la déclaration, insérée au contrat de mariage dans le but d'avantager la femme, que le mari a apporté pour tout mobilier ses effets personnels (Chambéry, 4 mai 1872, aff. Buffet, D. P. 73. 2. 129). On s'accorde aujourd'hui à reconnaître que l'art. 299 comprend aussi dans le mot *avantages* les libéralités testamentaires antérieures par leur date au divorce ou à la séparation de corps. C'est l'opinion que nous avons soutenue au *Rép.* n° 377 (V. en outre, dans le même sens : Lyon, 26 janv. 1861, aff. Barrier, D. P. 61. 5. 440; Aubry et Rau, t. 7, § 724, p. 509, note 7; Laurent, t. 3, n° 304; Frémont, n° 923; Carpentier, *Traité du divorce*, n° 350; Poulle, p. 253; Vraye et Gode, t. 2, n° 685; Coulon et Faivre, art. 299, p. 337).

573. Doit-on considérer comme des avantages sujets à révocation les bénéfices qui résultent pour l'un des époux des conventions matrimoniales qui ont été adoptées? Par exemple, deux époux se sont mariés sous le régime de la communauté universelle, alors que leurs fortunes étaient très inégales; ou bien ils ont adopté le régime de la communauté légale, alors que la fortune de l'un était immobilière et celle de l'autre mobilière. Par l'effet de ces conventions, l'un des époux se trouve avantagé d'une partie de la fortune de l'autre. En pareil cas, si l'époux au préjudice duquel se produit ce résultat a des enfants d'un précédent mariage, ces enfants ont le droit de faire réduire le bénéfice de l'autre époux à la quotité disponible établie par l'art. 1098 c. civ. (art. 1496 et 1527) (V. *suprà*, v° *Contrat de mariage*, n° 1083). Cependant la plupart des auteurs décident que les avantages de cette espèce ne sont pas atteints par l'art. 299. Il s'agit ici d'une disposition pénale qui doit être interprétée restrictivement. Il est possible qu'au moment où les conventions matrimoniales ont été adoptées on n'ait pas pu prévoir quel serait leur résultat final; alors il n'y a réellement pas eu de libéralité. La jurisprudence belge paraît fixée en ce sens (Bruxelles, 15 janv. 1863, *suprà*, n° 571; Trib. Bruges, 26 févr. 1872, et Gand, 24 avr. 1873 (1); C. cass. Belgique,

---

sous par le divorce, prononcé à la requête de la femme. Par exploit du 7 juin 1861, le mari poursuivit la liquidation de la communauté, et il conclut à ce qu'il fût décidé : 1° qu'il avait le droit de prélever une somme de 6000 fr. sur les biens de la communauté (art. 2 et 3 du contrat); 2° qu'il y avait lieu de comprendre dans l'actif de la communauté une somme de 5000 fr. due par la femme (art. 4 et 5). Celle-ci répondit que la constatation d'apport de la somme de 6000 fr. dans l'art. 2 du contrat couvrait un avantage déguisé, qui devait être révoqué par application de l'art. 299 c. civ., et que la clause de l'art. 3, qui autorisait le mari à prélever cette somme de 6000 fr. au cas seulement où la communauté serait dissoute autrement que par le décès de l'un des époux, établissait une prime en faveur du divorce et devait être annulée comme contraire à l'ordre public et aux bonnes mœurs. Relativement à la somme de 5000 fr., la défenderesse soutint que la créance du mari contre elle pour cette somme était tombée dans la communauté; que l'obligation dont elle était tenue y était tombée aussi, et que, la communauté se trouvant ainsi créancière et débitrice, la créance était éteinte par confusion.

Le 15 mars 1862 jugement du tribunal de Bruxelles, ainsi conçu : — « Attendu que, par contrat de mariage en date du 7 août 1850, les parties ont stipulé qu'elles adoptaient le régime de la communauté; que le futur époux apportait en mariage 6000 fr. qu'il possédait en quatre obligations de 1000 fr. de l'emprunt belge et le surplus en numéraire, laquelle somme il avait représentée à la future épouse qui le reconnaissait ; — Attendu que, par l'art. 3, il a été convenu qu'en cas de dissolution de la communauté autrement que par décès de l'un des époux, le futur époux prélèverait cet apport de 6000 fr. sur les biens de la communauté ; — Attendu qu'aux termes de l'art. 1497 c. civ., les époux peuvent modifier la communauté légale par toute espèce de conventions non contraires aux art. 1387, 1388, 1389 et 1390 ; — Attendu que la stipulation ci-dessus visée ne contient rien de contraire aux lois et aux bonnes mœurs ; — Attendu en effet, que l'art. 1500 c. civ. permet aux époux d'exclure de leur communauté tout ou partie de leur mobilier, et qu'aux termes de l'art. 1503, chaque époux a le droit de reprendre sur la communauté la valeur de ce dont le mobilier exclu excédait la mise en communauté; — Attendu que les effets de la stipulation dont s'agit dans l'art. 1500 s'appliquent à tous les cas de dissolution, d'où il suit que les parties peuvent légalement stipuler que ces effets ne s'appliqueront qu'à certains cas de dissolution de la communauté ; — Attendu que la communauté qui a existé entre le demandeur et la défenderesse s'est dissoute autrement que par le décès de l'un des époux ; que, par conséquent, le demandeur est en droit de prélever sur l'actif de la communauté la somme de 6000 fr. ; — En ce qui concerne la somme de 5000 fr. dont s'agit dans l'art. 4 du contrat de mariage : — Attendu qu'il résulte de ce contrat que le demandeur a déclaré apporter en mariage la somme de 5000 fr. qu'il a remise antérieurement à ce contrat à la défenderesse qui le reconnaît pour payer à son fils le montant de quelques effets dont elle lui était redevable, pour le rachat de sa part dans la succession de son père et pour d'autres dettes; — Attendu que si la créance à charge de la femme est tombée dans la communauté, en vertu de cette stipulation et de l'art. 1401 c. civ., d'un autre côté, la dette de la femme du chef de ces sommes est également tombée à charge de la communauté, en vertu des art. 1409 et 1410 c. civ., d'où il suit que la communauté ayant succédé d'un côté à l'obligation de la femme et de l'autre côté à la créance du mari, est devenue créancière et débitrice à la fois, et que par le fait de cette confusion de droits la défenderesse s'est trouvée libérée (c. civ., art. 1300); — Attendu que l'art. 5 du contrat de mariage ne peut avoir pour effet d'exclure de la communauté la dette de 5000 fr. existant primitivement à charge de la défenderesse et qu'aucune disposition du contrat n'exclut de l'actif de la communauté la créance du mari ; — Par ces motifs, dit que le demandeur aura le droit de faire avant tout partage un prélèvement de 6000 fr. sur les biens de la communauté, déclare le demandeur non fondé dans sa conclusion ayant pour objet de comprendre dans l'actif de la communauté une somme de 5000 fr. et de faire verser cette somme par la défenderesse ». — Appel par la femme. — Arrêt.

LA COUR; — Sur l'appel principal : — Attendu que l'art. 2 du contrat de mariage constate authentiquement l'apport des 6000 fr. et que la future épouse y reconnaît même que cette somme lui a été représentée; — Attendu que rien au procès ne tend à prouver que cet article renferme un avantage déguisée; — Attendu que, de son côté, l'art. 3 ne renferme pas un avantage réel dont l'intimé serait privé par l'effet du divorce prononcé contre lui, car la reprise d'un bien qu'on s'est reservé ne peut constituer un avantage, ni en réalité, ni dans le sens de l'art. 290 c. civ. ; — Adoptant, en outre, les motifs des premiers juges; — Sur l'appel incident : — Attendu que les clauses du contrat de mariage interprétées les unes par les autres démontrent à l'évidence que les futurs époux ont exclu de leur communauté, aussi bien la somme de 5000 fr. due par la future, que celle de 6000 fr. dont il est question ci-dessus; — Qu'en effet, dans l'art. 5, ils déclarent que par les dispositions des articles précédents ils n'entendent pas exclure de la communauté *tous autres biens*, etc. ; que cette disposition implique l'exclusion des biens mentionnés dans ces articles précédents; — Que cette induction est confirmée par l'art. 4 lui-même, où l'on voit la future reconnaître la dette, et le futur l'apporter en mariage, ce qui eût été complètement inutile si les futurs époux n'avaient pas eu en vue de l'exclure de leur communauté; — Attendu, qu'avec le sens que lui attribue l'appelant, l'art. 4 n'aurait donc pas de raison d'être, et que l'art. 1157 c. civ. oblige à interpréter les clauses de manière qu'elles puissent produire quelque effet; — Attendu, enfin, que la sincérité de la créance de 5000 fr. est attestée par divers éléments de la cause, et que les dispositions du contrat de mariage qui excluent de la communauté cette somme, de même que celle de 6000 fr., s'expliquent naturellement par la circonstance que la fortune de la future épouse consistait en immeubles, qui, en raison de leur nature, sont exclus de par la loi de l'avoir commun des époux; — Par ces motifs, met l'appel principal au néant; — Et, statuant sur l'appel incident, met le jugement au néant en ce qui concerne la somme de 5000 fr. ; — Emendant, dit que l'appelante doit la somme de 5000 fr. et qu'elle sera tenue de la verser dans l'actif de la communauté.

Du 15 janv. 1863.-C. de Bruxelles, 2° ch.-MM. de Behr et Bonnet, av.

(1) (V... C. V...) — Le 26 févr. 1872, jugement du tribunal civil de Bruges ainsi conçu : — Attendu que les contestations qui divisent les parties se trouvent circonscrites aux deux points suivants : — 1° l'adoption du régime de la communauté universelle constitue-t-elle, dans l'espèce, un avantage sujet à la révocation prononcée par l'art. 299 c. civ.? — 2° La clause finale de l'art. 3 du contrat de mariage, par laquelle les futurs époux, après s'être fait mutuellement donation, pour le cas de mort sans enfants, de l'usufruit de tous les biens délaissés par le prémourant, conviennent que : « Si le futur venait à prédécéder sans descendance et avant d'avoir recueilli la succession d'un de ses parents, ses héritiers légaux n'auraient autre chose à prétendre sur la communauté que ce qu'ils justifieraient avoir été reçu par le défunt de sesdits

29 oct. 1874 (1); Laurent, t. 3, n° 304; Goirand, p. 210; Frémont, n°s 919 et suiv.; Carpentier, *Traité du divorce*, n° 347; Vraye et Gode, t. 2, n° 685; Poulle, p. 249). Mais cette décision ne serait plus exacte s'il était établi que les époux, dans leurs conventions matrimoniales, ont eu l'intention d'avantager l'un d'eux. Il y aurait alors une donation déguisée au profit de celui-ci, et, comme nous l'avons vu ci-dessus, de telles donations n'échappent pas à la révocation. On doit donc reconnaître à l'époux qui a obtenu le divorce le droit de prouver qu'une libéralité de ce genre a été faite par lui à son conjoint (Frémont, n° 920; Carpentier, *loc. cit.*; Coulon et Faivre, art. 299, p. 336).

574. L'art. 299 parle des avantages « faits, soit par contrat de mariage, soit depuis le mariage ». On s'est demandé ce qui adviendrait des donations qui auraient été faites dans l'intervalle du contrat de mariage au mariage. Mais il n'y a aucune raison de les distinguer de celles qui sont contenues dans le contrat de mariage. L'intention du législateur est évidemment de faire perdre à l époux coupable tous les avantages qui lui ont été consentis par son conjoint à l'occasion et à raison du mariage (Vraye et Gode, t. 2, n° 671).

575. Toutefois, comme nous l'avons décidé au *Rép.* n° 383, les simples cadeaux de noces, qui ne sont pas énoncés dans le contrat de mariage, ne semblent pas devoir être considérés, en général, comme des avantages révocables (Massol, p. 353, n° 47; Frémont, n° 922; Vraye et Gode, t. 2, n° 672).

576. D'après les termes mêmes de l'art. 299, l'époux contre lequel le divorce est prononcé ne perd que les avantages « que l'autre époux lui avait faits ». La loi du 20 août 1792 déclarait l'époux coupable déchu aussi des donations qui lui avaient été faites par les parents de son conjoint en vue du mariage. Les auteurs du code civil n'ont pas admis cette extension, malgré la proposition qui en a été faite par le Tribunat (Demolombe, t. 4, n° 529; Laurent, t. 3, n° 304;

---

parents, soit au moment de contracter mariage, soit postérieurement, et que le restant appartiendrait à la future », cette clause doit-elle sortir ses effets, dans le cas ou la dissolution s'opère par le divorce? — Attendu, sur le premier point, que la stipulation d'une communauté universelle n'est pas, en elle-même, une libéralité, mais une simple convention de mariage et entre associés; — Que cela ressort incontestablement de l'art. 1527 c. civ., lequel ne tient compté de l'inégalité qui peut résulter des conventions matrimoniales qu'en faveur des enfants d'un premier lit; — Qu'en dehors de cette hypothèse, en vue de laquelle la loi déroge formellement aux principes qui régissent l'association conjugale, ce n'est guère que dans le cas où il apparaîtrait clairement que les parties ont voulu masquer une véritable donation sous les apparences d'un contrat commutatif qu'une pareille convention devrait subir le sort des libéralités ordinaires; — Que le système soutenu par la défenderesse conduirait infailliblement à faire considérer les bénéfices qui résulteraient de l'adoption d'une communauté légale comme un avantage révocable au même titre; — Que la distinction qu'à cet égard elle s'efforce d'établir entre les avantages qui dérivent prétendûment de la loi et ceux qui dérivent de la convention, manque absolument de base, vu que les époux qui se marient sans contrat sont censés, par une convention tacite, s'en être référés aux dispositions du code, et que la déclaration pure et simple des futurs, dans un contrat de mariage, qu'ils adoptent le régime de la communauté (c. civ. art. 1400), confère incontestablement à l'un d'eux en cas d'inégalité d'apports, un avantage tout aussi contractuel de sa nature que l'est celui qui résulte de l'adoption d'une communauté conventionnelle; — Qu'en fait, il n'est pas même question ici d'une libéralité déguisée, puisque la communauté universelle admise par les époux Vande V... s'étend aux biens à venir, et qu'en arrêtant les conditions de leur contrat, les parties ont eu expressément en vue les successions qui devaient échoir au mari; — Que s'il est vrai qu'aucune de ces successions ne s'est ouverte à une époque antérieure au divorce, cette circonstance n'est pas de nature à altérer le caractère purement onéreux de la convention; — Attendu, sur le second point, que, bien que la clause dont il s'agit doive être envisagée comme un pacte de partage de la communauté et non comme la stipulation d'un droit de survie tombant sous l'application de l'art. 1452, on ne saurait pourtant, sans violer le contrat qui forme la loi des parties, l'étendre à une hypothèse que le silence des contractants exclut implicitement; — Que vouloir soutenir qu'une telle clause ne se rapporte pas uniquement au cas d'une dissolution par le décès, parce qu'il serait immoral de prévoir le divorce dans un contrat de mariage, c'est oublier qu'il est question d'une simple convention entre associés, dans laquelle ceux-ci peuvent librement et sans porter la moindre atteinte aux bonnes mœurs ou à l'ordre public, régler leurs droits pour tous les cas indistinctement; — Attendu qu'il résulte de ce qui précède que la communauté doit se partager par moitié entre les deux époux; — Par ces motifs, dit que la communauté Vande V... sera partagée ou liquidée sur le pied du présent jugement, etc. ». — Appel par le mari. — Arrêt.

LA COUR; — Attendu qu'aucune des conventions matrimoniales modificatives de la communauté légale n'est considérée en droit comme ayant le caractère d'avantage ou de donation, pas même la stipulation d'un préciput conventionnel (c. civ. art. 1516); — Que la preuve en est dans l'art. 1527 c. civ., qui n'admet l'action en réduction des avantages qui peuvent résulter de ces conventions qu'au profit des enfants d'un premier lit, de même que l'art. 1496 admet cette action dans le cas de la communauté légale; d'où découle une assimilation complète entre la position faite aux époux par ces conventions et celle que leur fait la communauté légale; — Attendu que la stipulation de communauté universelle, surtout quand elle comprend les biens à venir comme les biens présents, moins qu'aucune autre constitue en droit une libéralité; qu'elle est un pacte de société, un contrat commutatif, une convention intéressée de part et d'autre; que l'on ne peut dire, au moment de la stipulation, à qui elle sera avantageuse, et c'est cependant à ce moment qu'il faut se reporter pour en déterminer la nature; — Attendu que, bien qu'il résulte des faits et circonstances de la cause que la stipulation de communauté universelle aurait été consentie par l'un des époux, dans le but d'exercer un acte de libéralité envers l'autre, en d'autres termes qu'elle ne serait qu'une donation déguisée, le contrat de mariage lui-même, au contraire, proteste contre pareille allégation, puisque, d'une part, il prévoit que le futur époux aura des successions à recueillir, et que, d'autre part, sa disposition finale exclut l'intention de la future épouse de faire des libéralités à son époux; — Attendu que l'art. 3 du contrat de mariage stipule que si le futur époux venait à mourir sans enfant avant le décès d'un de ses parents, de manière qu'il n'eût hérité ni de l'un ni de l'autre, ses héritiers légaux ne pourraient prétendre sur la communauté que ce qu'ils prouveraient avoir été reçu par le futur époux de ses parents, au moment du mariage, ou depuis que le restant de la communauté appartiendrait à la future épouse; — Attendu que cet article en son entier n'a pour objet que les droits de survie et qu'à tort on voudrait appliquer cette clause au cas de dissolution de la communauté par le divorce; qu'en effet, en faisant ce soutènement, on se heurte à la fois contre la lettre du contrat et contre les dispositions expresses des art. 1452 et 1518 c. civ., qui ne veulent pas que la dissolution de la communauté opérée par le divorce donne ouverture aux droits de survie de la femme; — Attendu que la clause éventuelle du contrat de mariage ci-dessus rappelée répond à la stipulation prévue par l'art. 1525 c. civ.; or, qu'il est hors de contestation dans la doctrine que si la stipulation est faite pour le cas de survie seulement, comme dans l'espèce, et non pour tous les cas de dissolution de la communauté indistinctement, elle ne peut obtenir effet en cas de dissolution de la communauté par le divorce; — Qu'il en est de cette clause comme de toutes les stipulations analogues; — Attendu que V... n'est pas mort, et que ce n'est pas avec ses héritiers, mais avec lui en personne, qu'il s'agit de procéder au partage de la communauté; — Quant à l'appel incident :... (Sans intérêt); — Par ces motifs; — Confirme, etc.

Du 24 avr. 1873.-C. de Gand.

(1) V... C. V...) — LA COUR; — Sur le premier moyen tiré de la violation des art. 299, 300, 1496, 1527, 1516 et 1518 c. civ., et sur la fausse application du principe consacré par l'art. 1525 du même code: — Considérant que les avantages dont il s'agit en l'art. 299 c. civ. ne peuvent s'entendre que de libéralités, de dons purement gratuits faits pour l'un des époux au profit de son conjoint; que cela ressort des travaux préparatoires du code civil, et notamment de l'exposé des motifs du tit. 6 de ce code, dans lequel ces avantages sont expressément qualifiés de *libéralités* dont la révocation ne peut être prononcée que pour cause d'ingratitude; — Considérant que les gains et bénéfices résultant pour l'un des époux de la stipulation de la communauté universelle de tous leurs biens n'ont, pas plus que ceux de la communauté légale, le caractère de libéralités proprement dites; qu'ils procèdent, au contraire, d'un contrat commutatif et à titre onéreux et sont subordonnés à des éventualités indépendantes de la volonté des époux; que dès lors ils ne sont pas frappés de la révocation prononcée par l'art. 299 c. civ.; — Considérant, d'autre part, que les art. 1496 et 1527 ont été portés dans l'intérêt exclusif des enfants d'un premier lit; que, pourtant, ils sont étrangers à la cause; qu'il en est de même des art. 1516 et 1518, le contrat de mariage des époux Ch. V... ne stipulant pas de préciput au profit de la demanderesse; — Considérant qu'il résulte de ce qui précède que l'arrêt attaqué, en ordonnant que la communauté sera partagée par moitié entre les époux, n'a contrevenu à aucune des dispositions citées à l'appui du premier moyen; — Sur le second moyen :... (Sans intérêt); — Par ces motifs; — Rejette.

Du 29 oct. 1874.-C. cass. de Belgique.

Goirand, p. 209; Carpentier, *op. cit.*, n° 346; Massol, 2e éd., p. 354, n° 48; Vraye et Gode, t. 2, n° 683; Coulon et Faivre, art. 299, p. 336).

577. La révocation édictée par l'art. 299 a lieu de plein droit. Cela résulte aussi des termes de la loi, qui sont impératifs : « L'époux contre lequel le divorce aura été prononcé perdra... » Il n'est donc pas nécessaire que le jugement de divorce prononce la révocation (*Rép.* n° 378; Douai, 24 févr. 1887 (1); Laurent, t. 3, n° 305; Carpentier, *op. cit.*, n° 354; Vraye et Gode, t. 2, n° 684). Jugé, toutefois, en matière de séparation de corps, que l'époux qui a obtenu cette séparation, peut demander que la révocation des avantages par lui faits à son conjoint soit prononcée par un jugement postérieur au jugement de séparation de corps (Trib. Seine, 12 mai 1869, aff. L. M..., D. P. 71. 5. 352).

578. Mais la révocation n'a lieu que lorsque le divorce est devenu irrévocable par la transcription. Si l'un des époux meurt avant l'accomplissement de cette formalité, l'art. 299 n'est pas applicable. Alors, en effet, aux termes de de l'art. 244, § 3, l'action en divorce s'éteint; le jugement rendu sur cette action ne doit donc plus produire aucun effet. Il en serait ainsi, alors même que le jugement aurait prononcé expressément la révocation; cette conséquence de la disposition principale disparaîtrait avec celle-ci (Laurent, t. 3, n° 302; Frémont, n° 931 ; Vraye et Gode, t. 2, n° 673. — *Contrà* : Bruxelles, 26 avr. 1806, *Rép.* n° 498).

579. C'est une question controversée que celle de savoir si, en dehors de la révocation qui a lieu de plein droit en vertu de l'art. 299 c. civ., les donations entre époux faites par contrat de mariage ou pendant le mariage sont susceptibles d'être révoquées pour cause d'ingratitude du donataire, et si, par suite, les héritiers de l'époux qui est décédé avant que le divorce ou la séparation de corps ne soit devenu définitif, peuvent former une demande de révocation pour cette cause. Cette question est traitée au *Rép.* nos 388 et suiv. Nous nous bornerons à constater ici que l'affirmative a définitivement prévalu dans la jurisprudence et dans la doctrine (V. en sus des arrêts et des auteurs cités au *Rép.* : Rouen, 5 août 1863, aff. Hérichard, D. P. 64. 2. 235; Civ. rej. 17 févr. 1873, aff. Otto-Stern, D. P. 73. 1. 483 ; Aubry et Rau, t. 7, § 708, p. 416, note 11 ; Laurent, t. 13, n° 21 ; Carpentier, *Traité du divorce*, n° 353 ; Poulle, p. 251 et suiv. ; Vraye et Gode, t. 2, n° 686).

580. D'après l'opinion dominante, le délai d'un an accordé par l'art. 957 c. civ. pour former l'action en révocation pour cause d'ingratitude n'est pas suspendu pendant le mariage (*Rép.* n° 391 ; Rouen, 5 août 1863, aff. Hérichard, D. P. 64. 2. 235 ; Demolombe, t. 20, n° 666 ; Aubry et Rau, t. 7, § 708, p. 422, note 26).

581. La révocation de l'art. 299 c. civ., ayant lieu de plein droit, peut être invoquée par toute personne y ayant intérêt (Lyon, 26 janv. 1861, aff. Barrier, D. P. 61. 5. 440).

582. Cette révocation peut-elle être opposée aux tiers qui ont acquis des droits sur les biens donnés du chef de l'époux donataire ? Un arrêt, cité au *Rép.* n° 376, a résolu cette question par l'affirmative. Mais la négative, que nous avions soutenue au *Rép. ibid.*, a été adoptée par la cour de cassation dans les termes suivants : « Attendu qu'il est constaté par l'arrêt attaqué que c'est à raison des injures, excès et sévices que Jeanne Fabre avait eu à souffrir de la part de Tadieu, son mari, qu'elle a obtenu contre lui, en 1843, un arrêt de séparation de corps ; — Attendu qu'il est également établi que c'est à la suite de la séparation de corps, ainsi prononcée, qu'il a été fait droit par un nouvel arrêt à la demande que la femme Fabre avait, aux termes de l'art. 299, formée contre son mari, à l'effet de voir révoquer la donation qu'elle lui avait faite, par son contrat de mariage, d'une rente viagère de 1500 fr. ; —

---

(1) (Veuve Depoutre C. héritiers Depoutre.) — LA COUR; — Attendu qu'à raison les premiers juges ont repoussé la prétention soulevée par la veuve Depoutre de ne laisser procéder à la liquidation de la succession de son mari que sous la réserve des droits d'usufruit résultant à son profit de la disposition de l'art. 7 de son contrat de mariage en date du 16 oct. 1851; — Attendu que la dame Depoutre est déchue de tous droits de ce chef; — Attendu que, par jugement du 25 août 1877, le tribunal d'Hazebrouck a prononcé contre la dame Depoutre la séparation de corps d'entre elle et son mari; — Attendu que, par application de l'art. 299 c. civ. et en vertu d'une jurisprudence alors comme aujourd'hui constante, la dame Depoutre a ainsi, de plein droit, perdu les avantages que son mari lui avait faits par leur contrat de mariage; — Attendu que la dame Depoutre soutient en vain que, soit lors du jugement de séparation, soit depuis, son mari aurait renoncé à invoquer la disposition de l'art. 299; — Attendu que les renonciations ne se présument pas; — Attendu que la dame Depoutre n'a justifié d'aucun contrat judiciaire ayant sanctionné la renonciation par elle alléguée ; — Attendu que le contrat judiciaire implique un consentement exprimé par les deux parties et régulièrement acté par le juge; — Attendu qu'il est constant que, lors de l'instance en séparation de corps, aucunes conclusions n'ont été prises ni par le mari, ni par la femme quant aux avantages en usufruit attribués à l'époux survivant sur les biens propres à son conjoint; — Attendu qu'il n'apparaît d'aucun élément de la procédure, ni que Depoutre ait, pour le cas où sa demande en séparation serait accueillie, exprimé l'intention de renoncer à se prévaloir de l'art. 299, ni que sa femme ait, dans cette éventualité, manifesté la volonté de bénéficier de la renonciation; — Attendu que le jugement du 25 août 1877 ne donne aucun acte de déclarations et d'acceptations qui auraient été faites à la barre, soit par les époux, soit par leurs avoués mandataires; — Attendu que la prétendue renonciation de Depoutre ne résulte pas davantage de la chose jugée; — Attendu que le dispositif du jugement du 25 août 1877 est expressément limité ; qu'il est clair et précis; qu'il ordonne que Depoutre sera et demeurera séparé de corps, d'habitation et de biens d'avec sa femme; qu'il commet notaire et juge-commissaire pour procéder aux comptes, liquidation et partage de la communauté ; qu'il statue sur la garde des enfants et sur les dépens ; qu'il ne contient aucune décision ; — Attendu que, s'il est vrai que dans les motifs le tribunal a cru devoir insérer « que Depoutre, dans les conclusions par lui prises, n'avait pas demandé que la défenderesse fût déchue des avantages matrimoniaux qu'elle lui avait faits ; que cette abstention devait être considérée comme une renonciation de sa part à se prévaloir des dispositions édictées par l'art. 299 c. civ.; qu'il n'y avait donc lieu de prononcer cette déchéance », le dispositif du jugement est complètement muet, soit sur les effets de l'art. 299, soit sur une renonciation de Depoutre à se prévaloir de cet article; — Attendu que la chose jugée réside exclusivement dans le dispositif du jugement; que les motifs n'ont de valeur que comme éléments d'interprétation du dispositif, quand les termes du dispositif sont obscurs ou ambigus; qu'une simple opinion exprimée par le juge dans les motifs de sa sentence, sur un point qui ne lui a pas été soumis et qui n'est pas sanctionné par aucune décision spéciale du dispositif, ne saurait constituer la chose jugée ; — Attendu que Depoutre n'aurait pu alors trouver un grief d'appel dans les motifs du jugement du 25 août 1877 qui lui adjugeait toutes ses demandes, fins et conclusions; que ses héritiers ne peuvent aujourd'hui se voir opposer ces mêmes motifs comme constituant la chose jugée; — Attendu qu'il importe peu que Depoutre ait acquiescé au jugement en liquidant les reprises de sa femme ; qu'il n'a pu acquiescer à un contrat judiciaire que le jugement ne consacre pas, et à une renonciation sur laquelle le jugement n'a pas prononcé; — Attendu qu'en vain enfin la dame Depoutre invoque, à l'appui du maintien de son usufruit, la lettre enregistrée à Hazebrouck, le 15 juin 1886, f°, etc.; — Attendu qu'il n'est pas méconnu que cette lettre, non datée ni signée, ait bien été écrite par Depoutre à sa femme; — Attendu que, considérée dans son ensemble, la lettre n'a ni le sens ni la portée qu'essaie de lui donner la dame Depoutre; qu'elle est, au contraire, en opposition avec la renonciation alléguée; — Attendu que, si la lettre écrite à l'époque de la liquidation de la communauté, et se référant à des projets d'arrangement amiable entre les époux, contient cette phrase conditionnelle : « D'après le contrat de mariage, si vous me survivez, vous aurez en usufruit une partie de ce que je délaisserais », il est à remarquer que ces mots sont précédés de cette autre phrase : « Vous n'avez pas du tout droit à ma succession »; — Attendu qu'au cours de la lettre, Depoutre rappelle d'ailleurs que, lors du procès en séparation, il n'a pas fait décider la question des avantages matrimoniaux en ce qui concerne sa femme ; qu'il ajoute que, s'il avait prévu qu'en agissant autrement qu'elle avait dit, elle arriverait à le priver lui-même de tout avantage, il n'aurait pas laissé la question en suspens, et qu'il aurait demandé aux juges de prononcer la déchéance de la dame Depoutre à tout droit d'usufruit sur sa succession; — Attendu que Depoutre avait toujours si bien entendu demeurer entier dans les droits résultant pour lui de l'art. 299 c. civ., que, dans son testament du 15 juill. 1886, régulièrement déposé et enregistré, il déclare encore que « quoi qu'il y ait d'inscrit dans les motifs du jugement de séparation de corps qu'il a obtenu contre sa femme, celle-ci n'en a pas moins perdu ses avantages matrimoniaux »; — Par ces motifs; — Confirme.

Du 24 févr. 1887.-C. de Douai, 2e ch.-MM. Duhem, pr.-de Savignon, av. gén.-de Beaulieu et Paul Deschodt, av.

Attendu, enfin, qu'il est encore constaté par l'arrêt attaqué que Pierre Godard, auteur des défendeurs en cassation, était de bonne foi quand, par acte authentique du 16 août 1838, il a racheté, moyennant une somme de 11000 fr., la rente viagère de 1500 fr. qu'en vertu de la donation faite par Jeanne Fabre à son mari, il était obligé de servir à celui-ci; — Attendu, en droit, que, si l'art. 299 c. nap. prive l'époux contre lequel la séparation de corps a été prononcée de tous les avantages qui lui ont été faits par l'autre époux, il ne parle point des droits que des tiers pourraient avoir acquis, de bonne foi, sur les biens faisant l'objet de ces avantages; que l'on ne saurait donc, sans ajouter à sa disposition, admettre qu'elle porte atteinte à ces droits; — Attendu, d'ailleurs, que la révocation de l'art. 299, quand elle est, comme dans l'espèce, la conséquence directe et nécessaire de faits qui, aux termes de l'art. 955, donnent lieu à la révocation pour cause d'ingratitude, revêt tous les caractères de cette dernière révocation qui, selon les prescriptions de l'art. 958, ne préjudicie pas aux aliénations faites par le donataire; — Attendu qu'il s'agit, au surplus, dans le cas de l'art. 299, d'une peine prononcée contre le donataire et qui, étant toute personnelle à celui-ci, ne saurait, dans le silence de la loi, rejaillir sur le tiers acquéreur de bonne foi; — Qu'il suit de là qu'en déboutant la demanderesse en cassation de l'action en nullité qu'elle a dirigée contre l'acte de rachat, consenti par son mari au profit de Godard, l'arrêt attaqué n'a point violé les dispositions invoquées, mais a fait à la cause une juste application des principes qui la régissent (Civ. rej. 30 août 1865, aff. Tadieu, D. P. 65. 1. 345. V. dans le même sens: Demolombe, t. 4, n° 527 *ter*; Gabriel Demante, *Revue critique*, année 1866, t. 29, p. 385; Aubry et Rau, t. 5, § 494, p. 209, note 33; Laurent, t. 3, n° 306; Frémont, n° 934; Carpentier, *op. cit.*, n° 355; Poulle, p. 253; Coulon et Faivre, art. 299, p. 346). — Cette solution, toutefois, est encore critiquée par MM. Vraye et Gode, t. 2, n° 688. Suivant ces auteurs, la révocation prononcée par l'art. 299 serait moins fondée sur l'ingratitude que sur la violation des promesses matrimoniales: ce qui le prouve, c'est que ce sont seulement les avantages faits à l'occasion du mariage qui sont atteints par la loi; une donation antérieure au contrat de mariage subsisterait. MM. Vraye et Gode en concluent que la révocation de l'art. 299 doit, comme celle fondée sur l'inexécution des conditions, faire rentrer les biens donnés, dans les mains du donateur, libres de toutes charges et hypothèques du chef du donataire (c. civ. art. 954). Mais toutes les fois qu'il y a ingratitude, il y a, comme dans le cas actuel, violation d'un devoir; cette circonstance n'est donc pas suffisante pour faire assimiler la révocation dont il s'agit ici à celle qui a pour cause l'inexécution des conditions. On comprend que celle-ci préjudicie aux tiers, parce qu'ils sont avertis par l'acte de donation; ils doivent s'assurer que les clauses de cet acte ont été exécutées. On s'explique très bien, au contraire, que l'ingratitude n'entraîne pas la révocation des actes de disposition faits par le donataire, car l'ingratitude est un fait que les tiers ne peuvent ni empêcher, ni prévoir. Or, il en est absolument de même dans notre hypothèse. Le divorce ne saurait être ni prévu, ni empêché par les tiers. C'est donc bien à la révocation pour cause d'ingratitude, et non à celle qui a pour cause l'inexécution des conditions que ressemble la révocation encourue en vertu de l'art. 299.

583. Il a été jugé que la disposition de l'art. 299 c. civ. ne peut régir que les donations qui ont été contractées sous son empire et que, par suite, elle est inapplicable aux donations faites par un contrat de mariage passé sous une loi qui, comme la loi sarde, n'admettait la révocation des donations entre époux, ni par suite de séparation de corps, ni même pour cause d'ingratitude (Chambéry, 26 juin 1869, aff. Vernex, D. P. 69. 2. 154. Comp. les arrêts de la cour de cassation cités au *Rép.* v^is^ *Lois*, n° 298; *Séparation de corps*, n° 366). Mais de ce principe, que c'est la législation existant à l'époque de la donation qui seule en régit les effets, on a conclu à tort que la révocation prononcée par l'art. 299 en cas de divorce ne peut pas atteindre les donations antérieures à la loi du 27 juill. 1884 (Vraye et Gode, t. 2, n° 888). Dès avant cette loi, en effet, l'art. 299 était appliqué par la jurisprudence en cas de séparation de corps; il régissait donc déjà tous les avantages que les époux se faisaient. Peu importe qu'une loi nouvelle ait permis de prononcer le divorce, quand auparavant on ne pouvait prononcer que la séparation de corps; cette loi n'a rien innové en ce qui concerne l'application de l'art. 299; il n'y a donc aucune raison de soustraire à la révocation édictée par cet article les donations antérieures à la loi qui a rétabli le divorce.

584. D'après l'art. 300 c. civ., déjà cité *suprà*, n° 570, l'époux qui a obtenu le divorce conserve les avantages que l'autre époux lui a faits. Il les conserve naturellement avec les caractères qu'ils avaient, et sous les conditions qui y étaient attachées. S'il s'agit de donations faites pendant le mariage, ces donations restent toujours susceptibles d'être révoquées (c. civ. art. 1016) (*Rép.* n° 393; Laurent, t. 3, n° 307; Massol, p. 355, n° 49; Carpentier, *op. cit.*, n° 359; Poulle, p. 254; Vraye et Gode, t. 2, n° 680). — Quant aux droits de survie ou de préciput, V. *suprà*, n°s 568 et suiv.

585. Si le divorce est prononcé aux torts réciproques des deux époux, chacun d'eux perd les avantages que l'autre lui a faits (Paris, 20 août 1862 (1); Besançon, 28 avr. 1875, aff. Rosier, D. P. 78. 2. 63; Demolombe, t. 4, n°s 416 et

---

(1) (Leblanc C. Rousseau.) — Le 22 mars 1861, le tribunal civil de Rambouillet a rendu un jugement ainsi conçu: — « Considérant en fait, que, par un jugement en date du 17 sept. 1839, rendu par le tribunal civil de Vannes, et ayant acquis l'autorité de la chose jugée, les mariés Leblanc ont été séparés de corps et de biens sur leurs demandes respectives, et par suite d'injures graves de l'un envers l'autre; — Que Leblanc est décédé à Montfort, le 3 sept. 1860, sans postérité ni héritiers à réserve, et laissant pour sa légataire universelle la demoiselle Louise Rousseau, mineure, demeurant à Paris, rue du Bac, n° 108; — Que par leur contrat de mariage, en date du 15 janv. 1812, reçu par Mes Caudy et Blanc, notaires à Montélimart, les époux s'étaient fait donation réciproque au survivant de l'usufruit de la moitié des biens qui composeraient la succession du prédécédé; — Que la veuve Leblanc invoquant cette disposition de son contrat de mariage, a formé contre la mineure Rousseau une demande en liquidation et partage de la succession de son mari; — Que la défenderesse soutient que, par l'effet du jugement de séparation du 17 sept. 1839, prononcé sur la demande respective de l'un et de l'autre des époux, pour injures graves et réciproques, la veuve Leblanc avait perdu de plein droit le bénéfice des avantages matrimoniaux qui lui avaient été faits par son contrat de mariage; — Considérant, en droit, qu'aux termes de l'art. 299 c. nap. l'effet légal du divorce est la privation pour l'époux contre lequel il est prononcé, de tous les avantages qui lui avaient été assurés par l'autre époux dans leur contrat de mariage ou depuis; — Que les séparations de corps sont régies par les mêmes dispositions que les demandes en divorce, autres que par consentement mutuel; qu'elles sont placées au même titre, assimilées l'une à l'autre dans les autres dispositions éparses dans le code et qui ont en vue la position des époux séparés ou divorcés; — Qu'il est de doctrine et de jurisprudence constante que les règles non rappelées au chapitre de la séparation de corps, et qui sont édictées dans le chapitre du divorce, et pour le cas où il ne s'agit pas de dispositions spéciales au divorce par consentement mutuel, doivent être appliquées aux demandes en séparation de corps, qui, en effet, ne peuvent être introduites en justice ou repoussées que pour les mêmes causes les unes et les autres; — Que la seule différence qui existait entre elles, c'est que par le divorce le mariage était rompu, et que par la séparation de corps le lien subsistait toujours, la séparation n'ayant lieu qu'à *mensa* et *thoro*; — Que réduite à ces termes, dans la différence de leurs effets légaux, il faut reconnaître que la séparation de corps, tout aussi bien et non moins que le divorce, contient la preuve que l'époux contre lequel elle est prononcée a violé les devoirs et manqué aux conditions et aux promesses essentielles du mariage, qui n'a été contracté, tout aussi bien que le contrat préalable et les avantages qu'il contient n'ont été consentis, que sous la foi du respect et de l'exécution de ces devoirs et conditions; que le manquement aux mêmes devoirs doit entraîner les mêmes conséquences; — Considérant, d'ailleurs, que, dans le droit ancien sous lequel la séparation de corps était seule admise, l'époux contre lequel elle était prononcée était frappé de déchéance pour les avantages matrimoniaux, qu'ils ne se sont promis qu'en vue et dans l'espérance d'une affection et d'égards mutuels et réciproques; — Qu'on ne saurait admettre que le législateur qui, dans notre droit moderne, a maintenu et conservé tant de principes admis par le droit ancien, aurait rejeté ces dispositions si morales et si sages, sans dire sa volonté nouvelle, alors surtout qu'il les rappelait dans le même titre et en déterminant les règles du divorce, d'importation récente dans nos lois, et qui faisaient violence à la conscience et aux sentiments religieux de ceux qui font profession de la religion catholique,

430 *bis*; Frémont, n° 932; Carpentier, n° 351; Vraye et Gode, 2° éd., t. 2, n° 682. — *Contrà* : Coulon et Faivre, art. 299, p. 338).

586. Pour le cas où le divorce a lieu sur une demande de conversion de séparation de corps, V. *infrà*, n° 709.

587. Le divorce, qui dissout le mariage, met fin par cela même à l'obligation alimentaire réciproque qui existait entre les époux. Mais le législateur a pensé que ce résultat pourrait dans certains cas porter un injuste préjudice à l'époux en faveur duquel le divorce serait prononcé. De là la disposition de l'art. 301 c. civ. : « Si les époux ne s'étaient fait aucun avantage, ou si ceux stipulés ne paraissaient pas suffisants pour assurer la subsistance de l'époux qui a obtenu le divorce, le tribunal pourra lui accorder, sur les biens de l'autre époux, une pension alimentaire qui ne pourra excéder le tiers des revenus de cet autre époux. Cette pension sera révocable dans le cas où elle cesserait d'être nécessaire ». Cet article n'a pas été modifié en 1884 ni en 1886. On en trouve l'origine dans la loi du 20 sept. 1792, art. 7, 8 et 9. Mais, d'après cette loi, la pension alimentaire devait être allouée, par des arbitres de famille, à celui des époux divorcés qui se trouvait dans le besoin, quand même le divorce aurait été prononcé contre lui; elle cessait en cas de nouveau mariage.

L'art. 301 ne permettant d'allouer une pension alimentaire qu'à l'époux qui a obtenu le divorce, la jurisprudence en a conclu que le bénéfice de cet article ne peut être réclamé par aucun des époux quand le divorce est prononcé à leurs torts réciproques (Paris, 20 oct. 1886, aff. Genuyt de Beaulieu, D. P. 88. 2. 101; Civ. cass. 24 nov. 1886, aff. Desbouis, D. P. 87. 1. 335; Orléans, 30 mars 1887, même affaire, D. P. 88. 5. 167).

588. A quelle condition l'époux qui a obtenu le divorce pourra-t-il se faire allouer une pension? A la condition, d'après l'art. 301, que les avantages lui provenant de son conjoint et dont il profite ne soient pas suffisants pour assurer sa subsistance. Mais si aucun avantage ne lui a été fait par son conjoint, pourra-t-il réclamer une pension même dans le cas où il aurait des ressources personnelles lui permettant de vivre? Non évidemment. Il s'agit d'une pension alimentaire, et, par conséquent, elle ne doit être accordée qu'à l'époux qui se trouve dans le besoin.

589. Tout en étant dans le besoin, l'époux qui a obtenu le divorce peut avoir des parents en état de lui venir en aide et tenus vis-à-vis de lui de l'obligation alimentaire, en vertu des art. 205 et suiv. c. civ.; devra-t-il s'adresser à ces parents plutôt que de réclamer une pension de son conjoint divorcé? Non, l'époux par la faute duquel le divorce a eu lieu est tenu, avant tous autres, de subvenir aux besoins de son ancien conjoint. MM. Vraye et Gode, t. 2, n° 698, le démontrent très bien : « Tant que le mariage subsistait, l'obligation d'assistance pesait en première ligne sur les époux, l'un envers l'autre; il serait souverainement immoral que l'époux coupable s'en trouvât délié, par le fait du divorce, au préjudice de ceux qui n'en étaient tenus qu'après lui; cela serait contraire au principe de l'indemnité consacré par l'art. 301; cela serait également contraire au texte de cet article, qui, pour apprécier les besoins de l'époux innocent, ne se base que sur les avantages matrimoniaux que les époux ont pu se consentir » (V. en ce sens : Laurent, t. 3, n° 309; Carpentier, n° 365; Poulle, p. 255).

590. C'est le tribunal qui apprécie s'il y a lieu d'accorder la pension, et il peut l'allouer par le jugement même qui prononce le divorce. Mais peut-elle être demandée encore après ce jugement et être allouée par un jugement postérieur? La négative a été soutenue, mais à tort, suivant nous. Le droit à la pension existant au profit de l'époux, celui-ci ne doit pas être déchu de son droit, parce qu'il ne l'a pas réclamé dès avant le divorce. Une telle déchéance, du moins, ne pourrait résulter que d'un texte formel (Trib. Bruxelles, 5 août 1875 (1); Gand, 7 juin 1877, aff. X..., *Pasicrisie belge*, 1877. 2. 79; Carpentier, *op. cit.*, n° 363; Vraye et Gode, t. 2, n° 708. — *Contrà* : Laurent, t. 3, n° 310; Goirand, p. 215).

591. Toutefois, d'après la plupart des auteurs, la pension alimentaire ne pourrait plus être accordée à l'époux qui la demande, si son indigence n'était survenue que postérieurement au divorce (Frémont, n° 964; Vraye et Gode, t. 2, n° 703; Poulle, p. 254). Cette solution ne nous semble pourtant pas imposée par le texte de la loi, et nous la trouvons contraire à son esprit. Le législateur a voulu que l'époux innocent, qui a été fidèle aux devoirs du mariage, ne subît aucun préjudice par la faute de l'autre époux. Or, si cet époux vient à tomber dans l'indigence, sans qu'il y ait

---

tellement qu'il était reconnu que la séparation de corps était le divorce des catholiques; — Considérant que si, par l'art. 300 c. nap., le législateur a déclaré que l'époux qui avait obtenu le divorce conserverait les avantages à lui faits par l'autre époux, encore qu'ils aient été stipulés réciproques et que la réciprocité n'ait pas lieu, le législateur, par ces dispositions, a voulu maintenir dans ses droits l'époux victime de l'autre époux; — Que si, comme dans l'espèce, la séparation a été prononcée contre l'un et l'autre des époux pour injures graves de l'un envers l'autre, les conséquences de ce jugement sont que les deux époux ayant également l'un et l'autre manqué à leurs devoirs d'époux, sont frappés tous deux de la déchéance et de la privation prononcées par l'art. 299, ni l'un ni l'autre n'étant dignes d'invoquer les dispositions favorables de l'art. 300, qui ne maintient les avantages matrimoniaux qu'en faveur de l'époux qui a toujours respecté et rempli ses devoirs envers l'autre époux; — Qu'il y a donc lieu de reconnaître, au vu du jugement du 17 sept. 1839, que les époux Leblanc ont perdu l'un et l'autre les avantages qu'ils s'étaient faits réciproquement par leur contrat de mariage, en date du 15 janv. 1812, ou depuis;... — Déclare la veuve Leblanc déchue de plein droit, et, par l'effet du jugement de séparation de corps prononcé contre elle et son mari, sur leur demande respective, des avantages que son mari lui a faits dans leur contrat de mariage, etc. » — Appel par la veuve Leblanc. — Arrêt.

LA COUR; — Adoptant les motifs, etc.; — Confirme, etc.

Du 20 août 1862.-C. de Paris, 4° ch.-MM. Hély d'Oissel, pr.-Sallé, av. gén.-Gambetta et Duverdy, av.

(1) (Dame P..., C. L...) — LE TRIBUNAL; — Attendu que le divorce a été prononcé par l'officier de l'état civil; — Attendu que la dame P... réclame contre le sieur L... une pension alimentaire de 300 fr. par mois; — Attendu que le défendeur soutient que le jugement qui a admis le divorce n'ayant pas accordé à la femme une pension alimentaire, la demanderesse n'est plus recevable à la réclamer; — Attendu que ce soutènement est repoussé par le texte de l'art. 301 c. civ.; — Attendu, en effet, que ledit art. 301, en disant que « l'époux qui a obtenu le divorce pourra obtenir une pension alimentaire », ne dit aucunement que cette pension doit, à peine de déchéance, être accordée par le jugement même qui admet le divorce; — Attendu, en conséquence, qu'interdire la faculté de réclamer cette pension postérieurement au jugement qui admet le divorce, c'est créer une forclusion que le législateur n'a point prononcée; — Attendu, en outre, que la prétention du défendeur est contraire à l'esprit de la loi; — Attendu, en effet, que si l'on consulte les travaux préparatoires du code civil, l'on acquiert la conviction que la pension alimentaire dont parle l'art. 301 c. civ. est une pension d'une nature tout exceptionnelle, qui constitue une pénalité contre l'époux coupable et une indemnité pour l'époux innocent; — Attendu que cette indemnité est destinée à réparer le préjudice matériel que souffre l'époux innocent qui, par les torts de l'époux coupable, se voit privé des ressources pécuniaires que possédait son conjoint; — Attendu qu'il serait contraire à l'équité que cette indemnité pût être accordée à l'époux innocent par le jugement qui admet le divorce et qu'elle lui fût refusée postérieurement à ce jugement; — Attendu que vainement l'on objecte que, le divorce ayant fait cesser tous rapports entre les époux, il n'existe plus entre eux aucune obligation; — Attendu, en effet, que si le divorce est venu rompre l'association conjugale, il ne forme aucun obstacle à ce que l'époux innocent exerce après le divorce un droit tout spécial qui lui est particulièrement accordé contre l'époux coupable, par suite du divorce et à l'occasion même du divorce; qu'en agissant contre l'époux coupable, l'époux innocent ne fait que poursuivre une indemnité, une créance dérivant du divorce même et prenant sa source dans la rupture des liens qui existaient entre les conjoints; — Attendu, en outre, qu'il est à considérer que c'est surtout après l'admission du divorce que la demande en pension alimentaire se produit le plus naturellement, le plus utilement et peut mieux être appréciée par le juge; qu'en effet, la liquidation des droits et des intérêts des époux ne s'opère qu'après le divorce; or, c'est cette liquidation seule qui peut permettre de voir en parfaite connaissance de cause si la pension alimentaire est due et dans quelles limites elle doit être fournie; — Attendu que le bon sens s'oppose à ce qu'une demande admise au moment où elle ne peut être complètement élucidée et appréciée, soit repoussée par une fin de non-recevoir au moment où tous les éléments d'appréciation et de discussion peuvent être produits devant la justice; — Par ces motifs, déclare la demanderesse recevable dans son action, etc.

Du 5 août 1875.-Trib. civ. de Bruxelles.

de sa faute, il subira un préjudice, puisque, sans la dissolution du mariage, il serait en droit de réclamer des aliments de son conjoint. On peut objecter, il est vrai, que c'est lui qui doit s'imputer cette dissolution du mariage, puisqu'il a demandé le divorce. Mais cette objection ne serait même pas toujours exacte, car on sait que le divorce peut être prononcé sur une demande de conversion formée par l'époux coupable. En définitive, l'obligation alimentaire constituée par l'art. 301 n'est qu'une suite, comme le dit très bien M. Carpentier, *op. cit.*, n° 370, en quelque sorte, un vestige de celle établie entre les époux par l'art. 212. Dans la mesure où cette obligation subsiste, elle doit profiter à l'époux innocent comme si le divorce n'avait pas eu lieu.

592. Quant au *quantùm* de la pension, la loi dit qu'elle ne pourra « excéder le tiers des revenus de l'autre époux ». Bien que cette limite soit assez arbitraire, elle est formelle. Quelques auteurs enseignent cependant que, si le tiers des revenus était insuffisant pour fournir aux besoins de l'époux innocent, le tribunal pourrait dépasser ce chiffre (Laurent, t. 3, n° 309; Frémont, n° 259). Mais cela nous paraît contraire à la loi. Dans tous les cas, il est bien entendu que l'importance de la pension sera d'abord limitée par les besoins de l'époux qui la demande; elle ne doit pas nécessairement atteindre le *maximum* autorisé par le législateur. — Suivant un arrêt, pour apprécier les revenus de l'époux qui a succombé dans la demande en divorce, à l'effet de fixer la pension qu'il devra fournir à son conjoint, les tribunaux peuvent tenir compte non seulement du revenu annuel, mais encore du capital et des intérêts que celui-ci pourrait produire. « S'il en était autrement, dit cet arrêt, le propriétaire foncier pourrait n'être tenu qu'au payement d'une pension tout à fait minime, insuffisante et hors de toute proportion avec le capital que représente sa propriété » (Bruxelles, 17 juill. 1852, aff. Marcq C. Marcq, *Pasicrisie belge*, 1853. 2. 118). — Cette solution, toutefois, paraît contestable, et il est douteux qu'elle soit conforme à l'intention du législateur.

593. De quel jour commence à courir la pension accordée par le jugement qui prononce le divorce? Nous avons cité au *Rép.* n° 397 un arrêt d'après lequel la pension allouée à une femme séparée de corps ne doit courir que du jour de la signification du jugement (Rennes, 10 nov. 1814). Cependant, à défaut d'indication contraire dans le jugement et à moins qu'une pension n'ait déjà été accordée pendant l'instance, le droit à la pension allouée à l'époux divorcé semble devoir remonter, comme les autres effets du jugement, au jour de la demande (Arg. art. 252 c. civ.) (V. en ce sens : Vraye et Gode, t. 2, n° 711).

594. La pension, après qu'elle a été fixée par le tribunal, est-elle susceptible d'être modifiée suivant les besoins de celui qui l'a obtenue et les ressources de celui qui la doit? L'art. 301 dit seulement que « cette pension sera révocable dans le cas où elle cesserait d'être nécessaire ». — « Si elle cesse avec les besoins, remarque M. Laurent, t. 3, n° 310, pourquoi ne serait-elle pas variable, pourquoi n'augmenterait-elle pas avec ces mêmes besoins, et pourquoi ne diminuerait-elle pas si les besoins diminuent? » (V. dans le même sens : Carpentier, *op. cit.*, n° 370. — *Contrà* : Besançon, 20 brum. an 14, *Rép.* v° *Mariage*, n° 639-5°; Paris, 10 févr. 1816, *ibid.*). D'après MM. Vraye et Gode, n°s 703 et suiv., la pension pourrait bien être diminuée; elle pourrait aussi être augmentée si la fortune de celui qui la doit venait à s'accroître, mais non à raison de la diminution des ressources de celui à qui elle est due. L'époux coupable, disent les auteurs que nous citons, ne saurait porter la peine de la maladresse ou de la mauvaise gestion de son ancien conjoint. — L'époux coupable, à notre avis, doit être traité, au point de vue de l'obligation alimentaire, comme si le divorce n'avait pas eu lieu. MM. Vraye et Gode le reconnaissent eux-mêmes, quand ils permettent d'augmenter la pension, si la fortune de cet époux s'est accrue; car, disent-ils, « si l'époux débiteur n'avait pas rendu le divorce nécessaire, l'époux créancier eût probablement été appelé à profiter de cette augmentation de fortune ». A plus forte raison, l'époux innocent doit-il obtenir une augmentation de pension, si ses ressources ont diminué ou si ses besoins se sont accrus, par suite d'infirmités ou de revers de fortune; même au cas où la diminution de ses ressources proviendrait d'une mauvaise administration, elle pourrait être encore la conséquence du divorce et serait ainsi imputable à l'époux qui aurait rendu le divorce nécessaire.

595. D'après l'art. 301, la pension alimentaire est accordée par le tribunal « sur les biens de l'autre époux ». Cela ne signifie pas qu'une part des biens de l'autre époux contre lequel le divorce a été prononcé sera attribuée à son conjoint. On n'en doit pas non plus conclure que, si l'époux n'a pas de biens, s'il n'a pour toute ressource que son travail et les revenus de sa profession, aucune pension ne peut être accordée. A défaut d'indication contraire, ces mots « sur les biens de l'autre époux » doivent être entendus en ce sens que l'époux débiteur sera tenu de la pension sur tous ses biens, conformément au droit commun (c. civ. art. 2092). La plupart des auteurs décident même que le tribunal ne peut obliger l'époux débiteur à fournir des sûretés spéciales pour le payement de la pension. La raison qu'on en donne est que la pension ne reste due par l'époux qu'autant qu'il demeure en état de la payer. Il serait étrange, dit-on, que son conjoint divorcé pût exercer, comme créancier d'aliments, un droit de préférence sur les biens de cet époux, alors que lui-même n'aurait pas le même droit pour sa propre subsistance (Demolombe, t. 4, n°s 68 et suiv.; Aubry et Rau, t. 6, § 553, p. 109, note 35. Comp. *Rép.* v° *Mariage*, n° 694). Cette opinion, toutefois, peut être contestée. Si l'époux débiteur n'est plus en état de servir la pension, il peut en demander la révocation; ses créanciers, en son nom, ont le même droit. Mais, tant que le titre constitutif de cette pension subsiste, elle doit être payée, et l'époux à qui elle est due doit pouvoir prendre inscription, requérir des sûretés ou des mesures conservatoires, exercer les droits de préférence ou autres qui en résultent, aussi bien que tout autre créancier (V. en ce sens : Carpentier, *op. cit.*, n° 371). — Il a été jugé : 1° qu'en accordant une pension alimentaire à l'époux contre lequel la séparation de corps est prononcée, le tribunal peut ordonner que l'autre époux, débiteur de la pension, assignera un capital pour sûreté du service de la rente ou déléguera un revenu libre et suffisant (Req. 30 janv. 1828, *Rép.* v° *Contrat de mariage*, n° 2739); — 2° Que la pension alimentaire accordée à la femme par un jugement qui a prononcé la séparation de corps sur sa demande n'est pas éteinte par la faillite du mari, et que la femme qui a pris inscription en vertu de ce jugement a le droit d'être colloquée sur le prix des immeubles de son mari pour le montant de sa pension (Civ. rej. 14 juin 1853, aff. Ogereau, D. P. 53. 1. 185).

596. La pension est-elle encore due si l'époux qui l'a obtenue convole à de secondes noces? L'art. 301 portait, dans une première rédaction : « Cette pension cessera si l'époux divorcé qui en jouit contracte un second mariage ». Après avoir été approuvée par le Tribunat, cette disposition a été remplacée par celle-ci : « Cette pension sera révocable dans le cas où elle cesserait d'être nécessaire ». On doit en conclure, à notre avis, que le législateur a voulu laisser aux tribunaux le droit de révoquer ou de maintenir la pension suivant les circonstances. En principe donc, la pension ne cesse pas par le fait du nouveau mariage, mais elle peut être supprimée, comme n'étant plus nécessaire (Vraye et Gode, t. 2, n° 699. — Comp. Carpentier, *op. cit.*, n° 374).

597. L'obligation de payer la pension alimentaire allouée à l'époux divorcé en vertu de l'art. 301 c. civ. passe-t-elle aux héritiers de l'époux débiteur? Cette question est controversée. D'après la majorité des auteurs, la dette alimentaire fondée sur l'art. 301 est personnelle à l'époux qui la doit, et elle doit cesser à la mort de cet époux, de même qu'aurait cessé l'obligation de secours et d'assistance résultant du mariage, si le divorce n'avait pas eu lieu (*Rép.* v° *Mariage*, n° 652; Laurent, t. 3, n° 311; Goirand, p. 215; Carpentier, *op. cit.*, n° 372; Poulle, p. 256). La jurisprudence, au contraire, partant de cette idée que la pension de l'art. 301 constitue une sorte d'indemnité au profit de l'époux qui a obtenu le divorce, décidé que cette pension reste due à cet époux, même après la mort de son ancien conjoint (Amiens, 28 mai 1825, *Rép.* v° *Mariage*, n° 652; Civ. rej. 12 déc. 1848, aff. Flamman, D. P. 52. 5. 20; Civ. cass. 2 avr. 1861, aff. Féron, D. P. 61. 1. 97; Rouen, 30 juill. 1862, même affaire, D. P. 64. 2. 238; Grenoble, 11 juill. 1863, aff. Genoud, D. P. 65. 2. 6; Vraye et Gode, t. 2, n° 710).

598. Aux termes de l'art. 384 c. civ., « le père, durant le mariage, et, après la dissolution du mariage, le survivant des père et mère » ont la jouissance des biens de leurs enfants jusqu'à ce que ceux-ci aient atteint l'âge de dix-huit ans. Mais l'art. 386 déclare que « cette jouissance n'aura pas lieu au profit de celui des père et mère contre lequel le divorce aurait été prononcé ». C'est là encore une peine que la loi prononce contre l'époux dont les torts ont motivé le divorce. Cet époux étant déchu de son droit, il y a lieu de se demander à qui passe la jouissance des biens. Si le divorce est prononcé contre la femme, la question ne présente pas de difficulté. Le père conserve la jouissance, et, s'il vient à mourir, cette jouissance, au lieu de passer à la mère, s'éteint. Mais lorsque le divorce a été prononcé contre le père, la jouissance alors passe-t-elle à la mère ou s'éteint-elle au profit des enfants? Pour soutenir qu'elle s'éteint, on argumente des termes de l'art. 384, qui n'attribue la jouissance qu'à la mère survivante. Rien dans la loi, dit-on, ne permet de l'accorder à la mère après le divorce (Proudhon, *Traité de l'usufruit*, t. 1, n° 140; Demolombe, t. 4, n° 510 ; Carpentier, *op. cit.*, n° 393). En sens contraire, on dit que la loi a statué *de eo quod plerumque fit*. En l'appliquant à la lettre, il faudrait décider que la jouissance légale, après avoir cessé à la suite du divorce, revit au profit de la mère, quand le père vient à décéder. N'est-il pas plus raisonnable et plus conforme à l'intention du législateur d'admettre que cette jouissance est transférée à la mère dès l'instant où elle est perdue par le père? (Laurent, t. 3, n° 396; Goirand, p. 200; Vraye et Gode, t. 2, n° 717).

ART. 3. — *Effets du divorce relativement aux enfants.*

599. La loi devait nécessairement assurer le sort des enfants après le divorce ; elle s'en est occupée dans les art. 302, 303 et 304 c. civ., qui ont trait à la garde, à l'entretien et à l'éducation des enfants, ainsi qu'à la conservation de leurs intérêts pécunaires. D'après l'art. 302, « les enfants seront confiés à l'époux qui aura obtenu le divorce, à moins que le tribunal, sur la demande de la famille ou du ministère public, n'ordonne, pour le plus grand avantage des enfants, que tous ou quelques-uns d'entre eux seront confiés aux soins, soit de l'autre époux, soit d'une tierce personne ». — Cet article est resté tel qu'il était dans le code civil. On s'accorde, comme nous le verrons *infrà*, n° 653, à l'appliquer en cas de séparation de corps comme en cas de divorce.

600. Comme le divorce entraîne la séparation des époux, il est nécessaire que les enfants soient confiés à l'un ou à l'autre des époux divorcés ou à un tiers. La loi de 1792 disposait qu'en cas de divorce par consentement mutuel, les filles, quel que fût leur âge, et les garçons au-dessous de sept ans, resteraient à la mère, et que les garçons après l'âge de sept ans seraient remis au père; la loi laissait cependant aux père et mère le droit de prendre d'autres arrangements. En cas de divorce pour cause déterminée, cette même loi chargeait une assemblée de famille de régler auquel des époux les enfants seraient confiés. Le code civil a adopté un autre système. Présumant que l'époux qui a obtenu le divorce est le plus digne de gouverner les enfants, il en remet la garde, en principe, à cet époux. Seulement, il autorise la famille et le ministère public à demander au tribunal de faire exception à cette règle, et il charge le tribunal d'ordonner, sur leur demande, ce qui sera le plus avantageux pour les enfants.

601. La première règle qui résulte de l'art. 302 est que les enfants seront confiés, à moins qu'il n'en soit autrement ordonné, à l'époux qui aura obtenu le divorce. Si le jugement prononçant le divorce est muet quant aux enfants, cette règle est applicable. Mais qu'arrivera-t-il lorsque, sur une demande reconventionnelle, le divorce sera prononcé à la requête respective des deux époux et aux torts de chacun d'eux? Alors, évidemment, aucun des deux époux n'aura plus de droits que l'autre à la garde des enfants ; le tribunal devra nécessairement décider à qui ceux-ci seront confiés. A défaut de cette décision, nous pensons que la garde resterait au père.

602. La règle de l'art. 302 qui veut que les enfants soient confiés à l'époux qui a obtenu le divorce est impérative pour le juge, en ce sens qu'il ne peut y déroger que sur la demande de la famille ou du ministère public. On s'accorde à décider que le tribunal ne peut pas statuer d'office en cette matière (V. en ce sens : Montpellier, 4 févr. 1835, *Rép.* n° 320; Bruxelles, 10 mai 1859 (1). — Comp. *suprà*, n° 298).

603. Le droit de requérir du tribunal qu'il statue sur la garde des enfants appartient d'abord, bien que l'art. 302 ne le dise pas, à l'un et à l'autre époux (Arg. art. 303) (V. toutefois, Bruxelles, 26 janv. 1882) (2). — La loi accorde en

(1) (Leconte C. Leconte.) — En prononçant la séparation de corps contre la femme Leconte, le tribunal de Malines avait d'office confié la garde et l'éducation d'un des enfants à la mère. — Appel par le sieur Leconte. — Arrêt.

LA COUR;... — En ce qui concerne les enfants : — Attendu qu'aux termes de l'art. 302 c. civ., les enfants sont confiés à l'époux qui a obtenu le divorce, à moins que le tribunal n'ordonne, sur la demande de la famille ou du ministère public, qu'ils soient confiés aux soins de l'autre époux ou d'une tierce personne; — Attendu que la jurisprudence et la doctrine étendent généralement la disposition de cet article à la séparation de corps, et qu'en effet, les mêmes raisons de décider s'y appliquent; — Attendu que c'est l'appelant qui a obtenu la séparation; qu'il n'est demandé ni par la famille, ni par le ministère public que l'un des enfants soit remis à l'intimée; que dès lors l'appelant ne peut être privé de la garde et de la direction de ses enfants; — Qu'il n'existe d'ailleurs aucun motif pour lui enlever l'exercice d'un droit dérivant de son autorité paternelle; — Que les faits posés par l'intimée, dans ses conclusions subsidiaires sont invraisemblables; qu'il est impossible d'admettre si ces griefs étaient réels, qu'elle ne les eût pas invoqués plus tôt; qu'en aucun cas, d'ailleurs, ils ne justifieraient une mesure dont les faits constatés par l'enquête donnent lieu de craindre les plus déplorables conséquences;... — Par ces motifs; — Met le jugement dont appel à néant en ce qu'il a dit pour droit que la fille des parties, du nom de Pauline, serait, jusqu'à sa majorité, confiée à la mère, etc.

Du 10 mai 1859.-C. de Bruxelles, 1re ch.-MM. Corbisier, av. gén., c. conf.-Coenaes et Beernaert, av.

(2) (C... C. C...) — LA COUR ; — En ce qui concerne la recevabilité de l'intervention : — Attendu que l'art. 302 c. civ. donne à la famille le droit de demander à la justice que les enfants issus d'époux divorcés soient confiés à l'époux contre lequel le divorce a été prononcé ou à une personne tierce ; — Attendu que dans le système du code civil, le conseil de famille est le seul organe et le seul représentant légal de la famille ; — Attendu que le conseil de famille, réuni à la requête de l'appelante, a simplement émis l'avis qu'il y avait lieu de confier les enfants C... à leur mère ; mais que cet avis ne peut être considéré comme une demande ; qu'il n'est rien que l'expression d'un désir, d'une opinion; que rien dans la délibération du conseil n'indique que celui-ci voulait aller plus loin et porter devant la justice l'expression de ce désir sous forme d'une demande, afin d'en obtenir la réalisation; — Attendu que, même si cette délibération pouvait constituer une demande, personne ne se présente légalement devant la cour pour la formuler; — Attendu qu'à la vérité, les trois intervenants, partie M..., allèguent dans leur requête en intervention qu'ils agissent au nom du conseil de famille, en vertu de sa délibération et concluent en cette qualité, mais qu'ils ne justifient pas d'un mandat ou d'une délégation qu'ils auraient reçue à cette fin ; qu'ils ne peuvent même être considérés comme les organes du conseil, puisque, à eux trois, ils n'en constituent pas la majorité; que celle-ci ne s'est formée que par la voix du juge de paix, qui s'est rallié à l'avis des parents du côté maternel, et que ce magistrat n'intervient pas avec eux; que par suite, ceux-ci représentent au point de vue légal, non pas la famille, mais une partie seulement de celle-ci ; — Attendu que les intervenants agissent également en leur nom personnel, en qualité de plus proches parents du côté maternel, mais que l'art. 302 c. civ. ne leur donne pas ce droit, accordé seulement à la famille et non à l'un ou à plusieurs de ses membres ; — Attendu qu'il suit de ce qui précède qu'à aucun point de vue la partie M... n'a qualité pour intervenir au débat ; que par suite, on ne peut dire que la cour se trouve saisie d'une demande de la famille tendant à faire confier les enfants à l'appelante ; — Attendu que le ministère public, appréciant tous les faits du procès, n'a pas estimé, en présence du désistement de l'appel incident, que le plus grand avantage des enfants commandait de les confier à leur mère ou à une tierce personne et n'a adressé à la cour aucune demande à cet égard ; — En ce qui concerne les conclusions de l'appelante : — Attendu que l'art. 302 c. civ. donne à la famille et au ministère public seuls, et à l'exclusion de tous autres, le droit de demander qu'il soit fait exception au principe général qui s'y trouve consigné ;

outre ce droit à la famille et au ministère public. Mais que faut-il entendre par cette expression « la famille »? Suivant la plupart des auteurs, la loi a voulu désigner par là le conseil de famille (Laurent, t. 3, n° 293; Goirand, p. 196; Carpentier, *Traité du divorce*, n° 379; Coulon et Faivre, art. 302, p. 365). C'est aussi en ce sens que ce mot est interprété par la jurisprudence belge (Arrêt précité du 26 janv. 1882; Gand, 9 juill. 1887) (1). Cette jurisprudence décide même qu'un simple avis du conseil de famille n'est pas suffisant et qu'il faut, pour que le tribunal soit régulièrement saisi, que le conseil délègue un de ses membres pour poursuivre devant la justice l'exécution de la délibération (Arrêts précités des 26 janv. 1882 et 9 juill. 1887). — Dans une autre opinion, toute personne unie aux enfants par un lien de parenté ou même d'affinité a le droit d'intervenir et de demander que la garde des enfants ne soit pas laissée à l'époux qui a obtenu le divorce. On fait remarquer, à l'appui de ce système, que, si la loi avait voulu parler spécialement du conseil de famille, elle aurait employé cette expression technique. On invoque, en outre, par analogie l'art. 240 c. civ., qui, pendant l'instance, autorise le tribunal à ordonner des mesures provisoires dans l'intérêt des enfants sur la demande de « l'un des membres de la famille ». Cette opinion a été adoptée par la cour de Paris, dans un arrêt récent; elle a jugé que les membres de la famille ont, en matière de divorce, qualité pour demander, soit au cours de l'instance, soit après le divorce, concurremment avec les père et mère, toutes les mesures exigées par l'intérêt des enfants (Paris, 17 juill. 1886, aff. Gérardin, D. P. 87. 2. 211. V. dans le même sens : Guignot, *Instructions pratiques sur le divorce*, p. 86; Vraye et Gode, t. 2, n° 743).

604. Quant à la forme suivant laquelle la famille ou le ministère public peuvent demander au tribunal de statuer sur la garde des enfants, V. *suprà*, n° 301.

605. Lorsque le tribunal est saisi, soit par l'un des époux, soit par la famille ou par le ministère public, de la question de savoir à qui seront confiés les enfants, il apprécie souverainement les mesures qu'il y a lieu de prendre et ne doit consulter, à cet égard, que le plus grand avantage des enfants (V. *Rép.* n°s 319 et suiv.; Req. 9 juin 1857, aff. Berthon, D. P. 57. 1. 401; 11 mai 1858, aff. Joubert, D. P. 58. 1. 285; 19 févr. 1861, aff. Cécile, D. P. 61. 1. 430; 29 juin 1868, aff. X..., D. P. 71. 5. 352; Dijon, 20 déc. 1871, aff. Mossel, D. P. 72. 5. 403; Req. 2 déc. 1873, aff. Douroux, D. P. 74. 1. 433; Bruxelles, 5 août 1880, aff. de Bauffremont, D. P. 82. 2. 81; Req. 23 févr. 1881, aff. Pagès, D. P.

---

qu'une dérogation ou une exception à un principe ne peut être étendue au delà des termes et des conditions dans lesquels elle est limitée; — Attendu que, d'ailleurs, les travaux préparatoires tant de la loi du 20 sept. 1792, qui établit le divorce en France, que du code civil, prouvent que le législateur, s'inspirant de la loi romaine, a voulu, en principe général, enlever la garde et le soin des enfants à l'époux qui succombe; — Que ne se préoccupant plus de celui-ci qui disparaît à ses yeux, dès que le divorce est admis, il n'a plus eu en vue que le plus grand avantage des enfants et a choisi uniquement pour sauvegarder leurs intérêts la famille et le représentant de la loi; — Attendu que la pensée du législateur se révèle encore dans la différence de rédaction, significative, entre l'art. 267 c. civ., qui autorise la mère concurremment avec la famille et le ministère public, à demander l'administration provisoire des enfants pendant l'instance en divorce, et l'art. 302 qui ne comprend plus la mère parmi les personnes qui peuvent faire cette demande; — Attendu qu'il suit de là que l'époux qui succombe ne peut provoquer une dérogation au principe de l'art. 302 c. civ., d'après lequel les enfants doivent être confiés à l'époux qui a obtenu le divorce; — Attendu que les termes impératifs de cet article ne permettent pas aux tribunaux de déroger d'office à ce principe; — Qu'ils ne peuvent le faire qu'à la condition d'être requis par les personnes expressément désignées par la loi; — Attendu que, l'intimé s'étant désisté de son appel incident, il n'y a pas lieu de s'occuper du sort du troisième enfant; — Attendu que, l'appelante n'ayant pas le droit de demander elle-même la garde de ses enfants, ses conclusions subsidiaires ne peuvent pas plus être accueillies que sa conclusion principale; — Attendu, d'ailleurs, que les faits qu'elle cote sont controuvés ou perdent toute importance en présence des documents de la cause et des explications fournies par l'intimé; — Par ces motifs, déclare la partie M... non recevable en son intervention; donne acte à l'intimé de son désistement de l'appel incident; ordonne aux parties de s'y conformer, etc... — Et statuant sur les conclusions de l'appelante, met son appel à néant.

Du 26 janv. 1882.-C. de Bruxelles.

(1) (Blomme C. De Puydt.) — LA COUR; — Sur la recevabilité de l'appel : — Attendu que, par jugement rendu entre les parties le 15 déc. 1886, le tribunal de première instance d'Ypres a admis le divorce demandé par l'intimé contre l'appelante, son épouse, et a ordonné que l'enfant issu du mariage sera confié aux soins et à la garde de l'intimé; — Attendu que l'appelante s'est bornée à relever appel de cette dernière partie du jugement dont elle poursuit la réformation; que, devant la cour, elle conclut en termes formels, comme elle l'a fait en première instance, à ce que la garde de l'enfant ne soit pas confiée au père, mais à elle, dans les conditions qu'elle indique; — Attendu que l'appelante avait incontestablement le droit de conclure au sujet de la garde de l'enfant, objet accessoire de la demande en divorce, et sur lequel le juge était obligé de statuer, en même temps que sur la demande principale; — Attendu que ce droit de la femme était tellement évident, que si le mari, au profit de qui le divorce a été prononcé, eût demandé, par action principale, que l'enfant lui fût confié, il n'aurait pu former semblable demande que contre sa femme divorcée; — Attendu que la femme, partie litigante, a donc le droit d'interjeter appel du jugement; que cet appel a pour effet de remettre les parties, devant la cour, dans le même état où elles se trouvaient en première instance, sauf que le jugement est définitif quant à l'objet principal de la demande; — Attendu que l'intimé, pour soutenir la non-recevabilité de l'appel, se prévaut de l'art. 302 c. civ., qui donne à la famille ou au ministère public seul le droit de demander que l'enfant soit confié à la femme, lorsque le divorce a été prononcé contre elle; — Attendu que les considérations qui précèdent démontrent que ce moyen n'a aucune apparence de fondement; que, d'ailleurs, il se base sur une confusion entre le droit d'appel, réservé à toute partie en cause, et la recevabilité et le fondement de la demande dont la cour est saisie par l'effet de l'appel; — Que l'examen du litige permettra seul à la cour de décider si les conclusions de l'appelante peuvent être accueillies dans les conditions où elles se sont produites;

Au fond : — Attendu que l'art. 302 c. civ. oblige le juge à confier l'enfant à l'époux qui a obtenu le divorce, à moins que le tribunal, sur la demande de la famille ou du ministère public, pour le plus grand avantage de l'enfant, ne confie celui-ci aux soins soit de l'autre époux, soit d'une tierce personne; — Attendu que les termes de l'art. 302 c. civ., surtout si on les combine avec ceux de l'art. 267 du même code, doivent faire admettre que les conclusions tendant à obtenir la garde de l'enfant, prises pendant l'instance en divorce, par l'époux contre lequel le divorce sera prononcé, ne peuvent être admises par le juge, si cette demande n'est pas faite par la famille ou par le ministère public; — Attendu que le mot *famille* est pris dans le sens de conseil de famille, qui, dans le système du code, en est le représentant légal; — Attendu que l'appelant produit devant la cour, à l'appui de ses conclusions, la délibération, dûment enregistrée, prise en vue du présent litige par le conseil de famille de l'enfant mineur des parties, tenu sous la présidence du juge de paix de Messine, le 4 juin 1887, et qui décide, à l'unanimité de ses membres, qu'il y a lieu de laisser l'enfant aux soins exclusifs de sa mère, jusqu'à ce qu'il ait atteint l'âge de douze ans; — Attendu que cette production ne remplit pas la condition prescrite par l'art. 302, qui exige, en termes absolus, une demande de la famille, c'est-à-dire une demande judiciaire; — Attendu que celle-ci peut se faire, soit par action principale, soit par intervention dans une instance engagée, et que cette intervention est recevable tant en appel qu'en première instance; — Attendu qu'en ordre subsidiaire, l'appelante sollicite de la cour une remise de la cause, à l'effet de faire intervenir la famille dans le litige pour former sa demande; — Attendu que ce mode de procéder n'est en opposition avec aucun texte de loi; qu'il y a d'autant plus lieu pour la cour de l'adopter, que le litige a pour objet la garde de l'enfant, ce qui intéresse au premier chef la famille, la société, l'ordre public; — Attendu que le conseil de famille, préoccupé du plus grand avantage de l'enfant et voulant que la garde en soit confiée à la mère, s'est trompé sur le mode à suivre pour saisir le juge de sa demande; que l'enfant ne saurait être victime de cette erreur aussi longtemps qu'il est possible de la réparer par les voies légales;

Par ces motifs... réservant toutes fins de non-recevoir et exceptions contraires, reçoit l'appel, et avant faire droit au fond, remet la cause au 23 juillet prochain, pour permettre à la famille, si elle le juge convenable, d'intervenir dans l'instance, à l'effet de demander que la garde de l'enfant soit confiée à l'appelante, pour ensuite être, par les parties, conclu et par la cour statué ainsi qu'il appartiendra; réserve les dépens.

Du 9 juill. 1887.-C. de Gand, 1re ch.-MM. de Meren, 1er pr.-Le chevalier Hynderick, 1er av. gén., c. conf.-Bartsoen et Siffer, av.

81. 1. 344; 1er août 1883, aff. Poignand, D. P. 85. 1. 206; Paris, 20 oct. 1886, aff. Genuyt de Beaulieu, D. P. 88. 2. 101).

606. Le tribunal peut, notamment, décider que l'un des époux, la mère, par exemple, aura la garde des enfants jusqu'à ce qu'ils aient atteint un certain âge (Req. 29 avr. 1862, aff. de Cès-Caupenne, D. P. 62. 1. 515). Les juges, dans ce cas, ne sont pas tenus de statuer immédiatement pour toute la durée de la garde. Ils ont la faculté de prendre des mesures provisoires et de se réserver de statuer à nouveau lorsque les enfants auront atteint l'âge indiqué (Req. 18 mars 1868, aff. Riottot, D. P. 68. 1. 420).

607. Les juges peuvent également ordonner que les enfants seront placés dans une maison d'éducation et déterminer les conditions dans lesquelles les père et mère pourront alternativement les voir et les faire sortir (*Rép.* n° 327; Req. 3 avr. 1865, aff. Burel, D. P. 65. 1. 386).

608. Toutefois, le pouvoir discrétionnaire du tribunal quant à la garde et à l'éducation des enfants ne peut aller jusqu'à méconnaître le vœu certain et unanime des père et mère. Si les deux époux sont d'accord sur les points essentiels de l'éducation à donner à leurs enfants, le tribunal ne peut prescrire d'office un autre genre d'éducation. Par exemple, lorsque les époux, tout en réclamant l'un et l'autre respectivement la garde de leur enfant, s'accordent pour demander qu'il soit placé dans une maison d'éducation déterminée, les juges ne peuvent d'office ordonner que cet enfant sera élevé ailleurs (Civ. cass. 6 févr. 1865, aff. Vuidet, D. P. 65. 1. 218). Néanmoins, suivant M. Massol, p. 379, si le ministère public conclut à ce que le tribunal ordonne, sans s'arrêter à l'avis des père et mère, que les enfants seront placés sous la surveillance d'une autre personne, le jugement qui serait rendu ainsi ne renfermerait pas un excès de pouvoir.

609. Le tribunal peut toujours, d'ailleurs, sur la demande de l'un ou de l'autre des époux, de la famille ou du ministère public, modifier les décisions qu'il a prises relativement à la garde des enfants. Les dispositions du jugement qui règlent cette matière sont, de leur nature, révocables et susceptibles de recevoir tous les changements que l'intérêt des enfants peut rendre nécessaires (*Rép.* n° 336; Req. 22 janv. 1867, aff. de Saint-Meleuc, D. P. 67. 1. 333; 18 mars 1868, aff. Riottot, D. P. 68. 1. 420; Gand, 8 mai 1869, *infrà*, n° 612; Paris, 7 août 1876, aff. de Bauffremont, D. P. 78. 2. 125; Req. 1er août 1883, aff. Poignand, D. P. 85. 1. 206; Civ. cass. 25 août 1884, aff. Gérardin, *ibid.*; Orléans, aud. sol., 8 janv. 1885, aff. Gérardin, D. P. 86. 2. 83; Paris, 17 juill. 1886, aff. Gérardin, D. P. 87. 2. 211). — Il a été jugé que le chef d'un jugement de séparation de corps qui concerne la garde des enfants et qui, par exemple, décide que les enfants resteront auprès de leur mère, sans accueillir les conclusions par lesquelles le père demandait à être autorisé à les voir à des jours et dans des lieux déterminés, n'est pas susceptible de recours en cassation, une telle décision n'ayant point un caractère définitif et pouvant être modifiée selon les circonstances (Req. 19 févr. 1861, aff. Cécille, D. P. 61. 1. 430).

610. C'est le tribunal ayant prononcé le divorce ou la séparation de corps qui reste compétent pour statuer sur les modifications qu'il y a lieu d'apporter au jugement relativement à la garde des enfants. Peu importe que les époux aient changé de domicile; le tribunal qui a rendu le jugement de divorce ou de séparation demeure compétent pour régler le sort des enfants jusqu'à ce qu'ils aient atteint leur majorité (*Rép.* n° 336; Dijon, 11 avr. 1866, aff. de C. M..., D. P. 66. 2. 100; Civ. cass. 25 août 1884, aff. Gérardin, D. P. 85. 1. 206; Orléans, aud. sol., 8 janv. 1885, aff. Gérardin, D. P. 86. 2. 83. — V. cependant : Nancy, 26 juill. 1884, aff. Allais, D. P. 86. 2. 83).

En cas d'urgence, toutefois, le juge des référés du lieu où résident les enfants peut être régulièrement saisi (V. *suprà*, n° 270).

611. Si c'est la cour d'appel qui, en prononçant le divorce ou la séparation de corps, a statué sur la garde des enfants, c'est aussi à la cour que doivent être demandées les modifications aux mesures qu'elle a prescrites. Toutefois, d'après un arrêt, il n'en est plus de même lorsque la cour n'a statué que pour un temps déterminé et lorsque, ce laps de temps expiré, il s'agit, non plus de modifier les mesures prescrites, mais de régler à nouveau le sort des enfants; l'action constitue alors une demande nouvelle et principale qui doit être soumise aux deux degrés de juridiction (Nancy, 26 juill. 1884, aff. Allais, D. P. 86. 2. 83).

612. La demande formée pour régler judiciairement le droit de garde n'est pas assujettie au préliminaire de conciliation (Gand, 8 mai 1869) (1).

613. L'acquiescement donné par les époux divorcés au jugement qui règle l'exercice du droit de garde et d'éducation des enfants est inopérant et n'empêche pas que les époux ne conservent le droit d'interjeter appel (Gand, 8 mai 1869, *suprà*, n° 612. V. *Rép.* v° *Acquiescement*, nos 180 et suiv.).

614. Il est bien certain que l'époux divorcé qui contracte un nouveau mariage n'est pas, par cela même, déchu du droit de garde qui lui a été remis sur la personne des enfants. Mais ce fait peut être un motif pour le tribunal de rétracter et de modifier les dispositions du jugement concernant les rapports de cet époux avec les enfants (Comp. Paris, 26 juill. 1887, aff. de Reverseaux, D. P. 88. 2. 64).

615. Quant aux moyens de sanction par lesquels les juges peuvent assurer l'exécution des dispositions relatives à la garde des enfants, V. *suprà*, nos 310 et suiv. (Comp. Gand, 8 mai 1869, *suprà*, n° 612).

616. « Quelle que soit la personne à laquelle les enfants seront confiés, dit l'art. 303 c. civ., les père et mère conserveront respectivement le droit de surveiller l'entretien et l'éducation de leurs enfants et seront tenus d'y contribuer à proportion de leurs facultés. » Les auteurs discutent, au sujet de cet article, si le père auquel le jugement prononçant le divorce ou la séparation de corps a retiré la garde de ses enfants, conserve néanmoins la puissance paternelle. Nous avons examiné cette question au *Rép.* n° 334. Parmi les

(1) (Kempis C. Van Caillie.) — LA COUR; — Sur la fin de non-recevoir opposée par l'intimée à l'appelant, en ce que celui-ci aurait acquiescé au jugement : — Attendu que les questions décidées par le premier juge ont pour objet des matières tenant à l'ordre public et aux bonnes mœurs; qu'il s'agit de savoir quels sont les droits et les devoirs des époux envers leurs enfants, à l'exercice de quels droits et de quels devoirs il n'est pas permis de renoncer volontairement; que partant, l'acquiescement qui serait donné à un pareil jugement ne saurait paralyser le droit d'appel, tant que les délais légaux pour l'interjeter ne sont pas écoulés; — Sur la fin de non-recevoir formulée par l'appelant, en ce que la demande n'a pas été précédée du préliminaire de la conciliation : — Attendu que l'art. 48 c. proc. civ. ne soumet au préliminaire de la conciliation que les demandes sur des objets qui peuvent être la matière d'une transaction et que, pour les motifs déduits ci-dessus, toute transaction sur la chose qui fait l'objet du présent procès serait inopérante; — Attendu, en outre, que l'art. 1004 c. proc. civ. défend formellement de compromettre sur les contestations sujettes à communication au ministère public; — Attendu, au surplus, que les enfants de la garde et surveillance desquels il s'agit ont également un intérêt dans le procès, et qu'à ce titre seul, la demande est dispensée du préliminaire de conciliation, aux termes de l'art. 49 du même code; — Sur l'exception déduite de la chose jugée : — Attendu que le jugement qui admet le divorce a statué sur la garde des enfants conformément à l'art. 302 c. civ., tandis que la demande actuelle basée sur l'art. 303 du même code a un objet différent; — Attendu, d'ailleurs, qu'il est de la nature de ce jugement de n'avoir aucun caractère définitif ou immuable en ce qui concerne les dispositions relatives à la garde et à la surveillance des enfants, puisque les mesures qu'elles contiennent étant surtout dictées dans l'intérêt de ces enfants doivent être susceptibles d'être rapportées ou modifiées lorsque leur intérêt l'exige; — Au fond : — Attendu que le droit de surveillance, assuré à l'époux qui n'a pas la garde des enfants, ne peut utilement s'exercer qu'à la condition qu'il soit admis à les voir et à les visiter; — Mais attendu que le premier juge a omis de statuer sur les conclusions en dommages-intérêts réclamés par l'intimée, en cas de refus ou de retard de la part de l'appelant de satisfaire aux prescriptions du jugement; — Que l'intimée a interjeté appel de ce chef; — Et attendu que, pour donner aux mesures prescrites dans le jugement *à quo* un résultat efficace, il est juste d'en assurer l'exécution par une sanction pénale pour le cas où l'appelant, par son fait, mettrait l'intimée dans l'impossibilité d'exercer les droits et devoirs résultant du jugement; — Par ces motifs déclare l'appel principal recevable et, statuant au fond, le met à néant; — Confirme, etc.

Du 8 mai 1869.-C. de Gand, 1re ch.-MM. de Paepe, av. gén., c. conf.-Ad. Dubois et Morel, av.

auteurs les plus récents, M. Laurent, t. 3, n° 294, soutient que le divorce n'a pas pour effet de dépouiller entièrement le père de la puissance paternelle, mais il n'admet pas non plus que le père la conserve tout entière; suivant lui, cette puissance se partage également entre les père et mère, sauf le droit de garde qui appartient à celui des époux ou au tiers auquel le tribunal l'a confié (V. dans le même sens : Vraye et Gode, t. 2, n°s 746 et suiv.). M. Poulle, p. 241, répond ainsi qu'il suit à M. Laurent : « Pendant le mariage, le père seul exerce la puissance paternelle; cela n'est pas douteux (c. civ. art. 373). Lorsque le mariage est dissous par le divorce, cet exercice exclusif attribué au père ne se comprend plus, mais on ne comprendrait pas davantage que la loi ait voulu confier cet exercice, après le divorce, à la fois au père et à la mère. Chacun des époux a un certain droit de surveillance, mais ce droit de surveillance conservé respectivement par le père et par la mère implique bien que l'exercice de la puissance paternelle appartient uniquement à celui des deux époux auquel la garde des enfants a été confiée. L'unité dans la direction est aussi nécessaire après le divorce que pendant le mariage. On ne comprendrait pas que le père puisse conserver le droit d'éducation, alors que c'est contre lui que le divorce a été prononcé » (V. aussi en ce sens : Coulon et Faivre, art. 303, p. 378). Enfin l'opinion, que nous avons admise au *Répertoire*, d'après laquelle la puissance paternelle reste au père, même après le divorce, sauf le droit de garde dans le cas où il est attribué à la mère ou à un tiers, sauf, dans tous les cas, le droit de surveillance et de contrôle qui appartient à la mère, cette opinion, disons-nous, est défendue par M. Carpentier, *Traité du divorce*, n° 391. La puissance paternelle, fait remarquer cet auteur, est éminemment favorable, et il faut restreindre plutôt qu'étendre les dérogations qui y sont apportées. Aurait-on pu, par exemple, sans l'art. 386, faire subir au père la déchéance de l'usufruit légal, sous prétexte que le droit de garde lui était ôté? Parmi les autres prérogatives du père, il y en a sur le maintien desquelles le doute n'est pas possible : tels sont, le droit de consentir au mariage, le droit d'émancipation. N'est-il pas évident qu'ils ne peuvent appartenir qu'au père? Comment la mère les conserverait-elle, alors qu'elle ne les a jamais eus? Et pourquoi ferait-on une différence entre ces droits et les autres? — A vrai dire, la controverse est plus théorique que pratique. C'est au sujet de chacune des diverses prérogatives dont se compose la puissance paternelle qu'il y a lieu de rechercher quel est le droit du père ou de la mère. C'est aussi un peu d'après les circonstances de chaque espèce que doivent être résolues les questions qui se présentent dans la pratique. Il résulte des décisions de la jurisprudence : 1° que, dans le cas où la garde et l'éducation des enfants ont été confiées à la mère, le père, dont la puissance paternelle se trouve simplement modifiée, conserve le droit de surveiller l'éducation de ses enfants, notamment sous le rapport religieux, et de recourir aux tribunaux s'il juge nécessaire de restreindre l'étendue des pouvoirs conférés à la mère (Req. 9 juin 1857, aff. Berthon, D. P. 57. 1. 401); — 2° Que le mari auquel le jugement de séparation de corps a refusé la garde de l'enfant commun (dans l'espèce, une fille), n'en conserve pas moins le droit de surveiller l'éducation de cet enfant, et que, par suite, sa volonté de placer l'enfant dans un pensionnat désigné doit, en cas de dissentiment entre les époux, être sanctionnée par le tribunal, s'il est reconnu que, loin d'être abusive et vexatoire, elle est conforme aux intérêts de l'enfant et de nature à le soustraire aux influences passionnées et exclusives qui se disputent son affection (Trib. Lyon, 10 mars 1866, aff. X..., D. P. 67. 3. 96); — 3° Que, nonobstant la prononciation de la séparation de corps au profit de la femme et l'attribution qui lui a été faite de la garde du jeune enfant commun, le tribunal peut accorder au mari le choix de la marraine de cet enfant (Req. 29 juin 1868, aff. X..., D. P. 71. 5. 352); — 4° Que, lorsque la garde de l'enfant commun est attribuée à la femme au profit de laquelle la séparation de corps a été prononcée. il n'est pas nécessaire que le jugement qui statue sur ce point réserve expressément au mari la faculté de voir l'enfant dans des conditions déterminées : le silence du jugement ne porte point atteinte au droit de surveillance du mari (Req. 24 juill. 1878, aff. Mapas, D. P. 78. 1. 471).

617. Le droit de correction, conféré au père par l'art. 375 c. civ., continue-t-il à lui appartenir après le divorce? Si c'est au père que la garde des enfants a été confiée, l'affirmative est certaine. Rien n'autorise à dépouiller le père du droit que lui reconnaît la loi. Le doute naît seulement lorsque la garde appartient à la mère ou à un tiers. Dans le cas où elle appartient à la mère, quelques auteurs pensent que le père est alors déchu du droit de correction, et que la mère peut l'exercer dans les conditions prévues par l'art. 381 (Laurent, t. 3, n° 394; Poulle, p. 241; Coulon et Faivre, art. 302, p. 367 et suiv.). Si la garde est remise à une tierce personne, tout le monde reconnaît que ce tiers ne peut avoir le droit de correction, qui est attaché à la personne des père et mère. Mais les uns décident que ce droit doit être exercé concurremment par les père et mère (Laurent, *loc. cit.*; Poulle, p. 242); les autres, que ce droit reste au père, qui peut encore l'exercer comme pendant le mariage (Le Senne, n° 445; Carpentier, n° 391; Vraye et Gode, t. 2, n° 752).

618. Le père, après le divorce, peut-il seul émanciper l'enfant? On doit observer que l'émancipation fait cesser l'usufruit légal (c. civ. art. 384). Par suite, si l'on admet, comme nous l'avons fait (V. *suprà*, n° 598), que cet usufruit passe à la mère lorsque le divorce est prononcé contre le père, il dépendra de celui-ci, par le moyen de l'émancipation, de faire perdre à la mère le bénéfice de l'usufruit. C'est par cette considération que plusieurs auteurs décident qu'après le divorce l'émancipation ne peut être faite que par le père et la mère conjointement (Goirand, p. 202; Vraye et Gode, t. 2, n° 753). Cependant, il a été jugé que la décision judiciaire qui, en prononçant la séparation de corps, ordonne que les enfants seront placés dans une maison d'éducation jusqu'à leur majorité, n'enlève pas par cela seul au père la faculté d'émanciper ses enfants, mais seulement que l'émancipation ne peut être un moyen, pour le père, de faire échec aux prescriptions de la justice, lesquelles n'en doivent pas moins recevoir leur exécution (Req. 4 avr. 1865, aff. Burel, D. P. 65. 1. 387; Rouen, 12 juin 1866, *suprà*, n° 309. V. aussi dans le même sens : Paris, 5 juill. 1853, aff. Mortier, D. P. 54. 2. 67; Demolombe, t. 6, n° 405; Carpentier, *Traité du divorce*, n° 393).

619. Le divorce des père et mère ne dispense pas l'enfant de l'obligation de demander leur consentement ou leur conseil, conformément aux dispositions des art. 148 et 151 c. civ., pour contracter mariage. « En cas de dissentiment, dit l'art. 148, le consentement du père suffit. » On a prétendu que cette règle cesserait d'être applicable après le divorce, et qu'alors c'était l'avis de l'époux ayant obtenu la garde des enfants qui devrait prévaloir (Villequet, *Du divorce*, p. 270; Goirand, p. 203). Mais cette opinion est repoussée par les derniers auteurs qui se sont occupés de la question. Ici encore, pour dépouiller le père d'un privilège que la loi lui confère d'une manière absolue, il faudrait un texte formel (Vraye et Gode, t. 2, n° 759; Coulon et Faivre, art. 302, p. 374).

620. D'après l'art. 108 c. civ., le mineur non émancipé a son domicile « chez ses père et mère ou tuteur ». On s'est demandé si, après le divorce, l'enfant mineur conserve dans tous les cas son domicile chez son père. L'affirmative est soutenue (Vraye et Gode, t. 2, n° 780). Il nous paraît préférable de décider que le mineur est domicilié chez la personne à laquelle il est confié. Autrement il aurait son domicile là où il ne pourrait pas résider. L'art. 108 n'est pas contraire à ce système, car il suppose que les père et mère ont le même domicile (V. en ce sens : Villequet, p. 270).

Il a été jugé, relativement au domicile : 1° que le mari séparé de corps à qui a été confiée la garde des enfants a le droit de les emmener avec lui dans toute nouvelle résidence qu'il lui plaît de choisir en France, à la charge de faire connaître cette résidence à sa femme, et sauf à celle-ci de s'y transporter pour voir ses enfants aux époques et pendant le temps qui ont été déterminés par le juge (Paris, 12 avr. 1856, aff. X..., D. P. 57. 2. 2); — 2° Que la mère à qui la garde des enfants a été confiée jusqu'à leur dixième année par le jugement de séparation de corps est libre de fixer où elle le juge convenable le domicile où ses enfants résideront avec elle, pourvu qu'elle n'use pas de ce droit abusivement et dans l'intention constatée de soustraire à la surveillance paternelle les enfants confiés à sa garde (Req. 29 avr. 1862, aff. de Cès-Caupenne, D. P. 62. 1. 515).

621. Le père, lorsqu'il est déchu de l'usufruit légal, conserve-t-il néanmoins l'administration des biens de ses enfants? Pour l'affirmative, on allègue qu'aucun texte n'enlève cette administration au père. On ajoute que l'administration sans la jouissance est une charge et que le père contre lequel le divorce a été prononcé ne doit pas pour cela être exonéré de cette charge (Laurent, t. 3, n° 352; Vraye et Gode, t. 2, n° 755). Mais cette opinion nous paraît inadmissible. Tout d'abord, elle ne résulte pas de la loi; c'est seulement « durant le mariage » qu'aux termes de l'art. 389 le père est administrateur des biens personnels de ses enfants mineurs. Nous reconnaissons qu'il doit l'être encore après la dissolution du mariage, s'il conserve la jouissance des biens; c'est l'application du principe d'après lequel les charges doivent suivre l'émolument. Mais ce même principe s'oppose à ce que l'administration reste au père, tandis que le bénéfice de la jouissance est transféré à la mère; une telle situation ne serait ni équitable ni favorable aux intérêts des enfants. — Dans l'hypothèse où le divorce aura été prononcé contre les deux époux, tous les deux étant déchus de l'usufruit légal, nous estimons que c'est à l'administrateur de la personne des enfants qu'incombe la gestion de leurs biens, à moins qu'il n'en soit autrement décidé par les tribunaux. La règle ordinaire, en effet, est que la gestion de la personne entraîne celle des biens, et tout autre système n'est propre qu'à susciter des conflits (V. en ce sens : Massol, p. 383, n° 6; Coulon et Faivre, art. 302, p. 310 et suiv.). — Il a été jugé, conformément à ce système, que l'administration des biens des enfants doit être donnée à l'époux qui en a la garde, à moins de dispositions contraires du jugement, et que, par suite, c'est à lui qu'appartient le droit de poursuivre la réparation des délits ou quasi-délits dont les enfants ont pu être victimes (Paris, 15 déc. 1886) (1).

622. Les père et mère divorcés restent tenus, comme le dit l'art. 303 *in fine*, de contribuer à l'entretien et à l'éducation de leurs enfants à proportion de leurs facultés. La part contributoire de chacun d'eux peut être fixée, soit à l'amiable et notamment dans l'acte de liquidation de la communauté, soit judiciairement, par le jugement même qui prononce le divorce ou par un jugement postérieur. Si l'un des époux se trouve dépourvu de ressources, les frais d'entretien et d'éducation des enfants tombent alors nécessairement en totalité à la charge de l'autre (Comp. *Rép.* n° 330, et *suprà*, v° *Contrat de mariage*, n°s 689 et suiv.). Bien qu'une pension alimentaire ne puisse être réclamée contre un époux divorcé que par celui qui a obtenu le divorce (c. civ. art. 301) (V. *suprà*, n° 587), l'époux contre lequel le divorce est prononcé peut néanmoins, lorsque la garde des enfants lui est confiée, faire condamner son ancien conjoint à lui payer périodiquement une somme destinée à subvenir aux dépenses d'entretien et d'éducation des enfants (Paris, 20 oct. 1886, aff. Genuyt de Beaulieu, D. P. 88. 2. 101).

623. Lorsque l'un des père et mère divorcés vient à mourir, la garde et l'administration cessent, et le survivant des père et mère est investi de la tutelle, conformément à l'art. 390 c. civ. Un arrêt avait jugé que les dispositions d'un jugement de séparation de corps par lesquelles la garde des enfants était retirée à la femme et confiée à un tiers, devaient continuer à recevoir leur application même après le décès du mari (Paris, 7 juill. 1882, aff. Poulain, D. P. 83. 2. 145). Mais la cour de cassation a cassé cette décision, en s'appuyant en droit sur les motifs suivants : « Attendu que le décès du père investit la mère survivante de la puissance paternelle et de la tutelle à l'égard de leurs enfants mineurs; — Attendu que les effets de la séparation de corps ne sauraient survivre à la dissolution du mariage par le décès de l'un des époux; qu'ainsi, dans le cas où le jugement de séparation, usant de la faculté conférée au juge par l'art. 302 c. civ., aurait confié la garde des enfants à une tierce personne, cette disposition accessoire à l'état de séparation doit s'évanouir avec cette séparation elle-même; que la loi a, d'ailleurs, pourvu au danger que pourrait présenter l'exercice, soit de la tutelle, soit de la puissance paternelle, en fournissant à la famille du mineur, les moyens d'en faire exclure ou destituer les personnes indignes ou incapables » (Civ. cass. 13 août 1884, D. P. 85. 1. 40).

624. Aux termes de l'art. 304 c. civ., « la dissolution du mariage par le divorce admis en justice ne privera les enfants nés de ce mariage d'aucun des avantages qui leur étaient assurés par les lois ou par les conventions matrimoniales de leurs père et mère; mais il n'y aura d'ouverture aux droits des enfants que de la même manière et dans les mêmes circonstances où ils se seraient ouverts s'il n'y avait pas eu de divorce. » Cet article revient à dire que les droits des enfants relativement aux successions de leurs père et mère, droits qui résultent de la loi et qui peuvent résulter aussi du contrat de mariage, ne sont pas modifiés par le divorce. — Réciproquement, bien que l'art. 304 ne le dise pas, les droits de succession qui appartiennent aux père et mère vis-à-vis de leurs enfants subsistent après comme avant le divorce.

625. L'art. 1098, qui fixe la quotité dont peut disposer en faveur de son nouvel époux l'homme ou la femme qui se remarie, ayant des enfants d'un autre lit, est applicable à l'époux divorcé. Nous pensons toutefois, avec MM. Vraye et Gode, t. 2, n° 766, que l'application de cet article ne devrait pas être étendue aux époux divorcés qui contracteraient ensemble une nouvelle union. Les enfants qu'ils auraient de leur premier mariage ne seraient pas, en effet, des enfants *d'un autre lit*. Et le motif qui a dicté l'art. 1098, la défiance de la loi vis-à-vis du nouveau conjoint, n'aurait pas de raison d'être dans cette hypothèse.

626. On a soutenu à tort, en tirant argument de l'art. 304, que la révocation des avantages faits à l'époux coupable par son conjoint, ne devait pas nuire aux enfants issus du mariage, et qu'en cas de prédécès de l'époux donataire, ceux-ci devaient recueillir les biens donnés comme si la révocation n'avait pas eu lieu (Proudhon, *Traité de l'état des personnes*, t. 1, p. 232; Willequet, *Du divorce*, p. 273). En disant que le divorce ne privera pas les enfants des avantages qui leur étaient assurés par les lois ou par les conventions matrimoniales, le législateur n'a eu en vue que les avantages stipulés directement au profit des enfants; rien n'indique, du moins, qu'il ait songé au profit indirect qui pourrait résulter pour eux des donations faites par un des époux à l'autre, en cas de prédécès du donataire (Vraye et Gode, t. 2, n° 767).

SECT. 2. — DES EFFETS DE LA SÉPARATION DE CORPS (*Rép.* n°s 309 à 402).

627. Les effets de la séparation de corps ayant beaucoup d'analogie avec ceux du divorce, nous pourrons fréquemment nous borner, dans cette section, à renvoyer aux explications données dans la section précédente. C'est pourquoi, modifiant un peu l'ordre suivi au *Répertoire*, nous examinerons les effets de la séparation de corps, comme nous l'avons fait pour ceux du divorce, quant aux époux personnellement, quant à leurs biens et quant aux enfants.

(1) (Compagnie des Petites Voitures de Reims et Amelot C. dame Lotte.) — LA COUR; — Sur la recevabilité de l'action de la dame Lotte : — Considérant que la garde de son enfant mineur, confiée par autorité de justice à la mère divorcée, implique non seulement pour celle-ci le devoir de veiller à la protection de cet enfant mais encore de poursuivre, s'il y échet, la réparation du préjudice qu'il aurait éprouvé par suite d'un délit ou d'un quasi-délit; — Que l'art. 389 c. civ. n'attribue exclusivement au père l'administration des biens personnels de l'enfant que durant le mariage; mais qu'après la dissolution du mariage par le divorce, l'administration des biens passe à celui des anciens époux à qui l'enfant lui-même est confié, à moins que des dispositions particulières n'aient été arrêtées par justice quant à cette administration; — Que l'art. 302 c. civ. ne fait aucune distinction entre la garde de la personne physique de l'enfant et celle des droits qui peuvent lui appartenir; — Qu'à la vérité et conformément à l'art. 390 c. civ., il n'y a pas lieu à ouverture d'une tutelle aussi longtemps que le père et la mère divorcés sont tous deux vivants; mais que la mère à qui l'enfant est confié, si elle n'a pas le titre de tutrice légale, n'en puise pas moins dans le mandat général dont elle est investie un titre suffisant pour agir en justice au nom et dans l'intérêt de son enfant mineur; — Au fond, etc.

Du 15 déc. 1886.-C. de Paris, 4e ch.-MM. Faure-Biguet, pr.-Rau, subst. proc. gén.-de Jouy et de Saint-Auban, av.

ART. 1er. — *Effets de la séparation de corps relativement aux époux* (*Rép.* nos 311 à 315).

628. Le principal effet de la séparation de corps est de supprimer l'obligation, imposée aux époux par l'art. 214 c. civ., d'habiter ensemble. Le mari n'est plus obligé de recevoir sa femme. La femme séparée a le droit de fixer son domicile où elle le juge convenable. — Toutefois, il a été jugé que le droit qu'a la femme séparée de corps de se choisir un domicile reste soumis aux obligations morales qui résultent du mariage, et, en conséquence, que le mari, pour conserver l'honneur de son nom et celui de ses enfants, peut demander à la justice, non d'assigner à la femme une résidence spéciale, mais du moins de lui interdire de demeurer dans celle qu'elle a choisie, dans le cas notamment où la femme y vit en concubinage avec l'homme qui a été condamné comme son complice du délit d'adultère (Trib. Castel-Sarrazin, 8 avr. 1864, aff. Plantade, D. P. 64. 3. 46; Toulouse, 29 juin 1864, même affaire, D. P. 64. 2. 174). M. Laurent, t. 3, n° 345, et après lui MM. Vraye et Gode, t. 2, n° 772, critiquent vivement cette décision, qui, cependant, nous paraît juridique. La femme séparée de corps n'est pas dégagée de tous les devoirs qu'impose le mariage. Elle a même encore besoin de l'autorisation de son mari pour tous les actes qui ne sont pas de simples actes d'administration. De ce qu'elle n'est plus obligée d'habiter avec le mari, on peut bien conclure qu'elle a le droit de se choisir une habitation, mais non qu'elle peut abuser de ce droit au préjudice de son mari et de ses enfants. MM. Vraye et Gode, supposant qu'un mari séparé de corps a établi son domicile dans un lieu de débauche ou se livre à une profession honteuse, demandent si un tribunal pourrait s'arroger le droit d'interdire au mari de conserver ce domicile ou d'exercer cette profession. Mais la femme est dans une situation tout autre que le mari, et, malgré la séparation, elle reste encore, jusqu'à un certain point, sous la dépendance de celui-ci. Le premier effet de cette dépendance doit être, pour le mari, de pouvoir empêcher la femme de le déshonorer en se déshonorant elle-même (V. en ce sens : Le Senne, n° 376).

629. Le projet de loi relatif aux effets de la séparation de corps, qui a été voté au Sénat en 1887, mais n'est pas encore adopté par la Chambre des députés, ajoute à l'art. 108 c. civ. une disposition ainsi conçue : « La femme séparée de corps cesse d'avoir pour domicile légal le domicile de son mari. Néanmoins, toute signification faite à la femme devra être également adressée au mari à peine de nullité. — Cette double signification ne sera pas nécessaire au cas où la femme séparée aura recouvré l'exercice de sa capacité civile, excepté en matière de questions d'état ».

630. Aux termes de l'art. 212 c. civ., les époux se doivent mutuellement fidélité, secours, assistance. L'obligation de fidélité subsiste malgré la séparation de corps, et c'est à tort que MM. Vraye et Gode, t. 2, n° 774, présentent cette solution comme controversée. Il est vrai que, d'après la jurisprudence, l'adultère du mari ne tombe plus alors sous le coup de la loi pénale, parce que son domicile ne peut plus être considéré comme la maison conjugale. Mais, c'est la conséquence de la différence faite par les art. 337 et 339 c. pén. entre l'adultère du mari et l'adultère de la femme. Tout le monde reconnaît que la femme reste passible des peines prononcées par l'art. 337, après comme avant la séparation de corps (V. *suprà*, v° *Adultère*, n° 14; Demolombe, t. 4, n° 500; Aubry et Rau, t. 5, § 494, p. 199; Le Senne, n° 377; Laurent, t. 3, n° 346).

631. L'obligation de secours et d'assistance subsiste en partie et cesse aussi en partie. Elle subsiste en tant que les époux se doivent toujours réciproquement des aliments (V. *Rép.* n° 395, et *infrà*, n° 649). Elle cesse en ce sens que les époux ne sont plus tenus de s'assister personnellement. L'obligation de se donner des soins personnels n'est plus, en effet, compatible avec la séparation d'habitation (Aubry et Rau, t. 5, § 494, p. 198; Laurent, t. 3, n° 347; Vraye et Gode, t. 2, nos 778 et suiv. — V. toutefois : Demolombe, t. 4, n° 502; Le Senne, n° 391. Ces derniers auteurs semblent admettre que l'obligation d'assistance personnelle n'est pas éteinte complètement. Dans le for intérieur, nous l'accordons. Mais légalement, nous croyons qu'elle n'existe plus).

632. Sans supprimer entièrement la puissance maritale, la séparation de corps l'amoindrit considérablement. Il n'en reste plus que la nécessité, pour la femme, d'obtenir l'autorisation du mari, ou, en cas de refus de celui-ci, l'autorisation de justice, pour tous les actes que la femme séparée de biens ne peut pas faire seule (V. *infrà*, n° 635).

633. D'après l'art. 506 c. civ., le mari est de droit le tuteur de sa femme interdite. Les auteurs décident généralement que cette règle n'est plus applicable en cas de séparation de corps, et la jurisprudence s'est aussi prononcée en ce sens (Req. 25 nov. 1857, aff. Lépine, D. P. 58. 1. 299; Nancy, aud. sol., 15 mai 1868, aff. Geny, D. P. 69. 2. 224; Poitiers, 22 avr. 1869, aff. de Beauvais, D. P. 74. 5. 296; Demolombe, t. 4, n° 502 *ter*, et t. 8, n° 568; Aubry et Rau, t. 5, § 494, p. 198, note 4; Le Senne, n° 424; Vraye et Gode, t. 2, n° 802 *bis*. — V. toutefois *Rép.* n° 315). Jugé même que la règle de l'art. 506 reçoit exception, non seulement quand il y a séparation de corps prononcée entre les époux, mais encore lorsque, antérieurement à la demande d'interdiction, la femme a été autorisée, par ordonnance du président, à former sa demande en séparation de corps et à résider provisoirement hors du domicile conjugal (Poitiers, 22 avr. 1869 précité).

634. On reconnaît généralement aussi que la prohibition de mariage établie par l'art. 298 c. civ. entre l'époux contre lequel le divorce a été prononcé pour cause d'adultère et son complice, ne doit pas être étendue au cas de séparation de corps prononcée pour adultère. Dans ce dernier cas, en effet, le mariage ne devient possible qu'après le décès de l'époux qui a obtenu la séparation; l'interdiction de l'art. 298 n'a donc pas la même raison d'être qu'en cas de divorce (V. *Rép.* v° *Mariage*, n° 251. V. aussi *suprà*, v° *Adultère*, n° 99).

ART. 2. — *Effets de la séparation de corps relativement aux biens* (*Rép.* nos 338 à 398).

635. Le principal effet de la séparation de corps quant aux biens est déterminé par l'art. 311 c. civ., qui dit : « La séparation de corps emportera toujours la séparation de biens » (V. *Rép.* n° 339).

D'après M. Laurent, t. 3, n° 351, « si, juridiquement, la séparation de biens doit être la conséquence de la séparation de corps, il n'en est pas de même au point de vue moral. Le mari perd la jouissance des biens de la femme; cela est très juste quand la séparation de corps est prononcée contre lui, mais cela est injuste quand la séparation de corps est prononcée contre la femme; celle-ci y gagne alors, et, par suite, le mari y perd. Il serait donc à désirer que l'époux demandeur obtînt une indemnité quelconque du préjudice qu'il souffre par la faute de son conjoint. »

Le projet de loi sur la séparation de corps, qui a été adopté par le Sénat en février 1887, contient une autre réforme. Il ajoute à l'art. 311 une disposition ainsi conçue : « Si elle (la séparation de corps) est prononcée contre le mari, elle aura pour effet de rendre à la femme l'exercice de sa capacité civile, sans qu'elle ait besoin de recourir à l'autorisation de son mari ou de justice ».

636. Nous n'avons pas à exposer ici les effets propres à la séparation de biens. On en trouvera l'explication v° *Contrat de mariage*, nos 673 et suiv.; — *Rép.* eod. v°, nos 1912 et suiv.

637. L'art. 1444 c. civ., aux termes duquel la séparation de biens est nulle, si elle n'a pas été exécutée par le payement réel des droits et reprises de la femme ou par un commencement de poursuites dans la quinzaine du jugement, est-il applicable à la séparation de biens résultant de la séparation de corps? Non, d'après la jurisprudence et la grande majorité des auteurs (V. *Contrat de mariage*, n° 647; — *Rép.* vis *Contrat de mariage*, n° 1802; *Séparation de corps*, n° 346. V. aussi dans le même sens : Liège, 11 mai 1867, aff. Renson C. Lion, *Pasicrisie belge*, 1867. 2. 353; Le Senne, n° 373; Vraye et Gode, t. 2, n° 808).

638. Le jugement de séparation de corps doit être publié conformément aux art. 872 et 880 c. proc. civ., et, en outre, si l'un des époux est commerçant, conformément à l'art. 67

c. com. D'après la plupart des auteurs, si cette publication n'a pas eu lieu, la séparation de biens qui résulte de la séparation de corps n'est pas opposable aux tiers (V. *Rép.* n° 342, et *suprà*, v° *Contrat de mariage*, n° 644. — Comp. *suprà*, n° 523).

639. La séparation de biens résultant de la séparation de corps a-t-elle un effet rétroactif au jour de la demande? Cette question est traitée v° *Contrat de mariage*, nos 681 et suiv.; — *Rép.* eod. v°, n° 1945. D'après le système qui a prévalu dans la jurisprudence, la séparation de biens accessoire de la séparation de corps a un effet rétroactif entre les époux, mais non à l'égard des tiers (V. en ce sens, outre les auteurs cités au *Rép. ibid.* et *suprà*, nos 681 et suiv. : Massol, (2e éd.), p. 282, n° 5; Le Senne, n° 370. — *Contrà* : Vraye et Gode, t. 2, n° 806).

640. Toutefois, l'effet rétroactif reconnu à la séparation de biens entre les époux ne va pas jusqu'à conférer à la femme la capacité de la femme séparée de biens dès le jour de la demande ni jusqu'à permettre aux époux de donner à la séparation de biens une exécution anticipée. Ainsi, la vente qui est autorisée entre les époux séparés de biens par l'art. 1595 c. civ., ne peut avoir lieu valablement dans le cours de l'instance en séparation de corps (Bordeaux, 16 mai 1881 (1). — Comp. *suprà*, v° *Contrat de mariage*, n° 679).

641. Il résulte d'un arrêt de la cour de cassation que le jugement qui prononce la séparation de corps peut valablement ordonner, alors d'ailleurs que les parties sont d'accord à ce sujet, que la femme ne pourra recevoir une partie de sa dot qu'à la charge d'un emploi dûment autorisé; c'est là une mesure de conservation qui, loin de porter atteinte aux conventions matrimoniales, a pour effet d'en assurer l'exécution et qui, dès lors, n'a rien d'illicite (Req. 14 mai 1884, aff. Sarlandie, D. P. 84. 1. 412). — Jugé, en outre, que la femme qui a exécuté à plusieurs reprises cette disposition du jugement, après avoir signifié le jugement sans réserves, est censée y avoir donné son acquiescement, et que, par suite, elle n'est plus recevable à en interjeter appel (Même arrêt).

642. L'art. 243 c. civ. qui a déjà été commenté *suprà*, nos 348 et suiv. autorise la femme à faire prononcer la nullité des obligations contractées par le mari à la charge de la communauté et des aliénations par lui faites des immeubles qui en dépendent postérieurement à la date de l'ordonnance prévue par l'art. 235, s'il est prouvé d'ailleurs que l'aliénation ou l'obligation a été faite ou contractée en fraude des droits de la femme. D'après l'art. 307 c. civ., cette disposition est applicable en matière de séparation de corps. On peut remarquer, toutefois, que l'art. 235 auquel renvoie l'art. 243 est spécial au divorce. Mais l'ordonnance dont il est question dans cet article est la même que celle qui est prévue par l'art. 876 c. proc. civ. pour les instances en séparation de corps. C'est la première ordonnance rendue par le président du tribunal sur la requête présentée par le demandeur. Il ne peut donc y avoir aucune difficulté à ce sujet. C'est à partir de cette première ordonnance que les obligations ou aliénations consenties par le mari sont susceptibles d'être annulées (V. en ce sens : Vraye et Gode, t. 2, n° 813).

643. Il a été jugé que la séparation de corps prononcée contre le mari ne fait pas obstacle à ce qu'il demande la nullité d'une obligation contractée par sa femme avant le mariage et, par suite, tombée à la charge de la communauté (Aix, 11 mars 1874, aff. Ferrat, D. P. 75. 2. 28).

644. L'époux contre lequel la séparation de corps a été prononcée perd-il de plein droit les avantages qui lui ont été faits par son conjoint dans le contrat de mariage ou depuis le mariage? Cette question, qui revient à savoir si les art. 299 et 300 c. civ. sont applicables à la séparation de corps, est résolue en jurisprudence dans le sens de l'affirmative depuis l'arrêt des chambres réunies de la cour de cassation du 23 mai 1845 (aff. Lefoulon, D. P. 45. 1. 225). (V. les arrêts postérieurs cités au *Rép.* n° 374, et en outre : Lyon, 26 janv. 1861, aff. Barrier, D. P. 61. 5. 440; Trib. Seine, 12 mai 1869, aff. L... M..., D. P. 71. 5. 352; Caen, 29 janv. 1872, aff. Barré, D. P. 72. 2. 159; Chambéry, 4 mai 1872, aff. Buffet, D. P. 73. 2. 129; Besançon, 28 avr. 1875, aff. Rosier, D. P. 78. 2. 63; Caen, 11 févr. 1880, aff. Ingouf, D. P. 81. 2. 183). Mais l'opinion contraire à celle de la jurisprudence est encore soutenue par de nombreux auteurs. Leurs principaux arguments peuvent se résumer ainsi : 1° La déchéance prononcée par l'art. 299 au préjudice de l'époux contre lequel le divorce a été prononcé est une disposition pénale qui ne peut pas être étendue au cas de séparation de corps non prévu par la loi. 2° Il n'y a pas complète analogie entre l'hypothèse de l'art. 299 et celle de la séparation de corps puisque dans celle-ci le lien matrimonial subsiste avec la plupart de ses conséquences, notamment avec le droit de successibilité réciproque entre les époux. On ne peut donc pas dire que les mêmes motifs réclament l'application de l'art. 299 dans les deux hypothèses (V. en ce sens, outre les auteurs cités au *Rép.* n° 372; Aubry et Rau, t. 5, § 494, p. 206, note 32; Le Senne, n° 402; Laurent, t. 3, n° 354; Vraye et Gode, t. 2, n° 811).

---

(1) (Lagarde C. Lagarde.) — Par jugement du tribunal civil de Bordeaux en date du 20 août 1879, confirmé sur appel par arrêt de la cour de Bordeaux du 12 mars 1880, la dame Lagarde a été séparée de corps et de biens d'avec son mari. Dans la liquidation de la communauté qui avait existé entre les époux, la femme a prétendu que le matériel et les marchandises du chai dépendant de la communauté devaient être attribués au mari pour la valeur à laquelle ces objets avaient été estimés dans un état estimatif dressé entre les époux le 13 févr. 1879 et qui, d'après la prétention de la dame Lagarde, constituait une cession par elle à son mari de ses droits dans les objets dont il s'agit. Le tribunal de Bordeaux, par jugement du 9 juin 1880, a repoussé cette prétention par les motifs suivants : « Attendu, quant au matériel du chai et aux marchandises, que la dame Lagarde demande que ces objets soient attribués à son mari pour la valeur portée dans un état estimatif dressé entre les parties le 12 févr. 1878; — Attendu que l'inventaire dressé à cette époque n'a pas eu pour objet de faire vente au mari des objets dont s'agit, mais seulement d'établir et de constater la consistance des marchandises existant en magasin, afin d'éviter plus tard des difficultés entre les parties sur les bases de la liquidation; — Par ces motifs; — Dit n'y avoir lieu de faire d'ores et déjà attribution à Lagarde du matériel du chai et des marchandises ». — Appel par la dame Lagarde. — Arrêt.

LA COUR; — Sur le premier chef d'appel, tendant à faire ordonner que les marchandises et le matériel du chai, compris pour la somme de 66766 fr. 50 cent., dans l'état dressé le 12 févr. 1878 seront attribués pour cette somme au sieur Lagarde, sans qu'il y ait lieu d'en faire le partage; — Adoptant les motifs des premiers juges : — Attendu, de plus, que si la mention apposée, par l'intimé au bas de l'état dressé, le 12 févr. 1878, par le sieur Lagarde fils, avait la portée que l'appelante lui attribue, il en résulterait qu'antérieurement au jugement de séparation de corps, et, par conséquent, avant que la séparation de biens fût prononcée, la dame Lagarde aurait vendu à son mari la part qui pouvait lui revenir dans les marchandises et le matériel du chai; — Attendu que les jugements de séparation ne sont pas susceptibles d'exécution anticipée, et qu'à ce seul point de vue, la cession consentie par la femme Lagarde à son mari devrait être déclarée nulle et de nul effet; — Attendu, de plus, qu'aux termes de l'art. 1595 c. civ., le contrat de vente ne peut avoir lieu entre époux que dans les cas spécialement prévus par la loi; que les faits de la cause ne rentrent dans aucune des hypothèses indiquées par l'article précité, et que, par suite, la vente était impossible; qu'à la vérité, le 20 août 1879, un jugement du tribunal de Bordeaux, confirmé sur appel, a prononcé la séparation de corps au profit de la dame Lagarde, et que ce jugement emporte séparation de biens; mais que l'appelante ne saurait se fonder sur la disposition finale de l'art. 1445 c. civ. pour prétendre que, les effets de la séparation remontant au jour de la demande, la cession faite par elle à son mari le 12 févr. 1878 se trouve validée; — Attendu, en effet, que la fiction qui fait remonter au jour de la demande les effets de la séparation de biens est inapplicable aux ventes entre époux; qu'elle a été introduite dans le code pour conserver à la femme les droits qui peuvent lui échoir pendant l'instance, mais ne peut lui donner rétroactivement une faculté que la loi lui refuse en dehors des cas prévus par l'art. 1595 c. civ., spécial à la matière; que la disposition de cet article, qui autorise la vente dans le cas où l'un des époux cède des biens à l'autre époux séparé judiciairement de lui, en payement de ses droits, a en vue une situation définitivement réglée par une décision judiciaire; mais que, jusqu'à cette décision, la femme est sans capacité pour vendre; que la prétention de la dame Lagarde n'est donc fondée ni en fait, ni en droit...

Par ces motifs; — Confirme.

Du 16 mai 1881.-C. de Bordeaux, 1re ch.-MM. Izoard, 1er pr.-Calmon, av. gén.-Lafon père et Moulinier, av.

Cette opinion est admise par la jurisprudence belge, qui se trouve ici en contradiction avec la jurisprudence française (Gand, 10 juill. 1846, aff. X..., *Pasicrisie belge*, 1846. 2. 213 ; C. cass. Belgique, 20 mai 1847, aff. X..., *ibid.*, 1848. 1. 7; Bruxelles, 23 mai 1861, aff. Dumée C. Daimeries, *ibid.*, 1862. 2. 115).

Quoi qu'il en soit, le système qui étend l'application des art. 299 et 300 à la matière de la séparation de corps, a définitivement prévalu dans la pratique, et la question ne se discute plus maintenant, en France, devant les tribunaux. Toutes les explications que nous avons données *suprà*, nos 570 à 579, doivent donc être considérées comme communes au divorce et à la séparation de corps.

645. La question de savoir si les héritiers de l'époux décédé pendant l'instance en séparation de corps peuvent reprendre cette instance pour obtenir la révocation des avantages faits par leur auteur à son conjoint, est aujourd'hui tranchée, comme nous l'avons vu *suprà*, nos 385 et suiv., par l'art. 244, § 3, aux termes duquel l'action est éteinte par le décès de l'un des époux. Les héritiers peuvent seulement former une demande de révocation pour cause d'ingratitude, si le délai d'un an accordé par la loi pour cette demande n'est pas expiré (V. *suprà*, n° 579).

646. La séparation de corps fait perdre à l'époux contre lequel elle a été prononcée la jouissance des droits d'auteur accordée par la loi au conjoint survivant (L. 14 juill. 1866, art. 1er, § 4) (V. *infrà*, v° *Propriété littéraire*).

647. Après la séparation de corps, la femme conserve son hypothèque légale sur les biens de son mari, et cette hypothèque demeure dispensée d'inscription. Ce n'est qu'après la dissolution du mariage que la femme ou ses héritiers sont obligés d'inscrire cette hypothèque, dans le délai d'une année, pour lui conserver son rang (L. 23 mars 1855, art. 8) (V. *infrà*, v° *Privilèges et hypothèques*).

648. La suspension de prescription établie entre époux par l'art. 2253 c. civ. subsiste, malgré la séparation de corps. Cette solution, qui s'appuie sur les termes généraux de l'art. 2253, est généralement admise (*Rép.* v° *Prescription civile*, n° 730; Paris, 26 juill. 1862, aff. Angerville, D. P. 63. 2. 112; Troplong, *Traité de la prescription*, t. 2, n° 742; Demolombe, t. 4, n° 507; Aubry et Rau, t. 2, § 214, p. 339, et t. 5, § 494, p. 209; Vraye et Gode, t. 2, n° 812. — V. cependant : Bruxelles, 13 oct. 1822, *Rép.* v° *Prescription civile*, n° 708).

649. Ainsi que nous l'avons décidé au *Rép.* n° 395, l'obligation alimentaire réciproque créée entre les époux par l'art. 212 c. civ. n'est pas éteinte par la séparation de corps, et celui des époux qui se trouve dans le besoin conserve le droit de réclamer de l'autre des secours pécuniaires, quand même la séparation aurait été prononcée contre lui. L'art. 301 qui n'accorde le droit de se faire allouer une pension alimentaire qu'à l'époux qui a obtenu le divorce, ne doit pas être étendu à la séparation de corps, en tant qu'il refuse à l'époux coupable le droit à une pension; cette déchéance, en effet, ne peut être étendue d'un cas à un autre. La doctrine est unanime sur ce point (V. outre les auteurs cités au *Rép.* n° 395 : Aubry et Rau, t. 5, § 494, p. 199, note 6; Le Senne, n° 382; Laurent, t. 3, n° 348; Vraye et Gode, t. 2, nos 815 et suiv.). Et si certains arrêts s'appuient sur l'art. 301 c. civ. pour accorder une pension alimentaire à l'époux qui a obtenu la séparation de corps, ces arrêts eux-mêmes cependant admettent que l'époux contre lequel la séparation a été prononcée serait, de son côté, autorisé à demander des aliments à son conjoint en vertu de l'art. 212 (Comp. Req. 8 juill. 1850, aff. Plantier, D. P. 50. 1. 225; Civ. cass. 2 avr. 1861, aff. Féron, D. P. 61. 1. 97; Rouen, 30 juill. 1862, même affaire, D. P. 64. 2. 238; Grenoble, 11 juill. 1863, aff. Genoud, D. P. 65. 2. 6). — Jugé, toutefois, que la réclamation d'aliments faite par le mari contre lequel la séparation de corps a été prononcée peut être écartée, lorsqu'il est constaté, d'une part, que le dénûment dont il excipe a pour cause son inconduite, et que, d'autre part, il est en état de satisfaire à ses besoins par son travail (Req. 8 juill. 1850 précité).

650. La jurisprudence, toutefois, fait une différence entre la pension allouée à l'un quelconque des époux en vertu de l'art. 212 c. civ. et celle accordée à l'époux qui a obtenu la séparation de corps par application de l'art. 301. Celle-ci, d'après les arrêts de la chambre civile, des cours de Rouen et de Grenoble cités *suprà*, n° 649, ne s'éteint pas par le décès de l'époux débiteur; elle doit être payée par les héritiers ou successeurs de cet époux jusqu'au décès de l'époux auquel elle est due, ou du moins aussi longtemps que cet époux en a besoin pour vivre (V. *suprà*, n° 597. V. aussi *infrà*, v° *Mariage*).

651. Quant aux mesures qui peuvent être prises pour assurer le service de la pension alimentaire, V. *suprà*, n° 595.

652. On a vu *suprà*, n° 598, qu'aux termes de l'art. 386 c. civ., l'époux contre lequel le divorce est prononcé perd la jouissance légale des biens de ses enfants mineurs. La même déchéance est-elle encourue par l'époux aux torts duquel la séparation de corps a lieu? Les auteurs se prononcent généralement pour la négative, par la raison que l'art. 386 ne parle que du divorce (*Rép.* n° 399; Aubry et Rau, t. 5, § 494, p. 201; Laurent, t. 3, n° 352; Le Senne, n° 448; Vraye et Gode, t. 2, n° 818).

ART. 3. — *Effets de la séparation de corps relativement aux enfants* (*Rép.* nos 316 à 337 et 399 à 402).

653. Nous avons examiné au *Rép.* nos 317 et suiv. la question de savoir si les art. 302 et 303 sur la garde des enfants en cas de divorce sont applicables en matière de séparation de corps. L'affirmative est aujourd'hui généralement admise (V. outre les arrêts et les auteurs cités au *Rép.* nos 318 et suiv. : Req. 30 mars 1859, aff. Rolland, D. P. 59. 1. 466; 29 avr. 1862, aff. de Cès-Caupenne, D. P. 62. 1. 515; avr. 1865, aff. Burel, D. P. 65. 1. 386; 4 avr. 1865, aff. Burel, D. P. 65. 1. 387; 22 janv. 1867, aff. de Saint-Meleuc, D. P. 67. 1. 333; 18 mars 1868, aff. Riottot, D. P. 68. 1. 420; 29 juin 1868, aff. X...; D. P. 71. 5. 352; 24 juill. 1878, aff. Mapas, D. P. 78. 1. 471; C. cass. Belgique, 15 mars 1883, *suprà*, n° 311; Le Senne, n° 427; Laurent, t. 3, n° 350; Vraye et Gode, t. 2, nos 822 et suiv.). Quelques auteurs estiment cependant que les art. 302 et 303 c. civ. ne peuvent pas être appliqués directement et d'une manière absolue en cas de séparation de corps. Ils reconnaissent en cette matière un certain pouvoir aux tribunaux relativement à la garde des enfants, mais décident notamment, par dérogation à l'art. 302, que le père qui a obtenu la séparation de corps ne peut jamais être privé de la garde de ses enfants, et que le père contre lequel la séparation a été prononcée peut être maintenu dans cette garde, sans que le ministère public ou la famille le demande (Demante, t. 2, n° 31 *bis* II ; Aubry et Rau, t. 5, § 494, p. 201, note 13). Sauf le dissentiment de ces auteurs, toutes les solutions que nous avons données *suprà*, nos 599 et suiv., pour l'application des art. 302 et 303 en matière de divorce, doivent être étendues à la séparation de corps.

654. Nous avons admis *suprà*, n° 621, que le père contre lequel le divorce a été prononcé et qui est déchu de la jouissance légale des biens de ses enfants, ne conserve pas l'administration de ces biens. Il n'en est pas de même du père aux torts duquel a été prononcée la séparation de corps. On reconnaît, comme nous l'avons vu *suprà*, n° 652, qu'il conserve la jouissance légale, et, le mariage subsistant, l'art. 389 qui confère au père, durant le mariage, l'administration des biens des enfants, demeure applicable (*Rép.* n° 400).

655. Après la séparation de corps, comme après le divorce, les père et mère doivent contribuer à l'entretien et à l'éducation de leurs enfants proportionnellement à leurs facultés (c. civ. art. 303 et art. 1448). Nous avons déjà indiqué *suprà*, n° 622, comment la part contributoire de chacun d'eux peut être déterminée.

CHAP. 5. — De la cessation de la séparation de corps. — De la conversion de cette séparation en divorce. — Questions transitoires.

SECT. 1re. — DE LA CESSATION DE LA SÉPARATION DE CORPS (*Rép.* nos 403 à 419).

656. Le seul fait de la réunion des époux, comme on l'a dit au *Rép.* n° 403, anéantit la séparation de corps prononcée en justice. Mais, d'après un arrêt, une simple réconciliation, non accompagnée du rétablissement de la vie commune, est insuffisante pour faire cesser l'état de séparation de corps (Paris, 5 avr. 1859, aff. Poisson, D. P. 59. 2. 68. V. dans le même sens : Aubry et Rau, t. 5, § 495-496, p. 210, note 1. — *Contrà* : Boissard, *Revue pratique de droit français*, année 1859, t. 8, p. 344; Vraye et Gode, t. 2, n° 845). — En tout cas, des relations intimes qui auraient accidentellement rapproché les deux époux séparés de corps n'emportent point réconciliation entre ces époux et ne font point tomber le jugement de séparation de corps, s'il est constaté que, malgré l'existence de ces rapports accidentels, la femme a vainement réclamé de son mari sa rentrée dans la maison conjugale, et que jamais son mari ne l'a reprise et n'a consenti à la reprendre (Civ. rej. 30 déc. 1861, aff. Poisson, D. P. 62. 1. 57).

657. L'époux qui a obtenu la séparation de corps peut-il la faire cesser contre le gré de l'autre époux? L'affirmative, que nous avons soutenue au *Rép.* n° 407, n'a pas prévalu. Cette opinion reposait principalement sur deux textes qui, tous les deux, sont aujourd'hui abrogés : l'ancien art. 309 c. civ. qui disposait que le mari, dont la femme avait été condamnée pour adultère, restait le maître d'arrêter l'effet de la condamnation, en consentant à reprendre sa femme; et l'ancien art. 310, aux termes duquel l'époux contre lequel la séparation de corps avait été prononcée pouvait obtenir le divorce, après un délai de trois ans, si l'autre époux refusait de reprendre la vie commune. Dans les deux cas prévus par ces articles, la volonté d'un seul des époux suffisait pour faire tomber la séparation. Mais l'abrogation de ces dispositions ne peut que fortifier l'opinion contraire d'après laquelle la séparation de corps ne peut cesser, comme la séparation de biens (c. civ. art. 1451), que du consentement des deux parties (V. dans le sens de cette seconde opinion : Aubry et Rau, t. 5, § 495-496, p. 210, n° 4; Le Senne, n° 524; Laurent, t. 3, n° 537; Vraye et Gode, t. 2, n° 846). Ce qui prouve, toutefois, que la question est douteuse, c'est que M. Massol, qui avait d'abord adopté cette dernière opinion dans la première édition de son ouvrage sur la *Séparation de corps*, l'a abandonnée dans la seconde édition (p. 416, n° 6). « Le jugement de séparation, dit-il, n'est pas un jugement ordinaire qui crée des droits en faveur de toutes parties, mais seulement une décision unilatérale en faveur de la partie qui a gain de cause... Conformément à ce principe, le droit canon statue que l'époux qui a obtenu la séparation de corps est libre de la faire cesser (chap. 5. Décr. de Grég. IX, tit. *de Divortiis*, liv. 4, tit. 9). » M. Massol ajoute cette considération, que la séparation de corps est une situation regrettable, dont on doit favoriser la cessation. A l'argument tiré de l'art. 1451 c. civ., d'après lequel la communauté dissoute par la séparation, soit de corps et biens, soit de biens seulement, « peut être rétablie du consentement des parties », M. Massol répond que la loi a statué de *eo quod plerumque fit*, et il admet, malgré les termes de cet article, que l'époux qui a obtenu la séparation de biens peut y renoncer et rétablir la communauté, même sans le consentement de l'autre époux.

658. Le seul fait de la réunion des époux a bien immédiatement pour résultat de rendre au mariage tous ses effets civils, quant à la personne des époux et quant aux enfants : la femme cesse d'avoir un domicile distinct de celui de son mari; le père, à qui la garde des enfants a été retirée, recouvre la plénitude de la puissance paternelle. Mais la séparation de biens que la séparation de corps avait produite ne cesse pas de plein droit par suite du rétablissement de la vie commune. Les époux ont seulement la faculté de se replacer sous le régime matrimonial qu'ils avaient originairement adopté, en se conformant aux dispositions de l'art. 1451 c. civ. Cet article, il est vrai, ne parle que du rétablissement de la communauté; mais on s'accorde à reconnaître que tout autre régime antérieur à la séparation de biens peut être rétabli aux mêmes conditions (*Rép.* n° 413; Rodière et Pont, *Du contrat de mariage*, t. 3, n° 2237 ; Aubry et Rau, t. 5, § 495-496, p. 211, note 7 ; Le Senne, n° 541 ; Vraye et Gode, t. 2, n° 851).

659. Il est ainsi loisible aux époux de faire cesser la séparation de corps sans rétablir la communauté de biens ou le régime matrimonial antérieur. Mais nous croyons que la réciproque n'est pas vraie, et que les époux ne pourraient pas faire cesser la séparation de biens tout en laissant subsister la séparation de corps ; cela serait contraire à l'art. 311, qui dispose que « la séparation de corps emportera toujours séparation de biens ». C'est là, suivant nous, une règle d'ordre public, à laquelle les parties ne peuvent pas déroger (V. en ce sens : Le Senne, n° 543. — *Contrà:* Vraye et Gode, t. 2, n° 858).

660. Pour les conditions auxquelles peut être rétabli le régime antérieur à la séparation de corps, V. *Contrat de mariage*, n°s 733 et suiv.; — *Rép.* eod. v°, n°s 2075 et suiv.

661. Les avantages matrimoniaux, révoqués par application de l'art. 299 c. civ., revivent-ils par le seul fait de la réconciliation des époux, ou leur rétablissement est-il subordonné à la confection de l'acte exigé par l'art. 1451 c. civ. pour le rétablissement des conventions matrimoniales? Cette question divise les auteurs. On a soutenu que la révocation édictée par l'art. 299 est définitive et que les époux, s'ils se réconcilient, peuvent seulement refaire les libéralités qu'ils s'étaient faites, soit par contrat de mariage, soit depuis le mariage, en observant les formalités requises pour les donations. Dans ce système, les donations que contenait le contrat de mariage peuvent bien être renouvelées, mais elles ne sont plus que des donations faites entre époux pendant le mariage et essentiellement révocables (Delvincourt, *Cours de code civil*, t. 1, p. 355). Cette opinion est, d'ailleurs, généralement repoussée, comme contraire, sinon à la lettre, au moins à l'esprit de l'art. 1451, qui permet de faire revivre les conventions matrimoniales. Les donations contractuelles, qui se rattachent d'ordinaire d'une manière très intime à ces conventions, doivent pouvoir également revivre avec le régime dont elles sont l'accessoire.

Une autre opinion, diamétralement contraire à la précédente, enseigne que tous les avantages qui ont été révoqués de plein droit par la séparation de corps sont rétablis aussi de plein droit par la réunion des époux qui fait cesser la séparation de corps. C'était, dit-on, la doctrine de l'ancien droit, et il y a lieu de présumer que les auteurs du code civil ont entendu la maintenir, puisqu'ils n'ont pas innové en cette matière. Ce silence du législateur, ajoute-t-on, est d'autant plus significatif que, se préoccupant des effets de la réconciliation quant aux conventions matrimoniales proprement dites, il a, par une disposition nouvelle et expresse, imposé aux époux désireux de rétablir le statut matrimonial l'obligation d'un acte authentique accompagné d'une publicité protectrice des intérêts des tiers ; du moment que le législateur n'a pas exigé la même formalité pour le rétablissement des donations, c'est qu'il l'a considéré comme devant être toujours le corollaire naturel et nécessaire de la réconciliation (Caen, 15 avr. 1885 (1) ; Le Senne, n° 533).

(1) (Veuve Vilette C. Vilette.) — Le sieur Vilette, veuf avec un enfant, avait épousé en secondes noces la dame veuve Corbière, née Barré. Par leur contrat de mariage, en date du 21 août 1881, les époux avaient adopté le régime de la communauté réduite aux acquêts, et ils avaient fait donation au survivant de l'usufruit de la succession du prémourant, sauf réduction en cas d'existence d'enfants. Le 28 juin 1882, un jugement prononça la séparation de corps sur la demande du mari. La donation contenue au contrat de mariage se trouva par suite révoquée à l'égard de la femme. Mais les époux se réconcilièrent, et par acte authentique en date du 5 juin 1883, ils déclarèrent vouloir faire cesser les effets de la séparation de corps et rétablir entre eux la communauté « telle qu'elle existait avant la séparation de corps et de biens, et comme si cette séparation n'eût pas été prononcée ». Le mari étant décédé, l'enfant issu du premier mariage du sieur Vilette soutint que la donation contenue au contrat de mariage demeurait révoquée vis-à-vis de la veuve. Par jugement du 30 août 1884, le tribunal de Domfront lui donna gain de cause. — Appel par la veuve Vilette. — Arrêt.

LA COUR; — Attendu que les donations contractuelles, quoique partie intégrante du contrat de mariage, et participant à l'immutabilité des conventions matrimoniales, en diffèrent par le caractère et par les effets; qu'elles ne sont pas de l'essence du contrat, puisqu'elles ne s'y rencontrent pas toujours, et que, quand elles y figurent, à la différence des autres conventions et stipulations que la séparation de biens judiciaire modifie ou même annule, cette mesure est sans effet à leur égard; — Attendu qu'elles constituent surtout des libéralités, puisant leur raison d'être dans les sentiments d'affection qui animent l'un envers l'autre les futurs époux et déterminent leur union ; qu'il est donc légitime, en cas de séparation de corps impliquant des torts graves, exclusifs de ces mêmes sentiments, de la part de celui des conjoints contre

Enfin, d'après un troisième système, que nous avons admis au *Rép.* n° 414 et quiréunit la majorité des auteurs, les avantages matrimoniaux ne sont pas de plein droit rétablis par la réconciliation, mais l'accomplissement des formalités prescrites par l'art. 1451 c. civ. suffit pour faire revivre les donations contenues au contrat de mariage. Ces donations, en effet, ne doivent pas être séparées des autres conventions matrimoniales. On comprend que la loi ait exigé un acte, une manifestation de volonté de la part des époux, pour que ces conventions soient rétablies; car elles ne sont pas essentielles au mariage, et les époux peuvent fort bien, après la séparation de corps, reprendre la vie commune sans vouloir reconstituer leur ancien régime matrimonial. S'ils demeurent sous le régime de la séparation de biens, les donations qui accompagnaient le régime originaire ne doivent pas revivre, parce qu'elles ne concordent peut-être pas avec le régime nouveau. Si, au contraire, les époux rétablissent le régime auquel ils s'étaient soumis par leur contrat, les donations que ce contrat contenait doivent être aussi rétablies par cela même (Massol, p. 422, n° 9; Demolombe, t. 4, n° 544; Vraye et Gode, t. 2, n° 861). Toutefois, d'après MM. Aubry et Rau, t. 5, § 495-496, p. 211, il y aurait lieu de distinguer entre les donations qui se rattachent aux conventions matrimoniales et celles qui en sont indépendantes. La simple déclaration des époux qu'ils entendent remettre en vigueur leur ancien régime matrimonial suffirait pour faire revivre les premières. Mais elle ne pourrait rendre leur efficacité aux autres. Les époux ont sans doute la faculté de rétablir celles-ci dans la forme déterminée par l'art. 1451; seulement il faut qu'ils en expriment la volonté ou, tout au moins, qu'ils déclarent que leur intention est de restaurer l'ensemble des dispositions du contrat de mariage.

662. En tout cas, ainsi que nous l'avons dit au *Rép.* n° 415, les donations contractuelles, lorsqu'elles sont rétablies, reprennent leur caractère d'irrévocabilité; elles ne doivent point être considérées comme faites pendant le mariage. L'opinion contraire, soutenue autrefois par Delvincourt, et aujourd'hui encore par MM. Vraye et Gode, t. 2, n° 864, est repoussée à juste titre par la grande majorité des auteurs. Si l'on peut, en vertu de l'art. 1451, rendre leur efficacité aux donations contenues dans le contrat de mariage en même temps qu'aux autres clauses de ce contrat, il nous paraît certain que toutes les clauses doivent revivre telles qu'elles étaient auparavant (V. en ce sens: Massol, *loc. cit.*; Demolombe, t. 4, n° 545; Le Senne, n° 533; Aubry et Rau, t. 5, § 495-496, p. 212).

663. Quant aux libéralités que les époux se sont faites, soit par donation, soit par testament, depuis le mariage, nous pensons, avec MM. Vraye et Gode, t. 2, n° 860, que la réconciliation les fait revivre de plein droit, avec leur caractère originaire de révocabilité, sans qu'il soit besoin d'aucun acte.

664. Bien que le rétablissement des avantages révoqués anéantisse rétroactivement les effets de la séparation de corps, cette rétroactivité ne peut cependant pas nuire aux tiers qui auraient traité avec l'époux donateur depuis la révocation. Si, par exemple, cet époux a constitué des hypothèques sur des immeubles qui lui ont fait retour par suite de la révocation, ces hypothèques subsisteront (Aubry et Rau, t. 5, § 495-496, p. 212; Vraye et Gode, t. 2, n° 865). On doit même décider, lorsqu'il s'agit d'immeubles, que, si le jugement qui a prononcé la révocation ou l'acte de liquidation qui l'a constatée a été transcrit, l'acte de rétablissement des conventions matrimoniales doit également être transcrit, pour que la révocation soit anéantie à l'égard des tiers (Vraye et Gode, *loc. cit.*).

Sect. 2. — De la conversion de la séparation de corps en divorce.

665. L'art. 310 nouveau c. civ. est ainsi conçu: « Lorsque la séparation de corps aura duré trois ans, le jugement pourra être converti en jugement de divorce sur la demande formée par l'un des époux. — Cette nouvelle demande sera introduite par assignation à huit jours francs, en vertu d'une ordonnance rendue par le président. — Elle sera débattue en la chambre du conseil. — L'ordonnance nommera un juge rapporteur, ordonnera la communication au ministère public et fixera le jour de la comparution. — Le jugement sera rendu en audience publique. — La cause en appel sera débattue et jugée en chambre du conseil, sur rapport, le ministère public entendu. L'arrêt sera rendu en audience publique. » Les différentes dispositions de cet article ont une triple origine. Le premier paragraphe remonte au code civil de 1804; mais, comme on va le voir, la loi du 27 juill. 1884 lui a fait subir des modifications importantes. Les paragraphes suivants sont l'œuvre du législateur de 1884, sauf le dernier, qui a été ajouté par la loi du 18 avr. 1886.

---

qui elle est prononcée, que ce dernier perde le bénéfice des avantages qui lui avaient été conférés et dont il s'est rendu indigne; — Attendu que la réconciliation survenant efface complètement, en ce qui concerne la personne des époux, les effets de la séparation de corps, et les remet au même et semblable état qu'auparavant; qu'elle suppose nécessairement, avec l'oubli de l'offense, un retour à la confiance et à l'affection primitives, et implique, de la part de celui qui pardonne, la volonté de rétablir les avantages qui, dans le principe, les avaient sanctionnées; — Attendu que cela paraît avoir été la doctrine de l'ancien droit, qui, par application de la maxime: *cessante causa, cessat effectus*, décidait que les donations par contrat de mariage, révoquées par la séparation de corps, revivaient *ipso facto*, avec leur caractère propre et originaire, comme conséquence nécessaire de la réconciliation, et sans qu'il fût besoin de recourir à aucune formalité spéciale; — Attendu que le code civil n'a en rien innové à cet égard; que, favorable également au rapprochement des époux, il doit être, à raison de son silence, présumé avoir approuvé la tradition historique, et vouloir continuer l'application de sa doctrine; — Attendu que ce silence du législateur est d'autant plus significatif que, se préoccupant des effets de la réconciliation quant aux conventions matrimoniales proprement dites, il a, par une disposition nouvelle et expresse (c. civ. art. 1451), imposé aux époux désireux de rétablir le statut matrimonial l'obligation d'un acte authentique accompagné d'une publicité protectrice des intérêts des tiers; qu'il a inauguré de la sorte une différence, qui d'ailleurs s'impose, entre le rétablissement facultatif du statut matrimonial, sans lequel la réconciliation peut parfaitement se concevoir, et produire, dans l'intérêt de la famille, les plus précieux effets, et le rétablissement nécessaire, implicite, des libéralités contractuelles, corollaire de la réconciliation produite *de plano* par elle et sans qu'il soit besoin de l'autorité d'un texte; — Attendu que, dans l'opinion contraire, il faudrait aller jusqu'à soutenir qu'en restant muet en ce qui concerne les donations, le législateur a entendu que, révoquées par le fait de la séparation de corps, elles ne pourraient jamais revivre avec leur caractère primordial d'irrévocabilité, et même, devraient régulièrement être renouvelées, solution en désaccord avec les faveurs que la loi accorde à la réconciliation, aussi bien qu'avec les conséquences juridiques de ce fait; — Attendu, au surplus, que, si l'on devait admettre, pour le rétablissement des donations, la nécessité d'une déclaration préalable et l'applicabilité de l'art. 1451 c. civ., la veuve Vilette serait encore bien fondée dans son appel; — Attendu, en effet, que, par un acte régulier en date du 5 juin 1883, les époux ont déclaré vouloir rétablir la communauté telle qu'ils l'avaient stipulée dans leur contrat de mariage, et *pour faire cesser les effets de la séparation de corps, comme si elle n'eût pas été prononcée;* — Attendu que cette déclaration et l'acte dressé en conséquence ont eu pour effet légal de remettre le contrat en vigueur, et de le faire revivre avec toutes ses clauses et conditions; d'où suit que les donations, parties intégrantes dudit contrat, doivent légalement participer à sa restauration; qu'en admettant, par hypothèse, le droit de l'époux d'exprimer dans l'acte sa volonté d'exclure du rétablissement de la communauté les avantages que la séparation de corps avait fait perdre à son conjoint, il paraît résulter des termes de l'acte du 5 juin que telle n'a pas été l'intention de Vilette; qu'en tous cas, et ce qui est essentiel, il ne l'a pas dit expressément, et n'a fait aucunes réserves de ce chef; — Attendu, dès lors, que la donation dont la veuve Vilette revendique le bénéfice devrait, au même titre que toutes les autres dispositions et conventions matrimoniales contenues au contrat de mariage, être réputée avoir recouvré son existence et son caractère primitif, et, comme elles, produire tous ses effets;

Par ces motifs; — Déclare rétablies, par suite de la réconciliation, et, au besoin, en exécution de l'acte du 5 juin 1883, les donations insérées dans le contrat de mariage des époux Vilette; — En conséquence, dit et juge que l'épouse Vilette est donataire en vertu du contrat de mariage des avantages à elle consentis par ledit contrat, etc.

Du 15 avr. 1885.-C. de Caen, 1re ch.-MM. Hue, pr.-Lerebours-Pigeonnière, av. gén.-Jouen et Coqueret, av.

666. L'ancien art. 310 c. civ. portait : « Lorsque la séparation de corps *prononcée pour toute autre cause que l'adultère de la femme* aura duré trois ans, *l'époux qui était originairement défendeur*, pourra demander le divorce au tribunal, *qui l'admettra, si le demandeur originaire*, présent ou dûment appelé, *ne consent pas immédiatement à faire cesser la séparation.* » D'après ce texte, le refus, par l'époux qui avait obtenu la séparation, de la faire cesser après une durée de trois ans constituait pour l'autre époux une cause péremptoire de divorce. Treilhard, dans l'exposé des motifs, expliquait ainsi cette disposition : « Il ne serait pas juste que l'époux qui a choisi, comme plus conforme à sa croyance, la voie de la séparation, dût maintenir pour toujours l'autre époux, dont la croyance peut n'être pas la même, dans une interdiction absolue de contracter un second mariage. Cette liberté que la constitution garantit à tous se trouverait alors violée dans la personne de l'un des deux époux : il a donc fallu autoriser celui-ci, après un certain intervalle, à demander que la séparation soit convertie en divorce, si l'époux qui a fait prononcer cette séparation ne consent pas à la faire cesser ; et c'est ainsi que se trouvent conciliés, autant qu'il est possible, deux intérêts également sacrés, la sûreté des époux d'un côté, et la liberté religieuse de l'autre. » Malgré ces raisons, la disposition de l'art. 310 a soulevé de vives critiques. On lui a reproché de mettre l'époux innocent à la merci de l'époux coupable. « C'est presque toujours la femme, dit notamment M. Laurent, t. 3, n° 198, qui demande la séparation de corps par scrupule de conscience. Nous supposons qu'elle l'ait obtenue pour adultère du mari. Le mari continue à tenir sa concubine chez lui ; puis il somme sa femme de venir partager ce domicile conjugal souillé par la présence d'une créature perdue. Et on dira que la femme a tort de ne pas consentir au rétablissement de la vie commune ! N'est-ce pas pour échapper à cet enfer qu'elle a demandé la séparation ? Et la voilà placée dans cette terrible alternative, ou de reprendre une vie commune rendue impossible par l'infamie de son mari, ou de subir le divorce malgré le cri de sa conscience ! »

667. Il suffit de lire le nouvel art. 310 pour remarquer qu'il diffère de l'ancien sous plusieurs rapports : 1° Le droit de demander la conversion, qui n'appartenait, d'après l'ancien article, qu'au défendeur originaire, a été étendu aux deux parties. — 2° Ce droit existe, quelle que soit la cause pour laquelle la séparation a été prononcée ; il n'y a plus d'exception à l'encontre de la femme coupable d'adultère. — 3° L'époux qui demande la conversion n'est plus obligé, pour que sa demande soit recevable, de mettre son conjoint en demeure d'avoir à faire cesser la séparation. — 4° La procédure ordinaire des demandes en divorce, qui devait être suivie sous l'empire de l'ancien art. 310, est remplacée par une procédure plus simple et plus expéditive. — A tous ces points de vue, il est certain que la conversion de la séparation de corps en divorce a été facilitée et élargie dans son application par la loi nouvelle. Mais l'ancien art. 310 stipulait que sur le refus du demandeur originaire de reprendre la vie commune le tribunal devait toujours admettre le divorce. Le nouvel article dit seulement que le jugement de séparation de corps *pourra* être converti en jugement de divorce. La conversion est ainsi rendue facultative pour le juge. C'est en cela que consiste la principale différence entre l'ancien texte et le nouveau, et, comme cette différence est sujette à contestation, il est nécessaire, pour en déterminer la portée, de jeter un coup d'œil sur les travaux préparatoires de la nouvelle loi.

668. La proposition présentée par M. Naquet en 1881, et qui a abouti à la loi de 1884, autorisait, comme l'art. 310, la conversion de la séparation de corps en divorce, après trois ans, mais permettait à chacun des époux de la demander, en exceptant l'époux coupable d'adultère. L'exception relative à cet époux fut supprimée par la Chambre des députés, et le texte de l'art. 310 voté par cette Chambre était ainsi conçu : « Tout jugement de séparation de corps devenu définitif depuis trois ans au moins, sera converti en jugement de divorce sur la demande formée par l'un des époux, sur requête, et par assignation à bref délai en chambre du conseil. » Au Sénat, lors de la première délibération, M. Denormandie proposa un amendement portant que la conversion n'aurait lieu que « sur la demande formée par celui des époux qui avait obtenu la séparation. » Cet amendement fut repoussé par la commission, et le rapporteur, M. Labiche, expliqua les motifs du rejet en indiquant qu'on avait à choisir entre trois systèmes : le système du code, qui accordait le droit de demander la conversion seulement au défendeur originaire ; le système proposé par M. Denormandie, qui consistait à n'accorder ce droit qu'à l'époux ayant obtenu la séparation, et enfin le système de la Chambre des députés, qui permettait à l'un et à l'autre époux de faire prononcer le divorce par voie de conversion. « Or, disait-il, ce dernier système est préférable au point de vue du défendeur comme au point de vue du demandeur. Il est préférable au point de vue du défendeur, parce qu'on comprend qu'un époux, même quand il a eu des torts considérables, ne peut pas être condamné à rester éternellement dans cette situation d'être marié sans l'être, parce qu'on comprend qu'il puisse être admis à demander à l'époux qu'il a offensé ou de lui pardonner ou de rompre complètement un lien qui n'est qu'une fiction légale, c'est-à-dire de lui permettre de divorcer. On peut admettre également que ce système est préférable dans l'intérêt du demandeur lui-même ;... il serait cruel de le frapper d'une déchéance absolue, parce qu'ayant quelque espoir, qui est parfois justifié, du retour au bien de l'époux coupable, il a voulu laisser une porte ouverte au repentir, au pardon, à la réconciliation. Une femme hésitera souvent à prendre contre son mari coupable le parti irrévocable du divorce, car il y a des trésors d'indulgence dans le cœur des femmes. Pourquoi, dans ce cas, la frapper de la déchéance de pouvoir réclamer le divorce le jour où elle aura dû renoncer à toutes ses espérances d'amendement de son mari ? » Le texte de l'art. 310 fut adopté par le Sénat en première lecture, tel qu'il avait été voté à la Chambre, mais non sans que M. Lucien Brun se réservât de le combattre à la seconde lecture. Ce texte fut en effet très énergiquement attaqué, lors de la seconde délibération, et par M. Lucien Brun et par M. Jules Simon. Le premier représenta que l'art. 310, tel qu'il est rédigé, pouvait permettre à un époux qui n'aurait aucun grief contre son conjoint d'arriver quand même au divorce. Cet époux n'aurait qu'à forcer son conjoint à demander la séparation de corps, ce qui serait toujours facile, au mari surtout, qui n'aurait pour cela qu'à installer une concubine dans le domicile conjugal, et, au bout de trois ans, ce mari aurait le droit absolu d'obtenir le divorce. M. Jules Simon, de son côté, fit valoir cette considération, qu'une femme qui aurait été obligée de demander la séparation de corps, parce que son honneur, sa vie, sa santé étaient en péril, pouvait redouter de voir prononcer le divorce. Il serait injuste de condamner cette femme à la situation de femme divorcée, de lui enlever tout espoir de voir son mari revenir à elle, sans qu'elle pût s'y opposer et sur la simple demande du mari ; cela serait surtout injuste pour les femmes qui, ayant obtenu la séparation avant la loi nouvelle, n'ont pu prévoir cette éventualité et qui auraient peut-être préféré renoncer à la séparation de corps que de fournir à leur mari le moyen de divorcer. « Le consentement que l'autre époux a apporté en disant : « Je demande séparation » devient nul ! Il n'y avait que son consentement, sachez-le bien, qui pouvait détruire l'effet de celui qu'il avait donné devant le maire, peut-être devant une église, à coup sûr devant la patrie. Il a donné son consentement à la séparation ; il ne le donne pas au divorce. Vous le violentez, et vous violentez, en même temps, l'acte de l'état civil qui est le plus sacré, sur lequel la société repose ! » A la suite de ces discours, l'art. 310 fut renvoyé à la commission. Celle-ci, à la séance suivante, apporta une nouvelle rédaction, qui est devenue le nouvel art. 310. « A la différence de ce qui existait avec le système établi par le code civil, dit le rapporteur de la commission, le tribunal n'est pas dans l'obligation d'acquiescer à la demande de conversion après la simple constatation de l'expiration des délais et du refus de réconciliation. Non, le tribunal a toute liberté pour apprécier dans quelle mesure il convient de faire droit à la demande. »

Mais qu'est-ce que le tribunal aura à apprécier ? C'est la question que posa M. Batbie. « S'il n'y a pas de faits nouveaux, dit-il, s'il n'y a pas autre chose que l'expiration du délai de trois ans, je ne comprends pas qu'il y ait une appréciation ou même un jugement à rendre ; il ne peut y avoir qu'un enregistrement à faire. » Le rapporteur se borna à répondre que la nouvelle rédaction avait pour but de donner satisfaction, dans une certaine mesure, aux critiques qui s'étaient produites la veille. « On nous a montré hier, dit-il, qu'il pouvait y avoir des circonstances où les tribunaux étaient fondés à prononcer la séparation et dans lesquelles ils ne devraient pas prononcer le divorce. Dans un esprit de conciliation, la commission, ayant le désir de faire une loi acceptable pour tout le monde, ayant le désir de ne froisser aucune conscience, a cru devoir répondre à l'appel qui était fait à sa modération, à sa raison, et tenir compte des critiques d'un système qui enlevait aux tribunaux l'appréciation des faits. D'après la nouvelle disposition, à la demande de l'un ou de l'autre des époux, les tribunaux auront le pouvoir d'apprécier si les faits qui avaient été jugés suffisants pour faire prononcer la séparation ne sont pas devenus, après une épreuve d'au moins trois ans, suffisants pour justifier le divorce. » Et plus loin : « Dans un langage éloquent, auquel vous applaudissiez hier, M. Jules Simon vous a demandé de substituer la faculté d'appréciation du tribunal à l'obligation de prononcer le divorce qui résultait du code civil. Cette demande nous a paru justifiée ; nous avons fait la concession qu'on nous demandait hier, au nom des scrupules des époux catholiques qui pouvaient être conduits, malgré eux, au divorce, et cette concession, vous nous la reprochez aujourd'hui. » Lorsque l'art. 310, adopté par le Sénat, revint devant la Chambre, le rapporteur de la commission nommée par celle-ci, M. Letellier, ne dissimula pas que la commission n'acceptait qu'à regret la nouvelle rédaction. « Mais, dit-il, la transaction intervenue vous donne une demi-satisfaction. Le défendeur pourra demander au tribunal de transformer la séparation en divorce, sans qu'il soit dit qu'il sera tenu pour l'obtenir d'apporter des faits nouveaux. C'est une espèce de conseil officieux que la loi institue, et il dépendra de la jurisprudence de corriger ce que le nouvel art. 310 a de mauvais. Les tribunaux n'auront pour cela qu'à se montrer très larges dans l'usage du droit de conversion que la loi leur confère ».

Il résulte évidemment de tous ces débats que la conversion de la séparation de corps en divorce ne doit plus être prononcée, comme sous l'empire de l'ancien art. 310, sur la seule constatation que la séparation de corps a duré trois ans ; il en résulte que les tribunaux doivent apprécier s'il y a lieu d'ordonner cette conversion, et qu'ils peuvent la refuser dans certains cas. Ce pouvoir d'appréciation laissé aux juges est critiqué par plusieurs auteurs (V. Saint-Marc, *De la conversion des jugements de séparation de corps en jugements de divorce ;* Carpentier, *Traité du divorce*, n° 415 ; Poulle, p. 196 ; Vraye et Gode, t. 1, n° 94 ; Morael, *Traité théorique et pratique de la conversion de la séparation de corps en divorce*, n°s 225 et suiv.). A notre avis, ces critiques sont mal fondées. Il y a des cas, comme l'ont montré M. Lucien Brun et M. Jules Simon, où la conversion de la séparation de corps en divorce deviendrait un vrai guet-apens pour l'un des conjoints, où elle constituerait véritablement un outrage à la morale publique. Ce danger est d'autant plus à craindre qu'on a supprimé la restriction très sage faite par l'ancien art. 310 pour le cas où la séparation avait été motivée par l'adultère de la femme. Rien pourtant n'était plus moral. « Il ne faut pas, comme le remarque M. Laurent, t. 3, n° 199, que la femme trouve dans le divorce le moyen de légitimer sa coupable passion. » Il est donc nécessaire que, dans un tel cas et dans d'autres semblables, le tribunal puisse refuser la conversion. Ce droit, pour le tribunal, a du reste été encore une fois reconnu dans les travaux préparatoires de la loi du 18 avr. 1886. Un amendement avait été présenté à la commission du Sénat par MM. Naquet et Léon Renault, afin de rendre obligatoire, et non plus facultative, la transformation de la séparation de corps en divorce, après trois ans. Cet amendement a été repoussé par la commission, à raison des considérations suivantes exposées par le rapporteur, M. Labiche : « Nous ne croyons pas que cette proposition puisse être accueillie, car nous ne nous occupons ici que d'une loi de procédure, et nos collègues soulèvent une question qui tient au fond même du droit. Nous rappelons, d'ailleurs, que cette question a été agitée lors des débats de la loi sur le divorce, et que c'est intentionnellement que la loi a conféré aux tribunaux un droit de nouvel examen. Il a semblé à cette époque, même aux partisans du divorce, que la faculté d'appréciation laissée aux tribunaux constituait une utile garantie ; l'expérience n'a pas démontré le contraire. Nous proposons donc de ne pas adopter l'amendement ».

Quant à la jurisprudence qui s'est établie en matière de conversion, V. *infrà*, n°s 694 et suiv.

669. Trois conditions sont nécessaires, d'après le nouvel art. 310 c. civ., pour que la séparation de corps puisse être convertie en divorce. Il faut : 1° que la séparation de corps ait été prononcée par un jugement ; 2° qu'un délai de trois ans se soit écoulé ; 3° que la conversion soit demandée par l'un des époux contre l'autre. Nous allons examiner successivement ces trois conditions.

670. Tout d'abord, les deux époux doivent être séparés par un jugement. Une séparation de fait, si longue qu'elle soit, ne pourrait servir de base à la demande en conversion. Il en serait de même dans le cas où la séparation résulterait d'un jugement tombé en péremption. Il a été jugé qu'un arrêt par défaut prononçant une séparation de corps, mais qui avait été seulement signifié au défendeur et n'avait reçu aucune exécution, n'était pas susceptible d'être converti en arrêt de divorce (Trib. Seine, 29 août 1884, aff. Morand, D. P. 86. 2. 207. V. dans le même sens : Poulle, p. 200 ; Morael, n° 127).

671. En second lieu, la séparation de corps doit avoir duré trois ans. Bien que la loi ne le dise pas, il n'est pas douteux qu'il s'agit de trois ans consécutifs. Une séparation qui aurait cessé ne pourrait plus être invoquée, même dans le cas où un nouveau jugement de séparation aurait été rendu. La première, ayant été effacée par la réconciliation, ne pourrait plus produire aucun effet (Coulon et Faivre, art. 310, p. 455).

672. Quel est le point de départ du délai de trois ans ? D'après une première opinion, ce délai court du jour du jugement ou de l'arrêt qui a prononcé la séparation de corps. Toute décision judiciaire, en effet, quand elle est devenue définitive, est censée exister du jour où elle a été rendue (Aix, 5 mars 1885, aff. Roque, D. P. 88. 1. 433 ; Vraye et Gode, t. 1, n°s 100 et 467). Dans un autre système, le délai ne commence à courir qu'au moment où le jugement ou l'arrêt de séparation de corps est devenu définitif. On invoque à l'appui de ce système l'art. 6, § 4, de la loi du 18 avr. 1886 (ancien art. 4, § 3, de la loi du 27 juill. 1884), aux termes duquel « peuvent être convertis en jugements de divorce, comme il est dit à l'art. 310, tous jugements de séparation de corps antérieurs à la promulgation de la présente loi, *devenus définitifs* depuis trois ans. » Il résulte de cette disposition que, pour tous les jugements de séparation qui n'étaient pas encore devenus définitifs au moment de la promulgation de la loi de 1886, le délai de trois ans n'avait pas commencé de courir ; on en conclut que, dans l'esprit du législateur, le point de départ du délai est le moment où le jugement devient définitif. Jugé, notamment, qu'en cas d'exécution volontaire du jugement de séparation, le point initial du délai de trois ans doit être fixé à la date de l'acte authentique qui constate l'exécution, alors même que les parties auraient fait remonter les effets de la séparation au jour où elle a été prononcée (Civ. cass. 28 nov. 1887, aff. Roque, D. P. 88. 1. 433 ; Carpentier, *Traité du divorce*, n° 401).

673. Le délai de trois ans est franc. Le *dies a quo*, c'est-à-dire le jour où le jugement de séparation est devenu définitif, ne compte pas dans ce délai. En outre, ce délai doit être expiré avant la demande de conversion, et non pas seulement avant que la conversion ne soit prononcée. Jusqu'à l'expiration des trois ans, la conversion ne peut être demandée. Cela résultait de la première rédaction de l'art. 310, adoptée par la Chambre des députés : « Lorsque la séparation aura duré trois ans, » qui portait « l'époux *pourra demander...* » Si ce texte a été modifié, ce n'est pas qu'on ait voulu innover à l'égard du délai (Civ. cass. 28 nov. 1887, aff. Roque, D. P. 88. 1. 433 ; Vraye et Gode, t. 1, n° 470 ; Morael, n°s 142 et suiv.).

674. Le droit de demander la conversion de la séparation de corps en divorce est-il susceptible de s'éteindre par l'effet de la prescription ? La négative paraît certaine, car il est de principe que les actions relatives à l'état des personnes sont imprescriptibles ; de plus, la prescription ne court pas entre époux pendant le mariage (Morael, nos 145 et suiv. — Comp. *suprà*, n° 389).

675. La troisième condition pour que la conversion puisse être prononcée, c'est qu'elle soit demandée par l'un des époux contre l'autre. Mais la demande peut être formée, comme nous l'avons vu *suprà*, n° 667, non seulement par l'époux qui a obtenu la séparation de corps, mais aussi par celui contre lequel elle a été prononcée (Trib. Blois, 20 août 1884, aff. Sajou, D. P. 84. 5. 159; Trib. Marseille, 19 nov. 1884, *infrà*, n° 689; Trib. Bourges, 23 août 1884, aff. Proudhon, D. P. 84. 5. 162; Trib. Orléans, 25 févr. 1885, aff. Chappelier, D. P. 86. 3. 94; Caen, 3 févr. 1885, aff. James, D. P. 86. 2. 98; 20 avr. 1885, aff. Lenoir, *ibid.*; Dijon, 31 juill. 1885, aff. Druard, D. P. 86. 1. 355-356; Civ. rej. 12 août 1885, aff. James, *ibid.*; Bourges, 22 nov. 1886, aff. Pilboue, D. P. 87. 2. 80). On peut objecter qu'il y a ici une dérogation à la règle : *Nemo auditur turpitudinem suam allegans*. L'époux qui, par ses torts, a rendu la séparation de corps nécessaire va profiter de sa propre faute pour obtenir le divorce. Ce résultat peut être immoral, comme le remarque M. Laurent, t. 3, n° 199, surtout dans le cas où la séparation de corps a été prononcée pour adultère. Mais le pouvoir d'appréciation laissé au tribunal est le correctif apporté par le législateur à ce grave inconvénient (V. *suprà*, n° 668. — Comp. Vraye et Gode, t. 1, n° 95).

676. La capacité requise pour former la demande en conversion est naturellement la même que celle exigée pour la demande en divorce (V. *suprà*, nos 111 et suiv.).

677. On décide généralement qu'alors même que la séparation de corps n'a pas duré trois ans, il est permis à l'un ou à l'autre époux de demander le divorce pour causes survenues depuis la séparation. Mais alors, c'est la procédure ordinaire qui doit être suivie, et non la procédure spéciale de la demande en conversion. Cette solution a été admise, d'un commun accord, dans les travaux préparatoires de la loi, par M. Batbie et par M. Labiche, rapporteur de la commission du Sénat (V. D. P. 84. 4. 107, note 7, n° 4. V. dans le même sens: Paris, 22 juill. 1886 (1); Carpentier, *Traité du divorce*, n° 400; Vraye et Gode, t. 1, n° 496; Coulon et Faivre, 4e éd., art. 310, p. 484 et suiv.). Toutefois, d'après M. Morael, nos 150 et suiv., 472 et suiv., il y aurait lieu de distinguer entre l'époux qui a demandé la séparation de corps et l'époux défendeur. Le second seulement pourrait former une demande en divorce avant l'expiration du délai de trois ans; le premier, ayant opté pour la séparation, ne pourrait plus arriver au divorce que par voie de conversion. Mais cette opinion nous paraît devoir être rejetée; elle élève contre l'action en divorce une fin de non-recevoir qui n'est pas dans la loi. S'il est survenu de nouvelles causes de divorce depuis la séparation, l'époux qui peut les invoquer ne doit pas encourir de déchéance, parce qu'il a déjà fait prononcer la séparation de corps; une telle déchéance ne pourrait, du moins, résulter que d'un texte formel.

678. Une question plus douteuse est celle de savoir si l'époux qui a demandé et obtenu la séparation de corps peut, avant trois ans, former une instance en divorce basée seulement sur les faits qui ont motivé la séparation. L'affirmative résulte des explications données au Sénat par M. Labiche. « Selon moi, a-t-il dit, la faculté d'invoquer après trois ans la procédure de faveur de la conversion, n'est jamais un obstacle à ce qu'on use, avant ou après les trois ans, de la procédure de droit commun pour demander le divorce, soit qu'il y ait des faits nouveaux, soit qu'on s'appuie seulement sur des faits anciens; car ces faits anciens n'ont jamais été appréciés au regard d'une demande de divorce, puisqu'il n'y a jamais eu qu'une demande en séparation. Au regard du divorce, il n'y a donc pas chose jugée » (Séance du Sénat du 24 juin 1884, D. P. 84. 4. 107, note 7, n° 4). MM. Vraye et Gode, t. 1, n° 498, disent que M. Labiche, dans une lettre du 7 mai 1886, produite devant la quatrième chambre du tribunal de la Seine, a déclaré qu'il persistait dans son opinion, ajoutant que celle-ci avait été sanctionnée par le Sénat en 1884 et avait encore été adoptée depuis par la commission de la loi du 18 avr. 1886. — Malgré cette autorité, la plupart des auteurs décident, avec raison, suivant nous, que, l'époux qui a obtenu la séparation de corps ne peut, pendant trois ans, demander le divorce, pas plus par voie principale que par voie de conversion. Cet époux a opté pour la séparation, et, si la loi ne lui permet pas de la faire convertir en divorce avant un certain délai, on ne comprendrait pas qu'elle lui permît d'obtenir le divorce par une autre procédure qui serait plus dispendieuse pour l'autre époux. Il est vrai que la loi ne contient pas de disposition expresse déclarant irrecevable, en l'absence de causes nouvelles, la demande principale de divorce avant l'expiration des trois ans. Mais cette fin de non-recevoir résulte implicitement de l'art. 310. La loi qui dit à un époux : vous avez obtenu la séparation, et vous pourrez la faire convertir en divorce, mais seulement dans trois ans, n'a pas besoin d'ajouter que pendant ce délai le divorce ne pourra pas être demandé à la place de la séparation et sans qu'il soit survenu de nouvelles causes qui justifient la demande (V. en ce sens : Trib. Seine, 17 mai 1886 (2); Paris, 22 juill. 1886, *suprà*, n° 677; Carpentier, *Traité du divorce*, n° 400; Vraye et Gode, t. 1, nos 497 et suiv.; Morael, nos 152 et suiv.).

679. Quant à l'époux contre lequel la séparation de corps a été prononcée, il peut former une demande principale en divorce, même pour des faits antérieurs au jugement de séparation, avant comme après les trois ans à partir de ce

(1) (Noël C. dame Noël.) — LA COUR; — Sur les conclusions subsidiaires: — Considérant que la demande soumise à l'appréciation de la cour tend uniquement, comme en première instance, à obtenir le divorce; que l'appelant se borne simplement à invoquer, par ses conclusions subsidiaires, un moyen nouveau; que ces conclusions sont donc recevables; — Considérant que les faits articulés par l'appelant constitueraient s'ils étaient prouvés, à la charge de la dame Noël, des faits d'inconduite qui, par leur date, postérieure au jugement de séparation de corps et par leur notoriété, constitueraient une série d'injures graves pouvant servir de base à sa demande en divorce; — Considérant, en effet, que s'il est de principe que l'époux qui a obtenu la séparation de corps ne peut, en vertu des dispositions de l'art. 310 c. civ., obtenir le divorce contre son conjoint, à raison des faits qui ont motivé la séparation de corps, qu'après l'expiration du délai de trois années et par la seule voie de l'instance en conversion, il n'en saurait être ainsi quand des faits nouveaux, rentrant dans les prévisions des art. 229, 230, 231 et 232 c. civ., sont invoqués à l'appui d'une demande principale en divorce; qu'il naît de ces faits nouveaux, pour le conjoint qui en est victime, alors même qu'ils se seraient accomplis moins de trois ans après le jugement de séparation de corps un droit nouveau pour en demander en justice la constatation et l'appréciation, et obtenir, s'ils rentrent dans les prévisions des articles susvisés, au moyen du divorce, la rupture complète et définitive du lien conjugal, alors qu'il s'était borné antérieurement à en demander le simple relâchement; qu'il n'existe donc rationnellement ni légalement aucun obstacle à la preuve des faits articulés, lesquels réunissant au surplus tous les caractères de la pertinence et de l'admissibilité; — Par ces motifs; — Sur les conclusions subsidiaires, déclare Noël recevable en icelles, et, avant d'y statuer, admet ledit appelant à prouver, en la forme ordinaire des enquêtes, les faits articulés dans lesdites conclusions, etc.

Du 22 juill. 1886.-C. de Paris, 1re ch.-MM. Périvier, 1er pr.-Manuel, av. gén.-Lailler, av.

(2) (X... C. X...). — LE TRIBUNAL; — Attendu qu'il est constant et non contesté que les faits sur lesquels X... fait reposer sa demande en divorce ont déjà servi de base à un jugement de séparation de corps qui est devenu définitif et remonte à trois ans; — Attendu que le demandeur, n'alléguant aucun fait nouveau, aurait dû agir, non par action principale, mais par voie de demande en conversion, suivant les formes et conditions déterminées par l'art. 4 de la loi du 29 juill. 1884 et l'art. 310 c. civ., et notamment après l'expiration du délai de trois ans; — Attendu à la vérité que X... prétend qu'agissant par demande directe et principale, et non par une demande en conversion, il n'est pas astreint aux formalités et conditions prescrites par les demandes de cette dernière catégorie, et que la demande en divorce étant distincte par son objet de la demande en séparation par lui précédemment formée, il ne saurait être considéré comme ayant déjà déduit son droit en justice; — Mais attendu qu'il n'y a lieu, dans l'état de la législation sur le divorce et la séparation de corps, de considérer que, suivant la rigueur des principes, la demande en divorce, ayant un objet différent de celui de la demande en séparation de corps, celui-ci ne saurait pas former contre le premier l'obstacle de la chose jugée; — Attendu que le législateur offre en principe à l'époux offensé l'option entre les deux actions, de telle sorte que cette option une fois accomplie, le droit du demandeur se trouve épuisé; que l'art. 306 c. civ., qui régit la matière, s'exprime ainsi : « Dans le cas où il y a lieu à la demande en

jugement. Nous supposons, bien entendu, que cet époux n'a pas formé, au cours de l'instance en séparation de corps, une demande reconventionnelle dont il aurait été débouté; il y aurait alors chose jugée contre lui.

680. Dans le cas où la séparation est prononcée sur la demande des deux époux, aucun d'eux ne peut demander la conversion avant l'expiration du délai de trois ans.

681. Il peut se faire que l'un des époux séparés demande le divorce par voie de conversion et que l'autre le demande en même temps par action principale. En pareil cas, soit que les deux instances se poursuivent devant le même tribunal, soit qu'elles se trouvent portées devant deux tribunaux différents, il y aurait lieu, d'après une première opinion, de surseoir à statuer sur la demande de conversion jusqu'au moment où la demande principale et ordinaire serait en état de recevoir jugement, et le tribunal pourrait, par un même jugement ou par deux jugements rendus le même jour, statuer à la fois sur les deux demandes : Trib. Seine, 27 déc. 1884 (1); Carpentier, *La loi du 18 avr. 1886*, n° 192; Vraye et Gode, t. 1, n° 501). Suivant une autre opinion qui nous paraît préférable, le tribunal ne doit pas surseoir; autrement, le défendeur à la conversion pourrait, en intentant une demande de divorce fondée sur des griefs imaginaires, retarder indéfiniment la conversion et empêcher la réalisation du vœu du législateur, qui, par l'art. 310 c. civ, a voulu rendre facile et rapide l'obtention du divorce quand il y a séparation prononcée. Les deux demandes doivent donc être poursuivies et jugées séparément, sauf l'application des règles que nous avons indiquées *suprà*, n°s 241 et suiv., pour le cas où les deux époux demandent réciproquement le divorce par deux actions distinctes (Trib. Seine, 22 janv. 1885 (2). — Comp. Depeiges, n° 128).

---

divorce pour cause déterminée, il sera libre aux époux de former une demande en séparation de corps »; qu'il résulte bien du contexte de cette disposition, ainsi que de divers documents susceptibles d'en éclairer le sens, que les actions ne sauraient se cumuler, mais que la séparation de corps est concédée comme une sorte d'équivalence au divorce à ceux dont la conscience répugne à la dissolution complète du lien conjugal; — Attendu que, constant avec ce principe, l'ancien art. 310 ne permettait qu'à l'époux défendeur, moyennant certaines conditions et après l'expiration d'un délai de trois ans, la demande en conversion de la séparation de corps en divorce, mais non à celui dont l'option aurait déjà fixé et épuisé le droit; qu'il n'appert d'aucune disposition claire et précise que les actions dont s'agit aient été altérées dans leur essence par la législation nouvelle; que le nouvel art. 310 et la faculté créée en faveur du demandeur originaire lui-même de demander la conversion n'ont eu pour effet que d'étendre l'option dont s'agit; qu'il y a lieu de remarquer, en effet, que le législateur envisage cette demande, non comme une action nouvelle, distincte et indépendante, mais comme une simple transformation extensive des effets du jugement primitif lui-même; que tel est bien le sens naturel de la dénomination de *conversion* consacrée à cette opération juridique; que l'idée même de conversion ne se concilie pas avec la notion fondamentale de deux actions distinctes et indépendantes; que la nouvelle procédure récemment instituée pour l'instruction de ces demandes éloigne encore davantage l'idée d'une action nouvelle et d'un débat nouveau; que cette institution n'implique, au contraire, aucune contradiction avec cet autre principe suivant lequel les demandes en divorce et en séparation de corps forment une seule et même action, unique dans son principe, mais susceptible de différer dans ses résultats selon le gré de celui qui l'exerce; que si l'on devait prendre pour guide le principe de l'indépendance des deux actions, la logique conduirait à décider que l'époux qui aurait échoué dans une demande en séparation de corps pourrait, en reprenant les mêmes faits, intenter une demande de divorce et réciproquement, résultats assurément contraires aux vues du législateur et à l'intégrité même de la chose jugée, puisque, d'une part, il est constant que l'action en divorce rejetée ou périmée ne peut être reprise que pour une cause nouvelle, et que, d'autre part, aux termes de l'art. 306, il ne peut y avoir lieu à séparation de corps que quand il existe des causes de divorce; qu'ainsi la chose jugée dans l'une des deux actions formerait contre l'exercice de l'autre action une fin de non-recevoir qui, pour ne point figurer dans le titre du divorce à la section spéciale qui concerne les fins de non-recevoir, n'en repose pas moins sur les dispositions positives du même titre; — Attendu enfin que, dans le cas d'une demande en conversion de séparation de corps en divorce, comme dans le cas d'une demande principale après séparation de corps prononcée pour les mêmes faits, la chose demandée, à savoir le divorce, est la même, et qu'il n'apparaît, par aucune raison plausible, pourquoi, dans l'un comme dans l'autre cas, l'obtention n'en serait pas subordonnée aux mêmes formes et conditions ou plutôt pourquoi les deux cas ne se confondent pas en un seul; — Attendu à la vérité que les conditions de conversion établies par l'art. 310 auraient pu ne pas être appliquées à l'époux demandeur qui aurait obtenu la séparation de corps, antérieurement à la loi qui a rétabli le divorce, puisque, à cette époque, l'option entre les deux actions ne pouvait être exercée; qu'un amendement, adopté d'abord, a disparu ensuite, et qu'il résulte des discussions auxquelles a donné lieu le vote définitif que l'épreuve de trois ans exigée par l'art. 310 c. civ., a été jugée nécessaire pour toutes les hypothèses; que la demande de X... ne saurait donc être recevable dans la forme par lui adoptée, ni avant l'expiration du délai de trois ans; — Par ces motifs déclare X... non recevable dans sa demande, l'en déboute etc.

Du 17 mai 1886.-Trib. civ. de la Seine, 4e ch.-MM. Gréhen, pr.-Jacomy, subst., c. contr.-Lailler, av.

(1) (S... C. dame S...) — Le tribunal; — Attendu qu'un jugement du tribunal civil de Marseille, rendu par défaut, faute de conclure, le 29 mars 1874, et passé en force de chose jugée, a prononcé la séparation de corps des époux S... à la requête du mari; qu'une ordonnance du président de ce tribunal, en date du 5 déc. 1884, a autorisé S... à former une demande en conversion dudit jugement en jugement de divorce; que la dame S... a été régulièrement assignée le 11 décembre dernier, suivant exploit de Gillet, huissier à Paris; — Mais attendu que la dame S... a introduit elle-même devant le tribunal de Marseille une demande principale en divorce contre son mari; qu'elle a obtenu du président dudit tribunal, le 21 nov. 1884, une ordonnance rendue en exécution de l'art. 238 c. civ., et qu'après avoir satisfait, les 5 et 11 décembre suivants, aux formalités prescrites par les art. 239 et 240 c. civ., elle a, par exploit d'Armand, huissier à Marseille, du 16 même mois, assigné S... devant le tribunal de Marseille; — Attendu qu'en cet état de la procédure, il y a lieu de faire droit aux conclusions de sursis, posées au nom de la défenderesse le 20 décembre courant, mais en lui impartissant un délai pour faire statuer sur une demande principale pendante à Marseille; — Par ces motifs; — Sursoit à statuer sur la demande de conversion du jugement de séparation de corps en jugement de divorce jusqu'au 28 mars prochain; — Condamne S... aux dépens de l'incident.

Du 27 déc. 1884.-Trib. civ. de la Seine.-MM. Flogny, pr.-Cruppi, subst.

(2) (X... C. X...) — Le tribunal; — Attendu que suivant jugement contradictoire de la 2e chambre de ce tribunal en date du 21 janv. 1842, confirmé par adoption de motifs par arrêt de la 1re chambre de la cour d'appel de Paris en date du 6 juin 1842, ledit arrêt devenu définitif avant la promulgation de la loi du 29 juill. 1884, les époux X... ont été déclarés séparés de corps; que cet arrêt, prononcé au profit de X..., est basé sur l'adultère de la femme X...; — Attendu qu'à la date du 14 août 1884, X... a assigné sa femme afin de conversion de l'arrêt susénoncé en jugement de divorce, pour l'audience du 26 août suivant; que la dame X..., ayant à cette époque sollicité une remise de l'affaire, a conclu au mois de novembre au rejet de la demande de son mari et à la conversion de l'arrêt en jugement de divorce à sa requête et à son profit; que, dans ses conclusions, elle concluait subsidiairement au sursis jusqu'à ce que le tribunal ait statué sur la demande principale de divorce qu'elle annonçait alors avoir l'intention de former; qu'enfin elle a elle-même, à la date du 18 déc. 1884, assigné son mari, sur requête séparée, pour l'audience du 5 janv. 1885, afin de conversion à sa requête de l'arrêt qui a prononcé la séparation; qu'elle articule et offre de prouver, à l'appui tant de sa propre demande de conversion que de sa demande de rejet des conclusions de son mari, divers faits postérieurs et même antérieurs à la séparation, qui constitueraient à la charge de son mari soit l'adultère, soit tout au moins l'injure grave, et seraient, suivant elle, de nature à faire prononcer le divorce à son profit, et soutient, en outre, que depuis la séparation de corps elle aurait vécu de la façon la plus exemplaire; que de plus, la dame X... demande la jonction à l'instance de conversion d'une instance actuellement pendante devant le tribunal, afin d'augmentation de pension alimentaire, et conclut à la condamnation de X... au payement de 60000 fr., qu'elle prétend avoir déboursés pour l'entretien, l'éducation et les charges de son fils, et celle de 18000 fr. pour augmentation de pension; — Attendu enfin que les instances afin de conversion étant liées ainsi contradictoirement devant le tribunal, la dame X... a présenté requête à M. le président du tribunal et commencé récemment une instance principale de divorce; qu'à l'appui de cette demande principale elle reproduit exactement l'articulation qu'elle avait formulée en réponse à la demande de conversion de son mari et à l'appui de sa propre demande de conversion; que, devant le tribunal, au nom de la dame X..., on a tout spécialement insisté sur ses conclusions subsidiaires et sur la nécessité de surseoir pour statuer sur la demande de conversion de X...

682. La procédure d'une demande en conversion est d'ailleurs tellement différente de la procédure d'une demande principale en divorce qu'il n'est pas possible de joindre ces deux actions (Caen, 7 juill. 1885 (1); Depeiges, *loc. cit.*).

683. Quel est le tribunal compétent pour connaître de la demande en conversion? Le projet de la loi de 1884 attribuait compétence au tribunal qui avait prononcé la séparation de corps. Mais cette disposition fut supprimée par le Sénat (V. D. P. 84. 4. 107, note 7, n° 5). La même disposition avait été insérée dans le projet de la loi de 1886, et elle en fut encore retranchée par la commission du Sénat. Le rapporteur, M. Labiche, a rappelé à cette occasion qu'il avait déjà une première fois exprimé l'avis de la commission en ces termes : « Nous n'avons pas, disait-il, maintenu l'obligation de porter la question devant le tribunal qui a connu de l'affaire, d'abord, parce que le second procès, venant plusieurs années après le premier, ne serait que rarement jugé par les mêmes magistrats. Puis, nous avons reconnu que cette obligation pour les parties d'aller plaider loin de leur domicile pourrait avoir pour elles bien des inconvénients. Nous avons cru préférable de maintenir le droit commun ; donc le tribunal compétent sera celui du défendeur. »

684. On doit remarquer qu'après la séparation de corps la femme a un domicile distinct de celui du mari (V. *suprà*, n° 628). C'est donc devant le tribunal de ce domicile que le mari est tenu de porter sa demande de conversion. — V. au surplus, quant à la détermination du domicile de l'époux défendeur, *suprà*, n°s 133 et suiv. (V. aussi : Trib. Blois, 20 août 1884, aff. Sajou, D. P. 84. 5. 159; Trib. Versailles, 27 août 1884, aff. P..., D. P. 84. 5. 160; Caen, 7 juill. 1885, *suprà*, n° 682). — Il a été jugé que, quand le domicile et la résidence actuels de l'époux contre lequel la conversion est demandée, sont inconnus, l'exploit introductif d'instance doit être signifié au lieu du dernier domicile existant lors de la procédure en séparation de corps (Trib. Versailles, 27 août 1884, aff. C..., D. P. 84. 5. 159).

685. Le second paragraphe de l'art. 310 indique la forme dans laquelle la demande de conversion doit être introduite : c'est « par assignation à huit jours francs, en vertu d'une ordonnance rendue par le président ».

Pour obtenir l'ordonnance du président, l'époux demandeur doit présenter une requête à ce magistrat. L'art. 234, qui exige que « l'époux qui veut former une demande en divorce présente, en personne, sa requête au président du tribunal ou au juge qui en fait fonction », est-il applicable ici? L'affirmative a été jugée, et elle est soutenue par plusieurs auteurs (Trib. Rethel, 21 août 1884, aff. Poteriet, D. P. 84. 5. 163; Trib. Mayenne, 5 mars 1885 (2); Goirand, p. 131; Saint-Marc, *De la conversion*, n° 30; Sorel, dans le

---

jusqu'à l'issue de l'instance principale; — Mais attendu que l'art. 310 nouveau c. civ. n'a pas accordé seulement à l'époux au profit duquel la séparation a été prononcée le droit de demander la conversion de cette séparation en divorce; qu'il a, au contraire, proclamé ce droit pour l'un et l'autre époux, en réservant aux tribunaux saisis de cette demande un droit d'appréciation absolu; qu'il suffit donc pour que l'action basée sur l'art. 310 c. civ. soit recevable, de quelque part qu'elle vienne, qu'il existe un jugement de séparation rendu depuis trois ans et devenu définitif, sauf au tribunal saisi de la demande à examiner et à apprécier s'il y a lieu d'y faire droit; que, pour baser cette appréciation, les tribunaux ont le droit et le devoir d'examiner aussi bien les faits postérieurs à la séparation que les circonstances qui l'ont précédée, de peser en un mot toute la vie des époux depuis le mariage; qu'il résulte de là que la demande de la femme X... est recevable dans la forme où elle a été intentée, et que, par suite, il n'était pas nécessaire pour elle de recourir à la voie de l'instance principale pour arriver à faire prononcer le divorce à sa requête; qu'il suit de ce qui précède qu'il n'échet de surseoir à statuer, ainsi que la dame X... y conclut subsidiairement, sur les demandes en conversion jusqu'à l'issue de l'instance principale, alors surtout que la dame X... non seulement a lié le débat sur la demande de son mari par le dépôt de conclusions tendant au rejet de cette demande et à la conversion à son profit de l'arrêt de séparation, mais a, en outre, intenté elle-même et directement une instance en conversion; que s'il en était autrement et si les tribunaux saisis d'une demande de conversion étaient obligés de surseoir lorsqu'une instance principale de divorce est annoncée ou bien engagée par le défendeur, il dépendrait de ce dernier de retarder d'une manière presque indéfinie, au moyen de lenteurs calculées et voulues dans la procédure du divorce principal et par l'allégation de griefs souvent imaginaires, toute demande de conversion, et d'empêcher ainsi la réalisation du vœu du législateur qui, par l'art. 310 c. civ. a voulu rendre rapide et facile la procédure du divorce quand il y a séparation prononcée; — Attendu que l'art. 310 n'a, il est vrai, ni édicté la possibilité de faire la preuve des faits nouveaux qui seraient produits à l'appui d'une demande en conversion ou en réponse à cette demande ni à plus forte raison indiqué dans quelle forme cette preuve pourrait être faite, mais que le droit d'appréciation réservé aux tribunaux implique la nécessité, dans certains cas, de recourir à la preuve par voie d'enquête; que cette preuve s'impose lorsque l'une des parties articule des faits qui sont pertinents et admissibles; que tel est le caractère des faits articulés par la dame X... à l'appui de sa demande de conversion; que, d'autre part, dans le silence de la loi sur la forme de l'enquête à laquelle il peut être nécessaire de recourir au cours d'une instance de conversion, il y a lieu de rechercher dans quelle forme il convient de procéder à l'enquête ordonnée; que l'intention du législateur, en édictant l'art. 310 nouveau c. civ., a été qu'en cette matière il fût procédé d'une manière prompte et peu coûteuse; qu'il n'y a donc pas lieu de recourir aux formalités onéreuses et compliquées édictées par les art. 247 et suiv. c. civ. pour les enquêtes au cours de la procédure principale de divorce; qu'il n'y a aucune raison pour recourir au mode d'enquête déterminé par les art. 252 et suiv. c. proc. civ. en matière ordinaire; qu'au surplus, le vœu de la loi, en matière de divorce, semble être que le tribunal tout entier soit présent à l'audition des témoins; que le tribunal trouve, par analogie, la règle qui semble pouvoir être suivie, dans l'espèce, dans les art. 404 et suiv. c. proc. civ. en matière d'enquête pour les affaires sommaires; qu'il y a lieu de s'y conformer; que cependant, les débats des affaires de conversion de séparation de corps en divorce devant, aux termes de l'art. 310 c. civ., avoir lieu en chambre du conseil, il y a lieu de dire que l'enquête se fera en chambre du conseil; — Attendu enfin que les débats des affaires de conversion ont lieu dans une forme spéciale, qui ne permet pas au tribunal de connaître des demandes autres que les demandes de conversion; qu'il n'y a lieu, par suite, pour le tribunal, de statuer en l'état ni sur la demande d'augmentation de pension, ni sur les conclusions tendant au payement des sommes réclamées; — Par ces motifs; — Dit qu'il n'y a lieu de surseoir sur la demande de conversion jusqu'à l'issue de l'instance principale de la dame X...; autorise la femme X..., à faire par voie d'enquête la preuve des faits par elle articulés; réserve à X... la preuve contraire; dit que cette enquête aura lieu en chambre du conseil; dit que, pour cette enquête, il y a lieu de se conformer aux règles édictées par les art. 408, 409, 411 et 413 c. proc. civ.; dit qu'il n'y a lieu à joindre la demande en augmentation de pension alimentaire; déclare la dame X... quant à présent non recevable en sa demande en payement tant de 18000 fr. comme supplément de pension que de 60000 fr. pour frais d'entretien et d'éducation du fils issu du mariage.

Du 22 janv. 1885.-Trib. civ. de la Seine, 4e ch.-MM. Horteloup, pr.-Carraby et Da, av.

(1) (Bréard C. dame Bréard.) — LA COUR; — Attendu que la dame Bréard a demandé devant le tribunal de Falaise la conversion en jugement de divorce d'un jugement en séparation de corps rendu à son profit; que de son côté, Bréard a intenté contre sa femme une demande principale en divorce pour cause d'adultère, sur laquelle seulement la cour est appelée à statuer; — Attendu que la demande de la femme et celle de son mari, bien que tendant au même but, sont différentes l'une de l'autre; qu'elles ne peuvent être introduites dans les mêmes formes et qu'elles sont soumises à deux juridictions distinctes; — Attendu que la demande de la femme doit être jugée en chambre du conseil, à huis clos, alors que celle du mari doit être jugée en audience ordinaire, avec publicité; que cette seule circonstance exclut toute possibilité de joindre les deux instances; — Attendu que Bréard a compris lui-même qu'il devait former sa demande principale en divorce par une instance à part; mais qu'il devait l'introduire conformément à l'art. 59 c. proc. civ. devant le tribunal de la défenderesse; — Attendu qu'il est constant, en fait, et non méconnu, que la dame Bréard habite Bihancourt, où lui a été signifié l'ajournement; — Par ces motifs; — Infirme le jugement dont est appel; — Dit que le tribunal de Falaise était incompétent pour connaître de la demande principale de divorce intentée par Bréard contre sa femme.

Du 7 juill. 1885.-C. de Caen, 1re ch.-MM. Houyvet, 1er pr.-Lerebours-Pigeonnière, av. gén., c. conf.-Tézenas (du barreau de Paris) et Tillaye, av.

(2) (Cousin C. dame Cousin.) — LE TRIBUNAL; — Attendu qu'un jugement de ce tribunal a prononcé, à la date du 15 déc. 1875, la séparation de corps des époux Cousin à la requête du mari; que ce jugement est devenu définitif et qu'il remonte à plus de trois ans; — Attendu que Cousin, qui exerce à Moscou (Russie) la profession de coiffeur a, en vertu d'une ordonnance de M. le prési-

journal *Le Droit* du 20 août 1884; Morael, nos 289 et suiv.). Mais l'opinion contraire nous semble mieux justifiée. La comparution personnelle du demandeur exigée au début de l'instance en divorce est une première tentative de conciliation. Or la loi n'a pas prescrit de préliminaire de conciliation avant la demande en conversion. Le texte de l'art. 310 indique qu'il n'y en a pas. Aux termes du paragraphe 3, l'ordonnance du président nomme un juge rapporteur, ordonne la communication au ministère public et fixe le jour de la comparution en chambre du conseil. La procédure est ainsi toute différente de celle organisée par les art. 234 et suiv.; elle est beaucoup plus simple et beaucoup plus rapide. Il n'y a donc pas lieu d'appliquer à la demande en conversion les règles édictées par ces articles pour la demande principale de divorce (Trib. Marseille, 10 déc. 1884 (1); Nancy, 13 déc. 1884, aff. Poterlet, D. P. 85. 2. 17; Carpentier, *Traité du divorce*, n° 402, et *La loi du 18 avr.* 1886, n° 198; Massigli, *Revue critique de droit français*, année 1886, p. 223 et suiv.; Depeiges, n° 129; Poulle, p. 191 et suiv.; Vraye et Gode, t. 1, n° 472).

686. En vertu de l'ordonnance rendue par le président, le demandeur à la conversion fait assigner le défendeur au jour indiqué pour la comparution. L'assignation, d'après l'art. 310, § 2, doit être donnée à huit jours francs. Le président doit donc fixer le jour de la comparution de manière qu'il y ait au moins ce délai entre l'assignation et le jour qu'il indique, et il doit aussi tenir compte des délais de distance, qu'il y a lieu d'observer (Carpentier, *Traité du divorce*, n° 404; Vraye et Gode, t. 1, n° 473; Coulon et Faivre, art. 310, p. 469).

687. Tout en fixant le jour de la comparution, l'ordonnance du président nomme un juge rapporteur et ordonne la communication au ministère public. La loi veut donc qu'il y ait un rapport fait et que la demande soit communiquée au ministère public. L'ordonnance qui omettrait de prescrire ces formalités ne serait pas nulle, mais elle devrait être complétée par une seconde; car ces formalités doivent être considérées comme substantielles. Leur observation doit être mentionnée dans le jugement, à peine de nullité (Alger, 20 mars 1888) (2). La communication au ministère public et au juge rapporteur comprendra naturellement toutes les pièces nécessaires pour justifier la demande, c'est-à-dire, non seulement la requête, l'ordonnance et l'assignation, mais aussi le jugement qui a prononcé la séparation et les pièces établissant qu'il a acquis force de chose jugée.

688. « La demande, dit l'art. 310 c. civ., sera débattue

---

dent de ce tribunal, fait assigner sa femme, qui demeure aussi à Moscou, à comparaître en la chambre du conseil du tribunal de Mayenne, à l'effet de voir prononcer, au profit dudit sieur Cousin, la conversion du jugement de séparation en jugement de divorce; que sur cette assignation régulièrement donnée la femme Cousin a fait défaut; — Attendu qu'au jour fixé par l'ordonnance, Cousin n'a pas comparu, et qu'il a fait présenter par Me Genet, avoué, ses conclusions à l'effet d'obtenir cette conversion; qu'il y a donc lieu d'examiner tout d'abord si le défaut de comparution personnelle de Cousin ne doit pas, aux termes de la loi, faire prononcer la non-recevabilité de sa demande; — Attendu qu'il résulte du texte combiné des art. 236, 239, 248 et 310 c. civ. que le législateur n'a pas voulu que l'époux qui poursuit le divorce se désintéressât en quelque sorte de l'instance en laissant à un avoué le soin de poursuivre une mesure aussi grave que celle qu'il sollicite; qu'en effet, les art. 236 et 239 exigent au début d'une demande principale en divorce deux comparutions personnelles du demandeur devant le juge, afin que ce magistrat lui fasse bien comprendre la gravité de sa détermination; que l'art. 248 exige également la comparution personnelle du demandeur dans tous les incidents qui pourraient s'élever au cours de l'instance; qu'il semble, dès lors, logique que le législateur ait obligé le demandeur à se présenter devant la chambre du conseil, lorsqu'il vient par voie d'assignation demander, conformément à l'art. 310, la conversion du jugement de séparation de corps en divorce, afin qu'il soit bien averti des conséquences du procès qu'il engage; — Attendu que le législateur en employant dans l'art. 310 le mot de *comparution*, n'a pu vouloir lui donner une signification différente de celle qu'il a évidemment accordée au même mot lorsqu'il l'a employé dans les art. 236, 239 et 248; qu'il a voulu parler dans tous ces articles d'une comparution personnelle; — Attendu, d'ailleurs, que la présence du demandeur aux débats, dans le cas d'une demande en conversion, ne retardera en rien la marche de la procédure plus simple et plus rapide que l'art. 310 a organisée en vue du cas spécial par lui prévu; — Sur les conclusions subsidiaires prises par Me Genet, demandant que les époux Cousin soient admis à comparaître devant le consul de France, à Moscou, en vertu d'une commission rogatoire à l'effet de tenter un rapprochement ou, à son défaut, de recevoir du consul telles observations qu'il lui conviendrait d'adresser sur la demande en conversion; — Attendu qu'il n'est pas établi que les époux Cousin, qui habitent tous les deux la ville de Moscou, se trouvent dans l'impossibilité de se présenter devant le tribunal de Mayenne; que la difficulté du voyage résultant de la distance ne saurait suffire à elle seule pour déterminer le tribunal à donner au consul français la commission rogatoire sollicitée; — Par ces motifs; — Prononce défaut contre la femme Cousin, faute par elle d'avoir comparu ou d'avoir constitué avoué, et, pour le profit, déclare Cousin non recevable dans sa demande pour inobservation des formalités prescrites par l'art. 310 c. civ.; dit également qu'il n'y a lieu de faire droit à ses conclusions subsidiaires, et le condamne aux dépens.

Du 5 mars 1885.-Trib. civ. de Mayenne.-MM. Levêque, pr.-Deribéré-Desgardes, proc. de la Rép.-Leblanc, av.

(1) (V... C. dame V...) — LE TRIBUNAL; — Attendu que par jugement du tribunal de céans en date du 14 août 1878, devenu définitif, le sieur V... a obtenu sa séparation de corps et de biens d'avec la dame G..., son épouse; que, plus de trois ans s'étant écoulés depuis sans réconciliation, et les faits qui avaient motivé la séparation étant de nature à motiver le divorce, il y a lieu de faire droit à sa demande; — Attendu que V..., demandeur, ne comparaissant pas en personne en la présente instance, mais y étant seulement représenté par Me Vidal-Naquet, son avoué constitué, le ministère public a requis préalablement à la décision sur le fond qu'il fût donné défaut contre lui; — Mais attendu que, le tribunal ayant jugé qu'en matière de demande de conversion d'un jugement de séparation de corps et de biens en jugement de divorce la constitution d'avoué était obligatoire comme en matière ordinaire, il s'ensuit que la présence des parties demanderesse ou défenderesse n'est pas nécessaire, et qu'il faut une décision spéciale du tribunal ou une prescription formelle de la loi qui ordonne leur comparution pour qu'elle puisse être exigée à peine de défaut; — Attendu que vainement il est objecté que la prescription formelle de la loi résulterait, en ce qui concerne le demandeur, de l'art. 236, qui exige que ce dernier comparaisse en personne; que cette prescription restrictive du droit commun et spéciale au cas d'une demande en divorce principale doit être rigoureusement restreinte au cas pour lequel elle a été établie; qu'on conçoit aisément, en effet, que le législateur, voulant s'assurer de la persistance du demandeur en divorce par action principale, ait fait de sa présence aux divers actes de la procédure une condition essentielle de la recevabilité de sa demande; mais qu'il ne saurait en être ainsi lorsqu'il s'agit d'une demande en conversion, succédant toujours, après un délai d'au moins trois années, à une instance en séparation de corps, au cours de laquelle tout espoir de réconciliation entre les parties a fini par disparaître, et la volonté de rompre le lien conjugal n'a cessé de se manifester; qu'ainsi s'expliquent les termes si différents dont il s'est servi dans l'art. 236, qui prescrit la comparution personnelle du demandeur, et ceux de l'art. 310, qui exprime simplement que la demande en conversion sera introduite par assignation, en vertu d'une ordonnance rendue par le président; que si la volonté du législateur avait été d'exiger en ce cas, comme dans le cas de l'art. 236, la comparution personnelle du demandeur, il n'eût pas manqué de s'en expliquer formellement; — Par ces motifs; — Dit qu'il n'y a lieu de débouter pour cause de défaut de comparution personnelle le demandeur V..., suffisamment représenté en l'instance par Me Vidal-Naquet, son avoué; donne défaut, au contraire, faute d'avoir constitué avoué, contre la dame G..., épouse V...; — Au fond, admet le divorce en faveur de V..., et l'autorise à se présenter devant l'officier de l'état civil de la ville de Marseille pour faire prononcer le divorce.

Du 10 déc. 1884.-Trib. civ. de Marseille.-MM. Fabre, pr.-Capillery, subst.

(2) (E... C. E...) — LA COUR; — En ce qui touche la régularité du jugement attaqué : — Considérant que le jugement de conversion ne mentionne pas que le tribunal de Constantine ait statué sur la demande du sieur E... après avoir entendu le rapport du juge, nommé par le président; — Que, dans le silence du jugement, la formalité substantielle prescrite par l'art. 310 c. civ. doit être présumée omise; que cette omission, d'ailleurs, est d'autant plus certaine que le juge rapporteur, nommé par l'ordonnance du 16 nov. 1886, n'a pas siégé à l'audience du 15 juin 1887 où le jugement de conversion a été rendu; — Considérant, en conséquence, qu'il y a lieu de prononcer la nullité de ce jugement et de statuer sur le fond du litige, etc.;

Par ces motifs; — Reçoit l'appel en la forme; — Déclare nul le jugement de conversion du 15 juin 1887, etc.

Du 20 mars 1888.-C. d'Alger, 1re ch.-MM. Cammartin, 1er pr.-Lenard, subst. proc. gén.-Blasselle et Garau, av.

en la chambre du conseil. » Il a été déclaré à plusieurs reprises, dans la discussion de la loi au Sénat, que les parties pourraient se faire représenter et assister chacune par un avoué et un avocat, comme dans les demandes d'autorisation de femme mariée (Comp. *Rép.* v° *Mariage*, n° 892). D'après un jugement du tribunal de Marseille du 10 déc. 1884 (rapporté *suprà*, n° 685), la constitution d'un avoué serait même obligatoire. Les conclusions du ministère public, comme les plaidoiries des avocats, doivent avoir lieu en chambre du conseil (Vraye et Gode, t. 1, n° 481. — Comp. Req. 1er mars 1858, aff. Dufay, D. P. 58. 1. 321). Le jugement doit seulement être rendu à l'audience publique (c. civ. art. 310, § 1er).

689. Quelles questions peuvent être soumises au tribunal avec la demande en conversion? Peut-on lui demander d'ordonner des mesures provisoires, d'accorder une provision *ad litem* ou une pension alimentaire, de statuer sur la garde des enfants? Il résulte d'un arrêt « que le juge saisi d'une demande en conversion, en vertu de l'art. 310 c. civ., exerce, dans les formes prescrites par cet article, une juridiction d'attribution spéciale; qu'il ne peut donc rien statuer au delà de la délégation qui lui est faite par ce texte; que cette délégation ne comprend autre chose que le pouvoir de déclarer le jugement de séparation de corps converti en jugement de divorce et rien au delà; qu'en décidant autrement, on priverait de la garantie attachée à la publicité normale des débats, pour la soumettre à la non-publicité absolue et de droit, la cause d'un des époux sur un sujet autre que celui de la conversion elle-même » (Aix, 22 avr. 1885, aff. Remacle, D. P. 86. 2. 84. V. dans le même sens : Trib. Marseille, 19 nov. 1884 (1); Trib. Seine, 20 janv. 1885, *infrà*, n° 696; 22 janv. 1885, *suprà*, n° 681; Trib. Orléans, 25 févr. 1885, aff. Chappelier, D. P. 86. 3. 94; Nîmes, aud. sol., 17 mars 1885, aff. L...-MM. Gouazé, 1er pr.-Candelle-Bayle, 1er av. gén.-Manse et Robert, av.; Douai, 29 juin 1885, aff. Tancrez, D. P. 86. 2. 206; Depeiges, nos 134 et suiv.; Vraye et Gode, t. 2, nos 833 et suiv.). D'après une autre opinion, la compétence du tribunal ne se restreint pas à la demande en conversion; elle s'étend à toutes les questions accessoires, telles que mesures provisoires, aliments, garde des enfants. Il est, dit-on, inadmissible que des époux, qui sont actuellement en instance devant le tribunal sur une question aussi importante que la rupture du lien conjugal, ne puissent soumettre à leurs juges la connaissance de certains détails qui sont des conséquences ou des accessoires du litige principal, et qu'ils soient obligés, pour faire statuer sur ces points secondaires, d'engager un nouveau procès et de faire de nouveaux frais (Carpentier, *La loi du* 18 *avr.* 1886, n° 207; Morael, n° 342). — Il a été jugé que le tribunal saisi d'une demande de conversion est compétent pour prononcer la suppression de la pension alimentaire que l'un des époux avait été condamné par le jugement de séparation de corps à servir à l'autre (Aix, 17 mars 1886 (2). V. *infrà*, n° 712).

(1) (P... C. Dame P...) — LE TRIBUNAL; — Attendu que par jugement du tribunal de céans, en date du 12 nov. 1853, P... a été déclaré séparé de corps et de biens d'avec la dame P..., son épouse; que plus de trois ans s'étant écoulés depuis cette époque et aucune réconciliation ne s'étant opérée entre lesdits époux, il y a lieu d'accueillir la demande du mari tendant à faire prononcer la conversion du jugement de séparation en jugement de divorce; qu'à la vérité la dame P..., au profit de laquelle le jugement de séparation a été rendu, a soutenu que son mari ne pouvait pas se prévaloir de ses torts pour obtenir la conversion de ce jugement en jugement de divorce; mais qu'il résulte du texte de l'art. 310 c. civ. que cette conversion pourra être prononcée sur la demande formée par l'un des époux; que prétendre que, nul n'étant admis à se prévaloir de sa propre turpitude, l'époux contre lequel la séparation aura été prononcée ne pourra pas tirer profit de cette décision pour parvenir au divorce, c'est rayer de l'art. 310 précité la faculté qui y est formellement donnée à chacun des époux et aller ouvertement à l'encontre de la volonté du législateur; qu'en effet, si la loi a permis à chacun d'eux de demander la conversion, il faut nécessairement qu'elle leur ait reconnu la faculté de l'obtenir; que sans doute le tribunal a la faculté de refuser la conversion qui lui est demandée, et que sa mission consiste, quant à l'usage de cette faculté, à rechercher si les motifs qui avaient été suffisants pour faire prononcer la séparation de corps, peuvent, après les trois ans d'épreuve, être considérés comme suffisants pour faire prononcer, non plus seulement le relâchement du lien conjugal, mais sa rupture, c'est-à-dire le divorce (rapport au Sénat); que là se borne le rôle du juge, et qu'en limitant ainsi sa mission, le législateur a estimé qu'il y avait tout avantage, aussi bien pour le défendeur que pour le demandeur; avantage pour le demandeur qui a obtenu le jugement de séparation, parce que, dit le rapporteur de la loi sur le divorce au Sénat, « ayant quelque espoir du retour au bien de l'époux coupable, il aura pu pendant trois ans laisser une porte ouverte au repentir, au pardon, à la réconciliation, et déçu de ses espérances, il pourra réclamer la dissolution complète du mariage »; avantage pour le défendeur, parce que, quels qu'aient été ses torts, « on ne saurait le condamner à rester éternellement dans cette situation d'être marié sans l'être », de se trouver à la discrétion de l'autre époux, et qu'il a paru convenable au législateur qu'il pût demander à celui-ci de mettre fin à son inconduite en lui pardonnant ou de rompre un lien qui n'est plus qu'une fiction légale; — Attendu, sur le chef des conclusions de P... tendant à ce que la dame P..., n'étant plus dans le besoin, soit à l'avenir privée de la pension viagère qui lui a été accordée par jugement, confirmé sur appel, du tribunal de Grasse, en date du 31 juill. 1863, et consistant dans l'attribution à elle faite de la jouissance d'un titre de rente française appartenant à son mari, que le tribunal n'a pas, en l'état, compétence pour ordonner une telle mesure, en admettant qu'elle soit justifiée; que, saisi par voie de demande en conversion, il ne peut que refuser ou accorder la conversion, et jamais toucher en quoi que ce soit au jugement de séparation de corps, notamment dans la partie relative aux libéralités des époux entre eux, à la garde des enfants, à la pension viagère accordée à l'époux qui a obtenu gain de cause; qu'accorder au tribunal un tel droit, ce serait lui conférer un droit de revision du jugement de séparation de corps, que l'intention du législateur a été de lui refuser, et non le simple droit de conversion qu'il lui a réellement donné; — Par ces motifs; — Convertit en jugement de divorce le jugement de séparation de corps; — Dit qu'il n'appartient pas au tribunal par la voie de la demande en conversion de modifier ledit jugement en ce qui touche la rente viagère, etc.

Du 19 nov. 1884.-Trib. civ. de Marseille.-MM. Fabre, pr.-Capillery, subst.

(2) Goubet C. Dame Goubet.) — Le 4 nov. 1885, jugement du tribunal de Grasse ainsi conçu : — « Attendu que par jugement rendu le 23 août 1882 par le tribunal de céans, la séparation de corps a été prononcée entre les époux Goubet, au profit de la femme; — Attendu que l'art. 310 c. civ. donne aux époux lorsque la séparation de corps aura duré trois ans, pouvoir de faire convertir le jugement de séparation de corps en jugement de divorce; — Attendu que le législateur a admis comme cause du divorce et de la séparation de corps les excès, sévices et injures graves; qu'il a donc ainsi manifesté l'intention de placer le divorce au moins sur la même ligne que la séparation de corps; que le divorce, en effet, n'a été admis que pour pallier la situation pénible faite aux époux par la séparation de corps; — Attendu que depuis le prononcé de ce jugement remontant à plus de trois ans, il n'y a eu aucune réconciliation ni aucun rapprochement entre les parties; — Attendu que tous les liens du mariage étant brisés par l'effet du divorce, la dame Goubet ne saurait être astreinte à continuer après le prononcé du divorce le service de la pension alimentaire; — Attendu, du reste, que l'art. 301 c. civ. ne dispose qu'en faveur de l'époux qui a obtenu le divorce; — Par ces motifs; — Admet le divorce et renvoie la demanderesse devant l'officier de l'état civil de Cannes; dit que la pension alimentaire cessera de courir à partir du prononcé du divorce par l'officier de l'état civil ». — Appel par le sieur Goubet. — Arrêt.

LA COUR; — Attendu que l'appelant se borne à demander la réformation du jugement au chef où il est dit que la pension alimentaire à lui allouée par le jugement de séparation de corps du 23 août 1882 cessera de courir à partir du prononcé du divorce par l'officier de l'état civil; — Attendu que, sans nul doute, le juge saisi, aux formes et dans les attributions spéciales de juridiction établies par l'art. 310 c. civ., d'une demande de conversion d'un jugement de séparation de corps en jugement d'admission au divorce, doit se borner à prononcer ou à refuser cette conversion sans rien statuer au delà; mais que, loin de déroger à ce principe, il ne fait que s'y conformer quand il dit que les effets du jugement converti cesseront en tant qu'ils seraient incompatibles avec le jugement qui lui est substitué; — Attendu que, dans l'espèce, le tribunal de Grasse n'a pas fait autre chose et a fait sagement en prévenant, par la déclaration critiquée, un procès dont la solution était déjà certaine; — Attendu, en effet, que le divorce, en supprimant l'union conjugale, fait cesser de plein droit les obligations respectives des époux écrites dans l'art. 212 c. civ.; que cela est si vrai que le législateur a, par une disposition de l'art. 301, permis d'infliger à celui des époux contre lequel le divorce est prononcé la charge d'une pension alimentaire au bénéfice de l'époux qui a obtenu le divorce; — Attendu,

690. Les mêmes fins de non-recevoir qui sont opposables à la demande principale de divorce peuvent, en général, être opposées à la demande en conversion. Il en est ainsi, notamment, de la réconciliation et du décès de l'un des époux. Il ne peut, toutefois, être question ici du défaut par la femme de justifier de sa résidence, puisque, après la séparation de corps, la femme a le droit de transporter où elle veut son domicile.

691. Le nouvel art. 310 n'a pas reproduit la disposition de l'ancien, d'après laquelle le divorce ne devait être admis par le tribunal que si le demandeur originaire, présent ou dûment appelé, ne consentait pas immédiatement à faire cesser la séparation. En faut-il conclure que l'époux contre lequel la conversion est demandée ne peut plus l'empêcher en offrant de rétablir la vie commune? C'est la conclusion admise aujourd'hui par la plupart des auteurs (V. notamment : Carpentier, *Traité du divorce*, n° 419; Morael, n° 233). Telle n'était pas toutefois l'opinion exprimée par M. Naquet dans la discussion de la loi de 1884 au Sénat. Comme on lui faisait remarquer que la faculté, pour le demandeur originaire, de s'opposer à la conversion en faisant cesser la séparation n'était pas reproduite dans le nouvel art. 310, il répondait : « C'est dans le droit; car il est évident que l'époux demandeur peut toujours faire cesser la séparation à un moment quelconque de cette séparation; par conséquent, il est inutile d'introduire dans la loi cette disposition. » Et plus loin : « Quant à moi, j'estime qu'en l'état, quand une séparation de corps existe, il dépend toujours de l'époux demandeur qui l'a obtenue de la faire cesser; c'est ce qui restera vrai demain comme aujourd'hui. » On sait pourtant que cette théorie est maintenant très contestée et même généralement repoussée (V. *suprà*, n° 657). Quoi qu'il en soit, lorsque l'époux défendeur à la conversion se déclare prêt à reprendre la vie commune, il est certain, comme le disent MM. Coulon et Faivre, art. 310, p. 468, « que c'est là le cas où les juges pourront le plus légitimement et le plus juridiquement faire usage du pouvoir d'appréciation qui leur a été donné par les rédacteurs du nouvel art. 310. L'offre du demandeur en séparation de la faire cesser devra, sinon toujours, du moins le plus souvent, être accueillie favorablement par les tribunaux, qui rejetteront alors la demande de conversion. Il ne faut pas oublier, en effet, que l'époux qui a obtenu la séparation est l'offensé et que, s'il offre de pardonner à son conjoint, celui-ci n'a aucune bonne raison à lui opposer et ne doit pas être admis à invoquer ses propres méfaits pour obtenir un divorce qui lui permettra de convoler à de secondes noces, peut-être plus avantageuses, après avoir rompu un lien qu'il regrette d'avoir contracté...» (V. en ce sens : Trib. Seine, 5 mars 1885, *infrà*, n° 696).

692. L'époux défendeur à la conversion peut-il former une demande reconventionnelle afin que la conversion soit prononcée à son profit? L'affirmative résulte de plusieurs décisions judiciaires (V. notamment : Trib. Orléans, 25 févr. 1885, aff. Chappelier, D. P. 86. 3. 94; Aix, 22 avr. 1885, aff. Remacle, D. P. 86. 2. 84; Pau, 9 août 1886, aff. Grabot, D. P. 87. 2. 204). Dans le cas où la conversion est demandée par l'époux contre lequel la séparation de corps a été prononcée, on comprend l'utilité de la demande reconventionnelle formée par l'autre époux; car il est possible que le tribunal, qui n'aurait pas admis la conversion sur la demande du premier, l'admette au contraire sur la demande de celui-ci. Mais, lorsque c'est l'époux demandeur en séparation qui est aussi demandeur en conversion, dans quel but l'époux défendeur pourra-t-il solliciter également la conversion? S'il n'invoque que les faits qui ont été déjà appréciés par le jugement de séparation, le tribunal violerait la chose jugée en prononçant le divorce à son profit, alors que la séparation a été prononcée contre lui. Il peut, il est vrai, motiver sa demande sur des faits nouveaux. Mais le tribunal, statuant en matière de conversion, a-t-il compétence pour les apprécier? Une demande reconventionnelle de divorce peut-elle lui être soumise sous forme de demande reconventionnelle en conversion? La négative nous paraît certaine. Elle résulte des termes mêmes de l'art. 310, d'après lequel la seule question que le tribunal ait à résoudre est de savoir si « le jugement de séparation de corps » peut être converti « en jugement de divorce ». Tout ce que le tribunal peut faire, c'est donc de remplacer dans le jugement le mot « séparation » par le mot « divorce ». Rien autre chose ne doit être changé dans le jugement, et, par conséquent, la conversion peut bien être accordée sur la demande de l'époux contre lequel la séparation a eu lieu, mais non être prononcée à son profit. S'il prétend avoir des causes de divorce qui n'existaient pas encore ou qu'il n'a pas fait valoir lors du jugement de séparation, il doit alors demander le divorce suivant la procédure ordinaire (V. en ce sens : Req. 11 févr. 1889, aff. Girardet, D. P. 90, 1re part.; Carpentier, *La loi du* 18 *avr.* 1886, n° 195 *in fine*; Morael, nos 203 et suiv.). — Quant au point de savoir si le tribunal peut surseoir à statuer sur la demande en conversion jusqu'à ce qu'il ait été statué sur la demande principale en divorce de l'époux défendeur, V. *suprà*, n° 681.

693. Le tribunal saisi de la demande de conversion n'est pas tenu de puiser les éléments de sa décision uniquement dans le jugement de séparation de corps. Il peut ordonner des mesures d'instruction et notamment une enquête, soit pour se rendre compte de la gravité des faits qui ont motivé la séparation, soit pour vérifier s'il y a eu réconciliation, soit pour apprécier les faits postérieurs au jugement de séparation et les autres circonstances dont se prévaut l'une ou l'autre des parties. Les enquêtes ordonnées sur une demande de conversion sont naturellement soumises aux mêmes règles que les enquêtes qui ont lieu en matière de divorce (Depeiges, n° 131; Carpentier, *La loi du* 18 *avr.* 1886, n° 202; Vraye et Gode, t. 1, n° 492). — Dans un jugement antérieur à la loi de 1886, le tribunal de la Seine, le 22 janv. 1885 (V. *suprà*, n° 681) a décidé que l'enquête en matière de conversion devait avoir lieu comme en matière sommaire. Mais cette décision ne serait plus exacte aujourd'hui; le nouvel art. 245, stipulant que l'enquête sera faite conformément aux art. 252 et suiv. c. proc. civ., nous semble, en effet, applicable en cas de demande en conversion.

694. Nous avons montré *suprà*, n° 668, que les magistrats ont été investis par le législateur d'un pouvoir discrétionnaire pour admettre ou refuser la conversion. Ce pouvoir d'appréciation est constaté par toutes les décisions judiciaires qui sont intervenues en cette matière. — Il a été jugé, notamment : 1° que les tribunaux ne sont pas liés par le jugement de séparation de corps et ne sont pas tenus de prononcer la conversion par cela seul que la séparation a duré plus de trois ans; qu'ils peuvent, au contraire, considérer les faits qui ont motivé la séparation comme insuffisants pour fonder une demande en divorce (Trib. Rambouillet, 8 août 1884, aff. D..., D. P. 84. 5. 164-165; Trib. Vitry-le-François, 14 août 1884, aff. P..., *ibid.*; Trib. Seine, 23 août 1884, aff. Casiez, *ibid.*; Trib. Versailles, 27 août 1884, aff. Pillard, *ibid.*; Douai, 5 févr. 1885, aff. Liénard, D. P. 85. 2. 99-100; Orléans, 5 mars 1885 (1); Dijon, 31 juill. 1885, aff. Druard, D. P. 86. 1. 355-356; Civ. rej. 12 août 1885, aff. James, *ibid.*; Req. 3 mai 1886, aff. Druard, *ibid.*; 11 janv. 1887, aff. de Lauverjat, D. P. 87. 1. 334); — 2° Que les tribunaux peuvent refuser de prononcer la conversion,

par conséquent, que le maintien de la pension alimentaire accordée à Goubet par le jugement de séparation eût été une véritable allocation à nouveau de cette pension, contraire doublement à la loi, puisque le tribunal, statuant ainsi au delà des prescrits de l'art. 310 c. civ., eût dépassé ses attributions et violé l'art. 301 c. civ.; que mis en demeure par les conclusions respectives des parties de se prononcer à ce sujet, il ne pouvait omettre de dire droit, tout en s'abstenant conformément aux principes ci-dessus rappelés et à la jurisprudence de la cour, de statuer à nouveau, et c'est ce qu'il a fait en constatant par une déclaration expresse l'effet nécessaire de la conversion par lui prononcée; — Par ces motifs; — Met l'appellation au néant, confirme en tout son contenu le jugement déféré.

Du 17 mars 1886.-C. d'Aix, 1re ch.-M. Bessat, 1er pr.

(1) (Sajou C. Sajou.) — LA COUR;... — En ce qui touche le divorce : — Considérant que Sajou a assigné la dame Sajou devant le tribunal civil de Blois, pour faire convertir en jugement de divorce le jugement de séparation de corps qu'il a obtenu contre elle du tribunal civil de la Seine, le 14 janv. 1879; que les premiers juges ont accueilli sa demande; qu'aux termes de leur jugement, on violerait l'autorité de la chose jugée, si l'on décidait que les faits

même dans le cas où elle est demandée par les deux époux (Trib. Rambouillet, 8 août 1884 précité).

695. Toutefois, le juge doit se décider par des raisons de fait tirées des circonstances de la cause, non par des raisons d'opinion et de doctrine. Ainsi, il a été jugé : 1° que le juge ne peut repousser la demande de conversion que par des motifs sérieux, tels que la possibilité d'une réconciliation entre les époux ou l'intérêt des enfants nés du mariage; mais qu'il ne doit pas se fonder sur des considérations contraires à l'intention du législateur, en substituant ainsi sa propre opinion sur l'opportunité ou la moralité de la loi à celle du législateur qui l'a établie (Pau, 9 août 1886, aff. Grabot, D. P. 87. 2. 204); — 2° Que l'arrêt qui, en vertu du pouvoir d'appréciation qui appartient au juge du fond, admet une demande de conversion de séparation de corps, est valable, bien qu'il se fonde sur ce motif erroné que, d'après la loi du 27 juill. 1884, le divorce est préférable à la séparation de corps, et que, dans l'appréciation à faire, par le juge, des demandes de conversion, l'admission du divorce doit être la règle, et le rejet de la demande en conversion l'exception (Civ. rej. 12 janv. 1887, aff. Lenoir, D. P. 87. 1. 160).

696. Les circonstances qui peuvent déterminer le juge varient nécessairement suivant les espèces. Il est, jusqu'à un certain point, exact de dire, avec le rapporteur de la loi de 1884 à la Chambre des députés, que le tribunal est ici placé « dans la situation d'une espèce de conseil de famille jugeant en équité. » C'est pourquoi, on ne peut pas généraliser les divers motifs sur lesquels s'appuient les magistrats, soit pour accorder, soit pour refuser la conversion.

Ainsi, d'après quelques jugements ou arrêts, la conversion peut bien être accordée si l'époux qui la sollicite invoque des faits qui l'auraient autorisé à demander le divorce contre son conjoint (Trib. Seine, 26 août 1884, aff. Moreau, D. P. 84. 5. 163; 20 janv. 1885, sous Paris, 28 janv. 1886, ci-après rapporté); mais elle devrait être rejetée dans le cas contraire, notamment toutes les fois qu'elle est demandée par l'époux contre lequel la séparation de corps a été prononcée, si cet époux n'a aucun reproche à faire à l'autre époux (Trib. Seine, 1re ch., 19 nov. 1884, aff. V...,-MM. Aubépin, pr.-Cruppi, subst.-Dumont, av.; Douai, 5 févr. 1885, aff. Liénard, D. P. 85. 2. 99; Martinique, 21 févr. 1885) (1).

Cette rigueur toutefois n'a pas fait jurisprudence. Suivant de nombreuses décisions, il suffit, pour que la conversion puisse être admise, qu'elle soit motivée, de la part de l'époux qui la demande, sur des raisons sérieuses; qu'elle ne blesse pas la morale publique; qu'elle n'ait pas pour conséquence de léser les intérêts de l'époux innocent ni ceux des enfants issus du mariage; enfin qu'il ne soit plus possible d'espérer un rapprochement entre les époux séparés (Trib. Troyes, 27 août 1884 (2); Trib. Marseille, 19 nov. 1884, *suprà*, n° 689; Trib. Mâcon, 25 nov. 1884, aff. Aucaigne,-MM. Clerget-Alle-

---

qui ont entraîné la séparation de corps n'ont pas une gravité suffisante pour faire prononcer le divorce, alors qu'il ne se rencontre dans la cause aucune exception opposable à la demande, et qu'il n'existe pas de raisons morales de nature à la faire repousser; que ce jugement se fonde encore sur ce que le législateur a admis comme causes du divorce et de la séparation de corps les excès, sévices et injures graves, et qu'il aurait ainsi manifesté l'intention de placer le divorce sur la même ligne que la séparation de corps; — Mais considérant que la décision intervenue sur la demande en séparation de corps n'a pas l'autorité de la chose jugée, en ce qui concerne le divorce; que cette autorité est limitée à la constatation et à l'appréciation, au point de vue de la séparation de corps, des faits qui lui ont servi de base; que ces faits, sans doute, ne peuvent plus être remis en question; qu'il ne saurait être prétendu qu'ils n'avaient pas un caractère suffisant pour faire admettre la demande en séparation de corps, ni que cette séparation de corps était sans cause juridique, et qu'elle aurait été le résultat d'un concert entre les deux époux; mais que les magistrats ont le droit d'apprécier ces faits, mais au point de vue plus rigoureux du divorce; que cette appréciation a sa raison d'être dans la nature même des choses, puisque le divorce brise le lien conjugal, tandis que la séparation de corps ne fait que le relâcher; qu'il résulte de ces mots de l'art. 310 c. civ., modifié par la loi du 27 juill. 1884 : « le jugement pourra être converti », que le législateur a réservé aux tribunaux le pouvoir d'accueillir ou de rejeter la demande, en en appréciant les motifs; que ce pouvoir est conforme à l'esprit de la loi, et que son rapporteur s'est exprimé à cet égard, devant le Sénat (séance du 24 juin 1884), dans des termes qui ne laissent place à aucune incertitude; qu'il convient donc de faire application de ces principes à la cause, d'examiner si les raisons qui ont fait prononcer la séparation de corps et si les faits qui ont pu survenir depuis lors, sont assez graves pour entraîner le divorce; s'il est constant que tout retour à la vie commune soit désormais impossible entre les époux; si l'accueil fait à la demande ne serait pas préjudiciable aux enfants nés de leur union, s'il ne constituerait pas une situation outrageante pour la défenderesse, contraire aux bonnes mœurs et à la morale publique...; Par ces motifs; — Reçoit en la forme la damo Sajou, appelante du jugement du tribunal civil de Blois, du 20 août 1884; — Et statuant sur ledit appel; — Confirme ce jugement, etc.

Du 5 mars 1885.-C. d'Orléans, ch. civ.-MM. Dubec, pr.-Gonod d'Artemare, av. gén.-Foucqueteau et Desplanches, av.

(1) (L... *C.* L...) — LA COUR; — Attendu que, par un jugement du tribunal de première instance de Fort-de-France en date du 25 mars 1871, les époux L... ont été déclarés séparés de corps; que cette décision, devenue définitive dès 1871, a été rendue contre le mari, à raison d'outrages de la plus haute gravité et de mauvais traitements qu'il avait exercés sur la personne de sa femme; — Attendu que L..., se fondant sur les dispositions de l'art. 4 de la loi du 29 juill. 1884, combiné avec l'art. 310 nouveau c. civ., a demandé la conversion en jugement de divorce du jugement de séparation de corps du 25 mars 1871; — Attendu que le texte si formel de l'article invoqué, élucidé encore par les débats au Parlement, a laissé à l'appréciation des tribunaux la question de l'opportunité de la mesure sollicitée; — Attendu en fait, que lors de l'instance en séparation de corps, aucun fait n'a été relevé à la charge de la femme; qu'il n'a été articulé contre elle aucun grief dont on ait pu se prévaloir depuis le jugement de séparation de corps; que L... réclame ainsi le bénéfice de la conversion, en s'appuyant uniquement sur les actes qui ont motivé la séparation de corps, c'est-à-dire sur les actes dont il s'est rendu coupable; — Attendu qu'il ne saurait être admis que L... puisse trouver dans ses propres torts, dans l'adultère par lui commis, un titre suffisant pour imposer une rupture définitive, à laquelle elle répugne, et qu'elle n'avait même pas pu prévoir comme conséquence de l'instance qu'elle avait engagée; — Attendu que le demandeur a fait état, il est vrai, de ce que sa femme, interpellée par lui devant les premiers juges, s'était refusée à toute réconciliation; mais qu'il appert, d'autre part, des renseignements et documents versés au procès que L..., depuis la séparation de corps prononcée, n'a rien tenté pour faire oublier ses torts et amener un rapprochement; qu'il y a lieu, par suite, de reconnaître que le refus de la femme, dans les conditions où il s'est produit, ne saurait être pris en considération; — Par ces motifs; — Met à néant le jugement dont est appel; — Emendant; — Déclare L..., mal fondé dans sa demande; — L'en déboute, etc.

Du 21 févr. 1885.-C. de la Martinique.-MM. Duchassaing de Fontbressin, pr.-Herlé, subst.-Trillard et Basiege, av.

(2) (Barbuat *C.* Barbuat.) — LE TRIBUNAL; — Attendu que les époux Barbuat ont contracté mariage à Troyes, le 9 août 1879, et qu'il est issu de ce mariage une petite fille, âgée aujourd'hui de quatre ans; que, par jugement de ce siège, en date du 16 mars 1881, la séparation de corps a été prononcée contre Barbuat, à la requête de sa femme, et que l'enfant a été confiée à la mère, avec la condition imposée au mari de payer une pension mensuelle de 15 fr.; que plus de trois ans se sont écoulés depuis ladite décision, et que la demande de conversion en divorce formée par Barbuat est recevable; qu'à la vérité, la défenderesse proteste contre cette demande, et allègue qu'ayant seule obtenu à son profit la séparation de corps, elle a seule qualité pour en demander la conversion; — Mais attendu que cette prétention ne saurait être accueillie; qu'en effet les travaux préparatoires et les opinions manifestées devant le Parlement, lors du vote définitif de la loi du 29 juill. 1884, montrent que le droit de demander la conversion appartient à l'un ou à l'autre des époux, quel qu'ait été le jugement de séparation; que les scrupules et les sentiments de la dame Barbuat, quelque respectables qu'ils soient, ne peuvent entraver, au préjudice de son mari, l'exercice d'un droit qui lui est conféré par un texte de loi net et précis; que l'existence d'un enfant n'est pas non plus de nature à entraver l'action du demandeur, car un amendement dans ce sens n'a point été admis; mais que le tribunal a à apprécier si les motifs qui avaient entraîné la séparation peuvent, après les trois années d'épreuve, être considérés comme suffisants pour faire admettre le divorce; que la défenderesse pourrait invoquer telles circonstances, laissant espérer qu'un accord est possible entre les époux, dans un avenir plus ou moins rapproché; qu'au contraire, dans l'espèce, non seulement la vie commune a cessé dès 1881 entre Barbuat et sa femme, mais ils sont restés complètement étrangers l'un à l'autre, et aucun fait ne s'est produit qui puisse rendre vraisemblable l'espoir dont il vient d'être parlé; que d'autre part, les considérants du jugement relèvent contre Barbuat des actes de violences et des injures qui ont eu lieu dans les conditions les plus fâcheu-

mand, pr.-Frèze, subst.-Thévenin et Dumont, av.; Caen, 3 févr. 1885, aff. James, D. P. 86. 2. 98; Orléans, 5 mars 1885, *suprà*, n° 694; Trib. Seine, 4e ch., 5 mars 1885, aff. C...-MM. Horteloup, pr.-Flandin, subst.-Caraby et Péronne, av.; Trib. Boulogne-sur-Mer, 17 avr. 1885 (1); Caen, 20 avr. 1885, aff. Lenoir, D. P. 86. 2. 98; Aix, 1re ch., 11 juin 1885, aff. Tirauty,-MM. Chabriniac, pr.-Breuillac, subst. proc. gén.-Bouteille et Abram, av.; Paris, 1re ch., 17 déc. 1885, aff. Holzem.-MM. Périvier, 1er pr.-Manuel, av. gén.-Bonhoure et Pitte, av.; 7 janv. 1886 (2); 1re ch., 14 janv. 1886,

ses et les plus outrageantes pour sa femme; qu'ainsi, le divorce est complètement justifié, et toute vie commune entre les époux désormais impossible...; — Par ces motifs; — Admet, à la requête du mari, le divorce entre Alexandre Barbuat et sa femme; — Condamne Barbuat aux dépens, etc.

Du 27 août 1884.-Trib. civ. de Troyes.-M. Le Blanc-Duvernoy, pr.

(1) (Leclercq C. dame Leclercq.) — LE TRIBUNAL; — Attendu que les époux Leclercq ont été séparés de corps et de biens, le 15 mai 1862, par jugement du tribunal rendu au profit de la dame Leclercq; que Leclercq demande la conversion de ce jugement en jugement de divorce; — Attendu que la dame Leclercq expose que son mari a été débouté de la demande reconventionnelle qu'il avait formé contre elle lors de son instance en séparation; que si à cette époque il avait demandé le divorce, il eût *à fortiori* été repoussé; que le lui accorder maintenant, ce serait pour ainsi dire la punir, alors qu'il a été souverainement jugé à son égard qu'elle n'avait pas de torts à se reprocher; que d'ailleurs les faits qui ont motivé la séparation de corps ne présentent pas une gravité suffisante pour faire prononcer le divorce; qu'elle s'oppose énergiquement à la demande en conversion de son mari; — Attendu, en fait qu'il résulte des documents du procès que la conduite de la dame Leclercq, jusqu'au moment de la séparation, est loin d'avoir été exempte de tout reproche; que notamment le sixième témoin de la contre-enquête révèle qu'elle a entretenu une correspondance secrète avec un sieur M...; que ce témoin a remis à plusieurs reprises des lettres, soit de la dame Leclercq à M..., soit de M... à la dame Leclercq; que de tels agissements témoignent tout au moins de familiarités inconvenantes avec un tiers et autorisent nettement à mettre en doute la moralité d'épouse de la dame Leclercq; — Attendu, en outre, qu'aucun fait d'immoralité n'a été établi à l'encontre de son mari, mais seulement des excès, sévices et injures graves qui, s'ils ont été tellement graves qu'ils ont rendu la vie commune impossible, ont du moins été expliqués jusqu'à un certain point par les soupçons que Leclercq avait conçus en différentes circonstances sur la fidélité de sa femme; — Attendu que, depuis lors, vingt-trois années se sont écoulées sans qu'aucun rapprochement soit intervenu entre les époux; que tout espoir de réconciliation est perdu; que Leclercq et sa femme sont devenus complètement étrangers l'un à l'autre; qu'aucun enfant n'est issu de leur union; qu'aucun intérêt n'engage à perpétuer l'état de séparation dans lequel ils vivent; qu'aucune pension alimentaire n'est demandée; que la rupture complète du mariage, le relèvement des droits et des devoirs qui subsistent encore, comblerait les vœux de l'un et ne saurait blesser ni punir l'autre époux; que celui-ci s'étant efforcé de repousser cet événement, ayant ainsi donné satisfaction à ses convictions intimes, trouvera encore une sauvegarde suffisante de sa responsabilité dans la liberté de continuer aux liens anéantis le même respect qu'il leur avait consacré jusqu'alors; — Attendu qu'au contraire il est important pour Leclercq d'obtenir le divorce; qu'il est parvenu à un âge où l'isolement lui pèse; qu'à un autre point de vue les nécessités de sa profession réclament aussi le concours d'une compagne qui lui soit légitimement attachée; — Attendu, en droit, qu'il n'y a pas lieu de discuter si les faits qui ont motivé la séparation sont également de nature à motiver le divorce; que les causes de séparation sont aux termes des art. 306, 229 et suiv. c. civ. les mêmes que les causes de divorce; que d'ailleurs tout jugement de séparation proclame que la vie commune est devenue désormais impossible entre les époux; que ce principe est suffisant à faire admettre l'une ou l'autre des demandes; qu'il suffit pour le divorce qui suit la séparation que l'épreuve de temps qui a été imposée par le législateur soit intégralement subie; — Attendu que le jugement du 15 mai 1862 est passé en force de chose jugée et peut être converti en jugement de divorce; que la loi du 29 juill. 1884 ne prohibe pas la conversion du jugement de séparation de corps en jugement de divorce sur la demande de l'époux contre lequel la séparation a été prononcée; que, bien au contraire, le texte primitif de l'art. 310 imposait aux tribunaux de prononcer cette conversion; que le texte qui a été adopté dudit art. 310, et dont il s'agit de faire actuellement application, n'enjoint plus, mais permet seulement aux tribunaux de répondre favorablement à toute demande présentée par l'un des deux époux; que cette modification intervenue au texte affectant les mots « Le jugement sera converti », qui ont été remplacés par ceux-ci : « Le jugement pourra être converti », a une portée qu'il est utile de déduire; qu'on est fondé à dire, d'après les observations du rapporteur de la Chambre des députés, qu'elle a eu pour objet de permettre au juge d'écarter les demandes de conversion se présentant dans de certaines conditions exceptionnelles, blessant la morale publique, ou contraires aux intérêts supérieurs de la famille; qu'en conséquence, le pouvoir d'appréciation, qui semble si étendu, réservé aux tribunaux par l'art. 310, doit demeurer limité par la nécessité légale d'accueillir toute demande régulièrement présentée qui ne porterait aucune atteinte aux principes de la morale et ne léserait ni les intérêts de l'autre époux, ni ceux des enfants qui seraient issus du mariage, et ne menacerait pas enfin de briser à jamais un lien qui serait susceptible d'être renoué; — Attendu qu'il résulte suffisamment de l'exposé qui a été fait que la demande formée par Leclercq, contre lequel la séparation a été prononcée, n'est en opposition avec aucun intérêt qui en commande le rejet; que c'est le cas de faire à son profit application de l'art. 310, alors même que l'époux qui a obtenu la séparation s'y oppose formellement, ladite opposition étant jugée ne reposer sur aucun motif valable; — En ce qui concerne les dépens: — Attendu que, bien que Leclercq ne succombe pas dans sa demande, il convient de mettre les dépens à sa charge, puisque c'est en définitive lui qui a créé la cause du divorce; — Par ces motifs; — Déclare le jugement du 15 mai 1862 converti en jugement de divorce à la requête du sieur Leclercq, etc.; — Condamne Leclercq aux dépens.

Du 17 avr. 1885.-Trib. de Boulogne-sur-Mer.-MM. Guisse, pr.-Legrand, subst.-Bilbocq et de Beaumont, av.

(2) (Parisot C. Parisot.) — Le 20 déc. 1884, le tribunal de la Seine a statué ainsi qu'il suit : — « Attendu qu'un jugement contradictoire rendu par la 4e chambre de ce tribunal, à la date du 26 août 1879, statuant sur les demandes respectives des sieur et dame Parisot, a prononcé au profit de chacun d'eux la séparation de corps; que cette décision passée en force de chose jugée est fondée, d'une part, sur les vivacités et violences du mari envers sa femme, d'autre part, sur les violences de la femme envers son mari ; que la séparation dure depuis plus de trois ans; — Attendu que la dame Parisot demande la conversion en jugement de divorce du jugement de séparation ; que Parisot résiste à cette demande, et que subsidiairement, pour le cas où le tribunal croirait devoir prononcer la conversion, il demande que cette conversion soit prononcée à sa requête; — Attendu qu'aux termes de l'art. 310 c. civ., modifié par la loi de 1884, les tribunaux ont la faculté d'admettre ou de rejeter, suivant les circonstances, les demandes tendant à la conversion en divorce des jugements de séparation de corps; qu'il s'agit donc dans la cause de rechercher si les faits qui ont motivé la séparation sont d'une gravité telle que tout espoir de réconciliation et de reprise de la vie commune doive être écarté dans l'avenir; — Attendu que le jugement du 26 août 1879 ne relève à la charge des époux Parisot que des actes de vivacité et de violence; qu'en soi ces actes de violence n'ont pas un caractère tellement injurieux qu'aucun rapprochement ne soit possible entre les époux; que, d'ailleurs, la réciprocité de leurs torts en atténue pour chacun d'eux la gravité; — Attendu, d'autre part, qu'il existe, de l'union des sieur et dame Parisot, une fille aujourd'hui âgée de dix ans; que l'égale et profonde affection que chacun des époux porte à cette enfant est un motif sérieux d'espérer que pour elle et par elle un apaisement de leurs griefs respectifs se fera dans le cœur de ses parents; que, dans de telles circonstances, la demande de la dame Parisot ne saurait être accueillie; — Attendu, dès lors, qu'il n'échet de statuer sur la demande subsidiaire de Parisot; — Par ces motifs; — Déclare mal fondée la demande de la dame Parisot et l'en déboute; dit qu'il n'y a lieu de statuer sur la demande de Parisot, et, attendu la qualité des parties, compense les dépens ». — Appel par la dame Parisot. — Arrêt.

LA COUR; — Considérant que par jugement contradictoire et définitif, en date du 26 août 1879, les époux Parisot ont été, à leurs torts respectifs, séparés de corps et de biens, pour excès et sévices réciproques; — Considérant que ce jugement a acquis, depuis près de six années, l'autorité de la chose jugée; que la demande de conversion de ce jugement en jugement de divorce est recevable; — Au fond : — Considérant que, malgré l'existence d'une enfant pour laquelle ils protestent l'un et l'autre de toute leur affection, les époux Parisot n'ont, à aucun moment depuis leur séparation, manifesté le désir de reprendre la vie commune, et que le mari a lui-même, en première instance, demandé subsidiairement que le divorce fût prononcé à sa requête; qu'en présence de cette disposition d'esprit chez l'un et l'autre époux, il est impossible d'espérer dans l'avenir un rapprochement entre eux; que ce serait méconnaître le vœu de la loi du 24 juill. 1884 que de soumettre la dame Parisot à une nouvelle épreuve et de la maintenir plus longtemps dans une situation qui, depuis la promulgation de la loi précitée, doit être considérée comme ayant, au gré des époux séparés de corps et sauf le contrôle protecteur et l'appréciation de la justice, un caractère purement transitoire; —

aff. Dame A... C. A...,-MM. Périvier, 1er pr.-Manuel, av. gén.-Liouville, av.; 21 janv. 1886 (1); 28 janv. 1886 (2); Civ. rej. 24 mars 1886, aff. Sanguinetti, D. P. 86. 1. 459; Paris, 1re ch., 25 mars 1886, aff. Dangerville,-MM. Périvier, 1er pr.-Manuel, av. gén.-Léon Renault et Ch. Lachaud, av.; Pau, 9 août 1886, aff. Grabot, D. P. 87. 2. 204; Bourges, 22 nov. 1886, aff. Pilboue, D. P. 87. 2. 80; Poitiers, 25 mars 1889, aff. Brisson, D. P. 90, 2e part.).

697. Mais il résulte d'autres décisions, également nombreuses, que la conversion ne doit pas être ordonnée quand elle n'est pas justifiée par des motifs suffisants et qu'il y a, au contraire, des raisons graves, telles que l'intérêt de l'époux défendeur et l'intérêt des enfants, qui s'y opposent; quand surtout elle serait contraire à la morale publique et permettrait à l'époux qui l'obtiendrait de couvrir ses désordres et ses relations adultérines du manteau de la légalité; quand enfin les griefs qui ont motivé la séparation de corps n'ont pas un caractère suffisant de gravité pour rendre impossible toute réconciliation dans l'avenir (Trib. Seine, 23 août 1884, aff. Casiez, D. P. 84. 5. 164-165; Trib. Bordeaux, 1re ch., 17 nov. 1884, aff. B...,-MM. Calmon, pr.-Desbonne, subst.-Larré et Aucoin, av.; Trib. Seine, 1re ch., 24 déc. 1884, aff. C...,-MM. Aubépin, pr.-Cruppi, subst.; Besançon, 27 déc. 1884, aff. Genoux, D. P. 85. 2. 99-100; Trib. Seine, 1re ch., 31 déc. 1884, aff. M...,-MM. Flogny, pr.-Cruppi, subst.; 4e ch., 29 janv. 1885, aff. Ch...,-MM. Horteloup, pr.-Flandin, subst.-Laroze et Genets, av.; Trib. Orléans, 25 févr. 1885, aff. Chappelier, D. P. 86. 3. 94; Trib. Seine, 13 mars 1885 (3); Rennes, 27 avr.

Par ces motifs; — Faisant droit à l'appel et réformant; — Déclare converti en jugement de divorce, avec toutes les conséquences de droit, le jugement du tribunal civil de la Seine en date du 26 août 1879, qui a prononcé la séparation de corps entre les époux Parisot; — Autorise la dame Parisot à se retirer devant l'officier de l'état civil du domicile de son mari à l'effet de faire prononcer le divorce conformément à la loi; — Décharge ladite dame de toutes les condamnations prononcées contre elle; — Déboute Parisot de toutes ses demandes, fins et conclusions, et le condamne aux dépens de première instance et d'appel; — Ordonne la restitution de l'amende consignée.

Du 7 janv. 1886.-C. de Paris, 1re ch.-MM. Périvier, 1er pr.-Manuel, av. gén.-Oscar Falateuf et Demange, av.

(1) (Barèty C. Barèty.) — Le 12 avr. 1872, la séparation de corps avait été prononcée entre les époux Barèty, à la requête de la femme. En 1884, le mari demanda la conversion du jugement de séparation en jugement de divorce. Cette demande fut repoussée par jugement du tribunal de la Seine en date du 21 nov. 1884. — Barèty interjeta appel, et la dame Barèty forma elle-même devant la cour une demande reconventionnelle de conversion. Elle demanda, en outre, l'augmentation de la pension alimentaire que son mari était tenu de lui payer en vertu du jugement de séparation. — Arrêt.

La cour; — Considérant que le jugement qui a prononcé à la requête de la femme, la séparation de corps d'entre les époux Barèty, a acquis depuis plus plus de treize années l'autorité de la chose jugée; — Au fond: — Considérant que, depuis leur séparation, les époux Barèty n'ont fait aucune tentative pour reprendre la vie commune, et que leur rapprochement dans l'avenir parait impossible; qu'il y a lieu dans ces conditions, de faire droit à la demande, mais qu'il est juste de réserver le bénéfice de la conversion à la dame Barèty, qui a obtenu le jugement de séparation de corps aux torts et griefs de son mari, tout en la prononçant à la requête de l'un et de l'autre époux; — Considérant, en outre, que la dame Barèty demande qu'il lui soit alloué par le jugement de conversion une pension de 1200 fr. par année, payable mensuellement et d'avance; — Considérant que, quoique formée pour la première fois en cause d'appel, cette demande est néanmoins recevable, comme n'étant que la conséquence et l'accessoire de la demande reconventionnelle, et rentrant dans les prévisions de l'art. 301 c. civ.; — Considérant que les époux ne se sont fait aucun avantage, soit par contrat de mariage, soit au cours de leur union; qu'il résulte des documents de la cause et des renseignements fournis à la cour, tant sur l'âge et l'état de santé de la femme que sur les ressources du mari, que la pension annuelle de 600 fr., fournie jusqu'à ce jour à la dame Barèty, est devenue insuffisante, et qu'il est juste de la porter à 1200 fr. somme ne dépassant pas le tiers des revenus dudit sieur Barèty; — Par ces motifs; — Prononce, à la requête des deux époux, mais au profit de la dame Barèty seule, la conversion en jugement de divorce du jugement, en date du 22 août 1872, qui a prononcé la séparation de corps desdits époux.

Du 21 janv. 1886.-C. de Paris, 1re ch.-MM. Périvier, 1er pr.-Manuel, av. gén.-Limbourg et de Jouy, av.

(2) (Tribout C. dame Tribout.) — Le 20 janv. 1885, le tribunal civil de la Seine a rendu le jugement suivant: — « Attendu qu'un jugement contradictoire de la 4e chambre du tribunal du 23 déc. 1874 a prononcé la séparation de corps des époux Tribout; que cette décision a été rendue au profit de la femme à raison des injures, violences et sévices auxquels Tribout s'est livré envers elle; que la demande reconventionelle de Tribout a été repoussée; — Attendu que Tribout demande aujourd'hui que le jugement de séparation prononcé contre lui soit converti en jugement de divorce; que la femme Tribout, contre laquelle aucun grief n'a été relevé, ni avant ni depuis la séparation, déclare s'opposer formellement à cette demande; qu'elle parait redouter notamment que la demande n'ait d'autre but que de permettre à son mari de contracter une nouvelle union dans des conditions injurieuses pour elle; — Attendu, sans qu'il soit nécessaire de s'arrêter à l'articulation des faits dont la défenderesse offre la preuve, qu'il est dès à présent constant que l'opposition de la femme est fondée sur des motifs légitimes, et que la dissolution du mariage ne pourrait s'opérer qu'à son détriment et à celui des quatre enfants issus du mariage; — Attendu, d'autre part, que Tribout ne saurait se prévaloir de ses propres torts pour obtenir le bénéfice de l'art. 310, malgré la résistance de la femme, au profit de laquelle la séparation a été prononcée; que dans la circonstance la demande de Tribout doit être rejetée; — Attendu que Tribout demande, en outre, au tribunal, de statuer sur la garde des enfants; — Mais, attendu que la procédure spéciale établie par la loi pour la demaude en conversion ne saurait être étendue aux actions ayant un autre objet; qu'il résulte de ce qui précède qu'il n'y a pas lieu de statuer sur les conclusions subsidiaires de la défenderesse; — Par ces motifs; — Déclare Tribout mal fondé dans sa demande en conversion, l'en déboute; le déclare non recevable dans ses conclusions relatives à la garde des enfants; l'en déboute, etc... » — Appel par le sieur Tribout. — Arrêt.

La cour; — Considérant que la séparation de corps d'entre les époux Tribout a été prononcée au profit de la dame Tribout et aux torts du mari, par jugement contradictoire en date du 23 déc. 1874; — Considérant que ce jugement ayant acquis, depuis près de douze années, l'autorité de la chose jugée, l'un et l'autre époux ont le droit de s'adresser à la justice pour demander la conversion de ce jugement en jugement de divorce; que la demande du mari est donc recevable; — Au fond: — Considérant que depuis leur séparation, ni l'un ni l'autre des époux n'a fait aucune tentative pour reprendre la vie commune et que tout rapprochement dans l'avenir parait impossible; qu'il n'est point démontré, contrairement aux allégations de la dame Tribout, que ce défaut de rapprochement doit être exclusivement attribué à l'irrégularité des mœurs de son mari; qu'en effet, dès l'année 1875, elle a consenti à confier à la garde de leur père trois des cinq enfants confiés à ses soins par le jugement de séparation, au nombre desquels était une petite fille âgée de douze ans, et que depuis, elle n'a jamais songé à revendiquer sur aucun de ces enfants les droits qui lui avaient été conférés par la justice; qu'il convient donc, par cette raison, de considérer comme dès à présent démentis les faits articulés par la dame Tribout, tendant à prouver que son mari a constamment entretenu au domicile conjugal la concubine avec laquelle il aurait eu, dès avant leur séparation, ainsi qu'elle le soutient sans toutefois en rapporter la preuve, des relations adultères; qu'il parait plus conforme à la vérité d'attribuer à leur profonde antipathie d'humeur l'impossibilité dans laquelle se trouvent les époux de reprendre la vie commune; — Considérant, dès lors, qu'il serait contraire à l'esprit de la loi du 27 juill. 1884 de les retenir plus longtemps dans les liens d'une union à jamais brisée; — Par ces motifs; — Faisant droit à l'appel et réformant, sans s'arrêter ni avoir égard à la preuve offerte des faits articulés, lesquels sont démentis par les documents et circonstances de la cause; — Convertit en jugement de divorce le jugement qui a prononcé la séparation de corps d'entre les époux Tribout; — Autorise, en conséquence, l'appelant à se retirer devant l'officier de l'état civil à l'effet de faire prononcer le divorce conformément à la loi, etc.

Du 28 janv. 1886.-C. de Paris, 1re ch.-MM. Périvier, 1er pr.-Manuel, av. gén.-Villard et Lassis, av.

(3) (Lassalle C. Dame Lassalle.). — Le tribunal; — Attendu qu'un jugement de la 4e chambre de ce tribunal, rendu contradictoirement le 29 juill. 1876, a prononcé la séparation de corps entre les époux Lassalle, à la requête de la défenderesse, à raison des injures graves dont son mari s'était rendu coupable envers elle en entretenant des relations scandaleuses avec des femmes de mauvaises mœurs; — Attendu qu'au lieu d'atténuer ses torts depuis cette époque, Lassalle n'a fait que les aggraver par une inconduite persistante et notoire; qu'il vit actuellement en concubinage, et que la dame Lassalle a juste sujet de craindre que le but poursuivi par son mari, en demandant la conversion

1885 (1); Limoges, 4 mai 1885 (2); Paris, 14 janv. 1886 (3); 21 janv. 1886) (4).

698. Le tribunal doit admettre ou rejeter la conversion. On décide généralement qu'il ne pourrait pas ordonner un sursis de six mois, comme dans le cas de l'art. 246 c. civ. Cet article, en effet, est étranger à la procédure de la con-

en jugement de divorce du jugement du 29 juill. 1876, ne soit d'arriver à contracter mariage avec la concubine; — Attendu que cette éventualité, si elle venait à se réaliser, serait tout à la foie outrageante pour la défenderesse et contraire à la morale publique; que, dans ces circonstances, la dame Lassalle est fondée à demander au tribunal d'en prévenir l'effet, en rejetant purement et simplement la demande intentée contre elle par son mari; — Par ces motifs; — Déclare Lassalle mal fondé en sa demande, l'en déboute, etc.

Du 13 mars 1885.-Trib. civ. Seine, 1re ch.-MM. Aubépin, pr.-Jeantet, av.

(1) (Dame Jéglot C. Jéglot.) — LA COUR; — Considérant que, par jugement du 29 déc. 1882, le tribunal de Ploërmel a rejeté la demande en séparation de corps introduite par Jéglot et a fait droit à la demande reconventionnelle de sa femme; — Considérant que, plus de trois ans s'étant écoulés sans que les époux aient repris la vie commune, chacun d'eux est, aux termes de l'art. 310 c. civ., recevable à poursuivre la conversion de cette séparation en divorce; — Mais considérant qu'à la différence de la loi ancienne le nouveau texte de cet article, tout en obligeant les magistrats à tenir pour constants les faits admis par le jugement de séparation, leur donne la faculté de les apprécier à un point de vue plus rigoureux, de les rapprocher des faits ultérieurs et de rechercher s'ils sont dans leur ensemble de nature à justifier la rupture définitive du lien conjugal; — Considérant qu'il appert des documents de la cause que jusqu'ici la femme Jéglot n'a encouru aucun reproche et qu'elle n'a été que trop fondée à se refuser à toute tentative de rapprochement; que Jéglot, au contraire, s'est de tout temps livré aux plus honteux désordres et n'a pas cessé d'outrager l'appelante par ses imputations calomnieuses; qu'en cet état, il serait contraire à la morale publique de faire bénéficier l'époux coupable de ses fautes personnelles et d'imposer à la femme innocente un divorce qui froisserait sa conscience, son honneur et plus encore peut-être ses sentiments maternels; que si l'intimé avait pu exercer son action en 1882, il en eût été inévitablement débouté, et qu'il convient d'autant mieux de la repousser aujourd'hui qu'il est permis d'espérer que l'âge, en amortissant les passions du demandeur, ne tardera pas à lui faire comprendre l'indignité de sa conduite, et que l'intérêt de sa fille lui inspirera la pensée d'une réconciliation qui n'attend que son repentir; — Par ces motifs; — Infirmant le jugement dont est appel; — Déboute Jéglot de sa demande et de toutes ses fins et conclusions et le condamne aux dépens.

Du 27 avr. 1885.-C. de Rennes, 1re ch.-MM. de Kerbertin, 1er pr.-Jenouvier et Leborgne, av.

(2) (P... C. Dame P...) — LA COUR; — Considérant qu'un jugement contradictoire du tribunal de Limoges, en date du 2 févr. 1886, a prononcé la séparation de corps des époux P..., au profit tant de la femme que du mari et contre chacun d'eux; que cette décision est fondée sur les sévices et injures graves du mari envers sa femme et sur l'abandon par celle-ci du domicile conjugal, abandon déterminé par les mauvais procédés du mari à son endroit; — Considérant que, dans ces conditions, P... demande la conversion en divorce du jugement de séparation rendu tant à son profit que contre lui et que la dame P... s'oppose à cette conversion; — Considérant que l'art. 310 nouveau c. civ. a laissé dans tous les cas aux tribunaux et aux cours, aussi bien quand la demande de conversion émane de l'époux au profit duquel la séparation de corps a été prononcée que de celui contre lequel elle l'a été, un pouvoir d'appréciation absolu; que cela résulte formellement de ces termes de la loi : « Pourra être convertie en jugement de divorce »; — Considérant, en fait, que, dans l'espèce, en présence surtout de l'intérêt de la femme et des enfants issus du mariage, l'unique grief relevé contre elle pour motiver le jugement de séparation de corps au profit du mari est, à l'estime de la cour, absolument insuffisant pour justifier la demande de conversion en divorce formée par le sieur P...; — Par ces motifs; — Confirme.

Du 4 mai 1885.-C. de Limoges, 1re ch.-MM. Oger du Rocher, 1er pr.-Baudouin, proc. gén.-Nicard des Rieux et Baju, av.

(3) (M... C. dame M...) — LA COUR; — Considérant que par jugement contradictoire en date du 2 mai 1874, le tribunal civil de la Seine, statuant sur la demande respective des époux, a prononcé, au profit de la dame M..., la séparation de corps entre elle et son mari, pour cause d'entretien d'une concubine au domicile conjugal; — Considérant que cette décision a acquis l'autorité de la chose jugée depuis près de douze années; que la demande en conversion, intentée par M..., est donc recevable; — Mais au fond : — Considérant qu'il résulte des documents visés par les premiers juges et des déclarations faites devant le tribunal par M... lui-même qu'il a continué, depuis le jugement de séparation, à vivre ostensiblement avec la concubine qu'il entretenait déjà auparavant; qu'il la présente au public comme étant sa femme légitime, et que le fils né de ces relations adultères a été placé par son père dans un établissement d'instruction sous le nom de François M...; — Considérant qu'il ressort de ces faits que M... n'a fait qu'aggraver depuis la séparation de corps les torts et griefs qui l'ont motivée, et que, si tout rapprochement est devenu impossible entre sa femme et lui, il doit rationnellement en être déclaré personnellement responsable; que, dans ces conditions, il est conforme à la morale et à la loi de repousser, comme mal fondée, la conversion par lui intentée; — Par ces motifs, confirme.

Du 14 janv. 1886.-C. de Paris, 1re ch.-MM. Périvier, 1er pr.-Manuel, av. gén.-Fabre et Lalle, av.

(3) (Poirot C. Poirot.) — Le 5 mars 1885, le tribunal civil de Reims a rendu le jugement suivant : — « Attendu qu'aux termes d'un jugement rendu par le tribunal de Rethel, en date du 25 août 1869, la séparation de corps a été prononcée entre les époux Poirot, à la requête de la dame Poirot; — Attendu que ce jugement, d'une manière générale, a déclaré prouvés les faits que la dame Poirot avait articulés à l'appui de sa demande, et a qualifié ces faits d'excès, sévices et injures graves; que le jugement a ajouté que la vie commune était devenue impossible entre les époux; — Attendu que Poirot se basant sur l'art. 310 nouveau c. civ., alléguant que plus de trois années se sont écoulées sans réconciliation entre sa femme et lui depuis la date du jugement de séparation de corps, demande la conversion de ce jugement en jugement de divorce; — Attendu que la dame Poirot résiste à la demande et soutient que son mari a eu tous les torts vis-à-vis d'elle, alors et depuis, vivant d'ailleurs aujourd'hui notoirement en concubinage avec une femme dont il a eu des enfants (ce que Poirot ne conteste pas), et qu'en conséquence, ce dernier doit être déclaré mal fondé dans sa demande de conversion; — Mais attendu que l'art. 310 nouveau c. civ. reconnaît à l'époux qui était défendeur lors de la séparation de corps, aussi bien qu'à celui qui était demandeur la faculté de provoquer la conversion du jugement de séparation en jugement de divorce; que cet article ne crée pas de fin de non-recevoir ou d'exceptions tirées de la situation particulière de l'époux qui l'invoque; — Attendu, en conséquence, que la demande de Poirot est tout d'abord recevable, ce qui n'est point d'ailleurs contesté; — Attendu que, dans cet ordre d'idées, l'indignité de l'époux demandeur en conversion résultant de faits postérieurs au jugement de séparation de corps, ne pourait être prise en considération pour faire rejeter sa demande, puisque cette indignité ne serait, en effet, qu'une fin de non-recevoir particulière, à laquelle la loi ne s'est pas arrêtée, ainsi qu'il vient d'être dit; — Attendu que le devoir du tribunal est d'abord de rechercher si les motifs qui ont conduit une première fois les juges saisis à prononcer la séparation de corps entre les époux, présentent une gravité suffisante pour autoriser l'admission du divorce même; — Attendu que, dans l'espèce, la gravité des faits reconnus à la charge de Poirot par le jugement du tribunal de Rethel eût permis l'admission du divorce, si le divorce eût été demandé par la dame Poirot; — Attendu que la loi nouvelle a manifestement autorisé la conversion dans ce cas même, à la condition que trois années se soient écoulées après le jugement de séparation, sans réconciliation, constatation qui est, en second lieu, le devoir du tribunal, et qui, dans l'espèce, est acquise aux débats; — Par ces motifs; déclare converti en jugement de divorce le jugement du tribunal de Rethel en date du 25 août 1869, etc. ». — Appel par la dame Poirot. — Arrêt.

LA COUR; — Considérant que la séparation de corps entre les époux Poirot a été prononcée par jugement définitif en date du 25 août 1869, sur la requête et au profit de la femme, aux torts et griefs du mari; — Considérant que ce jugement a acquis depuis près de dix-huit années l'autorité de la chose jugée; que la demande de conversion de ce jugement en jugement de divorce, formée par Poirot, est donc recevable; — Au fond : — Considérant que depuis leur séparation, les époux Poirot n'ont fait aucune tentative pour reprendre la vie commune, et qu'aucun rapprochement ne paraît possible dans l'avenir; mais qu'il résulte des faits et documents de la cause que ce défaut de rapprochement peut être rationnellement attribué à l'irrégularité des mœurs du mari, dont l'inconduite notoire et scandaleuse peut être considérée comme la continuation des outrages et des injures qui ont motivé la séparation de corps prononcée contre lui; que, dans cette situation, il y a lieu de repousser la demande de conversion formée par Poirot, et de réformer le jugement dont est appel; — Par ces motifs, réformant; — Déclare Poirot mal fondé dans sa demande, etc.

Du 21 janv. 1886.-C. de Paris, 1re ch.-MM. Périvier, 1er pr.-Manuel, av. gén.-Maillard et Vallé, av.

version, et l'on ne comprendrait pas l'utilité du sursis quand la séparation de corps dure déjà depuis plus de trois ans (Trib. Die, 12 août 1886 (1); Depeiges, n° 133; Carpentier, *La loi du* 18 *avr*. 1886, n° 207; Vraye et Gode, t. 1, n° 491. — *Contrà :* Morael, n° 346).

699. Si le défendeur à la demande en conversion ne comparaît pas, le jugement est rendu par défaut. Si c'est le demandeur qui néglige de comparaître au jour indiqué, il y a lieu à défaut-congé. Dans les deux cas, le jugement est susceptible d'opposition. Mais quel est le délai de l'opposition? Faut-il appliquer ici les dispositions de l'art. 247 c. civ.? Aux termes des deux derniers paragraphes de cet article, le jugement qui prononce le divorce par défaut doit être signifié par un huissier commis; si la signification n'a pas été faite à personne, un extrait du jugement doit être publié dans les journaux, l'opposition est recevable dans le mois de la signification à personne ou dans les huit mois du dernier acte de publicité. Bien que ces règles semblent avoir un caractère général, la plupart des auteurs décident qu'elles ne sont pas applicables en matière de conversion. Ils considèrent que la demande de conversion est soumise, en principe et à défaut d'une dérogation expresse de la loi, aux règles ordinaires de la procédure en chambre du conseil. L'opposition au jugement rendu par défaut doit donc être formée dans les délais du droit commun. Les motifs, d'ailleurs, qui ont fait édicter l'art. 247 n'existent pas au même degré dans notre cas; l'époux séparé doit s'attendre à une demande de conversion; s'il veut s'y opposer, un peu de vigilance lui suffit pour que le divorce n'ait pas lieu sans qu'il ait fait valoir ses moyens de défense (V. en ce sens : Depeiges, n° 130; Vraye et Gode, t. 1, n° 490. — *Contrà :* Carpentier, *La loi du* 18 *avr*. 1886, n° 204).

700. Soit que le tribunal ait admis la conversion, soit qu'il l'ait rejetée, le jugement peut être frappé d'appel. « La cause en appel, dit l'art. 310 § 6, sera débattue et jugée en chambre du conseil, sur rapport, le ministère public entendu. L'arrêt sera rendu en audience publique. » Ce texte, ajouté à l'art. 310 par la loi du 18 avr. 1886, résout une question qui était controversée avant cette loi, celle de savoir si la demande en conversion était soumise en appel aux mêmes règles de procédure qu'en première instance, si elle devait notamment être jugée sur rapport et après communication au ministère public. La négative, qui avait été admise par la cour de cassation (Req. 11 janv. 1887, aff. de Lauverjat, D. P. 87. 1. 334), serait désormais contraire à la loi.

701. On se demandait aussi, avant la loi de 1886, si l'appel des jugements de conversion devait être jugé en audience ordinaire ou en audience solennelle. Quelques cours avaient d'abord cru devoir statuer en audience solennelle (Dijon, 12 déc. 1884, aff. Leinweber, D. P. 85. 2. 99; Besançon, 27 déc. 1884, aff. Genoux, *ibid.*; Douai, 5 févr. 1885, aff. Liénard, *ibid.*). D'autres, au contraire, statuaient en audience ordinaire, et c'est à celles-ci que la cour de cassation avait donné raison (Orléans, 9 janv. 1885, aff. Sajou, D. P. 85. 2. 99; Aix, 4 mars 1885, et sur pourvoi, Req. 28 déc. 1885, aff. Roque, D. P. 86. 1. 359; Civ. rej. 12 janv. 1887, aff. Lenoir, D. P. 87. 1. 160; Civ. cass. 9 févr. 1887, aff. de Clamecy, D. P. 88. 1. 24). La question a été tranchée, comme on l'a vu *suprà*, n° 493, dans le sens de l'audience ordinaire, d'abord par un décret du 1er mai 1885 (D. P. 85. 4. 25), et ensuite par la loi du 18 avr. 1886, dans le nouvel art. 248 c. civ.

702. L'arrêt de la cour doit être rendu en audience publique. L'art. 310 *in fine* le dit formellement. C'est par une inadvertance du législateur qu'il est dit auparavant, dans le même article, que la cause sera débattue *et jugée* en chambre du conseil.

703. L'arrêt peut être déféré à la cour de cassation. On s'accorde à reconnaître que le pourvoi contre l'arrêt qui prononce le divorce par voie de conversion a un effet suspensif, conformément à l'art. 248, § 6 (Carpentier, *La loi du* 18 *avr.* 1886, n° 204 *bis*; Vraye et Gode, t. 1, n° 493; Morael, n° 409. Comp. *suprà*, n° 510).

704. Le jugement ou l'arrêt qui admet la conversion équivaut à un jugement ou à un arrêt de divorce. Il y a lieu, en conséquence, à la publication de ce jugement ou de cet arrêt, conformément à l'art. 250 c. civ. Il est vrai que le jugement de séparation de corps a déjà été publié; mais cette publication ne peut pas tenir lieu de celle qui est prescrite en cas de divorce; le changement d'état qui résulte de la conversion doit également être porté à la connaissance des tiers (Morael, nos 416 et suiv. — *Contrà :* Baratte, *Recueil de procédure*, année 1887, art. 1388, p. 481).

705. En outre, le jugement de conversion doit être transcrit sur les registres de l'état civil, en conformité des art. 251 et 252 c. civ.

706. On a vu *suprà*, n° 534, qu'aux termes de l'art. 252, § 4, si les parties n'ont pas requis la transcription du jugement de divorce dans les deux mois à partir du jour où ce jugement a acquis l'autorité de la chose jugée, le divorce est considéré comme nul et non avenu. Cette règle est applicable en cas de conversion. Le défaut de transcription dans les deux mois équivaut, comme nous l'avons dit, à une réconciliation. Toutefois, il n'en faudrait pas conclure que les époux sont également déchus du bénéfice du jugement de séparation de corps. C'est le divorce seulement qui est non avenu; la séparation de corps subsiste tant que les époux ne la font pas cesser volontairement (Coulon et Faivre, art. 310, p. 483 et suiv.; Vraye et Gode, t. 1, n° 495). La seule conséquence à tirer de la présomption de réconciliation qui résulte du défaut de transcription, c'est que les époux ne pourront pas former ultérieurement une demande en divorce fondée sur les faits qui ont motivé la séparation de corps et la conversion. Ils sont déchus du droit d'obtenir le divorce à raison de ces faits (Vraye et Gode, *loc. cit.*; Morael, n° 446). Et nous ajoutons que les époux ne pourront pas davantage former une nouvelle demande de conversion. C'est par une contradiction évidente qu'un des auteurs que nous venons de citer admet l'opinion contraire (V. Morael, n° 447). Si les époux sont déchus du droit d'obtenir le divorce, ils ne peuvent pas plus le faire prononcer par voie de conversion que par voie d'action directe.

707. Le jugement de conversion dûment transcrit produit les mêmes effets qu'un jugement de divorce (V. *suprà*, nos 542 et suiv.). Toutefois, il faut remarquer que le divorce ne doit pas être considéré comme prononcé au profit de l'époux qui a obtenu la conversion et contre l'époux qui s'y est opposé. D'après les termes de l'art. 310, *le jugement de séparation de corps est converti en jugement de divorce*; il résulte de là que ce jugement n'est modifié qu'en tant que la dissolution du mariage est substituée à la sépararation de corps. Sauf cette modification, il conserve sa valeur. Le divorce doit donc être réputé prononcé au profit de l'époux qui avait obtenu la séparation de corps et contre l'époux aux torts duquel cette séparation avait été prononcée, quel que soit d'ailleurs l'époux qui a demandé la conversion. C'est ce qui a été très bien expliqué dans les travaux préparatoires de la loi du 27 juill. 1884, au Sénat par M. Labiche, rapporteur de la commission, à la suite d'une question que lui avait posée M. Batbie : « Lorsqu'on sera dans l'espèce établie par l'art. 310, c'est-à-dire lorsqu'il s'agira d'une question de conversion, le jugement de conversion ne pourra, d'après moi, en ce qui concerne les questions dont se préoccupe M. Batbie, modifier les décisions qui résultent du premier jugement. Autrement ce serait, non un jugement de conversion, mais un jugement de revision. D'après moi, la seule disposition qui pourra être modifiée sera celle qui avait prononcé la séparation de corps et qui, à la suite de l'épreuve de trois ans, pourra être convertie en disposition prononçant le divorce ». Nous allons indiquer les conséquences de cette théorie, qui est, du reste, généralement admise (Coulon et Faivre, art. 310, p. 471 et suiv.; Carpentier, *Traité du*

(1) (Chalver C. Dame Chalver.) — LE TRIBUNAL; — Sur les conclusions tendant au sursis : — Attendu que la loi ne reconnaît pas aux tribunaux saisis par voie de demande en conversion la faculté d'imposer aux époux un temps d'épreuve; que son silence sur ce point ne peut se suppléer, ce silence étant évidemment intentionnel; qu'en effet, l'épreuve préliminaire a été instituée et sa durée fixée par le législateur lui-même, prescrivant un délai de trois ans entre la séparation de corps et la demande en conversion; qu'au surplus, en fût-il autrement, les déclarations faites à l'audience par les parties ne laissent subsister aucun espoir de réconciliation... ; — Par ces motifs, etc.

Du 12 août 1886.-Trib. civ. de Die.-M. Jouglard, pr.

divorce, n° 422; Vraye et Gode, t. 1, n° 98 *bis*, et t. 2, n° 829; Morael, n°s 203 et suiv.).

708. L'art. 298 c. civ. interdit à l'époux contre lequel le divorce a été admis pour cause d'adultère de jamais se marier avec son complice. Si c'est la séparation de corps qui a été prononcée pour cause d'adultère, et que l'époux coupable demande et obtienne après trois ans la conversion, la prohibition de l'art. 298 est applicable; le divorce obtenu par voie de conversion est censé, en effet, reposer sur les mêmes motifs que la séparation de corps (Carpentier, *Traité du divorce*, n° 324; Morael, n° 548 *ter*). — Nous croyons aussi que l'art. 298 doit s'appliquer même au cas où l'adultère est postérieur à la séparation de corps, si le tribunal l'invoque comme un motif de prononcer la conversion. On a vu que le tribunal peut puiser les éléments de sa décision, non seulement dans le jugement de séparation de corps, mais aussi dans les faits qui l'ont suivi; ces faits sont de nouveaux motifs qui s'ajoutent à ceux du jugement et qui, au point de vue de la prohibition de l'art. 298, doivent emporter la même conséquence (V. en ce sens: Morael, n° 549).

709. Aux termes des art. 299 et 300 c. civ., l'époux contre lequel le divorce est prononcé perd tous les avantages que l'autre époux lui avait faits; l'époux qui a obtenu le divorce conserve, au contraire, les avantages qu'il a reçus de son conjoint. Nous avons vu *suprà*, n° 644, que la jurisprudence applique ces règles en cas de séparation de corps. La conversion de la séparation de corps en divorce n'entraînera, par conséquent, aucune déchéance qui ne résulte déjà du jugement de séparation. Si cette conversion est prononcée sur la demande de l'époux aux torts duquel la séparation a eu lieu, cet époux n'en restera pas moins privé des avantages que son conjoint lui avait faits, et celui-ci n'en conservera pas moins les avantages qu'il tenait de l'autre époux et que le jugement de séparation de corps n'a pas révoqués. Le jugement de conversion n'apportera donc aucun changement à ce point de vue (V. en ce sens : Goirand, p. 211; Carpentier, *Traité du divorce*, n° 422; Vraye et Gode, t. 2, n° 830; Morael, n° 521). — La jurisprudence belge, bien qu'elle n'admette pas l'application des art. 299 et 300 en cas de séparation de corps, décide néanmoins que la conversion ne fait encourir aucune déchéance, quant à ses avantages matrimoniaux, à l'époux qui a obtenu la séparation de corps (C. cass. Belgique, 24 mars 1865 (1). V. aussi dans le même sens : Laurent, t. 3, n° 303).

710. La conversion du jugement de séparation en jugement de divorce, qui entraîne la dissolution du lien conjugal, a pour conséquence nécessaire de supprimer l'obligation alimentaire établie entre les époux par l'art. 212 c. civ. et que la séparation de corps laissait subsister. Toutefois, l'art. 301 permet au tribunal d'accorder à l'époux qui a obtenu le divorce une pension alimentaire sur les biens de l'autre époux, à condition que cette pension n'excède pas le tiers des revenus de ce dernier. Il résulte de là que la pension alimentaire accordée, soit par le jugement de séparation de corps, soit par un jugement postérieur, en vertu de l'art. 212 c. civ., doit cesser par l'effet de la conversion, mais que celle allouée en vertu de l'art. 301, dont l'application est admise en cas de séparation de corps, doit, au contraire, subsister quand même la séparation est convertie en divorce. C'est là, d'ailleurs, ce que décide la jurisprudence. Ainsi, il a été jugé : 1° que la conversion affranchit les époux des obligations alimentaires dérivant des devoirs de secours et d'assistance dont ils étaient tenus en vertu de l'art. 212 c. civ. (Trib. Seine, 3 janv. 1885 (2); Civ. cass. 24 nov. 1886, aff. Desbouis, D. P. 87. 1. 335; Orléans, 30 mars 1887, même affaire, D. P. 88. 5. 167); — 2° Mais que la conversion ne peut enlever à l'époux qui a obtenu la séparation de corps le droit à la pension alimentaire que le jugement de séparation lui a accordée (Trib. Orléans, 25 févr. 1885, aff. Chappelier, D. P. 86. 3. 94; Douai, 29 juin 1885, aff. Tancrez, D. P. 86. 2. 206; Paris, 16 juin 1888 (3); Civ. rej. 4 févr. 1889, aff. Calvet, D. P. 89. 1. 250; Caen, 19 mars 1889, aff. Lenoir, *La Loi* du 14 avr. 1889. V. aussi *Revue critique*, 1886, p. 221; 1887, p. 715). Et l'époux contre lequel la séparation de corps a été prononcée ne doit pas être considéré comme « ayant obtenu le divorce » par ce seul fait que la conversion a été poursuivie et prononcée à sa requête (Arrêt précité du 19 mars 1889).

711. A ces solutions se rattachent quelques questions accessoires. — Tout d'abord, on peut se demander à quel moment cessera de courir la pension alimentaire que l'époux contre lequel la séparation de corps a été prononcée a obtenue en vertu de l'art. 212, et dont il est déchu par

---

(1) (X... C. X...) — LA COUR ; — Sur le moyen de cassation présenté seul et pris de la violation des art. 310 et 299 c. civ., en ce que l'arrêt attaqué décide que la disposition générale et absolue de l'art. 299 n'est pas applicable au cas où l'un des époux demande et obtient le divorce, en vertu de l'art. 310, pour cause de refus de l'autre époux de faire cesser, après une durée de trois ans, la séparation de corps que ce dernier avait provoquée : — Considérant que le divorce permis par l'art. 310 c. civ. produit nécessairement, comme tout divorce en général, les effets qui tiennent, soit à l'essence de l'institution, soit à l'ordre public, comme l'interdiction aux époux divorcés de se réunir; mais que telle n'est pas la nature de la disposition qui fait l'objet de l'art. 299 du même code ; que celle-ci ne concerne que les intérêts personnels des époux; — Considérant que, s'il est vrai, en fait, que cet article ne mentionne qu'une exception à la règle qu'il exprime, il n'est pas moins certain, en droit, qu'une règle, quelque généraux qu'en soient les termes, n'admet pas seulement les exceptions formellement énoncées, mais aussi celles que commande la force des choses, lorsque la règle ne saurait être appliquée sans faire violence à l'esprit et à la lettre de la loi; — Considérant qu'en admettant que le chapitre 4, qui détermine les effets du divorce, régisse aussi le divorce qui, dans le chap. 5, succède et se substitue à la séparation de corps, les motifs et le texte de l'art. 299 démontrent également que, malgré la généralité de ces expressions « pour quelque cause que le divorce ait lieu », la déchéance qu'il prononce ne s'étend pas, dans le cas de l'art. 310 précité, à celui des époux qui a obtenu la séparation de corps ; — Considérant, en effet, d'une part, que l'art. 299 est fondé sur la faute de l'époux qui encourt la déchéance ; mais que l'époux qui ne consent pas à faire cesser la séparation de corps use d'un droit qui lui est irrévocablement acquis, et par conséquent ne commet aucune faute ; — Considérant, d'autre part, que la déchéance écrite dans l'art. 299 frappe textuellement « l'époux contre lequel le divorce aura été admis », et que, dans le cas de l'art. 310, on ne peut pas dire que le divorce soit admis contre l'époux qui a obtenu la séparation de corps et qui refuse de reprendre la vie commune ; — Considérant, par suite de ce qui précède, que, dans l'espèce, en maintenant à la défenderesse en cassation, femme successivement séparée de corps et divorcée de Constantin G..., les avantages que celui-ci lui avait faits par leur contrat de mariage, l'arrêt attaqué n'a contrevenu ni à l'art. 310, ni à l'art. 299 c. civ.; — Par ces motifs ; — Rejette.

Du 24 mars 1865.-C. cass. de Belgique.

(2) (Léger C. Léger.) — LE TRIBUNAL; — Attendu que, par jugement du 15 mars 1845, la séparation de corps a été prononcée entre les époux Léger, à la requête du sieur Léger; que, par un jugement du 4 août 1876, confirmé par arrêt de la cour, du 3 déc. 1876, le sieur Léger a été condamné à payer à sa femme une pension alimentaire de 600 fr. par an; qu'un jugement de la première chambre de ce tribunal, du 29 août 1884, a admis le divorce à la requête du sieur Léger; que l'officier de l'état civil du 5e arrondissement a prononcé le divorce le 5 déc. 1884; que le sieur Léger a assigné, le 9 déc. 1884, la dame Hubert, pour faire prononcer la cessation de la pension à partir du jour de la prononciation du divorce; — Attendu que la pension de 600 fr. avait été accordée en vertu des dispositions de l'art. 212 c. civ., qui règle les obligations respectives des époux, obligations que la séparation de corps ne fait pas disparaître; mais que la prononciation du divorce fait disparaître ces obligations, puisque le lien conjugal est complètement rompu; qu'il n'y a à cet égard aucune différence entre le divorce prononcé par action principale et le divorce prononcé par voie de conversion; que, d'ailleurs, aux termes de l'art. 301 c. civ., la dame Hubert, contre laquelle le divorce a été prononcé, ne saurait, en aucun cas, réclamer une pension du sieur Léger; qu'en conséquence, la pension doit cesser d'être servie à partir du jour de la prononciation du divorce; — Par ces motifs; — Décharge le sieur Léger du service de la pension alimentaire allouée à la dame Hubert, à partir du 5 déc. 1884.

Du 3 janv. 1885.-Trib. civ. de la Seine, 4e ch.-MM. Brisout de Barneville, pr.-Sagot-Lesage, av.

(3) (Van Brock C. dame Bardac.) — LA COUR; — Considérant que les époux Van Brock ont été séparés de corps à leur requête respective par jugement du tribunal civil de la Seine du 31 janv. 1883; que, par jugement du même tribunal, statuant en chambre du conseil, à la date du 16 juill. 1886, la séparation de corps a été convertie en divorce, au profit exclusif de la dame Van Brock; que, dès lors, le lien conjugal a été dissous; que le jugement de

l'effet de la conversion. Nous pensons, avec MM. Vraye et Gode, t. 2, n° 832, que le droit de l'époux à cette pension cesse à partir de la demande en conversion; car, aux termes de l'art. 252 c. civ., les effets du divorce remontent entre époux au jour de la demande (V. en ce sens : Trib. Die, 12 août 1886, *suprà*, n° 698. — V. toutefois : Trib. Seine, 3 janv. 1885, *suprà*, n° 710).

712. Le jugement de conversion peut-il statuer sur la question de savoir si la pension alimentaire dont jouit l'un des époux sera maintenue ? A notre avis, le tribunal, qui prononce la conversion, doit pouvoir au moins déterminer dans son jugement quelles sont les conséquences de sa décision. Nous avons vu *suprà*, n° 689, qu'une opinion lui refuse, en pareil cas, le droit d'ordonner des mesures nouvelles. Mais il nous semble qu'on ne peut contester au tribunal le pouvoir d'indiquer les modifications que la conversion doit nécessairement apporter aux dispositions du jugement de séparation de corps, notamment quant à la pension alimentaire constituée par ce jugement (V. en ce sens : Aix, 17 mars 1886, *suprà*, n° 689; Trib. Die, 12 août 1886, *suprà*, n° 698. — *Contrà :* Vraye et Gode, t. 2, n° 833).

713. Après la conversion, l'époux qui a obtenu la séparation de corps et à qui une pension alimentaire a été allouée, peut-il encore réclamer le payement de cette pension sans être tenu de faire rendre un nouveau jugement? Nous pensons qu'il faut répondre affirmativement. Si l'autre époux prétend que la pension n'est plus due, comme ayant été constituée en dehors des conditions de l'art. 301, ou qu'elle excède la limite déterminée par cet article, il formera opposition aux poursuites. Mais le titre constitutif de la pension subsiste, tant que son existence n'a pas été reconnue incompatible avec la conversion de la séparation de corps en divorce (Paris, 15 mars 1887 (1); Vraye et Gode, t. 2, n° 834).

---

séparation de corps est devenu sans effet, et qu'un changement d'état s'est produit qui a affranchi les époux des obligations alimentaires, que laissait subsister la séparation de corps; qu'il résulte de ce qui précède que la demande en pension alimentaire formée par la dame Bardac ne saurait s'appuyer sur les termes de l'art. 212 c. civ., relatif aux devoirs d'assistance, dont sont tenus respectivement les époux; que conséquemment c'est à tort que la dame Bardac s'est appuyée dans ses conclusions principales sur le jugement antérieur de séparation de corps, comme constituant un titre encore existant à son profit et a conclu à la validité du commandement, pratiqué à sa requête le 10 nov. 1886, en vertu du jugement du 31 janv. 1883; — Mais considérant qu'aux termes de l'art. 301 du même code, le tribunal peut accorder, en cas de besoin, à l'époux qui a obtenu le divorce, sur les biens de l'autre époux, une pension alimentaire qui ne pourra excéder le tiers des revenus de cet autre époux; que telle est la situation de la dame Bardac; que c'est à sa requête, à son profit exclusif et aux torts de son mari, que le divorce a été prononcé, en raison d'injures, dont elle avait été la victime postérieurement au jugement de séparation de corps, et qu'elle a formellement réclamé par ses conclusions subsidiaires condamnation au payement d'une pension alimentaire, en exécution des dispositions de l'art. 301; — Considérant que la femme divorcée n'a point perdu le bénéfice de son droit à une pension alimentaire par cela seul qu'elle n'a point exercé son action, en saisissant le juge de sa demande en conversion du jugement de séparation de corps en jugement de divorce; que l'art. 301 n'a point imparti de délai à l'exercice de cette action et qu'aucun texte de loi ne prononce contre l'époux, dans le cas prévu, une déchéance résultant de ce fait que le divorce aurait été déjà transcrit sur les registres de l'état civil; — Considérant, toutefois, que le lien conjugal étant absolument dissous, il importe que la cause, en raison de laquelle l'époux qui a obtenu le divorce réclame une pension alimentaire, ait existé au moment même où le lien conjugal a été brisé; — Considérant, d'autre part, que si aux termes de l'art. 310, la demande de conversion de séparation de corps en divorce doit être portée devant la chambre du conseil, la loi ne rattache point l'accessoire au principal par un lien de connexité tellement étroit qu'ils ne puissent être divisés en justice et qu'elle n'interdit nullement aux parties, en ce qui concerne les mesures accessoires telles que la demande d'une pension alimentaire, d'agir à l'audience publique par voie principale; d'où il résulte qu'en l'espèce, à la suite du jugement du tribunal civil de la Seine, statuant en chambre du conseil, et déclarant non recevable, en la forme, la demande en pension alimentaire de la dame Bardac, celle-ci était en droit d'agir par voie directe au principal et de conclure à l'allocation d'une pension alimentaire;

Sur le chiffre de la pension : — Considérant qu'eu égard à la situation de fortune de l'appelant, aux conditions d'existence et aux besoins de la dame Bardac, il y a lieu de lui allouer une pension annuelle de 4000 fr.;

Par ces motifs, reçoit Van Brock appelant du jugement du tribunal civil de la Seine du 1er avr. 1887; met à néant ledit jugement et statuant par disposition nouvelle, dit que la conversion du jugement de séparation de corps en jugement de divorce n'a pas laissé subsister les effets du jugement de séparation de corps, en ce qui concerne les obligations alimentaires, fondées sur l'art. 212 c. civ.; et que le jugement de séparation de corps ne peut plus former titre, lorsqu'il a été remplacé par un jugement de divorce; dit que la séparation de corps ayant été convertie en divorce, à la requête de la dame Bardac, à son profit exclusif, à raison de nouveaux torts de Van Brock envers elle, elle a conservé le droit d'obtenir une pension alimentaire, en conformité de l'art. 301 c. civ., pour une cause existante à l'époque de la prononciation du divorce; dit que cette demande peut être valablement portée en audience publique, par voie principale ; déclare, en conséquence la dame Bardac, recevable en son action; y faisant droit, condamne Van Brock à lui payer une pension annuelle et alimentaire de 4000 fr. payable par trimestre et d'avance, à partir du jour de la demande; ordonne la restitution de l'amende; condamne Van Brock à tous les dépens, sauf les frais du commandement, en date du 20 nov. 1886, pratiqué à la requête de la dame Bardac, en vertu d'un jugement du 31 janv. 1883.

Du 16 juin 1888.-C. de Paris, 7e ch.-MM. Fauconneau-Dufresne, pr.-Symonet, subst. proc. gén.-Moysen et Bigault du Granrut, av.

(1) (C... C. C...) — Le tribunal civil de la Seine a rendu, le 31 déc. 1886, un jugement ainsi conçu: —« Reçoit la dame C... reconventionnellement demanderesse, joint la demande reconventionnelle et la demande principale, et statuant sur le tout par un seul et même jugement; — Attendu que, par jugement de cette chambre en date du 16 mars 1870, confirmé par arrêt de la cour du 19 avr. 1872, les époux C... ont été séparés de corps à la requête de la dame C...; — Qu'en exécution du jugement, Me Guédon, notaire à Paris, a procédé à la liquidation des reprises de la dame C...; qu'un jugement de cette chambre, du 8 mai 1873, a homologué le travail liquidatif et condamné C... à servir à sa femme une pension alimentaire de 3000 fr. par an, et à lui payer une somme annuelle de 600 fr. pour sa part contributive dans l'entretien et l'éducation de l'enfant issu du mariage; — Attendu qu'un jugement de la quatrième chambre de ce tribunal, en date du 5 mars 1885, confirmé par un arrêt de la première chambre de la cour, a converti, sur la demande du sieur C..., le jugement de séparation de corps en jugement de divorce; — Attendu que la dame C... a, par exploit de Sterckmann, huissier à Paris, du 19 mars 1886, fait commandement à son mari de lui payer: 1° la somme de 2250 fr. montant de trois trimestres échus de la pension alimentaire qu'il a été condamné à lui servir; 2° la somme de 450 fr. montant de trois trimestres échus de la pension qu'il doit fournir pour les besoins de son fils; — Que C... a répondu à ce commandement par une assignation en nullité de commandement, en discontinuation de poursuites et en restitution d'une somme de 1800 fr. payée par lui sous réserve de tous ses droits à la suite d'un commandement à lui signifié par la dame C... par exploit de Sorda, huissier à Paris, en date du 20 mai 1885; — Attendu qu'à l'appui de sa demande C... soutient que, par suite du divorce, il n'est plus tenu au payement de la pension alimentaire; qu'au surplus, aux termes de l'art. 301 c. civ., il ne peut être accordé de pension à la dame C...; que la conversion ayant été prononcée à sa requête, c'est lui et non la dame C... qui a obtenu le divorce; — Mais attendu que, si la conversion du jugement de séparation de corps en jugement de divorce a pour conséquence de rompre les liens du mariage, qui jusque-là n'étaient que relâchés, et de produire un changement d'état, elle ne saurait modifier les autres dispositions du jugement de séparation de corps, dont le bénéfice reste acquis à celui des époux au profit duquel il a été rendu, ni créer au profit de l'époux demandeur en conversion une cause de divorce constituant son conjoint en faute, encore bien que le jugement de séparation ait été converti à la requête de l'époux contre lequel la séparation avait été prononcée; que l'époux qui a obtenu la séparation se trouve, par le fait de la conversion, dans la situation où il aurait été s'il avait primitivement demandé le divorce au lieu de la séparation de corps; que, s'il en était autrement, le jugement prononçant la conversion ne serait plus un jugement de conversion, mais un jugement de revision; — Et attendu que si la conversion ne modifie pas la situation de l'époux qui a obtenu la séparation de corps en ce qui concerne les avantages matrimoniaux dont le sort est réglé, même en matière de séparation de corps, par les art. 299 et 300 c. civ., elle ne saurait davantage modifier, relativement à la pension, la situation créée aux époux par l'art. 301, qui n'en est que la suite et le corollaire; — Attendu que, sans qu'il soit besoin d'examiner quelle était au cours de la séparation l'origine du droit de la dame C... à la pension, il est constant, même en admettant que cette pension lui ait été allouée en vertu de l'art. 212, que, par suite de la conversion,

714. Lorsque la conversion a été prononcée aux torts réciproques des deux époux, l'art. 301, comme nous l'avons vu *suprà*, n° 587, ne peut être invoqué par aucun d'eux, et par suite la pension alimentaire accordée à l'un ou à l'autre cesse *ipso facto* (Civ. cass. 24 nov. 1886, aff. Desbouis, D. P. 87. 1. 335; Vraye et Gode, t. 2, n° 835).

715. L'époux contre lequel le divorce est prononcé perd la jouissance légale des biens de ses enfants mineurs (V. *suprà*, n° 598). Cette déchéance, en cas de conversion, est encourue par l'époux dont les torts ont motivé la séparation de corps; peu importe qu'il ait été demandeur ou défendeur à la conversion (Vraye et Gode, t. 2, n° 837).

716. A la charge de quelle partie doivent être mis les dépens de l'instance en conversion? D'après la règle générale, c'est la partie qui succombe qui est condamnée aux dépens (c. proc. civ. art. 130). Ce principe s'appliquera lorsque l'époux qui aura sollicité la conversion sera débouté de sa demande. Mais si la conversion est admise, peut-on dire que l'époux défendeur succombe? Dans tous les cas, cet époux ne peut être en faute pour n'avoir pas accédé à la demande, puisque tout acquiescement lui était impossible (c. civ. art. 249). Lorsque la conversion est demandée par l'époux contre lequel la séparation de corps a été prononcée, on s'accorde à reconnaître que c'est le demandeur qui doit supporter les dépens. Alors, en effet, le défendeur n'a aucun tort. La conversion est admise en faveur de l'époux coupable, et c'est déjà bien assez qu'il profite de sa propre faute, sans que les frais retombent sur l'époux innocent (Caen, 3 févr. 1885, aff. James, D. P. 86. 2. 98; Trib. Reims, 5 mars 1885, sous Paris, 21 janv. 1886, *suprà*, n° 697; Carpentier, *Traité du divorce*, n° 424; Depeige, n° 132; Vraye et Gode, t. 2, n° 838; Morael, n°s 483 et suiv.). Mais, lorsque la conversion est prononcée sur la demande de l'époux qui a déjà obtenu la séparation de corps, la question de savoir à qui incombent les dépens est plus douteuse. La plupart des auteurs soutiennent qu'ils doivent être imposés à l'époux défendeur. On en donne pour raison que le demandeur qui fait prononcer la conversion après la séparation de corps use de son droit, qu'il n'avait pas épuisé d'abord; le défendeur, dit-on, doit justement supporter toutes les conséquences de ses torts (Carpentier, Depeiges, Vraye et Gode, *loc. cit.* V. en ce sens : Trib. Die, 12 août 1886, *suprà*, n° 698). Suivant une autre opinion qui nous paraît plus équitable, les frais de la conversion devraient, dans cette seconde hypothèse comme dans la première, être laissés à la charge du demandeur. C'est pour lui-même

cette dernière se trouve actuellement placée dans l'hypothèse que prévoit l'art. 301 c. civ; — Que c'est donc en vertu de ce dernier article qu'elle conservera la pension dont elle jouissait autrement, pourvu que ladite pension rentre dans les conditions qu'il prescrit; — Et attendu que la pension de 3000 fr. par an que C... a été condamné à servir à la dame C... ne dépasse pas le tiers des revenus du sieur C..., et que des renseignements fournis au tribunal il résulte que, la situation de la dame C... n'ayant pas changé depuis le jugement du 5 mars 1873, il y a lieu de maintenir le chiffre de ladite pension et de valider le commandement signifié au sieur C... par exploit de Sterckmann, huissier, en date du 19 mars 1886; — Sur la demande reconventionnelle de la dame C...: — Attendu que des renseignements apportés au tribunal tant sur l'âge que sur l'état du jeune C.... il appert que la somme de 600 fr. fournie jusqu'à ce jour par le père pour sa part contributive dans les frais d'entretien et l'éducation de l'enfant issu du mariage est devenue insuffisante, et qu'il est juste de la porter à 1200 fr.: — Par ces motifs; — Déclare C... mal fondé dans sa demande, l'en déboute; déclare bon et valable le commandement signifié à la requête de la dame C... au sieur C... par exploit de Sterckmann, huissier à Paris, en date du 19 mars 1886; — Ordonne en tant que de besoin la continuation des poursuites, élève à 1200 fr. la somme annuelle que C... devra payer pour sa part contributive dans les frais d'entretien et l'éducation du fils issu du mariage; — Condamne, en conséquence, C..., à payer à la dame C.., en sus de la somme de 600 fr. précédemment allouée par le jugement du 8 mai 1873, une autre somme annuelle de 600 fr. payable également par trimestre et d'avance à partir du jour de la présente demande, et attendu qu'il y a titre, ordonne l'exécution provisoire du présent jugement nonobstant appel et sans caution; — Déclare C... et la dame C... mal fondés dans le surplus de leurs demandes, fins et conclusions; — Condamne C... aux dépens. ». — Appel par le sieur C... — Arrêt.

LA COUR; — Statuant sur l'appel interjeté par C... du jugement du tribunal civil de la Seine, en date du 31 déc. 1886; — En ce qui touche la nullité du commandement tirée de ce que le jugement de séparation de corps, ayant été converti à la requête du mari en jugement de divorce, la dame C... aurait perdu ses droits à la pension alimentaire à elle allouée par le jugement du 8 mars 1873 : — Adoptant les motifs des premiers juges; — En ce qui touche la nullité du même commandement, tirée de ce que cet acte d'exécution aurait été signifié sans titre exécutoire, le jugement précité du 8 mai 1873 ayant perdu tous ses effets par suite de la conversion de la séparation de corps en divorce;—En droit : — Considérant qu'à l'égard de l'époux qui a obtenu la séparation, le jugement de conversion n'a d'autre effet que de substituer le divorce à la séparation de corps, sans modifier en quoi que ce soit les autres dispositions ou condamnations contenues dans le jugement de séparation, ou les autres conséquences juridiques qui en découlent, lesquelles demeurent définitivement acquises, sous les seules restrictions édictées, en ce qui concerne la pension alimentaire, par l'art. 301 c. civ.; — Qu'il en est ainsi et par la même raison lorsque l'époux qui a obtenu la séparation de corps a fait comme dans l'espèce, postérieurement au jugement de séparation, condamner son conjoint à lui payer une pension alimentaire; — En fait : — Considérant que la séparation de corps d'entre les époux C... a été prononcée par jugement en date du 16 mai 1870, au profit de la femme, et aux torts et griefs du mari; — Que, dans ces conditions, la situation juridique de la dame C... doit être appréciée comme si elle eût obtenu, par jugement du 16 mai 1870, son divorce au lieu de sa séparation; d'où il résulte qu'aux termes de l'art. 301 c. civ., elle était fondée à réclamer une pension alimentaire, dans les conditions et restrictions prévues audit article; — Considérant, à un autre point de vue, que le jugement du 8 mai 1873, qui a alloué à l'intimée la pension alimentaire dont elle poursuit le payement au moyen du commandement dont la nullité est demandée, était fondé, non seulement sur les dispositions des art. 212 et 214 c. civ., mais encore sur celles de l'art. 301 du même code, applicables au régime de la séparation de corps aussi bien qu'au régime du divorce; — Que le jugement de conversion du 5 mai 1885, qui a rompu le lien conjugal et produit pour les époux un changement d'état, a bien eu pour résultat d'enlever au jugement du 8 mai 1873 l'une des bases légales sur lesquelles il reposait auparavant, et qu'il trouvait à l'origine dans les art. 212 et 214 c. civ.; mais que, contrairement à ce qui aurait eu lieu dans le cas où la séparation de corps aurait été prononcée aux torts et griefs de la dame C..., ce jugement trouve toujours son fondement rationnel et juridique dans les dispositions de l'art. 301 ci-dessus rappelé; — Considérant, dès lors, que ce jugement est resté entre les mains de la dame C... avec tous les caractères d'un titre exécutoire, et qu'elle est fondée à en poursuivre l'exécution par toutes les voies de droit; — Qu'à la vérité ce jugement n'a point acquis à l'égard de l'appelant, en ce qui touche le *quantum* de la pension, l'autorité de la chose jugée, puisque celui-ci puise dans l'art. 301 lui-même le droit d'en demander la réduction, en prouvant qu'elle dépasserait le tiers de ses revenus; mais que les premiers juges et la cour ayant trouvé dans les documents de la cause la preuve que cette dernière prétention est sans fondement, il serait irrationnel d'astreindre la dame C... à faire les frais d'une nouvelle instance, pour obtenir la consécration d'un droit dans lequel elle est dès à présent reconnue fondée, et qui, au surplus, est déjà consacré par le jugement du 8 mai 1873, dont l'exécution est poursuivie;

En ce qui touche l'augmentation de la pension allouée à la dame C... pour subvenir aux frais d'entretien et d'éducation de l'enfant commun : — Considérant qu'aucune fin de non-recevoir n'a été proposée devant les premiers juges contre la dame C..., tendant à faire élever de 600 fr. à 1200 fr. la part contributive du mari; — Que cette fin de non-recevoir n'est point d'ordre public; qu'elle ne saurait, dès lors, être proposée pour la première fois en cause d'appel; — Considérant, au surplus, que C... ayant demandé, sur son opposition, à être entièrement déchargée de cette pension, l'intimée défenderesse, à cette demande, était fondée à demander non seulement que la pension soit maintenue, mais encore qu'elle soit portée à un chiffre plus élevé; — Que ses conclusions, de ce chef, n'étaient qu'une demande reconventionnelle et une défense à l'action principale; — Au fond, adoptant les motifs des premiers juges; — Par ces motifs, et adoptant sur l'un et sur l'autre point du litige les motifs développés dans le jugement dont est appel; — Sans s'arrêter ni avoir égard à la fin de non-recevoir opposée à la demande de la dame C... tendant à l'augmentation de la pension à elle allouée pour subvenir aux frais d'entretien et d'éducation de l'enfant commun, laquelle est rejetée comme non recevable et au besoin mal fondée; — Confirme le jugement dont est appel, avec amende et dépens; — Dit, toutefois, que la pension attribuée à la femme C... pour subvenir à l'entretien de son fils mineur cessera de plein droit à la majorité de celui-ci.

Du 15 mars 1887.-C. de Paris, 1re ch.-MM. Périvier, 1er pr.-Manuel, av. gén.-Carraby et Péronne, av.

qu'il demande la conversion, et c'est lui seul peut-être qui en profitera. Il aurait pu demander immédiatement le divorce, au lieu de la séparation; s'il ne l'a pas fait, c'est parce qu'il y a trouvé son intérêt, et non probablement par générosité; mais, quels qu'aient été ses motifs, il ne peut s'en prendre qu'à lui-même des frais supplémentaires occasionnés par la seconde instance. Ces frais ne proviennent que très indirectement de la faute du défendeur, tandis qu'ils résultent de la manière la plus directe du fait du demandeur (V. en ce sens : Morael, n°s 486 et suiv.). Quoi qu'il en soit, le tribunal a toujours le droit de compenser les dépens, parce que le débat a lieu entre conjoints (c. proc. civ. art. 131). Le défendeur qui interjette appel du jugement de conversion et qui succombe peut, d'ailleurs, être condamné aux dépens d'appel (Caen, 3 févr. 1885, aff. James, D. P. 86. 2. 98).

717. Après la conversion, les règles sur les effets du divorce à l'égard des enfants deviennent applicables (V. *suprà*, n°s 599 et suiv.). — On doit remarquer que le tribunal qui a prononcé la conversion peut n'être pas compétent pour statuer sur le sort des enfants. Ce sort, en effet, doit toujours être réglé par les juges qui ont prononcé la séparation de corps (V. *suprà*, n° 610), tandis que c'est le tribunal du domicile actuel de l'époux défendeur qui est compétent pour la conversion.

SECT. 3. — QUESTIONS TRANSITOIRES.

718. La loi du 27 juill. 1884, en rétablissant le divorce, a permis la transformation des demandes de séparation de corps pendantes au moment de sa promulgation en demandes de divorce. Elle a, de plus, autorisé la conversion en jugements de divorce des jugements de séparation de corps antérieurs. Ces dispositions transitoires ont été reproduites par la loi du 18 avr. 1886, dans son art. 6, et, bien qu'elles aient déjà beaucoup perdu de leur intérêt pratique, elles sont pourtant encore susceptibles d'être appliquées.

719. L'art. 6 de la loi du 18 avr. 1886 est ainsi conçu : « Les instances en séparation de corps pendantes au moment de la promulgation de la loi du 27 juill. 1884 peuvent être converties par le demandeur en instances de divorce. — Cette conversion peut être demandée même en cour d'appel. — La procédure spéciale du divorce sera suivie à partir du dernier acte valable de la procédure de séparation de corps. — Peuvent être convertis en jugements de divorce, comme il est dit à l'art. 310 c. civ., tous jugements de séparation de corps, antérieurs à la promulgation de la présente loi, devenus définitifs depuis trois ans ». — Ce texte prévoit deux hypothèses, qui doivent être traitées séparément : la conversion des instances de séparation de corps pendantes au moment de la loi de 1884, et la conversion des jugements de séparation de corps devenus définitifs avant la loi de 1886.

720. — I. CONVERSION DES INSTANCES DE SÉPARATION DE CORPS PENDANTES EN INSTANCES DE DIVORCE. — Toute demande de séparation de corps formée avant la loi du 27 juill. 1884 et sur laquelle n'était pas intervenue, au moment de la promulgation de cette loi, une décision définitive passée en force de chose jugée, a pu ou peut encore être convertie en demande de divorce. Le droit d'opérer cette conversion n'est accordé par la loi qu'au demandeur. Toutefois, la partie qui aurait demandé la séparation de corps par voie reconventionnelle pourrait également changer ses conclusions pour demander le divorce (Carpentier, *Traité du divorce*, n° 215; Depeiges, n° 20; Vraye et Gode, t. 2, n° 875).

721. Cette conversion peut être opérée en tout état de cause, soit en première instance, soit en appel. Mais elle ne pourrait plus l'être devant la cour de cassation. Si cependant cette cour cassait l'arrêt qui lui aurait été déféré, la conversion pourrait encore être demandée devant la cour de renvoi (Vraye et Gode, t. 2, n° 871).

722. Tant que l'instance en séparation de corps est pendante, et par cela seul qu'elle a commencé avant la loi du 27 juill. 1884, le demandeur conserve le droit de la convertir en instance de divorce. Il peut, s'il le veut, suivre jusqu'au bout la procédure sur sa demande de séparation et ne demander la conversion qu'au dernier moment, c'est-à-dire seulement avant la clôture des débats (Paris, 11 mars 1886 (1); Depeiges, n° 15; Vraye et Gode, t. 2, n° 871; Morael, n° 653).

723. La conversion de l'instance en séparation de corps en instance de divorce s'opère par voie de simples conclusions dont il est donné acte par le tribunal ou par la cour. La procédure spéciale au divorce doit ensuite être suivie. Mais on sait que, depuis la loi de 1886, cette procédure ne diffère plus guère de celle de la séparation de corps. A partir de l'introduction de la demande, la différence ne consiste que dans la faculté de prononcer un sursis et dans les formalités de publication et de transcription.

724. Si l'instance est par défaut, la demande de conversion doit être signifiée au défendeur, à son domicile, dans la forme des ajournements. Nous pensons même qu'il convient que la signification soit faite par un huissier commis, conformément à l'art. 237 c. civ., et que, si cette signification n'a pas été délivrée au défendeur en personne, l'art. 247 qui autorise le tribunal à faire publier la demande devient applicable.

725. Après la conversion, le tribunal n'a plus à statuer que sur les nouvelles conclusions qui tendent au divorce. La demande en séparation de corps disparaît et ne peut plus être présentée, même sous forme de conclusions subsidiaires (Paris, 30 juill. 1885, aff. Larché, D. P. 87. 1. 60. V. *suprà*, n° 163).

726. Si la conversion a été demandée en appel, la cour ne doit pas renvoyer les parties devant le président pour le préliminaire de conciliation, ni devant le tribunal, pour que

(1) (Ristelhueber C. Ristelhueber.) — Le 3 juin 1885, jugement du tribunal de la Seine ainsi conçu : — « Attendu que les époux Ristelhueber ayant formé tous deux, l'un contre l'autre, des demandes en séparation de corps, un jugement de cette chambre, en date du 30 juill. 1884, a joint les deux demandes et autorisé les époux Ristelhueber à faire la preuve des faits par eux articulés à l'appui de leur demande respective; — Attendu qu'il a été procédé aux opérations d'enquête et de contre-enquête et que les procès-verbaux en ont été signifiés; que, dans cet état de la procédure, Ristelhueber a, par un acte du palais en date du 4 mai 1885, signifié des conclusions par lesquelles il déclare transformer sa demande de séparation en demande de divorce; que, de son côté, la dame Ristelhueber soutient que cette demande est tardive et doit être par suite déclarée nulle et non recevable, parce qu'elle aurait dû être formée aussitôt après la promulgation de la loi du 29 juill. 1884 sur le divorce et avant que Ristelhueber ne fît aucun acte de procédure nouveau; qu'elle prétend notamment que Ristelhueber aurait dû prendre ses conclusions à fin de transformation avant d'ouvrir son enquête devant le juge commis pour y procéder et obtenir une décision nouvelle prescrivant les enquêtes dans la forme spéciale aux instances de divorce; — Mais attendu que l'art. 4 de la loi du 29 juill. 1884, en disposant que les instances en séparation de corps pendantes au moment de sa promulgation pourront être converties par les demandeurs en instance de divorce et que cette conversion pourra être demandée même en cour d'appel, ajoute simplement que la procédure spéciale au divorce sera suivie à partir du dernier acte valable de la procédure en séparation de corps; mais que cet article n'exige nullement que la conversion de l'instance ait lieu immédiatement après la promulgation de la loi et avant qu'il soit intervenu aucun acte de procédure depuis cette promulgation; qu'il n'existe aucune déchéance contre celui qui, comme dans l'espèce actuelle, aurait continué à suivre sur sa demande de séparation et ne transformerait que postérieurement sa demande de séparation en demande de divorce, et qu'il est de principe général qu'une déchéance ne peut être admise si elle n'est formellement prononcée par la loi; que du texte de l'article précité il résulte que la loi n'impose qu'une condition unique à la recevabilité de la demande de transformation de l'instance, c'est que cette instance fût pendante au moment de la promulgation de la loi, mais que du moment où cette condition est accomplie, le demandeur peut, à son gré et quand bon lui semble, transformer sa demande à tout instant de la procédure, tant que l'instance est pendante, soit en première instance, soit en appel; qu'il suit de là que Ristelhueber est encore recevable à convertir sa demande de séparation en demande de divorce; qu'il y a lieu de lui donner acte de sa déclaration à cet effet et en outre de mettre l'affaire en état d'être suivie dans la forme spéciale aux demandes de divorce; — Par ces motifs; — Donne acte à Ristelhueber de ce qu'il déclare transformer sa demande de séparation en demande de divorce, etc. ». — Appel par la dame Ristelhueber. — Arrêt.

LA COUR; — Adoptant les motifs des premiers juges; — Confirme.

Du 11 mars 1886.-C. de Paris, 1re ch.-MM. Périvier, 1er pr.-Manuel, av. gén., c. conf.-de Sal et Lebel, av.

la demande subisse le premier degré de juridiction. Elle doit statuer *de plano;* c'est ce qui résulte de la disposition qui veut que la procédure en divorce soit suivie à partir du dernier acte de la procédure en séparation (Bourges, 17 nov. 1884, aff. Pétissy, D. P. 85. 2. 195; Civ. rej. 30 juin 1886, aff. Larché, D. P. 87. 1. 60; Nancy, 10 mars 1887, *suprà*, n° 421).

727. La conversion peut être demandée en appel, encore bien qu'un jugement ait statué sur la demande de séparation de corps dès avant la loi du 27 juill. 1884, et que ce jugement non définitif n'ait été frappé d'appel que depuis cette loi. On a prétendu qu'en pareil cas il n'y avait pas instance pendante au moment de la promulgation de la loi; l'instance devant le tribunal, a-t-on dit, était terminée, et l'instance devant la cour n'était pas commencée. Mais les mots *instance pendante* ne doivent pas être interprétés ici dans un sens aussi restreint; ils comprennent toute instance qui n'était pas terminée par une décision définitive. Dès que le jugement rendu avant la promulgation de la loi n'était pas passé en force de chose jugée, peu importe que l'appel ait été formé avant ou après cette promulgation. Dans les deux cas, le demandeur peut user du droit de convertir au cours de l'appel sa demande de séparation en demande de divorce (Req. 25 mai 1887, aff. Lunel, D. P. 87. 5. 162; Vraye et Gode, t. 2, n° 874).

728. Quand la séparation de corps a été prononcée en première instance sur les demandes réciproques des deux époux, tous deux peuvent, en appel, exercer le droit de conversion; mais faut-il pour cela que chacun d'eux ait appelé de la disposition du jugement rendue contre lui, ou suffit-il qu'un seul ait interjeté appel? La cour de Bourges avait décidé que la demande de conversion formée en pareil cas par le mari n'était pas recevable, à raison de ce que la femme n'avait pas relevé appel de la partie du jugement qui avait statué sur la demande du mari, cette demande ne pouvant plus être considérée comme pendante (Bourges, 16 févr. 1885, aff. de Clamecy, D. P. 86. 2. 39). Mais cette décision a été annulée par la cour de cassation, qui a considéré que la demande de conversion formée en appel par le mari, et tendant à ce que le divorce fût prononcé dans des conditions moins défavorables pour lui-même, constituait une défense à la demande en conversion émanée de la femme (Civ. cass. 9 févr. 1887, aff. de Clamecy, D. P. 88. 1. 24). Il y a lieu de remarquer, toutefois, que dans cette affaire, la femme, sur l'appel du mari, avait elle-même demandé la conversion devant la cour; si elle s'était bornée à soutenir la disposition du jugement de première instance attaquée par le mari, la décision de la cour de cassation aurait pu être différente (Comp. Vraye et Gode, t. 2, n° 875).

729. L'époux qui a converti sa demande de séparation de corps en demande de divorce, par application de l'art. 6 de la loi du 18 avr. 1886, peut, usant du droit reconnu à tout demandeur en divorce, par l'art. 239 c. civ., revenir sur sa décision et transformer de nouveau sa demande pour ne plus conclure qu'à la séparation de corps (Paris, 20 janv. 1886, *suprà*, n° 433; Depeiges, n° 19; Vraye et Gode, t. 2, n° 876).

730. — II. — CONVERSION DES JUGEMENTS DE SÉPARATION DE CORPS ANTÉRIEURS À LA LOI DU 18 AVR. 1886. — Le dernier paragraphe de l'art. 6 de la loi du 18 avr. 1886 permet de convertir en jugements de divorce, conformément à l'art. 310, tous jugements de séparation de corps antérieurs à la promulgation de cette loi, devenus définitifs depuis trois ans. Cette disposition ne fait qu'étendre l'application de l'art. 310 aux séparations de corps prononcées antérieurement aux lois de 1884 et de 1886. Elle est utile, parce qu'on aurait pu soutenir que ces séparations qui remontaient à une époque où le divorce n'existait pas n'étaient pas susceptibles de conversion.

731. Sous l'empire de la loi du 27 juill. 1884, on avait agité la question de savoir si la conversion ne pouvait être demandée qu'après un délai de trois ans pour les jugements de séparation de corps devenus définitifs avant cette loi, comme pour ceux qui le deviendraient par la suite. L'art. 4, § 3, de la loi de 1884 laissait place à cette controverse, car il se bornait à autoriser la conversion des jugements de séparation de corps devenus définitifs avant la promulgation de la loi, sans parler du délai de trois ans. Quelques auteurs prétendaient que ce délai n'était pas alors obligatoire, attendu que l'époux qui avait demandé et obtenu la séparation de corps avant la loi n'avait pas eu le choix de conclure au divorce qui n'existait pas. Mais cette interprétation n'avait pas prévalu devant les tribunaux (V. Trib. Seine, 16 août 1884, aff. Bachelin, D. P. 84. 5. 161; Trib. Saint-Quentin, 20 août 1884, aff. Philippot, *ibid.;* Trib. Versailles, 28 août 1884, aff. Taphanel, *ibid.;* Trib. Seine, 28 août 1884, aff. Noël, *ibid.*), et elle a été définitivement écartée par le législateur de 1886, qui a inséré dans la loi les mots « devenus définitifs depuis trois ans », pour faire cesser tous débats à ce sujet.

732. Nous avons vu *suprà*, n° 672, qu'on n'est pas d'accord sur le point de départ du délai de trois ans édicté par l'art. 310. Lorsqu'il s'agit de la conversion d'un jugement antérieur à la loi de 1886, aucun doute ne peut exister, puisque cette loi exige que le jugement soit devenu définitif depuis trois ans; le point de départ du délai est, par conséquent, le moment où le jugement est devenu définitif. Le texte de l'art. 6 de la loi de 1886 fournit même un argument d'analogie, qui nous semble très concluant, pour l'interprétation de l'art. 310.

733. — III. APPLICATION DE LA PROCÉDURE ÉTABLIE PAR LA LOI DU 18 AVR. 1886 AUX INSTANCES DE DIVORCE COMMENCÉES AVANT CETTE LOI. — La loi de 1886 ayant profondément modifié la procédure du divorce, on aurait pu douter que les dispositions de cette loi fussent applicables aux instances commencées avant sa promulgation. L'art. 7 a prévu et résolu cette difficulté; il est ainsi conçu : « La présente loi s'appliquera aux instances de divorce commencées sous l'empire de la loi du 27 juill. 1884 ». C'est donc la procédure nouvelle qui a dû et doit être suivie, depuis la loi de 1886, pour les instances pendantes au moment de la promulgation de cette loi.

L'application de cette règle ne saurait plus guère aujourd'hui soulever de difficultés. Disons seulement que, si une enquête a été ordonnée sous l'empire de la loi de 1884, comme elle ne doit plus avoir lieu devant le tribunal tout entier, mais seulement devant un juge, il y a lieu de demander au tribunal, par voie de conclusions, de commettre un juge pour y procéder (Depeiges, n° 10; Vraye et Gode, t. 2, n° 880).

734. Dans le cas où un jugement de divorce a été rendu avant la loi de 1886, mais n'est devenu définitif que depuis cette loi, on peut se demander si le divorce doit être prononcé par l'officier de l'état civil conformément à l'ancienne loi, ou si le jugement doit être transcrit suivant les prescriptions de la loi nouvelle. Nous pensons que c'est alors l'ancienne loi qui doit être suivie, car le jugement doit être exécuté suivant sa forme et teneur. De plus, le divorce a été seulement admis par le jugement, il n'est pas encore prononcé, et il ne peut l'être que par l'officier de l'état civil, conformément à l'ancien art. 264 c. civ. Tel est aussi l'avis exprimé par M. le garde des sceaux dans une circulaire du 22 avr. 1886 (D. P. 86. 4. 32, note 1).

Table sommaire

des matières contenues dans le Supplément et le Répertoire.

(Les chiffres précédés de la lettre *S* renvoient au Supplément; les chiffres précédés de la lettre *R* renvoient au Répertoire.)

Table des articles des code civil et de procédure civile, des lois des 27 juill. 1884 et 18 avr. 1886.

(Les chiffres précédés de la lettre *S* renvoient au Supplément; les chiffres précédés de la lettre *R* renvoient au Répertoire.)

Table chronologique des Lois, Arrêts, etc.

DIVULGATION DE SECRET. — V. *infrà*, vº *Révélation de secret.*

DOCK. — V. *Warrants et chèques*; — *Rép.* eod. vº, nºˢ 5 et suiv.

DOL. — V. *Obligations*; — *Rép.* vº *Chose jugée*, nº 394; *Obligations*, nºˢ 198 et suiv.

V. aussi *suprà*, vⁱˢ *Abus de confiance*, nº 50; *Cassation*, nº 403; *Contrat de mariage*, nºˢ 96, 398 et suiv., 486, 496, 561, 584, 665 et suiv., 765, 1107 et 1190; *Désistement*, nº 1; *Dispositions entre vifs et testamentaires*, nº 85; *infrà*, vⁱˢ *Faillite et banqueroute*; *Notaire-notariat*; *Office*; *Requête civile*; *Responsabilité*; *Société*; *Transaction*; *Vente*.

DOMAINE APANAGER. — **1.** Nous avons exposé au *Rép.* nº 20 que l'art. 18 de la loi des 22 nov.-1ᵉʳ déc. 1790, qui a prononcé la suppression des apanages et les a remplacés par des rentes apanagères assignées sur le trésor royal, a excepté de la suppression qu'elle prononçait le palais d'Orléans ou du Luxembourg. Un décret du 14 sept. 1792 (D. P. 60. 1. 438, note) a autorisé l'aliénation de terrains faisant partie de l'apanage ainsi conservé, et a prescrit qu'une rente foncière de 7 livres 19 sous par toise serait imposée aux adjudicataires, que cette rente serait rachetable; que le rachat en serait opéré aux mains des commissaires régisseurs des domaines nationaux conformément aux lois rendues sur le rachat des rentes dues à la nation; que la nation, en ce cas, demeurerait chargée du service de la rente envers le duc d'Orléans et ses descendants.

Il a été décidé que les rentes foncières créées en exécution de ce décret avaient été, dès l'origine, la propriété de la nation, sauf la jouissance de l'apanagiste; que, par suite, elles étaient susceptibles de prescription, comme tous les autres biens de l'État, et qu'elles devaient être déclarées éteintes si le service en avait cessé depuis plus de trente ans avant l'époque où l'État, après l'extinction de l'apanage, en avait réclamé les arrérages (Req. 9 juill. 1860, aff. Préfet de la Seine, D. P. 60. 1. 438).

2. Nous avons dit au *Rép.* nº 53 que les biens apanagers ne pouvaient être aliénés par l'apanagiste et qu'ils étaient imprescriptibles. Les terres que l'apanagiste avait détachées de son apanage pendant sa jouissance ne pouvaient donc appartenir irrévocablement, par le bénéfice de la prescription, au sous-concessionnaire, pas plus que l'apanage lui-même ne pouvait purger entre les mains de l'apanagiste, quelque longue que fût la durée de sa jouissance, l'inaliénabilité et l'imprescriptibilité dont il était frappé. Il en résulte que, lorsque la clause de retour venait à produire son effet, l'apanage rentrait aux mains de l'Etat tel qu'il en était sorti, et que, si l'apanagiste avait aliéné une portion des domaines apanagés, l'État reprenait, avec l'apanage, le droit d'exercer son action résolutoire contre les sous-acquéreurs. Que si, au lieu d'exercer cette action, l'État engageait de nouveau, à titre d'apanage ou autrement, ce qui était rentré dans son domaine, ces concessions nouvelles ne changeaient en rien sa situation à l'égard des concessions partielles qui avaient été faites antérieurement. Les terrains qui avaient été l'objet de ces concessions demeuraient inaliénables et imprescriptibles. Il en résulte que l'Etat a pu les revendiquer, en vertu de la loi du 14 vent. an 7, s'il n'y avait pas d'autre obstacle à son action (Civ. rej. 16 févr. 1853, aff. Commune de Saint-Christophe Lejajolet, D. P. 53. 1. 88). — Cet arrêt ne s'est pas nettement prononcé sur la question de savoir si, dans le cas de sous-aliénation de biens compris dans un apanage, l'action révocatoire appartenait au roi ou à l'apanagiste. Mais cette question avait été résolue en faveur de l'Etat dans les conclusions données à l'audience par M. le premier avocat général Nicias Gaillard. Ce magistrat avait établi, en invoquant l'autorité des anciens domanistes (Lefebvre Laplanche, p. 484 et 485; Duvancel, p. 67; *Dictionnaire des domaines*, p. 133, 161, 163 et 164) que l'action révocatoire, étant la représentation de la chose aliénée, n'aurait pu être enlevée à l'Etat sans porter atteinte au principe même de l'inaliénabilité.

Table sommaire

des matières contenues dans le Supplément et le Répertoire.

(Les chiffres précédés de la lettre *S* renvoient au Supplément; les chiffres précédés de la lettre *R* renvoient au Répertoire.)

Table chronologique des Lois, Arrêts, etc.

DOMAINE COMMUNAL. — V. *suprà*, v° *Commune*, n°s 975, 985 et suiv.

DOMAINE CONGÉABLE. — V. *infrà*, v° *Louage à domaine congéable.*

DOMAINE DE LA COURONNE.

Division.

§ 1er. — Historique et législation. — Principes généraux. — Droit comparé (*Rép.* n°s 3 à 23).

1. Nous avons indiqué au *Rép.* n°s 1 à 22 les dispositions législatives qui ont successivement régi le domaine de la couronne jusqu'à la réunion de ce domaine à celui de l'Etat, à la suite de la révolution de 1848.

2. Après l'établissement du second Empire, un sénatus-consulte du 12 déc. 1852 (D. P. 52. 4. 220) régla les conditions auxquelles devaient être soumises la liste civile de l'empereur et la dotation de la couronne. La liste civile fut fixée à partir du 1er déc. 1852, pour toute la durée du règne, conformément à l'art. 15 du sénatus-consulte du 28 flor. an 12, qui avait remis en vigueur, au début du premier Empire, les dispositions du décret du 26 mai 1791 (*Rép.* n°s 7, 8 et 14). Elle se trouva, en conséquence, portée au chiffre de 25 millions. La dotation immobilière devait comprendre les palais, châteaux, maisons, domaines et manufactures énumérés dans un tableau annexé au sénatus-consulte. La dotation mobilière devait comprendre les diamants, perles, pierreries, statues, tableaux, pierres gravées, musées, bibliothèques et autres monuments des arts, ainsi que les meubles meublants contenus dans l'hôtel du garde-meuble et les divers palais et établissements impériaux. Aux termes de l'art. 3, les biens particuliers appartenant à l'empereur au moment de son avènement au trône étaient de plein droit réunis au domaine de l'Etat et faisaient partie de la dotation de la couronne. Mais il résulte d'un décret impérial du 14 sept. 1853 que cette réunion s'était opérée à titre onéreux. Ce décret a, en effet, ouvert « au ministère des finances un crédit extraordinaire de 1241200 fr. pour la portion payable du prix d'acquisition des immeubles réunis au domaine de l'Etat en vertu du principe de dévolution » (A. Desjardins, *De l'aliénation et de la prescription des biens de l'Etat*, p. 398).

3. La section 2 du sénatus-consulte du 12 déc. 1852 déterminait les conditions de la jouissance des biens formant la dotation de la couronne, et elle consacrait le principe de l'inaliénabilité et de l'imprescriptibilité des biens meubles et immeubles de la couronne. Néanmoins la couronne pouvait aliéner, à la charge de les remplacer, les biens susceptibles de se détériorer par l'usage et inventoriés avec estimation. Conformément à l'art. 12 du sénatus-consulte du 30 janv. 1810, l'échange de ces biens ne pouvait avoir lieu qu'en vertu d'un sénatus-consulte; il en était de même des baux d'une durée supérieure à vingt et un ans. Il ne pouvait être fait, dans les forêts de la couronne, aucune coupe extraordinaire ni aucune coupe des quarts en réserve ou des massifs réservés par l'aménagement pour croître en futaie, si ce n'est en vertu d'un sénatus-consulte. Le domaine de la couronne était affranchi des impôts dus à la nation, mais soumis aux contributions départementales et communales. L'empereur pouvait faire aux palais, bâtiments et domaines de la couronne tous les changements, additions et démolitions qu'il jugeait utiles à leur conservation et à leur embellissement, et l'entretien et les réparations de toute nature étaient à la charge de la liste civile. Cette dernière disposition a été modifiée par un sénatus-consulte du 20 juin 1860 (D. P. 60. 4. 75), qui a excepté de ces réparations les grands travaux de reconstruction que, par suite de force majeure, d'accidents fortuits ou d'un état reconnu de vétusté, il serait nécessaire d'exécuter dans les bâtiments dépendant de la dotation immobilière de la couronne. Ce sénatus-consulte a été rendu à l'occasion de la manufacture de porcelaine de Sèvres dont l'état de vétusté et la ruine imminente nécessitaient la reconstruction entière sur un emplacement plus favorable (V. le rapport de M. de Royer, *Moniteur* du 19 juin 1860).

4. Aux termes de l'art. 16 du sénatus-consulte du 12 déc. 1852, le douair de l'impératrice devait être fixé par un sénatus-consulte, au moment du mariage de l'empereur. Aucun sénatus-consulte n'a fixé le douaire de l'impératrice Eugénie. L'art. 17 fixait à 1500000 fr. la dotation des princes et princesses de la famille impériale. La répartition de cette dotation devait être faite par décret de l'empereur. Un sénatus-consulte du 28 févr. 1859 (D. P. 59. 4. 16) éleva à 2200000 fr. le chiffre de cette dotation annuelle. Ce sénatus-consulte alloua une somme de 800000 fr. au prince Napoléon pour dépenses de mariage et frais d'établissement, et disposa qu'en cas de décès du prince il serait alloué à la princesse sa veuve une somme annuelle de 200000 fr. à titre de douaire, ainsi qu'une habitation conforme à son rang. A la mort du prince Jérôme, dernier frère de Napoléon 1er, l'empereur décida que, sur le million laissé disponible par ce décès, 300000 fr. seraient ajoutés à la dotation de la princesse Mathilde et 700000 fr. feraient retour au Trésor.

5. Un décret du 14 déc. 1852 (D. P. 52. 4. 221) confia l'administration de la liste civile et de la dotation de la couronne au ministre d'État, qui prit le titre de ministre d'Etat et de la maison de l'empereur. Aux termes d'un sénatus-consulte du 23 avr. 1856 (D. P. 56. 4. 51) interprétatif de l'art. 22 de celui du 12 déc. 1852, l'administrateur de la dotation de la couronne avait seul qualité pour procéder en justice, soit en demandant, soit en défendant, dans les instances relatives à la propriété des biens faisant partie de cette dotation ou de ce domaine privé; il avait seul qualité pour préparer et consentir les actes relatifs aux échanges du domaine de la couronne et tous autres actes conformes aux prescriptions du sénatus-consulte du 12 déc. 1852. Enfin il avait également qualité, dans les cas prévus par les art. 13 et 26 de la loi du 3 mai 1841, pour consentir seul les expropriations et recevoir les indemnités, sous la condition de faire emploi desdites indemnités, soit en immeubles, soit en rentes sur l'Etat, sans toutefois que le débiteur fût tenu de surveiller le remploi.

6. Les budgets de la maison de l'empereur étaient le complément des mesures prises pour l'administration de la liste civile et de la dotation de la couronne : ils comprenaient les revenus et charges et la dotation de la liste civile. Un décret du 19 janv. 1853 avait fixé les règles de la formation de ce budget, qui était préparé par les soins du ministre de la maison de l'empereur et soumis à l'approbation de l'empereur (Gaudry, *Traité du domaine*, t. 3, n° 620, p. 189).

7. Il y a lieu de mentionner parmi les dispositions législatives rendues en cette matière sous le second Empire : 1° le décret du 25 janv. 1854 (D. P. 54. 4. 29), relatif à la formation des états et plans des immeubles, ainsi que des inventaires des meubles compris dans la dotation de la couronne; 2° le décret du 12 août 1854 (D. P. 54. 4. 147) qui crée, pour la surveillance des forêts du domaine de la couronne, un escadron de gendarmerie faisant partie de la garde impériale; 3° le sénatus-consulte du 28 mai 1858 (D. P. 58. 4. 58), qui affecte à une promenade publique le bois de Vincennes compris dans la dotation de la couronne, et autorise l'aliénation d'une portion de ce bois jusqu'à concurrence de cent vingt hectares, à la charge de faire emploi du prix soit en immeubles à réunir audit bois, soit en travaux d'amélioration.

8. La chute de l'Empire entraîna la réunion du domaine de la couronne au domaine de l'Etat. Cette réunion fut prononcée par un décret du gouvernement de la Défense nationale du 6 sept. 1870 (D. P. 70. 4. 86), qui supprima le ministère de la maison de l'empereur et chargea une commission nommée par le ministre des finances de la liquidation des biens de l'ancienne liste civile et du domaine privé. Deux décrets du 5 sept. 1870 (D. P. 70. 4. 86) réunirent au ministère du commerce les manufactures de Sèvres, de

Beauvais et des Gobelins, et au ministère des finances les bâtiments de la couronne, le mobilier de la couronne, les bâtiments et établissements agricoles de la couronne. Un décret du 24 oct. 1870 (D. P. 70. 4. 98) rattacha au ministère des travaux publics, en ce qui touchait la conservation et l'entretien, les bâtiments et jardins faisant partie de la dotation immobilière de l'ancienne liste civile. Enfin un décret du 10 nov. 1870 (D. P. 70. 4. 103) rattacha au ministère des finances, pour être régis par l'administration du domaine de l'Etat, tous les domaines productifs qui dépendaient de l'ancienne dotation de la couronne autres que les établissements agricoles non affermés. Le tableau des domaines dépendant de l'ancienne liste civile était annexé à ce décret.

9. Parmi les objets mobiliers qui avaient fait partie du domaine de la couronne et qui ont fait retour au domaine de l'Etat en 1870, figuraient les joyaux de la couronne. La Chambre des députés a été saisie en 1881 d'une proposition de M. Benjamin Raspail et, l'année suivante, d'un projet de loi émané du Gouvernement et ayant l'un et l'autre pour objet l'aliénation de ces joyaux. Le projet voté par la Chambre ordonnait cette aliénation, et en affectait le produit à une caisse des invalides du travail. Cette affectation donna lieu à des objections devant le Sénat qui, sur la proposition d'un de ses membres, M. G. Boulanger, se borna à voter le principe de l'aliénation en réservant l'affectation à une loi spéciale. La Chambre des députés se rallia à l'amendement adopté par le Sénat. La loi du 10 déc. 1886 (D. P. 87. 4. 56) qui est sortie de ces délibérations, porte que les diamants, pierreries et joyaux faisant partie de la collection dite des *diamants de la couronne* et qui ne figurent pas sur les états annexés à ladite loi seront vendus aux enchères publiques, que le produit net de cette vente sera converti en rentes sur l'Etat dont les titres seront déposés à la caisse des dépôts et consignations, et qu'une loi spéciale statuera sur l'affectation de ces rentes et de leurs arrérages. Les joyaux exceptés de la vente sont rangés dans trois catégories : les uns doivent être conservés en raison de leur caractère artistique ou historique, ou de leur valeur; les autres doivent être conservés pour le muséum minéralogique; les autres sont destinés à la fonte. Le prix de la vente des diamants de la couronne qui a eu lieu du 12 au 23 mai 1887, s'est élevé à la somme de 6864050 fr.

§ 2. — Des biens qui composaient la dotation en nature de la couronne, et des conditions de leur jouissance (*Rép.* nos 24 à 54).

10. L'art. 7 du sénatus-consulte du 12 déc. 1852 consacrait, comme la législation antérieure (*Rép.* nos 30 et suiv.), le principe de l'inaliénabilité et de l'imprescriptibilité des biens faisant partie du domaine de la couronne. Cette disposition s'étendait non seulement aux immeubles mais aux meubles, et notamment aux tableaux des musées, de sorte que le possesseur de ces objets ne pouvait pas invoquer la maxime *en fait de meubles, possession vaut titre*, dans les cas où elle peut être invoquée par les particuliers et contre eux (Batbie, *Droit public et administratif*, 2e éd., t. 5, no 341; Foucart, *Eléments de droit public et administratif*, 4e éd., t. 2, no 803, p. 276). Cette règle existait déjà sous l'ancienne monarchie, ainsi que l'enseigne d'Aguesseau, *Œuvres*, t. 8, p. 62 (V. Orléans, 23 déc. 1880, aff. de Bauffremont, D. P. 82. 2. 89). — En ce qui concerne les immeubles du domaine de la couronne, M. Ducrocq, *Cours de droit administratif*, 6e éd., t. 2, no 1050, fait observer que ce texte démontre que les palais, châteaux, musées, etc. auxquels il s'applique ne sont pas par eux-mêmes inaliénables et imprescriptibles, puisqu'une disposition spéciale a été jugée nécessaire pour leur imprimer ce caractère. Il ajoute que, dans le même ordre d'idées, le décret du 6 sept. 1870 (V. *suprà*, no 8) prouve que ces immeubles font partie du domaine privé de l'Etat, et non du domaine public. M. Batbie, *loc. cit.*, estime, au contraire, que les biens qui ont fait partie du domaine de la couronne sont toujours régis par les mêmes dispositions et qu'ils continuent à être imprescriptibles, aucune disposition n'ayant modifié l'état du droit sur ce point. L'imprescriptibilité, dit-il, tenait à l'importance de ces biens plutôt qu'à leur appellation, et si celle-ci a pris fin, il en est autrement de ce qui en fait des objets sans prix et dont la perte est irréparable. Cette dernière considération ne serait applicable qu'à un certain nombre d'objets mobiliers ayant fait partie du domaine de la couronne.

11. Une application du principe de l'inaliénabilité des biens formant la dotation immobilière de la couronne a été faite par la jurisprudence aux étangs de Versailles et aux eaux contenues dans ces étangs, spécialement destinés à servir à la décoration et à l'entretien du parc. Un arrêt de la chambre des requêtes du 30 mai 1881 (aff. Eugénie de Guzman, D. P. 81. 1. 460) a déclaré nulle une convention intervenue entre le ministre de la maison de l'empereur, stipulant au nom de la liste civile, et le préfet de la Seine, stipulant au nom du département, aux termes de laquelle la liste civile s'obligeait, pour un temps illimité et moyennant un prix déterminé, à déverser chaque année dans la Bièvre une certaine quantité d'eau prise dans les étangs de Versailles. Cet arrêt décide qu'une pareille convention ne saurait être considérée ni comme un bail, ni comme un louage de choses, mais qu'elle constitue une véritable aliénation excédant les droits qui appartenaient à la liste civile. Il y a lieu de remarquer que, quand bien même ce traité aurait été valable, il aurait pu être réputé *res inter alios acta* : quoique les biens de la liste civile aient fait retour au domaine de l'Etat, l'Etat ne peut être considéré comme ayant succédé à la liste civile, et, ainsi qu'on l'a vu au *Rép.* no 83, il n'est tenu, à raison des obligations contractées par elle, que dans les limites du profit qu'il a recueilli et uniquement en sa qualité de détenteur des biens.

§ 3. — De la somme annuelle qui était payée au roi par le trésor public. — De la dotation du prince royal et du domaine de la reine (*Rép.* nos 55 à 61).

12. Sur ces questions, qui n'ont qu'un intérêt historique, V. *Rép.* nos 55 et suiv.

§ 4. — Du mode d'administration des biens composant la liste civile, et de ses actions judiciaires (*Rép.* nos 62 à 78).

13. Nous avons dit (*Rép.* no 74) que l'art. 14 du décret du 11 juin 1806 chargeait le conseil d'Etat de prononcer sur toutes les contestations ou demandes relatives soit aux marchés passés avec l'intendant de la maison de l'empereur ou en son nom, lesquels étaient assimilés sous ce rapport aux marchés passés avec les ministres, soit aux travaux ou fournitures faits pour le service personnel du prince ou celui de ses maisons, et nous avons émis l'opinion que cette exception au principe du droit commun avait survécu à l'art. 27 de la loi du 2 mars 1832, dont les dispositions ont été reproduites par l'art. 22 du sénatus-consulte du 12 déc. 1852. Cette opinion est également professée par M. Gaudry, *Traité du domaine*, t. 3, p. 177.

14. La cour de cassation a toutefois reconnu la compétence de l'autorité judiciaire pour connaître des actions en payement de fournitures exercées contre l'ancienne liste civile du roi Louis-Philippe, par le motif que le décret du 25 oct. 1848, qui ordonne la liquidation de cette liste civile, non plus que les principes établis dans la loi du 2 mars 1832, ne met à la charge de l'Etat aucune des dettes et obligations contractées par ladite liste civile, et renvoie les ayants droit devant la juridiction compétente selon les règles du droit commun (Civ. rej. 8 janv. 1855, aff. Têtu, D. P. 55. 1. 9).

§ 5. — Liquidation de l'ancienne liste civile (*Rép.* nos 79 à 103).

15. Les règles consacrées par la jurisprudence à l'occasion de la liquidation de la liste civile du roi Charles X ont été exposées au *Rép.* nos 79 et suiv. On a vu (*Rép.* no 84) que cette jurisprudence avait pour base la distinction entre les dettes proprement dites, que l'Etat a acquittées en exécution de la loi du 8 avr. 1834, et les promesses d'allocations ou de pensions ayant le caractère d'actes de pure munificence et dont l'effet s'est trouvé arrêté pour l'avenir par les événements qui avaient mis fin à la dotation de la liste civile (V. conf. Gaudry, *Traité du domaine*, t. 3, no 621, p. 193). Les mêmes règles ont été appliquées à la liquidation de la liste civile impériale. Ainsi il a été décidé que la dame

Emarot, mère de la demoiselle Emma Livry, n'avait aucune action contre la liquidation de la liste civile en payement d'une pension de 6000 fr., que l'empereur Napoléon III lui avait accordée sur ses fonds particuliers (Paris, 12 mars 1875, aff. Emarot, D. P. 77. 3. 86, notes 4 et 5).

16. Une question plus délicate s'est présentée à l'occasion de l'engagement pris envers une commune par le chef de l'Etat, agissant comme souverain, de concourir à l'exécution d'un travail public pour une somme payable en plusieurs termes. Le conseil d'Etat a décidé qu'un engagement semblable était subordonné, par sa nature, à la condition que la liste civile toucherait du Trésor les versements mensuels sur lesquels devaient être prélevées les subventions promises, et que, dès lors, les événements qui avaient mis fin à l'autorité de l'empereur et à la dotation de la liste civile constituaient des faits de force majeure ayant dégagé la liste civile de l'obligation d'effectuer les versements qui ne seraient venus à échéance que postérieurement auxdits événements (Cons. d'Et. 22 juin 1877, aff. Commune de Cuperly, D. P. 77. 3. 86).

17. Ce principe que la liste civile, lorsqu'elle prenait des engagements pour l'avenir, en avait implicitement subordonné l'exécution au maintien de la souveraineté du chef de l'Etat, avait été également appliqué par la cour de cassation, qui avait décidé que la révolution de 1848 avait eu pour effet de rompre, sans dommages-intérêts, les marchés passés avec des fournisseurs par le gouvernement antérieur (Civ. rej. 8 janv. 1855, aff. Tètu, D. P. 55. 1. 9).

Table sommaire

des matières contenues dans le Supplément et le Répertoire.

(Les chiffres précédés de la lettre *S* renvoient au Supplément; les chiffres précédés de la lettre *R* renvoient au Répertoire.)

Table chronologique des Lois, Arrêts, etc.

DOMAINE DE L'ÉTAT.

Division.

CHAP. 1er. — Historique et législation (*Rép.* n°s 2 à 34).

1. Aux termes de l'ordonnance du 14 juin 1833, rapportée au *Rép.* p. 99, les ordonnances royales ayant pour objet d'affecter un immeuble domanial à un service public de l'Etat devaient être concertées entre le ministre qui réclamait l'affectation et le ministre des finances; l'avis de ce dernier devait toujours être visé dans l'ordonnance, et celle-ci contresignée par le ministre du département au service duquel l'immeuble devait être affecté; les ordonnances de cette nature devaient être insérées au *Bulletin des lois*.

L'art. 4 de la loi de finances du 18 mai 1850 (D. P. 50. 4. 87) modifia ce régime et exigea une loi pour autoriser l'affectation d'une partie du domaine de l'Etat à un service public. Mais cette disposition fut elle-même abrogée par le décret-loi du 24 mars 1852 (D. P. 52. 4. 87), qui remit en vigueur le système établi par l'ordonnance de 1833, par le motif que « les nécessités des services publics sont souvent urgentes et que l'affectation d'un immeuble à un service public n'altère en rien son caractère domanial » (V. Ducrocq, *Cours de droit administratif*, 6e éd., t. 2, n° 1025, et, avec plus de développements, le *Traité des édifices publics* du même auteur. V. aussi le discours de M. Vuitry dans la discussion de la loi du 28 avr. 1869 (D. P. 69. 4. 48, note).

2. Plusieurs lois rendues depuis la publication du *Répertoire* ont également modifié la régime des biens qui composent le domaine de l'Etat. Une des plus importantes est celle du 1er juin 1864 qui règle le mode d'aliénation des immeubles domaniaux (1). Aux termes de cette loi, les immeubles domaniaux, autres que ceux dont l'aliénation est régie par des lois spéciales, doivent continuer à être vendus aux enchères publiques dans les formes déterminées par les lois des 15 et 16 flor. an 10, 5 vent. an 12 et 18 mai 1850 (D. P. 50. 4. 87). Toutefois, l'immeuble qui en totalité est d'une valeur estimative supérieure à un million ne peut être aliéné, même partiellement ou par lots, qu'en vertu d'une loi. Le rapporteur de cette loi au Corps législatif, M. de Voize, a exposé que l'attention du législateur avait été plus particulièrement appelée sur les terrains et bâtiments qui, devenus inutiles au service, passent du domaine public dans le domaine de l'Etat, perdent leur caractère d'inaliénabilité et sont remis au domaine pour en poursuivre la vente. Il lui a paru que, « tout en maintenant en principe le droit dont il est investi par la loi de 1790, le Corps législatif pourrait étendre les délégations conférées déjà à l'autorité administrative, sauf à réserver la plénitude de son droit à l'égard des immeubles ayant une grande valeur ».

3. On doit également citer : 1° le décret du 11 nov. 1865, relatif aux réparations des biens immeubles régis par l'administration des domaines (2); 2° le décret du 25 nov. 1865 (D. P. 66. 4. 9), qui fixe au sud et à l'ouest les limites du jardin public dépendant du palais du Luxembourg, et met à la disposition du ministre des finances les terrains domaniaux situés en dehors de ces limites.

4. La loi de finances du 29 déc. 1873 (D. P. 74. 4. 26), renouvelant les prescriptions de la loi du 31 janv. 1833 rapportée au *Rép.* p. 99, a prescrit, dans ses art. 22, 23 et 24, la formation d'un tableau comprenant toutes les propriétés immobilières affectées ou non à un service public.

5. Un décret du 24 avr. 1878 (D. P. 78. 4. 93), rendu en conformité de l'art. 13 de la loi du 23 avr. 1833 reproduite au *Rép.* p. 99, a approuvé le tableau indicatif des logements occupés dans les bâtiments de l'Etat par des fonctionnaires et agents dépendant du ministère des travaux publics. Un décret du 14 nov. 1883 (D. P. 85. 4. 13) a autorisé un certain nombre d'agents à loger dans les bâtiments du domaine de l'Etat affectés au service des ponts et chaussées.

CHAP. 2. — Des biens dont se compose le domaine de l'Etat (*Rép.* nos 35 à 77).

6. Nous avons dit au *Rép.* n° 45 qu'un état des propriétés immobilières appartenant au domaine a été dressé en 1836, et nous avons indiqué les résultats de ce travail de recensement. La loi citée *suprà*, n° 4, du 29 déc. 1873 a ordonné de dresser un nouveau tableau des immeubles domaniaux affectés ou non à un service public, et de la compléter par des suppléments annuels. Ce tableau, dressé par les soins de l'administration des domaines en 1874, a fait l'objet de deux volumes distribués aux pouvoirs publics au commencement de la session législative de 1876. Le premier comprend les propriétés de l'Etat non affectées à des services publics, et le second les propriétés de l'Etat affectées à des services publics. Ces deux classes de propriétés se subdivisent elles-mêmes, suivant qu'elles sont situées en France ou hors de France.

Il résulte de la récapitulation générale qui s'y trouve contenue que les propriétés qui composent la fortune immobilière de l'Etat représentent une valeur approximative de 3598669945 fr., dont 3324673234 fr. en France et 273994711 fr. hors de France; que, sur ce chiffre, les propriétés affectées à un service public figurent pour 1948301130 fr.; les propriétés non affectées à un service public et gérées par l'administration des domaines qui en tire des fruits civils, pour 1556705384 fr., et les bois et forêts, pour 93663431 fr.

7. Conformément à l'art. 23 de la loi du 29 déc. 1873, il est publié chaque année un supplément indiquant les changements survenus, au cours de l'année, dans la consistance des propriétés immobilières de l'Etat afin que les Chambres soient toujours à même d'exercer une surveillance efficace sur l'emploi de cette partie du domaine national (Ducrocq, *Cours de droit administratif*, t. 2, 6e éd., n° 1031, p. 206).

8. On a indiqué au *Rép.* n° 56 de nombreux droits consacrés par diverses dispositions législatives. Une circulaire du ministre de l'intérieur du 14 avr. 1871 (D. P. 71. 3. 108) rappelle que toutes les armes de guerre, même celles qui ont été trouvées sur les champs de bataille ou qui ont été cédées par des tiers à des particuliers, sont la propriété de l'Etat et doivent, en conséquence, être réintégrées dans les arsenaux par les mains des préfets. Il en est de même, d'après cette circulaire, de tous les objets d'habillement, d'équipement ou de harnachement et autres objets abandonnés sur les champs de bataille, tels que projectiles, caissons et voitures.

9. Après le décès d'un fonctionnaire public, l'Etat peut revendiquer, dans sa succession ou dans celle de ses descendants, tous les documents qui, par leur nature ou leur destination, étaient venus aux mains du fonctionnaire pour en user et les garder au profit du service dont il était chargé : ces documents n'ont pas cessé d'être la propriété de l'Etat, et le fonctionnaire ne pouvait se les approprier que par un véritable détournement (Paris, 11 déc. 1865, aff. de Sérilly, D. P. 65. 2. 220). Mais l'Etat ne pourrait prétendre aucun droit soit sur des recueils qui sont l'œuvre personnelle du fonctionnaire, alors même qu'ils auraient été composés à l'aide des renseignements que lui fournissait sa fonction, si d'ailleurs rien ne lui interdisait de les faire et de les conserver, soit sur des lettres et documents qu'il aurait pu détruire et qu'il a pu garder (Même arrêt).

CHAP. 3. — Gestion du domaine de l'Etat. — Régime général des biens (*Rép.* nos 78 à 102).

10. On a vu au *Rép.* n° 84 qu'en règle générale les immeubles domaniaux doivent être affermés, et que les baux

(1) 1er-7 juin 1864. — *Loi qui : 1° règle le mode d'aliénation des immeubles domaniaux ; 2° ouvre, sur l'exercice 1864, un crédit de 2 millions pour acquisition de terrains et travaux neufs, dans les établissements militaires* (D. P. 64. 4. 75).

Art. 1er. Continueront à être vendus aux enchères publiques, dans les formes déterminées par les lois des 15 et 16 flor. an 10, 5 vent. an 12 et 18 mai 1850, les immeubles domaniaux autres que ceux dont l'aliénation est régie par des lois spéciales. Toutefois, l'immeuble qui, en totalité, est d'une valeur estimative supérieure à 1 million ne pourra être aliéné, même partiellement ou par lots, qu'en vertu d'une loi.

2. Il est ouvert au ministre secrétaire d'Etat de la guerre, sur l'exercice 1864, un crédit de 2 millions de francs, pour acquisition de terrains et travaux neufs dans les établissements militaires.

3. Il sera pourvu à cette dépense au moyen des ressources que procurera l'aliénation des terrains et bâtiments militaires détaillés dans l'état ci-annexé.

Suit l'état des immeubles devenus inutiles au département de la guerre et dont l'aliénation sera consommée en 1864.

(2) 11 nov.-16 déc. 1865. — *Décret impérial relatif aux réparations des biens immeubles régis par l'administration des domaines* (D. P. 66. 4. 8).

NAPOLÉON, etc. ; — Sur le rapport de notre ministre secrétaire d'État au département des finances ; — Vu le décret du 5 sept. 1806, relatif aux réparations des biens immeubes régis par l'administration des domaines ; — Vu l'ordonnance du 4 déc. 1836, portant règlement d'administration publique sur les marchés passés au nom de l'Etat ; — Vu notre décret du 31 mai 1862, sur la comptabilité publique ; — Avons décrété, etc. :

Art. 1er. Les dispositions du décret du 31 mai 1862, relatives aux marchés passés au nom de l'État, sont applicables aux réparations des biens immeubles régis par l'administration des domaines.

2. Les travaux et réparations dont les devis s'élèveront au-dessus de 2000 fr. seront autorisés par notre ministre des finances. Le directeur général pourra autoriser ceux dont la dépense totale sera de 2000 fr. et au-dessous. Il pourra faire procéder par économie à ceux qui n'excéderont pas 1000 fr. — Dans tous les cas où les marchés devront être faits avec concurrence et publicité, les adjudications seront passées devant le préfet ou son délégué.

3. Il n'est pas dérogé aux dispositions du décret du 5 sept. 1806 qui ne sont pas contraires à celles qui précèdent.

se font aux enchères devant le sous-préfet de l'arrondissement. Toutefois, le bail aux enchères n'est pas toujours possible, et il faut quelquefois affermer de gré à gré. Dans les cas où la location amiable est autorisée, elle peut être consentie par le préfet en conseil de préfecture, lorsque le prix du bail n'excède pas 500 fr. (Décret de décentralisation du 25 mars 1852, art. 3 et tableau C, 2°, D. P. 52. 4. 90). Au-dessus de 500 fr., l'autorisation doit être donnée par le ministre des finances. Lorsque le préfet statue en conseil de préfecture sur une location amiable, une estimation contradictoire doit précéder la décision (Batbie, *Traité de droit public et administratif*, 2e éd., t. 2, p. 15).

11. Nous avons indiqué au *Rép.* n° 93 les différences qui existent entre l'aliénation d'un immeuble domanial et son affectation à un service public ou d'utilité publique. « Cette affectation, dit M. Laferrière, *Traité de la juridiction administrative*, t. 1, p. 555, diffère de la concession en ce qu'elle ne confère jamais la propriété, mais seulement la jouissance. L'acte d'affectation est essentiellement révocable ; il peut être rapporté en vertu d'un acte de désaffectation émané de la même autorité. » (Comp. *suprà*, v° *Concession administrative*, nos 14 et suiv.).

12. Il a été décidé, conformément à une décision antérieure (Cons. d'Et. 25 juill. 1827) que nous avons rapportée au *Rép.* n° 93, qu'un arrêté du premier consul qui a accordé aux réformés un édifice pour y exercer leur culte, ne constitue qu'une affectation à ce culte, sans abandon du droit de la propriété de l'Etat (Cons. d'Et. 12 mars 1875, aff. Asile des aliénés de Bailleul, D. P. 76. 3. 7); et que, par conséquent, un semblable arrêté ne ferait pas obstacle à ce qu'un hospice fît valoir tels droits qui lui auraient appartenu au moment où ledit arrêté est intervenu (Même arrêt). De même, l'ordonnance royale portant que des immeubles appartenant à l'Etat seront mis à la disposition d'un évêque pour y établir une école ecclésiastique, n'a eu pour objet que de changer l'affectation de ces immeubles sans en transférer la propriété (Cons. d'Et. 12 juill. 1878, aff. Département de l'Allier, D. P. 79. 3. 14).

13. L'affectation d'un immeuble domanial à certains services de l'Etat n'a pas pour effet d'imprimer à cet édifice le caractère de la domanialité publique; elle ne constitue, suivant les termes du rapport qui a précédé le vote de la loi du 18 mai 1850, qu'un mode d'emploi de la fortune publique. C'est ce qui résulte, d'ailleurs, du tableau des propriétés immobilières de l'Etat dressé en vertu de la loi du 29 déc. 1873 (V. *suprà*, n° 6), et dans lequel sont comprises les propriétés affectées à un service public, tandis qu'on n'y a fait figurer aucune des dépendances du domaine public affectées en vertu de l'art. 538 c. civ. à un usage public. Le législateur et le Gouvernement ont ainsi reconnu implicitement que tous les édifices publics, qu'ils soient ou non affectés aux services publics, appartiennent également au domaine privé de l'Etat (Ducrocq, *op. cit.*, t. 2, nos 1030 et 1031, p. 203 et 205).

14. Conformément aux dispositions, rappelées *suprà*, n° 1, de l'ordonnance royale du 14 juin 1833 et du décret-loi du 25 mars 1852, l'affectation d'un immeuble domanial à un service public ne peut être opérée que par un décret inséré au *Bulletin des lois* et concerté entre le ministre qui réclame l'affectation et le ministre des finances. — On a vu, d'ailleurs, *suprà*, v° *Compétence administrative*, n° 36, que les décrets de cette nature constituent des actes administratifs, dont il n'appartient pas à l'autorité judiciaire de connaître. Décidé également, dans le sens des décisions citées *ibid.*, que le décret portant concession d'un immeuble appartenant à l'Etat pour l'affecter à un petit séminaire et celui qui met fin à cette affectation constituent des actes administratifs, et que, par suite, le conseil d'Etat peut être saisi, par la voie d'un recours pour excès de pouvoir dirigé contre le second de ces décrets, de la question de savoir si le premier a concédé à l'évêque, comme représentant les établissements diocésains, un droit de propriété auquel il n'appartenait pas à l'autorité administrative de porter atteinte (Cons. d'Et. 27 avr. 1888, aff. Evêque d'Autun, D. P. 89. 3. 75).

15. Les biens domaniaux confiés à des administrations publiques restent quelquefois libérés des services auxquels ils sont affectés, et, lorsque cette liberté est temporaire, ils doivent être mis en location. M. Gaudry, *Traité du domaine*, t. 2, n° 507, p. 533, pense qu'il y a lieu d'appliquer à tous les services auxquels des immeubles ont été abandonnés un règlement des ministères de la marine et des finances du 15 nov. 1849, rapporté dans une instruction de l'administration des domaines du 15 déc. 1849, n° 1843. Aux termes de ce règlement, les agents de la marine doivent faire connaître aux préposés des domaines les biens dont la location peut être provoquée et les conditions à inscrire au cahier des charges. D'après ces indications, les préposés des domaines font les diligences nécessaires pour la location, dans les formes ordinaires. Le produit des locations doit être versé dans les caisses des agents de l'administration des domaines pour le compte du trésor et, en cas de contestation, les agents du domaine restent seuls chargés des poursuites.

16. Sur les affectations d'immeubles domaniaux faites au profit des départements à des établissements publics ou religieux ou même à de simples particuliers, et sur le caractère et les effets de ces concessions, V. *suprà*, v° *Concession administrative*, n° 15.

17. Nous avons fait connaître (*Rép.* n° 99) les principales dispositions qui ont pour objet d'assurer la conservation du mobilier et du matériel des administrations, établissements et services publics. Un décret du 20 juill. 1853 (D. P. 53. 4. 156), relatif au mobilier des cours et tribunaux, déroge aux règles ordinaires de l'administration domaniale; l'art. 6 de ce décret confie aux préfets, assistés de magistrats, la vérification des mobiliers de la cour de cassation et des cours d'appel qui sont à la charge de l'Etat et de ceux des mobiliers des cours d'assises, tribunaux civils et tribunaux de commerce qui sont à la charge des départements : les agents des domaines doivent donc rester étrangers à cette vérification. Une instruction du 21 janv. 1854, n° 1985, leur a été adressée en ce sens.

CHAP. 4. — Aliénabilité des biens du domaine (*Rép.* nos 103 à 197).

18. L'ordonnance de février 1566 et l'édit d'avril 1667 qui, ainsi qu'on l'a vu au *Rép.* n° 103, avaient consacré le principe de l'inaliénabilité du domaine de la couronne, ne considéraient comme faisant partie de ce domaine que les biens qui y avaient été incorporés soit expressément, soit par l'effet d'une administration continuée pendant dix ans par les receveurs et officiers du roi (Civ. rej. 21 avr. 1857, aff. Préfet de la Seine, D. P. 57. 1. 161). Ainsi l'acte portant acquisition d'une maison par un particulier déclarant acquérir pour le roi, ses hoirs et ayants cause, et l'acceptation de cette déclaration faite plus tard au nom du roi n'ont pas eu pour résultat, en l'absence d'une incorporation expresse au domaine de la couronne, de rendre ce bien domanial, mais présentent simplement les caractères d'un acte de vente et d'achat entre particuliers; et le bien n'est pas davantage rendu domanial par incorporation tacite, s'il a été revendu par le roi moins de dix ans après son acquisition (Même arrêt).

19. La disposition précitée de l'édit d'avril 1667, déclarant unis et incorporés au domaine de la couronne les biens qui avaient été tenus et administrés comme biens domaniaux pendant dix ans, ne s'appliquait qu'aux biens possédés pendant dix ans par le domaine de la couronne, antérieurement à la date de cet édit (Req. 18 mai 1852, aff. Préfet de la Haute-Garonne, D. P. 53. 1. 136).

20. Sous l'ancienne monarchie, les meubles faisant partie du domaine de la couronne étaient, comme les immeubles dépendant du même domaine, frappés d'inaliénabilité et d'imprescriptibilité (Orléans, 23 déc. 1880, aff. de Bauffremont, D. P. 82. 2. 89). Mais les meubles ne pouvaient être considérés comme dépendant du domaine de la couronne, en dehors des acquisitions faites sur ce domaine et résultant des faits de guerre, que si le roi les avait attachés et unis à son domaine par une déclaration expresse de sa volonté ou par un acte équivalent (D'Aguesseau, *Œuvres*, t. 8, p. 62, *sur la vente des biens de la couronne*). L'acte équivalant à une déclaration expresse et pouvant avoir pour effet d'incorporer un meuble au domaine de la couronne résultait soit d'un inventaire dressé par les officiers du roi et déposé à la chambre des comptes, soit de la mort du roi qui avait acquis l'objet mobilier. En conséquence, lorsque l'Etat revendique comme dépendances de l'ancien domaine de la couronne des statues ou objets d'art, il doit prouver, pour établir son droit de propriété, que ces meubles ont été réunis au domaine dans l'une des hypothèses ci-dessus mentionnées (Arrêt précité du 23 déc. 1880).

21. L'inaliénabilité de l'ancien domaine de la couronne n'était pas un obstacle à ce que ce domaine pût être valablement grevé de servitudes au profit de particuliers. On distinguait, en effet, avec raison les simples servitudes des aliénations : celles-ci appauvrissaient la couronne et diminuaient les revenus du trésor ; celles-là pouvaient tout au plus gêner la liberté de l'héritage domanial. Aussi M. Troplong constate-t-il que l'ordonnance de 1669 contient la consécration de plus d'une servitude établie sur les choses appartenant au domaine de l'Etat (*Traité de la prescription*, n° 186). Il a été décidé, en conséquence, qu'une servitude de passage proclamée en faveur d'un particulier, sur une forêt royale, par un arrêt du conseil du roi, après un débat contradictoire, et sur l'appel d'une sentence du commissaire de la réformation des forêts, ne peut être déclarée nulle comme contraire à l'inaliénabilité de l'ancien domaine de la couronne (Req. 6 déc. 1864, aff. de La Rochefoucauld, D. P. 65. 1. 25).

22. On a vu (*Rép.* n° 116) que le principe de l'aliénabilité du domaine de l'Etat, consacré par les lois du 19 déc. 1789 et du 9 mai 1790, reçoit exception en ce qui concerne les droits qui participent de la nature de l'impôt. Il en résulte, ainsi que le constate M. Desjardins, *De l'aliénation et de la prescription des biens de l'Etat*, p. 403, que « l'Etat ne pourrait affermer ni céder d'aucune manière : 1° le droit de confiscation mobilière ; 2° le droit de percevoir des amendes ; 3° le droit d'acceptation sur certains objets mobiliers ; 4° le droit de déshérence ; 5° le droit d'acquérir les îles et atterrissement des rivières navigables et flottables et de profiter des lais et relais de la mer ; 6° le droit de s'approprier le trésor trouvé sur un fonds domanial ».

23. Nous avons dit (*Rép.* n° 117) qu'il existe trois modes d'aliénation des biens domaniaux : 1° la vente ou adjudication ; 2° la concession ; 3° l'échange.

24. — I. VENTE OU ADJUDICATION (*Rép.* n°s 118 à 142). — Ainsi qu'on l'a exposé (*Rép.* n° 121), la loi du 1er déc. 1790 a consacré le principe que la vente d'un bien faisant partie du domaine de l'Etat doit être autorisée par le pouvoir législatif ; nous avons dit que cette règle n'avait été abrogée ni par la loi de brumaire an 5, ni par celle de floréal an 10, ni par celle de ventôse an 12, et qu'elle avait été expressément reproduite dans l'art. 25 de la loi du 22 avr. 1815 (*Acte additionnel aux constitutions de l'Empire*). Cette interprétation, adoptée par M. Gaudry, *Traité du domaine*, t. 3, n° 558, p. 13, et par M. Desjardins, *op. cit.*, p. 404, a été combattue par M. Ducrocq, *Cours de droit administratif*, 6e éd., t. 2, n° 1043, p. 215, et par M. Batbie, *op. cit.*, t. 5, n° 19, et, dans la pratique, le Gouvernement s'est longtemps attribué le droit de faire vendre, sans l'autorisation législative, les immeubles domaniaux autres que les forêts.

25. Cette pratique a été condamnée le 27 avr. 1864 par le Corps législatif à l'occasion d'un projet de loi qui ouvrait au ministre de la guerre un crédit supplémentaire et dont l'art. 2 portait qu'il serait pourvu à la dépense au moyen des ressources que procurerait l'aliénation de certains terrains et bâtiments militaires. La commission du Corps législatif fit observer que le projet ne contenait pas la permission d'aliéner exigée par la loi de 1790 et, à la suite d'une vive discussion, l'art. 2 fut repoussé. En présence de ce vote qui impliquait la nécessité d'une loi pour autoriser la vente d'une portion quelconque du domaine, quelque minime qu'en pût être la valeur, le Gouvernement proposa un projet de loi qui est devenu la loi du 1er juin 1864 (V. *suprà*, n° 2).

26. Aux termes de cette loi, tout immeuble domanial qui, en totalité, est d'une valeur estimative supérieure à un million ne pourra être aliéné, même partiellement ou par lots, qu'en vertu d'une loi. M. Batbie fait observer que c'est d'après la valeur *estimative* de l'immeuble, et non d'après le résultat de l'adjudication, que cette disposition doit être appliquée, et qu'il faut s'attacher à la valeur estimative de l'immeuble dans son ensemble, et non à la valeur de la part qui est mise en vente (*op. cit.*, t. 5, n° 22). — Il estime même, contrairement à l'opinion soutenue par M. Ducrocq, *Ventes domaniales*, § 170 et 171, qu'une loi spéciale serait exigée dans le cas où, la plus grande partie d'un immeuble demeurant affectée au service public, une portion d'une valeur inférieure à un million en serait détachée comme inutile à ce service pour être mise en vente (*op. cit.*, n° 22, p. 23).

27. La loi du 1er juin 1864 ne s'applique pas aux biens domaniaux dont la vente est régie par des dispositions spéciales. Il en est ainsi notamment des bois et forêts (*Rép.* v° *Forêts*, n° 971). Les bois de l'Etat ne peuvent donc être mis en vente qu'en vertu d'une loi spéciale, alors même que leur valeur serait inférieure à un million. D'après le rapport de M. de Voize au Corps législatif, les autres biens dont l'aliénation est régie par des lois spéciales et qui, par suite, échappent à la loi de 1864, sont les suivants : 1° les lais et relais de la mer, les marais, les droits d'endiguement, les accrues, atterrissements, alluvions des fleuves et des rivières navigables ou flottables, dont le Gouvernement peut, aux termes de l'art. 41 de la loi du 16 sept. 1807 (*Rép.* v° *Marais*, n° 5, note 2, p. 59), disposer par voie de concession, aux conditions qu'il lui convient de déterminer, et que, par voie de conséquence, il doit pouvoir vendre dans les mêmes conditions (V. toutefois en sens contraire : Ducrocq, *Ventes domaniales*, n°s 229 et suiv.) ; 2° les terrains retranchés de la voie publique par voie d'alignement (L. 16 sept. 1807, art. 53, *Rép.* v° *Marais*, n° 5, note 2, p. 59) ; 3° les terrains acquis par expropriation pour cause d'utilité publique, et dont le propriétaire exproprié peut requérir la rétrocession dans le cas où ils ne reçoivent pas la destination pour laquelle ils avaient été acquis (L. 3 mai 1841, art. 60, 61, 62 et 76, *Rép.* v° *Expropriation*, n° 30, note 2, p. 515 et 516) ; 4° les portions de routes déclassées par suite de changement de tracé ou d'ouverture d'une nouvelle route (L. 24 mai 1842, *Rép.* v° *Voirie par terre*, p. 210) ; 5° les terrains de l'Etat susceptibles d'être aliénés par expropriation pour cause d'utilité publique (L. 3 mai 1841, art. 13, § 6) ; 6° les portions de routes, chemins ou canaux devenus inutiles par suite d'un changement de tracé (L. 20 mai 1836, art. 4, *Rép.* v° *Voirie par terre*, p. 201) ; 7° le droit de mitoyenneté (c. civ. art. 653 et 661) (Batbie, *op. cit.*, t. 5, n° 30).

28. Il en résulte, d'après le même rapport, que les immeubles auxquels s'applique la loi de 1864 peuvent être rangés dans trois catégories : 1° ceux dévolus à l'Etat, à titre de successeur irrégulier, après l'expiration du délai de prescription ; 2° les îles et îlots des rivières navigables et flottables ; 3° enfin les terrains et portions de terrains, les bâtiments qui, devenus inutiles au service, passent du domaine public dans le domaine de l'Etat et deviennent ainsi susceptibles d'être aliénés.

29. Lorsqu'un immeuble domanial est mis en vente, que sa valeur soit inférieure ou supérieure à un million, cette vente doit, conformément à ce qui a été exposé au *Rép.* n° 124, être faite aux enchères publiques. Les conditions de la vente sont énoncées dans un cahier des charges que l'administration des domaines dresse en se conformant au modèle général du 19 juill. 1850, et qui doit être approuvé par le préfet.

30. On a vu au *Rép.* n° 132 qu'aux termes des lois des 15 et 16 flor. an 10 et du 5 vent. an 12, le prix de la vente devait être acquitté par cinquièmes, le premier dans les trois mois sans intérêts, et les quatre autres d'année en année avec intérêt de 5 0/0. Cette disposition a été modifiée par la loi de finances du 18 mai 1850 (art. 2, D. P. 50. 4. 87), d'après laquelle le prix des adjudications est payable avec intérêts, à partir de l'entrée en possession de l'acquéreur, de la manière et dans les délais qui seront fixés par un cahier des charges approuvé par le ministre des finances. — Le cahier des charges du 19 juill. 1850 avait ainsi fixé les époques de payement : le premier cinquième dans le mois, les quatre autres cinquièmes de six mois en six mois, à partir de l'expiration du terme accordé pour le premier payement. Le 14 juin 1854, ce délai fut abrogé ; le point de départ du payement des quatre derniers cinquièmes fut reporté au jour même de l'adjudication. Enfin ces mesures ont encore été modifiées par une décision du ministre des finances du 2 nov. 1857, rapportée dans une instruction de l'administration des domaines du 20 nov. 1857 (n° 2109). D'après cette décision, le prix principal de l'adjudication doit être divisé par cinquièmes et payé, le premier cinquième dans le mois à partir du jour de l'adjudication, et les quatre autres cinquièmes, d'année en année, à partir de l'expiration du terme accordé pour le payement du premier cinquième, de manière que la totalité du prix soit acquittée dans l'espace de quatre ans et un mois. Les quatre derniers cinquièmes et le premier cinquième lui-même, s'il n'a pas été payé dans le mois, porteront intérêt à 5 0/0, à partir du jour de l'échéance du premier cinquième. Si le prix n'excède pas 1000 fr., il est payable et exigible intégralement dans le mois, à partir du jour de l'adjudication pendant lequel il n'est pas dû d'intérêts. Ce prix est exigible dans le mois, à quelque chiffre qu'il s'élève, aux termes d'une instruction ministérielle du 20 août 1860, quand il s'agit de la cession de terrains retranchés de la voie publique à la suite d'un alignement.

31. Nous avons dit (*Rép.* n° 136) que l'art. 8 de la loi du 16 flor. an 10 déclare les acquéreurs de biens domaniaux déchus de plein droit si, dans la quinzaine de la contrainte à eux signifiée, ils ne se sont pas libérés. On s'est demandé si le droit de prononcer cette déchéance, que la loi attribue au préfet, est, comme l'action en résolution de droit commun, subordonné à la conservation du privilège de vendeur non payé, par la transcription dans les quarante-cinq jours qui suivent les enchères, conformément à l'art. 7 de la loi du 23 mars 1855 (D. P. 55. 4. 27). M. Batbie, *op. cit.*, t. 5, n° 32, pense avec raison que les dispositions de cet article sont applicables à la déchéance aussi bien qu'à l'action en résolution. Cette loi, en effet, ne fait pas d'exception; la déchéance repose d'ailleurs sur le même principe que l'action en résolution et n'en diffère que par la forme.

32. L'acquéreur dont la déchéance a été prononcée doit, comme on l'a vu (*Rép.* n° 136) payer une amende qui est fixée au dixième de l'adjudication, dans le cas où il n'a rien payé, et au vingtième, s'il en a payé une partie. Dans le cas où, au lieu de prononcer la déchéance, l'État poursuivrait le payement du prix par voie d'action personnelle, l'amende ne serait plus dans les conditions prévues par la loi de floréal an 10, et on ne saurait la prononcer sans violer la maxime: *pœnalia non sunt extendenda* (Batbie, *op. cit.*, t. 5, n° 32, p. 32).

33. Quoique, en règle générale, la vente des immeubles domaniaux doive avoir lieu aux enchères, elle se fait au rabais, en vertu de l'ordonnance du 7 oct. 1814, pour les futaies domaniales, et l'art. 11 de cette ordonnance permet d'étendre ce mode de vente aux autres biens domaniaux. Le préfet a aussi la faculté d'ordonner que la vente sera faite par soumissions cachetées (L. 7-14 août 1850; Décr. 22 janv. 1852; Arrêté min. 21 sept. 1852). M. Batbie, *op. cit.*, n° 34, fait observer que « ce troisième mode de vente a, sans doute, l'inconvénient d'amortir la chaleur des enchères, mais qu'aucun n'est aussi propre à prévenir les intrigues et coalitions entre spéculateurs. Suivant les circonstances, dit-il, l'administration adoptera celui des trois procédés qui lui paraîtra le plus efficace pour assurer la sincérité de la vente ». Il pense également qu'en dehors même des cas prévus par des lois spéciales, les biens domaniaux pourraient être directement concédés à un acquéreur déterminé, mais que, dans ce cas, comme pour l'échange, le contrat ne serait définitif qu'autant qu'il aurait été homologué par une loi.

34. — II. Concession (*Rép.* n°s 143 à 184). — Ainsi qu'on l'a vu (*Rép.* n° 143), les concessions de biens domaniaux ne doivent en général être faites qu'avec l'intervention de la législature. « On peut dire des concessions, dit M. des Glajeux, *De l'aliénation et de la prescription des biens de l'État*, 1860, p. 215, qu'elles sont des aliénations législatives sans adjudications publiques... Elles supposent, ajoute le même auteur, des circonstances anormales, exceptionnelles, un état de choses dans lequel l'intérêt public commande de renoncer au bénéfice de la concurrence pour transmettre la chose à telle personne plutôt qu'à telle autre ».

35. Nous avons dit (*Rép.* n° 160) que, pour certains genres de concessions, le Gouvernement a reçu du législateur une délégation plus ou moins étendue. Il en est ainsi des concessions faites en vertu de l'art. 41 de la loi du 16 sept. 1807, et qui ont pour objet « les marais, lais et relais de la mer, le droit d'endiguage, les accrues, atterrissements et alluvions des fleuves, rivières et torrents, quant à ceux de ces objets qui forment propriété publique ou domaniale ». Sur le caractère de ces concessions, V. *suprà*, v° *Concession administrative*, n°s 17 et suiv. On a vu (*Rép. ibid.*) qu'un avis du comité des finances du 19 nov. 1841, approuvé le 4 décembre suivant, avait déclaré qu'il convenait, dans l'intérêt de l'État, d'adopter, pour les concessions autorisées par la loi du 16 sept. 1807, le mode d'aliénation par voie de concurrence et aux enchères publiques. Mais l'expérience ayant démontré que cette prescription rendait presque impossibles les aliénations de cette nature, la section des finances du conseil d'État a, le 17 janv. 1854, émis l'avis qu'il y avait lieu de rapporter la décision du 4 déc. 1841. Cet avis a été approuvé le 30 mars 1854, et le ministre des finances a décidé que, dans le cas où les aliénations aux enchères pourraient présenter des inconvénients ou ne pas paraître praticables, les aliénations auraient lieu dans la forme prescrite par l'ordonnance du 23 sept. 1825 (V. *Rép. eod. loc.*).

36. Suivant l'art. 3 du décret du 21 févr. 1852 (V. *infrà*, v° *Domaine public*, n° 1), le ministre de la marine doit toujours être consulté sur les concessions des lais et relais de mer. La commission mixte des travaux publics instituée par le décret du 16 août 1853 (D. P. 53. 4. 227), pour la délimitation de la zône frontière, doit également, aux termes de l'art. 7, tit. 3, de ce décret, être consultée sur ces concessions, mais seulement au point de vue des conditions à imposer ou des réserves à faire dans l'intérêt de la défense du territoire.

37. Les rivages que l'art. 538 c. civ. range parmi les dépendances du domaine public (V. *infrà*, v° *Domaine public*, n°s 9 et suiv., 19 et suiv.), cessent d'être compris dans ce domaine, lorsque l'État, usant de son droit, a aliéné, sous certaines conditions, les parties de rivage dont l'intérêt général n'exigeait pas la conservation (Rouen, 21 juill. 1880, aff. Pallix, D. P. 82. 1. 353). Une telle aliénation faite par l'État constitue un titre de propriété incommutable, et, alors même que la superficie du sol concédé serait soumise à l'action du flot dans les hautes marées, le droit privé n'en subsiste pas moins avec toute son efficacité et tous les accessoires que la loi lui confère. Parmi ces accessoires, il faut comprendre la *tangue* qui, quel que soit le caractère juridique de ce produit, fait partie intégrante du sol dont il est devenu un élément (Même arrêt).

38. Les terrains soustraits aux atteintes de la mer, soit par l'effet naturel de la retraite des eaux, soit par l'effet de travaux élevés de la main de l'homme, cessent de faire partie des rivages de la mer et du domaine public et deviennent, en conséquence, aliénables et prescriptibles (Civ. cass. 27 nov. 1867, aff. Trouille, D. P. 67. 1. 449). Il importe peu, d'ailleurs, que les travaux défensifs aient été exécutés par l'autorité militaire, cette circonstance ne pouvant avoir pour effet de rendre imprescriptibles les terrains protégés (Même arrêt). Mais les rivages de la mer périodiquement couverts par les eaux ne prennent le caractère de lais et relais et ne sont, dès lors, prescriptibles ou ne peuvent servir de base à une action possessoire qu'à partir de la délimitation établie par l'État entre la portion de ces rivages qui reste dans le domaine public et celle qui, cessant de faire partie du rivage de la mer, rentre dans la classe des lais et relais susceptibles de concession (Civ. cass. 21 juin 1859, aff. Mosselman, D. P. 59. 1. 252). Et si la concession qui en a été faite à un particulier comporte cette délimitation, elle n'en implique pas l'existence antérieure, la concession pouvant, comme on l'a vu au *Rép.* n° 168, avoir pour objet des lais et relais non encore formés (Même arrêt).

39. Les relais de mer concédés par l'État à un particulier qui les a transformés en terrains susceptibles de culture demeurent la propriété du concessionnaire ou de ses ayants-cause, bien que, pendant un certain nombre d'années, ils se soient trouvés de nouveau couverts périodiquement par les hautes marées, et aient ainsi repris, durant cet intervalle de temps, leur caractère de dépendances du rivage de la mer : il y a là un événement de force majeure, dont l'effet est de suspendre dans son exercice, mais non de détruire dans son existence même, le droit de propriété résultant de la concession (Req. 28 déc. 1864, aff. Société des polders de l'Ouest, D. P. 65. 1. 138).

40. Conformément à ce qui a été exposé au *Rép.* n° 171, il a été décidé que, bien que des terrains qualifiés *lais et* *relais de la mer*, mais constituant en réalité des *crêments futurs*, aient été concédés par l'Etat avant 1789 à charge d'endiguement, les terrains de même nature contigus aux parcelles concédées, et que le flot a continué à recouvrir, n'ont pas cessé de faire partie du domaine public et sont imprescriptibles (Poitiers, 9 nov. 1885, aff. de Monts, D. P. 86. 2. 238. V. à cet égard Ducrocq, *op. cit.*, t. 2, n° 1019).

41. Les îles et îlots qui se forment dans les rivières navigables font partie du domaine privé de l'Etat; ils peuvent donc être concédés à des particuliers ou acquis par prescription (Aubry et Rau, *Cours de droit civil*, 4e éd., t. 2, § 208, p. 254, note 28; Plocque, *Des cours d'eau navigables et flottables*, 1re part., nos 53 et suiv.). Mais nous avons dit (*Rép.* n° 174) que la jurisprudence ne considère comme susceptibles d'être concédées et comme prescriptibles que les îles déjà formées. Il a été décidé en ce sens que les îles, îlots ou atterrissements qui surgissent dans le lit d'un fleuve ne deviennent susceptibles de prescription que lorsqu'ils ont émergé au-dessus du *plenissimum flumen*, c'est-à-dire au-dessus du point le plus élevé que peut atteindre le niveau d'un fleuve, sans déborder au-dessus de celle de ses rives qui est la plus basse (Lyon, 19 juill. 1877, aff. Habitants de Leschaux, D. P. 78. 2. 254).

42. On a vu au *Rép.* n° 180 qu'il existe encore d'autres cas dans lesquels le législateur a délégué à l'administration le droit de faire des concessions. Nous les avons indiqués *suprà*, v° *Concession administrative*, nos 33 et suiv.

43. — III. ÉCHANGE (*Rép.* nos 185 à 195). — Nous avons dit (*Rép.* n° 185) qu'aucun échange de biens domaniaux ne peut être fait qu'en vertu d'une loi. « Il n'est pas d'exemple depuis 1790, dit M. des Glajeux, *op. cit.*, p. 212, d'un échange conclu entre les particuliers et l'Etat qui n'ait été autorisé par une loi. » Cette règle reçoit toutefois exception, comme on l'a vu (*Rép.* n° 194), dans le cas prévu par l'art. 4 de la loi du 20 mai 1836, et relatif à l'échange de terrains provenant d'anciennes routes ou chemins abandonnés. Le décret du 25 mars 1852 (art. 3, D. P. 52. 4. 90), reconnaît aux préfets le droit de statuer sur les échanges de cette nature.

CHAP. 5. — Des actions domaniales
(*Rép.* nos 198 à 408).

§ 1er. — De la compétence en matière domaniale
(*Rép.* nos 199 à 288).

44. Le domaine, ainsi que nous l'avons exposé (*Rép.* n° 201), ne jouit aujourd'hui d'aucun privilège de juridiction, et, en principe, les actions domaniales intentées par ou contre l'Etat, autres que celles relatives à la vente des biens domaniaux proprement dits, sont de la compétence exclusive des tribunaux ordinaires. Par suite, l'autorité judiciaire est compétente pour statuer sur la demande du détenteur d'un immeuble domanial tendant à être indemnisé, par application des règles du droit commun relatives aux détenteurs de bonne foi, des constructions et améliorations faites sur cet immeuble, pendant qu'il en avait la possession en vertu d'un acte d'affectation actuellement rapporté (Trib. confl. 3 juill. 1886, aff. Evêque de Moulins, D. P. 87. 3. 121).

C'est également à l'autorité judiciaire, comme on l'a vu (*Rép.* n° 202), qu'il appartient de statuer sur la validité des contraintes décernées pour le recouvrement des revenus et des droits du domaine et sur le moyen tiré de la prescription contre cette contrainte (Cons. d'Et. 18 févr. 1876, aff. Lucy, D. P. 76. 3. 74).

45. Parmi les difficultés auxquelles donnent naissance les ventes domaniales, la jurisprudence distingue les réclamations élevées par des tiers relativement aux immeubles vendus et les litiges qui ont pour objet de déterminer entre l'Etat et les acquéreurs les effets des ventes domaniales et d'en fixer le sens. De ces deux sortes de contestations, les premières seules sont attribuées aux tribunaux judiciaires; les autres, qui ne peuvent se vider que par l'interprétation d'actes émanés de l'autorité administrative, ont été réservées aux tribunaux administratifs (Des Glajeux, *op. cit.*, p. 226-227).

46. On a dit au *Rép.* n° 243 que la jurisprudence considère comme applicable à toutes les ventes de biens du domaine de l'Etat la disposition de l'art. 4 de la loi du 28 pluv. an 8 qui investit les conseils de préfecture du contentieux des domaines nationaux. Cette interprétation extensive de la loi du 28 pluv. an 8, malgré les objections qu'elle soulève et que nous avons indiquées au *Rép.* n° 260, a acquis par une pratique de trois quarts de siècle, ainsi que le reconnaît M. Laferrière, *Traité de la juridiction administrative*, t. 1, p. 508, « une autorité qu'une loi seule pourrait mettre désormais en échec »; et cet auteur rappelle que plus d'une fois cette réforme législative a été signalée comme désirable soit devant le conseil d'Etat, soit devant le tribunal des conflits, dans les conclusions des commissaires du Gouvernement qui se refusaient néanmoins à l'accomplir par une simple évolution de jurisprudence. A l'occasion de la loi du 21 juin 1865 (D. P. 65. 4. 63) sur les conseils de préfecture, le Corps législatif avait été saisi d'un amendement de M. Josseau qui proposait d'abroger l'art. 4 de la loi du 28 pluv. an 8, à raison des inconvénients de l'interprétation excessive qu'il avait reçue. M. Boulatignier, commissaire du Gouvernement, reconnut la valeur des objections de l'auteur de l'amendement, mais fit écarter cette proposition par le motif que la question ne pouvait être résolue à l'occasion de la loi en discussion, et qu'elle pourrait être soulevée plus utilement, lorsque la Chambre serait saisie d'un projet d'aliénation de biens de l'Etat (Laferrière, *loc. cit.*).

47. D'après la jurisprudence que nous venons d'indiquer, il appartient à l'autorité administrative d'interpréter les ventes des biens domaniaux, encore bien qu'il ne s'agisse pas de biens vendus nationalement en exécution des lois de la Révolution (Cons. d'Et. 26 avr. 1860, aff. Gaudeau, D. P. 60. 3. 55). En conséquence, le tribunal saisi d'une contestation entre deux particuliers au sujet de la propriété d'un terrain vendu à l'un d'eux par l'Etat doit surseoir à statuer sur le fond, si l'Etat appelé en garantie comme vendeur soutient qu'il y a lieu d'interpréter préalablement l'acte de vente (Même arrêt). C'est aussi à l'autorité administrative qu'il appartient exclusivement de déterminer le sens et les effets des actes qui ont préparé et consommé la vente de parcelles de routes nationales abandonnées comme n'étant plus utiles au service public (Trib. confl. 7 mars 1850, aff. Fioupou, D. P. 50. 3. 52) ou détachées par suite d'alignement (Cons. d'Et. 14 nov. 1879, aff. Dumont, D. P. 80. 3. 30).

48. Il a été décidé dans le même sens que les conseils de préfecture sont compétents: 1° pour prononcer sur les contestations qui s'élèvent au sujet des effets d'une vente de biens domaniaux entre l'Etat et ses acquéreurs, quelle que soit l'origine de ces biens (Trib. confl. 24 juin 1876, aff. Bienfait, D. P. 77. 3. 18); 2° pour connaître de l'action intentée contre l'Etat par les acquéreurs de biens provenant du domaine de l'Etat, et qui a pour objet de faire condamner l'administration à les garantir du dommage causé à leurs propriétés par les débordements d'une rivière et de faire décider que les frais de viabilité d'une voie publique établie le long desdites propriétés, lesquels sont mis à la charge des acquéreurs par l'acte d'adjudication, ne peuvent excéder une somme déterminée (Cons. d'Et. 5 mai 1864, aff. Hottot, D. P. 64. 3. 100); 3° pour déterminer le sens et la portée du cahier des charges de l'adjudication d'une propriété ayant fait partie du domaine militaire (Trib. confl. 1er mai 1875, aff. Tarbé des Sablons, D. P. 76. 3. 7); 4° pour connaître de la validité d'une cession de terrains domaniaux consentie par le ministre de la guerre et dont l'administration des domaines conteste la régularité (Cons. d'Et. 21 mars 1883, aff. Chemin de fer de l'Ouest algérien, D. P. 84. 3. 118).

49. Il est d'ailleurs certain, ainsi que nous l'avons dit au *Rép.* n° 261, que la disposition de la loi de l'an 8 qui attribue à l'autorité administrative la connaissance exclusive du contentieux des domaines nationaux n'est point applicable aux difficultés auxquelles peut donner lieu la vente d'objets mobiliers faisant partie du domaine de l'Etat. Ainsi le conseil d'Etat a reconnu la compétence des tribunaux judiciaires pour connaître de contestations soulevées à l'occasion de la vente d'armes hors de service faite par l'Etat à un particulier (Cons. d'Et. 2 juill. 1875, aff. Maury, D. P. 76. 3. 31).

50. On a vu (*Rép.* n° 262) que, conformément à un principe général en matière d'interprétation d'actes administratifs (V. *suprà*, v° *Compétence administrative*, n° 317), l'autorité judiciaire est compétente pour déterminer les effets d'un acte administratif qualifié vente, dont le sens ne présente aucune obscurité (Req. 11 janv. 1853, aff. Boutin, D. P. 54. 1. 407; 22 mai 1876, aff. Ville de Lisieux, D. P. 77. 1. 64; 17 juin 1885, aff. Combier, D. P. 86. 1. 300); à plus forte raison, en est-il ainsi, lorsque le sens de cet acte a été fixé par l'autorité administrative, dans une décision intervenue sur conflit (Arrêt précité du 11 janv. 1853). Les tribunaux civils peuvent, en conséquence, constater les limites d'une vente administrative, lorsqu'elles sont clairement déterminées dans la convention (Req. 12 févr. 1862, aff. Montariol, D. P. 62. 1. 187). Ils sont également compétents pour statuer, sans renvoi préalable à l'autorité administrative, sur les difficultés qui s'élèvent relativement à la contenance d'un terrain vendu par l'Etat (dans l'espèce, une île située dans un fleuve) et sur le point de savoir si une parcelle litigieuse dépend de ce terrain, alors que le sens de l'acte d'adjudication est clair et précis (Req. 5 avr. 1876, aff. Bonnigal, D. P. 78. 1. 11. — V. aussi Civ. rej. 14 août 1861, aff. Mirès, D. P. 61. 1. 307).

51. Alors même qu'une vente administrative est obscure ou ambiguë, les tribunaux ordinaires peuvent statuer sur les questions soulevées par cette vente, sans en faire fixer préalablement le sens par l'administration, lorsque, dans le silence de l'acte de vente ou des actes qui l'ont préparé, la question doit être résolue par les règles du droit commun (Req. 19 juin 1861, aff. Laloy, D. P. 62. 1. 461), ou par l'appréciation de titres anciens ou d'usages locaux (Req. 17 déc. 1851, aff. Lafond, D. P. 54. 5. 149; Civ. rej. 17 août 1857, aff. Donau, D. P. 57. 1. 324). — Comp. *suprà*, v° *Compétence administrative*, n° 324.

52. L'autorité judiciaire est seule compétente, comme on l'a vu (*Rép.* n° 245) pour statuer sur les questions de propriété concernant les biens vendus par l'Etat, qui sont soulevées par des tiers étrangers à la vente, soit contre le domaine, soit contre les acquéreurs. Il lui appartient, dans ces conditions, de connaître des difficultés relatives à l'exécution ou à l'interprétation des actes dans lesquels le Gouvernement ou ses agents figurent, non comme pouvoir administratif procurant ou assurant l'exécution des lois par des règlements ou des mesures d'autorité, mais comme représentant l'Etat propriétaire et aliénant en son nom, par une convention de droit civil, une partie de son domaine (Civ. cass. 8 janv. 1861, aff. Azéma, D. P. 61. 1. 116; Civ. rej. 28 mai 1866, aff. Ali-ben-Hamoud et autres, 3 arrêts, D. P. 66. 1. 301). — V. *suprà*, v° *Compétence administrative*, n° 237.

53. Les concessions domaniales constituent un mode d'aliénation spécial au droit administratif et qui, n'ayant son analogue dans aucun des contrats de droit commun, ne saurait ressortir qu'à la juridiction administrative. Aussi a-t-il été décidé, conformément à ce qui a été exposé au *Rép.* n° 263, qu'il n'appartient qu'à l'autorité administrative d'interpréter, en cas de contestation, les actes de concession domaniale, encore bien que la concession dont il s'agissait dans l'espèce eût été faite en vertu d'une loi (Cons. d'Et. 24 déc. 1845, aff. de Nazelles, *Rec. Cons. d'Etat*, p. 601. V. *suprà*, v° *Compétence administrative*, n° 298). De même, c'est au conseil de préfecture qu'il appartient d'interpréter, le cas échéant, le sens et la portée de l'acte administratif qui a concédé au riverain d'un cours d'eau navigable un atterrissement formé dans le lit de ce cours d'eau (Cons. d'Et. 19 juin 1867, aff. Lenoir, D. P. 68. 5. 97).

54. Il a été également jugé qu'un arrêt du conseil constitutif d'une concession de rivages et grèves de la mer, un procès-verbal d'arpentage dressé par un trésorier général de France, pour la mise en possession de cette concession et un arrêt du conseil déboutant de l'opposition à cette concession, constituent, non des contrats de droit commun, mais des actes administratifs qu'il est interdit aux tribunaux civils d'interpréter et surtout de modifier, et que les tribunaux civils, lorsqu'il y a lieu à interprétation de pareils actes à l'occasion de procès portés devant eux, doivent surseoir à statuer jusqu'à ce que cette interprétation ait été faite par l'autorité administrative (Rouen, 21 juill. 1880, aff. Pallix, D. P. 82. 1. 353 ; V. *suprà*, v° *Compétence administrative*, n° 35).

55. A plus forte raison en est-il de même des actes ayant pour objet d'affecter les biens de l'Etat aux divers services publics, ce soin rentrant naturellement dans la mission qui appartient au pouvoir exécutif de prendre les mesures nécessaires pour assurer la marche et le fonctionnement de ces services (Conclusions de M. le commissaire du Gouvernement David, Trib. confl. 12 déc. 1874, aff. Ville de Paris, D. P. 75. 3. 89 et 91); aussi la jurisprudence a-t-elle toujours reconnu, comme nous l'avons dit (*Rép.* n° 269), la compétence de l'autorité administrative pour connaître des difficultés d'interprétation auxquelles ont donné lieu entre certaines villes et l'Etat les dispositions des décrets du 11 déc. 1808 et du 9 avr. 1811 (Civ. cass. 24 juin 1851, aff. Département de la Corse, D. P. 51. 1. 196; Cons. d'Et. 1er déc. 1853, aff. Ville de Bordeaux, D. P. 54. 3. 42; Trib. confl. 12 déc. 1874, précité), ou celles du décret du 23 avr. 1810 (Civ. cass. 2 mars 1870, aff. Ville de Bapaume, D. P. 74. 1. 366). — V. *suprà*, v° *Compétence administrative*, n° 194.

56. Mais les tribunaux de l'ordre judiciaire sont seuls compétents pour statuer, en appliquant les dispositions claires et précises d'actes administratifs, sur la validité et l'efficacité d'actes d'intérêt privé intervenus entre le concessionnaire d'un bien domanial et des tiers en dehors du concours et de l'action de l'autorité publique (Req. 25 mars 1884, aff. Crance, D. P. 85. 1. 215). Il en est ainsi, spécialement, lorsqu'il s'agit d'apprécier la validité et la portée d'hypothèques consenties dans un acte privé, au profit de tiers, par le concessionnaire conditionnel d'une partie du domaine national en Algérie (Même arrêt). — Comp. *suprà*, v° *Compétence administrative*, n° 313.

57. Nous avons indiqué au *Rép.* n° 280 les règles de compétence en matière d'échange de biens domaniaux. La jurisprudence a toujours reconnu que l'aliénation d'un bien de l'Etat par voie d'échange constitue un contrat de droit commun et qu'il appartient exclusivement à l'autorité judiciaire de connaître des contestations auxquelles peut donner lieu ce contrat (Laferrière, *op. cit.*, t. 1, p. 509. V. Cons. d'Et. 27 mars 1885, aff. Hutel, D. P. 86. 5. 111). Toutefois, ainsi que nous l'avons dit, la juridiction administrative est compétente pour statuer sur les contestations relatives aux formalités qui précèdent la loi d'échange, parce que tous les actes qui préparent l'échange ont le caractère d'actes administratifs; mais, dès l'instant où la loi a été rendue, l'échange prend le caractère d'un contrat. Dès lors, ainsi que le fait observer l'auteur que nous venons de citer, où l'échange sera attaqué comme irrégulier et la juridiction administrative sera compétente, ou la régularité de l'échange admise, la contestation s'élèvera sur son interprétation et, dans ce cas, la compétence sera judiciaire.

58. Les difficultés auxquelles peuvent donner naissance les baux dépendant du domaine de l'Etat rentrent dans la compétence judiciaire (V. *infrà*, v° *Louage administratif*). Nous avons dit (*Rép.* n° 288) que le législateur a tranché en ce sens la question de compétence en ce qui concerne spécialement les baux du droit de pêche passés par le domaine de l'Etat (V. *Rép.* v° *Pêche fluviale*, nos 64 et suiv.). La compétence des tribunaux ordinaires a été reconnue par plusieurs arrêts en ce qui concerne la location du droit de pêche et de chasse dans un lot appartenant à l'Etat (Cons. d'Et. 19 févr. 1868, aff. Portalupi, D. P. 69. 3. 1; 12 janv. 1870, aff. Morel, D. P. 70. 3. 58) et la location du droit de chasse dans une forêt domaniale (Trib. confl. 29 nov. 1884, aff. Jacquinot, D. P. 85. 3. 50).

§ 2. — Des fonctionnaires par qui et contre qui peuvent être intentées les actions domaniales (*Rép.* nos 289 à 328).

59. Conformément à ce qui a été exposé au *Rép.* n° 300, l'Etat, lorsqu'il s'agit de domaines et de droits domaniaux, doit, aux termes de l'art. 69, § 1er, c. proc. civ., être assigné en la personne et au domicile du préfet du département où siège le tribunal qui doit connaître de la demande. En conséquence, l'appel d'un jugement rendu en matière domaniale est nul, lorsque cet appel a été signifié au préfet en la personne et au domicile du directeur des domaines (Civ. cass. 24 juin 1851, aff. Département de la Corse, D. P. 51. 1. 196; 25 mai 1852, aff. Commune de Cannes, D. P. 52. 1. 135), alors même que le jugement dont est appel a été signifié à l'appelant requête du préfet, poursuites et diligences du directeur des domaines, et que le domicile de celui-ci est seul indiqué dans l'exploit (Req. 15 janv. 1856, aff. de Ruzé, D. P. 56. 1. 353; Paris, 7 avr. 1868, aff. Labry, D. P. 68. 2. 115).

60. Cette règle ne comporte aucune exception et s'applique en toute matière domaniale, ainsi que nous l'avons dit (*Rép.* n° 301); et, alors même qu'il s'agit du domaine militaire, l'État ne peut être représenté en justice que par le préfet, soit en demandant, soit en défendant (Aix, 28 janv. 1848, aff. Département de la Corse, D. P. 51. 1. 196-197; Ord. prés. trib. Laval, 21 févr. 1871, aff. Lebreton, D. P. 71. 2. 156).

Il a été jugé toutefois, contrairement à cette jurisprudence, que les assignations concernant le domaine militaire doivent être données, non au préfet, mais au ministre de la guerre sous la surveillance duquel la loi a placé la conservation et l'administration de ce domaine, et que les dispositions de la loi des 28 oct.-5 nov. 1790 qui prescrivent, en matière domaniale, le dépôt préalable d'un mémoire sont inapplicables au domaine militaire (Paris, 8 mai 1884, aff. Bouchet, D. P. 85. 2. 148). — Cette décision isolée s'appuie sur les dispositions de la loi du 10 juill. 1791 et de l'ordonnance du 6 mai 1838 (*Rép.* p. 99) qui attribuent au ministre de la guerre la conservation du domaine militaire. Mais, si ces dispositions donnent au ministre le droit d'examiner et de faire suivre les instances qui concernent le domaine militaire, comme les agents de l'administration des domaines suivent les instances domaniales ordinaires, il n'en est pas moins certain que, même en cette matière, le préfet reste l'unique représentant de l'État, et que c'est en son nom que l'assignation doit être donnée et l'instance suivie. Par le même motif, la règle générale posée par la loi des 28 oct.-5 nov. 1790 qui exige qu'aucune action en justice ne soit intentée contre l'État sans remise préalable d'un mémoire au directoire du département, aujourd'hui remplacé par le préfet, doit recevoir son application, lorsqu'il s'agit du domaine militaire comme dans le cas de toute autre instance domaniale.

61. On a examiné au *Rép.* n°s 311 et suiv. la question de savoir si les fonctionnaires qui représentent l'État peuvent valablement acquiescer à une décision rendue contre le domaine. Cette question a été implicitement résolue dans le sens de l'affirmative par un arrêt de rejet de la chambre civile du 20 janv. 1868 (aff. Préfet d'Alger, D. P. 68. 1. 53). Cet arrêt ne dit pas expressément quelle est, en pareil cas, l'autorité compétente. Nous pensons, conformément à l'ordonnance réglementaire du 6 mai 1838 (*Rép.* v° *Acquiescement*, n°s 160 et suiv.), que le préfet peut acquiescer, mais seulement avec l'approbation de l'administration des domaines. C'est, d'ailleurs, ce qui semble ressortir de l'arrêt précité. Mais il a été décidé qu'un préfet ne peut, sans une autorisation expresse du ministre de la guerre, acquiescer, soit implicitement, soit explicitement, à un jugement rendu contre l'État dans une instance concernant le domaine militaire, et qu'en conséquence, un tel acquiescement ne saurait être opposé, comme fin de non-recevoir, à un pourvoi formé contre ce jugement d'ordre exprès du ministre de la guerre (Civ. cass. 20 déc. 1854, aff. Ladrix, D. P. 55. 1. 36).

§ 3. — Des formes d'instruction et des règles de procédure suivies en matière domaniale (*Rép.* n°s 329 à 408).

62. Nous avons dit (*Rép.* n°s 430 et suiv.) que la loi du 28 oct. 1790 impose aux particuliers qui veulent intenter une action contre l'État l'obligation de se pourvoir préalablement par simple mémoire au directoire du département aujourd'hui remplacé par le préfet, et ne permet d'intenter l'action qu'un mois après la remise de ce mémoire. Cette prescription, ainsi qu'on l'a vu *suprà*, n° 60, est applicable dans les instances qui intéressent le domaine militaire, comme dans les autres instances domaniales. Mais elle ne saurait recevoir d'application dans le cas où l'action est formée par l'État lui-même (Req. 6 janv. 1852, aff. Jeannot, D. P. 52. 1. 75). En conséquence, le préfet auquel le directeur des domaines a adressé, conformément à ce qui a été exposé au *Rép.* n° 357, un mémoire tendant à l'exercice d'une action en restitution d'un bien domanial, peut former sa demande moins d'un mois à partir de la notification de ce mémoire au tiers détenteur (Même arrêt).

63. Un arrêté du gouverneur général de l'Algérie du 25 oct. 1841 rend applicables à l'Algérie, en ce qui concerne la nécessité du mémoire préalable et le délai de la réponse de l'administration, les dispositions du décret du 28 oct. 1790. Il a été décidé que la notification que doit faire l'Administration, conformément à cet arrêté, en réponse au mémoire exigé du demandeur, de sa volonté d'accueillir ou de ne pas accueillir la réclamation de ce dernier, constitue un acte extrajudiciaire qui ne lie pas contradictoirement le débat entre les parties, alors même que cette notification aurait eu lieu après le délai d'un mois accordé à l'administration et à une époque où l'action se trouvait déjà intentée par suite de l'expiration de ce délai (Req. 24 mai 1852, aff. Ménager, D. P. 52. 1. 144). En conséquence, le jugement rendu sans qu'un mémoire en défense ait été signifié par l'État est un jugement par défaut susceptible d'opposition (Même arrêt).

Table sommaire

des matières contenues dans le Supplément et le Répertoire.

(Les chiffres précédés de la lettre *S* renvoient au Supplément; les chiffres précédés de la lettre *R* renvoient au Répertoire.)

Table chronologique des Lois, Arrêts, etc.

DOMAINES ENGAGÉS ET ÉCHANGÉS.

Division.

---

§ 1er. — Historique et législation (*Rép.* nos 2 à 13).

1. Ainsi qu'on l'a vu au *Rép.* n° 13, la loi du 12 mars 1820 a été la dernière de celles auxquelles ont donné lieu les domaines engagés; elle a consacré la propriété domaniale en abrogeant la loi de ventôse, et en même temps elle a consolidé la propriété des biens domaniaux entre les mains des détenteurs. Nous avons dit qu'aux termes de cette loi, le 12 mars 1829 était le terme fixé pour les recherches de l'Administration, mais qu'aux approches de cette date, le ministre des finances fit signifier plus de dix mille sommations aux détenteurs réels ou prétendus, et que l'action domaniale se trouva ainsi prolongée de trente ans. « Les sommations de 1829, dit un des auteurs qui ont le mieux analysé les principes de cette difficile matière (A. des Glajeux, *De l'aliénation et de la prescription des biens de l'Etat, des communes et des établissements publics*, p. 175), ont prolongé les effets de la loi de ventôse en soulevant de nombreux procès. Ces procès sont tous terminés aujourd'hui... Parmi les détenteurs des biens du domaine, les uns se sont maintenus dans leur propriété en payant le quart, les autres ont été dépossédés après liquidation; d'autres ont repoussé les prétentions de l'administration en se plaçant à l'abri des principes auxquels il n'avait pas été dérogé par les lois domaniales; quelques-uns enfin, et c'est le petit nombre, ont échappé à toutes les recherches, et sont restés, sans bourse délier, en possession d'un bien domanial où nul ne viendra les troubler. »

§ 2. — Des domaines engagés ou échangés qui ont été frappés de révocation (*Rép.* nos 14 à 23).

2. Nous avons dit au *Rép.* n° 14 que la révocation prononcée par la loi du 14 vent. an 7 n'atteint que les engagements ou échanges de fonds qui appartenaient au domaine inaliénable désigné avant la Révolution sous le nom de *domaine de la couronne*. L'ordonnance de février 1566 et l'édit d'avril 1667 ne considéraient comme faisant partie de ce domaine que les biens qui y avaient été incorporés soit expressément, soit par l'effet d'une administration continuée pendant dix ans par les receveurs ou officiers du roi (Civ. rej. 21 avr. 1857, aff. de la Bourdonnaye, D. P. 57. 1. 161). Ainsi, l'acte portant acquisition d'une maison par un particulier, déclarant acquérir pour le roi, ses hoirs et ayants cause, et l'acceptation de cette déclaration faite plus tard au nom du roi, n'ont pas eu pour résultat, en l'absence d'une incorporation expresse au domaine de la couronne, de rendre ce bien domanial, mais présentent simplement les caractères d'un acte de vente et d'achat entre particuliers; et le bien n'est pas davantage devenu domanial par incorporation tacite, s'il a été revendu par le roi moins de dix ans après son acquisition. En conséquence, l'aliénation d'un tel bien ne tombe pas sous l'application des dispositions révocatoires de la loi du 14 vent. an 7 (Même arrêt. V. conf. Batbie, *Traité de droit public et administratif*, t. 5, n° 491, note 1).

3. L'art. 4 de la loi du 14 vent. an 7 a révoqué les sous-aliénations du domaine, aussi bien que les aliénations. En effet le domaine, inaliénable entre les mains de l'Etat, ne cessait pas de l'être entre les mains de ceux auxquels l'Etat l'avait engagé. Il en était à cet égard de l'engagiste comme de l'apanagiste, et ce qui a été à ce sujet, *suprà*, v° *Domaine apanager*, n° 2, s'applique également ici.

4. La domanialité des terrains revendiqués par l'Etat en vertu de la loi du 14 vent. an 7 est suffisamment établie par des titres récognitifs. Il n'est pas indispensable que le titre primordial soit produit (Civ. rej. 16 févr. 1853, aff. commune de Saint-Christophe-Lejajolet, D. P. 53. 1. 88).

§ 3. — Des domaines engagés dans les pays réunis à la France (*Rép.* nos 24 à 43).

5. V. *Rép.* nos 24 et suiv.

§ 4. — Des exceptions au principe de la révocation des domaines engagés (*Rép.* nos 44 à 53).

6. Ainsi que nous l'avons exposé (*Rép.* n° 48), les inféodations et accensements de terres vaines et vagues, à quelque époque qu'ils aient eu lieu, ne sont exceptés de la révocation prononcée par l'art. 4 de la loi du 14 vent. an 7 qu'autant que ces terres ont été mises et qu'elles sont encore actuellement en valeur (Civ. rej. 16 févr. 1853, aff. Commune de Saint-Christophe-Lejajolet, D. P. 53. 1. 88). La jurisprudence reconnaît aux juges du fait un pouvoir souverain pour déclarer que les terrains litigieux sont encore aujourd'hui en landes et bruyères et que la commune n'y a point fait exécuter des travaux de défrichement (Même arrêt, *Rép.* n° 50-6°).

§ 5. — De la révocation des échanges du domaine de l'Etat (*Rep.* nos 54 à 60).

7. Une question controversée, ainsi que nous l'avons indiqué (*Rép.* n° 59), est celle de savoir si la loi du 14 vent. an 7 a dérogé au principe proclamé par l'art. 21 de la loi du 1er déc. 1790, méconnu par celle du 10 frim. an 2 et rétabli par celle du 7 niv. an 5, d'après lequel l'échangiste dont le contrat est révoqué doit être remis en possession réelle et actuelle des biens par lui donnés en échange. Un arrêt de la cour d'appel de Dijon du 12 juin 1857 (1) décide que la restitution en cas de nullité est une des conditions essentielles de l'échange et que, faute de pouvoir ou de vouloir opérer cette restitution, l'Etat est non recevable à réclamer la résolution d'un échange. Cette solution nous paraît juridique, et nous ne pensons pas que le silence gardé sur ce point par le législateur de l'an 7 ait pu avoir pour effet d'abroger un principe consacré par toute la législation antérieure. « Comment supposer, dit à ce sujet M. des Glajeux, *op. cit.*, p. 163, qu'une loi quelconque, fût-elle votée dans les plus mauvais temps de notre histoire, ait pu admettre qu'un échange étant révoqué, l'une des parties recouvrerait ce qu'elle a donné sans restituer ce qu'elle a reçu, qu'elle prendrait d'une main et retiendrait de l'autre, que le contrat serait

---

(1) (Comte de Chambord et Duchesse de Parme C. l'Etat.) — La cour; — Considérant, sur la fin de non-recevoir résultant de la non-restitution des objets échangés; — Que la loi du 14 vent. an 7 a placé à côté de la disposition générale, qui frappe les échanges de révocation, une disposition exceptionnelle qui donne aux échangistes le droit de racheter leur dépossession moyennant le quart de la valeur des biens anciennement distraits du domaine de l'Etat; — Que cette modification apportée à la rigueur de la loi n'a été évidemment inspirée que par un intérêt pour l'échangiste; — Que c'est une faveur, une dernière ressource qui lui est offerte; autrement, et si l'exception devait faire la règle, la loi serait une véritable mesure de confirmation et n'aurait pas proclamé la révocation en principe; — Considérant que, libre d'accepter l'espèce de transaction qu'on lui propose, l'échangiste qui refuse se trouve dans la même situation que l'engagiste dépossédé, à cela près que la loi détermine pour ce dernier la nature de l'indemnité qu'il doit recevoir, et qu'elle reste muette à l'égard de l'échangiste; — Que son silence s'explique par la difficulté de compenser, par des valeurs arbitraires, la valeur réelle et spéciale de l'objet donné en échange, et qu'il va de soi que la révocation de

résolu pour l'un des échangistes et maintenu pour son coéchangiste ? Tel serait le résultat de la loi de ventôse ; car remarquons-le bien, le payement du quart n'est qu'une faculté pour l'échangiste ; s'il n'en use pas, le principe de la révocation posé par l'art. 1er de la loi de ventôse reçoit son application ; le contrat étant révoqué, l'Etat rentre dans le bien qu'il a donné en échange, et il a, par conséquent, entre les mains et le bien qu'il avait reçu en échange, et celui qu'il avait donné en contre-échange » (V. conf. A. Desjardins, *De l'aliénation et de la prescription des biens de l'Etat*, p. 280).

§ 6. — De la révocation à l'égard des aliénations de bois ou forêts domaniaux (*Rép.* nos 61 à 67).

8. Conformément à ce qui a été exposé au *Rép.* n° 62, la faculté accordée aux engagistes de biens domaniaux de s'en rendre propriétaires incommutables moyennant la soumission de payer le quart de la valeur de ces biens ne s'applique pas aux futaies ; et l'engagiste ne peut devenir propriétaire des futaies qu'en se soumettant à en payer la valeur totale (Ch. réun. cass. 20 févr. 1851, aff. Mazarin, D. P. 51. 1. 54). En conséquence, jusqu'au règlement de cette valeur, et alors surtout qu'elle est refusée, l'Etat resté propriétaire des futaies est copropriétaire de la forêt, et, en cette qualité, il peut et doit la soumettre au régime forestier dans le but, notamment, de conserver les futaies dont l'engagiste ou ses représentants auraient consommé l'abatage (Même arrêt. V. sur ce second point les conclusions de M. le procureur général Dupin).

9. D'après l'avis du conseil d'Etat du 12 flor. an 13 rapporté au *Rép.* n° 64, on doit, dans l'évaluation d'un domaine engagé à l'effet de fixer la finance de consolidation, estimer séparément les taillis et la futaie (Cons. d'Et. 27 févr. 1852, aff. Séminaire de Carcassonne, D. P. 52. 3. 21).

§ 7. — Des engagistes et de la nature de leurs droits. — Conditions ; Soumission ; Payement du quart ; Intérêts. — Effet de l'accomplissement de ces conditions ; Renonciation ; Concession de forêts ; Estimation ; Expertise. — Vente des biens engagés ; Revendication ; Procédure (*Rép.* nos 68 à 105).

10. On a vu au *Rép.* n° 83 que l'administration du domaine n'a jamais admis que le détenteur sans titre d'un immeuble domanial pût en devenir propriétaire incommutable par l'accomplissement des formalités prescrites par les art. 14 de la loi du 14 vent. an 7 et 9 de la loi du 7 mars 1820. — A plus forte raison doit-on décider que l'accomplissement de ces formalités ne peut faire preuve, à l'égard des tiers, de la propriété d'un domaine engagé. Spécialement, il ne saurait faire preuve de la propriété au profit de l'engagiste contre une commune prétendue usagère, alors surtout que l'engagement dont on se prévalait résultait d'une adjudication annulée par arrêt du conseil (Req. 28 déc. 1874, aff. de Maynard, D. P. 75. 1. 228).

11. Conformément à une jurisprudence rapportée au *Rép.* n° 101, la finance de consolidation à payer à l'Etat par le détenteur d'un domaine engagé, en vertu de la loi du 14 vent. an 7, doit être estimée d'après la valeur de ce domaine au moment de l'expertise, et non d'après celle qu'il avait en l'an 7 (Cons. d'Et. 27 févr. 1852, aff. Séminaire de Carcassonne, D. P. 52. 3. 21).

§ 8. — Prescription (*Rép.* nos 106 à 114).

12. La faculté qui appartient à l'Etat de revenir sur l'erreur de droit qu'il a commise dans la fixation du prix de vente des biens engagés, et notamment d'exiger la valeur entière des futaies, au lieu du quart d'abord stipulé en vertu de la règle générale écrite dans la loi du 14 vent. au 7, règle déclarée inapplicable aux futaies par l'avis interprétatif du 12 flor. an 13 (V. *suprà*, n° 9), n'a pas le caractère d'une action en rescision tombant sous le coup de la prescription établie par l'art. 1304. En conséquence, il n'y a pas lieu, de la part du tribunal des conflits, de statuer sur la question de savoir si l'autorité administrative devant laquelle doivent être portées les difficultés relatives à la liquidation du prix de vente des domaines engagés est également compétente pour statuer sur cette exception de prescription (Trib. confl. 7 nov. 1850, aff. de Rosières, D. P. 51. 3. 6).

13. Nous avons dit (*Rép.* n° 114) que les exceptions de prescription sont du ressort de l'autorité judiciaire. Toutefois, il a été décidé que l'autorité administrative, compétente pour statuer sur les difficultés relatives à la fixation et au recouvrement du prix de rachat des biens engagés, l'est aussi pour connaître accessoirement de l'exception de prescription concernant les intérêts de ce prix (Trib. confl. 7 nov. 1850, cité *suprà*, n° 12).

§ 9. — De la compétence (*Rép.* nos 115 à 132).

14. V. *Rép.* nos 115 et suiv.

---

l'échange entraîne nécessairement la restitution réciproque des objets échangés ; — Que c'est un principe consacré par l'édit de 1667 et reproduit successivement et toujours dans les lois de 1790, de l'an 5 et même de pluviose an 12 qu'on peut citer, bien qu'elle ait été abrogée, tandis qu'une loi n'a jamais admis que les biens, surtout lorsqu'ils existent encore entre les mains des échangistes, ne seraient pas restitués ; — Que la restitution en cas de nullité est, en effet, la condition essentielle de l'échange, car le contrat repose bien plus sur la nature des choses échangées que sur leur valeur et sur leur prix ; — Qu'alors que cette restitution dépend de la volonté des contractants, elle devient plus obligatoire encore, et ne pas vouloir restituer en semblable circonstance, c'est vouloir confirmer, c' st une véritable ratification ; — Considérant que dans la cause, l'Etat détient encore la majeure partie des propriétés que le roi Louis XVI a reçues en échange du comte d'Artois; qu'un grand intérêt d'administration a pu seul, sans doute, s'opposer à ce que l'Etat en offrît la restitution, mais qu'à défaut de cette offre, il ne peut être admis à réclamer la résolution de l'échange, la condition des contractants devant rester exactement la même, et l'engagement de l'un ne pouvant être rompu, sans que celui de l'autre le soit également aussitôt ; — Considérant que l'Etat ne peut non plus, et comme conséquence, poursuivre le payement du quart de la valeur des objets qu'il a donnés en échange, car, là où il n'y a pas de révocation possible, il n'y a plus à se prémunir contre ses effets ;... — Par ces motifs, etc.

Du 12 juin 1857.-C. de Dijon.

Table sommaire

des matières contenues dans le Supplément et le Répertoire.

(Les chiffres précédés de la lettre *S* renvoient au Supplément ; les chiffres précédés de la lettre *R* renvoient au Répertoire.)

Table chronologique des Lois, Arrêts, etc.

DOMAINE EXTRAORDINAIRE. — 1. On a vu au *Rép.* n° 15 que le décret du 16 mars 1810, concernant la propriété et l'administration des canaux d'Orléans et du Loing cédés par acte du 28 févr. 1810 au domaine extraordinaire, avait divisé la propriété de ces canaux en 1400 actions de 10000 fr. chacune. L'art. 10 de la loi du 5 déc. 1814 (*Rép.* v° *Emigré*, p. 472), qui prescrivait la remise aux émigrés des biens confisqués sur eux qui n'avaient pas été vendus et qui se trouvaient aux mains de l'Etat, avait spécialement en vue les actions représentant la valeur des canaux de navigation. Celles de ces actions qui étaient affectées aux dépenses de la Légion d'honneur devaient être rendues à l'époque où, par suite des dispositions de l'ordonnance du 19 juillet précédent, elles cesseraient d'être affectées aux mêmes dépenses (V. *infrà*, v° *Emigré*); celles qui étaient aux mains du Gouvernement, aussitôt que la demande en serait faite par les ayants droit, et celles dont le Gouvernement aurait disposé, soit que la délivrance en eût été faite, soit qu'elle ne l'eût pas été, lorsqu'elles rentreraient dans ses mains par l'effet du droit de retour stipulé dans les actes d'aliénation.

Les canaux d'Orléans et du Loing ayant été concédés au duc d'Orléans par l'ancienne monarchie (*Rép.* v° *Voirie par eau*, n°s 19 et 24), les actions de ces canaux remises et à remettre en vertu de la disposition précitée, furent attribuées à la succession bénéficiaire du père de Louis-Philippe et rachetées par ce dernier et par sa sœur, suivant jugement des 7 avr. 1819 et 18 mars 1820. La part du duc d'Orléans dans ces actions restées indivises entre sa sœur et lui fut comprise dans la donation qu'il fit à ses enfants de ses biens meubles et immeubles, le 7 août 1830, avant d'accepter la couronne, et, par suite, elle tomba sous l'application du décret de confiscation du 22 janv. 1852 (D. P. 52. 4. 37) (V. *infrà*, v° *Domaine privé*, n° 2). En conséquence, un décret du 16 janv. 1858 (D. P. 58. 4. 11) disposa que les actions des canaux d'Orléans et de Loing qui avaient fait ou feraient retour par l'extinction des dotations auxquelles elles étaient affectées seraient remplacées par de nouveaux titres, lesquels seraient inscrits divisément, moitié au nom de l'Etat représenté par l'administration des domaines et moitié au nom des héritiers et représentants de Madame Adélaïde d'Orléans. Le partage réalisé le 4 janv. 1868 attribua à l'Etat 400 actions libres et 228 actions affectées à des dotations. Les deux canaux d'Orléans et du Loing furent rachetés par l'Etat, en vertu d'une loi du 20 mai 1863 (D. P. 63. 4. 116), qui en fixa le prix à 16 millions payables en trente annuités avec intérêts à partir du 1er sept. 1860 pour les actions libres, et, pour les actions affectées à des dotations, à compter de l'extinction de ces dotations. L'Etat fut autorisé, par une disposition expresse de cette loi, à annuler par confusion les actions qui lui avaient été attribuées par le décret du 22 janv. 1852. La loi du 21 déc. 1872 (D. P. 73. 4. 9), qui a abrogé ce dernier décret, a restitué à la famille d'Orléans les annuités non échues représentatives des actions des canaux d'Orléans et du Loing (V. rapport de M. Robert de Massy, D. P. 73. 4. 9, note 6).

2. Nous avons dit (*Rép.* n° 52) que la situation des donataires de l'ancien domaine extraordinaire a été définitivement réglée par la loi du 26 juill. 1821. L'art. 11 de cette loi porte qu'après cinq ans écoulés à compter de la date des actes constitutifs des dotations sur les canaux, sans que les titulaires ou les appelés à leur défaut se soient présentés par eux-mêmes ou par leurs fondés de pouvoirs, munis de la preuve de leur existence, pour réclamer les actions comprises dans les dotations qui les concernent, les anciens propriétaires auront droit à la jouissance provisoire des actions non réclamées sans néanmoins que lesdites actions cessent de rester sous les noms des titulaires, avec les mêmes numéros qui se trouveront désignés dans le titre constitutif des dotations. Le conseil d'Etat a décidé que cette disposition n'autorisait pas le ministre des finances à envoyer les anciens propriétaires des actions des canaux ayant servi à former des dotations, en possession d'actions remises à un donataire et transmises par lui à ses descendants (Cons. d'Et. 7 déc. 1877, aff. Rouxel, D. P. 78. 3. 44). En effet, ainsi que le décide cet arrêt, l'article précité est spécial aux actions dont la délivrance n'a pas eu lieu dans le délai de cinq ans à partir de l'acte constitutif de la donation; et la prescription qu'il établit en pareil cas ne semble pas pouvoir être étendue à une hypothèse toute différente. Il convient de remarquer, toutefois, qu'en écartant l'application de l'art. 11 de la loi de 1821, le conseil d'Etat a laissé intacts les droits que les anciens propriétaires pourraient faire valoir à un autre titre. Peut-être ceux-ci, justifiant du décès du dernier titulaire de la dotation, auraient-ils été fondés à invoquer l'art. 10 de la loi du 5 déc. 1814, aux termes duquel les actions représentant la valeur des actions des canaux affectés à une dotation doivent être restituées aux anciens propriétaires, lorsqu'elles rentrent dans les mains du Gouvernement par l'effet du droit de retour stipulé dans les actes d'aliénation.

Table sommaire

des matières contenues dans le Supplément et le Répertoire.

(Les chiffres précédés de la lettre *S* renvoient au Supplément; les chiffres précédés de la lettre *R* renvoient au Répertoire.)

Table chronologique des Lois, Arrêts, etc.

DOMAINES NATIONAUX. — Nous n'avons rien à ajouter aux développements donnés sur cette matière au *Répertoire*.

DOMAINE PRIVÉ. — 1. Le domaine privé, ainsi qu'on l'a vu au *Rép.* n° 1, était, d'après l'art. 22 de la loi du 2 mars 1832, l'ensemble des biens qui appartenaient personnellement au roi avant son avènement au trône et de ceux qu'il acquérait à titre gratuit ou onéreux pendant son règne. Nous avons dit (*Rép.* n° 2) que, sous l'ancienne monarchie, on tenait pour maxime que les biens personnellement possédés par le prince, lors de son avènement au trône, étaient, du jour de son avènement, réunis de plein droit au domaine de la couronne, mais que ce principe de la dévolution des biens patrimoniaux, reproduit par la loi du 9 nov. 1814, avait été repoussé par la loi précitée du 2 mars 1832. L'art. 22 de cette loi portait que le roi conserverait la propriété des biens qui lui appartenaient avant son avènement au trône; aux termes de l'art. 23, le roi pouvait disposer de son domaine privé, soit par acte entre vifs, soit par testament. Dans le cours de la discussion, un membre de l'opposition, déclarant la règle de la dévolution incompatible avec le régime nouveau d'une royauté populaire, avait résumé la portée de la loi nouvelle en disant que « désormais le roi devait être le premier père de famille de son royaume, que son domaine privé, ses propriétés, devaient être assimilés aux biens de tous les autres citoyens, et que, comme eux, il devait en conserver tous les avantages ».

2. Le roi Louis-Philippe, avant d'accepter la couronne le 9 août 1830, avait, par un acte authentique en date du 7 du même mois, fait donation universelle sous réserve d'usufruit de tous ses biens patrimoniaux au profit de ses enfants, à l'exclusion de l'aîné de ses fils. Tous les biens compris dans cette donation étaient des biens privés provenant soit de la succession de la mère du donateur, soit d'acquisitions faites à des tiers, soit de rachats aux enchères d'immeubles qui avaient fait partie de la succession bénéficiaire de son père. Vingt-deux ans s'étaient écoulés depuis cet acte lorsqu'un décret du 22 janv. 1852 (D. P. 52. 4. 37), rendu par le prince Louis Napoléon Bonaparte, dans la période dictatoriale qui suivit le coup d'Etat du 2 décembre, ordonna la *restitution* au domaine de l'Etat des biens meubles et immeubles qui avaient fait l'objet de la donation du 7 août 1830, et la mise en vente de ces biens pour le produit en être affecté à divers objets énumérés dans ledit décret. Le président de la République déclarait, *en considération des présentes*, renoncer à toute réclamation au sujet des confiscations prononcées en 1814 et en 1815, contre la famille Bonaparte. Un autre décret du même jour (*Ibid.*) interdisait aux membres de la famille d'Orléans, à leurs époux, épouses et descendants, la possession d'aucun bien en France, et leur enjoignait de vendre dans le délai d'un an tous ceux qui leur appartenaient dans l'étendue du territoire de la République.

3. Les agents du domaine s'étant mis en possession de plusieurs immeubles compris dans le premier de ces deux décrets, les princes de la famille d'Orléans présentèrent requête au tribunal civil de la Seine à l'effet de se faire maintenir en la jouissance et propriété des biens dont ils avaient été expulsés. Malgré un déclinatoire proposé par le préfet de la Seine, le tribunal se déclara compétent par un jugement du 23 avr. 1852. Le jugement, fortement motivé, constatait que les membres de la famille d'Orléans possédaient comme propriétaires les domaines de Neuilly et de Monceaux soit en vertu de la donation du 7 août 1830, soit en qualité d'héritiers de leur père et pour partie de la princesse Adélaïde, leur tante, soit en vertu d'une jouissance prolongée pendant plus de vingt ans et pouvant fonder la prescription; et « attendu que les tribunaux ordinaires sont exclusivement compétents pour statuer sur les questions de propriété, de validité, de contrat et de prescription; que ce principe a toujours été appliqué aussi bien à l'égard de l'Etat qu'à l'égard des particuliers », il décidait qu'au tribunal seul il appartenait d'apprécier les titres des parties et d'appliquer la loi aux faits qui donnaient lieu au procès (aff. Famille d'Orléans, D. P. 52. 3. 17).

4. Le préfet de la Seine ayant élevé le conflit, l'affaire fut portée devant le conseil d'Etat qui, par un arrêt du 18 juin 1852 (aff. Famille d'Orléans, D. P. 52. 3. 17) confirma l'arrêté de conflit en décidant que le décret du 22 janv. 1852 était un acte de Gouvernement dont l'exécution et les effets ne pouvaient être soumis à l'appréciation de l'autorité judiciaire. Nous avons dit *suprà*, v° *Compétence administrative*, n° 123, qu'il est difficile d'attribuer une valeur doctrinale à cet arrêt, rendu dans des circonstances dont le souvenir n'est point effacé et contre lequel se sont élevés les jurisconsultes les plus autorisés (V. Reverchon, *Les décrets du 22 janv.* 1852, 1871).

5. Parmi les biens que le décret du 22 janvier avait attribués au domaine de l'État se trouvaient comprises les constitutions dotales des trois filles du roi Louis-Philippe, devenues étrangères par leur mariage. Une loi du 10 juill. 1856 (Duvergier, *Collection des lois*, 1856, p. 248) provoquée, dit-on, par des réclamations diplomatiques, autorisa le ministre des finances à inscrire sur le grand-livre de la dette publique trois rentes 3 pour 100 de 200000 fr. chacune au profit des héritiers de la reine des Belges, de la princesse Marie-Clémentine, duchesse de Saxe Cobourg-Gotha, et des héritiers de la princesse Marie-Christine, duchesse de Wurtemberg. L'une de ces rentes fut délivrée au roi Léopold le 17 oct. 1856; mais la duchesse de Saxe Cobourg-Gotha et les héritiers de la duchesse de Wurtemberg s'abstinrent de réclamer celles qui leur avaient été attribuées (Rapport de M. Robert de Massy sur la loi du 21 déc. 1872, D. P. 73. 4. 9).

6. Les décrets du 22 janv. 1852 ont été abrogés par la loi du 21 déc. 1872 (D. P. 73. 4. 9). Un remarquable rapport de M. Robert de Massy, à la suite duquel a été votée cette loi, en détermine le caractère. Elle n'a eu pour but, suivant les expressions du rapporteur que de trancher « une question de bonne foi et de probité nationale ». Le rapport établit péremptoirement que le roi Louis-Philippe s'était valablement dessaisi au profit de ses enfants de ses biens patrimoniaux, avant d'accepter la couronne, et que le décret du 22 janv. 1852, en annulant, après vingt-deux ans, un acte solennel, sur la foi duquel des conventions matrimoniales avaient été arrêtées et des aliénations nombreuses consenties à des tiers, n'avait été qu'un acte de confiscation dont l'auteur avait vainement cherché à « masquer l'iniquité sous l'artifice trompeur d'un grand principe de droit ».

7. Au moment où a été votée la loi du 21 déc. 1872, la moitié environ des immeubles compris dans la donation du 7 août 1830 avait été aliénée; l'autre moitié était encore en la possession de l'Etat, et le Trésor avait encaissé, pour le prix des immeubles vendus et pour les coupes de bois exploitées, sans tenir compte de tous les autres revenus, plus de 53 millions. La loi précitée a eu exclusivement pour objet la restitution des biens non aliénés et leur remise immédiate à leurs propriétaires. Les prix non payés des biens et coupes de bois vendus et les annuités non échues représentatives des actions des canaux d'Orléans, du Loing et de Briare ont également été restitués avec jouissance des intérêts qu'ils peuvent produire à partir du 1er janv. 1872. Il était donné acte aux héritiers du roi Louis-Philippe des renonciations par eux offertes avant la présentation de la loi et réalisées depuis, à toutes répétitions qu'ils auraient pu exercer contre l'Etat, soit par suite de l'exécution des décrets du 22 janv. 1852, soit pour toute autre cause antérieure à ces décrets, toute réclamation de l'Etat contre ces mêmes héritiers était également déclarée éteinte et non avenue. Le rapport résume en ces termes toute l'économie de la loi : « Restitution des immeubles invendus, consolidation et sécurité pour les possesseurs des biens aliénés, acceptation des faits accomplis, libération définitive de l'Etat vis-à-vis de la famille d'Orléans ».

8. Le sénatus-consulte du 12 déc. 1852 (D. P. 52. 4. 220), sur la liste civile et la dotation de la couronne réunissait au domaine de l'Etat, ainsi que nous l'avons dit (V. *suprà*, v° *Domaine de la couronne*, n° 2), les biens particuliers appartenant à l'empereur au moment de son avenement au trône, et les comprenait dans la dotation de la couronne (art. 2). Le domaine privé de l'empereur se composait, aux termes de l'art. 18 de ce sénatus-consulte, des biens qu'il acquérait à titre gratuit ou onéreux pendant son règne. Conformément à un principe consacré par la législation antérieure (*Rép.* n° 25), il pouvait disposer de son domaine privé sans être assujetti aux règles du code civil sur la quotité disponible. S'il n'en avait pas disposé, les propriétés du domaine privé faisaient retour au domaine de l'Etat et faisaient partie de la dotation de la couronne (art. 19). Les propriétés du domaine privé étaient, sauf cette exception, soumises à toutes les règles du code civil ; elles étaient imposées et cadastrées.

9. Après la chûte du second Empire, un décret du 6 sept. 1870 (D. P. 70. 4. 86) disposa : 1° que les biens désignés sous le nom de biens du domaine privé seraient administrés sous séquestre, sans préjudice des droits de l'Etat et des droits des tiers ; 2° qu'il serait nommé par le ministre des finances une commission chargée de la liquidation des biens de l'ancienne liste civile et du domaine privé (V. *suprà*, v° *Domaine de la couronne*, n° 8).

Table sommaire

des matières contenues dans le Supplément et le Répertoire.

(Les chiffres précédés de la lettre *S* renvoient au Supplément; les chiffres précédés de la lettre *R* renvoient au Répertoire.)

Table chronologique des Lois, Arrêts, etc.

DOMAINE PUBLIC.

Division.

§ 1er. — Historique et législation (*Rép.* nos 3 à 8).

1. La plupart des dispositions législatives qui touchent par certains points au domaine public doivent, ainsi que nous l'avons dit au *Rép.* n° 8, être rapportées dans d'autres articles. Il convient, toutefois, de mentionner ici le décret-loi du 21 févr. 1852 (D. P. 52. 4. 67) sur le domaine public maritime. Ce décret porte, dans son art. 2, que les limites de la mer seront déterminées par des décrets du président de la République rendus sous forme de règlements d'administration publique, tous les droits des tiers réservés, sur le rapport du ministre des travaux publics, lorsque cette délimitation aura lieu à l'embouchure des fleuves ou rivières, et sur le rapport du ministre de la marine, lorsque cette délimitation aura lieu sur un autre point du littoral. Dans ce dernier cas, les opérations préparatoires peuvent être indistinctement confiées par le ministre de la marine soit aux préfets maritimes, soit aux préfets des départements. Quant aux déclarations de domanialité relatives à des portions du domaine public maritime, elles doivent être faites par les mêmes fonctionnaires, dont les arrêtés déclaratifs doivent être visés par le ministre de la marine. Aux termes de l'art. 3, l'avis du ministre de la marine doit être réclamé en ce qui concerne la concession des lais et relais de mer, et son assentiment doit être obtenu pour les autorisations relatives à la formation d'établissement de quelque nature que ce soit sur la mer et ses rivages.

2. De nombreux décrets ont été pris, en vertu des dispositions précitées, à l'effet de délimiter les rivages de la mer. Nous citerons, notamment, les décrets du 1er sept. 1853 (embouchure du Blavet) (D. P. 53. 4. 226); du 21 déc. 1853 (anse des Catalans) (D. P. 54. 4. 18); du 9 janv. 1856 (rivières d'Auray et de Bono) (D. P. 56. 4. 14); du 12 janv. 1856 (embouchure de la Vilaine) (D. P. 56. 4. 14); du 25 août 1856 (embouchure de l'Orne) (D. P. 56. 4. 139); du 24 déc. 1856 (Lecques, Bistouan et cap Janet) (D. P. 57. 4. 51); du 13 avr. 1857 (bassin d'Arcachon) (D. P. 57. 4. 69); du 9 mai 1857 (embouchure de l'Authie) (D. P. 57. 4. 70).

§ 2. — Des choses dont se compose le domaine public (*Rép.* nos 9 à 42).

3. On a exposé au *Rép.* n° 17, que les dépendances des routes établies dans le but d'en assurer la conservation, telles que les accotements, fossés et talus, en font partie intégrante et appartiennent, comme elles, au domaine public (C. cass. Belgique, 19 avr. 1883, aff. Van den Kerckhove, D. P. 84. 2. 107. V. conf. Cotelle, *Droit administratif*, n° 485; Husson, *Législation des travaux publics*, p. 382). Il en est ainsi, notamment, des talus en déblai aussi bien que des talus en remblai des routes (Arrêt précité du 19 avr. 1883; Bruxelles, 22 mars 1877, *Pasicrisie belge*, 1877. 2. 332; C. cass. Belgique, 14 févr. 1878, aff. Neissen, *ibid.*, 1878. 1. 117).

4. Les rues et places sont une dépendance du domaine public municipal (*Rép.* n° 23; Req. 9 janv. 1866, aff. Réthoré, D. P. 66. 1. 395; Gaudry, *Traité du domaine*, t. 3, n° 626; Dufour, *Droit administratif*, 2e éd., t. 7, n° 492; Demolombe, *Cours de code civil*, t. 9, n° 460); et le mur de soutènement d'une place publique fait, comme cette place elle-même, partie du domaine public (Aix, 24 juill. 1855, aff. Commune de Saint-Paul-lès-Durance, D. P. 56. 2. 210, et sur pourvoi, Req. 16 juin 1856, D. P. 56. 1. 423). En conséquence, le propriétaire d'un terrain joignant ce mur ne peut en acquérir la mitoyenneté, ni obtenir de la justice le droit d'y appuyer des constructions moyennant indemnité, sauf à s'adresser à cet effet à l'autorité administrative, en se conformant aux règles de la petite voirie (Mêmes arrêts).

Les terrains laissés par les riverains en dehors de leur mur de clôture, le long d'une rue ou d'une place publique, sont présumés faire partie de cette voie et, par suite, doivent être considérés comme des dépendances du domaine public (Civ. cass. 13 mars 1854, aff. Commune de Blanzay, D. P. 54. 1. 114). Mais cette présomption peut être détruite par la preuve contraire (Cons. d'Et. 11 mai 1854, aff. Lequesne, D. P. 54. 3. 58; Civ. rej. 28 juill. 1856, aff. Macquet, D. P. 56. 1. 307).

5. Comme on l'a vu au *Rép.* n° 23, et *suprà*, v° *Culte*, n° 380, les édifices consacrés au culte font partie du domaine public. Mais il en est autrement des terrains qui dépendent des églises, mais n'en sont pas un accessoire indispensable à leur destination publique. C'est ce qu'ont reconnu plusieurs arrêts, qui déclarent, en conséquence, ces terrains susceptibles de prescription (V. notamment Caen, 11 déc. 1848, aff. Hospices d'Orbec, D. P. 50. 2. 16 Civ. rej. 7 nov. 1860, aff. Fabrique de Bolbec, D. P. 60. 1. 484).

6. Les propriétés d'une commune consacrées par elle à un usage public communal font nécessairement partie du domaine public de cette commune; il en est ainsi plus particulièrement des chemins, sans qu'il y ait lieu de rechercher si ces chemins ont été l'objet d'arrêtés de classement ou d'alignement pris régulièrement (Paris, 15 janv. 1886, aff. Commune du Vésinet, D. P. 86. 2. 214). On doit donc y comprendre les chemins ruraux, c'est-à-dire les chemins appartenant aux communes et affectés à l'usage du public, qui n'ont pas été classés comme chemins vicinaux (L. 20 août 1881, art. 1er; D. P. 82. 4. 1. V. *infrà*, v° *Voirie*).

7. Ainsi qu'on l'a vu au *Rép.* n° 24, les cours d'eau navigables et flottables appartiennent au domaine public et l'on doit y comprendre les rivières canalisées (Trib. confl. 3 avr. 1850, aff. Deherrypon, D. P. 50. 3. 49; 20 mai 1850, aff. Desmarquet, D. P. 50. 3. 49-51). Les terrains dépendant des francs-bords d'un canal de navigation font partie du domaine public (Cons. d'Et. 1er juin 1861, aff. Ratier, D. P. 61. 3. 59). Mais un terrain joignant la digue d'un canal ne dépend du domaine public qu'autant qu'il a été acquis par l'Etat pour la construction de ce canal (Cons. d'Et. 20 mai 1881, aff. Sommariva, D. P. 82. 3. 108). — La limite du lit d'un fleuve, c'est-à-dire le point où finit le domaine public, se fixe par la hauteur des plus grandes eaux du fleuve au moment où, coulant à pleins bords, il ne pourrait monter davantage sans commencer à déborder, et non par la hauteur moyenne des eaux ni par celle où le fleuve est encore navigable par le halage (Orléans, 28 févr. 1850, aff. Poulain, D. P. 50. 2. 65; Toulouse, 22 juin 1860, aff. de Beaufort, D. P. 60. 2. 128). Il en est ainsi, quelle que soit la cause de l'élévation des eaux, et alors même que, s'agissant d'une rivière qui aboutit à la mer, elle serait le résultat du reflux périodiquement occasionné par les marées ordinaires (Req. 8 déc. 1863, aff. Petit, D. P. 64. 1. 114. V. *Rép.* v° *Eaux*, nos 42 et 437).

8. Les fontaines construites dans les villes ou communes pour l'usage des habitants font partie du domaine public (*Rép.* n° 25). Il en est de même des eaux qui alimentent ces fontaines (Civ. cass. 20 août 1861, aff. Commune de Tourvès, D. P. 61. 1. 385; Trib. Puy, 19 juill. 1866, aff. Rabaste, D. P. 66. 3. 61; Dijon, 23 janv. 1867, aff. Commune de Decize, D. P. 67. 2. 216; Grenoble, 30 nov. 1867, aff. Commune du Grand Lemps, D. P. 68. 2. 130; Req. 15 nov. 1869, aff. Viard, D. P. 70. 1. 275); même pour la portion qui excède les besoins des habitants (Arrêts précités des 30 nov. 1867 et 15 nov. 1869; Req. 4 juin 1866, aff. Flamenq, D. P. 67. 1. 35; Colmar, 28 mars 1869, aff. Coquerille, D. P. 71. 2. 111. — *Contrà* : Req. 9 janv. 1860, aff. Commune de Rognes, D. P. 62. 1. 125).

La même solution s'applique aux eaux qui sont affectées dans leur ensemble à des usages publics et, par exemple, aux usages d'une ville (Aix, 13 juin 1865, aff. Flamenq, D. P. 66. 2. 167; Civ. rej. 28 mai 1866, aff. Ali-ben-Ahmoud, D. P. 66. 1. 301). Il en est ainsi, spécialement, des eaux de la ville de Paris, et les concessions qui en sont faites même à titre onéreux sont précaires et révocables (Cons. d'Et. 18 janv. 1851, aff. Clausse, D. P. 51. 3. 43; 31 janv. 1861) (1).

9. Nous avons dit (*Rép.* n° 27) que le caractère de domanialité s'attache incontestablement aux rivages de la mer. Ils faisaient partie du domaine inaliénable et imprescriptible

(1) (Héritiers Lerebours C. Ville de Paris). — NAPOLÉON, etc.; — Vu l'édit du 9 oct. 1392, les lettres patentes du 14 mai 1554, l'arrêt du conseil du 23 juill. 1594, les lettres patentes du 19 déc. 1608, celles du 26 mai 1635, l'arrêt du conseil du 26 nov. 1666, et le décret du 4 sept. 1807; — Considérant que, par le marché passé avec Jehan Coing et ses associés, le 27 oct. 1612, pour la conduite des eaux de Rungis à Paris, il était délaissé aux entrepreneurs le volume d'eau qui excéderait les 30 pouces d'eau par jour qu'ils s'étaient engagés à fournir; que, par arrêt du conseil, du 4 nov. 1634, 18 pouces d'eau faisant partie de cet excédent ont été rachetés par le roi, de ces entrepreneurs, au prix de 6000 livres chacun, et que les 12 pouces qui restaient encore ont été délaissés auxdits entrepreneurs, conformément à leur marché; — Considérant que le pouce d'eau dont jouissait la maison sise rue Larray, ci-devant rue du Paon, n° 8, et pour la suppression duquel les héritiers Lerebours réclament une indemnité, faisait partie des 12 pouces demeurés à la disposition des entrepreneurs; qu'il a été vendu par ces derniers au sieur Claude Bouthillier, par acte notarié du 27 déc. 1634, moyennant le prix de 6000 livres, et que la concession de ce pouce d'eau affecté par le sieur Bouthillier au service de la maison qui lui appartenait rue du Paon, a été successivement confirmée au profit des ayants cause dudit sieur Bouthillier, lorsque cette maison a changé de propriétaire; — Considérant que la Ville de Paris ne conteste pas que cette concession a été consentie à titre onéreux, et qu'elle offre de rembourser aux requérants la somme pour laquelle le pouce d'eau dont il s'agit a été compté à leurs auteurs en 1634, plus 500 fr. pour prix des tuyaux de conduite restés sous la voie publique et appartenant aux concessionnaires; que les héritiers Lerebours soutiennent, de leur côté, qu'ils sont propriétaires incommutables du pouce d'eau dont ils jouissaient, et que la Ville ne pouvait en opérer la suppression; que, tout au moins, ils ont le droit d'obtenir une indemnité réglée d'après la valeur actuelle de la concession dont ils sont privés; — Considérant que les eaux de la Ville de Paris appartiennent au domaine public, et que les concessions qui en ont pu être faites, sont essentiellement révocables; qu'à plusieurs reprises, notamment par l'édit de 1392, par les lettres patentes de 1666, l'autorité souveraine a prononcé la révocation de toutes les concessions antérieures et interdit d'en faire de nouvelles; que les concessions qui ont pu être faites des eaux de la Ville de Paris, nonobstant ces édits, ces lettres patentes et arrêts, n'ont jamais constitué entre les mains des concessionnaires au profit desquels elles avaient été nommément consenties qu'un titre renouvelable et dont la confirmation devait être demandée et obtenue toutes les fois que l'immeuble au service duquel ces eaux étaient affectées changeait de propriétaire; qu'ainsi elles ont toujours eu un caractère précaire; qu'il suit de là que si, lorsque l'Administration, usant de son droit, supprime une concession consentie à titre onéreux, la Ville doit restituer la finance qu'elle a touchée; elle ne peut être tenue de payer une indemnité réglée d'après la valeur actuelle de la concession supprimée; — En ce qui touche l'offre de 500 fr. pour les tuyaux de conduite: — Considérant que cette offre n'a pas été acceptée par les héritiers Lerebours, etc.

Art. 1er. En cas de désaccord entre les héritiers Lerebours et la Ville de Paris sur la valeur actuelle des tuyaux de conduite dont la Ville reconnaît devoir le prix auxdits héritiers Lerebours, il sera procédé contradictoirement à une expertise, à l'effet d'apprécier cette valeur, etc. — Art. 2. Le surplus des conclusions des héritiers Lerebours et de la Ville de Paris est rejeté.

Du 31 janv. 1861.-Cons. d'Et.-MM. de Sandrans, rap.-Rendu et Jagerschmidt, av.

dans l'ancien droit comme dans le droit moderne (Cons. d'Et. 2 mai 1884, aff. Lecardonnel, D. P. 85. 3. 91). Il a été décidé, en conséquence, qu'une concession d'îles désertes situées dans la mer devait être interprétée en ce sens qu'elle ne comprenait pas le rivage de ces îles (Même arrêt). L'édit de février 1710 qui attribuait au petit domaine la propriété des îles et îlots qui se forment dans la mer énonçait, il est vrai, dans son préambule que le roi usait du droit de propriété qu'il avait « sur les bords et rivages de la mer, sur les îles et atterrissements qui s'y forment... ». Mais, ainsi que le remarque l'arrêt précité, cette confusion ne se retrouvait pas dans les dispositions mêmes de l'édit. D'ailleurs, un commentateur autorisé (Lefèvre de la Planche, *Mémoire sur les matières féodales*, t. 1, p. 14) indique que cet édit a eu en vue le cas où la mer a abandonné sans retour son ancien rivage. « Dans ce cas, dit-il, le terrain, public dans son origine, continue de l'être et d'appartenir à celui qui représente le public, depuis qu'il est devenu susceptible de propriété; c'est dans ce sens qu'il faut appliquer la disposition de l'édit de février 1710 concernant les îles et îlots de la mer et les atterrissements qui se forment avec ces îles, et où le roi déclare que la propriété de ces rivages lui appartient. »

10. L'art. 1er de la loi des 22 nov.-1er déc. 1790 et l'art. 538 c. civ. rangent les rivages de la mer parmi les dépendances du domaine public; ils sont donc hors du commerce et ne peuvent faire l'objet d'une convention obligatoire (Caen, 21 août 1866, aff. Commune de Langrune, D. P. 67. 2. 220). L'Etat n'a sur ces rivages qu'un simple droit de protection et de surveillance, dont il ne doit user que pour en garantir indistinctement l'usage à tous.

11. On a vu (*Rép.* n° 28) que, dans le silence de la loi de 1790 et du code civil, il faut chercher la définition du rivage de la mer dans l'art. 1er du tit. 7, liv. 4, de l'ordonnance sur la marine d'août 1681 ainsi conçu : « Sera réputé bord et rivage de la mer tout ce qu'elle couvre et découvre pendant les nouvelles et pleines lunes et jusqu'où le grand flot de mars se peut étendre sur les grèves ». Valin, dans son *Commentaire de l'ordonnance de* 1681, t. 2, p. 572, fait remarquer que cette définition est plus exacte que celle de la loi romaine : « *Est littus maris quatenus hibernus fluctus maximus excurrit* », attendu que les hautes marées arrivent chaque mois à la nouvelle et à la pleine lune et que, des marées des équinoxes et des solstices qui sont encore plus hautes, celle de l'équinoxe de mars l'emporte. M. Aucoc, qui rapporte ces explications de Valin (*De la délimitation des rivages de la mer*, p. 4), se demande si les observations scientifiques sur lesquelles il s'est fondé pour approuver les auteurs de l'ordonnance de 1681 d'avoir corrigé les lois romaines sont absolument exactes. Des doutes ont été émis à cet égard par une commission du conseil d'Etat chargée, en 1881, de procéder à des vérifications à l'occasion d'un recours dirigé contre un décret de délimitation du rivage maritime (D. P. 82. 3. 7). Le rapporteur de cette commission, M. le vice-amiral Bourgois, a formellement déclaré que « le grand flot de mars était souvent dépassé en hauteur par d'autres marées, sans que celles-ci fussent favorisées par des circonstances météorologiques telles que de forts vents du large accompagnés par une baisse marquée du baromètre, et qu'ainsi, sans remonter au delà de dix années, on trouvait qu'il y avait eu au Havre, en 1871, treize marées supérieures d'un décimètre à la grande marée de mars de la même année; en 1872 six, en 1873 trois, en 1874 vingt, en 1875 une, en 1877 deux. Cette dérogation apparente aux lois vulgairement admises s'explique, a-t-il ajouté, par les lois mêmes qui président au mouvement des marées. Parmi les causes astronomiques nombreuses qui influent sur leur hauteur, les phases de la lune, la distance absolue du soleil à la terre et la déclinaison du soleil et de la lune sont les plus énergiques. Lorsque l'équinoxe du printemps le plus rapproché du périgée suit d'un jour ou deux une syzygie, et qu'en même temps la lune est dans le voisinage de l'équateur, les principales conditions astronomiques sont réunies pour donner au grand flot de mars la plus grande hauteur de toute l'année; mais il arrive parfois que ce soit une quadrature qui arrive un jour ou deux après l'équinoxe, ou qu'à ce moment la lune ait une forte déclinaison. Alors les influences qui, dans le premier cas, concouraient toutes à augmenter la hauteur de la marée, se contrebalancent en partie, et le grand flot de mars peut avoir une hauteur inférieure à celle de plusieurs autres marées de l'année ».

12. Quoi qu'il en soit de ces observations scientifiques, la disposition de l'ordonnance de 1681 reste incontestablement en vigueur, du moins en ce qui concerne les côtes de l'Océan. Il en est autrement, comme nous l'avons dit (*Rép.* n° 28), des rivages de la Méditerranée qui comprennent, conformément à la loi romaine et à l'ancienne jurisprudence du parlement d'Aix, tous les terrains habituellement couverts par le plus grand flot d'hiver. Cette interprétation, adoptée par le ministre de la marine dans une circulaire du 21 févr. 1853 et dans une instruction du 18 juin 1864, a été consacrée par la jurisprudence (Cons. d'Et. 27 juin 1884, aff. Ville de Narbonne, D. P. 85. 3. 121) et est suivie par tous les auteurs (Aucoc, *op. cit.*, p. 5; Ploucque, *De la mer et de la navigation maritime*, n° 168; Chalvet, *Journal de droit administratif*, 1861, n° 25; Fournier, *Revue maritime et coloniale*, 1878, t. 57, p. 576).

13. Nous avons dit *suprà*, n° 1, que l'art. 2 du décret du 21 févr. 1852 prévoit le cas où la délimitation des rivages de la mer a lieu à l'embouchure des fleuves et rivières. Dans ce cas, il faut, ainsi que le remarque M. Aucoc, *op. cit.*, p. 15, pour pouvoir fixer les limites de la mer et de la terre, « déterminer d'abord le point où s'arrête le fleuve; et, une fois ce point fixé par une ligne transversale, les rives situées en aval sont nécessairement considérées comme le rivage de la mer ». Les bases sur lesquelles doit s'opérer cette délimitation préalable de la mer et des fleuves n'ont pas été déterminées par la législation; deux systèmes ont été proposés à cet égard: ils se partageaient les auteurs avant 1789 et ils ont été, l'un et l'autre, soutenus et appliqués jusqu'à une époque récente. On a prétendu, dans l'intérêt du domaine, que la mer remontait dans l'intérieur des fleuves et rivières jusqu'au point où se faisait sentir l'action du plus grand flot de mars. Mais cette doctrine, combattue par Merlin, *Questions de droit*, v° *Rivages de la mer*, et Henrion de Pansey, *Dissertations féodales*, t. 1, p. 650, v° *Eaux*, § 6, avait été repoussée par quatre arrêts du conseil du 6 août et du 13 déc. 1771, du 17 juill. 1778 et du 12 août 1782. Elle l'a été également par deux arrêts de la cour de cassation du 23 juin 1830 et du 22 juill. 1841, rapportés au *Rép.* n° 30. Le ministre de la marine s'est prononcé dans le même sens par une circulaire du 3 avr. 1851 et dans une lettre au préfet du Finistère du 9 oct. 1855 (Aucoc, *op. cit.*, p. 20). — Le système adverse n'admet pas qu'on puisse, dans aucun cas, qualifier de rivages de la mer ou de grèves les rives d'un fleuve, et il fixe la limite de la mer au point le plus bas de l'embouchure des fleuves et rivières en tirant une ligne qui rétablisse la continuité du rivage interrompue par le fleuve. Cette interprétation a été adoptée par un arrêt de la cour de cassation du 28 juill. 1869, qui décide en termes formels que, « lorsqu'un cours d'eau vient se jeter dans la mer, il conserve sa nature et sa détermination propres jusqu'au moment où il se perd dans la mer; que les limites de celle-ci s'arrêtent là où les falaises et les grèves sont interrompues par les rives du fleuve, et réciproquement celui-ci et ses rives se prolongeant jusqu'au point où elles coupent les falaises et le rivage de la mer » (Civ. rej. 28 juill. 1869, aff. Préfet de la Vendée, D. P. 69. 1. 489. V. conf. Proudhon, *Domaine public*, t. 3, n° 707; Aubry et Rau, *Cours de droit civil français*, 4e éd., t. 2, § 169, p. 39, note 6; Dufour, *Droit administratif*, 2e éd., t. 4, n° 266).

14. M. Aucoc, *op. cit.*, p. 21, tout en reconnaissant que ce système, auquel s'est rallié le conseil général des ponts et chaussées dans plusieurs de ses avis, a été inspiré par une répugnance légitime contre la doctrine contraire, lui reproche cependant de ne pas tenir un compte suffisant de la variété des faits qui se produisent à l'embouchure des fleuves et rivières dans la mer; et il propose de chercher, entre ce qu'il considère comme deux solutions extrêmes, un système intermédiaire plus conforme à la vérité.

15. Le conseil d'Etat lui paraît avoir, dans le dernier état de sa jurisprudence et après d'assez longues hésitations, consacré en cette matière les véritables principes. Dans un avis adopté le 24 janv. 1850, la section d'administration écartait nettement le système qui assimile les limites de la mer au point de vue du rivage avec celles de l'inscription maritime et de la pêche fluviale, mais elle ajoutait : « les autres moyens d'appréciation qui seraient tirées de la salure des eaux, de la nature des terrains ou de la forme des rives sont sujets à varier dans leur application d'après les lieux et les circonstances; d'où il suit que l'appréciation des faits et des circonstances doit indiquer les éléments de la solution à donner dans chaque espèce ». Cet avis ne posait donc aucune règle fixe pour la délimitation du rivage de la mer à l'embouchure des fleuves, et, pendant longtemps, le conseil d'Etat, se fondant sur les signes auxquels il reconnaissait l'action prépondérante de la mer, la fit remonter assez loin dans l'intérieur des fleuves et rivières. Dans une lettre du 9 oct. 1855, adressée au préfet maritime de Brest et citée par M. Aucoc, p. 23, le ministre de la marine constatait que, sur vingt délimitations faites aux embouchures dans le deuxième arrondissement, dix bornaient la mer à la limite extrême de ces eaux, six en aval de cette limite, et quatre en amont.

M. Aucoc, *op. cit.*, p. 23-24, mentionne également plusieurs décisions qui n'ont fixé les limites de la mer qu'au point où la navigation maritime était interrompue par un pont ou par des écluses. Il cite, notamment, un décret du 19 avr. 1852, rendu au sujet de la rivière la Seudre, qui a fait remonter la mer jusqu'à une écluse située à vingt-deux kilomètres en amont de l'embouchure, malgré les réclamations des riverains qui alléguaient que cette délimitation attribuerait au rivage de la mer plus de dix-huit mille parcelles cadastrées couvertes par les eaux de la rivière au moment des marées, et dont ils étaient propriétaires en vertu de titres authentiques ou d'une transmission héréditaire.

16. Le conseil d'Etat a été appelé, en 1866, à apprécier pour la première fois au contentieux la jurisprudence administrative établie pour l'application du décret du 21 févr. 1852, à l'occasion du recours pour excès de pouvoir dirigé contre un décret du 9 mai 1860 qui, en fixant les limites du rivage de la mer à l'embouchure de la Canche, avait compris dans le rivage de la mer comme couverts par le plus grand flot de mars des terrains en culture situés sur les bords de cette rivière à quinze kilomètres de son embouchure. Le conseil d'Etat a annulé ce décret par ce motif que le terrain litigieux ne pouvait dans ces conditions être considéré comme une grève dépendant du rivage de la mer, et que le décret de délimitation qui avait compris ce terrain dans le rivage de la mer, en se fondant sur ce qu'il était couvert par regonflement des eaux de la rivière de Canche à l'époque des plus grandes marées, avait été rendu contrairement aux dispositions de l'ordonnance de 1681 (Cons. d'Et. 27 mai 1863, aff. Drillet de Lannigou, D. P. 63. 3. 63). M. Aucoc, *op. cit.*, p. 26, fait observer avec raison que cet arrêt qui signale nettement l'excès dans lequel l'administration devait éviter de tomber n'indique pas les éléments d'une solution destinée à remplacer celle qu'il condamne.

17. Cette solution lui paraît avoir été donnée par un avis de doctrine du conseil d'Etat rendu le 4 mars 1875, conformément à la proposition de la section des travaux publics et sur le rapport de M. Griolet, au sujet de la délimitation de la mer à l'embouchure de l'Odet (Finistère). Voici le texte de cet avis, publié pour la première fois par M. Aucoc, *op. cit.*, p. 26 : « Considérant que les fleuves et les rivières affluant directement à la mer conservent leur caractère propre jusqu'au point où leur lit s'élargit de manière à former une baie qui se confond avec la mer, quelles que puissent être d'ailleurs, en amont de l'embouchure, l'altération des eaux et les déformations des rives; qu'à la vérité il importe de distinguer des fleuves proprement dits les baies étroites et profondes que présentent certaines côtes et qui font partie du domaine public maritime, alors même qu'elles recevraient les eaux de quelques cours d'eau de peu d'importance ; mais que le lit dans lequel coule l'Odet à partir de Quimper jusqu'à l'Océan sur une étendue de dix-neuf kilomètres environ offre les caractères généraux d'une véritable rivière, notamment à raison de la direction et de la forme de ses rives; qu'en effet si, à quelques kilomètres de Quimper, l'Odet forme un vaste bassin appelé ban de Lédanon, il coule ensuite dans un canal relativement étroit, et ne présentant qu'un petit nombre d'enfoncements, sur une longueur de près de douze kilomètres; qu'en conséquence, la limite de la mer à l'embouchure de l'Odet doit être fixée... au fond de la baie où débouchent les eaux de l'Odet ».

18. Cet avis, ainsi que le remarque M. Aucoc, *op. cit.*, p. 27, ne tranche pas complètement la question de savoir à quels signes on reconnaît qu'une baie où débouche un fleuve fait partie du fleuve ou de la mer. Le conseil d'Etat a définitivement résolu cette question par un arrêt du 10 mars 1882 (aff. Duval, D. P. 83. 3. 73), rendu à l'occasion de la délimitation de la mer à l'embouchure de la basse Seine. Cet arrêt, rendu à la suite d'une visite des lieux faite par une commission spéciale (V. *suprà*, n° 11), décide en principe que, pour déterminer la ligne où finit le fleuve et où commence la mer, au point de vue de la délimitation du domaine public, il y a lieu de tenir compte de divers éléments, notamment de la constitution physique des lieux, de la nature des eaux et des atterrissements qui s'y forment. Il constate : 1° que le relief et la direction des côtes dont le parallélisme a définivement disparu, l'étendue et la forme du bassin qu'elles circonscrivent en aval de la délimitation contestée, révèlent l'existence d'une baie maritime qui pénètre à une certaine profondeur dans les terres, et dans laquelle la Seine a son embouchure, mais qui ne peut être considérée comme formant le lit de ce fleuve; 2° que les eaux qui occupent la baie en dehors du chenal suivi par les eaux du fleuve sont les eaux de la mer, qui s'élèvent ou s'abaissent selon le mouvement des marées et dont le volume dépasse dans des proportions considérables celui des eaux fluviales; 3° que les atterrissements qui se forment dans la baie ou sur ses bords proviennent non des apports des fleuves, mais des eaux de la mer qui déposent dans l'estuaire des matériaux enlevés par elles aux rivages de la mer. C'est sur ces constatations que se fonde le conseil d'Etat pour reconnaître le caractère maritime de la baie de Seine. M. Aucoc, *op. cit.*, p. 28, estime « qu'en réunissant l'arrêt du conseil d'Etat du 27 mai 1863, l'avis du 4 mars 1875 et l'arrêt précité du 10 mars 1882, on a les éléments d'une théorie complète, juste pour les riverains et pour l'Etat ». L'opinion qu'il professe a été également soutenue par M. Chalvet, *Législation des bords de la mer*, n° 30, et par M. Plocque, *De la mer et de la navigation maritime*, n° 169 (V. en sens contraire : M. Fournier, *Revue maritime et coloniale*, 1878, t. 57, p. 579, qui soutient que l'on doit tenir compte, avant tout, de la nature des eaux et de leur *volume*).

19. Le ministre de la marine constate, dans l'instruction du 18 juin 1864 que nous avons citée *suprà*, n° 12, que l'on ne doit pas confondre le grand flot de mars ni le plus grand flot d'hiver avec le plus grand flot de tempête. « L'expression du plus grand flot d'hiver, dit-il, est synonyme de plus grande vague. Cette vague forme généralement sur les plages, aux extrémités atteintes, un bourrelet parfaitement accentué, que l'on admet comme formant la limite du rivage sur le littoral méditerranéen... Le devoir des commissions est de constater le point que les vagues d'hiver atteignent ordinairement. » Il a été décidé, en ce sens, que des terrains situés au-dessus de la ligne du grand flot de mars, qui ne sont point pénétrés habituellement par les eaux saumâtres et qui ne reçoivent qu'à de rares intervalles l'atteinte des vagues de la mer sous l'action des vents violents et simplement par l'effet du bris des lames, ne font pas partie du domaine public et sont susceptibles d'être prescrits (Req. 9 août 1876, aff. Barguillet, D. P. 78. 1. 18).

20. Le conseil d'Etat a également annulé un décret de délimitation à la suite de la visite des lieux faite par une commission spéciale, ainsi qu'on l'a vu *suprà*, n° 11, par le motif que la marée observée en mars 1873 qui avait servi de base à la décision attaquée par les riverains, avait été influencée par des circonstances météorologiques exceptionnelles sans lesquelles le flot n'aurait pas atteint la hauteur où il était parvenu, et qu'il suivait de là que la délimitation avait pu avoir pour effet de comprendre dans le rivage de la mer des terrains qui n'étaient pas habituellement couverts par le grand flot de mars dans le sens de l'art. 1er du tit. 7, du liv. 4, de l'ordonnance d'août 1681 (Cons. d'Et. 10 mars 1882, aff. Duval, D. P. 83. 3. 73).

21. M. le commissaire du Gouvernement Le Vavasseur de Précourt, sur les conclusions duquel a été rendu l'arrêt cité *suprà*, n° 20, indique en ces termes le moyen de constater si le grand flot de mars a été augmenté par des causes météorologiques : « L'*Annuaire officiel* des marées donne à l'avance les hauteurs de chaque marée, dans chaque port, d'après des calculs basés sur l'action des astres et dont les formules ont été données par Laplace dans son traité de la *Mécanique céleste*. Nous estimons que, lorsqu'une marée constatée au marégraphe excède notablement la hauteur prévue à l'*Annuaire*, il y a, sinon certitude, du moins présomption qu'elle a été influencée par des troubles météorologiques ».

Une circulaire du ministre de la marine du 16 janv. 1882, citée par M. Aucoc, *op. cit.*, p. 7, prescrit aux commissions de délimitation, pour assurer l'observation exacte de la règle qui vient d'être indiquée, « de donner, dans leurs procès-verbaux, des renseignements sur les conditions météorologiques dans lesquelles se font les opérations : en particulier, sur l'état de la mer, la force et la direction du vent, ainsi que la hauteur de la marée, s'il existe, dans le voisinage un marégraphe qu'elles soient à portée de consulter ».

22. On s'est demandé quel sens il convient d'attacher au mot *grève* employé dans l'ordonnance de 1681. Suivant une interprétation restrictive, cette expression désignerait exclusivement un terrain couvert de sable ou de gravier, et l'on ne saurait y comprendre les rivages cultivés de la mer. D'après les partisans de cette opinion, l'équité serait blessée, si des terrains cultivés de temps immémorial étaient déclarés rivages de la mer, alors que cette déclaration, absolument inutile au point de vue de la navigation, ne pourrait avoir d'autre effet que d'enrichir le Trésor, au détriment de la fortune privée des citoyens. Cette interprétation ne saurait être adoptée : la restriction qu'elle apporte à l'application de l'ordonnance de 1681 est en opposition avec de nombreuses dispositions de cette ordonnance qui, soit qu'elle définisse la compétence de l'amiral, soit qu'elle s'occupe des naufrages, soit qu'elle détermine ceux des poissons échoués sur les grèves qui doivent être considérés comme poissons royaux, désigne d'une manière générale sous le nom de grève tous les rivages maritimes. Il en est de même de la déclaration du roi du 31 janv. 1694, qui confère à l'amirauté « la connaissance des choses quelconques survenantes à la mer ou celles des *grèves* d'icelle » (Valin, t. 1, p. 135) et de quatre arrêts du conseil des 25 févr., 5, 24 mars et 23 juill. 1733, concernant les parcs et pêcheries qui sont sur les *grèves* du ressort des amirautés. D'après les lexiques du temps (*Dictionnaire* de Trévoux, et *Dictionnaire maritime* d'Aubin), le mot *grève* est, en effet, le terme générique qui désigne tout terrain plat et uni. La même interprétation a été donnée par les auteurs modernes, qui ne font aucune distinction entre les terrains de diverse nature (Demolombe, *Cours de code civil*, t. 9, n° 457 *bis*; Aubry et Rau, *op. cit.*, t. 2, § 169, p. 39; Marcadé, *Explication théorique et pratique du code civil*, art. 538, 5e éd., t. 2, 1852, n° 395). La jurisprudence s'est également prononcée en ce sens. D'après un arrêt de la chambre des requêtes, la loi répute rivage de la mer et dépendance du domaine public *tout le terrain* que la mer couvre et découvre aux plus hautes marées de mars (Req. 11 mars 1868, aff. Massart, D. P. 83. 5. 166); et deux arrêts du conseil d'Etat ont décidé qu'il n'y avait pas à distinguer entre les terrains composés de sables improductifs et ceux qui sont susceptibles de donner des produits (Cons. d'Et. 10 mars 1882, aff. Duval, D. P. 83. 3. 73; 27 juin 1884, aff. Ville de Narbonne, D. P. 85. 3. 121).

23. Nous avons examiné (*Rép.* n° 34), la question de savoir d'après quelles règles les étangs salés doivent être classés soit dans le domaine public, soit dans le patrimoine des particuliers. Cette question présente un sérieux intérêt pour plusieurs départements du midi de la France. D'après un mémoire lu par M. Aucoc à l'Académie des sciences morales et politiques (V. *Compte rendu* de M. Vergé, 1882, t. 2, p. 773), il existe sur les bords de la Méditerranée des étangs salés les uns fort considérables et formant de petites mers intérieures comme l'étang de Berre et l'étang de Thau, les autres d'une étendue beaucoup moindre, mais beaucoup plus nombreux. La carte de l'état major en mentionne soixant -dix. Il en existe aussi quelques-uns en Corse. Aucune législation spéciale n'a déterminé la situation légale de ces étangs, dont la création et les modifications successives sont dues à l'apport dans une mer sans marée de quantités énormes de sables et de limons charriés par les cours d'eau. Ces apports constituent des bourrelets en deçà desquels se forment des étangs, qui sont d'abord en communication facile avec la mer par de larges baies; mais peu à peu l'entrée de ces baies se rétrécit, le niveau du fond s'exhausse, et l'étang se transforme en une lagune morte.

24. Lorsque les passages qui reliaient primitivement les étangs à la mer se trouvent fermés, l'étang, ainsi que nous l'avons dit (*Rép.* n° 34) n'est plus une dépendance de la mer ni par suite du domaine public. Il devient susceptible de propriété privée, malgré la salure des eaux et bien que des cours d'eau douce maintiennent quelques communications entre l'étang et la mer (Crim. rej. 4 mai 1861, aff. Mouraille, D. P. 61. 1. 238). Dans le cas, au contraire, où des communications directes subsistent, l'étang reste une dépendance de la mer et, dès lors, on a vu (*Rép. ibid.*, et v° *Pêche maritime*, n° 47) qu'en principe, il fait partie du domaine public (Civ. cass. 9 mars 1860, aff. Darboullé, D. P. 61. 1. 94, et sur renvoi, Toulouse, 14 juin 1860, D. P. 62. 2. 6; Req. 22 nov. 1864, aff. Gilles, D. P. 65. 1. 109; Cons. d'Et. 27 mars 1874, aff. Barlassé, *Rec. Cons. d'Etat*, p. 308). Cette règle est applicable alors même que la salure n'est ni complète, ni permanente (Crim. rej. 12 juill. 1862, aff. Mignard, D. P. 62. 1. 552), ou que l'on trouve dans l'étang des plantes et poissons d'eau douce (Civ. cass. 1er févr. 1861, aff. Prat, D. P. 61. 1. 139). — Mais si les étangs qui communiquent avec la mer font partie du domaine public, il n'en est pas de même des herbes et fruits produits par ces étangs; et ceux qui jouissent de ces fruits en vertu soit d'une concession, soit d'une tolérance caractérisée de l'Administration, acquièrent un droit en vertu duquel ils ont qualité, tant que dure cette concession ou cette tolérance, pour actionner en justice toute personne qui en troublerait l'exercice, alors surtout que les auteurs du trouble n'excipent d'aucun titre de nature à justifier leur prétention (Arrêt précité du 22 nov. 1864).

25. Les principes qui viennent d'être exposés comportent certaines exceptions; et des étangs salés qui communiquent avec la mer ont été déclarés susceptibles d'appropriation privée, soit parce qu'ils avaient fait l'objet d'aliénations antérieures à 1566, soit parce qu'ils avaient fait l'objet de ventes nationales. C'est ainsi qu'après des débats qui ont duré de 1845 à 1860, la famille de Galiffet a été reconnue propriétaire du canal du roi situé près de Martigues, et qui forme une des communications établies de main d'homme entre l'étang de Caronte et l'étang de Berre. La cour de cassation a décidé que le principe de l'inaliénabilité du domaine public ne pouvait faire tomber des titres dont la plupart étaient antérieurs à la réunion de la Provence à la France, alors que, dans ce pays, les biens que nous comprenons aujourd'hui dans le domaine public n'étaient pas inaliénables et imprescriptibles (Civ. rej. 26 déc. 1860, aff. de Galiffet, D. P. 85. 3. 121, note 4. V. conf. Aucoc, *De la délimitation du rivage de la mer*, p. 11).

Le conseil d'Etat a également reconnu comme valable l'aliénation d'un étang vendu comme bien national en 1812 (Cons. d'Et. 17 déc. 1857, *Rép.* v° *Organisation maritime*, n° 769).

26. Après la promulgation du décret-loi du 21 févr. 1852 (V. *suprà*, n° 1), l'administration de la marine se crut en mesure de faire rentrer dans le domaine public les étangs et canaux salés navigables. Conformément aux instructions du ministre de la marine, plusieurs préfets prirent des arrêtés pour déclarer la domanialité d'étangs possédés par des particuliers en se fondant sur ce que, par leur nature, ces eaux ne pouvaient être l'objet d'un droit de propriété privée. Mais ces arrêtés furent annulés pour excès de pouvoirs, par le motif qu'il n'appartenait qu'au chef de l'Etat de procéder à la délimitation du domaine public maritime et que, d'ailleurs, les arrêtés attaqués n'avaient pas réservé les droits des tiers (Cons. d'Et. 19 juin 1856, aff. de Galiffet, D. P. 57. 3. 6; 7 janv. 1858, aff. Agard, D. P. 58. 3. 53; 28 janv. 1858, aff. de Grave, *ibid.*). A la suite de ces décisions, un décret du 19 nov. 1859 (D. P. 59. 4. 122), qui avait pour objet la police côtière du 5e arrondissement maritime, mit les particuliers et les communes qui prétendaient à la propriété d'étangs ou de ruisseaux salés, en demeure de produire leurs titres dans un délai de trois mois, à peine de déchéance. Quoique cette mesure fût manifestement illégale, les intéressés s'y conformèrent et, à la suite d'un examen approfondi des titres produits, le ministre de la marine rendit, le 30 juill. 1864, une décision collective, complétée sur quelques points par deux décisions du 1er avril et du 20 déc. 1865, qui reconnut formellement les droits d'un grand nombre de propriétaires d'étangs salés. Les intéressés furent informés, en conséquence, que l'Administration n'élevait plus aucune prétention sur leurs étangs (Aucoc, *op. cit.*, p. 12 et 13).

D'après les renseignements recueillis par M. Aucoc, les seuls étangs salés qui doivent aujourd'hui être considérés comme une dépendance de la mer et comme faisant partie du domaine public seraient les suivants : Salses, Leucate, Lapalme, Bages, Sigeand, Gruisson, Grazels, Thau, Ingril, Pérols, Mauguio, Gloria, Caronte et Berre. Encore y a-t-il quelques parties de plusieurs de ces étangs qui sont l'objet de droits privés incontestés.

27. La délimitation des fleuves donne lieu à des difficultés analogues sur le point de savoir où s'arrête le lit du cours d'eau. Elles sont examinées *infrà*, v° *Voirie par eau*.

28. Un meuble peut faire partie du domaine public (Dijon, 3 mars 1886, aff. de Vesvrotte, D. P. 87. 2. 253). C'est ainsi que la jurisprudence comprend dans le domaine public les livres et manuscrits des bibliothèques et les tableaux des musées (Paris, 18 août 1851, aff. Bibliothèque nationale, D. P. 52. 2. 96. V. conf. Aubry et Rau, *Cours de droit civil français*, 4e éd., t. 2, § 169, p. 39; Maurice Block, *Dictionnaire de l'administration française*, 2e éd., v° *Domaine public*, n° 30 ; Foucart, *Droit public et administratif*, 4e éd., t. 2, nos 802 et 803). Il en est de même des objets mobiliers affectés au service religieux et appartenant à l'Etat (Lyon, 19 déc. 1873, aff. Commune de Nantua, D. P. 76. 3. 89), ou aux communes (Paris, 12 juill. 1879, aff. Préfet de la Seine, D. P. 80. 2. 97 ; 13 mars 1880, aff. Commune de Breuil, *ibid.*). Mais, pour qu'un meuble fasse partie du domaine public de l'Etat, il faut qu'il ait été affecté spécialement à ce domaine, soit par une décision formelle de l'autorité compétente, soit par un acte émané de la même autorité et qui lui imprime publiquement un caractère d'utilité générale, tel que son dépôt dans un musée public ou une collection nationale (Arrêt précité du 3 mars 1886). Par suite, lorsque l'Etat revendique à ce titre un objet d'art, il doit prouver, pour établir son droit de propriété, que l'objet revendiqué a été affecté spécialement au domaine public par une décision ou un acte de cette nature émané de l'autorité compétente (Même arrêt). — V. *suprà*, v° *Culte*, nos 366 et suiv.

§ 3. — Du principe de l'inaliénabilité du domaine public et des principales conséquences qui en dérivent (*Rép.* nos 43 à 65).

29. On a vu au *Rép.* nos 43 et suiv. que le domaine public est inaliénable et imprescriptible. « Les expressions *domaine public*, dit M. Demolombe, *Cours de code civil*, t. 9, n° 457, sont, en quelque sorte, exclusives d'un véritable droit de propriété, même de la part de l'Etat. C'est qu'en effet, l'affectation spéciale et permanente de ces sortes de choses à un usage public les met véritablement hors du commerce et, par conséquent, en dehors des règles du droit privé qui gouvernent les biens susceptibles de propriété. L'Etat n'en a que la garde et la surintendance, comme représentant des intérêts généraux du corps social. Il n'en a pas la propriété ; il ne peut donc pas les aliéner. »

30. L'Etat ayant, suivant les expressions de M. Demolombe que nous venons de rapporter, la garde et la surintendance du domaine public, peut autoriser l'établissement de certaines entreprises sur les biens de ce domaine, toutes les fois que la création de ces établissements présente un intérêt général. C'est ainsi qu'il autorise la création, sur les bords de la mer, de parcs à huitres, de pêcheries, de salines ; mais ces concessions ne créent pas un droit de propriété sur le rivage, et nous avons dit (*Rép.* n° 48) que leur existence, subordonnée à l'intérêt général, est toujours précaire et révocable.

31. Le droit du concessionnaire sur un fonds dépendant du domaine public étant toujours révocable, il en résulte que, lorsqu'il établit des constructions sur ce fonds, il ne peut jamais être considéré comme un constructeur de bonne foi dans les termes de l'art. 555 c. civ. (Grenoble, 5 avr. 1865) (1).

(1) (Latournerie et autres C. Ville de Valence.) — Le ministre de la guerre fit concession, vers l'an 6 et l'an 7, à un certain nombre d'habitants de Valence, de la jouissance de terrains compris dans les fortifications de cette ville. Les concessionnaires devaient payer annuellement, en retour, une redevance et s'obligeaient à déguerpir à première réquisition, sans indemnité, en démolissant les constructions qu'ils auraient pu élever. Par décret impérial du 31 août 1810, la ville de Valence fut autorisée à percevoir les redevances à son profit. Cette situation dura jusqu'au 6 nov. 1842, date à laquelle une ordonnance royale ordonna le déclassement de la place. L'administration des domaines voulut alors prendre possession des fortifications, mais la ville fit opposition, soutenant que la durée de sa jouissance était illimitée, qu'elle n'aurait pu prendre fin que par l'état de guerre, et que le déclassement la rendait indéfinie. Le 29 juin 1849, arrêt du conseil d'Etat condamnant cette prétention de la ville et remettant en possession l'Administration, qui somma alors les concessionnaires de l'an 6 et de l'an 7 de reconnaître la précarité de leur jouissance. Ceux-ci refusèrent et reprirent le système de la ville, invoquant leur bonne foi selon l'art. 2265 c. civ. et demandant une indemnité en vertu de l'art. 555 du même code, en raison des constructions élevées par eux. Une action en délaissement fut alors exercée par l'Administration et continuée par la ville devenue propriétaire des anciennes fortifications le 18 févr. 1858, en vertu d'une acquisition amiable autorisée par décret du 16 juin 1856. Sur cette action, les défendeurs ont demandé à exercer le retrait litigieux conformément à l'art. 1699 c. civ.

Le 14 déc. 1863, jugement du tribunal de Valence ainsi conçu : — « Attendu que le retrait litigieux que la plupart des demandeurs demandent à exercer contre la ville de Valence est une demande préjudicielle dont il faut tout d'abord apprécier le fondement; — Attendu que l'art. 1699 c. nap. n'admet l'exercice du retrait qu'à l'encontre des cessions des droits litigieux, c'est-à-dire des actes qui ont principalement pour objet la cession des droits de cette nature; — Attendu que, par l'acte du 18 févr. 1858, l'Etat a vendu à la ville de Valence tous terrains provenant de ses anciennes fortifications, tels qu'ils sont désignés dans le décret du 16 juin 1856 ; que si cette vente comprend les emplacements occupés par les défendeurs, ce n'est pas qu'ils aient fait particulièrement l'objet du contrat, mais parce que celui-ci, embrassant l'ensemble des anciennes fortifications de la ville, à l'exception de quelques points réservés, s'applique forcément à ces emplacements comme à tous les terrains de même origine; de telle sorte qu'en réputant litigieux, à l'égard de certaines dépendances de ces terrains, les droits cédés, leur cession n'est qu'un accessoire du contrat et ne peut lui enlever son véritable caractère qui est celui d'une vente ordinaire; — Attendu, au surplus, que cette vente a eu lieu en exécution du décret d'utilité publique qui a autorisé la ville à acquérir les anciens terrains militaires, *soit à l'amiable*, soit s'il y a lieu, par voie d'expropriation, conformément à la loi du 3 mai 1841; — Qu'une aliénation de cette nature n'est pas plus sujette au retrait litigieux que ne le serait, par exemple, une vente faite par autorité de justice; qu'il suffit, en effet, de considérer que le retrait est la peine édictée contre les acheteurs d'actions; que si ces derniers en sont exemptés toutes les fois que la loi découvre un motif plausible à la cession (c. nap. art. 1791), il doit nécessairement, et à plus forte raison, en être ainsi lorsqu'elle n'intervient, comme dans l'espèce, qu'en vertu d'une disposition de la loi elle-même ; — Qu'ainsi, sous ce double rapport, les défendeurs sont mal fondés dans leur demande de retrait, et qu'il y aura lieu de rejeter leurs conclusions de ce chef; — Attendu, au fond, qu'il est constant que les emplacements dont le délaissement est demandé, ont fait partie des fortifications de la ville jusqu'au 6 déc. 1842, date de l'ordonnance royale, qui en a prononcé le déclassement; qu'ainsi après avoir été déclarés propriétés de l'Etat par les lois des 1er déc. 1790 et 10 juill. 1791, ils ont été placés dans le domaine public par l'art. 540 c. nap., c'est-à-dire mis hors du commerce, et que, jusqu'au déclassement, ils sont restés, à ce titre, inaliénables et imprescriptibles, conformément aux art. 1128, 1598 et 2226, même code; — Attendu que les défendeurs, qui n'excipent d'aucune prescription depuis le 6 déc. 1842, invoquent les autorisations données à leur auteur, par le ministre de la guerre, sous la première République, et prétendent qu'étant indéterminées quant à leur durée, elles constituent de véritables concessions de jouissance perpétuelle, auxquelles les besoins du service de la guerre pouvaient seules mettre un terme, fait qui ne peut se réaliser aujourd'hui par suite du déclassement; — Attendu qu'une pareille prétention n'aboutirait à rien moins qu'à rendre inaliénables, sous forme de simple autorisation ministérielle, des biens expressément déclarés inaliénables par la loi; qu'elle ne saurait conséquemment être admise; — Qu'il faut reconnaître, au contraire, que des autorisations de cette nature, prenant uniquement leur source dans la gérance du ministre qui les accorde, sont par suite, subordonnées à cette gérance et à sa durée ; que telle est la conséquence nécessaire du principe de l'inaliénation

32. Les règles que l'on vient de rappeler ne s'appliquent, d'ailleurs, que sous certaines restrictions aux concessions portant sur le sous-sol des voies publiques, notamment pour la pose de canalisations destinées aux distributions d'eau et de gaz et qui peuvent être faites dans des conditions telles qu'en fait elles constituent un véritable monopole au profit des concessionnaires (V. *infrà*, v° *Voirie par terre*).

33. Il convient d'ajouter que, nonobstant la précarité des concessions faites sur le domaine public, la jurisprudence annule les retraits d'autorisation, lorsqu'ils sont motivés uniquement par un intérêt pécuniaire, et, que par suite, l'auteur de la décision attaquée a commis un détournement de pouvoirs en usant des attributions de police qui lui sont conférées dans un intérêt autre que celui en vue duquel elles lui ont été données (V. *suprà*, v° *Conseil d'Etat*, n° 124).

34. L'art. 4 du tit. 3, liv. 5, de l'ordonnance de 1681 prescrivait la destruction de tous les parcs bâtis sur les bords de la mer en bois ou en pierres, à la réserve de ceux bâtis avant l'année 1544. En conséquence, les parcs ou pêcheries existant sur les bords de la mer et dans la construction desquels entre du bois ou de la pierre doivent être démolis et ne peuvent être ni reconstruits, ni même réparés, s'il n'est pas formellement établi qu'ils ont été bâtis avant 1544 (Crim. cass. 26 juill. 1851, aff. Joys, D. P. 51. 5. 178; Ch. réun. cass. 19 août 1852, 25 mai et 12 août 1853, même aff., 3 arrêts, D. P. 54. 1. 46). La même obligation est reproduite dans des décrets rendus le 4 juill. 1853 (D. P. 53. 4. 170) pour les quatre premiers arrondissements de Cherbourg, Brest, Lorient et Rochefort, qui assujettissent les détenteurs de pêcheries et parcs de toute espèce sur les côtes de l'Océan, à justifier, sous peine de démolition, de la légalité de ces établissements, c'est-à-dire de leur existence antérieure à 1544.

35. L'art. 105 des décrets précités du 4 juill. 1853, reproduisant une disposition du liv. 4 de l'ordonnance de 1681, fait abandon aux habitants de chaque commune riveraine de la mer du goëmon ou varech attenant au rivage de cette commune. La concession ainsi faite à ces communes n'a pas pour objet un droit d'usage sur un bien domanial; elle constitue un abandon des fruits du domaine public maritime (Cons. d'Et. 14 déc. 1857, aff. Commune de Taulé, D. P. 58. 3. 57). Il en résulte que cette concession n'est pas irrévocable; aussi de nouveaux décrets du 17 oct. 1857 (*Bulletin des lois*, Suppl., n°s 6740 à 6745) et du 17 mai 1859 (*Bulletin des lois*, Suppl., n° 8570), rendus comme ceux du 4 juill. 1853 sur le rapport du ministre de la marine et sur l'avis du conseil d'amirauté, ont-ils dérogé à l'art. 105 de ces derniers décrets et permis exceptionnellement à plusieurs communes du département de la Manche qui ne sont pas riveraines de la mer de participer à la récolte du varech, sauf à laisser à la commune riveraine le privilège des dix premiers jours de récolte (V. conclusions de

---

et des règles de notre droit qui obligent le ministre de la guerre à remettre au Domaine les fortifications ou portions de fortification déclassées, et qui en prescrivent ensuite l'aliénation au profit du Trésor; — Attendu, d'ailleurs, qu'en se soumettant expressément, soit à délaisser, *en cas de besoin pour le service des fortifications, soit à démolir sans indemnité dans le cas où le bien du service nécessiterait cette mesure*, les concessionnaires primitifs ont reconnu la précarité de leur jouissance, même pendant la gérance du ministre de la guerre, puisque ce ministre étant seul juge des besoins du service, il résulte des termes de leur soumission qu'il lui était toujours facultatif de les déposséder sans indemnité; — Attendu qu'on peut d'autant moins méconnaître ces principes dans la cause que déjà ils ont été appliqués à la ville de Valence elle-même par une décision du conseil d'Etat concernant l'obligation pour le ministre de la guerre, conformément à l'art. 3, tit. 1er, de la loi du 10 juill. 1791, de remettre à l'Administration des domaines « pour être vendus par ses soins au profit du Trésor public, les terrains militaires de cette ville qui ne seraient pas utiles au service de la guerre; » — Attendu que cette remise ayant effectivement eu lieu, ainsi que cela résulte de la décision du ministre des finances du 28 mai 1857, elle marque à l'égard des défendeurs le terme qu'il était toujours facultatif au ministre de la guerre d'assigner à leur jouissance et ce, avec d'autant plus de raison qu'à dater de ce moment, il n'a plus eu le pouvoir de le tolérer; — Attendu que les défendeurs ne sont pas mieux fondés à soutenir subsidiairement qu'il leur est dû au moins une indemnité, soit d'après les règles de l'ancien droit en matière de locatairie perpétuelle, soit d'après celles du droit actuel (c. nap. art. 1744); car il est démontré par ce qui précède qu'il ne s'agit dans la cause, ni de baux à locatairie perpétuelle, ni de louage ordinaire, mais seulement de simples autorisations de pure faculté, ayant pour objet des biens dépendant du domaine public; — Attendu qu'on ne peut s'arrêter davantage au moyen tiré des dispositions finales de l'art. 555 c. nap., car il ne peut être question de bonne foi dans la cause, puisqu'il s'agit de biens qui n'étaient pas dans le commerce, et puisqu'en supposant même que les défendeurs l'aient ignoré, il est de principe que l'erreur de droit n'étant pas excusable, il n'est permis à personne de l'alléguer pour établir sa bonne foi; — Attendu qu'il y a même raison de le décider ainsi à l'égard de ceux des défendeurs qui ont acquis suivant des jugements d'adjudication, car l'acquéreur devrait, dans tous les cas, justifier d'un titre, justification impossible à rapporter, quelle que soit la forme de l'aliénation, toutes les fois qu'elle a pour sujet des choses inaliénables; — Par ces motifs, etc. ». — Appel par les sieurs Latournerie, Jaquet et autres. — Arrêt.

La cour; — Sur la demande en retrait litigieux, formée par les appelants : — Attendu que si, aux termes des art. 1699 et 1791 c. nap., l'exercice du retrait est admis à l'encontre de toute cession ayant pour objet un droit litigieux, dans les conditions prévues par ces articles, ces dispositions de la loi ne sauraient être applicables à la cession que l'Etat a consentie à la ville de Valence, le 18 févr. 1858, de tous les terrains provenant de ses anciennes fortifications; — Attendu, en effet, que cette vente a eu lieu en exécution d'un décret d'utilité publique qui a autorisé la ville à acquérir, soit à *l'amiable*, soit, s'il y a lieu, par voie d'expropriation, conformément à la loi du 3 mai 1841; — Attendu que le cas d'expropriation ne s'étant pas présenté, et la ville ayant traité de gré à gré avec l'Etat ainsi qu'elle y était autorisée, ce mode de procéder n'a pas changé le caractère de son acquisition; qu'il importe peu qu'au moment du contrat il y eût litige ou non concernant tout ou partie des terrains, puisque la transmission de la propriété de la part du vendeur était forcée et que la vente n'intervenait qu'à la suite d'un décret ayant force obligatoire et dont les conséquences avaient pour effet d'assurer à la ville la propriété irrévocable des terrains aliénés à la seule condition d'en payer le prix au véritable propriétaire; — Attendu qu'on ne saurait raisonnablement admettre qu'une cession de cette nature, qui a eu lieu en vertu de la disposition de la loi elle-même, puisse être soumise à une action en retrait qui pourrait en paralyser l'effet, et qu'une pareille interprétation résulte virtuellement des dispositions combinées du code Napoléon et de la loi de 1841; — Qu'ainsi les appelants sont mal fondés dans leur demande de retrait litigieux, et qu'il y a lieu de confirmer la décision des premiers juges sur ce chef;

Sur le fond : — Adoptant les motifs des premiers juges; — Et, au surplus, en ce qui concerne le moyen de prescription spécialement invoqué par Latournerie : — Attendu que ce n'est qu'à partir du 6 déc. 1842, époque à laquelle les terrains des fortifications de la ville ont été déclassés et sont devenus la propriété privée de l'Etat, que la prescription invoquée par Latournerie aurait pu courir à son profit, en justifiant de son titre et de sa bonne foi; — Mais attendu que Latournerie, qui soutient avoir acquis les terrains dont le délaissement lui est demandé depuis le 10 juill. 1852, des héritiers Serpeille, ne produit aucun titre ayant date certaine justifiant sa prétention, et qu'il ressort, dans tous les cas, des documents invoqués par lui, qu'il aurait été mis à même, au moment de son acquisition, de connaître la précarité de la possession de ses auteurs; qu'ainsi Latournerie, soit de son chef, soit du chef de son vendeur, ne se trouve dans aucune des conditions prescrites par l'art. 2265 c. nap., pour pouvoir prescrire; — En ce qui concerne le plus amplement contesté ordonné à l'égard de Jacquet : — Attendu qu'il est établi, en fait, qu'une portion du terrain sur lequel se trouve construite la maison de Jaquet, ne provient point de la vente consentie à ses auteurs, le 23 sept. 1823, par la ville de Valence, mais bien de concessions ministérielles qui leur auraient été faites antérieurement; qu'il résulte, en effet, des divers documents produits au procès, que le nommé Jacoby, aujourd'hui représenté par Jaquet, serait devenu concessionnaire, à la date du 28 therm. an 6, d'un ancien corps de garde, et à la date du 30 prair. an 7, de la jouissance d'un terrain en jardin, le tout dépendant des fortifications de la ville, en se soumettant à toutes les conditions de délaissement et de démolition que commanderait le bien du service, et que c'est tout à la fois sur ces terrains et sur celui acquis en 1823 qu'il aurait plus tard élevé une construction; — Attendu que, relativement au terrain provenant des concessions de l'an 6 et de l'an 7, la position de Jaquet est la même que celle des autres concessionnaires qui ne peuvent invoquer leur bonne foi puisqu'il s'agit de biens qui n'étaient pas dans le commerce, et que la précarité résultait du titre primitif et des conditions qu'il renfermait, et qu'il y a lieu ainsi de lui faire application des motifs ci-dessus développés à l'égard des autres parties; — Confirme, etc.

Du 5 avr. 1865.-C. de Grenoble, 1re ch.-MM. Rolland, pr.-Gautier, 1er av. gén.-L. Michal et Cantel, av.

M. Aucoc, D. P. 65. 3. 92). Lorsqu'il y a lieu de procéder à la délimitation des portions du rivage de la mer, sur lesquelles les habitants de deux communes voisines ont ou prétendent avoir le droit de récolter le varech, ce n'est pas au préfet du département et au ministre de l'intérieur, mais bien aux autorités maritimes qu'il appartient de faire cette délimitation (Cons. d'Et. 31 mars 1865, aff. Commune d'Agon, D. P. 65. 3. 92).

36. Bien que les droits conférés à l'Etat sur le domaine public aient pour objet essentiel la conservation de ce domaine dans un intérêt général, l'Administration est cependant autorisée à en tirer certains bénéfices; la loi du 20 déc. 1872 (art. 2, D. P. 73. 4. 1) prescrit, notamment, la perception de taxes au profit du Trésor, à raison des autorisations qui ont pour objet l'occupation de portions du domaine public maritime. Mais l'inobservation de ces conditions spéciales ne saurait être assimilée à l'inobservation des conditions de voirie, et, lorsqu'un particulier a été autorisé à établir des cabines sur le rivage de la mer moyennant une redevance à payer à l'Etat, le refus de payement de cette redevance n'a pas pour effet de donner à l'établissement de ces cabines le caractère d'une contravention de grande voirie (Cons. d'Et. 20 déc. 1878, aff. Joncour, D. P. 79. 3. 36). Le conseil d'Etat a décidé, toutefois, que, lorsque l'autorisation d'enlever des nodules de phosphate sur le rivage de la mer a été donnée à un particulier, elle a le caractère d'une permission de police, même lorsqu'elle a été accordée pour un temps déterminé et moyennant une redevance; et, lorsqu'une autorisation de cette nature a été donnée moyennant une redevance et pour une durée de trois, six ou neuf ans, elle ne peut plus être retirée dans l'intérêt privé du domaine, bien que le préfet ait déclaré se réserver le droit de la révoquer, cette réserve devant être entendue en ce sens que le retrait de la permission pourra être prononcé si cette mesure devient nécessaire dans l'intérêt de la conservation et de la police du rivage de la mer (Cons. d'Et. 14 nov. 1873, aff. Astier, D. P. 74. 3. 77).

37. Si l'Etat a sur le domaine public un droit général en vertu duquel il peut, à la condition de respecter la destination de ce domaine, concéder certaines jouissances sur les choses qui en dépendent, ce droit ne saurait aller jusqu'à lui permettre de se réserver ou de conférer des privilèges ou des monopoles sur ces choses, et de retirer ainsi ou d'attribuer à un seul l'exercice du droit qui appartient à tous (Civ. rej. 7 juill. 1869, aff. Préfet du Calvados, D. P. 70. 1. 9). Spécialement, les rivages de la mer étant une partie du domaine public et tout le monde ayant le droit d'y exercer les usages divers qu'ils comportent, il n'appartient pas à l'Etat de conférer à un tiers en lui donnant à bail une portion de plage, le droit exclusif d'y établir des cabanes à l'usage des baigneurs (Même arrêt). Le conseil d'Etat s'est prononcé dans le même sens en annulant, comme entachée d'excès de pouvoirs, la décision par laquelle le ministre des finances avait concédé à une ville à titre de bail une portion du rivage de la mer, en lui conférant le droit d'empêcher tous les particuliers d'accéder à ce rivage pour y prendre ou y donner des bains avec des voitures circulant sur la plage (Cons. d'Et. 30 avr. 1863, aff. Bourgois, D. P. 63. 3. 64).

38. On a vu *suprà*, v° *Domaine de l'Etat*, n° 38, que les terrains soustraits aux atteintes de la mer, soit par l'effet naturel de la retraite des eaux, soit par l'effet de travaux élevés de la main de l'homme, cessent de faire partie des rivages de la mer et du domaine public et deviennent, en conséquence, aliénables et prescriptibles.

39. Les atterrissements qui se forment dans le lit d'un fleuve délimité par l'autorité administrative font partie du domaine public et sont, par suite, inaliénables et imprescriptibles (Civ. cass. 7 avr. 1868, aff. Préfet de l'Eure, D. P. 68. 1. 195). Et lorsque, postérieurement à la délimitation, ces atterrissements ont été distraits du domaine public et aliénés par l'Etat, l'acquéreur qui a été subrogé aux droits du vendeur peut, comme aurait pu le faire l'Etat lui-même, repousser toute action en revendication portant sur ces terrains qui, de leur nature, sont restés inaliénables et imprescriptibles tant qu'ils ont constitué des dépendances du domaine public (Grenoble, 23 déc. 1879, aff. Grange, D. P. 80. 2. 84).

40. Les concessions d'usines sur les fleuves et rivières navigables faites avant l'édit de février 1566 qui a frappé d'inaliénabilité le domaine public, n'ont pas été atteintes par cet édit, sauf le droit qu'a conservé l'Etat de prescrire et de faire exécuter, mais à charge d'indemnité, tous les travaux nécessaires à l'intérêt de la navigation (Civ. cass. 21 mai 1855, aff. Dumont, D. P. 55. 1. 310). Cet édit est devenu applicable aux provinces qui ne faisaient pas partie de la France en 1566, à partir du jour où elles y ont été réunies (Cons. d'Et. 19 juin 1885, aff. de Buyer, D. P. 87. 3. 10; 10 déc. 1886, aff. Labitte, D. P. 88. 3. 31). En conséquence, lorsqu'un moulin a été construit postérieurement à la réunion de l'Artois à la France, une délibération des Etats d'Artois n'a pu lui conférer l'existence légale, et le dommage causé à ce moulin par suite des mesures prescrites par le préfet dans l'intérêt de la navigation ne peut donner ouverture à un droit à indemnité en faveur de l'usinier (Arrêt précité du 10 déc. 1886). Lorsqu'il s'agit, au contraire, de concession faite dans une province avant sa réunion à la France, la question de savoir si cette concession fait naître un droit irrévocable doit être résolue d'après la législation alors en vigueur dans cette province (Civ. cass. 15 mars 1881, aff. Commune de Vaison, D. P. 81. 1. 355).

41. Les fortifications d'une place de guerre, tant qu'elles gardent leur destination, sont comprises dans le domaine public (*Rép.* n° 44) et, comme telles, restent inaliénables et imprescriptibles (Grenoble, 5 avr. 1865, *suprà*, n° 31). Par suite, lorsqu'elles viennent à être déclassées, ce déclassement révoque par là même les concessions de jouissance que le ministre de la guerre y aurait consenties, ces fortifications étant dès lors soustraites à l'administration militaire et remises au Domaine pour être aliénées (Même arrêt). Il en est ainsi bien que ces concessions, d'après leurs termes mêmes, ne dussent être interrompues qu'à raison des besoins du service de la guerre, éventualité que le déclassement a fait disparaître (Même arrêt). Et, d'autre part, c'est seulement à dater du jour du déclassement qu'a pu commencer à courir la prescription de dix ou vingt ans que le concessionnaire originaire des terrains voudrait invoquer (Même arrêt).

§ 4. — De l'administration du domaine public. — Instances judiciaires (*Rép.* n°s 66 à 87).

42. Ainsi que nous l'avons exposé au *Rép.* n° 79, et v° *Organisation maritime*, n° 754, il appartient exclusivement à l'autorité administrative de fixer non seulement les limites actuelles, mais même les limites anciennes du domaine public, et en particulier des rivages de la mer. Aux termes de l'art. 2 du décret-loi du 21 févr. 1852 (V. *suprà*, n° 1), cette délimitation doit être faite par des décrets rendus en la forme des règlements d'administration publique (Rennes, 18 févr. 1886, aff. Administration des contributions directes, D. P. 86. 2. 245); et le pouvoir de faire des déclarations de domanialité, que le décret précité reconnaît aux préfets, doit être borné au droit de faire des applications partielles d'une délimitation opérée par décret (Cons. d'Et. 19 juin 1856, aff. de Galiffet, D. P. 57. 3. 6; Civ. rej. 30 nov. 1857, aff. Préfet de la Gironde, D. P. 57. 1. 427; Cons. d'Et. 7 janv. 1858, aff. Agard, D. P. 58. 3. 53; 28 janv. 1858, aff. de Grave, *ibid.*).

43. La délimitation par l'administration publique est préjudicielle à toute décision de l'autorité judiciaire, lorsque la contestation porte sur les limites actuelles de la mer ou d'un cours d'eau navigable (Arrêt du 30 nov. 1857, cité *suprà*, n° 42; Trib. confl. 27 mai 1876, aff. Commune de Sandouville, D. P. 77. 3. 42). Mais, s'il s'agit d'une contravention, portée devant le conseil de préfecture, pour empiètement sur le rivage de la mer, la question de délimitation n'est pas nécessairement préjudicielle : le juge de la contravention a le pouvoir de vérifier les faits qui constituent l'acte délictueux (Cons. d'Et. 27 mars 1875, aff. Barlabé, D. P. 77. 3. 41, note 4; 19 janv. 1877, aff. Périer, D. P. 77. 3. 41-42). — On verra *infrà*, v° *Voirie par eau*, que, lorsqu'il s'agit d'empiètements commis le long des fleuves, le conseil de préfecture peut également, en l'absence de délimitation administrative, statuer sur les contraventions.

44. La question de savoir quelle est la portée et quels sont les effets de la délimitation des rivages de la mer opérée par un décret conformément à l'art. 2 du décret du 21 févr. 1852, a donné lieu à de longues controverses que nous avons résumées au *Rép.* v° *Organisation maritime*, n°s 755 et suiv. Nous y reviendrons *infrà*, eod. v°, nous bornant à indiquer ici la solution définitive qu'ont donnée à ces difficultés les décisions du tribunal des conflits des 11 janv. et 1er mars 1873 (aff. de Paris-Labrosse, et aff. Guillié, D. P. 73. 3. 65).

Ces décisions rendues, la première au rapport de M. Mercier, alors président de la chambre civile de la cour de cassation, la seconde, au rapport de M. Aucoc, alors président de section au conseil d'Etat, reconnaissent, conformément à la jurisprudence du conseil d'Etat, que les actes de délimitation sont des actes d'administration à l'occasion desquels l'autorité administrative ne peut ni se constituer juge des droits de propriété qui appartiendraient aux riverains, ni s'attribuer le pouvoir d'incorporer au domaine public, sans remplir les formalités exigées par la loi du 3 mai 1841, les terrains dont l'occupation lui semblerait utile aux besoins de la navigation. En ce qui concerne la détermination des limites de la mer, l'art. 2 du décret du 21 févr. 1852 dispose expressément qu'elle est faite par l'autorité supérieure *tous droits des tiers réservés;* c'est là une application du principe de la séparation des pouvoirs, et la même règle doit être suivie, lorsqu'il s'agit des limites des fleuves ou des rivières navigables. Il en résulte que les tiers dont les droits sont réservés peuvent se pourvoir soit devant l'autorité administrative pour faire rectifier la délimitation qui porte atteinte à leurs droits, soit devant le conseil d'Etat à l'effet d'obtenir l'annulation pour excès de pouvoir des actes qui ont opéré cette délimitation. Mais le tribunal des conflits admet, contrairement à la jurisprudence antérieure du conseil d'Etat (Cons. d'Et. 7 mai 1871, aff. Gabouin, et 12 mars 1872, aff. Patron, D. P. 72. 3. 82), qu'ils peuvent également s'adresser à l'autorité judiciaire, non pour se faire remettre en possession des terrains compris à tort dans l'acte de délimitation, mais pour faire reconnaître le droit de propriété dont ils excipent et pour faire régler, s'il y a lieu, à leur profit, une indemnité de dépossession, dans le cas où l'administration maintiendrait une délimitation contraire à sa décision (V. conf. Trib. confl. 27 mai 1876, aff. Commune de Sandouville, D. P. 77. 3. 42; Lyon, 9 déc. 1882, aff. Jacquin Duclos, D. P. 84. 2. 85, et sur pourvoi, Civ. rej. 4 janv. 1886, D. P. 86. 1. 125 ; Cons. d'Et. 11 mars 1887, aff. Astier, D. P. 88. 3. 74).

Cette solution, à laquelle se sont ralliés M. Aucoc, *op. cit.*, p. 36, et M. Laferrière, *Traité de la juridiction administrative*, t. 1, p. 500, qui l'avaient précédemment combattue (*Revue critique*, t. 34, p. 121, et *nouvelle série*, année 1872, t. 1, p. 275 et 353), paraît concilier heureusement les droits respectifs de l'autorité administrative et de l'autorité judiciaire et maintenir le principe de la séparation des pouvoirs. L'autorité judiciaire ne paralyse ni directement, ni indirectement les actes administratifs de délimitation; tout en reconnaissant que la limite du domaine public aurait dû être portée à un point différent et en allouant, en conséquence, des dommages-intérêts à la partie lésée, elle laisse l'acte de délimitation produire son plein et entier effet. Les droits de l'administration restent ainsi intacts pour le présent et pour l'avenir, en même temps que la propriété est garantie, dans la mesure du possible, par son protecteur naturel, l'autorité judiciaire (V. toutefois en sens contraire : Ducrocq, *Cours de droit administratif*, 6e éd., t. 2, n°s 963 et suiv.; Schlemmer, *Annales des ponts et chaussées*, t. 8, année 1874).

45. Les mêmes principes ont été appliqués par la jurisprudence à la délimitation des cours d'eau navigables et des routes dépendant de la grande voirie (V. *infrà*, v^is *Voirie par terre; Voirie par eau*).

46. C'est à l'autorité administrative qu'il appartient soit de reconnaître les limites du domaine public, soit d'apprécier les actes administratifs qui ont constitué ce domaine; par suite, c'est à bon droit qu'elle revendique, dans un litige engagé entre l'Etat et un particulier devant un tribunal civil, le droit de statuer préalablement sur les questions de cette nature que soulève ce litige (Cons. d'Et. 2 août 1860, aff. Mazeline, D. P. 61. 3. 58). L'autorité administrative est également compétente, ainsi qu'on l'a vu (*Rép.* n° 81), pour connaître de l'action intentée par un particulier contre les concessionnaires d'un canal de navigation, à l'effet de se faire maintenir en possession du droit qu'il prétend avoir de passer sur les terrains dépendant des francs-bords de ce canal (Cons. d'Et. 1er juin 1861, aff. Ratier, D. P. 61. 3. 59). Mais l'autorité judiciaire pourrait seule être saisie de la question de savoir si la servitude existait avant l'affectation des terrains au domaine public, ou si elle a été maintenue par des clauses du contrat d'acquisition (Même arrêt. Comp. *suprà*, v° *Compétence administrative*, n° 233).

47. L'autorité judiciaire est compétente pour connaître de la question de savoir si un terrain est la propriété d'un particulier ou s'il dépend du domaine public, lorsque cette question doit trouver sa solution dans l'application des principes du droit commun et ne soulève aucune contestation sur des actes émanés de l'administration (Civ. rej. 17 mars 1857, aff. Préfet du Pas-de-Calais, D. P. 57. 1. 123). Ainsi il lui appartient de décider si un terrain, qu'un arrêté préfectoral a déclaré faire partie du domaine public comme dépendant de la mer, était antérieurement placé hors de ce domaine, susceptible de possession privée, et dès lors, d'action possessoire, lorsque, d'une part, l'action portée devant elle ne tend ni à contester cet arrêté de domanialité, pris seulement pour l'avenir, ni à en arrêter l'exécution, le demandeur reconnaissant que la constatation de sa possession ne peut lui donner droit qu'à une indemnité, et lorsque, d'autre part, les juges n'ont à consulter que les règles du droit commun et, par exemple, qu'à apprécier le caractère des actes de possession invoqués. Par suite, le juge saisi de cette action possessoire n'est pas tenu de surseoir jusqu'à ce que l'autorité administrative ait déclaré si ce terrain fait ou non partie du domaine public (Même arrêt).

48. Mais le juge de paix ne peut, sans excès de pouvoir, prononcer une condamnation impliquant la solution de questions de domanialité. Ainsi il ne peut condamner l'individu qui a obtenu du ministre de la marine une concession de terrains (dans l'espèce, des parcs à huîtres) considérés comme faisant partie du domaine public, à payer le prix de location par lui convenu avec le particulier qui, s'en prétendant propriétaire, les lui avait loués antérieurement, ni surtout ordonner le délaissement de ces mêmes terrains, faute de payement de ce prix de location (Civ. cass. 29 déc. 1857, aff. Guimbelot, D. P. 58. 1. 20).

Table sommaire

des matières contenues dans le Supplément et le Répertoire.

(Les chiffres précédés de la lettre *S* renvoient au Supplément; les chiffres précédés de la lettre *R* renvoient au Répertoire.)

Table chronologique des Lois, Arrêts, etc.

DOMICILE. — 1. On a défini au *Rép.* n° 1 le sens juridique du mot *domicile*. On a indiqué aussi la différence qu'il y a entre le domicile et la simple *résidence*. Quelques auteurs récents, parmi lesquels nous citerons M. Baudry-Lacantinerie, *Précis de droit civil*, t. 1, n°s 297 et suiv., distinguent encore l'*habitation* de la résidence. Tandis que le domicile est le siège légal et juridique de la personne, la résidence est le lieu, qui peut être différent de celui du domicile, où la personne habite ordinairement en fait; quant à l'habitation proprement dite, elle est, d'après les auteurs dont nous parlons, le lieu, qui peut être aussi distinct de celui de la résidence, où la personne demeure actuellement, même pour un court espace de temps. Ainsi, par exemple, un commerçant qui est domicilié à Paris, peut avoir sa résidence à Saint-Germain, et, lorsqu'il est en voyage, il a son habitation là où il se trouve. Cette distinction semble résulter, en effet, de quelques textes de la loi, notamment de l'art. 13 c. civ., qui dispose que l'étranger autorisé à établir son domicile en France « y jouira de tous les droits civils tant qu'il continuera d'y *résider* ». Le fait par cet étranger d'*habiter* quelque temps hors de France ne lui ferait certainement pas perdre le bénéfice attaché à sa résidence. On invoque également l'art. 103 c. civ., d'après lequel « le changement de domicile s'opérera par le fait de l'*habitation* réelle dans un autre lieu, joint à l'intention d'y fixer son principal établissement ». Ce n'est pas, dit-on, une résidence proprement dite que la loi exige ici; elle se contente de l'habitation, c'est-à-dire du fait que l'on s'est transporté dans le nouveau lieu où l'on veut établir son domicile et que l'on en a pris possession. Néanmoins, la distinction dont il s'agit rentre plutôt peut-être dans le domaine de la lexicologie que dans le domaine du droit.

2. Le domicile dont il est question ici est, comme on l'a dit au *Rép.* n° 1, le domicile *réel* ou *général*. Outre ce domicile, une même personne peut avoir plusieurs *domiciles spéciaux*. Ainsi, on peut, et parfois même on doit, pour l'accomplissement de certains actes, élire domicile dans un lieu déterminé ; c'est alors le *domicile élu* ou d'*élection* (V. *infrà*, v° *Domicile élu*). Il est, en outre, divers domiciles spéciaux dont la loi admet ou même prescrit l'existence en vue de l'exercice de certains droits ou de l'accomplissement de certains devoirs. L'étude de ces divers domiciles ne saurait être séparée des sujets auxquels ils se rapportent. Nous nous bornerons à indiquer ici les principaux. Ce sont :

1° Le domicile *quant au mariage*. D'après l'art. 74 c. civ., il s'établit par six mois de résidence dans la même commune (V. *Rép.* v° *Mariage*, nos 363 et suiv.).

2° Le domicile *conjugal*, par rapport à l'adultère du mari (V. *suprà*, v° *Adultère*, nos 7 et suiv.).

3° Le domicile *politique*, où le citoyen peut exercer ses droits électoraux (V. *infrà*, v° *Droit politique*). Ce domicile, d'après la loi, est distinct du domicile civil (Civ. cass. 8 janv. 1884, aff. Bouyer, D. P. 84. 1. 106).

4° Le domicile *militaire* ou domicile selon la loi du recrutement (V. L. 15 juill. 1889, art. 10, D. P. 89. 4. 79, et *infrà*, v° *Organisation militaire*).

5° Le domicile selon l'art. 184 c. pén. Cet article est celui qui punit la *violation de domicile*. Le mot domicile y a le sens d'*habitation* (V. *Rép.* v° *Instruction criminelle*, nos 296 et suiv. V. aussi les renvois indiqués *ibid.* v° *Violation*).

6° Le domicile par rapport au délit de *vagabondage* (V. *Rép.* v° *Vagabondage*, nos 58 et suiv.).

7° Le domicile *de secours* (V. *Rép.* v° *Secours publics*, nos 410 et suiv.).

8° Le domicile *en Algérie*. D'après l'ordonnance du 16 avr. 1843 (art. 2), en Algérie, la résidence habituelle vaut domicile (V. *Rép.* v° *Organisation de l'Algérie*, nos 605 et suiv.).

Division.

---

§ 1er. — Historique et législation. — Droit comparé (*Rép.* nos 2 à 5).

3. Les principes qui régissent le domicile en France, et qui se trouvent dans le code civil (art. 102 à 111), n'ont subi aucune modification depuis la publication du *Répertoire*. La jurisprudence, de son côté, n'a apporté aucune innovation considérable dans l'application de ces principes. Enfin les seuls auteurs récents qui se soient occupés de cette matière sont les auteurs de traités généraux de droit civil (V. Aubry et Rau, *Cours de droit civil français*, t. 1, chap. 7, § 141 et suiv.; Laurent, *Principes de droit civil*, t. 2, nos 64 et suiv.; Demante et Colmet de Santerre, *Cours analytique de code civil*, t. 1, nos 127 et suiv.; Baudry-Lacantinerie, *Précis de droit civil*, t. 1, nos 297 et suiv.).

4. Nous citerons toutefois, comme se rapportant au domicile des étrangers en France, le décret du 2 oct. 1888, aux termes duquel tout étranger, non admis à domicile, qui se propose d'établir sa résidence en France doit, dans le délai de quinze jours, à partir de son arrivée, faire à la mairie de la commune où il veut fixer sa résidence une déclaration énonçant ses nom et prénoms, ceux de ses père et mère, sa nationalité, le lieu et la date de sa naissance, le lieu de son dernier domicile, sa profession ou ses moyens d'existence, le nom, l'âge et la nationalité de sa femme et de ses enfants mineurs, lorsqu'il est accompagné par eux. En cas de changement de domicile, d'après le même décret, une nouvelle déclaration doit être faite devant le maire de la commune où l'étranger fixe sa nouvelle résidence (V. D. P. 88. 4. 51).

5. Nous avons indiqué au *Rép.* n° 5 les règles suivies en *Angleterre* en ce qui concerne le domicile. Une loi du 6 août 1861 a déterminé, surtout au point de vue du droit successoral, les conditions auxquelles un sujet anglais peut acquérir un domicile à l'étranger. Cette loi permet à la reine d'ordonner, en conformité de traités conclus avec les puissances étrangères, et par un ordre du conseil publié dans la *Gazette de Londres*, que tout sujet anglais résidant lors de son décès dans un pays désigné, ne sera pas réputé y avoir acquis un domicile proprement dit, à moins d'y avoir résidé pendant une année au moins avant son décès et d'y avoir fait une déclaration de domicile devant le fonctionnaire public étranger compétent pour la recevoir. A défaut d'avoir rempli ces conditions, l'Anglais décédé en pays étranger sera réputé, quant à sa succession, avoir conservé son domicile antérieur. Une semblable règle peut être édictée, en vertu de conventions internationales, à l'égard des étrangers qui viennent à décéder sur le territoire britannique (V. Lehr, *Eléments de droit civil anglais*, n° 928).

6. En *Allemagne*, le domicile ou, pour parler plus exactement, la résidence habituelle (*Wohnsitz*) a, d'après l'auteur que nous venons déjà de citer (Lehr, *Eléments de droit civil germanique*, n° 21), une influence beaucoup plus grande sur l'état et la capacité juridique que celle qui y est attachée par le droit français. Tandis qu'en France un étranger qui réside dans le pays, même depuis longtemps, n'est admis à jouir des droits civils qu'après avoir été formellement autorisé par le Gouvernement à y établir son domicile (c. civ. art. 13), le droit allemand pose en principe que les lois civiles du pays régissent tous ceux qui y séjournent, nationaux ou étrangers. Le code prussien (*Introd.*, § 27) dispose ainsi : « Les droits et aptitudes personnels d'un homme s'apprécient d'après les lois de la juridiction du lieu où il a sa véritable résidence ». Le code autrichien (art. 34) s'exprime à peu près de même : « La capacité juridique personnelle de l'étranger s'apprécie, en principe, d'après les lois du lieu où il a sa résidence, ou, s'il n'a pas une véritable résidence, d'après celles du pays où il est sujet à raison de sa naissance». La loi du domicile prime donc, au point de vue de la capacité juridique, la loi nationale.

Une loi fédérale allemande, du 1er nov. 1867, sur la liberté de déplacement, a reconnu à tout sujet de la confédération le droit d'acquérir des biens-fonds dans toute l'étendue de l'Allemagne, et de s'établir partout où il peut se procurer une maison à lui propre ou un logement ; la commune a seulement le droit de repousser le nouvel habitant, quand elle démontre qu'il n'est pas actuellement en état de subvenir à sa subsistance et à celle des siens.

7. En *Suisse*, la constitution fédérale du 29 mai 1874 a déterminé, dans ses art. 43 et 44, les conditons et les effets du domicile. Le Suisse établi jouit, au lieu de son domicile, de tous les droits des citoyens du canton et, avec ceux-ci, de tous les droits des bourgeois de la cité. Il peut, en outre, prendre part, au lieu de son domicile, à toutes les élections et votations en matière fédérale, après avoir dûment justifié de sa qualité d'électeur. Tout citoyen suisse a le droit de s'établir sur un point quelconque du territoire suisse, moyennant la production d'un acte d'origine ou d'une autre pièce analogue. Exceptionnellement, le droit d'établissement peut être refusé ou retiré à ceux qui ont été privés de leurs droits civiques par un jugement, à ceux qui ont été condamnés pour des délits graves ou à ceux qui seraient à la charge de la bienfaisance publique et auxquels leur commune ou leur canton d'origine refuse une assistance suffisante. Aux termes de l'art. 46 de la constitution, les personnes établies en Suisse sont soumises, en principe, à la juridiction et à la législation de leur domicile en ce qui concerne les rapports de droit civil (*Annuaire de législation étrangère*, 4e année, 1875, p. 461).

8. Le nouveau code civil *italien* contient un titre spécial sur le domicile et la résidence (liv. 1er, tit. 2, art. 16 à 19). Ses dispositions sont à peu près les mêmes que celles du code civil français. Il y a lieu seulement de remarquer que le législateur italien a cru devoir définir la résidence en la distinguant du domicile. L'art. 16 du code est ainsi conçu : « Le domicile civil d'une personne est dans le lieu où elle a le siège principal de ses affaires et de ses intérêts. La résidence est dans le lieu où la personne tient sa demeure habituelle ».

9. En *Espagne*, la loi municipale du 20 août 1870 exige que tout Espagnol soit porté sur les rôles de la commune où il a sa résidence, en qualité de bourgeois (*vecino*) ou de domicilié (*domiciliado*). La qualité de bourgeois (*vecino*) appartient à tout Espagnol émancipé qui réside depuis au moins six mois dans une circonscription communale et qui s'est fait inscrire sur le rôle des habitants de la localité. Est domicilié, celui qui, sans être émancipé, réside habituellement dans une localité et fait partie de la maison ou de la famille d'un bourgeois. La loi désigne par l'expression de *transeuntes* les personnes qui, ne rentrant dans aucune des deux premières catégories, se rencontrent accidentellement dans une circonscription municipale. La loi du 17 juin 1870, sur l'état civil, ordonne que les étrangers qui veulent se fixer en Espagne fassent à cet effet une déclaration expresse devant le juge municipal de la résidence par eux choisie. Le juge inscrit la déclaration sur un registre, sans exiger la présentation d'aucun acte à l'appui, mais en mentionnant les motifs pour lesquels le déclarant entend s'établir en Espagne. Si l'étranger transfère sa résidence dans une autre localité, mention de ce changement doit être faite sur le registre de la commune qu'il quitte et de celle où il se transporte (V. Lehr, *Eléments de droit civil espagnol*, nos 17, 52, etc.).

10. En *Russie*, comme autrefois en France, la situation du domicile a une grande importance, parce que l'Empire russe n'est pas régi par une législation uniforme. Certaines provinces ayant conservé des lois spéciales qui s'écartent souvent des prescriptions du *Svod*, c'est-à-dire du droit commun, le législateur a dû prévoir, surtout en matière de succession, la possibilité de conflits et indiquer la manière de les vider. C'est, en général, la loi du lieu où le *de cujus* avait élu domicile, et non celle du lieu où il résidait temporairement à l'époque de son décès, qui régit sa succession mobilière. Lorsqu'un individu ne peut être considéré comme domicilié exclusivement dans un certain lieu, on applique alors la loi de son pays d'origine (V. Lehr, *Eléments de droit civil russe*, nos 520 et suiv.).

§ 2. — Des caractères et signes distinctifs du domicile (*Rép.* nos 6 à 22).

11. Aux termes de l'art. 102 c. civ., le domicile de tout Français est au lieu où il a son principal établissement. On a expliqué au *Rép.* n° 6, le sens de cette règle. Ainsi qu'on l'a dit, elle est applicable, non seulement aux citoyens pris isolément, mais encore aux sociétés ou associations (V. *Rép.* v° *Société*, nos 186 et suiv.). La jurisprudence a même décidé qu'une société doit être considérée comme domiciliée au lieu où existe le siège principal de ses opérations, bien que son siège social ait été fixé par ses statuts dans un autre lieu (Riom, 5 août 1844, aff. Giroux, D. P. 45. 4. 483; Req. 21 févr. 1849, aff. Chemin de fer de Montpellier à Cette, D. P. 49. 1. 263; Bordeaux, 11 août 1857, aff. Chemin de fer du Midi, D. P. 58. 2. 60; Bordeaux, 12 août 1857, aff. Mandret, *ibid.*; Req. 13 mars 1865, aff. Blazimet, D. P. 65. 1. 228; 5 déc. 1877) (1). — Lorsque, d'ailleurs, le siège social d'une société a été fixé par les statuts dans un lieu déterminé, et que, dans ce même lieu, a été fondé et maintenu le principal établissement de la société, c'est là que cette société est domiciliée; c'est là qu'elle peut être assignée; c'est le tribunal de ce lieu qui est compétent pour prononcer la déclaration de faillite; peu importe que le siège social ait été changé par une délibération modifiant à cet égard les statuts, si le changement n'a été que nominal et si l'établissement principal de la société n'a pas été effectivement déplacé (Req. 16 mars 1874 (2); 1er déc. 1884, aff. Pereyre, aff. Paz, et aff. Gademont, D. P. 85. 1. 372).

12. La question de savoir en quel lieu se trouve le domicile d'un citoyen ou d'une société consiste donc uniquement

(1) (Chemin de fer du vieux port et de la banlieue de Marseille C. de Rougemont.) — La cour; — Attendu que l'objet en vue duquel la société demanderesse a été fondée n'était autre chose que la construction et l'exploitation d'un chemin de fer situé sur le territoire de la commune de Marseille; qu'elle a pris le nom de *Compagnie anonyme du chemin de fer du vieux port et de la banlieue de Marseille*; — Attendu que d'un acte public passé devant Me Ducloux, notaire à Paris, déposé à Marseille aux minutes de Me Sicard, il résulte que Arthur Scott a été nommé directeur de ladite compagnie et investi de tous les pouvoirs nécessaires pour : 1° acquérir des terrains; 2° représenter la compagnie en justice et dans tous ses rapports avec le Gouvernement; — Attendu qu'il résulte encore des documents de la cause : 1° que la compagnie demanderesse, qui avait primitivement à Marseille ses bureaux rue Montgrand, n° 40, les a transportés rue Grignan, 65, où ils sont actuellement; 2° que sur la porte de la maison qu'elle occupe se trouve la plaque indiquant son adresse par les mots suivants : « Compagnie du chemin de fer du vieux port et de la banlieue sud »; 3° que cette compagnie fait exécuter des travaux de creusement et souterrains entre le port vieux et la gare du Prado; 4° qu'Arthur Scott, directeur de ladite compagnie, investi des pouvoirs de la représenter en justice, est établi à Marseille depuis plusieurs années; qu'il y a son domicile avec sa famille, rue Notre-Dame, n° 5; 5° que c'est à Marseille que se sont faites toutes les acquisitions de terrain soit par voie amiable, soit par expropriation, et qu'ont été soldés les prix de ces acquisitions; — Attendu que de cet ensemble de circonstances, le tribunal civil de Marseille a été autorisé à conclure que c'était dans cette ville que la compagnie demanderesse avait son principal établissement et son unique domicile de fait; — Attendu que, si les statuts de la compagnie ont fixé à Paris son siège social, cette déclaration ne saurait prévaloir, vis-à-vis des tiers, contre les faits ci-dessus énumérés, établissant que le siège principal et même unique des opérations de ladite compagnie est à Marseille, et que c'est, par conséquent, dans cette ville que se trouve son domicile réel attributif de juridiction; — Rejette la demande en règlement de juges, etc.

Du 5 déc. 1877.-Ch. req.-MM. Bédarrides, pr.-Cantel, rap.-Godelle, av. gén.; c. conf.-Bosviel et Sabatier, av.

(2) (Boursetty et comp.) — La cour; — Attendu que le tribunal de commerce de la Seine et le tribunal de commerce de Honfleur se trouvent simultanément saisis des affaires de la faillite Boursetty et comp., par la déclaration qu'ils ont respectivement faite de ladite faillite par jugement des 9 et 12 déc. 1873; que, ces deux tribunaux ne ressortissant pas à la même cour d'appel, il y a lieu, par la cour, aux termes de l'art. 363, § 4, c. proc. civ., de déterminer celle des deux juridictions devant laquelle devront être portées les opérations de la faillite; — Attendu que la société en commandite par actions de Boursetty et comp., ayant pour objet l'exploitation de la raffinerie de Honfleur, a été constituée, le 9 sept. 1871, par acte public aux minutes de Me Letevre, notaire à Honfleur; que les art. 6 et 32 des statuts portent, le premier, que le siège social est fixé à Honfleur dans les bureaux de la société, qui pourra avoir une succursale à Paris; le second, que chaque année, il y aura à Honfleur une assemblée générale des actionnaires; — Attendu que des sommes considérables ont été dépensées, soit pour reconstruire ou réparer les bâtiments de la raffinerie, soit pour installer de nouveaux appareils et de nouvelles machines, et mettre ainsi l'usine en mesure de se livrer à une grande fabrication; — Attendu que si l'assemblée générale extraordinaire du 12 févr. 1873 a modifié l'art. 6 des statuts et décidé que le siège social serait à Paris dans les bureaux de la société, cette décision n'a reçu, en fait, aucune exécution; que rien n'a été changé à l'état de choses existant; que la seule affaire qui ait été traitée depuis à Paris consiste dans un emprunt hypothécaire contracté par le gérant en vertu d'une autorisation donnée le 12 février précédent par l'assemblée générale; que Honfleur est resté le lieu de l'exploitation et le centre des opérations commerciales; que la comptabilité et les bureaux qui y avaient été primitivement installés y ont été maintenus, et que c'est là que l'existence de la société a continué à se manifester; — Attendu que du 15 févr. au 26 nov. 1873, il a été inscrit au rôle du tribunal de commerce de Honfleur dix-huit affaires contre « de Boursetty et comp., négociants, raffineurs de sucre, demeurant à Honfleur »; que le tribunal civil de Pont-l'Evêque, par deux jugements en date des 3 juill. et 2 déc. 1873, a désigné des administrateurs pour la raffinerie en remplacement du gérant arrêté ou en fuite; que le président de ce tribunal a rendu, le 2 oct. 1873, une ordonnance de référé à la requête des sieurs de Boursetty, « négociants, raffineurs de sucre, demeurant à Honfleur »; — Attendu que, en conformité des statuts, confirmés, quant à ce, par la délibération des actionnaires du 12 févr. 1873, les assemblées générales devaient se tenir, chaque année, à Honfleur, et que c'est là même que les assemblées générales extraordinaires ont continué à se réunir; — Attendu enfin que les immeubles composant la raffinerie forment la plus grande partie de l'actif de la société; — Attendu qu'il résulte de ces faits que le siège et le principal établissement de cette société ont toujours été à Honfleur, et que, dès lors, il appartenait au tribunal de commerce de cette ville de déclarer la faillite;

Par ces motifs; — Déclare nul le jugement du tribunal de commerce de la Seine du 9 déc. 1873, etc.

Du 16 mars 1874.-Ch. req.-MM. de Raynal, pr.-Petit, rap.-Reverchon, av. gén., c. conf.-Bosviel et Bidoire, av.

à déterminer où est son principal établissement; c'est, par conséquent, une question de fait, qui rentre dans les attributions des juges du fond (V. les arrêts cités au *Rép.* n° 6 *in fine*, et de plus : Civ. rej. 28 mai 1872, aff. Sigaudy, D. P. 72. 1. 246; Req. 23 mars 1875, aff. Sévérac, D. P. 78. 1. 70; 10 mars 1879, aff. Jacob, D. P. 79. 1. 354 ; 27 mai 1884, aff. Bruneteau, D. P. 84. 1. 437; 6 mars 1888, aff. Portalis, D. P. 88. 1. 486). Ainsi l'arrêt qui déclare, d'après les faits et circonstances de la cause, qu'une partie doit être considérée comme demeurant dans tel lieu et que la signification faite à ce lieu est valable, ne peut tomber sous la censure de la cour de cassation (Req. 27 mai 1884 précité). Il en est de même de l'arrêt qui décide qu'une maison de banque, fondée comme succursale, est devenue l'établissement principal du commerce de la partie assignée (Req. 10 mars 1879 précité).

13. En général, c'est l'autorité judiciaire qui a seule compétence pour trancher les questions de domicile; lorsqu'une difficulté de ce genre se présente devant les juridictions administratives, elle doit être renvoyée aux juges civils, comme question préjudicielle (V. *Rép.* n° 126). Ainsi, en matière d'affouage, c'est à l'autorité judiciaire, et non à l'Administration, qu'il appartient de vérifier si celui qui prétend avoir droit aux distributions affouagères remplit la condition exigée par l'art. 105 c. for., de la possession d'un domicile réel et fixe dans la commune (Trib. confl. 10 avr. 1850, aff. Caillet, et aff. Georges, D. P. 50. 3. 49; Cons. d'Et. 5 avr. 1851, aff. Commune de Gillancourt, D. P. 51. 3. 33; 8 déc. 1853, aff. Commune de Selaincourt, D. P. 54. 3. 66). De même, en matière de recrutement, les questions de domicile sont de la compétence exclusive des tribunaux civils (Cons. d'Et. 23 juin 1848, aff. Muller, D. P. 49. 3. 19). De même encore, c'est aux tribunaux ordinaires, à l'exclusion des conseils de préfecture, qu'il appartient de statuer sur la question de savoir si un candidat remplit la condition de domicile dans le département, exigée pour être éligible au conseil général (Cons. d'Et. 13 janv. 1865, aff. Elections de Toulon, D. P. 66. 3. 3)... ou la condition de domicile dans la colonie, exigée pour l'éligibilité au conseil colonial (Cons. d'Et. 12 juill. 1882, aff. Elections de Saïgon, D. P. 84. 3. 23).

Toutefois, d'après le conseil d'Etat, lorsqu'une ville a été condamnée judiciairement à des dommages-intérêts, dont le montant devra, au moyen d'une imposition extraordinaire ajoutée au principal des quatre contributions, être acquitté par les habitants qui étaient *domiciliés* dans la commune à l'époque des faits qui ont motivé la condamnation, c'est aux tribunaux administratifs à décider si tel habitant avait ou non son domicile dans la commune à l'époque indiquée (Sol. impl., Cons. d'Et. 20 juin 1855, aff. Flachat-Peyron, D. P. 56. 3. 1). On donne pour motif à cette décision qu'il s'agit, dans l'hypothèse, de rechercher, non le domicile général du citoyen, au point de vue des droits civils, mais le domicile spécial au point de vue des contributions (*Rec. Cons. d'Etat*, p. 426, note). Mais ce motif nous paraît assez peu probant, car le domicile est recherché ici comme une cause de responsabilité civile, et non pas seulement comme indice pour la répartition de l'impôt.

14. On a démontré au *Rép.* n° 8 qu'en droit et théoriquement, nul ne peut avoir plus d'un domicile, dans le sens général du mot. Le principe de l'unité de domicile est aujourd'hui généralement admis (V. Colmar, 18 mars 1853, aff. Lévy, D. P. 53. 2. 121; Aubry et Rau, t. 1, § 142, p. 578, note 1; Laurent, t. 2, n° 69; Baudry-Lacantinerie, t. 1, n° 316).

15. Il peut être quelquefois difficile de distinguer le domicile réel d'une personne. On est obligé sur ce point de s'en rapporter à certains signes apparents, qui ne sont pas toujours parfaitement sûrs. Néanmoins, cette difficulté ne doit pas tourner au préjudice des tiers de bonne foi. C'est pourquoi, à leur égard, il faut admettre que le domicile apparent doit être assimilé au domicile réel. La jurisprudence décide en ce sens qu'une action personnelle mobilière est régulièrement intentée devant le tribunal du lieu où le défendeur a son domicile apparent, lorsque le demandeur a pu être induit en erreur sur la situation du véritable domicile (V. *Rép.* n° 9; Toulouse, 13 juill. 1816, *Rép.* n° 136; Req. 7 juill. 1885, aff. de Chambrun, D. P. 87. 1. 12). — Mais si le demandeur a confondu, sans raisons suffisantes, une résidence passagère avec le domicile réel du défendeur, l'action a été mal intentée, et le tribunal est incompétent (Req. 17 févr. 1862, aff. Staps, D. P. 62. 1. 276).

16. On a énuméré au *Rép.* n° 10 les principaux signes indicateurs du domicile. Ce sont, en général, les circonstances de fait desquelles on peut inférer qu'une personne a dans un certain lieu son principal établissement. — Il a été jugé, depuis la publication du *Répertoire* : 1° que l'individu qui a fixé sa résidence dans un établissement d'enseignement, où il s'est engagé pour un service temporaire, doit être réputé avoir conservé son domicile au lieu où il habitait avant ce changement de résidence, s'il continue à y posséder une maison où résident sa femme et ses enfants, où il a laissé son mobilier, autour de laquelle sont concentrés tous ses intérêts, et qu'il n'a quittée que par suite d'une mésintelligence domestique et pour se soustraire à une demande en séparation de corps dont il était menacé (Dijon, 26 juill. 1867, aff. Royer, D. P. 68. 2. 78); — 2° Que le domicile successoral d'un testateur est au lieu où il avait fixé sa résidence, où il était inscrit sur le tableau de recensement et sur la liste électorale, où enfin il payait sa cote personnelle, et non dans la ville où la guerre l'avait forcé de se réfugier, où il a été retenu par la maladie et où il est mort (Paris, 23 mars 1872, aff. Leguerney, D. P. 72. 2. 108); — 3° Que le domicile d'un commerçant tombé en faillite est au lieu où il revenait après ses tournées, où il recevait les traites de ses fournisseurs et où se sont faits les protêts qui ont constaté la cessation de payements (Poitiers, 17 nov. 1875, aff. Mangon, D. P. 76. 5. 165); — 4° Qu'un artiste qui change de résidence suivant les engagements qu'il contracte ne peut être considéré comme ayant un domicile dans les villes où il réside pour exercer sa profession; qu'il reste domicilié dans le lieu où il a établi son habitation réelle avant ses engagements, avec l'intention d'y fixer son principal établissement (Bordeaux, 13 janv. 1887, aff. Coussirat, D. P. 87. 2. 142, et sur pourvoi, Req. 11 mai 1887, D. P. 88. 1. 180); — 5° Que le fait d'occuper un grand château dans une commune rurale, d'y exercer des fonctions municipales, d'y payer la contribution personnelle, et d'être désigné comme y habitant dans plusieurs actes et dans quelques instances judiciaires, ne saurait, quant à la fixation du domicile, prévaloir sur l'existence à Paris du principal établissement de l'intéressé; que ce principal établissement est déterminé par l'importance de la demeure occupée à Paris, la durée prolongée du séjour qui y est fait chaque année, la concentration en ce lieu des affaires principales de la partie, et la désignation contenue dans le plus grand nombre des actes qui l'intéressent (Req. 31 janv. 1888, aff. de Polignac, D. P. 88. 1. 244). V. aussi les arrêts cités *infrà*, n° 35, sur la question de changement de domicile.

17. Suivant l'opinion que nous avons adoptée au *Rép.* n° 15, le domicile légal du propriétaire d'une maison d'habitation située sur deux communes limitrophes est dans la commune sur le territoire de laquelle se trouve la principale porte d'entrée de la maison. Il en est ainsi, alors même que les dépendances de cette maison s'étendent, pour la plus grande partie, sur le territoire de l'autre commune (Trib. Lille, 15 déc. 1877, aff. Maire de la Madeleine-lès-Lille, D. P. 78. 2. 86).

18. Le domicile se conserve tant qu'on n'en acquiert pas un autre, et c'est pourquoi l'on peut dire que tout Français a au moins un domicile d'origine, car l'enfant, à partir de sa naissance, est domicilié chez ses père et mère (c. civ. art. 108).

Le principe de la conservation du domicile d'origine a été souvent appliqué par la jurisprudence. Il a été décidé notamment : 1° qu'un citoyen appelé à une fonction publique temporaire et révocable, comme celle de directeur de l'enregistrement, n'est pas réputé avoir renoncé à son domicile d'origine par cela seul qu'il a exercé ses droits d'électeur et acquitté sa contribution personnelle au lieu où ses fonctions l'obligent de résider; que, s'il a conservé à son domicile d'origine des propriétés, un mobilier et le centre de ses affaires de famille, c'est à ce domicile que son fils doit satisfaire à la loi sur le recrutement militaire (Trib. Charleville, 16 févr. 1860, aff. Pagart d'Hermansart, D. P. 60. 3. 39); — 2° Que les marins conservent leur domicile d'origine tant qu'ils n'ont pas manifesté l'intention de le remplacer par un autre, et que, par suite, un capitaine de navire ne peut être régulièrement assigné dans une ville où il ne réside que momentanément, dans l'intervalle de ses voyages (Bordeaux, 4 juin 1862) (1); — 3° Que l'enfant né dans la résidence occupée par sa mère pendant un procès en séparation de corps a pour domicile d'origine le domicile qui était alors celui de son père, et que c'est devant le tribunal de ce domicile qu'il doit être assigné, tant qu'il n'en a pas acquis un autre (Orléans, 6 août 1863, aff. Benoît, D. P. 64. 2. 14); — 4° Que le domicile d'un individu doit être considéré comme s'étant conservé au lieu de son domicile d'origine, s'il n'a pas manifesté, par l'abandon complet de l'ancien et l'adoption définitive d'un nouveau, *l'intention formelle* d'en changer, et que c'est devant le tribunal de ce domicile d'origine que doit être portée l'action relative à la liquidation de sa succession (Req. 24 avr. 1883, aff. Nivet, D. P. 84. 1. 101. V. aussi Limoges, 13 févr. 1869, aff. Desplacieux, D. P. 74. 5. 170; Douai, 13 déc. 1873, aff. Hidrio, D. P. 74. 5. 169).

19. Mais, comme on l'a montré au *Rép.* n° 17, il peut arriver que le domicile d'origine soit inconnu. En pareil cas, et toutes les fois qu'une personne n'a pas de domicile connu, c'est au lieu de sa résidence actuelle, aux termes de l'art. 69-8° c. proc. civ., qu'elle doit être assignée.

20. Souvent même le domicile d'origine sera connu, et néanmoins on ne pourra le considérer comme un véritable domicile, ni lui attribuer les effets qui en dérivent. C'est ce qui se produira particulièrement pour les personnes qu'aucun lien ne rattache au lieu de leur naissance, pour les enfants de troupe, pour ceux qui naissent des marchands colporteurs ou des comédiens ambulants (V. *Rép.* n° 19). — Il a été jugé que l'enfant né au régiment du mariage d'un étranger au service de la France avec une étrangère est, s'il n'a jamais quitté le régiment, assimilé à un enfant de troupe, dont le domicile suit le régiment dans tous les lieux où ce dernier tient successivement garnison (Req. 21 févr. 1855, aff. Schweisteger, D. P. 55. 1. 75). — Jugé aussi qu'un marchand colporteur est réputé, pour ce qui regarde son commerce, transporter son domicile en tout lieu où il établit même momentanément le siège de ses affaires; que, par suite, le tribunal de ce lieu est compétent pour prononcer sa faillite (Bordeaux, 20 nov. 1866, aff. Clause, D. P. 68. 2. 21).

21. Un Français peut-il, au regard de la loi française, être domicilié à l'étranger? L'affirmative que nous avons soutenue au *Rép.* n° 20, contrairement à l'opinion de M. Demolombe, t. 1, n° 349, a prévalu dans la jurisprudence. Voici comment elle est établie par la cour de cassation: « Attendu, en droit, qu'aux termes de l'art. 102 c. civ., le Français a son domicile là où il a son principal établissement; que cette disposition est générale et ne comporte aucune exception; que, loin d'interdire au Français la faculté d'établir son domicile à l'étranger, cette disposition, combinée avec les termes de l'art. 59, § 9, c. proc. civ., la consacre, puisque ce dernier article suppose que le Français peut être établi à l'étranger; que l'art. 17 c. civ. dit, il est vrai, que la qualité de Français se perd par l'établissement en pays étranger sans esprit de retour, mais que ce domicile peut avoir été pris à l'étranger tout en conservant l'esprit de retour ». La cour de cassation a conclu de ces prémisses que la succession du Français domicilié à l'étranger s'ouvre au lieu de son domicile, et que c'est dans ce lieu que doit se liquider cette succession en ce qui concerne les valeurs mobilières qui en dépendent (Req. 21 juin 1865, aff. Gautier, D. P. 65. 1. 418). — Il a été jugé dans le même sens: 1° qu'un Français qui avait quitté la France en 1791 et n'y avait jamais reparu, qui avait résidé depuis 1810 jusqu'à son décès arrivé en 1855 dans la même ville étrangère, où il avait acquis des propriétés et avait obtenu le droit de cité et le droit de vote, devait être considéré comme domicilié dans cette ville, et que c'était d'après la loi en vigueur dans cette même ville que devait être régie sa succession mobilière (Besançon, 15 janv. 1866, et Civ. rej. 27 avr. 1868, aff. Jeannin, D. P. 68. 1. 302); — 2° Qu'on doit aussi considérer comme domicilié en pays étranger, au point de vue du lieu d'ouverture de la succession, le Français qui a fixé son seul et unique établissement dans une ville étrangère, même avec esprit de retour, qui a habité cette ville pendant de longues années et y est mort, qui a fait des legs aux institutions de bienfaisance de cette ville et a manifesté la volonté d'y être inhumé, encore bien qu'il ait acheté un immeuble dans le lieu de son domicile d'origine et s'y soit fait inscrire sur la liste électorale (Pau, 22 juin 1885, aff. Bayerque, D. P. 86. 2. 181); — 3° Que la longue résidence d'un Français dans une ville étrangère, jointe à la déclaration faite par lui dans des actes publics qu'il y a établi son domicile, peut suffire pour le faire considérer comme légalement domicilié dans cette ville, qui, à son décès, devient le lieu d'ouverture de sa succession (Req. 6 mars 1888, aff. Portalis, D. P. 88. 1. 486). — La jurisprudence belge est d'accord, en cette matière, avec la jurisprudence française. Elle a jugé, notamment, qu'un enfant trouvé qui avait son domicile d'origine à Bruxelles, au siège de l'hospice où il avait été élevé, avait pu à sa majorité transporter son domicile à l'étranger, spécialement à Paris, et que, quand bien même il n'aurait pas obtenu l'autorisation d'établir son domicile en France, cette circonstance n'était pas suffisante pour le faire considérer comme étant toujours domicilié à Bruxelles (Bruxelles, 18 janv. 1888, aff. Paulet, D. P. 88. 2. 249). Il a également été jugé par la cour de Bruxelles qu'un Anglais peut, tout en conservant sa nationalité d'Anglais, avoir son domicile en pays étranger (Bruxelles, 14 mai 1881, *suprà*, v° *Divorce*, n° 148).

22. Mais un Français ne peut être domicilié à l'étranger que s'il y est né de parents français qui y sont eux-mêmes domiciliés, ou si, après avoir été domicilié en France, il a lui-même volontairement et effectivement transporté en pays étranger son principal établissement. On a jugé avec raison que l'enfant né en France d'un père qui a perdu depuis la naissance de cet enfant la qualité de Français, conserve son domicile en France, et que c'est à ce domicile que doit être convoqué son conseil de famille (Paris, 4 févr. 1876, aff. Hourlier, D. P. 76. 2. 193).

23. Un étranger peut-il avoir son domicile en France? Cette question doit se résoudre d'abord par une distinction. Un étranger peut obtenir du Gouvernement l'autorisation d'établir son domicile en France; il jouit alors de tous les droits civils dont jouissent les Français, et notamment, de tous les droits attachés au domicile (c. civ. art. 13). Mais l'étranger qui réside en France et qui y a fixé son principal établissement, sans y être autorisé par le Gouvernement,

(1) (Lemée C. Francillon.) — Le 27 janv. 1862, le tribunal civil de Bordeaux a rendu le jugement suivant: — « Attendu que Francillon avait son domicile ou résidence soit à Puteaux, soit au Havre, lorsqu'il est venu à Bordeaux prendre le commandement d'un navire (comme capitaine au long cours); — Qu'il n'a point fait de déclaration de domicile dans cette ville; qu'il n'y a jamais eu qu'une résidence momentanée, dans l'intervalle des voyages du navire qu'il commandait; — Que, même lorsque l'assignation lui a été donnée à bord de ce navire, il n'en avait plus le commandement, et avait laissé Bordeaux pour revenir au Havre; — Qu'il suit de là qu'à l'époque de l'assignation, il n'avait à Bordeaux ni domicile, ni résidence; que c'est donc à tort qu'il a été assigné par Lemée devant le tribunal; — Par ces motifs, se déclare incompétent, etc. » — Appel par le sieur Lemée. — Arrêt.

LA COUR; — Attendu que Francillon avait son domicile d'origine à Puteaux, département de la Seine; qu'il n'a fait aucune déclaration expresse à l'effet de le changer, ni manifesté autrement cette intention; — Que les faits dans lesquels l'appelant prétend en trouver la preuve ne sont caractéristiques que de la simple résidence et ne peuvent suffire pour démontrer un changement intentionnel et effectif de domicile; qu'il a toujours été facile à l'appelant de connaître le domicile de Francillon, indiqué sur les registres des classes, où il est inscrit comme marin, et que celui-ci n'a rien fait pour induire en erreur son créancier; — Attendu, dès lors, qu'aux termes de l'art. 59 c. proc. civ., il ne pouvait, en matière personnelle, être régulièrement assigné devant le tribunal de Bordeaux, et que c'est avec raison qu'en suite du déclinatoire à lui proposé, celui-ci s'est déclaré incompétent; — Attendu que l'appel est suspensif et remet en question tout le procès, aussi bien le droit de l'avoué, distractionnaire des dépens, que celui de la partie; que, dès lors, l'avoué David, qui n'était pas partie en cause, et qui ne l'est point devenu par la signification du jugement avec commandement, a été inutilement intimé sur l'appel; — Par ces motifs, déclare l'appel contre David non recevable, au surplus mal fondé, etc.

Du 4 juin 1862.-C. de Bordeaux, 1re ch.-MM. Raoul-Duval, 1er pr.-Peyrot, 1er av. gén.-Monteaud et Lulé-Déjardin, av.

doit-il être considéré comme domicilié? Autrefois l'intérêt de la question consistait principalement à savoir si l'on devait appliquer à cet étranger l'art. 14 de la loi du 17 avr. 1832, aux termes duquel tout jugement rendu au profit d'un Français contre un étranger *non domicilié en France* emportait la contrainte par corps, à moins que la condamnation ne fût inférieure à 150 fr. Nous avons admis au *Rép.* n° 22 qu'au point de vue de la contrainte par corps l'étranger non autorisé à établir son domicile en France n'était pas un étranger domicilié.

24. Aujourd'hui que la contrainte par corps est abolie, la question de savoir si un étranger peut avoir un domicile légal en France, sans l'autorisation du Gouvernement, ne se présente plus guère que lorsqu'il s'agit de la dévolution de la succession d'un étranger décédé en France. Il est généralement admis que la succession de l'étranger autorisé à avoir son domicile en France est régie par la loi française (V. *Rép.* v° *Droit civil*, n° 409; Trib. Seine, 6 janv. 1866, aff. Schnapper, D. P. 67. 3. 61; Demolombe, t. 1, n° 268 *bis*). On s'est demandé si l'étranger domicilié de fait devait être assimilé sous ce rapport à l'étranger ayant un domicile autorisé. L'affirmative a été jugée (Trib. Rouen, 22 juin 1864, aff. Armston, D. P. 65. 3. 13). Mais la négative a prévalu dans la jurisprudence (Civ. cass. 12 janv. 1869, aff. Mélizet, D. P. 69. 1. 294; Paris, 14 juill. 1871, aff. Bergold, D. P. 72. 2. 65; 29 juill. 1872, aff. Morand, D. P. 72. 2. 223; Bordeaux, 5 août 1872, aff. Arcueil, D. P. 73. 2. 149; Civ. cass. 5 mai 1875, aff. Forgo, D. P. 75. 1. 343; Trib. Havre, 22 août 1872, *infrà*, n° 87).

25. Il résulte, en général, des décisions de la jurisprudence qu'un étranger ne peut, sans l'autorisation du Gouvernement, acquérir en France un domicile légal lui donnant droit à la jouissance des droits civils. On s'accorde néanmoins à reconnaître que l'étranger qui a quitté son pays, avec ou sans esprit de retour, qui a en France son principal établissement, possède par là même un domicile de fait susceptible de produire certains effets légaux. Ainsi, c'est devant le tribunal de ce domicile que l'étranger peut et doit être assigné (V. *suprà*, v° *Compétence civile des tribunaux*, n° 131. Comp. Req. 7 juill. 1874, aff. Specht, D. P. 75. 1. 271). Il avait même été décidé par la cour de cassation que ce domicile suffisait pour que l'étranger eût droit à l'affouage (Civ. cass. 22 févr. 1869, aff. Schmitt, D. P. 69. 1. 180). Mais une loi du 25 juin 1874 (D. P. 75. 4. 9), dont la disposition a été ajoutée par la loi du 23 nov. 1883 (D. P. 84. 4. 1) à l'art. 105 c. for., a statué que les étrangers ne pourraient être appelés au partage des bois communaux qu'après avoir été autorisés, conformément à l'art. 13 c. civ., à établir leur domicile en France.

26. Le Français qui s'est fait naturaliser à l'étranger ne peut, d'ailleurs, pas plus que tout autre étranger, acquérir un domicile légal en France sans l'autorisation du Gouvernement. S'il revient résider en France et y meurt, sa succession est soumise à la loi étangère (Bordeaux, 5 août 1872, aff. Arcueil, D. P. 73. 2. 149).

27. Suivant la législation spéciale qui régit l'Algérie, la résidence habituelle y vaut domicile, pour les étrangers comme pour les Français, sans leur conférer néanmoins tous les droits attachés au domicile légal en France (V. *Rép.* v° *Organisation de l'Algérie*, n°s 605 et suiv. et 1356).

§ 3. — Du changement de domicile (*Rép.* n°s 23 à 55).

28. Toute personne majeure et maîtresse de ses droits et même le mineur émancipé peut, comme on l'a dit au *Rép.* n° 24, transporter son domicile où il lui plaît. — Aux termes de l'art. 103 c. civ., le changement de domicile s'opère « par le fait d'une habitation réelle dans un autre lieu, joint à l'intention d'y fixer son principal établissement ». Deux conditions sont donc nécessaires pour qu'il y ait changement de domicile: 1° le fait de l'habitation réelle dans un autre lieu; 2° l'intention d'y fixer son principal établissement. La réunion de ces deux conditions est indispensable.

29. Ainsi, tout d'abord, le fait seul de la translation de l'habitation dans un autre lieu ne suffit pas si à ce fait n'est pas jointe l'intention de changer de domicile. Et c'est à la partie qui invoque le changement de domicile, dans le but, par exemple, de faire prolonger à vingt ans la prescription de l'art. 2265 c. civ., à prouver que les deux conditions exigées par la loi ont été remplies (Req. 27 févr. 1856, aff. Dumont, D. P. 56. 1. 189).

30. L'intention de changer de domicile, quand même elle est attestée par des déclarations faites à la municipalité du lieu que l'on prétend quitter et à celle du lieu où l'on veut aller, ne suffit pas non plus pour opérer le changement, si elle n'est pas accompagnée de la translation effective de l'habitation (*Rép.* n° 25; Toulouse, 26 févr. 1850, aff. Riquebourt, D. P. 52. 2. 61; Req. 30 juill. 1850, aff. Delaruelle, D. P. 50. 1. 235; 18 déc. 1855, aff. Gassicourt, D. P. 56. 1. 384; 21 août 1862, aff. de Morant, et 17 déc. 1862, aff. Vasseur, D. P. 63. 1. 130; Paris, 1er févr. 1870, aff. Leboucq, D. P. 70. 2. 149; Req. 15 déc. 1874, aff. de Champagny, D. P. 75. 1. 384; 23 mars 1875, aff. Sévérac, D. P. 78. 1. 70; Civ. cass. 9 mars 1880, aff. Latour, D. P. 80. 1. 203; Req. 15 mai 1882, aff. Fourcade-Prunet, D. P. 83. 1. 223; 7 déc. 1885, aff. Minjollat, D. P. 86. 1. 159). En conséquence, tant que la translation de l'habitation n'a pas eu lieu, les significations faites au domicile indiqué, dans les déclarations, comme abandonné, sont valables (Arrêts des 30 juill. 1850, 1er févr. 1870, 9 mars 1880, et 7 déc. 1885 précités). Et, en cas de décès du déclarant, c'est à ce même domicile, prétendu abandonné, que la succession s'ouvrira (Req. 15 mai 1882 précité).

31. La translation effective de l'habitation ou, suivant les termes de la loi, le *fait de l'habitation réelle dans un autre lieu* ne résulte pas suffisamment, d'ailleurs, du simple transport des meubles de l'ancien domicile dans le nouveau, ni même d'un changement de résidence momentané; il faut, pour que cette condition soit remplie, qu'il y ait réellement fixation du principal établissement dans le nouveau domicile (Req. 10 juin 1846, aff. Préfet de l'Aisne, D. P. 46. 1. 249; 30 juill. 1850, cité *suprà*, n° 30).

32. Au surplus, l'appréciation du point de savoir si en fait l'habitation réelle a été transportée dans le lieu du nouveau domicile appartient souverainement aux juges du fond (*Rép.* n° 28; Req. 18 déc. 1855 et 17 déc. 1862, cités *suprà*, n° 30; Civ. rej. 28 mai 1872, aff. Sigaudy, D. P. 72. 1. 246; Req. 23 mars 1875, aff. Sévérac, D. P. 78. 1. 70; 31 mai 1881, aff. Amondruz-Rosset, D. P. 82. 1. 18; 7 déc. 1885, aff. Minjollat, D. P. 86. 1. 159). Il est évident, d'ailleurs, que les juges du fond ne seraient pas liés par les constatations faites dans un procès-verbal d'huissier en vue de prouver que la translation du domicile a réellement eu lieu; ils pourraient, sans méconnaître la foi due aux actes authentiques, apprécier librement la valeur probante de ces constatations, et les écarter, s'ils les jugeaient insuffisantes (Req. 23 mars 1875, précité).

33. La preuve de l'intention de changer de domicile peut résulter, d'après les art. 104 et 105 c. civ., soit d'une déclaration expresse, faite tant à la mairie du lieu que l'on quitte qu'à celle du lieu où l'on va s'établir, soit des circonstances. — La déclaration expresse est certainement la meilleure attestation de l'intention de changer de domicile; mais, pour que cette déclaration soit complètement probante, il faut qu'elle soit faite à la mairie de l'ancien domicile et à la mairie du nouveau; il faut, en un mot, deux déclarations. Une seule, comme on l'a montré au *Rép.* n°s 32 et 41, ne ferait pas preuve complète. — Il a de plus été jugé: 1° qu'une personne ne saurait être considérée comme ayant changé de domicile par cela seul qu'elle a fait une déclaration au *greffe du tribunal* du lieu où elle était domiciliée, alors surtout qu'il n'est pas constaté qu'elle ait transféré ailleurs sa résidence (Civ. cass. 9 mars 1880, aff. Latour, D. P. 80. 1. 203); — 2° Que la demande formée par un électeur et tendant à la *radiation de son nom sur les listes électorales* de la commune où il est domicilié, ainsi qu'à son *inscription sur les listes d'une autre commune*, ne saurait équivaloir à la double déclaration exigée par l'art. 104 c. civ. et emporter changement du domicile civil (Civ. cass. 8 janv. 1884, aff. Bouyer, D. P. 84. 1. 106); — 3° Que la déclaration de changement de domicile faite à la mairie d'un lieu et qui n'a été suivie ni d'une seconde déclaration, ni d'une translation réelle de la résidence, ne peut produire aucun effet (Req. 7 déc. 1885, aff. Minjollat, D. P. 86. 1. 159).

Toutefois, comme le remarque M. Demolombe, t. 1, n° 352, la déclaration faite à la mairie d'un seul endroit, de celui que l'on a quitté ou de celui où l'on s'est établi, pourrait être prise en sérieuse considération dans l'appréciation des circonstances qui, en l'absence de la double déclaration exigée par la loi, peuvent servir à révéler l'intention d'un changement de domicile.

34. La déclaration de changement de domicile peut, comme tout autre acte juridique, être arguée de fraude, de dol ou de simulation. S'il est reconnu qu'elle a eu lieu pour faire fraude à la loi ou aux droits d'un tiers, les tribunaux peuvent refuser d'y voir la constatation des intentions véritables de celui qui l'a faite (V. *Rép.* n° 36). C'est ainsi que la jurisprudence a écarté, comme ne faisant pas preuve d'un changement de domicile sérieux, la déclaration qui avait pour but de soustraire au tribunal du domicile du déclarant la connaissance d'une demande en interdiction dirigée contre celui-ci (Req. 17 déc. 1862, aff. de Morant, D. P. 63. 1. 130) ;... la déclaration faite dans le but de dissimuler les publications d'un mariage et de soustraire au tribunal du domicile du déclarant l'instance en opposition qui devait y être formée (Req. 15 mai 1882, aff. Fourcade-Prunet, D. P. 83. 1. 223) ;... la déclaration qui n'avait été faite dans une ville qu'en vue d'échapper à une instance en dation de conseil judiciaire (Req. 6 mars 1888, aff. Portalis, D. P. 88. 1. 486).

35. Celui qui n'a pas fait une déclaration expresse et régulière de changement de domicile est réputé conserver son ancien domicile ; il peut toujours y être assigné, à moins qu'il n'ait réellement transporté ailleurs son principal établissement et que cette translation n'ait été manifestée par des circonstances claires et évidentes (*Rép.* n° 40 ; Limoges, 13 févr. 1869, aff. Desplacieux, D. P. 74. 5. 170). En d'autres termes, la volonté de changer de domicile ne se présume pas. Ce principe a été maintes fois appliqué par la jurisprudence. Nous en avons cité déjà de nombreux exemples au *Rép.* n°s 46 et suiv. Il a été encore jugé depuis : 1° que l'individu qui a disparu de son domicile, sans donner de ses nouvelles, est réputé conserver ce domicile tant qu'il ne manifeste pas l'intention de le fixer ailleurs ; spécialement, que le mari qui, après séparation de biens, a cessé de paraître au domicile qu'il avait durant l'instance en séparation, doit être considéré comme l'ayant gardé, s'il n'a pas donné de ses nouvelles, et que, dès lors, la femme peut porter devant le tribunal de ce domicile l'action en nullité de la vente de son immeuble dotal, dirigée tant contre son mari que contre l'acheteur de l'immeuble (Civ. rej. 22 janv. 1850, aff. Michel, D. P. 50. 1. 61) ; — 2° Que le fait, par un individu, d'avoir établi sa résidence dans le lieu où il a accepté des fonctions publiques révocables, telles que celles de suppléant de juge de paix ou celles de commissaire de police, ne prouve pas que cet individu ait changé de domicile, alors surtout que, depuis l'acceptation desdites fonctions, il a continué à payer au lieu de son domicile d'origine la contribution personnelle et mobilière et qu'il n'a fait à la municipalité de ce lieu d'autres déclarations que celles exigées pour le changement de son domicile politique (Orléans, 5 août 1851, aff. Delongraye, D. P. 52. 2. 151) ; — 3° Qu'en l'absence d'une déclaration expresse, l'intention de transférer son domicile d'un lieu dans un autre ne résulte ni de l'inscription au tableau des avocats d'une ville distincte de l'ancien domicile, ni du payement de la cote personnelle dans cette ville, ni du défaut d'inscription sur les listes électorales de l'ancien domicile (Agen, 22 août 1864, aff. Béchade, D. P. 64. 2. 206 ; Douai, 13 déc. 1873, aff. Hidrio, D. P. 74. 5. 169) ; — 4° Que l'individu qui, ayant à son domicile d'origine un appartement complet et y ayant toujours demeuré, a conservé dans ce lieu son principal établissement, ne peut, par cela seul qu'il a, dans un acte extrajudiciaire, indiqué comme étant celui de son domicile un lieu différent, où il a loué un appartement, être réputé avoir changé de domicile, alors que cette location, hors de proportion avec sa fortune, n'a été motivée que par une résidence temporaire dans la ville où elle a été faite (Trib. Villefranche, 20 avr. 1866, aff. Duclos, D. P. 68. 5. 144) ; — 5° Que l'individu qui allègue un changement de domicile peut, en l'absence de déclaration, être réputé avoir conservé son ancien domicile, s'il y a payé ses impôts personnels et les droits de mutation sur la succession mobilière de sa femme, et s'il y a reçu sans protestation une signification et un commandement, et cela, bien qu'il ait été également inscrit au rôle des contributions de sa nouvelle résidence, qu'il s'y soit remarié et qu'il y ait été porté sur les listes électorales (Caen, 9 avr. 1875, aff. Duclos, D. P. 77. 2. 135) ; — 6° Que l'entrepreneur de travaux publics qui se transporte dans une ville, même avec sa famille, pour y exécuter des travaux importants, demeure néanmoins domicilié dans le lieu où il a conservé l'exploitation de son chantier et son habitation, si, d'ailleurs, les circonstances ne dénotent pas de sa part l'intention formelle de changer de domicile (Req. 12 déc. 1877 (1) ; 12 mai 1880) (2) ; — 7° Que le commerçant né dans une ville, où il a passé presque toute sa vie, où il s'est marié et où il est décédé, n'est pas réputé avoir perdu son domicile d'origine en s'absentant fréquemment de ce lieu et allant exploiter pendant plusieurs

(1) (Syndic Savy de Lyon *C.* Syndic Savy de Paris.) — LA COUR ; — Vu les art. 438 et 440 c. com., 102 et 105 c. civ. ; — Attendu que la faillite d'un commerçant ne peut être déclarée que par le tribunal du lieu de son domicile ; que le changement de domicile ne s'opère que par le fait d'une habitation réelle dans un autre lieu, joint à l'intention d'y fixer d'une manière permanente son principal établissement ; que la preuve de cette intention résulte de la double déclaration indiquée par l'art. 104 c. civ. ; qu'à défaut de déclaration expresse, la preuve de l'intention dépend des circonstances qui doivent, dans ce cas, témoigner à la fois de l'abandon complet de l'ancien lieu et de l'adoption définitive du nouveau ; — Attendu qu'en 1869, Savy, entrepreneur, avait depuis plus de dix ans son domicile à Paris ; qu'à cette époque étant devenu concessionnaire des travaux de l'exposition de Lyon qui devait avoir lieu en 1870, il s'est rendu dans cette ville et y a séjourné avec sa famille tant qu'il lui a été possible de diriger l'exécution de ces travaux, mais qu'il a conservé à Paris l'exploitation de son chantier, son habitation, et, dès lors, le siège de son commerce ; que les travaux de l'exposition ayant été retardés par les événements, il a été entraîné dans la ruine de la société qui les avait entrepris ; qu'en 1872, il a été même assigné en déclaration de faillite devant le tribunal de commerce de Lyon, mais que ce tribunal a nommé irrégulièrement un liquidateur judiciaire ; qu'alors il est revenu à Paris, et que c'est par le tribunal civil de la Seine que sa femme a fait prononcer sa séparation de biens ; — Qu'il suit de là que, loin d'avoir abandonné son domicile, il l'a conservé ; que l'entreprise des travaux de Lyon, quoique pour lui d'une grande importance, n'était pourtant qu'une des opérations de son commerce, qu'un des actes habituels de sa profession d'entrepreneur ; qu'il importe peu que, pendant son séjour à Lyon, il ait été désigné dans un certain nombre d'actes conventionnels et judiciaires comme demeurant ou comme ayant un domicile en cette ville ; que ces indications contredites d'ailleurs par d'autres indications, peuvent d'autant moins détruire la portée et la valeur des faits susindiqués, qu'un changement de domicile, loin de pouvoir être présumé, doit être clairement prouvé ; — Que, par conséquent, c'est au tribunal de commerce de la Seine seul qu'il a appartenu de déclarer la faillite de Savy ; — Réglant de juges, reçoit Rolland et Gerault, intervenants dans l'instance ; — Annule le jugement rendu par le tribunal de commerce de Lyon ; déclare nulles les opérations qui en ont été la suite ; — Ordonne que le tribunal de commerce de la Seine restera exclusivement saisi de la faillite de Savy ; — etc.

Du 12 déc. 1877.-Ch. req.-MM. Bédarrides, pr.-Petit, rap.-Godelle, av. gén., c. conf.-Coulombel, Godefroy et Larnac, av.

(2) (Syndic Gignoux.) — LA COUR ; — Vu la demande en règlement de juges et les pièces à l'appui ; — Vu les jugements rendus par les tribunaux de commerce de Saint-Lô et de la Seine, prononçant la faillite de Gignoux ; — Attendu que les syndics nommés par les deux tribunaux reconnaissent qu'il y a lieu de centraliser les opérations de la faillite, et d'investir exclusivement l'un d'eux de la connaissance des difficultés que peut faire naître sa liquidation ; que dès lors la demande en règlement de juges introduite en exécution de l'art. 364 c. proc. civ. est recevable ; — Au fond : — Attendu qu'aux termes de l'art. 438 c. com., la déclaration de faillite doit être prononcée par le tribunal de commerce du domicile du failli ; que, d'après l'art. 102 c. civ., le domicile de tout Français est celui où il a son principal établissement ; — Attendu qu'il est constant que Gignoux, né à Paris, y avait fixé son domicile depuis un grand nombre d'années ; que le changement de ce domicile n'a été opéré par aucun des modes déterminés par les art. 103 et 104 c. civ. ; que, s'il est vrai que, après son mariage, en 1873, Gignoux a été appelé à entreprendre et exécuter à Saint-Lô et dans les environs, des travaux d'une grande importance, qui ont nécessité sa présence sur les lieux, l'ensemble des faits, des documents et des circonstances de la cause, ne dénote pas de sa part l'intention formelle d'abandonner son domicile primitif ; — Annule le jugement rendu le 6 janv. 1880 par le tri-

années un cercle et un théâtre dans une autre ville, s'il n'a pas quitté sans esprit de retour son lieu de naissance, s'il y a conservé son ménage, des propriétés, des relations suivies, et s'il est revenu y finir ses jours (Req. 28 mai 1879, aff. Coffignal, D. P. 81. 1. 83).

En résumé, suivant la formule qu'on trouve dans plusieurs arrêts de la cour de cassation, le domicile d'un individu doit être considéré comme s'étant conservé au lieu où il se trouvait antérieurement, s'il n'a pas fait de déclaration de changement de domicile, et s'il n'a pas manifesté, par l'abandon complet de l'ancien et l'adoption définitive d'un nouveau, l'intention formelle d'en changer (V. Req. 12 déc. 1877 et 28 mai 1879 précités; 24 avr. 1883, aff. Nivet, D. P. 84. 1. 101).

36. Il est certaines professions qui obligent à de fréquents changements de résidence; en général, la jurisprudence décide que ceux qui exercent ces professions ne doivent pas être réputés changer de domicile toutes les fois qu'ils transportent leur résidence et même leur ménage et leur famille d'un lieu à un autre. C'est ce qui a été jugé, notamment à l'égard des entrepreneurs de travaux publics (V. *suprà*, n° 35-6°) des artistes (V. *suprà*, n° 16-4°). — Décidé aussi qu'un militaire ne change pas de domicile toutes les fois qu'il change de garnison, mais que son domicile subsiste au lieu dont il a fait choix dans des actes réguliers, tant que l'indication d'un autre domicile ne résulte pas d'actes ultérieurs (Paris, 6 août 1866) (1).

En ce qui concerne les marins, V. *Rép.* n° 49, et *suprà*, n° 18.

37. Mais, aux termes de l'art. 105 c. civ., la preuve de l'intention de changer de domicile peut, même en l'absence d'une déclaration expresse, résulter des circonstances (V. *Rép.* n°s 52 et suiv.). — Ainsi, il a été jugé, depuis la publication du *Répertoire:* 1° que, si un propriétaire s'est procuré, dans un lieu autre que celui où sont situées ses propriétés, une résidence habituelle où il a établi son ménage et où il paye sa contribution personnelle, il doit être réputé, même en l'absence de toutes déclarations, y avoir transféré son domicile, encore bien qu'il prouverait que le lieu où sont ses propriétés est son domicile d'origine, qu'il y a conservé un train d'exploitation, qu'il y paye encore des contributions personnelles et mobilières et qu'il y exerce ses droits électoraux (Colmar, 18 mars 1853, aff. Lévy, D. P. 53. 2. 121); — 2° Que l'individu qui a quitté sa ville natale dès sa majorité, dans le but de se livrer ailleurs à des opérations commerciales, et qui s'est fixé à Paris, où il a exploité un fonds de marchand de vin, doit être considéré comme domicilié à Paris (Besançon, 27 mars 1867, aff. Bonnaventure, D. P. 67. 2. 54); — 3° Que le changement de domicile peut résulter, en l'absence de déclarations faites à la mairie, de ce qu'un individu a transporté dans une commune sa résidence effective et son principal établissement industriel, alors même qu'il aurait laissé dans une autre commune sa femme et ses enfants, qu'il y aurait conservé pour ceux-ci un logement et des meubles, et qu'il aurait continué à y payer ses contributions personnelle et mobilière (Nancy, 18 déc. 1869, aff. Mayer, D. P. 70. 2. 55); — 4° Que si un banquier, ayant sa maison de banque dans une ville de province, a fondé à Paris une succursale qui est devenue son établissement principal et où il réside continuellement, il a ainsi transporté son domicile à Paris, quand bien même sa femme aurait continué d'habiter la ville où est située la première maison de banque (Paris, 20 août 1878, et sur pourvoi, Req. 10 mars 1879, aff. Jacob, D. P. 79. 1. 354); — 5° Que le fils domicilié dans la maison paternelle avant son mariage doit être considéré comme ayant changé de domicile, bien qu'il ait gardé chez son père un logement et du mobilier personnel, s'il s'est créé une installation beaucoup plus considérable dans une propriété appartenant à sa femme, sur le territoire d'une commune où il était électeur et conseiller municipal, où il a fait inscrire son fils sur les listes du tirage au sort, et où il a été déclaré domicilié dans un grand nombre d'actes (Req. 19 déc. 1887, aff. de Solages, D. P. 88. 1. 459).

Pour le cas de transfert du domicile à l'étranger, V. *suprà*, n° 21.

38. En se reportant aux décisions que nous avons citées, on remarque que les principales circonstances desquelles la jurisprudence fait ordinairement résulter la preuve de la fixation ou de la translation du domicile dans un certain lieu sont les suivantes : 1° la résidence habituelle (Colmar, 18 mars 1853, aff. Lévy, D. P. 53. 2. 121; Req. 31 janv. 1888, aff. de Polignac, D. P. 88. 1. 244; 6 mars 1888, aff. Portalis, D. P. 88. 1. 486); — 2° Le payement de la contribution personnelle (Colmar, 18 mars 1853, précité; Paris, 23 mars 1872, aff. Leguerney, D. P. 72. 2. 108; Caen, 9 avr. 1875, aff. Duclos, D. P. 77. 2. 135); — 3° L'établissement du ménage, surtout après le mariage (Colmar, 18 mars 1853 précité; Req. 28 mai 1879, aff. Coffignal, D. P. 81. 1. 83; 11 mai 1887, aff. Coussirat, D. P. 88. 1. 180; 19 déc. 1887, aff. de Solages, D. P. 88. 1. 459); — 4° Un établissement commercial ou industriel (Req. 21 juin 1865, aff. Gautier, D. P. 65. 1. 418; Besançon, 27 mars 1867, aff. Bonnaventure, D. P. 67. 2. 54; Nancy, 18 déc. 1869, aff. Mayer, D. P. 70. 2. 55; Poitiers, 17 nov. 1875, aff. Mangon, D. P. 76. 5. 165; Req. 10 mars 1879, aff. Jacob, D. P. 79. 1. 354; Pau, 22 juin 1885, aff. Bayerque, D. P. 86. 2. 181; Bruxelles, 18 janv. 1888, aff. Paullet, D. P. 88. 2. 249); — 5° L'acquisition du droit de cité dans une ville étrangère (Civ. rej. 27 avr. 1868, aff. Jeannin, D. P. 68. 1. 302).

39. Mais, au contraire, la jurisprudence n'a pas vu des indices suffisants de l'intention de changer de domicile dans les circonstances suivantes : 1° l'exercice des droits électoraux ou de fonctions municipales dans une commune autre que celle de la résidence habituelle (Colmar, 18 mars 1853, aff. Lévy, D. P. 53. 2. 121; Civ. cass. 8 janv. 1884, aff. Bouyer, D. P. 84. 1. 106; Req. 31 janv. 1888, aff. de Polignac, D. P. 88. 1. 244); — 2° L'inscription au tableau des avocats d'une ville (Agen, 22 août 1864, aff. Béchade, D. P. 64. 2. 206; Douai, 13 déc. 1873, aff. Hidrio, D. P. 74. 5. 169); — 3° L'exercice de fonctions publiques révocables ou d'une profession temporaire, telle que celles d'entrepreneur de travaux publics, de directeur de théâtre, d'artiste dramatique (Orléans, 5 août 1851, aff. Delongraye, D. P. 52. 2. 151; Req. 14 févr. 1855, aff. Dupont, D. P. 55. 1. 398; Trib. Charleville, 16 févr. 1860, aff. Pagart d'Hermansart, D. P. 60. 3. 39; Dijon, 26 juill. 1867, aff. Royer, D. P. 68. 2. 78; Req. 12 déc. 1877 et 12 mai 1880, *suprà*, n° 35; 28 mai 1879, aff. Coffignal, D. P. 81. 1. 83; Bordeaux, 13 janv. 1887, aff. Coussirat, D. P. 87. 2. 142; Req. 11 mai 1887, même affaire, D. P. 88. 1. 180).

---

bunal de Saint-Lô, ainsi que toutes les opérations qui ont pu en être la suite ; — Ordonne que le tribunal de la Seine restera seul saisi de la faillite de Gignoux, etc.

Du 12 mai 1880.-Ch. req.-MM. Bédarrides, pr.-Féraud-Giraud, rap.-Lacointa, av. gén., c. conf.-Sabatier et Devin, av.

(1) (Journet C. Syndic Roth.) — Le syndic de la faillite du sieur Roth, brasseur à Joigny, a introduit contre la fille et le gendre de ce dernier, les époux Journet, une demande en nullité de l'inscription prise en vertu de l'hypothèque que le sieur Roth avait consentie pour assurer le payement de la dot de sa fille. Le sieur Journet, officier dans l'armée française, se trouvant alors à Puebla (Mexique), l'exploit d'assignation lui fut signifié ainsi qu'à sa femme à Châlons-sur-Marne, où il était en garnison lors de son mariage; une copie de l'assignation fut, en outre, signifiée à Joigny, où résidait la dame Journet. Les défendeurs ont argué l'exploit de nullité, par le motif qu'il n'avait pas été signifié à leur véritable domicile. Le 11 juill. 1865, jugement du tribunal de Châlons-sur-Marne, qui rejette l'exception par les motifs suivants : — « ... Considérant que, aussi bien dans son contrat de mariage reçu par Me Epoigny, notaire à Joigny, le 26 août 1857, que dans son acte de mariage fait à la mairie de Joigny le 30 du même mois, le sieur Journet s'est lui-même qualifié lieutenant au train des équipages militaires, 5e escadron, 1re compagnie, en garnison à Châlons-sur-Marne, y demeurant ; — Que c'est à ce domicile qu'il a été assigné ; qu'il n'est produit aucun acte ultérieur faisant indication d'un autre domicile ; qu'il a été, en outre, assigné au domicile de la dame Journet, à Joigny, par supplément de précaution; qu'il est de principe constant que le militaire n'est pas domicilié successivement dans chaque ville dans laquelle il tient garnison, mais bien dans celle dont il a fait choix par des actes réguliers et authentiques ; que dès lors l'assignation a été bien donnée... ». — Appel par les époux Journet. — Arrêt.

La cour ; ..., — Sur la nullité de procédure : — Adoptant les motifs des premiers juges ; — Confirme, etc.

Du 6 août 1866.-C. de Paris, 1re ch.-MM. Casenave, pr.-Oscar de Vallée, 1er av. gén.-Busson-Billaud et Maugras, av.

40. Du reste, ainsi qu'on l'a déjà constaté au *Rép.* n° 55, les circonstances pouvant ou non constituer la preuve d'un changement de domicile sont appréciées souverainement par les juges du fait; les jugements ou arrêts qui statuent sur ce point échappent à la censure de la cour de cassation (Req. 14 févr. 1855, aff. Dupont, D. P. 55. 1. 398; 10 mars 1879, aff. Jacob, D. P. 79. 1. 354; 6 mars 1888, aff. Portalis, D. P. 88. 1. 486).

§ 4. — Des personnes dont la loi détermine elle-même le domicile (*Rép.* n°s 56 à 120).

41. — I. Femmes mariées (*Rép.* n°s 57 à 79). — On a montré au *Rép.* n° 58 que la disposition de l'art. 108 c. civ., qui attribue à la femme mariée le domicile de son mari est générale et impérative. C'est une règle d'ordre public à laquelle aucune convention contraire ne pourrait déroger, et qui s'applique alors même que la femme vit séparément de son mari, avec l'autorisation de celui-ci (Demolombe, t. 1, n° 357; Aubry et Rau, t. 1, § 143, p. 579; Laurent, t. 2, n° 84; Baudry-Lacantinerie, t. 1, n° 306).

Cette règle s'applique, d'ailleurs, aussi bien dans le cas où le mari a fixé son domicile à l'étranger que lorsqu'il est domicilié en France. La loi, en effet, ne distingue pas, et dès l'instant qu'on reconnaît à un Français le droit d'établir son domicile à l'étranger (V. *suprà*, n° 21), on lui reconnaît par là même le droit d'y fixer aussi celui de sa femme (V. en ce sens : Req. 21 juin 1865, aff. Gautier, D. P. 65. 1. 418).

42. De la règle que la femme mariée a le même domicile que son mari, il résulte qu'elle ne peut être valablement assignée qu'à ce domicile (V. *Rép.* n° 59). — Jugé, notamment, que c'est devant le tribunal de son propre domicile que le mari doit porter la demande, formée par lui contre sa femme, en réintégration du domicile conjugal (Alger, 6 juin 1870, aff. Perths, D. P. 70. 2. 214).

43. La femme mariée reste domiciliée chez son mari malgré la séparation de biens judiciaire; et, après cette séparation, si elle exerce des poursuites contre son mari, elle n'est pas tenue, comme partie poursuivante, d'indiquer un autre domicile que celui de son mari, alors même qu'en fait elle a une autre résidence (Bourges, 21 juill. 1854, aff. Triboudet, D. P. 56. 2. 162).

44. Après le décès de son mari, la femme conserve le domicile qu'elle avait pendant le mariage, tant qu'elle n'a pas manifesté l'intention d'en changer et n'a pas transporté ailleurs son principal établissement (V. *Rép.* n°s 63 et suiv.; Req. 21 juin 1865, aff. Gautier, D. P. 65. 1. 418).

45. Mais la règle que la femme mariée est domiciliée chez son mari comporte quelques exceptions. — Tout d'abord, en cas d'interdiction du mari, si la femme est nommée tutrice, c'est à elle qu'appartient le droit de fixer le domicile conjugal; le mari prend alors le domicile qu'elle adopte (c. civ. art. 108). M. Laurent, t. 2, n° 99, conteste cette solution et soutient que le domicile attribué à la femme par le mariage, ayant une cause permanente, doit prévaloir sur le domicile résultant de la tutelle. Mais c'est une pure question de mots. En fait, la femme dont le mari est interdit peut se trouver obligée, par les soins même qu'exigera l'état de son mari, de transporter ailleurs son domicile. Qui peut alors faire choix d'un nouveau domicile? Evidemment, la femme tutrice, et non pas le mari incapable. — Il a même été jugé que la femme dont le mari est aliéné et qui a été chargée de l'administration provisoire de la personne et des biens de celui-ci, placé dans un établissement d'aliénés, transfère le domicile commun au lieu de sa nouvelle habitation, si elle y vient avec l'intention de s'y fixer (Trib. Chaumont, 17 avr. 1867, aff. Davilliers, D. P. 67. 3. 56).

46. Lorsque le mari est interdit et qu'il n'a pas sa femme pour tutrice, la question de savoir si la femme doit être réputée domiciliée chez le tuteur du mari est controversée. Nous avons admis l'affirmative au *Rép.* n° 92, par la raison qu'aucun texte n'accorde à la femme, dans ce cas spécial, la faculté d'avoir un autre domicile que celui de son mari. Cette opinion est combattue par MM. Aubry et Rau, t. 1, § 143, p. 580, note 7 : « Si la femme, disent-ils, a son domicile de droit chez son mari, ce n'est que parce qu'elle est obligée d'habiter avec ce dernier, sous la dépendance duquel elle se trouve placée. Or, lorsque le mari a été interdit, l'exercice de la puissance maritale est suspendu dans sa personne. Le tuteur, quoique pouvant, dans certaines circonstances, être appelé à gérer les biens propres de la femme, n'est cependant pas investi, quant à sa personne, de l'autorité maritale, et ne peut, par conséquent, la contraindre à venir demeurer chez lui. Il n'existe dès lors aucun motif pour attribuer à cette dernière un domicile de droit chez le tuteur de son mari. » (V. aussi en ce sens : Laurent, t. 1, n° 99). Nous avons déjà (*Rép.* n° 92), indiqué la réponse que l'on peut faire à ces arguments : s'il est vrai que le tuteur du mari interdit n'exerce pas la puissance maritale et ne peut forcer la femme à résider chez lui, il n'en résulte pas nécessairement que la femme ne puisse pas être domiciliée chez le tuteur, en même temps que son mari; la résidence, en effet, n'est pas inséparable du domicile. L'état de maladie du mari n'est pas, d'ailleurs, un motif qui puisse autoriser la femme à s'éloigner de lui; sauf dans le cas où elle y courrait des dangers pour sa vie, pour sa santé ou pour son honneur, le devoir de secours et d'assistance dont elle est tenue envers lui l'obligera à suivre son mari interdit dans le domicile que le tuteur aura choisi (V. en ce sens : Demolombe, t. 1, n° 363; Demante et Colmet de Santerre, t. 1, n° 132 *bis* V; Baudry-Lacantinerie, t. 1, n° 310).

47. On admet généralement que la femme mariée, régulièrement autorisée à faire le commerce, peut avoir, *en tant que commerçante*, un domicile distinct de celui de son mari (V. *Rép.* n° 67; Req. 12 juin 1883, aff. Sentex, D. P. 83. 1. 281). Mais il s'agit ici d'un domicile spécial, et non du domicile général de la femme qui, pour les actes de la vie civile étrangers à son commerce, reste domiciliée chez son mari (V. au surplus la note sous l'arrêt précité).

48. Nous avons vu *suprà*, n° 41, que la femme mariée est domiciliée chez son mari, même dans le cas où celui-ci a fixé son domicile en pays étranger. En est-il encore de même lorsque le mari, qui était Français lors du mariage, s'est fait naturaliser à l'étranger? La femme alors, si elle ne se fait pas aussi naturaliser, reste française, car il ne peut dépendre de son mari de la faire changer de nationalité contre sa volonté. Mais la règle qu'elle ne peut pas avoir d'autre domicile que son mari continue-t-elle à lui être applicable? On l'a soutenu; car, a-t-on dit, si le mari ne peut pas faire perdre à la femme sa nationalité, il peut toujours l'obliger à changer de domicile (Demangeat sur Fœlix, *Traité du droit international privé*, t. 1, p. 93, note *a*). Il a été jugé, au contraire, que la femme française dont le mari s'est fait naturaliser en pays étranger, pendant le mariage, a le droit d'avoir en France un domicile qui lui est propre (Douai, 3 août 1858, aff. Hauël, D. P. 58. 2. 218); et MM. Aubry et Rau, t. 1, § 143, p. 580, enseignent que la règle qui attribue à la femme le domicile du mari cesse d'être applicable en cas de naturalisation du mari en pays étranger, si la femme reste française. — Cette seconde solution nous paraît préférable. Il est bien vrai que le mari français a le droit d'imposer à la femme son domicile, et l'on peut reconnaître le même droit au mari étranger à l'égard de sa femme étrangère. Mais la femme qui a épousé un Français a pu et dû compter sur la protection de la loi française; s'il convient à son mari de devenir étranger, alors qu'elle entend rester française, elle doit pouvoir rester sous la protection de sa loi nationale, et le mari étranger ne peut être admis à se prévaloir contre elle d'une disposition de la loi française pour la contraindre à le suivre là où cette même loi ne pourrait peut-être plus la protéger.

49. On a examiné au *Rép.* n°s 70 et suiv. la question de savoir si la règle que la femme mariée n'a pas d'autre domicile que celui de son mari, est encore applicable lorsqu'il y a séparation de corps entre les époux. Cette question n'est plus discutée aujourd'hui. On reconnaît généralement que la séparation de corps définitivement prononcée confère à la femme le droit d'avoir un domicile distinct de celui de son mari (V. outre les auteurs cités au *Rép.* n° 72 : Massé et Vergé sur Zachariæ, *Le droit civil français*, t. 1, p. 122; Aubry et Rau, t. 1, § 143, p. 580, note 5; Laurent, t. 2, n° 85; Baudry-Lacantinerie, t. 1, n° 307). Il a été jugé, en ce sens, que la femme séparée de corps a son domicile légal au lieu où elle a son habitation réelle et où elle a manifesté la volonté de séjourner d'une manière permanente (Dijon,

24 janv. 1872, aff. A..., D. P. 73. 2. 13 ; Req. 19 août 1872, même affaire, D. P. 73. 1. 479).

50. Toutefois, malgré le droit qu'a la femme séparée de corps de fixer son domicile où elle veut, le mari peut s'opposer à ce qu'elle use de ce droit d'une manière immorale et injurieuse pour lui ; il peut, notamment, demander à la justice, non d'assigner à la femme une résidence spéciale, mais de lui interdire d'habiter dans la maison où habite également l'homme avec lequel la femme a commis l'adultère qui a motivé la séparation de corps (Trib. Castelsarrazin, 8 avr. 1864, aff. Plantade, D. P. 64. 3. 46; Toulouse, 29 juin 1864, même affaire, D. P. 64. 2. 174. V. *suprà*, v° *Divorce et séparation de corps*, n° 628).

51. En cas de demande en divorce ou en séparation de corps, une résidence provisoire est ordinairement assignée à la femme pendant la durée de l'instance (c. civ. art. 236 et 238; c. proc. civ. art. 878). Mais, comme on l'a montré au *Rép.* n°s 77 et suiv., la femme n'en conserve pas moins, au regard des tiers, son domicile légal chez son mari. Seulement, c'est au lieu de sa résidence provisoire que doit alors être faite la signification des exploits qui sont notifiés à la femme à la requête du mari (Nancy, 11 août 1865, *suprà*, v° *Divorce*, n° 288; Demolombe, t. 1, n° 358; Aubry et Rau, t. 1, § 143, p. 580, note 6). — Jugé toutefois que, lorsque la femme n'a pas établi sa résidence dans le lieu qui lui avait été indiqué, et lorsqu'elle est restée plus de dix ans sans donner suite à sa demande en séparation de corps, les poursuites en saisie immobilière exercées par le mari contre elle peuvent être valablement signifiées au domicile du mari (Req. 19 août 1862, aff. Louault, D. P. 63. 1. 129. V. cependant les observations en note sous cet arrêt).

52. — II. Mineurs; Interdits; Condamnés (*Rép.* n°s 80 à 97). — « Le mineur non émancipé, dit l'art. 108, aura son domicile chez ses père et mère ou tuteur. » Il résulte d'abord de ce texte que le mineur, enfant légitime, dont les père et mère sont mariés et vivants, a le même domicile qu'eux, c'est-à-dire le domicile du père. Il en serait toutefois autrement, remarquent MM. Aubry et Rau, t. 1, § 143, p. 581, si une décision de justice avait privé le père de l'administration légale pour la confier à un tuteur provisoire; en ce cas spécial, le mineur aurait son domicile chez le tuteur.

53. Lorsque le mariage des père et mère a été dissous par le divorce et que la garde des enfants a été confiée à la mère ou à une tierce personne, les enfants continuent-ils néanmoins à être domiciliés chez leur père? On a cité au *Rép.* n° 80 un ancien arrêt de la cour de Paris qui paraît avoir résolu cette question par l'affirmative. Mais nous nous sommes prononcés pour la négative, *suprà*, v° *Divorce*, n° 620. Il serait singulier, avons-nous dit, que les enfants fussent domiciliés là où ils ne peuvent pas résider. Nous reconnaissons toutefois que la question ne laisse pas que de présenter un certain doute, surtout dans le système qui admet que le père conserve la puissance paternelle, alors même qu'il est déchu du droit de garde (V. *suprà*, v° *Divorce*, n° 616). Pour ceux toutefois, qui décident, comme nous l'avons fait *suprà*, v° *Divorce*, n° 621, que la personne qui a la garde des enfants a aussi l'administration de leurs biens, la solution que nous adoptons est certainement la plus juridique; car le domicile doit être là où est le siège des affaires du mineur et où s'exercent ses droits.

54. Après le décès de l'un ou de l'autre des père et mère, la tutelle s'ouvre (c. civ. art. 390); le domicile du mineur est alors chez son tuteur, lors même que ce tuteur n'est pas le survivant des père et mère (*Rép.* n° 84; Aubry et Rau, t. 1, § 143, p. 581, note 9; Laurent, t. 2, n° 86).

55. Quand le tuteur change de domicile, le domicile du mineur change aussi (V. *Rép.* n° 86). — En pareil cas, est-ce au lieu du nouveau domicile du tuteur que doit être convoqué le conseil de famille? Cette question, très controversée a été examinée au *Rép.* v° *Minorité-tutelle-émancipation*, n°s 208 et suiv. On y reviendra *infrà*, eod. v°.

56. Quel est le domicile de l'enfant naturel? Si cet enfant n'est pas reconnu, il n'a pas de domicile légal, à moins qu'il ne soit en tutelle, auquel cas il est domicilié chez son tuteur (c. civ. art. 108), ou qu'il ne soit placé dans un hospice, auquel cas il a son domicile dans l'hospice (Décr. 19 janv. 1811, art. 15, *Rép.* v° *Secours publics*, p. 768). En dehors de ces hypothèses, le domicile de l'enfant naturel non reconnu est, suivant la règle générale de l'art. 102 c. civ., au lieu où il a son principal établissement, c'est-à-dire ordinairement chez la personne qui l'a recueilli et qui l'élève. Lorsque l'enfant naturel n'a été reconnu que par l'un de ses auteurs, par son père ou par sa mère, il est domicilié chez cet auteur; c'est l'application de l'art. 108 c. civ. Enfin, lorsqu'il a été reconnu tout à la fois par son père et par sa mère, on a décidé au *Rép.* n° 88 qu'il a son domicile chez son père. Cette solution peut s'induire par analogie de l'art. 158 c. civ., qui, pour le consentement au mariage de l'enfant naturel, attribue la prééminence au père sur la mère, comme cela a lieu pour les enfants légitimes. La même solution résulte aussi de ce que le père est de droit tuteur de son enfant naturel reconnu, même du vivant de la mère (V. *Rép.* v° *Minorité-tutelle-émancipation*, n° 697. V. aussi en ce sens: Laurent, t. 2, n° 88). Plusieurs auteurs, toutefois, estiment que l'enfant naturel reconnu par ses deux auteurs doit être domicilié chez celui avec qui il demeure, là où il a son principal établissement (Demante et Colmet de Santerre, t. 1, n° 132 *bis* III ; Baudry-Lacantinerie, t. 1, n° 309).

57. Le mineur émancipé, comme on l'a dit au *Rép.* n° 89, peut se choisir un domicile autre que celui de ses père et mère ou tuteur (Laurent, t. 2, n° 87; Demante et Colmet de Santerre, t. 1, n° 132 *bis* II; Baudry-Lacantinerie, t. 1, n° 308).

58. Le majeur interdit a son domicile chez son tuteur (c. civ. art. 408; *Rép.* n° 91). Quant au point de savoir si la femme de l'interdit, lorsqu'elle n'est pas tutrice de son mari, a aussi son domicile chez le tuteur, V. *suprà*, n° 46.

59. Lorsqu'une femme mariée est interdite, le mari est tuteur de droit (c. civ. art. 506). Le domicile de la femme est donc toujours au domicile du mari. Mais si, pour une cause quelconque, la femme avait un autre tuteur que son mari, son domicile serait alors chez le tuteur (Demante et Colmet de Santerre, t. 1, n° 131 *bis* V).

60. Par application de l'art. 108 c. civ., ainsi qu'on l'a dit au *Rép.* n° 94, l'individu en état d'interdiction légale est domicilié chez son tuteur. Il en est ainsi notamment du condamné à la déportation, qui encourait autrefois la mort civile (V. *Rép.* v° *Peine*, n°s 613 et suiv.). On jugeait, à l'égard du condamné frappé autrefois de mort civile, et l'on devrait juger encore aujourd'hui à l'égard du même condamné, frappé seulement d'interdiction légale, que, jusqu'à l'exécution de la sentence, il conserve le domicile qu'il avait antérieurement à la condamnation, nonobstant sa détention hors du lieu de ce domicile (V. Paris, 30 janv. 1817, *Rép.* n° 96).

61. L'individu condamné à la peine du bannissement, de même que le prisonnier de guerre, conserve le domicile qu'il avait en France (V. *Rép.* n° 97). — Il a été jugé que l'individu placé sous la surveillance de la haute police et obligé de résider au lieu qui lui était indiqué par l'Administration conservait aussi son ancien domicile (Paris, 19 juill. 1862, aff. Jaullain, D. P. 62. 2. 162). La même solution serait applicable actuellement au condamné auquel défense a été faite par le Gouvernement de paraître dans certains lieux et notamment dans celui de son domicile; on sait que cette défense a remplacé la surveillance de la haute police, aujourd'hui supprimée (L. 27 mai 1885, art. 19, D. P. 85. 4. 45).

62. — III. Fonctionnaires publics (*Rép.* n°s 98 à 115). — Les fonctionnaires publics ont, de par la loi, leur domicile au lieu de l'exercice de leurs fonctions, pourvu qu'ils soient tout à la fois *nommés à vie* et *non révocables* (c. civ. art. 106 et 107). Des fonctions temporaires et irrévocables ou des fonctions perpétuelles, mais révocables, n'emportent pas translation du domicile de celui qui en est revêtu. Il en est ainsi, notamment, des fonctions de directeur de l'enregistrement (*Rép.* n° 99; Trib. Charleville, 16 févr. 1860, aff. Pagart d'Hermansart, D. P. 60. 3. 39, cité *suprà*, n° 18).

63. Les fonctions conférées à vie et non révocables sont celles dont les titulaires sont *inamovibles*, c'est-à-dire ne peuvent être révoqués ni déplacés qu'en vertu d'une décision ou d'un avis émanant d'une juridiction déterminée par la loi. Telle est la situation des magistrats de l'ordre judiciaire, à l'exception des juges de paix et des membres du ministère public (V. L. 30 août 1883, art. 15, D.P. 83.4.58. V. aussi *infrà*, v° *Organisation judiciaire*). Telle était aussi, à l'époque de la publication du *Répertoire*, la situation des professeurs titulaires de l'enseignement supérieur. Mais cette situation a changé plusieurs fois depuis lors; elle est aujourd'hui régie par la loi du 27 févr. 1880 (D. P. 80. 4. 36). L'art. 14 de cette loi dispose que le ministre peut, en ce qui concerne ces professeurs, prononcer contre eux la mutation pour un emploi inférieur, sur l'avis conforme du conseil supérieur. La cour de cassation, a conclu de ce texte, par argument *a contrario*, que le ministre a le droit de prononcer seul la mutation pour un emploi au moins équivalent, et par suite elle a jugé que l'art. 107 c. civ., d'après lequel l'acceptation de fonctions conférées à vie emporte translation immédiate du domicile, n'est plus applicable aux professeurs de l'enseignement supérieur et, spécialement, à un professeur d'une faculté de droit (Civ. rej. 13 mai 1885, aff. Metay, D. P. 85. 1. 313). — V. *infrà*, v° *Organisation de l'instruction publique*.

64. L'art. 107 doit-il être appliqué aux juges suppléants des tribunaux? Ces magistrats sont inamovibles, mais ils ne sont pas tenus de résider dans la ville même où siège le tribunal; ils doivent seulement résider dans le canton (Décr. 18 août 1810, art. 29). C'est pourquoi la cour de cassation de Belgique a décidé que les juges suppléants ne sont pas, par le fait seul de l'acceptation de leurs fonctions, réputés domiciliés dans le lieu où ils doivent exercer ces fonctions (C. cass. Belgique, 11 juill. 1864, aff. Daëls, *Pasicrisie belge*, 1864. 1. 342; Laurent, t. 2, n° 91). Peut-être y aurait-t-il lieu de distinguer le cas où le juge suppléant n'aurait qu'une seule résidence dans le canton où siège le tribunal de celui où il y aurait plusieurs établissements. Dans cette seconde hypothèse, nous comprenons qu'il y ait doute sur le point de savoir où est le véritable domicile du magistrat. Mais dans le premier cas, comme il s'agit d'un magistrat nommé à vie et inamovible, il nous semble que la règle de l'art. 107 lui est applicable.

65. Parmi les ecclésiastiques, les évêques seuls et les curés, comme on l'a déjà dit au *Rép.* n° 101, ont un domicile de droit, parce qu'eux seuls sont inamovibles (V. *suprà*, v° *Culte*, n° 246). Les simples desservants ne sont donc pas nécessairement domiciliés dans la paroisse où ils exercent leur ministère. — Il a été jugé qu'un desservant qui, ayant quitté son presbytère pour échapper à des poursuites, a été remplacé dans ses fonctions par un successeur, ne peut plus être considéré comme conservant à ce presbytère un domicile ou même un lieu de résidence (Crim. rej. 6 sept. 1855, aff. Malenfant, D. P. 55. 5. 155).

66. Les auteurs s'accordent à décider que c'est, en général, la prestation de serment qui marque l'acceptation des fonctions conférées à vie, et que c'est, par conséquent, à partir de cet acte que le fonctionnaire doit être tenu pour domicilié dans le lieu d'exercice de ses fonctions (*Rép.* n° 103; Aubry et Rau, t. 1, § 143, p. 579, note 3; Laurent, t. 2, n° 92; Demante et Colmet de Santerre, t. 1, n° 131; Baudry-Lacantinerie, t. 1, n° 305).

67. Ainsi qu'on l'a vu *suprà*, n° 62, l'acceptation de fonctions, soit temporaires, soit révocables, n'emporte point par elle-même translation du domicile. Le citoyen investi de telles fonctions conserve, dit l'art. 106 c. civ., le domicile qu'il avait auparavant, s'il n'a pas manifesté d'intention contraire. Comment cette intention contraire peut-elle se manifester? Nous avons montré au *Rép.* n° 109 qu'il n'est pas besoin pour cela d'une déclaration expresse, qu'il n'est pas nécessaire, notamment, qu'un fonctionnaire ait fait la double déclaration exigée par l'art. 104 pour qu'on puisse le considérer comme domicilié dans le lieu où il exerce ses fonctions (V. en ce sens : Laurent, t. 2, n° 93; Baudry-Lacantinerie, t. 1, n° 305).

68. La preuve du changement de domicile d'un fonctionnaire qui n'est pas inamovible reste donc soumise au droit commun et peut résulter des circonstances. Il a été jugé, notamment, que le gendarme qui fait partie du service des brigades est réputé avoir transféré son domicile dans le lieu où il exerce ses fonctions, lorsque, étant établi dans ce lieu avec sa famille, il n'a conservé ailleurs aucun centre d'affaires ou d'intérêts (Dijon, 19 févr. 1873, aff. Commune de Beaurepaire, D. P. 73. 2. 25. V. aussi *Rép.* n°s 110 et suiv.).

69. Les juges du fait ont, d'ailleurs, un pouvoir souverain d'appréciation quant aux circonstances desquelles on peut induire qu'un fonctionnaire amovible a ou non transporté son domicile dans le lieu d'exercice de ses fonctions (*Rép.* n° 113; Req. 14 févr. 1855, aff. Dupont, D. P. 55. 1. 398; Civ. rej. 28 mai 1872, aff. Sigaudy, D. P. 72. 1. 246).

70. Dans le sens de la conservation de l'ancien domicile, il a été jugé qu'un magistrat amovible conserve le domicile qu'il avait avant sa nomination, s'il n'a pas manifesté une intention contraire, et notamment, s'il a conservé dans ce lieu ses propriétés, ses intérêts, son habitation et son principal établissement, et si, en outre, il y a constamment exercé ses droits politiques (Lyon, 20 août 1858, aff. X..., D. P. 61. 5. 159. V. aussi Trib. Charleville, 16 févr. 1860 et Orléans, 5 août 1851, cités *suprà*, n°s 18-1° et 35-2°).

71. — IV. Personnes servant ou travaillant habituellement chez autrui (*Rép.* n°s 116 à 119). — D'après l'art. 109 c. civ., « les majeurs qui servent ou travaillent habituellement chez autrui ont le même domicile que la personne qu'ils servent ou chez laquelle ils travaillent, lorsqu'ils demeurent avec elle dans la même maison ». Trois conditions sont ainsi exigées par la loi pour que celui qui sert ou travaille chez autrui soit domicilié de droit chez la personne qu'il sert ou pour laquelle il travaille.

La première condition est qu'il soit *majeur*. Cependant tous les auteurs reconnaissent que l'art. 109 doit s'appliquer aussi au mineur émancipé (*Rép.* n° 117; Aubry et Rau, t. 1, § 143, p. 581, note 11; Laurent, t. 2, n° 97; Demante et Colmet de Santerre, t. 1, n° 133; Baudry-Lacantinerie, t. 1, n° 311).

La seconde condition exigée par l'art. 109 est que le majeur serve ou travaille *habituellement* chez autrui. Celui qui ne travaille qu'accidentellement n'a donc pas de domicile légal. Mais, si le travail est habituel, peu importe qu'il soit plus ou moins relevé. On est d'accord pour appliquer l'art. 109, non seulement aux domestiques, mais encore aux secrétaires, aux précepteurs, aux régisseurs, aux bibliothécaires (*Rép. ibid.*; Laurent, t. 2, n° 97; Baudry-Lacantinerie, t. 1, n° 311).

En troisième lieu, l'application de l'art. 109 est encore subordonnée à la condition que celui qui sert ou travaille chez autrui demeure avec la personne pour qui il travaille. Jugé, notamment, que la qualité de domestique, prise depuis qu'on a quitté son domicile, n'entraîne pas changement de domicile et n'est pas attributive du domicile du maître, lorsque le domestique n'habite pas chez son maître (Req. 31 mai 1881, aff. Amondruz-Rosset, D. P. 82. 1. 18). — De la nécessité de cette troisième condition, il résulte, comme on l'a dit au *Rép.* n° 118, que le fermier, le garde-chasse, le jardinier qui habite séparément du propriétaire ne sont pas domiciliés de droit chez ce dernier.

72. Un maître qui a son domicile dans un certain lieu, à Paris, par exemple, peut avoir une résidence où il habite la plus grande partie de l'année et où il a des domestiques qui ne viennent jamais à Paris. Quel est alors le domicile de ces domestiques? Est-ce Paris? Est-ce le lieu de leur propre résidence? Appliqué à la lettre, l'art. 109 pourrait faire décider que c'est Paris. Mais tel n'est pas, croyons-nous, le sens de cet article. Le principal établissement des domestiques, dans cette hypothèse, n'est pas à Paris, où ils ne sont peut-être jamais venus, mais bien dans la maison qu'ils habitent avec leur maître. C'est donc dans cette maison qu'ils sont domiciliés. En disant que les majeurs qui servent chez autrui ont le même domicile que leur maître, lorsqu'ils demeurent avec lui dans la même maison, l'art. 109 se place dans la situation la plus ordinaire, celle où le domicile du maître est au lieu de sa résidence habituelle. Mais lorsque le domicile est distinct de la résidence, lorsque surtout le domicile est à l'étranger, tandis que la résidence est en France, c'est au lieu de la résidence du maître que se trouve le domicile du domestique (V. en ce sens : Baudry-Lacantinerie, t. 1, n° 311).

73. Il résulte de l'art. 109 que le mineur non émancipé qui sert ou travaille chez autrui n'est pas domicilié chez son maître; il conserve son domicile chez son père ou chez son tuteur. De même, et par analogie, on doit décider que la femme mariée qui est placée comme domestique conserve son domicile chez son mari, et que l'interdit qui serait dans la même situation aurait néanmoins toujours son domicile chez son tuteur (V. *Rép.* n° 117; Laurent, t. 1, n° 99; Baudry-Lacantinerie, t. 1, n° 311).

74. — V. Cessation du domicile de droit (*Rép.* n° 120). — Comme on l'explique au *Rép.* n° 120, le domicile de droit ne cesse pas nécessairement avec la cause qui l'a fait naître. Ainsi, une femme mariée conserve le domicile de son mari, même après le décès ou la disparition de celui-ci, tant qu'elle n'a pas quitté ce domicile et transporté ailleurs son principal établissement (Req. 21 juin 1865, aff. Gautier, D. P. 65. 1. 448). De même, le fonctionnaire inamovible qui, ayant cessé ses fonctions, reste dans la ville où il les exerçait, y conserve son domicile et ne reprend pas de plein droit le domicile qu'il avait avant d'y venir. Toutefois, il faut bien remarquer que, dans ces circonstances, le domicile conservé n'est plus un domicile légal; c'est un domicile de fait, susceptible d'être changé conformément aux principes généraux (V. en ce sens : Laurent, t. 2, n° 98).

§ 5. — Des effets du domicile (*Rép.*, nos 121 à 148).

75. Les diverses conséquences légales attachées à l'établissement du domicile dans un certain lieu sont indiquées au *Rép.* nos 121 et suiv. Nous nous bornerons ici à les rappeler brièvement et à renvoyer aux traités du *Répertoire* ou du *Supplément* dans lesquels on trouvera les développements qui s'y rapportent.

76. — I. Compétence. — Le domicile détermine la compétence du tribunal devant lequel la personne doit être assignée en matière personnelle mobilière (V. *Rép.* nos 122 et suiv., et *suprà*, vis *Compétence civile des tribunaux d'arrondissement*, n° 8 ; *Compétence commerciale*, n° 122). Il a été jugé, notamment, qu'il y a lieu d'assigner devant le tribunal de leur domicile, et non devant celui de leur résidence : 1° l'individu placé sous la surveillance de la haute police et obligé de résider au lieu qui lui est indiqué par l'Administration, lorsqu'il a conservé le domicile qu'il avait avant sa condamnation (Paris, 19 juill. 1862, aff. Jaullain, D. P. 62. 2. 162. Comp. *suprà*, n° 61); — 2° Le militaire, dont le domicile ne peut être considéré comme se transportant successivement dans les diverses villes où il est appelé à tenir garnison (Paris, 6 août 1866, *suprà*, n° 36); — 3° L'artiste, à raison des engagements qu'il contracte envers un directeur de théâtre (Bordeaux, 13 janv. 1887, aff. Coussirat, D. P. 87. 2. 142. Comp. *suprà*, n° 16-4°).

77. C'est également devant le tribunal du domicile du défendeur que doivent être portées les actions d'état (V. *suprà*, v° *Compétence civile des tribunaux d'arrondissement*, n° 9), les actions en séparation de corps et les actions en divorce (V. *suprà*, v° *Divorce*, n° 132).

78. Les actions mixtes peuvent être portées, soit devant le tribunal du domicile du défendeur, soit devant celui de la situation de l'objet litigieux (V. *Rép.* n° 124, et *suprà*, v° *Compétence civile des tribunaux d'arrondissement*, n° 26).

79. Les sociétés ou associations doivent être assignées devant le tribunal dans le ressort duquel se trouve leur principal établissement, qui équivaut pour elles au domicile. Ce principal établissement est ordinairement au lieu où les statuts de la société ont établi son siège social. Quelquefois cependant, comme nous l'avons vu *suprà*, n° 11, il peut se trouver dans un autre endroit. De plus, la jurisprudence admet que les grandes sociétés commerciales, les compagnies de chemins de fer, les compagnies d'assurances, etc., peuvent être valablement assignées devant le tribunal du lieu où elles ont un centre important d'opérations et des agents ayant qualité pour les représenter et pour les obliger à l'égard des tiers (V. *suprà*, v° *Compétence civile des tribunaux*, nos 43 et suiv.).

80. C'est aussi le domicile d'un commerçant ou le principal établissement d'une société commerciale qui détermine le tribunal compétent pour la déclaration de faillite, ainsi que pour toutes les actions qui se rattachent aux opérations de la faillite (V. *suprà*, v° *Compétence civile des tribunaux*, nos 77 et suiv.). Jugé, notamment, que c'est devant le tribunal du lieu où était le domicile d'un commerçant à l'époque de la cessation de ses payements que doit être portée la demande en déclaration de faillite, et non devant le tribunal où le commerçant a ensuite transporté son domicile (Besançon, 27 mars 1867, aff. Bonnaventure, D. P. 67. 2. 64).

81. Quant à la juridiction compétente pour statuer sur la question de savoir où est situé le domicile d'une personne ou le principal établissement d'une société, V. *Rép.* nos 126 et suiv., et *suprà*, n° 13.

82. — II. Exploits. — Aux termes de l'art. 68 c. proc. civ., tous exploits doivent être faits à personne ou *à domicile* (V. *Exploit* ; — *Rép.* eod. v°, nos 210 et suiv.). — Par application de cette règle, la jurisprudence a déclaré nulles : 1° la signification d'un jugement par défaut faite à un fonctionnaire amovible au lieu où il n'avait qu'une simple résidence pour l'utilité de ses fonctions (Orléans, 5 août 1851, aff. Delongraye, D. P. 52. 2. 151) ; — 2° La signification d'un jugement faite aussi à un fonctionnaire amovible, au lieu de l'exercice de ses fonctions, après, notamment, que sa résidence dans ce lieu avait cessé, avec ses fonctions elles-mêmes (Req. 14 févr. 1855, aff. Dupont, D. P. 55. 1. 398)

83. Au contraire, la jurisprudence a considéré comme valables : 1° le commandement signifié à un propriétaire dans un lieu où il s'était procuré une résidence habituelle, où il avait établi son ménage et où il payait sa contribution personnelle, alors même que, n'ayant pas fait de déclarations de changement de domicile, il avait conservé ses propriétés et un train d'exploitation au lieu de son domicile d'origine, qu'il y payait encore des contributions personnelles et mobilières et qu'il y exerçait ses droits électoraux (Colmar, 18 mars 1853, aff. Lévy, D. P. 53. 2. 121) ; — 2° Le commandement à fin de saisie immobilière et la dénonciation de la saisie notifiés à l'ancien domicile réel d'un individu qui résidait dans un autre lieu, où il s'était marié, était inscrit au rôle des contributions et porté sur les listes électorales, alors, d'ailleurs, qu'il payait encore la cote personnelle à son domicile antérieur et y avait reçu, sans protestation, une signification ainsi que le commandement (Caen, 9 avr. 1875, aff. Duclos, D. P. 77. 2. 135). — Jugé aussi que, lorsqu'un individu a conservé son domicile d'origine, bien que sa résidence actuelle soit inconnue, c'est à ce domicile que doivent être faites les significations qui lui sont destinées (Req. 31 mai 1881, aff. Amondruz-Rosset, D. P. 82. 1. 18).

84. Comme on l'explique au *Rép.* nos 129 et suiv., et comme nous l'avons vu *suprà*, n° 15, un citoyen peut n'avoir qu'un domicile de fait ou un domicile *apparent* dans un certain lieu, tandis que son domicile réel est ailleurs ; néanmoins, on admet généralement que les significations faites à ce domicile apparent sont valables (Laurent, t. 2, n° 101).

85. Pour le cas de changement de domicile dans le cours d'une instance, V. *Rép.* v° *Exploit*, nos 220 et suiv.

86. — III. Lieu de payement. — C'est au domicile du débiteur qu'à défaut de convention contraire peut être exigé le payement des obligations qui n'ont pas pour objet un corps certain (c. civ. art. 1247) (V. *Rép.* v° *Obligations*, n° 1799).

87. — IV. Succession. — Un des effets les plus importants du domicile est de déterminer le lieu d'ouverture de la succession (c. civ. art. 110). D'autre part, on reconnaît assez généralement aujourd'hui que la loi qui régit la partie mobilière de la succession est déterminée par le lieu où cette succession s'est ouverte (V. *Rép.* v° *Lois*, nos 422 et suiv.). Ainsi, il a été jugé : 1° que si un Français est décédé dans une ville étrangère où il était domicilié, cette ville doit être légalement considérée comme le lieu de l'ouverture de sa succession, et que c'est d'après la loi en vigueur dans cette ville que doit être régie la succession aux valeurs mobilières, alors surtout que ces valeurs existaient au jour du décès dans la même ville (Civ. rej. 27 avr. 1868, aff. Jeannin, D. P. 68. 1. 302) ; — 2° Que la succession mobilière du Français domicilié à l'étranger est régie par la loi du lieu choisi par lui pour domicile et où il est décédé (Pau, 22 juin 1885, aff. Bayerque, D. P. 86. 2. 181). — Jugé, toutefois, qu'un étranger ne pouvant être légalement domicilié en France, s'il n'a obtenu du Gouvernement l'autorisation d'y établir son domicile, sa succession est régie, quant aux meubles situés en France, par la loi nationale de cet étranger (Trib. Havre, 22 août 1872) (1).

(1) (Myers et Bocket C. consorts Smith.) — Le tribunal ; — Attendu, en fait, que la demoiselle Amelia Luscombe est décédée au Havre, le 15 juill. 1870, sans laisser d'héritiers directs ; qu'il est reconnu qu'elle est née de parents anglais ; que les prétendants droit à sa succession, tous Anglais, sont d'une part les demandeurs, parents au quatrième degré dans la ligne pater-

En outre, c'est le tribunal du lieu d'ouverture de la succession, et par conséquent du domicile du *de cujus*, qui est compétent pour connaître de l'action en liquidation et partage (*Rép.* v° *Succession*, n°s 1663 et suiv.; Req. 21 juin 1865, aff. Gautier, D. P. 65. 1. 418; Paris, 23 mars 1872, aff. Leguerncy, D. P. 72. 2. 108; Req. 24 avr. 1883, aff. Nivet, D. P. 84. 1. 101; 19 déc. 1887, aff de Solages, D. P. 88. 1. 459; 6 mars 1888, aff. Portalis, D. P. 88. 1. 486).

88. — V. Actes de l'état civil; Mariage; Adoption; Emancipation. — En matière d'état civil, le domicile détermine la compétence des officiers publics dont l'intervention est nécessaire pour la passation de certains actes. Ainsi, le mariage doit, en principe, être célébré devant l'officier de l'état civil du domicile de l'une des deux parties (c. civ. art. 74 et 165) (V. *Rép.* v° *Mariage*, n°s 363 et suiv.). Pour dresser le contrat d'adoption, le juge de paix compétent est celui du domicile de l'adoptant (c. civ. art. 353) (V. *suprà*, v° *Adoption et tutelle officieuse*, n° 24). Pour la tutelle officieuse, c'est devant le juge de paix du domicile de l'enfant que le contrat doit être passé (c. civ. art. 363) (V. *Rép.*

---

nelle, et de l'autre les défendeurs, qui tirent leurs droits d'un sieur Smith, parent au troisième degré, mais dans la ligne maternelle, lequel ne serait décédé qu'après la demoiselle Luscombe et aurait, par suite, été saisi de sa succession; — Attendu que les demandeurs, invoquant le lieu du décès de la défunte, et le domicile que, depuis de longues années, elle avait eu en France, provoquent le partage de sa succession, d'après la loi française, et, par conséquent, l'attribution par parts égales des valeurs, tant mobilières qu'immobilières, aux deux lignes paternelle et maternelle; que les défendeurs, au nom de leur père et mari, n'admettent, au contraire, la loi française que pour les immeubles et réclament seuls, à raison de la parenté plus rapprochée de leur auteur, les valeurs mobilières conformément à la loi anglaise; — Attendu que les demandeurs font dépendre la solution de leur demande de la question de savoir quel était le domicile de la demoiselle Luscombe au jour de son décès; qu'il importe d'examiner la cause à ce premier point de vue; — Attendu qu'il est constant que la défunte, dont le lieu de naissance est inconnu, est née en 1817, alors que ses parents, Anglais d'origine et de nationalité, habitaient le Havre depuis trois ans; qu'elle a été baptisée en France, qu'elle a été élevée dans ce pays; que son père qui, peu de temps après, y a créé d'importants établissements, ne l'a plus quitté jusqu'à sa mort, survenue en 1856; qu'après ce décès, sa mère a continué la gestion de ses affaires; que la demoiselle Luscombe n'a cessé de demeurer avec ses parents; que, mise en possession de leur fortune, elle n'a point quitté le Havre, s'y est acheté un terrain en 1867, et y a fait bâtir une maison, qu'elle a habitée jusqu'à son décès; — Attendu qu'il ressort de ces circonstances que les père et mère de la demoiselle Luscombe ont, il y a près de soixante ans, fixé en France le centre de leurs affaires, et non seulement leur principal, mais leur unique établissement; qu'ils s'y sont installés sans aucun esprit de retour dans leur patrie d'origine; que leur fille s'est inspirée de leur exemple et, affirmant plus hautement encore qu'eux ses préférences pour la France, s'y est constitué ce domaine immobilier, si caractéristique de la fixité et de l'immuabilité d'une résidence; — Qu'il faut donc admettre en fait que, par une volonté persévérante et manifestée d'une manière continue, sans aucun incident qui permette de supposer chez eux, à quelque moment que ce soit de leur existence, une intention contraire, la famille Luscombe et la défunte en particulier ont établi au Havre leur domicile, et qu'ils n'en ont conservé aucun en Angleterre; — Attendu, toutefois, qu'il y a lieu, au point de vue juridique, de distinguer entre la constitution par un étranger d'un domicile de fait sur le territoire français et l'acquisition d'un domicile légal qui entraîne la jouissance des droits civils; — Que si le premier, en présence des facilités accordées à l'étranger de se fixer en France, dépend pour ainsi dire de sa seule volonté, le second ne peut être atteint, quelque persévérante et quelque éclatante qu'ait été la manifestation de l'intention, que par une autorisation expresse émanée du souverain; — Attendu que jamais les père et mère de la demoiselle Luscombe, pas plus qu'elle-même, n'ont fait aucune diligence pour obtenir de la part du gouvernement français la permission d'établir leur domicile en France, et, par conséquent, de convertir en domicile légal le fait matériel de leur installation; qu'ils n'ont jamais non plus manifesté leur intention d'abdiquer la nationalité anglaise; que, bien qu'ils se soient créé en France le centre de leurs relations, de leurs affections et de leurs intérêts, ils n'en ont pas moins conservé avec leur patrie certaines attaches révélées par l'emploi de la langue anglaise dans les actes les plus solennels de la vie (testaments, par exemple), par l'accomplissement en Angleterre de certaines formalités, notamment le dépôt dans les chancelleries anglaises, en 1866 et 1867, des testaments du sieur et dame Luscombe, père et mère; par le placement en Angleterre, et notamment en rentes anglaises, d'une grande partie de leur fortune; que ces attaches sont assez significatives pour permettre de supposer chez eux l'intention de conserver leur nationalité anglaise, parallèlement et concurremment avec l'établissement de leur domicile de fait en France; — Qu'il est donc bien certain que la demoiselle Luscombe n'a en France qu'un domicile de fait à peine distinct de la résidence, suffisant à la vérité pour entraîner, au profit de l'étranger, certains effets juridiques, notamment en matière de compétence, de mariage, etc., mais impuissant pour conférer aucun de ces droits civils qui ne dépendent que de la nationalité; — Attendu qu'en admettant avec les demandeurs que le domicile d'un étranger en France puisse entraîner l'attribution de sa succession d'après la loi française, proposition que le tribunal n'entend en aucune manière s'approprier, il faudrait tout au moins décider que ce pouvoir ne se rattache qu'au domicile légal; qu'en effet, si la faculté de transmettre son hérédité à des tiers est du droit des gens, le mode de cette transmission est réglé par le droit positif de chaque nation et n'appartient qu'à ceux-là seuls qui sont soumis aux lois nationales ou qui, grâce à l'autorisation qu'ils ont reçue du souverain, peuvent jouir de leurs bienfaits, comme s'ils étaient nés sous leur empire; que, par suite, le bénéfice de l'ordre de succession établi par la loi française est inapplicable à l'hérédité de la demoiselle Luscombe, qui n'a jamais été admise à la jouissance des droits civils français; — Attendu que les demandeurs invoquent à la vérité les dispositions de l'art. 110 c. civ., portant que le lieu de l'ouverture d'une succession est déterminé par le domicile, et concluent, des termes généraux de cet article, qui ne distingue pas entre le domicile de fait et le domicile de droit, que la loi du domicile, de quelque manière qu'il ait été constitué, régit les successions qui y sont ouvertes; — Attendu que le tribunal ne voit aucun inconvénient à admettre que le domicile de fait puisse déterminer le lieu d'ouverture de la succession, et comme conséquence que la demoiselle Luscombe ayant été domiciliée de fait au Havre, c'est dans cette ville que sa succession s'est ouverte; mais qu'il faut se garder de tirer de cette prémisse, ainsi que le font les demandeurs, une déduction qui n'est en aucune manière dans l'esprit de la loi; — Que le lieu de l'ouverture de la succession détermine bien la compétence du tribunal qui doit statuer, sur l'action en partage, mais qu'il ne peut influer sur l'ordre de dévolution de la succession, ni sur la règle qui doit présider à l'attribution des biens héréditaires; — Attendu que c'est dans un autre ordre d'idées qu'il faut chercher la solution de la question de savoir suivant quelle loi doit être répartie la succession d'un étranger ouverte en France; qu'elle est tout entière dans la distinction entre le statut réel et le statut personnel; que, suivant que l'on envisagera la transmission *ab intestat* d'une hérédité comme dépendante du statut réel ou du statut personnel, cette transmission sera régie par la loi de la situation des biens ou par celle de la personne décédée; — Attendu que le statut réel se compose des lois qui ont pour objet de régler la condition juridique des biens; que le statut personnel, au contraire, comprend toutes les dispositions qui déterminent l'état et la capacité des personnes; — Attendu que cette distinction, d'une application facile dans la plupart des cas, devient plus délicate à établir lorsque la capacité des personnes se trouve directement en rapport avec les choses; que les auteurs se sont divisés à cet égard et se contredisent en attribuant les uns au statut réel, les autres au statut personnel, certaines dispositions qui leur paraissaient, suivant le point de vue auquel ils se plaçaient, plutôt relatives à la transmission des biens qu'à la capacité de ceux qui entendaient exercer des droits sur ces biens; — Attendu que le seul moyen logique de dénouer ces difficultés paraît être dans une précision plus grande à donner à la définition du statut personnel, qui devrait embrasser non seulement les lois déterminantes de l'état d'un individu *in abstracto*, mais encore celles qui règlent la condition des biens, chaque fois que cette opinion est influencée par la capacité juridique des personnes; — Attendu que c'est pour avoir méconnu cette portée du statut personnel que d'éminents jurisconsultes ont rangé dans la catégorie des statuts réels les prescriptions relatives à la transmission des successions *ab intestat*, et ont soumis cette transmission aux lois de la situation des biens; que, toutefois, presque aussitôt, frappant d'inertie leur propre doctrine, ils ont créé une distinction qui ne peut se justifier, en théorie, entre la succession mobilière et immobilière, et ont fait régir la seconde seulement par le statut réel, tandis qu'ils ont attribué la première à la loi personnelle; — Attendu que le patrimoine, envisagé comme une universalité juridique distincte des biens qui le composent, constitue, suivant l'expression de M. Demolombe, un être de raison, un tout purement idéal, qui n'a pas de situation et qui ne se conçoit que par un lien juridique entre l'ensemble des biens et la personne, et n'est que la personnalité du possesseur dans ses rapports avec les objets du monde extérieur; que la transmission du patrimoine par l'hérédité n'est donc en réalité que la transmission de la personnalité du défunt venant se confondre et s'unir avec la personnalité de l'héritier; que toutes les lois relatives à cette transmission sont donc éminemment personnelles,

v° *Adoption et tutelle officieuse*, n° 234). L'émancipation doit être faite par le père ou la mère devant le juge de paix du domicile du mineur (c. civ. art. 477) (V. *Rép.* v° *Minorité-tutelle-émanicipation*, n° 768).

89. — VI. Tutelle. — C'est, comme on l'a dit *suprà*, n° 55, une question controversée que celle de savoir si le lieu où le conseil de famille doit être convoqué est fixé, d'une manière invariable, au domicile qu'avait le mineur au jour de l'ouverture de la tutelle.

90. — VII. Conventions matrimoniales. — C'est le domicile adopté par les époux à l'époque de leur mariage qui détermine la loi applicable à leurs conventions matrimoniales (V. *suprà*, v° *Contrat de mariage*, n°s 40 et suiv.).

91. — VIII. Actes notariés. — Pour la validité des actes notariés, la loi du 25 vent. an 11 (art. 9) exige que les témoins soient domiciliés dans l'arrondissement communal où l'acte est passé (V. *Rép.* v° *Obligations*, n° 3324). — Jugé qu'un fonctionnaire public amovible qui a transporté au lieu où il remplit ses fonctions sa famille, son ménage, son établissement unique, sans avoir conservé de relations avec son ancien domicile, doit être considéré comme domicilié dans ce lieu et y jouit de la capacité nécessaire pour figurer comme témoin instrumentaire dans un acte notarié (Limoges, 12 mars 1844, aff. Farne et Duverger, D. P. 45. 2. 26).

92. — IX. Affouage. — Aux termes de l'art. 105 c. for., modifié par la loi du 23 nov. 1883 (D. P. 84. 4. 1), l'affouage se partage entre les chefs de famille ou de maison ayant domicile réel et fixe dans la commune avant la publication du rôle. D'après le même article, les étrangers ne peuvent être appelés au partage qu'après avoir été autorisés, conformément à l'art. 13 c. civ., à établir leur domicile en France (V. *suprà*, n° 23. V. aussi *Rép.* v° *Forêts*, n°s 1782 et suiv.). — Jugé : 1° que la femme mariée dont le mari est placé dans un établissement d'aliénés, a la position de chef de famille et a droit dans le lieu où elle transfère son domicile à participer aux distributions affouagères (Trib. Chaumont, 17 avr. 1867, aff. Davilliers, D. P. 67. 3. 56); — 2° Que le gendarme qui fait partie du service des brigades et qui a transféré son domicile dans le lieu où il exerce ses fonctions, a droit dans ce lieu aux distributions affouagères pour les besoins de son ménage, comme les autres habitants (Dijon, 19 févr. 1873, aff. Commune de Beaurepaire, D. P. 73. 2. 25).

93. — X. Liberté provisoire. — Le domicile a une grande importance au point de vue de la mise en liberté provisoire en cas de détention préventive. Aux termes de l'art. 113, § 2, c. pén., modifié par la loi du 14 juill. 1865 (D. P. 65. 4. 145), « en matière correctionnelle, la mise en liberté sera de droit, cinq jours après l'interrogatoire, en faveur du prévenu *domicilié*, quand le maximum de la peine prononcée par la loi sera inférieur à deux ans d'emprisonnement ». Cette disposition, toutefois, d'après le paragraphe 3 du même article, ne s'applique « ni aux prévenus déjà condamnés pour crime, ni à ceux déjà condamnés à un emprisonnement de plus d'une année ».

94. — XI. Elections. — En matière d'élections, plusieurs effets sont attachés au domicile. Ainsi, l'art. 14, § 1er, de la loi du 5 avr. 1884 (D. P. 84. 4. 25), autorise l'inscription d'un électeur sur la liste électorale de la commune dans laquelle il a son *domicile réel*. — Par application de cette disposition, il a été jugé : 1° que les domestiques majeurs qui servent chez un maître, ayant le même domicile que ce maître, ne peuvent être éliminés de la liste électorale de la commune où ils résident avec celui-ci, par le seul motif qu'ils n'y résident que temporairement, et sans explication sur le point de savoir si le maître a ou n'a pas son domicile dans la commune (Civ. cass. 30 avr. 1885, aff. Cazes, D. P. 85. 1. 316); — 2° Qu'un professeur de droit qui a été inscrit, sans sa participation, sur la liste électorale de la ville où il exerce ses fonctions, peut, nonobstant cette inscription, demander son maintien sur la liste de la commune où il a son domicile réel ou d'origine (Civ. rej. 13 mai 1885, aff. Metay, D. P. 85. 1. 313).

95. Pour qu'un citoyen soit éligible au conseil général d'un département, la loi du 10 août 1871 (art. 6, D. P. 71. 4. 102), exige, indépendamment de la qualité d'électeur et de l'âge de vingt-cinq ans, que ce citoyen soit *domicilié* dans le département ou au moins qu'il y soit inscrit au rôle des contributions directes, ou qu'il justifie devoir y être inscrit au 1er janvier de l'année dans laquelle se fait l'élection ou avoir hérité depuis la même époque d'une propriété foncière dans ce

---

puisque déterminant les conditions du passage de la personnalité d'une tête sur une autre, elles règlent la capacité à la fois de celui qui doit transmettre et de celui qui doit recevoir; — Attendu qu'il est universellement reconnu que les lois du statut personnel suivent la personne en quelque lieu qu'elle se trouve, et que, sauf les incapacités spéciales dont le code d'une nation peut frapper un étranger, celui-ci apporte avec lui sur le territoire où il s'établit et en jouit aussi bien que dans son pays natal, toutes les capacités attachées à sa personne par la loi nationale; — Qu'il suit de là que la faculté de transmettre son patrimoine *ab intestat* est de même régie par la loi personnelle, à laquelle, au surplus, il n'est qu'équitable de supposer que le défunt a voulu se soumettre, du moment où il n'a fait aucun effort pour se soustraire à son influence en réclamant la jouissance des droits civils dans son pays d'adoption; — Attendu que ces principes, auxquels conduit la seule théorie, ont du reste trouvé et trouvent encore dans nos lois positives des applications qui en sont comme la consécration; — Que c'est ainsi que, dans le droit ancien, alors que fleurissait partout au profit du roi le droit d'aubaine qui privait l'étranger de la faculté de transmettre son patrimoine et le faisait échoir au souverain, de fréquentes exemptions de ce droit ont été édictées en faveur de certaines classes de personnes que le roi tenait à attirer sur le sol français, et que ces exemptions paraissent s'être inspirées de la pensée que l'hérédité, ainsi devenue libre, devait se transmettre d'après la loi personnelle du défunt; qu'une application décisive de cette idée se rencontre dans un édit de Louis XI, du mois de mars 1462, contenant lettres patentes en faveur des marchands étrangers fréquentant les foires de Lyon, où il dit : « Que dans le cas où ils viendraient à décéder dans le royaume sans avoir testé, ceux qui sont leurs héritiers, suivant les statuts, coutumes et usages de leur pays, recueillent leur succession comme si elle eût été ouverte par leur décès dans leur pays et domicile; » — Attendu que le droit moderne présente une disposition non moins explicite dans l'art. 2 de la loi du 14 juill. 1819; qu'en effet, en autorisant les héritiers français d'un étranger décédé en France à prélever sur les biens situés en France une portion égale à la valeur des biens situés en pays étranger, dont ils seraient exclus en vertu des lois et coutumes locales, le législateur a dû nécessairement partir de la considération que l'hérédité de cet étranger serait régie par les lois et coutumes légales de son pays; — Attendu que ce point de vue se révèle avec bien plus de force encore pour le cas où tous les héritiers appelés sont étrangers, puisque alors, aucun d'eux ne pouvant réclamer le bénéfice de l'égalité réservé par la loi de 1819 aux Français, la succession tout entière se trouvera dévolue d'après la loi étrangère; — Attendu que des principes qui viennent d'être posés il suit que la succession de la demoiselle Luscombe, Anglaise de nationalité, et qui n'a pas cessé de l'être, ne peut être réglée, dans sa transmission, que par la loi anglaise; — Attendu que cette loi répudie le partage français entre les lignes paternelle et maternelle et attribue tous les biens aux héritiers les plus proches à quelque ligne qu'ils appartiennent; — Attendu qu'il est justifié que l'auteur des défendeurs décédé après la demoiselle Luscombe, saisi de ses droits dans sa succession, était parent plus rapproché que les demandeurs; que la succession est donc acquise à ses représentants; — Attendu que cette solution trouve, en fait, sa justification dans l'art. 2 de la loi du 14 juill. 1819, et vient, par un argument tiré de l'espèce, justifier le principe posé de la dévolution de la succession d'un étranger d'après les lois de son statut personnel; — Attendu, en effet, que si les demandeurs avaient été Français, ils eussent pu, incontestablement, invoquer le bénéfice de cette loi et se faire attribuer sur les biens français la portion dont la loi anglaise les dépouillait dans les biens situés en Angleterre; mais qu'étant eux-mêmes Anglais, ce privilège leur échappe et que toute la succession se trouve soumise à la loi anglaise, qui les exclut; — Attendu que les défendeurs consentant à ce que le partage des immeubles se fasse d'après la loi française, le tribunal n'a pas à rechercher si l'art. 3 c. civ. a été justement appliqué à la transmission des biens immobiliers par voie de succession et s'il ne devrait point être restreint aux dispositions qui ont trait à la condition juridique des immeubles abstraction faite de la capacité de ceux qui les détiennent, de manière à faire rentrer une succession, soit mobilière, soit immobilière, sous l'empire du principe doctrinal qui assure la prédominance du statut personnel; que le tribunal ne peut que donner acte des concessions que les défendeurs font à cet égard;

Par ces motifs, dit que la défunte, Amélia Luscombe, ayant toujours conservé sa nationalité anglaise, et tous les héritiers étant sujets anglais, sa succession mobilière est régie par les lois anglaises, et doit être attribuée exclusivement aux défendeurs, etc.

Du 22 août 1872.-Trib. civ. du Havre.-MM. Lœw, pr.-Treitt (du barreau de Paris), Dautrive et Oursel, av.

même département. La loi stipule, en outre, que le nombre des conseillers généraux *non domiciliés* ne peut dépasser le quart du nombre total des membres du conseil. — Le conseil d'Etat a décidé qu'un député non domicilié dans le département qu'il représente et qui ne remplit pas non plus les conditions pouvant suppléer le domicile, n'est pas éligible au conseil général, bien que, en sa qualité de député, il soit compris parmi les électeurs sénatoriaux (Cons. d'Et. 1er avr. 1887, aff. Elections de Domène, D. P. 88. 3. 77). Pour être éligible à un conseil d'arrondissement, il faut avoir son *domicile* dans l'arrondissement ou y payer une contribution directe (Décr. 3 juill. 1848, D. P. 48. 4. 120).

Table sommaire

des matières contenues dans le Supplément et le Répertoire.

(Les chiffres précédés de la lettre *S* renvoient au Supplément; les chiffres précédés de la lettre *R* renvoient au Répertoire.)

Table des articles du code civil.

(Les chiffres précédés de la lettre *S* renvoient au Supplément; les chiffres précédés de la lettre *R* renvoient au Répertoire.)

Table chronologique des Lois, Arrêts, etc.

DOMICILE CONJUGAL. — V. *Adultère*, nos 7 et suiv.; *Divorce et séparation de corps*, nos 71, 286, 325 et 628; *Mariage;* — *Rép.* vis *Adultère*, nos 63 et suiv.; *Mariage*, nos 742 et suiv.; *Séparation de corps*, nos 70 et suiv.

DOMICILE DE SECOURS. — V. *Secours publics;* — *Rép.* eod. v°, nos 410 et suiv.

DOMICILE ÉLU.

Division.

ART. 1er. — *Historique. — Législation. — Droit comparé* (*Rép.* nos 2 à 7).

1. La législation, en cette matière, n'a pas subi de modifications depuis la publication du *Répertoire;* mais la jurisprudence a été assez souvent appelée à se prononcer sur les diverses questions que soulèvent les dispositions des art. 111 c. civ. et 422 c. proc. civ. — Quant à la doctrine, nous ne pouvons que renvoyer aux traités généraux de droit civil déjà indiqués *suprà*, v° *Domicile*, n° 3.

2. Aux indications sur les législations étrangères, qui ont été données au *Rép.* n° 7, nous ajouterons que le code civil italien de 1866 renferme (art. 19) une disposition ainsi conçue: « On peut élire un domicile spécial pour certaines affaires ou certains actes. Cette élection doit résulter d'une preuve écrite ».

ART. 2. — *Règles générales* (*Rép.* nos 8 à 19).

3. On trouvera formulées au *Rép.* nos 8 et suiv. les règles générales qui dominent notre matière, que l'élection de domicile soit légale, conventionnelle ou émanée de la volonté d'une seule partie. Pour résumer ces principes, nous rappellerons que l'élection de domicile permet, dans tous les cas, de faire des significations au domicile fictif, et qu'elle est, souvent, mais non pas toujours, attributive de juridiction au tribunal du lieu d'élection. En général, elle n'exclut pas, pour l'adversaire, la faculté de procéder au domicile réel. A raison de son caractère exceptionnel, elle se limite à l'objet pour lequel elle a été formée, et doit s'interpréter dans un sens restrictif. Enfin, dans les rapports entre celui qui fait l'élection et la personne choisie pour recevoir les actes, elle présente les caractères du mandat, tandis qu'entre les parties, elle produit les effets d'une obligation.

4. Toute personne maîtresse de ses droits est libre de faire élection de domicile. Ce point n'est pas douteux; mais la question s'est posée de savoir si un individu pourvu d'un conseil judiciaire avait le droit de faire une élection de domicile valable, spécialement pour défendre à l'action de ses créanciers devant le tribunal du lieu de sa résidence et attribuer compétence à ce tribunal. Elle a été résolue affirmativement par un arrêt de la cour d'Orléans du 25 nov. 1880 (1). Cette décision doit être approuvée. L'assistance du conseil judiciaire n'est requise que pour les actes énumérés par les art. 499 et 513 c. civ. Pour tous les autres actes, le prodigue conserve une pleine capacité. Or l'élection de domicile est du nombre de ceux qui ne lui sont pas expressément ou implicitement interdits (V. Aubry et Rau, t. 1, p. 569, § 140, et note 1; Demolombe, *Minorité-tutelle*, etc., t. 2, n° 720; Laurent, *Principes de droit civil*, t. 5, n° 358, p. 435).

5. A plus forte raison, le tuteur d'un interdit serait-il valablement assigné par citation donnée au domicile élu avant l'interdiction, alors même qu'il serait en même temps personnellement mis en cause (Req. 25 nov. 1874, aff. Marbouty, D. P. 75. 1. 358).

6. L'élection de domicile doit résulter soit d'une convention formelle, soit d'une déclaration expresse de l'une des parties. Elle ne peut être étendue hors de l'objet spécial pour lequel elle a été faite, ni révoquée par des personnes autres que celles auxquelles la loi générale ou la loi du contrat en donne le droit (*Rép.* n° 14). Ainsi une élection de domicile ne pourrait résulter d'une circonstance étrangère à ceux qui prétendent l'invoquer, et à la contestation pendante entre les parties. La cour de cassation a jugé, dans ce sens, que l'assignation introductive d'instance qui n'a été signifiée ni à la personne, ni au domicile de la partie défenderesse, ni à sa résidence actuelle, et qui a été simplement remise au domicile de son gendre, ne peut être déclarée régulière par le motif que le demandeur avait appris que la débitrice avait élu domicile chez son gendre où elle recevait la plus grande partie de sa correspondance (Civ. cass. 31 déc. 1878, aff. Monneuse, D. P. 79. 1. 55).

7. Sur la question de savoir si la partie assignée au domicile élu a droit à une augmentation de délai à raison de la distance entre le lieu du siège du tribunal et celui de son domicile réel, V. *suprà*, v° *Délai*, n° 46.

ART. 3. — *De l'élection de domicile légale* (*Rép.* nos 20 à 31).

8. Le *Rép.* n° 20 énumère les cas nombreux où la loi impose l'élection de domicile. Rappelons toutefois que le but du législateur, dans ces dispositions, n'est autre que de faciliter la défense contre un acte d'exécution, et que la formalité de l'élection de domicile n'est pas prescrite à peine de nullité. C'est ce qui avait déjà été admis pour le commandement tendant à saisie-exécution (Paris, 20 janv. 1848, aff. de Genoude, D. P. 49. 2. 167, et *Rép.* n° 21). — V. en ce qui concerne l'élection de domicile prescrite par l'art. 2148 c. civ., en matière d'inscription hypothécaire, v° *Privilèges et hypothèques;* — *Rép.* eod. v°, nos 1524 et suiv.

9. L'art. 584 c. proc. civ. a d'ailleurs donné lieu à quelques applications nouvelles des principes posés au *Répertoire*. Cet article porte que le débiteur pourra faire au domicile élu dans le commandement « toutes significations, même d'offres réelles et *d'appel* ». C'est une dérogation à la règle qui exige que l'acte d'appel soit signifié au domicile réel (*Rép.* n° 20). On s'est demandé si la faculté de signifier l'appel au domicile élu dans le commandement ne prenait pas fin, lorsque l'exécution pouvait être considérée comme accomplie. Il s'agissait, dans l'espèce, d'un jugement exécuté sous caution, et ensuite frappé d'appel. L'appel avait été signifié au domicile élu; on soutenait que les significations à ce domicile ne sont valables que durant les poursuites engagées par le commandement. Quand ces poursuites, disait-on, ont abouti à un payement, même provisoire, le créancier n'a plus besoin

(1) (Hons Olivier C. Risler et autres.) — Le sieur Risler, dont les parents avaient leur domicile à Paris, s'était engagé, durant sa minorité, dans un régiment stationné à Vendôme. Après avoir atteint sa majorité, il avait été pourvu d'un conseil judiciaire. Poursuivi par des créanciers devant le tribunal de Vendôme, il déclarait accepter la juridiction de ce tribunal. Mais son conseil judiciaire opposa un déclinatoire d'incompétence, prétendant que l'action ne pouvait être intentée qu'à Paris, où Risler avait conservé son domicile légal. Le 22 mai 1880, jugement du tribunal de Vendôme, ainsi conçu: — « Attendu que le prodigue, pourvu d'un conseil judiciaire, conserve tous les droits civils dont il n'est pas expressément privé par les dispositions de la loi; qu'aucun texte ne lui défend de faire élection de domicile où il veut et d'accepter la juridiction du lieu de sa résidence; — Attendu, sans qu'il soit nécessaire de rechercher dans quelle ville est le domicile légal de Risler, que celui-ci a été assigné devant le tribunal de Vendôme, lieu de sa résidence, et qu'il déclare accepter la juridiction de ce tribunal; que son conseil judiciaire n'a ni qualité, ni droit pour contester la compétence de ce tribunal; — Par ces motifs, etc. ». — Appel par le conseil judiciaire. — Arrêt.

LA COUR; — Adoptant les motifs des premiers juges; — Confirme, etc.

Du 25 nov. 1880.-C. d'Orléans, 1re ch.-MM. Dumas, 1er pr.-Octave Falateuf (du barreau de Paris), et Fontaine, av.

d'actionner le débiteur, et si ce dernier a intérêt, de son côté, à actionner le créancier, il doit se conformer au droit commun. Ce système a été repoussé avec raison par la cour de cassation (Civ. cass. 19 juin 1850, aff. Maillet-Duboullay, D. P. 50. 1. 197). La cour de Montpellier s'est depuis prononcée dans le sens opposé (Montpellier, 23 févr. 1878, aff. Mestre, D. P. 79. 2. 192).

10. Il n'est pas douteux que l'élection de domicile faite dans un commandement tendant à saisie-exécution ou à saisie immobilière, soit attributive de juridiction au tribunal du lieu du domicile élu, pour statuer sur l'opposition à ce commandement (*Rép.* n° 21). Il n'y a pas à distinguer entre le cas où l'opposition a pour base une nullité de forme et celui où elle s'appuie sur une nullité de fond (Douai, 19 févr. 1857, aff. Quillet-Hannotin, D. P. 58. 2. 30). Cette jurisprudence, conforme à la doctrine du *Rép.* n° 21, est contraire à celle de Pigeau et de Chauveau sur Carré. Comme on l'a vu *ibid.*, ces auteurs n'admettent la compétence du juge du lieu du domicile élu qu'autant que la nullité porte sur les formes de la saisie, et non lorsqu'elle s'applique à l'acte en vertu duquel la saisie est pratiquée, c'est-à-dire au fond même du droit.

11. L'art. 422 c. proc. civ. contient un exemple d'élection de domicile imposée par la loi. La partie qui plaide devant un tribunal de commerce, et qui n'a pas son domicile dans le lieu où siège ce tribunal, est tenue, si le jugement contradictoire n'intervient pas à la première audience, d'élire un domicile et de le faire mentionner sur le plumitif même de l'audience. A défaut de cette formalité, toutes les significations relatives à l'instance peuvent être faites au greffe (*Rép.* n° 23). L'élection de domicile est exigée dans l'intérêt de la rapide expédition des affaires, et la mention sur le plumitif permet au greffier de retenir la déclaration du plaideur, de manière à pouvoir, à toute réquisition, renseigner la partie adverse. — Que faut-il entendre par le *plumitif?* Certains auteurs distinguent entre le *plumitif* proprement dit, ou feuille sur laquelle le prononcé du jugement est écrit, à l'audience, par le greffier, et la *feuille d'audience*, sur laquelle cet officier ministériel transcrit la première rédaction, rectifiée, s'il y a lieu, par le président (V. dans le sens de cette distinction : *Rép.* v° *Jugement*, n° 213; Favard de Langlade, *Répertoire du notariat*, eod. v°, t. 3, p. 174; Bioche, *Dictionnaire de la procédure*, eod. v°, n°s 281 et 289; Chauveau sur Carré, *Lois de la procédure civile*, art. 138, t. 1, p. 700, note. — V. en sens contraire : Carré, *eod. loc.*, note; Pigeau, *La procédure civile*, t. 1, p. 549; Merlin, *Répertoire*, v° *Plumitif;* Dutruc, *Supplément aux lois de la procédure civile*, v° *Jugement*, t. 2, n° 91). On a soutenu que l'élection de domicile prévue par l'art. 422 c. proc. civ. devait être faite sur le plumitif proprement dit. Mais il est peu probable que le législateur ait voulu consacrer dans l'art. 422 c. proc. civ. la distinction faite par les auteurs. En effet, l'art. 72 du décret du 30 mars 1808, prévoyant, d'une manière générale, le cas où des conclusions seraient prises à l'audience, en dehors des actes de la procédure, enjoint au greffier de les porter sur la *feuille d'audience*. Lorsque, dans notre cas, le législateur a ordonné d'en faire mention sur le plumitif, il n'est guère admissible qu'il ait eu en vue un mode de constatation différent. L'idée étant identique, la prescription devait être la même, et les mots *plumitif* et *feuille d'audience*, dans la pensée des rédacteurs des art. 72 du décret de 1808 et 422 c. proc. civ., ne pouvaient désigner qu'une seule et même chose. Il est à remarquer que le plumitif, entendu d'une façon distincte de la feuille d'audience, n'a pas de caractère légal, il n'en est question dans aucune loi et dans aucun règlement. Si, en fait, certains greffiers ont l'habitude de tenir, comme memento destiné à préparer la rédaction ultérieure de la feuille d'audience, des notes sommaires pour leur usage personnel, il serait inadmissible que le législateur eût prescrit de mentionner dans ces notes, et non dans la feuille d'audience, qui est un document légal et authentique, une déclaration dont il voulait assurer la conservation. Cette doctrine a été consacrée par la cour de cassation, qui a décidé que le plumitif de l'audience, sur lequel doit être mentionnée l'élection de domicile, ne saurait désigner autre chose que la feuille signée par le président et le greffier, contenant la mention authentique des faits qui se sont passés à l'audience, des conclusions qui y ont été prises et des jugements de toute nature qui y ont été rendus. En conséquence, l'élection de domicile mentionnée dans ces conclusions prises à l'audience en présence de la partie adverse et annexées à la feuille d'audience, remplit suffisamment le vœu de la loi; et, dans ce cas, la signification d'un acte de procédure faite au greffe ne serait pas valable (Civ. rej. 4 nov. 1885, aff. Aubry, D. P. 86. 1. 295). Il convient de remarquer, au surplus, qu'aucun des auteurs qui opposent le plumitif à la feuille d'audience ne fait cette distinction au sujet de l'interprétation de l'art. 422 (V. Poitiers, 28 nov. 1822, et Bordeaux, 26 févr. 1830, *Rép.* n° 23-2°; Civ. rej. 9 févr. 1836, *Rép.* v° *Jugement par défaut*, n° 154-3°; Nîmes, 6 août 1861, aff. X..., D. P. 61. 5. 160; Civ. rej. 25 mars 1862, aff. Boucher, D. P. 62. 1. 176; Paris, 21 août 1878, *Journal des avoués*, 1878, p. 416; Civ. cass. 24 févr. 1879, aff. Bonnefont, D. P. 79. 1. 207; Chauveau sur Carré, *op. cit.*, art. 422, t. 3, p. 531, note; Dutruc, *op. cit.*, v° *Tribunal de commerce*, t. 4, n° 200).

12. Si l'élection de domicile n'est pas faite sur le plumitif, tous les actes peuvent être signifiés au greffe. Une élection de domicile faite autrement qu'à l'audience ne suffirait pas pour vicier une signification au greffe. En conséquence, il a été jugé : 1° que les dispositions de l'art. 422 c. proc. civ. ne peuvent être étendues au cas où l'élection de domicile ne résulte que d'un acte antérieur à l'instance, et n'a pas été faite et constatée dans les formes spéciales prescrites par ledit article (Civ. cass. 24 févr. 1879, aff. Bonnefont, D. P. 79. 1. 207); — 2° Que l'art. 422 c. proc. civ. s'applique même à la partie qui avait déjà fait cette élection de domicile dans son exploit d'ajournement; et que, par suite, si l'élection de domicile résultant de l'exploit d'ajournement n'a pas été renouvelée ou remplacée à l'audience dans la forme tracée par l'art. 422 c. proc. civ., les significations à faire à la partie qui a négligé cette formalité sont valablement faites au greffe (Civ. rej. 25 mars 1862, aff. Boucher, D. P. 62. 1. 176); — 3° Qu'il en est encore de même, alors que la partie a élu domicile dans le cours de l'instance et par un acte de procédure, ou bien à l'occasion d'un incident de procédure (Req. 17 mai 1887, aff. de Gauzenbach, D. P. 87. 1. 247; Nîmes, 6 août 1861, aff. X..., D. P. 61. 5. 160); — 4° Que la représentation d'une partie devant un tribunal de commerce par un agréé n'emporte pas avec elle élection de domicile de plein droit chez cet agréé pour des significations prévues par l'art. 422 c. proc. civ., et qu'en conséquence, en l'absence d'une élection de domicile chez l'agréé spécialement mentionnée sur le plumitif, la signification faite au greffe est régulière (Dijon, 25 févr. 1852, aff. de Rattisacob, D. P. 52. 2. 67-68).

13. On s'est demandé si la faculté de faire les significations au greffe, en vertu de l'art. 422 c. proc. civ., appartient même à celui qui n'a pas encore pris de conclusions contre la partie non domiciliée, laquelle n'a point élu domicile, alors qu'il existe un lien judiciaire entre cette dernière et l'auteur de la signification. Ainsi, le demandeur principal qui, dans une instance engagée devant le tribunal de commerce, veut poursuivre une partie que le défendeur a appelée en garantie, peut-il lui signifier sa demande au greffe à défaut de l'élection de domicile exigée par l'art. 422 c. proc. civ., lorsqu'il est intervenu un jugement ordonnant la jonction de l'action en garantie avec l'action principale? La chambre des requêtes a résolu par l'affirmative cette question délicate, en considération des motifs de célérité qui ont fait édicter l'art. 422 c. proc. civ. (Req. 12 déc. 1855, aff. Lefort, D. P. 56. 1. 259).

14. Il a été décidé implicitement par l'arrêt du 24 févr. 1879 (cité *suprà*, n° 12), que, dans la colonie de Saint-Pierre et Miquelon, les dispositions de l'art. 422 c. proc. civ. sont applicables aux instances civiles comme aux instances commerciales (Ord. 26 juill. 1833, art. 91) (V. *Rép.* v° *Organisation des colonies*, n°s 786 et suiv., 799).

15. C'est une question qui a été longtemps controversée en doctrine et en jurisprudence, que celle de savoir si la signification du jugement rendu par le tribunal de commerce, au domicile élu en conformité de l'art. 422 c. proc. civ., fait courir les délais d'appel. Pour soutenir la négative, on se fondait sur ce que l'art. 443 c. proc. civ. contient une règle générale à laquelle n'a pas dérogé l'art. 422, d'abord, parce que la disposition de l'art. 443 est postérieure dans l'ordre des articles à celle de l'art. 422 ; ensuite, parce que ce dernier texte, en autorisant la signification au domicile élu, n'ajoute pas que cette signification fera courir les délais d'appel; enfin, parce que la nécessité de prévenir les surprises dont pourrait être victime la partie condamnée, existe aussi bien en matière commerciale qu'en matière civile. La cour de cassation avait d'abord adopté cette opinion dans un arrêt du 2 mars 1814 (*Rép.* v° *Appel civil*, n° 1011), et plusieurs cours d'appel s'y étaient ralliées (V. les arrêts cités au *Rép. ibid.*, et *suprà*, eod. v°, n° 191). Dans un second système, on admettait, pour favoriser la prompte expédition des affaires, que la signification au domicile élu fait courir les délais d'appel. De nombreux arrêts s'étaient prononcés en ce sens (V. *Rép.* eod. v°, n° 1010), et, comme on l'a vu *suprà*, v° *Appel civil*, n° 191, c'est ce second système qui a prévalu. Deux arrêts récents (Civ. cass. 24 févr. 1879, aff. Bonnefont, D. P. 79. 1. 207; Req. 17 mai 1887, aff. de Gauzenbach, D. P. 87. 1. 247) ont confirmé cette doctrine et mis fin à la controverse (*Adde*, dans le même sens: Paris, 27 juin 1889) (1).

16. Les observations qui précèdent ne se réfèrent qu'à la signification du jugement. Quant à l'acte d'appel, il n'est pas douteux qu'il doive être, en matière commerciale comme en matière civile, conformément à l'art. 456 c. proc. civ., signifié au domicile réel, sauf l'exception contenue dans l'art. 584 c. proc. civ. (*Rép.* n° 25). Un acte d'appel ne pourrait donc être notifié valablement au domicile élu dans la signification du jugement dont est appel (Bordeaux, 11 déc. 1867, aff. Salles, D. P. 67. 5. 140; Paris, 7 avr. 1868, aff. Labry, D. P. 68. 2. 115; Rennes, 6 déc. 1881, aff. Le Gal, D. P. 82. 2. 79). Il en est ainsi, alors même que cette élection de domicile a été également reproduite dans le commandement à fin de saisie-brandon signifié à la suite du jugement, si, d'ailleurs, ce domicile élu n'est point situé dans la commune où doit s'opérer la saisie, et s'il a été fait, en outre, dans le même acte élection spéciale de domicile prescrite par l'art. 584 c. proc. civ. (Même arrêt).

17. Mais il est admis que, lorsque la signification du jugement contient commandement à fin de saisie-exécution, avec élection de domicile chez l'avoué constitué, par exemple, l'acte d'appel peut être valablement signifié au domicile élu (*Rép.* n° 26; Paris, 14 août 1877, aff. Filhon, D. P. 78. 2. 184. Comp. Nancy, 28 janv. 1876, aff. Ricard, D. P. 77. 2. 3). Mais il faut que le domicile ait été élu dans le lieu où l'exécution doit se faire, et, en outre, que la partie poursuivante n'ait pas, en faisant une élection de domicile spéciale, conformément aux prescriptions de l'art. 584 c. proc. civ., manifesté l'intention de restreindre aux actes ordinaires de l'exécution du jugement signifié, l'élection précédemment faite chez l'avoué constitué. Rien ne démontrerait mieux cette intention que le choix d'un domicile spécial dans le lieu d'exécution.

18. Il importe de remaquer que si, dans l'intérêt du débiteur et pour satisfaire aux nécessités d'une situation urgente, l'art. 584 c. proc. civ. autorise l'appel au domicile élu dans le commandement précédant la saisie-exécution, cette dérogation aux principes généraux ne doit pas être étendue. L'art. 584 c. proc. civ. ne vise que le commandement à fin d'exécution d'une condamnation *définitive*. Un arrêt a prononcé, en conséquence, la nullité de l'appel signifié au domicile élu dans un commandement donné en exécution d'une ordonnance de référé prescrivant un déguerpissement. Cet appel doit être notifié à personne ou domicile (Lyon, 30 déc. 1887, aff. Jeancolas, D. P. 88. 2. 319. Comp. *suprà*, v° *Appel civil*, n° 153 ; Chauveau sur Carré, quest. 1652 ; Rousseau et Laisney, v° *Appel*, n° 337).

19. A bien plus forte raison, lorsque la signification du jugement est pure et simple et n'est suivie d'aucun commandement, l'élection de domicile qu'elle contient n'autorise pas la notification d'un appel à ce domicile : cette élection n'a d'autre objet, en pareil cas, que d'indiquer un lieu où les propositions d'arrangement ou de payement peuvent être faites (Caen, 19 févr. 1850, aff. Bénard, D. P. 52. 2. 89).

Art. 4. — *De l'élection de domicile conventionnelle* (*Rép.* n°s 32 à 94).

20. L'élection de domicile conventionnelle (c. civ. art. 111) peut, comme on l'enseigne au *Rép.* n° 32, être *expresse* ou *tacite*. Cette doctrine a été critiquée par M. Laurent, t. 2, n° 104, p. 135, qui reproduit les motifs invoqués par Merlin, *Répertoire*, v° *Domicile élu*, § 2, n° 4. En pratique, la question est secondaire, car les tribunaux n'admettent l'élection tacite que lorsqu'il résulte bien clairement des circonstances que la volonté certaine des parties a été de faire élection de domicile. Expresse ou implicite, cette élection doit résulter d'une clause formelle manifestant l'intention de déroger au droit commun qui régit les attributions de juridiction. L'élection ne devrait pas se présumer (Aubry et Rau, t. 1, § 146, p. 587). Ainsi il a été jugé que la simple obligation de rendre compte de l'administration dont on est chargé n'emporte pas élection de domicile dans le lieu où le compte doit être rendu, et, par suite, n'est pas, en matière civile, attributive de juridiction au tribunal de ce lieu (Civ. rej. 7 déc. 1886, aff. de Monseignat, D. P. 87. 1. 101). Cette solution ne pouvait faire difficulté : l'art. 527 c. proc. civ. décide formellement que les comptables sont poursuivis devant les juges de leur domicile. Or, stipuler qu'un comptable rendra compte dans un lieu, ce n'est pas dire qu'il se soumet, pour la discussion de ce compte et pour les obligations qui en résultent, à la juridiction du tribunal d'un lieu autre que celui fixé par la loi.

21. Par application des mêmes principes, le choix d'un mandataire n'emporte pas, par lui seul, élection de domicile chez ce mandataire. On a déjà vu *suprà*, n° 12-4°, que le mandat donné à un agréé de représenter une partie devant le tribunal de commerce n'emporte pas élection de domicile chez cet agréé (Dijon, 25 févr. 1852, aff. de Rattisacob, D. P. 52. 2. 67-68). Il en serait de même d'un pouvoir général de défendre à toutes les actions, donné à un mandataire (*Rép.* n° 47).

22. On a vu au *Rép.* n° 41 que l'indication d'un lieu de payement n'entraîne pas élection de domicile dans le lieu ainsi désigné (Conf. Aubry et Rau, t. 1, § 146, p. 587; Laurent, t. 2, n° 105). Il en résulte que cette indication n'est pas attributive de juridiction. L'art. 420-3° c. com. consacre, il est vrai, une règle différente (V. *suprà*, v° *Compétence commerciale*, n°s 122 et suiv.); mais cette disposition est spéciale aux matières commerciales. Toutefois, il a été jugé, par interprétation de la volonté des parties, que, même en matière civile, l'indication dans un billet à ordre d'un lieu pour le payement peut être attributive de juridiction pour le tribunal de ce lieu et avoir l'effet d'une véritable élection de domicile qui autorise l'assignation du souscripteur au lieu désigné (Rouen, 25 mai 1857, aff. Delahaye, D. P. 58. 5. 135). — Il a été décidé, d'ailleurs, que l'élection de domicile pour l'exécution d'un marché n'entraîne pas nécessairement élection de domicile pour l'exécution judiciaire de ce même marché (Aix, 25 mars 1877, aff. Toutot, D. P. 78. 2. 111).

23. Il n'est pas douteux, comme on l'a vu au *Rép.* n° 55, que les parties puissent faire élection au domicile réel. Cette faculté a été de nouveau consacrée par un arrêt de la cour de Pau du 15 mai 1885 (aff. Cledès, D. P. 88. 2. 152. V. aussi Boncenne, *Théorie de la procédure*, t. 2, p. 218; Aubry et Rau, t. 1, § 146, p. 591 ; Demante, *Cours analytique*, t. 1, n° 115; Laurent, t. 2, n° 108).

(1) (Bougdanoff C. Mignet.) — La cour; — Sur la recevabilité de l'appel : — Considérant qu'aux termes de l'art. 422 c. proc. civ., quand il n'intervient pas de jugement définitif à la première audience du tribunal de commerce, où la cause a été appelée, les parties non domiciliées dans le lieu où siège le tribunal sont tenues d'y faire une élection de domicile, qui doit être mentionnée sur le plumitif de l'audience; — Considérant que cette formalité essentielle n'a pas été remplie par l'appelant; qu'aucune élection de domicile n'a été faite par lui dans les termes de l'article susvisé, et que, dès lors, la signification du jugement définitif au greffe du tribunal de commerce, à la date du 7 mars 1887, étant valable, a fait courir le délai d'appel; — Considérant que ledit appel n'a été interjeté que le 17 juin, plus de trois mois après la signification du jugement; — Qu'il est tardif et en conséquence non recevable;

Par ces motifs; — Met l'appellation à néant ; — Déclare non recevable l'appel interjeté par Bougdanoff ; le condamne à l'amende et aux dépens.

Du 27 juin 1889.-C. de Paris, 2e ch.-MM. Thévenard, pr.-Closset et Debacq, av.

24. Même lorsqu'il y a élection de domicile, le domicile réel conserve en principe tous ses effets (*Rép.* n° 69). L'élection, tout en attribuant compétence au tribunal du lieu élu, ne prive donc pas le demandeur du droit de saisir le juge du domicile réel, soit en vertu de l'art. 59, soit en vertu de l'art. 420 c. proc. civ. Elle ne substitue pas une compétence à une autre. Son seul effet est d'augmenter le nombre des juridictions compétentes. L'art. 111 accorde donc une faculté, sans imposer une obligation. Mais cela suppose que, dans la commune intention des parties, le choix a été laissé au demandeur. On comprend alors qu'il lui soit loisible de renoncer aux avantages de la convention. Il n'en est plus de même, lorsque l'élection de domicile a été stipulée dans le seul intérêt du défendeur ou dans l'intérêt réciproque des parties (*Rép.* n° 71). Dans ce cas, le demandeur est lié par les termes mêmes de la convention qu'il a souscrite, et il ne peut, par sa seule volonté, y renoncer ou s'en dégager. Il n'a plus l'option entre le domicile réel et le domicile élu; il est obligé de faire toutes les demandes, significations et poursuites au domicile élu: tout autre tribunal est frappé d'incompétence. C'est là une distinction admise par tous les auteurs (V. notamment: Valette, sur Proudhon, t. 1, p. 241; Demolombe, *Cours de code civil*, t. 1, n° 376; Massé et Vergé, sur Zachariæ, t. 1, p. 121; Aubry et Rau, t. 1, § 146, p. 590; Marcadé, *Explication du code civil*, t. 1, p. 292; Chauveau, sur Carré, t. 1, p. 300, quest. 270; Bioche, v° *Domicile*, n° 158; Boitard, *Leçons de procédure*, 14° éd., t. 1, n° 143; Nouguier, *Tribunal de commerce*, t. 2, p. 398, n° 13. V. en ce sens: 15 juin 1875, aff. Simon Lévy, D. P. 75. 1. 289; Grenoble, 6 avr. 1881, aff. Schneider, D. P. 82. 2. 17). Au surplus, à défaut de la preuve que l'élection a été faite dans l'intérêt exclusif du défendeur, le domicile est présumé avoir été élu dans l'intérêt de la partie qui doit assigner (Même arrêt du 6 avr. 1881).

25. Il est évident que celle des parties qui renonce ainsi au bénéfice de plaider devant le tribunal du domicile élu, abandonne implicitement la stipulation contenue à cet égard dans la convention, et n'est plus fondée à soulever la question de compétence devant le tribunal du domicile réel qu'elle a saisi. Une demande reconventionnelle serait donc valablement portée devant ce tribunal (Toulouse, 14 avr. 1886) (1).

26. Comme on l'a vu au *Rép.* n° 57, l'élection de domicile constituant une dérogation au droit commun, il convient d'en restreindre les effets dans les limites qui lui sont assignées par la convention d'où elle résulte. Au reste, il y a là une question de fait dont les tribunaux sont juges souverains. Aussi il a été décidé qu'il appartient au juge du fait de déclarer, par une interprétation souveraine de l'intention des parties, que l'élection de domicile faite à la suite d'une clause attributive de compétence à un tribunal désigné, ne s'applique qu'aux significations relatives aux contestations qui devront être portées devant ce tribunal (Civ. rej. 22 déc. 1869, aff. Riche, D. P. 70. 1. 55).

27. Signalons la persistance de la controverse exposée au *Rép.* n°s 85 et suiv., sur la question de savoir si l'on peut porter devant le tribunal du domicile élu pour l'exécution d'une convention une demande en nullité ou en rescision de cette convention. Le *Répertoire* enseigne que ce tribunal est incompétent pour connaître des actions en nullité, mais qu'il peut être saisi des poursuites tendant à une annulation partielle ou à la résolution pour défaut d'exécution (V. en ce sens: Aubry et Rau, t. 1, § 146, p. 590). La cour de Rouen s'est prononcée en sens contraire par un arrêt du 30 avr. 1870 (2).

---

(1) (Aurivel C. Compagnie d'assurance *la Foncière*.) — LA COUR; — Attendu que suivant accords verbaux intervenus, le 14 août 1879, entre la *Foncière*, compagnie d'assurance dont le siège est à Paris, et le sieur Aurivel, ce dernier a été nommé agent général pour l'exploitation des arrondissements de Toulouse et de Villefranche (Haute-Garonne) sous le titre de directeur particulier; que les conventions précitées (dont les stipulations, s'enchaînant entre elles, forment un tout indivisible) peuvent être ainsi résumées: 1° Aurivel, pour toute rémunération, devait percevoir, à titre de commission, sur le montant des primes des polices souscrites, un droit de tant pour cent, fixé selon la durée des polices; 2° il lui était attribué des honoraires pour chaque déplacement et des gratifications diverses; 3° la compagnie se réservait le droit absolu de révocation sans dommages, et son agent serait tenu de lui remettre à sa première réquisition toutes les quittances non encaissées, le matériel, les archives, plaques, correspondance, registres de l'agence; 4° au cas de révocation, Aurivel n'aurait droit à aucune commission, remise, ni indemnité quelconque sur le montant des quittances échues (et non recouvrées) ou à échoir; 5° pour l'exécution de leurs accords et spécialement pour toutes les difficultés relatives à l'apurement des comptes et au payement des soldes débiteurs en pouvant résulter, les parties faisaient respectivement élection de domicile à Paris dans les termes de l'art. 111 c. civ.;

Attendu que, le 14 nov. 1885, la compagnie *la Foncière*, après avoir demandé à son agent la somme de 14708 fr. 87 cent., formant d'après elle le solde espèces en sa faveur des opérations de l'agence durant les deuxièmes et troisièmes semestres, a sur le refus d'Aurivel, qui se prétendait au contraire créancier, prononcé la révocation de celui-ci;

Attendu qu'à la date du 18 nov. 1885, la *Foncière* a assigné Aurivel devant le tribunal de commerce de Toulouse, pour s'entendre condamner à la remise sans délai, des polices, avenants, quittances, imprimés, plaques, matériel des registres ou livres de comptabilité, sous l'offre de les mettre durant un mois à la disposition d'Aurivel, pour lui permettre d'établir ses comptes;

Attendu qu'en portant cette demande devant la juridiction consulaire de Toulouse, la *Foncière* a renoncé au bénéfice de la stipulation énoncée dans le n° 5 ci-dessus et enfreint la règle que les parties contractantes s'étaient posée et qui s'appliquait à tout ce qui dérivait des conventions;

Attendu qu'Aurivel a acquiescé à cette dérogation et consenti expressément à discuter à Toulouse; qu'il est certain que le jour même de l'assignation qui lui était notifiée, Aurivel a répondu par un acte extrajudiciaire du ministère de Raymond, huissier, dans lequel il fait connaître qu'il conclura devant le tribunal de Toulouse et conclut d'ores et déjà à la condamnation de la compagnie: 1° en 21727 fr. 65 cent. représentant le solde créditeur de son compte; 2° 102000 fr. de dommages-intérêts pour le préjudice occasionné par une révocation purement arbitraire et de mauvaise foi; 3° en 162328 fr. représentant ses droits de commission sur les primes échues, non recouvrées et à échoir, devenues exigibles par le fait de la compagnie; ...

Attendu qu'à la date du 20 nov. 1885, les parties s'étant présentées devant le tribunal de commerce, Aurivel conclut aux fins de son acte extrajudiciaire, en ajoutant que la compagnie « avait renoncé au bénéfice de la clause de juridiction en saisissant elle-même le tribunal de Toulouse »; qu'il demandait de plus, dans ses conclusions, qu'il fût déclaré: « que l'action de la compagnie engageait le fond même de l'affaire, puisqu'elle portait sur la question des quittances, ce qui suppose Aurivel débiteur alors qu'il prétend au contraire par sa demande reconventionnelle être créancier »; ...

Attendu que, par jugement du 25 nov. 1885, le tribunal de commerce, « disjoignant les deux instances, réserva les questions soulevées par la demande reconventionnelle, tous droits et exceptions des parties à ce sujet étant réservés, Aurivel demeurant condamné à remettre à la compagnie, sans délai, tous les objets réclamés par sa demande, avec la réserve que les livres seront tenus pendant un mois à la disposition d'Aurivel »; ...

Attendu qu'en exécution de cette décision, l'affaire a été continuée à l'audience du 23 déc. 1885, à laquelle Aurivel a repris ses conclusions précédentes; qu'il est de principe que de simples conclusions verbales suffisent pour proposer une demande incidente; ...

Attendu qu'il reste à rechercher si la demande d'Aurivel a le caractère reconventionnel ou si elle constitue, au contraire, une action principale... (suivent des motifs tendant à établir qu'il s'agissait d'une demande reconventionnelle);

Attendu que vainement la compagnie *la Foncière* a, le 21 novembre, introduit une instance devant le tribunal de la Seine pour obtenir contre Aurivel condamnation au payement des sommes dont elle allègue qu'il est reliquataire; que cette instance ne saurait détruire les effets du contrat judiciaire qui s'était formé; qu'il résulte au surplus des renseignements fournis qu'elle n'a eu aucune suite pouvant entraîner contre Aurivel déchéance de sa demande reconventionnelle; qu'en effet, Aurivel ayant conclu à la litispendance, l'arbitre nommé ne l'a été que sous réserve de tous moyens ou exceptions à faire valoir, et notamment du moyen de litispendance;

Par ces motifs; — Infirmant le jugement rendu par le tribunal de commerce de Toulouse, du 10 févr. 1886; — Dit que ce tribunal est compétent pour connaître de la demande reconventionnelle d'Aurivel valablement formée contre la compagnie *la Foncière*; — Renvoie les parties devant le tribunal de commerce de Toulouse, composé d'autres juges pour être plaidé au fond.

Du 14 avr. 1886.-C. de Toulouse.-MM. Fabreguettes, pr.-Jordain, av. gén.-Virenque et de Laportalière, av.

(2) (Langlois C. Delapille et Péchard.) — LA COUR; ... — Attendu que les actes de ventes, passés au profit de Delapille et Péchard, contiennent élection de domicile à Louviers pour leur exécution;

28. C'est aussi une question encore débattue entre les auteurs que celle de savoir si les jugements rendus pour l'exécution d'un contrat peuvent être signifiés au domicile élu aux termes de l'art. 111 c. civ. (Aux auteurs cités au *Rép.* n° 88, dans le sens de l'affirmative, *Adde* : Aubry et Rau, t. 1, § 146, p. 588, texte et note 8). Mais la jurisprudence est bien fixée dans le sens de la nullité de semblables significations (V. *Rép.* nos 89 et suiv.; Civ. cass. 24 janv. 1865, aff. Chanu, D. P. 65. 1. 73).

Art. 5. — *De l'élection de domicile volontaire* (*Rép.* nos 95 à 125).

29. Cette élection de domicile est faite soit par l'exploit introductif d'instance, soit par une signification distincte. Elle a, en général, des effets restreints à la procédure en vue de laquelle elle est faite. Les règles qui la concernent n'ont donné lieu, depuis le *Répertoire*, qu'à de rares applications.

30. On a signalé au *Rép.* n° 104 l'avantage que peuvent trouver plusieurs parties ayant des intérêts semblables, quoique non indivisibles, à élire un domicile commun pour les significations. Cette élection n'est pas obligatoire pour l'adversaire. Un pouvoir spécial serait même nécessaire pour que l'avoué qui a occupé pour plusieurs parties dans une instance, pût dispenser la partie adverse de signifier le jugement intervenu à chacune des parties par copies séparées, et pour consentir à ce qu'une signification collective et en une seule copie fût faite à ses clients en son propre domicile. Une simple déclaration de l'avoué ne suffirait pas, en pareil cas, pour rendre frustratoires des significations à tous les intéressés conformément au droit commun. Au surplus, c'est à l'adversaire lui-même et non à son avoué, que la dispense de signification devrait être notifiée (Bourges, 14 mai 1861 (1); Rouen, 22 août 1877) (2).

Art. 6. — *Effets de l'élection de domicile entre l'élisant et celui chez qui le domicile est élu* (*Rép.* nos 126 à 132).

31. Tout en renvoyant aux développements contenus au *Répertoire*, nous rappellerons que dans les rapports entre l'élisant et celui chez qui le domicile est élu, il se forme un véritable mandat. Ce mandat s'interprète naturellement dans un sens restrictif. Ainsi l'élection de domicile chez un commerçant n'emporte pas élection de domicile chez son successeur (Req. 23 juin 1851, aff. Gauran, D. P. 54. 5. 254).

32. Quelle est la responsabilité du mandataire en pareil cas? Le tiers chez qui élection de domicile est faite est-il tenu de faire connaître à son mandant les significations qu'il reçoit pour le compte de celui-ci? C'est une question délicate qui a été examinée au *Rép.* n° 131. Les deux arrêts cités en cet endroit (Req. 6 mars 1837, *Rép.* v° *Huissier*, n° 99; Paris, 15 juin 1850, aff. Gabiot, D. P. 51. 2. 41) consacrent l'affirmative. Mais il convient de remarquer que,

---

qu'aux termes de l'art. 111 c. civ., l'élection de domicile pour l'exécution d'un acte autorise à ce domicile convenu les significations, demandes et poursuites relatives à cet acte; — Que l'action en nullité de la vente contenue en l'acte est évidemment une demande y relative et comprise dans les poursuites autorisées au domicile élu; — Confirme, etc.

Du 30 avr. 1870.-C. de Rouen, 4e ch.-MM de Tourville, pr.-Couvet, 1er av. gén.-Ricard et Deschamps, av.

(1) (Préfet de la Nièvre *C.* Lezet et autres.) — La cour; — Considérant que la signification à domicile des jugements et arrêts est une formalité substantielle, tutélaire, introduite pour empêcher toute collusion et éviter que la partie ignore ou prétexte ignorance des condamnations intervenues contre elle; — Que, dès lors, ce n'est que par un consentement personnel et formel qu'elle pourrait dispenser de cet acte, qui doit lui être fait personnellement; — Que, terme de la procédure et fait, pour ainsi dire, en dehors d'icelle, il n'appartient pas à l'avoué de donner ce consentement pour la partie; — Que, d'ailleurs, à ce titre, il doit émaner directement et expressément de celle-ci, aux termes de l'art. 352 c. proc. civ.; — Considérant, dès lors, qu'en supposant une telle renonciation efficace pour enlever à la partie adverse le droit de compléter et de rendre irréfragable par la signification, un arrêt qui, dans l'espèce, est un titre de propriété, l'intimation faite par l'huissier Baudon, au nom des quarante-trois parties condamnées, à l'avoué de l'État, de substituer à la signification individuelle, à leur domicile, une signification collective, au domicile de leur avoué, est irrégulière et sans valeur, soit parce que l'exploit ne contenait pas la copie des consentements individuels donnés *ad hoc*, soit encore parce qu'une telle signification devait être faite, non à l'avoué, mais au préfet de la Nièvre, représentant de l'État; — Par ces motifs, reçoit le préfet de la Nièvre, au nom de l'État, opposant à la taxe faite par M. le conseiller de Beauregard; — Dit que ladite taxe sera réformée en ce sens que le coût des significations de l'arrêt du 27 février, faites individuellement aux sieurs Lezet et consorts, chacun à son domicile, y sera rétabli suivant la taxe, etc.

Du 14 mai 1861.-C. de Bourges, ch. cons.-MM. Hyver, pr.-Chonez, subst.-Chenon, av.

(2) (Foutel et autres *C.* héritiers de Condé.) — La cour; — Attendu que pour faire courir le délai du pourvoi en cassation et parvenir à l'exécution d'un arrêt, cet arrêt doit être signifié non seulement à avoué, mais encore à personne ou domicile (c. proc. civ. art. 147; L. 2 juin 1862, art. 1er); — Qu'en exigeant cette double formalité, destinée à informer le conseil de le partie, et la partie elle-même, la loi a tracé à celui qui obtient gain de cause des règles dont il ne peut s'écarter, sous peine de priver la sentence de son caractère définitif; — Qu'il y a donc aussi pour lui un intérêt égal et parallèle à respecter les rigoureuses prescriptions qui lui sont imposées; — Que, dans l'instance entre les habitants du Marais-Vernier et les héritiers de Condé, il était du devoir des appelants de signifier l'arrêt de la cour en autant de copies séparées qu'il y avait de parties distinctes, ayant un intérêt personnel; — Que sans doute la jurisprudence admet dans un but de sage économie qu'il est loisible aux parties de renoncer à une garantie introduite en leur faveur, et de faire élection de domicile dans l'étude de leur avoué, avec déclaration que la signification de l'arrêt sera faite par une seule et même copie pour tous, au domicile élu; — Mais que cette faculté exceptionnelle et dérogatoire au droit commun ne peut être autorisée qu'à une condition, c'est que les formalités tutélaires édictées par la loi seront efficacement remplacées dans l'intérêt réciproque des deux adversaires; — Que, s'agissant de la renonciation à un droit de la part de la partie condamnée, la partie adverse doit exiger d'elle un consentement formel contre lequel elle ne puisse revenir par la voie du désaveu de l'officier ministériel qui aurait occupé pour elle; — Que l'officier ministériel n'étant plus couvert dans ce cas par la présomption légale qui l'investit du droit de faire au nom de ses clients tous les actes de procédure nécessaires, la validité du titre obtenu par l'autre partie et consacré par la justice ne peut être ainsi laissée à la discrétion de celui qui perd, et indéfiniment suspendue par l'éventualité d'un désaveu; — Que l'avoué chez lequel a été faite l'élection de domicile ne peut donc signifier la déclaration de ceux pour lesquels il a occupé, sans justifier d'un pouvoir spécial; — Que cet acte ne rentrant pas dans le cercle ordinaire de son ministère, il faut, de toute nécessité, pour que le consentement soit valable et devienne obligatoire vis-à-vis de l'adversaire, un mandat spécial, tel que le prescrit l'art. 352 c. proc. civ.; — Que, la signification de l'arrêt devant être faite à personne ou a domicile sous peine de nullité, l'avoué qui substitue un équivalent aux prescriptions légales doit, au nom de chaque personne qu'il représente, faire la preuve de sa volonté expresse et de sa capacité civile; — Qu'autrement il mettrait celui qui a obtenu gain de cause dans l'impossibilité de vérifier la situation exacte des parties auxquelles s'adresse la signification et d'imprimer à son droit une consécration irrévocable; — Qu'il n'existe d'ailleurs, dans l'espèce, aucun mandat régulier, émané des habitants du Marais-Vernier; — Que Me X... a rédigé, il est vrai à leur profit, un projet de procuration collective contenant élection de domicile dans son étude, avec déclaration qu'une seule copie leur suffisait pour tous; — Mais que ce projet qui n'est ni daté, ni enregistré, ni signé de toutes les parties, ne peut avoir aucune valeur juridique; — Que pût-il même constituer un acte complet et régulier, il n'a été porté à la connaissance ni de l'avoué des héritiers de Condé, ni des héritiers de Condé eux-mêmes; — Qu'en admettant même que la signification de ce prétendu pouvoir ne fût point nécessaire, ce qui est au moins douteux, il n'en a été fait nulle mention dans la sommation du 26 févr. 1877, faite à Me Dulong; — Que Me Y..., successeur de M. X..., n'a reçu aucun nouveau mandat; — Qu'il n'est donc pas besoin de rechercher si le décès ou le changement d'état de quelques intimés a modifié la situation; — Que, dans ces circonstances, pour mettre sa responsabilité à couvert vis-à-vis de ses clients et dans l'intérêt de leur sécurité, Me Dulong a prudemment et légalement agi en signifiant sur leur ordre une copie séparée de l'arrêt à chaque habitant personnellement en cause; — Que les frais de signification au domicile réel ne peuvent donc être rejetés comme frustratoires;

Par ces motifs, etc.

Du 22 août 1877.-C. de Rouen, 1re ch., réun. en ch. cons.-MM. Neveu-Lemaire, 1er pr.-Bligny, av. gén., c. contr.-Devin (de Paris) et d'Estaintot, av.

dans les espèces de ces arrêts, les mandataires étaient un huissier et un avoué. Ces officiers ministériels étant mandataires par profession, l'acceptation par un tiers du mandat pouvait être facilement présumée. Depuis, un arrêt a décidé que le maire qui, à la suite d'une élection de domicile faite à son insu en la mairie de sa commune par un créancier saisissant, reçoit une sommation de produire destinée à ce créancier, n'est pas tenu, sous peine de responsabilité, de la faire parvenir ou de la faire connaître à l'intéressé ; en ce cas, il est un simple dépositaire et il satisfait à toutes les obligations qu'il a acceptées en conservant l'acte à la mairie et en le tenant à la disposition du destinataire (Douai, 4 mai 1880, aff. Desloges-Croisette, D. P. 81. 2. 108). — Cet arrêt n'est pas en opposition avec la jurisprudence qui vient d'être rappelée ; car, s'il n'a pas admis la même solution, la situation qu'il a appréciée n'était pas non plus la même. En effet, l'élection de domicile en la mairie avait été faite à l'insu du maire, qui n'avait aucun rapport avec l'élisant, et, dès lors, ne pouvait être présumé avoir reçu de lui et accepté un mandat direct ; elle n'avait été révélée au maire que par la signification faite à la mairie, et elle avait dû lui apparaître comme ayant surtout pour objet de valider, conformément au principe posé dans l'art. 1922 c. civ., le dépôt que l'auteur de la sommation lui demandait de recevoir, en justifiant du consentement du destinataire à la remise de cet acte à la mairie. L'acceptation de la sommation ne suffisait pas, dans ces circonstances, pour établir celle de l'élection de domicile envisagée comme étant la source d'un mandat. C'est donc avec raison, semble-t-il, que l'arrêt précité a décidé que, dans l'espèce, il n'y avait qu'un dépôt, et non un mandat.

Table sommaire

des matières contenues dans le Supplément et le Répertoire.

(Les chiffres précédés de la lettre *S* renvoient au Supplément ; les chiffres précédés de la lettre *R* renvoient au Répertoire.)

Table chronologique des Lois, Arrêts, etc.

DOMICILE INCONNU. — V. *Exploit;* — *Rép.* eod. v°, n°s 221 et suiv., 446 et suiv.

V. aussi *suprà*, v[is] *Cassation*, n° 242; *Compétence criminelle*, n° 24; *Contumace*, n° 11; *Domicile*, n° 19; *infrà*, v° *Expropriation publique*.

DOMICILE POLITIQUE. — V. *infrà*, v° *Droit politique*.

DOMMAGE. — En ce qui concerne :... 1° la question de savoir si un dommage éventuel ou imminent peut, d'après notre législation, donner lieu à une action analogue à l'action *damni infecti* du droit romain (*Rép.* n° 2), V. *Responsabilité;* — *Rép.* eod. v°, n°s 767 et suiv.;

... 2° Celle de savoir si les dommages causés par des travaux publics peuvent, lorsqu'ils sont permanents, être assimilés à une expropriation, et à quelle juridiction il appartient d'en connaître (*Rép.* n° 3), V. *Travaux publics;* — *Rép.* eod. v°, n°s 1167 et suiv.;

... 3° L'action en réparation civile qui naît des faits dommageables, qu'ils constituent ou non des infractions au point de vue pénal (*Rép.* n° 5), V. *Responsabilité;* — *Rép.* eod. v°, n°s 23 et suiv., 771 et suiv., 777 et suiv.;

... 4° Le droit qui appartient à la partie lésée, lorsque le fait dommageable constitue un crime, un délit, ou une contravention, de porter son action, soit devant la juridiction criminelle, soit devant la juridiction civile, et la règle qui prescrit au juge civil, saisi de l'action en dommages-intérêts, de surseoir, le cas échéant, jusqu'à ce qu'il ait été prononcé définitivement sur l'action publique (*Rép.* n° 6), V. *Instruction criminelle; Question préjudicielle;* — *Rép.* v[is] *Instruction criminelle*, n°s 138 et suiv., 181 et suiv., 197 et suiv.; *Question préjudicielle*, n°s 83, 122, 138, 186.

DOMMAGE AUX CHAMPS. — V. *Compétence civile des tribunaux de paix*, n°s 43 et suiv.; — *Rép.* eod. v°, n°s 105 et suiv.

V. aussi *infrà*, v° *Droit rural*.

DOMMAGE. — DESTRUCTION. — DÉGRADATION.

Division.

CHAP. 1er. — Historique et législation. — Droit comparé (*Rép.* n°s 2 à 4).

1. Depuis la publication du *Répertoire*, la jurisprudence a pris, en matière de dommage, destruction et dégradation, un assez grand développement, notamment en ce qui concerne la destruction des animaux et l'application de la loi du 2 juill. 1850 (D. P. 50. 4. 145), relative aux mauvais traitements dont ils sont victimes. Beaucoup de questions relatives au sujet qui nous occupe ont également été traitées par MM. Chauveau et Hélie, *Théorie du code pénal*, 6e éd., t. 6, n°s 2516 à 2664, et M. Blanche, *Etudes pratiques sur le code pénal*, t. 6, n°s 490 à 654. — La réforme du code pénal du 13 mai 1863 a modifié l'art. 434 relatif à l'incendie, notamment en ce qui concerne les wagons auxquels ne pouvait s'appliquer le code revisé en 1832. Elle a également modifié, mais sur des points peu importants, les art. 437, relatif à l'explosion des machines à vapeur, et 443, relatif à la détérioration des marchandises. — Enfin la loi du 10 juin 1854 sur le drainage (art. 6, D. P. 54. 4. 96), réprime la destruction des conduits d'eau ou fossés évacuateurs et tout obstacle apporté volontairement au libre écoulement des eaux.

2. — LÉGISLATIONS ÉTRANGÈRES. — 1° *Allemagne*. — Le code pénal de la confédération de l'Allemagne du Nord du 31 mai 1870, étendu par la loi du 15 mai 1871 à tout l'Empire allemand (*Annuaire de législation étrangère*, 1872, p. 80 et suiv.) et modifié sur plusieurs points par la loi du 26 févr. 1876 (*ibid.*, 1877, p. 135 et suiv.), contient sur le sujet qui nous occupe de nombreuses dispositions. — L'incendie est qualifié de *crime dangereux pour la société* ou de *crime constituant un danger public;* mais les pénalités édictées par le code allemand sont moins sévères que les nôtres. L'incendiaire n'est puni que de la réclusion, s'il a mis le feu volontairement à un édifice consacré au culte, à un édifice, bateau, navire ou cabane servant à l'habitation, à un lieu servant d'habitation temporaire au moment où le feu a été mis (art. 306). La réclusion est de dix ans au moins et peut être perpétuelle, si l'incendie a occasionné la mort d'une personne qui se trouvait au moment du crime dans les lieux incendiés, si le crime a eu pour but de faciliter un assassinat ou une rapine ou une rébellion; si l'incendiaire, en vue d'empêcher ou d'entraver l'extinction du feu, a éloigné ou mis hors d'état des appareils servant à l'extinction des incendies (art. 307). La réclusion n'est que de dix ans au plus, si le feu a été mis volontairement à des édifices, bateaux ou navires, cabanes, mines, magasins provisoires de marchandises et de produits agricoles déposés sur des places publiques, matériaux de construction ou combustibles, récoltes sur pied ou coupées, forêts ou tourbières, appartenant à autrui ou à l'incendiaire lui-même, pourvu que, dans ce dernier cas, ces objets fussent, par leur nature et leur situation, propres à communiquer l'incendie à l'un des édifices ou lieux désignés à l'art. 306 ou à l'une des choses ci-dessus énumérées appartenant à autrui (art. 308). Celui qui, en vue de commettre une tromperie, a mis le feu à un objet assuré contre l'incendie, est puni de la réclusion pendant dix ans au plus, et d'une amende de 50 à 2000 thalers (art. 265). Est assimilée à l'incendie la destruction totale ou partielle d'un objet quelconque par l'emploi de la poudre ou autres substances explosibles (art. 311). L'incendie par imprudence ou négligence des choses dont il est question aux art. 306 et 308 est puni d'un emprisonnement d'un an au plus ou d'une amende de 300 thalers au plus; s'il y a eu mort d'homme, l'emprisonnement est d'un mois à trois ans (art. 309). L'auteur d'un incendie n'est pas poursuivi, s'il a éteint le feu avant d'avoir été découvert, et avant qu'il en soit résulté un dommage autre que la combustion de l'objet destiné à servir de foyer à l'incendie (art. 310). — La destruction volontaire et illégale des objets consacrés au culte et des monuments publics, des objets d'art, de science ou d'industrie conservés dans les collections publiques ou exposés en public, des objets d'utilité publique ou servant à l'embellissement de la voie publique, est punie d'un emprisonnement de trois ans au plus ou d'une amende de 500 thalers au plus; l'interdiction des droits civiques peut aussi être prononcée (art. 304). L'art. 135 punit également d'un emprisonnement de deux ans au plus ou d'une amende de 200 thalers au plus l'enlèvement, destruction ou dégradation des emblèmes de l'autorité publique de l'Empire. — La destruction volontaire et illégale, totale ou partielle des édifices, bateaux ou navires, ponts, digues, chaussées, chemins de fer ou toutes autres constructions appartenant à autrui, est punie d'un mois de prison au moins (art. 305). La peine est de trois mois au moins, s'il s'agit de la destruction ou dégradation de constructions hydrauliques, ponts, bacs, chemins ou chaussées ou d'une entrave apportée à la navigation; elle est de cinq ans de réclusion au plus, s'il en est résulté pour les personnes une lésion corporelle grave, et de cinq ans au moins, s'il y a eu mort (art. 321). — Le législateur allemand s'occupe aussi de protéger les animaux et punit d'une amende de 50 thalers au plus ou des *arrêts* ceux qui auront publiquement ou *de manière à causer un scandale*, méchamment tourmenté ou brutalement maltraité des animaux (art. 360-13°). Les *arrêts* consistent dans la simple privation de la liberté pendant une durée d'un jour à six semaines (art. 18). La peine sera d'une amende de 20 thalers au plus ou des arrêts pendant quinze jours au plus contre celui qui a jeté des pierres ou autres corps durs ou des immondices sur des chevaux ou autres bêtes de trait ou de charge (art. 366-7°). L'art. 274 punit d'emprisonnement et d'une amende de 1000 thalers au plus ou de l'emprisonnement seul: 1° celui qui, dans le but de causer préjudice à autrui, détruit, endommage ou supprime un titre dont il n'est pas propriétaire exclusif; 2° celui qui, pour causer préjudice à autrui, supprime, détruit, altère, recule ou place faussement une borne ou un objet quelconque servant de limite entre deux héritages ou destiné à marquer le niveau de l'eau. — L'inondation est, comme l'incendie, qualifiée de crime dangereux pour la société. L'art. 312 punit de trois ans de réclusion au moins celui qui, ayant volontairement causé une inondation, a mis en danger la vie d'autrui; si la mort s'en est suivie, la durée de la réclusion sera de dix ans au moins ou à perpétuité. Celui qui a volontairement causé une inondation dangereuse pour les propriétés est puni de la réclusion (peine variant, dit l'art. 14, lorsqu'elle est temporaire, d'un an à quinze ans); mais la peine sera réduite à un mois de prison au moins, s'il n'avait pour but que de protéger sa propriété au détriment des propriétés voisines (art. 313). Celui qui, par négligence ou imprudence, cause une inondation qui met en danger la vie des hommes ou ravage les propriétés, est puni d'un emprisonnement d'un an au plus; s'il y a eu mort d'homme, cette durée variera d'un mois à trois ans (art. 314). La simple menace d'inondation est considérée comme de nature à troubler la paix publique et punie, comme la menace d'incendie, d'un emprisonnement d'un an au plus (art. 126). — Enfin l'art. 303 modifié par la loi du 26 févr. 1876 punit, d'une manière générale, d'une amende de 1000 marks au plus, ou d'un emprisonnement de deux ans au plus, quiconque a volontairement et illégalement dégradé ou détruit ou tenté de détruire ou de dégrader la propriété d'autrui. La poursuite n'a lieu que sur la plainte de la partie lésée, plainte qui peut être retirée, si le délit a été commis au préjudice d'un parent.

3. — 2° *Angleterre.* — Les faits de dommage et de destruction, notamment l'incendie, sont réprimés par les lois (*Rép.* n° 4). — Une loi de 1876, qui a causé une vive émotion dans le corps médical, a pour but, sinon de mettre fin aux expériences de vivisection, du moins d'en réduire notablement le nombre. L'art. 1er interdit d'une manière générale les expériences cruelles sur les animaux, sauf quand il s'agit d'une recherche médicale ou physiologique (art. 2). Dans ce cas, elles ne peuvent être faites que par une personne munie d'une licence du secrétaire d'Etat de l'intérieur, et dans des locaux spécialement désignés. L'animal doit être soumis à l'influence d'un anesthésique, et tué après l'opération, si la douleur qui en résulte ne peut être calmée, à moins cependant que l'expérimentateur ne produise un certificat délivré soit par le président d'une corporation médicale, soit par un professeur de faculté de médecine, établissant que l'usage d'un anesthésique ou la mort immédiate de l'animal sont incompatibles avec le but même de l'expérience (art. 3). Toute expérience, même avec l'emploi d'un anesthésique, est prohibée sur les chats et les chiens, ainsi que sur les chevaux, ânes et mulets, à moins de nécessité dûment constatée par un certificat régulièrement délivré par les personnes compétentes (art. 5). Enfin l'art. 6 interdit toute expérience publique de vivisection (*Annuaire de législation étrangère*, année 1877, p. 15).

4. — 3° *Belgique.* — Le code pénal français étant en vigueur, sauf certaines modifications apportées lors de la réforme de 1867, nous n'avons rien de particulier à y signaler. — En ce qui concerne les barrages, moulins et usines, les règlements d'eaux sont faits, dit l'art. 24 de la loi du 7 mai 1877 sur la police des cours d'eau, par la députation permanente des États provinciaux, et les infractions à ces règlements sont punies des peines de simple police (art. 27) (*Annuaire de législation étrangère*, 1878, p. 508 et 509). Le nouveau code rural belge de 1880 contient sur la matière des destructions et dégradations diverses dispositions intéressantes dont il y a lieu de mentionner les principales. L'art. 88-8° punit d'une amende de 5 à 15 fr. ceux qui décloront un champ pour se faire un passage dans leur route, à moins qu'il ne soit décidé par le juge que le chemin public était impraticable. Il y a là une dégradation de clôture d'un genre tout particulier, et dans laquelle la loi belge n'a voulu voir qu'une simple contravention, tandis que la destruction de clôture en général constitue, comme en France, un délit prévu et puni par les art. 543 et 563-2° du code pénal belge de 1867. — Une amende de 15 à 25 fr. et un emprisonnement d'un à sept jours, ou bien l'une ou l'autre de ces deux peines, sont prononcées par l'art. 90-8° contre « ceux qui auront volontairement détruit ou dégradé, bouché ou déplacé des tuyaux de drainage ». Chez nous, le législateur voit là un délit puni des peines portées en l'art. 456 c. pén. (V. *infrà*, n° 185). — Comme le code français, le code pénal belge voit un délit dans le fait de mutilation d'arbres commise méchamment de manière à les faire périr (art. 537), ainsi que dans la destruction des greffes. Mais il ne voit qu'une contravention dans le fait d'écorcer ou couper, en tout ou en partie, les arbres d'autrui sans les faire périr (art. 90-9°), et prononce les mêmes peines qu'au cas de destruction ou dégradation des tuyaux de drainage. Les mots *coupés en tout* ne s'appliquent qu'aux arbustes et arbrisseaux que l'on peut couper entièrement sans les faire périr (*Code rural belge*, interprété par Clément et Lépinois, Bruxelles, 1888, n° 945), tandis que les mots *coupés en partie* s'entendent de l'ébranchage de l'arbre (*op. cit.*, n° 946). Cette disposition comprend tous les arbres des propriétés urbaines ou rurales, mais ne s'applique point à ceux des bois et forêts, qui sont protégés par le code forestier (*op. cit.*, n° 947). — Les mêmes peines sont applicables à ceux qui auront enlevé le bois des haies ou des plantations d'arbres (art. 90-10°). Il ne s'agit ici que du bois non coupé; l'enlèvement du bois coupé constituerait un vol (*op. cit.*, n° 951). — La destruction volontaire des greffes, avons-nous dit, est un délit, leur destruction par défaut de précaution ne constitue, d'après le code rural belge (art. 88-13°), qu'une contravention passible d'une amende de 5 à 15 fr. Sont punis de la même peine ceux qui auront inondé le terrain d'autrui ou y auront volontairement transmis les eaux d'une manière nuisible, en dehors des cas prévus par l'art. 549 c. pén. (art. 88-14°), c'est-à-dire par imprévoyance ou défaut de précaution (*op. cit.*, n° 871), et non *méchamment* ou *frauduleusement*, comme le veut le code pénal, c'est-à-dire dans un but de haine ou de vengeance ou dans l'intention de s'enrichir aux dépens d'autrui (*op. cit.*, n° 870). — Sont punis des peines de l'art. 90 précité ceux qui auront jeté dans un canal, étang, vivier ou réservoir des substances de nature à détruire le poisson (art. 90-3°). Il faut que le fait ait été commis sans intention de détruire le poisson; autrement, il y aurait là un délit prévu et puni par l'art. 539 du code pénal de 1867 (*op. cit.*, n° 927). Si le fait a été commis dans des eaux courantes, il est prévu par les lois sur la pêche (*op. cit.*, n° 926). — Les mêmes peines sont applicables à « ceux qui volontairement et de quelque manière que ce soit, auront détruit, renversé, bouché ou fracturé des ruches d'abeilles, ou qui auront fait périr ou tenté de faire périr les abeilles appartenant à autrui » (art. 90-5°). — Enfin l'art. 91 du code rural voit une circonstance aggravante, donnant lieu à une élévation de peine, dans le fait qu'il y a eu récidive, que la contravention a été commise la nuit, qu'elle l'a été en bande ou en réunion.

5. — 4° *Canada.* — Une loi ou *act* a été votée en 1875 par le Parlement canadien, à l'effet de prévenir la cruauté envers les animaux transportés par chemins de fer ou autres voies de transport dans les limites de la puissance ou *Dominion* du Canada. Cette loi interdit de tenir les bestiaux enfermés sans nourriture, plus de vingt-huit heures. Passé ce délai, ils doivent être sortis et convenablement nourris, abreuvés, soignés et reposés pendant cinq heures au moins. Chaque infraction est punie d'une amende de 500 piastres (2500 fr.) au plus; à défaut de payement, le contrevenant est emprisonné pendant trente jours au plus (*Annuaire de législation étrangère*, 1876, p. 861). — En 1880, un autre acte du Parlement a édicté, pour la protection des animaux, les dispositions suivantes : quiconque bat, attache, maltraite, malmène, surmène ou tourmente inutilement, cruellement ou sans nécessité, un cheval, jument, cheval hongre, taureau, bœuf, vache, génisse, bouvillon, veau, mule, âne, mouton, agneau, cochon ou autre bétail, ou des volailles, ou un chien, ou un animal ou oiseau domestique, — quiconque, conduisant quelque bétail ou tout autre animal, a été la cause, par sa négligence ou ses mauvais traitements, que le bétail ou autre animal sous ses soins commet des dommages ou dégâts, — enfin quiconque a encouragé, de quelque manière que ce soit, par sa présence ou autrement, un combat de taureaux, d'ours, de blaireaux, de chiens, de coqs ou de toute autre espèce d'animaux, qu'ils soient domestiques ou à l'état sauvage, — encourt, pour chaque infraction de ce genre, la peine de l'emprisonnement pendant trois mois au plus, avec ou sans travail forcé, pour une amende n'excédant pas 50 piastres, ou les deux peines à la fois. Est puni de la même peine quiconque construit, fait, entretient ou garde une arène pour les combats de coqs sur des lieux lui appartenant ou occupés par lui, ou permet qu'une telle arène soit construite ou entretenue sur des lieux lui appartenant ou occupés par lui. »

6. — 5° *Espagne.* — Le crime d'incendie fait l'objet du chap. 7, liv. 2, tit. 13, du code pénal de 1871 revisé par la loi du 17 juill. 1876 (art. 561 à 574). — Est puni de la peine des fers à temps ou même à perpétuité, suivant les circonstances, l'incendie des arsenaux, magasins, parcs d'artillerie et poudreries, archives et musées de l'État, des trains de voyageurs en marche et des navires hors des ports, des magasins de matières inflammables ou explosibles situés dans les villes, des églises, théâtres et tous autres édifices destinés à des réunions (art. 571), alors que l'incendiaire savait qu'ils pouvaient renfermer une ou plusieurs personnes (art. 562), ce qui comprend implicitement les maisons habitées ou destinées à l'habitation. S'il l'ignorait ou si, au cas d'incendie d'un édifice public, le dommage excède 2500 *pesctas*, la peine n'est que temporaire (art. 563). Lorsque la valeur est moindre, la peine est celle des galères et peut même s'abaisser à un emprisonnement correctionnel (art. 564 et 565). Le code s'occupe ensuite de l'incendie des maisons habitées situées à la campagne, des moissons, pâturages et plantations, et la peine varie alors avec le préjudice causé (art. 566 et suiv.). Les autres incendies ne sont punis que de peines correctionnelles (art. 570). Les peines prononcées par les articles précédents sont applicables, suivant les circonstances, aux faits d'inondation, d'explosion de mines ou de machines à vapeur, de déraillement, de destruction de télégraphes, etc. (art. 572). Enfin l'art. 574 prévoit et punit l'incendie de sa propre chose par le propriétaire. — Le chap. 8 traite des autres dommages à la propriété d'autrui, tels que destruction de titres, d'archives, etc. (art. 575 à 579) et prononce des peines correctionnelles.

7. — 6° *Etats-Unis d'Amérique.* — Un acte du congrès du 3 mars 1873 a pour but de prévenir les mauvais traitements dont les animaux peuvent être victimes pendant leur transport par chemin de fer, bateau ou toute autre voie. En raison des restrictions constitutionnelles apportées à la compétence fédérale, cette loi ne s'applique qu'au transport d'un État dans un autre. Elle interdit la séquestration des animaux dans des wagons ou cabines quelconques où l'espace manque, pendant plus de vingt heures consécutives, et prescrit de les décharger après cet intervalle, pour leur donner au moins cinq heures de repos; les exploitants des voies de transport sont tenus de leur donner pendant ce temps à manger et à boire, mais ils ont un droit de gage sur les animaux pour la restitution des frais de nourriture. La pénalité pour toute infraction consiste dans une amende de 100 à 500 dollars (*Annuaire de législation étrangère*, 1874, p. 494). — Une loi de 1875 ou 1876 de l'État de New-York punit les cruautés contre les animaux domestiques, en exceptant toutefois les pigeons, dont on permet le tir à deux conditions : 1° que ceux qui s'y livrent soient membres d'un club de *sportsmen* ou d'une société incorporée; 2° que, lorsque les pigeons sont blessés, on les tue aussitôt après les avoir capturés. — Dans la Louisiane, une loi de 1880 (*act* n° 44) prononce l'amende et l'emprisonnement contre ceux qui se rendent coupables de cruautés et de mauvais traitements envers les animaux domestiques. L'amende peut s'élever jusqu'à 100 dollars, l'emprisonnement jusqu'à trois mois. La loi définit les mauvais traitements qui peuvent être l'objet de cette répression. Nous y remarquons le fait, pour les agents des compagnies de transport par eau ou par terre, d'avoir laissé des animaux enfermés plus de vingt-quatre heures, sans leur donner la nourriture, l'eau et les soins nécessaires : la compagnie tombe, dans ce cas, sous l'application de la loi (*Annuaire de législation étrangère*, 1881, p. 690).

8. — 7° *Grand duché de Finlande.* — Dans ce pays qui, malgré son annexion à la Russie, a conservé sa législation propre, une loi du 20 janv. 1868 punit ceux qui, dans une intention frauduleuse, mettent le feu à leur propre maison ou à d'autres biens leur appartenant.

9. — 8° *Hongrie.* — Les art. 418 à 421 du code pénal du 29 mai 1878 considèrent comme un délit le dommage causé aux propriétés mobilières d'autrui ou leur destruction. Par exception, le dommage ou la destruction constitue un crime, lorsque ces choses appartiennent à un témoin, un expert ou un fonctionnaire public, et qu'elles ont été endommagées ou détruites pour se venger d'un témoignage, d'un avis ou d'un acte. Il en est de même, s'il s'agit de choses consacrées au culte ou à la mémoire des morts; de livres ou de manuscrits de bibliothèques publiques; d'objets conservés dans les dépôts publics, les musées et les archives, dans l'intérêt des arts, de la science ou de l'industrie. Les art. 422 à 428 punissent l'incendie volontaire ou l'incendie par imprudence, ainsi que l'entente établie entre deux ou plusieurs personnes en vue d'allumer un incendie, lorsque cette entente a été suivie d'un acte préparatoire. Commet un crime celui qui volontairement ou sans droit, perce ou détruit des digues, écluses, travaux de défense, et cause ainsi une inondation qui met en péril la vie des personnes ou menace les propriétés (art. 429 à 433). Enfin les art. 434 à 446 punissent le dommage causé volontairement ou par imprudence aux chemins de fer, bateaux à vapeur ou autres, lorsqu'il en résulte un danger pour les personnes ou les choses transportées.

10. — 9° *Luxembourg.* — Le chap. 3 du tit. 9 du code pénal du 18 juin 1879 qui, dans le grand duché, a remplacé le code français, chapitre qui traite des destructions, dégradations, dommages (art. 520 à 550) est divisé en neuf sections à peu près identiques aux divisions adoptées au *Rép.* n° 1 (*Annuaire de législation étrangère*, 1880, p. 601).

11. — 10° *Mexique.* — Le nouveau code pénal du 7 déc. 1871 (tit. 6, liv. 3) punit de douze années de prison l'incendie d'une maison habitée, sans préjudice de la peine de l'homicide, s'il y a eu mort d'homme (art. 463). Les mauvais traitements envers les animaux qui consistent, soit à les charger à l'excès,soit à commettre sur eux quelque acte de cruauté sont punis d'une amende de 1 à 10 piastres (5 à 50 fr.) (tit. 6, liv. 4).

12. — 11° *Pays-Bas.* — L'art. 7 de la loi du 5 juin 1875 prescrivant des mesures contre la rage est ainsi conçu : « Quiconque aura volontairement tourmenté, torturé ou maltraité un chien ou un chat sera puni d'une amende de 5 à 25 florins et d'un à cinq jours d'emprisonnement, conjointement ou séparément. Les chiens et chats, qui seront trouvés vaguant sur le terrain d'autrui, pourront être impunément tués par celui qui habite le terrain ou qui en est le locataire ou fermier » (*Annuaire de législation étrangère*, 1876, p. 675). — Une loi du 25 mai 1880 défend de tuer, capturer, vendre ou colporter certains animaux utiles à l'agriculture énumérés dans son art. 1er, et protège également dans les mêmes conditions les œufs et nids des oiseaux utiles (art. 2). Les contraventions à ces dispositions sont punies d'une amende d'un demi florin à 20 florins ; en cas de récidive dans les deux ans, l'amende peut être portée jusqu'à 40 florins, ou même remplacée par un emprisonnement d'un à sept jours (art. 6). Néanmoins (art. 5) ces dispositions ne sont pas applicables à ceux qui ont la propriété ou la jouissance des habitations, jardins et enclos où se trouvent les animaux et oiseaux en question; ils peuvent les détruire ou les faire détruire impunément (*Annuaire précité*, 1881, p. 392).

13. — 12° *Suisse.* — Dans le canton de *Genève*, les art. 216 à 224 du code pénal du 21 oct. 1874 renferment sur les crimes et délits d'incendie des dispositions analogues à celles des art. 434 et suiv. de notre code pénal. Ils prévoient l'incendie des maisons habitées et non habitées, des édifices, navires, wagons contenant ou non des personnes, des bois et récoltes, etc., l'incendie par imprudence et la destruction par explosion des constructions précitées. Les peines varient depuis l'emprisonnement correctionnel de huit jours jusqu'à la réclusion perpétuelle, au cas de mort (la peine capitale n'existant pas dans le code pénal de 1874). — Les art. 225 à 230 s'occupent spécialement des faits de destruction ou de dégradation qui ont pu entraver la libre circulation des chemins de fer et bateaux; en cas de mort de personnes se trouvant dans les wagons ou bateaux détruits ou submergés, la réclusion perpétuelle est prononcée. — La sect. 4 du tit. 8 (art. 337 à 356) relatif aux crimes et délits contre les propriétés s'occupe plus particulièrement des destructions, dégradations et dommages. On y traite successivement : 1° *Des biens immeubles*, ce qui comprend la destruction des édifices, ponts, digues, chaussées, etc., l'inondation des chemins ou propriétés d'autrui, et l'obstacle apporté volontairement au libre écoulement des eaux; la peine peut, au cas de mort, être élevée jusqu'à quinze ans de réclusion; — 2° *Des biens meubles*, c'est-à-dire du pillage des denrées, destruction de marchandises, machines agricoles, détérioration de marchandises ou de matières premières; les peines sont correctionnelles ; — 3° *Des papiers et des titres*, ce qui comprend la destruction des registres ou actes de l'autorité publique, titres, billets, lettres de change, effets de commerce ou de banque, testament olographe; la peine est la réclusion, quand il s'agit d'actes de l'autorité publique, de testament olographe, d'effets de commerce ou de banque; dans les autres cas, le code n'édicte qu'un emprisonnement correctionnel; — 4° *Des animaux.* Sous cette rubrique, le législateur fait rentrer la mort, les blessures et toutes les lésions volontaires, l'empoisonnement des rivières; mais il n'y est pas question des mauvais traitements; les peines peuvent aller jusqu'à trois ans de prison ; — 5° *Des délits ruraux, destruction ou dégradation de clôtures.* Sous la dénomination de délits ruraux, le code génevois comprend toute rupture, destruction d'instruments d'agriculture, de parcs de bestiaux, cabanes de gardien, greniers à fourrages, toute mutilation d'arbres et de greffes. Dans la destruction de clôture, rentrent l'arrachage des haies, la suppression ou déplacement de bornes ou pieds corniers, le comblement de fossés ou conduits d'eau. — En ce qui concerne les mauvais traitements envers les animaux et la protection qui leur est due, matière dont, avons-nous dit, le code pénal de 1874 ne s'occupe pas, nous mentionnerons un règlement de police du 24 sept. 1878 qui entre dans les détails les plus minutieux sur les animaux que l'homme emploie à son usage ou à son alimentation, et donne le caractère de contravention à des faits d'une pratique presque journalière, qui ne tomberaient certainement pas sous le coup de la loi française du 2 juill. 1850 (V. *infrà*, nos 162 et suiv. ; *Annuaire de législation étrangère*, 1879, p. 586).

Aux termes du code pénal promulgué en 1873 dans le canton de *Fribourg* (art. 205 à 211), l'incendie volontaire est puni de dix à vingt ans de réclusion, lorsqu'il a été mis à des édifices publics ou à des bâtiments habités ou servant à l'habitation, à des objets pouvant leur communiquer le feu, à des wagons et à des mines où les ouvriers peuvent séjourner, que les objets incendiés appartiennent ou non au propriétaire. La peine est la réclusion perpétuelle si l'incendie a été accompagné de circonstances aggravantes de nuit, de pillage, d'émeute, etc. ; la mort, si une personne a perdu la vie dans l'incendie et que le coupable ait pu prévoir ce résultat; la réclusion perpétuelle, au cas de blessures graves. L'incendie de constructions appartenant à autrui, mais ne servant pas à l'habitation (granges, écuries, magasins, hangars, etc.) est puni de cinq à quinze ans de réclusion, s'il n'en est résulté aucun danger pour autrui ; la peine n'est que de un à six ans, si l'incendie a été allumé par le propriétaire pour se procurer un bénéfice illicite ou nuire à un tiers. Enfin la peine est simplement correctionnelle, lorsque le coupable a volontairement étouffé ou arrêté l'incendie, avant qu'il ait produit un préjudice notable. L'art. 212 prévoit le cas où une inondation a été volontairement causée par la rupture de digues ou tous autres ouvrages servant de défense contre les eaux ou par tout autre moyen ; le coupable est puni, comme au cas d'incendie, de peines proportionnées au préjudice causé soit aux personnes, soit aux propriétés. — Les autres atteintes à la propriété (destruction, dommage, dégradation) sont prévues par les art. 213 à 218 du code pénal, et punies, en raison de la valeur du préjudice causé, de six mois à deux ans de prison, ou de peines purement correctionnelles ; l'emprisonnement ne peut excéder quatre mois, sauf le cas de circonstances aggravantes (art. 214 et 215).

Le code pénal du canton du *Tessin* promulgué en 1873 punit de huit à seize ans de réclusion l'incendiaire d'une maison habitée ou destinée à l'habitation ou d'un établissement destiné à un service public (art. 393). La durée de la réclusion est de seize à vingt ans, lorsqu'il s'agit d'une édifice public servant de lieu de réunion à plusieurs personnes (église, école, caserne, théâtre, etc.); d'un bâtiment contenant des matières inflammables, des archives ou registres publics, des correspondances postales ou des arsenaux et magasins de l'Etat (art. 394). La réclusion peut être perpétuelle, quand il y a eu mort d'homme (la peine capitale est abolie dans le canton du Tessin). Si l'édifice incendié n'est ni habité, ni destiné à l'habitation, la durée de la réclusion est de huit à douze ans (art. 395). Dans tous les autres cas, cette durée sera de quatre à huit ans (art. 396). L'incendie de sa propre chose par le propriétaire est puni de la réclusion de quatre à huit ans ou de huit à douze ans, suivant les circonstances (art. 399). Quant à l'incendie par imprudence, négligence ou inobservation des règlements, il est puni de la détention correctionnelle (art. 400). Au cas d'inondation et de submersion, le coupable est puni de la réclusion perpétuelle ou temporaire, ou de la simple détention, suivant son degré de perversité ou le dommage causé (art. 401 à 404). — Enfin le simple dommage à la propriété mobilière ou immobilière d'autrui, qu'il s'agisse de propriétés particulières ou de choses destinées à l'utilité publique, est puni de la détention correctionnelle (art. 405 et suiv.). Toutefois la peine de la réclusion est applicable au cas de dommages causés méchamment aux voies ferrées, machines ou wagons; la réclusion peut même être perpétuelle, au cas où il y a eu mort d'homme (art. 408). Il y a également lieu à appliquer la peine de la réclusion temporaire ou même perpétuelle au cas de déraillement ou de jets de corps durs contre les machines ou trains en marche (art. 409).

Dans le canton de *Vaud*, le code pénal de 1843 punit de deux à douze ans de réclusion l'incendie de constructions non habitées, des récoltes, forêts, houillères, ponts, bateaux, voitures, dépôts de marchandises combustibles ou non, lorsque la valeur du dommage dépasse 300 fr.; sinon, la peine peut être abaissée à un an (art. 313). Mais elle est de quatre à vingt ans au cas de circonstances aggravantes de maison habitée ou servant à l'habitation, de bâtiment destiné à un service public, de nuit, de mort d'homme, de vol, de pillage en bande, etc. (art. 314). La peine est de douze à trente ans si le feu a été mis à un édifice où un grand nombre de personnes se trouvaient rassemblées, à un arsenal, à une caserne, etc. (art. 315). Enfin le coupable encourt la peine capitale si l'incendie a causé la mort d'une personne, alors qu'il avait pu ou dû le prévoir (art. 316). L'incendie par imprudence est puni de dix mois de prison et de 600 fr. d'amende au plus (art. 320); la peine peut être portée à quatre ans et l'amende à 2000 fr. dans le cas des art. 314 et 315 et si une personne a péri dans cet incendie (art. 321). Aucune peine n'est applicable à l'auteur de l'incendie qui l'éteint de son propre mouvement avant qu'il en soit résulté un dommage quelconque (art. 319). Des peines analogues sont applicables au cas de destruction par l'effet d'une mine ou d'un artifice quelconque (art. 322) et au cas d'inondation causée par la destruction de digues et d'écluses ou par le détournement des cours d'eau ou tout autre moyen. Les autres actes ayant pour effet de détruire ou d'endommager les propriétés mobilières ou immobilières d'autrui sont prévus par les art. 325 à 333 et punis de peines correctionnelles variant de quinze jours à quatre ans de prison et de 20 à 2000 fr. d'amende, suivant la nature du délit, les circonstances aggravantes et l'importance du préjudice causé. Ce sont, notamment, les blessures ou destructions d'animaux, les déplacements ou enlèvements de bornes, la destruction ou dégradation des registres publics, titres authentiques ou testaments, des munitions ou armes de guerre renfermées dans les arsenaux de l'État, la dégradation des édifices consacrés au culte et des objets qui s'y trouvent, de tout ce qui sert à l'utilité et à l'embellissement des voies publiques, des pompes à incendie, des objets contenus dans les bibliothèques publiques ou les collections d'art ou de science, etc.

CHAP. 2. — De l'incendie (*Rép.* nos 5 à 142).

ART. 1er. — *Des différents crimes d'incendie prévus par l'art. 434 c. pén.* (*Rép.* nos 5 à 36).

14. Comme on l'a vu au *Rép.* nos 1 à 16, chez tous les peuples, l'incendie est puni des peines les plus sévères. La loi de 1791 et le code pénal de 1810 le punissaient de mort d'une manière générale et absolue, sans distinguer entre les mobiles, les caractères et les résultats qu'il pouvait avoir (*Rép.* nos 17 et suiv.). Lors de la réforme du code pénal en 1832, on considéra avec raison, a dit le rapporteur du projet de loi présenté au Corps législatif, pour la revision de 1863 (V. D. P. 63. 4. 94, § 123), les diverses circonstances constitutives d'une culpabilité plus ou moins grande, et le nouvel art. 434 divisa tous les crimes d'incendie en cinq classes: 1° l'incendie des lieux habités ou servant à l'habitation, qu'ils appartiennent ou non à l'auteur du crime; — 2° L'incendie des lieux non habités, bois et récoltes, appartenant à autrui; — 3° L'incendie des mêmes lieux ou des mêmes choses, appartenant à l'auteur du crime; — 4° L'incendie d'objets placés de manière à communiquer le feu aux lieux et choses mentionnés ci-dessus; — 5° Enfin l'incendie qui a occasionné, même accidentellement, la mort d'une ou de plusieurs personnes se trouvant sur les lieux incendiés au moment où le feu a éclaté.

15. L'art. 434 a subi, lors de la revision du 13 mai 1863, de nouvelles modifications. Il prévoit et punit aujourd'hui, en en graduant la criminalité, six classes d'incendie volontaire: 1° l'incendie d'édifices, navires, bateaux, magasins, chantiers, quand ils sont *habités* ou *servent à l'habitation*, et, généralement, tous lieux ayant cette destination, qu'ils appartiennent ou non à l'auteur de l'incendie, en y ajoutant les voitures et wagons qui, au moment de l'incendie, contiennent des voyageurs ou font partie d'un convoi qui en contient (§ 1er et 2); — 2° L'incendie des édifices, navires, bateaux, magasins ou chantiers, lorsqu'ils ne sont *ni habités ni servant à l'habitation*, ainsi que celui des forêts, bois, taillis ou récoltes *sur pied*, lorsque ces objets appartiennent à autrui (§ 3); — 3° L'incendie des pailles ou récoltes en tas ou en meules, des bois disposés en tas ou en stères, ainsi que celui des voitures et wagons chargés ou non et ne faisant pas partie d'un convoi contenant des personnes, lorsque ces objets appartiennent à autrui (§ 5); — 4° L'incendie des objets renfermés dans les 2e et 3e classes, *lorsqu'ils sont la propriété de l'incendiaire* et qu'il en est résulté un *préjudice* pour autrui; est également punissable, dans ce cas, aux termes de la loi du 13 mai 1863, le tiers qui met le feu sur l'ordre du propriétaire (§ 4 et 6); — 5° L'incendie *par communication* de l'un des objets énumérés dans les quatre classes précédentes, qu'ils soient ou non la propriété de l'incendiaire (§ 7); — 6° Tout incendie volontaire ayant occasionné la *mort* d'une ou de plusieurs personnes se trouvant dans les lieux incendiés au moment où il a éclaté (§ 8). — Nous étudierons successivement ces six classes d'incendies volontaires, et traiterons ensuite de l'incendie par imprudence ou négligence et de l'incendie casuel ou purement accidentel (V. *infrà*, nos 77 et suiv.).

16. Dans l'étude qui va suivre, on laissera de côté tout ce qui concerne la position des questions au jury, cette matière ayant été traitée d'une manière générale au *Rép.* v° *Instruction criminelle*, nos 2481 et suiv., et en ce qui concerne plus spécialement le crime d'incendie, *ibid.* nos 2882 et suiv., 2897 et suiv. Elle sera d'ailleurs étudiée de nouveau *infrà*, v° *Instruction criminelle*.

§ 1er. — Incendie, soit de lieux habités ou servant à l'habitation, soit de voitures ou wagons réputés habités (*Rép.* nos 37 à 57).

17. Cette première classe d'incendie est prévue par les deux premiers paragraphes de l'art. 434 qui exigent pour qu'il y ait ici crime puni de mort: 1° que le feu ait été mis *volontairement* (*Rép.* nos 38 et suiv.), c'est-à-dire comme le voulait le code pénal du 25 sept. 1791 (tit. 2, sect. 1re, art. 32), par *malice*, par *vengeance* ou *avec intention de nuire*; 2° que les lieux incendiés soient *habités* ou *servent à l'habitation* (*Rép.* nos 44 et suiv.).

18. — 1° Il faut que le feu ait été mis *volontairement*, c'est-à-dire avec *intention de nuire*. Alors même que l'incendiaire ferait valoir pour sa justification qu'il n'a causé un préjudice à autrui que pour atteindre un résultat louable en lui-même, le crime n'en subsisterait pas moins, le moyen de justification tiré de la bonne intention n'étant pas admissible, lorsqu'il s'agit d'un acte contraire à la loi naturelle ou à la loi morale. Il n'est pas nécessaire qu'il y ait relation directe de cause à effet entre la volonté et le résultat de l'incendie; il suffit que l'agent ait mis le feu avec connaissance de cause, sans même qu'il en ait prévu les résultats (Chauveau et Faustin Hélie, t. 6, n° 2521). — Ainsi il a été jugé que la circonstance que l'auteur de l'incendie d'une maison habitée (dans l'espèce, une cabane occupée par un homme et une femme vivant en concubinage) aurait agi, non dans l'intention de faire subir des dégâts aux habitants, dont il aurait au contraire préservé autant que possible le mobilier, et qu'il aurait indemnisés des dégâts subis, mais en vue de parvenir, par ce procédé violent, à les expulser de la commune, n'empêche pas que le fait ne doive être considéré comme constitutif du crime d'incendie volontaire d'une maison habitée. En pareil cas, l'intention de nuire, pour avoir un objet autre que celui que se proposent ordinairement les incendiaires, n'en existe pas moins (Crim. cass. 15 juin 1871, aff. Gaillard, D. P. 71. 1. 363). — *L'intention de nuire* devant exister chez l'incendiaire, l'art. 434, al. 1, ne s'applique pas à l'incendie causé par négligence ou inobservation des règlements qui ne constitue qu'un délit (*Rép.* nos 132 et suiv. V. *infrà*, nos 77 et suiv.).

19. La *tentative* d'incendie est punissable, conformément aux principes généraux posés dans l'art. 2 c. pén. (*Rép.* n° 41). On a considéré comme une *tentative*, et non comme une simple préparation du crime, le fait d'un individu d'avoir, en vue de la consommation d'un incendie, disposé des matériaux combustibles dans la maison d'un autre, de telle sorte que celui-ci dût nécessairement, et à son insu, y mettre le feu, rien qu'en se servant, par exemple, de sa cheminée ou de son four (Crim. cass. 20 juill. 1861, aff. Vilmenot, D. P. 61. 1. 405). Le crime simplement préparé est celui dont l'exécution exige encore le concours du criminel; mais lorsque, par suite des combinaisons prises par celui-ci, la consommation du crime ne dépend plus de lui et est devenue inévitable à moins de circonstances imprévues, il y a plus qu'une préparation, il y a une véritable tentative. Le criminel ne peut s'affranchir de la responsabilité pénale de son entreprise, qu'en intervenant de nouveau pour empêcher la consommation qui menace sa victime; si son entreprise avorte par l'effet de circonstances indépendantes de sa volonté, ou si elle obtient le regrettable succès en vue duquel il a agi, il ne peut plus évidemment décliner cette responsabilité. — V. *infrà*, v° *Tentative*.

20. — 2° Il faut que les lieux incendiés soient *habités* ou *servent à l'habitation* (*Rép.* n°s 45 à 55). Cette distinction entre les lieux habités ou non et servant ou non à l'habitation, introduite lors de la revision de 1832 et maintenue par la loi du 13 mai 1863, n'existait pas dans le code pénal de 1810 qui punissait toujours l'incendiaire de la peine de mort. — En mettant sur la même ligne (*Rép.* n° 45) les lieux habités et ceux servant à l'habitation et en confondant ces deux circonstances dans la même pénalité, la loi n'exige pas, pour qu'il y ait crime entraînant la peine capitale, que les lieux incendiés soient réellement habités *au moment de l'incendie*. Il suffit que telle soit leur destination naturelle, ordinaire (Crim. rej. 13 févr. 1840, et Crim. cass. 18 févr. 1843, *Rép.* n° 46). Jugé, dans le même sens, par un arrêt plus récent, que l'art. 434, § 1er, combiné avec l'art. 390 c. pén. entend parler de tout bâtiment, logement, etc., qui, sans être réellement habité, joint un bâtiment habité et fait corps avec lui (Crim. cass. 11 mars 1858, aff. Rivet, *Bull. crim.*, n° 85. V. Chauveau et Faustin Hélie, t. 6, n° 2525; Blanche, t. 6, n° 496).

21. Mais, s'il s'agit de lieux non destinés par leur *nature* à une habitation normale et ordinaire, et qui cependant se trouveraient, en fait, être habités lors de l'incendie, la solution doit être différente. Une telle habitation, tout accidentelle, ne rentre pas dans les termes de l'art. 434, al. 1; il serait impossible, notamment, d'appliquer la disposition de cet article concernant le crime d'incendie de tous lieux habités ou servant à l'habitation, à l'incendie volontaire d'une grotte, d'une caverne, ou d'abris faits sous des arbres, bien qu'ils fussent habités quand le crime d'incendie a été commis. — Ainsi il a été jugé qu'une cabane de gardien, notamment quand elle consiste en quatre pieux plantés en terre et supportant quelques traverses couvertes de tiges de maïs et de broussailles, n'est pas un édifice dans le sens des dispositions qui répriment le crime d'incendie. Dès lors, l'action d'avoir mis le feu à une telle cabane constitue simplement le délit prévu et puni par l'art. 451 c. pén. (V. *infrà*, n° 33), qui réprime le fait de destruction des cabanes de gardiens, sans distinction entre les modes de destruction employés (Crim. rej. 15 avr. 1869, aff. Bosc, D. P. 69. 1. 534).

22. Aux termes d'une jurisprudence constante, les expressions *maison habitée* ou *servant à l'habitation* doivent s'entendre non seulement des édifices eux-mêmes, mais encore de toutes leurs dépendances, alors même qu'elles ne seraient ni habitées ni destinées à l'habitation. On a vu (*Rép.* n°s 50 et suiv.) que la cour suprême avait dû, par de nombreuses décisions, et notamment par deux arrêts des chambres réunies des 14 août 1839 (*Rép.* n° 50) et 18 janv. 1847 (aff. Faguet, D. P. 47. 1. 12), ce dernier rendu contrairement aux conclusions de M. le procureur général Dupin, briser la résistance de plusieurs cours d'appel, qui jugeaient cette solution trop rigoureuse. Cette jurisprudence, applique ici par analogie les dispositions de l'art. 390 c. pén. qui, en matière de vol qualifié, répute *maison habitée*, non seulement l'édifice même qui sert à l'habitation, mais encore toutes ses dépendances, quelles qu'elles soient, comprises dans l'enceinte d'une même propriété. — Cette jurisprudence est combattue par MM. Chauveau et Faustin Hélie, n°s 2526 et 2527, qui argumentent de ce que rien dans les termes de la loi ni dans la discussion de l'art. 390 n'indique de la part du législateur la pensée de l'étendre aux cas d'incendie. — Il a été jugé que la définition de l'art. 390 relatif au vol s'étend, d'une manière générale, au crime d'incendie (Crim. rej. 22 sept. 1853, aff. Dauphin, D. P. 53. 5. 253), qu'elle s'y applique, alors même que le feu aurait été mis à des dépendances ayant une clôture particulière dans la clôture ou enceinte générale (Crim. cass. 18 mai 1854, aff. Vendange, D. P. 54. 5. 430), notamment à une grange (Crim. cass. 14 août 1856, aff. Cyvoct, D. P. 56. 1. 381). A plus forte raison, en est-il ainsi lorsque la grange joint un bâtiment habité et fait corps avec lui (Crim. cass. 11 mars 1858, aff. Rivet, *Bull. crim.*, n° 85). D'une façon générale, on doit comprendre parmi les édifices ou lieux servant à l'habitation les bâtiments qui dépendent de la maison habitée, en font partie, la constituent et la complètent (Crim. rej. 8 août 1873, aff. Ahmed bou Mezrag, *Bull. crim.*, n° 224).

23. Mais, si générale qu'elle puisse être, la disposition de l'art. 390 ne doit pas être abusivement détournée de son sens juridique. Il importe de remarquer (Chauveau et Faustin Hélie, t. 6, n° 2527), qu'en étendant le caractère *de maison habitée à tout ce qui en dépend*, la loi a voulu que cette dépendance fût formellement constatée, car elle constitue le seul motif de l'aggravation; il ne suffirait donc pas de déclarer que l'accusé est coupable d'incendie d'un bâtiment attenant à une maison habitée, car la contiguïté n'est pas la dépendance. Il a été jugé, dans ce sens, que l'art. 390 qui explique ce qui doit être réputé *maison habitée*, ne fait rentrer dans son assimilation que les lieux qui dépendent de l'habitation, comme cours, basses-cours, granges, écuries et édifices qui y sont *enfermés*, quand même ils auraient une clôture particulière dans la clôture ou enceinte générale, lesquels ne forment réellement qu'un seul tout avec la maison, et réclament dans l'intérêt des habitants la même protection; mais qu'être *attenant* à une maison habitée n'est pas la même chose qu'en dépendre; que, au premier cas, les deux bâtiments se touchent, mais sans corrélation nécessaire, et peut-être même sans corrélation entre eux, tandis que, au second cas, les édifices renfermés dans la même enceinte constituent en réalité deux parties de la même habitation (Crim. cass. 25 mai 1848, aff. Petit, *Bull. crim.*, n° 159. V. également: Crim. cass. 17 déc. 1846, aff. Gillet, D. P. 47. 4. 125).

24. L'extension au crime d'incendie des termes de l'art. 390 c. pén. en ce qui concerne les dépendances des maisons habitées ou servant à l'habitation a également préoccupé le législateur. Lors de la discussion au Corps législatif de la loi du 13 mai 1863, le rapporteur, après avoir rappelé le texte même de l'art. 390, et montré que le feu mis aux dépendances d'une maison habitée ou servant à l'habitation pouvait être aussi dangereux pour la vie de l'homme que s'il était mis à la maison elle-même, concluait ainsi: « Consacrant, disait-il, une jurisprudence constante de la cour de cassation fondée uniquement sur l'interprétation des textes actuels, nous avons compris dans la même incrimination les lieux habités et *leurs dépendances* » (Exposé des motifs, D. P. 63. 4. 95, n° 125). — Malheureusement, ces mots *et leurs dépendances*, dont l'addition était à bon droit réclamée par le rapporteur, ont été omis, on ne sait pourquoi, dans la rédaction définitive de l'art. 434, § 1er. Mais si la difficulté théorique reste entière, la doctrine et la jurisprudence n'en puisent pas moins une autorité considérable dans le passage précité du rapport où cette addition est expliquée et justifiée.

25. La loi de 1832 rangeait parmi les lieux réputés habités ou servant à l'habitation dont parle l'art. 434, § 1er, « *les édifices servant à des réunions de citoyens* », ce qui devait s'entendre de tous édifices dans lesquels plusieurs personnes ont l'habitude de se réunir, par exemple, des églises, palais des assemblées législatives, tribunaux, bourses de commerce, théâtres, amphithéâtres, écoles, corps de garde, etc. (*Rép.* n° 55), et même des halles, quoiqu'elles ne fussent pas fermées (*Rép.* n° 56. V. à cet égard: Chauveau et Faustin Hélie, *op. cit.*, n° 2532). — Lors de la revision de 1863, cette disposition se trouvait comprise dans le projet du Gouvernement; le nouveau paragraphe 2 de l'art. 434 y était ainsi rédigé: « Sera puni de la même peine quiconque aura volontairement mis le feu, soit à des voitures ou wagons, soit à des convois de voitures ou wagons contenant des personnes, *soit à tout édifice servant à des réunions de citoyens* ». Dans la rédaction définitive, ce dernier membre de phrase a été supprimé purement et simplement, sans que l'exposé des motifs et les rapports présentés aux Chambres se soient expliqués sur cette suppression qui n'est évidemment que le résultat d'une inadvertance. On peut le regretter, mais on ne saurait suppléer à cet oubli. « La conséquence de cette lacune sera, disent MM. Chauveau et Faustin Hélie, *op. cit.*, n° 2533, que les édifices servant à des réunions de citoyens n'étant pas de plein droit assimilés aux édifices habités, il sera nécessaire, pour appliquer l'aggravation pénale, de poser la question de savoir si, au moment de l'incendie, une partie de ces édifices était habitée ou si, comme en ce qui concerne un convoi de wagons (V. *infrà*, n°s 26 et suiv.), ils contenaient des personnes ». L'incendie volontaire des édifices servant à des réunions de citoyens doit dès lors rentrer dans la catégorie de ceux dont il est question au paragraphe 3 de l'art. 434 (V. *infrà*, n°s 33 et suiv.), c'est-à-dire des édifices non habités ni servant à l'habitation; car on ne saurait induire du silence du législateur de 1863 qu'il ait entendu assimiler cet incendie à celui prévu et puni par l'art. 434, § 1er. Ces édifices, à moins qu'ils ne soient occupés par des gardiens, ne sont habités qu'accidentellement, et ne peuvent être considérés comme des maisons habitées ou servant à l'habitation d'une manière permanente. Or il s'agit ici d'une peine, et les pénalités ne s'édictent ni par induction ni par analogie, encore moins par prétérition.— Certains auteurs distinguent: si l'édifice incendié appartient à l'incendiaire et qu'aucun préjudice n'ait été causé à autrui, le fait reste impuni; si l'édifice appartient à autrui, l'incendiaire encourt les travaux forcés à temps (Blanche, t. 6, p. 547, n° 504). Il est bien entendu que si, dans l'incendie de ces édifices, il y a eu mort d'hommes, on rentre dans le cas prévu par le dernier paragraphe de l'art. 434 qui édicte la peine de mort (V. *infrà*, n°s 61 et suiv.). En ce qui concerne l'incendie des dépendances de ces mêmes édifices, nous ne pouvons que nous en référer à ce qui a été dit (V. *suprà*, n°s 21 et suiv.) à propos de l'extension donnée à l'art. 390 c. pén.

26. La loi de 1863 a remplacé la disposition dont on vient de parler par une autre ainsi conçue et qui forme le paragraphe 2 du nouvel art. 434 : « Sera puni de la même peine quiconque aura volontairement mis le feu, soit à des *voitures* ou *wagons* contenant des personnes, soit à des *voitures* ou *wagons* ne contenant pas de personnes, mais faisant partie d'un convoi qui en contient ». — Cette innovation; qui se justifie d'elle-même depuis la création des chemins de fer, a pour but de protéger tout spécialement la sécurité et la vie des milliers de personnes qui circulent journellement sur nos voies ferrées, en assimilant, dans le cas qui nous occupe, les voitures et wagons à des maisons habitées ou servant à l'habitation; le législateur s'est exprimé très catégoriquement à cet égard (V. Exposé des motifs et rapport, D. P. 63. 4. 84, n° 50; 94, n° 123). Les paragraphes 5 et 6 du même article se réfèrent également à l'incendie des voitures ou wagons.

Plusieurs hypothèses sont à examiner à ce sujet.

27. — PREMIÈRE HYPOTHÈSE. — Le feu est mis à des voitures ou wagons contenant des *personnes*. Il y a là un attentat direct contre la vie humaine, ces voitures ou wagons étant alors des lieux habités ou servant à l'habitation; la peine édictée par l'art. 434, al. 1, devait donc s'y appliquer. La peine serait encore la même si le feu était mis à des voitures ou wagons contenant des personnes et ne faisant pas partie d'un convoi en marche, mais momentanément remisés sous un hangar, ou stationnant sur une voie de garage, ce qui arrive fréquemment, soit pour les trains militaires, soit pour les trains de plaisir, soit pour certains trains de bestiaux dans lesquels les conducteurs prennent place. — Sous la dénomination générique de *personnes*, la loi comprend non seulement les voyageurs, mais encore tous les agents de l'exploitation chargés soit de la conduite et de la surveillance des trains en marche, soit de la conservation ou de l'entretien des voitures. Ainsi l'al. 2 serait applicable à l'incendie de voitures ou wagons soit détachés sur une voie de garage, soit remisés sous un hangar, mais dans lesquels se trouveraient des hommes d'équipe occupés à les laver ou nettoyer.

28. — DEUXIÈME HYPOTHÈSE. — Le feu est mis à des voitures ou wagons ne contenant pas de personnes, mais faisant partie d'un convoi qui en contient. — C'est le cas des *trains mixtes*, c'est-à-dire de ceux qui sont formés à la fois de wagons de voyageurs et de wagons de marchandises, ou même des simples trains de marchandises qui emportent toujours avec eux un certain nombre d'agents de l'exploitation chargés de les conduire et de les surveiller. — Ici encore la vie humaine peut être en danger, et l'on conçoit que le législateur se soit montré aussi sévère que dans l'hypothèse précédente. On se trouve en présence d'une sorte *d'incendie par communication* (*Rép.* n°s 97 à 109. V. aussi *infrà*, n°s 156 et suiv.), mis à des lieux habités ou servant à l'habitation.

29. — TROISIÈME HYPOTHÈSE. — Le feu est mis à des wagons, chargés ou non de marchandises, qui ne font point partie d'un convoi contenant des personnes. — Ce cas rentre dans la troisième classe d'incendie où la loi s'attache surtout au préjudice causé (*Rép.* n°s 58 à 85. V. *infrà*, n°s 35 et suiv.), la vie humaine ne se trouvant menacée ni directement, ni indirectement. La peine prononcée par l'art. 434 al. 3, est celle des travaux forcés à temps. — Le législateur ne s'occupe, dans cette hypothèse, que des voitures ou wagons isolés sous un hangar ou sur une voie de garage; car, s'ils faisaient partie d'un train de marchandises quelconque, ce train contiendrait des agents de l'exploitation, et l'on rentrerait dans l'hypothèse précédente. C'est ce qu'exprime clairement le rapporteur du projet de loi au Corps législatif : « Si, dit-il, les voitures ou wagons contiennent des personnes *quelles qu'elles soient*, agents de l'exploitation ou voyageurs..., ils restent dans la classification des lieux habités ou servant à l'habitation, et l'incendie est puni de mort (D. P. 63. 4. 94, n° 123. — *Contrà :* Blanche, t. 6, n° 505). — La disposition précitée ne s'applique, d'ailleurs, qu'autant qu'il s'agit de voitures ou wagons appartenant à autrui. Si les voitures ou wagons appartiennent à l'incendiaire, ce qui arrive, par exemple, quand l'auteur du crime est un industriel, propriétaire de wagons destinés à desservir son usine au moyen d'un embranchement particulier, il n'est punissable qu'autant que l'incendie de ses voitures ou wagons aura causé préjudice à autrui (art. 434, § 6) (*Rép.* n°s 85 à 97. V. *infrà*, n°s 43 et suiv.).

30. L'art. 434, § 2 et 5, ne s'occupe que de l'incendie des voitures ou wagons de chemins de fer et non de toutes les voitures, en général. Ainsi il a été jugé que l'incendie volontaire d'une voiture en station dans une rue et ne contenant que des marchandises, ne constitue, à défaut de disposition spéciale qui le réprime, que la contravention de dommage volontairement causé aux propriétés mobilières d'autrui (c. pén. art. 479-1°). On ne peut étendre à ce cas la disposition ajoutée par la loi du 13 mai 1863 à l'art. 434 pour réprimer l'incendie volontaire de voitures faisant partie d'un convoi de personnes sur un chemin de fer ou laissées en station dans les gares (Crim. rej. 9 juin 1864, aff. Bourgerie, D. P. 64. 1. 502). — Le fait en question aurait dû, semble-t-il, être considéré tout au moins comme constituant le délit d'incendie de propriétés mobilières d'autrui à l'aide de feux ou lumières portés ou laissés sans précaution suffisante (c. pén. art. 458). Sans cela, conséquence bizarre, l'individu poursuivi pour délit d'incendie *par imprudence*, pourrait, en invoquant la doctrine de cet arrêt, faire dégénérer le fait en contravention; il rendrait ainsi sa position meilleure, en soutenant qu'il a mis le feu volontairement et dans un esprit de vengeance. Ce que la loi a voulu punir surtout dans l'incendie des voitures ou wagons de chemins de fer, c'est le danger qu'il fait courir à la vie humaine par la difficulté où les personnes qui s'y trouvent sont d'échapper aux flammes. Or ce danger n'existant pas lorsqu'il s'agit de voitures ordinaires, on ne peut ici raisonner par analogie. — Il en serait autrement s'il s'agissait de ces voitures dans lesquelles demeurent les marchands ambulants et les saltimbanques; car on se trouve alors en présence d'un lieu habité ou servant à l'habitation, et on doit, sans hésiter, appliquer le paragraphe 1er de l'art. 434.

31. Faut-il assimiler à l'incendie des voitures ou wagons de chemins de fer celui des *navires* et *bateaux à vapeur ?* Il est certain qu'avant la loi du 13 mai 1863, les navires et bateaux ne devaient être réputés lieux habités ou servant à l'habitation, qu'autant que leurs propriétaires ou exploitants, et les familles ou employés de ces propriétaires ou exploitants, y résidaient hors du temps consacré aux voyages ou transports; ainsi les simples passagers n'étaient pas considérés comme habitant les lieux dont il s'agit (*Rép.*

n° 54). Mais du moment où le législateur de 1863 assimile les voyageurs et agents des chemins de fer qui se trouvent dans les voitures ou wagons au moment où l'incendie éclate aux habitants d'une maison, il doit, semble-t-il, en être ainsi à plus forte raison des passagers qui se trouvent sur les navires ou bateaux à vapeur lors de l'incendie. Outre que ceux-ci séjournent, vu la longueur des traversées, plus longtemps sur les navires ou bateaux à vapeur que les voyageurs dans les voitures ou wagons de chemins de fer, ils se trouvent, par l'impossibilité presque absolue de se sauver, lorsque le bâtiment incendié est en pleine mer, exposés à une mort à peu près certaine. Toutefois, les lois pénales devant s'interpréter restrictivement, il ne paraît pas possible d'appliquer la disposition de l'art. 434, al. 2, au cas dont il s'agit.

§ 2. — Incendie des lieux non habités ni servant à l'habitation, des forêts, bois taillis et récoltes sur pied, appartenant à autrui (*Rép.* nos 58 à 67).

32. Il ne s'agit plus ici de l'incendie qui menace directement la vie des personnes (*Rép.* n° 58), mais de celui qui s'attaque plus particulièrement à la propriété d'autrui. Le crime change d'objet, la peine est abaissée et graduée suivant la gravité du péril (Chauveau et Faustin Hélie, nos 2535 et suiv.). — L'art. 434, § 3, punit l'incendie des lieux non habités ni servant à l'habitation, des forêts, bois taillis et récoltes sur pied; la peine qu'il prononce est celle des travaux forcés à perpétuité.

33.—I. Lieux non habités ni servant a l'habitation (*Rép.* nos 59 à 64). — La loi a en vue les constructions de toute nature, ainsi que les bateaux, navires, magasins et chantiers, quelle que soit leur valeur. — Le mot *édifices* dont elle se sert doit être entendu *lato sensu*. Ainsi il a été jugé qu'un hangar est un des bâtiments compris dans la désignation générique d'*édifices* employée par l'art. 434, § 3 (Crim. cass. 29 déc. 1854, aff. Barraud, D. P. 54. 5. 428). Il en est de même d'une grange (Crim. rej. 22 mars 1888) (1). — Décidé, de même, que les constructions désignées aux colonies sous le nom de *cases* et servant à abriter les hommes ou les animaux, rentrent notoirement dans la classe des édifices dont la destruction volontaire par incendie est prévue et punie par notre art. 434, § 3 (Crim. rej. 23 janv. 1868, aff. Mardévirin, D. P. 68. 1. 240). Les considérants de cet arrêt ne semblent pas devoir échapper à toute critique. En effet, après avoir dit que le mot *case* comprend virtuellement les constructions destinées « *soit à l'habitation de l'homme*, soit à l'abri des troupeaux, provisions, récoltes et marchandises de toute nature », l'arrêt ajoute qu'une pareille construction rentre évidemment dans la catégorie de celles dont parle l'art. 434, § 3. Mais, s'il s'agit d'une construction *destinée à l'habitation de l'homme*, on rentre dans le cas du paragraphe 1er et non dans celui du paragraphe 3 de l'art. 434. Il y a donc là un vice de rédaction de l'arrêt qui, au lieu du mot *habitation*, eût dû se servir du mot *abri* qui indique un séjour passager et non une habitation permanente. Il en est autrement comme on l'a vu *suprà*, n° 21, *in fine*, des cabanes de gardien. — Mais une construction composée de murs en pierre et d'une couverture en chaume supportée par une charpente en bois, qui sert accidentellement, soit à recevoir provisoirement du bois, soit à engranger des récoltes, soit à abriter des travailleurs, rentre dans la classe des édifices dont l'incendie est prévu et puni par l'art. 434, § 3, et non dans la classe des constructions dont parle l'art. 451 (Crim.-rej. 6 août 1869, aff. Veysset, D. P. 71. 1. 75). Si les constructions dont parle l'art. 434, § 3, étaient des dépendances d'une maison habitée ou servant à l'habitation, on rentrerait alors dans le cas du paragraphe 1er dudit article (V. *suprà*, nos 15 et 16).

34. — II. Forêts, bois taillis et récoltes sur pied (*Rép.* nos 65 à 67). — Il s'agit ici d'objets qui, par leur nature même, ne sont pas susceptibles d'habitation, et cependant la criminalité est aussi grave que lorsqu'il s'agit de l'incendie des bateaux, magasins et chantiers non destinés à l'habitation. L'incendie des forêts peut, en effet, se propager au loin et ravager des contrées entières (*Rép.* n° 65). Nous avons vu ce qu'il faut entendre par *bois* ou *forêts* (*Rép. ibid.*), et, montré que, si ces expressions s'appliquent à des terrains d'une vaste étendue couverts d'arbres, elles ne doivent pas s'entendre de simples groupes d'arbres ou d'arbres isolés. Dans ce cas, l'incendiaire ne peut être puni que des peines prévues par l'art. 445 c. pén. relatif aux destructions et mutilations d'arbres (V. *infrà*, nos 131 et suiv.). — En ajoutant ici les *récoltes sur pied*, la loi n'a eu en vue que celles qui présentent à l'incendie une proie plus facile que les récoltes abattues. A cet égard, nous ne pouvons que nous référer à ce qui a été dit au *Rép.* n° 67.

§ 3. — Incendie des bois et récoltes abattus, des voitures ou wagons ne faisant pas partie d'un convoi contenant des personnes (*Rép.* nos 68 à 84).

35. L'incendie présente ici un danger moins grand, puisqu'il peut être plus facilement circonscrit (*Rép.* n° 68), le feu étant mis à des objets isolés; aussi la peine est-elle moins élevée, le législateur se contentant de punir l'incendiaire des travaux forcés à temps. Ce que la loi punit ici principalement, c'est le préjudice causé à la propriété d'autrui, puisqu'il s'agit d'objets n'appartenant point à l'auteur du crime. Le paragraphe 5 de l'art. 434 distingue trois cas d'incendie.

36. — I. Pailles ou récoltes en tas ou en meules. — Le code pénal de 1810 et celui de 1832 ne parlaient que de récoltes abattues et mises en tas ou en meules, sans faire mention des *pailles*. Néanmoins, la jurisprudence décidait que des *meules de pailles*, quoique battues, devaient être considérées comme récoltes (Crim. rej. 16 janv. 1806, *Rép.* n° 81; 27 sept. 1827, *ibid.* n° 76), alors surtout qu'elles étaient placées de manière à communiquer le feu à l'un des objets énumérés dans l'art. 434 (Crim. cass. 4 mars 1853, aff. Dessert, D. P. 53. 5. 254; 7 avr. 1853, aff. Joly, D. P. 53. 5. 255). La loi du 13 mai 1863, en introduisant les *pailles* dans le paragraphe 5 de l'art. 434 et en leur accordant la même protection qu'aux récoltes, lorsqu'elles sont mises en tas ou en meules, a sanctionné cette jurisprudence. Les pailles sont dans ce cas, dit l'exposé des motifs, d'une valeur trop grande, et leur incendie est un moyen de destruction trop redoutable, pour que la loi se contente de les protéger par des peines de simple police et des réparations civiles éventuelles (Exposé des motifs, D. P. 63. 4. p. 84, n° 52, et p. 94, n° 124). De plus (*Rép.* n° 77), c'est souvent pour améliorer la qualité des récoltes qu'elles sont laissées en tas ou en meules dans le champ même où on les a recueillies. — Mais la protection accordée par la loi ne s'applique qu'aux pailles ou aux récoltes *en tas ou en meules*, et ne peut s'étendre au delà; il en était ainsi d'ailleurs sous le code pénal de 1791 (art. 32). — Suivant MM. Chauveau et Faustin Hélie, *op. cit.*, n° 2541, il faut entendre par *récoltes* « tous fruits ou productions utiles de la terre qui, séparées de leurs racines ou de leurs tiges par le fait du propriétaire ou de celui qui le représente, sont laissés momentanément dans les champs jusqu'à ce qu'ils soient enlevés et renfermés dans un lieu où ils peuvent être particulièrement surveillés ».

37. La loi ne se montre aussi sévère pour l'incendie de ces objets que, parce qu'étant dans les champs, ils sont abandonnés à la *foi publique*. La cour de cassation avait cependant, dans un arrêt du 27 sept. 1827 (*Rép.* n° 74. V. *suprà*,

(1) (Cornu.) — La cour;... — Sur le deuxième moyen, tiré de la violation par fausse application de l'art. 434, § 3, c. pén. :... — Attendu que, par la déclaration du jury, Cornu a été reconnu coupable d'avoir, le 4 janv. 1888, à Vauchonvillers, volontairement mis le feu à une grange appartenant à autrui; — Attendu qu'une *grange* rentre nécessairement dans l'expression générique d'*édifices*, employée par le paragraphe précité dans son sens le plus absolu, ainsi que l'indiquent nettement les énumérations qui suivent et dans lesquelles sont classés au même rang que les édifices, les navires, bateaux, magasins, chantiers, alors même qu'ils ne sont ni habités, ni servant à l'habitation; qu'ainsi l'arrêt attaqué, en déclarant, dans l'espèce, que le fait reconnu constant par le jury constituait le crime prévu et puni par l'art. 434, § 3, c. pén., loin de violer ledit article, en a fait au contraire une exacte et juste application;...

Par ces motifs, rejette, etc.

Du 22 mars 1888.-Ch. crim.-MM. Lœw, pr.-Sevestre, rap.-Bertrand, av. gén., c. conf.

n° 36), décidé que l'incendie des récoltes *en tas ou en meules* était toujours punissable de la peine édictée par art. 434, § 5, dans quelque lieu qu'elles eussent été transportées. Mais cette jurisprudence ne saurait être admise depuis la loi de 1863, en présence surtout de l'exposé des motifs dont nous avons parlé plus haut (V. *suprà*, n° 36). « Quand les pailles sont engrangées, y est-il dit, la protection ne leur fait pas défaut: celle qui couvre l'édifice les couvre aussi. Mais les lieux ne suffisent pas toujours pour les engranger; on peut être contraint de les laisser plus ou moins longtemps en tas ou en meules, livrées à la foi publique et facilement accessibles à toutes les tentatives d'incendie ». Les pailles ou récoltes engrangées, même en tas ou en meules, perdent donc leur caractère de récoltes; elles sont protégées par les pénalités plus sévères qui frappent l'incendie du lieu où elles ont été transportées. On rentre alors dans le crime d'*incendie par communication* que nous étudierons plus loin (V. *infrà*, n°s 54 et suiv.; *Rép.* n°s 77 et 78).

38. — II. BOIS DISPOSÉS EN TAS OU EN STÈRES. — Le code de 1810 et la loi de 1832, ne contenant qu'une seule disposition pour les bois et les récoltes, assimilaient les bois aux récoltes ordinaires (*Rép.* n° 70). Il fallait donc, pour que l'incendie des bois abattus fût punissable des peines portées par l'art. 434, § 5, que ces bois fussent encore dans la forêt où ils avaient été coupés (*Rép.* n° 71). Ils devaient, en outre, d'après ce que nous avons dit (V. *suprà*, n° 15), appartenir toujours au propriétaire de la forêt; car, s'ils avaient été vendus, ils perdaient leur caractère de récoltes, bien que non encore enlevés par l'acquéreur, pour prendre celui de marchandises (*Rép.* n°s 70 à 75). — Ainsi il avait été jugé : 1° que le fait de mettre le feu à des fagots mis en tas ne tombait sous l'art. 434 qu'autant qu'il était reconnu par le jury que ces objets avaient conservé leur caractère de récoltes (Crim. cass. 4 mars et 7 avr. 1853, cités *suprà*, n° 36; Crim. cass. 30 juin 1853, aff. Damois, D. P. 53. 5. 54; Metz, 8 août 1855, aff. Œstreicher, D. P. 56. 2. 226); — 2° Que l'incendie d'un tas de bois ou de fagots ne constituait un crime qu'autant qu'ils étaient à l'état de récoltes abattues, et la déclaration du jury, muette sur cette circonstance, devait être considérée comme ne purgeant pas l'accusation, si l'arrêt d'accusation imputait à l'accusé un fait d'incendie de tas de bois se trouvant sur un chantier (Crim. rej. 27 mars 1863, aff. Raynaud, D. P. 64. 5. 210). — Mais les bois abattus ne perdent ce caractère qu'après avoir subi une transformation dans leur nature, ou après être entrés dans les magasins ou chantiers de celui qui les a recueillis; il ne suffirait pas qu'ils eussent été façonnés en fagots et extraits provisoirement du parterre de la coupe (Arrêt précité du 8 août 1855).

39. La loi du 13 mai 1863 a mis fin à cette confusion entre les bois et les récoltes, en isolant la disposition relative aux bois de celle relative aux récoltes. L'exposé des motifs (D. P. 63. 4. 84, n° 53), après avoir rappelé la jurisprudence en vigueur, fait remarquer qu'une semblable interprétation laissait « sans protection suffisante les bois abattus qui ne sont plus à l'état de récoltes, sans être encore emmagasinés; ceux, par exemple, que l'on dépose, en quantité considérable quelquefois, dans les lieux d'embarquement ou de formation des trains ». — Le rapport de la commission s'élève également (D. P. 63. 4. 94, n° 124) contre une condition de criminalité d'après laquelle « il fallait, pour que l'art. 434 fût applicable, que les bois mis en tas ou en cordes fussent encore à l'état de récoltes, c'est-à-dire n'eussent pas été transportés dans un lieu autre que celui où ils avaient été coupés, de sorte que, s'ils avaient été déplacés et n'étaient point encore enfermés dans des magasins ou chantiers, le fait de l'incendie ne pouvait être puni que comme un délit de destruction de propriétés mobilières ou de marchandises. — Il est évident que, dans tous les cas, les tas de bois sont également placés sous la protection de la foi publique, et il était prudent de trancher dans ce sens les doutes que le texte de la loi avait fait naître ». — Le nouvel art. 434, § 5, sauvegarde donc les bois abattus, non plus comme récoltes, mais comme bois, en se bornant à exiger qu'ils aient été mis en tas ou en stères.

40. La loi de 1863 remplace le mot *cordes*, dont se servait à tort la loi de 1832, par le mot *stères* qui est, pour les bois, la mesure légale. — Les mots « disposés en *tas* ou en *stères* », se réfèrent aux bois en tas *mesurés* ou *non mesurés*.

41. Les bois auxquels s'applique l'art. 434, § 5, devant être en tas ou en stères, il ne peut être question ici de l'incendie de bois dispersés sur le sol. Il y a là, suivant les cas, soit une contravention prévue par l'art. 479-1° c. pén., soit une incendie par communication (V. *infrà*, n°s 54 et suiv.), si les bois incendiés se trouvaient placés de manière à communiquer le feu à l'un des objets énumérés dans l'art. 434.

42. — III. VOITURES OU WAGONS NON HABITÉS. — Nous avons examiné ce cas par anticipation, en traitant de la première classe d'incendies (V. *suprà*, n° 29).

§ 4. — Incendie de sa propre chose par le propriétaire ou par son ordre (*Rép.* n°s 85 à 96).

43. A moins qu'il ne s'agisse d'un édifice habité ou servant à l'habitation (V. *suprà*, n°s 15 et suiv.), l'incendiaire de sa propre chose n'est puni que lorsqu'il a *volontairement*, par le fait de l'incendie, causé préjudice à autrui (*Rép.* n° 85; Civ. cass. 30 juill. 1857, *Bull. crim.*, n° 289; 3 sept. 1863, cité *infrà*, n° 54). Telle est la doctrine du code pénal de 1832, doctrine consacrée et même amplifiée, ainsi qu'on le verra, par la loi du 13 mai 1863 (V. *infrà*, n°s 47 et suiv.). Sous le code pénal de 1810, certains arrêts (*Rép.* n°s 20, 29 et suiv.) décidaient que l'incendiaire de sa propre chose n'était jamais punissable; d'autres avaient admis au contraire qu'il devait être puni, lorsqu'il avait, du fait de l'incendie, causé préjudice à autrui (*Rép.* n°s 24 à 28). — La loi de 1832, dans les paragraphes 4 et 6 de l'art. 434, s'est prononcée dans ce dernier sens. Toutefois, la vie de l'homme n'étant pas ici en danger, le législateur n'a pas cru devoir toucher au droit qu'a tout propriétaire de disposer à son gré de ce qui lui appartient, pourvu que les droits d'autrui soient respectés (Chauveau et Hélie, n°s 2544 et suiv.).

44. La loi du 13 mai 1863 ne s'est pas bornée à reconnaître au propriétaire la pleine liberté d'user et d'abuser de sa chose par lui-même; elle lui a aussi reconnu celui de donner à un tiers l'ordre d'exercer ce *jus utendi et abutendi*, pourvu, toutefois, que cet exercice ne soit pas préjudiciable à autrui. — Nous examinerons donc successivement ces deux hypothèses : 1° l'incendie a été allumé par le propriétaire lui-même; 2° il l'a été par un tiers sur son ordre.

45. — PREMIÈRE HYPOTHÈSE : INCENDIE ALLUMÉ PAR LE PROPRIÉTAIRE LUI-MÊME. — Ainsi qu'il a été dit au *Rép.* n° 87, pour qu'il y ait lieu à l'application des § 4 ou 6 de l'art. 434, il faut : 1° que l'incendiaire soit propriétaire de la chose incendiée; 2° qu'il ait causé *volontairement* préjudice à autrui.

46. — 1°. *Il faut que l'incendiaire soit propriétaire des objets incendiés* (*Rép.* n°s 88 à 91). — Par *propriétaire*, il faut entendre ici *propriétaire exclusif*. Ainsi le copropriétaire, l'associé, le nu-propriétaire, l'usufruitier, l'usager, l'emphytéote, le propriétaire qui loue ou afferme sa chose (*Rép.* n°s 88 et suiv.) ne peuvent être considérés comme propriétaires exclusifs, et doivent être, dans notre espèce, punis comme incendiaires de la chose d'autrui. Jugé, en ce sens, que l'incendie par un mari d'une chose propre à sa femme constitue l'incendie de la chose d'autrui, alors même que le mari en aurait la jouissance et l'administration (Crim. cass. 9 juill. 1868, aff. Ducoux, D. P. 69. 5. 105); *à fortiori*, en serait-il de même, si la jouissance et l'administration ne lui appartenaient pas. — Lorsque l'incendiaire est parent ou allié du propriétaire de la chose incendiée au degré prévu par l'art. 380 c. pén. en matière de vol, il ne peut (*Rép.* n° 89) invoquer l'immunité édictée par cet article; car on ne peut, en droit criminel, raisonner par analogie, bien qu'il puisse y avoir au fond même raison de décider (Blanche, *op. cit.*, t. 5, n° 494).

47. — 2°. *Il faut un préjudice quelconque volontairement causé à autrui* (*Rép.* n°s 92 à 96). — Les paragraphes 4 et 6 de l'art. 434 sont formels à cet égard; et, de l'expression *préjudice quelconque*, employée par la loi, on a conclu que le législateur n'avait pas entendu limiter la nature du dommage causé et que la plus grande latitude d'appréciation devait être ici laissée aux tribunaux (*Rép.* n°s 92 et suiv.). Ainsi, que le préjudice causé soit actuel ou non, immédiat ou non, peu importe ; il suffit qu'il existe, si minime soit-il (Conf. Chauveau, t. 6, n° 2552). D'après une opinion citée au *Rép.* n° 95, un préjudice moral serait même suffisant.

48. Une hypothèse qui malheureusement se réalise assez souvent est celle où le propriétaire allume lui-même l'incendie dans le but de toucher une indemnité d'assurance supérieure à la valeur actuelle de son immeuble. C'est surtout au sujet de cette hypothèse que s'était élevée, sous l'empire de la législation de 1810, la question de savoir quelle était la pénalité applicable au propriétaire qui avait incendié sa propre chose (V. *Rép.* n°s 20 et suiv.). Il n'est pas douteux que, d'après l'art. 434 modifié par la loi de 1832, elle ne rentre sous l'application de l'alinéa 3 de cet article qui punit le propriétaire, lorsque l'incendie dont il est l'auteur a porté préjudice à autrui (*Rép.* n° 92).

49. S'il s'agissait d'une maison habitée ou servant à l'habitation, c'est le premier alinéa du même article qui serait applicable. Mais en serait-il ainsi, alors même que la maison incendiée par le propriétaire ne serait habitée que par lui seul? La question s'est posée depuis la publication du *Répertoire*, et elle a été diversement résolue par la jurisprudence. — D'une part, il a été décidé que la maison qui n'est habitée que par l'auteur de l'incendie ou ne sert d'habitation qu'à lui seul, n'est pas une maison habitée ou servant à l'habitation dans le sens du paragraphe 1er de l'art. 434. En conséquence, celui qui a volontairement mis le feu à une maison assurée, habitée par lui seul ou servant d'habitation à lui seul, et qui a ainsi causé un préjudice à la compagnie d'assurances, n'est passible que de la peine édictée par l'art. 434, § 4 (Bourges, 31 déc. 1853, aff. Jules Naturel, D. P. 55. 2. 49). Mais, d'autre part, il a été jugé, en sens contraire, qu'une maison habitée par l'incendiaire seul ou servant d'habitation à lui seul devait être regardée comme maison habitée ou servant à l'habitation, dans le sens de l'art. 434, § 1er (Limoges, 16 févr. 1861) (1). — La cour de cassation n'a pas été appelée à se prononcer directement sur ce point. Elle a seulement décidé que la déclaration du jury qui, en reconnaissant un accusé coupable d'avoir volontairement mis le feu à un bâtiment lui appartenant, énonce que ces bâtiments étaient assurés, exprime suffisamment qu'il a agi avec l'intention de causer un préjudice à autrui, son action ne pouvant s'expliquer que par le désir de réaliser un gain illicite (Crim. rej. 6 juill. 1854, aff. Geneste, D. P. 54. 5. 429). — La solution serait la même si, au lieu d'être seul propriétaire, l'incendiaire était seul locataire, usufruitier ou usager de la maison incendiée.

50. — DEUXIÈME HYPOTHÈSE : INCENDIE ALLUMÉ PAR UN TIERS SUR L'ORDRE DU PROPRIÉTAIRE. — C'est là une innovation importante de la loi de 1863 qui a mis fin à de sérieuses difficultés. Sous l'empire de la loi de 1832, on se demandait quelle peine pouvait être appliquée au tiers dans le cas qui nous occupe. Logiquement, il devait être considéré comme ayant incendié la chose d'autrui (*Rép.* n° 96) et puni, par conséquent, comme auteur principal, des peines prévues par les paragraphes 3 et 5 de l'art. 434, tandis que le propriétaire lui-même, dans l'intérêt de qui il avait agi, n'était réputé que complice. Mais, d'autre part, le tiers auteur matériel de l'incendie ne pouvait être, pour le cas où l'incendie n'aurait préjudicié qu'au seul propriétaire, considéré comme ayant causé un préjudice à autrui, puisqu'il n'avait agi que sur l'ordre de celui-ci. — Dans le cas, au contraire, fréquent dans la pratique, où le tiers aurait causé un préjudice quelconque à autrui, il devrait être passible, comme incendiaire de la chose d'autrui, d'une peine plus forte (art. 434, § 3 et 5) que celle édictée contre le propriétaire lui-même (art. 434, § 4 et 6) (Chauveau et Faustin Hélie, t. 6, n° 2553).

51. La cour de cassation décidait que le propriétaire qui a fait mettre le feu par un tiers à des objets par lui assurés à une compagnie, ne peut, quoiqu'ayant conçu la pensée du crime et y ayant le principal intérêt, être mis en accusation que comme complice de celui qui a mis le feu, et non comme auteur principal du crime. Mais le crime n'en devait pas moins être apprécié d'après l'intention criminelle qui l'a fait concevoir, c'est-à-dire, dans l'espèce, d'après l'intention du propriétaire qui a fait exécuter par un autre le projet coupable dont il voulait tirer profit. Dès lors, le crime consistant ici dans l'incendie, par un propriétaire ou dans son intérêt, d'objets à lui appartenant, en vue de causer un préjudice à la compagnie d'assurances, il y avait lieu de mettre en accusation comme auteur principal du crime ainsi qualifié l'agent du propriétaire, et comme complice le propriétaire qui a donné les instructions ou fourni les moyens d'exécution (Crim. cass. 15 nov. 1862, aff. Raynaud, D. P. 64. 1. 51).

52. Cette jurisprudence a été consacrée définitivement par la loi du 13 mai 1863 qui, dans les paragraphes 4 et 6 de l'art. 434, punit de la même peine que le propriétaire le tiers qui aura mis le feu sur l'ordre de celui-ci. — Pour justifier cette innovation législative dont l'exposé des motifs ne parle pas, le rapporteur du projet de loi (D. P. 63. 4. 95, n° 126) s'élève contre ce qu'il y avait, suivant lui, d'anormal et d'injuste tout à la fois, dans l'ancien art. 434: d'*anormal*, le propriétaire devant d'après les règles mêmes de la complicité, être puni plus sévèrement que s'il était lui-même l'auteur du crime; d'*injuste*, celui qui met le feu sur l'ordre du propriétaire n'étant pas plus coupable que s'il l'avait mis à sa propre chose. — Il y a cependant lieu de faire remarquer que la solution consacrée par l'arrêt de cassation du 15 nov. 1862 (V. *suprà*, n° 51) remédiait en partie aux inconvénients de l'ancien art. 434, puisqu'elle assimilait l'incendie commis sur l'ordre du propriétaire à l'incendie par le propriétaire lui-même.

53. Ici donc, comme dans la première hypothèse, c'est l'existence d'un préjudice et l'intention de nuire qui constituent le crime. D'où il suit qu'aucune responsabilité pénale ne peut incomber au propriétaire qui a fait mettre le feu à sa chose ni au tiers qui l'a mis par son ordre, s'il n'en est résulté pour autrui un préjudice quelconque. — Jugé en ce sens, que, lorsqu'il résulte de la déclaration du jury que le feu mis à un bâtiment non habité et ne servant pas à l'habitation l'a été sur l'ordre du propriétaire, la cour d'assises condamne à tort l'agent comme auteur principal et le proprié-

(1) (Jaubertie.) — LA COUR; — Attendu que le 7 janv. 1861, un incendie éclata à Saint-Pantaléon, dans une maison appartenant comme acquêt de communauté aux époux Jaubertie, et que le feu se communiqua à celle des époux Meyjonade, qui lui est contiguë; — Attendu que Pétronille Barutel, épouse Jaubertie, a reconnu que c'était elle-même qui avait mis le feu à la maison, et que ses aveux sont confirmés par les divers éléments de la procédure; — Attendu qu'il est établi, d'autre part, que le bâtiment étant assuré ainsi que le mobilier pour une valeur exagérée, l'incendie a été concerté et exécuté d'un commun accord entre les époux Jaubertie au préjudice de la compagnie d'assurance et en vue de l'indemnité qu'ils comptaient recevoir en cas de sinistre; — Attendu, toutefois, que l'ordonnance de prévention est irrégulière en ce qu'elle confond sous une seule et même qualification deux faits essentiellement distincts; — Qu'en effet, si de la part du copropriétaire poursuivi seul, il y a un incendie de la chose d'autrui pour la portion qui ne lui appartient pas, il y a, au contraire, incendie de sa propre chose lorsque, comme dans l'espèce, tous les copropriétaires sont poursuivis simultanément comme auteurs principaux et comme complices; — Que, dès lors, la circonstance d'habitation est constitutive du crime, tandis qu'elle devient aggravante en ce qui concerne l'incendie de la maison des époux Meyjonade par voie de communication; — Attendu, enfin que l'ordonnance de prévention ne relève point non plus le fait que, par l'incendie d'un bâtiment assuré, il aurait été causé volontairement un préjudice à autrui; — Réformant l'ordonnance de prévention, dit qu'il y a lieu à accusation, premièrement, contre Pétronille Barutel, épouse Jaubertie : 1° pour avoir le 7 janv. 1861, au bourg de Saint-Pantaléon, volontairement mis le feu à une maison habitée, dépendant de la communauté d'acquêts existant entre elle et son mari coprévenu, crime prévu et puni par l'art. 434, § 1er, c. pén.; 2° pour avoir aux mêmes jour et lieu, en mettant volontairement le feu à la maison ci-dessus, et placée de manière à communiquer l'incendie, communiqué ledit incendie à un bâtiment contigu appartenant aux époux Meyjonade, avec des circonstances aggravantes que le bâtiment des époux Meyjonade était habité, crime prévu et puni par l'art. 434, § 7 et 1er, c. pén.; 3° pour avoir, aux mêmes jour et lieu, en mettant le feu à ladite maison dépendant de la communauté d'acquêts existant entre elle et son mari, coprévenu, volontairement causé un préjudice à la compagnie d'assurance *la Providence;* crime prévu et puni par l'art. 334, § 4, du code précité; deuxièmement, contre Charles Jaubertie, pour s'être rendu complice des trois crimes ci-dessus énoncés et qualifiés, etc.

Du 16 févr. 1861.-C. de Limoges, ch. d'acc.-MM. Larombière, pr.-Chalus, subst.

taire comme complice pour incendie du bâtiment d'autrui, le propriétaire n'ayant pas à répondre du préjudice qu'il ne cause qu'à lui-même, et l'agent n'étant pas davantage responsable, puisqu'il n'agit qu'avec le consentement de l'intéressé (Crim. cass. 3 sept. 1863, aff. Labatut, D. P. 64. 1. 52). — Mais il en serait autrement si, le bâtiment incendié étant assuré, le propriétaire y avait fait mettre le feu pour toucher la prime d'assurances, puisqu'il y aurait alors un préjudice causé à autrui (Même arrêt). Toutefois, dans les cas où le propriétaire a mis ou fait mettre le feu pour toucher la prime d'assurances, il y aura plus fréquemment intention de nuire que préjudice réel; car, ainsi que le font remarquer MM. Chauveau et Faustin Hélie, t. 6, n° 2548, les compagnies d'assurances ne sont tenues d'aucun payement à l'égard des assurés qui mettent le feu à leurs propriétés et ont été condamnés pour ce fait. Décidé, en ce sens, que la compagnie d'assurance lésée par le crime du propriétaire qui a incendié son immeuble a intérêt à faire restituer par l'auteur de l'incendie les sommes payées aux assurés, et a le droit, à ce titre, de joindre son action civile à l'action publique (Crim. rej. 23 juin 1859, aff. Brassey, D. P. 59. 1. 349. V. *suprà*, n° 49).

§ 5. — Incendie par communication (*Rép.* nos 97 à 108).

54. L'incendie par communication consiste dans le fait d'incendier l'un des objets énumérés dans les quatre classes d'incendie dont nous venons de parler, en mettant volontairement le feu, non à ces objets eux-mêmes, mais à toute matière combustible placée de manière à leur communiquer effectivement un incendie. — Pour qu'il y ait incendie par communication, il faut (*Rép.* n° 97) : 1° que le feu ait été mis volontairement à des objets quelconques; 2° que ces objets aient été placés de manière à pouvoir communiquer le feu; 3° que le feu ait été effectivement communiqué. Il est alors assimilé à l'incendie d'objets atteints directement par le feu (*Rép.* n° 98).

55. On a expliqué au *Rép.* n° 99 les motifs pour lesquels les mots : *objets quelconques*, ont été substitués dans la loi de 1832 à ceux-ci : *matières combustibles*, qui se trouvaient dans la loi de 1810. L'incendie des objets de communication peut porter sur toutes espèces de choses, alors même qu'il s'agirait de choses appartenant à l'incendiaire lui-même, puisque la communication du feu à des objets ne lui appartenant pas constitue un préjudice à autrui. Il peut porter sur des objets dont la destruction ne constituerait qu'un délit (V. *infrà*, nos 77 et suiv.), ou même qu'une simple contravention, si ces objets ont été détruits *principaliter*, abstraction faite de toute idée de communication (art. 479-1°) (V. *infrà*, n° 82).

56. Ici, comme toujours en matière criminelle, il faut qu'il y ait eu intention coupable de la part de l'agent, c'est-à-dire volonté de nuire à autrui. Ainsi il a été jugé que le fait, par un individu, d'avoir communiqué l'incendie à l'édifice d'autrui, en mettant le feu à des objets appartenant à lui ou à autrui, et placés de manière à communiquer cet incendie, n'est punissable qu'autant que la réponse du jury établit que ce fait a eu lieu volontairement (Crim. cass. 13 juin 1850, aff. Jaubert, D. P. 50. 5. 281. V. également : Crim. rej. 14 juin 1849, aff. Bortheille, D. P. 49. 5. 248, et *Rép.* n° 104). Mais, comme il y a, dans notre espèce, deux incendies successifs, celui des objets de communication et celui des objets atteints, on s'est demandé sur lequel d'entre eux devait porter l'intention criminelle. Depuis la loi de 1832, la doctrine et la jurisprudence sont d'accord pour décider que l'intention de communiquer le feu résulte du seul fait qu'il a été mis à des objets quelconques disposés de manière à le communiquer; c'était à l'auteur de l'incendie à prévoir toutes les conséquences immédiates et même médiates de son action (*Rép.* n° 104). — Jugé en ce sens que le crime d'incendie par communication prévu dans l'art. 434, § 7, existe par cela seul que la communication était possible, qu'elle a eu lieu réellement, et que le feu a été mis volontairement aux objets qui ont communiqué l'incendie; il n'est pas nécessaire qu'il y ait, en outre, volonté de communiquer l'incendie (Crim. cass. 1er juill. 1852, aff. Steffaut, D. P. 52. 5. 311). Toutefois, comme on l'a dit au *Rép. ibid.*, il n'y a là qu'une présomption qui doit céder à l'évidence contraire et peut être combattue par toutes sortes de moyens (*Rép.* n° 104; Chauveau et Faustin Hélie, t. 6, n° 2555).

57. Il faut (V. *suprà*, n° 54) que le feu *ait été réellement communiqué;* sans cet élément matériel, le crime ne saurait exister. — Ainsi, lorsque le feu mis à des matières combustibles ou objets quelconques, même placés de manière à communiquer l'incendie à l'un des objets énumérés dans l'art. 434, ne l'a pas réellement communiqué, l'incrimination ne peut porter que sur l'incendie des choses consumées. Le caractère du crime d'incendie par communication, dit un arrêt (Crim. cass. 3 janv. 1846, aff. Dubois, D. P. 46. 4. 140), n'est pas seulement d'avoir mis volontairement le feu à des objets quelconques placés de manière à communiquer l'incendie à l'un des objets énumérés dans les paragraphes 1er, 2, 3 et 5, mais principalement et surtout d'avoir communiqué l'incendie.

§ 6. — Incendie ayant occasionné la mort (*Rép.* nos 109 à 111).

58. Cette sixième et dernière classe d'incendie n'existait pas dans le code pénal de 1810 qui, d'une manière générale, édictait la peine de mort en matière d'incendie. C'est une innovation de la loi de 1832, innovation qui ne porte d'ailleurs (*Rép.* n° 110) que sur les incendies prévus par les paragraphes 3 et suiv. de l'art. 434. — La mort d'une ou de plusieurs personnes étant une aggravation de criminalité est subordonnée, dit l'art. 434-8°, à trois conditions. Il faut : 1° qu'il s'agisse d'un des crimes d'incendie prévus par l'art. 434, et non punis déjà de la peine de mort; 2° que l'incendie ait occasionné la mort d'une ou de plusieurs personnes; 3° que ces personnes se soient trouvées dans les lieux incendiés au moment où le feu a éclaté.

59. — I. Il faut qu'il s'agisse d'un des crimes d'incendie prévus par l'art. 434 et non déjà punis de mort. — L'incendiaire ne pourra donc être puni de la peine capitale que si, en mettant le feu, il s'est trouvé dans un des cas rigoureusement prévus par l'art. 434. Mais il est évident qu'il ne s'agit ici que des cas où l'incendie qui a occasionné la mort a déjà par lui-même les caractères d'un crime; car il serait inadmissible qu'un homicide imprévu, accidentel, causé par l'incendie, fût puni de mort, alors que, s'il eût été commis par tout autre moyen, il ne serait passible que d'une peine correctionnelle (Chauveau et Faustin Hélie, t. 6, n° 2562). L'art. 434, § 8, n'est donc pas applicable au délit d'incendie prévu et puni par l'art. 458 c. pén. (V. *infrà*, nos 77 et suiv.).

60. — II. Il faut que l'incendie ait occasionné la mort, ce qui exclut les blessures, quelque nombreuses et graves qu'elles puissent être. — En est-il ainsi au cas où les blessures reçues dans l'incendie ont occasionné la mort dans un délai assez rapproché, alors d'ailleurs qu'il est constant que la mort est bien le résultat direct de l'incendie? La solution doit, semble-t-il, être différente, et le paragraphe 8 de l'art. 434 nous paraît applicable en pareil cas. La loi, en se servant du mot *occasionné*, a seulement voulu dire qu'il fallait que la mort fût due à l'incendie lui-même; mais ce serait forcer le sens de l'art. 434 que d'exiger que la victime eût trouvé la mort sur le lieu même du sinistre. En décidant autrement, on arriverait à un résultat véritablement choquant et évidemment contraire au but du législateur qui, dans le cas présent, veut protéger la vie humaine. Il suffirait, par exemple, qu'un individu qui se trouvait dans les lieux incendiés au moment où le feu a éclaté, eût été retiré à demi-mort de dessous les décombres et n'eût expiré qu'au bout de quelques jours de souffrances, pour que l'incendiaire échappât ainsi à la peine capitale!

61. Mais faut-il, dans ce dernier cas, que la victime soit morte dans un certain délai, et doit-on appliquer, par analogie, les art. 231 et 316 c. pén. qui, à l'égard des violences exercées contre les fonctionnaires ou autres agents de l'autorité publique et du crime de castration, exigent, pour qu'il y ait aggravation de peine, que la mort s'en soit suivie dans les quarante jours? L'ancienne jurisprudence et les anciens auteurs admettaient le principe qu'après *quarante jours* écoulés depuis la blessure, la mort ne pouvait plus être imputable à l'agent, et le *Rép.* v° *Crimes et délits contre* *les personnes*, n° 144, a soutenu cette doctrine d'accord avec MM. Chauveau et Faustin Hélie, en commentant l'art. 309 c. pén. relatif aux coups et blessures ayant occasionné la mort sans intention de la donner. — Toutefois l'opinion contraire, qui restreint le délai de quarante jours aux seuls cas prévus par les art. 231 et 316, a prévalu. Elle se fonde sur ce que le silence gardé relativement à la question de délai par le législateur à propos de l'art. 309, qui prévoit d'une manière générale les coups et blessures ayant occasionné la mort, semble suffisamment indiquer qu'il n'a pas voulu faire de l'époque du décès une base légale d'appréciation de la criminalité. On ne peut donc raisonner ici par analogie de ce qui est édicté aux art. 231 et 316. La question se décidera, dès lors, tant d'après les circonstances du fait que d'après l'appréciation des hommes de l'art; le jury appréciera souverainement (V. *Rép.* v° *Crimes et délits contre les personnes*, n°s 141 et suiv. — V. également, *suprà*, v° *Crimes et délits contre les personnes*, n°s 146 et suiv., 161 et suiv., où la question des coups et blessures et de la durée de l'incapacité de travail qui en résulte est traitée d'une façon générale). Tout ce qui est dit à cet égard s'applique au cas d'incendie, car il y a même raison de décider (V. Crim. rej. 9 juin 1853, aff. Lenormand, D. P. 53. 1. 318; 18 mars 1854, aff. Brassier, D. P. 54. 1. 163).

62. En parlant de mort occasionnée par l'incendie, la loi suppose naturellement qu'il ne s'agit que d'une mort *accidentelle*, c'est-à-dire survenue en dehors de toute volonté homicide de la part de l'incendiaire. S'il en était autrement, on rentrerait dans le cas de meurtre ou d'assassinat, suivant qu'il y aurait ou non préméditation (*Rép.* n° 110). Il y aurait alors ici une double infraction pénale : l'*incendie volontaire* considéré en lui-même, qu'il rentre ou non dans l'une des classes étudiées plus haut, et l'*homicide volontaire* puni de mort ou des travaux forcés à perpétuité, suivant les distinctions faites par les art. 302 et suiv. c. pén. — En ce qui concerne l'incendie par communication (V. *suprà*, n°s 54 et suiv.), la question de savoir si l'incendie a alors réellement occasionné la mort ne peut plus se poser, puisque nous nous trouvons en présence d'un homicide volontaire.

63. — III. Les personnes qui ont péri par le feu doivent s'être trouvées dans les lieux incendiés au moment où l'incendie a éclaté. — Les expressions dont se sert la loi (art. 434, § 8) étant ici essentiellement limitatives, il faut en conclure (*Rép.* n° 111) que la mort des personnes accourues du dehors sur le lieu de l'incendie, par exemple, pour porter des secours, n'entraînerait aucune aggravation contre l'auteur du crime, à moins qu'il ne se fût rendu à leur égard coupable d'un homicide volontaire. — Par ces mots *au moment où l'incendie a éclaté*, la loi a voulu dire *au moment où le feu a été mis*; car c'est alors que le crime est réputé consommé et que les circonstances aggravantes, s'il en existe, doivent se produire. Peu importe que l'incendie n'éclate que plus tard (*Rép. ibid.*); on ne considère ici que l'intention criminelle de l'agent avec toutes ses conséquences légales.

Art. 2. — *Destruction causée par l'effet d'une mine* (*Rép.* n°s 112 à 120).

64. La destruction par l'explosion d'une mine (*Rép.* n° 112) est considérée comme une espèce d'incendie; aussi le législateur édicte-t-il ici les mêmes peines qu'en matière d'incendie sous les distinctions faites par l'art. 434 c. pén., distinctions que nous avons exposées précédemment en étudiant successivement les six classes d'incendie. Les éléments constitutifs de ce crime (volonté de nuire, fait matériel de la destruction, nature des objets détruits), ont été exposés au *Rép.* n°s 114 et suiv. (Chauveau et Faustin Hélie, *op. cit.*, n°s 2569 et suiv.).

65. L'art. 435 c. pén., qui prévoit le crime de destruction par suite de l'explosion d'une mine, est essentiellement limitatif, et, comme il n'a pas été modifié par la loi du 13 mai 1863, on ne peut l'étendre aux nouveaux cas d'incendie dont parle l'art. 434. Ainsi il n'est pas applicable à la destruction des voitures ou wagons par l'explosion d'une mine, alors même que ces voitures ou wagons contiendraient des personnes ou feraient partie d'un convoi qui en contient (art. 434, § 2). C'est là une lacune regrettable, mais qu'il nous paraît impossible de combler par assimilation, le paragraphe 2 de l'art. 434 n'ayant été introduit que pour le cas d'incendie. Néanmoins l'individu qui aura, par suite de l'explosion d'une mine, détruit des voitures ou wagons contenant des personnes n'échappera pas au châtiment de son crime, car il sera poursuivi pour homicide volontaire. Si les voitures ou wagons détruits, tout en ne contenant pas des personnes, faisaient partie d'un convoi en contenant, le coupable tomberait sous le coup de l'art. 16 de la loi du 15 juill. 1845 sur la police des chemins de fer (D. P. 45. 3. 163), qui punit de la réclusion celui qui *aura employé un moyen quelconque pour entraver la marche des convois*.

66. De même, l'art. 435 ne peut s'appliquer à la destruction par l'effet d'une mine des forêts, bois taillis, récoltes sur pied, appartenant à autrui (art. 434, § 3) ou à celui qui les a incendiés ou fait incendier (art. 434, § 4). — C'est là, sans doute, un cas fort rare, mais qui peut néanmoins se présenter dans l'hypothèse où l'on aurait miné, à l'aide de la dynamite, par exemple, une certaine étendue du terrain. Il y aurait lieu alors, croyons-nous, d'appliquer l'art. 444 c. pén. (V. *infrà*, n°s 128 et suiv.), relatif aux dévastations de récoltes sur pied ou de plants venus naturellement; car il y a bien là un fait de dévastation des plus graves, et le code forestier ne contient rien de spécial à cet égard.

67. L'art. 435 est également inapplicable à la destruction par la mine des pailles ou récoltes en tas ou en meules, des bois disposés en tas ou en stères, des voitures ou wagons chargés ou non et ne faisant point partie d'un convoi contenant des personnes (art. 434, § 5), lorsque ces objets appartiennent à autrui ou ont été détruits par un tiers sur l'ordre du propriétaire lui-même (art. 434, § 6). — Par suite de la lacune qui existe à cet égard dans l'art. 435, il n'y a là qu'un simple dommage aux propriétés mobilières d'autrui, fait qui ne constitue qu'une contravention prévue et punie par l'art. 479-1° c. pén. Il en est autrement, bien entendu, lorsqu'ils sont renfermés dans des bateaux, magasins ou chantiers. Ainsi les voitures ou wagons en construction dans des chantiers ou en réparation dans des ateliers ou magasins peuvent, si ceux-ci sont détruits par l'effet d'une mine, rentrer dans le cas de l'art. 435. — Que si les objets dont nous venons de parler appartiennent au propriétaire lui-même et ont été détruits par lui, il n'y a aucune disposition pénale qui lui soit applicable, encore bien que, par suite de la destruction elle-même, il ait causé préjudice à autrui, s'il n'en est pas résulté une infraction pénale caractérisée. Ce préjudice ne donnerait lieu, dans ce cas, qu'à des réparations civiles (c. civ. art. 1382). Tout au plus, si l'explosion de la mine s'était produite à l'intérieur d'une ville, pourrait-on voir là une contravention prévue et réprimée par l'art. 471-2° c. pén. qui défend de tirer en certains lieux des pièces d'artifice. — C'est là, sans doute, un vice de la loi, mais il ne nous paraît pas qu'on puisse suppléer au silence du législateur.

68. Le paragraphe 7 de l'art. 434 qui réprime l'incendie par communication (V. *supra*, n°s 54 et suiv.) ne peut évidemment s'appliquer ici, car il ne saurait y avoir de destruction par communication dans l'hypothèse que nous examinons. — Si l'ébranlement causé par l'explosion a atteint des édifices, navires, bateaux, magasins ou chantiers voisins de celui ou ceux qui ont été détruits par la mine, il y a là une destruction nouvelle, mais non une destruction par communication.

69. Le fait matériel de la destruction qui est exigé comme constitutif de la criminalité doit consister dans l'emploi de la mine; les autres moyens de destruction pourraient tomber sous le coup de l'art. 437, s'il y avait lieu (V. *infrà*, n°s 93 et suiv.). On doit entendre par *mine*, non seulement les mines proprement dites (chargées de poudre à canon), mais encore toutes les matières explosibles, dues aux nouvelles découvertes de la chimie (Blanche, t. 6, n° 541), telles que les cartouches de dynamite, la mélinite, etc.

Art. 3. — *Des menaces d'incendie* (*Rép.* n°s 121 à 131).

70. L'art. 436 c. pén. qui prévoit les simples menaces d'incendie, se référant pour les peines à appliquer aux art. 305, 306 et 307 qui traitent des menaces contre les personnes (Blanche, *op. cit.*, n° 543), nous renverrons à ce qui a déjà été dit à cet égard (V. *suprà*, v° *Crimes et délits contre les personnes*, n°s 106 et suiv.), en rappelant seulement que la loi de 1863 qui a remanié les art. 305 et suiv. ne punit plus les menaces, quelles qu'elles soient, que de simples peines correctionnelles (V. également : *Rép.* v° *Crimes et délits contre les personnes*, n°s 110 à 123). — « Toutefois, comme le remarquent MM. Chauveau et Faustin Hélie, t. 6, n° 2569, ces menaces sont un crime grave, puisqu'il porte le trouble dans la famille menacée, et la tient dans un état d'anxiété alarmant qui exige une surveillance aussi dangereuse que pénible. Elles sont fréquentes surtout dans les pays où l'usage de couvrir en chaume les bâtiments de la campagne est le plus répandu; elles y sont connues sous le nom de *sommations*. »

71. L'art. 436 visant les art. 305, 306 et 307, il faut en conclure que la menace d'incendie doit réunir tous les caractères et conditions des menaces contre les personnes prévues et punies par ces articles. La menace doit porter sur un fait d'incendie; mais il n'est pas nécessaire que le mot *incendie* s'y trouve contenu, il suffit que celui à qui elle s'adresse n'ait pu s'y méprendre (*Rép.* n° 128).

72. Bien que l'art. 436 parle d'habitation ou de *toute autre propriété*, il a été établi (*Rép.* n° 131) que le législateur n'a voulu parler ici que des propriétés immobilières, ce qui paraît résulter à la fois de l'exposé des motifs au Corps législatif (*Rép.* n° 2, p. 466, note 11) et des termes de l'art. 479-1° c. pén. (V. *infrà*, n°s 157 et suiv.), qui punit le dommage à la propriété mobilière d'autrui (Chauveau et Faustin Hélie, t. 6, n° 2570 *in fine*). Cette opinion n'est cependant pas généralement admise (V. en sens contraire : Blanche, t. 6, n° 544).

73. L'assimilation faite par l'art. 436 entre la menace d'incendie et la menace d'assassinat peut, depuis la réforme de 1832, faire naître des difficultés. Il y a, en effet, lieu de se demander si la loi de 1832 ayant, dans certains cas, supprimé la peine de mort pour le crime d'incendie, tandis qu'elle la maintenait pour le crime d'assassinat, les menaces d'incendie doivent toujours être punies comme les menaces d'assassinat. — De plus, la loi de 1832 a substitué, dans plusieurs cas, à des peines perpétuelles celle des travaux forcés à temps et même de la réclusion (art. 434, § 4, 5 et 6), tandis que l'art. 436 est resté, au moins dans son essence, tel qu'il était dans le code pénal de 1810. — Il n'y a pas de doute que cet article ne doive recevoir son application dans tous les cas où l'art. 434 édicte une peine perpétuelle (§ 1er, 2 et 3). Mais les art. 305, 306 et 307 visés par l'art. 436 ne concernant que les menaces d'attentats contre les personnes de nature à entraîner la mort ou une peine perpétuelle; il paraît devoir en résulter que la menace d'un incendie qui, s'il était réalisé, n'entraînerait qu'une peine criminelle temporaire contre son auteur, sort des prévisions de l'art. 436, et que, dès lors, la loi de 1832 l'a exonérée de toute pénalité, bien qu'elle fût punie par le code de 1810 (Chauveau et Faustin Hélie, t. 6, n° 2570 ; Blanche, t. 6, n° 543).

74. La loi du 13 mai 1863 n'a pas modifié sur ce point l'ancien état de choses. Si, d'un côté, les art. 305, 306 et 307 ne s'appliquent toujours qu'aux menaces d'attentats contre les personnes qui, s'ils étaient réalisés, seraient punis de peines perpétuelles, de l'autre, l'art. 308 qui introduit une disposition nouvelle prévoit le cas où les menaces, si elles étaient suivies d'effet, ne constitueraient contre leurs auteurs que de simples délits (V. *suprà*, v° *Crimes et delits contre les personnes*, n°s 106 et suiv.). Mais, d'une part, ce dernier article en parlant de *voies de fait et de violences* n'entend réprimer, comme les précédents, que les attentats contre les personnes; d'autre part, le législateur de 1863, en ne touchant pas à l'ancien texte de l'art. 436, a implicitement manifesté son intention d'en restreindre l'application aux seuls cas prévus par les art. 305, 306 et 307.

75. De ce qui vient d'être dit on doit conclure que l'art. 436 ne s'applique, en ce qui concerne les menaces, qu'aux cas d'incendie prévus par l'art. 434 qui peuvent atteindre directement ou indirectement la vie humaine ou les propriétés immobilières d'autrui, lorsque lesdites menaces, si elles étaient réalisées par celui qui les aurait proférées, entraîneraient contre lui la peine de mort ou une peine perpétuelle. Ainsi est punie par cet article la menace d'incendier, outre les lieux habités ou servant à l'habitation, les édifices, magasins et chantiers non habités ni servant à l'habitation, les forêts, bois, taillis ou récoltes sur pied, lorsque ces objets appartiennent à autrui. — Quant aux objets énumérés dans le paragraphe 5 de l'art. 434, la menace de les incendier ne saurait rentrer dans les termes de l'art. 436; elle doit, par conséquent, rester impunie. Il en est de même de la menace d'incendie, portant même sur des objets compris dans le paragraphe 3 du même article, si elle émane du propriétaire lui-même. Toutefois, il a été jugé (antérieurement à la loi de 1863) que la menace, faite par un saisi, d'incendier au préjudice du créancier saisissant, ses récoltes sur pied, hypothèse où l'incendie n'était, comme aujourd'hui, puni que des travaux forcés à temps par l'art. 434, § 4, rentrait sous l'application de l'art. 436, et que, par suite, elle était passible, pour le cas où elle était faite isolément, avec ordre de ne pas enlever ces récoltes, des peines correctionnelles prononcées par l'art. 307 contre les menaces verbales sous condition (Limoges, 9 janv. 1851, aff. Mazaud, D. P. 51. 2. 205). — Mais cette solution était manifestement erronée; elle eût entraîné, en effet, des conséquences inadmissibles. Si, au lieu d'une menace verbale, il s'était agi, dans l'espèce, d'une menace *par écrit* avec ordre ou sous condition, la cour de Limoges eût été logiquement conduite à appliquer à l'auteur de cette menace la peine des travaux forcés à temps, conformément à l'ancien art. 305 encor en vigueur, c'est-à-dire une peine égale à celle de l'incendie réalisé. Bien plus, elle aurait dû appliquer cette même peine dans le cas où la menace aurait eu pour objet l'incendie de récoltes abattues, alors que l'accomplissement de cette menace, émanant du propriétaire de la récolte, n'aurait entraîné que la peine de la réclusion (c. pén. art. 434, al. 6). C'est là évidemment une regrettable lacune de la loi de 1863, qu'il serait utile de combler; mais il paraît difficile de suppléer dans ce cas au silence de la loi.

76. Nous ne parlons pas ici de la menace de l'incendie par communication prévue et punie par l'art. 434, § 7, les conditions de criminalité de cet incendie ne pouvant comporter l'existence d'une simple menace. — Il faut en dire autant du cas prévu par le paragraphe 8, c'est-à-dire de celui où l'incendie a occasionné la mort d'une ou plusieurs personnes se trouvant dans les lieux incendiés au moment où l'incendie a éclaté; un tel événement implique, en effet, un incendie réalisé et non pas seulement demeuré à l'état de simple menace.

ART. 4. — *Du délit d'incendie par imprudence, maladresse ou inobservation des lois et règlements* (*Rép.* n°s 132 à 142).

77. L'art. 458 qui prévoit le *délit* d'incendie est une innovation de la loi de 1832 (*Rép.* n° 132); il suppose l'absence de toute intention de nuire et même de toute volonté de causer un incendie quelconque. Quatre cas délictueux sont visés ici : 1° vétusté ou défaut de réparation ou de nettoyage des fours; 2° feux allumés dans les champs à une distance moindre de cent mètres des maisons, etc.; 3° feux ou lumières portés ou laissés sans précaution suffisante; 4° fait d'allumer ou de tirer des pièces d'artifice par négligence ou imprudence.

78. — I. VÉTUSTÉ OU DÉFAUT DE RÉPARATION OU DE NETTOYAGE DES FOURS. — Le *Rép.* n° 133 a suffisamment expliqué la différence qui existe entre le délit d'incendie dont il s'agit ici et la contravention prévue par l'art. 471-1° c. pén. qui punit ceux qui ont négligé d'entretenir, réparer ou nettoyer les fours, cheminées ou usines où l'on fait usage du feu (V. *Contraventions*, n°s 52 et 53 ; — *Rép.* eod. v°, n°s 72 et suiv.). C'est le fait même de l'incendie qui constitue ici le délit; l'imprudence résulte de la vétusté ou du défaut de réparation ou de nettoyage des fours qui a permis au feu d'éclater. Mais si, abstraction faite de tout incendie, la seule vétusté ou dégradation, le seul défaut de réparation ou d'entretien des maisons ou édifices avaient suffi pour endommager la propriété d'autrui, on se trouverait ici en présence de la contravention prévue et punie par l'art. 479-4° c. pén. (Chauveau et Faustin Hélie, t. 6, n° 2659).

79. — II. FEUX ALLUMÉS DANS LES CHAMPS A UNE DISTANCE MOINDRE DE CENT MÈTRES DES MAISONS, ETC.; FEUX OU LUMIÈRES PORTÉS OU LAISSÉS SANS PRÉCAUTION SUFFISANTE. — Comme on l'a expliqué au *Rép.* n° 133, cette disposition de l'art. 458 diffère de l'art. 10, tit. 2, de la loi des 28 sept.-6 oct. 1791, qui punit toute personne convaincue d'avoir allumé du feu dans les champs à moins de cinquante toises des maisons, bruyères, vergers, haies, meules de graines, de paille ou de foin (V. *Droit rural;* — *Rép.* eod. v°, n° 203). Ce dernier texte n'a pas cessé d'être en vigueur. Il a été jugé que l'application n'en saurait être écartée par le motif que la maison exposée au feu est la propriété de l'agent du délit, ni sous le prétexte que le fait ne présentait aucun danger pour la sécurité publique, et qu'on pouvait même le considérer comme avantageux dans l'intérêt de l'agriculture (Crim. cass. 21 nov. 1861, aff. Donio, D. P. 63. 5. 208).

80. L'art. 458 se distingue aussi (*Rép.* n° 133) de l'art. 148 c. for. qui interdit de porter ou d'allumer du feu dans l'intérieur, ou à la distance de moins de deux cents mètres, des bois et forêts soumis ou non au régime forestier (V. *Forêts;* — *Rép.* eod. v°, n°s 755 et suiv.); de l'art. 42 du même code, qui défend aux adjudicataires de coupes dans les forêts soumises au régime forestier et à leurs garde-ventes et ouvriers d'allumer du feu ailleurs que dans leurs loges ou ateliers (V. *Forêts;* — *Rép.* eod. v°, n°s 1253 et suiv.). — Les art. 458 c. pén. et 148 c. for. ont, d'ailleurs, cela de commun que leurs dispositions ne s'appliquent qu'aux forêts appartenant à autrui (*Rép.* v° *Forêts,* n° 759). D'où il résulte que le propriétaire qui, par imprudence, incendie sa propre forêt, n'est passible d'aucune peine, à moins toutefois que le feu allumé par lui ne s'étende jusqu'à moins de deux cents mètres d'un bois appartenant à autrui. — De la comparaison des termes mêmes des deux articles, il suit que l'art. 458 n'est applicable qu'au cas d'incendie involontaire allumé à moins de cent mètres d'une forêt, tandis que c'est l'art. 148 c. for. qui doit seul être visé dans le cas d'un incendie allumé à plus de cent et à moins de deux cents mètres d'une forêt (*Rép.* v° *Forêts,* n° 764); — Que celui qui a laissé dans les champs *sans précautions suffisantes,* même à plus de cent mètres d'une forêt, des matières enflammées qui ont communiqué le feu, doit être condamné en vertu de l'art. 458, et non en vertu de l'art. 148 c. for., car il y a là un fait d'incendie (V. *Rép.* v° *Forêts,* n° 761). — Mais, lorsqu'un incendie a été occasionné soit par des feux portés ou laissés sans précautions suffisantes pour le prévenir, soit par des feux allumés à moins de cent mètres d'une forêt, y a-t-il lieu d'appliquer cumulativement les peines des art. 458 c. pén. et 148 c. for.? (V. à cet égard, v° *Forêts;* — *Rép.* eod. v°, n° 763. Comp. Crim. cass. 17 juill. 1858, aff. Audibert, D. P. 58. 1. 478).

81. La disposition qui réprime le fait de porter ou laisser des feux ou lumières sans précaution suffisante s'applique aux chemins de fer. Jugé, en ce sens, que l'incendie de propriétés mobilières ou immobilières occasionné par les flammèches d'une locomotive dont l'appareil de sûreté est défectueux constitue, à la charge du mécanicien, le délit d'incendie par imprudence puni par l'art. 458; on distinguerait à tort, relativement aux précautions de prudence commandées par cet article, entre les feux portés par l'homme et ceux portés par les machines qu'il dirige (Crim. rej. 23 juin 1859, aff. Brassey, D. P. 59. 1. 329; Blanche, *op. cit.,* n° 653). — Mais la solution, semble-t-il, ne devrait pas être la même au cas où la machine non défectueuse d'un train en marche aurait par ses flammèches allumé un incendie sur son passage, pourvu bien entendu qu'il fût prouvé que la compagnie de chemin de fer ou ses agents ont pris pour éviter l'incendie toutes les précautions suffisantes. Le préjudice causé aux riverains ne donnerait alors lieu, de la part de la compagnie responsable, qu'à des réparations civiles (c. civ. art. 1382). — Ce que nous disons des locomotives peut s'appliquer, avec les mêmes distinctions, aux incendies causés par toutes autres machines à vapeur.

82. — III. Fait d'allumer ou de tirer des pièces d'artifice par imprudence ou négligence. — L'art. 458, sur ce point, se distingue de l'art. 471-2°, qui punit ceux qui auront violé la défense de tirer en certains lieux des pièces d'artifice (V. *Contravention,* n°s 54 et suiv.; — *Rép.* eod. v°, n°s 84 et suiv.). — Au cas où l'incendie d'une forêt a été causé par des pièces d'artifice allumées ou tirées par imprudence ou négligence, bien qu'au delà de la distance de cent mètres, il y a lieu d'appliquer l'art. 458 (*Rép.* v° *Forêts,* n° 461); car il ne peut être question de distance que pour les feux allumés, et non pour les pièces d'artifice, bien autrement dangereuses.

CHAP. 3. — Dégradation de monuments et autres objets destinés à la décoration et à l'utilité publique. — Drapeau national (*Rép.* n°s 143 à 161).

83. Ces infractions pénales qui, pendant la période révolutionnaire, étaient regardées comme des crimes et punies comme tels, ne constituent plus aujourd'hui que de simples délits correctionnels réprimés par l'art. 257 c. pén. (*Rép.* n°s 143 et suiv.), sauf le cas où la dégradation a eu lieu en réunion séditieuse ou par bandes armées (c. pén. art. 96) ou bien a été commise par incendie ou explosion de mine (V. *suprà,* n°s 66 et suiv.; *Rép.* n° 146). — Pour que le délit prévu et puni par l'art. 257 existe, il faut : 1° qu'il y ait eu destruction, mutilation ou dégradation; 2° qu'il s'agisse de monuments, statues et autres objets destinés à l'utilité ou à la décoration publique; 3° que ces objets aient été élevés par l'autorité publique ou avec son autorisation; 4° qu'il y ait eu intention coupable de la part de l'agent du délit (Chauveau et Faustin Hélie, *op. cit.,* t. 3, n°s 1056 et suiv.; Blanche, *op. cit.,* t. 4, n°s 225 et suiv.).

84. — I. Destruction, mutilation ou dégradation. — La destruction, mutilation ou dégradation doit avoir été consommée, ce qui exclut la *tentative* d'ailleurs non punissable, puisqu'il ne s'agit que d'un délit (*Rép.* n° 161). Que faut-il entendre par destruction, mutilation ou dégradation? C'est là un fait qui est laissé à l'appréciation des tribunaux (*Rép.* n° 150).

85. — II. Monuments, statues et autres objets destinés a l'utilité et a la décoration publique. — Le *Répertoire* explique suffisamment de quels objets la loi veut parler (n°s 48 et suiv.). — Parmi les choses destinées à l'utilité publique, il faut comprendre, comme le dit M. Blanche, t. 4, n° 227, les réverbères, becs de gaz et autres objets de ce genre, placés par l'autorité publique ou avec son autorisation et non régis par des lois spéciales; les bornes-fontaines, les conduites d'eaux destinées à alimenter les fontaines publiques, les urinoirs apposés par l'autorité municipale sur des murs joignant la voie publique. Leur destruction constitue le délit prévu par l'art. 257 (Crim. cass. 5 août 1858, aff. Rousselot, D. P. 58. 5. 130). Jugé cependant en sens contraire que le remblai d'un réservoir ne peut être considéré comme un monument ou un objet destiné à l'utilité et à la décoration publiques, dont la destruction ou la dégradation tombe sous le coup de l'art. 257 c. pén. (Crim. cass. 9 janv. 1886, aff. Souproyen, *Bull. crim.,* n° 13). Les signes publics de l'autorité du gouvernement de la République dont l'enlèvement ou la dégradation est prévu et puni par l'art. 6 du décret du 11 août 1848 (D. P. 48. 4. 146), rentrent dans la classe des choses destinées à l'utilité publique. Toutefois il a été décidé que le fait de briser une statue de la République qui, après avoir figuré quelque temps dans la salle de la mairie, avait été transportée dans un grenier par ordre de l'autorité compétente, constitue la simple contravention de dommages à la propriété mobilière d'autrui, et non le délit de dégradation d'un monument public (Nîmes, 25 juill. 1878, aff. Benistant, D. P. 81. 5. 120).

86. La loi du 27 déc. 1851 (D. P. 52. 4. 24) prévoit et punit la destruction des appareils télégraphiques (art. 2 et suiv.). Suivant les cas, cette destruction constitue soit un crime (art. 4 et 5), soit un délit correctionnel réprimé par l'art. 257 c. pén. (art. 3), soit une contravention de grande voirie (art. 2) (V. sur ces dispositions, v° *Télégraphie;* — *Rép.* eod. v°, n°s 13 et suiv.).

87. — *Drapeau national.* — La loi du 6 juill. 1880 (D. P. 80. 4. 57), qui a institué le 14 juillet comme jour de fête nationale, a donné naissance à un certain nombre de questions sur lesquelles la jurisprudence a été appelée à se prononcer. A l'occasion de cette fête, les autorités municipales d'un grand nombre de communes, conformément aux instructions des préfets, pavoisèrent les édifices publics et communaux, et même les églises et presbytères. Plusieurs curés ou vicaires voyant dans ce fait une atteinte à leurs droits sur le presbytère qu'ils habitaient, enlevèrent ou firent enlever le drapeau national qui, soit à leur insu, soit contre leur gré, avait été placé de façon à décorer la façade principale de leur habitation. Sur les poursuites auxquelles ces faits ont donné lieu, sont intervenues des décisions judiciaires qui paraissent avoir fixé définitivement la jurisprudence dans un sens défavorable au droit revendiqué par le clergé dans cette circonstance. Toutes ces décisions posent d'abord en principe que le drapeau national placé les jours de fête par l'autorité municipale sur les édifices publics et communaux est un objet destiné à l'utilité ou à la décoration publique au sens de l'art. 257 c. pén.; mais l'incrimination est envisagée diversement suivant que le drapeau a été enlevé par un vicaire ou par un curé.

88. Dans le premier cas, la jurisprudence décide que le vicaire n'est au presbytère que l'hôte du curé et n'a pas le droit d'intervenir pour s'opposer aux actes de l'autorité municipale. La cour suprême, cassant un arrêt de la cour de Lyon qui avait acquitté un vicaire poursuivi pour avoir enlevé le drapeau national apposé sur les murs du presbytère à l'occasion de la fête nationale, a jugé que le fait par un vicaire d'avoir arraché et brisé les drapeaux placés par ordre du maire sur le portail du presbytère, conformément aux instructions du préfet du département, tombe sous l'application de l'art. 257. Quels que soient les droits personnels du curé ou du desservant sur le presbytère, le vicaire, *qui y est logé par tolérance et comme hôte du curé*, ne peut s'en prévaloir; il n'a ni titre, ni qualité, ni droit d'aucune sorte pour intervenir, de son propre mouvement et à l'insu du curé, à l'encontre des mesures que le maire a prises pour faire décorer cet édifice. Le fait d'avoir, à deux reprises, arraché les drapeaux et d'avoir en outre cassé la hampe de l'un d'eux, implique nécessairement une intention mauvaise et coupable, suffisante pour constituer le délit (Crim. cass. 31 mars 1882, aff. Verroux, D. P. 82. 1. 389). La cour de Grenoble devant laquelle l'affaire a été renvoyée, adoptant les motifs de la cour suprême en ce qui concerne les droits du vicaire sur le logement au presbytère, décide qu'il n'y a pas lieu de se préoccuper, pour l'application de l'art. 257 c. pén., de l'occasion, du but ni de la durée des décorations publiques auxquelles sont employés les monuments, statues ou autres objets. Ainsi le fait d'avoir à deux reprises, enlevé, le jour de la fête du 14 juillet, le drapeau national arboré par ordre du maire sur le portail d'un presbytère, et d'en avoir brisé la hampe, constitue le délit prévu et puni par l'art. 257. Cet acte ainsi accompli est à lui seul la démonstration évidente de la volonté persistante de faire ce qui est défendu par la loi, ce qui, en dehors même de la pensée d'insulter au drapeau du pays, implique l'intention coupable considérée comme élément essentiel du délit (Grenoble, 3 juin 1882, aff. Verroux, D. P. 83. 2. 188).

89. Dans le second cas, celui où le drapeau avait été enlevé par le curé ou par le desservant lui-même, la question se posait de savoir si l'autorité municipale ne violait pas, par son intervention, le droit du curé sur le presbytère. En ce qui concerne la nature et l'étendue de ce droit, V. *suprà*, v° *Culte*, n°s 414 et suiv., où la question est examinée sous tous ses aspects. Sans se prononcer sur la question en elle-même, la cour de cassation a décidé que l'art. 257 c. pén. protège, par sa formule générale et absolue, tous les objets destinés à l'utilité et à la décoration publiques, établis par l'Administration ou avec son autorisation. En conséquence, le fait par un curé d'avoir détruit, abattu, mutilé ou dégradé un drapeau aux couleurs nationales, placé sur un édifice communal comme objet extérieur de décoration, le jour de la fête nationale, par ordre du maire de la commune, tombe sous l'application de cette disposition. En faisant apposer ce drapeau sur le mur extérieur du presbytère, le maire n'a porté aucune atteinte aux droits du curé (Crim. cass. 9 juin 1882, aff. Maury, D. P. 82. 1. 390. — V. en sens contraire : Poitiers, 29 juin 1883, aff. Ribert, D. P. 83. 2. 169). Ce dernier arrêt, ainsi que deux autres rendus par la même cour dans des circonstances identiques, ont été cassés par la cour suprême qui a confirmé ainsi sa jurisprudence antérieure (Crim. cass. 7 déc. 1883, aff. Vigneron, D. P. 84. 1. 210. Comp. Crim. rej. 11 nov. 1882, aff. Bergerat, D. P. 83. 1. 361; 16 févr. 1883, aff. Chincholle, D. P. 83. 1. 361; Trib. confl. 15 déc. 1883, aff. Fonteny, D. P. 85. 3. 57, cités *suprà*, v° *Culte*, n°s 415, 417 et 420. V. également Crim. cass. 26 avr. 1883, aff. Ribert, D. P. 83. 1. 362). — Cette question spéciale du pavoisement des presbytères est, d'ailleurs, sommairement indiquée *suprà*, v° *Culte*, n° 420.

90. Le maire qui abat le drapeau arboré sans son autorisation sur un édifice communal, en un jour de fête nationale, commet-il le délit prévu et puni par l'art. 257 c. pén.? La question pouvait faire doute, l'art. 257 ne punissant la dégradation que quand elle s'applique à des objets placés par l'autorité publique ou avec son autorisation. Un arrêt de la cour d'Agen du 11 oct. 1884 l'a résolue contre le maire, en décidant que ce fait constitue le délit prévu par l'art. 257, et qu'il y a lieu d'appliquer ici l'art. 198 c. pén., qui prononce le maximum de la peine lorsqu'il s'agit d'un délit commis par un fonctionnaire public. La cour de cassation a confirmé cette interprétation, en rejetant le pourvoi formé contre cet arrêt, décidant, en outre, que la loi du 6 juill. 1880, en adoptant le 14 juillet comme jour de fête nationale, a nécessairement, quoiqu'implicitement, autorisé les citoyens, et spécialement les fonctionnaires logés dans les bâtiments domaniaux, départementaux ou communaux, à arborer publiquement, pendant la durée de cette fête, le drapeau de la nation sur les locaux qu'ils occupent. En conséquence, est passible des peines portées en l'art. 257, le maire qui détruit, abat, mutile ou dégrade le drapeau national placé par un instituteur au fronton de la maison d'école; et il ne peut prétendre que l'instituteur n'avait pas le droit de pavoiser sans son autorisation (Crim. rej. 5 juin 1885, aff. de Fumel, D. P. 86. 1. 140).

91. — III. OBJETS ÉLEVÉS PAR L'AUTORITÉ PUBLIQUE OU AVEC SON AUTORISATION. — Les objets dégradés, mutilés ou détruits, doivent avoir été élevés par l'autorité publique ou avec son autorisation (V. *suprà*, n° 83; *Rép.* n°s 149 à 153). N'ont pas ce caractère les constructions élevées par les particuliers, même avec l'autorisation du Gouvernement, mais sans intention de les faire servir à l'utilité ou à la décoration publique (*Rép.* n° 152); tels sont, par exemple, les usines, ateliers ou établissements industriels dangereux ou insalubres, pour la construction desquels l'autorisation administrative est nécessaire. La destruction des constructions appartenant à des particuliers est prévue par l'art. 437 c. pén. (V. *infrà*, n°s 93 et suiv.).

92. — IV. INTENTION CRIMINELLE. — Il doit y avoir intention coupable chez l'agent du délit (*Rép.* n°s 150 et 160). — C'est, disent MM. Chauveau et Faustin Hélie, *op. cit.*, t. 3, n° 1059, l'intention qui constitue la criminalité du fait et que la loi a voulu punir. Si la dégradation est le résultat d'un accident, il existe encore un dommage pouvant donner lieu à une action civile, mais il n'y a plus de délit. Au reste, la question de fait est laissée entièrement à l'appréciation des tribunaux (Comp. Trib. corr. Langres, 26 oct. 1883, *suprà*, v° *Culte*, n° 415; Agen, 11 oct. 1884, *suprà*, n° 90).

CHAP. 4. — Destruction d'édifices, constructions ou machines à vapeur par un moyen autre que l'incendie ou l'effet d'une mine (*Rép.* n°s 162 à 174).

93. Il s'agit ici d'un mode de destruction qui n'est prévu ni par l'art. 434, ni par l'art. 435 (V. *suprà*, n°s 65 et suiv.). Ce crime est subordonné à trois conditions : 1° il doit avoir pour objet l'une des choses énumérées dans l'art. 437; 2° il faut qu'il y ait un fait de destruction ou de renversement; 3° l'agent doit l'avoir commis avec une intention criminelle. — Le deuxième paragraphe de l'art. 437 prévoit le cas où le fait de destruction ou de renversement aurait occasionné un homicide ou des blessures (*Rép.* n°s 173 et 174).

94. — I. CONSTRUCTIONS ÉNUMÉRÉES DANS L'ART. 437. — A l'énumération contenue dans cet article, la loi du 13 mai 1863 a ajouté le fait d'avoir causé l'explosion d'une machine à vapeur. « Les progrès de l'industrie, dit l'exposé des motifs du projet de loi (D. P. 63. 4. 95, n° 127), ont tellement répandu l'usage de ces machines qu'il pouvait être prudent de réparer l'omission commise à cet égard par l'art. 437. » — Les constructions dont parle l'art. 437 sont tous les ouvrages faits de main d'homme dans un but d'utilité publique ou privée (Chauveau et Faustin Hélie, t. 6, n° 2574), qui tiennent au sol ou même sont bâtis sur pilotis (*Rép.* n° 170), qu'ils soient ou non considérés comme immeubles, pourvu que l'état dans lequel ils se trouvent puisse les faire considérer comme de véritables constructions

(*Rép.* n° 168). Ainsi l'art. 437 s'applique à la destruction de l'outillage d'une usine qui, d'après l'art. 519 c. civ. est immeuble par sa nature; mais il ne serait plus applicable à la destruction d'un outillage que l'art. 524 c. civ. considère comme des immeubles par destination (Blanche, t. 6, n° 551). — L'énumération de l'art. 437 est essentiellement limitative (*Rép.* n° 171). Ainsi elle ne comprend ni les destructions de clôture prévues par l'art. 456 (V. *infrà*, n°s 170 et suiv.), ni celles des cabanes de gardien prévues par l'art. 451 (V. *suprà*, n° 33, et *infrà*, n° 146 ; Crim. rej. 15 avr. 1869, aff. Bosc, D. P. 69. 1. 534). Toutefois, en ce qui concerne les clôtures, si elles présentent le caractère d'une construction, leur destruction tombe sous le coup de l'art. 437 (Blanche, *op. cit.*, n° 553). — Il n'est question ici que des constructions ayant un but d'utilité; s'il s'agit d'ouvrages d'art, de monuments destinés à l'utilité ou à la décoration publique, on rentre dans le cas de l'art. 257 (V. *suprà*, n°s 83 et suiv.). — Toutefois, il y a lieu de faire remarquer que la destruction totale ou partielle de monuments destinés à l'utilité ou à la décoration privée, qui n'est point prévue par l'art. 257, tombe sous le coup de l'art. 437, le mot *autres constructions* pouvant comprendre des monuments de toute nature.

95. Ces constructions doivent *appartenir à autrui;* car, excepté dans le cas d'incendie (V. *suprà*, n°s 43 et suiv.), le propriétaire est maître de disposer de sa chose, sauf les droits des tiers lésés (art. 1382). Mais cela ne s'applique qu'au plein propriétaire; ainsi le fermier, l'usager, l'usufruitier, le locataire qui détruisent la chose dont ils jouissent détruisent la chose d'autrui (Chauveau et Faustin Hélie, *op. cit.*, n° 2575). Disons en terminant que l'art. 337 c. just. mil. pour l'armée de mer du 4 juin 1858 (D. P. 58. 4. 109) punit « des travaux forcés à temps tout individu qui, volontairement, détruit, désempare ou dévaste, par d'autres moyens que l'incendie ou l'emploi de matières explosives, des vaisseaux, bâtiments ou embarcations de l'État, des édifices, ouvrages militaires, magasins, ateliers ou chantiers appartenant à la marine ».

96. — II. DESTRUCTION OU RENVERSEMENT. — Il faut qu'il y ait fait de *destruction* ou de *renversement*, ce qui emporte l'idée de démolition, de ruine (*Rép.* n° 166) totale ou partielle, c'est-à-dire d'un acte grave portant atteinte au droit de propriété (Blanche, n° 549). De simples dégradations ou mutilations ne donneraient lieu qu'à des réparations civiles de la part de leur auteur (art. 1382). — Ainsi les dégradations faites à un édifice, dans l'exécution des travaux pratiqués sur une propriété dans le seul but de l'agrandir ou de l'améliorer, ne constituent point un délit (Riom, 19 mai 1854, aff. Sibert-Pacros, D. P. 57. 2. 38 ; Chauveau et Faustin Hélie, *op. cit.*, n° 2573).

97. — III. INTENTION CRIMINELLE. — Elle exige de la part de l'agent le dessein de nuire à autrui (*Rép.* n°s 163 à 165) et, par conséquent, la connaissance que la chose détruite appartenait à autrui (*Rép.* n° 172). Il suit de là que la volonté de nuire à autrui doit, à peine de nullité, être mentionnée dans les questions à poser au jury et ne peut être suppléée par la simple déclaration de culpabilité (Blanche, t. 6, n° 547; *Rép.* n° 165-2°). — Mais il n'est pas nécessaire qu'il soit établi que le prévenu a agi par haine, méchanceté ou vengeance (Blanche, n° 548; Chauveau et Faustin Hélie, t. 6, n°s 2576 et suiv.).

98. — *Homicide ou blessures.* — Lorsque les faits de destruction ou de renversement ont eu pour résultat un homicide, la peine de mort est prononcée; mais elle n'est pas subordonnée aux conditions restrictives dont l'art. 434, § 8, fait dépendre l'application de la peine de mort au crime d'incendie ayant occasionné la mort; il suffit, pour s'en rendre compte, de comparer le texte des deux articles (V. *suprà*, n°s 61 et suiv.). Il n'est donc pas nécessaire, par exemple, que la victime se soit trouvée dans les lieux détruits au moment où le fait de destruction a commencé à s'accomplir; il suffit qu'elle ait trouvé la mort à un moment quelconque par suite de ce fait. — Au cas de blessures, la peine n'est que des travaux forcés à temps; on reproduit ici la disposition de l'art. 310 c. pén., quelle que soit la durée de l'incapacité de travail occasionnée, alors même que, dans d'autres circonstances, les blessures ne seraient punies que de simples peines correctionnelles, en vertu de l'art. 311 c. pén. — En ce qui concerne les blessures ayant occasionné la mort, et le délai dans lequel celle-ci doit être survenue, il y a lieu de se référer à ce qui a été dit à propos de l'incendie (V. *suprà*, n° 61). — Ces règles sont conformes aux principes généraux du droit pénal : l'agent qui se rend coupable d'un crime doit être responsable de toutes les conséquences de ce crime qu'il a pu prévoir lors de sa perpétration; si l'auteur de la destruction n'a pas voulu l'homicide ou les blessures, il a voulu du moins le fait criminel qui en a été la cause, et n'a point été arrêté par la pensée que ce fait pouvait les causer. C'est cette combinaison d'un fait criminel et d'un homicide occasionné en quelque sorte volontairement par ce fait lui-même, qui constitue la criminalité de l'agent (Chauveau et Faustin Hélie, t. 6, n° 2578).

99. Outre la réclusion, le premier paragraphe de l'art. 437 prononce une amende qui ne pourra excéder le quart des restitutions et indemnités ni être au-dessous de 100 fr.; c'est une peine spéciale qui ne peut être réduite. Il a été jugé que l'abaissement de la peine résultant de l'admission des circonstances atténuantes n'autorise pas le juge à diminuer ou à supprimer l'amende jointe à la peine, dans le cas surtout où cette amende constitue une peine spéciale, comme lorsqu'il s'agit du crime de destruction d'édifice (Crim. cass. 22 janv. 1847, aff. Mériot, D. P. 48. 5. 280). — Décidé également que celui qui détruit un édifice qu'il sait appartenir à autrui, ou le complice de cette destruction, est passible de la peine spéciale prononcée par l'art. 437, nonobstant l'admission de circonstances atténuantes en sa faveur (Crim. cass. 3 nov. 1848, aff. Fonder, D. P. 50. 5. 136).

CHAP. 5. — Opposition à la confection de travaux autorisés par le Gouvernement (*Rép.* n°s 175 à 183).

100. Deux conditions sont nécessaires pour caractériser ce délit prévu et réprimé par l'art. 438 c. pén.: 1° il faut que les travaux dont il s'agit aient été autorisés par le Gouvernement ; 2° que l'opposition faite à ces travaux ait eu lieu à l'aide de voies de fait commises avec une intention criminelle de la part de leur auteur (*Rép.* n° 175 ; Chauveau et Faustin Hélie, *op. cit.*, n°s 2580 et suiv.; Blanche, *op. cit.*, n°s 560 et suiv.).

101. — I. TRAVAUX AUTORISÉS PAR LE GOUVERNEMENT (*Rép.* n°s 177 à 184). — Il ressort du mot *autorisés*, employé par l'art. 438, qu'il s'applique non seulement aux travaux faits pour le compte de l'État, soit par ses agents directement, soit par l'intermédiaire d'entrepreneurs avec qui il traite à cet effet (Chauveau et Faustin Hélie, t. 6, n° 2582) ; mais encore à ceux entrepris par les départements et les communes qu'il doit autoriser, en vertu du principe de la tutelle administrative (*Rép.* n° 177). Ce que la loi a ici surtout en vue, c'est de distinguer l'*utilité publique* de l'*utilité privée*. Cependant MM. Chauveau et Hélie, ainsi qu'il a été dit au *Rép.* n° 177, se refusent à comprendre les travaux des départements et des communes dans les travaux publics proprement dits, et ils ont maintenu leur opinion dans la dernière édition de leur ouvrage (t. 6, n° 2582). Mais la jurisprudence est fixée en sens contraire. Jugé qu'en édictant des peines contre ceux qui s'opposeraient avec voies de fait à la confection des travaux publics autorisés par le Gouvernement, l'art. 438 c. pén. n'a pas entendu protéger exclusivement les travaux exécutés pour le compte de l'État ; il protège également tout travail public exécuté pour le compte d'un département ou d'une commune, lorsque l'exécution en a été prescrite par l'autorité compétente (Aix, 8 juill. 1858, aff. Habitants de Moriès, D. P. 60. 2. 44). Spécialement, parmi les travaux rentrant dans les prévisions de cet article, il faut comprendre ceux que, sur les réclamations de tiers signalant l'exécution de certaines améliorations à une propriété communale comme portant une atteinte à leurs droits, l'autorité a prescrits pour le rétablissement des lieux dans leur ancien état (Même arrêt). Il n'importe que, dans ce cas, l'ordre d'exécuter les travaux ait été donné par le sous-préfet, si celui-ci a agi en vertu et par interprétation d'instructions à lui adressées par le préfet (Comp. *Rép.* n° 177). — Décidé également que les dispositions de l'art. 438 sont générales et absolues et embrassent tous les travaux ordonnés ou autorisés par le Gouvernement ou par les agents, ses délégués dans les départements, spécialement les préfets. Ainsi la reconstruction, par l'ordre et les agents du Gouvernement, d'un mur d'une propriété particulière qui avait été endommagé par l'exécution d'un travail public, doit, alors surtout qu'elle a également pour objet de soutenir les remblais d'un égout, être considérée comme présentant un caractère d'utilité publique, et non pas seulement d'utilité privée. Dès lors, le fait du propriétaire de s'opposer par voies de fait à ce que, en de telles circonstances, les agents de l'Administration réédifient son mur, constitue le délit réprimé par l'art. 438 (Crim. cass. 21 nov. 1862, aff. Douce, D. P. 64. 5. 367). — Jugé aussi que l'art. 438, qui protège contre les oppositions se traduisant par des voies de fait l'exécution des travaux autorisés par le Gouvernement, a entendu comprendre parmi les travaux dont il s'agit, ceux entrepris dans les départements avec l'autorisation des préfets... et, notamment, en matière d'entretien des chemins vicinaux, les travaux ayant pour objet l'extraction de matériaux dans des propriétés riveraines pour être employés aux réparations de ces chemins (Crim. rej. 4 avr. 1867, aff. Malicorne, D. P. 67. 5. 132).

102. Mais la résistance opposée avec violence ou voies de fait à l'exécution de travaux autorisés par l'Administration ne constitue le délit réprimé par l'art. 438 que dans le cas où ces travaux ont un caractère d'utilité publique au moins locale, et non dans le cas où, n'intéressant qu'un particulier, ils ont dû être préalablement autorisés par l'autorité compétente par mesure de police et pour sauvegarder les droits des tiers (*Rép.* n° 177). Spécialement, n'est pas protégé par cet article l'exécution des travaux qu'un propriétaire a été autorisé par le préfet à entreprendre dans sa propriété, pour faire sur un cours d'eau riverain une prise d'eau destinée à l'irrigation de ses terres (Crim. rej. 29 déc. 1859, aff. Glace, D. P. 60. 1. 54).

103. Lorsque les travaux n'ont pas été régulièrement autorisés, la présomption d'utilité publique cesse de les protéger, et, quoique cette circonstance ne légitime pas les voies de fait, elle leur enlève du moins le caractère du délit. — Jugé en ce sens que les peines portées par l'art. 438 contre quiconque s'oppose par des voies de fait à la confection de travaux autorisés par le Gouvernement, ne sont applicables que lorsque l'exécution de ces travaux a été prescrite par l'autorité compétente. En conséquence, les dispositions de cet article ne peuvent recevoir d'application dans le cas où des plantations ont été effectuées dans un terrain voisin d'un chemin vicinal, en vertu des ordres du maire d'une commune, mais sans qu'il soit intervenu, pour autoriser ces plantations, ni délibération du conseil municipal, ni autorisation du préfet (Nancy, 10 juin 1885, aff. Bouvier, D. P. 86. 2. 232).

104. L'art. 438 protège non seulement les travaux en cours d'exécution qui ont un caractère d'utilité publique, mais encore les travaux préparatoires autorisés par l'Administration et destinés à l'éclairer sur la convenance des ouvrages qu'elle se propose d'entreprendre, tels que les études de terrains et levés de plans (L. 3 mai 1841, art. 4) (*Rép.* n° 179; Blanche, t. 6, n° 562; Chauveau et Faustin Hélie, t. 6, n° 2584). — Par *confection des travaux*, il faut aussi entendre les travaux de démolition (*Rép.* n° 180).

105. — II. Voies de fait. — Ce que la loi punit ici, ce sont la rébellion, les violences et les attroupements; la simple opposition, qui se manifeste par les voies légales, ne constitue pas un délit (*Rép.* n° 176). — Les *voies de fait* sont tous actes matériels capables d'interrompre les travaux, qu'ils soient commis ou non sur le lieu de leur exécution, qu'il en soit résulté ou non une interruption quelconque (Chauveau et Faustin Hélie, t. 6, n° 2581). Elles ne sauraient être excusées par le motif que celui dont elles émanent a agi pour la défense de ses droits; car il n'est jamais permis de se faire justice soi-même, alors même que l'intérêt privé serait manifestement lésé par l'intérêt public. Jugé en ce sens que la circonstance que des travaux exécutés dans un intérêt public nuisent à l'exercice de certains droits réels d'un particulier ne saurait autoriser celui-ci à les détruire par une voie de fait personnelle. Ainsi, le droit de jouissance d'une prise d'eau que peut avoir un individu n'excuse point la voie de fait par laquelle cet individu a comblé, comme faisant obstacle à l'exercice de ce droit, un fossé établi sur un chemin vicinal dans un intérêt de conservation du chemin et de sécurité publique (Crim. cass. 5 juin 1856, aff. Delort, D. P. 56. 1. 309). Décidé également que, pour que la résistance avec voies de fait à l'exécution des travaux publics constitue un délit, il n'est pas nécessaire que les actes administratifs prescrivant leur exécution aient été publiés; il suffit qu'un agent public, tel que le maire, ait pris cette exécution sous sa responsabilité, et, en tous cas, qu'il ait attesté verbalement l'existence des ordres à lui transmis (Aix, 8 juill. 1858, cité *suprà*, n° 101).

106. Si l'opposition faite avec violence est l'œuvre du propriétaire lui-même, le délit de l'art. 438 subsiste-t-il toujours? Après avoir hésité (*Rép.* n°s 181 à 183), la jurisprudence a fini, presqu'unanimement, par résoudre la question contre le propriétaire. — Ainsi il a été décidé que l'art. 438 est général et absolu, qu'il n'admet aucune exception, et que les peines portées par cet article contre *quiconque* s'oppose, par voies de fait, à la confection de travaux autorisés par le Gouvernement, sont applicables même au propriétaire sur le terrain duquel ces travaux ont été entrepris sans indemnité préalable, ce propriétaire n'ayant le droit que d'user des voies légales, soit pour arrêter l'entreprise, soit pour obtenir la réparation du préjudice encouru (Crim. cass. 22 mai 1857, aff. Chanonat-Darpy, D. P. 57. 1. 315). — L'opposition avec violence serait encore punissable de la part du propriétaire, alors même que les travaux n'auraient pas été exécutés conformément à l'autorisation administrative. Jugé, en ce sens, que les peines portées par l'art. 438 contre quiconque s'oppose par des voies de fait à la confection de travaux autorisés par le Gouvernement (dans l'espèce, à une extraction de matériaux) sont applicables même à l'auteur des voies de fait qui se prétendrait propriétaire du terrain sur lequel ont eu lieu les travaux ordonnés, et ce, encore bien que l'opposition aurait été dirigée contre des travaux exécutés en dehors de la limite déterminée par l'autorisation administrative. Par suite, le tribunal saisi de la poursuite motivée par ces voies de fait ne doit pas surseoir à statuer jusqu'à la solution de la question préjudicielle de propriété et de légalité de l'occupation du terrain, cette question n'étant pas de nature, en pareil cas, à faire disparaître le délit (Crim. cass. 26 janv. 1859, aff. Parer, D. P. 60. 1. 56). — La doctrine de la cour de cassation n'est cependant pas admise par certains interprètes, qui font remarquer que les travaux cessent d'être régulièrement autorisés, dès qu'ils excèdent les limites fixées par l'autorisation; ils sont alors considérés comme effectués arbitrairement et doivent cesser d'être protégés par la loi, puisque la présomption d'utilité publique ne les environne plus (Chauveau et Faustin Hélie, t. 6, n° 2585). Elle a été également critiquée au *Rép.* n°s 181 et 182 (V. en sens contraire: Blanche, t. 6, n° 564). Ce dernier auteur, approuvant pleinement la jurisprudence de la cour suprême, observe qu'il serait étrange, même pour respecter le droit de propriété, de légitimer la résistance violente aux ordres de l'autorité publique. D'ailleurs, celui qui se prétend lésé peut, en cas d'urgence, s'adresser au juge des référés pour lui demander protection, et, porteur alors d'une décision de justice, recourir régulièrement à la force publique pour faire triompher son droit.

107. Il a été décidé également que l'individu qui s'oppose à la continuation de travaux autorisés par le Gouvernement et exécutés sur un terrain dont il a été exproprié pour cause d'utilité publique, se rend coupable du délit prévu et puni par l'art. 438, alors même que l'indemnité à laquelle il a droit n'a pas été réglée préalablement (Amiens, 1er déc. 1876, aff. Delattre, D. P. 79. 2. 60). — Jugé cependant, en sens contraire, que le propriétaire qui s'oppose, même par violence et voies de fait, à la prise de possession d'un terrain dont il a été exproprié pour cause d'utilité publique, sans que l'indemnité à laquelle il a droit lui ait été payée, ne commet aucun délit (Agen, 21 avr. 1864, aff. Larrieu, D. P. 64. 2. 93).

108. — III. Peines. — Outre la peine de trois mois à deux ans d'emprisonnement, l'art. 438 édicte une amende qui ne pourra excéder le quart des dommages-intérêts, ni être au-dessous de 16 fr. « Les moteurs, y est-il dit ensuite, subiront le maximum de la peine » (*Rép.* n° 183. Comp. *suprà*, n° 99).

CHAP. 6. — Destruction de titres, registres, actes publics et de commerce (*Rép.* n°s 184 à 206).

109. On a expliqué au *Rép.* n° 185 les différences qui existent entre l'infraction prévue par l'art. 439 et celles dont s'occupent les art. 173, 255, 400, 405 et 408 c. pén. L'art. 439 punit tout fait matériel de *destruction* commis d'une manière quelconque. Ainsi le débiteur qui, ayant déterminé le créancier à lui communiquer son titre, feint une contestation sur le mode de payement et déchire l'obligation par un mouvement d'humeur simulé, se rend coupable du délit de suppression de titre (Crim. rej. 10 nov. 1871, aff. Blot, D. P. 71. 1. 271). — Mais si, au lieu de déchirer le titre, il refusait de le restituer, il y aurait abus de confiance (Crim. cass. 3 juin 1864, aff. Charanton, D. P. 65. 1. 455). — Il en serait de même si le titre avait été confié à un tiers et détruit par lui; il faudrait alors appliquer les peines de l'art. 408 (Crim. cass. 25 sept. 1853, aff. Terrier, *Bull. crim.*, n° 481; Chauveau et Faustin Hélie, t. 6, n° 2627. V. *suprà*, v° *Abus de confiance*, n° 24). — La destruction par le feu est ici purement démonstrative et citée comme exemple, la loi se servant des mots *brûlé* ou *détruit* (*Rép.* n° 186).

110. Ne doit-on s'attacher qu'à la destruction matérielle, ou la destruction dont parle l'art. 439 doit-elle s'étendre au mode qui, sans faire disparaître le titre, lui enlèverait toute force probante? (*Rép.* n° 187). La loi a voulu atteindre le préjudice causé par la destruction de l'obligation; donc toute voie de fait commise sur l'acte et qui a pour effet d'altérer le lien de droit qu'il consacre est un acte de destruction (*Rép.* n° 189-2°). En présence de la généralité des termes de l'art. 439, c'est là une question de fait soumise entièrement à l'appréciation des tribunaux (Chauveau et Faustin Hélie, *loc. cit.*, n° 2616). Toutefois il faut, non pas que le titre ait disparu, mais qu'il ait été détruit matériellement (bien qu'il puisse en rester des vestiges plus ou moins nombreux) et que ce fait soit constaté dans le jugement ou dans l'arrêt. En d'autres termes, le détournement ne doit pas être confondu avec la destruction (Crim. cass. 21 janv. 1865, aff. Humbert, D. P. 66. 5. 452). — Jugé cependant que la circonstance de volonté, constitutive du crime de destruction de titres, résulte suffisamment des énonciations de l'arrêt constatant que l'accusé a fait disparaître un testament qui l'exhérédait et l'a détruit, afin de s'emparer illégalement d'un patrimoine qu'il savait devoir passer exclusivement aux légataires désignés (Crim. rej. 5 avr. 1872, aff. Prestrot, *Bull. crim.*, n° 83).

111. Les actes dont s'occupe l'art. 439 sont de deux sortes : 1° les actes de l'autorité publique et les effets de commerce et de banque; 2° toutes autres pièces n'ayant point le caractère public ou commercial (*Rép.* n° 191). La destruction, lorsqu'elle a pour objet des actes de la première catégorie, est un crime puni de la réclusion; quand les pièces détruites rentrent dans la seconde classe, il n'y a là qu'un délit passible de l'emprisonnement et de l'amende. — La destruction de toutes autres pièces échappe aux peines de l'art. 439 (*Rép.* n° 185), sauf application des dispositions plus rigoureuses de l'art. 440 (V. *infrà*, n°s 120 et suiv.) ou de l'art. 479-1° c. pén., qui prévoit la contravention de dommage aux propriétés mobilières d'autrui (V. *suprà*, v° *Contraventions*, n°s 246 et suiv.).

112. — I. ACTES DE L'AUTORITÉ PUBLIQUE (*Rép.* n°s 192 et 193). — Ce sont, dit la loi, les *registres*, *minutes* ou *actes originaux*; car ces pièces font titre et ne peuvent souvent être remplacées que très difficilement (*Rép.* n° 192; Chauveau et Faustin Hélie, t. 6, n°s 2618 et suiv.). — Cette énumération est limitative et la destruction de tous autres actes de l'autorité publique ne constituerait qu'un simple délit; elle a cependant donné lieu à plusieurs arrêts interprétatifs, dont quelques-uns sont rapportés au *Rép.* n° 193. Jugé, depuis, que les empreintes du marteau de l'Etat apposées sur des arbres réservés sont des actes originaux de l'autorité publique, qui opèrent un titre de propriété en faveur du domaine de l'État ou des communes, et dont la destruction tombe sous l'application de l'art. 439 c. pén. (Crim. cass. 8 févr. 1850, aff. Boissard, D. P. 50. 5. 243). De même, l'adjudicataire d'une coupe d'une forêt de l'Etat qui a détaché d'un arbre de cette coupe la marque de délivrance apposée par l'administration forestière et l'a frauduleusement transportée dans la même coupe, sur un arbre réservé illégalement abattu, commet, d'une part, le crime de destruction d'un acte original de l'autorité publique opérant obligation, disposition ou décharge, et, d'autre part, celui de fabrication et d'usage frauduleux d'une fausse empreinte du marteau de l'Etat servant aux marques forestières (c. pén. art. 140 et 141) (Crim. cass. 12 août 1865, aff. Lechaine, D. P. 66. 1. 141; *Rép.* v° *Forêts*, n°s 218 et suiv. Comp. Crim. rej. 22 nov. 1861, aff. Corbe, D. P. 63. 5. 191; Crim. cass. 26 mai 1876, aff. Daoud-Guigne, D. P. 76. 1. 509. — *Contrà* : Chauveau et Faustin Hélie, t. 6, n° 2619). — Doivent être assimilées également aux actes originaux les grosses et les copies qui, aux termes de l'art. 1335 c. civ., font la même foi que l'original (Blanche, t. 6, n° 573).

113. — II. EFFETS DE COMMERCE OU DE BANQUE (*Rép.* n°s 194 à 199). — Bien que l'art. 439 mentionne la *lettre de change* spécialement et avant les effets de commerce ou de banque, elle doit évidemment être rangée parmi ces derniers, car elle a un caractère essentiellement commercial et est elle-même un effet de commerce, à moins qu'elle n'ait dégénéré en une simple promesse (c. com. art. 112, 632, 636 et 637) (*Rép.* v° *Effets de commerce*, n°s 123 et suiv.), ne constituant plus qu'une obligation civile. Dans cette dernière hypothèse, la destruction de la lettre de change n'est alors qu'un simple délit. Il en est de même des billets à ordre n'ayant pas pour cause un fait de commerce (*Rép.* n° 194) et, en général, de tout effet de commerce ou de banque qui n'aurait pas une cause commerciale (Crim. cass. 20 août 1846, aff. Noret, D. P. 46. 4. 152).

114. — III. PIÈCES N'AYANT POINT LE CARACTÈRE PUBLIC OU COMMERCIAL. — La destruction de tous les actes qui ne rentrent pas dans ceux dont nous venons de parler constitue un simple délit correctionnel. — Ainsi la soustraction dans une étude de notaire et la destruction d'une pièce qui avait été remise à ce notaire, non à raison de sa qualité et pour qu'il en dressât acte, mais uniquement par suite de la confiance qu'il inspirait, ne constitue pas le crime de soustraction de pièces dans un dépôt public, prévu par les art. 254 et 255 c. pén., mais seulement le délit de destruction de pièces puni par l'art. 439 du même code (Crim. cass. 2 avr. 1857, aff. Unal, D. P. 57. 1. 228). — Par application de l'art. 439, al. 3, il a été décidé : 1° que la destruction de feuillets d'un registre d'un commerçant, dans le but de faire disparaître à son préjudice la preuve d'une obligation, constitue le délit de suppression de titre. Et il en est ainsi dans le cas même où le registre lacéré n'est, comme le grand-livre, qu'une écriture auxiliaire, non prescrite par le code de commerce (Crim. rej. 3 déc. 1864, aff. Gibus, D. P. 65. 1. 150); — 2° Que le fait d'un mandataire d'avoir, après sa révocation, supprimé, de concert avec l'autre partie contractante, un traité relatif à la confection de travaux entrepris pour son mandant, et de lui avoir substitué un autre traité faisant à l'entrepreneur des conditions plus avantageuses, constitue, non une fraude purement civile dans l'exécution du mandat, ni un abus de confiance, mais le délit de destruction de titre. Et l'arrêt qui constate une substitution opérée dans de telles circonstances établit suffisamment que le fait a été commis dans l'intention frauduleuse de nuire au mandant et était susceptible de lui causer préjudice (Crim. rej. 19 juill. 1861, aff. Vernay, D. P. 61. 1. 452). Il semble, toutefois, qu'il y ait, dans cette espèce, plutôt un faux en écriture privée qu'une destruction de titre. Le traité était plutôt falsifié que supprimé; la rédaction faite à nouveau établissait, comme la première, l'existence de la convention; elle changeait seulement les chiffres ou les conditions qui étaient acquis au mandant (V. *infrà*, v° *Faux et fausse monnaie*).

115. Il ne faut pas confondre la destruction de titres avec le vol proprement dit. Bien que, dans les deux cas, le préjudice causé puisse être le même, il y a une grande différence entre ces deux infractions pénales, notamment en ce qui concerne les circonstances aggravantes qui sont nombreuses pour le vol et peuvent élever le degré de la peine dans une proportion considérable. Le vol suppose l'idée de détournement avec appropriation au profit de l'auteur principal ou d'un complice, mais non celle de destruction, au moins immédiate, de l'objet disparu. Ainsi le copropriétaire qui soustrait le titre de l'immeuble indivis commet un vol, lorsqu'il est déclaré, en fait, que la soustraction est frauduleuse (Crim. rej. 5 mai 1849, aff. Frisneker, D. P. 49. 1. 145). — Les actes des notaires, avons-nous dit, sont des actes de l'autorité publique (V. *suprà*, n° 112); néanmoins le clerc de notaire qui soustrait un titre dans l'étude de son patron se rend coupable de vol, et non de la suppression de titre prévue par l'art. 439 (Crim. rej. 2 juin 1853, aff. Darras, D. P. 53. 1. 236). — La destruction de titres ne doit pas non plus être confondue avec l'extorsion de titres, qui suppose l'emploi de la force, de la violence ou de la contrainte (c. pén. art. 400) (Crim. rej. 15 mai 1847, aff. Renoncet, D. P. 47. 4. 455; *Rép.* n°s 198 et 202).

116. Les actes détruits doivent, dit l'art. 439, contenir ou opérer *obligation*, *disposition* ou *décharge*, c'est-à-dire que leur destruction doit causer un préjudice quelconque à autrui (Chauveau et Faustin Hélie, t. 6, n° 2621). — Ce que la loi punit, c'est l'attentat à la propriété et aux droits d'autrui, c'est-à-dire le préjudice matériel causé à la fortune et aux biens. Ainsi la lacération volontaire d'un testament olographe constitue le délit prévu par l'art. 439, un testament étant un titre contenant des dispositions (Crim. rej. 6 févr. 1880, aff. Lamblin, D. P. 80. 1. 188). Il en est de même d'une procuration (*Rép.* n° 196). Mais la destruction d'un titre qui n'a trait qu'aux *intérêts moraux* ou à la considération du signataire ou d'un tiers ne saurait tomber sous l'application de l'art. 439 (*Rép.* n° 195). — De même, la destruction des actes, encore bien qu'ils contiendraient obligation, disposition ou décharge, ne donnerait pas lieu à l'application de l'art. 439, s'ils étaient entachés d'un vice irréparable, qui les rendrait inexistants (*Rép.* n°s 197 à 200. Conf. Blanche, *op. cit.*, n° 578). C'est ce qui aurait lieu, par exemple, au cas de destruction d'un blanc-seing (*Rép.* n° 202; Chauveau et Faustin Hélie, t. 6, n° 2623). Décidé, à cet égard, que la criminalité du fait d'avoir méchamment ou frauduleusement détruit un titre contenant obligation, disposition ou décharge, est subordonnée à la condition de la validité du titre (Trib. Audenarde, 28 nov. 1874, aff. Meulevyzer, *Pasicrisie belge*, 1875. 3. 41). — Mais la destruction de mauvaise foi d'un acte sous seing privé pouvant servir de titre à celui qui en était propriétaire, alors même que cet acte serait entaché d'une nullité de forme, constitue, si cette nullité n'avait encore été ni reconnue ni déclarée, le délit prévu par l'art. 439 c. pén. (Crim. rej. 28 nov. 1861, aff. Purey, D. P. 65. 5. 372). Toutefois le juge saisi d'une poursuite en destruction de titre peut apprécier la validité du document détruit ou lacéré. Il n'y a donc pas lieu, pour lui, de surseoir à statuer sur la prévention jusqu'à ce que la validité du titre ait été reconnue au civil; c'est au tribunal correctionnel lui-même qu'il appartient, pour constater l'existence d'un des éléments du délit, de déclarer si le titre lacéré renfermait des dispositions légalement valables (Crim. rej. 6 févr. 1880, précité; *Rép.* n° 200. V. aussi Chambéry, 17 janv. 1878, cité *infrà*, n° 118).

117. — IV. VOLONTÉ CRIMINELLE (*Rép.* n° 205). — Outre la destruction volontaire, l'intention de nuire est nécessaire pour l'existence du crime ou délit réprimé par l'art. 439; il faut donc qu'elle soit expressément constatée par le jury ou par le juge correctionnel. — Décidé en ce sens que, si la destruction volontaire d'un titre contenant obligation constitue le délit prévu par l'art. 439, il faut, comme condition nécessaire de l'application de cet article, que la destruction des titres ait eu lieu avec l'intention de nuire à autrui; qu'ainsi le jugement qui, tout en déclarant que le prévenu a volontairement détruit l'acte obligatoire consenti au profit d'un tiers, ajoute que la remise volontaire que ce tiers aurait fait de cet acte n'impliquerait pas un consentement, ne constate pas suffisamment l'intention frauduleuse qui aurait accompagné la destruction volontaire du titre imputée au prévenu; et que, dès lors, la condamnation qu'il prononce, par application de l'art. 439, n'est pas légalement justifiée (Crim. cass. 20 janv. 1853, aff. Chevreau, *Bull. crim.*, n° 21]; Chauveau et Faustin Hélie, t. 6, n° 2624). — Au reste, l'intention de nuire, dès lors qu'elle existe au moment même du fait de la destruction du titre, suffit pour caractériser le crime ou le délit, qui ne saurait disparaître par suite de circonstances postérieures. Ainsi il a été jugé que la restitution, sous la menace de poursuites, de feuillets frauduleusement détachés d'un registre de commerce, n'efface pas le délit de destruction de titre, alors surtout qu'elle ne permet pas de rétablir dans leur intégrité les éléments du compte dont le délinquant se proposait de faire disparaître la preuve (Paris, 8 juill. 1864, aff. Gibus, D. P. 65. 1. 150. V. des décisions analogues *suprà*, v° *Abus de confiance*, n°s 20 et suiv.; *infrà*, v° *Fonctionnaire public*). Décidé également que le délit résultant de la destruction d'une promesse de vente sous seing privé effectuée méchamment et contre la volonté de celui auquel cette promesse était acquise, n'est pas couvert par la renonciation ultérieure de l'acheteur et par l'exécution directe donnée par l'auteur de la promesse aux reventes que celui-là avait consenties (Crim. rej. 13 juin 1861, aff. Bouche, D. P. 61. 1. 359). C'est, en effet, un principe d'une application générale que, sauf de rares exceptions, la réparation ultérieure du préjudice n'efface pas le délit et n'enchaîne pas l'action publique.

118. — V. PREUVE DE L'EXISTENCE DU TITRE DÉTRUIT. — Le délit prévu par l'art. 439 implique nécessairement l'existence du titre détruit, et la preuve de cette existence doit être faite suivant les règles générales sur la preuve des obligations, c'est-à-dire par écrit, s'il s'agit d'une valeur supérieure à 150 fr. Mais une pareille preuve peut être impossible s'il n'existe pas d'écrit constatant la remise du titre à celui qui l'a détruit. Il y a lieu, en pareil cas, à l'application de l'art. 1348 c. civ., qui autorise la preuve testimoniale toutes les fois que les parties ont été dans l'impossibilité de se procurer une preuve écrite. — Jugé, en ce sens, et conformément aux arrêts cités au *Rép.* n° 203, que, dans une prévention de destruction abusive par un débiteur de titres que son créancier lui avait remis sous la condition de les restituer ou de payer immédiatement, le fait de la remise peut être prouvé par témoins, quel que soit le montant de la créance, tout aussi bien que le fait ultérieur de la destruction; c'est là un cas de perte du titre par force majeure (Crim. rej. 9 mars 1871, aff. Fabre, D. P. 71. 1. 70; 10 nov. 1871, aff. Blot, D. P. 71. 1. 271); alors surtout que cette remise a été déterminée par le dol et la fraude (Arrêt précité du 10 nov. 1871). — De même, dans une prévention de destruction d'un testament olographe, la preuve testimoniale est toujours admissible pour établir la remise du testament entre les mains du prévenu, parce que le fait qui motive les poursuites ayant eu précisément pour objet la destruction de la preuve littérale d'un titre dont la partie lésée, le légataire, n'a pu se procurer la preuve écrite, on ne peut opposer à cette partie ou au ministère public, les dispositions des art. 1341 et 1347 c. civ.; qu'il faut, dans ce cas, se conformer aux règles tracées par l'art. 1348 dudit code (Crim. rej. 20 nov. 1873, aff. Pasquier, D. P. 74. 1. 504. Conf. Chauveau et Faustin Hélie, t. 6, n° 2627; Blanche, t. 6, n° 582). Jugé également que la destruction d'un titre, lorsqu'elle est le résultat du dol et de la fraude, peut être prouvée par témoins ou par présomptions (c. civ. art. 1341, 1348, 1353) (Chambéry, 17 janv. 1878, aff. Mather, D. P. 79. 5. 399). Toutefois, il a été décidé en sens contraire que, dans une prévention de destruction de titre (d'une contre-lettre), la preuve de la remise de ce titre au prévenu est soumise aux règles du droit civil, et, dès lors, ne peut être faite par témoins qu'avec un commencement de preuve par écrit, lorsque la valeur du titre excède 150 fr. (Crim. cass. 23 sept. 1853, aff. Terrier, D. P. 54. 1. 45). Et les réponses faites par le prévenu de destruction d'un titre à lui volontairement remis dans les interrogatoires à l'audience ne peuvent servir de commencement de preuve par écrit de cette remise volontaire, et en autoriser la preuve par témoins (Même arrêt). — V. sur ce dernier point *infrà*, v° *Obligations*.

CHAP. 7. — Pillage ou dégât de denrées, marchandises ou propriétés mobilières, par bandes ou réunions (*Rép.* n°s 207 à 233).

119. Comme au *Rép.* n° 207, nous comprendrons sous une même rubrique les faits prévus et punis par les art. 440, 441, 442 et 443, et qui ont trait à la protection des denrées et marchandises.

120. L'art. 440 prévoit le *pillage* ou *dégât* commis en réunion ou bande et à force ouverte, lorsqu'il s'agit de propriétés mobilières. Le *pillage*, c'est la dévastation accompagnée du vol; le *dégât*, c'est la destruction, sans profit pour qui que ce soit (*Rép.* n° 208; Blanche, t. 6, n° 585). Nous n'avons rien à ajouter à ce qui a été dit à cet égard sur les caractères de ces deux crimes (*Rép.* nos 209 et suiv. *Adde*: Chauveau et Faustin Hélie, t. 6, n° 2590 et suiv.). — L'art. 440 s'applique à toute espèce de pillage; ainsi le pillage en réunion ou bande et à force ouverte, commis au moment d'une révolution, des marchandises, effets et propriétés mobilières d'un particulier (un arquebusier) ne constitue pas un *délit politique* et demeure, dès lors, passible des peines de l'art. 440 (Crim. rej. 17 août 1850, aff. Lepelletier, D. P. 50. 5. 353). — A ce propos, il y a lieu de rappeler que la responsabilité des communes, en cas de pillage et de dévastation commis sur leur territoire, existe toujours (V. *suprà*, v° *Commune*, nos 1295 et suiv.).

121. La peine prononcée par l'art. 440 peut être, dit l'art. 441, abaissée d'un degré à l'égard de ceux qui prouveront avoir été entraînés par des provocations et sollicitations (*Rép.* n° 222). C'est une exception aux principes généraux sur la complicité (c. pén. art. 59 et 60) (V. *suprà*, v° *Complicité*, n° 45); et nous avons admis au *Rép. ibid.* qu'il s'agit là d'une excuse légale et que, dès lors, la question de provocation ou de sollicitation doit être posée au jury (*Contrà*: Blanche, t. 6, n° 592). Dans tous les cas, il résulte expressément des termes de l'art. 441 que la cour a la faculté de prononcer la peine de la réclusion, mais qu'elle n'y est pas obligée (Crim. cass. 14 déc. 1850, aff. Claudie, *Bull. crim.*, n° 421). — Mais, à l'inverse, si la cour peut refuser d'abaisser la peine, elle ne peut prononcer une atténuation qu'autant que le jury, spécialement interrogé à cet effet, aura résolu en faveur de l'accusé la question de provocation ou de sollicitation.

122. A côté des provocations, l'art. 441 a placé les *sollicitations*, pour comprendre, disent MM. Chauveau et Faustin Hélie, t. 6, n° 2596, toutes les suggestions, lors même qu'elles n'auraient pas le caractère d'une provocation. D'après l'opinion émise au *Rép.* n° 222, il ne faudrait pas ranger dans cette catégorie les dons et promesses agréés par l'accusé, car ils ne font qu'attester la volonté et la liberté de l'agent? Mais comme on l'a vu *ibid.*, la solution contraire a été admise par MM. Chauveau et Faustin Hélie, et, depuis, cette même solution a été adoptée par M. Blanche, t. 6, n° 591.

123. Lorsque les denrées pillées ou détruites consistent en grains, grenailles ou farines, substances farineuses, pain, vin ou autre boisson, c'est-à-dire en choses ayant, à raison de leur caractère ou de leur destination alimentaire, une importance spéciale, l'art. 442 c. pén. dispose que les peines et amendes encourues par les instigateurs ou provocateurs seront le maximum de celles prononcées par l'art. 440 (*Rép.* n° 224). Comme on l'a vu *ibid.* n° 225, l'instigation ou la provocation n'est pas ici une circonstance aggravante du crime défini par cet article, mais bien un crime distinct (Conf. Chauveau et Faustin Hélie, t. 6, n° 2598; Blanche, t. 6, n° 596). — L'énumération de l'art. 442 est limitative; si donc il s'agit de denrées autres que celles dont il parle, les chefs, instigateurs ou provocateurs tomberont sous le coup de l'art. 440. — Par *grains* et *grenailles*, l'art. 442 entend ce qu'on appelle ordinairement, en agriculture, gros et menus grains (Blanche, *op. cit.*, n° 595).

124. L'art. 443 prévoit un cas particulier de dégât (*Rép.* nos 229 à 233) qui n'est puni que de peines correctionnelles, l'importance des objets détériorés étant beaucoup moindre que dans les articles précédents. — Le délit dont parle l'art. 443 est subordonné: 1° à la nature de la chose détériorée; 2° au fait même de la détérioration; 3° à une intention criminelle de la part de l'agent (Chauveau et Faustin Hélie, t. 6, n° 2599).

125. La nature de la chose détériorée est déterminée par l'énumération même de l'art. 443. Le mot *marchandise*, doit être pris dans son sens le plus large (Blanche, t. 6, n° 599); il faut entendre par là, aux termes de l'art. 632 c. com., les choses qui font l'objet d'un commerce et ne se consomment pas par le premier usage (V. *Acte de commerce*, n° 10; — *Rép.* eod. v°, n° 36). Ainsi la mutilation des pierres de taille tombe sous le coup de l'art. 443 (Crim. rej. 27 sept. 1850, aff. Claveyrolas, *Bull. crim.*, n° 333). Les œuvres d'art sont considérées comme marchandises (*Rép.* n° 231) au point de vue de la vente, bien qu'elles n'aient pas toujours, au point de vue de l'artiste, un caractère commercial (Chauveau et Faustin Hélie, t. 6, n° 2600).

On s'était demandé, avant la loi de 1863, si l'art. 443 c. pén. était applicable à la détérioration du matériel servant à la fabrication. L'affirmative avait été admise par un arrêt. Jugé que l'art. 443 c. pén., qui punit le fait d'avoir gâté des marchandises ou matières servant à la fabrication, est applicable à l'altération, non seulement des matières premières destinées à être fabriquées, mais encore du matériel à l'aide duquel a lieu la fabrication; et, spécialement, que le fait, par l'ouvrier d'un fabricant d'indiennes, d'avoir, au moyen d'un couteau, détérioré le drap qui couvrait un rouleau servant à la confection ou à l'apprêt de ces étoffes, constitue le délit prévu et puni par l'art. 443 c. pén. (Rouen, 8 avr. 1856, aff Brot, D. P. 57. 2. 80). Mais cette solution n'était pas à l'abri de la critique; on pouvait lui reprocher d'étendre une disposition pénale à une hypothèse que celle-ci ne visait pas expressément. Quoi qu'il en soit, elle a été consacrée par la loi du 13 mai 1863 qui a introduit dans le texte de l'art. 443 les mots *ou instruments quelconques*. Comme le dit l'exposé des motifs (D. P. 63. 4. 84, n° 54), la détérioration *des instruments* ou *métiers* est tout aussi grave comme infraction, et peut avoir des suites plus dommageables que celle des matières elles-mêmes.

126. La loi de 1863 a substitué au mot *gâter*, qui se trouvait dans l'ancien art. 443, le mot *détériorer*, qui est plus général et se rapporte plus exactement aux *instruments quelconques de fabrication*, ajoutés par cette même loi à l'art. 443.

127. Le minimum de l'amende prononcée par l'art. 443 est de 16 fr.; quant au maximum, il ne peut être supérieur au quart des dommages-intérêts (*Rép.* n° 229). On ne pourra donc pas dépasser le minimum, soit 16 fr., sans faire dans le jugement l'évaluation des restitutions et des dommages-intérêts; sinon, il ne serait point établi que l'amende n'excède pas le quart des restitutions. — S'il n'y a point de partie civile en cause, le juge n'en a pas moins le droit, dans le cas où il trouve le minimum de l'amende insuffisant, d'évaluer le dommage résultant du délit (Crim. rej. 29 avr. 1847, aff. Néel, *Bull. crim.*, n° 92; Crim. cass. 13 janv. 1866, aff. Dearanjo, *ibid.*, n° 16). — Si le préjudice avait été réparé, il n'y aurait lieu à prononcer ni restitution, ni dommages-intérêts, et, par conséquent, l'amende ne pourrait excéder 16 fr. (Blanche, t. 6, n° 199); il en serait de même s'il n'avait pas été alloué de dommages-intérêts. — L'amende, dépendant ici du taux des dommages-intérêts, ne peut être abaissée par l'admission des circonstances atténuantes. — Les peines de l'amende et de la prison sont augmentées si le délit est commis par un ouvrier ou commis de l'établissement dans lequel il s'est produit (*Rép.* n° 233); il y a là, en effet, un abus de confiance qui ajoute à la gravité du délit de destruction (Chauveau et Faustin Hélie, t. 6, n° 2601. V. *suprà*, v° *Abus de confiance*, n° 128).

CHAP. 8. — Dévastation de plants et récoltes sur pied, coupe et mutilation d'arbres et fourrages, rupture et destruction d'objets relatifs à l'agriculture (*Rép.* nos 234 à 269).

128. La loi s'occupe ici des intérêts de l'*agriculture*, en érigeant en délit la destruction de certaines *productions de la terre* et d'*instruments* qui, par leur nature, sont exposés à la *foi publique* (*Rép.* n° 234), lorsque cette destruction n'a pas eu lieu par le feu (art. 434) (V. *suprà*, nos 35 et suiv.). — Elle prévoit successivement: 1° la dévastation de récoltes sur pied ou de plants venus naturellement ou faits de main d'hommes (art. 444); 2° le fait d'abattre des arbres, ou simplement de les mutiler, quand la perte de l'arbre peut en résulter (art. 445 et 446); 3° la destruction des greffes (art. 447); 4° l'action de celui qui coupe des grains ou fourrages qu'il sait appartenir à autrui (art. 449); 5° les ruptures ou destructions d'instruments d'agriculture (art. 451) (Chauveau et Faustin Hélie, *loc. cit.*, n° 2602).

129. — I. Récoltes sur pied et plants (*Rép.* nos 235 à 240). — L'art. 444 s'applique à la dévastation des récoltes sur pied ou des plants venus naturellement ou faits de main d'homme, dévastation commise avec intention de nuire à autrui (*Rép.* n° 236). — Les récoltes abattues sont protégées, sauf le cas d'incendie, par les peines de simple police édictées dans l'art. 479-1° (V. *suprà*, v° *Contraventions*, n°s 246 et suiv.). L'art. 388 c. pén. relatif au vol, parlant de *récoltes* ou *productions utiles de la terre*, il faut voir dans ces expressions deux synonymes et en conclure que les *récoltes* embrassent, dans leur généralité, tous les produits de la terre qui peuvent être de quelque utilité pour l'homme. — Par *plants*, il faut entendre toutes les plantes qui croissent dans les champs ouverts ou dans les pépinières (*Rép.* n° 239). L'art. 444 est applicable aux faits de dévastation même commis dans les bois ou forêts appartenant à des particuliers; car il n'y a pas là délit forestier dans le sens des art. 192 et suiv. c. for. Un délit forestier n'est, en général, qu'un acte isolé de dommage ou de soustraction, avec lequel il ne faut pas confondre des actes de destruction, atteignant tout un ensemble de produits du sol, et inspirés par le sentiment de colère, de haine ou de vengeance qui se rencontre forcément dans le délit de l'art. 444 (Montpellier, 6 juin 1842, *Rép.* v° *Forêts*, n°s 383, 806 et 817). — A la différence du crime d'incendie de récoltes prévu par l'art. 434, le délit n'existe ici qu'autant que les récoltes ou plants dévastés appartiennent *à autrui*.

130. Il n'y a délit, dans le sens de l'art. 444, qu'autant qu'il s'agit d'un fait de *dévastation*, c'est-à-dire de ruine, saccagement, destruction des récoltes et plants d'une propriété en tout ou en grande partie (*Rép.* n° 236); de simples dégâts ne suffiraient pas. Ainsi, il a été jugé que le délit de dévastation de récoltes sur pied, prévu et puni par l'art. 444 c. pén., n'existe qu'autant que des fruits ou produits de la terre pendant par racines et déjà apparaissant à la surface du sol, ou tout au moins développés de manière à indiquer une récolte possible, ont été détruits en totalité ou en partie considérable (Douai, 26 févr. 1856, aff. Poutre, D. P. 56. 2. 153). — D'après le même arrêt, la dévastation ne doit porter que sur une récolte *présente*; elle ne peut résulter des faits tendant à rendre impossible la production d'une récolte *future*. En conséquence, on ne saurait voir le délit de l'art. 444 dans le fait d'avoir jeté méchamment des graines d'ivraie et d'autres mauvaises herbes dans le terrain d'autrui nouvellement ensemencé (de blé, par exemple), et dans lequel la semence n'a eu encore le temps ni de pousser des racines ni de produire son germe ou sa tige au dehors : un tel fait ne peut donner lieu qu'à des réparations civiles (Même arrêt). Mais telle n'est pas la doctrine de la cour de cassation qui, sur le pourvoi dont elle a été saisie, a cassé cet arrêt en déclarant que le fait d'avoir par méchanceté répandu de l'ivraie sur un terrain appartenant à autrui et nouvellement ensemencé doit, lorsqu'il est certain que la récolte en sera gravement endommagée, être considéré comme constituant le délit de dévastation de récoltes que punit l'art. 444 c. pén. : « Attendu, dit-elle, que l'art. 444 n'a rien de restrictif ni dans son esprit ni dans son texte; qu'en effet, il ne limite pas les caractères de l'acte qu'il qualifie de dévastation; qu'il importe peu, dès lors (si la cause d'où ce désastre doit naître est actuelle, si le fait qui constitue cette cause est commis méchamment), que les effets devant en résulter fatalement soient actuels ou futurs » (Crim. cass. 18 juill. 1856, aff. Poutre, D. P. 61. 5. 151. — V. conf. Amiens, 20 nov. 1856, même affaire, D. P. 61. 5. 152. V. dans le même sens : Bruxelles, 5 juin 1853, aff. Soil, *Pasicrisie belge*, 1853. 2. 233).

L'art. 444 c. pén. serait-il applicable, si le terrain dans lequel auraient été jetées des graines d'ivraie ou d'autres mauvaises herbes, renfermait des récoltes en état de croissance? L'affirmative a été décidée par un arrêt de la cour de Gand du 7 nov. 1849 (aff. M..., *Pasicrisie belge*, 1850. 2. 24). MM. Chauveau et Faustin Hélie, t, 6, n° 2604, inclinent pour la négative (V. au surplus, sur l'étendue et les caractères de la dévastation, ce qui a été dit au *Rép.* n°s 236 et suiv.).

131. — II. ARBRES ABATTUS OU MUTILÉS (art. 445 et 446) *Rép.* n°s 241 à 258). — Il ne s'agit plus ici de dévastation, mais d'actes isolés de destruction ou de dégradation. Les délits prévus et punis par les art. 445 et 446 sont subordonnés à la nature de la chose détruite ou détériorée, au fait de destruction ou de détérioration, à l'intention criminelle de la part de l'agent.

132. La loi ne protège ici que les *arbres* proprement dits et non les *arbustes* (*Rép.* n° 246). Cependant un arrêt de la cour de cassation a appliqué les peines prononcées par l'art. 445 au fait d'avoir abattu un cep de vigne (Crim. rej. 14 déc. 1867, aff. Dubès, D. P. 68. 5. 136. V. dans le même sens : Blanche, t. 6, n° 612). Cette solution nous paraît peu juridique, car elle est contraire aux termes mêmes de la loi et à la règle qui défend d'étendre les peines par analogie. — En tous cas, l'art. 445 ne s'applique pas au cas où l'arbre abattu n'est pas vivant et ne consiste plus qu'en un vieux tronc incapable de produire de nouvelles branches ou même des rejetons (Toulouse, 9 avr. 1881, aff. Blanc, D. P. 82. 2. 150). Cela résulte du texte même de l'art. 446 qui ne punit la mutilation qu'autant qu'elle est de nature *à faire périr* l'arbre qui en est l'objet, ce qui indique bien la pensée du législateur de protéger les *arbres vivants* et non ceux qui sont *morts*. Toutefois, on ne saurait faire rentrer dans cette catégorie les arbres qui, bien que morts par le tronc, sont encore en état de produire des rejetons par le pied. — Les arbres dont s'occupent les art. 445 et 446 sont ceux plantés dans les *propriétés urbaines* ou *rurales*, closes ou non closes; quant à ceux des *bois et forêts*, ils sont protégés par la législation forestière contre toute sorte de destruction ou de mutilation, sauf les cas d'incendie prévus par l'art. 434 (*Rép.* n°s 244 et 245. V. *suprà*, n°s 32 et suiv.).

133. Le fait de destruction consiste ici dans l'abatage (*Rép.* n° 242), et le délit n'existe qu'autant que cet abatage a eu lieu dans un esprit de malveillance et dans un but de destruction; l'application de l'art. 445 n'est donc justifiée que lorsque ces éléments constitutifs du délit sont relevés dans le jugement (Crim. rej. 11 nov. 1882, aff. Bonnet, D. P. 83. 1. 363).

134. L'arbre doit avoir été *mutilé* ou écorcé de manière à *le faire périr* (*Rép.* n° 242); c'est une condition essentielle (Chauveau et Faustin Hélie, t. 6, n° 2606; Blanche, t. 6, n° 614). — Jugé que le fait de mutiler des arbres ou plants disséminés n'est pas passible des peines prescrites par l'art. 446 c. pén., si la mutilation n'était pas de nature à les faire périr (Crim. rej. 24 avr. 1847, aff. Lépinay, D. P. 54. 5. 243). Mais les mutilations faites méchamment à un arbre d'autrui, et qui étaient de nature à le faire périr, tombent sous l'application de l'art. 446 c. pén., alors même que les soins intelligents du propriétaire auraient prévenu le dommage (Orléans, 26 août 1857, aff. Barbot, D. P. 59. 2. 79). Dans ce cas, en effet, on ne peut raisonnablement attacher de l'importance à cette circonstance que l'arbre mutilé n'a pas péri, lorsque ce préjudice n'a été évité qu'au prix de soins et de frais qui constituent eux-mêmes une conséquence dommageable du fait poursuivi; l'élément matériel concourt donc ici avec l'élément intentionnel, pour constituer le délit.

Si les arbres n'ont pas péri par suite des mutilations volontairement opérées sur eux, il y a lieu d'appliquer les peines édictées par l'art. 14, tit. 2, du décret des 28 sept.-6 oct. 1791 sur la police rurale, qui n'a point été abrogé et prononce contre les délinquants une amende double du dédommagement dû au propriétaire et une détention de six mois au plus (Conf. Blanche, t. 6, n° 614). Jugé en ce sens que la mutilation d'arbres sur pied appartenant à autrui, ou d'arbres plantés sur un chemin d'intérêt commun, lorsqu'elle *n'est pas de nature à les faire périr*, constitue, non point le délit prévu par l'art. 446, mais bien celui puni par l'art. 14, tit. 2, de la loi du 28 sept. 1791 qui est encore en vigueur (Besançon, 24 janv. 1857 aff. G..., D. P. 57. 2. 119; Aix, 1er août 1874, aff. Guilhaume, D. P. 75. 2. 66-67; Nancy, 27 avr. 1875, aff. Henry, D. P. 76. 2. 20). — Décidé également, conformément à un arrêt de cassation du 29 févr. 1828 (*Rép.* n° 442), que l'art. 446 c. pén., qui prévoit et punit le fait d'avoir coupé, mutilé ou écorcé des arbres d'autrui de manière à les faire périr, n'est pas applicable aux dégradations ou dommages d'une autre nature occasionnés à ces arbres, notamment au fait d'avoir méchamment arraché les bourgeons à fruit d'arbres fruitiers, sauf l'action du propriétaire lésé en payement de dommages-intérêts (Rouen, 22 mai 1868, aff. Poulain, D. P. 70. 2. 92). Toutefois cet arrêt ajoute, contrairement à ce qui vient d'être dit plus haut, que, à défaut dudit art. 446, on prétendrait vainement appliquer au fait d'avoir causé ces dommages l'art. 14, tit. 2, c. rur. du 28 sept. 1791 qui prévoit la même infraction sans se préoccuper de la perte ou de la conservation des arbres endommagés, cette dernière disposition ayant été abrogée.

135. Sur l'intention de nuire et la mauvaise foi de l'auteur du délit, V. ce qui a été dit au *Rép.* nos 247, 248 et 253. — L'absence de mauvaise foi chez l'agent fait disparaître tout délit; ainsi, le fait de couper des branches d'un arbre fruitier, auxquelles pendent quelques fruits en cours de formation, ne constitue pas la contravention de maraudage, lorsqu'il résulte des circonstances de fait constatées que les prévenus n'avaient eu l'intention ni de s'approprier la chose d'autrui, ni de porter un préjudice quelconque au propriétaire des arbres (Crim. rej. 3 janv. 1879, aff. Boudrot, D. P. 79. 1. 377). Toutefois, il a été décidé que le fait de briser ou de faire briser des arbres plantés sur la place d'une commune par le maire, à ses frais et au profit de la commune, constitue le délit des art. 445 et 446, à supposer même que cette plantation fût illégale et contraire aux décisions de l'autorité administrative (Crim. rej. 17 févr. 1854, aff. Courtois, *Bull. crim.*, n° 42). On n'a pas voulu que l'illégalité commise par l'autorité municipale pût fournir aux habitants de la commune un prétexte pour se faire justice eux-mêmes. — Le fermier qui ne détient qu'à titre précaire doit être assimilé au possesseur de mauvaise foi; il n'a donc pas le droit de couper ou mutiler les arbres dépendant du domaine dont il a le fermage, à moins de stipulations contraires dans le bail (*Rép.* n° 250). — Jugé que le fermier qui a abattu ou mutilé des arbres de sa ferme est passible de l'action établie par les art. 445 et 446 c. pén., et l'on prétendrait à tort qu'il n'est passible que d'une action civile en dommages-intérêts au profit du propriétaire (Pau, 1er août 1850, aff. Mendionde, D. P. 51. 2. 112; Chauveau et Faustin Hélie, t. 6, n° 2609).

136. L'art. 445 suppose que le fait d'abatage d'arbres a eu lieu dans l'unique but de les détruire (*Rép.* n° 253). — Le fait de s'approprier les arbres abattus est un délit entièrement distinct de celui des art. 445 et 446. Ainsi l'enlèvement frauduleux d'un arbre mort pourrait constituer, suivant les circonstances dont il serait accompagné, un des vols prévus par l'art. 388 c. pén. (Motifs, Toulouse, 9 avr. 1881, cité *suprà*, n° 132). L'arbre mort est alors considéré comme une *production utile à la terre*, expression qui doit être prise dans son sens le plus large (Blanche, t. 5, n° 618). — De même, le fait d'avoir dans un champ enlevé frauduleusement des arbres abattus qu'on savait appartenir à autrui ne peut donner lieu à l'application de l'art. 445 c. pén. Ce fait constitue, non le délit prévu par l'art. 388, §5, c. pén., mais le délit de vol ordinaire prévu par l'art. 401 du même code (Crim. rej. 11 nov. 1882, cité *suprà*, n° 133). — De même encore, le fermier qui ne s'est pas borné à détruire ou mutiler les arbres du propriétaire dans une intention malveillante, mais se les est, en outre, appropriés en les enlevant, par exemple, à l'aide d'une voiture ou d'une charrette, commet non pas le délit puni par les art. 445 et 446, mais un fait de maraudage réprimé par l'art. 388-5° c. pén. C'est du moins ce que décide un arrêt de la cour de Nîmes du 12 juill. 1860 (aff. Gervais, D. P. 61. 5. 142). Mais cette solution ne nous semble pas à l'abri de la critique ; il y a là, en effet, deux délits distincts consécutifs ; celui des art. 445 et 446 et celui de l'art. 388-5°; et la peine la plus forte, qui, aux termes de l'art. 365 c. instr. cr., devait être seule appliquée, était celle de l'art. 445, non celle de l'art. 388-5°.

137. Bien que le délit d'abatage ou de mutilation suppose que les arbres *appartiennent à autrui*, un décret du 16 déc. 1811 (art. 101) dérogeant sur ce point à la fois au code pénal et aux art. 14 et 43 de la loi des 28 sept.-6 oct. 1791 interdit au *propriétaire* d'abattre, sans autorisation, les arbres plantés *sur son terrain*, lorsqu'ils bordent une route nationale ou départementale, et punit ce fait d'une amende égale au triple de la valeur de chaque arbre détruit, sans que cette interdiction s'étende aux arbres plantés sur les fonds riverains d'un chemin vicinal (*Rép.* n° 256. V. aussi *Rép.* v° *Voirie par terre*, nos 178 et 184). Les art. 445 et 446 ne peuvent donc recevoir, dans cette hypothèse, aucune application, et leur texte d'ailleurs n'aurait pas permis de les y étendre (Chauveau et Faustin Hélie, *op. cit.*, n° 2609).

138. Outre les peines d'emprisonnement, l'art. 455 édicte pour les délits de destruction et de mutilation d'arbres, ainsi que pour les délits prévus par les art. 444 à 454 c. pén., une amende qui ne pourra excéder le quart des restitutions et dommages-intérêts, ni être au-dessous de 16 fr. (V. *suprà*, n° 127). — Il a été décidé que l'amende fixe de 16 fr. doit seule être prononcée, à *l'exclusion de l'amende proportionnelle* du quart des restitutions et dommages-intérêts, si les parties lésées n'ont réclamé ni restitutions ni dommages-intérêts ou s'il n'en a pas été prononcé par le juge (Aix, 1er août 1874, cité *suprà*, n° 134). L'amende, dépendant ici du taux des dommages-intérêts, ne saurait être abaissée par l'admission des circonstances atténuantes.

139. — III. GREFFES (art. 447) (*Rép.* nos 241 et 249). — Les caractères de ce délit sont les mêmes que ceux du délit de destruction et de mutilation d'arbres; mais la peine prononcée est moindre, le délit ayant incontestablement une gravité moins grande. Du reste, ce qui a été dit *suprà*, nos 131 à 138, s'y applique également (V. aussi *Droit rural; — Rép.* eod. v°, n° 182).

140. — IV. ARBRES OU GREFFES PLANTÉS SUR LES PLACES, ROUTES, ETC. — L'art. 448 prévoit la destruction et la mutilation des arbres ou greffes plantés sur les places, routes, chemins, rues ou voies publiques ou vicinales ou de traverse, c'est-à-dire confiés plus spécialement encore à la foi publique (*Rép.* n° 254; Chauveau et Faustin Hélie, t. 6, n° 2610). Dans ce cas, il aggrave non seulement la peine édictée par l'art. 43 de la loi des 28 sept.-6 oct. 1791, qui s'occupait des arbres plantés sur les routes, mais encore celles qui sont prononcées par les art. 445, 446 et 447 c. pén. Tandis que la loi de 1791 élevait seulement, dans ce cas, le minimum de l'amende prononcée par l'art. 14 de la même loi, l'art. 448 élève le minimum de l'emprisonnement édicté pour la destruction et la mutilation d'arbres ou de greffes en général, sans préjudice de l'amende prononcée par l'art. 455 et de l'aggravation de peine édictée dans l'hypothèse spéciale prévue par l'art. 450 (V. *infrà*, n° 141; *Rép.* nos 262 et 264).

141. La disposition de l'art. 448 contenant une aggravation de peine est essentiellement limitative; ainsi elle ne s'applique pas aux mutilations qui ne sont point de nature à faire périr l'arbre qui en a été l'objet (Comp. Crim. rej. 3 janv. 1879, cité *suprà*, n° 135) et tombent sous le coup des art. 14 et 43 de la loi de 1791, ni aux arbres des bois et forêts dont la destruction et la mutilation sont prévues par les lois forestières (c. for. art. 192 et suiv.). — Toutefois le minimum de la peine édictée par l'art. 448 ne fait point obstacle à l'application de l'art. 463, qui s'étend à *tous les cas* où l'emprisonnement et l'amende sont prononcés par le code pénal (*Rép.* n° 255). « Les circonstances atténuantes, disent MM. Chauveau et Faustin Hélie, t. 6, n° 2610, qui peuvent motiver un abaissement de la peine sont puisées dans un ordre de faits souvent intrinsèques au délit et distincts de ceux dans lesquels le juge puiserait l'aggravation de la pénalité, s'il se renfermait dans le cercle des art. 445, 446 et 447. »

142. — V. GRAINS; FOURRAGES; GRAINS EN VERT (art. 449 et 450). — Le délit dont il est question ici n'est ni un vol, ni un maraudage, ni une dévastation (*Rép.* n° 258); il consiste dans l'action de *couper* tout ou partie de la récolte de grains ou de fourrages (Chauveau et Faustin Hélie, t. 6, n° 2611). Nous ne pouvons, à cet égard, que nous référer à ce qui a été dit au *Rép.* nos 258 et suiv. tant sur le délit lui-même que sur l'intention de nuire qui en est un des caractères constitutifs (Blanche, t. 6, n° 615). — L'amende prononcée par l'art. 455 est également applicable au cas qui nous occupe (V. *suprà*, n° 138).

143. Bien que l'art. 450 ne le dise pas, il faut que les grains coupés appartiennent à autrui, ce qui caractérise l'intention de nuire. Le propriétaire a évidemment le droit de couper ses blés et grains en vert; mais la loi du 6 mess. an 3, qui est toujours en vigueur, en prohibe la vente dans un intérêt public (V. *Rép.* vis *Grains*, nos 52 et suiv.; *Vente*, n° 550).

144. Les deux autres aggravations édictées par l'art. 450 sont relatives aux délits prévus par les art. 444 à 450; l'une d'elles porte sur la qualité de la personne lésée, lorsqu'elle l'a été comme fonctionnaire et à raison de ses fonctions, l'autre sur la circonstance que le fait a été commis de nuit (*Rép.* n° 264; Chauveau et Faustin Hélie, t. 6, n° 2612). — L'aggravation de la peine et la fixation de l'amende par l'art. 455 (V. *suprà*, n° 138) ne font pas obstacle à l'admission des circonstances atténuantes, pourvu que l'amende n'excède jamais le quart des restitutions (V. *Droit rural; — Rép.* eod. v°, nos 183 et suiv.).

145. — VI. OBJETS RELATIFS A L'AGRICULTURE (art. 451) (*Rép.* nos 265 à 269). — Cet article complète les dispositions protectrices de certaines productions du sol, que renferment les articles précédents, en réprimant la destruction de divers objets nécessaires aux exploitations agricoles (*Rép.* n° 265). Ces objets sont, outre *tous les instruments d'agriculture d'une manière générale*, les parcs de bestiaux et les cabanes de gardiens. Les mots *instruments d'agriculture* doivent être pris dans le sens le plus large; c'est aux juges qu'il appartient de décider à cet égard d'après les usages des lieux (*Rép.* n° 267). — Les parcs à bestiaux et les cabanes de gardiens ne tombent sous l'application de l'art. 451 qu'autant qu'ils sont mobiles (*Rép.* n° 266); sans quoi, l'on rentrerait dans la destruction des édifices dont s'occupe l'art. 437. Aussi a-t-il été décidé qu'un édifice composé de murs en pierres et d'une couverture en chaume supportée par une charpente en bois, qui sert accidentellement, soit à recevoir provisoirement du bois, soit à engranger des récoltes, soit à abriter des travailleurs, ne rentre pas dans la classe des parcs à bestiaux et cabanes de gardiens, dont la destruction par incendie au préjudice d'autrui n'est réprimée par l'art. 451 que comme délit correctionnel (Crim. rej. 6 août 1869, aff. Veysset, D. P. 71. 1. 75).

146. En présence des termes généraux qu'il emploie, on doit appliquer l'art. 451 à tous moyens de rupture et de destruction, même à l'incendie (V. *suprà*, n° 33). Ainsi le fait d'avoir mis le feu à une cabane de gardien formée par quatre pieux plantés en terre et supportant quelques traverses couvertes de tiges de maïs et de broussailles ne constitue pas le crime d'incendie d'un édifice, prévu et puni par l'art. 434, mais bien le délit prévu par l'art. 451 qui réprime le fait de destruction des cabanes de gardiens, sans distinction entre les modes de destruction employés (Crim. rej. 15 avr. 1869, cité *suprà*, n° 33).

CHAP. 9. — Destruction des animaux. — Empoisonnement. — Blessures volontaires ou involontaires. — Mauvais traitements (L. 2 juill. 1850) (*Rép.* nos 270 à 296).

147. Parmi les dommages à la propriété d'autrui figurent ceux causés aux animaux (*Rép.* n° 270). Nous étudierons successivement dans quatre sections distinctes ce qui concerne: 1° l'empoisonnement; 2° la destruction; 3° les blessures volontaires ou involontaires; 4° les mauvais traitements (V. *Droit rural; — Rép.* eod. v°, nos 177 et suiv.).

§ 1er. — Empoisonnement des animaux (*Rép.* nos 271 à 280).

148. Ce délit est prévu et puni par l'art. 452 c. pén. qui, sauf la peine, reproduit l'art. 36 de la loi des 25 sept.-6 oct. 1791 (*Rép.* n° 271). Cet article est essentiellement limitatif (*Rép.* nos 276 à 279); il ne comprend que les animaux de l'espèce de ceux qui y sont spécialement désignés (Chauveau et Faustin Hélie, t. 6, n° 2629). L'empoisonnement des autres rentre dans la destruction des animaux (V. *infrà*, nos 151 et suiv.), à moins de dispositions spéciales. Ainsi l'empoisonnement des poissons des fleuves, rivières et canaux est prévu par l'art. 25 de la loi du 15 avr. 1829 sur la pêche fluviale (V. *Pêche fluviale; — Rép.* eod. v°, nos 112 et suiv.).

149. Il faut qu'il y ait *fait d'empoisonnement*, c'est-à-dire administration de substances vénéneuses, de nature à causer la mort et administrées avec l'intention de la donner (*Rép.* nos 272 à 275). Le tableau des substances vénéneuses a été annexé au décret du 8 juill. 1850 relatif à la vente de ces substances (D. P. 50. 4. 154); il a été complété par les décrets du 1er oct. 1864 (D. P. 64. 4. 117) qui range la coque du Levant parmi les substances vénéneuses, et du 23 juin 1873 (D. P. 73. 4. 76), relatif à la vente du seigle ergoté (V. *infrà*, v° *Vente de substances vénéneuses*).

150. Le délit n'existe qu'autant qu'il y a emploi de substances vénéneuses. Ainsi l'art. 452 s'applique-t-il bien au fait d'avoir volontairement empoisonné un porc appartenant à autrui par l'emploi de boulettes de farine mélangée de phosphore (Crim. rej. 29 mai 1868, aff. Helleringer, *Bull. crim.*, n° 140). Au contraire, le fait d'administrer à des vaches paissant dans le champ de leur maître des pommes de terre renfermant des épingles crochetées ne constitue pas le délit d'empoisonnement de bestiaux, puni par l'art. 452 c. pén. (Aix, 15 janv. 1874, aff. Reybaud, D. P. 75. 2. 66). — L'agent doit avoir connu les effets de la substance vénéneuse; il ne s'agit pas ici d'une contravention matérielle, mais d'un délit moral qui ne peut exister que par la volonté de nuire (Crim. cass. 7 oct. 1847, aff. Auxbi-Grillet, D. P. 47. 1. 352; Chauveau et Faustin Hélie, *op. cit.*, n° 2629; P. Leroy et J. Drioux, *Des animaux domestiques et de l'exercice de la médecine vétérinaire*, Paris, éd. 1887, p. 423).

§ 2. — Destruction des animaux (*Rép.* nos 281 à 288; 292 à 296).

151. Le code pénal renferme, sur la destruction des animaux, deux dispositions distinctes: 1° l'art. 453, qui prévoit la destruction volontaire, par tout autre moyen que le poison, des animaux mentionnés dans l'art. 452; 2° l'art. 454, qui réprime la destruction des animaux domestiques, tués dans certaines conditions de lieu.

152. — I. DESTRUCTION DES ANIMAUX MENTIONNÉS DANS L'ART. 452. — Nous n'avons presque rien à ajouter aux développements donnés à cet égard au *Rép.* nos 281 à 288 (*Adde*: Chauveau et Faustin Hélie, t. 6, n° 2631). Le délit n'existe, a-t-on dit au *Rép.* n° 284, qu'autant que la mort a été donnée *sans nécessité*, ce qui suppose nécessairement l'intention délictueuse, la volonté de nuire. Toutefois, la cause de justification ainsi admise par l'art. 453, en matière de destruction d'animaux, ne doit pas être confondue avec celle établie, pour le cas d'*homicide*, par l'art. 328 c. pén., d'après lequel l'homicide n'est pas punissable, lorsqu'il a été commandé par la *nécessité actuelle de la légitime défense de soi-même ou d'autrui*. La nécessité qui, aux termes de cet article, exclut la criminalité de la destruction d'un animal n'y est pas définie: elle peut résulter de tous faits, de toutes circonstances que le juge aura à apprécier. La destruction d'un animal peut être considérée comme nécessaire, non seulement lorsqu'il met une personne en péril de mort ou de blessures, mais encore lorsqu'il peut être un danger sérieux et actuel pour d'autres animaux (Blanche, t. 6, n° 624).

153. — II. DESTRUCTION DES ANIMAUX DOMESTIQUES. — L'art. 454 ne s'appliquant qu'aux animaux *domestiques*, il importe d'être bien fixé sur le sens de cette expression. Elle a été définie au *Rép.* n° 292. Conformément à cette définition, un arrêt déclare que « sous la dénomination générale d'animaux domestiques, l'art. 454 c. pén. comprend les êtres animés qui vivent, s'élèvent, sont nourris, se reproduisent sous le toit de l'homme et par ses soins » (Crim. cass. 14 mars 1861, aff. Marianne Lichère, D. P. 61. 1. 184). — La question s'est présentée de savoir si les vers à soie doivent être rangés dans la catégorie des animaux domestiques, et si, par suite, le fait de les détruire constitue un délit tombant sous l'application de l'art. 454. La négative a été admise par un arrêt de la cour de Nîmes, du 20 déc. 1860, cité *suprà*, v° *Contravention*, n° 255; mais cette décision a été cassée par un arrêt qui déclare, au contraire, que les vers à soie sont des animaux domestiques, dans le sens de l'art. 454 c. pén.; que, par suite, le fait d'avoir tué méchamment des vers à soie appartenant à un voisin constitue un délit, et non pas la simple contravention de dommage volontaire aux choses mobilières d'autrui (Arrêt précité du 14 mars 1861); et, sur renvoi, la cour de Montpellier s'est conformée à cette doctrine (Montpellier, 6 mai 1861, même affaire, D. P. 61. 2. 216). Au contraire, les abeilles ne sont pas des animaux domestiques (Toulouse, 30 mars 1875 et 30 mars 1876, aff. Taillefer, D. P. 76. 2. 145, cité *suprà*, v° *Contravention*, *loc. cit.*).

154. L'art. 454 s'applique quel que soit le mode de destruction employé, notamment dans le cas où l'on a eu recours à l'empoisonnement, spécialement réprimé par l'art. 452 à l'égard des animaux que vise ce dernier article (Crim. cass. 14 mars 1861, aff. Marianne Lichère, D. P. 61. 1. 184). Et il y a lieu de qualifier d'empoisonnement le fait d'avoir, de dessein prémédité et pour les détruire, placé, à la portée d'animaux de ce genre, une substance qui leur a causé la mort, alors même que pour la plupart des animaux et pour l'homme cette substance ne serait pas vénéneuse (Même arrêt).

155. Le délit de destruction d'animaux domestiques n'existe qu'autant que la mort a été donnée sans nécessité (*Rép.* n° 292). Tout ce qui a été dit *suprà*, n° 152, sur cette condition, exigée également lorsqu'il s'agit des animaux protégés par les art. 452 et 453, s'applique également au délit prévu par l'art. 454.

156. A la différence des animaux auxquels s'appliquent les art. 452 et 453, la loi ne protège les animaux domestiques proprement dits qu'autant qu'ils sont tués sur la propriété même de leur maître, ou sur l'immeuble que celui-ci détient à titre de locataire, colon ou fermier. On a indiqué au *Rép.* n° 294 les motifs de cette différence (V. aussi Chauveau et Faustin Hélie, t. 6, n° 2639). — Si l'animal a été tué dans tout autre lieu, sa destruction ne constitue plus un délit, mais une simple contravention, tombant sous l'application de l'art. 479-1° c. pén. — Cette hypothèse a été étudiée *suprà*, v° *Contravention*, n°s 247 et suiv., 253 et suiv., et nous n'avons pas à y revenir ici.

157. L'art. 479-1° est également seul applicable au cas où la destruction atteint des animaux non domestiques, alors même qu'elle se produirait sur la propriété du maître de l'animal (Comp. Nîmes, 29 déc. 1860, aff. Marianne Lichère, D. P. 61. 2. 121).

158. Enfin, si l'auteur de la destruction n'a pas agi volontairement, il n'y aurait lieu d'appliquer ni l'art. 454, ni l'art. 479-1° c. pén., ces deux dispositions supposant l'une et l'autre un dommage volontaire. Cette hypothèse est prévue par les paragraphes 2, 3 et 4 de l'art. 479 (V. *suprà*, v° *Contravention*, n°s 256 et suiv.).

§ 3. — Blessures volontaires ou involontaires (*Rép.* n°s 289 à 291).

159. — I. Blessures volontaires. — Ainsi qu'il a été dit au *Rép.* n° 289, il y a ici une lacune regrettable de la loi qui, dans l'art. 479, § 2, 3 et 4 c. pén., s'occupe des blessures involontaires, tandis qu'il n'est nulle part question des blessures volontaires. L'art. 30 de la loi de 1791 qui parle des blessures volontaires des bestiaux ou chiens de garde doit-il être généralisé et appliqué à tous les animaux? On a soutenu au *Rép.* n° 289 qu'il devait être considéré comme abrogé et qu'il y avait lieu d'appliquer ici l'art. 479, § 2 et suiv. (*Rép.* n° 290) qui, punissant les blessures involontaires, punit à plus forte raison les blessures volontaires. Mais la jurisprudence s'est généralement prononcée en sens contraire (*Rép.* n° 289). Ainsi il a été jugé que le code pénal, étant muet sur le cas de blessures méchamment faites à des animaux domestiques d'autrui, a laissé subsister l'art. 30, tit. 2, de la loi du 28 sept. 1791, dans la disposition qui prévoit, en même temps que le fait d'avoir tué méchamment des bestiaux ou des chiens de garde, celui de leur avoir fait des blessures; que le fait d'avoir, par un violent coup de bâton, blessé volontairement et méchamment un animal domestique d'autrui, ne rentre pas dans les prévisions de l'art. 479, n° 3, c. pén., qui ne punit celui qui a blessé des animaux domestiques appartenant à autrui qu'autant qu'il y a eu absence de précaution ou maladresse, ou que les blessures ont été occasionnées par le jet de pierres ou de corps durs (Crim. cass. 4 avr. 1863, aff. Heitz, D. P. 63. 1. 324). De même, le fait d'administrer aux vaches paissant dans le champ de leur maître des pommes de terres renfermant des épingles crochetées constitue, non le délit d'empoisonnement (V. *suprà*, n° 150), mais celui de blessures volontaires à des bestiaux sur le territoire d'autrui, délit prévu par l'art. 30 de la loi de 1791 qui est toujours en vigueur (Aix, 15 janv. 1874, cité *suprà*, n° 150). Jugé également que ni l'art. 453 c. pén. qui punit le fait de tuer sans nécessité les animaux appartenant à autrui, ni l'art. 479, n°s 2 et 3, du même code, concernant les blessures involontaires faites à ces animaux, n'ont abrogé la disposition de la loi des 28 sept.-6 oct. 1791, relative aux blessures volontaires qui leur sont faites; par suite, l'individu coupable d'avoir volontairement et méchamment blessé un animal domestique appartenant à autrui, tel qu'un bœuf, est passible de l'amende et de l'emprisonnement édictés par l'art. 30 de la loi de 1791 (Crim. cass. 7 oct. 1847, aff. Auxbi-Grillet, D. P. 47. 1. 352). — Il y a lieu de remarquer que ces deux derniers arrêts s'appliquent à des bestiaux, c'est-à-dire à une catégorie d'animaux dont s'occupe spécialement l'art. 30 de la loi de 1791 (V. en ce sens Drioux et Leroy, *op. cit.*, p. 428 et 429, et les arrêts cités par ces auteurs).

160. Toutefois, d'autres arrêts ont refusé d'étendre l'art. 30 au delà de ses termes précis et ont jugé que, dès lors qu'il s'agit d'animaux autres que des bestiaux ou chiens de garde, il y a lieu d'appliquer l'art. 479-1° c. pén., qui suppose l'intention de nuire, les animaux devant être considérés comme des propriétés mobilières. Nous croyons qu'il y a lieu de se rallier à cette jurisprudence qui, en l'absence d'un texte précis, paraît plus conforme à l'esprit de la loi que l'opinion qui consiste à assimiler les blessures volontaires aux faits commis par imprudence ou inobservation des règlements (Chauveau et Faustin Hélie, t. 6, n° 2632; *Rép.* n° 289). — Décidé que la disposition de l'art. 30 de la loi de 1791 en ce qui concerne les chiens ne protège que les chiens de garde et non les chiens de chasse ou d'agrément. Dès lors, les blessures faites méchamment à un chien de chasse ou d'agrément appartenant à autrui, rentrent, à défaut de texte spécial, dans la disposition de l'art. 479, n° 1, c. pén., qui réprime, d'une manière générale, les dommages causés volontairement aux propriétés mobilières d'autrui (Crim. cass. 4 avr. 1863, *suprà*, n° 159). Jugé en sens contraire que le fait de mutiler volontairement le chien de chasse d'autrui, trouvé dans les champs accidentellement, ne tombe sous aucune disposition pénale (Montpellier, 14 mars 1859, cité par Drioux et Leroy, *op. cit.*, p. 429).

161. — II. Blessures involontaires. — De même que la destruction involontaire, les blessures causées involontairement rentrent directement sous l'application des paragraphes 2, 3 et 4 de l'art. 479 c. pén. (V. *suprà*, v° *Contraventions*, n°s 256 et suiv.).

§ 4. — Mauvais traitements envers les animaux (L. 2-9 juill. 1850) (*Rép.* n° 291).

162. La loi du 2 juill. 1850 (D. P. 50. 4. 145) connue aussi sous le nom de *loi Grammont*, du nom de son auteur, M. le marquis de Grammont, membre de l'Assemblée nationale, a voulu prévenir, par l'application d'une peine, les mauvais traitements dont certains animaux pourraient être victimes en dehors des actes attentatoires au droit de propriété sur les animaux, et abstraction faite de toute condition d'un préjudice causé à la propriété d'autrui. — Pour qu'il y ait contravention, il faut que les mauvais traitements aient été exercés *publiquement* et *abusivement* envers les *animaux domestiques* (*Rép.* n° 291).

163. Bien que la loi ne parle que de *ceux qui auront exercé des mauvais traitements* sans autre désignation, elle ne s'applique qu'au propriétaire de l'animal ou aux personnes à qui il en a confié le soin et la conduite (Chauveau et Faustin Hélie, t. 6, n° 2862). Cette interprétation nous paraît résulter d'un passage du rapport présenté à l'Assemblée nationale (D. P. 50. 4. 145) où, pour justifier l'incrimination nouvelle, le rapporteur s'exprime ainsi : « Les mesures que nous vous proposons sont suffisantes ; elles auront atteint le but dès que les hommes affectés à la direction, à la conduite des animaux sauront qu'en les maltraitant ils se rendent coupables aux yeux de la loi ». Toutes autres personnes demeurent donc soumises à la législation antérieure relative à la destruction et aux blessures des animaux. Jugé, en ce sens, que la loi du 2 juill. 1850, qui réprime les mauvais traitements exercés publiquement et abusivement envers les animaux domestiques, ne s'applique qu'aux propriétaires de ces animaux et aux personnes auxquelles ils en ont confié le soin et la conduite, et non aux personnes étrangères ; en conséquence, les peines édictées par cette loi ne peuvent être prononcées contre l'individu qui a frappé un animal dont il n'était ni propriétaire, ni conducteur (Crim. cass. 2 janv. 1875, aff. Villaz, D. P. 77. 1. 336 ; 4 avr. 1863, cité *suprà*, n° 159. *Adde* : Trib. pol. Châteaudun, 12 nov. 1884, cité par Drioux et Leroy, *op. cit.*, p. 420). M. Béquet, *Répertoire de droit administratif*, v° *Bêtes*, t. 3,

p. 360, n° 17, soutient, au contraire, que la loi de 1850, tant dans son esprit que dans ses termes, doit s'appliquer d'une manière générale et absolue à tous ceux qui auront exercé de mauvais traitements contre les animaux.

164. Les mauvais traitements doivent avoir été exercés *publiquement*. La morale publique est blessée par le spectacle révoltant d'actes de brutalité pratiqués sur un pauvre animal; c'est un spectacle, qui indigne les témoins ou les corrompt, révolte le sentiment public et cause une sorte de scandale (Crim. rej. 14 mai 1868, cité *infrà*, n° 166), que la loi n'a pas voulu laisser impuni (Chauveau et Faustin Hélie, t. 6, n° 2860). La publicité a, en outre, été exigée pour que, dit le rapport (D. P. 50. 4. 145), la protection accordée aux animaux ne dégénérât point en inquisition envers le propriétaire (*Rép.* n° 291). — Jugé en conséquence que les mauvais traitements exercés sur les animaux domestiques ne tombent pas sous l'application de la loi du 2 juill. 1850, quand il est constaté par le juge de police qu'ils n'ont pas eu lieu publiquement (Crim. cass. 9 juill. 1853, aff. Meyzeng, D. P. 53. 1. 320). — Le mot *publiquement* ne s'applique pas seulement aux mauvais traitements ayant eu lieu *sur la voie publique*, ce qui est le cas le plus ordinaire, mais aussi aux mauvais traitements qui se seraient produits dans un *lieu public quelconque*. Ainsi une gare de marchandises constitue un lieu public dans le temps où elle est accessible à toutes personnes ayant intérêt à y pénétrer, en admettant même qu'elles ne puissent y entrer qu'avec l'autorisation du chef de gare (Trib. simpl. pol. Paris, 7 sept. 1886, cité par Leroy et Drioux, *op. cit.*, p. 418). Quant aux mauvais traitements infligés dans les abattoirs, c'est à l'autorité municipale investie de la police de ces établissements qu'il appartient de les prévenir. Le rapport dit, en effet, à cet égard en parlant du projet présenté : « Si vous le convertissez définitivement en loi de l'Etat, l'autorité administrative y puisera les moyens de faire les règlements et ordonnances de police propres à prévenir les souffrances qui sont infligées aux animaux sur les charrettes de transport, dans les abattoirs, les clos d'équarrissage, les marchés, les boucheries, partout enfin où l'action de l'autorité sera utile ». Toutefois, en ce qui concerne les charrettes de transport, il a été jugé que les préfets et les maires n'ont aucun pouvoir pour prescrire, en vue de prévenir les mauvais traitements, un mode particulier de transporter les animaux destinés à la boucherie, de telles prescriptions ne pouvant avoir le caractère de mesure de sûreté générale (Crim. rej. 28 août 1858, aff. Leray, D. P. 58. 1. 473 ; 23 nov. 1860, aff. Guibourg, D. P. 61. 1. 296). A cette occasion, une circulaire du garde des sceaux du 13 déc. 1859 (V. Leroy et Drioux, *op. cit.*, p. 421) prescrit aux autorités judiciaires de prêter à l'avenir à l'Administration un concours plus énergique pour l'application de la loi de 1850.

165. Les mauvais traitements sont punissables, dès qu'ils ont été exercés *abusivement*, c'est-à-dire avec excès et sans nécessité. Ainsi la loi de 1850 réprime non seulement les actes directs de brutalité et de violence, tels que des coups violents ou autres voies de fait, mais tout acte volontaire ayant pour résultat d'occasionner aux animaux des souffrances que la nécessité ne justifie pas, notamment l'exigence abusive soit d'une marche ou exercice quelconque en dehors des aptitudes naturelles de chaque animal ou excédant manifestement ses forces; la privation abusive de soins de toute nature, de liberté, d'air, de lumière, même de secours en cas de maladie ou d'accident, etc. Ainsi il a été jugé que le fait d'avoir transporté des veaux entassés dans une voiture et ayant les pieds liés ensemble, ou étant placés de manière à ce que les uns avaient la tête entre les deux civières suspendues au-dessous de la voiture, et les autres la tête pendant hors de la voiture, tombe sous l'application de cette loi (Crim. rej. 22 août 1857, aff. Claude, D. P. 57. 1. 415 ; Crim. cass. 13 août 1858, aff. Cam, D. P. 58. 5. 17). De même, le fait de soumettre publiquement un animal domestique à un travail excessif, qui a ramené la réouverture d'anciennes blessures, peut constituer un mauvais traitement dans le sens de la loi du 2 juill. 1850 ; néanmoins, il appartient au juge, dans ce cas, de rechercher s'il y a abus et de déclarer, d'après le résultat de son examen à cet égard, si le fait a ou n'a pas un caractère délictueux (Crim. rej. 17 nov. 1859, aff. Dizac, D. P. 61. 5. 22). — Jugé encore que tout mode d'abatage des animaux domestiques qui est empreint d'une cruauté inutile, donne lieu, lorsqu'il a été l'occasion d'un scandale public, à l'application des peines édictées par la loi du 2 juill. 1850. Il en est ainsi, spécialement, du fait d'un équarrisseur d'avoir, par insouciance, sordide économie ou habitude de pareils actes, soumis, pendant trois jours, à la vue du public, à la double agonie de la faim et du froid, un cheval qu'il devait abattre et qu'il a préféré laisser périr (Trib. pol. Sancerre, 11 févr. 1858, aff. C..., D. P. 59. 3. 16). Décidé également que la loi de 1850 est applicable à l'acte abusif de faire battre publiquement des coqs, après avoir armé leurs ergots d'éperons en acier, pour leur faciliter plus sûrement le moyen de se blesser et même de s'entre-tuer (Trib. pol. Roubaix, 16 févr. 1866, aff. N..., D. P. 69. 5. 17). — Un seul acte peut donner lieu à l'application de la loi ; il n'est nullement nécessaire qu'il y ait eu habitude de mauvais traitements (Chauveau et Faustin Hélie, t. 6, n° 2862).

166. L'abus que le législateur a entendu réprimer consiste dans la gravité des mauvais traitements et leur application *non justifiée* (Crim. rej. 5 mai 1865, aff. Fermigier, D. P. 65. 5. 19). Tous les actes de correction des animaux, voire même de brutalité, ne constituent donc pas nécessairement des mauvais traitements, si les violences exercées ou les précautions prises sont nécessaires et n'excèdent pas une juste limite, comme lorsque, par exemple, des veaux ont été liés ensemble sur une voiture de transport, sans qu'aucune souffrance inutile leur ait été infligée (Crim. rej. 13 août 1858, aff. Loecher, D. P. 58. 5. 18). Quand il résulte des circonstances du fait incriminé que l'animal n'a pas été soumis à des actes abusifs, le fait échappe à toute répression. C'est ainsi qu'il a été décidé qu'il n'y a pas mauvais traitements, au sens de la loi du 2 juill. 1850 : 1° dans le seul fait d'avoir attelé un chien à une petite voiture chargée de marchandises, alors qu'il n'est pas établi ni même allégué qu'il ait été exercé abusivement des mauvais traitements envers cet animal, soit par des actes de brutalité ou de violence, soit en occasionnant, par une charge excessive, une souffrance que la nécessité ne justifierait pas (Crim. rej. 10 nov. 1860, aff. Poucherie, D. P. 62. 5. 18) ; — 2° Dans le fait d'avoir laissé à la porte d'une auberge, sans nourriture, et peut-être pendant un temps trop long, le cheval d'un attelage (Crim. rej. 5 juin 1862, aff. Gaille, D. P. 62. 5. 18) ; — 3° Dans le fait, par un conducteur, d'avoir frappé publiquement son cheval de coups de pieds et d'un léger coup de fourche, si la blessure causée par ces coups était très légère et sans gravité, et si le cheval, au moment où ce traitement lui a été infligé, ne voulait pas marcher (Arrêt précité du 5 mai 1865) ; — 4° Dans le fait d'un individu (un garçon boucher) d'avoir mené son cheval ventre à terre et de l'avoir fouetté à tour de bras, de telle manière que la sueur dégouttait de tout son corps et qu'il n'avait pas un poil de sec (Crim. rej. 14 mai 1868, aff. Villain, D. P. 72. 5. 23) ; — 5° Dans le fait d'avoir attelé un chien à une voiture pesant avec son chargement environ 60 kilog., alors qu'aucun acte de brutalité ou de violence n'a été relevé contre le prévenu, et qu'il n'est établi ni même allégué que l'animal se soit, par suite du travail qui lui était demandé, trouvé réduit à un état de fatigue excessif et de nature à révolter le sentiment public (Crim. rej. 19 juill. 1889, aff. Deconinck, D. P. 89. 1. 271). — Enfin il n'y aurait pas lieu évidemment à l'application de la loi de 1850 si le juge de police déclarait, après enquête régulière, qu'il n'est pas établi que l'animal fût encore en vie lorsqu'il a été l'objet de mauvais traitements (Crim. rej. 1er déc. 1876, aff. Desreumaux, *Bull. crim.*, n° 235).

167. Parmi les actes qui constituent des *mauvais traitements*, il faut ranger les jeux ou tirs à l'oie, au canard ; l'usage barbare d'aveugler certains oiseaux (Chauveau et Faustin Hélie, t. 6, n° 2861) ; les combats de chiens, de coqs (Trib. pol. Roubaix, 16 févr. 1866, cité *suprà*, n° 165). — En est-il de même des combats de taureaux en usage dans certaines contrées du midi de la France ? Une circulaire du ministre de l'intérieur aux préfets, du 27 juin 1884 (*Bull. off. min. int.*, 1884, p. 359), nous paraît nettement établir les limites dans lesquelles ces combats, plus connus sous le nom de *courses de taureaux*, peuvent être tolérés. « La loi de 1850, dit la circulaire, s'applique évidemment à des spectacles dont le programme comporte la mise à mort des animaux après une série de mauvais traitements également énumérés et prévus. Elle ne procède pas, comme on a parfois affecté de le dire, d'un sentimentalisme exagéré, mais d'un légitime souci de la dignité des mœurs publiques et de cette pensée juste, que certaines exhibitions sont plus propres à éveiller les instincts cruels qu'à stimuler le courage et le mépris du danger... Il est donc hors de doute que celles de ces courses dont l'attrait principal consiste dans l'effusion du sang, où l'on promet en spectacle des chevaux éventrés, des animaux rendus furieux par la douleur et finalement égorgés ne sauraient plus longtemps demeurer placés sous la protection, ou, tout au moins, sous l'autorisation de l'Administration ». Quant aux courses qui ne comportent dans leur programme et dans leur exécution aucun acte de cruauté ni de mauvais traitements, la circulaire ne voit aucun inconvénient à leur continuer la tolérance dont elles ont joui jusqu'à présent, sauf aux autorités administrative et judiciaire à agir au cas où il se produirait des faits pouvant donner lieu à l'application de la loi du 2 juill. 1850. C'est dans les limites tracées par la circulaire de 1884 que le ministre de l'intérieur, à l'occasion de l'Exposition universelle de 1889, a cru devoir permettre au préfet de police d'autoriser, à titre provisoire, les courses de taureaux à Paris et dans la banlieue ; mais ces autorisations individuelles, soumises à toutes les conditions que le préfet de police croit devoir imposer aux demandeurs dans l'intérêt de la sécurité et de l'ordre public, sont toujours essentiellement révocables.

Les expériences de *vivisection* paraissent devoir être rangées dans la catégorie des mauvais traitements ; ou du moins ne devraient-elles être tolérées que dans l'intérêt exclusif de la science, et à la condition d'être environnées, comme cela a lieu en Angleterre (V. *suprà*, n° 3), de garanties tout à fait spéciales.

168. Enfin la loi de 1850 ne punit que les mauvais traitements exercés envers les *animaux domestiques ;* mais cette expression a ici un sens plus étendu que dans les art. 452, 453 et 454 c. pén. « Il s'agit, dit le rapporteur du projet de loi (D. P. 50. 4. 145), des animaux, instruments précieux de notre existence, agents indispensables de nos besoins, comme de nos plaisirs ; de la conservation et de la multiplication des animaux utiles, qui garantissent des ressources importantes à l'État et aux populations ; de la protection due aux auxiliaires indispensables à la santé, à la vie et au bien-être de l'homme. La nourriture et le vêtement, qui forment la base de l'aisance populaire, l'industrie, le commerce qui donnent le travail, ne tirent-ils pas des animaux leurs principales ressources? » — D'après ces citations, on voit qu'il faut entendre ici par *animaux domestiques*, non seulement ceux qui vivent, s'élèvent, sont nourris et se reproduisent sous le toit de leur maître, mais encore tous ceux qui, placés au service de l'homme, servent à son utilité, à sa nourriture ou même à son agrément.

CHAP. 10. — Destruction, dégradation de clôtures. — Comblement de fossés. — Suppression de bornes, etc. (L. 10 juin 1854) (*Rép.* nos 297 à 323).

169. L'art. 456 prévoit, en les punissant comme délits, des faits de destruction s'appliquant aux parties de propriétés immobilières qui forment la *limite* de ces propriétés. Ces faits consistent, ainsi qu'il résulte de son texte même : 1° dans le comblement de *fossés* servant de clôture à une propriété immobilière, et dans la destruction de toutes autres *clôtures* faites en matériaux quelconques ou établies au moyen de haies vives ou sèches ; 2° dans le déplacement ou la suppression de certains *signes indicateurs* des mêmes limites n'ayant pas le caractère d'une clôture. Il n'y a pas lieu de se préoccuper ici de la question de savoir si leur auteur a eu ou non pour but de s'approprier la chose détruite ou d'usurper le terrain d'autrui, cette circonstance n'étant ni constitutive ni aggravante du délit prévu par l'art. 456. Le fait est punissable, quel que soit le mobile qui ait fait agir le délinquant. Si le malfaiteur a détruit la clôture, arraché la haie, supprimé ou déplacé la borne, dans l'intention de se l'approprier, il s'est rendu coupable de soustraction frauduleuse, mais il n'en a pas moins commis le délit de l'art. 456 (Blanche, t. 6, n° 639). — Les termes de l'article sont généraux et absolus ; ils comprennent toutes les destructions de clôtures, tous les déplacements et toutes les suppressions de bornes (Chauveau et Faustin Hélie, t. 6, n° 2643).

§ 1er. — Comblement de fossés et destruction de clôtures ou de haies (*Rép.* nos 301 à 314).

170. Les éléments constitutifs du délit sont ici : 1° la nature même des clôtures protégées par l'art. 456 ; 2° l'existence d'un fait de destruction ; 3° la volonté de nuire à autrui ou l'intention criminelle de la part de l'agent.

171. — I. CLÔTURES PROTÉGÉES. — Ce sont, outre les fossés, celles formées avec des matériaux quelconques et avec des haies vives ou sèches, pourvu qu'il s'agisse : d'une clôture fixe et invariable (Nancy, 9 déc. 1873, cité *infrà*, n° 173) ; d'une clôture actuellement existante, et non d'une clôture seulement commencée (*Rép.* n° 311). — Certains auteurs ont soutenu que, par *clôtures*, il ne fallait entendre que les *clôtures rurales*. Ils invoquaient, d'une part, les art. 17 et 31 de la loi des 28 sept.-6 oct. 1791 relative à la police rurale, d'autre part, le texte même de l'art. 456 qui parle de clôtures faites avec des matériaux quelconques (V. en ce sens : Chauveau et Faustin Hélie, t. 6, n° 2645 ; *Rép.* n° 309). — Mais l'opinion contraire, d'après laquelle le mot *clôture*, employé par l'art. 456, embrasse les clôtures extérieures et intérieures des propriétés urbaines et rurales, a prévalu et est aujourd'hui définitivement consacrée par la jurisprudence (*Rép.* nos 307, 308 et 310. V. aussi Chauveau et Faustin Hélie, t. 6, n° 2644). — L'art. 456 s'applique à toutes espèces de clôtures partielles ou totales en quelques matériaux qu'elles soient faites (*Rép.* n° 309 ; Blanche, t. 6, n° 639). Ainsi est coupable du délit de bris de clôture celui qui détruit un treillage ne protégeant qu'une partie de la propriété (Crim. cass. 7 mars 1884) (1). — Jugé également que le bris d'une chaîne posée pour fermer un passage privé et le bris du cadenas qui la retient constituent le délit de bris de clôture, et non la contravention de dommage volontaire causé aux propriétés mobilières d'autrui (Crim. cass. 14 juin 1884, aff. Gaye, D. P. 85. 1. 272. Comp. Amiens, 7 juill. 1877, *infrà*, n° 176).

172. — II. FAIT DE DESTRUCTION. — L'art. 456 punissant quiconque « aura *en tout ou en partie, comblé des fossés, détruit* des clôtures, coupé ou arraché des haies », est applicable à tout *fait de destruction* totale ou partielle des ouvrages délimitatifs d'héritages ruraux ou de clôtures extérieures ou intérieures de propriétés urbaines ou rurales (*Rép.* nos 307, 308, 310, 313 et 321). Ainsi il y a délit dans le fait de celui auquel un propriétaire contestait le droit de passer sur son fonds, d'avoir, au lieu de recourir aux voies légales, détruit la clôture élevée par celui-ci pour faire cesser le passage (Crim. cass. 31 juill. 1856, aff. Ordioné, D. P. 68. 1. 188 ; 9 janv. 1868, aff. Lapalus, *ibid.*). Ces arrêts ne font, d'ailleurs, que consacrer ce principe d'ordre public qu'il n'est jamais permis de violer le droit de propriété, même pour se faire rendre justice (Conf. Crim. cass. 5 juin

(1) (Yver.) — LA COUR ; — Attendu que l'arrêt attaqué, après avoir constaté en fait que le treillage dont la rupture est imputée à Yver existe seulement le long d'une partie de la propriété de la dame Cousin, décide qu'il ne peut, par conséquent, être considéré comme délimitatif d'héritages ruraux et ayant le caractère de clôture légale ; — Attendu que la disposition de l'art. 456 c. pén., est générale ; qu'elle protège toutes clôtures, de quelques matériaux qu'elles soient faites, les haies vives ou sèches, les bornes ou pieds cormiers, les arbres plantés ou reconnus pour établir les limites des différents héritages ou pour en interdire l'accès ; qu'il ne résulte d'aucune des énonciations de ce texte que, pour qu'elle ait le caractère délimitatif ou défensif, la clôture doive être continue ; que, partielle ou complète, elle constitue une clôture légale et doit profiter à ce titre de la protection de la loi ; — D'où il suit que l'arrêt attaqué, en décidant que la continuité de la clôture est une condition essentielle du délit prévu par l'art. 456 c. pén., a fait une fausse interprétation de la loi ; — Casse, etc. l'arrêt de la cour de Paris du 17 janv. 1883.

Du 7 mars 1884.-Ch. crim.-MM. Dupré-Lasale, f. f. pr.-Falconnet, rap.-Ronjat, av. gén.-Fosse et Panhard, av.

1856, aff. Delort, D. P. 56. 1. 309 ; 22 mai 1857, aff. Chanonat-Darpy, D. P. 57. 1. 315; 12 déc. 1862, aff. Poulain, D. P. 64. 5. 97. V. *infrà*, n° 173). Jugé également, en ce sens, que bien que la prolongation de la perception du droit de péage pour le passage d'un pont n'ait été autorisée que par un décret inconstitutionnel, le fait, par des individus refusant le péage, d'avoir descellé la grille à l'aide de laquelle l'entrée du pont peut être fermée, et dont la présence d'ailleurs n'est pas incompatible avec la cessation de la perception du droit, constitue le délit de bris de clôture (Bordeaux, 21 avr. 1871, aff. Dupuy, D. P. 71. 2. 197). Décidé, dans le même ordre d'idées, que la possession d'un immeuble, de bonne foi et *animo domini*, doit être protégée, comme la propriété elle-même, contre tous actes de violence et de bris de clôture (Crim. rej. 11 nov. 1864, aff. Fontaine, D. P. 68. 1. 136).

173. La destruction partielle comprend-elle la *dégradation?* Comme on l'a dit au *Rép.* n° 314, ces deux faits diffèrent essentiellement : la destruction partielle suppose qu'une partie de la clôture n'existe plus; la dégradation suppose au contraire l'existence de la clôture entière, mais altérée et endommagée dans quelques-uns de ses matériaux. L'art. 456 punit la destruction totale ou partielle qui est un délit; mais il n'atteint pas la simple dégradation qui demeure régie soit par l'art. 17 de la sect. 2 de la loi de 1791, soit par l'art. 475-8° c. pén. La loi de 1791, qui réprime les contraventions rurales, défend de *dégrader des clôtures*, couper des branches de haies vives et enlever des bois sur des haies, n'a pas été sur ces différents points abrogée par le code pénal (*Rép.* n° 314; Chauveau et Faustin Hélie, t. 6, n° 2646. — *Contrà:* Blanche, t. 6, n° 639). Les autres dégradations constituent de simples dommages à la propriété mobilière d'autrui et rentrent dans les contraventions prévues par l'art. 475-8° c. pén. qui punit le jet de corps durs ou d'immondices contre les maisons et les enclos (V. *suprà*, v° *Contraventions*, n° 214). — Conformément à cette triple distinction entre les cas prévus par les art. 456 et 475-8° c. pén. et 17 de la sect. 2 de la loi de 1791, il a été jugé : 1° qu'il n'y a pas destruction de clôture dans le fait de recombler une raie de charrue servant de limite entre deux terres (Nancy, 9 déc. 1873, aff. Corroy, D. P. 75. 5. 142); — 2° Que le fait de lancer des boulettes de mastic, au moyen d'une sarbacane ou avec la main, contre les fenêtres d'une maison habitée, tombe sous l'application de l'art. 475, n° 8, c. pén.; en pareil cas, il n'y a pas même dégradation, c'est une simple contravention de police (Crim. cass 19 avr. 1851, aff. Barbey, D. P. 51. 5. 175). Mais, si les boulettes de mastic avaient brisé les carreaux des fenêtres, on rentrerait alors dans le cas prévu par l'art. 456 (*Rép.* n° 308. — *Contrà:* Chauveau et Faustin Hélie, t. 6, n° 2841); — 3° Que l'art. 17 de la sect. 2 de la de 1791 ne punit de peines de simple police que la dégradation de clôture ; que, par suite, ce n'est pas cet article, mais l'art. 456 c. pén. qui est applicable au fait d'avoir détruit une partie de clôture en terre et d'y avoir passé avec des chevaux (Crim. cass. 12 déc. 1862, aff. Poulain, D. P. 64. 5. 97).

174. — III. Intention criminelle (*Rép.* n°s 301 et 302). — Pour l'existence du délit prévu par l'art. 456, il ne suffit pas que la destruction de clôture ait eu lieu volontairement de la part de l'agent; il faut encore que celui-ci ait su que la clôture appartenait à autrui et qu'il agissait indûment. Ainsi ne commettent aucun délit les habitants d'une commune qui, conformément à une décision du conseil de fabrique signée par le maire, ont démoli de bonne foi un mur que la commune avait fait élever pour clore le jardin de l'école communale et qui barrait le chemin de ronde de l'église (Dijon, 7 mai 1879) (1). Le pourvoi formé contre cet arrêt a été rejeté par le motif que, les prévenus ayant agi de bonne foi et avec la conviction qu'ils accomplissaient un acte régulièrement ordonné, l'art. 456 c. pén. ne pouvait leur être appliqué, sans qu'il y ait, d'ailleurs, à examiner si le maire avait ou non excédé ses pouvoirs en prescrivant les travaux (Crim. rej. 3 juill. 1879, aff. Morizot, D. P. 80. 1. 240). — Jugé de même, en Belgique, que le fait de détruire une clôture sur un terrain dont on se croit propriétaire ne tombe pas sous l'application de l'art. 545 du code pénal belge de 1867 (Trib. corr. Dinant, 10 juin 1874, aff. X..., *Pasicrisie belge*, 1876. 3. 10). — Mais le fait de destruction d'une haie plantée comme clôture d'un terrain communal, commis par des habitants dans le seul but de faire acte d'opposition à l'égard du maire qui l'avait fait établir, constitue le délit de destruction de clôture réprimé par l'art. 456; l'intention de nuire, en pareil cas, résulte suffisamment de ce que, n'ayant reçu aucune mission à cet effet, ils ont affecté de ne pas consulter le maire présent sur les lieux, et ont obligé les témoins de leur action à y prendre part pour les intéresser à refuser d'en déposer : vainement les prévenus allégueraient-ils devant la cour de cassation l'existence d'une délibération orale du conseil municipal, si leur allégation se trouve contraire à la déclaration souveraine des juges du fait qu'aucune délibération ni aucun ordre n'autorisait la destruction commise (Crim. rej. 12 déc. 1862, aff. Gouyer, D. P. 64. 5. 97-98).

175. Il suffit, pour l'application de l'art. 456, que les clôtures détruites appartiennent à autrui, même en partie. Ainsi le fait, par le copropriétaire d'une haie mitoyenne, d'avoir coupé cette haie dans toute son épaisseur, et à trois centimètres du sol, constitue le délit prévu par l'art. 456 c. pén. (Bordeaux, 28 mai 1846, aff. Roux, D. P. 47. 4. 162). — De même, le bris de clôture commis par un mari dans une maison appartenant à sa femme séparée de biens, et sous prétexte que celle-ci lui en refusait l'entrée, tombe sous l'application de l'art. 456 c. pén. (Crim. rej. 5 févr. 1853, aff. Richard, D. P. 53. 5. 160). — En ce qui concerne le fermier, on a admis au *Rép.* n° 305, qu'il se rend coupable du délit puni par l'art. 456 en détruisant les clôtures établies sur le domaine qu'il tient à bail, à moins qu'il n'ait agi sans fraude. Toutefois MM. Chauveau et Faustin Hélie, t. 6, n° 2649, semblent admettre que le fermier a un titre suffisant pour le mettre à l'abri de toutes poursuites à raison de ce fait. Mais, si l'auteur de la destruction ne pouvait invoquer qu'une servitude de passage, il n'échapperait pas, suivant les mêmes auteurs, *loc. cit.*, à l'application de l'art. 456 (Conf. Blanche, t. 6, n° 642; Crim. cass. 31 juill. 1856, aff. Ordioni, *Bull. crim.*, n° 268).

176. Quant au propriétaire, lorsqu'il a la propriété exclusive et complète de l'immeuble, il a le droit de détruire les clôtures, en vertu du *jus utendi et abutendi* (Comp. *Rép.* n° 302). Jugé, en ce sens, que le fait de détruire des clôtures, et, par exemple, de faire enlever les châssis des fenêtres et maçonner les ouvertures d'une maison, ne constitue pas un délit, s'il est accompli par le propriétaire; c'est simplement alors un trouble apporté à la jouissance des locataires, donnant lieu à une action en dommages-intérêts (Ren-

(1) (Morizot et Jolly C. Commune de Vouécourt.) — La cour; — — Considérant que s'il suffit pour constituer le délit prévu par l'art. 456 c. pén., que la destruction d'une clôture appartenant à autrui ait eu lieu sciemment et volontairement, au moins faut-il que l'auteur de cette destruction ait su qu'il agissait indûment ; — Considérant qu'il résulte des débats qu'en démolissant, au mois de septembre 1876, sur une étendue deux mètres environ, une portion du mur de clôture construit récemment par la commune de Vouécourt, pour clore le jardin des sœurs institutrices, mur dont l'extrémité, adossée à l'église, interceptait le chemin de ronde, les prévenus Morizot et Jolly ont agi en exécution d'une délibération du conseil de fabrique, du 10 du même mois, qui prescrivait l'enlèvement de ce mur ; qu'il n'y a pas lieu de rechercher si le conseil de fabrique, en prenant une pareille décision, a ou non excédé son droit ; qu'il est certain que les prévenus n'avaient aucun intérêt personnel à procéder à cette démolition ; que leur conduite n'a été inspirée ni par un sentiment de malveillance, ni par une pensée de lucre ; qu'ils ont pu d'autant mieux se croire autorisés à exécuter la délibération du conseil de fabrique dont ils font partie, que le maire de la commune avait pris part à cette délibération, l'avait revêtue de sa signature et en avait autorisé l'exécution, et que l'accord le plus complet existait sur ce point entre la municipalité et les administrateurs de l'église ; qu'ils ont donc été de la plus entière bonne foi ; que si la commune considère le fait dont elle se plaint aujourd'hui comme portant atteinte à ses droits de propriétaire, elle peut en demander la réparation devant la juridiction civile ; mais que ce fait ne saurait, à raison des circonstances dans lesquelles il s'est produit, tomber sous l'application de la loi pénale ; — Par ces motifs, statuant sur l'appel interjeté par Morizot et Jolly, du jugement du tribunal correctionnel de Chaumont, en date du 5 avr. 1879 ; — Met l'appellation et le jugement dont est appel à néant, et par décision nouvelle renvoie Morizot et Jolly de la plainte de la commune de Vouécourt ; — En conséquence, les décharge, etc.

Du 7 mai 1879.-C. de Dijon, 3e ch.-MM. Saverot, pr.-Cardot, av. gén., c. conf.-de Saint-Loup et Perdrix, av.

nes, 25 oct. 1850, aff. Camus, D, P. 52. 2. 208; Douai, 19 avr. 1858, aff. Forest, D. P. 72. 5. 141). — Toutefois, le droit du propriétaire ne saurait être absolu, et il se trouve limité par l'art. 456, lorsqu'il est constaté que le propriétaire n'a agi que par animosité envers un locataire ou un tiers ayant la jouissance légale de son immeuble; l'intention criminelle est alors abandonnée à l'appréciation des magistrats (Amiens, 7 juill. 1877) (1).

177. L'art. 41 de la loi de 1791 autorise les voyageurs qui suivent un chemin public reconnu et déclaré impraticable par le juge de paix à se frayer un passage à travers les terres riveraines, même fermées par une clôture. Si donc ils sont obligés, dans ce cas, de combler des fossés, détruire des clôtures, couper ou arracher des haies vives ou sèches, ils ne tomberont pas sous le coup de l'art. 456, puisqu'ils n'auront fait qu'user d'un droit qui leur est expressément reconnu par la loi (*Rép.* n° 311. V. *suprà*, v° *Contraventions*, n°s 140 et suiv., et *infrà*, v° *Droit rural*).

§ 2. — Déplacement ou suppression de bornes
(*Rép.* n°s 303, 315 à 320).

178. L'art. 456 parle du déplacement ou de la suppression des bornes, pieds corniers ou autres arbres plantés ou reconnus pour établir les limites entre différents héritages. — Les *bornes* sont, à proprement parler, des pierres placées au milieu des champs pour séparer les propriétés; mais on doit comprendre sous cette dénomination toutes choses plantées ou placées dans le même but, tels que haies, piliers, etc. Les *pieds corniers* sont les arbres réservés et marqués pour servir de bornes aux héritages; la loi leur assimile tous les autres arbres plantés ou reconnus pour établir des limites (Chauveau et Faustin Hélie, t. 6, n° 2647). Les éléments constitutifs du délit consistent ici : 1° dans les signes délimitatifs dont parle l'art. 456; 2° dans le fait de leur suppression ou déplacement; 3° dans l'intention criminelle de l'agent du délit.

179. — I. Signes délimitatifs. — L'art. 456 ne parlant que de bornes, pieds-corniers ou autres arbres servant de limites, sa disposition doit évidemment être restreinte à ces trois sortes de signes délimitatifs; on ne saurait l'étendre par analogie, puisqu'il s'agit d'une peine à prononcer (*Rép.* n° 315). — Il faut donc, pour qu'il y ait délit, qu'il s'agisse du déplacement ou de la suppression d'une marque employée à séparer deux héritages contigus. Ainsi le fait de déplacement d'une borne formant limite entre deux héritages, est avec raison réprimé comme délit, lorsqu'il est constaté qu'elle était destinée à délimiter l'héritage du plaignant d'avec celui du voisin (Crim. rej. 13 févr. 1864, aff. Eyraud, D. P. 65. 5. 118). — Peu importe que les héritages soient ruraux ou urbains. Jugé à cet égard que le déplacement de bornes servant de limites constitue le délit prévu par l'art. 456 c. pén., aussi bien lorsqu'il a été commis entre héritages urbains que lorsqu'il l'a été entre héritages ruraux (Crim. rej. 12 déc. 1862, aff. Roumy, D. P. 64. 5. 96).

180. La suppression ou le déplacement de bornes n'est un délit que s'il y a eu violation d'un bornage opéré entre héritages contigus, par les propriétaires de ces héritages, soit volontairement, soit en justice. C'est alors seulement que la borne, plantée pour faire foi des limites entre deux héritages, est une sorte de titre qui doit être respecté et ne peut être changé sans le concours des intéressés, que la borne se trouve ou non conforme aux titres écrits (Crim. rej. 12 déc. 1862, aff. Roumy, D. P. 64. 5. 95). Ainsi la suppression ou le déplacement de bornes plantées par un seul des propriétaires sur son propre fonds, et qui aurait été opéré, notamment, en vue d'une usurpation de terrain, ne donne lieu qu'à une action possessoire (*Rép.* v° *Servitudes*, n° 375). Cependant, il a été jugé que, pour que le déplacement ou la suppression de bornes servant de limites entre deux héritages, donne lieu, contre celui qui en est l'auteur, à l'application de l'art. 456 c. pén., il n'est pas nécessaire que ces bornes aient été reconnues entre les propriétaires; alors, d'ailleurs, qu'il est tenu pour constant par les juges du fait qu'elles ont le caractère de limites séparatives d'héritages (Crim. rej. 7 oct. 1853, aff. Vieville, D. P. 54. 5. 243. — Comp. en sens contraire : Nancy, 30 nov. 1830 et 29 mai 1839, *Rép.* n° 318).

181. — II. Fait de suppression ou de déplacement. — L'art. 456 ne prévoit ici que la suppression complète des bornes, d'où il suit que la *destruction partielle* ou la dégradation n'est pas un fait punissable (*Rép.* n° 316; Chauveau et Faustin Hélie, t. 6, n° 2647), à moins que cette destruction partielle ne dénature assez la borne pour qu'elle ne soit plus le signe juridique de la délimitation des héritages; car alors il y a suppression complète, et le délit existe (Blanche, t. 6, n° 645). La dégradation n'est plus aujourd'hui réprimée par la loi de 1791 dont l'art. 32, dans sa première partie, a été reproduit presque littéralement par l'art. 456 c. pén., qui l'a ainsi implicitement abrogé. Toutefois cet art. 32 reste en vigueur, croyons-nous, dans sa deuxième partie relative à la transposition des bornes à fin d'usurpation, délit non prévu par le code pénal et que la loi de 1791 punit, outre le payement du dommage et des frais de replacement des bornes, d'une amende de la valeur de douze journées de travail et de deux années de *détention*. Il va sans dire que la détention, peine purement politique depuis le code pénal de 1810, n'est plus applicable dans l'espèce (V. *Droit rural*; — *Rép.* eod. v°, n° 180). — Quant à l'enlèvement de bornes à l'effet de commettre un des vols de récoltes spécifiés dans l'art. 388 c. pén. ou le maraudage réprimé par les art. 471-9° et 475-15° du même code, il est réprimé par l'art. 389, qui prononce un emprisonnement de deux à cinq ans et une amende de 16 à 500 fr., outre l'interdiction des droits mentionnés en l'art. 42.

182. Le seul fait du déplacement d'une borne constitue le délit prévu par l'art. 456, par là même qu'il cause préjudice à autrui; il n'est pas nécessaire que ce préjudice consiste en une usurpation de terrain (Crim. rej. 12 déc. 1862, aff. Roumy, D. P. 64. 5. 96). De même, le déplacement d'une borne

(1) (Cahon.) — La cour; — Considérant qu'à la date du 7 mai 1877, vers 7 heures du soir, Cahon s'est présenté en état d'ivresse dans la maison occupée par le sieur Galland et la femme Pelletier, injuriant celle-ci et disant qu'il voulait qu'ils quittassent cette maison dont ils sont locataires; que Galland l'ayant fait sortir et ayant fermé sa porte, Cahon a brisé, à l'aide de son bâton, un carreau de la fenêtre, et en poussant avec violence le châssis, l'a fait tomber, a brisé tous les autres carreaux et de la vaisselle; — Que, poursuivi à raison de ces faits, sous prévention de bris de clôture, Cahon a été relaxé par le jugement dont est appel, lequel se fonde sur ce que Cahon serait propriétaire de la maison habitée par Galland; — Que par suite, en brisant la fenêtre, il n'avait pas porté atteinte au droit d'autrui, et que le fait est couvert par sadite qualité, attendu que l'art. 456 c. pén. ne réprime que la destruction de clôtures n'appartenant pas à l'auteur du fait; — Considérant qu'il résulte des documents de la cause, de l'instruction et des débats, que la maison dont s'agit a été achetée par Cahon, pour l'usufruit seulement, et par Aurélie Malivois, au nom de ses enfants mineurs, pour la nue propriété; que cette maison est louée à Galland; que si Cahon a manifesté l'intention de faire cesser ce bail, il n'apparaît pas que, jusqu'ici, il ait usé des moyens légaux qui pourraient y mettre fin; — Que la destruction de la fenêtre de cette maison, opérée par lui le 7 mai, n'est qu'un acte de violence et une voie de fait dirigée par un sentiment d'animosité et de vengeance à l'encontre de Galland et de la veuve Pelletier; que ce n'est point un acte de disposition se rattachant au droit que Cahon aurait sur l'immeuble; qu'en qualité d'usufruitier il ne serait même pas autorisé à dégrader cet immeuble par une voie de fait, qu'aucun intérêt et aucun motif sérieux ne justifient; — Qu'au surplus, l'art. 456 c. pén. ne fait aucune distinction, et que, s'il a principalement pour effet de poursuivre les atteintes portées aux propriétés, les destructions qu'il prévoit sont punies ainsi que d'autres plus graves, telles que celles causées par incendie, lorsque, commises par le propriétaire sur sa propre chose, elles s'attaquent cependant au droit d'autrui, — Que le respect et le maintien des clôtures qui assurent la sécurité et le repos des citoyens, le secret et l'inviolabilité du domicile, aussi bien que la démarcation des propriétés, touchent à l'ordre public; que la protection de la loi est due, sous ce rapport, à celui qui est en jouissance de la chose à un titre légal, comme le locataire ou fermier, aussi bien qu'au propriétaire et à l'encontre même de ce dernier; que le fait matériel constaté à la charge de Cahon rentre expressément dans les termes de l'art. 456; que l'intention coupable résulte également des faits relevés ci-dessus; — Infirme le jugement dont est appel; déclare Cahon coupable du délit de destruction de clôture prévu et puni par l'art. 456 c. pén., etc.

Du 7 juill. 1877.-C. d'Amiens, 2e ch.-MM. Sourdat, pr.-Marlier, av. gén.

séparative d'héritages, effectué par un propriétaire sans le consentement de ses voisins, constitue le délit prévu par l'art. 456 c. pén., au cas même où il n'en est résulté aucun empiètement, et où, par exemple, la borne a été replantée dans les mêmes limites et reportée simplement du milieu d'un champ à son extrémité (Crim. cass. 8 avr. 1854, aff. Novier, D. P. 54. 1. 300; Chauveau et Faustin Hélie, t. 6, n° 2648; Blanche, t. 6, n° 648).

183. — III. INTENTION CRIMINELLE. — Le délit prévu par l'art. 456 consiste dans le préjudice que l'auteur de la destruction a volontairement causé à autrui; c'est cette volonté de nuire qui en forme l'élément moral (Chauveau et Faustin Hélie, t. 6, n° 2649). Décidé, en ce sens, que le fait de suppression ou de déplacement des signes délimitatifs d'héritages déterminé par l'art. 456 n'est punissable que si son auteur a agi avec une intention frauduleuse (Crim. cass. 8 avr. 1854, cité *suprà*, n° 182). Il a été jugé, de même, en Belgique que le fait d'avoir déplacé ou supprimé des bornes n'est point punissable si le prévenu a agi sans intention de nuire (Bruxelles, 23 janv. 1875, aff. duc d'Arenberg *C.* Patemostre, *Pasicrisie belge*, 1875. 2. 182). — Mais le vendeur qui, pour s'abstenir de livrer une partie de l'héritage vendu, déplace de mauvaise foi la borne qui, d'après la convention, devait séparer cet héritage d'un autre conservé par lui, est passible de la peine prononcée par l'art. 456 c. pén., l'acquéreur étant d'ailleurs propriétaire par le seul effet de la convention, sans qu'il soit besoin d'investiture (Crim. rej. 12 déc. 1862, aff. Roumy, D. P. 64. 5. 96). — Il a été jugé, d'autre part, que l'intention coupable est suffisamment établie par l'arrêt qui constate que le prévenu a volontairement arraché les bornes qu'il avait toujours reconnues et acceptées comme faisant la limite de son héritage et de l'héritage voisin (Crim. rej. 19 juill. 1878) (1).

184. Au reste, la loi n'exige pas que l'auteur de la destruction ou du déplacement ait su que la pierre ou l'arbre qu'il déplaçait servait de limite entre deux héritages, il suffit qu'il ait voulu d'une façon quelconque porter préjudice à autrui (*Rép.* n°s 317 et 320; Chauveau et Faustin Hélie, t. 6, n° 2647). Dès lors, le prévenu d'un déplacement de bornes effectué sans le concours du voisin, ne peut justifier cette voie de fait en établissant que la nouvelle position est conforme au titre écrit, alors qu'il a voulu de mauvaise foi profiter d'une erreur commise dans sa rédaction, la question de propriété n'étant pas d'ailleurs préjudicielle en cette matière (Crim. rej. 12 déc. 1862, cité *suprà*, n° 183). M. Blanche, t. 6, n° 646, est d'un avis contraire, un délit ne pouvant, dit-il, se constituer que par la réunion de l'élément physique et de l'élément intentionnel.

§ 3. — Loi du 10 juin 1854 sur le drainage.

185. Cette loi a étendu l'art. 456 à un fait qui n'était pas compris dans ses termes. L'art. 6 de la loi du 14 juin 1854 (D. P. 54. 4. 96) sur le drainage porte en effet: « La destruction totale ou partielle des conduites d'eau ou fossés évacuateurs est punie des peines portées à l'art. 456 c. pén. L'art. 463 c. pén. peut être appliqué ». « Les ouvrages exécutés pour l'assainissement des terres placées au milieu des campagnes, loin de toute surveillance, dit l'exposé des motifs du projet de loi (D. P. 54. 4. 98, § 14) ont besoin d'être protégés par la loi pénale contre l'esprit de destruction ou la malveillance ». Il était nécessaire, toutefois, qu'un texte précis intervînt à cet égard. On ne pouvait songer, par exemple, à assimiler la destruction des fossés évacuateurs soit au comblement des fossés ordinaires, soit au détournement des eaux servant de limites à deux héritages (*Rép.* n° 315), faits qui tombent sous le coup de l'art. 456, puisqu'il s'agit d'atteintes portées à des clôtures. Encore moins pouvait-on appliquer ici l'art. 451 c. pén. et l'art. 31 de la loi de 1791, relatifs à la rupture ou destruction d'*instruments* servant à l'agriculture ou à l'exploitation des terres, les conduites d'eau et les fossés ne pouvant être considérés comme des *instruments*. — L'art. 6 de la loi de 1854 doit être renfermé dans ses termes mêmes et ne saurait être étendu à la simple dégradation des conduits ou fossés, à moins que cette dégradation ne fût telle qu'il en résultât une destruction partielle des travaux d'irrigation (Chauveau et Faustin Hélie, t. 6, n° 2650).

§ 4. — Peines.

186. Les délits prévus par l'art. 456 sont punis, outre l'emprisonnement, d'une amende qui ne peut être inférieure à 50 fr., ni excéder le quart des restitutions et dommages-intérêts alloués par le juge. — Nous ne pouvons que renvoyer, au sujet de cette amende proportionnelle, à ce qui a été dit plus haut (V. *suprà*, n° 138, à propos des art. 444 et suiv.) et rappeler les arrêts cités à cet égard (Crim. rej. 17 mai 1878, aff. Ligarde, D. P. 78. 5. 5; Aix, 1er août 1874, aff. Guilhaume, D. P. 75. 2. 66. V. *suprà*, v° *Abus de confiance*, n°s 186 à 192, et les arrêts cités *ibid.*).

CHAP. 11. — Inondation des chemins et des propriétés d'autrui (*Rép.* n°s 324 à 343).

187. Les inondations sont un moyen de destruction d'autant plus dangereux qu'il peut en un très court espace de temps ravager une grande étendue de pays. Ainsi qu'il a été dit au *Rép.* n° 325, on ne s'occupe ici que de l'inondation résultant du fait de l'homme et ayant été la cause d'un dommage volontaire aux chemins ou aux propriétés d'autrui, c'est-à-dire constituant un délit. — Par *chemins*, il faut entendre seulement, croyons-nous, les chemins publics, les chemins privés étant forcément compris dans les mots: *propriété d'autrui.*

188. L'art. 457 c. pén. ne prévoit que le cas où l'inondation a eu lieu par l'élévation du déversoir au-dessus de la hauteur déterminée par l'autorité compétente, c'est-à-

(1) (Philippe.) — LA COUR; — Sur le premier moyen du pourvoi, tiré de la violation de l'art. 182 c. for., en ce que, le prévenu ayant soulevé une exception de propriété immobilière, le juge correctionnel a refusé de surseoir et de renvoyer à la juridiction civile le jugement de cette exception: — Attendu que l'arrêt attaqué constate que les deux bornes supprimées par Philippe, le 18 février dernier, avaient été plantées contradictoirement par la commune d'Estrées-Cauchy et le sieur Flamant, alors propriétaire de l'héritage qui appartient aujourd'hui à Philippe, pour délimiter cet héritage et le sentier communal, appelé ruelle de Servin, qui le longe; — Qu'il constate encore que, jusqu'au 18 février, ces bornes n'ont jamais cessé d'être reconnues et acceptées comme telles par les parties intéressées, sans aucune contestation; — Attendu que, dans les conclusions par lesquelles il a opposé à la poursuite l'exception de propriété et demandé à être renvoyé à fins civiles pour le jugement de cette exception, Philippe s'est borné à alléguer que le sentier de Servin lui appartenait et n'a invoqué aucun titre, articulé aucun fait de possession à l'appui de cette allégation; — Attendu que si, dans le cours des débats, il s'est prévalu d'un jugement du tribunal civil de Béthune, qui déclare une de ses propriétés libre de toute servitude de passage envers la commune, l'arrêt attaqué décide souverainement que l'héritage dont il est question dans ce jugement n'est pas le terrain longé par le sentier de Servin et délimité par les deux bornes enlevées le 18 février, mais une autre pièce de terre étrangère au procès actuel; — Attendu qu'en cet état le juge correctionnel ne pouvait que rejeter, ainsi qu'il l'a fait, l'exception proposée par le prévenu, et passer outre au jugement du fond; — Que cette exception, en effet, n'était pas, comme le veut l'art. 182 susvisé, appuyée sur un titre qui rendît vraisemblable le droit invoqué, ou sur des faits de possession équivalents articulés avec précision; — Attendu que, d'un côté, quels que pussent être, avant l'abornement, les droits ou les prétentions de Flamant sur le sentier de Servin, cet individu, en plantant les bornes contradictoirement avec la commune, avait reconnu que son héritage s'arrêtait à la limite tracée par ces bornes, et que le sentier appartenait à la commune; que les bornes faisaient foi de cette reconnaissance et étaient le titre de la commune contre lui; qu'il n'appartenait pas à son ayant droit de détruire ce titre, sans la permission de la partie à laquelle il avait été concédé, sous prétexte que les droits de Flamant auraient été méconnus au moment du bornage; que, d'ailleurs, Philippe n'a jamais prétendu avoir acquis la propriété de la ruelle de Servin postérieurement à l'abornement; d'où il suit que l'exception invoquée n'était pas de nature à justifier le fait incriminé, et, sous ce rapport encore, ne pouvait donner lieu à un renvoi à fins civiles;

Par ces motifs, rejette, etc.

Du 19 juill. 1878.-Ch. crim.-MM. de Carnières, pr.-Thiriot, rap.-Benoist, av. gén.-Massenat-Déroche, av.

dire l'infraction au règlement qui détermine la hauteur des eaux. Lorsqu'au contraire, il y a eu soit inondation proprement dite d'un héritage par le propriétaire voisin sans élévation de déversoir, soit transmission des eaux d'une manière nuisible sans inondation, ce double délit est prévu et réprimé par l'art. 15 de le loi des 28 sept.-6 oct. 1791 qui est toujours en vigueur et prévoit toute espèce d'inondation autre que celle dont parle l'art. 457 (Chauveau et Faustin Hélie, t. 6, n° 2652; Blanche, t. 6, n° 651; *Rép.* n° 327). En conséquence, le propriétaire ou fermier d'une usine par la faute de qui une inondation a eu lieu peut être poursuivi, bien que les eaux n'aient pas dépassé la hauteur du déversoir fixée par l'autorité administrative (Dijon, 2 juill. 1856, aff. Quenot, D. P. 58. 2. 124). « Attendu, dit le jugement confirmé par cet arrêt, que, sans qu'il soit besoin de se préoccuper du point de savoir si cette inondation a été occasionnée par la trop grande élévation du déversoir fixée par l'autorité administrative, fait prévu et puni aujourd'hui par l'art. 457 c. pén., il y a lieu d'appliquer l'art. 15 de la loi du 28 sept. 1791, encore en vigueur, dont la généralité embrasse toutes les personnes et prévoit l'inondation des propriétés d'autrui, de quelque manière qu'elle ait été causée ». Quant à l'art. 16 de la même loi, il a été abrogé par l'art. 457 c. pén. qui le reproduit presque intégralement (*Rép.* n° 327).

189. L'art. 457 est essentiellement limitatif; donc toutes les fois que l'inondation se produit par le fait de l'homme dans des circonstances autres que celles qu'il indique spécialement ou par des personnes autres que celles qu'il énumère (Chauveau et Faustin Hélie, t. 6, n° 2653), on ne peut appliquer que l'art. 15 de la loi de 1791 (*Rép.* n° 328). — L'autorité compétente pour fixer la hauteur des eaux est l'autorité administrative (Crim. cass. 10 juin 1859, aff. Sauvage, *Bull. crim.*, n° 133; 6 déc. 1862, aff. Vilon et autres, *ibid.*, n° 270). Lorsque la hauteur du déversoir n'a point été fixée par l'autorité administrative, on rentre dans le cas de la loi de 1791 (*Rép.* n° 328). Jugé en ce sens que le fait d'un propriétaire de forge dont l'établissement est situé sur un cours d'eau d'avoir, par le placement de hausses mobiles sur les vannes de fond dans le bief de cette forge, produit une élévation des eaux nuisible à la marche d'une usine établie en amont, tombe, suivant les cas, sous l'application de l'art. 15 de la loi de 1791 relative à la police rurale ou de l'art. 457 c. pén. (Crim. cass. 16 févr. 1867, aff. Bonnamy, D. P. 68. 1. 144), suivant qu'il y a eu ou non fixation administrative (Chauveau et Faustin Hélie, t. 6, n° 2654).

190. Lors même qu'il y a eu règlement d'eaux, c'est-à-dire quand la hauteur du déversoir a été fixée par l'autorité administrative, il peut encore y avoir lieu à l'application de la loi de 1791 (*Rép.* n° 336). D'une manière générale, l'art. 457 est inapplicable toutes les fois que l'inondation a une autre cause que l'élévation des eaux au-dessus du déversoir (Chauveau et Faustin Hélie, t. 6, n° 2655). Ainsi l'inondation des propriétés voisines d'une usine causée par la jouissance abusive des eaux, en ce que les vannes du bief n'ont point été levées assez haut, donne lieu, contre le propriétaire, à l'application de l'art. 15 de la loi de 1791, et non à celle de l'art. 457 (Crim. cass. 5 déc. 1844, aff. Capitain, D. P. 45. 1. 67). De même, l'inondation de l'héritage d'autrui résultant, non de l'élévation du déversoir au-dessus de la hauteur fixée par l'autorité, mais de ce que les vannes de déchargement n'ont pas été ouvertes conformément à un acte administratif, constitue, non le délit prévu par l'art. 457 c. pén., mais celui que prévoit l'art. 15, tit. 2, de la loi de 1791 (Crim. cass. 29 mars 1856, aff. Gentil, D. P. 56. 1. 269). Mais l'exhaussement des vannes du déversoir d'un moulin constitue, lorsqu'il en est résulté une inondation pour les propriétés voisines, le délit prévu par l'art. 457 c. pén. (Req. 12 juin 1855, aff. Bonnin, D. P. 55. 1. 422).

191. La responsabilité des propriétaires ou fermiers de moulins ou d'usines disparaîtrait, si le dommage que les eaux causent aux propriétés voisines par leur inondation était le résultat d'un événement de force majeure qu'il n'ont pu empêcher (Crim. cass. 12 juin 1846, aff. Morillon, D. P. 46. 4. 177). Mais la crue ou la hausse inopinée des eaux ne saurait les affranchir de cette responsabilité (Même arrêt).

192. Au reste, de ce que l'inondation des propriétés voisines d'un moulin a coïncidé avec la fermeture des vannes de ce moulin, il ne s'ensuit pas nécessairement que l'usinier soit responsable des dommages causés par l'inondation, s'il est démontré que celle-ci n'a point été la conséquence de cette fermeture, d'ailleurs partielle, des vannes (Crim. rej. 8 juin 1848, aff. Morillon, D. P. 48. 5. 115).

193. Le fait d'inondation spécifié à l'art. 457 ne prend le caractère d'un délit que si son auteur l'a commis avec la *volonté de nuire à autrui* (*Rép.* n° 325). — Cependant on pourrait soutenir, au contraire, que s'il faut, pour l'existence du délit, que son auteur ait *volontairement* accompli le fait incriminé, c'est-à-dire ait élevé ou maintenu élevé au-dessus de la hauteur légale le déversoir de son moulin, de son usine ou de son étang, *en connaissance de cause*, il n'est pas nécessaire qu'il ait agi dans une intention coupable, en vue de nuire à autrui. L'infraction de l'art. 457, dirait-on, est de même nature que celle qui était prévue par l'art. 16 de la loi de 1791, et le législateur de 1810 n'a eu, dans le code pénal, d'autre but que d'étendre l'application de cette dernière disposition, et de renforcer la pénalité en ajoutant à l'amende une peine d'emprisonnement. Or, l'art. 16 de la loi de 1791 n'exigeait pas que l'auteur du délit eût agi dans l'intention de nuire à autrui, et l'art. 15 de la même loi demande seulement que le fait incriminé ait eu lieu volontairement et d'une manière nuisible. D'autre part, l'exposé des motifs relatif à l'art. 457 (*Rép.* n° 2, note 1, § 6) paraît attribuer à l'infraction dont il s'agit le caractère de *délit-contravention*, en le considérant comme un « délit qui se commet en inondant les propriétés d'autrui, faute d'avoir observé les règlements de l'autorité compétente sur la hauteur à laquelle on peut élever le déversoir ». Si enfin il fallait subordonner l'application de l'art. 457 à l'existence d'une intention criminelle de la part du délinquant, cet article serait dépourvu d'utilité pratique. On ne saurait, en effet, rencontrer que fort rarement des propriétaires ou fermiers de moulins, usines ou étangs qui élèveraient leurs déversoirs dans le seul but de causer préjudice à autrui. Il arrive souvent, au contraire, que des possesseurs d'établissements industriels ou d'étangs exhaussent leurs déversoirs pour augmenter le volume d'eau dont ils pourront disposer, et qu'ils causent par imprudence ou négligence l'inondation des propriétés d'autrui ou de chemins publics. Telle est la contravention que le législateur a eu surtout pour but de réprimer. Enfin on pourrait invoquer, dans le même sens, l'art. 6, § 2, de la loi du 10 juin 1854 sur le drainage (V. *suprà*, n° 185) qui, à propos du sujet qui nous occupe, ne parle pas de l'intention de nuire et s'exprime ainsi : « Tout obstacle apporté *volontairement* au libre écoulement des eaux est puni des peines portées par l'art. 457 c. pén. ».

194. En ce qui concerne les peines applicables en cette matière et la compétence, V. *Rép.* n°s 339 et suiv.

Table sommaire

des matières contenues dans le Supplément et le Répertoire.

(Les chiffres précédés de la lettre *S* renvoient au Supplément ; les chiffres précédés de la lettre *R* renvoient au Répertoire.)

Table des articles du code pénal.

(Les chiffres précédés de la lettre *S* renvoient au Supplément; les chiffres précédés de la lettre *R* renvoient au Répertoire.)

Table chronologique des Lois, Arrêts, etc.

1791

25 sept. Loi. 14 c., 17 c., 36 c., 146 c.
28 sept. Loi. 79 c., 134 c., 137 c., 140 c., 141 c., 159 c., 160 c., 171 c., 173 c., 177 c., 181 c., 185 c., 188 c., 189 c., 190 c., 193 c.

An 3

6 mess. Loi. 148 c.

1806

16 janv. Crim. 36 c.

1810

... Code. 14 c., 20 c., 36 c., 38 c., 43 c., 55 c., 58 c., 73 c., 181 c., 198 c.

1811

16 déc. Décr. 137 c.

1827

27 sept. Crim. 36 c., 37 c.

1828

29 févr. Crim. 134 c.

1829

15 avr. Loi. 148 c.

1830

30 nov. Nancy. 180 c.

1832

... Code. 1 c., 14 c., 20 c., 25 c., 36 c., 38 c., 40 c., 43 c., 50 c., 55 c., 56 c., 58 c., 73 c., 77 c.

1839

29 mai. Nancy. 180 c.
14 août. Ch. réun. 22 c.

1840

13 févr. Crim. 20 c.

1841

3 mai. Loi. 104 c.

1842

6 juin. Montpellier. 129 c.

1843

18 févr. Crim. 20 c.

1844

5 déc. Crim. 190 c.

1845

15 juill. Loi. 65 c.

1846

3 janv. Crim. 57 c.
28 mai. Bordeaux. 175 c.
12 juin. Crim. 101 c.
20 août. Crim. 113 c.
17 déc. Crim. 23 c.

1847

18 janv. Ch. réun. 22 c.
22 janv. Crim. 99 c.
24 avr. Crim. 184 c.
20 avr. Crim. 127 c.
15 mai. Crim. 115 c.
7 oct. Crim. 150 c., 159 c.

1848

25 mai. Crim. 23 c.
8 juin. Crim. 191 c.
11 août. Loi 85 c.
3 nov. Crim. 99 c.

1849

5 mai. Crim. 115 c.
14 juin. Crim. 56 c.
7 nov. Gand. 130 c.

1850

8 févr. Crim. 112 c.
13 juin. Crim. 56 c.
2 juill. Loi. 1 c., 13 c., 162 c., 163 c., 164 c., 165 c., 166 c., 167 c., 168 c.
8 juill. Décr. 149 c.
1er août. Pau. 185 c.
17 août. Crim. 120 c.
27 sept. Crim. 125 c.
25 oct. Rennes. 176 c.
14 déc. Crim. 121 c.

1851

9 janv. Limoges. 75 c.
19 avr. Crim. 173 c.
27 déc. Loi. 86 c.

1852

1er juill. Crim. 56 c.

1853

20 janv. Crim. 117 c.
5 févr. Crim. 175 c.
4 mars. Crim. 36 c., 38 c.
7 avr. Crim. 36 c., 38 c.
2 juin. Crim. 115 c.
5 juin. Bruxelles. 130 c.
9 juin. Crim. 61 c.
30 juin. Crim. 38 c.
9 juill. Crim. 164 c.
22 sept. Crim. 22 c.
23 sept. Crim. 118 c.
25 sept. Crim. 109 c.
7 oct. Crim. 180 c.
31 déc. Bourges. 47 c.

1854

17 févr. Crim. 185 c.
18 mars. Crim. 61 c.
8 avr. Crim. 182 c., 188 c.
18 mai. Crim. 22 c.
19 mai. Riom. 96 c.
10 juin. Loi. 1 c., 193 c.
14 juin. Loi. 185 c.
6 juill. Crim. 49 c.
29 déc. Crim. 88 c.

1855

12 juin. Req. 190 c.
8 août. Metz. 38 c.

1856

26 févr. Douai. 130 c.
29 mars. Crim. 190 c.
8 avr. Rouen. 125 c.
5 juin. Crim. 105 c., 172 c.
2 juill. Dijon. 188 c.
18 juill. Crim. 130 c.
31 juill. Crim. 172 c., 175 c.
14 août. Crim. 22 c.
20 nov. Amiens. 130 c.

1857

24 janv. Besançon. 134 c.
2 avr. Crim. 114 c.
22 mai. Crim. 106 c., 172 c.
30 juill. Civ. 43 c.
22 août. Crim. 165 c.
26 août. Orléans. 134 c.

1858

11 févr. Trib. pol. Sancerre. 165 c.
11 mars. Crim. 20 c., 22 c.
19 avr. Douai. 176 c.
4 juin. Code just. mar. 95 c.
8 juill. Aix. 101 c., 105 c.
17 juill. Crim. 80 c.
5 août. Crim. 85 c.
18 août. Crim. 165 c., 166 c.
28 août. Crim. 164 c.

1859

26 janv. Crim. 106 c.
14 mars. Montpellier. 160 c.
10 juin. Crim. 189 c.
23 juin. Crim. 53 c., 81 c.
17 nov. Crim. 165 c.
13 déc. Circ. garde sceaux. 164 c.
29 déc. Crim. 102 c.

1860

12 juill. Nîmes. 136 c.
10 nov. Crim. 166 c.
23 nov. Crim. 164 c.
20 déc. Nîmes. 153 c.
29 déc. Nîmes. 157 c.

1861

16 févr. Limoges. 49.
14 mars. Crim. 153 c., 154 c.
6 mai. Montpellier. 153 c.
13 juin. Crim. 117 c.
19 juill. Crim. 114 c.
20 juill. Crim. 19 c.
21 nov. Crim. cass. 79 c.
22 nov. Crim. 112 c.
28 nov. Crim. 116 c.

1862

5 juin. Crim. 166 c.
15 nov. Crim. 51 c., 52 c.
21 nov. Crim. 101 c.
6 déc. Crim. 188 c.
12 déc. Crim. 172 c., 173 c., 174 c., 179 c., 180 c., 182 c., 183 c., 184 c.

1863

27 mars. Crim. 38 c.
4 avr. Crim. 159 c., 160 c., 163 c.
13 mai. Code pénal. 1 c., 14 c., 15 c., 20 c., 24 c., 25 c., 26 c., 30 c., 31 c., 36 c., 37 c., 39 c., 40 c., 43 c., 44 c., 50 c., 52 c., 65 c., 70 c., 74 c., 75 c., 94 c., 125 c., 126 c.
8 sept. Crim. 43 c., 53 c.

1864

13 févr. Crim. 179 c.
21 avr. Agen. 107 c.
3 juin. Crim. 109 c.
9 juin. Crim. 30 c.
8 juill. Paris. 117 c.
1er oct. Décr. 149 c.
11 nov. Crim. 172 c.
3 déc. Crim. 114 c.

1865

21 janv. Crim. 110 c.
5 mai. Crim. 166 c.
12 août. Crim. 112 c.

1866

13 janv. Crim. 127 c.
16 févr. Trib. pol. Roubaix. 165 c., 167 c.

1867

16 févr. Crim. 189 c.
4 avr. Crim. 101 c.
14 déc. Crim. 132 c.

1868

9 janv. Crim. 172 c.
23 janv. Crim. 33 c.
14 mai. Crim. 164 c., 166 c.
22 mai. Rouen. 134 c.
29 mai. Crim. 150 c.
9 juill. Crim. 46 c.

1869

15 avr. Crim. 21 c., 94 c., 146 c.
6 août. Crim. 33 c., 146 c.

1871

9 mars. Crim. 118 c.
21 avr. Bordeaux. 172 c.
15 juin. Crim. 18 c.
10 nov. Crim. 109 c., 118 c.

1872

5 avr. Crim. 110 c.

1873

23 juin. Décr. 149 c.
8 août. Crim. 22 c.
20 nov. Crim. 118 c.
9 déc. Nancy. 171 c., 173 c.

1874

15 janv. Aix. 150 c., 159 c.
10 juin. Trib. corr. Dinant. 174 c.
1er août. Aix. 134 c., 138 c., 186 c.
28 nov. Trib. Audenarde. 116 c.

1875

2 janv. Crim. 163 c.
23 janv. Bruxelles. 183 c.
30 mars. Toulouse. 153 c.
27 avr. Nancy. 134 c.

1876

30 mars. Toulouse. 153 c.
26 mai. Crim. 112 c.
1er déc. Crim. 166 c.
1er déc. Amiens. 107 c.

1877

7 juill. Amiens. 171 c., 176 c.

1878

17 janv. Chambéry. 116 c., 118 c.
17 mai. Crim. 186 c.
19 juill. Crim. 183.
25 juill. Nîmes. 85 c.

1879

3 janv. Crim. 135 c., 141 c.
7 mai. Dijon. 174.
8 juill. Crim. 174 c.

1880

6 févr. Crim. 116 c.
6 juill. Loi. 87 c., 90 c.

1881

9 avr. Toulouse. 132 c., 136 c.

1882

31 mars. Crim. 88 c.
3 juin. Grenoble. 88 c.
9 juin. Crim. 89 c.
11 nov. Crim. 89 c., 133 c., 136 c.

1883

16 févr. Crim. 89 c.
26 avr. Crim. 89 c.
29 juin. Poitiers. 89 c.
26 oct. Trib. corr. Langres. 92 c.
7 déc. Crim. 89 c.
15 déc. Trib. confl. 89 c.

1884

7 mars. Crim. 171.
14 juin. Crim. 171 c.
27 juin. Circ. 167 c.
11 oct. Agen. 90 c., 92 c.
12 nov. Trib. Châteaudun. 163 c.

1885

5 juin. Crim. 90 c.
10 juin. Nancy. 108 c.

1886

9 janv. Crim. 85 c.
7 sept. Trib. simpl. pol. Paris. 164 c.

1888

22 mars. Crim. 33.

1889

19 janv. Crim. 166 c.

DOMMAGES-INTÉRÊTS. — V. *Obligations; Responsabilité;* — *Rép.* v[is] *Obligations*, n°s 722 et suiv., *Responsabilité*, n°s 230 et suiv., et les différents traités du *Répertoire* et du *Supplément*, où cette matière est traitée partout.

DON MANUEL. — V. *Dispositions entre vifs et testamentaires*, n°s 417 et suiv.; — *Rép.* eod. v°, n°s 1600 et suiv.

V. aussi *suprà*, v° *Contrat de mariage*, n° 405; *infrà*, v[is] *Enregistrement; Succession.*

DON MUTUEL. — V. *Dispositions entre vifs et testamentaires*, n°s 592 et 593; — *Rép.* eod. v°, n°s 632 et suiv.

V. aussi *infrà*, v° *Enregistrement.*

DONATION. — V. *Contrat de mariage*, n°s 402 et suiv.; *Dispositions entre vifs et testamentaires; Enregistrement;* — *Rép.* v[is] *Contrat de mariage*, n°s 1164 et suiv.; *Dispositions entre vifs et testamentaires*, n°s 1290 et suiv.; *Enregistrement*, n°s 3647 et suiv.

DONATION A CAUSE DE MORT. — V. *Dispositions entre vifs et testamentaires*, n° 20; — *Rép.* eod. v°, n°s 87, 1354 et suiv., 1607 et suiv., 1977 et suiv.

DONATION A TITRE ONÉREUX. — V. *Dispositions entre vifs et testamentaires;* — *Rép.* eod. v°, n° 1707.

DONATION DÉGUISÉE. — V. *Dispositions entre vifs et testamentaires*, n°s 153 et suiv., 456 et suiv.; — *Rép.* eod. v°, n°s 433 et suiv., 936 et suiv.

DONATION ENTRE ÉPOUX. — V. *Dispositions entre vifs et testamentaires*, n°s 584 et suiv.; — *Rép.* eod. v°, n°s 2255 et suiv.

DONATION INDIRECTE. — V. *Dispositions entre vifs et testamentaires*, n° 232; — *Rép.* eod. v°, n°s 936 et suiv.

DONATION PAR CONTRAT DE MARIAGE. — V. *Contrat de mariage*, n° 25; *Dispositions entre vifs et testamentaires*, n°s 535 et suiv.; *Enregistrement*; — *Rép.* v^is *Contrat de mariage*, n°s 228 et suiv.; *Dispositions entre vifs et testamentaires*, n°s 1939 et suiv.; *Enregistrement*, n°s 3356 et suiv.

DONATION RÉMUNÉRATOIRE. — V. *Dispositions entre vifs et testamentaires*, n° 351; — *Rép.* eod. v°, n°s 373 et suiv., 1308 et suiv., 3184 et suiv.

DONNER ACTE. — V. *suprà*, v° *Désistement*, n° 42; *infrà*, v^is *Expropriation publique*; *Intervention*; *Jugement*; *Vente*.

DOT. — V. *Contrat de mariage*, n°s 429 et suiv., 601 et suiv., 1139 et suiv.; — *Rép.* eod. v°, n°s 3145 et suiv.

DOUAIRE. — V. *Rép.* v° *Contrat de mariage*, n°s 4280 et suiv.

DOUANES.

Division.

CHAP. 1er. — Histoire économique et tableau de la législation (*Rép.* nos 2 à 31).

1. On a suivi au *Répertoire* l'histoire de notre législation douanière jusqu'à la fin de 1850. Cette législation ne reçut sous la République de 1848 aucune modification importante, et les Assemblées élues par le suffrage universel se montrèrent animées des mêmes tendances économiques que les Chambres de la monarchie constitutionnelle.

Le 30 déc. 1850, l'Assemblée législative fut saisie par M. Sainte-Beuve d'une proposition qui tendait à réaliser le programme des partisans du libre échange. L'auteur de la proposition demandait : 1° la suppression de tout droit protecteur sur les substances alimentaires; 2° la suppression de tout droit sur les matières premières; 3° l'abolition de toutes les prohibitions; 4° la réduction du droit sur les fers après quatre ans à 1 franc par 100 kilog.; 5° l'établissement sur les objets manufacturés de droits fixés au maximum à 10 ou 20 pour 100, selon que la main-d'œuvre serait plus ou moins complète; 6° l'abandon de tout privilège de pavillon et la liberté absolue du commerce colonial. Pour combler le déficit que ces mesures devaient entraîner dans le revenu des douanes, il proposait de supprimer le ministère du commerce, de renoncer au régime du drawback et d'établir un impôt mobilier de 3 pour 100 applicable : 1° aux bénéfices nets du commerce et de l'industrie; 2° aux produits nets des offices ministériels et de toutes autres professions; 3° aux pensions, traitements, salaires publics ou privés; 4° enfin aux dividendes, annuités, intérêts de créances et rentes de toute nature (Amé, *Etudes sur les tarifs de douanes*, t. 1, p. 268). Ces propositions furent très énergiquement combattues par M. Thiers, et l'Assemblée rejeta la prise en considération dans la séance du 28 juin 1851 par 428 voix contre 199.

2. Le gouvernement sorti du coup d'Etat du 2 décembre manifesta, dès son avènement, le désir de développer les échanges internationaux, en modifiant le système restrictif qui avait jusqu'alors prévalu. Un certain nombre de décrets, rendus de 1852 à 1855, abaissèrent les droits sur les houilles, les fontes, les fers, les aciers, les laines, les graines oléagineuses (Décr. 22 nov. 1853, D. P. 54. 4. 11; 10 mai 1854, D. P. 54. 4. 82); des dégrèvements furent accordés en ce qui concernait les bestiaux, les viandes fraîches ou salées, les céréales, les vins, les spiritueux (Décr. 3 août 1853, D. P. 53. 4. 157; 18 août 1853, D. P. 53. 4. 157; 14 sept. 1853, D. P. 53. 4. 216; 1er oct. 1853, D. P. 53. 4. 227; 22 sept. 1854, D. P. 54. 4. 158; 5 oct. 1854, D. P. 54. 4. 159; 30 août

1854, D. P. 54. 4. 142). Les matières premières destinées aux constructions navales furent admises temporairement en franchise, et la prohibition qui atteignait les bâtiments de mer étrangers depuis 1793 fut remplacée par un droit de 10 pour 100 (Décr. 17 oct. 1855, D. P. 55. 4. 101). Ces premières tentatives rencontrèrent dans le Corps législatif une résistance qui se manifesta, notamment, dans la discussion de la loi du 26 juill. 1856 (D. P. 56. 4. 128). Cette résistance détermina le retrait d'un projet de loi préparé par M. Rouher, ministre de l'agriculture, du commerce et des travaux publics, et qui tendait à la levée de toutes les prohibitions encore inscrites dans le tarif des douanes. Une déclaration insérée au *Moniteur* du 16 oct. 1856 fit connaître que le Gouvernement avait retiré ce projet et qu'il ne le reproduirait pas avant 1861 (Amé, *op. cit.*, p. 276).

3. Parmi les décrets qui viennent d'être cités, l'un des plus importants était celui du 18 août 1853 qui, à la suite d'une récolte insuffisante, avait suspendu jusqu'au 31 décembre suivant l'application de l'échelle mobile. Ce décret avait été successivement prorogé jusqu'en 1858, et cette prorogation fut encore une fois prononcée, malgré une récolte favorable et un abaissement notable du prix du blé, par un décret du 30 sept. 1858 (D. P. 58. 4. 155). Cette nouvelle prorogation impliquait la résolution de modifier la législation sur les céréales. Le Gouvernement chargea le conseil d'Etat de préparer un projet de loi sur la matière, et fit procéder à une enquête par deux comités du conseil; à la suite de cette enquête, le rapporteur, M. Cornudet, conclut que la faculté d'exporter sans entraves, combinée avec de grandes facilités d'importation, était la meilleure protection et la seule vraiment utile pour l'agriculture française (Amé, *op. cit.*, p. 284). Un projet rédigé dans cet esprit allait être soumis au Corps législatif, lorsqu'éclata la guerre d'Italie. Ces complications extérieures ne permettaient pas de poursuivre la réalisation des réformes économiques annoncées: un décret du 7 mai 1859 (D. P. 59. 4. 30) abrogea, en conséquence, celui du 30 septembre précédent et remit en vigueur le régime de l'échelle mobile; en même temps, M. Rouher informait la chambre de commerce de Lille que le Gouvernement ajournait l'enquête ouverte sur le retrait des prohibitions douanières et, par cela même, la solution de cette question.

4. Après le rétablissement de la paix, le Gouvernement impérial reprit sous une forme nouvelle ses projets antérieurs et demanda à une convention internationale la solution du problème que l'opposition du Corps législatif ne lui avait pas permis de résoudre. La constitution de 1852 reconnaissait, en effet, à l'empereur le droit de conclure des traités de commerce et donnait force de loi à ces traités pour les modifications de tarifs qui y étaient stipulées.

A la suite d'ouvertures officieuses de Richard Cobden, qui avait offert à M. Gladstone, alors chancelier de l'Echiquier, de pressentir les intentions de l'empereur, des négociations officielles s'engagèrent entre les deux gouvernements dans le secret le plus absolu, et aboutirent à la conclusion du traité du 23 janv. 1860 (D. P. 60. 4. 20) qui fut complété par un article additionnel du 25 du même mois (D. P. 60. 4. 22). Un rapport adressé à l'empereur par M. Rouher, ministre de l'agriculture, du commerce et des travaux publics et par M. Baroche, président du conseil d'Etat, chargé par intérim du ministère des affaires étrangères, exposait les faits qui avaient précédé cette importante convention et les considérations qui paraissaient la justifier. L'extinction en 1860 de certaines annuités de la dette anglaise s'élevant à 53650000 fr. avait rendu possibles de fortes réductions sur certains articles du tarif britannique; elles portaient principalement sur les articles de Paris, les tissus de soie de toute nature, les vins, les eaux-de-vie, etc. Quant aux modifications apportées au tarif français, elles pouvaient se résumer ainsi: 1° levée des prohibitions 2° remplacement de ces prohibitions par des droits qui ne pourraient excéder en aucun cas 30 pour 100 de la valeur pendant la première période du traité et 25 pour 100 pendant la seconde qui devait commencer le 1er oct. 1864; 3° remaniement des tarifs grevant certains articles non prohibés et dont la plupart n'atteignaient pas la limite *maxima* ci-dessus indiquée; 4° diminution des droits sur la houille et le coke; 5° réduction des droits sur les fontes, les fers et les aciers.

5. Quoique la convention du 23 janv. 1860 ne dût pas être soumise aux Chambres, les plaintes des défenseurs du régime protectionniste se firent entendre avec une grande énergie dans la discussion du projet sur le tarif des laines, des cotons, et autres matières premières qui devint la loi du 5 mai 1860 (D. P. 60. 4. 38). Le rapporteur du projet, M. Pouyer-Quertier, se fit devant le Corps législatif l'organe de ces griefs que porta également devant le Sénat M. Dumas à l'occasion d'une pétition signée par un certain nombre d'industriels considérables.

Le Gouvernement ne se laissa pas écarter par ces attaques de la voie dans laquelle il s'était engagé. Le traité du 23 janv. 1860 n'avait fait que poser les bases du tarif; une enquête approfondie fut ouverte devant le conseil supérieur de l'agriculture, du commerce et de l'industrie sur les questions techniques relatives à chaque fabrication, et, à la suite de cette solennelle instruction, les négociateurs des deux pays se livrèrent à l'examen et à la fixation des chiffres du tarif. Une convention complémentaire fut, en conséquence, conclue le 12 oct. 1860 (D. P. 60. 4. 154) à l'effet de déterminer les droits spécifiques ou *ad valorem* qui devraient grever à leur importation en France les marchandises d'origine ou de manufacture britannique énumérées dans le traité du 23 janv. 1860.

6. Le traité de 1860 n'avait pas seulement pour but d'ouvrir le marché anglais à un nombre considérable de produits français; il devait également, dans la pensée des auteurs, réagir sur les autres pays étrangers qui avaient répondu par des représailles à notre régime prohibitif. Ces prévisions ne tardèrent pas à se réaliser. Dès le 1er mai 1861 (D. P. 61. 4. 63), un traité conclu avec la Belgique étendit aux marchandises d'origine belge le bénéfice du tarif arrêté pour les marchandises de provenance anglaise et consacra d'importants abaissements de droits accordés par la Belgique à plusieurs produits français. Le gouvernement français conclut successivement dans le même esprit un traité du 2 août 1862 avec le *Zollverein* (D. P. 65. 4. 30), un traité du 17 janv. 1863 avec l'Italie (D. P. 64. 4. 18), un traité du 30 juin 1864 avec la Suisse (D. P. 64. 4. 125), un traité du 14 févr. 1865 avec la Suède et la Norwège (D. P. 65. 4. 17), un traité du 4 mars 1865 avec les villes hanséatiques (D. P. 65. 4. 32); un traité du 7 juill. 1865 avec les Pays-Bas (D. P. 65. 4. 127), un traité du 18 juin 1865 avec l'Espagne (D. P. 65. 4. 126), un traité du 11 juill. 1866 avec le Portugal (D. P. 67. 4. 127), un traité du 11 déc. 1866 avec l'Autriche (D. P. 67. 4. 9).

7. L'abrogation du système prohibitif devait entraîner un remaniement du régime général des douanes. Ce fut l'objet de plusieurs lois successives. La loi du 5 mai 1860 (V. *suprà*, n° 5) exonéra des droits un certain nombre de matières premières, notamment les cotons, les laines, les produits tinctoriaux en même temps qu'elle réduisait les surtaxes de provenance ou de pavillon, soit à l'égard de ces mêmes produits, soit pour d'autres marchandises que nous fournissaient surtout les contrées de la mer des Indes. La loi du 16 mai 1863 (D. P. 63. 4. 63) homologua plusieurs décrets antérieurs relatifs aux bestiaux, aux vins, aux alcools, aux huiles et à quelques autres produits du sol. Elle substitua, en outre, au système des réductions des droits la franchise absolue pour un grand nombre d'objets nécessaires à l'industrie, tels que le chanvre, le lin, les peaux, etc. La franchise fut également généralisée pour les laines de toutes sortes importées directement des lieux d'origine, sous pavillon français ou assimilées, ou arrivées par terre. Enfin elle fut étendue aux graisses, aux graines oléagineuses, à un grand nombre de matériaux de construction, etc. (Amé, *op. cit.*, p. 43 et suiv.).

8. La loi du 4 juin 1864 (D. P. 64. 4. 78) étendit aux cotons de toute origine importés directement par navires français ou assimilés la franchise antérieurement concédée pour les cotons de l'Inde venus des pays de production ou des entrepôts de la Grande-Bretagne; elle généralisa le tarif conventionnel à l'égard du cuivre laminé, et abaissa les droits qui pesaient sur les huiles de pétrole assimilées jusque-là aux essences de houilles.

9. Deux lois du 1er mai 1867 (D. P. 67. 4. 57) modifièrent le régime spécial appliqué par les anciens tarifs aux principaux produits de l'Inde, et substituèrent un droit de 5 fr. à la taxe de 10 fr., établie depuis 1860 sur tous les poissons de mer frais provenant des pays liés avec la France par des traités. Enfin le régime commercial et maritime de l'Algérie fut reconstitué sur des bases nouvelles par la loi du 17 juill. 1867 (D. P. 67. 4. 87).

10. La législation sur les céréales fut modifiée par la loi du 15 juin 1861 (D. P. 61. 4. 75), conformément aux conclusions du rapport précédemment cité de M. Cornudet (V. *suprà*, n° 3). Cette loi supprima l'échelle mobile et substitua à ce système un tarif d'entrée très modéré combiné avec une entière franchise d'exportation. Cette réforme donna lieu quelque temps après, et à la suite d'une baisse très sensible du prix du blé, à de vives réclamations formulées au nom des intérêts agricoles. Une enquête nouvelle, provoquée par ces plaintes et ouverte en 1866, fut favorable au maintien de la loi de 1861. Dans le cours de cette enquête, le rétablissement de l'échelle mobile ne fut réclamée que par un petit nombre de déposants. Mais d'autres beaucoup plus nombreux demandèrent l'élévation du droit fixe d'entrée, soit pour revenir à l'application du régime protecteur, soit tout au moins à titre de compensation pour les charges supportées par les agriculteurs français.

11. Nous avons indiqué au *Rép.* v° *Sucres*, n°s 1 à 11, les transformations successives qu'a subies jusqu'en 1852 la législation sur les sucres. Les réformes économiques de 1860 devaient entraîner la refonte de cette législation, qui touche à des intérêts multiples et complexes. La loi du 23 mai 1860 (D. P. 60. 4. 52) maintint aux colonies les avantages de la détaxe et du drawback que leur assurait la législation antérieure : elle attribua à la sucrerie indigène le privilège de l'abonnement combiné avec un droit modéré, et à la marine et à la raffinerie des primes élevées, en même temps que pour favoriser la consommation, elle abaissait l'impôt de près de 50 p. 100. — Mais, dès le mois d'août 1860, le Gouvernement s'émut de voir trois mois après le vote de la loi le prix du sucre raffiné se maintenir au même taux, de telle sorte que la spéculation était seule à profiter des sacrifices du Trésor, et il crut devoir remédier à cet état de choses en modifiant plusieurs dispositions de cette loi. Un décret du 16 janv. 1861 (D. P. 61. 4. 28) supprima la surtaxe de 3 fr. 60 qui frappait les sucres étrangers importés des pays hors d'Europe par navires français : les décrets des 24 juin et 20 oct. 1861 (D. P. 61. 4. 110 et 125) diminuèrent dans des proportions considérables les surtaxes de pavillon et d'entrepôt et admirent au bénéfice du drawback les sucres étrangers importés par navires étrangers. Enfin l'impôt fixé par la loi du 23 mai 1860 fut relevé par la loi de finances du 2 juill. 1862 (art. 15, D. P. 62. 4. 66).

12. Cet ensemble de mesures, qui détruisait toute l'économie de la loi de 1860, ne donna satisfaction ni aux intérêts du Trésor, ni à ceux de la sucrerie indigène, et une enquête spéciale sur les sucres fut ouverte par le ministre du commerce. C'est à la suite de cette enquête que fut présentée et votée la loi du 7 mai 1864 (D. P. 64. 4. 43), dont le rapporteur M. Gressier résumait en ces termes les principales dispositions : « Égalité des sucres de toute origine devant l'impôt comme devant l'exportation et, par suite, concurrence de tous les sucres bruts sur le marché français ; adoption de deux taxes correspondant à deux séries de types, afin de mieux harmoniser l'impôt avec la richesse imposable ; adoption de trois classifications de rendement au raffinage dans l'intérêt combiné de l'exportation et du Trésor ; suppression de l'abonnement, suppression du payement immédiat des droits sur les sucres bruts et création d'un nouveau système de drawback par l'admission en franchise de ces sucres chez le raffineur ; détaxe coloniale élevée à un taux plus favorable aux colonies ; protection de la marine marchande moyennant une légère surtaxe de pavillon ; intérêts des ports et du commerce extérieur ménagés par le calcul des rendements déterminés de façon à favoriser nos importations comme nos exportations ».

La loi modifiait le projet du Gouvernement sur deux points, conformément aux conclusions de la commission ; elle portait la détaxe coloniale de 3 fr. 50 à 5 fr., jusqu'au 1er juill. 1870, et elle retenait la surtaxe de pavillon tout entière à l'exportation des raffinés provenant de sucres arrivés à bord de navires étrangers ; mais cette dernière disposition fut abrogée, dès l'année suivante, par la loi sur la marine marchande qui supprima les surtaxes de pavillon à partir du 12 juin 1869 (V. *infrà*, n° 13).

Une convention internationale, conclue pour dix ans, le 8 nov. 1864 (D. P. 65. 4. 99), entre la France, la Belgique, la Grande-Bretagne et les Pays-Bas, remania l'échelle des types applicables à l'exportation, et fit disparaître tout droit différentiel à l'importation par terre des sucres de betteraves originaires des États contractants (Amé, *op. cit.*, t. 2, p. 142).

13. La loi du 19 mai 1866 sur la marine marchande (D. P. 66. 4. 52) contenait deux ordres de dispositions : les unes avaient pour objet de supprimer les droits de douane qui rendaient la construction et l'acquisition des navires plus onéreuses en France qu'à l'étranger ; les autres déterminaient les délais et les conditions dans lesquels devait s'accomplir la suppression des droits et surtaxes qui étaient la conséquence du régime économique antérieur. Elle décida que les navires construits à l'étranger seraient admis en franchise de droits de douane, et qu'en compensation la même exemption serait accordée aux constructeurs français, non seulement pour les matières premières, mais pour les produits fabriqués nécessaires à la construction, à l'armement ou à l'entretien des bâtiments de mer. — La protection accordée aux armateurs français par le régime précédent affectait trois formes différentes : le droit de tonnage, qui était un droit d'abri pour les navires reçus dans les ports français et qui avait un caractère à la fois fiscal et protecteur ; la surtaxe de pavillon établie par les lois du 17 déc. 1814 et du 28 avr. 1816 (*Rép.* v° *Douanes*, p. 577 et 581), sur toutes les marchandises importées en France par navires étrangers; enfin la surtaxe d'entrepôt, dont l'origine remontait aux anciens édits sur le commerce du Levant, mais que les lois précitées de 1814 et 1816 avaient généralisée et qui avait pour but de favoriser la navigation lointaine en grevant les marchandises provenant des entrepôts d'Europe. Il est à remarquer, toutefois, que les effets de ces deux sortes de surtaxes avaient été considérablement atténués par les traités de réciprocité conclus depuis 1822 entre les différentes nations. La loi de 1866 supprima les droits de tonnage à partir du 1er janv. 1867 ; elle abolit les surtaxes de pavillon dans un délai de trois ans à partir de sa promulgation. Quant aux surtaxes d'entrepôt qui, d'après le projet, devaient disparaître après une période de six ans, elles furent maintenues par le Corps législatif.

14. Parmi les questions qui se rattachent au régime douanier et qui donnaient lieu, dans les dernières années de l'Empire, aux plus vives discussions, il convient de mentionner les questions relatives aux *admissions temporaires*, spécialement en matière de métaux et de tissus. Le régime des admissions temporaires, dit M. Amé, a pour but d'exonérer l'exportation de la cherté de certaines matières en plaçant les industriels, pour l'achat de leur produits bruts, dans la situation où ils se trouveraient si les lignes de douanes n'existaient pas (*op. cit.*, t. 2, p. 191). L'importation en franchise de métaux bruts à charge de réexportation après emploi, autorisée par le décret du 15 févr. 1862 (D. P. 62. 4. 21), avait pris une très grande extension, et n'aurait donné lieu sans doute à aucune réclamation, si l'on avait pratiqué le système de l'*identique*, dans lequel c'est le métal importé qui doit être exporté après main-d'œuvre. Mais le régime qui avait prévalu était celui de l'*équivalent*, d'après lequel le métal venu de l'étranger restait définitivement sur notre marché et se trouvait compensé par la sortie d'une égale quantité de métal français (Amé, *op. cit.*, p. 192). Il en résultait que les métaux étrangers importés, pour la plus grande partie, par la région du nord restaient dans cette zone, tandis que nos exportations s'alimentaient le plus souvent de métaux provenant des usines du centre et du midi. L'opposition d'intérêts créée par cette situation avait donné lieu à de nombreuses plaintes : une enquête avait été ouverte devant le comité consultatif des arts et manufactures, et, dans une discussion engagée devant le Sénat, le procureur général à la cour de cassation, M. Delangle, avait formellement contesté la légalité de la substitution du système de l'*équivalent* à celui de l'*identique*.

15. Le ministère du 2 janv. 1870 jugea une réforme indispensable, et un décret du 9 janv. 1870 (D. P. 70. 4. 18) décida que les fers et autres métaux énumérés dans le décret du 15 févr. 1862 devraient être transportés dans les usines appelées à les mettre en œuvre pour l'exportation, et que le comité consultatif serait chargé d'examiner chaque demande de crédit pour s'assurer de la corrélation des matières à importer avec les produits à exporter.

Un second décret en date du même jour (D. P. 70. 4. 18) portait que l'admission temporaire des tissus de cotons destinés à être imprimés pour l'exportation, autorisée pour la première fois par le décret du 13 févr. 1861 (D. P. 61. 4. 35), serait interdite à partir du 9 mai 1870. Le Gouvernement annonçait, d'ailleurs, l'intention de présenter un projet de loi général sur les admissions temporaires. Mais les événements de 1870 ne permirent pas de réaliser cette promesse.

16. Quelque opinion que l'on adopte sur la transformation du régime économique de la France dont le traité du 23 mai 1860 avait été le point de départ, on ne saurait méconnaître les inconvénients et les périls du système politique qui faisait dépendre de la seule volonté du pouvoir exécutif une transformation de cette nature. Aussi l'opinion publique accueillit-elle favorablement la disposition du sénatus-consulte du 8 sept. 1869 (D. P. 69. 4. 60), presque textuellement reproduite dans celui du 21 mai 1870, portant revision de la constitution (D. P. 70. 4. 31), aux termes de laquelle les modifications apportées à l'avenir à des tarifs de douanes ou de postes par des traités internationaux ne devaient plus être obligatoires qu'en vertu d'une loi.

17. Le besoin de reconstituer la fortune publique et de créer au Trésor des ressources nouvelles au sortir de la guerre de 1870 fit entrer dans une phase nouvelle la législation douanière de la France. Ce changement répondait d'ailleurs aux tendances protectionnistes bien connues de M. Thiers et de son premier ministre des finances, M. Pouyer-Quertier. Toutefois, les premières propositions budgétaires soumises par le Gouvernement à l'Assemblée nationale semblaient beaucoup moins inspirées par des préoccupations de cet ordre que par le sentiment des nécessités fiscales. « Parmi les impôts qu'il nous faut relever, disait très justement le rapporteur de la commission du budget, M. Ancel, ceux dont la perception est la plus facile, ce sont les impôts de douanes. Ainsi l'ont compris les États-Unis, et c'est surtout à l'impôt des douanes que ce grand pays a fait appel, lorsque des malheurs exceptionnels eurent atteint gravement ses finances et sa prospérité ». Ce fut dans cet esprit, et sans aucune opposition, que l'Assemblée vota la loi du 8 juill. 1871 (D. P. 71. 4. 77), qui élevait les droits sur les sucres, les cafés, les cacaos, les poivres, les thés, les vins, les huiles minérales.

18. Parmi les propositions budgétaires qui donnèrent lieu à de plus sérieux débats, quelques-unes se rapportaient au régime de la marine marchande. Le Gouvernement proposait d'imposer aux navires de tous pavillons venant de l'étranger ou des colonies dans un port de France le payement d'une taxe pour frais de quai, en réservant au chef du pouvoir exécutif le droit de déterminer les marchandises auxquelles devraient être appliquées des surtaxes d'entrepôt et de pavillon, ainsi que la quotité de ces surtaxes. La commission pensa que ces surtaxes ne pourraient être fixées que par une loi, et elle prépara, d'accord avec le Gouvernement, un projet qui devint la loi du 30 janv. 1872 (D. P. 72. 4. 25). Cette loi imposa à la navigation marchande, en modérant leur quotité, les droits de tonnage et les surtaxes de pavillon qu'elle acquittait avant la loi du 19 mai 1866, et rétablit des droits de 8 à 10 p. 100 pour la francisation des navires de construction étrangère. Le rapporteur, M. Ancel, n'hésitait pas à déclarer que ces mesures n'avaient pas seulement pour but d'assurer à l'Etat un revenu réel et légitime, mais qu'elles tendaient à apporter à la marine marchande française « un encouragement » et une force que sa situation réclamait impérieusement », et « à arrêter la décadence fatale dont une législation imprudente avait frappé deux des industries vitales du pays ».

19. Dans le projet de loi sur le budget rectifié de 1871, le Gouvernement avait proposé l'établissement d'un impôt sur les matières premières. L'accord n'ayant pu s'établir entre le Gouvernement et l'Assemblée nationale, l'examen de ces taxes fut réservé (D. P. 71. 4. 90, note, n° 2) et, le 10 janv. 1872, le Gouvernement présenta un nouveau projet. Malgré l'énergie avec laquelle M. Thiers défendit ce projet, l'Assemblée vota, le 19 janvier, sur la proposition de M. Feray, la résolution suivante : « L'Assemblée nationale, réservant le principe d'un impôt sur les matières premières, décide qu'une commission de quinze membres examinera les tarifs proposés et les questions soulevées par cet impôt, auquel elle n'aura recours qu'en cas d'impossibilité d'aligner autrement le budget ». A la suite du vote de cette résolution, M. Thiers adressa sa démission des fonctions de président de la République ; il consentit toutefois à la retirer après le vote d'un ordre du jour qui faisait appel à son patriotisme et l'assurait du concours de l'Assemblée, et il se borna, après avoir modifié sur quelques points les dispositions primitives du projet, à hâter de tous ses efforts les travaux de la commission auquel ce projet avait été renvoyé. Le Gouvernement avait évalué à 165 millions le produit de l'impôt sur les matières premières, établi dans ces nouvelles conditions; il reconnut toutefois dans la discussion que ce produit ne dépasserait pas 93 millions, dont 42 millions à percevoir lors de la promulgation de la loi, 18 millions recouvrables à l'expiration de nos traités avec la Grande-Bretagne et la Belgique, 33 millions en suspens jusqu'au terme de nos autres conventions ou jusqu'à l'issue favorable des négociations qui allaient être ouvertes pour en obtenir la modification (Amé, *op. cit.*, t. 2, p. 295). Cette division souleva de vives objections. Pour donner satisfaction à ces critiques, M. Pouyer-Quertier qui avait depuis quelque temps quitté le ministère des finances, proposa et fit adopter un amendement portant qu'aucun droit ne pourrait être perçu sur les matières premières utiles à l'industrie avant que des droits compensateurs équivalents eussent été établis sur les produits étrangers fabriqués avec des matières similaires; ce fut avec cette disposition, qui lui enlevait toute valeur fiscale immédiate, que fut votée la loi du 26 juill. 1872 (D. P. 72. 4. 125).

20. Dans cet intervalle, le gouvernement français avait dénoncé les traités du 23 janv. 1860 avec la Grande-Bretagne et du 1er mai 1861 avec la Belgique. Ces traités devaient cesser d'être appliqués dans un délai de douze mois à partir de la dénonciation, si aucune disposition contraire n'intervenait avant l'expiration de ce délai. Des négociations furent activement poursuivies en vue de la conclusion de conventions nouvelles, et deux traités, qui avaient pour base l'application plus ou moins complète de la loi du 26 juill. 1872, furent conclus avec l'Angleterre le 5 nov. 1872, et avec la Belgique le 5 février suivant. Ces traités avaient été soumis à l'Assemblée nationale et avaient rencontré dans les bureaux une assez vive opposition, lorsque M. Thiers fut renversé par le vote du 24 mai 1873.

21. Le gouvernement du maréchal de Mac-Mahon inaugura une nouvelle politique économique. Une loi du 25 juill. 1873 (D. P. 73. 4. 93) abrogea celle du 26 juill. 1872 sur les matières premières, et l'Assemblée nationale ratifia deux nouvelles conventions signées le 23 juill. 1873 avec la Grande-Bretagne et la Belgique (D. P. 73. 4. 93-94), qui remettaient en vigueur jusqu'en 1877 les traités du 23 janv. 1860 et du 1er mai 1861. Une loi du 28 juill. 1873 (D. P. 74. 4. 7) abrogea également la loi du 30 janv. 1872 concernant la surtaxe de pavillon. L'art. 2 de cette loi portait que le Gouvernement ferait étudier, par une commission nommée par lui, les moyens les plus efficaces de venir en aide à la marine marchande et d'assurer sa prospérité.

22. Le 5 avr. 1875, le ministre de l'agriculture et du commerce consulta les chambres de commerce sur la question douanière, et le conseil supérieur du commerce, de l'agriculture et de l'industrie commença l'élaboration d'un nouveau tarif général des douanes. Le premier projet qui sortit de cette étude portait suppression du double décime et du droit additionnel de 4 pour 100 dont le tarif général alors en vigueur était passible. Mais ce projet, déposé en février 1877, fut remplacé en janvier 1878 par un nouveau projet qui maintenait la majoration dont il vient d'être question. Pour justifier cette modification, le ministre, M. Teisserenc de Bort, faisait observer qu'en présence d'une crise économique intense et prolongée, et au moment où tous les traités de commerce arrivaient à échéance, la France n'aurait pu sans imprudence désarmer ses négociateurs en accordant spontanément le bénéfice du tarif conventionnel aux nations qui ne la payeraient pas de réciprocité, qui feraient leur marché moins accessible aux produits de ses manufactures et de son agriculture, qui rendraient, par leurs exigences, la conclusion de conventions commerciales impossible (D. P. 82. 4. 19, note). Le tarif général proposé par le Gouvernement fut approuvé par la loi du 7 mai 1881 (D. P. 82. 4. 18), modifiée depuis, en ce qui concerne quelques articles du tarif, par la loi du 5 avr. 1884 (D. P. 84. 4. 96).

23. Immédiatement après la promulgation du nouveau tarif général des douanes, le gouvernement français devait, aux termes de la loi du 4 août 1879 (D. P. 80. 4. 31), dénoncer les traités de commerce existant entre la France et les puissances européennes. Cette dénonciation ayant eu lieu le 8 mai 1881, les traités devaient prendre fin le 8 novembre suivant. Des négociations s'ouvrirent, en conséquence, avec les anciennes puissances contractantes, et des traités qui apportèrent de notables modifications au tarif approuvé par la loi du 7 mai 1881 furent conclus avec la Belgique (31 oct. 1881, D. P. 83. 4. 31), l'Italie (3 nov. 1881, D. P. 83. 4. 29), l'Espagne (6 févr. 1882, D. P. 83. 4. 34), le Portugal (19 déc. 1881, D. P. 83. 4. 38), la Suisse (23 févr. 1882, D. P. 83. 4. 35), l'Autriche-Hongrie (7 nov. 1881, D. P. 83. 4. 38), les royaumes unis de Suède et de Norwège (30 déc. 1881, D. P. 83. 4. 35), les Pays-Bas (19 avr. 1884, D. P. 86. 4. 43). Mais l'entente ne put s'établir entre la France et l'Angleterre, et le gouvernement français se trouva placé dans l'alternative d'accepter un traité qu'il jugeait contraire aux intérêts nationaux ou d'appliquer le tarif général à partir du 1er mars 1882 aux marchandises anglaises à leur entrée sur le territoire français, et d'amoindrir par là d'une manière regrettable les échanges internationaux. Pour remédier aux difficultés de cette situation, une loi du 27 févr. 1882 (D. P. 82. 4. 109) concéda directement à l'Angleterre la faveur du traitement de la nation la plus favorisée. Il demeurait, d'ailleurs, entendu, ainsi que l'exposait le rapporteur de la loi au Sénat, M. Teisserenc de Bort, que cette concession était subordonnée au maintien des tarifs alors en vigueur en Angleterre, et que la France restait maîtresse de ses tarifs pour le cas, d'ailleurs peu probable, où le gouvernement britannique aggraverait le régime douanier auquel étaient soumis les produits français à leur entrée en Angleterre.

24. Le lendemain de la promulgation de cette loi (28 févr. 1882), fut signée entre la France et la Grande-Bretagne une convention (D. P. 83. 4. 34), dont l'art. 1er portait que « les tarifs de douanes pour les marchandises ou produits manufacturés de France et d'Algérie à leur importation dans le Royaume-Uni, et pour les marchandises ou produits manufacturés du Royaume-Uni à leur importation en France et en Algérie devant demeurer réglés par la législation intérieure de chacun des deux Etats, les hautes parties contractantes se garantissaient réciproquement en France, ainsi qu'en Algérie et dans le Royaume-Uni, le traitement de la nation la plus favorisée en toute autre matière ». — Aux termes de l'art. 4, les marchandises de toute nature originaires de France ou d'Algérie et importées dans le Royaume-Uni ne pouvaient être assujetties à des droits d'accise, de consommation intérieure ou d'octroi autres ou plus élevés que ceux qui grevaient ou grèveraient les marchandises similaires d'origine britannique. De même, les marchandises de toute nature, originaires du Royaume-Uni, importées en France ou en Algérie, ne pouvaient être assujetties à des droits d'accise, de consommation intérieure ou d'octroi autres ou plus élevés que ceux qui grèvent ou grèveraient les marchandises similaires d'origine française.

Cette convention devait entrer en vigueur le 16 mai 1882, et rester exécutoire jusqu'au 1er févr. 1892.

25. A l'occasion de la ratification des différents traités de commerce qui ont été mentionnés *suprà*, n° 23, un des membres de la commission du Sénat souleva la question de savoir s'il n'y avait pas lieu de préférer au régime des traités de commerce la confection d'un tarif réduit dont le bénéfice pourrait être accordé par une loi aux nations qui accorderaient un traitement favorable aux produits français. L'auteur de la motion soutenait que la méthode qui consistait à composer le tarif conventionnel de la France par une série de réductions du tarif général accordées isolément, sans vue d'ensemble, aux puissances avec lesquelles on traite et reliées par la clause qui assurait à tous les Etats avec lesquels un traité avait été conclu le bénéfice des réductions consenties au profit des autres Etats, était absolument défectueuse. Elle modifiait incessamment les termes des concessions réciproques que l'on s'était mutuellement faites, et détruisait la symétrie qu'on avait cherché à établir en proportionnant dans le tarif général l'échelle des droits aux besoins de chaque industrie. Elle aboutissait souvent à faire du sacrifice d'un genre de production la rançon d'un autre d'une nature toute différente; enfin elle enlevait en réalité aux tarifs cette fixité et cette permanence qu'on préconisait comme l'avantage principal du régime des traités.

Le rapporteur, M. Teisserenc de Bort, répondit à ces critiques, en faisant observer que l'immense majorité des chambres de commerce et des chambres consultatives (62 sur 76) s'étaient énergiquement prononcées en faveur du régime des traités; que cette appréciation avait été confirmée par le conseil supérieur de l'agriculture, du commerce et de l'industrie, et que la Chambre des députés, devant laquelle avait été soulevée la question, s'était prononcée dans le même sens. « Le régime des traités, dit-il, est le seul système qui permette à un gouvernement de regarder dans les affaires de ses voisins, d'influer sur l'organisation commerciale des pays qui l'entourent, le seul qui lui donne le droit d'examiner, de discuter les arrangements intérieurs de ses concurrents, d'obliger ceux-ci à raisonner, à motiver leurs prétentions; de rechercher avec eux, dans un esprit mutuel de bon vouloir, les concessions réciproques qui doivent assurer à leurs nationaux respectifs la plus grande somme de satisfaction possible... Les traités, ajoutait-il, ont seuls aussi le pouvoir de créer un état stable, d'assurer pour une période plus ou moins longue, au gré des contractants, la possession des réductions de tarif obtenues par les négociations. »

26. L'art. 18 du traité de commerce du 3 nov. 1881 avec l'Italie portait que ce traité resterait exécutoire jusqu'au 1er févr. 1892, mais que, toutefois, chacune des parties contractantes se réservait la faculté d'en faire cesser les effets le 1er janv. 1888 en le dénonçant douze mois à l'avance. Cette dénonciation ayant eu lieu, et l'accord n'ayant pu s'établir pour la conclusion d'un nouveau traité, une loi du 26 déc. 1887 (D. P. 88. 4. 13) autorisa le Gouvernement à appliquer aux produits italiens à leur entrée en France, à partir du 1er janv. 1888, le tarif général avec une majoration pouvant s'élever jusqu'à cent pour cent du droit, et, dans le cas où les droits du tarif général français ainsi majorés resteraient inférieurs aux droits du tarif italien, à frapper les produits d'origine italienne d'un droit de douane égal à celui dont seraient frappés les produits similaires d'origine française à leur entrée en Italie. Quant aux articles que notre tarif général déclarait exempts, le gouvernement français était autorisé à les frapper de droits pouvant s'élever à 50 pour 100 de leur valeur.

Les négociations ouvertes pour la conclusion d'un nouveau traité de commerce entre la France et l'Italie n'ont pu aboutir et la loi du 26 déc. 1887 n'a pas cessé d'être en vigueur.

27. Les relations commerciales entre la France et l'Allemagne ont été réglées par l'art. 11 du traité de Francfort, qui assure à chacune des deux nations le régime du traitement réciproque sur le pied de la nation la plus favorisée (D. P. 71. 4. 25). Cette convention remplace le traité de commerce que la guerre avait rompu avec la Prusse et le *Zollverein*, et qui devait expirer en 1877. Le Gouvernement avait proposé, en 1871, le renouvellement de ce traité pour dix ans ; mais, ainsi que le constate le rapport présenté à l'Assemblée nationale par M. de Meaux, « les plénipotentiaires français ont voulu sauvegarder pour l'avenir, sinon la faculté de conclure à notre gré des conventions douanières, du moins celle d'établir chez nous des tarifs ».

L'un des auteurs du traité de Francfort, M. Pouyer-Quertier, s'est attaché à justifier en 1884, dans une séance de la société des agriculteurs de France, la part qu'il a prise à ces stipulations, tout en constatant les conséquences funestes qui en seraient résultées suivant lui pour notre industrie. « En 1871, a-t-il dit, la sagesse nous commandait de souscrire à de tels accords. Nous devions en profiter, non en souffrir; car, en l'état, notre exportation dépassait de 150 millions notre importation. Seulement, a-t-il ajouté, il fallait se garder de consentir à aucune puissance de nouvelles concessions dont l'Allemagne, le cas échéant, ne manquerait pas de revendiquer le bénéfice. C'est cette réserve nécessaire que l'on n'a pas su garder; telle est la faute irrémédiable qui a été commise» (*Journal des économistes*, décembre 1888, p. 338).

28. Les défenseurs des traités de commerce conclus depuis 1871 ont répondu à ces critiques en cherchant à établir que les adoucissements apportés par ces traités au tarif général ont été presque insignifiants, et que les concessions dont l'Allemagne a profité sont loin d'avoir l'importance qu'on leur attribue. Ils ont soutenu que l'exhaussement des droits en Allemagne n'avait exercé qu'une médiocre influence sur les exportations du commerce spécial de France en Allemagne, et que, si l'on considère, d'autre part, les importations du commerce spécial d'Allemagne en France, l'application aux produits allemands des tarifs accordés par la France à la Belgique et à la Suisse n'a nullement amené une invasion des marchandises allemandes (*Journal des économistes, loc. cit.*, p. 339).

29. Le régime conventionnel auquel, ainsi qu'on l'a vu *suprà*, n° 12, était soumise l'industrie des sucres en vertu du traité du 8 nov. 1864 avait pris fin en 1874, et un nouvel arrangement, préparé en 1873 entre les parties contractantes, n'avait pu aboutir par suite de l'opposition des Etats généraux des Pays Bas (D. P. 76. 4. 60, note 1. V. *Journal des économistes*, juin 1888, p. 379 et suiv.). Nous exposerons *infrà*, v° *Sucre*, les nombreuses dispositions législatives qui ont successivement réglé le régime de cette importante industrie. Nous nous bornerons à rappeler ici que, pour lutter contre l'inégalité existant entre la production française et la production étrangère, la loi du 29 juill. 1884 (D. P. 85. 4. 32) a substitué à l'ancienne surtaxe de 3 fr. par 100 kilog. qui pesait sur les sucres étrangers européens une surtaxe temporaire de 7 fr., et que cette surtaxe, qui devait prendre fin le 31 août 1886, a été prorogée jusqu'au 31 août 1888 par la loi du 13 juill. 1886 (D. P. 86. 4. 81), puis jusqu'au 31 août 1890 par la loi du 24 juill. 1888 (art. 4, D. P. 88. 4. 53).

30. La crise agricole que subit la France depuis plusieurs années a déterminé le législateur à apporter au tarif général des douanes d'importantes modifications en ce qui concerne les céréales et les bestiaux. La loi du 28 mars 1885 (D. P. 87. 4. 87, note 2 *a*) avait déjà substitué un droit protecteur de 3 fr. au droit fiscal de 60 cent. établi sur les blés étrangers par la loi du 7 mai 1881. Ce droit a été porté à 5 fr. par la loi du 29 mars 1887 (D. P. 87. 4. 87). Les promoteurs de cette mesure n'hésitaient pas à faire remonter aux traités de commerce la responsabilité des souffrances de notre agriculture et de notre industrie. « Ce sont, disaient-ils, ces traités néfastes qui, en nous mettant jusqu'en 1892 à la merci de l'étranger, nous obligent aujourd'hui, pour empêcher la ruine de l'agriculture et de l'industrie, à imposer à l'entrée les produits agricoles alimentaires, les seuls à l'égard desquels nous ayons conservé notre entière liberté d'action. » Le paragraphe 2 de l'art. 1er réservait, d'ailleurs, au Gouvernement la faculté de suspendre, pendant l'absence des Chambres en tout ou en partie les effets de la loi, dans des circonstances exceptionnelles et lorsque le prix du pain s'élèverait à un taux menaçant pour l'alimentation publique. Cette disposition, votée par la Chambre des députés sur la proposition de M. Bernard Lavergne, ne fut pas adoptée sans difficulté par le Sénat. Le rapporteur, M. Labiche, fit observer qu'elle n'était pas conforme aux principes de notre droit public et que, si l'on pouvait supposer que le Gouvernement était disposé à user du pouvoir qui lui était accordé, il en résulterait une situation précaire et incertaine pour les opérations qui exigeaient la sécurité d'un certain avenir. « Mais, ajouta-t-il, les conditions auxquelles a été subordonné l'exercice du droit concédé au Gouvernement nous permettent d'espérer qu'il n'en sera jamais fait usage, et que l'amendement de l'honorable M. Bernard Lavergne restera une simple déclaration platonique. »

31. La loi du 5 avr. 1887 (D. P. 87. 4. 87), qui a relevé les droits d'entrée sur les bestiaux et sur la viande, a été votée, ainsi que la loi précédente, comme une mesure de protection pour l'agriculture. La loi du 28 mars 1885 (D. P. 87. 4. 88, note 1 *a*) avait déjà sensiblement élevé les droits établis par le tarif de 1881 tant sur l'importation des animaux vivants que sur celle des produits et dépouilles d'animaux. Le rapport de M. Labiche au Sénat constate que, malgré l'augmentation à peu près constante de la consommation depuis trente ans, l'effectif de nos troupeaux avait subi une diminution notable, tandis que l'importation des bestiaux étrangers avait pris un accroissement considérable. Dans la pensée du rapporteur, la protection accordée à nos éleveurs devait avoir pour effet de les rassurer sur l'avenir de leur industrie et, par suite, d'amener une augmentation de production suffisante pour répondre à tous les besoins de la consommation.

32. La question, si vivement débattue, de l'*équivalent* et de l'*identique* (V. *suprà*, n° 14), a été soulevée de nouveau en 1888 en ce qui concerne les fontes. Le décret du 9 janv. 1870, qui avait modifié, à l'égard des fers et autres métaux énumérés dans l'art. 1er du décret du 15 févr. 1862, le régime des importations temporaires établi par ce dernier décret, portait que les fontes continueraient à être admises sous ce régime, sous la seule réserve que les fontes de moulage ne pourraient être importées dans ces conditions que pour la fabrication d'ouvrages en fonte moulée. Un décret du 24 janv. 1888 (Bull., n° 19362), rendu à la suite d'un vote conforme de la Chambre des députés, exige que les fontes d'affinage admises temporairement en franchise soient transportées dans les usines autorisées à les mettre en œuvre, et charge le service des douanes de prendre les mesures nécessaires pour assurer l'arrivée de ces produits à destination.

33. Comme on le voit par ce qui précède, de nombreuses et importantes modifications ont été apportées depuis 1871 à notre législation douanière. Les mesures adoptées tant en ce qui concerne l'agriculture qu'en ce qui concerne l'industrie ont été inspirées par des préoccupations communes; elles constituent dans leur ensemble un retour marqué vers le système protecteur et une réaction contre le régime économique inauguré par le traité de commerce de 1860. — De nouvelles et importantes modifications sont à prévoir dans un avenir prochain. Elles seront exposées, s'il y a lieu, *infrà*, v° *Traité international*.

Tableau de la législation relative aux Douanes.

24 déc. 1850-15 févr. 1851. — Décret portant réorganisation sur le littoral de la police sanitaire (D. P. 51. 4. 41).

30 déc. 1850-4 janv. 1851. — Loi relative au traité de commerce et de navigation conclu, le 5 nov. 1850, entre la France et la Sardaigne (D. P. 51. 4. 17).

30 déc. 1850-4 janv. 1851. — Loi relative à la convention littéraire conclue, le 5 nov. 1850, entre la France et la Sardaigne (D. P. 51. 4. 18).

11-21 janv. 1851. — Loi relative au régime commercial de l'Algérie (D. P. 51. 4. 20).

14-23 janv. 1851. — Décret modifiant le régime du carbonate de baryte natif, à l'importation en France et l'établissant ainsi qu'il suit : — Carbonate de baryte natif par navire français :... exempt; par navires étrangers et par terre, 2 fr. les 100 kilog. (Bull., n° 2669).

27 janv.-5 févr. 1851. — Décret qui ouvre le bureau de douane de Morlaix à l'importation des machines et mécaniques complètes ou en pièces détachées (Bull., n° 2717).

10-12 févr. 1851. — Décret relatif à la promulgation du traité de commerce et de navigation conclu, le 5 nov. 1850, entre la France et la Sardaigne (D. P. 51. 4. 36).

10-12 févr. 1851. — Décret pour l'exécution du traité de commerce et de navigation conclu, le 5 nov. 1850, entre la France et la Sardaigne (D. P. 51. 4. 36).

10-12 févr. 1851. — Décret pour l'exécution des art. 3 et 5 de la convention conclue, le 5 nov. 1850, entre la France et la Sardaigne (D. P. 51. 4. 37).

10-15 févr. 1851. — Décret relatif à la promulgation de la convention supplémentaire conclue, le 5 nov. 1850, entre la France et la Sardaigne, pour la garantie réciproque de la propriété des œuvres d'art et d'esprit (D. P. 51. 4. 40).

13-19 févr. 1851. — Loi qui assimile les navires chiliens, entrant dans les ports de France ou en sortant, aux navires français, en ce qui concerne les droits de navigation et autres taxes portant sur la coque des navires (D. P. 51. 4. 42).

21 févr.-6 mars 1851. — Décret ouvrant le bureau de Welferding (Moselle) à la sortie des grains et farines (D. P. 51. 4. 50).

25 févr.-1er mars 1851. — Décret relatif à l'importation temporaire, en franchise de droits, des plombs et étains bruts (D. P. 51. 4. 50).

25 févr.-25 mars 1851. — Décret relatif à l'exécution, en Algérie, des lois et décrets rendus en matière de douanes (D. P. 51. 4. 55).

5-12 mars 1851. — Décret qui ajoute le bureau des douanes de Saint-Florent à ceux que désigne l'art. 5 de la loi du 21 avr. 1818, pour l'importation de certaines marchandises en Corse (Bull., n° 2784).

18-30 avr. 1851. — Décret qui fixe les heures d'ouverture et de fermeture de plusieurs bureaux de douane (D. P. 51. 4. 66).

28 avr.-2 mai 1851. — Décret qui modifie le tarif de sortie pour les chevaux et pour le plâtre préparé (D. P. 51. 4. 66).

13 juin-1er juill. 1851. — Loi sur les sucres (D.P.51.4.113).

17-19 juin 1851. — Loi sur la convention additionnelle au traité de commerce et de navigation du 5 nov. 1850, conclue le 20 mai 1851, entre la France et la Sardaigne (D. P. 51. 4. 90).

21 juin-9 juill. 1851. — Décret portant que les laines étrangères pourront être extraites temporairement d'entrepôt réel, à Marseille, pour être soumises au lavage (D. P. 51. 4. 122).

5-12 juill. 1851. — Décret qui autorise l'admission, en franchise de droits, dans les ports de la République, des oignons de scille marine provenant de l'Algérie (D. P. 51. 4. 128).

17-23 juill. 1851. — Décret relatif à la promulgation de la convention additionnelle au traité de commerce et de navigation du 5 nov. 1850 entre la France et la Sardaigne (D. P. 51. 4. 133).

17-31 juill. 1851. — Décret qui accorde à la ville de Tourcoing un entrepôt réel de douanes (D. P. 51. 4. 147).

17-31 juill. 1851. — Décret qui modifie le tarif d'entrée du sable propre à la fabrication du verre et de la faïence (D. P. 51. 4. 147).

19-21 juill. 1851. — Décret qui apporte des modifications au tarif général en vertu de la convention additionnelle du 20 mai 1851 entre la France et la Sardaigne, et de la loi du 17 juin 1851 (D. P. 51. 4. 133).

22 juill.-22 août 1851. — Loi relative aux grandes pêches maritimes (D. P. 51. 4. 165).

24-31 juill. 1851. — Décret qui supprime le droit établi à la sortie de la craie (D. P. 51. 4. 147).

31 juill.-8 août 1851. — Loi qui abroge l'art. 16 de la loi du 13 juin 1851 sur les sucres (D. P. 51. 4. 148).

11-23 août 1851. — Décret portant réduction des frais de plombage pour les sels expédiés à des destinations qui dispensent du payement du droit (D. P. 51. 4. 173).

20-23 août 1851. — Décret relatif aux primes pour la pêche de la baleine ou du cachalot (D. P. 51. 4. 172).

20-23 août 1851. — Décret pour l'exécution de l'art. 10 de la loi du 22 juill. 1851, sur la pêche de la baleine ou du cachalot (D. P. 51. 4. 173).

22-28 août 1851. — Décret qui supprime les droits établis à la sortie des garances en racines et des garances moulues (D. P. 51. 4. 174).

27 août-5 sept. 1851. — Décret relatif à la promulgation de la convention conclue le 12 avr. 1851, entre la France et le Portugal, pour la garantie réciproque de la propriété des œuvres d'esprit et d'art, et celle des marques de fabrique (D. P. 51. 4. 175).

1er-11 sept. 1851. — Décret portant fixation de la taxe des sucres importés en futailles ou en caisses (D. P. 51. 4. 176).

3-17 sept. 1851. — Décret ouvrant le bureau de Concarneau (Finistère) à la sortie des grains et farines (D. P. 51. 4. 178).

3-17 sept. 1851. — Décret ouvrant le bureau de Ville-Houdelémont (Moselle) à l'exportation des céréales (D. P. 51. 4. 178).

3-17 sept. 1851. — Décret indiquant les heures d'ouverture et de fermeture du bureau des douanes de Granville (D. P. 51. 4. 178).

5-17 sept. 1851. — Décret qui établit à Rechésy (Haut-Rhin) un bureau de vérification pour la sortie des boissons expédiées à l'étranger en franchise des droits de circulation et de consommation (D. P. 51. 4. 178).

8-17 sept. 1851. — Décret qui autorise l'admission en franchise de droits, des fontes brutes destinées à être converties en machines et mécaniques pour la réexportation (D. P. 51. 4. 178).

20 sept. 1851. — Arrêté ministériel relatif au mode d'acquittement des primes d'exportation.

26 sept.-10 oct. 1851. — Décret qui ajoute le bureau de Centuri à ceux que désigne l'art. 5 de la loi du 21 avr. 1818, pour l'importation de certaines marchandises en Corse (D. P. 51. 4. 181).

26 sept.-10 oct. 1851. — Décret qui accorde à la ville d'Avignon un entrepôt réel des sels (D. P. 51. 4. 181).

2-10 nov. 1851. — Décret qui supprime le droit de 25 cent. par 100 kilog. établi à la sortie de la garancine (D. P. 51. 4. 222).

5-12 nov. 1851. — Décret qui modifie les droits établis à l'importation du borax brut ou mi-raffiné (D. P. 51. 4. 222).

11-16 déc. 1851. — Décret qui autorise la perception des impôts et revenus indirects jusqu'au 1er avr. 1852 et ouvre aux ministres un crédit provisoire sur l'exercice 1852 (Art. 3. Modification du tarif d'entrée des cigares et cigarettes) (D. P. 52. 4. 9).

11-23 déc. 1851. — Décret portant que la tarification établie pour le borax par le décret du 5 nov. 1851 n'est applicable qu'au borax natif (D. P. 52. 4. 13).

21-24 déc. 1851. — Décret qui ajourne au 1er juin 1852 l'exécution de la loi du 13 juin 1851 sur les sucres (D. P. 52. 4. 14).

27 déc. 1851. — Décret portant réunion des administrations des douanes et des contributions indirectes.

29 déc. 1851-14 janv. 1852. — Décret relatif aux primes pour la pêche de la morue (D. P. 52. 4. 27).

29 déc. 1851-14 janv. 1852. — Décret portant fixation du temps minimum que les navires armés pour la pêche de la morue doivent passer sur les lieux de pêche (D. P. 52. 4. 29).

9 janv.-1er févr. 1852. — Décret sur l'exercice de la pêche côtière (D. P. 52. 4. 41).

14-22 janv. 1852. — Constitution faite en vertu des pouvoirs délégués par le peuple français à Louis-Napoléon Bonaparte, par le vote des 20 et 21 déc. 1851 (art. 6, D. P. 52. 4. 34).

17-22 janv. 1852. — Décret relatif aux toiles de l'Inde dites guinées, destinées au Sénégal (D. P. 52. 4. 37).

20-27 janv. 1852. — Décret relatif à l'admission temporaire, dans les fabriques, raffineries, des sucres achetés de toute origine, libérés de l'impôt (D. P. 52. 4. 40).

20-27 janv. 1852. — Décret concernant les tabacs de santé ou d'habitude (D. P. 52. 4. 41).

22-27 janv. 1852. — Décret relatif à la promulgation de la convention conclue entre la France et le Royaume-Uni de Grande-Bretagne et d'Irlande, pour la garantie réciproque de la propriété des œuvres de littérature et d'art (D. P. 52. 4. 38).

6 févr.-5 mars 1852. — Décret concernant le dépôt temporaire, à Saint-Pierre-de-Terre-Neuve, des produits de pêche des navires expédiés de France, et non assujettis au minimum d'équipage (D. P. 52. 4. 63).

8 févr.-5 mars 1852. — Décret relatif au régime commercial de la colonie du Sénégal et dépendances (D. P. 52. 4. 64).

14 févr.-17 mars 1852. — Décret qui autorise l'établissement d'un entrepôt réel et général des sels au port de Dahouet (Côtes-du-Nord) (Bull., n° 3772).

14 févr.-17 mars 1852. — Décret relatif à l'importation temporaire des fontes destinées à être converties en ouvrages de fonte moulée (D. P. 52. 4. 71).

14 févr.-17 mars 1852. — Décret qui désigne les bureaux de douanes ouverts à l'importation et au transit des livres en langue portugaise (D. P. 52. 4. 71).

16 févr.-5 mars 1852. — Décret relatif à l'uniforme des officiers et employés du service actif des douanes (D. P. 52. 4. 64).

21-24 févr. 1852. — Décret de promulgation de la convention additionnelle de commerce et de navigation conclue, le 12 mai 1847, entre la France et le royaume des Deux-Siciles (D. P. 52. 4. 59).

1er-20 mars 1852. — Décret relatif au timbre des journaux et écrits périodiques, et des écrits non périodiques traitant de matières politiques ou d'économie sociale, publiés à l'étranger et importés en France (D. P. 52. 4. 76).

1er-20 mars 1852. — Décret portant que l'introduction en France de poudres à feu sera punie des peines établies pour les importations de marchandises prohibées (D. P. 52. 4. 76).

5-26 mars 1852. — Décret relatif à l'importation de l'acide arsénieux (D. P. 52. 4. 86).

5 mars-12 avr. 1852. — Décret qui modifie le tarif d'entrée pour les laines en masse et le suif brut (D. P. 52. 4. 111).

17-20 mars 1852. — Décret-loi portant fixation du budget général des dépenses et des recettes de l'exercice 1852 (art. 13, D. P. 52. 4. 74).

19-22 mars 1852. — Décret concernant les raffineries de sel et les salpêtreries soumises, par la loi du 17 mars 1852, aux obligations énumérées en l'art. 11 de la loi du 17 juin 1840 (D. P. 52. 4. 85).

19 mars-16 avr. 1852. — Décret concernant le rôle d'équipage et les indications des bâtiments et embarcations exerçant une navigation maritime (D. P. 52. 4. 111).

21-23 mars 1852. — Décret portant qu'à partir du 1er avr. 1852, la taxe de plombage cessera d'être perçue à l'égard des marchandises expédiées d'un port à un autre port de France, sous le régime du cabotage, des mutations d'entrepôt et des transbordements (D. P. 52. 4. 86).

25-26 mars 1852. — Décret qui fixe le droit à l'importation des soudes et des natrons (D. P. 52. 4. 86).

25-30 mars 1852. — Décret sur la décentralisation administrative (Art. 2, tabl. B-9°, D. P. 52. 4. 90 et 92).

25 mars-2 avr. 1852. — Décret relatif à l'importation et au transit des livres en langue anglaise (D. P. 52. 4. 94).

26-31 mars 1852. — Décret établissant au port de la Nouvelle (Aude) un entrepôt réel et général des sels, etc. (D. P. 52. 4. 93).

27-30 mars 1852. — Décret qui modifie le tarif des sucres indigènes et étrangers (D. P. 52. 4. 92).

28 mars-16 avr. 1852. — Décret relatif à la pêche du hareng (D. P. 52. 4. 117).

5-9 avr. 1852. — Décret qui accorde à la ville de Valenciennes un entrepôt réel des douanes pour les marchandises prohibées ou non prohibées (D. P. 52. 4. 111).

15-20 avr. 1852. — Décret qui ouvre le bureau des douanes de Saint-Malo à l'importation des machines et mécaniques complètes ou en pièces détachées (Bull., n° 3984).

15-20 avr. 1852. — Décret qui fixe les heures d'ouverture et de fermeture des bureaux de la douane de Paris (D. P. 52. 4. 126).

3-6 mai 1852. — Décret ouvrant le bureau des douanes de Dieppe à l'importation des machines complètes ou en pièces détachées (D. P. 52. 4. 137).

26 mai-11 juin 1852. — Décret qui range le sel dans la deuxième classe du tarif établi pour la perception des droits de navigation sur les canaux des étangs et du port de Cette (D. P. 52. 4. 161).

2-5 juin 1852. — Décret de promulgation du traité de commerce et de navigation conclu entre la France et la Sardaigne (D. P. 52. 4. 159).

4-15 juin 1852. — Décret concernant les agents assermentés salariés par l'Etat ou par les communes, requis par l'autorité militaire pour être employés à l'intérieur comme auxiliaires de la force publique, pour le maintien de l'ordre (D. P. 52. 4. 163).

7-23 juin 1852. — Décret relatif à la pêche du hareng (D. P. 52. 4. 163).

10-12 juin 1852. — Décret sur les formalités de douane relatives aux savons fabriqués avec des huiles de palme ou de coco, et destinés à être exportés sous bénéfice de prime (D. P. 52. 4. 162).

23 juin-17 juill. 1852. — Décret relatif à l'importation des fontes aciéreuses de Savoie par les bureaux de Chapareillan et d'Entre-deux-Guiers (D. P. 52. 4. 186).

30 juin-6 août 1852. — Décret qui ajoute le port de Dieppe aux bureaux de douane ouverts par l'ordonnance du 13 déc. 1842 à l'importation et au transit de la librairie en langues mortes et étrangères (Bull., n° 4300).

16-28 juill. 1852. — Décret qui établit à Saint-Blaise (Ain) un bureau de vérification pour la sortie des boissons expédiées à l'étranger, en franchise des droits de circulation et de consommation (D. P. 52. 4. 188).

7-28 août 1852. — Décret portant que celui du 5 nov. 1851, relatif à l'importation du borax, s'appliquera exclusivement au borax brut (D. P. 52. 4. 190).

12 août 1852. — Décret qui élève de 15 à 20 pour 100 l'allocation de sel nécessaire pour le pacquage à terre, lorsqu'il y est soumis à l'opération du *daguage* du maquereau salé de mer (Non inséré au Bull. V. Circ. des douanes).

12-28 août 1852. — Décret qui fixe les droits à percevoir sur certains produits chimiques (D. P. 52. 4. 190).

18-31 août 1852. — Décret qui fixe les drawbacks accordés à la sortie des produits français y désignés (D. P. 52. 4. 190).

18-31 août 1852. — Décret qui affranchit les soies écrues des droits de sortie (D. P. 52. 4. 190).

25 août-2 sept. 1852. — Décret qui supprime le droit de sortie du duvet de cachemire (D. P. 52. 4. 191).

28 août-8 sept. 1852. — Décret portant que les huiles du comté de Nice seront admises en France aux droits fixés par l'art. 5 du traité du 14 févr. 1852 (D. P. 52. 4. 200).

1er-6 sept. 1852. — Décret portant règlement sur les fabriques et les raffineries de sucre (D. P. 52. 4. 197).

14-22 sept. 1852. — Décret qui modifie les droits établis sur les houilles importées par terre dans la zone comprise entre Halluin et Longwy, et sur les fontes brutes importées par terre de Blancmisseron à Longwy (D. P. 52. 4. 201).

20-30 oct. 1852. — Décret relatif à l'admission, sur le continent français, des livres imprimés en Corse, et à l'importation, de l'étranger en Corse, des caractères d'imprimerie, du papier, etc. (D. P. 52. 4. 203).

6-25 nov. 1852. — Décret sur l'attribution du produit des amendes en matière de pêche (D. P. 52. 4. 211).

17-20 nov. 1852. — Décret qui affranchit les fabricants et les raffineries de sucre indigène de l'obligation de fournir un logement et un bureau aux employés (D. P. 52. 4. 207).

17 nov.-1er déc. 1852. — Décret qui fixe le costume des fonctionnaires et agents du ministère des finances et des administrations qui en dépendent (D. P. 52. 4. 211).

26 nov.-7 déc. 1852. — Décret portant promulgation du traité d'amitié, de commerce et de navigation, conclu entre la République française et la République dominicaine (D. P. 52. 4. 214).

30 nov.-28 déc. 1852. — Décret qui fixe à 13 pour 100 pour les sucres des colonies françaises, à 12 pour 100 pour les sucres étrangers la tare légale des sucres importés en futailles (D. P. 52. 4. 218).

25-30 déc. 1852. — Sénatus-consulte portant interprétation et modification de la constitution du 14 janv. 1852 (art. 3, D. P. 52. 4. 221).

30 déc. 1852-11 janv. 1853. — Décret impérial relatif à l'admission en franchise, sur le continent français, des résines fabriquées en Corse, et à l'importation, de l'étranger en Corse, de la térébenthine et de l'essence de térébenthine (D. P. 52. 4. 232).

30 déc. 1852-11 janv. 1853. — Décret impérial qui autorise l'admission temporaire, en franchise de droits, de la potasse et du carbonate de potasse destinés à être convertis en prussiate de potasse cristallisé (D. P. 52. 4. 232).

3-7 janv. 1853. — Décret impérial portant promulgation de la convention conclue le 9 déc. 1852, entre la France et la Belgique (D. P. 53. 4. 1).

6-7 janv. 1853. — Décret impérial qui modifie les droits établis sur les houilles et les fontes brutes importées par terre (D. P. 53. 4. 1).

12-17 janv. 1853. — Décret impérial qui détermine le droit applicable aux sels étrangers ayant servi à la préparation de la morue sèche (D. P. 53. 4. 2).

25-27 janv. 1853. — Décret impérial portant ratification et promulgation du règlement relatif au transit international par chemins de fer, entre la France, la Belgique et les Pays-Bas (D. P. 53. 4. 2).

26 janv.-1er févr. 1853. — Décret impérial qui modifie les droits de douane à l'importation du guano et des écorces de quinquina (D. P. 53. 4. 10).

26 janv.-4 févr. 1853. — Décret impérial portant que les sels d'origine française, renfermés dans des sacs d'un poids uniforme, pourront être expédiés par la voie de terre sur les entrepôts de l'intérieur, en exemption du plombage (D. P. 53. 4. 10).

14-17 févr. 1853. — Décret impérial qui fixe les conditions auxquelles les savons d'huile de palme et de coco mélangés de graisses animales sont admis à jouir du drawback à l'exportation (D. P. 53. 4. 14).

7-21 mars 1853. — Décret impérial relatif aux crêpes de Chine importés des possessions du Royaume-Uni de la Grande-Bretagne en Europe (D. P. 53. 4. 65).

7-21 mars 1853. — Décret impérial portant que la préparation en mer des produits de la pêche du maquereau aura lieu exclusivement avec des sels de France, délivrés en franchise (D. P. 53. 4. 65).

7-21 mars 1853. — Décret impérial qui porte à six mois le délai accordé pour la réexportation ou la réintégration en entrepôt des produits provenant des plombs bruts importés temporairement en franchise de droits (D. P. 53. 4. 65).

15-17 mars 1853. — Décret impérial portant promulgation du traité de commerce et de navigation conclu entre la France et la Toscane (D. P. 53. 4. 17).

17 mars-6 avr. 1853. — Décret impérial qui modifie les droits de douane à l'importation des minerais de toute sorte, sauf le minerai de soufre et des racines de réglisse (D. P. 53. 4. 67).

18-23 avr. 1853. — Décret impérial qui modifie le droit d'entrée des marbres blancs statuaires (D. P. 53. 4. 68).

27 avr.-7 mai 1853. — Décret impérial qui accorde à la ville de Tonnay-Charente un entrepôt réel pour les marchandises non prohibées (D. P. 53. 4. 74).

30 avr.-7 mai 1853. — Décret impérial qui ouvre le bureau d'Avignon à la sortie des marchandises de prime, les sucres exceptés (D. P. 53. 4. 74).

30 avr.-7 mai 1853. — Décret impérial relatif aux droits d'entrée de certains produits des colonies françaises (D. P. 53. 4. 74).

17-31 mai 1853. — Décret impérial qui détermine les modifications que le traité conclu, le 8 mai 1852, entre la France et la République dominicaine apporte à la législation en matière de douane (D. P. 53. 4. 82).

17 mai-1er juin 1853. — Décret impérial qui autorise l'admission en franchise, sur le continent français, des peaux tannées et apprêtées en Corse (D. P. 53. 4. 88).

23 mai-2 juin 1853. — Décret impérial relatif à l'importation en franchise des graines de lin pour semences (D. P. 53. 4. 94).

25 mai-4 juin 1853. — Décret impérial qui admet la graine d'alpiste en franchise, à son importation d'Algérie en France (D. P. 53. 4. 96).

4-16 juin 1853. — Décret impérial pour l'exécution de la convention sanitaire internationale conclue entre la France et la Sardaigne et diverses autres puissances maritimes (D. P. 53. 4. 120).

9-13 juin 1853. — Loi sur les pensions civiles (D. P. 53. 4. 98).

15-30 juin 1853. — Décret impérial qui supprime le bureau de garantie pour l'essai et la marque des ouvrages d'or et d'argent établi à Lons-le-Saulnier (D. P. 53. 4. 143).

16 juin-18 juill. 1853. — Décret impérial portant que la déclaration exigée des navires non pêcheurs, qui se rendent sur les lieux de pêche pour y charger une ou plusieurs cargaisons de morue, pourra être faite dans tous les ports étrangers où il existe un consul ou un agent consulaire de France (D. P. 53. 4. 151).

20 juin-30 juill. 1853. — Décret impérial qui supprime le droit de 2 fr. par tonneau établi à la sortie des bâtiments de mer de construction française (D. P. 53. 4. 155).

29 juin-18 juill. 1853. — Décret impérial qui transfère à Napoléon-Vendée le bureau de garantie pour l'essai et la marque des ouvrages d'or et d'argent établi à Fontenay (D. P. 53. 4. 153).

4 juill.-6 sept. 1853. — Décret impérial portant règlement sur la pêche côtière dans les arrondissements de Cherbourg, Brest, Lorient et Rochefort (D. P. 53. 4. 170).

14-30 juill. 1853. — Décret impérial relatif à l'importation des coins gravés, des clichés, des pierres lithographiques couvertes de dessins, gravures ou écritures, et des planches de toutes sortes gravées (D. P. 53. 4. 156).

20-23 juill. 1853. — Décret impérial relatif à l'importation des grains et farines des possessions du Royaume-Uni de la Grande-Bretagne en Europe (D. P. 53. 4. 155).

30 juill.-4 août 1853. — Décret impérial relatif aux fabriques de soude (D. P. 53. 4. 157).

3-7 août 1853. — Décret impérial qui supprime temporairement la surtaxe de navigation sur les importations de grains et de farines effectuées par navires étrangers (D. P. 53. 4. 157).

3-20 août 1853. — Décret impérial qui autorise l'admission en franchise de droits, des fers forgés, des fontes moulées, etc., expédiés de l'île de Corse sur le continent français (D. P. 53. 4. 160).

8-20 août 1853. — Décret impérial portant promulgation du traité d'amitié, de commerce et de navigation, conclu entre la France et le Chili (D. P. 53. 4. 157).

11 août 1853-26 oct. 1856. — Décret impérial qui autorise l'importation en Algérie, par la frontière de terre, des produits de la régence de Tunis et de l'empire du Maroc (D. P. 56. 4. 143).

16-27 août 1853. — Décret impérial portant suppression des droits qui se perçoivent à l'importation des bitumes solides (D. P. 53. 4. 169).

18-19 août 1853. — Décret impérial relatif à l'importation des graines, farines, riz, légumes secs, gruaux et pommes de terre (D. P. 53. 4. 157).

5-23 sept. 1853. — Décret impérial qui affranchit de tout droit de navigation, jusqu'au 31 déc. 1853, les bateaux chargés de grains et farines, de riz, de pommes de terre ou de légumes secs, circulant sur les rivières et canaux (D. P. 53. 4. 220).

8-11 sept. 1853. — Décret impérial relatif à l'importation des minerais de fer (D. P. 53. 4. 214).

14-16 sept. 1853. — Décret impérial portant fixation provisoire des droits à l'importation des bestiaux et des viandes fraîches et salées (D. P. 53. 4. 216).

17-19 sept. 1853. — Décret impérial qui modifie les droits à l'importation du caoutchouc brut (D. P. 53. 4. 216).

30 sept. 1853. — Décret impérial qui autorise jusqu'au 31 déc. 1853 le transport par navires étrangers, entre la France et l'Algérie, des grains, farines, riz, pommes de terre et légumes secs.

30 sept. 1853-15 juill. 1854. — Décret impérial qui modifie le tarif des douanes sur les céréales dans les colonies de la Martinique, de la Guadeloupe, de l'île de la Réunion et du Sénégal (D. P. 54. 4. 134).

1er-2 oct. 1853. — Décret impérial qui proroge jusqu'au 31 juill. 1854 le délai fixé au 31 déc. 1853 par les décrets des 3 et 8 août 1853 relatifs à l'importation des grains et farines et autres denrées alimentaires (D. P. 53. 4. 227).

1er-2 oct. 1853. — Décret impérial qui prohibe, jusqu'au 31 juill. 1854, l'exportation des pommes de terre et des légumes secs (D. P. 53. 4. 227).

12-14 oct. 1853. — Décret impérial qui autorise les bâtiments étrangers à transporter, par cabotage, de la Méditerranée dans l'Océan, et de l'Océan dans la Méditerranée, les grains et farines, riz, légumes et pommes de terre (D. P. 53. 4. 231).

12-14 oct. 1853. — Décret impérial relatif aux droits d'entrée sur la bourre de soie (D. P. 53. 4. 231).

20-23 oct. 1853. — Décret impérial qui autorise l'importation temporaire, en franchise de droits, du suif brut destiné à la fabrication des bougies stéariques (D. P. 53. 4. 232).

20-23 oct. 1853. — Décret impérial relatif à l'admission en franchise, sur le continent français, des fromages de lait de brebis fabriqués en Corse sous le nom de Bruccio (D. P. 53. 4. 232).

31 oct.-11 nov. 1853. — Décret impérial qui ouvre le bureau de douanes de Styring (Moselle) à l'importation et à l'exportation des grains et farines (D. P. 54. 4. 3).

21 nov.-7 déc. 1853. — Décret impérial établissant à Goumois, arrondissement de Montbéliard (Doubs), un bureau de vérification pour la sortie des boissons expédiées à l'étranger, en franchise des droits de circulation et de consommation, aux termes des art. 5, 8 et 87 de la loi du 28 avr. 1816 (D. P. 54. 4. 12).

22-24 nov. 1853. — Décret impérial sur les droits à percevoir à l'entrée des houilles et des fers étrangers (D. P. 54. 4. 11).

22 nov.-17 déc. 1853. — Décret impérial relatif à l'importation des fontes aciéreuses de Savoie (D. P. 54. 4. 14).

3-13 déc. 1853. — Décret impérial qui proroge jusqu'au 31 juill. 1854 le délai fixé au 31 déc. 1853 par le décret du 5 septembre dernier, relatif à l'exemption du droit de navigation intérieure pour les bateaux chargés de céréales (D. P. 54. 4. 12).

10 déc. 1853-14 janv. 1854. — Décret impérial ouvrant le bureau de Deulémont (Nord) à l'importation et à l'exportation des graines et farines (D. P. 54. 4. 17).

11 déc. 1853-5 janv. 1854. — Décret impérial qui accorde à la ville de Nîmes un entrepôt réel de marchandises prohibées et non prohibées (D. P. 54. 4. 16).

14-17 déc. 1853. — Décret impérial qui autorise l'admission temporaire, en franchise de droits, des châles de crêpe de Chine unis, d'origine étrangère, destinés à être brodés en France (D. P. 54. 4. 14).

17 déc. 1853. — Décret impérial qui proroge jusqu'au 31 juill. 1854 la faculté accordée aux navires étrangers d'effectuer le transport entre l'Algérie et la France, des graines et farines, du riz, des pommes de terre et des légumes secs.

27 déc. 1853-24 janv. 1854. — Décret impérial portant promulgation du traité de commerce et de navigation conclu entre la France et le Portugal (D. P. 54. 4. 19).

28-31 déc. 1853. — Décret impérial relatif au coton brut importé du Royaume-Uni de la Grande-Bretagne et de ses possessions en Europe (D. P. 54. 4. 16).

11-14 janv. 1854. — Décret impérial qui permet l'exportation pour l'Algérie des pommes de terre et légumes secs, et en prohibe la sortie de l'Algérie pour l'étranger jusqu'au 31 juill. 1854 (D. P. 54. 4. 17).

16-18 janv. 1854. — Décret impérial portant que la faculté accordée aux bâtiments étrangers de transporter d'une mer à l'autre, par cabotage, les graines, farines, etc., est étendue aux expéditions en cabotage des mêmes denrées, qui s'effectueront d'un port à l'autre de la même mer (D. P. 54. 4. 18).

2-9 févr. 1854. — Décret impérial portant promulgation du traité d'amitié, de commerce et de navigation conclu le 4 mars 1853, entre la France et le Paraguay (D. P. 54. 4. 26).

4-9 févr. 1854. — Décret impérial portant promulgation de la convention conclue entre la France et l'Espagne pour la garantie réciproque de la propriété des œuvres d'esprit et d'art (D. P. 54. 4. 28).

7-21 févr. 1854. — Décret impérial relatif à la pêche du maquereau, avec salaison à bord (D. P. 54. 4. 31).

17-21 févr. 1854. — Décret impérial qui ajoute le bois de cactus à la nomenclature des produits naturels de l'Algérie admis en franchise dans les ports de la métropole (D. P. 54. 4. 31).

18 févr.-11 mars 1854. — Décret impérial qui ouvre le bureau de Blanzy (Saône-et-Loire) au jaugeage des bateaux (D. P. 54. 4. 36).

24 févr.-11 mars 1854. — Décret impérial qui prohibe la sortie et la réexportation d'entrepôt des armes et munitions de guerre, etc. (D. P. 54. 4. 36).

4-9 mars 1854. — Décret impérial qui autorise l'admission en franchise de droits des cristaux de tartre colorés, destinés à être réexportées après avoir été convertis en crème de tartre ou en acide cristallisé (D. P. 54. 4. 36).

4-9 mars 1854. — Décret impérial qui fixe les droits d'entrée sur le cachou en masse (D. P. 54. 4. 36).

22-26 mars 1854. — Décret impérial qui ajoute les ports de Boulogne et de Calais à ceux que désigne l'art. 4 du décret du 14 déc. 1853 pour l'importation des châles (D. P. 54. 4. 40).

25 mars-21 avr. 1854. — Décret impérial qui ouvre le bureau des douanes de Wallers à l'importation et à l'exportation des grains et farines, en remplacement du bureau de Trélon (D. P. 54. 4. 73).

25 mars-21 avr. 1854. — Décret impérial relatif à la restitution du droit d'entrée sur les fontes employées à la fabrication des machines à feu de cent chevaux ou plus, placées à bord des navires destinés à la navigation maritime (D. P. 54. 4. 73).

6-21 avr. 1854. — Décret impérial pour l'exécution des art. 9 et 13 du traité de commerce et de navigation conclu, le 9 mars 1853, entre la France et Portugal (D. P. 54. 4. 74).

13-20 avr. 1854. — Décret impérial portant promulgation du traité de commerce conclu, le 27 févr. 1854, entre la France et la Belgique (D. P. 54. 4. 71).

13-20 avr. 1854. — Décret impérial portant promulgation de la convention conclue, le 22 août 1852, entre la France et la Belgique, pour la garantie réciproque de la propriété littéraire et artistique (D. P. 54. 4. 68).

13-20 avr. 1854. — Décret impérial portant ratification et promulgation de la déclaration signée, le 12 avr. 1854, entre la France et la Belgique, pour la garantie réciproque de la propriété des œuvres d'esprit et d'art (D. P. 54. 4. 73).

13-20 avr. 1854. — Décret impérial portant promulgation de la convention commerciale conclue, le 22 août 1852, entre la France et la Belgique (D. P. 54. 4. 70).

16 avr.-7 mai 1854. — Décret impérial qui prohibe la sortie et la réexportation du nitrate de soude (D. P. 54. 4. 80).

19-20 avr. 1854. — Décret impérial portant règlement pour l'exécution de la convention littéraire conclue, le 22 août 1852, entre la France et la Belgique (D. P. 54. 4. 73).

22-27 avr. 1854. — Décret impérial portant fixation des droits d'entrée sur les cotonnettes et étoffes à pantalons, à leur importation de Belgique en France (D. P. 54. 4. 77).

22-27 avr. 1854. — Décret impérial qui supprime le droit établi à la sortie de la poudrette (D. P. 54. 4. 78).

29 avr.-4 mai 1854. — Décret impérial qui autorise l'admission temporaire, en franchise de droits, des suifs bruts destinés à être exportés, après conversion en acide stéarique ou en chandelles (D. P. 54. 4. 78).

3-7 mai 1854. — Sénatus-consulte qui règle la constitution des colonies de la Martinique, de la Guadeloupe et de la Réunion (art. 4, 5 et 18) (D. P. 54. 4. 79).

6-13 mai 1854. — Décret impérial portant que les graisses de toutes sortes, sauf les graisses de poissons, payeront à l'importation les droits établis sur le suif brut (D. P. 54. 4. 81).

10-18 mai 1854. — Décret impérial qui modifie le tarif d'entrée pour les laines brutes (D. P. 54. 4. 82).

10-18 mai 1854. — Décret impérial qui abroge l'art. 3 de l'ordonnance du 8 févr. 1826 rendue pour l'exécution du traité de navigation conclu le 26 janvier de la même année entre la France et l'Angleterre (D. P. 54. 4. 81).

31 mai-20 juin 1854. — Décret impérial qui établit en Algérie des entrepôts de tabacs fabriqués dans les manufactures de France (D. P. 54. 4. 116).

13-20 juin 1854. — Décret impérial qui fixe le droit d'entrée sur le curcuma en racines (D. P. 54. 4. 116).

17-30 juin 1854. — Décret impérial qui ouvre le port de la Hougue à l'importation des maquereaux salés provenant de pêche française (D. P. 54. 4. 126).

19-30 juin 1854. — Décret impérial qui supprime le droit établi à l'importation du coton en laine des colonies françaises (D. P. 54. 4. 126).

22-26 juin 1854. — Loi portant fixation du budget des dépenses et des recettes de l'exercice 1855 (art. 19, D. P. 54. 4. 117).

24 juin 1854. — Décret impérial qui proroge au 31 déc. 1854 la faculté accordée aux navires étrangers d'effectuer le transport, entre l'Algérie et la France, des grains et farines, des riz, des pommes de terre et des légumes secs.

24 juin-8 juill. 1854. — Décret impérial qui proroge jusqu'au 31 déc. 1854 les facilités accordées pour l'importation des denrées alimentaires (D. P. 54. 4. 129).

24 juin-8 juill. 1854. — Décret impérial qui proroge jusqu'au 31 déc. 1854, l'exemption des droits de navigation pour les bateaux chargés de céréales (D. P. 54. 4. 129).

24 juin-15 juill. 1854. — Décret impérial portant prorogation jusqu'au 31 déc. 1854 de la modification apportée par le décret du 30 sept. 1853 au tarif des douanes sur les céréales dans les colonies de la Martinique, de la Guadeloupe, de l'Ile de la Réunion et du Sénégal (D. P. 54. 4. 134).

26 juin-4 juill. 1854. — Décret impérial qui supprime le droit établi à l'importation des eaux-de-vie de mélasse (rhums et tafias) des colonies françaises (D. P. 54. 4. 128).

1er-14 juill. 1854. — Décret impérial qui réduit le droit d'entrée sur le sel de Kreutznach (D. P. 54. 4. 131).

1er-14 juill. 1854. — Décret impérial qui autorise l'importation temporaire de l'iode de toute espèce, destiné à être raffiné ou à être converti en iodure de potassium (D. P. 54. 4. 130).

10-15 juill. 1854. — Décret impérial qui ouvre le bureau de douanes du Pont-de-Kehl (Bas-Rhin) à l'importation des marchandises taxées à plus de 20 fr. par 100 kilog. et au transit des marchandises prohibées et non prohibées (D. P. 54. 4. 134).

19 juill.-23 août 1854. — Décret impérial qui étend aux expéditions de l'Algérie, à destination de l'étranger, les dispositions des décrets des 24 févr. et 16 avr. 1854, qui prohibent l'exportation et la réexportation des armes, munitions et autres objets propres à la guerre (D. P. 54. 4. 139).

29 juill.-23 août 1854. — Décret impérial fixant les heures d'ouverture et de fermeture du bureau de la douane de Saint-Jean-Pied-de-Port (Basses-Pyrénées) (D. P. 54. 4. 139).

19-29 août 1854. — Décret impérial qui modifie les droits de douane à l'importation et à l'exportation de diverses marchandises (D. P. 54. 4. 139).

30 août-4 sept. 1854. — Décret impérial qui fixe provisoirement les droits à l'importation sur les vins ordinaires de toutes sortes (D. P. 54. 4. 142).

22 sept.-11 oct. 1854. — Décret impérial qui réduit temporairement le droit d'entrée des eaux-de-vie étrangères de toute sorte (D. P. 54. 4. 158).

3-11 oct. 1854. — Décret impérial qui supprime le droit de sortie des sangsues (D. P. 54. 4. 159).

5-11 oct. 1854. — Décret impérial portant réduction provisoire des droits d'entrée sur les vins de liqueur (D. P. 54. 4. 159).

5-11 oct. 1854. — Décret impérial portant réduction provisoire des droits d'entrée sur les viandes salées (D. P. 54. 4. 159).

7-13 oct. 1854. — Décret impérial qui proroge jusqu'au 31 juill. 1855 le délai fixé par le décret du 24 juin dernier, concernant les diverses mesures relatives aux denrées alimentaires (D. P. 54. 4. 159).

9-23 oct. 1854. — Décret impérial qui proroge jusqu'au 31 juill. 1855 l'exemption des droits pour les bateaux chargés de céréales (D. P. 54. 4. 180).

9-24 oct. 1854. — Décret impérial qui ouvre les bureaux des douanes de Roubaix et de Tourcoing à l'importation des machines et mécaniques (D. P. 54. 4. 181).

11-23 oct. 1854. — Décret impérial qui proroge jusqu'au 31 juill. 1855 le délai fixé par le décret du 24 juin 1854 pour la durée des modifications au tarif des douanes sur les céréales dans les colonies de la Martinique, de la Guadeloupe, de l'île de la Réunion et du Sénégal (D. P 54. 4. 180).

21 oct. 1854. — Décret impérial qui proroge jusqu'au 31 juill. 1855 la faculté accordée aux navires étrangers d'effectuer le transport des grains et farines, du riz, des pommes de terre et des légumes secs, entre l'Algérie et la France (non publié au Bull. V. Circ. des douanes, 1854).

25 oct.-1er nov. 1854. — Décret impérial fixant les droits d'entrée sur les feuilles médicinales (D. P. 54. 4. 181).

26 oct.-3 nov. 1854. — Décret impérial qui interdit provisoirement la distillation des céréales et de toute autre substance farineuse servant à l'alimentation (D. P. 54. 4. 181).

1er-4 nov. 1854. — Décret impérial qui interdit temporairement l'exportation pour l'étranger des blés et orges de l'Algérie (D. P. 54. 4. 181).

6-14 nov. 1854. — Décret impérial qui modifie les droits de douane à l'importation des écorces de quinquina (D. P. 54. 4. 181).

11-22 nov. 1854. — Décret impérial qui ouvre le bureau de Vireux (Ardennes) à certaines opérations de douanes (D. P. 55. 4. 1).

15-23 nov. 1854. — Décret impérial qui ouvre le bureau de douanes de Sarreguemines à l'importation et au transit de certaines marchandises (D. P. 55. 4. 1).

18 nov.-31 déc. 1854. — Décret impérial qui accorde aux compagnies des chemins de fer du Midi et du Nord des facilités pour l'introduction des rails et tôles étrangers (D. P. 55. 4. 9).

29-30 nov. 1854. — Décret impérial qui prohibe temporairement l'exportation des grains et farines (D. P. 55. 4. 2).

5-16 déc. 1854. — Décret impérial portant promulgation des déclarations signées entre la France et la principauté de Monaco, relativement à des réductions mutuelles de taxes entre les deux États (D. P. 55. 4. 3).

8-8 déc. 1854. — Décret impérial qui prohibe le transit des armes, munitions et autres objets propres à la guerre (D. P. 55. 4. 3).

18-24 déc. 1854. — Décret impérial fixant les heures d'ouverture et de fermeture du bureau de douane de Bouin (arrondissement des Sables-d'Olonnes, Vendée) (D. P. 55. 4. 5).

20-24 déc. 1854. — Décret impérial qui fixe provisoirement les droits à l'importation de certains produits (D. P. 55. 4. 6).

20-24 déc. 1854. — Décret impérial qui fixe provisoirement les droits à l'importation des sucres, des raisins secs et des mélasses (D. P. 55. 4. 5).

6-12 janv. 1855. — Décret impérial relatif à l'importation temporaire des débris des vieux ouvrages en fonte, fer ou tôle, provenant des machines des navires à vapeur étrangers qui viendraient se faire réparer en France (D. P. 55. 4. 9).

6-12 janv. 1855. — Décret impérial qui autorise l'admission, en franchise, du cuivre laminé pur ou allié, destiné à être employé à la construction, en France, pour l'exportation des chaudières et machines (D. P. 55. 4. 10).

6-12 janv. 1855. — Décret impérial qui fixe le droit de navigation à payer dans le port de Gorée pour les navires étrangers (D. P. 55. 4. 9).

6-12 janv. 1855. — Décret impérial ouvrant le bureau de douanes de Portrieux (Côtes-du-Nord) à l'importation des marchandises taxées à plus de 20 fr. par 100 kilog. ou nommément désignées par l'art. 8 de la loi du 27 mars 1817 (D. P. 55. 4. 10).

6-12 janv. 1855. — Décret impérial ajoutant le bureau des douanes d'Evrange (Moselle), pour le transit, à ceux qui sont marqués de deux astérisques dans le tableau nº 2 annexé à la loi du 9 févr. 1832 (D. P. 55. 4. 10).

15-27 janv. 1855. — Décret impérial relatif à l'émigration européenne (D. P. 55. 4. 13).

17-27 janv. 1855. — Décret impérial qui fixe les droits de douane à l'importation de certaines marchandises (D. P. 55. 4. 14).

17-27 janv. 1855. — Décret impérial qui admet en franchise sur le continent l'alcool fabriqué en Corse par la distillation de l'asphodèle, des figues de cactus, etc. (D. P. 55. 4. 14).

31 janv.-13 févr. 1855. — Décret impérial qui réduit temporairement le droit d'importation des vins étrangers dans les colonies de la Martinique, de la Guadeloupe, de la Guyane, de la Réunion et du Sénégal (D. P. 55. 4. 15).

10-18 févr. 1855. — Décret impérial fixant l'époque à partir de laquelle les sels pour la préparation en mer des produits de la pêche seront délivrés en franchise (D. P. 55. 4. 17).

14-25 févr. 1855. — Décret impérial qui fixe provisoirement les droits à l'importation du blanc de baleine et de cachalot de pêche étrangère (D. P. 55. 4. 18).

14-25 févr. 1855. — Décret qui ajoute les farines de céréales à la nomenclature des produits naturels de l'Algérie admis en franchise dans les ports de l'Empire (D. P. 55. 4. 18).

17 févr.-2 mars 1855. — Décret impérial qui fixe provisoirement le taux des drawbacks alloués à la sortie des savons (D. P. 55. 4. 21).

17 févr.-2 mars 1855. — Décret impérial qui désigne les bureaux par lesquels les œuvres espagnoles littéraires, scientifiques et artistiques pourront être importées en France (D. P. 55. 4. 21).

21 févr.-16 mars 1855. — Décret impérial qui établit à Vireux (Ardennes) un bureau de vérification pour la sortie des boissons expédiées à l'étranger en franchise des droits de circulation et de consommation, aux termes des art. 5, 8 et 87 de la loi du 28 avr. 1816 (D. P. 55. 4. 25).

10-23 mars 1855. — Décret impérial relatif à l'importation, dans les colonies françaises, des viandes salées, d'origine étrangère (D. P. 55. 4. 26).

28 mars-9 avr. 1855. — Décret impérial qui fixe les heures d'ouverture et de fermeture du bureau de douanes d'Auray (Morbihan) (D. P. 55. 4. 40).

31 mars-9 avr. 1855. — Décret impérial qui fixe les heures d'ouverture et de fermeture des bureaux de la douane de Marseille (D. P. 55. 4. 40).

14-21 avr. 1855. — Décret impérial qui supprime le droit de sortie de la chaux éteinte (D. P. 55. 4. 44).

14-21 avr. 1855. — Décret impérial qui modifie le tarif d'entrée pour les laines brutes (Bull., n° 2563).

14-21 avr. 1855. — Décret impérial qui fixe le tarif à l'importation des liqueurs des colonies françaises (D. P. 55. 4. 44).

23 avr. 1855. — Décret impérial qui fixe le droit à l'importation des livres, brochures et mémoires scientifiques imprimés.

23-28 avr. 1855. — Décret impérial qui fixe : 1° les droits à l'importation des nitrates de soude et de potasse; 2° la prime accordée à l'exportation des acides nitrique et sulfurique (D. P. 55. 4. 52).

23-28 avr. 1855. — Décret impérial qui modifie le tarif à l'importation de l'acide citrique (D. P. 55. 4. 52).

23 avr.-4 mai 1855. — Décret impérial relatif à la remise accordée, à titre de déchet, pour les sels raffinés (D. P. 55. 4. 52).

28 avr.-9 mai 1855. — Décret impérial qui fixe le droit à l'importation des caractères d'imprimerie vieux et hors d'usage (D. P. 55. 4. 67).

28 avr.-9 mai 1855. — Décret impérial relatif aux poutrelles en fer et fers laminés importés au Sénégal (D. P. 55. 4. 67).

16-24 mai 1855. — Décret impérial qui supprime les droits de sortie sur les sucres bruts et raffinés (D. P. 55. 4. 71).

16 mai-1er juin 1855. — Décret impérial qui affranchit du droit de tonnage les navires étrangers venant en France avec chargement et qui exportent des sels pris dans nos ports (D. P. 55. 4. 71).

23 mai-1er juin 1855. — Décret impérial qui autorise l'admission en franchise des droits de douane, dans les ports de la métropole, des alcools d'asphodèle fabriqués en Algérie (D. P. 55. 4. 72).

2-11 juin 1855. — Décret impérial portant prorogation du délai fixé par les décrets des 7 oct. et 29 nov. 1854, concernant les diverses mesures relatives aux denrées alimentaires (D.P.55.4.72).

4-11 juin 1855. — Décret impérial réglementant les heures d'ouverture et de fermeture du bureau de douane de la ville de Vannes (Morbihan) (D. P. 55. 4. 72).

5-29 juin 1855. — Décret impérial qui proroge l'exemption des droits de navigation accordée aux chargements de grains et farines, de riz, de pommes de terre et de légumes secs (D. P. 55. 4. 74).

23 juin-4 juill. 1855. — Décret impérial qui fixe le droit à l'importation des caroubes ou carouges (D. P. 55. 4. 74).

23 juin-4 juill. 1855. — Décret impérial qui ouvre les bureaux de garantie de Strasbourg et de Toulouse à la marque de l'horlogerie importée (D. P. 55. 4. 74).

23 juin-5 juill. 1855. — Décret impérial qui proroge la faculté accordée aux navires étrangers d'effectuer le transport des grains et farines, du riz, des pommes de terre et des légumes secs, entre l'Algérie et la France (D. P. 55. 4. 75).

23 juin-5 juill. 1855. — Décret impérial qui proroge l'interdiction d'exporter des céréales d'Algérie (blé et orges) à destination des pays étrangers (D. P. 55. 4. 75).

27 juin-14 juill. 1855. — Décret impérial qui proroge le délai fixé pour la durée des modifications au tarif des douanes sur les céréales dans les colonies de la Martinique, de la Guadeloupe, de l'île de la Réunion et du Sénégal (Bull., n° 2855).

4-12 juill. 1855. — Décret impérial qui fixe les heures d'ouverture et de fermeture du bureau de douanes de la ville de Redon (D. P. 55. 4. 75).

7-14 juill. 1855. — Décret impérial relatif à l'admission en France, en exemption de droits, des vanilles originaires des colonies françaises des Antilles, de la Guyane et de Mayotte (D. P. 55. 4. 75).

14-21 juill. 1855. — Décret impérial qui autorise l'admission, en franchise, des débris de fonte au-dessous de 15 kilog., des vieux moulages hors de service, etc., expédiés de l'île de Corse sur le continent français (D. P. 55. 4. 76).

14-21 juill. 1855. — Décret impérial relatif à l'importation des mélasses destinées à la distillation (D. P. 55. 4. 76).

16-21 juill. 1855. — Décret impérial relatif aux douanes (D. P. 55. 4. 76).

18-26 juill. 1855. — Décret impérial qui accorde à la commune de Sainte-Marie (Basses-Pyrénées) un entrepôt réel de douanes pour les marchandises prohibées et non prohibées (D.P.55.4.77).

18-26 juill. 1855. — Décret impérial qui ouvre le bureau de douanes de Paimpol à l'importation des marchandises taxées à plus de 20 fr. par 100 kilog. ou nominativement désignées par l'art. 8 de la loi du 27 mars 1817 (D. P. 55. 4. 77).

10-17 août 1855. — Décret impérial portant promulgation de la convention conclue entre la France et les Pays-Bas pour la garantie réciproque de la propriété des œuvres d'esprit et d'art (D. P. 55. 4. 79).

11-22 août 1855. — Décret impérial qui ouvre le bureau des douanes des Fourgs (Doubs) à l'importation de certaines marchandises (D. P. 55. 4. 82).

11-22 août 1855. — Décret impérial qui fixe le droit à l'importation de la vannerie (D. P. 55. 4. 83).

29 août-8 sept. 1855. — Décret impérial qui fixe les droits de douane à l'importation des machines, mécaniques, outils, etc. (D. P. 55. 4. 83).

29 août-8 sept. 1855. — Décret impérial qui autorise l'importation temporaire, en franchise de droits, des graines d'œillette destinées à être converties en huile (D. P. 55. 4. 84).

29 août-8 sept. 1855. — Décret impérial qui autorise l'admission, en franchise de droits, des bois de noyer, sciés en plateaux, importés par navires français (D. P. 55. 4. 84).

29 août-8 sept. 1855. — Décret impérial qui ouvre le bureau des douanes de Jumont (Nord) : 1° à l'importation des laines et des marchandises payant plus de 20 fr. par 100 kilog., ou nominativement désignées par l'art. 8 de la loi du 27 mars 1817; 2° au transit, tant à l'entrée qu'à la sortie, des marchandises tarifées et prohibées (D. P. 55. 4. 84).

5-25 sept. 1855. — Décret impérial qui fixe le droit à l'entrée sur le piment en grains ou moulu, d'origine étrangère, importé dans les ports de l'Algérie (D. P. 55. 4. 90).

8-18 sept. 1855. — Décret impérial portant prorogation du délai fixé par le décret du 2 juin 1855 concernant les diverses mesures relatives aux denrées alimentaires (D. P. 55. 4. 89).

9-29 sept. 1855. — Décret impérial qui établit aux Fourgs (Doubs) un bureau de vérification pour la sortie des boissons expédiées à l'étranger en franchise des droits de circulation et de consommation (D. P. 55. 4. 90).

12-20 sept. 1855. — Décret impérial qui accorde à la ville de Courseulles (Calvados) un entrepôt réel de douanes pour les marchandises prohibées et non prohibées (D. P. 55. 4. 90).

19-25 sept. 1855. — Décret impérial qui proroge le délai fixé pour la durée des modifications au tarif des douanes sur les céréales dans les colonies de la Martinique, de la Guadeloupe, de la Réunion et du Sénégal (D. P. 55. 4. 90).

19 sept.-27 oct. 1855. — Décret impérial qui proroge la faculté accordée aux navires étrangers d'effectuer le transport des grains et farines, du riz, des pommes de terre et des légumes secs, entre l'Algérie et la France (D. P. 55. 4. 101).

19 sept.-27 oct. 1855. — Décret impérial qui proroge jusqu'au 31 déc. 1856 l'interdiction d'exporter des céréales de l'Algérie (blé et orge) à destination des pays étrangers (D.P.55.4.102).

21-29 sept. 1855. — Décret impérial portant ratification et promulgation de l'article qui proroge la convention conclue, le 8 avr. 1836, entre la France et la République orientale de l'Uruguay (D. P. 55. 4. 90).

22-29 sept. 1855. — Décret impérial qui proroge jusqu'au 31 déc. 1856 l'exemption des droits de navigation sur les bateaux chargés de céréales (D. P. 55. 4. 90).

26 sept.-10 oct. 1855. — Décret impérial qui établit à Glère (Doubs) un bureau de vérification pour la sortie des boissons expédiées à l'étranger en franchise des droits de circulation et de consommation (D. P. 55. 4. 99).

26 sept.-22 nov. 1855. — Décret impérial sur le service financier dans les colonies (D. P. 55. 4. 107).

10-23 oct. 1855. — Décret impérial concernant les navires étrangers qui auront importé des bois de construction des pays du nord de l'Europe dans les ports de l'Algérie (D. P. 55. 4. 101).

13-19 oct. 1855. — Décret impérial qui prohibe l'exportation des marrons et châtaignes et de leurs farines (D. P. 55. 4. 99).

17-23 oct. 1855. — Décret impérial portant : 1° admission, en franchise des droits de douane, des produits destinés à la construction des bâtiments de mer; 2° fixation des droits à l'importation des navires étrangers (D. P. 55. 4. 101).

19-24 nov. 1855. — Décret impérial qui admet transitoirement au droit de 20 p. 100 *ad valorem* les marchandises prohibées qui se trouveront à bord des prises maritimes (Bull., n° 3137).

28 nov.-2 déc. 1855. — Décret impérial qui fixe les droits de douane à l'importation des farines et fécules de manioc et autres fécules exotiques brutes ou grillées (D. P. 55. 4. 118).

10-15 déc. 1855. — Décret impérial qui fixe les droits à l'importation de certaines marchandises (D. P. 55. 4. 119).

29 déc. 1855-4 janv. 1856. — Décret impérial qui fixe les droits à l'importation des sucres (D. P. 56. 4. 8).

29 déc. 1855-4 janv. 1856. — Décret impérial qui affranchit les navires néerlandais du droit de tonnage établi par l'ordonnance du 26 juin 1841 (D. P. 56. 4. 8).

29 déc. 1855-4 janv. 1856. — Décret impérial qui ouvre le bureau des douanes de Carentan (Manche) à l'entrée des marchandises taxées à plus de 20 fr. les 100 kilog. ou nominativement désignées en l'art. 8 de la loi du 27 mars 1817, ainsi qu'à l'importation et à l'exportation des grains et farines (D. P. 56. 4. 8).

5-11 janv. 1856. — Décret impérial qui fixe les droits à l'importation des peaux préparées (D. P. 56. 4. 8).

19-23 janv. 1856. — Décret impérial qui fixe les droits à l'importation des laines en masse et les primes accordées à l'exportation des fils et tissus de laine (D. P. 56. 4. 13).

19-23 janv. 1856. — Décret impérial portant que le sulfite de soude recevra un drawback à l'exportation (D. P. 56. 4. 14).

26-31 janv. 1856. — Décret impérial qui fixe le droit sur les cotons en laines importées des entrepôts par navires français (D. P. 56. 4. 30).

30 janv.-5 févr. 1856. — Décret impérial qui modifie, pour certaines marchandises, le tarif des douanes à l'importation dans les colonies françaises d'Amérique et de l'Inde (D. P. 56. 4. 31).

30 janv.-5 févr. 1856. — Décret impérial qui fixe les heures d'ouverture et de fermeture des bureaux de douane de Marseille (D. P. 56. 4. 32).

2-7 févr. 1856. — Décret impérial qui ouvre les bureaux de douane de Vireux (Ardennes) et de Jeumont (Nord) à l'importation des machines et mécaniques complètes ou en pièces détachées (D. P. 56. 4. 33).

9-14 févr. 1856. — Décret impérial qui fixe les droits à l'importation de l'hydrochlorate ou muriate de potasse (D. P. 56. 4. 33).

9-14 févr. 1856. — Décret impérial qui fixe les droits à l'importation des résineux exotiques (D. P. 56. 4. 33).

23-28 févr. 1856. — Décret impérial qui ajoute les cotons en laine pour la fabrication des toiles à voiles, à la nomenclature des objets dont le décret du 17 oct. 1855 autorise l'admission en franchise (D. P. 56. 4. 38).

27 févr.-3 mars 1856. — Décret impérial relatif à l'importation des rails étrangers et de leurs accessoires (D. P. 56. 4. 38).

1er-5 mars 1856. — Décret impérial qui fixe le droit à l'importation du millet (D. P. 56. 4. 38).

24-27 mars 1856. — Décret impérial qui proroge la perception faite en vertu de l'art. 1 du décret du 27 mars 1852, la perception des droits d'importation sur les sucres provenant des colonies françaises de l'Inde et de l'Amérique (D. P. 56. 4. 43).

29 mars-6 avr. 1856. — Décret impérial relatif au bureau de douanes de Trois-Maisons (Moselle) (D. P. 56. 4. 45).

29 mars-6 avr. 1856. — Décret impérial qui supprime le droit établi à la sortie des pierres de taille brutes (D. P. 56. 4. 43).

29 mars-6 avr. 1856. — Décret impérial qui accorde à la ville de Besançon un entrepôt réel pour les marchandises prohibées et non prohibées (D. P. 56. 4. 45).

29 mars-6 avr. 1856. — Décret impérial qui autorise l'admission en France, sous certaines conditions, des animaux, instruments et machines propres à l'agriculture, et des produits agricoles arrivant de l'étranger et destinés à figurer au concours universel ouvert à Paris pour les années 1856 et 1857 (D. P. 56. 4. 45).

9-10 avr. 1856. — Décret impérial qui abroge les décrets des 24 févr., 16 avr. et 8 déc. 1854 portant interdiction d'exportation et réexportation au transit des objets propres à la guerre (D. P. 56. 4. 46.)

9-24 avr. 1856. — Décret impérial portant abrogation de l'art. 1er du décret du 17 juill. 1854, qui a étendu aux expéditions de l'Algérie, à destination de l'étranger, la prohibition d'exportation et de réexportation des objets propres à la guerre (D. P. 56. 4. 48).

16-20 avr. 1856. — Décret impérial qui autorise l'admission en franchise des pièces de fer dites courbes ou branches de courbes destinées à la construction des navires (D. P. 56. 4. 48).

19-24 avr. 1856. — Décret impérial qui fixe les droits à l'importation des cordages en fibres de coco (Bastings) (D. P. 56.4.48).

19 avr.-1er mai 1856. — Décret impérial qui ajoute le bureau de douanes de Jeumont (Nord) à ceux désignés pour constater la sortie des ouvrages d'or et d'argent expédiés à l'étranger dans les cas prévus par la loi du 19 brum. an 6 (D. P. 56. 4. 52).

22-25 avr. 1856. — Décret impérial portant promulgation de la déclaration signée entre la France et le Hanovre, le 10 avr. 1856, portant immunité des droits de navigation et de port au profit des navires hanovriens entrant en relâche forcée dans les ports français (D. P. 56. 4. 48).

26 avr.-1er mai 1856. — Décret impérial qui fixe le droit à l'importation des tubes en fer (D. P. 56. 4. 52).

26 avr.-1er mai 1856. — Décret impérial qui fixe le droit à l'importation du cacao (fèves et pellicules) (D. P. 56. 4. 52).

14-21 mai 1856. — Décret impérial qui admet à la modération de droits déterminée par le décret du 20 déc. 1854 les huiles de coco et les graines de sésame importées directement des établissements français dans l'Inde (D. P. 56. 4. 57).

28 mai-10 juin 1856. — Décret impérial fixant le droit à l'exportation des tourteaux de graines de coton (D. P. 56. 4. 61).

31 mai-10 juin 1856. — Décret impérial qui ouvre le port de Calais à l'importation des harengs salés provenant de pêche française (D. P. 56. 4. 61).

5 juin 1856. — Décret impérial portant que les laines importées en Algérie par les frontières de terre acquitteront les mêmes droits, suivant leurs espèces ou qualités, que les produits similaires importés par mer, sous pavillon français, des pays situés hors d'Europe.

12-14 juin 1856. — Décret impérial qui fixe le tarif à l'importation de certaines denrées (D. P. 56. 4. 63).

13-14 juin 1856. — Décret impérial portant promulgation de la convention littéraire conclue, le 19 mai 1856, entre la France et le royaume de Saxe (D. P. 56. 4. 61).

28-30 juin 1856. — Loi sur le tarif des sucres des colonies françaises (D. P. 56. 4. 67).

28 juin-4 juill. 1856. — Décret impérial qui admet, en franchise de droits à l'entrée, les étoupes de lin et de chanvre destinées à la confection des toiles à voiles (D. P. 56. 4. 81).

28 juin-4 juill. 1856. — Décret impérial qui ouvre le bureau des douanes des Verrières-de-Joux (Doubs) à l'importation des laines en masse (D. P. 56. 4. 81).

8-21 juill. 1856. — Décret impérial portant promulgation de la convention conclue entre la France et la ville libre et hanséatique de Hambourg, pour la garantie réciproque de la propriété des œuvres d'esprit et d'art (D. P. 56. 4. 84).

11-18 juill. 1856. — Décret impérial qui modifie le tarif à l'importation de l'iode brut ou raffiné et de l'iodure de potassium (D. P. 56. 4. 82).

17-26 juill. 1856. — Décret impérial qui fixe le droit à l'importation de l'outremer (D. P. 56. 4. 123).

17-26 juill. 1856. — Décret impérial relatif à l'importation temporaire des tôles, cornières et autres pièces en fer, destinées à être employées à la construction de bateaux en fer et des chadières pour machines à vapeur (D. P. 56. 4. 123).

26-31 juill. 1856. — Loi sur les douanes (D. P. 56. 4. 128).

27 juill.-4 août 1856. — Décret impérial qui ouvre le bureau des douanes de Wissembourg à l'importation de certaines marchandises (D. P. 56. 4. 134).

11-14 août 1856. — Décret impérial qui autorise l'admission temporaire, en franchise de droits, des gommes du Sénégal (D. P. 56. 4. 134).

11-14 août 1856. — Décret impérial relatif à l'exportation des objets de toute nature destinés à l'exposition d'économie domestique et à celle des arts industriels qui doivent avoir lieu cette année à Bruxelles (D. P. 56. 4. 134).

16-23 août 1856. — Décret impérial qui fixe les droits de douane à l'importation des mules et mulets dans les colonies françaises des Antilles (D. P. 56. 4. 135).

1er-12 sept. 1856. — Décret impérial portant que le droit *ad valorem* perçu sur les tabacs importés en Algérie sera remplacé par un droit *au poids* (D. P. 56. 4. 136).

7 sept.-4 oct. 1856. — Décret impérial portant que le droit d'octroi *ad valorem*, perçu, à l'entrée par mer, sur les tabacs importés en Algérie, sera remplacé par un droit au poids (D. P. 56. 4. 139).

7 sept.-13 oct. 1856. — Décret impérial portant que les bâtiments étrangers de quatre-vingts tonneaux et au-dessous pourront être admis en Algérie, à une francisation spéciale, qui leur permettra de naviguer exclusivement dans les eaux de cette colonie (D. P. 56. 4. 142).

7 sept.-20 oct. 1856. — Décret impérial qui modifie le tableau annexé au décret du 11 août 1853, relatif aux rapports commerciaux, par terre, de l'Algérie avec le Maroc et la régence de Tunis (D. P. 56. 4. 143).

8-12 sept. 1856. — Décret impérial portant prorogation du délai fixé par les décrets des 8 sept. et 13 oct. 1855 concernant les diverses mesures relatives aux denrées alimentaires (D.P.56.4.136).

8-12 sept. 1856. — Décret impérial portant que les attributions conférées au bureau de douanes du Zuydcoote (Nord) par l'art. 9 de la loi du 2 juill. 1836 sont tranférées au bureau de Ghivelde (même département) (D. P. 56. 4. 136).

15-20 sept. 1856. — Décret impérial qui fixe le droit à l'importation des poissons marinés ou à l'huile (D. P. 56. 4. 138).

15-20 sept. 1856. — Décret impérial qui ajoute la ferraille à la nomenclature des produits de l'industrie algérienne dont l'art. 2 de la loi du 11 janv. 1851 autorise l'admission en franchise dans les ports de la métropole (D. P. 56. 4. 138).

20 sept.-1er oct. 1856. — Décret impérial qui proroge les dispositions du décret du 19 sept. 1855, portant interdiction d'exporter à l'étranger les céréales de l'Algérie (blé et orge) (D. P. 56. 4. 139).

26 sept.-4 oct. 1856. — Décret impérial qui autorise l'admission temporaire, en franchise de droit, des graines de moutarde et des graines de navette importées, soit par terre, soit par mer, sous pavillon français ou sous le pavillon du pays d'où elles sont originaires (D. P. 56. 4. 140).

29 sept.-8 oct. 1856. — Décret impérial qui autorise l'importation en franchise du cuivre pur ou allié de zinc et du zinc laminé en feuilles et destiné au doublage des navires (D. P. 56. 4. 141).

29 sept.-8 oct. 1856. — Décret impérial qui fixe les droits à l'importation licite des livres, brochures et mémoires scientifiques imprimés à Hambourg (D. P. 56. 4. 141).

7-21 oct. 1856. — Décret impérial portant prorogation, jusqu'au 31 déc. 1857, de l'exemption des droits de navigation sur les céréales (D. P. 56. 4. 144).

8-16 oct. 1856. — Décret impérial prorogeant, jusqu'au 17 oct. 1857, les dispositions de l'art. 2 du décret du 17 oct. 1855, relatives à la francisation des bâtiments de mer étrangers (D. P. 56. 4. 143).

18 oct.-1er nov. 1856. — Décret impérial portant promulgation du traité de commerce et de navigation conclu entre la France et la république de Libéria (D. P. 56. 4. 145).

23-26 oct. 1856. — Décret impérial qui fixe les droits à l'importation des graines de ricin et des cristaux de soude (D. P. 56. 4. 145).

23 oct.-18 nov. 1856. — Décret impérial qui fait concession à la ville de Marseille de l'établissement et de l'exploitation du dock-entrepôt prévu par la loi du 10 juin 1854 (D. P. 56. 4. 146).

5-9 nov. 1856. — Décret impérial qui fixe les droits de douanes à l'importation des laines peignées et des laines teintes (D. P. 56. 4. 146).

20-27 nov. 1856. — Décret impérial portant promulgation de la convention de poste conclue, le 24 sept. 1856, entre la France et le Royaume-Uni de la Grande-Bretagne et d'Irlande (Immunités douanières qui en résultent) (D. P. 56. 4. 149).

26 nov.-3 déc. 1856. — Décret impérial indiquant les heures d'ouverture et de fermeture du bureau des douanes des Quatre-Vents (Morbihan) (D. P. 56. 4. 154).

1er-6 déc. 1856. — Décret impérial portant promulgation de la convention littéraire conclue entre la France et le grand-duché de Luxembourg (D. P. 56. 4. 154).

14-24 janv. 1857. — Décret impérial qui transfère à Boulogne-sur-Mer le bureau de garantie de Saint-Omer (Pas-de-Calais) (D. P. 57. 4. 43).

31 janv.-6 févr. 1857. — Décret impérial sur l'importation par le bureau d'Evrange, des ouvrages d'art et d'esprit mentionnés dans la convention conclue entre la France et le grand-duché de Luxembourg (D. P. 57. 4. 50).

11-13 févr. 1857. — Décret impérial qui permet la distillation du riz (D. P. 57. 4. 50).

14-21 févr. 1857. — Décret impérial portant promulgation du traité d'amitié et de commerce conclu entre la France et la Perse (D. P. 57. 4. 51).

28 févr.-6 mars 1857. — Décret impérial qui établit à Fessevilliers et à Vaufrey (Doubs) des bureaux de vérification pour la sortie des boissons expédiées à l'étranger en franchise des droits de circulation et de consommation, et supprime les bureaux de Goumois et de Glères (Doubs) (D. P. 57. 4. 53).

7-14 mars 1857. — Décret impérial qui fixe les droits à l'importation de certaines marchandises (D. P. 57. 4. 53).

7-14 mars 1857. — Décret impérial qui ajoute l'huile d'arachides à la nomenclature des produits naturels de l'Algérie admis en franchise dans les ports de la métropole (D. P. 57. 4. 54).

7-18 mars 1857. — Décret impérial qui ouvre le bureau des douanes de Saint-Nazaire (Loire-Inférieure) à l'importation des marchandises taxées à plus de 20 fr. par 100 kilog., ou nominativement désignées par l'art. 8 de la loi du 27 mars 1817 (D. P. 57. 4. 54).

4-13 avr. 1857. — Décret impérial portant fixation des heures d'ouverture et de fermeture du bureau de douane de Noirmoutiers (Vendée) (D. P. 57. 4. 60).

4-13 avr. 1857. — Décret impérial qui autorise l'importation temporaire, en franchise de droits, des graines d'arachide (D. P. 57. 4. 60).

15-23 avr. 1857. — Décret impérial qui fixe les heures d'ouverture et de fermeture du bureau de douane de Royan (Charente-Inférieure) (D. P. 57. 4. 62).

18-27 avr. 1857. — Loi sur les douanes (D. P. 57. 4. 63).

18-23 avr. 1857. — Décret impérial portant fixation de la quantité de sel que l'administration des douanes est autorisée à délivrer en franchise pour le pacquage du maquereau salé à terre (D. P. 57. 4. 63).

29 avr.-4 mai 1857. — Décret impérial qui ouvre le port de Rouen à l'importation des cotons filés (D. P. 57. 4. 66).

22-29 mai 1857. — Décret impérial qui ouvre le bureau de Jeumont (Nord) à l'entrée des grandes peaux brutes sèches d'origine européenne (D. P. 57. 4. 69).

25-27 mai 1857. — Décret impérial qui fixe les droits à l'importation du soufre (D. P. 57. 4. 69).

30 mai-6 juin 1857. — Décret impérial ouvrant le bureau de Culoz (Ain) à l'importation de certaines marchandises et au transit des marchandises prohibées et non prohibées (D. P. 57. 4. 71).

10 juin-1er juill. 1857. — Décret impérial qui autorise l'admission en franchise des droits d'entrée en Algérie, des mules, mulets, bœufs, vaches, génisses, bouvillons, veaux, brebis, moutons, chèvres, agneaux et chevreaux (D. P. 57. 4. 103).

20 juin 1857. — Décret impérial qui supprime l'entrepôt réel de Mers-el-Kébir et porte ouverture de l'entrepôt d'Oran.

23-27 juin 1857. — Loi sur les marques de fabrique et de commerce (D. P. 57. 4. 97).

3-10 juill. 1857. — Décret impérial qui accorde à la ville de Saint-Nazaire un entrepôt réel de douanes (D. P. 57. 4. 105).

3-15 juill. 1857. — Décret impérial qui établit à Ghivelde (Nord) et à Culoz (Ain) des bureaux de vérification pour la sortie des boissons expédiées à l'étranger en franchise des droits de circulation et de consommation, et supprime le bureau de Zuydcoote (Nord) (D. P. 57. 4. 105).

3-20 juill. 1857. — Décret impérial qui supprime le prélèvement attribué au trésor public sur le produit net de l'octroi de mer en Algérie, et réduit le prélèvement effectué sur le produit brut du même octroi (D. P. 57. 4. 108).

16-28 juill. 1857. — Décret impérial fixant les heures d'ouverture et de fermeture du bureau d'Ambon (Morbihan) (D. P. 57. 4. 111).

24-31 juill. 1857. — Décret impérial relatif à l'exportation des objets de toute nature destinés à l'exposition qui doit avoir lieu cette année à Bruxelles, sous les auspices de l'Association pour l'encouragement des arts industriels (D. P. 57. 4. 114).

24 juill.-19 août 1857. — Décret impérial qui établit en Algérie des bureaux de garantie pour faire l'essai et constater les titres des ouvrages et matières d'or et d'argent (D. P. 57. 4. 170).

30 juill.-7 août 1857. — Décret impérial portant que l'interdiction prononcée par le décret du 26 oct. 1854, relativement à la distillation des graines et autres substances farineuses servant à l'alimentation, est levée en ce qui concerne les grains de provenance étrangère, le blé-froment excepté (D. P. 57. 4. 165).

30 juill.-7 août 1857. — Décret impérial qui accorde à la ville de Douai un entrepôt réel de marchandises non prohibées (D. P. 57. 4. 165).

30 juill.-8 août 1857. — Décret impérial portant promulgation du traité de commerce et de navigation conclu, le 14 juin 1857, entre la France et la Russie (D. P. 57. 4. 165).

12-21 août 1857. — Décret impérial portant que les savons de couleur, composés d'huiles de graines et de graisses animales, jouiront d'une prime de sortie de 6 fr. par 100 kilog. (D. P. 57. 4. 170)

26 août-7 sept. 1857. — Décret impérial portant promulgation de la nouvelle convention littéraire conclue, le 2 juill. 1857 entre la France et le grand-duché de Bade (D. P. 57. 4. 177).

6-17 sept. 1857. — Décret impérial qui ouvre le bureau des douanes de Culoz (Ain) à l'exportation des ouvrages d'or e d'argent (D. P. 57. 4. 185).

7-12 sept. 1857. — Décret impérial portant fixation de la quantité de sel qui peut être embarquée pour la pêche dans le parages d'Yarmouth et des côtes de France (D. P. 57. 4. 181).

7-17 sept. 1857. — Décret impérial portant promulgation de la convention conclue, le 3 juill. 1857, entre la France et l Bavière, relativement aux chemins de fer internationaux (D. P 57. 4. 183).

11-21 sept. 1857. — Décret impérial portant désignation du bureau de la Seyne (Var) pour l'admission en franchise de produits de l'île de Corse (D. P. 57. 4. 185).

14-29 sept. 1857. — Décret impérial portant promulgation du traité d'amitié, de commerce et de navigation conclu, l 15 mai 1856, entre la France et la République de la Nouvelle Grenade (D. P. 57. 4. 186).

22-29 sept. 1857. — Décret impérial portant prorogation du délai fixé par le décret du 8 sept. 1856, concernant les diverse mesures relatives aux denrées alimentaires (D. P. 57. 4. 188).

1er-13 oct. 1857. — Décret impérial qui proroge le délai fix pour la durée des modifications au tarif des douanes dans le colonies de la Martinique, de la Guadeloupe, de la Réunion et d Sénégal, en ce qui concerne les grains, farines et légumes sec (D. P. 57. 4. 191).

2 oct. 1857. — Décret impérial relatif au transport entr l'Algérie et la France des grains et farines, du riz, des pomme de terre et des légumes secs.

2 oct. 1857. — Décret impérial portant interdiction d'exporter les céréales de l'Algérie à l'étranger jusqu'au 30 sept. 1858.

12-20 oct. 1857. — Décret impérial portant prorogation jusqu'au 30 sept. 1858 de l'exemption des droits de navigation intérieure sur les céréales (D. P. 57. 4. 191).

17-21 oct. 1857. — Décret impérial qui contient des modifications au décret du 17 oct. 1855 sur des constructions navales et proroge les dispositions de l'art. 2 de ce décret, relatives à la francisation des bâtiments de mer étrangers (D. P. 57. 4. 193).

17-21 oct. 1857. — Décret impérial qui autorise l'importation temporaire des fontes brutes, fers en barre, etc., destinés à être convertis en navires et bateaux en fer, en machines et appareils, soit pour les chemins de fer, soit pour les construction ou fabrications industrielles ou civiles en métaux (D. P. 57. 4. 192)

17 oct.-1er nov. 1857. — Décret impérial portant promulgation du traité d'amitié, de commerce et de navigation conclu le 22 févr. 1856, entre la France et la République de Hondura (D. P. 57. 4. 193).

29 oct.-4 nov. 1857. — Décret impérial relatif à l'exportation des vêtements confectionnés (D. P. 57. 4. 196).

29 oct.-4 nov. 1857. — Décret impérial qui fixe les droit à l'importation de certaines marchandises (D. P. 57. 4. 196).

29 oct.-4 nov. 1857. — Décret impérial qui autorise l'importation en franchise des végétaux filamenteux destinés à la confection des cordages pour bâtiments de mer (D. P. 57. 4. 196)

10-13 nov. 1857. — Décret impérial faisant cesser, pour la sortie seulement, l'effet des mesures édictées par les décrets des 8 sept. 1856 et 22 sept. 1857, relatives aux denrées alimentaires (D. P. 57. 4. 199).

10-13 nov. 1857. — Décret impérial qui rapporte celui du 26 oct. 1854, qui a interdit la distillation des céréales et de toute autre substance farineuse servant à l'alimentation (D. P. 57. 4. 199)

18 nov.-9 déc. 1857. — Décret impérial qui lève la prohibition de sortie des céréales de l'Algérie (blé et orge) (D. P. 58. 4. 3)

23-30 nov. 1857. — Décret impérial qui ajoute le port de Caen à ceux désignés pour l'entrepôt des marchandises prohibées de toute espèce (D. P. 58. 4. 2).

5-11 déc. 1857. — Décret impérial qui : 1° modifie les droits de sortie sur le bois de noyer, les meules et les peaux brutes ; 2° supprime les droits de sortie sur toutes les marchandises, à l'exception de celles y désignées (D. P. 58. 4. 4).

16-19 déc. 1857. — Décret impérial qui fixe le droit de douane à l'importation en France des eaux-de-vie étrangères (D. P. 58. 4. 5).

16-19 déc. 1857. — Décret impérial qui ouvre le bureau des douanes de Feignies (Nord) : 1° à l'importation de certaines marchandises ; 2° à l'importation et à l'exportation des grains et farines ; 3° au transit des marchandises prohibées et non prohibées (D. P. 58. 4. 5).

28-31 déc. 1857. — Décret impérial portant promulgation de l'arrangement signé, le 14 déc. 1857, entre la France et les Pays-Bas (D. P. 58. 4. 5).

28 déc. 1857-11 janv. 1858. — Décret impérial portant promulgation du traité d'amitié, de commerce et de navigation, conclu, le 15 août 1856, entre la France et le royaume de Siam (D. P. 58. 4. 6).

13-20 mars 1858. — Décret impérial qui accorde à la ville de Perpignan un entrepôt réel de sels (D. P. 58. 4. 27).

13-20 mars 1858. — Décret impérial qui accorde à la ville de Perpignan un entrepôt réel pour les marchandises prohibées et non prohibées (D. P. 58. 4. 27).

13-30 mars 1858. — Décret impérial qui établit à Feignies, à Comines et à Lecoq (Nord), et au pont de Kehl (Bas-Rhin) des bureaux de vérification pour la sortie des boissons expédiées à l'étranger en franchise des droits de circulation et de consommation et supprime ceux des Echampeys (Doubs), de Calcane et de Bon-Secours (Nord) et du pont du Rhin (Bas-Rhin) (Bull., n° 5368).

8-17 avr. 1858. — Décret impérial qui ajoute les bureaux des douanes du pont de Kehl (Bas-Rhin) et de Feignies (Nord) à ceux désignés pour constater la sortie des ouvrages d'or et d'argent expédiés à l'étranger (D. P. 58. 4. 29).

24-30 avr. 1858. — Décret impérial qui ouvre le bureau de douane des Gras (Doubs) à l'exportation des grains et farines (D. P. 58. 4. 31).

28 avr.-2 mai 1858. — Décret impérial qui ouvre le bureau de douane de Neunkirchen (Moselle) à l'exportation des grains et farines (D. P. 58. 4. 31).

28 avr.-2 mai 1858. — Décret impérial qui ouvre le bureau de douane de Pontrieux (Côtes-du-Nord) à l'importation des marchandises taxées à plus de 20 fr. les 100 kilog., ou nominativement désignées par l'art. 8 de la loi du 17 mai 1817 (D. P. 58. 4. 31).

10-17 mai 1858. — Décret impérial relatif aux droits de tonnage à payer par les navires péruviens à leur entrée dans les ports de l'empire (D. P. 58. 4. 33).

12-19 mai 1858. — Décret impérial qui substitue le bureau des douanes de Bellegarde (Ain) à celui des Rousses (Jura) pour l'entrée et le transit de la librairie en langue française (D. P. 58. 4. 34).

22-29 mai 1858. — Décret impérial portant ouverture du bureau de douane de Merten (Moselle) à l'exportation des grains et farines (D. P. 58. 4. 58).

28 mai-11 juin 1858. — Loi sur les négociations concernant les marchandises déposées dans les magasins généraux (D. P. 58. 4. 69).

28 mai-11 juin 1858. — Loi sur les ventes publiques de marchandises en gros (D. P. 58. 4. 75).

29 mai-6 juin 1858. — Décret impérial portant ouverture du bureau de douane d'Erquy (Côtes-du-Nord) à l'exportation des grains et farines (D. P. 58. 4. 68).

2-11 août 1858. — Décret impérial ouvrant le bureau des douanes de Culoz (Ain) à l'importation et au transit de la librairie en langue française (D. P. 58. 4. 150).

20-25 sept. 1858. — Décret impérial portant fixation de la quantité de sel qui peut être embarquée pour la pêche du hareng dans les parages d'Yarmouth (D. P. 58. 4. 154).

30 sept.-3 oct. 1858. — Décret impérial qui proroge, en ce qui concerne l'importation, le délai fixé par le décret du 22 sept. 1857 relatif aux diverses mesures applicables aux denrées alimentaires (D. P. 58. 4. 155).

30 sept.-3 oct. 1858. — Décret impérial qui proroge le délai fixé pour la durée des modifications au tarif des douanes dans les colonies de la Martinique, de la Guadeloupe, de la Réunion et du Sénégal, en ce qui concerne les grains, farines et légumes secs (D. P. 58. 4. 155).

1er-3 oct. 1858. — Décret impérial portant fixation de la quantité de sel que l'administration des douanes est autorisée à délivrer en franchise pour le pacquage du maquereau salé, soit en mer, soit à terre, et destiné à l'exportation (D. P. 58. 4. 155).

7-19 oct. 1858. — Décret impérial prorogeant jusqu'au 30 sept. 1859 l'exemption des droits de navigation intérieure sur les céréales (D. P. 58. 4. 164).

13-15 oct. 1858. — Décret impérial qui proroge la faculté accordée aux navires étrangers d'effectuer le transport des grains et farines, du riz, des pommes de terre et des légumes secs entre l'Algérie et la France (D. P. 58. 4. 164).

16-19 oct. 1858. — Décret impérial qui ajoute les pâtes alimentaires, les poissons marinés à l'huile, les eaux de fleur d'oranger et les pâtes à papier à la nomenclature des produits fabriqués de l'Algérie admis en franchise dans les ports de la métropole (D. P. 58. 4. 164).

23-30 oct. 1858. — Décret impérial ouvrant le bureau de douane de Blaye (Gironde) à l'importation des marchandises taxées à plus de 20 fr. les 100 kilog., ou nominativement désignées par l'art. 8 de la loi du 27 mars 1817 (D. P. 58. 4. 165).

27-30 oct. 1858. — Décret impérial qui autorise l'admission, en franchise de droits, des chanvres bruts, teillés ou en étoupes, d'origine étrangère, destinés à être convertis en France pour la réexportation, en cordages et cordes de toute espèce (D. P. 58. 4. 165).

24-29 nov. 1858. — Décret impérial qui accorde à la ville de Fécamp un entrepôt réel des douanes pour les marchandises prohibées et non prohibées (D. P. 58. 4. 168).

15-24 déc. 1858. — Décret impérial portant ouverture des bureaux de douanes de Halluin et de Baisieux (Nord) : 1° à l'importation des marchandises payant plus de 20 fr. par 100 kilog., ou nominativement désignées par l'art. 8 de la loi du 27 mars 1817 ; 2° au transit des marchandises non prohibées (D. P. 59. 4. 1).

5-17 janv. 1859. — Décret impérial relatif à l'importation et à l'exportation de diverses marchandises (D. P. 59. 4. 9).

8-17 janv. 1859. — Décret impérial portant promulgation de la convention conclue, le 30 oct. 1858, entre la France et le canton de Genève, pour la protection de la propriété des œuvres d'esprit et d'art (D. P. 59. 4. 8).

8-17 janv. 1859. — Décret impérial portant promulgation de la convention relative aux chemins de fer internationaux, conclue, le 25 nov. 1858, entre la France et la Sardaigne (D. P. 59. 4. 6).

8-17 janv. 1859. — Décret impérial portant ratification et promulgation du règlement relatif au transit international par chemins de fer, entre la France et la Sardaigne (D. P. 59. 4. 7).

5-15 févr. 1859. — Décret impérial relatif à la distillation des grains et des substances farineuses servant à l'alimentation (D. P. 59. 4. 12).

5-15 févr. 1859. — Décret impérial ouvrant le bureau de douane du Hourdel (Somme) à l'exportation des grains et farines (D. P. 59. 4. 12).

2-19 mars 1859. — Décret impérial qui autorise la chambre de commerce de Mulhouse à se charger de la gestion de l'entrepôt réel des douanes et du magasin général de dépôt de marchandises établis dans cette ville (D. P. 59. 4. 20).

12-31 mars 1859. — Décret impérial portant règlement d'administration publique pour l'exécution des lois du 28 mai 1858, sur les négociations concernant les marchandises déposées dans les magasins généraux et sur les ventes publiques de marchandises en gros (D. P. 59. 4. 20).

20-28 avr. 1859. — Décret impérial qui fixe le prix de vente des poudres de commerce extérieur et de mine (D. P. 59. 4. 25).

30 avr.-6 mai 1859. — Décret impérial qui prohibe la sortie, la réexportation d'entrepôt et le transit des objets désignés dans le tableau y annexé (armes et munitions de guerre) (D. P. 59. 4. 28).

7-12 mai 1859. — Décret impérial qui rapporte celui du 30 sept. 1858, concernant l'importation des denrées alimentaires (D. P. 59. 4. 30).

10-12 mai 1859. — Décret impérial portant promulgation de la convention spéciale signée, le 18 avr. 1859, à l'effet de proroger le traité de commerce conclu entre la France et la Belgique, le 27 févr. 1854 (D. P. 59. 4. 30).

19-28 mai 1859. — Décret impérial portant création d'un entrepôt réel de sucres indigènes à Rouen (D. P. 59. 4. 32).

9-15 juin 1859. — Décret impérial ouvrant les bureaux de douane de Bordeaux, Nantes, Granville, Saint-Malo, Dieppe, Boulogne, Calais et Dunkerque à l'importation des livres et autres ouvrages de la presse anglaise, en quelque langue qu'ils soient imprimés (Bull., n° 6577).

9-17 juin 1859. — Décret impérial qui rapporte celui du 7 oct. 1858, concernant l'exemption des droits de navigation intérieure (D. P. 59. 4. 50).

18-28 juin 1859. — Loi sur les douanes (D. P. 59. 4. 55).

18-28 juin 1859. — Décret impérial étendant à l'Algérie les dispositions du décret du 30 avr. 1859 relatives à l'exportation, à la réexportation et au transit des armes, munitions et autres objets propres à la guerre (D. P. 59. 4. 55).

14-22 juill. 1859. — Décret impérial qui abroge celui du 30 avr. 1859 portant interdiction d'exportation et réexportation ou de transit des objets propres à la guerre (D. P. 59. 4. 73).

14-22 juill. 1859. — Décret impérial ouvrant le bureau de douane de Rosbruck (Moselle), à l'exportation des grains et farines (Bull., n° 6724).

14-20 juill. 1859. — Décret impérial qui rapporte celui du 18 juin 1859, contenant, pour l'Algérie, des dispositions relatives à l'exportation, à la réexportation et au transit des armes, munitions et autres objets propres à la guerre (D. P. 59. 4. 73).

27 juill.-4 août 1859. — Décret impérial ouvrant le bureau de douane de Cussigny (Moselle) à l'importation et à l'exportation des grains et farines (D. P. 59. 4. 74).

6-18 août 1859. — Décret impérial relatif à l'importation, en Algérie, des montres d'origine étrangère (D. P. 59. 4. 74).

16-22 août 1859. — Décret impérial qui ouvre le bureau de douane de Bliesbrucken (Moselle) à l'importation et à l'exportation des grains et farines (D. P. 59. 4. 76).

24 août-9 sept. 1859. — Décret impérial qui autorise la restitution des droits d'importation et de navigation intérieure perçus sur les denrées alimentaires depuis le 1er oct. 1858 jusqu'aux époques où les décrets des 30 sept. et 7 oct. 1858 sont devenus exécutoires (Bull., n° 6886).

26 sept.-1er oct. 1859. — Décret impérial qui proroge le délai fixé pour la durée des modifications au tarif des douanes dans les colonies de la Martinique, de la Guadeloupe, de la Réunion et du Sénégal, en ce qui concerne les grains et légumes secs (D. P. 59. 4. 79).

26 sept.-1er oct. 1859. — Décret impérial qui autorise l'admission, en franchise de droits, des eaux-de-vie de mélasse (rhums et tafias), importés directement, par navires français, de l'île de Mayotte en France (D. P. 59. 4. 79).

26 sept.-1er oct. 1859. — Décret impérial qui ouvre le bureau des douanes de Bois d'Aumont (Jura) : 1° à l'importation de certaines marchandises ; 2° au transit des marchandises prohibées et non prohibées (D. P. 59. 4. 80).

26 sept.-1er oct. 1859. — Décrets impériaux portant que les ports de Saint-Valery-sur-Somme et de Saint-Tropez sont ajoutés à ceux qui ont été désignés par les lois des 21 avr. 1818 et 6 mai 1841 pour l'admission en franchise des produits de l'île de Corse (D. P. 59. 4. 80).

3-24 oct. 1859. — Décret impérial ouvrant le bureau de Thionville (station) à la sortie des boissons expédiées à l'étranger en franchise des droits de circulation et de consommation (D. P. 59. 4. 82).

3-24 oct. 1859. — Décret impérial ouvrant le bureau de Thionville (station) à la sortie des ouvrages d'or et d'argent (D. P. 59. 4. 82).

13-17 oct. 1859. — Décret impérial qui supprime le droit établi à l'exportation de la poterie de terre grossière (D. P. 59. 4. 82).

13-17 oct. 1859. — Décret impérial qui ouvre le bureau du Palais-en-Belle-Ile-en-Mer à l'exportation des grains et farines (D. P. 59. 4. 82).

31 déc. 1859-7 janv. 1860. — Décret impérial qui proroge le délai fixé pour la durée des modifications au tarif des douanes dans les colonies de la Martinique, de la Guadeloupe, de la Réunion et du Sénégal, en ce qui concerne les grains et légumes secs (D. P. 60. 4. 1).

31 déc. 1859-9 janv. 1860. — Décret impérial relatif à l'importation, l'exportation et au transit de certaines marchandises par divers bureaux de douanes du département de la Moselle (D. P. 60. 4. 2).

11-16 janv. 1860. — Décret qui fixe les droits à l'importation pour le chanvre teillé et les étoupes et pour les fanons de baleine (D. P. 60. 4. 2).

21-31 janv. 1860. — Décret impérial portant promulgation du traité d'amitié, de commerce et de navigation conclu, le 11 avr. 1859, entre la France et la République de Nicaragua (D. P. 60. 4. 4).

21-31 janv. 1860. — Décret impérial portant promulgation du traité d'amitié, de commerce et de navigation conclu entre la France et les îles Sandwich, le 29 oct. 1857 (D. P. 60. 4. 8).

25-30 janv. 1860. — Décret impérial qui ouvre le bureau de douanes de Bailleul (Nord) à l'importation des marchandises taxées à plus de 20 fr. par 100 kilog. ou nominativement désignées par l'art. 8 de la loi du 27 mars 1817 (D. P. 60. 4. 4).

11-24 févr. 1860. — Décret impérial relatif à l'admission, en franchise de droits, dans les ports de l'Empire, de certains produits de l'Algérie (D. P. 60. 4. 16).

25 févr.-1er mars 1860. — Décret impérial qui modifie les droits à l'importation pour certaines marchandises (D. P. 60. 4. 17).

3-10 mars 1860. — Décret impérial portant promulgation du traité d'amitié, de commerce et de navigation conclu, le 2 janv. 1858, entre la France et la République du Savaldor (D. P. 60. 4. 17).

6-26 mars 1860. — Décret impérial qui : 1° ouvre le port de Collo (province de Constantine) aux opérations du commerce avec les pays étrangers et avec les ports occupés de l'Algérie ; 2° ajoute le même port à ceux désignés pour l'exportation des marchandises de l'Algérie expédiées sur France, et pour l'importation des marchandises expédiées de France sur l'Algérie (D. P. 60. 4. 28).

10-13 mars 1860. — Décret impérial qui prescrit la promulgation du traité de commerce conclu, le 23 janv. 1860, entre la France et le Royaume-Uni de la Grande-Bretagne et de l'Irlande (D. P. 60. 4. 20).

10-13 mars 1860. — Décret impérial qui prescrit la promulgation de l'article additionnel au traité de commerce conclu entre la France et la Grande-Bretagne (D. P. 60. 4. 22).

12-26 mars 1860. — Décret impérial portant que l'administration des tabacs est séparée de l'administration des douanes et des contributions indirectes, et formera une direction générale (D. P. 60. 4. 28).

21 mars-4 avr. 1860. — Décret impérial portant promulgation du traité de paix, d'amitié et de commerce, conclu à Yeddo, le 9 oct. 1858, entre la France et le Japon (D. P. 60. 4. 29).

22 mars-1er avr. 1860. — Décret impérial portant suppression des droits dits de *navigation maritime*, qui sont actuellement perçus à l'embouchure des fleuves (D. P. 60. 4. 29).

31 mars-6 avr. 1860. — Décret impérial qui accorde à la ville de Saint-Servan un entrepôt de sels (D. P. 60. 4. 32).

4-28 avr. 1860. — Décret impérial ouvrant le bureau de Bailleuil (Nord) à la sortie des boissons expédiées à l'étranger en franchise des droits de circulation et de consommation (D. P. 60. 4. 37).

7-17 avr. 1860. — Décret impérial qui autorise le ministre des finances à affranchir de l'impôt les manquants constatés sur le rendement légal de trente-trois litres d'alcool par 100 kilog. de mélasse distillés (D. P. 60. 4. 36).

5-5 mai 1860. — Loi concernant le tarif des laines, des cotons et autres matières premières (D. P. 60. 4. 38).

15-17 mai 1860. — Décret impérial portant promulgation d'un arrangement supplémentaire à la convention littéraire conclue, le 29 mars 1855, entre la France et les Pays-Bas (D. P. 60. 4. 49).

23-23 mai 1860. — Loi concernant le tarif des sucres, des cafés, du cacao et du thé (D. P. 60. 4. 52).

4-8 juin 1860. — Décret impérial qui ouvre le bureau des douanes de Saint-Nazaire (Loire-Inférieure) à l'importation de certaines marchandises (D. P. 60. 4. 67).

9-18 juin 1860. — Décret impérial qui ouvre le bureau des douanes d'Hargnies (Ardennes), à l'importation et à l'exportation des grains et farines (D. P. 60. 4. 69).

12-14 juin 1860. — Sénatus-consulte concernant la réunion à la France de la Savoie et de l'arrondissement de Nice (art. 3, D. P. 60. 4. 68).

12-18 juin 1860. — Décret impérial relatif au service des douanes en Savoie et dans l'arrondissement de Nice (D. P. 60. 4. 69).

18-22 juin 1860. — Décret impérial relatif aux attributions de plusieurs bureaux de douanes sur les nouvelles frontières de l'empire du côté de la Savoie et du côté de Nice (D. P. 60. 4. 75).

25-29 juin 1860. — Décret impérial qui : 1° rend applicables aux départements de la Savoie, de la Haute-Savoie et des Alpes-Maritimes, les lois, décrets et ordonnances concernant le titre des matières d'or et d'argent et la perception des droits de garantie ; 2° crée des bureaux de garantie à Chambéry et à Nice (D. P. 60. 4. 78).

25-29 juin 1860. — Décret impérial concernant l'importation des grains et farines par la frontière de l'ancien arrondissement de Nice, depuis Saint-Etienne jusqu'à Sospello inclusivement (D. P. 60. 4. 78).

25 juin-23 juill. 1860. — Décret impérial qui ouvre la frontière du sud de l'Algérie à l'importation, en franchise des droits de douanes, des produits naturels et fabriqués, originaires du Sahara et du Soudan (D. P. 60. 4. 95).

6-10 juill. 1860. — Décret impérial qui prescrit la promulgation du deuxième article additionnel au traité de commerce conclu entre la France et la Grande-Bretagne (D. P. 60. 4. 80).

14-17 juill. 1860. — Loi sur la fabrication et le commerce des armes de guerre (D. P. 60. 4. 86).

14-17 juill. 1860. — Loi qui autorise l'exportation, en franchise de droits, des écorces à tan, des bois à brûler, des charbons de bois et de chènevottes, des perches et des bois de construction et d'industrie autres que le noyer (D. P. 60. 4. 88).

18-20 juill. 1860. — Décret impérial qui prescrit la promulgation de la déclaration relative aux droits imposés en Belgique sur les vins et eaux-de-vie d'origine française, signée, le 29 mai 1860, entre la France et la Belgique (D. P. 60. 4. 91).

18-28 juill. 1860. — Décret impérial concernant le droit à l'importation de la houille (D. P. 60. 4. 111).

18-28 juill. 1860. — Décret impérial qui supprime le droit établi à la sortie de la houille, du coke et des cendres de houille (D. P. 60. 4. 111).

24-28 juill. 1860. — Loi qui fixe le tarif des droits de douane sur les céréales, dans les colonies de la Martinique, de la Guadeloupe et de la Réunion (D. P. 60. 4. 110).

24-28 juill. 1860. — Loi qui fixe le tarif du riz importé dans les colonies de la Martinique et de la Guadeloupe (D. P. 60. 4. 111).

25 juill. 1860. — Arrêté qui règle le régime applicable à la partie neutralisée de la Savoie.

25 juill.-1er août 1860. — Décret impérial : 1° ouvrant les bureaux du Pont-de-la-Caille, de Saint-Jean-de-Maurienne, de Chambéry et de Nice à l'importation et au transit de la librairie en langue française et en langues étrangères; 2° classant les départements de la Savoie, de la Haute-Savoie et des Alpes-Maritimes pour l'application du tarif des céréales (D. P. 60. 4. 111).

25 juill.-1er août 1860. — Décret impérial ouvrant le bureau de douanes de Lanslebourg (Savoie) au transit, à l'entrée et à la sortie des marchandises prohibées et non prohibées (D. P. 60. 4. 111).

25 juill.-1er août 1860. — Décret impérial qui autorise l'importation temporaire, en franchise de droits, des graines de navette de Russie, dites *graines de ravison*, destinées à être converties en huile (D. P. 60. 4. 111).

28 juill.-4 août 1860. — Loi relative aux grandes pêches maritimes (D. P. 60. 4. 112).

1er-4 août 1860. — Loi relative au remboursement des droits sur les machines et mécaniques commandées à l'étranger avant le 15 janv. 1860 (D. P. 60. 4. 123).

1er-7 août 1860. — Décret impérial qui autorise l'importation des laines en masse par tous les bureaux de douane de l'Empire (D. P. 60. 4. 131).

11-18 août 1860. — Décret impérial qui supprime les droits d'entrée sur le capillaire (D. P. 60. 4. 137).

11-18 août 1860. — Décret impérial qui : 1° accorde à la ville de Nice un entrepôt réel pour les marchandises prohibées et non prohibées; 2° autorise la création, dans le port de Nice, d'un entrepôt réel et général des sels (D. P. 60. 4. 137).

11-18 août 1860. — Décret impérial qui supprime ou réduit, à l'égard de certains produits de l'Algérie, les droits compensateurs établis par l'art. 3 du décret du 11 février dernier (D. P. 60. 4. 136).

11-18 août 1860. — Décret impérial qui ouvre le bureau de douanes d'Osseja (Pyrénées-Orientales) à l'exportation des grains et farines (D. P. 60. 4. 137).

11-18 août 1860. — Décret impérial qui accorde à la ville de Chambéry un entrepôt réel pour les marchandises non prohibées, et un entrepôt réel et général des sels (D. P. 60. 4. 137).

16 août-7 sept. 1860. — Décret impérial qui ouvre les ports de Ouistreham (quartier maritime de Caen) et de Saint-Valery-sur-Somme (quartier maritime du même nom) à l'importation des harengs et des maquereaux salés provenant de pêche française (D. P. 60. 4. 144).

22-24 août 1860. — Décret impérial relatif à l'importation des grains et farines (D. P. 60. 4. 139).

8-11 sept. 1860. — Décret impérial qui fixe le droit à l'importation du poisson de mer, dit *stock-fish*, de pêche étrangère (D. P. 60. 4. 146).

18-27 sept. 1860. — Décret impérial ajoutant le bureau des douanes de Sagone (Corse) à ceux désignés par l'art. 5 de la loi du 21 avr. 1818 pour l'importation de certaines marchandises en Corse (D. P. 60. 4. 150).

24 sept.-1er oct. 1860. — Décret impérial qui ajoute les bureaux de garantie de Chambéry et de Nice à la nomenclature de ceux désignés pour l'essai et la marque des montres de fabrique étrangère (D. P. 60. 4. 152).

24 sept.-1er oct. 1860. — Décret impérial qui : 1° fixe les droits à l'importation du sulfate de soude (sel de Glauber); 2° supprime les primes accordées à l'exportation des acides nitrique et sulfurique (D. P. 60. 4. 152).

29 sept.-20 oct. 1860. — Décret impérial qui autorise l'importation directe, dans les colonies, des machines et mécaniques, des objets en fonte, en fer ou en tôle, propres à l'exploitation des sucreries, et provenant des manufactures étrangères (D. P. 60. 4. 152).

29 sept. 1860-31 mai 1861. — Décret impérial qui déclare applicable à l'importation de certaines marchandises (fers, fontes et aciers d'origine et de manufactures britanniques) un tarif convenu entre les plénipotentiaires de la France et de la Grande-Bretagne (D. P. 61. 4. 70).

17-20 oct. 1860. — Décret impérial qui fixe les droits à l'importation des riz en grains (D. P. 60. 4. 153).

20-26 oct. 1860. — Décret impérial qui ouvre le bureau de douanes de Seau (Nord) à l'importation des grains et farines (D. P. 60. 4. 153).

26-27 oct. 1860. — Décret impérial portant promulgation de la convention complémentaire de commerce conclue, le 12 oct. 1860, entre la France et la Grande-Bretagne (D. P. 60. 4. 154).

26 oct.-8 nov. 1860. — Décret impérial qui indique les marchandises d'origine et de manufacture britannique auxquelles les droits d'entrée établies par la convention conclue, le 12 oct. 1860, entre la France et la Grande-Bretagne sont applicables à partir du 1er novembre (D. P. 60. 4. 156).

28 oct.-8 nov. 1860. — Décret impérial qui soumet à différentes surtaxes les marchandises d'origine et de manufacture britanniques inscrites dans le traité conclu, le 23 janv. 1860, entre la France et l'Angleterre, importées autrement que par navires français et britanniques (D. P. 60. 4. 156).

28 oct.-8 nov. 1860. — Décret impérial qui détermine les ports par lesquels seront importées les marchandises d'origine et de manufacture britannique dénommées dans la convention conclue, le 12 oct. 1860, entre la France et la Grande-Bretagne (D. P. 60. 4. 156).

31 oct. 1860-4 nov. 1861. — Décret impérial qui réduit : 1° les droits que les chanceliers des consulats de France à l'étranger sont autorisés à percevoir pour la délivrance des certificats d'origine; 2° les droits fixés pour la légalisation desdits actes (D. P. 61. 4. 126).

7-16 nov. 1860. — Décret impérial relatif aux attributions des bureaux des douanes de Fontan et de Savigio (Alpes-Maritimes) (D. P. 60. 4. 157).

7-16 nov. 1860. — Décret impérial qui ouvre le bureau des douanes du Plat (Haute-Savoie) : 1° à l'importation de certaines marchandises; 2° au transit des marchandises non prohibées; 3° à l'entrée et à la sortie des grains, légumes secs ou leurs farines (D. P. 60. 4. 157).

14-20 nov. 1860. — Décret impérial qui ajoute le département des Ardennes à la zone déterminée par la loi du 6 mai 1841 pour l'importation des houilles au droit réduit de 10 cent. par 100 kilog. (D. P. 60. 4. 157).

17-22 nov. 1860. — Décret qui fixe les droits à l'importation et à l'exportation de certaines marchandises dans l'île de Corse (D. P. 60. 4. 159).

21-24 nov. 1860. — Décret impérial qui supprime la prohibition à la sortie des minerais de fer et en autorise l'exportation en franchise de droits (D. P. 60. 4. 160).

24-30 nov. 1860. — Décret impérial portant promulgation de la convention de poste conclue, le 4 sept. 1860, entre la France et la Sardaigne (immunités en résultant pour les paquebots qui font le service postal) (D. P. 61. 4. 2).

30 nov.-1er déc. 1860. — Décret impérial portant promulgation de la deuxième convention complémentaire de commerce conclue, le 16 nov. 1860, entre la France et la Grande-Bretagne (D. P. 61. 4. 5).

5-13 déc. 1860. — Décret impérial relatif à l'importation des légumes secs et de leurs farines (D. P. 61. 4. 8).

15-19 déc. 1860. — Décret impérial portant que la prohibition qui atteint en Algérie la sortie des écorces à tan est et demeure abrogée (D. P. 61. 4. 10).

19-24 déc. 1860. — Décret impérial qui ouvre les bureaux de douanes de Séez et de Flumet (Savoie) à l'importation et à l'exportation des grains et farines (D. P. 61. 4. 14).

19 déc. 1860-12 janv. 1861. — Décret impérial qui établit plusieurs bureaux de vérification pour la sortie des boissons expédiées à l'étranger en franchise des droits de circulation et de consommation (D. P. 61. 4. 18).

22 déc. 1860-1er janv. 1861. — Décret impérial qui détermine le mode de liquidation de la prime allouée par la loi du 6 mai 1841 aux machines à vapeur de fabrication française affectées à la navigation internationale maritime (D. P. 61. 4. 17).

22 déc. 1860-8 janv. 1861. — Décret impérial qui fixe le droit sur les confitures et fruits confits au sucre, originaires et importés des colonies françaises (D. P. 61. 4. 18).

5-12 janv. 1861. — Décret impérial portant : 1° modification des droits à l'importation de certaines marchandises; 2° suppression des primes actuellement accordées à l'exportation du soufre, des cuirs, du plomb, du cuivre et du laiton (D. P. 61. 4. 18).

12-18 janv. 1861. — Décret impérial qui fixe le droit à l'importation du cuivre doré ou argenté, filé sur fil ou sur soie (D. P. 61. 4. 20).

12-22 janv. 1861. — Décret impérial portant promulgation du traité d'amitié, de commerce et de navigation, ainsi que de la convention de paix, conclu entre la France et la Chine (D. P. 61. 4. 20).

16-24 janv. 1861. — Décret impérial qui abaisse le chiffre maximum fixé par l'art. 7 de la loi du 27 mars 1817, et au delà duquel les marchandises importées en France acquittent les droits de douane au poids net (D. P. 61. 4. 27).

16-28 janv. 1861. — Décret impérial qui supprime la surtaxe de 3 fr. par 100 kilog. établie par la loi du 23 mai 1860 sur les sucres étrangers importés des pays hors d'Europe par navires français (D. P. 61. 4. 28).

26 janv. 1861. — Décret qui fixe les droits à l'importation des cotons ou laines importés des entrepôts par navires français.

13-20 févr. 1861. — Décret impérial qui autorise l'importation temporaire, en franchise de droits, des tissus de coton écrus, en pièces, destinés à être imprimés en France pour la réexportation (D. P. 61. 4. 35).

6-21 mars 1861. — Décret impérial portant règlement d'administration publique pour l'exécution de la loi du 14 juill. 1860, sur la fabrication et le commerce des armes de guerre (D. P. 61. 4. 41).

17-28 mars 1861. — Décret impérial portant promulgation de la convention consulaire conclue, le 10 déc. 1860, entre la France et le Brésil ((D. P. 61. 4. 42).

27-29 mars 1861. — Décret impérial qui prescrit la publication de la déclaration relative à l'exportation des sels, signée, le 25 mars 1861, entre la France et la Suisse (D. P. 61. 4. 43).

30 mars-25 avr. 1861. — Décret impérial qui crée des emplois de contrôleurs d'armes pour le service des bureaux de poinçonnage institués par la loi du 14 juill. 1860, et pour celui des bureaux de douane ouvert à l'importation, à l'exportation et au transit des armes de guerre et de commerce (D. P. 61. 4. 49).

31 mars-7 avr. 1861. — Décret impérial portant promulgation de la convention de délimitation entre la France et la Sardaigne (D. P. 61. 4. 46).

20-25 avr. 1861. — Décret impérial qui : 1° ouvre divers bureaux de douanes à l'importation, à l'exportation et au transit des armes et des pièces d'armes de toute nature ; 2° désigne les entrepôts de douane qui pourront recevoir les armes ou les pièces d'armes de guerre de provenance étrangère (D. P. 61. 4. 49).

4-10 mai 1861. — Décret qui ouvre le bureau des douanes de Pontarlier à l'importation, à l'exportation ou au transit de certaines marchandises (D. P. 61. 4. 57).

8-13 mai 1861. — Décret impérial ouvrant le bureau des douanes de Granville (Manche) à l'entrée des machines et mécaniques complètes ou en pièces détachées (D. P. 61. 4. 58).

8 mai-22 juin 1861. — Décret impérial ouvrant les bureaux de Mondorf (Moselle) et de Mont-Genèvre (Hautes-Alpes) à la vérification pour la sortie des boissons expédiées à l'étranger en franchise des droits de circulation et de consommation (D. P. 61. 4. 78).

10-22 mai 1861. — Décret impérial portant que le traité conclu, le 27 févr. 1854, entre la France et la Belgique, continuera à recevoir sa pleine et entière exécution jusqu'à la mise en vigueur des stipulations du traité signé à Paris, le 1er mai 1861 (D. P. 61. 4. 62).

11-17 mai 1861. — Décret impérial relatif aux sels destinés à la salaison en mer, du hareng et du maquereau (D. P. 61. 4. 60).

15-22 mai 1861. — Décret impérial qui modifie la composition de la commission spéciale instituée par l'art. 4 du décret du 20 août 1851, relatif aux primes pour la pêche de la baleine et du cachalot (D. P. 61. 4. 62).

22-29 mai 1861. — Décret impérial portant promulgation de la convention conclue, le 6 avr. 1861, entre la France et la Russie, pour la garantie réciproque de la propriété des œuvres d'esprit et d'art (D. P. 61. 4. 62).

27-31 mai 1861. — Décret impérial portant promulgation du traité de commerce conclu, le 1er mai 1861, entre la France et la Belgique (D. P. 61. 4. 63).

27-31 mai 1861. — Décret impérial portant promulgation de la convention de navigation conclue, le 1er mai 1861, entre la France et la Belgique (D. P. 61. 4. 66).

27-31 mai 1861. — Décret impérial portant promulgation de la convention conclue, le 1er mai 1861, entre la France et la Belgique, pour la garantie réciproque de la propriété littéraire, artistique et industrielle (D. P. 61. 4. 67).

27-31 mai 1861. — Décret impérial portant promulgation de la déclaration signée le 27 mai 1861 et interprétative de l'art. 2 de la convention littéraire, artistique et industrielle, conclue le 1er du même mois, entre la France et la Belgique (D. P. 61. 4. 68).

29-31 mai 1861. — Décret impérial qui détermine les modifications que la convention conclue, le 1er mai 1861, entre la France et la Belgique, apporte à la législation générale en matière de douane (D. P. 61. 4. 69).

29-31 mai 1861. — Décret impérial relatif à l'exécution des tarifs établis, tant à l'importation de Belgique en France qu'à l'exportation de France en Belgique, par le traité de commerce conclu le 1er mai (D. P. 61. 4. 69).

29-31 mai 1861. — Décret impérial qui fixe les surtaxes auxquelles seront soumises les marchandises d'origine et de manufacture belges inscrites dans le traité conclu le 1er mai entre la France et la Belgique, importées autrement que par terre ou par navires français ou belges (D. P. 61. 4. 70).

29-31 mai 1861. — Décret impérial portant que les marchandises d'origine et de manufacture belges dénommées dans le traité du 1er mai 1861 seront, selon les catégories auxquelles elles appartiennent, importées par les bureaux de la frontière de terre ou par les ports désignés par les lois et règlements des douanes (D. P. 61. 4. 70).

29-31 mai 1861. — Décret impérial qui ouvre les ports de Dunkerque, de Calais, de Boulogne, du Havre, de Rouen, de Nantes et de Bordeaux, et les bureaux de douane de Lille, Valenciennes, Tourcoing et Roubaix à l'importation des fils de coton du no 143 métriques et au-dessus, et des fils de laine longue, tordue et grillée (D. P. 61. 4. 69).

29-31 mai 1861. — Décret impérial relatif à l'importation des tissus purs ou mélangés, taxés à la valeur (exécution de l'art. 4 de la convention complémentaire conclue, le 16 nov. 1860, entre la France et l'Angleterre, et de l'art. 27 du traité de commerce conclu, le 1er mai 1861, entre la France et la Belgique) D. P. 61. 4. 69).

29-31 mai 1861. — Décret impérial qui déclare applicables à l'Angleterre les dispositions du traité de commerce conclu, le 1er mai 1861, entre la France et la Belgique (D. P. 61. 4. 69).

29-31 mai 1861. — Décret impérial qui fixe le tarif à l'importation de certaines marchandises (D. P. 61. 4. 70).

15-17 juin 1861. — Loi relative aux droits de douane concernant les grains, farines et autres denrées alimentaires (D. P. 61. 4. 75).

15-22 juin 1861. — Décret impérial portant que ceux des 30 juin, 20 août et 29 déc. 1851, relatifs à la pêche de la baleine, du cachelot et de la morue, continueront de recevoir leur exécution jusqu'au 30 juin 1871 (D. P. 61. 4. 79).

24 juin-20 juill. 1861. — Décret impérial qui : 1° fixe le tarif à l'importation de certaines marchandises ; 2° contient des dispositions relatives aux primes à l'exportation (D. P. 61. 4. 110).

3-9 juill. 1861. — Loi sur le régime des douanes aux colonies de la Martinique, de la Guadeloupe et de la Réunion (D. P. 61. 4. 104).

3 juill.-4 oct. 1861. — Décret impérial établissant à Pierre-Grand, commune de Bossey (Haute-Savoie), et à la gare du chemin de fer de Strasbourg (Bas-Rhin), des bureaux de vérification pour la sortie des boissons expédiées à l'étranger en franchise des droits de circulation et de consommation (D. P. 61. 4. 121).

14-27 juill. 1861. — Décret impérial portant promulgation du traité de commerce conclu, le 29 avr. 1861, entre la France et la Turquie (D. P. 61. 4. 111).

27 juill.-5 août 1861. — Décret impérial qui modifie le tarif des douanes à l'importation des tabacs de provenance étrangère dans les colonies de la Guadeloupe et de la Martinique (D. P. 61. 4. 113).

5-14 août 1861. — Décret impérial qui autorise l'admission en franchise de droits, à charge de réexportation, des plombs bruts destinés à être convertis en plomb laminé, tuyaux, grenaille et balles de plomb (D. P. 61. 4. 114).

25 août-1er sept. 1861. — Décret impérial qui établit dans le département des Alpes-Maritimes des bureaux de vérification pour la sortie des boissons expédiées à l'étranger en franchise des droits de circulation et de consommation (D. P. 61. 4. 117).

25 août-3 sept. 1861. — Décret impérial qui détermine la composition du tonneau d'affrètement, pour l'exécution des art. 3 et 6 de la loi du 3 juill. 1861, sur le régime des douanes aux colonies de la Martinique, de la Guadeloupe et de la Réunion (D. P. 61. 4. 118).

25 août-3 sept. 1861. — Décret impérial relatif à l'importation temporaire, en franchise de droits, pour la mouture des blés-froments étrangers (D. P. 61. 4. 117).

25 août-3 sept. 1861. — Décret impérial qui admet à la francisation les bâtiments de mer construits dans les États-Unis d'Amérique ou naviguant sous le pavillon de l'Union américaine (D. P. 61. 4. 117).

25 août-3 sept. 1861. — Décret impérial qui étend les dispositions du décret du 13 févr. 1861 aux tissus, en pièces, de laine pure ou mélangée de coton, de soie ou de poil (D. P. 61. 4. 118).

25 août-3 sept. 1861. — Décret impérial qui ajoute les cuirs tannés et les laines cardées, peignées et filées, à la nomenclature des produits fabriqués de l'Algérie dont la loi du 11 janv. 1851 autorise l'admission en franchise dans les ports de la métropole (D. P. 61. 4. 118).

9-17 sept. 1861. — Décret impérial relatif à l'importation : 1° des fils de coton du no 143 du système métrique et au-dessus, et des fils de laine longue, tordus et grillés ; 2° des tissus anglais et belges taxés à la valeur (D. P. 61. 4. 119).

1er-4 oct. 1861. — Décret impérial relatif à l'importation de divers produits d'origine anglaise ou belge (D. P. 61. 4. 141).

3 oct.-4 nov. 1861. — Décret impérial portant nouvelle réduction : 1° des droits que les chanceliers des consulats de France à l'étranger sont autorisés à percevoir pour la délivrance des certificats d'origine ; 2° des droits fixés pour la légalisation desdits actes (D. P. 61. 4. 126).

20-28 oct. 1861. — Décret impérial qui fixe la surtaxe de navigation à laquelle seront soumis les sucres importés, par navires étrangers, de l'île de la Réunion, de la Martinique et de la Guadeloupe (D. P. 61. 4. 125).

30 oct.-6 nov. 1861. — Décret impérial qui ajoute le bureau de douane de Thionville aux bureaux désignés par le décret du 20 avr. 1861 pour l'importation, l'exportation et le transit des armes et pièces d'armes de toute nature (D. P. 61. 4. 126).

7-15 nov. 1861. — Décret impérial qui rend le bénéfice du décret du 5 déc. 1848 applicable à tous les chapeaux de paille destinés à être apprêtés et garnis en France pour la réexportation (D. P. 61. 4. 127).

5-13 déc. 1861. — Décret impérial portant fixation des quantités de sel qui peuvent être délivrées en franchise pour la salaison des harengs provenant de pêche française (D. P. 61. 4. 131).

14-19 déc. 1861. — Décret impérial relatif à l'importation : 1° des fils de coton et des fils de laine d'origine anglaise ou belge ; 2° des tissus anglais et belges taxés à la valeur (D. P. 62. 4. 10).

8 janv. 1862. — Décret impérial qui crée des bureaux de douanes à Géryville, Laghouat et Bou-Saada (Algérie) et ouvre ces bureaux, ainsi que celui de Biskara, à l'importation en franchise de droits des produits naturels ou fabriqués du Sahara et du Soudan, par application du décret du 25 juin 1860, et à la sortie des marchandises d'origine étrangère expédiées en transit des ports d'Alger, Oran, Philippeville et Bône pour les mêmes destinations du Sahara ou du Soudan.

8-18 janv. 1862. — Décret impérial qui ajoute le bureau de douane d'Oran à celui d'Alger pour l'acquittement des droits d'entrée sur les tissus belges ou anglais importés en Algérie dans les conditions des traités franco-anglais et franco-belge (D. P. 62. 4. 12).

15-18 janv. 1862. — Décret impérial qui : 1° ajoute les bouchons de liège à la nomenclature des produits fabriqués en Corse, admissibles en franchise de droits sur le continent français ; 2° assujettit les bouchons de liège au droit du tarif général, à leur importation de l'étranger en Corse (D. P. 62. 4. 13).

5-10 févr. 1862. — Décret qui admet à la francisation les bâtiments de mer construits au Canada (D. P. 62. 4. 16).

5-10 févr. 1862. — Décret impérial qui ouvre les bureaux de douane d'Armentières (Nord) et de Givet (Ardennes) à l'importation des machines et mécaniques ou en pièces détachées (D. P. 62. 4. 16).

8 févr.-10 mars 1862. — Décret impérial relatif au placement, en France ou en Algérie, des fonctionnaires et agents des douanes coloniales (D. P. 62. 4. 30).

12-17 févr. 1862. — Décret impérial qui ouvre le bureau de douanes de Canari (Corse) à l'importation de certaines marchandises (D. P. 62. 4. 21).

15-21 févr. 1862. — Décret impérial qui ouvre le bureau de douane de Nice à l'importation directe et à l'acquittement des tissus anglais et belges taxés à la valeur (D. P. 62. 4. 21).

15-21 févr. 1862. — Décret impérial qui autorise l'importation, en franchise de droits, des fontes, fers, etc., destinés à être réexportés après avoir été convertis en navires et bateaux en fer, en machines, appareils, etc. (D. P. 62. 4. 21).

26 févr.-10 mars 1862. — Décret impérial portant promulgation du traité d'amitié, de commerce et de navigation conclu, le 9 mars 1861, entre la France et la République du Pérou (D. P. 62. 4. 26).

18-27 mars 1862. — Décret impérial portant promulgation de la convention consulaire conclue, le 7 janv. 1862, entre la France et l'Espagne (D. P. 62. 4. 32).

26 mars-9 avr. 1862. — Décret impérial portant suppression de six bureaux de garantie pour l'essai et la marque des ouvrages d'or et d'argent (D. P. 62. 4. 38).

9-15 avr. 1862. — Décret impérial qui ajoute le bureau de douane de Bellegarde aux bureaux désignés pour l'importation, l'exportation et le transit des armes et pièces d'armes de toute nature (D. P. 62. 4. 38).

30 avr.-7 mai 1862. — Décret impérial qui confère de nouvelles attributions au bureau de Givet (Ardennes) (D. P. 62. 4. 40).

31 mai-23 juin 1862. — Décret impérial établissant à la gare du chemin de fer, à Givet (Ardennes), un bureau de vérification pour la sortie des boissons expédiées à l'étranger en franchise des droits de circulation et de consommation (D. P. 62. 4. 55).

31 mai-11 août 1862. — Décret impérial portant règlement général sur la comptabilité publique (Dispositions relatives aux douanes dans les colonies, art. 375, 619, 659, 660) (D. P. 62. 4. 83).

10-28 juin 1862. — Décret impérial relatif aux sucres importés de l'île de Cuba sous pavillon espagnol (D. P. 62. 4. 59).

2-3 juill. 1862. — Loi de finances, art. 15, 16, 23 (Tarif des sucres. — Délivrance en franchise des sels destinés aux fabriques de soude. — Contraventions au timbre constatées par les employés des douanes) (D. P. 62. 4. 60).

2-5 juill. 1862. — Décret impérial qui fixe les droits à l'importation des sucres et des mélasses provenant de l'Angleterre et de la Belgique (D. P. 62. 4. 78).

20-26 juill. 1862. — Décret impérial portant établissement de drawbacks à la sortie de certains produits à base de sel (D. P. 62. 4. 81).

20-26 juill. 1862. — Décret impérial qui assujettit à des taxes supplémentaires certains produits à base de sel, d'origine ou de manufacture britannique et belge (D. P. 62. 4. 81).

20 juill.-1er août 1862. — Décret impérial qui ouvre le bureau de douanes de Styring (Moselle) à l'importation des marchandises taxées à plus de 20 fr. les 100 kilog. (D. P. 62. 4. 83).

20 juill.-1er août 1862. — Décret impérial qui ouvre le bureau de douanes de Chambéry à l'importation des fils de coton et des fils de laine de toute sorte, d'origine anglaise ou belge (D. P. 62. 4. 83).

24-30 sept. 1862. — Décret impérial portant promulgation de la convention littéraire conclue, le 29 juin 1862, entre la France et le royaume d'Italie (D. P. 62. 4. 115).

6-13 oct. 1862. — Décret impérial qui admet en franchise de droits certains produits des possessions françaises d'outre-mer autres que Gorée, le Sénégal et l'Algérie, importés par navires français (D. P. 62. 4. 122).

6-18 oct. 1862. — Décret impérial qui autorise l'admission, en franchise de tout droit de douane, dans les colonies des Antilles, de la Réunion et en Algérie, de certains produits exportés de France (D. P. 62. 4. 122).

29 oct.-6 nov. 1862. — Décret impérial qui étend les dispositions des décrets des 15 févr. et 25 août 1861 aux tissus écrus, en pièces, de fil et de fil et coton mélangés (D. P. 62. 4. 124).

1er-14 nov. 1862. — Décret impérial qui ouvre le port du Hourdel (quartier maritime de Saint-Valery-sur-Somme) à l'importation des harengs et des maquereaux salés provenant de pêche française (D. P. 62. 4. 125).

23 nov.-2 déc. 1862. — Décret impérial qui ajoute le bureau de douane de Dieppe à ceux déjà ouverts à l'importation directe et à l'acquittement des tissus anglais et belges taxés à la valeur (D. P. 62. 4. 127).

30 nov.-5 déc. 1862. — Décret impérial qui ouvre le bureau de douanes de Tréguier (Côtes-du-Nord) à l'importation des marchandises taxées à plus de 20 fr. par 100 kilog., ou nominativement désignées par l'art. 8 de la loi du 27 mars 1817 (D. P. 62. 4. 127).

30 nov.-5. déc. 1862. — Décret impérial qui ajoute le sulfate de soude à la nomenclature des produits fabriqués en Algérie dont la loi du 11 janv. 1851 autorise l'admission en franchise dans les ports de la métropole (D. P. 62. 4. 127).

13-18 déc. 1862. — Décret impérial relatif à l'exercice des fabriques de soude (D. P. 62. 4. 128).

24 déc. 1862-5 janv. 1863. — Décret impérial qui modifie le tarif à l'importation des soies et des os et sabots de bétail (D. P. 63. 4. 4).

24 déc. 1862-5 janv. 1863. — Décret impérial qui ouvre les douanes d'Urdos et de Lescun (Basses-Pyrénées) à l'importation, à l'exportation ou au transit de certaines marchandises (D. P. 63. 4. 4).

27 déc. 1862-5 janv. 1863. — Décret impérial qui supprime les drawbacks accordés à l'exportation des produits dérivés du sel (D. P. 63. 4. 4).

27 déc. 1862-5 janv. 1863. — Décret impérial qui : 1° modifie les taxes supplémentaires imposées à l'importation des produits à base de sel anglais ou belge; 2° supprime les taxes supplémentaires existant pour les glaces ou miroirs, la gobeleterie, etc., d'origine anglaise ou belge (D. P. 63. 4. 4).

31 déc. 1862-9 janv. 1863. — Décret impérial qui fixe le droit à l'importation des natrons naturels (D. P. 63. 4. 4).

3-12 janv. 1863. — Décret impérial qui ouvre les bureaux des douanes de Longwy et de Mont-Saint-Martin (Moselle) à l'importation, à l'exportation ou au transit de certaines marchandises (D. P. 63. 4. 5).

17 janv.-26 mars 1863. — Décret impérial qui ajoute le bureau des douanes de Longwy (Moselle) à ceux désignés pour constater la sortie des ouvrages d'or et d'argent expédiés à l'étranger (D. P. 63. 4. 12).

28 janv.-2 févr. 1863. — Décret impérial ouvrant l'entrepôt réel des douanes concédé à la ville de Honfleur (Calvados), pour les marchandises admissibles, aux marchandises prohibées sous les conditions et formalités prescrites par les lois des 9 et 24 févr. 1832 (D. P. 63. 4. 8).

31 janv.-24 févr. 1863. — Décret impérial qui établit à la gare du chemin de fer de Longwy-Bas (Moselle) un bureau pour la vérification des boissons expédiées à l'étranger en franchise des droits de circulation et de consommation (D. P. 63. 4. 9).

28 févr.-26 mars 1863. — Décret impérial qui ouvre le port de Dunkerque à l'importation des harengs et des maquereaux salés provenant de pêche française (D. P. 63. 4. 12).

14-23 mars 1863. — Décret impérial qui ouvre plusieurs bureaux de douanes à l'importation et au transit des livres en langue française et des dessins, estampes, gravures, etc. (D. P. 63. 4. 12).

14-23 mars 1863. — Décret impérial qui : 1° ouvre le bureau de douane de Dunkerque à l'exportation des armes et pièces d'armes de toute nature; 2° autorise ce bureau à recevoir en entrepôt des armes de guerre importées par d'autres bureaux de douane (D. P. 63. 4. 12).

28 mars 1863. — Décret qui ajoute le bureau de douanes de Porticciolo à ceux désignés pour l'importation de certaines marchandises en Corse (Bull. suppl., n° 11070).

11-17 avr. 1863. — Décret impérial portant promulgation du traité d'amitié et de commerce conclu entre la France et Madagascar, le 12 sept. 1862 (D. P. 63. 4. 17).

15-22 avr. 1863. — Décret impérial qui ajoute le bureau de douanes de Granville à ceux déjà ouverts à l'importation directe et à l'acquittement des tissus anglais et belges taxés à la valeur (D. P. 63. 4. 47).

16-25 mai 1863. — Loi sur les douanes (D. P. 63. 4. 63).

20 mai-1er juin 1863. — Loi sur l'instruction des flagrants délits devant les tribunaux correctionnels (D. P. 64. 4. 109).

23-29 mai 1863. — Loi qui modifie le mode de perception du droit de tonnage imposé aux navires étrangers dans les ports de l'Algérie (D. P. 63. 4. 125).

27 mai-25 août 1863. — Décret impérial qui approuve la convention passée, le 1er mai 1863, entre le ministre de l'agriculture, du commerce et des travaux publics et la compagnie du chemin de fer de Victor-Emmanuel (art. 87 accordant, pendant trente ans, l'exemption des droits de douane) (D. P. 63. 4. 135).

30 mai-3 juin 1863. — Décret impérial portant promulgation de l'arrangement relatif aux droits d'entrée sur les alcools, signé le 1er févr. 1863, entre la France et les Pays-Bas (D. P. 63. 4. 118).

30 mai-3 juin 1863. — Décret impérial portant promulgation de la convention conclue, le 9 août 1862, entre la France et le Paraguay, pour le renouvellement du traité du 4 mars 1853 (D. P. 63. 4. 118).

31 mai 1863. — Arrêté relatif à l'application du régime commercial des zones franches du pays de Gex et de la Haute-Savoie.

Art. 1er. Les territoires neutralisés de la Haute-Savoie et du pays de Gex sont soumis à un même régime commercial.

Il sera fait application de ce régime conformément aux dispositions du règlement annexé au présent arrêté.

2...

Règlement relatif au régime commercial des zones neutralisées de la Savoie et du pays de Gex

Art. 1er. Le ministre des finances détermine chaque année, sur la proposition du directeur général des douanes et des contributions indirectes et des préfets de l'Ain et de la Haute-Savoie, les quantités de produits naturels ou manufacturés du pays de Gex et de la Savoie neutralisée qui peuvent être admises en exemption des droits de douanes dans la consommation intérieure de l'Empire. Ces dispositions sont concertées avec le département de l'agriculture du commerce et des travaux publics.

2. Les crédits à accorder sont limités aux seules fabriques appartenant à des nationaux, et existant dans la partie de la Savoie et du pays de Gex situées en dehors des lignes de douanes.

3. Les produits actuellement suceptibles d'être admis au bénéfice de l'art. 2 sont : — Les chevaux, juments, poulains et pouliches; — Les mules et mulets; — Les bêtes à cornes; — Les fromages, y compris ceux de pâte molle, dits vacherins, reblechons, etc.; — Les pruneaux; — Les bois sciés (planches, feuillards), etc.; — Les conserves alimentaires; — Les briques et les tuiles; — Les ardoises; — Le granit et les pierres à bâtir taillées; — Les crayons (communs, fins à dessin) et la mine préparée pour crayons; — Les cierges et chandelles; — Le chocolat; — L'eau-de-vie de cerises; — La liqueur aromatique du Muratore; — Les poteries; — Les fils de coton; — Les déchets de coton provenant des manufactures locales; — Les draps et les couvertures de laine; — La laine filée, la bonneterie de laine; — Les dentelles grossières en crin, en lin ou en laine; — Les cuirs; — Les chapeaux de paille; — L'horlogerie (mouvements et fournitures) et la bijouterie; — Les carillons à musique; — Les instruments agricoles (tarares, ventilateurs, charrues mécaniques à blé, etc.); — Les pompes à feu en bronze ou cuivre; — Les chaînes en fer; — Les clous et pointes, dites de Paris, en fer; — Les sonnettes en fer; — Les peignes en laiton; — Les instruments dits thermogrades-médaillons; — Les fleurs artificielles; — Les souliers; — Les papiers; — Les parapluies; — Les seaux et autres ouvrages en bois commun; — Les objets d'habillement et de lingerie confectionnés dans le couvent de la Roche, pour l'usage des autres couvents de l'ordre; — La bonneterie, les gants, les chaussons de lisières et les chaussures piquées provenant de la maison centrale de Thonon; — Les objets d'origine savoisienne ou gexoise, ou fabriqués dans l'intérieur de l'Empire, teints dans les ateliers de teinturerie établis dans la zone franche.

4. Le service des douanes se concertera avec l'autorité locale pour recueillir les documents propres à déterminer les crédits et à constater l'origine des produits importés de la zone franche dans l'intérieur de l'Empire. Il surveillera la fabrication et l'emploi des matières premières extraites de l'intérieur pour les besoins de la zone.

Des vérificateurs résidant à Gex, Farges, Thonon, Bellevaux, Toian, Abondance, Clarafond, Cruseilles, la Roche, Annemasse, Taninges, Cluses et Sallanches procéderont à ces opérations sous la surveillance de cinq sous-inspecteurs placés à Gex, Evian, Saint-Julien, Annemasse et Cluses, et de quatre inspecteurs établis à Saint-Claude, Châtillon, Thonon et Bonneville.

5. Les propriétaires des établissements ruraux ou industriels qui voudront profiter des dispositions du présent arrêté seront tenus de remettre chaque année, au vérificateur de leur circonscription, une déclaration présentant le nombre de leurs ouvriers, la quantité de matières premières nécessaires, le lieu de leur extraction habituelle, les produits présumés et leur destination. Ces déclarations, inscrites sur un registre ouvert à cet effet et signées du propriétaire ou d'un gérant dûment autorisé, seront administrativement contrôlées par voie de recensements, s'il y a lieu, et d'examen des registres du fabricant.

Il sera ouvert à chaque intéressé un compte spécial sur lequel seront inscrits le chiffre du crédit annuel, les quantités de matières premières tirées de l'intérieur de l'Empire, les résultats de la fabrication et les expéditions faites dans l'intérieur.

Les fabricants tiendront de leur côté et communiqueront au services des douanes, à toute réquisition, un compte présentant jour par jour et par espèces de produits fabriqués les mêmes indications. Ils devront de plus en transmettre tous les dix jours au vérificateur des extraits signés par eux et visés par le maire de la commune.

Toutefois, quand il s'agira de produits faiblement taxés à l'entrée ou d'industries de peu d'importance exercées par des ouvriers travaillant isolément à domicile, l'administration des douanes pourra dispenser de tout ou partie des formalités énumérées ci-dessus, notamment de la tenue du compte ouvert par le fabricant et de la production des relevés périodiques.

6. Pour obtenir la libre importation de leurs produits dans l'intérieur de l'Empire, les titulaires d'un crédit devront remettre une déclaration, visée par le maire, au vérificateur, qui, après reconnaissance, délivrera l'expédition d'entrée par l'un des bureaux désignés à l'art. 21. Il en fera l'inscription sur son registre.

A l'égard d'un certain nombre de produits, l'application du bénéfice résultant du présent arrêté entraînera, indépendamment des formalités générales, quelques dispositions spéciales énumérées dans les articles ci-après.

7. La déclaration annuelle à remettre par les éleveurs au vérificateur de leur circonscription indiquera le nombre et le sexe des animaux.

Les intéressés auront, en outre, à informer le vérificateur des accroissements et des extinctions à mesure qu'il s'en produira.

8. Les propriétaires des chalets et fruitières déclareront annuellement le nombre de vaches et de chèvres dont le lait doit être employé à la fabrication des fromages, la durée et le produit présumé de la fabrication.

Pareille déclaration sera faite toutes les fois qu'il s'élèvera une nouvelle fruitière ou un nouveau chalet. Avis sera également donné au vérificateur des mouvements qui pourront s'opérer successivement dans le nombre des vaches et des chèvres, ainsi que des jours où commencera et où finira la fabrication.

Les fabricants seront tenus au fur et à mesure de la fabrication d'inscrire par ordre de numéro sur un registre coté et parafé par le sous-préfet chaque pièce de fromage, son poids, et, pour les fruitières, le nom de la personne à qui la pièce est destinée.

Chaque fromage portera un numéro correspondant à celui du registre et en outre une marque indicative du nom du chalet ou de la fruitière. Cette marque sera appliquée au moment même de la fabrication.

Les déclarations d'expédition dans l'intérieur de l'Empire, visées par le maire, mentionneront, outre le nombre de pièces, leurs numéros, leurs marques, leurs poids.

Ces dispositions ne sont pas applicables à quelques spécialités de fromages de pâte molle, tels que vacherins, reblechons ou autres qui ne se fabriquent notoirement que dans certaines localités du pays de Gex et de la Haute-Savoie. Ceux-ci seront admis en franchise sur la simple production d'un certificat d'origine délivré par le maire de la commune.

9. Chaque année avant la récolte des prunes les intéressés déclareront le chiffre approximatif de la récolte et la quantité de prunes qu'ils auront l'intention de faire sécher. Le vérificateur contrôlera cette déclaration en se transportant sur les lieux avant la récolte et après le séchage. La quantité de pruneaux reconnue sera prise en charge au compte ouvert, défalcation faite des parties destinées à l'exportation et à la consommation locale.

10. Avant de procéder à la distillation, les bouilleurs de cru et les distillateurs auront à faire connaître au vérificateur la quantité de cerises à distiller. Cet agent assistera à la mise en cuve et constatera sur le compte ouvert le résultat de la distillation.

11. Les matières premières et les machines seront exclusivement tirées de France, après y avoir été nationalisées par le payement des droits d'entrée si elles sont d'origine étrangère. Il sera justifié de cet acquittement ou de la nationalité des objets par la production des factures et des expéditions de sortie.

Un compte de fabrication sera tenu au courant jour par jour par le fabricant. Il devra contenir autant de subdivisions qu'il y aura de fils de numéros différents.

Les déchets de coton provenant des filatures seront admis en franchise, sur la simple déclaration des fabricants visée par le maire, dans une limite proportionnelle à la quantité de coton employée annuellement dans chaque fabrique.

12. Le vérificateur apposera une marque en tête de chaque pièce au moment où elle sera mise sur le métier. Il n'aura point d'ailleurs, à rechercher l'origine des matières premières prises dans la zone franche ou dans l'intérieur de l'Empire.

13. Le registre des fabricants indiquera, par espèces d'objets, le résultat de leur fabrication journalière.

L'or et l'argent destinés à la fabrication des objets de bijouterie devront être tirés de l'intérieur de l'Empire, après y avoir été nationalisés, s'il y a lieu, par le payement des droits d'entrée.

La douane n'aura pas à rechercher l'origine du cuivre, du laiton ni de l'acier employés à la confection des mouvements de montre et autres fournitures d'horlogerie.

Pour les montres achevées, les intéressés devront extraire de l'intérieur de l'Empire les verres et les parties de mouvements qu'ils ne fabriquent pas eux-mêmes; mais ils pourront tirer les boîtiers de Suisse et après y avoir adapté les mouvements en blanc, numérotés au fur et à mesure de la fabrication, envoyer le tout à l'étranger pour l'opération de dorage. Au retour, et lors de l'introduction dans l'intérieur, les mouvements seront admis en franchise, nonobstant le dorage, et les boîtiers seront soumis au droit de douane du tarif général.

L'importation aura lieu en caisses, cachetées sur place par le vérificateur.

Les objets appartenant à la bijouterie seront dirigés sur le bureau de garantie le plus voisin pour y être soumis au poinçonnage et au droit de marque.

Si les boîtiers avaient été originairement tirés de l'intérieur de l'Empire et poinçonnés avant d'être employés par les fabricants de la zone, ils devraient également être dirigés sur le bureau de garantie mais, après reconnaissance de la marque, ils seront admis en franchise de tout droit de douane et de garantie.

Les mêmes dispositions sont applicables aux instruments de précision dits thermographes-médaillons.

14. Les fabricants feront venir de l'intérieur de l'Empire, après payements des droits du tarif, s'il y a lieu, leurs matières premières et les pièces achevées qu'ils ne fabriqueront pas eux-mêmes, notamment les cylindres en cuivre.

L'expédition de la zone franche à destination de l'intérieur aura lieu dans des caisses revêtues sur place du cachet du vérificateur.

15. Les objets à teindre seront remis aux teinturiers, soit dans leurs ateliers du pays franc, soit dans les succursales qu'ils peuvent avoir en deçà de la zone, pour être ensuite transportés dans la teinturerie. Dans ce dernier cas, la douane de sortie reconnaîtra les objets au moment de leur envoi dans la zone, et le vérificateur de la circonscription où est situé l'atelier les prendra en compte à l'arrivée. Il tiendra note également des objets apportés isolément à la teinturerie pour être envoyés ensuite dans l'intérieur. Ces opérations auront lieu sans limite de crédit ; mais le vérificateur s'assurera que les couleurs et les matières tinctoriales employées et que ne produit pas la zone franche sont d'origine nationale ou nationalisées par le payement des droits.

16. Les étoffes destinées à être coupées, faufilées ou entièrement confectionnées dans le couvent de la Roche seront tirées des fabriques de l'intérieur. La douane de sortie en prélèvera les échantillons, en tiendra un compte ouvert, et délivrera des expéditions descriptives pour assurer la reconnaissance de l'identité lors de la réintroduction, après main-d'œuvre. Cette réintroduction ne pourra avoir lieu que par le bureau même de sortie.

17. Les métaux nécessaires pour la fabrication des produits agricoles, des pompes à feu, des chaînes, pointes et sonnettes en fer, des peignes en laitons et des ouvrages en bronze ou en cuivre, seront exclusivement tirés de France. On justifiera de leur origine française ou du payement du droit, s'ils sont étrangers, par la production des expéditions de sortie.

La même condition est imposée pour les matières premières entrant dans la confection des cierges et des chandelles (cire et mèches), des fleurs artificielles (outillage et tissus) des parapluies (tissus et carcasses), de la mine pour crayons préparée et des crayons (mine et bois pour les gaînes, sauf le bois commun) des souliers (cuirs et clous), des objets fabriqués dans la maison centrale de Thônon (outillage, fils de coton et de laine, gants à coudre et chaussures à piquer), du chocolat (sucre et cacao), de la liqueur aromatique de Muratore (sucre et alcool) et pour les récipients en verre ou fer-blanc servant à renfermer les conserves alimentaires.

Le sucre raffiné destiné à la préparation du chocolat et de la liqueur aromatique est exclu du bénéfice du drawback. Il sera certifié sur les expéditions de sortie que l'exportation a eu lieu sans allocation de la prime.

Pour la liqueur Muratore, le crédit et la décharge du compte ouvert seront calculés à raison de 500 grammes de sucre et de 60 centilitres d'alcool par litre de liqueur.

Les plaques de laiton pour peignes et les tissus pour parapluies seront revêtus d'une marque spéciale apposée par le vérificateur au moment de l'arrivée à destination.

18. Les vérificateurs des douanes pourront procéder à toute heure, et sur leur simple réquisition, à tous recensements et à toutes vérifications nécessaires, soit dans les pâturages et étables, soit dans les magasins ou ateliers dépendant des établissements, ruraux ou industriels. Ils inscriront les résultats de ces recensements sur un carnet ou registre portatif, et signeront ce résultat contradictoirement avec le propriétaire ou le gérant.

19. Copie des déclarations annuelles faites aux vérificateurs en vertu de l'art. 5 et suivants sera remise par les propriétaires et les fabricants au sous-préfet de leur arrondissement.

20. Toute déclaration inexacte ayant pour objet d'introduire en France des objets non produits dans les pays neutralisés du Gexois et de la Haute-Savoie sera constatée par les agents des douanes, en présence et avec le concours du maire ou de l'adjoint de la commune, qui signera le procès-verbal.

Les fausses déclarations ainsi constatées entraîneront l'interdiction des immunités. Mais cette interdiction ne pourra être prononcée que par le ministre des finances, l'administration des douanes et les préfets de la Haute-Savoie et de l'Ain entendus.

21. Les importations autorisées ne pourront s'effectuer que par les douanes de Bellegarde, Forens, les Rousses, Mijoux, Frangy, le Pont de la Caille, le Plot, Saint-Jean-de-Sixt, la Giettaz, Plumet, Haute-Luce et la Gîte. Toutefois, les bois sciés et les ardoises, les tuiles et briques, le granit et les pierres à bâtir pourront être introduits par tous autres bureaux de la ligne.

18 juin-2 juill. 1863. — Décret impérial qui ouvre le bureau de douanes de Dunkerque à l'exportation des armes et pièces d'armes de toute nature préalablement importées en transit par l'un des bureaux désignés dans les décrets des 20 avr. et 30 oct. 1861 (D. P. 63. 4. 124).

22 juin-2 juill. 1863. — Décret impérial qui ouvre le bureau de douanes de Givet au transit des armes et pièces d'armes de toute nature (D. P. 63. 4. 124).

26 juin-3 juill. 1863. — Décret impérial portant promulgation de la convention additionnelle au traité de commerce et à la convention de navigation du 1er mai 1861, conclue entre la France et la Belgique, le 12 mai 1863 (D. P. 63. 4. 124).

14-22 juill. 1863. — Décret impérial qui établit à Tremblois (Ardennes) un bureau pour la vérification des boissons expédiées à l'étranger en franchise des droits de circulation et de consommation (D. P. 63. 4. 128).

16-22 juill. 1863. — Décret impérial qui rend applicables à l'Angleterre les modifications de tarif inscrites dans le tableau A annexé à la convention conclue, le 12 mai 1863, entre la France et la Belgique (D. P. 63. 4. 128).

16-22 juill. 1863. — Décret impérial qui étend les dispositions du décret du 29 mai 1861 aux marchandises d'origine et de manufacture belges, inscrites au tarif A annexé à la convention conclue, le 12 mai 1863, entre la France et la Belgique, importées autrement que par terre ou par navires français ou belges (D. P. 63. 4. 129).

16-22 juill. 1863. — Décret impérial qui établit le tarif d'entrée des huiles de pétrole et de schiste rectifiées et épurées (D. P. 63. 4. 129).

16-22 juill. 1863. — Décret impérial qui ajoute le bureau de douane de Bayonne à ceux déjà ouverts à l'importation directe et à l'acquittement des tissus anglais et belges taxés à la valeur (D. P. 63. 4. 129).

6-14 août 1863. — Décret impérial qui affranchit de tout droit de tonnage les navires belges avec chargement ou de tout port quelconque sans chargement (D. P. 63. 4. 131).

12-19 août 1863. — Décret impérial qui ajoute le bureau de douanes de Cervione à ceux désignés par l'art. 5 de la loi du 21 avr. 1818 pour l'importation de certaines marchandises en Corse (D. P. 63. 4. 134).

16-21 août 1863. — Décret impérial portant promulgation de la convention conclue, le 1er juill. 1863, entre la France et la Belgique, pour l'établissement d'un chemin de fer direct entre Lille et Tonnay (art. 9 relatif aux mesures de police de la douane) (D. P. 63. 4. 134).

29 août-3 sept. 1863. — Décret impérial qui fixe la taxe légale des sucres bruts de canne (D. P. 63. 4. 143).

29 août-3 sept. 1863. — Décret impérial portant promulgation de l'arrangement conclu entre la France et la République orientale de l'Urugay, le 7 juill. 1863, relativement au maintien de la convention d'amitié, de commerce et de navigation, signée le 8 avr. 1836, entre la France et ladite République (D. P. 63. 4. 143).

2-9 sept. 1863. — Décret impérial relatif à l'importation en France de certains produits originaires de l'Algérie (D. P. 63. 4. 145).

7-12 oct. 1863. — Décret impérial ouvrant le bureau des douanes de Lannion (Côtes-du-Nord) à l'importation des marchandises taxées à plus de 20 fr. les 100 kilog. ou nominativement désignées par l'art. 8 de la loi du 27 mars 1817 (D. P. 63. 4. 153).

7-12 oct. 1863. — Décret impérial qui établit le tarif à l'entrée du cuivre pur ou allié de zinc, laminé ou battu, en barre ou en planche (D. P. 63. 4. 153).

7-12 oct. 1863. — Décret impérial ouvrant le bureau d'Annecy à l'essai et à la marque des montres venant de l'étranger (D. P. 63. 4. 153).

7 sept.-17 déc. 1863. — Décret impérial qui fixe le tarif des fers à l'entrée en Algérie (D. P. 63. 4. 159).

28 oct.-2 nov. 1863. — Décret impérial créant un entrepôt réel et général des sels à Paimpol (Côtes-du-Nord) (D. P. 63. 4. 156).

7-17 nov. 1863. — Décret impérial ajoutant le bureau de douanes d'Ajaccio (Corse) à ceux actuellement ouverts, soit à l'importation ou à la réimportation, soit au transit des livres en langue française, dessins, estampes, gravures, lithographies et photographies avec ou sans texte (D. P. 63. 4. 157).

22-28 nov. 1863. — Décret impérial qui établit une taxe à l'entrée du sel ammoniac ou belge (D. P. 63. 4. 158).

22-28 nov. 1863. — Décret impérial qui supprime le drawback accordé à l'exportation du sel ammoniac (D. P. 63. 4. 158).

20-26 déc. 1863. — Décret impérial qui modifie le tarif des douanes en ce qui concerne l'importation du coton en laine (D. P. 64. 4. 4).

2-18 janv. 1864. — Décret impérial qui établit, en exécution de l'art. 24 de la loi du 2 juill. 1862, des timbres mobiles au droit de 20 cent. (envois de l'étranger) (D. P. 64. 4. 17).

13 janv.-30 mai 1864. — Décret impérial qui modifie la signification, le nombre et la forme des poinçons exclusivement destinés à la marque des ouvrages d'or et d'argent venant de l'étranger (D. P. 64. 4. 75).

20-22 janv. 1864. — Décret impérial portant promulgation du traité de commerce conclu, le 17 janv. 1863, entre la France et l'Italie (D. P. 64. 4. 18).

20-22 janv. 1864. — Décret impérial portant promulgation de la convention de navigation conclue, le 13 juin 1862, entre la France et l'Italie (D. P. 64. 4. 19).

20-29 janv. 1864. — Décret impérial relatif aux marchandises d'origine et de manufacture italiennes inscrites dans le traité conclu le 17 janv. 1863, entre la France et l'Italie, importées autrement que par terre ou par navires français ou italiens (D. P. 64. 4. 21).

20-29 janv. 1864. — Décret impérial portant que les décrets des 1er oct., 14 déc. 1861 et 20 juill. 1862, relatifs à l'importation des marchandises d'origine anglaise ou belge y énumérés (restrictions d'entrée et d'emballage) sont applicables aux marchandises et produits similaires d'origine italienne (D. P. 64. 4. 21).

20-29 janv. 1864. — Décret impérial relatif à l'importation : 1° des tissus italiens taxés à la valeur ; 2° des tissus purs ou mélangés, anglais, belges ou italiens, taxés à la valeur (D. P. 64. 4. 21).

20-29 janv. 1864. — Décret impérial concernant les navires belges venant des possessions britanniques en Europe (D. P. 64. 4. 21).

20-29 janv. 1864. — Décret impérial portant que les dispositions du traité de commerce conclu, le 17 janv. 1863, avec l'Italie, sont applicables à l'Angleterre et à la Belgique (D. P. 64. 4. 21).

27 janv.-2 févr. 1864. — Décret impérial fixant le droit à l'importation des houilles crues ou carbonisées (coke) par navires français et par terre, à 12 cent. les 100 kilog. décimes compris à partir du 4 févr. 1864 (Bull., n° 1177).

6-12 avr. 1864. — Décret impérial établissant à Maulde et à Mortagne (Nord) des bureaux de vérification pour les boissons expédiées en franchise des droits de circulation et de consommation (D. P. 64. 4. 35).

7-12 mai 1864. — Loi relative au régime des sucres (D. P. 64. 4. 43).

21-25 mai 1864. — Décret impérial qui proroge les surtaxes de provenance et de pavillon actuellement perçues à l'entrée des thés (D. P. 64. 4. 53).

1er-6 juin 1864. — Décret impérial qui établit le tarif, à l'entrée en France, de l'or, du platine et de l'argent (D. P. 64. 4. 75).

1er-6 juin 1864.—Décret impérial qui admet temporairement en franchise de droits les riz en grains et les riz en paille de toute provenance et importés sous tout pavillon (D. P. 64. 4. 75).

4-10 juin 1864. — Loi sur les douanes (D. P. 64. 4. 78).

18-24 juin 1864. — Décret impérial qui fixe les droits à l'importation des sucres provenant de l'Angleterre, de la Belgique et de l'Italie (D. P. 64. 4. 96).

25 juin-2 juill. 1864. — Décret impérial qui fixe le droit de tonnage applicable aux navires danois arrivant de tous ports quelconques dans les ports de France (D. P. 64. 4. 97).

28 juin-8 juill. 1864. — Décret impérial portant promulgation de la convention concernant le service de surveillance et de douane sur les chemins de fer du midi de la France et du nord de l'Espagne (D. P. 64. 4. 98).

23 juill.-2 août 1864. — Décret impérial qui ajoute le bureau des douanes d'Hendaye (Basses-Pyrénées), station du chemin de fer, à ceux désignés pour constater la sortie des ouvrages d'or et d'argent expédiés à l'étranger (D. P. 64. 4. 103).

9-13 août 1864. — Décret impérial ouvrant le bureau des douanes d'Hendaye : 1° à l'importation des marchandises taxées à plus de 20 fr. les 100 kilog. ; 2° à l'importation des machines et mécaniques complètes ; 3° au transit tant à la rentrée qu'à la sortie des marchandises prohibées ou non prohibées (D. P. 64. 4. 105).

9-19 août 1864. — Décret impérial établissant à Hendaye un bureau de vérification pour la sortie des boissons expédiées à l'étranger en franchise des droits de circulation et de consommation (D. P. 64. 4. 106).

7-14 sept. 1864. — Décret impérial qui ouvre le bureau de douanes d'Hendaye, station du chemin de fer franco-espagnol entre Bayonne et Irun, à l'importation et au transit de la librairie en langue française (D. P. 64. 4. 110).

24 sept.-29 oct. 1864. — Décret impérial qui modifie celui du 25 août 1861, déterminant la composition du tonneau d'affrétement, pour l'exécution des art. 3 et 6 de la loi du 3 juill. 1861, sur le régime des douanes aux colonies de la Martinique, de la Guadeloupe et de la Réunion (D. P. 64. 4. 119).

24 sept. 1864-13 janv. 1865.— Décret impérial relatif à la pêche du hareng et du maquereau (D. P. 65. 4. 6).

28 sept.-6 oct. 1864.— Décret impérial ouvrant le bureau de douanes de Trouville : 1° à l'importation des marchandises taxées à plus de 20 fr. par 100 kilog. ou nominativement désignées dans l'art. 8 de la loi du 27 mars 1817 ; 2° à l'importation des machines et mécaniques ; 3° au transit des marchandises non prohibées (D. P. 64. 4. 115).

8-17 oct. 1864. — Décret impérial supprimant le bureau de garantie de Trévoux (Ain) (D. P. 64. 4. 113).

12-17 oct. 1864. — Décret qui ajoute plusieurs bureaux de douanes à ceux désignés pour constater la sortie des ouvrages d'or et d'argent expédiés à l'étranger (D. P. 64. 4. 115).

10-17 nov. 1864. — Décret impérial qui ouvre le bureau des douanes de Saint-Nazaire à l'exportation des armes et pièces d'armes de toute nature importées en transit par l'un des bureaux désignés dans les décrets des 20 avr. et 30 oct. 1861 (D. P. 64. 4. 121).

28 nov.-10 déc. 1864. — Décret impérial portant promulgation du traité de commerce conclu, le 30 juin 1864, entre la France et la Suisse (D. P. 64. 4. 125).

28 nov.-10 déc. 1864.— Décret impérial portant promulgation du traité concernant l'établissement des Français en Suisse et des Suisses en France, conclu le 30 juin 1864 (D. P. 64. 4. 128).

28 nov.-10 déc. 1864. — Décret impérial portant promulgation de la convention conclue, le 13 juin 1864, entre la France et la Suisse, pour la garantie réciproque de la propriété littéraire, artistique et industrielle (D. P. 65. 4. 1).

28 nov.-10 déc. 1864. — Décret impérial portant promulgation de la convention concernant les rapports de voisinage et la surveillance des forêts limitrophes entre la France et la Suisse, conclue le 30 juin 1864 (D. P. 65. 4. 4).

11-19 déc. 1864. — Décret impérial qui ajoute le port de Saint-Raphaël à ceux désignés pour l'admission en franchise des produits de l'île de Corse (D. P. 64. 4. 128).

24-31 déc. 1864. — Décret impérial qui autorise l'importation par tout pavillon, à Saint-Louis (Sénégal) et à l'île de Gorée, de marchandises de toute nature et de toute provenance (D. P. 65. 4. 5).

24-31 déc. 1864. — Décret impérial qui ouvre le port de Cayenne aux bâtiments français et étrangers (D. P. 65. 4. 5).

14 janv.-13 févr. 1865. — Décret impérial qui modifie la composition des commissions instituées par les art. 9 et 13 du décret du 29 déc. 1851 pour la vérification des produits de la pêche de la morue (D. P. 65. 4. 12).

11-17 févr. 1865. — Décret impérial qui fixe le tarif d'entrée du guano (D. P. 65. 4. 13).

25 mars-1er avr. 1865. — Décret impérial portant promulgation du traité de commerce conclu, le 14 févr. 1865, entre la France et les Royaumes-Unis de Suède et de Norwège (D. P. 65. 4. 17).

25 mars-1er avr. 1865. — Décret impérial portant promulgation du traité de navigation conclu, le 14 févr. 1865, entre la France et les Royaumes-Unis de Suède et de Nowège (D. P. 65. 4. 18).

25 mars-1er avr. 1865. — Décret impérial portant que les dispositions du traité de commerce conclu, le 14 févr. 1865, avec les Royaumes-Unis de Suède et de Norwège, sont applicables à l'Angleterre, à la Belgique et à l'Italie (D. P. 65. 4. 20).

25 mars-1er avr. 1865. — Décret impérial relatif aux marchandises d'origine et de manufacture des Royaumes-Unis de Suède et de Norwège inscrites dans le traité conclu, le 14 févr. 1865, entre la France et la Suède et la Norwège, importées autrement que par terre ou par navires français, ou sous pavillon d'un des Etats des Royaumes-Unis de Suède et de Norwège (D. P. 65. 4. 20).

25 mars-1er avr. 1865. — Décret impérial relatif à l'importation des tissus suédo-norwégiens taxés à la valeur (D. P. 65. 4. 20).

25 mars-1er avr. 1865. — Décret impérial portant que les décrets des 1er oct., 14 déc. 1861 et 20 juill. 1862, relatifs à l'importation des marchandises d'origine anglaise ou belge y énumérées, sont applicables aux marchandises et produits similaires d'origine des Royaumes-Unis de Suède et de Norwège (D. P. 65. 4. 20).

8-15 avr. 1865. — Décret impérial portant que la taxe légale sur les sucres bruts de betterave sera la même que celle accordée aux sucres bruts de canne (D. P. 65. 4. 21).

10-13 mai 1865. — Décret impérial portant promulgation du traité de commerce conclu, le 2 août 1862, entre la France et la Prusse, agissant au nom des Etats composant l'union des douanes allemandes (D. P. 65. 4. 22).

10-13 mai 1865. — Décret impérial portant promulgation du traité de navigation conclu, le 2 août 1862, entre la France et la Prusse, agissant au nom des Etats composant l'union des douanes allemandes (D. P. 65. 4. 24).

10-13 mai 1865. — Décret impérial portant promulgation de la convention relative au service international des chemins de fer, conclue, le 2 août 1862, entre la France et la Prusse, agissant au nom des Etats composant l'union des douanes allemandes (D. P. 65. 4. 26).

10-13 mai 1865. — Décret impérial portant promulgation de la convention conclue, le 2 août 1862, entre la France et la Prusse, pour la garantie réciproque de la propriété des œuvres d'esprit et d'art (D. P. 65. 4. 27).

10-15 mai 1865. — Décret impérial portant promulgation de la convention conclue, le 24 mars 1865, entre la France et la Bavière, pour la garantie réciproque de la propriété des œuvres d'esprit et d'art (D. P. 65. 4. 28).

13-20 mai 1865.— Décret impérial portant que les dispositions du traité de commerce conclu, le 2 août 1862, avec la Prusse, sont applicables à l'Angleterre, à la Belgique, à la Suède et à la Norwège (D. P. 65. 4. 30).

13-20 mai 1865. — Décrets impériaux concernant les navires du Zollverein venant des possessions britanniques en Europe (D. P. 65. 4. 30).

13-20 mai 1865. — Décret impérial rélatif aux marchandises d'origine ou de manufacture du Zollverein inscrites dans le traité conclu, le 2 août 1862, entre la France et la Prusse, importées autrement que par terre ou par navires français, ou sous pavillon d'un des États du Zollverein (D. P. 65. 4. 30).

13-20 mai 1865. — Décret impérial relatif à l'importation des tissus du Zollverein taxés à la valeur (D. P. 65. 4. 30).

13-20 mai 1865. — Décret impérial portant que les décrets des 1er oct., 14 déc. 1861 et 20 juill. 1862, relatifs à l'importation des marchandises d'origine anglaise ou belge y énumérées, sont applicables aux marchandises et produits similaires d'origine du Zollverein (D. P. 65. 4. 31).

3-8 juin 1865. — Décret impérial portant promulgation du traité de commerce et de navigation conclu, le 4 mars 1865, entre la France et les villes libres et hanséatiques de Brême, Hambourg et Lubeck (D. P. 65. 4. 32).

3-8 juin 1865. — Décret impérial portant promulgation de la convention littéraire conclue, le 4 mars 1865, entre la France et les villes libres et hanséatiques de Brême, Hambourg et Lubeck (D. P. 65. 4. 34).

3-8 juin 1865. — Décret impérial portant promulgation du protocole de clôture faisant suite au traité de commerce et à la convention littéraire conclus, le 4 mars 1865, entre la France et les villes libres et hanséatiques de Brême, Hambourg et Lubeck (D. P. 65. 4. 35).

14-21 juin 1865. — Décret impérial portant que les dispositions du traité de commerce conclu entre la Suisse, le 30 juin 1864, sont applicables à l'Angleterre, à la Belgique, à la Prusse, à l'Italie et aux Royaumes-Unis de Suède et de Norwège (D. P. 65. 4. 61).

14-21 juin 1865. — Décret impérial portant que les dispositions du traité de commerce conclu, le 2 août 1862, avec la Prusse, sont applicables à la Suisse (D. P. 65. 4. 61).

14-21 juin 1865. — Décret impérial portant que les dispositions du traité de commerce conclu, le 14 févr. 1865, avec les Royaumes-Unis de Suède et de Norwège, sont applicables à la Prusse et à la Suisse (D. P. 65. 4. 61).

14-21 juin 1865. — Décret impérial relatif à l'importation des tissus de la Suisse taxés à la valeur (D. P. 65. 4. 61).

14-21 juin 1865. — Décret impérial portant que les décrets des 1er oct., 14 déc. 1861 et 20 juill. 1862, relatifs à l'importation des marchandises d'origine anglaise ou belge énumérées, sont applicables aux marchandises et produits similaires d'origine suisse (D. P. 65. 4. 61).

14-21 juin 1865. — Décret impérial portant que les dispositions de la convention littéraire conclue avec la Prusse, le 2 août 1862, sont applicables à l'Angleterre, à la Belgique, à l'Italie, à la Suisse, à la Suède et à la Norwège, en ce qui concerne les dégrèvements de droit d'importation en France stipulés en faveur de certains produits dénommés dans l'art. 13 de ladite convention (D. P. 65. 4. 61).

14-21 juin 1865. — Décret impérial qui ouvre les bureaux de douane de Forbach, Saint-Louis et Weissembourg au transit de la librairie en langue française (D. P. 65. 4. 61).

17-26 juin 1865. — Décret impérial qui ouvre le port de Fécamp au transit des marchandises prohibées et non prohibées (D. P. 65. 4. 93).

24-29 juin 1865. — Décret impérial portant promulgation du traité de commerce et de navigation conclu, le 9 juin 1865, entre la France et le grand-duché de Mecklembourg-Schwérin (D. P. 65. 4. 94).

24-29 juin 1865. — Décret impérial portant promulgation de la convention conclue, le 9 juin 1865, entre la France et le grand-duché de Mecklembourg-Schwérin, pour la garantie réciproque de la propriété des œuvres d'esprit et d'art (D. P. 65. 4. 96).

24-29 juin 1865. — Décret impérial portant promulgation du protocole de clôture faisant suite au traité de commerce et de navigation et à la convention littéraire conclue, le 9 juin 1865, entre la France et le grand-duché de Mecklembourg-Schwérin (D. P. 65. 4. 97).

8-13 juill. 1865. — Décret impérial portant promulgation d'une convention relative à la législation des sucres, signée, le 8 nov. 1864, entre la France, la Belgique, la Grande-Bretagne et les Pays-Bas (D. P. 65. 4. 99).

8-13 juill. 1865. — Décret impérial qui approuve une déclaration signée, le 5 juill. 1865, entre la France et la Belgique et en prescrit la publication (D. P. 65. 4. 99).

8-21 juill. 1865. — Décret impérial qui ouvre le bureau de douane de l'Ile-de-Paille (Haut-Rhin) au transit des marchandises prohibées et non prohibées (D. P. 65. 4. 118).

14 juill.-12 août 1865. — Loi sur la mise en liberté provisoire (D. P. 65. 4. 145).

24-31 juill. 1865. — Décret impérial qui supprime la surtaxe établie à l'importation des sucres bruts de betterave originaires de la Grande-Bretagne et des Pays-Bas (D. P. 65. 4. 122).

24-31 juill. 1865. — Décret impérial qui fixe les droits à appliquer aux sucres raffinés ou candis importés de Belgique, de la Grande-Bretagne et des Pays-Bas (D. P. 65. 4. 122).

26 juill.-16 août 1865. — Décret impérial portant promulgation de la convention de commerce conclue, le 18 juin 1865, entre la France et l'Espagne (D. P. 65. 4. 126).

29 juill.-10 août 1865. — Décret impérial portant promulgation de la convention conclue, le 24 avr. 1865, entre la France et le Wurtemberg, pour la garantie réciproque de la propriété des œuvres d'esprit et d'art (D. P. 65. 4. 125).

31 juill.-9 août 1865. — Décret impérial qui établit à Schweyn et à Walschbronn (Moselle) des bureaux de vérification pour la sortie des boissons expédiées à l'étranger en franchise des droits de circulation et de consommation (D. P. 65. 4. 125).

13-22 août 1865. — Décret impérial qui fixe le tarif des douanes à l'importation de certaines marchandises (D. P. 65. 4. 127).

13-22 août 1865. — Décret impérial portant que les décrets des 1er oct., 14 déc. 1861 et 20 juill. 1862, relatifs à l'importation des marchandises d'origine anglaise ou belge y énumérées, sont applicables aux marchandises et produits similaires d'origine espagnole et dénommés dans le tarif B annexé à la convention du 18 juin 1865 (D. P. 65. 4. 127).

13-22 août 1865. — Décret impérial relatif à l'importation des tissus de laine (bas et draps) de l'Espagne taxés à la valeur (D. P. 65. 4. 127).

13-22 août 1865. — Décret impérial relatif à l'importation par mer des produits d'origine ou de manufacture espagnole, énumérés dans le tarif B annexé à la convention du 18 juin 1865 D. P. 65. 4. 127).

13-22 août 1865. — Décret impérial qui déclare applicables aux pays y désignés les dispositions de la convention de commerce conclue entre la France et l'Espagne (D. P. 65. 4. 127).

15-23 août 1865. — Décret impérial portant promulgation du traité de commerce et de navigation conclu, le 7 juill. 1865, entre la France et les Pays-Bas (D. P. 65. 4. 127).

26 août-11 sept. 1865. — Décret impérial qui exempte de la prohibition prononcée par l'ordonnance du 25 févr. 1837 les pistolets de poche, revolvers ou autres, fabriqués pour l'exportation (D. P. 65. 4. 136).

5-11 sept. 1865. — Décret impérial qui : 1° ajoute les savons autres que de parfumerie, fabriqués en Corse, à la nomenclature des produits admissibles en franchise sur le continent français; 2° soumet à l'intégralité des droits d'entrée exigibles sur le continent français les huiles fixes pures, de toute provenance, et les soudes importées de l'étranger en Corse (D. P. 65. 4. 136).

5-11 sept. 1865. — Décret impérial relatif à l'importation, en France, des animaux domestiques dont l'entrée présenterait des dangers au point de vue du typhus contagieux des bêtes à cornes (D. P. 65. 4. 136).

2-12 oct. 1865. — Décret impérial qui ouvre le port de Brest au transit des marchandises prohibées et non prohibées (D. P. 65. 4. 142).

4-10 nov. 1865. — Décret impérial qui ouvre le bureau de douane de Baisieux (station de chemin de fer) : 1° à l'importation de certaines marchandises; 2° au transit des marchandises prohibées ou non prohibées (D. P. 65. 4. 144).

17 nov. 1865-9 janv. 1866. — Décret impérial qui établit à Bliesbrucken (Moselle) un bureau de vérification pour la sortie des boissons expédiées à l'étranger en franchise des droits de circulation et de consommation (D. P. 66. 4. 10).

1er déc. 1865-29 janv. 1866. — Décret impérial qui établit à la station du chemin de fer, à Baisieux (Nord), un bureau de vérification pour la sortie des boissons expédiées à l'étranger en franchise des droits de circulation et de consommation (D. P. 66. 4. 12).

2-6 déc. 1865. — Décret impérial portant promulgation de la convention relative à l'union douanière et aux rapports de voisinage entre la France et la principauté de Monaco, conclue le 9 nov. 1865 (D. P. 66. 4. 6).

5-7 déc. 1865. — Décret impérial qui rend applicables à tous les quadrupèdes autres que le cheval, l'âne, le mulet et le chien, les mesures indiquées dans le décret du 5 sept. 1865, relatif à l'importation, en France, des animaux domestiques dont l'entrée présenterait des dangers au point de vue du typhus contagieux des bêtes à cornes (D. P. 66. 4. 7).

20-28 déc. 1865. — Décret impérial qui ouvre le bureau des douanes de Monaco à l'importation de certaines marchandises et ajoute ce bureau à ceux désignés pour l'admission en franchise des produits de l'île de Corse (D. P. 66. 4. 10).

16 mai-11 juin 1866. — Décret impérial qui établit à Monaco un bureau pour la vérification des boissons expédiées de France, avec exemption de l'impôt à destination du territoire de la principauté de Monaco (D. P. 66. 4. 52).

19 mai-12 juin 1866. — Loi sur la marine marchande (D. P. 66. 4. 52).

30 mai-2 juin 1866. — Décret impérial qui règle le tarif des thés à l'importation (D. P. 66. 4. 51).

30 mai-7 juin 1866. — Décret impérial qui ouvre le bureau des douanes d'Arnéguy à l'importation ou au transit de certaines marchandises (D. P. 66. 4. 52).

8-12 juin 1866. — Décret impérial pour l'exécution de l'art. 1er de la loi du 19 mai 1866 sur la marine marchande (D. P. 66. 4. 61).

4-10 juill. 1866. — Sénatus-consulte portant modification du sénatus-consulte du 3 mai 1854, qui règle la constitution des colonies de la Martinique, de la Guadeloupe et de la Réunion (D. P. 66. 4. 85).

5-17 sept. 1866. — Décret impérial portant que les droits de douane à l'importation des sucres candis en caisse ou futailles seront perçus au poids net (D. P. 66. 4. 142).

8-17 oct. 1866. — Décret impérial qui fixe le tarif à l'importation des huiles d'olive (D. P. 67. 4. 5).

25-29 oct. 1866. — Décret qui approuve la déclaration signée, le 15 oct. 1866, entre la France et la Prusse, pour l'affranchissement des droits d'entrée sur les mélasses (D. P. 67. 4. 6).

19-27 déc. 1866. — Décret impérial portant promulgation du traité de commerce conclu, le 11 déc. 1866, entre la France et l'Autriche (D. P. 67. 4. 9).

19-27 déc. 1866. — Décret impérial portant promulgation du traité de navigation conclu, le 11 déc. 1866, entre la France et l'Autriche (D. P. 67. 4. 10).

19-27 déc. 1866. — Décret impérial portant promulgation du protocole final relatif au traité de commerce et au traité de navigation conclu, le 11 déc. 1866, entre la France et l'Autriche (D. P. 67. 4. 11).

19-27 déc. 1866. — Décret impérial portant promulgation de la convention conclue, le 11 déc. 1866, entre la France et l'Autriche, pour la garantie réciproque de la propriété des œuvres d'esprit et d'art (D. P. 67. 4. 12).

19-27 déc. 1866. — Décret impérial portant promulgation de la convention consulaire conclue, le 11 déc. 1866, entre la France et l'Autriche (D. P. 67. 4. 13).

19-27 déc. 1866. — Décret impérial qui déclare applicables aux pays y désignés les dispositions du traité de commerce conclu, le 11 déc. 1866, avec l'Autriche (D. P. 67. 4. 16).

19-27 déc. 1866. — Décret impérial relatif aux marchandises d'origine ou de manufacture de l'Autriche comprises dans le traité conclu, le 11 déc. 1866, entre la France et l'Autriche, importées autrement que par terre ou par navires français ou sous pavillon autrichien (D. P. 67. 4. 16).

19-27 déc. 1866. — Décret impérial relatif à l'importation des tissus de l'Autriche taxés à la valeur (D. P. 67. 4. 16).

19-27 déc. 1866. — Décret impérial portant que les décrets des 1er oct., 14 déc. 1861 et 20 juill. 1862 relatifs à l'importation des marchandises d'origine anglaise ou belge y énumérées (restrictions d'entrée et d'emballage), sont applicables aux marchandises et produits similaires d'origine autrichienne (D. P. 67. 4. 16).

19-27 déc. 1866. — Décret impérial qui accorde à la ville d'Amiens un entrepôt réel pour les marchandises prohibées et non prohibées (D. P. 67. 4. 16).

27 déc. 1866-3 janv. 1867. — Décret impérial qui supprime les droits de tonnage établis à titre de droit de compensation en vertu des traités et conventions conclus par la France avec les États y désignés, par application des art. 4 et 6 de la loi du 19 mars 1866 sur la marine marchande (D. P. 67. 4. 20).

3-9 janv. 1867. — Décret impérial relatif à l'importation temporaire en franchise de droits, des graines de colza proprement dites, des graines de moutarde blanche et de moutarde noire et des graines de navette destinées à être converties en huile, à charge de réexportation (D. P. 67. 4. 24).

30 janv.-4 févr. 1867. — Décret impérial portant promulgation de l'arrangement conclu, le 2 déc. 1866, entre la France et le Pérou, et relatif à l'importation, en France, du guano péruvien et du Pérou (D. P. 67. 4. 29).

12-16 févr. 1867. — Décret impérial qui ouvre le bureau des douanes de Thonne-la-Long (Meuse) à l'importation des grains et farines (D. P. 67. 4. 31).

26 mars-3 avr. 1867. — Décret impérial portant promulgation de la déclaration relative au rendement des sucres au raffinage, signée le 20 nov. 1866, entre la France, la Belgique, la Grande-Bretagne et les Pays-Bas (D. P. 67. 4. 39).

13 avr.-1er mai 1867. — Décret impérial qui prescrit la publication de la déclaration signée, le 29 mars 1867, entre la France et la Prusse, pour régler la prescription des droits de navigation sur le canal des houillères de la Sarre (D. P. 67. 4. 53).

1er-7 mai 1867. — Lois sur les douanes (D. P. 67. 4. 57).

15-21 juin 1867. — Décret impérial qui fixe la tare légale sur certaines marchandises (D. P. 67. 4. 61).

17-23 juill. 1867. — Loi sur le régime commercial de l'Algérie (D. P. 67. 4. 87).

22-22 juill. 1867. — Loi relative à la contrainte par corps (D. P. 67. 4. 75).

27 juill.-23 août 1867. — Décret impérial portant promulgation du traité de commerce et de navigation conclu, le 11 juill. 1866, entre la France et le Portugal (D. P. 67. 4. 127).

27 juill.-23 août 1867. — Décret impérial portant promulgation de la convention consulaire conclue, le 11 juill. 1866, entre la France et le Portugal (D. P. 67. 4. 128).

27 juill.-23 août 1867. — Décret impérial portant promulgation de la convention conclue, le 11 juill. 1866, entre la France et le Portugal pour la garantie réciproque de la propriété des œuvres d'esprit et d'art (D. P. 67. 4. 130).

28 juill.-29 août 1867. — Décret impérial portant que les décrets des 1er oct., 14 déc. 1861 et 20 juill. 1862, relatifs à l'importation des marchandises d'origine anglaise ou belge y énumérées (restrictions d'entrée et d'emballage), sont applicables aux marchandises et produits similaires d'origine portugaise (D. P. 67. 4. 131).

28 juill.-29 août 1867. — Décret impérial relatif à l'importation des tissus du Portugal taxés à la valeur (D. P. 67. 4. 131).

28 juill.-29 août 1867. — Décret impérial relatif aux marchandises d'origine ou de manufacture portugaise reprises dans le traité conclu, le 11 juill. 1866, entre la France et le Portugal, importées autrement que par terre ou par navires français, ou sous pavillon du Portugal (D. P. 67. 4. 131).

28 juill.-29 août 1867. — Décret impérial qui déclare applicables aux pays y désignés les dispositions du traité de commerce et de navigation conclu, le 11 juill. 1866, entre la France et le Portugal (D. P. 67. 4. 131).

7-19 sept. 1867. — Décret impérial qui ajoute le bureau de douane de Givet aux bureaux désignés pour l'importation, l'exportation et le transit des armes et pièces d'armes de toute nature (D. P. 67. 4. 133).

5-18 oct. 1867. — Décret impérial portant promulgation du traité de commerce et de navigation conclu, le 29 juill. 1867, entre la France et les États pontificaux (D. P. 67. 4. 135).

26 oct.-2 nov. 1867. — Décret impérial qui ouvre le bureau des douanes de la Marlière, commune de Tourcoing (Nord), à l'entrée et à la sortie des grains et farines (D. P. 67. 4. 143).

6 nov.-2 déc. 1867. — Décret impérial qui rend exécutoire la délibération du conseil général de la Martinique, du 30 nov. 1866, portant suppression des droits de douane établis sur les marchandises étrangères importées dans cette colonie (D. P. 67. 4. 146).

13-14 nov. 1867. — Décret impérial qui suspend les surtaxes établies par la loi du 15 juin 1861, sur les grains et farines importés par navires étrangers (D. P. 67. 4. 144).

25 janv.-27 févr. 1868. — Décret impérial portant règlement sur la pêche fluviale (importation et exportation interdites pendant certaines périodes) (D. P. 68. 4. 18).

5 févr.-30 mars 1868. — Décret impérial qui établit, à la gare du chemin de fer à Anor (Nord), un bureau de vérification pour la sortie des boissons expédiées à l'étranger en franchise des droits de circulation et de consommation (D. P. 68. 4. 32).

12 févr.-2 mars 1868. — Décret impérial ouvrant le bureau de douane d'Anor (station du chemin de fer) : 1° à l'importation des marchandises taxées à plus de 20 fr. par 100 kilog. ou nommément désignées par l'art. 8 de la loi du 27 mars 1817 ; 2° au transit des marchandises prohibées ou non prohibées ; 3° à l'importation et à l'exportation des grains et farines ; 4° à l'importation des machines et mécaniques complètes ou en pièces détachées (D. P. 68. 4. 24).

19 févr.-10 mars 1868. — Décret impérial qui fixe les restitutions auxquelles donnera lieu l'exportation des beurres salés (D. P. 68. 4. 22).

19 févr.-29 sept. 1868. — Décret impérial qui établit une taxe sur les produits coloniaux exportés des dépendances de Gorée (Sénégal) (D. P. 69. 4. 4).

25 avr.-28 mai 1868. — Décret impérial qui rend exécutoire la délibération du conseil général de la Guadeloupe du 11 déc. 1866, portant modification du régime douanier de cette colonie (D. P. 68. 4. 67).

6-19 juin 1868. — Décret impérial qui établit au port de Dunkerque un droit de tonnage sur les navires français et étrangers, à l'exception des bateaux pilotes et remorqueurs, de ceux employés à la pêche côtière et de tout le matériel de l'État (D. P. 68. 4. 81).

6 juin-3 juill. 1868. — Décret impérial qui établit au port de Bordeaux un droit de tonnage sur les navires français et étrangers entrant chargés dans ce port et venant du long cours ou des pays étrangers (D. P. 68. 4. 84).

24-30 juin 1868. — Décret impérial qui ouvre le bureau de douane de Charente : 1° à l'importation des marchandises et mécaniques ; 2° au transit des marchandises non prohibées (D. P. 68. 4. 84).

4-23 juill. 1868. — Décret impérial qui établit au port de Dunkerque un droit de tonnage sur les navires français et étrangers entrant chargés dans ce port et venant du long cours ou des pays étrangers (D. P. 68. 4. 110).

9-15 juill. 1868. — Décret impérial qui autorise l'importation et l'exportation des grains et farines par tous les bureaux de douanes de l'Empire (D. P. 68. 4. 92).

11-15 juill. 1868. — Loi sur les douanes (D. P. 68. 4. 103).

10-18 août 1868. — Décret impérial qui ouvre le bureau de douane de Delle au transit des marchandises prohibées (D. P. 68. 4. 125).

18 août-5 déc. 1868. — Décret impérial portant que le bureau de douane établi à Indévillers (Doubs) sera ouvert pour la sortie des boissons expédiées à l'étranger en franchise des droits de circulation et de consommation (D. P. 69. 4. 10).

12 sept.-12 oct. 1868. — Décret impérial qui : 1° autorise l'importation par tous pavillons, dans les établissements français de la Côte-d'Or et du Gabon, des marchandises de toutes natures et de toutes provenances; 2° soumet à une taxe les produits coloniaux exportés de ces établissements (D. P. 69. 4. 4).

7-12 nov. 1868. — Décret impérial qui prescrit la publication de la déclaration signée, le 4 nov. 1868, entre la France, la Belgique, la Grande-Bretagne et les Pays-Bas, et relative à l'application de l'art. 13 de la convention du 8 nov. 1864, sur le régime des sucres (D. P. 69. 4. 5).

9-14 nov. 1868. — Décret impérial qui fixe le droit sur les sucres candis importés en France de Belgique, de la Grande-Bretagne et des Pays-Bas (D. P. 69. 4. 6).

27 nov.-5 déc. 1868. — Décret impérial ouvrant le bureau de Binic à l'importation des marchandises taxées à plus de 20 fr. par 100 kilog. ou nommément désignées par l'art. 8 de la loi du 27 mars 1817 (D. P. 69. 4. 7).

17-22 déc. 1868. — Décret impérial qui fixe le délai dans lequel devra être effectuée la réexportation, après teinture ou impression, des tissus admis temporairement en franchise de droits (D. P. 69. 4. 15).

6 janv.-3 mars 1869. — Décret impérial qui: 1° établit à Sarreguemines un bureau de vérification pour la sortie des boissons expédiées à l'étranger en franchise des droits de circulation et de consommation; 2° supprime le bureau ouvert à Bliesbrücken pour la sortie des boissons exportées dans les mêmes conditions (D. P. 69. 4. 29).

13-23 mars 1869. — Décret impérial portant promulgation du traité de paix et de commerce conclu, le 8 août 1868, entre la France et Madagascar (D. P. 69. 4. 30).

19 mars-19 mai 1869. — Décret impérial qui sépare le service des contributions indirectes de celui des douanes (D. P. 69. 4. 86).

8-13 mai 1869. — Loi sur les suppléments de crédit de l'exercice 1868 et de l'exercice 1869 (art. 6. Modifications du régime de l'importation des vins de toute sorte) (D. P. 69. 4. 80).

19 mai-12 juin 1869. — Décret impérial portant suppression des surtaxes de pavillon établies sur les marchandises importées à la Guyane française par navires étrangers (D. P. 69. 4. 90).

26 mai-7 juin 1869. — Décret impérial qui supprime la surtaxe établie sur les sucres importés de Cuba sous pavillon espagnol (D. P. 69. 4. 88).

5-11 juin 1869. — Décret impérial relatif au rendement en alcool des mélasses importées pour être distillées (D. P. 69. 4. 89).

7 juill.-2 août 1869. — Décret impérial qui autorise la colonie de la Guadeloupe à percevoir des droits de tonnage sur les navires de toute provenance et de tous pavillons entrant à la Pointe-à-Pitre (D. P. 69. 4. 93).

9 juill.-21 août 1869. — Décret impérial portant abrogation de l'acte de navigation du 21 sept. 1793 dans les colonies françaises où il est encore en vigueur (D. P. 69. 4. 94).

28 juill.-11 août 1869. — Décret impérial portant que les marchandises destinées à l'admission temporaire pourront être importées par mer sous tous pavillons (D. P. 69. 4. 94).

28 juill.-11 août 1869. — Décret impérial portant que les marchandises admises à l'entrepôt fictif, lorsqu'elles sont importées par navires français, jouiront du même bénéfice lorsque l'importation aura lieu sous pavillon étranger (D. P. 69. 4. 94).

8-10 sept. 1869. — Sénatus-consulte qui modifie la constitution de l'Empire (art. 10 relatif aux traités internationaux) (D. P. 69. 4. 60-71).

8-10 nov. 1869. — Décret impérial portant règlement d'administration publique pour la livraison, en franchise de droits, des sels destinés à la nourriture des bestiaux, à la préparation des engrais ou à l'amendement direct des terres (D. P. 70. 4. 9).

3-15 janv. 1870. — Décret impérial qui prescrit la publication de la déclaration relative au régime des sucres signée, le 27 déc. 1869, entre la France, la Belgique, la Grande-Bretagne et les Pays-Bas (D. P. 70. 4. 17).

5 janv. 1870. — Décret impérial qui autorise la création à Brest d'un entrepôt réel de douanes.

9-15 janv. 1870. — Décret impérial relatif à l'importation des tissus de coton purs ou mélangés (D. P. 70. 4. 18).

9-15 janv. 1870. — Décret impérial relatif à l'importation des fers et fontes (D. P. 70. 4. 18).

21 mars-14 juin 1870. — Décret impérial qui ajoute le bureau de douanes de Sarreguemines à ceux désignés pour constater la sortie des ouvrages d'or et d'argent (D. P. 70. 4. 48).

24-30 mars 1870. — Décret impérial ouvrant le bureau de douane de Ghyvelde (gare) à l'importation des marchandises taxées à plus de 20 fr. par 100 kilog. ou nommément désignées par l'art. 8 de la loi du 27 mars 1817 (D. P. 70. 4. 30).

30 avr.-14 juin 1870. — Décret impérial qui rend exécutoires, dans la colonie de la Martinique, sous certaines modifications, les lois du 28 mai 1858 et le décret du 12 mars 1859, relatifs aux marchandises déposées dans les magasins généraux et aux ventes publiques de ces marchandises (D. P. 70. 4. 48).

21-22 mai 1870. — Sénatus-consulte fixant la constitution de l'Empire (art. 18: modification de tarifs résultant de traités internationaux) (D. P. 70. 4. 39).

24 juill. 1870. — Décret impérial prohibant la sortie, la réexportation et le transit des armes et autres objets propres à la guerre.

27-30 juill. 1870. — Loi portant fixation du budget général des recettes et des dépenses de l'exercice 1871 (art. 7, D. P. 70. 4. 59).

28-30 juill. 1870. — Décret impérial relatif au régime douanier des cafés, thés et cacaos (D. P. 70. 4. 62).

2 août-17 sept. 1870. — Décret impérial portant suspension des droits de douane sur les tabacs étrangers importés à la Guadeloupe (D. P. 70. 4. 70).

3-9 août 1870. — Loi relative aux grandes pêches maritimes (D. P. 70. 4. 64).

21 août 1870. — Décret impérial qui prohibe, sur la frontière de terre, de Dunkerque à Lans-le-Bourg, et sur la frontière maritime, de Saint-Valery à Dunkerque, la sortie, la réexportation d'entrepôt et le transit des bestiaux, des viandes, des farineux alimentaires, du son et des fourrages.

4-10 sept. 1870. — Décret qui déclare libres la fabrication, le commerce et la vente des armes (D. P. 70. 4. 85).

6-27 sept. 1870. — Décret qui affranchit du payement de la surtaxe établie par la loi du 7 mai 1860 les cotons en laine importés par la frontière de terre comprise entre Nantua et Schlestadt (D. P. 70. 4. 92).

9-14 sept. 1870. — Décret portant que les armes de toute espèce et les cartouches garnies ou non garnies seront affranchies de tout droit de douane et pourront être importées par tous les bureaux (D. P. 70. 4. 87).

19-27 sept. 1870. — Décret qui affranchit du payement de la surtaxe établie par la loi du 7 mai 1860 les cotons en laine importés par la frontière de terre comprise entre Schlestadt et Dunkerque (D. P. 70. 4. 92).

8-19 oct. 1870. — Décret sur l'entrée en franchise des poudres de guerre de fabrication étrangère (D. P. 70. 4. 116).

12-19 oct. 1870. — Décret prohibant toute sortie ou transit de bestiaux ou denrées alimentaires (D. P. 70. 4. 116).

14 nov.-5 déc. 1870. — Décret qui proroge jusqu'au 31 déc. 1870 l'admission en franchise des poudres, artifices, munitions et projectiles de guerre (D. P. 70. 4. 131).

22 nov.-5 déc. 1870. — Décret prohibant la sortie du beurre salé et des œufs (D. P. 70. 4. 133).

27 nov. 1870-7 janv. 1871. — Décret prohibant l'exportation des céréales de l'Algérie (D. P. 71. 4. 10).

1er déc. 1870-11 janv. 1871. — Décret qui interdit l'exportation du beurre frais (D. P. 71. 4. 10).

1er déc. 1870-11 janv. 1871. — Arrêté qui supprime le service de l'inspection de la librairie venant de l'étranger, près les bureaux des douanes à la frontière (D. P. 71. 4. 11).

31 déc. 1870-8 févr. 1871. — Décret prorogeant jusqu'à la fin de la guerre le décret du 8 oct. 1870 sur l'admission en franchise des poudres de guerre (D. P. 71. 4. 15).

4 janv.-8 mars 1871. — Arrêté réglant le mode de perception, sans production des traites, des créances du Trésor, en matières de coupes de bois, de douanes et de contributions indirectes (D. P. 71. 4. 16).

20 janv.-22 mars 1871. — Décret relatif à l'importation des sucres (D. P. 71. 4. 19).

28 janv.-22 mars 1871. — Décret relatif à l'importation en franchise des effets de harnachement, équipement et habillement (D. P. 71. 4. 19).

15 févr.-26 mars 1871. — Décret qui rapporte les décrets des 22 novembre et 1er décembre portant interdiction de la sortie du beurre et des œufs (D. P. 71. 4. 22).

30-31 mars 1871. — Arrêté qui rapporte le décret du 9 sept. 1870, relatif à l'admission en franchise des armes et des cartouches (D. P. 71. 4. 37).

29 mai-10 oct. 1871. — Arrêté qui replace sous l'application du décret du 6 juin 1807 les importations effectuées pour le compte des départements ministériels (D. P. 71. 4. 152).

19-24 juin 1871. — Loi qui abroge le décret du 4 sept. 1870 sur la fabrication des armes de guerre (D. P. 71. 4. 101).

8-9 juill. 1871. — Loi qui introduit diverses modifications dans le tarif des douanes (D. P. 71. 4. 77).

11-13 juill. 1871. — Loi relative aux droits de douane que devront supporter les marchandises actuellement en cours de voyage (D. P. 71. 4. 78).

14-19 juill. 1871. — Arrêté qui rapporte les décrets des 6 et 19 sept. 1870, supprimant la surtaxe de 3 fr. 60 cent. sur les cotons en laine importés par la frontière de terre comprise entre Nantua et Dunkerque (D. P. 71. 4. 140-141).

4-16 sept. 1871. — Loi qui détermine la fixation des taxes sur la fabrication du tabac, des allumettes, de la chicorée moulue et du papier (D. P. 71. 4. 79).

16 sept.-3 oct. 1871. — Loi qui autorise le président de la République à conclure une convention spéciale avec l'Allemagne (D. P. 71. 4. 161).

31 oct.-11 nov. 1871. — Décret portant promulgation de la convention additionnelle au traité de paix entre la France et l'Allemagne, signée à Berlin le 12 oct. 1871 (D. P. 71. 4. 162).

28 nov.-1er déc. 1871. — Décret relatif à la perception de l'impôt sur le papier (D. P. 71. 4. 86).

29 nov.-1er déc. 1871. — Décret relatif à la perception de l'impôt sur les allumettes chimiques (art. 11, 15 et 24, D. P. 71. 4. 83).

30 nov.-1er déc. 1871. — Décret relatif à la perception de l'impôt sur la chicorée (art. 11 et 15, D. P. 71. 4. 85).

19-23 déc. 1871. — Loi sur la contrainte par corps en matière de frais de justice criminelle (D. P. 71. 4. 167).

22 déc. 1871-23 janv. 1872. — Décret qui établit dans les départements du Haut-Rhin et des Vosges dix-huit bureaux de vérification pour la sortie des boissons expédiées à l'étranger en franchise des droits de circulation et de consommation (D. P. 72. 4. 6).

9-26 janv. 1872. — Loi portant ratification de la convention additionnelle au traité de paix avec l'Allemagne, signée à Francfort, le 11 déc. 1871 (D. P. 72. 4. 9).

22-23 janv. 1872. — Loi concernant les sucres, la statistique commerciale et les allumettes (art. 3, D. P. 72. 4. 11).

30 janv.-3 févr. 1872. — Loi relative à la marine marchande (D. P. 72. 4. 25).

2-24 févr. 1872. — Loi relative aux traités de commerce faits avec l'Angleterre et la Belgique (D. P. 72. 4. 28).

17 févr.-3 avr. 1872. — Décret qui autorise les bureaux ouverts sur les frontières du pays de Gex et de la Savoie, pour la vérification des boissons importées ou exportées, à constater l'importation et l'exportation des autres marchandises et denrées soumises à des taxes intérieures au profit du Trésor (D. P. 72. 4. 41).

28-29 févr. 1872. — Loi pour la répression de la fraude sur les spiritueux (D. P. 72. 4. 39).

28-29 févr. 1872. — Loi sur l'enregistrement (art. 5. Mutations de propriété des navires. Intervention des agents des douanes) (D. P. 72. 4. 12).

6-19 mars 1872. — Décret qui ouvre les bureaux de douane de Belfort et de Nancy à l'importation, à l'exportation et au transit des armes et pièces d'armes de toute nature (D. P. 72. 4. 47).

30 mars-4 avr. 1872. — Loi concernant la perception du droit de timbre des connaissements (D. P. 72. 4. 77).

30 mars-4 avr. 1872. — Loi portant augmentation des droits de garantie (remboursement de ces droits à l'exportation) (D. P. 72. 4. 77).

12-15 avr. 1872. — Décret qui fixe la tare légale sur les huiles et les essences de pétroles et de schiste importées dans des fûts dits à pétrole (D. P. 72. 4. 81).

22 avr. 1872. — Décret supprimant le bureau de Baisieux (Nord) pour la vérification des boissons (Bull., n° 1134).

23 avr.-5 juin 1872. — Décret qui autorise la création à Saint-Ouen (Seine) d'un entrepôt réel de douanes (Bull., n° 1105).

30 avr.-1er mai 1872. — Décret qui établit des timbres mobiles pour l'exécution des art. 4 et 5 de la loi du 30 mars 1872, relatifs au timbre des connaissements (D. P. 72. 4. 78).

21-24 mai 1872. — Décret ouvrant les bureaux de Pagny, Emberménil et Audun-le-Roman (Meurthe-et-Moselle) à la sortie des ouvrages d'or et d'argent (D. P. 72. 4. 110).

5-13 juin 1872. — Décret relatif à l'admission temporaire, en franchise de droits, du cacao et du sucre destinés à la fabrication du chocolat (D. P. 72. 4. 112).

20-23 juin 1872. — Décret qui modifie les droits de douane existant au Sénégal et dans ses dépendances (D. P. 72. 4. 119).

3-16 juill. 1872. — Loi qui modifie les droits à l'importation des amomes et cardamomes (D. P. 72. 4. 119).

12 juill.-16 août 1872. — Décret portant que l'identité des cafés de toute espèce expédiés en transit devra être garantie par le prélèvement d'un échantillon plombé (D. P. 72. 4. 122).

26 juill.-19 août 1872. — Loi portant fixation des tarifs spécifiques sur les matières brutes, textiles et autres (D. P. 72. 4. 125).

26 juill. 1872. — Décret qui restreint l'entrée et la sortie des papiers aux bureaux ouverts au transit des marchandises non prohibées (Bull., n° 1333).

2 août-10 nov. 1872. — Loi qui attribue à l'État le monopole de la fabrication et de la vente des allumettes chimiques (D. P. 72. 4. 131).

5-13 août 1872. — Décret qui ajoute le bureau des douanes de Nancy à ceux désignés pour constater la sortie des ouvrages d'or et d'argent (D. P. 72. 4. 130).

18-19 août 1872. — Décret qui déclare applicables, pour certaines marchandises, diverses dispositions de la loi du 26 juill. 1872, portant fixation des tarifs spécifiques sur les matières brutes, textiles et autres (D. P. 72. 4. 128).

29 août-17 oct. 1872. — Décret qui ajoute la douane de Lille à celles qui peuvent constater l'exportation des chocolats provenant de cacaos et de sucres admis en franchise temporaire (D. P. 73. 4. 3).

14-18 sept. 1872. — Arrêté ministériel qui interdit l'introduction en France et le transit des bêtes bovines de la race dite *des steppes* et des mêmes animaux de toute race provenant de la Russie, de l'Allemagne du Nord, de l'Autriche-Hongrie et des Principautés danubiennes (*Journ. off.* du 18 sept. 1872).

23 sept.-17 oct. 1872. — Décret sur l'application en Algérie des lois des 24 mai 1834 et 14 juill. 1860 sur les armes de guerre (D. P. 73. 4. 3).

28 sept.-4 oct. 1872. — Décret sur le régime des douanes au Sénégal (D. P. 74. 4. 8).

19-22 nov. 1872. — Décret qui règle les attributions du bureau de douanes établi à la gare internationale de Vintimille (*Journ. off.* du 22 nov. 1872).

9-13 déc. 1872. — Loi relative à la prorogation de franchise à accorder aux tissus de coton qui empruntent à l'outillage de l'Alsace-Lorraine une façon supplémentaire (D. P. 72. 4. 136).

24 déc. 1872-18 févr. 1873. — Décret qui modifie le mode de jaugeage des navires de commerce prescrit par la loi du 12 niv. an 2 (D. P. 73. 4. 17).

4-11 janv. 1873. — Décret qui autorise l'admission en entrepôt fictif des bois d'ébénisterie importés par navires français ou étrangers dans les ports d'entrepôt réel (D. P. 73. 4. 24).

8 janv.-11 mars 1873. — Décret qui prohibe l'importation de France en Algérie des ceps de vigne ou sarments (D. P. 73. 4. 25).

20-24 janv. 1873. — Décret portant que les dispositions du décret du 5 juin 1872 ne sont pas applicables au sucre et au cacao employés à la fabrication des chocolats destinés à être expédiés en Algérie (D. P. 73. 4. 28).

10 févr. 1873. — Décret qui ajoute la douane de Nantes à celles qui, d'après l'art. 4 du décret du 5 juin 1872, peuvent constater l'exportation des chocolats provenant de cacao et de sucre admis en franchise temporaire (Bull., n° 1776).

21 févr.-5 mars 1873. — Décret concernant les essences de houille (Admission temporaire) (D. P. 73. 4. 29).

27 févr.-5 mars 1873. — Décret qui admet temporairement en franchise de droits les graines de coton et de niger destinées à être converties en huile pour la réexportation (D. P. 73. 4. 32).

14-15 mars 1873. — Loi qui proroge l'application des tarifs conventionnels (D. P. 73. 4. 28).

14 mars-1er avr. 1873. — Loi relative aux tissus de laine et autres produits de même nature qui reçoivent un complément de main-d'œuvre dans l'Alsace-Lorraine (D. P. 73. 4. 32).

15-25 mars 1873. — Loi relative à l'exercice du monopole et à la vente des allumettes chimiques (Importation, art. 3, D. P. 73. 4. 37).

18 mars 1873. — Décret qui interdit la sortie des armes et des objets propres à la guerre à destination d'Espagne.

15-22 avr. 1873. — Décret qui accorde à la ville de Lille un entrepôt réel de douanes pour les marchandises prohibées et non prohibées (*Journ. off.* du 22 avr. 1873 ; Bull., n° 2028).

24-31 mai 1873. — Décret relatif au jaugeage des navires de commerce (D. P. 73. 4. 73).

21-24 juin 1873. — Loi sur les contributions indirectes (art. 4. Procès-verbaux dressés par les employés des douanes) (D. P. 73. 4. 88).

23 juin 1873. — Décret qui lève la prohibition de sortie des plombs.

27-30 juin 1873. — Loi qui proroge les lois des 9 déc. 1872 et 14 mars 1873, relatives à la franchise accordée à la rentrée des tissus qui empruntent à l'outillage industriel de l'Alsace-Lorraine une façon supplémentaire (D. P. 73. 4. 73).

4 juill.-3 sept. 1873. — Décret qui supprime les droits de douane sur toutes les marchandises étrangères importées à la Réunion autres que les tabacs, et prohibe à la consommation les rhums importés de l'étranger dans la même colonie (D. P. 74. 4. 8).

18-23 juill. 1873. — Loi qui approuve le traité de commerce et d'amitié signé à Paris, le 24 janv. 1873, entre la France et la Birmanie (D. P. 73. 4. 78).

24 juill.-7 août 1873. — Loi relative à l'organisation générale de l'armée (art. 8, D. P. 73. 4. 83).

25-29 juill. 1873. — Loi qui abroge celle du 26 juill. 1872, portant établissement de droits de douane à l'importation des matières premières (D. P. 73. 4. 93).

28-31 juill. 1873. — Loi qui abroge les art. 1er et 2 de la loi du 30 janv. 1872, concernant la surtaxe de pavillon (D. P. 74. 4. 7).

29 juill.-1er août 1873. — Loi qui approuve le traité de commerce et de navigation signé à Versailles, le 23 juill. 1873, entre la France et le Royaume-Uni de la Grande-Bretagne et d'Irlande (D. P. 73. 4. 93).

29 juill.-1er août 1873. — Loi qui approuve le traité de commerce et de navigation signé à Versailles, le 23 juill. 1873, entre la France et la Belgique (D. P. 73. 4. 94).

31 juill.-1er août 1873. — Décret relatif à l'importation, en Algérie et en France, des chocolats et cacaos broyés de provenance étrangère (D. P. 74. 4. 8).

8 août-3 sept. 1873. — Décret qui rend applicables aux colonies la loi du 23 juin 1857 sur les marques de fabrique et de commerce, et le décret du 26 juill. 1858, portant règlement d'administration publique pour l'exécution de ladite loi (D. P. 74. 4. 8).

16-29 août 1873. — Décret portant règlement d'administration publique pour l'exécution des art. 18, 24 et 25 de la loi du 21 juin 1875, relatifs à l'impôt sur les papiers et cartons de toute sorte (D. P. 74. 4. 9).

29-30 août 1873. — Décret qui exempte de la surtaxe de pavillon et de la surtaxe d'entrepôt les grains et farines importés soit par terre, soit par navires français ou par navires étrangers (D. P. 74. 4. 12).

1er-9 sept. 1873. — Décret qui accorde à la ville d'Épinal un entrepôt réel de douanes pour les marchandises prohibées et non prohibées (*Journ. off.* du 9 sept. 1873 ; Bull., n° 2539).

25 sept.-28 oct. 1873. — Décret qui établit des droits sur les boissons alcooliques et les tabacs importés aux îles Saint-Pierre et Miquelon (D. P. 74. 4. 14).

29 sept.-28 oct. 1873. — Décret qui modifie les droits fixés pour l'importation en Algérie des sucres et des cafés (D. P. 74. 4. 14).

15-26 oct. 1873. — Décret qui approuve l'arrangement signé, le 19 août 1873, entre la France et la République orientale de l'Uruguay, pour le maintien de la convention de commerce et de navigation du 8 avr. 1836 (D. P. 74. 4. 15).

18-19 oct. 1873. — Décret qui modifie celui du 5 juin 1872, relatif à l'admission temporaire, en franchise de droits, du cacao et du sucre destinés à la fabrication du chocolat qui sera exporté en Belgique (D. P. 74. 4. 20).

18-19 oct. 1873. — Décret qui modifie celui du 25 août 1861, relatif à l'admission temporaire des blés étrangers destinés à la mouture (D. P. 74. 4. 21).

8-13 nov. 1873. — Décret qui admet en franchise l'acide gallique fabriqué en Corse (D. P. 74. 4. 21).

29-30 déc. 1873. — Loi qui fixe les droits sur les huiles minérales de production française (D. P. 74. 4. 30).

30-31 déc. 1873. — Loi qui établit des taxes additionnelles aux impôts indirects (D. P. 74. 4. 30).

30 déc. 1873-1er janv. 1874. — Décret déterminant les bureaux de douanes de Dunkerque, Lille, Valenciennes, Givet, Longwy, Lunéville, Delle, Bellegarde, Marseille, Cette, Bayonne, Bordeaux, La Rochelle, Nantes, Rouen, Le Havre, Boulogne, Bastia, Paris et Lyon, par lesquels peut être effectuée l'importation des huiles et essences de pétrole et de schiste (*Journ. off.* du 1er janv. 1874; Bull. n° 2685).

8-11 janv. 1874. — Décret relatif à la taxe de fabrication des bougies, cierges et autres produits similaires (art. 6, 8 et 10) (D. P. 74. 4. 33).

8-11 janv. 1874. — Décret portant règlement d'administration publique pour l'exécution de la loi du 30 déc. 1873, qui établit une taxe de consommation intérieure sur le savon (D. P. 74. 4. 32).

29-31 janv. 1874. — Loi qui approuve la convention supplémentaire au traité de commerce et de navigation du 23 juill. 1873, signé à Versailles, le 24 janv. 1874 entre la France et le Royaume-Uni de la Grande-Bretagne et d'Irlande (D. P. 74. 4. 55).

21-22 mars 1874. — Loi relative à des augmentations d'impôt et à l'établissement d'impôts nouveaux (D. P. 74. 4. 57).

5-9 mai 1874. — Décret qui approuve la déclaration signée, le 24 janv. 1874, entre la France et la Grande-Bretagne, en exécution de l'art. 3 du traité de commerce et de navigation du 23 juill. 1873 (D. P. 74. 4. 85).

17 mai 1874. — Décret réglant les attributions du bureau de douanes de Vieux-Condé (gare) (Bull., n° 3236).

22 mai-8 juin 1874. — Décret qui détermine les conditions d'exemption prononcées par l'art. 6 de la loi du 21 mars 1874, en ce qui concerne la taxe de 5 p. 100 sur les transports effectuées à petite vitesse par les chemins de fer (D. P. 74. 4. 87).

17-20 juin 1874. — Loi qui approuve le traité de commerce et de navigation, suivi d'articles séparés, signé à Saint-Pétersbourg, le 1er avr. 1874, entre la France et la Russie (D. P. 75. 4. 11).

17-20 juin 1874. — Loi qui approuve la convention consulaire signée à Saint-Pétersbourg, le 1er avr. 1874, entre la France et la Russie (D. P. 75. 4. 12-13).

1er-8 août 1874. — Loi relative à l'introduction en France des cartouches chargées pour l'usage spécial des sociétés de tir (D. P. 75. 4. 28).

5-6 sept. 1874. — Décret qui établit un droit sur les chiens de forte race à l'exportation par la frontière de terre (D. P. 75. 4. 51).

11-13 sept. 1874. — Décret qui rapporte, à partir du 1er oct. 1874, le décret du 29 août 1873 qui avait affranchi temporairement les grains et les farines de la surtaxe d'entrepôt (D. P. 75. 4. 51).

10 oct. 1874. — Arrêté ministériel relatif à la vente des tabacs destinés à l'exportation (règles spéciales à l'avitaillement des navires, art. 4, 5 et 6) (Circ. n° 1252).

14-25 nov. 1874. — Décret qui établit au port de Dieppe un droit de tonnage sur les navires entrant dans ce port et venant de la grande pêche, des colonies et de l'étranger (D. P. 75. 4. 73).

10-22 déc. 1874. — Loi qui rend les navires susceptibles d'hypothèque (D. P. 75. 4. 64).

19-28 déc. 1874. — Loi qui établit sur les chiens de forte race un droit à l'exportation de la frontière de terre (D. P. 75. 4. 73).

24 déc. 1874-14 janv. 1875. — Décret relatif aux boissons expédiées de l'intérieur à destination de la zone de Savoie (D. P. 75. 4. 75).

11 janv.-10 mars 1875. — Décret accordant à la ville d'Annecy (Haute-Savoie) un entrepôt réel pour les marchandises prohibées et non prohibées (D. P. 75. 4. 90).

28 janv.-7 févr. 1875. — Loi relative au monopole des allumettes chimiques (D. P. 75. 4. 89).

15-19 févr. 1875. — Loi relative aux crédits et escomptes en matière de douanes et de contributions indirectes (D. P. 75. 4. 91).

8 mars-8 avr. 1875. — Loi relative à la poudre dynamite (D. P. 75. 4. 97).

19-25 mars 1875. — Loi qui modifie, pour quelques marchandises, le tarif d'entrée et de sortie applicable en France et en Algérie (D. P. 75. 4. 95).

20-25 mars 1875. — Loi qui modifie les droits de quai en Algérie (D. P. 75. 4. 96).

27-30 mars 1875. — Décret qui interdit l'entrée et le transit des pommes de terre provenant des Etats-Unis d'Amérique et du Canada (D. P. 75. 4. 104).

2-8 avr. 1875. — Décret relatif à l'organisation militaire des douaniers (D. P. 75. 4. 101).

23-25 avr. 1875. — Décret concernant les droits à percevoir par les employés de l'administration des douanes et le cautionnement spécial à leur imposer, à raison des actes auxquels donnera lieu l'exécution de la loi du 10 déc. 1874, sur l'hypothèque maritime (D. P. 75. 4. 104).

25-28 mai 1875. — Décret autorisant l'exportation pour l'Espagne des soufres bruts, raffinés ou en canons, mais à la condition que la sortie de ces produits ne pourra s'effectuer ni par la frontière des Pyrénées, ni par les ports du littoral du golfe de Gascogne, depuis l'embouchure de la Bidassoa jusqu'à celle de la Gironde; sont toutefois exceptées de cette restriction les expéditions par mer à destination des ports espagnols de la Méditerranée (*Journ. off.* du 28 mai 1875; Bull., n° 4272).

2-5 juin 1875. — Loi relative : 1° à des mesures de surveillance et de répression; 2° à l'établissement des décimes additionnels à divers droits de douane, de contributions indirectes et de timbre (D. P. 76. 4. 1).

19 juin-31 juill. 1875. — Décret qui rend applicables à la Belgique et à la Suisse les dispositions de l'art. 4 de la convention de commerce conclue avec l'Angleterre, le 24 juin 1874, ainsi que celles du protocole annexé à la déclaration du même jour (D. P. 76. 4. 14).

17 juill.-1er août 1875. — Loi qui établit un impôt sur les vinaigres et sur l'acide acétique (D. P. 76. 4. 15).

20 juill.-6 sept. 1875. — Décret qui modifie les drawbacks des viandes salées et des beurres salés (Bull., n° 4397).

20 juill.-13 oct. 1875. — Décret qui interdit le transit et la réexportation des poivres et des piments par la frontière d'Espagne (D. P. 76. 4. 44).

24 juill.-4 août 1875. — Loi portant modification aux tarifs de douane en ce qui concerne les tapis de laine de la Tunisie et du Maroc, et l'entrée en franchise des pulpes d'olives ou amurcas (*Journ. off.* du 4 août 1875; Bull., n° 4357).

29 juill.-1er août 1875. — Loi sur les sucres (D. P. 76. 4. 20).

24 août 1875-18 janv. 1876. — Décret qui rend applicables à l'Allemagne les dispositions de l'art. 4 de la convention de commerce conclue avec l'Angleterre, le 24 janv. 1874, ainsi que celles du protocole annexé à la déclaration du même jour (D. P. 76. 4. 74).

14 sept. 1875-18 janv. 1876. — Décret relatif aux huiles volatiles ou essences provenant de la distillation en Corse des plantes aromatiques récoltées dans cette île (D. P. 76. 4. 74).

12 nov. 1875-18 janv. 1876. — Décret qui accorde à la ville d'Isigny un entrepôt de sels (Bull., n° 4726).

8 déc. 1875. — Arrêté ministériel relatif au transport, en franchise par la poste, des échantillons de sucre.

24-31 déc. 1875. — Décret qui déclare applicables aux Pays-Bas les dispositions de l'art. 4 de la convention conclue avec l'Angleterre le 24 janv. 1874, et le protocole annexé à la déclaration du même jour (D. P. 76. 4. 103).

30 déc. 1875-4 janv. 1876. — Loi qui approuve la convention sur le régime des sucres, signée à Bruxelles le 11 août 1875, entre la France, la Belgique, la Grande-Bretagne et les Pays-Bas (D. P. 76. 4. 60).

30 déc. 1875-7 janv. 1876. — Loi sur le régime des sucres (D. P. 76. 4. 61).

12-15 févr. 1876. — Décret qui approuve le protocole additionnel à la convention du 11 août 1875, sur le régime des sucres, signé à Bruxelles le 29 janv. 1876 (D. P. 76. 4. 91).

17 févr. 1876. — Décret qui ouvre le bureau du Tréport : 1° à l'importation des marchandises taxées à plus de 20 fr. les 100 kilog.; 2° à l'importation des machines et mécaniques; 3° au transit des marchandises non prohibées (Bull., n° 4983).

22 févr.-19 mai 1876. — Décret concernant la police sanitaire maritime (D. P. 76. 4. 103).

29 févr.-28 mars 1876. — Décret qui désigne les bureaux ouverts à la sortie des boissons expédiées de France sur la Suisse en franchise des taxes de consommation et de circulation (*Journ. off.* du 28 mars 1876; Bull., n° 5126).

20 mars-1er avr. 1876. — Décret qui étend à l'Autriche-Hongrie les dispositions de l'art. 4 de la convention conclue avec l'Angleterre, le 24 janv. 1874, et du protocole y annexé (D. P. 76. 4. 108).

27-30 mars 1876. — Décret qui autorise l'admission temporaire, en franchise de droits, de l'huile de palme destinée à la fabrication de la bougie stéarique, de l'acide oléique, de l'acide stéarique et de la chandelle (Bull., n° 5136).

31 mars-17 août 1876. — Décret qui approuve une délibération du conseil général de la Réunion autorisant la perception d'une taxe additionnelle de navigation (D. P. 76. 4. 116).

11 mai-3 juill. 1876. — Décret concernant diverses marchandises enlevées de l'intérieur du territoire français à destination du pays de Gex ou de la zone de Savoie (D. P. 76. 4. 113).

26 mai 1876. — Décret levant les prohibitions et restrictions établies par les décrets des 18 mars 1873 et 23 mai 1875, qui interdisent l'expédition pour l'Espagne des armes, munitions et divers objets propres à la guerre.

4 juill.-18 août 1876. — Décret relatif au régime des douanes dans les établissements français du Gabon (D. P. 76. 4. 117).

4 sept. 1876. — Décret déterminant le régime sous lequel seront placés les produits qui seront envoyés de l'étranger à l'Exposition universelle de 1878.

23 oct.-12 déc. 1876. — Décret portant que le personnel du service actif des douanes employé en Algérie entre dans la composition des forces militaires du pays (D. P. 77. 4. 10).

6 nov. 1876-15 févr. 1877. — Décret relatif à l'admission, dans les entrepôts de l'Algérie, des marchandises nationales passibles de l'octroi de mer (D. P. 77. 4. 28).

8 déc. 1876-3 févr. 1877. — Décret relatif aux douanes de Saint-Pierre et Miquelon (D. P. 77. 4. 13).

19 déc. 1876-15 févr. 1877. — Décret relatif à la pêche du corail en Algérie (D. P. 77. 4. 28).

26-27 déc. 1876. — Loi portant fixation du budget général de l'exercice 1877 (art. 2. Suppression des décimes et demi-décimes additionnels de la taxe de consommation sur les sels) (D. P. 77. 4. 22).

23 janv. 1877. — Décret relatif à la fixation du taux des drawbacks alloués à l'exportation par mer des viandes salées et des beurres salés.

25 janv. 1877. — Arrêté ministériel prescrivant diverses mesures destinées à prévenir l'invasion en France de la peste bovine.

12-15 mars 1877. — Loi portant modification de la perception du droit de quai en Algérie (D. P. 77. 4. 38).

19 avr. 1877. — Décret établissant à Cirey-sur-Vezouze (Meurthe-et-Moselle) un bureau pour la vérification des boissons expédiées à l'étranger en franchise des taxes intérieures (Bull., n° 5920).

11 mai 1877. — Arrêté ministériel concernant la peste bovine. Nouvelles mesures pour la constatation de l'état sanitaire du bétail introduit en France.

28 mai 1877. — Décret qui ouvre le bureau d'Avricourt à l'importation et au transit de la librairie venant de l'étranger (Bull., n° 6039).

27 juin 1877. — Décret qui désigne les bureaux ouverts à l'exportation des ouvrages d'or et d'argent.

4 juill. 1877. — Décret qui modifie certaines dispositions des décrets des 30 nov. 1871 et 18 janv. 1873, concernant l'impôt sur la chicorée et les produits similaires.

19 juill. 1877. — Décret qui modifie le régime des toiles de coton dites *guinées* à leur importation au Sénégal.

7 août 1877. — Décret ouvrant le bureau des douanes de Beuvillers (Meurthe-et-Moselle) à la sortie des boissons expédiées à l'étranger en franchise des taxes intérieures (Bull., n° 6199).

11 août 1877. — Décret qui prohibe l'entrée et le transit des pommes de terre provenant de l'empire d'Allemagne.

30 août-13 oct. 1877. — Décret relatif à la perception des droits de douane applicables aux marchandises étrangères introduites à Saint-Pierre et Miquelon (D. P. 77. 4. 70).

30 août-13 oct. 1877. — Décret qui prohibe l'introduction aux îles Saint-Pierre et Miquelon et dépendances, de la morue, de l'huile et de tout autre produit de pêche étrangère (D. P. 77. 4. 70).

20-29 sept. 1877. — Décret qui fixe le droit de consommation à percevoir sur les sels français introduits dans le pays de Gex et dans la zone neutralisée de la Haute-Savoie (D. P. 77. 4. 72).

2 oct. 1877. — Décret sur le personnel des douanes coloniales.

14 oct. 1877. — Arrêté ministériel qui interdit l'importation et le transit de tous les ruminants, ainsi que de leurs peaux fraîches et débris, provenant de l'empire austro-hongrois et de l'empire d'Allemagne.

8 déc. 1877. — Arrêté ministériel relatif à l'importation et au transit des animaux provenant de l'empire d'Allemagne.

18-21 févr. 1878. — Décret concernant l'admission temporaire en franchise, à charge de réexportation, de brome destiné à être converti en bromure de potassium (D. P. 78. 4. 30).

22-24 févr. 1878. — Loi portant approbation d'une convention consulaire conclue le 7 janv. 1876 entre la France et la Grèce (D. P. 78. 4. 30).

2-3 mars 1878. — Loi portant approbation du traité pour la rétrocession à la France de l'île de Saint-Barthélemy, conclu, le 10 août 1877, entre la France et la Suède (D. P. 78. 4. 33).

2-3 mars 1878. — Décret portant promulgation de la convention consulaire conclue, le 7 janv. 1876, entre la France et la Grèce (D. P. 78. 4. 30).

4-18 mars 1878. — Décret déclarant applicables aux Royaumes-Unis de Suède et de Norwège les dispositions de l'art. 4 de la convention conclue, le 24 janv. 1874, avec l'Angleterre (D. P. 78. 4. 64).

9-15 mars 1878. — Décret concernant l'importation temporaire, en franchise de droits, des clous et griffes de girofle pour la fabrication d'essences destinées à la réexportation (D. P. 78. 4. 64).

12-13 mars 1878. — Décret portant rétrocession à la France de l'île de Saint-Barthélemy (Traité du 10 août 1877 et protocole y annexé du 31 oct. 1877) (D. P. 78. 4. 33).

21-23 mars 1878. — Loi qui approuve la convention de commerce conclue, le 8 déc. 1877, entre la France et l'Espagne (D. P. 78. 4. 60).

22 mars 1878. — Décret ouvrant le bureau de Céret (Pyrénées-Orientales) à la sortie des boissons expédiées à l'étranger en franchise des taxes intérieures (Bull., n° 6881).

22 mars 1878. — Décret ouvrant le bureau de Morgnes (Ardennes) à la sortie des boissons expédiées à l'étranger en franchise des taxes intérieures (Bull., n° 6880).

23-31 mars 1878. — Décret qui désigne les bureaux pour la vérification des boissons expédiées sur la Suisse en franchise des droits de circulation et de consommation (D. P. 78. 4. 52).

28-30 mars 1878. — Décret portant promulgation de la convention de commerce conclue, le 8 déc. 1877, entre la France et l'Espagne (D. P. 78. 4. 60).

2-4 avr. 1878. — Arrêté ministériel abrogeant l'art. 2 de l'arrêté du 11 mai 1878 et des arrêtés des 14 oct. et 8 déc. 1877, et maintenant les mesures prises en ce qui concerne l'importation et le transit des animaux de l'espèce bovine de la race grise dite *des steppes*, ainsi que des peaux et débris de ces animaux.

3-4 avr. 1878. — Loi portant exemption de l'impôt de 5 pour 100 du prix du transport, du droit de statistique pour les marchandises expédiées en petite vitesse par chemin de fer, à destination de l'Exposition universelle, et fixant le régime applicable à celles de ces marchandises qui seront livrées à la consommation (D. P. 78. 4. 50).

9-12 avr. 1878. — Loi qui ouvre à divers ministres, sur les exercices 1876 et 1877, des crédits supplémentaires et extraordinaires pour dépenses d'exercices clos (art. 5, D. P. 78. 4. 46).

29 mai 1878. — Décret qui ouvre le bureau de Vintimille à l'importation et au transit de la librairie venant de l'étranger (Bull., n° 7224).

13-14 juin 1878. — Loi qui modifie les droits d'entrée sur les tabacs, dont l'importation est autorisée par l'Administration pour le compte des particuliers (D. P. 78. 4. 87).

17-19 juin 1878. — Loi qui autorise la création d'un port en eau profonde à Boulogne (Pas-de-Calais) (D. P. 79. 4. 23).

10-13 juill. 1878. — Décret qui fixe la tare légale sur les huiles et les essences de pétrole et de schiste importées dans les fûts dits à pétrole (D. P. 79. 4. 3).

15-18 juill. 1878. — Loi relative aux mesures à prendre pour arrêter les progrès du phylloxéra et du doryphora (D. P. 79. 4. 1).

27 juill.-1er août 1878. — Décret relatif au poinçonnage des ouvrages d'or et d'argent (D. P. 79. 4. 4).

2 août-19 déc. 1878. — Décret qui désigne les bureaux de douanes ouverts à l'importation et au transit des animaux des espèces bovine, ovine, caprine et porcine (D. P. 79. 4. 20).

2 août-19 déc. 1878. — Décret qui ouvre le bureau des douanes de la Chapelle (Ardennes) au transit des marchandises non prohibées (D. P. 79. 4. 20).

7 août-19 déc. 1878. — Décret portant que les dispositions prohibitives prises en vue de prévenir l'invasion du phylloxéra en Algérie sont déclarées applicables aux produits de toutes les provinces d'Espagne (D. P. 79. 4. 18).

8-15 août 1878. — Décret concernant les fruits confits, les confitures et les bonbons destinés à l'exportation (D. P. 79. 4. 19).

19-20 août 1878. — Décret qui interdit l'introduction en Algérie des fruits et légumes frais et secs et pommes de terre de provenance d'Espagne (D. P. 79. 4. 20).

17 sept. 1878. — Convention internationale (de Berne) pour les mesures à prendre contre le *phylloxera vastatrix*.

12-17 nov. 1878. — Décret qui ouvre les bureaux de douane d'Ecouviez (Meuse) et de Forens (Ain) à l'importation et au transit des animaux des espèces bovine, ovine, caprine et porcine (D. P. 79. 4. 23).

5-6 déc. 1878. — Décret qui ferme à l'importation des animaux de l'espèce bovine les bureaux de douane de l'Hospitalet, Auzat, Couflens, Lascoux, Fos et Bagnères-de-Luchon (D. P. 79. 4. 23).

11-12 et 13-15 déc. 1878. — Arrêtés relatifs à l'introduction et à la circulation des plants de vigne indigènes ou étrangers, des sarments, des boutures, du vin, des raisins, etc., dans les arrondissement phylloxérés et dans ceux qui sont indemnes.

12-14 déc. 1878. — Décret qui interdit l'importation et le transit des animaux des espèces bovine et ovine, et des autres espèces de ruminants, ainsi que de leurs peaux fraîches et autres débris frais, provenant de l'empire d'Allemagne et du grand-duché de Luxembourg (D. P. 79. 4. 23-24).

23-28 déc. 1878. — Décret fermant les bureaux des Rousses et de Bois d'Amont (Jura) aux opérations de transit du prohibé et du non prohibé (*Journ. off.* du 28 déc. 1878).

6-9 janv. 1879. — Loi qui établit un régime douanier spécial pour les communes des Aldudes et d'Urepel (Basses-Pyrénées) (D. P. 79. 4. 30).

20 janv.-11 mars 1879. — Décret concernant les droits d'importation à percevoir sur les marchandises introduites au Sénégal depuis la frontière nord de la colonie jusques et y compris la rivière de Saloum (D. P. 79. 4. 48).

24 janv.-1er mars 1879. — Décret qui interdit l'introduction en Algérie des fruits et légumes frais et secs et des pommes de terre provenant de pays atteints de phylloxera (D. P. 79. 4. 32).

3 févr.-12 avr. 1879. — Décret concernant l'admission temporaire, en franchise de droits, des écorces de quinquina destinées à la fabrication du sulfate de quinine et des autres sels de quinine pour la réexportation (D. P. 79. 4. 48).

14-16 févr. 1879. — Loi qui approuve la convention provisoire de commerce conclue, le 15 janv. 1879, entre la France et l'Italie (D. P. 79. 4. 45).

14-16 févr. 1879. — Loi qui approuve la convention provisoire de commerce conclue, le 20 janv. 1879, entre la France et l'Autriche-Hongrie (D. P. 79. 4. 46).

19-20 févr. 1879. — Décret portant promulgation de la convention provisoire de commerce conclue, le 20 janv. 1879, entre la France et l'Autriche-Hongrie (D. P. 79. 4. 46).

20-21 févr. 1879. — Décret portant promulgation de la convention provisoire de commerce conclue, le 15 janv. 1879, entre la France et l'Italie (D. P. 79. 4. 46).

20-21 févr. 1879. — Décret qui modifie celui du 24 janv. 1879, en ce qui concerne l'introduction en Algérie des fruits et légumes secs ainsi que des pommes de terre provenant des pays phylloxérés (D. P. 79. 4. 48).

17-19 mars 1879. — Loi qui règle le tarif des douanes à l'importation de certains articles à l'égard des pays liés avec la France par des tarifs conventionnels (D. P. 79. 4. 47).

18-19 mars 1879. — Décret déterminant les conditions et justifications auxquelles est subordonnée l'admission en franchise, autorisée par l'art. 2 de la loi du 17 févr. 1879, des objets bruts ou fabriqués destinés aux travaux de la marine marchande (D. P. 79. 4. 47).

18-19 mars 1879. — Décret qui rapporte celui du 12 déc. 1878, relatif à l'importation et au transit des animaux de l'espèce bovine et ovine provenant de l'empire d'Allemagne (D. P. 79. 4. 54).

18 mars-20 mai 1879. — Décret concernant l'introduction en Algérie des fruits secs, des légumes secs et des pommes de terre provenant d'Espagne (D. P. 79. 4. 54).

1er-2 avr. 1879. — Décret qui interdit l'importation et le transit des animaux vivants des espèces bovine et ovine et des autres espèces de ruminants, ainsi que de leurs peaux fraîches et autres débris frais, provenant de l'empire d'Autriche-Hongrie (D. P. 79. 4. 54).

15-20 avr. 1879. — Décret stipulant que les chiffons et drilles importés par mer ne pourrant être admis, provisoirement et jusqu'à nouvel ordre, que par les bureaux de Marseille, de Pauillac, de Saint-Nazaire et de Cherbourg (D. P. 79. 4. 55).

10-11 juin 1879. — Décret modifiant les dispositions de l'art. 1er du décret du 29 déc. 1851, relatif à la composition des équipages des navires armés pour la pêche de la morue (D. P. 79. 4. 77).

16-19 juin 1879. — Décret réglant les attributions des bureaux de la nouvelle frontière de l'Est, ainsi que celles des autres bureaux, et levant les restrictions spéciales établies pour l'importation des fers-blancs et des laines peignées ou teintes (D. P. 79. 4. 76).

24 juin-30 juill. 1879. — Décret prohibant l'importation en Algérie des ceps de vigne, du raisin, des fruits et des légumes frais (D. P. 79. 4. 77).

27-30 juin 1879. — Décret interdisant le transit et la réexportation des denrées coloniales par les bureaux de Perthus, Bourg-Madame, Urdos, Lescar, Saint-Jean-Pied-de-Port et Ainhoa (*Journ. off.* du 30 juin 1879).

8-10 juill. 1879. — Décret concernant les navires qui sont exemptés de l'obligation de prendre un pilote (D. P. 80. 4. 12).

14-15 juill. 1879. — Décret qui prescrit la publication de la déclaration prorogeant le traité de commerce et de navigation du 11 juill. 1866 entre la France et le Portugal, signée à Paris le 8 avr. 1879 (Droits afférents aux vins d'origine portugaise) (D. P. 79. 4. 80).

21-23 juill. 1879. — Décret qui ouvre les bureaux de douane de Cerbère, de Belfort et de Nancy à l'importation et au transit de la librairie (D. P. 80. 4. 12).

21 juill.-28 août 1879. — Décret qui rouvre les bureaux de douane de l'Hospitalet, d'Auzat et de Fos à l'importation et au transit des animaux de l'espèce bovine (D. P. 80. 4. 12).

31 juill.-1er août 1879. — Loi qui approuve la convention signée, le 20 janv. 1879, entre la France et l'Italie et relative aux gares internationales de Modane et de Vintimille (D. P. 81. 4. 91).

31 juill.-5 août 1879. — Décret ajoutant les bureaux de Cerbère et de Blancmisseron (station) à ceux qui ont été précédemment désignés pour constater les exportations d'ouvrages d'or et d'argent expédiés à l'étranger dans les cas prévus par la loi du 19 brum. an 6 et fermant le bureau de Perthus à ces opérations (*Journ. off.* du 5 août 1879).

31 juill.-13 oct. 1879. — Décret qui interdit l'importation et le transit en France des animaux vivants de l'espèce bovine, ainsi que de leurs peaux fraîches et débris frais, autres que les viandes abattues, provenant de l'empire d'Autriche-Hongrie (D. P. 80. 4. 60).

2-4 août 1879. — Loi qui modifie plusieurs dispositions de la loi du 15 juill. 1878, relative aux mesures à prendre pour arrêter les progrès du phylloxéra et du doryphora (D. P. 79. 4. 87).

4-7 août 1879. — Loi qui autorise le Gouvernement à proroger les traités et conventions de commerce actuellement existantes (D. P. 80. 4. 31).

6-8 août 1879. — Décret modifiant l'art. 1er du décret du 24 oct. 1860, relatif à la composition de l'équipage des goélettes armées à Saint-Pierre et Miquelon pour la pêche de la morue (D. P. 80. 4. 60).

14 août 1879. — Dénonciation par le gouvernement de Costa-Rica de la convention conclue avec la France le 12 mars 1848 et portant accession de la république de Costa-Rica au traité d'amitié, de commerce et de navigation signé le 8 du même mois entre le gouvernement français et le gouvernement de Guatemala; cette dénonciation ne concerne que les clauses relatives au commerce et à la navigation (Circ. des douanes, n° 1449).

6-14 sept. 1879. — Décret relatif à l'admission temporaire, en franchise de droits, des tissus de soie mélangés de coton ou d'autres matières, destinés à être imprimés, teints ou apprêtés en France pour être réexportés (D. P. 80. 4. 61).

10-12 oct. 1879. — Déclaration diplomatique prorogeant les traités et conventions de commerce conclus avec l'Angleterre depuis 1860 pour une période dont la durée ne pourra excéder six mois à partir du jour, soit antérieur, soit postérieur au 1er janv. 1880, où le nouveau tarif général actuellement soumis aux Chambres aura été promulgué (D. P. 80. 4. 61).

11-12 oct. 1879. — Décret qui approuve la déclaration signée, le 10 oct. 1879, entre la France et la Grande-Bretagne, pour proroger les traités et conventions de commerce et de navigation existant entre les deux pays (D. P. 80. 4. 61).

14-17 oct. 1879. — Décret autorisant la sortie par tous les bureaux ouverts au transit des marchandises prohibées, des poudres destinées à l'exportation par la voie de terre, par dérogation à l'art. 8 de l'ordonnance du 19 juill. 1829 (D. P. 80. 4. 92).

23 oct.-29 déc. 1879. — Décret qui approuve la déclaration signée le 13 oct. 1879, entre la France et la Belgique, à l'effet de proroger les traités de commerce existant entre les deux pays (D. P. 80. 4. 75).

9 nov.-21 déc. 1879. — Décret relatif aux droits sur les importations dans les établissements français du Gabon (D. P. 80. 4. 86).

13-15 nov. 1879. — Décret qui lève la prohibition d'entrée et de transit des pommes de terre provenant de l'Empire d'Allemagne, sauf en ce qui concerne les fanes, feuilles et tiges de ces tubercules (D. P. 80. 4. 92).

20-29 nov. 1879. — Décret ouvrant le bureau de Viry (Haute-Savoie) à la sortie de boissons expédiées de France sur la Suisse, en franchise des taxes de consommation et de circulation (*Journ. off.* du 29 nov. 1879; Bull., n° 8745).

22 nov.-29 déc. 1879. — Décret qui approuve la déclaration signée, le 20 nov. 1879, entre la France et l'Autriche-Hongrie pour proroger la convention provisoire de commerce du 20 janv. 1879 (D. P. 80. 4. 76).

27-28 nov. 1879. — Décret qui approuve la déclaration signée à Paris, le 25 nov. 1879, entre la France et les Royaumes-Unis de Suède et de Norwège, pour proroger le traité de commerce du 14 févr. 1865 (D. P. 80. 4. 79).

27-28 nov. 1879. — Décret qui approuve la déclaration signée à Paris, le 25 nov. 1879, entre la France et le Portugal, pour proroger le traité de commerce et de navigation du 11 juill. 1866 (D. P. 80. 4. 79).

27 nov.-29 déc. 1879. — Décret qui approuve la déclaration signée à Paris, le 26 nov. 1879, entre la France et l'Italie, à l'effet de proroger la convention de commerce du 15 janv. 1879 (D. P. 80. 4. 76).

1er-4 déc. 1879. — Décret autorisant la création à Saint-Nazaire (Loire-Inférieure) d'un entrepôt réel et général des sels (Bull., n° 8822).

2-3 déc. 1879. — Décret qui approuve la déclaration signée à Paris, le 29 nov. 1879, entre la France et la confédération suisse, pour proroger le traité de commerce du 30 juin 1864 (Cette prorogation s'applique aux conventions du 30 juin 1864, concernant le règlement relatif au pays de Gex) (D. P. 80. 4. 80).

8-10 janv. 1880. — Arrêté du ministre des finances fixant les circonscriptions administratives pour l'application des mesures à prendre contre le phylloxéra (*Journ. off.* du 10 janv. 1880).

12-16 janv. 1880. — Décret portant promulgation de la convention internationale pour les mesures à prendre contre le phylloxera, conclue à Berne le 17 sept. 1878 (D. P. 80. 4. 95).

29 janv.-3 févr. 1880. — Décret qui approuve la déclaration signée, le 28 janv. 1880, entre la France et l'Espagne, pour proroger la convention de commerce du 8 déc. 1877 (D. P. 81. 4. 29).

15 mars-12 juin 1880. — Décret qui abroge l'art. 1er du décret du 16 oct. 1850, en ce qui concerne les heures d'ouverture et de fermeture du bureau de douanes de Bordeaux (D. P. 81. 4. 61).

27-31 mars 1880. — Décret relatif à la vente en Algérie et en Corse de tabacs fabriqués par la régie (D. P. 81. 4. 46).

29 mars 1880. — Dénonciation du traité d'amitié et de commerce conclu le 2 janv. 1858 entre la France et la République de Salvador (Circ. des douanes, n° 1445).

16-18 avr. 1880. — Décret ouvrant le bureau de Pagny-sur-Moselle à l'importation des huiles minérales brutes (*Journ. off.* du 18 avr. 1880 ; Bull., n° 9506).

19 avr. 1880. — Déclaration échangée entre le gouvernement français et le gouvernement italien et prorogeant jusqu'au 31 déc. 1880 la convention de navigation conclue le 13 juin 1862.

24-25 avr. 1880. — Décret qui approuve la déclaration signée, le 7 avr. 1880, entre la France et le Danemark, pour assurer la protection des marques de fabrique ou de commerce (D. P. 81. 4. 40).

24-25 avr. 1880. — Décret qui approuve la déclaration signée, le 27 mars 1880, entre la France et le grand-duché de Luxembourg, pour assurer la protection des marques de fabrique (D. P. 81. 4. 41).

12 juill.-16 sept. 1880. — Décret qui rend applicable à l'Algérie la loi du 15 juill. 1878-2 août 1879, sur les mesures à prendre pour arrêter les progrès du phylloxera et du doryphora (D. P. 81. 4. 89).

19-21 juill. 1880. — Loi portant dégrèvement des droits sur les sucres et sur les vins (D. P. 81. 4. 44).

22-25 juill. 1880. — Décret qui supprime l'entrepôt réel des douanes à Saint-Denis (Ile de la Réunion) et autorise l'admission au bénéfice de l'entrepôt fictif des tabacs et des rhums étrangers (Bull., n° 9609).

Art. 1er. Est approuvée la délibération du conseil général de la Réunion, en date du 6 déc. 1879, portant suppression de l'entrepôt des douanes établi à Saint-Denis.

2. Les tabacs étrangers, ainsi que les rhums importés de l'étranger, pourront être admis dans la colonie au bénéfice de l'entrepôt fictif, sous les conditions et garanties exigées pour les marchandises passibles des droits d'octroi de mer.

4-6 août 1880. — Décret ouvrant : 1° le bureau des douanes d'Econviez (Meuse) à l'importation des marchandises taxées à plus de 20 fr. les 100 kilog. et nommément désignées par l'art. 8 de la loi du 27 mars 1817 ; 2° à l'importation des machines et mécaniques ; 3° au transit du prohibé et du non prohibé et ajoutant ce bureau à ceux précédemment désignés pour constater le passage définitif à l'étranger des ouvrages d'or et d'argent et des sucres exportés à la décharge des soumissions d'admission temporaire ; 2° le bureau des douanes de Longwy (Meurthe-et-Moselle) à l'importation des fils de coton ; 3° le bureau des douanes de Pagny-sur-Moselle (Meurthe-et-Moselle) à l'importation des fils de coton, de laine, de lama, d'alpaga, de vigogne et de poils de chameau ; 4° le bureau des douanes d'Avricourt-Station (Meurthe-et-Moselle) à l'importation des machines et mécaniques des fils de lin et de chanvre, des fils de coton et des fils de laine, d'alpaga, de lama, de vigogne et de poils de chameau, maintenant les attributions antérieures de ce bureau et l'ajoutant à la nomenclature de ceux qui ont été ouverts par le décret du 30 nov. 1873 à l'importation des huiles et essences de pétrole et de schiste (Bull., n° 9874).

5-6 août 1880. — Décret portant promulgation de la convention signée, le 20 janv. 1879, entre la France et l'Italie, et relative aux gares internationales de Modane et de Vintimille (*Journ. off.* du 6 août 1880 ; Bull., n° 9693).

14-21 août 1880. — Décret désignant, en exécution de la convention de Berne du 17 sept. 1878 rendue applicable en France par décret du 12 janv. 1880, les bureaux de douane de Delle, sur la ligne de Montbéliard à Porrentruy, de Le Villers (après l'ouverture de la ligne de Morteau), de Pontarlier et de Les Verrières-de-Joux, sur la ligne de Pontarlier à Neufchâtel, de Les Hôpitaux-Neufs et de Jougne sur la ligne de Pontarlier à Lausanne, et de Bellegarde sur la ligne de Genève, par lesquels pourra s'effectuer l'importation en France des plants de vigne, boutures, sarments et arbustes provenant de Suisse (*Journ. off.* du 21 août 1880 ; Bull., n° 9876).

17-21 août 1880. — Décret concernant l'admission temporaire, en franchise de droits, du cacao et du sucre destinés à la fabrication du chocolat (D. P. 81. 4. 93).

31 août 1880. — Décret fermant les bureaux de douanes d'Ainhoa et de Béhobie à la sortie des ouvrages d'or et d'argent (Bull., n° 9785).

13-15 sept. 1880. — Décret concernant l'admission temporaire, en franchise de droits, de diverses graines destinées à être converties en huiles (D. P. 81. 4. 93).

18-22 sept. 1880. — Décret relatif à l'exportation ou à la mise en entrepôt, à la décharge d'obligations d'admission temporaire de sucres bruts, des fruits confits, bonbons et confitures (D. P. 81. 4. 94).

18-22 sept. 1880. — Décret relatif à la franchise des droits sur les glucoses destinées à la fabrication des bières (D. P. 81. 4. 94).

28-29 sept. 1880. — Décret concernant l'importation en France du chocolat et des fruits confits au sucre provenant d'Algérie ou des colonies françaises et de la Corse (D. P. 82. 4. 11).

17 oct. 1880-11 janv. 1881. — Décret concernant l'importation au Sénégal des toiles dites *guinées* (D. P. 81. 4. 112).

25-27 oct. 1880. — Décret qui ajoute le bureau de Port-Vendres aux bureaux désignés par les lois des 6 mai 1841 et 26 juill. 1856 pour l'admission en franchise des produits de la Corse (*Journ. off.* du 27 oct. 1880 ; Bull., n° 10143).

6-7 nov. 1880. — Décret qui approuve la déclaration signée le 30 oct. 1880, entre la France et les Pays-Bas, pour proroger le traité de commerce et de navigation conclu entre les deux pays le 7 juill. 1865 (D. P. 81. 4. 109).

17-19 nov. 1880. — Décret concernant l'importation temporaire, en franchise de droits, du chlorate de potasse destiné à la fabrication du chlorate de soude et du chlorate de baryte (D. P. 82. 4. 12).

17-21 nov. 1880. — Décret désignant, en exécution de la convention de Berne du 17 sept. 1878 rendue applicable en France par décret du 12 janv. 1880 (D. P. 80. 4. 95) les bureaux de douanes existant dans les ports de mer du Havre, de Saint-Nazaire, de Bordeaux et de Marseille par lesquels pourra s'effectuer l'importation en France des plants de vigne, boutures et sarments, des plants, arbustes et produits divers des pépinières jardins, serres et orangeries, provenant du Portugal (*Journ. off.* du 21 nov. 1880).

4-4 déc. 1880. — Décret qui approuve la déclaration signée le 30 nov. 1880, entre la France et les Royaumes-Unis de Suède et de Norwège pour proroger le traité de commerce et de navigation conclu entre les deux pays le 14 févr. 1865 (D. P. 81. 4. 110).

15-17 déc. 1880. — Loi portant prorogation des encouragements aux grandes pêches maritimes (D. P. 81. 4. 59).

23-24 déc. 1880. — Décret qui approuve la déclaration signée le 15 déc. 1880, entre la France et l'Italie, pour proroger la convention de navigation du 13 juin 1862 (D. P. 82. 4. 11).

10-12 janv. 1881. — Décret qui accorde à la ville de Charleville un entrepôt réel pour les marchandises prohibées et non prohibées (*Journ. off.* du 12 janv. 1881 ; Bull., n° 10246).

21-23 janv. 1881. — Décret qui accorde à la ville de Saint-Quentin (Aisne) un entrepôt réel des douanes pour les marchandises prohibées et non prohibées (*Journ. off.* du 23 janv. 1881 ; Bull., n° 10284).

29-30 janv. 1881. — Loi sur la marine marchande (D. P. 82. 4. 13).

5-8 févr. 1881. — Décret qui autorise les bureaux de douane de Dunkerque, Marseille, Bordeaux et Nantes à constater l'importation temporaire du chlorate de potasse (Bull., n° 10500).

18-19 févr. 1881. — Décret portant prohibition des viandes de porc salées provenant des États-Unis (D. P. 82. 4. 55).

23-23 févr. 1881. — Décret qui substitue le bureau de Pagny-sur-Moselle à celui de Nancy pour l'importation et le transit de la librairie venant de l'étranger (*Journ. off.* du 23 févr. 1881).

26 févr.-1er mars 1881. — Décret qui autorise le bureau de douane de Nantes à recevoir les produits horticoles et agricoles provenant du Portugal (*Journ. off.* du 26 févr. 1881 ; Bull., n° 10505).

28 févr.-3 mars 1881. — Décret qui accorde à la ville de Dijon (Côte-d'Or) un entrepôt réel pour les marchandises prohibées et non prohibées (D. P. 82. 4. 55).

3-5 mars 1881. — Loi qui approuve les conventions conclues pour l'organisation du service des colis postaux en France et dans les relations internationales (D. P. 82. 4. 41).

4-17 mars 1881. — Décret qui approuve une délibération du conseil général de la Guyane relative à la création d'un octroi de mer dans cette colonie (D. P. 82. 4. 59).

5-10 mars 1881. — Décret concernant les goélettes armées à Saint-Pierre et Miquelon pour la pêche de la morue (D. P. 82. 4. 55).

9-12 mars 1881. — Décret qui constitue en entrepôt réel des douanes les locaux du Palais de l'Industrie affectés à l'exposition internationale de l'électricité (D. P. 82. 4. 84).

15 mars-11 avr. 1881. — Décret interdisant l'importation, le transit et l'exportation des produits et marchandises de toute nature par la frontière de la République d'Andorre (D. P. 82. 4. 50).

5-12 avr. 1881. — Décret relatif à la francisation des navires importés à la Guyane française (D. P. 82. 4. 59).

17 avr. 1881. — Décret qui interdit la sortie des armes et objets propres à la guerre, à destination de l'Algérie et de la Tunisie (Non publié au Bull.).

19-26 avr. 1881. — Décret concernant la perception du droit de timbre des colis postaux (D. P. 82. 4. 44).

20-22 avr. 1881. — Loi portant exemption du droit de statistique pour les produits envoyés à l'Exposition internationale d'électricité, et fixant le régime applicable à ceux de ses produits qui seront livrés à la consommation (D. P. 81. 4. 120).

20-22 avr. 1881. — Loi portant prorogation du délai dans lequel il peut être fait usage des certificats d'inventaires délivrés par application de l'art. 20 de la loi du 19 juill. 1880 (D. P. 81. 4. 120).

20-22 avr. 1881. — Décret réduisant à 2 fr. par 100 kilog. le droit de consommation sur les sels français introduits dans les zones neutralisées des pays de Gex et de la Haute-Savoie (*Journ. off.* du 22 avr. 1881).

21-26 avr. 1881. — Décret concernant le service international des colis postaux (D. P. 82. 4. 45).

30 avr. 1881. — Décret ajoutant à la nomenclature des bureaux ouverts à la sortie des boissons expédiées de France sur la Suisse le bureau de Damprichard (Doubs) (Bull., n° 10518).

7-8 mai 1881. — Loi relative à l'établissement du tarif général des douanes (D. P. 82. 4. 18).

7-8 mai 1881. — Décret portant que les restrictions d'entrée et d'emballage établies par le décret du 1er oct. 1861 et les décrets postérieurs, à l'égard des marchandises importées d'Angleterre, de Belgique et des autres pays contractants, sont étendues aux importations des mêmes produits effectuées dans les conditions du tarif général des douanes et décidant que les produits taxés à la valeur par ce tarif ne peuvent être importés que par les bureaux ouverts aux marchandises imposées à plus de 20 fr. les 100 kilog. (D. P. 82. 4. 61).

19-20 mai 1881. — Décret qui accorde à la ville de Saint-Etienne un entrepôt réel des douanes pour les marchandises prohibées et non prohibées (D. P. 82. 4. 61).

7-9 juin 1881. — Décret ouvrant le bureau de douane établi à la gare-frontière de Maulde-Mortagne : 1° à l'importation des marchandises taxées à plus de 20 fr. par 100 kilog. ou nommément désignées par l'art. 8 de la loi du 27 mars 1817; 2° au transit des marchandises prohibées et non prohibées (Bull., n° 10888).

14-16 juin 1881. — Décret fixant le nouveau droit auquel le décret du 17 oct. 1880 avait assujetti les toiles dites guinées de toute provenance importées au Sénégal (D. P. 82. 4. 59).

28-30 juin 1881. — Décret portant ouverture du bureau de Granville à l'importation des huiles et essences minérales (*Journ. off.* du 30 juin 1881; Bull., n° 10974).

2-5 juill. 1881. — Décret ouvrant le bureau des douanes de la Tour Saint-Louis (Bouches-du-Rhône) à l'importation des marchandises taxées à plus de 20 fr. par 100 kilog. ou nommément désignées par l'art. 8 de la loi du 27 mars 1817 (*Journ. off.* du 5 juill. 1881; Bull., n° 10977).

2-5 juill. 1881. — Décret relatif à la tare légale des huiles et des essences de pétrole et de schiste (D. P. 82. 4. 80).

7-9 juill. 1881. — Loi qui rend exclusivement obligatoire l'alcoomètre centésimal de Gay-Lussac et le soumet à une vérification officielle (D. P. 82. 4. 46).

20-21 juill. 1881. — Loi qui autorise le Gouvernement à proroger, pour trois mois, à dater du 8 nov. 1881, les traités et conventions de commerce actuellement en vigueur (D. P. 82. 4. 60).

21-24 juill. 1881. — Loi sur la police sanitaire des animaux (D. P. 82. 4. 32).

24-25 juill. 1881. — Loi relative aux colis postaux portant : 1° modification de la loi du 3 mars 1881 en ce qui concerne les récépissés et les connaissements; 2° suppression du droit de timbre, des acquits-à-caution et passavants de douane et de la taxe de plombage (D. P. 82. 4. 43).

29-30 juill. 1881. — Loi sur la liberté de la presse (art. 5 supprimant l'obligation du cautionnement et par voie implicite la taxe spéciale perçue sur les journaux et autres publications périodiques importées de l'étranger) (D. P. 81. 4. 67).

29-30 juill. 1881. — Loi relative à des annulations et à des ouvertures de crédit (art. 25 abrogeant la disposition résultant du deuxième paragraphe de l'art. 4 de la loi du 5 juill. 1836 portant qu'il ne sera pas dérogé à ce qui est prescrit par l'art. 22 de la loi du 28 avr. 1816 relativement à la restriction d'entrée établie sur certaines marchandises) (*Journ. off.* du 30 juill. 1881; Bull., n° 10785).

29-30 juill. 1881. — Loi portant fixation du budget général des dépenses et des recettes de l'exercice 1882 (art. 7). Disposition exceptionnelle relative au droit de quai dû par les paquebots de voyageur dont la cargaison en marchandises ne représente pas le sixième du tonnage total (D. P. 82. 4. 86-87).

17-25 août 1881. — Décret portant règlement d'administration publique pour l'application de la loi du 29 janv. 1881 sur la marine marchande (D. P. 82. 4. 82).

17 sept. 1881-9 févr. 1882. — Décret qui proroge jusqu'au 30 juin 1891 l'application des décrets des 20 août et 29 déc. 1851, relatifs aux grandes pêches maritimes (D. P. 82. 4. 104).

24-25 sept. 1881. — Décret prorogeant pour une période de trois mois, du 8 nov. 1881 au 8 févr. 1882, les traités en vigueur entre la France et l'Angleterre (D. P. 82. 4. 98).

28-29 sept. 1881. — Décret prorogeant pour une période de trois mois, du 8 nov. 1881 au 8 févr. 1882, les traités en vigueur entre la France et la Suisse (Bull., n° 11182).

19-25 oct. 1881. — Décret prorogeant pour une période de trois mois, du 8 nov. 1881 au 8 févr. 1882, les traités en vigueur entre la France et la Belgique (Bull., n° 11183).

19-27 oct. 1881. — Décret relatif à l'importation en France des plants et arbustes venant de Belgique.

26-27 oct. 1881. — Décret prorogeant pour une période de trois mois, du 8 nov. 1881 au 8 févr. 1882, les traités en vigueur entre la France et les Pays-Bas (Bull., n° 11217).

28-30 oct. 1881. — Décrets prorogeant pour une période de trois mois, du 8 nov. 1881 au 8 févr. 1882, les traités de commerce conclus avec l'Espagne et l'Italie (Bull., nos 11218 et 11219).

29-30 oct. 1881. — Décrets prorogeant, du 8 nov. 1881 au 8 févr. 1882, le traité de commerce conclu avec les Royaumes-Unis de Suède et de Norwège et le Portugal (Bull., nos 11220 et 11221).

7-8 nov. 1881. — Décret prorogeant pour une période de trois mois, du 8 nov. 1881 au 8 févr. 1882, la convention de commerce conclue avec l'Autriche-Hongrie (D. P. 83. 4. 38).

22 déc. 1881. — Décret fixant les attributions des directeurs généraux en matière de personnel.

Art. 1er. L'art. 2 du décret du 29 déc. 1879 est modifié ainsi qu'il suit : — Le sous-secrétaire d'Etat pourvoira directement, par délégation du ministre, à la nomination des agents des administrations financières compris dans le tableau ci-annexé ; — Les directeurs généraux nommeront directement, par délégation du ministre, et sous le contrôle du sous-secrétaire d'Etat, tous les agents dont la nomination leur était attribuée par l'ordonnance du 17 déc. 1844, et qui ne sont pas compris dans le tableau ci-dessus désigné. — Le sous-secrétaire d'Etat recevra les propositions des directeurs généraux relatives au personnel des agents supérieurs ou assimilés dont la nomination est réservée au président de la République ou au ministre des finances, et il soumettra ces propositions au ministre avec ses observations et son avis.

TABLEAU ANNEXÉ AU DÉCRET DU 22 DÉC. 1881 (Extrait).

Douanes.

Administration centrale.	Sous-chefs de bureau. Commis principaux.
Service extérieur.......	Sous-inspecteurs et premiers commis de direction. Receveurs principaux de 5e et 6e classe. Contrôleurs. Receveurs (au traitement de 2700 et au-dessus). Capitaines.

24 déc. 1881-26 avr. 1882. — Décret portant ouverture du bureau de Vireux (Ardennes) à l'importation des huiles et essences minérales (Bull., n° 11701).

2-8 févr. 1882. — Loi qui proroge jusqu'au 1er mars 1882 et, s'il y a lieu, jusqu'au 15 mai suivant les traités de commerce et de navigation en vigueur (D. P. 82. 4. 109).

6-7 févr. 1882. — Décret qui approuve les déclarations signées à Paris les 2, 3, 4 et 6 févr. 1882, pour proroger jusqu'au 15 mai 1882 les traités existant entre la France et l'Autriche-Hongrie, la Belgique, l'Espagne, l'Italie, le Portugal, les Royaumes-Unis de Suède et de Norwège, et jusqu'au 1er mars 1882, les traités existant entre la France et la Grande-Bretagne, les Pays-Bas et la Suisse (D. P. 82. 4. 109).

8 févr. 1882. — Décret conférant aux directeurs généraux de nouvelles attributions en matière de personnel.

Art. 1er. Les directeurs généraux des administrations financières pourvoiront directement à la nomination aux emplois du service extérieur portés dans le tableau annexé au décret du 22 déc. 1881.

2. Les divisions intérieures de l'administration centrale, les attributions de chaque service et les rapports des services entre eux seront revisés, s'il y a lieu, par arrêtés ministériels.

23-24 févr. 1882. — Décret promulguant la déclaration du 23 févr. 1882 entre la France et la Suisse à l'effet de proroger jusqu'au 15 mai 1882 la convention commerciale existant entre les deux États (Bull., n° 11589).

27-28 févr. 1882. — Loi relative au régime douanier applicable aux produits anglais lors de leur entrée en France (D. P. 82. 4. 109).

27-28 févr. 1882. — Décret prorogeant jusqu'au 15 mai 1882 la déclaration échangée, le 2 févr. 1882, entre la France et les Pays-Bas au sujet du régime douanier entre les deux pays (Bull., n° 11590).

28 févr.-1er mars 1882. — Décret prorogeant jusqu'au 15 mai 1882 les conventions commerciales et maritimes existant entre la France et la Grande-Bretagne (Bull., n° 11591).

27-28 mars 1882. — Loi ayant pour objet la protection du balisage dans les eaux maritimes (D. P. 82. 4. 109).

19-23 avr. 1882. — Décret relatif à l'application des primes à la navigation (D. P. 83. 4. 23).

20-21 avr. 1882. — Loi qui approuve le traité de commerce signé à Paris, le 3 nov. 1881, entre la France et l'Italie (D. P. 83. 4. 29).

21 avr.-2 mai 1882. — Décret relatif à la composition des équipages des bâtiments de mer.

11-13 mai 1882. — Loi qui approuve la convention signée à Paris, le 28 févr. 1882, concernant les relations commerciales et maritimes entre la France et la Grande-Bretagne (D. P. 83. 4. 34).

11-13 mai 1882. — Loi qui approuve le traité de commerce et la convention de navigation signée, le 31 oct. 1881, entre la France et la Belgique (D. P. 83. 4. 31).

11-13 mai 1882. — Loi qui approuve le traité de commerce et de navigation signé à Paris le 6 févr. 1882, entre la France et l'Espagne (D. P. 83. 4. 34).

11-13 mai 1882. — Loi qui approuve les traités de commerce et de navigation signés à Paris, le 30 déc. 1881, entre la France et les Royaumes-Unis de Suède et de Norwège (D. P. 83. 4. 35).

11-13 mai 1882. — Loi qui approuve le traité de commerce, le traité d'établissement et les conventions relatives aux rapports de voisinage et à la propriété industrielle, conclus le 23 févr. 1882, entre la France et la Suisse (D. P. 83. 4. 35).

13-13 mai 1882. — Loi qui approuve la promulgation du traité de commerce et de navigation signé à Paris, le 19 déc. 1881, entre la France et le Portugal (D. P. 83. 4. 38).

13-13 mai 1882. — Loi portant approbation d'une convention additionnelle de commerce et de navigation signée, le 6 mai 1882, entre la France et le Portugal (D. P. 83. 4. 38).

13-15 mai 1882. — Loi portant approbation de la convention de commerce conclue, le 7 nov. 1881, entre la France et l'Autriche-Hongrie (D. P. 83. 4. 38).

13-13 mai 1882.— Décret rendant exécutoire le traité de commerce du 31 oct. 1881, entre la France et la Belgique (D. P. 83. 4. 31).

13-13 mai 1882. — Décret déclarant exécutoire le traité de commerce et de navigation, du 6 févr. 1882, entre la France et l'Espagne (D. P. 83. 4. 34).

13-13 mai 1882. — Décret déclarant exécutoire le traité de commerce du 30 déc. 1881 entre la France et la Suède et la Norwège (D. P. 83. 4. 35).

13-13 mai 1882. — Décret déclarant exécutoire le traité de navigation, du 30 déc. 1881, entre la France et la Suède et la Norwège (D. P. 83. 4. 35).

13-13 mai 1882. — Décret déclarant exécutoire le traité de commerce, du 23 févr. 1882, entre la France et la Suisse (D. P. 83. 4. 35).

13-13 mai 1882. — Décret déclarant exécutoire le traité du 23 févr. 1882, sur l'établissement des Français en Suisse et réciproquement (D. P. 83. 4. 35).

13-13 mai 1882. — Décret déclarant exécutoire la convention du 23 févr. 1882, sur les rapports de voisinage entre la France et la Suisse (D. P. 83. 4. 35).

13-13 mai 1882. — Décret déclarant exécutoire la convention conclue, le 23 févr. 1882, entre la France et la Suisse pour la garantie réciproque des marques de fabrique (D. P. 83. 4. 36).

13-13 mai 1882. — Décret déclarant exécutoire la convention concernant les relations commerciales et maritimes, signées, le 28 févr. 1882, entre la France et la Grande-Bretagne (D. P. 83. 4. 34).

13-15 mai 1882. — Décret rendant exécutoire la loi ci-dessus (D. P. 83. 4. 38).

14-15 mai 1882. — Décret rendant exécutoire le traité de commerce et de navigation signé, le 19 déc. 1881, entre la France et le Portugal (D. P. 83. 4. 38).

14-15 mai 1882. — Décret rendant exécutoire la convention additionnelle de commerce et de navigation signée, le 6 mai 1882, entre la France et le Portugal (D. P. 83. 4. 38).

14-15 mai 1882. — Décret rendant exécutoire le traité de commerce du 3 nov. 1881, entre la France et l'Italie (D. P. 83. 4. 30).

14-17 mai 1882. — Décret suspendant jusqu'au 1er janv. 1883 les dispositions du décret du 19 déc. 1876, relatif à l'exercice de la pêche du corail sur les côtes de l'Algérie.

15-17 mai 1882. — Loi portant approbation de la convention conclue le 31 oct. 1881 entre la France et la Belgique pour la garantie réciproque de la propriété littéraire (D. P. 83. 4. 33).

15-17 mai 1882. — Loi portant approbation de la convention conclue, le 23 févr. 1882, entre la France et la Suisse pour la garantie de la propriété littéraire (D. P. 83. 4. 37).

15-17 mai 1882. — Décret déclarant exécutoire la convention du 31 oct. 1881, entre la France et la Belgique, pour la garantie réciproque de la propriété littéraire (D. P. 83. 4. 33).

15-17 mai 1882. — Décret déclarant exécutoire la convention du 23 févr. 1882, entre la France et la Suisse pour la garantie réciproque de la propriété littéraire et artistique (D. P. 83. 4. 37).

15-18 mai 1882. — Décret qui rend exécutoire la convention phylloxérique signée à Berne le 3 nov. 1881 (D. P. 83. 4. 42).

16-18 mai 1882. — Décret concernant les chocolats exportés à destination de l'Algérie (D. P. 83. 4. 75).

23 mai-1er juin 1882. — Décret concernant l'importation en Algérie de sucres bruts ou raffinés pour la fabrication de chocolats destinés à être exportés en France (D. P. 83. 4. 102).

25 mai-8 juill. 1882. — Décret autorisant l'emploi d'une nouvelle formule de dénaturation des sels destinés aux usages agricoles (D. P. 83. 4. 28).

27-28 mai 1882. — Décret relatif à la convention signée le 9 juin 1880 entre la France et la République de Salvador, pour la garantie réciproque de la propriété des œuvres littéraires, scientifiques ou artistiques (Bull., n° 12123).

2-3 juin 1882. — Décret modifiant l'application des tares sur les sucres bruts importés de l'étranger (D. P. 83. 4. 75).

17 juin-21 juill. 1882. — Décret relatif à l'importation en France des plants d'arbustes venant des Pays-Bas.

22-25 juin 1882. — Décret sur la police sanitaire des animaux (D. P. 83. 4. 11).

24-25 juin 1882. — Décret promulguant la convention relative au régime douanier entre le canton de Genève et la zone franche de la Haute-Savoie (Bull., n° 12136).

27 juin 1882. — Décret ajournant au 1er janv. 1883 l'exécution du décret du 2 juin 1882, qui a modifié les tares légales sur les sucres bruts.

28-29 juin 1882. — Décret ouvrant le bureau des douanes de Bavay (Nord) : 1° à l'importation des marchandises taxées à plus de 20 fr. par 100 kilog., ou nommément désignées par l'art. 8 de la loi du 27 mars 1817; 2° au transit des marchandises prohibées et non prohibées; 3° à l'importation des machines et mécaniques (Bull., n° 12419).

8-19 juill. 1882. — Décret qui détermine les bureaux de douane par lesquels pourra s'effectuer l'introduction des plants de vigne, boutures, sarments et autres débris de la vigne, des échalas et des tuteurs déjà employés, des composts, terres et terreaux provenant de l'étranger.

18 juill.-25 août 1882. — Décret ouvrant le bureau de Bavay à la sortie des boissons expédiées à l'étranger en franchise des taxes intérieures (Bull., n° 12095).

29 juill.-4 août 1882. — Loi qui approuve la convention additionnelle de commerce signée, le 31 janv. 1882, entre la France et l'Autriche-Hongrie (D. P. 83. 4. 39).

12 août 1882. — Décret fixant les attributions du sous-secrétaire d'Etat des finances.

28-31 août 1882. — Décret qui détermine les bureaux de la douane par lesquels peuvent être introduits les plants et produits divers des pépinières, jardins, serres et orangeries.

8-12 sept. 1882. — Décret qui prescrit la promulgation de la convention additionnelle de commerce conclue entre la France et l'Autriche-Hongrie, le 31 janv. 1882 (D. P. 83. 4. 39).

11-13 sept. 1882. — Décret qui fixe la tare légale des caisses en usage pour le transport des fils de coton en bobines ou en canettes (D. P. 83. 4. 74).

22-26 sept. 1882. — Décret qui réorganise sur de nouvelles bases le corps militaire des douanes (D. P. 83. 4. 53).

16-28 oct. 1882. — Décret accordant à la ville de Tours (Indre-et-Loire) un entrepôt réel des douanes pour les marchandises prohibées et non prohibées (D. P. 83. 4. 83).

28-29 oct. 1882. — Décret réglementant l'emploi de la dynamite (D. P. 83. 4. 56).

18-20 nov. 1882. — Décret relatif aux adjudications et aux marchés de gré à gré passés au nom de l'Etat (D. P. 83. 4. 56).

30 déc. 1882. — Arrêté ministériel autorisant les compagnies de chemin de fer français à régler les droits de douane dont elles peuvent être redevables, au moyen de chèques émis par leurs agences internationales et payables, dans un délai de quatre jours, à la caisse de la gare du chef-lieu du département ou de l'arrondissement dans lequel est situé le bureau de douane où ces droits ont été constatés (Circ. des douanes, n° 1600).

9-25 janv. 1883. — Décret ouvrant le bureau d'Halluin à l'importation des fils de coton.

12-25 janv. 1883. — Décret qui ouvre le bureau des douanes de Tourcoing à l'importation des fils de lin (D. P. 83. 4. 98).

16 févr.-12 mars 1883. — Décret établissant à Montbéliard (Doubs) un bureau de garantie pour l'essai et la marque des ouvrages d'or et d'argent (Bull., n° 12923).

27 mars-3 avr. 1883. — Décret qui ouvre le bureau des douanes de Feignies (Nord) à l'importation des huiles minérales et de leurs essences (D. P. 83. 4. 98).

6 avr.-2 mai 1883. — Décret relatif à la police sanitaire des animaux des espèces chevaline, asine, bovine, ovine, caprine et porcine. Bureaux ouverts à l'importation et au transit (D. P. 84. 4. 6).

6 avr.-2 mai 1883. — Décret désignant les ports par lesquels l'exportation par mer des animaux des espèces chevaline, asine, bovine, ovine, caprine et porcine, peut avoir lieu (D. P. 84. 4. 7).

13 mai-21 juin 1883. — Décret qui établit en Cochinchine un droit de douane sur les liqueurs alcoolisées ou parfumées venant de Chine (D. P. 83. 4. 102).

20-22 mai 1883. — Loi qui approuve l'arrangement signé à Paris, le 28 avr. 1883, entre la France et l'Autriche-Hongrie, en vue de proroger la convention de commerce du 7 nov. 1881 (D. P. 83. 4. 102).

21-22 mai 1883. — Décret promulguant la loi ci-dessus (D. P. 83. 4. 102, note 9).

23 mai-1er juin 1883. — Décret concernant l'importation en Algérie de sucres bruts ou raffinés pour la fabrication de chocolats destinés à être exportés en France (D. P. 83. 4. 102).

8-9 juin 1883. — Décret portant approbation de la déclaration signée entre la France et la Russie pour régler le mode de jaugeage des navires (D. P. 83. 4. 102).

13 juin 1883. — Décret levant l'interdiction de sortie, à destination de l'Algérie et de la Tunisie, des objets propres à la guerre.

12-17 juill. 1883. — Loi qui approuve la convention signée entre la France et l'Espagne le 20 juill. 1882 et relative aux services de surveillance et de douane sur les chemins de fer de Tarragone à Barcelone et France, et du midi de la France (D. P. 84. 4. 75).

17-19 juill. 1883. — Loi qui approuve le traité d'amitié, de commerce et de navigation signé à Paris, le 18 janv. 1883, entre la France et la Serbie (D. P. 84. 4. 21).

18-19 juill. 1883. — Décret portant promulgation du traité ci-dessus (D. P. 84. 4. 21).

21-22 juill. 1883. — Décret qui interdit l'importation en France des drilles et chiffons par la frontière d'Italie (D. P. 84. 4. 4).

23 juill.-7 sept. 1883. — Décret qui fixe la quantité de sel que l'administration des douanes est autorisée à délivrer en franchise pour la salaison des harengs de pêche française (D. P. 84. 4. 7).

21-22 août 1883. — Décret relatif à la convention signée le 19 avr. 1883 entre la France et l'Allemagne pour la garantie de la propriété des œuvres de littérature et d'art (D. P. 83. 4. 93).

31 août-2 sept. 1883. — Décret promulguant la convention relative aux services de surveillance et de douane sur les chemins de fer de Tarragone à Barcelone et France, et du midi de la France, signée entre la France et l'Espagne (D. P. 84. 4. 75, note 2).

18-27 sept. 1883. — Décret concernant l'admission temporaire en franchise des fils de coton destinés à la fabrication des mousselines et des tissus de soie et coton (D. P. 84. 4. 76).

22 sept. 1883-9 janv. 1884. — Décret relatif à l'introduction des produits agricoles et horticoles dans les zones franches du pays de Gex et de la Haute-Savoie.

3-6 oct. 1883. — Décret faisant application du régime de l'admission temporaire au sucre employé pour la fabrication des biscuits exportés à destination de l'étranger ou des colonies et possessions françaises, l'Algérie comprise (D. P. 84. 4. 76).

8-10 nov. 1883. — Décret pour l'exécution de la convention signée entre la France et l'Allemagne, concernant la garantie de la propriété littéraire et artistique (D. P. 84. 4. 77).

19-25 nov. 1883. — Décret portant nomenclature des bureaux désignés pour constater la sortie des boissons expédiées sur la Suisse en franchise des droits de circulation et de consommation (D. P. 84. 4. 77).

22-24 nov. 1883. — Décret réglementant la pêche du corail en Algérie (D. P. 84. 4. 3).

27-28 nov. 1883. — Décret levant la prohibition d'importation des viandes de porc salées provenant des États-Unis d'Amérique (D. P. 84. 4. 91).

19 déc. 1883-20 févr. 1884. — Décret ouvrant le bureau de Cette à l'importation par mer des drilles et chiffons (D. P. 84. 4. 79).

27 déc. 1883. — Arrêté ministériel établissant de nouveaux cadres pour les deux services et fixant les limites d'âge.

Art. 1er. Le cadre des agents du service administratif et de perception des douanes sera, à partir du 1er juin 1884, établi conformément au tableau A ci-annexé. — Le cadre des officiers, sous-officiers et préposés du service actif sera successivement ramené à l'organisation déterminée par le tableau B également ci-annexé.

2. Les fonctions actuellement dévolues aux employés du grade de vérificateur seront confiées aux agents qui seront jugés les plus aptes à les bien remplir, soit parmi les contrôleurs et les contrôleurs adjoints, soit, dans les douanes secondaires, parmi les simples commis.

3. Les commis de direction prennent le titre afférent à leur traitement dans la hiérarchie des commis, contrôleurs-adjoints, contrôleurs et contrôleurs principaux. — Les contrôleurs de direction (premiers commis) au traitement de 3500 et de 4000 fr. peuvent être admis à concourir, suivant leur classe, pour la première ou la deuxième classe du grade de sous-inspecteur. Ils ajoutent à leur titre celui de « chef de bureau de la direction de... » Les autres contrôleurs et commis de direction concourent pour l'avancement avec les contrôleurs et commis de leur grade; ils ajoutent à leur titre celui de: « attaché au bureau de la direction de... ».

4. Une indemnité de résidence est allouée aux sous-inspecteurs, contrôleurs et commis de toutes classes, receveurs principaux (à l'exception de ceux des douanes de Paris, Marseille, le Havre, Bordeaux, Rouen, Lille et Nantes) et receveurs particuliers de toutes classes, en exercice dans les villes indiquées au tableau C ci-joint. — Cette indemnité, fixée à 15, 10 et 8 p. 100 du traitement fixe, selon la catégorie de la résidence à laquelle les employés susdésignés appartiennent, n'excédera pas les *maxima* prévus audit tableau. — Les inspecteurs chargés dans les grandes douanes des fonctions d'inspecteurs sédentaires reçoivent une indemnité de 300 fr. par an pour frais d'éclairage et de chauffage de leur bureau. — Une indemnité mensuelle de 50 fr. est accordée aux quarante surnuméraires les plus anciens de service qui se distingueront par leur travail, leur application et leur bonne conduite.

5. Les employés en exercice dont le traitement, cumulé avec l'indemnité fixe de résidence, ne représenterait pas, en totalité, dans la nouvelle organisation, les émoluments qu'ils touchent aujourd'hui en appointements et en allocations sur le plombage, recevront une indemnité temporaire calculée de manière à parfaire le revenu total qui leur était attribué avant la réorganisation. — Ladite indemnité temporaire pourra faire retour au budget des traitements fixes au fur et à mesure des extinctions (retraites, démissions, décès, révocations, avancements et changements de résidence). — La partie de l'ancienne indemnité représentative de la taxe de plombage, allouée aux garde-magasins et emballeurs des douanes, laquelle est convertie en indemnité temporaire, pourra être également incorporée, dans les mêmes conditions, jusqu'à concurrence de 102 000 fr., au budget des traitements des agents inférieurs du service actif.

6. La partie du fonds de gratifications allouée au service sédentaire sera distribuée annuellement sans distinction de résidence, entre les contrôleurs, commis et receveurs particuliers qui se seront signalés par leur zèle ou qui auront obtenu les meilleurs résultats de service.

7. Nul n'est promu aux grades de : directeur, après l'âge de de cinquante-neuf ans accomplis; inspecteur, après l'âge de cinquante et un ans accomplis; sous-inspecteur, après l'âge de quarante-quatre ans accomplis; capitaine, après l'âge de quarante-quatre ans accomplis; sous-lieutenant, après l'âge de trente-six ans accomplis. — Toutefois la mesure n'est pas applicable aux officiers et sous-officiers ainsi qu'aux agents du service sédentaire qui figurent actuellement au tableau d'avancement pour le grade supérieur. — Seront également maintenus audit tableau, pour le grade de sous-inspecteur, les vérificateurs, quel que soit le chiffre de leur nouveau traitement, qui, dans l'année courante ou antérieurement, ont été proposés pour ce grade. — Les capitaines de 1re classe concourreront avec les contrôleurs de la même classe pour le grade de sous-inspecteur de 2e classe. — Le temps pendant lequel les agents commissionnés seront restés sous les drapeaux leur sera compté, pour l'avancement ultérieur, comme temps passé dans l'emploi qu'ils ont quitté en vue de satisfaire à la loi du recrutement.

8. Les admissions à la retraite sont prononcées de plein droit: pour les directeurs et les receveurs principaux, à l'âge de soixante-sept ans accomplis; pour les autres agents du service sédentaire, à l'âge de soixante-cinq ans accomplis; pour les officiers, sous-officiers et préposés du service actif, à l'âge de cinquante-neuf ans accomplis. — Nul ne peut être conservé en activité au delà des limites d'âge ci-dessus fixées.

Service sédentaire (Tableau A).

DÉSIGNATION DES EMPLOIS		NOMBRE	TRAITEMENTS	INDEMNITÉ DE RÉSIDENCE.	INDEMNITÉ TEMPORAIRE.
Directeurs	12000 10000 9000 8000	24	231000	»	»
Inspecteurs	6000 5000	68	376000	»	7100
Sous-inspecteurs	4500 4000	68	298000	17400	»
Contrôleurs principaux	4000				
Contrôleurs	3500 3100 2800	871	2298700	279830	148981
Contrôleurs-adjoints	2500 2000				
Commis	1900 1600 1400	623	1011900	57628	11673
Receveurs principaux	6000 5500 5000 4500 4000	66	323000	6750	16650
Receveurs particuliers	4000 3500 3100 2800 2500 2200 1900 1600 1400	506	1003500	6413	8735
		2226	5842100	368021	193139

Service actif (Tableau B).

DÉSIGNATION DES EMPLOIS		NOMBRE D'AGENTS	TRAITEMENTS
Capitaines	3500	212	66500
	3000		201000
	2700		340200
Lieutenants	2400	425	204000
	2100		557000
Sous-lieutenants	1800		306000
Garde-magasins	1600	57	82600
	1500		
Brigadiers et patrons	1300	19041	19260000
	1200		
Sous-brigadiers et sous-patrons	1150		
	1100		
Préposés et matelots	1050		
	1000		
	900		
Total		19735	20817300

Service sédentaire (Tableau C).

DÉSIGNATION DES VILLES auxquelles est attribuée l'indemnité de résidence	QUOTITÉ de l'indemnité.	MAXIMA.
1re CATÉGORIE		
Bordeaux, Le Havre, Lille, Lyon, Marseille, Nantes, Paris, Rouen...	15 % en sus du traitement.	500
2e CATÉGORIE		
Bayonne, Boulogne, Calais, Cette, Dieppe, Dunkerque, Montpellier, Nancy, Nice, Saint-Nazaire, Valenciennes	10 % en sus du traitement.	350
3e CATÉGORIE		
Ajaccio, Bastia, Besançon, Brest, Caen, Cannes, Chambéry, Charleville, Cherbourg, Epinal, La Rochelle, Lorient, Menton, Monaco, Perpignan, Rochefort, Saint-Brieuc, Saint-Malo, Toulon, Toulouse.....	8 % en sus du traitement.	250

28-29 déc. 1883. — Décret rétablissant la prohibition des viandes de porc salées d'Amérique (D. P. 84. 4. 91).

29 déc. 1883-10 janv. 1884. — Décret ouvrant le bureau des douanes de Bachy (Nord) : 1° à l'importation des marchandises taxées à plus de 20 fr. par 100 kilog.; 2° au transit ordinaire des marchandises non prohibées (D. P. 84. 4. 79).

31 déc. 1883-5 janv. 1884. — Décret portant promulgation de la convention conclue, le 10 sept. 1883, entre la Cochinchine et le Cambodge, et d'une convention annexe signée entre les deux pays, le 9 oct. 1883 (D. P. 84. 4. 78).

25-26 janv. 1884. — Loi qui approuve la convention signée, le 20 mars 1883, entre la France, la Belgique, le Brésil, l'Espagne, le Guatémala, l'Italie, les Pays-Bas, le Portugal, le Salvador, la Serbie et la Suisse, pour la protection de la propriété industrielle (D. P. 84. 4. 116).

25-26 janv. 1884. — Loi tendant à la création d'un quatrième titre pour les objets d'or et d'argent destinés à l'exportation (D. P. 84. 4. 85).

5-8 févr. 1884. — Décret ouvrant le bureau de douane de Bachy (Nord) à la sortie des boissons expédiées à l'étranger en franchise des taxes intérieures (Bull., n° 14096).

28 févr.-6 mars 1884. — Décret délimitant les territoires phylloxérés et fixant les conditions pour l'introduction des vignes étrangères et des vignes provenant des arrondissements phylloxérés.

28 févr.-19 avr. 1884. — Décret qui fixe les cautionnements en numéraire des agents comptables et non comptables de l'administration des douanes (D. P. 84. 4. 84).

8-9 mars 1884. — Loi qui approuve la convention de commerce signée, le 18 févr. 1884, entre la France et l'Autriche-Hongrie et suivie d'un décret additionnel (D. P. 84. 4. 111).

8-9 mars 1884. — Décret portant promulgation de la convention ci-dessus (D. P. 84. 4. 111).

8 mars-11 juin 1884. — Décret qui constitue en entrepôt réel des douanes les locaux du palais de l'Industrie affectés à l'exposition internationale des industries d'art qui transforment le bois, la pierre, la terre et le verre (D. P. 84. 4. 95).

4-11 avr. 1884. — Décret sur l'hypothèque maritime et la francisation des navires en Cochinchine (D. P. 84. 4. 120).

5-6 avr. 1884. — Loi qui modifie le tarif général des douanes (D. P. 84. 4. 96).

26 avr.-6 mai 1884. — Décret qui rapporte ceux des 15 janv. 1870 et 28 avr. 1874 déclarant l'oasis de Biskra pays franc (D. P. 85. 4. 13).

30 avr.-11 mai 1884. — Décret qui ouvre le bureau des douanes de Propriano (Corse) à l'importation des huiles minérales raffinées (D. P. 85. 4. 13).

14-20 mai 1884. — Décret portant que les locaux affectés à l'exposition géographique de Toulouse seront constitués en entrepôt réel des douanes (D. P. 85. 4. 13).

15 mai 1884. — Arrêté ministériel sur l'organisation des brigades.

Art. 1er. Le tableau B (service actif), annexé à l'arrêté du 27 déc. 1883, est modifié comme ci-après :

DÉSIGNATION DES EMPLOIS		NOMBRE		TRAITEMENTS	TOTAUX
Capitaines	3500	34	212	119000	621000
	3000	72		216000	
	2700	106		286200	
Lieutenants	2400	84	418	201600	852900
	2100	167		350700	
Sous-lieutenants	1800	167		300600	
Garde-magasins	1800	20	62	36000	101100
	1600	21		33600	
	1500	21		31500	
Brigadiers et patrons	1300	852	4002	1107600	4715300
	1200	852		1022400	
Sous-brigadiers et sous-patrons	1150	1150		1322500	
	1100	1148		1262800	
Préposés et matelots	1050	3000	14952	3150000	14526800
	1000	6200		6200000	
	900	5752		5176800	
TOTAUX			19646	20817300	20817300

2. Les agents du corps des emballeurs prennent la qualification de préposé visiteur, sous-brigadier visiteur et brigadier visiteur.

Leur traitement est réparti ainsi qu'il suit :

Préposés visiteurs	2e classe	1000 fr.
	1re classe	1050
Sous-brigadiers visiteurs	2e classe	1100
	1re classe	1150
Brigadiers visiteurs	2e classe	1200
	1e classe	1300

3. Les sous-officiers et préposés visiteurs reçoivent indépendamment de l'indemnité fixe de résidence qui leur est allouée en qualité d'agents du service actif des douanes, une indemnité proportionnelle au traitement, calculée, suivant les résidences, d'après les dispositions de l'arrêté du 27 déc. 1883 (tableau C). Ladite indemnité proportionnelle est également attribuée, dans les mêmes conditions, aux garde-magasins.

4. Les agents (visiteurs et garde-magasins) dont le nouveau traitement, cumulé avec les indemnités de résidence, ne représenteroit pas les émoluments qu'ils touchent aujourd'hui, recevront une indemnité temporaire destinée à parfaire le revenu total de leur emploi avant la réorganisation. Les ressources réalisées sur l'indemnité temporaire, au fur et à mesure des extinctions, seront employées tout d'abord à régulariser la situation des agents dont les émoluments actuels sont inférieurs à ceux qui résultent, pour eux, de la nouvelle organisation; le surplus pourra faire retour au budget des traitements fixes du service actif, conformément aux dispositions des deuxième et troisième paragraphes de l'art. 5 de l'arrêté du 27 déc. 1883.

28-30 mai 1884. — Décret qui prescrit la promulgation

la déclaration signée à Paris le 5 avr. 1884, concernant la mise en vigueur du traité de commerce conclu à Paris, le 24 janv. 1873, entre la France et la Birmanie (D. P. 84. 4. 118).

6-9 juin 1884. — Décret portant règlement d'administration publique pour l'exécution de la loi du 25 janv. 1884, relative à la fabrication et au commerce des ouvrages d'or et d'argent destinés à l'exportation (D. P. 84. 4. 87).

17-26 juin 1884. — Décret reproduisant et complétant les dispositions du décret du 24 juin 1879 portant interdiction d'importation en Algérie de produits agricoles et horticoles autres que les pommes de terre.

23-24 juin 1884. — Loi qui approuve l'arrangement signé, le 15 févr. 1884, entre la France et la Suède, pour la garantie de la propriété des œuvres d'esprit et d'art (D. P. 85. 4. 14).

28 juin-5 juill. 1884. — Décret qui ouvre le bureau des douanes d'Annecy (Haute-Savoie) : 1° à l'importation des marchandises taxées à plus de 20 fr. les 100 kilog., ou nommément désignées par l'art. 8 de la loi du 27 mars 1817; 2° au transit des marchandises prohibées et non prohibées; 3° à l'importation des cartons, papiers et étiquettes, des fils de lin ou de chanvre, de coton et de laine; des châles et tissus de cachemire; des machines et mécaniques et ajoutant ce bureau à ceux précédemment désignés pour constater le passage définitif à l'étranger des ouvrages d'or et d'argent et des sucres exportés à la décharge des soumissions d'admission temporaire, et qui ferme le bureau des douanes de Pont-de-la-Caille : 1° au transit; 2° à l'importation des marchandises taxées à plus de 20 fr. les 100 kilog.; 3° à l'importation des fils de lin ou de chanvre et des machines et mécaniques; et ceux du Plot et de Lanslebourg : 1° au transit; 2° à l'importation des marchandises taxées à plus de 20 fr. les 100 kilog. (D. P. 85. 4. 13).

5-18 juill. 1884. — Décret qui élève de 20 à 25 kilog. pour 100 l'allocation de sel nécessaire pour le pacquage à terre du maquereau salé en mer, lorsqu'il est soumis à l'opération du daguage et destiné à la consommation intérieure.

6-8 juill. 1884. — Décret qui prescrit la promulgation de la convention signée, le 20 mars 1883, entre la France, la Belgique, le Brésil, l'Espagne, le Guatémala, l'Italie, les Pays-Bas, le Portugal, le Salvador, la Serbie et la Suisse, et constituant une union internationale pour la protection de la propriété industrielle (D. P. 84. 4. 117).

9-18 juill. 1884. — Décret qui ouvre le bureau des douanes de Moncel-gare à l'importation des machines et des pièces détachées (D. P. 85. 4. 13).

29-30 juill. 1884. — Loi sur les sucres (D. P. 85. 4. 32).

29-30 juill. 1884. — Décret portant promulgation de l'arrangement signé, le 15 févr. 1884, entre la France et la Suède, pour la garantie de la propriété des œuvres d'esprit et d'art (D. P. 85. 4. 13).

31 juill.-2 août 1884. — Décret ouvrant le bureau de Morteau (Doubs) : 1° à l'importation des marchandises taxées à plus de 20 fr. les 100 kilog. ou nommément désignées par l'art. 8 de la loi du 27 mars 1817; 2° au transit des marchandises prohibées et non prohibées; 3° à l'importation des machines et mécaniques, autorisant le même bureau à recevoir les déclarations et délivrer les expéditions relatives aux marchandises de prime autres que les sucres raffinés, l'ajoutant à ceux précédemment désignés pour constater le passage définitif à l'étranger des ouvrages d'or et d'argent et des sucres exportés à la décharge des soumissions d'admission temporaire; fermant le bureau de Villers-route au transit et à l'importation des marchandises taxées à plus de 20 fr. les 100 kilog. (D. P. 85. 4. 7).

5-13 août 1884. — Décret autorisant la circulation dans les zones frontières de la République française et de l'Empire allemand des raisins de vendanges, marcs de raisins, composts, terreaux, échalas et tuteurs déjà employés et qui ne proviennent pas d'une région phylloxérée.

27-30 août 1884. — Décret portant réglementation des droits sur les marchandises importées au Gabon (D. P. 85. 4. 16).

3-10 sept. 1884. — Décret qui assujettit la circulation des poissons salés dans le rayon frontière à la formalité du passavant (D. P. 85. 4. 19).

10 sept.-1er oct. 1884. — Décret relatif à l'exportation à destination des Etats signataires de la convention phylloxérique de Berne, des plants et débris de vignes et des produits agricoles et horticoles.

12-17 sept. 1884. — Décret interdisant l'importation en France, par la frontière d'Italie, des objets de literie tels que matelas, couvertures, etc. (D. P. 85. 4. 19).

24 sept.-8 oct. 1884. — Décret interdisant l'importation en France, par la frontière d'Espagne, des drilles et chiffons, ainsi que des objets de literie, tels que matelas, couvertures, etc. (D. P. 85. 4. 19).

21-24 oct. 1884. — Décret qui ouvre le bureau des douanes de Jœuf (Meurthe-et-Moselle) à la sortie des boissons expédiées à l'étranger en franchise des taxes intérieures (D. P. 85. 4. 18).

16 nov. 1884-23 mars 1885. — Décret rendant exécutoire le tarif de douane voté par le conseil général de la Guadeloupe sur certaines marchandises d'importation étrangère (D. P. 85. 4. 74).

25 nov. 1884-4 mars 1885. — Décret concernant l'introduction au Gabon des armes et munitions (D. P. 85. 4. 76).

20-23 déc. 1884. — Loi qui approuve la convention signée, le 9 juill. 1884, entre la France et l'Italie, pour la garantie de la propriété littéraire et artistique (D. P. 85. 4. 70).

20 déc. 1884-4 mars 1885. — Décret qui rapporte celui du 12 sept. 1884 interdisant l'importation en France des objets de literie provenant d'Italie (D. P. 85. 4. 79).

23 déc. 1884. — Décret ouvrant et fermant certains bureaux à l'importation et au transit des animaux.

26 déc. 1884-20 févr. 1885. — Décret arrêtant le tarif de l'octroi municipal de mer en Algérie (D. P. 85. 4. 37).

26 déc. 1884-9 mars 1885. — Décret ouvrant le bureau de douane d'Annecy à l'importation et au transit venant de l'étranger et fermant celui de Pont-de-la-Caille aux mêmes opérations (D. P. 85. 4. 76).

27-30 déc. 1884. — Décret portant règlement d'administration publique pour l'exécution de la loi du 7 juill. 1881, qui rend obligatoire l'emploi de l'alcoomètre vérifié de Gay-Lussac (D. P. 85. 4. 78).

29-30 déc. 1884. — Loi portant fixation du budget des recettes de l'exercice 1885 (art. 10 modifiant le régime douanier des produits importés en Algérie; art. 11 réglant l'enlèvement des marchandises dans les ports au fur et à mesure des vérifications sous certaines conditions déterminées) (D. P. 85. 4. 38-40).

29-30 déc. 1884. — Décret qui fixe le droit à percevoir à l'entrée en France du chocolat fabriqué en Algérie (D. P. 85. 4. 78).

8-9 janv. 1885. — Décret constituant en entrepôt réel de douanes les locaux du palais de l'Industrie affectés à l'exposition du travail qui s'ouvrira du 1er juill. au 30 nov. 1885 (D. P. 85. 4. 75).

9-20 janv. 1885. — Décret établissant au profit du budget local des établissements français du golfe de Guinée un droit de 5 fr. par tonne à percevoir sur l'huile de palme exportée du territoire placé sous l'autorité de la France depuis Assinie jusqu'à la rivière Lahon (D. P. 85. 4. 75).

16-23 janv. 1885. — Décret qui ouvre à l'importation et au transit de la librairie venant de l'étranger les bureaux de douane d'Anor, Baisieux, Feignies, Jeumont et Tourcoing (D. P. 85. 4. 75).

17-21 janv. 1885. — Décret ouvrant le bureau de Morteau à la sortie des boissons expédiées en Suisse (D. P. 85. 4. 76).

19-25 janv. 1885. — Décret rendant exécutoire le tarif de douane voté par le conseil général de la Réunion sur certaines marchandises d'importation étrangère (D. P. 85. 4. 79).

19 janv.-14 févr. 1885. — Décret portant règlement d'administration publique pour l'organisation de l'administration centrale du ministère des finances (Bull., n° 14972).

23-24 janv. 1885. — Décret qui prescrit la promulgation de la convention avec protocole annexe, conclue à Paris, le 9 juill. 1884, entre la France et l'Italie, pour la garantie réciproque de la propriété des œuvres de littérature et d'art (D. P. 85. 4. 70).

18-20 févr. 1885. — Décret qui ouvre le bureau de douanes de Batilly à l'importation et au transit de la librairie venant de l'étranger (D. P. 85. 4. 79).

21-25 févr. 1885. — Décret levant l'interdiction de l'entrée en France, par la frontière d'Espagne, prononcée par le décret du 24 sept. 1884, mais seulement en ce qui concerne les objets de literie (D. P. 85. 4. 79).

28 févr.-7 mars 1885. — Décret délimitant les territoires phylloxérés et fixant les conditions pour l'introduction des vignes étrangères et des vignes provenant des arrondissements phylloxérés.

3-5 mars 1885. — Décret constituant en entrepôt réel des douanes le pavillon de la Ville de Paris et ses dépendances, affectés à l'exposition de la meunerie, de la boulangerie et des industries qui s'y rattachent (D. P. 85. 4. 80).

12-14 mars 1885. — Décret constituant en entrepôt réel des douanes les salles de l'Observatoire de Paris, affectées à l'exposition internationale de l'électricité (D. P. 85. 4. 80).

25-27 mars 1885. — Décret portant : 1° ouverture du bureau de douanes de Feignies (Nord) à l'importation des fils de coton; 2° fermeture du bureau de douanes de Sedan (Ardennes) au transit et à l'importation des marchandises taxées à plus de 20 fr. les 100 kilog. (D. P. 85. 4. 85).

28-29 mars 1885. — Loi portant modification du tarif général des douanes en ce qui concerne les céréales (D. P. 87. 4. 87, note 2 *a*).

28-31 mars 1885. — Loi portant modification du tarif général des douanes en ce qui concerne le bétail (D. P. 87. 4. 88, note 1 *a*).

20-21 avr. 1885. — Décret relatif à l'exécution de la convention conclue entre la France et l'Italie pour la garantie réciproque de la propriété littéraire, artistique et scientifique (D. P. 85. 4. 83).

23-24 avr. 1885. — Décret qui modifie le décret du 19 janv. 1885, relatif à l'organisation centrale du ministère des finances (Bull., n° 15333).

25-26 avr. 1885. — Décret portant établissement de droits de douane à la Martinique (D. P. 86. 4. 35).

20 mai-30 juill. 1885. — Décret portant ouverture du bureau de Calvi (Corse) à l'importation des huiles minérales raffinées (*Journ. off.* du 21 mai 1885; Bull., n° 15545).

27-28 mai 1885. — Loi sur les récidivistes (art. 4, D. P. 85. 4. 49).

28 (ou 26)-29 mai 1885. — Décret autorisant l'admission temporaire en franchise de droit des amandes désséchées de coco (coprah) et des graines de palmiste, pour être converties en huiles sous les conditions déterminées par l'art. 5 de la loi du 5 juill. 1836 (D. P. 86. 4. 37).

30 mai-20 juin 1885. — Décret ouvrant le bureau de Signy-le-Petit (Ardennes) à l'importation des animaux.

15-18 juin 1885. — Décret interdisant l'importation en France, par la frontière d'Espagne, des objets de literie, tels que matelas, couvertures, etc. (D. P. 86. 4. 48).

18-23 juin 1885. — Décret qui modifie la nomenclature des bureaux désignés pour constater la sortie des boissons expédiées sur la Suisse en franchise des droits de circulation et de consommation (D. P. 86. 4. 37).

2-4 juill. 1885. — Décret interdisant l'importation d'Espagne en France, par les frontières de terre et de mer, des fruits et des légumes poussant dans le sol et à niveau du sol (D. P. 86. 4. 66).

7-8 juill. 1885. — Décret enjoignant à toute personne logeant des voyageurs venant d'Espagne d'en faire la déclaration à la mairie de la commune (D. P. 86. 4. 56).

9 juill.-20 oct. 1885. — Décret modifiant l'art. 3 du décret du 30 août 1877, qui prohibe l'introduction à Saint-Pierre et Miquelon des morues, huiles ou autres produits provenant de la pêche étrangère (D. P. 86. 4. 67).

10-11 juill. 1885. — Loi relative à l'hypothèque maritime (D. P. 86. 4. 47).

17-22 juill. 1885. — Loi qui approuve le traité de paix, d'amitié et de commerce conclu entre la France et la Chine, à Tien-Tsin, le 9 juin 1885 (D. P. 86. 4. 80).

22-29 juill. 1885. — Décret portant règlement d'administration publique au sujet des mesures applicables à l'emploi des sucres pour le sucrage des vins, cidres et poirés (D. P. 86. 4. 11 et 44).

6-11 août 1885. — Loi portant approbation de la convention relative à la répression des délits de chasse, signée à Paris, le 31 oct. 1884, et additionnelle à la convention franco-suisse du 23 févr. 1882, sur les rapports de voisinage et la surveillance des forêts limitrophes (D. P. 86. 4. 16).

6-11 août 1885. — Loi portant approbation de la convention de commerce signée, le 19 avr. 1884, à La Haye, entre la France et les Pays-Bas (D. P. 86. 4. 43).

6-11 août 1885. — Loi qui approuve le traité de navigation signé à Paris, le 9 avr. 1884, entre la France et l'Autriche-Hongrie (D. P. 86. 4. 59).

7-8 août 1885. — Loi qui impose aux produits roumains importés en France des droits de douane pouvant s'élever jusqu'à 50 pour 100 de la valeur (D. P. 86. 4. 47).

7-13 août 1885. — Décret autorisant, sous les conditions de la loi du 5 juill. 1836, l'importation temporaire des orges destinées à la préparation du malt (D. P. 86. 4. 67).

10-12 août 1885. — Décret portant approbation de la convention de commerce signée le 19 avr. 1884, à La Haye, entre la France et les Pays-Bas (D. P. 86. 4. 43).

14-26 août 1885. — Loi sur la fabrication et le commerce des armes et munitions non chargées (D. P. 85. 4. 77).

16-22 août 1885. — Décret ouvrant le bureau de douanes de Libourne (Gironde) à l'importation des marchandises taxées à plus de 20 fr. par 100 kilog., ou nommément désignées dans l'art. 8 de la loi du 27 mars 1817 (*Journ. off.* du 22 août 1885; Bull., n° 16001).

16 août-3 déc. 1885. — Décret fixant la durée du séjour dans les établissements français du golfe de Guinée des fonctionnaires et agents des douanes en service dans cette colonie (D. P. 86. 4. 67).

20 août 1885-19 janv. 1886. — Décret qui fixe à 50 pour 100 les droits de douane sur les produits d'origine ou de fabrication roumaine, importés directement ou indirectement en France (D. P. 86. 4. 72).

25-28 août 1885. — Décret qui détermine la circonscription des douanes dans laquelle devront être compris divers chantiers de construction (D. P. 86. 4. 64).

27-29 août 1885. — Décret ouvrant le bureau de Feignies (Nord) à l'importation et au transit des animaux.

12-15 sept. 1885. — Décret qui approuve la déclaration signée le 14 févr. 1885 entre la France et l'Italie au sujet des produits dont la sortie donne lieu à des décharges ou restitutions de droit (D. P. 86. 4. 16).

30 oct. 1885. — Arrêté ministériel fixant un nouveau mode de répartition des remises.

Art. 1er. A partir du 1er janv. 1886, les sommes recouvrées à titre de remise de 1/3 de franc pour 100 sur les crédits concédés par les comptables de l'administration des douanes et par celle des contributions indirectes seront réparties à la fin de chaque mois entre le Trésor et le comptable qui aura concédé les crédits.

2. La part du comptable sera calculée sur les bases ci-après :
Sur les premiers 500.000 fr. de crédits concédés pendant le mois, 1/3 de franc pour 100;
Sur les 400000 fr. suivants, 1/10 de franc pour 100;
Sur les 800000 fr. suivants, 1/20 de franc pour 100;
Sur le surplus des crédits concédés, 1/40 de franc pour 100.

3. En cas d'intérim résultant de vacance d'emploi, l'agent qui en sera chargé participera au partage de la remise au prorata des crédits qu'il aura concédés, mais en tenant compte de ceux qui l'auraient déjà été pendant le mois par le receveur sortant.

4. Les dispositions ci-dessus sont applicables à tout comptable entré en fonctions à partir du 30 sept. 1885.

31 oct.-1er nov. 1885. — Décret qui autorise l'importation d'Espagne en France des raisins qui a été interdite par le décret du 2 juill. 1885 (D. P. 86. 4. 72).

16-19 nov. 1885. — Décret ouvrant le bureau de Paimbœuf : 1° à l'importation des marchandises taxées à plus de 20 fr. par 100 kilog. ou nommément désignées par l'art. 8 de la loi du 27 mars 1817; 2° des cartons, papiers et étiquettes; 3° des fils de lin ou de chanvre, de coton et de laine, des huiles minérales et de leurs essences, des machines et mécaniques (*Journ. off.* du 19 nov. 1885; Bull., n° 11153).

19-20 nov. 1885. — Décret qui promulgue le traité de navigation signé à Paris, le 9 avr. 1884, entre la France et l'Autriche-Hongrie (D. P. 86. 4. 59).

20-24 nov. 1885. — Décret portant que les pâtes alimentaires fabriquées avec des semoules de blés durs, qui seront réexportées ou constituées en entrepôt réel, seront reçues à la décharge des comptes d'admission temporaire de ces blés (*Journ. off.* du 24 nov. 1885; Bull., n° 16180).

24-26 nov. 1885. — Loi qui approuve la convention complémentaire de commerce signée à Paris le 15 janv. 1885, entre la France et la Birmanie (D. P. 86. 4. 68).

25-26 nov. 1885. — Décret qui prescrit la promulgation de la convention ci-dessus (D. P. 86. 4. 68).

30 nov.-2 déc. 1885. — Décret portant ouverture du bureau de Jœuf (Meurthe-et-Moselle) à l'importation des marchandises taxées à plus de 20 fr. les 100 kilog. ou nommément désignées par l'art. 8 de la loi du 27 mars 1817 (*Journ. off.* du 2 déc. 1885; Bull., n° 16127).

3-4 déc. 1885. — Décret ouvrant le bureau de douane de Cette au transit de la musique, des livres et manuscrits venant de l'étranger (*Journ. off.* du 4 déc. 1885; Bull., n° 16321).

8-10 déc. 1885. — Décret rapportant le décret du 2 juill. 1885 qui a interdit l'importation d'Espagne en France des fruits et légumes (Bull., n° 16322).

17 déc. 1885-1er janv. 1886. — Décret relatif au payement des droits à l'importation à Saint-Pierre et Miquelon (D. P. 86. 4. 88).

25-27 janv. 1886. — Décret qui prescrit la promulgation du traité de paix, d'amitié et de commerce conclu entre la France et la Chine, à Tien-Tsin, le 9 juin 1885 (D. P. 86. 4. 80).

10-14 févr. 1886. — Décret portant abrogation des art. 7 et 8 du décret du 18 sept. 1883, en vertu desquels les opérations d'admission temporaire des fils de coton pouvaient avoir lieu par la douane de Paris (*Journ. off.* du 14 févr. 1886; Bull., n° 16573).

17 févr.-17 mai 1886. — Décret relatif à l'admission temporaire en Algérie des blés étrangers destinés à la mouture (Bull., n° 16577).

22-26 mars 1886. — Décret portant délimitation des arrondissements phylloxérés (*Journ. off.* du 26 mars 1886).

28 avr.-3 mai 1886. — Décret portant ouverture du bureau de Bonifacio (Corse) à l'importation des huiles minérales raffinées (*Journ. off.* du 3 mai 1886; Bull., n° 16768).

30 avr.-3 mai 1886. — Décret constituant en entrepôt réel des douanes les locaux affectés à l'exposition maritime internationale du Havre (D. P. 87. 4. 39).

21-23 mai 1886. — Décret constituant en entrepôt réel des douanes le Pavillon de la ville de Paris (Champs-Elysées) et les locaux affectés à l'exposition internationale ouvrière (D. P. 87. 4. 39).

21 mai-6 juin 1886. — Décret déterminant les conditions d'exportation des poudres à feu (D. P. 87. 4. 38).

5-10 juin 1886. — Décret créant un quatrième taux de blutage pour les farines présentées à la décharge des blés admis temporairement (*Journ. off.* du 10 juin 1886; Bull., n° 17070).

18-26 juin 1886. — Décret fixant les remises et salaires attribués aux receveurs des douanes en matière d'hypothèques maritimes et le cautionnement spécial à leur imposer (D. P. 86. 4. 85).

24-27 juin 1886. — Décret portant ouverture du bureau de l'île Rousse (Corse) à l'importation des huiles minérales raffinées (*Journ. off.* du 27 juin 1886).

24 juin-2 juill. 1886. — Décret ouvrant le bureau de Beaurieux (Nord) à l'importation et au transit des animaux des espèces chevaline, asine, bovine, caprine et porcine admissibles en France après vérification de leur état sanitaire (*Journ. off.* du 2 juill. 1886).

29-30 juin 1886. — Décret qui admet les produits d'origine ou de fabrication roumaine au bénéfice des tarifs conventionnels (D. P. 86. 4. 88).

30 juin-2 juill. 1886. — Décret qui constitue en entrepôt réel des douanes les salles du Palais de l'Industrie affectées à l'exposition des sciences et des arts industriels (D. P. 86. 4. 88).

13-15 juill. 1886. — Loi sur les sucres (D. P. 86. 4. 81).

17-20 juill. 1886. — Décret fixant les droits à percevoir dans les ports de France et d'Algérie sur les navires italiens (*Journ. off.* du 20 juill. 1886).

19-22 juill. 1886. — Décret interdisant l'importation en France par la frontière d'Italie des hardes, linges sales et objets de literie, tels que matelas, couvertures, etc. (*Journ. off.* du 22 juill. 1886; Bull., n° 17084).

29 juill. 1886. — Arrêté ministériel relatif au règlement des droits de douane dans les gares au moyen de chèques sur la Banque de France, modifiant l'arrêté ministériel du 30 déc. 1882 (Circ. des douanes, n° 1795).

22-27 août 1886. — Décret qui autorise l'admission temporaire en franchise du cacao en fèves destiné à la fabrication du chocolat sans sucre (Bull., n° 17100).

25-27 août 1886. — Décret stipulant que les locaux affectés à l'Exposition universelle de 1889 seront constitués en entrepôt réel des douanes (D. P. 87. 4. 61).

17-19 sept. 1886. — Décret fixant la somme à inscrire au budget de la Réunion pour couvrir les frais de personnel et de matériel du laboratoire des douanes et pour assurer le fonctionnement du service dans les bureaux ouverts à l'exportation des sucres (*Journ. off.* du 19 sept. 1886).

17-19 sept. 1886. — Décret qui détermine les bureaux de douane de la Réunion par lesquels les sucres peuvent être exportés avec réserve de déchet de fabrication (*Journ. off.* du 19 sept. 1886).

9-15 oct. 1886. — Décret portant ouverture du bureau de Calais à l'importation des huiles minérales brutes ou raffinées (*Journ. off.* du 15 oct. 1886; Bull., n° 17353).

9-15 oct. 1886. — Décret qui autorise l'admission temporaire des blés durs servant à la fabrication des amidons destinés à l'exportation (*Journ. off.* du 15 oct. 1886; Bull., n° 17352).

9-27 oct. 1886. — Décret assimilant les directeurs des douanes aux lieutenants-colonels de réserve ou de l'armée territoriale (*Journ. off.* du 27 oct. 1886).

30 oct.-30 nov. 1886. — Décret rapportant le décret du 15 juin 1885 qui avait interdit l'importation en France par la frontière d'Espagne des objets de literie tels que matelas, couvertures, etc. (*Journ. off.* du 30 nov. 1886; Bull., n° 17415).

10-13 nov. 1886. — Décret qui détermine les bureaux de douane de la Guadeloupe par lesquels les sucres peuvent être exportés avec réserve de déchet de fabrication (*Journ. off.* du 13 nov. 1886; Bull., n° 17415).

10-13 nov. 1886. — Décret qui détermine les bureaux de douane de la Martinique par lesquels les sucres peuvent être exportés avec réserve de déchet de fabrication (*Journ. off.* du 13 nov. 1886; Bull., n° 17417).

10-13 nov. 1886. — Décret fixant la somme à inscrire au budget de la Guadeloupe pour couvrir les frais de personnel et de matériel du laboratoire des douanes, ainsi que pour assurer le fonctionnement du service dans les bureaux ouverts à l'exportation des sucres (*Journ. off.* du 13 nov. 1886; Bull., n° 17416).

10-13 nov. 1886. — Décret fixant la somme à inscrire au budget de la Martinique pour couvrir les frais de personnel et de matériel du laboratoire des douanes, ainsi que pour assurer le fonctionnement du service dans les bureaux ouverts à l'exportation des sucres (*Journ. off.* du 13 nov. 1886; Bull., n° 17418).

8-16 déc. 1886. — Décret qui impose un acquit-à-caution aux importateurs de phosphore (D. P. 87. 4. 81).

15-24 déc. 1886. — Décret portant approbation d'une délibération du conseil général de la Martinique substituant la taxe spécifique au droit *ad valorem* sur les tafias à leur sortie et établissant un impôt de consommation sur les mélasses exotiques, à l'entrée (*Journ. off.* du 24 déc. 1886; Bull., n° 17545).

26-30 janv. 1887. — Décret qui admet l'acide gras-blanc provenant de l'huile de palme à l'importation temporaire en franchise en compensation des huiles de palme et dans les mêmes conditions (*Journ. off.* du 30 janv. 1887; Bull., n° 17879).

8-13 févr. 1887. — Décret qui modifie l'art. 3 du décret du 7 août 1885 sur l'importation de l'orge pour la fabrication du malt (*Journ. off.* du 13 févr. 1887; Bull., n° 17882).

25 févr.-8 mars 1887. — Décret prohibant l'importation des sucres étrangers à la Réunion (*Journ. off.* du 8 mars 1887; Bull., n° 17742).

26-27 févr. 1887. — Loi portant fixation du budget des recettes et du budget des dépenses sur ressources extraordinaires de l'exercice 1887 (art. 5, 24 et 47, D. P. 87. 4. 82, 83 et 84).

29-30 mars 1887. — Loi portant modification au tarif général des douanes en ce qui concerne les céréales (blé, avoine et farine) (D. P. 87. 4. 87).

31 mars-5 avr. 1887. — Décret prohibant l'importation des sucres étrangers à la Martinique (*Journ. off.* du 5 avr. 1887; Bull., n° 17912).

31 mars-5 avr. 1887. — Décret prohibant l'importation des sucres étrangers à Mayotte et à Nossi-Bé (*Journ. off.* du 5 avr. 1887; Bull., n° 17938).

5-6 avr. 1887. — Loi portant modification au tarif général des douanes en ce qui concerne les bestiaux (D. P. 87. 4. 87-88).

9-13 avr. 1887. — Décret prescrivant la promulgation de la double déclaration signée, les 15 janv. et 31 mai 1886, entre la France et la Belgique, d'une part, et entre la France et le Luxembourg, d'autre part, à l'effet de modifier l'art. 69 du traité de Courtrai, du 28 mars 1820 (D. P. 87. 4. 71).

20-23 avr. 1887. — Décret portant que le délai fixé par l'art. 3 du décret du 6 sept. 1879 pour la réexportation des tissus de soie mélangée de coton ou d'autres matières admis temporairement en franchise est réduit de quatre à deux mois (D. P. 87. 4. 79).

24 mai-3 juin 1887. — Décret portant que les semoules de blé dur seront reçues pour l'apurement des comptes d'admission temporaire de blé dur (D. P. 87. 4. 79).

24 mai-3 juin 1887. — Décret portant que la tare légale sur les feuilles de fer-blanc importées dans des caisses en bois autres qu'à claire-voie est fixée à sept pour cent (7 pour 100) (D. P. 87. 4. 79).

28-31 mai 1887. — Décret approuvant l'arrangement signé à Berlin, le 25 mai 1887, entre la France et l'Allemagne, pour l'établissement d'un régime douanier dans les possessions des deux Etats situées sur la Côte des Esclaves (D. P. 87. 4. 77).

1er-4 juin 1887. — Décret qui prescrit la promulgation du traité d'amitié, de commerce et de navigation signé à Séoul, le 4 juin 1886, entre la France et la Corée (D. P. 87. 4. 77).

18-19 juin 1887. — Loi portant approbation du traité d'amitié, de commerce et de navigation signé à Paris, le 9 sept. 1882, entre la France et la République dominicaine (D. P. 87. 4. 78).

18-19 juin 1887. — Loi portant approbation de l'article additionnel au traité d'amitié, de commerce et de navigation du 9 sept. 1882 signé le 5 juin 1886 entre la France et la République dominicaine (D. P. 87. 4. 78).

18-19 juin 1887. — Loi portant approbation de la convention consulaire signée à Paris, le 25 oct. 1882, entre la France et la République dominicaine (D. P. 87. 4. 78).

21 juin-28 oct. 1887. — Décret établissant des droits de douane à Nossi-Bé (Bull., n° 18342).

30 juin-5 juill. 1887. — Décret concernant l'admission au grade de sous-inspecteur des douanes (D. P. 87. 4. 80).

4-5 juill. 1887. — Loi sur le régime des sucres (D. P. 87. 4. 92).

5-6 juill. 1887. — Loi concernant les droits d'entrée sur les alcools étrangers (D. P. 87. 4. 95).

5-9 juill. 1887. — Décret qui rapporte celui du 21 juill. 1883 qui a interdit l'importation en France des drilles et chiffons par la frontière d'Italie (Bull., n° 18449).

12-14 juill. 1887. — Décret fixant le droit à percevoir à l'entrée en France du chocolat fabriqué en Algérie (Bull., n° 18450).

21-22 juill. 1887. — Loi relative aux spiritueux étrangers embarqués antérieurement au 30 juin 1887 (D. P. 87. 4. 95).

21-30 juill. 1887. — Décret qui admet temporairement en Algérie, en franchise de droits de douane et d'octroi de mer, le cacao, le sucre de canne, le sucre de betterave destinés à la fabrication du chocolat (Bull., n° 18454).

21 juill.-7 août 1887. — Décret qui modifie l'art. 20 du décret du 24 mai 1873 relatif au jaugeage des navires de commerce (D. P. 88. 4. 8).

26-28 juill. 1887. — Décret relatif aux pensions des agents du service actif des douanes (D. P. 87. 4. 91).

1er-14 août 1887. — Décret approuvant une délibération du conseil général de la Nouvelle-Calédonie ayant pour objet la substitution, pour certains produits, dans les tarifs de l'octroi de mer, d'un droit spécifique au droit *ad valorem* (Bull., n° 18303).

27 août-1er sept. 1887. — Décret ouvrant le bureau de douane de Port-de-Bouc (Bouches-du-Rhône) à l'importation des huiles minérales brutes ou raffinées (Bull., n° 18562).

2 sept.-9 nov. 1887. — Décret approuvant une délibération du conseil colonial de la Cochinchine relative au dégrèvement du droit de sortie sur les riz et paddys (Bull., n° 18399).

7-9 sept. 1887. — Décret relatif à l'organisation du personnel de l'administration des contributions indirectes et des douanes en Cochinchine (Bull., n° 18436).

8-10 sept. 1887. — Décret qui règle le régime applicable aux produits étrangers introduits dans l'Indo-Chine (D. P. 88. 4. 8).

10-13 sept. 1887. — Décret constituant en entrepôt réel des douanes les locaux affectés à l'exposition nationale des bières françaises (Bull., n° 18483).

20-22 sept. 1887. — Décret accordant à la ville de Nancy un entrepôt réel des douanes pour les marchandises non prohibées (Bull., n° 18491).

22 oct. 1887-12 janv. 1888. — Décret qui soumet à un droit de 5 pour 100 de leur valeur les marchandises exportées de certains territoires du Gabon et du Congo français (Bull., n° 18630).

2-5 nov. 1887. — Décret admettant l'étain brut en saumons en franchise de droits à charge de réexportation ou de réintégration en entrepôt après main-d'œuvre (Bull., n° 18865).

14-18 nov. 1887. — Décret qui ouvre les bureaux de douane de Paris à l'importation de l'iode et du brome déclarés sous le régime de l'admission temporaire (Bull., n° 18834).

17 nov. 1887-27 févr. 1888. — Décret fixant les pénalités à appliquer au cas de contravention à la prohibition de l'importation à la Guadeloupe des sucres étrangers (Bull., n° 18754).

25-26 nov. 1887. — Loi ayant pour objet de proroger la loi du 5 juill. 1887, relative au régime douanier des alcools étrangers (D. P. 88. 4. 12).

16-16 déc. 1887. — Décret qui autorise l'admission temporaire en franchise de droits des blés, froments étrangers pour la fabrication des biscuits de mer (Bull., n° 18844).

10-18 déc. 1887. — Décret relatif aux bureaux de douane appelés à constater la sortie des chocolats proprement dits et des chocolats sans sucre (*Journ. off.* du 18 déc. 1887; Bull., n° 18843).

22-23 déc. 1887. — Décret portant modification de l'octroi de mer en Algérie (Bull., n° 18726).

24-25 déc. 1887. — Décret qui crée un poinçon spécial dit *de retour* pour les ouvrages d'or ou d'argent de fabrication française réimportés (*Journ. off.* du 25 déc. 1887; Bull., n° 18827).

26-27 déc. 1887. — Loi concernant le traité de commerce franco-italien (D. P. 88. 4. 13).

13-15 janv. 1888. — Décret qui rend exécutoire une délibération du conseil général de la Guadeloupe du 27 juin 1887 portant suppression à partir du 1er janv. 1888 des droits de navigation à payer par les bâtiments dans les ports de la colonie (Bull., n° 18931).

24-25 janv. 1888. — Décret relatif à l'admission en franchise temporaire des fontes d'affinage (Bull., n° 19362).

31 janv.-4 févr. 1888. — Décret qui complète la nomenclature des bureaux désignés pour constater la sortie des boissons expédiées sur la Suisse en franchise des droits de circulation et de consommation (Bull., n° 18943).

1er-5 févr. 1888. — Loi portant approbation du traité d'amitié, de commerce et de navigation signé à Mexico, le 27 nov. 1886, entre la France et les Etats-Unis du Mexique (D. P. 88. 4. 35).

6-14 févr. 1888. — Décret approuvant une délibération du conseil général des établissements français de l'Océanie qui détermine les articles d'importation exonérés du droit d'octroi de mer (Bull., n° 19082).

6-15 févr. 1888. — Décret relatif à l'établissement de douanes à Mayotte (Bull., n° 19541).

6 févr.-1er mai 1888. — Décret portant création à Nouméa (Nouvelle-Calédonie) de l'entrepôt fictif (Bull., n° 19097).

26-27 févr. 1888. — Loi qui proroge les lois des 5 juill. et 25 nov. 1887 relatives au régime douanier des alcools étrangers (D. P. 88. 4. 30).

27-28 févr. 1888. — Loi qui modifie les droits du tarif général des douanes à l'égard d'un certain nombre de produits italiens (D. P. 88. 4. 33).

26 mars-6 juill. 1888. — Décret relatif à l'ensemencement en grains dans la zone frontière (D. P. 88. 4. 44).

30-31 mars 1888. — Loi portant fixation du budget général de l'exercice 1888 (art. 9, 10 et 42, D. P. 88. 4. 24).

23-25 avr. 1888. — Décret qui prescrit la promulgation du traité d'amitié, de commerce et de navigation signé, le 27 nov. 1886, entre la France et les Etats-Unis du Mexique (D. P. 88. 4. 35).

8-16 mai 1888. — Décret déterminant le mode et les conditions de la vérification des beurres, à laquelle il devra être procédé, en ce qui concerne, notamment, les marchandises en transit, par les agents des douanes ou des contributions indirectes (*Journ. off.* du 16 mai 1888).

18-27 mai 1888. — Décret déterminant les bureaux de douane ouverts à l'importation des viandes fraîches et fixant le droit d'inspection (D. P. 88. 4. 52).

26-27 mai 1888. — Décret portant règlement d'administration publique relativement à l'entrée en France des viandes fraîches importées de l'étranger (D. P. 88. 4. 52).

29-30 mai 1888. — Loi qui proroge les lois des 5 juill. 1887 et 26 févr. 1888 relatives au régime douanier des alcools étrangers (D. P. 88. 4. 44).

31 mai-1er juin 1888. — Décret soumettant aux droits du tarif général, pendant la campagne de 1888, les harengs salés pêchés par les bateaux qui auront quitté leur port d'expédition de France avant le 25 juillet (Bull., n° 19399).

24-25 juill. 1888. — Loi sur le régime des sucres (D. P. 88. 4. 53).

25-27 juill. 1888. — Décret qui constitue en entrepôt réel des douanes les salles du palais de l'Industrie, à Paris, affectées à l'exposition de sauvetage et d'hygiène (D. P. 88. 4. 53).

27-29 juill. 1888. — Décrets relatifs au droit de tonnage dans les ports de Cherbourg et de Dieppe (Bull., nos 19649 et 19650).

31 juill.-2 août 1888. — Décret relatif au droit de tonnage dans le port du Havre (Bull., n° 19651).

25-26 août 1888. — Décret qui complète la nomenclature des bureaux désignés pour constater la sortie des boissons expédiées sur la Suisse en franchise des droits de circulation et de consommation (Bull., n° 19644).

18-22 sept. 1888. — Décret fixant la taxe légale des huiles lourdes et goudrons de pétrole importés dans les fûts dits *à pétrole* (Bull., n° 19940).

21-23 sept. 1888. — Décret qui ferme les bureaux de douane de Perthus, Bourg-Madame, Urdos, Saint-Laurent-de-Cerdans, Pratz-de-Mollo, Arnéguy et Ainhoa à la sortie des boissons (*Journ. off.* du 23 sept. 1888; Bull., n° 19941).

15-17 nov. 1888. — Décret qui ajoute les eaux-de-vie fabriquées en Corse à la nomenclature des produits de cette île admissibles en franchise sur le continent français (Bull., n° 19958).

16-17 nov. 1888. — Décret portant que le bureau de douanes de Lille cessera d'être ouvert à l'importation des viandes fraîches (Bull., n° 19960).

28 nov.-8 déc. 1888. — Décret qui ouvre le bureau de douane de Beaulieu (Nord) à l'importation des viandes fraîches (Bull., n° 20184).

5-7 déc. 1888. — Loi tendant à proroger, jusqu'au 31 déc. 1890, l'application de la loi du 21 mars 1883 à la zone franche du pays de Gex et de la Haute-Savoie (phylloxéra) (D. P. 89. 4. 43).

5-6 déc. 1888. — Décret qui approuve la déclaration signée à Bruxelles, le 17 nov. 1888, entre la France et la Belgique, dans le but de régulariser entre les douanes frontières des deux Etats, le mouvement des alcools et spiritueux (D. P. 89. 4. 53).

7 janv. 1889. — Décret fermant les bureaux de Fos et de Saint-Mamet à l'exportation des boissons.

19-20 avr. 1889. — Loi ayant pour objet la modification des droits de douane sur les sels étrangers (Bull., n° 20836).

9-11 mai 1889. — Décret modifiant le régime douanier de l'Indo-Chine (*Journ. off.* du 11 mai 1889; Bull., n° 20895).

13-18 mai 1889. — Décret accordant un entrepôt réel de douanes pour les marchandises non prohibées à la ville de Douarnenez (Finistère) (Bull., n° 20890).

15-17 juill. 1889. — Loi sur le recrutement de l'armée (art. 8, D. P. 89. 4. 73).

27-28 déc. 1889. — Loi portant modification au budget de l'exercice 1890 (fabrication par l'Etat des allumettes chimiques) et ouverture d'un crédit extraordinaire sur l'exercice 1889 (*Journ. off.* du 28 déc. 1889).

CHAP. 2. — Organisation de l'administration des douanes. — Attributions, charges et privilèges de ses agents (*Rép.* nos 32 à 68).

SECT. 1re. — DE L'ADMINISTRATION SUPÉRIEURE. — ATTRIBUTIONS (*Rép.* nos 32 à 47).

34. Les douanes, ainsi qu'on l'a exposé au *Rép.* n° 32, forment une des branches du revenu public, et sont placées dans les attributions du ministre des finances; l'exécution des lois et règlements qui régissent la matière est confiée à une administration particulière placée sous la direction et la surveillance d'un *directeur général*, nommé par le chef de l'Etat. Le directeur général des douanes est placé à la tête de tout le service de l'administration centrale et des services locaux. Il en est ainsi, depuis un décret du 19 mars 1869 (D. P. 69. 4. 86). Antérieurement, et en vertu d'un décret du 27 déc. 1851, le service des douanes se trouvait réuni à l'administration des contributions indirectes.

35. L'organisation de l'administration centrale est actuellement réglée par les décrets du 19 janv. 1885 (V. *suprà*, p. 561), portant règlement d'administration publique pour l'organisation de l'administration centrale des finances, et du 23 avr. 1885 (V. *ibid.*), modifiant le précédent. L'administration centrale des douanes comporte un bureau central et du personnel et deux divisions. A la tête de chacune de ces divisions sont placés deux administrateurs ou sous-directeurs qui, comme cela se pratiquait déjà autrefois (V. *Rép.* n° 34), forment, avec le directeur général et sous sa présidence, le conseil d'administration des douanes. — Chaque division comporte quatre bureaux auxquels ressortissent les affaires suivantes : *première division :* tarifs et conventions (1er bureau) ; — navigation — admissions temporaires — colonies (2e bureau) ; — statistique commerciale (3e bureau); — régimes spéciaux (4e bureau); — *deuxième division :* service général et frontières de terre (1er bureau); — service général (ports et côtes) (2e bureau); — contentieux (3e bureau) ; — comptabilité et matériel (4e bureau).

36. Le personnel de l'administration centrale comprend, outre le directeur général, dont le traitement est de 25000 fr. et les deux administrateurs, aux traitements de 15000 et de 12000 fr. — neuf chefs de bureau aux traitements de 10000, 9000, 8000 et 7000 fr. — onze sous-chefs de bureau, touchant 6000, 5500 et 5000 fr. de traitement ; — dix-sept commis principaux ayant de 4500 à 3500 fr. de traitement; — quarante-huit commis ordinaires ou expéditionnaires à 3100, 2800, 2500, 2200 et 1900 fr. de traitement.

37. Les fonctionnaires de tout grade de l'administration centrale sont recrutés, soit parmi les employés de grade inférieur de l'administration centrale, soit parmi les agents des services extérieurs ayant au moins le même traitement ou le traitement immédiatement inférieur, pourvu que ces derniers remplissent les conditions d'avancement (Décr. 19 janv. 1885, art. 33). L'avancement a lieu au choix (art. 35). Toute nomination à un emploi est faite à la dernière classe de cet emploi; l'avancement en classe, dans tous les emplois, a lieu d'une classe à la classe immédiatement supérieure. Le choix pour l'avancement dans l'emploi de commis principal ne peut porter que sur des employés de première classe ayant accompli au moins une année de service dans cette classe et inscrits au tableau d'avancement. Le choix pour l'avancement en classe, dans les emplois de commis principal et de commis ordinaire ou expéditionnaire, ne peut porter que sur des employés comptant au moins un an de service dans leur classe et inscrits sur le tableau d'avancement. Le choix pour les emplois de sous-chef, chef de bureau ou sous-directeur, ne peut porter que sur des fonctionnaires de l'emploi immédiatement inférieur de première ou de deuxième classe, ayant servi au moins deux ans dans le même emploi (Décr. 19 janv. 1885, art. 14). Le tableau d'avancement est arrêté le 1er janvier de chaque année par le ministre en conseil des directeurs (art. 15). Les nominations sont rendues publiques suivant un mode déterminé par arrêté ministériel (art. 15).

38. Les attributions du directeur général comprennent toujours la nomination des agents inférieurs des services extérieurs de l'administration des douanes dans les conditions de l'ordonnance du 17 déc. 1844 (*Rép.* n° 38), c'est-à-dire les sous-inspecteurs et premiers commis de direction, — receveurs principaux de 5e et 6e classe, — contrôleurs receveurs (au traitement de 2700 fr. et au-dessous), capitaines (Décr. 22 déc. 1881; 8 févr. 1882) (V. *suprà*, p. 557).

Pour le surplus des attributions du directeur général des douanes, et les fonctions du conseil d'administration, nous nous référerons aux explications du *Répertoire*.

SECT. 2. — DE L'ADMINISTRATION LOCALE. — ATTRIBUTIONS (*Rép.* nos 48 à 60).

39. Le service local des douanes se compose, comme à l'époque de la publication du *Répertoire*, d'une partie active et d'une partie sédentaire. La composition du personnel de ces services et l'organisation de leurs cadres sont actuellement régies par un arrêté ministériel du 27 déc. 1883 (V. *suprà*, p. 559).

ART. 1er. — *Service sédentaire* (*Rép.* nos 49 à 56).

§ 1er. — Organisation du service.

40. Le personnel du service sédentaire des douanes se compose, conformément au tableau A annexé à l'arrêté du 27 déc. 1883, de vingt-quatre directeurs — soixante-huit inspecteurs, soixante-huit sous-inspecteurs — huit cent soixante et onze contrôleurs principaux, contrôleurs et contrôleurs adjoints — six cent vingt-trois commis, soixante-six receveurs principaux — cinq cent six receveurs particuliers. Les fonctions de ces divers employés sont restées ce quelles étaient lors de la publication du *Répertoire*. Toutefois l'arrêté du 27 déc. 1883 a supprimé les vérificateurs, et les fonctions qui leur étaient dévolues sont, aux termes de l'art. 2 de cet arrêté, confiées aux agents qui sont jugés les plus aptes à les bien remplir parmi les contrôleurs et les contrôleurs adjoints et, dans les douanes secondaires, parmi les simples commis. — Aux termes de l'art. 3, les commis de direction placés à la disposition du directeur pour l'expédition des affaires et la suite de tous les détails, prennent le titre afférent à leur traitement dans la hiérarchie des commis contrôleurs adjoints, contrôleurs et contrôleurs principaux. Les contrôleurs de direction (premiers commis), aux traitements de 3500 et de 4000 fr., peuvent être admis à concourir, suivant leur classe, pour la première ou la deuxième classe du grade de sous-inspecteur. Ils ajoutent à leur titre celui de « *chef de bureau de la direction de...* ». Les autres contrôleurs et commis de direction concourent pour l'avancement avec les contrôleurs et commis de leur grade et ajoutent à leur titre celui de « *attaché au bureau de la direction de...* ».

Les employés de direction sont rémunérés dans les mêmes conditions que les employés de la résidence et de la catégorie à laquelle ils appartiennent (Circ. 4 janv. 1884, n° 1646).

41. Un décret du 30 juin 1887 (D. P. 87. 4. 80) consacre le principe de l'examen d'aptitude pour les agents du service sédentaire et les officiers posant leur candidature aux emplois supérieurs. L'examen comprend des épreuves écrites d'admissibilité et des épreuves orales définitives (art. 2). — Les contrôleurs et les receveurs, les contrôleurs de direction ou chefs de bureau de direction, aux traitements de 3500 fr. et de 3100 fr., et les capitaines de première et de deuxième classe, aux traitements de 3500 fr. et de 3000 fr., peuvent être autorisés, à se présenter à l'examen s'ils remplissent les conditions suivantes : 1° n'avoir pas plus de quarante-trois ans révolus au 31 décembre de l'année qui précède l'examen; 2° être agréés par le ministre; 3° en ce qui concerne les employés à 3100 fr. et les capitaines à 3000 fr., avoir au minimum un an d'ancienneté dans la classe à la date de la demande d'admission à l'examen. Cet examen est obligatoire pour les agents de la direction générale des douanes à 3500 fr. et 3100 fr., désirant obtenir soit le grade de sous-inspecteur dans le service extérieur, soit le traitement de 4000 fr. à l'administration centrale (Arrêté min. 15 oct. 1887, art. 1er) (Delandre, *Traité pratique des douanes*, 3e éd., 6e suppl., n° 866).

42. A ces dispositions il faut ajouter celle de l'art. 7 de l'arrêté du 27 déc. 1883 qui établit une limite d'âge au delà de laquelle nulle promotion ne peut avoir lieu. Aux termes de cet article « nul n'est promu au grade de directeur, après l'âge de cinquante-neuf ans accomplis, inspecteur après l'âge de cinquante et un ans accomplis, sous-inspecteur après l'âge de quarante-quatre ans accomplis, capitaine après l'âge de quarante-quatre ans accomplis, sous-lieutenant après l'âge de trente-six ans accomplis ». — Enfin, aux termes de l'art. 8, « les admissions à la retraite sont prononcées de plein droit : pour les directeurs et les receveurs principaux, à l'âge de soixante-sept ans accomplis; pour les autres agents du service sédentaire, à l'âge de soixante-cinq ans accomplis; pour les officiers, sous-officiers et préposés du service actif, à l'âge de cinquante-neuf ans accomplis. Nul ne peut être conservé en activité au delà de la limite d'âge ci-dessus fixée ».

43. Un décret du 8 févr. 1862 (D. P. 62. 4. 30) a réglé le droit des fonctionnaires et agents des douanes coloniales à être placés en France et en Algérie. Ces agents, après cinq ans de service aux colonies, ont le droit d'être placés soit en France, soit en Algérie, avec le grade dont ils sont pourvus. La durée du séjour aux colonies est limitée à trois ans, si les colonies dans lesquelles les agents ont servi sont la Guyane, le Sénégal ou les établissements français du golfe de Guinée : mais, pour pouvoir être replacés en France ou en Algérie avec leur grade, il faut que ces agents aient, dans les colonies susindiquées, été employés pendant deux ans dans ce grade (Décr. 2 oct. 1877; 16 août 1885, D. P. 86. 4. 67). Ceux que des maladies ou infirmités graves dûment constatées mettraient dans l'impossibilité de servir aux colonies jusqu'à l'expiration du terme ci-dessus fixé ont également droit à être placés en France ou en Algérie. Leur traitement, calculé sur le pied d'Europe, pourra, dans ce cas, subir une réduction qui ne devra pas, toutefois, excéder un sixième dudit traitement. Les fonctionnaires et agents du service colonial ne sont cependant admis en France que d'après le nombre des vacances dont il est réservé en leur faveur 5 pour 100 pour le personnel administratif et 2 pour 100 pour le personnel actif. Les douanes des colonies dépendant du département de la marine, c'est par l'entremise de ce département que doivent être introduites les demandes des agents inférieurs des brigades tendant à leur appel en France ou en Algérie (Circ. 22 sept. 1885, n° 1753).

Les inspecteurs et les directeurs des douanes coloniales peuvent être choisis parmi les fonctionnaires servant aux colonies.

§ 2. — Attributions exceptionnelles du service sédentaire des douanes.

44. Les attributions du service sédentaire ont reçu une certaine extension soit au point de vue du rôle que les agents supérieurs ont à remplir, en temps de paix, pour préparer la mobilisation des corps militaires composés des agents du service actif, et en temps de guerre, pour le commandement de ces corps (V. Décr. 22 sept. 1882, art. 11, 13, D. P. 83. 4. 53), soit en raison de certains services qu'ils ont reçu mission d'assurer.

45. — I. Hypothèques maritimes. — Les receveurs des douanes sont chargés d'assurer le service de la publicité des hypothèques maritimes et de l'inscription de ces hypothèques (L. 10 déc. 1874, art. 6, D. P. 75. 4. 64). Le receveur des douanes du lieu où le navire est en construction ou de celui où il est immatriculé tient à cet effet un registre spécial (V. *infrà*, v° *Droit maritime*). Pour ce service, ils ont à percevoir des droits, se composant de remises et de salaires, qui sont réglés par un décret du 23 avr. 1875 (D. P. 75. 4. 104), et doivent fournir un cautionnement supplémentaire égal au dixième de leur cautionnement, en immeubles ou en rentes sur l'Etat conformément aux règles fixées pour les hypothèques terrestres (Même décret, art. 5). — A la suite de la loi du 10 juill. 1885 qui a modifié celle de 1874 sur l'hypothèque maritime (D. P. 86. 4. 17), un nouveau décret est intervenu le 18 juin 1886, fixant le tarif des droits à percevoir par les receveurs des douanes chargés de l'hypothèque maritime et le cautionnement à leur imposer (D.P.86.4.85).

46. — II. Primes a la marine marchande. — Le service sédentaire des douanes est encore chargé d'établir à titre provisoire la liquidation de la prime à la construction qui est accordée à la marine marchande par la loi du 29 janv. 1881 (D. P. 82. 4. 13-14) et de fournir certaines pièces nécessaires à la liquidation de la prime à la navigation accordée par la même loi; les primes sont ordonnancées par le département du commerce et le payement en est imputé sur le budget de ce département (V. *infrà*, v° *Droit maritime*). C'est le receveur des douanes du lieu de la construction qui établit la liquidation provisoire de la prime, au moment de la délivrance de l'acte de francisation. Il établit à cet effet, en conformité des art. 2 et 28 du décret d'administration publique du 17 août 1881 (D. P. 82. 4. 82), rendu pour l'application de la loi sur la marine marchande, un certificat constatant que la navire est de construction française et qu'il a été justifié, par la déclaration du constructeur des machines et des chaudières, qu'elles sont également de construction française. Le certificat indique, en outre, la jauge brute du navire, la catégorie à laquelle il appartient et, s'il s'agit d'un navire à vapeur, le poids des machines motrices, des appareils auxiliaires, des chaudières et de leur tuyautage sans rechanges. — A ce certificat doivent être annexés : 1° un extrait timbré de l'acte de francisation dressé soit par le receveur lui-même, soit par celui du bureau où les formalités de la francisation ont été remplies, si elles l'ont été dans un autre bureau que celui du lieu de la construction; 2° la déclaration du constructeur des machines et des chaudières; 3° le projet de liquidation provisoire.

Le certificat du receveur des douanes doit, en outre, être visé par le directeur après contrôle des résultats du jaugeage. La loi du 29 janv. 1881 n'ayant établi la prime à la construction que pour les seuls bâtiments de mer, il est recommandé au service des douanes de s'abstenir de procéder aux formalités de la francisation à l'égard des navires ou embarcations qui ne lui paraîtront pas susceptibles de se livrer à une navigation maritime effective : en cas de doute sur les qualités nautiques du bâtiment, il doit être fait application de la décision ministérielle du 23 févr. 1884 rappelée au n° 570 des observations préliminaires du tarif (Lett. dir. gén. Douanes, rapportée dans la *Revue internationale de droit maritime*, 1887-1888, p. 389).

47. Les ordonnances de payement pour la prime à la construction sont payables, après visa du trésorier payeur du département, sur la caisse du receveur principal des douanes du lieu de la construction ou du receveur principal du lieu le plus rapproché (Tarif, observ. prélim., n° 577).

48. Pour la prime à la navigation, dont la liquidation provisoire est préparée par l'administration de la marine, le rôle des receveurs se borne à vérifier et à rectifier la conformité de la déclaration de navigation avec l'acte de francisation et avec le titre d'origine des machines et, au moment du payement des primes de navigation, à certifier que le navire n'a pas cessé de figurer à l'effectif de la marine marchande. Ce certificat est délivré par le receveur du port d'attache (Décr. 17 août 1881, art. 11 et 29, D. P. 82. 4. 82).

49. — III. Taxes sanitaires; Droits de péage. — Les receveurs des douanes sont chargés de recevoir, dans tous les ports autres que ceux de Cherbourg, Brest, Toulon, Marseille et le Havre, où il existe un agent spécial du service de santé (*receveur sanitaire*), les taxes sanitaires qui sont dues dans les conditions réglées par le décret du 22 févr. 1876 sur la police sanitaire maritime (D. P. 76. 4. 103). — D'ailleurs, les droits perçus par les receveurs sanitaires sont versés au receveur principal des douanes (L. 24 juill. 1843, art. 9, Duvergier, *Collection des lois*, 1843, p. 426).

Les receveurs des douanes peuvent encore être chargés, aux conditions déterminées par le ministre des finances, de percevoir pour le compte des villes et des chambres de commerce les droits de péage qu'elles ont été autorisées à établir pour subvenir aux emprunts contractés pour l'amélioration des ports (L. 19 mai 1866, art. 4, D. P. 66. 4. 52).

50. — IV. Droits de francisation, de congé, de passeport, etc. — C'est encore l'administration des douanes qui est chargée de percevoir les droits de francisation, de congé, de passeport (V. *infrà*, v° *Droit maritime*), les droits de quai (*ibid.*), de permis de débarquement, c'est-à-dire les droits pour les permis d'embarquement ou de débarquement des marchandises arrivant par mer de l'étranger ou transportées par mer à l'étranger (V. Tarif, observ. prélim., n°s 524 et 525), et les droits de certificat, c'est-à-dire les droits dus sur les certificats relatifs aux cargaisons des navires (Tarif, *ibid.*, n° 526). — Sont encore perçus par les douanes, accessoirement aux droits de douane proprement dits : les droits de statistique (V. *infrà*, n°s 96 et suiv.); les droits de magasinage et de garde (V. Tarif, observ. prélim., n°s 543 à 546); les prix des plombs et cachets que la douane doit apposer en vertu des lois et règlements (Tarif, observ. prélim., n°s 547 et 548); les droits de timbre sur les acquits-à-caution, quittances et expéditions, etc. (Tarif, observ. prélim., n°s 549 à 567). Enfin le receveur des douanes perçoit les droits d'inspection sanitaire à l'importation des animaux des espèces chevaline, asine, bovine, ovine, caprine et porcine (Décr. 6 avr. 1883, art. 3, D. P. 84. 4. 6. V. *infrà*, n° 219; Tarif observ. prélim., n°s 582 et suiv.).

Art. 2. — *Service actif* (*Rép.* n°s 57 à 60).

51. Le nombre des directions des douanes entre lesquelles se divise le service de surveillance des côtes et frontières de la République, qui était de vingt-six, lors de la publication du *Rép.* n° 57, est actuellement de vingt-quatre, y compris la direction des douanes de Paris. Ces directions sont établies à Dunkerque, Lille, Valenciennes, Charleville, Nancy, Epinal, Besançon, Lyon, Chambéry, Nice, Marseille, Montpellier, Perpignan, Bayonne, Bordeaux, La Rochelle, Nantes, Brest, Saint-Brieuc, Caen, Rouen, Le Havre, Boulogne et Paris. Le nombre des inspecteurs est, ainsi qu'on l'a vu *suprà*, n° 40, de soixante-huit au lieu de cent (*Rép.* n° 57); celui des sous-inspecteurs a été également réduit de quatre-vingt-cinq à soixante-huit. Le service actif proprement dit se compose, aux termes des arrêtés ministériels des 27 déc. 1883 et 15 mai 1884 (V. *suprà*, p. 559 et 560), de deux-cent douze brigades ayant deux cent douze capitaines, deux cent cinquante et un lieutenants, cent soixante-sept sous-lieutenants, soixante-deux gardes-magasins, mille sept cent quatre brigadiers et patrons, deux mille deux cent quatre-vingt-dix-huit sous-brigadiers et sous-patrons, quatorze mille neuf cent cinquante-deux préposés et matelots, soit au total un effectif de dix-neuf mille six cent quarante-six officiers, sous-officiers et préposés.

52. Comme à l'époque de la publication du *Répertoire*, le service actif a pour objet la répression de la fraude et de la contrebande; nous nous référerons donc sur ce point aux explications du *Rép.* n° 60; nous nous bornerons à signaler les nouvelles obligations qui ont été imposées aux agents de ce service relativement à la police sanitaire; ces agents sont appelés à concourir, par la surveillance qu'ils sont chargés d'exercer, à la police sanitaire du bétail et aux mesures qui peuvent être ordonnées pour combattre la marche des maladies épidémiques qui atteignent les personnes, les animaux et les plantes, telles que la vigne et les pommes de terre. Ils sont aussi chargés de constater les infractions à la loi ayant pour objet la protection du balisage (L. 27 mars 1882, art. 8, D. P. 82. 4. 109).

53. Les agents du service actif des douanes entrent, en cas de guerre, dans la composition des forces défensives qui sont mises à la disposition du ministre de la guerre conformément aux art. 8 de la loi du 15 juill. 1889 (D. P. 89. 4. 73), et 8 de la loi du 24 juill. 1873. (D. P. 73. 4. 81). — L'organisation militaire du corps des douanes est actuellement réglée par un décret du 22 sept. 1882 (D. P. 83. 4. 53); ce corps comprend : 1° des compagnies et sections de forteresse affectées à la défense des places et forts et composées des préposés stationnés à proximité des places de guerre et des ouvrages fortifiés; 2° des bataillons actifs composés de tout le personnel valide non compris dans les formations qui précèdent et qui sont appelés à seconder dans la région de leur service de paix les opérations des armées actives. — L'assimilation des grades est la suivante :

Directeurs : lieutenants-colonels de réserve ou de l'armée territoriale (Décr. 9 oct. 1886, V. *suprà*, p. 563).
Sous-inspecteurs ou inspecteurs : chefs de bataillon.
Capitaines : capitaines.
Lieutenants : lieutenants.
Brigadiers : sous-officiers.
Sous-brigadiers : caporaux :
Les préposés ont rang de soldats de première classe.

SECT. 3. — DES DEVOIRS, OBLIGATIONS ET IMMUNITÉS DES EMPLOYÉS DES DOUANES; SERMENT; CAUTIONNEMENT; PENSIONS; PRIMES (*Rép.* n°s 61 à 68).

54. Nous n'avons pas à revenir sur les explications données au *Rép.* n°s 61 et suiv., quant aux devoirs et obligations des agents des douanes, notamment à l'obligation de prêter le serment professionnel, l'interdiction de faire le commerce, etc., etc. Les appointements des employés des douanes sont réglés actuellement, pour les agents du service sédentaire, conformément au tableau A annexé à l'arrêté ministériel du 27 déc. 1883 (V. *suprà*, p. 559), et pour les agents du service actif conformément au tableau B modifié par l'arrêté du 15 mai 1884 (art. 1er, *suprà*, p. 560).

55. Parmi les agents du service sédentaire, les sous-inspecteurs, contrôleurs et commis de toutes classes, receveurs principaux (à l'exception de ceux des douanes de Paris, Marseille, Le Havre, Bordeaux, Rouen, Lille et Nantes) et receveurs particuliers de toutes classes, en exercice dans certaines villes (tableau C annexé à l'arrêté du 27 déc. 1883), reçoivent une indemnité de résidence, de 15, 10 et 8 pour 100 du traitement fixe suivant la catégorie de la résidence. — Les inspecteurs chargés dans les grandes douanes des fonctions d'inspecteurs sédentaires reçoivent une indemnité de 300 fr. par an pour frais d'éclairage et de chauffage de leur bureau. — Enfin une indemnité mensuelle de 50 fr. est attribuée aux quarante surnuméraires les plus anciens de service qui se distinguent par leur travail, leur application et leur bonne conduite (Arrêté 27 déc. 1883, art. 4). L'indemnité proportionnelle de résidence attribuée aux agents du service sédentaire est également accordée aux sous-officiers et préposés visiteurs et gardes-magasins.

56. La partie du fonds de gratification (*Rép.* n° 64) qui revient aux agents du service sédentaire est distribuée annuellement, sans distinction de résidence, entre les contrôleurs, commis et receveurs particuliers qui se sont signalés par leur zèle ou qui ont obtenu les meilleurs résultats de service (Arrêté 27 déc. 1883, art. 6).

57. Outre les primes de capture qui sont allouées aux agents des douanes, conformément aux lois et règlements, la compagnie des allumettes alloue des primes et gratifications à ceux de ces agents qui ont arrêté des contrebandiers important du phosphore ou qui, sans les avoir arrêtés, les dépossèdent. Les primes et gratifications sont exclusivement réservées aux rédacteurs du procès-verbal (V. Delandre, *op. cit.*, 3e éd., 6e suppl., n° 926).

58. Les pensions de retraite auxquelles les employés des douanes et leurs veuves ont droit sont liquidées conformément à la loi du 9 juin 1853 (D. P. 53. 4. 98), à celle du 26 févr. 1887 (art. 24, D. P. 87. 4. 83) et au décret du 26 juill. 1887 (D. P. 87. 4. 91). La pension est basée sur la moyenne des traitements et émoluments de toute nature soumis à la retenue dont l'ayant droit a joui pendant les six dernières années. Pour chaque année de services civils, la pension est réglée à un soixantième du traitement moyen des six dernières années d'activité, sans pouvoir excéder ni les trois quarts du traitement moyen, ni les maxima déterminés conformément à l'art. 7 de la loi du 9 juin 1853. — Cependant les pensions auxquelles les agents du service actif, jusqu'au grade de capitaine inclusivement, ont droit en vertu et dans les conditions de la loi du 9 juin 1853, sont liquidées en prenant pour base les tarifs applicables à la gendarmerie. Dans les cas prévus par l'art. 11, § 1er, de la loi du 9 juin 1853 (actes de dévouement, lutte, combat, etc., ayant empêché l'agent de continuer son service), la pension ne peut être inférieure au minimum attribué pour vingt-cinq ans de service au grade correspondant par la loi militaire. Dans le cas prévu par le paragraphe 2 du même article (accident grave résultant de l'exercice des fonctions), la pension ne peut être inférieure aux trois quarts de ce minimum. Dans ces deux cas, le droit à pension existe, quels que soient l'âge et la durée du service (L. 9 juin 1853, art. 11). Les pensions des veuves et les secours aux orphelins sont égaux au tiers du maximum du traitement afférent au grade obtenu depuis deux ans au moins; ils sont de la moitié dans les cas prévus par le n° 1 et des deux cinquièmes dans ceux qui sont prévus au n° 2 de l'art. 14 de la loi du 9 juin 1853 (L. 26 févr. 1887, art. 24, D. P. 87. 4. 83). Le droit à la pension est, en dehors des cas exceptionnels prévus par l'art. 11 de la loi du 9 juin 1853, acquis par ancienneté à cinquante-cinq ans d'âge et après vingt-cinq ans de services, pour les fonctionnaires qui ont passé quinze années dans la partie active; à soixante ans et après trente ans de services, pour les fonctionnaires qui ne remplissent pas cette condition (L. 9 juin 1853, art. 5) (V. pour plus de détails : Delandre, 3e éd., n° 85, et 6e suppl., n° 874).

59. Un décret du 28 févr. 1884 (D. P. 84. 4. 84.) a fixé à nouveau les cautionnements en numéraire que les agents comptables et non comptables de l'administration des douanes doivent fournir. Ces cautionnements sont les suivants :

AGENTS COMPTABLES

Receveurs principaux de 1re classe au traitement de 6000 fr.	Maximum.	110000 fr.
	Minimum.	25000
Receveurs principaux de 2e classe au traitement de 5500 fr. Receveurs principaux de 3^e classe au traitement de 5000 fr. Receveurs principaux de 4^e classe au traitement de 4500 fr.	Maximum.	25000
	Minimum.	10000
Receveurs principaux de 5^e classe au traitement de 4000 fr.	Maximum.	10000
	Minimum.	6000
Receveurs particuliers aux traitements de 4000 fr., 3500 fr. et 3100 fr.	Maximum.	6000
	Minimum.	4000
Receveurs particuliers aux traitements de 2800 fr., 2500 fr. et 2200 fr.	Maximum.	4000
	Minimum.	1500
Receveurs particuliers aux traitements de 1900 fr. et 1600 fr.	Maximum.	1500
	Minimum.	600
Receveurs particuliers au traitement de 1400 fr.	Maximum.	600
	Minimum.	300

AGENTS NON COMPTABLES

Directeurs.......	10000 fr.
Inspecteurs.......	5000 fr.
Sous-inspecteurs.	2500 fr.

CHAP. 3. — De la force législative des ordonnances en matière de douanes (*Rép.* n°s 69 à 82).

60. Sous l'empire de la constitution de 1875, aussi bien qu'à l'époque de la publication du *Répertoire*, il ne peut être, en principe, apporté aucun changement au régime des douanes, si ce n'est par une loi (*Rép.* n° 69; Comp. Civ. cass. 19 févr. 1884, aff. Ravot, D. P. 84. 1. 332). Aucune modification des tarifs de douane, aucun traité de commerce, aucune atténuation des droits ne sont donc valables qu'en vertu d'une loi (Comp. Clunet, *Du défaut de validité de plusieurs traités diplomatiques conclus par la France avec les puissances étrangères*, *Journal de droit international* *privé*, 1880, t. 5). — Cette règle a cependant cessé d'être en vigueur au cours de la période qui a suivi immédiatement la publication du *Répertoire*. Le sénatus-consulte du 25 déc. 1852 (art. 3, D. P. 52. 4. 221), portant interprétation et modification de la constitution du 14 janv. 1852, disposait, en effet, que les traités de commerce qui seraient faits en vertu de l'art. 6 de la constitution, c'est-à-dire par le Président de la République seul, auraient force de loi pour les modifications de tarifs qui y seraient stipulées. Mais cette disposition avait été abrogée, avant la fin du régime impérial, par le sénatus-consulte du 8 sept. 1869 (art. 10, D. P. 69. 4. 71), aux termes duquel les modifications qui pourraient être apportées dans l'avenir aux tarifs de douane ou de poste par des traités internationaux ne deviendraient obligatoires qu'en vertu d'une loi (V. *suprà*, nos 16).

61. Le régime actuel confère toutefois au chef de l'Etat le pouvoir de prohiber dans certains cas urgents et d'une manière provisoire l'entrée sur le territoire de certaines marchandises ou d'augmenter ou diminuer momentanément certains droits d'importation, conformément aux dispositions de l'art. 34 de la loi du 17 déc. 1814 (*Rép.* n° 69), c'est-à-dire à la condition que les mesures qui seront provisoirement arrêtées par le Gouvernement soient soumises au pouvoir législatif avant la fin de la session, s'il est assemblé, ou au cours de la première session subséquente. Mais cette faculté ne s'étend pas à tous les cas et à toutes les marchandises sans exception, et il en est un certain nombre pour lesquelles, à l'exemple de ce qui se passait pour les sucres coloniaux à l'époque de la publication du *Répertoire*, le Gouvernement ne peut modifier les tarifs, même d'une manière provisoire, sans recourir au pouvoir législatif. Ainsi, avant la loi du 29 mars 1887, le Gouvernement ne pouvait modifier sans une loi les tarifs applicables aux graines, farines et denrées alimentaires, pour lesquelles la loi du 15 juin 1861 (art. 4, § 2, D. P. 61. 4. 75), qui a supprimé l'échelle mobile, a établi des droits fixes d'importation, c'est-à-dire au froment, épeautre et méteil, seigle, maïs, orge, sarrasin, avoine en grains et farines, au riz en paille ou en grains, au son de toutes sortes de grains, au pain et biscuit de mer — aux grains perlés ou mondés — gruaux, semoule en gruaux, semoule en pâte et pâtes d'Italie — fenils indigènes et fenils exotiques, sagou et salep — pommes de terre — légumes secs — marrons — châtaignes — alpiste — millet — jarosse et vesce (V. Tarif, éd. de 1885, observ. prélim., n° 7). Comme on l'a vu *suprà*, n° 30, la loi du 29 mars 1887 (D. P. 87. 4. 87) a autorisé le Gouvernement dans des circonstances exceptionnelles, et quand le prix du pain viendrait à s'élever à un taux menaçant pour l'alimentation publique, à suspendre en tout ou en partie les effets de cette loi, c'est-à-dire les relèvements de droits qu'elle autorise sur les froment, épeautre et méteil — avoines — biscuit de mer — gruaux, semoules en gruaux, grains perlés, semoules en pâtes et pâtes d'Italie — sagou, salep et fenils exotiques. La loi du 15 juin 1861 se trouve donc abrogée pour ces produits et subsiste pour les autres. — Dans tous les cas, on se rappelle que la loi du 29 mars 1887 exige que la mesure suspensive prise par le Gouvernement soit soumise aux Chambres à leur prochaine réunion. — Il a été jugé que le décret modificatif d'un tarif de douane, rendu par le Gouvernement, conformément à la loi de 1814, est applicable aux expéditions faites depuis ce décret, et non pas seulement aux expéditions postérieures à la loi qui l'a approuvé (Ch. réun. cass. 24 mars 1847, aff. Coninck, D. P. 47. 1. 145).

62. En dehors des cas où le Gouvernement peut, en en référant au pouvoir législatif et par application de la loi du 17 déc. 1814, prendre des mesures provisoires, il en est d'assez nombreux aujourd'hui où il peut prendre seul des mesures prohibitives relativement à l'importation ou à l'exportation et au transit de certaines marchandises susceptibles de faire courir des dangers à la sécurité ou à la salubrité publique. Le Gouvernement agit alors en vertu d'une délégation du pouvoir législatif, et les décrets qu'il rend ont un caractère définitif. Des délégations de ce genre ont autorisé le président de la République à interdire l'entrée ou la sortie du territoire aux animaux atteints de maladie contagieuse ou provenant de pays où ces maladies règnent (L. 21 juill. 1881, sur la police sanitaire des animaux, D. P. 82. 4. 32), à prescrire les mesures propres à arrêter les progrès du phylloxera et du doryphora (L. 15 juill. 1878, D. P. 79. 4. 1), à interdire, en cas de guerre nationale ou continentale, l'exportation des armes, pièces d'armes et munitions de guerre de toute espèce (L. 14 août 1885, D. P. 85. 4. 77). Enfin, comme on l'a vu au *Rép.* n° 81, des décrets du chef de l'Etat peuvent régler certaines questions d'un caractère purement administratif, sans qu'il y ait à en référer ultérieurement au pouvoir législatif. On a cité un certain nombre de ces questions au *Rép.* n° 81 ; depuis lors, de nouvelles lois ont ajouté à cette nomenclature. Ainsi le Gouvernement est autorisé à déterminer par décret : 1° la forme de déclaration en douane (L. 7 mai 1881, art. 5, D. P. 82. 4. 18) ; — 2° Les bureaux ouverts au transit ou à l'importation et l'exportation de certaines marchandises, faculté qui, déjà reconnue par la loi du 5 juill. 1836, a été de nouveau sanctionnée par les lois des 14 juill. 1860 (art. 8 et 9, D. P. 60. 4. 86) ; 16 mai 1863 (art. 22, D. P. 63. 4. 64); 21 juill. 1881 (art. 25, D. P. 82. 4. 32), et 29 juill. 1881 (art. 25, *suprà*, p. 557); — 3° Pour les marchandises admises au transit, les conditions et formalités qui doivent être remplies en ce qui concerne les déclarations, la nature et la forme des récipients et emballages, le plombage, l'estampillage et le prélèvement d'échantillons (L. 16 mai 1863, art. 18, D. P. 63. 4. 64); — 4° Les mesures à prendre pour concilier l'exploitation des chemins de fer avec l'application des lois et règlements sur les douanes (L. 15 juill. 1840, art. 25); — 5° La modification des heures d'ouverture et de fermeture des bureaux (L. 14 juin 1850, D. P. 50. 4. 136).

CHAP. 4. — Du tarif (*Rép.* nos 83 à 131).

SECT. 1re. — FORMATION ET MODE GÉNÉRAL D'APPLICATION DU TARIF (*Rép.* nos 83 à 106).

63. Le tarif aujourd'hui applicable aux marchandises qui ne bénéficient pas du régime spécial des traités de commerce (V. *infrà*, nos 476 et suiv.), est, comme on l'a déjà exposé *suprà*, nos 21 et suiv., celui qui a été établi par la loi du 7 mai 1881 (D. P. 82. 4. 18) modifiée depuis par quelques lois postérieures. — Le tarif de 1881 est publié par les soins du Gouvernement dans un recueil dont la dernière édition a été approuvée en 1885 par le ministre des finances (Arrêté 21 sept. 1885). Cette publication doit se trouver dans tous les bureaux de douanes et, constamment tenue au courant des modifications qui surviennent, elle doit être mise à la disposition du public.

L'édition de 1885 du *Tarif officiel des douanes de France*, se divise, comme les éditions précédentes, en deux parties : 1° *Les observations préliminaires*, ou résumé des dispositions principales de la législation et des règlements, tant pour l'application des droits de douane proprement dits que pour les autres perceptions et opérations qui rentrent dans les attributions du service des douanes, comme celles, notamment, qui concernent les droits accessoires que le service est appelé à percevoir et le concours qu'il est chargé d'apporter au règlement des primes allouées à la marine marchande, à la police sanitaire du bétail, etc. Mais, comme le cadre de ces observations préliminaires ne peut nécessairement comprendre toutes les dispositions de détail auxquelles a donné lieu l'application des lois et règlements sur les douanes, l'Administration a pris soin de rappeler dans une circulaire du 14 nov. 1885 (n° 1759) que les décisions antérieures subsistent toutes les fois qu'il n'y est pas dérogé; 2° Le *tarif*, comprenant le tableau des droits, les notes et le répertoire général. Mais, à la différence de ce qui a lieu pour les observations préliminaires, toute décision antérieure qui n'est pas reprise au tableau des droits, aux notes ou au répertoire doit être considérée comme abrogée (Même circulaire du 14 nov. 1885). — Il a été enfin publié des fascicules rectificatifs, destinés à compléter les indications des deux parties du tarif et à les rectifier au besoin.

64. Il est à remarquer que la division du tarif officiel des douanes de 1885 est identique à celle du tarif de 1844, qui était en vigueur lors de la publication du *Répertoire*, et que le mode de classement des matières est le même ; les explications présentées au *Rép.* n° 84 ont donc conservé toute leur valeur.

65. Le tarif général du 7 mai 1881 ne comporte plus comme celui de 1844, de droits de sortie. Déjà la loi du 16-25 mai 1863 (art. 2, D. P. 63. 4. 63) avait réduit les droits d'exportation à trois catégories de marchandises: 1° les chiffons autres que ceux de pure laine et les drilles de toute espèce ; 2° le carton de simple moulage ou pâte de papier, et 3° les vieux cordages : ces droits ont disparu dans le tarif de 1881. Il n'existe plus également de prohibitions de sortie, à l'exception de celle qui porte sur les chiens de forte race, et dont l'objet principal est de mettre un obstacle à la contrebande par certaines frontières, et de la prohibition des contrefaçons de librairie. Toutes les autres marchandises peuvent être librement exportées, sous réserve toutefois des mesures qui peuvent être ordonnées dans l'intérêt de l'ordre public ou de la salubrité générale (armes de guerre, police sanitaire du bétail, mesures contre le phylloxera, etc.).

66. Comme toutes les lois d'impôt, les lois de douane sont d'ordre public et doivent, dès lors, être rigoureusement exécutées dans leur teneur : en conséquence, le redevable n'est libéré qu'autant qu'il a acquitté le droit tel qu'il est établi par les tarifs, alors même que les agents des douanes n'auraient soit volontairement, soit par une inexacte interprétation des lois et règlements douaniers, exigé qu'un droit inférieur à celui qui est inscrit au tarif. Spécialement, l'erreur d'un préposé qui, par une inexacte interprétation d'une loi de douane, consentirait soit à l'amiable, soit par des offres ou déclarations faites en justice, à recevoir un droit inférieur à celui dont est grevée la marchandise ne saurait lier l'Administration et faire obstacle à ce que, dans le délai déterminé par l'art. 25 de la loi des 6-22 août 1791, elle réclame le payement du complément du droit non perçu (Civ. rej. 22 juin 1870, aff. Vay, D. P. 71. 1. 278; Civ. cass. 11 mars 1873, aff. Langer, D. P. 73. 1. 206) : la prescription annale édictée par ledit art. 25 ne pourrait être remplacée par la prescription de droit commun que s'il était intervenu entre l'Administration chargée du recouvrement de l'impôt et le contribuable une convention spéciale relativement à l'objet répété (Civ. rej. 19 févr. 1884, aff. Ravot, D. P. 84. 1. 332). — A l'inverse, si le droit de douane perçu par l'Administration est plus élevé que celui qu'elle aurait dû régulièrement toucher, le redevable peut repéter la partie du droit qu'il a payé indûment (V. *infrà*, n° 133).

67. L'application du tarif, c'est-à-dire l'exécution des lois et règlements sur les douanes, comme on l'a vu au *Rép.* n° 86, appartient exclusivement au ministre des finances. Les lois et les décrets qui régissent les différents services des douanes sont exécutoires dans les mêmes délais que les lois et décrets rendus en toute autre matière, c'est-à-dire, pour les lois et décrets insérés au *Journal officiel*, à Paris, un jour franc après l'insertion au *Journal officiel*, et, dans les départements, un jour franc après l'arrivée du *Journal officiel* au chef-lieu de l'arrondissement. Quant aux lois et décrets qui ne sont pas insérés au *Journal officiel*, mais seulement au *Bulletin des lois*, ils sont exécutoires dans les délais déterminés par l'art. 1er c. civ. et par l'ordonnance du 27 nov. 1816. Le tarif applicable est donc, comme on l'a vu au *Rép.* n° 86, celui qui est exécutoire au moment où la déclaration est faite, quelles que soient les modifications qui aient pu être apportées aux tarifs des douanes depuis que les marchandises sont en cours de voyage. Il n'en pourrait être autrement qu'en vertu d'une disposition spéciale de la loi (V. *infrà*, n° 72. Comp. Tarif, observ. prélim., nos 13 à 16).

68. Il n'y a aucune distinction à faire à cet égard entre les marchandises qui sont importées en France directement et celles qui sont tout d'abord placées en entrepôt; la taxe à percevoir pour ces dernières est toujours celle qui est applicable au moment où les marchandises sont déclarées pour l'acquittement des droits, et quel qu'ait été le tarif existant au moment de l'entrée en entrepôt (Tarif, observ. prélim., n° 18). La cour de cassation a ainsi jugé, le 22 juin 1886 et le 8 mars 1887 (aff. Bardot, et aff. Deville-Collin, D. P. 87. 1. 19 et 448), que les sucres coloniaux, placés en entrepôt en France avant la mise en vigueur de la loi du 29 juill. 1884 (D. P. 85. 4. 32), devaient être soumis à la surtaxe de 10 fr. établie par cette loi s'ils ont été déclarés pour la consommation seulement après la promulgation de la loi. La cour suprême, dans ces arrêts, a, il est vrai, refusé d'accorder à ces sucres le déchet de fabrication fixé par la loi de 1884; mais, si elle en a décidé ainsi, c'est parce que ce déchet était non pas une détaxe, une bonification de droit, mais simplement une bonification de matière (V. *infrà*, v° *Sucre*).

Il en est de même à l'égard des marchandises déposées en douane qui sont réclamées en temps utile par les ayants droit et de celles qui, expédiées en transit, sont déclarées pour la consommation au bureau de destination (Tarif, observ. prélim., n° 19).

69. Les marchandises qui ont donné lieu à des acquits-à-caution de transit, de mutation d'entrepôts, d'admission temporaire, etc., supportent les droits qui étaient en vigueur à la date de la délivrance des acquits-à-caution, lorsque ceux-ci n'ont pas été régularisés dans les délais légaux (Tarif, observ. prélim., n° 21). On applique encore aux marchandises soustraites des entrepôts les droits qui étaient en vigueur au moment où la soustraction a été constatée, tandis que, pour les simples déficits, reconnus à la régularisation des comptes d'entrepôt, le droit est perçu d'après le tarif applicable à la date de la dernière sortie (Tarif, observ. prélim., n° 23). — Enfin le droit applicable aux marchandises saisies qui sont vendues pour la consommation, aux marchandises abandonnées vendues au profit de l'Etat, aux marchandises provenant des prises maritimes et aux épaves qui sont vendues à la demande de l'administration de la marine, est le droit porté au tarif en vigueur au moment de la vente (Tarif, observ. prélim., n° 24).

70. Les marchandises manufacturées à l'aide de produits qui ont été introduits en France sous le régime de l'admission temporaire, et qui sont ensuite livrées à la consommation, supportent les droits que la matière brute aurait dû acquitter si elle avait été importée pour être immédiatement livrée à la consommation. On applique, en pareil cas, la règle de l'art. 1er de la loi des 6-22 août 1791, suivant laquelle les droits de douane sont fixés et doivent être acquittés d'après l'état ou la qualité des marchandises lors de leur entrée sur le territoire. S'il s'agit, par exemple, de farines qui, représentant des blés importés temporairement et admis en franchise de droit pour la mouture, conformément à l'art. 5 de la loi du 5 juill. 1836 et au décret du 25 août 1861 (D. P. 61. 4. 117), ont été d'abord mises en entrepôt fictif, puis retirées pour être livrées à la consommation intérieure, c'est le droit sur les blés et non pas le droit sur les farines qui doit être appliqué à leur sortie d'entrepôt (Civ. cass. 22 juin 1870, aff. Vay, D. P. 71. 1. 277-278).

71. Les droits de douane doivent être acquittés d'après le tarif en vigueur, alors même que l'arrivée des marchandises aurait été retardée par un événement de force majeure en l'absence duquel elles auraient pu être déclarées avant que le nouveau tarif y fût devenu exécutoire. Sans doute ainsi qu'on l'a vu au *Rép.* n° 323, la loi de 1791 (art. 9, tit. 13), qui défend les chargements et déchargements ailleurs que dans l'enceinte des ports où les bureaux sont situés, fait exception pour le cas de force majeure dûment justifié. Mais c'est là une exception qui ne saurait être généralisée. Toutes les fois, en effet, que, en matière de douanes, le législateur a cru devoir subordonner ses dispositions à des événements fortuits ou de force majeure, il a pris soin de s'en expliquer. C'est ainsi qu'il a déterminé les règles à suivre pour la constatation des cas de force majeure en matière de décharge d'acquits-à-caution et de relâche forcée, et pour prévenir les fraudes qui pourraient être commises dans ces deux cas. Le retard dans l'arrivée des marchandises provenant de cas de force majeure qui se seraient produits soit au moment du départ, soit en cours de route, ne peut donc, en l'absence d'une disposition spéciale qui autorise à en tenir compte, avoir aucune influence sur l'application des tarifs.

72. La règle suivant laquelle le tarif en vigueur au moment de la déclaration doit être appliqué sans tenir compte du moment où la marchandise a été expédiée et des prévisions que les importateurs avaient pu fonder sur les tarifs existant au moment des expéditions et des marchés, a cependant reçu plusieurs exceptions. Dans un grand nombre de cas, depuis la publication du *Répertoire*, le législateur a cru devoir, dans un esprit d'équité, apporter certains tempéraments à la rigueur des principes. A plusieurs reprises, il a été stipulé que les augmentations de tarif nouvellement édictées ne seraient pas applicables aux marchandises qui seraient en cours de route soit au moment de la présentation, soit au moment de la promulgation de la nouvelle loi. — Au nombre de ces dispositions il faut placer, en premier lieu, la loi du 11 juill. 1871 (D. P. 71. 4. 78), qui affranchissait des droits établis par la loi du 8 juill. 1871 (D. P. 71. 4. 77), les marchandises importées par navires partis des lieux de production à une date antérieure au jour où la présentation des lois de finances avait pu être connue dans les ports d'expédition. — De même, la loi du 28 mars 1885 (art. 5, D. P. 87.4.87, note *a*), qui a modifié le tarif général des douanes de 1881 en ce qui concerne les céréales, disposait que les grains étrangers dont les importateurs justifieraient, dans les quinze jours de la promulgation de la loi, l'embarquement, antérieur au 30 nov. 1884, directement pour un port français, seraient admis aux conditions de la législation en vigueur au jour de l'embarquement.—De même encore, une loi du 21 juill. 1887 (D. P. 87. 4. 95) admettait, aux conditions de la législation en vigueur au moment de leur embarquement, les spiritueux visés par la loi modificative du tarif général des douanes du 5 juill. 1887 (*Ibid.*) dont les importateurs auraient justifié, avant le 1er août suivant, l'expédition directe, antérieure au 30 juin 1887 des colonies étrangères pour un port français en exécution de marchés conclus avant cette dernière date.

73. Le caractère de ces dispositions résulte de leur nature même; essentiellement dérogatoires au droit commun, elles doivent être strictement appliquées dans la teneur restreinte de leurs termes. Il n'est donc pas permis aux tribunaux de faire bénéficier des avantages qu'elles accordent, sous un prétexte d'équité, un redevable qui ne se trouverait pas exactement dans la situation qu'elles ont prévue ou favorisée. Spécialement, le bénéfice d'une loi qui affranchit de droits récemment établis les marchandises importées par navires partis des lieux de production antérieurement à la connaissance en ces lieux de la présentation des nouvelles lois de finance, n'est pas applicable aux marchandises parties d'un port où on connaissait ces projets de lois, bien que le départ du navire eût été retardé par un abordage subi dans le port depuis l'embarquement (Civ. rej. 17 nov. 1873, aff. Faure, D. P. 74. 1. 423). — De même, on a jugé que le bénéfice des anciens tarifs de douane n'est point applicable aux marchandises dont le départ des lieux de production est antérieur à la présentation de la loi du 8 juill. 1871, si ce n'est pas au port d'expédition, mais bien en cours de voyage et dans un port intermédiaire, que le navire a reçu d'une manière certaine sa destination pour la France (Req. 29 juill. 1872, aff. Rodocanachi, D. P. 74. 5. 178). — Il a même été décidé que, pour que les sucres et autres articles surtaxés par la loi du 8 juill. 1871 fussent admis à jouir de l'affranchissement des droits nouveaux accordé par la loi du 11 juillet suivant, il ne suffisait pas de justifier de leur départ des lieux de production pour la France à une date antérieure à celle où la présentation des nouvelles lois de finances y avait été effectivement connue; il était encore nécessaire qu'au moment du départ de la marchandise il n'y eût pas eu possibilité de connaître cette présentation dans le port d'embarquement par le moyen des communications télégraphiques (Req. 8 juin 1874, aff. Bernich Baster, D. P. 74. 1. 384). Mais, s'il n'est pas permis de faire fléchir les termes de la loi en faveur du redevable, le juge ne doit pas en exagérer la rigueur, et il ne lui est pas permis de rien ajouter aux conditions qu'elle impose. Aussi, dans l'application de la même loi du 11 juill. 1871, la cour de cassation a-t-elle refusé de faire droit aux prétentions que l'Administration avait élevées de n'accorder l'exemption des surtaxes qu'aux importations en droiture et de refuser le bénéfice de la loi, lorsqu'il y avait eu transbordement des marchandises, et emploi des voies ferrées pour une partie du voyage. « Attendu, dit un arrêt (Civ. rej. 13 août 1873, aff. Géry, D. P. 73. 1. 458), qu'il résulte des connaissements produits par les défendeurs et dont la sincérité n'a pas été contestée par l'administration des douanes, que les cafés dont il s'agit ont été embarqués le 10 juin et le 13 juill. 1871, aux ports de San-José de Guatémala et de la Libertad, sur les navires *Wenchester* et *Salvador*, pour être transportés en France par la voie de Panama; — Que, conformément aux indications contenues dans ces connaissements, ces cafés ont été débarqués à Panama pour être transportés par le chemin de fer à Colon, et qu'à Colon ils ont été rembarqués à bord des navires de la Compagnie transatlantique, qui les ont transportés au Havre, lieu de leur destination indiqué dans lesdits connaissements; — Attendu qu'il résulte, d'autre part, des certificats délivrés par les agents consulaires, qu'à la date des départs de ces cafés des ports de San-José de Guatémala et de la Libertad, la présentation des nouvelles lois de finances n'était pas connue dans ces ports; — Qu'il suit de là que les expéditions de ces cafés réunissaient toutes les conditions prescrites par la loi du 11 juill. 1871 pour être admises à la consommation en France, moyennant le payement des droits anciens; — Qu'il est indifférent que ces cafés n'aient pas été importés en France par les mêmes navires à bord desquels ils ont été embarqués aux ports d'expédition; — Que cette condition du transport en droiture n'a point été exigée par la loi du 11 juill. 1871, et que cette loi ayant eu pour objet, afin de maintenir l'égalité entre négociants, d'affranchir des nouveaux droits, sans distinction, toutes les expéditions de marchandises faites, par navires français ou étrangers, sous la garantie de l'ancienne législation, il suffit, pour la rendre applicable, que les marchandises se soient trouvées en cours de voyage, à une date antérieure à la connaissance de la présentation des nouvelles lois de finances, et qu'elles aient suivi l'itinéraire qui leur était tracé par les connaissements contractés aux ports d'expédition pour toute la durée du transport à destination pour la France, alors surtout que cet itinéraire est la voie la plus directe et celle généralement suivie par le commerce pour le transport de ces marchandises en France, et que d'ailleurs l'identité de ces marchandises n'est pas contestée... ».

74. Toutes les lois que nous venons d'énumérer ont, à l'exception de celle du 11 juill. 1871, pris soin de préciser la date exacte à laquelle l'expédition des marchandises devait avoir eu lieu pour échapper aux nouveaux droits d'importation. La loi du 11 juill. 1871 a donné lieu à des difficultés d'interprétation parce qu'elle se bornait à disposer, d'une manière générale, que les droits nouveaux ne seraient pas appliqués, lorsqu'il serait justifié que les marchandises avaient été expédiées des lieux de production à une date antérieure à celle où la présentation des lois de finances avait pu être connue dans les ports d'expédition. Ces difficultés ont porté non seulement sur le point de savoir à quel moment la présentation des lois de finances avait pu être connue (Req. 8 juin 1874, aff. Bernich Baster, D. P. 74. 1. 384), mais aussi sur le véritable sens qu'il convenait de donner aux expressions *présentation des lois de finances*. Fallait-il entendre par ces mots le dépôt des projets de loi sur le bureau de l'Assemblée nationale, ou le dépôt du rapport de la commission spéciale chargée de l'examen des projets et le moment où ils avaient été mis en discussion? — La cour de cassation a jugé que les expressions dont il s'agit se référaient à la présentation, faite le 12 juin 1871, d'un projet d'ensemble sur les augmentations d'impôts, et non pas au dépôt du rapport de la commission sur la loi spéciale du 8 juill. 1871 (Civ. cass. 11 mars 1873, aff. Langer, D. P. 73. 1. 206), solution conforme au langage parlementaire, dans lequel l'expression *présentation de loi* a une signification bien définie, indiquant la première communication à l'Assemblée législative des projets soumis à son examen, et non pas la date du dépôt du rapport. Ce dépôt, en effet, alors même que des modifications importantes auraient été apportées par le rapport au projet primitif, ne peut être considéré comme une présentation particulière et nouvelle de la loi dont on puisse substituer la date à celle de la présentation proprement dite.

75. Les mesures édictées en faveur des marchandises qui ont été expédiées pour la France avant une époque déterminée ne s'étendent pas aux marchandises qui étaient déjà en entrepôt en France, si cette faveur ne résulte pas d'une disposition spéciale. C'est la conséquence de la nature exceptionnelle des dispositions dont il s'agit. La question a été soulevée à l'occasion du décret du 7 mai 1859 (V. *suprà*, n° 3), qui avait rétabli l'échelle mobile au moment de la guerre d'Italie. L'art. 1er de ce décret ayant maintenu le régime antérieur au profit des denrées dont le chargement aurait été effectué avant le 1er juin 1859, l'administration des douanes avait appliqué le nouveau droit à des denrées arrivées en France avant la promulgation du décret et placées en entrepôt, mais livrées à la consommation postérieurement au décret du 7 mai 1859. — Un jugement du tribunal civil du Havre, du 9 mars 1860 (aff. Gautier, D.P.61.3.39) avait condamné cette mesure par le motif que le décret du 7 mai 1859 ayant, par un juste respect des opérations entreprises sur la foi du législateur, maintenu le bénéfice du décret du 30 sept. 1858, pour tout chargement effectué intégralement avant le 1er juin 1859, il n'était pas admissible que cette juste faveur accordée aux opérations commencées seulement sous l'empire du décret du 30 sept. 1858, fût déniée à celles entièrement consommées; qu'autrement, on arriverait à des résultats contraires au but du législateur, à qui on ne pouvait prêter l'intention de traiter avec plus de faveur des opérations qui, depuis l'emploi du télégraphe électrique, pourraient n'être pas exemptes de fraudes, que celles qui en sont certainement complètement pures; qu'en suivant le système de l'Administration on arriverait au résultat singulier que, de deux cargaisons parties du même point, le même jour, dont l'une serait arrivée la veille même du jour où le décret a été exécutoire, et aurait été placée en entrepôt à cette époque où légalement le décret n'était pas réputé avoir été connu, et dont l'autre serait arrivé le lendemain, celle apportée par le navire retardataire serait seule protégée par la faveur accordée aux opérations faites sur la foi du législateur. L'administration des douanes objectait que les marchandises entreposées au moment de la promulgation du tarif modificatif ne devaient pas être assimilées aux marchandises chargées dans les ports étrangers, et en route pour arriver dans un port français; que le propriétaire de marchandises en entrepôt est en possession, à son choix, de la triple faculté ou de mettre ces marchandises en consommation avant la promulgation, toujours annoncée d'avance, du changement du tarif, ou de la réexporter, ou d'attendre une occasion favorable d'écoulement sous la charge du droit surélevé; qu'au contraire, les chargements, en voie d'expédition ou d'arrivage, et entrepris sur la foi des tarifs antérieurs, ne pouvaient se soustraire, lors de l'arrivée, à l'application du nouveau tarif, s'ils n'en étaient pas exemptés par une disposition expresse de ce nouveau tarif; et que, lorsque cette disposition existe, elle ne saurait s'appliquer à la situation de l'entrepositaire, qui n'offre avec celle pour laquelle elle a été établie aucune analogie. — Ce système a été ratifié par la cour de cassation sur le pourvoi formé par l'Administration contre le jugement du tribunal du Havre (Civ. cass. 10 avr. 1861, aff. Gautier, D. P. 61. 1. 157). « Attendu, dit la cour, que l'exception édictée par le décret du 7 mai 1859 doit être renfermée dans ses termes, qu'elle ne peut pas être étendue au cas tout différent où le commerçant, au lieu d'acquitter, à l'arrivée de la marchandise, le droit d'entrée alors existant, a usé de la faculté d'entrepôt; — Que le décret de 1859, en gardant le silence sur ce dernier cas, l'a laissé sous l'empire de la règle générale d'après laquelle la marchandise qui est mise en entrepôt et qui n'est pas réexportée, paye, non le droit fixé par le tarif en vigueur au moment de son arrivée, mais le droit plus fort ou plus faible que fixe le tarif en vigueur au moment où elle est déclarée pour la consommation intérieure. »

76. C'est à l'autorité judiciaire qu'il appartient de décider si les marchandises sont imposables d'après un tarif ancien ou d'après un nouveau tarif, cette autorité étant compétente pour statuer sur tout le contentieux des impôts indirects et, par conséquent, des droits de douane; il en est même ainsi lorsque, en cas de saisie de marchandises à la douane pour fausse déclaration, la question se pose de savoir si les propriétaires des marchandises sont fondés à demander le bénéfice des réductions de tarifs qui ont été édictées dans l'intervalle entre la saisie et une transaction que l'Administration aurait consentie. Cette question est de la compétence de l'autorité judiciaire, alors même qu'il s'agirait d'interpréter la transaction; et la lettre par laquelle le ministre des finances refuse de faire droit à la réclamation ne ferait pas obstacle à ce qu'elle fût portée devant la juridiction compétente (Cons. d'Ét. 17 févr. 1865, aff. Landre, D. P. 72. 5. 152. Comp. Civ. rej. 19 févr. 1884, aff. Ravot, D. P. 84. 1. 332).

77. La modification des droits de douane, et spécialement leur élévation, est-elle susceptible d'influer sur la validité et l'existence des marchés à terme contractés entre particuliers, quand la modification des droits de douane intervient entre la vente et la livraison? En principe, nous ne pensons pas que l'élévation des droits de douane puisse entraîner la résiliation du contrat; il est, en effet, de jurisprudence que l'erreur ne vicie l'obligation que lorsqu'elle porte sur la substance même et non sur les motifs du consentement donné, sans qu'il y ait à distinguer à cet égard entre l'erreur de fait et l'erreur de droit (V. *Rép.* v° *Obligations*, nos 115 et suiv.; Civ. rej. 1er mars 1853, aff. Quantin, D. P. 53. 1. 134; 25 août 1856, aff. Tandonnet, D. P. 56. 1. 342; Req. 15 févr. 1870, aff. Erlanger, D. P. 71. 1. 164). Mais qui supportera l'augmentation des droits? Dans la discussion de la loi du 22 janv. 1872, qui a surélevé les droits sur les sucres (D. P. 72. 4. 11), plusieurs députés ayant demandé qui, de l'acheteur ou du vendeur, payerait les droits pour les marchés en cours d'exécution et conclus, dans l'ignorance de la loi nouvelle, sur des bases que celle-ci changeait absolument, le rapporteur de la commission, M. Benoist d'Azy, a déclaré, avec l'approbation de l'Assemblée, que « dans le cas de vente à livrer, c'est-à-dire de vente à un prix antérieur à la loi, le droit qui est imposé est à la charge de l'acheteur; car l'acheteur est le seul qui puisse recouvrer le droit sur le véritable débiteur, sur le débiteur définitif, c'est-à-dire le consommateur, et que, par conséquent, toute question de ce genre doit être résolue de la manière que le bon sens naturel indique, c'est-à-dire que le droit est à la charge de l'acheteur et non pas du vendeur » (*Journal officiel* du 23 janvier). Mais, en admettant que telle ait été l'intention du législateur dans le cas spécial de la loi du 22 janv. 1872, cette intention ne nous semble pas pouvoir être considérée comme constituant une règle invariable. La question nous paraît en principe devoir être résolue de la façon suivante: les variations survenues entre la vente et la livraison, dans la quotité de l'impôt auquel est soumise la marchandise vendue, doivent profiter ou nuire à celui des contractants qui, lors de l'exigibilité du droit, se trouve être *propriétaire* de cette marchandise. Ce principe, toutefois, n'est pas absolu: les circonstances du contrat et la commune intention des parties sont de nature à le modifier et elles doivent être prises en considération. C'est ainsi, d'ailleurs, que la difficulté semble avoir été comprise par la cour de cassation (Civ. rej. 15 nov. 1858, aff. Drogy, D. P. 58. 1. 437; Req. 26 nov. 1861, aff. Schwindt, D. P. 62. 1. 342; 22 juin 1886, aff. Beyssac, D. P. 87. 1. 47). — A l'appui des règles qui viennent d'être exposées, on peut encore consulter un arrêt de la chambre des requêtes du 24 juin 1873 (aff. *Young's Paraffin and mineral oil company*, D. P. 74. 1. 17), aux termes duquel un marché ne peut être résolu pour cause d'erreur si une des parties, en prévision de la revision des tarifs, a stipulé que les marchandises lui seraient livrées « *franco*, droits payés par le vendeur », tandis que l'autre a eu imprudemment confiance dans le maintien d'un état de choses qui en réalité était abrogé; du moins, l'arrêt qui le décide ainsi, par interprétation du contrat intervenu entre les parties, ne viole aucune loi. — La cour de Paris, à l'occasion d'une autre affaire contre la même compagnie, a jugé, de même, que l'élévation des droits de douane entre la signature du marché à livrer et la date de la livraison ne constitue pas, pour l'étranger vendeur qui s'est chargé du payement des droits de douane, soit un cas de force majeure, soit une cause d'erreur susceptible d'entraîner la résiliation du marché. Par suite, en cas d'inexécution du marché, le vendeur est passible de dommages-intérêts envers l'acheteur (Paris, 2 juin 1874, aff. *Young's Paraffin and mineral oil company*, D. P. 74. 2. 172. — V. en sens contraire: Trib. com. Seine, 15 mai 1872, même affaire, D. P. 74. 1. 17, note).

78. On a vu au *Rép.* n° 104, que les préposés à la perception des droits doivent énoncer, dans les acquits de payement, le titre en vertu duquel ils font cette perception. Cette obligation, qui résulte de l'art. 29, tit. 13, de la loi des 6-22 août 1791, est, d'ailleurs, suffisamment remplie lorsque l'acquit vise la loi de finances qui prononce chaque année le maintien du tarif des douanes et autorise la perception des différents impôts.

SECT. 2. — DU DROIT DE SURTAXE (*Rép.* nos 107 à 110).

79. Des deux catégories de surtaxes qui existaient à l'époque de la publication du *Répertoire*, savoir les surtaxes de pavillon (*Rép.* nos 107 et 108), c'est-à-dire celles qui grevaient les marchandises importées en France par mer autrement que par navires français, et les surtaxes d'entrepôt, les premières sont aujourd'hui supprimées. Elles ont été abrogées par les lois des 19 mai 1866 (art. 5, D. P. 66. 4. 52) et 28 juill. 1873 (art. 1er, D. P. 74. 4. 7). — Quant aux surtaxes d'entrepôt, elles grèvent aujourd'hui, aux termes de l'art. 2 de la loi du 7 mai 1881 (D. P. 82. 4. 18), les produits d'origine extra-européenne importés d'un pays d'Europe... Pour certains de ces produits, la quotité de la surtaxe est déterminée au tableau C annexé à la loi du 7 mai 1881 ; les autres produits supportent une surtaxe de 3 fr. 60 cent. par 100 kilog., sauf quelques exceptions en faveur de plusieurs produits coloniaux (V. Tarif, observ. prélim., n° 122).

80. A côté des surtaxes d'entrepôt on compte les *surtaxes d'origine*, c'est-à-dire celles qui frappent les produits européens importés d'autres pays que les pays d'origine (L. 7 mai 1881, art. 2). La nomenclature de ces produits et des surtaxes qui les grèvent est fournie par le tableau annexé à la loi du 7 mai 1881. Les sucres sont grevés de surtaxes spéciales (V. *infrà*, v° *Sucre*).

81. Indépendamment des surtaxes, il existe un certain nombre de taxes dont la perception a pour objet de créer une égalité complète de situation commerciale entre les marchandises françaises et les marchandises étrangères. Notamment, la soude et les dérivés du sel marin supportent à l'importation, outre les droits d'entrée qui leur sont propres, une taxe équivalente aux frais d'exercice que doivent payer nos nationaux (Tarif, observ. prélim., n° 125). — De même, les alcools, les liqueurs, les éthers, bières, bougies, l'orfèvrerie, etc., de provenance étrangère, doivent acquitter, lorsqu'ils sont importés en France, les taxes intérieures de fabrication, de circulation ou de consommation qui grèvent les produits similaires d'origine française (Tarif, observ. prélim., n° 126).

82. Ces différentes taxes ne sont pas toutes et toujours perçues par l'administration des douanes. — Celle-ci perçoit les taxes sur la soude et les dérivés du sel marin, la surtaxe sur la bière qui figure, d'ailleurs, au tableau des droits cumulativement avec le droit d'entrée. Elle perçoit également, dans certaines conditions d'importation, la taxe intérieure sur le papier, les bougies et les chandelles à mèche tissée; mais cette perception est faite distinctement et pour le compte de l'administration des contributions indirectes. — Dans tous les autres cas, l'administration des contributions indirectes est chargée d'assurer la rentrée des taxes, et le rôle de la douane se borne à exiger qu'il lui soit justifié de l'acquittement des taxes intérieures dans les caisses de l'administration des contributions indirectes, avant de permettre l'enlèvement des marchandises pour la consommation.

SECT. 3. — DES DENRÉES ET MARCHANDISES QUI JOUISSENT D'UNE MODÉRATION DE DROITS EN RAISON DE LEUR PROVENANCE (*Rép.* nos 111 à 115).

83. On a vu au *Rép.* n° 111 que, pour favoriser la marine nationale, plusieurs lois avaient accordé des modérations de droits à certaines marchandises importées directement soit des colonies françaises, soit des Indes, soit de tout autre pays d'Europe. On trouve toujours dans nos tarifs de douane des réductions en faveur de certains produits en raison de leur provenance. Le tarif des douanes du 7 mai 1881 réduit les droits, ou même exempte de toute taxe diverses marchandises européennes, lorsqu'elles sont importées des pays d'origine, et certaines marchandises extra-européennes lorsqu'elles proviennent également en droiture des pays d'origine. Sous le régime du tarif de 1881, la condition essentielle de la modération des droits en raison de l'origine des marchandises est donc leur importation directe des pays de production sans passer par *l'entrepôt*.

84. Avant d'entrer dans l'examen détaillé des conditions mises aux modérations de droits accordés par le tarif, il importe de déterminer d'une manière précise quel est aujourd'hui le sens de quelques expressions usitées dans le langage des douanes, sens qui s'est modifié dans une certaine mesure depuis la publication du *Répertoire*. — Ainsi on ne désigne plus, comme le faisaient les anciens tarifs, par l'expression générique *de l'Inde* tous les pays situés à l'est du cap de Bonne-Espérance et à l'ouest du cap Horn; cette dénomination ne s'applique plus qu'à l'Inde proprement dite. On ne comprend plus également parmi les pays d'Europe que ceux qui y sont géographiquement situés, ce qui fait rentrer dans les pays *hors d'Europe* toutes les contrées situées en dehors des limites géographiques de l'Europe, aussi bien celles de l'Afrique et de l'Asie qui sont baignées par la mer Noire et la mer Méditerranée que les contrées plus lointaines.

On désigne enfin par colonies françaises les colonies dites à culture; c'est-à-dire la Guadeloupe et ses dépendances, la Martinique, la Réunion et la Guyane. Les autres colonies et possessions françaises sont désignées sous le nom d'établissements français hors d'Europe (V. Tarif, observ. prélim., n° 52, et *infrà*, n° 456).

85. Nous n'énumérerons pas ici les produits qui bénéficient de modérations de droits ou d'exemptions particulières en raison de leur provenance seule, indépendamment des conventions internationales ou traités de commerce qui sont aujourd'hui la principale cause de modération des droits (V. *infrà*, nos 476 et suiv.). La nomenclature de ces produits est fournie par le tarif général des douanes : on y trouve également l'exposé des droits et des immunités applicables aux produits importés des colonies et possessions françaises (L. 7 mai 1881, tabl. E et art. 3, § 1er, D. P. 82. 4. 18).

86. Actuellement, les modérations de droits sont généralement applicables aux marchandises d'origine extra-européenne par cela seul qu'elles proviennent directement d'un pays hors d'Europe, sans qu'on ait à rechercher quel est réellement leur pays d'origine. Cependant, pour les produits des colonies et autres établissements français, l'Algérie comprise, qui sont de ceux auxquels, conformément au tableau E annexé à la loi du 7 mai 1881, il est accordé un traitement plus favorable qu'aux produits similaires provenant d'autres pays extra-européens, il doit être justifié à la fois de l'origine et du transport direct. Cette double justification doit être fournie quelle que soit la nature de la faveur attachée à l'origine du produit; elle est, par exemple, obligatoire pour les produits des colonies françaises qui jouissent seulement d'un régime de faveur, quant aux conditions d'entrepôt, tout en restant soumis aux mêmes droits d'entrée que les produits similaires ayant une autre provenance.

87. Dès l'instant que l'importation directe confère à la marchandise une immunité ou une modération de droits, il est naturel que la première justification à fournir soit celle de l'importation du pays dont la marchandise est originaire et de l'importation en droiture.

On a vu au *Rép.* nos 112 et 113 que l'importation des marchandises peut être réputée faite en droiture, alors même que les navires français importateurs auraient fait, en cours de route, une ou plusieurs relâches, s'il n'a été opéré au lieu de relâche aucun embarquement ou débarquement de marchandises (*Ibid.* n° 113). Des décisions ministérielles avaient reconnu aux navires français venant de certaines contrées la faculté de faire en route une ou plusieurs escales et de débarquer une partie de leur cargaison sans perdre le bénéfice de l'importation directe, à la condition de ne faire aucun embarquement aux ports de relâche. Ces principes ne sont plus appliqués dans toute leur rigueur; les changements profonds que le développement de la marine à vapeur a apportés aux conditions du commerce maritime ont rendu nécessaire un adoucissement de règles qui, si elles étaient trop rigoureusement observées, iraient directement contre le but que le législateur s'est proposé d'atteindre, lorsqu'il a consenti la modération des droits. Actuellement, le transport par mer est, d'une manière générale, considéré comme direct toutes les fois qu'il a été opéré par un même navire depuis le lieu du départ jusqu'au lieu de destination, sans escale; ou, s'il y a eu escale, sous la réserve que les conditions spéciales moyennant lesquelles elle est accordée, auront été observées. Les conditions sont différentes, suivant qu'il s'agit d'escales sans opérations de commerce ou d'escales accompagnées d'opérations commerciales, ou enfin suivant que le navire transporteur est ou non affecté à un service régulier, tel qu'il en existe aujourd'hui sur toutes les mers du globe.

88. Lorsque le navire fait escale sans opérations de commerce, le transport est considéré comme direct, dès que le chargement a été effectué au point de départ sur le navire même qui apporte les marchandises en France. Peu importe que le navire n'ait pas eu un port de France pour destination primitive et qu'il s'agisse d'une cargaison flottante, c'est-à-dire qui n'avait pas, au port de départ, de destination déterminée et qui n'ait été dirigée sur la France qu'après escale du navire dans un port où il a pris des ordres. Il n'est pas non plus nécessaire que le navire soit arrivé en France par la route la plus courte.

89. Le transport direct n'est même plus considéré comme interrompu par les escales accompagnées d'opérations de commerce, c'est-à-dire de chargements ou de déchargements, lorsque les marchandises qui ont droit à un régime de faveur n'ont pas quitté le bord et qu'il n'en a pas été chargé de similaires dans les ports d'escales. Mais la justification du chargement au lieu du départ et des circonstances de la navigation, que les capitaines doivent fournir en représentant les connaissements, livres et autres papiers de bord et par le rapport de mer fait en douane dans les vingt-quatre heures de l'arrivée (*Rép.* n° 114), doit être corroboré par : 1° un état général du chargement au lieu du départ, certifié par le consul de France ; 2° des états, également certifiés par l'autorité consulaire française, des chargements et des déchargements effectués aux ports d'escale.

90. Les services des bateaux à vapeur réguliers, qu'ils aient ou non leur tête de ligne en France, peuvent charger dans les ports européens compris dans leur itinéraire, des produits similaires, des marchandises extra-européennes qu'ils ont à bord et qu'ils ont prises au lieu de premier départ, sans perdre pour ces marchandises le bénéfice du transport en droiture ; mais cette faculté est subordonnée à la condition que les marchandises embarquées dans le pays hors d'Europe et ayant droit à un régime de faveur auront été transportées par le même navire depuis le dernier port extra-européen de départ jusqu'au port français de destination, et qu'elles n'auront été mises à terre dans aucune des escales effectuées en Europe (Décis. min. 31 oct. 1882). Il faut, en outre, que la provenance des marchandises se trouve suffisamment attestée par l'examen des connaissements et des papiers de bord. Mais les compagnies de navigation à vapeur sont, en vertu de la même décision du 31 oct. 1882, dispensées de produire les justifications certifiées par les consuls français des chargements et déchargements, tant pour les produits chargés dans les pays hors d'Europe que pour ceux qui ont été embarqués dans les ports d'escale européens. Au contraire, ces justifications sont toujours exigées des navires dont le service n'est pas régulier. Ces facilités ont toutefois été restreintes à l'égard des produits similaires des produits italiens (V. *infrà*, n° 92).

91. D'ailleurs, d'une manière générale, la seule condition qui soit strictement obligatoire est qu'il n'y ait pas eu mise à terre depuis le lieu du chargement hors d'Europe jusqu'à l'arrivée en France. Lorsque cette condition est remplie, l'Administration se montre d'une grande tolérance. Ainsi il résulte des instructions insérées aux observations préliminaires du tarif général, éd., 1885, n° 56, qu'un navire à vapeur, appartenant à une compagnie faisant un service régulier et dispensée de fournir justification par les autorités consulaires françaises des chargements et déchargements, pourrait être revenu à son port d'attache à l'étranger en conservant à son bord des marchandises dont la destination pour la France serait justifiée par des connaissements directs, sous la seule condition qu'il n'y ait eu aucune mise à terre de ces marchandises entre leur embarquement hors d'Europe et leur débarquement en France. Dans certains cas même et pour certains services, on admet qu'une marchandise peut être transbordée d'un navire desservant une ligne secondaire sur un navire desservant une ligne principale, mais appartenant à la même compagnie, sans que pour cela le transport cesse d'être réputé fait en droiture. Ce régime est appliqué aux compagnies françaises et étrangères qui exploitent, entre la France et Constantinople ou les autres ports européens *du Levant*, une ligne principale de bateaux à vapeur à laquelle se rattachent des lignes secondaires. Les marchandises ainsi transbordées conservent le bénéfice du régime qui leur est applicable, d'après leur provenance primitive, à la condition que le voyage total soit accompli sous un même pavillon et par des navires de la même compagnie, et que le voyage effectué depuis le port de transbordement jusqu'au port français de destination constitue la partie principale du voyage total. Mais, pour jouir de ce bénéfice, les justifications ordinaires doivent être accompagnées d'un certificat du consul de France établissant que le transport du lieu de provenance au lieu de transbordement s'est effectué sous pavillon français si le service est exploité par une compagnie française, ou sous le pavillon du pays auquel appartient la compagnie étrangère qui dessert le port français de destination.

92. Des mesures récentes ont modifié en partie ces règles et restreint les facilités accordées à l'importation par les services réguliers de bateaux à vapeur, en raison de la rupture des relations commerciales conventionnelles avec l'Italie. La formalité du certificat d'origine a été rétablie à l'importation des pays d'Europe et des pays extra-européens, situés dans le bassin de la Méditerranée pour les produits similaires de ceux qui forment le principal objet des importations italiennes : vins, soies en cocons, grèges et moulinées, bourre de soie, bestiaux, huile d'olive, fruits de table, émail et vitrifications de toute sorte, gibier et volailles, etc. — Les certificats d'origine peuvent être délivrés soit par le chef de service des douanes du bureau d'exportation, soit par les consuls ou agents consulaires français résidant dans les lieux d'expédition ou les ports d'embarquement. Le service admet encore, à titre de certificats, les déclarations officielles faites par le producteur ou le fabricant de la marchandise, ou par toute autre personne dûment autorisée par lui, devant les autorités du lieu de production ou d'entrepôt (Décis. 6 avr. 1888). — Enfin, il n'y a pas lieu d'exiger la légalisation consulaire pour les certificats d'origine délivrés par les douanes étrangères et qui portent le cachet de ces douanes, toutes les fois qu'aucun doute ne s'élève sur l'authenticité de ces documents. Mais cette formalité reste obligatoire à l'égard des certificats délivrés par toute autre autorité que la douane (Décis. 1er août 1888).

93. Les certificats d'origine ne sont, d'ailleurs, que de simples éléments d'information, qui ne lient pas l'appréciation de la douane et laissent intact son droit de vérification, comme celui de recourir à l'expertise.

94. Le transport direct n'est pas réputé interrompu par les relâches forcées : on n'exige même pas que les marchandises ne prennent pas terre en cours de route, ce qui est cependant, ainsi qu'on l'a vu *suprà*, n° 91, la condition essentielle du transport en droiture, lorsque la mise à terre est la conséquence de la force majeure, comme dans le cas, notamment, où elle a lieu parce que le navire est devenu innavigable. En pareil cas, les marchandises conservent le droit au régime de faveur qui leur était applicable d'après leur provenance primitive si, débarquées au lieu du sinistre, elles sont ensuite réexpédiées vers le port de destination dans les conditions ordinaires du transport en droiture. — Mais la relâche forcée, par suite de naufrage ou de tout autre événement de mer ayant rendu le transbordement des marchandises obligatoire, doit être justifiée à l'aide de certificats du consul français et, lorsqu'il n'existe pas d'autorités consulaires françaises dans les localités voisines du lieu où le sinistre s'est produit, par des certificats des douanes ou des autorités locales. Des rapports de mer doivent, en outre, être faits à la douane du port d'arrivée.

95. L'importation peut aussi bien donner lieu à des modérations de droit, lorsqu'elle est faite en droiture par voie de terre que par voie de mer. — L'importation par terre est réputée faite en droiture dès l'instant que, depuis son départ du pays d'origine, la marchandise n'a fait, sauf certaines exceptions spécialement déterminées, aucun emprunt de la voie de mer. Les exceptions ont trait aux tapis de Perse chargés à Constantinople, et aux produits persans exportés par Taganrog. D'autres exceptions existent également en faveur des produits austro-hongrois, russes, etc., par application des traités de commerce (V. Tarif, observ. prélim., n° 60). — Si l'emprunt de la voie de mer est prohibé d'une manière absolue, on considère, en revanche, comme voies de terre, non seulement les routes terrestres et les voies ferrées, mais les canaux et rivières. Sur ces voies, les chargements et déchargements qui peuvent être nécessaires en cours de route ne sont pas considérés comme une interruption de transport, lorsque la marchandise n'a pas séjourné sur les points intermédiaires au delà du temps nécessaire pour son transbordement et pour le changement du mode de transport. Le choix de la route à suivre appartient, d'ailleurs, à l'expéditeur; mais, tandis que, s'il emploie la route ordinaire, les écritures des chemins de fer et les titres de voiture suffisent ordinairement pour justifier des conditions du transport, il faut, quand les transports ont lieu autrement que par la voie habituelle, qu'il résulte des factures originales, des bulletins d'expédition, ou de toute autre justification admise par le service, qu'au moment de son départ du pays d'origine, la marchandise était expédiée à destination de la France.

SECT. 4. — DU DROIT DE STATISTIQUE ET DU DÉCIME PAR FRANC (*Rép.* n°s 116 à 118).

96. Le droit de balance qui était perçu, lors de la publication du *Rép.* n° 116, sur les marchandises déclarées pour la réexportation, est aujourd'hui remplacé par un droit dit *de statistique* (L. 22 janv. 1872, art. 3, D. P. 72. 4. 11), dû sur les marchandises de toute nature importées de l'étranger, de l'Algérie et des autres possessions françaises hors d'Europe ou exportées pour toute destination, et pour celles qui sont extraites des entrepôts pour toute destination hors de France. Ce droit, établi pour subvenir aux frais de la statistique commerciale, est indépendant de toute autre taxe et affranchi des dixièmes additionnels. Il est, en général, de 10 cent. par colis, sur les marchandises en futailles, caisses, sacs ou autres emballages; de 10 cent. par 1000 kilog. ou par mètre cube, sur les marchandises en vrac, et de 10 cent. par tête sur les animaux vivants ou abattus des espèces chevaline, bovine, asine, caprine et porcine. Mais il est perçu d'après des règles spéciales pour un certain nombre de produits, et suivant le mode d'emballage (V. Tarif, observ. prélim., n°s 541 à 543).

97. Le droit de statistique n'est pas applicable aux objets transportés comme colis postaux (L. 3-5 mars 1881, art. 7, D. P. 82. 4. 41), non plus qu'aux objets expédiés par cabotage et à ceux qui empruntent le territoire étranger. — Ces marchandises ne sont d'ailleurs pas les seules qui soient exemptes du droit de statistique; cette faveur est assez souvent accordée, par voie de décret, à des marchandises dont l'importation ou l'exportation touche à l'intérêt général, comme, par exemple, les marchandises envoyées aux expositions (L. 3 avr. 1878, D. P. 78. 4. 50; 20 avr. 1881, D. P. 81. 4. 120), ou celles qui n'entrent pas réellement dans le commerce général de la France et qui ne doivent pas figurer aux tableaux d'importation. De ce nombre sont les objets adressés aux membres du corps diplomatique, les envois de fonds du Trésor, les colis et bagages qu'accompagnent les voyageurs et les émigrants; les produits naturels ou industriels des zônes franches qui sont admis avec exemption des droits de douane; les récoltes des propriétés limitrophes; les bestiaux et troupeaux amenés ou envoyés au pacage; les chevaux et autres bêtes de somme affectés à des transports entre la France et l'étranger, et vice versa; les bêtes attelées et les bêtes de somme servant aux usages agricoles; les animaux attelés et montés servant à des particuliers qui habitent la frontière et passent fréquemment d'un territoire à l'autre; les animaux conduits aux foires et marchés ou qui en sont ramenés; le poisson frais ou salé de pêche française; les objets de toute nature (autres que les marchandises proprement dites) embarqués sur les navires pêcheurs et débarqués de ces navires; le restant des provisions de bord d'origine française ou débarquées d'office pour le rationnement de l'équipage; les épaves et les cargaisons de navires naufragés, temporairement mises à terre pour être réexportées; le lest proprement dit, sans valeur marchande; les échantillons sans valeur marchande; les navires étrangers importés pour la francisation (Tarif, observ. prélim., n° 537). En outre, le droit de statistique n'est pas dû pour les marchandises extraites d'entrepôt pour la consommation, ou en mutation d'entrepôt.

98. Le droit de statistique est perçu au moment de la déclaration de détail et par le bureau qui la reçoit. Au cas d'importation en transit direct, ordinaire ou international, les expéditions sont considérées comme ne constituant qu'une seule opération, et le droit n'est perçu qu'à l'entrée. Si cependant l'expédition par transit international a lieu à destination d'un bureau de l'intérieur, la perception s'effectue à ce dernier bureau, et si, par des circonstances exceptionnelles, le droit avait été acquitté au bureau de prime abord, mention devrait en être faite sur l'acquit-à-caution de transit international. Il n'y a également qu'une seule opération et un seul droit perçu en cas de réexportation et de transbordement immédiats.

99. La perception des deux décimes par franc, à titre de subvention extraordinaire, en sus des droits de douane et de navigation, autorisée par les lois des 6 prair. an 7 et 28 avr. 1816 (*Rép.* n° 117), s'est perpétuée depuis la publication du *Répertoire* en vertu des lois de finances annuelles. Mais les exemptions du double décime qui ont été exposées au *Rép.* n° 117 ont été modifiées par les lois subséquentes; cette exemption s'applique actuellement : 1° à la taxe de consommation du sel (Loi de finances du 26 déc. 1876, art. 2, D. P. 77. 4. 22); 2° aux droits de magasinage et de garde, aux droits de timbre sur les expéditions des douanes, au montant des consignations effectuées pour assurer le renvoi à l'étranger des voitures de voyageurs, aux droits d'entrée sur les provisions de tabac de santé ou d'habitude (V. *Rép.* n° 117); 3° aux taxes sanitaires; 4° aux sommes provenant de la vente ou de la remise sous consignation des moyens de transport saisis. Enfin une loi du 30 déc. 1873 (D. P. 74. 4. 30) a ajouté aux impôts et produits déjà soumis aux décimes par les lois en vigueur ou qui ont été établis décimes compris : 4 p. 100 sur les droits d'entrée et de sortie et sur l'impôt du sucre; 5 p. 100 sur les amendes et condamnations judiciaires, excepté sur les sommes provenant de la vente ou de la consignation des moyens de transport saisis.

L'impôt de 4 p. 100 ne frappe pas les droits qui ne sont pas eux-mêmes grevés du double décime, c'est-à-dire le droit de statistique, les droits de timbre et autres recettes accessoires — les droits de quai, permis de navigation et taxes sanitaires.

100. Il est à remarquer que le double décime et le droit de 4 p. 100 ne doivent pas être ajoutés aux droits tels qu'ils sont exposés au tableau des droits du tarif général. Ces droits ont été établis en comprenant les droits additionnels, de telle sorte que le *tableau des droits* présente cumulativement le droit principal et les taxes additionnelles.

SECT. 5. — DE LA TARE (*Rép.* n°s 119 à 131).

101. On a vu au *Rép.* n° 119 que la loi des 6-22 août 1791 a accordé certaines déductions pour les tonneaux, caisses et autres enveloppes qui entourent les marchandises tarifées à des droits élevés. Ces déductions constituent ce qu'on appelle la tare, qui est tantôt *légale*, tantôt *réelle* (*Rép.* n°s 120 et 121), suivant qu'elle est fixée par la loi ou directement constatée.

102. Actuellement on fait entrer dans l'évaluation de la tare réelle, contrairement aux dispositions de la circulaire du 15 juill. 1829, citée au *Rép.* n° 122, tous les emballages intérieurs et extérieurs de la marchandise, de sorte que le poids net réel ou poids effectif est le poids de la marchandise dépouillée de tous ses emballages extérieurs et intérieurs y compris les objets servant, dans l'intérieur des colis, au pliage, à la séparation ou à l'arrangement des marchandises.

103. Les marchandises pour lesquelles les droits doivent être liquidés *au net* sont actuellement, quelle que soit la quotité des droits, *à l'entrée et à la sortie* : les ouvrages en soie et bourre de soie — les dentelles — les ouvrages en or et en argent — l'or et l'argent bruts; — *à l'entrée* : les soies autres que les cocons et la bourre de soie, les plumes apprêtées, les machines et mécaniques — le nankin des Indes, les cafés, poivres, indigo, potasse et ses dérivés — le coton — les sucres et sucres candis en caisses ou en futailles — les produits taxés au net présentés en bouteilles, outres, cruchons ou estagnons. — Enfin, alors que les marchandises tarifées au poids n'étaient, au moment de la publication du *Répertoire*, admises au bénéfice de la liquidation au poids net que si elles étaient tarifées à plus de 40 fr. les 100 kilog., il suffit aujourd'hui, en vertu de la loi du 16 mai 1863 (art. 24, D. P. 63. 4. 63), qu'elles soient tarifées à 10 fr. les 100 kilog. Pour toutes autres marchandises, les droits sont acquittés sur le poids brut.

104. Lorsqu'une marchandise est taxée à des droits différents, suivant sa provenance (*Rép.* n° 123) ou son origine, la taxe normale applicable est celle qui grève les produits des pays hors d'Europe, quand ces produits sont l'objet d'une tarification distincte, et dans le cas contraire, la taxe applicable est celle des pays de production (Tarif, observ. prélim., n° 94).

105. La distinction du brut est faite aussi bien pour la perception des surtaxes que pour celle des droits principaux. Les surtaxes de provenance ou d'origine sont perçues sur le net ou sur le brut, selon que la taxe normale est perçue sur l'une ou sur l'autre de ces bases ; la surtaxe d'entrepôt est perçue au brut, lorsque le régime normal est la franchise ou que le produit est tarifé autrement qu'au poids (Tarif, observ. prélim., n° 94).

On suit les mêmes règles pour l'application aux surtaxes de la taxe additionnelle de 4 p. 100 établie, à titre temporaire, par la loi du 30 déc. 1873 (D. P. 74. 4. 30).

106. Parmi les marchandises qui sont susceptibles de liquidation des droits au net, il en est pour lesquelles cette liquidation doit être faite dans tous les cas et en quelque sorte d'office ; pour d'autres, au contraire, les agents des douanes ne sont tenus de vérifier le poids net qu'autant qu'il a été énoncé dans la déclaration *primitive*, c'est-à-dire la déclaration en détail faite au bureau de prime abord pour la mise en consommation, l'entrepôt, le transit, etc. Cette règle reçoit, d'ailleurs, toujours exception dans les cas énoncés au *Rép.* n° 126, c'est-à-dire lorsque le défaut de déclaration du poids net ou la déclaration tardive a pour objet des marchandises sujettes à coulage, importées en futailles ou des sucres bruts, même quand ils sont importés en balles et en sacs. Il suffit qu'il ait été fait réserve de la tare réelle dans la déclaration primitive.

107. Les déclarations relatives aux tares sont soumises aux mêmes règles que les autres déclarations portant sur des marchandises taxées au poids (V. *infrà*, n°s 167 et suiv.); elles ne peuvent être modifiées que dans le jour où elles ont été remises en douane et avant la visite. On accorde cependant aux chefs locaux le droit d'autoriser exceptionnellement, à la demande des intéressés, la constatation du poids net réel pour les marchandises qui ont été primitivement déclarées au brut et auxquelles, par conséquent, on serait en droit d'appliquer la tare légale ; mais le net réel devient alors obligatoire pour la totalité du lot compris dans la déclaration primitive, sans qu'il puisse être permis au redevable de faire un triage des colis en vue de conserver le bénéfice de la tare légale à ceux auxquels elle serait plus favorable que la tare réelle. Cette autorisation ne peut être donnée pour les marchandises placées en entrepôt fictif ; mais elle peut être accordée aussi bien aux marchandises sortant d'un entrepôt réel, ou qui ont donné lieu à des expéditions en transit ou à des mutations d'entrepôt, qu'à celles qui arrivent directement de l'extérieur.

108. Pour établir le poids net réel, le service peut procéder *par épreuves*, c'est-à-dire, lorsque les colis importés sont de même forme et que leur poids paraît à peu près pareil, se borner à en faire vider un certain nombre, variant du cinquième au vingtième, suivant le nombre des colis, et à établir, au moyen d'une pesée aussi exacte que possible de ces colis, la tare proportionnelle qui sera appliquée à l'ensemble (V. Tarif, observ. prélim., n° 100, et note 1). La vérification par épreuves peut même être appliquée à des colis de poids différents s'il a été produit à l'appui de la déclaration une *note de détail*, c'est-à-dire un relevé des poids net et brut de chacun des colis. En ce dernier cas, c'est plutôt la sincérité de la déclaration que la tare même qui est soumise à la vérification des agents des douanes. Que les colis, d'ailleurs, soient ou ne soient pas de même modèle, le consentement du service à la vérification par épreuves n'est pas irrévocable, en ce sens que les agents peuvent exiger que la totalité des colis soit vidée et que la tare réelle soit directement établie, si le poids net qui résulte de la vérification par épreuves excède de plus d'un dixième le poids déclaré.

109. La vérification par épreuves ne doit, d'ailleurs, pas être érigée en règle absolue, et les instructions qui sont transmises à cet égard aux agents des douanes sont conçues dans ce sens. Il leur est recommandé d'agir de telle façon qu'en aucun cas les déclarants ne puissent se considérer comme assurés d'échapper à une vérification intégrale.

110. Les vérifications par épreuves, sur note de détail, s'appliquent surtout aux marchandises arrivant des contrées d'Europe ; car, pour les importations qui arrivent par mer des contrées lointaines, le commerce, la plupart du temps, n'est pas en mesure de fournir ces déclarations, qui doivent être présentées à l'enregistrement en même temps que la déclaration principale (Décis. 18 déc. 1882), qu'elles complètent et dont elles forment partie intégrante. Aussi, dans ce dernier cas, doit-on peser toutes les marchandises qui supportent des droits de quelque importance, à moins que les marchandises n'entrent dans des docks-entrepôts et ne soient intégralement pesées par la compagnie des docks ; dans ce dernier cas, l'administration des douanes peut se contenter de procéder par épreuves (Delandre, 3e éd., 4e suppl., n° 454).

111. L'application de la tare légale ne peut être faite que lorsque les marchandises sont présentées en colis ayant la forme et l'emballage usuels : cette tare ne peut être appliquée, lorsque les marchandises sont incomplètement emballées et que le poids net réel peut être facilement constaté (Tarif, observ. prélim., n° 104).

112. Depuis la publication du *Répertoire*, le tableau des tares légales, exposé n° 128, a subi de nombreuses modifications qu'on pourra trouver au tarif, observ. prélim., n° 97.

113. Les règles relatives aux emballages en double fût, doubles caisses, etc. (*Rép.* n° 129), aux emballages ou récipients employés pour les pesées des marchandises importées en vrac (*Rép.* n° 131) n'ont pas subi de changements appréciables, c'est-à-dire que ces divers emballages n'entrent pas en ligne de compte pour l'application des droits (V. Tarif, observ. prélim., n°s 101, 103, 108).

Toutefois les doubles emballages ne sont admis en franchise que parce qu'ils sont réputés nécessaires à la conservation de la marchandise. Il résulte, notamment, d'une décision du 28 janv. 1885 qu'au cas d'importation de grains ou de graines en doubles sacs, il y a lieu d'examiner si le sac est ou non indispensable pour assurer la conservation de la denrée pendant le transport et, en cas de négative, d'imposer le deuxième sac au droit des sacs neufs (Delandre, 4e suppl. à la 3e éd., n° 466, et 3e éd., n° 200).

114. Les emballages qui consistent en caisses ou futailles en bois commun, en sacs de toile grossière et autres emballages analogues, communément employés au transport des marchandises, et qui peuvent être considérés comme n'ayant pas par eux-mêmes de valeur marchande, suivent le sort des marchandises qu'ils renferment. Ils ne sont pas, en conséquence, soumis à des droits indépendants de ceux qui grèvent les marchandises elles-mêmes, lorsque celles-ci sont taxées au brut, et sont admis en franchise, lorsque les marchandises sont exemptes de droits ou taxées au net, à la valeur, au nombre ou à la mesure. Il faut, bien entendu, que les futailles, caisses, etc. sans valeur soient importées pleines ; lorsque cette condition est remplie, on accorde même l'assimilation aux marchandises pour des emballages qui ont une valeur marchande, s'ils renferment des marchandises taxées au brut à un droit qui n'est pas notablement inférieur à celui que les emballages acquitteraient séparément (Tarif, observ. prélim., n° 105).

115. Dans tous les autres cas, c'est-à-dire si les emballages ayant une valeur marchande renferment des marchandises taxées au brut à un droit notablement inférieur à celui des emballages, des marchandises admises en franchise, enfin des marchandises tarifées au poids net, au nombre, à la mesure ou à la valeur, les emballages suivent séparément le régime qui leur est propre. Leur poids est alors déduit du poids des marchandises, et on taxe séparément les emballages intérieurs et les emballages extérieurs. — Ces règles sont applicables à un certain nombre d'emballages dont on trouvera des exemples au *Rép.* n° 131, et au Tarif, observ. prélim., n° 106, et notes du tableau des droits, nos 333, 412, 432.

116. Quelquefois, cependant, les emballages intérieurs, bien que passibles d'un droit plus élevé que les marchandises qu'ils contiennent, peuvent être soumis au même droit que ces marchandises : c'est lorsque ces emballages ne doivent pas, pour la vente au détail, comme notamment les boîtes en fer blanc contenant des conserves de viande, de poisson ou de légumes et fruits (Circ. n° 1570, nouv. sér.), être séparés de la marchandise qu'ils contiennent et n'ont pas d'emploi, après que celle-ci a été consommée. Cette tolérance s'applique aussi bien aux objets taxés au net qu'aux objets taxés au brut. On peut aussi taxer aux droits du contenu l'emballage et la marchandise, lorsque celle-ci, taxée au net, a des emballages intérieurs séparément imposables à un droit inférieur à celui qu'elle doit supporter. Cette faculté, que les intéressés peuvent réclamer, permet d'éviter la constatation du poids réel du contenu et l'ouverture des emballages intérieurs, qui suffirait souvent à détériorer la marchandise, comme il arriverait, par exemple, pour des boîtes de fer-blanc soudées contenant du lait sucré concentré.

CHAP. 5. — Du payement des droits. — Cas de faillite. — Privilège et hypothèque (*Rép.* nos 132 à 148).

117. Les droits de douane peuvent toujours être acquittés en argent, c'est-à-dire en monnaies ayant cours légal (V. Tarif, observ. prélim. et fascic. rectif. de 1886, n° 128), et, sous certaines conditions, en effets de crédit, comme on l'a exposé au *Rép.* n° 132. En vertu de décisions ministérielles des 10 mai et 4 juill. 1884, les receveurs des douanes, à Paris et dans les villes pourvues d'une succursale de la Banque de France, sont autorisés à recevoir, dans les versements effectués à leurs caisses, les récépissés de la Banque de France ainsi que les mandats de virement sur cet établissement. Les récépissés, qui sont émis par la Banque elle-même, ont pour le comptable qui les reçoit la même valeur qu'un billet de banque ; aussi la réception n'en est-elle soumise à aucune formalité. Au contraire, les mandats de virement sont émis par le titulaire d'un compte courant à la Banque ; leur valeur est donc subordonnée à l'existence d'une provision suffisante et leur admission doit, par suite, être soumise à certaines formalités. En conséquence, ces mandats ne sont reçus qu'à la condition que la quittance mentionne expressément la circonstance que le payement a été effectué en totalité ou pour partie en un mandat de virement sur la Banque. En second lieu, la quittance ne doit être remise avant l'admission par la Banque du mandat de virement qu'autant que la délivrance des quittances n'a pas pour effet de dessaisir le Trésor de son gage. Si donc le versement a pour objet une remise de titre ou de valeur, s'il entraîne permis d'enlèvement ou de sortie, ou comporte pour le Trésor dessaisissement de tout ou partie de la garantie de ses droits, le comptable doit différer la délivrance de sa quittance jusqu'après l'encaissement du mandat, à moins que la partie versante ne soit notoirement solvable. Toute liberté d'appréciation est laissée à cet égard aux comptables qui ne sont responsables à ce point de vue que de leur faute lourde.

118. Le bénéfice de l'escompte auquel étaient admis, ainsi qu'il a été exposé au *Rép.* n° 133, sous certaines conditions, les redevables qui acquittaient au comptant certains droits de douane, a été retiré par la loi du 15 févr. 1875 (D. P. 75. 4. 91). Aux termes de l'art. 1er de cette loi, tous les droits recouvrés par l'Administration des douanes doivent être payés au comptant sans escompte. Toutefois, le législateur a laissé subsister la faculté pour les receveurs d'accorder aux redevables, sous leur responsabilité personnelle, pour le payement de certains droits, un crédit garanti par des *obligations cautionnées*. « Néanmoins, dit l'art. 2, pour ceux de ces droits auxquels a été accordée la faculté d'acquittement en obligation ou l'allocation d'un escompte en cas de payement au comptant, c'est-à-dire les droits d'importation, les taxes de fabrication et de consommation sur les sels, les sucres, les bières, les papiers, les allumettes, la chicorée, les huiles de toute espèce, la bougie, les savons et aussi pour le droit sur les cartes à jouer et le montant du papier filigrané et de moulage des cartes à jouer, le redevable pourra être admis à présenter des obligations dûment cautionnées à quatre mois d'échéance, lorsque la somme à payer, d'après chaque décompte, s'élèvera à 300 fr. au moins. » La loi de 1875, on le voit, non seulement énumère les droits qui peuvent faire l'objet d'un crédit, mais en fixe la durée d'une manière uniforme à quatre mois, alors qu'à l'époque de la publication du *Répertoire*, cette durée variait de trois à neuf mois (*Ibid.*, n° 136). Aux termes de l'art. 3 de la même loi du 15 févr. 1875, les obligations souscrites par les redevables donnent lieu à un intérêt de retard, dont le taux est fixé par le ministre des finances, et à une remise spéciale allouée au receveur qui concède le crédit ; cette remise ne peut dépasser 1/3 de franc pour 100 (V. *infrà*, n° 131).

119. Outre la faculté de souscrire des obligations à quatre mois, certains redevables sont encore admis à souscrire des obligations cautionnées valables pour une année (Circ. nos 1601 et 1710, nouv. sér.), moyennant lesquelles ils sont autorisés à disposer des marchandises leur appartenant dès que la vérification en est terminée.

120. Il y a lieu à une remise de 1 pour 1000 sur le montant des droits qui grèvent les marchandises enlevées sous la garantie de ces soumissions, avant la liquidation des droits et leur acquittement en numéraire (Loi de finances du 29 déc. 1884, art. 11, D. P. 85. 4. 38). Cette remise n'est perçue que lorsque les droits primitivement garantis par une soumission cautionnée sont acquittés en numéraire ; elle ne l'est pas, lorsqu'ils font l'objet d'un acquittement par traites.

121. L'admission des redevables à souscrire des soumissions annuelles n'avait d'abord été autorisée que pour les ports par la loi du 29 déc. 1884. Cette mesure a, depuis, été étendue à tous les bureaux de douane, y compris celui de Paris, par la loi du 26 févr. 1887 (art. 5, D. P. 87. 4. 81) (Delandre, 3e éd., 6e suppl, n° 896). Pour jouir de cette faveur, le redevable et sa caution doivent présenter une solvabilité qui garantisse d'une manière suffisante le recouvrement du montant de leurs engagements, et qui soit de notoriété sur la place à laquelle ils appartiennent. L'admission à ce mode de crédit n'est, d'ailleurs, pas abandonnée à l'arbitraire des receveurs, et elle est entourée de précautions analogues à celles que l'arrêté du ministre des finances du 9 déc. 1822 avait prescrites pour l'octroi des crédits, et qui ont été exposées au *Rép.* n° 142. La liste des redevables admissibles au crédit comme obligés principaux et comme cautions est dressée trimestriellement, et le crédit qui peut être ouvert à chacun des négociants inscrits sur cette liste y est indiqué. Le soin de la dresser est confié, dans certaines localités aux receveurs principaux ; mais, d'une manière générale, la liste est arrêtée, qu'il s'agisse d'un bureau principal ou d'un bureau particulier, par le directeur sur la proposition du receveur principal et l'avis de l'inspecteur. Lorsque les receveurs principaux sont autorisés à fixer eux-mêmes le chiffre des crédits, les inspecteurs et les directeurs n'ont à intervenir qu'à titre de contrôle, et pour signaler au comptable et à l'Administration toute concession de crédit qui ne leur paraîtrait pas justifiée. Leur responsabilité est ainsi engagée dans une certaine mesure (Delandre, 3e éd., 4e suppl., n° 462).

122. Les crédits concédés sont portés sur un tableau mensuel, divisé en deux parties, dont la première comprend les redevables, principaux obligés et cautions admis au payement en traites ; dans la seconde, figurent ceux qui sont autorisés à faire usage du crédit d'enlèvement. — Les crédits partiels concédés sont, d'autre part, inscrits sur un registre spécial, ce qui permet de s'assurer en tout temps et notamment avant la délivrance des permis d'enlèvement que les engagements des redevables n'excèdent pas les limites du crédit total.

123. Les conditions auxquelles sont soumis, au point de vue de la solvabilité, les redevables, obligés principaux et leurs cautions, sont les mêmes, soit qu'il s'agisse du crédit de quatre mois, soit de la soumission cautionnée permettant l'enlèvement. Dans les deux cas, les principaux obligés et leurs cautions doivent être domiciliés dans le lieu de la résidence du receveur ou dans la banlieue, c'est-à-dire les localités attenantes à la résidence du receveur et faisant pour ainsi dire corps avec elle (Lettr. comm. 17 janv. 1883, n° 636); ils doivent, en outre, n'être communs en biens ni en intérêts.

124. On a vu, *suprà*, n° 118, que l'art. 2 de la loi du 15 févr. 1875 autorise les redevables à présenter pour le payement des droits qu'il spécifie, des obligations cautionnées à quatre mois d'échéance, lorsque la somme à payer, d'après chaque décompte, c'est-à-dire après la réunion de toutes les liquidations inscrites dans une même journée au nom du même redevable, donne lieu à une perception de 300 fr. au moins. — Il ne doit être souscrit qu'une seule obligation, lorsque le décompte d'une journée n'excède pas 2000 fr. (Tarif, observ. prélim., n° 130).

125. Les obligations cautionnées sont souscrites à l'ordre du comptable et garanties par une ou plusieurs cautions qui s'engagent au même titre que le principal obligé; elles doivent porter au moins la signature de deux personnes habitant le lieu de la résidence du receveur et comprennent, outre le montant du droit, l'intérêt de retard auquel donne lieu le payement en traites. Elles doivent être libellées, conformément aux prescriptions des art. 187 et 188 c. com., sur papier timbré au timbre proportionnel, sans fraction de franc quant au droit principal, et avec la mention expresse : *valeur en droits de douane*. La formule la plus usitée est ainsi conçue : *Au ... prochain, nous soussignés (le redevable, et M. X... caution solidaire), demeurant à ..., payerons solidairement à l'ordre de M. le receveur des douanes ... la somme de ..., valeur en droits de douane, suivant la déclaration* n° ..., *et nous engageons à lui donner pour cette somme, dans les cas prévus par les art.* 2020 *c. civ. et* 444 *c. com. une nouvelle caution solidaire ou à payer comptant pour caution* ». — Les effets ainsi conçus doivent être payables soit à Paris, soit dans les départements, au domicile ou dans le lieu de la résidence du trésorier payeur général ou du receveur des finances de l'arrondissement (Tarif, observ., prélim., n° 131).

126. Les compagnies de chemins de fer qui accomplissent en grand nombre les formalités de douanes pour le compte de leurs commettants sont soumises à un régime de faveur pour le payement des droits de douane. Elles sont autorisées à déposer dans chacun des bureaux de douanes de leur réseaux où se font des acquittements, une soumission renouvelable chaque année, et portant engagement d'acquitter les droits dont elles sont redevables, au moyen de mandats de virement sur leur compte courant à la Banque de France, à Paris, libellés au profit du caissier payeur central du Trésor (Arrêté min. 26 mars 1887; Circ. n° 1829). Ce système est facultatif pour les compagnies, qui peuvent l'employer dans un bureau et n'en pas faire usage dans un autre, et restent libres, alors même qu'elles ont fait une soumission dans un bureau, d'y régler les droits de douane tantôt en numéraire, tantôt en mandats de virement, suivant leur convenance. Cette faculté de régler partie en numéraire, partie en obligations, est, d'ailleurs, accordée d'une manière générale à tous les redevables (Tarif, observ. prélim., n° 130).

127. Le règlement des droits entre les compagnies de chemins de fer et la douane se fait de la manière suivante. Le receveur des douanes, dépositaire de la soumission de la compagnie, liquide les droits dus sur les marchandises et produits importés, et les perceptions de toute nature qui sont faites par la douane; puis, lors de l'enlèvement de ces marchandises et produits, il remet à l'agent de la compagnie les quittances et expéditions y relatives. En même temps, il constate le montant de cette liquidation sur un carnet spécial que l'agent de la compagnie signe pour reconnaissance des sommes dues. — Pour les recouvrements qui n'impliquent pas enlèvement de marchandises ou de produits, le receveur remet également à l'agent de la compagnie les quittances afférentes à ces recouvrements et constate en même temps le montant des quittances sur son carnet spécial qui est également signé par l'agent de la compagnie. — Tous les jours, l'agent de la compagnie remet au receveur des douanes un mandat de virement d'une somme égale au montant des droits dus pour la journée. Pour prévenir tout désaccord entre le receveur et l'agent de la compagnie, celui-ci remet journellement au receveur un bordereau établissant, par catégorie, les droits de toute nature qui sont dus pour la journée, et ce bordereau est rendu à l'agent de la compagnie, lorsque le receveur a vérifié la concordance et y a mentionné l'acquittement des droits au moyen du mandat de virement. Les mandats remis au receveur des douanes sont transmis, par l'intermédiaire des receveurs particuliers des finances et des trésoriers payeurs généraux, au ministre des finances (V. Delandre, 3e éd., n° 184 *bis*, 5e suppl., n° 673, 7e suppl., n° 1047).

128. A la différence des mandats de virement émis par les particuliers (V. *suprà*, n° 117), les mandats de virement délivrés par les agents des compagnies de chemin de fer sont considérés comme des valeurs de caisse au même titre que le numéraire, de sorte que le règlement opéré au moyen de ces mandats exonère les compagnies du payement de la remise de 1 pour 1000 due par tous les redevables auxquels est accordée la faculté d'enlèvement avant le payement des droits (Circ. 28 févr. 1887, n° 1823).

129. Bien que les obligations souscrites par les redevables soient revêtues des formes spéciales aux effets de commerce, elles ne constituent cependant pas des *effets commerciaux*. — Ainsi les redevables ne pourraient refuser le payement d'une obligation à quatre mois en invoquant une irrégularité qui permettrait de refuser le payement d'un effet de commerce proprement dit. Spécialement, il a été jugé que des associés ne peuvent éluder le payement d'une obligation à quatre mois, sous prétexte que cette obligation, souscrite par le gérant de leur société au profit du trésor public, n'aurait pas été revêtue de la double signature exigée par les statuts pour la validité des effets de commerce engageant la société. En outre, c'est la juridiction civile qui seule est, à l'exclusion des tribunaux de commerce, compétente pour statuer sur les difficultés relatives à ces obligations. C'est, du moins, en ce sens que se sont prononcés le tribunal civil de Laon, par jugement du 9 juill. 1874 et la cour de cassation, par un arrêt du 16 févr. 1876 (aff. Devivaise, D. P. 76. 1. 163), rendus en matière de contributions indirectes, mais dont le principe est entièrement applicable en matière de douane.

130. Le payement anticipé des traites souscrites en faveur de l'administration des douanes ne donne lieu au remboursement partiel de l'intérêt de retard que lorsque ce payement anticipé a lieu à la demande ou dans l'intérêt du Trésor. Aussi, lorsque le payement anticipé est la conséquence de la faillite du débiteur, celui-ci n'est-il pas autorisé à exiger la restitution de l'intérêt de retard. Enfin, quand le payement anticipé est offert par un débiteur encore *in bonis* et maître de ses droits, le remboursement de l'intérêt de retard peut être accordé ou refusé par le Trésor, suivant les circonstances (Décis. min. 23 sept. 1887. V. Delandre, 3e éd., 6e suppl., n° 897).

131. La responsabilité des receveurs (*Rép.* nos 139 *in fine* et 144), reste toujours engagée, lorsque les règles relatives à l'octroi du crédit ne sont pas observées par eux. Cette responsabilité pèse exclusivement sur les receveurs principaux qui ont seuls, ainsi qu'on l'a vu *suprà*, n° 121, le soin de rechercher les personnes qui peuvent être admises au crédit, tandis que les receveurs subordonnés ne peuvent faire crédit des droits qu'avec leur autorisation. C'est pour couvrir la responsabilité qui incombe aux receveurs principaux en raison des crédits qu'ils accordent que la loi du 15 févr. 1875 (art. 3, D. P. 75. 4. 91) a établi en leur faveur une remise qui est aujourd'hui fixée à 1/3 de fr. pour 100 au maximum. Néanmoins, les receveurs ne touchent pas la totalité de cette remise, une partie du montant en est attribuée au Trésor depuis un arrêté du 6 juin 1848. La quotité ainsi attribuée a souvent varié dans ces dernières années. Depuis le 1er janv. 1886, la répartition de la remise de 1/3 de fr. p. 100 est faite par un arrêté ministériel du 30 oct. 1885 (V. *suprà*, p. 562). Aux termes de cet arrêté, les sommes recouvrées à titre de remise de 1/3 p. 100 sur les crédits concédés sont réparties à la fin de chaque mois entre le Trésor et le comptable qui a concédé le crédit. Sur les premiers 500000 fr. de crédits concédés pendant le mois, la part du comptable est de 1/3 de fr. p. 100; sur les 400000 fr. suivants de 1/10 de fr. p. 100; sur les 800000 fr. suivants de 1/20 de fr. p. 100; sur le surplus des crédits concédés de 1/40 de fr. p. 100. — En cas d'intérim résultant de vacance d'emploi, l'agent qui en est chargé participe au partage de la remise, au prorata des crédits qu'il a concédés, mais en tenant compte de ceux qui l'auraient déjà été pendant le mois par le receveur sortant. Ainsi un intérimaire concédant 300000 fr. de crédits, alors que le titulaire sortant en aurait déjà concédé 400000 fr. pendant le mois, toucherait la remise sur le pied du 1/3 p. 100 sur 100000 fr. et du 1/10 sur les 200000 fr. restants (Circ. 12 nov. 1885, n° 1757. V. Delandre, 3e éd., 4e suppl., n° 464).

132. La remise de 1 p. 1000 due par les redevables qui sont admis à la faculté d'enlèvement des marchandises avant la liquidation et le payement des droits, est également répartie entre le Trésor et les comptables, conformément aux dispositions des arrêtés ministériels : un arrêté du 30 déc. 1884 a fixé à la moitié la quote-part revenant aux comptables, qui n'ont jamais droit qu'à cette moitié, quel que soit le chiffre des crédits concédés (Delandre, 3e éd., 4e suppl., n° 461).

133. On a vu au *Rép.* n° 146 que les redevables sont admis à demander la restitution des droits qui ont été indûment perçus, pourvu que leur réclamation soit élevée dans les deux ans à dater du payement. L'Administration est donc soumise au principe de la répétition de l'indû. Il avait été reconnu en faveur de l'administration des douanes par un arrêt du 12 mai 1846 (*Rép.*n° 614) que les lois de douanes n'avaient pas dérogé aux art. 1235 et 1376 c. civ. et qu'une prime d'importation payée par erreur pendant la vérification en douane devait être restituée par celui qui l'avait reçue. La même solution a été consacrée en Belgique par un arrêt de la cour de cassation belge du 7 mars 1867 (*Belgique judiciaire*, 1867, p. 379). La même cour a confirmé cette jurisprudence au profit des redevables et décidé, par arrêt du 18 avr. 1883 (aff. Lebermuth, D. P. 83. 2. 149), que l'importateur peut répéter les droits qu'il a payés indûment, bien qu'ils aient été perçus d'après sa propre déclaration, si celle-ci a eu pour cause l'erreur de l'Administration.

134. L'Administration peut, de son côté, poursuivre le payement des droits qui n'ont pas été perçus pendant un an à dater du moment où ils auraient dû être payés (L. 6-22 août 1791, tit. 13, art. 25). Ce droit lui appartient aussi bien lorsque la réclamation est fondée sur une insuffisance que sur un défaut absolu de perception (Civ. cass. 22 juin 1870, aff. Vay, D. P. 71. 1. 277. V. *suprà*, n° 66).

135. Lorsque l'administration des douanes est condamnée au remboursement d'un droit indûment perçu, elle ne peut être condamnée à payer les intérêts de la somme perçue à titre de taxe, qui auraient couru depuis la demande. C'est la conséquence de ce principe qui domine toute notre législation fiscale, qu'aucun impôt direct ou indirect ne peut être ni augmenté, ni diminué, ni modifié si ce n'est en vertu d'une loi formelle ; car les intérêts moratoires que les droits de douane produiraient soit au profit de l'Etat, soit au profit des particuliers, au cas d'indû payement, ne seraient autre chose qu'une augmentation ou une réduction d'un impôt sans intervention de la loi (Req. 27 nov. 1867, aff. Fleurot, D. P. 68. 1. 267 ; Civ. cass. 21 juin 1880, aff. Octroi de Marseille, D. P. 80. 1. 309 ; 19 févr. 1884, aff. Ravot et Coupery, D. P. 84. 1. 332).

136. On a signalé au *Rép.* n° 147 certains effets de la faillite d'un redevable. Cette faillite, notamment, fait naître une difficulté relativement à la question de savoir si la caution d'un redevable failli qui acquitte le montant des droits soumissionnés peut être subrogée, envers les créanciers de la faillite, aux droits et privilèges de la douane. Les auteurs s'étaient divisés sur ce point. La jurisprudence admet, conformément à l'opinion de M. Bourgat qui a été signalée au *Rép.* n° 147, que la caution peut être considérée, lorsqu'elle acquitte les droits au lieu et place du redevable failli, comme subrogée aux droits du Trésor sur les biens du failli, à l'encontre des créanciers ordinaires de la faillite (Comp. Civ. rej. 17 août 1836, *Rép.*, v° *Cautionnement*, n° 334; Req. 9 mars 1885, aff. Gourdin, D. P. 86. 1. 109). Mais la caution ne peut invoquer le bénéfice de la subrogation et venir en concurrence avec le Trésor à l'encontre de la douane elle-même, lorsque celle-ci est demeurée créancière du redevable pour des droits non acquittés, distincts de ceux qui ont fait l'objet de l'engagement de la caution. En effet, le privilège attribué à l'administration des douanes sur les meubles et effets mobiliers des redevables, par les lois des 6-22 août 1791 et 4 germ. an 2, est, par sa nature, exclusif de tout concours, de la part de la caution. Celle-ci est en réalité beaucoup moins une caution selon l'esprit du code civil, qu'un second redevable adjoint au premier, et contre lequel l'Administration est en droit d'exercer les privilèges et hypothèques qu'elle pourrait exercer sur les biens du redevable lui-même. (*Rép.* v° *Privilèges et hypothèques*, n° 544). En outre, l'intervention de la caution, venant concourir avec la douane, serait contraire aussi bien au texte qu'à l'esprit de la législation douanière, dont le but a été d'assurer, par un privilège sans partage, le recouvrement de l'impôt dans son intégralité (Civ. rej. 4 janv. 1888, aff. Vincent et aff. Mattat, D. P. 88. 1. 55).

137. On a vu au *Rép.* n° 148 quelle est l'étendue du privilège de la douane. Cette question a été examinée avec plus de détail *ibid.* v° *Privilèges et hypothèques*, nos 543 et suiv. On y reviendra *infrà*, eod. v°, où l'on traitera, notamment, de l'exercice de ce privilège, en cas de faillite du redevable.

CHAP. 6. — Comptabilité de l'administration des douanes (*Rép.* nos 149 à 157).

138. De même qu'au *Répertoire*, on n'entrera pas ici dans l'examen détaillé des règles de la comptabilité des douanes, et l'on se bornera à signaler quelques principes qui sont d'un intérêt général.

139. Comme on l'a vu au *Rép.* n° 150, les pièces et les éléments de la comptabilité de l'Administration des douanes sont, comme ceux de toutes les comptabilités publiques, soumis au contrôle de la cour des comptes, par l'intermédiaire de la direction générale de la comptabilité publique du ministère des finances. Mais, dans le service des douanes, les receveurs principaux sont seuls justiciables de cette cour ; ils reçoivent les comptes des receveurs subordonnés, auxquels ils donnent, au moyen d'un récépissé, une décharge provisoire jusqu'au jugement définitif de la cour.

140. Tous les mois, les receveurs principaux adressent directement au ministre des finances un relevé de leurs opérations, une première fois, le 16, pour la première quinzaine, et une seconde fois, le 1er du mois suivant pour le mois entier (Circ. 17 févr. 1873); ils adressent également chaque mois à l'Administration un duplicata du même relevé.

Sauf quelques exceptions, les pièces justificatives des recettes ne sont produites qu'en fin d'année, tandis que celles des dépenses publiques sont fournies mensuellement.

141. Les receveurs principaux doivent fournir des comptes de gestion annuelle, qui présentent le résumé de toutes les opérations de recettes et de dépenses qu'ils ont effectuées pendant l'année (Delandre, 3e éd., n° 213).

142. Les règles relatives à la régularité des pièces justificatives des recettes et dépenses (*Rép.* n° 152) et des quittances ou acquits (*Ibid.* nos 152 et 153) n'ont subi aucune modification.

143. Les receveurs principaux des douanes sont tenus de verser leurs recettes tous les dix jours dans les caisses des receveurs particuliers des finances, et plus souvent lorsqu'elles excèdent 5000 fr., sauf à retenir les fonds qui peuvent être nécessaires pour les dépenses. Ils peuvent toutefois être autorisés par les directeurs, en raison de l'éloignement de certaines localités et des dérangements qui en résulteraient, à n'effectuer de versements que tous les dix jours, alors même que les recettes dépasseraient 5000 fr.; les directeurs, en revanche, peuvent augmenter le nombre des versements dans le cas où l'accroissement des excédants leur paraîtrait rendre cette mesure nécessaire (Décis. 13 nov. 1858). Par exception, les receveurs principaux, lorsqu'ils y trouvent un avantage, sont autorisés à effectuer leurs versements entre les mains du trésorier payeur général du département, au lieu de les effectuer à la caisse du receveur particulier de leur arrondissement, et même à verser l'excédent de leurs recettes dans la caisse de tel ou tel autre comptable de leur résidence désigné par le trésorier-payeur, pourvu que celui-ci garantisse expressément l'échange du reçu provisoire contre le récépissé libératoire (Delandre, 3e éd., n° 227).

144. Les receveurs subordonnés doivent, de leur côté, dès que leurs perceptions dépassent 5000 fr., en faire le versement à la recette principale. Ils versent, dans tous les cas, au dernier jour du mois la totalité de leur recette, sauf la somme nécessaire pour faire face aux besoins du service (Delandre, 3ᵉ éd., 5ᵉ suppl., n° 684). Mais, afin d'éviter des frais de transport de numéraire, le receveur subordonné dont le bureau est plus rapproché du siège de la recette des finances que du bureau principal peut être autorisé à effectuer directement ses versements à cette recette pour le compte du receveur principal (Circ. 10 mars 1866; Delandre, *ibid.*).

145. Les perceptions qui sont faites par les receveurs des douanes, pour le compte de l'administration des contributions indirectes, sont arrêtées chaque mois à une date déterminée par cette administration. Les taxes de régie perçues par la douane sont confondues dans la caisse des receveurs avec celles des douanes, mais elles font l'objet de chapitres spéciaux aux écritures, et elles y donnent lieu à l'ouverture de comptes spéciaux. — C'est aux agents de la régie qu'incombe le soin de s'assurer de la régularité des perceptions; mais ce sont les inspecteurs des douanes qui sont seuls chargés d'en vérifier l'existence en caisse (Delandre, 3ᵉ éd., 5ᵉ suppl., n° 684).

146. Lorsque les comptables reçoivent en payement des mandats de virement sur la Banque de France (V. *suprà*, n° 117), ils doivent les verser le jour même, ou le lendemain matin au plus tard, à Paris à la caisse centrale du Trésor, et dans les départements à la caisse du receveur des finances de l'arrondissement (Delandre, 3ᵉ éd., 3ᵉ suppl., n° 309).

CHAP. 7. — Mesures de police et de garantie contre la fraude. — Rayon frontière. — Bureaux d'entrée et de sortie. — Passavant, acquit-à-caution. — Préemption (*Rép.* nᵒˢ 158 à 258).

SECT. 1ʳᵉ. — DE LA LIGNE DES DOUANES OU RAYON FRONTIÈRE DE TERRE ET DE MER. — USINES ÉTABLIES DANS LE RAYON (*Rép.* nᵒˢ 158 à 170).

147. — I. RAYON FRONTIÈRE DE TERRE; USINES (*Rép.* nᵒˢ 158 à 167). — Il y a peu de chose à ajouter aux explications qui ont été fournies au *Rép.* nᵒˢ 158 et suiv. relativement au rayon frontière. La largeur de ce rayon le long des frontières de terre reste fixée à quatre lieues anciennes (deux myriamètres) (Delandre, 3ᵉ éd., 7ᵉ suppl., n° 1062) et soumis à une surveillance spéciale avec les droits de recherche et de poursuite que comporte le régime des douanes exercé dans toute sa rigueur. Mais, comme il a été dit au *Rép.* n° 161, les préposés ne peuvent faire de recherches en deçà du rayon des douanes qu'autant qu'ils auront poursuivi la fraude sans la perdre de vue. L'individu qui, ayant franchi le rayon frontière sans poursuites, est trouvé, en dehors de ce rayon, porteur de marchandises tarifées, est présumé en avoir acquitté les droits, et est ainsi couvert par une présomption légale qui ne peut être détruite par la preuve d'une introduction frauduleuse tirée des énonciations du procès-verbal ou des circonstances de la saisie (Colmar, 26 juin 1850, aff. Bader, D. P. 54. 5. 273; Metz, 9 févr. 1854, aff. Oudin, D. P. 55. 5. 166. Comp. Crim. rej. 26 févr. 1887, aff. Dailly, D. P. 88. 1. 42).

148. On a vu au *Rép.* n° 164 que les règles relatives au rayon frontière reçoivent exception dans certains cas et que, notamment, il est ouvert, dans les communes situées dans un rayon de deux kilomètres et demi et ayant une population inférieure à deux mille âmes, des bureaux pour l'inscription des marchandises tarifées à un droit important et existant dans les magasins des négociants qui en ont payé les droits; c'est ce qu'on appelle *le compte ouvert en douane*. Cette exception n'est pas accordée aux hameaux et écarts dépendant d'une commune dont la population agglomérée excède deux mille âmes (Nancy, 19 août 1873, aff. Leblanc, D. P. 74. 2. 88).

149. Les règles relatives aux usines, moulins, etc. (*Rép.* nᵒˢ 165 à 167) subsistent toujours; on a même, sur certaines frontières, pris des mesures plus sévères. Des conventions internationales ont interdit d'élever dans un rayon, quelquefois très minime, de la frontière des constructions ou clôtures quelconques qui pourraient faciliter la fraude en matière de douanes. — Ainsi deux traités des 15 janv. et 31 mai 1886 entre la France et la Belgique d'une part, et entre la France et le Luxembourg, d'autre part, ont décidé qu'aucune construction quelconque ou aucune clôture ne pourrait être établie à moins de dix mètres de la ligne frontière des pays contractants, ou à moins de cinq mètres d'un chemin mitoyen dont l'axe forme limite. Les infractions à cette défense sont constatées, poursuivies et réprimées comme les contraventions en matière de grande voirie. Lorsque la contravention est constatée par les agents des douanes, ceux-ci doivent se borner à signaler le fait au maire de la commune où il s'est produit, mais seulement après avoir pris l'attache de l'Administration (Circ. 1ᵉʳ mai 1887, n° 1839).

150. — II. RAYON FRONTIÈRE DE MER (*Rép.* nᵒˢ 168 à 170). — Le rayon frontière existe toujours en deçà et au delà du rivage de la mer suivant ce qui a été exposé au *Rép.* nᵒˢ 163 et 168, et la circulation dans ce double rayon reste soumise aux règles exposées au *Répertoire*, notamment en ce qui concerne l'obligation du manifeste. Tout capitaine est tenu, sous peine de certaines condamnations, d'exhiber cette pièce à toute réquisition des agents des douanes, sans distinction entre le jour et la nuit (Delandre, 3ᵉ éd., 4ᵉ suppl., n° 474, et 5ᵉ suppl., nᵒˢ 687 et suiv.).

SECT. 2. — BUREAUX D'ENTRÉE ET DE SORTIE. — EXPROPRIATION. — LOCATION (*Rép.* nᵒˢ 171 à 185).

151. — I. BUREAUX D'ENTRÉE ET DE SORTIE (*Rép.* nᵒˢ 171 à 181). — Nous n'avons pas à revenir sur les explications que nous avons fournies au *Rép.* n° 171, relativement à l'existence d'une double ligne de bureaux, divisés en bureaux d'entrée et bureaux de sortie, sur la frontière de terre, tandis qu'une seule ligne existe sur la frontière de mer. On applique toujours les dispositions du tit. 13 de la loi des 6-22 août 1791, relatives à l'établissement et à la suppression des bureaux de douanes, combinées avec les dispositions de la loi du 28 avr. 1816 et de l'ordonnance du 30 déc. 1829. On applique également toujours les dispositions de l'art. 2, tit. 13, de la loi des 6-22 août 1791 qui déclarent nulles les saisies de marchandises qui sont effectuées, faute de déclaration, moins de deux mois après la publication prescrite par l'art. 1ᵉʳ de la même loi (*Rép.* n° 172); mais le bénéfice de cette disposition n'est acquis qu'aux transports de bonne foi et ne saurait être invoqué pour des marchandises qu'on chercherait à introduire en fraude (Crim. cass. 23 janv. 1874, aff. Sarrazin, D. P. 75. 1. 48).

Les dispositions relatives à la nécessité d'annoncer les bureaux par des tableaux apparents sont restées en vigueur. Nous nous référerons, en conséquence, aux explications qui ont été données relativement aux effets du défaut d'établissement de ces tableaux (*Rép.* n° 173) et à l'obligation d'avoir les tarifs et les textes de loi déposés dans les bureaux.

152. La seule modification importante qui ait été apportée à la législation des bureaux de douane est celle qui résulte de la loi du 14 juin 1850 (D. P. 50. 4. 136), dont nous avions annoncé au *Rép.* n° 176 la présentation et le vote. Depuis cette loi, les heures d'ouverture et de fermeture des bureaux, qui jusque-là étaient déterminées par le tit. 13, art. 5, de la loi de 1791 (*Rép.* n° 175), peuvent, sur la demande du commerce, être modifiées en vertu de décrets du président de la République rendus sur le rapport du ministre de l'agriculture et du commerce et sur l'avis du ministre des finances, insérés au *Bulletin des lois* et affichés dans les bureaux auxquels ils sont applicables. Toutefois, aux termes de l'art. 2 de la loi, la durée du temps pendant lequel les bureaux de douane doivent être ouverts ne peut être réduite au-dessous de la durée déterminée par la loi des 6-22 août 1791, si ce n'est dans le cas d'une seule séance continue, qui ne soit pas moindre de huit heures en été et de sept en hiver. Pendant les heures d'ouverture des bureaux, les agents des douanes doivent s'y trouver sous peine de répondre de dommages-intérêts envers les redevables qu'ils auraient retardés (*Rép.* n° 175) (L. 14 juin 1850, art. 4, D. P. 50. 4. 136). On se conforme, d'ailleurs, toujours à ce qui a été dit au *Rép.* n° 175, relativement à l'ouverture des bureaux les jours fériés et les dimanches, et aux facilités qu'il convient d'accorder pour le chargement et le déchargement des navires. Les bureaux doivent, dans tous les cas, rester ouverts les jours qui ne sont pas jours fériés reconnus par l'Etat, et il doit y être conservé au moins un employé pendant les heures réglementaires. Il peut également, en raison des nécessités résultant de la rapidité croissante des communications maritimes, être accordé des autorisations exceptionnelles de travail en dehors des heures fixées, sur la demande du commerce et moyennant des indemnités attribuées aux agents qui sont chargés de ce service extraordinaire (Delandre, 3e éd., n° 121).

153. On a vu au *Rép.* n° 179 qu'en dehors des bureaux de la ligne frontière, il avait été créé des bureaux intérieurs; ces bureaux sont actuellement établis à Paris, Lyon, Orléans et Toulouse. Tous sont ouverts aux opérations d'exportation. Celui de Paris reçoit également à l'importation : 1° les marchandises invendues à l'étranger ; 2° l'argenterie et les autres objets mobiliers des voyageurs ou des familles qui rentrent en France, ou qui viennent y séjourner ou s'y établir; 3° les objets adressés au président de la République ou aux ministres; 4° les objets envoyés aux ambassadeurs, ministres plénipotentiaires ou chargés d'affaires accrédités près du Gouvernement; 5° les objets destinés aux établissements publics, particulièrement les objets destinés au musée du Louvre, au muséum d'histoire naturelle (jardin des Plantes), au conservatoire des arts et métiers, etc.; 6° les exemplaires des dessins, modèles et marques que les fabricants étrangers envoient au greffe du tribunal de commerce de la Seine; 7° la librairie destinée pour Paris (Tarif, observ. prélim., n° 30). Les marchandises qui sont déclarées pour l'exportation dans ces bureaux de l'intérieur sont expédiées après vérification sur le bureau de sortie effective, soit sous plomb, soit avec passavant, soit enfin sous le régime du transit international.

154. Quelques bureaux de la ligne intérieure des douanes jouissent également d'avantages analogues à l'égard de certaines catégories de marchandises : tel est le bureau de Rouen, pour les produits de l'industrie locale et les graines de prairie expédiées à l'étranger par terre; celui de Valenciennes, pour les batistes, linons et gazes provenant des fabriques locales et destinées pour l'exportation par terre ou par mer; le bureau d'Armentières, pour la toile de lin ou de chanvre, exportée par terre ou par mer; celui de Bordeaux, pour les vins en bouteilles expédiés par terre en Espagne.

155. — II. EXPROPRIATIONS ET LOCATIONS (*Rép.* nos 182 à 185). — Lorsqu'il y a lieu d'occuper un immeuble pour installer le service des douanes et qu'il y a désaccord entre l'Administration et le propriétaire sur l'indemnité due à ce dernier, c'est à l'autorité déterminée par la loi des 6-22 août 1791, tit. 8, art. 4, qu'il appartient, après expertise, de statuer sur cette indemnité (Cons. d'Et. 4 avr. 1861, aff. Olliveau, D. P. 61. 3. 75). Mais les directeurs de département, que vise l'article précité, ayant été remplacés par les préfets et les conseils de préfecture, on peut se demander laquelle de ces deux autorités est aujourd'hui compétente; il paraît rationnel, comme on l'a fait dans un cas analogue (Cons. d'Et. 21 août 1840, *Rép.* v° *Halles*, n° 40), d'attribuer le règlement du litige aux conseils de préfecture.

156. On a vu au *Rép.* n° 182 que la désignation des maisons et emplacements à occuper par le service des douanes ne doit jamais porter sur des maisons habitées par leurs propriétaires, à moins qu'il y ait impossibilité de s'en procurer qui soient vacantes ou louées. Mais un propriétaire ne pourrait refuser de déférer à la réquisition qui lui serait faite en se fondant sur ce qu'il aurait passé bail de la maison en faveur d'un tiers (Cons. d'Et. 4 avr. 1861, aff. Olliveau, D. P. 61. 3. 75).

SECT. 3. — DU PASSAVANT (*Rép.* nos 186 à 223).

157. Nous nous référerons aux explications du *Répertoire* qui ont conservé toute leur application, en nous bornant à quelques observations complémentaires. — Actuellement, le passavant est employé, au cabotage, pour toutes les marchandises autres que les marchandises prohibées à la sortie, l'acide arsénieux et le sel (Tarif, observ. prélim., n° 418; Circ. 23 févr. 1863, n° 886). Pour la circulation dans le rayon frontière, les marchandises ou denrées doivent toujours être accompagnées d'un passavant, à moins qu'il ne s'agisse d'objets qui, venant de l'étranger, ne sortent pas de la commune où est situé le bureau d'importation. Toutefois cette règle ne s'applique pas : 1° aux bestiaux, poissons frais (la circulation des poissons salés est soumise à la formalité du passavant) (Décr. 3 sept. 1884, D. P. 85. 4. 19), au pain, vin, cidre ou poiré, bière, viande fraîche ou salée, volaille, gibier, fruits, légumes, laitage, beurre, fromage et tous les objets de jardinage, lorsque lesdits objets ne font pas route vers la frontière ou lorsqu'ils se vendent les jours de foire ou de marché dans les villes situées sur la frontière; 2° aux marchandises taxées à moins de 10 fr. par 100 kilog. ou de 5 pour 100 de la valeur par les tarifs conventionnels (Décis. min. 17 nov. 1863).

158. Le passavant est encore en usage pour les transports par mer effectués au cabotage par des navires dont la destination définitive est l'étranger ou les colonies, en cas d'emprunt du territoire étranger, etc.

SECT. 4. — DE L'ACQUIT-A-CAUTION (*Rép.* nos 224 à 240).

159. Les explications dont les acquits-à-caution ont été l'objet au *Répertoire* nous dispensent de revenir sur les règles générales qui leur sont applicables, sauf ce qui sera dit dans les divers chapitres traitant des cas où il y a lieu de délivrer des acquits-à-caution (*Rép.* n° 225). Il suffira de noter ici que les acquits-à-caution délivrés par l'administration des douanes, et les certificats de décharge de ces acquits-à-caution, sont des actes publics et authentiques dont les énonciations font foi jusqu'à inscription de faux. Ainsi la mention sur le certificat de décharge d'un acquit-à-caution délivré par le préposé des douanes, du *vu embarquer, vu passer à l'étranger*, fait foi jusqu'à inscription de faux de l'expédition de marchandises à laquelle elle se rapporte, et la Régie ne peut demander à prouver par témoins ou par tous autres documents, que ce certificat de décharge a été obtenu, à l'aide de manœuvres dolosives, pour une expédition non réellement faite (Civ. rej. 29 janv. 1856, aff. Badin, D. P. 56. 1. 104).

SECT. 5. — DE LA PRÉEMPTION (*Rép.* nos 241 à 258).

160. Le droit de préemption a été supprimé par l'art. 4 de la loi du 7 mai 1881 (D. P. 82. 4. 18) pour tous les cas où ce droit s'exerçait antérieurement. — C'est au comité d'expertise légale (V. *infrà*, n° 180), qu'il appartient aujourd'hui de statuer sur les contestations relatives à la valeur des marchandises, aussi bien que sur celles qui se rapportent à leur nature, leur espèce ou leur qualité (V. Tarif, observ. prélim., n° 83).

CHAP. 8. — Des importations et exportations (*Rép.* nos 259 à 431).

SECT. 1re. — DES RÈGLES GÉNÉRALES ET COMMUNES AUX IMPORTATIONS ET AUX EXPORTATIONS PAR TERRE ET PAR MER (*Rép.* nos 259 à 287).

161. Depuis la publication du *Répertoire*, notre régime douanier a subi, au point de vue de la liberté des importations et des exportations des modifications considérables. D'une part, il n'existe plus aujourd'hui, à l'importation, de prohibitions absolues, ayant pour but de protéger la production nationale; la législation douanière n'a plus recours, pour obtenir ce résultat, qu'à des droits plus ou moins élevés imposés aux importateurs. D'autre part, comme on le verra (V. *infrà*, n° 203), toutes les restrictions à la liberté des exportations, y compris les droits de douane, ont disparu à une ou deux exceptions près. Les seules prohibitions d'un caractère absolu qui aient survécu à la transformation du régime douanier, soit à l'importation, soit à l'exportation, n'ont été maintenues que dans le but de sauvegarder l'ordre public, les intérêts des monopoles de l'Etat, et la salubrité publique, ou enfin de mettre un obstacle à la fraude.

ART. 1er. — *Des prohibitions absolues et des prohibitions relatives* (*Rép.* nos 260 à 263).

162. Parmi les prohibitions absolues indiquées au *Rép.* n° 261, il en est une qui n'existe plus aujourd'hui. C'est celle qui frappait l'importation des armes de guerre. Cette prohibition a été supprimée par la loi du 14 août 1885 (art. 7, D. P. 86. 4. 77) (V. *suprà*, v° *Armes*, n° 4), excepté toufois en ce qui concerne les armes des modèles réglementaires (V. encore *infrà*, nos 228 et suiv.). En revanche, les allumettes qui font, depuis 1872, l'objet d'un monopole concédé par l'Etat (V. *infrà*, v° *Impôts indirects*), sont prohibées à titre absolu à l'importation pour le compte des particuliers (L. 7 mai 1881, D. P. 82. 4. 18). Il en est de même du tabac en feuilles ou en côtes importé pour le compte des particuliers, et des tabacs fabriqués, sous réserve toutefois du droit qui est accordé aux particuliers d'importer des tabacs fabriqués pour leur consommation personnelle jusqu'à concurrence de 10 kilog. par an (L. 7 mai 1881; Circ. 17 mai 1881, n° 1495). Il en est de même encore des cartes à jouer, qu'elles soient au *portrait étranger* ou *portrait français* dont le modèle est la propriété exclusive de l'Etat, et sans aucune réserve en faveur de la consommation personnelle des particuliers. Toutefois, les cartes pour jeux d'enfants, c'est-à-dire celles qui ne dépassent pas 36 millim. de largeur sur 50 millim. de hauteur et qui, fabriquées sur une seule épaisseur, ne sont ni cartonnées, ni lissées, ni passées au cylindre, sont admises par exception et traitées comme bimbeloterie (L. 7 mai 1881).

163. On compte enfin parmi les prohibitions absolues les contrefaçons en librairie, qui sont exclues à la fois de l'importation, du transit et de l'exportation, alors même qu'elles se trouveraient dans les bibliothèques particulières des personnes qui viennent s'établir en France. C'est aux agents délégués par le département de l'intérieur qu'il appartient de décider si les livres présentés en douane sont, ou non, des contrefaçons (L. 6 mai 1841, *Rép.* p. 613; Ord. 13 déc. 1842, *ibid.* p. 615; L. 7 mai 1881) (Tarif, notes, n° 416 *bis* du tableau des droits).

164. A l'exportation, la législation douanière prohibe d'une manière absolue celle des chiens de forte race, c'est-à-dire des chiens qui mesurent 32 centimètres ou plus de hauteur au milieu de l'échine (Décr. 5 sept. 1874, art. 1er, al. 2, D. P. 75. 4. 51); cette prohibition ne s'étend pas aux chiens qui, conduits momentanément en France par des étrangers, soit pour la chasse, soit pour la garde des troupeaux ou tout autre usage licite, doivent être ramenés ultérieurement à l'étranger (Tarif, notes du tableau des droits, n° 580); mais elle s'étend à toutes les frontières de terre sans distinction, comme l'a constaté un arrêt de la cour de Chambéry du 1er déc. 1881 (1) et non plus seulement à la frontière du Nord. En effet, si l'ordonnance du 4 déc. 1836 n'édictait la mesure de prohibition des chiens de forte race que pour la frontière de Dunkerque aux Rousses exclusivement, il n'en est pas de même de la loi du 7 mai 1881, qui la prohibe d'une façon absolue et sans aucune distinction entre les diverses frontières de terre.

165. Le *Répertoire* a défini la *prohibition relative* celle qui est subordonnée au payement d'un droit, puisqu'elle s'efface pas le payement de ce droit (*Rép.* n° 262). Nous ajouterons qu'il faut considérer encore comme *relative* la prohibition des objets qui ne peuvent être importés que par certains bureaux, comme, par exemple, les vignes étrangères (mesures contre le phylloxéra), les pommes de terre de certaine provenance (mesures contre le doryphora), etc.

166. Les prohibitions qui ont pour objet des mesures sanitaires sont tantôt absolues et perpétuelles, comme, par exemple, celle qui atteint les vignes arrachées et les sarments secs (Tarif, observ. prélim., n° 592) en vertu de l'art. 5 de la convention de Berne; tantôt absolues, mais temporaires, comme cela se pratique en cas d'épidémies ou d'épizooties. Mais, quel que soit le caractère de la prohibition, la loi de douanes n'a établi sous le rapport des effets qu'elle est susceptible de produire aucune distinction entre les marchandises prohibées d'une manière générale, et celles dont l'admission ne peut avoir lieu que par certains bureaux. Ainsi l'introduction d'objets par un bureau qui n'est pas ouvert à leur importation constitue une contravention au même titre que l'introduction d'un objet prohibé d'une manière absolue (Crim. rej. 14 avr. 1883, aff. Devy, D. P. 84. 1. 95).

ART. 2. — *Des déclarations* (*Rép.* nos 264 à 274).

167. L'obligation de déclarer toute marchandise, tout produit qui entre en France ou en sort subsiste, alors même qu'à l'entrée le produit n'est grevé d'aucun droit, et, qu'à la sortie il n'y a plus de droits d'exportation. Cela tient à la nécessité où est le Gouvernement d'exercer une surveillance générale sur les exportations et au droit qui est conféré à l'Administration d'exiger l'acquittement des droits de statistique dans les cas où ce droit est dû (V. *suprà*, nos 96 et suiv.). Et même, pour l'exactitude de la statistique commerciale, il est recommandé aux agents des douanes de veiller à ce que les marchandises exemptes de droits et les marchandises exportées soient déclarées d'après leur quantité réelle et sous leur véritable dénomination. Cette obligation est, d'ailleurs, formulée par l'art. 19 de la loi du 16 mai 1863 (D. P. 63. 4. 63), qui dispose que l'exemption des droits, soit à l'entrée, soit à la sortie, ne dispense pas de faire aux douanes les déclarations prescrites par la loi, selon les spécifications et unités énoncées au tarif général, sous peine de 100 fr. d'amende, à défaut de déclaration, ou au cas de fausse déclaration.

168. La déclaration est donc, à l'entrée comme à la sortie, une formalité essentielle. Les redevables sont tenus de la fournir, comme les agents des douanes de l'exiger, et ceux-ci ne peuvent procéder à la visite des marchandises avant de l'avoir reçue et y suppléer par cet examen. En effet, la garantie des perceptions de douane a été placée par la loi, d'une part, dans la déclaration du redevable, et, d'autre part, dans la responsabilité des employés chargés de la vérifier. Ceux-ci pouvant appliquer immédiatement le tarif aux choses déclarées, le redevable serait exposé à payer plus, s'il avait exagéré à dessein le poids ou la quantité de la marchandise; si, au contraire, il atténuait l'un et l'autre, il s'exposerait à ce que la vérification des agents des douanes révélât la fraude et lui fît encourir la pénalité qui serait la conséquence d'une fausse déclaration.

169. Les formes essentielles de la déclaration, exposées au *Rép.* n° 265, pour les déclarations de détail dans les ports et *ibid.*, nos 266 et 267 dans les autres bureaux, n'ont pas été modifiées (Delandre, *ibid.*, nos 312 et 348).

170. Lorsque les marchandises sont sujettes à coulage, on n'exige pas, contrairement à la règle générale (*Rép.* n° 266), que la déclaration fasse connaître d'une manière exacte le poids et la mesure (Tarif, observ. prélim., n° 66). Quant à la valeur qui doit être déclarée, c'est celle que la marchandise a dans le lieu et au moment où elle est présentée à la douane, et non pas simplement son prix d'achat. On doit donc faire entrer en ligne de compte, dans la supputation de la valeur à déclarer, les frais postérieurs à l'achat et toutes les charges qui contribuent à former, au moment de

(1) (Administration des Douanes C. Jean Robert.) — LA COUR; — Attendu que le procès-verbal dressé le 13 août 1881, et contre lequel Jean Robert ne s'est point inscrit en faux, est régulier et constate que le chien saisi était un chien de forte race, ce qui rapproché des termes de l'ordonnance du 4 déc. 1836 et de la loi du 7 mai 1881, veut bien dire qu'il avait au moins 325 millimètres de hauteur, au milieu de l'échine; que ce fait, d'ailleurs, n'est pas nié par l'inculpé; — Attendu que du même procès-verbal il résulte que Jean Robert, qui conduisait ce chien, avait déjà, au moment où il a été arrêté, franchi la frontière douanière, pour se rendre, de son propre aveu, chez un sieur Escoffier, menuisier, et qu'il n'avait fait aucune déclaration de sortie dudit chien au bureau de douane qu'il avait dépassé; — Attendu que si, comme il le prétend, cet animal n'était réellement qu'un chien de garde non employé à la contrebande, il n'en devait pas moins s'adresser aux préposés des douanes, qui seuls avaient qualité pour apprécier si ce chien était ou non de la catégorie de ceux auxquels ne s'appliquait pas la prohibition de la loi précitée; — Attendu que si l'ordonnance de 1836 n'était applicable, en ce qui concerne cette disposition spéciale, que sur la frontière de Dunkerque aux Rousses exclusivement, il n'en est pas de même de ladite loi du 7 mai 1881, qui prohibe, d'une façon absolue, la sortie des chiens de forte race, en dehors de la frontière de terre; — Attendu que sans doute cette loi a pour véritable but la répression de la contrebande pratiquée à l'aide de ces animaux, mais que c'est précisément pour l'atteindre d'une manière plus efficace que le législateur, qui n'avait d'abord fait qu'imposer un droit d'exportation de 6 fr., a ensuite édicté une prohibition de sortie absolue; que c'est donc à tort que les premiers juges ont acquitté l'inculpé; — Par ces motifs; — Infirme.

Du 1er déc. 1881.-C. de Chambéry.-MM. Gimel, pr.-Bartholomot, av. gén.

la déclaration et abstraction faite des droits d'entrée, le prix marchand de l'objet (Tarif, observ. prélim., n° 67).

171. Pour les importations par les frontières de terre, la loi veut que les marchandises affranchies de la déclaration détaillée au premier bureau de la frontière soient l'objet, à ce bureau, d'une déclaration sommaire qui porte sur le nombre de balles, caisses ou futailles. A l'appui de cette déclaration, on doit produire des lettres de voiture en bonne forme indiquant l'espèce des marchandises et les marques, numéros et poids séparés de chaque colis. Il n'est pas nécessaire, pour cette déclaration, que l'*espèce* de la marchandise soit strictement désignée au moyen de la dénomination exacte qui lui est donnée au tarif, dès l'instant qu'on en fait suffisamment connaître la nature (L. 28 avr. 1816, art. 27, 28) (Tarif, observ. prélim., n° 177). Au contraire, pour les déclarations de détail, les dénominations qui doivent être données aux marchandises sont, aussi bien à l'entrée qu'à la sortie, celles qui sont portées au tarif d'entrée, alors même que les marchandises seraient exemptes de droits : la peine de 100 fr. d'amende est édictée pour le défaut de déclaration comme pour la fausse déclaration (L. 16 mai 1863, art. 19).

172. On admet toujours, comme nous l'avons signalé au *Rép.* n° 269, certains tempéraments à la rigueur des prescriptions relatives aux déclarations. La facilité accordée aux propriétaires et consignataires de marchandises importées de l'étranger d'en reconnaître, avant de faire leur déclaration, l'*espèce*, la *qualité* ou la *valeur* est étendue, en vertu des traités de commerce, à la *quantité*, pour les marchandises auxquelles le régime conventionnel est applicable. Cet examen est fait, aux frais des intéressés, dans un local désigné ou agréé par la douane. La déclaration de détail n'en doit pas moins, d'ailleurs, être déposée dans le délai légal (Traité 31 oct. 1881, art. 16). C'est, du reste, la seule modification au régime des déclarations qui résulte du régime conventionnel; car les droits *ad valorem* sont calculés, comme lorsqu'il y a lieu d'appliquer le tarif général, sur le prix de vente au lieu d'origine ou de fabrication augmenté des frais de transport jusqu'à la frontière française, des frais d'assurance et de commission et des droits de sortie, s'il y a lieu (Traité 31 oct. 1881, art. 14). La valeur à déclarer est donc toujours celle du produit sur le marché français, les droits d'entrée non compris. De même encore que pour les marchandises soumises au tarif général, si la marchandise, au lieu d'être livrée immédiatement à la consommation, a été mise en entrepôt ou expédiée en transit, la valeur déclarée et admise à l'entrée peut être ultérieurement modifiée ; c'est la valeur au moment de la déclaration d'acquittement qui sert de base à la liquidation des droits.

173. On a vu au *Rép.* n° 270 que la date de l'inscription régulière des déclarations en détail détermine l'application du droit, de telle sorte que les marchandises dont la déclaration a été remise et enregistrée en douane avant la promulgation d'un nouveau tarif sont assujetties à l'ancien droit, quoique le déchargement et la vérification soient postérieurs à cette promulgation. Mais l'application de l'ancien tarif est subordonnée à la condition que les marchandises soient déjà arrivées et puissent être présentées immédiatement au service (*Rép.* n° 272). La déclaration, en effet, ne pourrait être faite avant que les marchandises fussent parvenues au lieu où est situé le bureau qui reçoit la déclaration, de telle sorte que les marchandises dont la déclaration en détail n'aurait pu, par suite de la fermeture légale des bureaux, au moment où elles parviennent au port, être enregistrée qu'après l'époque de la mise à exécution d'un nouveau tarif, doivent être imposées d'après ce nouveau tarif, bien qu'elles soient parvenues dans la localité avant sa promulgation (Trib. Rouen, 1er juill. 1888) (1).

ART. 3. — *Des visites* (*Rép.* nos 275 à 282).

174. Les règles exposées au *Rép.* nos 275 à 282 sont toujours en vigueur. De nouvelles instructions relatives aux pesées prescrivent aux agents d'y apporter une exactitude scrupuleuse dans l'intérêt commun de l'Administration et des redevables. Les pesées doivent être faites avec d'autant plus de soin et de précision que la marchandise est frappée de droits plus élevés. Ainsi, pour les marchandises taxées aux 100 kilog. (brut ou net), on néglige les fractions de kilog., lorsque les colis pèsent plus de 150 kilog. l'un, et les fractions du demi-kilog., lorsque les colis pèsent 150 kilog. au moins, que la pesée ait lieu par unités ou par colis groupés. Au contraire, pour les marchandises qui sont taxées au kilog. ou à 300 fr. et plus par 100 kilog., les pesées doivent être poussées jusqu'à l'hectog., s'il s'agit de plus

(1) (Petit et autres.) — Le 29 févr. 1888, à 6 heures 10 minutes du soir, le navire *Mercia* est entré dans le port de Rouen avec une cargaison de vins d'origine italienne. Les bureaux de la douane étant fermés, les consignataires firent sommer par acte extra-judiciaire le receveur principal de recevoir leur déclaration de mise à la consommation, en prétendant d'ailleurs que du moment que leurs marchandises étaient entrées à Rouen, avant le 1er mars, date de l'expiration du traité de commerce avec l'Italie, elles devaient pouvoir être admises au bénéfice du tarif conventionnel. — Cette prétention a été repoussée par un jugement ainsi conçu :

LE TRIBUNAL : — Attendu, en ce qui concerne les marchandises importées en France, que c'est seulement le tarif en vigueur lors de la déclaration régulière en douane pour la consommation qui doit être appliqué ; — Attendu qu'il n'y a lieu, pour cette application des tarifs, d'examiner aucune autre considération ; — Attendu que la déclaration, pour être reçue, doit être régulière ; qu'elle ne peut être régulière que si elle est faite par le capitaine rendu au point de sa destination d'une part, et, d'autre part, si elle n'a été passée, enregistrée et signée au bureau des douanes ; — Attendu que l'Administration est fondée à refuser toute déclaration non conforme aux dispositions impératives de la loi du 22 août 1791 ; — Attendu que le capitaine ou les consignataires du steamer « *Mercia* » n'ont passé, le 29 février, aucune déclaration régulière en douane ; que c'est par suite le tarif en vigueur à une date postérieure dont leurs marchandises doivent subir les droits ; — Attendu que Petit, Genestal et Delzons cherchent à se prévaloir de deux actes qu'ils ont fait signifier à l'Administration dans la journée du 29 février, mais que ces actes sont sans valeur et ne peuvent suppléer la déclaration prescrite par la loi, le premier parce que, tout en contenant une déclaration de détail, il a été signifié à l'Administration avant l'arrivée du navire dans le port, le second parce qu'il a été signifié après l'heure de la fermeture des bureaux ; — Attendu qu'une déclaration ne peut être reçue en douane avant l'arrivée du navire au port, parce que l'art. 5 du tit. 2 de la loi de 1791 combiné avec l'art. 14 du même titre s'y opposent ; que si l'art. 5 impose la déclaration au capitaine dès son arrivée au port, l'art. 14 dispose qu'aussitôt la déclaration faite, les marchandises seront visitées, pesées, mesurées et nombrées si les préposés de la régie l'exigent ; — Attendu que la déclaration anticipée rendant impossible l'application de cette disposition formelle de la loi qui veut que la vérification puisse suivre immédiatement la déclaration, c'est à bon droit que la régie s'est refusée à la recevoir ; — Attendu que c'est également à bon droit que la régie s'est refusée à recevoir une déclaration offerte après l'heure de fermeture des bureaux de douane ; que les heures où les déclarations peuvent être uniquement reçues ne sont pas en France déterminées par de simples règlements administratifs ou d'ordre intérieur dépendant de la seule volonté des chefs de service ; — Attendu que ces heures ont été, en vue d'établir une égalité absolue entre tous les contribuables relativement à la perception de l'impôt, fixées par la loi elle-même ; — Attendu que l'art. 5 de la loi de 1791 au titre 13 intitulé « de la police générale » dispose que les bureaux de la régie seront fermés, du 1er octobre au 31 mars, à 6 heures du soir; — Attendu que ce texte, comme toutes les lois de police, oblige, aux termes de l'art. 3 c. civ., même les étrangers dès qu'ils sont sur le territoire de la République ; — Attendu qu'aucune déclaration ne pouvant être reçue qu'au bureau, et le bureau étant de par la loi fermé à 6 heures du soir, toute déclaration tentée après cette heure légale ne devait et ne pouvait être acceptée ; attendu qu'aucune loi postérieure n'apporte aucune modification à ces dispositions précises; — Attendu qu'un traité de commerce, même ratifié par la loi française, ne peut avoir pour effet de déroger aux dispositions des lois organiques spéciales telles que celle de 1791, et au principe fondamental de l'art. 3 c. civ., s'il ne s'est formellement exprimé sur cette dérogation ; qu'il n'en est rien dans l'espèce; — Attendu, d'autre part, qu'un traité de commerce établit des tarifs, mais ne règle pas le mode de perception des droits qui en résultent ; que le mode de perception demeure régi par les lois de police des nations contractantes si les pouvoirs compétents n'en ont autrement décidé; qu'ils n'ont rien décidé au cas particulier à cet égard; qu'en matière fiscale tout est de droit étroit et que rien ne peut être entendu implicitement ;

Par ces motifs, dit qu'il a été bien jugé,... confirme le jugement rendu par le juge de paix du premier canton de Rouen, le 2 mai dernier, etc.

Du 1er juill. 1888.-Trib. civ. Rouen, 1re ch.-M. Gast, subst., c. conf.

de 10 kilog., et jusqu'au décag., si leur poids est de 10 kilog. au moins (Delandre, 3e éd., 3e suppl., n° 306).

175. Pour les marchandises exemptes de droits, on tient habituellement la déclaration pour exacte en ce qui concerne la quantité ; mais à l'importation la qualité des marchandises doit toujours être vérifiée (Tarif, observ. prélim., n° 79).

176. Le service, toutefois, n'est pas tenu dans tous les cas et toujours de faire une vérification complète de la totalité des marchandises qui sont l'objet de la déclaration. Il peut procéder à la vérification par épreuves comme il y est autorisé lorsqu'il s'agit des tares (V. *suprà*, nos 101 et suiv.) ; toutefois la vérification du poids ne peut avoir lieu par épreuves que lorsqu'il s'agit de marchandises d'un poids uniforme et portant les mêmes marques, ou, à défaut de ces deux conditions, lorsque la déclaration a été accompagnée d'une note de détail, c'est-à-dire d'une note fournissant le poids séparé de chaque colis ou objet. — Les épreuves sont plus ou moins nombreuses, suivant que les droits à percevoir sont plus ou moins élevés. Pour les marchandises taxées à plus de 20 fr. par 100 kilogr., on doit, à l'importation de l'étranger, peser un colis au moins, lorsque le nombre des colis ne dépasse pas cinq, deux, lorsque leur nombre est de vingt au plus et, dans tous les cas, un dixième au moins du nombre total, lorsqu'il y a plus de vingt colis. Les épreuves ne peuvent descendre au dessous de cette proportion que lorsqu'il s'agit de sorties d'entrepôts ou de sorties par transit. — Des règles analogues sont suivies pour la vérification des *qualités*, en ce qui concerne les marchandises taxées autrement qu'au poids. Dans le cas d'importation directe de l'étranger, l'ouverture et le sondage des colis pour la vérification de la *qualité* des marchandises ne peut pas non plus descendre au-dessous de ces proportions.

177. Mais la vérification par épreuves est facultative aussi bien pour le commerce que pour l'administration; le commerce peut toujours exiger qu'il soit procédé à la vérification intégrale, et l'Administration est toujours en droit d'y procéder.

178. Lorsque la vérification par épreuves a été admise, la moyenne du poids ou de la contenance qu'elle a fournie sert de base pour toute la partie, lorsqu'il s'agit de colis de poids et de contenance uniformes pour lesquels il n'a pas été fourni de note de détail. Lorsqu'il a été remis des notes de détail, le mode de procéder diffère, suivant qu'il s'agit d'une déclaration d'acquittement ou d'une déclaration de réexportation d'entrepôt, d'exportation avec primes ou à la décharge de comptes d'admission temporaire. Dans le premier cas, lorsque le poids ou la contenance reconnus sont supérieurs à ceux de la note de détail, l'excédent est appliqué proportionnellement à toute la partie ; si, au contraire, il y a eu déficit sur le poids ou la contenance des colis vérifiés, on ne tient compte du déficit que pour ces colis et la déclaration est admise pour conforme quant au surplus (Tarif, observ. prélim., n° 81). Dans le second cas, si les épreuves ont donné un excédent, il n'en est tenu compte que pour les colis vérifiés ; la déclaration est admise pour conforme quant au surplus. Mais, s'il y a eu déficit sur les colis éprouvés, ce déficit est appliqué proportionnellement à toute la partie. D'ailleurs, ce mode de procéder n'est employé qu'autant que les intéressés donnent par écrit leur adhésion aux résultats obtenus ; à défaut d'adhésion, la partie entière est vérifiée.

Art. 4. — *Jury spécial d'examen* (*Rép.* nos 283 à 287).

179. L'expertise légale à laquelle il y a lieu de procéder lorsqu'il s'élève un doute sur l'espèce, la qualité ou l'origine des marchandises, est aussi bien obligatoire lorsqu'il s'agit de marchandises (*Rép.* n° 283) importées sous le régime conventionnel que sous le régime du tarif général. Les règles qui doivent être observées sont les mêmes dans les deux cas (Tarif, observ. prélim., n° 401). Mais le rôle des experts a été étendu depuis la publication du *Répertoire*.

180. L'art. 19 de la loi du 27 juill. 1822 ne donnait mission aux commissaires experts de statuer sur les doutes et difficultés entre la douane et les redevables que relativement à l'espèce, à l'origine ou à la qualité des produits; il n'organisait pas l'expertise en cas de doute sur la valeur. L'art. 4, § 2 de la loi du 7 mai 1881 a comblé cette lacune. « La même procédure, dit-il, sera suivie pour les expertises relatives aux marchandises taxées à la valeur. Lorsque la valeur constatée par les experts sera supérieure à la valeur déclarée, on appliquera les pénalités édictées par l'art. 21 du tit. 2 de la loi des 6-22 août 1791 en matière de fausses déclarations quant à l'espèce ; cette disposition a eu pour conséquence la suppression du droit de préemption, *suprà*, n° 160.

181. Le paragraphe 1er du même art. 4 a modifié les dispositions de l'art. 19 de la loi du 27 juill. 1822 en ce qui concerne le choix des deux négociants ou fabricants qui doivent être adjoints aux commissaires experts pour procéder à l'expertise légale (*Rép.* n° 283). Le paragraphe 2 de l'art. 4 de la loi dispose que « les deux négociants ou fabricants adjoints aux commissaires experts pour chaque affaire de douanes seront, à l'avenir, désignés l'un par la douane, l'autre par le déclarant, et choisis sur une liste que dressera chaque année la chambre de commerce de Paris. Dans le cas où l'une des parties refuserait de désigner son arbitre, cette désignation sera faite, sur la même liste, à la requête de l'autre partie, par le juge de paix du canton dans lequel sera situé le bureau d'importation. Si les deux experts tombent d'accord, le comité d'expertise légale enregistrera leur décision qui sera définitive. En cas de désaccord, le comité d'expertise, opérant dans les conditions prescrites par l'art. 19 de la loi du 27 juill. 1822, remplira le rôle de tiers arbitre et décidera en dernier ressort ».

182. Le plus généralement, la douane, aussi bien que les déclarants, désignent pour experts des commerçants ou industriels qui s'occupent journellement de la vente ou de la fabrication d'objets semblables ou analogues à celui qui fait l'objet du litige. Aussi la liste dressée par la chambre de commerce de Paris établit-elle des catégories parmi les négociants qu'elle désigne, d'après les spécialités du commerce ou de l'industrie de chacun. Mais c'est là un usage auquel la chambre de commerce n'est astreinte par aucune disposition légale, et, de leur côté, les parties sont libres de choisir, ou non, leur expert dans la catégorie même dont le commerce a pour objet des marchandises analogues à celles qui donnent lieu à contestation.

183. Quel est le caractère des commissaires experts? Sont-ils des arbitres ou des experts proprement dits? Il semblerait, à l'examen de la discussion de la loi de 1822 et suivant certains arrêts, qu'on doive les considérer comme des arbitres. Dans la discussion de la loi de 1822, un député, Manuel, avait combattu la disposition proposée qui, suivant lui, devait avoir pour résultat de créer des juges d'exception, alors que les juges du droit commun suffisaient. M. de Saint-Cricq, directeur général des douanes, commissaire du Gouvernement dans cette discussion, répondit d'abord qu'il ne s'agissait que de généraliser le mode de procéder déjà admis, quant aux tissus, par l'art. 63 de la loi du 28 avr. 1816 sur les douanes; puis il ajouta : « De quoi s'agit-il donc? Uniquement du moyen de régler, par un arbitrage éclairé et désintéressé, les difficultés qui peuvent s'élever et qui s'élèvent souvent entre la douane et le commerce sur l'espèce et la qualité des marchandises sujettes à des droits différents selon les espèces et les qualités ; de décider, par exemple, si des sucres sont bruts ou terrés, si des cotons sont à longue ou courte soie, etc. Que proposons-nous? De déférer cet arbitrage à trois experts nommés, non par le ministre des finances, qui pourrait être prévenu dans l'intérêt du fisc, mais par le ministre de l'intérieur, défenseur né des intérêts du commerce, etc. » Cette réponse prouve sans doute que M. de Saint-Cricq ne se faisait pas une idée bien nette de la fonction de ces commissaires, puisqu'il voyait en eux, tantôt des arbitres, c'est-à-dire des juges, tantôt des experts, c'est-à-dire des hommes n'ayant qu'un avis à émettre. Mais la loi de 1822 semble avoir consacré la première de ces solutions, quand elle les a chargés de statuer sur les doutes et difficultés qui pourraient s'élever relativement à l'espèce, à l'origine ou à la qualité des produits. C'est en ce sens, au surplus, que cette loi a été interprétée par un arrêt de la cour de Douai du 26 avr. 1833 (*Rép.* n° 284). La jurisprudence de la cour de cassation n'a pas eu à trancher la question; cependant elle a jugé que l'opération prescrite par les art 6, 7 et 8 du décret du 26 oct.

1860 (D. P. 60. 4. 154) à l'effet de déterminer, le cas échéant, la valeur des marchandises sujettes aux droits de douane, constituait une expertise régie exclusivement par les dispositions de ce décret, et non pas un arbitrage soumis aux formes tracées par le code de procédure civile (Civ. cass. 12 févr. 1873, aff. Estienne, D. P. 73. 1. 325). Dans tous les cas, arbitres ou experts, les commissaires spéciaux institués par la loi du 27 juill. 1822 ne sont pas des agents du Gouvernement, et les fautes qu'ils peuvent commettre dans les opérations d'expertise n'engagent point la responsabilité de l'Etat (Req. 8 août 1876, aff. Brun, D. P. 77. 1. 157).

184. Le service des douanes peut avoir recours à l'expertise aussi bien lorsqu'il a de simples doutes sur l'exactitude des déclarations que lorsqu'il les considère comme fausses. Mais il doit procéder différemment dans les deux cas. Lorsque les agents des douanes ont de simples doutes, il n'y a pas lieu, d'une manière générale, d'engager une action contentieuse. Il suffit de provoquer l'expertise légale avec l'assentiment du déclarant, et, hors le cas de prohibition, il est fait remise de la marchandise après payement des droits dus en vertu de la déclaration et sous engagement cautionné d'acquitter le supplément de droits que l'expertise rendrait exigible (Delandre, 3e éd., n° 36). — Lorsque la déclaration est considérée comme fausse, le fait doit être constaté par un procès-verbal et il y a lieu d'opérer la saisie des marchandises. Mais les agents des douanes ne sont pas, même dans ce cas, tenus de procéder immédiatement à des actes de poursuite. Lorsque les préposés suspectent la sincérité d'une déclaration sur l'espèce et la qualité de la marchandise, ils peuvent surseoir, jusqu'après la vérification de ces espèce et qualité par la commission officielle d'expertise, à la saisie de la marchandise et à la rédaction du procès-verbal, en dressant un acte conservatoire signé par le déclarant et portant réserve expresse des droits et actions de l'Administration. Le tribunal de répression, saisi ultérieurement d'une poursuite contre le contrevenant, à la suite d'un procès-verbal et d'une saisie régulière, ne saurait déclarer l'Administration déchue de son action par le motif unique qu'elle ne l'a pas intentée dans les vingt-quatre heures qui ont suivi la rédaction de l'acte conservatoire (Civ. cass. 28 mars 1887, aff. Héritier, et aff. Laroze, D. P. 87. 1. 446).

185. C'est à la douane qu'incombe la mission de provoquer l'expertise, lorsqu'il y a simple doute ou qu'il est intervenu soit un acte conservatoire, soit une soumission de s'en rapporter à la décision de l'Administration; et elle doit la provoquer sans retard. Mais, lorsque la marchandise a été saisie, c'est au tribunal seul qu'il appartient de l'ordonner. Ainsi qu'on l'a vu au *Rép.* nos 284 et 285, l'expertise par les commissaires spéciaux est obligatoire pour le juge; en conséquence, il y aurait excès de pouvoir de la part d'un tribunal qui, refusant de déférer la solution de la difficulté à l'appréciation des experts, la déciderait par son appréciation propre (Civ. cass. 14 juin 1876, aff. Van der Schrick, D. P. 76. 1. 252). — Les peines édictées pour la répression des fausses déclarations faites au bureau des douanes relativement aux marchandises introduites en France sont encourues, dès qu'il résulte de l'expertise à laquelle il a été procédé conformément à la loi du 27 juill. 1822, que l'espèce et la qualité des marchandises ont été faussement déclarées. Et le contrevenant ne peut être relaxé des poursuites sous le prétexte que les experts ne se sont pas expliqués sur l'origine déclarée. Cette règle est spécialement applicable aux marchandises de provenance suisse, aucune dérogation n'ayant été apportée sur ce point à la législation française, par le traité de commerce conclu avec la Confédération helvétique, le 30 juin 1864 (Civ. cass. 9 nov. 1880, aff. Danzas, D. P. 81. 1. 8).

SECT. 2. — DES RÈGLES SPÉCIALES AUX IMPORTATIONS PAR TERRE ET PAR MER (*Rép.* nos 288 à 350).

ART. 1er. — *Des importations par terre* (*Rép.* nos 288 à 298).

186. Il y a lieu de se référer, à cet égard, aux explications qui ont été fournies au *Rép.* nos 288 et suiv., en y joignant celles qui ont été données, *suprà*, nos 147 et suiv., relativement à la double ligne des douanes (Comp. Delandre, 3e éd., nos 331 et suiv.).

187. Toutefois, l'application stricte des lois et règlements de douane ne pouvait se concilier avec l'exploitation des chemins de fer. Exiger d'une façon absolue que toutes les marchandises d'exportation fussent déclarées et visitées au premier bureau de sortie, et, pour les importations, que le dédouanement eût lieu, dans tous les cas, au premier bureau d'entrée, c'était provoquer l'encombrement des voies, l'interruption du service des transports, au grand détriment des intérêts du commerce. Aussi, les premières lois relatives aux chemins de fer disposaient-elles que « des ordonnances royales régleraient les mesures à prendre pour concilier l'exploitation des chemins de fer avec l'application des lois et règlements sur les douanes » (V. notamment : L. 15 juill. 1840, tit. 6, art. 25; 11 juin 1842, tit. 1er, art. 8, *Rép.* v° *Voirie par chemins de fer*, p. 849). D'ailleurs, les transports par chemins de fer offrent à la douane des garanties spéciales et des moyens de surveillance efficaces. Tandis que les voituriers ordinaires peuvent modifier à leur gré leur itinéraire et les heures de marche, les trains de chemins de fer suivent une ligne invariable, partent et arrivent à des heures connues d'avance; la forme des wagons permet l'isolement de la marchandise, de telle sorte que celle-ci ne puisse, malgré la longueur du trajet, être l'objet d'un détournement ou d'une substitution. Un personnel de douaniers restreint surveille utilement de très grandes quantités de marchandises. Donc, la zone frontière, l'obligation de ne point dépasser les premiers bureaux établis pour assurer la répression de la fraude, peuvent disparaître sans inconvénient grave, quand il s'agit de transports par chemins de fer. Ainsi, on a été logiquement conduit à considérer, en matière de transports par chemins de fer, la frontière comme effacée et la ligne des bureaux comme reportée aux lieux mêmes d'expédition ou de destination, pourvu, d'ailleurs, que l'importance commerciale de ces localités permît la création de bureaux de douane intérieurs. De là l'organisation du régime du transit international qui sera étudié bientôt (V. *infrà*, nos 368 et suiv.).

ART. 2. — *Des règles spéciales aux importations par mer* (*Rép.* nos 299 à 329).

§ 1er. — Des obligations imposées au capitaine du navire (*Rép.* nos 299 à 316).

188. Les capitaines de navire sont toujours tenus, à l'entrée dans les ports français, de présenter le manifeste des marchandises existant à leur bord (*Rép.* n° 299) et de le déposer dans les vingt-quatre heures à titre de déclaration de gros (*Rép.* n° 300). Ils doivent, en outre, présenter au visa des agents de la douane leur livre de bord; cette obligation est imposée aussi bien aux capitaines des navires étrangers qu'à ceux des navires français. S'il y a refus du capitaine, sous quelque prétexte que ce soit, il y a infraction à la loi du 2 juill. 1836 (Delandre, 3e éd., n° 312, 7e suppl., n° 1063).

189. Le refus d'exhiber le manifeste ou la négligence à le déposer expose, comme on l'a vu au *Rép.* n° 299, le capitaine à une amende de 500 ou 1000 fr.; de plus, si le manifeste renferme des inexactitudes, le capitaine est passible, outre l'amende, d'une condamnation personnelle à une somme égale à la valeur des marchandises omises ou différentes de celles qui ont été déclarées. Cette valeur est, non pas la valeur intrinsèque de la marchandise au cours d'entrepôt, mais la même valeur que celle qui doit être donnée dans la déclaration marchande au cours du marché intérieur, c'est-à-dire, droits de douane compris (Req. 22 janv. 1877, aff. Comp. des steamers Gaudet, D. P. 77. 1. 145).

190. Le manifeste est remplacé dans les circonstances ordinaires, pour les embarcations françaises de pêche, par le livret de bord (Décis. min. 21 août 1862). Pour les barques employées à la pêche sur les côtes de France, l'obligation du manifeste n'est pas exigée; il suffit que les patrons fassent la déclaration exigée par l'art. 5, tit. 2, de la loi des 6-22 août 1791, sauf en ce qui concerne la pêche du poisson conservé frais, les patrons étant admis, dans ce cas, à ne faire qu'une déclaration verbale; mais cette tolérance cesse dès que les patrons se livrent à une spéculation quelconque en dehors des opérations licites de pêche (Décis. min. 30 déc. 1845 et 15 mars 1850) (Delandre, 3e éd., n° 295).

§ 2. — Des obligations de l'armateur ou de ses mandataires, et de celles des courtiers (*Rép.* nos 317 à 321).

191. Nous nous référerons en ce qui concerne les obligations de l'armateur, ou du capitaine qui a pouvoir de le représenter relativement aux déclarations de détail, aux observations du *Rép.* nos 317 et 318, jointes aux explications qui ont été fournies *suprà*, nos 167 et suiv., relativement aux déclarations.

192. On a vu au *Rép.* n° 320 que les capitaines qui parlent ou qui écrivent le français ne sont pas tenus de recourir aux courtiers; il en est ainsi, alors même qu'ils représentent un manifeste original sur lequel les marchandises et les provisions sont inscrites en langue étrangère (Circ. 12 déc. 1877, n° 379). Le privilège des courtiers n'a trait qu'à la traduction des pièces et documents en langue étrangère, ou au droit de servir d'interprètes, lorsque la douane juge à propos d'interroger le capitaine et son équipage. Ainsi l'armateur, l'affréteur unique ou le consignataire unique peuvent agir pour le capitaine parlant français et l'assister en douane, sans l'intervention d'un courtier, pour ce qui se rattache au service du navire (l'armement, l'approvisionnement de bord, la remise du manifeste, le dépôt ou la levée des papiers de navigation). Mais, si la douane venait à réclamer, conformément au droit qui lui appartient, un rapport de mer, il faudrait tenir compte de l'idiome dans lequel le livre de bord est écrit et l'interprétation ne pourrait être faite que par le courtier compétent (Décis. min. 21 juin 1876). Quant aux formalités relatives aux marchandises (déclarations en détail, levée des permis ou des expéditions), elles peuvent être remplies par toute personne intéressée dans l'opération (Décis. min. 11 janv. 1853, Delandre, 3e éd., n° 317). — Le propriétaire d'un navire, de la cargaison ou le consignataire qui le représente, ont le droit de faire eux-mêmes à la douane les déclarations et demandes nécessaires à l'entrée et à la sortie du navire et spécialement le dépôt du manifeste, alors même que ce manifeste redigé en langue étrangère aurait été traduit à la demande du déposant par un courtier interprète ou que le capitaine et l'armateur ne comprendraient pas la langue française.

193. Les courtiers sont admis à agir pour les capitaines, négociants ou commissionnaires et en leur absence, sans avoir à produire de pouvoir spécial. Mais ils ne sont admis à faire une déclaration pour les tiers qu'après représentation de connaissements et à défaut desquels ils ne peuvent stipuler qu'en leur propre nom (Décis. min. 22 févr. 1862).

194. La douane n'a pas à s'immiscer dans les débats que les courtiers peuvent soulever à l'occasion de leurs droits; c'est aux courtiers à porter, s'ils le jugent à propos, la question de violation de leur privilège devant les tribunaux (Décis. min. 11 mars 1880).

§ 3. — Des débarquements, embarquements et transbordements (*Rép.* nos 322 à 329).

195. Les règles exposées au *Rép.* nos 322 et suiv. et qui doivent être suivies pour le chargement et le déchargement des navires subsistent toujours. Elles ont été cependant, spécialement en ce qui concerne les transbordements, modifiées dans un sens libéral par les instructions de l'Administration. Ainsi, l'obligation du plombage, imposée par la loi du 2 juill. 1836, pour les marchandises tarifées au poids à plus de 20 fr. par 100 kilogr., décimes compris, et pour lesquelles le droit d'entrée répond à plus de 10 pour 100 de la valeur, qui n'avait été rendue obligatoire qu'à Marseille et dans les ports situés en rivière, n'est plus aujourd'hui imposée que lorsque la mise en mer n'est pas directement constatée par le service des ports; en outre, les transbordements à destination d'un port français ont toujours lieu avec exemption de plombage, contrairement à ce qui avait lieu lors de la publication du *Répertoire* (Circ. n° 886, nouv. sér., Tarif, observ. prélim., n° 234).

ART. 3. — *Des restrictions d'entrée. — Entrées spéciales affectées à certaines marchandises par la voie de terre et de mer* (*Rép.* nos 330 à 336).

196. Les restrictions d'entrée, c'est-à-dire l'interdiction d'importer certaines marchandises ou denrées par d'autres lieux que les bureaux qui sont spécialement désignés à cet effet, fondées tantôt sur les nécessités d'éviter la fraude, tantôt sur des mesures exceptionnelles de surveillance que commande au point de vue de la santé ou de la sécurité publique l'introduction de certains produits, ont nécessairement subsisté sur terre et sur mer (*Rép.* n° 330).

197. Par mer, la nomenclature des marchandises soumises à des restrictions d'entrée, donnée au *Rép.* n° 331, conformément à l'art. 22 de la loi du 2 avr. 1816, est aujourd'hui modifiée en raison des changements qui résultent de la loi du 29 juill. 1881 (art. 25; *suprà*, p. 557). Actuellement les marchandises usuellement désignées sous la dénomination de *denrées coloniales de premier ordre*, bien qu'on y comprenne des marchandises auxquelles la dénomination de denrées soit inapplicable, ne peuvent être importées que par les ports d'entrepôt. Ces ports sont ceux de *Nice, Toulon, Marseille, Cette, Agde, Port-Vendres, Bayonne, Bordeaux, Rochefort, la Rochelle, Nantes, Saint-Nazaire, Vannes, Lorient, Brest, Roscoff, Morlaix, Le Legué, Saint-Servan, Saint-Malo, Granville, Cherbourg, Caen, Honfleur, Rouen, le Havre, Fécamp, Dieppe, Saint-Valéry-sur-Somme, Abbeville, Boulogne, Calais, Gravelines et Dunkerque.* — Quant aux marchandises soumises à ces restrictions, ce sont les : *muscades et macis, bois exotiques d'ébénisterie et de teinture, cacao, café, cannelle et quassia liguea, cochenille, coton et laine, dents d'éléphant, écailles de tortue, girofle, gommes exotiques, indigo, nacre de perle, nankin des Indes, orseille, poivre et piment, résineux exotiques, rocou, sucres bruts et terrés, thés.*

198. L'importation par mer des drilles et chiffons ne peut avoir lieu que par les ports de Marseille, Pauillac, Saint-Nazaire, Cherbourg et Cette (Décr. 15 avr. 1879, D. P. 79. 4. 55; 19 déc. 1883, D. P. 84. 4. 79). Par terre, les marchandises taxées à un droit de plus de 20 fr. par 100 kilogr. (décimes additionnels et surtaxe non compris) ne peuvent toujours être importées que par les bureaux désignés à cet effet (V. la nomenclature de ces bureaux : Tarif, observ. prélim., n° 35) (*Rép.* n° 333). C'est aussi seulement par ces bureaux que peuvent entrer les marchandises désignées *suprà*, n° 197, lorsqu'elles sont importées *par terre*. Il en est de même d'un certain nombre de marchandises dont la désignation résulte des lois du 27 mars 1817, de l'ordonnance du 7 juill. 1839, du décret du 1er oct. 1861 (D. P. 61. 4. 121) et de la loi du 7 mai 1881 (D. P. 82. 4. 18), et dont on trouve la nomenclature dans les observations préliminaires du tarif de 1885, n° 34.

199. Il faut signaler, en outre, les restrictions d'entrée qui ont été établies en vue de la police sanitaire du bétail et qui interdisent, autrement que par les bureaux désignés à cet effet, l'importation et le transit des animaux des espèces chevaline, asine, bovine, ovine, caprine et porcine (Tarif, observ. prélim., n° 582). — De même, l'importation des viandes fraîches ne peut avoir lieu que par certains bureaux (Décr. 26 mai 1888, D. P. 88. 4. 52). — De même encore il existe des restrictions analogues à l'entrée et à la sortie des sarments, feuilles, raisins, etc., à titre de protection contre le phylloxéra, et des pommes de terre à titre de protection contre le doryphora (V. *infrà*, nos 281 et 287; Tarif, observ. prélim., nos 592 et suiv.).

200. Enfin certaines marchandises sont soumises à des restrictions d'entrée spéciales, en ce qu'elles ne peuvent être introduites que par certains bureaux. Ce sont les bateaux de rivière (Décr. 1er oct. 1861, art. 2, D. P. 61. 4. 121), les bâtiments de mer et les coques de bâtiments de mer (Décr. 1er oct. 1861, art. 2), les cartons, étiquettes et papier (Décr. 26 juill. 1872. V. *suprà*, p. 552), les châles et tissus de cachemire (L. 2 juill. 1836, art. 1er, *Rép.* p. 607), les clichés (L. 6 mai 1841, art. 8, *Rép.* p. 613), les fils de lin ou de chanvre (L. 6 mai 1841, art. 1er, § 2), les fils de laine, d'alpaga, de lama, de vigogne, et les fils de coton (Décr. 29 mai 1861, D. P. 61. 4. 69; 7 mai 1881, D. P. 82. 4. 61), les gravures et lithographies et les pierres lithographiées.

(L. 6 mai 1841, art. 8), les huiles et essences de pétrole et de schiste (Décr. 30 déc. 1873, V. *suprà*, p. 552), l'horlogerie (L. 2 juill. 1836), les livres (L. 6 mai 1841), les machines et mécaniques (L. 9 juin 1845, art. 1er, D. P. 45. 3. 130), les marchandises omises au tarif (L. 28 avr. 1816), la musique gravée et les cartes géographiques (L. 6 mai 1841), les planches et coins pour l'impression sur papier (*Ibid.*), les tuyaux et conduits en papier bitumé (Décr. 26 juill. 1872).

201. Il existe encore des restrictions d'entrée qui tiennent au mode d'emballage, en ce sens qu'il est interdit de présenter certaines marchandises dans des conditions d'emballage différentes de celles qui ont été légalement déterminées (V. L. 17 déc. 1814, art. 1er; 27 mars 1817, art. 1er; 6 mai 1841, art. 1er et 8; Ord. 13 déc. 1842, art. 7; *Rép.* p. 577, 585, 613, 615; L. 9 juin 1845, art. 1er, D. P. 45. 3. 130; Décr. 1er oct. 1861, art. 3; L. 7 mai 1881) (Comp. Tarif, observ. prélim., n° 48).

202. Enfin on ne peut importer certaines marchandises par mer que par des navires d'un tonnage déterminé; les mêmes restrictions s'appliquent à la réexportation; on trouvera au Tarif, observ. prélim., nos 49 à 51, la nomenclature de ces marchandises et le tableau des restrictions de tonnage actuellement applicables.

ART. 4. — *Des exportations par terre et par mer* (*Rép.* nos 337 à 350).

203. Les règles auxquelles est soumise actuellement l'exportation se trouvent en grande partie exposées *suprà*, nos 161 et suiv., et *infrà*, nos 206 et suiv. — Aujourd'hui, bien qu'il n'y ait plus de droits de sortie, il n'y a pas moins obligation de conduire au bureau de sortie, de déclarer et de soumettre à la visite des employés des douanes les marchandises expédiées au dehors. — Il existe, en effet, encore des marchandises dont la sortie est prohibée, c'est-à-dire les chiens de forte race et les contrefaçons en librairie; ou qui peuvent l'être dans certaines circonstances, comme les armes de guerre et les munitions (V. *infrà*, nos 228 et suiv.), les vignes, échalas, etc., et les animaux, etc. Il existe même, à cet égard, des restrictions de sortie analogues à celles qui ont été signalées pour l'entrée, c'est-à-dire que la sortie de certaines marchandises ne peut avoir lieu que par les bureaux qui sont désignés à cet effet. — Ainsi l'exportation *par mer* des animaux des espèces chevaline, asine, bovine, ovine, caprine et porcine ne peut avoir lieu que par les bureaux de Dunkerque, Calais, Boulogne, Dieppe, Le Havre, Rouen, Honfleur, Portbail, Cherbourg, Granville, Saint-Malo, Saint-Servan, Le Legué, Binci, Portrieux, Brest, Nantes, Pauillac, Bordeaux, Bayonne, Port-Vendres, Cette, Marseille, Nice, Ajaccio, Bastia, Bonifacio (Tarif, observ. prélim., n° 589). — Les animaux qui arrivent dans ces ports ne peuvent, en outre, être embarqués dans les ports où le service sanitaire a été organisé, que sur la production d'un certificat de santé délivré par un vétérinaire commissionné au moment de l'arrivée des animaux sur le quai d'embarquement. Dans les ports où le service d'inspection n'a pas été constitué, les expéditeurs doivent se munir d'un certificat dont la forme est déterminée par des arrêtés préfectoraux.

204. Certaines marchandises ne peuvent être exportées qu'après l'accomplissement de formalités spéciales, comme les tabacs en plants, en feuilles ou en côtes, ou les tabacs fabriqués à prix réduits, qui ne peuvent être exportés qu'accompagnés d'un acquit de la régie et par les bureaux ouverts à l'entrée des marchandises taxées à plus de 20 fr. par 100 kilogr.; les boissons et les autres marchandises exportées avec exemption ou décharge des droits intérieurs perçus par les contributions indirectes, tels que les sucres sortant des fabriques exercées ou des entrepôts de la régie, les boissons, les allumettes, bougies, cartes à jouer, etc., sont également soumises à des restrictions de sortie et à des formalités spéciales (Tarif, observ. prélim., n° 239).

205. Les déclarations de sortie sont faites dans une forme analogue à celle des déclarations d'entrée; les marchandises sont déclarées au poids brut à l'entrée, à l'exception des tissus de soie et de bourre de soie, pour lesquels les déclarants doivent indiquer à la fois le poid net réel et le poids brut, des dentelles de toute sorte, de l'orfèvrerie, de la bijouterie, des monnaies d'or et d'argent, de l'or et de l'argent brut, pour lesquels le poid net effectif doit être déclaré. Quant aux marchandises qui sont taxées à l'entrée autrement qu'au poids, elles doivent être déclarées à la sortie d'après l'unité admise pour l'entrée.

SECT. 3. — DE LA FRANCHISE D'IMPORTATION ET D'EXPORTATION ACCORDÉE POUR LES DENRÉES ET RÉCOLTES AUX ÉTRANGERS PROPRIÉTAIRES EN FRANCE ET AUX FRANÇAIS PROPRIÉTAIRES A L'ÉTRANGER (*Rép.* nos 351 à 361).

206. Le bénéfice du régime spécial accordé aux propriétés limitrophes, sises dans un rayon de 5 kilomètres de la frontière, reste, aujourd'hui encore, subordonné à la plupart des règles qui ont été exposées au *Rép.* n° 351, soit quant à la justification des droits de propriété, soit quant aux déclarations annuelles qui doivent être faites (*Rép.* n° 351), soit quant aux époques auxquelles l'importation et l'exportation des divers produits est permise (*Rép.* n° 352), etc. — Enfin l'exemption des droits n'est toujours accordée, au moins en principe, qu'aux produits annuels de la terre, à l'exclusion des bois, matériaux et autres objets dont la production exige plus d'une année, sauf certaines exceptions qui peuvent résulter des conventions internationales (*Rép.* n° 360).

207. Un décret récent, fondé sur ce que l'absence de tout régime de police dans le rayon frontière permet l'introduction en fraude, dans cette zone, des grains qui sont ensuite répandus dans l'intérieur, a organisé un système de surveillance spécial des ensemencements dans le rayon. Aux termes de ce décret (Décr. 26 mars 1888, D. P. 88. 4. 44), les cultivateurs qui exploitent des terres à moins de deux kilomètres et demi de la frontière doivent chaque année, deux mois avant la récolte, déclarer à la mairie de leur commune et au bureau le plus voisin de leur résidence le nombre d'hectares qu'ils ont ensemencés en grains (art. 1er). — Ces déclarations sont inscrites sur une feuille volante, et sont signées de chaque cultivateur, à moins que le déclarant ne sache pas signer, cas auquel elles sont signées de deux témoins en son lieu et place (art. 2). — Les agents des douanes s'assurent, s'ils le jugent nécessaire, en se transportant sur les lieux, de l'exactitude des déclarations (art. 3). — Après la récolte et au moment de l'engrangement, les cultivateurs remettent à la douane une seconde déclaration, indiquant la quantité réelle en quintaux métriques des produits obtenus. Cette seconde déclaration, également signée par le cultivateur ou, s'il ne sait signer, par deux témoins, est certifiée par le maire (art. 4 et 5). — Si l'évaluation des produits paraît exagérée, les employés des douanes peuvent faire avec l'assistance du maire de la commune, le recensement de ces produits et constater ainsi les quantités effectives (art. 6). — En cas de suspicion sur l'origine des grains présentés au recensement, deux arbitres désignés, l'un par la douane, l'autre par le cultivateur, résolvent la question. S'ils ne peuvent se mettre d'accord, un tiers arbitre choisi par eux tranche la difficulté (art. 7). — Les quantités de grains reconnus provenir de la récolte sont portées à l'actif d'un compte spécial, qui est ouvert à chaque déclarant par le receveur des douanes, actif qui se compose, savoir: 1° du stock des grains existant avant la récolte; 2° desdites quantités de grains récoltées; 3° des quantités de grains tirées de l'étranger et qui ont fait l'objet, à l'entrée en France, de déclarations régulières et d'acquittements de droits, s'il y a lieu; 4° enfin des quantités provenant de l'intérieur, suivant justifications résultant de passavants levés conformément aux règlements généraux sur la circulation dans le rayon des douanes ou, en cas d'éloignement des bureaux, de déclarations certifiées par le maire du lieu de production ou d'enlèvement (art. 8). Le passif comprend: 1° les grains expédiés avec passavants; 2° ceux exportés; 3° ceux employés soit pour la consommation de la ferme, soit pour les semences, suivant déclarations du cultivateur. Pour ces deux dernières catégories de grains, en cas de doute sur l'exactitude de la déclaration, la douane aura recours à l'arbitrage institué par l'art. 7 (art. 8).

Chaque année, avant l'engrangement, l'actif et le passif de chaque compte sont balancés. Les produits alors invendus, ou qui n'auront pas été expédiés à l'intérieur, forment le premier article de l'actif du compte nouveau. Des recensements sont opérés par la douane, lorsqu'elle en aura reconnu la nécessité (art. 9). — Au moyen des dispositions qui précèdent, les passavants à délivrer pour l'enlèvement des grains des deux kilomètres et demi de la frontière ne sont soumis à aucune autre formalité que la déclaration à faire, par les cultivateurs, des quantités qu'ils voudront successivement expédier et qui sont, au fur et à mesure des enlèvements, inscrites au passif du compte ouvert jusqu'à parfait épuisement des quantités portées en charge (art. 10). — Le décret dispose enfin que des arrêtés préfectoraux, pris sur l'avis des directeurs des douanes, peuvent rendre ces dispositions applicables dans les départements où il y a lieu de craindre que la fraude des grains ne compromette les intérêts de l'agriculture et ceux du Trésor. Ces arrêtés fixent la date à partir de laquelle ces mêmes dispositions seront mises à exécution (art. 11).

208. Le régime des propriétés limitrophes de la frontière continue à comporter, pour les Français propriétaires à l'étranger et pour les étrangers propriétaires en France, la faculté d'envoyer sous le régime du compte ouvert (V. *infrà*, n° 215) leurs bestiaux au pacage sur les biens-fonds qu'ils possèdent de part et d'autre de la frontière, et de faire consommer sur place en totalité ou en partie leurs foins et fourrages.

209. Les franchises dont il vient d'être parlé ont reçu d'importantes extensions par suite de traités internationaux. Tout d'abord sur les frontières de Belgique (Traité 31 oct. 1881, art. 11), de Suisse et d'Allemagne (Convention sur les rapports de bon voisinage du 23 févr. 1882, art. 1er; Traité de Francfort, 11 déc. 1871, art. 12), la zone privilégiée a été portée à 10 kilomètres de largeur de chaque côté de la frontière. Sur la frontière de Belgique, les céréales en gerbes et en épis, le foin, la paille et les fourrages verts, les racines fourragères, les pulpes de betteraves et les fumiers sont réciproquement importés et exportés, en franchise de droits, sans justification obligatoire quant à la date de possession pour les biens-fonds d'où ils proviennent. — Sur les frontières d'Allemagne et de Suisse, les céréales en gerbes ou en épis, les foins, la paille et les fourrages verts, les produits bruts des forêts (bois, charbons et potasse), les engrais, les semences, les plantes, les perches et les échalas, provenant des biens-fonds situés dans la zone privilégiée, les animaux et instruments de toute sorte servant à l'exploitation des propriétés, sont affranchis de tous droits à l'entrée et à la sortie. Mais la franchise ne s'applique aux animaux importés en France qu'autant qu'ils doivent être employés à l'exploitation des terres appartenant aux étrangers et que, par leur race, ils sont propres aux travaux agricoles (chevaux, bœufs, vaches, ânes et mulets et vaches laitières).

210. Les produits sont, en vertu des instructions administratives, habituellement admis sur la simple déclaration qu'ils proviennent de la zone privilégiée, et on ne procède à des investigations particulières qu'en cas de soupçon d'abus (Circ. n° 997, nouv. sér.). — Les conventions avec la Suisse et l'Allemagne admettent au régime de l'importation et de l'exportation temporaire en franchise : 1° les grains et les bois envoyés, par les habitants de l'un des deux pays, à un moulin ou à une scierie sis en l'autre pays pour en être rapportés après mouture et sciage; 2° les semences que les nationaux des deux pays ont recueillies sur leurs biens-fonds et qu'ils envoient dans l'autre pays pour l'extraction de l'huile; 3° les fils et les toiles écrus envoyés pour être blanchis et qui ont été fabriqués avec les produits des terres que les nationaux de l'un des pays cultivent dans la zone privilégiée; 4° le lin et le chanvre envoyés pour être filés à façon et qui ont été récoltés dans ladite zone. On exige, toutefois, que la réexportation des fils et des tissus écrus soit garantie par un acquit-à-caution. Pour les envois en Suisse, la douane délivre un passavant, au vu duquel la franchise est accordée aux objets réimportés après main-d'œuvre.

211. Le régime de la zone limitrophe sur la frontière italienne est régi par un traité du 7 mars 1861. Elle est de 5 kilomètres de chaque côté de la frontière. Le régime spécial s'étend, outre les récoltes et produits annuels, aux coupes de bois, au lait, au beurre, aux fromages et aux laines. Les Français propriétaires en Italie restent soumis aux conditions indiquées au *Rép.* nos 357 et 358 pour la jouissance du privilège, c'est-à-dire qu'ils doivent justifier, suivant les règles générales, que leur possession remonte à la délimitation du territoire, ou que les biens-fonds leur sont échus en vertu des lois sur les successions et pour leur part individuelle. Mais la transmission en ligne directe ne confère pas seule le droit aux privilèges des propriétés limitrophes; ces avantages s'étendent aux héritiers en ligne collatérale au premier degré. Les usufruitiers sont aussi maintenus en possession de ces privilèges, lorsque la propriété reste soit aux héritiers en ligne directe, soit aux héritiers en ligne collatérale au premier degré (art. 13 de la convention). Les fermiers jouissent, au même titre et aux mêmes conditions que le propriétaire lui-même, des privilèges afférents aux propriétés limitrophes.

212. Pour être admis au bénéfice du régime privilégié, les produits, autres que le beurre et le fromage, doivent être présentés dans l'état même où l'agriculture est dans l'usage de les enlever du lieu d'exploitation, c'est-à-dire que les céréales ne doivent avoir été ni battues ni engrangées, et que les bois doivent être bruts. — On admet toutefois que les céréales peuvent être importées en grains dans les localités où le transport se fait à dos de mulet. — Un régime spécial est, en outre, appliqué aux produits qui proviennent du territoire situé entre la frontière et la crête des Alpes de Colla Lunga au mont Clapier : les produits (lait, beurre, fromage, laine, produits annuels), sont adressés librement en France sans distinction entre les récoltes de la partie de ce territoire qui est française et les récoltes de la partie italienne, à quelque distance de la frontière que soient situés les biens-fonds, qu'ils appartiennent soit à des Français, soit à des Italiens.

SECT. 4. — DU RÉGIME SPÉCIAL DES DOUANES EN CE QUI CONCERNE L'IMPORTATION DES BESTIAUX ET CHEVAUX, DES GRAINS, DES ARMES, DES DRILLES, DE LA LIBRAIRIE ET OBJETS DE COMMERCE ET D'ART (*Rép.* nos 362 à 431).

213. Un certain nombre des objets et marchandises qui ont donné lieu au *Répertoire* à une étude séparée ne sont plus soumis à un régime spécial proprement dit; on exposera, toutefois, pour certains d'entre eux les règles qui leur sont encore particulières.

ART. 1er. — *Des bestiaux et bêtes de somme* (*Rép.* nos 362 à 385).

214. Après avoir complété les explications contenues dans les quatre paragraphes dont cet article se compose au *Répertoire*, on exposera les nouvelles dispositions relatives à la police sanitaire des bestiaux.

§ 1er. — Du rayon des douanes quant aux bestiaux et bêtes de somme et de leur circulation dans ce rayon (*Rép.* nos 363 à 370).

215. Depuis 1860, le système du compte ouvert, qui a été exposé au *Rép.* nos 363 et suiv., avait été supprimé; la modicité du tarif qui grevait alors l'importation du bétail en France ayant à peu près fait disparaître la fraude qui ne présentait plus aucun intérêt, la circulation des bestiaux dans les diverses zones du rayon frontière n'était astreinte à aucune formalité. Les animaux de travail et de service circulant dans le rayon n'avaient même pas été astreints aux restrictions d'entrée et de transit résultant de l'art. 1er du décret du 6 avr. 1883 (D. P. 84. 4. 6). Mais le relèvement des droits d'importation sur les bestiaux, opéré par les lois du 28 mars 1885 (D. P. 87. 4. 87, note 2 *a*) et du 5 avr. 1887 (D. P. 87. 4. 87-88), a eu pour conséquence de faire renaître la fraude sur ces animaux. Les introductions frauduleuses avaient même pris, sur plusieurs points de la frontière, un développement qui détermina l'Administration à réagir. Dans ce but, le système du compte ouvert a été remis en vigueur avec certains tempéraments cependant (Circ. 11 août 1887).

§ 2. — Pacage de bestiaux au delà de la ligne (*Rép.* nos 371 à 377).

216. Le pacage des bestiaux entre la frontière et les premières lignes de douanes demeure soumis au règlement du

15 juill. 1825 et aux dispositions de la loi du 2 juill. 1836 (*Rép.* n° 371). — Le pacage a toujours lieu sous la garantie d'un acquit-à-caution ou d'un passavant : ceux-ci, en vertu d'une décision manifestée par une circulaire du 15 sept. 1860, sont valables pour tous les pâturages (Delandre, 3e éd., n° 835).

217. Les troupeaux placés sous la garantie d'un acquit-à-caution ou d'un passavant de pacage ne doivent pas, en vertu d'une décision du 5 avr. 1852, être saisis pour le seul fait de circulation de nuit.

218. Comme on l'a vu au *Rép.* n° 375, on doit constater par un acquit-à-caution chacune des augmentations du troupeau provenant d'autre source que de la reproduction. En cas de diminution, l'acquit-à-caution est déchargé du nombre des animaux morts en cours de pacage ; les peaux de ces animaux sont, à cet effet, présentées au bureau, et le service décharge les acquits-à-caution et les soumissions, en faisant signer les intéressés à la souche, d'un nombre égal de têtes de bétail.

§ 3. — Police du pacage des bestiaux envoyés de France à l'étranger ou de l'étranger en France (*Rép.* nos 378 à 383).

219. Les animaux qui viennent en France pour le pâturage sont, outre les formalités exposées au *Répertoire*, soumis à l'inspection sanitaire. Néanmoins, comme ils peuvent entrer en France par tous les bureaux de douanes et que le service d'inspection sanitaire ne fonctionne pas partout, il suffit de produire un certificat d'origine et de santé rédigé conformément aux prescriptions de l'art. 4 du décret du 6 avr. 1883 (D. P. 84. 4. 6), dans les bureaux où le service n'existe pas : si le service est installé, le certificat n'est pas nécessaire et l'inspection a lieu sans frais (Tarif, observ. prélim., n° 586). Le certificat d'origine, valable pendant huit jours, indique le nombre et le signalement des animaux ; il émane d'un vétérinaire dont la signature est légalisée par l'autorité du lieu d'où viennent les animaux, laquelle doit attester que dans cette localité il n'existe et n'a existé, pendant les six semaines précédentes, aucune maladie contagieuse sur les animaux de l'espèce. La même obligation est imposée aux troupeaux appartenant à des Français et qui rentrent en France après avoir été pacager de l'autre côté de la frontière.

§ 4. — Des mesures de police concernant les chevaux et bêtes de somme servant aux voyageurs et aux voituriers (*Rép.* nos 384 et 385).

220. Les chevaux et bêtes de somme qui servent de monture ou d'attelage aux voyageurs et aux rouliers, ou qui sont employés aux transports journaliers des individus et des denrées d'un côté de la frontière à l'autre, peuvent entrer sous la simple garantie d'un acquit-à-caution ou moyennant la consignation des droits. Ceux qu'on fait sortir dans les mêmes conditions doivent, pour être réadmis, faire l'objet d'un passavant descriptif, c'est-à-dire qu'ils sont toujours soumis aux dispositions du règlement du 18 juin 1846 (*Rép.* n° 384, note 1).

221. Les chevaux d'attelage et bêtes de somme servant aux voyageurs et voituriers ne sont pas soumis aux restrictions d'entrée prescrites par le décret du 6 avr. 1883 sur la police sanitaire du bétail ; mais les conducteurs d'animaux affectés à un service régulier doivent toujours être porteurs d'un certificat semblable à celui dont il est parlé, *suprà*, n° 219, et n'ayant pas plus d'un mois de date. L'autorité locale peut, d'ailleurs, malgré ce certificat, faire procéder à la visite sanitaire des animaux par les vétérinaires préposés à ce service.

§ 5. — Police sanitaire du bétail.

222. La police sanitaire du bétail, destinée à empêcher la propagation en France des épizooties qui existent à l'étranger, a été organisée par la loi du 21 juill. 1881 (D. P. 82. 4. 32) et les décrets des 22 juin 1882 (D. P. 83. 4. 11) et 6 avr. 1883 (D. P. 84. 4. 6). — Les mesures qui peuvent être prises en vertu de ces textes sont de deux ordres différents : les unes consistent dans la prohibition *temporaire* à l'entrée pour la consommation ou le transit des animaux des espèces bovine, ovine, caprine et porcine de provenance déterminée, ainsi que des peaux et débris frais de ces animaux ; les autres consistent dans l'organisation d'un service d'inspection, par des vétérinaires, des animaux des mêmes espèces et des espèces chevaline et asine, au moment de leur entrée en France, soit par mer, soit par terre.

Le service des douanes est appelé à donner son concours à ces mesures, notamment en ce que l'admission à l'importation des animaux des espèces ci-dessus énumérées ne peut avoir lieu que par certains bureaux, dont la nomenclature est fournie au tarif, observ. prélim., n° 582. C'est également le service des douanes qui encaisse au profit du Trésor les frais de visite au vu du *laissez-passer* détaché d'un registre à souche et délivré par le vétérinaire chargé du service d'inspection.

223. Lorsqu'il n'y a pas de service organisé près du bureau d'importation, il est suppléé à la visite, comme on l'a exposé *suprà*, n° 219, à propos des animaux venant au pacage, en France, par un certificat d'un vétérinaire, légalisé par l'autorité du lieu d'origine des animaux, lequel atteste que dans la localité il n'existe et n'a existé, pendant les six semaines précédentes, aucune maladie contagieuse sur les animaux de l'espèce. Ce certificat n'est valable que pour trois jours.

224. Comme on l'a vu *suprà*, n° 203, l'exportation par mer des animaux des espèces chevaline, asine, bovine, ovine, caprine et porcine ne peut avoir lieu que par un certain nombre de bureaux ; et l'embarquement ne peut s'effectuer que sur la production d'un certificat de santé. — Ces dispositions ne sont pas applicables aux animaux *de bord*, c'est-à-dire à ceux qui sont embarqués sur les navires pour la nourriture des équipages et des passagers ; la sortie de ces animaux reste libre par tous les points du littoral, et l'embarquement peut avoir lieu sans visite préalable des vétérinaires, ni production de certificats de santé (Décis. min. 9 et 16 oct. 1883).

225. Les maladies réputées contagieuses, et qui peuvent donner lieu à l'application de la loi du 21 juill. 1881 (D. P. 82. 4. 32), sont : la peste bovine, la péripneumonie contagieuse, la clavelée et la galle, la fièvre aphteuse, la morve, le farcin, la dourine, la rage et le charbon. Les mesures sanitaires à prendre à la frontière sont prescrites par les maires dans les communes rurales, par les commissaires de police dans les gares frontières et les ports de mer, conformément à l'avis du vétérinaire désigné pour la visite du bétail. Mais, en attendant l'intervention de ces autorités, les agents des douanes peuvent être requis de prêter main-forte.

226. L'introduction des animaux soumis à l'inspection sanitaire, sans passer par les bureaux ouverts à l'importation du bétail, constitue un fait tombant sous l'application des art. 41, 42 et 43 de la loi du 28 avr. 1816 (Delandre, 3e éd., 2e suppl., p. 39, n° 244).

ART. 2. — *Des grains* (*Rép.* nos 386 à 393).

227. Les grains ont cessé d'être soumis à un régime spécial depuis la loi du 15 juin 1861 (D. P. 61. 4. 75) (V. *suprà*, n° 10) ; ils constituent une marchandise qui peut, au même titre que toute autre, être importée ou exportée, et sont soumis à des droits fixes. — On a vu, toutefois (V. *suprà*, n° 61), que par une disposition exceptionnelle, la loi du 29 mars 1887 (D. P. 87. 4. 87) autorise le Gouvernement à suspendre la perception des droits de douane sur les grains.

ART. 3. — *Des armes* (*Rép.* nos 394 à 400).

228. On a fait connaître *suprà*, v° *Armes*, le nouveau régime qui résulte, pour les armes, de la loi du 14 août 1885 (D. P. 85. 4. 77) ; les dispositions de cette loi abrogent et remplacent celles de la loi du 14 juill. 1860 (D. P. 60. 4. 86), qui avaient elles-mêmes modifié le régime exposé au *Rép.* nos 394 à 400.

229. D'après les dispositions de la loi du 14 août 1885, les armes se divisent en deux catégories : les armes réglementaires et les armes non réglementaires. Les premières sont celles qui sont en service dans nos armées de terre et de mer et qui sont définies par les tables de construction approuvées par le ministre de la guerre et le ministre de la marine; toutes les autres armes, soit de guerre, soit de commerce, rentrent dans la classe des armes non réglementaires, auxquelles on doit, dans tous les cas, assimiler les armes blanches et les revolvers.

230. La loi du 14 août 1885 a levé la prohibition dont la loi du 14 juill. 1860 frappait encore les armes de guerre et supprimé toutes les restrictions d'entrée, y compris la formalité du poinçon d'épreuve (Tarif, notes, p. 471). L'importation, le transit et l'exportation des armes de toutes espèces, y compris les armes d'affût et les munitions non chargées sont libres, et peuvent, en conséquence, avoir lieu par tous les bureaux indistinctement, sauf représentation des récépissés préfectoraux qui doivent être délivrés, en échange de leur déclaration, à ceux qui veulent importer, autrement que pour le transit, des armes réglementaires. En effet, le fabricant ou commerçant qui veut importer soit des armes ou pièces d'armes réglementaires, soit des munitions correspondantes non chargées, doit en faire la déclaration à la préfecture du lieu où ces objets doivent parvenir après l'importation. Le préfet délivre récépissé de cette déclaration en double expédition; le duplicata sert de permis d'importation; si cette pièce n'est pas produite, il ne peut être procédé ni à la vérification des objets, ni à la perception des droits d'entrée (L. 14 août 1885, art. 7 et 8).

231. Les armes réglementaires, lorsque le permis d'importation est produit, et les armes non réglementaires, ainsi que les pièces d'armes finies peuvent être importées sous la réserve du payement des droits qui leur sont applicables d'après le tarif. Les agents des douanes doivent admettre les armes non réglementaires au payement des droits sans autre formalité; ils doivent s'assurer, toutefois, avec soin que les armes ne sont pas des modèles réglementaires, et, s'il y a doute sur la catégorie dans laquelle une arme doit être classée, il en est référé à l'autorité militaire la plus voisine, c'est-à-dire au service de l'artillerie partout où il a des établissements, dans les autres localités, aux chefs de corps et, même dans les localités peu importantes, au brigadier de la gendarmerie. Si l'avis de l'autorité militaire est contesté, il doit en être référé au ministre de la guerre ou au ministre de la marine qui statue (L. 14 août 1885, art. 9).

232. Les armes réglementaires et non réglementaires et les munitions non chargées sont admises au transit par tous les bureaux sous le simple accomplissement des formalités de douane applicables aux marchandises non prohibées (L. 14 août 1885, art. 7); il en est de même des projectiles non chargés. Les armes et munitions non chargées de tout modèle sont également admissibles dans les entrepôts réels des douanes; mais les armes et les munitions non chargées du modèle réglementaire doivent, aussi bien lorsqu'elles sont importées pour l'entrepôt que pour l'acquittement des droits, être accompagnées du duplicata du récépissé de la préfecture (V. *suprà*, n° 230). La même formalité est obligatoire, lorsque les armes sont retirées de l'entrepôt pour l'acquittement des droits. — Alors même que les armes des modèles réglementaires seraient retirées de l'entrepôt pour être renvoyées à l'étranger par réexportation ou transit, le service devrait exiger la représentation du duplicata du récépissé obligatoire pour l'exportation des armes réglementaires. En effet, l'exportation des armes des modèles réglementaires est, comme l'importation de ces armes, soumise à une déclaration préalable qui doit être faite par l'exportateur à la préfecture de son département. Le duplicata du récépissé sert de permis d'exportation, et, faute de cette pièce, la constatation de la sortie ne saurait être effectuée. Au contraire, l'exportation des armes non réglementaires n'est soumise qu'aux formalités ordinaires de douane.

233. Les armes et munitions non chargées des modèles non réglementaires, destinées aux usages des navires du commerce, peuvent être embarquées sans aucune formalité spéciale. Mais les armes et munitions non chargées des modèles réglementaires ne peuvent être embarquées que sous les conditions auxquelles leur exportation est subordonnée.

ART. 4. — *Des poudres à feu* (*Rép.* n°s 401 à 403), *et des munitions chargées.*

234. La loi du 14 août 1885 (D. P. 85. 4. 77) ne s'applique, en ce qui concerne les munitions, qu'aux munitions non chargées; elle n'a donc rien innové en ce qui concerne les poudres et les munitions chargées, qui restent soumises aux règles antérieures. On étudiera *infrà*, v° *Poudres et salpêtres*, les modifications que le régime des poudres et produits assimilés a pu subir depuis la publication du *Répertoire*. Nous nous bornerons ici, comme au *Rép.* n°s 401 et suiv., à traiter ce qui se rattache spécialement à la matière des douanes.

235. Les dispositions prescrivant aux capitaines de navires qui entrent dans un port de faire la déclaration et le dépôt des poudres qu'ils ont à bord (*Rép.* n° 401), et celles qui sont relatives au réembarquement ou à l'abandon des poudres au moment du départ, sont toujours en vigueur. — L'embarquement des munitions de guerre chargées, dont les navires du commerce peuvent avoir besoin pour leur défense, est régi par l'ordonnance du 12 juill. 1847 (D. P. 47. 3. 166). Conformément à l'art. 10 de cette ordonnance, ces munitions ne peuvent être embarquées qu'en vertu d'une autorisation du chef de service de la marine au port d'embarquement. Les armateurs doivent souscrire, entre les mains du receveur des douanes du port d'embarquement, l'engagement cautionné de rapporter et de représenter les munitions embarquées, sauf à eux à justifier, au moyen de procès-verbaux signés par tous les officiers, et par trois au moins des principaux marins du bord, de la perte ou de l'emploi, de tout ou partie de ces munitions. L'accomplissement de cette obligation est constaté par les agents de la marine concurremment avec les agents des douanes, et les infractions sont poursuivies à la diligence de ces derniers, conformément aux lois sur l'exportation des munitions de guerre (Ord. 12 juill. 1847, art. 12 et 14) (V. *infrà*, n° 238).

236. L'importation des poudres de toute sorte, autres que la dynamite, reste prohibée d'une manière absolue; cette disposition est applicable à toutes les compositions ayant la même destination et susceptibles de produire les mêmes effets que la poudre ordinaire (Crim. cass. 2 janv. 1858, aff. Murtineddu, D. P. 58. 1. 47; 22 déc. 1859, même affaire, D. P. 59. 5. 294). — L'importation de la dynamite est elle-même soumise à des restrictions; elle ne peut avoir lieu qu'en vertu de décrets spéciaux qui déterminent les points par lesquels les introductions doivent s'effectuer, sous des conditions d'emballage déterminées et à la condition qu'elle soit transportée jusqu'à destination sous plomb et sous la garantie d'un acquit-à-caution de la douane d'entrée (L. 8 mars 1875, art. 5, D. P. 75. 4. 97; Décr. 24 août 1875, art. 18, D. P. 76. 4. 49; 28 oct. 1882, D. P. 83. 4. 56; Circ. n°s 1331 et 1590). — Pour l'exportation des poudres autres que la dynamite, les dispositions de l'ordonnance du 19 juill. 1829 qui ont été exposées au *Rép.* n° 401 sont toujours en vigueur. Quant à la dynamite de fabrication française, elle est exportée accompagnée d'acquits-à-caution de la Régie, qui doivent être présentés à la douane.

237. L'importation, l'exportation et le transit des capsules de guerre en poudre fulminante sont prohibés à moins d'une autorisation spéciale du ministre de la guerre. Au contraire, l'importation, l'exportation et le transit des capsules de chasse n'exigent aucune formalité spéciale (L. 7 mai 1881, D. P. 82. 4. 18); toutefois, après le payement des droits, les capsules de chasse importées doivent être accompagnées jusqu'à destination par un acquit-à-caution à décharger par l'autorité municipale du lieu de la résidence du destinataire (L. 11 juill. 1868, D. P. 68. 4. 103). Les capsules pour dynamite sont assimilées aux capsules de chasse (Tarif, notes du tableau des droits, n° 513).

238. L'importation des cartouches chargées de poudre est prohibée. Quant aux cartouches chargées de poudre et de plomb, l'importation peut en être permise sur l'autorisation des ministres de la guerre et des finances, lorsqu'elles sont destinées à l'usage spécial des sociétés de tir, et sous la réserve qu'elles restent en dépôt dans la poudrière la plus rapprochée des emplacements de tir ou d'expériences, pour être délivrées aux ayants droit au fur et à mesure de leur consommation. Quant à l'exportation des cartouches de guerre, elle peut avoir lieu avec l'autorisation du ministère de la guerre. Suivant un arrêté du ministre des finances du 14 févr. 1887 (1), modifiant un précédent arrêté du 26 mai 1886, tout industriel qui veut se livrer à la fabrication ou au commerce des cartouches de guerre destinées à l'exportation doit être muni d'une autorisation préalable du département de la guerre, donnée une fois pour toutes et sans limites de quantité ou de durée. Le service des douanes doit, en conséquence, réclamer à l'exportation un acquit-à-caution qui, délivré par la régie des contributions indirectes, doit accompagner les cartouches (Circ. n° 1818, nouv. sér.).

239. Quant au transit des cartouches et munitions chargées de toute espèce, il peut avoir lieu au même titre que celui des armes et des munitions non chargées, c'est-à-dire sans autorisation préalable du ministre de la guerre (Décis. min. 30 avr. 1887; Circ. n° 1841, nouv. sér.).

ART. 5. — *Des ouvrages et matières d'or et d'argent* (*Rép.* n°s 404 à 412).

240. Les ouvrages d'or et d'argent qui sont présentés à l'importation doivent toujours être envoyés aux bureaux de garantie (*Rép.* n° 404), sauf les exceptions indiquées au *Rép.* n° 405, auxquelles il faut ajouter les ouvrages poinçonnés en Algérie, lorsqu'ils sont accompagnés de certificats émanant des bureaux de garantie de la colonie et présentés sous le plomb intact de la douane coloniale. — Il existe des bureaux de garantie dans un grand nombre de villes (V. Tarif, notes explicatives, p. 381; et *infra*, v° *Matières d'or et d'argent*).

241. On n'a pas à distinguer pour l'application des droits entre les ouvrages d'or et d'argent de fabrication étrangère et ceux qui, revêtus des poinçons de France, sont déclarés provenir primitivement des fabriques nationales. Mais aux exceptions à cette règle qui ont été exposées au *Rép.* n°s 408 et 411 il faut ajouter celle qui résulte de l'art. 6 du décret du 6 juin 1884 (D. P. 84. 4. 87), en faveur des montres en or au quatrième titre et des ouvrages d'or et d'argent à bas titre, sous la condition que ces objets auront donné lieu, à la sortie, à des acquits-à-caution des contributions indirectes et que le bureau de garantie sur lequel ils auront été dirigés au retour en aura reconnu l'origine française (Tarif, notes explicatives, p. 437).

242. Lorsque la douane se trouve en présence d'objets en or ou en argent de fabrication étrangère, elle doit surseoir à l'application des droits d'entrée jusqu'après l'examen du service de la garantie, en exigeant des déclarants une soumission portant engagement d'acquitter les droits d'entrée et de marque, si la garantie admet les objets au poinçonnage, et de les réexporter, si elle les refuse.

243. Les objets d'or et d'argent à bas titre et les montres au quatrième titre de fabrication française sont assimilés aux objets pour lesquels l'exportateur s'est réservé le bénéfice du retour (*Rép.* n° 411), c'est-à-dire que, lorsqu'ils n'ont pas été placés à l'étranger et que leur identité a été constatée par le service de la garantie, ils sont réintégrés chez le marchand ou le fabricant exportateur et repris à son compte.

244. L'admission en franchise de l'argenterie de ménage en cours de service, importée soit par des Français rentrant en France, soit par des étrangers qui viennent s'y établir (*Rép.* n° 412), a été de nouveau réglée par une décision ministérielle du 2 févr. 1854. Après examen du service de la garantie et réintégration au bureau des douanes, toutes les pièces qui ont été reconnues porter l'empreinte des poinçons français non oblitérée, appliquée soit antérieurement, soit postérieurement à la loi du 19 brum. an 6, sont remises en franchise des droits de douane et de garantie. L'argenterie dont l'origine étrangère est constatée est immédiatement poinçonnée et soumise au droit de marque, puis remise par le bureau des douanes en exemption de la taxe d'entrée. On exempte également de la taxe d'entrée, sous l'obligation du poinçonnage et de l'acquittement du droit de marque, les parties d'argenterie de ménage qui auraient été primitivement expédiées de France revêtues du poinçon spécial d'exportation.

245. L'argenterie de ménage importée par les étrangers qui viennent séjourner momentanément en France est admise en franchise, à charge de réexportation dans un délai de trois ans, et moyennant consignation des droits de garantie. Cette consignation est acquise au Trésor, à défaut de justification de la réexportation de l'argenterie dans les délais. Mais si la réexportation est opérée dans ces délais, les droits sont intégralement restitués.

246. On restitue, de même, intégralement au fabricant, aux conditions et sous l'accomplissement des formalités déterminées par le décret du 27 juill. 1878 (D. P. 79. 4. 4), les droits de garantie payés sur les ouvrages neufs d'or et d'argent fabriqués en France et exportés pour la vente à l'étranger (L. 30 mars 1872, art. 2, D. P. 72. 4. 77). Dans ce cas, comme toutes les fois qu'il a été délivré par l'administration des contributions indirectes des acquits-à-caution qui doivent être revêtus du certificat d'exportation du service des douanes (*Rép.* n° 408), la restitution des droits est soumise à la condition de l'exportation par un des bureaux désignés à cet effet (Tarif, note, n° 437). Cette règle est spécialement applicable au cas d'exportation des montres au quatrième titre ou des objets d'or et d'argent à bas titre, qui ne peuvent circuler qu'avec acquits-à-caution de l'administration des contributions indirectes et qui, présentés dans d'autres conditions, seraient passibles de la confiscation et de l'amende édictée par l'art. 5 de la loi du 25 janv. 1884 (D. P. 84. 4. 85).

ART. 6. — *Des vêtements, trousseaux, mobiliers, outils, instruments, matériel agricole et industriel* (*Rép.* n°s 413 et 414).

247. Les règles exposées au *Rép.* n°s 413 et 414, relativement aux vêtements en cours d'usage des voyageurs et aux vêtements neufs que ceux-ci transportent dans les bagages qui les accompagnent, sont encore en vigueur, c'est-à-dire que les effets des voyageurs qui portent des traces d'usage sont admis en franchise, mais sans limitation uniforme du nombre d'effets que chaque voyageur peut emporter; les instructions données au service actif prescrivent l'admission en franchise des effets jusqu'à concurrence de quantités qui soient en rapport avec la position sociale de leurs propriétaires, et laissent aux chefs locaux le soin d'apprécier ce qu'il est convenable de faire pour prévenir tout abus comme pour éviter toute rigueur inutile. On peut, notamment, accorder la franchise, alors même que les objets n'accompagnent pas les voyageurs; et lorsque les vêtements neufs, le linge neuf, etc., contenus dans les bagages des voyageurs doivent être soumis aux droits, on apporte à cette obligation tous les tempéraments possibles. Si les voyageurs ne font que traverser la France ou ne doivent y séjourner que peu de temps, il est d'usage que l'Administration se borne à assurer la réexportation des objets passibles de droits, soit au moyen d'une consignation, soit au moyen d'une soumission cautionnée (Décis. min. 30 juin 1856). Toutefois, cette facilité ne peut être accordée que dans les bureaux ouverts au transit. Dans ceux qui sont ouverts au transit international,

(1) LE MINISTRE DES FINANCES; — Vu le décret du 21 mai 1886, relatif à l'exportation des poudres à feu; — Vu les lettres du ministre de la guerre, en date des 3 nov. 1886 et 8 févr. 1887; — Vu la lettre du ministre de l'intérieur, en date du 11 oct. 1886; — Vu la lettre du ministre des affaires étrangères, en date du 12 oct. 1886; — Vu la lettre du directeur général des contributions indirectes, en date du 27 nov. 1886; — ARRÊTE :

Art. 1er. Est abrogée la disposition de l'avant-dernier paragraphe de la notice annexée à l'arrêté du 26 mai 1886, laquelle disposition est conçue ainsi qu'il suit : — « Toute exportation de cartouches pour fusil est subordonnée à la représentation d'un permis spécial émanant de l'administration de la guerre ».

2. Tout industriel voulant se livrer à la fabrication ou au commerce des cartouches de guerre destinées à l'exportation devra être muni d'une autorisation préalable donnée par le département de la guerre une fois pour toutes, et sans limites de quantité ou de durée; l'industriel aura à justifier de son obtention à toute réquisition de l'administration des contributions indirectes ou de la police. — Cette autorisation pourra être suspendue par arrêtés des ministres de la guerre et de l'intérieur.

Du 14 févr. 1887.-Arrêté min. fin.

on peut simplifier encore les formalités en expédiant sous le régime du transit international les effets dont il ne doit pas être fait usage en France.

248. L'admission en franchise des objets employés à l'usage personnel des importateurs, lorsqu'ils ont déjà servi, s'applique aux objets de toute nature composant le mobilier des étrangers qui viennent s'établir en France ou des Français qui rentrent dans leur patrie après un séjour à l'étranger. Ces objets sont admis en franchise, lorsqu'ils portent des traces de service, sur l'autorisation des chefs locaux, par tous les bureaux ouverts aux marchandises taxées à plus de 20 fr. par 100 kilogr., à la condition que les intéressés produisent à l'appui de leur déclaration un inventaire détaillé ; dans les autres bureaux, l'autorisation du directeur est nécessaire. L'immunité s'applique à tous les objets qui constituent un mobilier, c'est-à-dire à tous les objets d'ameublement, y compris les tapis et tapisseries de toute sorte, aux habillements, au linge de corps, de lit, de table et de cuisine, à la verrerie, à la vaisselle, aux pianos et autres instruments de musique, à l'argenterie, sauf à assurer quand il y a lieu la perception du droit de garantie. Mais on ne peut faire jouir de ce bénéfice les provisions de ménage, les voitures suspendues, les chevaux et harnais (L. 16 mai 1863, art. 25, D. P. 63. 4. 63).

249. On admet également en franchise, dans les mêmes circonstances et sous les mêmes conditions, les outils, les instruments d'arts libéraux ou mécaniques, le matériel agricole (voitures à échelles, chariots, tombereaux, jougs, harnais, herses, charrues, moissonneuses, faucheuses et autres machines agricoles, etc.), et le matériel industriel à l'exclusion des machines. — Il en est de même des outils en cours d'usage apportés par les ouvriers qui viennent exercer momentanément leur métier en France (Tarif, observ. prélim., n° 355).

250. Par exception à la règle qui soumet aux droits les effets neufs apportés en France par les voyageurs, la loi du 16 mai 1863 (art. 25) accorde la franchise aux vêtements et au linge confectionné qui composent les trousseaux de mariage des personnes qui viennent habiter en France et les trousseaux des élèves étrangers envoyés en France et y résidant.

251. Dans ces différents cas, toutes les fois que la demande en est faite, l'expédition directe des objets est autorisée sur le bureau de Paris, ou sur tout autre bureau de l'intérieur ou de la frontière. Suivant les circonstances, ces expéditions se font soit aux conditions déterminées par la circulaire du 17 sept. 1817, soit sous le régime du transit international (V. Tarif, obs. prélim., n° 352, note).

ART. 7. — *Des voitures* (*Rép.* n°s 415 à 418).

252. Il faut comprendre sous cette dénomination les voitures qui servent sur les voies ordinaires et celles qui sont employées sur les voies ferrées, c'est-à-dire tout le matériel roulant des lignes de chemin de fer et des tramways, à l'exception des moteurs et des tenders. — L'importation n'en est plus prohibée ; ces diverses voitures sont admises, suivant les cas, aux conditions du tarif général ou aux conditions du tarif conventionnel. Le régime exposé au *Rép.* n°s 415 et suiv. est donc profondément modifié. Toutes les voitures entrant en France ne sont pas soumises à une consignation de droits ou à la formalité de l'acquit-à-caution. Ces mesures ne s'appliquent qu'aux voitures neuves ou aux voitures de voyageurs qui arrivent par mer ou sans leurs propriétaires, qu'elles soient neuves ou non. La restitution des droits doit avoir lieu dans le délai d'un an et les acquits-à-caution portent engagement de réexportation dans le même délai ; la restitution des consignations s'opère, en effet, au moment de la réexportation des voitures et après que l'identité en a été reconnue par les agents des douanes, qui seuls ont qualité pour constater la réexportation. Aucune justification ne saurait suppléer aux certificats qu'ils sont appelés à délivrer pour cet objet.

253. L'entrée est naturellement toujours accordée en franchise dans les cas exposés au *Rép.* n° 416. Il importe peu, notamment, que les voitures des voyageurs nationaux et étrangers soient conduites par des chevaux de poste ou qu'elles entrent par chemin de fer, dès qu'il est évident qu'elles servent depuis longtemps et qu'elles sont chargées de bagages. La franchise s'attache encore à toutes les voitures des étrangers qui justifient qu'ils habitent dans le voisinage de la frontière et ne viennent en France que momentanément, sous réserve d'assurer, s'il y a lieu, la réexportation des voitures au moyen d'un acquit-à-caution, lorsque ces personnes ne sont pas suffisamment connues, ou que leur séjour en France doit se prolonger au delà de quelques jours.

254. Toutes les voitures pour lesquelles il a été levé, à la sortie de France, un passavant descriptif suffisant pour en faire reconnaître l'identité au retour, rentrent en franchise ; mais, si ces voitures sont de fabrication étrangère, le passavant n'est délivré qu'autant qu'on représente l'acte de consignation ou l'acquit-à-caution dont elles ont été l'objet à leur entrée en France et qu'on justifie ainsi, ou que le délai pour en effectuer la réexportation définitive n'est pas expiré, ou qu'il y a eu abandon d'une consignation faite antérieurement pour la même voiture. Les passavants dont il s'agit ici ne sont valables que pour un an.

255. Les voitures de chemin de fer sont soumises à une tarification spéciale (Tarif, notes, n° 541).

ART. 8. — *De la librairie, gravure, lithographie, musique gravée* (*Rép.* n°s 419 à 423).

256. Le régime auquel sont soumis les ouvrages de librairie est toujours celui qui résulte des lois du 27 mars 1817 et du 6 mai 1841 (*Rép.* n° 419). Nous nous bornerons donc à compléter les explications fournies au *Répertoire.*

257. On assimile aux livres, tant au point de vue du tarif que sous le rapport des formalités de police et de contrôle, les avis, les affiches, même collées sur carton ou sur tissus, les prospectus avec ou sans dessins, les modèles ou exemples d'écritures, les abécédaires et autres publications analogues, que le texte ait été obtenu au moyen de l'impression, de la gravure ou de la lithographie. Toutefois, lorsque l'impression couvre une partie importante de la surface des feuilles (les deux tiers du recto), les prospectus peuvent être admis au régime des étiquettes imprimées (Décis. min. 12 août 1884 ; Circ. n° 1684, nouv. sér.). Ce dernier régime est également applicable aux calendriers en feuilles avec dessins coloriés et gravures, aux cartons-annonces ou affiches industrielles, même collées sur un tissu et destinées à être apposées dans les gares, hôtels, etc.

258. On traite encore comme objets de librairie les séries de bulletins assemblés constituant des billets de tramways, les bandes ou cartes postales étrangères, les recueils de vues lithographiées des monuments d'une ville, etc., avec ou sans texte explicatif, à l'exception de ceux de ces recueils qui sont contenus dans une poche ou étui en carton, les almanachs et calendriers.

259. Au point de vue des restrictions d'entrée et du contrôle, le régime spécial de la librairie est applicable aux coins gravés, aux clichés, aux pierres lithographiques couvertes de dessins, gravures ou écritures, et aux planches gravées (Décr. 14 juill. 1853, D. P. 53. 4. 156).

260. La vérification des livres venant de l'étranger, confiée aux agents spéciaux du ministère de l'intérieur, se fait conjointement par ces agents et les agents des douanes dans les bureaux où ce service est constitué. Dans les autres bureaux où, bien que le service d'inspection ne soit pas installé, les ouvrages de librairie peuvent être admis à l'importation, la douane, après vérification du contenu des colis, soumet les livres à l'examen du commissaire de police désigné à cet effet par le préfet ou, à défaut de cette désignation, dirige les ouvrages par acquit-à-caution sur la préfecture la plus voisine. Les soumissions sont ensuite annulées au vu des certificats de décharge délivrés par les agents de la librairie attachés aux préfectures.

261. D'après une décision ministérielle du 5 sept. 1863, la prohibition qui frappe, aux termes de l'art. 8 de la loi du 6 mai 1841, l'importation et le transit de la librairie en langue française présentée sans être brochée ou reliée, n'atteint que la librairie en langue française « présentée en feuilles non pliées selon le format dans lequel elles ont été imprimées et selon la pagination qu'elles portent, de manière qu'il ne soit possible qu'avec difficulté de distinguer le commencement de l'ouvrage, d'en retrouver le titre et d'en juger le caractère ».

262. Les *gravures, lithographies, estampes*, etc., sont soumises au régime de la librairie (*Rép.* n° 421). On comprend sous cette désignation aussi bien les estampes grossièrement faites au moyen de la reproduction de dessins sur pierre ou de sujets gravés sur bois, sur étain ou sur cuivre et qui sont vulgairement connues sous le nom d'images, que les gravures dites de portefeuilles et d'ornement, c'est-à-dire les gravures, estampes ou lithographies ayant une valeur artistique au point de vue du dessin et du travail du graveur. On y comprend encore les photographies et les lithographies sur papier colorié et verni, les dessins à la main sur papier, les dessins coloriés destinés à être décalqués, les dessins de meubles, de machines, de broderies et autres dessins industriels, les bandes de papier avec dessin au trait, les chromolithographies, etc. Il n'y a pas lieu de distinguer entre les gravures anciennes et celles qui sont de publication récente.

263. Lorsque les gravures ou lithographies sont placées dans des ouvrages de librairie, elles sont traitées comme livres, alors même qu'elles seraient l'objet principal de la publication; il suffit, en effet, pour que le régime du livre soit appliqué, d'abord que l'ensemble forme un ouvrage de librairie et non un recueil de gravures, ensuite qu'il y ait corrélation entre le texte et les gravures.

264. D'après les dispositions de l'ordonnance du 13 déc. 1842 (*Rép.* n° 421), les dessins, gravures, etc., avec ou sans texte ne peuvent entrer en France soit pour la consommation, soit pour le transit, que par les seuls bureaux ouverts à l'importation de la librairie en langue française; mais cette restriction ne s'applique pas, en ce qui concerne le transit, aux gravures, etc., placées dans les ouvrages en langues mortes ou étrangères, ouvrages qui peuvent transiter par tous les bureaux ouverts à l'entrée de la librairie.

265. Les ouvrages de librairie et objets assimilés, livres, estampes, etc., peuvent être importés par tous les bureaux ouverts à l'entrée de la librairie, lorsqu'ils sont destinés pour Paris; dans ce cas, ils sont, après reconnaissance sommaire, expédiés sur Paris sous double plomb ou sous les conditions du transit international : les colis sont ouverts à Paris à la douane centrale, en présence du délégué du ministre de l'intérieur, qui vérifie les livres, estampes, etc., qu'ils contiennent.

ART. 9. — *Des drilles et chiffons* (*Rép.* n°s 424 et 425).

266. Les prohibitions qui atteignaient le commerce des drilles et chiffons, et qui avaient en partie été supprimées en 1849 (*Rép.* n°s 424 et 425), ont été complètement levées. Le régime général des marchandises tarifées est applicable à ces objets, tant à l'importation qu'à l'exportation; ils peuvent cependant donner lieu à des interdictions temporaires d'importation par mesure de salubrité publique.

267. D'après des instructions récentes de l'administration supérieure, on doit assimiler aux drilles les végétaux (bois, sparte ou alfa, paille, etc,) préparés, pour la fabrication du papier, soit simplement broyés en poudre, soit convertis en pâte à papier et importés en masse. Mais, lorsque la pâte à papier a été passée au presse-pâte, et qu'elle est présentée en feuilles humides ou non, on ne l'admet au régime des drilles qu'autant que l'importateur consent à la faire lacérer de manière à la rendre tout à fait impropre à l'usage du carton, ou à la diriger, sous acquit-à-caution, sur une fabrique de papier exercée par l'administration des contributions indirectes (Av. com. consult. 30 avr. 1873; Décis. min. 2 févr. 1885). Le même régime s'applique à la pâte de chiffons (Av. com. consult. 30 oct. 1878).

268. L'importation par mer des drilles et chiffons ne peut avoir lieu que par les ports de Marseille, Pauillac, Saint-Nazaire, Cherbourg (Décr. 15 avr. 1879, D. P. 79. 4. 55) et Cette (Décr. 19 déc. 1883, D. P. 84. 4. 79).

ART. 10. — *Des fers, fontes, tôles, ouvrages d'horlogerie* (*Rép.* n°s 426 et 427).

269. Le régime des fers étirés en barres, etc. a été profondément modifié depuis la publication du *Rép.* n° 426. Pendant longtemps, les fers ont été soumis à une tarification différente, selon qu'ils étaient fabriqués au bois ou à la houille. La loi du 26 juill. 1856 (D. P. 56. 4. 128), et les traités de commerce avaient supprimé cette distinction pour la perception des droits; mais le décret du 9 janv. 1870 (D. P. 70. 4. 18) l'a fait revivre pour les importations effectuées sous le régime de l'admission temporaire. — Les fers galvanisés suivent le même régime que les fers ordinaires (Av. com. consult. 16 mars 1864). — On doit également assimiler aux fers en barre un certain nombre de produits en fer brut destinés à être transformés, notamment les lames de fer rechargées d'acier brutes, les plaques d'enclumes, les fers pour socs de charrue, les essieux et bandages de roues en fer brut de forge.

270. Les fontes, qui se divisent en fontes de fer ou d'affinage et en fontes à moulage, sont soumises au même régime pour l'application des droits, sauf lorsqu'il s'agit d'importations faites sous le bénéfice de l'admission temporaire. Ce régime ne présente plus rien de spécial.

ART. 11. — *Des cartes à jouer* (*Rép.* n° 428).

271. La loi du 7 mai 1881 (D. P. 82. 4. 18) a de nouveau prohibé l'importation des cartes à jouer; l'exportation continue à en être subordonnée à l'obtention d'un permis de l'administration des contributions indirectes. Il n'y a donc rien à modifier aux observations qui ont été présentées au *Rép.* n° 426 (V. aussi *suprà*, n° 204).

ART. 12. — *Du transport des lettres et journaux* (*Rép.* n°s 429 à 431).

272. Il n'a été rien innové quant au monopole de l'administration des postes pour le transport des lettres et journaux; nous nous référerons donc aux explications du *Répertoire*.

273. Pour les lettres et journaux qui sont journellement apportés par la poste, la surveillance s'exerce par les soins de l'administration des postes, sans que la douane ait à intervenir.

ART. 13. — *Des allumettes et phosphore*.

274. Depuis la loi du 2 août 1872 (D. P. 72. 4. 131) l'achat, la fabrication et la vente des allumettes chimiques sont attribués exclusivement à l'Etat dans toute l'étendue du territoire. Jusqu'à ces derniers temps, le monopole ainsi constitué avait été exercé par une compagnie concessionnaire des droits de l'Etat. Pour la conservation de ce monopole, un certain nombre de mesures destinées à réprimer la fraude et à la prévenir avaient été édictées. Nous ne nous occuperons ici que de celles qui regardent le service des douanes.

275. La loi du 7 mai 1881 (D. P. 82. 4. 18) prohibait à titre absolu l'importation des allumettes chimiques pour le compte des particuliers. Il ne pouvait être dérogé à la prohibition que pour les importations faites par la compagnie concessionnaire, en vertu d'une autorisation spéciale (et nécessaire pour chaque opération) du ministre des finances, autorisation d'autant plus exceptionnelle que la compagnie concessionnaire s'était engagée, dans son dernier marché, à ne s'approvisionner qu'en France. La concession a pris fin le 31 déc. 1889 et, à partir de cette date, c'est l'Etat qui exploite directement le monopole qui lui a été attribué par la loi du 2 août 1872 (V. L. 27 déc. 1889, portant modification au budget de l'exercice 1890 (fabrication par l'Etat des allumettes chimiques), et ouverture d'un crédit extraordinaire sur l'exercice 1889, *Journ. off.* du 28 déc. 1889) : il est vraisemblable que l'introduction en France des allumettes de fabrication étrangère restera prohibée pour le compte des particuliers, et que les importations exceptionnelles que l'Etat pourrait faire seront soumises à un régime analogue à celui des autres produits dont le monopole appartient à l'Etat.

276. A l'exportation, les colis contenant les allumettes exportées par la compagnie concessionnaire ne pouvaient être expédiés des établissements appartenant à cette compagnie que sous la garantie d'un acquit-à-caution et sous le plomb de l'administration des contributions indirectes. Les acquits-à-caution, lorsque l'exportation a été constatée, sont renvoyés, revêtus d'un certificat de décharge, au service des contributions indirectes. Ces formalités n'étaient, d'ailleurs, applicables qu'aux exportations faites par la compagnie elle-même; l'exportation par les particuliers n'entraînerait aucune formalité particulière, dès l'instant que les boîtes ou paquets d'allumettes seraient revêtus des marques ou vignettes réglementaires.

277. L'importation du phosphore est soumise à des conditions spéciales en vue d'en assurer l'arrivée à destination. Aux termes d'un décret du 8 déc. 1886 (D. P. 87. 4. 81), les importateurs sont tenus de prendre, au bureau de douane par où aura lieu l'introduction, un acquit-à-caution indiquant les quantités importées, ainsi que le nom et le lieu de résidence du destinataire. Cet acquit-à-caution doit être rapporté dans un délai de trois mois revêtu d'un certificat de décharge de l'autorité municipale du lieu de cette résidence. L'inobservation de cette prescription serait punie des peines prévues par l'art. 1er de la loi du 19 juill. 1845.

ART. 14. — *Des viandes fraîches.*

278. Aux termes de l'art. 2 de la loi du 5 avr. 1887 (D. P. 87. 4. 87), qui a modifié les droits de douane applicables d'après le tarif général aux bœufs, vaches, veaux, béliers, brebis et moutons ainsi qu'aux viandes fraîches de boucherie, un service d'inspection sanitaire, chargé d'examiner les viandes introduites en France, a été établi. Un décret d'administration publique du 26 mai 1888 (D. P. 88. 4. 52) a déterminé le fonctionnement de ce service et le régime spécial applicable à l'importation des viandes fraîches. Aux termes de ce décret, les importateurs des viandes des espèces bovine et porcine doivent présenter des animaux complets, soit entiers, soit découpés par moitiés ou par quartiers, suivant les usages courants de la boucherie; les différents morceaux doivent se juxtaposer exactement entre eux avec le poumon adhérant naturellement. Les parois internes de la poitrine et de l'abdomen doivent, en outre, ne porter aucune trace de raclage ou de grattage. Cette mesure ne s'applique pas à l'introduction des animaux de l'espèce ovine. Toutefois, les morceaux de choix de l'espèce bovine (filets et aloyaux) pourront être admis à l'état de pièces isolées (art. 4 et 5). — L'entrée en France des viandes fraîches ne peut avoir lieu que par les bureaux de douane de la frontière ou de l'intérieur désignés par décret du président de la République, sur la proposition des ministres du commerce et de l'industrie, des finances et de l'agriculture. Les jours et les heures d'admission des viandes sont réglés par arrêtés préfectoraux approuvés par le ministre du commerce et de l'industrie, après avis du ministre de l'agriculture. Cette admission a lieu tous les jours dans les villes de l'intérieur pourvues d'un bureau de douane (art. 1er et 3). L'inspection sanitaire est faite dans les bureaux de douane par les vétérinaires du service d'inspection du bétail vivant importé en France et, à défaut de ces derniers, par des vétérinaires inspecteurs spéciaux. Toutefois, dans les bureaux de douane des villes de l'intérieur où il existe un service municipal d'inspection de la boucherie, l'inspection est confiée aux agents de ce service (art. 2). Les taxes d'inspection, qui sont, aux termes de l'art. 2 de la loi du 5 avr. 1887, à la charge des importateurs, sont perçues par les receveurs des douanes.

ART. 15. — *Des plants, sarments, feuilles de vigne, arbustes et légumes, etc. — Des pommes de terre, feuilles et débris de cette plante, etc.*

279. Afin d'entraver autant que possible les progrès du phylloxera et du doryphora, les plants, sarments, feuilles, etc., de la vigne, d'une part, et les pommes de terre, feuilles et débris de cette plante, d'autre part, sont soumis, tant à l'intérieur qu'à l'importation et à l'exportation, à un régime spécial qui résulte de la loi du 15 juill. 1878 (D. P. 79. 4. 1), de la convention signée à Berne le 3 nov. 1881 entre la France, l'Allemagne, l'Autriche-Hongrie, le Portugal et la Suisse et du décret du 15 mai 1882 (D. P. 83. 4. 42).

280. A l'importation, les vignes arrachées et les sarments secs sont exclus à titre absolu; les plants et boutures de vignes avec ou sans racines, les sarments, échalas ayant déjà servi, les composts, terres et terreaux ne peuvent être introduits qu'après autorisation du ministre de l'agriculture et à destination d'un arrondissement phylloxéré, spécialement autorisé à cultiver les vignes étrangères et figurant, comme tel, sur la carte phylloxérique la plus récente établie conformément à la loi du 15 juill. 1878. L'importation ne peut avoir lieu que par les bureaux désignés par le décret du 8 juill. 1882 (V. *suprà*, p. 558) (V. Tarif, observ. prélim., n° 593).

281. On a étendu même en partie aux plants et arbustes autres que la vigne les mesures protectrices contre le phylloxera. Les plants et arbustes, lorsqu'ils proviennent de pépinières, de jardins, de serres ou orangeries, peuvent être importés sans autorisation spéciale, s'ils sont accompagnés d'une déclaration de l'expéditeur et d'une attestation de l'autorité compétente du pays d'origine portant: 1° qu'ils proviennent d'un terrain séparé de tout pied de vigne par un espace de vingt mètres au moins ou par un obstacle aux racines jugé suffisant par l'autorité compétente; 2° que ce terrain ne contient aucun pied de vigne; 3° qu'il n'y est fait aucun dépôt de cette plante; 4° que, s'il y a eu des ceps phylloxérés, l'extraction radicale en a été opérée, que des opérations toxiques répétées ont été effectuées et que, pendant trois années, des investigations ont été faites qui assurent la destruction complète de l'insecte et des racines. — Les importations d'arbustes ne peuvent, en outre, être effectuées que par les bureaux ouverts à l'importation des plants de vigne, etc., et ceux de Paris, Létricourt, Magny, le Coq, la Chapelle-sous-Rougemont, Vieux-Condé (route), la Chapelle (Ardennes) et Mogues.

282. Les restrictions apportées à la circulation des plants de vigne ne s'étendent pas aux vins, pépins de raisin, raisin de vendange, marcs de raisin, raisin de table, pourvu qu'ils soient renfermés dans des caisses, boîtes, fûts et tonneaux bien fermés (Tarif, observ. prélim., n° 595); il en est de même des fleurs coupées ou en pots, des produits de l'horticulture ou de l'agriculture à l'exception des pommes de terre originaires des États-Unis et du Canada (V. *infrà*, n° 287), des légumes et autres produits maraîchers, des graines et fruits de toute nature. Des dispositions spéciales permettent, dans une zone étendue de quinze kilomètres de chaque côté des frontières franco-allemandes, la circulation des raisins de vendange, marcs de raisins, composts, terres, terreaux, échalas et tuteurs déjà employés (Décr. 5 août 1884, V. *suprà*, p. 561); ces produits sont exempts des restrictions contenues dans les paragraphes 2 et 4 de l'art. 2 de la convention de Berne. Toutefois, en cas de doute sur le lieu de provenance de l'envoi, les autorités douanières sont autorisées à exiger que la preuve de la provenance d'un lieu non infesté, ou non voisin d'un lieu infesté, soit fournie à l'aide d'un certificat de la mairie du lieu de la provenance.

283. Une décision du ministre de l'agriculture permet la libre importation des terreaux, de feuilles et terres de bruyère de provenance belge et des ognons de fleurs dépourvus de leur motte de terre (V. Tarif, observ. prélim., n° 595).

284. L'importation des ceps de vigne, sarments, etc., plants d'arbre et arbustes, échalas et tuteurs, etc., est prohibée en Algérie (V. Tarif, observ. prélim., n° 598).

285. L'exportation, à destination de l'un des États contractants de la convention de Berne, des raisins de table et de vendanges et des marcs de raisin peut avoir lieu par tous les bureaux, lorsque ces produits sont accompagnés de certificats d'origine et soumis à certaines conditions d'emballage (Tarif, observ. prélim., n° 599). — Quant aux plants d'arbres, arbustes et tous végétaux autres que la vigne provenant de pépinières, jardins, serres, etc., l'exportation n'en est permise que par les bureaux désignés par le décret du 8 juill. 1882 pour l'importation des plants et débris de vigne (V. *suprà*, n° 280), sous certaines conditions d'emballage et sous réserve qu'ils soient accompagnés de certificats établissant qu'ils ne proviennent pas de locaux phylloxérés.

286. Mais l'exportation des ceps arrachés, des sarments secs, des composts et terreaux, des échalas et tuteurs déjà employés, des feuilles de vigne servant à l'emballage est interdite. Il en est de même des plants de vignes et des sarments avec ou sans racines à destination d'un des Etats contractants, à moins d'une autorisation spéciale de l'Etat destinataire (Décr. 10 sept. 1884, V. *suprà*, p. 561).

287. L'importation en France des pommes de terre, feuilles et débris de cette plante, des sacs et autres objets d'emballage ayant servi à les transporter peut être interdite par décret, comme mesure de protection contre le doryphora (L. 15 juill. 1878, art. 6 et 7, D. P. 79. 4. 1). Cette prohibition a été appliquée aux pommes de terre venant des Etats-Unis ou du Canada (Décr. 27 mars 1875, D. P. 75. 4. 104) et aux tiges, fanes et feuilles de pommes de terre venant d'Allemagne (Décr. 13 nov. 1879, D. P. 80. 4. 92).

CHAP. 9. — Des marchandises avariées et abandonnées (*Rép.* n°s 432 à 444).

288. — I. MARCHANDISES AVARIÉES (*Rép.* n°s 432 à 439). — La loi du 16 mai 1863 (art. 21, D. P. 63. 4. 63) a supprimé le bénéfice de la réduction des droits qui résultait des art. 51 à 59 de la loi du 21 avr. 1818 en faveur des marchandises avariées par événements de mer et qui auraient ainsi perdu la valeur courante des marchandises de même espèce (*Rép.* n° 432). Il n'y a donc plus lieu aux réductions de droit qui ont fait l'objet des explications des n°s 432 à 440 du *Répertoire*. — Dans l'état actuel de la législation, les droits doivent être perçus intégralement sur les quantités présentées à la douane et sans égard à la qualité, à la valeur relative ou à l'état des marchandises, même dans le cas où elles ont été avariées par suite d'événements de mer. Toutefois, l'Administration peut autoriser l'importateur, lorsqu'il est dûment justifié d'événements de mer ayant entraîné l'avarie d'une cargaison, à user de la faculté que l'art. 55 de la loi du 21 avr. 1818 lui accordait de séparer, dans une partie de marchandises qu'une même déclaration comprend, les colis qu'il veut réexporter de ceux qui doivent supporter l'application des droits. Cette faculté a été signalée au *Rép.* n° 437. De même si, dans un même colis, les parties de marchandises saines peuvent être séparées des marchandises avariées par suite d'événements de mer, la douane peut, aujourd'hui encore, en permettre le triage (*Rép.* n° 437). Les marchandises considérées comme saines sont seules soumises aux droits; le reste est détruit en présence des préposés qui en dressent procès-verbal (V. Tarif, observ. prélim., n° 115).

289. La même autorisation peut être donnée par les directeurs, mais d'une manière exceptionnelle, pour des marchandises qui auraient été détériorées autrement que par des événements de mer ou qui, par suite d'une fraude commerciale, se trouveraient mélangées, dans une forte proportion, de corps étrangers qui en dénatureraient la qualité (Tarif, observ. prélim., n° 115).

290. L'art. 21 de la loi du 16 mai 1863, en abrogeant les art. 51 à 59 de la loi du 21 avr. 1818, a également abrogé la disposition de l'art. 57 de cette loi, qui obligeait la douane à exiger, avant la mise en consommation des denrées comestibles ou substances médicinales avariées, une attestation du magistrat chargé de la police locale constatant que l'avarie des marchandises n'était pas de nature à nuire à la santé publique (*Rép.* n° 438). La douane n'a plus aujourd'hui le droit d'exiger cette attestation, et son rôle se borne à prêter son concours à l'autorité locale pour les mesures que celle-ci juge à propos de prendre dans l'intérêt de la santé publique; mais ce rôle d'assistance, assigné à la douane, comporte l'obligation d'avertir le magistrat chargé en chef de la police locale toutes les fois que des denrées alimentaires ou des substances médicinales sont présentées à l'importation en état d'avaries. Si l'autorité locale juge que ces denrées ou ces substances ne pourraient être livrées à la consommation sans danger pour la santé publique, la douane doit se conformer aux ordres qu'elle donne et veiller à ce que les marchandises soient réexportées ou détruites. Mais la douane n'ayant plus aucun pouvoir propre, elle ne saurait s'opposer à l'enlèvement des marchandises sans ordre de l'autorité chargée de la police (V. Tarif, observ. prélim., n° 116).

291. — II. MARCHANDISES ABANDONNÉES (*Rép.* n°s 440 à 444). — En ce qui concerne les marchandises laissées, abandonnées ou retenues en douane (*Rép.* n°s 440 et 441), les marchandises volontairement abandonnées (*Rép.* n° 442), les marchandises non déclarées à l'entrée (*Rép.* n°s 443 et 444), nous ne pouvons que nous référer aux explications du *Répertoire*. On remarquera que, lorsqu'il y a lieu de mettre à la charge des propriétaires de marchandises non déclarées le droit de magasinage, le service des douanes, n'ayant pas le droit de déterminer la valeur des objets, doit recourir à l'expertise légale en cas de contestation sur cette valeur, qui sert, comme on l'a vu au *Rép.* n° 443, de base à la perception du droit.

CHAP. 10. — Des franchises et des privilèges accordés au commerce. — Entrepôts; Transit; Réexportatation; Prime, etc. (*Rép.* n°s 445 à 633).

SECT. 1re. — DES ENTREPÔTS (*Rép.* n°s 445 à 516).

ART. 1er. — *Des entrepôts en général* (*Rép.* n°s 446 à 452).

292. Comme on l'a vu au *Rép.* n° 446, les entrepôts, considérés d'une manière générale, sont ouverts aux marchandises de toute nature, même aux marchandises prohibées. Il faut excepter cependant les contrefaçons en librairie (Ord. 13 déc. 1842, art. 8, *Rép.* p. 615), et les produits étrangers portant de fausses marques de fabrique française, qui sont absolument exclus du bénéfice de l'entrepôt (L. 23 juin 1857, art. 19, D. P. 57. 4. 97). On ne peut non plus admettre à l'entrepôt réel ni à l'entrepôt fictif les marchandises qui sont exemptes de droits à l'entrée, à l'exception des rhums et tafias des colonies françaises, dont l'entrée en entrepôt réel peut être autorisée, lorsque la demande en est faite en vue de conserver à ces produits leur marque d'origine (Tarif, observ. prélim., n° 141).

293. Le nombre des entrepôts, et surtout des entrepôts réels constitués à l'intérieur, s'est considérablement accru depuis la publication du *Répertoire*. On trouvera au tarif, éd. de 1885 (observ. prélim., n° 149) la nomenclature des entrepôts existant à cette époque. A cette nomenclature, il faut ajouter les entrepôts réels dont la création a été autorisée dans les villes de Tours (Décr. 16 oct. 1882, D. P. 83. 4. 83), de Dijon (Décr. 28 févr. 1881, D. P. 82. 4. 55), de Saint-Etienne (Décr. 19 mai 1881, D. P. 82. 4. 61), de Saint-Quentin (Décr. 21 janv. 1881, V. *suprà*, p. 556), de Charleville (Décr. 10 janv. 1881, V. *suprà*, *ibid.*) (V. Tarif, *ibid.*, p. LIX, note), de Nancy (Décr. 20 sept. 1887, D. P. 88. 4e part., *Table alph.*, v° *Douanes*, n° 8). Toutefois, bien qu'autorisés, ces entrepôts n'ont pas encore tous été ouverts. — Enfin il est de règle à peu près constante de constituer en entrepôts réels des douanes les bâtiments qui sont affectés aux expositions : c'est ce qui a été fait, notamment, pour l'exposition internationale de 1889 (Décr. 25 août 1886, D. P. 87. 4. 61).

ART. 2. — *De l'entrepôt réel des marchandises non prohibées et des marchandises prohibées* (*Rép.* n°s 453 à 496).

§ 1er. — Du mode d'établissement de l'entrepôt réel et de son caractère légal (*Rép.* n°s 454 à 459).

294. Comme on l'a dit au *Rép.* n° 454, les entrepôts peuvent être établis par décrets du chef de l'Etat, tant dans les villes des ports qu'à l'intérieur. En principe, les frais de surveillance des entrepôts réels sont supportés, conformément à la loi du 27 févr. 1832 (*Rép.* p. 602), par les villes ellesmêmes dans lesquelles ils sont établis; mais, fréquemment, c'est la chambre de commerce qui se substitue aux municipalités et assume la charge des frais de surveillance, aussi bien que des autres dépenses qui sont la condition de l'établissement des entrepôts (*Rép.* n° 454). Cependant, dans un certain nombre de cas, c'est l'Etat qui supporte les frais de surveillance; il en est ainsi, notamment, pour les entrepôts réels des principaux ports qui ont été créés par la loi; pour les entrepôts de Paris, de Lyon, d'Orléans et de Toulouse en vertu de la loi du 10 août 1839 (*Rép.* p. 612), et enfin, pour les entrepôts de Chambéry et de Nice, qui ont été créés en vertu de décrets rendus pour l'exécution de l'art. 3 du sénatus-consulte du 12 juin 1860 (D. P. 60. 4. 68).

295. Comme compensation des frais de l'entrepôt, il est perçu des droits de magasinage : ces droits, aux termes de l'art. 10 de la loi du 27 févr. 1832 (*Rép.* p. 602), sont perçus pour le compte des villes ou des chambres de commerce, lorsque celles-ci ont établi les entrepôts conformément à des tarifs approuvés par le Gouvernement. Les unes et les autres doivent, dans tous les cas, se conformer aux tarifs ainsi approuvés, et il ne leur serait pas permis, soit à elles-mêmes, soit à leurs concessionnaires qui ne sauraient avoir plus de droits qu'elles, d'établir de leur autorité privée des taxes autres que celles qui sont approuvées par le Gouvernement (Bordeaux, 19 mars 1879) (1).

296. On a exposé au *Rép.* nos 455 et 456 quels sont les caractères légaux de l'entrepôt et les conditions dans lesquelles les marchandises y sont déposées. — La règle d'après laquelle les marchandises entreposées ne payent aucun droit de douane pendant leur séjour dans les magasins est absolue, en ce sens que les entrepôts ne peuvent jamais être convertis en magasins de dépôt où seraient reçus des marchandises françaises ou nationalisées par le payement des droits (Décis. min. 12 juill. 1855; Circ. min. 31 mars 1859, n° 581).

§ 2. — Des obligations et formalités prescrites pour la validité de l'entrepôt réel (*Rép.* nos 460 à 465).

297. Comme il a été exposé au *Rép.* n° 460, les marchandises ne sont reçues en entrepôt qu'après une déclaration détaillée et la visite des employés, formalités pour lesquelles on se conforme aux règles générales relatives aux déclarations et visites (V. *Rép.* nos 264 et suiv., 275 et suiv., et *suprà*, nos 167 et suiv., 174 et suiv.). Les mesures de surveillance confiées aux agents des douanes s'étendent même, comme on l'a vu au *Rép.* nos 463 et 464, aux opérations de mélange, de déballage, de transvasement, de division de colis, etc., opérations qui ne peuvent être faites sans autorisation de l'agent supérieur des douanes et hors de la présence des préposés. Les opérations de *bénéficiement* sont spécialement interdites en l'absence de ces conditions. Les agents supérieurs des douanes ne peuvent, d'ailleurs, donner l'autorisation nécessaire aux opérations de cette dernière catégorie que si les manipulations ont pour objet d'arrêter ou de prévenir la détérioration de la marchandise, et à l'exclusion des opérations de criblage ou de triage, qui auraient pour objet de réduire le poids reconnu à l'entrée. Une autorisation est également nécessaire pour les mélanges de marchandises de qualité différente, les coupages et toutes opérations analogues. Le service des douanes, notamment, ne saurait permettre qu'en vertu d'une autorisation spéciale de l'Administration le mélange, en entrepôt ou à quai, de vins français ou étrangers avec des alcools étrangers (Décis. min. 20 avr. 1885; Delandre, 3e éd., 4e suppl., n° 497).

§ 3. — De la durée légale du séjour des marchandises dans les entrepôts (*Rép.* nos 466 et 467).

298. Les règles exposées au *Répertoire* sont toujours en vigueur.

§ 4. — Du transfert (*Rép.* nos 468 et 469).

299. Le transfert des marchandises déposées en entrepôt s'opère toujours suivant le mode qui a fait l'objet des explications fournies au *Rép.* nos 468 et 469. Les déclarations de transfert, comme toutes les autres déclarations faites à la douane, sont exemptes du timbre. Mais, en outre, les marchandises placées en entrepôt réel sont, comme les marchandises déposées dans les magasins généraux, transmissibles au moyen des récépissés et des warrants, conformément à la loi du 28 mai 1858 (D. P. 58. 4. 69). Les agents des douanes doivent, en conséquence, lorsque la demande leur en est faite, certifier sur les récépissés et warrants l'existence en entrepôt des marchandises. Ils doivent également, lorsque le récépissé ou le warrant leur est présenté après endossement, inscrire sur les sommiers le nom du cessionnaire. Le transfert pour le service des douanes est alors réputé consommé, sans que les anciens entrepositaires, dont les comptes doivent être annulés, aient à intervenir; mais le service ne connaît comme propriétaires des marchandises, et n'admet comme responsables de l'accomplissement des conditions réglementaires, que les négociants au nom desquels l'inscription reste régulièrement faite aux sommiers, sans avoir à rechercher s'ils ont ou non été dépossédés par des récépissés ou warrants qui n'auraient pas été représentés (Circ. 31 mars 1859, n° 581).

§ 5. — De la responsabilité des douanes en cas de perte, d'avarie, de soustractions ou substitutions (*Rép.* nos 470 à 473).

300. On a examiné au *Rép.* n° 470, la question de savoir si l'administration des douanes peut être déclarée responsable des pertes, avaries, soustractions ou substitutions qu'éprouvent les marchandises placées dans les entrepôts. Nous avons admis qu'en l'absence de disposition légale qui la déclare responsable de plein droit, les conséquences de ces accidents ne sauraient être mises à sa charge, à moins qu'ils ne proviennent de son fait ou de celui de ses agents. — Ce n'est pas non plus, en général, aux villes dans lesquelles sont établis les entrepôts qu'incombe la responsabilité des marchandises qui y sont déposées, mais au commerce chargé, aux termes de la loi du 8 flor. an 11, de fournir ou entretenir les magasins. Et il en est ainsi encore bien que la ville serait propriétaire des bâtiments où se trouvent ces magasins, et que les droits de magasinage seraient perçus à son profit : une telle circonstance est insuffisante pour placer les marchandises entreposées sous la surveillance et, par suite, sous la responsabilité de la ville, dont la substitution aux obligations du commerce ne doit pas être présumée (Civ. cass. 23 août 1852, aff. Ville de Rouen, D. P. 52. 1. 229).

301. Les déficits, dans tous les cas, donnent en principe lieu au payement des droits pour les quantités manquantes, en vertu de la règle que l'entrepôt est aux risques de celui qui l'obtient. Mais l'Administration peut accorder des remises de droit en dehors des cas de soustractions frauduleuses ou par effraction, pour lesquels nous avons exposé au *Rép.* n° 471 et suiv., les règles à suivre. Elle use fréquemment de cette faculté, toutes les fois, spécialement, que les déficits ne dépassent pas les proportions admises d'ordinaire et qu'ils proviennent uniquement de causes naturelles, telles que la dessication, le coulage, etc., qu'éprouvent la

(1) (Béthus C. Barbier.) — La cour; — Attendu qu'il est certain que Barbier n'avait aucun droit personnel, et qu'il a simplement usé de celui qui appartenait à la chambre de commerce de Bordeaux, laquelle l'avait autorisé à l'exercer à sa place; qu'il était donc soumis à toutes les obligations que la chambre aurait dû remplir, si elle avait voulu diriger et administrer à son profit l'entrepôt spécial des huiles; — Attendu que, d'après les stipulations formelles de l'art. 10 de la loi du 27 févr. 1832, les chambres de commerce ne jouissent du droit de magasinage dans les entrepôts qu'à la condition de se conformer aux tarifs approuvés par le Gouvernement; qu'on ne saurait admettre que Barbier, substitué à la chambre de commerce, puisse avoir des droits plus étendus que celle-ci, et qu'il lui ait été permis d'établir, de son autorité privée, des taxes que la puissance publique peut seule déterminer et imposer à ceux qui sont tenus de les acquitter; qu'il importe peu que, dès l'année 1863, Barbier ait fixé des droits de magasinage supérieurs à ceux dont le tarif du Gouvernement autorisait la perception; qu'effectivement la persistance des perceptions abusives n'a pu leur imprimer le caractère de la légalité, et que les tribunaux ne peuvent, lorsqu'il s'agit d'arbitrer des dommages-intérêts, tenir compte des actes illicites au profit de ceux qui les ont commis; — Attendu, au surplus, qu'à une époque contemporaine de celle où Bethus a commencé à recevoir des huiles en entrepôt, dans le magasin de la rue du Muguet, la chambre de commerce avait invité Barbier à se renfermer strictement dans l'application du tarif dont une copie lui était envoyée; qu'un premier avertissement, donné le 22 sept. 1875, a été renouvelé le 18 novembre suivant, dans des termes non moins impératifs; qu'ainsi la tolérance de la chambre, qui n'aurait pu consacrer des taxes arbitraires, a elle-même manqué à Barbier; qu'il suit donc des considérations qui précèdent que les droits de magasinage dus par Bethus doivent être fixés à 15 cent. par mois et par 100 kilogr., conformément au tarif proposé par la chambre de commerce et adopté par le Gouvernement; que, sur ces bases, la somme réellement due en principal par Bethus et fils s'élève à 1937 fr. 10 cent., et qu'il y a lieu de ramener à ce chiffre la condamnation prononcée;

Par ces motifs, etc.

Du 19 mars 1879.-C. de Bordeaux, 4e ch.-MM. Dulamon, pr.-Peyracave, av. gén.-Brochon et Girard, av.

majeure partie des marchandises : les directeurs peuvent autoriser la remise intégrale ou partielle des droits d'entrée, lorsque les marchandises ont été pesées de nouveau à la sortie (V. Delandre, 3e éd., n° 465; Tarif, observ. prélim., n° 147).

§ 6. — De la sortie des marchandises de l'entrepôt (*Rép.* nos 474 à 476).

302. Les droits qui doivent être payés à la sortie des marchandises des entrepôts, lorsqu'elles sont mises en consommation, ainsi qu'il résulte des explications du *Rép.* nos 474 et suiv., se calculent d'après le tarif en vigueur au moment de la sortie des magasins, sans égard au tarif qui pouvait exister lors de la mise en entrepôt (V. *suprà*, n° 295). Quant aux marchandises qui sont retirées des entrepôts pour la réexportation ou par mutation d'entrepôt, elles ne doivent supporter que les droits de magasinage. En cas de réexportation par mer, les redevables doivent se conformer aux art. 61 de la loi du 21 avr. 1818 et 21 de celle du 9 févr. 1832 (V. Tarif, observ. prélim., n° 232).

§ 7. — De la mutation d'entrepôt (*Rép.* nos 477 à 484).

303. Les mutations d'entrepôt sont toujours soumises aux mêmes règles qu'à l'époque de la publication du *Répertoire*. Nous nous référerons donc simplement aux explications qui y sont contenues.

§ 8. — Des entrepôts réels à l'intérieur et aux frontières (*Rép.* nos 485 à 487).

304. Les conditions d'établissement et de fonctionnement des entrepôts réels à l'intérieur sont toujours réglées conformément aux dispositions de la loi du 27 févr. 1832. Il nous suffit donc ici encore de nous référer au *Répertoire* dont les explications ont été complétées par celles qui ont été fournies à l'art. 1er du présent chapitre (V. *suprà*, nos 292 et 293).

§ 9. — Du privilège de la douane (*Rép.* nos 488 et 489).

305. Dans ce paragraphe, on s'est occupé au *Répertoire* du privilège de la douane, en tant qu'il porte sur les objets entreposés. Les questions qui s'élèvent à ce sujet, et sur lesquelles on est revenu au *Rép.* v° *Privilèges et hypothèques*, nos 545 et suiv., seront étudiées de nouveau, *infrà*, eod. v°.

§ 10. — Observations spéciales sur l'entrepôt des marchandises prohibées (*Rép.* nos 490 à 496).

306. Le régime des entrepôts réels des marchandises prohibées est toujours, sauf quelques détails d'une importance secondaire, celui qui a été exposé au *Rép.* nos 490 et suiv. On a vu notamment au *Rép.* n° 491 que l'art. 20 de la loi du 9 févr. 1832 interdisait la division des colis renfermant des marchandises prohibées, et qu'une atténuation à la rigueur de cette règle était exceptionnellement autorisée pour le cas où les marchandises contenues dans un colis n'ont pas la même destination. Depuis lors, deux décisions des 31 mai 1854 et 7 août 1856 ont autorisé les chefs de visite à permettre exceptionnellement sous certaines conditions la division des colis de tabac en entrepôt, pour l'approvisionnement des navires (Delandre, 3e éd., n° 473). On se référera pour le surplus aux observations du *Répertoire*, notamment en ce qui concerne les restrictions de tonnage imposées à la réexportation des marchandises prohibées sortant des entrepôts.

ART. 3. — *De l'entrepôt fictif* (*Rép.* nos 497 à 505).

307. L'entrepôt fictif ne peut toujours, en principe, être autorisé que dans les ports où l'entrepôt réel a été régulièrement constitué, et il ne peut être accordé dans les villes d'entrepôt situées à l'intérieur ou sur les frontières de terre (Delandre, 3e éd., nos 474 et 475). Cette règle reçoit cependant certaines exceptions. La houille, notamment, peut être mise en entrepôt fictif dans certaines localités où un bureau de douane permet d'exercer une surveillance propre à prévenir des abus, et où il n'existe pas d'entrepôt réel; il faut toutefois que cette mesure soit autorisée d'une manière spéciale. Il en est de même des fers en barres et des fontes dans certains ports et certaines villes frontières (Tarif, observ. prélim., n° 148). Les grains, farines et légumes peuvent être mis en entrepôt fictif dans tous les ports où il existe un bureau de douane, et dans les villes de Lille, Valenciennes, Givet et Charleville (L. 17 nov. 1790; 27 juill. 1822; 15 juin 1861, art. 3, D. P. 61. 4. 75). On admet encore à Lyon l'entrepôt fictif des grains, en vertu d'un arrêté ministériel du 29 déc. 1830. A Marseille, on admet à l'entrepôt fictif non seulement toutes les marchandises admises à la faveur de ce régime d'une manière générale, mais les fontes brutes, les fers en barre de forme régulière ou irrégulière, les tôles de fer, le plomb, le cuivre, l'étain, le zinc brut, les fromages, les huiles d'olive, d'arachide et de graines (Décis. min. 16 janv. 1865) et les produits qui ont droit à ce régime d'après l'art. 5 de l'ordonnance du 10 sept. 1817. Les marchandises admises en entrepôt fictif à Marseille doivent, dans le cas d'expédition sur un autre entrepôt, être replacées sous le régime applicable d'après les règles générales (Tarif, observ. prélim., nos 148 et 149).

308. La nomenclature des marchandises admises d'une manière générale à l'entrepôt fictif a reçu d'importantes modifications depuis la publication du *Répertoire*. Actuellement sont reçus en entrepôt fictif : 1° les produits des colonies françaises auxquels le tarif accorde une modération de droits ou qui ont été nommément désignés par la loi du 8 flor. an 11; 2° les marchandises dénommées dans l'ordonnance du 9 janv. 1818 (*Rép.* n° 497, et Tarif, observ. prélim., n° 148), qui supportent des surtaxes d'entrepôt ou de provenance, c'est-à-dire les marchandises suivantes : ardoises pour toitures, avirons et rames, balais communs, bois communs pour la construction, bois feuillard et bois merrains, bois en perches ou échalas ou en éclisse, briques, carreaux de terre, chanvre teillé, peigné, ou en étoupes, cordages de tilleuil, de sparte, de joncs et herbes, coton en laine, écorce de tilleul, futailles vides, graines de prairie, marbres bruts et ouvrés, mâts, mâtereaux, espars et manches de gaffe, meules à moudre et à aiguiser, natrons, osier en bottes, peaux fraîches (grandes et petites), peaux sèches (petites), poix, galipot, goudron et brai sec, potasse importée des pays hors d'Europe, soude, soufre brut et épuré, sparte brut et autres joncs communs, tuiles. — Presque toutes ces marchandises sont aujourd'hui admissibles en franchise. Dans ce cas, le régime de l'entrepôt n'est applicable qu'à celles qui se trouvent atteintes par les surtaxes d'entrepôt ou de provenance (Tarif, *loc. cit.*, note); 3° le guano (Décis. min. 25 août 1856); 4° le riz (Décis. min. 3 mars 1877); 5° les produits qui, admissibles en franchise, à l'importation directe en vertu du tarif général ou du tarif conventionnel, se trouvent passibles de surtaxe d'entrepôts ou de provenance, d'après les conditions de leur importation (Décis. min. 16 janv. 1865, appliquée à titre général en vertu d'une seconde décision du 4 avr. 1872).

309. La durée de l'entrepôt fictif est, en principe, ainsi qu'on l'a vu au *Rép.* n° 502, d'une année. Toutefois des dispositions, soit d'ordre général en ce quelles ont trait à certaines catégories de marchandises, soit d'ordre spécial en ce qu'elles ont trait à certaines localités déterminées, prolongent ce délai. C'est ainsi que la durée de l'entrepôt fictif est de deux années pour les grains, aux termes de l'art. 14 de la loi du 27 juill. 1822, tandis qu'à Marseille la durée de l'entrepôt fictif est, d'une manière générale, de deux ans, en vertu des dispositions de l'ordonnance du 10 sept. 1817 (V. Tarif, observ. prélim., n° 146).

310. On a vu au *Rép.* n° 501 que l'entrepositaire répond de la totalité des droits sur les déficits qui sont reconnus à la sortie de l'entrepôt fictif, et qu'au cas de soustraction reconnue, le soumissionnaire et sa caution doivent être simultanément mis en cause. Lorsqu'il s'agit d'apprécier les suites à donner aux soustractions, l'intérêt dont le Trésor a dû être frustré est un élément essentiel dont il doit être tenu compte. En thèse générale donc, l'amende à exiger doit être au moins égale à l'intérêt à 5 pour 100 dont l'entrepositaire a pu bénéficier (Décis. min. 26 nov. 1883; Delandre, 3e éd., 2e suppl., n° 199).

311. Une décision ministérielle du 17 juin 1882 a autorisé, à titre d'essai, l'ouverture dans les centres de production vinicole et dans les pays à cidre, de magasins de dépôt de sucres placés sous le régime de l'entrepôt fictif; ces sucres, destinés soit à renforcer le titre alcoolique des vins, soit à la fabrication des vins de deuxième et de troisième cuvée, doivent titrer au moins quatre-vingt-dix-huit degrés, s'ils sont indigènes, et au moins quatre-vingt-seize degrés, s'ils sont coloniaux. La durée de l'entrepôt est limitée à un an et les dépôts ne peuvent être établis que dans les localités où il existe soit un service des douanes, soit un service des contributions indirectes entre lesquels la surveillance se répartit dans des conditions analogues à celles qui sont admises pour les sels, c'est-à-dire qu'elle appartient aux douanes dans le rayon, et aux contributions indirectes sur les autres points. —L'ouverture d'un dépôt de sucre est subordonnée à l'obtention d'une autorisation qui est demandée par le négociant, par écrit, suivant les cas, au directeur des douanes ou au directeur des contributions indirectes de département : la demande est accompagnée de l'offre d'une caution garantissant la représentation des sucres à toute réquisition et le payement de la taxe sur toute quantité livrée à la consommation. Les droits sur les sucres coloniaux sont perçus pour le compte des douanes, ceux afférents aux sucres indigènes, pour le compte de la régie (Delandre, 3e éd., 1er suppl., n° 72).

ART. 4. — *Des entrepôts spéciaux* (*Rép.* nos 506 à 516).

312. Le port de Marseille (*Rép.* n° 507) jouit toujours du régime spécial qui résulte de l'ordonnance du 10 sept. 1817 ; nous pouvons donc nous référer aux explications du *Répertoire*. La perte de Strasbourg a enlevé tout intérêt aux explications contenues au *Rép.* n° 512, et, d'autre part, les entrepôts de Lyon n'ont plus aucun caractère spécial; ceux de Saint-Martin-de-Ré et de la Basse-Indre ont été supprimés. Il n'existe donc plus, en dehors des entrepôts de Marseille, d'autres entrepôts spéciaux que ceux des ports de la Manche, c'est-à-dire pour les marchandises destinées à alimenter le *smoglage*, les entrepôts de Dunkerque, Gravelines, Calais, Boulogne, Dieppe, Fécamp, Cherbourg, Saint-Malo, Morlaix, et Roscoff; pour les tissus de l'Inde seulement, les ports de Dunkerque, Gravelines, Calais, Boulogne, Cherbourg, Fécamp et Dieppe, et pour le tabac en feuille, Lorient et Morlaix (Delandre, 3e éd., n° 498, et Tarif, observ. prélim., n° 149). Ces ports jouissent toujours des avantages exposés au *Rép.* n° 516.

SECT. 2. — DISPOSITIONS SPÉCIALES A CERTAINES MARCHANDISES ADMISES TEMPORAIREMENT (*Rép.* nos 517 à 533).

313. Le régime de l'admission temporaire, autorisé par l'art. 5 de la loi du 5 juill. 1836 (*Rép.* n° 517), n'est applicable aujourd'hui, comme à l'époque de la publication du *Répertoire*, qu'aux seuls marchandises et produits pour lesquels il a été établi par des décrets spéciaux. D'une manière générale, l'admission temporaire n'a lieu que sous garantie d'une soumission cautionnée ; l'acquit-à-caution délivré en vertu de cette soumission est remis à l'importateur et doit être représenté au moment de la réexportation ou de la constitution en entrepôt des produits fabriqués. Les marchandises qui sont comprises dans un même acquit-à-caution peuvent être l'objet de réexportations partielles ou de réintégrations partielles en entrepôt ; en pareil cas, l'acquit-à-caution reste déposé au bureau de première sortie et y est annoté au fur et à mesure des réexportations. Toutefois, si les intéressés demandent à effectuer le complément de leur expédition par différents bureaux, les acquits-à-caution leur sont remis, dûment revêtus de certificats constatant les opérations accomplies, et chaque bureau constate successivement les réexportations subséquentes : le bureau qui reçoit l'opération finale renvoie l'acquit au bureau d'émission (Tarif, observ. prélim., nos 190 et 191).

314. Les acquits-à-caution d'admission temporaire et les passavants imputés sur les soumissions d'admission temporaire doivent, au cas de réexportation par terre, lorsque les objets fabriqués sont de ceux qui ne peuvent pas circuler librement dans le rayon, être soumis au visa des bureaux de seconde ligne, au moment où ces objets pénètrent dans le rayon (L. 19 mars 1875, art. 2, D. P. 75. 4. 95).

315. Pour certains produits, l'admission temporaire ne peut avoir lieu que moyennant l'accomplissement de formalités spéciales. C'est ainsi que les métaux désignés dans les décrets des 15 févr. 1862 (D. P. 62. 4. 21) et 9 janv. 1870 (D. P. 70. 4. 18) ne sont acceptés au régime de l'admission temporaire que lorsqu'un crédit spécial d'importation a été ouvert à l'industriel importateur sur l'avis du comité consultatif des arts et manufactures, chargé de s'assurer de la corrélation existant entre les matières importées et les produits exportés (V. *infrà*, nos 352 et suiv.).

316. Les marchandises susceptibles du régime de l'admission temporaire doivent être réexportées ou réintégrées en entrepôt dans un délai maximum de six mois (*Rép.* n° 517). Elles peuvent être réexportées après transformation, à destination des colonies et établissements d'outre-mer autres que l'Algérie (L. 16 mai 1863, art. 30, D. P. 63. 4. 63 ; Loi de finances du 29 déc. 1884, art. 10, D. P. 85. 4. 38-40). Mais les produits fabriqués à l'aide des produits admis temporairement ne peuvent être, en principe, livrés à la consommation qu'après avoir été constitués en entrepôt. L'Administration tolère cependant que cette opération ne soit pas matériellement accomplie, sous la condition que les produits fabriqués soient représentés au bureau compétent et qu'ils fassent l'objet de déclarations d'entrée en entrepôt; mais on ne saurait autoriser les soumissionnaires à apurer leurs comptes d'admission temporaire par des déclarations directes de consommation (Décis. min. 6 juill. 1888, Delandre, 3e éd., 7e suppl., n° 1077).

317. Depuis le décret du 28 juill. 1869 (D. P. 69. 4. 94) et la loi du 28 juill. 1873 (D. P. 74. 4. 7), les marchandises destinées à l'admission temporaire peuvent être importées par mer sous tous pavillons. On ne doit pas non plus, pour toutes les marchandises autres que les cacaos et les sucres destinés à la fabrication du chocolat et les sucres de raffinage, faire de distinction en raison de la provenance ou de l'origine, soit que l'importation ait lieu par terre, soit qu'elle ait lieu par mer.

318. Enfin les sucres sont soumis, au point de vue de l'admission temporaire, à des conditions déterminées par une loi spéciale (V. *infrà*, v° *Sucre*).

319. L'entrée et la sortie des produits auxquels le régime de l'admission temporaire est applicable ne peut avoir lieu que par les bureaux désignés à cet effet. Ces bureaux varient pour la plupart des marchandises; mais, en général, et, sauf de rares exceptions, les importations pour l'admission temporaire ne peuvent avoir lieu que par les ports ou villes d'entrepôt réel, ou par les bureaux ouverts au transit ou à l'importation des marchandises taxées à plus de 20 fr. les cent kilog. Les exportations ne peuvent de même avoir lieu que par les bureaux de cette catégorie; dans certains cas, il est exigé qu'elles aient lieu par les bureaux mêmes où les opérations d'importation ont été effectuées. Le tableau inséré au Tarif général fournit à cet égard des renseignements qu'on devra compléter d'après les décrets insérés.

320. La nomenclature des marchandises qui peuvent être reçues au régime de l'admission temporaire donnée au *Rép.* n° 518 a été profondément remaniée. Suivant les observations préliminaires du Tarif général des douanes (édition de 1885, n° 198), le régime de l'admission temporaire est applicable aux marchandises suivantes : le froment — brôme — cacao et sucre destinés à la fabrication du chocolat. — chanvre brut, teillé ou en étoupes — chapeaux de paille — chlorate de potasse — crêpes de Chine unis — cylindres en cuivre pour la gravure — essence de houille — étain brut en saumons — fer laminé et ouvrages en fer ou en tôle à galvaniser — fils de coton des nos 50 et au-dessus pour la fabrication des mousselines et des tissus de soie et coton — fils, dits de caret, pour la fabrication des cordages et ficelles — garance (racine de) — girofle (clous et griffes) — graines oléagineuses — huiles brutes de graines grasses — huile brute d'olive — huile de palme — iode — liège brut — métaux désignés par le décret du 15 févr. 1862 — orge — planches de pin et de sapin — plomb en masses brutes ou en saumons — potasse et carbonate de potasse — quinquina (écorce de) — riz en grains et en paille — sucre destiné au raffinage et à la préparation des bonbons, confitures, fruits confits et biscuits sucrés — suif brut — tartre brut et en cristaux colorés — tissus de bourre de soie, de soie mélangée, foulards écrus, tissus de laine, de lin ou de chanvre — zinc brut et en saumons. — Il faut ajouter à cette nomenclature les marchandises dont l'admission temporaire a été autorisée par des décrets postérieurs à la dernière édition du Tarif général, savoir : les amandes desséchées de coco (coprah) et les graines de palmiste (Décr. 28 (ou 26) mai 1885, art. 1er, D. P. 86. 4. 37) — fils de poils de chèvre destinés à la confection des velours dits d'Utrecht (Décis. min. 8 mars 1886 ; 23 mars 1887) — sucres destinés au sucrage des vins, cidres et poirés.

321. Il est, en outre, un certain nombre d'objets pour lesquels il est accordé des facilités particulières, équivalant, dans une certaine mesure, à l'admission temporaire, lorsque ces objets viennent subir en France des réparations. Ainsi les directeurs sont autorisés à laisser importer temporairement les objets en cours d'usage tels que machines, instruments ou meubles à réparer, glaces à étamer, ouvrages en bronze à redorer, coupons de tissus à reteindre ou à réapprêter, livres à relier, ou autres objets analogues importés en petit nombre pour recevoir des réparations ou un complément de main-d'œuvre. Mais les directeurs sont tenus de se renfermer dans les termes de cette délégation et ne sauraient admettre des objets importés pour tout autre motif, par exemple, des instruments envoyés en France pour l'exécution de travaux (Lett. com. 12 sept. 1878). — L'admission des objets admis à ces mesures de faveur a lieu moyennant la délivrance d'un acquit-à-caution descriptif, et sous l'accomplissement des formalités nécessaires pour assurer la reconnaissance de l'identité des objets et leur réexportation dans un délai qui ne doit pas dépasser six mois (Circ. 24 avr. 1855, n° 283). — Nous rappellerons enfin qu'on admet encore à des conditions qui ont été exposées *suprà*, n° 247, les vêtements des voyageurs traversant la France ou y séjournant peu de temps, l'argenterie de ménage (V. *suprà*, nos 243 et suiv.), les chevaux et les voitures des voyageurs ou des personnes venant momentanément en France (V. *suprà*, nos 252 et suiv.). Enfin, à la suite d'une entente avec le gouvernement suisse, les pianos envoyés en location de Suisse en France et de France en Suisse sont admis dans les deux pays en franchise temporaire pour une durée de six mois (Tarif, observ. prélim., n° 398).

322. Le régime de l'admission temporaire est encore applicable, sans autorisation, aux caisses vides devant servir à l'exportation des œufs, fruits et autres marchandises, aux récipients en tôle destinés au transport des graines et des plantes d'ornement, aux sacs vides devant servir à l'exportation des céréales ou d'autres produits de toute nature, aux futailles destinées à l'exportation des vins et eaux-de-vie. La réexportation de ces différents objets est garantie par des acquits-à-caution et doit être effectuée dans un délai de six mois. Toutefois, pour les sacs vides une décision ministérielle du 3 mai 1889 (Circ. 10 mai 1889, n° 1981), a prescrit, pour éviter certains abus préjudiciables au Trésor, de ne plus accorder désormais le bénéfice de l'admission temporaire qu'aux sacs vides importés directement de l'étranger, à l'exclusion de ceux qui sont placés en entrepôt réel ou fictif, et de limiter le délai de réexportation au laps de temps strictement nécessaire pour l'arrivée des sacs à destination et leur renvoi à l'étranger après remplissage. Ce délai est fixé, en principe, à un mois, comme répondant dans la plupart des cas aux besoins réels du commerce d'exportation, et sauf examen, par le service des bureaux d'importation, des circonstances particulières qui pourraient justifier un délai moins restreint.

323. On accorde également, par tolérance, le régime d'admission temporaire aux récipients importés pleins de l'étranger; mais c'est là une simple mesure de faveur qui a toujours un caractère provisoire et ne peut être appliquée que pour les cas rigoureusement spécifiés par les décisions ministérielles. Comme pour les sacs vides, le service doit, en vue d'empêcher les abus, s'assurer que la réexportation a lieu à l'identique, et qu'elle est effectuée dans le laps de temps rigoureusement indispensable pour l'arrivée à destination et le renvoi immédiat des récipients, de telle sorte qu'ils ne puissent être employés, durant leur séjour, à des manipulations étrangères à l'opération du transport. — On peut appliquer le bénéfice de ce régime aux bouteilles de métal contenant du mercure, aux cylindres en fer servant au transport du houblon, aux fûts en fer ou en tôle contenant des produits chimiques admissibles en franchise ou passibles de très faibles droits, aux bonbonnes en verre contenant des acides. — Lorsque les marchandises ainsi importées sont taxées au brut, elles acquittent les droits d'entrée sur leur poids brut, emballage compris. Une décision ministérielle récente a retiré le bénéfice de ce régime de faveur aux boîtes en fer-blanc contenant des biscuits (Circ. 23 avr. 1889, n° 1977).

324. Les traités de commerce avec la Suisse du 30 juin 1864 et du 23 févr. 1882 autorisent l'importation temporaire de Suisse des boîtes de montres brutes ou finies pour être dirigées sur un bureau de garantie et être réexpédiées après poinçonnage. L'art. 11 du traité du 23 févr. 1882 a établi à cet effet des bureaux spéciaux à Bellegarde et à Pontarlier, pour le contrôle des articles d'orfèvrerie et de bijouterie d'origine suisse.

325. On a exposé au *Rép.* nos 520 et suiv. les conditions mises à l'admission temporaire des divers produits qui bénéficiaient de ce régime. On examinera de même les conditions imposées à l'admission temporaire des marchandises qui ont été énumérées ci-dessus. — Pour un certain nombre d'entre elles, le régime de l'admission temporaire reste réglé par les textes qui étaient applicables lors de la publication du *Répertoire*. Ce sont notamment : 1° les fers destinés à être galvanisés (*Rép.* n° 521), qui sont régis par une ordonnance du 23 août 1841 ; 2° les huiles de graine grasse (*Rép.* n° 523), qui sont soumises aux dispositions de l'ordonnance du 10 mars 1846 ; 3° les huiles d'olive (*Rép.* n° 526), à l'ordonnance du 18 juill. 1846 ; 4° les racines de garance (*Rép.* n° 527), à l'ordonnance du 28 nov. 1846 ; 5° le tartre brut, à l'ordonnance du 28 nov. 1846, dont les dispositions ont été étendues à l'admission temporaire du tartre en cristaux colorés, par un décret du 4 mars 1854 (D. P. 54. 4. 36). — Les règles de l'admission temporaire sont encore les mêmes qu'à l'époque de la publication du *Répertoire* pour les lièges bruts (*Rép.* n° 530; Ord. 18 janv. 1847), et pour les planches de sapin destinées à l'établissement des caisses d'emballage (Ord. 11 nov. 1847). — Il faut ajouter que les futailles vides (*Rép.* n° 522) jouissent du régime de faveur applicable aux récipients vides (V. *suprà*, n° 322). — On examinera dans les numéros suivants les marchandises dont les conditions d'admission temporaire ont été réglées postérieurement.

326. — 1° *Amandes de coco (coprah) et graines de palmiste.* — L'admission temporaire en est autorisée par décret du 28 (ou 26) mai 1885 (D. P. 86. 4. 37), l'importation ne peut en être faite que dans les ports d'entrepôt réel, les bureaux de la frontière de terre ouverts au transit et les bureaux principaux de cette frontière. Les importateurs doivent s'engager, par une soumission valablement cautionnée, à réexporter en entrepôt, dans un délai qui ne peut excéder trois mois, les huiles provenant de la trituration desdites amandes à raison de 63 pour 100 d'huile pour le coprah et de 42 pour 100 pour les graines de palmiste.

327. — 2° *Blé; Froment.* — Les blés et froments tendres et durs sont temporairement admis par tous les bureaux pour être transformés en farine, semoules, semoulette, farine ronde, grossants et amidons, en vertu des décrets des 25 août 1861 (D. P. 61. 4. 117), 9 juill. 1868 (D. P. 68. 4. 92), 18 oct. 1873 (D. P. 74. 4. 21) et 9 oct. 1886 (V. *suprà*, p. 563). — Pour les blés tendres et durs, la durée du délai de réexportation est de trois mois, et la réexportation doit être effectuée par les ports d'entrepôt réel ou bureaux ouverts soit au transit soit à l'entrée des marchandises payant plus de 20 fr. les 100 kilog., à la condition que ces bureaux soient situés dans la direction des douanes où l'importation a eu lieu. — Il n'est pas reçu de soumission pour moins de 150 quintaux de blé à la fois, et les déclarations doivent spécifier s'il s'agit de blés tendres ou durs, des types distincts ayant été établis pour les farines de blés tendres et pour celles de blés durs. Les farines doivent être de bonne qualité, bien conditionnées, sans mélange et conformes aux types officiels (Décr. 25 août 1861, art. 2, 4 et 5). — Le délai d'exportation est également de trois mois pour les blés durs à transformer en semoule, semoulette, farine ronde et grossants; l'importation doit être de cent cinquante quintaux au minimum et les déclarations doivent spécifier s'il s'agit de blés durs; les produits exportés doivent être conformes aux cinq types officiels établis (Circ. n° 1528). Les ports de réexportation sont les mêmes que pour les blés tendres ou durs à transformer en farine. Pour les blés durs destinés à la fabrication des amidons, les opérations d'entrée et de sortie ne devaient s'effectuer, d'après l'art. 5 du décret du 9 oct. 1886, que par Marseille, avec faculté pour le ministre des finances d'autoriser ces opérations dans les autres villes où la douane a des laboratoires, si des amidonneries de blé dur viennent à y être établies. La réexportation ou la constitution en entrepôts de l'amidon doit avoir lieu dans un délai de six mois (art. 3). — Les déclarations d'admission temporaire, ainsi que les déclarations de réexportation et de constitution en entrepôt, sont faites au nom et pour le compte des fabricants. — En vertu d'un décret du 10 déc. 1887 (D. P. 88, 4e part. *Table alphab.*, v° *Douanes*, n° 2), *le blé-froment destiné à la fabrication des biscuits de mer* peut, sans distinction d'espèce, ni d'origine, être importé temporairement en franchise par tous les bureaux de douane, à la charge de réexportation ou de constitution en entrepôt, dans un délai de six mois, de 75 kilog. de biscuits de mer de bonne qualité par 100 kilog. de blé (art. 1er et 2). La réexportation ne peut s'effectuer que par les ports d'entrepôt réel ou les bureaux ouverts, soit au transit, soit à l'entrée des marchandises taxées à plus de 20 fr. par 100 kilog.; les uns et les autres dépendant de la direction par laquelle l'importation des blés a eu lieu (art. 3).

328. — 3° *Brome.* — Il est admis temporairement, en vertu du décret du 18 févr. 1878 (D. P. 78. 4. 30), pour la fabrication du bromure de potassium. L'importation a lieu par les ports d'entrepôt, et la réexportation doit être effectuée dans le délai de trois mois, par la douane de Paris.

329. — 4° *Cacaos et sucres.* — Il en est de même des *cacaos et sucres* importés des pays hors d'Europe et des sucres indigènes destinés à la fabrication des chocolats (Décr. 17 août 1880, D. P. 81. 4. 93; 29 déc. 1884, D. P. 85. 4. 78; 10 déc. 1887, D. P. 88, 4e part., *Table alphab.*, v° *Douanes*, n° 5). — L'importateur s'engage, par une soumission valablement cautionnée, à réexporter ou à réintégrer en entrepôt 100 kilog. de chocolat pour 53 kilog. de cacao et 54 kilog. de sucre raffiné ou une quantité équivalente de sucre brut. Le délai maximum dans lequel doit avoir lieu la réexportation ou la mise en entrepôt est de quatre mois; la réexportation peut avoir lieu par tous les bureaux de douane pourvus d'un laboratoire administratif, tant pour les chocolats proprement dits que pour les chocolats sans sucre, et par les bureaux de Bayonne et de Lille, bien que ces bureaux n'aient pas de laboratoire. On n'admet à la décharge des soumissions d'admission temporaire que les chocolats valant au moins 2 fr. 50 cent. le kilog. en fabrique, droits compris et composés exclusivement de cacao, de sucre et d'aromates, sans mélange d'aucune autre substance. Ils doivent être revêtus de l'étiquette ou de la marque de fabrique. On admet également à la décharge des comptes d'admission temporaire le chocolat sans sucre en tablettes, en feuilles ou en poudre, lorsqu'il est exclusivement composé de cacao et d'aromates et vaut au moins 4 fr. 20 cent. en fabrique, droits compris, qu'il retient au moins 20 pour 100 de beurre de cacao et porte la marque ou l'étiquette du fabricant (Décis. min. 23 oct. 1874; Circ. n° 1253). — Les déclarations d'importation temporaire sont reçues dans toutes les villes et ports d'entrepôt.

330. — 5° *Chanvre brut, teillé ou en étoupes, destiné à la fabrication des cordes et cordages.* — L'importation temporaire, autorisée par décret du 27 oct. 1858 (D. P. 58. 4. 165), peut avoir lieu par tous les ports d'entrepôt réel et par les bureaux ouverts, soit au transit, soit à l'acquittement des marchandises taxées à plus de 20 fr. les 100 kilog. — L'exportation doit avoir lieu par les bureaux de la même catégorie dans un délai de six mois; les produits présentés à la décharge des comptes doivent être exclusivement en chanvre, mais on admet que les cordes et cordages soient enduits de suif ou de goudron sans déduction pour la décharge des comptes du poids de ces matières.

331. — 6° *Chapeaux de paille.* — Ils sont admis temporairement en vertu des décrets du 5 déc. 1848 (D. P. 49. 4. 4) et du 7 nov. 1861 (D. P. 61. 4. 127) par tous les bureaux ouverts aux marchandises taxées à plus de 20 fr. les 100 kilog. pour être apprêtés et garnis. Le délai est de six mois et la réexportation doit être effectuée par un bureau de la même catégorie que l'entrée; chaque chapeau est revêtu d'une estampille imprimée à l'encre grasse, dont le prix est fixé à un demi-centime.

332. — 7° *Chlorate de potasse.* — Il est temporainement admis durant le délai de six mois pour être transformé en chlorate de soude ou en chlorate de baryte (Décr. 17 nov. 1880, D. P. 82. 4. 12; 5 févr. 1881, Bull., n° 10500); les opérations d'importation et d'exportation doivent être effectuées par Dunkerque, le Havre, Nantes, Bordeaux, Marseille ou Paris.

333. — 8° *Crêpes de Chine, unis en châles ou en pièces.* — Les crêpes de Chine destinés à être brodés, teints ou imprimés sont admis pour une durée de six mois (Décr. 14 déc. 1853, D. P. 54. 4. 14; 22 mars 1854, D. P. 54. 4. 40). — Les opérations d'importation et d'exportation ne peuvent être effectuées que dans les bureaux de Dunkerque, Calais, Boulogne, Rouen, Le Havre, Nantes, Bordeaux, Marseille, Lille, Paris, Lyon. Les châles ou pièces sont déclarés à la douane par nombre, dimension et poids net, en ne comprenant dans une déclaration que les pièces ou châles qui doivent faire l'objet d'une même réexpédition. La douane appose à chaque châle ou pièce, aux frais des intéressés, un cachet de cire volante qui est fixé par un fil de soie tenant au tissu même, et non à la frange, et dont le prix, par cachet, est de 10 centimes (Décr. 14 déc. 1853, art. 2 et 3; Circ. n° 167, nouv. sér.). Le cachet de cire peut, lorsqu'il s'agit de teinture ou d'impression, être remplacé par l'apposition d'un plomb aux extrémités de chaque pièce. Enfin, dans le cas où les tissus devraient, après la teinture, subir un apprêt qui s'opposerait à la conservation du plombage, les intéressés pourraient prélever, par découpures inégales sur chaque pièce, une fraction du tissu qu'ils représenteraient encore revêtue du plomb (Décis. min. 29 oct. 1855).

334. — 9° *Cylindres en cuivre pour la gravure destinés à être gravés.* — Le régime applicable est réglé par un arrêté du 18 déc. 1848. Les cylindres bruts sont admis par tous les ports d'entrepôt réel ou bureaux de la frontière de terre ouverts au transit; l'exportation peut se faire dans les mêmes conditions. Il n'est accordé qu'un kilog. et demi de déchet au plus par cylindre. Chaque cylindre reçoit au poinçon une marque particulière, dont le prix est de 5 centimes; on en constate le poids avec soin en indiquant s'ils sont en cuivre rouge ou en cuivre jaune. — Les cylindres gravés qui sont présentés pour la décharge des soumissions sont revêtus par le graveur d'une marque au poinçon indiquant son nom, son domicile et un numéro d'ordre; enfin, le service conserve une épreuve sur papier de chaque gravure.

Le délai fixé pour la réexportation ou la mise en entrepôt est de quarante jours, mais ce délai peut être porté à trois mois par l'Administration (Décis. min. 27 févr. 1858).

335. — 10° *Essence de houille.* — L'admission temporaire, autorisée par un décret du 21 févr. 1873 (D. P. 73. 4. 29), s'opère, à l'entrée et à la sortie, par tous les bureaux ouverts aux marchandises payant plus de 20 fr. par cent kilog. Le délai est de six mois. La décharge des soumissions est accordée moyennant l'exportation ou la mise en entrepôt de 90 pour 100 d'aniline. On accepte également les produits dérivés de cette substance, c'est-à-dire la diphénylamine, l'amyl de phénylamine, l'éthyl de phénylamine et le méthyl de phénylamine, à raison d'un kilog. pour deux kilog. d'aniline; mais la vérification ne peut avoir lieu qu'à la douane de Paris (Décis. min. 31 janv. 1875, 14 févr. 1876).

336. — 11° *Etain brut en saumons.* — L'admission temporaire est réglée par un décret du 25 févr. 1851 (D. P. 51. 4. 50). Le délai de réexportation est de trois mois pour la transformation en lingots de un à deux kilog. obtenus par la fusion. La décharge n'est accordée que contre un poids égal; mais les déficits qui sont reconnus provenir du déchet de main-d'œuvre ne sont assujettis qu'au payement du simple droit d'entrée afférent à la matière brute (Décr. 25 févr. 1851, art. 3).

337. — 12° *Fils de coton, écrus, simples ou retors, des n°s 50 et au-dessus, destinés à la fabrication des mousselines et des tissus de soie et de coton.* — Ces fils sont acceptés à l'importation temporaire en vertu d'un décret du 18 sept. 1883 (D. P. 84. 4. 76). — Les importateurs ont à déclarer l'espèce des fils, leur poids net, leur numéro commercial, le nombre de bouts, s'il s'agit de fils retors, et, en outre, la nature du tissu à fabriquer. Ils s'engagent, par une soumission dûment cautionnée, à réexporter ou à constituer en entrepôt, dans un délai de six mois au plus, les tissus fabriqués avec ces fils, dont un échantillon reste déposé au bureau des douanes. — Indépendamment des vérifications ordinaires, les fils sont soumis à la vérification du laboratoire scientique des douanes, qui détermine leur degré de finesse effectif, après lavage et dessiccation à l'absolu. — Au moment de la réexportation ou de la constitution en entrepôt, les tissus fabriqués sont, de même, soumis aux vérifications du laboratoire des douanes, qui détermine, pour chaque espèce de fils employés, leur numéro de finesse effectif, après séparation de l'apprêt et de la teinture et dessiccation à l'absolu. — Lorsque l'exportation des tissus ne doit pas être immédiate, les pièces reçoivent une étiquette, dont la forme et les dispositions sont déterminées par le ministre des finances. Cette étiquette, estampillée par la douane, indique, avec le nom de l'importateur et le bureau d'importation, les numéros et date de la soumission souscrite à l'entrée, les dimensions et le poids de chaque pièce, et séparément, selon qu'il y a lieu, pour les fils de chaîne et pour les fils de trame, leur espèce, leur numéro commercial et leur poids. Le prix de l'estampille est de un centime par pièce. — Pendant le délai accordé pour l'opération, les pièces estampillées peuvent circuler librement. Au moment de la sortie effective, elles sont imputées à la décharge du compte d'importation, après vérification de la régularité de l'estampille. — Pour la concordance des numéros des fils, il est accordé à la sortie une tolérance de 5 pour 100 au-dessus ou en dessous du numéro constaté à l'entrée. Mais les réexportations ont lieu poids pour poids, sans nulle allocation pour déchet. — Les déclarations d'entrée et de sortie sont faites au nom et sous la responsabilité des fabricants, aux seuls bureaux des douanes de Paris et de Lyon.

338. — 13° *Fils de poil de chèvre; Fils dits de caret.* — Une décision ministérielle du 8 mars 1886 a autorisé, à titre d'essai et pour une année seulement (Décis. 10 avr. 1886), l'admission temporaire des fils de poil de chèvre destinés à la confection des velours dits d'Utrecht. La réexportation du velours devait avoir lieu, dans un délai de six mois, par un des bureaux de Dunkerque, le Havre et Paris. Les fabricants doivent déclarer à la sortie la proportion dans laquelle les fils de poil de chèvre sont entrés dans la confection du tissu. Les déclarations sont contrôlées par le service, à l'aide du laboratoire de la résidence (Décis. min. 23 mars 1887; Delandre, 3e éd., 5e suppl., n° 757).

On a également autorisé, à titre d'essai, l'admission temporaire des fils dits de caret en lin, chanvre jute et végétaux filamenteux non dénommés de 2000 m. et moins au kilog., destinés à la fabrication des cordages et ficelles (Décis. min. 11 sept. 1882; 30 juill. 1884). — Les opérations relatives à ces fils, qui doivent être manufacturés dans un délai de six mois ne peuvent avoir lieu à l'importation que par les bureaux ouverts aux fils de l'espèce et l'exportation par les bureaux où les fils ont été déclarés à l'entrée. Il n'est pas autorisé de déchet.

339. — 14° *Girofle* (clous et griffes). — Aux termes d'un décret du 9 mars 1878 (D. P. 78. 4. 64), les clous et griffes de girofle importés soit par terre, soit par mer, peuvent être admis temporairement en franchise de droits pour la fabrication d'essences destinées à la réexportation. — L'importateur s'engage, par une soumission valablement cautionnée, à réexporter ou à réintégrer en entrepôt, dans un délai qui ne pourra excéder trois mois, 15 kilog. 500 gram. d'essence pour 100 kilog. de clous ou griffes de girofle ainsi mis à sa disposition et, en outre, à représenter aux agents du bureau des douanes le plus voisin de son usine les résidus de distillation. Ces résidus sont détruits en présence du service ou réexportés. Les déclarations pour l'importation temporaire des clous et griffes de girofle ne peuvent être reçues que dans les ports d'entrepôt réel et dans les bureaux ouverts à l'importation des marchandises taxées à plus de 20 fr. les 100 kilog. — Les opérations de réintégration en entrepôt et de réexportation des essences sont limitées aux douanes de Paris et de Marseille.

340. — 15° *Graines oléagineuses.* — Les graines oléagineuses, c'est-à-dire les graines d'arachides en cosses et décortiquées (Décr. 4 avr. 1857, D. P. 57. 4. 60; Décis. min. 13 août 1882), de colza d'Europe (Décr. 3 janv. 1867, D. P. 67. 4. 24), de moutarde, de navette (Décr. 26 sept. 1856, D. P. 56. 4. 140; 3 janv. 1867), de lin (Ord. 2 févr. 1848, D. P. 48. 4. 34), d'œillette, de ravison (Décr. 29 août 1855, D. P. 55. 4. 84; 25 juill. 1860, D. P. 60. 4. 111), de sésame (Décr. 2 févr. 1848, D. P. 48. 4. 34), de coton et de niger (Décr. 27 févr. 1873, D. P. 73. 4. 32), de marfouraire, d'illipé seack, d'illipé ponsianack (Décr. 13 sept. 1880, D. P. 81. 4. 93), destinées à la fabrication des huiles sont admises temporairement par les bureaux des ports d'entrepôt réel, les bureaux de la frontière de terre ouverts au transit et bureaux principaux de cette frontière, à la condition d'être converties en huile, réexportées ou entreposées dans un délai de six mois. L'huile seule peut servir à la décharge des comptes; elle peut être présentée épurée, mais le rendement n'est pas modifié (Décis. min. 19 mars 1859).

341. — 16° *Huile de palme.* — L'importation temporaire en est autorisée par un décret du 27 mars 1876 (Bull., n° 5136) pour la fabrication des bougies stéariques, à raison de 100 pour 100, des bougies stéariques et de l'acide oléique ou de l'acide oléique et de l'acide stéarique, à raison de 50 kilog. de bougies stéariques ou d'acide stéarique et 50 kilog. d'acide oléique pour 100 kilog. d'huile de palme, enfin de l'acide stéarique et des chandelles à 100 pour 100. Le délai de réexportation est de quatre mois, et la réexportation doit avoir lieu par le bureau où l'importation de l'huile de palme a eu lieu, c'est-à-dire un bureau de port d'entrepôt réel ou un bureau ouvert à l'importation des marchandises taxées à plus de 20 fr. les 100 kilog. Toutefois, lorsque les bougies stéariques, l'acide oléique et les chandelles ont été présentés et vérifiés au bureau d'importation primitif, ils peuvent être dirigés sur un autre bureau pour la constatation de la sortie définitive (V. Circ. 3 avr. 1876, n° 1305; Lett. com. 6 juill. 1877; 21 mars 1883, n° 1604).

342. — 17° *Iode.* — L'iode de toute espèce est admis par tous les ports d'entrepôt pour être transformé en iode cristallisé à l'équivalent, en iodure de potassium à raison de 127, 440 pour 100 ou en iodoforme à l'équivalent (Arrêté 5 mars 1849, D. P. 49. 4. 70; Décr. 1er juill. 1854, D. P. 54. 4. 130). Le délai de réexportation est de trois mois et ne peut se faire que par le bureau de Paris. La vérification de l'iode raffiné, de l'iodure de potassium et de l'iodoforme ne peut avoir lieu qu'à la douane de Paris (V. Tarif, observ. prélim., n° 198, p. 86).

343. — 18° *Orge destinée à la fabrication du malt.* — Peut être importée temporairement en franchise aux conditions suivantes (Décr. 7 août 1885, D. P. 86. 4. 67) : pour 100 kilog. d'orge il doit être représenté 75 kilog. de malt, en bon état de fabrication marchande. L'importation doit avoir lieu par les ports d'entrepôt réel; la réexportation du malt ne peut avoir lieu que par les bureaux des douanes de la direction ou du département dans lesquels l'orge a été importée. Elle s'effectue soit par les ports d'entrepôt réel, soit par les bureaux principaux et les bureaux ouverts au transit ou à l'entrée des marchandises payant plus de 20 fr. par 100 kilog., soit par tout autre bureau auquel cette attribution sera conférée par le ministre des finances. Le délai de réexportation ou de constitution en entrepôt du malt produit est de six mois : toutefois, à l'expiration de ce délai, il est permis aux soumissionnaires de constituer en dépôt fictif dans leurs magasins le malt dont la fabrication a été régulièrement constatée par le service des douanes. Lorsque les malteries sont situées hors des communes où il existe des bureaux de douane, les frais de déplacement des employés seront à la charge des fabricants. Les importations d'orge et les exportations de malt sont faites au nom et pour le compte des fabricants. C'est, par conséquent, toujours au nom des fabricants que les acquits-à-caution d'admission temporaire doivent être délivrés, et l'apurement de ces acquits ne peut avoir lieu qu'au moyen du malt préparé par les fabricants eux-mêmes (Delandre, 3e éd., 4e suppl., n° 517).

344. — 19° *Plomb en masses brutes ou en saumons* (Arrêté 5 mars 1849, D. P. 49. 4. 70; Décr. 25 févr. 1851, D. P. 51. 4. 50; 7 mars 1853, D. P. 53. 4. 65; 5 août 1861, D. P. 61. 4. 114). — Le bénéfice de l'admission temporaire n'est accordé qu'aux plombs qui ne contiennent pas plus de 10 pour 100 d'antimoine (Décis. min. 15 janv. 1855). Les importateurs sont tenus de faire opérer à leurs frais, par un chimiste désigné par la douane, et toutes les fois qu'elle l'exige, une analyse propre à établir que les plombs se trouvaient à l'entrée dans les conditions prescrites et qu'à la sortie les produits représentés sont purs de tout corps étranger (Décr. 25 févr. 1851, art. 2, D. P. 51. 4. 50), le tout sans préjudice de l'expertise légale, s'il est jugé préférable d'y recourir. Les opérations d'entrée et de sortie ne peuvent être effectuées que par les bureaux des ports d'entrepôt réel ou les bureaux de la frontière de terre ouverts au transit. Le délai d'admission en franchise est de six mois et les plombs doivent être transformés en litharge ou minium, plomb affiné et lingots de plomb de 1 à 2 kilog., plomb laminé, tuyaux, grenaille et balles de plomb. Il n'est accordé aucun déchet, mais les déficits qui sont reconnus par la douane provenir uniquement du déchet de main-d'œuvre ne sont assujettis qu'au payement du simple droit d'entrée afférent à la matière brute (Décr. 25 févr. 1851, art. 3).

345. — 20° *Potasse et carbonate de potasse* (Décr. 30 déc. 1852, D. P. 52. 4. 232). — Ces produits sont admis dans tous les bureaux ouverts à l'entrée des marchandises taxées à plus de 20 fr. par 100 kilog. et sont réexportés par tous les bureaux ouverts au transit des marchandises prohibées sous forme de prussiate de potasse cristallisé rouge ou jaune (cyanure double de fer et de potassium), à raison de 100 kilog. de prussiate de potasse rouge pour 200 kilog. de matières importées, ou 100 kilog. de prussiate de potasse jaune pour 140 kilog. des mêmes matières. Le délai de réexportation est de six mois.

346.—21° *Quinquina.*—Les écorces de quinquina sont admises temporairement en franchise pour être transformées en sulfate ou autres sels de quinine par tous les ports d'entrepôt réel à raison de 2 p. 100; la réexportation doit avoir lieu dans le délai de quatre mois par la douane centrale de Paris (Décr. 3 févr. 1879, D. P. 79. 4. 48). Les sous-produits du traitement des écorces de quinquina, et notamment les sulfates et autres sels de cinchonie, de cinchonidine et de quinidine ne sont pas reçus à la décharge des comptes.

347. — 22° *Riz.* — Les riz en grains et en paille (Ord. 21 mai 1845, D. P. 45. 3. 123; 1er juin 1864, D. P. 64. 4. 75), sont reçus par tous les bureaux d'entrepôt réel pour être décortiqués et nettoyés à raison de 97 p. 100 pour le riz en grains et de 80 p. 100 pour le riz en paille. La réexportation doit être effectuée dans le délai de deux mois par le bureau d'importation. Il n'est pas reçu de déclaration pour une quantité moindre de 100 kilog., et la décortication ou le nettoyage doivent s'effectuer dans les localités où la soumission a été souscrite; cette soumission mentionne que les intéressés s'engagent à représenter le riz à toute réquisition du service des douanes (Ord. 21 mai 1845, art. 1er, 2 et 3). L'ordonnance du 21 mai 1845 prescrit encore de prélever un double échantillon sous le cachet de la douane et sous celui du déclarant. Les deux échantillons restent déposés au bureau de la douane, l'un pour être comparé au riz lors de la réexportation ou de la réintégration en entrepôt, l'autre pour être soumis, en cas de doute sur l'identité, à l'expertise légale concurremment avec un échantillon prélevé sur le riz transformé. Le décret du 1er juin 1864 dispose, d'autre part, que les riz en paille sont admis d'après un type légal, avec allocation d'un déchet de vingt pour cent. Dans le cas où les riz présentés s'éloignent notablement du type fixé, il est procédé à l'expertise légale et, selon la décision des experts, le déchet est augmenté ou diminué. Le riz décortiqué et nettoyé doit contenir ses brisures et, si le fabricant veut les séparer, il ne lui est pas tenu compte d'un nouveau déchet. Le riz ainsi décortiqué et nettoyé peut être livré à la consommation, sous le payement du droit afférent au riz brut selon le pavillon et avec les intérêts des droits à dater du jour de l'importation. On permet l'importation temporaire des brisures de riz isolées, destinées à être nettoyées; un déchet de manutention de 3 0/0 est accordé lors de la réexportation.

348. — 23° *Suif brut* (Décr. 20 oct. 1853, D. P. 53. 4. 232; 29 avr. 1854, D. P. 54. 4. 78). — Le suif brut (graisses de bœuf et de mouton) destiné à la fabrication des bougies stéariques est admis temporairement en franchise de droits, sous les conditions déterminées par l'art. 5 de la loi du 5 juill. 1836, lorsque l'importation en est effectuée, soit par terre, soit par mer, sous pavillon français, ou sous le pavillon du pays de production. Dans ce dernier cas, il sera justifié de l'origine par des certificats authentiques, par les ports d'entrepôt réels et les bureaux ouverts aux marchandises taxées à plus de 20 fr. les 100 kilog. — L'importateur doit s'engager, par une soumission valablement cautionnée, à réexporter ou à réintégrer en entrepôt, par les bureaux déterminés pour l'entrée, dans un délai qui ne pourra excéder quatre mois, soit 100 kilog. de bougies stéariques, soit 50 kilog. de ces mêmes bougies et 50 kilog. d'acide oléique pour 100 kilog. de suif brut ainsi mis à sa disposition, soit 100 kilog. d'acide stéarique ou de chandelles par 100 kilog. de suif brut.

349. — 24° *Tissus.* — Parmi les tissus, les foulards écrus en pièces et les tissus de bourre de soie en pièces, qui ont été assimilés aux précédents par une décision ministérielle du 4 janv. 1862, sont toujours soumis au régime de l'ordonnance du 13 mai 1837 et aux règles exposées au *Rép.* n° 520. Les opérations d'importation et de réexportation doivent être effectuées, dans un délai de trois mois, par un des bureaux de Marseille, Bordeaux, Nantes, Le Havre, Rouen, Boulogne, Calais, Dunkerque, Lille, Paris, Lyon. En outre, une décision ministérielle du 19 nov. 1852 a disposé qu'aucune déclaration à fin d'extraction temporaire des entrepôts de foulards imprimés ne pourrait être reçue pour moins de trente pièces de tissus.

Les tissus de soie mélangée de coton ou d'autres matières sont reçus par les douanes de Paris ou de Lyon au régime de l'admission temporaire pour une durée de quatre mois (Décr. 6 sept. 1879, D. P. 80. 4. 61), quelle que soit la proportion du mélange. L'admission a lieu pour l'impression, la teinture ou l'apprêt; la déclaration d'entrée doit indiquer le nombre des pièces, le poids net et la mesure de chacune d'elles, ainsi que la main-d'œuvre en vue de laquelle elles sont importées. Une estampille est apposée aux deux bouts de chaque pièce, au prix d'un centime.

Les tissus de laine pure ou mélangée de coton, soie ou poil, et les tissus de lin et de chanvre purs ou mélangés, écrus en pièces (Décr. 13 févr. 1861, D. P. 61. 4. 35; 25 août 1861, D. P. 61. 4. 118; 29 oct. 1862, D. P. 62. 4. 124; 17 déc. 1868, D. P. 69. 4. 15), sont admis pour la teinture et l'apprêt en franchise temporaire, par tous les ports d'entrepôt réel et bureaux de la frontière de terre ouverts au transit, pendant un délai de quatre mois. Toutefois, à l'égard des tissus de coton, le régime de l'admission temporaire n'est applicable qu'autant que la laine, le lin ou le chanvre dominent en poids dans le mélange (Décis. min. 27 août 1872). — Les déclarations doivent énoncer le nombre de pièces, ainsi que le poids net et la mesure, et chacune reçoit à chaque bout une estampille du prix d'un centime, estampille qui doit être conservée intacte et apparente tant que les tissus imprimés ou apprêtés n'ont pas été présentés au service et que l'identité n'en a pas été constatée.

350. — 25° *Zinc brut ou en saumons* (Ord. 2 févr. 1848, D. P. 48. 4. 34). — Il est admis pour le laminage et pendant trois mois par tous les bureaux de la frontière de terre ouverts au transit et des ports d'entrepôt réel.

351. — 26° *Sucre destiné aux affinages.* — Il est soumis à un régime spécial. On étudiera *infrà*, v° *Sucre*, les nouveaux développements que comporte cette matière, qui a déjà été étudiée au *Rép.* eod. v°, nos 24 à 34.

352. — 27° *Métaux désignés par le décret du 15 févr.* 1862 (D. P. 62. 4. 21). — Un certain nombre de métaux sont, ainsi qu'il a été exposé *suprà*, n° 315, admis au bénéfice de l'admission temporaire en franchise à des conditions particulières réglées par le décret précité du 15 févr. 1862, modifié dans quelques-unes de ses dispositions par celui du 9 janv. 1870 (D. P. 70. 4. 18) et pour l'exécution desquelles un règlement a été édicté par le ministère du commerce le 26 mai 1883. Aux termes de l'art. 1er du décret du 15 févr. 1862, sont admis en franchise de droits, conformément aux dispositions de l'art. 5 de la loi du 5 juill. 1836, les fontes brutes, les fontes épurées dites *mazées*, la ferraille, les massiaux, les ferres en barres, les feuillards, cornières, fers à T et à double T et autres de formes irrégulières, les fers en tôle, les aciers en barres, en feuillards et en tôles brutes laminées à chaud, les cuivres laminés purs ou alliés d'autres métaux, venant de l'étranger, et destinés à être réexportés après avoir été convertis, dans les ateliers français, en navires et bateaux en fer, en machines, appareils, ouvrages quelconques en métaux, ou en produits d'un degré de fabrication plus avancé que les matières importées. Mais les fontes de moulage ne peuvent être importées sous ce régime que pour la fabrication d'ouvrages en fonte moulée (Décr. 9 janv. 1870, art. 1er). Ce bénéfice n'est accordé qu'aux maîtres de forge, constructeurs de machines et fabricants d'ouvrages en métaux. En outre, les importations ne peuvent avoir lieu qu'autant que l'importateur aura été l'objet d'une ouverture de crédit, en vertu d'une décision du ministre du commerce prise après avis du ministre des finances et du comité consultatif des arts et manufactures, avis qui doit être nécessairement demandé (Décr. 15 févr. 1862, art. 1er et 2; 9 janv. 1870, art. 4). Un délai de trois ans est accordé pour faire usage de ces crédits; on doit joindre à l'appui des demandes d'introduction, un état détaillé, par catégorie, de la nature des objets qu'on se propose d'exporter avec le poids des métaux ouvrés entrant dans leur composition et un état détaillé des quantités de métaux dont on réclame l'admission temporaire (Règl. 26 mai 1883, art. 1er).

353. Pour les objets dits de grosse fabrication qui ne sont pas de fabrication courante, il faut produire en outre, soit par original, soit par extraits, dûment certifiés, les marchés ou lettres établissant la réalité des commandes pour l'étranger ou les colonies françaises autres que l'Algérie (Décr. 15 févr. 1862, art. 2; Règl. 26 mai 1883, art. 2). La justification n'est pas exigée pour les objets de fabrication courante.

Par objets dits de grosse fabrication on entend, entre autres, les machines, ponts, dragues, navires, bateaux, locomotives, wagons, matériel de chemins de fer et autres constructions analogues (Circ. n° 1093, nouv. sér.; Tarif, observ. prélim., n° 201). Par objets de fabrication courante on entend: 1° les objets moulés de toute espèce, tels que tuyaux, marmites, fourneaux, poids; 2° les fers en barre, les rails de moins de 20 kilogr. le mètre courant, les tôles, le fer-blanc, les fers étamés, cuivrés, plombés ou zingués, etc.; 3° les fils, bandes, chaînes, clous et pointes, les tubes en fer, acier, cuivre rouge, laiton, bronze, etc.; 4° les outils de tout genre en fer ou en acier, tels que scies, faux, limes, pioches, haches, marteaux, enclumes, étaux, etc; 5° les petites machines-outils et autres, lorsqu'elles sont produites en fabrication courante par le demandeur, telles que machines à coudre, à tricoter, etc.; 6° les appareils d'un usage courant, tels que crics, poulies, palans, pompes, balances à bascule, charrues, etc.; 7° les outils de ménage, tels que pelles, pincettes, seaux, casserie, etc. (Tarif, *ibid.*).

354. Les métaux dont l'admission temporaire est réglée par le décret du 15 févr. 1862 ne peuvent, d'une manière générale, être importés, et les objets fabriqués avec ces métaux ne peuvent être réexportés que par les ports d'entrepôt réel ou par les bureaux ouverts soit au transit, soit à l'importation des marchandises taxées à plus de 20 fr. par 100 kilog. (Décr. 15 févr. 1862, art. 6); mais, en outre, les négociants qui obtiennent des crédits sont tenus de désigner à l'Administration les bureaux par lesquels ils entendent effectuer les importations ainsi que la nature et les quantités de métaux à introduire.

355. Les déclarations à l'entrée doivent, comme les demandes des crédits, faire connaître si les fontes à importer sont des fontes d'affinage ou de moulage et si les fers ont été fabriqués au bois ou au coke, les fers obtenus au charbon de bois ne pouvant être compensés à la sortie par des ouvrages fabriqués avec des fers au coke. Elles doivent, en outre, lorsqu'il y a lieu, fournir: 1° pour les fers et aciers ayant moins de 16 et plus de 4 centim. carrés de section et en même temps plus de 5 millim. d'épaisseur et pour les fers et aciers de petite dimension, *les dimensions transversales*; 2° pour les feuillards, les tôles de fer ou d'acier et les cuivres laminés, *les épaisseurs*; 3° pour les fers et aciers laminés de formes irrégulières, *la forme et le poids par mètre courant des barres*; 4° pour les verges de tréfilerie ou fer machine, *le diamètre*.

356. A l'exception des fontes, les métaux soumis au régime des décrets de 1862 et 1870 doivent être transportés, dans les usines destinées à les mettre en œuvre, sous la surveillance du service des douanes qui est chargé d'assurer l'arrivée de ces produits à destination (Décr. 9 janv. 1870, art. 2). A cet effet, le transport est fait sous l'escorte de la douane, quand les usines sont établies dans les localités mêmes où se trouve le bureau d'importation. Si les usines sont situées sur d'autres points, l'escorte accompagne les métaux jusqu'à la gare de chemin de fer ou jusqu'au bateau par lequel doit s'effectuer le transport, et les intéressés s'engagent à justifier, au bureau d'importation, dans un délai déterminé, de l'arrivée des métaux à destination. Cette justification se fait à l'aide d'un certificat du bureau de douane, s'il en existe un dans la localité, ou, à défaut, par un certificat du chef de la gare de chemin de fer ou la lettre de voiture du batelier ayant effectué le transport, revêtue du visa de l'autorité locale (Circ. n° 1125, nouv. sér.). Le délai pour cette justification est celui qui est strictement nécessaire pour le transport à l'usine et le retour du certificat.

Lorsque la fabrication doit être scindée entre deux usines, il doit être justifié du transport successif à l'une ou à l'autre usine. (Lettr. com. 2 mars 1878). Les importateurs auxquels un crédit a été ouvert doivent s'engager, par une soumission valablement cautionnée, à réexporter ou à réintégrer en entrepôts, dans un délai déterminé, les produits fabriqués avec les métaux admis en franchise, poids pour poids, sans qu'il soit tenu compte d'aucun déchet de fabrication (Décr. 15 févr. 1862, art. 5). Les décisions ministérielles portant ouverture du crédit fixent le délai dans lequel l'apurement des importations doit avoir lieu. Ce délai peut être de six mois pour la grosse fabrication. Il peut également être porté à six mois quand il s'agit de métaux soumis à la justification du transport à l'usine. Mais il ne peut excéder trois mois pour des fabrications courantes provenant soit de fonte de moulage ou d'affinage, soit de ferraille de fonte, qu'il y ait ou non justification de commandes (Règl. 26 mai 1883, art. 6).

357. A la sortie, et à l'appui de sa demande de décharge d'acquit-à-caution, le permissionnaire doit présenter des bordereaux signés et certifiés par lui, fournissant le détail des objets à exporter, et attestant que ces objets proviennent de sa propre fabrication, indiquant enfin le poids des divers métaux entrant dans la fabrication (V. Tarif, n° 208, Tableau des conditions de l'apurement des importations).

SECT. 3. — DU TRANSIT (*Rép.* nos 534 à 570).

ART. 1er. — *Observations générales sur le transit* (*Rép.* nos 535 à 538).

358. Les explications que nous avons fournies au *Rép.* nos 535 à 538 sur les origines du transit et sur son principe ont conservé toute leur application; nous nous bornerons donc à rappeler que le transit est la faculté de transport en franchise, à travers le territoire, des marchandises grevées de droits de douane ou frappées de prohibition.

Le transit se divise en *transit ordinaire* et en *transit international*. Le transit ordinaire a lieu par toutes les voies indistinctement, l'emprunt de la mer excepté, sous la responsabilité des expéditeurs; le transit international s'effectue exclusivement par les chemins de fer, sous la responsabilité des compagnies concessionnaires de ces chemins. Depuis la publication du *Répertoire*, ce dernier mode de transit a pris une extension considérable; il a donné lieu, comme on le verra *infrà*, nos 368 et suiv., à des conventions internationales.

359. Les opérations d'entrée et de sortie, qu'il s'agisse du transit ordinaire ou du transit international, ne peuvent avoir lieu que par les bureaux expressément désignés à cet effet pour le transit ordinaire. Certains bureaux sont ouverts tant au transit des marchandises tarifées qu'au transit des marchandises prohibées; d'autres, au contraire, ne sont ouverts qu'au transit seul des marchandises tarifées. A l'inverse, sous le régime du transit international, il n'y a aucune distinction entre le transit du prohibé et le transit du non prohibé; les marchandises de toute nature peuvent être présentées, à l'entrée et à la sortie, à tous les bureaux ouverts à ce transit, sauf quand il s'agit de la librairie, pour laquelle les restrictions spéciales, résultant des règlements, sont applicables au transit international comme au transit ordinaire. Il faut également excepter certains objets et marchandises dont le transit est prohibé d'une manière absolue, comme les contrefaçons en librairie, ainsi que les marchandises qui portent de fausses marques de fabrique française (L. 6 mai 1841, art. 8; 23 juin 1857, art. 19, D. P. 57. 4. 97). Il en était de même avant la loi du 14 août 1885 (D. P. 85. 4. 77) et sous le régime de la loi de 1860 (D. P. 60. 4. 86) du transit des munitions chargées, qui était prohibé d'une manière absolue, sauf pour les munitions qui avaient été l'objet d'une décision du ministre de la guerre, ou pour celles qui étaient composées de poudre ordinaire. Aujourd'hui qu'il n'existe plus, à proprement parler, de poudre ordinaire, la distinction entre les munitions chargées avec de la poudre ordinaire et celles qui sont chargées d'une autre poudre a paru sans objet. Aussi une décision ministérielle du 30 avr. 1887 admet-elle au transit les munitions chargées de toute espèce, au même titre que les armes et les munitions non chargées, c'est-à-dire sans autorisation du ministre de la guerre (Circ. 7 mai 1887, n° 1841).

360. Le régime du transit ordinaire ne s'applique qu'aux marchandises passibles de droits ; les marchandises exemtées sont seulement assujetties aux déclarations et vérifications imposées à toutes les denrées qui entrent sur le territoire français ou en sortent, et à l'exception des boissons, à la formalité du passavant (L. 16 mai 1863, art. 12 et 13, D. P. 63. 4. 63). Au contraire, le régime du transit international peut, à la demande des intéressés, être appliqué aux marchandises exemptes de droit à l'entrée et à la sortie.

Les bureaux par lesquels se font les opérations de transit ordinaire et du transit international sont les suivants : Gravelines, Dunkerque, Ghyvelde, Godewaers-Velde, Armentières, Halluin, Baisieux, Lille, Bachy, Roubaix, Tourcoing, Douai, Maulde-Mortagne, Vieux-Condé, Valenciennes, Blanc-Misseron, Feignies, Jeumont, Bavay, Anor, Vireux, Givet, La Chapelle, Ecouviez, Longwy, Audun-le-Roman, Batilly, Arnaville, Pagny, Nancy, Moncel, Xures, Avricourt, Provenchères, Wissembach, Saint-Dié, Bussang, La Chapelle-sous-Rougemont, Montreux-Château, Belfort, Petit-Croix, Courtelevant, Delle, Morteau, Pontarlier, Les Verrières de Joux, Les Fourgs, Jougne, Les Hôpitaux-Neufs, Bellegarde, Lyon, Frangy, Annecy, Chambéry, Modane, Fontan, Vintimille, Menton, Nice, Cannes, Toulon, Marseille, La Tour Saint-Louis, Arles, Aigues-Mortes, Cette, Agde, La Nouvelle, Port-Vendre, Le Perthus, Cerbère, Bourg-Madame, Toulouse, Urdos, Lescun, Saint-Jean-Pied-de-Port, Dinhst, Béhobie, Hendaye, Bayonne, Bordeaux, Charente, Rochefort, La Rochelle, Nantes, Saint-Nazaire, Lorient, Brest, Morlaix, Le Légué, Saint-Servan, Saint-Malo, Granville, Cherbourg, Caen, Trouville, Pont-Audemer, Honfleur, Rouen, Le Havre, Fécamp, Dieppe, Le Tréport, Saint-Valery-sur-Somme, Abbeville, Boulogne, Calais, Paris, Saint-Ouen, Le Bourget, Amiens et Orléans (V. Tarif, observ. prélim., n° 155).

ART. 2. — *Du transit des marchandises non prohibées* (*Rép.* n°s 539 à 560).

§ 1er. — Du transit ordinaire.

361. La plupart des règles qui ont été exposées au *Rép.* n°s 539 à 560 sont aujourd'hui encore appliquées au transit ordinaire des marchandises non prohibées, c'est-à-dire que les marchandises sont soumises à des déclarations et vérifications, au plombage, à l'estampillage et aux prélèvements d'échantillons (L. 16 mai 1863, art. 14), aussi bien qu'à diverses conditions relatives à leur emballage et à la forme des récipients qui doivent les contenir. Nous nous bornerons donc à quelques observations complémentaires.

362. On applique aux vérifications et aux déclarations (*Rép.* n°s 543, 545 et 557, les règles générales dont il a été traité ci-dessus : il faut donc rapprocher des observations présentées au *Rép.* n°s 543, 545 et 557, celles qui ont été données *suprà*, n°s 225 et suiv. — Mais la loi du 16 mai 1863 (art. 16, D. P. 63. 4. 63) a abrogé les dispositions de l'art. 13 de la loi du 9 févr. 1832, qui interdisait de présenter pour le transit, dans le même colis, des marchandises d'espèce ou de qualités différentes.

363. Le prélèvement d'échantillons (*Rép.* n° 549) est autorisé non seulement dans le cas prévu par l'art. 11 de la loi de 1832 pour garantir l'identité des marchandises, mais aussi dans les cas où les décrets déterminant les conditions du transit de certaines marchandises exigent un double emballage ou un double plombage. Aux termes de l'art. 14 de la loi du 16 mai 1863, « le prélèvement d'échantillons, toutes les fois qu'il sera possible, pourra être substitué au double emballage et au double plombage ». Cette mesure est appliquée toutes les fois que la demande en est faite.

364. Tandis que les marchandises qui ne paient aucun droit d'entrée ou de sortie, sauf les boissons, (V. *suprà*, n° 204) ne sont assujetties qu'à la formalité du passavant, celles qui sont passibles de taxes, ne sont admises au transit que sous acquit-à-caution indiquant le bureau de destination et limitant suivant la distance la durée du transport. Quand il s'agit de marchandises soumises à des taxes intérieures, les expéditeurs s'engagent, en outre, pour le cas où le transit ne serait pas totalement accompli, à supporter les peines établies par les lois et règlements sur les contributions indirectes, indépendamment des amendes qui résultent des lois de douane : c'est-à-dire, pour les boissons, le double du droit de consommation grevant les eaux-de-vie, esprits, liqueurs et fruits à l'eau-de-vie, et le sextuple du droit de circulation frappant les vins, cidres, poirés et hydromels (Décr. 17 mars 1852, art. 22, D. P. 52. 4. 74; *Rép.* n° 552).

365. Une loi du 19 mars 1875 (D. P. 75. 4. 95) a remis en vigueur les dispositions de l'art. 12 de la loi du 9 févr. 1832 abrogées par la loi du 16 mai 1863 (art. 15), qui prescrivent de présenter les acquits-à-caution au visa du bureau de seconde ligne, au moment où les marchandises expédiées en transit sortent du rayon frontière ou entrent dans ce rayon. L'inobservation de cette formalité a pour conséquence de faire perdre aux marchandises qui présentent au bureau de sortie une avarie excédant 2 pour 100 de la valeur la faculté de transit, et de les faire soumettre au payement immédiat des droits d'entrée (*Rép.* n° 555).

366. On a vu *suprà*, n° 358, et *Rép.* n° 550, que le transit ordinaire a lieu aux risques des soumissionnaires : la loi du 16 mai 1863 (art. 17) a cependant apporté une atténuation à la rigueur de ce principe pour le cas où la perte des marchandises expédiées en transit résulte de la force majeure et est dûment constatée. L'Administration peut alors dispenser les soumissionnaires du payement des droits d'entrée, ou de la valeur, si la marchandise est d'espèce prohibée.

367. On n'entrera pas ici dans le détail des formalités qui doivent être observées pour l'expédition des marchandises par le transit ordinaire. Ces formalités sont résumées dans un tableau publié (Tarif, observ. prélim., n° 165) et qui donne, en outre, la nomenclature des produits et marchandises qui ont été successivement admis au transit.

§ 2. — Du transit international.

368. Le transit international a pour effet, toutes les fois qu'aucun abus n'est soupçonné, d'affranchir de la visite les bagages des voyageurs et les marchandises, au passage de la frontière, tant à l'entrée qu'à la sortie (Tarif, observ. prélim., n° 166). Il a pour but de diminuer autant que possible les entraves que les douanes apportent à la libre circulation des marchandises et de répondre ainsi aux besoins du commerce. Ce régime est, en vertu des traités, commun aux nations voisines. Au point de vue de la célérité des transports, le commerce a des exigences identiques dans tous les pays ; les nations limitrophes avaient un intérêt égal à celui de la France à l'organisation, pour l'accomplissement des formalités de douane, d'un système entravant le moins possible la circulation par chemins de fer et, notamment, supprimant à la frontière les vérifications en détail. De là diverses conventions internationales. Les premières conventions portent le nom de règlements et ont été conclues, la première, le 8 oct. 1848, entre la France, la Belgique et la Prusse (V. Arrêté 31 déc. 1848, pour l'exécution de ce règlement, D. P. 49. 4. 38); la seconde, le 14 déc. 1852, entre la France, la Belgique et les Pays-Bas. Cette dernière a été ratifiée et promulguée par un décret du 25 janv. 1853 (D. P. 53. 4. 2). Les autres conventions actuellement en vigueur sont les suivantes : *Italie*, convention du 20 janv. 1879 (L. 31 juill. 1879, D. P. 81. 4. 91); Décr. 5 août 1880, *Journ. off.* du 6 août 1880, p. 9129 et suiv. Cette convention, relative aux gares internationales de Modane et de Vintimille, doit être complétée par le règlement du 15 nov.

1858 (Décr. 8 janv. 1859, D. P. 59. 4. 7), sur le service international par chemins de fer, entre la France et la Sardaigne, dans ses rapports avec la douane, lequel est applicable à l'Italie tout entière. — *Allemagne* (États composant l'Union des douanes allemandes) : convention du 2 août 1862 (Décr. 10 mai 1865, D. P. 65. 4. 26), maintenue en vigueur par la convention signée à Francfort, le 11 déc. 1871 (art. 17 et 18), additionnelle au traité de paix, du 10 mai 1871, entre la France et l'Allemagne (L. 9 janv. 1872, D. P. 72. 4. 9). — *Espagne :* convention du 8 avr. 1864 (Décr. 28 juin 1864, D. P. 64. 4. 98), et convention du 20 juill. 1882 (L. 12 juill. 1883 ; Décr. 31 août 1883, D. P. 84. 4. 75, *Journ. off.* du 2 sept. 1883). De ces deux conventions, la première concerne la station française de Hendaye et la station espagnole de Irun ; la seconde concerne la station française de Cerbère et la station espagnole de Port-Bou. — Il faut noter, du reste, que toutes les conventions spéciales au raccordement des voies ferrées sur la frontière stipulent le bénéfice du régime du transit international.

369. L'économie de ces conventions désigne suivant chaque pays les localités intérieures auxquelles sont annexés des bureaux de douane ; les marchandises à destination de l'une de ces localités, enfermées sous plomb dans des wagons, traversent librement la frontière : il suffit d'une déclaration sommaire et de l'apposition d'un nouveau plomb ; la déclaration de détail, la visite des marchandises et l'acquittement des droits sont reportés au lieu de destination. Le transit international s'effectue exclusivement par les chemins de fer et sous la responsabilité des compagnies, qui doivent soumissionner un acquit-à-caution. Dans un langage exact, l'expression *transit international* suppose tout à la fois que le transport est confié à une compagnie de chemins de fer et que le régime spécial du transit international est appliqué. Ainsi, en droit commun, toute marchandise doit s'affranchir avec la douane au premier bureau frontière où s'effectuent simultanément la déclaration, la visite, la perception des droits, le dédouanement en un mot, et peut, dès lors, circuler en toute liberté, tandis que sous le régime du transit international, le dédouanement se décompose, au contraire, en deux séries d'opérations distinctes, séparées par le temps, accomplies dans des lieux différents, savoir : à la frontière, déclaration sommaire, appelée en pratique déclaration de gros, soumission d'un acquit-à-caution, plombage du wagon ; à destination, présentation des colis à la visite de détail, acquittement des taxes ; la compagnie reste, depuis la frontière jusqu'au lieu de destination, dans les liens de l'acquit-à-caution. Les acquits-à-caution exigés par le transit international sont toujours soumissionnés par la compagnie de chemins de fer, et ne peuvent même être soumissionnés que par elle ; le transit international engage sa responsabilité ; seule elle a qualité pour procéder à la frontière aux formalités qui constituent la première phase du dédouanement. A l'arrivée à destination, la compagnie fait décharger l'acquit-à-caution en représentant les wagons en nombre et à plombs intacts. Toutefois, à Paris, mais à Paris seulement, la présentation des wagons intacts ne suffit pas pour la décharge des acquits-à-caution ; la douane exige, en outre, que les marchandises lui soient présentées par la compagnie. Aussi les tarifs, dans leur partie relative à l'accomplissement des formalités de douane, assurent-ils un salaire à la compagnie, même dans le cas où le dédouanement est opéré, à Paris, par les destinataires ou leurs mandataires. Dans les autres localités, le dédouanement est souvent opéré par les destinataires qui sont avisés par la compagnie de l'arrivée des wagons en douane.

370. A la suite de conférences entre les représentants des gouvernements français, allemand, italien, autrichien et suisse, un arrêté ministériel du 31 mars 1887 a prescrit un mode de fermeture uniforme des wagons renfermant des marchandises transportées sous le régime du transit international. Le service doit s'assurer que les wagons qui lui sont présentés sont clos conformément aux prescriptions de cet arrêté et refuser de plomber les wagons français dont la fermeture ne serait pas celle qui est prescrite et de délivrer l'expédition de transit international. Il en serait de même pour les wagons étrangers provenant des pays ci-dessus indiqués ; mais il devrait en être référé à l'administration supérieure (Circ. 20 avr. 1887, n° 1835). — V. pour les conditions de fermeture l'arrêté du 31 mars 1887.

371. Le régime du transit international est obligatoire pour les compagnies de chemins de fer, en ce sens qu'elles ne peuvent se refuser à y soumettre les marchandises qui leur sont confiées, lorsque réquisition leur en est faite. Il est évident, en effet, que le régime du transit international n'a pas été créé dans l'intérêt des compagnies de chemins de fer, mais bien dans l'intérêt du commerce. Ce régime n'est, en effet, que l'extension de l'art. 27 de la loi du 28 avr. 1816 et de l'arrêté du 25 vent. an 8, c'est-à-dire des dispositions qui exemptent, *pour la facilité du commerce*, certaines marchandises de la visite du premier bureau et autorisent à les diriger sur un bureau de l'intérieur (V. *suprà*, n°s 196 et suiv.). Mais si cette solution paraît incontestable, la question de savoir dans quelle forme et à quel moment l'expéditeur doit manifester l'intention d'obtenir, pour sa marchandise, le bénéfice du transit international est, au contraire, assez délicate. — Sur le premier point, la cour de cassation a décidé que la compagnie ne peut exiger une réquisition spéciale de l'expéditeur et une stipulation expresse dans la lettre de voiture (Civ. cass. 11 nov. 1884, aff. Belval, D. P. 85. 1. 241). Cette solution paraît juste. Le régime du transit international est assurément un régime d'exception, puisqu'il déroge à cette règle de droit commun que toute marchandise doit acquitter les droits à la frontière et ne peut circuler qu'à cette condition ; donc une compagnie de chemins de fer ne saurait être tenue de l'appliquer d'office. Mais exiger une réquisition expresse, écrite sur la lettre de voiture ou sur la déclaration d'expédition, ce serait méconnaître ce principe général que la volonté des parties peut se manifester utilement de toute manière, et aussi bien implicitement qu'en termes formels ; il suffit qu'il ne puisse y avoir doute pour la compagnie de chemins de fer sur l'intention de l'expéditeur, d'autant mieux que ni les tarifs, ni les règlements généraux n'ont prévu et, par conséquent, n'ont prescrit l'insertion sur les déclarations d'expédition ou sur les lettres de voiture d'une stipulation relative au régime du transit international. — Quant au moment où doit se manifester cette intention, il résulte de l'arrêt précité que l'expéditeur n'est pas tenu de la faire connaître avant l'arrivée de la marchandise à la frontière. Ce système n'est pas exempt d'inconvénients au point de vue pratique, et il entraîne, pour les compagnies, des embarras et des difficultés matérielles auxquels il ne paraît guère possible de remédier : c'est ce qu'a fait ressortir M. Sarrut, dans une dissertation sur l'arrêt du 11 nov. 1884 (*Ibid.*). Néanmoins, la solution admise par la cour suprême peut se justifier. Il faut remarquer, d'une part, que les lenteurs que peuvent occasionner à la frontière la recherche et le transbordement des marchandises ne sauraient avoir pour conséquence d'engager la responsabilité des compagnies puisque l'arrêté ministériel du 12 juin 1866 dispose (art. 14) « qu'aux délais fixés tant pour la grande que pour la petite vitesse seront ajoutés les délais nécessaires pour l'accomplissement des formalités de douane ». D'autre part, il n'est pas de l'essence du régime du transit international qu'il prenne naissance au lieu originaire d'expédition : ce qui le caractérise, c'est la dispense de la visite en douane à la frontière. Enfin ce régime est organisé, comme on l'a constaté ci-dessus, dans l'intérêt général du commerce, bien plus que dans l'intérêt des compagnies de chemins de fer.

372. Il va de soi, d'ailleurs, que la nature de la marchandise ou les termes de la réquisition d'expédition peuvent rendre impossible l'application du régime du transit international. Ainsi l'expédition par wagons complets de certaines marchandises entraîne parfois le droit pour la compagnie d'employer des wagons découverts, non bâchés. Il ne saurait être, en pareil cas, question du régime du transit international, puisque ce régime exige nécessairement des wagons cadenassés ou plombés. Il en est de même, en général, des marchandises en vrac, lorsqu'elles sont entassées sans emballage dans un wagon et n'ont pour arrêt que les parois du wagon lui-même, et que le wagon qui les contient est découvert et non bâché. Mais, quand le wagon est fermé ou quand les bâches peuvent être disposées de manière à assurer la fermeture complète et le plombage, il n'existe aucun motif d'écarter le régime du transit international, puisque les règlements et conventions relatives à ce régime ne s'attachent qu'à l'isolement des marchandises, à l'individualisation du wagon et à son arrivée à destination avec plombs intacts, sans se préoccuper du défaut d'emballage des marchandises. Au reste, dans la pratique, la douane admet constamment au bénéfice du transit international des marchandises en vrac.

373. D'une manière générale, sous le régime du transit international, les marchandises qui arrivent en France de l'étranger y pénètrent sans rompre charge. Si l'opération du transit international commence dans un bureau de la frontière française de terre ou de mer, la douane se borne à dénombrer les colis après reconnaissance de leurs marques et numéros et à en surveiller la mise en wagons.

La compagnie de chemins de fer remet à la douane : 1° une feuille de route distincte par destination, accompagnée des déclarations spéciales présentant pour chaque colis les marques et numéros, l'indication des marchandises et soit le poids brut ou la contenance, lorsque les marchandises sont taxées au poids, à la mesure ou sur une autre unité spécifique, soit à la fois le poids brut et la valeur, s'il s'agit de marchandises taxées à la valeur ou prohibées ; 2° des soumissions, souscrites par la compagnie, de représenter les marchandises ou les bagages à la douane de destination. Une soumission distincte est nécessaire pour chaque destination (Arrêté 31 déc. 1848, art. 1er et 2, D. P. 49. 4. 38; Décr. 25 janv. 1853, D. P. 53. 4. 2; Tarif, observ. prélim., n° 167).

374. Pour les expéditions qui sont faites de France à l'étranger sous le régime du transit international, le bureau où l'opération prend origine est substitué au bureau de sortie effective pour la déclaration et la vérification des marchandises, et aussi bien pour les opérations qui prennent naissance au bureau même (exportations ordinaires ou avec drawback, réexportations à la décharge des comptes d'admission temporaire, etc.) que pour les opérations de transit, de primes, ayant déjà donné lieu dans d'autres bureaux à la délivrance d'acquits-à-caution ou de passavant (Arrêté 31 déc. 1848, art. 3 à 5).

Les marchandises sont chargées sous la surveillance de la douane, et la compagnie les récapitule sur un relevé spécial où elles sont présentées séparément d'après le régime qui leur est applicable. Les acquits-à-caution de transit, d'admission temporaire, etc., les passavants et déclarations de primes sont annexés à ce relevé, lorsque la sortie s'effectue par mer, et conservés par la douane d'expédition, lorsqu'elle s'effectue par terre (Tarif, *ibid.*, n° 168).

375. On peut expédier sous le régime du transit international les marchandises primitivement constituées en entrepôt, sous les conditions et formalités applicables aux marchandises arrivant directement de l'étranger (Tarif, *ibid.*, n° 169).

376. Les wagons qui contiennent des marchandises expédiées sous le régime du transit international sont plombés par la douane. Lorsqu'ils arrivent de l'étranger déjà plombés, la douane française ajoute ses plombs à ceux de la douane étrangère, qui ne doivent être coupés qu'à l'arrivée à destination (Tarif, *ibid.*, n° 170). — Cette mesure de précaution n'est pas la seule que l'Administration soit autorisée à prendre ; elle peut faire escorter les convois soit à titre permanent, soit par intervalles (Décr. 25 janv. 1853, art. 6, D. P. 53. 4. 2); les préposés convoyeurs sont admis dans les voitures de deuxième classe des convois mixtes et dans les compartiments des gardes des convois de marchandises (Même décret, art. 24). Les mesures d'escorte ne sont pas permanentes; on applique cette mesure à l'improviste et en dehors de toute règle systématique (Tarif, *ibid.*, n° 171).

377. Les ruptures de plombage qui surviennent en cours de route sont constatées par les agents des douanes, s'ils se trouvent sur les lieux, ou, à leur défaut, par le commissaire de surveillance administrative, le juge de paix, le maire ou un autre officier municipal ou par le chef de la gendarmerie, et l'agent qui dresse le procès-verbal substitue son cachet au plomb rompu. D'ailleurs, on procède également ainsi dans tous les cas où un accident, autre que la rupture du plombage vient nécessiter, au cours du voyage, le transbordement des marchandises. — La rupture des plombs peut être considérée par la douane comme l'équivalent du défaut d'accomplissement du transit et entraîner la décharge, conditionnelle seulement, des acquits-à-caution (Tarif, *ibid.*, n° 172).

378. Sous certaines conditions qui ont été déterminées par le décret du 25 janv. 1853 (art. 22, D. P. 53. 4. 2), on admet que les marchandises qui arrivent à Paris sous le régime du transit international sont admises à y rompre charge pour d'autres destinations. Ces conditions sont que les colis compris dans une même déclaration ne pourront recevoir qu'une destination unique, soit pour la consommation, soit pour l'entrepôt, soit pour le transit; que la réexpédition vers une autre destination devra se faire dans un délai de trente-six heures, sous peine de perdre le bénéfice de ce règlement et de l'envoi d'office de la marchandise à l'entrepôt, aux frais de la compagnie qui a effectué le transport jusqu'à Paris; que les locaux de la gare où devront s'accomplir ces opérations seront disposés à cet effet suivant les convenances de la douane et agréés par elle. D'ailleurs, d'une manière générale, les compagnies de chemins de fer ne jouissent du régime du transit international que lorsqu'elles ont fait agréer par l'administration des douanes les locaux nécessaires à ce service (Décis. min. fin. 20 janv. 1854).

379. Lorsque les marchandises qui sortent par la frontière de terre arrivent au bureau de sortie de la douane française, le service a simplement pour mission de s'assurer du bon état du plombage et d'escorter le convoi jusqu'à son passage effectif à l'étranger. Il suffit, de même, dans les ports où le chemin de fer est relié au quai, lorsqu'un même navire doit recevoir la totalité des marchandises, que le convoi soit escorté jusqu'au navire et que le transbordement soit effectué en présence des agents des douanes. Mais, la plupart du temps, les marchandises transportées dans un même convoi doivent être chargées sur des navires différents. Il faut alors qu'il soit fait, pour chaque lot de marchandises, une déclaration spéciale indiquant le nom du navire et sa destination. Le transport des marchandises et leur embarquement ont lieu ensuite, sans visite, sous la surveillance des employés des douanes.

380. Lorsque les marchandises, arrivées en transit international, sont destinées à rester à l'intérieur soit pour la consommation, soit pour toute autre destination, elles sont extraites des wagons, déposées dans les bureaux de la gare agréés par les douanes, puis déclarées en détail et vérifiées conformément aux règles ordinaires, enfin l'acquit-à-caution est déchargé. — Il n'est pas douteux que les compagnies aient qualité pour procéder à ces opérations. En effet, les changements qui ont été apportés par la création du régime du transit international aux conditions d'accomplissement des formalités de douane, n'ont pas modifié les lois précédentes quant aux opérations de douane, ni quant aux personnes auxquelles incombait le soin de leur exécution. L'arrêté du 31 déc. 1848 et le décret du 25 janv. 1853, tout en affranchissant les marchandises venant de l'étranger de la visite à leur entrée en France et en autorisant leur direction sur un bureau de douane établi à l'intérieur, où les formalités de douane peuvent être accomplies, n'ont pas privé les compagnies de la faculté qui leur appartient, comme voiturier, de remplir aux gares frontières les formalités, suivant l'état de ces gares et les nécessités du service. — Mais la même faculté n'appartient-elle pas aussi aux propriétaires des marchandises ou à leurs représentants? Elle leur a été longtemps contestée par les compagnies de chemins de fer, qui prétendaient avoir le droit exclusif de procéder aux opérations en douane, et la question, portée devant les tribunaux, avait été diversement résolue (V. Chambéry, 19 août 1869, aff. Chemin de fer de Lyon *C.* Rochat, D. P. 70. 2. 117; 10 août 1872, aff. Chemin de fer de Lyon *C.* Routin, D. P. 74. 2. 66; Paris, 19 juin 1874, aff. Chemin de fer de Lyon *C.* Girod, D. P. 77. 2. 59; Douai, 25 avr. 1876, aff. Chemin de fer du Nord *C.* Ledez et comp., D. P. 77. 2. 201; Req. 11 févr. 1878, aff. Petit *C.* Chemin de fer du Nord, D. P. 78. 1. 488). Mais elle a été définitivement tranchée contrairement à la prétention des compagnies, par l'arrêt de la cour de cassation du 11 nov. 1884 (aff. Belval, D. P. 85. 1. 241). — Cette solution paraît justifiée. Les opérations en douane ne sont pas, en effet, un accessoire du contrat du transport, en ce sens que le mandat de transporter impliquerait nécessairement le mandat de procéder au dédouanement. Le transport, d'une part, le dédouanement, d'autre part, ne forment pas un tout indivisible. Cela est si vrai que les agences en douane sont, la plupart du temps, distinctes des entreprises de transport. Du reste, les tarifs internationaux réservent formellement aux expéditeurs le droit de faire procéder au dédouanement par un tiers. D'ailleurs, ni le cahier des charges, ni les tarifs généraux n'autorisent les compagnies de chemins de fer à imposer leur intermédiaire pour les formalités de douane. Cette considération suffirait à elle seule ; car, à la différence des voituriers ordinaires, les compagnies ne peuvent subordonner leur concours, comme transporteurs, à des conditions que n'autorise pas leur législation spéciale (V. au surplus sur cette question et celles qui font l'objet des précédents numéros la dissertation de M. Sarrut insérée D. P. 85. 1. 241).

381. Dans la pratique, c'est le destinataire qui procède au dédouanement en cas d'expédition par transit international, comme exerçant les droits de l'expéditeur en vertu de l'art. 1121 c. civ. Mais le droit qui appartient au destinataire peut évidemment être délégué par lui, et ce sont fréquemment les commissionnaires en douane qui, nantis de pouvoirs qu'ils ont notifiés à la compagnie de chemins de fer, accomplissent les formalités de douane à la frontière ou font reporter à destination, en requérant le régime du transit international, la vérification de détail et l'acquittement des droits. Et les commissionnaires en douane qui, se présentant comme mandataires, exigent des compagnies de chemins de fer le bénéfice du régime du transit international, organisé par l'arrêté du 31 déc. 1848 et le décret du 25 janv. 1853, ne sont pas tenus de justifier d'une réquisition spéciale de l'expéditeur ou du destinataire ou d'une stipulation expresse dans la lettre de voiture ; il leur suffit de donner communication des pouvoirs réguliers à eux remis par les personnes figurant sur les lettres de voiture (Arrêt du 11 nov. 1884, cité *suprà*, n° 371).

382. Le régime du transit international entraînant des frais spéciaux, coût de l'acquit-à-caution et du plombage (la déclaration sommaire est gratuite, c'est-à-dire affranchie du timbre) (L. 2 juill. 1836, art. 7), et imposant aux compagnies de chemins de fer des démarches et des soins, tels que la remise de la déclaration, la levée de l'acquit, l'assistance à l'apposition des plombs, il y a lieu de se demander si les compagnies de chemins de fer ont droit à la fois au remboursement de leurs avances et à une rémunération. Il y a lieu de distinguer si le régime du transit international a été appliqué d'office, c'est-à-dire sans qu'il ait été demandé par l'expéditeur ou le destinataire. La compagnie qui a agi dans son intérêt exclusif, pour les commodités de son service, serait irrecevable à exiger non seulement une rémunération, mais même le remboursement de ses frais ; ceux-ci ne constitueraient point, en effet, une avance au profit du destinataire, qui resterait fondé à prétendre qu'il eût préféré le dédouanement à la frontière, moins coûteux que le dédouanement sous transit international. Si, au contraire, l'application du régime du transit international a été requise par l'expéditeur ou le destinataire, les dépenses qu'il entraîne sont à leur charge, car elles résultent de l'exécution du mandat qu'ils ont donné. Mais, dans ce cas même, aucune rémunération spéciale n'est due à la compagnie : celle-ci ne pourrait y avoir droit qu'en vertu d'une disposition de ses tarifs dûment homologués. Or cette disposition n'existe pas, car on ne saurait faire rentrer les formalités qu'impose à la frontière le régime du transit international dans les *opérations en douane*, pour lesquelles des tarifs spéciaux allouent une rétribution aux compagnies de chemins de fer. Ces solutions résultent de l'arrêt de la cour de Douai du 26 août 1882 (aff. Belval, D. P. 85. 1. 241), aux termes duquel les difficultés de service que peut occasionner le dédouanement accompli dans les conditions spéciales de l'arrêté de 1848 et du décret de 1853 ne sont que les conséquences naturelles des obligations qui incombent à la compagnie de chemins de fer en vertu de son monopole de transport et ne lui donnent, dès lors, pas droit à une rémunération spéciale ; mais les frais occasionnés, tels que le plombage, le coût de l'acquit-à-caution, etc., doivent être remboursés (V. la dissertation déjà citée de M. Sarrut, *ibid.*).

ART. 3. — *Du transit des marchandises prohibées* (*Rép.* n°s 561 à 570).

383. Comme on l'a vu *suprà*, n° 359, il n'y a aucune différence entre le prohibé, et le non prohibé, lorsque le transport est effectué sous le régime du transit international. — Sous le régime du transit ordinaire, le transit des marchandises prohibées, qui ne peut être effectué que par les bureaux spécialement désignés (V. *suprà*, n° 359) est resté soumis aux règles en vigueur lors de la publication du *Répertoire* (Delandre, 3e éd., n° 532). On se réfère donc aux explications contenues au *Rép.* n°s 561 à 570.

SECT. 4. — DE LA RÉEXPORTATION (*Rép.* n°s 571 à 583).

384. On a vu au *Rép.* n° 571 que, dans le langage usuel, on se sert du mot *réexportation* à l'égard des marchandises qui sortent de l'entrepôt pour aller à l'étranger soit par la voie de mer ; soit par la voie de terre. Il faut appliquer encore cette expression aux marchandises qui pénètrent en France sous le régime de l'admission temporaire et qui sont *réexportées* après transformation ou après avoir reçu un complément de main-d'œuvre.

385. Les réexportations sont précédées de déclarations et de vérifications (*Rép.* n° 572) sous la garantie des engagements primitivement souscrits, lorsque les objets importés ont fait l'objet d'acquits-à-caution de transit ou d'admission temporaire, ou lorsqu'il s'agit de marchandises, placées soit dans les entrepôts maritimes, soit dans les entrepôts des frontières de terre et qui doivent être directement réexportées soit par mer, soit dans un pays limitrophe, sous la garantie d'engagements spéciaux pris conformément aux art. 61 de la loi du 21 avr. 1818 et 21 de la loi du 9 févr. 1832 (*Rép.* n°s 574 et 577). Il y a encore lieu à des engagements spéciaux, lorsqu'il s'agit de renvoyer directement à l'étranger, à un titre quelconque, des marchandises débarquées dans les ports ou arrivées dans les bureaux de la frontière de terre (Tarif, observ. prélim., n° 232 ; *Rép.* n° 582).

386. On a vu au *Répertoire* qu'il existait des restrictions de tonnage pour la réexportation de certaines marchandises. Actuellement, on ne peut réexporter que par des navires d'un tonnage déterminé : 1° les marchandises prohibées ; 2° les marchandises dont la prohibition a été levée en vertu de la loi de finances du 24 mai 1834 ou postérieurement ; 3° les marchandises dénommées dans l'art. 22 de la loi du 28 avr. 1816 ; 4° les marchandises dont le droit d'entrée excède 10 pour 100 de la valeur. Ces restrictions sont appliquées dans certains ports seulement (V. Tarif, observ. prélim., tabl. n° 51).

387. On applique toujours les exceptions de plombage que nous avons signalées au *Rép.* n° 580. Les marchandises tarifées au poids à plus de 20 fr. par 100 kilog., ou pour lesquelles le droit d'entrée répond à plus de 10 pour 100 de la valeur, sont seules assujetties au plombage, et on continue à n'exiger cette formalité qu'à Marseille et dans les ports en rivière ; il est même admis aujourd'hui que la formalité du plombage ne doit être imposée que lorsque la mise en mer n'est pas directement constatée par le service. Sur les frontières de terre, la formalité du plombage peut être suppléée par une escorte, lorsqu'il s'agit d'un transport à très courte distance. Dans tout autre cas, on emploie les formalités du transit (Tarif, observ. prélim., n° 234).

SECT. 5. — EMPLOI DU TERRITOIRE ÉTRANGER (*Rép.* n°s 584 à 589).

388. L'emploi du territoire étranger reste toujours soumis aux dispositions du tit. 3, art. 1er, de la loi des 6-22 août 1791 et de l'arrêté du 5 prair. an 5. — On se référera donc aux explications du *Répertoire*. — Nous signalerons, toutefois, certains tempéraments qui ont été apportés aux règles générales par le traité du 1er mai 1861 (D. P. 61. 4. 63). Aux termes de l'art. 31 de ce traité, les marchandises transportées de Maubeuge à Givet et *vice versa* par la route directe passant à Philippeville, sont exemptes de visite, à moins de soupçon d'abus, si elles sont transportées dans des voiture fermées ayant un panneau susceptible d'être cadenassé. En outre, une déclaration doit être faite au bureau d'entrée belge d'après l'expédition française. Enfin le voiturier ou l'entrepreneur de transports doit fournir caution pour les droits et pénalités exigibles en cas de fraude.

SECT. 6. — RETOUR DES MARCHANDISES FRANÇAISES INVENDUES A L'ÉTRANGER (*Rép.* n°s 590 à 592).

389. Des explications qui ont été fournies au *Rép.* n° 590, il résulte que les produits de fabrique française qui sont restés invendus à l'étranger ou dans les colonies et établissements français hors d'Europe peuvent être réadmis en franchise, lorsque la sortie antérieure en est dûment justifiée et que leur origine nationale est constatée. Cette mesure, tout exceptionnelle, est toujours appliquée sous les conditions de justification de l'origine et de la sortie antérieure des marchandises, qui ont été exposées au *Rép.* n° 590. — Mais le bénéfice de la réadmission en franchise ne doit, en raison même de son caractère exceptionnel, être accordé que dans les conditions rigoureuses où il est autorisé. On ne saurait, notamment, modifier en quoi que ce soit les formalités relatives à la constatation du passage antérieur à l'étranger des marchandises dont la réadmission est demandée et admettre, par exemple, comme équivalant à la signature de l'officier public ou du magistrat (président du tribunal de commerce, maire ou commissaire de police), qui doit attester la conformité de l'extrait du registre du négociant exportateur, la simple légalisation d'une signature.

390. Les fabricants et négociants pour le compte et au nom desquels les produits ont été exportés peuvent seuls profiter de la réadmission en franchise de leurs produits; encore est-il nécessaire qu'ils se munissent d'une autorisation spéciale qui est accordée par les directeurs, lorsque les conditions réglementaires sont réunies. Si ces conditions n'étaient pas réunies, le droit d'autoriser la réadmission n'appartiendrait qu'à l'administration supérieure. C'est ce qui a lieu notamment pour les métaux ouvrés exportés à la décharge des comptes d'admission temporaire, qui ne peuvent être réadmis qu'en supportant les droits qui grèvent le métal non ouvré (Tarif, observ. prélim., n° 307). — L'administration supérieure peut encore seule prononcer sur les demandes de réadmission qui se produisent plus de deux ans après l'exportation; ce n'est, en effet, que lorsque les demandes sont présentées avant l'expiration de ce délai que les réadmissions peuvent être accordées par les directeurs ou, sur leur délégation, par les inspecteurs sédentaires (Circ. 16 mai 1859, n° 589).

391. Il est recommandé aux agents du service des douanes d'apporter une attention spéciale à la reconnaissance de la nationalité des marchandises réimportées. Ils doivent provoquer l'expertise légale toutes les fois qu'ils se trouvent en présence d'un doute, car la constatation de l'origine française des produits est une condition *sine qua non* de leur réadmission : cette règle ne comporte d'exception que pour les châles, cachemires et les dentelles qui peuvent, après avoir été nationalisés par le payement des droits, être exportés et réimportés ensuite en franchise. Sauf cette exception, le bénéfice de la réadmission est réservé aux produits fabriqués français, portant des marques de fabrique française ou dont l'origine française peut être reconnue par des signes extérieurs ou constatée par des hommes compétents; dans ce cas, les commissaires-experts doivent être appelés à se prononcer. On exclut donc, en principe, de ce bénéfice les produits étrangers et ceux qui portent des marques de fabrique étrangères (V. Tarif, observ. prélim., n°s 303 et 308).

392. Parmi les marchandises dont l'origine peut être constatée au moyen des marques de fabrique ou de signes extérieurs propres à l'origine française, on comprend tous les tissus proprement dits, la bonneterie, la porcelaine décorée, les tapis, l'horlogerie, les papiers peints, les objets de mode ou d'industrie parisienne.

Quant aux objets dont l'origine est susceptible d'être constatée par les hommes compétents à défaut de marques de fabrique, ce sont les objets de passementerie, de porcelaine blanche, les ouvrages en caoutchouc, les fils et cordonnets, les caractères d'imprimerie, les peaux préparées, la ganterie, la tabletterie, la bimbeloterie, les bouchons de liège.

393. La réadmission des vins des crus de la Gironde peut être autorisée, lorsque l'origine en a été constatée par un jury spécial, institué à cet effet à Bordeaux. Il en est de même des vins de tout cru indigène, et même des vins d'imitation dont l'origine nationale n'est pas douteuse : 1° lorsqu'ils sont rapportés de nos colonies des Antilles ou de la Réunion et que l'origine française en est constatée par les expéditions coloniales; 2° lorsque, de retour de l'étranger, ils sont accompagnés de certificats des douanes étrangères, visés par les consuls français, constatant que pendant leur séjour à l'étranger, ces vins sont restés sous la surveillance de ces douanes et qu'ils n'ont été l'objet d'aucune manipulation (Tarif, observ. prélim., n° 305).

394. Les produits qui sont grevés d'un droit de fabrication intérieure, c'est-à-dire le papier et les ouvrages en papier, ne peuvent être réimportés qu'à la condition de payer ce droit. De même, tous les produits qui sont passibles de taxes intérieures, et dont l'exportation a pu avoir lieu avec décharge de ces taxes, doivent être placés sous la main de la Régie. Ceux qui jouissent d'un drawback, c'est-à-dire, dans l'état actuel de la législation, les beurres et viandes salées rapportés par les navires pêcheurs, doivent rembourser le drawback.

395. Les métaux ouvrés qui ont été exportés à la décharge d'un compte d'admission temporaire, doivent, ainsi qu'il a été exposé *suprà*, n°s 352 et suiv., payer le droit applicable aux matières qui avaient fait l'objet de l'admission temporaire. La même règle s'applique à toute réimportation d'ouvrages en métaux, à moins qu'il ne soit établi que l'envoi à l'étranger avait eu lieu sous le régime de l'exportation simple. — Toutefois on admet la réimportation en franchise des vieux fers et des débris de machines rapportés en droiture des colonies des Antilles, de la Guyane et de la Réunion, lorsque les douanes coloniales en ont constaté l'embarquement.

396. Depuis la loi du 14 août 1885 (D. P. 85. 4. 77) la réimportation des armes de guerre peut avoir lieu sans autorisation du ministre de la guerre, mais elle doit être autorisée par l'administration supérieure des douanes.

397. La réadmission des marchandises qui sont exportées de Bayonne pour la foire de Pampelune a toujours lieu en franchise (*Rép.* n° 591); il en est de même des marchandises de retour des foires de Suisse. Ces marchandises sont d'ailleurs exportées en quelque sorte avec réserve de retour, et il est admis que les tissus, les linons, batistes et dentelles de fabrique française, pour lesquels il est fait à la sortie des réserves de retour, peuvent être réadmis d'office par le service local sans autorisation du directeur, lorsqu'il n'y a aucun doute sur leur origine. La seule condition exigée est que des réserves aient été faites, telles que la douane ait pu prendre les précautions nécessaires à l'identification des marchandises au retour, et propres à éviter toute fraude (V. Tarif, observ. prélim., art. 315 et suiv.). Mais cette facilité ne peut être accordée aux marchandises et produits qui seraient expédiés à l'étranger pour y recevoir un complément de main-d'œuvre.

398. On continue à réadmettre en franchise les caisses, fûts et autres récipients qui ont servi à l'exportation de produits, lorsqu'au moment de l'exportation il a été fait réserve de retour pour ces objets (V. Tarif, observ. prélim., n° 319; Circ. 23 avr. 1889, n° 1977). On peut enfin réadmettre en franchise, quelle qu'en soit la nature, qu'elles portent ou non des marques de fabrique, les marchandises françaises qui ont été expédiées à l'étranger par erreur. Cette erreur doit être établie d'une manière certaine, et il faut que la douane étrangère ait délivré un certificat authentique attestant que les marchandises sont restées sous sa main depuis leur entrée sur le territoire étranger jusqu'à leur réexpédition en France (Tarif, observ. prélim., n° 311).

399. Les réadmissions, lorsqu'elles ont pour objet les tissus de laine, ne peuvent être effectuées que par les bureaux ouverts aux tissus étrangers de même espèce. Il n'existe pas de restrictions pour les autres marchandises de retour qui ont été exportées sans réserves spéciales. Mais, en fait, les réadmissions n'ont lieu que par les bureaux ouverts au transit et par les douanes de l'intérieur, Paris et Lyon principalement (Tarif, observ. prélim., n° 314). Il est, d'ailleurs, prescrit aux directeurs de ne pas admettre les demandes de réimportation qui devraient être effectuées par des bureaux où la vérification de l'origine des marchandises ne paraîtrait pas pouvoir être faite avec certitude suffisante (Tarif, *ibid.*).

SECT. 7. — DES PRIMES D'EXPORTATION ET DRAWBACK (*Rép.* nos 593 à 633).

400. Le régime des primes, tel qu'il a été exposé au *Répertoire* dans les deux articles de la sect. 7, n'existe plus que pour la morue de pêche française (V. Décr. 24 sept. 1860, supprimant les primes à l'exportation des acides nitrique et sulfurique, D. P. 60. 4. 152 ; 5 janv. 1861, supprimant les primes à l'exportation du soufre, des cuirs, du plomb, du cuivre et du laiton, D. P. 61. 4. 18 ; 24 juin 1861, supprimant les primes à l'exportation des savons, D. P. 61. 4. 110). La morue est aujourd'hui le seul produit auquel il soit alloué une prime d'exportation. Cette prime est liquidée par le ministère du commerce ; elle fait partie des encouragements donnés pour la grande pêche (L. 22 juill. 1851, D. P. 51. 4. 165, complétée par L. 28 juill. 1860, D. P. 60. 4. 112, et L. 3 août 1870, D. P. 70. 4. 64). Elle n'est accordée qu'aux armements français et au transport par navires français des produits de la pêche française (V. pour le taux des primes à cet égard, Tarif observ. prélim. n° 479. Comp. L. 22 juill. 1851, art. 1er et 3 ; 28 juill. 1860 ; 3 août 1870 ; 15 déc. 1880, D. P. 81. 4. 59).

401. Les morues sèches doivent être exportées directement des lieux de pêche ou des entrepôts et ports de France, soit pour les colonies et établissements français de l'Amérique, de l'Inde et de la côte occidentale d'Afrique, soit pour tous autres pays transatlantiques, pourvu qu'il existe un consul de France au port d'importation, soit pour les pays riverains de la Méditerranée. Elles n'ont droit à la prime qu'autant qu'il a été reconnu contradictoirement par deux employés des douanes et par un courtier et un négociant ou armateur pour la pêche, désignés par le président du tribunal de commerce (Décr. 14 janv. 1865, art. 1er), qu'elles sont de bonne qualité et bien conditionnées. De même, la prime n'est acquise qu'aux morues parvenues, introduites et reconnues propres à la consommation dans les lieux de destination. Les morues importées sont donc soumises, dans ces pays, à des constatations déterminées par les art. 12, 13 et 14 du décret du 29 déc. 1851 (D. P. 52. 4. 27), et 1er à 3 du décret du 14 janv. 1865 (D. P. 65. 4. 12). — Enfin les exportations ne peuvent avoir lieu que par navires français jusqu'à destination. Les déclarations d'exportation, qui doivent être remises à la douane, indiquent, en conséquence, le nom du navire, du capitaine et de l'expéditeur, la destination, la quantité de morue à embarquer, la saison de pêche et le lieu où elle a été pêchée. La douane, après avoir constaté le poids brut et le poids net réel de la morue, délivre une expédition de la déclaration qui doit accompagner le chargement (Comp. L. 15 déc. 1880 et Décr. 17 sept. 1881, prolongeant jusqu'au 30 juin 1891 la loi du 22 juill. 1851 et les décrets des 20 août et 29 déc. 1851 relatifs aux encouragements accordés aux grandes pêches maritimes, D. P. 81. 4. 59 et 82. 4. 104). La liquidation des primes est faite par le ministre du commerce, sur la remise, par les ayants droit, de certaines pièces mentionnées au décret du 29 déc. 1851 (art. 18) (Comp. Décr. 20 août 1851, D. P. 51. 4. 173).

402. Les anciens drawbacks pour restitution des droits de douane perçus à l'entrée ont tous été supprimés. Il n'y a plus aujourd'hui d'autres restitutions de droits que celle de la taxe de consommation perçue sur le sel employé à la fabrication des beurres et viandes salés qui sont envoyés à l'étranger : le drawback établi par les lois du 7 juin 1820 et 17 mai 1826 a été étudié au *Rép.* v° *Sel*, n° 46. Nous donnerons *infrà*, eod. v°, les nouvelles explications que la question comporte (V. Tarif, observ. prélim., nos 449 et suiv.).

403. Les produits qui sont grevés de taxes intérieures de consommation ont droit, quand ils sont exportés, à la décharge de ces taxes. Il en est ainsi des sucres sortant des fabriques exercées ou des entrepôts de la Régie (V. *infrà*, v° *Sucre*) et d'un certain nombre de produits, savoir : l'acide stéarique, les boissons et autres produits obtenus avec l'emploi de l'alcool, allumettes chimiques, bougies et chandelles-bougies, cartes à jouer, cire sortant des fabriques exercées, les huiles végétales et graisses liquides, orfèvrerie et bijouterie, papier et ses applications, poudres à feu, sucre, tabac en feuilles et tabac fabriqué, vinaigre et préparations au vinaigre. — Les décharges de taxe pour ces divers produits sont l'œuvre de la régie des contributions indirectes. Le rôle de la douane se borne aux constatations de sortie.

404. Comme la vérification des déclarations relatives aux marchandises qui sont admissibles à la décharge des taxes intérieures a, dans ses effets à l'égard du Trésor, des résultats analogues à la réexportation des marchandises étrangères, elle exige de la part des agents des douanes une égale attention tant pour la reconnaissance de l'identité des produits que pour la constatation du passage effectif à l'étranger. A l'exception des boissons exportées, dont la vérification est faite concurremment par le service des douanes et par celui des contributions indirectes, la douane procède seule à ces deux opérations. D'ailleurs, excepté les papiers sortant des magasins du commerce, ces marchandises sont toujours accompagnées d'acquits-à-caution de la Régie et, le plus souvent, les colis sont plombés. Dans ce dernier cas, le service peut habituellement se borner à contrôler l'intégrité des plombs. Toutefois, pour les marchandises passibles à l'intérieur de taxes de quotité élevée, les sucres, notamment, on procède, en outre, par épreuves à la vérification de la qualité. Quant aux marchandises présentées en colis non plombés, on applique strictement les règles suivies pour la vérification des marchandises étrangères déclarées en réexportation.

CHAP. 11. — Du commerce maritime dans ses rapports avec les douanes (*Rép.* nos 634 à 676).

SECT. 1re. — RÈGLES RELATIVES AUX EMBARQUEMENTS, TONNAGE, FRANCISATION, BATEAUX A VAPEUR, AVITAILLEMENT DES NAVIRES (*Rép.* nos 634 à 647).

405. La législation qui accorde aux préposés des douanes (L. 6-22 août 1791, tit. 13, art. 8) le droit de visiter tous les bâtiments qui entrent dans les ports et rades de France, et qui en sortent (*Rép.* n° 634), est toujours en vigueur. Il en est de même en ce qui concerne l'obligation de charger et de décharger les navires dans l'enceinte des ports (*Rép.* n° 635). Les quelques modifications qui ont été apportées aux règles exposées au *Répertoire* ne concernent que des détails de service. En ce qui concerne le régime sous lequel sont aujourd'hui placées les armes et munitions de guerre nécessaires aux usages des navires de commerce (*Rép.* n° 636), V. *suprà*, v° *Armes*, n° 1.

406. L'inventaire du mobilier des navires français qui, suivant ce qui a été dit au *Rép.* n° 637, doit être reconnu par la douane au départ, comprend, indépendamment des meubles proprement dits, lorsqu'ils ont quelque importance, les articles d'armement et de gréement, tels que canots, chaloupes, etc., les machines à vapeur, les ancres, les chaînes et câbles en fer, les cordages de chanvre en pièces et les voiles de rechange, les machines et mécaniques pour la manœuvre, etc. (Tarif. observ. prélim., n° 338).

407. Les explications du *Répertoire* étant suffisamment complètes pour tout ce qui a trait aux permis d'embarquement et de débarquement, au congé, au passeport (*Rép.* nos 638 et 639), nous nous y référerons complètement ainsi qu'à ce qui a été dit quant aux règles de la francisation. On trouvera *infrà*, v° *Droit maritime*, les explications complémentaires que ce point comporte ; il en sera de même en ce qui concerne les navires à vapeur.

408. Les objets d'avitaillement des navires échappent à l'application du tarif des douanes ; c'est là une exception de faveur, qui a pour but de permettre aux capitaines français ou étrangers de pourvoir à l'avitaillement de leurs navires sans être gênés par les taxes ou les prohibitions de sortie. On entend par objets d'avitaillement les vivres et provisions destinés à être consommés par l'équipage et les passagers, ou à être utilisés pour le service du bord (Delandre, 3e éd., n° 843). Ce sont, notamment, le biscuit, la farine, les boissons, le sucre, le café, les salaisons, etc., le fourrage pour les chevaux ou bestiaux embarqués, le goudron, les étoupes, le charbon de bois et, principalement pour les navires à vapeur, la houille.

409. — I. NAVIRES ARRIVANT. — Les objets d'avitaillement doivent être déclarés à l'arrivée du navire, ou tout au moins être inscrits au manifeste. Lorsqu'ils sont apportés de l'étranger, les vivres peuvent être consommés à bord pendant toute la durée du séjour, si le navire est étranger, et seulement jusqu'à la fin du déchargement, si le navire est français. Les provisions qui restent à ce moment sont soumises aux droits ou déclarées pour l'entrepôt, si le navire français est désarmé ou ressort pour cabotage. Toutefois, dans ce dernier cas, les capitaines ont la faculté de les conserver à bord, mais à la condition de les représenter au port de destination; l'arrivée en est assurée par un acquit-à-caution. Si le navire repart pour l'étranger ou pour les colonies, les restants de provisions d'origine étrangère peuvent être laissés ou réintégrés à bord moyennant l'engagement du capitaine, dans la forme prescrite pour les réexportations, de les représenter intacts au moment de la sortie définitive du navire.

410. Les restants de provisions d'origine française ne sont pas soumis à ces restrictions et peuvent être déchargés en exemption de droits, à l'exception des beurres et viandes salés qui ont été exportés avec allocation du drawback et qui doivent être soumis aux droits des salaisons étrangères, à moins qu'il ne s'agisse de provisions rapportées par les navires armés pour la grande pêche, cas où la réadmission de ces restes de provisions est autorisée moyennant la restitution du drawback (Tarif, observ. prélim., nos 339 et suiv.). L'origine française des vivres doit être constatée par le permis d'embarquement.

411. — II. NAVIRES EN PARTANCE. — Il n'y a plus aujourd'hui, dans la pratique, de différence entre les navires français et les navires étrangers en partance, puisqu'il n'existe plus de droits de sortie, et que, d'autre part, pour tous les pays avec lesquels il existe des traités de navigation, les traités assurent aux navires l'assimilation aux navires français pour l'embarquement des vivres et provisions de bord (V. Tarif, observ. prélim., nos 384 et 1413). Toutefois, en principe, les vivres et provisions embarqués sur les navires étrangers en partance, sont passibles des droits de sortie en vertu de la loi des 6-22 août 1791 (tit. 8, art. 1er), et si cette disposition est sans objet en fait, elle n'en reste pas moins en vigueur, et serait applicable, si quelque droit de sortie venait à être rétabli. Les vivres et provisions d'origine française embarqués sur des navires français, ne paient, en principe, aucun droit de sortie lorsque les quantités n'excèdent pas les besoins des passagers et de l'équipage. En fait, ils n'en paient d'aucune sorte, puisqu'il n'existe plus de droits de sortie. Ils ont droit à la restitution de la taxe de consommation du sel pour les viandes et beurres salés embarqués, lorsqu'ils sont à destination de l'étranger, de la grande pêche, ou des colonies et établissements français y compris l'Algérie (V. Tarif, observ. prélim., nos 344 et suiv.).

SECT. 2. — *Du cabotage* (*Rép.* nos 648 à 661).

412. Le cabotage, c'est-à-dire le transport des marchandises d'un port français à un autre port français, est aujourd'hui rigoureusement réservé aux navires français. Seuls les navires monégasques peuvent prendre part au cabotage en vertu de l'union douanière du 9 nov. 1865; cette faculté n'existe plus pour les navires italiens, auxquels elle avait été concédée par les traités du 13 juin 1862 et du 3 nov. 1881, pour tous les ports de la Méditerranée et l'Algérie, depuis la rupture des relations commerciales. On ne considère pas, toutefois, comme acte de cabotage le fait par un navire étranger de débarquer successivement dans plusieurs ports les marchandises qui composent la cargaison qu'il a apportée de l'étranger, non plus que celui de charger successivement dans différents ports des marchandises à destination de l'étranger. En effet, ce qui caractérise les opérations de cabotage, c'est le double fait du chargement d'une marchandise dans un premier port français et du déchargement de la même marchandise dans un second port français. On admet encore sur les points du littoral fréquentés par de nombreux voyageurs les bateaux à vapeur étrangers à prendre des voyageurs pour des promenades de quelques heures en mer, à la condition qu'ils rentrent dans le même port sans toucher à aucun autre port français ou étranger (Décis. min. 14 août 1850; 26 août 1881).

413. La navigation à vapeur, offrant au commerce des avantages essentiels et au service des garanties particulières, jouit à ce double titre de facultés spéciales, qui sont accordées sous réserve de l'assentiment des chambres de commerce; ces facilités portent principalement sur les règles relatives aux visites qui doivent précéder l'embarquement (*Rép.* n° 651). On peut, notamment, procéder aux visites avant l'embarquement, et déposer ensuite les marchandises dans des magasins dont la clef reste entre les mains de la douane. Le débarquement peut également, sous des conditions analogues, être effectué avant la remise des déclarations en détail; on peut même, pendant la nuit, tolérer sur des points bien éclairés le débarquement des marchandises et l'embarquement de celles qui ont été vérifiées pendant le jour (Delandre, 3e éd., n° 600).

414. Pour les règles à suivre au départ, on se référera aux explications du *Rép.* nos 650 et suiv., en faisant observer que la formalité du plombage (*Rép.* n° 654) n'est plus applicable aux marchandises expédiées d'un port français sous le régime du cabotage (Circ. 23 févr. 1863). Cette exemption s'étend aux mutations d'entrepôt par mer, aux transbordements et aux réexportations directes par mer, alors même qu'il s'agit des ports de rivière (Delandre, 3e éd., n° 605). — D'autre part, il n'est exigé d'acquit-à-caution que pour les marchandises prohibées, pour l'acide arsénieux en raison du régime spécial sous lequel il est placé par le décret du 5 mars 1852 (D.P. 52.4.86), et pour le sel, qu'il ait été ou non soumis à la taxe de consommation (Tarif, observ. prélim., n° 418).

415. Les règles du cabotage à l'arrivée à destination restent celles qui ont été exposées au *Rép.* nos 658 et suiv., sauf de légères modifications relatives aux détails du service.

SECT. 3. — DE LA RELACHE VOLONTAIRE OU FORCÉE (*Rép.* nos 662 à 666).

416. Les règles applicables en cas de relâche volontaire ou forcée sont restées telles qu'elles ont été exposées au *Répertoire*.

SECT. 4. — ECHOUEMENTS ET NAUFRAGES. — POLICE DES SAUVETAGES (*Rép.* nos 667 à 676).

417. Les agents des douanes ont l'obligation de signaler immédiatement aux officiers de marine les échouements et naufrages qui se produisent sur le littoral dont ils ont la surveillance incessante; et ils sont tenus, ainsi qu'il a été exposé au *Rép.* n° 667, de se transporter sur le lieu du sinistre. Les explications qui ont été données au *Rép.* nos 667 et suiv., en ce qui concerne les devoirs des préposés, la police du lieu d'échouement, la mise en dépôt dans les magasins de la douane des marchandises trouvées, expertise destinée à faire connaître l'origine des marchandises naufragées (*Rép.* n° 670), suffisent amplement. — Les marchandises qui sont reconnues d'origine française sont, ainsi qu'il a été dit au *Rép.* n° 671, seules admises en exemption des droits. Les marchandises d'origine étrangère ne peuvent être livrées à la consommation qu'aux conditions du tarif général (Tarif, observ. prélim., n° 382). Il en est de même des épaves (*Rép.* n° 675), lorsqu'elles portent des marques d'origine. Elles peuvent être admises au bénéfice du tarif conventionnel, lorsqu'il s'agit de marchandises dont la production est notoirement propre aux pays contractants. Elles sont toujours, en cas de vente, affranchies des surtaxes d'entrepôt (Circ. 9 juill. 1873).

418. Lorsque l'origine des marchandises recueillies est inconnue, elles sont affranchies comme les marchandises saisies (*Rép.* n° 669), en cas de vente, des surtaxes d'entrepôt ou d'origine, et, si elles sont de la nature de celles qui ont été comprises dans les traités de commerce, elles sont admises aux droits des tarifs conventionnels. En pareil cas, la douane peut, à la demande de l'administration de la marine, procéder à la vente, comme s'il s'agissait de marchandises abandonnées. Lorsque cette vente ne peut pas être faite sous la condition de payement des taxes ou de réexportation, les épaves peuvent être adjugées libres de droits pour la consommation, en tant qu'elles ne sont pas frappées de prohibition. Le produit de la vente est appliqué jusqu'à due concurrence aux droits et aux frais; l'excédent, s'il y en a, est versé à la caisse de la marine (Tarif, observ. prélim., n° 382).

419. La loi du 16 mai 1863 (art. 21, D. P. 63. 4. 63) ayant abrogé toutes les dispositions de faveur relatives aux marchandises avariées (*Rép.* n° 674), les droits sont perçus intégralement sur les quantités présentées à la douane et sans égard à la qualité, à la valeur relative ou à l'état des marchandises.

420. On a vu au *Rép.* n° 667 que des conventions de réciprocité avec diverses puissances ont admis leurs consuls à suivre les opérations relatives au sauvetage des navires de leur nation qui naufragent ou échouent sur nos côtes. Ces Etats sont aujourd'hui les suivants : Allemagne, Angleterre, Autriche, Belgique, Brésil, Chili, Costa-Rica, Danemark, République Dominicaine, Equateur, Espagne, Etats-Unis, Grèce, Nouvelle-Grenade, Guatemala, Honduras, Italie, Nicaragua, Pays-Bas, Pérou, Portugal, Russie, Salvador Iles Sandwich, Suède et Norwège, Uruguay, Venezuela (Tarif, observ. prélim., n° 383).

421. Il existe enfin un régime de faveur, au point de vue du tarif des droits, pour les ancres, chaînes et câbles dragués dans les ports et rades par les marins français. Ce régime n'est pas applicable aux objets recueillis sur les côtes; mais il a été étendu par décision ministérielle, aux débris provenant de navires naufragés sur les côtes de France, qui sont retirés du fond de la mer par des entreprises françaises de sauvetage et pour lesquelles l'Administration se réserve le droit de statuer. Le bénéfice de ce régime est subordonné à la condition qu'il s'agisse d'épaves constituant un obstacle pour la navigation et reconnues impropres à tout autre usage que la refonte. Il a été récemment étendu (Décis. min. 9 août 1887; Circ. 5 sept. 1887, n° 1869) aux ouvrages en métaux provenant du sauvetage des navires étrangers naufragés sur les côtes de France, mais à la double condition que les débris soient exclusivement propres à la refonte et que l'autorité maritime certifie, au point de vue de la sécurité de la navigation, l'utilité du sauvetage ou du dépècement des navires.

CHAP. 12. — Du régime des douanes dans les îles voisines de la France et en dépendant. — Régimes spéciaux de l'Algérie, du pays de Gex et de la Savoie neutralisée, de la principauté de Monaco, du Sénégal et de l'Indo-Chine (*Rép.* n°s 677 à 701).

SECT. 1re. — ILES SOUMISES AU RÉGIME DES DOUANES (*Rép.* n°s 677 à 693).

ART. 1er. — *Ile de Corse* (*Rép.* n°s 678 à 691).

422. L'île de Corse est encore, en ce qui concerne le régime des douanes, soumise à un régime spécial, dont la base reste dans les lois des 21 avr. 1818, 17 mai 1826, 26 juin 1835, et 6 mai 1841, mais qui a reçu depuis la publication du *Répertoire* des modifications assez importantes.

423. On a vu au *Rép.* n° 681 que les marchandises marquées d'un astérisque au tarif de la Corse étaient soumises à certaines restrictions d'entrée, et ne pouvaient être importées que par certains ports. Cette restriction s'applique toujours aux mêmes marchandises et à celles qui, sur le continent, ne peuvent être importées que par les bureaux ouverts aux produits désignés par l'art. 22 de la loi du 28 avr. 1816 ou par l'art. 8 de la loi du 27 mars 1817. Enfin l'art. 12 de la loi du 7 juin 1820 est toujours applicable aux marchandises désignées par l'art. 22 de la loi du 28 avr. 1816 (*Rép.* n° 681). Mais l'admission de ces marchandises a été autorisée, outre les ports qui ont été énumérés au *Rép.* n° 681, pour ceux de Canari (Décr. 12 févr. 1862, D. P. 62. 4. 21), Centuri (Décr. 26 sept. 1851, D. P. 51. 4. 181), Cervione (Décr. 12 août 1863, D. P. 63. 4. 134), Porticciolo (Décr. 28 mars 1863, Bull. suppl., n° 11070), Sagone (Décr. 18 sept. 1860, D. P. 60. 4. 150), Saint-Florent (Décr. 5 mars 1851, Bull., n° 2784).

424. Le tableau des droits du tarif, éd., 1885, p. 86 à 89 *bis*, présente, sous la désignation de « tarif de la Corse », les taxes applicables aux produits étrangers importés en Corse soit des pays étrangers soit, par la voie des entrepôts, de la France continentale. Le tableau des droits est divisé en deux parties correspondantes, le tarif général et le tarif conventionnel; les traités de commerce sont, en effet, applicables à la Corse comme au continent, avec cette seule différence que les marchandises pour lesquelles l'application du régime conventionnel est subordonnée à la condition du transport en droiture, peuvent, après avoir été importées primitivement en France en droiture, être ensuite importées directement en Corse (Tarif, observ. prélim., n° 248).

425. Le tarif des importations en Corse est le même que le tarif applicable sur le continent, sauf pour les bestiaux, les fromages autres que les fromages blancs de pâte molle, les poissons autres que les poissons marinés et le stockfish, le riz, les semoules en gruau, le tabac en feuilles et fabriqué, les tissus de fleuret, les viandes de porc salé. Dans certains cas, le tarif continental étant plus favorable que le tarif spécial est appliqué de préférence à ce dernier, mais sans qu'il y ait lieu aux modérations autorisées par les art. 6 et 7 de la loi du 21 avr. 1818, c'est-à-dire à la réduction de moitié pour toute portion du tarif continental qui, décime compris, excède 6 fr. (Tarif, observ. prélim., n° 244-4°).

En définitive, le tarif de la Corse est le même que le tarif continental, sauf des exceptions de deux sortes : 1° un tarif spécial pour les produits qui viennent d'être énumérés; 2° une réduction de moitié des droits du continent pour le sucre, les autres denrées coloniales de consommation et les tissus de lin et de chanvre, réduction qui porte tantôt sur la totalité du droit, tantôt sur la portion excédant 6 fr. par cent kilog. (5 fr. plus les décimes). Dans ce dernier cas, on ramène le droit à percevoir en Corse à un nombre décimal, soit en abandonnant les centimes qui n'excèdent pas 5, soit en forçant les autres (L. 21 avr. 1818, art. 8) (Tarif, observ. prélim., n° 246).

426. Quant au régime des exportations, il est en Corse le même que sur le continent (L. 16 mai 1863, art. 4, D. P. 63. 4. 63).

427. Les produits de la Corse expédiés en France ne sont pas tous admis en franchise; ce bénéfice n'appartient que : 1° aux produits naturels de la Corse désignés dans la nomenclature insérée aux observations préliminaires du tarif (éd. 1885, n° 240); 2° aux produits de l'industrie ou des fabriques de la Corse qui ont été désignés par la loi du 6 mai 1841 (art. 7), celle du 26 juill. 1856 (art. 15, D. P. 56. 4. 128), du 18 avr. 1857 (art. 5, D. P. 57. 4. 63), du 18 juin 1859 (art. 5, D. P. 59. 4. 55), du 16 mai 1863 (art. 4, D. P. 63. 4. 63), du 1er mai 1867 (art. 4, D. P. 67. 4. 57), du 19 mars 1875 (art. 1er, D. P. 75. 4. 95), ou par des décrets rendus en vertu de l'art. 2 de la loi du 26 juin 1835 (Décr. 14 sept. 1875, D. P. 76. 4. 74) (Tarif, observ. prélim., n° 240-2°). — Toutes les marchandises et tous les produits qui ne sont pas compris dans cette nomenclature sont, à leur entrée en France, assujettis au tarif comme s'ils étaient importés de l'étranger. — Toutefois, les produits français invendus en Corse peuvent être, avec autorisation des receveurs principaux, réadmis en franchise dans les ports ouverts au commerce de la Corse, à l'exception des vins français vinés avant leur départ pour la Corse ou postérieurement. Ces ports sont outre ceux qui ont été énumérés au *Rép.* n° 683, ceux de Monaco (Décr. 20 déc. 1865, D. P. 66. 4. 10), Nice (Décr. 18 juin 1860, art. 2, D. P. 60. 4. 69), Saint-Tropez (Décr. 26 sept. 1859, D. P. 59. 4. 80), Saint-Raphaël (Décr. 11 déc. 1864, D. P. 64. 4. 128), La Seyne (Décr. 11 sept. 1857, D. P. 57. 4. 185), Port-de-Bouc (L. 26 juill. 1856, D. P. 56. 4. 128; 18 avr. 1857, D. P. 57. 4. 63), Arles (Mêmes lois), Port-Vendres (Décr. 25 oct. 1880, Bull., n° 10143), Saint-Valery-sur-Somme (Décr. 26 sept. 1859, D. P. 59. 4. 80).

428. Les expéditions de Corse en France ont toujours lieu sous les conditions du cabotage (*Rép.* n° 682). A l'arrivée dans les ports du continent, le passavant ou l'acquit-à-caution de la douane corse sert de titre d'origine. C'est également aux conditions du cabotage que se font les expéditions de France en Corse. Dans ce régime, les marchandises françaises ou nationalisées sont toujours exemptes de droits en Corse (*Rép. ibid.*). Quant aux marchandises étrangères, réexpédiées soit des entrepôts de la France continentale, soit après transit par la France ou transbordement dans les ports métropolitains, elles sont traitées en Corse comme si elles arrivaient du pays d'où elles ont été importées en France. En d'autres termes, le territoire de la Corse est, à certains points de vue, traité comme le territoire continental de la France. C'est ainsi encore que les produits expédiés de France en Corse ne peuvent servir à la décharge des comptes d'admission temporaire. Toutefois, quand il s'agit de sucres raffinés, de vergeoises ou de sucres en grains, fabriqués sous le régime de l'admission temporaire, le commerce peut, en vertu de l'art. 5 de la loi du 7 mai 1864 (D. P. 64. 4. 63) pour les sucres raffinés, et d'une disposition spéciale pour les vergeoises, les constituer en entrepôt à la décharge des comptes d'admission temporaire et les diriger ensuite sur la Corse, où ils sont admis moyennant le payement du droit applicable, dans l'île, au sucre brut qu'ils représentent. De même, pour le chocolat fabriqué sous le régime de l'admission temporaire, on peut, après sa constitution en entrepôt, l'expédier sur la Corse où il acquitte le droit applicable, d'après le tarif local, au chocolat étranger (Décis. min. 3 déc. 1883, Tarif, observ. prélim., nº 243).

429. Il n'existe pas d'entrepôt en Corse, et le régime du transit n'y est pas appliqué.

ART. 2. — *Iles d'Oléron et de Ré; Ile d'Aix; Iles de Groix, de Belle-Ile, de Noirmoutiers; Iles d'Yeu et Porquerolles* (*Rép.* nºs 692 et 693).

430. Les îles d'Oléron et de Ré, l'île d'Aix, les îles de Groix, Belle-Ile, Noirmoutiers et l'île d'Yeu dans l'Océan, et l'île de Porquerolles dans la Méditerranée, sont, tant en vertu des lois du 19 niv. an 3 et du 8 flor. an 11 que de décisions ministérielles, soumises au régime général des douanes, sous les conditions exposées au *Répertoire*.

SECT. 2.— ILES NON SOUMISES AU RÉGIME GÉNÉRAL DES DOUANES (*Rép.* nºs 694 et 695).

431. Les règles exposées au *Répertoire* sont toujours applicables aux îles du littoral qui ne sont pas soumises au régime général des douanes. On range, notamment, au nombre de ces îles, les îles Hœdic, Chausey, aux Moines, Ouessant, Molène, de Seins, de Glenan, dans l'Océan; Port-Cros et l'île du Levant dans la Méditerranée.

SECT. 3.— PAYS DE GEX ET SAVOIE NEUTRALISÉE.

432. Les traités de 1815 avaient placé le pays de Gex sous un régime spécial, en reportant la ligne des douanes entre le canton de Genève et le département de l'Ain, à l'ouest du Jura. Tout le pays qui se trouve au delà de cette ligne reçoit les produits étrangers en franchise de droits. Le régime douanier du pays de Gex avait été déterminé par un arrêté du 13 oct. 1828. Par un arrêté du 25 juill. 1860, le même régime a été appliqué à la partie de la Savoie neutralisée et située au delà de la ligne des douanes, telle qu'elle a été établie par le décret du 12 juin 1860 (D. P. 60. 4. 69). Un nouvel arrêté du 31 mai 1863 (V. le texte, *suprà*, p. 546), a remplacé ceux de 1828 et de 1860. Il déclare (art. 1er) les « territoires de la Haute-Savoie et du pays de Gex soumis à un même régine commercial ». A cet arrêté a été joint un règlement du même jour, en 21 articles, qui forme un résumé complet du régime applicable aujourd'hui aux deux territoires neutralisés (Circ. 25 juin 1863, nº 910). Cet arrêté a été modifié par une décision ministérielle du 7 juin 1865, qui a rapporté les dispositions des art. 7, 9 et 10 relatives aux chevaux, mulets et bêtes à cornes, aux pruneaux et à l'eau-de-vie de cerises, et par une autre décision du 27 juill. 1866, qui a supprimé la formalité de la marque des fromages prescrite par l'art. 8.

433. Parmi les produits de l'intérieur qui peuvent être introduits dans la zone franche, les boissons doivent être présentées à l'un des bureaux de la douane établis sur la limite de ces zones, pour que l'acquit-à-caution de la Régie reçoive un visa de sortie, à défaut duquel le visa de l'acquit-à-caution serait refusé par l'administration des contributions indirectes (Décr. 21 déc. 1874, D. P. 75. 4. 75). Il en est de même pour le papier, chicorée et les produits similaires, savons, bougies et produits similaires, huiles et essences de schiste, vinaigres et acides acétiques enlevés de l'intérieur du territoire français (Décr. 11 mai 1876, D. P. 76. 4. 113).

434. L'admission en franchise des produits des zones est subordonnée à l'existence de crédits d'importation. Aux termes de l'art. 1er du règlement du 31 mai 1863, le ministre des finances détermine chaque année, sur la proposition du directeur général des douanes et des contributions indirectes et des préfets de l'Ain et de la Haute-Savoie, les quantités de produits naturels ou manufacturés du pays de Gex et de la Savoie neutralisée qui peuvent être admises en exemption des droits de douanes dans la consommation intérieure. Les crédits à accorder sont limités aux seules fabriques et exploitations rurales appartenant à des nationaux (art. 2). Les propriétaires des établissements industriels ou ruraux qui veulent introduire les produits en franchise sont soumis à la surveillance d'un service de douanes spécial établi dans les zones. Ce service est confié à des vérificateurs résidant à Gex, Farges, Thonon, Bellevaux, Evian, Abondance, Clarafond, Cruseilles, la Roche, Annemasse, Taninges, Cluses et Sallanches, sous la surveillance de cinq sous-inspecteurs placés à Gex, Evian, Saint-Julien, Annemasse et Cluses, et de quatre inspecteurs établis à Saint-Claude, Châtillon, Thonon et Bonneville (art. 4). — Les propriétaires sont tenus de remettre chaque année au vérificateur de leur circonscription une déclaration indiquant le nombre de leurs ouvriers, la quantité de matières premières nécessaires, le lieu de leur extraction habituelle, les produits présumés et leur destination. Ces déclarations, inscrites sur un registre ouvert à cet effet et signées du propriétaire ou d'un gérant dûment autorisé, sont administrativement contrôlées par voie de recensements, s'il y a lieu, et d'examen des registres du fabricant. — Il est ouvert à chaque intéressé un compte spécial sur lequel sont inscrits le chiffre du crédit annuel, les quantités de matières premières tirées de l'intérieur de la France, les résultats de la fabrication et les expéditions faites dans l'intérieur. — Les fabricants tiennent de leur côté et communiquent au service des douanes, à toute réquisition, un compte présentant, jour par jour et par espèces de produits fabriqués, les mêmes indications. Ils doivent de plus en transmettre, tous les dix jours, au vérificateur des extraits signés par eux et visés par le maire de la commune. — Toutefois, quand il s'agit de produits faiblement taxés à l'entrée ou d'industries de peu d'importance exercées par des ouvriers travaillant isolément à domicile, l'administration des douanes peut dispenser de tout ou partie des formalités énumérées ci-dessus, notamment de la tenue du compte ouvert par le fabricant et de la production des relevés périodiques (art. 5).

435. Certains produits, tels que les fils de coton, les draps, les couvertures de laine, la bijouterie, les montres et fournitures d'horlogerie, sont soumis à des dispositions spéciales, qui prescrivent, notamment, certaines formalités à remplir pour leur expédition (Arrêté 31 mai 1863, art. 11 à 16; Tarif, observ. prélim., nº 255).

436. L'admission en franchise est encore subordonnée à la condition que les métaux et les matières employées dans les fabriques soient d'origine française ou, s'ils sont d'origine étrangère, qu'ils aient été soumis en France au payement des droits. Toutefois la douane n'a pas à exiger de justification d'origine pour le cuivre, le laiton et l'acier employés à la confection des ressorts de montre et autres fournitures d'horlogerie, non plus que pour les laines, le lin et les peaux employés dans les fabriques (Arrêté 31 mai 1863, art. 13). — Mais, les cuirs des chaussures doivent venir de France ainsi que les clous (Décis. 3 juill. 1863).

Enfin, tous les appareils industriels et les machines doivent être tirés de France (Arrêté 31 mai 1863, art. 11; Décis. 15 févr. 1874; 3 juill. 1863; Tarif, observ. prélim., nº 256).

437. Pour obtenir la libre importation de leurs produits dans l'intérieur, les titulaires d'un crédit doivent remettre une déclaration, visée par le maire, au vérificateur qui, après reconnaissance, délivrera l'expédition d'entrée par l'un des bureaux désignés à cet effet. Il en fera inscription sur son registre. Cette obligation ne s'applique pas: 1º aux fromages de pâte molle qui se fabriquent, notamment, dans certaines localités de la Haute-Savoie (Arrêté 31 mai 1863, art. 8); 2º aux chevaux, mulets et bêtes à cornes (Décis. 26 oct. 1866). Il suffit aux titulaires de crédits de présenter un certificat d'origine délivré par le maire de la commune; cette formalité, toutefois, n'est pas exigée pour les fournitures d'horlogerie dites *pignons* (Décis. 12 août 1863).

438. Les bureaux par lesquels les produits de la Haute-Savoie et du pays de Gex neutralisés peuvent être introduits en franchise sont ceux de Bellegarde, Forens, les Rousses, Mijoux, Frangy, le Pont de la Caille, le Plot, Saint-Jean-de-Sixt, la Giettaz, Flumet, Haute-Luce, Bassy, Châtel, Bonlieu, Cercier et Thorens (Arrêté 31 mai 1863, art. 21; Décis. min. 22 juill. 1864). — Cependant, d'après les mêmes textes, les bois sciés et les ardoises, les tuiles et briques, le granit et les pierres à bâtir, peuvent être introduits par tous autres bureaux de la ligne. En outre, les peaux préparées peuvent être introduites par Belfort (Décis. min. 30 juin

1868), et les produits de toute sorte par Pontarlier (Décis. min. 23 mars 1881). Les envois doivent être accompagnés d'un permis spécial délivré par le vérificateur de l'arrondissement.

SECT. 4. — PRINCIPAUTÉ DE MONACO.

439. La principauté de Monaco est, en vertu du traité d'union douanière du 9 nov. 1865 (D.P.66.4.6), placée sous le régime des douanes françaises; tous les droits de douane perçus en France sont, en conséquence, perçus dans la principauté. Les agents des douanes françaises sont chargés des perceptions, tant de celles qui sont faites pour le compte de la douane que de celles qui sont faites accessoirement aux droits de douane pour le compte du Prince, notamment sur les eaux-de-vie et alcools étrangers (Tarif. observ. prélim., n° 268). — En revanche, les règlements français sur la police et les taxes sanitaires sont appliqués au nom et par les autorités du prince (Tarif, observ. prélim., n° 266). Enfin les navires monégasques jouissent en France du même traitement que les navires français (V. *suprà*, n°s 405 et suiv.).

SECT. 5. — RÉGIME SPÉCIAL DE L'ALGÉRIE (*Rép.* n°s 696 à 700).

440. Le régime de l'Algérie est réglé par la loi du 17 juill. 1867 sur le régime commercial de l'Algérie (D. P. 67.4.87), et par la loi du tarif général du 7 mai 1881 (D.P.82.4.18). En vertu de l'art. 9 de la loi du 17 juill. 1867, le régime général des douanes de la métropole est applicable en Algérie, à moins qu'il n'y ait été dérogé par des lois spéciales (Tarif, observ. prélim., n° 284). L'art. 1er de la même loi consacre le principe de l'admission en franchise des produits naturels ou fabriqués de l'Algérie qui sont importés en France en droiture. Toutefois, les prohibitions ou restrictions qui sont établies par le tarif général dans un intérêt d'ordre public, ou comme conséquence de monopoles, sont applicables aux importations des produits d'Algérie. Les tabacs originaires d'Algérie, notamment, ne peuvent être admis en franchise que pour les manufactures de l'Etat. Enfin il faut excepter du bénéfice de l'importation en franchise, le sucre, le café et les autres denrées coloniales de consommation (L. 7 mai 1881, tableau E, D. P. 82. 4. 18), ainsi que les chocolats fabriqués en Algérie. Les produits étrangers venant de l'Algérie sont admis en franchise dans les ports de France (Tarif, observ. prélim., n° 271) à la condition d'être importés en droiture, lorsqu'ils ont acquitté en Algérie l'intégralité des droits du tarif métropolitain; ceux de ces produits qui sont imposés en Algérie à des droits spéciaux (V. *infrà*, n°s 441 et 449) ne supportent à l'entrée en France que la différence entre le tarif algérien et le tarif métropolitain. Les surtaxes d'entrepôt ou d'origine ne sont pas applicables aux produits étrangers qui ont été admis en Algérie soit en franchise, soit aux conditions du tarif colonial. Mais, pour les marchandises venant d'Algérie par suite d'entrepôt ou de transbordement, les droits à percevoir doivent être calculés d'après la provenance primitive.

441. L'importation de France en Algérie des produits d'origine française, à l'exception des sucres, et des produits nationalisés en France par le payement des droits a lieu en franchise (L. 17 juill. 1867, art. 2, D. P. 67.4.87), et les marchandises étrangères réexportées de France ou transbordées dans un port français sont traitées en Algérie, tant pour la quotité des droits que pour les surtaxes, comme si elles arrivaient directement du pays ou elles ont été importées en France. Celles de ces marchandises qui sont soumises au tarif métropolitain, ainsi que les sucres étrangers (L. 29 déc. 1884, art. 10, D. P. 85. 4. 38-40), sont passibles des surtaxes d'entrepôt et d'origine applicables en France. Il existe, en outre, des surtaxes spéciales à l'Algérie, exigibles aussi bien lorsque les marchandises arrivent en Algérie des entrepôts d'Europe ou d'un pays étranger, s'il s'agit de surtaxes d'origine, que lorsqu'elles proviennent de ces pays par la voie des entrepôts de France. C'est ainsi que les produits des contrées hors d'Europe autres que les sucres, compris dans le tableau A de la loi du 17 juill. 1867 (V. *infrà*, n° 414), sont passibles d'une surtaxe de 3 fr. par 100 kilog. lorsqu'ils sont importés des entrepôts d'Europe (L. 30 janv. 1872, art. 3 et 4, D. P. 72. 4. 25).

442. Entre la France et l'Algérie, les expéditions de marchandises nationales ou nationalisées, et entre l'Algérie et la France l'expédition des marchandises originaires du territoire algérien ou qui ont été soumises au tarif colonial, sont faites sous le régime du cabotage. Les expéditions n'ont lieu par acquit-à-caution que dans les cas ou cette formalité est obligatoire pour le cabotage entre les ports de la métropole. Il est justifié, pour les produits étrangers, du payement des droits du tarif métropolitain ou du tarif algérien par des passavants. S'il s'agit de produits exempts de droits en Algérie à l'importation par terre, il n'est délivré aucune expédition, mais ces produits doivent être inscrits au manifeste de sortie (Circ. n° 1067).

443. Il n'est appliqué aucune restriction d'entrée par mer aux importations en Algérie. Par la frontière de Tunisie, le bureau de Ghardimaou est ouvert aux opérations de transit international et aux marchandises payant plus de 20 fr. les 100 kilog. (Décis. min. 28 mars 1885). Les réexportations d'entrepôt peuvent avoir lieu par les navires du tonnage autorisé pour Marseille. Les autres opérations sont soumises aux restrictions de tonnage obligatoire dans la métropole (Décis. min. 31 déc. 1857; 7 févr. 1872).

444. Dans les relations de l'Algérie avec l'étranger, le tarif métropolitain est applicable aux produits importés, sauf les exceptions suivantes : 1° les produits portés au tableau A de la loi du 17 juill. 1867 sont soumis à un tarif spécial lorsqu'ils sont importés par mer en Algérie. Ces produits sont les sucres (y compris ceux des fabriques françaises), les sucres raffinés ou assimilés aux raffinés de toute origine, les cafés, le poivre et le piment en grains et moulu, les clous et griffes de girofle, la canelle de toute espèce et le cassia lignea, les muscades, les macis, la vanille, les tabacs en feuilles, en côtes et fabriqués (L. 17 juill. 1867, art. 5; 19 mars 1875, art. 3, D. P. 75.4.95; 29 déc. 1884, art. 10); 2° les produits naturels ou fabriqués originaires de la Tunisie, du Maroc ou du sud algérien, à la seule exception des écorces à tan de provenance tunisienne, sont admis en franchise, mais seulement lorsqu'ils sont importés par la frontière de terre. Les produits de toute autre origine sont soumis au même régime que s'ils étaient importés par mer (Tarif, observ. prélim., n°s 276 et 277).

445. Il existe en Algérie deux entrepôts réels, à Alger et à Oran, soumis au même régime que ceux de la métropole (Ord. 16 déc. 1843, art. 18, *Rép.* p. 616; Décr. 20 juin 1857, art. 2, V. *suprà*, p. 540). On admet également dans ces deux villes l'entrepôt fictif des marchandises aux conditions et sous le même régime que dans les ports métropolitains, c'est-à-dire pour une durée d'un an et avec faculté de retirer les marchandises pour toute destination. La faculté d'entrepôt fictif est également accordée dans toutes les villes du littoral ou de la frontière de terre ayant des bureaux de douane, — à Constantine, pour les marchandises étrangères, mais avec interdiction de sortie pour la réexportation, excepté pour les sucres, le café et le girofle, — à Tebessa, Nemours, Soukaras, Lalla-Maghrnia et la Calle, pour les marchandises taxées à moins de, ou à 20 fr. les 100 kilog. — La durée de l'entrepôt fictif dans les villes autres qu'Alger et Oran est toute particulière : à Bône et à Philippeville, elle est de deux ans; ailleurs, elle n'est que d'un an, mais sur la demande motivée de l'entrepositaire, elle peut être prorogée de six mois. De même, on admet à l'entrepôt avec faculté de réexportation dans tous les ports où il existe un bureau de douane, les marchandises qui sont sujettes à l'octroi de mer (Décis. 7 févr. 1862). Elles peuvent, à l'exception des boissons, être reçues dans les entrepôts réels (Décr. 6 nov. 1876, D. P. 77. 4. 28).

446. Les marchandises taxées à 20 fr. les 100 kilog. ou moins peuvent être retirées de tous les entrepôts fictifs pour l'expédition en transit sur l'un des bureaux par lesquels la réexportation en est permise (Tarif, observ. prélim., n° 281).

447. Les opérations de transit peuvent avoir lieu, à l'entrée et à la sortie, par les ports d'entrepôt réel d'Alger et d'Oran. — Elles peuvent être effectuées à l'entrée dans tous les bureaux de douane, pour les marchandises taxées à 20 fr. ou moins les 100 kilog., à condition de sortie par les bureaux de Nemours, Tebessa, Soukaras, Lalla-Maghrnia, la Calle et Ghardimaou.

448. En principe, les traités de commerce ne sont pas applicables à l'Algérie; ils n'y sont exécutoires qu'en vertu d'une disposition expresse. Actuellement, en dehors de l'Angleterre, qui jouit en Algérie du bénéfice du tarif conventionnel en vertu de la loi du 27 févr. 1882 (D. P. 82. 4. 109) (V. *suprà*, n° 23), les traités applicables en Algérie sont ceux qui ont été conclus avec la Belgique, la Suisse, la Suède et Norwège, l'Autriche, l'Espagne, l'Allemagne, l'Empire ottoman, le Portugal, la Russie et les Pays-Bas.

449. Indépendamment des droits de douane, une taxe spéciale est perçue en Algérie, sous le nom d'*octroi de mer*, sur les marchandises de toute origine importées soit par mer, soit par terre, qui ont été soumises à cette taxe par le décret du 26 déc. 1884 (D. P. 85. 4. 37). Ce sont : les cafés, la glucose, les sucres bruts et vergeoises, les sucres raffinés, la chicorée moulue, le thé, le poivre, les marrons et châtaignes et leurs farines, la canelle et le cassia lignea, les muscades, macis et vanilles, les clous et griffes de girofle, les huiles minérales, l'alcool pur contenu dans les esprits, liqueurs, etc., les bières. La même taxe est applicable aux produits similaires d'origine ou de fabrication algérienne (Même décret). Un décret du 22 déc. 1887 porte modification de l'octroi de mer en Algérie (*Journ. off.* du 23 déc. 1887; Bull. n° 18726).

450. La perception aux frontières de terre et de mer des droits d'octroi établis par ce décret est confiée à l'administration des douanes, conformément à l'ordonnance du 21 déc. 1844.

451. Un décret du 17 févr. 1886 (V. *suprà*, p. 562) a accordé à l'Algérie le régime de l'admission temporaire pour les blés, froments étrangers, importés pour la mouture sans distinction d'espèce ni d'origine. L'importation du blé peut avoir lieu par tous les bureaux ouverts à l'entrée des céréales pour un délai de trois mois ; la réexportation ne peut avoir lieu qu'à destination de l'étranger et des colonies françaises, à l'exclusion de la métropole, par un des bureaux d'Oran, de Mostaganem, d'Alger, de Philippeville et de Bône, sauf modifications ultérieures par décisions ministérielles. — En vertu d'un décret du 21 juill. 1887, le cacao et le sucre de canne importés des pays hors d'Europe, ainsi que le sucre de betterave fabriqué en France, peuvent être admis temporairement en Algérie en franchise des droits de douane et d'octroi de mer, pour la fabrication du chocolat, sous les conditions fixées par l'art. 5 de la loi du 5 juill. 1836 (*Journ off.* du 30 juill. 1887; Bull., n° 18454) (Delandre, 3e éd., 6e suppl., n° 958).

CHAP. 13. — Des colonies françaises dans leurs rapports avec les douanes (*Rép.* nos 702 à 742).

SECT. 1re. — DES COLONIES EN GÉNÉRAL (*Rép.* nos 702 à 717).

452. Les marchandises françaises de toute nature sont toujours, dans les colonies françaises (*Rép.* n° 702), expédiées sous les conditions du cabotage; mais l'acte de navigation du 21 sept. 1793, qui réservait aux seuls navires français le commerce entre la France et ses colonies (*Rép.* n° 706, et v° *Organisation des colonies*, nos 383 et suiv.), n'est plus en vigueur; et la navigation entre la France et les colonies et autres possessions françaises d'outre-mer peut être faite par des navires de tout pavillon (L. 3 juill. 1861, art. 6, D. P. 61. 4. 104; 19 mai 1866, art. 5 et 7, D. P. 66. 4. 52; 11 juill. 1868, art. 4, D. P. 68. 4. 103; 28 juill. 1873, art. 1er, D. P. 74. 4. 7; Décr. 9 juill. 1869, D. P. 69. 4. 94) (V. aussi *Rép.* v° *Organisation des colonies*, n° 393).

453. Les dispositions de la loi du 17 juill. 1791 sont, au contraire, restées en vigueur, de telle sorte que le régime exposé au *Rép.* nos 703 et suiv. est toujours applicable sauf quelques modifications, c'est-à-dire que les denrées et marchandises provenant du sol ou des fabriques de France et les marchandises étrangères nationalisées en France par le payement des droits d'entrée peuvent être expédiées de France pour les colonies en exemption de tous droits (Delandre, 3e éd., n° 760). — Mais les marchandises françaises ou étrangères qui sont expédiées à destination des colonies ou des possessions françaises où aucun régime de faveur n'est accordé aux marchandises nationales sont traitées, au départ de France, comme si elles allaient à l'étranger. Au contraire, pour les colonies ou possessions où le commerce a intérêt à justifier de l'origine nationale des marchandises, celles-ci sont accompagnées, à la sortie de France, de passavants (Delandre, 3e éd., 7e suppl., n° 1101).

454. Les marchandises étrangères qui arrivent directement dans les colonies supportent les droits du tarif colonial, qu'elles soient importées en droiture de l'étranger ou des entrepôts de la métropole. Ces dernières ne sont pas accompagnées d'acquits-à-caution, mais elles doivent être exactement portées au manifeste de sortie (Delandre, 3e éd., 7e suppl., n° 1101).

455. Le régime des douanes dans les colonies et les autres établissements français d'outre-mer est entièrement distinct du régime des douanes de la métropole. Chacune de ces possessions est régie par des dispositions spéciales, et c'est pour cela qu'à certains points de vue les colonies et établissements français d'outre-mer sont considérés comme des pays étrangers ; c'est ainsi, notamment, que les produits étrangers admis temporairement en France pour y être fabriqués ou recevoir un complément de main-d'œuvre peuvent être exportés à la décharge des comptes d'entrée pour les colonies et autres établissements d'outre-mer, (L. 16 mai 1863, art. 30, D. P. 63. 4. 63). — Mais, d'une manière générale, les produits originaires des colonies et établissements français, naturels ou fabriqués, sont admis en franchise, à l'exception de certains produits qui sont énumérés au tableau E, annexé à la loi du 7 mai 1881 (D.P. 82.4. 18), et qui sont admis aux conditions du tarif général, et d'une partie des produits du Sénégal. Toutefois, les prohibitions et restrictions qui ont été établies au tarif général, dans un intérêt d'ordre public ou comme conséquence des monopoles concédés au Gouvernement, sont applicables aux importations des colonies françaises, soit qu'il s'agisse de produits coloniaux, soit qu'il s'agisse de produits étrangers (L. 7 mai 1881, art. 3, tableau E). Les tabacs, notamment, sont frappés de prohibition, s'ils ne sont importés pour le compte des manufactures de l'Etat.

456. Au point de vue de l'application du tarif et dans le langage des douanes, on désigne par les mots *colonies françaises* les colonies à culture auxquelles l'ancienne législation interdisait le commerce avec l'étranger; ce sont, aux Antilles, la Martinique, la Guadeloupe et ses dépendances (Marie-Galante, la Désirade, les Saintes et la partie française de Saint-Martin) et Saint-Barthélemy (L. 2 mars 1878, D. P. 78. 4. 33); — dans le continent de l'Amérique du sud, la Guyane française ; — en Afrique l'île de la Réunion (autrefois île Bourbon). Les établissements français hors d'Europe sont : — l'Algérie et le Sénégal exceptés : en Amérique, les îles de Saint-Pierre et Miquelon ; — en Afrique, Sainte-Marie de Madagascar, Diego-Suarez, et les îles de Mayotte et de Nossi-Bé ; — en Asie, les établissements français de l'Inde (Pondichéry et Karikal, sur la côte de Coromandel) ; Yanaon et la loge de Mazulipatam sur la côte d'Oriva ; Mahé et la loge de Calicut sur la côte de Malabar ; Chandernagor et les loges de Cassimbazar, Jougdia, Dacca, Ballasore et Patna dans le Bengale ; enfin la factorerie de Surate dans le Goudjerate, les établissements de l'Indo-Chine (Cochinchine, Cambodge, Annam, Tonkin); — en Océanie, Taïti et les autres îles de la Société, les Marquises et la Nouvelle-Calédonie.

457. Les tarifs des divers établissements et colonies sont établis différemment, suivant qu'ils sont ou ne sont pas soumis au régime du sénatus-consulte du 3 mai 1854 (D. P. 54. 4. 79), complété par celui du 4 juill. 1866 (D. P. 66. 4. 85) (V. *Rép.* v° *Organisation des colonies*, n° 59). Dans les colonies et établissements soumis à ce régime, les droits de douane sont établis par des délibérations du conseil général de la colonie, qui deviennent exécutoires par des décrets rendus dans la forme des règlements d'administration publique; les conseils généraux votent également les droits d'octroi de mer. Dans les autres colonies et établissements, les tarifs de douanes sont établis par décret du gouvernement métropolitain, le conseil d'Etat entendu (Comp. à cet égard : *Rép. ibid.* nos 402, 441 ; Civ. cass. 11 mars 1885, aff. Lebeaud, D. P. 86. 1. 105). Ces règles nouvelles ont été substituées à celles qui ont été exposées au *Rép.* n° 711.

SECT. 2. — DES ENTREPÔTS COLONIAUX (*Rép.* nos 718 à 725).

458. L'entrepôt réel de Saint-Denis (Ile de la Réunion) a été fermé par décret du 22 juill. 1880 (V. *suprà*, p. 556), en conséquence du décret du 4 juill. 1873 (D. P. 74. 4. 8) qui a supprimé les droits de douane sur toutes les marchandises étrangères autres que les tabacs importés à la Réunion, et qui a prohibé à la consommation dans cette colonie les rhums provenant de l'étranger. Les tabacs étrangers et les rhums sont admis à l'entrepôt fictif sous les conditions et garanties exigées pour les marchandises passibles des droits d'octroi de mer. A Cayenne, on admet les marchandises à l'entrepôt fictif pendant un an.

SECT. 3. — DISPOSITIONS SPÉCIALES A CHAQUE COLONIE (*Rép.* n°s 726 à 742).

459. On complétera les renseignements qui ont été donnés au *Rép.* n°s 726 et suiv. sur le régime spécial à chaque colonie, indépendamment des règles générales qui ont été exposées ci-dessus.

460. — I. ANTILLES. — L'île de Saint-Barthélemy, qu'il faut ajouter aux îles qui faisaient partie des Antilles françaises à l'époque de la publication du *Rép.* n° 727, jouit, dans ses relations commerciales et maritimes avec la métropole, des mêmes avantages que les autres colonies française des Antilles (Circ. 22 mars 1878). Les colonies des Antilles peuvent exporter leurs produits sous tous les pavillons, en vertu de la loi du 3 juill. 1861 (art. 7; D. P. 61. 4. 104) sur le régime des douanes à la Martinique, à la Guadeloupe et à l'île de la Réunion, et du décret du 9 juill. 1869 (D. P. 69. 4. 94) qui a rapporté dans les colonies l'acte de navigation de 1793. — Le tarif des douanes à la Guadeloupe est réglé par le décret du 16 nov. 1884 (D. P. 85. 4. 74). Les marchandises françaises importées dans ces colonies y sont admises en franchise. Pour celles qui sont importées des colonies en France, V. *suprà*, n°s 83 et suiv.

461. — II. GUYANE (*Rép.* n° 728). — Un octroi de mer a été créé par un décret du 4 mars 1881 (D. P. 82. 4. 59). — Les droits d'entrée frappent également les marchandises françaises et les marchandises étrangères.

462. — III. ILE DE LA RÉUNION (BOURBON). — Un décret du 4 juill. 1873 (D. P. 74. 4. 8) a supprimé les droits de douane sur toutes les marchandises étrangères autres que les tabacs, et prohibé l'importation du rhum pour la consommation. L'exportation des sucres est soumise par un décret du 17 sept. 1886 (V. *suprà*, p. 563) à certaines restrictions de sortie, lorsqu'ils sont exportés avec réserve de déchet de fabrication.

463. — IV. ETABLISSEMENTS FRANÇAIS DE L'INDE. — V. *Rép.* n° 732.

464. — V. SAINTE-MARIE DE MADAGASCAR (*Rép.* n° 731); MAYOTTE; NOSSI-BÉ; DIEGO-SUAREZ. — Il n'existe à *Sainte-Marie de Madagascar* et à *Mayotte* aucun droit d'entrée, mais les sucres étrangers y sont prohibés. A *Nossi-Bé* le régime est le même qu'à la Martinique. A *Diego-Suarez*, les droits d'entrée frappent également les marchandises françaises et les marchandises étrangères.

465. — VI. ETABLISSEMENTS DE L'OCÉANIE (*Rép.* n° 733). — Les droits d'entrée frappent également les marchandises françaises et les marchandises étrangères.

466. — VII. ETABLISSEMENTS FRANÇAIS SUR LA COTE OCCIDENTALE D'AFRIQUE (*Rép.* n°s 734 et suiv.). — Ces établissements sont soumis à un régime qui diffère dans une certaine mesure du régime des autres colonies. Il en est traité aux observations préliminaires du tarif, éd. 1885, sous les n°s 286 à 291. Ils comprennent le Sénégal proprement dit, savoir l'île Saint-Louis et les postes militaires sur le fleuve du Sénégal; l'île de Gorée et ses dépendances, c'est-à-dire les établissements sur la côte entre le Cap-Vert et la pointe Sangomar et sur les rivières de la Cazamance, du Rio-Nunez, du Rio-Pongo et de la Mellacorée; les établissements français de la Côte-d'Or et du Gabon (Assinie, Grand Bassam, Porto-Novo et Gabon, le Congo français). — Le régime des douanes du Sénégal est indépendant de celui de la métropole: il doit être établi par décrets rendus, le conseil d'Etat entendu. Entre la France et les établissements de la côte ouest de l'Afrique les relations commerciales peuvent avoir lieu comme avec toutes les colonies (V. *suprà*, n° 452), sous tous les pavillons; mais le bénéfice de l'origine n'est conservé aux importations et exportations dans chaque sens qu'autant que le transport a lieu en droiture. — Les expéditions des marchandises françaises ont lieu sous les conditions du cabotage; un régime de faveur spécial est accordé à l'importation directe des toiles de coton, dites *Guinées*, fabriquées en France ou dans nos établissements de l'Inde. En France, les produits du Sénégal et dépendances sont assujettis aux droits du tarif général, sauf les huiles de palme, de coco, de touloucouna et d'illipé, les bois à construire, les bois d'ébénisterie, les bois odorants et le sel marin, qui sont admis en franchise (L. 7 mai 1881, tableau E). On admet encore en franchise le poisson de mer salé provenant de la pêche française au Sénégal, à Gorée et à Dakar. Au Sénégal, à l'exception des *Guinées*, les marchandises françaises et étrangères sont soumises aux mêmes droits.

467. Le Gabon et le Congo français sont divisés au point de vue douanier en deux territoires: 1° l'ancien Gabon limité au sud par le parallèle 2° 30' et où les marchandises françaises jouissent d'une détaxe de 60 p. 100; 2° la partie du Gabon actuel et le Congo français s'étendant du 2° 30' de latitude sud aux possessions portugaises; il n'y existe que des droits d'exportation.

468. — VIII. SAINT-PIERRE ET MIQUELON (*Rép.* n° 742). — Les droits d'entrée frappent également les marchandises françaises et étrangères (V. Décr. 17 déc. 1885, D. P. 86. 4. 88; 25 sept. 1873, D. P. 74. 4. 14), établissant des droits sur les boissons alcooliques et les tabacs (Décr. 9 juill. 1885, modifiant l'art. 3 du décret du 30 août 1877 (D. P. 77. 4. 70) qui prohibe l'introduction à Saint-Pierre et Miquelon des morues, huiles ou autres produits provenant de la pêche étrangère, D. P. 86. 4. 67).

469. — IX. ETABLISSEMENTS FRANÇAIS DE L'INDO-CHINE (Cochinchine, Tonkin, Annam et Cambodge). — Le régime douanier des établissements français de l'Indo-Chine est réglé, en ce qui concerne l'importation des produits étrangers, conformément au tarif général de la métropole, sauf à l'égard d'un certain nombre de produits, pour lesquels les droits sont déterminés par des décrets rendus dans la forme des règlements d'administration publique (L. de finances du 26 févr. 1887, art. 47, D. P. 87. 4. 81). Un premier décret du 8 sept. 1887 (D. P. 88. 4. 8), avait établi cette tarification spéciale; ce décret a été modifié par un décret du 9 mai 1889 (*Journ. off.* du 11 mai 1889; Bull., n° 20895).

470. Lorsqu'il y a lieu d'appliquer le tarif général, les taxes applicables sont celles qui sont inscrites dans la colonne du tarif général ayant pour titre : Produits d'origine extra-européenne (Décr. 8 sept. 1887) importés directement d'un pays hors d'Europe (art. 2). Les marchandises importées de France, d'Algérie et des colonies françaises, soumises au tarif général des douanes dans des conditions analogues à celles qui ont été adoptées pour l'Indo-Chine, ne sont assujetties à aucune taxe, à la condition d'avoir été transportées directement par un même navire, des ports d'embarquement en France, en Algérie ou dans les colonies, jusqu'à un port d'Indo-Chine (Décr. 8 sept. 1887, art. 3). Toutefois, ainsi que l'explique l'art. 5 du même décret, le transport est considéré comme direct si la marchandise est transbordée d'un navire à vapeur sur un autre navire à vapeur appartenant à une même ligne à services réguliers. Ces transports ont lieu sous le même régime que le cabotage; les expéditions que la douane doit délivrer mentionnent qu'il s'agit de marchandises françaises ou francisées. Le service libelle ces expéditions de telle sorte que les douanes indo-chinoises ne puissent confondre les marchandises qui en font l'objet avec celles provenant des entrepôts métropolitains, lesquelles, ainsi que le porte l'art. 7, n'ont droit dans la colonie à aucun régime privilégié (Circ. 16 nov. 1887, n° 1882).

471. Les marchandises importées d'une colonie française non soumise au tarif général ne sont assujetties à aucune taxe, si elles ont été transportées directement et par un même navire, et si elles sont accompagnées d'un certificat des autorités coloniales attestant qu'elles sont originaires de la colonie (Décr. 8 sept. 1887, art. 4). Les produits spéciaux qui sont taxés à un taux supérieur à celui du tarif général payent intégralement les droits prévus par le tarif spécial, déduction faite des droits qu'ils ont acquittés en France, en Algérie ou dans les colonies assimilées (Même décret, art. 6). De même, les produits étrangers qui ont été admis à un régime de faveur à leur entrée en Algérie sont assujettis, à leur entrée en Indo-Chine, au payement des droits inscrits au tarif douanier de l'Indo-Chine, déduction faite des droits perçus en Algérie (Décr. 9 mai 1889, art. 2).

472. Les produits étrangers sortant des entrepôts de la métropole, de l'Algérie et des colonies, sont considérés comme importés de l'étranger (art. 7). Il est accordé une détaxe de 80 pour 100 sur les droits d'importation pour les marchandises étrangères transitant à travers l'Indo-Chine française (art. 8). Les produits étrangers débarquant à Saïgon, à Quinhone, à Tourane, à Haï-Phong, Quang-Yen et à Hong-Gay peuvent être admis au bénéfice de l'entrepôt fictif dans les locaux agréés par la douane. Mais les mouvements dans les entrepôts ne sont autorisés que pour les quantités d'une même marchandise comportant un droit minimum de 150 fr. à l'entrée ou de 50 fr. à la sortie. Des arrêtés du gouverneur ou du résident général, suivant le cas, déterminent les garanties à exiger des entrepositaires. La durée de l'entrepôt fictif ne peut excéder une année. Enfin des entrepôts réels peuvent être établis par l'administration locale. Il est pourvu à leur réglementation par des décrets ultérieurs, et provisoirement par des arrêtés du gouverneur ou du résident général (art. 9).

473. Le régime douanier de l'Indo-Chine comporte la prohibition, à l'importation, du sucre étranger brut et raffiné (Décr. 8 sept. 1887; 9 mai 1889). Pour faciliter aux douanes de l'Indo-Chine française l'application de cette disposition, les douanes métropolitaines s'opposent à la sortie de France des sucres étrangers qui sont déclarés pour cette destination, et ne délivrent de permis d'embarquement, en fait de sucres déclarés sous le régime de l'exportation simple, que pour les sucres indigènes sortant des fabriques ou des entrepôts, pour les sucres des colonies françaises sortant d'entrepôt ou arrivant du pays d'origine, et enfin, ce qui du reste aura lieu rarement, pour des sucres libérés d'impôt pris à la consommation. En ce qui concerne les sucres déclarés à la sortie sous le régime de l'admission temporaire, comme il n'est pas possible de constater leur véritable origine, on fait ressortir d'une manière très apparente sur les certificats, toutes les fois qu'ils sont exportés directement à la décharge de comptes d'admission temporaire, la destination de l'Indo-Chine qui leur est assignée. Ces titres ne sont ensuite imputés que sur des obligations de sucres indigènes ou des colonies françaises. — Il y a lieu de prévoir, en outre, que des sucres bruts ou raffinés, constitués en entrepôt, seront ultérieurement déclarés pour l'Indo-Chine. Deux cas pourront alors se présenter: les certificats auront déjà servi à l'apurement d'obligations, ou bien l'imputation n'aura pas encore été effectuée. Dans la première hypothèse, comme le receveur principal qui aura fait l'imputation aura adressé au receveur du bureau où les sucres avaient été constitués en entrepôt un avis spécial, le service de ce bureau ne devra donner suite à la déclaration d'exportation que si l'imputation a été faite sur une obligation de sucre indigène ou de sucre des colonies françaises. Il s'opposerait à l'embarquement, si les certificats d'entrée en entrepôt avaient servi à apurer des obligations de sucres bruts étrangers, ou il ne l'autoriserait que contre payement des droits d'entrée afférents à ces mêmes sucres bruts. Dans le second cas, les sucres constitués en entrepôt ne peuvent être embarqués que moyennant soumission souscrite par les intéressés d'acquitter les droits d'entrée sur les sucres bruts si les certificats venaient à être imputés sur une obligation de sucres étrangers (Circ. 16 nov. 1887, n° 1883).

474. A l'égard des autres produits exportés de France à la décharge des comptes d'admission temporaire, on applique à l'arrivée en Indo-Chine les règles du tarif métropolitain; c'est-à-dire que ces produits acquittent les droits afférents à la matière première avec laquelle ils ont été fabriqués. Le service doit, afin de permettre cette perception et de prévenir les fraudes, indiquer exactement sur les passavants accompagnant les marchandises provenant d'admission temporaire, les quantités de matières premières compensées et le montant des droits à la décharge desquels l'exportation aura eu lieu (Circ. 19 nov. 1887, n° 1884).

475. A l'entrée en France et en Algérie les produits naturels ou fabriqués originaires du Cambodge, de l'Annam et du Tonkin, autres que ceux qui sont énumérés au tableau E annexé à la loi du 7 mai 1881, sont admis en franchise lorsqu'ils auront été transportés directement et par un même navire des ports d'embarquement de l'Indo-Chine jusqu'au port français ou algérien de destination. Il faut, en outre, que l'origine des produits soit justifiée par des expéditions des douanes de l'Indo-Chine (Loi de finances du 30 mars 1888, art. 10, D. P. 88. 4. 24).

CHAP. 14. — Des douanes dans leurs rapports avec les puissances étrangères (*Rép.* n°s 743 à 755).

SECT. 1re. — TRAITÉS DE COMMERCE (*Rép.* n°s 743 à 749).

476. Les traités de commerce et de navigation ont, ainsi qu'il a été exposé *suprà*, n°s 4 et suiv., joué un grand rôle dans les relations internationales depuis 1860. Il importe donc d'étudier le régime qui résulte de l'économie générale de ces traités et qui constitue le régime conventionnel. Le premier et principal effet des traités de commerce est d'établir, à l'égard des produits des nations contractantes, des conditions de faveur au point de vue des droits et taxes, c'est-à-dire des modérations de droits. Ces modérations sont attachées principalement à la provenance des produits qui bénéficient du tarif conventionnel. En règle générale, en effet, les stipulations des traités ne sont applicables qu'aux marchandises originaires des pays contractants et qui sont importées directement en droiture de ces pays (Traités 31 oct. 1881, art. 1er, D. P. 83. 4. 31; 3 nov. 1881, art. 1er, D. P. 83. 4. 29; 19 déc. 1881, D. P. 83. 4. 38). Toutefois, on admet que le bénéfice des traités conclus depuis 1860 avec les Etats européens reste acquis aux produits de ces Etats, importés d'un pays quelconque, s'ils ne participent pas de la nature de ceux pour lesquels le tarif général exige la double condition du transport direct et de l'origine. C'est-à-dire qu'en pratique l'obligation du transport en droiture n'est imposée que: 1° aux produits qui jouissent, d'après le Tarif général, d'une modération de droits, lorsqu'ils sont *du cru* des pays européens d'où ils sont importés; 2° aux produits des îles adjacentes du Portugal (Madère, les Açores et Porto-Santo), des îles Canaries, des possessions asiatiques de la Russie et des possessions asiatiques et africaines de la Turquie. On traite, d'ailleurs, comme faites en droiture: les importations par la voie du Portugal des produits des Açores, de Madère, et de Porto-Santo; les importations par l'Espagne des produits des Canaries, les importations par la Russie d'Europe des produits de la Russie d'Asie, et les importations par la voie de Constantinople et des ports européens de la Turquie sur la mer Noire, des produits des possessions asiatiques de l'Empire ottoman; les produits autrichiens arrivant d'un port d'Allemagne ou, par la voie de Galatz ou d'Odessa, et les produits russes chargés dans les ports allemands de la Baltique. Enfin Amsterdam, Rotterdam, Flessingue, Dordrecht et Harlingue sont considérés comme des avant-ports des Etats limitrophes et l'on admet comme arrivés en droiture les produits desdits Etats arrivés dans ces ports sans emprunt de la mer, qui en sont réexpédiés soit par mer, soit par les chemins de fer ou les voies navigables (Traité 19 avr. 1884, D. P. 86. 4. 43), en bateau ou wagons plombés. Par mer le plombage n'est pas obligatoire.

477. Des dispositions analogues régissent les importations par terre, en ce sens que l'admission au tarif conventionnel est accordée, comme importation directe, à celles qui sont faites sans emprunt de la mer et sans entrée en entrepôt depuis le pays d'origine jusqu'en France, par les voies navigables, les chemins de fer ou les routes ordinaires. Peu importe même que l'importation n'ait pas lieu par les voies les plus courtes, et qu'il y ait eu des ruptures de charge nécessitées par les conditions du transport. Ces conditions sont, d'ailleurs, celles des transports en droiture en général, qui ont été exposées ci-dessus.

478. Le traité du 19 avr. 1884 offre à cet égard certaines dispositions particulières pour le règlement du transport en droiture entre la France et les Pays-Bas. Il a été stipulé qu'on considérerait comme importées directement les marchandises d'origine ou de fabrication néerlandaise expédiées en France par les chemins de fer confinant aux Pays-Bas dans des wagons plombés par la douane néerlandaise et dont les plombs seront reconnus intacts à leur arrivée en France, sauf le cas de force majeure dûment constaté; il suffirait, dans ce dernier cas, que les opérations rendues nécessaires par la force majeure fussent contrôlées par l'autorité locale et que celle-ci eût apposé de nouveaux plombs ou cachets (Traité 19 avr. 1884, art. 7).

479. Une situation privilégiée, analogue à celle qui leur est accordée lorsqu'ils ont traversé le territoire néerlandais pour être embarqués dans l'un des cinq ports d'Amsterdam, de Rotterdam, Dordrecht, Flessingue et Harlingue, est faite aux produits des Etats limitrophes des Pays-Bas qui empruntent le territoire de cet Etat pour parvenir en France. Les produits originaires de ces Etats limitrophes sont admis en France aux mêmes conditions que les articles similaires néerlandais importés directement des Pays-Bas, si lesdits Etats jouissent en France du traitement de la nation la plus favorisée et lorsqu'ils ont traversé le territoire néerlandais par chemins de fer et dans des wagons plombés par la douane du pays limitrophe.

480. Comme pour les produits qui, en l'absence de convention commerciale, bénéficient, en raison de leur provenance, d'une réduction de droits, la nationalité des produits des Etats contractants est suffisamment établie par les caractères inhérents à ces produits et par les circonstances de l'importation. Les certificats d'origine n'ont, d'ailleurs, que la valeur de simples renseignements qui laissent l'Administration maîtresse de recourir à l'expertise, dès qu'elle le juge à propos (Civ. cass. 9 août 1864, aff. Preux, D. P. 64. 1. 256).

481. Il n'est pas nécessaire, pour qu'un produit manufacturé soit réputé originaire d'un Etat contractant, que la matière première soit elle-même originaire de cet Etat; mais il faut que la matière première importée ait reçu une manutention telle que le produit nouveau appartienne à une classe du tarif plus fortement taxée que la matière première. Dans le cas contraire, la marchandise reste soumise aux conditions résultant de son origine primitive. C'est ainsi que des peaux déjà tannées en Amérique, qu'on tannerait de nouveau dans un Etat contractant, devraient être traitées comme peaux américaines : du crin d'origine extra-européenne qui aurait été simplement frisé dans un Etat contractant resterait passible de la surtaxe d'entrepôt. Il en serait de même pour le riz en paille d'origine extra-européenne qui aurait été décortiqué dans un Etat contractant (V. Tarif, observ. prélim., n° 389).

482. Bien qu'elles bénéficient d'une réduction des droits de douane proprement dits, les marchandises admises aux conditions du Tarif conventionnel sont cependant soumises intégralement aux taxes intérieures de fabrication, de consommation ou de circulation qui frappent les produits similaires d'origine française. Peu importe que ces taxes soient établies postérieurement aux traités ; dès l'instant qu'elles grèvent les produits similaires français, elles sont applicables aux produits étrangers. Ainsi les droits de douane peuvent être augmentés des sommes représentant les frais de surveillance qu'ont à supporter les producteurs nationaux. De même, si des drawbacks sont accordés à des produits de fabrication française pour compenser les taxes intérieures établies sur les matières premières, les droits qui grèvent les fabrications similaires des Etats contractants peuvent être augmentés d'une surtaxe égale au montant de ces drawbacks (Traité 31 oct. 1881, et dispositions analogues des autres traités. V. Tarif, observ. prélim., n° 392).

483. Le régime des traités de commerce, tel qu'il a été réglé par les traités conclus à partir de 1881, confère à la France et aux Etats contractants le traitement réciproque de la nation la plus favorisée, c'est-à-dire que les Etats avec lesquels des traités de commerce sont intervenus, doivent profiter, immédiatement et de plein droit, de toutes faveurs et immunités, de tout privilège ou abaissement de tarifs pour l'importation des marchandises mentionnées ou non dans les traités qui sont ou peuvent être accordés par la France à un autre Etat. En revanche, la faveur, immunité ou abaissement de tarif accordée en vertu de la clause du traitement de la nation la plus favorisée cesse d'être applicable lorsque le traité qui la stipulait en faveur d'une nation déterminée vient à prendre fin. Ainsi, lors de l'expiration du traité de commerce entre la France et l'Italie, diverses marchandises qui n'étaient admises au régime conventionnel qu'en vertu de ce traité et dont les similaires provenant des autres Etats contractants ne profitaient qu'en vertu de la clause du traitement de la nation la plus favorisée, sont rentrées, quelle qu'en soit l'origine, sous l'application du tarif général (Circ. 28 févr. 1888, n° 1906). — Il convient d'observer qu'en ce qui concerne l'Allemagne, ses rapports avec la France au point de vue douanier sont régis par la clause de la nation la plus favorisée : c'est ce qui résulte du traité de Francfort du 18 mai 1871 (D. P. 71. 4. 25). L'art. 11 de ce traité réglait les relations commerciales des deux pays en prenant pour base le traitement de la nation la plus favorisée, et il comprenait dans cette règle les droits d'entrée et de sortie, le transit et les formalités douanières ; il exceptait toutefois de cette règle les faveurs que l'une des parties contractantes par des traités de commerce aurait accordées ou accorderait à des Etats autres que les suivants : l'Angleterre, la Belgique, les Pays-Bas, la Suisse, l'Autriche et la Russie ; les droits de tonnage et de pavillon que la France se réservait la faculté d'établir sur les navires allemands et leurs cargaisons ne devaient pas être plus élevés que ceux imposés aux navires et cargaisons des nations susmentionnées (V. *suprà*, n° 27).

484. Les traités de commerce garantissent encore, en général, aux Etats contractants, en France et en Algérie, le traitement de la nation la plus favorisée par mesure de réciprocité pour tout ce qui concerne le transit, l'entrepôt, l'exportation, la réexportation, les droits locaux, le courtage, les formalités de douane, les échantillons, les dessins de fabrique, de même que pour tout ce qui a rapport à l'exercice du commerce et de l'industrie (V. Traités 31 oct. 1881 avec la Belgique, art. 25, D. P. 83. 4. 31; 19 déc. 1881, avec le Portugal, art. 1er et 6, D. P. 83. 4. 38, et les dispositions analogues des autres traités).

485. Les traités règlent, pour un certain nombre de produits, les droits spéciaux d'importation. Leurs stipulations garantissent donc au commerce international, pendant leur durée, la fixité des droits, qui ne peuvent être élevés et peuvent subir seulement certains abaissements, lorsque de nouveaux traités accordent à un autre contractant une situation plus favorable. Aucune surtaxe nouvelle ne peut même frapper les produits importés. — Ainsi, sur un certain nombre de produits, il résulte des traités qu'aucune augmentation ne peut être apportée aux surtaxes existantes au 1er mai 1861, etc. (V. Tarif, observ. prélim., n° 391).

486. On a vu *suprà*, n° 476, qu'en règle générale le bénéfice des tarifs conventionnels n'est acquis qu'aux produits originaires des pays contractants. Pour les Etats européens, il est de règle de n'admettre, sauf les exceptions consacrées expressément par les traités, aux droits du tarif conventionnel que les produits naturels ou fabriqués des territoires européens des Etats avec lesquels les traités ont été conclus (Traité 31 oct. 1881, art. 1er, D. P. 83. 4. 31 ; et dispositions analogues des traités subséquents). Ainsi le traitement de la nation la plus favorisée qui constitue actuellement le régime commercial avec l'Angleterre n'est applicable qu'aux territoires de l'Empire britannique qui sont réputés européens, c'est-à-dire à la Grande-Bretagne (Angleterre et Ecosse), à l'Irlande et aux îles de Jersey, Guernesey et Aurigny, à l'exclusion de Malte, Gibraltar et Héligoland et de l'île de Chypre, cette dernière restant, d'ailleurs, placée sous le régime des conventions conclues avec la Turquie.

487. Les exceptions prévues par les traités s'appliquent : 1° aux produits des îles portugaises dites adjacentes (les Açores, Madère et Porto Santo) (Traité 19 déc. 1881, art. 26), mais à la condition qu'ils soient importés en droiture ou de la métropole ; à défaut de cette condition, ces produits sont passibles de la surtaxe d'entrepôt; — 2° Aux produits de la Russie d'Asie importés en droiture ou de la Russie d'Europe; — 3° Aux produits des possessions asiatiques ou africaines de la Turquie, y compris l'Egypte et la régence de Tripoli, sous la réserve du payement de la surtaxe d'entrepôt sur les produits des possessions asiatiques importés autrement qu'en droiture ou autrement que de Constantinople et des ports européens de la Turquie sur la mer Noire, et sur les produits des possessions africaines importés autrement qu'en droiture.

488. Aux traités de commerce sont adjoints des traités de navigation, qui en forment en quelque sorte partie intégrante. Ces traités contiennent des dispositions applicables aux navires des Etats contractants et aux marchandises qu'ils transportent.

Les navires des puissances contractantes sont assimilés aux navires français, quel que soit le lieu où ils arrivent et celui pour lequel ils partent: 1° pour les droits de tonnage, de quai, de bassin et autres charges portant, sous quelque dénomination que ce soit, sur la coque des navires, et perçus soit pour le compte de l'Etat, des villes ou des chambres de commerce, soit pour le compte d'établissements publics ou de particuliers; — 2° Pour le placement des navires, leur chargement et déchargement; — 3° Pour le radoub des navires et pour les opérations de sauvetage dans tous les cas de relâche forcée, naufrage ou échouement (Traité 31 oct. 1881, et dispositions analogues dans les traités subséquents).

489. Les traités affranchissent des droits de tonnage et d'expédition les navires des Etats contractants qui entrés sur lest dans un port, en partent sur lest; ceux qui, visitant successivement plusieurs ports français pour y déposer des marchandises ou y compléter leur chargement, justifient qu'ils ont, dans l'un des ports, acquitté ces droits; enfin les navires qui, entrés avec chargement dans un port, soit volontairement, soit en relâche forcée, en sortent sans avoir fait aucune opération de commerce (Traité 31 oct. 1881, art. 3, et dispositions analogues). On ne considère pas comme opérations de commerce les opérations qui sont imposées par la force majeure ou plutôt qui en sont la conséquence, au cas de relâche forcée, notamment le débarquement et le rechargement des marchandises pour réparation des avaries du navire, le transbordement en cas d'innavigabilité, les dépenses nécessaires au ravitaillement des équipages et la vente des marchandises avariées autorisée par l'Administration.

Les navires des Etats contractants sont encore assimilés aux navires français, lorsqu'ils conservent à bord une partie de leur cargaison à destination d'un port étranger (Traité 31 oct. 1881, et dispositions analogues subséquentes).

490. Quant aux marchandises, elles ne peuvent être imposées à d'autres droits que ceux qui sont applicables aux marchandises de même nature et de même provenance importées sous pavillon français, lorsqu'elles sont apportées par navires d'un Etat contractant, quel que soit le pays d'où elles proviennent, que ce pays soit ou non lié à la France par un traité de commerce (Traité 31 oct. 1881, art. 2). — Les cargaisons peuvent, d'ailleurs, être frappées de toutes les taxes locales qui seraient appliquées aux cargaisons des navires français.

Il en est de même à l'exportation: les marchandises de toute nature, exportées pour quelque destination que ce soit par les navires des Etats liés à la France par des traités de commerce, ne sont soumises qu'aux droits et formalités auxquels elles seraient assujetties si elles étaient exportées par navire français (Traité 31 oct. 1881, art. 2; 19 déc. 1881, art. 19; et traités subséquents). — D'autre part, elles jouissent de toutes les restitutions, décharges de droits et autres faveurs qui sont accordées aux exportations sous pavillon français, à l'exception des immunités et primes accordées aux produits de la pêche française, soit à l'entrée, soit à la sortie.

491. Les avantages accordés aux navires des Etats liés par traité à la France ne sont cependant pas applicables au cabotage, qui reste exclusivement réservé au pavillon français. L'exception, qui avait été consacrée par la convention du 13 juin 1862 (D. P. 64. 4. 19), en faveur des navires italiens à vapeur dans la Méditerranée, n'existe plus aujourd'hui que le régime conventionnel avec l'Italie a été rompu tant en matière commerciale que de navigation. Mais on ne doit pas faire rentrer dans les opérations de cabotage les escales que les navires des Etats contractants font dans un port français, soit pour y déposer une partie de la cargaison qu'ils ont *apportée de l'étranger*, soit pour y faire ou y compléter un *chargement pour l'étranger* (V. *suprà*, n° 412).

492. Les traités de commerce actuellement en vigueur sont les suivants: 31 oct. 1881 (Belgique) (D.P.83.4.31), 19 déc. 1881 et 6 mai 1882 (Portugal) (D. P. 83. 4. 38); 30 déc. 1881 (Suède et Norwège) (D. P. 83. 4. 35), 6 févr. 1882 (Espagne) (D.P.83.4.34); 23 févr. 1882 (Suisse) (D.P.83.4.35); 28 févr. 1882 (Angleterre) (D.P.83.4.34), 18 janv. 1883 (Serbie) (D.P. 84.4.21), 18 févr. et 9 avr. 1884 (Autriche-Hongrie) (D. P. 86. 4.59), 19 avr. 1884 (Pays-Bas) (D.P.86.4.43), traités de Francfort des 10 mai et 11 déc. 1871 (Allemagne) (D. P. 72. 4. 9), 29 avr. 1861 (Turquie) (D.P.61.4.111), 1er avr. 1874 (Russie) (D. P. 75. 4. 13), 27 nov. 1886 (Mexique) (D. P. 88. 4. 35).

493. En outre, les relations avec l'Angleterre sont établies, en vertu d'une loi du 27 févr. 1882 (V. *suprà*, n° 23), sur la base du traitement réciproque de la nation la plus favorisée. — Il faut enfin citer le traité du 9 févr. 1842 avec le Danemark, qui ne stipulait de dérogation au régime général qu'à l'égard des taxes de navigation, et établissait l'égalité des navires danois et français au point de vue des taxes, régime qui est aujourd'hui de droit commun (Tarif, observ. prélim., n° 409); — le traité du 24 juin 1822 avec les Etats-Unis d'Amérique, qui contenait des dispositions semblables, — et celui du 9 mars 1861 (D. P. 62. 4. 26) avec le Pérou. Un arrangement spécial, conclu avec ce dernier Etat le 2 déc. 1866, a stipulé l'admission en franchise du guano et du borax brut importés en droiture du Pérou et une simple taxe *ad valorem* de 5 pour 100 sur le borax demi-raffiné. A ces traités s'ajoutent encore ceux qui ont été conclus avec la Birmanie, le Brésil, le Chili, la Chine, la République dominicaine, l'Equateur, la Nouvelle Grenade, le Honduras, le Japon, la République de Libéria, Madagascar, Mascate, Nicaragua, la Perse, Sandwich, Siam, l'Uruguay, le Venezuela, la République sud-africaine, la Corée. De nombreux traités ont encore été conclus pour la protection de la propriété littéraire et artistique et des marques de fabrique (V. notamment : Tarif, observ. prélim., n° 414).

SECT. 2 — IMMUNITÉS DIPLOMATIQUES (*Rép.* nos 750 à 755).

494. Les immunités que les usages diplomatiques accordent aux ambassadeurs sont toujours appliquées (*Rép.* nos 750 et suiv.). Les courriers de cabinet jouissent également d'une situation spéciale (*Rép.* n° 754). Nous n'avons rien à ajouter aux explications du *Répertoire* en ce qui concerne les courriers de cabinet étrangers. — Pour les courriers de cabinet français, les instructions données au service ont reçu certaines modifications. Les dépêches, paquets et portefeuilles qui sont présentés à la frontière par des courriers de cabinet français doivent être admis sans retard et sans visite, lorsque les sacs de dépêches sont dûment fermés et accompagnés d'une feuille de part délivrée par les autorités françaises qui ont fait l'expédition (Circ. min. 18 mai 1854). Il est, il est vrai, la plupart du temps, impossible aux courriers de produire les feuilles de part; mais ils sont tenus d'exhiber leur passeport à toute réquisition des agents des douanes. Ceux-ci doivent, dès lors, après avoir vérifié l'identité du courrier, laisser passer librement les colis revêtus de plaques ou de cachets officiels et portant l'adresse du ministre des affaires étrangères. Toutefois, le portefeuille fermant à clef, contenant les plis confidentiels, que les courriers sont tenus de porter sur eux, sans jamais l'abandonner, est dispensé de la visite bien que n'ayant aucune marque officielle apparente (Décis. min. 20 juin 1878). — V. en outre *suprà*, v° *Agent diplomatique*, n° 32.

CHAP. 15. — Des contraventions, des délits et des crimes (*Rép.* nos 756 à 824).

SECT. 1re. — OBSERVATIONS GÉNÉRALES (*Rép.* nos 756 à 761).

495. On a exposé au *Rép.* n° 756 qu'en matière de pénalité douanière, l'élévation des peines pécuniaires n'ajoute rien au caractère pénal et à la classification du fait, l'amende prononcée dans ce cas étant moins une peine qu'une réparation civile du préjudice causé à l'Etat par les contrevenants. Aussi, quel que soit le chiffre de l'amende, il ne peut faire dégénérer la contravention en délit (Ruben de Couder, *Dictionnaire de droit commercial*, v° *Douane*, n° 2416; Crim. rej. 11 déc. 1863, aff. Dietsch, D. P. 64. 1. 200; Civ. cass. 30 nov. 1869, aff. Feuermann, D. P. 70. 1. 30).

496. La tentative, en matière de douanes, est punissable. Ce principe, ainsi qu'on l'a démontré au *Rép.* n° 760, est écrit dans l'art. 35 de la loi du 21 avr. 1818. Il a été consacré de nouveau par la loi du 2 juin 1875 (D. P. 76. 4. 1) ayant pour objet diverses mesures de surveillance et de répression en matière de douanes. L'art. 12 de cette loi est ainsi conçu: « Tout versement frauduleux, toute *tentative* de versement fauduleux des mêmes marchandises (les marchandises prohibées et celles qui sont taxées à 20 fr. et plus les 100 kilog. ou soumises à des taxes de consommation intérieure), effectués soit dans l'enceinte des ports, soit sur les côtes, seront poursuivis et punis conformément aux art. 34 et 37, tit. 6, de la loi du 21 avr. 1818, et aux art. 51,

52 et 53, tit. 5, de la loi du 28 avr. 1816 (V. Ruben de Couder, *op. cit.*, n° 300; Crim. rej. 23 févr. 1861, aff. Lecapelain, D. P. 61. 1. 91).

497. Les conditions nécessaires pour que la tentative puisse être incriminée sont celles énumérées dans l'art. 2 c. pén. Il faut: 1° un commencement d'exécution; 2° que ce commencement d'exécution ait été interrompu par des circonstances indépendantes de la volonté de l'auteur; 3° que le délit tenté ait été possible (*Rép.* n° 761).

Sect. 2. — Des contraventions. — Importations et exportations. — Opposition a l'exercice des employés (*Rép.* n°s 762 à 783).

Art. 1er. — *Des contraventions en matière d'importations par terre et par mer* (*Rép.* n°s 762 à 770).

498. — I. Importation par mer. — Marchandises non prohibées (*Rép.* n°s 762 et 763). — Lorsque la marchandise importée par mer est une marchandise non prohibée qui est tarifée au-dessous de 20 fr. par 100 kilog. elle tombe, pour sa pénalité, sous l'application de la loi de 1791 et de la loi de germinal an 2, c'est-à-dire qu'elle constitue une simple contravention, justiciable des juges de paix, soit que l'introduction ait eu lieu dans l'enceinte ou hors de l'enceinte des ports. — Lorsque la marchandise est une marchandise tarifée à 20 fr. et au-dessus par 100 kilog., la loi du 21 avr. 1818 avait nettement établi, comme on l'a dit au *Rép.* n° 762, la distinction entre les contraventions commises dans l'enceinte des ports et les contraventions commises hors de cette enceinte. Il y avait délit, lorsque l'introduction avait eu lieu hors de l'enceinte des ports; simple contravention, lorsque le fait s'était passé dans l'enceinte des ports. La loi du 2 juin 1875 (D. P. 76. 4. 1) a effacé cette différence. Dans tous les cas, le versement, qu'il soit effectué dans l'enceinte des ports ou sur les côtes, est puni conformément aux art. 34 et 37, tit. 6, de la loi du 21 avr. 1818, et aux art. 51, 52 et 53, tit. 5, de la loi du 28 avr. 1816, et est de la compétence des tribunaux correctionnels.

499. — II. Importation par mer. — Marchandises prohibées (*Rép.* n°s 764 à 769). — Lorsque le fait de l'importation de la marchandise prohibée à l'entrée avait lieu dans l'enceinte des ports, il y avait simple contravention, d'après la loi de 1791 (tit. 5, art. 1er). Lorsque la contrebande était opérée hors de l'enceinte des ports, elle se transformait en délit (L. 21 avr. 1818, art. 34). — Aux termes de l'art. 2 de la loi du 2 juin 1875, tout versement frauduleux des marchandises prohibées ou de celles qui sont taxées à 20 fr. et plus les 100 kilog. ou soumises à des taxes de consommation intérieure, effectué soit dans l'enceinte des ports, soit sur les côtes, est poursuivi et puni conformément aux art. 34 et 37, tit. 6, de la loi du 21 avr. 1818, et aux art. 51, 52 et 53, tit. 5, de la loi du 28 avr. 1816. — La loi nouvelle abroge donc la distinction entre les cas où l'introduction avait lieu hors de l'enceinte ou dans l'enceinte des ports (V. *Rép.* n°s 764 et suiv.).

500. On a expliqué au *Rép.* n°s 765 et suiv. que, sous l'empire de la loi du 21 avr. 1818 (art. 35), les fraudes seulement *tentées* dans les ports étaient punies des peines prévues par les lois des 22 août 1791 et 4 germ. an 2; les juges de paix étaient appelés à en connaître. Un arrêt de la cour de cassation du 26 avr. 1830 (V. *Rép.* n° 747) a appliqué ces principes aux tentatives d'introduction qui ont lieu sur les côtes, en dehors de l'enceinte des ports. La solution contraire a été adoptée par un jugement du tribunal correctionnel de Toulon du 30 sept. 1851 (1). Aux termes de ce jugement, l'art. 35 de la loi de 1818 se borne à dire que les juges de paix continueront à connaître des fraudes tentées dans les ports de commerce et de celles qui sont découvertes par les visites des employés, mais il ne parle pas du cas où le versement de la marchandise introduite en fraude a été tenté sur la côte en dehors de l'enceinte d'un port de commerce; au surplus, l'arrêt de cassation du 26 avr. 1830 a été rendu dans une espèce où la fraude avait été découverte à bord par les visites des employés, ce qui diffère essentiellement du cas où la marchandise prohibée a quitté le navire et a été versée sur un bateau envoyé de la côte pour la recevoir; la tentative de fraude sur les côtes, faite dans ces conditions, tombe sous l'application de l'art. 34 de la loi de 1818, et est de la compétence du tribunal correctionnel. — La théorie du tribunal de Toulon a été condamnée par un arrêt de la cour de cassation du 23 févr. 1861 qui a décidé qu'en matière de contrebande par mer, la compétence attribuée au juge de paix pour connaître des importations simplement tentées, et notamment des saisies pratiquées à l'occasion des visites de douane, comprend même les saisies opérées en dehors de l'enceinte des ports de commerce et dans l'étendue du rayon-frontière de mer, soumis à la surveillance de l'Administration..., sauf les cas exceptionnels spécifiés en l'art. 37 de la loi du 21 avr. 1818 où la tentative est, à raison de la gravité des faits, déférée par la loi à la juridiction correctionnelle comme l'importation consommée (Crim. rej. 23 févr. 1861, aff. Lecapelain, D. P. 61. 1. 191). Il semble que la question était résolue: par l'art. 12 de la loi du 27 mars 1817, qui remet en vigueur, en ce qui concerne les importations frauduleuses *tentées* sur les *côtes*, l'art. 15 de la loi du 17 déc. 1814, prononçant la confiscation et l'amende; et par l'art. 14 de cette même loi de 1817 donnant compétence au juge de paix. La loi du 2 juin 1875 ne laisse plus aucun doute. Aux termes de l'art. 2, toute tentative de versement de marchandises prohibées et de celles qui sont taxées à 20 fr. et plus les 100 kilog. ou soumises à des taxes de consommation intérieure, effectuée soit dans l'enceinte des ports, soit sur les côtes, est punie comme le versement lui-même et constitue un délit de la compétence du tribunal correctionnel. — « La partie de la législation applicable aux importations par les côtes, porte l'exposé des motifs (*Journ. off.*, séance du 15 janv. 1875, annexe n° 2832), demande à être complétée. Aujourd'hui la tentative de versement frauduleux sur le littoral ne constitue qu'une simple contravention de la compétence des tribunaux de paix jugeant au civil. De là, trop souvent, une impunité relative pour des fraudeurs trop dangereux. Ainsi des bateaux chargés de tabacs, aper-

(1) (Pradelle et autres.) — Le tribunal; — Sur la compétence: — Attendu qu'en matière de contrebande maritime, les lois distinguent celle qui se fait par les ports de commerce ou qui est découverte par les visites des employés, et celle qui se fait sur les points de la côte en dehors de l'enceinte des ports de commerce; — Que la première, punie de simples amendes, est de la compétence des justices de paix, tandis que la seconde, punie de peines d'emprisonnement, est de la compétence des tribunaux correctionnels; — Attendu qu'il n'est pas contesté dans la cause actuelle que le tribunal aurait été compétemment saisi, s'il s'agissait d'un versement accompli, mais que, s'agissant d'un versement simplement tenté, la justice de paix est seule compétente, aux termes de l'art. 35 de la loi du 21 avr. 1818; — Qu'il y a lieu par le tribunal d'examiner si le fait incriminé constitue réellement une simple tentative de fraude, et dans le cas de l'affirmative, si cette tentative n'est pas, aux termes de la loi, passible de la même peine que la fraude accomplie; — Attendu, en fait, que le procès-verbal constate que le bateau saisi est parti de la côte, a accosté un navire ancré en rade près la grosse tour, et revenait à la côte avec des objets de fraude, quand il a été arrêté; — Qu'il n'est pas possible de voir là une simple tentative, à moins d'admettre que le législateur a voulu que la marchandise ait touché matériellement la terre ferme pour qu'il y eût ce qu'il appelle versement sur la côte; — Attendu, d'ailleurs, que les lois de douane, tout en prévoyant et punissant les tentatives, n'ont pas établi des peines différentes de celles qu'elles prononcent pour le délit accompli; — Qu'il faut alors s'en référer aux principes généraux qui veulent que, en pareil cas, la tentative d'un délit soit punie comme le délit lui-même; — Attendu que l'art. 35 de la loi de 1818, invoquée par les prévenus, se borne à dire que les juges de paix continueront à connaître des fraudes tentées dans les ports de commerce et de celles qui auront été découvertes par les visites des employés, mais qu'il ne parle pas du cas où, comme dans la cause, le versement de la marchandise introduite en fraude est tenté sur la côte en dehors de l'enceinte d'un port de commerce; — Attendu que l'arrêt de cassation à la date du 26 avr. 1830, dans l'affaire Félien, a été rendu dans une espèce où la fraude avait été découverte à bord par les visites des employés, ce qui diffère essentiellement de la cause actuelle, où la marchandise prohibée avait quitté le navire et avait été versée sur un bateau envoyé de la côte pour la recevoir; — Que par suite, la fraude qui fait l'objet des poursuites, ayant eu lieu sur les côtes en dehors de l'enceinte d'un port de commerce, tombe sous l'application de l'art. 34 de la loi de 1818 et est de la compétence du tribunal correctionnel;

Par ces motifs; — Se déclare compétent, etc.

Du 30 sept. 1851.-Trib. corr. Toulon.

çus et poursuivis par une embarcation de douane, jettent, au moment d'être pris, leur cargaison à la mer. Ne trouvant plus rien à bord, les douaniers n'ont pas le droit d'arrêter l'équipage. Le parquet, de son côté, n'a pas la faculté d'intervenir et de procéder à une instruction pour établir le caractère délictueux de l'opération. L'Administration se trouve de la sorte absolument désarmée, et les fraudeurs en sont quittes pour la perte d'une marchandise de peu de prix à l'étranger. L'art. 2 du projet a été rédigé dans le but de combler cette lacune ».

501. — III. IMPORTATION PAR TERRE DES MARCHANDISES PROHIBÉES ET NON PROHIBÉES. — V. ce qui est dit, sur ce point, au *Rép.* n° 770.

502. — IV. TABLEAU DES CONTRAVENTIONS EN MATIÈRE D'IMPORTATIONS PAR TERRE ET PAR MER. — L'administration des douanes a récemment fait publier le tableau des délits et des contraventions que les préposés des douanes sont appelés à constater. En matière d'importation par terre et par mer, il relève les contraventions suivantes :

IMPORTATION.

DISPOSITIONS COMMUNES AUX DEUX FRONTIÈRES.

1° *Importation par les ports ou bureaux de première ligne sans déclaration de marchandises prohibées à quelque titre que ce soit* : « art. 15 de la loi du 27 mars 1817, 1er du tit. 5 de la loi des 6-22 août 1791, et 10 du tit. 2 de la loi du 4 germ. an 2 ». — Confiscation des marchandises et des moyens de transport; amende de 500 fr. décimes, demi-décime et dépens (Tribunal de paix) (1).

2° *Déficit dans le nombre déclaré des colis de marchandises tarifées ou non* : « art. 22 du tit. 2 de la loi des 6-22 août 1791 ». — Amende de 300 fr. par colis manquant, décimes, demi-décime et dépens; retenue préventive des moyens de transport pour sûreté de l'amende (Tribunal de paix).

3° *Excédent (au-dessus du vingtième pour les métaux et du dixième pour les autres marchandises) sur le poids, le nombre ou la mesure déclarés de marchandises tarifées ou non* : « art. 18 du tit. 2 de la loi des 6-22 août 1791 ». — Double droit sur l'excédent, décimes, demi-décime et dépens (Tribunal de paix).

4° *Importation sans déclaration de marchandises exemptes de droits* : « art. 19 de la loi du 16 mai 1863 ». — Amende de 100 fr. décimes, demi-décime et dépens (Tribunal de paix).

5° *Fausse déclaration dans la qualité ou l'espèce de marchandises exemptes de droits* : « art. 19 de la loi du 16 mai 1863 ». — Amende de 100 fr., décimes, demi-décime et dépens (Tribunal de paix).

6° *Fausse déclaration dans la qualité ou l'espèce de marchandises tendant à éluder un droit de 12 fr. et au-dessus* : « art. 21 du tit. 2 de la loi des 6-22 août 1791 ». — Consfiscation des marchandises faussement déclarées; amende de 100 fr., décimes, demi-décime et dépens (Tribunal de paix).

7° *Fausse déclaration dans la valeur des marchandises, tendant à éluder un droit de 12 fr. et au-dessus* : « art. 4 de la loi du 7 mai 1881 et 21 du tit. 2 de la loi des 6-22 août 1791 ». — Confiscation des marchandises faussement déclarées; amende de 100 fr. décimes, demi-décime, et dépens (Tribunal de paix).

8° *Fausse déclaration dans la qualité ou l'espèce de marchandises tendant à éluder un droit de moins de 12 fr.* : « art. 21 du tit. 2 de la loi des 6-22 août 1791. » — Amende de 100 fr. décimes, demi-décime et dépens; retenue préventive de la marchandise pour sûreté de l'amende (Tribunal de paix).

9° *Fausse déclaration dans la valeur des marchandises tendant à éluder un droit de moins de 12 fr* : « art. 4 de la loi du 7 mai 1881, et 21 du tit. 2 de la loi des 6-22 août 1791 ». — Amende de 100 fr., décimes, demi-décime et dépens (Tribunal de paix).

10° *Emploi de tout procédé ayant pour objet de déguiser la richesse du sucre et de tromper sur le poids* : « art. 22 de la loi du 19 juill. 1880, et 3 de celle du 30 déc. 1875 ». — Confiscation de la marchandise; amende de 1000 à 5000 fr., décimes, demi-décime et dépens (Tribunal de paix).

(NOTA. — En cas de récidive, l'amende peut être portée à 10000 fr.).

11° *Présentation, comme unité, dans les manifestes ou déclarations, de plusieurs ballots ou autres colis fermés, réunis de quelque manière que ce soit* : « art. 16 de la loi du 27 juill. 1822 ». — Confiscation du fardeau; amende de 100 fr., décimes, demi-décime et dépens (Tribunal de paix).

(NOTA. — Cette disposition ne doit être appliquée sur les frontières de terre que dans les localités où l'Administration a donné l'ordre de le faire).

12° *Mélange, non déclaré, dans une même balle, de fils de lin ou de chanvre d'espèces soumises à des droits différents* : « art. 21 du tit. 2 de la loi des 6-22 août 1791, 1er de celle du 6 mai 1841, et 1er de la loi du 9 juin 1845 ». — Confiscation de la partie des marchandises inexactement déclarée; amende de 100 fr. décimes, demi-décime et dépens; le tout sans préjudice de l'application du droit le plus élevé sur la partie de marchandises non saisie (Tribunal de paix). Si le droit fraudé ne s'élève pas à 12 fr., par application du n° 8, la confiscation de la marchandise n'est pas encourue.

13° *Fausse déclaration dans l'espèce ou la qualité des matières premières destinées à l'admission temporaire.* — On doit appliquer les lois générales de douanes : les contraventions relevées constituent de fausses déclarations tendant à éluder un droit de plus ou de moins de 12 fr. On invoque l'art. 21 du tit. 2 de la loi des 6-22 août 1791 et, suivant le cas, les pénalités reprises aux nos 6 et 8 (Tribunal de paix).

(NOTA. — Si la fausse déclaration portait sur des marchandises prohibées, on appliquerait suivant le cas les nos 1 ou 32).

14° *Non-réexportation ou non mise à l'entrepôt dans les délais de l'acquit-à-caution, de produits étrangers prohibés admis temporairement en France pour y être fabriqués ou recevoir un complément de main-d'œuvre* : « art. 5 de la loi du 5 juill. 1836 ». — Amende égale au quadruple de la valeur des marchandises, décime, demi-décime et dépens (Contrainte).

15° *Non-réexportation ou non mise en entrepôt, dans les délais de l'acquit-à-caution, de produits étrangers tarifés, admis temporairement en France, pour y être fabriqués ou recevoir un complément de main-d'œuvre* : « art. 5 de la loi du 5 juill. 1836 ». — Amende égale au quadruple des droits des objets importés, décimes, demi-décime et dépens (Contrainte).

16° *Non-conduite à l'usine des fers et autres métaux déclarés en admission temporaire et soumis à cette formalité* : « art. 5 de la loi du 5 juill. 1836, 8 du décret du 15 févr. 1862, 2 du décret du 9 janv. 1870 ». — Amende du quadruple des droits d'entrée, décimes, demi-décime et dépens (Contrainte).

17° *Non-applicabilité des produits (ouvrages en métaux ou en d'autres matières) présentés pour l'exportation ou la mise en entrepôt à la décharge des matières premières admises temporairement* : « art. 5 de la loi du 5 juill. 1836 et décret relatif à la matière première dont il s'agit ». — Amende du quadruple des droits d'entrée, décimes, demi-décime et dépens (Contrainte).

18° *Non-apurement, dans le délai de deux mois, d'obligations cautionnées souscrites en garantie des droits sur les sucres admis temporairement* : « art. 8 de la loi du 7 mai 1864 ». — Payement immédiat des droits d'entrée augmentés de l'intérêt de ces mêmes droits, à raison de 5 pour 100 l'an, et ce, à partir de l'expiration dudit délai (Contrainte).

19° *Tentative ayant pour but de faire admettre à l'exportation ou à la mise en entrepôt, à la décharge d'obligations d'admission temporaire des sucres n'ayant pas le poids déclaré ou le degré de pureté ou de blancheur exigé par le règlement sur la matière* : « art. 8 de la loi du 7 mai 1864 ». — Dans le premier cas, amende égale au double droit sur le déficit, décimes, demi-décime et dépens; dans le second cas, amende de 10 fr. par 100 kilog. décimes, demi-décime et dépens; dans les deux cas, retenue préventive de la marchandise pour sûreté de l'amende et des frais (Tribunal de paix).

20° *Non-visa au bureau de deuxième ligne de passavants concernant des marchandises provenant d'admission temporaire* : « art. 12 de la loi du 9 févr. 1832 et 2 de celle du 19 mars 1875 ». — Amende de 500 fr., décimes, demi-décime et dépens (Tribunal de paix).

21° *Non-réexportation dans les délais de l'acquit-à-caution de chevaux et autres bêtes de somme servant de monture ou d'attelage aux voyageurs venant de l'étranger* : « art. 12, tit. 3, de la loi des 6-22 août 1791. » — Double droit, décimes, demi-décime et dépens (Contrainte).

NON-RAPPORT DE CERTIFICATS DE DÉCHARGE DES ACQUITS-A-CAUTION RELATIFS A DES OPÉRATIONS D'IMPORTATION DÉLIVRÉS DANS LES DIFFÉRENTS CAS REPRIS CI-APRÈS :

22° *Acide arsénieux.* — Pour garantir son transport aux destinations indiquées : « art. 1er du décret du 5 mars 1852 ». — Confiscation de la marchandise ou payement de sa valeur; amende de 500 fr., décimes, demi-décime et dépens (Contrainte).

23° *Acide stéarique.* — Pour garantir son arrivée dans une fabrique exercée ou chez un marchand pourvu d'une licence : « art. 12 de la loi du 30 déc. 1873 et 8 du règlement d'administration publique du 8 janv. 1874 ». — Quadruple du droit afférent à un poids égal de bougies, décimes, demi-décime et dépens (Contrainte).

24° *Allumettes chimiques.* — Pour garantir leur arrivée dans un magasin de la compagnie concessionnaire du monopole :

(1) Ce premier paragraphe a été évidemment inséré par erreur. L'art. 1er de la loi du 2 juin 1875 attribue formellement aux tribunaux correctionnels le droit de statuer sur les cas d'importation sans déclaration de marchandises prohibées (V. en ce sens : Thibault, *Traité du contentieux de l'Administration des douanes*, p. 213).

« art. 3 de la loi du 15 mars 1873 et 24 du décret du 29 nov. 1871 ». — Double droit, décimes, demi-décime et dépens (Contrainte).

(NOTA. — Ce numéro est actuellement sans application, la compagnie, dans son dernier marché avec l'Etat, s'étant engagée à ne pas s'approvisionner à l'étranger).

25° *Bougies et chandelles à mèche tissée, tressée ou moulinée.* — Pour garantir leur arrivée chez un fabricant ou chez un marchand pourvu d'une licence : « L. 30 déc. 1873 ». — Double droit de consommation, décimes, demi-décime et dépens (Contrainte).

26° *Gibier.* — Pour garantir son arrivée aux destinations voulues quand il est expédié en vertu d'autorisations préfectorales dans un département où la circulation et la vente en sont permises : « art. 4 de la loi du 3 mai 1844 et 6 de celle du 9 févr. 1832 ». — Application des peines relatives au transit du prohibé (n° 138). Payement de la valeur du gibier, telle qu'elle aura été indiquée dans l'acquit-à-caution; amende égale au triple de cette valeur, décimes, demi-décime et dépens (Contrainte).

27° *Librairie.* — Pour garantir son arrivée sur la douane de Paris. — Application des peines relatives au transit du prohibé (n° 138) : « art. 6 de la loi du 9 févr. 1832». — Payement de la valeur des marchandises, telle qu'elle aura été indiquée dans l'acquit-à-caution; amende égale au triple de la valeur, décimes, demi-décime et dépens (Contrainte).

28° *Marchandises dirigées sur Paris.* — Pour garantir l'arrivée à la douane de Paris de marchandises expédiées d'un bureau de frontière sur cette douane afin d'y être vérifiées. Quand la marchandise a fait, au bureau de départ, l'objet d'une vérification même seulement sommaire, on applique, suivant qu'il s'agit de marchandises tarifées ou prohibées, les n°s 127 ou 138. Quand la marchandise n'a fait au bureau de départ l'objet d'aucune vérification, l'expédition est assimilée au transport d'un premier bureau sur un second, et on applique le n° 63.

29° *Marchandises prohibées.* — Pour assurer leur réexportation : « art. 20 de la loi du 17 mai 1826 ». — Payement de la valeur des marchandises; amende de 500 fr., décimes, demi-décime et dépens (Contrainte).

(NOTA. — Il peut arriver que le détournement soit constaté; dans ce cas, on invoque au rapport, outre les lois ci-dessus, l'art. 41 de la loi du 28 avr. 1816 et les pénalités édictées par ce dernier article).

30° *Ouvrages d'or et d'argent.* — Pour assurer leur expédition sur un bureau de garantie : « art. 23 de la loi du 19 brum. an 6 et 76 de celle du 5 vent. an 12 ». — Confiscation; amende égale au quadruple des droits fraudés; décimes, demi-décime et dépens (Contrainte).

(NOTA. — L'horlogerie montée est soumise au même régime dans les conditions appliquées par la loi du 2 juill. 1836).

31° *Tabacs.* — Pour assurer l'arrivée au domicile du destinataire de tabacs fabriqués importés pour son usage personnel : « art. 1er (Tableau A, n° 100) de la loi du 7 mai 1881 ». — Payement, à titre d'amende, d'un second droit d'importation, décimes, demi-décime et dépens (Contrainte).

31 *bis.* — *Importation sans déclaration préalable d'anciens poids et mesures* : « art. 24, L. 4 germ. an 2 ». — Confiscation des poids et mesures; amende du double de la valeur des objets saisis, décimes, demi-décime et dépens.

DISPOSITIONS SPÉCIALES AUX IMPORTATIONS PAR MER.

40° *Absence de manifeste* : « art. 1er et 2 du tit. 1er de la loi du 4 germ. an 2 et 4, du tit. 2 de la loi des 6-22 août 1791 ». — Payement d'une somme égale à la valeur des marchandises pour lesquelles il n'est pas produit de manifeste; amende de 1000 fr., décimes, demi-décime et dépens; retenue préventive du bâtiment et des marchandises pour sûreté de l'amende (Tribunal de paix). Si la marchandise est prohibée à quelque titre que ce soit : « art. 15 de la loi du 27 mars 1817, 1er, tit. 5, de la loi des 6-22 août 1791, et 10, tit. 2, de la loi du 4 germ. an 2 ». — Confiscation des marchandises et des moyens de transport; amende de 500 fr., decimes, demi-décime et dépens (Tribunal de paix).

41° *Omission au manifeste* : « art. 4 du tit. 2 de la loi des 6-22 août 1791, et 2 du tit. 2 de la loi du 4 germ. an 2 ». — Payement d'une somme égale à la valeur des marchandises omises; amende de 1000 fr., décimes, demi-décime et dépens; retenue préventive du bâtiment et des marchandises pour sûreté de l'amende (Tribunal de paix). Si la marchandise est prohibée à quelque titre que ce soit : « art. 15 de la loi du 27 mars 1817, 1er, tit. 5 de la loi des 6-22 août 1791, et 10, tit. 2, de la loi du 4 germ. an 2 ». — Confiscation des marchandises et des moyens de transport; amende de 500 fr., décimes, demi-décime et dépens (Tribunal de paix).

42° *Différences dans la nature entre les marchandises et le manifeste* : « art. 2 du tit. 2 de la loi du 4 germ. an 2, et 4 du tit. 2 de celle des 6-22 août 1791 ». — Payement d'une somme égale à la valeur des marchandises différentes; amende de 1000 fr., décimes, demi-décime et dépens; retenue préventive du bâtiment et des marchandises pour sûreté de l'amende si la marchandise est prohibée à quelque titre que ce soit : « art. 15 de la loi des 6-22 août 1791, et 10 du tit. 2 de la loi du 4 germ. an 2 ». — Confiscation des marchandises et des moyens de transport; amende de 500 fr., décimes, demi-décime et dépens (Tribunal de paix).

(NOTA. — La valeur des marchandises omises au manifeste ou différentes de celles inscrites au manifeste, dont le payement peut être exigé des contrevenants, est la valeur au cours du marché intérieur, c'est-à-dire à l'acquitté, et non la valeur intrinsèque en cours d'entrepôt) (Jugement du tribunal civil de la Seine du 25 févr. 1876, et arrêt de rejet de la cour de cassation, chambre des requêtes du 22 janv. 1877).

43° *Réunion, non déclarée, dans un même colis de plusieurs espèces d'outils soumis à des droits différents ou de toiles d'espèces différentes* : « art. 1er de la loi du 17 déc. 1814, 1er du tit. 5 de la loi des 6-22 août 1791 et 10 du tit. 2 de la loi du 4 germ. an 2 ». — Confiscation des marchandises et des moyens de transport; amende de 500 fr., décimes, demi-décime et dépens (Tribunal de paix).

44° *Débarquement sans permis de marchandises exemptes de droits ou dont les droits ne s'élèveraient pas à 3 fr.* : « art. 13 et 30 du tit. 2 de la loi des 6-22 août 1791 ». — Amende de 50 fr., décimes, demi-décime et dépens; retenue préventive de partie des marchandises pour sûreté de l'amende (Tribunal de paix).

45° *Transbordement dans une rade ou en dehors de l'enceinte d'un port sans permis régulier* : « art. 13 du tit. 2, et 9 du tit. 13 de la loi des 6-22 août 1791 ». — Confiscation des marchandises; amende de 100 fr., décimes, demi-décime et dépens (Tribunal de paix).

(NOTA. — S'il s'agit de marchandises exemptes de droits ou dont les droits ne s'élèveraient pas à 3 fr., l'amende sera réduite à 50 fr., art. 30, tit. 2 de la loi des 6-22 août 1791).

46° *Débarquement, sans permis, de marchandises donnant ouverture à un droit d'au moins 3 fr.* : « art. 13 du tit. 2 de la loi des 6-22 août 1791 ». — Confiscation des marchandises; amende de 100 fr., décimes, demi-décime et dépens (Tribunal de paix).

47° *Déchargement, même avec permis, hors des heures fixées par la loi, de marchandises tarifées ou non* : « art. 9 du tit. 13 de la loi des 6-22 août 1791, et 1er du tit. 6 de la loi du 4 germ. an 2 ». — Confiscation des marchandises déchargées; dépens (Tribunal de paix). Si la marchandise est prohibée à quelque titre que ce soit, ou si elle est taxée à 20 fr. et plus par 100 kilog., ou soumise à des taxes de consommation intérieure, on applique suivant les cas les n°s 34 à 36.

48° *Transport effectué, sans permis, des navires dans le port ou du port dans les navires, par le moyen d'allèges, de marchandises tarifées* : « art. 11 du tit. 13 de la loi des 6-22 août 1791 ». — Confiscation des marchandises; amende de 100 fr., décimes, demi-décime et dépens (Tribunal de paix). Si la marchandise est prohibée à quelque titre que ce soit, ou si elle est taxée à 20 fr. et plus par 100 kilog., ou soumise à des taxes de consommation intérieure et que le transport s'effectue des navires dans le port, on applique, suivant les cas, les n°s 34 à 36.

49° *Déchargement à terre, hors la présence des commis, de marchandises tarifées, transportées des navires dans le port par le moyen d'allèges* : « art. 11 du tit. 13 de la loi des 6-22 août 1791 ». — Confiscation des marchandises; amende de 100 fr., décimes, demi-décime et dépens (Tribunal de paix). — Si la marchandise est prohibée à quelque titre que ce soit, ou si elle est taxée à 20 fr. et plus par 100 kilog., ou soumise à des taxes de consommation intérieure, on applique suivant les cas les n°s 34 à 36.

50° *Mise en mouvement d'un bâtiment sur les rivières affluentes à la mer, sans port d'acquit de payement de droits ou d'autres expéditions, suivant les circonstances* : « art. 13 du tit. 2 de la loi des 6-22 août 1791 ». — Confiscation des marchandises; amende de 100 fr., décimes, demi-décime et dépens (Tribunal de paix).

51° *Importation, hors le cas de relâche forcée par des bâtiments au-dessous de cent tonneaux, dans les ports non ouverts à l'importation du prohibé (quand d'ailleurs la déclaration en a été faite), de marchandises prohibées ou dont la prohibition a été remplacée par des droits postérieurement à la loi du 24 mai 1834* : « art. 22 et 23 de la loi du 9 févr. 1832, et 3 de celle du 5 juill. 1836 ». — Amende de 100 fr., décimes, demi-décime et dépens; retenue préventive du navire et de toute sa cargaison pour sûreté de l'amende (Tribunal de paix). A défaut de déclaration, on applique le n° 32.

52° *Importation hors le cas de relâche forcée, par des bâtiments au-dessous de quarante tonneaux, dans les ports ouverts à l'importation du prohibé (quand la déclaration en a d'ailleurs été faite), de marchandises prohibées ou dont la prohibition a été remplacée par des droits postérieurement à la loi du 24 mai 1834* : « art. 22 et 23 de la loi du 9 févr. 1832, 3 et 7 de celle du 5 juill. 1836 ». — Amende de 1000 fr., décimes, demi-décime et dépens; retenue préventive du navire et de toute sa cargaison pour sûreté de l'amende (Tribunal de paix). A défaut de déclaration, on applique le n° 32.

NOTA. — A Bayonne, le tonnage de rigueur est réduit à trente tonneaux; celui des bateaux à vapeur est partout réduit de 2/5 (décisions des 30 mars 1838 et 4 août 1841).

53° *Importation, hors le cas de relâche forcée, par des bâtiments au-dessous de quarante tonneaux, dans les ports ouverts à leur importation, de marchandises comprises dans l'art. 22 de la loi du 28 avr. 1816, et dont la déclaration aurait d'ailleurs été faite (sucres bruts et terrés, café, cacao, indigo, thé, poivre et piment, girofle, cannelle et cassia lignea, muscade et macis, cochenille et orseille, rocou, bois exotiques de teinture et d'ébénisterie, coton et laine, gomme et résines autres que d'Europe, ivoire, caret et nacre de perle, nankin des Indes)* : « art. 7 de la loi du 5 juill. 1836, 36 de la loi du 21 avr. 1818 ». — Amende de 500 fr. décimes, demi-décime et dépens; retenue préventive du navire et des marchandises pour sûreté de l'amende (Tribunal de paix). A défaut de déclaration, on applique les n°s 40, 41 ou 42.

(NOTA. — A Bayonne et dans les ports de la Méditerranée, le tonnage de rigueur est réduit à trente tonneaux. Ce tonnage est même réduit à vingt tonneaux à Bayonne, pour les marchandises qui proviennent du littoral situé entre cette ville et le cap Finistère, et dans les ports de la Méditerranée, pour les marchandises qui sont importées des côtes méditerranéennes d'Espagne (Décision du 30 mars 1838) (Le tonnage des bateaux à vapeur est partout réduit de 2/5 (décision du 4 août 1841).

54° *Mise à bord des bateaux français, en vue d'en obtenir l'admission en exemption de droits, de poissons pêchés dans les eaux françaises de la Méditerranée par des pêcheurs italiens* : « art. 3 de la loi du 1er mai 1867 ». — Confiscation, dépens (Tribunal de paix).

55° *Défaut, par les capitaines qui ont manifesté ou déclaré les poudres qu'ils ont à bord, de les déposer dans les magasins nationaux dans les vingt-quatre heures qui suivent le dépôt du manifeste ou de la déclaration* : « art. 31 de la loi du 13 fruct. an 5 ». — Amende de 500 fr., décimes, demi-décime et dépens (Tribunal de paix).

(NOTA. — A défaut d'incription ou de déclaration, on applique le n° 1).

56° *Non-exhibition par les capitaines des connaissements dont ils doivent être porteurs* : « art. 3 et 6 de la loi du 30 mars 1872 ». — Amende de 100 à 600 fr., décimes, demi-décime et dépens (Tribunal de paix).

DISPOSITIONS SPÉCIALES AUX IMPORTATIONS PAR TERRE.

57° *Importation constatée, lors de la visite, au bureau où la déclaration aurait pu en être faite et les droits acquittés, de marchandises tarifées non déclarées* : « art. 15 de la loi du 27 mars 1817 et 4 du tit. 3 de la loi du 4 germ. an 2 ». — Confiscation des marchandises; amende de 200 fr., décimes, demi-décimes et dépens (Tribunal de paix).

(NOTA. — Si les marchandises étaient tarifées à 20 fr. et plus par 100 kilog., ou soumises à des taxes de consommation intérieure ou assujetties à des restrictions d'entrée, on appliquerait le n° 32).

58° *Importation de marchandises tarifées à moins de 20 fr. par 100 kilog. et exemptes de taxes intérieures, arrêtées après qu'elles ont dépassé le bureau sans permis* : « art. 2 du tit. 2 de la loi des 6-22 août 1791, 4 et 5 du tit. 3 de la loi du 4 germ. an 2 ». — Confiscation des marchandises; amende de 200 fr., décimes, demi-décime et dépens (Tribunal de paix).

(NOTA. — Si les marchandises bien que taxées à moins de 20 fr. par 100 kilog. étaient passibles d'une taxe intérieure, on appliquerait selon le cas les n° 34, 35, 36 ou 37).

59° *Importation de marchandises tarifées à moins de 20 fr. par 100 kilog. et exemptes de taxes intérieures, arrêtées en avant du bureau, sur un chemin détourné* : « art. 1er de la loi des 6-22 août 1791 et 4, tit. 3, de celle du 4 germ. an 2 ». — Confiscation, amende de 200 fr., décimes, demi-décime et dépens (Tribunal de paix).

(NOTA. — Si les marchandises étaient passibles de taxes intérieures, on appliquerait, selon le cas, les n°s 34, 35, 36 ou 37).

60° *Excédent dans le nombre déclaré des colis de marchandises tarifées (si le colis excédant contient de la marchandise prohibée ou soumise à des taxes de consommation intérieure, on applique le n° 32)* « art. 20 du tit. 2 de la loi des 6-22 août 1791 ». — Confiscation du colis excédant; amende de 100 fr., décimes, demi-décime et dépens (Tribunal de paix).

61° *Déchargement de colis, dans le cours d'un transport autorisé d'un premier bureau sur un second* : « art. 42 de la loi du 8 flor. an 11, et 31 de celle du 28 avr. 1816 ». — Confiscation des colis déchargés; amende de 500 fr., décimes, demi-décime et dépens (Tribunal de paix).

62° *Substitution de marchandises, dans le cours d'un transport autorisé d'un premier bureau sur un second* : « art. 42 de la loi du 8 flor. an 11, et 31 de celle du 28 avr. 1816 ». — Amende de 2000 fr. par chaque colis dans lequel on aura mis une marchandise autre que celle déclarée, décimes, demi-décime et dépens; retenue préventive des moyens de transport pour le sûreté de l'amende (Tribunal de paix).

(NOTA. — Cette condamnation est requise sans préjudice de l'application des n°s 32 ou 57 suivant l'espèce de la marchandise substituée).

63° *Déficit dans le nombre des colis transportés, avec autorisation, d'un premier bureau sur un second* : « art. 42 de la loi du 8 flor. an 11 et 31 de celle du 28 avr. 1816 ». — Amende de 2000 fr. par chaque colis manquant, décimes, demi-décime et dépens; retenue préventive des moyens de transport pour sûreté de l'amende (Tribunal de paix).

64° *Echange de colis, dans le cours d'un transport autorisé d'un premier bureau sur un second* : « art. 42 de la loi du 8 flor. an 11 et 31 de la loi du 28 avr. 1816 ». — Confiscation du colis qui aura été vu déchargé et de celui qui lui aura été substitué; amende de 500 fr. décimes, demi-décime et dépens (Tribunal de paix).

65° *Non-rapport en temps utile avec décharge valable du permis délivré pour la réexportation de marchandises étrangères tarifées* : « art. 61 de la loi du 21 avr. 1818 ». — Payement de la valeur des marchandises, amende de 200 fr., décimes, demi-décime et dépens (Contrainte).

(NOTA. — Il peut arriver que le détournement soit constaté; dans ce cas, et si la marchandise est taxée à 20 fr. et plus par 100 kilog. on invoque en outre au rapport l'art. 41 de la loi du 28 avr. 1816, et l'on réclame, dans les conclusions, l'application des pénalités édictées par ce dernier article).

503. Parmi les décisions rendues sur des contraventions comprises dans le tableau qui précède, nous citerons les suivantes. — Les huiles minérales raffinées ou rectifiées, qui peuvent être livrées à la consommation pour l'éclairage après un mélange avec pétrole, sont passibles, à leur entrée en France, non seulement de la taxe de 5 pour 100 *ad valorem*, mais, en outre, des droits intérieurs imposés par la loi du 29 déc. 1873 (D. P. 74. 4. 30), pour la quantité d'essence et d'huile propre à l'éclairage qu'elles contiennent. En conséquence, il a été jugé que la déclaration à la douane de ces huiles comme huiles lourdes ne contenant ni essence ni huile lampante, et, comme telles, passibles seulement du droit de 5 pour 100, constitue une fausse déclaration tombant sous l'application de la loi des 6-22 août 1791, tit. 2, art. 21 (Req. 3 avr. 1878, aff. Lemaire, D. P. 79. 1. 341. V. *suprà*, n° 502, le n° 13 du tableau). — Jugé encore, que, lorsque des tissus importés d'Angleterre et déclarés comme mélangés de coton et de soie, le coton dominant, sont reconnus renfermer moins de 10 pour 100 de soie, ils doivent être classés dans les tissus de coton pur, les tissus dans lesquels des textiles différents entrent dans une proportion suffisante pour constituer un mélange réel, indiscutable, devant seuls être considérés comme tissus mélangés; qu'en conséquence, le fait de déclarer à la douane comme tissus mélangés des tissus contenant moins de 10 pour 100 de soie constitue une fausse déclaration, tombant sous l'application de la loi des 6-22 août 1791, tit. 2, art. 21 (Trib. paix Boulogne-sur-Mer, 3 juill. 1878) (1).

504. Il a été décidé que les peines édictées pour la

(1) (Ledez et comp.). — Des tissus importés d'Angleterre, le 29 juin 1878, et déclarés comme mélangés de coton et de soie, le coton dominant, ayant été reconnus renfermer moins de 10 p. 100 de soie, le service les classa, suivant la décision ministérielle du 4 du même mois, dans les tissus de coton pur. Un procès-verbal fut rédigé pour fausse déclaration dans l'espèce, et l'affaire portée devant le juge de paix. — Les importateurs objectaient que la prévention de fausse déclaration dans l'espèce ne pouvait être suffisamment établie par les constatations relevées en conséquence d'une simple décision du ministre des finances; en outre, que cette décision n'avait pas été l'objet d'une publication obligatoire préalablement à sa mise en pratique. Quant à la déclaration objet du procès-verbal, ils soutenaient qu'ils s'étaient conformés aux dispositions du tarif conventionnel du 16 nov. 1860 entre la France et l'Angleterre; qu'il s'agissait, dans l'espèce, de tissus mélangés, et qu'il n'y avait pas à considérer, d'après ledit tarif, la proportion dans laquelle les différents textiles entraient dans la composition du mélange, pour lui appliquer la taxe *ad valorem*. — Sur les conclusions conformes de l'Administration, le juge a rendu la sentence suivante :

LE TRIBUNAL; ... — Attendu, en fait, qu'il est constant et indéniable que les sieurs Ledez et comp. avaient connaissance de la décision ministérielle susvisée, arrêtée le 24 juin, et dès lors annoncée dans les bureaux de la douane, comme en avaient connaissance les autres commissionnaires de Boulogne, qui conformaient leurs déclarations à sa prescription depuis le 18 juin; — Que le 21 du même mois, Ledez signifiait au directeur des douanes qu'il continuerait, jusqu'à communication officielle de la répression des fausses déclarations faites au bureau des douanes relativement aux marchandises introduites en France, sont encourues, dès qu'il résulte de l'expertise à laquelle il a été procédé, conformément à la loi du 27 juill. 1822, que l'espèce et la qualité des marchandises ont été faussement déclarées. Et le contrevenant ne peut être relaxé des poursuites sous le prétexte que les experts ne se sont pas expliqués sur l'origine déclarée. Cette règle est spécialement applicable aux marchandises de provenance suisse, aucune dérogation n'ayant été apportée sur ce point, à la législation française, par le traité de commerce conclu avec la Confédération helvétique, le 30 juin 1864 (Civ. cass. 9 nov. 1880, aff. Danzas, D. P. 81. 1. 8). — D'après le tarif des douanes françaises, les minerais de cobalt venant d'Europe sont admis en franchise ; ils sont, au contraire, assujettis à un droit de 36 fr. par tonne, s'ils ont une origine extraeuropéenne, et ce droit est applicable, alors même que les minerais d'une provenance extra-européenne ont été transbordés dans un port d'Europe avant d'être introduits en France. Jugé, en conséquence, que le transporteur qui s'est chargé de prendre à Londres des minerais de cobalt provenant d'Australie pour les importer à Rouen, qui a en outre accepté de les déclarer en douane et qui, à leur arrivée en France les a indiqués comme ayant une origine européenne, a commis une fausse déclaration (Trib. com. Rouen, 7 nov. 1887, aff. N..., *Revue de droit maritime*, 1887, 425).

505. Aux termes d'un jugement du tribunal civil de Marseille, du 27 mai 1887 (aff. X..., *Revue de droit maritime*, 1887, 305), l'omission sur le manifeste de marchandises prohibées constitue la contravention prévue et punie par l'art. 1er, tit. 5, de la loi des 6-22 août 1791 et par l'art. 10, tit. 2, de la loi du 4 germ. an 2; elle ne saurait constituer le délit visé par l'art. 1er de la loi du 2 juin 1875, cette dernière loi ne prévoyant que les délits d'importation sans déclaration, par bureaux de terre et de mer, de marchandises prohibées et ne portant aucune atteinte au régime spécial des manifestes. En conséquence, le juge de paix est compétent pour connaître de la poursuite dirigée contre le capitaine d'un navire à bord duquel la douane a trouvé des marchandises prohibées non portées au manifeste, et pour prononcer, soit la confiscation du navire et desdites marchandises, soit la condamnation solidaire du capitaine et du propriétaire des marchandises prohibées à une amende de 500 fr. Cette solution est conforme aux dispositions du n° 41 du tableau ci-dessus, qui exclut l'application de la loi de 1875, lorsqu'il y a omission au manifeste. — L'art. 1er de la loi de 1875, dit la circulaire du 5 juin 1875 (n° 1273), ne porte aucune atteinte au régime spécial des manifestes et il laisse intactes, sous ce rapport, les dispositions des lois de 1791 et de germinal an 2. Tel paraît être, en effet, l'esprit de la loi de 1875, qui a voulu réprimer d'une façon plus sévère les fraudes qui se pratiquent par les bureaux ; l'exposé des motifs l'indique très nettement. Or on ne saurait assimiler aux faits d'importation qu'elle prévoit la découverte sur un navire, avant le débarquement, de marchandises non portées sur le manifeste. Les lois pénales ne peuvent être étendues à des cas autres que ceux qu'elles visent expressément. Cependant M. Thibault, *Traité du contentieux de l'administration des douanes*, p. 213, critique cette solution. « Ce paragraphe (le n° 41 du tableau), prévoit, dit-il, le cas où des agents des douanes découvriraient, à bord d'un bâtiment de mer, des marchandises prohibées qui n'avaient pas été portées sur le manifeste de ce navire; il leur recommande alors de n'invoquer que les dispositions des lois de 1791 et du 4 germ. an 2, et de citer le contrevenant devant le juge de paix. On serait tenté de croire que ces prescriptions administratives remontent à une époque antérieure à la loi du 2 juin 1875, puisque cette loi attribue aux tribunaux correctionnels la connaissance de tous les « cas d'importation sans déclaration de marchandises prohibées » et que le manifeste est la première déclaration, et même la seule déclaration que doive déposer le capitaine d'un navire en France. Les déclarations de détail, sur lesquelles on est tenu de mentionner toutes les indications nécessaires à la perception des droits peuvent, en effet, être établies par les consignataires ou destinataires des marchandises ».

506. Au reste, en cas d'introduction par mer de marchandises prohibées, le capitaine est nécessairement en contravention par cela seul que les marchandises n'ont pas été portées sur la feuille de manifeste. Cette omission constitue un fait personnel au capitaine, qui engage directement sa responsabilité, alors même qu'il aurait ensuite signalé à la douane le véritable propriétaire de la marchandise (Trib. civ. de Marseille, jugement cité *suprà*, n° 505). — Ajoutons que le manifeste ne dispense pas le capitaine de faire au moment de son arrivée au port de destination une déclaration en détail de toutes les marchandises de son chargement. Si cette déclaration est fausse, et qu'il s'agisse de marchandises prohibées, taxées à plus de 20 fr. les 100 kilog. ou soumises à des droits de consommation intérieure, le capitaine tombe alors sous l'application de la loi du 2 juin 1875 (V. en ce sens : Req. 22 janv. 1877, aff. Compagnie des steamers Gaudet, D. P. 77. 1. 145).

décision ministérielle attendue, à déclarer selon le droit qu'il prétendait conforme ; — Qu'il est constant également que la décision ministérielle, adressée le 22 et parvenue à la douane de Boulogne le 26 juin, était, le 27, transmise au président de la chambre de commerce, qu'elle était dès le 26 même affichée dans les bureaux des déclarations, où les sieurs Ledez et comp. devaient nécessairement se présenter pour retirer leurs permis, en vue notamment de leur déclaration du 28 juin, qui fait l'objet de la poursuite ; — Attendu qu'en cet état de la cause il échet d'examiner si la prévention est suffisamment justifiée, et de rechercher si les prévenus ont déclaré faussement ou en conformité des dispositions applicables à la matière ;

Attendu que le tarif conventionnel intervenu entre la France et l'Angleterre a établi deux bases distinctes pour la perception des droits sur les tissus de coton, selon qu'ils sont purs ou que, mélangés, le coton domine en poids; que les tissus de coton purs sont taxés au poids, suivant une gradation variant d'après le degré de finesse du tissu, tandis que les tissus mélangés, coton dominant en poids, sont taxés à 15 pour 100 de la valeur ; — Attendu qu'à l'encontre de la prévention les prévenus revendiquent pour les tissus déclarés l'application du droit *ad valorem*, sous prétention qu'ils seraient mélangés ; — Attendu que la contestation porte sur le point de savoir si le mélange prétendu est de nature, en présence des distinctions du tarif sujettes à interprétation, à justifier la classification du produit dans les tissus mélangés; qu'il y a dans la cause des éléments d'appréciation suffisants en vue de la détermination à faire, sans qu'il y ait lieu de recourir aux formalités de l'expertise légale ; — Attendu qu'il est de principe que pour l'interprétation des conventions en général il y a lieu de rechercher la commune intention des parties plutôt que de s'arrêter au sens littéral des termes, lorsque surtout comme dans l'espèce, le terme est général et vague, et laisse place à de dangereuses équivoques ; — Attendu que la taxation au poids des tissus de coton a été la règle générale des traités de commerce ; que cette règle n'a fléchi que devant les nombreuses difficultés pratiques, en ce qui concerne les tissus mélangés, de proportionner le droit à la valeur des tissus, ou aux quantités respectives et variables des matières différemment imposables entrant dans la composition de ces tissus; — Attendu qu'il ne saurait être douteux, en présence de ces considérations qui ne peuvent être contestées, que les tissus mélangés que le traité a entendu taxer à la valeur sont ceux dans lesquels les textiles différents entrent dans une proportion suffisante pour constituer un mélange réel et au moins appréciable, qui soit notamment de nature à modifier l'aspect, la valeur, l'emploi, la dénomination commerciale du tissu ; — Attendu que des dispositions du traité lui-même résulte implicitement la preuve que le mélange n'existe qu'autant qu'il sera évident, indiscutable ; qu'en effet, ce traité, en stipulant l'obligation d'appliquer le droit de la matière dominant en poids, implique qu'il n'avait en vue que d'appliquer ce droit à des tissus comprenant des parties en proportion suffisante pour constituer un mélange véritable ; — Attendu qu'on ne saurait prétendre sérieusement faire classer dans la catégorie des tissus mélangés ceux de ces produits dans lesquels on a spécieusement, et en vue d'une équivoque commerciale, inséré quelques fils de soie imperceptibles et perdus dans la trame, au point de n'atteindre, ce qui n'est ni contesté ni méconnu, pas même la proportion de cinq sur mille, que, dans ces conditions, ces tissus n'ont aucun des caractères des produits que le traité a voulu exceptionnellement taxer à la valeur ;

Par ces motifs, statuant en premier ressort : — Vu la loi du 22 août 1791, tit. 2, art. 21 de la loi du 22 juill. 1867, art. 2, 3 et 9, disons suffisamment établie la fausse déclaration dans l'espèce formant l'objet du procès-verbal en date du 29 juin, etc.

Du 3 juill. 1878.-Trib. de paix de Boulogne-sur-Mer.

ART. 2. — *Des contraventions en matière d'exportations par terre et par mer* (*Rép.* nos 771 à 775).

507. Les contraventions en matière d'exportations par terre et par mer, signalées dans le tableau des délits et contraventions en matière de douanes, sont les suivantes :

EXPORTATIONS.

DISPOSITIONS COMMUNES AUX DEUX FRONTIÈRES.

DISPOSITIONS GÉNÉRALES.

70° *Exportation, sans déclaration exacte, de marchandises prohibées à quelque titre que ce soit :* « art. 10 du tit. 2 de la loi du 4 germ. an 2, 1er et 3 du tit. 5 de la loi des 6-22 août 1791 ». — Confiscation des marchandises et des moyens de transport; amende de 500 fr., décimes, demi-décime et dépens (Tribunal de paix).

71° *Excédent dans le nombre déclaré de colis de marchandises tarifées :* « art. 20 du tit. 2 de la loi des 6-22 août 1791 ». — Confiscation des colis excédants; amende de 100 fr., décimes, demi-décime et dépens (Tribunal de paix). Si la marchandise trouvée dans le colis excédant est prohibée à quelque titre que ce soit, on applique le n° 70.

72° *Déficit dans le nombre déclaré de colis de marchandises tarifées :* « art. 22 du tit. 2 de la loi des 6-22 août 1791 ». — Amende de 300 fr. par colis manquant, décimes, demi-décime et dépens; retenue préventive des moyens de transport pour sûreté de l'amende (Tribunal de paix).

73° *Excédent (au-dessus du vingtième pour les métaux et du dixième pour les autres marchandises) sur le poids, le nombre ou la mesure déclarés de marchandises tarifées :* « art. 18 du tit. 2 de la loi des 6-22 août 1791 ». — Double droit sur l'excédent, décimes, demi-décime et dépens (Tribunal de paix).

(NOTA. — Si la marchandise est prohibée, on applique le n° 70. Si la marchandise est exempte et soumise seulement au droit de statistique, on applique également l'art. 18 du tit. 2 de la loi des 6-22 août 1791. Double droit de statistique sur l'excédent, décimes, demi-décime et dépens) (Tribunal de paix).

74° *Fausse déclaration dans la qualité ou l'espèce de marchandises, tendant à éluder un droit de 12 fr. et au-dessus :* « art. 21 du tit. 2 de la loi des 6-22 août 1791 ». — Confiscation des marchandises faussement déclarées; amende de 100 fr., décimes, demi-décime et dépens (Tribunal de paix).

75° *Fausse déclaration dans la qualité ou l'espèce de marchandises, tendant à éluder un droit de moins de 12 fr. :* « art. 21 du tit. 2 de la loi des 6-22 août 1791 ». — Amende de 100 fr., décimes, demi-décime et dépens; retenue préventive de la marchandise pour sûreté de l'amende (Tribunal de paix).

76° *Fausse déclaration dans la qualité ou l'espèce de marchandises exemptes de droits :* « art. 19 de la loi du 16 mai 1863 ». — Amende de 100 fr., décimes, demi-décime et dépens (Tribunal de paix). Pour l'Algérie, on applique l'art. 2 de la loi du 11 janv. 1851.

77° *Exportation, sans déclaration, de marchandises exemptes de droits :* « Art. 19 de la loi du 16 mai 1863 ». — Amende de 100 fr., décimes, demi-décime et dépens (Tribunal de paix). Pour l'Algérie, on applique l'art. 2 de la loi de 1851. L'art. 19 de la loi du 16 mai 1863 porte : « L'exemption des droits, soit à l'entrée, soit à la sortie, ne dispensera pas de faire aux douanes les déclarations prescrites par la loi, selon les spécifications et unités, énoncées au tarif général, sous peine de 100 fr. d'amende, à défaut de déclaration ou en cas de fausse déclaration.

78° *Surséance d'embarquement ou de passage à l'étranger; transport rétrograde, réintégration en magasin ou entrepôt dans d'autres maisons (hors les cas d'avarie, naufrage et autres semblables), de marchandises sujettes aux droits :* « art. 26 du tit. 2 de la loi des 6-22 août 1791 et 2 du tit. 3 de la loi du 4 germ. an 2 ». — Confiscation des marchandises; amende de 100 fr., décimes, demi-décime et dépens (Tribunal de paix).

79° *Exportation en contrebande avec attroupement et port d'armes, suivant la définition donnée par les art. 2 et 3 de la loi du 13 flor. an 11.* — La peine corporelle est la même que celle indiquée au n° 38. Les condamnations à requérir dans l'intérêt de l'administration des douanes, devant le tribunal compétent, sont celles indiquées au n° 70 s'il s'agit de marchandises prohibées et aux nos 86 et 90 s'il s'agit de marchandises tarifées.

80° *Non-rapport, dans les délais fixés, des acquits-à-caution délivrés pour justifier de l'arrivée à une destination permise des armes ou pièces d'armes de guerre exportées:* « art. 9 de la loi du 14 juill. 1860 et 4 du tit. 3 de la loi des 6-22 août 1791 ». — Payement de la valeur des armes; amende de 500 fr., décimes, demi-décime et dépens (Contrainte).

PRIMES

81° *Fausse déclaration tendant à obtenir une prime d'exportation, hors le cas où la loi en accorde :* « art. 17, § 1er, de la loi du 21 avr. 1818 ». — Confiscation des marchandises présentées; amende égale au montant de la prime, décimes, demi-décime et dépens (Tribunal de paix).

82° *Fausse déclaration quant à la valeur, à l'espèce ou au poids, tendant à obtenir une prime d'exportation supérieure à celle accordée par la loi :* « art. 1er, sect. 2 de la loi du 5 juill. 1836, et 10 de la loi du 6 mai 1841 ». — Amende égale au triple de la somme que la fausse déclaration aurait pu faire allouer en sus de ce qui était réellement dû, décimes, demi-décime et dépens (Tribunal de paix).

DISPOSITIONS SPÉCIALES AUX EXPORTATIONS PAR MER.

83° *Non-représentation, au départ, du manifeste de sortie :* « art. 2, sect. 2, de la loi du 5 juill. 1836 ». — Amende de 500 fr. décimes, demi-décime et dépens; retenue préventive du navire pour sûreté de l'amende (Tribunal de paix).

84° *Non-exhibition, à la sortie, par les capitaines, des connaissements dont ils doivent être porteurs :* « art. 3 et 6 de la loi du 30 mars 1872 ». — Amende de 100 à 600 fr., décimes, demi-décime et dépens (Tribunal de paix).

85° *Embarquement, sans permis, de marchandises exemptes de droit ou dont les droits ne s'élèveraient pas à 3 fr.* « art. 13 et 30 du tit. 2 de la loi des 6-22 août 1791 ». — Amende de 50 fr., décimes, demi-décime et dépens; retenue préventive de partie des marchandises pour sûreté de l'amende (Tribunal de paix).

86° *Embarquement, sans permis, de marchandises donnant ouverture à un droit d'au moins 3 fr. :* « art. 13 du tit. 2 de la loi des 6-22 août 1791 ». — Confiscation des marchandises; amende de 100 fr., décimes, demi-décime et dépens (Tribunal de paix).

87° *Chargement même avec permis, hors des heures fixées par la loi, de marchandises tarifées :* « art. 9 du tit. 13 de la loi des 6-22 août 1791, et 1er du tit. 6 de la loi du 4 germ. an 2 ». — Confiscation des marchandises chargées, dépens (Tribunal de paix). Si la marchandise est prohibée à la sortie, on applique le n° 70.

88° *Chargement de bord à bord, hors la présence des commis, de marchandises tarifées, transportées par le moyen d'allèges du port dans les navires ;* « art. 11 du tit. 13 de la loi des 6-22 août 1791 ». — Confiscation des marchandises; amende de 100 fr. décimes, demi-décime et dépens (Tribunal de paix). Si la marchandise est prohibée à la sortie, on applique le n° 70.

89° *Mise en mer ou sur les rivières y affluentes, sans port d'acquit de payement des droits ou d'autres expéditions, suivant les circonstances :* « art. 13 du tit. 2 de la loi des 6-22 août 1791 ». — Confiscation des marchandises; amende de 100 fr., décimes, demi-décime et dépens (Tribunal de paix). Si les marchandises sont exemptes de droits ou si les droits ne s'élèvent pas à 3 fr., l'amende est réduite à 50 fr. (art. 30, tit. 2, de la loi des 6-22 août 1791).

DISPOSITIONS SPÉCIALES AUX EXPORTATIONS PAR TERRE

90° *Exportation, hors des conditions réglées par la loi, de marchandises tarifées ou exemptes de droit :* « art. 3 du tit. 2 de la loi des 6-22 août 1791, 4 et 5 du tit. 3 de la loi du 4 germ. an 2 ». — Confiscation des marchandises, amende de 200 fr., décimes, demi-décime et dépens (Tribunal de paix).

508. Il a été jugé que le capitaine sur le navire duquel ont été chargées des marchandises portant des numéros et des marques autres que les numéros et les marques mentionnés sur le permis délivré au chargeur par l'administration des douanes, est passible de l'amende prononcée par l'art. 13, tit. 2, de la loi des 6-22 août 1791 : il objecterait vainement que l'obligation de se munir d'un permis régulier, et la peine encourue en cas de contravention ne s'appliquent qu'au chargeur (Req. 3 août 1852, aff. Baas, D. P. 52. 1. 238).

ART. 3. — *Des oppositions au droit d'exercice des employés des douanes* (*Rép.* nos 776 à 783).

509. On a exposé au *Rép.* n° 776 que l'art. 14, tit. 13, de la loi des 6-22 août 1791, et l'art. 2, tit. 4, de la loi du 4 germ. an 2, qui punissent l'opposition à l'exercice des préposés des douanes, n'ont pas été abrogés par les art. 209 à 218, 224, 228 à 233 c. pén. De nombreux arrêts sont venus confirmer cette doctrine. — Il a été jugé que l'art. 14 du tit. 13 de la loi des 6-22 août 1791, non abrogé, mais confirmé, au contraire, par l'art. 2, tit. 4, de la loi de germinal an 2, frappe, indépendamment des peines de droit commun qu'il peut avoir encourues, tout individu qui injurie, trouble ou maltraite les préposés de la régie dans l'exercice de leurs fonctions, d'une amende de 500 fr. ; que cette disposition n'est pas seulement une mesure fiscale, mais qu'elle a pour but principal, suivant les termes mêmes dont elle se sert, d'assurer aux agents des douanes une sauvegarde spéciale, à raison de la nature du service qui leur est demandé et des dangers tout particuliers auxquels ils sont exposés (Lyon, 20 déc. 1870, *infrà*, n° 513. V. encore Civ. cass. 20 juin 1860, aff. Ettori, D. P. 60. 1. 263 ; Trib. civ. Saint-Girons, 7 déc. 1869, et Civ. rej. 12 nov. 1871, aff. Ferré et Giraud, D. P. 71. 1. 290 ; Civ. cass. 20 août 1877, aff. Parrenin, D. P. 78. 1. 84; Crim. rej. 2 déc. 1875, aff. Maspoli, D. P. 76. 1. 236 ; Douai, 16 janv. 1878, *infrà*, n° 512).

510. L'amende en matière de douanes n'a pas (telle est du moins la théorie consacrée par la jurisprudence) le caractère d'une peine proprement dite et doit être considérée surtout comme une réparation civile (*Rép.* n°s 973 et suiv.). L'amende prononcée par l'art. 14 de la loi de 1791 ne fait pas exception à la règle. La protection spéciale que cette loi accorde aux préposés des douanes consiste à faire condamner l'auteur des faits que prévoit cet article au payement d'une somme fixe, irréductible, à titre de réparation du préjudice que le Trésor public est présumé avoir souffert, et sans que l'Administration ait à fournir aucune preuve, aucun élément d'appréciation, relativement au dommage, qui est légalement évalué à 500 fr. Ce n'est là, d'ailleurs, qu'un minimum : l'administration des douanes peut obtenir, conformément au droit commun (c. civ. art. 1382), une condamnation supérieure, si elle établit l'existence d'un dommage qui excède 500 fr.

511. L'amende prononcée par l'art. 14, tit. 13, de la loi des 6-22 août 1791 est exclusivement applicable au cas où les agents des douanes ont été injuriés, maltraités ou troublés dans l'exercice même de leurs fonctions ; les outrages et voies de fait qui seraient commis envers eux en dehors de cet exercice, même en leur qualité de douaniers, *ou à raison et à l'occasion de leurs fonctions*, restent soumis au droit commun, au double point de vue de la répression et des réparations civiles. Il en est ainsi, spécialement, dans le cas où un receveur des douanes a été maltraité hors de son domicile, au moment où il n'exerçait aucune surveillance, et seulement à l'occasion de l'exercice de ses fonctions (Crim. rej. 2 déc. 1875, aff. Maspoli, D. P. 76. 1. 236). « Si la disposition de l'art. 14 avait un caractère pénal, a dit M. le conseiller Saint-Luc-Courborieu dans son rapport sur cette affaire, le législateur aurait pu prononcer l'amende sans distinguer entre les injures, outrages et mauvais traitements dont auraient souffert les préposés des douanes dans l'exercice de leurs fonctions, et les injures ou mauvais traitements intervenus à l'occasion des fonctions. Dans ces deux cas, il y a un fait répréhensible et punissable ; aussi la législation pénale ordinaire les réprime également pour protéger à la fois les fonctions et l'autorité morale des fonctionnaires publics. Mais si, au contraire, le droit commun et la législation ordinaire ayant paru suffisants pour réprimer les délits et les crimes qui pourraient être commis au préjudice des préposés des douanes, l'art. 14 a eu pour objet exclusif d'indemniser l'État du préjudice qu'il est présumé avoir souffert, l'évaluation du dommage se comprend aisément, si les faits reprochés (injures ou voies de fait) ont troublé l'agent dans l'exercice de ses fonctions et ont pu favoriser le succès de la fraude. Mais cette évaluation, cette appréciation invariable d'un préjudice éventuel et présumé, ne paraît pas pouvoir être entièrement justifiée (à défaut d'un texte absolument explicite) en ce qui concerne les injures et voies de fait qui se sont produites uniquement à l'occasion des fonctions des préposés. Dans ce dernier cas, il n'y a, ce semble, qu'un préjudice moral, qu'un délit dirigé contre l'autorité et la dignité du fonctionnaire public, qui rentre dans les prévisions de la loi pénale ordinaire, sauf aux employés des douanes à se constituer partie civile, et à établir, s'il y a lieu, qu'ils ont éprouvé un préjudice, et à en obtenir la réparation, d'après les principes du droit commun ».

512. On a exposé au *Rép.* n° 777 que les dispositions du code pénal relatives à la rébellion, aux voies de fait, et l'art. 14 de la loi de 1791 sont applicables cumulativement. Il a été jugé que le contrebandier qui exerce des violences et voies de fait sur la personne d'un préposé des douanes, dans le but de s'opposer à l'exercice des fonctions de cet employé, commet le délit de rébellion et encourt, outre l'amende édictée par l'art. 14 de la loi de 1791, la peine de l'emprisonnement prononcée par l'art. 212 c. pén. (Douai, 16 janv. 1878) (1).

513. La disposition de l'art. 14 de la loi de 1791 n'est pas applicable, a-t-on dit au *Rép.* n° 779, lorsque l'opposition a eu lieu à l'occasion d'un fait de police, tel que la demande de l'exhibition d'un passeport. Il en est de même au cas où les préposés de la douane procèdent à l'arrestation d'un contrevenant en vertu du réquisitoire du ministère public, et pour l'exécution d'un jugement portant condamnation à l'emprisonnement, les préposés agissant alors uniquement comme agents de la force publique. — Il a été jugé, en ce sens : 1° que les préposés des douanes procédant à l'arrestation d'un contrevenant, en vertu d'un jugement, agissent en qualité, non de douaniers, mais d'agents de la force publique ; qu'en conséquence, la résistance qui leur est opposée ne donne lieu contre le contrevenant qu'à l'application des peines édictées par le code pénal pour le fait de rébellion envers l'autorité publique (Besançon, 14 nov. 1853, aff. Clémence, D. P. 54. 5. 387) ; — 2° Que l'art. 14, tit. 13, de la loi des 6-22 août 1791 est applicable au cas d'injures adressées à un préposé des douanes en faction à une gare pour y remplir un service de surveillance qu'il exécutait en qualité d'agent de la régie ; mais qu'il ne saurait s'appliquer au cas d'injures et de coups à un préposé agissant comme agent de la force publique et pour faire respecter les prescriptions d'un arrêté de police (Lyon, 20 déc. 1870) (2) ; — 3° Que le

(1) (Reynaërt C. Administration des douanes.) — LA COUR ; — Attendu que le délit de rébellion commis, en même temps que le délit de contrebande qu'il avait pour but de faciliter, et ce dernier délit, sont connexes ; — Vu l'art. 227 c. instr. cr., joint les deux affaires, pour être statué sur icelles par un même arrêt ; — Et attendu que du procès-verbal non attaqué et des débats il résulte la preuve que, le 27 sept. 1877, sur le territoire de Commines, Reynaërt, a, en compagnie de deux individus demeurés inconnus, et, à l'aide d'une brouette, introduit frauduleusement en France dix kilog. de tabac étranger ; — Que Reynaërt a, en outre, exercé des violences et voies de fait sur la personne du brigadier Wacrenier, agissant pour l'exécution des lois, dans le but de s'opposer à l'exercice des fonctions de cet employé ; — Qu'il a ainsi troublé ledit préposé dans l'exercice de ses fonctions et commis, en outre, le délit de rébellion ; — Attendu qu'en cas de conviction de plusieurs crimes et délits, la peine la plus forte doit seule être prononcée, principe, qui, en matière de douanes, doit s'appliquer seulement aux peines d'emprisonnement, les peines d'amende ayant le caractère de réparations civiles ;... — Par ces motifs, réforme les jugements dont est appel, déclare Reynaërt coupable d'introduction en France, par une réunion de trois personnes, d'objets de contrebande d'une valeur inférieure à 500 fr., ladite introduction ayant été accompagnée d'un trouble apporté à l'exercice des fonctions d'un préposé, et, en outre, de rébellion par une seule personne sans arme, envers ce préposé des douanes, agissant pour l'exécution des lois ; — Et lui faisant application des art. 14, 42 et 44 de la loi du 28 avr. 1816, 14 tit. 13, de la loi du 22 août 1791, 212 c. pén., 365 et 194 c. instr. cr., dont la lecture a été donnée par le président et qui sont ainsi conçus : ... — Condamne ledit Reynaërt à l'emprisonnement pendant six mois, par corps : 1° à une amende de 500 fr. pour le fait de fraude ; 2° à une seconde amende de 500 fr. pour l'opposition à l'exercice d'un préposé, et en outre, aux frais ; — Confirme le jugement quant à la confiscation de la marchandise saisie et de la brouette ayant servi au transport ; — Fixe la durée de la contrainte à quatre mois, etc.

Du 16 janv. 1878.-C. de Douai.-M. Pagart, pr.-Pierron, av. gén.

(2) (Douanes C. Revillard.) — LA COUR ;... — Attendu, il est vrai, que lorsque l'opposition aux préposés de la régie a lieu à l'occasion d'un fait de police, la jurisprudence incline, dans ce cas, à admettre que les dispositions spéciales susvisées des lois de 1791 et de l'an 2 ne sont plus applicables ; — Attendu qu'en matière pénale et fiscale, tout est de droit étroit ; — Attendu, dès lors, qu'il est, à la rigueur, possible de considérer qu'au moment où le préposé Chanut a été injurié et frappé par Revillard, il agissait, non point en sa qualité et dans ses fonctions d'agent des douanes, mais seulement comme agent de la force publique et pour faire respecter les dispositions d'un arrêté de police ; — Mais attendu qu'il n'en est pas de même en ce qui concerne le préposé Burrel ; que ce dernier était en faction à la gare de Seyssel, pour y remplir un service de surveillance commandé et exécuté par lui, en sa qualité d'agent de la régie ; — Attendu que les faits et

refus d'exhiber l'expédition délivrée par les employés des contributions indirectes, sur la demande des préposés de la douane, constitue une contravention en matière de contributions indirectes, et non pas la contravention d'opposition à l'exercice des employés de l'administration des douanes punie par l'art. 14, tit. 3, de la loi des 6-22 août 1791, et par l'art. 2, tit. 4, de la loi du 4 germ. an 2, et, qu'en conséquence, le tribunal correctionnel est compétent pour statuer sur cette contravention, à l'exclusion du juge de paix (Civ. rej. 12 nov. 1871, aff. Ferré, D. P. 71. 1. 290).

514. On a indiqué au *Rép.* n° 780 que l'opposition simple à l'exercice, sans violence, sans voies de fait, sans injure, tombe sous l'application de l'art. 14 de la loi de 1791 et de l'art. 2 de la loi du 4 germ. an 2, et l'on a précisé en quoi consistait cette opposition. Plusieurs décisions qui ont appliqué cette règle ont été citées *ibid.* n° 781.—Depuis il a été jugé que l'opposition d'un particulier au passage, sur sa propriété, de préposés des douanes dans l'exercice de leurs fonctions ne peut être déclarée excusable... ni sous le prétexte que ce particulier aurait entendu, non pas s'opposer d'une manière absolue au passage des préposés, mais uniquement protester contre leur prétention de tracer un chemin permanent sur sa propriété, si le procès-verbal, non argué de faux, qui constate la contravention, se borne à énoncer la réclamation d'un passage actuel et instantané; ...ni par le motif que l'opposant avait cru n'user que de son droit, les contraventions en matière de douanes existant en dehors de toute intention coupable (Civ. cass. 20 juin 1860, aff. Ettori, D. P. 60. 1. 263). — Il a été jugé que le refus par l'individu soupçonné du délit d'introduction frauduleuse de laisser opérer la visite de sa personne hors la présence d'un officier public, tel que le maire ou le juge de paix, constitue l'opposition à l'exercice des préposés des douanes, prévue et punie par l'art. 2, tit. 4, de la loi du 4 germ. an 2 (Civ. cass. 2 janv. 1856, aff. Vendelin, D. P. 56. 1. 14). Le refus de la part d'un capitaine de navire de soumettre son livre de bord au visa des employés des douanes constitue également un acte d'opposition à l'exercice des fonctions (Lett. com. 15 mars 1879, n° 435).

515. Les préposés des douanes ont-ils droit à la protection spéciale que leur accordent les lois de 1791 et de germinal an 2, lorsqu'ils agissent comme auxiliaires de l'administration des contributions indirectes ? La question s'est posée dans une espèce où la poursuite était motivée par le refus d'exhiber, sur la demande des préposés de la douane, une expédition délivrée par les employés des contributions indirectes. Ce refus constituait une contravention en matière de contributions indirectes, et non pas en matière de douanes, et le tribunal de Saint-Girons, dans un jugement du 7 déc. 1869 (aff. Ferré, D. P. 71. 1. 190) en a conclu qu'il n'y avait pas lieu à l'application de l'art. 14, tit. 3, de la loi des 6-22 août 1791 et 2, tit. 4, de la loi du 4 germ. an 2 : « Attendu, porte ce jugement, que s'il est établi que les préposés de la douane ont opéré à la requête de l'administration des contributions indirectes, il paraît manifeste qu'ils ne peuvent invoquer le droit à la garantie de protection particulière qui leur est accordée par la loi lorsqu'ils agissent en qualité de douaniers; — Que la loi du 28 avr. 1816, art. 17, dispose, en effet, que « les voituriers, bateliers et tous autres qui transporteront ou conduiront des boissons seront tenus d'exhiber à toute réquisition des employés des contributions indirectes, des douanes et des octrois les congés, passavants ou acquits-à-caution ou les laissez-passer dont ils devront être porteurs » ; — Qu'il résulte de ce texte de loi que les préposés de la douane se trouvent investis d'attributions distinctes de celles qu'ils tiennent des lois qui les ont organisés, et qu'ils ne sauraient revendiquer, dans leur fonctions d'agents auxiliaires de l'administration des contributions indirectes, des privilèges spéciaux qui ne leur ont été accordés que par des lois spéciales de douane et pour la garantie des dispositions qu'elles consacrent ; que l'on ne saurait comprendre, en effet, que la loi eût voulu placer le douanier sur une autre ligne que l'employé des contributions indirectes, lorsqu'il s'agit d'un permis de circulation de boisson demandé et qui a été refusé ; — Attendu, en effet, que la loi de germinal an 2 et celle du 22 août 1791 sont spéciales; qu'elles s'appliquent à un fait précis et alors que l'employé de la douane se trouve dans l'exercice de ses fonctions ». — Cette solution a été confirmée, dans la même affaire, par la cour de cassation, saisie de la question par le pourvoi de l'administration des douanes (Civ. rej. 12 nov. 1871, D. P. 71. 1. 290). Le principe de la divisibilité des fonctions de douaniers a, d'ailleurs, été consacré par la jurisprudence qui, nous l'avons dit *suprà*, n° 513, refuse d'appliquer l'art. 14 de la loi de 1791 lorsque les préposés des douanes agissent comme agents de la force publique. — On soutient, dans l'autre opinion, que la qualité de ces préposés est indivisible et doit produire tous ses effets, que l'employé ait à remplir un rôle étranger à la matière des douanes ou simplement accessoire à cette matière. En ce sens, il a été jugé que les préposés des douanes de service pour la surveillance du colportage de tabac en deçà du rayon frontière, agissant comme auxiliaires des contributions indirectes, sont autorisés par la loi du 28 avr. 1816 à pénétrer sans l'assistance d'un officier public dans les maisons où ils ont vu se réfugier des porteurs, poursuivis, de tabac de contrebande; et que les détenteurs qui opposent de la résistance à cet accomplissement de leurs fonctions sont passibles de l'amende de 500 fr., édictée par les art. 14 du tit. 13 de la loi des 6-22 août 1791 et 2 du tit. 4 de celle du 4 germ. an 2 (Douai, 31 janv. 1853) (1).

Jugé encore que les préposés des douanes, agissant

circonstances de la cause, la nature des injures qui ont été adressées à Burrel par Revillard, « *mauvais fainéant, mauvais gapiaut* », démontrent jusqu'à l'évidence que ce dernier l'a injurié et maltraité, précisément à raison de ces fonctions que la loi a protégées d'une sauvegarde spéciale; — Par ces motifs, etc.

Du 20 déc. 1870.-C. de Lyon, ch. corr.-MM. Debrix, pr.-Naquet, subst.-Rougier et Dulac, av.

(1) (Lecoq et autres.) — LA COUR; — Attendu qu'il résulte de l'instruction et des débats que le 2 août 1852, à Wardrecquier, Lecoq, Quénivet (Pierre-Joseph), Quénivet (Augustin) et Govart se sont rendus coupables : — Les trois premiers, de rébellion, pour avoir en réunion, résisté avec violence et voies de fait aux préposés des douanes, Cordonnier, Ledoux, Lefèvre et Vandale, agissant pour l'exécution des lois et des ordres de leurs chefs; — Le quatrième, d'outrage envers lesdits préposés dans l'exercice de leurs fonctions, par des paroles tendant à inculper leur honneur ou leur délicatesse, et par menaces, en les traitant de canailles et leur disant que, si le préposé Cordonnier était entré dans le lieu où il est contremaître comme il était entré chez Quénivet, il lui aurait donné un coup de fusil;

Attendu que la prétention élevée par les prévenus, que les préposés, lors de la rébellion et de l'outrage dont ils ont été l'objet, s'étaient mis en dehors de leurs fonctions en violant le domicile de Quénivet, est dénuée de fondement; — Qu'il est établi, en effet, que les préposés, étant de service pour la surveillance du colportage, avaient aperçu trois individus et un chien, porteurs de ballots, qu'ils présumèrent avec raison contenir des tabacs de contrebande; qu'à l'aspect des préposés les contrebandiers avaient jeté leurs charges, qui furent reconnues renfermer des tabacs étrangers, et avaient pris la fuite, que l'un d'eux, qui était le prévenu Lecoq, serré de près par le préposé Cordonnier qui ne le perdit pas de vue, s'étant réfugié dans la maison de Quénivet, dont il ferma la porte sur lui, Cordonnier l'y avait suivi en entrant par une fenêtre, qui était ouverte, et l'avait arrêté avant qu'il se présentât personne pour lui faire opposition; que les autres préposés étaient arrivés successivement, aussi bien qu'un grand nombre de personnes ameutées par la famille Quénivet, et que c'est dans ces circonstances que les préposés voulant emmener leur prisonnier, les faits de rébellion et d'outrage s'étaient manifestés;

Attendu que les préposés, étant à la poursuite d'un colportage de tabac, avaient, aux termes des art. 222 et 223 de la loi du 28 avr. 1816, le droit et le devoir de saisir la marchandise et de constituer prisonniers les colporteurs; — Que l'un de ceux-ci s'étant au moment d'être saisi réfugié dans l'habitation de Quénivet, les préposés avaient pouvoir de l'y suivre, en vertu de la seconde disposition de l'art. 237 de la même loi; — Que cette disposition, en les autorisant à suivre la marchandise au moment où on l'introduit dans une maison, les autorise virtuellement à suivre celui qui opère cette introduction ; que souvent, sans doute, l'action des préposés, après leur entrée dans l'habitation, se borne à la saisie de la marchandise, par la raison que l'arrestation préventive n'est pas permise en général, en matière de contributions indirectes, mais que dans le cas où cette arrestation est prescrite, ils ne rempliraient que la moitié de leur mission, si, après avoir mis la marchandise sous la main de la justice, ils négligeaient de s'assurer de la personne du contrevenant; que leur devoir, dans ce cas, en vertu de l'art. 17 de la loi du 28 avr. 1816, pour surveiller le transport des boissons, conservent la qualité d'agents de douanes, et qu'ils ont droit à la protection spéciale que leur accordent les lois des 6-22 août 1791 et 4 germ. an 2. Il n'est pas même nécessaire, dans ce cas, qu'ils soient revêtus de leur uniforme. Il suffit qu'ils représentent leur commission (Trib. corr. Caen, 17 févr. 1877) (1).

516. On a expliqué au *Rép.* n° 783 dans quels cas les préposés des douanes sont réputés être dans l'exercice de leurs fonctions. Il a été jugé que la protection spéciale qui est accordée par la loi aux préposés de l'administration des douanes doit les couvrir dans toutes les circonstances où les place l'exercice de leurs fonctions (Crim. cass. 7 sept. 1850 (2); 28 juill. 1887, *infrà*, n° 642); qu'en conséquence, les

---

a donc un double objet, et qu'il ne saurait être au pouvoir du fraudeur d'en paralyser l'accomplissement en abandonnant son ballot avant de pénétrer dans la maison; que cela est d'autant plus vrai qu'après l'abandon de ce qu'il porte ostensiblement, il peut fort bien être resté chargé sous ses vêtements, et qu'ainsi les préposés, en continuant de le poursuivre, sont nécessairement, et par la force des choses, à la suite, non seulement du fraudeur, mais de la fraude; — Que, sous ce dernier point de vue, les premiers juges ont, à tort, pensé que la poursuite de la fraude n'étant plus alors fondée que sur un soupçon, c'était le lieu d'appliquer, non la seconde, mais la première disposition de l'art. 237; qu'il n'est pas douteux, en effet, que dans la seconde disposition, comme dans la première, il ne s'agira, d'ordinaire, que d'un soupçon de fraude, puisqu'alors même que les employés auront vu l'individu entrer dans une habitation porteur d'un ballot, ils ne pourront avoir la certitude que ce ballot renferme de la marchandise de contrebande, qu'ils ne pourront que le soupçonner; que ce qui différencie les deux parties de l'article n'est donc pas la certitude de la fraude dans un cas, le simple soupçon, dans l'autre, mais uniquement la présence ou l'absence de flagrant délit; qu'il faut, par suite, reconnaître que dans la cause, où la contravention était flagrante, si les préposés des douanes ne pouvaient pas agir en vertu de la deuxième disposition de l'art. 237, ils ne le pouvaient pas davantage en vertu de la première, qu'ils n'avaient, dès lors, aucun moyen de se saisir de la personne de Lecoq, mais devaient le laisser en liberté, nonobstant le commandement de la loi qui leur ordonnait de l'arrêter;

Attendu qu'embrassant devant la cour un autre système, les prévenus objectent que, comme il s'agissait d'une contravention constatée par des préposés des douanes, les devoirs de ces préposés étaient écrits exclusivement dans la loi sur les douanes du 22 août 1791; qu'en admettant que la loi de 1816 fût applicable, l'art. 237 de cette loi ne pouvait être invoqué par eux, parce qu'il était tout à fait spécial aux employés des contributions indirectes; qu'enfin et en supposant que l'art. 237 fît la loi des préposés des douanes, comme il fait celle des employés des contributions indirectes, cet article n'autorisait pas l'introduction dans le domicile à l'aide d'escalade;

Attendu, en ce qui concerne le premier chef de l'objection, que les dispositions de l'art. 237 de la loi de 1816 ont leurs analogues dans les art. 36 et 39 du tit. 13 de la loi de 1791; mais que toutefois, cette dernière loi relative à la police du rayon des douanes et aux importations ou introductions frauduleuses de marchandises n'est pas celle dont il y ait lieu de faire l'application dans l'espèce, où il est question d'un colportage de tabac constaté en deçà du rayon frontière par des préposés des douanes, agissant, non en vertu de la loi de 1791 étrangère à cet objet, mais en exécution de la mission particulière à eux conférée par la loi de 1816;

Attendu, sur le second chef, que cette expression les «employés» dont se sert l'art. 237 de la loi de 1816, n'a pas le sens restreint que lui donnent les prévenus; qu'elle est, au contraire, générale par sa nature, et que la signification en est déterminée, dans chacun des articles de loi où elle se rencontre, par l'objet dont s'occupe cet article; qu'ainsi, dans l'art. 224, où la loi charge les employés de conduire devant l'officier de police ou de remettre à la force armée le colporteur ou fraudeur de tabac qu'ils auront arrêté, il est évident par la relation de cet article avec celui qui le précède, que ces mots *les employés*, signifient « les employés des contributions indirectes, des douanes, des octrois et généralement tout employé assermenté »; que les mêmes mots, reproduits dans l'art. 237, doivent avoir la même signification, lorsqu'il s'agira de la même matière, c'est-à-dire, comme dans la cause, de colportage de tabac; que cette explication de l'art. 237, puisée dans les textes mêmes, n'a d'une part aucun inconvénient, puisque, si elle appelle aux mêmes droits, pour la répression de la contrebande de tabac, les divers employés dénommés en l'art. 223, elle les assujettit aussi à l'observation des mêmes règles; que, d'autre part, elle écarte cet étrange résultat qu'au cas de la seconde disposition de l'art. 237, tous employés, autres que ceux des contributions indirectes, qui seraient, en vertu d'ordre de la loi, à la poursuite de la fraude, devraient s'arrêter et retourner sur leurs pas, lorsque le fraudeur serait entré dans la première maison qui se rencontrerait sur sa route, qu'enfin elle est la seule qui s'harmonise avec la législation relative à la fraude des tabacs; que cette législation, en effet, convie à la répression de la fraude les employés étrangers à l'administration des contributions indirectes par l'appât d'avantages pécuniaires qu'elle leur accorde pour chaque saisie qu'ils opèrent, pour chaque arrestation qu'ils effectuent; que leur refuser le droit de saisie et d'arrestation dans les cas prévus par l'art. 237, serait paralyser le but de la législation de la matière;

Attendu, quant au troisième chef de l'objection, que l'escalade a consisté en ce que le préposé Cordonnier était entré dans la maison de Quénivet par une fenêtre ouverte, dont personne ne défendit l'accès, alors que le fraudeur était entré lui-même par la porte, qu'il avait fermée sur lui; que l'introduction du préposé ainsi effectuée était autorisée par la deuxième disposition de l'art. 237;...

Vu les art. 209, 211, 218, 222, 224 et 463 c. pén.;

Par ces motifs, donne défaut contre Pierre-Joseph Quénivet non comparant; — Infirme le jugement dont est appel; — Condamne Lecoq à un mois d'emprisonnement, Quénivet (Pierre-Joseph) et Quénivet chacun à 16 fr. d'amende; — Déclare lesdites amendes solidaires entre les trois condamnés et recouvrables par corps; — Condamne Govart, par corps à 16 fr. d'amende, et statuant sur les conclusions de l'administration des douanes;

Attendu que le fait de rébellion déclaré constant à la charge de Lecoq, de Quénivet (Pierre-Joseph) et de Quénivet (Augustin) avait pour but et a eu pour résultat de troubler les préposés des douanes dans l'exercice de leurs fonctions, et de s'opposer à cet exercice; — Que l'outrage envers les mêmes préposés, reconnu à la charge de Govart, n'est autre chose qu'une injure qualifiée;

Vu les art. 14, tit. 13, de la loi du 22 août 1791, et 2, tit. 4, de la loi du 4 germ. an 2...;

Par ces motifs; condamne par corps les quatre prévenus à l'amende personnelle de 500 fr. et solidairement aux frais de première instance et d'appel, etc.

Du 31 janv. 1853.-C. de Douai.

(1) (Lebourgeois et autres.) — Le tribunal; — Attendu qu'il est établi par l'information et les débats que, le 9 janvier dernier, sur le territoire de la commune d'Allemagne, les deux inculpés ont outragé grossièrement les sieurs Touillard, Lebon et Dancel, agents du service des douanes, dans l'exercice et à l'occasion de l'exercice de leurs fonctions; — Attendu que l'inculpé Lebourgeois ne s'est pas contenté de commettre ce délit, mais qu'il a frappé violemment, à l'aide de son fouet, le sous-brigadier Touillard, et que l'un et l'autre se sont opposés, dans les mêmes circonstances, à l'exercice des agents du service des douanes; — Attendu que les dénégations des deux inculpés ne peuvent être accueillies en présence des déclarations nettes et précises des trois agents des douanes, qui ne sont contredites par aucune déposition de témoins; — Attendu que les faits ainsi établis sont prévus et réprimés par les art. 230, 224, 59 et 60 c. pén., 14, tit. 13, de la loi du 22 août 1791, et 2, tit. 4, de la loi du 4 germ. an 2;

Attendu, en droit, que les agents des douanes agissaient en vertu de l'art. 17 de la loi du 28 avr. 1816; que leur qualité d'agents des douanes ne les abandonne pas quand ils sont chargés, même accidentellement, de surveiller la circulation des boissons; que, dans de pareilles circonstances, comme dans toutes les autres où ils agissent plus particulièrement, comme employés des douanes, il n'est même pas nécessaire qu'ils soient revêtus de leur uniforme; qu'il suffit qu'ils représentent leur commission, car autrement l'exercice de leurs fonctions serait la plupart du temps impossible, en présence de fraudeurs habiles et expérimentés qui prennent toutes les précautions pour déjouer la surveillance; — Vu l'art. 52 c. pén. et l'art. 194 c. instr. cr.;

Par ces motifs; — Déclare les nommés Lebourgeois et la femme Delaunay coupables, le nommé Lebourgeois seul, d'avoir, le 9 janv. 1877, sur le territoire de la commune d'Allemagne, volontairement exercé des violences ou voies de fait sur la personne du sieur Touillard, sous-brigadier des douanes, dans l'exercice ou à l'occasion de l'exercice de ses fonctions; les nommés Lebourgeois et la femme Delaunay, d'avoir, le 9 janv. 1877, sur le territoire de la commune d'Allemagne, outragé par paroles, gestes ou menaces les sieurs Touillard, Lebon et Dancel, agents du service des douanes; dans l'exercice ou à l'occasion de l'exercice de leurs fonctions; — De s'être, dans les mêmes circonstances de temps et de lieu, opposés à l'exercice desdits agents des douanes; — Condamne la femme Delaunay en 50 fr. d'amende, Lebourgeois en deux mois d'emprisonnement et 25 fr. d'amende, etc.

Du 17 févr. 1877.-Trib. corr. de Caen.

(2) (Douanes C. Chevallier et Chaboud.) — La cour; — Vu l'art. 14 du tit. 13 de la loi du 22 août 1791, l'art. 2 du tit. 4 de la loi du 4 germ. an 2; — Attendu que la protection spéciale qui est accordée par la loi aux préposés des douanes doit les couvrir dans toutes les circonstances où les place l'exercice de leurs fonctions; que leurs devoirs ne se bornent pas à procéder à certains

injures adressées et les coups portés à ces préposés pendant qu'ils conduisent les délinquants au bureau des douanes pour assister à la rédaction des procès-verbaux dressés contre eux, doivent être réputés outrages adressés à l'occasion de l'exercice de leurs fonctions; et qu'un tribunal saisi de la prévention ne pourrait se dispenser de prononcer, contre les délinquants, l'amende de 500 fr. édictée par l'art. 14, tit. 13, de la loi des 6-22 août 1791 (Arrêt précité du 7 sept. 1850). — Jugé encore que des employés des douanes en marche pour se rendre au poste indiqué pour leur service sont réputés dans l'exercice de leurs fonctions; que, par suite, les injures qui leur sont adressées pendant qu'ils se rendent ainsi à leur poste constituent une entrave à l'exercice de leurs fonctions, et que l'administration des douanes a qualité pour réclamer contre les auteurs de ces injures l'application de l'amende spéciale édictée par l'art. 14, tit. 13, de la loi des 6-22 août 1791 et par l'art. 2, tit. 4, de celle du 4 germ. an 2 (Crim. cass. 21 nov. 1851, aff. Masson, D. P. 51. 5. 188); — Que les devoirs des préposés des douanes ne se bornent pas à procéder à certains actes de leur ministère, tels que des visites ou des saisies; que la garde et la surveillance, soit sur les frontières, soit sur les côtes, soit aux abords des bureaux des douanes rentrent également dans l'exercice de leurs fonctions les plus habituelles et les plus nécessaires; qu'en conséquence, encourt l'amende édictée par les lois des 6-22 août 1791 et 4 germ. an 2 le douanier outragé, alors qu'il est occupé à dissiper un rassemblement qui obstrue la circulation aux abords du bureau du receveur principal des douanes (Arrêt précité du 28 juill. 1887, *infrà*, n° 642).

517. On examinera *infrà*, n°s 627 et suiv., devant quelle juridiction doit être portée l'action de l'administration des douanes tendant à faire prononcer l'amende édictée par les lois des 6-22 août 1791 et du 4 germ. an 2 (V. aussi *Rép.* n°s 903 et suiv.)

SECT. 3. — DES DÉLITS EN MATIÈRE DE DOUANES (*Rép.* n°s 784 à 821).

ART 1er. — *Des délits d'importation et d'exportation* (*Rép.* n°s 785 à 801).

§ 1er. — Délits d'importation par terre et par mer (*Rép.* n°s 785 et 786).

518. La loi du 2 juin 1875 (art. 2), comme on l'a dit *suprà*, n°s 499 et 500, a frappé de peines correctionnelles « tout versement frauduleux, toute tentative de versement frauduleux des marchandises prohibées et de celles qui sont taxées à 20 fr. et plus les 100 kilog. ou soumises à des taxes de consommation intérieure, effectués soit dans l'enceinte des ports, soit sur les côtes ». Ces faits sont poursuivis et punis conformément aux art. 34 et 37, tit. 4 de la loi du 21 avr. 1818, et aux art. 51, 52 et 53, tit. 5, de la loi du 28 avr. 1816. — M. Thibault, *op. cit.*, n° 210, signale au sujet de ces dispositions une difficulté d'interprétation qui a été diversement résolue, dans la même affaire, par les premiers juges et par la cour d'appel. « Le tribunal de Valognes a jugé, le 25 août 1882, qu'en matière de versement ou de tentative de versement frauduleux, les peines applicables étaient celles édictées par l'art. 51 de la loi du 28 avr. 1816, c'est-à-dire les peines les plus fortes que prononcent les lois sur la contrebande actuellement en vigueur. Dans la pensée de ce tribunal, le législateur de 1875 avait voulu, en ne rappelant de la loi de 1816 que les art. 51, 52 et 53, indiquer que les peines prévues par ces articles étaient les seules applicables en matière de versements frauduleux. Le jugement dont il s'agit fut réformé par un arrêt de la cour de Caen du 23 sept. 1882 qui déclara, conformément aux conclusions du substitut du procureur général, que les différentes catégories de peines établies par la loi de 1816 étaient applicables, en matière de versement frauduleux, suivant le nombre des individus qui avaient participé à ces versements. Cette solution nous paraît la plus conforme à l'esprit de la loi de 1875. Au point de vue des textes, elle n'est pas en désaccord avec celui de l'art. 2 de cette loi, puisqu'il se réfère aux art. 34 et 37 de la loi du 21 avr. 1818, qui prévoient eux-mêmes l'application de toutes les peines énumérées dans les art. 41, 42, 43, 44, 51 et 53 de la loi de 1816. Elle n'explique pas, il est vrai, pourquoi l'art. 2 de la loi de 1875 renvoie à l'art. 51 de la loi de 1816. Mais, à notre avis, ce renvoi est inexplicable. Car, si la pensée du législateur a été bien comprise par le tribunal de Valognes, l'art. 34 de la loi de 1818 n'aurait pas dû être cité dans l'article que nous étudions. Si, au contraire, l'interprétation de la cour de Caen est la bonne, l'art. 51 aurait dû ne pas être cité ou être précédé de l'énumération des art. 41, 42, 43 et 44 qui correspondent à l'art. 34 de la loi de 1818. Ce qui nous confirme, d'ailleurs, dans l'opinion suivie par la cour de Caen, c'est la rédaction qui a été adoptée par le législateur de 1875, lorsqu'il a voulu que les peines prononcées par l'art. 51 de la loi de 1816 fussent seules applicables. Dans l'art. 3, qui édicte ces peines contre les individus qui se livrent à la contrebande par voiture, il a eu soin de s'abstenir de citer l'art. 34 de la loi de 1818. Il n'aurait vraisemblablement pas manqué de l'éliminer aussi de l'art. 2 s'il avait voulu donner à celui-ci la même sanction pénale. On pourrait objecter que le texte dans lequel nous cherchons des éclaircissements est également d'une rédaction défectueuse. Cet article se réfère, en effet, à l'art. 48 de la loi de 1816, qui n'a pas trait à la question; mais cette citation inutile, qui ne nuit pas d'ailleurs au sens de l'article qui la contient, montre simplement que, dans le cas où il a voulu faire appliquer les peines réservées autrefois aux fraudes de compétence prévôtale, le législateur a pris le plus grand soin, un trop grand soin peut-être, de l'indiquer ». L'opinion soutenue par M. Thibault, et adoptée par la cour de Caen, nous paraît juridique.

519. Aux termes de l'art. 41 de la loi du 28 avr. 1816, « toute importation par terre d'objets prohibés et toute introduction frauduleuse d'objets tarifés dont le droit serait de 20 fr. par quintal métrique et au-dessus, donnent lieu à l'arrestation des contrevenants et à leur traduction devant le tribunal correctionnel qui, indépendamment de la confiscation de l'objet de contrebande et des moyens de transport, prononcera solidairement contre eux une amende de 500 fr. quand la valeur de l'objet de contrebande n'excédera pas cette somme et, dans le cas contraire, une amende égale à la valeur de l'objet ». Si, au lieu d'une introduction frauduleuse, il s'agissait de saisie faite dans les bureaux par suite de déclarations, la peine était seulement celle établie par les lois des 6-22 août 1791 et 4 germ. an 2; et le juge de paix était compétent (L. 27 mars 1817, art. 14 et 15). Un arrêt de la cour de Grenoble du 10 févr. 1854

---

actes de leur ministère, tels qu'une visite ou une saisie; que la garde et la surveillance, soit sur la frontière, soit sur les côtes, constituent l'exercice de leurs fonctions, et qu'ils sont encore dans cet exercice lorsqu'ils conduisent les délinquants au bureau des douanes le plus voisin, pour assister à la rédaction des procès-verbaux dressés contre eux; — Et, attendu que d'un procès-verbal, en date du 6 févr. 1850, dressé par les préposés des douanes Bonnet et Bihum, il résulte qu'ils étaient de service en surveillance sur la route de Saint-Didier à Aoste, à la distance d'environ 1500 mètres de la frontière, et qu'ils procédaient à la visite d'un sac porté par une personne restée inconnue, lorsque le sieur Chevallier, passant à cheval, les a injuriés en les traitant de vauriens et de canailles, et a ajouté qu'il fallait les jeter dans le fossé et que tout serait fini; — Qu'il résulte également du même procès-verbal que lesdits préposés étaient encore de service, lorsque, conduisant ledit Chevallier au bureau des douanes le plus voisin, aux Champagner, pour assister à la rédaction d'un rapport qui allait être rédigé contre lui, en entendre lecture, le signer et en recevoir copie, ils ont été injuriés, assaillis et maltraités par les sieurs Chaboud père, Claude Chaboud et Joseph Chaboud, ses fils, qui avaient été attirés par les cris du sieur Chevallier; que, dans cet état des faits régulièrement constatés, en refusant d'appliquer aux prévenus l'amende prononcée par les art. 14, tit. 13, de la loi du 22 août 1791 et 2, tit. 4, de la loi du 4 germ. an 2, par le motif que les injures proférées par Chevallier et les violences commises par Chaboud père et fils, n'auraient pas eu lieu pendant que les douaniers se livraient à l'exercice de leurs fonctions, mais après qu'il était achevé, la cour d'appel de Grenoble (arrêt du 16 mai 1850) a violé l'art. 14, tit. 13, de la loi du 22 août 1791, et l'art. 2, tit. 4 de celle du 4 germ. an 2; — Casse.

Du 7 sept. 1850.-Ch. crim.-MM. Quénault, rap.-Plougoulm, av. gén.

(aff. Rivière, D. P. 55. 5. 165), a nettement indiqué la différence qui existait entre l'introduction frauduleuse qui constitue la contrebande, et la saisie dans les bureaux, qui constitue la fraude : « Attendu, porte cet arrêt, qu'aux termes de l'art. 2, de la loi du 13 flor. an 11, ce sont les marchandises saisies pendant leur transport dans le territoire soumis à la police des douanes qui sont réputées marchandises de contrebande; que la marchandise saisie sur le voyageur ou offerte à la visite, dans l'intérieur d'un bureau, ne saurait présenter autant de danger, ni avoir d'autre caractère que celui d'une fraude, tentée pour éluder le payement des droits ; — Qu'il y a, en effet, une grande différence entre celui qui fait la contrebande sur les routes ou à travers les champs, dans le territoire soumis à la police des douanes, et le fraudeur qui, sous l'œil scrutateur des préposés, n'a cherché qu'à éluder le payement des droits, ce qui a dû conduire à la distinction ci-dessus posée ; — Que cette distinction résulte de l'examen attentif des lois des 28 avr. 1816, 27 mars 1817 et 21 avr. 1818; ... » — Jugé, conformément à ces principes : d'une part, que, lorsque des marchandises introduites en France en contravention aux lois sur la douane ont été saisies dans un bureau de douane côtière ou frontière par suite de déclarations, c'est au juge de paix du lieu, et non au tribunal correctionnel, à connaître de l'infraction (Crim. règl. jug., 20 avr. 1854, aff. Rivière, D. P. 54. 5. 272) ; — D'autre part, que l'introduction frauduleuse en France de marchandises soustraites à toute perception et à toute surveillance constitue le délit de contrebande puni par l'art. 41 de la loi du 28 avr. 1816, et non pas seulement la contravention prévue par les art. 14 et 15 de la loi du 27 mars 1817, applicables exclusivement à l'hypothèse d'une fraude pratiquée dans les bureaux des douanes par suite de déclarations non sincères (Crim. cass. 2 avr. 1874, aff. Guffroy, D. P. 75. 1. 141).

520. La loi du 2 juin 1875 (D. P. 76. 4. 1) a supprimé cette différence entre la contrebande et la fraude. L'art. 1er porte, en effet : « Les art. 41, 42, 43, 52 et 53 du tit. 5 de la loi du 28 avr. 1816, section des douanes, et 37, tit. 6, de la loi du 21 avr. 1818, seront appliqués, en cas d'importation sans déclararation, par les bureaux de terre ou de mer, de marchandises prohibées et de celles qui sont taxées à 20 fr. et plus les 100 kilog. ou soumises à des taxes de consommation intérieure ». L'exposé des motifs de la loi de 1875 justifie cette innovation dans les termes suivants : « ... Beaucoup d'individus qui pénètrent en France par les grandes voies de communication et se présentent aux bureaux d'entrée, pratiquent une filtration fort active, sans courir d'autre risque que celui de perdre la marchandise. Sur les chemins de fer, notamment, des femmes habitant une commune étrangère limitrophe passent fréquemment en portant sous leurs vêtements du tabac, de la bijouterie. Quand la fraude est déjouée, et elle ne l'est que difficilement en, raison de la réserve qu'on est tenu d'apporter dans les visites à corps, la répression effective se réduit à la confiscation du corps du délit ; d'après la législation en vigueur, l'acte ne constitue, en effet, qu'une contravention de compétence civile, et les jugements obtenus restent lettre morte vis-à-vis d'étrangers ne possédant rien en France. D'un autre côté, le service des ports découvre souvent dans des balles de marchandises non taxées des denrées très fortement imposées. En pareil cas, l'amende n'est que de 500 fr. au maximum, alors que le droit compromis s'élève parfois à plusieurs milliers de francs. Pour atteindre plus efficacement ces deux genres de fraude, il paraît utile de donner au service le droit d'en arrêter les auteurs, et il importe de relever les amendes. Tel est l'objet de l'art. 1er du projet de loi » (*Journ. off.*, séance du 15 janv. 1875, annexe, n° 2832).

521. — FAUSSES DÉCLARATIONS. — La loi du 2 juin 1875 punit de peines correctionnelles les importations *sans déclaration* des marchandises prohibées, et de celles qui sont taxées à 20 fr. et plus les 100 kilog. ou soumises à des taxes de consommation intérieure. Les fausses déclarations sur la *nature* des marchandises doivent être frappées comme l'absence absolue de déclaration. Par exemple, on indique que le ballot qu'on présente contient du café, alors qu'il renferme du tabac : le tabac n'a pas été « déclaré ». Il y a bien là une tentative d'importation sans déclaration (V. Tableau des délits et contraventions, nos 13 et 32 ; Circ. 5 juin 1875, n° 1273 ; Lett. com. 22 juill. 1875, n° 259, qui indique le moyen pratique de reconnaître quand il y a ou non fausse déclaration).

522. Quant aux fausses déclarations sur l'espèce des produits, l'administration des douanes les poursuit en vertu de la loi de 1791, tit. 2, art. 21, aux termes de laquelle ces fausses déclarations constituent des contraventions passibles d'une amende et sont de la compétence du juge de paix. La loi du 2 juin 1875, en effet, ne saurait leur être appliquée. Elle punit les importations sans déclaration. Or une marchandise est *déclarée* dans le sens légal du mot, lors même que le propriétaire a essayé de tromper la douane sur la qualité ou l'espèce. Les dispositions légales ne sont pas susceptibles d'extension ; on ne peut les appliquer par analogie. — Il en est de même de la fausse déclaration sur l'origine, qui n'est pas autre chose qu'une fausse déclaration d'espèce. Ainsi le prévenu qui déclare comme vin d'Espagne du vin d'Italie encourt les pénalités édictées par la loi de 1791 (Lettre administrative du 30 sept. 1864). Dans certains cas, d'ailleurs, la constatation de l'origine est sans influence sur la contravention. Ainsi, il a été jugé que les peines édictées pour la répression des fausses déclarations faites au bureau des douanes relativement aux marchandises introduites en France sont encourues dès qu'il résulte de l'expertise à laquelle il a été procédé, conformément à la loi du 22 juill. 1822, que l'espèce et la qualité des marchandises ont été faussement déclarées, et que le contrevenant ne peut être relaxé des poursuites sous le prétexte que les experts ne se sont pas expliqués sur l'origine déclarée ; que cette règle est applicable, notamment, à l'individu poursuivi pour avoir déclaré des boissons comme vin ordinaire d'origine suisse, lorsque l'expertise contradictoire a constaté que les boissons n'étaient qu'un mélange de vin, d'alcool et d'eau, sans s'expliquer sur l'origine du produit, la constatation de l'origine étant sans influence sur la contravention, qui résulte du fait seul de la fausseté de la déclaration quant à la qualité ou à l'espèce du liquide (Civ. cass. 9 nov. 1880, aff. Danzas, D. P. 81. 1. 8).

523. Jusqu'en 1870, on n'avait considéré comme marchandises prohibées que celles dont la loi interdisait l'importation ou l'exportation. Depuis cette époque, la cour de cassation a reconnu que la loi de douane n'établit, sous le rapport des effets de la prohibition de certains objets à l'importation, aucune distinction entre les marchandises prohibées d'une manière générale (prohibition absolue) et celles dont l'admission ne peut avoir lieu que par certains bureaux (prohibition relative). Jugé, en conséquence, que l'introduction de bestiaux, soumis à la visite sanitaire, sans passer par les bureaux de douane ouverts à l'importation du bétail constitue un fait tombant sous l'application des art. 41, 42 et 43 de la loi du 28 avr. 1816 (Crim. cass. 14 avr. 1883, aff. Devy, D. P. 84. 1. 95. V. aussi Crim. rej. 19 mars 1870, *infrà*, n° 621). M. Thibault, *op. cit.*, p. 215, combat cette doctrine qui, d'après lui, serait en contradiction avec les prescriptions de la loi de 1791.

524. M. Thibault, *op. cit.*, p. 217, examine la question de savoir si, en visant les marchandises « qui sont taxées à 20 fr. et plus les 100 kilog. », la loi de 1875 n'a entendu parler que de celles dont le tarif est fixé au poids, de telle sorte que les tribunaux correctionnels ne seraient jamais compétents, lorsque la fraude porte sur des marchandises taxées au nombre, à la mesure ou à la valeur, alors même qu'elles donneraient ouverture à des droits très élevés. Et il résout la question négativement. Cet auteur fait observer que, si le législateur de 1875 n'a pas reproduit exactement les expressions de la loi de 1816, il a eu incontestablement en vue les mêmes catégories de marchandises. Or les termes employés par cette dernière loi n'excluent nullement les marchandises tarifées autrement qu'au poids; ils comprennent tous les objets « tarifés » d'une manière quelconque, et qui paient au moins 20 fr. de droits. D'ailleurs, le système contraire aurait entraîné des conséquences inadmissibles. Ainsi la contrebande sur les liqueurs qui payaient à cette époque 150 fr. *l'hectolitre* de droits d'importation, aurait été punie moins sévèrement que celle qui aurait eu pour objet des huiles, parce que ces derniers liquides, bien que soumis à des droits plus faibles, étaient taxés au poids au lieu de l'être à la contenance. Les dentelles de soie frappées d'un droit de 15 pour 100 de leur valeur n'auraient pas été rangées dans les catégories des marchandises taxées à plus de 20 fr. les 100 kilog., alors que les tissus de soie les moins fortement taxés payaient 160 fr. les 100 kilog. de droits d'entrée.

525. Les marchandises à l'égard desquelles la loi du 24 mai 1834 a remplacé la prohibition par des droits sont soumises, au point de vue de la contrebande, aux dispositions de la loi de 1816 et de la loi de 1818 (L. 24 mai-1er juin 1834 ; Ord. 2-6 juin 1834 ; L. 5-16 juill. 1836, art. 3 ; *Rép.* p. 603 et 608). La loi du 2 juin 1875 est muette à leur égard. M. Thibault, *op. cit.*, p. 609, estime, dès lors, que cette loi ne leur est pas applicable, lorsqu'elles ne sont pas taxées à 20 fr. les 100 kilog. ou soumises à des droits de consommation intérieure.

526. La loi du 2 juin 1875 (art. 1er) a assimilé les marchandises soumises à des taxes de consommation intérieure aux marchandises prohibées ou taxées à plus de 20 fr. les 100 kilog., au point de vue de la répression de la fraude.

527. L'obligation de tout importateur de marchandises prohibées ou tarifées consiste à les conduire directement au premier bureau d'entrée de la frontière (L. 6-22 août 1791, tit. 1er, art. 1er, et tit. 2, art. 1er). Sans doute, l'importateur qui, par suite d'un cas de force majeure, n'a pu se conformer à cette obligation n'encourt aucune responsabilité. Mais il a été jugé avec raison que cette immunité ne pouvait être invoquée par celui qui, en 1871, a dirigé ses marchandises sur des bureaux fermés à raison de l'occupation allemande, alors qu'il pouvait les conduire sur un autre point de la frontière, où se trouvaient des bureaux restés ouverts (Crim. cass. 23 janv. 1874, aff. Sarrazin, D. P. 75. 1. 48). Il était, d'ailleurs, constaté, en outre, dans cette affaire que l'importateur avait agi par suite d'une combinaison frauduleuse ayant pour but de frustrer les droits du Trésor, ce qui écartait toute difficulté.

528. Le délit d'importation frauduleuse, lorsqu'il est commis en réunion, est puni de peines plus sévères (V. *Rép.* n° 990). L'art. 44 de la loi de 1816 décide que, lorsque les importations par terre d'objets prohibés, ou les introductions frauduleuses d'objets tarifés ont été commises par une réunion de trois individus et plus, jusqu'à six inclusivement, l'emprisonnement sera d'un an au plus et de trois mois au moins. — Jugé que, pour attribuer à un fait d'importation frauduleuse de marchandises prohibées le caractère de délit commis en réunion prévu par l'art. 44 de la loi du 28 avr. 1816, il faut compter, non toutes les personnes qui peuvent être intéressées à ce fait, soit comme complices, soit comme auteurs, soit à un titre quelconque, mais seulement celles qui concourent personnellement et activement au fait matériel de l'introduction frauduleuse des marchandises sur le territoire français (Nancy, 27 févr. 1878, aff. Lambert, D. P. 79. 2. 46).

529. L'art. 53 de la loi du 28 avr. 1816 déclare solidaires de l'amende et passibles de l'emprisonnement ceux qui ont participé comme assureurs, comme ayant fait assurer, ou comme intéressés d'une manière quelconque à un fait de contrebande. Mais cette disposition ne doit pas être combinée avec l'art. 44 de la loi de 1816 pour déterminer si l'importation frauduleuse a été commise par une réunion de plus de trois individus. Les complices ne peuvent être compris au nombre des personnes dont la réunion constitue une circonstance aggravante du délit de contrebande.

530. Aux termes de l'art. 3 de la loi du 2 juin 1875, le transport en contrebande par voiture de marchandises prohibées et de celles qui sont taxées à 20 fr. et plus les 100 kilog. ou soumises à des taxes de consommation intérieure donne lieu à l'application des art. 48, 51, 52 et 53 du tit. 5 de la loi du 28 avr. 1816, et 37, tit. 6, de la loi du 21 avr. 1818. « L'art. 3, porte l'exposé des motifs, a pour objet d'entraver une fraude qui a pris de l'extension depuis les échecs éprouvés par les bandes, et que va probablement développer encore la disposition législative adoptée à l'égard des chiens. Il s'agit des importations, qui s'opèrent au moyen de voitures attelées de chevaux vigoureux qu'on lance à fond de train au premier indice de la présence des préposés. Depuis quelque temps, des combinaisons nouvelles ont accru les difficultés qu'a toujours rencontrées la répression de ces manœuvres. On a revêtu les chevaux de lames de tôle pour les préserver des balles ; on a garni les oreillères et les brides de pointes de fer pour empêcher les préposés de se jeter utilement à la tête des attelages. Il nous a paru que la contrebande ainsi exercée devait être assimilée à celle faite par les bandes à cheval ».

531. D'après un jugement, l'emploi de voitures pour l'introduction de marchandises prohibées ne constitue une circonstance aggravante, entraînant les peines édictées par les art. 48 et 51 de la loi du 28 avr. 1816, qu'autant que cet emploi a été reconnu et constaté en même temps que l'introduction elle-même (Trib. Hazebrouck, 27 nov. 1884, aff. Paris Blendé, D. P. 86. 3. 30). — Cette décision paraît fondée. La loi du 2 juin 1875 n'a fait qu'étendre la portée des dispositions de la loi de 1816, en assimilant la contrebande par voitures à la contrebande exercée par bandes à cheval ; elle doit donc être interprétée dans le même esprit. Or on doit conclure des termes et de l'esprit de ces dispositions que la circonstance aggravante, c'est-à-dire le fait d'être au nombre de trois et d'être à cheval, doit être constatée en même temps que le fait de l'introduction. On remarquera, d'ailleurs, que le délit prévu et puni par l'art. 3 de cette loi consiste dans « le transport en contrebande par voitures de marchandises prohibées ». Il faut donc, pour que ce délit existe et que ses auteurs soient passibles des pénalités exceptionnelles des art. 48 et 51 de la loi de 1816, que le transport par voiture ait été constaté, c'est-à-dire, ainsi que le décide le jugement ci-dessus, que les marchandises aient été saisies sur la voiture.

532. Il a été jugé que l'art. 3 de la loi du 2 juin 1875, qui étend au transport en contrebande par voiture de marchandises prohibées les dispositions des art. 48 et 51 de la loi du 28 avr. 1816 (tit. 5) ne fait pas, comme cette dernière loi, de la pluralité des délinquants un élément constitutif du délit (Lyon, 29 juin 1882, aff. Mossière, D. P. 83. 2. 160). Cet art. 3, en effet, n'a déterminé aucune condition, soit de pluralité de personnes accompagnant la voiture, soit de pluralité de voitures. On pourrait même ajouter qu'en employant le mot *voiture* au singulier, le texte repousse la nécessité de cette dernière condition. La définition du délit est complète et ressort clairement des termes de l'art. 3, sans qu'elle puisse être étendue ou restreinte par voie d'analogie. La contrebande par voiture est assimilée, ainsi que le déclare l'exposé des motifs, à la contrebande exercée par des bandes à cheval ; mais, à la différence de ce dernier délit qui suppose la pluralité des délinquants, le délit prévu par la loi nouvelle existe, quel que soit le nombre des transporteurs et quel que soit le nombre des chevaux et des voitures servant au transport des marchandises prohibées. Comme le dit l'arrêt précité dans l'un de ses considérants, « si le législateur de 1875 avait entendu que la contrebande ne pourrait motiver l'application des art. 48 et 51 de la loi du 28 avr. 1816, qu'autant que la voiture serait accompagnée de plus de six personnes ou de trois seulement, mais attelée de trois chevaux, il faudrait, sans parler d'une semblable bizarrerie, en conclure que l'art. 3 de la loi du 2 juin 1875 était absolument inutile et n'a apporté à la législation alors existante aucune innovation, puisque le texte seul de la loi de 1816 eût permis l'aggravation de peine aux cas qui viennent d'être supposés ».

533. L'art. 3 de la loi du 2 juin 1875, relatif au transport en contrebande par voiture, ne s'applique pas au cas d'introduction frauduleuse de tabac de contrebande à l'aide d'une brouette traînée à bras (Douai, 16 janv. 1878) (1).

Mais la jurisprudence applique cet art. 3 au transport à

(1) (Reynaërt C. Administration des douanes.) — LA COUR ; — Attendu que du procès-verbal non attaqué et des débats il résulte la preuve que, le 27 sept. 1877, sur le territoire de Commines, Reynaërt a, en compagnie de deux individus demeurés inconnus, et à l'aide d'une brouette, introduit frauduleusement en France 10 kilogr. de tabac étranger ; — Attendu que la brouette ne saurait être assimilée à la voiture dont il est question en l'art. 3 de la loi du 2 juin 1875 : — Qu'il résulte, en effet, de l'exposé des motifs de cette loi que l'art. 3 a pour objet d'entraver les importations qui s'opèrent au moyen de voitures attelées de chevaux vigoureux qu'on lance à fond de train au premier indice de l'apparition des préposés ; — Qu'en présence de l'intention du législateur de 1875

l'aide d'une locomotive ou d'un wagon. — Il a été jugé que le fait d'introduire en contrebande, à l'aide de wagons, des marchandises prohibées constitue le délit d'importation par voiture, prévu et réprimé par l'art. 3 de la loi du 2 juin 1875 (Nancy, 5 juill. 1882) (1).

Jugé encore que la contrebande pratiquée à l'aide d'une locomotive ou tender doit être assimilée, au point de vue pénal, à l'importation en contrebande par voiture (Douai, 8 juill. 1885) (2).

534. — POUDRES A FEU. — L'importation en fraude des poudres à feu a été longtemps régie par des lois spéciales, qui, édictées bien avant la loi de 1816, n'étaient pas en harmonie avec les dispositions qu'elle contient. C'est ainsi qu'aux termes de l'art. 21, tit. 2, de la loi du 13 fruct. an 5, l'introduction en France des poudres à feu de l'étranger ne donnait lieu qu'à des réparations civiles hors de proportion avec la gravité du délit et le système général de la législation des douanes en matière d'introduction prohibée

---

ainsi révélée par l'exposé des motifs de cette loi, le tribunal de Lille en a fait une fausse application en assimilant à ce mode de transport celui que l'on peut effectuer en conduisant une brouette, c'est-à-dire un petit véhicule à une roue traîné à bras; — Par ces motifs, etc.

Du 16 janv. 1878.-C. de Douai.-MM. Pagart, pr.-Pierron, av. gén.

(1) (P...) — Deux ballots renfermant de la poudre et du tabac, et attachés par des cordes au-dessous de deux wagons venant du territoire allemand, furent saisis par la douane de Pagny-sur-Moselle. L'information ouverte à ce sujet ayant établi la culpabilité d'un nommé Polliot, le juge d'instruction de Nancy le le renvoya devant le tribunal correctionnel, « sous la prévention de contrebande, à l'aide de wagon ou de voiture, délit tombant, aux termes de l'art. 3 de la loi du 2 juin 1875, sous le coup des art. 48 et 51 de la loi du 28 avr. 1816 ». — Le 27 mai 1882, le tribunal correctionnel de Nancy rendit un jugement ainsi conçu : — « Attendu que Polliot, dans des conclusions subsidiaires, soutient, pour sa défense, que la contredande par chemin de fer ne saurait être assimilée à celle réprimée par l'art. 3 de la loi de 1875; — Attendu que ce moyen s'appuie, non sur le texte de l'art. 3 dont il est la contradiction manifeste, mais sur l'exposé des motifs présenté à la Chambre par M. Mathieu Bodet, alors ministre des finances; — Attendu, en droit, qu'il est contraire aux règles d'une saine interprétation, quand le législateur, pour formuler une loi, s'est servi, sans y ajouter aucune réserve ni distinction, d'un mot auquel le génie de la langue donne un sens générique nettement déterminé par l'usage, de recourir, pour en restreindre l'application, aux faits particuliers indiqués dans un exposé de motifs et qui doivent être considérés comme l'occasion de la loi et non comme son principe déterminant; — Qu'en thèse générale, y eût-il contrariété apparente, disproportion ou même contradiction entre les motifs et le dispositif de la loi, c'est à la loi, quand son texte est absolument clair, que le juge doit s'en rapporter, et ce, parce que si l'exposé des motifs fait connaître la pensée du Gouvernement, la lettre seule de la loi révèle celle du législateur; et, dans le cas spécial de l'art. 3 de la loi de 1875, on comprend que le législateur ait, sans discussion, accepté la formule proposée par le Gouvernement, cette formule ayant été conçue en termes qui, dépassant le cercle particulier des faits indiqués dans l'exposé des motifs, répondaient par leur généralité à toutes les prévisions que comportait le mode d'infraction à réprimer; — Attendu, en effet, que l'art. 3 dont il s'agit se formule ainsi : *le transport en contrebande par voiture;* — Attendu que le mot *voiture* est le terme générique par lequel on désigne tous les véhicules montés sur roues, depuis la voiture de maître, l'omnibus et le camion jusqu'à la charrette à bras; que l'usage a également appliqué cette appellation aux wagons qui composent un train et qui se divisent en voitures de 1re, 2e et 3e classe; que le sens générique de ce mot ne saurait, d'ailleurs, être discuté, l'Académie l'ayant défini : *tout ce qui sert à transporter les personnes et les marchandises;* — Attendu que si le législateur, qu'on doit supposer avoir eu pleine connaissance du sens collectif du mot *voiture*, avait entendu exclure les wagons de ses dispositions prohibitives, il l'eût certainement déclaré, et le juge n'a pas le droit de distinguer là où la loi ne distingue point, d'où il suit que le wagon entrant dans la compréhension du terme générique *voiture*, dont il n'est qu'une espèce, rentre par là même dans la prohibition édictée par l'art. 3 de la loi de 1875; — Attendu que l'exposé des motifs paraît, il est vrai, donner au mot *voiture* un sens plus restreint; qu'après avoir exposé que l'importation s'opérait à l'aide de chevaux vigoureux bardés de feuilles de tôle et garnis de pointes de fer qu'on lançait à fond de train à l'approche des préposés, le ministre termine son exposé par ces mots : il nous a paru que la contrebande ainsi exercée devait être assimilée à celle faite par les bandes à cheval; — Attendu que ces mots : *contrebande ainsi exercée*, semblent, à première vue, déterminer les conditions spéciales dans lesquelles doivent se trouver les voitures pour que l'art. 3 devienne applicable, mais que, si l'on devait voir dans les faits ainsi présentés, le commentaire et le sens de la loi, il faudrait décider que toute voiture chargée de contrebande, mais qui ne serait pas attelée de chevaux bardés de lames de tôle, revêtus de harnais garnis de pointes de fer et assez vigoureux pour, à l'approche des douaniers, être lancés à fond de train, est restée en dehors des prévisions de la loi; — Que telle n'a pu être la pensée restreinte du ministre qui avait lui-même rédigé le texte voté, sans discussion, par la Chambre; que ces mots de son exposé *contrebande ainsi exercée* signifient la contrebande exercée par voiture, *ainsi* mis pour *voiture*, et ce mot pris dans un sens général et non dans le sens spécial des faits cités, *exempli causâ;* que telle surtout n'a pas été la pensée du législateur auquel il n'a pu échapper que le mot collectif *voiture* dont il se servait s'appliquerait à tous les moyens de transport actuellement en usage; que, bien plus, ce mot est d'une étendue grammaticale et logique si impérieuse qu'il s'appliquerait, et par lui l'art. 3, même au véhicule encore innommé et à tout principe de locomotion nouveau qui pourrait être inventé dans l'avenir, parce que si ce véhicule n'était pas compris dans les prévisions formelles du législateur au moment où il a édicté sa loi, il était dans ses prévisions virtuelles; qu'il se trouve un exemple de cette vérité dans l'application que la jurisprudence a faite du prescrit de l'art. 41 de la loi de 1816, à raison des termes généraux *moyens de transport* dont le législateur s'est servi; — Que les chemins de fer n'étaient pas alors inventés, qu'ils s'étaient trouvés absolument en dehors des prévisions formelles du législateur et que pourtant les tribunaux n'ont pas hésité à frapper de confiscation les wagons et les locomotives qui avaient servi de moyens de transport à la contrebande; — Attendu, enfin, qu'un arrêt de la cour suprême, en date du 3 mars 1877 (D. P. 78. 1. 190), a tiré de la loi du 2 juin 1875 une assimilation complète entre l'exploitation des voitures publiques et celle des chemins de fer en ce qui touche les devoirs qui incombent à ceux qui dirigent les uns et les autres; que si cette assimilation a pu être proclamée à ce point de vue bien que la loi de 1875 dans aucun de ses articles ne vise les chemins de fer, elle doit l'être également au point de vue spécial de l'art. 3 de ladite loi et, partant, les wagons d'un train doivent être considérés comme voitures ainsi que les véhicules traînés à chevaux;... — Déclare Polliot Eugène, dit Arsène, coupable d'avoir, le 7 déc. 1881, importé en France par voiture 10 kilog. de poudre de chasse et 36 kilog. de tabac en paquets recouverts de vignettes étrangères et découverts à Pagny-sur-Moselle sous deux wagons du train de Metz à Frouard...» — Appel par le sieur P... — Arrêt.

LA COUR;... — Attendu que les caisses ont voyagé par wagons, de même que les ballots saisis à la gare de Pagny; qu'ainsi, aux termes de l'art. 3 de la loi du 2 juin 1875, le prévenu s'est rendu coupable de délits de la compétence prévôtale; — Qu'il n'y a lieu de distinguer entre les voitures conduites par des chevaux ou celles marchant par la vapeur, et qu'il serait arbitraire, toutes deux constituant des moyens de transport, de faire une distinction entre les deux modes de transport, là où le législateur n'en fait aucune; — Par ces motifs, ayant tel égard que de raison à l'appel émis par le prévenu, le déclare coupable : 1° d'avoir, le 7 déc. 1881, à Pagny-sur-Moselle, importé par terre et frauduleusement introduit en France par voiture 10 kilog. de poudre de chasse et 36 kilog. de tabac, marchandises prohibées, le tout étant renfermé dans des paquets recouverts de vignettes étrangères et d'une valeur de 575 fr.

Du 5 juill. 1882.-C. de Nancy.

(2) (Berlise et Tavernier.) — LA COUR; — Attendu que les faits reprochés aux prévenus consistent dans l'importation par terre et par le bureau d'entrée de Feignies de cent six kilog. de tabac étranger, caché sous le charbon servant à alimenter la locomotive dont Berlise était le mécanicien et Tavernier le chauffeur; — Que ce tabac ainsi transporté a franchi le bureau d'entrée sans qu'il ait été fait aucune déclaration; — Qu'il y avait là importation en contrebande; — Que les préposés des Douanes ont escorté d'une manière spéciale les véhicules où ils soupçonnaient la fraude; — Qu'ils ont ainsi suivi à vue la marchandise prohibée jusqu'à Feignies; — Attendu que ce transport frauduleux a eu lieu au moyen d'un véhicule, le tender attelé d'une locomotive circulant sur une voie de chemin de fer; — Que ce mode de transport est une véritable introduction par voiture; — Que l'expression *voiture* doit s'entendre de tout véhicule sur lequel il peut être difficile et dangereux de constater et de réprimer la fraude; — Qu'il y a donc eu de la part des appelants transport en contrebande par voitures de marchandises prohibées tombant sous l'application de l'art. 3 de la loi du 2 juin 1875;...

Par ces motifs, confirme, etc.

Du 8 juill. 1885.-C. de Douai.-M. Clément, rap.

(Blanche, *Dictionnaire général d'administration*, v° *Poudres à feu*, p. 1704). Le décret-loi du 1er mars 1852 (D. P. 52. 4. 76) a voulu faire disparaître ce régime spécial que rien ne justifiait. Mais les termes dans lesquels il est conçu ont donné lieu à des interprétations diverses. S'il autorise l'application de la loi générale de 1816 en cas d'importation flagrante, il ne permet pas explicitement son application, lorsque le délit est découvert après avoir été consommé ou lorsque les poudres sont saisies dans le rayon frontière. L'art. 5 de la loi du 2 juin 1875 complète l'assimilation de la poudre aux autres marchandises prohibées. Il décide que toutes les dispositions de douanes relatives aux marchandises prohibées sont applicables aux poudres à feu et aux produits qui y sont assimilés.

535. — FAITS CONSOMMÉS DE FRAUDE. — ACTION RÉPRESSIVE. — RECOUVREMENT DES DROITS. — Il arrive fréquement que le service ne constate des faits de fraude que lorsqu'ils sont consommés, c'est-à-dire lorsque les produits sont déjà dans la consommation. L'Administration a le devoir de ne pas laisser ces faits impunis, lorsqu'elle peut exercer une action répressive. Elle doit, dans tous les cas, s'attacher, en outre, à recouvrer les droits. — Quels sont les moyens dont elle peut user à cet effet? Une instruction du directeur général des douanes en date du 30 août 1888 répond à cette question de la manière suivante : « Les marchandises importées frauduleusement se divisent en deux classes, au point de vue de la répression et du recouvrement des droits : 1° Marchandises non prohibées taxées à moins de 20 fr. les 100 kilog. ; — 2° Marchandises prohibées ou assimilées, c'est-à-dire taxées à plus de 20 fr. par 100 kilog. ou soumises à des taxes intérieures.

Marchandises de la 1re classe. — En l'état de la jurisprudence, l'introduction frauduleuse de ces marchandises constitue une simple contravention et doit être constatée dans certaines conditions de temps, de lieu et de forme, pour donner matière à une action répressive : *Point de procès-verbal, point de saisie, point d'action.* Tel est le principe. Ainsi donc, dans l'hypothèse où nous nous sommes placés, il ne peut y avoir de poursuite aux fins pénales. — Mais, contrairement à une opinion généralement adoptée, le défaut d'action au point de vue répressif ne fait pas obstacle à la répétition des droits. Il est de principe, en effet, que les « lois de douanes comme toutes les lois d'impôt sont d'ordre public, et que le redevable n'est libéré qu'autant qu'il a acquitté le droit tel qu'il est établi par la loi ». C'est ce qu'ont reconnu divers arrêts de cassation, entre autres celui du 22 juin 1870 (aff. Vay, D. P. 71. 1. 278). Du moment donc où l'importation frauduleuse a été dûment établie par une information, des correspondances, des livres, l'aveu, etc., le service ne doit pas hésiter à poursuivre le recouvrement des droits. Il arrivera, sans doute, lorsque l'importation remontera à plus d'un an, que l'intéressé opposera la prescription annale, par application de l'art. 25 du tit. 13 de la loi des 6-22 août 1791. Mais l'Administration est en mesure de faire bonne justice de cette fin de non-recevoir admise, à tort, jusqu'à ce jour. La prescription annale est, en effet, une exception au droit commun, exception introduite en faveur de l'importateur de bonne foi qui a régulièrement présenté sa marchandise à la vérification du service et l'a mis ainsi à même de recouvrer les droits. Le législateur n'a pas voulu que l'on pût, après un an, réparer une omission ou une erreur de perception imputable aux agents de l'Administration, et rechercher le commerçant qui a pu ne tenir aucun compte, dans son prix de vente, du montant des droits non perçus en temps utile. Mais tout autre est la situation de celui qui, par des manœuvres frauduleuses, a échappé au payement de l'impôt. On rentre alors dans le droit commun; la prescription ne court ainsi que du jour où l'Administration a constaté les quantités soustraites aux droits, et son action peut s'exercer pendant trente ans à compter de la constatation des faits. C'est ce qui a été mis en pleine lumière par diverses décisions judiciaires rendues en matière de contributions indirectes et d'enregistrement (Civ. cass. et rej. 14 juin 1880, aff. Mairesse, aff. Vermesch, et aff. Lobry, D. P. 80. 1. 314; Civ. rej. et cass. 2 déc. 1873, aff. Donon, et aff. Lemasson, D. P. 74. 1. 108).

Marchandises de la 2e classe. — L'importation frauduleuse des marchandises comprises dans cette catégorie constitue un délit dont la constatation et la poursuite incombent au parquet. Celui-ci, qui n'est entravé dans son action par aucune des conditions de temps, de lieu et de forme imposées à l'Administration (Crim. rej. 11 févr. 1887, aff. Châtelet, D. P. 87. 1. 459), peut faire la preuve de la fraude par tout moyen de droit commun. Lorsque cette preuve est faite et que les coupables sont déférés au tribunal correctionnel, l'Administration joint son action à celle du ministère public et provoque du tribunal la condamnation des prévenus aux peines purement civiles, c'est-à-dire à la confiscation ou à l'amende. — La condamnation prononcée, deux cas peuvent se produire : 1er CAS. *Le service parvient à recouvrer la marchandise échappée tout d'abord à son action.* Il n'a alors qu'à la soumettre, après vente publique, à l'application des lois qui la régissent, suivant sa nature; — 2e CAS. *La marchandise est consommée; ou, invités à la représenter, les intéressés n'obtempèrent pas à cette mise en demeure.* Le service reste désarmé, lorsque la marchandise est prohibée; mais, si elle est taxée, il doit sans retard liquider les droits et décerner contrainte, en prenant pour base de cet acte les dispositions du jugement et la sommation restée sans effet. Il arrivera quelquefois que l'Administration ne pourra bénéficier de l'assistance du parquet, et cela se produira, lorsque les fraudeurs seront en mesure d'invoquer, au point de vue de l'action publique, les dispositions des art. 637 et 638 c. instr. cr., qui déclarent prescrits les délits non poursuivis dans les trois ans de leur perpétration. Même dans ce cas, l'Administration pourra recouvrer les droits par voie de contrainte, après avoir établi, par tous les moyens de droit commun, la preuve des faits délictueux servant de base à sa réclamation (Arrêts précités du 14 juin 1880).

536. Nous empruntons au Tableau des délits et des contraventions en matière de douanes, la nomenclature des délits d'importation par terre et par mer :

IMPORTATIONS

32° *Importation sans déclaration ou importation sans déclaration exacte quant à la nature, par les bureaux de terre ou de mer, de marchandises prohibées à quelque titre que ce soit (absolument, localement ou conditionnellement), imposées à 20 fr. et plus par 100 kilog. ou soumises à des taxes de consommation intérieure* : « art. 1er et 4 de la loi du 2 juin 1875; 41, 42 et 43 de la loi du 28 avr. 1816; et 37, tit. 6, de celle du 21 avr. 1818 ». — Confiscation des marchandises, des moyens de transport et des marchandises servant à masquer la fraude; — Amende égale à la valeur des objets introduits en fraude, mais sans pouvoir être au-dessous de 500 fr., décimes, demi-décime et dépens ; emprisonnement de trois jours à un mois (Tribunal correctionnel).

(NOTA. — La lettre commune du 22 juill. 1875, n° 259, indique le moyen pratique de reconnaître quand il y a ou non fausse déclaration dans la nature. La fausse déclaration dans la nature équivaut à l'absence de déclaration. — Quand l'objet de fraude excède 10 mètres ou 5 kilog. selon le cas, le minimum de l'emprisonnement est de six jours, conformément à l'art. 40 c. pén. combiné avec les art. 41, 42 et 43 de la loi du 28 avr. 1816 (Crim. rej. 28 sept. 1855; Crim. cass. 11 oct. 1855, D. P. 55. 1. 447; Circ. 16 mai 1856, n° 379). — On rappelle que l'action publique accordée par la loi à l'administration des douanes est limitée aux peines pécuniaires de la confiscation et de l'amende; elle ne peut être étendue à la peine corporelle de l'emprisonnement, qui reste exclusivement dans le domaine du ministère public (Crim. rej. 27 nov. 1858, D. P. 59. 1. 41).

33° *Participation, comme assureurs, comme ayant fait assurer, ou comme intéressés d'une manière quelconque à un fait d'importation sans déclaration par les bureaux de terre ou de mer de marchandises prohibées, imposées à 20 fr. et plus par 100 kilog., ou soumises à des taxes de consommation intérieure* : « art. 1er de la loi du 2 juin 1875, 53 de la loi du 28 avr. 1816, et 37, tit. 6, de la loi du 21 avr. 1818 ». — Amende, décimes, demi-décime et dépens, et emprisonnement déterminés pour le délit principal; incapacité de se présenter à la Bourse, d'exercer les fonctions d'agent de change ou de courtier, de voter dans les assemblées tenues pour l'élection des commerçants ou des prud'hommes et d'être élu pour aucunes de ces fonctions (Tribunal correctionnel).

IMPORTATION EN CONTREBANDE. — *L'art. 38 de la loi du 28 avr. 1816 répute importation le dépôt et la circulation dans le rayon sans expédition valable de marchandises prohibées, imposées à 20 fr. et plus par 100 kilog., ou dont la prohibition a été remplacée, par des droits postérieurement à la loi du 24 mai 1834, ladite importation commise* : soit par les frontières de terre « art. 41 de la loi du 28 avr. 1816 »; soit par les frontières maritimes :

1° hors de l'enceinte des ports de commerce : « art. 34 et 37 de la loi du 21 avr. 1818 » ; 2° dans l'enceinte des ports : « art. 2 de la loi du 2 juin 1875 ». Savoir :

34° *Par une réunion de moins de trois individus :* « art. 41, 42 et 43, du tit. 5 de la loi du 28 avr. 1816 et 4 de la loi du 2 juin 1875 ». — Confiscation des marchandises et des moyens de transport, ainsi que des objets ayant servi à masquer la fraude ; amende solidaire égale à la valeur des marchandises, mais sans pouvoir être au-dessous de 500 fr., décimes, demi-décime, et dépens; emprisonnement de trois jours à un mois (Tribunal correctionnel).

35° *Par une réunion de trois individus et plus jusqu'à six inclusivement :* « art. 41, 42 et 44 de la loi du 28 avr. 1816, et 4 de celle du 2 juin 1875 ». — Confiscation des marchandises, des moyens de transport et des objets servant à masquer la fraude; amende solidaire égale à la valeur des marchandises, mais sans pouvoir être au-dessous de 500 fr., décimes, demi-décime et dépens; emprisonnement de trois mois à un an (Tribunal correctionnel).

36° *Par une réunion de trois individus ou plus à cheval ou de plus de six à pied :* « art. 48 et 51 de la loi du 28 avr. 1816, 37 de la loi du 21 avr. 1818 et 4 de celle du 2 juin 1875 ». — Confiscation des marchandises, des moyens de transport et des objets servant à masquer la fraude; amende solidaire de 1000 fr., si l'objet de la confiscation n'excède pas cette somme, ou du double de la valeur des objets confisqués, si cette valeur excède 1000 fr., décimes, demi-décime et dépens; emprisonnement de six mois à trois ans (Tribunal correctionnel).

37° *Transport en contrebande, par voiture, de marchandises prohibées et de celles qui sont taxées à 20 fr., et plus les 100 kilog. ou soumises à des taxes de consommation intérieure :* « art. 48 et 51 de la loi du 28 avr. 1816, 37, tit. 6, de la loi du 21 avr. 1818, 3 et 4 de la loi du 2 juin 1875 ». — Confiscation des marchandises, des moyens de transport et des objets servant à masquer la fraude; amende solidaire de 1000 fr., si l'objet de la confiscation n'excède pas cette somme, ou du double de la valeur des objets confisqués si cette valeur excède 1000 fr., décimes, demi-décime et dépens; emprisonnement de six mois à trois ans (Tribunal correctionnel).

38° *Importation en contrebande avec attroupement et port d'armes, suivant la définition donnée par les art. 2 et 3 de loi du 13 flor. an 11 :* Les condamnations à requérir dans l'intérêt de l'administration des douanes sont, suivant le nombre des contrebandiers et les moyens de transport employés, les mêmes déjà reprises aux quatre numéros précédents. — La peine corporelle, devant le tribunal compétent, varie suivant les cas prévus par les art. 210 et suiv. c. pén. ; et c'est l'instruction préparatoire qui suivant ces mêmes cas attribue la compétence soit au tribunal correctionnel, soit à la cour d'assises.

39° *Participation comme assureurs, comme ayant fait assurer, ou comme intéressés d'une manière quelconque, à un fait de contrebande :* « art. 53 de la loi du 28 avr. 1816 et 37 de la loi du 21 avr. 1818 ». — Amende, décimes, demi-décime et dépens, et emprisonnement suivant la progression déterminée pour les délits principaux; incapacité de se présenter à la Bourse, d'exercer les fonctions d'agent de change ou de courtier, de voter dans les assemblées tenues pour l'élection des commerçants ou des prud'hommes et d'être élu pour aucune de ces fonctions (Tribunal correctionnel).

47° *Déchargement, même avec permis hors des heures fixées par la loi de marchandises prohibées ou taxées à 20 fr., et plus par 100 kilog. ou soumises à des taxes de consommation intérieure.* On applique suivant les cas les nos 34 à 36.

48° *Transport effectué sans permis, des navires dans le port des marchandises indiquées au n° 47.* On applique suivant les cas les nos 34 à 36.

49° *Déchargement à terre hors de la présence des commis des marchandises indiquées au n° 47, transportées des navires dans le port par le moyen d'allèges.* On applique suivant les cas, les nos 34 à 36. Les nos 51, 52, 57, 58, 59, du tableau cité *suprà*, n° 502, indiquent encore des délits en matière d'importations.

537. Il a été jugé : 1° que les auteurs ou complices de toute introduction ou circulation frauduleuse dans la zone soumise au régime des douanes de livres tarifés à leur entrée en France comme ayant été publiés en langue française à l'étranger, sont soumis aux lois répressives de la contrebande; mais que la simple détention, hors du rayon-frontière, de livres imprimés à l'étranger et introduits frauduleusement sur le territoire français, ne donne lieu à l'application ni des art. 59 et suiv., tit. 6, de la loi du 28 avr. 1816, ni de l'art. 43 de la loi du 21 avr. 1818 (Metz, 9 févr. 1854, aff. Oudin, D. P. 55. 5. 166); — 2° Que l'introduction en France d'une brochure politique défendue constitue le délit prévu par les art. 41 et suiv. de la loi du 28 avr. 1816 (Trib. corr. Sedan, 15 nov. 1853) (1).

§ 2. — Des délits d'exportation par terre et par mer
(*Rép.* nos 785 et 786).

538. On a expliqué au *Rép.* n° 775 pour quels motifs la loi réprimait l'exportation moins sévèrement que l'importation. Les seules exportations qui constituent des délits de la compétence des tribunaux correctionnels sont : 1° l'exportation en contrebande avec attroupement et port d'armes, suivant la définition donnée par les art. 2 et 3 de la loi du 13 flor. an 11 (*Rép.* n° 31). Le fait est de la compétence du tribunal correctionnel, lorsque la rébellion rentre dans les cas prévus par les art. 211 et 212 c. pén.; de la compétence de la cour d'assises, lorsque l'art. 210 du même code est applicable. Les condamnations à requérir dans l'intérêt de l'Administration sont : la confiscation et l'amende de 500 fr., décimes, demi-décime et dépens, s'il s'agit de marchandises prohibées; la confiscation et l'amende de 200 fr., décime, demi-décime et dépens, s'il s'agit de marchandises tarifées; 2° les infractions à la disposition prohibant la sortie des chiens de forte race par les frontières de terre qui donnent lieu à l'application des peines édictées par la loi du 28 avr. 1816 pour les importations en contrebande de marchandises prohibées (L. 7 mai 1881, art. 1er). Les peines sont : si l'exportation a lieu *par une réunion de moins de trois individus* (art. 41, 42 et 43 de la loi du 28 avr. 1816) ; — confiscation des chiens et, s'il y a lieu, des moyens de transport ; amende solidaire égale à la valeur des chiens, mais sans pouvoir être au-dessous de 500 fr., décimes, demi-décime et dépens; emprisonnement de trois jours à un mois; *par une réunion de trois individus et plus jusqu'à six inclusivement* (art. 41, 42 et 44 de la loi du 28 avr. 1816); — confiscation des chiens et, s'il y a lieu, des moyens de transport; amende solidaire égale à la valeur des chiens, mais sans pouvoir être au-dessous de 500 fr., décimes, demi-décime et dépens; emprisonnement de trois mois à un an; *par une réunion de plus de six individus* (art. 48 et 51 de la loi du 28 avr. 1816 et 37 de la loi du 21 avr. 1818); — confiscation des chiens et, s'il y a lieu, des moyens de transport; amende solidaire de 1000 fr., si la valeur des chiens n'excède pas cette somme, ou du double de la valeur desdits chiens, si cette valeur excède 1000 fr.; décime, demi-décime et dépens ; emprisonnement de six mois à trois ans.

539. Lors de la discussion de la loi du 7 mai 1881 relative à l'établissement général du tarif des douanes (D. P. 82. 4. 18), la Chambre des députés avait voté un droit de 6 fr. à l'exportation des chiens de forte race. Au Sénat, on proposa la prohibition de ces animaux à la sortie de la frontière de terre. Cette proposition fut adoptée. L'art. 1er indique la sanction. La mesure fut prise dans l'intérêt des cultivateurs de l'extrême frontière, dont les récoltes étaient ravagées par les chiens des contrebandiers. Ces chiens, uniquement employés à faire la fraude du tabac, traversaient les champs loin des routes où se trouvaient les bureaux de douane (*Journ. off.* 20 févr. 1881, Annexe, Sénat, n° 24).

540. — EXPORTATION DES ARMES. — Tout ce qui concerne l'importation et l'exportation des armes est étudié *suprà*, v° *Armes*, nos 30 et suiv. (V. aussi *Rép.* n° 775).

ART. 2. — *De la police du rayon.*

541. On a exposé au *Rép.* nos 158 et suiv., et *suprà*, nos 150 et suiv., que le rayon frontière est soumis à une police particulière destinée à prévenir ou à réprimer toutes les tentatives d'introduction ou de sortie, en fraude du tarif

(1) (Petit.) — LE TRIBUNAL; — Attendu que de l'instruction et des débats de l'audience résulte suffisamment la preuve que le 31 octobre dernier, le prévenu a introduit frauduleusement en France un ouvrage de librairie étrangère intitulé : *Napoléon le Petit;* — Que ce fait constitue le délit prévu et réprimé par les articles 41, 42 et 43 de la loi du 28 avr. 1816; — Déclare J.-B.-Auguste Petit coupable du délit de contrebande; — Et faisant application des articles précités, qui ont été lus à l'audience par M. le président, et qui portent : « Art. 41. Toute importation, par terre, d'objets prohibés, etc.; » — Condamne J.-B.-Auguste Petit en huit jours d'emprisonnement, en cinq cents francs d'amende et aux dépens, etc.

Du 15 nov. 1853.-Trib. corr. Sedan.

et des lois prohibitives. Le tableau des délits et des contraventions contient la nomenclature des infractions prévues par les diverses lois qui ont réglé la police du rayon, et des peines qu'elles font encourir :

FRONTIÈRES DE MER.

EN MER.

94° *Refus de remise de copie du manifeste dans les deux myriamètres des côtes :* « art. 3 du tit. 2 de la loi du 4 germ. an 2 ». — L'obligation imposée au capitaine de remettre copie de son manifeste est sans sanction dans l'art. 3 du tit. 2 de la loi de l'an 2. Le refus du capitaine s'il se produisait, constituerait une opposition aux fonctions des préposés et tomberait sous l'application des pénalités reprises au n° 246.

95° *Existence de marchandises prohibées à l'entrée ou à la sortie, à bord d'un bâtiment de moins de cent tonneaux, et à l'ancre ou louvoyant dans les deux myriamètres des côtes, hors le cas de force majeure :* « art. 7 du tit. 2 de la loi du 4 germ. an 2, 13 de la loi du 27 mars 1817 et 15 de la loi du 17 déc. 1814 ». — Confiscation du bâtiment et de la cargaison; amende égale à la valeur des marchandises, sans pouvoir être au-dessous de 500 fr., décimes, demi-décime et dépens (Tribunal de paix).

DANS LES PORTS, RADES ET RIVIÈRES.

96° *Refus par le capitaine et officiers de vaisseaux marchands, dans les ports, rades, à l'embouchure et dans le cours des rivières, de recevoir à leur bord les préposés des douanes et de leur ouvrir les chambres, armoires, etc., à l'effet d'y faire visite :* « art. 8 du tit. 13 de la loi des 6-22 août 1791 et 8 du tit. 2 de la loi du 4 germ. an 2 ». — Amende de 500 fr., décimes, demi-décime et dépens (Tribunal de paix).

97° *Refus par les commandants de la marine nationale dans les ports, capitaines de vaisseaux ou officiers des états-majors, d'accompagner les préposés des douanes, avant le coucher du soleil, dans leurs visites à bord des vaisseaux et autres bâtiments de guerre entrant dans les ports ou rades, ou en sortant, montant ou descendant les rivières :* « art. 10 du tit. 13 de la loi des 6-22 août 1791 et 8 du tit. 2 de la loi du 4 germ. an 2 ». — Amende de 500 fr., décimes, demi-décime et dépens (Tribunal de paix).

A TERRE.

98° *Circulation, de nuit, à terre, dans la distance d'un myriamètre des côtes, rives des fleuves, rivières et canaux qui conduisent de la mer dans les ports intérieurs, mais seulement jusqu'au point où il existe des bureaux de douanes, des étoffes de toute espèce, toiles de coton blanches, teintes ou peintes, toiles de nankin, mousselines, bonneterie, rubanerie, sucres raffinés, bruts, tête et terrés, cafés et autres denrées coloniales, poissons salés, cotons filés et tabacs en feuilles ou fabriqués :* « art. 85 de la loi du 8 flor. an 11 ». — Confiscation des marchandises; amende de 500 fr., décimes, demi-décime et dépens (Tribunal de paix).

FRONTIÈRES DE TERRE.

(Rayon de deux myriamètres au moins soumis à la police générale des douanes par l'art. 84 de la loi du 8 flor. an 11 et l'art. 36 de la loi du 28 avr. 1816.)

99° *Circulation, sans expédition valable, de marchandises tarifées à moins de 20 fr. par 100 kilog., à l'exception des bestiaux, poissons, pain, vin, cidre ou poiré, viande fraîche ou salée, volaille, gibier, fruits, légumes, laitage, beurre ou fromages, et de tous les objets de jardinage, lorsque lesdits objets ne feront pas route vers la frontière ou lorsqu'ils se rendront, les jours de foire ou de marché, dans les villes sur la frontière :* « Art. 15 du tit. 3 de la loi des 6-22 août 1791, 7 de l'arrêté du 22 therm. an 10 et 7 de l'ordonnance du 27 juin 1814 ». — Confiscation des marchandises; amende de 100 fr., décimes, demi-décime et dépens (Tribunal de paix). Si la marchandise est tarifée à 20 fr. et plus, prohibée ou de la classe de celles dont la prohibition a été remplacée par des droits postérieurement à la loi du 24 mai 1834, on applique, suivant le cas, les n°s 34, 35, 36 ou 37.

100° *Transport de marchandises, même avec passavant, de nuit, entre le coucher et le lever du soleil, si le passavant n'en porte pas la permission expresse (sauf les exceptions portées au numéro précédent) :* « art. 8 de l'arrêté du 22 therm. an 10, 15 du tit. 3 de la loi des 6-22 août 1791 et 7 de l'ordonnance du 27 juin 1814 ». — Confiscation des marchandises; amende de 100 fr., décimes, demi-décime et dépens (Tribunal de paix). Si la marchandise est prohibée, taxée à 20 fr. et plus par 100 kilog., ou si la prohibition en a été levée postérieurement à la loi du 24 mai 1834, on applique, suivant les cas, les n°s 35, 36 ou 37.

101° *Non-représentation, aux préposés sur le lieu de l'enlèvement, des marchandises destinées à circuler :* « art. 2 de la loi du 19 vend. an 6 ». — Amende de 500 fr., décimes, demi-décime et dépens (Tribunal de paix).

102° *Défaut de justification d'origine des marchandises de la classe de celles qui sont prohibées à l'entrée, ou dont l'admission est réservée à certains bureaux par l'art. 20 de la loi du 28 avr. 1816, ou, enfin, dont la prohibition a été remplacée par des droits postérieurement à la loi du 24 mai 1834 (art. 3 de la loi du 5 juill. 1836), lorsque ces marchandises ont été chargées dans le rayon et amenées au bureau ou représentées aux préposés pour être mises en circulation avec passavant, dans les circonstances où les règlements permettent ce transport :* « art. 38, § 3, de la loi du 28 avr. 1816, 15 de la loi du 27 mars 1817, 1er du tit. 5 de la loi des 6-22 août 1791 et 10 du tit. 2 de la loi du 4 germ. an 2 ». — Confiscation des marchandises et des moyens de transport; amende de 500 fr., décimes, demi-décime et dépens (Tribunal de paix).

103° *Défaut d'identité, en nature ou en espèce, reconnu à la vérification des objets présentés en douane pour obtenir un passavant de circulation :* « art. 15 de la loi du 7 juin 1820 ». — Amende de 500 fr., décimes, demi-décime et dépens; retenue préventive des objets pour sûreté de l'amende; dans le cas où ces objets ne seraient qu'un simple simulacre, sans valeur aucune, et où le déclarant n'aurait pas de domicile connu ou ne pourrait fournir caution, arrestation préventive du prévenu (Tribunal de paix).

104° *Entrepôt, dans les lieux dont la population agglomérée est de moins de 2000 âmes, et en l'absence d'expéditions valables d'extraction, de marchandises manufacturées, ou dont la sortie est prohibée ou assujettie à des droits (marchandises autres cependant que du cru du pays) :* « art. 37, 38 et 39 du tit. 13 de la loi des 6-22 août 1791 ». — Confiscation des marchandises; amende de 100 fr., décimes, demi-décime et dépens (Tribunal de paix).

105° *Entrepôt, dans les lieux dont la population agglomérée est de moins de 2000 âmes et en l'absence d'expéditions valables d'extraction, de marchandises de la classe de celles qui sont prohibées à l'entrée, ou qui sont imposées à 20 fr. et plus par 100 kilog. ou dont la prohibition a été remplacée par des droits postérieurement à la loi du 24 mai 1834 :* « art. 38, § 4, 41 et 42 de la loi du 28 avr. 1816, 3 de la loi du 5 juill. 1836 ». — Confiscation des marchandises et des moyens de transport; amende et emprisonnement dont la quotité et la durée sont réglées suivant les circonstances, conformément aux n°s 34 à 37, décimes, demi décime et dépens (Tribunal correctionnel).

106° *Transport de marchandises par les courriers des malles :* « art. 7 du tit. 3 de la loi du 4 germ. an 2 ». — Confiscation des marchandises; amende de 300 fr., décimes, demi-décime et dépens (Tribunal de paix).

107° *Défaut d'inscription d'objets sur la feuille de voyage des conducteurs de messageries et voitures publiques :* « art. 8 du tit. 3 de la loi du 4 germ. an 2 ». — Confiscation des marchandises en contravention, voitures et chevaux; amende de 300 fr., solidaire avec les fermiers ou régisseurs intéressés; décimes, demi-décime et dépens (Tribunal de paix).

RAYON SPÉCIAL DE DEUX KILOMÈTRES ET DEMI DE LA FRONTIÈRE.

108° *Excédent ou défaut d'identité de marchandises soumises à la formalité du compte ouvert :* « art. 3 de l'arrêté du 22 therm. an 10, 7 de l'ordonnance du 27 juin 1814 ». — Si la marchandise est d'espèce prohibée, imposée à 20 fr. au moins par 100 kilog. ou dont la prohibition a été remplacée par des droits postérieurement à la loi du 24 mai 1834, on applique suivant qu'il s'agit de circulation ou d'entrepôt, l'un des n°s 34 à 37, ou le n° 105. Si elle est imposée à moins de 20 fr. par 100 kilog., on applique, toujours suivant les circonstances constitutives de la contravention, le n° 99 ou le n° 104.

109° *Circulation des bestiaux de la race bovine, non repris au compte ouvert du détenteur ou non accompagnés d'expédition de circulation :* — « art. 9 de l'ordonnance du 28 juill. 1822 ». — Double droit d'entrée, décimes, demi-décime et dépens (Tribunal de paix).

(NOTA. Si le détenteur n'a pas de compte ouvert, on applique l'art. 7 de l'ordonnance du 28 juill. 1822, combiné avec les art. 15 et 16 du tit. 3 de la loi des 6-22 août 1791. — Confiscation; amende de 100 fr., décimes, demi-décime et dépens (Tribunal de paix).

110° *Excédent sur le nombre des bestiaux de la race bovine repris au compte ouvert :* « art. 4 de l'ordonnance du 28 juill. 1822 ». — Double droit d'entrée, décimes, demi-décime et dépens (Tribunal de paix).

RAYON SPÉCIAL FORMÉ DE L'ESPACE COMPRIS ENTRE LES PREMIERS BUREAUX DE DOUANES ET L'ÉTRANGER, SUIVANT L'EXPLICATION DONNÉE PAR LES CIRCULAIRES N°s 768 ET 928 ANCIEN PARAGRAPHE (*Zone extérieure*).

111° *Pacage, sans expédition de bestiaux (autres que de la race bovine) et de mules, mulets, chevaux et juments :* « art. 2

de l'arrêté du 25 mess. an 6, combiné avec les art. 15 et 16 du tit. 3 de la loi des 6-22 août 1791 ». — Confiscation; amende de 100 fr., décimes, demi-décime et dépens (Tribunal de paix).

(NOTA. — La règle rappelée au numéro qui précède est la seule qui soit particulière aux bestiaux. Dans tous les autres cas d'importation, d'exportation ou de circulation, et sauf la restriction indiquée au n° 99, les bestiaux et bêtes de somme suivent le régime général des marchandises).

542. L'art. 38 de la loi du 28 avr. 1816 répute importation le *dépôt* et la *circulation* dans le rayon sans expédition valable. Cet article porte, en effet : « Les marchandises de la classe de celles qui sont prohibées à l'entrée seront réputées avoir été introduites en fraude dans tous les cas de contravention ci-après indiqués : 1° lorsqu'elles seront trouvées dans le rayon des frontières sans être munies d'un acquit de payement, passavant ou autre expédition valable pour la route qu'elles tiendront, et pour le temps dans lequel se fera le transport, à moins qu'elles ne viennent de l'intérieur par la route qui conduira directement au premier bureau de deuxième ligne; 2° lorsque, même étant accompagnées d'une expédition portant l'obligation expresse de la faire viser à un bureau de passage, elles auront dépassé ce bureau sans que ladite obligation ait été remplie; 3° lorsqu'ayant été chargées sur le rayon des frontières et amenées au bureau ou transportées aux préposés pour être mises en circulation avec passavant, dans les circonstances où les règlements permettent ce transport préalable, elles se trouveront dépourvues des pièces justificatives de leur extraction légale de l'étranger ou de l'intérieur, ou de leur fabrication dans le rayon des frontières; 4° lorsqu'elles auront été reçues en magasin ou en dépôt dans le rayon des frontières, en contravention aux ordonnances du Roi qui désigneront les communes où ces magasins et dépôts pourront être établis, suivant le deuxième paragraphe de l'art. 37 de la présente loi, et caractériseront ceux qui sont interdits comme frauduleux ». — Il a été jugé que, lorsque des tabacs sont rencontrés dans le rayon sans expédition qui en légitime la circulation, peu importe qu'ils ne soient pas revêtus de vignettes étrangères et que les saisissants n'aient pas constaté l'importation flagrante, le tribunal correctionnel saisi de l'infraction à la requête des douanes ne peut pas se dispenser de prononcer les condamnations relatives à l'importation frauduleuse de marchandises prohibées. L'art. 38 de la loi du 28 avr. 1816 est applicable aux tabacs comme à toutes autres marchandises frappées de prohibition (Pau, 28 mars 1878) (1). — Jugé encore que l'art. 38 de la loi du 28 avr. 1816 est applicable à la simple détention de marchandises prohibées dans le rayon-frontière et notamment au fait d'un individu qui est détenteur de tabac par lui soustrait dans les ballots abandonnés (Chambéry, 3 juin 1881) (2). — Décidé aussi que la circulation, dans le rayon, de marchandises tarifées à plus de 20 fr. les 100 kilog., et trouvées en excédent sur les quantités de mêmes marchandises reprises sur un passavant, constitue un fait d'importation frauduleuse tombant sous l'application des lois du 28 avr. 1816 et du 2 juin 1875 (Douai, 31 déc. 1883) (3).

(1) (Douanes *C.* Quéchon.) — LA COUR; — Attendu qu'il résulte d'un procès-verbal régulier dressé par deux préposés des douanes d'Irissary, le 20 déc. 1876, que ledit jour, vers deux heures du matin, se trouvant en surveillance sur le territoire de la commune d'Ossès et sur un point distant de la frontière espagnole d'environ dix kilomètres, ils surprirent le nommé Jean Quéchon conduisant une voiture à quatre roues attelée de deux chevaux et transportant en fraude quatre ballots de tabac haché qui renfermaient mille cent seize petits paquets du poids total de 114 kilog.; — Attendu que, traduit à raison de ce fait devant le tribunal correctionnel de Saint-Palais, ledit Quéchon a reconnu le procès-verbal régulier et sincère et la saisie valable, mais que le tribunal a cru devoir cependant prononcer sa relaxe par le motif que la poursuite aurait dû être faite à la requête de l'administration des contributions indirectes et que celle des douanes était sans qualité pour agir;

Attendu que l'art. 38 de la loi du 28 avr. 1816 dispose : « Les marchandises de la classe de celle qui sont prohibées à l'entrée seront réputées avoir été introduites en fraude dans tous les cas de contravention ci-après indiqués: 1° lorsqu'elles seront trouvées dans le rayon des frontières, sans être munies d'un acquit de payement, passavant, etc. »;

Attendu qu'il est certain en fait que ledit Quéchon a été surpris à dix kilomètres environ de la frontière espagnole, et par conséquent dans le rayon frontière, portant du tabac haché, c'est-à-dire une marchandise de la classe de celles qui sont prohibées à l'entrée; qu'il se dirigeait de l'extérieur vers l'intérieur, n'étant muni d'aucun acquit de payement, passavant ou autre expédition valable; qu'ainsi il se trouve manifestement dans l'un des cas prévus par l'art. 38 précité; qu'au surplus la preuve de l'importation faite en fraude résulterait même, si c'était nécessaire, de ses déclarations, puisqu'il allègue qu'il avait été prendre ce tabac dans un bois plus rapproché de la frontière; que, dans ces circonstances, la culpabilité est certaine; qu'il n'y a donc pas lieu d'examiner la force des circulaires invoquées par le tribunal, circulaires qui n'ont eu évidemment pour objet que de régler les attributions et les droits des deux directions des contributions indirectes et des douanes, dans le but d'éviter entre elles tout conflit, mais qui ne sauraient être un motif pour les tribunaux saisis d'acquitter le prévenu, tout en reconnaissant la saisie régulière et valable, sous prétexte que l'action n'aurait pas dû être intentée par l'administration poursuivante;

Par ces motifs; — Disant droit de l'appel tant du ministère public que de l'administration des douanes contre le jugement du tribunal correctionnel de Saint-Palais du 8 févr. 1878, et le réformant, déclare la saisie opérée au préjudice de Jean Quéchon régulière et valable ; déclare, en conséquence, ledit Quéchon coupable du délit d'importation en fraude de tabac haché, et lui faisant application de l'art. 38 de la loi du 28 avr. 1816, dont M. le président a donné lecture; — Prononce la confiscation au profit de qui de droit des objets saisis, et des moyens de transport, condamne Quéchon à six mois d'emprisonnement, à 2850 fr. d'amende et aux dépens de première instance et d'appel, etc.

Du 28 mars 1878.-C. de Pau.

(2) (Douanes *C.* E... et S...) — Des contrebandiers attaqués par des préposés de la direction de Chambéry avaient pris la fuite en abandonnant leurs ballots. Après avoir poursuivi la bande pendant quelque temps, nos agents revenaient sur le lieu de l'attaque, quand ils surprirent deux habitants du pays, les sieurs F... et S..., occupés à enlever une partie des charges de tabac restées sur le terrain. Ces deux individus furent mis en état d'arrestation et comparurent devant le tribunal correctionnel d'Annecy sous la double prévention de vol de tabac appartenant à l'Etat et de détention dans le rayon de marchandises prohibées. — Le tribunal les a reconnus coupables de vol, mais il s'est refusé à admettre les conclusions du ministère public et de l'Administration en ce qui concerne le fait de fraude, par le motif que, s'ils avaient pris le tabac abandonné, ce n'était ni pour le rendre aux contrebandiers, ni pour le vendre, qu'il y avait dans le fait reproché, non un acte de fraude, mais uniquement une soustraction au préjudice de l'Etat. — Appel par l'Administration des douanes et par le ministère public. — Arrêt.

LA COUR; — Attendu que la simple détention de marchandises prohibées dans le rayon frontière soumis à la surveillance de la douane constitue un fait de contrebande aux termes de l'art. 38 de la loi du 28 avr. 1816; — Attendu qu'il résulte du procès-verbal, dressé le 30 mars dernier, par les agents de la douane, sur le territoire de la commune de Vollard-sur-Thônes, que les prévenus S... et E..., ont été surpris nantis d'une certaine quantité de tabac de provenance étrangère; — Attendu que, s'il est établi par le même procès-verbal que les prévenus venaient de soustraire ce tabac dans les ballots abandonnés par G... et d'autres contrebandiers mis en fuite, il est néanmoins constant qu'ils en sont devenus porteurs et détenteurs ; — Attendu, dès lors, qu'après s'être rendus coupables du fait de vol visé dans le jugement déféré, par la soustraction de tabac, ils ont commis un fait de contrebande en en restant nantis; — Attendu, en effet, que si le délit de contrebande est imputable sans conteste à tout individu qui reste porteur, dans le rayon frontière, d'une marchandise prohibée qu'il a achetée, on ne saurait admettre que le même délit ne soit plus imputable à celui qui est porteur de cette marchandise, après l'avoir frauduleusement soustraite; — Par ces motifs:... — Réforme ce jugement en tant qu'il acquitte les prévenus du chef de contrebande; les en déclare au contraire suffisamment atteints et convaincus; condamne lesdits S... et E... chacun à six jours d'emprisonnement; etc.

Du 3 juin 1881.-C. de Chambéry.

(3) (Douanes *C.* V...) — LA COUR; — Attendu qu'il résulte d'un procès-verbal régulier et non attaqué, rédigé le 21 juin 1883 par les préposés des douanes de service au poste d'Oudtersteene, commune de Bailleul, à environ 10 kilom. de l'étranger, que, le même jour, vers quatre heures et demie du matin, ces préposés procédant à la visite d'une voiture à quatre roues, dite camion, arrêtée devant leur bureau, venant de Bailleul, se dirigeant vers l'intérieur et conduite par le sieur V..., domestique des sieurs D... frères, négociants audit Bailleul, ont découvert sous la bâche de cette voiture 20 kilog. de café torréfié contenus en deux sacs en toile et un sac en papier pesant : le premier 10 kilog., le deuxième 8 kilog., le troisième 3 kilog.; que le passavant accompagnant cette marchandise ne mentionnait comme quantité déclarée au

ART. 3. — *Des infractions relatives au cabotage et à l'emprunt du territoire étranger.*

543. Les règles relatives au cabotage ont été exposées *suprà*, nos 412 et suiv. et *Rép.* nos 648 et suiv.; celles concernant l'emprunt au territoire étranger sont indiquées *suprà*, nos 388 et suiv. et *Rép.* nos 584 et suiv. Les infractions aux lois des 6-22 août 1791, du 21 sept. 1793 et du 8 flor. an 11, qui gouvernent ces matières, constituent des contraventions de la compétence du juge de paix. Le tableau des délits et des contraventions en donne l'énumération suivante :

CABOTAGE ET EMPRUNT DU TERRITOIRE ETRANGER.

Les cas non spécialement prévus au présent titre demeurent régis par les lois générales communes aux importations et exportations.

1°. — RÈGLES COMMUNES AUX DEUX CAS.

112° *Non-rapport, dans le délai fixé, de certificats de décharge des acquits-à-caution concernant des marchandises tarifées à la sortie :* « art. 12 du tit. 3 de la loi des 6-22 août 1791 ». — Payement du double droit de sortie, décimes, demi-décime et dépens (Contrainte).

113° *Non-rapport, dans le délai fixé, de certificats de décharge des acquits-à-caution concernant des marchandises prohibées à la sortie :* « art. 4 et 13 du tit. 3 de la loi des 6-22 août 1791 ». — Payement de la valeur des marchandises, telle qu'elle aura été énoncée dans les soumissions; amende de 500 fr., décimes, demi-décime et dépens (Contrainte).

114° *Différence dans l'espèce, constatée lors de la visite au bureau de destination ou de passage, de marchandises expédiées sous acquits-à-caution :* « art. 9 du tit. 3 de la loi des 6-22 août 1791 ». — Confiscation des marchandises; amende de 100 fr., décimes, demi-décime et dépens (Tribunal de paix). — Si la marchandise représentée est prohibée à l'entrée, l'amende est de 500 fr. (Même texte et même compétence).

2°. — RÈGLES SPÉCIALES AU CABOTAGE.

115° *Transport de marchandises, par navires étrangers, d'un port français à un autre port français :* « art. 3 et 4 de la loi du 21 sept. 1793 ». — Confiscation des bâtiments et cargaisons; amende de 3000 fr., solidairement et par corps, contre les propriétaires, consignataires et agents des bâtiments et cargaisons, capitaines et lieutenants, décimes, demi-décime et dépens (Tribunal de paix).

116° *Fausse déclaration, dans l'espèce, de marchandises déclarées pour le cabotage :* « art. 75 de la loi du 8 flor. an 11 ». — Confiscation des marchandises présentées : payement, à titre de confiscation, d'une somme égale à la valeur des objets portés dans la déclaration; amende de 500 fr., décimes, demi-décime et dépens (Tribunal de paix).

117° *Déficit au-dessus du vingtième sur la quantité de marchandises ou denrées déclarées pour le cabotage :* « art. 74 de la loi du 8 flor. an 11 ». — Payement à titre de confiscation d'une somme égale à la valeur des quantités manquantes; amende de 500 fr., décimes, demi-décime et dépens (Tribunal de paix).

118° *Excédent au-dessus du vingtième, constaté au bureau du port de destination, sur la quantité de marchandises expédiées par cabotage :* « art. 76 de la loi du 8 flor. an 11 ». — Confiscation de l'excédent; amende de 500 fr., décimes, demi-décime et dépens (Tribunal de paix).

3°. — RÈGLES DEMEURÉES SPÉCIALES A L'EMPRUNT DU TERRITOIRE ÉTRANGER.

119° *Excédent constaté, lors de la visite au bureau de destination ou de passage, sur la quantité (autre que le poids ou la mesure des marchandises sujettes à coulage) de marchandises expédiées avec emprunt du territoire étranger :* « art. 9 du tit. 3 de la loi des 6-22 août 1791 ». — Payement du double droit sur l'excédent, décimes, demi-décime et dépens (Tribunal de paix).

ART. 4. — *Des infractions relatives au transit* (*Rép.* nos 534 à 570).

544. On a exposé au *Rép.* nos 534 et suiv. ce qu'est le transit, à quelles règles il est soumis. Les infractions à ces règles constituent des contraventions dont le juge de paix est appelé à connaître. Le tableau des délits et des contraventions en donne la nomenclature :

TRANSIT.

Les cas non spécialement prévus au présent titre demeurent réglés par les lois générales concernant les importations (art. 6 de la loi du 17 déc. 1814).

1°. — DISPOSITIONS COMMUNES AU TRANSIT DU NON PROHIBÉ ET A CELUI DU PROHIBÉ.

120° *Non-visa de l'acquit-à-caution au bureau de seconde ligne, en entrant dans le rayon des deux myriamètres de terre ou*

lieu de l'enlèvement qu'un poids de 10 kilog.; que les 10 kilog. excédant ce poids déclaré n'étaient munis d'aucune expédition de douane qui en autorisât le transport;

Attendu que les cafés torréfiés sont taxés à l'entrée d'un droit supérieur à 20 fr. par 100 kilog. et ne peuvent être importés en France que par les bureaux désignés en l'art. 20, tit. 2, de la loi du 28 avr. 1816; qu'aux termes de l'art. 38 de la même loi, les marchandises dont l'entrée est réservée à certains bureaux par l'art. 20 précité sont réputées avoir été introduites en fraude lorsque, ne venant pas de l'intérieur par la route conduisant directement au bureau de deuxième ligne, elles sont trouvées, dans le rayon des frontières, sans être munies d'un acquit de payement, passavant ou autre expédition valable pour la route qu'elles suivent et pour le temps dans lequel doit se faire le transport; que toute introduction frauduleuse d'objets tarifés dont le droit serait de 20 fr. par quintal métrique et au-dessus est un délit de la compétence de la juridiction correctionnelle;

Attendu qu'à tort les premiers juges ont déclaré non applicable aux faits de l'espèce l'art. 38 de la loi du 28 avr. 1816 et ont considéré ces faits comme ne constituant que la contravention prévue et réprimée par l'art. 15 de la loi du 27 mars 1817; qu'en effet cette loi ne vise que les saisies faites dans les bureaux des côtes et frontières par suite de déclarations; qu'elle ne pourrait être invoquée en l'espèce qu'autant qu'il serait justifié qu'alors qu'elle a été faite à Bailleul, lieu de l'enlèvement de la marchandise, la déclaration d'expédition des cafés que D... frères entendaient faire sortir de leurs magasins la totalité des 20 kilog. saisis le 21 juin 1883 a été réellement présentée et déposée au bureau désigné pour ce genre de dépôt et soumise ainsi au contrôle de l'Administration des douanes à l'égard de laquelle le déclarant se serait seulement rendu coupable d'une fausse déclaration portant sur la quantité des marchandises déposées;

Mais attendu que l'information et les débats, loin de fournir cette justification, établissent, au contraire, que le 20 juin, se conformant à l'usage établi à Bailleul en matière de circulation de marchandises assujetties aux formalités prescrites par les art. 2 et 3 de la loi du 19 vend. an 6 et 6 de la loi du 22 therm. an 10, V... après s'être présenté vers six heures du soir au bureau des douanes sis rue de Lille, porteur d'une déclaration d'expédition souscrite par ses patrons de 10 kilog. de café torréfié à destination de Steenbecque et après avoir réclamé un passavant afférent à cette expédition, a, le même soir, vers six heures et demie, déposé au bureau sis rue d'Ypres le café auquel devait s'appliquer le passavant à lui délivré; que ce dépôt ne comprenait que deux colis et non pas trois, ainsi que le soutient erronément V... et consistait en un sac en toile et un sac en papier; que le poids total de ces deux sacs, bien que non vérifié au moment de leur apport au bureau, a été constaté le lendemain matin par le brigadier des douanes de service à ce bureau, et a été reconnu par ce préposé être de 10 kilog., poids conforme à celui porté au passavant; qu'il est dès lors constant en fait que les cafés faisant l'objet de la poursuite ne se rattachent par aucun lien à la déclaration à la circulation faite le 20 juin au nom de D... frères; que, par suite, la saisie pratiquée sur ces cafés le 21 juin pour circulation illicite n'a point le caractère d'une saisie par suite de déclaration et que cette circulation illicite constitue bien un acte de contrebande de la compétence correctionnelle;

Au fond : — Attendu que V... en faisant circuler le 21 juin 1883 dans le rayon des douanes, sans expédition valable en autorisant le transport, une marchandise dont l'admission est réservée à certains bureaux par l'art. 20 de la loi du 28 avr. 1816, est légalement présumé avoir frauduleusement introduit en France cette marchandise; que cet acte de contrebande a été par lui pratiqué au moyen d'une voiture et avait pour objet une marchandise taxée à plus de 20 fr. les 100 kilog.; que l'art. 3 de la loi du 2 juin 1875 rend applicables les art. 48 et 52 de la loi du 28 avr. 1816, tit. 5, section des douanes, aux transports en contrebande par voiture de marchandises taxées à 20 fr. les 100 kilog.; que l'art. 4 de la même loi, dans tous les cas d'application des art. 41 à 53 de la loi susdite du 28 avr. 1816, prescrit la confiscation des marchandises servant à masquer la fraude avec l'objet de la contrebande et les moyens de transport;

Attendu, néanmoins, qu'il n'est pas suffisamment constaté par

en en sortant; Poursuites contre le conducteur et contre le soumissionnaire : « art. 12 de la loi du 9 févr. 1832 ». — Amende solidaire de 500 fr., décimes, demi-décime et dépens (Tribunal de paix).

2°. — TRANSIT DU NON-PROHIBÉ.

(NOTA. — Les expéditions du non-prohibé qui, à la demande des déclarants, et conformément à l'art. 11 de la loi du 2 juill. 1836, sont faites sous les formes et conditions réglées pour le transit du prohibé, donnent lieu, en cas de contravention, aux condamnations édictées pour ce dernier transit).

121° *Soustraction, constatée au bureau de sortie, de marchandises déclarées en transit :* « art. 54 de la loi du 8 flor. an 11, et 5 de celle du 17 déc. 1814 ». — Payement du quadruple des droits de consommation; amende de 500 fr., décimes, demi-décime et dépens (Contrainte).

122° *Substitution, constatée au bureau de sortie, de marchandises à celles déclarées en transit :* — Application du n° 121 et en outre du n° 70, si la marchandise substituée est prohibée à la sortie, ou des nos 85, 86 ou 90, si cette même marchandise est tarifée à la sortie.

123° *Déficit du dixième seulement et au-dessous, reconnu à la sortie, sur le poids des caisses, ballots ou futailles :* « art. 8 de la loi du 17 déc. 1814 ». — Payement du simple droit d'entrée (Contrainte).

124° *Manquant, constaté à la sortie, sur les huiles d'olives :* « art. 12 de la loi du 17 mai 1826 ». — Payement du simple droit d'entrée (Contrainte).

125° *Manquant, constaté à la sortie, sur des liquides ou fluides non prohibés, et reconnu ne provenir que du bris des vases intérieurs :* « art. 10 de la loi du 2 juill. 1836 ». — Payement du simple droit d'entrée (Contrainte). Lorsque la perte résulte d'un cas de force majeure dûment constaté, l'Administration peut même dispenser les soumissionnaires du payement des droits d'entrée (art. 17 de la loi du 16 mai 1863).

126° *Avarie de plus de 2 pour 100 de la valeur, non mentionnée dans l'acquit-à-caution et constatée au bureau de sortie :* « art. 9 de la loi du 17 déc. 1814 ». — Perte de la faculté du transit et payement du droit d'entrée pour obtenir la décharge de l'acquit-à-caution (Contrainte).

127° *Non-rapport, dans les délais, et pour toute autre cause que pour perte judiciairement constatée de la marchandise, du certificat de décharge des acquits-à-caution de transit du non-prohibé :* « art. 5 et 8 de la loi du 17 déc. 1814, 54 de celle du 8 flor. an 11 ». — Payement du quadruple des droits de consommation de la marchandise; amende de 500 fr. décimes, demi-décime et dépens (Contrainte). (En cas de perte judiciairement constatée, on n'exige que le simple droit). L'Administration peut même, en ce cas, dispenser les soumissionnaires du payement des droits d'entrée (art. 17 de la loi du 16 mai 1863).

3°. — TRANSIT DU PROHIBÉ.

128° *Fausse déclaration, au bureau d'entrée, quant à l'espèce ou à la qualité des marchandises :* « art. 4, § 4, de la loi du 9 févr. 1832 ». — Confiscation des marchandises; amende du triple de la valeur, décimes, demi-décime et dépens (Tribunal de paix).

129° *Déficit dans le nombre des colis portés aux manifestes ou déclarations :* « art. 4, § 3, de la loi du 9 févr. 1832 ». — Amende de 1000 fr. par colis manquant, décimes, demi-décime et dépens; retenue préventive pour sûreté de l'amende à défaut de consignation ou de caution, du bâtiment ou de la voiture, et de l'attelage servant au transport (Tribunal de paix).

130° *Excédent dans le nombre des colis déclarés :* « art. 4, § 4, de la loi du 9 févr. 1832 ». — Confiscation des colis; amende du triple de la valeur, décimes, demi-décime et dépens (Tribunal de paix).

131° *Déficit n'excédant pas le vingtième sur le nombre, la mesure ou le poids des marchandises déclarées :* « art. 4, § 5, de la loi du 9 févr. 1832 ». — Amende de la simple valeur des quantités manquantes, décimes, demi-décime et dépens (Tribunal de paix).

132° *Déficit au-dessus du vingtième sur le nombre, la mesure ou le poids des marchandises déclarées :* « art. 4, § 5, de la loi du 9 févr. 1832 ». — Amende du triple de la valeur des quantités manquantes, décimes, demi-décime et dépens (Tribunal de paix).

133° *Excédent du vingtième et au-dessous sur le nombre, la mesure ou le poids des marchandises déclarées :* « art. 4, § 5, de la loi du 9 févr. 1832 ». — Amende de la simple valeur réelle des quantités formant excédent, décimes, demi-décime et dépens (Tribunal de paix).

134° *Excédent au-dessus du vingtième sur le nombre, la mesure ou le poids des marchandises déclarées :* « art. 4, § 5, de la loi du 9 févr. 1832 ». — Amende du triple de la valeur réelle des quantités formant excédent, décimes, demi-décime et dépens (Tribunal de paix).

135° *Soustraction constatée au bureau de sortie d'une partie des marchandises décrites en l'acquit-à-caution :* « art. 7, § 1er, de la loi du 9 févr. 1832 ». — Amende, contre le conducteur, égale à la valeur des moyens de transport, chevaux et voitures, décimes, demi-décime et dépens; retenue préventive desdits moyens et équipages pour sûreté de l'amende (Tribunal de paix).

136° *Substitution, constatée au bureau de sortie, de marchandises autres que celles décrites en l'acquit-à-caution :* « art. 7, § 2, de la loi du 9 févr. 1832 ». — Confiscation des marchandises substituées; amende égale à la valeur des moyens de transport, chevaux et voitures, décimes, demi-décime et dépens; retenue préventive desdits moyens et équipages pour sûreté de l'amende (Tribunal de paix).

(NOTA. — Dans les cas qui font l'objet des deux numéros précédents, les acquits-à-caution sont déchargés pour les parties de marchandises exactement représentées).

137° *Enlèvement ou altération, même sans soustraction ni substitution de marchandises, des plombs et cachets apposés sur ces colis intérieurs, lorsque ces colis sont pressés :* « art. 8 et 7 de la loi du 9 févr. 1832 ». — Confiscation des marchandises contenues dans les colis; amende égale à la valeur des moyens de transport, chevaux et voitures, décimes, demi-décime et dépens; retenue préventive desdits moyens et équipages pour sûreté de l'amende (Tribunal de paix).

138° *Non-rapport, en temps utile, de certificats réguliers de décharge des acquits-à-caution :* « art. 6 de la loi du 9 févr. 1832 ». — Payement de la valeur des marchandises, telle qu'elle aura été indiquée dans l'acquit-à-caution; amende égale au triple de la valeur, décimes, demi-décime et dépens (Contrainte).

(NOTA. — Cet article est appliqué dans tous les cas de non-rapport, même lorsque le bureau de sortie a eu à poursuivre, en vertu des nos 135 à 137 ci-dessus. — Si la décharge n'est que partielle, on ne poursuit contre le soumissionnaire que l'application des condamnations proportionnellement afférentes aux quantités de marchandises non réexportées. En cas de perte judiciairement constatée de la marchandise, on ne poursuit que le payement de la simple valeur, conformément aux dispositions combinées de l'art. 4, § 1er, de la loi du 9 févr. 1832, et de l'art. 8 de la loi du 17 déc. 1814. L'Administration peut même, dans ce cas, dispenser les soumissionnaires du payement de la simple valeur (art. 17 de la loi du 16 mai 1863).

139° *Manquant, constaté à la sortie, sur des liquides ou fluides prohibés, et reconnu ne provenir que du bris des vases intérieurs;* « art. 10 de la loi du 2 juill. 1836 ». — Payement de la valeur (Contrainte).

ART. 5. — *Des infractions relatives aux entrepôts.*

545. On a exposé au *Rép.* nos 445 et suiv. et *suprà*, nos 294 et suiv., les règles qui concernent les entrepôts autorisés par la loi, entrepôts réels ou entrepôts fictifs, leur mode d'établissement, les obligations et les formalités prescrites pour leur validité, etc. Les infractions aux lois qui régissent cette matière constituent, suivant les cas, des contraventions ou des délits. En voici l'énumération, d'après le tableau publié par l'administration des douanes :

ENTREPOTS.

1°. — ENTREPÔT DU NON-PROHIBÉ.

(Les cas non spécialement prévus au présent chapitre demeurent régis par les lois générales concernant les importations et exportations).

---

le procès-verbal dont il s'agit que les diverses marchandises composant le chargement de la voiture saisie sur V... autres que les 10 kilog. de café torréfié objet de la contrebande transporté par cette voiture avaient pour destination de masquer cette contrebande; qu'il n'y a donc lieu, en l'espèce, de prononcer la confiscation de ces marchandises;

Par ces motifs, met le jugement dont est appel à néant; — Au fond, évoquant, déclare V... convaincu du délit de transport en contrebande par voiture de 10 kilog. de café torréfié, marchandise taxée à plus de 20 fr. les 100 kilog.; — Et, vu les art. 38, § 1er, 48, 51, tit. 4 et 5, de la loi du 28 avr. 1816; 37 de la loi du 21 avr. 1818; 3 et 4 de la loi du 2 juin 1875; 194 c. instr. cr. et 52 c. pén. dont lecture a été faite par le président; — Faisant droit aux conclusions de l'administration des douanes, prononce la confiscation : 1° des 10 kilog. de café torréfié, objet de la contrebande; 2° des moyens servant au transport de cette contrebande et consistant en un camion à quatre roues garni d'une bâche et deux chevaux estimés ensemble 1900 fr.; — Condamne V... par corps à l'amende de 1000 fr., deux décimes et demi en sus, etc.

Du 31 déc. 1883.-C. de Douai.

140° *Excédent (au-dessus du vingtième pour les métaux et du dixième pour les autres marchandises) sur le poids, le nombre ou la mesure déclarés :* « art. 18 du tit. 2 de la loi des 6-22 août 1791 ». — Double du droit sur l'excédent, décimes, demi-décime et dépens (Tribunal de paix).

(NOTA. — On ne perçoit dans ce cas qu'une fois le droit à titre d'amende, le trésor n'ayant point à percevoir le simple droit sur la marchandise tant que celle-ci demeure sous le régime de l'entrepôt).

141° *Soustraction de marchandises, pendant la durée de l'entrepôt réel, par toute autre cause que force majeure reconnue indépendante de la volonté de l'entrepositaire.* — On applique, suivant l'espèce de la marchandise et le mode de son importation originaire, les nos 32 et suiv., 44, 46 ou 57.

142° *Mutation de magasin, non autorisée, de marchandises entreposées fictivement :* « art. 15 de la loi du 8 flor. an 11 ». — Payement immédiat des droits (Contrainte). Cette disposition n'a d'application à Marseille, aux termes de l'art. 7 de l'ordonnance royale du 10 sept. 1817, que lorsque la déclaration du changement de magasin n'a pas été faite dans le mois pendant lequel il a été effectué.

143° *Soustraction absolue de marchandises entreposées fictivement :* « art. 15 de la loi du 8 flor. an 11 ». — Payement du double droit, indépendamment d'une amende qui pourra s'élever au double de la valeur de la marchandise soustraite, décimes, demi-décime et dépens (Tribunal de paix).

144° *Non-rapport en temps utile et avec décharge valable, des acquits-à-caution de mutation d'entrepôt :* « art. 21 de la loi du 17 mai 1826. » — Payement du double droit d'entrée des marchandises, amende de 100 fr., décimes, demi-décime et dépens (Contrainte).

(NOTA. — Ce numéro s'applique en cas de non-rapport des permis régularisés de transbordement de marchandises tarifées expédiées d'un port français à un autre port français) (V. Circ. 20 avr. 1841, n° 1846).

145° *Non-rapport du permis régularisé d'embarquement des marchandises réexportées par mer des entrepôts réels ou fictifs :* « art. 61 de la loi du 21 avr. 1818, et 13 du tit. 2 de la loi des 6-22 août 1791. » — Payement de la valeur des marchandises; amende de 100 fr., décimes, demi-décime et dépens (Contrainte).

(1er NOTA. — Si les marchandises sont taxées à 20 fr. et plus par 100 kilog. ou soumises à des taxes de consommation intérieure, et si le détournement de ces marchandises est découvert soit dans, soit hors de l'enceinte du port, l'amende est de 500 fr. au minimum (art. 34 et 37 de la loi du 21 avr. 1818, 41 de celle du 28 avr. 1816, et 2 de celle du 2 juin 1875) (V. les nos 34 et suiv.). — 2e NOTA. — Le n° 145 s'applique en cas de non-rapport des permis régularisés de transbordement de marchandises tarifées réexportées par mer) (V. Circ. 20 avr. 1841, n° 1846).

2°. — ENTREPÔT DU PROHIBÉ.

146° *Fausse déclaration au bureau d'entrée quant à l'espèce ou à la qualité des marchandises :* « art. 19 et 4, § 4, de la loi du 9 févr. 1832 ». — Confiscation des marchandises; amende du triple de la valeur, décimes, demi-décime et dépens (Tribunal de paix).

147° *Déficit dans le nombre des colis portés aux manifestes ou déclarations :* « art. 19 et 4, § 3, de la loi du 9 févr. 1832 ». — Amende de 1000 fr. par colis manquant, décimes, demi-décime et dépens; retenue préventive, pour sûreté de l'amende, à défaut de consignation ou de caution, du bâtiment ou de la voiture et de l'attelage servant au transport (Tribunal de paix).

148° *Excédent dans le nombre des colis déclarés :* « art. 19 et 4, § 4, de la loi du 9 févr. 1832 ». — Confiscation des colis; amende du triple de la valeur, décimes, demi-décime et dépens (Tribunal de paix).

149° *Déficit n'excédant pas le vingtième sur le nombre, la mesure ou le poids des marchandises déclarées :* « art. 19 et 4, § 5, de la loi du 9 févr. 1832 ». — Amende de la simple valeur des quantités manquantes, décimes, demi-décime et dépens (Tribunal de paix).

150° *Déficit au-dessus du vingtième sur le nombre, la mesure ou le poids des marchandises déclarées :* « art. 19 et 4, § 5, de la loi du 9 févr. 1832. » — Amende du triple de la valeur des quantités manquantes, décimes, demi-décime et dépens (Tribunal de paix).

151° *Excédent du vingtième et au-dessous sur le nombre, la mesure ou le poids des marchandises déclarées :* « art. 19 et 4, § 5, de la loi du 9 févr. 1832 ». — Amende de la simple valeur réelle des quantités formant excédent, décimes, demi-décime et dépens (Tribunal de paix).

152° *Excédent au-dessus du vingtième sur le nombre, la mesure ou le poids des marchandises déclarées :* « art. 19 et 4, § 5, de la loi du 9 févr. 1832 ». — Amende du triple de la valeur réelle des quantités formant excédent, décimes, demi-décime et dépens (Tribunal de paix).

153° *Soustraction de marchandises pendant la durée de l'entrepôt, par toute autre cause que force majeure reconnue indépendante de la volonté de l'entrepositaire* (on applique le n° 32).

154° *Non-rapport, en temps utile et avec décharge valable, des acquits-à-caution de mutation d'entrepôt :* « art. 21 de la loi du 17 mai 1826 ». — Payement de la valeur des marchandises; amende de 500 fr., décimes, demi-décime et dépens (Contrainte).

(NOTA. — Ce numéro s'applique en cas de non-rapport des permis régularisés de transbordement de marchandises prohibées expédiées d'un port français à un autre port français) (V. Circ. 20 avr. 1841, n° 1846).

155° *Non-rapport du permis régularisé d'embarquement des marchandises prohibées réexportées d'entrepôts par mer :* « art. 61 de la loi du 21 avr. 1818, 21 de la loi du 9 févr. 1832, et 1er du tit. 5 de la loi des 6-22 août 1791 ». — Payement de la valeur des marchandises; amende de 500 fr., décimes, demi-décime et dépens (Contrainte).

(NOTA. — I. Si le détournement des marchandises a été découvert hors de l'enceinte du port, l'amende est portée au taux de la valeur de la marchandise soustraite, si celle-ci vaut plus de 500 fr. (art. 34 et 37 de la loi du 21 avr. 1818, 41 de celle du 28 avr. 1816, et 2 de celle du 2 juin 1875). Si le détournement a été découvert dans les ports, l'amende est portée au taux de la valeur de la marchandise, si celle-ci vaut plus de 500 fr. (art. 34 et 37 de la loi du 21 avr. 1818, 41 de la loi du 28 avr. 1816 et 2 de celle du 2 juin 1875) (V. les nos 34 et suiv.). — II. Le numéro 155 s'applique en cas de non-rapport des permis régularisés de transbordement de marchandises prohibées réexportées par mer) (V. Circ. 20 avr. 1841, n° 1846).

3°. — ENTREPÔTS SPÉCIAUX.

156° *Soustraction et versement auxquels pourraient donner lieu les entrepôts, transvasements et conversions permis par les règlements spéciaux (eau-de vie de genièvre, tafias, raisins de corinthe, thé, foulards, croisés des Indes et crêpes de la Chine) :* « art. 5 de la loi du 19 oct. 1791 ». — Confiscation de la marchandise ou de sa valeur; amende de 300 fr., et, en cas de récidive du double de cette somme, avec déchéance de faculté d'entrepôt ou de fabrication, décimes, demi-décime et dépens (Tribunal de paix).

157° *Non-représentation en entrepôt fictif de grains soumissionnés :* « art. 14 de la loi du 27 juill. 1822 ». — Amende égale au double de la valeur desdits grains ou au double droit d'entrée, selon qu'à l'époque où la soustraction est constatée, l'espèce des grains manquants est à l'entrée, prohibée ou assujettie à des droits, décimes, demi-décime et dépens (Tribunal de paix).

158° *Non-rapport du permis régularisé de sortie des marchandises réexportées de l'entrepôt de Dunkerque, par Ghyvelde :* « art. 61 de la loi du 21 avr. 1818, et 9 de la loi du 2 juill. 1836 ». — Payement de la valeur des marchandises; amende de 500 fr., si la marchandise est prohibée (art. 1er du tit. 5 de la loi des 6-22 août 1791), ou de 200 fr., si la marchandise est tarifée (art. 4 du tit. 3 de la loi du 4 germ. an 2), décimes, demi-décime et dépens (Contrainte).

546. Il a été jugé que les marchandises soustraites de l'entrepôt fictif sont passibles de l'application de l'art. 15 de la loi du 8 flor. an 11, alors même que les marchandises de cette catégorie n'auraient été admises à jouir de l'entrepôt fictif que par des dispositions postérieures à cette même loi (Trib. civ. Nantes, 20 déc. 1852) (1).

547. Comme on l'a vu au *Rép.* nos 264 et suiv. (V. aussi *suprà*, nos 167 et suiv.), toutes les marchandises touchant le sol français doivent être déclarées au bureau des douanes, et les immunités résultant de la mise à l'entrepôt ne peuvent être

(1) (Chantielle.) — LE TRIBUNAL; — Considérant, en fait, que le sieur Chantielle, en soumettant des charbons à l'entrepôt fictif, a pris l'engagement formel de les représenter sous les peines portées par la loi de floréal an 11, notamment sous celle d'une amende qui peut s'élever au double de la valeur de la marchandise soumise à l'entrepôt;

Considérant, en droit, que la loi de floréal an 11 n'a accordé la faculté d'entrepôt fictif qu'à certaines marchandises y dénommées; que les dispositions législatives qui ont étendu cette faculté à d'autres marchandises ont naturellement étendu l'application de toutes les parties de cette loi réglementaire des entrepôts fictifs;

Par ces motifs; — Donne défaut contre le sieur Chantielle et son avoué faute de conclure, et pour le profit réforme le jugement dont est appel en cette partie seulement; — Condamne le sieur Chantielle, par corps, à payer à l'Administration des douanes la somme de 1400 fr. le surplus du jugement sortissant son effet.

Du 20 déc. 1852.-Trib. civ. Nantes.

invoquées qu'après l'accomplissement de cette première formalité. En conséquence, le consignataire de vins arrivés directement d'un port espagnol, qui les a déclarés comme vins d'Espagne alors qu'ils étaient d'origine française et avaient été antérieurement chargés dans un port français, encourt les peines applicables aux fausses déclarations, bien que ces vins aient été mis à l'entrepôt réel et n'aient eu, par suite, aucun droit à acquitter (Trib. civ. Marseille, 4 juin 1887, aff. N..., *Revue du droit maritime*, 1887, 443).

Art. 6. — *Des infractions aux lois sur la navigation* (*Rép.* nos 634 à 647).

548. On a étudié au *Rép.* nos 634 et suiv. le commerce maritime dans ses rapports avec les douanes et exposé les règles relatives aux embarquements, au tonnage, à la francisation, à la relâche volontaire ou forcée (V. aussi *suprà*, nos 405 et suiv.). Les infractions à ces règles constituent des contraventions, dont le tableau publié par l'administration des douanes donne la nomenclature :

NAVIGATION.

159° *Défaut de déclaration sommaire, dans les vingt-quatre heures, de l'entrée en relâche volontaire d'un navire abordant dans un port de mer, avec destination pour un autre port de France* : « art. 4 du tit. 2 de la loi des 6-22 août 1791 ». — Amende de 500 fr., décimes, demi-décime et dépens ; retenue préventive du bâtiment et des marchandises pour sûreté de l'amende (Tribunal de paix).

160° *Défaut de déclaration sommaire, dans les vingt-quatre heures, de l'entrée d'un navire en relâche forcée* : « art. 1er et 3 du tit. 6 de la loi des 6-22 août 1791 ». — Confiscation des marchandises ; amende de 500 fr., décimes, demi-décime et dépens ; retenue préventive du bâtiment pour sûreté de l'amende (Tribunal de paix).

161° *Défaut de déclaration du chargement ou des bâtiments sur lest dans les vingt-quatre heures de l'arrivée à destination* : « art. 5 du tit. 2 de la loi des 6-22 août 1791 ». — Amende de 500 fr., décimes, demi-décime et dépens (Tribunal de paix).

162° *Défaut d'indication de nom des propriétaires, du port d'attache et du numéro d'ordre sur les embarcations françaises ou étrangères employées en Algérie à la pêche du corail ou du poisson, ou aux transports comme allèges dans l'intérieur des ports d'Algérie* : « art. 5 de l'ordonnance du 16 déc. 1843 ». — Amende de 500 fr., décimes, demi-décime et dépens (Tribunal de paix).

163° *Vente, don, prêt ou autre disposition des congé et acte de francisation des navires ; usage desdits actes pour d'autres services que celui du bâtiment pour lequel ils ont été accordés ; défaut de rapport, dans les délais fixés, de l'acte de francisation, en cas de perte ou de vente de tout ou de plus de la moitié du navire à un étranger* : « art. 16 de la loi du 27 vend. an 2 ». — Confiscation des sommes énoncées au cautionnement du propriétaire, outre les autres condamnations prononcées par la loi, suivant les cas ; dépens (Tribunal de paix).

164° *Coopération à la francisation frauduleuse d'un bâtiment étranger* : « art. 15 de la loi du 27 vend. an 2 ». — Amende de 6000 fr., décimes, demi-décime et dépens ; déclaration d'incapacité, pour le contrevenant, d'exercer aucun emploi ni de commander aucun bâtiment français (Tribunal de paix).

165° *Changement, sans déclaration préalable, d'un bâtiment dans sa forme, son tonnage, ou de toute autre manière, postérieurement à la délivrance de l'acte de francisation* : « art. 21 et 15 de la loi du 27 vend. an 2 ». — Amende de 6000 fr., décimes, demi-décime et dépens ; déclaration d'incapacité, pour le contrevenant, d'exercer aucun emploi, ni de commander aucun bâtiment français (Tribunal de paix).

166° *Défaut de levée annuelle d'un congé de navigation* : « art. 5 de la loi du 27 vend. an 2 et 20 de celle du 6 mai 1841 ». — Confiscation du bâtiment ; amende de 100 fr., décimes, demi-décime et dépens (Tribunal de paix).

167° *Défaut de levée annuelle d'un passeport de navigation pour les embarcations étrangères employées en Algérie à la pêche du corail et du poisson* : « art. 5 de l'ordonnance du 16 déc. 1843 ». — Amende de 100 fr., décimes, demi-décime et dépens (Tribunal de paix).

168° *Non-réexportation, dans le délai de trois mois, et sauf les cas déterminés d'avarie, de marchandises prohibées à l'entrée, sauvées des naufrages* : « art. 6 du tit. 7 de la loi des 6-22 août 1791 ». — Confiscation desdites marchandises, dépens (Tribunal de paix).

169° *Remise pure et simple, ordonnée par justice, de marchandises prohibées à l'entrée, sauvées des naufrages* : « art. 6 du tit. 7 de la loi des 6-22 août 1791 ». — Condamnation contre les juges au payement de la valeur desdites marchandises ; amende de 500 fr., décimes, demi-décime et dépens (Compétence civile, tribunal supérieur à celui qui a ordonné la remise).

170° *Refus de la part d'un capitaine de navire de soumettre son livre de bord au visa des employés des douanes* : « art. 7 de la loi du 2 juill. 1836 ». — Ce fait constitue un acte d'opposition à l'exercice des fonctions des employés et tombe, par suite, sous le coup de l'art. 2 du tit. 4 de la loi du 4 germ. an 2 (V. le no 246 et Lett. com. 15 mars 1879, no 435).

Art. 7. — *Des infractions relatives aux sels.*

549. Tout ce qui concerne la taxe de consommation sur le sel, les concessions de mines de sel, etc., est exposé au *Rép.* vo *Sels*, et *infrà*, eod. vo. — Les infractions aux lois et règlements sur l'impôt du sel sont nombreuses. Le tableau des délits et contraventions en donne l'énumération :

SELS.

(Nota. — Les cas non spécialement prévus au présent chapitre demeurent régis par les lois générales concernant les importations, les exportations et la circulation).

§ 1er. — Régime des marais salants.

171° *Dépôt, dans les communes au-dessous de 2000 âmes agglomérées, dans le rayon de 15 kilom. des marais salants, côtes maritimes ou rivières affluentes à la mer, de sel en quantités supérieures à 50 kilog. et pour lesquelles il n'est pas justifié du payement du droit* : « art. 32 et 29 de la loi du 17 déc. 1814, 57 de la loi du 24 avr. 1806, et 1er du décret du 11 juin 1806 ». — Confiscation du sel, amende de 100 fr., décimes, demi-décime et dépens (Tribunal de paix).

172° *Transport, par moins de trois individus non en récidive, dans le rayon de 15 kilom. des marais salants, côtes maritimes ou rivières affluentes à la mer, de sel non accompagné d'expédition de douanes* : « art. 1er du décret du 11 juin 1806, 2 du décret du 25 janv. 1807, 1er du décret du 6 juin 1807 et 29 de la loi du 17 déc. 1814 ». — Confiscation du sel et des moyens de transport ; amende individuelle de 100 fr., décimes, demi-décime et dépens (Tribunal de paix).

173° *Transport, par un ou plusieurs individus en récidive, dans le rayon de 15 kilom. des marais salants, côtes maritimes ou rivières affluentes à la mer, de sel non accompagné d'expédition de douanes* : « art. 1er du décret du 11 juin 1806, 2 du décret du 25 janv. 1807 et 31 de la loi du 17 déc. 1814. » — Confiscation du sel et des moyens de transport ; amende individuelle de 200 à 500 fr., décimes, demi-décime et dépens ; emprisonnement de quinze jours au moins et de deux mois au plus (Tribunal correctionnel).

174° *Transport, par une réunion de trois individus et plus, dans le rayon de 15 kilom. des marais salants, côtes maritimes ou rivières affluentes à la mer, de sel non accompagné d'expédition de douanes* : « art. 1er du décret du 11 juin 1806, 2 du décret du 25 janv. 1807 et 30 de la loi du 17 déc. 1814 ». — Confiscation du sel et des moyens de transport ; amende individuelle de 200 à 500 fr., décimes, demi-décime et dépens ; emprisonnement de quinze jours au moins et de deux mois au plus (Tribunal correctionnel).

175° *Circulation de sel, dans les 15 kilom. des marais salants, côtes maritimes ou rivières affluentes à la mer, avant le lever ou après le coucher du soleil, quand l'expédition de douanes n'en porte pas la permission expresse* : « art. 1er, 7, § 2, et 16 du décret du 11 juin 1806, 2 du décret du 25 janv. 1807, 1er du décret du 6 juin 1807, 57 de la loi du 24 avr. 1806 et 29 de la loi du 17 déc. 1814 ». — Confiscation du sel et des moyens de transport ; amende individuelle de 100 fr., décimes, demi-décime et dépens (Tribunal de paix).

(Nota. — Si la contravention se complique des circonstances indiquées aux nos 173 ou 174, on applique ces numéros).

176° *Transport de sablon ou sable de mer, sans certificat préalable du maire* : « art. 3 de l'ordonnance royale du 19 mars 1817, 57 de la loi du 24 avr. 1806, 16 du décret du 11 juin 1806 et 29 de la loi du 17 déc. 1814 ». — Confiscation des matières saisies et des moyens de transport ; amende de 100 fr., décimes demi-décime et dépens (Tribunal de paix).

177° *Défaut de représentation, à réquisition des préposés des douanes, des certificats des maires, pour l'enlèvement de l'engrais de mer* : « art. 2 de l'ordonnance royale du 19 mars 1817 ». — Amende de 10 fr. doublée en cas de récidive ; décimes, demi-décime et dépens (Tribunal de paix).

178° *Dépôt, ailleurs que dans les étables, écuries, bergeries et toits à porcs, ou surséance d'emploi en dénaturation, des engrais de mer enlevés sur les grèves pour les besoins de l'agriculture* : « art. 2 de l'ordonnance royale du 19 mars 1817 ». — Amende de 100 fr., décimes, demi-décime et dépens (Tribunal de paix).

§ 2. — RÉGIME DES MINES DE SEL, SOURCES OU PUITS D'EAU SALÉE, APPLICABLE AUX FABRIQUES DE SEL.

179° *Exploitation non autorisée de mines de sel, sources ou puits d'eau salée:* « art. 1er, 5, 7, 10 et 14 de la loi du 17 juin 1840 ».

180° *Fabrication inférieure au minimum déterminé :* « art. 5, 8 et 14 de la loi du 17 juin 1840 ». — Amende égale au droit qui aurait été perçu sur les quantités de sel manquant pour atteindre le minimum, décimes, demi-décime et dépens (Tribunal correctionnel).

181° *Cessation d'exploitation ou de fabrication sans déclaration faite au moins un mois d'avance :* « art. 6, 10 et 14 de la loi du 17 juin 1840. »

182° *Absence d'une enceinte en bois ou en maçonnerie, suivant les cas et selon les prescriptions du règlement autour des puits, galeries, trous de sonde, sources et bâtiments de l'usine :* « art. 2 et 23 de l'ordonnance royale du 26 juin 1841, 10 et 14 de la loi du 17 juin 1840. »

183° *Absence de clôture particulière enfermant les appareils d'extraction et les haldes, autour des puits ou galeries servant à l'exploitation du sel en roche, qui à cause de l'éloignement ne peuvent pas être compris dans l'enceinte d'une usine :* « art. 4, 2 et 23 de l'ordonnance du 26 juin 1841, 10 et 14 de la loi du 17 juin 1840 ».

184° *Abscence de clôture particulière entourant les trous de sonde servant à l'exploitation par dissolution, ainsi que les sources ou puits d'eau salée qui ne peuvent pas, à cause de l'éloignement, être compris dans l'enceinte d'une usine :* « art. 5, 2 et 23 de l'ordonnance royale du 26 juin 1841, 10 et 14 de la loi du 17 juin 1840 ».

185° *Absence, dans l'intérieur d'une fabrique, d'un ou plusieurs magasins destinés au dépôt des sels fabriqués et mis sous la double clef de l'exploitant et des agents de la perception :* « art. 3, § 1er, et 23 de l'ordonnance royale du 26 juin 1841, 10 et 14 de la loi du 17 juin 1840 ».

186° *Dépôt, ailleurs que dans un magasin exclusivement destiné à cet usage, des produits des puits ou galeries servant à l'exploitation du sel en roche, et qui, à cause de l'éloignement, ne peuvent pas être compris dans l'enceinte d'une usine :* « art. 4, § 2, et 23 de l'ordonnance royale du 26 juin 1841, 10 et 14 de la loi du 17 juin 1840 ».

187° *Absence, dans l'intérieur d'une fabrique, d'un local convenable, près de l'entrée de l'établissement, pour le logement et le bureau de deux employés au moins :* « art. 3, § 2, et 23 de l'ordonnance royale du 26 juin 1841, 10 et 14 de la loi du 17 juin 1840 ».

188° *Absence, dans l'intérieur d'une fabrique, de poids et balances pour la pesée des sels, et de mesures de capacité pour la vérification du volume des eaux salées :* « art. 3, § 3 et 23 de l'ordonnance royale du 26 juin 1841, 10 et 14 de la loi du 17 juin 1840 ».

189° *Retrait des poêles ou chaudières (autrement que pour être déposés immédiatement, soit sur les bancs d'épuration, les égoutoirs ou les séchoirs, soit dans des étuves, soit enfin dans des vases quelconques, désignés d'avance aux employés), de sels parvenus à l'état solide ou concret, et manipulation subséquente de ces sels, ayant pour objet d'en compléter la fabrication, hors la surveillance des employés :* « art. 9 et 23 de l'ordonnance royale du 26 juin 1841, 10 et 14 de la loi du 17 juin 1840 ».

190° *Non-destruction des eaux mères, schlots, crasses de sel et autres déchets de la fabrication, cendres, curins et débris de fourneaux des fabriques de sel, dont l'enlèvement et le transport n'auraient pas été autorisés:* « art. 10 et 23 de l'ordonnance royale du 26 juin 1841, 10 et 14 de la loi du 17 juin 1840 ».

191° *Dépôt, ailleurs que dans les magasins autorisés, des sels fabriqués qui ne seront pas expédiés immédiatement :* « art. 11, § 1er, et 23 de l'ordonnance royale du 26 juin 1841, 10 et 14 de la loi du 17 juin 1840 ».

192° *Séjour dans l'enceinte de la fabrique, de sels qui ont été déclarés pour la consommation :* « art. 11, § 3, et 23 de l'ordonnance royale du 26 juin 1841, 10 et 14 de la loi du 17 juin 1840 ».

193° *Refus de subir les visites et vérifications des employés, à réquisition de ceux-ci, et même de nuit, dans les ateliers et magasins, si le travail se prolonge après le coucher du soleil, de leur ouvrir les fabriques, ateliers, magasins, logement d'habitation, caves, celliers, et tous autres bâtiments enclavés dans l'enceinte des fabriques, ainsi que de leur représenter les sels, eaux salées et résidus tenus en possession :* « art. 7 et 23 de l'ordonnance royale du 26 juin 1841, 10 et 14 de la loi du 17 juin 1840 ».

194° *Surséance dans le payement du droit exigible sur les quantités manquantes en sus de la déduction accordée pour déchets de magasins, lors de l'inventaire trimestriel des sels en magasins :* « art. 12 et 23 de l'ordonnance royale du 26 juin 1841, 10 et 14 de la loi du 17 juin 1840 ».

195° *Extraction de sels, des fabriques ou des enceintes particulières, sans déclaration préalable faite au bureau le plus proche du lieu d'extraction et sans expédition ou acquit de payement :* « art. 14, § 1er, première disposition, et 23 de l'ordonnance royale du 26 juin 1841, 10 et 14 de la loi du 17 juin 1840 ».

196° *Enlèvement d'eau salée de puits ou de sources concédés, sans qu'il ait été pris un acquit-à-caution :* « art. 14, § 1er, seconde disposition, et 23 de l'ordonnance royale du 26 juin 1841, 10 et 14 de la loi du 17 juin 1840 ».

197° *Défaut, par les conducteurs de sels, d'eaux salées et de matières salifères, d'exhiber, à toute réquisition des employés, dans le rayon de 15 kilom. des mines, puits et sources salées, et des usines qui en exploitent les produits, les expéditions dont ils doivent être porteurs :* « art. 14, § 2, et 23 de l'ordonnance royale du 26 juin 1841, 10 et 14 de la loi du 17 juin 1840 ».

198° *Circulation, sans expédition dans le rayon de 15 kilom. des mines, des puits et sources salées, et des usines qui en exploitent les produits, de sels, eaux salées et matières salifères :* « art. 16, § 1er, et 23 de l'ordonnance royale du 26 juin 1841, 10 et 14 de la loi du 17 juin 1840 ».

199° *Transports de sels, d'eaux salées ou matières salifères, avant le lever ou après le coucher du soleil, si l'expédition ne porte pas la permission expresse de circuler de nuit :* « art. 16, § 2, et 23 de l'ordonnance royale du 26 juin 1841, 10 et 14 de la loi du 17 juin 1840 ».

200° *Extraction d'eau salée des puits et sources, soit de jour, hors la présence des employés, soit de nuit :* « art. 17, § 2, et 23 de l'ordonnance royale du 26 juin 1841, 10 et 14 de la loi du 17 juin 1840 ».

201° *Transport d'eau salée, pour une fabrique autorisée, dans des récipients autres que des vases qui peuvent être jaugés :* « art. 17, § 1er, et 23 de l'ordonnance royale du 26 juin 1841, 10 et 14 de la loi du 17 juin 1840 ».

(NOTA. — I. L'excédent doit être supérieur au vingtième du poids total (boni compris) pour les sels transportés par mer en vrac. Par terre, tout excédent est saisissable (L. 8 flor. an 11, art. 76; 17 juin 1840, art. 10; Décr. 11 juin 1806, art. 16; Ord. 26 juin 1841, art. 19; L. 6-22 août 1791, tit. 3, art. 9). — II. En cas de déficit, soustraction ou substitution, la confiscation sera établie et le droit calculé sur une quantité de sel égale à celle non représentée; si la différence porte sur le volume ou sur le degré de l'eau salée, la quantité de sel dissous dans l'eau sera pour chaque degré du densimètre au-dessus de la densité de l'eau pure).

202° *Excédent, déficit, soustraction ou substitution constatés lors de la vérification des sels, eaux salées et matières salifères, expédiées par acquit-à-caution :* « art. 19 de l'ordonnance royale du 26 juin 1841, 10 et 1er de la loi du 17 juin 1840 ».

203° *Non-rapport, dans les délais, des acquits-à-caution délivrés pour le transport des sels, eaux salées et matières salifères :* « art. 19 de l'ordonnance royale du 26 juin 1841, 10 et 14 de la loi du 17 juin 1840 ».

(NOTA. — I. La confiscation sera établie et le droit calculé sur une quantité de sel égale à celle non représentée; la quantité de sel dissous dans l'eau sera évaluée pour 1 hectol. d'eau salée à raison de 1650 grammes de sel pour chaque degré du densimètre au-dessus de la densité de l'eau pure. — II. S'il s'agit d'acquits-à-caution délivrés pour assurer l'arrivée de sels français dans le pays de Gex, ou la zône neutralisée de la Haute-Savoie « art. 2 du décret du 20 sept. 1877 et 2 du décret du 20 avr. 1881 ». — Double droit de consommation) (Contrainte).

§ 3. — RÉGIME SPÉCIAL AUX FABRIQUES DE PRODUITS CHIMIQUES DANS LESQUELLES IL SE PRODUIT EN MÊME TEMPS DU CHLORURE DE SODIUM (SEL MARIN).

204° *Exploitation ou fabrication sans déclaration préalable* « art. 11, 5, 7, 10 et 14 de la loi du 17 juin 1840 ».

205° *Cessation d'exploitation ou de fabrication sans déclaration faite au moins un mois d'avance :* « art. 11, 6, 10 et 14 de la loi du 17 juin 1840 ».

206° *Défaut de déclaration par écrit au bureau le plus voisin, au moins vingt-quatre heures d'avance, du jour et de l'heure où commencera et finira le travail dans les ateliers, chaque fois que les préparations devront produire du sel marin :* « art. 21 et 23 de l'ordonnance royale du 26 juin 1841, 10 et 14 de la loi du 17 juin 1840 ».

207° *Absence, dans l'intérieur de la fabrique, d'un magasin destiné au dépôt du sel et mis sous la double clef de l'exploitant et des agents de la perception :* « art. 21 et 23 de l'ordonnance royale du 26 juin 1841, 10 et 14 de la loi du 17 juin 1840 ».

208° *Refus de subir les visites et vérifications des employés, à réquisition de ceux-ci, et même de nuit, dans les ateliers et magasins, si le travail se prolonge après le coucher du soleil, de leur ouvrir les fabriques, ateliers, magasins, logement d'habitation, caves, celliers et tous autres bâtiments enclavés dans l'enceinte des fabriques, ainsi que de leur représenter les sels et résidus tenus en possession :* « art. 21, 7 et 23 de l'ordonnance royale du 26 juin 1841, 10 et 14 de la loi du 17 juin 1840 ».

209° *Dépôt, ailleurs que dans les magasins autorisés, des sels fabriqués qui ne seront pas expédiés immédiatement :* « art. 21, 11, § 1er, et 23 de l'ordonnance royale du 26 juin 1841, 10 et 14 de la loi du 17 juin 1840 ».

210° *Séjour, dans l'enceinte de la fabrique, des sels qui ont été déclarés pour la consommation :* « art. 21, 11, § 3, et 23 de l'ordonnance royale du 26 juin 1841, 10 et 14 de la loi du 17 juin 1840 ».

211° *Surséance dans le payement des droits exigibles sur les quantités manquantes en sus de la déduction accordée pour déchets de magasin, lors de l'inventaire trimestriel des sels en magasins :* « art. 21, 12 et 23 de l'ordonnance royale du 26 juin 1841, 10 et 14 de la loi du 17 juin 1840 ».

212° *Extraction de sel, des fabriques, sans déclaration préalable faite au bureau le plus prochain du lieu d'extraction et sans expédition de circulation ou acquit de payement :* « art. 21, 14, § 1er, et 23 de l'ordonnance royale du 26 juin 1841, 10 et 14 de la loi du 17 juin 1840 ».

213° *Défaut, par les conducteurs de sels, d'exhiber à toute réquisition des employés dans le rayon de 16 kilom. des fabriques, les expéditions dont ils doivent être porteurs :* «art. 21, 14, § 2, et 23 de l'ordonnance royale du 26 juin 1841; 10 et 14 de la loi du 17 juin 1840 ».

214° *Circulation, sans expédition dans le rayon de 15 kilom. des fabriques de sels bruts ou raffinés, de sels impurs ou de matières salifères:* « art. 11 et 12 du décret du 19 mars 1852 et 10 de la loi du 17 juin 1840 ».

215° *Excédent, déficit, soustraction, substitution constatés lors de la vérification des sels expédiés par acquit-à-caution :* « art. 21 et 19 de l'ordonnance royale du 26 juin 1841, 10 et 14 de la loi du 17 juin 1840 ».

(NOTA. — En cas de déficit, soustraction ou substitution, la confiscation sera établie, et le droit sera calculé sur une quantité de sel égale à celle non représentée. — En cas d'excédent, V. le 1er nota du n° 202).

216° *Non-rapport dans les délais des acquits-à-caution délivrés pour le transport des sels :* « art. 21 et 19 de l'ordonnance royale du 26 juin 1841, 10 et 14 de la loi du 17 juin 1840 ».

(NOTA. — La confiscation sera établie et le droit sera calculé sur une quantité de sel égale à celle non représentée).

§ 4. — RÉGIME DES SELS A DESTINATION DES EXPLOITATIONS AGRICOLES.

217° *Infractions au règlement d'administration publique pour la livraison, en franchise de droits, des sels destinés à la nourriture des bestiaux, à la préparation des engrais ou à l'amendement direct des terres :* 1° Déficit présumé frauduleux, reconnu soit à l'arrivée dans les dépôts des sels dénaturés, soit à leur sortie des entrepôts ou des dépôts; 2° Détournement de leur destination des sels livrés en franchise : « art. 13 et 10 de la loi du 17 juin 1840 et décret du 8 nov. 1869 ». — Payement du double droit sur le sel pur; amende de 500 à 5000 fr. décimes, demi-décime et dépens (Tribunal correctionnel).

§ 5. — RÉGIME SPÉCIAL AUX RAFFINERIES DE SEL ET AUX SALPÊTRERIES.

218° *Exploitation d'une raffinerie autorisée sans déclaration faite au moins un mois avant le commencement des travaux* « art. 2 et 12 du décret du 19 mars 1852, 10 et 14 de la loi du 17 juin 1840 ».

219° *Cessation d'exploitation d'une raffinerie sans déclaration faite au moins un mois d'avance :* « art. 2 et 12 du décret du 19 mars 1852, 10 et 14 de la loi du 17 juin 1840 ».

220° *Défaut de déclaration, dans les vingt-quatre heures de l'arrivée des quantités de sels neufs ou impurs introduits dans l'usine :* « art. 3 et 12 du décret du 19 mars 1852, 10 et 14 de la loi du 17 juin 1840 ».

221° *Introduction dans les usines, de sels neufs, de provenance autre que des salines ou marais salants, de l'étranger ou des entrepôts :* « art. 5 et 12 du décret du 19 mars 1852, 10 et 14 de la loi du 17 juin 1840 ».

222° *Introduction, dans les usines, de sels neufs ou impurs proprement dits, non accompagnés d'expédition :* « art. 5 et 12 du décret du 19 mars 1852, 10 et 14 de la loi du 17 juin 1840 ».

223° *Sortie frauduleuse, des usines, de sels en quantité excédant celle dont le payement des droits aura été justifié :* « art. 5 du décret du 19 mars 1852, 10 et 14 de la loi du 17 juin 1840 ».

224° *Introduction, dans une raffinerie ou ses dépendances, de matières salifères autres que des sels neufs ou sels impurs proprement dits:* « art. 5 et 12 du décret du 19 mars 1852, 10 et 14 de la loi du 17 juin 1840 ».

225° *Circulation, sans expédition, dans le rayon de 15 kilom. des raffineries de sel ou des salpêtreries, de sels bruts ou raffinés, de sels impurs ou de matières salifères quelconques :* « art. 11 et 12 du décret du 19 mars 1852, 10 et 14 de la loi du 17 juin 1840 ».

226° *Défaut, par les voituriers ou conducteurs de sels ou de matières salifères, d'exhiber, à toute réquisition des employés, dans le rayon de 15 kilom. des raffineries de sels ou salpêtreries, les expéditions dont ils doivent être porteurs :* « art. 11 et 12 du décret du 19 mars 1852, 10 et 14 de la loi du 17 juin 1840 ».

227° *Refus de subir les visites et vérifications des employés, à réquisition de ceux-ci, et même de nuit, si l'établissement est en activité, dans les ateliers et magasins ou autres locaux dépendant des raffineries:* « art. 8 et 12 du décret du 19 mars 1852, 10 et 14 de la loi du 17 juin 1840 ».

§ 6. — RÉGIME SPÉCIAL AUX FABRIQUES DE SOUDE.

228° *Non-rapport d'acquits-à-caution délivrés pour le transport, à destination de la fabrique, de sels sortis du rayon des douanes:* « art. 4 du décret du 13 oct. 1809, et 8 du décret du 13 déc. 1862 ». — Quadruple des droits imposés sur le sel manquant, décimes, demi-décime sur les trois derniers droits et dépens (Contrainte).

229° *Non-justification de l'emploi du sel livré au fabricant en exemption de droits à la fabrication du sulfate de soude, du carbonate de soude et de la soude brute, au degré déterminé pour chacun de ces produits par l'art. 4 du décret du 13 déc. 1862 :* « art. 10 du décret du 13 oct. 1809; 5 de l'ordonnance royale du 8 juin 1822, et 8 du décret du 13 déc. 1862 ». — Payement du droit, dépens; privation facultative de l'exemption (Tribunal de paix).

230° *Extraction des fabriques, sans autorisation spéciale, de sels, des sulfates ou autres produits en état de fabrication:* « art. 6 de l'ordonnance royale du 8 juin 1822, et 10 du décret du 13 oct. 1809 ». — Payement du droit, dépens; privation facultative de l'exemption (Tribunal de paix).

231° *Vente ou détournement de sel en fraude, soit dans les fabriques, soit dans le transport des lieux d'extraction aux fabriques de soude :* « art. 10 de l'ordonnance royale du 8 juin 1822 et 10 du décret du 13 oct. 1809 ». — Privation de la franchise (par décision du ministre des finances).

232° *Enlèvement des fabriques, sans acquittement du droit de consommation sur le sel, de produits fabriqués contenant une quantité de sel supérieure à la limite autorisée :* « art. 4 et 8 du décret du 13 déc. 1862, et 10 du décret du 13 oct. 1809 ». — Privation de la franchise, payement du droit; dépens (Tribunal de paix).

RÉGIME DES SALAISONS.

SALAISONS EN MER.

233° *Absence, en mer et à bord, d'une expédition qui justifie l'origine du sel embarqué et le cautionnement des droits :* « art. 51 et 16 du décret du 11 juin 1806 et 29 de la loi du 17 déc. 1814 ». — Confiscation des salaisons, du sel trouvé à bord et des moyens de transport, amende de 100 fr., décimes, demi-décime et dépens (Tribunal de paix).

234° *Absence, à l'arrivée, d'un acquit-à-caution pour justifier que le sel qui a été employé à des salaisons a été levé aux marais salants de France et que les droits en ont été préalablement assurés :* « art. 50 et 16 du décret du 11 juin 1806 et 29 de la loi du 17 déc. 1814 ». — Confiscation des salaisons, du sel trouvé à bord et des moyens de transport; amende de 100 fr., décimes, demi-décime et dépens (Tribunal de paix).

235° *Défaut de proportion entre les quantités de poisson salé représentées et celles de sel consommées :* « art. 53 du décret du 11 juin 1806, et 29 de la loi du 17 déc. 1814 ». — Amende de 100 fr.; triple du droit dont le sel non représenté aurait été susceptible, décimes, demi-décime sur les amendes, et dépens; retenue préventive du bâtiment pour sûreté de l'amende (Tribunal de paix).

236° *Non-déclaration du sel neuf qui existerait à bord à l'arrivée :* « art. 54 et 53 du décret du 11 juin 1806 et 29 de la loi du 17 déc. 1814 ». — Confiscation du sel; amende de 100 fr.; triple droit du sel, décimes, demi-décime sur les amendes et dépens; retenue préventive du bâtiment pour sûreté de l'amende (Tribunal de paix).

SALAISONS A TERRE.

237° *Défaut de justification d'acquittement ou de soumission du droit des sels employés sans déclaration préalable en salaisons de poisson, ou tenus en dépôt dans les lieux où se font lesdites salaisons :* « art. 40 du décret du 11 juin 1806 et 29 de la loi du 17 déc. 1814 ». — Confiscation du sel et des salaisons; amende du double des droits fraudés, décimes, demi-décime et dépens (Tribunal de paix).

238° *Détention, dans l'enceinte où se trouvent les ateliers de salaisons, de sels autres que ceux spécialement destinés à la préparation du poisson :* « art. 6 de l'ordonnance royale du 30 oct. 1816; 45 du décret du 11 juin 1806 et 29 de la loi du 17 déc. 1814 ». — Amende de 100 fr., triple des droits fraudés, décimes, demi-décime sur les amendes; dépens. En cas de récidive, privation de la franchise accordée pour les salaisons (Tribunal de paix).

239° *Vente des sels destinés à la préparation du poisson, pendant la durée des salaisons et même après, s'il n'est pas suffisamment prouvé qu'ils ont acquitté les droits :* « art. 6 de l'ordonnance royale du 30 oct. 1816, 45 du décret du 11 juin 1806 et 29 de la loi du 17 déc. 1814 ». — Amende de 100 fr.; triple des droits fraudés, décimes, demi-décime sur les amendes; dépens. En cas de récidive, privation de la franchise accordée pour les salaisons (Tribunal de paix).

240° *Etablissement de magasins en gros, ou vente en détail de sel ayant acquitté les droits, à moins de vingt-cinq mètres de distance d'un atelier de salaisons :* « art. 7 de l'ordonnance royale du 30 oct. 1816, 45 du décret du 11 juin 1806, et 29 de la loi du 17 déc. 1814 ». — Amende de 100 fr.; triple des droits du sel, décimes, demi-décime sur les amendes; dépens (Tribunal de paix).

241° *Défaut de proportion entre la quantité de poisson pressé et la quantité de sel prétendue consommée :* art. 43 du décret du 11 juin 1806 ». — Amende de 100 fr., double des droits fraudés, décimes, demi-décime sur les amendes; dépens (Contrainte).

242° *Supposition, pour masquer la fraude, des salaisons qui n'ont pas été faites :* « art. 45 et 46 du décret du 11 juin 1806, et 29 de la loi du 17 déc. 1814 ». — Amende de 100 fr.; triple des droits fraudés, décimes, demi-décime sur les amendes; dépens. En cas de récidive, privation de la franchise accordée pour les salaisons (Tribunal de paix).

243° *Substitution, dans les barriques ou barils, pour masquer la fraude, à des poissons pressés, de toutes autres matières :* « art. 45 et 46 du décret du 11 juin 1806, et 29 de la loi du 17 déc. 1814 ». — Amende de 100 fr.; triple des droits fraudés, décimes, demi-décime sur les amendes; dépens. En cas de récidive, privation de la franchise accordée pour les salaisons (Tribunal de paix).

244° *Refus de submersion immédiatement après la saison de la pêche ou détournement de tout ou partie des sels immondes, dits ressels et saumures, provenant de la salaison des poissons, des sels neufs mélangés de sels immondes, en quelque proportion que ce soit, ou de résidus des salaisons de viandes :* « art. 12 de l'ordonnance royale du 30 oct. 1816, 45 du décret du 11 juin 1806, et 29 de la loi du 17 déc. 1814 ». — Amende de 100 fr.; triple des droits fraudés, décimes, demi-décime sur les amendes; dépens. En cas de récidive, privation de la franchise accordée pour les salaisons (Tribunal de paix).

245° *Abus de la profession de saleur pour faire la fraude ou une spéculation illicite :* « art. 13 de l'ordonnance royale du 30 oct. 1816 et 29 de la loi du 17 déc. 1814 ». — Privation, outre les peines de droit, de la franchise accordée pour les salaisons, pour un espace de temps qui ne pourra être moindre de deux ans, ni supérieur à quatre. En cas de récidive, la privation est prononcée pour toujours; dépens (Tribunal de paix).

ART. 8. — *Régime spécial aux expéditions coloniales et aux établissements français d'outre-mer* (*Rép.* nos 702 à 742).

550. Le chap. 13 du *Répertoire* et du *Supplément* est consacré aux colonies françaises dans leurs rapports avec les douanes. Nous notons seulement ici certaines infractions particulières aux règles qui gouvernent l'importation, l'exportation et la circulation des marchandises dans les colonies.

COLONIES FRANÇAISES PROPREMENT DITES.

Chargement ou déchargement, sans permis, de denrées ou marchandises à bord des bâtiments destinés pour les colonies : « art. 16 de la loi du 17 juill. 1791 ». — Confiscation desdites denrées ou marchandises; amende de 100 fr., décimes, demi-décime et dépens (Tribunal de paix).

Non-rapport, par les armateurs et avec certificat de décharge, des acquits-à-caution délivrés pour des objets envoyés aux colonies et dont la sortie pour l'étranger est prohibée : « art. 20 de la loi du 17 juill. 1791 ». — Confiscation de la valeur; amende de 500 fr., décimes, demi-décime et dépens (Contrainte).

CORSE.

Circulation ou dépôt dans le rayon d'un demi-myriamètre de la côte, sans expéditions ou avec expéditions qui auraient plus d'un an de date, mais seulement pour les quantités qui excèdent 15 mètres de tissus et 5 kilog. d'autres objets, de marchandises, soit de la classe de celles dénommées dans l'art. 22 de la loi du 28 avr. 1816, soit de la classe de celles qui figurent au tableau B annexé à la loi du 6 mai 1841, et des céréales de toute espèce, soit enfin de la classe de celles qui, d'après le tarif général des douanes, sont prohibées à l'entrée : « art. 22 de la loi du 17 mai 1826, et 5 de celle du 6 mai 1841 ». — On applique, dans les cas et sous les restrictions prévus par cet article, savoir : si la marchandise est prohibée ou tarifée sur le continent à 20 fr. et plus pour 100 kilog., les nos 34, 35, 36, 37, 69, 102 ou 105. — Si la marchandise est tarifée sur le continent à moins de 20 fr. les 100 kilog., les nos 66, 67, 99, 100 ou 104.

551. Il a été jugé que, lorsqu'il est constaté que les déclarations et pesages exigés par l'ordonnance du 15 nov. 1842, concernant la traite des gommes au Sénégal, et par l'arrêté local du gouverneur de la colonie en date du 10 févr. 1843, n'ont pas eu lieu aux escales, d'une manière exacte et régulière, pour toutes les gommes traitées et rapportées à Saint-Louis par les traitants commissionnés, la confiscation des gommes ou excédents non déclarés aux escales doit être prononcée, quoiqu'il ne soit point établi que l'intention du traitant ait été de les dissimuler pour les soustraire aux droits, et quoiqu'on pût induire de certaines circonstances que la commission syndicale avait entendu autoriser le traitant à ne compléter sa déclaration qu'après le débarquement (Civ. cass. 16 déc. 1851, aff. Maubaye, D. P. 52. 1. 12).

552. Lorsque l'autorité locale a refusé son visa à des marchandises débarquées dans un port d'une colonie française, en vue de leur exportation dans la métropole avec le bénéfice colonial, et qui ont été déclarées provenir d'un autre port de la même colonie, il y a présomption que la marchandise est étrangère, et c'est alors, s'il y a saisie, au propriétaire et non à l'administration des douanes à faire la preuve de l'origine de la marchandise. — Par suite, est nul le jugement qui, pour refuser d'appliquer au propriétaire les peines répressives de la contrebande, se fonde, non sur une affirmation positive de l'origine coloniale de la marchandise, mais sur ce qu'il n'existe pas d'indices suffisants de son origine étrangère (Crim. cass. 11 mars 1858, aff. Duffaut, D. P. 58. 5. 142).

ART. 9. — *Dispositions communes à divers cas de contravention.*

553. Tous négociants et commissionnaires, qui seraient convaincus d'avoir importé ou exporté en fraude des denrées et marchandises ou d'avoir, à la faveur de l'entrepôt et du transit, effectué des soustractions, substitutions ou versements dans l'intérieur, pourraient, indépendamment des peines portées par les lois, être privés, par un arrêté spécial du Gouvernement, de la faculté de l'entrepôt et du transit, ainsi que de tout crédit de droits. — Les négociants et commissionnaires qui prêteraient leur nom pour soustraire aux effets de cette disposition ceux qui en auraient été atteints, encourraient les mêmes peines (L. 8 flor. an 11, art. 83). — Ceux qui auraient été condamnés pour des soustractions ou autres délits qui seraient commis dans les entrepôts de l'intérieur ou des frontières, ou dans les expéditions qui s'y rapportent, seraient passibles des interdictions déterminées par l'art. 83 de la loi du 8 flor. an 11, ainsi que ceux qui prêteraient leur nom pour soustraire les condamnés aux effets de la présente disposition (L. 27 févr. 1832, art. 8).

ART. 10. — *Des contraventions que les préposés des douanes sont appelés à constater à la requête d'autres administrations et du ministère public.*

554. Ces contraventions sont indiquées à l'occasion des différentes matières auxquelles elles se rattachent (V. notamment : *suprà*, vo *Chasse*, nos 845 et suiv.; *infrà*, vis *Impôts indirects; Pêche fluviale; Postes*, etc.

ART. 11. — *Des délits de contrebande par l'introduction frauduleuse des tissus* (*Rép.* nos 787 à 800).

555. On a exposé au *Rép.* nos 787 et suiv. quel avait été le but des art. 59 et suiv. de la loi du 28 avr. 1816, quelle était sa portée, comment s'opéraient la recherche, la saisie des marchandises et la constatation de leur nationalité. Il a été jugé que la prohibition de l'entrée en France des tissus de coton filés s'appliquait même aux tissus d'une nature non prohibée qui sont ornés de broderies en cotons filés (Crim. rej. 30 juin 1854, aff. Randon, D. P. 54. 5. 271).

ART. 12. — *Des entrepôts frauduleux* (*Rép.* nos 801 à 814).

556. Tout magasin ou entrepôt de marchandises prohibées à l'entrée, ou dont le droit d'entrée est fixé à plus de 20 fr. par kilog., ou enfin dont la sortie est prohibée ou assujettie à des droits est interdit dans le rayon des frontières de terre (L. 6-22 août 1791, tit. 13, art. 37 et suiv.; 8 flor. an 11, art. 84; 28 avr. 1816, art. 38; *Rép.* n°s 801 et 802). Cette règle souffre une exception. Les entrepôts en question sont permis dans les lieux situés dans le rayon des frontières de terre et dont la population est au moins de 2000 âmes (*Rép.* n° 803). Sont réputées en entrepôts frauduleux « toutes celles desdites marchandises autres cependant que du crû du pays, qui seront en balles ou ballots, et pour lesquelles on ne pourra pas représenter d'expéditions d'un bureau de douane délivrées dans le jour » et autorisant leur transport dans le lieu où elles se trouvent entreposées (L. 6-22 août 1791, art. 38). — On a indiqué au *Rép.* n°s 805 et suiv. le sens et la portée de ces dispositions, et l'interprétation qu'elles ont reçue de l'administration des douanes et de la jurisprudence. Le tribunal d'Hazebrouck les a rappelées, en décidant que toute marchandise prohibée ou soumise à l'entrée au droit de 20 fr. par quintal métrique qui n'est pas du crû du pays est présumée reçue en entrepôt et introduite en fraude, lorsqu'elle se trouve à la distance de deux myriamètres de la frontière de terre et dans une localité dont la population est inférieure à 2000 habitants (Trib. Hazebrouck, 27 nov. 1884, aff. Paris-Blendé, D. P. 86. 3. 30).

557. Lorsque les marchandises entreposées frauduleusement sont des marchandises prohibées ou tarifées à plus de 20 fr. les 100 kilog., ou dont la prohibition a été remplacée par des droits postérieurement à la loi du 24 mai 1834, l'infraction constitue un délit de la compétence des tribunaux correctionnels (L. 28 avr. 1816, art. 38, § 4, 41 et 42; 5 juill. 1836, art. 3). Si les marchandises sont de celles dont la sortie est prohibée ou assujettie à des droits, l'infraction constitue une simple contravention dont connaît le juge de paix (L. 6-22 août 1791, tit. 13, art. 37 à 39).

558. On a expliqué au *Rép.* n° 803 que, pour déterminer la population d'une commune, en matière d'entrepôt, on ne doit pas avoir égard aux habitants des hameaux et des maisons écartées de l'enceinte de la commune même. Cette doctrine, constamment consacrée par la jurisprudence, s'appuie tout à la fois sur le texte de l'art. 37 qui excepte « les lieux dont la population sera au moins de 2000 âmes »; sur la décision législative du 1er vend. an 4, et sur l'esprit même de ces dispositions, les besoins de l'approvisionnement et de l'alimentation ayant dû faire créer, pour les centres de population, où la surveillance de l'administration des douanes peut d'ailleurs s'exercer beaucoup plus facilement, une exception qui, pour les hameaux et écarts isolés du centre ou de l'agglomération de plus de 2000 âmes, n'aurait plus de raison d'être. Il a été jugé par application de cette règle : 1° que les hameaux et écarts dépendant de communes dont la partie agglomérée excède 2000 âmes ne sont pas affranchis des formalités établies par les lois de douane pour la police des entrepôts de denrées et marchandises tarifées à plus de 20 fr. le quintal métrique (Nancy, 19 août 1873, aff. Leblanc, D. P. 74. 2. 88); — 2° Qu'une gare séparée des faubourgs, et située à 700 mètres des remparts d'une ville de plus de 2000 âmes, ne fait pas partie de l'enceinte de cette ville; qu'elle constitue un écart et ne doit pas bénéficier des immunités accordées par l'art. 37 de la loi de 1791 aux localités dont la population est au moins de 2000 âmes (Crim. cass. 14 juin 1874) (1).

559. Les n°s 104 et 105 du tableau des délits et contraventions indiquent les peines qui frappent ceux qui détiennent des marchandises frauduleusement entreposées et les tribunaux compétents pour connaître de ces infractions (V. *suprà*, n° 541).

560. On a exposé au *Rép.* n° 812 comment s'effectuent les recherches des préposés des douanes. La sect. 2 du tit. 4 du *Recueil méthodique des lois et règlements sur la procédure contentieuse des douanes*, publié en 1887, indique en ces termes de quelle façon elles s'opèrent : « Sect. 2. — *Saisies à domicile, dans le rayon des frontières de terre, mais sans*

(1) (Douanes C. Chariant.) — LA COUR; ... — Sur le moyen unique, pris de la violation des art. 7 et 11 de la loi du 14 juill. 1860; 38, 41, 42, 43 de la loi du 28 avr. 1816; 15, 37, 38 de la loi du 22 août 1791, tit. 13, en ce que l'arrêt attaqué a refusé de reconnaître l'existence de la contravention d'entrepôt illicite d'armes régulièrement saisies, alors que ces armes, non munies d'une expédition valable, étaient trouvées dans le rayon frontière et dans la gare de Perpignan, en la possession du chef de cette gare : — Vu ces articles; — Attendu qu'aux termes des art. 7 et 11 de la loi du 14 juill. 1860, l'importation, dans le cas où elle est autorisée ou ordonnée par le ministre de la guerre, l'exportation et le transit ainsi que la circulation et le dépôt des armes ou pièces d'armes de guerre, dans le rayon des frontières, restent soumis aux dispositions législatives ou réglementaires sur les douanes; — Que, d'après les dispositions de l'art. 15 de la loi des 6-22 août 1791, les propriétaires et conducteurs de marchandises qui passent de l'intérieur sur le territoire du rayon des frontières sont tenus de les conduire au premier bureau de sortie et d'en faire la déclaration; — Qu'aux termes des art. 38 de la loi du 28 avr. 1816, 37, 38, tit. 13, de la loi du 22 août 1791 et du décret du 1er vend. an 4, les marchandises prohibées à l'entrée sont réputées avoir été introduites en fraude, lorsqu'elles sont trouvées, dans le rayon des frontières, sans être munies d'une expédition valable, ou lorsqu'elles ont été reçues en magasin ou en entrepôt dans le rayon des frontières, à l'exception des lieux où la population est au moins de deux mille âmes; que sont réputées en entrepôt celles desdites marchandises, autres cependant que celles du cru du pays, qui sont en ballots et pour lesquelles on ne peut pas représenter d'expédition d'un bureau de douanes, délivrée dans le jour, pour le transport desdites marchandises;

Attendu qu'il résulte de l'arrêt attaqué que, le 16 nov. 1872, des préposés des douanes avaient régulièrement constaté le dépôt, dans la gare des marchandises de Perpignan, de vingt-trois colis contenant des armes de guerre, sans que ces marchandises fussent munies d'une expédition délivrée, dans le jour, par l'administration des douanes, à laquelle la présence de ces objets n'avait pas été déclarée; — Que le fait, ainsi établi et précisé à la charge du chef de gare, détenteur de ces marchandises prohibées à l'entrée, et dont l'exportation (quand elle n'est pas interdite par une frontière), le transit et le dépôt restent soumis dans le rayon des frontières aux dispositions réglementaires sur les douanes, constituait la contravention d'entrepôt réputé frauduleux, prévue et punie par les art. 38, 41, 42, 43 de la loi de 1816 combinés avec les art. 37 et 38 de la loi de 1791; — Que néanmoins, la cour d'appel a renvoyé le prévenu des fins de la poursuite, en déclarant : — 1° Que l'entrepôt cesse d'être prohibé dans les lieux dont la population est au moins de deux mille âmes; — 2° Que la population de la ville de Perpignan dépasse deux mille âmes, et que la gare qui est une dépendance de cette ville, doit bénéficier de ses immunités, bien qu'elle soit établie à 700 mètres des remparts, à une plus grande distance des faubourgs et qu'elle ne soit pas reliée à la ville de Perpignan par une suite de maisons; — 3° Qu'en admettant l'existence de la contravention d'entrepôt illégal, elle ne pourrait être mise à la charge du chef de gare, auquel on ne saurait imputer un fait personnel, et qui n'était ni propriétaire, ni voiturier, ni détenteur des marchandises saisies;

Attendu que si, aux termes de l'art. 37 de la loi de 1791, les entrepôts des marchandises indiquées dans cet article et dans l'art. 38 de la loi de 1816 cessent d'être interdits dans les lieux dont la population est au moins de deux mille âmes, l'exception doit être restreinte, d'après les dispositions du décret du 1er vend. an 4, au cas où la population de deux mille âmes se trouve dans l'enceinte même du lieu où l'on prétend établir des magasins ou entrepôts; que la population des hameaux et des écarts ne peut compter pour compléter le chiffre de deux mille âmes; — Que d'après les dispositions de ce décret, rapprochées des faits de la cause, la gare de Perpignan, séparée des faubourgs et située à 700 mètres des remparts, ne fait pas partie de l'enceinte de cette ville; qu'en décidant qu'elle devait être considérée comme en étant une dépendance et non comme un écart, l'arrêt dénoncé a faussement appliqué l'art. 37 et le décret susrelatés, et que cette inexacte interprétation de ces dispositions légales tombe sous le contrôle de la cour de cassation;

Attendu, d'ailleurs, que le chef de gare, qui a fait décharger les marchandises non déclarées au bureau des douanes, et les a fait placer dans le hangar de la gare, en les mettant à la libre disposition du destinataire qui pouvait les retirer et les soustraire à la surveillance de l'Administration, devait être considéré comme détenteur des colis renfermant des armes de guerre, et était personnellement et pénalement responsable de la contravention d'entrepôt illicite qu'il avait directement commise; — D'où il suit que la cour d'appel en prononçant le relaxe du prévenu a violé les dispositions légales susvisées;

Par ces motifs, et sans qu'il soit besoin d'examiner si d'après les constatations de l'arrêt la contravention de circulation irrégulière dans le rayon des frontières, de marchandises assujetties aux règlements des douanes était légalement établie; — Casse et annule le jugement rendu le 29 avr. 1873 par la cour de Montpellier, chambre des appels de police correctionnelle.

Du 14 juin 1874.-Ch. crim.-MM. Faustin Hélie, pr.-Saint-Luc Courborieu, rap.-Bédarrides, av. gén.-Housset et Clément, av.

suite à vue. — Si les préposés ont avis qu'une maison située dans le rayon des frontières de terre recèle un dépôt frauduleux, ils peuvent y pénétrer assistés d'un officier public, et ils procèdent alors conformément aux règles prescrites par la loi des 6-22 août 1791 et le décret du 20 sept. 1809. Si le magistrat requis pour assister les préposés refuse de prêter son concours, on passe outre; il suffit, aux termes d'un décret du 20 sept. 1809, que le procès-verbal contienne la mention de la réquisition et du refus. Le décret de 1809 a été rendu à propos de poursuites à vue ; mais les principes posés dans l'avis du conseil d'Etat que ce décret a sanctionné s'appliquent aux visites destinées à faire découvrir des entrepôts frauduleux » (Thibault, *op. cit.*, p. 291. V. *infrà*, n° 584. — V. en sens contraire : Faustin Hélie, *op. cit.*, t. 3, n° 1323). Ces recherches sont, dans tous les cas, interdites la nuit (L. 6-22 août 1791, tit. 13, art. 39). La loi n'exige pas, en cette matière, pour que les recherches puissent avoir lieu, que les marchandises n'aient pas été perdues de vue par les employés (*Rép.* n° 812).

561. Les marchandises frauduleusement entreposées sont saisissables chez le propriétaire, comme au domicile d'un commissionnaire ou détenteur quelconque. On a indiqué au *Rép.* n°s 813 et suiv., l'étendue de la responsabilité du détenteur d'un entrepôt frauduleux et les cas où il peut combattre la présomption de culpabilité qui pèse contre lui.

ART. 13. — *Des marchandises anglaises* (*Rép.* n°s 815 à 821).

562. Nous n'avons pas à revenir sur les questions traitées dans cet article, et qui, déjà à l'époque de la publication du *Répertoire*, n'avaient plus qu'un intérêt historique.

SECT. 4. — DES CRIMES DE CONTREBANDE (*Rép.* n°s 822 à 824).

563. On a exposé au *Rép.* n°s 822 et suiv. que, depuis la loi du 21 avr. 1818, il n'y a plus de crimes de contrebande ; il n'y a plus que des actes qui constituent, à l'occasion de faits de contrebande, des crimes ordinaires suivant la loi commune, et dont les peines sont déterminées par le code pénal. Ainsi l'importation en contrebande avec attroupement et port d'armes n'est un crime que lorsque la rébellion se produit dans les conditions prévues par les art. 210 ou 211 c. pén.

564. En dehors de la contrebande, des crimes peuvent être commis à l'occasion de faits de douane, mais ce ne sont pas des crimes spéciaux. Par exemple, le commerçant qui, dans le but de se faire délivrer par la Régie, moyennant des droits inférieurs à ceux légalement dus, des marchandises importées de l'étranger, et de frauder ainsi le Trésor public, a altéré ou fait altérer des indications de nombre et de poids sur les *feuilles de gros* dressées en France à l'entrée desdites marchandises et accompagnant celles-ci jusqu'à l'acquittement des droits, est avec raison déclaré coupable, non d'une simple fraude ou contravention aux lois de douane, mais d'un véritable faux, tombant sous la répression édictée par la loi générale (Crim. rej. 27 févr. 1873, aff. Wacogne, D. P. 73. 1. 166). En effet, la déclaration de l'expéditeur, appelée *feuille de gros*, lorsqu'elle a été remise à la Régie avec les marchandises qui y sont énumérées, devient un véritable titre destiné à constater et garantir l'identité de ces marchandises jusqu'à l'acquittement des droits de douane, et à contrôler l'exactitude de la déclaration de détail présentée par le destinataire pour servir de base à la perception. L'altération d'un écrit de cette nature, commise dans le but de frauder le Trésor, réunit donc tous les caractères du crime de faux prévu par le code pénal. La loi des 6-22 août 1791, qui punit de l'amende, du double droit et de la confiscation les déclarations mensongères ou inexactes et les autres fraudes commises en cette matière, ne contient aucune dérogation au droit commun pour la répression des crimes de faux dont les contrevenants pourraient se rendre coupables ; cette dérogation ne se rencontre pas davantage, soit dans l'art. 4 du tit. 4 de la loi du 9 flor. an 7, qui se borne à prescrire la constatation des faux commis dans les expéditions, sans statuer sur la poursuite et la répression de ces crimes, soit dans les lois postérieures qui ont réglé la compétence des diverses juridictions chargées de connaître des contraventions douanières (V. *infrà*, v° *Faux*).

565. Aux termes de l'art. 6 de la loi du 13 flor. an 11, et de l'art. 39 de la loi du 21 avr. 1818, qui sont toujours en vigueur, tous préposés des douanes, et toutes personnes chargées de leur prêter main-forte, qui seraient convaincus d'avoir favorisé les importations ou exportations d'objets de contrebande, même sans attroupement et port d'armes, sont punis de la peine des fers (aujourd'hui des travaux forcés), qui ne pourra être prononcée pour moins de cinq ans ni pour plus de quinze. Ces peines sont communes à ceux qui avant d'avoir été rayés des contrôles, seraient surpris portant eux-mêmes de la contrebande (V. *Rép.* p. 588 ; *Recueil méthodique des lois et règlements sur la procédure contentieuse des douanes*, p. 44, note 1).

566. Les faux commis dans la rédaction des procès-verbaux constituent des crimes (c. instr. cr. art. 448 et suiv. ; c. pén. art. 145 et suiv.) (V. *infrà*, v° *Faux*).

CHAP. 16. — Des visites domiciliaires et des saisies (*Rép.* n°s 825 à 851).

SECT. 1re. — DES CAS OU LES VISITES DOMICILIAIRES ET LES SAISIES SONT AUTORISÉES (*Rép.* n°s 825 à 841).

567. — I. DES SAISIES. — Toutes les marchandises de contrebande qui circulent sans expédition dans le rayon terrestre ou maritime peuvent être saisies. Il ne suffit pas, du reste, qu'elles aient franchi la limite du rayon pour échapper à la saisie. Les préposés peuvent les saisir même au delà du rayon, pourvu qu'ils les aient vues pénétrer et les aient suivies sans interruption (*Rép.* n° 825). Telle est la disposition de l'art. 35, tit. 13, de la loi du 6 août 1791. Mais, d'après cet article, les préposés ne pouvaient saisir les marchandises qu'autant qu'ils les avaient vues franchir la frontière. La loi du 28 avr. 1816 (art. 39) n'exige plus cette condition : elle autorise la saisie, même au delà du rayon, à la seule condition que les employés aient vu les marchandises sortir du rayon et les aient poursuivies sans interruption jusqu'au moment où ils arrêtent le transport. — La disposition de l'art. 39 de la loi de 1816 ne s'applique qu'aux marchandises prohibées ou taxées à plus de 20 fr. les 100 kilog. ou soumises à des taxes intérieures. Elle ne s'applique pas aux marchandises tarifées à moins de 20 fr. (V. Thibault, *op. cit.*, p. 280). — Il a été jugé que l'individu qui, ayant franchi le rayon frontière sans poursuites, est trouvé en dehors de ce rayon porteur de marchandises tarifées, est présumé en avoir acquitté les droits; que c'est là une présomption légale qui ne peut être détruite par la preuve d'une introduction frauduleuse tirée des énonciations du procès-verbal ou des circonstances de la saisie (Colmar, 26 juin 1850, aff. Bader, D. P. 54. 5. 273. V. aussi Besançon, 2 juin 1883, *infrà*, n° 736).

568. — II. DES SAISIES A DOMICILE. — Dans le rayon terrestre ou maritime, lorsque les préposés ayant suivi constamment des marchandises de contrebande ou autres sont présents à l'instant où on les introduit dans une maison, ils peuvent y pénétrer pour opérer leur recherche et la saisie (*Rép.* n° 825 ; L. 6-22 août 1791, tit. 13, art. 36). La généralité des termes de l'article indique que les saisies dont il s'agit peuvent porter sur : 1° des marchandises tarifées introduites par mer, dont le droit ne s'élèverait pas à 3 fr. (L. 6-22 août 1791, tit. 13, art. 35 et 36, et tit. 2, art. 13 et 30) ; — 2° Des marchandises tarifées introduites par mer, dont le droit serait de 3 fr. ou plus (que l'introduction s'effectue dans les ports de commerce ou en dehors) (L. 6-22 août 1791, tit. 13, art. 35 et 36, et tit. 2, art. 13) ; — 3° Des marchandises tarifées à moins de 20 fr. par 100 kilog. introduites par les frontières de terre (L. 6-22 août 1791, tit. 13, art. 35 et 36 ; 4 germ. an 2, tit. 3, art. 4) ; — 4° Des marchandises prohibées à l'entrée ou dont la prohibition a été remplacée par des droits postérieurement à la loi du 24 mai 1834 (L. 5 juill. 1836, art. 3) ; des marchandises prohibées localement, des marchandises taxées à 20 fr. et plus par 100 kilog., des marchandises soumises à des taxes intérieures, introduites par les frontières de terre ou de mer (L. 6-22 août 1791, tit. 13, art. 35 et 66 ; 28 avr. 1816, art. 38 et 39 ; 2 juin 1875), à la condition, pour toutes ces marchandises, qu'on les ait vues pénétrer dans le rayon et qu'elles aient été suivies sans interruption.

569. Et il importe peu qu'avant de pénétrer dans la maison dont il s'agit le fraudeur ait jeté son ballot. Ainsi il a été jugé que les préposés des douanes qui, poursuivant un colporteur de tabac, le voient pénétrer dans une habitation dont il ferme la porte sur eux, peuvent, sans remplir aucune formalité, s'introduire dans cette maison par une fenêtre qu'ils trouvent ouverte, à l'effet soit de s'emparer de la personne du fraudeur, soit de saisir le tabac dont il peut être porteur (Douai, 17 nov. 1852, aff. Lecoq, D. P. 56. 2. 78). — Il résulte de la combinaison des art. 222 et 223 de la loi de 1816, et 237, § 2, de la même loi que les préposés peuvent suivre les colporteurs par les issues qu'ils trouvent ouvertes sans remplir aucune formalité. En effet, même après avoir jeté leur ballot, les colporteurs peuvent encore rester chargés sous leurs vêtements de marchandises de fraude et les préposés ont le devoir de les constituer prisonniers (Même arrêt).

570. Jugé qu'en cas de poursuite de la fraude à vue, le détenteur qui a recueilli la marchandise (dans l'espèce, du tabac) est punissable, alors même qu'il aurait détruit le corps du délit, dont les préposés n'auraient plus trouvé que les cendres (Douai, 9 févr. 1858) (1).

571. A l'intérieur du rayon frontière, les marchandises prohibées n'échappent pas aux poursuites de la douane, alors même qu'elles se trouveraient dans une habitation faisant partie d'une agglomération de plus de deux mille âmes; même en ce cas, la saisie peut être pratiquée à domicile en vertu de la loi du 21 avr. 1816 (art. 38 et suiv.). C'est ce qui a été jugé, spécialement à l'égard de tabacs revêtus de vignettes étrangères (Douai, 17 sept. 1883) (2). Il ne s'agissait pas, dans l'espèce, en effet, de marchandises placées dans un entrepôt.

572. Au delà du rayon, les saisies à domicile sont interdites absolument, s'il s'agit de marchandises tarifées au-dessous de 20 fr. les 100 kilog. (L. 6-22 août 1791, art. 35 et 36). Elles ne sont autorisées que s'il s'agit de marchandises prohibées, ou taxées à plus de 20 fr. les 100 kilog., ou soumises à des taxes intérieures, et à la condition que les employés aient vu les marchandises franchir la limite du rayon, et ne les aient pas perdues de vue jusqu'au moment de leur introduction dans la maison (L. de 1816, art. 39). Jugé que l'art. 39 de la loi du 28 avr. 1816 autorise les employés des douanes à saisir, même en deçà du rayon frontière, dans les maisons où elles ont été frauduleusement entreposées, les marchandises de la classe de celles qui sont prohibées à l'entrée, lorsque, s'agissant du cas de poursuite mentionné en l'art. 36 du tit. 13 de la loi des 6-22 août 1791, ils ont vu ces marchandises pénétrer ou circuler dans le rayon et qu'ils les ont suivies sans interruption et sans les perdre de vue jusqu'au moment de leur introduction dans lesdites maisons (Besançon, 2 juin 1883, cité *suprà*, n° 569).

573. Les saisies à domicile, dans le rayon des frontières de terre, lorsqu'il n'y a pas poursuite à vue, peuvent avoir lieu, comme on l'a dit *suprà*, n° 568, à l'intérieur des maisons situées dans le rayon des frontières de terre qui sont présumées receler un dépôt frauduleux. Le dépôt est frauduleux, s'il est constitué dans une localité dont la population agglomérée est de moins de 2000 âmes, en l'absence d'expéditions valables d'extraction et s'il s'agit : 1° de marchandises manufacturées ou dont la sortie est prohibée ou assujettie à des droits (marchandises autres cependant que celles du cru du pays) (L. 6-22 août 1791, tit. 13, art. 37 et 38); — 2° De marchandises prohibées à l'entrée ou imposées à 20 fr. et plus par 100 kilog. dont la prohibition a été remplacée par des droits postérieurement à la loi du 24 mai 1834 (L. 28 avr. 1816, art. 38, § 4, 41, 42; 5 juill. 1836, art. 3) (V. n°s 104 et 105 du tableau des infractions). On peut ajouter à cette énumération le dépôt, dans les communes au-dessous de 2000 âmes agglomérées et dans le rayon de 15 kilom. des marais salants, côtes maritimes ou rivières affluentes à la mer, de sel en quantités supérieures à 50 kilogr. et pour lesquels il n'est pas justifié du payement du droit (L. 17 déc. 1814, art. 32; *Rép.* p. 579, n° 171 du tableau des infractions).

574. Si les marchandises introduites frauduleusement en France ne peuvent plus être saisies lorsqu'elles ont franchi le rayon, à moins qu'elles n'aient été suivies à vue par les employés de la régie, et si alors les porteurs sont à l'abri de toutes poursuites, ce principe est sans application aux entrepreneurs ou intéressés d'une manière quelconque à l'acte de contrebande: ceux-ci peuvent toujours, même dans le cas où les marchandises sont parvenues dans l'intérieur, être poursuivis par le ministère public; la disposition générale des art. 52 et 53, paragraphe final de la loi du 28 avr. 1816, ne laisse aucun doute à cet égard (*Rép.* n° 871). — Il a été jugé, conformément à ce principe, que le fait d'avoir pris part, en dehors du rayon frontière, au transport de marchandises introduites en fraude, cesse d'être affranchi de poursuites lorsque, au lieu d'être isolé, il constitue une participation en connaissance de cause aux combinaisons d'une entreprise de contrebande (Besançon, 21 déc. 1854, *infrà*, n° 688; 2 juill. 1858, aff. Liboz, D. P. 59. 2. 52; 19 mars 1859, aff. d'Alsème, *ibid.* V. aussi Crim. rej. 12 août 1859, aff. Anspach, D. P. 59. 1. 478).

575. En ce qui concerne les intéressés à la contrebande, V. *infrà*, n°s 734 et suiv.

576. Le tableau des délits et contraventions énumère

(1) (Dauchy.) — La cour; — Attendu qu'il résulte d'un procès-verbal en date du 27 nov. 1857, rédigé par les préposés des douanes de la brigade d'Orchies, que la veille, vers cinq heures du soir, se trouvant en service de surveillance sur le territoire de la commune de Landas, dans le rayon frontière, ils ont aperçu deux hommes accompagnés d'un chien qu'ils connaissaient pour servir ordinairement à des opérations de fraude, se diriger vers ledit village de Landas; que, les ayant suivis, l'un de ces hommes est entré avec le chien dans la maison isolée habitée par Louis Dauchy; que s'étant alors embusqués près de cette maison, ils ont vu en sortir, trois quarts d'heure après, le même chien porteur d'une charge, lequel bientôt attaqué par un des chiens des douaniers mis à sa poursuite, est rentré quelques instants après dans la maison de Dauchy, dont la porte fut brusquement fermée à leur approche; qu'alors ils la cernèrent et virent bien distinctement, par une fenêtre non vitrée, que Dauchy brisait huit à dix paquets de tabacs de Belgique, du poids de vingt-cinq décagrammes, et les éparpillait sur un feu qu'il venait d'allumer, pour les anéantir et les soustraire à leur mainmise; qu'après être restés autour de la maison pendant toute la nuit ils ont procédé, le 27 novembre, vers neuf heures du matin, chez le sieur Dauchy, avec l'assistance du maire de Landas, à une visite qui a fait découvrir des cendres provenant du tabac brûlé, et dont la saisie a été déclarée au prévenu;...

En ce qui concerne le moyen de nullité, basé sur le défaut de mainmise opérée sur le tabac : — Attendu que l'appelant ne peut exciper de cette omission, qui a été la conséquence de l'incinération faite par lui-même du tabac dont il était détenteur; que d'ailleurs, la saisie a été déclarée dans le procès-verbal et effectuée dans la mesure que permettaient les circonstances;

En ce qui touche le moyen de nullité basé sur l'irrégularité de l'affirmation, qui n'aurait pas été faite distinctement par chaque préposé des douanes, pour les agissements spéciaux et personnels à chacun d'eux : — Attendu que les énonciations des faits successivement relatés dans le procès-verbal forment un seul et même contexte, et que la loi, comme la raison, n'exige, en pareil cas, qu'une seule affirmation de la part des rédacteurs;

Par ces motifs;... — Déclare Dauchy mal fondé dans ses moyens de nullité, dit que le procès-verbal du 27 nov. 1857 est valide et régulier, etc.

Du 9 févr. 1858.-C. de Douai.

(2) (D...) — La cour; — Attendu que le procès-verbal non attaqué constate et qu'il résulte des débats la preuve qu'il a été trouvé au domicile de D..., situé dans le rayon frontière, 7 kilog. de tabac sans vignettes et 18 kilog. de tabac revêtus de vignettes étrangères;

Attendu qu'il importe peu que la maison habitée par D... soit comprise dans la ville de Roubaix, agglomération de plus de deux mille âmes, alors qu'il n'est pas contesté que cette maison se trouve à moins de deux myriamètres de la frontière et que les marchandises saisies sont pour partie, au moins, de provenance étrangère de la nature de celles qui sont prohibées à l'entrée; — Que l'art. 38 est formel et général; — Que les marchandises prohibées trouvées dans le rayon frontière, qu'elles soient ou non trouvées dans une agglomération de plus de deux mille âmes, sont de plein droit réputées introduites en fraude; — Que l'administration des douanes est donc fondée à en poursuivre la répression; — Que la contravention constatée donne lieu dans l'espèce à l'application des art. 38, 41, 42, 43 de la loi du 28 avr. 1816; — Vu lesdits art. 38, 41, 42, 43 de la loi du 28 avr. 1816 et l'art. 194 c. instr. cr.; — La cour déclare ledit D... coupable de fraude en matière de douane, etc.

Du 17 sept. 1883.-C. de Douai.

es infractions que les préposés sont appelés à constater en as de poursuites à vue :

POURSUITES A VUE.

66° *Transport de marchandises tarifées, dont le droit ne s'élèverait pas à 3 fr., vues pénétrer en France par les frontières de er et suivies sans interruption :* « art. 35 du tit. 13 et 30 du t. 2 de la loi des 6-22 août 1791 ». — Amende de 50 fr., décimes, emi-décime et dépens; retenue de partie des marchandises pour ireté de l'amende (Tribunal de paix).

67° *Transport de marchandises tarifées, dont le droit serait u moins de 3 fr., vues pénétrer en France par les frontières de er et suivies sans interruption :* « art. 35 du tit. 13, et 13 du t. 21 de la loi des 6-22 août 1791 ». — Confiscation des marchanises; amende de 100 fr., décimes, demi-décime et dépens (Tribunal de paix).

68° *Transport de marchandises tarifées à moins de 20 fr. par 0 kilog., vues pénétrer en France par les frontières de terre suivies sans interruption en deçà du rayon :* « art. 35 du t. 13 de la loi des 6-22 août 1791 et du tit. 3 de la loi du 4 germ. n 2 ». — Confiscation des marchandises; amende de 200 fr., écimes, demi-décime et dépens (Tribunal de paix).

69° *Transport ou dépôt de marchandises prohibées à l'entrée, e marchandises dont la prohibition a été levée postérieurement la loi du 24 mai 1834 (art. 3 de la loi du 5 juill. 1836), de archandises prohibées localement, de marchandises taxées à) fr. et plus par 100 kilog., de marchandises soumises à des xes intérieures, suivies sans interruption, soit depuis leur vement sur les frontières de mer par l'intérieur ou hors de l'enceinte d'un port de commerce, soit depuis leur sortie du rayon s frontières de terre, et dépourvues d'expédition :* « Les pénaés encourues sont celles relatives à une importation frauduuse en campagne et l'on applique, suivant les cas, les nos 34, 35,) ou 37 ».

577. Lorsque les marchandises qui circulent dans le ayon, sans avoir été conduites au bureau et sans avoir cquitté les droits, viennent de l'intérieur de la France sur territoire des deux myriamètres limitrophes de l'étranger, amende n'est que de 100 fr. (*Rép.* n° 773; L. 1791, tit. 3, rt. 15).

578. Pour les infractions commises dans le rayonontière de mer, la visite des bâtiments, V. *Rép.* nos 168 et uiv., et *suprà*, nos 541 et suiv.

579. Les conditions de temps et de lieu imposées aux gents des douanes pour la constatation et la poursuite des troductions frauduleuses s'appliquent aussi bien aux introuctions frauduleuses de marchandises opérées sur les côtes aritimes ou dans l'enceinte des ports qu'à celles effectuées ar terre (Crim. rej. 26 févr. 1887, aff. Dailly, D. P. 88. 1. 2). Comme le dit cet arrêt, « ces conditions étaient déjà noncées sommairement dans les art. 35 et 36, tit. 13, du écret des 6-22 août 1791, visant les introductions frauduuses de marchandises par mer. D'autre part, l'art. 34, t. 6, de la loi du 21 avr. 1818 a déclaré applicables à la ontrebande faite sur les côtes maritimes, hors de l'enceinte es ports, les pénalités édictées par les art. 41 et suiv. de loi du 28 avr. 1816, dans le but de réprimer les infractions révues par les art. 38 et 39 de ladite loi ; et, aux termes es art. 1er et 2 de la loi du 2 juin 1875, les art. 41 et suiv. e la loi susvisée sont également applicables aux versements auduleux de marchandises prohibées dans l'enceinte des orts ».

580. — III. FORMALITÉS EN CAS DE POURSUITE A VUE. — Si le ropriétaire ou le locataire de la maison où la visite domiiliaire a lieu refuse d'ouvrir les portes aux préposés es douanes, ou de les laisser pénétrer dans la maison, les réposés doivent requérir l'assistance d'un juge ou d'un officier municipal du lieu. Dans tous les cas, ils ne peuvent dresser procès-verbal qu'assistés de l'officier public, à moins que celui-ci n'ait refusé d'obtempérer à leur réquisition, refus dont il leur suffira alors de faire mention dans leur procès-verbal (L. 6-22 août 1791, tit. 13, art. 36 ; Décr. 20 sept. 1809, art. 2). On a exposé au *Rép.* n° 830 la portée de ces dispositions et signalé les décisions de jurisprudence qui les ont interprétées.

581. Les officiers publics dont le concours peut être réclamé sont : les juges de paix, les maires, et en leur absence, leurs adjoints. En cas d'absence du maire et des adjoints, le maire est remplacé par le conseiller municipal le premier dans l'ordre du tableau (L. 21 mars 1831, art. 5 ; 5 mai 1855, art. 4 ; 5 avr. 1884, art. 84). M. Thibault, *op. cit.*, p. 295, soutient que les conseillers municipaux n'étant pas des officiers de police judiciaire ne peuvent être appelés à défaut du maire et des adjoints. Mais cette opinion n'est pas fondée. Il suffit de faire remarquer que la loi de 1791 (tit. 13, art. 36) parle d'officiers municipaux et non d'officiers de police judiciaire (*Rép.* n° 830). Les commissaires de police peuvent valablement assister les agents (*Rép. ibid.*).

582. La jurisprudence a décidé que l'absence du magistrat non réquisitionné n'entraîne pas la nullité du procès-verbal lorsque celui qui habite la maison ne s'est pas opposé à la visite, la présence de l'officier public n'étant pas une formalité substantielle constitutive du procès-verbal (*Rép.* n° 830). M. Thibault, *op. cit.*, p. 294, appuie l'opinion de Mangin qui combat la théorie de la cour de cassation. « Nous ne reproduisons pas, dit-il, la savante dissertation dans laquelle cet auteur a démontré que, si les lois qui déterminent les conditions sous lesquelles les agents de l'autorité peuvent pénétrer dans un domicile, sont d'ordre public, à l'égal des lois qui règlent les conditions dans lesquelles un citoyen peut être arrêté en matière de douanes, plus qu'en toute autre matière, la vérité de ce principe apparaît. Si le concours d'un officier public pouvait être suppléé par le consentement exprès ou tacite de la personne au domicile de laquelle les préposés procèdent à des perquisitions, comment expliquerait-on que l'art. 36 du tit. 13 de la loi de 1791 ait exigé la présence d'un juge ou d'un officier municipal à la rédaction du procès-verbal de saisie dans le cas exceptionnel où les préposés peuvent pénétrer seuls dans une habitation et y procéder à des recherches aussi longtemps qu'ils ne rencontrent pas d'opposition ? »

583. La cour de Douai, conformément à la jurisprudence de la cour de cassation, a jugé que l'assistance du maire à une visite domiciliaire est une formalité purement extrinsèque, requise uniquement pour garantir la liberté individuelle des citoyens et assurer l'inviolabilité de leur habitation; que ni la loi des 6-22 août 1791, ni la loi du 9 flor. an 7 n'autorisent les tribunaux à prononcer la nullité d'un procès-verbal pour l'omission de la signature du maire sur ce procès-verbal (Douai, 9 févr. 1858) (1).

584. Lorsqu'il y a lieu de saisir dans une maison, la description des marchandises y est faite et l'on y rédige le procès-verbal. Les marchandises dont la consommation n'est pas prohibée ne sont pas déplacées, pourvu que la partie donne caution solvable de leur valeur. Si la partie ne fournit pas caution, ou s'il s'agit d'objets prohibés, les marchandises seront transportées au plus prochain bureau (L. 6-22 août 1791, tit. 10, art. 4; 9 flor. an 7, tit. 4, art. 7). — En cas d'opposition des parties à ce que le procès-verbal soit fait dans la maison ou sur le navire, s'il s'agit de saisies faites sur bâtiments de mer pontés, cet acte est fait dans le bureau le plus prochain (L. 6-22 août 1791, tit. 10, art. 6). — Cette dernière disposition doit être entendue en ce

(1) (Dauchy.) — LA COUR; — Sur le premier moyen, tendant à a nullité du procès-verbal par ce motif qu'il n'avait pas été signé ar le maire : — Attendu qu'il est constant, en fait, et reconnu ar Dauchy lui-même, que les préposés des douanes ont été ssistés de ce magistrat dans leur visite domiciliaire du 27 noembre; que l'assistance du maire est une formalité purement xtrinsèque, requise uniquement pour garantir la liberté indiviuelle des citoyens et assurer l'inviolabilité de leur habitation, et on pour faire concourir ce fonctionnaire public à la constataion d'un délit pour laquelle le ministère des agents des douaes est seul suffisant; que dans de telles circonstances, ni la loi u 22 août 1791, ni les dispositions contenues dans le tit. 4 de la loi du 9 flor. an 8, notamment les art. 7 et 11, qui prévoient des saisies pratiquées dans les maisons des délinquants, n'autorisent les tribunaux à prononcer la nullité d'un procès-verbal pour l'omission de la signature dont il s'agit au procès; — Attendu, d'ailleurs, que le maire de Landas s'est retiré immédiatement après la visite faite chez Dauchy, et qu'en pareille occurrence, aux termes de l'avis du conseil d'État, approuvé par le décret impérial du 20 sept. 1809, il suffit pour la régularité des opérations que le procès-verbal mentionne la réquisition adressée à l'officier municipal et l'absence de ce dernier;

Par ces motifs, etc.

Du 9 févr. 1858.-C. de Douai.

sens qu'il y a opposition des parties, non seulement lorsque les parties elles-mêmes empêchent les préposés, par des voies de fait ou des actes de violence, de procéder à leurs opérations, mais encore lorsqu'il résulte des circonstances constatées par le procès-verbal qu'ils ne pouvaient y procéder sans compromettre leur sûreté (Décr. 20 sept. 1809, art. 1er, *Rép.* p. 573).

585. — IV. VISITES A BORD DES NAVIRES; SAISIES SUR LES BATIMENTS DE MER PONTÉS. — On a étudié au *Rép.* nos 834 et suiv. les règles spéciales aux visites et aux saisies à bord des navires. « Les visites à bord des navires, dit M. Thibault, *op. cit.*, p. 295, sont soumises à des règles bien différentes de celles qui s'appliquent aux visites domiciliaires. Les préposés des douanes n'ont pas besoin du concours d'un officier public pour visiter les bâtiments de moins de cent tonneaux qui sont à l'ancre ou louvoient dans les 4 lieues des côtes (L. 4 germ. an 2, tit. 2, art. 7). Si des résistances se produisent, ils doivent les vaincre, et l'Administration peut poursuivre les capitaines récalcitrants pour opposition à l'exercice des fonctions des agents des douanes. Les préposés peuvent également visiter sans distinction de tonnage tous les bâtiments « entrant dans les ports et rades et en sortant»; les capitaines de ces navires « doivent leur en ouvrir les chambres et armoires », sous peine de déchéance de leur grade et d'une amende de 500 fr., amende égale à celle que la loi édicte contre ceux qui troublent les préposés dans l'exercice de leurs fonctions. — Cependant, si un capitaine refuse d'ouvrir les chambres et armoires de son navire, les préposés ne doivent pas passer outre à son refus et continuer seuls leur visite. Ils sont tenus de demander l'assistance d'un juge pour être fait ouverture, en sa présence, desdites chambres et armoires dont il doit être dressé procès-verbal aux frais du capitaine. Dans le cas où il n'y aurait pas de juge sur les lieux, ou s'il refusait de se transporter sur le bâtiment, le refus étant constaté par un procès-verbal, les préposés requerraient la présence de l'un des officiers municipaux dudit lieu qui serait tenu de les y accompagner. Ainsi, tandis que tout citoyen a le droit d'interdire l'entrée de son habitation aux agents des douanes, s'ils ne sont pas accompagnés d'un magistrat ayant qualité pour les assister dans une visite domiciliaire, et que la personne au domicile de laquelle une visite a été effectuée sans résultat a droit à une indemnité de 24 fr. au moins, le capitaine qui ne permet pas aux préposés des douanes de visiter seuls son bâtiment, commet une infraction que la loi réprime sévèrement, alors même que la visite qui a lieu plus tard, avec le concours d'un magistrat compétent, n'amène la découverte d'aucune fraude. Il importe de remarquer, en outre, qu'en ce qui concerne la visite des navires, les maires et adjoints et, par analogie, les commissaires de police ne peuvent être appelés à accompagner les préposés qu'en cas d'absence ou de refus du juge de paix, tandis que, pour les visites domiciliaires, les agents des douanes peuvent s'adresser à l'un quelconque de ces magistrats. »

586. Pour ce qui concerne la mainlevée sous caution des moyens de transport saisis, V. *Rép.* n° 837.

587. Les formalités relatives aux procès-verbaux sont indiquées au *Rép.* v° *Procès-verbal*, nos 306 et suiv. (V. aussi *infrà*, eod. v°).

SECT. 2. — DES DOMMAGES-INTÉRÊTS DUS PAR LA RÉGIE (*Rép.* nos 842 à 851).

588. On a exposé au *Rép.* n° 842 que, lorsque la saisie des marchandises effectuée par la douane n'est pas fondée, ou lorsque, le procès-verbal étant annulé pour vice de forme, ni l'Administration ni le ministère public n'ont administré par d'autres moyens la preuve de la fraude, la marchandise saisie doit être rendue au prévenu, à moins qu'elle ne soit prohibée, à l'entrée ou à la sortie. De plus, l'Administration est tenue de lui accorder une indemnité, calculée à raison d'un pour cent par mois de la valeur des objets saisis. Cette indemnité est le seul dédommagement auquel puisse prétendre le propriétaire pour les préjudices qu'ont pu lui causer les conséquences de la saisie. Conformément à ce principe, qui a été établi au *Rép.* nos 844 et suiv., il a été jugé que l'indemnité à laquelle l'Administration des douanes peut être condamnée, lorsque la saisie à laquelle elle avait procédé est déclarée mal fondée, ne peut jamais être que de 1 pour 100 par mois de la valeur des objets saisis; il y a excès de pouvoir dans toute allocation de dommages-intérêts qui excède cette mesure (Civ. cass. 29 mars 1853, aff. Roumiou, D. P. 53. 1. 88).

589. Lorsque le dommage provient d'une autre cause que de la saisie, par exemple, de la détérioration des marchandises procédant du fait, de la négligence de l'Administration ou de ses préposés, le propriétaire a le droit de demander des dommages-intérêts par application de l'art. 1382 c. civ. (*Rép.* nos 845 et suiv.; Thibault, *op. cit.*, p. 268; Ruben de Couder, *Dictionnaire de droit commercial*, v° *Douane*, n° 79; Sourdat, *Traité de la responsabilité*, t. 2, n° 311). — Il a été jugé que l'Administration a le droit de retenir, jusqu'à la production de la preuve de leur origine nationale, les produits invendus à l'étranger dont on demande la réadmission en franchise; elle ne saurait, dès lors, être passible, du chef de cette rétention, de dommages-intérêts (Civ. cass. 18 oct. 1886, aff. Sabarros-Bertrand, D. P. 87. 1. 150). En pareil cas, en effet, l'Administration des douanes ne fait qu'user de son droit, et, d'après les principes généraux, sa responsabilité ne pourrait être engagée que si elle faisait de ce droit un usage abusif, ou si on relevait de sa part des vexations arbitraires.

590. La loi du 9 flor. an 7 (art. 16) ne s'applique qu'aux marchandises. Ses dispositions sont étrangères aux saisies des moyens de transport, des voitures, des navires. Le propriétaire de ces objets saisis illégalement peut réclamer des dommages-intérêts à raison du préjudice qu'il a éprouvé, sans être tenu de se contenter de l'indemnité de 1 pour 100 (*Rép.* n° 842; Sourdat, *op. cit.*, t. 2, p. 458). M. Thibault, *op. cit.*, p. 269, est cependant d'un avis contraire. Suivant lui, cette restriction ne paraît pas résulter du texte de la loi. Il suffit, dit-il, de rapprocher l'art. 16 de l'article qui le précède pour reconnaître que l'expression « objets saisis » s'applique non seulement aux marchandises proprement dites, mais à tout ce que les préposés ont pu saisir.

591. La jurisprudence, comme on l'a indiqué au *Rép.* nos 846 et suiv., décide que, lorsque des marchandises ont été vendues comme sujettes à dépérissement et que l'issue du procès a été défavorable à la régie, le saisi n'a droit qu'au remboursement du prix de vente de ces marchandises augmenté de l'intérêt de 1 pour 100 par mois. M. Thibault critique cette solution. « Nous croyons, dit cet auteur, *op. cit.*, p. 268, qu'elle n'est conforme ni à l'esprit, ni au texte de la loi de l'an 7. Dans cette hypothèse, le saisi ne subit pas une simple dépossession temporaire de ses marchandises, la propriété lui en est enlevée; il se trouve dans le même cas que celui dont les marchandises auraient été incendiées dans les bureaux de douane. Il est certain, d'ailleurs, que le prix de vente des objets mis aux enchères dans les conditions indiquées par les lois de douane est toujours inférieur à leur valeur réelle. La doctrine qui a prévalu devant les tribunaux a donc pour résultat d'infliger un préjudice certain à tout individu dont les marchandises saisies injustement ont été reconnues sujettes à dépérissement. Enfin la rédaction même de l'art. 16 de la loi de l'an 7 ne se prête pas à cette solution. L'indemnité, dit cet article, sera calculée « à raison de 1 pour 100 par mois de la valeur des objets saisis, depuis l'époque de la retenue jusqu'à celle de la remise au prévenu. Or, dans l'espèce, il ne peut pas y avoir remise des objets saisis ».

592. L'indemnité de 1 pour 100 est due depuis l'époque de la retenue jusqu'à celle de la remise ou de l'offre *pure et simple* qui en est faite (On doit comprendre pour le calcul de l'allocation à la fois le jour de la saisie et celui de la remise ou de l'offre). — L'offre de mainlevée sous caution qui est mentionnée au procès-verbal n'a pas, quand elle n'est pas acceptée, un caractère libératoire. Lorsque l'offre de mainlevée sous caution a été acceptée par la partie saisie et que le fait est constaté au procès-verbal, la situation n'est plus la même si l'intéressé n'enlève pas la marchandise. Un véritable contrat est intervenu entre le propriétaire et l'Administration; il les lie l'un et l'autre. Il en résulte que l'indemnité de 1 pour 100 n'est pas due s'il y a avarie, et que celle-ci provienne de la nature seule de la marchandise; aucuns dommages-intérêts ne sont dus, puisque le retard apporté à l'enlèvement est le fait exclusif du propriétaire. Mais, comme les fautes lourdes des agents pourraient engager l'Administration, le directeur des douanes conseille aux receveurs de mettre en demeure le propriétaire qui n'enlève pas sa marchandise. L'acte peut être signifié par les agents des douanes (L. 6-22 août 1791, tit. 1er, art. 18).

593. L'Administration est-elle tenue au payement de l'indemnité lorsque, sans saisir les marchandises qui leur sont déclarées, ses agents les retiennent, avec ou sans offre de mainlevée sous caution, pour les soumettre à l'examen des experts chargés par les lois des 27 juill. 1822 et 7 mai 1881 de « statuer sur les doutes et difficultés qui peuvent s'élever relativement à l'espèce, à l'origine ou à la qualité des produits »? « Cette question, dit M. Thibault (*op. cit.*, p. 270 et suiv.), n'a pas encore été portée devant les tribunaux; car jusqu'ici l'Administration ne s'est jamais refusée à accorder l'indemnité de 1 p. 100, lorsqu'elle lui a été réclamée après une expertise favorable au déclarant. Mais le chiffre considérable des dépenses qu'elle liquide à ce titre depuis quelques années l'amènera, sans doute, à faire valoir les arguments que l'on peut opposer aux prétentions de ses adversaires. » L'art. 16 de la loi de l'an 7, peut-on dire, est exclusivement relatif aux saisies non fondées. Il fixe le taux des indemnités auxquelles ont droit les individus victimes de ces saisies. On ne peut donc pas l'invoquer, lorsqu'il n'y a pas eu saisie. D'autre part, l'obligation de payer des dommages-intérêts ne peut être que la sanction d'une faute. Or, si les préposés qui ont opéré une saisie sans droit ou d'une façon irrégulière ont commis une faute, un semblable reproche ne peut être fait à ceux qui se sont bornés à provoquer une expertise. Non seulement ils ont usé de leur droit, mais ils ont obéi aux prescriptions de la loi qui leur ordonne d'envoyer des échantillons aux experts, lorsqu'ils soupçonnent qu'il y a fausseté dans la déclaration sur les espèces ou qualités. — Quelle que soit la valeur de ces considérations, nous pensons que le propriétaire de marchandises retenues par le service des douanes pour être soumises aux experts a droit à l'indemnité de 1 p. 100 quand le résultat de l'expertise confirme les termes de sa déclaration. Il est vrai que, dans l'hypothèse prévue par la loi de l'an 7, il ne s'agit que de marchandises retenues par suite de saisie. Mais cette loi n'avait pu être rédigée en vue de cas qui ne pouvaient se produire à son époque. Ce n'est qu'en 1810 que les agents des douanes ont eu le droit et le devoir de provoquer une expertise en cas de doute sur la qualité ou l'espèce d'une marchandise. Jusque là, ils n'avaient d'autre alternative que d'admettre pour exacte la déclaration de l'importateur ou de saisir la marchandise pour fausse déclaration, après s'être formé eux-mêmes une opinion sur l'espèce ou la qualité de cette marchandise, opinion qui leur permettait seule d'indiquer la cause de la saisie. Il appartenait évidemment au juge d'ordonner une expertise; car il n'était pas tenu de s'en rapporter aux appréciations des agents des douanes, ou aux renseignements recueillis par eux, sur l'espèce ou la qualité des marchandises; mais cette expertise devait s'affectuer dans un délai assez bref pour que le jugement de condamnation ou d'acquittement pût être rendu dans le délai de trois jours de la comparution du prévenu, c'est-à-dire, au maximum, dans le délai de quatre jours, à dater de la clôture du procès-verbal. Il en résulte qu'en vertu de la loi de l'an 7, un retard de quatre jours, apporté à l'enlèvement d'une marchandise, créait au profit du propriétaire de cette marchandise des droits à une indemnité. Or peut-on supposer que, parce qu'elles ont réglementé les expertises et modifié la procédure pour y parvenir, les lois de 1810, 1822, 1881, aient privé de leurs droits les négociants qui, par suite de soupçons non fondés des agents des douanes, ont été privés de la possession de leurs marchandises pendant une période qui est rarement inférieure à un mois? — Quant à l'argument tiré du principe écrit dans l'art. 1382 c. civ., nous lui opposerons les règles spéciales à la législation des douanes, règles qui reposent sur un principe absolument opposé. En dehors des vérifications qui s'effectuent à l'entrée ou à la sortie de la France dans les bureaux de douane, et pour lesquelles les préposés de cette administration ont les droits les plus étendus, il a toujours été admis que la ferme ou la régie devait indemniser les propriétaires, négociants ou voituriers qui, après avoir subi, par suite de soupçon de fraude, une perquisition à domicile ou une vérification de leurs marchandises, étaient reconnus n'avoir commis aucune infraction aux règlements sur les douanes. Aux termes de l'ordonnance de 1687, « les marchandises expédiées de la frontière à destination de Paris, et celles qui circulaient dans le rayon de quatre lieues des limites de la ferme, ne devaient, en principe, être visitées qu'à Paris ou au dernier bureau de la route; cependant les commis pouvaient, en cas de soupçon de fraude, faire la visite des marchandises dans les autres bureaux de la route, à la charge toutefois des dommages-intérêts des marchands pour leur retardement, même des frais de la décharge et recharge, s'il n'y avait point de fraude ». La loi des 6-22 août 1791 a reproduit cette disposition à l'égard des marchandises passant « de l'intérieur du royaume sur le territoire des deux lieues limitrophes de l'étranger ». Les préposés, dit l'art. 16 du tit. 3 de cette loi, pourront conduire les marchandises au plus prochain bureau pour y être visitées, sauf les dommages et intérêts envers le conducteur, si le bureau n'est pas sur la route et s'il n'y a ni fraude ni contravention. L'art. 6 de l'arrêté du 22 therm. an 10 relatif à la circulation des marchandises dans le rayon est conçu dans les mêmes termes. Enfin la loi précitée consacre le même principe en matière de visites domiciliaires. Les préposés des douanes peuvent faire, dans le rayon de deux lieues (aujourd'hui quatre lieues) des frontières de terre, des recherches à domicile pour découvrir des entrepôts frauduleux; mais, s'ils ne trouvent pas de fraude, la régie est tenue de payer la somme de 24 fr., à celui au domicile duquel les recherches ont été faites, sauf plus grands dommages et intérêts auxquels les circonstances de la visite pourraient donner lieu. Les préposés agissent cependant, dans ces différents cas, en vertu d'un droit que la loi leur confère; il n'y a donc pas à tenir compte, en cette matière, du principe en vertu duquel on ne doit pas réparation du préjudice que l'on cause à d'autres personnes en exerçant ses droits. La loi des 6-22 août 1791 a voulu que le négociant privé de ses marchandises, par suite d'une erreur des employés des douanes, touchât une indemnité, et les lois des 14 fruct. an 3 et 9 flor. an 7 ont fixé le taux de cette indemnité. Ces dispositions doivent être entendues, *lato sensu;* elles étaient certainement fort utiles à l'époque où les marchandises ne pouvaient être retenues qu'en vertu d'une saisie; elles le sont bien davantage aujourd'hui qu'il suffit que les agents des douanes éprouvent un doute sur l'espèce ou la qualité d'une marchandise pour pouvoir provoquer une expertise qui entraîne la retenue de cette marchandise, à moins que le déclarant ne donne caution de sa valeur, et dont le résultat se fait attendre rarement moins d'un mois ». L'opinion de M. Thibault nous paraît entièrement fondée.

CHAP. 17. — De la voie d'exécution et de la voie d'action de l'administration des douanes. — De l'action du ministère public (*Rép.* nos 852 à 878).

SECT. 1re. — DE LA VOIE D'EXÉCUTION. — CONTRAINTE (*Rép.* nos 853 à 859).

594. La contrainte est un titre exécutoire en vertu duquel on fait, comme en vertu d'un jugement, tous les actes d'exécution et l'on exerce même la contrainte par corps. Mais c'est un mode exceptionnel de procédure qui ne peut être employé que dans les cas spécialement et limitativement déterminés par la loi (L. 6-22 août 1791, tit. 13, art. 32 et 24). La contrainte ne peut tendre qu'au payement d'un droit ou d'une somme exigible et liquide. S'exécutant dans les mêmes formes que les jugements, elle doit être suivie d'un commandement de payer à personne ou à domicile (c. proc. civ. art. 583, 626, 673, 780, 819).

595. Il peut être décerné contrainte : 1° contre tous redevables de droits de douane, qui refusent d'acquitter ces droits ou qui sont en retard pour les acquitter, quand il leur en a été fait crédit (L. 6-22 août 1791, tit. 13, art. 3); 2° contre tout souscripteur d'un acquit-à-caution quelconque et contre sa caution, pour défaut de rapport du certificat de décharge de l'acquit-à-caution (L. 6-22 août 1791, tit. 13, art. 31 et 32; 4 germ. an 2, tit. 7, art. 4); 3° contre tout préposé démissionnaire ou destitué qui refuse de remettre sa commission ou ses registres ou autres effets qui lui ont été confiés par l'Administration, de rendre ses comptes ou d'acquitter la somme dont il a été reconnu en débet (L. 6-22 août 1791, tit. 13, art. 24) (*Recueil méthodique des lois et règlements sur la procédure contentieuse des douanes*, n°s 51 et suiv.).

596. Quant au recouvrement des sommes que des individus prévenus de contraventions s'engagent à payer pour éviter d'être traduits devant les tribunaux de répression, la loi n'a pas indiqué nettement par quelle voie il devait être poursuivi. Dans une instruction en date du 7 oct. 1809, l'Administration a prescrit à ses agents de poursuivre les affaires de cette nature devant les tribunaux ordinaires, c'est-à-dire devant les tribunaux civils de première instance ou devant les tribunaux de paix, suivant le montant de la somme en litige, parce que, disait-elle, « il ne s'agit pas d'affaires de douanes dont la connaissance est attribuée en général à ces derniers (tribunaux), mais bien d'actions ordinaires, de demandes en exécution de transactions et de décisions administratives ». Bien qu'elle semble conforme aux principes généraux du droit, cette solution nous paraît très contestable. A notre avis, le recouvrement des sommes dont il s'agit doit être poursuivi par voie de contrainte. Ce mode de procéder était employé sous l'empire des règlements de la ferme générale, bien que ces règlements ne permissent pas l'emploi des contraintes pour le recouvrement des condamnations pécuniaires. Il doit donc être applicable *à fortiori* sous l'empire des lois modernes qui, loin de restreindre l'emploi des contraintes, l'ont autorisé pour le recouvrement des doubles droits et amendes encourus pour défaut de rapport des certificats de décharge des acquits-à-caution (V. Thibault, *op. cit.*).

597. On a indiqué au *Rép.* n°s 853 et suiv. ce que doit contenir la contrainte, comment elle devient exécutoire, quel est l'effet du visa qu'est tenu de donner le juge de paix.

Les contraintes régulièrement décernées et signifiées s'exécutent dans les mêmes formes et de la même manière que les jugements. Leur exécution, a-t-on dit au *Rép.* n° 858, ne peut être suspendue par aucune opposition ni aucun acte, si ce n'est lorsqu'elles sont décernées pour défaut de rapport de certificat de décharge des acquits-à-caution; mais il faut qu'au préalable l'opposant consigne le simple droit. — Il a été jugé, en matière de contributions indirectes, que les contraintes étant exécutoires nonobstant opposition, le juge des référés n'a pas le droit d'ordonner un sursis à la saisie-exécution pratiquée à la requête de la régie (Bordeaux, 4 déc. 1873, aff. Chassériaud, D. P. 74. 2. 181). Cette solution serait également exacte en matière de douanes.

598. Les contraintes produisent tous les effets des jugements ; elles peuvent être mises à exécution par toutes voies de droit ; saisie, vente des meubles, contrainte par corps ; elles emportent hypothèque (Av. Cons. d'Ét. 16 therm. an 12 et 29 oct. 1811 ; Foucart, *Droit public et administratif*, t. 2, n° 951 ; Serrigny, *Revue étrangère*, t. 4, p. 832 ; Dumesnil et Pallain, *Traité de la législation spéciale du trésor public*, p. 306 ; Ruben de Couder, *Dictionnaire de droit commercial*, v° *Contributions indirectes*, n° 40 ; Ducrocq, *Cours de droit administratif*, 6ᵉ éd., t. 2, n°s 1102 et suiv.). — La créance de l'Administration ne se prescrit que par trente ans (Req. 12 avr. 1865, aff. Decous, D. P. 65. 1. 284).

599. L'état de faillite du redevable ne prive pas l'Administration du droit de poursuivre ses recouvrements par les voies spéciales mises à sa disposition par les lois, et ne la soumet pas à l'obligation de faire vérifier et admettre la créance par le syndic (Civ. cass. 25 avr. 1883, aff. Administration des contributions indirectes d'Algérie, D. P. 84. 1. 40). Bien que cet arrêt ait été rendu à l'occasion d'une affaire de contributions indirectes, le principe qui y est établi n'en est pas moins applicable en matière de douanes.

600. Aux termes de l'art. 31, tit. 13, de la loi des 6-22 août 1791, lorsque le receveur a fait crédit des droits, il est, en cas de retard ou de refus des redevables, autorisé à décerner contrainte, en fournissant, en tête de la contrainte, extrait du registre qui contiendra la soumission des redevables. Une circulaire de l'administration des douanes du 22 févr. 1817 explique que l'extrait ainsi prescrit par l'art. 31 est une copie exacte de la déclaration en payement des droits à recouvrer, telle qu'elle a été signée sur le registre par le redevable, et à la suite de laquelle sont transcrites les traites ou obligations qui ont été admises pour garantir le crédit de ces droits (*Rép.* n° 854). — Il a été jugé que l'obligation de donner, en tête de la contrainte, extrait du titre sur lequel la poursuite est fondée est une formalité substantielle dont l'omission emporte nullité. Il ne peut donc être permis, même par voie incidente au cours d'un procès, de substituer au titre énoncé dans la contrainte un titre qui n'y a pas été visé (Civ. cass. 14 mars 1888, aff. Duthoit, D. P. 88. 1. 425).

601. La contrainte est soumise à la formalité de l'enregistrement au bureau de la résidence des préposés qui l'ont délivrée ou de celle de la partie à laquelle elle est notifiée, et ce, dans les quatre jours de sa date, à peine de nullité (L. 22 frim. an 7, art. 7 et 20). Les contraintes ayant pour objet le recouvrement de droits ou de créances qui n'excèdent pas au total la somme de 100 fr. doivent être enregistrées gratis (L. 16 juin 1824, art. 6. V. *Rép.* v° *Enregistrement*, n° 34).

602. La contrainte est susceptible d'opposition de la part du redevable. Aucune loi n'ayant fixé de délai à cet égard, l'opposition est recevable tant que la contrainte n'a pas reçu d'exécution.

SECT. 2. — DE L'ACTION DE LA RÉGIE (*Rép.* n°s 860 à 868).

603. L'administration des douanes, ainsi qu'on l'a établi au *Rép.* n° 860, a le droit de poursuivre directement les contrevenants aux lois de douane devant les tribunaux de répression, pour obtenir les confiscations, amendes et autres réparations pécuniaires qui lui sont dues, que ces réparations naissent d'une simple contravention, d'un délit ou d'un crime. — S'il s'agit d'une simple contravention de la compétence des juges de paix, la poursuite ne peut être dirigée que par l'Administration seule, qui demeure entièrement maîtresse du litige; le ministère public se trouve sans action, soit pour suivre l'instance, soit pour attaquer le jugement; il ne peut intervenir que comme partie jointe (*Rép.* n° 870; Thibault, *op. cit.*, p. 185; Ruben de Couder, *op. cit.*, v° *Douanes*, p. 873). — S'il s'agit d'un délit de la compétence des tribunaux correctionnels, l'Administration a le droit de poursuivre; mais, d'une part, son droit n'est pas exclusif de celui du ministère public ; d'autre part, elle n'exerce son action que dans la limite des condamnations qui peuvent être prononcées à son profit, c'est-à-dire seulement en ce qui concerne la confiscation, l'amende et les autres condamnations pécuniaires. — Ces principes ont été consacrés par la jurisprudence. Il a été jugé qu'en matière de douanes, l'Administration n'est admise à exercer l'action publique qu'en tant qu'il s'agit d'obtenir, par la prononciation de la confiscation et de l'amende, la réparation, dans un intérêt public, du dommage causé par la fraude; mais qu'il n'appartient qu'au ministère public de requérir contre le prévenu la peine personnelle de l'*emprisonnement* (Crim. rej. 27 nov. 1858, aff. Munier, D. P. 59. 1. 41).

604. Lorsque le ministère public exerce la poursuite, l'Administration n'a qu'à se porter partie civile. Il a été jugé que des individus traduits devant la cour d'assises pour complicité de faits de prévarication et acquittés peuvent sur les conclusions de l'administration des douanes, être condamnés par la cour d'assises à l'amende et aux frais, pour importation en contrebande de marchandises prohibées ou soumises aux droits (C. d'ass. Seine-Inférieure, 13 févr. 1885, aff. Dufouloy et autres). Cette décision a été commentée par l'administration des douanes en ces termes : « Un préposé des douanes de la direction du Havre, convaincu d'avoir abusé de sa position pour introduire frauduleusement à la consommation du tabac, des cigares et des liqueurs, pour le compte de six individus, a été déféré à la cour d'assises, comme prévaricateur, en vertu de l'art. 6 de la loi du 13 flor. an 11. Les autres individus furent également renvoyés devant la même cour, comme complices du fait de prévarication. Le préposé, reconnu coupable par le jury, a été condamné à deux ans d'emprisonnement ; ses complices, déclarés non coupables, ont été acquittés. Mais les débats et l'aveu même des intéressés avaient parfaitement établi les faits d'importation frauduleuse de marchandises prohibées ou soumises aux taxes intérieures. L'Administration aurait pu, par une action nouvelle, exercée devant le tribunal correctionnel du Havre, poursuivre la répression des délits de contrebande. Cette poursuite n'aurait eu d'intérêt qu'au point de vue de la peine d'emprisonnement. Elle eût nécessité de nouveaux atermoiements, de nouveaux débats, de nouveaux frais. Or une répression immédiate s'imposait, pour détruire l'effet de l'acquittement. Il fut décidé, séance tenante, que l'on se bornerait à demander à la cour la condamnation des complices aux réparations civiles édictées par les lois sur la contrebande. Les conclusions de l'Administration ont été adoptées; mais elles ont donné lieu à un vif débat qui pourrait se reproduire devant d'autres cours et qu'il importe, par suite, de porter à la connaissance du service. En principe, un jugement criminel qui constate ou dénie un fait dommageable a force de chose jugée à l'égard de la partie lésée. Les complices du préposé, déclarés non coupables, excipaient, par suite, de la déclaration du jury, pour repousser la demande de l'Administration, et pour former même contre le directeur du Havre une demande reconventionnelle en dommages-intérêts. Mais, aux termes des art. 358 et 366 c. instr. cr., l'acquittement de l'accusé ne fait pas obstacle à ce que la cour d'assises accorde des dommages-intérêts à la partie lésée, lorsque son jugement peut se concilier avec la déclaration du jury. Ces articles sont surtout applicables lorsque, comme au cas présent, l'action civile repose sur une inculpation autre que celle jugée par le tribunal criminel. Ainsi le jury, dans l'espèce, n'avait eu à se prononcer que sur la participation à un crime de prévarication. Il n'avait pas eu à décider sur les délits de contrebande. La cour, jugeant au civil, était donc parfaitement autorisée, sans méconnaître la décision du jury, à déclarer les prévenus coupables du délit de contrebande et à accorder à l'Administration les réparations civiles qu'elle réclamait. Le ministère public aurait pu demander à la cour l'application intégrale de la loi de 1816 pour faire prononcer immédiatement l'emprisonnement, l'amende et la confiscation. Son abstention forçait l'Administration à se renfermer dans le rôle de partie civile et à borner sa demande aux réparations pécuniaires et à la confiscation».

605. On a dit au *Rép.* n°s 871 et suiv. que l'administration des douanes, poursuivant, directement et dans son intérêt les délits de contrebande, n'est pas nécessairement obligée de baser la poursuite sur un procès-verbal régulier et peut, aux termes de l'art. 1er du décret du 8 mars 1811, non abrogé par les lois postérieures, suppléer à ce procès-verbal par tous les modes de preuves que le droit commun autorise. Si, dans ce cas, la répression n'est pas bornée à la confiscation des marchandises saisies, mais comporte l'application des autres peines, soit d'emprisonnement, soit d'amende, cette faculté de suppléer aux procès-verbaux de saisie, ou de couvrir leur irrégularités par d'autres genres de preuves, n'affranchit pas les employés des douanes des conditions de temps et de lieu que leur imposent les art. 38 et 39 de la loi du 28 avr. 1816. A la vérité, l'action attribuée au ministère public par l'art. 52 de cette loi et l'art. 37, tit. 6, de la loi du 21 avr. 1818 contre les auteurs des délits de contrebande, n'est pas subordonnée à l'accomplissement de ces conditions de temps et de lieu; mais aucune assimilation n'est possible entre la poursuite exercée par le ministère public, chargé dans un intérêt de défense sociale d'assurer la répression de tous les délits et spécialement des délits de contrebande, et l'action de l'administration des douanes. Cette théorie a été consacrée par la jurisprudence (V. Crim. rej. 26 févr. 1887, aff. Dailly, D. P. 88. 1. 42. V. aussi Besançon, 21 déc. 1854, *infrà*, n° 688; Crim. rej. 12 août 1859, aff. Anspach, D. P. 59. 1. 478). « L'absence ou la nullité du procès-verbal, en matière de délit de contrebande, a dit M. le conseiller Vételay, dans son rapport sur l'affaire jugée par l'arrêt du 26 févr. 1887 précité, ne peut être opposée à l'action du ministère public, substitué aux prévôts par l'art. 37 de la loi du 21 avr. 1818 (tit. 6), pour exercer d'office les poursuites prescrites par l'art. 53 de cette loi, soit que la contrebande ait été faite ou tentée par les frontières de terre, soit qu'elle se soit produite sur les côtes maritimes. Elle ne peut même l'être à l'administration des douanes, qui doit être admise à prouver l'infraction par toutes les voies de droit, lorsque le procès-verbal est nul ou lorsqu'il n'a pas été possible d'en dresser un, et à demander l'application de la loi contre l'auteur de l'infraction. Est-ce à dire cependant que le ministère public et l'administration des douanes soient placés, au point de vue de l'action à exercer contre les auteurs des délits de contrebande, sur un pied d'égalité, et que cette administration doive être déclarée recevable à agir, dans tous les cas et toutes les fois que le ministère public croit, pour une cause quelconque, ne pas devoir poursuivre la répression d'une introduction frauduleuse dont l'auteur a réussi à traverser sans encombre la zone frontière? Oui, dit le pourvoi, et pour faire consacrer son droit à cet égard, l'administration des douanes n'a pas besoin de se prévaloir du droit d'action directe et principale qui lui est reconnu pour la répression des délits et contraventions par l'art. 1er, tit. 12, de la loi des 6-22 août 1791, et par l'art. 3 du décret des 15-16 août 1793. Elle n'a qu'à invoquer l'usage de la faculté que les art. 63 et 64 c. instr. cr. accordent à toute personne qui se prétend lésée par un délit, de s'adresser aux tribunaux par voie de citation directe. Lorsque le contrebandier a eu l'habileté de faire clandestinement un débarquement sur les côtes maritimes ou dans un port, quand il a franchi impunément la zone frontière, les agents des douanes sont dans l'impuissance d'opérer une saisie de la marchandise, et de dresser procès-verbal dans les formes légales; l'Administration ne peut plus user du privilège que lui confère la loi dans cette zone, mais le délit commis existe. Le droit commun reprend alors son empire, et l'administration des douanes conservant son action est autorisée à faire la preuve de l'infraction par toutes les voies de droit, de quelque façon que la fraude ait été découverte. Elle n'est plus admise à opérer une saisie, à faire dresser un procès-verbal, mais aussi la déchéance dans le mode d'introduction des instances n'est plus soumise à aucune condition rigoureuse. Elle a toutes les obligations sans doute, mais aussi tous les droits d'une partie civile ordinaire, et, placée par la loi sur le même pied que le ministère public, en ce qui concerne le mode de preuve des infractions, elle est aussi dans une situation égale eu égard à la recevabilité de l'action. Il n'y a pas lieu de faire une distinction entre la contrebande qui s'exerce par les frontières de terre, et celle qui se manifeste par la voie de mer, du moment où la marchandise frauduleuse a été introduite au delà du rayon frontière en trompant la vigilance des douaniers; plus de procès-verbal possible, sans doute, plus de saisie, mais le ministère public peut poursuivre quand même, et, s'il refuse, l'Administration peut procéder à sa place, introduire directement son action auprès des tribunaux correctionnels, et, aux termes des art. 62 et 63 c. instr. cr., cette action est nécessairement recevable. Cette prétention de l'Administration, repoussée par l'arrêt attaqué, est rigoureuse; peut-elle se concilier avec les dispositions édictées dans les art. 38, 39, tit. 4, 41, 42, 43, tit. 5, de la loi du 28 avr. 1816, et 34, tit. 6, de la loi du 21 avr. 1818? L'art. 38 de la loi du 28 avr. 1816 (tit. 4), énumère les cas dans lesquels les marchandises sont réputées introduites en fraude. Il en est ainsi: 1° lorsqu'elles sont introduites dans le rayon des frontières sans être munies d'un acquit de payement valable pour la route qu'elles tiendront et pour le délai dans lequel se fera le transport; 2° lorsqu'étant accompagnées d'une expédition portant obligation expresse de la faire viser à un bureau de passage, elles auront dépassé ce bureau sans que ladite obligation ait été remplie; 3° lorsque, ayant été chargées sur le rayon des frontières et amenées au bureau ou représentées au préposé pour être mises en circulation avec passavant dans les circonstances où les règlements permettent ce transport préalable, elles se trouveront dépourvues de pièces justificatives de leur extraction légale de l'étranger ou de l'intérieur, ou de leur fabrication dans le rayon des frontières; 4° lorsqu'elles auront été reçues en magasin ou en dépôt dans le rayon des frontières, en contravention aux ordonnances qui désigneront les communes où ces magasins et dépôts pourront être établis, suivant le paragraphe 2 de l'art. 37 de la loi précitée. Aux termes de l'art. 39, les marchandises introduites en fraude seront saisissables, à quelque distance qu'elles puissent être arrêtées dans l'intérieur, si elles ont franchi la limite du rayon-frontière et ont été poursuivies par les agents sans que leur poursuite ait été interrompue, si lesdites marchandises sont dépourvues, au moment de la saisie, de l'expédition qui était nécessaire pour les transporter ou les faire circuler dans le rayon des frontières. Les règles édictées par ces deux articles reproduisent, en leur donnant plus d'extension, celles des art. 35 et 36, tit. 13, de la loi des 6-22 août 1791. Les art. 41 et suiv., tit. 5, de la même loi (28 avr. 1816) déterminent les peines encourues par ceux qui importent par terre des objets prohibés, ou qui introduisent frauduleusement des objets tarifés dont le droit serait de 20 fr. par quintal métrique et au-dessus. L'art. 34, tit. 6, de la loi du 21 avr. 1818 assimile la contrebande faite sur les côtes maritimes, hors l'enceinte des ports de commerce, à celle qui est faite sur les frontières de terre, et dispose que les art. 42, 43, 44, 45, 46, 47 du tit. 5, section des douanes, de la loi du 28 avr. 1816, sont applicables à ceux qui pratiqueront la contrebande sur les côtes maritimes. Enfin, aux termes de l'art. 2 de la loi du 2 juin 1875, la contrebande dans l'enceinte des ports a été assimilée à celle qui est effectuée sur les côtes maritimes et ses auteurs encourent les mêmes pénalités. Ainsi introduction frauduleuse de marchandises par les frontières de terre, sur les côtes maritimes ou dans l'enceinte des ports, c'est tout un au point de vue pénal, la loi ne fait aucune distinction. Le ministère public et l'administration des douanes peuvent également pousuivre les auteurs des délits de contrebande et faire, par toutes voies de droit, la preuve des infractions, quand le procès-verbal est nul ou quand il a été impossible aux agents d'en rédiger un. Mais si aucun texte de loi ne limite l'étendue de l'action du ministère public, et si cette action doit être déclarée recevable dans tous les cas, peut-on dire également que l'administration des douanes est recevable à agir et à faire la preuve de l'existence des délits de contrebande par toutes les voies de droit, toutes les fois qu'elle soupçonne l'existence de ces délits et qu'il lui a été impossible de la constater? Son droit n'est pas douteux, et son action doit être déclarée recevable, quand elle se trouve placée dans les conditions de temps et de lieu prévues par les art. 38 et 39, tit. 4, de la loi du 28 avr. 1816. Dans ce cas, elle sera recevable à agir, non seulement quand le procès-verbal sera nul, mais aussi quand il sera impossible d'en rapporter un, et elle sera admise à faire la preuve de l'infraction par tous les modes que le code d'instruction criminelle met à la disposition des parties civiles. Mais si, comme dans l'espèce, la marchandise frauduleuse a été débarquée clandestinement, si elle a traversé impunément le rayon frontière, pénétré au delà de ce rayon; si elle est entrée dans la consommation à l'intérieur sans avoir été suivie et sans que son transport ait été l'objet d'une mesure quelconque, faudra-t-il encore déclarer l'administration des douanes recevable à agir et à faire la preuve de l'infraction par toutes les voies de droit devant la juridiction correctionnelle? Vous ne paraissez pas l'avoir pensé et vous avez adopté une solution contraire dans un arrêt de cassation du 9 mars 1843 rendu au rapport de M. le conseiller Romiguière, sur les conclusions conformes de M. Delapalme (*Rép.* n° 871). D'après cet arrêt, le ministère public peut agir contre des particuliers soupçonnés de fraude et faire la preuve du délit de contrebande, même quand la marchandise a franchi impunément le rayon frontière, quand elle est entrée dans la consommation intérieure, parce qu'il n'est pas lié par les art. 38 et 39, qui ne concernent que les employés des douanes; tandis que l'administration des douanes n'est recevable à agir que si elle se trouve placée dans les conditions de temps et de lieu que lui imposent les art. 38 et 39 précités ».

M. le conseiller rapporteur relève ensuite dans les motifs de l'arrêt une distinction qui a déjà été critiquée au *Rép.* n° 871, et qui ne lui paraît pas exacte : « Il est vrai, dit-il, qu'un des considérants de votre arrêt du 9 mars 1843 est ainsi conçu : « qu'à la vérité cette faculté de suppléer les procès-verbaux de saisie, ou de couvrir leurs irrégularités par d'autres genres de preuves, n'affranchit pas les employés des douanes des conditions de lieu et de temps que leur imposent les art. 38 et 39 de la loi du 28 avr. 1816, quand il s'agit seulement de marchandises tarifées, à la différence des marchandises prohibées, différence que le jugement attaqué a méconnue dans l'un de ses motifs... ». Il semblerait résulter des termes de ce considérant qu'il y a une distinction à faire en ce qui concerne la recevabilité de l'action de l'administration des douanes, lorsque la marchandise frauduleuse a franchi impunément le rayon frontière, entre les marchandises prohibées et les marchandises tarifées, cette action devant être recevable lorsqu'il s'agit de marchandises prohibées et ne pas l'être lorsqu'il s'agit de marchandises tarifées. On pourrait soutenir qu'il conviendrait de procéder à cette distinction si la loi était à faire, mais il peut être permis de penser que le texte de l'art. 38, tit. 4, de loi du 28 avr. 1816, paraît s'opposer à ce qu'elle soit admise. Cet article vise en effet expressément « les marchandises de la classe de celles qui sont prohibées à l'entrée, ou dont l'admission est réservée à certains bureaux... » etc., il n'est pas parlé des marchandises simplement tarifées, etc. N'est-il pas difficile de croire, dans cette situation, que les conditions de temps et de lieu qu'ils déterminent s'appliquent seulement à l'action de l'administration des douanes concernant les marchandises tarifées? » — M. Thibault combat la doctrine qui vient d'être exposée. « Les conditions de temps et de lieu déterminées par les art. 38 et 39 de la loi de 1816, dit-il (*op. cit.*, p. 172), sont celles que la loi met au droit de *saisir*, et non à celui *d'agir en justice*. Or, subordonner le droit d'agir en justice aux mêmes conditions que celui de saisir, c'est nier le droit d'agir en justice autrement que par suite de saisies; car on ne peut pas admettre que la loi ait créé ce droit uniquement en vue du cas, difficile à prévoir, où les agents des douanes se seraient abstenus de saisir, c'est à dire de rédiger procès-verbal, alors qu'ils n'en auraient pas eu les moyens. Loin de constituer une restriction au droit de l'Administration de poursuivre les importations frauduleuses, les conditions de temps et de lieu fixées par la loi de 1816 créent en sa faveur des présomptions de fraude dans des cas où il ne serait pas possible de prouver la fraude. L'art. 38 commence, en effet, par ces mots : « Les marchandises seront *réputées* avoir été introduites en fraude ».

606. Il importe de remarquer que la différence que l'on vient d'établir entre l'action du ministère public et celle de la Régie n'a d'intérêt et d'application qu'au cas où le transport de marchandises de contrebande en dehors du rayon frontière constitue une participation en connaissance de cause aux combinaisons d'une entreprise de contrebande. En effet, comme on l'a vu *suprà*, n°s 567 et suiv., ni le ministère public, ni l'administration des douanes n'ont d'action contre les simples porteurs et conducteurs ou agents directs d'une introduction de marchandises de contrebande, lorsque ces marchandises ont franchi la limite intérieure du rayon-frontière, sans avoir été l'objet d'une capture dans l'intérieur de ce rayon, ou d'une poursuite à vue et non interrompue hors de ce rayon (L. 1816, art. 38, et 39). Il a été jugé, en effet, que, si le défaut d'accomplissement des conditions de temps et de lieu imposées par les art. 38 et 39 de la loi de douanes du 28 avr. 1816, aux préposés des douanes, pour la saisie des marchandises étrangères à l'intérieur, ne met point obstacle à l'exercice de l'action accordée au ministère public par l'art. 52 de ladite loi, cette attribution spéciale, qui rentrait dans les attributions prévôtales, n'a été conférée que pour la poursuite des entrepreneurs, assureurs et intéressés à la contrebande, et ne s'étend point au cas où il s'agit du seul fait de transport à l'intérieur de marchandises ayant franchi la limite du rayon-frontière (Crim. rej. 28 août 1851, aff. Soleau, D. P. 51. 5. 188).

607. Au reste, les détenteurs d'objets introduits dans l'intérieur de la France pourraient, dans certains cas, être passibles de poursuites fondées sur des dispositions étrangères à la matière des douanes; mais il est évident qu'en pareil cas la Régie n'aurait pas qualité pour intervenir dans l'instance. Ainsi, il a été jugé que l'introduction en France de pistolets de poche n'est défendue par aucune disposition des lois de douane; que le droit des préposés se borne à la saisie de ces pistolets dans les limites du rayon frontière; qu'en conséquence, l'administration des douanes n'a pas qualité pour intervenir sur les poursuites intentées par le ministère public, en vertu des lois qui prohibent le port des pistolets de poche, contre des individus trouvés dans l'intérieur de la France et hors la limite du rayon-frontière, porteurs de pistolets de cette nature importés de l'étranger (Crim. rej. 28 août 1851, aff. Soleau, D. P. 51. 5. 188).

SECT. 3. — DE L'ACTION DU MINISTÈRE PUBLIC
(*Rép.* n°s 869 à 874).

608. Le ministère public, ainsi qu'on l'a dit au *Rép.* n° 870, n'a pas le droit d'agir, lorsqu'il s'agit d'une simple contravention de la compétence du juge de paix. — S'il s'agit de délits punis d'emprisonnement, il a seul qualité pour requérir l'application de la peine d'emprisonnement, et il peut conclure à toutes les condamnations pécuniaires qui sont susceptibles d'être prononcées au profit de la Régie (Thibault, *op. cit.*, p. 189). — S'il s'agit de contraventions de la compétence des tribunaux correctionnels, mais qui n'entraînent que l'amende et la confiscation (L. 17 juin 1840, sur le régime des mines de sel (art. 14, *Rép.* v° *Sel*, p. 862), le ministère public a-t-il le droit de poursuite ? M. Thibault, *op. cit.*, n° 187, objecte que ces contraventions ont absolument le même caractère que celles qui sont prévues par les lois sur les contributions indirectes; que la Régie ayant seule qualité pour poursuivre la répression des infractions aux lois sur les contributions indirectes (*Rép.* v° *Impôts indirects*, n°s 487 et suiv.), la même solution, dès lors, doit être admise pour les contraventions de cette nature en matière de douanes. Mais cette opinion ne nous semble pas fondée. Comme le dit un arrêt de la cour de cassation du 21 nov. 1828 (*Rép.* n° 869), « le ministère public est toujours partie principale et a qualité pour procéder, par voie d'action, dans toutes les affaires de douane de la compétence des tribunaux correctionnels ». Cette règle est générale; elle s'applique non seulement aux délits, mais aussi aux contraventions qui sont de la compétence des tribunaux correctionnels; il n'y a pas lieu d'invoquer ici les lois spéciales relatives aux contributions indirectes, lesquelles ne s'appliquent pas aux douanes.

609. La jurisprudence, comme on l'a exposé au *Rép.* n° 861, a décidé que le ministère public qui n'a point à requérir contre les prévenus de peines corporelles, mais seulement des confiscations et amendes, doit être considéré comme représentant dans l'instance l'administration des douanes. Cette théorie, combattue par M. Faustin Hélie, *Traité de l'instruction criminelle*, 2e éd., 1866, t. 1, n°s 506 et suiv., qui objecte qu'aucun texte ne donne au ministère public qualité pour représenter la régie, a été consacrée par un récent arrêt (Bordeaux, 16 mars 1888) (1). Mais, aux termes du même arrêt, si l'administration des douanes est, dans les causes où elle est intéressée, valablement représentée par le ministère public, elle n'en conserve pas moins le droit d'interjeter appel d'un jugement qui préjudicie à ses droits; en conséquence, sur l'appel interjeté par la partie publique, elle peut intervenir pour veiller à la conservation de ses droits et conclure, comme le pourrait faire le ministère public, au moins en ce qui touche les réparations civiles qui peuvent lui être dues.

610. On a exposé au *Rép.* n° 871 (V. aussi *suprà*, n° 605) que l'exercice de l'action d'office attribuée au ministère public par l'art. 52 de la loi du 28 avr. 1816 n'est pas soumis à la condition que les faits de contrebande aient été constatés par des procès-verbaux. Si le procès-verbal est irrégulier ou insuffisant, le ministère public a le droit de compléter par la preuve testimoniale les indications du procès-verbal ou même d'y suppléer, l'action exercée par le ministère public, partie principale dans la poursuite, ne pouvant être ni paralysée, ni restreinte par les termes du procès-verbal, cette action étant indépendante et s'appuyant sur tous les moyens de preuve propres à constater l'existence du délit et l'identité de son auteur, sauf l'appréciation qui doit être faite par la justice de la valeur de ces moyens, eu égard aux circonstances de la cause. — Il a été jugé que, lorsque l'identité des fraudeurs n'a pu être suffisamment établie par les rédacteurs d'un procès-verbal en matière de douanes, le ministère public est fondé à prouver cette identité par tous les moyens de preuve, et même par l'audition d'un des rédacteurs comme témoin à l'audience (Caen, 9 juill. 1873, aff. Guillard, D. P. 74. 2. 128. V. aussi Crim. rej. 29 janv. 1851, aff. Jean, D. P. 52. 5. 219; 26 févr. 1887, aff. Dailly, D. P. 88. 1. 42).

611. L'action publique, en ce qui concerne les délits de douane, appartenant à la fois à la régie et au ministère public, il y a lieu de se demander comment ces deux fonctions, dirigées vers le même but, peuvent se concilier, et dans quelles limites elles doivent s'exercer l'une et l'autre. Voici en quels termes s'exprime à ce sujet M. Faustin Hélie, *op. cit.*, t. 1, n° 507 : « La jurisprudence, dit cet auteur, a essayé de résoudre cette difficulté par une distinction : l'action de l'Administration est directe et principale dans toutes les affaires qui ne donnent lieu qu'à des amendes et confiscations; elle redevient purement civile, et dès lors accessoire, lorsque la contravention est passible de la peine d'emprisonnement: « Attendu, suivant la cour de cassation, que la peine d'emprisonnement est une peine corporelle dont l'application ne peut être poursuivie que par les fonctionnaires chargés de l'exercice de l'action publique, et que l'administration des douanes n'a d'action que relativement aux condamnations qu'il peut y avoir lieu de prononcer dans son intérêt particulier ». Mais cette distinction se borne à indiquer la limite qui pourrait séparer les deux pouvoirs; elle ne les sépare qu'imparfaitement. En effet, la régie peut, d'après une pratique que nous examinerons ailleurs, transiger même sur des faits passibles de l'emprisonnement; elle arrête donc par sa transaction l'action publique, elle la subordonne à sa décision. D'un autre côté, le ministère public, en vertu de son droit général, peut requérir instruction et jugement sur des contraventions qui n'emportent que des peines pécuniaires, tant qu'il n'est pas justifié d'une transaction définitive de la régie. Ainsi les deux autorités ne sont pas indépendantes l'une de l'autre, elles ne se meuvent pas dans un cercle distinct; leurs attributions se trouvent à certains égards confondues; mais cette confusion est la conséquence directe des deux exceptions au droit commun créées en faveur de l'Administration : le droit de transaction et le droit d'exercer l'action publique. Le seul moyen de tempérer ces inconvénients est de bien apprécier, en cette matière, le véritable caractère des deux parties. L'administration des douanes n'est, comme celle des contri-

(1) (Min. publ. C. Lestrade et autres.) — LA COUR; — Attendu que, dans la nuit du 15 au 16 septembre dernier, six sacs de café ont été frauduleusement soustraits à bord de la gabare *René* amarrée au Caillaou, en Gironde; que le patron de cette gabare, le nommé Saint-Marc, a reconnu avoir commis ce vol et a été, pour ce fait, condamné à deux mois de prison par jugement du tribunal correctionnel de Blaye du 6 janvier dernier, qui a, du même chef, condamné par défaut le nommé Lestrade à deux années d'emprisonnement et relaxé le nommé Ballais;

Attendu que dans la même nuit, le nommé Tisseyre a été surpris par les employés de la douane au moment où, quelques heures après le vol, il introduisait frauduleusement cinq sacs de café au lieu de Saint-Martin, côte maritime, à quelques kilomètres du lieu où le vol avait été commis; que Tisseyre a été relaxé par le tribunal de Blaye par le motif qu'il avait agi sur l'ordre de Lestrade; qu'il avait pu ignorer la fraude et qu'il paraissait de bonne foi, que Lestrade seul a été condamné du chef d'importation frauduleuse à un mois d'emprisonnement et à 500 fr. d'amende; — Attendu qu'appel a été interjeté de ce jugement par M. le procureur général envers Lestrade, Tisseyre et Ballais, et que l'administration des douanes en la personne de son receveur principal à Bordeaux, demande à être reçue intervenante en cause d'appel, et conclut à ce que Tisseyre et Ballais soient condamnés envers elle à la même réparation que Lestrade; — Attendu que la recevabilité de l'intervention de la douane est à tort contestée par l'inculpé Ballais seul, Tisseyre et Lestrade faisant défaut; qu'il est de principe, en effet, que si la douane est, dans les causes où elle est intéressée, valablement représentée par le ministère public, elle n'en conserve pas moins le droit d'interjeter appel d'un payement qui préjudicie à ses droits; qu'il suit de là que sur l'appel interjeté par la partie publique elle peut intervenir pour veiller à la conservation de ses droits et conclure comme le pourrait faire le ministère public, au moins en ce qui touche les réparations civiles qui peuvent lui être dues; qu'aucune disposition de loi ne met obstacle à l'exercice simultané de son action et de celle du ministère public;

Au fond, etc.

Par ces motifs, etc.

Du 16 mars 1888.-C. de Bordeaux, ch. corr.-MM. Beylot, pr.-Birot-Breuilh, rap.

butions indirectes, qu'une partie civile à qui la loi a attribué, dans l'intérêt du Trésor, le droit de poursuivre la répression de certains faits de fraude. Elle exerce donc partiellement l'action publique en ce qu'elle peut requérir, à l'égard de ces faits, l'application des peines légales. Mais le ministère public qui exerce cette action tout entière comprend nécessairement dans ses attributions l'attribution partielle qui a été déléguée à la régie, puisque la loi ne l'en a pas formellement exclu. Les condamnations que la régie requiert, il pourrait donc les requérir, et ce n'est que pour suppléer à son intervention, et non pour la remplacer, que l'Administration a été investie de ce pouvoir exceptionnel. De là, cette double conséquence que le ministère public peut et doit surveiller toutes les poursuites qui sont exercées par la régie, mais qu'il ne doit agir directement que lorsque l'intérêt fiscal se complique d'un intérêt général ou lorsque la loi lui paraît froissée dans son application. »

612. Il a été jugé que l'art. 37 de la loi spéciale du 21 avr. 1818 sur les douanes, en même temps qu'il donnait juridiction aux tribunaux correctionnels sur tous les délits de contrebande, a expressément conféré aux procureurs impériaux toutes les attributions des prévôts contenues dans les art. 21, 23 et 52 de la loi du 20 déc. 1815, que ces attributions consistaient dans le droit de se transporter sur les lieux des délits à l'effet d'y dresser tous procès-verbaux nécessaires, de décerner des mandats d'amener, en un mot, de faire d'office tous actes d'instruction qu'ils jugeraient utiles pour découvrir les auteurs de la contrebande ; qu'en conséquence, un tribunal, en annulant la saisie de lettres, registres, etc., faite au domicile d'un prévenu de participation à un délit de contrebande, parce qu'elle aurait été opérée par un commissaire de police spécialement délégué par le procureur impérial, a méconnu les attributions spéciales faites au procureur impérial par les art. 52 et 53 de la loi du 28 avr. 1816 (Crim. cass. 28 janv. 1854) (1).

SECT. 4. — DE LA PREUVE DES CONTRAVENTIONS (*Rép.* n°s 875 à 878).

613. On a exposé au *Rép.* n° 875 que les procès-verbaux réguliers en la forme, en matière de douanes, font foi jusqu'à inscription de faux. Il a été jugé que la constatation, dans un procès-verbal non argué de faux, qu'un individu, fraudeur d'habitude, a été rencontré le soir, les vêtements imprégnés d'une forte odeur de tabac, et s'est enfui à l'approche des préposés, et que ceux-ci ayant suivi la trace de ses pas, ont trouvé les marchandises cachées près du lieu de son arrestation, suffit à motiver la condamnation de celui-ci, comme auteur d'une tentative d'importation, bien qu'il n'ait pas été rencontré porteur des marchandises (Douai, 5 mars 1860) (2). Jugé encore que les procès-verbaux réguliers des préposés des douanes font foi jusqu'à inscription de faux des faits matériels qu'ils constatent, et notamment de l'affirmation des préposés qu'ils ont parfaitement

(1) (Min. publ. C. Génevoir.) — LA COUR... ; — Sur le moyen proposé verbalement à l'audience et tiré de la violation des art. 52 et 53 de la loi du 28 avr. 1816, 37 de la loi du 21 avr. 1818 : — Attendu, en fait, que, par procès-verbal rédigé le 29 mars 1853 par le commissaire de police de Langres, spécialement délégué par le procureur impérial près le tribunal de la même ville, il est constaté que le sieur Génevoir, marchand à Langres, ayant été, à l'occasion d'une saisie de marchandises pratiquée à Mulhouse, le 24 du même mois, signalé comme intéressé à des faits de contrebande, le commissaire de police s'est transporté au domicile dudit Génevoir, à l'effet d'y rechercher et saisir, et a, en effet, saisi les papiers et registres qui pouvaient se trouver chez ce dernier et se rattachant à des opérations de contrebande en matière de douanes ; — Que Génevoir a été, par suite, cité à comparaître devant le tribunal de police correctionnelle de Langres, comme prévenu d'avoir de 1852 à 1853, fait importer en France, pour les débiter dans ses magasins, à Langres, ou pour les procurer à d'autres négociants, des tissus de fabriques étrangères frappés par la loi de prohibitions absolues, ce qui constitue le délit de contrebande prévu et puni par l'art. 53 de la loi du 28 avr. 1816 ;

Attendu, en droit, qu'aux termes des art. 45 et 48 de cette loi, la connaissance des délits de contrebande était attribuée, selon les cas, aux cours prévôtales ou aux tribunaux correctionnels ; que le prévôt et le procureur du roi étaient respectivement chargés de la poursuite de ces délits, selon la compétence des juridictions ; — Attendu qu'aux termes de l'art. 52 de la même loi, le prévôt était tenu de faire d'office toutes les poursuites nécessaires pour découvrir les entrepreneurs, assureurs et généralement tous les intéressés à la contrebande ; — Attendu qu'il résultait de cette disposition une extension à des faits correctionnels des attributions conférées au prévôt par la loi du 20 déc. 1815 ; — Attendu qu'aux termes de l'art. 21 de ladite loi, le prévôt était tenu dans le cas du flagrant délit ou de clameur publique, d'informer contre les prévenus, se transporter sur les lieux à l'effet d'y dresser tous procès-verbaux nécessaires ; qu'il pouvait même, dans ce cas, décerner mandat d'amener ; qu'il devait toutefois être assisté de son assesseur ; — Attendu qu'en vertu de la disposition formelle du dernier paragraphe de l'art. 53 de la loi du 28 avr. 1816, les procureurs impériaux près les tribunaux correctionnels sont tenus de diriger les mêmes recherches et poursuites prescrites au prévôt par l'art. 52 ; — Attendu que l'art. 37 de la loi du 21 avr. 1818, a remis aux tribunaux correctionnels la connaissance des faits de contrebande, attribués aux cours prévôtales par l'art. 48 de la loi du 28 avr. 1816 ; — Qu'en outre, le même art. 37 dispose expressément que les procureurs du roi près les tribunaux correctionnels sont substitués aux prévôts pour exercer d'office les poursuites prescrites par l'art. 52 et requérir, s'il y a lieu, l'application de l'art. 53 de la loi de 1816 ; — Attendu qu'en assimilant d'abord et en substituant ensuite le procureur impérial au prévôt, le législateur a établi et maintenu un mode spécial de procéder aux recherches et poursuites en matière de contrebande ; qu'il a investi le procureur impérial de l'extension d'attributions conférées au prévôt, et l'a placé dans des conditions identiques pour les exercer ; que, si le législateur eût entendu se référer au droit commun dans cette matière, d'ailleurs spéciale à tous autres égards, il lui aurait suffi de déclarer les cas de compétence des tribunaux correctionnels, puisqu'alors les attributions du procureur impérial se seraient trouvées réglées de plein droit par le code d'instruction criminelle ; — Qu'elles le sont, au contraire, par des dispositions spéciales qui dérogent à ce code ; — Attendu que si le prévôt devait, dans le cas de l'art. 23 de la loi du 20 déc. 1815, être assisté de son assesseur, et si cette assistance ne peut se concilier avec les lois d'organisation du ministère public, il s'ensuit seulement que la disposition qui la prescrit n'est pas et n'a jamais été applicable au procureur impérial ; — Qu'en effet, les lois des 28 avr. 1816 et 21 avr. 1818 sont, relativement au ministère public, des lois d'attribution et non d'organisation ; — Attendu, dès lors, que la saisie pratiquée au domicile du sieur Génevoir, à raison du délit spécial qui l'a motivée, était régulière, et qu'en annulant ladite saisie comme sortant des attributions du procureur impérial telles qu'elles sont réglées par les art. 32, 35, 37 et 87 c. instr. cr., le jugement attaqué a faussement appliqué lesdits articles et formellement violé les art. 52 et 53 de la loi du 28 avr. 1816, et 27 de la loi du 21 avr. 1818 ; — Par ces motifs, et sans qu'il soit besoin de statuer sur les autres moyens, notamment sur celui qui est tiré de la violation de l'art. 45 c. instr. cr., en ce que le jugement attaqué aurait méconnu les conditions et le caractère du flagrant délit ; — Casse...

Du 28 janv. 1854.-Ch. crim.-MM. Sénéca, rap.-Bresson, av. gén. Rendu et Tréneau, av.

(2) (Rosiau.) — LA COUR ; — Considérant qu'il résulte tant des termes d'un procès-verbal régulier que de l'instruction orale et des débats : 1° que le 1er févr. 1860, à sept heures et demie du soir, les préposés des douanes du Nouveau-Monde, étant de service près de la ferme Carlos, ont vu venir de ce côté un individu traversant la ferme, courant et se dirigeant vers le chemin de fer ; — 2° Que cet individu, poursuivi et atteint par eux au moment où il franchissait les palissades de la voie, était Pierre Rosiau, fraudeur d'habitude et déjà condamné dix fois pour fait de contrebande ; — 3° Que Rosiau portait des vêtements imprégnés d'une forte odeur de tabac, et disposés de manière à lui permettre une grande liberté de mouvements, l'abandon de la charge et une fuite rapide en cas de poursuite ; — 4° Que l'aspect de cet individu dont ils connaissaient les habitudes, son costume, le lieu où ils l'ont surpris, l'heure de sa rencontre et la fuite sur leur poursuite ont éveillé les soupçons des employés, et leur ont fait penser à bon droit qu'il venait de déposer sa charge dans la ferme Carlos, et qu'il explorait les environs pour trouver les moyens de la soustraire en temps opportun aux regards et à la recherche de ces employés ; — 5° Que la neige couvrant alors la terre, il leur fut très aisé de suivre la piste et la trace des pas de Rosiau, depuis le lieu de son arrestation jusqu'à la grange de la ferme Carlos, où ils trouvèrent presque immédiatement, à cinquante pas de leur position, cachée sous la paille, une charge contenant 44 kilog. de tabac haché, en paquets revêtus de vignettes étrangères ;

Considérant que le procès-verbal prouvant jusqu'à inscription de faux les faits qu'il a mission de constater n'a pas été attaqué par cette voie, et que Rosiau, forcé d'avouer qu'il a passé près ou par la ferme Carlos à l'heure indiquée, se borne à dénier sèche-

reconnu l'inculpé ; que les juges ne peuvent donc, en ce cas, ordonner un avant-faire droit pour vérifier le mérite d'un alibi invoqué par le prévenu (Douai, 5 juill. 1881 (1) ; Crim. cass. 3 mars 1888, aff. Broutin, D. P. 89. 1. 45).

614. La présomption qu'une marchandise prohibée qui n'est pas du cru du pays est introduite en fraude et reçue en entrepôt frauduleux, lorsqu'elle se trouve à la distance de deux myriamètres de la frontière de terre et dans une localité dont la population est inférieure à 2000 habitants, ne peut être combattue par la preuve contraire que lorsque l'Administration n'oppose pas de procès-verbal (Trib. Hazebrouck, 27 nov. 1884, aff. Paris-Blendé, D. P. 86. 3. 30). Mais il a été jugé avec raison que ce n'est point porter atteinte à la foi due au procès-verbal jusqu'à inscription de faux que d'admettre le cas de force majeure qui ôte aux faits le caractère de contravention; c'est se borner, en admettant les faits constatés, à en apprécier le caractère légal (Civ. cass. 29 mars 1853, aff. Roumiou, D. P. 53. 1. 88). Décidé aussi que les tribunaux peuvent admettre des moyens de défense indépendants de la foi due au procès-verbal; que, notamment, ils peuvent apprécier, d'après les circonstances de l'introduction des objets, leur valeur, la situation sociale des voyageurs, leurs indications, si les effets saisis faisaient partie de l'habillement actuel de ceux-ci, ou étaient au contraire des marchandises soumises aux prescriptions de la loi et saisissables en cas de non-déclaration (Trib. Strasbourg, 20 nov. 1852) (2).

615. Il a été jugé que, lorsque l'identité des fraudeurs n'a pu être suffisamment établie par les rédacteurs d'un procès-verbal en matière de douanes, le ministère public est fondé à prouver cette identité par tous les moyens de preuve et même par l'audition d'un des rédacteurs comme témoin à l'audience (Caen, 9 juill. 1873, aff. Guillard, D. P. 74. 2. 128). M. Faustin Hélie, *op. cit.*, t. 3, n° 1465, reconnaît bien au tribunal la faculté d'ordonner que les rédacteurs des procès-verbaux seront cités à l'audience pour fournir des explications sur les faits qu'ils ont constatés ; mais, suivant lui, la légalité de cette mesure serait contestable, s'il s'agissait de débattre les énonciations d'un procès-verbal faisant foi jusqu'à inscription de faux. — Quoi qu'il en soit, il s'agissait, dans l'espèce ci-dessus, non pas de contester ou de détruire les énonciations du procès-verbal, mais, au contraire, de les compléter et de les éclaircir au moyen du témoignage de l'un des rédacteurs.

616. L'art. 18 du traité de commerce passé le 1er mai 1861 entre la France et la Belgique, d'après lequel l'origine nationale des produits importés de l'un de ces pays dans l'autre devra être établie soit par une déclaration officielle faite devant un magistrat siégeant au lieu de l'expédition, soit par un certificat du chef du service des douanes du bureau d'exportation, soit par un certificat des consuls ou agents consulaires du pays dans lequel l'importation doit être faite, n'attribue pas à ces déclarations ou certificats le caractère d'actes faisant foi jusqu'à inscription de faux. En conséquence, l'administration des douanes est recevable à contester la sincérité des déclarations ou certificats dont il s'agit, en ce qui concerne notamment la nationalité des marchandises auxquelles ils s'appliquent, selon les modes de vérification admis par la loi du pays d'importation et devant les tribunaux de ce pays. Et spécialement, les commissaires experts institués près du ministre du commerce par l'art. 19 de la loi du 27 juill. 1822, pour vérifier, en cas de contestation, l'espèce, l'origine ou la qualité des produits importés en France, sont compétents pour procéder à cette vérification, même à l'égard des marchandises dont l'origine est attestée par des certificats délivrés conformément à l'art. 18 du traité franco-belge, ce traité ayant laissé subsister les

---

ment les autres faits y rappelés; qu'en admettant, par pure hypothèse, que soit dans la totalité, soit dans certaines parties, le procès-verbal dont il s'agit ne fasse foi que jusqu'à preuve contraire, Rosiau ne fournit pas cette dernière preuve; — Que, dès lors, il faudrait toujours reconnaître, en ce cas même, que les faits y énoncés contiennent des présomptions tellement graves, précises et concordantes, qu'elles équivalent à la preuve que Rosiau est suffisamment convaincu d'avoir, le 1er févr. 1860, importé frauduleusement en France la quantité de 44 kilog. de tabac haché en paquets revêtus de vignettes étrangères; — Qu'il a ainsi commis le délit prévu et puni par les art. 41, 42 et 43 de la loi du 28 avr. 1816;

Par ces motifs; — Déclare Pierre-Louis-Joseph Rosiau suffisamment convaincu d'avoir, le 1er février dernier, importé frauduleusement en France la quantité de 44 kilog. de tabac haché en paquets revêtus de vignettes étrangères; et pour réparation, etc.

Du 5 mars 1860.-C. de Douai.

(1) (Administration des douanes C. Allaeys.) — Les sieurs Alphonse et Charles Allaeys ont été poursuivis en vertu d'un procès-verbal ainsi conçu : « Nous avons vu venir deux individus que nous avons parfaitement reconnus pour les nommés Allaeys Alphonse et Allaeys Charles demeurant à Wunmhaut, lesquels prirent la fuite en nous apercevant. Dans leur fuite ils ont abandonné sept kilog. de tabac à fumer ». Le sieur Allaeys Alphonse a prétendu qu'il y avait eu erreur de la part des employés; que ceux-ci n'avaient pu le reconnaître, attendu qu'il n'était pas sur les lieux, et il a demandé à établir son alibi. — Le 30 avril, jugement du tribunal correctionnel de Douai, ainsi conçu : « — Considérant que les procès-verbaux des préposés de l'administration des douanes ne font foi jusqu'à inscription de faux qu'à l'égard des faits matériels qu'ils constatent; que, dans l'espèce, la reconnaissance du prévenu Alphonse Allaeys, dans les conditions où elle a eu lieu et qui ont été révélées à l'audience de ce jour, par les préposés rédacteurs du procès-verbal, n'est qu'une opinion à eux personnelle qui ne saurait constituer un fait matériel suffisant par lui seul pour établir d'une manière positive l'identité du prévenu, indépendamment de toute appréciation purement intellectuelle de leur part, et que, dès lors, cette reconnaissance peut être combattue par la preuve contraire, et que, dans ces circonstances, il y a lieu d'ordonner la continuation des débats ; — Par ces motifs; — Continue l'affaire pour réentendre les témoins déjà entendus et ceux que les prévenus jugeront utile de faire assigner etc.» — De nouveaux témoins ont ensuite été entendus, et le 7 mai 1881, le tribunal a rendu au profit des prévenus, un jugement de relaxe ainsi conçu: — « Considérant qu'il y a doute dans l'esprit du tribunal sur l'identité d'Alponse Allaeys et que le doute profite dans tous les cas au prévenu ». — Appel par l'administration des douanes et par le procureur général. — Arrêt.

La cour ; — Attendu que les procès-verbaux réguliers des préposés des douanes font foi jusqu'à inscription de faux ; que la régularité du procès-verbal rédigé le 21 avr. 1881 par le brigadier Freté et le préposé Fleury n'est pas contestée; qu'il n'a pas, du reste, été attaqué par la voie de l'inscription de faux ; qu'il constate en termes exprès que lesdits Freté et Fleury ont parfaitement reconnu le nommé Allaeys Alphonse comme l'un des deux individus qui ont fui devant eux, chargés de tabac étranger, qu'ils n'ont pas tardé à abandonner; que c'est donc à tort que les premiers juges ont ordonné un avant-faire droit pour vérifier le mérite d'un alibi invoqué par ce prévenu; qu'ils devaient, au contraire, sur la foi du procès-verbal dont s'agit, le déclarer convaincu d'avoir, le 21 avr. 1881, importé frauduleusement en France, par la frontière de terre, avec Charles Allaeys, son frère, sept kilog. de tabac étranger; — Attendu que le tabac étranger est prohibé, etc.

Du 5 juill. 1881.-C. de Douai.-MM. Bottin, pr.-de Vaulx d'Achy, av. gén., Maillard, av.

(2) (Mina Otto et Emilie Held.) — Le tribunal;... — Attendu, quant au moyen de nullité dirigé contre le premier jugement, que les faits articulés devant le premier juge et articulés de rechef en appel sous la forme de conclusion subsidiaire, étaient des moyens de défense indépendants de la foi due au procès-verbal; que le juge de paix a erré dans les motifs de son débouté; qu'il reste à examiner les faits et le premier jugement attaqué sous le point de vue de la pertinence, examen qui se lie au fond;

Attendu que, du rapport de l'inspection des châles déposé sur le bureau et des réponses fournies à l'audience par les deux appelantes, résulte la preuve complète que lesdits châles ne peuvent être considérés comme étant de ces effets à l'usage des voyageurs, exceptés du payement des droits par la loi du 2 juill. 1836, à la charge toutefois d'une déclaration préalable à la visite; la valeur notable de ces châles, objets neufs, l'heure du voyage, le choix de la voiture publique où ces cachemires étaient exposés à tous les genres de contact, le but du voyage qui aurait été de passer un jour chez un parent à Rouxwiller qu'on ne peut nommer, le faux nom indiqué à la douane par l'une des jeunes filles, les indications mensongères ajoutées à ce premier mensonge, le nom d'Otto porté par l'autre appelante, l'énigme d'un premier séjour que l'on devait faire dans une petite hôtellerie de la rue du Maroquin, dont on ne donne non plus ni l'enseigne ni le nom, sont autant de circonstances constituant la preuve complète de la fraude établie dans le second jugement;...

Par ces motifs, le tribunal;... — Déclare l'appel mal fondé, etc.

Du 20 nov. 1852.-Trib. civ. de Strasbourg.

moyens de contrôle organisés en matière de douanes (Civ. cass. 9 août 1864, aff. Preux, D. P. 64. 1. 256).

617. On a cité au *Rép.* nº 875 des décisions de la jurisprudence interprétant le principe de la foi due aux procès-verbaux des préposés des douanes, et indiquant, notamment, que les procès-verbaux ne font foi que des faits matériels qu'ils constatent ; que la même force n'est pas attachée aux opinions émises par les préposés. Depuis, il a été jugé en ce sens que les procès-verbaux des préposés des douanes ne font foi jusqu'à inscription de faux que des faits matériels par eux constatés, et non de ceux que ces préposés n'énoncent que par induction et qui ne peuvent être que l'expression d'une simple opinion ; qu'ainsi le procès-verbal de saisie d'un bâtiment de contrebande louvoyant dans le rayon des côtes, qui énonce que l'état de la mer au large, c'est-à-dire au delà de quatre lieues, n'était pas tel que le bâtiment saisi ait été obligé, par force majeure, de se rapprocher de la côte, ne fait pas foi de cet état de la mer jusqu'à inscription de faux, et peut, dès lors, être combattu par la preuve contraire (Civ. rej. 28 janv. 1851, aff. Py, D. P. 51. 1. 90. V. aussi Douai, 5 juill. 1881, *suprà*, nº 613).

618. En ce qui concerne l'espèce des marchandises saisies, la plus grande latitude est laissée aux prévenus pour contester l'exactitude des énonciations du procès-verbal, lorsqu'il s'agit de produits dont l'espèce, l'origine ou la qualité peuvent donner lieu à des doutes ou à des difficultés. Les lois du 22 juill. 1822 et du 7 mai 1881 leur permettent, en effet, de soumettre les marchandises à des commisaires experts établis près du ministère du commerce. Mais, lorsqu'aucun doute ne peut s'élever sur la nature et l'origine de l'objet saisi, l'indication faite par les préposés dans le procès-verbal doit être considérée comme une constatation matérielle contre laquelle aucune preuve ne peut être admise, et le juge doit se refuser à ordonner l'expertise (Thibault, *op. cit.*, p. 255).

619. Sur la foi due aux procès-verbaux, notamment en ce qui touche les aveux et déclarations des prévenus, V. *Procès-verbal;* — *Rép.* eod. vº, nºs 355 et suiv. ; Faustin Hélie, *op. cit.*; t. 3, p. 420. — V. également pour tout ce qui concerne la forme des procès-verbaux en matière de douane, vº *Procès-verbal;* — *Rép.* eod. vº, nºs 307 et suiv.

620. La jurisprudence, ainsi qu'on l'a vu au *Rép.* nº 876, a posé en principe que la preuve des contraventions de douanes du ressort des juges de paix ne peut résulter que d'un procès-verbal régulier. A défaut de procès-verbal régulier, il n'y a pas lieu à l'admission de la preuve testimoniale. Le prévenu doit être acquitté. Cette théorie est combattue par M. Thibault, *op. cit.*, p. 173 et suiv. « Nous ne nous bornerons pas à soutenir, dit cet auteur, que l'Administration est fondée à poursuivre, en l'absence de procès-verbaux de saisie, les faits de contrebande qui sont de la compétence des tribunaux correctionnels ; nous nous attacherons à démontrer qu'elle a le même droit à l'égard des simples fraudes dont la connaissance appartient aux juges de paix. On chercherait, en effet, vainement, dans toutes les lois concernant les douanes un texte sur lequel puisse s'appuyer cette maxime inconnue dans l'ancien droit : « Pas de procès-verbal, pas d'action ». Merlin, qui paraît en être l'auteur, et ceux qui l'ont répétée après lui, se sont appliqués à en préciser le sens ; mais personne n'a songé à la justifier. On s'est contenté de la formule dont la consonnance a eu l'avantage de rappeler une autre formule bien connue : « Pas d'intérêt, pas d'action ». Nous serions donc fondés à rejeter sans discussion cette prétendue règle. Mais le silence des textes n'est pas le seul argument que nous songions à lui opposer. Il existe dans les lois postérieures à la Révolution, lois dans lesquelles elle devrait trouver son origine, des dispositions avec lesquelles il est impossible de la concilier. La première de ces dispositions est écrite dans la loi du 17 juill. 1791 « relative aux armements des vaisseaux destinés pour le commerce des îles et colonies françaises ». Les art. 2 et 18 de cette loi sont ainsi conçus: « Art. 2. Les négociants qui armeront des navires pour les colonies françaises, feront, avant de les mettre en charge, au tribunal qui remplacera celui d'amirauté, et dont ils relèveront, leurs soumissions cautionnées par lesquelles ils s'obligeront, sous peine de 40 livres d'amende par tonneau de contenance, de faire directement le retour desdits bâtiments dans un port du royaume et sans toucher à l'étranger, hors le cas de relâche forcée, de naufrage ou autres accidents. — Art. 18. Les soumissions fournies en exécution de l'art. 2 pour assurer le retour dans le royaume des navires expédiés dans les colonies, seront annulées sur le certificat des commis du port où le retour aura été effectué, ou sur la représentation d'un procès-verbal justificatif de l'impossibilité du retour, et encore dans le cas où il serait légalement justifié que le bâtiment aurait été vendu dans les colonies. A défaut de rapport de l'une desdites pièces, ou s'il y avait preuve que le navire eût touché à l'étranger sans y être forcé, le régisseur poursuivra contre le soumissionnaire la condamnation en l'amende de 40 livres par tonneau portée par ledit art. 2, laquelle sera prononcée par le tribunal du district du lieu où la soumission aura été faite. — L'infraction prévue pour ce dernier article n'est évidemment pas de celles dont la constatation puisse résulter d'un procès-verbal ; elle ne pourrait donc, pour nous servir de l'expression que l'ordonnance de 1687 oppose au mot action, être poursuivie « pour saisie ». La procédure par voie de contrainte lui était également inapplicable, car elle était alors réservée aux réclamations portant exclusivement sur le payement des droits. Le régisseur à qui la loi prescrivait, d'une façon impérative, de porter sa demande devant le tribunal de district, ne pouvait dès lors agir que suivant les règles du droit commun, c'est-à-dire au moyen d'une citation non précédée d'un procès-verbal. Le second texte qui nous paraît inconciliable avec la règle formulée par Merlin est un article de la grande loi des 6-22 août 1791 que l'on désigne sous le nom de « code des douanes ». Les actions civiles relatives à la perception des droits de douane, dit l'art. 3 du tit. 11 de cette loi, seront instruites et jugées dans la forme prescrite par l'art. 2 du tit. 14 du décret des 6-7 septembre dernier, et on se conformera, *pour celles concernant tous autres objets que la perception des droits*, et notamment les saisies, ainsi que pour les procédures extraordinaires, à ce qui est ou sera prescrit par les lois générales du royaume. Cet article règle la manière de procéder dans toutes les affaires dans lesquelles l'administration des douanes peut être partie. Les affaires dont il s'agit se divisent en deux catégories : 1º celles qui sont poursuivies civilement ; 2º celles qui donnent lieu à des procédures criminelles. Les premières se subdivisent elles-mêmes en affaires « relatives à la perception des droits » et en affaires « concernant tous autres objets que la perception des droits et (ajoute la loi) notamment les saisies ». Or, les actions engagées à la suite de saisies auraient constitué, à elles seules, toute la classe des actions civiles autres que celles relatives au payement des droits, si les contraventions n'avaient pu être poursuivies qu'au vu de procès-verbaux. Nous estimons donc que les rédacteurs de la loi des 6-22 août 1791 sont restés fidèles à la règle écrite dans l'art. 8 du tit. 12 de l'ordonnance de 1687 et en vertu de laquelle la fraude pouvait être poursuivie « civilement, par saisie ou par action ».

621. Lorsqu'il s'agit d'un délit de compétence correctionnelle, l'Administration et le ministère public peuvent, en cas de nullité et même à défaut d'un procès-verbal, être admis à faire, par les voies que le droit commun autorise, la preuve des faits de fraude et de contrebande qu'ils dénoncent à la justice ; et ces faits, une fois prouvés, les tribunaux ne sauraient se dispenser d'appliquer aux contrevenants, indépendamment de la confiscation des marchandises, les peines pécuniaires et corporelles que comporte le délit d'après les lois de la matière (Décr. 8 mars 1811, art. 1er) (*Rép.* nºs 877 et 878). Il a été jugé qu'un fait de contrebande constaté par un procès-verbal irrégulier, ou à l'égard duquel il n'existerait pas de procès-verbal, peut être établi par tous les modes de preuve qu'autorise le droit commun ; et la répression de ce fait n'est pas bornée, en cas pareil, à la confiscation des marchandises saisies, mais consiste également dans l'application des pénalités édictées (Crim. rej. 29 janv. 1851, aff. Jean, D. P. 52. 5. 219) ; — Qu'en cas de nullité pour défaut d'affirmation du procès-verbal constatant une introduction frauduleuse de marchandises en France, il peut être suppléé au procès-verbal nul par tout autre mode de preuve autorisé par le droit commun, et notamment par l'aveu du prévenu, et cela qu'il s'agisse de marchandises prohibées ou simplement tarifées (Crim. rej.

19 mars 1870) (1). — Jugé encore que l'administration des douanes, poursuivant devant le tribunal correctionnel un délit de contrebande, n'est pas nécessairement obligée de baser sa poursuite sur un procès-verbal régulier, et peut, aux termes de l'art. 1er du décret du 8 mars 1811, non abrogé par les lois postérieures, suppléer ce procès-verbal par tous les modes de preuve que la loi autorise (Crim. rej. 26 févr. 1887, aff. Dailly, D. P. 88. 1. 42). « Il n'est pas douteux, a dit M. le conseiller Vételay, dans son rapport sur cette affaire, qu'en matière de douanes et de délits de contrebande, toute introduction de marchandises frauduleuses, de quelque manière qu'elle soit constatée, et même à défaut ou en cas de nullité du procès-verbal, rend le détenteur passible des peines déterminées par les lois et règlements. Il est vrai qu'aux termes de l'art. 23, tit. 10, de la loi des 6-22 août 1791, l'inobservation des formalités prescrites pour les procès-verbaux des douanes devait entraîner la nullité, tant des procès-verbaux que des saisies et que, dans ce cas, il y avait lieu d'ordonner la confiscation des marchandises prohibées, sans que la peine d'amende pût être prononcée. Mais ce texte a été abrogé par la disposition expresse de l'art. 1er du décret du 8 mars 1811, d'après lequel la preuve de l'introduction frauduleuse de marchandises prohibées peut être faite par toutes les voies de droit, et cette dernière disposition qui n'a été modifiée par aucune des lois postérieures concernant les douanes, n'a pas cessé d'être en vigueur.

622. Les procès-verbaux rédigés par les préposés pour constater l'opposition mise à l'exercice de leurs fonctions, mais sans voies de fait, porte le *Recueil méthodique*, nos 18 et 19, doivent être revêtus de toutes les formes légales ; ils font foi jusqu'à inscription de faux, comme tous ceux qui sont rédigés en matière de douanes (V. *suprà*, nos 613 et suiv.). La citation qu'ils contiennent ajourne le prévenu à comparaître dans les vingt-quatre heures devant le juge de paix compétent (L. 4 germ. an 2, tit. 4, art. 2; Circ. n° 1712, anc. sér.). Si le procès-verbal constate des actes de rébellion et des voies de fait, il est assimilé à une simple plainte, comme visant un délit de droit commun, et il doit être remis au procureur de la République qui poursuit les prévenus et provoque contre eux l'application des peines portées par le code pénal (L. 4 germ. an 2, tit. 4, art. 2, *in fine*). Le tribunal correctionnel statue alors et principalement sur la répression du délit de rébellion et accessoirement sur les conclusions déposées par l'Administration, partie civile, en vue de faire prononcer, à titre de dommages-intérêts, l'amende individuelle de 500 fr. édictée par les lois de 1791 et de l'an 2 pour trouble et opposition à l'exercice des fonctions des préposés. En pareil cas, la preuve peut se faire par toutes les voies de droit commun, sans qu'il soit nécessaire de produire un procès-verbal régulier, même pour le fait d'opposition, attendu qu'en faisant, au profit de la partie publique, la preuve du délit de rébellion, le ministère public fait nécessairement en même temps la preuve de l'opposition au profit de la partie civile. Toutefois, afin d'éviter toutes difficultés et de prévenir tout mécompte, l'Administration a toujours recommandé de constater par un procès-verbal régulier les doubles infractions dont il s'agit (voies de fait et opposition). Les faits de violences, résistance et rébellion, sont-ils bien caractérisés et tels qu'il n'y ait pas de doute sur la poursuite et la condamnation, la juridiction correctionnelle doit être immédiatement saisie; et le procès-verbal permet alors de réclamer au tribunal l'application au prévenu, indépendamment des peines portées au code pénal pour les faits de violences, de l'amende de 500 fr. édictée pour opposition par les lois de l'an 2 et de 1791. Les faits de violences ne sont-ils pas assez nets, assez caractérisés, pour qu'il y ait certitude de voir suivre le parquet et d'obtenir une condamnation devant le tribunal correctionnel, la contravention doit être portée tout d'abord devant le juge de paix qui prononce l'amende pour opposition, sauf ensuite à envoyer, après condamnation, une copie du procès-verbal au parquet, à titre de plainte.

623. Lorsque l'action de l'administration des douanes, tendant à faire prononcer, à titre de réparation civile, l'amende édictée par les lois des 6-22 août 1791, 4 germ. an 2 pour trouble ou opposition à l'exercice des préposés est portée devant le juge de paix, la preuve ne peut être faite que par un procès-verbal régulier ; ce procès-verbal est impérieusement exigé par la loi. C'est une application de la règle générale rappelée *suprà*, n° 620. Mais il n'en est plus ainsi, quand cette même action se produit devant une juridiction répressive, comme accessoire de l'action publique. S'il y a eu des voies de fait constituant un délit, le tribunal correctionnel prononce sur la répression du délit et accessoirement sur la demande à fin civile de l'Administration, et la preuve alors peut être faite conformément au droit commun (Crim. cass. 28 févr. 1874) (2).

624. Les procès-verbaux constatant que des préposés ont

(1) (Douanes C. D...) — LA COUR; — Sur le moyen pris de la violation de l'art. 23 de la loi du 22 août 1791, et de la fausse application de l'art. 1er du décret du 8 mars 1811, en ce que le demandeur a été condamné à l'emprisonnement et à l'amende sur le vu d'un procès-verbal nul pour défaut d'affirmation régulière : — Attendu que si, aux termes de l'art. 23 de la loi du 22 août 1791, combiné avec l'art. 18 de la même loi, le défaut d'affirmation entraînait la nullité du procès-verbal, et, par suite, de la saisie, il a été dérogé à cette dernière disposition par l'art. 1er du décret du 18 mars 1811 ainsi conçu : « Toute introduction de marchandises prohibées de quelque manière qu'elle soit constatée, et même à défaut ou en cas de nullité du procès-verbal, sera, indépendamment de la confiscation, punie des peines déterminées par les lois et règlements, et, quant à l'amende, dans tous les cas, elle sera triple de la valeur des objets saisis ; » — Attendu qu'il a été soutenu, il est vrai, que cet article, ne s'appliquant qu'à l'introduction des marchandises prohibées, laisse sous l'empire de l'art. 23 de la loi du 22 août 1791 les marchandises simplement tarifées ;

Mais attendu que de l'art. 38 et de l'art. 20 de la loi du 28 avr. 1816 combinés, il résulte que les marchandises dont le droit d'entrée est fixé à plus de 20 fr. par 100 kilog. ne peuvent être importées en France que par certains ports et certains bureaux dont l'art. 20 contient la nomenclature ; — Qu'aux termes de l'art. 22 du décret, portant promulgation du traité de commerce avec la Suisse, du 30 juin 1864, les tissus purs ou mélangés, taxés à la valeur, ne peuvent être importés que par les bureaux actuellement ouverts ; — Qu'aucun bureau n'est ouvert sur la partie du rayon frontière du département du Doubs, où s'est produit le fait objet des poursuites ; qu'en fait, les marchandises saisies l'ont été dans le département du Doubs sur le rayon frontière, et avant leur introduction dans l'intérieur du territoire ; que, dans cette situation, la prohibition relative devait produire le même effet, relativement à la constatation, que la prohibition absolue, et que l'art. 1er du décret du 8 mars 1811 lui étant applicable, la preuve de la contravention a pu conséquemment être faite par tous les modes de preuve autorisés aux termes du droit commun ;

Sur le second moyen, pris d'un prétendu excès de pouvoir et de la violation du même art. 23 de la loi de 1791, en ce que les faits de contrebande auraient été constatés par des agents qui n'en avaient pas été témoins : — Attendu que le procès-verbal, qui n'a été critiqué ni en première instance, ni en appel, et qui avait été rédigé par des agents de douanes et des employés des contributions indirectes, a pu être suppléé, comme on l'a vu par ce qui précède, par tout autre genre de preuve, notamment par l'aveu du prévenu; que cet aveu est constaté à la fois par le jugement et par l'arrêt ; d'où il suit que la condamnation repose sur une base légale ;...

Par ces motifs, rejette, etc.

Du 19 mars 1870.-Ch. crim.

(2) (Dominique.) — LA COUR; — Attendu, en fait, que la cour d'appel de Nancy était saisie tout à la fois de la poursuite dirigée par le ministère public contre Villier père pour délit d'outrage et de voies de fait envers un receveur des douanes dans l'exercice et à l'occasion de l'exercice de ses fonctions, et aussi des conclusions de l'administration des douanes, partie civile, tendant à la condamnation dudit Villier père en l'amende spéciale de 500 fr.;

Attendu, en droit, que l'amende de 500 fr. prononcée par les lois des 22 août 1791 et 4 germ. an 2 pour trouble ou opposition à l'exercice des préposés des douanes n'a point le caractère d'une peine proprement dite, et doit être considérée comme une réparation civile; que, si la connaissance des faits de trouble ou d'opposition à l'exercice est attribuée, en principe général, aux juges de paix, il en est différemment lorsque lesdits faits ont été accompagnés de violences ou de voies de fait qui leur impriment la qualification de crime ou de délit; qu'ils doivent être alors, selon les circonstances, déférés aux cours d'assises ou aux tribunaux correctionnels; que, dans ce cas, l'action publique et l'action civile qui en est alors l'accessoire et qui compète à l'administration des douanes, se rattachant aux mêmes faits, peuvent être poursuivies en même temps et devant les mêmes juges;

Attendu que l'arrêt attaqué n'a pas méconnu ces principes de compétence, mais qu'il a repoussé les conclusions de l'adminis-

été injuriés ou troublés dans l'exercice de leurs fonctions, dit M. Thibault, *op. cit.*, p. 259, font foi jusqu'à inscription de faux en ce qui concerne l'amende de 500 fr. édictée par les lois de douane (L. 6-22 août 1791, tit. 13, art. 14; 4 germ. an 2, tit. 14, art. 2). Il ne s'agit, en effet, dans ce cas, que de la poursuite d'une contravention à des lois de douane. Si le procès-verbal sert, au contraire, de base à une action du ministère public tendant à l'application de peines correctionnelles ou criminelles, cet acte n'est considéré que comme une plainte, et les prévenus peuvent lui opposer la preuve testimoniale. Cette disctintion nous semble parfaitement juridique.

625. Lorsqu'une information a été ouverte à la suite d'une inscription en faux contre un procès-verbal admise par jugement, l'ordonnance de non-lieu qui intervient et déclare simplement qu'il n'existe point de charges suffisantes et qu'il n'y a pas lieu de suivre contre les inculpés, ne prononce rien, ni formellement, ni d'une manière implicite, sur le procès-verbal; elle ne met point, dès lors, obstacle à ce qu'il soit instruit sur les moyens de faux admis par le précédent jugement. Il en est ainsi surtout lorsque l'ordonnance de non-lieu écarte seulement la pensée que les rédacteurs du procès-verbal aient de mauvaise foi énoncé et rapporté des faits faux, et constate qu'ils ont dû se tromper sur quelques-unes des circonstances que le procès-verbal énonce (Bordeaux, 26 déc. 1878, aff. Laplace, D. P. 81. 1. 144). — Jugé, conformément à cette doctrine, que la fausseté d'une pièce pouvant être le résultat d'une erreur aussi bien que d'un crime, il en résulte que l'ordonnance de non-lieu dans laquelle un juge d'instruction saisi de l'inculpation de faux, s'est borné à nier l'existence du crime, ne met pas obstacle à ce qu'il soit ensuite démontré qu'une erreur a été la cause de la fausseté de la pièce incriminée ; que spécialement, le prévenu qui s'est inscrit en faux contre un procès-verbal et dont les moyens de faux ont été déclarés pertinents et admissibles par la juridiction répressive saisie de l'action principale, doit être admis à suivre devant cette juridiction la procédure de faux incident, lorsque l'information criminelle a été close sans que le magistrat qui y a procédé se soit expliqué sur la vérité ou la fausseté du document argué de faux. C'est l'application d'une règle générale qui intéresse essentiellement le droit de la défense, et qui doit recevoir son application en toute matière, à moins d'une exception formelle expressément établie par une loi spéciale. Et l'administration des douanes objecterait vainement que les règles particulières établies par la législation spéciale relative aux douanes, en ce qui concerne l'inscription de faux contre les procès-verbaux des agents de cette administration, se rapportant exclusivement à la procédure de faux principal, ne comportent pas l'admission, en cette matière, de la procédure de faux incident (Crim. cass. 25 juin 1881, aff. Carrier, D. P. 81. 1. 444. V. *ibid.* le rapport de M. le conseiller Gast sur cette affaire). En présence de la doctrine consacrée par l'arrêt précité, l'administration des douanes conseille à ses agents, dans chaque affaire où se produira un incident de l'espèce, d'intervenir auprès du juge d'instruction pour qu'il examine, en outre de la culpabilité, la matérialité du fait de fraude, et pour qu'il se prononce sur cette matérialité (*Documents lithographiés*, n° 261, note sur l'arrêt précité du 25 juin 1881).

626. Les acquits-à-caution délivrés par l'administration des douanes et les certificats de décharge de ces acquits-à-caution sont des actes publics et authentiques qui font foi jusqu'à inscription de faux (Civ. rej. 29 janv. 1856, aff. Badin, D. P. 56. 1. 104). Jugé, spécialement, que la mention, sur le certificat de décharge d'un acquit-à-caution, délivré par le préposé des douanes, du *vu embarquer, vu passer à l'étranger*, fait foi jusqu'à inscription de faux de l'expédition des marchandises à laquelle elle se rapporte, et que, dès lors, la Régie ne peut demander à prouver par témoins ou par tous autres documents que le certificat de décharge a été obtenu à l'aide de manœuvres dolosives pour une expédition non réellement faite (Même arrêt).

CHAP. 18. — De la compétence (*Rép.* nos 879 à 921).

SECT. 1re. — DE LA COMPÉTENCE EN GÉNÉRAL (*Rép.* nos 879 à 888).

627. On a exposé au *Rép.* nos 879 et suiv. que, malgré les restrictions apportées par diverses lois, et notamment par les lois du 28 avr. 1816 et du 21 avr. 1818 aux attributions des juges de paix, ces magistrats sont restés les juges ordinaires, en matière de douanes. Nous avons dit *suprà*, n° 518, que la loi du 2 juin 1875 (D.P. 76. 4. 1), dans le but de fortifier la législation pénale en matière de douanes et d'atteindre d'une manière plus efficace certains procédés de fraude, a attribué à la juridiction correctionnelle la connaissance d'un certain nombre d'actes de fraude qui constituaient antérieurement de simples contraventions.

628. Le *Recueil méthodique des lois et règlements sur la procédure contentieuse des douanes* fixe ainsi qu'il suit l'étendue de la compétence des juges de paix. Les tribunaux de paix connaissent en première instance : 1° de toutes les contraventions de douanes, c'est-à-dire de toutes les infractions aux lois de douanes qui ne donnent ouverture qu'à la confiscation et à l'amende (saisies qui n'entraînent pas l'arrestation des prévenus pour l'application de peines corporelles; affaires relatives aux oppositions ou troubles à l'exercice des fonctions des préposés, avec ou sans injures, mais quand elles ne sont pas accompagnées de voies de fait) ; — 2° De toutes les contestations concernant le refus de payer les droits, du non-rapport des acquits-à-caution, à la condition que le débat ne portera pas sur l'espèce, la qualité, l'origine ou la valeur de la marchandise, auquel cas les commissaires experts sont seuls appelés à statuer. (L. 5 août 1810 ; 27 juill. 1822 ; 7 mai 1881) ; — 3° Des actions en responsabilité ayant leur cause dans un refus de fonctions ou dans une saisie mal fondée, ou dans une visite à domicile sans résultat (L. 6-22 août 1791, art. 2, tit. 11 ; 19, tit. 13 ; 40, tit. 13 ; 14 fruct. an 3, art. 10; 9 flor. an 7, art. 16) ; — 4° De toutes les autres affaires relatives aux douanes (contraventions à l'acte de navigation, aux lois sur le cabotage, le transit, les entrepôts, les réexportations, les primes, etc., et les affaires se rattachant aux faillites dans lesquelles l'Administration se trouve intéressée, etc.) (L. 14 fruct. an 3, art. 10; 9 flor. an 7, tit. 4, art. 6 ; 27 mars 1817, art. 14 et 15).

Les juges de paix sont également seuls compétents, sauf appel s'il y a lieu, pour connaître des contraventions à la loi du 24 avr. 1806 sur l'impôt du sel, et aux lois, ordonnances et décrets qui en sont le corollaire, toutes les fois que les contrevenants ne sont ni en récidive, ni au nombre de trois et plus (L. 17 déc. 1814, tit. 4, art. 29). — Ils sont compétents pour viser et rendre exécutoires les contraintes décernées, dans les cas où ce mode de procédure est autorisé par la loi (L. 6-22 août 1791, tit. 13, art. 32, modifié par l'art. 10 de la loi du 14 fruct. an 3).

629. Il a été décidé que le juge de paix est compétent,

---

tration des douanes par le motif que, si la juridiction correctionnelle avait dû être substituée dans l'espèce à celle du juge de paix, cette substitution d'une juridiction à une autre n'apporterait aucun changement dans les moyens de preuve exigés de la partie civile, et que, cette partie ne rapportant pas un procès-verbal régulier, dressé conformément aux prescriptions des art. 1er et suiv. de la loi du 9 flor. an 7, le fait de trouble ou d'opposition à l'exercice manquerait de constatation légale;

Attendu que, si le procès-verbal dressé conformément aux règles tracées par la loi de floréal an 7 est impérieusement exigé lorsque l'action des douanes est directement portée devant la justice de paix, il n'en est plus ainsi quand cette même action se produit devant une juridiction répressive, comme accessoire de l'action publique; que, dans ce cas, lorsqu'au point de vue de l'action publique la preuve des faits poursuivis est faite suivant les modes du droit commun, cette même preuve est nécessairement faite au profit de l'action civile portée accessoirement devant les mêmes juges, et qui, par l'effet de cette preuve, se trouve justifiée; d'où il suit qu'en faisant une distinction arbitraire entre les modes de preuve afférents aux deux actions simultanément portées devant les mêmes juges, et en se refusant à prononcer l'amende à laquelle avait conclu l'administration des douanes, l'arrêt attaqué à tout à la fois faussement appliqué les art. 1er et suiv. de la loi du 9 flor. an 7, et violé les art. 14, tit. 13, de la loi du 22 août 1791, et 2, tit. 4 de la loi du 4 germ. an 2;

Par ces motifs, casse et annule l'arrêt rendu le 9 juill. 1873 par la chambre des appels de police correctionnelle de la cour de Nancy.

Du 28 févr. 1874.-Ch. crim.

aux termes de l'art. 10 de la loi du 14 fruct. an 3, pour connaître de toutes les affaires relatives aux douanes ; et notamment de l'action tendant à déclarer une personne civilement responsable de condamnations prononcées contre son domestique pour délit de contrebande (Trib. Pontarlier, 17 avr. 1877) (1).

Mais le juge de paix cesse d'être compétent, et le droit commun reprend son empire, lorsque l'action dirigée soit par l'administration des douanes, soit contre elle, n'est pas relative à l'application des lois sur les douanes. Il a été jugé avec raison qu'une demande en dommages-intérêts par application de l'art. 1382 c. civ., à raison de détériorations causées par la négligence de l'administration à des marchandises retenues par elle, doit être portée, non devant la justice de paix, mais devant le tribunal civil (Paris, 27 juin 1862 (2) ; conf. Ruben de Couder, *Dictionnaire de droit commercial*, v° *Douane*, n° 79).

630. On a dit au *Rép.* n° 910 que le juge de paix serait, au contraire, compétent si l'action en dommages-intérêts avait pour base une violation des lois que l'administration des douanes est chargée de faire exécuter, par exemple, un empêchement apporté à un fait d'exportation. — Jugé aussi que l'action ayant pour objet la restitution d'une somme consignée entre les mains du receveur principal des douanes en garantie d'une transaction est de la compétence des tribunaux ordinaires, dans les termes du droit commun (Douai, 1er déc. 1871) (3).

631. On a expliqué au *Rép.* nos 880 et 937 que la loi du 14 fruct. an 3, art. 10, qui établit les deux degrés de juridiction en matière de douanes, n'a pas été modifiée par la loi de 1838, qui n'est relative qu'à la compétence des juges de paix en matière civile. Cette doctrine a été consacrée par la jurisprudence. Il a été jugé que la loi du 14 fruct. an 3, art. 10, et celle du 9 flor. an 7, tit. 4, art. 14, assurent aux parties deux degrés de juridiction, quelle que soit la valeur du litige; qu'ainsi une demande en restitution de droits, si minime que soit la somme réclamée, peut toujours être portée en appel devant le tribunal civil (Req. 8 mars 1887, aff. Deville, D. P. 87. 1. 448. V. aussi Rousseau et Laisney, *Dictionnaire de procédure civile*, v° *Compétence des tribunaux de paix*, n° 639 ; Bioche, *Dictionnaire des juges de paix*, v° *Douanes*, n° 14; Dujardin-Sailly, *Code des douanes*, p. 587. V. aussi Trib. Saint-Dié, 14 févr. 1879, *infra*, n° 652).

632. L'administration des douanes peut renoncer à la compétence établie à son égard par les lois spéciales. Il a été jugé que l'exception d'incompétence fondée sur ce qu'une action dirigée contre l'administration des douanes devant un tribunal civil aurait dû être portée devant le juge de paix ne peut être opposée par le cessionnaire de cette administration également mis en cause, alors que l'administration cédante ne l'a pas invoquée (Req. 13 avr. 1859, aff. Trône, D. P. 59. 1. 417). Mais l'exception d'incompétence peut, à notre avis, être soulevée par la partie poursuivie, qui est

(1) (Dame Jouille.) — LE TRIBUNAL; — Attendu que l'administration des douanes a interjeté appel d'un jugement rendu par M. le juge de paix du canton de Pontarlier en date du 3 févr. 1877, par lequel ce magistrat s'est déclaré incompétent pour statuer sur la demande intentée par ladite administration contre la dame veuve Jouille, défenderesse, assignée comme civilement responsable des condamnations prononcées contre un sieur Hirschy, condamné à l'amende et à l'emprisonnement pour délit de contrebande ; — Attendu qu'aux termes de l'art. 10 de la loi du 14 fruct. an 3, le juge de paix est compétent pour connaître de toutes les affaires relatives aux douanes, et qu'il n'a été dérogé à cette disposition de la loi que pour les délits de contrebande entraînant une peine corporelle et ressortissant du tribunal correctionnel; — Attendu que l'action intentée par l'administration des douanes contre la veuve Jouille devant le juge de paix de Pontarlier est évidemment relative à une matière de douanes, et n'est que la conséquence du délit commis par son domestique; que, dès lors, le premier juge était compétent pour en connaître;

Par ces motifs, le tribunal reçoit l'administration des douanes appelante du jugement rendu dans la cause entre les parties par M. le juge de paix du canton de Pontarlier le 3 février dernier ; — Emendant, dit qu'il a été mal jugé, bien et avec griefs appelé; — Dit que le juge de paix de Pontarlier était compétent pour statuer sur la demande de l'administration des douanes contre la veuve Jouille; — Renvoie les parties devant le juge de paix du canton pour plaider au fond, etc.

Du 17 avr. 1877.-Trib. civ. de Pontarlier.

(2) (Douanes et entrepôts généraux de Paris C. Collin.) — L'administration des douanes n'ayant pas accepté la déclaration faite à l'arrivée à Paris de marchandises expédiées d'Angleterre au sieur Collin, les avait fait déposer aux docks Napoléon, en attendant qu'il fût procédé à la vérification de la nature de ces marchandises et à la fixation des droits qu'elles auraient à acquitter. Les marchandises s'étant détériorées et un expert nommé en référé ayant attribué ce fait à la négligence des dépositaires, le sieur Collin a assigné l'administration des douanes et celle des docks Napoléon comme solidairement responsable du dommage qui lui était causé. Sur l'exception d'incompétence opposée par les deux administrations, le tribunal de la Seine a rendu le jugement suivant : — Attendu qu'en admettant qu'après avoir conclu au fond, elle soit recevable à opposer cette exception d'incompétence, il est constant que si l'art. 10 de la loi du 14 fruct. an 3 attribue compétence au juge de paix pour connaître en premier ressort de toutes affaires relatives aux douanes, cet article ne peut recevoir son application qu'à l'égard des contestations en matière de douane proprement dite, et que dans l'espèce, il ne s'agit pas d'un fait de douane, mais uniquement d'une question de responsabilité à raison d'un fait de négligence imputé par Collin à l'administration de la douane; — Que le tribunal est donc compétent pour connaître de la demande formée par Collin contre cette administration; — En ce qui touche les docks Napoléon... Appel de l'administration des douanes. — Arrêt.

LA COUR; — Considérant que dans la cause il ne s'agit pas d'une contestation relative à l'application des lois sur les douanes; qu'il ne s'agit pas non plus de l'exécution d'un contrat de dépôt et de commission entre commerçants; que Collin a actionné solidairement l'administration des douanes et l'administration des entrepôts généraux pour un fait imputé à faute par Collin, conjointement à ces deux administrations, fait ayant le caractère de quasi-délit et pour lequel Collin requiert l'application du droit civil commun et l'art. 1382 c. nap.; — Que Collin ne pouvait pour le fait dont il s'agit, imputé à la fois aux deux administrations, les citer l'une et l'autre, soit devant le juge de paix que l'administration des douanes réclame comme juge, soit devant le tribunal de commerce devant lequel l'administration des entrepôts généraux demande son renvoi, juge et tribunal auxquels la loi n'attribue que des compétences spéciales et restreintes; — Que, dans ces circonstances, sous tous les rapports, Collin a justement saisi le tribunal de la Seine, juge ordinaire et général pour tous les cas non expressément attribués aux juridictions spéciales et exceptionnelles;

Par ces motifs, confirme, etc.

Du 27 juin 1862.-C. de Paris, 3e ch.-MM. Perrot de Chézelles, pr.-Barbier, av. gén., c. conf.-Allou, V. Lefranc et Paillard de Villeneuve, av.

(3) (Administration des douanes C. Lefaucheux.) — Un sieur Lefaucheux, poursuivi par l'administration des douanes pour contrebande, a fait à l'administration, après sa condamnation, des propositions de transaction pour garantie desquelles il a consigné entre les mains du receveur principal une somme de 50000 fr.; mais ayant été, sur son appel, déchargé de toute condamnation, il a assigné l'administration des douanes devant le tribunal de Lille en restitution de la somme consignée. L'administration a opposé l'incompétence du tribunal civil, le juge de paix seul étant appelé à statuer en matière de douanes aux termes de l'art. 10 de la loi du 14 fruct. an 3. — Le 23 août 1870, jugement qui rejette ce déclinatoire et retient la cause dans les termes suivants : — « Attendu qu'en principe, c'est l'objet de l'action qui détermine la compétence; — Attendu que l'action de Lefaucheux contre l'administration des douanes, ainsi qu'en fait foi la citation, a pour unique objet la remise d'une somme par lui consignée ès mains du receveur principal des douanes en garantie d'une transaction alors poursuivie entre lui et cette administration, aux fins d'éteindre les condamnations pour faits de contrebande obtenues contre lui par jugement; — Attendu qu'en l'instance pendante il ne s'agit plus que pour mémoire de ce fait de contrebande judiciairement réglé, mais uniquement de la transaction dont il a été l'occasion, de la consignation exigée comme préliminaire de cette transaction, de la remise demandée de la somme consignée ; qu'à ces divers points de vue, qui se réfèrent à des matières de droit commun, la cause a été justement déférée au tribunal ordinaire; que la disposition exceptionnelle de l'art. 10 de la loi du 14 fruct. an 3 ne saurait régir l'espèce actuelle, ni motiver à un degré quelconque le déclinatoire proposé, ainsi d'ailleurs qu'une instruction de l'administration des douanes du 7 oct. 1809 l'établit péremptoirement. — Par ces motifs, se déclare compétent, etc. ». — Appel par l'administration des douanes. — Arrêt.

LA COUR; — Adoptant les motifs des premiers juges; — Confirme, etc.

Du 1er déc. 1871.-C. de Douai, 2e ch.-MM. de Guerne, pr.-Delamarre (du barreau de Paris) et Merlin, av.

en droit de réclamer la juridiction à qui la loi a confié le soin de juger les affaires de douane.

633. La cour de cassation a aussi décidé que si, dans des cas particuliers, l'administration des douanes peut traduire les contrevenants devant une autre juridiction que les juges de paix et requérir contre eux des condamnations plus sévères, les juges de paix, lorsque l'administration n'use pas de cette faculté, n'en sont pas moins compétents pour connaître de la contravention et appliquer les peines dans la limite de leur compétence (Req. 23 août 1836, *Rép.* n° 972-2°). Mais cette décision nous paraît contraire aux dispositions formelles des art. 41 et 48 de la loi de 1816, qui ordonnent de traduire devant les tribunaux correctionnels les individus prévenus d'importations frauduleuses de marchandises prohibées (V. en ce sens : Thibault, *op. cit.*, p. 219 et suiv.).

634. Dans le cas où des infractions aux lois des douanes ont été commises par des militaires ou des marins, les conseils de guerre ou les tribunaux maritimes ne sont pas compétents pour en connaître : ces infractions doivent être portées devant la juridiction ordinaire (C. just. milit., 9 juin 1857, art. 273, D. P. 57. 4. 115; C. just. mar. 4 juin 1858, art. 372, D. P. 58. 4. 90).

635. Bien que les juges de paix statuent comme juges civils en matière de douanes, il a été jugé que les contraventions aux règlements relatifs à la perception de la taxe sur les sels sont du domaine de la juridiction répressive du juge de paix, et que, par suite, les poursuites exercées en cette matière contre une femme mariée ne sont pas soumises à l'autorisation maritale ou de justice ; que, spécialement, cette autorisation n'est pas nécessaire en cas de poursuite exercée devant le juge de paix par l'administration des douanes contre une femme mariée, à fin de confiscation et d'amende, pour transport de sels sans déclaration préalable, dans le rayon déterminé par les art. 1er du décret du 11 juin 1806, et 2 du décret du 25 janv. 1807 (Civ. cass. 26 avr. 1865, aff. Gautier, D. P. 65. 1. 267). — Cette décision s'explique facilement. D'une part, la nature des condamnations ne découle pas nécessairement de la nature de la juridiction qui les a prononcées ; dans certains cas, les tribunaux civils appliquent des peines, non seulement d'amende, mais d'emprisonnement (c. civ. art. 309 ; c. instr. cr. art. 503, et 479 du même code combinés avec les art. 10 de la loi du 20 avr. 1810 et 4 du décret du 4 juill. 1810). D'autre part, on verra *infrà*, nos 687 et suiv., que la jurisprudence attribue aux amendes en matière de douanes, en même temps que l'effet d'une réparation civile, au moins à certains égards, un caractère de pénalité.

SECT. 2. — DE LA COMPÉTENCE SPÉCIALE DES JUGES DE PAIX (*Rép.* nos 889 à 910).

ART. 1er. — *De la compétence du juge de paix en ce qui concerne l'étendue de la juridiction et la perception des droits* (*Rép.* nos 889 à 899).

636. On a dit au *Rép.* nos 889 et suiv. que les difficultés qui s'élèvent sur la perception des droits, quelle que soit l'importance de l'intérêt engagé, rentrent dans la juridiction de la justice de paix dont la compétence s'étend à toutes les contestations civiles qui se rapportent aux douanes. — Il a été jugé que les demandes en restitution de droits de douane doivent être portées devant le juge de paix, et en appel, devant le tribunal civil (Req. 8 mars 1887, aff. Deville, D. P. 87. 1. 448).

637. Les tribunaux de commerce sont incompétents pour connaître des difficultés relatives au payement des droits de douane, alors même que le débat engagé porte sur le recouvrement de droits dus par un débiteur failli. Les contestations de ce genre doivent être portées devant le juge de paix, juridiction ordinaire en matière de douanes (Rennes, 26 janv. 1885) (1).

638. Les juges de paix connaissent des oppositions aux contraintes (V. *Rép.* n° 892; *suprà*, n° 602). Il a été décidé que le juge de paix a seul compétence, aux termes de l'art. 30 de la loi du 14 fruct. an 3, pour connaître des difficultés concernant les droits de douane ; qu'en conséquence, le tribunal saisi, au cours d'une procédure de saisie immobilière, d'une demande en nullité de la contrainte en vertu de laquelle l'administration des douanes poursuit cette saisie, doit se déclarer incompétent (Aix, 15 juill. 1872, aff. Clerc, D. P. 73. 2. 134).

639. La compétence du juge de paix est déterminée par le bureau dans lequel est déposée la marchandise saisie, à la condition que ce bureau soit le plus prochain du lieu de la saisie (*Rép.* nos 893 et suiv.). Il a été jugé que le tribunal compétent pour juger un délit de contrebande est celui dans l'arrondissement duquel est situé le bureau des douanes le plus voisin, où a été effectué le dépôt de la marchandise (Douai, 29 mars 1852) (2). Il importe peu que la saisie ait été faite dans le ressort d'une autre juridiction. — Décidé aussi que le juge de paix compétent pour apprécier la vérité ou la fausseté de la déclaration faite en Corse relativement à des marchandises devant être transportées en France, est celui dans le ressort duquel se trouve le bureau où la déclaration a été faite et où les marchandises ont été saisies, alors qu'il ne s'agit pas de la perception de droits de douane. Et, lorsqu'après le procès-verbal de saisie, les préposés des douanes ont, prélèvement fait d'un échantillon, offert au contrevenant mainlevée sous caution de cette saisie et que celui-ci a accepté, la marchandise doit être considérée néanmoins comme étant restée déposée au bureau où la saisie a été opérée, et, par suite, c'est au juge de paix du canton dudit bureau qu'il appartient de connaître de l'affaire (Civ. cass. 13 et 14 déc. 1881, deux arrêts, aff. Antoniotti, D. P. 83. 1. 21).

ART. 2. — *De la compétence du juge de paix en ce qui concerne les saisies* (*Rép.* nos 900 à 902).

640. La compétence des juges de paix, en matière de saisie, était assez étendue avant la loi du 2 juin 1875. On a expliqué au *Rép.* nos 900 et suiv. qu'elle embrassait : 1° toutes les saisies opérées dans les bureaux des côtes et frontières par suite de déclarations fausses de la part des détenteurs, ou de tentatives de fraudes découvertes par les employés ; 2° les saisies opérées par suite de tentatives de versements

(1) (X...) — LA COUR ; — Attendu que le décret du 14 fruct. an 3 défère à la juridiction du juge de paix les difficultés relatives au payement des droits de douanes et généralement toutes contestations en matière de douanes ; que le débat engagé porte sur le recouvrement de droits de douanes dus par un débiteur failli, et sur une prévention de subrogation au profit d'un tiers, subrogation qui aurait pour effet de restreindre et d'amoindrir l'exercice du privilège de l'administration des douanes ; que l'incompétence du tribunal de commerce vis-à-vis de cette administration est certaine et établie ; — Attendu que, s'il s'agissait d'un débat sur l'admission de X... au passif de la faillite, comme simple créancier chirographaire, la juridiction consulaire aurait seule pouvoir pour prononcer ; mais que X... n'a jamais demandé, même subsidiairement, son admission à la masse chirographaire ; — Que sa prétention originaire de figurer comme privilégié et subrogé à tous les droits de la douane est toujours demeurée telle ; que, dès lors, la question de savoir si X... sera admis au passif privilégié dépend de celle de savoir s'il est subrogé et lui est liée ; que l'effet direct et nécessaire de cette subrogation sera de restreindre l'exercice du privilège de la douane, agissant pour recouvrement de droits; — Qu'il s'agit donc bien, même par rapport à X..., de difficultés et contestations pour payement de droits en matière de douanes ; que son admission doit être réservée jusqu'à décision de la juridiction compétente sur l'existence de la subrogation ;

Par ces motifs, jugeant en matière sommaire ; — Infirme, etc.

Du 26 janv. 1885.-C. de Rennes.

(2) (Delplanque.) — LA COUR ;... — En ce qui touche l'exception d'incompétence présentée par le prévenu : — Attendu que, si le prévenu a été arrêté à Nomain, arrondissement de Douai, le tabac étranger dont il a été trouvé porteur dans le rayon frontière a été, conformément à la loi, déposé au bureau le plus voisin ; que c'est ce bureau qui déterminait le tribunal qui seul était compétent pour juger la contravention; que ce bureau étant situé dans l'arrondissement de Lille, c'est ce tribunal qui devait être saisi ;

Par ces motifs ; — La cour rejette le déclinatoire ; — Et, adoptant les motifs des premiers juges, confirme le jugement dont est appel, etc.

Du 29 mars 1852.-C. de Douai.

sur les côtes ou frontières. La jurisprudence tendait à élargir plutôt qu'à restreindre la compétence du juge de paix. Relativement aux saisies pratiquées dans les bureaux de douane frontière, la cour de cassation, rejetant le pourvoi formé contre un arrêt de la cour de Grenoble, du 10 févr. 1854 (aff. Rivière, D. P. 55. 5. 165), avait décidé qu'elles devaient, la règle étant ici générale et absolue, être toutes déférées au juge de paix (Crim. rej. 20 avr. 1854, aff. Rivière, D. P. 54. 5. 272); par là se trouvaient écartées les distinctions qu'on avait essayé d'établir entre le cas où les marchandises auraient été déclarées ou présentées spontanément aux agents de l'administration et celui où elles auraient été dissimulées et saisies sur le voyageur. — Relativement aux saisies de marchandises dans le rayon frontière de mer, la cour de cassation refusait de distinguer entre celles opérées à l'introduction ou dans l'enceinte d'un port de mer, et celles opérées en dehors avant tout versement sur un point de la côte. Il avait été jugé qu'en matière de contrebande par mer, la compétence attribuée au juge de paix pour connaître des importations simplement tentées, et notamment des saisies pratiquées à l'occasion des visites de douane, comprenait même les saisies opérées en dehors de l'enceinte des ports de commerce et dans l'étendue du rayon-frontière de mer, soumis à la surveillance de l'administration, sauf les cas exceptionnels spécifiés en l'art. 37 de la loi du 21 avr. 1818, où la tentative est, à raison de la gravité des faits, déférée par la loi à la juridiction correctionnelle comme l'importation consommée (Crim. rej. 23 févr. 1861, aff. Lecapelain, D. P. 61. 1. 191).

641. La loi du 2 juin 1875, comme on l'a dit *suprà*, n° 518, a considérablement restreint la compétence attribuée aux juges de paix par les lois de 1817 et de 1818. Elle a, en effet, attribué aux tribunaux correctionnels la connaissance: 1° de toutes les importations sans déclaration, par les bureaux de terre ou de mer, de marchandises prohibées ou imposées à plus de 20 fr. les 100 kilog. ou passibles de taxes de consommation intérieure; 2° de tout versement frauduleux ou de toute tentative de versement frauduleux des mêmes marchandises effectués soit dans l'enceinte des ports, soit sur les côtes, et, par conséquent, des saisies opérées à la suite de ces importations et de ces versements. — Le juge de paix n'a donc plus dans ses attributions que les introductions, les tentatives de versement et les saisies qui ne sont pas prévues par les lois du 28 avr. 1816 et du 2 juin 1875.

ART. 3. — *De la compétence du juge de paix en ce qui concerne l'opposition à l'exercice des employés* (*Rép.* n°s 903 à 910).

642. L'opposition à l'exercice des employés, lorsqu'elle est accompagnée de voies de fait ou de rébellion, donne naissance à deux actions. On a exposé au *Rép.* n°s 904 et suiv. les difficultés qui se sont élevées au sujet de l'exercice de ces deux actions et les variations de la jurisprudence à cet égard. La cour de cassation a d'abord reconnu à l'administration des douanes le droit d'exercer devant le juge de paix l'action civile qui lui appartient, indépendamment des poursuites qui pourraient être intentées par le ministère public, lorsque la contravention aux lois sur les douanes a été accompagnée d'un délit de droit commun. Mais, par un arrêt du 13 août 1836 (*Rép.* n° 908), elle s'est écartée des principes admis jusqu'alors. Elle a décidé que, lorsqu'à l'opposition à l'exercice se joignaient des faits de rébellion dont la justice criminelle était saisie, l'opposition à l'exercice se confondant avec la résistance avec violences et voies de fait et formant les éléments d'un fait moral nécessairement indivisible, il n'était pas possible de renvoyer devant le juge de paix le jugement de l'opposition après que les prévenus avaient été acquittés du délit de rébellion. — Cette jurisprudence avait pour effet de subordonner l'action de l'administration à celle du ministère public, et, il faut le reconnaître, de la dépouiller en partie du droit qui appartient à toute partie lésée par un fait délictueux. En effet, alors que toute partie civile est libre de porter son action accessoirement à l'action publique devant la justice criminelle ou d'en réserver la connaissance à la justice civile, l'administration des douanes, au cas où le ministère public avait le droit d'agir par suite de la concomitance d'un délit ordinaire avec la contravention de douanes, n'avait que la possibilité de suivre la fortune de l'action publique.

Les inconvénients de cette jurisprudence n'ont pas tardé à se faire sentir, et un arrêt des chambres réunies du 10 janv. 1840 (*Rép.* n° 906), a décidé qu'au cas où un refus d'exercice était accompagné de rébellion, l'administration des douanes n'était tenue de poursuivre la contravention devant la juridiction criminelle que si le ministère public poursuivait de son côté le délit de droit commun; mais que, si elle agissait seule, elle procédait régulièrement en s'adressant au juge de paix. Un arrêt du 20 août 1877 est venu accentuer cette doctrine, et a décidé que l'opposition à l'exercice des fonctions des préposés des douanes constitue à elle seule, indépendamment des voies de fait dont elle a pu être accompagnée, une contravention spéciale dont l'administration des douanes a le droit de poursuivre directement la répression devant le juge de paix. Il n'en est autrement que si les faits qui ont accompagné l'opposition ont le caractère d'un délit, et si le ministère public en défère la connaissance aux tribunaux correctionnels, l'amende devant, en pareil cas, être réclamée devant la même juridiction par l'administration, dont l'action civile est alors un accessoire de l'action publique (Civ. cass. 20 août 1877, aff. Parrenin, D. P. 78. 1. 84). Il résulte de cet arrêt, non seulement que l'Administration a le droit d'agir devant le juge de paix quand le ministère public ne poursuit pas le délit de droit commun devant la juridiction correctionnelle, mais que son action est valable quand elle a précédé celle du ministère public; et, en fait, elle précédera presque toujours celle-ci, puisque, aux termes de l'art. 3 de la loi du 14 fruct. an 3, le prévenu de contravention de douanes doit être, à peine de nullité, cité à comparaître devant le juge de paix dans les vingt-quatre heures. Elle sera encore valable, quand, sur l'action du ministère public, sera intervenue une ordonnance de non-lieu. Cette doctrine est parfaitement juridique. La compétence de chaque juridiction, en effet, doit être fixe et absolue; il ne saurait y avoir de compétence conditionnelle. Quand une demande est formée, le juge, au moment où il est saisi, doit être compétent ou ne l'être pas; il est difficile de comprendre qu'il cesse de l'être ou le devienne, selon que telles ou telles circonstances se produiront ou ne se produiront pas. Sans doute, si une action civile est introduite indépendamment d'une action publique, à raison du même fait, on conçoit que l'action publique tienne la première en état; mais on ne saurait admettre qu'elle puisse dessaisir le tribunal civil qui a été valablement saisi.

Il a été jugé, il est vrai, que si, en principe, la connaissance des faits de trouble et d'opposition à l'exercice des fonctions des agents de douanes est attribuée aux juges de paix, il cesse d'en être ainsi, lorsque ces faits ont été accompagnés d'outrages ou voies de fait qui leur impriment le caractère de délits; que, dans ce cas, en effet, l'action publique et l'action civile qui en est l'accessoire et qui compète à l'administration des douanes *peuvent* être poursuivies en même temps et devant les mêmes juges (Crim. cass. 28 févr. 1874, cité *suprà*, n° 623). — Jugé encore que l'amende spéciale édictée par les lois des 6-22 août 1791 et 4 germ. an 2 pour trouble apporté à l'exercice des fonctions des préposés des douanes ayant le caractère d'une réparation civile, et pouvant, dès lors, être cumulée avec les peines du code pénal quand l'opposition est accompagnée de voies de fait, l'Administration peut, dans ce dernier cas, poursuivre, devant les tribunaux correctionnels, non seulement la répression du délit, mais encore la réparation du dommage que lui a causé l'opposition du prévenu; les juges statuent alors, et, principalement, sur la répression du délit et accessoirement sur les conclusions déposées par l'Administration, partie civile, en vue de faire prononcer, à titre de dommages-intérêts, l'amende individuelle de 500 fr. pour opposition aux fonctions (Crim. cass. 28 juill. 1887)(1). Mais, dans les espèces soumises à la cour de

(1) (X...) — Le 26 juin 1886, plusieurs individus qui stationnaient aux abords du bureau du receveur principal d'Alger et y obstruaient la circulation furent, à différentes reprises, invités par les préposés des douanes à se disperser. Au lieu d'obéir, un sieur X... invectiva grossièrement les agents et frappa l'un d'eux d'un violent coup de poing à la tête. — Un procès-verbal fut

cassation en 1874 et 1887, l'administration des douanes avait porté son action devant le tribunal correctionnel déjà saisi de la poursuite. La question de compétence ne pouvait faire doute; et la cour n'a pas eu à se prononcer sur la doctrine adoptée par l'arrêt précité du 20 août 1877.

SECT. 3. — DE LA COMPÉTENCE CORRECTIONNELLE ET CRIMINELLE (*Rép.* nos 911 à 917).

643. La loi du 2 juin 1875 (D. P. 76. 4. 1) a étendu d'une façon notable la compétence des tribunaux correctionnels en matière de douanes (V. *suprà*, nos 518 et suiv.). — D'après la législation actuelle, les tribunaux correctionnels connaissent: 1° de toute introduction frauduleuse par terre (dépôt ou circulation dans le rayon sans expédition valable) d'objets prohibés, d'objets tarifés dont le droit serait de 20 fr. et plus les 100 kilog. (L. 28 avr. 1816, art. 41), ou dont la prohibition a été remplacée par des droits postérieurement à la loi du 24 mai 1834 (L. 5 juill. 1836, art. 3); — 2° De toute importation sans déclaration, par les bureaux de terre ou de mer, de marchandises *prohibées à quelque titre* que ce soit (absolument, localement, ou conditionnellement), ou imposées à plus de 20 fr. les 100 kilog. ou passibles de taxes de consommation intérieure (L. 2 juin 1875, art. 1er); — 3° De tout versement frauduleux ou de toute *tentative* de versement frauduleux des *mêmes marchandises* effectuées soit dans l'enceinte des ports, soit sur les côtes (L. 2 juin 1875, art. 2); — 4° De tout transport ou dépôt des marchandises précitées suivies à vue sans interruption; — 5° De tout entrepôt, dans les lieux dont la population agglomérée est de moins de 2000 âmes et en l'absence d'expéditions valables d'extraction, de marchandises prohibées à l'entrée ou imposées à plus de 20 fr., ou dont la prohibition a été remplacée par des droits postérieurement à la loi du 24 mai 1834 (L. 28 avr. 1816, art. 38, § 4, 41 et 42; L. 5 juill. 1836); — 6° De toute participation, comme *assureurs*, comme ayant fait assurer, ou comme intéressés d'une manière quelconque, soit à un fait de contrebande proprement dit, soit à un fait d'importation sans déclaration, par les bureaux de terre ou de mer, de marchandises prohibées, imposées à plus de 20 fr. les 100 kilog., ou soumises à des taxes de consommation intérieure (L. 28 avr. 1816, art. 53; 21 avr. 1818, art. 37; 2 juin 1875, art. 1er); — 7° De toute exportation en contrebande de chiens de forte race (L. 28 avr. 1816, tit. 5; 7 mai 1881, art. 1er); — 8° Des infractions aux lois sur *l'impôt du sel* (lorsque le délinquant est en récidive, ou si la fraude est commise par une réunion de trois individus ou plus) (L. 17 déc. 1814, art. 30 et 31); — 9° Des oppositions à l'exercice des fonctions des préposés, quand elles sont accompagnées de violences et voies de fait (*c. pén.* art. 212 et 214). — Ces tribunaux connaissent pareillement, certaines contraventions qui ne donnent pas lieu à des peines corporelles, et cela en vertu d'une attribution spéciale de la loi, savoir: 1° des fraudes tombant sous le coup des pénalités déterminées par la loi du 17 juin 1840 (relative au régime du sel) ou par les ordonnances ou décrets qui en règlent l'application (L. 17 juin 1840, art. 14); — 2° Du défaut d'identité en nature ou en espèce reconnu à la vérification d'objets présentés en douane pour *obtenir un passavant* de circulation (L. 7 juin 1820, art. 15); mais seulement dans le cas prévu par le paragraphe 2 dudit art. 15. — Enfin, les tribunaux correctionnels sont compétents également pour connaître de la plupart des infractions constatées, soit à la requête des autres administrations, soit à la requête du ministère public (L. 13 fruct. an 5; Décr. 16 mars 1813; L. 28 avr. 1816; 24 mai 1834; 23 avr. 1836; 25 juill. 1841; 24 juill. 1843; 31 mai 1846; 4 sept. 1871, D. P. 71. 4. 79; 21 juin 1873, D. P. 73. 4. 88; 28 janv. 1875, D. P. 75. 4. 89; Tableau des contraventions, nos 356 et suiv.).

644. Relativement à la compétence en matière de grand criminel, V. *Rép.* n° 917, et *suprà*, nos 563 et suiv.

SECT. 4. — DE LA COMPÉTENCE ADMINISTRATIVE (*Rép.* nos 918 à 921).

645. Certaines difficultés, en matière de douanes, rentrent, comme on l'a vu au *Rép.* nos 918 et suiv., dans le domaine de la compétence administrative. Nous ne parlerons ici que de celles au sujet desquelles la question de compétence a été discutée depuis la publication du *Répertoire*.

646. Les questions de responsabilité qui peuvent naître, pour la régie, du fait de ses agents sont de la compétence des tribunaux ordinaires quand elles se rattachent accessoirement à des difficultés de perception dont elles sont inséparables (L. 6-22 août 1791, art. 1er et 3, tit. 2), ou qu'elles rentrent dans les cas spécialement prévus par des textes formels: refus de délivrance des acquits ou passavants (L. 6-22 août 1791, art. 2, tit. 11); saisie mal fondée (L. 9 flor. an 7, art. 16); visite à domicile sans résultat (L. 6-22 août 1791, art. 40, tit. 13; 14 fruct. an 3, art. 10). En dehors de ces cas, elles sont dominées par la règle générale qui place dans la compétence administrative les actions en dommages-intérêts formées contre une administration publique, comme responsable du fait de ses agents (V. *Compétence administrative*, nos 174 et suiv.; — *Rép.* v° *Trésor public*, p. 568). — Jugé: que l'action en dommages-intérêts dirigée contre l'administration des douanes qui n'est pas accessoire à une contestation relative à l'impôt, par exemple, à une demande principale en

---

remis à titre de plainte au procureur de la République en vue de la répression des voies de fait et injures, et l'Administration se porta partie civile pour obtenir la condamnation du coupable à l'amende de 500 fr. édictée, pour opposition, par la loi du 4 germ. an 2 (art. 2). — Saisi de l'affaire par le parquet, le tribunal correctionnel d'Alger condamna le délinquant, sur les conclusions du ministère public, à quinze jours de prison et 16 fr. d'amende, mais il débouta l'Administration de sa demande aux fins civiles en se fondant notamment sur ce que: 1° le sieur X... avait été cité à la requête du procureur de la République et non par l'Administration des douanes, à laquelle appartenait exclusivement la poursuite de la contravention; 2° l'amende pour opposition n'est applicable qu'autant que les préposés des douanes exécutent, non pas une consigne donnée par un receveur, mais bien les fonctions que la loi leur confie. Or, les préposés ont agi, en l'espèce, comme agents chargés d'un service d'ordre et de police, et non pas comme douaniers. — Cette sentence fut confirmée, en appel, par la cour d'Alger; mais, sur le pourvoi de l'Administration, la cour suprême a rétabli les vrais principes en statuant comme il suit:

LA COUR; — Sur le moyen unique du pourvoi tiré de la violation par refus d'application des art. 14 du tit. 13 de la loi des 6-22 août 1791, et 2, tit. 4, de la loi du 4 germ. an 2: — Attendu que l'amende édictée par les textes de loi ci-dessus visés n'a point le caractère d'une peine proprement dite et doit être considérée comme réparation civile dont le cumul avec la peine portée par les articles du code pénal, pour délits d'outrages et voies de fait, rentre dans les dispositions générales de ce code; — Attendu que si, en principe, la connaissance des faits de trouble et d'opposition à l'exercice des fonctions des agents des douanes est attribuée aux juges de paix, il cesse d'en être ainsi lorsque ces faits ont été accompagnés d'outrages ou voies de fait qui leur impriment le caractère de délits; que, dans ce cas, en effet, l'action publique et l'action civile qui en est l'accessoire et qui compète à l'administration des douanes, peuvent être poursuivies en même temps et devant les mêmes juges; que la juridiction était donc, dans l'espèce, régulièrement saisie de l'action civile dirigée par l'administration des douanes contre le nommé Mohamed-ben-Taïeb, accessoirement à l'action publique; — Attendu que la protection spéciale accordée par la loi aux préposés des douanes doit les couvrir dans toutes les circonstances où les place l'exercice de leurs fonctions; que leur devoir ne se borne pas à procéder à certains actes de leur ministère, tels que des visites ou des saisies; que la garde et la surveillance, soit sur les frontières, soit sur les côtes, soit aux abords des bureaux des douanes, rentrent également dans l'exercice de leurs fonctions les plus habituelles et les plus nécessaires; — Attendu qu'il résulte des constatations de l'arrêt attaqué que, le 26 juin 1886, à Alger, le prévenu Mohamed-ben-Taïeb a outragé par paroles les préposés des douanes Dutilleul et Julia, et exercé des voies de fait à l'égard de ces agents, alors que, agissant par ordre de leurs chefs, ils étaient occupés à dissiper un rassemblement qui obstruait la circulation aux abords du bureau du receveur principal des douanes; qu'en cet état des faits ainsi constatés, la cour d'appel d'Alger, en refusant de faire droit aux conclusions de l'administration des douanes et d'appliquer au prévenu l'amende édictée par les art. 14, tit. 13, de la loi du 22 août 1791 et 2, tit. 4, de la loi du 4 germ. an 2, par le motif que les douaniers, lorsqu'ils avaient été outragés et violentés, n'étaient pas dans l'exercice de leurs fonctions, a faussement interprété et, par suite, formellement violé les textes de lois visés par le pourvoi; — Par ces motifs, casse.

Du 28 juill. 1887.-Ch. crim.-MM. Lœw, pr.-Sevestre, rap.-Loubers, av. gén.-Chauffard, av.

nullité d'une contrainte d'une saisie pratiquée pour la perception des droits, est de la compétence de l'autorité administrative; qu'elle ne rentre pas dans les prévisions des lois des 6-22 août 1791 et 14 fruct. an 3; que, notamment, le juge de paix est incompétent pour statuer sur l'action en dommages intérêts, formée même comme demande reconventionnelle aux poursuites de l'Administration, contre un préposé des douanes qui a tiré un coup de fusil sur un cheval et causé la mort de cet animal (Trib. confl. 29 mai 1875, aff. Renaux, D. P. 76. 3. 45. V. aussi Civ. cass. 30 déc. 1873, aff. Peltier, D. P. 74. 1. 379); — Que les tribunaux civils ne sont pas compétents pour connaître des demandes en dommages-intérêts formées contre l'Etat ou contre les administrations qui en dépendent, lorsqu'il s'agit de dommages résultant de faits accomplis par les agents en qualité de représentants de la puissance publique; et spécialement de celles fondées sur la déperdition de vins laissés sur les quais à la suite d'une saisie ou d'une expertise (Trib. Céret, 12 juill. 1887 (1). V. Civ. cass. 26 août 1884, aff. Orion, D. P. 85. 1. 72). Et le déclinatoire opposé par l'Administration ne peut être rejeté sous le prétexte que celle-ci aurait accepté la compétence de la juridiction civile en comparaissant à l'audience où des experts ont été nommés pour évaluer le dommage allégué, alors qu'elle ne s'est présentée que pour obéir à la citation et a fait toutes réserves (Jugement précité du 12 juill. 1887). — Jugé que le fait par un douanier, à la recherche de fraudeurs en forêt à la frontière, de tuer un chien qu'il considère à tort ou à raison comme un chien de contrebande, alors qu'aucun dol ne peut lui être imputé, et alors surtout qu'il ne peut même être accusé d'une erreur grossière équivalente au dol, constitue un acte de la fonction de préposé des douanes, en même temps qu'un acte de la police de la frontière ayant pour objet l'exécution des lois de douane et des règlements de son administration; et que, par suite, l'autorité judiciaire est incompétente pour statuer sur la demande en dommages-intérêts formée contre le douanier par le propriétaire du chien (Trib. paix Hirson (Aisne), 14 mars 1889) (2).

(1) (X...) — Le 8 oct. 1886, le service des douanes de Cerbère contestait l'exactitude d'une déclaration déposée par la Compagnie de... pour des liquides qui, présentés comme vins ordinaires à 15 degrés, avaient paru aux contrôleurs de visite consister en vins artificiels. Appelés à statuer après trois mois de procédure, les experts légaux se prononçaient en faveur du déclarant. L'intéressé alors assigna l'Administration devant le tribunal civil de Céret en payement de dommages et intérêts pour la déperdition et la dépréciation que les vins avaient dû éprouver du fait de la douane pendant leur long séjour sur les quais de Cerbère. Cette procédure était en opposition évidente avec le principe de la séparation des fonctions judiciaires et administratives, tel qu'il résulte des lois des 24 août 1790 et 16 fruct. an 3. — Sur les conclusions de l'Administration, le tribunal a rendu le jugement suivant:

Le tribunal; ... — Attendu que la compagnie a assigné l'administration des douanes en payement de dommages que ladite compagnie a éprouvés par suite de l'avarie provenant du séjour prolongé, sur le quai de la gare de Cerbère, d'un certain nombre de fûts remplis de vin saisis par les préposés des douanes, et qui résultent d'un rapport d'experts nommés en audience de référé du 29 janv. 1887; — Attendu que l'administration des douanes soulève une exception d'incompétence et conclut à la condamnation de la compagnie demanderesse aux dépens et au renvoi de la cause devant les juges compétents; — Attendu que la compagnie conclut au rejet de l'exception, sur le motif que l'administration des douanes a accepté la compétence civile dans l'audience de référé, et que, d'un autre côté, la demande en dommages soumise à l'appréciation du tribunal est de la compétence de la juridiction civile; — Attendu que si l'administration des douanes a comparu à l'audience où le juge des référés a commis trois experts à l'effet d'estimer les dommages éprouvés par le long séjour des fûts de vin sur le quai de la gare de Cerbère, elle s'est présentée pour obéir à la citation et a fait toutes réserves; que, d'un autre côté, la décision du juge de référé n'a pas statué sur le fond; que, dès lors, ce moyen de la compagnie doit être rejeté; — Attendu que si la loi des 6-22 août 1791 a déféré aux tribunaux ordinaires la connaissance des actions relatives à la perception de droits de douane, elle a décidé par l'art. 3 du tit. 11 que, pour les actions qui ont tous autres objets que la perception des droits, on se conformerait à ce qui était ou serait prescrit par les lois générales du royaume; — Attendu que si les tribunaux ordinaires sont compétents pour connaître des actions résultant de faits personnels aux agents de l'autorité publique, ils cessent, aux termes du décret du 16 fruct. an 3, d'être compétents lorsqu'il s'agit de dommages résultant de faits accomplis par lesdits agents en qualité de représentants de la puissance publique; que telle est la jurisprudence du tribunal des conflits et notamment de la cour de cassation dans ses arrêts récents des 19 nov. 1883, 17 et 25 mars 1884; — Sur ces motifs; — Le tribunal se déclare incompétent, condamne la compagnie aux dépens de l'incident.

Du 12 juill. 1887.-Trib. civ. de Céret.

(2) (Vasseur C. Dardenne.) — Nous, juge de paix; — Attendu qu'il résulte des faits et circonstances de la cause établis par les débats que c'est dans l'obscurité, le 19 janvier dernier, entre six heures et six heures et demie du soir, que le préposé des douanes Dardenne a tué dans la forêt de Saint-Michel, sur la route forestière, à proximité du rond-point du quartier et de l'habitation du brigadier forestier Vasseur, un chien de race terre-neuve, âgé d'environ trois ans, appartenant à ce dernier, qui réclame à Dardenne une somme de 125 fr. pour réparation du préjudice à lui causé par la perte de ce terre-neuve; — Attendu que, d'après les débats, il est constant et qu'il n'est d'ailleurs ni contesté ni contestable que Dardenne a cru abattre un chien de fraudeur, porteur d'une charge de contrebande; qu'il paraît avoir été, ainsi qu'il le prétend, induit en erreur par les taches blanches que ce chien avait sur le dos, et par celles qu'il avait au cou, et qui formaient un collier blanc, ce collier blanc et les taches blanches du dos lui ayant fait l'effet d'un ballot attaché à l'animal; ce qu'il avait été d'autant plus porté à croire que le passage d'un chien chargé de contrebande dans l'endroit vers lequel il se dirigeait avec un autre préposé lui avait été signalé un instant auparavant; — Attendu que Dardenne soutient que c'est dans l'exercice de ses fonctions et en vue de l'exécution des règlements de son administration, qui prescrivent aux douaniers de détruire les chiens employés à faire la fraude, qu'il a mis à mort le chien de Vasseur, et que, l'ayant tué par suite d'une méprise due à un concours de circonstances qui était de nature à abuser un homme d'une prévoyance ordinaire, il ne peut, en droit, être rendu responsable envers le demandeur de la perte de son chien; — Attendu que le fait sur lequel est basée la demande de Vasseur n'a rien de délictueux et n'est pas même un quasi-délit caractérisé; mais qu'en dehors de toute faute de droit commun, il paraît constituer à la charge du préposé Dardenne une faute de service dont les conséquences ont été dommageables pour le sieur Vasseur; — Attendu que nous devons nous demander si nous sommes compétent pour statuer sur la demande, ou si, au contraire, l'autorité administrative ou les tribunaux administratifs n'ont pas seuls qualité pour en connaître; — Attendu qu'il convient tout d'abord de faire ressortir que Dardenne, au moment où il a tué le chien de Vasseur, avait un double caractère, celui de préposé des douanes au point de vue de la répression de la fraude, et celui d'agent de la force publique au point de vue de la police de la frontière, pour laquelle cet agent était placé sous la direction de la puissance publique (V. Dijon, 26 janv. 1859, aff. Guillaume, D. P. 59. 2. 81; Trib. confl. 31 juill. 1875, aff. Renaux, D. P. 76. 3. 45); — Attendu sans doute qu'il est de principe, ainsi que l'a établi un arrêt de la cour d'Aix du 27 déc. 1882, aff. Albano, D. P. 84. 1. 220), que tout fait délictueux ou dommageable commis par un fonctionnaire ou agent du Gouvernement, même dans l'exercice de ses fonctions, demeure soumis aux règles du droit commun et aux juridictions ordinaires, si ce fait est indépendant des fonctions exercées et est absolument étranger à leur exercice, mais qu'il n'en est plus de même lorsqu'il constitue un acte de la fonction, surtout s'il s'agit comme dans l'espèce d'un acte de police administrative; — Attendu, ainsi que le tribunal des conflits l'a posé en principe, par arrêt du 24 nov. 1877 (aff. Gounouilhou, D. P. 78. 3. 17); et 18 déc. 1877 (aff. de Douville-Maillefeu, D. P. 78. 3. 18), que la prohibition faite aux tribunaux ordinaires de connaître d'actes ayant le caractère d'actes de police administrative, étant absolue et d'ordre public, leur interdit de rechercher s'ils ne seraient pas entachés d'erreur, d'illégalité ou d'excès de pouvoir; que l'erreur, l'illégalité ou l'excès de pouvoir reprochés à un acte administratif ne le dépouilleraient pas de ce caractère, et n'auraient pas pour effet de faire dégénérer la faute ou l'erreur administrative qui aurait été commise en une faute personnelle; que l'interdiction faite à l'autorité judiciaire de connaître des actes administratifs s'applique aux conséquences de ces actes comme aux actes eux-mêmes; — Attendu que le fait par un douanier à la recherche de fraudeurs, en forêt, à quelques kilomètres de la Belgique, de tuer un chien qu'il considère à tort ou à raison comme un chien de contrebande, alors qu'aucun dol ne peut lui être reproché, et alors surtout qu'il ne peut même pas être accusé d'une erreur grossière équivalant au dol, est bien incontestablement un acte de la fonction des préposés des douanes, en même temps qu'un acte de police de la frontière ayant pour objet l'exécution, à la vérité plus ou moins intelligente, des lois de douane et des règlements de son administration, notamment du paragraphe 2 de l'art. 1er de la loi du 7 mai 1881, et plus spécialement d'une décision administrative du 15 mai 1820 énoncée au *Recueil de*

647. Il a été jugé que le droit de délivrer les permis de débarquement appartient exclusivement à l'administration des douanes, et que les tribunaux, en cas de contestation sur les limites de l'enceinte d'un port ou sur l'existence d'un empêchement de force majeure, alors surtout que la force majeure n'est pas justifiée par un rapport fourni dans les formes prescrites, sont incompétents pour autoriser un débarquement (Trib. Béziers, 16 mars 1857) (1).

648. On a expliqué au *Rép.* nos 921 et suiv. que les tribunaux ordinaires sont compétents, dès qu'il s'agit de difficultés sur les perceptions de droit, lors même que les décisions ministérielles auraient approuvé la marche suivie par l'Administration. — Il a été jugé que les décisions rendues par le ministre en cette matière ne sont pas de nature à être déférées par la voie contentieuse au conseil d'État, et ne font pas obstacle à ce que les parties intéressées se pourvoient, si elles s'y croient fondées, devant l'autorité compétente (Cons. d'Ét. 10 déc. 1857 (2). V. également: Crim. rej. 19 mars 1870, cité *suprà*, no 621). — Jugé aussi qu'en cas de saisie de marchandises à la douane pour fausse déclaration, la question de savoir si les propriétaires des marchandises sont fondés à demander le bénéfice des réductions de tarifs qui ont été édictées dans l'intervalle entre la saisie et la transaction que l'Administration leur a fait notifier, est de la compétence de l'autorité judiciaire, alors même qu'il s'agirait d'interpréter la transaction; et que la lettre par laquelle le ministre des finances refuse de faire droit à la réclamation ne fait pas obstacle à ce qu'elle soit portée devant la juridiction compétente (Cons. d'Ét. 17 févr. 1865, aff. Landre, D. P. 72. 5. 152). Comme l'a dit M. Aucoc, commissaire du Gouvernement, dans ses conclusions sur cette affaire, « la transaction remplaçait le jugement de l'autorité judiciaire qui serait intervenu sur le procès-verbal si l'affaire n'avait pas été terminée par l'Administration d'une façon bienveillante... Elle ne peut avoir pour effet de changer la nature de la contestation et les compétences ».

CHAP. 19. — De la procédure. — Justice de paix; Tribunal correctionnel; Appel; Autorisation des employés; Frais; Intervention; Cassation (*Rép.* nos 922 à 972).

649. — I. JUSTICE DE PAIX; EXPLOIT; JUGEMENT; OPPOSITION; APPEL. — On a exposé au *Rép.* nos 922 et suiv. les formes de procéder devant la justice de paix, en matière de douanes. Il doit être donné citation au saisi à comparaître dans les vingt-quatre heures devant le juge de paix. En cas d'absence du prévenu, la copie doit être affichée dans le jour à la porte du bureau (L. 9 flor. an 7, tit. 4, art. 6). — La jurisprudence considère comme absent, non seulement le prévenu qui est inconnu ou dont le domicile est inconnu, mais encore celui qui, quoique domicilié dans la commune, n'est pas présent à la rédaction du procès-verbal dressé contre lui (*Rép.* no 924). Il a été jugé en ce sens que le prévenu sommé de se rendre au bureau le plus prochain pour assister à la rédaction du procès-verbal, dans le cas prévu par les art. 3 et 6 du tit. 4 de la loi du 9 flor. an 7, est réputé absent dans le sens de ladite loi, s'il ne se rend pas au bureau, bien qu'il se trouve dans le lieu où le bureau est situé, et que, dès lors, il est cité valablement à comparaître devant le juge de paix par l'affiche de la copie du rapport à la porte du bureau (Civ. cass. 11 janv. 1869, aff. Genaro, D. P. 69. 1. 88). Cette doctrine est fondée sur l'interprétation des art. 3 et 6 du tit. 4 de la loi du 9 flor. an 7. Aux termes de ces articles, lorsqu'il y a lieu de constater une contravention, les préposés de l'administration des douanes doivent rédiger leur rapport au bureau le plus prochain; ce rapport doit énoncer, entre autres circonstances, la déclaration qui aura été faite au prévenu de la contravention, la sommation également faite à celui-ci d'assister à la rédaction du rapport, ou bien sa présence à cette rédaction; si le prévenu est présent, le rapport doit énoncer qu'il lui en a été donné lecture, qu'il a été interpellé de le signer, et qu'il en a reçu de suite copie avec citation à comparaître dans les vingt-quatre heures devant le juge de paix; en cas d'absence du prévenu, ladite copie doit être affichée dans le jour à la porte du bureau. Il ressort de ces dispositions que le prévenu, sommé de se rendre au bureau pour assister à la rédaction du rapport, est réputé absent, dans le sens de ladite loi, s'il ne se rend pas au bureau, et, dès lors, est cité valablement à comparaître devant le juge de paix par l'affiche de la copie du rapport à la porte du bureau (V. en ce sens: Mangin, *Traité des procès-verbaux*, no 255; Rousseau et Laisney, *Dictionnaire de procédure civile*, vo *Douanes*, no 14 *bis*; Thibault, *op. cit.*, p. 242).

650. Tout ce qui concerne la comparution à l'audience, le jugement, sa signification, est exposé au *Rép.* nos 926 et suiv.

---

lois et règlements publiés en 1883 par le ministère des finances à l'usage de l'administration des douanes; — Attendu qu'aux termes de l'art. 19 du tit. 13 de la loi du 6 août 1791, l'administration des douanes étant civilement, et par suite solidairement responsable du fait de ses préposés dans l'exercice et pour raison de leurs fonctions, sauf son recours contre eux, et le tribunal des conflits ayant décidé, par son arrêt précité du 31 juill. 1875, que l'autorité administrative est seule compétente pour connaître de l'action en responsabilité exercée contre ladite Administration en vertu de cette loi, la solidarité dont cette administration et son employé sont tenus, et par suite de laquelle la dette de l'une envers un particulier lésé est nécessairement égale à la dette de l'autre envers ce même particulier, est un motif des plus sérieux pour ne pas soumettre à des juridictions différentes l'action en dommages-intérêts dont est passible l'administration des douanes, et celle à exercer contre son préposé, lesquelles, à la différence de ce qui existe pour la plupart des autres administrations de l'État et leurs agents, doivent être régies par les mêmes principes de responsabilité, en raison de l'exercice de la loi spéciale précitée; — Attendu, d'autre part, que, dans l'état actuel de notre législation, ni les principes sur l'étendue de la responsabilité ni les règles de compétence, lorsqu'il s'agit de la compétence *ratione materiæ*, ne peuvent varier selon l'importance de l'intérêt en litige, ou suivant le grade plus ou moins élevé dans la hiérarchie administrative de l'agent ou du fonctionnaire dont le fait donne lieu à l'action en responsabilité intentée par la partie lésée; — Par ces motifs; — Statuant contradictoirement et à charge d'appel; — Nous déclarons d'office incompétent pour statuer sur la demande en dommages-intérêts formée par le forestier Vasseur contre le préposé des douanes Dardenne; — Renvoyons, en conséquence, le demandeur à se pourvoir devant l'autorité ou les juges compétents pour en connaître, etc.

Du 14 mars 1889.-Trib. de paix de Hirson (Aisne).-M. Godard, juge de paix.

(1) (Etienne.) — LE TRIBUNAL; — Attendu qu'aux termes de la loi rendue en matière de douanes le 22 août 1791, tit. 13, art. 9, le débarquement ou déchargement des navires ne peut avoir lieu que dans l'enceinte des ports, à l'exception, néanmoins, des cas de force majeure justifiés par un rapport fourni dans les formes prescrites; — Attendu qu'il résulte de tous les documents de la cause que le poste de Vieules, où les sieurs Etienne père et fils et Lignières voulaient opérer le débarquement du navire *la Mathilde* n'est point compris dans l'enceinte du port d'Agde, lequel ne s'étend qu'à la consigne; — Qu'il fallait donc, pour débarquer en ce point, un permis de débarquement émanant de l'administration des douanes, seule en mesure de le délivrer; — Attendu que le juge de paix de la ville et canton d'Agde, en autorisant le débarquement du navire *la Mathilde* au poste de Vieules, malgré la prétention contraire de l'administration des douanes, sous le motif qu'il y avait eu force majeure, et même sans se préoccuper, dans ce cas, du point de savoir si le rapport prescrit par la loi avait été fait dans les conditions imposées, s'est manifestement ingéré dans un acte qui ne pouvait qu'émaner de l'administration des douanes elle-même, et a ainsi empiété sur les attributions bien définies de l'autorité administrative compétente; — Qu'il suit des considérations qui précèdent que le jugement rendu par ce magistrat à son audience du 13 février dernier, et en la cause des présentes parties, doit être réformé par le tribunal, pour cause d'incompétence et d'abus de pouvoirs, etc.

Du 16 mars 1857.-Trib. civ. de Béziers.

(2) (Marchand frères.) — NAPOLÉON, etc.; — Vu les lois des 22 août 1791, 14 fruct. an 3 et 17 déc. 1814; — Considérant qu'aux termes des lois ci-dessus visées, c'est devant l'autorité judiciaire que les sieurs Marchand frères devaient porter leur réclamation tendant au remboursement des droits qu'ils ont payés à l'entrée en France sur des graines oléagineuses destinées à l'importation temporaire;

Considérant que la lettre par laquelle notre ministre des finances a refusé de faire droit à la demande de remboursement formée par les requérants n'est pas de nature à nous être déférée par la voie contentieuse, mais ne fait pas obstacle à ce que ces

651. L'opposition aux jugements par défaut des juges de paix doit être formée dans les trois jours de la signification du jugement (C'est par erreur qu'on a dit *cinq* jours au *Rép.* n° 934). On applique les art. 19, 20, 21, et 22 c. proc. civ. Les lois de douane ne contenant aucune règle spéciale à cet égard, le délai à observer pour les citations est, par suite, celui de l'art. 5 c. proc. civ. (Thibault, *op. cit.*, p. 305. Conf. Bourgat, *Code des douanes*, t. 2, p. 338).

652. Nous avons dit *suprà*, n° 631, que tous les jugements de justice de paix sont susceptibles d'appel. L'appel doit être porté devant le tribunal civil (Req. 8 mars 1887, aff. Deville, D. P. 87. 1. 448). Le délai d'appel, est, non pas le délai ordinaire d'un mois, mais le délai de huit jours (*Rép.* n° 938), lequel court, à partir de la signification, pour les jugements contradictoires; et, pour les jugements par défaut, à partir du jour où l'opposition ne serait plus recevable. La jurisprudence a confirmé ces principes (Trib. Saint-Dié, 14 févr. 1879) (1).

653. Les expressions dont se sert la loi du 14 fruct. an 3 « *dans la huitaine* » démontrent que le délai n'est pas franc (*Recueil méthodique des lois et règlements sur la procédure contentieuse des douanes*, n° 71).

654. Sur l'acte d'appel, sa signification, sa forme, etc., V. *Rép.* n°s 939 et suiv.

655. Le tribunal saisi de l'appel d'un jugement de paix est tenu de prononcer dans les délais fixés par la loi pour les appels des jugements des juges de paix (huit jours) (L. 14 fruct. an 3, art. 6). Les appels des jugements rendus par les juges de paix sont réputés matières sommaires et doivent, comme tels, être instruits et jugés conformément aux art. 405 et 413 c. proc. civ. Si le jugement sur appel est rendu par défaut, il peut être attaqué par la voie de l'opposition. La marche à suivre, dans ce cas, est celle qui est tracée par le code de procédure civile (art. 155 et suiv.). — En principe, il doit, en matière civile, s'écouler huit jours entre le prononcé de la sentence et son exécution, à moins que le jugement ne soit exécutoire par provision (art. 450 du même code). Telle est la loi; mais, d'après la jurisprudence, ces prescriptions ne sont que des recommandations adressées au juge (*Recueil méthodique*, n°s 78 à 81).

656. L'administration des douanes est dispensée de la consignation de l'amende pour fol appel (Décis. min. 9 avr. 1847; Circ. 25 juin 1847, n° 2175).

657. L'appel en matière de douanes est suspensif. L'art. 5 de la loi du 14 fruct. an 3 ordonne, il est vrai, la remise *sous caution* des objets saisis sujets à dépérissement, lorsque le tribunal a ordonné la mainlevée de la saisie et que l'Administration a interjeté appel de son jugement. Mais cette disposition a simplement pour objet de ne pas mettre l'Administration dans l'alternative de conserver des objets susceptibles de s'altérer pendant le cours du procès ou d'en accorder la remise pure et simple (Thibault, *op. cit.*, p. 306).

658. Les règles spéciales de procédure édictées par la loi du 14 fruct. an 3, et notamment celles concernant la signification du jugement, le délai d'appel, sont-elles applicables aux affaires purement civiles, engagées par simple citation, sans procès-verbal, comme les oppositions aux contraintes, les contestations concernant le refus de payer les droits? Doit-on procéder, au contraire, suivant les règles du droit commun? La cour de cassation a jugé que la règle tracée par l'art. 6 de la loi du 14 fruct. an 3, pour l'appel des jugements intervenus après saisie, devait être observée dans toutes les affaires relatives aux douanes, qui sont de la compétence des juges de paix, attendu qu'en fixant, d'une part, la compétence (art. 10) et de l'autre, les formalités à observer (art. 6), cette loi a eu pour but d'établir un mode commun à tous les objets sur lesquels elle attribuait compétence aux juges de paix pour cette matière spéciale; que l'on ne peut raisonnablement supposer qu'elle ait voulu faire régir quelques-uns de ces objets par la loi spéciale, et en laisser quelques autres sous l'empire du droit commun (Civ. cass. 23 févr. 1836, *Rép.* n° 938). « Ces arguments, dit M. Thibault, *op. cit.*, p. 325, semblent peu concluants. En attribuant, d'une part, compétence aux tribunaux de paix pour toutes les affaires relatives aux douanes, et en réglant, d'autre part, la procédure à suivre en cas de saisie, la loi du 14 fruct. an 3 n'a pas tracé des règles de procédure communes aux différentes catégories d'affaires, puisqu'aucune des dispositions des articles qui précèdent ou qui suivent l'art. 6 (exception faite, bien entendu, de l'art. 10) ne peut s'appliquer à d'autres affaires qu'à celles engagées par voie de saisie. Et l'on conçoit, en effet, que, pour les affaires de cette dernière catégorie, le législateur ait fixé des délais d'assignation et d'appel beaucoup plus brefs que pour celles relatives au recouvrement des droits. Car, en cas de saisie, la douane détient toujours des marchandises dont la propriété demeure incertaine jusqu'au jugement définitif, et l'État se trouve exposé, en cas d'insuccès, à payer au saisi une indemnité d'autant plus forte que l'instance aura duré plus longtemps.»

659. — II. TRIBUNAUX CORRECTIONNELS; APPEL. — En matière correctionnelle, le tribunal est saisi de la connaissance des délits de douane, soit par le renvoi qui lui en est fait, d'après les art. 130 et 160 c. instr. cr., soit le cas échéant, par la citation donnée directement au prévenu et aux personnes civilement responsables du délit par l'Administration partie civile, et, dans tous les cas, par le procureur de la République (c. instr. cr. art. 182) (*Rép.* n°s 947 et suiv.).

La citation est donnée à la requête de l'Administration, poursuites et diligences du receveur des douanes, ou à la requête du procureur de la République, et dans la forme voulue pour les actes extrajudiciaires. Elle l'est à la personne même du prévenu, s'il est arrêté; à sa personne ou à son domicile, s'il est connu, non arrêté, et s'il réside dans le ressort du tribunal; s'il n'y réside pas, elle lui est donnée au domicile du procureur de la République. — La loi du 28 avr. 1816 (art. 45) porte qu'il y aura trois jours au moins (outre un jour par trois myriamètres) entre celui de la citation et celui de la comparution.

660. Les règles ordinaires de la procédure civile relatives aux délais ne sont pas applicables en cette matière. La nécessité d'une prompte répression a dû faire établir une marche plus rapide pour la procédure. — Ainsi, il a été jugé: 1° que le délai de comparution en matière de douane ne doit point se déterminer d'après les règles ordinaires; que c'est à tort que, sur le motif que le prévenu est domicilié à l'étranger, le tribunal surseoit à statuer jusqu'à ce que le délai de l'art. 73 c. proc. civ. soit expiré, et refuse de donner défaut: ici s'appliquent seulement les art. 45 et suiv. de la loi du 28 avr. 1816 (Metz, 9 avr. 1851, aff. Gaspard, D. P. 52. 2. 255); — 2° Que le délai de citation à un prévenu étranger, en matière correctionnelle de douane, est celui fixé par l'art. 45 de la loi du 28 avr. 1816, sans qu'il y ait lieu d'observer les délais des distances voulues par l'art. 73

---

négociants se pourvoient, s'ils s'y croient fondés, devant l'autorité compétente:

Art. 1er. La requête des sieurs Marchand frères est rejetée.

Du 10 déc. 1857.-Cons. d'Ét.-MM. de Sandrans, rap.-Baroche, concl.-Hennequin, av.

(1) (Tignard et Maire.) — LE TRIBUNAL; ... — Attendu, sur la recevabilité de l'appel du jugement du 12 septembre dernier, qu'en principe une loi générale ne déroge à une loi spéciale que si la dérogation est formellement exprimée; que dans tous les cas qu'elle prévoit expressément, la loi spéciale doit donc continuer à être appliquée, quelque contraires au droit commun que puissent être les dispositions qu'elle renferme;

Attendu qu'aux termes de l'art. 6 de la loi du 14 fruct. an 3, l'appel des jugements rendus par les juges de paix en matière de douane, n'est recevable qu'à la condition d'être notifié dans la huitaine de la signification du jugement; que la loi du 25 mai 1838, qui fixe à un mois le délai d'appel des juges de paix, ne peut avoir eu pour effet de déroger à cette prescription, quoique, par l'art. 21, il soit dit que toutes les dispositions des lois antérieures contraires à cette loi sont abrogées, par cela même qu'il n'a pas été explicitement spécifié que l'abrogation s'applique aux lois spéciales, et notamment aux lois de douanes; que, dans ces conditions, l'abrogation ne peut concerner que les lois de droit commun;

Attendu que le jugement du 12 septembre a été signifié le 29 et que l'appel n'a été notifié que le 21 octobre suivant; que cette notification n'ayant pas, dès lors, été faite dans la huitaine de la signification du jugement, l'appel n'est pas recevable;

Par ces motifs, etc.

Du 14 févr. 1879.-Trib. civ. Saint-Dié.

c. proc. civ. (Metz, 9 avr. 1851) (1); — 3° Que l'art. 73 c. proc. civ. n'est pas applicable aux matières spéciales de douanes, et que l'assignation à comparaître aux prévenus n'est soumise qu'au délai de trois jours fixé par l'art. 45 de la loi du 28 avr. 1816 (Douai, 4 avr. 1854) (2).

661. La loi du 14 juill. 1865 (D. P. 65. 4. 145) sur la mise en liberté provisoire est applicable en matière de douanes.

Une circulaire du ministre de la justice a prescrit d'appliquer la loi du 20 mai 1863 (D. P. 63. 4. 109) et de faire juger les affaires de contrebande déférées aux tribunaux correctionnels, lorsque les délinquants sont arrêtés comme au cas de flagrant délit (Circ. min. just. 20 mars 1866, *Rec. circ. min. just.*, t. 3, p. 85; Circ. adm. Douanes, n° 1024, nouv. sér.).

662. Les art. 190 à 197 c. instr. cr. concernant l'instruction à l'audience, le jugement, sa signification sont applicables en matière de douanes (*Rép.* n° 946; *Recueil méthodique des lois et règlements sur la procédure contentieuse des douanes*, n°s 96 à 104).

663. L'opposition à un jugement par défaut du tribunal correctionnel doit être formée dans les cinq jours, outre un jour par cinq myriamètres, à compter de celui de la signification à personne ou à domicile. On applique les règles tracées par les art. 187 et 188 c. instr. cr.

664. La régie des douanes peut interjeter appel d'un jugement de police correctionnelle. Elle ne peut appeler que par rapport à l'amende et à la confiscation, et non relativement à la peine d'emprisonnement. Le ministère public a aussi le droit d'appeler; mais son droit est limité aux dispositions du jugement qui ont trait au délit; celles qui ont trait à une simple contravention lui échappent. Ces principes ont été exposés au *Rép.* n°s 953 et suiv. (V. aussi *suprà*, n°s 603 et suiv.).

Il a été jugé que l'appel interjeté par le ministère public seul ne peut permettre l'application d'amendes que le premier juge a omis de prononcer, si d'ailleurs l'administration des douanes n'a pas usé du droit d'appel dans les délais légaux (Nancy, 27 févr. 1878, aff. Lambert, D. P. 79. 2. 46).

665. La faculté d'appeler appartient également aux parties prévenues ou responsables.

666. Les règles du code d'instruction criminelle concernant les délais pour interjeter appel, l'instruction de l'appel, les effets de la réforme du jugement de première instance, sont applicables en matière de douanes.

667. — IV. COUR D'ASSISES. — S'il y a lieu à procédure criminelle, on suit les règles prescrites par le code d'instruction criminelle. — Dans le cas d'absolution, comme dans celui d'acquittement ou de condamnation, la cour statue sur les dommages-intérêts prétendus par la partie civile ou l'accusé et les liquide par le même arrêt (c. instr. cr. art. 358 et 366).

668. — V. FACULTÉ POUR LES EMPLOYÉS D'APPELER DES JUGEMENTS SANS AUTORISATION. — V. *Rép.* n°s 961 et suiv.

669. — VI. POURVOI EN CASSATION. — Les règles établies par le code de procédure civile sur les pourvois en matière civile, et par le code d'instruction criminelle sur les pourvois en matière pénale, doivent être suivies en matière de douanes. Il y a lieu seulement de noter : 1° que l'administration des douanes est autorisée à ne faire aucun payement demandé en vertu d'un jugement attaqué par le recours en cassation, à moins qu'au préalable, celui au profit de qui a été rendu le jugement ne donne bonne et suffisante caution pour sûreté des sommes à lui adjugées (Décr. 16 juill. 1793); — 2° Que l'Administration est autorisée à ne faire remise d'objets saisis, dont la mainlevée aurait été prononcée par jugement contre lequel il y a pourvoi, que sous la même condition (*Rép.* n° 970); — 3° Que l'Administration est dispensée de la consignation de l'amende (L. 2 brum. an 4, tit. 3, art. 17); — 4° Qu'elle n'est pas condamnée à l'amende si son pourvoi est rejeté.

670. — VII. INTERVENTION DES TIERS QUI REVENDIQUENT LES OBJETS SAISIS. — V. *Rép.* n°s 965 et suiv.

CHAP. 20. — Des peines (*Rép.* n°s 973 à 1018).

671. — I. CUMUL DES PEINES. — La règle prohibitive du cumul des peines s'applique à la peine de l'emprisonnement, dans le cas de plusieurs délits en matière de douanes. Elle ne s'applique pas, au contraire, aux amendes qui constituent des réparations civiles, et non des peines (*Rép.* n° 947, et v° *Peine*, n° 174. V. toutefois, *infrà*, n°s 687 et suiv.). La doctrine et la jurisprudence sont d'accord sur ce point. D'une part, il a été jugé que la règle prohibitive du cumul des peines énoncée en l'art. 365 c. instr. cr. s'applique aux pénalités édictées par des lois spéciales antérieures ou postérieures au code d'instruction criminelle; que, dans le cas de plusieurs contraventions en matière de douanes, cette règle est applicable à la peine de l'emprisonnement (Crim. cass. 28 janv. 1876, aff. Ribeaucourt, D. P. 76. 1. 329. V. aussi conf. en d'autres matières spéciales : Douai, 16 déc. 1867, aff. Journal *l'Ordre*, D. P. 68. 2. 41; Trib. Hazebrouck, 27 nov. 1884, aff. Paris-Blendé, D. P. 86. 3. 30). — Il a été décidé, d'autre part : 1° que les faits d'introduction frauduleuse qui se sont produits à des époques séparées et distinctes doivent être punis d'autant d'amendes qu'il y a eu de contraventions (Nancy, 27 févr. 1878, aff. Lambert, D. P. 79. 2. 46); — 2° Que les amendes ayant, en matière de douanes, le caractère de réparations civiles, doivent être cumulées dans le cas de plusieurs contraventions successives

(1) (Jean Simon.) — LA COUR; — Attendu que, par un procès-verbal régulier et non attaqué, en date du 15 févr. 1851, les préposés des douanes à la résidence de Halstroff ont constaté que, ledit jour, deux charges de tabac fabriqué en rôles, du poids de 15 kilog., avaient été importées frauduleusement en France par deux individus, dont un seul, Jacob Simon, avait pu être arrêté, et avait déclaré que le second porteur était Jean Simon, son père, demeurant à Siersdorff (Prusse); — Attendu qu'en conformité des dispositions des art. 45 et suiv. de la loi du 28 avr. 1816, Jean Simon, fugitif, a été assigné à la requête de l'administration des douanes, le 19 février, au parquet du procureur de la République, pour comparaître à l'audience du tribunal correctionnel de Thionville, le 25 dudit mois; — Attendu qu'à l'appel de la cause, le prévenu Jean Simon n'ayant pas comparu, les premiers juges ont refusé de donner défaut contre lui, par le double motif que, si le domicile de Jean Simon était inconnu, la citation aurait dû être affichée à la principale porte du tribunal, et que, si le domicile de Jean Simon était en pays étranger, la citation aurait dû observer le délai des distances déterminé par le code de procédure civile;

Attendu, en fait, qu'il ne pouvait y avoir aucun doute sur le lieu du domicile de Jean Simon; qu'il résulte, en effet, des énonciations du procès-verbal que ce prévenu était domicilié à Siersdorff (Prusse); — Attendu, d'autre part, que, le prévenu étant étranger, ce n'était pas aux règles posées dans l'art. 73 c. proc. civ. que l'administration des douanes devait se référer pour le délai de la citation; qu'elle n'avait d'autres règles à suivre que celles tracées par les art. 45 et suiv. de la loi précitée du 28 avr. 1816, et qu'elle s'y est scrupuleusement conformée; — Attendu qu'à toutes les époques la législation des douanes a fixé pour les citations des délais exceptionnels en dehors des règles ordinaires de la procédure civile; qu'il est de principe et de jurisprudence constante que ce n'est pas ce qui doit se pratiquer dans l'exercice des actions civiles qui peut être consulté en pareil cas; — Attendu que la citation donnée à Jean Simon était régulière; que c'est donc à tort que les premiers juges ont refusé de donner défaut contre le prévenu; — Par ces motifs, etc.

Du 9 avr. 1851.-C. de Metz.

(2) (Leclercq et autres.) — LA COUR; — Attendu que, quoique dûment assigné, le prévenu ne comparait pas; — Donne défaut contre lui; — Attendu que l'art. 73 c. proc. civ. n'était pas applicable dans l'espèce; qu'ainsi les premiers juges ont annulé la citation donnée à Denis par l'administration des douanes, en se fondant sur ce que l'on n'avait pas accordé au prévenu le délai de deux mois édicté par le même article;

Attendu que, dans l'espèce, la marche de la procédure ne devait être réglée que par les lois spéciales à la matière des douanes, et notamment par l'art. 45 de la loi du 28 avr. 1816, lequel n'établit qu'un délai de trois jours pour tous les cas, soit que le prévenu soit cité à son domicile, soit que l'assignation lui soit donnée au parquet du procureur impérial; qu'il est de principe et de jurisprudence constante que les dispositions du code de procédure civile ne sont point applicables aux matières correctionnelles régies par des lois spéciales; que la nécessité d'une prompte répression a dû faire établir une marche plus rapide pour la procédure;

Par ces motifs; — Infirme le jugement du tribunal de Lille en ce qui touche le prévenu, et faisant ce que les premiers juges auraient dû faire, dit que la citation donnée le 13 oct. 1853 audit prévenu, pour comparaître devant cedit tribunal à l'audience du 21 du même mois, est régulière, etc.

Du 4 avr. 1854.-C. de Douai.

(Jugement précité du 27 nov. 1884. Comp. Crim. rej. 26 juill. 1855, aff. Trémollière, D. P. 55. 1. 380; Douai, 20 juill. 1868, aff. Jollibert, D. P. 69. 1. 260; Crim. cass. 28 janv. 1876, aff. Ribeaucourt, D. P. 76. 1. 329; Douai, 16 janv. 1878, cité *suprà*, n° 512. V. aussi Chauveau et Faustin Hélie, *Théorie du code pénal*, 6e éd., t. 1, n° 132; Blanche, *Études sur le code pénal*, t. 1, nos 311 et suiv.; Le Sellyer, *Criminalité et pénalité*, 2e éd., t. 1, n° 255; Garraud, *Précis de droit criminel*, 3e éd., 1888, n° 233).

672. — II. Minorité de seize ans. — Les art. 66, 67, 68 et 69 c. pén. sont applicables en matière de douanes, en ce qui touche la peine de l'emprisonnement (V. *Peine*; — *Rép.* eod. v°, nos 452 et suiv. V. dans le même sens : Garraud, *op. cit.*, n° 254; Blanche, *op. cit.*, t. 2, n° 353; Ruben de Couder, *Dictionnaire de droit commercial*, v° *Douane*, n° 301). La jurisprudence est fixée en ce sens. — Jugé que les dispositions des art. 66, 67, 68 et 69 c. pén. relatives, la première au cas où le prévenu, âgé de moins de seize ans, a agi sans discernement, et les autres au cas où il a, au contraire, agi avec discernement, sont générales et s'étendent, à moins de dérogation particulière, à tous les faits qualifiés crimes ou délits prévus même par des lois spéciales; que, notamment, ces dispositions s'appliquent aux infractions prévues par l'art. 51 de la loi du 28 avr. 1816 sur les douanes (Crim. cass. 11 janv. 1856, aff. Druard, D. P. 56. 1. 108. V. dans le même sens : Metz, 27 nov. 1867, aff. Manichon, D. P. 67. 2. 247; Crim. cass. 9 avr. 1875, aff. Roche, D. P. 77. 1. 508).

673. Mais le mineur de seize ans, lors même qu'il a agi sans discernement, est passible de l'amende, l'amende ayant plutôt le caractère d'une réparation civile que d'une peine. Les art. 66 et 69 c. pén. ne sont pas applicables dans cette hypothèse. Ce principe, qui a été établi au *Rép.* v° *Peine*, n° 155, est consacré par la doctrine et la jurisprudence : « Cette exception, dit M. Blanche, *op. cit.*, t. 2, p. 451, repose sur ce principe incontestable : c'est que, si le mineur de seize ans trouve dans son âge et son défaut de discernement une excuse plus ou moins étendue de la peine encourue à raison des infractions dont il s'est rendu coupable, son âge et son défaut de discernement le laissent, au contraire, exposé à toutes les conséquences civiles du préjudice qu'il a causé par sa faute ou son fait, conformément aux principes des art. 1382 et 1383 c. pén. » Jugé que les mineurs âgés de moins de seize ans doivent, en cas de contravention aux art. 41 et suiv. de la loi du 28 avr. 1816, être condamnés à l'amende intégrale; que l'art. 69 c. pén. ne leur est pas applicable sous ce rapport (Metz, 27 déc. 1854 (1). V. dans le même sens : Crim. cass. 3 mars 1888, cité *suprà*, n° 613).

674. — III. Récidive. — Lorsqu'un individu condamné pour un délit de douane à un emprisonnement de plus d'un an est plus tard prévenu d'un délit ordinaire, il doit être considéré comme étant en état de récidive. Les règles de la récidive légale s'appliquent, en effet, aux peines édictées par des lois spéciales comme à celles prononcées par le code pénal. La même solution doit être admise au regard de l'individu condamné une première fois pour crime ou délit de droit commun à une peine supérieure à un an d'emprisonnement et qui commet un délit de douanes emportant la peine de l'emprisonnement. — L'art. 58 c. pén. sur la récidive est une disposition générale et absolue dont l'application doit être étendue, à moins de disposition contraire, à tous les délits prévus par les lois particulières (*Rép.* v° *Peine*, nos 324 et suiv.). — Cette théorie est admise par la doctrine et la jurisprudence (Blanche, *op. cit.*, t. 1, nos 504 et suiv.; Faustin Hélie, *op. cit.*, t. 1, n° 154; Garraud, *op. cit.*, n° 344; Crim. cass. 4 janv. 1861, aff. Dufay, D. P. 61. 1. 185; Crim. rej. 20 janv. 1882, aff. Burot, D. P. 82. 1. 93). — Cependant la cour de Douai, confirmant un jugement du tribunal correctionnel de Lille du 6 juin 1868, a décidé, dans un arrêt du 20 juill. 1868 (aff. Jollibert, D. P. 69. 1. 260) que l'art. 58 c. pén. n'est pas applicable en matière de douanes. Cet arrêt fait ressortir que la matière des douanes est régie par des lois spéciales portant avec elles leur sanction particulière; que la nature des peines n'est pas la même, qu'il existe des différences notables entre les principes généraux qui régissent les délits du code pénal et les infractions à la loi sur la douane; qu'en présence de ces distinctions, la législation sur les douanes n'ayant pas prévu les cas de récidive, il ne paraît pas possible d'appliquer aux infractions les peines de la récidive édictées par le code pénal; que, d'ailleurs, si on voulait appliquer celles-ci aux matières fiscales, on rencontrerait immédiatement de grandes difficultés : faudrait-il appliquer la récidive des délits de l'art. 58 ou celle des contraventions de l'art. 483? D'une part, les infractions de douane punies de peines correctionnelles doivent, à ce titre, être considérées comme des délits; d'autre part, ces infractions pouvant exister en l'absence de volonté, d'intention, de fait actif du contrevenant, sont à ce point de vue de véritables contraventions. Une autre difficulté consisterait à déterminer si la récidive aura lieu, lorsque deux faits de même nature justiciables des lois de douane auront été commis, et si l'on devra prendre pour base de la récidive des condamnations prononcées pour délits de droit commun. C'est à tort que, pour trancher toutes les difficultés, on dit qu'il faut appliquer l'art. 58, quelque rigoureux qu'il soit, parce qu'il contient un principe général applicable à toutes les lois spéciales; car, pour appliquer une disposition aussi rigoureuse qui entraîne le maximum de l'amende et de la peine corporelle, même le doublement de l'une et de l'autre, et qui place le condamné sous la surveillance de la police pendant au moins cinq ans, il faudrait un texte formel ou au moins une disposition implicite sérieuse. Si on recherche pourquoi l'art. 58, considéré comme principe général, est appliqué aux lois spéciales dans le silence de celles-ci, on reconnaît que le véritable motif se puise dans le degré de perversité supposé plus grand chez celui qui, après un avertissement sérieux, persévère dans une voie criminelle; mais ce motif est sans application en présence d'infractions qui ne nécessitent ni la volonté, ni l'intention, ni le fait du contrevenant. S'il en est toujours ainsi en matière de contravention, il faut reconnaître au moins que la récidive, en ce cas, ne comporte que des peines légères, plutôt faites pour combattre la négligence que pour punir des coupables. Si on admettait l'application de l'art. 58, il faudrait l'admettre plus rigoureuse encore qu'elle ne l'est dans le code pénal, l'art. 463 n'étant pas applicable aux lois sur les douanes. Enfin, s'il est vrai, comme cela n'est pas contesté, que les dispositions de l'art. 58 renferment un principe général qui s'applique aux lois spéciales, encore faut-il qu'il s'agisse de lois criminelles; or la loi de douane n'est pas une loi répressive proprement dite; qualifiée quelquefois de loi politique et commerciale, elle est plutôt une loi fiscale. Dès lors, les dispositions du code pénal, notamment celles sur la récidive, ne lui sont pas applicables. — Cette doctrine n'a pas prévalu dans la jurisprudence. L'arrêt de la cour de Douai, sur le pourvoi du procureur général, a été cassé. La cour de cassation a posé de nouveau en principe que, lorsqu'aucune des dispositions qui régissent une matière spéciale (telle que les douanes) ne s'est expliquée sur le cas de récidive, il y a lieu, non de décider que cette circonstance doit être sans influence sur la condamnation, mais d'appliquer l'aggravation de peine édictée par le code pénal; que spécialement, l'individu reconnu coupable d'un fait de contrebande de tabac (dans l'espèce, introduction de 1 kilog. de tabac étranger) doit, s'il a été antérieurement condamné pour délit commun à un emprisonnement de plus d'un an, être puni, tout au moins, du maximum de la peine applicable, et, en outre, être mis sous la surveillance du

(1) (Pierre Klopp.) — La cour; — Attendu que le tribunal a commis une erreur de droit, en appliquant à la matière spéciale des douanes l'art. 69 c. pén., en ce qui touche l'amende encourue par le prévenu; mais qu'il n'est pas nécessaire de réformer, sous ce rapport, le jugement dont est appel, puisqu'en fait il est justifié par un acte de naissance régulier que Pierre Klopp était âgé de plus de seize ans lorsqu'il a commis le délit qui lui était imputé, et que, dès lors, il n'y a pas lieu à la réduction de l'amende prononcée par l'art. 41 de la loi du 28 avr. 1816;

Par ces motifs, la cour réforme le jugement de première instance en ce que le tribunal a décidé en fait que le prévenu était âgé de moins de seize ans, et ne l'a condamné qu'à 250 fr. d'amende; — Élève ladite amende à la somme de 500 fr., en conformité de l'art. 41 de la loi du 28 avr. 1816, etc.

Du 27 déc. 1854.-C. de Metz.

Gouvernement pendant cinq ans au moins et dix ans au plus (Crim. cass. 28 nov. 1868, aff. Jollibert, D. P. 69. 1. 260).

Cependant, tout en admettant le principe posé dans la solution qui précède, on peut, par des raisons particulières, en contester l'application au cas où l'état de récidive résulte d'un fait de contrebande de tabac. Ces raisons ont été exposées avec beaucoup d'érudition par M. Froissart, substitut du procureur général, devant la cour d'Amiens appelée à statuer dans la présente affaire comme tribunal de renvoi (D. P. 69. 2. 81). Mais la cour d'Amiens, par arrêt du 16 janv. 1869 (Même affaire, *ibid.*), s'est conformée à la doctrine de l'arrêt de la cour de cassation, en écartant les considérations nouvelles soulevées par l'organe du ministère public. Cette même doctrine a encore été adoptée par la cour de Metz, dans un arrêt du 16 déc. 1868 (1).

675. La loi du 15 juill. 1878 (D. P. 79. 4. 1) relative au phylloxera et au doryphora punit d'une amende de 50 à 500 fr. les contraventions aux dispositions des art. 1er, 2, 6, 7, 8, 9, et d'un emprisonnement de un mois à quinze mois et d'une amende de 50 à 500 fr. l'introduction sans déclaration des objets énoncés aux art. 1er, 6 et 7 (art. 12 et 13). — Ces peines sont doublées en cas de récidive. Il y a récidive, lorsque, dans les douze mois précédents, il a été rendu contre le contrevenant ou le délinquant un premier jugement en vertu de ladite loi.

676. L'extension de l'art. 58 c. pén. aux délits de douane n'entraîne pas, comme corrélation, celle de l'art. 463 c. pén. qui permet, en cas de récidive, de réduire la peine, le bénéfice des circonstances atténuantes ne pouvant être appliqué en matière de douanes à moins de dispositions expresses de la loi (V. *infrà*, nos 685 et suiv.).

677. Les règles de la récidive légale s'appliquent-elles aux amendes comme à la peine d'emprisonnement? L'affirmative est adoptée par les auteurs qui soutiennent que l'amende a un caractère absolument pénal (Thibault, *op. cit.*, p. 139). Dans le système qui envisage l'amende comme une réparation civile, la récidive n'a, en ce qui la concerne, aucun effet; les juges ne peuvent élever l'amende jusqu'au double.

678. Certaines infractions sont de la compétence des tribunaux correctionnels, mais cependant ne comportent que des peines pécuniaires. Ce sont celles relatives aux mines de sel et aux sources ou puits d'eau salée. La loi du 17 juin 1840 qui règle cette matière contient à l'égard de la récidive des dispositions calquées sur l'art. 58 c. pén. Mais il ne s'agit bien entendu que de la récidive entre délits de même nature (Thibault, *op. cit.*, p. 139).

679. L'art. 58 c. pén. n'est pas applicable aux infractions qui sont de la compétence des juges de paix, puisque ces infractions ne constituent pas des *délits*. Les art. 474, 478, 482 et 483 c. pén. régissent exclusivement les contraventions de police; ils ne peuvent être invoqués en matière de douanes.

680. Aux termes de l'art. 18, tit. 3, de la loi des 17-19 déc. 1814 (*Rép.* p. 578), le juge de paix, devant lequel était traduit un prévenu d'une contravention de douane devait, s'il reconnaissait que ce prévenu était en état de récidive, s'abstenir de statuer et renvoyer le prévenu devant le tribunal correctionnel qui prononçait la peine de l'emprisonnement. — Cette disposition a été abrogée par l'art. 57 de la loi du 28 avr. 1816. Il a été jugé que l'art. 18, tit. 3, de la loi du 17 déc. 1814, d'après lequel le juge de paix devait s'abstenir de statuer lorsque l'individu traduit devant lui était en état de récidive, a été abrogé par l'art. 59 de la loi du 28 avr. 1816; que l'abrogation d'une loi étant d'ordre public, la circonstance que le juge du fait n'aurait pas tenu compte de cette abrogation, ne fait pas obstacle à ce que cette erreur soit rectifiée par la cour de cassation à laquelle elle est signalée (Civ. cass. 13 déc. 1881, aff. Antoniotti, D. P. 83. 1. 21).

681. Le délit de contrebande ne figure pas parmi ceux énumérés dans l'art. 4 de la loi du 27 mai 1885 sur les récidivistes (D. P. 85. 4. 45).

682. — IV. EXCUSES; INTENTION; FORCE MAJEURE. — L'art. 16 de la loi du 9 flor. an 7 défend aux juges d'excuser les contraventions d'après l'intention. Ils ne doivent se préoccuper que de la matérialité du fait (*Rép.* nos 197 et suiv., 999). Conformément à ce principe, il a été jugé que l'opposition d'un particulier au passage sur sa propriété de préposés des douanes dans l'exercice de leurs fonctions ne peut être déclarée non punissable, par le motif que l'opposant avait cru n'user que de son droit, les contraventions en matière de douanes existant en dehors de toute intention coupable (Civ. cass. 20 juin 1860, aff. Ettori, D. P. 60. 1. 263. V. dans le même sens: Nancy, 19 août 1873, aff. Leblanc, D. P. 74. 2. 88). Jugé aussi : 1° qu'en matière de douanes, il n'y a pas lieu de tenir compte de la bonne foi; que le fait matériel seul doit être pris en considération (Trib. Hazebrouck, 27 nov. 1884, aff. Paris-Blendé, D. P. 86. 3. 30); — 2° Qu'une contravention de douane ne saurait être excusée sous prétexte que le délinquant agissait pour le compte et sur les ordres d'une autre personne et qu'il pouvait être de bonne foi (Bordeaux, 12 déc. 1888, *infrà*, n° 686. V. encore dans le même sens: Grim. cass. 3 mars 1877, aff. Druon, D. P. 78. 1. 190; 14 mars 1884, aff. Gaydon, D. P. 84. 1. 475);

683. La force majeure enlève aux faits le caractère de contravention. C'est le principe général. Les lois de douanes, loin de s'en écarter, le rappellent expressément dans certains cas (L. 6-22 août 1791, tit. 13, art. 9). La jurisprudence l'a toujours admis (*Rép.* nos 660, 666, 814 et 998). — Jugé: 1° qu'en matière de douanes, la force majeure judiciairement prouvée ôte aux faits le caractère de contravention; et que spécialement, dans une poursuite fondée sur ce que le conducteur d'un troupeau qui rentrait en France, après en être sorti sur acquit-à-caution, n'a pas pris la route directe de la frontière au premier et plus prochain bureau d'entrée, le fait perd le caractère de contravention, s'il est prouvé que la crue des eaux n'a pas permis de traverser à l'endroit déterminé par l'Administration la rivière qui marque la frontière entre les deux États (Civ. cass. 29 mars 1853, aff. Roumiou, D. P. 53. 1. 88); — 2° Qu'aux termes de l'art. 1er, tit. 1er, et de l'art. 1er, tit. 2, de la loi des 6-22 août 1791, l'obligation de tout importateur de marchandises prohibées ou tarifées consiste à les conduire directement au premier bureau d'entrée de la frontière, et à combiner la marche des voitures de manière à prendre la route directe du lieu où se trouve situé le premier et le plus prochain bureau; qu'aux termes de l'art. 64 c. pén., il n'y a ni crime, ni délit, lorsque le prévenu a été contraint par une force à laquelle il n'a pu résister; qu'il résulte du rapprochement de ces textes que, pour que les importateurs puissent être légalement protégés par l'immunité de la force majeure, il faut qu'il soit constaté, en fait, qu'ils se sont trouvés dans l'impossibilité absolue de remplir leur obligation, c'est-à-dire de conduire leurs marchandises sur le point de la frontière où se trouvait le plus prochain bureau ouvert (Crim. cass. 23 janv. 1874, aff. Sarrazin, D. P. 75. 1. 48); — 3° Que si, de la combinaison des art. 1er du tit. 5 de la loi des 6-22 août 1791, 29 de ce titre, 2 de la même loi, 41, 42, 43 de la loi du 28 avr. 1816 et 1er de la loi du 2 juin 1875, il résulte que tout transporteur d'objets de contrebande doit être réputé pénalement responsable de l'introduction de ces objets en France, cette responsabilité suppose nécessairement de sa part la liberté de vérifier le contenu de son chargement et de se refuser au transport d'objets prohibés à l'importation; qu'aux termes de l'art. 64 c. pén., applicable

(1) (Coutin.) — LA COUR; — Attendu que Coutin avoue avoir, le 15 nov. 1868, introduit frauduleusement de l'étranger en France une certaine quantité de marchandises prohibées; que c'est donc avec raison qu'il lui a été fait application des art. 41, 42 et 43 de la loi du 28 avr. 1816, et que, sous ce rapport, il y a lieu de confirmer le jugement; — Attendu que Coutin a déjà subi douze condamnations, dont trois à plus d'une année d'emprisonnement; qu'il était donc passible des peines portées en l'art. 58 c. pén.; qu'en effet, les dispositions de cet article sont générales et absolues; qu'elles s'appliquent à tous les délits prévus par des lois particulières, lorsque ces lois n'ont pas établi des règles spéciales pour la récidive des délits dont elles ont pour objet d'assurer la répression; que, d'un autre côté, l'état de récidive du prévenu ne permet pas, au cas où il existerait des circonstances atténuantes, l'extension de l'art. 463 c. pén. à une loi qui n'en autorise pas l'application; qu'il convient donc, en faisant droit à l'appel du procureur général, d'appliquer à Coutin dans toute leur rigueur les dispositions de l'art. 58 c. pén.

Du 16 déc. 1868.-C. de Metz.

en toute matière pénale, en effet, il n'y a ni crime ni délit, quand le prévenu a agi sous l'empire d'une contrainte à laquelle il n'a pu résister; que de l'économie de la loi du 3 mars 1881 (D. P. 82. 4. 41), de la convention diplomatique dont elle autorise la ratification, des annexes de ladite convention, de la convention entre l'Etat et les compagnies de transport, approuvée par la même loi, et des décrets rendus en exécution de cette loi par le président de la République, il résulte que les compagnies de transport chargées, aux lieu et place de l'administration des postes, du transport des colis postaux sont tenues de les recevoir soigneusement emballés, clos et cachetés, et de les transporter à destination dans un bref délai déterminé par les règlements; que les conditions de régularité, de rapidité et de sûreté que les différents textes ci-dessus visés ont eu pour but d'assurer à la circulation des colis postaux, mettent les compagnies de transport dans l'impossibilité légale de les ouvrir pour en vérifier le contenu, soit au moment où ils lui sont confiés, soit en cours de voyage; qu'en conséquence, lorsque les formalités relatives à l'expédition de ces colis ont été régulièrement remplies, les compagnies ne sauraient encourir aucune responsabilité pénale, à raison d'objets de contrebande qu'un expéditeur aurait frauduleusement dissimulés sous la couverture d'un colis postal et que la vérification en douane y ferait découvrir (Crim. rej. 23 janv. 1885, aff. Compagnie générale transatlantique, D. P. 85. 1. 177). — La compagnie à l'égard de laquelle a été rendu ce dernier arrêt ne pouvait se refuser, dans aucun cas, au transport des colis postaux; elle devait les transporter dans les conditions prescrites par le règlement annexé à la convention, c'est-à-dire que ces colis devaient lui être remis scellés et qu'il lui était interdit d'en vérifier le contenu. On ne pouvait donc lui imputer aucun fait personnel engageant sa responsabilité et résultant soit de la réception des colis, soit d'un défaut quelconque de surveillance ; et elle était fondée à invoquer ce qu'on peut appeler une « force majeure légale » résultant de la situation exceptionnelle dans laquelle la plaçaient les conventions et règlements auxquels elle était soumise pour l'accomplissement d'un service public (V. aussi Garraud, *Traité du droit pénal français*, t. 1, n° 223; Blanche, *Etudes sur le code pénal*, t. 2, n°s 213 et suiv.).

Mais la force majeure doit être établie ; de simples présomptions d'ignorance et de bonne foi seraient insuffisantes pour justifier le renvoi du prévenu, spécialement d'un individu dans la maison duquel des marchandises prohibées ont été trouvées à l'intérieur du rayon frontière (Crim. cass. 21 mars 1851, aff. Bizollin, D. P. 52. 5. 221. V. aussi dans le même sens : Crim. cass. 7 févr. 1863, aff. Banget-Lingrat, D. P. 63. 1. 206; Nancy, 19 août 1873, aff. Leblanc, D. P. 74. 2. 88).

684. — V. DÉMENCE. — Aux termes de l'art. 64 c. pén., il n'y a ni crime ni délit, lorsque le prévenu était en état de démence au temps de l'action. Ce principe est général et s'applique en matière de douanes (V. Garraud, *Traité de droit pénal français*, t. 1, n°s 209 et suiv.).

685. — VI. CIRCONSTANCES ATTÉNUANTES. — Les art. 463 et 483 c. pén. ne s'appliquent qu'aux délits et contraventions prévus par le code pénal. Leurs dispositions ne peuvent être étendues aux peines correctionnelles édictées par des lois spéciales qu'en vertu d'un texte qui en autorise formellement l'application (Garraud, *Précis de droit criminel*, n° 267; Haus, *Code pénal belge*, t. 2, n° 850; Crim. cass. 24 sept 1868, aff. Lépine, D. P. 69. 1. 438; Agen, 27 août 1879, aff. Cartay, D. P. 80. 2. 158). Or, les lois de douane ne permettent pas, en général, d'étendre aux infractions qu'elles répriment la faculté d'atténuation établie par les art. 463 et 483 c. pén. (V. toutefois la loi du 15 juill. 1878, relative au phylloxera et au doryphora, D. P. 79. 4. 1, dont l'art. 15 déclare l'art. 463 c. pén. applicable aux condamnations prononcées en vertu de ladite loi et la loi du 8 mars 1875 relative à la poudre de dynamite, D. P. 75. 4. 97). Il ne saurait donc y avoir de doute sur l'inapplicabilité en notre matière des circonstances atténuantes.

686. Cependant la loi du 30 mars 1888 (D. P. 88. 4. 26) ayant, par son art. 42, donné aux tribunaux la faculté de faire application de l'art. 463 c. pén. aux contrevenants en matière d'infractions aux lois sur les contributions indirectes, certains tribunaux ont étendu le bénéfice de cette disposition aux prévenus poursuivis pour infractions aux lois de douanes. L'Administration a interjeté appel de ces décisions. Ces appels ont reçu des solutions diverses. Les cours de Bordeaux, le 12 déc. 1888 (1), et de Nancy le 7 févr. 1889 (2), ont réformé les jugement qui accordaient à

(1) (Hild et autres.) — LA COUR; — Attendu que l'administration des douanes a régulièrement relevé appel du jugement du tribunal correctionnel de Bordeaux, sur les chefs qui ont modéré l'amende encourue par le prévenu Hild, et prononcé l'acquittement de Vambert, qu'elle a également assigné devant la cour le capitaine Ollivier commandant le « Chateau-Laffite » et les sieurs Orpelière et Beausoleil, pris comme civilement responsables de leurs préposés;

Attendu, en ce qui concerne Hild, que la contravention qui lui est reprochée est constante et d'ailleurs reconnue; que le prévenu maître d'hôtel à bord du « Château-Laffite » avoue qu'il est l'auteur de la fraude constatée par le procès-verbal et qu'il avait caché sous les couvertures et le linge dont Vambert opérait le transport dans sa voiture, le café, les cigares et le tabac à fumer qu'il cherchait ainsi à introduire sans avoir payé les droits de douane;

Attendu qu'il n'existe de difficulté que sur le point de savoir s'il était possible, comme l'ont pensé les premiers juges, de faire profiter Hild des nouvelles dispositions de l'art. 42 de la loi du 30 mars 1888; — Attendu, à cet égard, que l'article précité était inapplicable à la cause à un double point de vue; — Qu'en premier lieu, la loi dont s'agit permet l'admission des circonstances atténuantes de l'art. 463 c. pén. pour les contraventions prévues par les lois en matière de contributions indirectes; — Que cette disposition ne peut être étendue à d'autres lois et à des infractions qu'elle n'a point prévues; que l'administration des douanes et celle des contributions indirectes sont entièrement distinctes l'une de l'autre par leur organisation, par la nature des impôts qu'elles perçoivent, par celle des fraudes qu'elles répriment et par la législation qui régit chacune d'elles; — Qu'on ne peut donc, en matière de douanes, faire bénéficier les délinquants de l'art. 463 c. pén., par cela seul que la loi spéciale n'en autorise pas l'application ; — Attendu, d'ailleurs, que la fraude constatée contre Hild a été commise le 29 mars dernier, antérieurement au vote de la loi invoquée par les premiers juges; — Que cette loi ne saurait être rétroactivement étendue aux faits accomplis avant sa promulgation, puisque les amendes infligées pour les contraventions en matière de douanes comme en matière de contributions indirectes, ont le caractère de réparations civiles plutôt qu'un caractère pénal; — Attendu, dès lors, qu'il y avait lieu de prononcer contre Hild l'amende de 1000 fr. édictée par l'art. 51 de la loi du 28 avr. 1816, la valeur des objets transportés n'excédant pas cette somme;

Attendu que par application de l'art. 1384 c. civ., il y a lieu de maintenir la responsabilité civile prononcée par le jugement contre le capitaine Ollivier, Hild étant le préposé de ce dernier à bord du navire et ayant commis l'infraction dans l'exercice des fonctions dont il était chargé; — En ce qui concerne Vambert: — Attendu que ce prévenu transportait sur la voiture dont il la conduite lui était confiée par Orpelière et Beausoleil les objets importés en fraude; — Qu'il était donc responsable du délit ainsi directement commis par lui et ne pouvait être excusé sous le prétexte qu'il agissait de bonne foi;

Attendu que le tribunal ne pouvait appliquer, dans l'espèce, les dispositions de l'art. 13 de la loi du 21 juin 1873, uniquement édictées pour les infractions aux lois sur les boissons; — Qu'en matière de douanes, l'immunité au profit des transporteurs est consacrée par l'art. 29 de la loi du 22 août 1791; qu'elle ne peut être invoquée que lorsque les messagers et conducteurs ont porté sur leur feuilles les objets soumis aux droits et mis par leurs indications l'Administration en mesure d'exercer contre les auteurs de la fraude des poursuites efficaces; — Attendu qu'il suffit de lire le procès-verbal pour demeurer convaincu que Vambert n'a fourni aucun renseignement de cette nature et qu'il s'est borné à signaler les noms des patrons dont il était l'employé; — Attendu que la responsabilité d'Orpelière et de Beausoleil doit être prononcée parce qu'ils avaient préposé Vambert à la conduite de la voiture sur laquelle les objets de fraude étaient transportés;

Par ces motifs, la cour infirme, etc.

Du 12 déc. 1888.-C. de Bordeaux, 4e ch.-MM. Dulamon, pr.-Olive, rap.

(2) (B...) — LA COUR; — Attendu que, par jugement du tribunal correctionnel de Montmédy, en date du 1er déc. 1888, le nommé B... a été condamné à quinze jours d'emprisonnement, 100 fr. d'amende, à la confiscation des marchandises saisies et au minimum de l'exercice de la contrainte par corps, pour délits de mendicité et de vagabondage et pour introduction frauduleuse en France d'un kilogramme de tabac à fumer, de provenance étran-

des prévenus les circonstances atténuantes. Le tribunal civil de Cherbourg, au contraire, a maintenu un jugement du tribunal de paix qui avait fait application de l'art. 42 précité à un individu poursuivi pour opposition aux fonctions des préposés. L'Administration s'est pourvue contre ce dernier jugement et la chambre des requêtes de la cour de cassation a, par un arrêt rendu le 11 févr. 1889, admis le pourvoi.

La solution adoptée par les cours de Bordeaux et de Nancy et la cour de cassation est absolument juridique. Si les dispositions des art. 463 et 483 c. pén. qui s'appliquent à toutes les infractions ordinaires, ne peuvent être étendues aux infractions prévues par des lois spéciales, à plus forte raison une disposition particulière, exceptionnelle, autorisant l'admission des circonstances atténuantes pour une catégorie de délits déterminés, doit-elle être interprétée d'une manière restrictive. L'art. 42 de la loi de finances du 30 mars 1888 s'applique aux infractions aux lois sur les contributions indirectes. Il ne saurait donc être étendu, par analogie, aux infractions en matière de douanes, qui sont soumises à des règles distinctes, poursuivies et réprimées en vertu de lois différentes. Au surplus, ainsi que le fait clairement ressortir l'arrêt de Nancy, les débats parlementaires qui ont eu lieu au moment de la discussion de l'art. 42 établissent d'une façon indiscutable que son application est restreinte aux délits et contraventions en matière de contributions indirectes.

Sect. 1re. — De l'amende (*Rép.* nos 973 à 979).

687. Le caractère des amendes en matière de douanes a été étudié au *Rép.* nos 973 et suiv. La jurisprudence, en général, n'attribue pas exclusivement à l'amende le caractère d'indemnité. Elle décide seulement qu'elle a *plutôt* le caractère de réparation civile que celui de peine. « La théorie qui paraît se dégager de l'ensemble des arrêts, dit M. Garraud, *Traité du droit pénal français*, t. 1, n° 354, texte et note 12, est que les amendes fiscales ont un caractère mixte, qu'elles sont tout à la fois des peines et des indemnités. Seulement, c'est tantôt leur caractère de peine qui est prédominant, tantôt leur caractère d'indemnité. Ce caractère mixte est attribué aux amendes fiscales, d'abord par cette considération que les contraventions aux lois d'impôts, n'étant punies qu'en raison du préjudice qu'elles causent au fisc et non à raison de leur immoralité intrinsèque, l'amende fiscale est prononcée bien plus pour réparer un dommage que pour punir un coupable. » La jurisprudence admet donc que, sans cesser d'être une peine, l'amende prend ici le caractère de réparation civile. Ainsi elle décide que l'amende ne peut être prononcée, après la mort du délinquant, contre ses héritiers, attribuant ainsi le caractère de peine à l'amende (*Rép.* n° 976); et, d'autre part, elle admet que toutes les personnes civilement responsables du fait d'autrui sont tenues des amendes en matière de douanes (V. *infrà*, nos 689 et suiv.); que le

---

gère, le tout par application des art. 269, 270, 271, 275, 282, 463 c. pén., 41, 42, 43 de la loi du 28 avr. 1816, 42 de celle de finances du 31 mars 1888, et 365 c. instr. cr.; — Attendu que l'administration des douanes a interjeté appel du jugement dans les délais de la loi; — Attendu que cet appel porte sur l'application erronée des dispositions des art. 42 de la loi du 31 mars 1888 et 463 c. pén., à une infraction prévue et réprimée par la loi du 28 avr. 1816, spéciale aux douanes;

En droit : — Attendu que la faculté d'atténuation, établie par l'art. 463 à l'égard des peines correctionnelles prononcées par le code pénal, ne peut être étendue aux peines correctionnelles édictées par des lois spéciales qu'en vertu d'une disposition qui en autorise formellement l'exercice; — Que ce principe est d'autant plus rigoureux que dans les matières régies, quant à la pénalité, par une de ces lois spéciales, la disposition de celle-ci, à laquelle est subordonnée l'admissibilité des circonstances atténuantes, doit encore être interprétée d'une manière restrictive;

Attendu que l'art. 42 de la loi de finances du 31 mars 1888 ne s'applique qu'aux délits et contraventions aux lois sur les contributions indirectes; qu'il ne saurait être étendu aux infractions en matière de douanes; — Attendu que le doute n'est plus permis en présence du contexte même de cet article;

Attendu, d'une part, que la douane et les contributions indirectes forment des administrations distinctes; que chacune d'elles a un directeur général et des agents spéciaux; qu'elles diffèrent encore par leurs attributions; — Attendu, en effet, que la Régie des douanes a été organisée par les lois des 23 avr., 1er mai et 22 août 1791; qu'elle a succédé à la ferme générale; que sa mission est de percevoir les droits imposés sur les marchandises à leur entrée et à leur sortie, et de veiller à ce que des importations ou des exportations n'aient pas lieu au préjudice de l'État ou du Trésor public; — Attendu que, comme toutes les administrations chargées du recouvrement des deniers publics, la Régie des douanes a le droit d'exercer en son nom personnel toutes les actions nécessaires à la perception de l'impôt et de poursuivre les contraventions, tant dans les cas dont la connaissance est attribuée aux tribunaux de police correctionnelle ou criminelle, que dans ceux qui sont de la compétence des tribunaux civils; — Attendu que l'organisation des contributions indirectes ne remonte au contraire qu'au 5 vent. an 13; que cette administration est spécialement chargée du recouvrement des impôts connus anciennement sous le nom d'aides et de gabelle : d'où il suit que les attributions des deux services sont essentiellement différentes; que chacun d'eux doit opérer dans sa sphère particulière et que, dès lors, les dispositions législatives s'appliquant à l'un d'eux ne sauraient être étendues à l'autre, à défaut d'un texte formel; — Attendu qu'il doit en être surtout ainsi, lorsque, par sa nature, la disposition législative doit être interprétée restrictivement, comme au cas particulier;

Attendu, d'autre part, que les propositions parlementaires qui ont abouti au vote de la disposition, qui est devenue l'art. 42 de la loi du 31 mars 1888, démontrent jusqu'à l'évidence que le législateur n'a pas compris les infractions aux lois et règlements sur les douanes dans la catégorie des délits et contraventions pour lesquels il a rendu l'art. 463 c. pén. applicable; — Que déjà, en effet, un amendement de M. Cunéo d'Ornano à la loi du budget, présenté le 28 mars 1887, avait eu pour objet d'étendre la disposition de cet article à tous les délits et à toutes les contraventions en matière de boissons; que la portée de cet amendement se trouvait donc limitée; — Attendu que la même idée a été reprise le 15 nov. 1887, et plus tard le 28 janv. 1888, par M. Boreau-Lajanadie et plusieurs de ses collègues; que chaque fois la commission d'initiative parlementaire a demandé de la prendre en considération, mais qu'elle a été rejetée par le Sénat; — Attendu que, le 16 mars 1888, M. Albert Ferry a reproduit une disposition analogue et fait adopter par la Chambre des députés un article additionnel ainsi conçu : « Les art. 4, tit. 12, de la loi du 22 août 1791; 23, tit. 6, de la loi du 4 germ. an 2; 16, § 2, et 17, tit. 4, de la loi du 9 flor. an 7; 39 du décret du 1er germ. an 13; 11 de la loi du 21 juin 1873, et généralement tous les textes qui défendent aux tribunaux de modérer les confiscations et amendes en matière de délits ou de contraventions aux lois sur les contributions indirectes sont supprimés et remplacés par les dispositions suivantes : L'art. 365 c. instr. cr. et l'art. 463 c. pén. sont applicables aux délits et contraventions prévus par les lois sur les contributions indirectes, sans que, même en cas d'acquittement, le prévenu puisse être dispensé d'acquitter le montant du droit fraudé. Les procès-verbaux feront foi jusqu'à preuve contraire; ils ne pourront être l'objet d'aucune transaction »; — Attendu que, lorsque, après son rejet par le Sénat, ce projet est revenu devant la Chambre des députés, M. Cunéo d'Ornano a alors repris celui qu'il avait lui-même présenté en 1887, en y substituant les mots « contributions indirectes » au mot « boissons » et qu'il a de nouveau proposé la disposition relative à l'admission des circonstances atténuantes; — Attendu que cet amendement, auquel M. Albert Ferry s'est rallié, a ensuite été adopté par les deux Chambres; qu'il forme aujourd'hui l'art. 42 de la loi du 31 mars 1888 et que son auteur en a lui-même limité le sens, soit en 1887, en le restreignant aux lois et règlements sur les boissons, soit en 1888, en ne le rendant applicable qu'aux délits et contraventions prévus par les lois sur les contributions indirectes; — Attendu que cette restriction est encore attestée par l'unique intervention, devant les Chambres, du directeur général des contributions indirectes; qu'incontestablement celui des douanes aurait assisté le ministre des finances et pris part à la discussion, si l'amendement proposé avait intéressé son administration; — Attendu que peu importe que M. Albert Ferry ait visé dans sa proposition les art. 4, tit. 12, de la loi du 22 août 1791; 23, tit. 6, de la loi du 4 germ. an 2; 16, § 2, et 17, tit. 4, de celle du 9 flor. an 7, puisque cette proposition tout entière a été écartée par le Sénat et que la réforme n'a porté que sur l'amendement de M. Cunéo d'Ornano, restreint à l'admission des circonstances atténuantes;

Par ces motifs; — La cour; — Reçoit en la forme l'administration des douanes appelante envers le jugement du tribunal de police correctionnelle de Montmédy, du 1er déc. 1888; — Au fond : — Faisant droit à l'appel émis, dit que c'est à tort que les juges du premier degré ont appliqué au délit de contrebande poursuivi contre le prévenu les dispositions des art. 42 de la loi de finances du 31 mars 1888 et 463 c. pén.; — Élève, en conséquence, à 500 fr. l'amende prononcée; confirme dans ses autres dispositions le jugement dont est appel pour sortir son plein et entier effet.

Du 7 févr. 1889.-C. de Nancy, ch. corr.

principe du non-cumul des peines n'est pas applicable à ces amendes (*Rép.* n° 976, et *suprà*, n° 671. Conf. Blanche, *op. cit.*, t. 1, n°s 295 et suiv.). — Ces solutions, ainsi qu'on l'a fait remarquer au *Rép.* n° 976, sont contradictoires. Les amendes sont ou des peines ou des indemnités. Si elles sont des indemnités, ce qui paraît résulter de la législation sur les douanes (V. aussi *Rép.* n° 976; Le Sellyer, *Traité de l'action publique et de l'action privée*, t. 1, p. 473 et suiv.; Toullier, *Droit civil*, t. 2, n° 291), le principe devrait être suivi dans toutes ses conséquences; et l'État, notamment, devrait avoir action sur la succession du défunt. — M. Garraud attribue à l'amende le caractère de peine. « Présentée avec une généralité d'application, dit cet auteur, *op. cit.*, t. 1, p. 579, la théorie des amendes mixtes est inexacte, puisque l'art. 10 c. pén. nous dit que la condamnation aux peines établies par la loi est toujours prononcée sans préjudice des restitutions et dommages-intérêts qui peuvent être dus aux parties; et que les administrations financières ont, en principe, le droit qu'aucun texte ne leur enlève, de conclure non seulement à l'application d'une peine, mais à la condamnation des contrevenants à des dommages-intérêts. Ce qui est vrai, c'est qu'il existe des dispositions spéciales qui, pour telle ou telle amende fiscale paraissent écarter l'un ou l'autre des effets qui découlent du caractère exclusivement répressif de la peine. Mais il faut pour se rendre compte de la portée de ces dispositions, les soumettre à une analyse rationnelle. Si les maîtres et commettants, propriétaires des marchandises, si les fermiers ou régisseurs sont responsables des amendes prononcées contre leurs agents, c'est qu'ils ont commis une faute, d'autant plus grave qu'elle leur est profitable, celle de n'avoir pas surveillé leurs préposés. La loi a donc pu ériger en délit *sui generis* ce défaut de surveillance, sans déroger à la règle que toute peine doit être personnelle. C'est ce qu'elle a fait, non seulement dans les textes que j'ai cités, mais dans d'autres textes sur l'interprétation desquels la jurisprudence est d'accord avec nous. Ainsi, tandis que la jurisprudence estime que la responsabilité des maîtres et commettants, propriétaires des marchandises, des fermiers ou régisseurs en matière de contributions indirectes, de douanes et d'octroi, n'est pas une responsabilité pénale, même en ce qui regarde l'amende; que c'est l'amende, au contraire, qui cesse d'être une peine pour prendre le caractère de réparation civile, je pense, au contraire, que les maîtres et commettants, fermiers ou régisseurs, dont il s'agit, sont pénalement responsables, parce qu'ils sont personnellement coupables, non d'avoir commis la contravention, mais de l'avoir laissé commettre. De ce point de vue je tire les conclusions suivantes. Puisque la responsabilité, en ce qui concerne l'amende, a le caractère d'une responsabilité pénale, je ne fais aucune difficulté d'admettre que les propriétaires et commettants, fermiers ou régisseurs condamnés à l'amende, seront soumis, pour son recouvrement, à la contrainte par corps. J'admets également que les propriétaires de marchandises introduites en fraude des lois sur les douanes, les contributions indirectes, les octrois, peuvent être régulièrement cités devant les tribunaux de répression comme civilement responsables des droits, amendes et condamnations encourus par l'auteur principal de la contravention, même postérieurement à la condamnation prononcée contre celui-ci et passée en force de chose jugée. »

688. Cette opinion, conforme à la doctrine que MM. Chauveau et Faustin Hélie avaient défendue, est également soutenue par M. Thibault, *op. cit.*, p. 102 et suiv., et M. Sourdat, *Traité de la responsabilité*, t. 1, n° 79; t. 2, n°s 778 et suiv.; s'appuyant principalement sur cette considération qu'aucune loi de douanes n'indique formellement que l'amende ait le caractère d'une indemnité, elle a jugé que l'amende doit être considérée comme une peine en matière de douanes, et que, dès lors, lorsqu'un prévenu est décédé, après avoir interjeté appel du jugement qui l'a condamné à l'amende, cette amende ne peut être maintenue par la cour contre ses héritiers (Besançon, 21 déc. 1854) (1).

(1) (Laithier C. Administration des douanes.) — LA COUR; — Sur la fin de non-recevoir opposée à l'administration des douanes: — Attendu que, si les marchandises tarifées introduites frauduleusement en France ne peuvent plus être saisies lorsqu'elles ont franchi le rayon, à moins qu'elles n'aient été suivies à vue par les employés de la régie, et si alors les porteurs sont à l'abri de toutes poursuites, ce principe est sans application aux entrepreneurs ou intéressés d'une manière quelconque à l'acte de contrebande; que ceux-ci peuvent toujours, même dans le cas où les marchandises tarifées sont parvenues dans l'intérieur, être poursuivis par le ministère public; que la disposition générale des art. 52 et 53, paragraphe final de la loi du 28 avr. 1816, ne laisse aucun doute à cet égard; — Attendu qu'aux termes de l'art. 1er c. instr. cr., tout délit donne lieu à deux actions, à l'action publique et à l'action civile; que le délit prévu par les art. 52 et 53 ci-dessus ne faisant pas exception à cette règle, l'action civile qui en résulte peut être exercée par la partie civile, c'est-à-dire par l'administration des douanes; que l'intervention de celle-ci dans l'instance est donc recevable;

Sur la fin de non-recevoir opposée au ministère public par les héritiers Félix Laithier : — Attendu que leur auteur est décédé depuis l'appel par lui émis du jugement de condamnation rendu contre lui par le tribunal de Pontarlier; que cet appel a eu pour effet de saisir la cour de la connaissance du délit qui lui était reproché; — Attendu que, si l'action publique est éteinte par la mort du prévenu, le décès de Félix Laithier n'a cependant pas dessaisi de plein droit la juridiction supérieure; qu'il y a, dès lors, nécessité, pour ne pas entraver le cours de la justice, de lui fournir le moyen de vider d'une manière quelconque cet appel; que le ministère public peut, en mettant la cause en état à l'égard de toutes les parties, lui procurer ce moyen; d'où il suit que son action est recevable; — Attendu, du reste, que du principe « que l'action publique est éteinte par la mort du prévenu », il ne résulte pas que la cour doive se borner à déclarer purement et simplement qu'elle se dessaisit; qu'en effet, la juridiction correctionnelle, légalement saisie de la poursuite à raison de la contravention qui était le sujet de l'action intentée, conserve, nonobstant le décès du contrevenant, son attribution pour prononcer sur toutes les suites de cette action, qui ne doivent pas être anéanties par ledit décès; que la cour a donc qualité pour rechercher quelles sont, parmi les suites du délit de contrebande dûment constaté, celles qui subsistent encore malgré le décès de Félix Laithier; qu'on doit le décider ainsi avec d'autant plus de raison que la juridiction civile serait incompétente pour statuer à cet égard;

Au fond : — Sur la question de savoir quelles sont, parmi les suites de l'acte de contrebande, celles qui ne sont pas anéanties par le décès de Laithier, et quelles sont, en conséquence, les condamnations qui peuvent intervenir contre ses héritiers : — Attendu que les peines ne survivant pas au contrevenant parce qu'elles sont personnelles, ne sauraient atteindre ses héritiers;

En ce qui concerne l'amende : — Attendu qu'aux termes des art. 7, 11 et 464 c. pén., conformes en ce point à la loi des 19-22 juill. 1791, art. 1er, tit. 2, l'amende est une peine; qu'elle doit conserver ce caractère que lui attribue le droit commun, dans tous les cas non formellement exceptés par une loi spéciale; — Attendu que, parmi les différentes lois sur les douanes, il n'en est aucune aujourd'hui qui consacre cette exception formelle; — Attendu : 1° que l'art. 20, tit. 13, de la loi des 6-22 août 1791 déclare à la vérité les propriétaires des marchandises civilement responsables du fait de leurs facteurs, agents, serviteurs et domestiques, en ce qui concerne les droits, confiscations, amendes et dépens; mais que cette disposition particulière s'explique sans qu'il soit nécessaire d'y voir un changement au caractère de l'amende; qu'en effet, les propriétaires de marchandises qui ne s'opposent pas à ce que leurs facteurs, serviteurs et domestiques se livrent à la contrebande, peuvent, jusqu'à un certain point, être réputés leurs complices; que l'on comprend, dès lors, que le législateur ait, par ce motif, étendu leur responsabilité jusqu'à l'amende; qu'il suffit que cet article puisse ainsi s'interpréter pour qu'on ne doive pas admettre que, relativement au caractère de l'amende, il ait dérogé au droit commun; qu'une dérogation à la loi générale ne se suppose pas et doit être clairement exprimée; — Attendu 2°, que l'art. 56 de la loi du 28 avr. 1816 a été abrogé par l'art. 38 de la loi du 21 avr. 1818; que cette abrogation comprend toutes les parties de l'article, et conséquemment le second paragraphe, relatif à la nature des amendes et confiscations, aussi bien que le premier; que cela résulte d'abord de la disposition générale de l'art. 38, qui ne fait pas de distinction; ensuite des art. 34, 35, 36 et 37 de cette loi du 21 avr. 1818, qui est elle-même répressive de la contrebande; qu'effectivement le législateur se sert constamment dans ces articles du mot *peines*, et jamais des mots *réparations civiles*, pour qualifier les amendes et confiscations; que spécialement, l'amende reçoit la dénomination de *peine* dans l'art. 36; que, d'après cela, il n'est pas permis de croire que le législateur ait voulu laisser subsister la seconde partie de l'art. 36; que c'est donc à tort qu'on invoque aussi cet article pour établir qu'en matière de douane l'amende est une réparation civile; — Attendu enfin que si d'autres dispositions confèrent à l'administration des douanes le pouvoir de poursuivre la répression des délits de contrebande et de tran-

689. La cour de cassation a maintenu sa jurisprudence antérieure. — Ainsi elle a jugé que les amendes prononcées en matière de douanes ont plutôt le caractère de réparations civiles que celui d'une peine; qu'en conséquence, les amendes encourues antérieurement à une loi qui a supprimé les contraventions qui y donnaient lieu n'en doivent pas moins être prononcées par la juridiction correctionnelle, sous l'empire de cette loi, à titre de réparations acquises au Trésor public (Crim. rej. 11 déc. 1863, aff. Dietsch, D. P. 64. 1. 200). Le même principe est formulé dans un arrêt de la chambre civile (Civ. cass. 30 nov. 1869, aff. Feuermann, D. P. 70. 1. 30), dont les considérants répondent aux objections de la cour de Besançon. « Attendu, porte cet arrêt, que la matière des douanes est régie par des lois spéciales, portant avec elles leur sanction particulière, dont l'art. 484 c. pén. prescrit aux cours et tribunaux la stricte observation; — Attendu qu'en matière de douanes les amendes n'ont pas un véritable caractère pénal; qu'elles sont plutôt des réparations civiles pour le préjudice causé à l'État et à l'industrie nationale; que cela résulte de la législation spéciale sur la matière, et notamment de la loi des 6-22 août 1791, art. 1er, tit. 5, et art. 20, tit. 13; de celle du 4 germ. an 2, art. 8, tit. 5, aussi bien que de l'arrêté du Directoire exécutif du 27 therm. an 4, qui considère que « la législation sur les douanes n'est que politique et commerciale, que les peines à prononcer contre les contrevenants en cette partie ne sont pas de la même nature que celles à prononcer contre les délinquants qui troublent l'ordre public et ne doivent être envisagées que comme des mesures propres à assurer la prépondérance du commerce et des manufactures nationales sur le commerce et les manufactures de l'étranger »; — Attendu que la nature particulière de l'amende en matière de douanes ressort encore de l'économie de la loi du 28 avr. 1816; que cette loi, en effet, quand elle s'occupe de la répression de la contrebande, n'édicte comme peine proprement dite que l'emprisonnement; dont elle fait une disposition particulière dans l'art. 42; que, quant à l'amende, elle ne la réunit pas à l'emprisonnement, comme dans les lois pénales ordinaires; qu'elle dispose à son égard dans l'art. 41, en réglant, en même temps que l'amende elle-même, la confiscation et la saisie des moyens de transport, voulant qu'en outre de cette confiscation, les tribunaux prononcent encore une amende qui ne peut être moindre de 500 fr., mais qui, lorsque la marchandise frauduleusement introduite dépassera cette somme, sera égale à la valeur de cette marchandise elle-même; proportionnalité qui démontre bien que l'amende, en ce cas, est moins une peine que la réparation d'un dommage, qui devient plus ou moins considérable, suivant que les objets introduits ont une valeur plus ou moins élevée; — Attendu enfin que cette même loi de 1816 range expressément, par son art. 56, l'amende avec la confiscation et les dommages-intérêts parmi les condamnations civiles qui devront être prononcées comme conséquence du délit de contrebande; que l'on objecterait en vain que cet art. 56 de la loi du 28 avr. 1816 a été abrogé par l'art. 38 de la loi du 21 avr. 1818; que ce qui a été abrogé par cette disposition, ce n'est pas l'amende ni sa nature de réparation civile, mais seulement la juridiction qui la prononçait et dont les attributions étaient transportées aux tribunaux correctionnels, etc. ». — Il a été jugé depuis dans le même sens, qu'en matière de douanes, l'amende constitue une réparation civile et non une peine; que, par suite, les faits d'introduction frauduleuse qui se sont produits à des époques séparées et distinctes doivent être punis d'autant d'amendes qu'il y a eu de contraventions; que, par suite encore, l'appel interjeté par le ministère public seul ne peut permettre l'application d'amendes que le premier juge a omis de prononcer, si d'ailleurs l'administration des douanes n'a pas usé du droit d'appel dans les délais légaux (Nancy, 27 févr. 1878, aff. Lambert, D. P. 79. 2. 46). — Décidé aussi, dans le sens de l'arrêt précité du 11 déc. 1863, que les amendes infligées pour les contraventions en matière de douanes ont le caractère de réparations civiles plutôt qu'un caractère pénal; qu'en conséquence, à supposer que l'art. 42 de la loi du 30 mars 1888, déclarant applicable l'art. 463 c. pén. aux infractions en matières de contributions indirectes, pût être étendu à la matière des douanes, le bénéfice de cette loi ne saurait être appliqué à des faits accomplis avant sa promulgation (Bordeaux, 12 déc. 1888, *suprà*, n° 686).

690. La jurisprudence, on le voit, a varié sur la question relative au caractère des amendes. Mais, ainsi que le fait remarquer M. Thibault, *op. cit.*, p. 110, ses variations portent exclusivement sur les motifs de ses décisions; car, sur les différentes questions d'application des principes si contradictoires qu'elle a invoqués, ses solutions sont restées les mêmes. « Ainsi, dit cet auteur, elle a toujours décidé que les amendes ne pouvaient être poursuivies contre les héritiers des contrevenants, parce qu'elles étaient des peines, et que les parents des enfants mineurs ou les maris des femmes coupables de fraude pouvaient être rendus civilement responsables des amendes prononcées contre ces derniers, parce qu'elles devaient être considérées comme des réparations civiles. En outre, elle a cru devoir expliquer par le caractère civil de ces condamnations la disposition de la loi des 6-22 août 1791 qui déclare « les propriétaires des marchandises responsables civilement du fait de leurs facteurs, agents, serviteurs ou domestiques, en ce qui concerne les droits, *confiscations, amendes* et dépens ». Et, quand il s'est agi de l'application de la contrainte par corps, sous l'empire de la loi du 22 juill. 1867 (D. P. 67. 4. 75), elle a revendiqué pour ces mêmes condamnations un caractère pénal, afin de mettre ses décisions en harmonie avec les opinions exprimées au cours des débats parlementaires par les rédacteurs de la loi. Ces deux dernières décisions n'ont besoin ni de justification, ni d'explication. Elles s'appuient sur des textes très précis. Il importe, au contraire, de rechercher les causes des deux premières : en décidant que les amendes ne pouvaient pas être prononcées contre les héritiers des contrevenants, la cour de cassation a non seulement suivi les règles de l'ancien droit, mais elle a obéi à des considérations morales de la plus haute importance. Ses arrêts sont à l'abri de toute critique. Lorsqu'elle a déclaré, contrairement aux principes

---

siger sur ces délits, cette attribution est fondée sur ce que les amendes font partie des intérêts fiscaux qui sont confiés à sa surveillance; mais que son action en cette partie n'en est pas moins soumise aux règles qui concernent les actions publiques; — Qu'il n'existe donc dans la loi spéciale aucun texte positif qui, dérogeant au droit commun, attribue à l'amende le caractère exclusif de réparation civile; que s'il est permis de reconnaître que, dans les matières fiscales, les amendes n'ont pas un caractère purement pénal, et qu'un caractère civil vient s'y mêler, il faut reconnaître aussi que leur caractère principal et dominant est pénal; mais qu'il suffirait qu'elles eussent, à un degré quelconque, le caractère de peines pour qu'on ne dût pas les appliquer aux héritiers;

En ce qui concerne la confiscation : — Attendu que si elle est aussi une peine, aux termes des art. 11 et 464 c. pén., elle n'affecte pas néanmoins la personne du contrevenant; qu'elle n'affecte que la marchandise; qu'il importe peu, en conséquence, que la marchandise se trouve entre les mains du contrevenant ou entre les mains de ses héritiers ou d'un tiers; qu'il suffit qu'elle existe, pour que la confiscation en soit prononcée; que cette suite de l'acte de contrebande survivant au décès de Félix Laithier, il y a lieu de prononcer contre ses héritiers la confiscation des objets saisis; — Attendu qu'on ne doit pas distinguer à cet égard entre les marchandises prohibées et les marchandises tarifées; que celles-ci, quand elles sont introduites frauduleusement en France, sont également nuisibles au commerce, quoiqu'à un degré moindre de celles-là; qu'il n'en faut pas davantage pour que la confiscation en soit prononcée, puisque c'est à raison du préjudice que leur présence en France cause au commerce, que le législateur en a ordonné la suppression entre les mains de celui qui les détient;

En ce qui concerne les frais : — Attendu que le remboursement des frais n'est qu'une indemnité accordée au Trésor, aux dépens duquel se font les poursuites, et qui a dès lors les mêmes droits que la partie civile; — Attendu que l'action civile survit au prévenu; que le Trésor peut donc agir contre ses héritiers pour les faire condamner au remboursement des frais; mais que la cour ayant qualité pour connaître de toutes les suites du fait qui ne sont pas anéanties par le décès de Jean Félix Laithier, a, par cela même, qualité pour statuer sur les frais en ce qui concerne ses héritiers;

Par ces motifs, déclare recevables l'action du ministère public et l'intervention de l'administration des douanes; prononce la confiscation des objets saisis (seize cachemires de l'Inde); condamne l'administration des douanes aux frais, sauf son recours contre les héritiers de Félix Laithier.

Du 21 déc. 1854.-C. de Besançon.-MM. Bourqueney, pr.-Alviset, av. gén.-Lamy, Mathey, Tripard et Péquignot, av.

généraux du droit, que les parents étaient responsables du payement des amendes encourues par leurs enfants, elle a cru se conformer aux règles de l'ancien droit, et, en l'absence de texte, elle a invoqué, pour justifier sa décision, le prétendu caractère civil des amendes. Il faut donc reconnaître que, sur cette matière, la jurisprudence donne la solution, plutôt historique que juridique, d'un certain nombre de questions spéciales, mais qu'elle ne contient nullement l'exposé d'une doctrine ».

691. La fixation du chiffre des amendes encourues pour contravention aux lois de douanes n'est presque jamais laissée à l'appréciation du juge. La plupart des amendes sont absolument fixes. Pour d'autres, la loi détermine la règle que l'on doit suivre pour en calculer le montant. Elle prescrit, par exemple, qu'elles seront du « double du droit », « égales à la valeur de l'objet de contrebande », ou du « double de la valeur des objets confisqués ». Les juges peuvent cependant se mouvoir entre un maximum et un minimum dans trois cas : 1° lorsque des importateurs de sucres ont recours à des manœuvres frauduleuses pour tromper la douane sur la richesse ou le poids de ces sucres. Mais il est à remarquer que la loi du 19 juill. 1880 (D. P. 81. 4. 44) qui prévoit cette contravention renvoie, pour la détermination de la peine, à une loi du 30 déc. 1873 (D. P. 74. 4. 30) rendue en matière de contributions indirectes. Or, dans la législation relative à cette Administration, les amendes sont généralement susceptibles d'un maximum et d'un minimum; 2° lorsqu'il s'agit d'infractions aux règlements sur la circulation des sels et l'exploitation des mines de sel et sources d'eau salée. Mais ici encore il importe d'observer que les lois sur les sels ne sont pas exclusivement des lois de douane. Le soin de veiller à leur exécution incombe également à l'administration des contributions indirectes; 3° en matière d'entrepôt fictif. Il s'agit du cas où un négociant dispose, sans déclaration préalable au bureau des douanes, de marchandises placées dans ses magasins sous le régime de l'entrepôt fictif. Cette contravention qui est absolument douanière est sanctionnée par le payement du double droit, « indépendamment d'une amende, qui peut s'élever au double de la valeur de la marchandise soustraite ». La peine se compose donc de deux amendes, dont l'une est obligatoire pour le juge, l'autre facultative et divisible à l'infini. Si l'on ne s'attache pas à cette disposition bizarre qui consiste à édicter pour un même fait deux amendes susceptibles de cumul, on peut ranger ce cas parmi ceux où la loi laisse au juge la faculté de se mouvoir entre un maximum et un minimum (Thibault, *op. cit.*, p. 115 et suiv.).

692. On a exposé au *Rép.* n° 977 qu'aux termes de l'art. 41 de la loi du 28 avr. 1816, l'amende doit être égale à la valeur de l'objet de contrebande quand cette valeur excède 500 fr. Comment et d'après quelles bases doit être fixée la valeur de l'objet de contrebande? En principe, le juge décide lui-même du choix des bases d'appréciation à adopter pour arriver à cette détermination (*Rép.* n° 977). Il a été jugé que dans le cas où l'amende encourue pour faits de contrebande doit être fixée proportionnellement à la valeur des marchandises, la loi s'en rapporte aux juges sur le choix des moyens propres à déterminer cette valeur, l'art. 41 de la loi de 1816 ni aucune autre disposition de loi n'ayant indiqué de quelle manière elle serait fixée; que, par suite, elle a pu être arbitrée d'après les éléments fournis par l'instruction et les calculs qui ont paru le plus propres à procurer un résultat exact; que, spécialement, dans une poursuite pour introduction en contrebande de cachemires qui n'ont pu être saisis, mais qui étaient contenus dans des colis dont le poids a été constaté au chemin de fer, les juges ont pu, en prenant pour base le poids moyen et la valeur moyenne d'un cachemire établis à l'aide des documents du procès, déterminer, d'après ces éléments, tant le nombre que la valeur totale des cachemires introduits en fraude (Crim. rej. 12 août 1859, aff. Anspach, D. P. 59. 1. 478).

693. La liberté d'appréciation du juge, tel est donc le principe. Toutefois, la jurisprudence, dans certains cas spéciaux, a restreint son droit en lui imposant des règles à suivre. Ainsi elle veut, lorsqu'il s'agit de marchandises soumises au monopole de l'État, et dont la valeur est fixée par la loi, que les tribunaux déterminent l'amende d'après cette valeur légale, et non pas d'après les éléments variables du marché ou les qualités intrinsèques de la marchandise. Les tribunaux, en prenant d'autres bases d'appréciation, violeraient formellement la loi qui fixe la valeur des marchandises soumises au monopole. Cette doctrine a été appliquée aux tabacs. — Il a été jugé : 1° que, lorsque les objets confisqués consistent en tabacs à fumer ou à priser, le juge doit arbitrer cette valeur, non pas d'après les éléments du procès, tels que les cours variables du marché ou les qualités intrinsèques de la marchandise, mais exclusivement d'après la loi qui a fixé le prix auquel la vente doit être faite par la Régie (Crim. cass. 17 mai 1873, aff. Ribeaucourt, D. P. 73. 1. 387; 19 juill. 1873, aff. Douanes, D. P. 74. 5. 176); — 2° Que, par suite, est insuffisante la prononciation d'une amende fixe de 1000 fr., contre des contrebandiers sur lesquels il a été saisi des provisions de tabac valant en France plus que cette somme (Arrêt précité du 17 mai 1873); — 3° Que l'estimation du tabac saisi en contrebande dont la valeur sert à fixer l'amende encourue, et, par suite à déterminer la durée de la contrainte par corps, doit être faite par les tribunaux correctionnels, d'après les documents administratifs qui sont produits devant eux au nom du Gouvernement à qui seul il appartient de régler le prix du tabac étranger importé en France (Metz, 2 avr. 1868, aff. Seitz, D. P. 68. 2. 90-91); — 3° Que dans le cas d'importation de tabac en fraude, l'amende doit, pour tout le territoire, être basée nécessairement sur le prix du tabac ordinaire tel qu'il est fixé par la loi, bien que la vente du tabac de cantine à un prix inférieur soit autorisée dans le rayon des zones frontières (Crim. cass. 23 janv. 1874, aff. Finot, D. P. 75. 1. 238).

694. La cour de cassation a imposé une seconde règle aux tribunaux, en fixant le sens du mot *valeur*, employé par les lois de douanes. Cette valeur doit-elle s'entendre de la valeur propre des marchandises avant qu'elles aient acquitté les droits de douane, ou doit-on la calculer en ajoutant ces droits de douane à la valeur à l'entrepôt? En d'autres termes, s'agit-il de la valeur à l'entrepôt, ou de la valeur à la consommation, c'est-à-dire du prix auquel les marchandises se vendent sur le marché intérieur, prix qui comprend évidemment les droits de douane qui ont été payés? La cour de cassation, interprétant la loi dans le sens le plus rigoureux, décide qu'il faut prendre la valeur à la consommation, et ajouter à la valeur qu'avaient les marchandises au cours du voyage les droits qu'elles devaient payer en entrant en France. La solution contraire aurait nécessairement pour conséquence de favoriser la contrebande et tous ceux qui en profitent, au détriment des intérêts du Trésor et du commerce honnête, auquel la contrebande fait une déloyale concurrence. — Jugé en ce sens : que la valeur des objets confisqués pour cause de contrebande, qui doit servir de base à la détermination du chiffre de l'amende encourue, ne peut s'entendre que de la valeur marchande, d'après le cours du marché intérieur de la France; que, par suite, est insuffisante la condamnation d'une amende fixe de 1000 fr., contre des contrebandiers sur lesquels il a été saisi des provisions de tabac valant en France plus que cette somme (Crim. cass. 17 mai 1873, aff. Ribeaucourt, D. P. 73. 1. 387); — Qu'en matière de douanes, la valeur des marchandises que le capitaine doit être condamné à payer, aux termes de la loi du 4 germ. an 2, dans le cas où certaines marchandises ont été omises ou faussement déclarées dans le manifeste présenté à l'arrivée, doit se calculer, non pas au cours d'entrepôt, mais au cours du marché intérieur ... en y comprenant les droits de douane (Req. 22 janv. 1877, aff. Compagnie des steamers Gaudet, D. P. 77. 1. 145).

La théorie de la cour de cassation a été combattue. On a fait remarquer que, dans toutes les lois fiscales, le mot *valeur* se réfère toujours uniquement à la valeur intrinsèque qu'ont les marchandises avant l'application du droit; que c'est le sens incontesté de ce mot toutes les fois que le droit à payer est calculé sur la valeur de la marchandise; qu'il est naturel que ce mot ait le même sens, lorsqu'il s'agit du calcul de l'amende à payer pour fraude à la loi, que lorsqu'il s'agit du calcul du droit à percevoir; que, si le législateur avait voulu se montrer plus rigoureux, il aurait exprimé qu'il entendait parler de la valeur augmentée de l'impôt (V. la note sous l'arrêt précité du 22 janv. 1877).

695. La valeur des moyens de transport ne doit pas être cumulée avec celle de la marchandise, pour déterminer le chiffre de l'amende édictée par l'art. 51 de la loi du 28 avr. 1816. Ce principe est certain, la loi ne parlant que de la valeur « des marchandises ». Il a été consacré par un arrêt de la cour de Nancy du 6 déc. 1883 (1).

SECT. 2. — DE LA CONFISCATION (*Rép.* nos 980 à 987).

696. La question de savoir quel est le caractère propre de la confiscation en matière de douanes, si l'on doit, ou non, la considérer comme une peine, n'est pas sans difficulté. M. Garraud, *Traité du droit pénal français*, t. 1, nos 363 et suiv., la considère comme une mesure de police et d'ordre public, à laquelle ne s'appliquent pas les règles propres aux peines, mais qui entraîne les conséquences suivantes : 1° la confiscation peut être prononcée, pourvu que le délit matériel ait été constaté : en cas de relaxe du prévenu pour cause de nullité du procès-verbal (L. 6-22 août 1791, tit. 10, art. 23); au cas où le délinquant est inconnu; même après la mort de l'inculpé, contre ses héritiers; 2° la confiscation peut être prononcée contre les personnes civilement responsables; 3° elle peut être prononcée, lors même que les objets ne sont pas la propriété du délinquant (Garraud, *op. cit.*, t. 1, nos 363 et suiv.). — La jurisprudence a appliqué ces principes, sans préciser nettement le caractère de la confiscation (*Rép.* nos 981 et suiv.). Il a été jugé que, si la confiscation est une peine, elle n'affecte pas, néanmoins, la personne du contrevenant; qu'elle n'affecte que la marchandise; qu'il importe peu, en conséquence, que la marchandise se trouve entre les mains du contrevenant ou entre les mains de ses héritiers ou d'un tiers; qu'il suffit qu'elle existe, pour que la confiscation en soit prononcée (Besançon, 21 déc. 1854, *suprà*, n° 688).

697. La confiscation est une pénalité accessoire qui doit être prononcée, indépendamment des autres peines encourues, contre tout individu qui a participé à un titre quelconque à l'introduction frauduleuse de marchandises. Ce principe, qui est écrit dans les art. 41 et 53 de la loi du 28 avr. 1816, a été consacré par la jurisprudence. Jugé que la confiscation de l'objet de contrebande doit toujours être prononcée, indépendamment de la pénalité encourue, contre tout individu qui a participé, à un titre quelconque, à l'introduction frauduleuse de marchandises tarifées (Crim. cass. 2 avr. 1874, aff. Guffroy, D. P. 75. 1. 141; Douai, 31 mai 1880, *infrà*, n° 723).

698. On a examiné au *Rép.* v° *Peine*, n° 834, la question délicate de savoir s'il est nécessaire que les objets déterminés par la loi aient été réellement saisis pour que la confiscation puisse en être prononcée (V. Garraud, *op. cit.*, t. 1, n° 366; Blanche, *op. cit.*, t. 7, n° 23). Dans les matières spéciales, et notamment en matière de douanes et d'impôts indirects, la cour de cassation n'exige pas que l'objet soit placé sous la main de la justice, pour la prononciation de la confiscation. Elle considère que la confiscation des marchandises prohibées et des moyens de transport est ordonnée par les art. 41, 51 de la loi du 28 avr. 1816 et autres lois en matière de douanes, d'une manière absolue. Jugé en ce sens : que les contraventions en matière de douanes peuvent être réprimées sans saisie préalable des objets introduits en fraude (Crim. rej. 17 août 1849, aff. Dehaenne, D. P. 50. 5. 147); — Que, nonobstant le défaut de saisie, les juges peuvent prononcer la confiscation des marchandises introduites en fraude aux lois de douanes, ainsi que celle des moyens de transport (Crim. rej. 19 août 1858, aff. Huart, D. P. 58. 1. 475). — Un arrêt (Nancy, 27 févr. 1878, aff. Lambert, D. P. 79. 2. 46) semble avoir adopté la solution opposée. Un des considérants de l'arrêt porte, en effet : « Attendu que les art. 41 et 51 de la loi du 28 avr. 1816 et les autres dispositions de notre législation en matière de douanes ne prononcent que la confiscation des marchandises et moyens de transport lorsqu'ils peuvent être saisis; qu'à défaut de saisie, etc. ». Remarquons, toutefois, que la cour n'avait pas à résoudre la question de la nécessité de la saisie préalable; qu'elle ne la résout pas, et que ce n'est que dans une phrase incidente, et qui peut d'ailleurs être interprétée d'une façon différente, qu'on trouve la consécration du système que nous combattons.

699. A défaut de saisie (la jurisprudence est aujourd'hui fixée en ce sens) le tribunal ne peut condamner le délinquant à remettre l'objet de contrebande sous une contrainte pécuniaire ni à en payer la valeur estimative (Blanche, *op. cit.*, t. 7, n° 24). — Jugé : 1° qu'il n'appartient pas aux juges de substituer définitivement ou éventuellement à la confiscation, et pour en tenir lieu, la condamnation personnelle des prévenus à la valeur estimative des objets confisqués ou confiscables; que, par suite, l'administration des douanes ne peut que poursuivre l'exécution du jugement qui prononce la confiscation, à la charge de prouver l'identité des objets déclarés confisqués (Crim. rej. 19 août 1858, aff. Huart, D. P. 58. 1. 475); — 2° Qu'à défaut de saisie, aucune disposition ne confère aux tribunaux le droit de substituer à la confiscation, et, pour en tenir lieu, la condamnation personnelle du prévenu à la valeur estimative des objets confiscables; que, dans toutes les matières où le législateur a jugé cette substitution nécessaire, il l'a autorisée d'une manière expresse et en a déterminé les conditions (Nancy, 27 févr. 1878, aff. Lambert, D. P. 79. 2. 46).

700. Toutefois, il est un cas qui présente quelque difficulté : c'est celui où le délinquant, ayant vendu l'objet confiscable, en possède le prix. Il a été jugé que la confiscation devait être prononcée relativement à ce prix (V. Crim. cass. 11 juin 1830, *Rép.* v° *Industrie et commerce*, n° 244). Cette décision nous paraît fort critiquable.

701. Il y a exception à la règle, lorsque la retenue des objets saisis est remplacée par la consignation de leur valeur ou l'engagement cautionné de payer cette valeur. « La substitution d'une condamnation pécuniaire à la confiscation, dit M. Thibault, *op. cit.*, p. 119, est la conséquence nécessaire des dispositions légales qui prescrivent ou qui permettent aux saisissants d'offrir moyennant une garantie réelle ou personnelle la mainlevée des objets saisis. »

702. Aux termes de l'art. 4 de la loi du 2 juin 1875 (D. P. 76. 4. 1) : « dans les cas d'application des art. 41 à 53 de la loi du 28 avr. 1816, tit. 5, section des douanes, et 37 de la loi du 21 avr. 1818, prévus tant par la présente loi que par les lois antérieures, les marchandises *servant à masquer la fraude* seront confisquées avec l'objet de contrebande et les moyens de transport ». « Comme il a été dit plus haut, porte l'exposé des motifs, on cherche à introduire des denrées coloniales dans des balles de marchandises exemptes de droit; on en importe dans des colis de produits faiblement taxés et bien déclarés. Il est essentiel que l'objet servant à masquer la fraude soit atteint par la saisie. »

SECT. 3. — DE L'EMPRISONNEMENTS ET DES PEINES AFFLICTIVES ET INFAMANTES; DE LA CONTRAINTE PAR CORPS; PRIVATION DE CERTAINS DROITS; CONDAMNATION AUX FRAIS (*Rép.* nos 988 à 995).

703. — EMPRISONNEMENT; PEINES AFFLICTIVES ET INFAMANTES. — On a indiqué au *Rép.* nos 988 et suiv., et *suprà*, nos 518 et suiv., les cas dans lesquels l'emprison-

(1) (B...) — Un sieur B... avait été arrêté au moment où il tentait, à l'aide d'un cheval et d'une voiture, l'introduction frauduleuse de 315 kilog. de tabacs étrangers. B... a comparu devant le tribunal correctionnel de Montmédy, qui l'a condamné, par application des lois du 2 juin 1875, art. 3, et du 28 avr. 1816, art. 48 et 51, à treize mois de prison et à une amende de 9275 fr. en principal, amende calculée tant sur la valeur des tabacs que sur celle des moyens de transport, dont la confiscation était, en outre, adjugée à la douane : — B... interjeta appel de ce jugement devant la cour d'appel de Nancy : il s'appuya sur cette considération que l'intention du législateur n'avait pu être d'ajouter la valeur des moyens de transport à celle des objets de fraude, pour établir le quantum de l'amende. — Arrêt.

LA COUR; ... — Attendu, en ce qui concerne l'amende, que c'est à tort que le tribunal a tenu compte, pour en fixer le montant, de la valeur du cheval et de la voiture qui auraient servi au

nement et les peines afflictives et infamantes sont prononcés, en matière de douanes. — Il a été jugé que la durée de l'emprisonnement prononcé, en matière de douanes, sans indication de minimum par les art. 41 et 42 de la loi du 28 avr. 1816, doit être fixée conformément à l'art. 40 c. pén., et non d'après l'art. 43 de la même loi relatif à d'autres contraventions; mais que si un arrêt se fondant à tort sur cette dernière disposition, prononce néanmoins un emprisonnement d'une durée supérieure à celle déterminée en minimum par l'art. 40 c. pén., il n'est pas susceptible de cassation, puisque, quels que soient les motifs de cet arrêt, il a fait une juste et légale application de la peine d'emprisonnement (Crim. rej. 28 sept. 1855, aff. Giot, D. P. 55. 1. 447; Crim. cass. 11 oct. 1855, aff. Lorin, *ibid.*). Jugé aussi que le détenteur d'une marchandise soumise au droit de plus de 20 fr. par quintal métrique, introduite en fraude, doit être condamné non seulement à la confiscation et à l'amende, mais à l'emprisonnement, en vertu des art. 41, 42 et 43 de la loi du 28 avr. 1816; qu'on ne peut, sans méconnaître les dispositions de cette loi, rejeter ou admettre partiellement les trois modes répressifs, réunis et combinés, de la confiscation, de l'amende et de l'emprisonnement; que lorsqu'il s'agit d'un simple dépôt frauduleux, et si le ministère public n'établit pas qu'il y a eu concert de trois individus ou plus, la peine la moins forte d'emprisonnement doit seule être prononcée —(Douai, 19 janv. 1858) (1).

704. — II. Contrainte par corps. — Quand la partie ne satisfait pas aux condamnations pécuniaires qui, prononcées contre elle pour *délits* ou *crimes* de douanes, ont fait l'objet d'une signification du jugement avec commandement de payer, la contrainte par corps est exercée pour le recouvrement de ces condamnations (L. 6-22 août 1791, tit. 12, art. 6; 22 juill. 1867, art. 1er, 2, 4 et 5).

705. Le recouvrement des condamnations à l'amende prononcées par les juges de paix en matière de douanes, notamment pour opposition à l'exercice des préposés, peut-il être également poursuivi par la voie de la contrainte par corps? Cette question délicate et que la jurisprudence résout affirmativement, est examinée *suprà*, v° *Contrainte par corps*, nos 48 et suiv. (V. aussi Thibault, *op. cit.*, p. 128 et suiv.; Amiens, 16 mai 1868, aff. Tonnellier, D. P. 68. 2. 99; Crim. cass. 22 juill. 1874, aff. Schmidt, D. P. 75. 1. 168).

Il a été jugé que la durée de la contrainte par corps pour le recouvrement des amendes prononcées par le juge de paix en matière de douanes, et dépassant le taux des amendes de simple police, doit être fixée conformément à l'art. 9 de la loi du 22 juill. 1867, et non pas comme pour ces dernières amendes (Arrêt précité du 16 mai 1868).

706. La durée de la contrainte par corps est déterminée d'après le chiffre cumulé de l'amende et des frais (L. 22 juill. 1867; 19 déc. 1871). — Au chiffre de l'amende, il faut ajouter, aux termes de la jurisprudence, les décimes. La jurisprudence, après avoir varié, s'est définitivement fixée en ce sens (V. *suprà*, v° *Contrainte par corps*, nos 85 et suiv.).

707. Pour la fixation de la durée de la contrainte par corps, on ne doit pas tenir compte de la valeur des objets saisis. L'amende représente la valeur des marchandises frauduleusement importées et est prononcée, au profit de l'Etat, à titre de restitution ou de dommages-intérêts. Les tribunaux ne sauraient donc, sans faire un double emploi, ajouter à cette amende la valeur des objets confisqués pour déterminer la somme qui doit servir de base à la fixation de la durée de la contrainte par corps. — Jugé, en ce sens, qu'en cas de contravention aux lois sur les douanes, l'amende dont le taux est de 500 fr., quand la valeur de l'objet de contrebande n'excède pas cette somme, et qui, dans le cas contraire, est égale à la valeur de cet objet, doit seule servir de base à la fixation de la durée de la contrainte par corps; qu'en conséquence, lorsqu'une amende de 500 fr. est prononcée, la somme représentant la valeur de l'objet de contrebande ne doit pas être ajoutée au principal de l'amende pour déterminer la durée de la contrainte par corps (Metz, 2 avr. 1868, aff. Seitz, D. P. 68. 2. 80; 29 avr. 1868, aff. Becker, aff. Bouchon, et aff. Zigler, *ibid.*). — M. Thibault, *op. cit.*, p. 130, note 3, estime que lorsque le contrevenant a obtenu la mainlevée de tout ou partie des marchandises sujettes à confiscation, la valeur des marchandises doit être ajoutée à l'amende et aux autres condamnations pécuniaires pour déterminer la durée de la contrainte par corps, car c'est bien, dit-il, en vertu d'un délit ou d'une contravention que l'Administration est créancière de la somme représentant la valeur des objets dont elle a donné mainlevée. Cette solution ne nous paraît pas exacte. Si l'on ne doit pas tenir compte de la valeur des objets lorsqu'ils sont confisqués, il n'y a aucun motif de tenir compte de leur valeur lorsqu'il a été donné mainlevée. L'Administration est, d'ailleurs, devenue créancière de la somme représentant cette valeur non en vertu de la contravention, mais en vertu de la convention qui est intervenue entre elle et le contrevenant et qui avait pour but la mainlevée.

708. La contrainte par corps peut être exercée, non seulement pour les amendes, restitutions et dommages-intérêts, mais encore pour les frais dus à l'Etat (L. 19 déc. 1871) (V. *suprà*, v° *Contrainte par corps*, n° 16).

709. La durée de la contrainte par corps, les cas dans lesquels elle doit ou non être prononcée par les tribunaux, ceux dans lesquels elle doit être réduite, en raison soit de

---

transport des marchandises frauduleusement importées; qu'il y a lieu de réformer le jugement sur ce point et d'abaisser l'amende prononcée à la somme de 7875 fr.;

Par ces motifs; — Faisant droit à l'appel du prévenu, réforme le jugement dont est appel et, en conséquence, réduit à 7875 fr. l'amende prononcée contre lui par la sentence des premiers juges, etc.

Du 6 déc. 1883.-C. de Nancy.

(1) (Flamme.) — La cour; ... — Attendu qu'il résulte d'un procès-verbal régulier, dressé le 3 déc. 1857, que les préposés des douanes ont saisi le même jour, dans le grenier de la maison de Jean-Baptiste-Louis Flamme, dit Maillon, demeurant à Quarrouble, commune située dans le rayon frontière, un ballot contenant 24 kilog. de café vert, dont il n'a pu présenter un certificat d'origine légitime; — Attendu que le détenteur de cette marchandise, soumise aux droits de plus de 20 fr. par quintal métrique, est réputé l'avoir introduite en fraude, aux termes de l'art. 38 de la loi du 28 avr. 1816; que les premiers juges ont reconnu eux-mêmes l'existence de cette détention illicite, et qu'après avoir déclaré qu'elle était assimilée par la loi à une importation frauduleuse, ils se sont néanmoins bornés à prononcer, à la charge du prévenu, la confiscation et l'amende de 500 fr. prévues par l'art. 41 de la loi du 28 avr. 1816, sans ajouter la peine d'emprisonnement édictée dans les art. 42 et 43 de ladite loi; — Qu'en refusant d'appliquer la peine d'emprisonnement, ils ont formellement méconnu les dispositions des art. 38, 42 et 43 de la loi précitée, qui, dans aucune hypothèse, ne les autorise à rejeter ou à admettre partiellement les trois modes répressifs réunis et combinés de la confiscation, de l'amende et de l'emprisonnement; — Que, pour justifier le refus de prononcer l'emprisonnement, ils ont à tort soutenu qu'il était impossible de graduer cette peine, comme le veulent les art. 43 et 44, en tenant compte du nombre de personnes qui ont participé à un acte de contrebande; qu'en effet, lorsqu'il ne s'agit que d'un simple dépôt frauduleux, l'interprétation la plus favorable au prévenu doit prévaloir, et que, faute par le ministère public de prouver qu'il y a eu concert de trois individus ou plus, la peine la moins forte doit seule atteindre le délinquant;

Attendu, en outre, que le jugement attaqué, pour motiver le rejet du réquisitoire tendant à l'emprisonnement, a par erreur invoqué les art. 59 et 66 du tit. 6 de la loi du 28 avr. 1816; — Que ces dispositions, exclusivement relatives aux saisies dans l'intérieur de marchandises soustraites aux douanes, ne sauraient être étendues au cas où, comme dans l'espèce, il s'agit d'un délit de contrebande constaté dans le rayon frontière, et réprimé par des textes complètement distincts;

Attendu encore qu'en supposant qu'aucune ordonnance n'ait été rendue par le souverain en vertu de l'art. 38, § 4, de cette même loi de 1816, il en résulte seulement que toutes les communes sont restées soumises à la disposition dudit article, et que, dès lors, son application n'est nullement subordonnée à l'existence d'ordonnances nécessaires pour le rendre exécutoire; — Qu'ainsi il a été constamment interprété par les nombreux arrêts de cette cour et par ceux de la cour de cassation;

Par ces motifs; — Infirme le jugement dont est appel en tant qu'il déclare n'y avoir lieu à prononcer la peine d'emprisonnement; — Et vu les art. 38, § 4, 42, 43 de la loi du 28 avr. 1816, et 194 c. instr. cr., lesquels sont ainsi conçus, etc.; — Condamne Flamme à quinze jours d'emprisonnement; dit que le surplus du jugement sortira son plein et entier effet.

Du 19 janv. 1858.-C. de Douai.

l'âge, soit de l'insolvabilité des condamnés, sont réglés par la loi générale du 22 juill. 1867 (Circ. 14 oct. 1867, n° 1073). —V. *suprà*, v° *Contrainte par corps*, n°s 33 et suiv., 66 et suiv.

710. En matière de douanes, comme en toute autre matière, les jugements ne peuvent être exécutés par la voie de la contrainte par corps que *cinq jours* après le commandement qui en est fait aux condamnés, à la requête du receveur représentant l'Administration. Dans le cas où le jugement de condamnation n'a pas été précédemment signifié au débiteur, le commandement porte en tête un extrait de ce jugement, lequel extrait contient le nom des parties et le dispositif. Sur le vu du commandement, et sur la demande du receveur, le procureur de la République adresse les réquisitions nécessaires aux agents de la force publique et autres fonctionnaires chargés de l'exécution des commandements de justice (L. 22 juill. 1867, art. 3 et 4). — V. *suprà*, v° *Contrainte par corps*, n°s 94 et suiv.

711. Si le débiteur est détenu, la recommandation sur écrou peut être ordonnée par le ministère public immédiatement après notification du commandement (L. 17 avr. 1832, art. 33; 22 juill. 1867, art. 3). Les détenus en prison à la requête de l'agent du Trésor public ou de toute administration publique, par suite d'une condamnation pour fait de contrebande, reçoivent la nourriture comme les prisonniers à la requête du ministère public. Il n'est fait par l'Administration aucune consignation particulière pour la nourriture de ces prévenus (Décr. 4 mars 1808; Décis. min. 3 juin 1827; L. 22 juill. 1867, art. 6; Lettre de l'Administration au directeur à Nancy du 22 mai 1875).

712. Sur la cessation de la contrainte par corps, V. *suprà*, v° *Contrainte par corps*, n°s 62 et suiv.

713. Les propriétaires condamnés à l'amende, comme responsables du fait de leurs préposés, sont-ils soumis pour son recouvrement à la contrainte par corps? Ce point ne fait pas doute dans la doctrine qui considère qu'en matière de douanes, les maîtres et commettants sont pénalement responsables, parce qu'ils sont personnellement coupables, non d'avoir commis la contravention mais de l'avoir laissé commettre (V. *suprà*, n° 687; Garraud, *Traité du droit pénal*, t. 1, n° 354; Sourdat, *op. cit.*, t. 1, n° 199 et t. 2, n° 808; Thibault, *op. cit.*, p. 127). La jurisprudence, comme on l'a dit au *Rép.* n° 1002, voit, au contraire, dans la responsabilité du propriétaire des marchandises une responsabilité civile (Bordeaux, 12 déc. 1888, *suprà*, n° 686). Elle ne saurait donc soumettre ce propriétaire à la contrainte par corps (Comp. *suprà*, v° *Contrainte par corps*, n° 57).

714. La contrainte par corps, conformément au principe général de la loi de 1867 (art. 13) (V. *suprà*, v° *Contrainte par corps*, n° 33), ne peut être prononcée contre les individus âgés de moins de seize ans accomplis qui sont condamnés à l'amende pour infraction aux lois sur la douane (Crim. cass. 3 mars 1888, *suprà*, n° 613).

715. — III. Privation de certains droits. — Parmi les déchéances ou privations de droits édictées par les lois dont l'administration des douanes est chargée d'assurer l'exécution, dit M. Thibault, *op. cit.*, p. 120, les unes doivent être prononcées par les juges, comme de véritables peines, les autres, par les autorités administratives. Les peines accessoires de la première catégorie sont : 1° celles de l'art. 15 de la loi du 27 vend. an 2, prononcées contre les individus coupables ou complices de la francisation frauduleuse d'un bâtiment. « Tous ceux qui prêteront leur nom, dit cet article, à la francisation de bâtiments étrangers..., seront condamnés solidairement, et par corps, en 6000 livres d'amende, déclarés incapables d'aucun emploi, de commander aucun bâtiment français. Le jugement de condamnation sera publié et affiché; » 2° la privation du droit de recevoir du sel en franchise pour les salaisons. Le juge est tenu de prononcer cette peine lorsqu'il est saisi de certaines infractions aux règlements sur les salaisons. Elle est d'une durée de deux à quatre ans à l'égard des contrevenants poursuivis pour la première fois; en cas de récidive, elle est toujours perpétuelle. — Les peines de la seconde catégorie sont : 1° la privation « de la faculté de l'entrepôt et du transit, ainsi que de tout crédit de droits » (L. 8 flor. an 11, art. 83). Cette déchéance est encourue par tous les négociants ou commissionnaires qui seraient reconnus coupables d'avoir importé ou exporté des marchandises en fraude à la faveur du transit ou de l'entrepôt et par ceux qui auraient prêté leur nom pour soustraire les condamnés aux effets de cette disposition. Mais elle ne peut être prononcée, ainsi que l'indique l'art. 8 de la loi du 27 févr. 1832, qui interprète sur ce point celle de l'an 11, que s'il y a eu condamnation, et elle n'est pas la conséquence nécessaire de cette condamnation. Le Gouvernement a simplement le droit de la prononcer. Sous l'empire de la constitution de l'an 8, sa décision devait être prise sous forme « d'arrêté du Gouvernement »; aujourd'hui elle devrait faire l'objet d'un décret du président de la République; — 2° la privation du droit de recevoir du sel en franchise pour la fabrication de la soude. Ce droit doit être retiré *immédiatement*, par un arrêté du ministre des finances, à tout industriel qui aurait détourné de sa destination le sel qui lui aurait été remis en franchise pour la fabrication de la soude. Cette déchéance n'est, au contraire, que facultative lorsque, sans être convaincu de fraude, le fabricant est simplement dans l'impossibilité de « justifier que le sel qui lui a été livré en exemption de droit, a été employé à la fabrication de la soude ».

716. — IV. Condamnation aux frais. — On a dit au *Rép.* n° 962 que l'administration des douanes est passible des frais et dépens envers la partie qui obtient gain de cause. La jurisprudence a appliqué ce principe (Civ. cass. 29 mars 1853, aff. Roumiou, D. P. 53. 1. 88). — Lorsque l'action est intentée par le ministère public, l'Administration ne peut être condamnée aux dépens, que si elle a conclu à fins civiles (*Rép.* n° 962. V. aussi *Frais et dépens*; — *Rép.* eod. v°, n°s 999 et suiv.).

717. Lorsqu'il y a plusieurs auteurs ou complices d'un même fait de fraude, tous sont solidairement tenus du payement des frais (V. *infrà*, n°s 737 et suiv.).

Sect. 4. — De la responsabilité et de la solidarité dans les peines (*Rép.* n°s 996 et 1010).

718. — I. Responsabilité des propriétaires des marchandises. — Aux termes de l'art. 20, tit. 13, de la loi des 6-22 août 1791, « les propriétaires des marchandises sont responsables civilement du fait de leurs facteurs, agents, serviteurs et domestiques en ce qui concerne les droits, confiscations, amendes et dépens ». Quel est le caractère de cette responsabilité? Plusieurs auteurs estiment que c'est une responsabilité pénale. M. Garraud, *Traité du droit pénal*, t. 1, n° 354, soutient, comme on l'a dit *suprà*, n° 687, que, si les propriétaires des marchandises « sont responsables des amendes prononcées contre leurs agents, c'est qu'ils ont commis une faute, d'autant plus grave qu'elle leur est profitable, celle de n'avoir pas surveillé leurs préposés » (V. aussi Thibault, *op. cit.*, p. 150). « Les propriétaires des objets soumis aux droits et introduits en contrebande, dit M. Sourdat, *Traité de la responsabilité*, t. 1, n° 80, sont censés complices de la fraude. Il y a présomption légale qu'elle s'est opérée par leurs ordres ou de leur consentement. Voilà pourquoi la loi les frappe en même temps que les prévenus... Mais ce n'est pas comme responsables civilement... La peine cesse d'être personnelle au prévenu. C'est une exception au droit commun, mais cela ne change pas le caractère de l'amende » (Paris, 7 déc. 1882, aff. Mitzuteau, D. P. 83. 2. 179).

719. La jurisprudence de la cour de cassation voit, au contraire, dans la responsabilité du propriétaire des marchandises, même en ce qui concerne l'amende, une responsabilité civile. Elle a décidé que, si l'action civile contre le propriétaire n'a pas été jointe à l'instance correctionnelle, elle ne peut plus être ultérieurement poursuivie que devant les tribunaux civils (*Rép.* n° 1002; Conf. Crim. rej. 9 mai 1879, aff. Mariani, D. P. 83. 1. 183).

720. L'art. 20 de la loi de 1791 parle « des *propriétaires* des marchandises ». Ce terme de « propriétaire », dit avec raison M. Thibault, *op. cit.*, p. 152, ne doit pas être pris isolément; il faut, pour bien en comprendre le sens, le rapprocher de la suite de l'article. Il ne suffit pas d'être propriétaire d'une marchandise saisie par suite d'une contravention pour être responsable des pénalités que cette contravention peut faire encourir; il faut être le maître ou le commettant des « facteurs, agents, serviteurs ou domestiques » qui ont commis la contravention. L'art. 5 du tit. 12 de la loi prétée ne se comprendrait, d'ailleurs, pas si les propriétaires aient toujours responsables des infractions commises à occasion de l'importation ou de l'exportation de leurs marchandises. Si l'expression « propriétaire » est trop large ans certains cas, elle est trop étroite dans d'autres; il n'est as nécessaire d'être propriétaire d'une marchandise pour re responsable des fraudes commises à son occasion. Les onsignataires, les commissionnaires qui font déclarer par urs « facteurs, agents, serviteurs ou domestiques », les archandises confiées à leurs soins, sont également responbles du fait de leurs agents « en ce qui concerne les droits, onfiscations, amendes et dépens ». La présomption de omplicité entre l'auteur direct de la contravention et son ommettant existe dans ce cas, comme dans l'hypothèse où commettant est le propriétaire des marchandises saisies . aussi *Rép.* n° 1002; Garraud, *op. cit.*, t. 1, n° 354).

721. Il a été jugé qu'un capitaine de paquebot est civilement responsable des infractions aux lois de douanes comises par le maître d'hôtel du bord dans l'exercice de ses nctions; et, notamment, de la tentative d'introduction frauleuse d'objets cachés sous les couvertures et le linge dont faisait opérer le transport à terre (Bordeaux, 12 déc. 1888, *prd*, n° 685). — Décidé aussi que les entrepreneurs de nsport sont responsables civilement du fait de leurs prérsés, et notamment de la tentative d'introduction frauduuse de marchandises cachées dans une voiture (Même rêt).

722. — II. RESPONSABILITÉ DES DÉTENTEURS EN GÉNÉRAL. — On a exposé au *Rép.* n°s 996 et suiv. que la loi du 21 avr. 1818 punit d'une amende et de la confiscation les *détenteurs* de marchandises; qu'elle établit à leur égard une présomption légale de culpabilité. On a indiqué aussi que, d'après la jurisprudence, s'il y a eu détention véritable, la preuve de la bonne foi du détenteur ne peut le soustraire à une condamnation. Il doit démontrer ou qu'il y a eu force majeure ou, en faisant connaître l'auteur de la fraude, que les marchandises ont été introduites chez lui à son insu. — Ces principes ont été consacrés par de nombreuses décisions. Il a été jugé : 1° qu'un détenteur de cigares ne peut être renvoyé de l'action dirigée contre lui sur la simple allégation de sa part qu'il ignorait l'existence des cigares, dans le sac qu'il portait en qualité de commissionnaire; que la présomption de culpabilité pouvait être détruite seulement par la preuve contraire (Colmar, 31 août 1858) (1); — 2° Que celui dans la maison duquel des marchandises prohibées ont été trouvées en dépôt dans le rayon frontière ne peut être renvoyé de la poursuite qu'autant qu'il justifie d'un fait de force majeure; de simples présomptions d'ignorance et de bonne foi seraient insuffisantes pour justifier le renvoi du prévenu (Crim. cass. 21 mars 1851, aff. Bisollon, D. P. 52. 5. 221); — 3° Que le détenteur de marchandises introduites en fraude échappe à toute condamnation, lorsqu'il prouve qu'il a été étranger à l'introduction, qu'elle a eu lieu à son insu, dans son habitation, malgré le soin qu'il avait eu d'en fermer les portes, et qu'elle a été le résultat d'une force majeure (Besançon, 21 mars 1853) (2). — 4° Que l'individu chez lequel

(1) (Matz.) — LA COUR;... — Attendu qu'il résulte d'un procès-verbal non attaqué, dressé par deux préposés des douanes à la idence de Strasbourg, que, le 31 juillet dernier, ils ont rencontré l'inculpé sur le chemin de halage, venant du côté de l'étran-, se disposant à entrer en ville avec un sac dans lequel se uvaient, avec d'autres objets, quatre paquets contenant cent ares étrangers pesant 80 décag.;

ttendu que la détention de ces cigares établissait, à la charge Matz, une présomption de contravention pouvant être détruite lement par une preuve contraire qui n'a pas été produite; — e c'est donc à tort que l'inculpé a été, par les premiers juges, voyé de l'action dirigée contre lui, sur la simple allégation de part, qu'il ignorait l'existence des cigares dans le sac qu'il ne tait qu'en qualité de commissionnaire;

ar ces motifs; — Prononçant sur l'appel, tant par le minis- public que par l'administration des douanes, du jugement du dans la cause, le 12 du courant, par le tribunal de Strasrg; — Confirme en ce que la confiscation du tabac saisi a prononcée.

u 31 août 1858.-C. de Colmar.

(2) (Brun.) — Le 10 nov. 1852, jugement du tribunal de Montard ainsi conçu : — « Attendu qu'aux termes de l'art. 6 de la du 9 flor. an 7, tit. 4, lorsqu'il s'agit d'une saisie faite à domiles préposés des douanes doivent énoncer qu'ils ont donné ure de leur procès-verbal à ceux chez qui ils ont trouvé des rchandises prohibées et non accompagnées d'expédition légale; ttendu que, dans le cas particulier, un des frères Jean Brun a constamment présent à la perquisition et à la rédaction du cès-verbal des employés des douanes, que même il a signé, s que lesdits préposés n'ont point mentionné qu'ils lui en ient donné lecture; que, néanmoins cela était de toute nécessurtout vis-à-vis d'un homme de la campagne peu expérimenté, ce qu'il aurait, à cette lecture, pu faire des observations dans intérêt; — Que suivant l'art. 9 de la même loi, cette omis- entraîne la nullité du procès-verbal; — Mais attendu que le constaté par ce rapport constitue un délit, puisqu'il entraîne ende et emprisonnement; qu'il est de principe incontestable que délit peut être prouvé par témoins, et qu'aucune loi relative douanes ne déclare le contraire; qu'ainsi les conclusions subaires de l'Administration doivent être accueillies, sauf aux venus la preuve des faits contraires; — Par ces motifs, le trial déclare nul ledit procès-verbal à la date du 17 oct. 1852, et nt de statuer au fond, appointe l'administration des douanes à e preuve par témoins; — Attendu, en ce qui concerne la confision des marchandises saisies dont s'agit dans les conclusions de ministration, qu'à la vérité le procès-verbal qu'elle invoquait, date du 17 octobre dernier, a été déclaré nul par jugement de tribunal en date du 10 nov. 1852, comme ne remplissant pas formalités exigées par la loi du 9 flor. an 7, mais qu'il a été pléé par la preuve testimoniale à la constatation que les marndises dont s'agit, qui sont ou tarifées ou prohibées, ont été uvées dans le rayon-frontière et même dans la maison dite le âtelard, ferme dépendant de la commune de Thébouhans, artenant divisément à Xavier Jean Brun pour la partie au ant, et à Félix Jean Brun pour la partie au couchant, savoir : deux ballots dans la partie appartenant à Xavier et deux dans la partie appartenant à Félix, recouverts par des fourrages placés au nord de la grange, c'est-à-dire dans la partie la plus éloignée des habitations des frères Jean Brun, qui se trouvent au midi, d'où il suit que ces marchandises, étant dépourvues d'une expédition en légitimant le transport, étaient saisissables, et qu'il y a lieu d'en prononcer la confiscation au profit de qui de droit; — Attendu, en ce qui concerne les conclusions de l'administration des douanes tendant à faire condamner les inculpés Xavier et Félix Jean Brun à une amende égale à la valeur des marchandises saisies, comme étant présumés auteurs ou complices de l'introduction des marchandises trouvées dans la grangerie dépendant de leur habitation, qu'à la vérité, en matière de douanes, celui chez qui des marchandises prohibées ou tarifées sont trouvées est présumé être l'auteur ou complice de la fraude, et que l'art. 7, tit. 6, de la loi du 4 germ. an 2 met à sa charge l'obligation de prouver qu'il est étranger à la contravention; — Attendu qu'il s'agit de savoir, dans l'espèce actuelle, si les frères Jean Brun ont justifié suffisamment qu'ils n'ont pris aucune part à la fraude, que c'est à leur insu et par suite d'une espèce de force majeure que l'introduction desdites marchandises a eu lieu dans leur domicile; — Attendu que de l'ensemble des dépositions des témoins tant à charge qu'à décharge, il est résulté clairement pour le tribunal non seulement qu'ils sont étrangers à cette introduction, mais encore qu'elle a eu lieu à leur insu et malgré le soin qu'ils avaient eu de fermer toutes les portes de leur habitation même celles de la grangerie dans laquelle l'introduction a eu lieu dans la nuit du 16 au 17 octobre dernier; — Qu'en effet, les témoins de l'Administration elle-même ont constaté que, dans la nuit du 16 au 17 dudit mois, entre onze heures et demie et minuit, des préposés embusqués à une distance d'environ deux à trois cents mètres de la maison du Châtelard ont attaqué une bande de fraudeurs en nombre de six ou sept; que deux d'entre eux ont abandonné leurs charges qui ne consistaient que dans du tabac, et que tous ont pris la fuite dans la direction du Châtelard; — Que, dès l'aube du jour du 17 octobre, des préposés de l'Administration sont revenus en grand nombre au lieu de l'attaque pour reconnaître la piste des fraudeurs; qu'à la faveur d'une gelée blanche survenue dans la nuit, ils ont reconnu six à sept pas d'hommes qui les ont conduits sur les portes de la grangerie de la maison du Châtelard, sises au levant, et par conséquent du côté de la frontière; que cette maison a été, dès lors, gardée à vue par ces préposés, et qu'on remarquait, à droite de la porte de la grange, et immédiatement à côté de cette porte, une ouverture laissant un passage suffisant pour l'introduction des fraudeurs et des ballots de contrebande dont ils étaient porteurs, ouverture qui était le résultat de l'enlèvement d'une planche de la cloison qui avait eu lieu par effraction et qui était gisante au bas de la levée de la grange, immédiatement au-dessous de l'ouverture que son enlèvement avait procurée; que c'est nécessairement par cette ouverture, très facilement accessible dès la levée de la grange, que l'introduction a eu lieu, car il est résulté positivement de la déposition de deux témoins de la contre-enquête que cette planche, accrochée avec les clous qui la fixaient dans la cloison, formait encore clôture de la grangerie dans la soirée du 16 octobre dernier; — Attendu qu'il est également résulté de l'enquête que l'évasion des fraudeurs de la maison du

ont été trouvés, dans le rayon des frontières, des tabacs de fabrication étrangère, est légalement réputé détenteur responsable du dépôt, sauf à l'administration des douanes à apprécier sa bonne foi pour la remise ou la modération des peines encourues ; que, par suite, c'est à tort, en pareil cas, que le juge saisi des poursuites autorise le prévenu à prouver sa non-culpabilité, et spécialement son ignorance de l'existence du dépôt trouvé dans son habitation; la seule justification admissible est celle qui résulterait d'un fait précis de force majeure (Crim. cass. 7 févr. 1863, aff. Banget-Lingrat, D. P. 63. 1. 206) ;—5° Que le détenteur d'un entrepôt frauduleux dans le rayon des frontières ne peut échapper à la responsabilité pénale de cette contravention qu'à la charge de prouver que les objets de contrebande trouvés chez lui, par exemple des cafés cachés dans son jardin, ont été déposés à son insu, sans sa participation et celle des siens, ou qu'il n'a pu empêcher ce dépôt, auquel il a été contraint par force majeure (Nancy, 19 août 1873, aff. Leblanc, D. P. 74. 2. 88); — 6° Qu'un chef de gare qui a fait décharger les marchandises (des armes de guerre) non déclarées au bureau des douanes et les a fait placer dans le hangar de la gare, en les mettant à la libre disposition du destinataire qui pouvait les retirer et les soustraire à la surveillance de l'Administration, doit être considéré comme détenteur des colis et est personnellement et pénalement responsable de la contravention d'entrepôt illicit (Crim. cass. 14 juin 1874, cité *suprà*, n° 558).

723. C'est le propriétaire des bâtiments qui est présum légalement responsable du dépôt. Jugé que le propriétai du bâtiment, dans le rayon des frontières, où ont été trouvé des marchandises prohibées à l'entrée (des tabacs dans l'e pèce) est présumé légalement responsable de ce dépôt; q la preuve de non-contravention est à sa charge, et qu suivant l'art. 16 de la loi du 9 flor. an 7, cette preuve peut résulter que de la justification précise d'un fait de for majeure; qu'il ne peut être renvoyé des poursuites, s'il s' borné à prouver l'abandon volontaire de sa part de la gar du magasin où les marchandises ont été trouvées et s ignorance du dépôt qui y a été effectué (Crim. cass. 3 jui 1875) (1).

Décidé encore que, lorsque des tabacs en paquets revê de vignettes étrangères sont trouvés dans une excavati souterraine pratiquée sous une propriété grevée d'une ser tude de passage, c'est le propriétaire qui est responsable; importe peu qu'il n'use pas lui-même du passage et que passage soit ouvert aux personnes au profit desquelles établie la servitude (Douai, 31 mai 1880) (2). Si le p priétaire n'occupait pas la maison où les marchandises s

---

Châtelard a eu lieu par une lucarne existant au fond de la grangerie, du côté du couchant, à environ quatre mètres au-dessus du sol, au moyen d'une échelle qu'ils ont placée à l'extérieur, puisqu'on remarquait au bas de cette échelle, et dans la direction du couchant, les mêmes traces de pas des fraudeurs qui avaient été observées à l'entrée de la grangerie, ce qui exclut l'idée que les fraudeurs aient eu à leur disposition les portes d'entrée et d'issue de la maison du Châtelard, qui se trouvaient toutes fermées, et conduit à cette conséquence nécessaire, que les frères Jean Brun ignoraient complètement le fait d'introduction de contrebande qui avait eu lieu avec effraction dans les dépendances de leur domicile, au milieu de la nuit et à une heure où ils devaient être plongés dans un profond sommeil; d'où il suit que cette introduction doit être considérée comme le résultat d'une force majeure tout à fait en dehors de la volonté des propriétaires de la maison; — Attendu qu'il est résulté de la déposition de la presque unanimité des témoins que des toiles d'araignées sèches étaient encore pendantes de chaque côté de l'ouverture résultant de l'effraction, ce qui démontre que cette effraction était très récente et ne pouvait remonter qu'à quelques heures; — Que, si l'un des témoins a déclaré qu'il avait aperçu quelques fils d'araignées existant transversalement dans l'ouverture laissée par la planche, cette déposition isolée, et contraire à celle des autres témoins qui disent qu'on y a fait passer un homme et un ballot, est impuissante, en présence des autres faits parfaitement constants, pour prouver que ce n'est pas par cette ouverture que l'introduction a eu lieu, puisque les araignées peuvent avoir d'un moment à l'autre réparé une partie de leur tissu; — Attendu, d'un autre côté, que les logements des frères Jean Brun sont séparés de ladite grange par toute l'épaisseur de deux écuries ; que même celui de Xavier en est le plus éloigné, puisque pour parvenir à la grange, il est obligé de traverser l'appartement de Félix, puis les écuries; d'où il suit que, le fait d'introduction frauduleuse ayant eu lieu au milieu de la nuit, les frères Jean Brun, se trouvant éloignés du lieu du dépôt dont il s'agit, n'ont pu entendre le bruit de l'effraction de la planche et les allées et venues des fraudeurs; — Attendu, enfin, que la porte de la grangerie a été trouvée encore close depuis l'intérieur au moment où, le 17 au matin, les préposés ont effectué, avec l'assistance du maire de Thiébouchans, la visite domiciliaire en question, ce qui prouve que les frères Jean Brun avaient pris toutes les précautions possibles pour que leur habitation ne devienne pas un lieu de retraite des fraudeurs en cas d'attaque; — Attendu que l'ensemble de toutes ces circonstances réunies donne au tribunal la conviction que l'introduction dont s'agit a été opérée par les fraudeurs mis en détresse par l'attaque dont ils avaient été l'objet, au moyen de l'effraction dont il vient d'être parlé, à l'insu des frères Jean Brun, qui sont restés tous deux étrangers au fait de contrebande qui leur est reproché; — Par ces motifs, le tribunal déclare confisquées au profit de qui de droit les marchandises saisies, et statuant en ce qui concerne soit les conclusions de l'administration des douanes, soit celles du ministère public, déclare que les frères Jean Brun ont suffisamment administré la preuve de leur non-culpabilité ; les renvoie, en conséquence, sans peine ni amende, etc. ». — Appel par l'administration des douanes. — Arrêt.

LA COUR ; — Adoptant les motifs qui ont déterminé les premiers juges, et prononçant sur l'appel émis tant par l'administration des douanes que par le ministère public, du jugement rendu par le tribunal correctionnel de Montbéliard, le 10 déc. 1852, rejette lesdits appels ; ordonne que le jugement ira avant et sortira plein et entier effet, etc.

Du 21 mars 1853.-C. de Besançon.

(1) (Administration des douanes C. Girard.) — LA COUR ; — le moyen unique, résultant de la violation des lois des 22 a 1791, 9 flor. an 7 et 28 avr. 1816 : — Vu les art. 37, 38, 39, tit. de la loi de douanes du 22 août 1791 ; 38, 41, 42 et 43 de la du 28 avr. 1816 ; 7, tit. 6, de la loi du 4 germ. an 2 ; 16 9 flor. an 7 ; — Attendu qu'il est constaté par l'arrêt atta qu'une saisie de deux ballots de tabac de contrebande a été op le 17 févr. 1875, au hameau de la Petite Bergerie (Savoie), s dans le rayon des frontières, dans une écurie appartenant nommé Girard, et séparée de son habitation par une ruelle ; Attendu que, traduit à raison de cette détention devant la j diction correctionnelle, Girard a été relaxé des poursuites, pa motif que, la porte de l'écurie où les tabacs ont été saisis n'é point fermée, ce local est à la disposition du public, et que prévenu n'exerçant en aucune façon la garde de ce bâtiment, n'est employé par lui à aucun usage, il ne saurait être consic comme détenteur des objets qui y sont déposés; — Attendu, droit, que le propriétaire du bâtiment dans le rayon des fr tières où ont été trouvées des marchandises prohibées à l'ent est présumé légalement responsable du dépôt ; que la preuve non-contravention est à sa charge ; et que, suivant l'art. 16 d loi du 9 flor. an 7, cette preuve ne peut résulter que de la ju fication précise d'un fait de force majeure, et non de l'ignora de ce détenteur ; — Attendu, néanmoins, que l'arrêt attac pour renvoyer le prévenu des poursuites, s'est fondé sur l'aban volontaire fait par ce dernier de la garde de l'écurie où les tab ont été trouvés, et sur son ignorance du dépôt qui y a été effectué ; — Attendu qu'en statuant ainsi, la cour de Cha béry a méconnu les principes de la matière et les caractères la contravention, etc.

Du 3 juill. 1875.-Ch. crim.-MM. de Carnières, pr.-Gast, ra Thiriot, av. gén.-Housset, av.

(2) (Femme M...) — LA COUR ; — Attendu qu'il résulte d procès-verbal régulier, comme de l'instruction et des débats, q le 24 janv. 1880, il a été trouvé et saisi 110 kilog. de tabac feuilles et de tabac haché en paquets revêtus de vignettes étr gères, valeur ensemble 1375 fr., dans une excavation souterrai pratiquée sous une parcelle de terrain appartenant à la femme M à Neuve-Chapelle, dans le rayon des frontières ; — Attendu s'il est allégué par la prévenue, et s'il paraît constant qu'il ex sur le terrain dont il s'agit un droit de passage au profit sieurs X..., le premier usufruitier pour une partie, le sec locataire pour l'autre partie d'une maison contiguë au passag appartenant aussi à la femme M..., cette servitude laisse d' leurs à celle-ci, sur la parcelle de terre dont il s'agit, tous autres attributs de la propriété à laquelle se rattache la présor tion légale et absolue, qui, aux termes des lois de la matiè rend le propriétaire responsable de tout dépôt de tabac de con bande fait dans sa propriété, sans que celui-ci puisse exciper son ignorance et de sa bonne foi ; — Attendu que les prem juges ont, d'ailleurs, omis à tort d'ordonner la confiscation tabacs saisis, qui doit être, dans tous les cas, prononcée ; — ces motifs; — Réformant et faisant ce que les premiers ju auraient dû faire ; — La cour déclare la femme M... convain d'importation frauduleuse de tabac étranger et, vu les art.

trouvées, si cette maison était habitée par un locataire, c'est ce locataire qui serait évidemment détenteur dans le sens de la loi, et par suite responsable du dépôt (*Rép.* n° 999).

724. — III. Conducteurs de voitures publiques; chemins de fer. — On a exposé au *Rép.* n°s 1003 et suiv., que les voituriers et porteurs des objets de fraude sont assimilés aux détenteurs; que la même présomption de culpabilité pèse sur eux; qu'aux termes de l'art. 29, tit. 2, de la loi des 6-22 août 1791, la condamnation à l'amende n'a pas lieu contre les messagers et conducteurs de voitures publiques, en cas de contravention ou de fraude aux lois de douane, « lorsque les objets sont portés sur la feuille qui doit être représentée pour servir à la déclaration ». La jurisprudence interprète cet article en ce sens qu'il ne suffit pas au transporteur, après avoir établi sa bonne foi, de fournir, à l'aide de mentions portées sur la feuille de route, une indication exacte et régulière de l'expéditeur, mais qu'il doit, en outre, mettre l'administration des douanes en mesure d'exercer des poursuites utiles contre le véritable auteur de la fraude. Le transporteur de bonne foi ne doit donc pas être relaxé si le tiers désigné ne peut être utilement mis en cause, son domicile étant inconnu, s'il prend la fuite avant que l'Administration ait pu le saisir, s'il est étranger, domicilié en pays étranger, si même il est insolvable. Au reste, même en l'absence de mentions sur la feuille de route, les voituriers dégagent leur responsabilité en indiquant quel est l'expéditeur des marchandises, à la condition que la régie puisse exercer utilement des poursuites contre lui (V. Duverdy, *Traité du contrat de transport*, n°s 264 et suiv.). — Conformément à ces principes, il a été jugé : 1° que dans le cas où un colis enlevé au lieu d'arrivée (un port) par un facteur ou commissionnaire qui en effectue le transport à l'intérieur est reconnu contenir des marchandises de contrebande, ce facteur ou commissionnaire est à bon droit déclaré en contravention, s'il ne peut, par une désignation efficace de son commettant, mettre l'Administration à même d'exercer des poursuites utiles contre le véritable auteur de la fraude;... et spécialement, s'il ne peut indiquer comme propriétaire du colis qu'un individu qui, par une fuite immédiate, s'est soustrait à toute poursuite; et c'est à tort qu'on admettrait comme excuse la circonstance que les règlements l'autorisent et même l'obligent, en sa qualité de commissionnaire médaillé, à se prêter au transport des colis fermés et couverts (Crim. cass. 10 nov. 1854, aff. Trumode, D. P. 55. 1. 188); — 2° Que le machiniste et le chauffeur préposés à la conduite d'une locomotive dans laquelle on a trouvé cachées des marchandises prohibées sont responsables de la fraude, à moins qu'ils ne détruisent par une preuve contraire la présomption de culpabilité qui pèse sur eux en leur qualité de détenteurs (Colmar, 29 juin 1858) (1). — Jugé encore que les chefs de train des chemins de fer sont pénalement responsables, au même titre que les conducteurs de voitures publiques ordinaires, de l'importation frauduleuse d'objets prohibés ou assujettis aux droits de douane, qui sont trouvés dans les wagons; qu'ils ne peuvent être exonérés de cette responsabilité à raison de leur bonne foi, mais seulement à la condition de mettre l'Administration en mesure de poursuivre le véritable auteur de la fraude (Crim. cass. 3 mars 1877, aff. Druon, D. P. 78. 1. 190); — 3° Que la loi du 21 juin 1873 (D. P. 73. 4. 88) ne concerne que les contributions indirectes; que, dès lors, le transporteur poursuivi par l'administration des douanes pour un fait de contrebande, ne peut invoquer la disposition de l'art. 13 de cette loi, aux termes duquel les transporteurs ne sont pas considérés comme contrevenants, lorsque, par une désignation exacte et régulière de leurs commettants, ils mettent l'Administration en mesure d'exercer des poursuites contre les véritables auteurs de la fraude; que l'immunité admise au profit du transporteur de bonne foi, par l'art. 29, tit. 2, de la loi des 6-22 août 1791, n'existe que dans le cas où, par les indications portées sur la feuille de voyage, il a mis l'administration des douanes en mesure d'exercer des poursuites *efficaces* contre le véritable auteur de la fraude; que, spécialement, le transporteur n'est pas autorisé à l'invoquer quand l'expéditeur qu'il désigne est domicilié à l'étranger et que, d'ailleurs, cet expéditeur n'offre à l'Administration aucune garantie (Crim. rej. 21 avr. 1883, aff. Germa, D. P. 85. 1. 218. V. aussi Bordeaux, 12 déc. 1888, *suprà*, n° 686). — D'autre part, il a été décidé : 1° que lorsque la douane a saisi dans le wagon d'un chemin de fer des marchandises prohibées, l'administration du chemin de fer ne peut, si elle a présenté aux employés de la douane les voyageurs qui avaient fait charger ces objets, être déclarée responsable, et, comme telle, tenue de l'amende, quand bien même, depuis, les contrevenants ont disparu (Paris, 9 mars 1850, aff. Chemin de fer du Nord, D. P. 52. 2. 175); — 2° Que le voiturier, sur lequel des marchandises ont été saisies pour contravention aux lois sur la douane peut échapper à l'amende et à la confiscation poursuivie contre lui en mettant en cause et en appelant en garantie le propriétaire de ces marchandises (Douai, 6 déc. 1880, aff. Baerdemæcker, D. P. 81. 2. 150). — Jugé encore qu'une compagnie de transports maritimes, chargée, en vertu d'une

---

§ 4, 41, 42 et 43, de la loi du 28 avr. 1816; 9 de la loi du 22 juill. 1867; 194 c. instr. cr. et 52 c. pén., ainsi conçus: — Ordonne la confiscation des tabacs saisis; — Condamne la femme M... à 1375 fr. d'amende, et, faisant droit aux réquisitions du ministère public, la condamne à six jours d'emprisonnement, etc.

Du 31 mai 1880.-C. de Douai.

(1) (K...). — La cour; — Attendu qu'il résulte d'un procès-verbal régulièrement dressé à Mulhouse par des employés de la douane, le 19 mars dernier, qu'en visitant une locomotive appartenant à la Compagnie des chemins de fer de l'Est et qui avait amené un convoi de Bâle, ils ont trouvé caché sous le tender, dans deux cavités au dessus des roues de devant, cinq paquets de batiste et mousseline brodées, marchandises prohibées à l'entrée et estimées 3000 fr.; que le même procès-verbal constate que les prévenus étaient préposés à la conduite de ladite locomotive, l'un comme machiniste et l'autre comme chauffeur, et que la visite s'est faite en leur présence;

Attendu qu'aux termes de l'art. 43 de la loi du 21 avr. 1818, les détenteurs de tissus provenant de fabrique étrangère sont responsables de la fraude, par le seul fait matériel de la détention de ces marchandises sans qu'aucune autre preuve de cette culpabilité soit exigée ou nécessaire; qu'à la vérité la présomption créée par cette loi n'est pas une présomption *juris et de jure;* qu'elle est susceptible d'être détruite par une preuve contraire;

Attendu que, dans l'espèce et en ce qui concerne le coprévenu K..., qui seul nie sa culpabilité, loin qu'il soit prouvé que les marchandises saisies aient été placées à son insu dans le tender et qu'il soit entièrement étranger à la fraude, tout porte à penser qu'il y a sciemment participé et qu'il a agi de connivence ou de complicité avec son chauffeur;

Attendu qu'on ne saurait accepter comme sérieuses et parfaitement désintéressées les déclarations de ce dernier qui le représentent comme l'unique auteur du délit; que ces déclarations n'ont été faites ni spontanément, ni directement; que ce n'est que le lendemain de la constatation du délit, et après une conférence prolongée entre le machiniste et son chauffeur, que celui-ci s'est décidé à faire des aveux par l'entremise et l'organe du machiniste; que les explications qu'il a essayé de donner à l'audience sur la manière dont les marchandises lui avaient été remises et sur les circonstances mystérieuses de leur livraison sont d'une invraisemblance telle, eu égard surtout à sa position, qu'on ne saurait les accueillir; que de plus il existe entre le machiniste et le chauffeur des relations si étroites et si continues, un contrôle tellement réciproque et forcé, qu'il est impossible d'admettre, surtout en présence des règlements relatifs à la manœuvre des locomotives dans l'intérieur de la gare, que l'on puisse faire séjourner dans la locomotive ou en enlever un objet sans que l'autre en soit immédiatement instruit; que si cet objet est délictueux, le silence suppose nécessairement l'association; qu'enfin il résulte des débats que le prévenu K... a offert de transiger, et que précédemment un fait de contrebande avait été constaté à son encontre; qu'ainsi l'ensemble des circonstances de la cause, loin de venir à son aide et de détruire la présomption légale de la culpabilité qui pèse sur lui, ne fait, au contraire, que la corroborer;

En ce qui touche la Compagnie des chemins de fer de l'Est: — Attendu que les deux prévenus sont employés et rétribués par elle; que c'est dans l'exercice des fonctions auxquelles ils sont préposés qu'ils ont commis le délit; que la Compagnie ne saurait donc échapper à la responsabilité édictée par l'art. 1384 c. nap. et qui doit porter non seulement sur les frais, mais encore sur l'amende, considérée en matière de douane comme une réparation civile;

Par ces motifs, etc.

Du 29 juin 1858.-C. de Colmar.

convention passée avec l'administration des postes, du service des colis postaux, ne commet aucune contravention aux lois de douanes, en recevant scellé, et en transportant sans en connaître le contenu, un colis renfermant des marchandises prohibées, les conventions prescrites par les règlements mettant la compagnie dans l'impossibilité de les ouvrir pour en vérifier le contenu. C'est un cas de force majeure légale (Crim. rej. 23 janv. 1885, aff. Compagnie générale transatlantique, D. P. 85. 1. 177. Comp. *suprà*, n° 683).

725. Les chefs de trains sont pénalement responsables, comme on l'a vu *suprà*, n° 724, de l'importation frauduleuse d'objets prohibés qui sont trouvés dans les wagons. La jurisprudence étend cette responsabilité aux agents attachés à la marche des trains en qualité de conducteurs (Crim. cass. 14 mars 1884, aff. Gaydon, D. P. 84. 1. 475). En effet, si les conducteurs n'ont pas le pouvoir de direction et la surveillance générale qui appartiennent aux chefs de trains, ils n'en ont pas moins, quoique dans une sphère plus restreinte, des attributions qui en font de véritables chefs de service. L'art. 1er du règlement général de la compagnie de Lyon, par exemple, dans le réseau de laquelle avait été commise la contravention qui a amené la décision du 14 mars 1884, déclare que « pendant la marche des trains, les conducteurs exercent une surveillance générale sur l'état de leur train; que, lors des arrêts en dehors des gares, ils ont à pourvoir à la sûreté, à la police et à la surveillance de leur train, et qu'ils sont responsables de tous les faits de leur service ». L'art. 106 du même règlement leur interdit, d'autre part, « de faire aucun commerce de transport, d'accepter aucun colis ou correspondance quelconque, qui ne seraient pas remis dans des conditions réglementaires ». En outre, ce sont eux spécialement que le règlement vise dans les articles qui déterminent les soins à donner aux colis placés dans leur fourgon. En fait, par conséquent, chaque conducteur a sa part de responsabilité dans l'organisation des trains. Comment ne seraient-ils pas soumis, dans l'étendue de ce service, aux conséquences pénales devant résulter de la découverte dans les wagons à la surveillance desquels ils sont préposés, de marchandises frauduleusement introduites sur le territoire français? La cour de Lyon, dont l'arrêt a été cassé par l'arrêt de la chambre criminelle du 14 mars 1884, avait acquitté le prévenu par ces motifs « qu'il n'était pas chef de train, que, dès lors, il n'était pas spécialement responsable de la provenance des marchandises transportées, puisqu'il n'avait pas légalement la surveillance des wagons » (Lyon, 24 août 1883, aff. Gaydon, D. P. 85. 1. 217). — L'affaire fut renvoyée devant la cour de Chambéry, qui, statuant le 15 mai 1884, refusa de se conformer à la doctrine de la cour de cassation. Elle décida que lorsqu'il s'agit d'un train de chemin de fer, composé d'un grand nombre de voitures, les règlements spéciaux placent le train tout entier sous la surveillance et la direction d'un chef conducteur; que c'est ce chef conducteur qui peut être considéré comme surveillant responsable à l'égard du train tout entier; qu'on ne pourrait lui assimiler les employés subalternes, chargés d'un service spécial pour la conduite du même train; que c'est à ce chef conducteur de train seul qu'il paraît rationnel de faire application de l'art. 1er de la loi des 6-22 août 1791 (Chambéry, 15 mai 1884, aff. Gaydon, D. P. 85. 1. 217). La cour de cassation, chambres réunies, a maintenu sa première doctrine, et jugé que toute importation de marchandises prohibées engage, vis-à-vis de l'administration des douanes, la responsabilité pénale des préposés à la conduite de la voiture dans laquelle ces marchandises sont saisies, sans que l'Administration soit tenue de prouver à leur charge un fait de participation personnelle à la fraude; que la responsabilité pénale qui atteint le conducteur chef d'un train de chemin de fer, à raison de toute importation d'objets de contrebande saisis sur le convoi, ne met pas obstacle à ce que les conducteurs subalternes, qui sont sous les ordres du chef de train, encourent la même responsabilité quand leurs attributions particulières permettent de les considérer comme des préposés à la conduite; que, spécialement, tout conducteur chargé de surveiller un wagon, d'y introduire les colis, de procéder à leur arrimage, est un préposé à la conduite du wagon dans le sens de l'art. 1er, tit. 5, de la loi des 6-22 août 1791, et comme tel, soumis à la responsabilité pénale en cas d'infraction aux lois de douane constatée dans le wagon dont il avait la garde (Ch. réun. cass. 21 janv. 1885, aff. Gaydon, D. P. 85. 1. 217). — Cette théorie nous paraît fondée. Les attributions générales de surveillance et de direction qui appartiennent au chef de train ne sont point incompatibles avec des attributions analogues, mais limitées à une partie du train et confiées à un agent subalterne; la responsabilité en quelque sorte locale de cet agent peut donc exister à côté de la responsabilité générale du chef conducteur. Mais, tandis que le chef de train est légalement, de plein droit, un préposé à la conduite, et par là même tenu envers l'administration des douanes, les autres agents de la compagnie de chemin de fer ne seront valablement impliqués dans la poursuite qu'autant que la nature de leur service permettra de les considérer comme des conducteurs du wagon. Ainsi, l'agent chargé de graisser les wagons durant les arrêts, de serrer le frein ou de faire l'appel des stations, ne répond pas à l'acception des mots conducteur, préposé à la conduite; au contraire, l'agent affecté à la garde du wagon des marchandises, au chargement et déchargement des colis, à leur arrimage, apparaît incontestablement comme un conducteur, un préposé à la conduite de ce wagon. En conséquence, lorsque l'administration des douanes, découvrant dans un wagon de chemin de fer un objet de contrebande, juge à propos de dresser procès-verbal, indépendamment du chef de train ou concurremment avec lui, contre un autre agent de la compagnie, les poursuites exercées contre ce dernier agent seront valables ou nulles selon qu'en fait les attributions de son service permettront ou non de le qualifier de conducteur ou préposé à la conduite du wagon.

726. Si l'employé d'une compagnie de chemin de fer était poursuivi à l'occasion d'un fait personnel (si, par exemple, il portait sur lui l'objet de contrebande), il importerait peu qu'il fût étranger à la conduite du wagon, puisque l'administration des douanes le poursuivrait comme étant personnellement coupable, et invoquerait un fait personnel, et non la présomption légale de fraude qui s'attache au conducteur. Ce n'est pas alors l'employé d'une compagnie de chemin de fer qui serait en cause, mais un simple détenteur.

727. Les compagnies de chemins de fer sont civilement responsables des condamnations prononcées contre leurs préposés et agents pour faits de fraude par eux consommés dans le cours de leur service, en vertu de l'art. 1384 c. civ.; cette responsabilité porte même sur l'amende, qui est considérée en matière de douanes comme une réparation civile. — Jugé qu'une compagnie de chemin de fer répond des faits de contrebande commis par ses employés, lorsque ceux-ci, pour les accomplir, ont abusé des facilités que leur procurait la nature du service dont ils étaient chargés et que, spécialement, elle répond du fait d'un homme d'équipe d'avoir reçu, dans une gare frontière, à l'arrivée du train, des paquets de tabac introduits en fraude par des voyageurs et d'avoir caché ces paquets dans un dépôt à son usage jusqu'au moment favorable où il pourrait les faire sortir de la gare, en éludant la surveillance des agents de la douane (Lyon, 1er juill. 1872, aff. Chemin de fer de Lyon, D. P. 73. 2. 157. V. dans le même sens : Colmar, 29 juin 1858, *suprà*, n° 724).

728. La confiscation des marchandises saisies peut être poursuivie et prononcée contre les préposés à la conduite de ces marchandises, sans que l'Administration soit tenue de mettre en cause les propriétaires, quand même ils lui sont indiqués, sauf, si lesdits propriétaires intervenaient ou étaient appelés par ceux sur lesquels les saisies ont été faites, à être statué, ainsi que de droit, sur leurs interventions et réclamations (L. 6-22 août 1791, t. 12, art. 1er). — Jugé « qu'aux termes des lois des 6-22 août 1791, 9 flor. an 7, 28 avr. 1816 et 2 juin 1875, les voituriers et autres préposés à la conduite des marchandises prohibées, introduites en fraude dans le territoire français, doivent être condamnés à une amende et à la confiscation des marchandises prohibées et des instruments servant à masquer la fraude, sans que l'Administration soit obligée à mettre en cause les propriétaires de ces marchandises, alors même qu'ils lui seraient désignés par le transporteur » (Montpellier, 4 déc. 1882, aff. Germa, D. P. 85. 1. 218. V. aussi en ce sens : Trib. Saint-Dié, 14 avr. 1879) (1).

729. Nous avons dit *suprà*, n° 724, que les conducteurs qui indiquent l'expéditeur et mettent l'Administration en mesure d'exercer utilement contre lui des poursuites, doivent être acquittés. L'Administration, si elle ne l'a pas mis en même temps en cause, peut agir ensuite contre lui (V. *Rép.* n°s 1003 et suiv.).

730. — IV. AUBERGISTES. — Les règles relatives aux détenteurs et voituriers s'appliquent aux aubergistes (*Rép.* n° 1006). Il a été jugé qu'un maître d'hôtel, dans la remise duquel on découvre des denrées ne pouvant circuler ou séjourner dans les rayons de frontière sans expédition, ne peut échapper à la responsabilité pénale qui pèse sur lui, qu'en établissant que les marchandises ont été déposées dans son hôtel par suite d'un fait de force majeure auquel il n'a pu résister ou qu'il n'a pu prévoir. Et il importe peu qu'il ait signalé le propriétaire des denrées, cette circonstance n'empêche pas le détenteur d'être passible de l'amende (Montpellier, 8 juin 1874) (2).

731. — V. COMPLICITÉ; PARTICIPATION DES ASSUREURS OU INTÉRESSÉS A DES FAITS DE CONTREBANDE. — L'art. 59 c. pén. n'est pas applicable lorsqu'il s'agit de simples contraventions aux lois de douane, même de celles qui sont de la compétence des tribunaux correctionnels, l'art. 59 ne parlant que des complices d'un crime ou d'un délit (Thibault, *op. cit.*, p. 157; Faustin Hélie, *op. cit.*, 6e éd., t. 1, n° 316). — La loi du 4 germ. an 2 (tit. 6, art. 2) renferme une disposition ainsi conçue : « Quiconque cachera ou achètera des objets saisissables, participera à une contravention aux lois de douane, sera condamné à une amende de dix fois la valeur des objets cachés ou achetés en fraude ». Cette disposition bizarre, dit M. Thibault (*op. cit.*, p. 158), n'a pas été abrogée. Mais elle est tombée dans l'oubli : jamais les receveurs de douanes ne l'invoquent.

732. Les règles du droit pénal relatives à la complicité sont applicables aux délits de douane, lorsqu'une loi spéciale n'en édicte pas de plus sévères (*Rép.* n° 1007). « Le code pénal, dit M. Blanche, *op. cit.*, t. 2, n° 73, est une loi générale. Les principes qu'il pose gouvernent non seulement les crimes et délits qu'il prévoit, mais encore ceux qui ont été l'objet d'une législation spéciale » (V. aussi Thibault, *op. cit.*, p. 158, et les arrêts cités *infrà*, n° 734).

733. La loi du 28 avr. 1816 (art. 53), contient des dispositions particulières en ce qui concerne la participation des assureurs ou des intéressés d'une manière quelconque à des faits de contrebande. Cet article est ainsi conçu : « Ceux qui par l'effet de ces poursuites seraient jugés coupables d'avoir participé, comme assureurs, comme ayant fait assurer, ou comme intéressés d'une manière quelconque à un fait de contrebande, deviendront solidaires de l'amende et passibles de l'emprisonnement prononcé. — Ils seront en outre, déclarés incapables de se présenter à la Bourse, d'exercer les fonctions d'agent de change ou de courtier, de voter dans les assemblées tenues pour l'élection des commerçants ou des prud'hommes et d'être élus pour aucune de ces fonctions, tant et aussi longtemps qu'ils n'auront pas été relevés de cette incapacité par lettre de Sa Majesté. — A cet effet, le procureur du roi chargé du ministère public près la cour prévôtale, enverra aux procureurs généraux près les cours royales, ainsi qu'à tous les directeurs des douanes, des extraits des arrêts de la cour relatifs à ces individus, pour être affichés et rendus publics dans tous les auditoires, bourses et places de commerce, et pour être insérés dans les journaux, conformément à l'art. 457 c. com. — Les dispositions des deuxième et troisième paragraphes du présent article sont applicables à tous individus qui auraient été déclarés coupables d'avoir participé soit comme assureurs, soit comme ayant fait assurer, soit comme intéressés d'une manière quelconque, à des faits de contrebande dont la connaissance est attribuée aux tribunaux correctionnels, à l'effet de quoi les procureurs du roi près lesdits tribunaux sont tenus de diriger les mêmes recherches et poursuites prescrites aux prévôts par l'art. 52 ».

734. La jurisprudence a eu à préciser l'expression quelque peu vague de « *intéressé à la contrebande* » dont se sert l'art. 53 de la loi du 28 avr. 1816. Elle l'a décidé avec raison, par cette expression la loi a entendu désigner tout individu qui apporte à un fait de contrebande moins un concours matériel qu'une complicité pécuniaire ou morale, s'il est permis de se servir d'une telle qualification. Cela résulte tant du rapprochement que l'art. 53 établit entre les intéressés et les assureurs, que de la nature des incapacités commerciales que le même article prononce comme peines accessoires. — Jugé : 1° que les individus par lesquels ont été transportées à l'intérieur, des marchandises introduites en fraude aux lois de douanes, ne doivent plus être considérés comme de simples porteurs ou conducteurs passibles de poursuites seulement quand ils ont agi dans la limite du rayon, mais bien comme des entrepreneurs ou de véritables intéressés à la contrebande, si les transports, loin d'être isolés et individuels, rentraient dans une série d'actes habilement combinés pour une entreprise permanente de contrebande, et n'ont été faits, du reste, qu'en vue d'une coopération intéressée à cette entreprise; mais que le fait d'avoir reçu un salaire élevé pour le transport de marchandises soustraites à leur entrée en France au payement des droits de douanes, ne suffit pas pour faire considérer l'individu employé en qualité de porteur, comme intéressé à la contrebande; que, dès lors, en dehors du rayon des douanes, cet individu échappe à toute poursuite alors même qu'il ne ferait pas connaître le propriétaire ou expéditeur des marchandises (Besançon, 2 juill. 1858, aff. Liboz, D. P. 59. 2. 52; 19 mars 1859, aff. d'Alsème, *ibid.*); — 2° Que, par la généralité de ses expressions, surtout si on les rapproche de celles des lois antérieures, la disposition de l'art. 53 de la loi du 28 avr. 1816 a eu pour but d'atteindre toute participation, même

---

(1) (Gley et autres.) — LE TRIBUNAL...; — Attendu, au fond, qu'aux termes de l'art. 1er, tit. 12, de la loi du 22 août 1791, la confiscation des marchandises saisies peut être poursuivie et prononcée contre les préposés à leur conduite, sans que l'administration des douanes soit tenue de mettre en cause les propriétaires, quand même ils lui seraient désignés; que c'est à tort, dès lors, que les appelants prétendent que l'action a été mal intentée et mal suivie en étant dirigée contre eux; — Par ces motifs, etc.

Du 14 avr. 1879.-Trib. civ. de Saint-Dié.

(2) (Jambon.) — LA COUR; — Attendu qu'il résulte d'un procès-verbal régulier, dressé le 10 févr. 1874, que le 18 ou le 19 janv. précédent, six sacs de poivre en grains furent trouvés dans une remise appartenant au sieur Jambon, maître d'hôtel à Montlouis; — Attendu que les denrées en question ne pouvant circuler ou séjourner dans les rayons des frontières sans expédition, Jambon s'est rendu coupable d'un délit que sa prétendue bonne foi ne pourrait elle-même innocenter; — Attendu, en effet, que d'après les dispositions formelles des lois qui régissent la matière, tout détenteur dans le rayon de marchandises en balles ou en ballots, sans expédition valable, est en plein droit, et par une présomption légale, réputé à la fois entrepositaire et importateur frauduleux;

Attendu que le détenteur à domicile, dans le rayon de marchandises prohibées, ne saurait échapper à la responsabilité pénale qui pèse sur lui qu'en rapportant la preuve de non-contravention, laquelle ne peut résulter que d'un fait de force majeure auquel n'a pu résister ou que n'a pu prévoir celui qui l'invoque;

Attendu, en outre, que le détenteur d'une marchandise saisie pour contravention aux lois fiscales sur les douanes est personnellement et toujours passible de l'amende, alors même qu'il aurait, comme dans l'espèce, signalé le propriétaire de ladite marchandise;

Attendu que c'est à bon droit que les premiers juges ont ordonné la confiscation des marchandises saisies au domicile du sieur Jambon, et qu'il y a lieu de ce chef de maintenir leur décision; — Attendu que les faits constatés et relevés à la charge de Jambon tombent sous l'application des dispositions de la loi du 22 août 1791 et de celle du 28 avr. 1816; — Attendu, toutefois, qu'en l'absence d'un appel relevé par le ministère public, il n'y a pas lieu de prononcer la peine de l'emprisonnement contre le prévenu, quel que soit le caractère obligatoire des dispositions précitées;

Par ces motifs, la cour maintient la saisie des six sacs de poivre prononcée par le tribunal correctionnel de Prades, et disant droit, pour le surplus, à l'appel relevé par l'administration des douanes, réformant quant à ce, a condamné et condamne par toutes les voies de droit et par corps le nommé Jambon à 1540 fr. d'amende, somme égale à la valeur des marchandises saisies, le double décime en sus, le jugement au résidu sortissant son effet, etc.

Du 8 juin 1874.-C. de Montpellier.

simplement morale, au fait de contrebande; que les mots « *intéressés d'une manière quelconque* » ne supposent pas nécessairement un intérêt pécuniaire; que, notamment, le commissionnaire qui, pour complaire à ses correspondants, se prête à faciliter la contrebande organisée par eux, doit être considéré comme intéressé dans le sens de l'art. 53 de la loi du 28 avr. 1816 (Chambéry, 17 mai 1879 (1). V. aussi Metz, 22 oct. 1851, *infrà*, n° 740).

735. Lorsque cet intérêt moral ou pécuniaire ne se rencontre pas, l'art. 59 c. pén. est seul applicable. Ainsi il a été jugé qu'un individu qui fait le guet, éclaire la marche des contrebandiers et, apercevant les préposés des douanes, fait entendre un coup de sifflet pour avertir les fraudeurs, alors qu'il n'est pas prouvé qu'il avait un intérêt au fait de contrebande, doit être puni comme complice en vertu de l'art. 59 c. pén. (Trib. corr. Céret, 8 nov. 1851, aff. Llause,-MM. Comes, pr.-Sabaté Clément, av.). Jugé encore qu'une aubergiste qui autorise un individu à déposer dans son arrière-magasin un ballot contenant des objets introduits en fraude, n'ayant ni entrepris ni assuré le transport dudit ballot et ne devant percevoir aucun bénéfice du dépôt effectué chez elle, ne peut être regardée comme ayant participé à la fraude dans le sens de l'art. 53 de la loi de 1816; qu'elle doit seulement être réputée avoir été complice aux termes du droit commun (Trib. corr. Lille, 28 sept. 1852) (2).

736. La participation aux moyens de faciliter le transport des marchandises introduites en fraude et leur arrivée à destination n'est nullement exclusive de la qualité d'entrepreneur relativement au fait de contrebande; elle peut même en devenir la preuve. — Jugé qu'en matière de contrebande, la qualité de porteur n'exclut pas celle d'intéressé; que, spécialement, on doit considérer comme intéressé le porteur auquel l'entreprise accorde une prime ou une remise lorsque la marchandise introduite en fraude est arrivée au lieu de destination (Crim. rej. 12 août 1859, aff. Anspach, D. P. 59. 1. 47). — Décidé aussi qu'un aubergiste chez lequel on trouve cachés, dans des lits, des ballots contenant des tabacs d'origine étrangère apportés par des contrebandiers, doit être considéré comme complice aux termes du droit commun, pour avoir reçu en dépôt et recélé sciemment des marchandises prohibées, mais ne peut encourir les pénalités édictées par l'art. 53 de la loi de 1816, si rien ne démontre qu'il a coopéré au fait de contrebande en qualité d'intéressé (Besançon, 2 juin 1883) (3).

(1) (B...) — Le sieur B..., commissionnaire en bijouterie, à Paris, étant prévenu d'avoir participé, comme intéressé d'une manière quelconque, à l'introduction frauduleuse d'objets d'or et d'argent consommée dans la direction de Chambéry, a été condamné par le tribunal correctionnel d'Annecy, en vertu de l'art. 53 de la loi du 28 avr. 1816, à dix jours de prison et à 1500 fr. d'amende; cet individu a interjeté appel du jugement et a soutenu, notamment, devant la cour que son client, qui ne niait pas du reste avoir reçu et transmis les bijoux frauduleusement importés, n'aurait accompli ces actes de réception et de transmission que par pure complaisance; qu'aucun intérêt pécuniaire ne l'avait guidé; que, dès lors, cette sorte d'intérêt étant la seule visée par l'art. 53 précité, ledit article ne lui était pas applicable. — Arrêt.

La cour; — Adoptant les motifs des premiers juges, et, en outre, attendu que l'art. 53 de la loi sur les douanes, du 28 avr. 1816, punit tous ceux qui ont participé, comme assureurs, comme ayant fait assurer, ou comme intéressés d'une manière quelconque à un fait de contrebande; — Que par la généralité de ses expressions, surtout si on les rapproche de celles des lois antérieures, cette disposition a eu pour but d'atteindre toute participation, même simplement morale, au fait incriminé; — Que les mots *intéressés d'une manière quelconque* ne supposent pas nécessairement un intérêt pécuniaire quelconque; — Que le commissionnaire qui, pour complaire à ses correspondants, se prête à faciliter la contrebande organisée par eux, ne s'y intéresse pas moins que celui qui en perçoit chaque fois une rémunération; — Que voulût-on même exiger un intérêt pécuniaire, il est indubitable que le commissionnaire qui rend de pareils services trouve un pareil intérêt dans la clientèle qu'il rend par là son obligée;

Attendu que B.. a reçu des colis qu'il savait venir de Genève et qui n'étaient pas accompagnés de pièces constatant l'acquittement des droits de douane; qu'il a participé sciemment au fait de contrebande;

Par ces motifs; — Confirme, etc.

Du 17 mai 1879.-C. de Chambéry.

(2) (Femme Delbarre.) — Le tribunal; — Considérant qu'il résulte de l'instruction et des débats : 1° que, moyennant un prix convenu avec un individu auquel les documents de la cause ne permettent pas d'attribuer d'autre qualification que celle de fraudeur et tisserand belge, prise par lui-même, Debodringhem et Joséphine Catoire, sa femme, ont été seulement chargés d'importer et ont importé de Belgique en France un ballot ou paquet contenant des pamphlets ou libelles imprimés en Belgique; — 2° Que ce ballot ou paquet a été déposé par la femme Debodringhem entre les mains de Reine Oppel, femme Delbarre, aubergiste et marchande épicière à Tourcoing, en lui disant que ce paquet contenait du café de contrebande; — 3° Que la femme Delbarre a placé ou a permis à la femme Debodringhem de placer le paquet dont il s'agit dans son arrière-magasin, où il a été saisi par la police de Tourcoing;

Considérant qu'à raison de ces faits, les époux Debodringhem et la femme Delbarre sont prévenus, les deux premiers d'importation frauduleuse des livres en question, et la troisième d'avoir participé à cette importation; — Considérant que les livres ou brochures saisis étaient soumis pour leur entrée en France au payement de certains droits et à l'accomplissement de certaines formalités qui n'ont pas été acquittées et observées par les époux Debodringhem; — Que, dès lors, il y a eu de leur part importation et introduction frauduleuse du paquet de livres dont il s'agit;

Considérant que la femme Delbarre, n'ayant ni entrepris ni assuré le transport du ballot en question, et ne devant percevoir aucun bénéfice du dépôt effectué chez elle, ne peut être regardée comme ayant participé, dans le sens de l'art. 53 de la loi du 28 avr. 1816, à la fraude commise par les époux Debodringhem;

Considérant, toutefois, qu'elle doit, aux termes du droit commun, être réputée avoir été leur complice, puisqu'elle a avoué avoir détenu sciemment des objets qui, livres ou cafés, avaient été frauduleusement importés et introduits en France;...

Par ces motifs; — Vu les art. 41, 42 et 43 de la loi du 28 avr. 1816, 59 et 62 c. pén.; — Condamne Debodringhem et sa femme (cette dernière par défaut) chacun à dix jours d'emprisonnement, et la femme Delbarre à trois jours de la même peine; — Statuant sur les conclusions de l'administration des douanes, partie civile; — Ordonne la confiscation des marchandises saisies; — Condamne les trois prévenus solidairement et par corps à 500 fr. d'amende et aux frais liquidés à..., etc.

Du 28 sept. 1852.-Trib. corr. de Lille.

(3) (Roy.) — La cour; — Attendu que l'art. 39 de la loi du 28 avr. 1816 autorise les employés des douanes à saisir, même, en deçà du rayon frontière, dans les maisons où elles ont été frauduleusement entreposées, les marchandises de la classe de celles qui sont prohibées à l'entrée, lorsque, s'agissant du cas de poursuite mentionné en l'art. 36 du tit. 13 de la loi du 22 août 1791, ils ont vu ces marchandises pénétrer ou circuler dans le rayon et qu'ils les ont suivies sans interruption et sans les perdre de vue jusqu'au moment de leur introduction dans lesdites maisons;

Attendu que des témoignages produits et de l'instruction faite, soit devant le tribunal correctionnel de Montbéliard, soit devant la cour, il résulte que le 6 févr. 1883, les sieurs Jacquet Pierraulet, Millot, Couretevez et Maury, tous préposés des douanes à la résidence de Villars-sous-Dampjoux, se trouvaient, vers deux heures et demie du matin, en surveillance sur le territoire de la commune de Vernais, distante d'environ 16 kilom. de l'étranger, quand ils découvrirent la piste de plusieurs fraudeurs, puis aperçurent au loin ceux-ci qui, au nombre de quatre chargés chacun d'un ballot, se dirigeaient du côté de l'intérieur; qu'ils les poursuivirent immédiatement et d'une manière continue sans les quitter des yeux, mais sans réussir à les atteindre, et que, arrivés près du village de Belvois, éloigné de 24 kilom. de la frontière, ils les virent entrer avec leurs charges dans l'auberge du sieur Roy dont la porte s'ouvrit de suite pour eux comme s'ils étaient attendus et fut aussitôt après fermée à clef; qu'ils se présentèrent alors devant ladite auberge, la cernèrent de manière à en garder et surveiller autant que possible toutes les issues jusqu'au jour, et que vers huit heures du matin, après avoir, à raison de l'absence des officiers municipaux de la localité, requis et obtenu l'assistance du garde champêtre, ils se disposèrent à effectuer la recherche de la fraude, conjointement avec les sieurs Courbet de Champronge et Lajeanne, capitaine et préposé des douanes à Saint-Hippolyte qui étaient venus leur prêter main-forte; que le sieur Roy auquel ils firent préalablement connaître leurs qualités, les causes et le but de la perquisition qu'ils entendaient pratiquer dans son domicile, leur permit d'explorer sa maison ainsi que les dépendances de celle-ci, et qu'ils procédèrent après cela, en sa présence et en présence du garde champêtre, à leurs opérations de visite; qu'ils constatèrent d'abord la disparition des quatre individus qu'ils avaient vus s'introduire chez le prévenu, qu'ensuite et pendant qu'ils se livraient à leurs recherches dans la grange et l'écurie, l'un d'eux, resté en observation aux abords de la maison, surprit la femme Roy au moment où elle allait jeter dehors par une fenêtre l'un des ballots abandonnés dans

737. — VI. Solidarité entre les délinquants. — On a dit au *Rép.* n° 1009 que les condamnations prononcées contre plusieurs personnes pour un même fait de fraude sont solidaires tant pour l'amende et les dépens, que pour la restitution du prix des marchandises confisquées dont la remise provisoire aurait été faite (L. 6-22 août 1791, tit. 12, an 3; 4 germ. an 2, art. 22, tit. 6); et que les propriétaires des marchandises saisies, les assureurs, leurs complices et adhérents, sont tous solidaires pour le payement de l'amende (Décr. 8 mars 1811, art. 2).

738. Il a été jugé que, lorsque des faits distincts de contrebande se rattachent à une même entreprise à laquelle leurs auteurs ont sciemment coopéré, le juge, en prononçant contre ceux-ci, dans le jugement de condamnation, la solidarité des dépens, n'est pas tenu d'établir, outre la participation de chaque agent à l'entreprise commune, sa participation à chaque fait distinct de contrebande (Crim. rej. 12 août 1859, aff. Anspach, D. P. 59. 1. 47). — Cette décision est remarquable en ce qu'elle n'exige pas que le concert ait eu lieu entre tous les prévenus; elle tient pour suffisant l'existence d'un concert entre chaque agent et les directeurs de l'entreprise. C'est là un point fort discutable (V. *Frais*; — *Rép.* eod. v°, n° 99).

739. — VII. Père et mère responsables. — La jurisprudence, comme on l'a indiqué au *Rép.* n° 1008, déclare les père et mère civilement responsables des infractions de douane commises par leurs enfants mineurs. Il a été jugé, depuis que, spécialement en matière de colportage illicite de tabac et de poudre à feu, l'amende étant, non une peine, mais la réparation civile du préjudice causé à l'Etat par la fraude, le père, déclaré responsable du fait de son fils mineur, peut être condamné à payer l'amende encourue par celui-ci (Metz, 27 nov. 1867, aff. Manichon, D. P. 67. 2. 247); — Que l'amende, en matière de douanes, n'ayant pas un véritable caractère pénal, mais ayant plutôt celui de réparation civile pour le préjudice causé à l'État et à l'industrie nationale, le père est civilement responsable du payement de l'amende prononcée contre son fils mineur et habitant avec lui (Civ. cass. 30 nov. 1869, aff. Fuermann, D. P. 70. 1. 30). — Cette théorie est combattue par les auteurs qui considèrent l'amende fiscale comme une peine. « L'art. 20 du tit. 13 de la loi de 1791, dit M. Thibault, *op. cit.*, p. 154, ne parle que des « facteurs, agents, serviteurs ou domestiques ». Or, en une matière aussi exceptionnelle que la responsabilité pénale — car l'expression de responsabilité civile est absolument impropre — il n'est pas permis d'étendre par analogie la portée de la loi. Il n'y a même pas d'analogie sérieuse entre la situation des enfants vis-à-vis de leurs parents ou des femmes vis-à-vis de leurs maris, et celles des facteurs, agents, serviteurs ou domestiques vis-à-vis des personnes qui les occupent. Les enfants ne sont pas, comme les domestiques ou mandataires salariés, chargés de la gestion d'une partie des affaires de leurs parents. L'idée du mandat sur laquelle la loi a établi la présomption de complicité n'existe donc pas à leur égard. Les mêmes observations s'appliquent à la situation de la femme vis-à-vis de son mari. L'origine de l'article précité de la loi de 1791 explique, d'ailleurs, combien est peu fondée l'extension que lui a donnée la jurisprudence. Les rédacteurs de la loi de 1791 avaient sous les yeux deux systèmes opposés de législation : celui de l'ordonnance de 1687, qui déclare les propriétaires des marchandises civilement responsables du fait de leurs facteurs, serviteurs ou voituriers, et celui des différents édits, ordonnances ou déclarations qui étendent aux parents ou maris les effets de cette responsabilité. Or, entre les différents textes qu'ils avaient sous les yeux, ils ont opté pour celui de l'ordonnance de 1687. Comment supposer, dès lors, qu'ils aient eu l'intention de lui donner la portée qu'avaient ceux qu'ils s'abstenaient précisément de reproduire? Il ne faut pas en conclure que, dans notre opinion, les parents et les maris ne puissent jamais être rendus responsables des fraudes commises par leurs enfants ou leurs femmes. Il suffit pour engager leur responsabilité que l'Administration établisse que l'enfant ou la femme, auteur direct de la contravention, a agi, à l'égard de son père ou de son mari, comme un « facteur, agent, serviteur ou domestique » à l'égard de celui qui l'emploie. En matière correctionnelle, il appartient toujours à l'Administration, ou au ministère public d'administrer la preuve de la complicité des parents ou du mari et de demander la condamnation de ces derniers, non plus comme civilement responsables des amendes prononcées contre les auteurs directs de la fraude, mais comme complices du délit » (V. aussi Sourdat, *op. cit.*, t. 2, n° 780).

740. Il a été jugé que les parents qui ont aidé leurs enfants mineurs dans la perpétration d'un délit de contrebande doivent être condamnés par la même juridiction correctionnelle, non pas simplement comme civilement responsables, mais bien comme intéressés à la contrebande, selon la prescription de l'art. 53 de la loi du 28 avr. 1816 (Metz, 22 oct. 1851) (1).

Sect. 5. — Des transactions et de la remise des peines (*Rép.* n°s 1011 à 1018).

741. L'arrêté du 14 fruct. an 10 permet à l'administration des douanes de transiger soit avant, soit après le jugement, sur les procès relatifs aux contraventions (*Rép.* n°s 1012 et

---

l'auberge de son mari; qu'enfin, lesdits employés ayant pénétré dans une chambre où il y avait quatre lits, trouvèrent cachés dans ces lits quatre ballots qui renfermaient chacun des tabacs d'origine étrangère et qui évidemment n'étaient autres que les charges que portaient les quatre fraudeurs poursuivis la nuit précédente; qu'ils déclarèrent à Roy la saisie de ces marchandises, lui notifièrent qu'ils en feraient le transport et le dépôt au bureau de Saint-Hippolyte, lequel était, le bureau le plus prochain et qu'ils y procéderaient également à leur description et à leur pesée qui n'avaient pu avoir lieu dans sa maison; qu'en même temps ils lui indiquèrent le jour et l'heure de ces diverses opérations avec sommation d'y assister, que le prévenu ne se présenta point audit bureau, mais que toutes les formalités susdites furent régulièrement accomplies et qu'alors les employés des douanes reconnurent que les objets saisis consistaient en 49 kilog. de tabac haché, en 14 kilog. de tabac en carottes et en 16 kilog. de tabac en poudre, le tout renfermé dans des papiers revêtus de vignettes étrangères et présentant d'après le prix auquel doit être faite la vente du tabac pour la régie une valeur de 987 fr. 50 cent.;

Attendu que ces faits, dont la vérité a été nettement affirmée par les témoins entendus, doivent être tenus pour constants; qu'il en résulte, dès lors, que la saisie a été pratiquée dans les conditions qui pouvaient la légitimer; que si rien ne démontre que Roy aurait, ainsi que l'ont déclaré les premiers juges, coopéré au fait de contrebande dont il s'agit en qualité d'intéressé dans le sens qu'attache à ce mot l'art. 53 de la loi du 28 avr. 1816, il ressort du moins de la manière la plus évidente de l'ensemble des circonstances relevées à sa charge qu'il y a participé comme complice, soit en aidant et assistant avec connaissance les auteurs de l'importation frauduleuse dans les faits destinés à la faciliter, soit en recevant en dépôt et en recélant sciemment les objets en contravention, puisque la complicité en matière de douanes est soumise aux règles du droit pénal ordinaire; qu'il y a lieu, en conséquence, de lui faire application non de l'art. 53 précité, mais des art. 41, 42, 44 de la susdite loi du 28 avr. 1816, 59, 60, 62 c. pén.;

Par ces motifs, statuant sur l'appel émis par Roy du jugement rendu contre lui par le tribunal correctionnel de Montbéliard à la date du 6 mars 1883; — Réforme ledit jugement en ce qu'il a déclaré le prévenu coupable d'avoir participé comme intéressé d'une manière quelconque au fait d'importation frauduleuse des quatre ballots de tabac dont il est ci-dessus parlé; — Et faisant ce que les premiers juges auraient dû faire, déclare ledit Roy (Joseph-Hippolyte) convaincu de s'être, le 6 févr. 1883, à Belvois rendu complice de l'importation de 79 kilog. de tabac de fabrication étrangère, d'une valeur de 987 fr. 50 cent., soit en aidant et assistant avec connaissance les auteurs de cette importation, restés inconnus, dans les faits qui l'ont facilitée, soit en recélant sciemment lesdits tabacs.

Du 2 juin 1883.-C. de Besançon.

(1) (Daume et autres.) — La cour; — Attendu que, par jugement du tribunal de Sarreguemines, Ninich Daume, Suzanne et Jean Vigneron ont été déclarés convaincus du délit de contrebande constaté par le procès-verbal des employés, en date du 7 août dernier; que, dès lors, ce délit a été commis par trois personnes;

Attendu qu'en ce qui concerne Daume père et la veuve Vigneron, quoique cités à la requête de l'administration des douanes comme complices de ces trois personnes pour avoir donné des instructions et fourni de l'argent pour commettre le délit, le tribunal s'est contenté de les déclarer responsables des condamnations civiles encourues par leurs enfants;

Attendu qu'il résulte, néanmoins, de l'instruction la preuve que

suiv.). On peut considérer le pouvoir de transiger accordé à certaines administrations comme une délégation permanente, une sorte de démembrement du droit de grâce réservé au pouvoir exécutif (V. Exposé des motifs de la loi du 18 juin 1859, n° 30; Rapport sur la même loi, n° 61, D. P. 59. 4. 95 et suiv., et note 6, *ibid.*, p. 108); ce qui équivaut à dire que les transactions consenties par les administrations ou leurs préposés ne peuvent porter que sur les peines encourues par les auteurs de contraventions aux lois fiscales, et non sur la perception de l'impôt proprement dit. C'est, en effet, un principe de droit public que l'impôt légalement voté constitue, pour l'Etat, un droit irrévocablement acquis, dont l'abandon ne pourrait être consenti sans que l'égalité des charges entre les citoyens soit violée (*Dictionnaire de l'Enregistrement*, v° *Amende*, n° 37; *Rép.* n° 1012, et v° *Impôts indirects*, n° 538; Trescaze, *Dictionnaire des contributions indirectes*, v° *Transaction*, n° 111).

742. Dans les affaires résultant de procès-verbaux de saisie ou de contravention, les transactions délibérées en conseil d'administration sont définitives: 1° par l'approbation du directeur général, lorsque la condamnation n'excède pas 3000 fr.; 2° par l'approbation du ministre, lorsqu'il y a eu dissentiment entre le directeur général et le conseil d'administration, et dans tous les cas, lorsque le montant de la condamnation excède 3000 fr. (Ord. 30 janv. 1822, art. 10; Circ. adm. 23 nov. 1874, n° 1254).

743. La jurisprudence, comme on l'a vu au *Rép.* n° 1013, a admis que l'Administration peut faire remise même des peines corporelles après la condamnation. Cette doctrine, adoptée par Mangin, *Traité de l'action publique*, t. 1, p. 90, et Trolley, *Hiérarchie administrative*, t. 2, p. 554, est combattue par Le Graverend, *Législation criminelle*, t. 1, p. 615, et Faustin Hélie, *op. cit.*, t. 2, n° 1098. « On a proposé, dit ce dernier auteur, de distinguer entre les contraventions qui sont passibles d'amende et de confiscation et celles qui sont passibles d'emprisonnement. Les premières sont, en général, des infractions qui peuvent porter préjudice au fisc mais qui ne causent aucun trouble à l'ordre général, et l'on peut dire, avec l'arrêté du 14 fruct. an 10, que, s'il importe à l'intérêt public de réprimer sévèrement les fraudeurs, il est aussi de l'équité de ne pas appliquer rigoureusement les peines de la fraude à ceux auxquels on ne peut reprocher qu'une erreur ou l'ignorance des règlements. L'État a donc pu trouver plus convenable de terminer par des transactions de nombreux procès que d'en fatiguer les tribunaux et d'en épuiser les lenteurs. Les délits qui sont passibles d'emprisonnement ont un autre caractère; ils touchent sans doute encore au fisc, mais ils touchent en même temps à l'ordre général; ils supposent ou une fraude accompagnée de circonstances qui en font un véritable délit moral, ou des voies de fait et des violences qui ont troublé la paix publique. Or, convient-il que la répression de ces délits soit livrée à l'arbitraire d'une administration qui est portée à n'apercevoir que la lésion de ses intérêts spéciaux? Nous avons établi précédemment le droit absolu du ministère public de poursuivre les infractions de cette nature. Convient-il de soumettre son action à l'appréciation administrative, de la lui enlever des mains au moment où il l'exerce parce que l'intérêt administratif a été satisfait? Et l'intérêt de l'ordre blessé, l'intérêt de la paix troublée, où prendront-ils leur satisfaction? Cette distinction est d'ailleurs clairement écrite dans les arrêtés et les ordonnances qui ont établi le droit qu'il s'agit de définir et de régler. Ces actes, en effet, prennent pour base des formes différentes qu'ils doivent suivre, la quotité des confiscations et amendes, dont les contraventions sont passibles. Il est donc évident que le législateur n'a statué que pour les contraventions passibles de condamnations pécuniaires. Il est donc évident que ses prévisions ne se sont point portées sur les autres. Le droit de transaction n'était, dans sa pensée, qu'une mesure corrélative de la nature de ces condamnations. Les peines pécuniaires appliquées à des faits de fraude, essentiellement dommageables, sont placées bien près des réparations civiles, il est facile de les confondre; et la transaction qui s'applique à celles-ci a pu, par une analogie qui a trompé la jurisprudence, s'étendre jusqu'à celle-là. La loi du 18 juin 1859 (c. for. art. 159) ne laisse plus aucun doute à cet égard. » — Et plus loin le même auteur ajoute: « Si l'Administration n'a pas d'action pour poursuivre les délits portant peine d'emprisonnement, comment pourrait-elle transiger sur ces délits? Est-ce que le droit de transaction ne suppose pas nécessairement le droit de poursuivre? Est-ce qu'on peut transiger sur l'action qui appartient à un tiers? » — M. Thibault, *op. cit.*, n° 193, répond de la manière suivante à cette argumentation: « Personne ne conteste aujourd'hui que la transaction passée par l'Administration laisse subsister l'action du ministère public pour la poursuite des délits qui n'ont pas un caractère absolument fiscal, notamment les voies de fait commises à l'égard des préposés des douanes. » Mais, en ce qui concerne le simple délit de contrebande, les considérations d'ordre général invoquées par Faustin Hélie, ne nous paraissent pas l'emporter sur les arguments que la cour de cassation a tirés du caractère spécial de la législation des douanes. Pour bien se rendre compte de ce caractère et du rôle qui appartient à l'Administration dans la répression des délits de contrebande, c'est à la législation du blocus continental qu'il faut se reporter. « Il ne sera fait, dit l'art. 22 du décret du 18 oct. 1810, aucune transaction pour arrêter ou suspendre les poursuites contre les entrepreneurs de fraude, les assureurs, les intéressés et complices desdites entreprises en marchandises prohibées ou tarifées. Il en sera de même à l'égard des auteurs, fauteurs et complices de contrebande à main armée et des chefs de bande, directeurs et conducteurs de réunions de fraudeurs. » Or, quel est l'effet qu'aurait produit, dans la pensée du législateur, ces transactions s'il n'avait pris le soin de les interdire à l'égard de tous les individus prévenus du *crime* de contrebande? Le premier paragraphe de l'article précité répond à cette question: elles auraient pour effet « d'arrêter ou de suspendre les poursuites », c'est-à-dire de permettre à un contrebandier de se libérer, à prix d'argent, de la peine de dix ans ou de quatre ans de travaux forcés. « Dans les autres affaires de fraude, ajoute l'art. 23 du même décret, les transactions ne pourront avoir lieu, lorsque le montant des condamnations en amendes et confiscations pourra excéder la somme de 3000 fr., que par notre autorisation donnée sur le rapport d'une commission spéciale que nous nommerons à cet effet. » Bien que ce fût, comme le fait remarquer Faustin Hélie, la quotité des condamnations pécuniaires encourues qui déterminât le pouvoir compétent pour autoriser les transactions, il n'en est pas moins vrai que ces transactions avaient pour effet « d'arrêter et de suspendre les poursuites » contre tous les fraudeurs autres que ceux qui avaient encouru la peine des travaux forcés. Or, ces fraudeurs, qu'une transaction pouvait mettre à l'abri de toute poursuite, étaient, aux termes des art. 16, 18 et 19 du décret précité, passibles de peines correctionnelles et du renvoi sous la surveillance de la

---

Daume père et la veuve Vigneron étaient intéressés au fait de contrebande dont il s'agit; — Attendu que le tribunal l'a reconnu lui-même dans son jugement, et a fait l'énumération des circonstances qui établissent ce genre de complicité, que c'était donc le cas, de sa part, de faire à ces deux derniers l'application des dispositions de l'art. 53 de la loi du 28 avr. 1816;

Attendu, en effet, qu'il résulte de la combinaison des art. 41, 42, 43, 44 et 53 de cette loi, que les personnes intéressées à un fait de contrebande doivent être considérées comme y ayant participé, et punies des mêmes peines que les auteurs de la contrebande; — Attendu que le tribunal, en refusant de faire aux prévenus ci-dessus l'application du premier paragraphe de l'art. 53, sous le prétexte que les faits qu'il punit ne sont pas de la compétence correctionnelle, a en outre perdu de vue l'art. 37 de la loi du 21 avr. 1818, qui investit les tribunaux correctionnels de la connaissance des faits de contrebande attribués précédemment aux cours prévôtales par la loi du 28 avr. 1816, et prescrit au procureur du Roi de requérir l'application de l'art. 53 de cette dernière loi;

Par ces motifs; — Vu les art. 41, 42, 44 et 53 de la loi du 28 avr. 1816, dont lecture a été donnée par le président et qui sont ainsi conçus...; — La cour, statuant sur l'appel du procureur général, donne défaut contre Daume père et la veuve Vigneron, réforme le jugement du tribunal de Sarreguemines en ce qu'il a omis de leur faire application desdits art. 41, 42, 44 et 53 de la même loi; — Condamne lesdits Daume père et veuve Vigneron chacun à trois mois d'emprisonnement solidairement et conjointement avec les trois prévenus Ninich Daume, Suzanne et Jean Vigneron, en 500 fr. d'amende, etc.

Du 22 oct. 1851.-C. de Metz.

haute police pendant une période de trois à six ans ou de cinq à dix ans. Le décret du 18 oct. 1810 a été abrogé par une ordonnance du comte d'Artois, lieutenant général du royaume, en date du 26 avr. 1814; mais aucune des lois ultérieures n'est revenue sur l'interprétation qu'il a donnée à l'arrêté du 14 fruct. an 10.

744. Si les transactions passées par l'Administration ont pour effet d'éteindre même l'action donnée au ministère public pour la répression des délits de contrebande (V. *suprà*, n° 611), ce pouvoir exceptionnel et si considérable, accordé à l'Administration, ne doit pas être étendu au delà des limites tracées par les textes. Ainsi, d'une part, l'Administration ne peut pas arrêter par une transaction les poursuites que le ministère public est appelé à exercer contre les fraudeurs qui se seraient livrés à des voies de fait envers les préposés des douanes. Elle avait, il est vrai, à une certaine époque, revendiqué ce droit; mais depuis longtemps, elle a renoncé à cette prétention. D'autre part, la transaction passée après jugement ne peut libérer de la peine d'emprisonnement l'individu auquel elle a été accordée, que si cette peine a été prononcée par une décision qui n'est pas encore devenue définitive. Si cette décision avait acquis l'autorité de la chose jugée, le chef de l'Etat aurait seul, en vertu du droit de grâce, le pouvoir de faire remise des peines corporelles. Cette solution, qui paraît indiscutable, a cependant donné lieu à de nombreuses difficultés entre le parquet et l'Administration. Ce n'est qu'en 1844 que celle-ci a renoncé à la prétention de transiger sur les condamnations à l'emprisonnement devenues définitives. Il semble que cette prétention ne se serait jamais produite, si l'on s'était reporté au décret du 18 oct. 1810 et si l'on avait remarqué que son art. 22 attribue seulement aux transactions l'effet « d'arrêter ou de suspendre les poursuites ». Or, il n'est plus question de poursuites, quand un jugement prononçant une peine corporelle est devenu définitif (V. Thibault, *op. cit.*, p. 199).

Si la transaction ne peut libérer le condamné de la peine de l'emprisonnement, lorsque le jugement est définitif, l'Administration peut transiger en cas de pourvoi en cassation tant qu'il n'a pas été statué sur ce pourvoi. — Il a été jugé que le double désistement de leurs pourvois en cassation consenti à la suite d'un arrangement par l'administration des douanes et le prévenu, éteignant l'action publique, il n'y a lieu pour la cour de cassation de statuer même sur le pourvoi qui aurait été formé de son côté par le ministère public (Crim. rej. 3 mai 1855, aff. Laittier, D. P. 55. 5. 12).

745. Lorsqu'aux faits spéciaux de contravention en matière de douanes se trouvent joints des délits de droit commun, tels que des faits de rébellion, de violence, aucune transaction ne peut être admise à cet égard par l'Administration et celles qui auraient eu lieu n'arrêteraient pas les poursuites du ministère public. Ainsi l'Administration peut transiger en ce qui concerne l'opposition simple à l'exercice des préposés de la douane, pour le payement de l'amende de 500 fr. prononcée par les lois de 1791 et de germinal an 2; mais elle ne saurait arrêter par une transaction les poursuites du ministère public, si l'opposition a été accompagnée de voies de fait et de rébellion. On se trouve alors en présence de délits qui n'ont aucun caractère fiscal, et auxquels ne s'applique pas l'arrêté du 14 fruct. an 10 (Thibault, *op. cit.*, p. 193 et suiv.).

746. Comme on l'a exposé au *Rép.* n° 1015, les transactions consenties entre l'Administration et des prévenus ou des condamnés pour faits de contrebande n'éteignent pas l'action publique à l'égard des autres individus, auteurs ou complices du même délit. Cet acte, auquel ils sont restés étrangers, est sans influence à leur égard pour l'application de la loi pénale. — Jugé que, lorsque, dans une même affaire, il y a plusieurs prévenus; que les uns ont été admis à transaction avant jugement, les autres déférés à la justice, ces derniers ne sont pas fondés à se prévaloir devant le juge, au point de vue de l'exonération de tout ou partie de l'amende encourue, de la transaction souscrite par les autres prévenus (Chambéry, 27 sept. 1878) (1). Remarquons, toutefois, que si le complice ou le coprévenu doit être condamné à l'amende entière, l'administration des douanes ne pourra poursuivre le recouvrement de cette amende que sous la déduction de la part de celui avec lequel la transaction a eu lieu. C'est l'application du principe établi par l'art. 1210 c. civ. (Note de la direction des douanes sous l'arrêt précité, *Documents lithographiés*, n° 251).

747. On a vu *suprà*, n° 724, que les commissionnaires en transports, qui conduisent des marchandises de fraude, sont responsables de l'infraction. — Ils peuvent, cela est certain, transiger avec l'Administration au sujet des condamnations par eux encourues, et ils ont un recours contre l'expéditeur en remboursement de l'amende fixée par la transaction des frais et des droits qu'ils ont payés, à la condition qu'ils ne soient pas en faute vis-à-vis de lui : toute action en garantie leur serait refusée, par exemple, s'ils avaient transigé, alors qu'il n'y avait pas fraude ou que la fraude n'était pas démontrée. Ainsi il a été jugé que la transaction passée entre l'administration des douanes et un entrepreneur de transports sur lequel des marchandises ont été saisies pour déclaration inexacte, peut engager la responsabilité de ce dernier si elle est intervenue malgré les protestations de l'expéditeur, et alors que la fraude n'est pas démontrée judiciairement; qu'en conséquence, les frais et les droits que l'entrepreneur a payés dans ce cas à l'Administration demeurent à sa charge, lorsqu'il ne prouve pas qu'il a servi les intérêts de l'expéditeur (Douai, 6 déc. 1880, aff. Chemin de fer du Nord C. Bœrdemacker, D. P. 81. 2. 150). Un expéditeur, lorsque l'existence de la fraude n'est pas certaine et peut être utilement contestée, agit plus prudemment en se laissant assigner par la douane et en appelant en cause et à sa garantie l'expéditeur.

748. Les transactions que fait l'administration des douanes avec les redevables, en conformité de l'arrêté du 14 fruct. an 10, sur les procès relatifs aux contraventions, sont régies par les dispositions du droit commun; elles ont, entre les parties, l'autorité de la chose jugée en dernier ressort et ne peuvent être attaquées ni pour cause d'erreur de droit, ni pour cause de lésion. Il a été jugé que la transaction intervenue entre l'administration des douanes et un raffineur de sucre, au sujet des poursuites dont ce dernier pouvait être passible pour fausse déclaration dans le type des sucres importés, lie irrévocablement les parties; que le redevable qui a ainsi transigé n'est pas recevable à demander la nullité de la transaction, sous prétexte que la contravention qui en était l'objet n'existait pas (Req. 20 déc. 1881, aff. Société des raffineries de Saint-Louis, D. P. 82. 1. 334). Dans l'espèce, la transaction intervenue entre l'administration des douanes et la Société de raffinerie portait, non sur la quotité de l'impôt, mais sur l'action résultant d'une contravention imputée à cette Société, relativement à la régularité de la déclaration qu'elle avait faite à la Régie, quant à la nature et au type des marchandises frappées de l'impôt. L'Administration soutenait, en effet, que les sucres déclarés comme appartenant à une catégorie devaient être en réalité classés dans une autre (V. L. 29 juill. 1875, D. P. 76. 4. 20; 30 déc. 1875, D. P. 76. 4. 61); or, par une soumission de laquelle résultait la transaction, la Société de raffinerie s'en était rapportée, pour le classement des sucres déclarés, à la décision de l'administration des douanes. Elle avait donc reconnu que sa déclaration n'était pas exacte, qu'elle avait commis, en la faisant, une contravention, et qu'elle avait ainsi encouru les pénalités qui formaient précisément l'objet de la transaction. On soutenait

(1) (Rullier.) — LA COUR; — Attendu qu'aux termes de l'art. 46 de la loi du 28 avr. 1816, toute introduction frauduleuse d'objets tarifés, quand la valeur de l'objet de contrebande n'excède pas 500 fr., donne lieu à une amende de pareille somme, quel que soit le nombre de ceux qui y ont participé; — Que Rullier n'est pas dès lors fondé à se prévaloir au point de vue de l'exonération de tout ou partie de l'amende encourue, de la transaction passée entre son codélinquant et l'administration des douanes; que cet acte, auquel il est resté étranger, est et doit être sans influence sur l'application de la loi pénale en ce qui le concerne; — Que le tribunal a méconnu ces principes et ouvertement violé la loi susvisée en réduisant à moitié à raison de cette transaction, l'amende à laquelle Rullier devait être condamné; — Par ces motifs; — Confirme le jugement déféré en ce qui concerne la laradéction de culpabilité, et réformant, quant à l'application de la loi pénale; — Vu l'art. 41 de la loi du 28 avr. 1816; — Condamne Rullier à une amende de 500 fr. pour délit de contrebande, etc.

Du 27 sept. 1878.-C. de Chambéry.

en vain, dans son intérêt, que la contravention pouvait ne pas exister, et que rien ne s'opposait à ce qu'un examen plus attentif des marchandises introduites dans le rayon douanier démontrât que leur classement avait été exact et leur déclaration sincère. La transaction n'était intervenue que sur ce point litigieux et incertain : y avait-il eu ou non une fausse déclaration? En admettant que la véracité de la déclaration eût été postérieurement reconnue, c'était là une erreur de droit qui ne permettait pas d'arguer la transaction de nullité.

CHAP. 21. — De la prescription (*Rép.* nos 1019 à 1024).

749. — I. PRESCRIPTION DE L'ACTION DE L'ADMINISTRATION EN MATIÈRE PÉNALE. — Les lois de douane ne contenant aucune disposition spéciale à ce sujet, le délai de la prescription de l'action de l'Administration en matière pénale doit être fixé d'après les règles du droit commun (*Rép.* n° 1024). En conséquence, les infractions punies d'emprisonnement ou seulement de l'amende, mais du ressort des tribunaux correctionnels, se prescrivent par trois ans (c. instr. cr. art. 637 et 638; V. aussi les décisions de la cour de cassation des 25 nov. 1818 et 11 juin 1829, *Rép.* v° *Impôts indirects*, nos 544 relatives aux contributions indirectes, mais qui doivent s'appliquer en matière de douanes). — La prescription d'un an, édictée par l'art. 640 c. instr. cr. à l'égard des contraventions de simple police, s'applique-t-elle aux contraventions en matière de douanes qui sont de la compétence du juge de paix? V. sur cette question *infrà*, v° *Prescription criminelle*.

750. — II. PRESCRIPTION DES ACTIONS DE L'ADMINISTRATION DANS LES AUTRES MATIÈRES ET NOTAMMENT EN CE QUI CONCERNE LE PAYEMENT DES DROITS. — L'art. 25, tit. 13, de la loi des 6-22 août 1791, qui régit cette matière, a été reproduit au *Rép.* n° 19. — Il a été jugé que la prescription annale applicable, aux termes de cet article, aux demandes en payement de droits de la part de la Régie n'est pas remplacée par la prescription de droit commun, lorsqu'il n'est intervenu entre l'Administration chargée du recouvrement des impôts et les contribuables aucune convention spéciale relativement à l'objet répété (Civ. rej. 19 févr. 1884, aff. Ravot, D. P. 84. 1. 332).

751. La prescription annale, aux termes de l'art. 25 de la loi de 1791, n'est pas applicable, lorsqu'il y a eu contrainte décernée et signifiée. Il importe peu que la contrainte n'ait été suivie d'aucun acte d'exécution. L'art. 25 exige seulement que la contrainte soit rendue exécutoire et notifiée. La même solution a été admise en matière de contributions indirectes (Req. 12 avr. 1865, aff. Decous, D. P. 65. 1. 284; Civ. cass. 11 déc. 1877, aff. Hudreaux, D. P. 78. 1. 14).

752. La prescription annale est également interrompue lorsqu'il y a eu promesse de payer les droits (*Rép.* n° 1019). Il a été jugé que la lettre missive par laquelle le souscripteur d'un acquit-à-caution d'admission temporaire non apuré à l'échéance sollicite l'autorisation de se libérer de ses engagements par le simple payement du droit d'entrée constitue, même si la demande n'est pas agréée par l'Administration, une promesse ou offre dans le sens de l'art. 25, tit. 13, de la loi des 6-22 août 1791; qu'elle a, par suite, pour effet d'interrompre la prescription (Trib. Cherbourg, 1er juin 1887) (1). Jugé aussi que des offres faites par un débiteur ont le caractère d'une reconnaissance de dette interruptive de la prescription, quoiqu'elles aient été rétractées faute d'acceptation, la reconnaissance de la dette constituant un aveu, et non une convention, et n'ayant pas besoin d'être acceptée pour produire son effet (Req. 30 janv. 1865, aff. Gibouin, D. P. 65. 1. 235. V. dans le même sens : Trib. Seine, 28 août 1875) (2).

753. On a émis au *Rép.* n° 1022 l'opinion que lorsque la prescription annale est interrompue par une contrainte, par une promesse, par une demande en justice, une convention ou une condamnation, l'Administration et les particuliers se trouvaient replacés dans les termes du droit commun, c'est-à-dire qu'il n'y avait plus lieu qu'à la prescription trentenaire. Cette solution a été consacrée par la jurisprudence. — Il a été jugé : que les contraintes signifiées aux redevables sont interruptives de la prescription annale établie par la loi spéciale, alors même qu'elles n'auraient été suivies d'aucun acte d'exécution ; que la prescription annale ne reprend pas son cours à partir de ces contraintes ; qu'il n'y a plus lieu qu'à la prescription trentenaire (Req. 12 avr. 1865 et Civ. cass. 11 déc. 1877, cités *suprà*, n° 751); — Que la reconnaissance de la dette par le redevable a pour effet de changer la nature de la dette, qui ne peut plus être prescrite par un an, mais par trente ans seulement (Trib. Seine, 28 août 1875, cité *suprà*, n° 752).

754. La prescription ne court pas contre celui qui est dans l'impossibilité absolue d'agir par suite d'un événement de force majeure (c. civ. art. 2251). La cour de cassation a fait l'application de ce principe en matière de contributions indirectes. Il a été jugé que la prescription annale ne s'applique qu'aux droits que les employés ont pu constater dans les formes et les délais prescrits par la loi; que si la constatation a été rendue impossible par des manœuvres frauduleuses imputables à l'assujetti, l'Administration rentre dans le droit commun, qui ne permet pas qu'un débiteur puisse opposer la prescription à l'action du créancier, lorsque celui-ci a été tenu dans l'ignorance du fait générateur de son droit par un acte matériel et frauduleux du débiteur (Civ. cass. 14 juin 1880, aff. Vermesch, D. P. 80. 1. 314). La même solution devrait être donnée en matière de douanes. Et non seulement, en pareil cas, la prescription ne court

(1) (P...) — LE TRIBUNAL...; — Attendu qu'aux termes de l'art. 25 de la loi des 6-22 août 1791, l'action de l'administration des douanes en payement de droits est prescrite par un an à partir du jour où lesdits droits étaient exigibles, lorsque la prescription n'a pas été interrompue par les causes indiquées au même article; — Attendu que les droits dus par P... étant devenus exigibles le 23 sept. 1885, l'action de l'administration des douanes devait être prescrite le 23 sept. 1886;

Mais attendu que, par lettre datée de Paris le 27 févr. 1886 (dûment enregistrée à Cherbourg le 20 janv. 1887, f° 27 1°, c. 6) P..., qui avait encouru le quadruple droit, a demandé au directeur général des douanes à se libérer envers l'administration par le payement du simple droit; — Attendu que cette offre faite par P..., bien que conditionnelle et refusée tout d'abord par l'Administration, n'en constituait pas moins de la part du débiteur une reconnaissance expresse de sa dette et une promesse formelle de payer les droits qui lui sont actuellement réclamés; — Qu'elle a donc eu pour effet d'interrompre la prescription de l'une des manières établies par l'article de la loi visé ci-dessus; — Que, dans ces circonstances, l'assignation donnée à P..., le 16 déc. 1886, à la requête de l'administration des douanes, est régulière et valable comme donnée dans les délais légaux;...

Par ces motifs;— Dit à tort l'appel interjeté par P...;— En conséquence, confirme dans son dispositif le jugement rendu, le 29 janv. 1887, par le juge de paix du canton de Cherbourg, etc.

Du 1er juin 1887.-Trib. civ. de Cherbourg.

(2) (Fouquet.) — LE TRIBUNAL; — Attendu que, le 19 oct. 1872, la Régie a décerné contre Fouquet, marchand en gros de boissons à Montrouge, une contrainte tendant au payement de la somme de 45179 fr. 55 cent., montant des différentes taxes applicables à des manquants de vin et d'alcool constatés dans ses magasins le 13 déc. 1870 ; — Qu'antérieurement, le 10 juill. 1871, Fouquet avait adressé à la Régie un compte dans lequel, demandant à être déchargé des quantités qu'il prétendait lui avoir été volées pendant la guerre, il se reconnaissait responsable de 2268 hectol. 79 litres de vin et de 88 hectol. 35 litres d'alcool, et, par suite, des droits y afférents ; — Que, dans l'opposition par lui formée à la contrainte, il présente une fin de non-recevoir absolue tirée de l'art. 50 du décret du 1er germ. an 13, aux termes duquel la prescription est acquise aux redevables contre la Régie, pour les droits que ses préposés n'auraient pas réclamés dans l'espace d'un an, à compter de l'époque où ils étaient exigibles ; — Que la prescription, de l'aveu même de la Régie, est acquise à Fouquet sur la somme faisant l'objet de la contrainte, pour le montant des droits autres que ceux dont il s'est reconnu redevable par la déclaration du 10 juill. 1871 ; — Que, pour ces derniers droits, Fouquet allègue vainement que, la Régie n'ayant pas accepté ses offres, il avait le droit de les retirer et d'en annuler l'effet; — Qu'en effet, d'une part, la reconnaissance de la dette, qui constitue un aveu et non une convention, n'a pas besoin d'être acceptée pour produire son effet ; — Et que, de l'autre, elle a pour effet de changer la nature de la dette, qui ne peut plus être prescrite par un an, mais par trente ans seulement ;

— Par ces motifs ; — Déclare Fouquet bien fondé dans son opposition à la contrainte, mais seulement jusqu'à concurrence de la somme de 32455 fr. 59 cent. ; — L'en déboute pour le surplus ; — Ordonne, en conséquence, que la contrainte sortira effet jusqu'à concurrence de 12724 fr. 29 cent.

Du 28 août 1875.-Trib. civ. de la Seine.

pas tant que l'Administration n'a pas été en mesure d'agir, mais le droit commun devient applicable, et l'action peut s'exercer pendant trente ans à compter de la constatation des faits. La prescription annale est une exception au droit commun, introduite en faveur de l'importateur de bonne foi qui a régulièrement présenté sa marchandise à la vérification du service et l'a mis ainsi à même de recouvrer les droits. Le législateur n'a pas voulu que l'on pût, après un an, réparer une omission ou une erreur de perception imputable aux agents de l'Administration et rechercher le commerçant qui a pu ne point tenir compte, dans son prix de vente, du montant des droits non perçus en temps utile. Toute autre est la situation du fraudeur (V. Instr. dir. gén. douanes, 30 août 1888, n° 296).

CHAP. 22. — De la statistique commerciale des douanes (*Rép.* n°s 1025 à 1027).

755. V. *Rép.* n°s 1025 et suiv.

CHAP. 23. — Des délits et contraventions en Algérie.

756. Aux termes des art. 11 et 12 du décret du 11 août 1853 (D. P. 56. 4. 143), les délits et contraventions sont déférés, en Algérie, savoir : en territoire civil, aux tribunaux ordinaires français institués par l'art. 3 de l'ordonnance du 26 sept. 1842 ; en territoire militaire, aux conseils de guerre consacrés par l'art. 42 de ladite ordonnance et aux commandants de place institués ou confirmés par l'ordonnance du 31 oct. 1838, l'arrêté du 5 août 1843 et le décret du 22 mars 1852 (V. *Rép.* v° *Organisation de l'Algérie*, n° 829 et p. 799). Ces tribunaux appliquent aux délits et contraventions dont il s'agit les peines et réparations civiles édictées par la législation de la métropole, et notamment les lois des 6-22 août 1791, 4 germ. an 2, 28 avr. 1816 et 21 avr. 1818. La connaissance des délits de douane commis sur le territoire militaire par les musulmans et indigènes est réservée aux conseils de guerre sans que les jugements rendus par ces derniers puissent donner lieu à un recours autre qu'un pourvoi en revision (Ord. 26 sept. 1842 ; Décr. 15 mars 1860, D. P. 60. 4. 36). — Les délits et contraventions en matière de douane, commis sur les frontières de terre, sont établis soit par procès-verbaux revêtus des formalités qui, d'après le tit. 4 de la loi du 9 flor. an 7, confèrent à ces actes le privilège de faire foi en justice jusqu'à inscription de faux, soit, à défaut, par toutes les preuves qu'autorisent les art. 154 et 189 c. instr. cr. — Pour toutes ces questions, V. *Organisation de l'Algérie ;* — *Rép.* eod. v°, n°s 753 et suiv.

Table sommaire

des matières contenues dans le Supplément et le Répertoire.

(Les chiffres précédés de la lettre *S* renvoient au Supplément; les chiffres précédés de la lettre *R* renvoient au Répertoire.)

Table chronologique des Lois, Arrêts, etc.

1852

9 janv. Décr. p. 534.
14 janv. Const. 4 c., 60 c., p. 534.
17 janv. Décr. p. 534.
20 janv. Décr. p. 534.
22 janv. Décr. p. 534.
6 févr. Décr. p. 534.
8 févr. Décr. p. 534.
14 févr. Décr. p. 534.
16 févr. Décr. p. 534.
21 févr. Décr. p. 534.
1er mars. Décr. 534 c., p. 534.
5 mars. Décr. 414 c., 502 c., p. 534.
17 mars. Décr. 364 c., p. 534.
19 mars. Décr. 549 c., p. 534.
21 mars. Décr. p. 534.
22 mars. Décr. 756 c.
25 mars. Décr. p. 534.
26 mars. Décr. p. 534.
27 mars. Décr. p. 534.
28 mars. Décr. p. 534.
29 mars. Douai. 639.
5 avr. Décr. p. 534.
5 avr. Décis. 217 c.
15 avr. Décr. p. 534.
3 mai. Décr. p. 535.
26 mai. Décr. p. 535.
2 juin. Décr. p. 535.
4 juin. Décr. p. 535.
7 juin. Décr. p. 535.
10 juin. Décr. p. 535.
23 juin. Décr. p. 535.
30 juin. Décr. p. 535.
16 juill. Décr. p. 535.
3 août. Req. 508 c.
7 août. Décr. p. 535.
12 août. Décr. p. 535.
18 août. Décr p. 535.
23 août. Civ. 300 c.
25 août. Décr. p. 535.
28 août. Décr. p. 535.
1er sept. Décr. p. 535.
14 sept. Décr. p. 535.
28 sept. Trib. corr. Lille. 735.
20 oct. Décr. p. 535.
6 nov. Décr. p. 535.
17 nov. Décr. p. 535.
17 nov. Douai. 559 c.
19 nov. Décis. 349 c.
20 nov. Trib. Strasbourg. 614.
26 nov. Décr. p. 535.
30 nov. Décr. p. 535.
14 déc. Conv. 368 c.
20 déc. Trib. Nantes. 546.
25 déc. Sén.-cons. 60 c., p. 535.
30 déc. Décr. 345 c., p. 535.

1853

3 janv. Décr. p. 535.
6 janv. Décr. p. 535.
11 janv. Décis. 192 c.
12 janv. Décr. p. 535.
25 janv. Décr. 368 c., 373 c., 376 c., 378 c., 380 c., 381 c., 382 c., p. 535.
26 janv. Décr. p. 535.
31 janv. Douai. 515.
14 févr. Décr. p. 535.
1er mars. Civ. 77 c.
7 mars. Décr. 344 c., p. 535.
15 mars. Décr. p. 535.
17 mars. Décr. p. 535.
21 mars. Besançon. 722.
29 mars. Civ. 588 c., 614 c., 683 c., 716 c.
18 avr. Décr. p. 535.
27 avr. Décr. p. 535.
30 avr. Décr. p. 535.
17 mai. Décr. p. 535.
23 mai. Décr. p. 535.
25 mai. Décr. p. 535.
4 juin. Décr. p. 535.
9 juin. Loi. 58 c., p. 535.
15 juin. Décr. p. 535.
16 juin. Décr. p. 535.
20 juin. Décr. p. 535.
29 juin. Décr. p. 535.
4 juill. Décr. p. 535.
14 juill. Décr. 259 c., p. 535.
20 juill. Décr. p. 535.
30 juill. Décr. p. 536.
3 août. Décr. 2 c., p. 536.
8 août. Décr. p. 536.
11 août. Décr. 756 c., p. 536.
16 août. Décr. p. 536.
18 août. Décr. 2 c., 3 c., p. 536.
5 sept. Décr. p. 536.
8 sept. Décr. p. 536.
14 sept. Décr. 2 c., p. 536.
17 sept. Décr. p. 536.
30 sept. Décr. p. 536.
1er oct. Décr. 2 c., p. 536.
12 oct. Décr. p. 536.
20 oct. Décr. 348 c., p. 536.
31 oct. Décr. p. 536.
14 nov. Besançon. 513 c.
15 nov. Trib. corr. Sedan. 537.
21 nov. Décr. p. 536.
22 nov. Décr. 2 c., p. 536.
3 déc. Décr. p. 536.
10 déc. Décr. p. 536.
11 déc. Décr. p. 536.
14 déc. Décr. 333 c., p. 536.
17 déc. Décr. p. 536.
27 déc. Décr. p. 536.
28 déc. Décr. p. 536.

1854

11 janv. Décr. p. 536.
16 janv. Décr. p. 536.
20 janv. Décis. 378 c.
28 janv. Crim. 612.
2 févr. Décr. p. 536.
2 févr. Décis. 244 c.
4 févr. Décr. p. 536.
7 févr. Décr. p. 536.
9 févr. Metz. 147 c., 537 c.
10 févr. Grenoble. 519 c., 640 c.
17 févr. Décr. p. 536.
18 févr. Décr. p. 536.
24 févr. Décr. p. 536.
4 mars. Décr. 325 c., p. 536.
22 mars. Décr. 333 c., p. 536.
25 mars. Décr. p. 536.
4 avr. Douai. 660.
6 avr. Décr. p. 536.
13 avr. Décr. p. 536.
16 avr. Décr. p. 536.
19 avr. Décr. p. 536.
20 avr. Crim. 519 c., 640 c.
22 avr. Décr. p. 536.
29 avr. Décr. 348 c., p. 536.
3 mai. Sén.-cons. 457 c., p. 536.
6 mai. Décr. p. 536.
10 mai. Décr. 2 c., p. 536.
18 mai. Circ. 494 c.
31 mai. Décr. p. 537.
31 mai. Décis. 306 c.
13 juin. Décr. p. 537.
17 juin. Décr. p. 537.
19 juin. Décr. p. 537.
22 juin. Loi. p. 537.
24 juin. Décr. p. 537.
26 juin. Décr. p. 537.
30 juin. Crim. 555 c.
1er juill. Décr. 342 c., p. 537.
10 juill. Décr. p. 537.
19 juill. Décr. p. 537.
29 juill. Décr. p. 537.
19 août. Décr. p. 537.
30 août. Décr. 2 c., p. 537.
22 sept. Décr. 2 c., p. 537.
3 oct. Décr. p. 537.
5 oct. Décr. 2 c., p. 537.
7 oct. Décr. p. 537.
9 oct. Décr. p. 537.
11 oct. Décr. p. 537.
21 oct. Décr. p. 537.
25 oct. Décr. p. 537.
26 oct. Décr. p. 557.
1er nov. Décr. p. 537.
6 nov. Décr. p. 537.
10 nov. Crim. 724 c.
11 nov. Décr. p. 537.
15 nov. Décr. p. 537.
18 nov. Décr. p. 537.
29 nov. Décr. p. 537.
5 déc. Décr. p. 537.
8 déc. Décr. p. 537.
18 déc. Décr. p. 537.
20 déc. Décr. p. 537.
21 déc. Besançon. 574 c., 605 c., 688, 696 c.
27 déc. Metz. 673.

1855

6 janv. Décr. p. 537.
15 janv. Décr. p. 537.
15 janv. Décis. 344 c.
17 janv. Décr. p. 537.
31 janv. Décr. p. 537.
10 févr. Décr. p. 537.
14 févr. Décr. p. 537.
17 févr. Décr. p. 537.
24 févr. Décr. p. 537.
10 mars. Décr. p. 537.
28 mars. Décr. p. 537.
31 mars. Décr. p. 538.
14 avr. Décr. p. 538.
23 avr. Décr. p. 538.
24 avr. Circ. 321 c.
28 avr. Décr. p. 538.
3 mai. Crim. 744 c.
5 mai. Loi. 581 c.
16 mai. Décr. p. 538.
28 mai. Décr. p. 538.
2 juin. Décr. p. 538.
4 juin. Décr. p. 538.
5 juin. Décr. p. 538.
23 juin. Décr. p. 538.
27 juin. Décr. p. 538.
4 juill. Décr. p. 538.
7 juill. Décr. p. 538.
12 juill. Décis. 206 c.
14 juill. Décr. p. 538.
16 juill. Décr. p. 538.
18 juill. Décr. p. 538.
26 juill. Crim. 671 c.
10 août. Décr. p. 538.
11 août. Décr. p. 538.
29 août. Décr. 340 c., p. 538.
5 sept. Décr. p. 538.
8 sept. Décr. p. 538.
9 sept. Décr. p. 538.
12 sept. Décr. p. 538.
19 sept. Décr. p. 538.
21 sept. Décr. p. 538.
22 sept. Décr. p. 538.
26 sept. Décr. p. 538.
28 sept. Crim. 536 c., 703 c.
10 oct. Décr. p. 538.
11 oct. Crim. 536 c., 703 c.
13 oct. Décr. p. 538.
17 oct. Décr. 2 c., p. 538.
29 oct. Décis. 333 c.
19 nov. Décr. p. 538.
28 nov. Décr. p. 538.
10 déc. Décr. p. 538.
20 déc. Décr. p. 538.

1856

2 janv. Civ. 514 c.
3 janv. Décr. p. 538.
11 janv. Crim. 672 c.
19 janv. Décr. p. 538.
26 janv. Décr. p. 539.
29 janv. Civ. 626 c.
30 janv. Décr. p. 539.
2 févr. Décr. p. 539.
9 févr. Décr. p. 539.
23 févr. Décr. p. 539.
1er mars. Décr. p. 539.
24 mars. Décr. p. 539.
20 mars. Décr. p. 539.
9 avr. Décr. p. 539.
16 avr. Décr. p. 539.
19 avr. Décr. p. 539.
22 avr. Décr. p. 539.
26 avr. Décr. p. 539.
14 mai. Décr. p. 539.
16 mai. Circ. 536 c.
28 mai. Décr. p. 539.
31 mai. Décr. p. 539.
5 juin. Décr. p. 539.
12 juin. Décr. p. 539.
13 juin. Décr. p. 539.
28 juin. Loi. p. 539.
28 juin. Décr. p. 539.
30 juin. Décis. 247 c.
8 juill. Décr. p. 539.
11 juill. Décr. p. 539.
17 juill. Décr. p. 539.
26 juill. Loi. 2 c., 269 c., 427 c., p. 539.
27 juill. Décr. p. 539.
7 août. Décis. 306 c.
11 août. Décr. p. 539.
16 août. Décr. p. 539.
25 août. Civ. 77 c.
25 août. Décis. 308 c.
1er sept. Décr. p. 539.
7 sept. Décr. p. 539.
8 sept. Décr. p. 539.
15 sept. Décr. p. 539.
20 sept. Décr. p. 539.
26 sept. Décr. 340 c., p. 539.
29 sept. Décr. p. 539.
7 oct. Décr. p. 539.
8 oct. Décr. p. 539.
18 oct. Décr. p. 539.
23 oct. Décr p. 540.
5 nov. Décr. p. 540.
20 nov. Décr. p. 540.
26 nov. Décr. p. 540.
1er déc. Décr. p. 540.

1857

14 janv. Décr. p. 540.
31 janv. Décr. p. 540.
11 févr. Décr. p. 540.
14 févr. Décr. p. 540.
28 févr. Décr. p. 540.
7 mars. Décr. p. 540.
16 mars. Trib. Béziers. 647.
4 avr. Décr. 340 c., p. 540.
15 avr. Décr. p. 540.
18 avr. Loi. 427 c., p. 540.
18 avr. Décr. p. 540.
29 avr. Décr. p. 540.
22 mai. Décr. p. 540.
25 mai. Décr. p. 540.
30 mai. Décr. p. 540.
9 juin. C. just. mil. 634 c.
10 juin. Décr. p. 540.
20 juin. Décr. 445 c., p. 540.
23 juin. Loi. 202 c., 359 c., p. 540.
3 juill. Décr. p. 540.
16 juill. Décr. p. 540.
24 juill. Décr. p. 540.
30 juill. Décr. p. 540.
12 août. Décr. p. 540.
26 août. Décr. p. 540.
6 sept. Décr. p. 540.
7 sept. Décr. p. 540.
11 sept. Décr. 427 c., p. 540.
14 sept. Décr. p. 540.
22 sept. Décr. p. 540.
1er oct. Décr. p. 540.
2 oct. Décr. p. 540.
12 oct. Décr. p. 540.
17 oct. Décr. p. 540.
29 oct. Décr. p. 540.
10 nov. Décr. p. 540.
18 nov. Décr. p. 540.
23 nov. Décr. p. 541.
5 déc. Décr. p. 541.
10 déc. Cons. d'Et. 648.
16 déc. Décr. p. 541.
28 déc. Décr. p. 541.
31 déc. Décis. 443 c.

1858

2 janv. Crim. 236 c.
19 janv. Douai. 703.
9 févr. Douai. 570, 583.
27 févr. Décis. 334 c.
11 mars. Crim. 552 c.
13 mars. Décr. p. 541.
8 avr. Décr. p. 541.
24 avr. Décr. p. 541.
28 avr. Décr. p. 541.
10 mai. Décr. p. 541.
12 mai. Décr. p. 541.
22 mai. Décr. p. 541.
28 mai. Loi. 299 c., p. 541.
29 mai. Décr. p. 541.
4 juin. C. just. mar. 634 c.
29 juin. Colmar. 724, 727 c.
2 juill. Besançon. 574 c., 734 c.
2 août. Décr. p. 541.
10 août. Crim. 698 c., 699 c.
31 août. Colmar. 722.
20 sept. Décr. p. 541.
30 sept. Décr. 3 c., 75 c., p. 541.
1er oct. Décr. p. 541.
7 oct. Décr. p. 541.
13 oct. Décr. p. 541.
16 oct. Décr. p. 541.
23 oct. Décr. p. 541.
27 oct. Décr. 380 c., p. 541.
13 nov. Décis. 143 c.
15 nov. Civ. 77 c.
15 nov. Règl. 368 c.
21 nov. Décr. p. 541.
27 nov. Crim. 536 c., 603 c.
15 déc. Décr. p. 541.

1859

5 janv. Décr. p. 541.
8 janv. Décr. 368 c., p. 541.
5 févr. Décr. p. 541.
2 mars. Décr. p. 541.
12 mars. Décr. p. 541.
19 mars. Décis. 340 c.
19 mars. Besançon. 574 c., 734 c.
31 mars. Circ. 296 c., 299 c.
13 avr. Req. 632 c.
20 avr. Décr. p. 541.
30 avr. Décr. p. 541.
7 mai. Décr. 3 c., 75 c., p. 541.
10 mai. Décr. p. 541.
16 mai. Circ. 390 c.
19 mai. Décr. p. 541.
9 juin. Décr. p. 541.
18 juin. Loi. 427 c., 741 c., 743 c., p. 541.
18 juin. Décr. p. 541.
14 juill. Décr. p. 541.
27 juill. Décr. p. 542.
6 août. Décr. p. 542.
12 août. Crim. 574 c., 605 c., 692 c., 736 c., 738 c.
16 août. Décr. p. 542.
24 août. Décr. p. 542.
26 sept. Décr. 427 c., p. 542.
3 oct. Décr. p. 542.
13 oct. Décr. p. 542.
22 déc. Crim. 236 c.
31 déc. Décr. p. 542.

1860

11 janv. Décr. p. 542.
21 janv. Décr. p. 542.
23 janv. Traité. 4 c., 5 c., 6 c., 20 c., 21 c.
25 janv. Décr. p. 542.
25 janv. Traité. 4 c.
11 févr. Décr. p. 542.
25 févr. Décr. p. 542.
3 mars. Décr. p. 542.
5 mars. Douai. 613.
6 mars. Décr. p. 542.
9 mars. Trib. Havre. 75 c.
10 mars. Décr. p. 542.
12 mars. Décr. p. 542.
15 mars. Décr. 756 c.
21 mars. Décr. p. 542.
22 mars. Décr. p. 542.
31 mars. Décr. p. 542.
4 avr. Décr. p. 542.

DOUBLE ÉCRIT. — V. *Obligations;* — *Rép.* eod. v°, n°s 4000 et suiv.

V. aussi *suprà,* v° *Caution-cautionnement,* n° 36; *infrà,* v*is* *Louage; Société; Vente.*

DRAINAGE. — V. *Servitude;* — *Rép.* eod. v°, n°s 289 et suiv.

V. aussi *suprà,* v° *Dommage-destruction,* n° 185; *infrà,* v° *Organisation de l'Algérie.*

DRAPEAU NATIONAL. — V. *suprà,* v*is* *Couleurs nationales; Culte,* n°s 415, 420; *Dommage-destruction-dégradation,* n°s 87 et suiv.

DRILLES ET CHIFFONS. — V. *Douanes;* — *Rép.* eod. v°, n°s 424 et suiv.

V. aussi *infrà,* v° *Salubrité publique.*

DROGMAN. — V. *Consuls,* n° 2; *Dispositions entre vifs et testamentaires,* n° 768; — *Rép.* v° *Consuls,* n° 21.

DROGUES. — DROGUISTE. — V. *Médecine;* — *Rép.* eod. v°, n°s 167 et suiv.

DROITS CIVILS.

Division.

TIT. 1er. — HISTORIQUE. — DROIT D'AUBAINE. — DROIT COMPARÉ (*Rép.* n°s 2 à 60).

1. Les diverses questions examinées au *Répertoire* sous le mot *Droits civils* ont pris une importance de plus en plus grande. L'affluence, croissante de jour en jour, des étrangers en France et l'augmentation des charges militaires qui pèsent sur les Français ont donné un nouvel intérêt aux règles relatives à l'acquisition et à la perte de la nationalité française; les relations d'affaires plus fréquentes entre Français et étrangers, le grand nombre d'étrangers établis en France ont soulevé maintes fois devant les tribunaux la question de savoir dans quelle mesure ils sont compétents à l'égard des étrangers, ou quel rôle ils ont à remplir lorsqu'on leur demande *l'exequatur* pour des jugements émanés de juridictions étrangères; enfin la loi du 31 mai 1854, en abrogeant la mort civile, a modifié profondément la condition juridique des condamnés à des peines afflictives perpétuelles.

Toutes ces questions ont été l'objet d'examens sérieux de la part des commentateurs, soit dans des ouvrages généraux sur le droit civil, soit dans des traités spéciaux. Parmi les ouvrages généraux nous citerons: Aubry et Rau, *Cours de droit civil français,* 4e éd., t. 1 et 8; Demante et Colmet de Santerre, *Cours analytique de droit civil,* 2e éd., t. 1 et 9; Demolombe, *Cours de code Napoléon,* 4e éd., t. 1; Laurent, *Principes de droit civil,* t. 1; Valette, *Explication sommaire du livre 1 du code Napoléon et des lois accessoires* (1859); *Cours de code civil professé à la faculté de droit de Paris,* t. 1 (1872). Ces ouvrages traitent l'ensemble des questions que nous examinerons sous le mot *Droits civils.* M. Laurent, toutefois, ne commente pas la loi du 31 mai 1854, par la raison qu'il ne s'occupe que des textes concernant la Belgique.

Parmi les auteurs que l'on peut consulter sur l'acquisition et la perte de la nationalité française nous indiquerons notamment: Alauzet, *De la qualité de Français, de la naturalisation et du statut personnel des étrangers,* 2e éd. (1880);

Cogordan, *La nationalité au point de vue des rapports internationaux* (1879); F. Despagnet, *Précis de droit international privé* (1885); Louis Durand, *Essai de droit international privé, précédé d'une étude historique sur la condition des étrangers en France et suivi du texte de tous les traités intéressant les étrangers* (1884); de Folleville, *Traité théorique et pratique de la naturalisation* (1880); Hepp, *Du droit d'option des Alsaciens-Lorrains pour la nationalité française* (1872); Gilbrin, *Essai sur la condition juridique des Alsaciens-Lorrains* (1884); Labbé, *De la naturalisation et du divorce au point de vue des rapports internationaux, Journal de droit international privé*, 1877, p. 5 et suiv.; Robillard, *Essai sur l'acquisition et la perte de la qualité de Français* (1875); Robinet de Cléry, *Questions concernant la nationalité des habitants de l'Alsace-Lorraine, Revue critique*, années 1872, 1873, 1875, 1876. Selosse, *Traité de l'annexion au territoire français et de son démembrement* (1880); Vincent et Pénaud, *Dictionnaire de droit international privé* (1887); v[is] *Annexion et démembrement de territoire; Nationalité*; Weiss, *Traité élémentaire de droit international privé* (1885).

Sur la condition des étrangers en France et spécialement sur les questions de compétence des tribunaux français à leur égard ou sur l'exécution en France des jugements émanés de juridictions étrangères, on pourra consulter : Alauzet, *op. cit.*; Barilliet, *Etudes de droit international privé; Revue pratique*, 1863, t. 15, p. 141-163; 521-557; t. 16, p. 551-574; Bertauld, *Questions pratiques et doctrinales de code Napoléon*, t. 1, 1867; Bonfils, *De la compétence des tribunaux français à l'égard des étrangers en matière civile, commerciale et criminelle* (1865); Boitard, Colmet d'Aâge et Glasson, *Leçons de procédure civile*, 14e éd. (1885) t. 1, n°s 343 et suiv.; Boutry, *Les Français et les étrangers devant la loi française* (1872); Brocher, *Commentaire pratique et théorique du traité franco-suisse du 15 juin 1869 sur la compétence judiciaire et l'exécution des jugements* (Genève, 1879); Despagnet, *op. cit.*; Louis Durand, *op. cit.*; Féraud-Giraud, *De la juridiction française dans les Echelles du Levant et de Barbarie*, 2e éd. (1866); Féraud-Giraud, *De la compétence des tribunaux français pour connaître des contestations entre étrangers* (*Extrait du journal de droit international privé*, 1880, p. 137 et suiv., 225 et suiv.); *De la compétence des tribunaux français pour connaître des contestations entre époux étrangers* (*Journal de droit international privé*, 1885, p. 225 et suiv., 375 et suiv.); Fœlix et Demangeat, *Traité du droit international privé*, 4e éd. (1866); de Folleville *De la condition juridique des étrangers en France* (1880); Glasson, *De la compétence des tribunaux français entre étrangers* (*France judiciaire*, 1880-1881, p. 241 et suiv., et *Journal de droit international privé*, 1881, p. 105 et suiv.); Gerbaut, *De la compétence des tribunaux français à l'égard des étrangers en matière civile et commerciale* (1883); Griolet, *De l'autorité de la chose jugée en matière civile et en matière criminelle*; Gand, *Code des étrangers, souverains, souveraines, princes, princesses, légations, consulats et simples particuliers, ou état civil et politique en France des étrangers de tout rang et de toute condition, leurs droits et leurs devoirs* (1853); de Labroue de Vareilles-Sommières, *L'hypothèque judiciaire, son passé, son présent, son avenir* (1872); Larombière, *Théorie et pratique des obligations*, éd. de 1885, t. 7; Massé, *Le droit commercial dans ses rapports avec le droit des gens et le droit civil*, 3e éd. (1874); Poire, *De la condition civile des étrangers en droit romain et en droit français*; Rodière, *Traité de compétence et de procédure en matière civile*, t. 1, p. 323 et suiv.; Ruben de Couder, *Dictionnaire de droit commercial, industriel et maritime*, v° *Etranger*; Trochon, *Les étrangers devant la justice française et les juridictions nationales des peuples anciens et modernes* (1867); René Vincent, *Les étrangers devant les tribunaux français : « clause du libre et facile accès »; « clause du traitement de la nation la plus favorisée »* 1888; Vincent et Pénaud, *Dictionnaire de droit international privé*, notamment : v[is] *Arbitrage-arbitre; Compétence en matière civile; Jugement étranger*; Weiss, *op. cit.*, sur le traité franco-suisse du 15 juin 1869. V. encore les articles publiés par MM. Demangeat, Lehr et Martin dans le *Journal de droit international privé*, 1878, p. 247 et 450, 1879, p. 117 et 533, 1882, p. 62. — En ce qui concerne la perte des droits civils, encourue par suite de condamnations judiciaires, nous citerons notamment : Bertauld, *Cours de code pénal et leçons de législation criminelle*, 4e éd., p. 220 et suiv.; *Questions controversées sur la loi du 31 mai 1854*; Blanche, *Etudes pratiques sur le code pénal*, t. 1, n°s 95 et suiv.; Garraud, *Traité du droit pénal français*, t. 2, n°s 45 et suiv.; Hanin, *Des conséquences des condamnations pénales relativement à la capacité des personnes*; Humbert, *Des conséquences des condamnations pénales relativement à la capacité des personnes, suivi d'un commentaire de la loi portant abolition de la mort civile*; Nusse, *Etude sur les droits civils des condamnés aux peines du grand criminel* (1876); Morin, *Répertoire général et raisonné du droit criminel*, v° *Mort civile*; Ortolan, *Eléments de droit pénal*, 5e éd., revue par Desjardins (1886), t. 2, n°s 1553 et suiv.

2. — I. Législation. — On a exposé au *Rép.* n°s 2 à 55 l'historique et le mouvement de la législation sur la jouissance et la privation des droits civils, jusques et compris la loi du 3 déc. 1849 sur la naturalisation. Plusieurs lois nouvelles ont réalisé depuis, en cette matière, des modifications importantes.

Jusqu'à la loi du 7 févr. 1851 (D. P. 51. 4. 35), la naissance sur le sol français n'était pas une cause d'acquisition de la qualité de Français. Les seuls Français de naissance étaient les enfants issus de parents français. Les enfants nés en France d'étrangers demeuraient étrangers; le fait de la naissance sur le sol français n'avait d'autre conséquence que de faciliter leur naturalisation. Le grand nombre d'étrangers établis en France et l'inégalité de situation que créait à leur profit la qualité d'étranger, grâce à laquelle ils échappaient à l'obligation du service militaire, ont déterminé le législateur à faire résulter la qualité de Français de la naissance successive de deux générations d'étrangers, sur le sol de France. La loi du 7 févr. 1851 disposait, dans son art. 1er, que tout individu né en France d'un individu qui lui-même y était né, était Français; toutefois, le législateur avait craint d'imposer la nationalité française et avait réservé aux enfants d'étrangers, Français par leur naissance, la faculté de réclamer la qualité d'étrangers par une simple déclaration faite dans l'année qui suivrait leur majorité. — Mais la facilité d'une pareille déclaration permettait à des personnes qui avaient perdu tout lien avec le pays auquel elles prétendaient se rattacher, d'éluder les charges de la nationalité française en la déclinant purement et simplement. Pour mettre fin aux abus, le législateur, sans imposer encore la nationalité française, s'est montré plus exigeant à l'égard de ceux qui prétendent rester étrangers; la loi des 16-29 déc. 1874 a subordonné l'effet de la déclaration prescrite par la loi du 7 févr. 1851 à la justification de la conservation de la nationalité d'origine au moyen d'une attestation en due forme du gouvernement du pays dont le déclarant réclame la nationalité. La loi des 26-28 juin 1889 a modifié cette législation et créé de nouveaux Français de naissance (V. *infrà*, n° 4).

3. La naturalisation a été l'objet de diverses lois. D'une part, la loi des 29 juin-5 juill. 1867 (D. P. 67. 4. 70) avait rendu plus facile la naturalisation de droit commun; de l'autre, divers textes législatifs avaient étendu le domaine de la naturalisation de faveur, ouvert de nouveaux cas d'application de l'art. 9 c. civ., ou permis à des mineurs de devancer l'époque fixée par cet article pour l'acquisition de la qualité de Français.

La loi des 29 juin-5 juill. 1867 avait réduit à trois ans le stage exigé du candidat à la naturalisation, et avait consacré le principe, introduit par le décret des 2-21 févr. 1852 (Décret organique pour l'élection des députés au Corps législatif, art. 12, D. P. 52. 4. 49. V. *infrà*, v[is] *Droit constitutionnel et Droits politiques*), de l'assimilation complète au point de vue des droits politiques des Français de naissance et des Français naturalisés. En outre, elle n'exigeait plus l'avis favorable du conseil d'Etat pour l'obtention de la naturalisation, que le chef d'Etat accordait après enquête sur le rapport du ministre de la justice, le conseil d'Etat entendu. — Le bénéfice de l'art. 9 c. civ. avait été étendu par la loi du 7 févr. 1851 à tous les enfants de l'étranger naturalisé; les enfants mineurs lors de la naturalisation avaient été admis à l'invoquer alors même qu'ils seraient nés à l'étranger, et les enfants majeurs, nés soit en France, soit à l'étranger, avaient été autorisés à en réclamer le bénéfice dans l'année qui suivrait la naturalisation; ces dispositions étaient reproduites par la loi des 14-16 févr. 1882 (D. P. 82. 4. 113). — Deux décrets des 26-31 oct. et 19 nov.-5 déc. 1870 ont facilité l'acquisition de la nationalité française aux étrangers qui ont pris part à la guerre pour la défense du territoire français. — L'impossibilité de réclamer la nationalité française avant leur majorité avait, pour les étrangers admis au bénéfice de l'art. 9 c. civ., le grave inconvénient de leur interdire l'entrée de certaines écoles du Gouvernement et de leur rendre difficile l'engagement, soit volontaire, soit conditionnel d'un an, dans l'armée. Pour remédier à cet inconvénient, les lois des 14-16 févr. 1882 précitée et 28-29 juin 1883 (D. P. 83. 4. 104) avaient autorisé au moins certaines catégories d'étrangers à opter pour la nationalité française avant d'avoir atteint leur majorité; cette option exigeait le consentement du père, ou à son défaut, de la mère, ou à leur défaut, de la famille, conformément aux statuts personnels. La loi de 1882 s'appliquait aux enfants de l'étranger naturalisé français ou de l'ex-Français qui, ayant perdu la nationalité française par l'une des trois causes de l'art. 17, l'avait recouvrée conformément à l'art. 18 c. civ., et la loi de 1883, aux enfants nés en France d'une femme française mariée avec un étranger lorsque leur mère avait recouvré la nationalité française, conformément à l'art. 19 c. civ. ou lorsqu'ils étaient devenus orphelins de père et mère.

4. Notre législation sur la nationalité se trouvait ainsi éparse dans des textes nombreux; elle était mal coordonnée, et offrait beaucoup de difficultés et de lacunes. Dans le but de lui donner l'unité qui lui manquait et d'y apporter certaines améliorations, M. Batbie a pris l'initiative d'un projet de loi; ce projet a été examiné au conseil d'Etat, et, après avoir subi diverses modifications, a été voté au Sénat en décembre 1886 (V. Rapport de M. Batbie, *Journ. off.*, Sénat, session ordinaire, 1884, annexe n° 65, et rapport supplémentaire; Sénat, session extraordinaire, 1886, annexe n° 19). Le projet a fait l'objet d'un rapport à la Chambre des députés déposé par M. A. Dubost, le 7 nov. 1887 (V. *Journ. off.*, 1887, Chambre des députés, annexe n° 2083) et a été voté par la Chambre, en première et en deuxième délibération, avec quelques modifications (V. *Journ. off.* du 8 févr. et du 17 mars 1889). — Après retour au Sénat et adoption par cette assemblée, non sans de nouveaux changements, le 6 juin 1889 (*Jour. off.* du 7 juin 1889, p. 663 et suiv.), le projet a été définitivement voté par la Chambre des députés le 19 juin 1889, sous le titre de *Loi sur la nationalité;* la promulgation de la loi a eu lieu le 26 juin.

La loi nouvelle modifie les art. 7, 8, 9, 10, 12, 13, 17, 18, 19, 20 et 21 c. civ., abroge les décrets des 6 avr. 1809 et 26 août 1811, les lois des 22 mars 1849, 7 févr. 1851, 29 juin 1867, 16 déc. 1874, 14 févr. 1882 et 28 juin 1883. Les dispositions contenues dans les art. 2 à 6 de la loi ne sont pas insérées au code civil. La loi de 1889 améliore la législation antérieure en la coordonnant et en la corrigeant sur divers points, mais elle garde sur certaines questions importantes un silence regrettable.

Elle reprend, mais en l'accentuant fortement, l'idée qui a inspiré les lois du 7 févr. 1851 et du 16 déc. 1874, pour faire cesser la situation privilégiée des étrangers qui vivent sur le sol français; elle déclare que seront Français sans faculté d'option les enfants nés en France d'étrangers qui eux-mêmes y seront nés, et que seront Français, sauf faculté d'option, les enfants nés en France d'étrangers nés à l'étranger, lorsqu'ils auront leur domicile en France à l'époque de leur majorité. La faculté d'option pour la nationalité étrangère est subordonnée à des conditions assez rigoureuses. L'individu qui veut réclamer la qualité d'étranger doit, en effet, prouver qu'il a conservé la nationalité de ses parents par une attestation en due forme de son gouvernement, et produire, s'il y a lieu, un certificat constatant qu'il a répondu à l'appel sous les drapeaux conformément à la loi militaire de son pays, sauf les exceptions prévues aux traités (V. art. 8 de la loi).

L'acquisition de la qualité de Français par naturalisation ordinaire est facilitée par la loi de 1889; d'autre part, les effets de cette naturalisation sont légèrement restreints en ce qui concerne les droits politiques, et considérablement accrus au point de vue de ses conséquences à l'égard de la famille de l'étranger naturalisé. Les dispositions de faveur introduites par les lois des 7 févr. 1851, 14 févr. 1882, 28 juin 1883 ont été ou conservées, ou remplacées par des dispositions plus favorables. Au point de vue de la forme, la naturalisation résulte d'un décret rendu après enquête sur la moralité de l'étranger, sans que l'avis du conseil d'Etat soit désormais nécessaire. Au point de vue des conditions requises, la loi de 1889 reproduit, en les étendant quelque peu, les dispositions de la loi de 1867; elle admet de plus à la naturalisation deux nouvelles catégories d'étrangers : 1° l'étranger qui a épousé une Française, après un an de domicile autorisé; 2° l'étranger qui, n'ayant pas été autorisé à établir son domicile en France, peut y justifier d'une résidence non interrompue pendant dix années. L'étranger naturalisé jouit des droits politiques, mais il ne devient éligible aux assemblées législatives que dix ans après sa naturalisation, à moins que ce délai ne soit réduit en sa faveur par une loi. La naturalisation par lui acquise confère la qualité de Français à ses enfants mineurs, sauf faculté pour eux de décliner cette qualité après leur majorité, aux conditions de l'art. 8-4° que nous avons déjà indiquées; elle permet à sa femme et à ses enfants majeurs d'obtenir sans condition de stage la nationalité française.

Le bénéfice de l'art. 9 c. civ. est maintenu, avec de légères modifications, pour les enfants nés en France d'étrangers et qui ne seraient pas Français par application de l'art. 8; le nouvel art. 9 permet d'invoquer ce bénéfice au nom de l'enfant mineur et quel que soit l'âge de ce dernier; il déclare Français le fils d'étranger qui, porté sur le tableau de recensement, prend part aux opérations du recrutement sans opposer son extranéité. D'après le nouvel art. 10 c. civ., tout enfant dont le père ou même dont la mère seulement a perdu la qualité de Français peut réclamer à tout âge la qualité de Français aux conditions de l'art. 9, à moins qu'il n'ait revendiqué la qualité d'étranger pour se soustraire au service militaire.

L'ex-Français qui a perdu la nationalité française pour toute autre cause que pour avoir pris, sans autorisation, du service dans une armée étrangère, peut-être réintégré dans la qualité de Français par un simple décret, à la seule condition de résider en France. La réintégration rend Français, sauf faculté d'option, les enfants mineurs et permet à la femme et aux enfants majeurs d'obtenir, sans condition de stage, la qualité de Français. Toutefois, par une anomalie singulière, la réintégration obtenue par l'ex-Française devenue étrangère par son mariage avec un étranger et veuve de cet étranger, ne rend pas ses enfants mineurs Français mais leur permet seulement d'acquérir sans conditions le qualité de Français. Le Français qui a pris du service militaire à l'étranger sans autorisation, ne peut rentrer en France qu'en vertu d'une permission accordée par décret; il ne peut redevenir Français qu'aux conditions imposées à l'étranger pour parvenir à la naturalisation.

La loi de 1889 modifie encore la législation antérieure en ce qui concerne la perte de la qualité de Français. Elle supprime deux causes de perte de cette qualité : 1° l'établissement fait à l'étranger sans esprit de retour; 2° l'affiliation à une corporation militaire étrangère. Elle en reconnait une nouvelle : la réclamation de la nationalité étrangère par le Français qui se trouve dans les cas prévus par les art. 8, § 4, 12 et 18; au lieu de résulter de l'acceptation non autorisée de fonctions publiques conférées par un gouvernement étranger, la perte de la qualité de Français n'est plus encourue par le Français qui a accepté de telles fonctions que s'il les conserve malgré injonction du gouvernement français de les résigner dans un délai déterminé. Enfin, par une disposition qui soulèvera plus d'une difficulté, le nouvel art. 17-1° décide que la naturalisation à l'étranger ne fera pas perdre la qualité de Français à l'individu encore soumis aux obligations du service militaire dans l'armée active, si elle n'est pas autorisée par le Gouvernement français.

Les lacunes les plus regrettables à signaler dans la loi de 1889 sont : 1° le silence qu'elle garde sur les droits civils dont jouissent en France les étrangers non autorisés à y établir leur domicile, question controversée qu'il eût été d'autant plus intéressant de résoudre que la loi nouvelle restreint les effets de l'admission à domicile (V. *infrà*, n° 5); 2° l'absence de dispositions précises sur l'effet de la naturalisation obtenue par un Français à l'étranger à l'égard de la nationalité de ses enfants mineurs.

5. La condition des étrangers n'a pas été modifiée, du

moins dans ses traits généraux. Quelques lois spéciales ont seulement reconnu formellement aux étrangers certains droits qu'elles avaient pour but de réglementer (V. *infrà*, nos 130 et suiv.). Nous devons, toutefois, mentionner un projet de loi sur l'expulsion des étrangers, qui modifierait l'art. 7 de la loi du 3 déc. 1849; ce projet a été adopté par la Chambre des députés le 29 juin 1882 (V. *Journ. off.*, 1882, Débats parlementaires Chambre, p. 1086 et suiv.). Un décret récent des 2-4 oct. 1888 (D.P. 88. 4. 51) astreint les étrangers qui viennent résider en France à faire une déclaration propre à renseigner l'Administration sur les conditions dans lesquelles ils vont s'établir sur le territoire français. Enfin la loi des 26-28 juin 1889 limite à une durée de cinq ans les effets de l'autorisation pour l'étranger de fixer son domicile en France; le domicile autorisé ne peut plus être un moyen pour l'étranger de jouir indéfiniment en France de tous les droits civils; il ne peut plus être que le prélude de la naturalisation.

6. La mort civile a disparu de nos lois; supprimée par la loi du 8 juin (et non 5 avr.) 1850 (D. P. 50. 4. 129) pour les condamnés à la déportation, elle a été définitivement abolie par la loi du 31 mai 1854 (D. P. 54. 4. 91). Toutefois, les condamnés aux peines afflictives perpétuelles n'ont point cessé d'être atteints dans leur capacité civile. La loi de 1854 leur a appliqué la dégradation civique et l'interdiction légale, conséquences, déjà auparavant, des peines afflictives temporaires; elle les a, de plus, déclarés incapables de disposer et de recevoir à titre gratuit si ce n'est pour cause d'aliments, et a prononcé l'annulation de leur testament antérieur à la condamnation.

7. Divers traités d'annexion ou de démembrement ont atteint dans leur nationalité les habitants des territoires passés sous la souveraineté de nouveaux possesseurs; les plus importants sont le traité du 24 mars 1860, qui a donné à la France la Savoie et l'arrondissement de Nice, et le traité de Francfort du 10 mai 1871, qui lui a enlevé l'Alsace-Lorraine. D'autres actes internationaux ont encore modifié la législation de droit commun sur les droits civils, notamment en ce qui concerne la compétence des tribunaux et l'exécution des jugements (V. *infrà*, v° *Traité international*).

TABLEAU DE LA LÉGISLATION SUR LA JOUISSANCE ET LA PRIVATION DES DROITS CIVILS.

7-12 févr. 1851. — Loi concernant les individus nés en France d'étrangers qui eux-mêmes y sont nés, et les enfants des étrangers naturalisés (D. P. 51. 4. 35) (Abrogée par la loi des 26-28 juin 1889).

11-15 févr. 1851. — Loi portant prorogation du délai accordé aux Français établis à l'étranger, pour affranchir ou aliéner des esclaves dont ils sont possesseurs (D. P. 51. 4. 40).

31 mai-3 juin 1854. — Loi portant abolition de la mort civile (D. P. 54. 4. 91).

Art. 1er. La mort civile est abolie.

2. Les condamnations à des peines afflictives perpétuelles emportent la dégradation civique et l'interdiction légale établies par les art. 28, 29 et 31 c. pén.

3. Le condamné à une peine afflictive perpétuelle ne peut disposer de ses biens, en tout ou en partie, soit par donation entre-vifs, soit par testament, ni recevoir à ce titre, si ce n'est pour cause d'aliments.

Tout testament par lui fait antérieurement à sa condamnation contradictoire, devenue définitive, est nul.

Le présent article n'est applicable au condamné par contumace que cinq ans après l'exécution par effigie.

4. Le Gouvernement peut relever le condamné à une peine afflictive perpétuelle de tout ou partie des incapacités prononcées par l'article précédent.

Il peut lui accorder l'exercice, dans le lieu d'exécution de la peine, des droits civils, ou de quelques-uns de ces droits, dont il a été privé par son état d'interdiction légale.

Les actes faits par le condamné, dans le lieu d'exécution de la peine, ne peuvent engager les biens qu'il possédait au jour de sa condamnation, ou qui lui sont échus à titre gratuit depuis cette époque.

5. Les effets de la mort civile cessent, pour l'avenir, à l'égard des condamnés actuellement morts civilement, sauf les droits acquis aux tiers.

L'état de ces condamnés est régi par les dispositions qui précèdent.

6. La présente loi n'est pas applicable aux condamnations à la déportation, pour crimes commis antérieurement à sa promulgation.

28 mai-6 juin 1858. — Loi qui modifie le paragraphe 2 de l'art. 8 du décret du 27 avr. 1848 relatif aux propriétaires d'esclaves (D. P. 58. 4. 62).

1er-10 déc. 1860. — Décret impérial concernant les Français résidant en Russie qui, pour faire le commerce, ont été obligés d'entrer dans les guildes des marchands (D. P. 61. 4. 7).

29 juin-5 juill. 1867. — Loi relative à la naturalisation (D. P. 67. 4. 70) (Abrogée par la loi des 26-28 juin 1889).

12-16 sept. 1870. — Décret qui autorise provisoirement le ministre de la justice à statuer, sans prendre l'avis du conseil d'Etat, sur les demandes de naturalisation formées par les étrangers qui ont obtenu l'autorisation d'établir leur domicile en France (D. P. 70. 4. 89).

26-31 oct. 1870. — Décret relatif à la naturalisation des étrangers qui auront pris part à la guerre actuelle pour la défense de la France (D. P. 70. 4. 99).

19-22 nov. 1870. — Décret réglementaire sur les conditions de la naturalisation exceptionnelle (D. P. 70. 4. 132).

16-29 déc. 1874. — Loi qui modifie la loi du 7 févr. 1851, concernant les individus nés en France d'étrangers, qui eux-mêmes y sont nés (D. P. 75. 4. 78) (Abrogée par la loi des 26-28 juin 1889).

14-16 févr. 1882. — Loi relative aux droits des enfants nés en France d'un père étranger naturalisé après leur naissance (D. P. 82. 4. 113) (Abrogée par la loi des 26-28 juin 1889).

28-29 juin 1883. — Loi relative aux enfants mineurs nés en France d'une femme française mariée avec un étranger (D. P. 83. 4. 104) (abrogée par la loi des 26-28 juin 1889).

2-4 oct. 1888. — Décret relatif aux étrangers résidant en France (D. P. 88. 4. 51).

26-28 juin 1889. — Loi sur la nationalité (D. P. 89. 4. 59).

Art. 1er. Les art. 7, 8, 9, 10, 12, 13, 17, 18, 19, 20 et 21 c. civ. sont modifiés ainsi qu'il suit :

7. L'exercice des droits civils est indépendant de l'exercice des droits politiques, lesquels s'acquièrent et se conservent conformément aux lois constitutionnelles et électorales.

8. Tout Français jouira des droits civils.

Sont Français :

1° Tout individu né d'un Français en France ou à l'étranger.

L'enfant naturel dont la filiation est établie pendant la minorité, par reconnaissance ou par jugement, suit la nationalité de celui des parents à l'égard duquel la preuve a d'abord été faite. Si elle résulte pour le père ou la mère du même acte ou du même jugement, l'enfant suivra la nationalité du père;

2° Tout individu né en France de parents inconnus ou dont la nationalité est inconnue;

3° Tout individu né en France d'un étranger qui lui-même y est né;

4° Tout individu né en France d'un étranger et qui, à l'époque de sa majorité, est domicilié en France, à moins que, dans l'année qui suit sa majorité, telle qu'elle est réglée par la loi française, il n'ait décliné la qualité de Français et prouvé qu'il a conservé la nationalité de ses parents par une attestation en due forme de son Gouvernement, laquelle demeurera annexée à la déclaration, et qu'il n'ait en outre produit, s'il y a lieu, un certificat constatant qu'il a répondu à l'appel sous les drapeaux, conformément à la loi militaire de son pays, sauf les exceptions prévues aux traités;

5° Les étrangers naturalisés.

Peuvent être naturalisés :

1° Les étrangers qui ont obtenu l'autorisation de fixer leur domicile en France, conformément à l'art. 13 ci-dessous, après trois ans de domicile en France, à dater de l'enregistrement de leur demande au ministère de la justice;

2° Les étrangers qui peuvent justifier d'une résidence non interrompue pendant dix années;

Est assimilé à la résidence en France le séjour en pays étranger pour l'exercice d'une fonction conférée par le gouvernement français;

3° Les étrangers admis à fixer leur domicile en France, après un an, s'ils ont rendu des services importants à la France, s'ils y ont apporté des talents distingués ou s'ils y ont introduit soit une industrie, soit des inventions utiles, ou s'ils ont créé soit des établissements industriels ou autres, soit des exploitations agricoles, ou s'ils ont été attachés, à un titre quelconque, au service militaire dans les colonies ou les protectorats français;

4° L'étranger qui a épousé une Française, aussi après une année de domicile autorisé.

Il est statué par décret sur la demande de naturalisation, après une enquête sur la moralité de l'étranger.

9. Tout individu né en France d'un étranger et qui n'y est pas domicilié à l'époque de sa majorité pourra, jusqu'à l'âge de vingt-deux ans accomplis, faire sa soumission de fixer en France son domicile, et, s'il l'y établit dans l'année à compter de l'acte de soumission, réclamer la qualité de Français par une déclaration qui sera enregistrée au ministère de la justice.

S'il est âgé de moins de vingt et un ans accomplis, la déclaration sera faite en son nom par son père; en cas de décès, par sa mère; en cas de décès du père et de la mère ou de leur exclusion de la tutelle, ou dans les cas prévus par les art. 141,

142 et 143 c. civ., par le tuteur autorisé par délibération du conseil de famille.

Il devient également Français si, ayant été porté sur le tableau de recensement, il prend part aux opérations de recrutement sans opposer son extranéité.

10. Tout individu né en France ou à l'étranger de parents dont l'un a perdu la qualité de Français, pourra réclamer cette qualité à tout âge, aux conditions fixées par l'art. 9, à moins que, domicilié en France et appelé sous les drapeaux, lors de sa majorité, il n'ait revendiqué la qualité d'étranger.

12. L'étrangère qui aura épousé un Français suivra la condition de son mari.

La femme mariée à un étranger qui se fait naturaliser Français et les enfants majeurs de l'étranger naturalisé pourront, s'ils le demandent, obtenir la qualité de Français, sans condition de stage, soit par le décret qui confère cette qualité au mari ou au père ou à la mère, soit comme conséquence de la déclaration qu'ils feront dans les termes et sous les conditions de l'art. 9.

Deviennent Français les enfants mineurs d'un père ou d'une mère survivant qui se font naturaliser Français, à moins que dans l'année qui suivra leur majorité, ils ne déclinent cette qualité en se conformant aux dispositions de l'art. 8, § 4.

13. L'étranger qui aura été autorisé par décret à fixer son domicile en France y jouira de tous les droits civils.

L'effet de l'autorisation cessera à l'expiration de cinq années, si l'étranger ne demande pas la naturalisation, ou si la demande est rejetée.

En cas de décès avant la naturalisation, l'autorisation et le temps de stage qui a suivi profiteront à la femme et aux enfants qui étaient mineurs au moment du décret d'autorisation.

17. Perdent la qualité de Français :

1° Le Français naturalisé à l'étranger ou celui qui acquiert sur sa demande la nationalité étrangère par l'effet de la loi.

S'il est encore soumis aux obligations du service militaire pour l'armée active, la naturalisation à l'étranger ne fera perdre la qualité de Français que si elle a été autorisée par le gouvernement français;

2° Le Français qui a décliné la nationalité française dans les cas prévus au paragraphe 4 de l'art. 8 et aux art. 12 et 18;

3° Le Français qui, ayant accepté des fonctions publiques conférées par un gouvernement étranger, les conserve nonobstant l'injonction du gouvernement français de les résigner dans un délai déterminé;

4° Le Français qui, sans autorisation du Gouvernement, prend du service militaire à l'étranger, sans préjudice des lois pénales contre le Français qui se soustrait aux obligations de la loi militaire.

18. Le Français qui a perdu sa qualité de Français peut la recouvrer pourvu qu'il réside en France, en obtenant sa réintégration par décret. La qualité de Français pourra être accordée par le même décret à la femme et aux enfants majeurs s'ils en font la demande. Les enfants mineurs du père ou de la mère réintégrés deviennent Français, à moins que, dans l'année qui suivra leur majorité, ils ne déclinent cette qualité en se conformant aux dispositions de l'art. 8, § 4.

19. La femme française qui épouse un étranger suit la condition de son mari, à moins que son mariage ne lui confère pas la nationalité de son mari, auquel cas elle reste Française. Si son mariage est dissous par la mort du mari ou par le divorce, elle recouvre la qualité de Française, avec l'autorisation du Gouvernement pourvu qu'elle réside en France ou qu'elle y rentre, en déclarant qu'elle veut s'y fixer.

Dans le cas où le mariage est dissous par la mort du mari, la qualité de Français peut être accordée par le même décret de réintégration aux enfants mineurs, sur la demande de la mère ou par un décret ultérieur, si la demande en est faite par le tuteur avec l'approbation du conseil de famille.

20. Les individus qui acquerront la qualité de Français dans les cas prévus par les art. 9, 10, 18 et 19, ne pourront s'en prévaloir que pour les droits ouverts à leur profit depuis cette époque.

21. Le Français qui, sans autorisation du Gouvernement, prendrait du service militaire à l'étranger, ne pourra rentrer en France qu'en vertu d'une permission accordée par décret, et recouvrer la qualité de Français qu'en remplissant les conditions imposées en France à l'étranger pour obtenir la naturalisation ordinaire.

Art. 2. La présente loi est applicable à l'Algérie et aux colonies de la Guadeloupe, de la Martinique et de la Réunion.

Continueront toutefois de recevoir leur application, le sénatus-consulte du 14 juill. 1865 et les autres dispositions spéciales à la naturalisation en Algérie.

3. L'étranger naturalisé jouit de tous les droits civils et politiques attachés à la qualité de citoyen français. Néanmoins, il n'est éligible aux assemblées législatives que dix ans après le décret de naturalisation, à moins qu'une loi spéciale n'abrège ce délai. Le délai pourra être réduit à une année.

Les Français qui recouvrent cette qualité, après l'avoir perdue, acquièrent immédiatement tous les droits civils et politiques, même l'éligibilité aux assemblées législatives.

4. Les descendants des familles proscrites lors de la révocation de l'édit de Nantes continueront à bénéficier des dispositions de la loi du 15 déc. 1790, mais à la condition d'un décret spécial pour chaque demandeur. Ce décret ne produira d'effet que pour l'avenir.

5. Pour l'exécution de la présente loi, un règlement d'administration publique déterminera : 1° les conditions auxquelles ses dispositions sont applicables aux colonies autres que celles dont il est parlé à l'art. 2 ci-dessus ainsi que les formes à suivre pour la naturalisation dans les colonies; 2° les formalités à remplir et les justifications à faire relativement à la naturalisation ordinaire et à la naturalisation de faveur, dans les cas prévus par les art. 9 et 10 c. civ., ainsi qu'à la renonciation à la qualité de Français, dans les cas prévus par les art. 8, § 4, 12 et 18.

6. Sont abrogés les décrets des 6 avr. 1809 et 26 août 1811; les lois des 22 mars 1849, 7 févr. 1851, 29 juin 1867, 16 déc. 1874, 14 févr. 1882, 28 juin 1883, et toutes les dispositions contraires à la présente loi.

DISPOSITION TRANSITOIRE.

Toute admission à domicile obtenue antérieurement à la présente loi sera périmée si, dans un délai de cinq années à compter de la promulgation, elle n'a pas été suivie d'une demande en naturalisation, ou si la demande en naturalisation a été rejetée.

12-17 août 1889. — Décret déterminant les formalités à remplir et les justifications à faire relativement à la « naturalisation ordinaire » et à la « naturalisation de faveur » dans les cas prévus par les art. 9 et 10 c. civ., ainsi qu'à la « renonciation à la qualité de Français » dans les cas prévus par les art. 8, § 4, 12 et 18 (D. P. 89. 4. 72).

Art. 1er. L'étranger qui veut obtenir l'autorisation de fixer son domicile en France, conformément à l'art. 13 c. civ., doit adresser au ministre de la justice une demande rédigée sur papier timbré, accompagnée de son acte de naissance et de celui de son père, de la traduction de ces actes, s'ils sont en langue étrangère, ainsi que d'un extrait du casier judiciaire français.

2. L'étranger qui veut obtenir sa naturalisation doit, dans tous les cas, adresser au ministère de la justice une demande sur papier timbré, en y joignant son acte de naissance, un extrait du casier judiciaire, et, le cas échéant, son acte de mariage et les actes de naissance de ses enfants mineurs, avec la traduction de ces actes, s'ils sont en langue étrangère.

Dans le cas où les intéressés seraient dans l'impossibilité de se procurer les actes de l'état civil dont la production est exigée par le présent décret, ces actes seront suppléés par un acte de notoriété délivré par le juge de paix dans la forme prescrite par l'art. 71 c. civ.

3. L'étranger qui a épousé une Française doit, s'il veut obtenir la naturalisation après une année de domicile autorisé, produire l'acte de naissance de sa femme et l'acte de naissance du père de celle-ci, si cet acte est nécessaire pour établir son origine française.

4. L'étranger qui sollicite la naturalisation immédiate, après une résidence non interrompue pendant dix ans, doit joindre à sa demande les documents établissant qu'il réside actuellement en France et depuis dix années au moins.

5. La femme et les enfants majeurs de l'étranger qui demande à devenir Français, soit par la naturalisation ordinaire, soit par la réintégration, doivent, s'ils désirent obtenir eux-mêmes la qualité de Français, sans condition de stage, par application des art. 12 et 18 c. civ., joindre leur demande de naturalisation à la demande faite par le mari, par le père ou par la mère.

Dans les cas de naturalisation de faveur prévus par les art. 9 et 10 c. civ., la demande est jointe à la déclaration faite par le mari, le père ou la mère.

6. Les déclarations souscrites soit pour acquérir, soit pour répudier la qualité de Français, sont reçues par le juge de paix du canton dans lequel réside le déclarant.

Elles peuvent être faites par procuration spéciale et authentique.

Elles sont adressées en double exemplaire sur papier timbré.

Le déclarant est assisté de deux témoins qui certifient son identité; il doit produire à l'appui de sa déclaration toutes les justifications nécessaires, en y joignant son acte de naissance et, le cas échéant, son acte de mariage et les actes de naissance de ses enfants mineurs, avec la traduction de ces actes, s'ils sont en langue étrangère.

En cas de résidence à l'étranger, les déclarations sont reçues par les agents diplomatiques ou par les consuls.

7. Les deux exemplaires de la déclaration et les pièces justificatives sont immédiatement adressées par le juge de paix au procureur de la République, qui les transmet, sans délai, au ministre de la justice.

8. La déclaration est inscrite à la chancellerie sur un registre spécial; l'un des exemplaires est déposé dans les archives, l'autre renvoyé à l'intéressé avec la mention de l'enregistrement.

La déclaration enregistrée prend date du jour de sa réception par le juge de paix.

9. Lorsqu'un individu né en France d'un étranger, et domicilié hors de France à l'époque de sa majorité, veut faire sa soumission de fixer en France son domicile dans les conditions prévues par l'art. 9 c. civ., cet acte de soumission est reçu par un des agents diplomatiques ou consulaires de France à l'étranger. Il est dressé en double exemplaire ; l'un est remis à l'intéressé, l'autre transmis immédiatement au ministre de la justice par la voie hiérarchique.

10. L'individu né en France de parents dont l'un a perdu la qualité de Français, et qui réclame cette qualité en vertu de l'art. 10 c. civ., doit établir quel était son domicile et celui de ses parents à l'époque de sa majorité, telle qu'elle est fixée par la loi française.

11. La renonciation du mineur à la faculté qui lui appartient, par application des art. 8, § 4, 12 et 18 c. civ. de décliner à sa majorité la qualité de Français, est faite en son nom par les personnes désignées dans l'art. 9, § 2, c. civ.

8. — II. DROIT COMPARÉ. Dans un certain nombre de pays étrangers, des modifications importantes ont été opérées dans la législation relative à la nationalité ou aux droits reconnus aux étrangers.

9. Au point de vue de la nationalité, on peut distinguer : 1° les Etats où le fait de la naissance sur le sol confère la nationalité; 2° les Etats où la nationalité découle de la filiation ; 3° et ceux, plus nombreux, où les faits de la naissance et de la filiation sont pris à la fois en considération pour déterminer la nationalité.

10. L'*Angleterre*, qui autrefois imposait la nationalité britannique à toute personne née sur le sol anglais et n'admettait en aucun cas la perte de cette nationalité, est actuellement régie par des principes moins absolus. Le fait de la naissance sur sol anglais suffit toujours à conférer la nationalité anglaise; mais si la personne née sur territoire britannique se trouvait, à l'époque de sa naissance, sujette d'un pays étranger en vertu des lois de ce pays, elle peut, lorsqu'elle a atteint sa majorité, si elle a la plénitude de sa capacité légale (c'est-à-dire si elle n'est ni aliénée, ni imbécile, ni femme mariée), se dépouiller de sa nationalité britannique au moyen d'une simple déclaration d'extranéité. — La naissance d'un père anglais en pays étranger donne également la qualité de sujet britannique, sous réserve de la faculté de renoncer à cette qualité aux mêmes conditions. La nationalité anglaise est encore acquise par le mariage de l'étrangère qui épouse un Anglais ou par la naturalisation; la naturalisation résulte d'un certificat que peut délivrer le secrétaire d'Etat aux étrangers qui, dans les huit ans qui précèdent leur demande, ont résidé cinq ans dans le Royaume-Uni ou ont, pendant le même laps de temps, servi la couronne, à condition qu'ils manifestent l'intention de résider dans le Royaume-Uni ou de servir la couronne; la décision du secrétaire d'Etat n'a d'effet qu'après prestation du serment d'allégeance. — L'étranger naturalisé Anglais jouit de tous les droits d'un sujet britannique « avec cette restriction que, se trouvant dans les limites du territoire de l'Etat dont il était le sujet antérieurement à la naturalisation, il n'est plus considéré comme sujet britannique, à moins que les lois de son pays d'origine ou un traité ne lui aient fait perdre la qualité de regnicole » (Haute cour de justice d'Angleterre, 11 janv. 1888, aff. Bourgoise, D. P. 88. 2. 81; art. 7 de l'act du 12 mai 1870). L'effet de la naturalisation s'étend à la femme mariée et aux enfants, si ces derniers ont résidé pendant leur minorité avec leurs parents sur le territoire britannique. — La nationalité anglaise se perd par la naturalisation acquise en pays étranger par l'Anglais jouissant de la plénitude de sa capacité juridique; elle est également perdue par l'Anglaise qui épouse un étranger ou dont le mari devient étranger, ainsi que par les enfants dont le père ou la mère veuve deviennent étrangers, s'ils ont résidé durant leur minorité dans le pays où sont naturalisés leurs parents et s'ils ont eux-mêmes acquis la même nationalité conformément aux lois de ce pays. Enfin l'Anglais devenu tel par naturalisation peut recouvrer sa nationalité d'origine au moyen d'une simple déclaration si, d'après les traités ou les lois de son ancienne patrie, cette formalité suffit à la lui rendre. — Les Anglais d'origine qui ont perdu la nationalité britannique la recouvrent au moyen d'un certificat de réadmission subordonné aux mêmes conditions que le certificat de naturalisation; les effets de ce certificat s'étendent aux enfants, sous les mêmes conditions que les effets de la naturalisation aux enfants de l'étranger. L'Anglaise devenue étrangère par son mariage reste étrangère si elle devient veuve, mais elle peut alors obtenir un certificat de réadmission (Act du 12 mai 1870, *Annuaire de législation étrangère*, 1872, p. 6 et suiv.; Lehr, *Eléments de droit civil anglais*, p. 21 et suiv.; de Folleville, nos 717 et suiv.; Cogordan, p. 180, 435 et suiv.).

11. La naissance en *Portugal* confère la nationalité portugaise, sauf le droit de répudiation pour les enfants nés de parents étrangers. Les enfants nés à l'étranger de parents portugais ne sont Portugais, en principe, que sous la condition de venir établir leur domicile dans le royaume. La naturalisation est un acte du pouvoir exécutif; elle peut être accordée aux étrangers, s'ils sont majeurs en même temps d'après leur loi nationale et d'après la loi portugaise, s'ils ont des moyens d'existence et s'ils ont résidé un an en Portugal, ou bien s'ils ont des liens de famille avec des Portugais ou ont rendu au Portugal des services importants. La validité de la naturalisation est subordonnée à l'enregistrement des lettres de naturalisation à la municipalité du lieu où le naturalisé établit son domicile. La nationalité portugaise se perd par la naturalisation en pays étranger, l'acceptation de fonctions publiques à l'étranger, le bannissement; pour la femme, par le mariage avec un étranger, lorsque la loi de ce dernier confère sa nationalité à la femme étrangère qu'il épouse (V. de Folleville, nos 845 et suiv.).

12. La détermination de la nationalité par le fait de la naissance est aussi la loi dominante dans les Etats de l'*Amérique*. La naissance sur le sol des Etats-Unis confère la nationalité américaine; cette nationalité est aussi attribuée aux enfants nés à l'étranger de parents américains. Le principe de l'allégeance perpétuelle n'a pas été aboli aux Etats-Unis, mais seulement restreint par un certain nombre de conventions internationales; c'est-à-dire qu'à défaut de traités dont ils puissent se prévaloir, les sujets américains ne peuvent jamais perdre la nationalité américaine. — La naturalisation est un droit pour les étrangers libres et blancs établis depuis cinq ans aux Etats-Unis et depuis un an dans un des Etats de l'union, sous la condition de remplir certaines formalités; la naturalisation acquise par le père s'étend aux enfants qui résident aux Etats-Unis (de Folleville, nos 905 et suiv.; Cogordan, p. 223 et suiv.).

Dans la plupart des Etats de l'Amérique du sud, la nationalité du lieu de la naissance est imposée sans aucune réserve ou faculté d'option. Il en est ainsi dans la République argentine, la Bolivie, le Brésil, le Chili, l'Equateur, le Paraguay, le Pérou, etc. (de Folleville, nos 938 et suiv.).

13. Le lieu de la naissance n'exerce, au contraire, aucune influence sur la nationalité dans l'Empire d'*Allemagne*. Aux termes de la loi fédérale du 1er juin 1870, depuis étendue à l'Empire (*Annuaire de législation étrangère*, 1872, p. 183 et suiv.), la nationalité allemande (ou plus exactement la nationalité d'un Etat Allemand) n'est acquise par la naissance qu'aux enfants d'Allemands nés en soit Allemagne soit en dehors de l'Empire; les enfants légitimes, suivent la nationalité de leur père; les enfants illégitimes, la nationalité de leur mère. La nationalité allemande s'acquiert par le mariage avec un Allemand ou par la naturalisation. — La naturalisation n'est accordée aux étrangers que : 1° s'ils sont capables de disposer de leur personne d'après les lois du pays auquel ils ont appartenu jusqu'alors, où, s'ils ne jouissent pas de cette capacité, quand ils ont l'assentiment de leur père, de leur tuteur ou curateur; 2° s'ils ont mené une vie honorable; 3° s'ils ont un domicile propre ou s'ils sont reçus chez des personnes domiciliées dans le lieu où ils veulent s'établir; 4° s'ils sont en état de pourvoir à leurs besoins et à ceux de leur famille. Elle résulte de la nomination aux fonctions publiques, ecclésiastiques, scolaires ou municipales. Elle s'étend, à moins de dérogation, à la femme et aux enfants mineurs encore soumis à la puissance paternelle. — La nationalité allemande se perd : 1° par congé sur demande; 2° par décision de l'autorité; 3° par séjour de dix ans en pays étranger; 4° par le mariage avec un étranger. Le congé sur demande (*entlassungschein*) entraîne, du jour de sa délivrance, perte de la nationalité allemande, mais sous la condition que, dans les six mois de cette délivrance, celui qui l'a obtenu transporte son domicile hors du territoire fédéral. Ce congé doit être refusé dans certains cas, à raison de l'obligation au service militaire, notamment, en principe, aux jeunes gens de dix-sept à vingt-cinq ans ; il ne doit jamais être refusé aux Allemands devenus tels par naturalisation. La perte de la nationalité par suite d'une décision de l'autorité peut avoir lieu lorsqu'en cas de guerre l'Allemand n'obéit pas dans le délai fixé à la sommation formelle faite par l'empereur de revenir en Allemagne ou quand un Allemand, entré au service d'un État étranger sans autorisation de son Gouvernement, n'obéit pas à l'injonction de se démettre de ses fonctions dans le délai qui lui est imparti. Le délai de dix ans, nécessaire à défaut d'*entlassungschein* pour perdre la qualité d'Allemand, peut être réduit à cinq ans par des traités pour les Allemands qui, résidant sans interruption depuis cinq ans dans un pays étranger, acquièrent la nationalité de ce pays. La perte de la nationalité s'étend à la femme et aussi aux enfants mineurs soumis à la puissance paternelle s'ils se trouvent à l'étranger avec leur mari ou leur père. Les Allemands qui ont perdu leur nationalité par un séjour de dix ans à l'étranger, et qui n'ont pas acquis d'autre nationalité, peuvent recouvrer leur nationalité d'Etat dans leur ancien pays d'origine, même sans y revenir. Ils recouvrent la nationalité allemande sur requête, en revenant s'établir sur le territoire fédéral (V. Cogordan, p. 178 et suiv. ; de Folleville, n°s 696 et suiv.).

14. La loi *hongroise* des 20-24 déc. 1879 contient, relativement à l'acquisition et à la perte de la nationalité hongroise, des dispositions analogues à celles de la loi allemande de 1870 (*Annuaire de législation étrangère*, 1880, p. 351 et suiv.).

15. En *Suisse*, le principe de la transmission de la nationalité par la filiation domine, et le fait de la naissance sur territoire helvétique n'exerce aucune influence sur la nationalité (de Folleville, n° 874). — Jusqu'en 1876 la législation sur la nationalité était exclusivement cantonale; mais des abus, causés par la facilité exagérée avec laquelle certains cantons accordaient la naturalisation, ont amené la Confédération à restreindre les droits des cantons. De là la loi fédérale du 3 juill. 1876, sur la naturalisation suisse et la renonciation à la nationalité suisse. D'après cette loi, la naturalisation ne peut être obtenue dans un canton qu'avec l'autorisation du Conseil fédéral, et cette autorisation est subordonnée à une double condition : 1° domicile établi en Suisse depuis deux ans ; 2° preuve de satisfaction aux exigences de la loi de la patrie abdiquée en ce qui concerne le changement de nationalité, afin que l'admission à la nationalité suisse n'entraîne aucun préjudice pour la Confédération. La naturalisation, à défaut d'exception formelle, s'étend à la femme et aux enfants mineurs. L'autorisation du Conseil fédéral reste sans effet, s'il n'en est pas fait usage dans le délai de deux ans à partir de sa date. Les droits et la protection dus à la qualité de citoyen suisse ne peuvent être réclamés par l'étranger naturalisé dans l'Etat où il réside, s'il a conservé la nationalité de son Etat, indépendamment de la nationalité suisse. — La perte de cette nationalité est subordonnée aux conditions suivantes : 1° n'avoir plus de domicile en Suisse ; 2° jouir de la capacité civile d'après les lois du pays de la résidence ; 3° avoir une nationalité acquise ou assurée pour soi, et même, en principe, pour sa femme et ses enfants mineurs. La commune d'origine et tous intéressés peuvent faire opposition à la renonciation ; en pareil cas le tribunal fédéral est appelé à statuer. En tout cas la libération des liens de la nationalité suisse est prononcée par l'autorité compétente d'après la loi cantonale ; la libération s'étend à la femme et aux enfants mineurs, lorsqu'ils vivent en un même ménage et qu'il n'est pas fait exception formelle à leur égard. Certaines facilités sont accordées pour l'admission à la nationalité suisse de la femme devenue veuve ou divorcée, des enfants mineurs, devenus majeurs, du Suisse qui a renoncé à sa nationalité (*Annuaire de législation étrangère*, 1877, p. 549 et suiv. V. aussi Cogordan, p. 206 et suiv. ; de Folleville, n°s 873 et suiv.).

16. Plusieurs pays combinent, à l'exemple de la législation française, les deux principes d'acquisition de la nationalité par la filiation et par la naissance sur le sol. La filiation y est le principe fondamental de l'acquisition de la nationalité; mais le fait de la naissance sur le sol y est pris en considération soit pour faciliter l'acquisition ultérieure de la nationalité, soit même pour faire résulter la nationalité de ce seul fait au moins en certains cas.

17. Les dispositions du code civil français relatives à la nationalité sont, en grande partie du moins, restées en vigueur en *Belgique*. Une loi du 15 août 1881, interprétative du code civil, déclare Belges les enfants nés en Belgique de parents légalement inconnus (*Annuaire de législation étrangère*, 1882, p. 453). Les conditions de la naturalisation sont réglées par une loi du 6 août 1881 (*Annuaire précité*, 1882, p. 446 et suiv.). La naturalisation résulte d'une loi ; elle ne peut être accordée qu'aux personnes âgées de vingt et un ans et ayant résidé pendant cinq ans en Belgique. Elle est personnelle; toutefois, les enfants mineurs de l'étranger naturalisé peuvent obtenir la qualité de Belges au moyen d'une déclaration faite, dans l'année de leur majorité, à la municipalité de leur résidence ; les enfants et descendants majeurs ne peuvent être naturalisés que par une loi, mais sans condition de résidence. Si le père est décédé, la naturalisation de la mère assure ces avantages à ses enfants ou descendants. La loi de naturalisation votée, une expédition de cet acte délivré par le ministre de la justice doit être présentée au bourgmestre du lieu de la résidence devant lequel l'étranger déclare accepter la naturalisation ; cette formalité doit, sous peine de déchéance, être faite dans les deux mois à compter de la sanction royale. — Une loi du 21 juin 1865 a abrogé les art. 17 et 21 c. civ. : la qualité de Belge ne se perd plus par l'acceptation non autorisée de fonctions publiques ni par l'entrée au service militaire en pays étranger.

18. Le *Code civil italien* de 1865 attribue la nationalité italienne à tout enfant né d'un Italien ; de plus l'enfant né d'un père autrefois italien est Italien, sauf faculté d'option dans l'année de sa majorité pour la nationalité étrangère s'il est né en Italie, ou étranger, mais avec faculté d'option à sa majorité pour la nationalité italienne, s'il est né en pays étranger. Il lui suffit, même dans ce dernier cas, d'avoir accepté un emploi public dans le royaume, d'avoir servi dans l'armée ou satisfait à la levée militaire sans exciper de la qualité d'étranger pour être, sans autre forme, réputé Italien. La naissance en Italie d'un père qui a toujours été étranger produit, suivant les circonstances, des effets divers ; si le père était domicilié en Italie depuis dix ans sans interruption, l'enfant naît Italien sauf à réclamer l'extranéité à l'époque de sa majorité. Si le père n'avait pas fixé depuis dix ans son domicile en Italie, l'enfant naît étranger, sauf à réclamer, devenu majeur, la nationalité italienne. — La femme étrangère qui épouse un Italien devient Italienne et demeure telle en son veuvage. — Enfin la naturalisation résulte d'une loi ou d'un décret royal ; quand elle résulte d'un décret, cet acte doit, sous peine de rester sans effet, être enregistré, dans les six mois de sa date, par l'officier d'état civil du lieu du domicile de l'étranger, et le naturalisé doit prêter serment de fidélité au roi et d'observance des lois et statuts du royaume. Les effets de la naturalisation s'étendent à la femme et aux enfants mineurs de l'étranger s'ils ont leur résidence en Italie ; les enfants demeurent libres de réclamer la qualité d'étranger au moyen d'une simple déclaration à l'époque de leur majorité.

La nationalité italienne se perd : 1° par la renonciation faite devant l'officier d'état civil du lieu du domicile, suivie du transfert de la résidence en pays étranger ; 2° par la naturalisation acquise en pays étranger; 3° par l'acceptation non autorisée de fonctions publiques conférées par un gouvernement étranger, ou par l'entrée au service militaire d'une puissance étrangère. La perte de la nationalité s'étend à la femme et aux enfants mineurs, à moins qu'ils ne continuent de résider en Italie. — L'Italienne devient étrangère par le mariage avec un étranger. — La perte de la nationalité n'exempte ni des obligations du service militaire, ni des peines infligées à qui porte les armes contre la patrie. — La nationalité italienne se recouvre aux conditions suivantes : 1° rentrée dans le royaume avec autorisation spéciale du gouvernement ; 2° renonciation au titre de citoyen étranger, à l'emploi ou au service militaire pris en pays étranger ; 3° déclaration devant l'officier d'état civil de l'intention de fixer et, dans l'année, fixation réelle du domicile dans le royaume. La femme devenue veuve peut recouvrer la nationalité italienne à la seule condition d'avoir son domicile en Italie. L'obtention ou le recouvrement du droit de cité n'a d'effet que du jour qui suit celui où ont été remplies les conditions et formalités établies par la loi (Comp. Huc et Orsier, *Le code civil italien et le code Napoléon*, traduction *du code italien* (art. 1er-15) *et commentaire*; de Folleville, nos 795 et suiv.).

19. En *Espagne*, la nationalité d'origine est acquise à tout enfant né d'un Espagnol. Les enfants nés en Espagne de parents étrangers peuvent devenir Espagnols au moyen d'une déclaration faite lorsqu'ils ont atteint l'âge fixé pour la majorité par la loi espagnole et ont été émancipés. Les lois espagnoles distinguent quatre classes de naturalisation dont les effets sont plus ou moins étendus, sans compter l'acquisition du droit de cité dans une ville espagnole (*vecindad*), qui n'entraîne pas nécessairement l'acquisition de la nationalité espagnole. La naturalisation est conférée, en général, par le pouvoir législatif; la naturalisation de la quatrième classe peut seule résulter d'une décision royale après avis du conseil d'Etat (V. Cogordan, p. 50 et suiv., 186 et suiv.; de Folleville, nos 778 et suiv.).

20. La nationalité est régie en *Hollande* par le code civil de 1838 et par une loi du 29 juill. 1850. Tout enfant né de parents néerlandais est Néerlandais. Sont, en outre, Hollandais ceux qui sont nés de parents établis sur le territoire de l'Etat en Europe; sont considérés comme établis ceux qui ont demeuré sur le territoire de l'Etat en Europe : 1° durant les trois dernières années; 2° durant dix-huit mois, après avoir déclaré à la municipalité du lieu de leur domicile l'intention de s'y établir. Les enfants nés, sur le territoire de l'Etat en Europe, de parents qui n'y sont pas établis sont Hollandais, s'ils déclarent à la municipalité du lieu de leur domicile l'intention de continuer à y résider, dans l'année qui suit l'époque où ils atteignent l'âge de vingt-trois ans. — La naturalisation de droit commun n'est accordée qu'à l'étranger âgé d'au moins vingt-trois ans, domicilié depuis six ans, avec intention déclarée d'y rester établi, sur le territoire de l'Etat en Europe ou aux colonies ou possessions néerlandaises. Les lettres de naturalisation sont accordées par le roi en vertu d'une loi et n'ont d'effet qu'après leur production à la municipalité du lieu du domicile et la déclaration par l'étranger qu'il accepte la naturalisation. La qualité de Néerlandais se perd par la naturalisation à l'étranger, l'acceptation de fonctions publiques ou l'entrée au service militaire dans un pays étranger sans autorisation du gouvernement hollandais, le séjour de cinq années à l'étranger avec intention évidente de ne point faire retour (V. Cogordan, p. 59, 198, 451; de Folleville, nos 836 et suiv.).

21. La filiation est le principe de l'acquisition de la nationalité russe. Toutefois l'ukase du 6 mars 1864 sur la naturalisation, art. 12 (Cogordan, p. 454), reconnaît le droit d'obtenir la naturalisation russe, dans l'année qui suit leur majorité, aux enfants d'étrangers, nés et élevés en *Russie*, ou même nés à l'étranger s'ils ont fait leurs cours d'études dans les établissements d'instruction supérieurs ou secondaires russes. — La naturalisation de droit commun suppose cinq ans d'établissement en Russie; elle s'accomplit par la prestation du serment de sujétion, autorisée par le ministre de l'intérieur; la durée de l'établissement exigé en Russie peut, en certains cas, être abrégée par le ministre de l'intérieur, parfois même être réduite à néant. Les effets de la naturalisation s'étendent à la femme mais non aux enfants. — La femme russe devient étrangère par son mariage avec un étranger; devenue libre, elle peut recouvrer la nationalité russe en se faisant délivrer par le chef de la province où elle veut se fixer un certificat constatant qu'elle a produit devant lui la preuve légale de la cessation de l'état de mariage. Les étrangers, naturalisés russes, peuvent retourner à leur ancienne nationalité. Le principe de l'allégeance perpétuelle s'applique, au contraire, aux Russes d'origine : ceux-ci ne peuvent se faire naturaliser à l'étranger ni émigrer sans autorisation, sous peine de déchéances les privant de droits civils (V. Cogordan, p. 60, 200 et 201, 454 et suiv.; de Folleville, nos 850 et suiv.). — V. en outre les mêmes auteurs sur la législation de divers pays d'Europe ou d'Amérique dont M. de Folleville donne l'analyse, et sur lequel M. Cogordan a publié en appendice un certain nombre de documents antérieurs à 1880. — V. également l'acte canadien de 1881 sur la naturalisation (*Annuaire de législation étrangère*, 1882, p. 806 et suiv.).

22. En ce qui concerne la condition des étrangers, les rigueurs usitées autrefois tendent à disparaître et les différences entre les nationaux et les étrangers s'atténuent, du moins au point de vue de la jouissance et de l'exercice des droits civils. Aux termes de l'art. 3 c. civ. italien, « l'étranger est admis à jouir des droits civils attribués aux citoyens ». Le même principe est consacré par l'art. 26 de la Constitution de la République argentine (*Journal de droit international privé*, 1886, p. 289). En Angleterre, l'act du 12 mai 1870, art. 2, assimile l'étranger « aux citoyens britanniques de naissance pour tout ce qui concerne la possession, jouissance, acquisition ou transmission par tous les modes légaux de la propriété immobilière ou mobilière ». Il n'est fait d'exception qu'au point de vue de la propriété des navires britanniques, toujours inaccessible aux étrangers (*Annuaire*, 1872, p. 7; Lehr, *Eléments de droit civil anglais*, p. 26 et suiv.). L'Allemagne (Lehr, *Eléments de droit civil germanique*, n° 21) et l'Autriche (*Journal de droit international privé*, 1880) accordent également la jouissance des droits civils aux étrangers comme aux nationaux.

Il est toutefois des pays où les étrangers ont difficilement, ou n'ont en aucun cas accès à la propriété immobilière. Ainsi, dans l'Etat de New-York, l'étranger ne peut, en principe, être propriétaire d'immeubles; toutefois une loi du 20 mars 1872 permet aux enfants ou descendants légitimes d'une femme américaine d'hériter des immeubles de leur mère (*Annuaire de législation étrangère*, 1873, p. 140). En Suède, l'étranger ne peut acquérir de propriété foncière qu'avec l'autorisation du gouvernement (*Journal de droit international privé*, 1880, p. 435). La constitution roumaine revisée de 1879 (*Revue de droit international*, 1885, p. 65 et suiv.) exclut les étrangers de la propriété des immeubles roumains.

23. Le droit pour le gouvernement d'expulser les étrangers est presque partout reconnu; il est confié, en général, au pouvoir discrétionnaire du gouvernement. Toutefois, une loi belge du 6 févr. 1885, renouvelant pour trois ans des lois antérieures, et susceptible d'être elle-même renouvelée, exige en tout cas pour l'expulsion un arrêté royal délibéré en conseil des ministres, et soustrait à l'expulsion certaines catégories d'étrangers : 1° l'étranger autorisé à établir son domicile en Belgique; 2° l'étranger marié avec une femme belge dont il a un ou plusieurs enfants nés en Belgique pendant sa résidence dans le pays; 3° l'étranger décoré de la croix de fer; 4° celui qui, marié à une femme belge, a fixé sa résidence en Belgique depuis plus de cinq ans et a continué à y résider d'une manière permanente; 5° l'individu né en Belgique d'un étranger et qui y réside, lorsqu'il se trouve dans le délai d'option prévu par l'art. 9 c. civ. (*Annuaire de législation étrangère*, 1886, p. 362).

24. Dans la plupart des pays, les étrangers sont admis, du moins en principe, à ester en justice les uns contre les autres (V. Féraud-Giraud, *Journal de droit international privé*, 1880, p. 238 et suiv.). — D'après le code de procédure italien de 1866, les étrangers qui ne résident pas en Italie peuvent être cités devant les tribunaux italiens, bien qu'ils ne s'y trouvent pas : 1° s'il s'agit d'une action sur biens immobiliers ou mobiliers existant dans le royaume; 2° s'il s'agit d'obligations provenant de contrats ou de faits accomplis ou exécutoires dans le royaume; 3° dans tous les autres cas où peut exister la réciprocité. En outre les étrangers peuvent être cités devant les tribunaux italiens, pour obligations contractées à l'étranger s'ils sont trouvés en Italie, bien qu'ils n'y résident pas, pourvu qu'ils soient cités en personne propre. En vertu de l'art. 3 c. civ. italien, « les étrangers peuvent assigner, aussi bien que les Italiens et aux mêmes conditions, soit les Italiens, soit les étrangers devant les juridictions italiennes (Féraud-Giraud, *Journal de droit international privé*, 1880, p. 242). — Aux termes de la loi belge du 25 mars 1876, « les étrangers peuvent être assignés devant les tribunaux belges, soit par un Belge, soit par un étranger, dans les cas suivants : 1° en matière immobilière; 2° s'ils ont en Belgique un domicile ou une résidence, ou s'ils y ont fait élection de domicile; 3° si l'obligation qui sert de base à la demande est née, a été ou doit être exécutée en Belgique; 4° si l'action est relative à une succession ouverte en Belgique; 5° s'il s'agit de demandes en validité ou en mainlevée de saisies-arrêts formées dans le royaume ou de toutes autres mesures provisoires ou conservatoires; 6° si la demande est connexe à un procès déjà pendant devant le tribunal belge; 7° s'il s'agit de faire déclarer exécutoires en Belgique des décisions judiciaires ou des actes authentiques passés en pays étranger; 8° s'il s'agit d'une contestation en matière de faillite, quand cette faillite est ouverte en Belgique; 9° s'il s'agit d'une demande en garantie ou d'une demande reconventionnelle, quand la demande originaire est pendante devant un tribunal belge; 10° dans le cas où il y a plusieurs défendeurs dont l'un a en Belgique son domicile ou sa résidence (art. 52). — Lorsque les différentes bases indiquées au présent chapitre sont insuffisantes pour déterminer la compétence des tribunaux belges à l'égard des étrangers, le demandeur peut porter la cause devant le juge du lieu où il a lui-même son domicile ou sa résidence (art. 53). — Dans les cas non prévus à l'art. 52, l'étranger pourra, si ce droit appartient au Belge dans le pays de cet étranger, décliner la juridiction des tribunaux belges; mais, à défaut par lui de le faire dans les premières conclusions, le juge retient la cause et y fait droit. Cette réciprocité est constatée soit par les traités conclus entre les deux pays, soit par la production des lois ou actes propres à en établir l'existence. L'étranger défaillant est présumé décliner la juridiction des tribunaux belges » (*Journal de droit international privé*, 1880, p. 243; *Annuaire de législation étrangère*, 1877, p. 476).

25. En ce qui concerne l'exécution des jugements étrangers, on peut diviser les législations étrangères en trois catégories. Dans certains pays, les jugements étrangers ne peuvent faire l'objet d'une demande d'*exequatur;* un nouveau jugement doit être rendu par les tribunaux nationaux, dont les décisions peuvent seules avoir force exécutoire. Dans d'autres Etats, l'*exequatur* est accordé aux jugements étrangers sous certaines conditions, mais sans que la réciprocité soit exigée de la part des Etats étrangers. Enfin la condition de réciprocité soit de fait, soit stipulée par traités, est exigée par un certain nombre de pays pour l'*exequatur* des sentences étrangères.

26. Dans la première catégorie doivent être rangés l'Angleterre (V. *Journal de droit international privé*, 1878, p. 22 et suiv.; 1879, p. 135 et suiv., 516 et suiv.; 1883, p. 34 et suiv.); le Danemark (*Journal de droit international privé*, 1880, p. 368 et suiv.) et certains Etats de l'Union américaine (*Journal de droit international privé*, 1879, p. 22 et suiv.). Ce n'est pas à dire, toutefois, que le jugement étranger soit sans influence sur l'issue du procès et même sur la portée des débats; mais, en aucun cas, sauf traité contraire, on n'exécute le jugement étranger: c'est toujours le jugement anglais, danois ou américain qui est mis à exécution.

27. L'exécution des jugements étrangers est accordée en Grèce sans condition de réciprocité. L'*exequatur* est accordé, sans examen du fond, par le président du tribunal, lorsque toutes les parties en cause sont des étrangers, — après examen du fond et par le tribunal entier, si l'une des parties est grecque; même dans ce dernier cas, l'exécution ne peut être refusée que si le jugement étranger se trouve « en contradiction avec des faits prouvés » ou « s'il est contraire à des lois prohibitives de l'Etat ». Des règles semblables s'appliquent aux actes publics et authentiques passés devant des officiers étrangers. Au cas de refus d'*exequatur*, le jugement étranger reste sans effet, et l'acte public ne peut valoir que comme acte sous seing privé (V. *Journal de droit international privé*, 1880, p. 173 et suiv.). — En Italie, l'*exequatur* est accordé sans condition de réciprocité par la cour d'appel dans le ressort de laquelle doit avoir lieu l'exécution, et l'examen de la cour ne doit porter que sur les points suivants : 1° la sentence a-t-elle été prononcée par un tribunal compétent? 2° les parties ont-elles été régulièrement citées? 3° ont-elles été légalement représentées ou légalement défaillantes? 4° la sentence contient-elle des dispositions contraires à l'ordre public intérieur du royaume? Cependant M. Fiore rapporte que, « pour ce qui a trait aux jugements des tribunaux français, la cour de cassation de Turin a, par arrêt du 7 mars 1874 (aff. Levé), décidé que le juge italien peut apprécier le fond et la justesse de la sentence, par le motif que les cours françaises agissent de même et donnent ainsi lieu à des représailles » (Comp. cependant *infrà*, n°s 28 et suiv. V. au surplus l'article de M. P. Fiore, *Journal de droit international privé*, 1878, p. 235 et suiv.; 1879, p. 244 et suiv.). — L'exécution, sans condition de réciprocité, est encore accordée, sans examen du fond de la sentence étrangère, en Bulgarie, sauf en ce qui concerne les jugements qui concéderaient des droits sur des immeubles situés en Bulgarie (*Journal de droit international privé*, 1886, p. 570).

28. L'exécution des jugements étrangers n'a lieu que sous la condition de réciprocité en Allemagne, en Autriche, en Espagne, en Belgique, en Roumanie et en Russie. Une simple réciprocité de fait suffit en Allemagne, en Autriche, en Espagne. En Allemagne et en Autriche, l'exécution n'est accordée qu'autant que le jugement a acquis force de chose jugée, qu'il émane d'un tribunal compétent.

De plus, en Autriche, l'*exequatur* doit être refusé si le jugement consacre une injustice évidente. En Espagne, en cas de doute sur la jurisprudence suivie à l'égard des jugements espagnols dans le pays d'où émane le jugement examiné, l'*exequatur* n'est accordé qu'autant que le jugement est intervenu sur une action personnelle, qu'il n'a pas été rendu par défaut, que l'obligation qu'il consacre est licite en Espagne, que le document qui contient le jugement réunit les conditions d'authenticité requises en Espagne ainsi que dans le pays où le jugement a été prononcé. — En Russie et en Belgique, la réciprocité exigée est la réciprocité diplomatique (V. en sens contraire, pour la Russie : Martens, *Journal de droit international privé*, 1878, p. 139 et suiv., mais cet article est antérieur aux dernières décisions du Sénat, qui tranchent la question dans le sens que nous indiquons). A défaut de traité, les jugements étrangers ne peuvent pas être exécutés en Russie (Engelmann, *Journal de droit international privé*, 1884, p. 113 et suiv.).

En Belgique, d'après la loi du 25 mars 1876 sur la compétence (art. 10, *Annuaire de législation étrangère*, 1877, p. 467 et suiv.) « les tribunaux civils connaissent des décisions rendues par les juges étrangers en matière civile et en matière commerciale. — S'il existe entre la Belgique et le pays où la décision a été rendue un traité conclu sur la base de la réciprocité, ils n'examinent que les cinq points suivants : 1° si la décision ne contient rien de contraire à l'ordre public, ni aux principes du droit public belge; 2° si, d'après la loi du pays où la décision a été rendue, elle est passée en force de chose jugée; 3° si, d'après la même loi, l'expédition qui en est produite réunit les conditions nécessaires à son authenticité; 4° si les droits de la défense ont été respectés; 5° si le tribunal étranger n'est pas uniquement compétent à raison de la nationalité du demandeur ». A défaut de traité, la loi belge donne aux tribunaux le droit de reviser au fond la sentence étrangère (V. Bruxelles, 5 août 1880, et C. cass. Belgique, 19 janv. 1882, aff. de Bauffremont, D. P. 82. 2. 81). Toutefois il a été jugé : 1° qu'un jugement étranger réglant l'état et la capacité des personnes s'impose aux tribunaux belges et ne peut être l'objet d'aucune revision, à moins qu'il ne soit contraire à l'ordre public (Mêmes arrêts); — 2° Que le jugement rendu par une juridiction étrangère qui déclare la faillite d'un étranger domicilié dans son ressort produit effet en Belgique, sans qu'il y ait été déclaré exécutoire (Gand, 6 mars 1883, aff. Kendal, D. P. 84. 2. 161). — Lorsque le juge belge est saisi de la demande d'*exequatur* d'un jugement rendu par les tribunaux d'un pays avec lequel il n'existe pas de traité, il a été jugé que, s'il est tenu de reviser ce jugement au fond, il n'est pas dispensé d'examiner si les cinq conditions que prescrit l'art. 10 de la loi belge du 25 mars 1876 sont remplies (C. cass. Belgique, 26 janv. 1888, aff. Julien, D. P. 88. 2. 213). Le même arrêt décide que, si le juge belge doit, aux termes du paragraphe 5 de l'art. 10 de la loi précitée, rechercher si la compétence du tribunal étranger provenait uniquement de la nationalité du demandeur, il n'a pas à vérifier sous d'autres rapports la compétence de ce tribunal, et doit l'accepter telle qu'elle est établie par le jugement étranger.

V. sur l'exécution des jugements étrangers en Allemagne : *Journal de droit international privé*, 1882, p. 25 et suiv., 1883, p. 239 et suiv., 1884, p. 43 et suiv., 600 et suiv.; en Autriche, *ibid.*, 1877, p. 210 et suiv.; en Espagne, *ibid.*, 1881, p. 20 et suiv.; en Belgique, *ibid.*, 1877, p. 339 et suiv.; en Roumanie, *ibid.*, 1885, p. 537; en Russie, *ibid.*, 1884, p. 113 et suiv.; en Pologne, *ibid.*, 1884, p. 494 et suiv.; en Suisse, *ibid.*, 1883, p. 413 et suiv.; à Monaco, *ibid.*, 1877, p. 121; en Suède, *ibid.*, 1880, p. 83 et suiv.; en Egypte, *ibid.*, 1887, p. 280 et suiv.; dans la République argentine, *ibid.*, 1887, p. 539 et suiv.

29. Divers traités accordent, au point de vue des droits civils, des avantages soit aux Français à l'étranger, soit aux étrangers en France. Nous risquerions d'être incomplets en en donnant ici l'énumération; c'est au mot *Traité international* qu'il convient de se reporter pour savoir s'il existe entre la France et tel ou tel Etat un traité qui contienne des dispositions de ce genre.

TIT. 2. — DE LA JOUISSANCE DES DROITS CIVILS (*Rép.* nos 61 à 479).

CHAP. 1er. — Des Français (*Rép.* nos 66 à 177).

30. On a distingué au *Rép.* n° 66 les Français d'origine et les Français naturalisés. L'expression *Français d'origine* ne prêtait alors à aucune équivoque, car le lieu de la naissance était toujours sans influence sur la détermination de la nationalité; il n'en est plus de même depuis que les lois du 7 févr. 1851 et du 26 juin 1889 ont rendu Français de plein droit certains enfants nés en France de parents étrangers (V. *infrà*, nos 43 et suiv.); aussi est-il plus exact de diviser désormais les Français en *Français de naissance* et *Français naturalisés*.

SECT. 1re. — DES FRANÇAIS DE NAISSANCE (*Rép.* nos 67 à 81).

31. Comme on l'a exposé au *Rép.* nos 67 et 68, tout enfant né de Français est Français, sans qu'il y ait à distinguer selon qu'il est né en France ou à l'étranger. C'est ce qu'exprime en termes exprès le nouvel art. 8 c. civ., tel qu'il résulte de la loi du 26 juin 1889.

32. L'enfant né en légitime mariage suit la condition de son père; il est donc Français par cela seul que son père est Français. Cependant M. Laurent a soutenu (t. 1, n° 326) que l'enfant légitime dont le père et la mère n'ont pas la même nationalité (ce qui peut avoir lieu, dans le cas où le père a changé de nationalité postérieurement au mariage, V. *infrà*, n° 68) a le droit d'opter pour la nationalité de l'un ou de l'autre. Pour M. Laurent, la nationalité est un droit fondé sur la race; l'enfant appartenant par ses auteurs à deux races différentes à droit de choisir entre elles et de se rattacher à celle qui a ses préférences. Cette opinion nous paraît inadmissible; sans insister sur les inconvénients qu'entraînerait l'incertitude de la nationalité durant la minorité de l'enfant, qu'il nous suffise de faire remarquer que l'idée d'un droit fondé sur la race était fort étrangère aux rédacteurs du code civil imbus des principes romains et des traditions de l'ancien droit; or, à Rome, l'enfant né en légitime mariage avait la nationalité de son père (Dig. l. 19, *De statu hominum*, I, 5). Telle était aussi la règle de l'ancien droit (Pothier, *Traité des personnes*, tit. 2, sect. 1re). Enfin, le père transmet son nom à ses enfants, comment ne leur transmettrait-il pas sa nationalité? Si l'on admettait l'enfant à choisir des deux nationalités de ses père et mère celle qui lui semblerait la plus avantageuse, par quelle raison lui refuserait-on le droit de choisir entre les noms de ses deux auteurs, le plus connu, le plus brillant, le plus considéré. L'option du nom lui est refusée, celle de la nationalité doit l'être également (V. en ce sens: Aubry et Rau, t. 1, § 69, p. 231; Demante et Colmet de Santerre, t. 1, n° 18 *bis* I, p. 71; de Folleville, n° 330).

33. La controverse, exposée au *Rép.* n° 69, sur l'époque où doit être envisagée la nationalité du père pour déterminer celle de l'enfant légitime, loin de s'être apaisée, demeure toujours très vive. D'après certains auteurs, l'enfant doit toujours être Français, lorsque son père a eu cette qualité, soit à l'époque de la conception, soit à l'époque de la naissance, soit à un moment quelconque entre ces deux événements. Ils invoquent à l'appui de leur opinion la maxime « *Infans conceptus pro nato habetur, quoties de commodis ipsius agitur* » et, considérant toujours la nationalité française comme un avantage pour l'enfant, ils la lui imposent dans tous les cas. L'attribution d'une nationalité à un enfant simplement conçu n'est d'ailleurs, pour eux, que le résultat d'une fiction, et cette fiction cesse d'être applicable, dès qu'elle cesse d'être avantageuse à l'enfant, c'est-à-dire dès qu'elle tendrait à le rendre étranger (V. Demolombe, t. 1, n° 151; Aubry et Rau, t. 1, § 69, p. 231; Daniel de Folleville, n° 345; Robillard, p. 93).

34. M. Laurent, t. 1, n° 327, estime que l'enfant a le choix entre la nationalité du père à l'époque de la conception et sa nationalité à l'époque de la naissance; au lieu d'imposer à l'enfant l'avantage de la nationalité française, il lui permet de juger lui-même si cette nationalité lui est ou non profitable. On ne peut méconnaître que cette interprétation de la maxime alléguée serait plus rationnelle, quoique peut-être peu conforme aux sentiments des rédacteurs du code, car on ne saurait prétendre que dans tous les cas la nationalité française constitue un avantage pour l'enfant: la nationalité n'a pas pour seul effet de conférer des droits; elle entraîne des charges, et il est des situations où des droits sans profit ne compenseront pas des charges réelles et pesantes. Mais le système de M. Laurent n'en est pas moins inadmissible, à notre avis, car rien dans la loi n'autorise une semblable option. Quant à la maxime « *Infans conceptus...* », nous la croyons étrangère à la question; car, d'une part, le législateur, pour attribuer la qualité de Français, s'est préoccupé surtout, non pas de l'intérêt de l'enfant, mais de l'intérêt national, et, d'autre part, cette maxime ne pourrait être invoquée que si l'on admettait en principe que c'est seulement au jour de la naissance que le père transmet à son enfant sa nationalité; alors seulement on pourrait avoir besoin d'une fiction pour attribuer à l'enfant la nationalité de l'époque de la conception, ou pour rejeter la fiction, selon qu'elle serait ou non avantageuse. Nous persistons dans l'opinion soutenue au *Rép.* n° 70, d'après laquelle, du moment que la filiation est la cause de la nationalité, dès que l'on admet que l'enfant doit avoir la nationalité du père, c'est la nationalité de celui-ci à l'époque de la conception qu'il convient de lui attribuer (V. conf. Demante et Colmet de Santerre, t. 1, n° 18 *bis* II, p. 71). — Quant aux difficultés qui peuvent s'élever au sujet de la détermination de l'époque de la conception, M. Demante admet qu'il y a lieu de les résoudre en appliquant la présomption des art. 312 et 314 c. civ. (Demante, t. 1, n° 18 *bis* III. V. conf. Duranton, t. 1, n° 128. — *Contrà*: Weiss, p. 25).

35. Toutefois, d'après une quatrième opinion qui s'est fait jour récemment, c'est à la nationalité du père au jour de la naissance qu'il faudrait s'attacher pour déterminer celle de l'enfant. L'enfant, dit-on à l'appui de ce système, ne peut avoir de droits, et, par suite, ne peut avoir de nationalité que du jour où il est né; dès lors, il est naturel de fixer sa nationalité d'après celle de son père au jour de la naissance; cette date a l'avantage de pouvoir être déterminée facilement et avec certitude, tandis que l'époque de la conception reste toujours incertaine; en outre, il est avantageux que l'enfant ait la même nationalité que le père, ce qui n'a pas lieu si, malgré la naturalisation acquise en pays étranger par ce dernier entre la conception et la naissance, la nationalité de l'enfant est déterminée par celle qu'avait le père au jour de la conception (Conf. Cogordan, p. 25 à 27; Weiss, p. 24 et 26; de Bœck, *Dissertation*, D. P. 88. 2. 9, note. Comp. C. cass. de Belgique, 18 avr. 1887, aff. Vanderhaegen, D. P. 88. 2. 9). — S'il s'agit d'un enfant posthume, M. Cogordan, p. 26, lui attribue la nationalité du père au jour de la mort de celui-ci; M. Weiss, p. 26, lui fait suivre la nationalité de la mère au jour de la naissance.

36. L'enfant naturel, s'il a été reconnu par son père ou par sa mère seulement, suit la nationalité de l'auteur de la reconnaissance (V. *Rép.* nos 71 et 72). S'il a été reconnu par ses père et mère, la jurisprudence et la majorité des auteurs décidaient, avant la loi du 26 juin 1889, conformément à l'opinion soutenue au *Rép.* n° 73, que l'enfant suivait la nationalité de son père (Caen, 18 févr. 1852, aff. Manoury, D. P. 53. 2. 61; Metz, 8 août 1855, aff. Roiret, D. P. 57. 2. 34; Req. 22 déc. 1874, aff. Zamitt, D. P. 75. 1. 316; Trib. Lille, 22 févr. 1878 (1); Demante et Colmet de Santerre,

(1) (Demulier C. Préfet du Nord.) — LE TRIBUNAL; — Attendu que le demandeur, Henri-Charles Demulier, est né hors mariage à Mouscron (Belgique), le 15 juin 1823, d'une mère belge, Virginie Leervart, domiciliée audit Mouscron, et d'un père fran-

t. 1, n° 18 *bis* I; Aubry et Rau, t. 1, § 69, note 4, p. 232; de Folleville, n° 340. — *Contrà :* Cogordan, p. 30; Laurent, t. 1, n° 331. Ce dernier accorde à l'enfant naturel l'option entre la nationalité de son père et celle de sa mère).

37. La loi du 26 juin 1889 (c. civ. modifié, art. 8-1°) n'a pas consacré sans modifications la solution donnée par la jurisprudence. Elle décide que, lorsque la filiation de l'enfant naturel sera établie, durant sa minorité, soit par reconnaissance, soit par jugement, cet enfant suivra la nationalité de celui des parents à l'égard duquel la preuve aura d'abord été faite; si la preuve résulte, pour le père et la mère, du même acte ou du même jugement, l'enfant suivra la nationalité du père. On a donné pour motif de cette solution nouvelle que, lorsqu'un enfant naturel, reconnu d'abord par sa mère, a été élevé par elle, il a, en réalité, adopté les sentiments de celle-ci, et qu'il est inadmissible de changer sa nationalité, si son père, de nationalité différente, vient le reconnaître après dix-huit ou vingt ans.

Si la filiation de l'enfant naturel n'est établie qu'après sa majorité, la loi du 26 juin 1889 ne donne point de solution nouvelle; l'enfant naturel, jusque-là réputé Français comme né de parents inconnus, prendra donc la nationalité du père, si sa filiation est établie à l'égard de celui-ci, et la nationalité de sa mère, si sa filiation est établie à l'égard de cette dernière sans l'être à l'égard du père; et la reconnaissance du père, postérieurement à la constatation de la filiation maternelle, pourrait amener un changement de nationalité de l'enfant. — M. Cohendy toutefois, propose une solution différente : « La reconnaissance du père ou de la mère, dit-il, ne produit son effet, en ce qui concerne le changement de nationalité de l'enfant naturel, qu'autant qu'elle est intervenue pendant la minorité de cet enfant. La nationalité de l'enfant naturel est ainsi fixée d'une manière définitive, à l'époque de sa majorité : elle n'est plus subordonnée à une reconnaissance tardive de son père ou de sa mère. A partir de sa majorité, l'enfant naturel, né en France de parents qui ne se sont pas fait connaître, sera définitivement Français, à moins qu'il ne veuille renoncer à la nationalité française et se faire naturaliser en pays étranger » (*La loi du 26 juin 1889 sur la nationalité, Droit* du 27 oct. 1889, p. 1020). Cette solution est assurément plus en harmonie avec la disposition nouvelle de l'art. 8-1° c. civ.; mais, si telle était la pensée du législateur, il est regrettable qu'elle n'ait pas été exprimée dans le texte de la loi.

38. Lorsque l'enfant naturel suit la condition de son père, la nationalité doit être déterminée d'après celle de son père à l'époque de la conception. Lorsqu'il suit la condition de sa mère, MM. Demante et Colmet de Santerre, t. 1, n° 18 *bis* II, pensent, contrairement à l'opinion soutenue au *Rép.* n° 75 (Comp. Laurent, t. 1, n° 330; de Folleville, n° 345), qu'il faut toujours envisager la nationalité de celle-ci à l'époque de la naissance. Cette opinion repose sur les arguments suivants : jusqu'à la naissance, l'existence de l'enfant est liée à celle de sa mère; c'est donc à cette époque seulement que celle-ci lui transmet, avec une existence distincte, une nationalité propre; la maxime « *Infans conceptus...* » ne peut modifier cette solution lorsque la mère, Française à l'époque de la conception, est étrangère au jour de la naissance. Si l'on peut, en effet, penser que les rédacteurs du code ont considéré la nationalité française comme toujours avantageuse à l'enfant, il est, d'autre part, très douteux qu'ils aient entendu prodiguer cet avantage; et les considérations en vertu desquelles ils ont refusé de conférer la nationalité française aux enfants d'étrangers, nés en France, semblent de nature à écarter l'application d'une maxime qui, pour attribuer à l'enfant, dans son intérêt, la qualité de Français, donnerait à la France un Français élevé à l'étranger, avec les mœurs, les idées et les sentiments d'une nation étrangère. L'attribution de la nationalité française a été déterminée par l'intérêt national beaucoup plus que par l'intérêt des individus; l'application de la maxime « *Infans conceptus...* » semble contraire à l'esprit de la loi; dès lors, c'est dans la nature des choses qu'on doit chercher les éléments de solution; il faut donc, pour déterminer la nationalité de l'enfant, s'attacher au moment où elle lui a été transmise par l'auteur dont il suit la condition, c'est-à-dire à la conception ou à la naissance, selon qu'il suit la condition de son père ou de sa mère.

39. Une difficulté se présente au cas où la reconnaissance par le père, postérieure à la naissance, s'applique à un enfant qui, ayant suivi la condition de sa mère, a une nationalité différente de celle du père. La reconnaissance par ce dernier, en déterminant un changement de nationalité, aura-t-elle un effet rétroactif ou n'agira-t-elle que dans l'avenir? On a soutenu au *Rép.* n° 77, que cette reconnaissance équivaut à une naturalisation virtuelle et ne produit effet que pour l'avenir; mais on a fait remarquer que les modes de naturalisation sont strictement déterminés par la loi, et que la reconnaissance ne figure pas au nombre de ces modes; qu'elle n'y devait, d'ailleurs, pas figurer, car elle n'est pas attributive de droits, mais simplement déclarative; elle constate que la nationalité de la mère a été attribuée par erreur à l'enfant; et, l'erreur établie, toutes ses conséquences doivent être effacées dans le passé aussi bien que dans l'avenir (V. en ce sens : Cogordan, p. 32). — L'intérêt de cette question est d'ailleurs notablement diminué par la disposition de la loi du 26 juin 1889 qui enlève, en pareil cas, tout effet, au point de vue de la nationalité, à la reconnaissance émanée du père, durant la minorité de l'enfant.

40. Ainsi qu'il a été dit au *Rép.* n° 78, les règles précédentes sont applicables aux enfants adultérins ou incestueux, dans les cas assez rares où leur filiation est légalement constatée. Dans les autres cas, ils doivent être traités comme nés de père et mère inconnus; mais la nationalité des individus qui se trouvent dans cette situation avait soulevé, avant la loi du 26 juin 1889, une vive controverse. M. Laurent soutenait que l'enfant né de père et mère inconnus n'est pas Français, qu'il est sans patrie, et son opinion a été adoptée par la cour de cassation de Belgique le 17 mai 1880 (1) et le 24 juin 1880 (aff. Janssens, D. P. 80. 2. 209). Ce système s'appuie sur le raisonnement suivant : le fait de la naissance sur le sol français ne peut être pris en considération pour déterminer la nationalité; le code civil a, en effet, rejeté le principe ancien du *jus soli*, et ce rejet est d'autant plus significatif que le premier projet était en sens contraire. Il n'y a aucune raison de distinguer selon que la filiation est établie ou non; le *jus soli* ne peut en aucun cas être allégué; c'est sur le *jus sanguinis* seulement qu'on peut se fonder pour réclamer la qualité de Français; or, pour établir le *jus sanguinis*, il faut prouver la qualité de Français chez l'auteur dont on suit la condition, et l'enfant né de père et mère inconnus est dans l'impossibilité de faire cette preuve.

41. Ces raisons ne nous persuadent point, et elles n'ont pas convaincu la cour de Liège, qui, après l'arrêt de cassation précité, a persisté dans l'opinion contraire (Liège,

---

çais, Ferdinand-Joseph Demulier, né à Wattrelos (France), et domicilié dans ladite commune, tant au moment de la rédaction de l'acte de naissance de l'enfant, contenant reconnaissance de la part du père, qu'à celui du mariage des père et mère, célébré à Mouscron, le 30 juill. 1823, le tout ainsi qu'il résulte des énonciations de l'acte de l'état civil; — Qu'un enfant naturel, né ainsi de père et de mère de nationalités différentes et reconnu par eux, suit la nationalité du nom, c'est-à-dire du père; que, par conséquent, Henri-Charles Demulier est Français, etc.

Du 22 févr. 1878.-Trib. civ. Lille.

(1) (Janssens et Kerstens.) — LA COUR; — Considérant que la nationalité se détermine d'après la filiation; qu'un enfant naturel n'a de filiation que pour autant qu'il soit reconnu; que le défendeur, enfant naturel, n'a pas été reconnu; qu'il n'a donc pas de filiation et, par conséquent, pas de patrie; qu'il n'apparaît point d'ailleurs que, usant du bénéfice accordé par l'art. 9 c. civ., aux étrangers nés en Belgique, il ait rempli les formalités que cet article prescrit; — Considérant qu'aucune loi n'établit au profit des enfants nés sur le territoire belge, de père et mère inconnus, la présomption tirée par l'arrêt dénoncé du lieu de la naissance; que cette présomption, conforme à l'ancien droit, est en opposition avec le principe nouveau consacré par le code civil et ne saurait, dès lors, être admise; — D'où il suit qu'en maintenant le défendeur, à titre de Belge, sur la liste des électeurs généraux d'Anvers, l'arrêt attaqué a contrevenu à l'art. 1er des lois électorales coordonnées; — Casse, etc.

Du 17 mai 1880.-C. cass. de Belgique.

12 févr. 1881) (1). La doctrine de la cour de Liège a été admise par la loi belge du 15 août 1881, qui a ainsi mis fin à la controverse en Belgique (V. *Annuaire de législation étrangère*, 1882, p. 453). Que le *jus soli*, d'abord admis par le projet de code civil, ait été ensuite sacrifié au *jus sanguinis*, cela n'est point douteux et personne ne le conteste; mais, si l'on examine les motifs de ce changement, il est facile de constater que le législateur a été uniquement guidé par l'intérêt qu'il trouvait à refuser la nationalité française à des personnes dont le hasard de la naissance ne suffit pas à prouver l'attachement à la France, alors que leur origine connue et l'éducation qui en aura été le plus souvent la conséquence font présumer des idées et des sentiments très différents des nôtres. En vertu de cette considération, le *jus sanguinis* a été préféré; c'est aller trop loin que d'induire du silence du texte que le *jus soli* ait été absolument écarté. L'origine est la cause à laquelle le législateur s'est attaché de préférence pour déterminer la nationalité; mais le fait de la naissance n'est pas, à ses yeux, sans valeur; ce qui le prouve, c'est le bénéfice accordé par l'art. 9 à l'enfant de l'étranger, lorsqu'il est né en France; cet enfant peut obtenir la nationalité française au moyen d'une simple déclaration; s'il n'est pas de plein droit Français, c'est à cause des doutes que fait naître son origine au sujet de son attachement à la France; mais, dès que l'origine est inconnue, le fait seul de la naissance subsiste, et ce fait constitue un lien suffisant pour conférer la nationalité française, dès que la force de ce lien n'est plus amoindrie par la circonstance d'une origine étrangère.

M. Laurent et la cour de cassation belge reprochent au système que nous défendons de créer une présomption au profit de l'enfant né de père et mère inconnus; le *jus sanguinis* pouvant seul, dans leur opinion, être pris en considération pour déterminer la nationalité, l'enfant ne peut être déclaré Français que si l'on présume Français son père ou sa mère; or, ajoutent-ils, cette présomption est inadmissible, car elle n'est pas écrite dans la loi, et des art. 1353 et 334 c. civ. combinés il résulte que les présomptions simples ne sauraient être admises comme éléments de preuve de la filiation naturelle. Mais nous ferons remarquer, qu'il ne s'agit pas ici de la preuve de la filiation naturelle et que l'art. 334 est, dès lors, étranger à la question; la preuve de la filiation consiste, en effet, à rattacher une personne à une autre personne déterminée; or il s'agit de savoir si la nationalité française doit être attribuée à une personne qui ne peut et ne prétend se rattacher à nulle autre; en outre, dans l'incertitude sur la nationalité des père et mère de l'enfant, on ne peut éluder la nécessité d'une présomption : si on ne les présume pas Français, on est forcé de les présumer étrangers. M. Laurent admet si bien cette présomption, qui n'est pourtant pas écrite dans la loi, qu'il permet à l'enfant né de père et mère inconnus de réclamer le bénéfice de l'art. 9; or, pour invoquer l'art. 9, il faut faire la preuve d'une origine étrangère; l'art. 9 n'est fait que pour les enfants d'étrangers, et l'enfant né de père et mère inconnus ne peut pas plus établir qu'il est né d'un étranger qu'il ne peut établir qu'il est né d'un Français; il ne peut donc invoquer l'art. 9 qu'en recourant à une présomption; or, de deux présomptions, nous préférons la plus vraisemblable, c'est-à-dire celle qui suppose Français les auteurs inconnus d'un enfant né en France; elle a, d'ailleurs, l'avantage de ne pas laisser sans patrie une catégorie trop nombreuse d'individus. Ajoutons que le décret du 19 janv. 1811 (art. 19), en appelant les enfants trouvés ou abandonnés au service militaire, leur suppose évidemment la qualité de Français; sans doute, leur situation n'est pas tout à fait analogue à celle des enfants dont nous nous occupons, car le fait même de leur naissance en France n'est pas prouvé. L'argument que nous en pouvons tirer n'en est que plus fort, la qualité de Français n'ayant pu leur être attribuée par le décret précité qu'en vertu d'une présomption: où présomption de naissance sur le sol français, si cette circonstance a paru suffisante à défaut de filiation établie, ou présomption d'origine française, si le fait d'être né en France a paru toujours insuffisant pour attribuer la qualité de Français. Mais si le seul fait d'être trouvé ou abandonné sur le territoire français autorise à présumer Français les auteurs de l'enfant, à plus forte raison cette présomption doit-elle être attachée à la naissance sur le sol français (V. en ce sens : Aubry et Rau, t. 1, § 69, texte et note 6, p. 232; Demante et Colmet de Santerre, t. 1, n° 18 *bis* IV, p. 74; Demolombe, t. 1, n° 154; Cogordan, p. 102; de Folleville, n° 334). Il a été jugé en ce sens : 1° qu'on ne saurait, en principe, en l'absence d'une preuve d'extranéité ou de filiation, considérer comme appartenant à une nationalité étrangère un mineur inscrit sur les registres de l'état civil comme enfant né à Paris, dans un lieu désigné, de père et mère inconnus (Req. 14 juin 1887, aff. de Billing, D. P. 88. 1. 64); — 2° Que l'individu né en Algérie de parents non reconnus étrangers est, à bon droit, déclaré Français, si l'arrêt constate souverainement en fait, qu'il n'a pas justifié l'exception d'extranéité dont il se prévaut (Req. 24 mars 1886, aff. Sanguinetti, D. P. 86. 1. 459).

42. La question a été définitivement tranchée dans le sens de notre opinion par le nouvel art. 8-2° c. civ. (L. 26 juin 1889), aux termes duquel est Français tout individu né en France de parents inconnus ou dont la nationalité est inconnue.

43. On a examiné au *Rép.* n°s 79 et 80 la question de savoir si les enfants nés en France d'étrangers autorisés à établir leur domicile en France et si les enfants nés d'étrangers sans patrie sont Français ou étrangers. L'opinion soutenue au *Répertoire* a prévalu, et personne ne contestait plus, avant la loi de 1889, que ces enfants naquissent étrangers (V. Demante et Colmet de Santerre, t. 1, n° 18 *bis* IV et IX). L'opinion contraire avait été inspirée par le désir de remédier à l'inconvénient de voir plusieurs générations se perpétuer sur le territoire français, sans être soumises aux charges de la nationalité française, notamment au service militaire, alors qu'elles avaient cependant perdu tout lien avec le pays étranger auquel ne les rattachait plus qu'une origine lointaine; mais la loi du 7 févr. 1851, par la manière dont elle a réglé cette situation, a fait disparaître presque tout l'intérêt de ce système, peu conforme aux dispositions du code civil.

44. La loi des 26-28 juin 1889 a modifié ces solutions. — Pour les enfants d'étrangers sans patrie, V. *suprà*, n° 42. — Pour les enfants d'étrangers, domiciliés en France (art. 8-3° et 4° c. civ.), V. *infrà*, n° 52.

45. La loi du 7 févr. 1851, a créé une nouvelle catégorie de Français par naissance. Elle décidait, en effet (art. 1er), que tout individu né en France d'un étranger qui lui-même y était né, était Français; toutefois, elle permettait de décliner la nationalité française en réclamant la qualité d'étran-

(1) (Désormes *C.* Baudaux.) — La cour ; — Attendu que l'appel est fondé sur ce que l'intimé est enfant naturel non reconnu, ce qui n'est pas contesté, sur ce qu'il n'est pas Belge, bien que né en Belgique, et qu'il n'est conséquemment point recevable à exercer l'action populaire admise par l'art. 36 des lois électorales coordonnées ; — Attendu que, lorsque le législateur du code civil déclare étranger l'enfant né en Belgique d'*un étranger*, en lui réservant toutefois la faculté d'acquérir la nationalité belge moyennant l'accomplissement de certaines formalités, il a disposé exclusivement dans l'hypothèse d'une filiation connue ; — Attendu qu'il n'a réglé par aucun texte la condition de l'enfant né en Belgique de parents non légalement connus, et que les travaux préparatoires et les discussions gardent le silence sur ce point ; — Attendu que, si la loi n'autorise pas à présumer que l'enfant dont la filiation n'est pas justifiée soit né de nationaux, elle ne permet pas davantage d'invoquer la présomption contraire pour lui attribuer une nationalité étrangère ; que si, à cet égard, elle est muette, l'on n'en peut inférer une solution condamnée par l'humanité et qui ferait de cet enfant un être mis au ban de la société, privé de patrie et mème exclu du bénéfice de la réciprocité admis par l'art. 11 c. civ. ; qu'il est, au contraire, de toute justice d'en induire cette conséquence favorable à la fois à l'intérêt de l'enfant et à l'intérêt public, à savoir que cette situation, qui a échappé aux prévisions du législateur moderne, est régie par les lois du passé, et qu'il faut par suite réputer comme appartenant à la nation du sol sur lequel il est né l'enfant qui doit le jour à des parents inconnus, par application de la règle de droit *posteriores leges ad priores pertinent nisi contrariæ sint* ; — Attendu qu'il ressort de ces considérations que l'intimé est Belge ;

Par ces motifs, déclare l'intimé recevable en sa réclamation ; — Confirme.

Du 12 févr. 1881.-C. de Liège, 3e ch., 1re sect.-MM. Beltjens, f. f. pr.-Marenne et Bottin, av.

ger dans l'année qui suivait la majorité telle qu'elle est fixée par la loi française, au moyen d'une simple déclaration faite soit devant l'autorité municipale du lieu de la résidence de l'intéressé, soit devant les agents diplomatiques ou consulaires accrédités en France par le gouvernement étranger. Le législateur, en 1851, avait entendu soumettre aux charges de la nationalité française ceux qui, en réalité, n'avaient plus aucune patrie; mais, tant par respect pour la volonté des individus désireux de se rattacher à la nationalité de leurs parents, que par crainte de provoquer des mesures de rétorsion de la part des gouvernements étrangers, il n'avait pas voulu imposer la nationalité française. De là, la faculté pour les individus auxquels elle s'applique de réclamer la nationalité étrangère. Toutefois, deux graves inconvénients s'étaient révélés au sujet de la loi de 1851 : d'une part, la simple déclaration permettait de décliner la nationalité française non seulement à ceux qui avaient des liens sérieux avec la patrie de leur père ou de leur mère, mais même à ceux qui ne se rattachaient réellement à aucun pays. D'autre part, les individus déclarés Français par cette loi devaient, à ce titre, être admis à entrer dans les écoles du Gouvernement et à contracter des engagements dans l'armée; mais la possibilité de l'option pour une nationalité étrangère leur avait fait refuser ces avantages. La loi du 16 déc. 1874 (D. P. 75. 4. 78) a remédié à ces inconvénients. Son art. 1er exigeait, en premier lieu, que la déclaration fût toujours faite devant les autorités françaises, soit devant l'autorité municipale du lieu de la résidence, soit devant les agents diplomatiques et consulaires de France à l'étranger; elle ne pouvait plus être valablement reçue par les agents diplomatiques ou consulaires accrédités en France par le gouvernement étranger. De plus, la simple déclaration était insuffisante, si elle n'était accompagnée d'une attestation en due forme délivrée par le gouvernement du pays dont le réclamant revendiquait la nationalité, attestation qui justifiait de la conservation de cette nationalité. Cette attestation devait être produite dans l'année qui suivait la majorité, c'est-à-dire dans le délai imparti pour la déclaration d'option en faveur de la nationalité étrangère (Douai, 7 nov. 1876) (1). L'art. 1er ajoutait que la déclaration pouvait être faite par procuration spéciale et authentique. A défaut d'accomplissement des deux formalités exigées par l'art. 1er dans l'année de la majorité, l'enfant né en France d'un étranger qui lui-même y était né restait Français. Il a été jugé qu'il ne pouvait décliner cette qualité sous prétexte que son père aurait, durant sa minorité, déclaré en son nom, qu'il resterait étranger (Paris, 5 août 1886, aff. Ab-der-Halden, D. P. 87. 2. 13).

46. Aux termes du nouvel art. 8-3° c. civ., l'enfant né en France d'un étranger qui lui-même y est né est définitivement Français; la loi du 26 juin 1889 a supprimé le droit d'option pour la nationalité étrangère que lui avaient accordé les lois de 1851 et de 1874.

47. L'art. 2 de la loi du 16 déc. 1874 disposait que les jeunes gens visés par l'art. 1er pouvaient, soit s'engager volontairement dans les armées de terre et de mer, soit contracter l'engagement conditionnel d'un an, soit entrer dans les écoles du Gouvernement à l'âge fixé par les lois et règlements, en déclarant qu'ils renonçaient à réclamer la qualité d'étranger dans l'année qui suivrait leur majorité. Cette disposition était une dérogation grave à la règle que les mineurs ne doivent pas disposer de leur état; mais elle était nécessaire pour résoudre la difficulté d'une manière satisfaisante, assurer à ces mineurs un avantage auquel leur qualité de Français leur donnait incontestablement droit, et empêcher qu'ils n'abusassent de cet avantage, réservé aux seuls Français, en abandonnant, après en avoir profité, la nationalité française. La déclaration par laquelle le mineur renonçait à réclamer la nationalité étrangère était, d'ailleurs, entourée de garanties sérieuses. Elle ne pouvait être faite qu'avec le consentement exprès et spécial du père, ou, à défaut du père, de la mère, ou à défaut de père et mère, qu'avec l'autorisation du conseil de famille. Ces dispositions, devenues sans objet pour les individus qu'elles visaient par suite de la suppression pour eux du droit d'option, ont été reproduites dans une hypothèse différente par la loi du 26 juin 1889 (V. *infrà*, n° 52).

48. La loi de 1851 a conféré la nationalité française aux enfants nés en France, même avant sa promulgation, d'étrangers nés eux-mêmes en France (V. en ce sens : Douai, 18 déc. 1854 (2); Travaux préparatoires de la loi de 1851, D. P. 51. 4. 35).

---

(1) (Delespaul C. Préfet du Nord.) — Le 11 août 1876, jugement du tribunal civil de Lille ainsi conçu : — « Attendu que le demandeur, Alfred Delespaul, est né à Hem (Nord) le 9 janv. 1854, d'un père belge, né lui-même en France ; que, par suite, et aux termes de l'art. 1er de la loi du 16 déc. 1874, il est Français, à moins que dans l'année qui a suivi l'époque de sa majorité, du 9 janv. 1875 au 9 janv. 1876, il n'ait : 1° réclamé la qualité d'étranger par une déclaration faite devant l'autorité municipale du lieu de sa résidence ; 2° justifié avoir conservé sa nationalité d'origine par une attestation en due forme de son gouvernement, laquelle devait être annexée à ladite déclaration ; — Attendu qu'Alfred Delespaul a bien fait à la mairie d'Hem, commune de sa résidence, et dans le délai imparti, le 24 déc. 1875, la déclaration exigée ; mais qu'il n'a fourni dans le même délai aucune attestation relative à la conservation de sa nationalité d'origine ; qu'en conséquence, il est Français ; qu'il est, d'ailleurs indifférent que postérieurement et dans les premiers jours d'avril, il ait produit une attestation délivrée le 31 mars précédent par le ministre de Belgique à Paris, et certifiant qu'il avait conservé la nationalité belge ; que sa nationalité, au point de vue de la loi française, a été irrévocablement fixée le 9 janv. 1876, sans qu'aucune production tardive ait pu y apporter aucune modification, etc. » — Appel par le sieur Delespaul, qui prétend avoir réellement perdu la qualité de Français par application des art. 17 et 21 c. civ., puisque dans l'année de sa majorité, à la date du 9 sept. 1875, il a revendiqué la nationalité belge par une déclaration déposée à la mairie de Dottignies, arrondissement de Courtrai, lieu du domicile d'origine de ses parents, et qu'à la suite de cette déclaration il a accompli les obligations du service militaire en Belgique. Au surplus, ajoutait l'appelant, le jugement du tribunal de Lille donnait de la loi de 1874 une interprétation trop absolue en paraissant exiger que la déclaration des gouvernements étrangers, prévue par ladite loi, fût faite dans un certain délai, sans tenir compte des formalités administratives prescrites à l'étranger, et arrivait ainsi à ce résultat inadmissible, qu'il imposait à l'appelant une double nationalité et le soumettait au service militaire, à la fois en France et en Belgique. — Arrêt.

La cour ; — Adoptant les motifs des premiers juges ; — Attendu, en outre, que les art. 17 et 21 c. civ., qui privent le Français de sa nationalité dans certaines circonstances indiquées par lesdits articles, ne sauraient ouvrir un moyen de répudier la qualité de Français dans un cas où cette qualité est maintenue par la loi à défaut de formalités strictement déterminées ; — Par ces motifs ; — Met l'appellation à néant, etc.

Du 7 nov. 1876.-C. de Douai, 1re ch.-MM. Bardon, 1er pr.-Grévin, av. gén.-Dupont, av.

(2) (Préfet du Nord C. Déprés.) — La cour ; — Attendu qu'il y a incertitude sur le point de savoir à quel moment précis Pierre-Joseph Déprés, Belge d'origine, aïeul de Louis-Ferdinand-Joseph Déprés, partie en cause, est venu se fixer en France, et qu'il n'est pas établi qu'il ait acquis la qualité de Français autrement que par la réunion de la Belgique à la France ; — Attendu que les conséquences de cette réunion ont cessé par l'effet des traités qui ont séparé les deux territoires, et que Déprés a recouvré alors et de plein droit sa qualité originaire; que la loi du 14 oct. 1814 lui avait bien réservé la faculté de conserver la qualité de Français, mais que l'exercice de cette faculté était surbordonné à des conditions déterminées par ladite loi, et qu'il n'est pas établi qu'il ait satisfait à ces conditions; — Attendu qu'au moment où il a cessé d'être Français, son fils Edouard-Joseph, père de Louis-Ferdinand, partie en cause, né le 27 vent. an 5 (17 mars 1797), était mineur ; que, comme tel, il a suivi la condition de son père, et qu'il a, comme celui-ci, perdu la qualité de Français qui lui avait momentanément appartenu, sans qu'il apparaisse qu'il ait non plus rien fait ultérieurement pour la conserver ou pour l'acquérir ; — Qu'il n'importe qu'il soit né sur le sol de France à une époque antérieure au code Napoléon, et que, dans les principes du droit alors existant, ce fait fût considéré comme suffisant pour conférer, à lui seul, et sans autre condition (à la différence de l'art. 9 dudit code), la qualité de Français ; — Que cette cause de nationalité, indispensable à l'enfant de l'étranger pour acquérir ladite qualité, n'était que secondaire pour l'enfant qui naissait d'un père français; qu'alors, comme aujourd'hui, l'enfant né d'un Français quel que fût le lieu de sa naissance, tenait sa nationalité de la qualité qui appartenait à son père, et que ce serait donner dans ce cas à l'influence du sol une portée qu'elle n'a pas, qu'en faire résulter pour l'enfant, quoique mineur, une nationalité propre, distincte et indépendante de celle de son père, survivant à la perte que celui-ci fait

49. Mais les dispositions de cette loi étaient-elles applicables à un enfant dès que l'un de ses auteurs était né en France? On l'a soutenu en alléguant la règle « *Genus masculinum complectitur et femininum* », et en faisant l'application de cette règle aux termes de la loi : « tout individu né d'un étranger qui lui-même y est né » (Aubry et Rau, t. 1, § 70, note 26, p. 243). Ce motif nous paraît insuffisant, et en effet l'art. 10 c. civ. emploie une expression semblable : « Tout enfant né d'un Français en pays étranger est Français »; néanmoins, d'après l'opinion générale à laquelle nous avons adhéré, *suprà*, nos 32 et suiv., l'enfant ne naît pas Français par cela seul qu'un de ses auteurs était Français; il n'est Français qu'autant que l'auteur dont il suit la condition était lui-même Français. — Nous déciderons de même que l'enfant né en France d'un étranger n'est Français en vertu de la loi de 1851 qu'autant que l'auteur dont il suivrait nécessairement la condition, à défaut de cette loi, est lui-même né en France. Vainement invoquerait-on l'esprit des lois de 1851 et de 1874. Rien n'indique que le législateur ait entendu appliquer les dispositions nouvelles dès que l'un des auteurs de l'enfant serait né en France, et la présomption d'abandon de la nationalité étrangère est assurément beaucoup moins forte lorsque, l'enfant ayant un père étranger, sa mère seule est née en France. Il y a plus, le législateur, en 1851 et 1874, a entendu respecter la nationalité étrangère quand l'auteur dont l'enfant peut conserver la nationalité est né à l'étranger; il a entendu maintenir intégralement pour ce cas les dispositions de l'art. 9; or l'interprétation que nous combattons ne tenait pas compte de cette intention du législateur, puisqu'elle soustrayait à l'application de l'art. 9 pour le soumettre à celle des lois de 1851 et 1874 l'enfant né d'un étranger né lui-même hors de France, sous le prétexte que la mère de cet enfant était née en France (Comp. L. 26 juin 1889, nouvel art. 8-3° c. civ.).

50. Quel était l'effet de la déclaration, avec pièces à l'appui, par laquelle l'enfant né en France d'un étranger qui lui-même y était né, réclamait la nationalité de son auteur? Les commentateurs s'accordaient à reconnaître à cette déclaration un effet rétroactif : l'enfant avait toujours été étranger. Cette interprétation semblait commandée par les termes de la loi : « Est Français tout individu né en France d'un étranger qui lui-même y est né, à moins qu'il ne fasse la déclaration ». Tel est bien, d'ailleurs, le sens que le rapporteur de la loi de 1874 attachait à ces termes, quand il disait : « Il ne dépend pas de nous d'enlever à un étranger sa nationalité, mais seulement de lui donner la nôtre. Nous pouvons tout au plus présumer qu'il a cessé d'appartenir à son pays, nous ne pouvons pas le décider » (Rapport de M. Albert Desjardins, D. P. 75. 4. 78, et *Journ. off.* du 4 janv. 1874. V. de Folleville, n° 179; Aubry et Rau, t. 1, § 70, p. 243).

51. La réclamation d'extranéité était-elle irrévocable, ou bien laissait-elle encore place à l'application de l'art. 9? M. de Folleville, n° 181, soutient que l'art. 9 était encore applicable; la loi de 1851, d'après cet auteur, a, il est vrai, soustrait à l'art. 9 les enfants nés en France d'étrangers qui eux-mêmes y sont nés; mais ce n'a été que pour les rendre plus sûrement Français, non pour leur rendre plus difficile l'accès de la nationalité française; d'ailleurs, la loi de 1851 ne dérogeait à l'art. 9 qu'à l'égard des enfants auxquels elle attribuait la qualité de Français de naissance; or l'individu soustrait, par sa déclaration d'extranéité, à l'application de la loi de 1851 a toujours été étranger; il rentrait donc par là dans les conditions prévues par l'art. 9, qui lui devenait dès lors applicable. Cette solution a été rejetée par plusieurs décisions récentes (Trib. civ. Montdidier, 21 févr. 1884 et Amiens, 8 mai 1884, aff. Hermann, D. P. 85. 2. 239; Trib. Lille, 18 mai 1872 (1). La jurisprudence a considéré que la loi de 1851, en réglant d'une manière spéciale la

---

de la sienne; — Attendu, au surplus, que, par cela même qu'il est né d'un père qui alors avait la qualité de Français, Edouard-Joseph Déprés ne pourrait se prévaloir de la circonstance que son père est redevenu étranger, pour se faire considérer rétroactivement comme enfant né en France d'un étranger, et pour réclamer à ce titre l'application des principes de l'ancien droit; que, par identité de raison cette circonstance ne peut être invoquée contre lui, ni par suite, contre son fils Ferdinand, partie en cause; — Qu'il s'ensuit que, ni du chef de son aïeul, ni du chef de son père, ce dernier ne peut être considéré comme ayant la qualité de Français;

Mais attendu qu'il a personnellement acquis cette qualité par l'effet de la loi du 7 févr. 1851 dont l'art 1er est ainsi conçu : « Est Français tout individu né en France d'un étranger qui lui-même y est né, à moins que, dans l'année qui suivra l'époque de sa majorité, il ne réclame la qualité d'étranger »; — Attendu que cette disposition est claire et précise; qu'elle ne distingue pas entre les positions diverses qui peuvent appartenir à ceux qu'elle embrasse dans la généralité de ses termes; qu'elle investit de plein droit de la qualité de Français tout individu qui se trouve dans les conditions par elle déterminées; qu'elle lui enlève la qualité d'étranger qu'il avait à ce moment, et qu'il ne peut ressaisir cette qualité qu'autant que, parvenu à sa majorité il la réclame dans le délai fixé par la loi; que la faculté qui lui est laissée à cet égard n'a pas le caractère d'une condition suspensive; qu'elle fait, au contraire, cesser, quand elle est exercée, un état légalement acquis, pour y substituer un état nouveau; — Attendu, en fait, que Louis-Ferdinand Déprés est né en France le 29 déc. 1833 et que son père, Edouard-Joseph, étranger comme lui, y était né lui-même le 27 vent. an 5; que ledit Louis-Ferdinand-Joseph est ainsi dans les conditions de la loi du 7 février et qu'il a, par conséquent, la qualité de Français; — Attendu que, si du concours de cette loi avec celles qui appellent les jeunes gens à subir le sort avant leur majorité peuvent naître certaines difficultés d'exécution, c'est aux lois de recrutement et aux autorités dans les attributions desquelles en sont placées les opérations qu'il appartient d'y pourvoir par des mesures provisoires qui concilient tous les intérêts; mais que cette considération n'est pas de nature à faire fléchir le principe absolu de la loi de 1851 et les conséquences qui en découlent; — Par ces motifs, met le jugement dont est appel au néant; dit et déclare que Louis-Ferdinand-Joseph Dépres est Français par application de la loi du 7 févr. 1851 et comme tel soumis à la loi du recrutement.

Du 18 déc. 1854.-C. de Douai, 1re ch.-MM. Leroy (de Falvy), pr.-Demeyer, av. gén.

(1) (Préfet du Nord C. Bonzel.) — Le tribunal; — Attendu que Charles Bonzel est né à Haubourdin, le 12 juill. 1849, de Pierre-Charles-Adolphe Bonzel, sujet prussien, né à Lille le 24 févr. 1814; qu'aux termes de l'art. 1er de la loi des 7-12 févr. 1851, il est né Français; que seulement, dans l'année qui a suivi l'époque de sa majorité telle qu'elle est fixée par la loi française, il avait le droit de réclamer la qualité d'étranger, par une déclaration faite devant l'autorité municipale du lieu de sa résidence; — Attendu que, devenu majeur le 12 juill. 1870, il a, par une déclaration faite le 5 août suivant, devant le maire d'Haubourdin, et dûment enregistrée, réclamé la nationalité de son père, c'est-à-dire la nationalité prussienne; — Qu'il est, par conséquent, et à partir de cette date du 5 août, devenu étranger; — Attendu qu'un mois après, le 5 sept. 1870, Charles Bonzel a fait, toujours devant le maire d'Haubourdin, une seconde déclaration, par laquelle, en sa qualité d'individu né en France d'un étranger, et en invoquant les dispositions de l'art. 9 c. civ., il a réclamé la qualité de Français, en s'obligeant à fixer son domicile en France; — Mais attendu qu'il n'était pas dans une situation qui lui permît d'invoquer le bénéfice dudit art. 9; — Que cet article, en effet, prévoit le cas où un individu né en France d'un étranger qui n'y est pas né lui-même est étranger comme son père jusqu'à sa majorité; jusqu'alors, et à raison de la faveur qui s'attache à la naissance de l'étranger sur le sol français, la loi concède à cet individu le droit de devenir Français par une déclaration qui doit être faite dans l'année qui suit sa majorité; que Bonzel, au contraire, fils d'un étranger né lui-même en France, était Français jusqu'à sa majorité, en vertu de la loi de 1851; — Que c'est par sa volonté formelle et expresse, manifestée depuis sa déclaration du 5 août 1870, qu'il a répudié la nationalité française, pour revendiquer une nationalité étrangère; — Que sa situation n'est donc nullement celle prévue par l'art. 9 c. civ.; — Que la loi ne doit aucune faveur à l'individu, qui, né Français de plein droit, déclare à sa majorité ne plus vouloir conserver cette qualité; — Qu'il s'ensuit que la seconde déclaration en date du 5 sept. 1870 est radicalement nulle, et qu'elle n'a point pu infirmer les effets de celle du 5 août, qui avait rendu Bonzel irrévocablement étranger; — Que celui-ci invoque vainement la circonstance que l'autorité administrative aurait ratifié sa seconde déclaration, en consentant à son incorporation dans la garde nationale mobilisée et à sa participation au tirage au sort; — Que ce consentement, en supposant qu'il n'ait pas été le résultat de l'erreur, ne saurait avoir pour effet d'attribuer à Bonzel la qualité de Français, contrairement aux dispositions de la loi; — Que ledit Bonzel invoque vainement aussi les dispositions de la loi des 22-25 mars 1849; que ces dispositions n'ont qu'un objet, celui d'accorder une prorogation de délais, en autorisant, aux conditions qui y sont énoncées, l'individu, né en France d'un étranger, à faire la déclaration prescrite par l'art. 9 c. civ.,

situation des enfants nés en France d'étrangers qui eux-mêmes y sont nés, a eu pour effet de restreindre l'application de l'art. 9 aux enfants nés en France d'étrangers nés eux-mêmes à l'étranger; elle a considéré qu'il y avait là deux situations essentiellement différentes, et que l'option faite en vertu de la loi de 1851 devait être irrévocable au même titre que l'option en sens contraire de l'art. 9; elle a refusé de faire dépendre la qualité de Français du caprice et des variations de l'intérêt personnel, et n'a pas permis de revendiquer cette qualité après l'avoir expressément répudiée. — Cette solution nous paraît fondée; le choix fait devait être définitif; il n'est pas exact de présenter l'individu qui avait réclamé son extranéité comme se trouvant dans les conditions déterminées par l'art. 9; il venait, en effet, d'affirmer son lien avec un pays étranger, ce qui dénotait un médiocre attachement pour la France; or le bénéfice de l'art. 9 n'a été établi que pour faciliter l'acquisition de la nationalité française aux fils d'étrangers dont la naissance en France n'avait été que le prélude d'une éducation française et d'un sérieux attachement à la France. Un individu qui venait de répudier la nationalité française, à laquelle lui donnait droit sa naissance, était mal fondé à réclamer une naturalisation particulièrement privilégiée.

Il a été jugé avec raison que la faculté de réclamer l'extranéité en vertu de l'art. 1er de la loi du 7 févr. 1851 était inapplicable, lorsque l'individu qui prétendait l'invoquer était devenu Français par suite d'une annexion de territoire (Chambéry, 10 mai 1876, et Req. 27 mars 1877) (1).

52. La loi du 26 juin 1889, après avoir rendu Français, sans faculté d'option, les individus nés en France d'étrangers qui eux-mêmes y sont nés, rend Français, en leur réservant la faculté de réclamer la nationalité étrangère, les individus nés en France d'étrangers nés eux-mêmes à l'étranger, lorsque du moins ces individus sont domiciliés en France à l'époque de leur majorité. La faculté d'option pour la nationalité étrangère est subordonnée à des conditions assez rigoureuses; elle ne peut être exercée que dans l'année qui suit la majorité telle qu'elle est réglée par la loi française; celui qui l'invoque doit, en déclinant la qualité de Français, prouver qu'il a conservé la nationalité de ses parents par une attestation en due forme de son Gouvernement, laquelle doit demeurer annexée à la déclaration; il doit, en outre, produire, s'il y a lieu, un certificat constatant qu'il a répondu à l'appel sous les drapeaux conformément à la loi militaire de son pays, sauf les exceptions prévues aux traités (nouvel art. 8-4° c. civ.). — Les enfants nés en France d'étrangers nés à l'étranger seront étrangers, sauf faculté d'option pour la nationalité française, lorsqu'ils ne seront pas domiciliés en France à l'époque de leur majorité. Ainsi la qualité de Français ou d'étranger dépendra, pour toute une catégorie de personnes, du lieu de leur domicile à l'époque de leur majorité; cependant il pourra être nécessaire pour elles de fixer définitivement leur nationalité avant l'époque

---

même après l'époque de sa majorité; — Que Bonzel ayant fait cette déclaration dans ladite année, la loi de 1849 ne peut recevoir aucune application dans la cause; — Par ces motifs, dit que Charles Bonzel est étranger, etc.

Du 18 mai 1872.-Trib. civ. de Lille.-MM. Leroy, pr.-Dupont, subst.-P. Legrand, av.

(1) (Reitz C. Préfet de la Haute-Savoie.) — Le 10 mai 1876, arrêt de la cour de Chambéry ainsi conçu : — « Attendu que Pierre Antoine Reitz, né à Alzei, dans le grand-duché de Hesse, établi à Annecy comme potier, y a eu, le 9 avr. 1826, un fils prénommé Marie-Antoine, qui y exerce la même profession; — Que Nicolas, fils de Marie-Antoine, est né à Annecy le 10 sept. 1853; — Qu'inscrit sur les listes du recrutement, il a fait, le 15 sept. 1874, à la mairie d'Annecy, la demande de n'y être pas soumis, comme petit-fils d'un étranger non naturalisé, et déclaré qu'il entendait obtenir le bénéfice de la condition prévue par l'art. 1er de la loi des 22-29 janv. et 7 févr. 1851; — Qu'il a, contradictoirement avec le préfet de la Haute-Savoie, porté devant le tribunal d'Annecy la demande d'être déclaré étranger, et, comme tel, rayé des listes de recrutement de l'armée française; — Qu'un jugement du 16 déc. 1875 a considéré que Pierre-Antoine Reitz, Allemand non naturalisé, était resté étranger; qu'il en était de même de son fils Marie-Antoine; que Nicolas, né en Savoie d'un étranger, sous l'empire de l'art. 24 c. civ. sarde, était né sujet sarde, et qu'en 1860 il était devenu Français, mais que par là même il avait été admissible à invoquer le bénéfice que la loi du 7 févr. 1851 accorde au Français, fils d'étranger, de revendiquer à sa majorité la nationalité de son père; — Qu'en conséquence, ce jugement a accueilli les conclusions de Nicolas Reitz; — Que le préfet de la Haute-Savoie en a appelé, soit parce que Reitz, rendu définitivement par l'art. 24 sujet sarde, puis français, n'avait pu retomber dans la position conditionnelle prévue par la loi de 1851, soit pour excès de pouvoir, parce que, s'il appartenait au tribunal de prononcer sur l'état civil, il n'appartenait qu'au conseil de revision d'ordonner la radiation des listes de recrutement; — Attendu qu'il était, avant les codes modernes, généralement reçu en Europe, d'après la loi première au Digeste, *ad municipalem* et *de incolis*, que la naissance dans un Etat suffisait pour donner, même au fils d'un étranger, la qualité de citoyen de cet Etat; — Que ce principe, reçu en France, sans aucune distinction, d'après Pothier, avait reçu dans la jurisprudence des Etats sardes une exception pour le cas de la naissance accidentelle, ou de celui qui était né *in peregrinatione*; — Que cette jurisprudence est constatée dans les définitions 17e et 20e du code fabrien, au titre *muneribus patrimoniorum*, et que si, dans la définition 18e, au premier de ces titres, le président Favre attribue à la nationalité du père une valeur plus générale, il a déclaré, dans un ouvrage postérieur, que c'était là une inexactitude; — Qu'un grand nombre d'arrêts attestent également cette jurisprudence; — Qu'enfin la commission qui a rédigé le code sarde mis en vigueur en 1838 a déclaré, soit dans l'exposition générale de son œuvre, soit dans sa réponse à la demande du Sénat de Piémont d'adopter la disposition de l'art. 9 c. nap., qu'elle n'avait fait dans l'art. 24 que reproduire l'ancienne jurisprudence; que, pour ce motif, elle repoussait la détermination plus positive de ce qui devait faire admettre l'esprit de perpétuelle demeure, exclusif de la naissance accidentelle, que demandait le Sénat de Gênes, et qui fut admise cependant au conseil d'Etat; — Qu'il est donc certain qu'en 1826, le fils d'un étranger, né en Savoie, était sujet sarde, à moins qu'il n'y fût né *in peregrinatione*, que sa naissance fût purement accidentelle, circonstances laissées à l'appréciation des juges; — Attendu que Pierre-Antoine Reitz, Allemand, s'était établi en Savoie, y a eu jusqu'à sa mort un commerce de potier que Marie-Antoine, son fils, a continué et continue encore; — Que ce dernier, né en 1826 à Annecy, dans de pareilles circonstances, ne peut être considéré comme né accidentellement ou *in peregrinatione* dans le pays où un établissement s'est continué de père en fils; — Que Marie-Antoine était donc sujet sarde, et que son fils l'a été, non point en vertu de l'art. 24 du code sarde, relatif au fils d'un étranger, mais en vertu du principe général que tout fils d'un régnicole est régnicole, surtout s'il est né dans les Etats; — Attendu qu'il résulte de là que, devenu Français en 1860 et n'étant pas le fils d'un étranger, il n'a eu aucun prétexte d'invoquer les dispositions de la loi du 7 févr. 1851; — Par ces motifs, etc. » — Pourvoi en cassation par le sieur Reitz, pour excès de pouvoir, fausse application de la loi sarde, et violation de l'art. 1er de la loi du 7 févr. 1851, en ce que l'arrêt attaqué a refusé de considérer le demandeur comme étranger, alors que, né en Savoie, avant l'annexion, d'un père étranger qui lui-même y était né, il a réclamé la qualité d'étranger conformément à la législation française qui lui est devenue applicable par suite de l'annexion de la Savoie. — Arrêt.

LA COUR; — Sur le moyen unique, pris d'un excès de pouvoir, de la fausse application de la loi sarde et de l'art. 1er de la loi du 7 févr. 1851 : — Attendu qu'avant la promulgation du code civil sarde en 1868, il était de principe consacré par la doctrine et par la jurisprudence que l'enfant né dans les Etats sardes d'un père étranger était considéré comme sujet sarde lorsque la naissance n'était pas accidentelle ou n'avait pas lieu *in peregrinatione*; — Que les tribunaux appréciaient souverainement les circonstances prouvant que l'étranger, père de l'enfant né dans les Etats sardes, y était établi avec intention de s'y fixer à perpétuelle demeure; — Attendu, en fait, que l'arrêt attaqué, appréciant souverainement les circonstances de la cause, déclare que Marie-Antoine Reitz, père du demandeur en cassation, est né à Annecy en 1826; — Qu'à l'époque de sa naissance, Pierre-Antoine Reitz, son père, avait formé dans les Etats sardes un établissement qui s'est continué de père en fils jusqu'à ce jour; — Que la naissance de Marie-Antoine Reitz ne peut être considérée comme ayant eu lieu accidentellement ou *in peregrinatione* dans les Etats sardes; que, par suite, il doit être réputé sujet sarde; — Attendu, d'ailleurs, que quand bien même il serait avéré que l'arrêt dénoncé fût contraire à la jurisprudence en vigueur lors de la naissance de Marie-Antoine Reitz, il ne pourrait résulter de là un moyen de cassation; — Attendu que Nicolas Reitz, demandeur en cassation, étant fils d'un père né sujet sarde et devenu Français par la réunion de la Savoie à la France, l'art. 1er de la loi du 9 févr. 1851 est sans application dans la cause; — D'où il suit que l'arrêt attaqué n'a commis aucun excès de pouvoir et n'a violé aucun principe de droit; — Rejette, etc.

Du 27 mars 1877.-Ch. req.-MM. de Raynal, pr.-Guillemard, rap.-Desjardins, av. gén., c. conf.-Gosset, av.

de leur majorité. Le nouvel art. 9 c. civ., dont la rédaction est d'ailleurs assez défectueuse, fournit un moyen de sortir de l'indécision : la qualité de Français sera définitivement acquise, lorsqu'elle aura été réclamée par une déclaration enregistrée au ministère de la justice, et cette déclaration pourra être faite, avant que l'intéressé ait atteint l'âge de vingt et un ans, par son père; en cas de décès de son père, par sa mère; en cas de décès du père et de la mère ou de leur exclusion de la tutelle ou dans les cas prévus par les art. 141, 142 et 143 c. civ., par le tuteur autorisé par délibération du conseil de famille (Comp. ces dispositions avec celles de la loi, maintenant abrogée, du 16 déc. 1874, *suprà*, n° 45 et suiv.).

53. — Dans les cas où la qualité de Français ne résulte pas de la naissance sur le sol français ou de la naturalisation, mais de la nationalité des personnes dont on descend, il faut, pour prouver que l'on est Français, démontrer que le père ou la mère dont on revendique la nationalité avait la qualité de Français. Mais cette preuve suppose elle-même établie la nationalité française des parents de l'auteur dont on se réclame, des parents de ces parents, etc. Cette preuve présenterait des difficultés à peu près insurmontables dans des cas rares, il est vrai, depuis la loi de 1851, mais qui néanmoins peuvent encore se réaliser : il suffit de supposer que le père d'un individu qui se dit Français soit né à l'étranger. On admet que la possession d'état peut alors servir de preuve; toutefois la possession d'état devra être établie non seulement à l'égard de l'individu qui réclame la qualité de Français, mais aussi à l'égard de l'auteur dont il revendique la nationalité, car il ne peut être Français qu'autant que ce dernier l'était lui-même. En tout cas, la possession d'état ne sera jamais qu'une présomption susceptible d'être détruite par la preuve contraire (Aubry et Rau, t. 1, § 69, p. 233).

SECT. 2. — DES FRANÇAIS NATURALISÉS (*Rép.* n°s 82 à 177).

ART. 1er. — *Des divers modes de naturalisation* (*Rép.* n°s 82 à 169).

54. A l'énumération contenue au *Rép.* n° 82, on doit ajouter trois nouvelles catégories de Français naturalisés dont il ne pouvait être question au *Répertoire*, car elles résultent de lois postérieures à sa rédaction. Ce sont : 1° l'enfant et la femme d'un étranger naturalisé; 2° l'enfant d'un Français qui, ayant perdu la qualité de Français, l'a recouvrée conformément à l'art. 18 c. civ.; 3° l'enfant mineur d'une femme française mariée avec un étranger. La deuxième de ces catégories nouvelles a sa place indiquée au paragraphe 4 du présent article; nous consacrerons deux paragraphes supplémentaires (§ 8 et 9) aux deux autres.

§ 1er. — Français devenus tels par la naturalisation proprement dite (*Rép.* n°s 83 à 121).

55. On a examiné au *Rép.* n°s 83 à 110 les diverses législations qui ont successivement régi la naturalisation proprement dite jusques et y compris la loi du 3 déc. 1849. Depuis lors, une loi du 29 juin 1867 a introduit des modifications notables dans les règles de la naturalisation de droit commun, et deux décrets de 1870 ont accordé des facilités exceptionnelles pour parvenir à la naturalisation, aux étrangers qui ont pris part, à cette époque, à la défense du territoire français. Enfin la loi du 26 juin 1889 a modifié, à son tour, tant les règles de la naturalisation de droit commun que celles de la naturalisation de faveur.

56. D'après la loi de 1889, comme d'après la loi de 1867, la naturalisation reste une faveur, accordée par un décret du chef de l'Etat, rendu après enquête sur la moralité de l'étranger. La loi de 1849 exigeait, pour la naturalisation, l'avis favorable du conseil d'Etat; depuis 1867, la naturalisation pouvait être accordée même en cas d'avis défavorable, mais l'avis du conseil d'Etat demeurait nécessaire. Un décret du 12 sept. 1870 (D. P. 70. 4. 89), resté en vigueur jusqu'à la loi de réorganisation du conseil d'Etat du 24 mai 1872 (D. P. 72. 4. 88), avait toutefois autorisé provisoirement le ministre de la justice à statuer sur les demandes de naturalisation sans prendre l'avis de ce conseil (ou de la commission provisoire qui l'a remplacé en vertu du décret du 15 sept. 1870 (D. P. 70. 4. 89). Aux termes du nouvel art. 8-5°, § 4, *in fine* (L. 26 juin 1889), l'avis du conseil d'Etat n'est plus nécessaire.

57. Le candidat à la naturalisation devait, d'après la loi de 1867 comme d'après la loi de 1849, remplir deux conditions : 1° avoir obtenu l'autorisation d'établir son domicile en France; cette autorisation était toujours révocable jusqu'au décret de naturalisation; 2° avoir résidé en France pendant un certain temps; toutefois, le stage qui, d'après la loi de 1849, devait durer dix ans avait été abaissé à trois ans, et le point de départ du délai fixé en 1849 au jour de l'admission à domicile avait été reporté en 1867 au jour de l'enregistrement au ministère de la justice de la demande d'admission à domicile, était assimilé à la résidence en France, au point de vue du stage, le séjour en pays étranger pour l'exercice d'une fonction conférée par le gouvernement français. Le projet primitif admettait la même assimilation pour le séjour à l'étranger motivé par une mission confiée par le gouvernement français; mais la commission du Corps législatif avait considéré que le caractère accidentel et temporaire de la mission ne permettait pas de présumer chez celui qui en était chargé une adhésion et un dévouement aux institutions françaises comparables à ceux que dénotent la résidence en France ou l'exercice d'une fonction, et, sur sa proposition, l'assimilation fut restreinte au séjour motivé par l'exercice d'une fonction conférée par le gouvernement français. Comme en 1849, le délai de trois ans pouvait être réduit à un an en faveur des étrangers qui auraient rendu à la France des services importants; aux étrangers énumérés comme tels par la loi de 1849 (V. *Rép.* n° 109), le législateur de 1867 avait ajouté ceux qui auraient créé de grandes exploitations agricoles (art. 2).

58. La loi du 26 juin 1889 (nouvel art. 8-5° c. civ.) facilite l'acquisition de la naturalisation. La naturalisation peut être obtenue à des conditions diverses; le nouvel art. 8-5° c. civ. distingue quatre catégories d'étrangers susceptibles d'être naturalisés : 1° les étrangers admis à domicile en France, après trois ans de domicile, à dater de l'enregistrement de leur demande au ministère de la justice; pour ces étrangers, la loi de 1889 maintient donc les dispositions de la loi de 1867; 2° les étrangers qui peuvent justifier d'une résidence en France non interrompue pendant dix années; une résidence aussi prolongée indique, aussi bien que le domicile autorisé depuis trois ans, l'intention sérieuse de l'étranger de s'attacher à la France. Le séjour en pays étranger pour l'exercice d'une fonction conférée par le gouvernement français est assimilé à la résidence en France; 3° les étrangers admis à fixer leur domicile en France après un an de séjour autorisé, s'ils ont rendu des services importants à la France, s'ils y ont apporté des talents distingués ou s'ils y ont introduit soit une industrie, soit des inventions utiles, ou s'ils ont créé soit des établissements industriels ou autres, soit des exploitations agricoles, ou s'ils ont été attachés, à un titre quelconque, au service militaire dans les colonies et les protectorats français (Comp. sur ce point les lois de 1849 et de 1867) (*Rép.* n° 109, et *suprà*, n° 57); 4° l'étranger qui a épousé une Française, après une année de domicile autorisé.

59. La naturalisation n'est acquise qu'à dater de la promulgation du décret d'où elle résulte. Ainsi il a été jugé que l'ordonnance royale accordant à un étranger la naturalisation française est demeurée sans effet, lorsqu'elle n'a été inscrite au *Bulletin des lois* qu'après le décès de celui qui l'avait obtenue (Paris, 19 févr. 1877, aff. de Wousow, D. P. 77. 2. 68).

60. D'après la loi de 1849, la naturalisation ne conférait pas à celui qui en était l'objet le droit de siéger à l'Assemblée nationale. Il ne pouvait devenir éligible qu'en vertu d'une loi. Cette disposition avait été considérée par le Sénat et le Corps législatif comme abrogée par la Constitution de 1852 (art. 20, D. P. 52. 4. 33) et par le décret organique du 2 févr. 1852 (art. 12 et 26, D. P. 52. 4. 49). Les doutes qu'avaient néanmoins conservés certains auteurs avaient été levés par la loi de 1867 : il avait été formellement reconnu dans la discussion du projet au Corps législatif, que la naturalisation conférerait l'éligibilité; l'art. 2 de la loi fut la conséquence de cette décision. Cet article abrogeait l'art. 5 de la loi du 3 déc. 1849, qui réservait les droits d'éligibilité acquis aux étrangers naturalisés avant la promulgation de cette loi; une telle réserve n'avait plus de raison d'être, du moment que l'éligibilité devenait le droit commun; l'art. 2 de la loi du 29 juin 1867 n'avait pas d'autre signification (V. l'exposé des motifs de M. Manceaux, conseiller d'Etat, D. P. 67. 4. 70, n° 6, et le rapport de M. Chadenet, *ibid.*, n° 11).

61. L'art. 3 de la loi du 26 juin 1889 modifie sur ce point la solution de la loi de 1867. Aux termes de cet article, l'étranger naturalisé jouit de tous les droits civils et politiques attachés à la qualité de citoyen français. Néanmoins, il n'est éligible aux assemblées législatives que dix ans après le décret de naturalisation, à moins qu'une loi spéciale n'abrège ce délai. Le délai, ajoute le texte, pourra être réduit à une année. Cette dernière disposition n'est en réalité, qu'une indication, une invitation au législateur de ne pas supprimer tout délai pour l'éligibilité d'un étranger naturalisé; mais, du moment que l'éligibilité serait accordée par une loi, il est évident que cette loi pourrait s'écarter, à l'égard de celui qu'elle concernerait, de la disposition de l'art. 3 de la loi de 1889, et rendre éligible sans délai l'étranger naturalisé auquel elle s'appliquerait. — La loi de 1889 fait une différence, au point de vue qui nous occupe, entre l'étranger naturalisé et le Français qui recouvre cette qualité après l'avoir perdue. Ce dernier acquiert immédiatement tous les droits civils et politiques, même l'éligibilité aux assemblées législatives.

62. Les droits de sceau à acquitter pour parvenir à la naturalisation s'élèvent à 350 fr. 50 cent., qui se décomposent ainsi: 175 fr. 25 cent. pour l'admission à domicile et 175 fr. 25 cent. pour la naturalisation proprement dite. Il peut être fait remise de ces droits en tout ou en partie. Ces dispositions pourront être modifiées par le règlement d'administration publique prévu par l'art. 5 de la loi de 1889.

63. Les décrets des 26 oct. et 19 nov. 1870 (D. P. 70. 4. 99 et 132) ont dispensé de tout stage et de tous les droits perçus au profit de l'Etat les étrangers qui, ayant pris part à la guerre pour la défense du territoire français, auraient formé des demandes de naturalisation avant l'expiration des deux mois qui ont suivi la cessation de cette guerre. La naturalisation a pu leur être conférée sans autre délai que le délai nécessaire pour faire l'enquête prescrite par la loi de 1867; à ceux qui n'étaient pas encore admis à domicile, cette admission et la naturalisation ont pu être accordées par une même décision après une seule enquête. L'art. 1er du décret du 19 nov. 1870 déterminait les conditions à remplir pour être considéré comme ayant pris part à la guerre; il exigeait toujours une action personnelle et directe, à l'exclusion d'une simple coopération pécuniaire.

64. Pour les conditions de la naturalisation en Algérie, Tunisie et aux colonies, V. Sén.-cons. 14 juill. 1865 (D. P. 65. 4. 114); Décr. 10 nov. 1882, relatif à la Nouvelle-Calédonie (D. P. 83. 4. 77); 29 juill.-25 août 1887 relatif à la naturalisation en Annam et au Tonkin (D. P. 87. 4. 81); 25 août 1887 (D. P. 87. 4. 80); L. 26 juin 1889 (art. 2, *suprà*, p. 701); *infrà*, vis *Organisation de l'Algérie; Organisation des colonies*.

65. Les formes de la naturalisation sont strictement délimitées par les textes précédents et ne peuvent être suppléées par aucune circonstance ni aucun acte équipollent. Décidé ainsi: 1° que la naturalisation ne saurait résulter de l'admission de l'étranger à exercer en France des droits qui ne sont légalement attachés qu'à la qualité de citoyen français (Bordeaux, 24 mai 1876, aff. Forgo, D. P. 78. 2. 79); — 2° Que le décret du 16 avr. 1856 sur le licenciement de la première légion étrangère n'a pas accordé de plein droit le bénéfice de la naturalisation en France aux étrangers qui faisaient partie de cette légion (Nancy, 16 juin 1877, aff. Breck, D. P. 78. 2. 109).

66. On a examiné au *Rép.* n° 115 la question de savoir si les effets de la naturalisation sont personnels à l'étranger qui l'obtient ou doivent être étendus à sa famille. Quant aux enfants de l'étranger naturalisé, l'art. 2 de la loi du 7 févr. 1851 ne permettait plus aucun doute, car il facilitait à ces enfants l'acquisition de la qualité de français, en leur rendant applicables le bénéfice de l'art. 9 c. civ.; c'était donc que la naturalisation de leur père ne les rendait pas Français. Et cette solution ne devait pas être restreinte au cas de naturalisation proprement dite; elle était admise pour les enfants d'un étranger qui, d'une manière quelconque, devenait Français. Ainsi il a été décidé qu'un mineur étranger n'acquérait pas la nationalité française par suite du mariage de sa mère avec un Français (Bordeaux, 24 mai 1876, aff. Forgo, D. P. 78. 2. 79). Il a été jugé également, et par les mêmes motifs, que la naturalisation obtenue à l'étranger par un Français ayant des enfants mineurs ne pouvait enlever à ceux-ci la qualité de Français (Lyon, 19 mars 1875, aff. Fabre, D. P. 77. 2. 66; Toulouse, 26 janv. 1876, aff. Laberty, *ibid.*; Paris, 24 juill. 1874, aff. Blum, D. P. 77. 2. 18, note *a*; 4 févr. 1876, aff. Hourlier, D. P. 76. 2. 193. V. encore Massé, t. 2, n° 999; Aubry et Rau, t. 1, § 71, texte et note 34).

67. La loi de 1889 modifie à cet égard les solutions antérieures. La naturalisation de l'étranger ne change pas la nationalité de ses enfants majeurs; elle facilite seulement à ces derniers l'acquisition de la nationalité française (V. *infrà*, nos 85 et suiv.). Elle entraîne, au contraire, changement de nationalité pour ses enfants mineurs. Ceux-ci deviennent Français quand leur père ou, si leur père est mort, quand leur mère obtient en France la naturalisation proprement dite (c. civ. art. 12). Il en est de même lorsque leur père ou, leur père etant mort, leur mère, autrefois Français et devenus étrangers, sont réintégrés par décret dans la qualité de français (c. civ. art. 18); toutefois, par une anomalie assez singulière, la réintégration dans la qualité de Française ne rend pas nécessairement Français les enfants mineurs de la femme qui, devenue étrangère par son mariage avec un étranger, recouvre, après la mort de ce dernier, la qualité de Française (c. civ. art. 19) (V. *infrà*, n° 110). — Dans le cas où les enfants mineurs acquièrent la nationalité française par le fait de la naturalisation ou de la réintégration dans la qualité de Français de leur père ou mère, ils demeurent libres de la décliner et de revendiquer la nationalité étrangère dans l'année qui suit leur majorité en se conformant aux dispositions de l'art. 8-4° c. civ. (c. civ. art. 12 et 18) (V. *suprà*, n° 52).

Si la loi de 1889 règle en termes explicites l'effet de la naturalisation d'un étranger sur la nationalité de ses enfants, elle garde un silence regrettable sur l'effet de la naturalisation acquise par un Français en pays étranger, à l'égard de la nationalité de ses enfants mineurs. Pour les majeurs, point de difficulté; leur nationalité n'est pas atteinte par la naturalisation de leur auteur. Mais, pour les enfants mineurs, les doutes sont permis. Nous serions très tentés, afin de maintenir autant que possible l'unité dans la famille, de leur attribuer la nouvelle nationalité de leurs parents, sauf cependant le cas où la loi de la nouvelle patrie la leur refuserait (Arg. art. 19 c. civ. al. 1) et sauf encore l'hypothèse prévue par l'art. 19 c. civ. Comme l'art. 10 c. civ. leur permettrait de revendiquer la qualité de Français, il y aurait harmonie entre les effets de la naturalisation d'un étranger en France et ceux de la naturalisation d'un Français en pays étranger. Toutefois, on peut soutenir, dans le sens contraire, que la loi de 1889 délimite strictement les causes de perte de la qualité de Français et que la naturalisation des parents à l'étranger ne figure pas parmi ces causes; que, par suite, les mineurs Français restent Français alors même que leurs parents deviennent étrangers (V. Cohendy, article précité; *Droit* des 2-3 et 10 nov. 1889, p. 1040 et 1064).

68. Quant à la femme de l'étranger naturalisé, M. Massé, t. 2, n° 998, et M. Varambon, *Revue pratique*, t. 8, 1859, p. 50 et suiv., 65 et suiv., ont soutenu qu'elle devient Française par la naturalisation de son mari, en alléguant que « la femme ne peut être soumise à une loi et le mari à une autre, ni le mariage, qui est un, être régi par deux statuts » (Comp. dans le même sens: Trib. Constantine, 21 juin 1876, *infrà*, n° 326). Mais cette solution a été rejetée par de nombreux auteurs et par la jurisprudence, qui ont admis, conformément à l'opinion soutenue au *Rép.* n° 115, que la naturalisation du mari ne peut porter atteinte à la nationalité de sa femme (Aubry et Rau, t. 1, § 71, texte et note 36; de Folleville, n° 555; Aix, 21 mars 1882, aff. Kassab, D. P. 83. 2. 22). — A l'inverse, il a été décidé que la naturalisation acquise en pays étranger par un Français ne peut faire perdré à sa femme la nationalité française (Douai, 3 août 1858, aff. Hauël, D. P. 58. 2. 218; Toulouse, 17 juill. 1874, aff. Ramondenc, D. P. 76. 1. 7; Chambéry, 27 août 1877, aff. Henri X..., D. P. 78. 2. 184. V. *infrà*, n° 302).

69. Ces solutions sont consacrées par la loi de 1889; le nouvel art. 12 c. civ. facilite, en effet, à la femme de l'étranger naturalisé l'acquisition de la nationalité française, mais décide formellement que la qualité de Française ne peut être imposée à la femme par son mari (V. *infrà*, n° 125). Il s'ensuit que, réciproquement, la qualité d'étrangère ne pourra être imposée à la femme française par la naturalisation qu'obtiendrait son mari en pays étranger.

70. On a traité au *Rép.* n° 118 la question de savoir si la femme mariée peut changer de nationalité. On s'accorde à reconnaître que, si elle n'est pas séparée de corps, elle ne peut changer de nationalité qu'avec l'autorisation de son mari ou de justice, mais sans que la validité de ce changement soit subordonnée à un changement simultané de la nationalité du mari (V. de Folleville, n° 413).

On discute au contraire dans la doctrine sur la capacité de la femme séparée. M. de Folleville, n° 417, soutient que la femme séparée de corps peut acquérir une nationalité étrangère sans avoir besoin d'aucune autorisation de son mari ni de justice. La séparation de corps, d'après cet auteur, rompt tout lien de subordination de la femme à son mari, du moins en ce qui concerne sa personne, son état; ainsi la femme peut acquérir un domicile séparé, elle doit pouvoir acquérir une nationalité distincte. D'ailleurs, aucun texte n'oblige la femme mariée à se munir d'une autorisation du mari ou de justice pour changer de nationalité, et la capacité de la femme mariée est la règle, l'incapacité n'est que l'exception. Si, durant la vie commune, tant qu'un jugement de séparation n'est pas intervenu, une autorisation est néanmoins exigée, c'est qu'alors la femme ne peut avoir d'autre domicile que son mari; ne pouvant avoir un autre domicile, elle ne peut avoir une autre nationalité. Mais, dès qu'elle est séparée, l'obstacle que créait la communauté de domicile disparaît et la capacité de la femme redevient pleine et entière au point de vue de l'acquisition d'une nationalité nouvelle, aussi bien que pour l'acquisition d'un domicile séparé. — Cette argumentation n'a trouvé aucun crédit dans la jurisprudence et est repoussée par plusieurs auteurs (V. *Rép.* n° 118). Il est inexact de prétendre que l'incapacité, pour la femme non séparée, de changer de nationalité sans autorisation dépende de l'impossibilité pour elle d'avoir un domicile distinct de celui du mari; autre chose est le domicile, autre chose la nationalité. En supposant la femme mariée capable de changer de nationalité, le mari pourrait, il est vrai, faire indirectement échec à sa volonté en l'empêchant d'acquérir à l'étranger le domicile ordinairement exigé pour la naturalisation; mais ce ne serait là qu'un obstacle de fait et il suffirait, pour le voir disparaître, de supposer que le mari eût établi son domicile dans le pays dont la femme désirerait acquérir la nationalité; il s'agit de savoir si, en pareil cas, la femme pourrait changer de nationalité sans autorisation; dans le système admis par M. de Folleville, n° 417, il faudrait répondre affirmativement; or le même auteur, n° 413, résout négativement la question. C'est qu'il faut chercher la raison de l'incapacité de la femme non séparée dans sa qualité de femme mariée, et non dans l'impossibilité pour elle de changer de domicile; c'est que la règle pour la femme mariée est l'incapacité, et la capacité l'exception. En vain invoque-t-on, pour soutenir que la capacité est la règle, la disposition de l'art. 1124, aux termes duquel la femme mariée est incapable de contracter dans les cas exprimés par la loi; cet article n'a d'autre but que de faire allusion aux divers degrés d'incapacité résultant des conventions matrimoniales; il ne pose pas la règle sous laquelle doit vivre la femme mariée; cette règle découle de l'art. 213 qui impose à la femme obéissance au mari et subordination à celui-ci non seulement dans les questions d'intérêt, mais même dans les questions personnelles telles que celle de la nationalité, qui intéressent le mari et les enfants aussi bien que la femme elle-même; la nécessité de l'autorisation en dérive pour tous les actes de la vie civile (Comp. Aubry et Rau, t. 5, § 472, p. 137). — Reste un dernier argument : la séparation de corps, dit-on, brise tout lien de subordination personnelle. C'est une exagération; rien n'autorise à introduire dans la loi une distinction qu'elle ne fait pas; la séparation de corps fait cesser l'obligation de cohabitation et rend à la femme certains pouvoirs sur ses biens que définit l'art. 1449; elle n'a pas d'autre effet. Si elle autorise la femme à avoir un domicile distinct, c'est une conséquence de la cessation de l'obligation de cohabiter; mais l'incapacité de changer de nationalité, n'étant pas une conséquence de l'obligation de cohabiter, ne disparaît nullement; elle reste un effet de la puissance maritale qui subsiste (V. Labbé, *De la naturalisation et du divorce au point de vue des rapports internationaux*, *Journal de droit international privé*, 1877, p. 5 et suiv.; Paris, 17 juill. 1876, aff. de Bauffremont, D. P. 78. 2. 1, et la note de M. Cazalens, *ibid.*; Civ. rej. 18 mars 1878, aff. de Bauffremont, D. P. 78. 1. 201; Bruxelles, 5 août 1880, aff. de Bauffremont, D. P. 82. 2. 81).

71. On a soutenu au *Rép.* n° 119 que, si l'un des époux français obtenait seul la naturalisation en pays étranger, il pourrait demander le divorce conformément à la loi de sa nouvelle patrie et sans nul souci de la loi française. M. Labbé, *Journal de droit international privé*, 1877, p. 20 et suiv., professe une opinion contraire en partant du principe que, si la capacité de deux parties contractantes peut être régie par deux lois différentes, la validité du contrat en lui-même et ses effets doivent dériver d'une loi unique. Sans doute dans les pays où existe le mariage civil, la loi civile peut modifier les effets de ce mariage et le changement s'applique aux mariages antérieurement contractés; mais le changement atteint le contrat lui-même et fait aux deux époux une situation semblable. M. Labbé n'admet pas que le changement de nationalité puisse exercer une influence quelconque sur le mariage, si les deux époux n'acquièrent pas la même nationalité nouvelle; il n'admet pas que la volonté d'un époux puisse, malgré la volonté contraire de l'autre époux, changer la loi applicable au mariage, se dégager des obligations que lui imposait la législation sous laquelle il s'est marié, alors que ces obligations continuent à être imposées au conjoint dont la nationalité n'a pas changé, et rompre la réciprocité qui doit caractériser le lien conjugal.

72. Conformément à l'opinion exposée au *Rép.* n° 121, il a été jugé que la loi des 9-15 déc. 1790 (art. 22), relative aux descendants des religionnaires fugitifs, est encore en vigueur; qu'elle peut être invoquée aussi bien par ceux dont la descendance procède des femmes que par ceux dont la descendance procède des hommes, et que le droit de se faire déclarer naturels français peut être invoqué par le descendant d'un religionnaire fugitif, alors même qu'il aurait auparavant exercé des fonctions publiques conférées par un gouvernement étranger (Aix, 15 mai 1866, *suprà*, v° *Avocat*, n° 26). L'art. 4 de la loi du 26 juin 1889 dispose que la loi des 9-15 déc. 1790 continuera de recevoir son application, à la condition d'un décret spécial, pour chaque demandeur; ce décret n'aura d'effet que pour l'avenir.

§ 2. — Réunion d'un territoire étranger à la France (*Rép.* n°s 122 à 126).

73. Ainsi qu'on l'a dit au *Rép.* n° 123, la réunion d'un territoire à la France confère à ses habitants la qualité de Français. La nationalité française n'étant par eux acquise qu'à raison du territoire et, pour ainsi dire, par l'intermédiaire de ce territoire, ils deviennent Français du jour où est opérée la réunion définitive, c'est-à-dire du jour où sont échangées les ratifications du traité.

Les habitants des territoires cédés, avons-nous dit, deviennent Français : cette expression est trop large, car le changement de nationalité ne saurait s'étendre aux habitants non sujets de l'Etat dont est détaché le territoire annexé; elle est parfois trop restreinte, car certains traités ont étendu le changement de nationalité aux individus nés sur le territoire cédé, qui n'y ont pas leur domicile au moment de l'annexion. Il a même été jugé que telle était la règle en l'absence de tout traité et de toutes conventions diplomatiques réglant la nationalité des habitants d'un pays conquis et incorporé (Crim. rej. 12 juin 1874, aff. Ikelheimer, D. P. 75. 1. 333). En outre, les traités modernes réservent aux personnes atteintes par la cession la faculté de conserver, à certaines conditions, leur ancienne nationalité. Il faut donc, pour connaître les personnes devenues françaises par annexion de territoires, consulter les traités en vertu desquels les territoires ont été réunis. — Depuis la rédaction du *Répertoire*, quatre traités ont opéré des réunions de territoires à la France. Le plus important est le traité de Turin du 24 mars 1860, par lequel la Savoie et l'arrondissement de Nice ont été cédés à la France (D. P. 60. 4. 67). Les autres sont : 1° le traité du 2 févr. 1861 par lequel la France a acquis les communes de Menton et de Roquebrune, cédées par le prince de Monaco (D. P. 61. 4. 36); 2° le traité du 8 déc. 1862 entre la Suisse et la France, qui y a acquis une partie de la vallée des Dappes (D. P. 63. 4. 14); 3° le traité du 10 août 1877, par lequel la Suède a cédé à la France l'île de Saint-Barthélemy (D. P. 78. 4. 33).

74. L'art. 6 du traité du 24 mars 1860 (D. P. 60. 4. 67) déterminait implicitement les personnes atteintes dans leur nationalité par l'annexion de la Savoie et de Nice, en indiquant celles qui auraient la faculté d'opter pour la nationalité sarde. C'étaient : 1° les sujets sardes originaires de la Savoie ou de l'arrondissement de Nice; 2° les sujets sardes domiciliés dans ces territoires à l'époque du traité. Mais les seuls sujets sardes atteints étaient ceux qui avaient cette qualité lors de la cession. Ainsi il a été jugé avec raison que le sujet sarde qui, avant la réunion de la Savoie à la France, avait perdu la qualité de Sarde par suite d'un établissement à l'étranger sans esprit de retour, n'a pas acquis la nationalité française par suite de l'annexion (Lyon, 20 mars 1877) (1). — Par « originaire » il faut entendre ici les individus nés en Savoie ou à Nice; un arrêt a même décidé qu'il fallait entendre aussi les enfants nés en dehors de ces territoires de pères nés eux-mêmes dans les pays annexés (Civ. cass. 19 août 1874, aff. Contantin, D. P. 75. 1. 151). Mais le tribunal de Lyon a jugé, en sens contraire, que le mot « originaire » ne désigne dans le langage diplomatique, et, par suite, dans le traité, que les individus nés sur les territoires réunis (Trib. Lyon, 24 mars 1877) (2). M. Rouquier, *Revue pratique*, 1862, t. 13, p. 280, tient pour originaires

(1) (Vuataz.) — La cour ; — Considérant que Laurent Vuataz, grand-père de Charles Vuataz, est né en Savoie, le 23 févr. 1782 ; — Considérant qu'à la vérité, Laurent Vuataz, après sa majorité, paraît avoir quitté la Savoie sans esprit de retour, a habité Challex, en France, pendant de longues années et y est mort ; — Considérant, d'autre part encore, que la Savoie, pendant plusieurs années, a été réunie à la France du vivant de Laurent Vuataz ; — Mais considérant qu'aucune des circonstances qui viennent d'être relatées n'a pu faire acquérir à Laurent Vuataz la qualité de Français ; — Que le préfet ne prouve ni qu'il ait réclamé cette qualité, ni qu'au moment où la Savoie a cessé d'appartenir à la France, il ait rempli les formalités prescrites par la loi du 14 oct. 1814, pour ceux qui voulaient rester Français ; — Considérant, dès lors, que Laurent Vuataz ou est mort Sarde ou, dans tous les cas, après avoir perdu sa nationalité d'origine, est mort sans avoir acquis la qualité de Français ;

Considérant que Félix Vuataz, père de Charles Vuataz, est né à Challex, en France, le 28 janv. 1829; que, certainement, ce fait qu'il était né sur le sol de la France lui permettait de réclamer, à sa majorité, la qualité de Français ; — Mais que le préfet ne prouve pas qu'il se soit conformé à l'art. 9 c. civ. ; — Considérant qu'à la vérité, le préfet justifie qu'il a été porté sur les tableaux de recensement des jeunes gens de la commune de Challex, appelés à concourir à la formation de la classe de 1849, et qu'il a obtenu le numéro 71 ; — Mais considérant que ce sont là deux faits sans importance, puisqu'il a pu être porté sur les tableaux de recensement, même sans sa participation, et puisque le numéro 71, étant un bon numéro, rien ne prouve qu'il ait comparu devant le conseil de revision ;

Considérant qu'on allègue encore que Félix Vuataz, né d'un père sarde, est devenu Français par la dernière annexion de la Savoie à la France ; — Considérant qu'il est fort douteux, d'après ce qui a été dit plus haut, que Laurent Vuataz fût resté Sarde ; mais qu'on peut l'admettre, sans que pour cela il y ait lieu de décider que Félix Vuataz a acquis la qualité de Français, par suite de la réunion de la Savoie à la France en 1861 ; qu'en effet, longtemps avant cette époque, il avait perdu la qualité de Sarde en s'établissant en Suisse, sans esprit de retour ; — Considérant qu'on le voit, au moins dès 1845, quitter Challex, son pays natal, pour n'y plus revenir ; qu'on le voit encore vendre son petit patrimoine, prendre son domicile à Genève et s'y marier ; qu'évidemment il n'était plus Sarde au moment de la dernière annexion de la Savoie à la France, et n'a pu devenir Français par le fait de cette annexion ; — Considérant que, s'il en est ainsi, Charles Vuataz, né à Genève d'un père qui n'a jamais eu la qualité de Français, ne peut avoir lui-même cette qualité ;...

Par ces motifs, etc.

Du 20 mars 1877.-C. de Lyon, 1re ch.-M. Rieussec, pr.

(2) (Durand.) — Le tribunal; — Attendu que le sieur Pierre Durand, dont la nationalité française est contestée par le sieur Marius Conchon, est né à Cézerieux (Ain) le 25 avr. 1820; — Attendu qu'Etienne Durand, son père, était, à ce moment, de nationalité sarde; qu'en effet, né le 30 niv. an 4, à Ruffieux, département du Mont-Blanc alors français, Etienne Durand avait recouvré la nationalité sarde, en vertu du traité du 14 oct. 1814; — Que vainement on a soutenu qu'Etienne Durand avait lui-même perdu la qualité de Sarde par son établissement en France sans esprit de retour; — Que, d'une part, il n'a été produit sur la situation d'Etienne Durand, en 1820, que des allégations vagues et dans tous les cas contredites; — Que d'autre part, l'art. 34 du code civil sarde dispose que « la seule translation du domicile en pays étranger, quelle qu'ait été la durée de ce domicile, ne suffit pas pour faire preuve qu'il n'y a pas esprit de retour; » — Attendu qu'il faut en conclure qu'Etienne Durand était Sarde, et que Pierre Durand, suivant la condition de son père, a reçu, en naissant, la nationalité sarde;

Attendu que l'art. 6 du traité du 24 mars 1860 promulgué le 12 juin suivant déclare Français : 1° les Sardes originaires de la Savoie; 2° les Sardes domiciliés en Savoie; — Qu'il faut rechercher si Pierre Durand se trouve dans l'une ou l'autre de ces deux situations; — Attendu que Pierre Durand ne saurait être considéré comme originaire de la Savoie dans le sens de l'art. 6 du traité; — Qu'il faut reconnaître que le mot « originaire » n'a pas, dans la langue diplomatique et dans les traités internationaux, la signification étendue qu'il a dans le langage des lois civiles; — Qu'il est employé dans les traités diplomatiques comme indiquant le lieu de la naissance, et non pas les liens de la filiation, et qu'on veut, par l'application restreinte de ce terme, éviter les difficultés pratiques qui résulteraient de la recherche de ces liens de filiation; — Que le mot « originaire » a été interprété en ce sens par la circulaire de M. le garde des sceaux du 30 mars 1872 ; — Mais attendu qu'il résulte des affirmations de Durand et des documents présentés par lui, sans qu'ils aient été contredits, la preuve que Pierre Durand, Sarde par sa filiation, avait transporté son domicile en Savoie quelque temps avant l'annexion... ; — Attendu qu'il résulte de cet ensemble de faits et des documents rappelés, lesquels seront enregistrés avec le présent jugement, la preuve que Pierre Durand, Sarde et domicilié en Savoie au moment de l'annexion, est devenu Français par l'effet du traité du 24 mars 1860 ; — Attendu que Marius Conchon soutient que l'art. 1 du décret du 30 juin 1860, abrogeant sur ce point l'art. 6 du traité, imposait à Durand s'il voulait devenir Français, l'obligation d'en faire la déclaration dans le délai d'un an, à défaut de quoi il conservait sa nationalité sarde; — Attendu qu'il est impossible d'admettre que le décret du 30 juin 1860 ait voulu abroger, dans une de ses dispositions les plus essentielles, le traité du 24 mars, promulgué le 12 juin, c'est-à-dire quelques jours seulement auparavant; — Que, s'il en était ainsi, le décret s'en serait expliqué en termes formels et explicites; — Attendu qu'un traité international, tel que celui du 24 mars 1860, constituait un acte synallagmatique et solennel qu'un simple décret, rendu sur la proposition du ministre de la justice, en dehors de l'intervention législative, et sans même que le conseil d'Etat ait été entendu, était impuissant à modifier, alors que, par sa nature, ce décret ne rentrait pas dans les questions accessoires d'organisation intérieure, sur lesquelles le sénatus-consulte du 12 juin 1860 donnait au chef de l'Etat le pouvoir de faire des règlements par décrets ayant force de loi; — Attendu que la modification introduite ainsi audit traité eût été si essentielle et si profonde que, s'il était appliqué à la lettre, il aurait pour effet de priver de la nationalité française tous les Sardes qui, n'étant pas nés dans les provinces annexées, mais y étant domiciliés, se seraient confiés aux dispositions formelles du traité promulgué le 12 juin et n'auraient pas fait la déclaration exigée par le nouveau décret; — Que l'esprit large et libéral qui a inspiré ces grandes transactions, le texte du traité et les dispositions générales du droit public, résistent également à cette interprétation; — Attendu, d'ailleurs, que la qualité de Français a été accordée d'une manière définitive et par la force même du traité, à tous les Sardes domiciliés en Savoie au moment de l'annexion, et que le décret du 30 juin 1860 ne saurait avoir d'effet rétroactif; — Attendu que le décret du 30 juin 1860 avait pour objet de régler certaines situations spéciales, telles que celles de Sardes originaires des provinces italiennes domiciliés en Savoie, et qu'il avait pour effet de leur conserver la nationalité italienne qui semblait plus naturellement leur appartenir; — Qu'il n'y a donc pas lieu de l'appliquer, d'une manière générale, en contradiction avec le traité et surtout à des individus que leur naissance, précédant l'annexion, avait déjà faits originaires de la France; — Attendu que le fait par

ceux-là seuls qui sont nés de parents établis et domiciliés dans les pays annexés, sans tenir, d'ailleurs, aucun compte du lieu de leur naissance, ni du lieu de naissance de leurs parents; mais cette opinion nous semble inadmissible, et nous croyons devoir nous ranger à celle du tribunal de Lyon adoptée, d'ailleurs, par une circulaire du garde des sceaux du 30 mars 1872 (D. P. 72. 3. 25).

75. Les personnes comprises dans ces deux catégories avaient la faculté de conserver la nationalité sarde en remplissant deux conditions : 1° faire une déclaration de leur volonté devant l'autorité compétente dans le délai d'un an à partir de l'échange des ratifications (cet échange eut lieu le 30 mars 1860); 2° transporter, dans le même délai, leur domicile en Italie et s'y fixer. Elles étaient libres de conserver les immeubles qu'elles possédaient sur les territoires réunis à la France. — En fait, les autorités françaises se sont montrées peu exigeantes quant au transfert du domicile, et n'ont pas contesté la validité d'options accompagnées, en réalité, de simples élections de domicile en Italie.

76. Le traité de Turin était muet sur la manière dont pourraient opter les mineurs atteints par l'annexion. De là, des difficultés. Dans un premier système, on soutient que la faculté d'opter ne concernait point les mineurs, absolument incapables de disposer de leur nationalité, que le consentement de leur père à leur option ne pouvait les relever de cette incapacité, et qu'ils devaient suivre la condition de leurs représentants légaux, c'est-à-dire bénéficier de leur option ou être Français, selon que ces derniers auraient ou non accompli dans le délai prescrit, les formalités visées par l'art. 6 du traité (Alauzet, n° 66; Chambéry, 22 déc. 1862, aff. Rostaing, D. P. 63. 2. 97; Aix, 17 mai 1865) (1).

77. Dans une seconde opinion, on fait valoir qu'en vertu des termes généraux du traité, le mineur avait un droit d'option qui lui était propre, que, d'ailleurs, la nationalité des mineurs était indépendante de la puissance paternelle, ainsi que le prouve l'art. 2 de la loi du 7 févr. 1851. Toutefois, l'on reconnaît l'incapacité du mineur à décider de son état, et on ne l'admet à exercer le droit d'option que dans l'année qui suit sa majorité (de Folleville, n° 293; Eyssautier, *Revue critique*, 1863, t. 23, p. 48; Turin, 11 juin 1874, *Journal de droit international privé*, 1875, p. 138). — Ce système a le défaut de tenir trop longtemps incertaine la condition du mineur, il tient, en outre, peu de compte du texte du traité, en prolongeant un délai qui semble bien un délai de rigueur. Aussi décide-t-on, dans une troisième opinion, que, si le mineur avait, en vertu du traité, un droit propre d'option, ce droit devait être exercé dans le délai imparti par celui-ci, et que l'assistance de son père ou tuteur a pu, en vertu de l'esprit du traité, le relever de son incapacité (Cogordan, p. 333 et 334; Trib. Saint-Jean-de-Maurienne, 3 juill. 1862, aff. Rostaing, D. P. 63. 2. 97). — Ce jugement, toutefois, semble autoriser le mineur à se réclamer de son incapacité pour faire annuler son option, s'il y a intérêt.

78. Un décret du 30 juin 1860 (D. P. 60. 4. 83) a, par des dispositions inexplicables, fait naître de graves difficultés au sujet de l'application du traité de Turin, tant à l'égard des majeurs qu'en ce qui concerne les mineurs. D'après l'art. 1er de ce décret, les sujets sardes majeurs, domiciliés dans les territoires annexés, pouvaient dans le délai d'un an, à partir du décret, réclamer la qualité de Français; sur leur demande, la naturalisation pouvait, après information, leur être accordée sans formalités et sans payement de droit.

Cette disposition semble tout d'abord en contradiction formelle avec les termes du traité qui attribuent la qualité de Français aux sujets sardes domiciliés en Savoie et à Nice, aussi bien qu'aux originaires. C'est, en effet, ce qu'a pensé la cour de Chambéry, et par arrêt du 4 mai 1875 (aff. Machetto, D. P. 77. 2. 17); elle a décidé que le décret a implicitement abrogé la disposition du traité, relative aux sujets sardes domiciliés, et, par suite, que les sujets sardes majeurs, domiciliés à l'époque de l'annexion en Savoie ou à Nice, mais originaires d'autres provinces, ont conservé la nationalité sarde, s'ils n'ont pas réclamé la qualité de Français dans le délai d'un an à dater du décret du 30 juin 1860 (V. dans le même sens : Trib. Albertville, 15 mars 1879) (2). Mais cette abrogation est inadmissible, car un simple décret ne pouvait abroger une disposition d'un traité. Aussi a-t-on cherché d'autres explications au décret du 30 juin 1860. — Un jugement du tribunal d'Annecy, du 9 juill.

Durand de n'avoir satisfait à la loi militaire ni en France, ni dans le royaume de Sardaigne, est absolument sans influence sur la solution de la question de nationalité;

Par ces motifs;... dit que le sieur Pierre Durand est devenu Français par l'effet du traité du 24 mars 1860.

Du 24 mars 1877.-Trib. civ. Lyon.

(1) (Préfet des Alpes-Maritimes C. Caravadossy de Thoët.) — La cour; ... — Au fond : — Attendu que, d'après les principes du droit des gens et du droit public français appliqués par l'art. 6 du traité du 24 mars 1860 entre la France et la Sardaigne, les sujets sardes originaires du comté de Nice sont devenus Français de plein droit, et par le fait seul de l'incorporation de ce territoire à la France; — Attendu seulement que ce traité leur a réservé la faculté de répudier la nationalité française et de conserver la nationalité sarde, à la condition de faire connaître cette option et de transporter leur domicile en Italie dans l'année qui suivra l'échange des ratifications; — Attendu qu'il est constant, en fait, qu'Ignace Caravadossy de Thoët, père du mineur Félix, était né à Nice, qu'il est décédé en 1855, et sa veuve, Louise Caissoti de Roubion, y est aussi décédée le 9 sept. 1861, sans avoir opté pour la nationalité sarde, et sans avoir transporté son domicile en Italie; — Attendu, dès lors, que la veuve Caravadossy de Thoët avait la qualité de Française à l'époque de son décès; — Attendu que son fils mineur, Félix Caravadossy, vivant sous son autorité et sous sa tutelle, a suivi nécessairement la condition de sa mère, et qu'il est devenu Français; — Attendu que Félix Caravadossy ne le conteste pas, et qu'il soutient seulement qu'on doit lui réserver la faculté d'opter pour la nationalité sarde, à sa majorité, en remplissant, à cette époque, les conditions voulues par le traité; — Attendu que, pour jouir de cette faculté, le mineur Félix ne peut se prévaloir ni de l'art. 6 du traité du 24 mars 1860, ni de l'art. 9 c. nap., ni de l'art. 3 du décret du 30 juin 1860; — Attendu que le traité de 1860 ne parle pas de cette facilité dans son texte, et qu'il l'exclut davantage encore dans son esprit; — Attendu qu'il est, en effet, d'un intérêt majeur que la nationalité des habitants d'un territoire annexé soit fixée le plus promptement possible, et qu'on ne saurait admettre que les signataires du traité de 1860 aient voulu laisser la nationalité de tous les mineurs sardes en suspens jusqu'à l'époque de leur majorité; — Attendu que si l'art. 9 c. nap. permet à l'individu né en France d'un étranger de réclamer la qualité de Français dans l'année qui suivra l'époque de sa majorité, ce serait appliquer ce texte de loi à contre-sens que d'en faire résulter, pour un individu placé dans des conditions opposées, la faculté de répudier la nationalité française pour adopter une nationalité étrangère; — Attendu enfin que l'art. 2 du décret du 30 juin 1860 est rédigé dans le même esprit que l'art. 9 c. nap.; qu'il favorise le choix de la nationalité française en permettant aux fils mineurs des sujets demeurés sardes de réclamer la qualité de Français dans l'année qui suivra leur majorité, et que ce serait aussi en méconnaître le sens et la portée que d'y puiser pour les fils mineurs des Sardes devenus Français la faculté de renoncer à cette qualité; — Emendant, déclare que le mineur Félix Caravadossy a, depuis l'année 1860, la qualité de Français définitivement et sans réserve.

Du 17 mai 1865.-C. d'Aix, ch. civ.-MM. Rigaud, 1er pr.-Merville, proc. gén., c. conf.-Négrier, av.

(2) (X...) — Le tribunal; — Attendu que, de la combinaison des dispositions diverses du décret et du traité, il ressort que, si les sujets sardes originaires des territoires annexés ou y domiciliés qui ne remplissaient pas les formalités prescrites par le traité pour conserver la nationalité sarde devenaient implicitement Français, le gouvernement impérial cependant n'a pas entendu accepter purement et simplement les conséquences de ce résultat; quant à ceux qui n'étaient pas nés dans ces territoires, et pour être fixé sur leur nationalité, en raison des prérogatives civiles et politiques qui étaient attachées à la qualité de Français, et ne pas la laisser dépendre des circonstances souvent incertaines et difficiles à constater qui déterminent le domicile, il a exigé d'eux la réclamation expresse, dans le délai d'une année, de la qualité de Français, se réservant, s'il y échet, de le faire suivre d'une naturalisation sans délai et sans payement de droits; qu'on ne saurait prétendre que le décret du 30 juin ne s'est pas occupé des sujets sardes domiciliés dans les territoires annexés avant le traité du 24 mars, mais seulement de ceux qui y ont établi leur domicile depuis cette date, car ce système introduit dans ce décret une distinction que ses termes ne comportent pas, et il suppose un fait qui, se fût-il produit, n'eût vraisemblablement pas présenté un caractère d'importance telle pour motiver un décret spécial et le mode de naturalisation tout exceptionnel qu'il comporte.

Du 15 mars 1879.-Trib. civ. d'Albertville.-M. Belat, pr.

1874 (1), déclare que le traité ne vise que les sujets sardes originaires de Savoie et Nice; que les sujets sardes simplement domiciliés dans ces territoires sont restés Sardes et que le décret a eu pour but de permettre à ces derniers de devenir Français. Mais, en réalité, cette interprétation méconnaît les termes parfaitement clairs et précis de l'art. 6 du traité de Turin : « les sujets sardes originaires, ou *domiciliés* actuellement » (V. *suprà*, n° 74). — On a soutenu encore que le but du décret était de permettre aux domiciliés de faire cesser avant l'expiration du délai d'option l'incertitude qui pesait sur leur qualité, en leur retirant le droit de faire la déclaration visée par le traité, s'ils obtenaient la naturalisation par application de l'art. 1er du décret (Cogordan, p. 329 ; Décis. min. just. 6 mars et 7 août 1870). Mais,

(1) (Préfet de la Haute-Savoie *C.* Botto.) — LE TRIBUNAL; — Attendu que le sieur Botto invoque son extranéité pour n'être pas appelé au service militaire en France; — Attendu qu'il est né en Savoie d'un père italien, puisque d'après l'acte de naissance produit, sondit père Antoine Botto est originaire de Gênes, où il est né le 22 août 1816; — Attendu que, d'après la loi française, le fils d'un Italien né sur le territoire de la France reste étranger, sauf le bénéfice de l'art. 9 c. civ. ; — Qu'il s'agit de savoir s'il en est de même lorsqu'il est question, comme dans l'espèce, de l'enfant d'un Génois né en Savoie avant l'annexion de ce pays à la France; — Attendu que les effets de la réunion d'un territoire à la France confèrent *ipso facto* aux habitants qui en sont originaires la qualité de Français, ainsi qu'à ceux qui y ont été naturalisés (V. Pothier, Duranton, Zachariæ et Demangeat); — Qu'en effet, ce sont les originaires du pays annexé, ainsi que ceux qui en ont fait leur patrie d'adoption, qui sont présumés suivre la destinée de leur pays d'origine ou d'adoption; — Que d'ailleurs, d'après les principes du droit civil, on est Français quand on appartient à la France par son origine, quel que soit le lieu de naissance ou de domicile de la personne; — Qu'en appliquant cette doctrine aux pays annexés en 1860, les habitants originaires des provinces de la Savoie et de Nice seuls sont devenus Français quel que soit le lieu de leur naissance ou de leur domicile; — Que, du reste, ces principes ont été consacrés par la jurisprudence en faveur des Français domiciliés en Belgique, lors de la séparation de ce pays de la France; — Qu'en effet, les Français qui ont conservé leur domicile en Belgique après les traités de paix de 1814 et 1815 n'ont point perdu leur qualité de Français, et ne sont pas devenus sujets du roi des Pays-Bas (Bruxelles, 3 janv. 1822, *Rép.* n° 123-1°), parce que la réunion de ce pays à la Hollande n'a point imprimé la qualité de Belges à tous les habitants de la Belgique indistinctement, mais seulement à ceux originaires de ce pays; — Qu'il suit de ce qui précède que, lors de la réunion de la Savoie à la France en 1860, Botto père est resté Italien, et que son fils, quoique né à Annecy, doit avoir la même nationalité; — Qu'à la vérité les termes de l'art. 6 du traité du 24 mars 1860 paraissent avoir dérogé à ces doctrines; — Que cet article est ainsi conçu : — « Les sujets sardes originaires de la Savoie et de l'arrondissement de Nice, ou domiciliés actuellement dans ces provinces, qui entendront conserver la nationalité sarde, jouiront pendant l'espace d'un an, à partir de l'échange des ratifications et moyennant une déclaration préalable faite à l'autorité compétente, de la faculté de transporter leur domicile en Italie et de s'y fixer; auquel cas la qualité de citoyen sarde leur sera maintenue »; — Mais attendu qu'on ne peut méconnaître que l'art. 6 laisse quelque obscurité dans sa rédaction; — Qu'en effet, après avoir parlé des sujets sardes originaires des pays annexés, on n'ajoute pas aux mots : « Ou domiciliés actuellement dans ces provinces », ceux-ci : « Et non originaires des provinces annexées à la France »; — Que, pour leur faire perdre leur qualité de sujets sardes, on aurait dû les désigner plus explicitement; — Que, d'ailleurs, cet article est peu clair sur les formalités à remplir par les citoyens originaires de la Savoie et de Nice qui habitent à l'étranger, et que toutes ces difficultés disparaîtraient si l'on enlevait le mot « ou », comme cela a eu lieu dans l'art. 2 du traité du 10 mai 1871 fait avec l'Allemagne, rédigé dans les mêmes termes et commençant ainsi : « Les sujets français originaires des territoires cédés, domiciliés actuellement sur ces territoires... ; » — Attendu, au surplus, que toutes les clauses des traités comme des conventions s'interprètent les unes par les autres, en donnant à chacune le sens qui résulte de l'acte entier, puisque tous les articles d'un traité forment un tout indivisible; — Attendu que, dans l'art. 5 qui précède immédiatement l'art. 6, le gouvernement français n'a garanti les droits acquis par leurs services rendus au gouvernement sarde qu'aux fonctionnaires de l'ordre civil et militaire appartenant par leur naissance, c'est-à-dire par leur origine, aux provinces annexées, et qu'il n'est nullement question des Italiens domiciliés actuellement dans ces provinces; — Qu'il suit de cet art. 5 que, dans la pensée des contractants, les originaires de la Savoie et de Nice pourraient seuls de plein droit devenir sujets français, mais non pas les Italiens domiciliés dans les pays annexés; — Qu'il n'y aurait donc pas d'accord entre les art. 5 et 6 du traité, à moins qu'on n'admette que les deux articles ne s'appliquent qu'aux sujets sardes originaires de la Savoie ou de l'arrondissement de Nice; — Que le décret postérieur des 12 et 18 juin fait ressortir la même pensée, puisque, dans le dernier paragraphe, pour ne pas arrêter le cours de la justice, on autorise les magistrats et officiers ministériels qui ne seraient pas originaires des provinces réunies à l'empire français, à continuer à remplir leurs fonctions jusqu'à ce qu'ils aient été confirmés ou remplacés; mais on voit qu'à leur égard c'est là une chose exceptionnelle, puisque cet alinéa est ainsi conçu : « Cette disposition est applicable à ceux mêmes qui ne sont pas originaires des provinces annexées »; — Qu'en ajoutant ce mot « même », on voit clairement qu'ils ne sont pas dans une situation identique à celle des magistrats et fonctionnaires originaires de Savoie et de Nice; — Qu'enfin le décret du 30 juin 1860 démontre clairement que les sujets sardes non originaires des territoires annexés, quoique domiciliés actuellement dans ces provinces, ne sont pas devenus de plein droit Français par la réunion des ces pays à la France; — Qu'en effet, l'art. 1er dit formellement : « Les sujets sardes majeurs et dont le domicile est établi dans les territoires réunis à la France par le traité du 24 mars 1860 pourront, pendant le cours d'une année, à dater des présentes, réclamer la qualité de Français » et, dans le second alinéa, il ajoute que la naturalisation dont il s'agit sera, s'il y échet, accordée sans formalité et sans payement des droits; — Que cette loi prouve évidemment que les sujets sardes non originaires des provinces de Savoie et de Nice, quoique domiciliés sur les territoires annexés, ne sont pas devenus Français de plein droit par la réunion de ces pays à la France, mais qu'ils doivent réclamer la qualité de Français pendant le cours d'une année, et la naturalisation leur sera accordée s'il y échet, et partant pourrait être refusée; — Que cette naturalisation obtenue sans stage préalable par les citoyens sardes majeurs et non originaires des provinces réunies à la France qui avaient leur domicile dans ce pays, avait été une faveur suffisante pour sauvegarder la situation qu'ils avait attachés aux pays annexés; — Qu'on ne dise pas que le décret du 30 juin a seulement voulu donner une facilité aux sujets sardes pour obtenir de suite la qualité de Français; — Qu'en effet, par la réunion de la Savoie et de Nice à la France, la qualité de Français s'obtenait immédiatement et de plein droit, et l'art. 6 du décret précité n'indiquait que les moyens pour détruire les effets de l'annexion sur la nationalité afin de conserver la qualité de sujet sarde; — Qu'ainsi l'art. 6 du traité ne s'occupait pas de l'acquisition de la qualité de Français par la réunion des pays annexés, puisqu'elle résultait des principes généraux du droit public; mais, en fait exceptionnel, de ceux qui voulaient conserver leur qualité de sujets sardes, tandis que le décret du 30 juin statue formellement sur l'acquisition de la qualité de Français par des sujets sardes majeurs non originaires des territoires annexés et qui y étaient domiciliés à ce moment; — Qu'ainsi le traité, bien interprété et rapproché des lois postérieures, accordait collectivement la qualité de Français seulement aux sujets sardes originaires des provinces de la Savoie et de Nice, tandis que les sujets sardes majeurs non originaires de ces pays ne pouvaient obtenir qu'une naturalisation individuelle;

Attendu, quant aux sujets sardes encore mineurs dont les parents n'étaient pas originaires des pays annexés, mais qui étaient eux-mêmes nés dans les provinces de Nice et de Savoie, l'art. 2 du décret précité dit : qu'ils pourront, dans l'année qui suivra l'époque de leur majorité, réclamer la qualité de Français en se conformant à l'art. 9 c. civ.; — Qu'il suit jusqu'à l'évidence de cet article que, sans distinguer si les parents étaient domiciliés ou non dans les pays annexés, tous les mineurs dont il s'agit quoique nés dans ces pays, sont étrangers, sauf qu'on leur accorde le bénéfice de l'art. 9 c. civ.; — Que la naissance sur le sol de la Savoie et de l'arrondissement de Nice, même avant l'annexion de ces pays, produisait le même effet qui si alors déjà ces pays avaient été une terre française; — Qu'enfin, cette manière d'interpréter les différentes lois fixe nettement la nationalité et évite bien des difficultés; — Qu'en effet, les sujets sardes originaires de la Savoie et de l'arrondissement de Nice, majeurs ou mineurs, sont devenus de plein droit Français par suite de l'annexion de leur pays, sans s'occuper du lieu de leur naissance ou de leur domicile, tandis que les sujets sardes non originaires des pays réunis à la France restent étrangers, sauf à se prévaloir du décret du 30 juin 1860, pour acquérir la qualité de Français; — Qu'ainsi, il n'y a pas à examiner s'ils étaient domiciliés ou résidant seulement dans ces pays au moment de l'annexion, si leur établissement constituait le domicile légal, si le domicile de quelques jours doit avoir l'effet de les dénationaliser, puisque l'art. 6 du traité ne parle que du domicile actuel sans autre condition ou s'il faut un domicile sans esprit de retour; — Qu'il y a donc lieu de préférer l'interprétation susindiquée, qui concorde avec le droit civil et public de la France; — Par ces motifs, etc.

Du 9 juill. 1874.-Trib. civ. d'Annecy.-MM. Séligman, pr.-Richard, subst.-Carron, av.

si tel était l'objet du décret, ses termes seraient fort singuliers; car, pour produire ce résultat, il eût suffi de donner acte aux déclarants de leur intention de rester Français, et on ne comprend guère une *naturalisation* accordée à des personnes déjà devenues Françaises par l'effet du traité. — On a soutenu encore que le décret, respectant d'ailleurs entièrement le traité, avait eu pour effet d'offrir une naturalisation privilégiée aux sujets sardes qui, non domiciliés dans les territoires annexés au jour du traité, seraient venus y établir leur domicile avant le 30 juin 1860 (V. en ce sens : Rouquier, *Revue pratique*, 1862, t. 13, p. 274; de Folleville, n° 304; Robillard, p. 201 et 202; Trib. Nice, 26 mai 1879 (1); Grenoble, 22 juill. 1880, aff. Vigliano, D. P. 81. 2. 177). — Enfin, suivant une dernière opinion, le décret aurait eu en vue les individus qui, n'étant pas originaires de la Savoie ou du comté de Nice, n'y avaient pas non plus une résidence stable, présentant les conditions de durée et les caractères légaux nécessaires pour constituer un domicile; ces individus, restant en dehors des prévisions du traité ne pouvaient devenir Français qu'en vertu d'une naturalisation individuelle que le décret du 30 juin 1860 a eu pour but de leur faciliter (V. D. P. 82. 1. 5, note).

Sans se prononcer entre ces différents systèmes, la cour de cassation a déclaré, conformément à l'opinion exprimée ci-dessus, « que les termes du traité du 24 mars 1860 (art. 6) sont clairs et précis; qu'il en résulte, sans aucun équivoque, que les sujets sardes sont classés dans deux catégories distinctes, à savoir : 1° les individus originaires des pays annexés; 2° les individus simplement domiciliés dans ces provinces, et que les parties contractantes ont entendu que la nationalité française fût acquise aux uns comme aux autres, *ipso facto*, par l'effet du traité d'annexion, s'ils ne remplissaient pas les conditions établies par l'art. 6 pour la conservation de la nationalité sarde; — Que le décret du 30 juin de la même année n'a ni voulu, ni pu porter rétroactivement atteinte aux droits acquis en vertu de la convention diplomatique, dont il avait pour but de réglementer l'exécution, et qui avait reçu la consécration du pouvoir législatif », (Req. 23 nov. 1881, aff. Vigliano, D. P. 82. 1. 5. V. aussi Trib. Lyon, 24 mars 1877, *suprà*, n° 74; Alauzet, n° 68).

79. L'art. 2 du décret du 30 juin 1860 n'a pas fait naître moins de difficultés que l'art. 1er. Le traité, ne distinguant pas entre les sujets sardes, rendait Français les mineurs aussi bien que les majeurs, les domiciliés aussi bien que les originaires. Le décret (art. 2) disposait que les sujets sardes, encore mineurs, nés en Savoie ou à Nice, pourraient, dans l'année qui suivrait l'époque de leur majorité, réclamer la qualité de Français en se conformant à l'art. 9 c. civ. C'était les supposer Sardes jusqu'à leur majorité, contrairement au texte du traité.

Aussi était-il naturel, si l'on voulait donner effet à l'art. 2 du décret, de conclure à l'abrogation du traité en ce qui concerne les mineurs originaires. C'est en ce sens que s'est prononcée la cour de Chambéry par l'arrêt du 4 mai 1875, cité *suprà*, n° 78, en décidant que l'enfant né en Savoie d'un père originaire d'une province italienne et mineur à l'époque de l'annexion, doit être considéré comme sujet italien à défaut d'option explicite de sa part pour la nationalité française (V. aussi Trib. Annecy, 9 juill. 1874, *suprà*, n° 78). Nous avons déjà dit que l'abrogation du traité par un décret est inadmissible. On a proposé de concilier le traité et le décret en distinguant parmi les mineurs originaires, selon qu'ils étaient nés en Savoie ou à Nice de parents établis et domiciliés dans les pays annexés ou qu'ils n'y étaient nés qu'accidentellement; les premiers seraient devenus Français en vertu du traité; les seconds auraient pu le devenir en vertu du décret (Rouquier, *Revue pratique*, 1862, t. 13, p. 275; de Folleville, n° 311). Mais ce système se concilie difficilement avec les termes généraux du traité, qui comprennent sous l'expression « originaires » tous ceux qui sont nés sur les territoires annexés. Cette opinion, qui dérive du sens attribué par M. Rouquier au mot « originaires » (V. *suprà*, n° 74), introduit en outre dans les termes du décret une distinction qui n'y est nullement exprimée. M. Cogordan, p. 334, a cru trouver un sens à l'art. 2 du décret, en supposant qu'il autorise le mineur qui aurait opté pour la nationalité sarde, à s'en repentir après sa majorité et à réclamer alors la qualité de Français, en accomplissant les formalités de l'art. 9 c. civ., mais cette interprétation ne trouve aucun point d'appui dans le texte du décret et M. Cogordan reconnaît d'ailleurs, p. 430, qu'elle était fort éloignée de la pensée de son auteur; en outre, elle a l'inconvénient grave de créer un nouveau mode d'acquérir la nationalité française, ce que le sénatus-consulte du 12 juin 1860 n'autorisait nullement à faire par décret. — Enfin un arrêt de la cour d'Aix du 17 mai 1865 (*suprà*, n° 76), trouve dans l'art. 2 du décret le droit pour les enfants mineurs des sujets demeurés Sardes de réclamer la qualité de Français dans l'année qui suit leur majorité. Ce système soulève les mêmes objections que le précédent.

80. En définitive, il ne paraît pas possible de trouver aucune explication satisfaisante à l'art. 2 du décret.

D'après le traité, les mineurs nés accidentellement en Savoie ou à Nice de parents sardes ne pouvaient conserver la nationalité sarde qu'en vertu d'une option formelle (V. *suprà*, nos 76 et 77). En 1874, il a été convenu entre les deux gouvernements, par un simple échange de notes, que ces mineurs seraient, à défaut d'option, considérés comme Italiens et par suite ne seraient pas soumis, en France, au service militaire. Mais il a été reconnu, en même temps, que cet accord n'avait d'effet qu'au point de vue de la pratique administrative et ne portait aucune atteinte aux droits des intéressés, qui resteraient libres de les faire valoir devant les tribunaux, c'est-à-dire de se réclamer du traité afin de se faire reconnaître la qualité de Français (Note du chargé d'affaires d'Italie au ministre des affaires étrangères, 22 juill. 1874; Cogordan, p. 476, Annexe E E; *Journal de droit international privé*, 1877, p. 105).

81. En vertu de l'art. 7 du traité du 2 févr. 1861 (D. P. 61. 4. 36), les sujets du prince de Monaco, originaires de Menton ou de Roquebrune, ou domiciliés dans ces communes, sont devenus Français, sauf faculté pour eux de conserver la nationalité monégasque aux mêmes conditions de déclaration et de transfert de domicile que les sujets sardes atteints par l'art. 6 du traité de Turin. Il a été jugé avec raison, à propos de ce traité, que la condition de transfert de domicile n'était exigée, pour la conservation de la nationa-

(1) (X...) — LE TRIBUNAL; ... — Attendu qu'on peut induire de cet article (art. 6, traité 24 mars 1860) que non seulement les sujets sardes originaires des provinces annexées à la France, mais aussi les sujets sardes y domiciliés actuellement, qui n'ont pas rempli les formalités prescrites par ledit art. 6, n'ont pas conservé leur nationalité sarde et partant sont devenus Français par l'annexion des territoires où ils étaient actuellement domiciliés; que la qualité de Français leur est conférée *ispo facto* par l'effet du traité, sans les soumettre à aucune autre condition que celle de l'origine ou du domicile actuel; qu'à la vérité, cet art. 6 paraît en contradiction avec le décret du 30 juin 1860, art. 1; — Mais attendu que, quelle que soit l'interprétation que l'on puisse donner à ce décret, il ne pourrait avoir pour effet de détruire les droits acquis aux sujets sardes domiciliés dans les territoires annexés par l'art. 6 précité; qu'en effet, par la réunion de la Savoie et de Nice à la France, la qualité de Français s'obtenait immédiatement et de plein droit, et que le décret, émané du gouvernement français seul, ne pouvait détruire les stipulations du traité international qui constitue un véritable contrat bilatéral entre les deux nations qui l'ont conclu; qu'il suit de là que ce décret, conférant la naturalisation individuellement, et non pas collectivement, ne peut s'appliquer qu'aux sujets sardes qui n'ont pris domicile dans les territoires annexés que postérieurement au 24 mars 1860 jusqu'au 30 juin de la même année, à moins qu'il n'ait eu pour but d'éviter aux sujets sardes simplement domiciliés et non originaires toutes les difficultés auxquelles peut donner lieu la preuve du fait de leur domicile établi dans lesdits territoires antérieurement au 24 mars 1860; qu'en effet, on ne peut méconnaître que la question du domicile remontant au moment du traité du 24 mars 1860 peut présenter de grandes difficultés en fait, et que la naturalisation individuelle obtenue sans stage ni payement d'aucuns droits, en vertu du décret du 30 juin 1860, évitait aux sujets sardes alors domiciliés dans les territoires annexés les inconvénients résultant de cette question de domicile; — Attendu que, d'après la jurisprudence constante du tribunal civil de Nice, les citoyens sardes domiciliés dans ledit arrondissement, qui n'ont pas opté dans l'année pour la nationalité italienne, ont toujours été considérés comme Français, etc.

Du 26 mai 1879.-Trib. civ. de Nice.

lité, que des individus domiciliés sur les territoires cédés; que les sujets de l'Etat cédant, originaires des territoires cédés et domiciliés ailleurs, fût-ce sur le territoire de l'Etat cessionnaire, pouvaient conserver leur nationalité primitive à la seule condition de faire la déclaration d'option prescrite par le traité (Aix, 19 févr. 1873, aff. Aurigo, D. P. 73. 2. 108). — L'art. 8 du traité du 2 févr. 1861, par une faveur spéciale, a autorisé les habitants des communes cédées qui étaient au service du prince de Monaco, à y rester sans perdre leur qualité de sujets français, à la condition de déclarer leur intention à cet égard, à l'agent consulaire de France à Monaco, dans le délai de trois mois à partir de l'échange des ratifications.

82. Le traité de Berne du 8 déc. 1862 (D. P. 63. 4. 14) n'est pas un traité d'annexion proprement dite; c'est un traité d'échange, de rectification de frontières. Il offre cette particularité que les habitants du territoire suisse cédé à la France dans la vallée des Dappes, comme à l'inverse, les habitants du territoire français cédés à la Suisse, sont admis à conserver leur ancienne nationalité au moyen d'une simple déclaration d'option, sans être tenus de transférer leur domicile sur le territoire de l'Etat dont ils entendent rester sujets (art. 3).

83. Le protocole du 31 oct. 1877 (D. P. 78. 4. 33), dressé en exécution du traité du 10 août 1877, est d'une netteté et d'une précision remarquable, au sujet de l'effet de la cession de l'île Saint-Barthelemy sur la nationalité de ses habitants. Aux termes de l'art. 1er, les sujets suédois domiciliés dans l'île et les îlots qui en dépendent sont devenus Français. L'art. 2 les autorisait à conserver la qualité de Suédois au moyen de déclarations individuelles devant l'autorité de l'île; le transfert de domicile sur territoire suédois n'était pas exigé; le gouvernement français se réservait seulement la faculté d'exiger le transport hors de l'île de la résidence des optants. Pour les mineurs, la faculté d'option était réservée durant le délai d'un an à dater du moment où ils atteindraient l'âge fixé pour la majorité française.

§ 3. — Enfant né en France d'un étranger (*Rép.* nos 127 à 139).

84. L'enfant né en France d'un étranger devenait Français dès qu'il avait rempli les formalités prescrites par l'art. 9 c. civ. (V. *Rép.* no 128), sans qu'il fût besoin pour lui d'obtenir des lettres de déclaration de naturalité (V. Aubry et Rau, t. 1, § 70, note 9; de Folleville, no 130). — Une lettre du garde des sceaux au préfet de la Gironde en date du 17 nov. 1876 (*Bulletin officiel du ministère de la justice*, 1876, p. 229) a déclaré qu'il y avait lieu d'accorder le bénéfice de l'art. 9 à l'enfant né en Savoie avant l'annexion, par le motif que les territoires cédés à une nation seraient réputés, en droit international, lui avoir toujours appartenu; mais ce prétendu principe de droit international n'existe pas, et l'opinion du garde des sceaux ne nous paraît pas devoir être admise (Cogordan, p. 78).

85. La loi du 26 juin 1889 a modifié profondément l'art. 9 c. civ.; il faut distinguer actuellement parmi les enfants nés en France d'étrangers nés à l'étranger ceux qui sont domiciliés en France à l'époque de leur majorité (il s'agit toujours ici de la majorité telle qu'elle est fixée par la loi française (V. le texte du nouvel art. 9), et ceux qui, à cette époque, sont domiciliés à l'étranger. Les premiers sont Français, sauf faculté d'option pour la nationalité étrangère (art. 8-4°); les seconds sont étrangers, sauf faculté d'option pour la nationalité française. Le nouvel art. 9 modifie les conditions et formalités à remplir par l'enfant né en France d'un étranger qui veut acquérir la nationalité française, et permet de remplir ces formalités au nom de l'enfant mineur.

86. Les navires de guerre français sont considérés comme une extension du territoire français; il en résulte que l'enfant né d'un étranger à bord d'un navire français serait ou Français ou admis à jouir du bénéfice de l'art. 9. Cette règle ne comporte aucune exception en ce qui concerne les navires de guerre. Quant aux navires marchands, on distingue selon qu'ils sont en pleine mer ou dans les eaux territoriales d'un Etat étranger; dans ce dernier cas, on admet qu'ils ne jouissent plus du privilège de territorialité; par suite, l'enfant né d'un étranger à bord d'un navire marchand français dans les eaux territoriales d'un Etat étranger ne pourrait invoquer l'art. 9 c. civ. (Cogordan, p. 78; de Folleville, no 138).

87. Ainsi qu'on l'a exposé au *Rép.* no 128, l'individu né en France d'un étranger devait, avant la loi de 1889, pour acquérir la qualité de Français, non seulement réclamer cette qualité, mais encore déclarer son intention de fixer son domicile en France (C. cass. Belgique, 12 févr. 1872, aff. Peltzer, D. P. 72. 2. 12).

88. Aux termes de la loi de 1889, l'enfant né en France d'un étranger, et qui n'y est pas domicilié à l'époque de sa majorité doit, pour acquérir la nationalité française : 1° avant et jusqu'à l'âge de vingt-deux ans accomplis, faire sa soumission de fixer en France son domicile; 2° après y avoir établi son domicile dans l'année à compter de l'acte de soumission, réclamer, dans le même délai, la qualité de Français, par une déclaration qui sera enregistrée au ministère de la justice. La déclaration peut être faite au nom du mineur (V. *infrà*, no 96).

89. Comme il a été dit au *Rép.* no 130, la loi du 22 mars 1849 a permis à l'étranger né en France de faire à toute époque la déclaration prescrite par l'art. 9-1°, s'il servait ou avait servi dans les armées françaises de terre ou de mer; 2° s'il avait satisfait à la loi du recrutement sans exciper de son extranéité. Conformément à la première de ces dispositions, il a été jugé : 1° que l'étranger, né en France, qui a servi pendant la guerre de 1870-1871, dans la garde nationale mobilisée, même sans avoir pris part à aucune bataille ou à la défense d'aucune place, est devenu Français par le seul effet de la déclaration qu'il entendait fixer son domicile en France, conformément à l'art. 9 c. civ. (Civ. rej. 4 mai 1881, aff. Barbet, D. P. 81. 1. 486); — 2° Que l'étranger, né en France pouvait réclamer la qualité de Français, même après l'année de sa majorité, en faisant la déclaration prescrite par l'art. 9 c. civ. lorsqu'il justifiait qu'il s'était engagé comme novice et qu'il avait servi dans la marine militaire française, quoique la durée de ses services conforme aux lois et règlements de la flotte eût été inférieure à la durée imposée par la loi du recrutement, et quoique, libéré avant le tirage de la classe à laquelle il aurait appartenu s'il avait été Français, il ne se fût pas fait inscrire sur le tableau de recensement (Req. 29 déc. 1885, aff. Bogliano, D. P. 86. 1. 369).

90. Sur l'art. 2 de la loi de 1849, s'est élevée la question de savoir si l'étranger qui aurait excipé de son extranéité pour faire rayer son nom des listes du contingent militaire, aurait pu invoquer néanmoins les dispositions de cet article, au cas où, depuis et avant l'accomplissement de sa trentième année (L. 21 mars 1832, art. 9. Comp. L. 27 juill. 1872, art. 12, D. P. 72. 4. 47), il se serait fait inscrire sur ces listes et se serait soumis aux chances du tirage au sort. Dans une première opinion, l'on soutenait que l'étranger pouvait encore invoquer l'art. 2 de la loi de 1849; le fait d'avoir une première fois excipé de son extranéité ne l'empêchait pas, disait-on, d'être compris dans les termes de la loi, car du moment qu'il s'était fait inscrire ensuite sur les listes du contingent, il avait satisfait à la loi du recrutement sans exciper de son extranéité. Sans doute, cette inscription était irrégulière; car, d'une part, elle était réservée à ceux qui avaient été omis sur les listes de la classe à laquelle ils appartenaient par leur âge; de l'autre, les étrangers ne pouvaient réclamer leur inscription sur les listes de recrutement, n'ayant pas le droit de servir dans l'armée française, et l'administration militaire aurait pu et dû refuser l'inscription; mais l'autorité judiciaire n'avait pas qualité pour radier les inscriptions même irrégulières; et d'ailleurs le bénéfice de l'art. 2 de la loi de 1849 supposait toujours une inscription irrégulière, car l'étranger ne pouvait pas plus être inscrit lorsqu'il était mineur qu'après avoir atteint sa majorité. On ajoutait que, si l'étranger avait effectivement servi, le bénéfice de l'art. 1er de la loi lui eût été applicable; or, il était impossible de distinguer entre le service militaire effectif et la simple soumission à la loi du recrutement (V. en ce sens : de Folleville, no 175; Douai, 10 févr. 1867, aff. Renaux, D. P. 68. 2. 31). — Dans une seconde opinion, qui nous semble préférable, on refusait à l'étranger qui avait excipé de son extranéité pour échapper au service militaire, le droit de se prévaloir d'une inscription tardive par lui requise, pour invoquer le bénéfice de la loi de 1849. En pareil cas, en effet, on ne pouvait dire que l'étranger eût satisfait à la loi de recrutement. Un Français omis satisfaisait, il est vrai, à cette loi, lorsqu'il se faisait inscrire sur les listes de recrutement avant sa trentième année; mais on ne pouvait en dire autant d'un étranger qui, compris à tort, il est vrai, mais compris d'abord sur les listes, avait invoqué son extranéité pour refuser d'y être maintenu; ce refus ne pouvait être couvert par une inscription ultérieure. La loi de 1849 a été faite pour permettre l'acquisition de la qualité de Français à toute époque, à l'étranger né en France qui s'était pleinement soumis à la loi militaire, comme il aurait été contraint de le faire s'il avait été déjà Français; mais, du moment que l'étranger avait refusé de s'y soumettre, il était en dehors des termes et de l'esprit de la loi; on ne pouvait dire qu'il avait satisfait à la loi du recrutement sans exciper de son extranéité puisqu'il en avait excipé. Vainement eût-on allégué que, lorsque l'étranger avait excipé de son extranéité, il était mineur et devait être relevé des conséquences de cet acte préjudiciable à ses intérêts; le mineur est, en effet, pleinement capable de disposer de sa personne au point de vue militaire à partir de l'âge de vingt ans. Si donc il avait excipé de son extranéité pour se soustraire au service, il ne pouvait invoquer la loi de 1849 qu'autant qu'il s'était placé plus tard dans le cas de l'art. 1er de cette loi, c'est-à-dire s'il avait servi effectivement dans l'armée. La loi distinguait avec raison le service effectif et la soumission à la loi de recrutement; le service effectif mettait l'étranger à l'abri de tout soupçon sur la loyauté avec laquelle il acceptait les charges de la nationalité française; il n'en était pas de même d'une soumission tardive à la loi de recrutement, précédée d'un refus de satisfaire à cette loi; il eût été trop facile de se soustraire au service à l'âge de l'appel, et d'attendre que les circonstances eussent fourni un cas d'exemption pour prendre part à un tirage qui n'eût entraîné aucune charge réelle. Si la loi de 1849 a admis l'équivalence du risque du service au service effectif, ce n'est qu'autant que ce risque avait été encouru à la première sollicitation dont l'étranger avait été l'objet (V. en ce sens : Cogordan, p. 85; Amiens, 24 nov. 1868, aff. Renaux, D. P. 68. 2. 240; Req. 27 janv. 1869, aff. Sioën, D. P. 72. 1. 55. — Comp. L. 15-17 juill. 1889 sur le recrutement de l'armée, art. 11, D. P. 89. 4. 80).

91. Cette controverse n'existe plus aujourd'hui. La loi de 1889, art. 6, abroge la loi du 22 mars 1849, qui se trouve remplacée par l'al. 3 de l'art. 9, aux termes duquel l'individu né en France d'un étranger et qui n'y est pas domicilié à l'époque de sa majorité devient Français « si, ayant été porté sur le tableau de recensement, il prend part aux opérations de recrutement sans opposer son extranéité ». — L'art. 11 de la loi des 15-17 juill. 1889 sur le recrutement de l'armée (D. P. 89. 4. 80), porte que « les individus nés en France d'étrangers et résidant en France sont portés, dans les communes où ils sont domiciliés, sur les tableaux de recensement de la classe dont la formation suit l'époque de leur majorité telle qu'elle est fixée par la loi française. Ils peuvent réclamer contre leur inscription lors de l'examen du tableau de recensement et lors de leur convocation au conseil de revision, conformément à l'art. 16 ci-après. S'ils ne réclament pas, le tirage au sort équivaudra pour eux à la déclaration prévue par l'art. 9 c. civ.; s'ils se font rayer, ils seront immédiatement déchus du bénéfice dudit article ».

92. On a dit au *Rép.* n° 131 que la déclaration de l'art. 9 pouvait être faite à la municipalité de la résidence actuelle du déclarant ou de la commune où il se proposait d'établir son domicile; MM. Aubry et Rau, t. 1, § 70, note 6, et de Folleville, n° 131, admettent également la validité de la déclaration faite devant les agents diplomatiques ou consulaires français.

93. La loi de 1889 (art. 9, c. civ.) exige que la déclaration soit enregistrée au ministère de la justice; un règlement d'administration publique du 13 août 1889 (D. P. 89. 4. 72), pris en vertu de l'art. 5 de la loi nouvelle, détermine devant quelles autorités les intéressés seront admis à faire leur déclaration.

94. Conformément à l'opinion soutenue au *Rép.* n° 133, les auteurs s'accordent à refuser le bénéfice de l'art. 9 c. civ. à l'enfant conçu en France et né en pays étranger d'un étranger (Cogordan, p. 79; de Folleville, n° 137).

95. L'art. 9 ancien c. civ. disposait que la réclamation de la qualité de Français pourrait être formée par l'enfant né en France d'un étranger dans l'année de sa majorité.

La question s'est présentée de savoir, si cette réclamation, et la déclaration exigée par l'art. 9 ne pouvaient pas être formées au moins à titre provisoire, durant la minorité de l'enfant, pour lui permettre de se présenter aux écoles du Gouvernement. Dans un premier système, on soutenait que l'intérêt de l'enfant devait faire admettre sa prétention; on alléguait que la déclaration visée par l'art. 9 c. civ. avait un effet rétroactif, qu'elle faisait considérer l'enfant né en France d'un étranger comme Français dès le jour de sa naissance; que cet enfant avait par suite, durant sa minorité, un droit conditionnel à la qualité de Français et que, par application de l'art. 1180 c. civ., il devait être admis du moins par l'intermédiaire de ses représentants légaux, à faire tous actes conservatoires de ce droit. On faisait, en outre, remarquer la dureté de la solution qui empêchait le mineur de jouir d'un droit attaché à la qualité de Français, alors qu'il ne pouvait manifester sa volonté de devenir Français qu'à une époque où il serait trop tard pour pouvoir en user (Trib. Seine, 23 avr. 1850, aff. Gardoni, D. P. 50. 3. 28). — L'effet rétroactif de la déclaration de l'art. 9 était la base de ce premier système. Or on verra bientôt (V. *infrà*, n° 99) que cette base n'était rien moins que certaine. Mais, même si l'on reconnaissait un effet rétroactif à la déclaration, il nous semble impossible d'admettre que cette déclaration pût être faite à titre provisoire avant la majorité de l'enfant. Si, en effet, la loi a reculé l'époque de la déclaration après la majorité, c'est parce que le droit de réclamer la nationalité française était un droit personnel, qui ne pouvait être exercé par un représentant légal; c'est aussi parce que l'effet de la déclaration devait être définitif. Au moment où le réclamant devenait Français, il devait accepter les charges de la nationalité française en même temps qu'il était admis aux avantages de cette nationalité; une déclaration provisoire, en lui conférant les avantages, l'eût laissé encore libre de décliner plus tard les charges; elle eût été, par suite, contraire à l'esprit de la loi (V. en ce sens : de Folleville, n° 151; Paris, 14 juill. 1856 (1); Trib. Seine, 1er juin 1859, Paris, 30 juin 1859, et Req. 31 déc. 1860, aff. Stépinski, D. P. 61. 1. 209). — Il était, du reste, bien difficile de soutenir l'opinion contraire, depuis que les lois du 16 déc. 1874, du 14 févr. 1882 et du 28 juin 1883 avaient accordé à certaines catégories de personnes admises au bénéfice de l'art. 9 le droit de faire, à certaines conditions, la déclaration lorsqu'elles étaient encore mineures, afin de concourir pour l'admission aux écoles du Gouvernement ou de prendre du service dans l'armée. Ces lois, en déterminant les diverses catégories auxquelles elles appliquaient cette faveur, écar-

(1) (Marchocki C. Min. de la guerre.) — LA COUR; — Considérant qu'il est de principe que l'enfant mineur suit la condition de son père; que, conséquemment, Marchocki fils, né d'un Polonais non encore naturalisé, est étranger comme son père; — Considérant que si le fait seul de sa naissance sur la terre de France autorise ledit Marchocki à réclamer la qualité de Français dans l'année qui suivra l'époque de sa majorité, sa volonté ne peut, avant ce temps, être suppléée par qui que ce soit; — Qu'aux termes de l'art. 9 c. civ., il s'agit d'un droit essentiellement personnel; qu'en rejetant l'exercice de ce droit au moment où, devenu majeur, le fils de l'étranger est maître de ses actions, et en faisant de la réclamation exercée à l'époque et avec les formalités que rappelle le code civil, la condition substantielle du bénéfice que confère à l'étranger né en France le fait de sa naissance, le législateur a voulu que le contrat qui intervient en ce cas fût irrévocable; qu'à l'heure même où, revêtant la nationalité française, le réclamant en recueille tous les avantages, il en supportât toutes les charges; et que la manifestation d'une volonté contraire ne pût changer ultérieurement la condition qu'il s'était faite librement en connaissance de cause; — Qu'il suit de ce qui précède que Marchocki ne peut concourir pour l'école polytechnique, les Français étant seuls admissibles dans cette école;

Par ces motifs, infirme, etc.

Du 14 juill. 1856.-C. de Paris.-MM. Delangle, pr.-Saillard, a. g.

taient implicitement celles qu'elles passaient sous silence; or elles ne parlaient pas de l'enfant né en France d'un étranger.

96. La loi de 1889 (nouvel art. 9 c. civ.) permet de faire la déclaration définitive qui assurera la qualité de Français à l'enfant d'étranger visé par l'art. 9, § 1er, avant que cet enfant ait atteint l'âge de vingt et un ans. La déclaration pourra être faite, quel que soit l'âge de l'enfant, par son père; en cas de décès de son père, par sa mère; en cas de décès du père et de la mère ou de leur exclusion de la tutelle ou dans les cas prévus par les art. 141, 142 et 143 c. civ., par le tuteur autorisé par délibération du conseil de famille. Cette déclaration suppose établi en France le domicile de l'enfant né en France d'un étranger. Elle a l'avantage de fixer sa nationalité qui serait, à son défaut, indéterminée jusqu'à ce que l'enfant ait atteint l'âge de vingt et un ans, puisque la nationalité française ou étrangère de l'enfant né en France d'un étranger dépend, en principe, du lieu du domicile de cet enfant à l'époque de sa majorité.

97. On a examiné au *Rép.* n° 134, la question de savoir si la majorité requise pour la déclaration de l'art. 9 ancien était la majorité française ou la majorité étrangère. — La jurisprudence belge avait admis que la majorité requise était la majorité française (C. cass. Belgique, 6 févr. 1878, aff. Hartog, D. P. 80. 2. 89), et cette opinion, de nouveau affirmée par M. Coin-Delisle, *Revue critique*, 1864, t. 25, p. 13 et suiv., a été adoptée par MM. Aubry et Rau, t. 1, § 70, texte et note 5, p. 237, et par la cour de cassation (Civ. cass. 20 juin 1888, aff. Genthner, D. P. 89. 1. 281. V. aussi Req. 31 déc. 1860, aff. Stépinski, D. P. 61. 1. 209). — La majorité des auteurs et la cour de Paris décidaient, au contraire, que la majorité requise était celle de la loi personnelle de l'étranger né en France (Demante et Colmet de Santerre, t. 1, n° 19 *bis* II; de Folleville, n° 156; Laurent, t. 1, n° 136; Cogordan, p. 80; Valette, p. 12, texte et note 3; Demolombe, 4e éd., t. 1, n° 165; Paris, 1er déc. 1885, aff. Genthner, D. P. 86. 2. 169). Toutefois M. Demante admettait aussi la validité d'une déclaration faite dans sa vingt-deuxième année par l'étranger né en France, alors même qu'il eût été encore mineur à cette époque d'après sa loi personnelle. M. Cogordan pensait que si la majorité était fixée par la loi étrangère au-dessous de vingt et un ans, la déclaration ne pouvait être reçue avant cet âge. — Telle était aussi, semble-t-il, l'opinion de MM. Valette et Demolombe; du moins ils estimaient que la déchéance du droit de faire la déclaration de l'art. 9 ne devait être encourue qu'autant que l'intéressé était majeur depuis plus d'un an à la fois d'après la loi française et d'après la loi étrangère. Le motif qui paraissait les décider est qu'autrement l'individu majeur d'après la loi de son pays serait devenu mineur par son option; mais ce résultat n'avait rien de contraire aux principes de notre droit; il pouvait se produire en vertu de la loi de 1851, aux termes de laquelle les enfants nés en France d'étrangers qui eux-mêmes y étaient nés devaient, pour décliner la nationalité française, réclamer celle de leur père dans l'année qui suivait leur majorité telle qu'elle était fixée par la loi française; si la majorité était fixée par la loi étrangère à un âge plus avancé que vingt et un ans, leur option les replaçait en état de minorité. L'art. 3 de la constitution de l'an 8 (V. *Rép.* n° 130) ne nous paraît pas faire davantage obstacle à ce que la déclaration pût être faite avant vingt et un ans, car l'art. 9 c. civ. statuait sur une hypothèse qui lui est étrangère. — La latitude admise par MM. Demolombe et Valette, comme celle qu'admet M. Demante nous paraît provenir d'une interprétation plus indulgente que strictement exacte de l'art. 9. Cet article semble exiger la majorité étrangère et faire toujours courir à sa date le délai de déchéance. MM. Aubry et Rau ont toutefois proposé (t. 1, § 70, p. 238) de faire cesser la déchéance dans une hypothèse où ce tempérament paraissait acceptable; c'est au cas où un enfant naturel né en France d'une Française avait été reconnu après sa vingt-deuxième année par un père étranger; MM. Aubry et Rau admettent cet enfant à invoquer le bénéfice de l'art. 9 dans l'année qui suit la reconnaissance (Conf. Req. 15 juill. 1840, *Rép.* n° 495).

98. Les termes du nouvel art. 9 c. civ. (loi de 1889) ne laissent plus de doute sur l'âge auquel peut être faite la réclamation de la qualité de Français. La soumission d'établir domicile en France peut être faite jusqu'à vingt-deux ans accomplis et la déclaration qui doit suivre l'établissement de domicile devra être faite dans l'année à compter de l'acte de soumission. La réclamation de la qualité de Français peut être produite avant la majorité, mais pas au delà des limites déterminées par l'art. 9 c. civ. qui nous paraissent fixées à peine de déchéance. Peu importe l'âge fixé pour la majorité par la loi nationale du réclamant. — L'art. 11 de la loi du 15 juill. 1889 sur le recrutement de l'armée a réduit, dans une certaine mesure, ce délai d'option pour les individus nés en France d'étrangers et résidant en France; et a, en même temps, modifié en ce qui les concerne les formalités à remplir (V. *suprà*, n° 91).

99. La question de savoir si la déclaration de l'ancien art. 9 produisait ou non un effet rétroactif au jour de la naissance du déclarant était toujours restée l'objet d'une vive controverse. Outre les arguments exposés au *Rép.* n° 135, on a allégué, en faveur de l'effet rétroactif, que des travaux préparatoires du code résulte la preuve que la naissance sur le sol français donnait à l'enfant un droit éventuel à la qualité de Français; que, par suite, et par application de l'art. 1179 c. civ., la déclaration de l'art. 9 produisait l'effet d'une condition accomplie, et attribuait rétroactivement au déclarant la qualité de Français; on a invoqué aussi la loi du 28 mai 1853 sur la caisse des retraites et rentes viagères pour la vieillesse (art. 3, §2, et 10, § 2, D. P. 53. 4. 89), depuis abrogée par la loi du 15 juin 1861 (D. P. 61. 4. 71), aux termes de laquelle des dépôts pouvaient être effectués au nom des étrangers nés en France, sauf à ne produire leur effet que s'ils devenaient Français par application de l'art. 9 ou de la loi de 1849. Cette faveur a-t-on dit, supposait l'effet rétroactif de la déclaration (V. Aubry et Rau, t. 1, § 70, texte et note 10, p. 238; Coin-Delisle, *Revue critique*, 1864, t. 25, p. 3; Valette, p. 10). — Il a été décidé en ce sens: 1° que les tribunaux français étaient compétents pour connaître des faits délictueux commis à l'étranger par un étranger né en France, lorsqu'il avait réclamé la qualité de Français conformément à l'art. 9, alors même que les faits qui lui étaient reprochés étaient antérieurs à sa déclaration (C. d'ass. Nord, 3 août 1877) (1); — 2° Que, si un individu né en France de parents

(1) (Liévin Brans.) — Dans le courant de mars 1876, le nommé Liévin Brans, né à Lille en 1856 de parents belges, se rendit à Gand et, s'étant fait délivrer l'acte de naissance du sieur Denoyette, obtint sous ce nom les pièces nécessaires pour contracter un engagement dans l'armée belge. Cet engagement, de huit années, devait lui rapporter une prime de 1600 fr. dont 300 fr. payables immédiatement après l'entrée au corps. Dès qu'il eût touché cette dernière somme, il déserta, passa la frontière et revint à Lille, où il entreprit les démarches pour acquérir la qualité de Français conformément à l'art. 9 c. civ. Reconnu quelque temps après il fut poursuivi devant la cour d'assises du Nord pour les faits commis en Belgique, mais il souleva l'incompétence des juges par la raison qu'il n'était pas Français à l'époque des faits délictueux par lui commis.

LA COUR; — Attendu qu'il était de principe dans l'ancien droit que tout individu né en France était Français; — Que l'art. 9 c. civ. n'a point abrogé ce principe; qu'il l'a seulement modifié en ce qu'il pouvait avoir d'excessif, alors que, s'appliquant au fils né en France d'un étranger, il lui imposait la nationalité française, en raison du seul fait accidentel de sa naissance, sans lui laisser la liberté d'y préférer la nationalité paternelle; — Que c'est uniquement pour respecter cette liberté que le législateur de 1803, sans se départir du principe ancien, a voulu néanmoins que ce principe ne produisît effet, à l'égard des fils d'étrangers, qu'à la condition que ceux-ci ratifieraient à l'époque où ils seraient devenus capables d'exprimer légalement leur volonté, l'adoption que la France leur offrait à titre d'enfants nés sur son territoire; — Attendu que, jusqu'à cette ratification, le droit du fils d'étranger à la qualité de Français, tout en restant entier, demeure en suspens; mais qu'une fois la condition remplie, ce droit rétroagit, quant à ses effets, au jour même du fait qui l'a engendré, c'est-à-dire au jour même de la naissance de celui qui, dans le délai où la loi lui permet d'agir en réclame le bénéfice (c. civ. art. 1179); — Attendu que cette interprétation s'induit encore du rapprochement des termes de l'art. 9 avec ceux des art. 10, 18 et 19; — Que ces articles, statuant à l'égard d'une autre catégorie d'individus, les Français ayant perdu leur qualité, disposent que ces individus pourront, moyennant certaines formalités prescrites,

étrangers avait réclamé la qualité de Français en vertu de la loi du 22 mars 1849, après libération du service dans la marine française, et s'il avait ensuite épousé une Française après sa libération, mais avant d'avoir fait la déclaration de l'art. 9, cette dernière devait être réputée n'avoir jamais perdu par l'effet de son mariage la qualité de Française (Req. 29 déc. 1885, aff. Bogliano, D. P. 86. 1. 369. V. en outre : Trib. Seine, 23 avr. 1850, cité *suprà*, n° 95). — La jurisprudence belge et de nombreux auteurs ont adopté l'opinion soutenue au *Rép.* n° 153, d'après laquelle la réclamation de la qualité de Français conformément à l'art. 9 n'avait d'effets que pour l'avenir. Les travaux préparatoires du code civil contiennent des opinions contradictoires ; on n'en saurait tirer de conclusions dans le sens de la rétroactivité (V. D. P. 48. 1. 129, note). MM. Aubry et Rau déclarent que la naissance en France conférait un droit éventuel à la qualité de Français ; c'est exact, mais ils en tirent une conclusion erronée, en se fondant sur l'art. 1179 pour faire produire un effet rétroactif à la déclaration. Le droit éventuel qui résultait de la naissance n'était pas un droit sous condition suspensive ; autre chose est un droit éventuel, autre chose un droit conditionnel ; l'héritier présomptif a un droit éventuel et lorsqu'il recueillera la succession, ses droits ne dateront que de l'ouverture de ladite succession. Quant à la loi du 28 mai 1853, elle laissait la question entière ; car elle a pu avoir simplement pour objet de remédier à l'un des inconvénients de l'incertitude où l'on était, durant la minorité, sur le parti que prendrait l'étranger né en France. — Outre les raisons déjà indiquées au *Rép.* n° 135, on s'est prévalu, avec beaucoup de force, pour n'accorder à la déclaration que des effets dans l'avenir, de ce que l'incertitude sur la nationalité actuelle du mineur au cours de sa minorité aurait pu avoir de graves inconvénients à l'égard des tiers ; et ces inconvénients auraient été encore aggravés par la loi de 1849, puisque l'incertitude aurait pu se prolonger au delà de la minorité, et que l'étranger qui aurait été dans le cas d'invoquer cette loi aurait été libre à toute époque de changer rétroactivement sa nationalité. Il aurait pu changer en même temps, et avec effet rétroactif, celle de ses enfants même nés à l'étranger ; car l'acquisition rétroactive par leur père de la qualité de Français les eût fait nécessairement considérer comme nés d'un Français. Cette dernière conséquence était également difficile à admettre (V. en ce sens : Demante et Colmet de Santerre, t. 1, n° 19 *bis* III ; Laurent, t. 1, n° 339 ; Alauzet, n° 31 ; de Folleville, n° 161 ; Cogordan, p. 81 ; Bruxelles, 8 janv. 1872, aff. Peltzer, D. P. 72. 2. 12).

100. Le nouvel art. 20 c. civ. (loi de 1889), tranche la question dans le sens de l'opinion que nous avons défendue, en décidant que les individus qui acquerront la qualité de Français dans les cas prévus par les art. 9, 10, 18 et 19, ne pourront s'en prévaloir que pour les droits ouverts à leur profit depuis cette époque.

§ 4. — Enfant et femme d'un ex-Français
(*Rép.* n°s 140 à 150).

N° 1. — *Enfant d'un ex-Français qui n'a pas recouvré la qualité de Français conformément à l'art. 18 c. civ.*

101. L'enfant d'un ex-Français, d'après l'art. 10 c. civ., pouvait toujours réclamer la qualité de Français. Toutefois on a soutenu au *Rép.* n° 142, que le mot *toujours* n'avait pas pour effet de donner qualité au mineur pour faire cette réclamation, et cette opinion paraissait avoir définitivement triomphé (Aubry et Rau, t. 1, § 70, note 15, p. 241 ; Laurent, t. 1, n° 342 ; de Folleville, p. 156, note 1). M. Demante admettait (t. 1, n° 20 *bis* I) que l'art. 10 pouvait être invoqué par l'enfant de l'ex-Français dès qu'il avait atteint l'âge de vingt et un ans ; il faisait remarquer que tout étranger était admis à former à partir de cet âge une demande d'admission à domicile pour parvenir à la naturalisation, quel que fût l'âge fixé par sa loi nationale pour la majorité, et il en concluait qu'on n'aurait pu se montrer plus rigoureux dans un cas particulièrement favorable. Mais M. Laurent, t. 1, n° 342, et M. de Folleville, n° 199, estimaient que l'enfant de l'ex-Français ne pouvait valablement former sa réclamation que lorsqu'il pouvait disposer de son état d'après sa loi personnelle, c'est-à-dire lorsqu'il avait atteint l'âge fixé par cette loi pour la majorité. Ils tiraient argument de la solution donnée sur une question analogue à l'égard de l'enfant né en France d'un étranger (V. *Rép.* n° 134, et *suprà*, n° 97).

102. Aux termes de la loi de 1889 (nouvel art. 10 c. civ.) : « Tout individu né en France ou à l'étranger, de parents dont l'un a perdu la qualité de Français, pourra réclamer cette qualité à tout âge, aux conditions fixées par l'art. 9, à moins que, domicilié en France et appelé sous les drapeaux lors de la majorité, il n'ait revendiqué la qualité d'étranger ». La loi de 1889 admet que le mineur puisse changer de nationalité (c. civ. art. 9) ; tout individu se trouvant dans le cas de l'art. 10 c. civ. pourra, par suite, acquérir la qualité de Français avant d'avoir atteint l'âge de la majorité. L'art. 10 peut être invoqué par toute personne dont les père et mère ou dont le père ou la mère seulement ont perdu la nationalité française. La qualité de Français, acquise par application de l'art. 10, ne pourra être invoquée que pour les droits ouverts depuis l'époque où elle aura été réclamée (V. *suprà*, n° 100).

103. M. de Folleville, n° 210, pense, contrairement à l'opinion soutenue au *Rép.* n° 143, que la fille d'un ex-Français qui a épousé un étranger peut se réclamer de l'art. 10, avec l'autorisation de son mari, pour se faire reconnaître la qualité de Française. Il nous paraît inadmissible qu'une femme qui n'a jamais été Française puisse invoquer un mode de naturalisation privilégié, alors que celle qui aurait été Française et aurait épousé un étranger ne le pourrait pas.

104. Le même auteur, n° 207, partage l'opinion adoptée au *Rép.* n° 144, d'après laquelle l'art. 10 peut être invoqué par l'enfant de celui qui, après s'être fait naturaliser en France, a perdu la qualité de Français. — La question fait quelque difficulté lorsqu'il s'agit de l'enfant de celui qui, devenu temporairement Français par la réunion de son pays à la France, a cessé de l'être par la séparation de ce pays. MM. Cogordan, p. 73, et Mourlon, *Revue pratique*, 1858, t. 5, p. 215 et suiv., sont d'avis que cet enfant peut invoquer l'art. 10 ; il est, en effet, compris dans les termes de cet article. Pour lui en refuser le bénéfice, il faudrait prétendre que, par l'effet de la séparation de territoire, son père est réputé n'avoir jamais été Français. MM. Demangeat sur Fœlix, 4e éd., t. 1, p. 102, note *a*, et Aubry et Rau, t. 1, § 70, note 12, pensent, au contraire, que l'art. 10 est inapplicable en pareil cas ; il faut avouer que la loi du 14 oct. 1814 paraît bien n'avoir tenu nul compte de la réunion temporaire des territoires rétrocédés ; les habitants de ces territoires ne pourraient invoquer l'art. 18 pour recouvrer la qualité de Français ; il est, dès lors, assez naturel de refuser à leurs enfants nés après la séparation le bénéfice de l'art. 10.

105. Les commentateurs les plus récents sont unanimes à admettre l'opinion soutenue au *Rép.* n° 146, d'après laquelle l'enfant, né en France d'un ex-Français, est étranger mais peut invoquer le bénéfice de l'art. 10 c. civ. (Aubry et Rau, t. 1, § 70, texte et note 18, p. 242 ; Laurent, t. 1, n° 343 ; Demante, et Colmet de Santerre, t. 1, n° 20 *bis* II ; Cogordan, p. 72 ; de Folleville, n° 205).

---

non point réclamer mais recouvrer cette qualité ; — Que cette expression *recouvrer*, dont se sert le législateur pour désigner la revendication d'un droit perdu, implique évidemment que le mot *réclamer*, inscrit en l'art. 9, concerne un droit de nature différente, c'est-à-dire acquis à celui qui le réclame ; — Attendu que, si l'art. 20 dispose que ceux qui recouvrent la qualité de Français, ne pourront s'en prévaloir que pour l'avenir, cette restriction doit s'entendre non du cas prévu par l'art. 9, mais des cas mentionnés aux art. 10, 18 et 19 expressément et limitativement visés par l'art. 20 ; — Attendu que l'accomplissement des formalités de l'art. 9 ayant eu, en vertu des principes qui précèdent un effet rétroactif au jour de sa naissance, Brans doit être considéré comme ayant, dès ce jour, acquis la qualité de Français, et dès lors, comme ayant commis, en cette qualité, le 27 mars 1876, les faits criminels dont il est accusé ;

Par ces motifs, — Se déclare compétente.

Du 3 août 1877.-C. d'ass. du Nord.-MM. Grévin, av. gén., c. conf.-Honoré, av.

106. La plupart des auteurs, conformément à la doctrine enseignée au *Rép.* n° 147, décidaient que l'art. 10 pouvait être invoqué par l'enfant de la femme française qui avait épousé un étranger (Demante et Colmet de Santerre, t. 1, n° 20 *bis* III; Laurent, t. 1, n° 344; Aubry et Rau, t. 1, § 70, texte et note 17, p. 241; Cogordan, p. 72; de Folleville, n° 212 *ter*; Mourlon, *Revue pratique*, 1858, t. 5, p. 254; Coin-Delisle, *Revue critique*, 1865, t. 26, p. 307). L'opinion contraire avait été adoptée par M. Valette, p. 15, et par quelques arrêts. On faisait valoir, à l'appui de ce dernier système, que les deux paragraphes de l'ancien art. 10 employaient la même formule : « Tout enfant né d'un Français »; que l'on s'accordait à ne tenir pour Français en vertu du paragraphe 1er que l'enfant d'un père français, non celui d'un père étranger et d'une mère française; qu'il était difficile d'interpréter de deux manières différentes la même formule reproduite deux fois dans le même article. On alléguait encore que, dans la discussion du projet de loi, les divers orateurs qui ont pris la parole sur l'art. 10, § 2, n'ont jamais envisagé que l'hypothèse de l'enfant né d'un père autrefois français (V. Paris, 30 juill. 1855 (1); C. cass. Belgique, 24 févr. 1874, aff. Jansé, et aff. Janssens, D. P. 75. 2. 147). — Depuis, cette opinion avait reçu en quelque sorte une consécration législative dans la loi du 28 juin 1883. Cette loi, qui permettait parfois aux enfants nés d'une Française mariée à un étranger d'opter durant leur minorité pour la nationalité française, ne s'appliquait qu'aux enfants nés en France, non à ceux nés à l'étranger. M. Batbie a donné dans son rapport la raison de la différence ainsi établie d'après le lieu de la naissance, en disant que : « Si les enfants étaient nés sur le sol français, ils pourraient à leur majorité profiter de la disposition de l'art. 9 c. civ., que s'ils étaient nés à l'étranger, ils ne pourraient acquérir la qualité de Français qu'en se soumettant aux formes et aux délais de la naturalisation » (D. P. 83. 4. 104. V. Discussion au Sénat, *Jour. off.* du 10 juin 1883).

107. Mais la loi de 1889 donne une solution contraire à celle que sous-entendait la loi du 28 juin 1883. Le nouvel art. 10 c. civ. dispose, en termes exprès, que la qualité de Français peut être réclamée par toute personne née de parents dont l'un a perdu la nationalité française; le bénéfice en est donc applicable à l'enfant né d'une femme française qui a épousé un étranger.

108. Contrairement à ce qui a été dit au *Rép.* n° 149, on n'exige plus, en doctrine, de lettres de déclaration de naturalité pour reconnaître la qualité de Français aux individus qui ont réclamé cette qualité conformément à l'art. 10. L'accomplissement des formalités prescrites suffit pour la leur attribuer.

N° 2. — *Enfant et femme d'un Français qui, ayant perdu la qualité de Français, la recouvre conformément à l'art. 18 c. civ.*

109. Une loi du 14 févr. 1882 (D. P. 82. 4. 113) accordait à l'enfant mineur de l'ex-Français qui, ayant perdu la qualité de Français par l'une des trois causes exprimées dans l'art. 17 c. civ., l'avait recouvrée conformément à l'art. 18 c. civ., le droit de s'engager volontairement dans les armées de terre et de mer, de contracter l'engagement conditionnel d'un an, conformément à la loi du 27 juill. 1872, et d'entrer dans les écoles du Gouvernement à l'âge fixé par les lois et règlements, en déclarant qu'il renonçait à la qualité d'étranger et adoptait la nationalité française. — Cette déclaration ne pouvait être faite qu'avec le consentement exprès et spécial du père; à défaut du père, de la mère, et, à défaut du père et de la mère, avec l'autorisation de la famille conformément au statut personnel. Elle ne devait être reçue qu'après les examens d'admission et s'ils étaient favorables.

La dernière phrase de la loi était ainsi conçue : « Les enfants majeurs pourront réclamer la qualité de Français par une déclaration faite dans l'année qui suivra le jour où le père a recouvré sa nationalité ». Cette disposition était en contradiction avec l'art. 10 c. civ. puisque ce dernier autorisait l'enfant majeur de l'ex-Français à faire à toute époque la déclaration de l'art. 9. — L'esprit de faveur dont le législateur était animé envers les individus dont il s'occupait ne permet de considérer cette disposition que comme le fruit de l'inattention du législateur; on n'a certainement pas entendu abroger la disposition plus large du code civil. D'ailleurs, les termes de la loi de 1882 « les enfants majeurs pourront réclamer, etc. » ne sont pas exclusifs d'une réclamation formée à une autre époque que celle que détermine cette loi; nous croyons donc que l'art. 10, § 2, c. civ. était toujours applicable aux enfants de l'ex-Français qui, ayant perdu cette qualité par application de l'art. 17 c. civ., l'avait recouvrée conformément à l'art. 18.

110. La loi de 1889 (nouvel art. 18 c. civ.) reproduit la distinction faite par la loi du 14 févr. 1882 entre les enfants mineurs et les enfants majeurs de l'ex-Français qui recouvre la nationalité française, et modifie dans les deux cas les solutions données en 1882; elle contient en outre une disposition favorable à la femme de cet ex-Français. Comme d'après la loi de 1882, les dispositions dont il s'agit ne peuvent être invoquées par les enfants ou la femme de l'ex-Français qu'autant que ce dernier n'avait pas perdu la nationalité française pour avoir pris, sans autorisation du Gouvernement, du service militaire à l'étranger.

Les enfants mineurs du père ou de la mère réintégrés dans la qualité de Français par décret conformément au nouvel art. 18 c. civ., deviennent Français; c'est la conséquence logique du principe nouveau posé par l'art. 12 c. civ., que la naturalisation des parents rend Français leurs enfants mineurs (V. *suprà*, n° 67). Mais, de même que dans le cas de la naturalisation ordinaire, les enfants mineurs, devenus Français par suite de la réintégration de leur père ou de leur mère, demeurent libres de décliner la qualité de Français en se conformant aux dispositions de l'art. 8, § 4. Toutefois les enfants mineurs de la femme réintégrée dans la qualité de Française par application de l'art. 19 c. civ. ne deviennent pas Français par le seul fait de la réintégration de leur mère (V. *infrà*, n° 122. Comp. L. 15 juill. 1889, sur le recrutement de l'armée, art. 11, § 3, D. P. 89. 4. 80).

En ce qui concerne les enfants majeurs de l'ex-Français réintégré par décret conformément à l'art. 18, ce texte dispose que le même décret pourra, sur leur demande, leur accorder la qualité de Français. S'ils n'usent point du bénéfice que leur confère l'art. 18, ils conserveront toujours le droit de réclamer le bénéfice de l'art. 10 c. civ.

Le nouvel art. 18 c. civ. permet à la femme de l'ex-Français, réintégré par décret, d'obtenir également la qualité de Française sur sa demande, par le décret de réintégration

(1) (Ministre de la guerre C. Lehmann.) — La cour; — Considérant que l'enfant légitime suit la condition de son père; — Qu'il est constant que le mineur Lehmann est né à Augsbourg le 8 mars 1837, et que son père, Bavarois d'origine, avait son domicile en Bavière, où il est décédé; — Que, conséquemment il est étranger; — Considérant que, si la veuve Lehmann, française d'origine, a, depuis la mort de son mari, recouvré sa qualité de Française, en remplissant les formalités imposées par l'art. 19 c. nap., cette circonstance ne peut influer sur la nationalité des enfants nés de son mariage; — Que, d'une part, en effet, l'état civil, quand il est fixé, ne peut subir de changement, sans le consentement légalement et valablement exprimé des parties intéressées; — Que, d'autre part, les termes de l'art. 19 c. nap., se réfèrent exclusivement à la femme française d'origine, et constituent à son profit un bénéfice purement personnel non transmissible, sans réaction sur le passé; — Considérant que, l'ordre et l'intérêt public ne permettent pas d'admettre que la volonté de la mère redevenue Française suffise pour conférer la qualité de Français à des enfants nés étrangers, en pays étranger, et que rien ne saurait empêcher, quand ils seront maîtres de leurs droits, de réclamer leur nationalité d'origine; — Que le concours de l'autorité française est indispensable pour attribuer à un étranger le titre et les droits de citoyen français; — Considérant, d'ailleurs, que, les déclarations faites au nom du mineur Lehmann au maire de son arrondissement sont sans effet, ledit Lehmann ne se trouvant dans aucun des cas réglés par les art. 9 et 10 c. nap.;

Par ces motifs, — Infirme; déboute la veuve Lehmann de sa demande, etc.

Du 30 juill. 1855.-C. de Paris, 1re et 2e ch. réun.-MM. Delangle, 1er pr.-Barbier, subst.-Bertout et Simon, av.

de son mari. C'est la conséquence de la disposition nouvelle de la loi de 1889 (c. civ. art. 12), aux termes de laquelle la femme de l'étranger naturalisé peut obtenir la qualité de Française, sans condition de stage, par le décret qui confère cette qualité à son mari.

§ 5. — Femme étrangère qui épouse un Français (*Rép.* nos 151 à 157).

111. L'étrangère qui épouse un Français devient Française par le fait de son mariage, nonobstant toute protestation ou stipulation contraire (c. civ. art. 12) (Aubry et Rau, t. 1, § 73, texte et note 1, p. 266; Laurent, t. 1, n° 348; Demolombe, t. 4, n° 111; de Folleville, n° 235; Cogordan, p. 256. — *Contrà:* Blondeau, *Revue de droit français et étranger*, 1845, p. 140 et suiv.).

112. On a dit au *Rép.* n° 154 que, si le mariage était déclaré nul, la femme resterait Française, pourvu qu'elle eût été de bonne foi. MM. Aubry et Rau, t. 1, § 73, texte et note 4, p. 266, professent une opinion contraire; mais la plupart des auteurs ont adopté l'opinion du *Répertoire* (V. Demolombe, t. 1, nos 168 et 183; Cogordan, p. 257; de Folleville, n° 237).

113. Ainsi qu'il a été dit au *Rép.* n° 156, la femme devenue Française par son mariage avec un Français ne perd pas la qualité de Française par le fait du décès de son mari (V. Aubry et Rau, § 73; Cogordan, p. 258; Civ. rej. 22 juill. 1863, aff. de Fenis, D. P. 64. 1. 26).

§ 6. — Ex-Français résidant en France ou autorisé à y rentrer (*Rép.* nos 158 à 166).

114. Avant la loi de 1889, MM. Aubry et Rau, t. 1, § 75, texte et note 1, soutenaient que les individus qui avaient perdu la qualité de Français pour s'être fait naturaliser ou avoir accepté des fonctions publiques à l'étranger sans autorisation du Gouvernement français, ne pouvaient recouvrer la qualité de Français qu'en obtenant des lettres de relief, accordées sous la forme des lettres de grâce. Cette opinion a été combattue par MM. Cogordan, p. 287, et de Folleville, n° 233. D'après ces auteurs, les lettres de relief visées par l'art. 12 du décret du 26 août 1811 n'avaient, d'autre effet que de relever le Français naturalisé sans autorisation des déchéances créées par ce décret; mais la perte de la qualité de Français n'était pas au nombre de ces déchéances, elle résultait de l'art. 17 c. civ., et non du décret où il n'en était pas fait mention; par suite, les lettres de relief étaient sans influence sur la question de nationalité et le recouvrement de celle-ci était uniquement réglé par les art. 18, 20 et 21 c. civ. La solution proposée par MM. Aubry et Rau, pouvait se recommander des termes de l'art. 12 du décret de 1811: « Ils (les Français visés par les articles précédents) ne pourront être relevés des déchéances et affranchis des peines ci-dessus que par des lettres de relief accordées... dans la forme des lettres de grâce », d'où il semblait résulter que l'accomplissement des formalités prévues par l'art. 18 c. civ. n'eût pas suffi à relever de ces déchéances et de ces peines, incompatibles assurément avec le recouvrement de la qualité de Français. Toutefois, il eût été bien rigoureux de refuser la qualité de Français à celui qui, ayant obtenu l'autorisation de rentrer en France conformément à l'art. 18 c. civ., ne l'aurait cependant pas reçue sous forme de lettres de relief, et d'ailleurs l'auteur du décret, n'avait-il pas songé aux Français naturalisés en d'autres pays qui auraient désiré se faire relever des déchéances par eux encourues sans renoncer à la qualité d'étrangers, plutôt qu'à ceux qui auraient demandé à recouvrer la qualité de Français?

115. Il ne peut plus être question maintenant de lettres de relief, car la loi de 1889 abroge le décret du 26 août 1811.

116. Sur les conditions imposées par les anciens art. 18 et 21 c. civ., V. *Rép.* nos 159 et 163.

117. Quant à la renonciation à toute distinction contraire à la loi française exigée par l'art. 18 c. civ., elle pouvait être considérée comme requise jusqu'à la loi de 1889, non plus, il est vrai, comme on l'a dit au *Rép.* n° 159, à cause du décret du 29 févr. 1849, portant abolition des distinctions nobiliaires, car ce décret a été abrogé par un décret du 24 janv. 1852 (D. P. 52. 4. 40), mais à cause d'un décret du 5 mars 1859 (D. P. 59. 4. 17), aux termes duquel les titres conférés à des Français par des souverains étrangers ne peuvent être portés en France qu'avec l'autorisation du chef de l'Etat.

Aux termes d'un décret du 1er déc. 1860 (D. P. 61. 4. 7) ont été réintégrés de plein droit dans la qualité de Français, les Français résidant en Russie qui, pour faire le commerce, auraient été obligés d'entrer dans les guildes des marchands et de prêter, à cette occasion, le serment de sujétion aboli par l'oukase impérial du 7 juin 1860 (V. sur ce point *infrà*, n° 298).

118. La loi du 26 juin 1889 a modifié les art. 18 et 21 c. civ. en ce qui concerne les conditions imposées à l'ex-Français pour recouvrer la nationalité française. Si l'ex-Français a perdu la qualité de Français pour toute autre motif que pour avoir pris du service militaire à l'étranger sans autorisation du gouvernement français, il peut recouvrer cette qualité en obtenant un décret de réintégration qui peut lui être accordé sans condition, pourvu qu'il réside en France (art. 18 c. civ.). S'il a perdu la qualité de Français pour avoir pris du service militaire à l'étranger sans autorisation du gouvernement français, il ne peut rentrer en France qu'en vertu d'une permission accordée par décret, et recouvrer la qualité de Français qu'en remplissant les conditions imposées en France à l'étranger pour obtenir la naturalisation ordinaire. La réintégration dans la qualité de Français ne produit d'effet que pour l'avenir (c. civ. art. 20 nouveau).

§ 7. — Ex-Française veuve d'un étranger (*Rép.* nos 167 à 169).

119. On a examiné au *Rép.* n° 168, la question de savoir si la femme qui avait perdu la qualité de Française par son mariage avec un étranger, recouvrait de plein droit cette qualité au jour du décès de son mari, lorsqu'elle résidait en France; MM. Aubry et Rau, t. 1, § 75, texte et note 6, p. 275; de Folleville, n° 242 *bis*, et Laurent, t. 1, n° 397, étaient d'avis qu'une manifestation de volonté de la femme était toujours nécessaire pour lui rendre la nationalité française, et ils requéraient en tous cas la déclaration de l'art. 19, § 2. Mais MM. Demante t. 1, n° 36, p. 111, et Cogordan, p. 288, avaient adopté l'opinion soutenue au *Répertoire*, d'après laquelle la femme recouvrait de plein droit la nationalité française sans avoir besoin de faire aucune déclaration (Conf. Bourges, 4 août 1874) (1).

(1) (Sokolowski.) — LA COUR; — Attendu que Thérèse Rossi est née en France de père et mère français; — Que mariée en 1862 à Jean-Gustave Sokolowski, réfugié polonais, elle est devenue étrangère, mais qu'à la mort de son mari, survenue depuis, peu de temps après, elle a recouvré la qualité de Française aux termes de l'art. 19 c. civ., sans avoir besoin de faire aucune déclaration, puisqu'elle résidait et a toujours résidé en France; — Attendu que, mère d'une fille mineure, elle s'est trouvée de plein droit investie de la tutelle légale, en admettant même que Sokolowski eût conservé dans l'exil sa nationalité russe et l'eût transmise à ses enfants; — Attendu, en effet, que la tutelle constitue pour la mère française un droit essentiellement respectable, et dont la privation ne peut être que le résultat d'une défiance blessante, ou l'effet de la dégradation civique; — Attendu que ce droit qui découle de la puissance paternelle et qui tient en France à l'organisation de la famille, ne saurait être sacrifié à des règles contraires dérivées d'un statut étranger; — Que dans un tel conflit, le principe de la souveraineté s'oppose à ce qu'une législation quelconque puisse prévaloir contre les droits que consacre la loi française au bénéfice des nationaux, alors surtout qu'il s'agit d'intérêt d'ordre social et de moralité publique; — Attendu que si la tutelle de la mineure Sokolowski doit être régie par la loi française, il en résulte comme conséquence nécessaire que la tutrice doit être assujettie à l'hypothèque légale, condition absolue et obligatoire de toute tutelle en France; — Qu'en pareille matière, les devoirs sont corrélatifs des droits; que les garanties exigées du tuteur sont généralement en rapport avec l'étendue des pouvoirs qui lui sont conférés; — Qu'il est enfin naturel que le mineur étranger, soumis à la tutelle française, soit admis à en recueillir les avantages en échange des obligations qu'elle lui impose; — Par ces motifs, infirme; — Dit que la mineure Sokolowski a une hypothèque légale sur les biens immeubles de sa mère, et valide en conséquence l'inscription prise en son nom au bureau de Saint-Amand, le 13 déc. 1871.

Du 4 août 1874.-C. de Bourges, ch. réun.-MM. Guérin, 1er pr.-Meitessier, av. gén.-Massé et Thiot-Varenne, av.

120. La loi de 1889 (nouvel art. 19 c. civ.) exige en tous cas un décret de réintégration dans la qualité de Française. Ce décret de réintégration peut être obtenu par la femme veuve ou divorcée. Si elle réside en France, elle n'a qu'à demander sa réintégration: si elle n'y réside pas, elle doit, en outre, y rentrer en déclarant qu'elle veut s'y fixer. La réintégration ne produit d'effet que pour l'avenir (nouvel art. 20 c. civ.).

§ 8. — Enfant mineur d'une femme française mariée avec un étranger.

121. On avait proposé, sous l'empire du code civil, de considérer comme Français l'enfant mineur né d'un père étranger et d'une mère autrefois Française, devenue étrangère par son mariage, lorsque celle-ci recouvrait la nationalité française. Cette opinion, justement repoussée au *Rép.* n° 169 ne pouvait plus se produire depuis la loi du 28 juin 1883 (D. P. 83. 4. 104). Cette loi reconnaissait, en effet, la qualité d'étranger à l'enfant mineur né en France d'une femme française mariée à un étranger, elle impliquait *a fortiori* la même solution pour l'enfant né à l'étranger dans les mêmes conditions. Elle avait pour objet de permettre à l'enfant mineur étranger de contracter dans l'armée un engagement volontaire conditionnel, ou de se présenter aux écoles du Gouvernement, lorsque sa naissance en France lui donnait droit de réclamer le bénéfice de l'art. 9; toutefois la faveur de la loi de 1883 ne s'appliquait qu'au mineur dont la mère devenue veuve avait recouvré la qualité de Française conformément à l'art. 19 c. civ., ou au mineur devenu orphelin de père et mère. Cette faveur était accordée à la condition d'une option pour la nationalité française faite dans les formes et aux conditions prescrites par la loi du 14 févr. 1882 (V. *suprà*, n° 109), sur les enfants mineurs de l'ex-Français qui avait recouvré la nationalité française conformément à l'art. 18.

122. La loi de 1889 a modifié les solutions de la loi du 28 juin 1883. L'enfant né d'une femme française mariée à un étranger est étranger; mais le nouvel art. 10 c. civ. lui permet de réclamer à tout âge la qualité de Français aux conditions fixées par l'art. 9, à moins que, domicilié en France et appelé sous les drapeaux, lors de la majorité, il n'ait revendiqué la qualité d'étranger. Peu importe qu'il soit né en France ou à l'étranger; dans les deux cas le bénéfice de l'art. 10 c. civ. lui est applicable. — De plus, lorsque le mariage de la femme française qui a épousé un étranger est dissous par la mort du mari, et que la femme se fait réintégrer dans la qualité de Française, la nationalité française peut être accordée par le même décret de réintégration aux enfants mineurs, sur la demande de la mère ou par un décret ultérieur, si la demande en est faite par le tuteur avec l'approbation du conseil de famille (nouvel art. 19 c. civ.). — Nous avons déjà signalé, *suprà*, n° 110, l'anomalie de cette disposition, qui ne cadre pas avec celles des art. 12 et 18 c. civ.; aux termes de ces derniers textes, en effet, la naturalisation obtenue par une veuve étrangère, ou la réintégration dans la qualité de Française hors le cas prévu à l'art. 19, confèrent la nationalité française à ses enfants mineurs. On a motivé la solution de l'art. 19 en disant que, si la nationalité française n'est pas imposée aux mineurs dans le cas prévu par ce texte, c'est parce qu'il s'agit de leur faire abandonner la patrie de leur père décédé. Mais il en est également ainsi dans les cas prévus par les art. 12 et 18 c. civ., et cependant ces textes donnent une solution contraire à celle de l'art. 19 (Comp. art. 11, § 3, de la loi du 15 juill. 1889 sur le recrutement de l'armée, D. P. 89. 4. 73. V. aussi Cohendy, article précité, *Droit* du 10 nov. 1889, p. 1064).

§ 9. — Enfant et femme de l'étranger naturalisé.

123. L'art. 2 de la loi du 7 févr. 1851 a eu pour objet de remédier aux inconvénients que créait le caractère personnel de la naturalisation en introduisant diverses nationalités au sein de la même famille.

Aux termes de cet article, les enfants de l'étranger naturalisé, mineurs lors de la naturalisation de leur père, pouvaient, quoique nés en pays étranger, réclamer la qualité de Français dans l'année qui suivait leur majorité, en se conformant à l'art. 9; les enfants de l'étranger naturalisé nés en France ou à l'étranger, majeurs au jour de la naturalisation de leur père, étaient admis à invoquer le bénéfice de l'art. 9 dans l'année qui suivait l'époque de la naturalisation (Rapport de M. Benoît-Champy, n° 13, D. P. 51. 4. 35, note). MM. Aubry et Rau, soutenaient que « l'enfant de l'étranger naturalisé était, par l'accomplissement des conditions auxquelles se trouvait subordonnée dans sa personne l'acquisition de la qualité de Français, censé l'avoir acquise dès l'instant de la naturalisation de l'auteur de ses jours » (t. 1, § 70-3°, p. 242). — Les raisons qui nous ont fait repousser le système de la rétroactivité à propos de l'étranger né en France nous décident à admettre également que la déclaration de l'enfant de l'étranger naturalisé n'avait d'effet que pour l'avenir (V. *suprà*, n° 97, et *Rép.* n° 135).

124. La loi du 14 févr. 1882, que nous avons déjà eu occasion de citer *suprà*, n° 109, a accordé aux enfants mineurs de l'étranger naturalisé le droit de faire leur option en état de minorité pour s'engager dans l'armée ou entrer dans les écoles du Gouvernement (Pour les conditions de l'option, V. *ibid.*).

125. La loi du 26 juin 1889 a modifié la législation antérieure. Le nouvel art. 12 c. civ. distingue les enfants mineurs et les enfants majeurs de l'étranger naturalisé. Les enfants mineurs deviennent Français par le seul fait de la naturalisation de leur père, ou de leur mère en cas de prédécès du père, sauf toutefois faculté pour eux de réclamer la nationalité étrangère, dans l'année qui suit leur majorité, en se conformant aux dispositions de l'art. 8, § 4 (Comp. art. 11, § 3, de la loi du 15 juill. 1889, sur le recrutement de l'armée, D. P. 89. 4. 80). — Les enfants majeurs peuvent, s'ils le demandent, obtenir la qualité de Français, sans condition de stage, soit par le décret qui confère cette qualité au père ou à la mère, soit comme conséquence de la déclaration qu'ils feraient dans les termes et sous les conditions de l'art. 9. — La femme de l'étranger naturalisé peut obtenir la nationalité française dans les mêmes conditions que les enfants majeurs. — Aux termes de l'art. 13 c. civ., tel qu'il résulte de la loi de 1889, en cas de prédécès d'un étranger autorisé à établir son domicile en France, l'autorisation et le stage qui a suivi profiteront à la femme et aux enfants qui étaient mineurs au moment du décret d'autorisation, à l'effet d'obtenir la naturalisation.

ART. 2. — *Des effets de la naturalisation* (*Rép.* n°s 170 à 177).

126. Ainsi que nous l'avons dit *suprà*, n°s 60 et suiv., la naturalisation conférait, avant la loi de 1889, la jouissance de tous les droits politiques aussi bien que des droits civils (L. 29 juin 1867). Il n'était plus douteux, depuis 1867, que la plénitude des droits politiques fût attachée à la qualité de Français, de quelque manière qu'elle fût acquise (Comp. Const. 16 janv. 1852, art. 20, D. P. 52. 4. 33 ; Décr. 2 févr. 1852, art. 12, D. P. 52. 4. 49). Ces actes législatifs, postérieurs à la rédaction du *Répertoire* ont donc fait disparaître les controverses indiquées au *Rép.* n° 170.

127. La loi du 26 juin 1889 est venue modifier la solution donnée en 1867. L'art. 3 de la loi nouvelle dispose, en effet, que « l'étranger naturalisé jouit de tous les droits civils et politiques attachés à la qualité de citoyen français »: mais que « néanmoins il n'est éligible aux assemblées législatives que dix ans après le décret de naturalisation, à moins qu'une loi spéciale n'abrège ce délai ». Le délai ne devrait pas être réduit à moins d'une année (V. *suprà*, n° 61). Mais « les Français qui recouvrent cette qualité, après l'avoir perdue, acquièrent immédiatement tous les droits civils et politiques, même l'éligibilité aux assemblées législatives ».

128. On a examiné au *Rép.* n° 173, la situation de l'étranger naturalisé au point de vue du divorce, lorsque la loi de son pays d'origine admet ce mode de rupture de mariage. Depuis la loi du 27 juill. 1884 (D. P. 84. 4. 97), le divorce étant admis en France, ces questions ont moins d'importance; toutefois, elles pourraient encore se poser si l'on supposait la loi de l'étranger naturalisé, donnant l'action en divorce pour des causes que n'admet pas la loi française, par exemple pour cause de folie d'un des conjoints, ou pour incompatibilité d'humeur. Nous estimons qu'en pareil cas, il faudrait maintenir les distinctions établies au *Rép.* n° 173, et notamment refuser le divorce demandé après la naturalisation pour une des causes non admises par la loi française; ces causes doivent être considérées comme contraires à l'ordre public (V. *suprà*, v° *Divorce et séparation de corps*, n°s 146 et suiv.).

129. Notons pour terminer que d'après la loi du 27 juill. 1872 (art. 9, D. P. 72. 4. 47), les seuls étrangers naturalisés soumis au service militaire étaient ceux qui acquéraient la nationalité française au moyen de la déclaration de l'art. 9 c. civ., faite dans l'année qui suivait l'époque de leur majorité, c'est-à-dire les individus nés en France de parents étrangers, et les individus nés à l'étranger de parents naturalisés Français et mineurs au moment de la naturalisation de leurs parents. Ils concouraient au tirage qui suivait leur déclaration, et n'étaient assujettis qu'aux obligations de la classe à laquelle ils appartenaient par leur âge. — On eût cherché en vain, dans la loi des dispositions s'appliquant aux autres étrangers naturalisés. Les étrangers qui optaient en âge de minorité pour la nationalité française conformément aux lois du 14 févr. 1882 et du 28 juin 1883, devaient être, il est vrai, soumis à la loi militaire, si leur option les avait rendus Français avant l'expiration de l'année où ils avaient atteint l'âge de vingt ans (L. 27 juill. 1872, art. 8); mais on ne peut dire que le service militaire leur fût imposé, car leur option était inspirée précisément par le désir d'entrer dans l'armée, ou dans les écoles du Gouvernement soumises pour la plupart, au régime militaire. — Ce système a été modifié par la loi du 15 juill. 1889 (art. 12, D. P. 89. 4. 73) (V. *infrà*, v° *Organisation militaire*).

CHAP. 2. — Des étrangers (*Rép.* n°s 178 à 478).

130. On a indiqué au *Rép.* n° 178 quelles personnes sont étrangères. Il convient toutefois de remarquer que, depuis la loi du 7 févr. 1851, n'étaient pas étrangers tous ceux qui étaient nés en France de parents étrangers, mais ceux-là seulement dont les parents n'étaient pas nés en France (V. *suprà*, n°s 2 et 45), et que, depuis la loi du 26 juin 1889, la plupart des enfants nés en France, même d'étrangers nés à l'étranger, sont Français sauf faculté d'option (V. *suprà*, n° 85).

Sect. 1re. — Des étrangers non domiciliés, c'est-à-dire non autorisés à établir leur domicile en France (*Rép.* n°s 179 à 369).

Art. 1er. — *Règles relatives aux étrangers non domiciliés. — Contrainte par corps; Cession de biens; Caution* judicatum solvi (*Rép.* n°s 180 à 241).

131. On a examiné au *Rép.* n°s 190 et suiv., la question de savoir à la jouissance de quels droits civils sont admis les étrangers non domiciliés, en dehors de ceux qui leur seraient garantis par traités, conformément à l'art. 11 c. civ. La controverse exposée *ibid.*, dure encore; toutefois le système qui refusait aux étrangers tous les droits civils que ne leur accordait pas une disposition expresse de la loi semble ne plus avoir de partisans. — MM. Valette, p. 407 et suiv.; Demangeat, n° 56; Poiré, p. 164 et suiv., admettent les étrangers à la jouissance de tous les droits civils qui ne leur sont pas refusés par un texte de loi. M. Louis Durand, n° 111, p. 224, arrive au même résultat en reconnaissant que le code civil maintient la distinction des droits civils et des droits naturels pour n'accorder aux étrangers que ces derniers, mais en ne considérant comme droits civils que ceux dont une disposition légale exclut les étrangers.

Le système qui réunit le plus d'adhérents est celui qui distingue les droits civils et les droits naturels dérivant du droit des gens, pour refuser les premiers aux étrangers, en leur reconnaissant les seconds. Ce système s'éloigne peu, au point de vue pratique, du système adopté au *Rép.* n° 193, d'après lequel l'étranger jouirait en France des droits civils qui lui seraient attribués par la loi soit expressément soit tacitement. Il a été soutenu par MM. Aubry et Rau, t. 1, § 78, p. 291 et suiv.; Demante et Colmet de Santerre, t. 1, n°s 27 et 27 *bis* A; Laurent, t. 1, n°s 405 et 407; Gand, n°s 168 et 172; Trolong, *De la prescription*, t. 1, n° 35; Massé, t. 1, n° 503).

L'intérêt pratique de cette controverse est d'ailleurs assez limité; car le désaccord sur le principe n'entraîne pas toujours désaccord sur les conséquences. Les seuls droits civils sur lesquels on discute, les uns les accordant, les autres les refusant aux étrangers, sont le domicile, l'adoption, la tutelle, l'usufruit légal et l'hypothèque légale. Enfin, il y a controverse sur le point de savoir si les étrangers peuvent plaider devant les tribunaux français contre des étrangers.

132. On a dit au *Rép.* n° 196 que le commerce peut être exercé par les étrangers comme par les nationaux. Il a été jugé, par application de ce principe, que les étrangers ont, aussi bien que les Français, le droit de réclamer l'accomplissement des obligations imposées aux compagnies de chemins de fer par leurs cahiers des charges et de se plaindre de l'inexécution de ces obligations, notamment: 1° qu'ils ont le droit de se prévaloir des dispositions du cahier des charges qui interdisent à une compagnie de faire, directement ou indirectement, avec des entreprises de transport, des arrangements qui ne seraient pas consentis en faveur de toutes les entreprises desservant les mêmes voies de communication (Civ. cass. 3 juill. 1865, aff. Robinson, D. P. 65. 1. 347; Limoges, 28 févr. 1866, même affaire, D. P. 66. 2. 140); — 2° Qu'ils ont le droit de poursuivre une compagnie de chemins de fer pour lui faire défendre d'exercer un commerce contraire à ses statuts, par exemple le commerce du charbon de terre, et peuvent obtenir contre elle des dommages-intérêts pour faits de concurrence illicite (Civ. rej. 5 juill. 1865, aff. Chemin de fer de l'Est, D. P. 65. 1. 348). — Jugé en sens contraire que les étrangers ne sont recevables à se plaindre du préjudice que leur cause une compagnie de chemins de fer en accordant, contrairement à son cahier des charges, des avantages particuliers à une entreprise de transport qui leur fait concurrence, qu'autant que d'après les traités internationaux, des Français seraient admissibles dans leur pays à exercer une semblable action; que les étrangers ne peuvent se retrancher derrière le droit qu'ils ont de faire le commerce, pour échapper à l'application de l'art. 11 c. civ., lorsqu'ils sont obligés d'invoquer non un principe général mais le texte d'une loi spéciale qui restreint en France la liberté des combinaisons commerciales, illimitée ailleurs (Bordeaux, 28 juill. 1863, aff. Chemin de fer du Midi, D. P. 65. 2. 4).

133. Il a été jugé aussi que l'état de faillite ne constitue pas un droit civil et, par suite, que les étrangers qui exercent le commerce en France peuvent être déclarés en faillite aussi bien sur leur demande qu'à la diligence de leurs créanciers (Req. 24 nov. 1857, aff. Castrique, D. P. 58. 1. 85. Conf. Massé, t. 1, n° 504. V. *infrà*, v° *Faillite*).

134. Les étrangers, dont le droit à la propriété littéraire a été reconnu par le décret de 1810 (art. 40), ainsi qu'il a été dit au *Rép.* n° 197 (Conf. Crim. rej. 20 août 1852, aff. Bourret, D. P. 52. 1. 335) ont, depuis le décret du 28 mars 1852 (D. P. 52. 4. 93), le droit de poursuivre en France les contrefacteurs d'ouvrages publiés à l'étranger (V. *Rép.* v° *Propriété littéraire*, n° 16. V. également: Massé, t. 1, n°s 516 et 517). La même solution doit être donnée pour la propriété artistique (V. D. P. 52. 4. 93, note 1).

135. Quant à la propriété industrielle, la loi du 23 juin 1857 sur les marques de fabrique (D. P. 57. 4. 97) a fait cesser l'incertitude exposée au *Rép.* n° 197. Aux termes de cette loi, les étrangers ont, pour la protection de leurs marques de fabrique ou de commerce, les mêmes droits que les Français, c'est-à-dire qu'ils ont droit à la protection de leurs marques pour les produits des établissements qu'ils possèdent en France et, de plus, pour les produits de leurs établissements situés à l'étranger, si dans les pays où sont situés ces établissements, la réciprocité est établie par des conventions diplomatiques pour les marques françaises. La loi du 26 nov. 1873 (D. P. 74. 4. 21) a étendu la protection à deux points de vue; elle admet l'équivalence de la réciprocité légale à la réciprocité diplomatique, et elle protège formellement le nom commercial ainsi que les marques, dessins ou modèles de fabrique. Son art. 9 dispose, en effet, que « les autres lois en vigueur touchant le nom commercial, les marques, dessins ou modèles de fabrique seront appliquées au profit des étrangers, si dans leur pays, la législation ou des traités internationaux assurent aux Français les mêmes garanties » (V. au surplus *infrà*, v° *Industrie et commerce*).

136. Les droits de l'étranger à l'affouage, droits auparavant discutés, ont été déterminés d'une manière précise par les lois du 25 juin 1874 (D. P. 75. 4. 9) et des 23-24 nov. 1883 (D. P. 84. 4. 1.) qui ont, à deux reprises, modifié l'art. 105 c. for. D'après le nouvel art. 105 c. for., tel qu'il résulte de la loi de 1883, l'étranger autorisé à établir son domicile en France a seul droit à l'affouage. La même solution est applicable, qu'il s'agisse du bois de chauffage ou du bois de construction, du moins lorsque ce dernier est partagé entre les ayants droit à l'affouage; si le bois de construction est vendu aux enchères publiques, il est évident que l'étranger peut s'en rendre adjudicataire même s'il n'a pas été autorisé à établir son domicile en France (Comp. *Rép.* n° 202, et *infrà*, v° *Forêts*).

137. Les étrangers non autorisés à établir leur domicile en France ne peuvent enseigner dans aucun établissement, même privé (L. 15 mars 1850, art. 78, D. P. 50. 4. 64; Décr. 5 déc. 1850, D. P. 51. 4. 16; L. 12 juill. 1875, art. 9, D. P. 75. 4. 137; 30 oct. 1886, art. 4, D. P. 87. 4. 1).

138. Ils ne peuvent signer la déclaration préalable exigée pour une réunion publique. La loi du 30 juin 1881 sur la liberté de réunion exige, en effet (art. 2, § 2), que les déclarants jouissent de leurs droits civils et politiques (V. D. P. 81. 4. 101, et *infrà*, v° *Réunions publiques*).

139. Ils ne peuvent être gérants de journaux. L'art. 6 de la loi du 29 juill. 1881 sur la presse exige chez le gérant la qualité de Français (V. D. P. 81. 4. 65, et *infrà*, v° *Presse-outrage*).

140. Ils peuvent être membres d'un syndicat professionnel, mais non être chargés de l'administration ou de la direction du syndicat; la qualité de Français est requise pour l'exercice de ces dernières fonctions (L. 21 mars 1884, art. 4, § 5, D. P. 84. 4. 129, et *infrà*, v° *Syndicats professionnels*).

141. En ce qui concerne la propriété des navires, V. *infrà*, v° *Droit maritime*.

142. On a dit au *Rép.* n°s 206 et suiv. quelle est la condition des étrangers en ce qui concerne les droits de famille. L'opinion dominante leur refuse le droit d'adopter des Français ou d'être adoptés par eux; quant à la tutelle d'enfants français, la jurisprudence la plus récente tend à admettre qu'elle peut leur être attribuée. Elle leur reconnaît, par suite, le droit de faire partie d'un conseil de famille (V. Civ. rej. 16 févr. 1875, aff. du Breignon, D. P. 76. 1. 49; Paris, 21 août 1879, aff. Baucheron, D. P. 82. 5. 415; Trib. Briey, 24 janv. 1878, aff. Cyrille Bouchy, D. P. 79. 3. 40; Laurent, t. 1, n° 445; Louis Durand, n° 174. — *Contrà :* Massé, t. 1, n° 503; Paris, 21 mars 1861, aff. Gilbert, D. P. 61. 2. 73. V. au surplus *suprà*, v° *Adoption*, n° 16; *infrà*, v^is *Lois; Minorité-tutelle*).

143. MM. Aubry et Rau, t. 1, § 78, note 60, p. 303, et Demolombe, t. 1, n° 88, refusent toujours à l'étranger l'usufruit légal sur les biens que ses enfants mineurs possèdent en France (*Contrà :* Demangeat sur Fœlix, 4e éd., n° 67, p. 151, note 6. — V. en outre, v° *Puissance paternelle;* — *Rép.* eod. v°, n° 96).

144. On a examiné au *Rép.* n° 217 la question de savoir si un étranger peut être arbitre. La question ne se pose plus que pour l'arbitrage volontaire, depuis que la loi du 17 juill. 1856 (D. P. 56. 4. 113) a aboli l'arbitrage forcé. MM. Aubry et Rau, t. 1, § 77, p. 285, note 7, contrairement à l'opinion soutenue au *Répertoire*, admettent que l'étranger peut remplir les fonctions d'arbitre (V. aussi Massé, t. 1, n° 505). M. Rodière, *Cours de compétence et procédure en matière civile*, 4e éd., t. 2, p. 505, a, au contraire, adopté l'opinion du *Répertoire* (V. *suprà*, v° *Arbitrage*, n° 37).

145. Il a été jugé, conformément à l'opinion soutenue au *Rép.* n° 218, que l'étranger peut, notamment en matière criminelle, procéder à une expertise et en faire le rapport en justice (Crim. rej. 16 déc. 1847, aff. Peys, D. P. 47. 4. 238).

146. La loi du 12 juin 1861 (art. 3, D. P. 61. 4. 71) a admis les étrangers à faire des versements à la caisse des retraites pour la vieillesse aux mêmes conditions que les nationaux (V. toutefois, L. 20-21 juill. 1886, art. 14, D. P. 86. 4. 49, et *infrà*, v° *Secours publics*).

147. La loi du 27 juill. 1872 (art. 7) et celle du 15 juill. 1889 (art. 3, D. P. 89. 4. 73) sur le recrutement de l'armée ont reproduit la disposition de la loi de 1832 mentionnée au *Rép.* n° 230, qui déclare les étrangers incapables de servir dans l'armée française.

148. Certaines inégalités de condition entre les Français et les étrangers, au détriment de ces derniers, indiquées au *Rép.* n°s 232 et suiv. ont disparu par suite de lois nouvelles. La loi du 22 juill. 1867 sur la contrainte par corps a assimilé les étrangers aux Français en ce qui concerne cette voie d'exécution (D. P. 67. 4. 75); le refus du bénéfice de cession de biens judiciaire a été maintenu à l'encontre des étrangers, mais il n'a plus de portée depuis que la contrainte par corps est devenue une voie exceptionnelle, ne s'appliquant qu'aux débiteurs devenus tels par suite d'infractions aux lois pénales, débiteurs qui, lorsqu'ils sont Français, ne peuvent que bien rarement, si même ils peuvent jamais, invoquer le bénéfice de cession de biens (V. Colmet de Santerre, t. 5, n° 213 *bis;* Aubry et Rau, t. 8, § 782, note 32, p. 511; *suprà*, v° *Contrainte par corps; infrà*, v° *Obligations*).

149. On a dit au *Rép.* n° 241 que l'étranger demandeur contre un Français doit fournir une caution, dite *judicatum solvi*. Il a été jugé qu'il n'est pas dispensé de la fournir au cas où il a obtenu l'assistance judiciaire (Trib. Seine, 18 oct. 1856, aff. Leclerc-Eccleston, D. P. 66. 3. 104, note 1 ; Trib. Sartène, 2 mai 1859, aff. Cosimini, *ibid.;* Trib. Soissons, 28 août 1861, aff. Libbrecht, D. P. 61. 5. 195 et D. P. 66. 3. 104). — Ces jugements reconnaissent implicitement l'admissibilité des étrangers au bénéfice de l'assistance judiciaire (V. dans le même sens : Décis. bureau ass. jud. Paris, 18 déc. 1855, *Journal des avoués*, 1856, p. 345. — V. toutefois en sens contraire : Décis. bureau ass. jud. Nancy, 20 mai 1865, aff. Eyschen, D. P. 66. 3. 80. — V. aussi sur cette question : v° *Organisation judiciaire ;* — *Rép.* eod. v°, n°s 756 et 757).

150. La loi du 10 déc. 1850 sur le mariage des indigents est applicable aux mariages entre Français et étrangers (D. P. 51. 4. 9).

Art. 2. — *De l'étranger non domicilié demandeur en justice contre un Français* (*Rép.* n°s 242 à 256).

151. On a dit au *Rép.* n° 242 que les magistrats français sont les juges naturels des Français. Il a été jugé, conformément à ce principe, que la règle *actor sequitur forum rei*, constitue la règle fondamentale en matière de compétence internationale; que, par suite, le Français défendeur, dans une contestation personnelle et mobilière, et spécialement le Français souscripteur d'actions dans une société étrangère, poursuivi en payement du montant de ces actions, ne peut être assigné que devant le juge français de son domicile; et qu'il n'est dérogé à cette règle, ni par l'art. 59 c. proc. civ. qui, en matière de société, permet d'assigner le défendeur devant le juge du lieu où la société est établie, ni par l'art. 420 du même code, aux termes duquel, en matière commerciale, le défendeur peut être assigné devant le tribunal dans l'arrondissement duquel le payement doit être effectué, lesdits articles réglant exclusivement la compétence entre tribunaux français et ne fixant point l'ordre des juridictions dans les rapports d'un tribunal français et d'un tribunal étranger (Rennes, 26 déc. 1879, aff. Fitch-Kemps, D. P. 80. 2. 52. V. toutefois sur ce point : Renault, *Revue critique*, 1881, p. 478 et suiv.). — Jugé aussi : 1° que l'action en désaveu de paternité formée contre un mineur français résidant en France doit être portée devant le tribunal de sa résidence, et non pas devant le tribunal étranger dans le ressort duquel son père, devenu étranger, est domicilié (Req. 6 mars 1877, aff. Hourlier, D. P. 77. 1. 289); — 2° Que les tribunaux français sont compétents pour connaître de la demande, formée par un étranger, en revendication d'objets mobiliers saisis par un Français sur un autre étranger (Paris, 4 janv. 1856, aff. Beurdeley, D. P. 56. 2. 139); — 3° Qu'un étranger peut assigner en déclaration de faillite devant les tribunaux de France un Français établi à l'étranger, même pour des obligations contractées à l'étranger (Bordeaux, 25 mars 1885, aff. Stein, D. P. 88. 2. 290).

152. Les Français peuvent être traduits devant les tribunaux de France à raison d'obligations contractées envers des étrangers, aussi bien par des personnes civiles que par des personnes physiques; l'art. 15 c. civ. n'autorise point de distinction. Ainsi un gouvernement étranger peut actionner un Français devant les tribunaux français pour engagements contractés envers lui par ce dernier (Sol. impl., Paris, 13 avr. 1867, aff. Gouvernement espagnol, D. P. 67. 2. 49).

Toutefois, exception est faite à l'égard des sociétés anonymes étrangères et des autres associations commerciales industrielles ou financières établies, même d'une manière régulière, en pays étrangers. Ces diverses sociétés avaient été admises par la jurisprudence française à ester en justice en qualité de demanderesses (V. *Rép.* v° *Société*, n°s 56 et 1588). Mais cette faculté leur a été retirée par la loi du 30 mai 1857, ou du moins elle ne peut plus être réclamée par elles qu'en vertu de traités ou de décrets rendus en conseil d'Etat, autorisant collectivement les sociétés du pays auquel elles appartiennent à user du bénéfice de l'art. 15 (V. L. 30 mai 1857, D. P. 57. 4. 75; Aubry et Rau, t. 1, § 54, texte et note 23, p. 188, et t. 8, § 748 *bis*, p. 143; Req. 1er août 1860, aff. Dussard, D. P. 60. 1. 444; Aix, 17 janv. 1861, aff. Beaumont, D. P. 61. 2. 177; Paris, 15 mai 1863, aff. Compagnie des chemins de fer russes, D. P. 63. 2. 84. V. d'ailleurs *infrà*, v° *Société*).

153. Les tribunaux français, compétents pour connaître de l'action intentée par un étranger contre un Français, ont également compétence pour connaître de l'intervention formée par un autre étranger au cours de l'instance ainsi engagée (V. *Rép.* n°s 244 et 245. V. cependant *infrà*, n° 202). — Jugé, en ce sens, que les tribunaux français, compétents pour connaître de l'action formée par le tiers porteur étranger, à fin de payement d'une lettre de change créée par un étranger et en pays étranger, mais tirée sur un Français, sont aussi compétents pour connaître de la contestation élevée incidemment à l'action en payement et sur l'intervention des syndics du tireur, relativement à la propriété de la provision, réclamée à la fois par le tiers porteur et par les syndics, au nom de la faillite (Civ. cass. 7 juill. 1845, aff. Bory, D. P. 45. 1. 334). — Jugé encore que les tribunaux français sont compétents pour statuer sur la validité d'un mariage contracté entre étrangers en pays étranger, quand cette question s'élève incidemment à l'action formée par un étranger contre un Français, à fin de partage d'une succession ouverte en France; qu'il n'importe que cette question incidente s'élève non avec le Français défendeur, mais entre le demandeur étranger et d'autres étrangers parties intervenantes, la compétence du juge quant à l'action principale, s'étendant à l'incident (Req. 15 avr. 1861, aff. Seitz, D. P. 61. 1. 420. Comp. toutefois *infrà*, n° 202).

154. L'art. 15 c. civ. peut être invoqué contre tout Français. Ainsi il a été jugé: 1° que l'étranger naturalisé Français est justiciable des tribunaux français aussi bien que le Français d'origine, à raison des engagements par lui contractés en pays étranger, et qu'il peut être traduit devant ces tribunaux, même pour des engagements antérieurs à sa naturalisation (Req. 16 janv. 1867, aff. Mahmoud-Ben-Ayard, D. P. 67. 1. 308. V. Aubry et Rau, t. 8, § 748 *bis*, p. 143). Cette dernière solution serait applicable à l'étranger autorisé à établir son domicile en France pour les obligations nées à sa charge avant l'admission à domicile (Comp. *Rép.* n° 247). Elle est en effet basée sur ce « qu'il est de principe qu'en matière de compétence et de procédure, c'est le temps de l'action qu'il faut exclusivement considérer, et non l'époque à laquelle se reporte l'origine du droit exercé »; — 2° Que la femme française dont le mari s'est fait naturaliser en pays étranger pendant le mariage, ayant le droit d'avoir en France un domicile qui lui est propre, le tribunal de ce domicile est, par suite, compétent pour connaître de l'action en séparation de corps formée contre cette femme par son mari (Douai, 3 août 1858, aff. Hauël, D. P. 58. 2. 218). — Sur le point résolu par l'arrêt quant au domicile de la femme, V. *Domicile*, n° 48; — *Rép.* eod. v°, n° 20). — En ce qui concerne la compétence des tribunaux français, elle n'est point douteuse à notre avis, quelle que soit la solution que l'on admette sur la question de domicile. L'art. 15 soumet en effet les Français à la juridiction française, sans exiger qu'ils soient domiciliés en France; cette juridiction doit, par suite, être compétente même dans l'opinion de ceux qui admettent qu'un Français peut avoir son domicile à l'étranger et n'en avoir pas en France (V. Louis Durand, n° 216).

155. On a dit au *Rép.* n° 250, que le Français peut renoncer au bénéfice de l'art. 15; il y peut renoncer soit expressément, soit tacitement. Telle est aussi l'opinion admise par M. Trochon, p. 245, et par la cour de Rennes, le 26 déc. 1879 (aff. Fitch-Kemps, D. P. 80. 2. 52); mais cette renonciation ne doit pas se présumer; elle doit être certaine. Ainsi il a été jugé (Même arrêt) qu'elle ne saurait s'induire, même en matière de contestations sociales, soit de ce que la société dont le Français serait actionnaire aurait été constituée à l'étranger, soit de ce qu'une ville étrangère aurait été fixée pour le lieu du payement des souscriptions (V. du reste *infrà*, n°s 171 et suiv., et *Rép.* n° 284, où la même question est examinée au point de vue de l'art. 14). Les raisons de décider sont les mêmes dans les deux hypothèses.

156. Ainsi qu'il a été dit au *Rép.* n° 251, le Français peut être traduit devant les tribunaux français, en vertu de l'art. 15, à raison de toute obligation envers un étranger, quelle que soit la source de son engagement, contrat, quasi-contrat, délit ou quasi-délit. La cour de Paris a fait application de cette règle, dans un arrêt du 20 juin 1859, en déclarant un étranger recevable à former contre un Français devant les tribunaux français, une action en revendication de son nom, usurpé par ce dernier dans les actes de l'état civil (Paris, 20 juin 1859, aff. de Fénis, D. P. 62. 1. 65).

157. On a donné au *Rép.* n° 255 le texte de l'art. 3 du traité du 18 juill. 1828 entre la France et la Suisse. La rédaction de cet article avait donné lieu à des interprétations différentes dans la jurisprudence; les termes « à moins que les parties ne soient présentes dans le lieu même où le contrat à été stipulé » avaient été entendus tantôt comme relatifs à la présence au jour de la formation du contrat (V. Colmar, 21 févr. 1849, aff. Pingeon, D. P. 52. 2. 12; Civ. rej. 4 mai 1868, aff. Kohler, D. P. 68. 1. 313; Lyon, 18 mars 1868, aff. Rabatel, D. P. 69. 2. 60), tantôt comme relatifs à la présence au jour de l'introduction de la demande en justice (V. Nancy, 2 avr. 1849, aff. Pingeon, D. P. 49. 2. 171 et 50. 2. 89). En tous cas, il avait été jugé que la présence visée par l'art. 3 du traité devait s'entendre d'une présence matérielle et effective, et qu'il ne suffisait pas au Français demandeur d'invoquer, comme constituant une présomption légale de présence, la circonstance que le Suisse avait établi au lieu où sa présence était nécessaire aux termes du traité, des employés et un bureau d'affaires, lorsque surtout la convention, objet du litige, était étrangère aux opérations traitées dans ce bureau (Colmar, 12 août 1850, aff. Bunot, D. P. 52. 2. 143).

Le traité du 18 juill. 1828 a été remplacé par le traité du 15 juin 1869 (D. P. 70. 4. 6), sur la compétence judiciaire et l'exécution des jugements en matière civile. L'art. 1er, § 2, de ce traité a mis fin aux difficultés par la disposition suivante: « Si l'action a pour objet l'exécution d'un contrat consenti par le défendeur dans un lieu situé soit en France, soit en Suisse, hors le ressort desdits juges naturels, elle pourra être portée devant le juge du lieu où le contrat a été passé, si les parties y résident au moment où le procès sera engagé (V. d'ailleurs le texte du traité, D. P. 70. 4. 6). Il a été jugé par application de cette disposition que le Français qui a souscrit à Genève, en faveur d'un Suisse, un billet à ordre payable en France, est justiciable des tribunaux de la Suisse, alors même qu'il n'a pas dans ce pays son domicile, mais seulement une résidence temporaire, pourvu que cette résidence ne soit point déterminée par des faits purement accidentels (Genève, 27 avr. 1874, aff. M..., D. P. 74. 2. 173).

ART. 3. — *De l'étranger non domicilié, défendeur en justice contre un Français* (*Rép.* n°s 257 à 299).

158. Par application de l'art. 14 c. civ. (V. *Rép.* n°s 257 et suiv.), il a été jugé qu'une demande en déclaration d'absence d'un étranger qui n'a en France ni domicile ni résidence connus, formée par l'administration des domaines à l'effet de se faire envoyer en possession des biens appartenant en France à cet étranger, est compétemment soumise au tribunal de la situation de ces biens (Douai, 2 août 1854, aff. Del Campo, D. P. 55. 2. 4. V. *infrà*, n°s 180 et suiv.).

Mais cet arrêt décide, en même temps, qu'il n'appartient pas aux tribunaux français de déclarer l'absence d'un étranger, même dans le cas où celui-ci possède des biens en France et où la déclaration d'absence est demandée à l'effet d'obtenir l'envoi en possession de ces seuls biens, alors surtout que l'étranger n'a jamais eu ni domicile ni résidence en France, et qu'il n'est pas même possible de remplir à son égard les formalités tutélaires qui sont la condition essentielle de la déclaration d'absence On a relevé D. P. 55. 2. 4, note 2, la contradiction contenue en cet arrêt qui, après avoir déclaré la compétence du tribunal français à l'égard d'une demande en déclaration d'absence d'un étranger, décide qu'il n'appartient pas aux tribunaux français de déclarer l'absence d'un étranger. — Sur la question de savoir si les tribunaux français peuvent ou non déclarer absent un étranger, V. *suprà*, v° *Absence*, n° 5 (Comp. Bonfils, n° 78; Trochon, p. 178; Gand, n° 405). — Il a été décidé encore que la disposition de l'art. 59 c. proc. civ., qui attribue compétence en matière de faillite au tribunal du domicile du failli, ne déroge pas à l'art. 14 c. civ., aux termes duquel l'étranger, même non résidant en France, peut être cité devant les tribunaux français pour l'exécution des engagements contractés envers un Français; qu'en conséquence, les créanciers français d'une société étrangère déclarée en faillite dans son propre pays peuvent poursuivre devant les tribunaux français la condamnation de cette société à raison des obligations par elle contractées envers eux (Aix, 15 mars 1870, aff. Chatteris, D. P. 70. 2. 204; Req. 12 nov. 1872, aff. *The imperial Land Company of Marseilles*, D. P. 74. 1. 168. Comp. Lyon, 24 avr. 1850, aff. Syndic Elia, D. P. 54. 2. 119. V. toutefois, *suprà*, v° *Compétence civile des tribunaux d'arrondissement et des cours d'appel*, n° 89; *infrà*, n° 171, et v° *Faillite*); — 2° Que la disposition de l'art. 59 c. proc. civ., qui attribue compétence, en matière de société, au juge du lieu où elle est établie n'empêche pas le Français, actionnaire d'une société étrangère, d'assigner régulièrement celle-ci devant les tribunaux français, en invoquant l'art. 14 c. civ. (Req. 28 févr. 1877, aff. Compagnie des chemins de fer du Nord-ouest d'Autriche, D. P. 77. 1. 474. Comp. *Rép.* n° 261 et *infrà*, n° 171). — Il a été jugé, toutefois, que l'art. 14 ne saurait être applicable, s'ils s'agissait non plus d'un créancier poursuivant la rentrée d'une somme ou la consécration d'un droit quelconque vis-à-vis d'une société étrangère, mais bien d'un actionnaire français prétendant faire dissoudre une société étrangère dont il ferait partie, par un tribunal français (Chambéry, 1er déc. 1866, aff. Compagnie du chemin de fer Victor-Emmanuel, D. P. 66. 2. 246. V. au surplus *suprà*, v° *Compétence civile des tribunaux d'arrondissement et des cours d'appel*, n° 44; *infrà*, n° 171, et v° *Société*).

159. On a examiné au *Rép.* nos 263 et suiv. la question de savoir si l'art. 14 ne peut être invoqué qu'à raison d'obligations nées de contrats ou s'il est applicable, quelle que soit la source de l'obligation à la charge de l'étranger.

M. Demante, partant évidemment de l'idée que la compétence exceptionnelle de l'art. 14 a pour base le consentement tacite de l'étranger à se soumettre à la disposition de cet article, n'admet pas la compétence des tribunaux français au cas où l'étranger se trouve débiteur envers le Français par suite d'un quasi-contrat. « Ainsi, dit-il, en cas de gestion d'affaires, j'accorderais sans difficulté au maître français le droit de traduire devant les tribunaux français le gérant étranger, mais je ne verrais pas comment justifier en principe l'appel du maître étranger devant les tribunaux français pour l'exécution des obligations que lui aurait imposées, sans sa participation, le fait du gérant français » (t. 1, n° 29 *bis* II). Mais la presque unanimité des auteurs et une jurisprudence constante appliquent sans aucune distinction l'art. 14 à toutes les obligations dont un étranger se trouve tenu envers un Français. Dans cette opinion, adoptée au *Rép.* n° 264, on fait valoir que les motifs qui ont inspiré la disposition de l'art. 14 s'appliquent également, quelle que soit la source de l'obligation qui incombe à l'étranger. Le législateur s'est peu préoccupé de l'acceptation tacite de la juridiction française par l'étranger. Jugé ainsi que l'étranger peut être traduit devant les tribunaux français pour des obligations par lui contractées envers des Français dont il ne connaissait pas la nationalité (Paris, 3 juin 1872, aff. Isabelle de Bourbon, D. P. 72. 2. 124). C'est la méfiance envers les juridictions étrangères qui a fait imposer aux étrangers débiteurs de Français la juridiction française. Si l'on a cru nécessaire aux intérêts des Français d'imposer nos tribunaux à ces étrangers, il est évident qu'on a dû voir la même nécessité à leur donner l'avantage de la juridiction nationale, quelle que fût la source de leur droit (V. Aubry et Rau, t. 8, § 748 *bis*, p. 137; Louis Durand, n° 215; Henri Bonfils, n° 71; Albert Trochon, p. 172; Poire, p. 219; Massé, t. 1, n° 686; Civ. cass. 12 août 1872, aff. Compagnie l'*Industrie française*, D. P. 72. 1. 293; Caen, 6 juin 1882, aff. Bossière et compagnie, D. P. 84. 2. 13).

Il a été jugé, dans ce sens : 1° que les tribunaux français sont compétents pour connaître des contestations existant entre un Français et un étranger, alors même que celui-ci n'aurait contracté aucune obligation directe envers le Français, et que les contestations seraient simplement nées à l'occasion d'un testament fait au profit du Français et au préjudice de l'étranger (Paris, 11 déc. 1855, aff. Guichard, D. P. 55. 5. 197). — Jugé en outre, dans la même affaire, que les tribunaux français sont compétents pour régler l'effet du testament sur les biens mobiliers du testateur même situés en pays étranger, mais non sur les immeubles situés en pays étranger (Req. 19 avr. 1859, aff. Guichard, D. P. 59. 1. 277); — 2° Que l'art. 14 est applicable à toutes les obligations dérivant soit de contrats ou de quasi-contrats, soit de délits ou de quasi-délits, spécialement qu'une étrangère devenue Française par son mariage avec un Français peut intenter devant les tribunaux français une demande d'aliments contre son père étranger, et qu'il importe peu que cette demande soulève incidemment une question d'état qui ne puisse être résolue que par l'application du statut étranger (Paris, 20 févr. 1864, aff. Duc de Brunswick, D. P. 64. 2. 102; Req. 13 déc. 1865, même affaire, D. P. 66. 1. 20. Comp. Paris, 2 août 1866, aff. de Civry, D. P. 67. 2. 41); — 3° Que les tribunaux français sont compétents pour statuer sur la demande en séparation de corps formée par une femme française contre son mari naturalisé en pays étranger; jugé en même temps que la demande était régulièrement portée devant le tribunal dans le ressort duquel la femme avait son domicile en France (Chambéry, 27 août 1877, aff. Henri X..., D. P. 78. 2. 184); — 4° Que les tribunaux français sont compétents pour connaître de l'action en indemnité formée contre un étranger, pour dommage causé à un navire français par l'abordage d'un navire étranger (Aix, 12 mai 1857, aff. Gauthier, D. P. 58. 2. 13); — 5° Que l'art. 14 c. civ. s'applique à la demande en délivrance d'un legs fait à un Français par un étranger (Paris, 12 janv. 1858) (1); — 6° Que les tribunaux français sont compétents pour connaître des difficultés relatives à la validité d'un testament fait en France par un étranger, encore que les léga-

(1) (Vicira C. Bohard et le bureau de bienfaisance de Versailles.) — Le 29 mai 1857, jugement du tribunal de Versailles ainsi conçu : — « Attendu que si, à l'exception des lois de police et de sûreté et de celles relatives aux immeubles situés en France, les lois françaises ne régissent pas les étrangers, et si, par suite, les tribunaux français ne sont pas juges de leurs différends, il en est autrement lorsque, dans le litige, se trouvent engagés des intérêts français, lesquels ont droit à l'intervention de la justice nationale; — Attendu qu'il en est ainsi dans l'espèce, à raison de la qualité des deux légataires particuliers la demoiselle Bohard et le bureau de bienfaisance de Versailles; — Attendu que, à l'exception de Vicira, la compétence des tribunaux français est acceptée par tous les étrangers en cause, à savoir par les légataires universels dûment reconnus et habilités à cet effet par le souverain du pays dont ils relèvent et par les légataires particuliers; — Attendu que, dans une telle situation, Vicira ne saurait être admis à la décliner qu'en justifiant des qualité et intérêt qu'il a pour le faire, et aussi de la possibilité, par les autres parties, d'une juridiction différente de celle dont il récuse la décision; — Attendu qu'il ne fait cette justification sous aucun rapport; qu'étant admise, en effet, sa qualité d'étranger, il n'allègue pas qu'il ait conservé son domicile d'origine; que non seulement il n'indique pas ce domicile, mais la dénomination de négociant demeurant en France, sous laquelle il procède, en est virtuellement exclusive, en même temps que de l'exercice possible du droit des demandeurs devant d'autres juges, que ce serait à lui d'indiquer, puisqu'il prétend que la cause doit leur être délaissée; — Attendu enfin que Vicira ne justifie d'aucun intérêt légitime à l'appui du déclinatoire qu'il soulève; qu'un

taires à titre universel soient étrangers, si ce testament contient des legs particuliers au profit de Français (Orléans, 3 août 1859, aff. Simon Whall, D. P. 59. 2. 158).

160. MM. Bonfils, n° 79; Trochon, p. 179; Massé, n° 698, estiment que les tribunaux français, compétents pour connaître des actions intentées par un Français contre un étranger, sont également compétents pour connaître des demandes incidentes ou en garantie formées par le défendeur, même contre un autre étranger (Comp. Req. 13 déc. 1863, aff. de Brunswick, D. P. 66. 1. 20. V. les arrêts cités *infrà*, n° 202). Il a été jugé, toutefois, que les tribunaux français ont, en pareil cas, la faculté de se déclarer incompétents (Req. 27 janv. 1857, aff. Hope, D. P. 57. 1. 142. V. au surplus sur cette question *infrà*, n° 202).

161. On a exprimé au *Rép.* n° 265 l'opinion que la circonstance que le Français a son domicile dans le pays de l'étranger défendeur, ne fait pas obstacle au droit de citer l'étranger devant les tribunaux français. Cette opinion a été admise par la doctrine; les auteurs s'accordent à reconnaître que le droit d'user de l'art. 14 est indépendant du lieu où est établi le Français qui prétend l'invoquer (V. Aubry et Rau, t. 8, § 748 *bis*, p. 136; Bonfils, n° 61; Albert Trochon, p. 134 et suiv.; Louis Durand, n° 215; Massé, t. 1, n° 685).

162. On a examiné au *Rép.* n° 268, la question de savoir si l'art. 14 peut être invoqué par le demandeur qui, étranger au jour de la naissance de l'obligation, est ensuite devenu Français et a cette qualité au jour de l'action. MM. Aubry et Rau, t. 8, § 748 *bis*, p. 136, lui en refusent le droit. Outre les arguments exposés au *Rép.* n° 268, ils allèguent que l'art. 14 n'est pas une simple loi de procédure et que « si, d'un autre côté, les formes de procéder et les règles de compétence se déterminent d'après la loi en vigueur au moment de la demande, l'application de ce principe, qui suppose un changement de législation, est étrangère au cas où il ne s'agit que d'un changement dans la condition des parties ». Et M. Massé, n° 682 *bis*, ajoute : « le fait seul d'un des contractants ne peut pas plus changer soit la forme de procéder, soit la juridiction compétente, qu'il ne peut changer le fond même de l'obligation »; ce qui n'est pas exact, puisque le défendeur en matière personnelle a pu changer de domicile entre le moment de la naissance de l'obligation et le moment de l'action, et qu'il doit être assigné devant le tribunal de son domicile au jour de la demande en justice (V. encore Gand, n° 278; Bertauld, *Questions pratiques et doctrinales*, de code Napoléon, t. 1, n° 169).

Mais l'opinion contraire adoptée au *Rép.* n°s 268 et 272 est partagée par des auteurs considérables. On fait remarquer outre les raisons exposées au *Répertoire*, que le législateur, tenant en suspicion les juridictions étrangères, a dû être particulièrement défiant à leur égard, au cas où il s'agit de contestations où sont engagés leurs anciens nationaux devenus Français (V. Bonfils, n° 63; Trochon, p. 140 et 142 et suiv.; Fœlix et Demangeat, 4e éd., t. 1, n° 176, et p. 364, note *a*; Paris, 20 févr. 1864, aff. Duc de Brunswick, D. P. 64. 2. 102).

163. On a soutenu au *Rép.* n° 273, que l'étranger, autorisé à établir son domicile en France, a droit d'invoquer l'art. 14 c. civ. même à raison d'obligations contractées avant l'admission à domicile. Cette opinion a été adoptée par MM. Trochon, p. 140 et suiv.; Bonfils, n° 68; Demangeat sur Fœlix, p. 365, note *a* (*Contrà*: Aubry et Rau, t. 1, § 79, p. 312), et par la cour de Paris le 28 janv. 1858 (aff. Walter Wetrup, D. P. 58. 2. 28). — V. cependant en sens contraire : Trib. Seine, 23 févr. 1860 (aff. Formann et compagnie, D. P. 63. 1. 176). Ce jugement refuse même le bénéfice de l'art. 14 à l'étranger domicilié (V. *infrà*, n° 226).

164. L'étranger originairement débiteur d'un Français peut être assigné devant les tribunaux de France par un Français, cessionnaire de son créancier primitif. L'application de l'art. 14. c. civ. n'est pas douteuse en pareil cas (Req. 5 nov. 1873, aff. Glisenti, D. P. 75. 1. 70). A l'inverse, l'art. 14 ne pourrait certainement pas être invoqué par l'étranger cessionnaire d'une créance acquise par un Français contre un étranger.

165. L'application de l'art. 14 c. civ. est contestée au cas où l'obligation, primitivement formée au profit d'un étranger, a été ensuite transmise à un Français. La jurisprudence n'admet la compétence des tribunaux français qu'à l'égard des obligations commerciales transmissibles par endossement (V. Paris, 14 avr. 1860, aff. Cloud-Aulit, D. P. 61. 5. 196; Trib. Seine, 23 févr. 1860, aff. Formann et comp., D. P. 63. 1. 176. Comp. également : Aix, 30 déc. 1869, aff. Compagnie *l'Industrie française*, D. P. 72. 1. 293). — A l'égard des effets commerciaux, il a été jugé que le payement d'une lettre de change tirée d'un pays et qui y est payable peut être poursuivi en France contre le souscripteur étranger par le Français qui s'en trouve porteur au jour de l'échéance; qu'il suffit pour cela que la possession de cet effet résulte pour le Français d'une transmission conforme aux règles de ce pays, et par exemple, s'il s'agit d'un effet souscrit en Angleterre, que la transmission résulte d'un endossement en blanc (Paris, 7 mai 1856, aff. M..., D. P. 58. 2. 222; Orléans, 15 mai 1856, aff. Debest, D. P. 56. 2. 155; Req. 18 août 1856, aff. Wieldon, D. P. 57. 1. 39).

L'opinion de la jurisprudence est suivie par MM. Poire, p. 220; Massé, t. 1, n° 688; Aubry et Rau, t. 8, § 748 *bis*, p. 139, texte et notes 13 et 16; Bertauld, t. 1, n°s 169 et 173. — M. Massé, *loc. cit.*, admet en outre la compétence des tribunaux français en matière civile dans le cas où l'étranger, débiteur cédé, réside en France.

Mais d'autres auteurs ont adopté la doctrine soutenue au *Rép.* n° 278, d'après laquelle les tribunaux français sont toujours compétents pour connaître des difficultés qui s'élèvent entre un débiteur étranger et le Français cessionnaire de la créance née au profit d'un étranger, sans qu'il y ait lieu de distinguer selon que la créance est civile ou commerciale. Outre les arguments exposés au *Rép.* n° 278, on fait remarquer que la cession, si elle ne change pas la créance, change au contraire le créancier, et que par suite, « s'il est exact de dire que la position du cessionnaire doit être la même que celle du cédant quant aux qualités inhérentes à la créance, il en est autrement des qualités inhérentes à la personne du créancier ». Tel est bien, à notre avis, le motif pour lequel le cessionnaire étranger de la créance acquise par un Français contre un étranger ne peut invoquer l'art. 14. Cette dernière solution est admise par MM. Aubry et Rau, t. 8, § 748 *bis*, p. 140, et elle devrait, ce nous semble, les conduire à admettre la compétence des tribunaux français au cas où le cessionnaire de la créance de l'étranger est Français. MM. Aubry et Rau ont cru concilier leurs deux solutions en motivant la dernière sur le principe supérieur que les tribunaux Français sont incompétents pour connaître, en matière personnelle et mobilière, des contestations entre étrangers (t. 8, § 748 *bis*, note 19, p. 140). Mais si l'incompétence des tribunaux français à l'égard des contestations entre étrangers peut être considérée comme un principe supérieur, bien que cette incompétence ne soit écrite dans aucun texte, on ne voit pas pourquoi la même qualification serait refusée à la règle écrite en l'art. 14, qui donne compétence aux tribunaux français pour connaître des contestations entre Français et étrangers. MM. Aubry et Rau invoquent, il est vrai, les termes « obligations contractées avec un Français ou envers un Français », pour soutenir que l'art. 14 n'attribue compétence aux tribunaux français que si le créancier originaire est Français. Mais cet argument de texte paraît peu probant, d'autant mieux que les mêmes auteurs n'hésitent pas (p. 137, texte et note 5) à s'écarter, sur un autre point, de la lettre de la loi et déclarent que les mots « obligations contractées » peuvent s'entendre des obligations nées de délits; qu'en effet, « il est évident que le législateur s'est servi des termes « obligations contractées » dans leur acception vulgaire et

---

tel intérêt, cependant, est la base essentielle sur laquelle, aussi bien que toute action, doit s'appuyer toute exception, et qu'il peut d'autant moins être suppléé à ce dont il s'abstient à cet égard, que l'objet de sa demande n'est autre que celui de sa mission même, à savoir la délivrance des legs faits par le testament, dont la confiance du sieur Mello lui a conféré l'exécution; — Se déclare compétent; déclare Vicira non recevable dans son exception, l'en déboute, etc. ». — Appel. — Arrêt.

LA COUR; — Adoptant les motifs des premiers juges; confirme.

Du 12 janv. 1858.-C. de Paris, 1re ch.-MM. Delangle, 1er pr.-de Vallée, av. gén.-Marie et Thureau, av.

pour rendre d'une manière plus concise l'idée suivante : obligations auxquelles un étranger peut se trouver soumis envers un Français ». Cette formule comprend aussi bien les créances cédées à un Français que les obligations nées directement à son profit.

Nous concluons donc à la compétence des tribunaux français en matière civile comme en matière commerciale, sans faire d'autre réserve que celles indiquées au *Rép.* n° 278 *in fine*, pour le cas où la cession frauduleuse n'aurait d'autre but que de distraire l'étranger de ses juges naturels, c'est-à-dire pour le cas où la cession fictive ne ferait du Français que le prête-nom et le mandataire de l'étranger (Paris, 8 mars 1853, aff. L..., D. P. 55. 2. 76 ; 7 mai 1856, aff. M..., D. P. 58. 2. 222. V. Bonfils, n° 67 ; Louis Durand, n° 215 ; Trochon, p. 140 et suiv. ; Demangeat sur Fœlix, 4e éd., t. 1, p. 358, note *a* ; Bodin, *Revue pratique*, 1858, t. 5, p. 148 et suiv.).

166. L'art. 14, au contraire, est sans application au cas où un Français exerce contre un étranger les actions de son débiteur étranger sans être devenu créancier aux lieu et place de ce dernier, par exemple en vertu de l'art. 1166 c. civ. ; en pareil cas, en effet, il poursuit l'exécution d'une obligation incombant à un étranger envers un étranger, et non envers un Français. Jugé ainsi que le syndic français de la faillite d'un étranger ne pourrait poursuivre devant les tribunaux français les débiteurs du failli ; peu importerait que la masse fût composée en partie, ou même en totalité, de créanciers français (Civ. rej. 12 janv. 1875, aff. Syndic Lethbridge, D. P. 76. 1. 317. V. Aubry et Rau, t. 8, § 748 *bis*, p. 139, texte et notes 14 et 15).

167. La jurisprudence, qui refuse en principe au Français cessionnaire d'une créance née au profit d'un étranger le bénéfice de l'art. 14 (V. *suprà*, n° 165), applique au contraire cet article au cas où un Français a acquis par voie de succession ou de donation la créance née au profit de l'étranger (*Contrà :* Bertauld, t. 1, n° 170). Ainsi il a été jugé : 1° que l'incompétence des tribunaux français relativement aux contestations élevées entre étrangers par suite d'obligations contractées en pays étrangers, cesse lorsque l'exécution de l'engagement est poursuivie par le Français héritier de l'une des parties (Bordeaux, 18 déc. 1846, aff. Durand et Rodriguez, D. P. 47. 2. 43) ; — 2° Que les tribunaux français sont compétents pour connaître de l'action en révocation pour cause d'ingratitude des donations faites en contrat de mariage par la femme à son mari étranger, alors qu'elle a été formée après le décès de la donatrice par son héritier français (Civ. rej. 17 févr. 1873, aff. Otto-Stern, D. P. 73. 1. 483 ; Req. 2 août 1876, aff. Denève, D. P. 77. 1. 107) ; — 3° Que l'art. 14 c. civ., qui permet d'assigner l'étranger devant un tribunal français pour l'exécution des engagements contractés soit en France soit en pays étranger, s'applique au cas où le Français exerce une action recueillie dans la succession d'une Française devenue étrangère par son mariage (Paris, 12 mai 1882, aff. Housset, D. P. 83. 2. 23) ; — 4° Que les tribunaux français sont compétents pour connaître de l'action en exécution d'une convention passée entre étrangers, quand cette exécution est poursuivie par la veuve du créancier étranger, redevenue française par suite du décès de son mari, et agissant notamment en qualité de femme commune, de donataire du défunt et de tutrice légale de ses enfants (Civ. rej. 9 mars 1863, aff. Formann et compagnie, D. P. 63. 1. 176. — *Contrà :* Trib. Seine, 23 févr. 1860, même affaire, *ibid.*). On peut remarquer, sur cette dernière espèce, que si la femme n'avait agi qu'en qualité de tutrice de ses enfants étrangers, la compétence du tribunal français n'aurait pu être admise ; en effet, le tuteur n'a pas une créance personnelle, il exerce les droits du mineur, et si le mineur est étranger et demandeur contre un étranger, il est en dehors de l'art. 14. L'art. 14, au contraire peut être invoqué par le père ou la mère français agissant en qualité d'usufruitiers légaux des biens de leurs enfants étrangers. Quant aux héritiers d'un Français créancier d'un étranger, MM. Bonfils, n° 69, et Trochon, p. 148, adoptent la distinction faite au *Rép.* n° 281 ; pour le cas où ces héritiers sont étrangers, selon que l'action avait été ou non introduite par le défunt.

168. Contrairement à ce qui a été dit au *Rép.* n° 282, il a été jugé que les héritiers étrangers d'un étranger peuvent être traduits devant les tribunaux français par un légataire français de leur auteur à fin de délivrance du legs (Motifs, Paris, 11 déc. 1847, aff. Kuhn, D. P. 48. 2. 49. V. dans le même sens : Paris, 12 janv. 1858, *suprà*, n° 159).

169. Des traités, ainsi qu'on l'a dit au *Rép.* n° 283, peuvent écarter l'application de l'art. 14. Tel est le traité du 15 juin 1869 avec la Suisse, lequel, ainsi que nous l'avons déjà dit, a remplacé le traité du 18 juill. 1828. Il a été jugé que l'art. 59 c. proc. civ., qui attribue compétence au tribunal du lieu de l'ouverture de la succession pour statuer sur les demandes intentées par les créanciers du défunt avant le partage, est inapplicable lorsqu'il n'y a pas lieu au partage de la succession ; que, par suite, la personne qui, à titre de légataire universelle recueille seule la succession du défunt, doit être assignée, par un créancier de ce dernier, devant ses juges naturels, c'est-à-dire devant le tribunal de son domicile, et qu'il en est ainsi alors même que le légataire universel serait Suisse, l'application de l'art. 14 c. civ. se trouvant écartée par l'art. 1er du traité de 1869, qui dispose que dans les contestations entre Français et Suisses en matière personnelle et mobilière, le demandeur est tenu de suivre son action devant les juges naturels du défendeur (Req. 11 juin 1879, aff. Weiss, D. P. 80. 1. 21). Mais l'art. 1er du traité du 15 juin 1869, en obligeant le demandeur à poursuivre son action devant les juges naturels du défendeur, ne déroge pas aux règles spéciales de compétence établies en matière de société par l'art. 59, § 3, c. proc. civ. ; en conséquence, des citoyens suisses, fondateurs ou administrateurs d'une société dont le siège effectif est en France et dont la liquidation est encore pendante après déclaration de faillite, peuvent être cités devant le tribunal français du ressort où se trouve le siège de la société, alors même qu'ils auraient leur domicile en Suisse (Req. 25 févr. 1879, aff. Grumbach, D. P. 80. 1. 20. V. en outre *infrà*, n° 182).

170. Il ne suffit pas, pour qu'un traité déroge à l'art. 14, qu'il accorde aux étrangers un libre accès devant nos tribunaux, ni même qu'il les assimile aux Français, car les Français peuvent être traduits devant les tribunaux de France même pour obligations contractées en pays étrangers (art. 15). Il faut que le traité détermine la compétence d'une manière précise et exclusive de l'art. 14. Il a été jugé que le traité du 16 avr. 1846 entre la France et Bade ne déroge pas à l'art. 14 (Colmar, 1re ch., 11 déc. 1861, aff. Bœr C. Hirstel,- MM. Rieff, 1er pr.-de Baillehache, 1er av. gén.-Gérard et Koch, av. ; Paris, 20 mars 1879, aff. Schaffauser, D. P. 80. 2. 193. V. *infrà*, n° 174).

171. Ainsi qu'on l'a dit au *Rép.* n° 284, le Français peut renoncer au bénéfice de l'art. 14. Cette renonciation peut être expresse ou tacite. La doctrine et la jurisprudence sont restées fixées en ce sens (V. Aubry et Rau, t. 8, § 748 *bis*, p. 142 ; Massé, t. 1, n° 691 ; Bonfils, nos 82 et suiv. ; Trochon, p. 149 et suiv. ; Poire, p. 220). Il a été jugé, à cet égard : 1° que le Français n'est plus recevable à traduire l'étranger devant les tribunaux français pour les obligations que cet étranger a contractées envers lui, lorsqu'il a manifesté l'intention formelle de renoncer à ce droit, et que cette intention est formellement manifestée par le Français, membre du conseil d'administration d'une société étrangère, qui s'est soumis aux statuts de cette société, lesquels portent que toute contestation entre le conseil d'administration et un ou plusieurs de ses membres devra être soumise à des arbitres, qui seront nommés et procéderont dans les formes prescrites par la loi étrangère (Paris, 11 janv. 1865, aff. Migout, D. P. 65. 2. 188) ; ou par le Français, actionnaire d'une société étrangère qui, comme tel, s'est soumis aux statuts contenant une clause compromissoire analogue (Chambéry, 1er déc. 1866, aff. Compagnie du chemin de fer Victor-Emmanuel, D. P. 66. 2. 246 ; Paris, 9 mars 1887, aff. Morainne, D. P. 88. 2. 49). Décidé, par les mêmes arrêts, que le Français ne peut alors invoquer la nullité de la clause compromissoire, comme ne spécifiant ni l'objet du litige, ni le nom des arbitres ; qu'en effet, en acceptant valablement une juridiction autre que la juridiction française, il a pu se soumettre aux règles de la procédure appartenant à la juridiction étrangère par lui valablement acceptée, et que les dispositions de l'art. 1006 c. proc. civ., sont dès lors inapplicables (Conf. note de M. Cohendy, D. P. 88. 2. 49. — *Contrà* : Trib. com. Rochefort, 28 janv. 1859, sous Civ. rej. 21 nov. 1860, aff. Couillard-Fautrel, D. P. 61. 1. 166 ; Paris, 8 nov. 1865, aff. Compagnie des chemins de fer autrichiens, 2e arrêt, D. P. 67. 2. 21 ; Aix, 19 nov. 1885, aff. Compagnie de navigation Florio-Rubattino, D. P. 88. 1. 483). — En tout cas, la nullité ne saurait être invoquée par le Français qui, sur une contestation née, aurait accepté la juridiction des arbitres (Civ. rej. 21 nov. 1860, aff. Couillard-Fautrel, D. P. 61. 1. 166); — 2° Que lorsqu'une compagnie de navigation étrangère stipule que toute action susceptible d'être intentée contre elle à l'occasion de transports de marchandises, tant par l'expéditeur que par le destinataire, devra être portée devant les tribunaux des ports d'attache de ses navires, cette stipulation, claire et précise, forme la loi des parties ; qu'elle est dénaturée, en violation de l'art. 1134 c. civ., par l'arrêt qui, sous le prétexte de l'interpréter, décide qu'elle n'est pas applicable aux destinataires français et que ceux-ci conservent le droit, à l'occasion de pertes ou avaries de marchandises, de citer la compagnie de navigation étrangère devant les tribunaux de France, en vertu de l'art. 14 c. civ.; que la stipulation précitée n'a rien de contraire à l'ordre public ; qu'elle est absolument licite et n'a pas le caractère d'une clause compromissoire (Civ. cass. 29 févr. 1888, aff. Compagnie de navigation Florio-Rubattino, D. P. 88. 1. 483); — 3° Que la clause des statuts d'une société, par laquelle les actionnaires élisent domicile dans une ville étrangère et se reconnaissent, pour toutes les contestations sociales, justiciables des tribunaux de cette ville, est exclusive, en ce qui concerne ces contestations, de la faculté que tout actionnaire français aurait de citer la société devant les tribunaux français et emporte renonciation à s'en prévaloir (Chambéry, 1er déc. 1866, aff. Compagnie du chemin de fer Victor-Emmanuel, D. P. 66. 2. 246 ; Civ. cass. 24 août 1869, aff. Compagnie du chemin de fer Victor-Emmanuel, D. P. 69. 1. 500. Comp. arrêt analogue Req. 19 déc. 1864, aff. Falguières et Bal, D. P. 65. 1. 423) ; — 4° Qu'il appartient aux juges du fond d'apprécier souverainement les circonstances d'où peut résulter la renonciation tacite au bénéfice de l'art. 14 ; qu'ainsi la qualité d'actionnaire d'une société étrangère, dont les statuts attribuent juridiction à un tribunal arbitral étranger pour les contestations au sujet des affaires sociales, n'emporte pas pour un Français renonciation au bénéfice de l'art. 14 c. civ., alors que la souscription des actions et l'acceptation des titres définitifs desdites actions ont eu lieu avant la publication des statuts (Req. 28 févr. 1877, aff. Compagnie des chemins de fer du Nord-Ouest d'Autriche, D. P. 77. 1. 474.).

172. On a examiné au *Rép.* nos 285 et 286, la question de savoir si la renonciation au bénéfice de l'art. 14 c. civ., résulte de ce que le Français aurait cité son débiteur devant un tribunal étranger. Deux arrêts de la chambre des requêtes des 27 déc. 1852 (aff. Todesco, D. P. 52. 1. 313) et 23 mars 1859 (aff. de Méouss, D. P. 59. 1. 265) semblent favorables à l'opinion exposée au *Rép.* n° 285, d'après laquelle le fait d'avoir cité le débiteur étranger devant un tribunal étranger ne peut enlever au Français le droit d'invoquer le bénéfice de l'art. 14, s'il n'a formellement renoncé à ce bénéfice. Toutefois, si l'on examine les circonstances de fait des espèces sur lesquelles ont statué ces deux arrêts, on s'aperçoit qu'il n'est pas impossible de les rattacher à l'opinion, aujourd'hui suivie par l'unanimité des auteurs et par une jurisprudence constante (Comp. cependant Req. 13 févr. 1882, cité ci-après), opinion d'après laquelle la question de savoir si la citation devant un tribunal étranger implique renonciation au bénéfice de l'art. 14 c. civ., de même que la question de savoir si tel ou tel acte doit être considéré comme impliquant renonciation tacite à l'art. 14, est une question de fait abandonnée à l'appréciation souveraine des juges (Aubry et Rau, t. 8, § 748 *bis*, p. 142, texte et note 27; Demangeat sur Fœlix, 4e éd. 1866, t. 1, p. 375, note *a*; Trochon, p. 153 et suiv.; Massé, nos 692 à 695; Bonfils, nos 86 et suiv., Motifs, Req. 13 févr. 1882, aff. Dreyfus frères et comp., D. P. 82. 1. 129 et 130, note 3 ; 16 mars 1885, aff. Goutelle et comp.; D. P. 86. 1. 103). « Il faut, dit M. Bonfils, n° 88, que les circonstances qui entourent, qui accompagnent la demande intentée par le Français indiquent chez lui la volonté formelle de renoncer. Toutes les fois qu'il n'a pas sciemment et librement saisi les tribunaux étrangers par un libre et spontané consentement, mais qu'il a agi contraint et forcé, sous la pression des circonstances, l'instance par lui liée à l'étranger ne peut impliquer renonciation (V. Paris, 22 nov. 1851, aff. Baudon, D. P. 52. 2. 209. Comp. Bertauld, n° 174, et *infrà*, n° 215). — Conformément à cette distinction, il a été jugé : 1° que le Français qui soumet librement à la justice étrangère le différend qu'il a avec un étranger, sans plainte, protestations ou réserves contraires, forme avec celui-ci un contrat judiciaire dont il ne peut se délier en saisissant ensuite les tribunaux français pour leur faire juger de nouveau ce qui a été jugé par la juridiction choisie du consentement commun des parties (Req. 13 févr. 1882, aff. Dreyfus et comp., D. P. 82. 1. 129) ; — 2° Que la citation donnée par le Français à un étranger dans des cas extraordinaires et urgents, qui entravent la liberté de sa personne, et où son inaction compromettait l'exécution de ses propres engagements, ne lui enlève pas le droit de saisir de la même demande les tribunaux français, lorsqu'a cessé la contrainte sous l'empire de laquelle il a agi, et spécialement, que les juges français peuvent déclarer cette demande recevable, lorsqu'ils constatent que le Français, en portant son action devant un tribunal étranger, a agi non pas de son plein gré et volontairement, mais « comme forcé par les circonstances » en ce qu'il s'agissait, par exemple, de l'engagement contracté par l'étranger de fournir les fonds nécessaires à la réparation d'un navire en cours de voyage, une telle déclaration, souveraine quant au fait qu'elle énonce, étant exclusive de l'existence d'une renonciation volontaire à la juridiction française (Req. 11 déc. 1860, aff. Jenny, D. P. 61. 1. 166); — 3° Que le Français ne saurait être considéré comme ayant renoncé au bénéfice de l'art. 14, lorsqu'il n'a recouru au juge étranger que par le motif que son débiteur ne possédait alors en France aucune valeur saisissable (Paris, 22 nov. 1851, aff. Baudon, D. P. 52. 2. 209); — 4° Que la citation donnée par un Français à son débiteur étranger devant un tribunal étranger n'entraîne pas nécessairement renonciation au droit de citer ce débiteur devant les tribunaux français, alors surtout que c'est postérieurement à cette citation que le créancier a découvert que son débiteur avait un actif saisissable en France (Lyon, 1er juin 1872, aff. Fermo-Conti, D. P. 73. 5. 242) ; — 5° Que le Français qui traduit volontairement son débiteur devant un juge étranger peut faire supposer qu'il accepte la compétence de ce juge; mais que le créancier qui produit à la faillite de son débiteur français, déclarée à l'étranger sur la demande du débiteur lui-même, subit une nécessité à laquelle il est contraint d'obéir et ne peut, dès lors, être considéré comme ayant ainsi renoncé à actionner son débiteur devant les tribunaux français (Bordeaux, 2 juin 1874, aff. Changeur, D. P. 75. 2. 209); — 6° Qu'il appartient aux juges du fond d'apprécier souverainement l'intention du Français qui a cité son débiteur étranger devant un tribunal étranger et, notamment, de déclarer qu'un Français ne peut être considéré comme ayant renoncé au bénéfice de l'art. 14 c. civ., lorsque, après avoir cité son adversaire devant un tribunal étranger, il n'a pas donné suite à cette citation (Req. 9 déc. 1878, aff. Van der Zée et comp., D. P. 79. 1. 176. V. dans le même sens : *Rép.* nos 286 et suiv.).

Mais il a été décidé : 1° que le Français assigné devant un tribunal étranger ne peut plus porter le débat devant un tribunal français, en formant lui-même une demande pour le même objet, s'il a répondu à l'assignation devant le tribunal étranger en prenant des conclusions au fond (Trib. Seine, 10 déc. 1864, aff. Gay de Planhol, D. P. 64. 3. 112); — 2° Que les tribunaux français sont incompétents pour statuer sur la demande formée par un obligataire français contre une société étrangère, lorsque cette demande a pour objet l'interprétation ou l'exécution d'un concordat intervenu conformément à la loi étrangère, homologué par l'autorité judiciaire étrangère et rendu exécutoire en France par un tribunal français (Paris, 9 mars 1887, aff. Morainne, D. P. 88. 2. 49. Comp. toutefois, note de M. Cohendy, *ibid.*).

173. Il a été jugé que l'étranger peut invoquer la renonciation du Français au bénéfice de l'art. 14, même lorsqu'il est appelé en garantie par ce Français, actionné lui-même par un autre Français (Toulouse, 8 mai 1884, et Req. 16 mars

1885, aff. Goutelle et comp., D. P. 86. 1. 103, et note 3. — V. en sens contraire : D. P. 61. 1. 167, notes 1 et 2. Comp. *suprà*, nos 129, 136; *infrà*, n° 178).

174. De même que le Français peut renoncer au bénéfice de l'art. 14 c. civ., de même l'étranger auquel un traité international conclu avec son pays permettrait de décliner la compétence des tribunaux français pourrait renoncer au bénéfice du traité pour se soumettre à l'art. 14 c. civ. (V. Bonfils, n° 55; Trochon, p. 163), pourvu, bien entendu, que les dispositions du traité ne renferment rien de contraire à cette solution (Sur le traité franco-suisse de 1869, V. Lehr, *Journal de droit international privé*, 1882, p. 62, et *infrà*, n° 182).

175. Contrairement à ce qui a été dit au *Rép.* n° 289, il a été jugé : 1° que l'art. 2 de l'édit de juin 1778 portant défense aux Français voyageant soit par terre soit par mer ou faisant le commerce en pays étranger d'y traduire, pour quelque cause que ce soit, d'autres Français devant les juges ou autres officiers des puissances étrangères, à peine de 1500 liv. d'amende, est abrogé implicitement par l'art. 15 c. civ., dont la disposition a implicitement enlevé à la juridiction française dans le cas prévu par l'édit, son caractère obligatoire (Req. 11 déc. 1864, aff. Falguières et Bal, D. P. 65. 1. 423; Nîmes, 20 août 1866, aff. Sauzay, D. P. 68. 2. 18); — 2° Qu'en tous cas, la prohibition de l'édit pourrait être levée par des conventions intervenues entre Français, l'édit défendant seulement aux Français d'attirer devant des juges étrangers d'autres Français contre le gré de ces derniers (Mêmes arrêts); — 3° Que, par suite, la clause d'un contrat passé entre Français en pays étranger, qui attribue compétence au tribunal de ce pays, est valable et doit recevoir son exécution (Arrêt du 20 août 1866 précité); — 4° Que la soumission à la juridiction étrangère résulte de la formation, en pays étranger, d'une société dont le siège est fixé dans ce pays; que cette fixation du siège social à l'étranger entraîne pour la société, avec l'élection de domicile, attribution de compétence au tribunal du lieu dans lequel elle est établie pour le jugement de toutes les contestations qui pourront la concerner; qu'en conséquence, le Français actionné par son coassocié français devant un tribunal de France à fin, par exemple, de dissolution de la société, peut décliner la compétence de la juridiction française à laquelle les parties ont ainsi renoncé, et demander son renvoi devant les juges étrangers (Req. 19 déc. 1864, aff. Falguières et Bal, D. P. 65. 1. 423).

Ces arrêts, qui ont déjà été cités *suprà*, v° *Compétence des tribunaux d'arrondissement*, n° 136, ont été critiqués (D. P. 65. 1. 423, notes 1 à 4, et D. P. 68. 2. 18, notes 1 et 2), du moins quant aux propositions énoncées ci-dessus sous les nos 1° et 2°. Il est difficile, a-t-on dit, de voir dans l'art. 15 c. civ. l'abrogation de l'art. 2 de l'édit de juin 1778. De ce que l'art. 15 c. civ. reconnaît à l'étranger la faculté de poursuivre devant les tribunaux de France son débiteur français, il ne résulte pas nécessairement qu'il accorde au Français la faculté de poursuivre devant les tribunaux étrangers le Français dont il est créancier. Et quant à la disposition de l'art. 2 de l'édit, il est difficile d'y voir, au profit des Français, un bénéfice d'ordre privé, auquel il soit permis de renoncer, alors qu'elle fait de la citation devant la juridiction étrangère un délit passible de 1500 liv. d'amende. — C'est dans une autre considération qu'il faut chercher la solution de la difficulté et la justification des décisions précitées. Ces décisions ont été rendues à l'occasion de faits survenus en pays de chrétienté. Or l'art. 2 de l'édit du 2 juin 1778 semble n'avoir été fait que pour les Echelles du Levant et de Barbarie; c'est dans ces pays seulement que les consuls ont une véritable juridiction, et la sanction de cet art. 2 est relative au cas où la juridiction consulaire aurait été méconnue; de plus, l'édit n'a été enregistré qu'au Parlement d'Aix, duquel ressortissaient les Echelles, ce qui témoigne de sa portée restreinte (V. Instr. min. aff. étrang. 29 nov. 1833, D. P. 65. 1. 423, note). L'édit de 1778 doit donc être considéré comme sans application aux pays de chrétienté, où les Français peuvent poursuivre leurs débiteurs français devant les tribunaux du pays, s'ils n'aiment mieux invoquer le bénéfice des art. 14 ou 15 c. civ. pour les traduire devant les tribunaux français. C'est la solution implicitement admise par un arrêt de la chambre des requêtes du 29 janv. 1856 (aff. Menon et comp., D. P. 56. 1. 106) (V. Bertauld, t. 1, n° 176). L'art. 2 de l'édit est, au contraire, encore en vigueur dans les Echelles du Levant et de Barbarie (V. Féraud-Giraud, *De la juridiction française dans les Echelles du Levant et de Barbarie*, 2e éd., 1866, t. 2, p. 265; Bertauld, *loc. cit.*); et aussi, sans doute, en Chine et dans les Etats de l'iman de Mascate (L. 8 juill. 1852, D. P. 52. 4. 177. V. au surplus, v° *Consul*, nos 22 et suiv.; — *Rép.* eod. v°, n° 80).

176. Ainsi qu'on l'a dit au *Rép.* n° 295, un souverain étranger peut être traduit, en vertu de l'art. 14 c. civ., devant les tribunaux français pour les obligations qu'il a contractées en son nom particulier, et comme personne privée (Conf. Aubry et Rau, t. 8, § 748 *bis*, note 21, p. 141; Bonfils, n° 394; Trochon, p. 168). C'est ainsi qu'il a été jugé que le souverain étranger qui a traité avec des Français est justiciable des tribunaux français à raison de fournitures de bijoux et diamants à lui faites pour son usage personnel, alors que les dépenses de cette nature ne figurent pas au compte du Trésor de cet Etat (Paris, 3 juin 1872, aff. Isabelle de Bourbon, D. P. 72. 2. 124).

177. Si le souverain étranger a agi comme chef d'Etat, il y a lieu de distinguer. Sans aucun doute, les tribunaux français sont incompétents pour connaître des actes faits par le prince ou le gouvernement étranger en vertu de leur droit de souveraineté. Pour les réclamations contre de tels actes, la voie diplomatique est seule ouverte. C'est ainsi qu'il a été jugé qu'un souverain étranger ne peut être cité par un Français devant un tribunal français en réparation d'un acte arbitraire de son gouvernement (Paris, 23 août 1870, aff. Masset, D. P. 71. 2. 9). — On discute vivement, au contraire, la question de savoir si les tribunaux français sont compétents pour connaître des obligations contractées par un Etat étranger, agissant comme personne morale, pour les actes de la vie civile.

Dans un premier système, on déclare les tribunaux français compétents en pareil cas. La souveraineté de l'Etat, dit-on à l'appui de cette opinion, n'est pas en jeu quand l'Etat est poursuivi pour un acte civil analogue à ceux que font les particuliers, marchés, emprunts, etc.; simple personne pour contracter, l'Etat n'est encore que simple personne pour l'exécution de ses obligations. Les termes de l'art. 14 c. civ. n'autorisent aucune distinction selon la qualité du défendeur; toute personne étrangère y est comprise, et, si l'on s'attache aux motifs de la disposition, la défiance à l'égard des juridictions étrangères, la crainte de leur partialité, on ne peut méconnaître qu'ils s'appliquent avec une plus grande force lorsque c'est un Etat étranger qui se trouve débiteur d'un Français. — D'ailleurs, personne ne conteste qu'un gouvernement étranger puisse actionner un Français devant les tribunaux français ; or il y a corrélation nécessaire entre le droit d'assigner devant nos tribunaux et la possibilité d'être traduit devant eux; si l'Etat étranger paraît comme demandeur devant nos tribunaux, ceux-ci seront compétents à raison des demandes reconventionnelles qui pourront être produites ; comment leur refuser compétence au cas où le Français, à la fois créancier et débiteur, aurait pris les devants? Ils pourront condamner l'Etat étranger aux dépens (V. Paris, 13 avr. 1867, aff. Gouvernement espagnol, D. P. 67. 2. 49) et, pour l'exécution de cette condamnation, valider une saisie-arrêt; mais, dès lors, le principe est acquis, et aucune distinction ne peut autoriser le refus de juger, de condamner un Etat étranger et de poursuivre sur lui l'exécution de la condamnation (V. Massé, t. 1, n° 685 *quater*; Demangeat sur Fœlix, 4e éd., t. 1, n° 212, p. 418; Laurent, *Droit civil international*, t. 3, nos 39 et suiv.; Bonfils, n° 57; Trochon, p. 164; note sous Paris, 13 avr. 1867, aff. Gouvernement espagnol, D. P. 67. 2. 49).

Toutefois, parmi les partisans de ce système, il en est qui ne l'admettent pas sans réserves. Ainsi M. Laurent, *op. cit.*, t. 3, n° 51, appliquant ici une distinction consacrée par la loi belge pour les créances sur l'Etat belge, n'admet la compétence des tribunaux belges que pour statuer sur l'existence de la dette, et non pour la liquider ni en assurer le payement, opérations pour lesquelles renvoi devra être ordonné, dans son opinion, devant l'autorité compétente de l'Etat assigné. — MM. Bonfils, *op. cit.*, et Trochon, p. 166, à la différence de M. Laurent, admettent les tribunaux français à assurer le payement des dettes d'un Etat étranger, en validant une saisie-arrêt pratiquée sur des objets à lui dus, mais ne les autorisent à statuer au fond que si la créance est certaine et liquide; au cas contraire, ils admettent qu'il y a lieu de renvoyer le demandeur devant les autorités de l'Etat son débiteur, pour faire liquider sa créance d'après les règles administratives déterminées par la législation de cet Etat.

Dans un second système, adopté au *Rép.* n° 295, on fait valoir, outre le motif indiqué *ibid.*, que le principe de l'indépendance des Etats s'oppose à ce que les tribunaux d'un pays puissent critiquer la conduite d'un Etat étranger, et peut-être entraver le fonctionnement de son administration par des décisions qui, bien que statuant sur des contrats d'ordre civil, pourraient réagir sur les questions politiques auxquelles ils se relient étroitement (marchés de fournitures, emprunts). On ne peut assimiler les Etats à de simples particuliers, même lorsqu'ils agissent comme personnes civiles, car leurs actes comme personnes civiles n'ont d'autre but que d'assurer leur action comme souverains. Il est inexact de prétendre que l'art. 14 les atteigne; l'art. 14 est une loi civile, et ce qui concerne les Etats est réglé par le droit des gens. Portalis en a fait la remarque, précisément au sujet de l'art. 14 (V. D. P. 49. 1. 8). D'ailleurs comment les tribunaux français pourraient-ils apprécier si un Etat étranger a été régulièrement engagé d'après ses lois et règles administratives, par le fait de tels ou tels agents, alors qu'ils n'ont pas le droit de se livrer à cette appréciation lorsqu'il s'agit de l'Etat français? Devant quel tribunal citer un Etat étranger à raison de marchés de fournitures? Les tribunaux civils ne peuvent connaître des marchés de ce genre passés par l'Etat français. — Certains auteurs ont cru répondre à l'objection en divisant la question et admettant le renvoi aux juridictions étrangères pour décider du fond ou pour opérer la liquidation suivant leurs règles administratives. Mais une telle concession réduit le système à néant; les juridictions étrangères ne seraient, en effet, nullement contraintes de statuer sur le renvoi et les tribunaux français n'auraient fait qu'une déclaration illusoire. Si ces tribunaux n'avaient été saisis qu'afin d'assurer l'exécution d'une obligation antérieurement liquidée, afin de valider une saisie-arrêt, la même objection s'élèverait avec la même force. Comment les tribunaux français, qui ne peuvent valider une saisie-arrêt sur l'Etat français, pourraient-ils valider une saisie-arrêt sur un Etat étranger, détourner de leur destination les objets ou les fonds saisis et méconnaître les règles de comptabilité de cet Etat étranger, alors qu'ils doivent s'incliner devant celles de l'Etat français? Et si le principe de l'insaisissabilité des deniers de l'Etat français a pour motif cette présomption que l'Etat français est toujours solvable, comment refuser ce privilège à un Etat étranger sans l'offenser et méconnaître le principe de l'égalité des Etats? Enfin l'Etat étranger ne pouvant être tenu de considérer comme valable le payement fait en son nom par le tiers saisi, ne serait-ce pas forcer ce dernier, contre toute justice, à payer sans quittance libératoire, et l'exposer à payer de nouveau s'il avait quelques biens ou créances dans le pays soumis au gouvernement étranger, son créancier?

L'argument tiré de ce que l'Etat étranger peut agir comme demandeur devant les tribunaux français, est loin d'avoir la portée qu'on lui attribue; sans doute, un Etat étranger peut se soumettre à la juridiction française, et nos tribunaux peuvent alors, sans violer le droit des gens, statuer dans la mesure où il s'est soumis à leur décision; mais ils ne peuvent statuer que dans cette mesure et il ne leur appartiendrait pas de connaître des demandes reconventionnelles formées contre l'Etat demandeur; au moins ne seraient-ils en aucun cas admis à en tenir compte au delà de la mesure dans laquelle elles paralyseraient la demande originaire.

Quant à la condamnation aux dépens, son exécution ne souffre, en général, aucune difficulté; l'Etat étranger a dû en effet avant de plaider, fournir la caution *judicatum solvi;* il n'y aurait difficulté que si l'Etat étranger avait pu, en vertu d'un traité, plaider sans fournir la caution. Dans ce cas, les dépens ne pourraient être poursuivis par voie d'exécution forcée, par voie de saisie-arrêt; il faudrait recourir à la voie diplomatique, si l'Etat étranger ne s'exécutait de lui-même (V. dans le même sens : Aubry et Rau, t. 8, § 748 *bis*, p. 141; Demolombe, t. 1, n° 251 *bis*). C'est ce dernier système qu'a consacré la jurisprudence. Outre les arrêts cités au *Rép.* n° 295, il a été jugé : 1° qu'un Etat étranger ne peut être assigné devant un tribunal français en la personne de ses agents, même pour l'exécution d'une convention conclue dans le ressort de ce tribunal; que la partie qui a accepté l'engagement souscrit au nom de cet Etat par lesdits agents est réputée avoir renoncé, pour le cas de contestation sur l'exécution, au bénéfice de la juridiction française (Nancy, 31 août 1871, aff. Luchmann et Cahn, D. P. 71. 2. 207); — 2° Que les tribunaux français ne peuvent pas connaître de la demande en payement d'une commande, faite à un Français par un souverain étranger, de décorations destinées à récompenser des services publics (Paris, 15 mars 1872, aff. Héritiers de l'empereur Maximilien, D. P. 73. 2. 24); — 3° Qu'un Français, créancier d'un Etat étranger, ne peut, même pour assurer l'exécution d'une condamnation prononcée par les tribunaux français (l'Etat étranger n'ayant pas alors décliné leur compétence) faire saisir-arrêter en France, entre les mains d'un tiers, les sommes et valeurs appartenant audit Etat (Civ. rej. 5 mai 1885, aff. Caratier-Terrasson, D. P. 85. 1. 341); — 4° Que les tribunaux français sont incompétents pour connaître d'un acte gouvernemental accompli en France par le ministre plénipotentiaire d'un Etat étranger en sa qualité d'agent officiel de cet Etat, ainsi que pour apprécier les conséquences dommageables dudit acte (Paris, 26 févr. 1880, sous Civ. rej. 21 avr. 1886, aff. Bernet, D. P. 86. 1. 393); — 5° Que la saisie-arrêt pratiquée à la requête d'un Belge sur des canons destinés à être expédiés à un gouvernement étranger qui en est propriétaire, est nulle par suite de l'incompétence des magistrats belges (Trib. Anvers, 11 nov. 1876, aff. Gouvernement ottoman, *Pasicrisie belge*, 1877. 3. 88); — 6° Que le principe de l'indépendance réciproque des Etats s'oppose à ce que les souscripteurs d'un emprunt émis en France par un gouvernement étranger, puissent actionner en responsabilité devant les tribunaux français, à raison de fautes commises par eux dans l'accomplissement de leur mandat, les agents financiers et banquiers, membres de la commission de surveillance instituée par ledit gouvernement, qui ont participé à cet emprunt en vertu de la délégation et d'après les ordres de ce pouvoir étranger (Arrêt précité du 26 févr. 1880). — Mais les tribunaux français seraient compétents pour connaître de l'action formée par les souscripteurs à un emprunt d'un gouvernement étranger contre le banquier qui aurait fait l'émission de cet emprunt, si cette action se fondait, indépendamment du mandat reçu par le banquier dudit gouvernement, sur l'existence d'un engagement personnel qu'il aurait contracté envers les souscripteurs, soit en vertu de conventions, soit par suite de quasi-délits, sans qu'il y eût lieu de tenir compte de l'exercice éventuel d'un recours par le banquier contre le gouvernement étranger (Paris, 25 juin 1877, sous Civ. rej. 14 août 1878, aff. Isidore Dreyfus, D. P. 79. 1. 57). — D'ailleurs, un Etat étranger pourrait non seulement se soumettre à la juridiction des tribunaux français en se portant demandeur, mais même l'accepter en qualité de défendeur, et de manière à permettre à nos tribunaux d'assurer l'exécution des obligations contractées par lui, en constituant des sûretés réelles sur des biens situés en France (hypothèques sur immeubles ou gage mobilier) (Sur ce point, V. *Journal de droit international privé*, 1875, p. 25, sur une décision de la cour de chancellerie anglaise).

Il faut ajouter que l'Etat étranger qui posséderait en France des biens immobiliers serait, pour les contestations immobilières, pleinement soumis à la juridiction des tribunaux français.

178. On a vu *suprà*, n° 152, que les sociétés anonymes étrangères ne peuvent, en principe, agir comme demanderesses devant les tribunaux français. Il en est autrement quand elles sont défenderesses; les auteurs et la jurisprudence s'accordent à reconnaître qu'en pareil cas, bien qu'elles n'aient pas d'existence légale en France, elles peuvent être poursuivies devant les tribunaux français comme sociétés de fait, sans pouvoir se soustraire aux obligations par elles contractées, sous le prétexte qu'elles n'ont pas en France la personnalité civile (Conf. Aubry et Rau, t. 8, § 748 *bis*,

p. 141 ; Demangeat sur Fœlix, 4e éd., t. 1, p. 359, note *a* ; Bonfils, nos 31 et 49 ; Trochon, p. 161 ; Civ. cass. 19 mai 1863, aff. Société anglo-française de Saint-Gaudens, D. P. 63. 1. 218 ; Rouen, 23 nov. 1863, aff. Picquot, D. P. 63. 5. 355; Civ. cass. 14 nov. 1864, aff. Trône, et aff. Jourde, D. P. 64. 1. 466 ; Amiens, 2 mars 1865, aff. Société des chemins de fer russes, D. P. 65. 2. 105 ; Paris, 9 mai 1865, aff. Grilhon, *ibid.*; 8 nov. 1865, aff. Compagnie des chemins de fer autrichiens, 2e arrêt, D. P. 67. 2. 21 ; Paris, 11 mars 1873, V. *infrà*, v° *Société*). Jugé par ce dernier arrêt que le firman du 22 févr. 1866 aux termes duquel les différends soulevés en Egypte entre la compagnie du canal de Suez et des particuliers de toute nationalité, doivent être soumis à la justice égyptienne, n'a pu enlever aux Français le droit, qu'ils tiennent de l'art. 14 c. civ., de pouvoir citer l'étranger devant les tribunaux français (*Adde* : Limoges, 29 juin 1885, aff. Compagnie des chemins de fer du Nord de l'Espagne, D. P. 85. 2. 265. — V. toutefois en sens contraire : Aix, 17 janv. 1861, aff. Beaumont et comp., D. P. 61. 2. 177 ; Rennes, 26 juin 1862, sous Civ. cass. 19 mai 1863 précité ; Paris, 15 mai 1863, aff. Compagnie des chemins de fer russes, D. P. 63. 2. 84. V. au surplus *infrà*, v° *Société*).

Il a été jugé également que les tribunaux français sont compétents pour connaître des obligations contractées envers un Français en pays étranger par une société civile étrangère (Civ. rej. 26 juill. 1853, aff. Léveil, D. P. 53. 1. 233. V. *infrà*, v° *Société*).

ART. 4. — *Contestations entre étrangers non domiciliés* (*Rép.* nos 300 à 305).

179. On a dit au *Rép.* n° 300 que les tribunaux français ne sont pas tenus, en principe, de juger les contestations entre étrangers, tout au moins en matière civile ; qu'ils sont institués pour rendre la justice aux nationaux, non pour consacrer leur temps aux procès entre étrangers. Cette opinion est encore soutenue par MM. Aubry et Rau, t. 8, § 748 *bis*, p. 143, note 33, Féraud-Giraud, p. 7 et suiv., et appliquée, ainsi que nous le verrons, par la jurisprudence. Mais il s'est formé dans la doctrine un parti considérable qui tient les tribunaux français pour obligés de statuer sur les contestations entre étrangers aussi bien que sur les différends entre Français, dans tous les cas où le droit commun leur donnerait compétence à l'égard de Français (c. proc. civ. art. 59). On allègue à l'appui de cette opinion que, si nos lois contraignent en principe les tribunaux à juger, aucun texte ne les en dispense, lorsqu'il s'agit d'étrangers ; que la justice est « un droit pour celui qui la réclame, un devoir pour l'Etat qui la rend » ; que ce devoir existe envers toute personne, sans distinction de nationalité ; qu'une disposition expresse serait indispensable pour en affranchir nos tribunaux à l'égard des étrangers ; que l'ordre public exige que justice ne soit refusée à personne, car l'impossibilité d'obtenir satisfaction par voie judiciaire amène les parties à se faire justice elles-mêmes. On fait valoir encore que l'on reconnaît aux étrangers des droits privés, et que cette reconnaissance serait illusoire si on leur en refusait la sanction, l'action en justice. A l'objection que les tribunaux français sont chargés d'appliquer la loi française et non les lois étrangères, on répond que bien souvent nos tribunaux sont contraints d'appliquer des lois étrangères, soit qu'ils statuent sur un différend né entre deux Français au sujet de la validité en la forme d'un acte passé en pays étranger, soit qu'il s'agisse de contestations entre Français et étrangers. Enfin on tire argument de ce que la jurisprudence elle-même se reconnaît compétente, lorsqu'il s'agit entre étrangers de contestations commerciales, pour établir le peu de fondement, en pareil cas, de la distinction des obligations civiles et des obligations commerciales, et pour montrer que si les lois de juridiction en matière commerciale doivent s'appliquer à l'égard des étrangers à titre de lois de police et de sûreté en vertu de l'art. 3 c. civ., les mêmes raisons doivent déterminer l'application aux étrangers des lois de juridiction en matière civile (V. Louis Durand, nos 212 et suiv ; Glasson, *France judiciaire*, 1880-1881, p. 241 ; Laurent, t. 1, nos 440 et suiv.). M. Bertauld, *Questions pratiques et doctrinales de code Napoléon*, t. 1, nos 186 et suiv., va même plus loin et considère les tribunaux français comme obligés de juger tous les procès sans exception que peuvent avoir les étrangers entre eux, si leur compétence n'est pas déclinée, alors même que, si le procès était agité entre Français, ils pourraient refuser de statuer à raison de leur incompétence relative. On sait, en effet, que lorsque, dans un procès entre Français, l'incompétence relative du tribunal est couverte par le consentement du défendeur à se laisser juger par le tribunal saisi, ce dernier peut, à son gré, statuer ou refuser de juger (V. *Rép.* v° *Compétence des tribunaux d'arrondissement*, n° 227). M. Bertauld oblige au contraire, en pareil cas, le tribunal à statuer si la contestation a lieu entre étrangers, parce qu'il n'admet pas que les étrangers puissent être contraints de s'adresser à la juridiction étrangère par suite de l'impossibilité de trouver en France un tribunal qui soit forcé de juger. — MM. Massé, t. 1, nos 652 et suiv., 656 et suiv., et Bonfils, nos 188, 189 et suiv., admettent aussi l'opinion que les tribunaux français sont en principe tenus de juger les contestations entre étrangers aussi bien que les contestations entre Français, mais sans conclure à l'application entière de l'art. 59 c. proc. civ, à leur égard. M. Bonfils semble ne comprendre dans l'assimilation aux Français que les étrangers domiciliés en France avec ou sans autorisation (domiciliés de fait). M. Massé restreint la compétence obligatoire de nos tribunaux sur les questions d'état aux étrangers autorisés à établir leur domicile en France (n° 666) ; d'un autre côté, il étend cette compétence obligatoire à tous les étrangers, même simplement de passage en France, lorsqu'il s'agit de l'exécution d'un contrat passé en France (n° 659. Comp. Aix, 4 mai 1885, aff. Botok, D. P. 86. 2. 129 ; 23 mai 1887, aff. Botok, D. P. 88. 2. 200). — D'autres auteurs admettent tantôt la compétence obligatoire, tantôt la compétence facultative de nos tribunaux, suivant certaines distinctions (V. Poire, p. 222 et suiv.; Trochon, p. 260 et suiv.). Nous examinerons, en suivant l'ordre établi au *Répertoire* les décisions données par la jurisprudence et les auteurs dans les diverses hypothèses qui se sont présentées.

Bien que la jurisprudence s'inspire généralement de l'idée que les tribunaux ne doivent, en principe, la justice qu'aux nationaux, quelques décisions judiciaires semblent favorables au système opposé. La plus nette en ce sens est un jugement du tribunal civil de Lyon, dans lequel il est dit que « les tribunaux sont institués pour faire régner le bon ordre dans toutes les familles et dans tout le pays ; qu'ils doivent être, pour remplir cette mission, compétents à l'égard de tous les habitants de l'Empire, quelle que soit d'ailleurs ou quelle qu'ait été leur nationalité originaire ; qu'ainsi l'art. 59 c. proc. civ. qui, consacrant la vieille maxime *actor sequitur forum rei*, dispose qu'en matière personnelle le défendeur doit être assigné devant le tribunal de son domicile, ne fait aucune distinction entre le défendeur français et le défendeur étranger. » (Trib. Lyon, 13 août 1856, sous Req. 10 mars 1858, aff. Rachel, D. P. 58. 1. 313. V. également Req. 8 avr. 1851, aff. Moser, D. P. 51. 1. 137 ; Aix, 4 mai 1885, aff. Botok, D. P. 86. 2. 129. Dans le sens de l'incompétence, V. notamment : Req. 26 juill. 1849, aff. Bonici, D. P. 52. 1. 249 ; Lyon, 25 févr. 1857 et Req. 10 mars 1858, aff. Rachel, D. P. 58. 1. 313 ; Alger, 4 mars 1874, aff. Puig y Thomas, D. P. 75. 2. 62 ; Nancy, 16 mars 1878, aff. Mazy, D. P. 80. 1. 9).

§ 1er. — Des obligations civiles entre étrangers (*Rép.* nos 301 à 336).

180. On a dit au *Rép.* n° 302, que les tribunaux français sont compétents pour connaître, même entre étrangers, des actions réelles ou mixtes concernant des immeubles situés en France. Cette solution n'est contestée par personne. MM. Aubry et Rau, t. 8, § 748 *bis*, p. 143, l'étendent aux actions réelles mobilières concernant les meubles qui se trouvent en France ; mais leur opinion est restée isolée : les actions réelles mobilières sont, en général, assimilées, au point de vue qui nous occupe, aux actions personnelles (V. Massé, t. 1, n° 652 ; Bonfils, n° 42 ; Civ. rej. 22 mars 1865, aff. Mawrocordato, D. P. 65. 1. 127).

Les actions mixtes concernant des immeubles situés en pays étrangers pourraient être compétemment soumises aux tribunaux français au cas où, considérées comme personnelles, elles seraient de la compétence de ces derniers malgré l'extranéité des parties (V. Bonfils, n° 175; Glasson, *France judiciaire*, 1880-1881, p. 256. Comp. Bertauld, *Questions pratiques et doctrinales*, t. 1, n° 179).

181. Des traités ont accordé expressément aux sujets de certains pays le droit de faire juger par les tribunaux français les contestations qu'ils pourraient avoir entre eux (Comp. *Rép.* n° 303). C'est en ce sens qu'il faut entendre les clauses qui leur promettent un libre et facile accès auprès de nos tribunaux tant pour réclamer que pour défendre leurs droits (V. René Vincent, *Les étrangers devant les tribunaux français. Clause du « libre et facile accès ». Clause du traitement de la nation la plus favorisée*, 1888). Ainsi il a été jugé que les dispositions de l'art. 2 de la convention du 7 janv. 1862 et de l'art. 3 de la convention du 6 févr. 1882 entre la France et l'Espagne, en accordant aux Espagnols « le libre et facile accès de tous tribunaux », autorisent la femme espagnole, lorsque les époux sont domiciliés de fait en France, à saisir les tribunaux français d'une demande en séparation de corps, alors même que la compétence des tribunaux français est déclinée par le défendeur (Caen, 16 déc. 1884 et Req. 3 juin 1885, aff. Corchon, D. P. 85. 1. 409. V. aussi le rapport de M. le conseiller Féraud-Giraud, *ibid.* V. au surplus *infrà*, v° *Traité international*).

Il a été jugé qu'en vertu du traité du 6 janv. 1826 entre la France et le Brésil, art. 6 (clause de la nation la plus favorisée) et du traité franco-suisse du 15 juin 1869, art. 2, lorsqu'une contestation s'élève entre Brésiliens tous domiciliés en France, il est permis au demandeur de saisir le tribunal du domicile du défendeur, sans que les juges puissent refuser de juger et se déclarer incompétents à raison de l'extranéité des parties, encore bien que le défendeur décline leur compétence (Req. 22 juill. 1886, aff. Da Fonseca y Guimarës, D. P. 87. 1. 224. Comp. Vincent, *op. cit.*, *suprà*, p. 21 et suiv.).

182. Quelques difficultés se sont élevées au sujet de l'interprétation du traité franco-suisse du 15 juin 1869 (D. P. 70. 4. 6).

On a soutenu que les dispositions de ce traité sont inapplicables aux demandes en séparation de corps, que ces demandes ne peuvent être considérées comme donnant lieu à « contestations en matière mobilière et personnelle » visées par les art. 1er et 2 du traité, lesquels ne se réfèrent qu'aux réclamations relatives à des intérêts pécuniaires (V. Lehr, *Journal de droit international privé*, 1878, p. 247; Brocher, *Journal de droit international privé*, 1879, p. 96; Trib. fédér. suisse, 18 oct. 1878, cité *ibid.*). — Mais on a répondu que le traité de 1869 semble bien avoir eu pour but de fixer les règles de compétence pour toutes les actions; que, d'ailleurs, toutes les actions rentrent dans la division en actions réelles et actions personnelles, que l'action en séparation de corps, n'étant certainement pas réelle, est au nombre des actions personnelles et, par suite, est comprise dans les termes du traité; que, d'ailleurs, l'exclure de l'art. 2 du traité, c'est aussi l'exclure de l'art. 11 et, par conséquent, la mettre en dehors de la disposition d'après laquelle les tribunaux français doivent d'office renvoyer devant les juges suisses les affaires dont ils sont saisis contrairement aux règles posées dans la convention, et permettre à nos tribunaux de statuer sur une demande en séparation de corps même entre Suisses domiciliés en Suisse si leur compétence n'est pas déclinée, solution que n'accepteraient assurément pas les partisans de la première opinion (Demangeat, *Journal de droit international privé*, 1878, p. 450). Il a été jugé, dans ce sens, que les tribunaux français ou suisses sont compétents pour statuer sur une demande en séparation de corps entre Suisses ou Français établis dans leur ressort (Req. 1er juill. 1878, aff. Beuveguin, D. P. 80. 1. 12, note 1; Genève, 21 janv. 1878, aff. S..., D. P. 79. 2. 145).

Il a été jugé que, dans les cas où les tribunaux français sont incompétents par application du traité du 15 juin 1869, leur incompétence n'est que relative et est couverte lorsque le défendeur ne l'oppose pas *in limine litis* (Rouen, 12 mai 1875) (1). Mais il a été décidé avec raison, en sens contraire, que cette incompétence est d'ordre public et peut être opposée alors même que le défendeur a pris des conclusions au fond (Paris, 8 juill. 1870, aff. Golay, D. P. 71. 2. 11; Nîmes, 28 févr. 1881, aff. Im-Thurm, D. P. 82. 2. 106). — L'art. 14 du traité dit, en effet, en termes exprès que « le tribunal français ou suisse devant lequel sera portée une demande qui, d'après les articles précédents ne serait pas de sa compétence, devra d'office, et même en l'absence du défendeur, renvoyer les parties devant les juges qui doivent en connaître » (Comp. *suprà*, n° 174).

Il a été jugé encore : 1° qu'aux termes du traité franco-suisse du 15 juin 1869, la faillite d'un Suisse ayant un établissement de commerce en France peut être prononcée par le tribunal de sa résidence en France, et que la société du Crédit foncier et commercial suisse, qui avait à Paris son principal établissement, a été valablement déclarée en faillite par le tribunal de la Seine, nonobstant la clause de ses statuts portant que le siège social était à Genève (Paris, 20 juin 1874, aff. Société du Crédit foncier suisse, D. P. 76. 5. 222); — 2° Que les tribunaux français sont incompétents pour statuer sur un procès civil entre plusieurs Suisses

(1) (Beuveguen C. Beuveguen.) — La cour; — Attendu que si les traités diplomatiques entre la France et la Suisse imposent au demandeur l'obligation de poursuivre ses actions personnelles ou mobilières devant les juges naturels du défendeur, il est permis aux parties d'accepter l'arbitrage des tribunaux de leur résidence; — Qu'expressément reconnue en faveur des étrangers lors de la discussion de l'art. 14 c. civ., au conseil d'Etat, et formulée dans l'art. 3 du traité du 18 juill. 1828, qui avait réglé sur la base d'une parfaite réciprocité les règles à suivre pour l'exercice de la justice dans les deux pays, on ne peut contester la validité de cette convention; — Qu'il n'y a rien en effet dans cette juridiction volontaire de contraire au respect de l'indépendance des souverainetés; — Que le principe que les tribunaux suisses ou français doivent se déclarer d'office incompétents même en l'absence du défendeur, et renvoyer la cause devant le juge qui doit en connaître, reçoit nécessairement exception lorsque les deux parties résidant au même lieu, ont consenti à procéder devant ces tribunaux; — Qu'il n'appartient point à celui qui a acquiescé, signifié des actes, assisté à des enquêtes, exécuté des jugements interlocutoires, de revenir sur son acquiescement, à moins qu'il n'y soit autorisé par la loi; — Que, la question litigieuse étant dans les attributions du tribunal saisi, aucune loi ne considère l'exception fondée sur l'extranéité comme une fin de non-recevoir absolue et à raison de la matière, qui puisse être invoquée en tout état de cause; — Que la faculté de n'être point distrait, sans son aveu, du tribunal de son domicile étant relative et toute personnelle au défendeur étranger comme au défendeur français (c. proc. civ. art. 168), ce déclinatoire doit être proposé avant toute autre défense aux termes de l'art. 169 du même code; — Qu'introduite en faveur de l'étranger, qui peut s'en prévaloir ou y renoncer selon qu'il le juge convenable à son intérêt, elle peut être couverte par sa volonté; — Qu'ainsi, après l'avoir acceptée soit expressément soit tacitement l'étranger n'est plus recevable à décliner une juridiction compétente pour juger le même litige entre Français; — En fait : — Qu'en contractant un mariage au Havre le 4 juin 1854 avec Marc Beuveguen, originaire du canton de Vaud (Suisse), qui exerçait le commerce dans cette ville, Pauline Letestu a suivi la condition de son mari et renoncé à la nationalité française; — Qu'après avoir obtenu sa séparation de biens devant le tribunal du Havre en 1863, elle forma devant les mêmes juges une demande en séparation de corps le 6 nov. 1873 et fut admise par défaut à la preuve testimoniale des faits par elle articulés; que ce jugement ayant été maintenu le 30 janv. 1874 sur l'opposition de son mari, les deux parties présentèrent requête au juge commissaire; et que, sur leur demande réciproque, l'enquête fut fixée au 5 mai, et la contre-enquête au 12 du même mois; — Qu'il fut ensuite procédé sur leur double réquisition à l'audition des témoins des deux parts, et que le procès-verbal d'enquête ayant été signifié le 1er juin par la demanderesse le défendeur signifia la contre-enquête à son tour le 9 juin suivant; — Que la cause ayant été reportée devant le tribunal et la dame Beuveguen ayant demandé le 26 que la séparation de corps fût prononcée, Beuveguen par ses conclusions du 2 juillet discutant la valeur des témoignages, et le degré de confiance qu'ils méritaient, proposa le rejet de la demande; — Que ce n'est que le 7 juillet, et après avoir conclu au fond, que par des conclusions nouvelles, il souleva pour la première fois l'incompétence des tribunaux français; — Qu'il ne peut donc aujourd'hui résilier à son gré le contrat judiciaire intervenu entre sa femme et lui; et qu'après s'être librement soumis au tribunal de sa résidence lors du jugement interlocutoire du 21 janvier exécuté par lui dans toute sa teneur, il ne peut arbitrairement se soustraire à la juridiction du même tribunal, lors du jugement définitif; — Qu'aucun motif d'ordre public n'exigeant le renvoi, et l'instance reposant sur des faits accomplis et des témoignages recueillis en France, il n'y a pas lieu d'accueillir un déclinatoire tardivement introduit; — Par ces motifs; — Confirme, etc.

Du 12 mai 1875.-C. de Rouen, 1re ch.-MM. Neveu-Lemaire, 1er pr.-Hardouin, av. gén.-Trouard-Riolle et Marais, av.

dont l'un n'a ni domicile, ni établissement commercial en France (Paris, 8 juill. 1870, aff. Golay, D. P. 71. 2. 11); — 3° Que l'art. 5 de la convention du 15 juin 1869, portant que les tribunaux suisses seront compétents pour les actions relatives aux successions des citoyens suisses domiciliés et décédés en France, n'est pas applicable à l'action tendant à faire déclarer qu'un citoyen suisse, ayant contracté mariage en France où il était domicilié, se trouvait, à défaut de conventions contraires, marié sous le régime de la communauté légale; mais qu'une pareille demande rentre dans les termes du dernier alinéa de l'art. 1er du traité, d'après lequel l'action ayant pour objet l'exécution d'un contrat consenti par le défendeur dans un lieu situé soit en France, soit en Suisse, peut être portée devant le juge du lieu où le contrat a été passé, si les parties y résident au moment où le procès sera engagé (Civ. cass. 3 juin 1874, aff. Oger, D. P. 75. 1. 30, et sur renvoi, Angers, 4 févr. 1875, D. P. 76. 2. 126); — 4° Que l'art. 10 du traité du 15 juin 1869, d'après lequel la tutelle des mineurs et interdits suisses résidant en France est régie par la législation de leur canton d'origine, et les contestations relatives à l'établissement de cette tutelle doivent être portées devant les tribunaux de ce canton, s'applique également aux demandes de nomination d'un conseil judiciaire; que, par suite, les tribunaux français sont incompétents pour connaître de la demande en dation d'un conseil judiciaire formée par un Suisse résidant en France contre sa femme, Française d'origine, mais devenue étrangère par le mariage (Nîmes, 28 févr. 1881, aff. Im-Thurm, D. P. 82. 2. 106).

183. On a dit au *Rép.* n° 304 que les tribunaux français ont compétence pour connaître entre étrangers des obligations, telles que l'obligation alimentaire, dont la source est dans le droit naturel. Il a été jugé, spécialement: 1° que l'obligation, pour la femme, d'habiter avec son mari étant fondée non point seulement sur les dispositions du droit civil, mais aussi sur le droit naturel, l'étranger qui réside en France peut actionner sa femme devant les tribunaux français pour la faire condamner à réintégrer le domicile conjugal (V. Bastia, 21 mai 1856, aff. Arata, D. P. 57. 2. 214; Trib. Évreux, 15 févr. 1861, aff. Rey-Ratellet, D. P. 62. 3. 39; Alger, 6 juin 1870, aff. Perths, D. P. 70. 2. 214. — V. toutefois : Trib. Seine, 18 mai 1861, aff. Criado, D. P. 62. 3. 40); — 2° Que les tribunaux français sont compétents pour connaître de l'action formée par la femme étrangère contre son mari étranger pour faire décider que celui-ci devra la recevoir dans sa maison et lui fournir des moyens d'existence dans la mesure de ses propres ressources (Paris, 9 août 1878) (1). — En ce qui concerne les questions alimentaires, la doctrine est d'accord avec la jurisprudence (V. *Rép.* n° 304; Trib. Seine, 3 mai 1879, aff. Frings, *Journal de droit international privé*, 1879, p. 489. V. toutefois *Journal de droit international privé*, 1876, p. 184) pour reconnaître compétence à nos tribunaux; elle rattache leur compétence en pareil cas à la disposition de l'art. 3, § 1er, c. civ., qui leur donne mission d'appliquer les lois de police et de sûreté aux étrangers comme aux Français; tous les auteurs admettent l'application de ces lois à l'égard de tous les étrangers, qu'ils soient ou non domiciliés de fait en France (V. Bonfils, n° 204; Trochon, p. 261 et 264; Bertauld, t. 1, n° 181; Glasson, *France judiciaire*, 1880-1881, p. 252; Féraud-Giraud, p. 29; Aubry et Rau, t. 8, § 748 *bis*, p. 146). Ces derniers auteurs formulent leur opinion en déclarant les tribunaux français compétents pour appliquer aux étrangers les lois d'ordre public. — M. Féraud-Giraud, p. 29, trouve la formule trop large; il reconnaît la compétence de nos tribunaux à raison des matières concernant la police et la sûreté, c'est-à-dire « tout ce qui a pour but la garantie des personnes et des propriétés », mais croit illégal de faire rentrer dans l'art. 3 toutes les questions intéressant l'ordre public. La jurisprudence au contraire a affirmé sa compétence pour l'application des lois d'ordre public en décidant : 1° que les tribunaux français peuvent prescrire, à titre provisoire, l'emploi des valeurs échues à un mineur étranger, lorsque cette mesure n'a d'autre mobile qu'un intérêt urgent de protection et de conservation (Nancy, 25 avr. 1885, aff. Cantiran, D. P. 86. 2. 131. Comp. Bastia, 8 déc. 1863, aff. Costa, D. P. 64. 2. 1); — 2° Que lorsque la surveillance des intérêts d'un mineur étranger qui réside en France est désertée par le tuteur, les tribunaux français, sans s'immiscer dans les questions qui intéressent l'exercice et les conditions de la tutelle elle-même, ont le droit et le devoir de protéger les intérêts de ces mineurs et de prescrire des mesures conservatoires (Besançon, 30 nov. 1887, aff. Monthieu, D. P. 88. 2. 113); — 3° Que le principe d'après lequel les tribunaux français ne sont pas, en matière personnelle et mobilière, tenus de juger les contestations entre étrangers ne peut s'appliquer lorsque le litige porte sur des intérêts publics et sur des actes émanant de l'autorité souveraine; qu'ainsi les brevets d'invention constituant des lois d'ordre public et créant des privilèges sur toute l'étendue du territoire, un étranger peut demander aux tribunaux français l'annulation d'un brevet pris en France par un autre étranger (Trib. Seine, 26 juill. 1879, aff. *The Paris Skating Rink*, D. P. 80. 3. 39).

184. On a examiné au *Rép.* n° 305 la question de savoir si les tribunaux français sont obligés de juger, lorsque l'acte qui donne naissance à la contestation a été passé en France. MM. Massé, nos 655 et 657, et Trochon, p. 274, admettent l'affirmative. Suivant ces auteurs, la faculté pour les étrangers de contracter valablement en France résulte pour eux le droit de faire juger en France les procès nés des actes qui y ont été faits. Mais on répond que, si les étrangers ont droit de contracter en France et s'ils ont, en certains cas, droit d'obtenir justice de nos tribunaux, il ne s'ensuit nullement que ceux-ci soient compétents à raison du seul fait que leur obligation est née en France. Un Français domicilié à Paris ne pourrait être actionné à Bordeaux sous prétexte qu'il se serait engagé dans cette ville; pourquoi déroger en faveur des étrangers aux règles de la compétence ordinaire, et prétendre, pour eux seuls, attribuer juridiction au tribunal du lieu où est née l'obligation litigieuse? (V. en ce sens : Bonfils, n° 211; Féraud-Giraud, p. 11; Glasson, *France judiciaire*, 1880-1881, p. 248; Paris, 12 juill. 1870, aff. Isabelle d'Espagne, D. P. 71. 2. 183. V. aussi Req. 26 juill. 1852, aff. Bonici, D. P. 52. 1. 249). — Toutefois, il a été jugé que l'étranger actionné par un autre étranger devant les tribunaux français en vertu d'une obligation civile qui avait été contractée en France et y devait recevoir son exécution, ne peut décliner la compétence de ces tribunaux, lorsqu'il réside depuis longtemps en France, si en outre il ne justifie d'aucun domicile dans un autre lieu (Req. 8 avr. 1851, aff. Moser, D. P. 51. 1. 137; Paris, 17 avr. 1852, aff. Brocchieri, D. P. 54. 5. 325).

185. La convention additionnelle au traité de Francfort,

(1) (Stoops C. Stoops.) — La cour; — Considérant que, s'il est de principe, en droit, que les étrangers résidant en France restent, néanmoins, soumis à leur statut personnel pour tout ce qui touche à leur état et à leur capacité, et si, par suite, il ne peut appartenir aux tribunaux français de connaître de contestations nées à ce sujet entre étrangers, il n'en est pas ainsi, et ce principe cesse de recevoir son application dans tous les cas où il s'agit seulement de pourvoir, par des mesures de conservation que réclament des nécessités urgentes, à la sécurité de leurs biens ou de leur personne et de leur faciliter l'exercice de droits que leur garantissent l'ordre public, la bonne police du pays et l'humanité même;

Considérant que le mariage est un contrat qui participe à la fois du droit naturel et du droit des gens, et qu'abstraction faite de ses effets civils qui dépendent de la législation particulière sous l'empire de laquelle il a été consenti, il engendre pour les époux des droits et des devoirs qui les suivent partout et dont l'observation s'impose à eux en pays étranger comme dans leur propre patrie; qu'ainsi, comme il est de l'essence même du mariage que la femme habite avec son mari, de même il en résulte pour le mari une obligation naturelle de recevoir sa femme dans son domicile et de subvenir à ses besoins; qu'il ressort de là que les tribunaux ne sauraient refuser la protection de la justice soit au mari, soit à la femme qui la sollicitent dans le but d'obtenir l'accomplissement de ces obligations ou la garantie des droits qui en dérivent et dont la violation troublerait l'ordre public;

Considérant que l'action formée par la dame Stoops contre son mari a pour objet de faire décider que celui-ci devra la recevoir dans sa maison et lui fournir des moyens d'existence dans la mesure de ses propres ressources; que c'est, par conséquent, avec raison que le tribunal de la Seine s'est déclaré compétent, pour statuer sur la demande restreinte à ces termes;

Par ces motifs; — Confirme la sentence dont est appel.

Du 9 août 1878.-C. de Paris, 5e ch.-MM. Descoutures, pr.-Manuel, av. gén., c. conf.-Trolley de Rocques et de Sal, av.

signée le 11 déc. 1871 (D. P. 72. 4. 9), a consacré la solution donnée au *Rép.* n° 307, d'après laquelle les tribunaux français ne peuvent continuer à connaître d'une contestation portée devant eux, lorsque, par suite d'un traité, les parties en cause et l'objet en litige sont passés sous une domination étrangère, mais avec cette réserve qu'en matière personnelle, le tribunal du domicile du défendeur resterait compétent sans distinction de nationalité, et que le dessaisissement ne s'imposerait aux cours d'appel et de cassation qu'autant que, par suite de la nouvelle démarcation des frontières respectives, les parties en cause se trouveraient toutes deux soumises en matière personnelle à la compétence des tribunaux allemands (art. 3). Elle a fixé au 20 mai 1871 la date de l'effet de la cession de territoires en matière judiciaire (V. Civ. rej. 26 août 1872, aff. Busy, D. P. 72. 1. 298; *infrà*, v° *Traité international*).

186. Contrairement à l'opinion soutenue au *Rép.* n° 308, il a été jugé que des étrangers qui n'ont ni domicile, ni résidence à l'étranger sont justiciables des tribunaux français pour les contestations qui s'élèvent entre eux au sujet d'obligations par eux contractées en France, alors qu'ils ont en France un domicile de fait ou une résidence (Req. 8 avr. 1851, aff. Moser, D. P. 51. 1. 137; Paris, 17 avr. 1852, aff. Brocchieri, D. P. 54. 5. 325; Trib. Seine, 16 févr. 1870, aff. Isabelle d'Espagne, D. P. 71. 2. 183. — V. au surplus, sur le principe même de la compétence, *suprà*, n° 179).

Il a été jugé, toutefois, que le seul fait de la résidence d'un étranger en France, alors surtout que cette résidence est postérieure à l'obligation en vertu de laquelle il est poursuivi, ne saurait le rendre justiciable des tribunaux français, bien qu'il n'ait conservé aucun domicile dans son pays d'origine (Paris, 23 juill. 1870, aff. Suberscacan, D. P. 71. 2. 24).

187. Comme on l'a dit au *Rép.* n° 310, dans les cas où les tribunaux français ne sont pas compétents pour connaître des contestations en matière personnelle entre étrangers, leur incompétence n'est pas absolue, mais relative, *ratione personæ*; elle doit être opposée, à peine de déchéance, *in limine litis*, et ne peut l'être pour la première fois en appel; si le défendeur ne l'invoque pas dès le début de l'instance, il est censé y avoir renoncé, et elle se trouve couverte (Demangeat sur Fœlix, 4e éd., t. 1, p. 322, note *a*; Massé, t. 1, n°s 670 et 671; Aubry et Rau, t. 8, § 748 *bis*, p. 148; Demolombe, t. 1, n° 261; Trochon, p. 277 et 278; Glasson, *France judiciaire*, 1880-1881, p. 262; Bonfils, n°s 219 et 227; Bertauld, *Questions pratiques*, t. 1, n°s 184 et 185; Demante, t. 1, n° 29 *bis* IV; Féraud-Giraud, p. 24 et 37; Douai, 3 avr. 1845, aff. Deboey, D. P. 45. 4. 251; Paris, 13 févr. 1858, aff. Bauer, D. P. 58. 2. 56; Req. 15 avr. 1861, aff. Seitz, D. P. 61. 1. 420; Caen, 29 janv. 1873, aff. May, D. P. 76. 2. 224; Alger, 5 juin 1874, aff. Albert et de Cès-Caupenne, D. P. 78. 2. 9; Nancy, 16 mars 1878 et Req. 5 mars 1879, aff. Mazy, D. P. 80. 1. 9; Paris, 21 mai 1885, aff. Oppenheim et Esser, D. P. 86. 2. 14; Lyon, 23 févr. 1887, aff. Fritsch, D. P. 88. 2. 33). — En sens contraire, il a été jugé que le défaut de juridiction des tribunaux ne peut être couvert par le consentement des parties qui ont plaidé au fond, car, s'agissant d'étrangers à l'égard desquels la loi n'impose pas aux tribunaux l'obligation de rendre justice, ce consentement imprime au jugement, quel qu'il soit, le caractère d'une sentence arbitrale; que, par suite, l'exception d'incompétence peut être proposée pour la première fois en appel (C. d'app. Savoie, 2 janv. 1854, aff. Barbaz et Dupellous, D. P. 55. 2. 167). Mais on a répondu avec succès que les tribunaux ne peuvent jamais, comme tels, rendre de sentences arbitrales, et que leurs décisions ne sauraient, malgré leur incompétence, cesser d'être des jugements (V. d'ailleurs les autorités indiquées ci-dessus, notamment : Massé, t. 1, n° 670; Féraud-Giraud, p. 40).

188. Si le tribunal français saisi d'une contestation entre étrangers rejette l'exception d'incompétence proposée par le défendeur, celui-ci a le droit d'interjeter appel; mais il ne peut, comme pourrait le faire un Français, invoquer l'art. 19 de l'ordonnance de 1737 (*Rép.* v° *Règlement de juges*, n° 4, note 1) pour se pourvoir directement, *omisso medio*, devant la cour de cassation, à moins qu'il ne soit dans le cas de demander le renvoi devant un autre tribunal français : cette voie de recours suppose, en effet, la compétence d'un tribunal français, et ne peut être employée que pour provoquer un règlement de juges; or il ne peut être question de règlement de juges entre tribunaux de pays différents (V. Glasson, *France judiciaire*, 1880-1881, p. 248; Bertauld, t. 1, n° 188; Bonfils, n° 224).

189. L'étranger défendeur pourrait proposer l'exception de litispendance en se fondant sur ce que l'affaire serait pendante devant un tribunal étranger; cette exception, mal dénommée en pareil cas (V. *infrà*, n° 219), ne serait autre chose que l'exception d'incompétence soulevée à raison de l'instance engagée devant le tribunal étranger (V. Glasson, p. 249). L'instance engagée devant la juridiction étrangère doit être considérée comme impliquant renonciation à la juridiction française (Bonfils, n° 216).

190. Contrairement à l'opinion soutenue au *Rép.* n° 312, M. Bonfils, n° 228, estime que l'exception d'incompétence, personnelle aux parties, ne peut être proposée par les Français héritiers de l'étranger, ou créanciers de celui-ci et exerçant les droits de leur débiteur en vertu de l'art. 1166 c. civ. (V. en sens contraire : *Rép.* n° 312).

191. MM. Bertauld, t. 1, n°s 186 et suiv., et Demangeat, sur Fœlix, t. 1, p. 322, note *a*, soutiennent que, dans les cas où les tribunaux français sont incompétents *ratione personæ* à l'égard des étrangers, ces tribunaux ne peuvent, néanmoins, se déclarer d'office incompétents, lorsque l'exception n'est pas soulevée par le défendeur. Mais la plupart des auteurs ainsi que la jurisprudence ont adopté l'opinion soutenue au *Rép.* n° 313, d'après laquelle les tribunaux ne sauraient être liés par le consentement des parties à accepter leur juridiction et peuvent, à défaut d'exception d'incompétence soulevée par le défendeur, refuser néanmoins de statuer sur la contestation. Il convient, toutefois, de remarquer que cette solution a une étendue d'application très variable, suivant l'opinion que l'on adopte sur le principe de la compétence ou de l'incompétence de nos tribunaux. Dans les hypothèses où ils ont compétence, hypothèses plus ou moins nombreuses, suivant le système que l'on admet, ils ne peuvent pas plus refuser de juger que le défendeur ne peut décliner leur compétence; c'est pourquoi on qualifie en pareil cas leur compétence de compétence obligatoire. Leur compétence ne devient facultative que dans le cas où, incompétents *ratione personæ*, cette incompétence se trouve couverte par le consentement des parties. Les motifs sur lesquels est fondé le droit, pour les tribunaux, de se dessaisir d'office en pareil cas diffèrent selon les auteurs. D'après les uns, ce droit tient à ce que les tribunaux ne doivent pas la justice aux étrangers; suivant les autres, il a pour raison que, lorsque la juridiction de nos tribunaux est prorogée par la renonciation du défendeur à se prévaloir de son incompétence *ratione personæ*, le tribunal saisi reste libre de juger ou de se dessaisir. Cette solution doit être commune aux procès entre Français et aux procès entre étrangers, puisque l'on s'accorde à reconnaître que l'incompétence de nos tribunaux à l'égard de ces derniers n'est pas absolue (Bonfils, n°s 229 et suiv.; Trochon, p. 279; Massé, t. 1, n° 671; Demante, t. 1, n° 29 *bis* IV; Aubry et Rau, § 748 *bis*, t. 8, p. 148; Glasson, *France judiciaire*, 1880-1881, p. 249; Féraud-Giraud, p. 42; Req. 27 janv. 1857, aff. Hope, D. P. 57. 1. 142; 10 mars 1858, aff. Rachel, D. P. 58. 1. 313; 5 mars 1879, aff. Mazy, D. P. 80. 1. 9).

192. Toutefois, de nouvelles difficultés s'élèvent sur le point de savoir jusqu'à quel moment les tribunaux français peuvent se dessaisir d'office. Ne le peuvent-ils qu'au début de l'instance, le peuvent-ils en tout état de cause, en appel, en cassation? M. Glasson soutient (*France judiciaire*, 1880-1881, p. 263) que, dès que le tribunal de première instance a consenti à juger, l'incompétence est couverte comme si la contestation avait lieu entre Français; qu'il n'est plus permis au tribunal de se dessaisir et que les cours d'appel et de cassation ne peuvent plus refuser leur juridiction (V. en ce sens : Lyon, 21 juin 1871) (1). Cette solution combattue par M. Massé, t. 1, n° 671, qui considère l'incompétence

(1) (François des Guidi C. héritiers des Guidi.) — LA COUR; — Sur l'incompétence soulevée à propos de la question de validité du mariage d'André des Guidi avec Justine Vitti : — Attendu que François des Guidi, après avoir saisi la juridiction française

comme étant ici d'une nature particulière et telle que les juges peuvent, selon lui, se dessaisir en tout état de cause. L'opinion de M. Massé est partagée par la jurisprudence (Req. 26 juill. 1852, aff. Bonici, D. P. 52. 1. 249, et surtout Paris, 28 mars 1856, et Req. 27 janv. 1857, aff. Hope, D. P. 57. 1. 142; Paris, 7 mai 1875, aff. Potocki, D. P. 76. 2. 137); elle est également admise par M. Féraud-Giraud, p. 43; toutefois, ce dernier auteur estime que la cour de cassation ne pourrait refuser de statuer sur le pourvoi formé contre un arrêt d'appel (V. Req. 15 avr. 1861, aff. Seitz, D. P. 61. 1. 420). — L'opinion de M. Glasson doit rallier les suffrages de ceux qui rattachent la compétence facultative de nos tribunaux aux règles suivies en matière de prorogation volontaire de juridiction (V. au surplus v° *Compétence civile des tribunaux d'arrondissement*, n°s 136 et suiv.; — *Rép.* eod. v°, n°s 211 et suiv.).

193. Par application de l'art. 7 c. proc. civ., le juge de paix saisi d'une contestation entre étrangers ne peut jamais se dessaisir d'office, tout au moins dans l'opinion qui considère la compétence facultative comme dérivant des règles sur la prorogation de juridiction; cet article déclare en effet expressément que le juge de paix ne peut refuser de statuer sur le différend que lui soumettent les parties, bien qu'il ne soit leur juge naturel ni à raison du domicile du défendeur, ni à raison de la situation de l'objet litigieux (V. Bonfils, n° 232; Glasson, *France judiciaire*, 1880-1881, p. 251; Trochon, p. 280).

194. On a examiné au *Rép.* n°s 316 et 317 la question de savoir si les tribunaux français sont ou non compétents pour connaître des questions d'état entre étrangers. Cette question est encore controversée. Dans un premier système, on décide que l'extranéité n'influe nullement sur la compétence des tribunaux français en pareille matière, et que les tribunaux doivent statuer dans tous les cas où ils devraient juger si le débat s'agitait entre Français (V. Durand, n°s 212, 213; Glasson, *France judiciaire*, 1880-1881, p. 254; de Bœck, note sous Besançon, 30 nov. 1887, aff. Monthieu, D. P. 88. 2. 113; Bertauld, t. 1, n°s 182 et 201). Ce dernier auteur admet même la compétence forcée dans les cas où, à l'égard de Français, elle ne serait que facultative (V. *suprà* n° 179). — Dans un second système, les tribunaux français seraient absolument incompétents, *ratione materiæ*, pour connaître des questions d'état et de capacité entre étrangers (V. Alger, 4 mars 1874, aff. Puig y Thomas, D. P. 75. 2. 62; Le Senne, *Revue pratique*, 1867, t. 23, p. 507). Jugé en ce sens que tout ce qui tient aux tutelles dépend du statut personnel, lequel statut suit en tous lieux la personne et continue de la régir même en pays étranger et que, par une conséquence naturelle, toutes les questions qui se rattachent à ce statut ne peuvent être soumises qu'aux tribunaux du pays où il est en vigueur et dans lequel l'individu a conservé son domicile légal (Bastia, 8 déc. 1863, aff. Costa, D. P. 64. 2. 1. — Comp. Besançon, 30 nov. 1887, aff. Monthieu, D. P. 88.2.113). — Dans un troisième système adopté au *Rép.* n° 317, les tribunaux français sont incompétents, mais seulement *ratione personæ* : ils sont donc tenus de se dessaisir, si l'exception d'incompétence est soulevée; dans le cas contraire, ils ont la faculté ou de statuer ou de se dessaisir (V. Massé, t. 1, n° 666; Trochon, p. 276; Demolombe, t. 1, n° 261; Aubry et Rau, t. 8, § 748 *bis*, p. 144 et 148; Féraud-Giraud, p. 13 et 38; Paris, 7 mai 1875, aff. Potocki, D. P. 76. 2. 137; Trib. Seine, 25 juin 1875 et Paris, 4 févr. 1876, aff. Hourlier, D. P. 76. 2. 193). Jugé en ce sens qu'une action en contestation de légitimité est une action personnelle à l'égard de laquelle les tribunaux français peuvent se déclarer incompétents, lorsqu'elle est formée entre étrangers, encore qu'elle soulèverait une question de validité quant à la forme d'un mariage contracté en France ou dans une possession française et qu'elle tendrait notamment à faire annuler, pour défaut de célébration devant l'officier de l'état civil, un mariage contracté entre Maltais en Algérie, devant le curé de leur paroisse (Req. 26 juill. 1852, aff. Bonici, D. P. 52. 1. 249). Mais si la demande en nullité de mariage était formée par une femme qui était Française lors de son mariage contre son mari étranger, ou réciproquement, les tribunaux français seraient compétents; la question ne pourrait être considérée comme agitée entre étrangers, puisque la qualité d'étrangère chez la femme serait subordonnée à la validité du mariage attaqué (V. Poitiers, 7 janv. 1845 et Req. 16 déc. 1845, aff. Plasse, D. P. 46. 1. 7; Paris, 2 mars 1868 (1); Trib. Seine, 2 juill. 1872 et 21 juin 1873, *Journal de droit international privé*, 1874, p. 71; Féraud-Giraud, p. 15; Glasson, *France judiciaire*, 1880-1881, p. 255; Aubry et Rau, t. 8, § 748 *bis*, p. 144, texte et note 38).

195. M. Féraud-Giraud estime (p. 17) que les tribunaux français seraient incompétents d'une manière absolue pour connaître de l'action en interdiction ou en dation de conseil judiciaire formée par un étranger contre un autre étranger. Il a été jugé, en ce sens, que nos tribunaux civils sont incompétents pour connaître de l'action en dation de conseil judiciaire, intentée par une femme d'origine française contre son mari d'origine espagnole, alors même que le mariage aurait été célébré devant l'officier d'état civil français, et que l'exception d'incompétence peut être opposée pour la première fois en appel (Alger, 4 mars 1874, aff. Puig y Thomas, D. P. 75. 2. 62). — Mais il a été décidé, en sens contraire, que l'extranéité ne peut être considérée comme une cause d'incompétence absolue à l'égard d'une demande en interdiction, alors surtout que la partie défenderesse n'a pas de domicile à l'étranger, et que l'exception fondée sur ce chef doit être invoquée avant toute défense au fond et ne peut être produite pour la première fois en appel (Caen, 29 janv. 1873, aff. May, D. P. 76. 2. 224. V. dans le sens de la compétence : Gand, *Code des étrangers*, n° 510; G. Bertauld, t. 1, n°s 182 et 201; Glasson, *France judiciaire*, 1880-1881, p. 255).

196. La question de compétence ou d'incompétence des tribunaux français a été soulevée le plus souvent à l'occasion de demandes en séparation de corps. Elle a été examinée, à ce point de vue, *suprà*, v° *Divorce et séparation de corps*, n°s 140 et 143. Comme on l'a vu *ibid.*, l'opinion qui paraît avoir prévalu est celle d'après laquelle l'incompétence existe, mais non d'une manière absolue; en d'autres termes, le tribunal doit se dessaisir s'il en est requis et si les parties se soumettent à sa juridiction, il est libre de statuer ou de se dessaisir.

197. Contrairement à l'opinion émise au *Rép.* n° 323, il a été jugé que l'exception d'incompétence, au cas de demande en séparation de corps, ne peut être opposée pour la première fois en appel et doit l'être, en première instance,

---

de la contestation qu'il élevait contre les héritiers de son frère, décline aujourd'hui la compétence de la cour en se fondant sur la qualité d'étranger de toutes les parties en cause; — Considérant que l'incompétence des tribunaux français, à raison de l'extranéité des parties, n'est considérée comme absolue par aucune disposition légale; que le juge n'est pas tenu de la déclarer d'office; qu'elle forme, en conséquence, une exception purement personnelle qui, aux termes de l'art. 169 c. proc. civ., doit être élevée avant toute autre exception et défense, et n'est pas opposable pour la première fois en appel; — Qu'en admettant même que les principes ci-dessus puissent être contestés lorsque la question d'état est introduite comme action principale, il n'en peut pas être ainsi lorsqu'elle se présente incidemment par voie d'exception ou de défense dans une instance où la compétence du juge est d'ailleurs indiscutable; — Que c'est alors le cas d'appliquer la règle formulée en ces mots : « Le juge de l'action est le juge de l'exception »; — Qu'il s'agit dans la cause d'une demande en partage et liquidation de succession à propos de laquelle s'élève la question d'état, et que la cour régulièrement saisie de l'action en pétition d'hérédité est également compétente pour résoudre les difficultés soulevées par l'examen de l'habileté des parties; — Par ces motifs, etc.

Du 21 juin 1871.-C. de Lyon, 1re ch.-MM. Baudrier, pr.-de Prandière, av. gén.-Dubos et Mathevon, av.

(1) (G... C. G...) — LA COUR; — Considérant que l'appelant oppose à la demande trois fins de non-recevoir : 1° la contestation s'agiterait entre étrangers; 2°...; 3°...; — Sur le premier moyen : — Considérant que l'intimée est née Française; qu'elle n'a pu perdre cette qualité que par un mariage valable avec un étranger; que la validité de ce mariage, étant précisément le sujet de la contestation, laisse la qualité nouvelle de la femme non établie tant que la question n'est pas résolue; qu'il faudrait préjuger le fond du droit pour admettre l'exception opposée par le défendeur et reconnaître d'avance à l'acte de mariage la valeur qui lui est contestée, etc.; — Par ces motifs, etc.

Du 2 mars 1868.-C. de Paris, 1re et 2e ch. réun.-MM. Devienne, 1er pr.-Dupré-Lasale, 1er av. gén.-Quéland et Allou, av.

in limine litis (Metz, 10 juill. 1849, aff. Schmitt, D. P. 52. 2. 6; Paris, 16 janv. 1852 sous Civ. rej. 10 juill. 1855, aff. Wachs, D. P. 55. 1. 354; 13 févr. 1858, aff. Bauer, D. P. 58. 2. 56; 23 juin 1859, aff. Dauscigne-Méhul, D. P. 60. 2. 213; Nancy, 16 mars 1878, et Req. 5 mars 1879, aff. Mazy, D. P. 80. 1. 9. Comp. Douai, 7 juin 1853, aff. Collett, D. P. 55. 1. 353; Massé, t. 1, n° 666. — *Contrà :* Poitiers, 15 juin 1847, aff. C..., D. P. 48. 2. 149. V. au surplus *suprà*, n° 187).

198. Conformément à ce qui a été dit au *Rép.* n° 326, il a été jugé que les tribunaux français sont compétents pour connaître d'une demande en séparation de corps formée entre époux étrangers qui ont été légalement autorisés à établir leur domicile en France (Civ. rej. 23 juill. 1855, aff. Collett, D. P. 55. 1. 353).

199. Il a été jugé que les tribunaux français doivent se déclarer incompétents pour connaître d'une demande en séparation de biens formée contre son mari résidant en France par une femme d'origine française qui a épousé en France un étranger non autorisé à y établir son domicile, lorsque ce dernier oppose l'exception d'incompétence (Metz, 26 juill. 1865, aff. Raucq, D. P. 65. 2. 160). Cette solution est logique dans l'opinion qui admet en principe l'incompétence des tribunaux français, et elle est notamment adoptée par MM. Aubry et Rau, t. 8, § 748 *bis*, p. 144, et Féraud-Giraud, p. 15 (Comp. Paris, 13 mars 1879, aff. Grabscheid, D. P. 80. 2. 113). — M. Massé, t. 1, n° 667, pense, au contraire, que les tribunaux français sont compétents pour connaître des demandes en séparation de biens formées contre des étrangers résidant de fait en France. C'est la solution qui découle aussi du système d'après lequel les tribunaux français ont compétence à l'égard des étrangers dans les mêmes circonstances qu'à l'égard des Français. Il a été jugé, en ce sens, que la femme mariée en France à un étranger qui n'a jamais cessé d'y résider, est autorisée à porter sa demande en séparation de biens devant la juridiction française alors surtout que, dans leur contrat de mariage passé en France et destiné à y être exécuté, les époux ont déclaré se soumettre aux obligations et profiter des avantages de la loi française (Req. 7 mars 1870, aff. Kœhler, D. P. 72. 1. 326. Conf. Aix, 23 mai 1887, aff. Botok, D. P. 88. 2. 200).

200. D'après un arrêt, les tribunaux français sont incompétents pour statuer sur une contestation entre étrangers, relative à la succession mobilière d'un étranger (Civ. cass. 18 août 1847, aff. Verity, D. P. 47. 1. 345). M. Féraud-Giraud admet cette solution dans le cas même où le défunt aurait fait en France le testament donnant lieu à des difficultés; mais il estime que l'incompétence cesserait si la succession était ouverte en France, c'est-à-dire, à son avis, si l'étranger avait été autorisé à établir son domicile en France (p. 16 et 22 ou *Journal de droit international privé*, 1880, p. 153 et 159). M. Glasson considère, au contraire, la succession comme ouverte en France, lorsque l'étranger défunt n'y avait qu'un domicile de fait (*France judiciaire*, 1880-1881, p. 257). — V. *infrà*, v° *Succession*.

201. Il a été jugé que les tribunaux français sont compétents pour connaître des contestations entre étrangers, à raison de contrats passés en pays étranger, lorsque ces contestations se produisent dans une instance engagée par un étranger contre un étranger et un Français (Rouen, 22 mai 1857, aff. Young, D. P. 58. 2. 40; Trib. Dreux, 20 juin 1877, aff. Schaffauser, D. P. 80. 2. 193. V. Bonfils, n° 213; Trochon, p. 275)... Tout au moins, lorsque la demande repose sur une obligation unique et commune à tous les défendeurs et qu'elle n'a pas pour but de distraire le défendeur étranger de ses juges naturels (Motifs, Paris, 20 mars 1879, aff. Schaffauser, D. P. 80. 2. 193. Comp. toutefois la note, sous cet arrêt. V. d'ailleurs *suprà*, n°s 170 et 179, et v° *Compétence civile des tribunaux d'arrondissement*, n° 19; — *Rép.* eod. v°, n° 38).

202. En ce qui concerne les demandes en garantie dirigées par un étranger contre un autre étranger incidemment à une action principale dont la connaissance est de la compétence des tribunaux français, il a été jugé que ces tribunaux peuvent se déclarer incompétents (Paris, 28 mars 1856, et Req. 27 janv. 1857, aff. Hope, D. P. 57. 1. 142; Civ. cass. 15 janv. 1878, aff. Chemin de fer de Berg et March, D. P. 78. 1. 170; Civ. rej. 17 juill. 1877, aff. Compagnie *London Chatam and Dover Railway*, D. P. 78. 1. 366. V. Aubry et Rau, t. 8, § 748 *bis* p. 147; Féraud-Giraud, p. 36). Toutefois, il a été décidé que la demande en garantie formée par un étranger contre un autre étranger incidemment à l'instance principale engagée contre lui-même par un Français devant un tribunal français est de la compétence de ce tribunal, lorsque l'étranger ainsi appelé en garantie a été ou est réputé avoir été partie au contrat passé avec le Français, qui donne lieu à la demande principale (V. Aubry et Rau, t. 8, § 748 *bis*, p. 148; Féraud-Giraud, p. 37); qu'ainsi, lorsque des compagnies de chemin de fer étrangères ont établi avec une compagnie française un tarif commun pour les expéditions internationales, le tribunal français saisi de l'action en responsabilité d'avaries formée par l'expéditeur français contre la compagnie française avec laquelle il a traité, est compétent pour connaître, non seulement du recours en garantie de celle-ci contre la compagnie étrangère qui a continué le transport, mais encore du recours en sous-garantie exercé dans l'instance entre les diverses compagnies étrangères successivement chargées du même transport, ces dernières compagnies étant réputées avoir été représentées au contrat qui a donné lieu à la demande principale, et d'où dérivent, dès lors, leurs obligations respectives (Douai, 10 mars 1870, aff. Chemin de fer *le Rhénan*, D. P. 70. 2. 158). — La jurisprudence paraît admettre encore la compétence sur la question incidente, lorsque la solution de la contestation originaire dépend de la décision à intervenir sur celle-ci (Lyon, 21 juin 1871, *suprà*, n° 192. Comp. Req. 15 avr. 1861, aff. Seitz, D. P. 61. 1. 420. Conf. Féraud-Giraud, p. 36; Aubry et Rau, § 748 *bis*, t. 8, p. 147. Comp. encore : Civ. cass. 20 août 1872, aff. Leroux de Villers, D. P. 72. 1. 342). — Les auteurs qui admettent en principe la compétence des tribunaux français, les tiennent pour compétents sur les demandes incidentes ou en garantie entre étrangers, lorsqu'elles sont la conséquence d'une demande principale sur laquelle ils sont compétents (V. conf. Bonfils, n° 213; Glasson, *France judiciaire*, p. 260; Demangeat, *Journal de droit international privé*, 1877, p. 113. V. encore dans le même sens : Trib. Seine, 30 sept. 1875 et Paris, 21 déc. 1876, aff. Chemin de fer de Berg et March, D. P. 78. 1. 170. V. en outre les auteurs et arrêts cités *suprà*, n° 160).

203. On a admis au *Rép.* n° 327 la compétence des tribunaux français pour connaître de la demande en séparation de corps dirigée par la femme contre son mari étranger, mais résidant depuis longtemps en France et y possédant un établissement. La circonstance que le défendeur est domicilié de fait en France exerce une influence sur la question de compétence, quel que soit l'objet de la contestation. Les auteurs qui admettent en principe la compétence des tribunaux français à l'égard des étrangers aussi bien que des Français tiennent cette compétence pour obligatoire, lorsque l'étranger défendeur est domicilié de fait en France (Conf. Bonfils, n°s 189 et suiv.; Durand, n°s 212 et 213; Glasson, *France judiciaire*, 1880-1881, p. 247; Demangeat sur Fœlix, t. 1, p. 317, note *a*, et aussi Massé, t. 1, n°s 499, 657, 660, sauf pour les questions d'état, n° 666; Aubry et Rau, t. 8, § 748, p. 146). M. Glasson, *loc. cit.*, p. 248, estime que, par application de l'art. 59 c. proc. civ., la résidence du défendeur en France détermine la compétence de nos tribunaux, s'il ne justifie pas d'un domicile en pays étranger. En fait, la jurisprudence s'est plusieurs fois déclarée compétente dans des hypothèses où l'étranger défendeur avait en France un domicile de fait ou une résidence. Ainsi il a été jugé : 1° que l'étranger actionné par un autre étranger, devant les tribunaux français, en vertu d'une obligation civile contractée et exécutoire en France, ne peut décliner la compétence de ces tribunaux, lorsqu'il réside depuis longtemps en France, si, en outre, il ne justifie d'aucun domicile dans un autre lieu (Req. 8 avr. 1851, aff. Moser, D. P. 51. 1. 137); — 2° Que l'étranger qui n'a ni domicile, ni résidence hors de France, et qui depuis un grand nombre d'années habite ce pays et y possède un établissement commercial, peut être cité devant les tribunaux français par un autre étranger à fin d'exécution d'actes du droit des gens commerciaux ou autres, consentis et déjà exécutés en partie en France où ils doivent recevoir leur complément (Paris, 17 avr. 1852, aff. Brocchiéri, D. P. 54. 5. 325. V. aussi Bruxelles, 15 févr. 1850, aff. Hussey, *ibid.*); — 3° Que les tribunaux français sont compétents pour prononcer la séparation de corps entre deux époux étrangers domiciliés de fait en France, sans domicile ni établissement hors de France, alors surtout que le mari défendeur qui décline leur compétence a déclaré dans son contrat de mariage se soumettre aux dispositions du code civil français (Aix, 3 juill. 1873, aff. Bensamon, D. P. 75. 2. 232. V. aussi dans le sens de la compétence : Trib. Lyon, 13 août 1856, aff. Rachel, D. P. 58. 1. 313; Req. 7 juill. 1874, aff. Specht, D. P. 75. 1. 271; Req. 7 mars 1870, et Aix, 23 mai 1887, cités *suprà*, n° 199). — Mais il a été jugé, en sens contraire, que les tribunaux français peuvent se déclarer incompétents, bien que l'étranger défendeur ait en France domicile de fait ou résidence (Req. 26 juill. 1852, aff. Bonici, D, P. 52. 1. 249; 10 mars 1858, aff. Rachel, D. P. 58. 1. 313; Paris, 23 juill. 1870, aff. Suberscacan, D. P. 71. 2. 24; Nancy, 16 mars 1878, et Req. 5 mars 1879, aff. Mazy, D. P. 80. 1. 9).

204. Lorsque l'acte par lequel un étranger s'est obligé envers un autre étranger contient élection de domicile en France, les auteurs qui n'admettent pas l'incompétence générale des tribunaux français à l'égard des étrangers sont d'avis que ces tribunaux ne peuvent se dispenser de juger, alors même que l'étranger défendeur n'aurait en France ni domicile de fait ni résidence (V. Bonfils, n° 209; Glasson, *France judiciaire*, 1880-1881, p. 251; Demangeat sur Fœlix, t. 1, p. 325, note *a;* Massé, t. 1, n° 663; Trochon, p. 274. Conf. encore Aubry et Rau, t. 8, § 748 *bis*, p. 148; Trib. Seine, 26 juill. 1879, aff. *The Paris Skating Rink*, D. P. 80. 3. 39). M. Féraud-Giraud, p. 38, pense que le défendeur ne peut, en pareil cas, décliner la compétence des tribunaux français, mais que ceux-ci restent libres de juger ou de se dessaisir.

Il y a difficulté sur le point de savoir quels faits peuvent être considérés comme constituant une élection tacite de domicile. D'après M. Trochon, p. 274, la passation de l'acte en France entraînerait par elle-même élection de domicile et entraînerait attribution forcée de compétence pour les tribunaux français (V. dans le même sens : Massé, n° 659). M. Bonfils, n° 211, exprime un avis contraire et conclut, en pareil cas, à la compétence facultative. En réalité, l'élection tacite de domicile est une question de fait à apprécier par les tribunaux ; elle peut être considérée comme résultant de toutes les circonstances d'où ressortirait l'intention des parties de se soumettre, quant à l'exécution de leurs engagements, à la juridiction française (Conf. Féraud-Giraud, p. 24). M. Féraud-Giraud, p. 38, estime que cette intention est suffisamment établie au cas où un étranger s'adresse en France à un ouvrier étranger qui s'y trouve même accidentellement, et le charge d'un travail de peu d'importance à exécuter et à régler sur les lieux.

205. Il convient de rapprocher des solutions qui précèdent un arrêt par lequel il a été jugé que si, en thèse générale, les tribunaux français peuvent être considérés comme incompétents pour connaître des contestations entre étrangers qui n'ont pas acquis de domicile en France, néanmoins cette incompétence ne peut être invoquée lorsque la contestation est relative, non à un règlement de droits ordinaires dérivant de conventions intervenues entre les étrangers parties au procès, mais aux intérêts d'établissements de bienfaisance fondés en France par ces étrangers avec la tolérance du Gouvernement et le concours des nationaux, surtout si la demande a pour objet la répression de faits dommageables qui se seraient tous accomplis en France (Douai, 22 juill. 1852, aff. Treed, D. P. 53. 2. 121).

206. M. Massé, t. 1, n° 664, considère la stipulation que l'obligation serait payable en France comme suffisante pour attribuer compétence à nos tribunaux (V. en ce sens : Trochon, p. 275. Comp. Aubry et Rau, t. 8, p. 148, § 748 *bis*). Mais l'opinion contraire nous paraît préférable; l'indication d'un lieu de payement ne vaut pas, en matière civile, élection de domicile (V. Bonfils, n° 210; Glasson, *France judiciaire*, 1880-1881, p. 251; Demangeat sur Fœlix, t. 1, p. 325, note *a*).

207. La doctrine et la jurisprudence sont unanimes à reconnaître aux tribunaux français le droit et le devoir d'ordonner tout au moins, lorsqu'ils ne sont pas compétents au fond, les mesures conservatoires destinées à pourvoir aux intérêts urgents des parties; ce droit et ce devoir dérivent de l'art. 3 c. civ., qui déclare applicables aux étrangers les lois de police (V. Massé, t. 1, n° 668; Bonfils, n° 204; Féraud-Giraud, p. 32, *Journal de droit international privé*, 1880, p. 168; Glasson, *France judiciaire*, 1880-1881, p. 252; Trochon, p. 263; Aubry et Rau, t. 8, § 748 *bis*, p. 144; Fœlix et Demangeat, t. 1, n° 162). Il a été jugé, par suite : 1° que les tribunaux français peuvent, sur l'action en séparation de corps intentée par une étrangère contre son mari, autoriser la femme à quitter provisoirement le domicile de son mari et, d'une manière plus générale, ordonner provisoirement toute mesure nécessaire à la sûreté de la femme et de ses enfants et à la conservation de leurs biens (Poitiers, 15 juin 1847, aff. C..., D. P. 48. 2. 149; Paris, 28 juin 1853, aff. Hope, D. P. 53. 5. 200; Lyon, 25 févr. 1857, aff. Rachel, D. P. 58. 1. 313; Metz, 26 juill. 1865, aff. Raucq, D. P. 65. 2. 160); même autoriser la femme à conserver provisoirement la gestion d'un fonds de commerce (Angers, 20 févr. 1861, *suprà*, v° *Divorce*, n° 145); — 2° Que, si les tribunaux français sont incompétents pour connaître des contestations auxquelles peut donner lieu l'organisation de la tutelle de l'enfant mineur d'un étranger décédé en France, mais ayant conservé son domicile en pays étranger, ils peuvent, dans des cas très rares et pour ne pas laisser sans protection les intérêts des mineurs étrangers devenus orphelins sur la terre de France, ordonner des mesures urgentes, accidentelles et purement provisoires (Bastia, 8 déc. 1863, aff. Costa, D. P. 64. 2. 1. Comp. dans le même sens : Besançon, 30 nov. 1887, aff. Monthieu, D. P. 88. 2. 113); — 3° Que même entre étrangers non résidant en France, les tribunaux français sont compétents pour ordonner des mesures conservatoires, telles que l'opposition à la sortie d'un navire et la saisie-arrêt du fret (Trib. com. Marseille, 15 juill. 1870, sous Aix, 3 mars 1871, aff. Tomicich, D. P. 72. 2. 41).

208. En ce qui concerne la saisie-arrêt (V. *Rép.* n°s 331 et suiv.), on s'accorde à reconnaître aujourd'hui qu'elle peut être pratiquée en France contre tout étranger, par un créancier étranger, sur un tiers Français ou étranger, et que les tribunaux français ne peuvent se déclarer incompétents sur la demande en validité; on admet même qu'à défaut de titre, le créancier étranger peut se faire autoriser par ordonnance sur requête à pratiquer la saisie-arrêt conformément à l'art. 558 c. proc. civ. — Lorsque les tribunaux français sont compétents pour connaître de l'existence de la créance alléguée par le saisissant, la question n'a jamais fait de difficulté. Il n'en a pas toujours été de même pour le cas où nos tribunaux sont incompétents pour statuer au fond (V. *Rép.* n° 331); mais actuellement l'opinion exprimée au *Rép.* n° 332 paraît avoir définitivement triomphé, et l'on décide que les tribunaux français peuvent déclarer la saisie-arrêt valable en la forme, la maintenir provisoirement comme mesure conservatoire, et impartir au saisissant un délai dans lequel il devra faire reconnaître par la juridiction étrangère le droit qui sert de fondement à la saisie; le jugement rendu par le tribunal étranger pourra être rendu exécutoire conformément à l'art. 546 c. proc. civ. et, par suite, la saisie être validée; la saisie resterait sans effet si le saisissant laissait écouler le délai fixé sans agir auprès du tribunal étranger compétent (V. Aubry et Rau, t. 8, § 748 *bis*, p. 149; Glasson, *France judiciaire*, 1880-1881, p. 261; Bertauld, t. 1, n° 203; Massé, t. 1, n° 668; Féraud-Giraud, p. 46, ou *Journal de droit international privé*, 1880, p. 234; Trochon, p. 264 et suiv.; Demangeat sur Fœlix, t. 1, p. 341, note *a*, et *Revue pratique*, 1856, t. 1, p. 385; Bonfils, n° 205. V. toutefois, note de M. Griolet, sous Civ. rej. 23 mars 1868, aff. Potocki, D. P. 68. 1. 369. V. encore Paris, 19 janv. 1850, aff. Hamal, D. P. 51. 2. 125; 2 sept. 1866, aff. Potocki, D. P. 68. 1. 369; Bordeaux, 30 nov. 1869, aff. Clarkson et Benham, D. P. 71. 2. 121; Lyon, 25 juill. 1874, aff. Gay-Dubois, D. P. 76. 2. 125; Paris, 8 avr. 1875, aff. Fromann, D. P. 76. 2. 99). — MM. Demangeat et Bonfils, *loc. cit.*, admettent qu'il suffirait au saisissant de porter la demande en validité, dans les délais fixés par l'art. 563 c. proc. civ., directement devant le tribunal étranger compétent sur le fond; mais cette procédure ne serait certainement pas régulière, car c'est aux seuls tribunaux français qu'il appartient de valider la saisie-arrêt faite en France, et d'apprécier si les formes prescrites par la loi française ont été observées (V. les auteurs et les arrêts mentionnés ci-dessus).

209. On a examiné au *Rép.* n° 336 la question de savoir si les tribunaux français sont compétents à l'égard de tous étrangers, pour connaître de l'action civile en dommages-intérêts, intentée à raison d'un crime ou délit commis en France. MM. Glasson, *France judiciaire*, 1880-1881, p. 252, et Bonfils, n° 203, adoptent l'opinion émise au *Répertoire*, d'après laquelle les tribunaux répressifs sont compétents pour connaître de cette action intentée concurremment avec l'action publique, mais qui considère les tribunaux civils comme incompétents pour statuer sur cette action intentée séparément; ils considèrent que le fondement de la compétence est dans l'art. 3 c. civ., mais que l'attribution de juridiction résulte exclusivement des dispositions du code d'instruction criminelle (art. 3, 637, 638, 640). D'autres auteurs, frappés du danger de l'action civile intentée concurremment avec l'action publique, qui expose la partie civile à supporter tous les frais de la poursuite criminelle, considèrent que refuser l'action séparée à l'étranger équivaudrait souvent en fait à lui dénier toute action en réparation du préjudice causé par le crime ou le délit; que cette situation est contraire au principe de l'art. 3 c. civ., et qu'il y a lieu d'admettre la compétence des tribunaux civils sur l'action intentée séparément devant eux (V. Aubry et Rau, t. 8, § 748 *bis*, p. 146; Massé, t. 1, n° 665; Trochon, p. 262; Féraud-Giraud, p. 27).

210. Lorsque le dommage a été causé en France par un quasi-délit, on reconnaît, en général, à l'étranger le droit d'en demander réparation devant les tribunaux français, en se fondant sur l'art. 3 c. civ. (V. Glasson, *France judiciaire*, 1880-1881, p. 252; Aubry et Rau, t. 8, § 748 *bis*, p. 146; Demolombe, t. 1, n° 261; Féraud-Giraud, p. 28, et *Journal de droit international privé*, 1880, p. 165; Douai, 22 juill. 1852, aff. Treed, D. P. 53. 2. 121. V. toutefois: Chambéry, 2 oct. 1879, aff. Gallo, D. P. 83. 1. 460).

§ 2. — Des obligations commerciales entre étrangers (*Rép.* nos 337 à 351).

211. On a dit au *Rép.* nos 338 et 339] que l'art. 420 c. proc. civ. est applicable aux étrangers comme aux Français. Cette opinion est combattue par divers auteurs. M. Bonfils, n° 211, rejette l'application de l'art. 420 c. proc. civ. et assimile, au point de vue de la compétence, les obligations commerciales aux obligations civiles, c'est-à-dire qu'il n'attribue, en principe, compétence aux tribunaux français que si l'étranger défendeur a en France un domicile de fait (sauf toutefois le cas d'obligations commerciales contractées en foire, pour lesquelles il admet, n° 211 *bis*, la solution donnée au *Rép.* n° 337). Il a été jugé, en ce sens, que l'étranger actionné en France par un autre étranger de même nation, en règlement de facture ou de compte même se rapportant à des opérations faites en France, est en droit de décliner la juridiction française, alors que ni l'une ni l'autre des parties ne sont établies en France et que le règlement de compte faisant l'objet de l'action peut être liquidé ou exécuté en tout autre lieu (Trib. com. Marseille, 13 avr. 1863, aff. Clok, D. P. 63. 3. 79). — M. Massé, t. 1, nos 655 à 660, écarte également en principe l'art. 420 c. proc. civ.; mais, en réalité, il en admet l'application, et il va même au delà, car il attribue compétence aux tribunaux français, lorsque l'obligation est née en France (n° 659), sans exiger la double condition de la promesse faite et de la marchandise livrée au même lieu, toutes les fois qu'il y a élection de domicile en France pour l'exécution ou stipulation que l'obligation sera payable en France (nos 663 et 664); ce sont les solutions données par cet auteur pour les obligations civiles, auxquelles il assimile les obligations commerciales. — M. Trochon, p. 270 et 271, n'admet la compétence en matière commerciale que dans le cas où le contrat a été passé en France. — Mais la plupart des auteurs, soit qu'ils admettent le principe de la compétence des tribunaux français en matière civile, soit qu'ils le rejettent, appliquent en matière commerciale les dispositions de l'art. 420 c. proc. civ. (V. Durand, nos 212-213; Demante, t. 1, n° 29 *bis* IV; Bertauld, n° 182; Demolombe, n° 261; Laurent, nos 440 et suiv., Demangeat sur Fœlix, t. 1, p. 327, note *b*; Glasson, *France judiciaire*, 1880-1881, p. 261; Aubry et Rau, t. 8, § 748 *bis*, p. 146; Féraud-Giraud, p. 29 et suiv., ou *Journal de droit international privé*, 1880, p. 165 et suiv., et arrêts cités *infrà*, nos 212 et suiv.). — MM. Aubry et Rau, *loc. cit.*, adoptent expressément l'opinion émise au *Rép.* n° 339, suivant laquelle l'étranger qui a en France un établissement commercial est censé avoir stipulé le lieu de cet établissement comme lieu de payement et avoir ainsi attribué compétence au tribunal de celui-ci; et cette opinion, approuvée par M. Féraud-Giraud, *loc. cit.*, doit être suivie, au moins lorsque cet établissement est l'établissement principal de l'étranger, par ceux qui tiennent le domicile de fait en France comme attributif de compétence à l'égard de l'étranger.

212. Il a été jugé: 1° que les tribunaux français sont incompétents pour connaître entre étrangers des contestations relatives à des engagements commerciaux contractés et exécutoires en pays étranger (Pau, 2 févr. 1870 (1); Paris, 23 juill. 1870, aff. Suberscacan, D. P. 71. 2. 24; Caen, 17 janv. 1871, sous Civ. rej. 12 janv. 1875, aff. Syndic Lethbridge, D.P. 76.1.317;

(1) (Rey C. Lassalle-Herron.) — LA COUR; — Attendu, en droit, qu'aux termes de l'art. 59 c. proc. civ., le défendeur doit être assigné, en matière de société, tant qu'elle existe, devant le juge du lieu « où elle est établie »; que si une société, après sa dissolution légale, n'existe plus, en ce sens qu'elle ne peut plus s'engager dans de nouvelles entreprises, elle continue cependant à subsister pour sa liquidation et dans la mesure nécessaire à l'accomplissement du but en vue duquel elle s'est constituée, à savoir, la réalisation, en profits ou pertes, de ses spéculations et de ses opérations; — Attendu, d'un autre côté, que la nature des engagements contractés par la société, durant son fonctionnement, ne saurait être modifiée par l'événement ultérieur de sa dissolution et que ces engagements n'en conservent pas moins leur caractère d'obligations sociales; qu'en conséquence, les motifs qui ont fait édicter, en matière de société, les dispositions précitées de l'art. 59 c. proc. civ., restent avec toute leur valeur quand le litige a pour objet un engagement de cette sorte; — Que de ces principes combinés il résulte que c'est devant le juge du domicile social que la société en liquidation doit être appelée pour répondre des engagements sociaux; — Attendu qu'il importe peu que l'action, en ce cas, soit intentée par un des associés ou par un tiers, si, d'après ce qui vient d'être dit, la personne civile de la société est considérée comme subsistant encore dans la liquidation, et conservant, sous cette nouvelle forme, une existence distincte de celle de chacun de ses membres; — Qu'il n'importe davantage qu'on n'ait pas confié à un mandataire spécial le soin de liquider les affaires sociales, car on ne saurait concevoir que le principe de la représentation de la société par la liquidation disparaisse devant cette circonstance que le rôle de liquidateur serait rempli, non par un individu exclusivement, mais par les associés en commun; — Qu'il n'importe enfin qu'un seul des associés, et non les autres, soit actionné en justice, s'il ne l'est qu'en tant qu'associé et à raison des engagements sociaux, l'assignation, en ce cas, étant donnée en matière de société, et l'art. 59 précité étant, par suite, applicable dans son texte, aussi bien que dans son esprit; — Attendu que ces principes régissent les sociétés établies à l'étranger, comme les sociétés établies en France; — Attendu, à un autre point de vue, que si le défendeur étant une personne civile étrangère, le demandeur est, lui-même étranger, le défendeur est en droit de décliner la juridiction des tribunaux français, qui sont alors incompétents à raison de la qualité d'étranger des deux parties, et ce, même en matière commerciale, lorsque les contrats ont été passés à l'étranger et doivent être exécutés à l'étranger; — Attendu, en fait, qu'une société en nom collectif, régulièrement constituée et publiée, a été établie à Reuss (Espagne), entre le sieur Lassalle-Herron et le sieur Boule; que cette société, légalement dissoute par la mort de Lassalle-Herron, est en liquidation; que cette liquidation se poursuit sans qu'il apparaisse d'aucun acte qu'un associé ou qu'un tiers en ait été spécialement chargé; que le siège de la liquidation est naturellement à Reuss, comme y était le siège de la société; que ce fait est, du reste, reconnu par les demandeurs eux-mêmes dans leur correspondance; que l'action a pour objet la réparation d'un préjudice résultant de l'inexécution, par la société, des obligations sociales; qu'enfin, les demandeurs Abel Rey et frères sont eux-mêmes constitués en société; qu'elle est, par conséquent, comme la société défenderesse, une personne civile étrangère, et que les conventions qui donnent lieu au procès, consenties en pays étranger, y devaient recevoir aussi leur exécution; qu'à un double titre donc, et par application des principes ci-dessus exposés, le tribunal de commerce de Pau était incompétent pour connaître du litige;

Par ces motifs, infirme le jugement du tribunal de commerce de Pau du 16 juin 1869.

Du 2 févr. 1870.-C. de Pau, ch. civ.-MM. Daguilhon, 1er pr.-Lespinasse, 1er av. gén.-Gérard (du barreau de Paris) et Forest, av.

Civ. rej. 17 juill. 1877, aff. Compagnie *London-Chatam and Dover Railway*, D. P. 78. 1. 366; Civ. cass. 15 janv. 1878, aff. Chemin de fer de Berg et March, D. P. 78. 1. 170), et que le seul fait de la résidence d'un étranger en France, alors surtout que cette résidence est postérieure à l'obligation en vertu de laquelle il est poursuivi, ne saurait le rendre justiciable des tribunaux français, bien qu'il n'ait conservé aucun domicile dans son pays d'origine (Douai, 5 juin 1851, aff. Vandermeulen, D. P. 53. 2. 164; Paris, 23 juill. 1870, aff. Suberscacan, D. P. 71. 2. 24); — 2° Que les tribunaux français sont incompétents pour connaître d'une contestation relative à des lettres de change tirées d'Angleterre, par un Anglais au profit d'un autre Anglais et payables en Angleterre (Paris, 8 mars 1853, aff. L..., D. P. 55. 2. 76); — 3° Qu'il n'appartient pas aux tribunaux français de statuer sur les différends existant entre étrangers relativement à l'exécution d'une convention commerciale conclue en pays étranger, et cela encore bien que le défendeur ait rempli l'engagement, par lui contracté en pays étranger, de laisser entre les mains d'un tiers, éventuellement en France, le montant d'une clause pénale stipulée dans la convention, et qu'une autre clause ait conféré au demandeur la faculté d'exiger que l'obligation fût acquittée en France (Rouen, 23 avr. 1855, aff. Nottebohm, D. P. 55. 2. 167. Comp. *Rép.* n°s 340 et suiv.).

213. Mais, d'autre part, il a été décidé : 1° que les tribunaux français sont compétents pour connaître, entre étrangers, de toutes contestations relatives à des opérations de commerce qui se sont réalisées en France (Paris, 13 mars 1849, aff. Debast, D. P. 49. 2. 211; Nancy, 22 nov. 1873, aff. Mohr et comp., D. P. 74. 5. 239); — 2° Qu'il en est ainsi, alors surtout que l'étranger défendeur y est domicilié de fait (Trib. com. Bordeaux, 29 févr. 1868, sous Bordeaux, 5 août 1868, aff. Piper et Dotti, D. P. 69. 2. 111; Req. 19 déc. 1881, aff. Waters, D. P. 82. 1. 272); — 3° Que l'art. 420 c. proc. civ., et notamment la disposition de cet article qui, en matière commerciale, attribue compétence au tribunal du lieu où la promesse a été faite et la marchandise livrée, s'applique aux conventions commerciales passées entre étrangers même non autorisés à établir leur domicile en France (Paris, 7 mai 1861, et Civ. rej. 9 mars 1863, aff. Formann et comp., D. P. 63. 1. 176; Req. 10 juill. 1865 (1); 22 nov. 1875, aff. Mohr et comp., D. P. 77. 1. 373); — 4° Que les tribunaux français sont, par application de l'art. 420 c. proc. civ., compétents pour connaître de l'exécution d'une obligation commerciale souscrite par un étranger dans son pays au profit d'un autre étranger, et spécialement de la demande en validité d'une saisie-arrêt pratiquée en vertu de cette obligation, alors que le montant de l'obligation a été remis en France à l'étranger débiteur et que ce dernier réside en France où il possède un établissement commercial (Douai, 10 nov. 1854, aff. Denis, D. P. 55. 2. 104); — 5° Qu'une action formée par un étranger contre un autre étranger en payement de fournitures de marchandises livrées en France pour les besoins d'un commerce exercé par le défendeur en France où elles étaient payables est régulièrement portée devant un tribunal français (Paris, 3 mai 1855, aff. Brunfaut, D. P. 55. 2. 166); — 6° Que l'exécution d'un contrat passé en France entre étrangers et contenant des engagements à remplir

---

(1) (Mommers et autres *C.* Mathias.) — Le sieur Mathias, agent à Paris des sieurs Mommers, Niedeck et comp., négociants à Lobberich (Prusse rhénane), ayant été révoqué par ses mandants, a assigné ceux-ci devant le tribunal de commerce de la Seine en payement : 1° de 989 fr. 42 cent., pour solde de compte d'opérations faites pour leur compte; 2° de 49362 fr. à titre de dommages-intérêts pour le préjudice que lui avait causé la mesure prise à son égard. Les défendeurs ont opposé l'incompétence du tribunal. Le 9 juill. 1862, jugement qui statue en ces termes sur le déclinatoire et sur le fond : — « Attendu qu'aux termes de l'art. 14 c. nap., l'étranger non résidant en France peut être cité devant les tribunaux français pour des obligations contractées en France avec un Français, et qu'il peut être traduit devant les tribunaux de France pour les obligations par lui contractées en pays étranger avec un Français; — Attendu, en outre, que Mathias, né à l'étranger, a été autorisé à résider en France pour y jouir des droits civils; qu'assimilé à un Français, c'est à bon droit qu'il assigne les défendeurs devant le tribunal de son domicile pour des engagements commerciaux dont l'exécution devait, au surplus, avoir lieu à Paris; qu'en conséquence, le tribunal est compétent : — Au fond : — Sur la demande en payement de 989 fr. 42 cent.; — Attendu qu'il avait été convenu que Mathias serait l'agent à Paris de Mommers, Niedeck et comp. pour le placement de leurs marchandises à certaines conditions déterminées; qu'un compte des commissions dues au demandeur et des remises que les défendeurs lui ont adressées doit être établi entre les parties, etc.; — En ce qui touche les dommages-intérêts : — Attendu que la rupture des rapports des parties est du fait de Mommers, Niedeck et comp.; que la privation de l'agence à Paris confiée à Mathias lui cause un préjudice dont on lui doit réparation; fixe à 6000 fr. les dommages-intérêts dus, etc. » — Appel par les sieurs Mommers, Niedeck et comp. Le 14 janv. 1864, arrêt de la cour de Paris qui confirme en ces termes la décision des premiers juges : — « En ce qui touche l'exception d'incompétence : — Considérant que la demande de Mathias est fondée sur des opérations de commerce accomplies en France, régies même entre étrangers par les lois françaises, et soumises, dès lors, en cas de difficultés, à l'appréciation des tribunaux français; qu'il importe peu, dès lors, que Mathias, au moment où il a formé sa demande, n'eût pas été encore admis en France à l'exercice des droits civils ; — Considérant que le payement des sommes dues devant avoir lieu à Paris, c'est à bon droit que le tribunal de commerce de la Seine a été saisi...; — Au fond : — Adoptant les motifs des premiers juges, etc. »

POURVOI en cassation par les sieurs Mommers, Niedeck et comp. — 1° Incompétence, violation et fausse application de l'art. 14 c. nap., en ce que, à supposer même que les tribunaux français soient compétents pour connaître des contestations qui naissent entre étrangers, d'opérations commerciales accomplies en France, l'arrêt attaqué a perdu de vue que, dans l'espèce, la demande du sieur Mathias avait pour principal objet le retrait du mandat qui lui avait été originairement conféré ; cet objet, n'avait rien de commercial, et, dès qu'il était établi que les deux parties étaient étrangères, la justice française devait au moins en ce qui concerne cette partie de la demande, se déclarer incompétente. — 2° Fausse application de l'art. 1382 c. nap., et violation des art. 2003 et 2004, même code, en ce que l'arrêt attaqué a condamné les sieurs Mommers et consorts à des dommages-intérêts par suite de la révocation qu'ils avaient faite du mandat conféré au sieur Mathias, bien que cette révocation soit formellement autorisée par la loi. — Arrêt.

LA COUR; — Sur le premier moyen : — Attendu qu'aux termes de l'art. 631 c. com., conforme aux anciens principes, les tribunaux de commerce sont compétents pour connaître de toutes contestations entre négociants, marchands et banquiers, et, entre toutes personnes, des contestations relatives aux actes de commerce, sans égard à la nationalité des parties; — Que, d'après l'art. 420 c. proc. civ., le demandeur peut assigner, à son choix, devant le tribunal de commerce, soit de l'arrondissement dans lequel la promesse a été faite et la marchandise livrée, soit de l'arrondissement où le payement devait être effectué; et que cet article, non plus que l'art. 631 c. com., ne distingue pas entre l'étranger et le Français; — Attendu que l'arrêt attaqué constate, en fait, que c'est à Paris qu'avait été accepté le mandat donné par Mommers, Niedeck et comp. à Mathias; que c'est à Paris que la promesse de Mathias d'exécuter le mandat et celle des mandants de payer la commission au mandataire, devaient être accomplies ; que, d'ailleurs, le mandat avait pour objet des opérations essentiellement commerciales; et qu'ainsi la double condition prévue par les paragraphes 2 et 3 de l'art. 420 c. proc. civ., se trouvant remplie, le tribunal de commerce de la Seine était compétent; — Que les dommages-intérêts réclamés par Mathias n'étaient qu'une conséquence de l'obligation dérivant de la convention, et, dès lors, une partie et une suite de l'action principale ;

Sur le deuxième moyen : — Attendu que si le mandant peut toujours révoquer le mandat qu'il a donné, et si ce principe est applicable même au cas où, le mandant étant salarié, le contrat semble fait dans l'intérêt des deux parties, il n'est pas moins certain, d'autre part, que si cette révocation a lieu d'une manière intempestive, sans cause légitime, et de façon à causer quelque préjudice au mandataire, celui-ci a droit à une indemnité; — Et attendu que l'arrêt attaqué, appréciant le mandat donné par les demandeurs en cassation au défendeur éventuel, ainsi que les circonstances qui ont précédé et suivi, déclare, en fait, que la révocation a eu lieu par le fait c'est-à-dire, dans la pensée évidente des juges, par la faute des mandants, sans motifs sérieux et justifiés, et qu'elle a causé préjudice au mandataire; — Qu'en tirant de ces constatations, pour lesquelles il était investi d'un pouvoir souverain, la conséquence qu'il était dû des dommages-intérêts à Mathias, l'arrêt attaqué, loin de violer aucune loi, a fait une exacte application des principes;

Par ces motifs, rejette, etc.

Du 10 juill. 1865.-Ch. req.-MM. Bonjean, pr.-de Peyramont, rap.-Savary, av. gén., c. conf.-Pouguet, av.

les uns en France, les autres à l'étranger, peut, même quant à ces derniers, s'il est indivisible, être poursuivie devant les tribunaux français (Paris, 25 août 1852, aff. Lumley, D. P. 53. 2. 137); — 7° Que l'étranger non autorisé à résider en France, mais y ayant un établissement commercial, peut être actionné devant les tribunaux français par un autre étranger en payement d'une lettre de change tirée sur lui de l'étranger avec indication de son domicile en France, alors qu'il a accepté purement et simplement cette lettre de change, et qu'il n'a pas, d'ailleurs, d'autre domicile que celui indiqué (Paris, 24 juin 1853, aff. Moze, D. P. 54. 5. 324); — 8° Que l'art. 420 c. proc. civ. est encore applicable dans le cas où un étranger a accepté en France une lettre de change tirée sur lui d'un pays étranger et payable en pays étranger, alors que, sans avoir été autorisé par le Gouvernement à s'établir en France, il y a du moins son domicile de fait (Paris, 21 mai 1885, aff. Oppenheim et Esser, D. P. 86. 2. 14); — 9° Que les tribunaux français sont compétents pour connaître des actions commerciales, quoique les deux parties soient étrangères, si le défendeur habite la France et y exerce une profession (Douai, 24 août 1849, aff. Dégardin, D. P. 50. 2. 101); — 10° Que les tribunaux français sont compétents pour connaître des obligations commerciales qui doivent s'exécuter en France, alors surtout qu'il s'agit d'engagements corrélatifs à un traité conclu par les parties en cause avec l'Etat français et destinés à en assurer l'exécution en France (Chambéry, 11 févr. 1880) (1). — Comp. *Rép.* n°s 344 et suiv.).

214. Sur les traités réglant la compétence entre étrangers, V. *infrà*, v° *Traité international*.

Art. 5. — *Comment et devant quel tribunal l'étranger non domicilié doit être assigné en matière civile et criminelle. — Fonctions diplomatiques. — Extradition; Expulsion* (*Rép.* n°s 352 à 369)

215. On a examiné au *Rép.* n° 359 les difficultés auxquelles a donné lieu la question de savoir devant quel tribunal doit être cité l'étranger défendeur, au cas où cet étranger n'ayant en France ni domicile ni résidence, la compétence n'est pas d'ailleurs déterminée par la nature de l'action. La controverse n'a pas encore pris fin. MM. Laurent, t. 1, n° 436, et Baudry-Lacantinerie, *Précis de droit civil*, t. 1, n° 158, adoptent l'opinion émise au *Rép.* n° 359, d'après laquelle le demandeur peut assigner devant le tribunal français qu'il lui plait de choisir (Conf. Douai, 2 août 1854, aff. Del Campo, D. P. 55. 2. 4). M. Trochon, p. 180 et suiv., distingue selon que l'obligation est née en France ou à l'étranger; au premier cas, le demandeur pourrait porter son action devant le tribunal du lieu où l'obligation a pris naissance, ou encore, si celle-ci devait être soldée en France, devant le tribunal du lieu où elle devait recevoir son exécution; dans la seconde hypothèse, le demandeur devrait agir devant le tribunal du lieu du payement, si ce lieu avait été indiqué en France, sinon, devant le tribunal de son propre domicile. — Cette dernière solution (l'assignation devant le tribunal du domicile du demandeur) a rallié la majorité des auteurs et de la jurisprudence, qui l'appliquent dans tous les cas, sans distinguer suivant le lieu de passation du contrat. On allègue, à l'appui de cette opinion, qu'il est impossible de reconnaître au demandeur le droit d'assigner devant un tribunal français quelconque sans méconnaître le principe de procédure qui fixe et limite la compétence dans l'intérêt du défendeur pour ne pas le laisser exposé aux caprices et à l'arbitraire du demandeur; que l'art. 14 c. civ., en retournant la règle « *actor sequitur forum rei* » au cas où l'étranger est appelé en justice par un Français, fournit un argument d'analogie pour attribuer compétence au tribunal du demandeur, lorsqu'il est impossible d'agir devant le tribunal du défendeur; enfin, que l'art. 102 c. civ. fixant l'exercice des droits civils au domicile, il y a lieu d'appliquer cet article à l'exercice de l'action du demandeur, lorsque les circonstances font disparaître l'exception apportée à cet art. 102 par la règle « *actor sequitur forum rei* » (V. Bonfils, n° 297; Demangeat sur Fœlix, t. 1, p. 351, note *a*; Massé, t. 1, n° 710; Civ. rej. 9 mars 1863, aff. Formann et comp., D. P. 63. 1. 176; Bastia, 27 déc. 1875, aff. Cordua et comp., D. P. 76. 2. 203; Aix, 16 janv. 1883, aff. Banque impériale ottomane, D. P. 84. 2. 88. Comp. Civ. cass. 4 mars 1885, aff. Banque ottomane, D. P. 85. 1. 353. — Comp. encore : Chambéry, 27 août 1877, aff. X..., D. P. 78. 2. 184).

216. Dans les rares hypothèses où la contestation s'agite entre deux étrangers qui n'ont ni domicile ni résidence fixes en France, MM. Bonfils, n° 297, et Massé, t. 1, n° 710, concluent à la compétence du tribunal de la résidence momentanée du défendeur. Si celui-ci, au moment de la demande, est en voyage, M. Massé, *ibid.*, admet la compétence du tribunal du lieu où est née l'obligation. Enfin le même auteur admet encore la compétence du tribunal de la résidence momentanée du défendeur, lorsque l'action est intentée par un Français en vertu de l'art. 14 c. civ., bien que ce Français ait son domicile en France.

Si, dans le cas de l'art. 14, le Français demandeur n'a pas de domicile ni de résidence connus, d'après M. Trochon, p. 183, « la désignation du tribunal sera déterminée de manière à éviter, autant que possible, les fraudes et les manœuvres. Ce sera celui du lieu de la naissance du demandeur, ou bien celui de son mariage, ou encore celui où il aura habité le plus récemment, où il possédera des immeubles, où il aura rempli longtemps des fonctions publiques, etc. Ce n'est qu'à défaut de pareilles circonstances qu'il faudra bien, sous le coup de l'impérieuse nécessité, reconnaître au Français le droit de faire un choix dont les tribunaux apprécieront souverainement la convenance et l'utilité ». Il a été jugé que dans le cas où un étranger poursuit en France un Français, en vertu de l'art. 15 c. civ., si le débiteur ainsi poursuivi n'a pas de domicile ou de résidence habituelle en France, l'action peut être portée devant le tribunal du lieu où il a établi une succursale dans laquelle on retrouve des agents qui le représentent et un entrepôt de marchandises destinées à l'exercice de son industrie (Bordeaux, 25 mars 1885, aff. Stein, D. P. 88. 2. 290).

217. En matière commerciale, il y a lieu, d'après M. Bonfils, n° 298, d'appliquer l'art. 420 c. proc. civ., combiné avec l'art. 59 du même code au cas où le défendeur a en France une résidence.

218. Contrairement à l'opinion soutenue au *Rép.* n° 362, il a été jugé que, lorsqu'une saisie-arrêt est pratiquée en France par un étranger non résidant contre un étranger non résidant, la demande en validité ne peut être portée que devant le tribunal du domicile du tiers saisi (Paris, 8 avr. 1875, aff. Fromann, D. P. 76. 2. 99. V. Bertauld, t. 1, n°s 202 et 203). Dans une semblable hypothèse, M. Griolet, D. P. 68. 1. 370, note, n'admet la compétence d'aucun tribunal. La demande en validité ne pourrait, à son avis, être

(1) (Sandino, Regalio et Bove.) — La cour; — Sur l'exception d'incompétence :... — Attendu à cet égard, que l'action dirigée contre P. Saudino, Régalio et Bove a pour objet l'exécution d'engagements commerciaux; que l'art. 420 c. proc. civ. a édicté une compétence spéciale pour les affaires de commerce dont il a attribué la connaissance non seulement au tribunal du lieu où l'obligation a été contractée et la marchandise livrée, mais encore au tribunal du lieu où le payement doit être effectué; que la jurisprudence s'inspirant des intérêts du commerce a largement interprété ces expressions, en admettant que le lieu où l'obligation doit recevoir son exécution doit, au regard de la compétence, être assimilé à celui du payement; que, dans l'espèce, il n'est pas même contesté que c'était dans le ressort du tribunal de Bonneville que devaient se réaliser les engagements contractés par les défendeurs, soit par le versement des sommes promises, soit par le concours personnel des associés à l'exécution des travaux; que l'on se trouve ainsi dans un cas prévu par l'art. 420; — Attendu qu'il ne reste qu'à vérifier si les dispositions de cet article sont applicables à des faits commerciaux intervenus entre étrangers; — Attendu, sur ce point, que si, en règle générale, les tribunaux français ne doivent la justice qu'aux nationaux, il n'est pas moins certain que les exigences commerciales ont dès longtemps fait fléchir ce que cette règle a de trop absolu, en y introduisant, notamment, une exception pour le cas où la convention doit être exécutée en France; — Qu'il répugne, en effet, d'admettre que des étrangers appelés par leur contrat sur le territoire français n'y puissent trouver aucune justice; que cela répugne, alors surtout que, comme dans l'espèce, il s'agit d'engagements corrélatifs à un traité conclu par les mêmes parties avec l'Etat français, et destiné à en assurer l'exécution en France...; — Par ces motifs, etc.

Du 11 févr. 1880.-C. de Chambéry.-MM. Rosset de Tours, pr.-Maréchal, av. gén.-Perrier de la Bathie, Fernex, Roissard et Machard, av.

portée que devant le tribunal français du domicile de droit ou de fait de l'étranger défendeur ; si l'étranger défendeur n'a en France ni domicile ni résidence, la saisie-arrêt devient impossible, à moins qu'il ne s'agisse d'une saisie pratiquée par un Français et d'une demande en validité fondée sur l'art. 14 c. civ. — La plupart des auteurs ne font aucune différence entre les demandes en validité de saisie-arrêt et les autres contestations; il y a donc lieu d'appliquer ici les solutions que nous avons exposées *suprà*, n° 191. M. Bertauld (t. 1, n°s 202 et 203), semble, toutefois, admettre la compétence du tribunal du domicile du tiers saisi toutes les fois que le saisi est un étranger non résidant en France, sans distinguer suivant que l'étranger demandeur a ou non une résidence en France.

219. Conformément à ce qui a été dit au *Rép.* n° 366, il a été jugé que l'exception de litispendance ne peut s'appliquer qu'au seul cas où une même question est déjà posée entre les mêmes personnes devant un tribunal français, non au cas où elle est soumise à un tribunal étranger (Req. 11 déc. 1860, aff. Jenny, D. P. 61. 1. 169 ; Trib. Dreux, 20 juin 1877, aff. Schaffauser, D. P. 80. 2. 193. Comp. *suprà*, n° 189).

220. Ainsi qu'il a été dit au *Rép.* n° 368, les étrangers peuvent être expulsés de France. La loi des 3-11 déc. 1849 (art. 7) autorise le ministre de l'intérieur à expulser par arrêté tout étranger voyageant ou résidant en France, et, dans les départements frontières, le préfet à prendre la même mesure à l'égard des étrangers non résidant. L'étranger peut être expulsé par le ministre de l'intérieur, alors même qu'il aurait été autorisé à établir son domicile en France; seulement, en pareil cas, l'arrêté d'expulsion cesse d'avoir effet après un délai de deux mois, si l'autorisation n'a pas été révoquée par le Gouvernement, le conseil d'Etat entendu (D. P. 49. 4. 171). Il a été fait usage du droit d'expulsion, notamment par un arrêté des 16 sept.-5 oct. 1870, qui enjoignait à tous les étrangers appartenant aux puissances avec lesquelles la France se trouvait en guerre et qui n'avaient pas été autorisés à établir leur domicile en France, de sortir du territoire français dans les trois jours de la publication de l'arrêté (D. P. 70. 4. 111). — V. *infrà*, v^is *Lois ; Peines*.

Un décret récent des 2-4 oct. 1888 (D. P. 88. 4. 51), dans le but de mettre l'Administration à même de connaître les conditions dans lesquelles se produit l'établissement des étrangers en France, prescrit aux étrangers non admis à domicile de faire, dans la quinzaine qui suit leur arrivée en France, à la mairie de la commune où ils veulent fixer leur résidence (à Paris à la préfecture de police, à Lyon à la préfecture du Rhône) une déclaration contenant les énonciations suivantes : 1° nom et prénoms du déclarant, ainsi que ceux de ses père et mère ; 2° nationalité du déclarant ; 3° lieu et date de sa naissance ; 4° lieu de son dernier domicile ; 5° sa profession ou ses moyens d'existence ; 6° nom, âge et nationalité de sa femme et de ses enfants mineurs, lorsqu'il est accompagné par eux. Le déclarant doit produire toutes pièces justificatives à l'appui de sa déclaration ; un délai peut lui être accordé pour se les procurer ; un récépissé de sa déclaration doit lui être remis gratuitement (art. 1er). En cas de changement de domicile, une nouvelle déclaration doit être faite devant le maire de la commune où l'étranger fixe sa nouvelle résidence (art. 3). Les infractions aux prescriptions du décret sont passibles des peines de simple police, sans préjudice du droit d'expulsion qui appartient au ministre de l'intérieur en vertu de l'art. 7 de la loi du 3 déc. 1849. Les étrangers de passage en France ne sont pas astreints à remplir les formalités prévues par le décret d'octobre 1888.

Sect. 2. — Des étrangers réfugiés (*Rép.* n°s 370 à 379).

221. Les lois spéciales concernant les étrangers réfugiés, qui ont été rapportées au *Rép.* n°s 370 et suiv., ont cessé d'exister depuis le 1er janv. 1853. « Le Gouvernement, est-il dit avec raison dans une circulaire ministérielle, en ne réclamant plus leur prorogation, a senti que le droit commun suffisait, et qu'étant toujours maître sur son territoire, et libre de déterminer les conditions auxquelles la France offre l'hospitalité aux émigrés étrangers, il n'avait pas besoin de demander des pouvoirs particuliers à une législation transitoire » (Circ. min. pol. gén. sur le séjour en France des réfugiés politiques, 9 avr. 1853, D. P. 53. 3. 28).

Sect. 3. — Des étrangers domiciliés (*Rép.* n°s 380 à 415).

222. On a examiné au *Rép.* n° 381 la question de savoir si l'étranger qui réside en France peut y avoir un domicile légal et la jouissance des droits civils, à part tout traité politique, sans avoir reçu du Gouvernement l'autorisation visée par l'art. 13 c. civ. Il a été jugé, conformément à l'opinion adoptée au *Répertoire*, que le fait par un étranger de fixer son domicile en France et d'y habiter plus ou moins longtemps, sans esprit de retour dans son pays, ne peut suppléer à l'autorisation exigée par l'art. 13 c. civ. et le rendre capable de jouir des droits civils en France (Paris, 14 juill. 1871, aff. Bergold, D. P. 72. 2. 65 ; 29 juill. 1872, aff. Morand, D. P. 72. 2. 223 ; Lyon, 23 févr. 1887, aff. Fritsch, D. P. 88. 2. 33. — *Contrà :* Trib. Rouen, 22 juin 1864, aff. Armston, D. P. 65. 3. 13), alors même qu'il aurait servi dans l'armée française et aurait accompli en France tous les actes de la vie civile et de la vie politique (Civ. cass. 12 janv. 1869, aff. Melizet, D. P. 69. 1. 294 ; 5 mai 1875, aff. Forgo, D. P. 75. 1. 343 ; Bordeaux, 24 mai 1876, aff. Forgo, D. P. 78. 2. 79 ; Toulouse, 22 mai 1880, aff. Forgo Dichtl, D. P. 81. 2. 93. V. Aubry et Rau, t. 1, § 79, p. 311 ; Demolombe, t. 1, n° 268; Massé, n° 499).

Toutefois il a été jugé que, par exception, l'étranger, bien que n'ayant pas reçu cette autorisation, doit être considéré comme ayant un domicile légal en France, lorsqu'il y a suivi pendant sa minorité sa tutrice qui y était légalement domiciliée et qu'il a continué à y résider depuis sa majorité (V. Pau, 14 mars 1874, aff. Forgo, D. P. 75. 1. 343 ; Toulouse, 22 mai 1880, aff. Forgo Dichtl, D. P. 81. 2. 93. — *Contrà* : Civ. cass. 5 mai 1875, aff. Forgo, D. P. 75. 1. 343 ; Bordeaux, 24 mai 1876, aff. Forgo, D. P. 78. 2. 79. V. d'ailleurs sur ce point la controverse exposée *Rép.* n° 410, et *infrà*, n°s 233 et suiv.).

223. On a dit au *Rép.* n° 383 que la question de savoir si une résidence de fait peut produire, en certains cas, les mêmes effets que l'autorisation de l'art. 13, s'est surtout élevée en ce qui concerne la compétence. Nous avons exposé *suprà*, n° 203, les controverses relatives à la compétence à l'égard de l'étranger défendeur résidant en France. En ce qui le concerne, un parti très important dans la doctrine considère, ainsi que nous l'avons vu *suprà*, n° 179, la question comme étrangère à l'art. 13 c. civ., et ne regarde pas le droit d'ester en justice comme un droit civil *stricto sensu*, mais comme un droit naturel. Pour l'étranger demandeur, il en est autrement, au moins dans la plupart des cas; le plus souvent, en effet, il ne pourrait agir devant les tribunaux français contre un autre étranger non résidant qu'en invoquant l'art. 14 c. civ. Or l'art. 14, disposition exceptionnelle tout à fait en dehors du droit commun, doit être considérée comme conférant un droit civil *stricto sensu*, auquel ne saurait prétendre l'étranger non autorisé à établir son domicile en France (V. Bonfils, n° 214 ; Demangeat sur Fœlix, t. 1, p. 317, note *a*, et p. 319 ; Aubry Rau, t. 8, § 748 *bis*, p. 145).

Cependant il a été jugé que l'étranger qui fait le commerce en France depuis plusieurs années doit être réputé implicitement autorisé à établir son domicile en France, en ce sens du moins qu'il doit être admis à y actionner un autre étranger devant les tribunaux français pour affaire de commerce (Trib. com. Marseille, 3 mai 1870, aff. Ovanesoff, D. P. 73. 3. 37. V. Aix, 28 août 1872 (1). Comp. *suprà*, n°s 203, 211 et 213 ; *infrà*, n° 225).

224. Il a été jugé, conformément à ce qui a été dit au

(1) (Rieffel et Plicque C. Perfetti.) — Le tribunal de commerce de Marseille a, le 19 mars 1872, rendu le jugement suivant : — « Attendu que les sieurs Perfetti père et fils, de Barletta, sont actionnés devant le tribunal de céans, à raison d'une vente qui aurait été faite aux sieurs Rieffel et Plicque, de Paris, par l'intermédiaire du sieur Lavello, leur représentant, et qu'ils n'exécuteraient pas; — Que Perfetti père et fils proposent une exception d'incompétence tirée de la qualité d'étrangers des parties en

Rép. n° 386, que l'autorisation visée par l'art. 13 c. civ. pouvait être tacite et résultait, notamment, de ce qu'un étranger, ancien fonctionnaire au service de la France, touchait une pension annuelle sur les fonds du Trésor français (Pau, 9 juin 1857, aff. Barrios, D. P. 58. 2. 137. V. toutefois les arrêts cités *suprà*, n° 222).

225. La loi du 26 juin 1889 n'autorise plus une telle solution. Si, en effet, le nouvel art. 13 c. civ. maintient encore l'admission à domicile, ce n'est plus que comme préliminaire de la naturalisation. L'autorisation de domicile ne peut plus offrir à l'étranger un moyen de jouir indéfiniment de tous les droits civils, sans supporter les charges de la nationalité française; elle ne peut résulter que d'un décret, et son effet est limité. Elle permet, il est vrai, à l'étranger de jouir en France de tous les droits civils; mais cet effet cesse, à l'expiration de cinq années, si l'étranger ne demande pas la naturalisation, ou si la demande est rejetée. Lorsque l'étranger meurt avant d'avoir été naturalisé, l'autorisation et le stage qui a suivi profitent à la femme et aux enfants qui étaient mineurs au moment du décret d'autorisation (c. civ. art. 13).

Une « disposition transitoire » placée à la fin de la loi, porte que « toute admission à domicile obtenue antérieurement à la loi de 1889 sera périmée, si, dans un délai de cinq années à compter de la promulgation, elle n'a pas été suivie d'une demande en naturalisation, ou si la demande en naturalisation a été rejetée ».

226. Conformément à l'opinion adoptée au *Rép.* n° 394, il a été jugé que l'étranger autorisé à établir son domicile en France peut invoquer l'art. 14 c. civ. pour citer l'étranger son débiteur devant les tribunaux français (Civ. rej. 23 juill. 1855, aff. Collett, D. P. 55. 1. 353; Paris, 28 janv. 1858, aff. Walter Westrup, D. P. 58. 2. 28; Req. 12 nov. 1872, aff. *The imperial Land Company of Marseilles*, D. P. 74. 1. 168). Il a été jugé toutefois, en sens contraire, que l'art. 14 ne peut être invoqué que par les seuls Français (Trib. Seine, 23 févr. 1860, aff. Formann et comp., D. P. 63. 1. 176), et telle est l'opinion de M. L. Durand, n° 244, qui considère la disposition de cet article comme trop exorbitante pour être appliquée à l'étranger admis à domicile, sans un texte formel (V. encore Massé, t. 1, n° 683). Mais MM. Demolombe, t. 1, n° 266, et Aubry et Rau, t. 1, § 79, p. 312, estiment avec raison que de la jouissance des droits civils accordée par l'art. 13 résulte le droit pour l'étranger admis à domicile d'invoquer le bénéfice de l'art. 14 (V. encore Fœlix et Demangeat, n° 178, p. 365, et note *a*; Bonfils, n° 186; Trochon, p. 140. Comp. *suprà*, n° 223).

227. Quant à l'art. 15 c. civ., on s'accorde à reconnaître qu'il est applicable à l'étranger admis à domicile, et que, par suite, tout étranger peut le citer devant les tribunaux français (Comp. les auteurs cités *suprà*, n° 226).

228. La loi du 22 juill. 1867 (D. P. 67. 4. 75), en supprimant la contrainte par corps contre les étrangers, a mis fin à la controverse rapportée au *Rép.* n° 399.

229. MM. Aubry et Rau, t. 1, § 79, p. 313, et t. 7, § 670, p. 116, note 11, ont adopté l'opinion, soutenue au *Rép.* n° 402, d'après laquelle l'étranger autorisé à établir son domicile en France ne peut être témoin dans un acte testamentaire (V. encore Laurent, n° 459; *suprà*, v° *Dispositions entre vifs et testamentaires*, n° 770).

230. Contrairement à l'opinion émise au *Rép.* n° 404, MM. Demolombe, n° 267, et Aubry et Rau, t. 1, § 79, p. 313, estiment que l'étranger admis à domicile ne pourrait gérer une tutelle ou faire partie d'un conseil de famille (*Contrà :* Massé, t. 1, n° 503, p. 423, note 1; Laurent, n° 459). Mais nous avons vu *suprà*, n°s 183, 194 et 207, que la jurisprudence la plus récente reconnaît même aux étrangers non domiciliés le droit d'être tuteurs ou membres de conseils de famille (V. d'ailleurs, *infrà*, v^is *Lois*, *Minorité-tutelle*).

MM. Demolombe, n° 266, et Aubry et Rau, t. 1, § 79, n° 312, sont au contraire d'avis que l'étranger admis à domicile peut adopter ou être adopté (*Contrà : Rép.* n° 405. — V. *suprà*, v° *Adoption*, n° 16).

231. La plupart des auteurs décident actuellement que l'étranger autorisé à établir son domicile en France reste soumis aux lois personnelles qui régissaient son état et sa capacité (*Contrà : Rép.* n° 408). Cette solution est une conséquence de la doctrine, aujourd'hui prédominante, d'après laquelle l'état et la capacité sont régis non par la loi du domicile, mais par la loi nationale (V. *infrà*, v° *Lois*). L'admission à domicile n'ayant pas pour effet de modifier la nationalité, ne change pas la loi qui régit l'état et la capacité de celui qui en profite, et la loi française ne lui deviendrait applicable que si, pour un autre motif, il avait perdu toute nationalité; à défaut de loi nationale, la loi du domicile devrait être suivie (V. Aubry et Rau, t. 1, § 79, p. 313; Durand, n° 244; Demante, t. 1, n° 28 *bis* II; Laurent, t. 1, n°s 87 et 458. Comp. Chambéry, 15 juin 1869, aff. Fernet, D. P. 69. 2. 188. — *Contrà :* Demangeat sur Fœlix, t. 1, p. 58, note 6; Bertauld, t. 1, n° 9 *ter*).

Il convient de noter que l'application de la loi personnelle de l'étranger serait écartée, si elle était contraire à l'ordre public. De plus, d'après M. Demante, *loc. cit.*, la loi française serait applicable, si l'étranger admis à domicile réclamait un droit spécialement reconnu par cette loi et inconnu dans la législation de son pays.

232. On a soutenu au *Rép.* n° 409 que la succession mobilière de l'étranger admis à domicile est régie par la loi française. Telle est aujourd'hui l'opinion dominante en jurisprudence (V. Pau, 9 juin 1857, aff. Barrios, D. P. 58. 2. 137; Trib. Seine, 6 janv. 1866, aff. Schnapper, D. P. 67. 3. 61; Pau, 14 mars 1874 et Civ. cass. 5 mai 1875, aff. Forgo, D. P. 75. 1. 343; Bordeaux, 24 mai 1876, aff. Forgo, D. P. 78. 2. 79; Toulouse, 22 mai 1880, aff. Forgo Dichtl, D. P. 81. 2. 93; Aubry et Rau, t. 1, § 31, p. 103. Comp. Trib. Rouen, 22 juin 1864, aff. Armston, D. P. 65. 3. 13). Cette solution découle du système admis par la jurisprudence d'après lequel la succession mobilière est régie par la loi du domicile du défunt (V. *infrà*, v° *Lois*). Mais il s'est formé dans la doctrine un parti qui estime que la succession mobilière doit être régie par la loi nationale, et non par la loi du domicile; dans cette opinion, dès lors, la succession de l'étranger admis à établir son domicile en France resterait soumise à la loi du pays de ce dernier (V. Renault, *De la succession des étrangers en France et des Français à l'étranger*, *Journal de droit international privé*, 1875, p. 334 et suiv., et 343. Comp. Conclusions de M. l'avocat général Aubépin rapportées D. P. 72. 2. 66; L. Durand, n° 186, p. 387; F. Despagnet, *Précis de droit international privé*, n° 491; Trib. Havre, 22 août 1872, *suprà*, v° *Domicile*, n° 87. V. d'ailleurs, *infrà*, v^is *Lois*; *Succession*; *Traité international*, Conventions avec l'Autriche, 1er déc. 1866, et avec la Russie, 1er avr. 1874).

233. On a examiné au *Rép.* n° 410 la question de savoir si l'autorisation d'établir domicile en France était personnelle à l'étranger qui l'obtenait ou si elle s'étendait à sa femme et

---

cause; — Attendu qu'en admettant l'exactitude de cette assertion en ce qui regarde les demandeurs, ceux-ci n'ayant point établi leur qualité de Français, il est constant et démontré, en fait, que depuis longues années ils sont résidents en France, qu'ils y exercent un commerce important et qu'ils payent patente; qu'ils doivent donc être, à raison de cette situation, assimilés aux étrangers autorisés à avoir leur domicile en France, et qu'il est admis en jurisprudence que les tribunaux français sont compétents pour juger des actions intentées par eux ou poursuivies à leur encontre; que la règle de l'art. 14 c. civ. peut donc être invoquée par eux, et qu'ils ont ainsi le droit d'appeler devant un tribunal français l'étranger avec qui il ont traité en France; que, dans l'espèce, la vente dont il est excipé par les demandeurs aurait été conclue à Paris; — Qu'il ne suffit pas que les défendeurs opposent une dénégation pure et simple à l'existence de cette vente; qu'il suffit qu'il y ait au moins des présomptions contraires pour qu'il soit du devoir du tribunal d'examiner l'affaire au fond; — Attendu que, s'agissant d'un débat entre étrangers dont l'un est domicilié à l'étranger, les règles de l'art. 420 c. proc. civ. ne sauraient rigoureusement être appliquées, et qu'il suffit, pour que le tribunal investi du débat puisse se déclarer valablement compétent, qu'il y ait entre les parties un lien quelconque qui les rattache à sa juridiction; que, dans l'espèce, ce lien serait la livraison de la marchandise qui aurait été stipulée livrable à Marseille; — Par ces motifs, se déclare compétent ». — Appel. — Arrêt.

La cour; — Adoptant les motifs des premiers juges; — Confirme, etc.

Du 28 août 1872.-C. d'Aix, 2e ch.-MM. Rolland, pr.-Clappier, 1er av. gén.-Pascal Roux et Paul Rigaud, av.

à ses enfants. Pour soutenir que le bénéfice de l'autorisation s'étendait à la femme et aux enfants, on alléguait, outre le motif rapporté au *Répertoire*, que « le domicile des enfants mineurs et de la femme mariée se trouvant lié à celui du père et du mari, l'autorisation demandée et obtenue par ce dernier d'établir son domicile en France, devait virtuellement s'étendre aux premiers » (V. Aubry et Rau, t. 1, § 79, p. 313; Demante, t. 1, n° 28 *bis* III; Douai, 16 déc. 1851 et Civ. rej. 23 juill. 1855, aff. Collett, D. P. 55. 1. 353). On reconnaît toutefois, dans ce système, que la jouissance des droits civils étant en outre soumise à la condition de résidence en France, ne pouvait être invoquée par la femme ou les enfants mineurs qu'autant qu'ils accomplissaient personnellement cette condition toute de fait (Aubry et Rau, *loc. cit.*). — L'opinion soutenue au *Répertoire*, d'après laquelle l'autorisation était exclusivement personnelle, a été adoptée par M. Laurent, t. 1, n° 457, et par la cour de Bordeaux, le 24 mai 1876 (aff. Forgo, D. P. 78. 2. 79), et cette opinion était plus conforme au système du code civil, qui rendait l'état de la femme et des enfants indépendant de celui du chef de famille. Il était, du reste, facile de remédier à ses inconvénients en comprenant la femme et les enfants dans la demande d'admission à domicile (V. encore Mourlon, *Répétitions écrites*, 2e éd., t. 1, n° 139. Comp. Marcadé, *Explication du code civil*, 8e éd., 1884, t. 1, n° 132).

234. Mais il nous semble que, depuis la loi de 1889, on doit appliquer le bénéfice de l'autorisation à la femme et aux enfants mineurs. Femme et enfants mineurs peuvent l'invoquer, en effet, après le décès du mari et père (art. 13 *in fine*) (V. *suprà*, n° 225). Il n'y a pas de raison pour le leur refuser de son vivant, d'autant plus que la loi de 1889 cherche à rendre l'état de la femme et surtout des enfants mineurs identique à celui du père, au point de vue de la nationalité et des droits civils qui en découlent.

235. Il a été jugé, dans une hypothèse voisine de la précédente, que, si le père ou tuteur d'un mineur étranger était devenu Français et avait eu comme tel son domicile légal en France, le mineur étranger avait eu par là même, s'il avait suivi son père ou tuteur, son domicile légal en France, en vertu de l'art. 108 c. civ., alors surtout que sa loi nationale lui attribuait également le domicile de son père ou tuteur, et que ce domicile, légalement acquis, pouvait être légalement conservé après la majorité sans qu'il fût besoin de l'autorisation du Gouvernement (Pau, 14 mars 1874, aff. Forgo, D. P. 75. 1. 343; Toulouse, 22 mai 1880, aff. Forgo Dichtl, D. P. 81. 2. 93). Cette solution nous paraît difficilement acceptable, du moins lorsqu'on n'admet pas en principe que les étrangers puissent avoir en France un domicile au même titre et aux mêmes conditions que les Français (V. sur ce point v° *Domicile*; — *Rép.* eod. v°, n° 22). Nous ne voyons pas pour quel motif on ferait exception en ce qui concerne le domicile légal dérivant de l'art. 108. En tout cas, il est impossible d'admettre que ce dernier domicile, à supposer qu'il puisse être acquis par un étranger, attribue à celui-ci la jouissance des droits civils, pour laquelle l'art. 13 exige l'autorisation du Gouvernement. On n'aurait pu le soutenir que si l'on avait admis que la jouissance des droits civils par le père ou tuteur dût entraîner toujours pour le mineur la jouissance des droits civils (V. *suprà*, n° 233). Il nous paraît plus exact de dire avec la cour de Bordeaux, le 24 mai 1876 (aff. Forgo, D. P. 78. 2. 79), que rien ne pouvait dispenser l'étranger de l'obligation d'obtenir l'autorisation du Gouvernement, et que l'état de minorité ne pouvait être invoqué à titre de dispense, puisque l'autorisation pouvait être demandée au nom du mineur par son représentant légal, et que celui-ci était libre dans tous les cas de la demander lui-même à sa majorité (Comp. Renault, *Revue critique*, 1881, p. 495).

La question ne se poserait plus depuis la loi de 1889, ni pour le mineur dont le père serait devenu Français, parce que ce mineur serait lui-même devenu Français par suite du changement de nationalité de son père; ni pour le mineur dont le tuteur serait devenu Français, parce que le nouvel art. 13 c. civ. laisse entendre clairement que la jouissance des droits civils ne peut résulter pour l'étranger que d'une autorisation de domicile expressément accordée par décret.

SECT. 4. — DE L'AUTORITÉ ET DE L'EXÉCUTION DES JUGEMENTS ET DES ACTES ÉTRANGERS (*Rép.* nos 416 à 478).

ART. 1er. — *Des jugements étrangers* (*Rép.* nos 417 à 461).

236. On a examiné au *Rép.* n° 418 la question de savoir si le tribunal français saisi de la demande d'*exequatur* d'un jugement rendu contre un Français par un tribunal étranger doit ou non reviser au fond la sentence étrangère, en examiner le bien ou mal jugé. La plupart des auteurs adoptent sur ce point la solution soutenue au *Répertoire*, d'après laquelle le tribunal français doit reviser au fond le jugement étranger; les uns se fondent sur l'art. 121 de l'ordonnance de 1629 qu'ils tiennent, ainsi qu'on l'a fait au *Répertoire*, pour consacré par les art. 2123 c. civ. et 546 c. proc. civ., les autres, considérant au contraire comme abrogées les dispositions de l'ordonnance de 1629, soutiennent par d'autres motifs (V. *Rép.* n° 421, et *infrà*, nos 239 et 240) que tout jugement étranger dont l'exécution est poursuivie en France est soumis à revision au fond (V. dans ce dernier sens : Demante et Colmet de Santerre, t. 9, nos 89 *bis* IV et suiv., 89 *bis* X; Rodière, *Traité de compétence et de procédure en matière civile*, t. 2, p. 188; Ruben de Couder, t. 5, v° *Jugement étranger*, nos 13 et 14; Boitard, Colmet d'Aâge et Glasson, 14e éd., t. 2, n° 801, note 1, note de M. Glasson; Larombière, éd. de 1885, t. 7, art. 1351, n° 6). — En faveur du maintien de l'ordonnance de 1629, on allègue, outre les motifs donnés au *Répertoire*, que les dispositions de l'art. 121 n'ont pu être abrogées par l'art. 7 de la loi du 30 vent. an 12, ni par l'art. 1042 c. proc. civ., parce qu'elles ne rentrent pas dans la sphère du droit civil ni de la procédure civile, mais bien plutôt dans celle du droit public international, que ne touchent point les textes précités portant abrogation des lois et coutumes antérieures (V. en ce sens : Aubry et Rau, t. 8, § 769 *ter*, note 4, p. 416; Fœlix et Demangeat, t. 2, n° 352, p. 82, note *a*; Valette, *De l'hypothèque et de l'exécution forcée qui peuvent résulter en France des jugements étrangers*, nos 5 et suiv., *Revue de droit français et étranger*, t. 6, 1849, p. 601 et suiv.; Griolet, p. 93 et suiv., 98 et suiv.). — D'autres auteurs estiment, au contraire, que l'ordonnance de 1629 a été abrogée par l'art. 7 de la loi du 30 vent. an 12, lequel déclare les anciennes lois désormais sans valeur « dans les matières qui sont l'objet des lois composant le code civil »; peu importe que l'art. 2123 ne s'explique pas sur le rôle du tribunal français, il suffit qu'il s'occupe de l'exécution des jugements étrangers pour que l'art. 121 de l'ordonnance de 1629 qui traitait du même sujet soit abrogé. Ces auteurs pensent, en outre, que les art. 2123 c. civ. et 546 c. proc. civ. n'autorisent pas par eux-mêmes le tribunal français à reviser au fond la sentence étrangère (Comp. *Rép.* n° 421, et *infrà*, n° 238) et, comme ces textes ne reproduisent pas la distinction faite par l'ordonnance de 1629 selon la nationalité des parties en cause, ils sont d'avis que la revision ne peut pas être demandée par le Français condamné par un jugement étranger (V. Massé, t. 2, nos 801 et 802; Pont, *Commentaire-traité des privilèges et hypothèques*, t. 2, n° 86; Bertauld, t. 1, n° 156 *bis*; Bournat, *Jugements des tribunaux étrangers; Effets de ces jugements en France*, *Revue pratique*, t. 5, 1858, p. 328, 330 et suiv.; Bonfils, nos 262 et suiv.; Trochon, p. 299 et suiv.; L. Durand, nos 223 et suiv.; de Labroue de Vareilles-Sommières, p. 115 et suiv., 138 et suiv.).

237. La jurisprudence admet en général la revision des jugements rendus par les tribunaux étrangers contre des Français. C'est ainsi qu'il a été jugé : 1° que le jugement rendu par un tribunal étranger contre un Français n'est pas radicalement nul, mais sujet à revision, à nouvel examen, à nouveau débat; que, spécialement, doit être revisée par le tribunal français la décision d'un juge anglais qui fixe l'état des frais et le compte des sommes dues à un solicitor anglais par le Français qui l'a chargé de suivre une procédure en Angleterre (Toulouse, 29 janv. 1872, aff. Denton et Hall solicitors, D. P. 72. 2. 236); — 2° Que les tribunaux français, appelés à ordonner l'exécution en France d'un jugement émané d'une juridiction étrangère, doivent reviser ce jugement et soumettre la cause à un nouvel examen; qu'il ne suffit pas qu'ils constatent que la décision du tribunal étranger est matériellement régulière et ne contient pas de dispositions contraires aux principes fondamentaux du droit français (Paris, 22 avr. 1864, aff. Rajecki, D. P. 65. 2. 110); — 3° Que le jugement rendu contre un Français par les juges étrangers ne lie pas les tribunaux français et que, dès lors, la partie condamnée peut renouveler le débat devant la juridiction française; qu'ainsi, le propriétaire d'un navire français, condamné par un tribunal étranger à des dommages-intérêts envers l'armateur d'un navire étranger à raison des avaries causées à celui-ci par un abordage en mer, sur le motif que l'abordage aurait eu lieu par la faute du capitaine du premier navire, peut faire décider par les tribunaux français que cet abordage a été purement fortuit et que, par conséquent, il n'est pas dû de dommages-intérêts (Paris, 23 juin 1855, aff. Compagnie *le Lloyd français*, D.P. 55. 2. 220); — 4° Que les art. 546 c. proc. civ. et 2123 c. civ. reproduisent le principe écrit dans l'ordonnance de janvier 1629, d'après lequel les jugements étrangers ne pouvaient être exécutés en France sans que les régnicoles contre lesquels ils étaient rendus eussent débattu leurs droits comme entiers devant les officiers de la justice française (Trib. Seine, 8 août 1873, aff. Dubois de Luchet, D. P. 75. 2. 196; Sol. impl., Paris, 2 janv. 1875, même affaire, *ibid.*; Req. 18 janv. 1876, aff. Dubois de Luchet, D. P. 78. 1. 65); — 5° Que si les tribunaux français ne sont pas appelés à juger de nouveau et à se constituer juges d'appel des tribunaux étrangers, lorsque ceux-ci ont statué sur une contestation entre étrangers, la distinction admise par la législation ancienne entre les jugements rendus à l'étranger entre étrangers, et les jugements rendus à l'étranger entre des Français et des étrangers ou entre Français ne répugne pas à l'esprit de la loi nouvelle et n'est pas en contradiction nécessaire avec son texte, et que, si le droit de revision n'a pas de raison d'être quand des intérêts étrangers sont seuls engagés, il n'en est pas de même quand un intérêt français est en cause (Angers, 4 juill. 1866, aff. sir John Forster Fitz-Gerald, D. P. 66. 2. 156); — 6° Que, lorsqu'une juridiction étrangère a condamné le Français détenteur d'actions d'une société à les restituer, et le Français dépositaire, qui les lui avait indûment remises, à en payer la valeur, sauf son recours contre le premier, le tribunal français, saisi d'une demande à fin d'exécution en France de la condamnation prononcée contre le dépositaire, est tenu de statuer non seulement sur la demande de ce dernier en revision de la condamnation prononcée contre lui, mais encore sur son recours en garantie contre le détenteur des actions (Civ. cass. 20 août 1872, aff. Leroux de Villers, D. P. 72. 1. 342). — *Adde* les arrêts cités *infrà*, n° 239, qui admettent le droit de revision même à l'égard des jugements statuant sur procès entre étrangers.

Toutefois, il a été jugé en sens contraire : 1° qu'en autorisant les tribunaux français à décider si un jugement étranger doit être rendu exécutoire en France, la loi n'a pas entendu conférer aux juges français le pouvoir de reviser la décision étrangère; qu'elle les oblige seulement à examiner si cette décision contient des dispositions contraires au droit public ou privé français (Trib. Seine, sous Paris, 22 avr. 1864, précité); — 2° Que la loi française a voulu confier à ses magistrats un pouvoir discrétionnaire et qu'elle leur a laissé le soin, en même temps qu'elle leur a imposé le devoir de rechercher en fait, par un examen attentif de toutes les circonstances de la cause et du fond même du procès, quand cela est nécessaire, non si le tribunal étranger a bien jugé le procès, mais si le jugement dont on demande l'exécution en France présente toutes les garanties nécessaires d'une sage et impartiale justice; qu'elle ne leur permet pas de substituer un jugement nouveau à la décision dont l'*exequatur* leur est demandé (Trib. Mans, 6 févr. 1866, sous Angers, 4 juill. 1866, aff. sir John Forster Fitz-Gerald, D. P. 66. 2. 156. Comp. *infrà*, n°s 241 et 242); — 3° Que les tribunaux français ne sont pas appelés à reviser et à discuter les jugements étrangers, parce que discuter et reviser un jugement, ce n'est pas le rendre purement et simplement exécutoire, mais lui substituer une nouvelle décision (Paris, 23 févr. 1866 (1). Comp. Metz, 11 nov. 1856 (2); Montpellier, 17 déc. 1869) (3).

238. On a examiné au *Rép.* n°s 421 et suiv. la question de savoir quelle est la mission du tribunal français saisi d'une demande d'exequatur d'un jugement rendu contre un

(1) (Rottenstein C. Asch.) — LA COUR; — Considérant que si aux termes des art. 2123 c. nap. et 546 c. proc. civ., la force exécutoire, qui est une émanation de la souveraineté, ne peut appartenir en France aux jugements des tribunaux étrangers qu'autant qu'ils ont été déclarés exécutoires par un tribunal français, il résulte de ces mêmes articles que le pouvoir par eux conféré en cette matière aux tribunaux français se borne à rendre exécutoires les jugements étrangers, mais qu'ils ne sont pas appelés à reviser et à discuter ces jugements, puisque discuter et reviser un jugement, ce n'est pas le rendre purement et simplement exécutoire, c'est lui en substituer un nouveau qui est le produit de la revision, et qui est ensuite exécuté à la place du premier; — Considérant que le pouvoir conféré aux tribunaux de rendre les jugements étrangers exécutoires, impliquant le pouvoir de refuser l'exécution qui leur est demandée, implique sans doute également le droit et le devoir de vérifier si l'acte qu'on leur présente réunit les conditions nécessaires pour constituer un jugement valable et définitif dans le lieu où il est rendu, s'il est passé en force de chose jugée, de sorte qu'il soit susceptible de recevoir dans le pays d'où il vient l'exécution qu'on demande pour lui en France; enfin, s'il n'est contraire à aucune loi intéressant l'ordre public au point de vue de l'Etat, des personnes ou des biens; mais que ce pouvoir ne saurait emporter le droit d'examen du jugement au point de vue de l'intérêt privé, sans constituer un nouveau degré de juridiction en dehors des prévisions de la loi et des parties; et, dans la plupart des cas, spécialement dans le cas où, comme dans l'espèce, la contestation s'élève entre deux étrangers et à l'occasion d'un contrat fait en pays étranger, sans faire sortir les tribunaux français des limites de leur compétence; — Considérant que les jugements dont Claudius Asch et fils demandent l'exécution en France ont été régulièrement rendus par les tribunaux compétents; qu'ils sont passés en force de chose jugée; qu'ils ne sont contraires à aucune loi d'ordre public; que, dès lors, rien ne s'oppose à ce qu'ils soient déclarés exécutoires; — Confirme, etc.

Du 23 févr. 1866.-C. de Paris, 5e ch.-MM. Massé, pr.-Descoustures, av. gén.-Salvetat et Thureau, av.

(2) (Antoine C. Schneider.) — LA COUR; — Attendu que la demande d'Antoine devant les premiers juges de Thionville n'est que la reproduction du dispositif du jugement rendu par le tribunal de commerce de Trèves, le 18 mai 1854; qu'elle n'a évidemment pour objet que la mise à exécution de ce jugement, dans l'ensemble et les détails de ses dispositions en faveur d'Antoine; qu'il ne s'agissait pas devant le tribunal de Thionville d'examiner, comme on l'avait fait devant le tribunal de Trèves, le mérite des prétentions respectives des parties, relativement à l'exécution du traité verbal du 3 oct. 1853, mais qu'il s'agissait pour le demandeur, aujourd'hui appelant, d'obtenir d'un tribunal français la consécration d'une décision définitive du tribunal étranger, afin de pouvoir l'exécuter en France, conformément aux dispositions des art. 546 c. proc. civ. et 2123 c. nap.; — Attendu que, dans ces circonstances, Antoine n'aurait pas dû saisir le tribunal de commerce, mais le tribunal civil de Thionville, pour faire déclarer exécutoire en France le jugement du tribunal de Trèves; qu'en le saisissant, ainsi qu'il l'a fait, il a saisi une juridiction incompétente; que c'est donc avec raison que le tribunal de commerce de Thionville s'est déclaré incompétent; — Confirme, etc.

Du 11 nov. 1856.-C. de Metz, 1re ch.-M. Woirhaye, 1er pr.

(3) (Barneda C. Barneda.) — Le 25 août 1869, jugement du tribunal civil de Perpignan ainsi conçu : « Attendu qu'il a été reconnu à bon droit par le jugement dont est opposition que les tribunaux français, avant d'accorder force d'exécution en France aux jugements rendus par les tribunaux étrangers, ont le droit et le devoir de vérifier si la sentence qui leur est soumise ne renferme rien de contraire aux lois de France; mais que leur pouvoir ne saurait s'étendre au delà et leur permettre, surtout lorsqu'il s'agit d'un jugement rendu entre étrangers par leur juge naturel, de remettre tout en question et de faire plaider de nouveau toute l'affaire; qu'en agissant ainsi, on commencerait par réduire nécessairement au néant le jugement dont on ordonnerait ensuite l'exécution en France, ce qui serait absurde; — Considérant que la sentence rendue par le juge de Figueras ne contient rien de contraire aux lois françaises, et que, dès lors, il y a lieu d'ordonner de plus fort qu'elle aura force exécutoire en France; — Considérant, d'ailleurs, que l'assignation donnée à Barneda le 14 mai 1869 est régulière, et que le jugement attaqué n'a été rendu qu'après l'expiration des délais légaux; — Considérant enfin qu'il n'est ni établi ni allégué que la sentence rendue par le juge de Figueras l'ait été sans que les formes protectrices de la justice espagnole aient été observées, et que l'étranger ne mérite aucune faveur lorsqu'il vient se plaindre, devant une juridiction autre que la sienne, des formes de procédure que la justice de son pays lui accorde, et qu'au surplus Barneda n'a produit aucun document tendant à établir que le juge de Figueras aurait été induit en erreur sur le montant de

étranger par une juridiction étrangère. La controverse dure encore sur ce point, comme sur le précédent, et divise surtout la doctrine. La majorité des auteurs se rallie à l'opinion soutenue au *Rép.* n° 421, d'après laquelle le tribunal français ne peut, en pareil cas, reviser la sentence étrangère et doit se borner à accorder ou à refuser l'*exequatur* de cette sentence (V. Aubry et Rau, t. 8, § 769 *ter*, texte et note 4, p. 416; Valette, *Revue de droit français et étranger*, 1849, p. 601 et suiv., 608; Fœlix et Demangeat, t. 2, n° 352; Griolet, p. 93 et suiv., 98 et suiv.; Bertauld, t. 1, n° 156 *bis*; Massé, t. 2, nos 800 à 802; Pont, *Traité des privilèges et hypothèques*, n° 586; Bournat, *Revue pratique*, t. 5, 1858, p. 338 et suiv.; Bonfils, nos 262 et suiv.; L. Durand, nos 223 et suiv.; Trochon, p. 299 et suiv.; de Vareilles Sommières, p. 138). Ce n'est pas toutefois une simple formalité que doit remplir, dans l'opinion de ces auteurs, le tribunal français, ce tribunal examine si le jugement a été régulièrement rendu, s'il émane d'une juridiction compétente (Sur l'appréciation de la compétence, V. *infrà*, n° 241) et s'il ne contient pas de décisions contraires aux règles du droit public français ou aux intérêts de l'ordre public en France (Aubry et Rau, t. 8, § 769 *ter*, p. 418; Valette, *loc. cit.*, p. 610; Griolet, p. 100; Bournat, p. 340; Bonfils, n° 264, *in fine*). MM. Aubry et Rau vont même jusqu'à dire que « si le tribunal avait procédé à la revision du fond et, par suite, réformé le jugement étranger, sa décision ne serait pas pour ce motif sujette à cassation. » (t. 8, p. 418); mais cette solution paraît en contradiction avec le système admis par eux (p. 416). — Il a été jugé, en ce sens, que les tribunaux français auxquels on demande de rendre exécutoires en France les jugements rendus en pays étrangers entre étrangers doivent, sans doute, examiner si ces jugements respectent les principes de droit des gens et de droit public, les règles d'ordre et de morale reconnues par la législation française, mais qu'ils ne doivent pas reviser ces jugements et examiner s'ils ont été bien rendus au fond (Angers, 4 juill. 1866, aff. sir John Forster Fitz-Gerald, D. P. 66. 2. 156); qu'ils ne peuvent ni les infirmer, ni les modifier (Trib. Mans, 20 mai 1868, et Angers, 23 avr. 1869, aff. Evans, D. P. 69. 2. 218; Paris, 8 août 1866 (1). V. dans le même sens : Trib. Bayonne, 2 mars 1870, aff. Etchevest, D. P. 75. 2. 193, et les décisions citées *suprà*, n° 237 *in fine*, qui rejettent le droit de revision même à l'égard des jugements rendus contre un Français). Il a encore été jugé que le pouvoir conféré aux tribunaux français par les art. 2123 c. civ. et 546 c. proc. civ. ne se réfère pas à l'accomplissement d'une simple formalité; qu'il constitue une attribution de justice proprement dite; qu'il comporte le droit et le devoir de vérifier si l'acte présenté comme un jugement en a les vrais caractères et si, comme tel, il mérite que les tribunaux français y apportent, au nom du souverain, le sceau de juridiction et de commandement qui leur est confié; que les tribunaux français doivent examiner si les règles de compétence ont été observées et si les dispositions du jugement ne sont pas contraires aux maximes de notre droit public ou à l'intérêt de la commune justice des peuples civilisés (Paris, 11 mai 1869, aff. Spada, D. P. 71. 2. 119).

239. Mais la jurisprudence s'est prononcée le plus souvent dans le sens de la revision au fond des jugements étrangers, même rendus contre des étrangers. C'est ainsi qu'il a été jugé : 1° que les tribunaux français, appelés à ordonner l'exécution en France d'un jugement émané d'une juridiction étrangère, peuvent et doivent reviser ce jugement et soumettre la cause à un nouvel examen, sans qu'il y ait à distinguer entre les jugements rendus contre un Français et les jugements rendus entre étrangers (Douai, 22 déc. 1863, aff. Méridew, D. P. 65. 2. 110; Nancy, 11 juill. 1874 (2); Rouen, 20 avr. 1880, et Req. 28 juin 1881, aff. George Smith and sons et Anderson, D. P. 81. 1. 337. Comp. encore : Paris, 22 nov. 1851, aff. Baudon, D. P. 52. 2. 209); — 2° Que les jugements des tribunaux étrangers n'ont par

sa fortune mobilière, qu'il a pris pour base de la pension alimentaire par lui accordée à Thérèse Pujol, épouse Barneda; — Par ces motifs, etc. ». — Appel. — Arrêt.

LA COUR; — Attendu qu'à bon droit le premier juge a rendu exécutoire la sentence du juge de Figueras, avec d'autant plus de raison que Barneda avait acquiescé en Espagne à cette décision, en concourant à la nomination de l'expert chargé de fixer la mise à prix de l'immeuble vendu en exécution de la sentence susdite; — Par ces motifs, et ceux des premiers juges, etc.

Du 17 déc. 1869.-C. de Montpellier, 2e ch.-MM. Aragon, pr.-Petiton, av. gén.-Génie et Lisbonne, av.

(1) (Chemin de fer Central Argentin C. Stanley.) — Le sieur Stanley avait été condamné, par une décision de la cour du Banc de la Reine, en Angleterre, à payer à la compagnie anglaise du chemin de fer Central Argentin la somme de 726 livres pour souscription d'actions de cette Compagnie. Cette condamnation entraînait implicitement la contrainte par corps. La Compagnie qui l'avait obtenue a assigné le sieur Stanley qui s'était établi en France, à l'effet de voir déclarer le jugement exécutoire par toutes les voies de droit, et spécialement par corps. — Par jugement du 23 mars 1866, le tribunal civil de la Seine a déclaré exécutoire en France la sentence émanée de la cour du Banc de la Reine, mais a refusé de prononcer la contrainte par corps, attendu qu'il n'était pas justifié que l'obligation contractée par le sieur Stanley eût une cause commerciale. — Appel par la compagnie anglaise. — Arrêt.

LA COUR; — Vu les art. 121 de l'ordonnance de 1629, 2123 c. nap. et 546 c. proc. civ.; — Considérant que si les jugements rendus à l'étranger contre des étrangers n'ont exécution en France qu'après y avoir été rendus exécutoires, et si les tribunaux français n'y peuvent ajouter, il appartient cependant à la juridiction de qui émane le *pareatis* de dégager de ces jugements les conséquences juridiques qu'ils renferment, à moins qu'elles ne soient contraires à des principes d'ordre public consacrés par la loi française, et de donner à chaque décision la formule dont ses différents modes d'exécution ont besoin pour leur exercice; que ce n'est là ni une addition, ni une rectification, mais seulement une modification de forme qui tient à des différences de statut local et qui, loin d'altérer la sentence, n'en est au contraire qu'une stricte et fidèle application, lorsque cette modification n'a d'autre but et d'autre effet que d'en assurer l'exécution en France par les mêmes voies qu'à l'étranger; — Considérant que la sentence anglaise reconnaît Georges Stanley débiteur envers la compagnie du chemin de fer Central Argentin, et le condamne à payer les causes de la demande; — Qu'il est constant que la dette est commerciale, puisqu'elle résulte d'une souscription d'actions dans une société de commerce; et qu'il est certain, d'après les lois anglaises, qu'en matière commerciale, le jugement de condamnation entraîne la contrainte par corps, sans que le juge ait à la prononcer; — Met le jugement dont est appel au néant, en ce que les premiers juges n'ont pas ordonné l'exécution par corps; émendant quant à ce, etc.

Du 8 août 1866.-C. de Paris, 2e ch.-MM. Guillemard-Hémard, av. gén., c. conf.-Lacan et Bouriat, av.

(2) (Cerf Bloch et autres.) — LA COUR; — Attendu que Cerf Bloch et consorts demandent à la cour de déclarer exécutoire en France un arrêt de la cour de Colmar du 27 avr. 1872, ensemble deux jugements du tribunal de Mulhouse des 11 juill. et 5 sept. 1871; — Attendu qu'avant d'accueillir cette demande, les magistrats français ont le droit et le devoir d'apprécier la valeur des décisions susdites, c'est-à-dire de les reviser; — Que ce droit et ce devoir dérivent pour eux des art. 2123 c. civ. et 546 c. proc. civ., lesquels ne font que reproduire la pensée de l'ancienne législation et consacrer une des règles les plus élémentaires du droit international, à savoir : que dans chaque Etat la souveraineté, quel que soit le titre ou le nom de celui qui l'exerce, s'arrête à la frontière, sans pouvoir la dépasser; — Qu'il suit de là que les jugements et arrêts d'origine étrangère restent une lettre morte, tout le temps que l'*exequatur* ne vient pas en quelque sorte les vivifier; — Que cet *exequatur*, par l'importance qui s'y attache, ne constitue pas une simple formalité, mais une véritable sentence rendue, comme les sentences se rendent, sur le vu des pièces après examen et délibération; — Que, s'il fût agi d'un simple *pareatis*, le législateur eût confié à un magistrat unique le soin de le donner par une ordonnance comme dans le cas dont s'occupe l'art. 1020 c. proc. civ., tandis qu'il exige l'intervention du tribunal ou de la cour, selon que la demande d'exécution concerne un jugement ou un arrêt; — Attendu, d'ailleurs, que la loi a reçu, en ce sens, de la part des intéressés eux-mêmes, la plus décisive interprétation; — Qu'en effet, toutes les fois qu'une nation voisine de la France a voulu obtenir, pour ses jugements et ses arrêts, un *exequatur* sans revision ou sous le bénéfice d'une revision partielle et restreinte, elle en a fait diplomatiquement l'objet d'une convention spéciale; — Que c'est ce qui est arrivé notamment avec la Sardaigne le 24 mars 1760 et le 11 sept. 1860; avec le grand-duché de Bade le 16 avr. 1846, avec l'Allemagne pour l'Alsace-Lorraine le 11 déc. 1871; — Que les traités intervenus à ces différentes dates mettent le principe de la revision en si vive lumière qu'il doit être désormais hors d'atteinte; — Que ce principe tutélaire appliqué avec une prudente réserve, une scrupuleuse impartialité et la présomption de faveur qui s'attache tout d'abord à la chose jugée, doit aujourd'hui plus que jamais, au point de vue des intérêts nationaux, être proclamé et maintenu; — En ce qui touche les deux juge-

eux-mêmes en France ni la force exécutoire, ni l'autorité de la chose jugée; que la mission attribuée aux tribunaux français de donner s'il y a lieu, à ces jugements l'autorité et la force qu'ils n'ont pas par eux-mêmes, implique le devoir pour eux de vérifier ces décisions tant en la forme qu'au fond; que cette règle est absolue et ne comporte aucune distinction ni de personnes, ni de matières, puisant son unique raison d'être dans l'extranéité du pouvoir qui a statué (Pau, 17 janv. 1872, aff. Etchevest, D. P. 75. 2. 193); — 3° Que les juges saisis de la demande d'*exequatur* d'un jugement rendu entre étrangers ont une compétence générale à l'effet de réviser la sentence rendue par la juridiction étrangère, et qu'ils peuvent statuer sur une demande en garantie formée à l'occasion de cette sentence, alors même que le défendeur à l'action en garantie n'aurait pas été mis en cause devant le tribunal étranger, surtout si ce défendeur a conclu au fond sur la demande en garantie devant le tribunal français (Req. 21 août 1882, aff. Betzold, D. P. 83. 1. 258); — 4° Que la règle que les jugements rendus en pays étranger ne sont exécutoires en France qu'après avoir été déclarés tels par un tribunal français et que celui-ci a sur eux un pouvoir de contrôle, s'applique à la taxe des frais de justice arrêtée par un juge étranger (Req. 16 juin 1875, aff. Allemandi, D. P. 77. 1. 184. Comp. Pau, 6 janv. 1868 (1), et les arrêts suivants intervenus à l'occasion de jugements étrangers rendus contre des Français, mais dont les termes généraux semblent admettre la revision en tous cas : Paris, 22 avr. 1864, aff. Rajecki, D. P. 65. 2. 110; Civ. cass. 30 janv. 1867, aff. Estivant frères, D. P. 67. 1. 80; Chambéry, 12 févr. 1869, aff. Lemoine, D. P. 71. 2. 118; Toulouse, 29 janv. 1872, aff. Denton et Hall solicitors, D. P. 72. 2. 236; Rouen, 22 déc. 1885, et Civ. rej. 5 mars 1888, aff. Compagnie d'assurances maritimes *les deux Pôles*, D. P. 88. 1. 365).

240. Le système de la revision au fond compte des partisans dans la doctrine (V. *Rép.* nos 423 et 421). M. Colmet de Santerre, t. 9, n° 89 *bis* X, soutient que ce système ne dépasse pas les limites du pouvoir conféré par la loi au tribunal français, lorsqu'elle lui donne mission de déclarer ou non exécutoire le jugement étranger : « Si le tribunal français, dit-il, juge comme le tribunal étranger, il approuve le jugement qui lui est soumis, comme une cour d'appel qui rend un arrêt confirmatif; et de même qu'en cas d'arrêt confirmatif, c'est le jugement confirmé qui s'exécute et non l'arrêt, de même, c'est le jugement étranger approuvé par le tribunal français qui devient exécutoire, ainsi qu'il est dit dans l'art. 2123 dont les expressions, très exactes, reçoivent satisfaction par cette manière de considérer l'effet du jugement du tribunal français. Si le tribunal français réforme le jugement étranger, il est clair que ce n'est pas ce jugement qui est exécuté, mais aussi il est bon de remarquer que l'art. 2123 n'a pas dit : Les jugements rendus en pays étrangers emporteront toujours hypothèque, mais seulement : ces jugements n'emporteront hypothèque qu'autant qu'ils auront été déclarés exécutoires. Ce qui permet bien de penser que le tribunal français peut ne pas donner au jugement la force exécutoire » (Larombière, t. 7, art. 1351, n° 6; Ruben de Couder, t. 5, v° *Jugement étranger*, nos 13 et 14; Rodière, p. 188; Glasson sur Boitard, 14e éd., t. 2, n° 801, p. 202, note 1). On a répondu que les mots « déclarés exécutoires » condamnent l'assimilation établie entre le rôle du tribunal français saisi d'une demande d'*exequatur* d'un jugement étranger, et celui d'une cour d'appel; qu'on n'est jamais allé jusqu'à dire que les cours d'appel sont chargées de rendre exécutoires les jugements des tribunaux de première instance, et que substituer une décision à une autre, non seulement ce n'est rien moins que rendre cette dernière exécutoire, mais encore c'est tout autre chose que la déclarer non exécutoire.

241. Une opinion intermédiaire s'est formée, qui repousse la substitution d'une décision nouvelle à la décision du tribunal étranger, mais qui attribue néanmoins au tribunal français la mission d'examiner au fond le jugement étranger, de rechercher si la juridiction étangère a bien ou mal jugé, sauf à accorder purement et simplement l'*exequatur* au premier cas et à le refuser au second; cette opinion diffère de celle qui a été soutenue au *Rép.* n° 421, en ce qu'elle étend les pouvoirs du tribunal français et multiplie les motifs de refus d'*exequatur* (V. en ce sens : Baudry-Lacantinerie, *Précis de droit civil*, t. 3, n° 1243; Conclusions de M. l'avocat général Saulnier de la Pinelais, § 2, rapportées sous Rennes, 26 déc. 1879, aff. Fitch-Kemps, D. P. 80. 2. 52). Il a été jugé, conformément à cette opinion : 1° que le tribunal français saisi d'une demande d'*exequatur* d'un jugement étranger ne peut, bien qu'il connaisse du fond de la cause, prononcer ou modérer des condamnations; qu'il doit se borner à déclarer si les condamnations prononcées seront ou non exécutoires en France, et qu'il ne peut statuer sur des conclusions qui n'ont pas été soumises au juge étranger (Nancy, 6 juill. 1877, aff. Mathieu, D. P. 78. 2. 220); — 2° Que la demande d'*exequatur* d'un jugement étranger, portée devant le juge français en vertu des art. 546 c. proc. civ. et 2123 c. civ., implique non seulement l'examen de la compétence du juge étranger, de la forme et de la régularité de la procédure, mais encore l'examen du fond; que, toutefois, cet examen du fond n'a lieu que d'une manière accessoire, et seulement dans le but et comme moyen de reconnaître si le jugement étranger doit ou non être déclaré exécutoire en France; que, par suite, quand un étranger a, devant le juge français de première instance, demandé l'*exequatur* du jugement étran-

ments des 17 juill. et 5 sept. 1871, l'un par défaut et l'autre contradictoire; — Attendu... (Suivent les considérants par lesquels la cour apprécie le fond du litige); — Par ces motifs, ordonne l'exécution en France des deux jugements rendus par le tribunal de commerce de Mulhouse, aux dates des 11 juill. et 5 sept. 1871, etc.

Du 11 juill. 1874.-C. de Nancy.

(1) (B... C. B...) — LA COUR; — Attendu que la sentence du 4 sept. 1867, invoquée par l'amiral B..., a été rendue en Angleterre par la cour de chancellerie; que, d'après tous les documents versés au procès et l'examen de la loi anglaise, cette sentence est régulière et conforme à la législation du pays; que c'est un acte émané de l'autorité judiciaire au nom du souverain, ayant tous les caractères d'un jugement; que cet acte confère à l'amiral B... la qualité de tuteur de sa petite-fille mineure Erule B...; qu'on ne saurait lui contester cette qualité de tuteur qu'il tient de l'autorité de son pays selon la loi de son pays; qu'on ne peut nier l'authenticité de l'acte dont s'agit; qu'il doit donc faire foi, suivant les principes consacrés par nos lois, principes fondés sur la nécessité des relations sociales pour l'intérêt commun des nations; qu'il n'est, d'ailleurs, nullement en opposition avec notre droit public, nos idées d'ordre et de morale; — Attendu que le caractère de tuteur de la mineure B... étant ainsi constaté sur la tête de l'amiral B..., il a incontestablement qualité pour se prévaloir de la sentence susmentionnée; — Attendu qu'aux termes des art. 546 c. proc. civ., 2123 et 2128 c. nap., la sentence qui, d'après les motifs susénoncés, est un acte émané de l'autorité judiciaire anglaise, l'équivalent d'un jugement, ne saurait être susceptible d'exécution en France qu'autant qu'elle aura été déclarée exécutoire par un tribunal français; — Attendu, dès lors, qu'il faut examiner si cette exécution peut être ordonnée; que, sans doute, les égards réciproques que les nations se doivent entre elles imposent aux juges le respect des jugements, en tant qu'ils soient compatibles avec notre droit public, nos lois et nos mœurs; mais que la pensée du législateur n'a pu être de faire du pouvoir judiciaire un instrument aveugle, de violenter en quelque sorte la conscience du juge, de lui donner un rôle qui serait contraire à la dignité de son caractère; que, d'ailleurs, si la loi française n'avait voulu, pour l'exécution des jugements étrangers, qu'un simple *pareatis*, un simple visa, elle n'aurait pas prescrit une décision rendue par un tribunal entier; que la réunion de magistrats implique délibération et par conséquent examen; qu'il y a donc toujours lieu d'examiner avant d'ordonner un *exequatur*, bien que cet examen doive être fait avec une sage réserve, alors surtout que la décision d'un tribunal étranger n'intéresse que des étrangers; — Attendu qu'il s'agit dans l'espèce, ainsi qu'il a été dit plus haut, d'une sentence rendue en Angleterre par la cour de chancellerie après l'accomplissement régulier des formalités prescrites par la loi anglaise; qu'elle ne choque ni nos lois, ni nos mœurs, et que si l'on recherche dans quelles circonstances elle a été rendue, on doit reconnaître sa sagesse; qu'en effet (suivent divers motifs inutiles à rapporter); que cette mesure est d'autant plus sage qu'elle n'a qu'un caractère provisoire, qu'elle n'est prise que jusqu'à nouvel ordre; que la dame B... si elle croit avoir à se plaindre de la décision des juges de son pays, n'a qu'à se présenter devant eux pour en demander la réformation; — Par ces motifs, sans s'arrêter à ceux donnés par les premiers juges, confirme, etc.

Du 6 janv. 1868.-C. de Pau, ch. civ.-MM. le cons. Daleman, pr.-Lespinasse, 1er av. gén.-Lamaignère père, Forest et Dauzon, av.

ger, et conclu « en conséquence » à la condamnation déjà prononcée par ce jugement étranger, la demande par lui formée en appel, tendant à la condamnation « en tout cas », c'est-à-dire d'une manière principale et distincte de la question d'*exequatur*, abstraction faite du jugement étranger, doit être considérée comme une demande nouvelle, irrecevable aux termes de l'art. 464 c. proc. civ.; qu'on ne peut pas ainsi transformer devant la cour en demande principale et directe ce qui, devant les premiers juges, n'était qu'un des moyens invoqués à l'appui d'une autre demande, celle de l'exécution d'un jugement étranger (Rennes, 26 déc. 1879, aff. Fitch Kemps, D. P. 80. 2. 52. Comp. Trib. Mans, 6 févr. 1866, aff. sir John Forster Fitz-Gerald, D. P. 66. 2. 156, et *suprà*, n° 237).

242. Un arrêt a déclaré que les tribunaux français sont incompétents pour statuer sur la demande portée devant eux par un étranger à l'effet de rendre exécutoire en France un jugement rendu en pays étranger contre un autre étranger qui réside en France, mais qui n'y a ni domicile autorisé, ni établissement de commerce ou autre (Paris, 15 juin 1861, aff. Muriel, D. P. 61. 2. 176). La cour posait en principe que les tribunaux français ne doivent la justice qu'aux nationaux, et que l'action devant nos tribunaux étant refusée aux étrangers entre eux, l'exécution des décisions rendues à leur égard à l'étranger devait être également refusée en France. Mais alors même que le principe de la justice exclusive au profit des nationaux devrait être admis (V. à cet égard *suprà*, n° 179), il ne resterait pas moins vrai que l'exécution des jugements étrangers pourrait être ordonnée par les tribunaux français aussi bien pour les décisions rendues à l'étranger entre étrangers que pour les décisions rendues entre Français et étrangers; les art. 2123 c. civ. et 546 c. proc. civ. ne font aucune distinction selon la nationalité des parties en cause; et, d'ailleurs, s'il était vrai que les étrangers dussent toujours être renvoyés pour plaider devant leurs tribunaux nationaux, il ne serait que plus nécessaire d'accorder en France l'*exequatur* pour ces jugements, sous peine d'établir au profit des débiteurs étrangers et à l'encontre de leurs créanciers étrangers une scandaleuse insaisissabilité de leurs biens en France. L'arrêt de la cour de Paris, dont la doctrine est implicitement condamnée par les auteurs et arrêts que nous avons cités sur la question de savoir quelle est la mission du tribunal français saisi d'une demande d'*exequatur* d'un jugement étranger rendu entre étrangers (*suprà*, n°s 239 et suiv.), a été cassé par un arrêt du 10 mars 1863 (aff. Harding, D. P. 63. 1. 89), et sa décision a été explicitement rejetée par deux arrêts (Angers, 4 juill. 1866, aff. Sir John Forster Gérald, D. P. 66. 2. 156; Paris, 22 févr. 1869, aff. Overand-Gurney, D. P. 70. 2. 186).

243. On a dit au *Rép.* n°s 425 et suiv. que la circonstance que le Français contre qui aurait été rendu le jugement étranger, aurait agi comme demandeur devant le tribunal étranger ne ferait pas obstacle à ce que le tribunal français saisi de la demande d'*exequatur* revisât au fond la sentence étrangère. Cette solution n'est pas contestée par les partisans de la révision (V. Aubry et Rau, t. 8, § 769 *ter*, p. 417; Valette, *Revue de droit français et étranger*, 1849, p. 611; Fœlix et Demangeat, t. 2, n° 348, p. 72; Bonfils, n° 261). Il a même été jugé que si le Français peut renoncer au privilège établi par l'art. 14 c. civ., parce que ce privilège rentre dans le domaine du droit privé et individuel, il ne peut renoncer au droit de revision, soit comme défendeur, soit comme demandeur, parce que ce droit est du domaine du droit public (Toulouse, 29 janv. 1872, aff. Denton et Hall solicitors, D. P. 72. 2. 236. — *Adde*: Req. 24 févr. 1846, aff. Bonneau, D. P. 46. 1. 153). Ces deux solutions ne sont nullement contradictoires, car, autre chose est de renoncer à intenter une action devant les tribunaux français, autre chose de renoncer à la révision d'un jugement étranger; il est des cas en effet où un jugement rendu à l'étranger produira indirectement ses effets en France, grâce à la renonciation au bénéfice de l'art. 14 c. civ., sans avoir besoin d'y être rendu exécutoire, par exemple, si le Français demandeur a perdu son procès à l'étranger (V. Bonfils, n° 261; Demangeat sur Fœlix, t. 2, p. 102, note *a*; Larombière, t. 7, art. 1351, n° 6. Comp. *suprà*, n° 241).

244. Quant à la question de savoir si un jugement étranger produit par lui-même en France tous les effets attachés à l'autorité de la chose jugée, c'est une question distincte de celle du pouvoir du tribunal français saisi d'une demande d'*exequatur*. Si, en effet, lorsqu'on admet le tribunal français à reviser au fond la sentence étrangère, il est évident qu'on refuse à cette sentence l'autorité de la chose jugée, on peut se demander, lorsqu'on refuse au tribunal français le droit de réformer la décision de la juridiction étrangère, si cette décision peut, sans avoir été déclarée exécutoire en France, avoir les effets de la chose jugée en France. MM. Aubry et Rau, tout en rejetant le droit de revision pour les jugements rendus entre étrangers, déclarent « que les jugements rendus en matière contentieuse par des tribunaux étrangers ne jouissent point en France, en principe, et par eux-mêmes, de l'autorité de la chose jugée; que, tant qu'ils n'ont pas été déclarés exécutoires par un tribunal français, ils ne peuvent être invoqués en France ni à l'appui et comme titre légal d'une demande nouvelle, ni pour repousser, sur le fondement de la chose jugée, une demande ou une exception tendant à remettre en question l'existence ou la non-existence des faits ou des droits sur lesquels ces jugements ont prononcé » (t. 8, § 769 *ter*, p. 414. Comp. Fœlix, t. 2, n° 368; Req. 27 déc. 1852, aff. Todesco, D. P. 52. 1. 313; Lyon, 14 déc. 1856, aff. Tœsca, D. P. 57. 2. 118; Paris, 3 juin 1881, aff. Bonacini, D. P. 82. 2. 66; 7 déc. 1885, sous Civ. rej. 16 mai 1888, aff. Comp. d'assurances *la Baloise*, D. P. 88. 1. 305). On peut alléguer, à l'appui de cette solution, que, même dans l'opinion qui rejette en tout cas le droit de revision, les tribunaux français sont appelés à examiner sous certains aspects le jugement étranger, qu'ils peuvent lui refuser la force exécutoire, et qu'il serait singulier qu'une décision dont l'exécution serait refusée en France, par exemple comme contenant des dispositions contraires à notre droit public ou à l'ordre public, y pût avoir néanmoins tous les effets de la chose jugée et mettre obstacle à une demande en justice entre les mêmes parties sur le même objet et pour la même cause. — M. Massé, qui paraît professer une opinion contraire (t. 2, n° 800), déclare que le jugement étranger constitue « en faveur de celui qui l'a obtenu un titre opposable en tous lieux à la partie adverse, parce que les parties, en procédant devant le juge, ont formé une espèce de quasi-contrat qui les oblige à se conformer au jugement quand il est devenu définitif »; et il ajoute : « ce n'est pas comme acte exécutoire qu'il faut considérer le jugement qui sert de base à l'exception de chose jugée, mais comme contrat ». On peut répondre qu'il ne faut pas exagérer la comparaison de l'instance judiciaire à un contrat, car l'acceptation du débat, et même l'action dans certains cas, sont imposées par la force des choses, et les parties ne se soumettent au jugement à intervenir que sauf à user, le cas échéant, de toutes les voies de recours licites; l'autorité de la chose jugée dérive moins de l'idée de contrat judiciaire que de la nécessité de mettre fin aux procès. D'ailleurs, si l'on considère le jugement étranger comme un titre ayant même valeur qu'un contrat, il s'ensuit logiquement qu'il ne produit pas tous les effets de la chose jugée en France; la différence entre un contrat et un jugement ayant autorité de chose jugée est que les dispositions du contrat peuvent être attaquées et contestées, tandis que celles du jugement ne peuvent l'être; l'exception de chose jugée n'admet pas de réplique; or, de l'avis même de M. Massé, le tribunal français devant qui l'on oppose à une demande l'autorité d'un jugement étranger non déclaré exécutoire en France, loin qu'il doive refuser *de plano* de connaître de l'action, parce qu'elle a été l'objet d'une sentence, est tenu d'examiner tout au moins si le jugement émane d'un tribunal compétent, s'il a été régulièrement rendu, s'il n'est pas contraire à l'ordre public, c'est-à-dire qu'il doit en réalité se livrer à un examen auquel il ne pourrait soumettre un jugement français qu'on invoquerait devant lui comme ayant force de chose jugée (Comp. les auteurs cités *suprà*, n° 236. V. au surplus v° *Chose jugée*, n°s 288 et suiv.; — *Rép.* eod. v°, n° 26).

245. Du reste, s'il y a lieu de ne pas reconnaître tous les effets de la chose jugée aux jugements étrangers non déclarés exécutoires en France, on s'accorde généralement à reconnaître « que ces jugements font foi jusqu'à preuve contraire des faits qu'ils constatent, en dehors de toute condamnation » (V. Massé, t. 2, n° 798. Comp. Paris, 7 déc. 1885, sous Civ. rej. 16 mai 1888, aff. Comp. d'assurances *la Baloise*, D. P. 88. 1. 305; *Rép.* n° 472).

246. La plupart des auteurs estiment qu'il y a lieu de distinguer, parmi les jugements émanés de juridictions étrangères, ceux qui concernent l'état ou la capacité des étrangers. De ce que le statut personnel suit les étrangers en France, il résulte que ces jugements doivent avoir en France le même effet que dans le pays où ils ont été rendus, sans qu'il soit nécessaire de les faire déclarer exécutoires par un tribunal français (V. Demolombe, t. 1, n° 103; Bonfils, n° 257; Trochon, p. 291; Demangeat sur Fœlix, t. 2, p. 108, note *a;* Aubry et Rau, t. 1, § 31, p. 96 et t. 8, § 769 *ter*, p. 418; Bertauld, t. 1, n° 157). Cette proposition, toutefois, n'est vraie qu'autant qu'il ne s'agit pas de l'exécution forcée de ces jugements, mais seulement des modifications dans l'état et la capacité, qui résultent des faits constatés par ces décisions; toute personne intéressée aurait, d'ailleurs, le droit de contester la valeur du jugement en France et de décliner son application (Aubry et Rau, *loc. cit.* — Comp. Demangeat, *loc. cit.* — Conf. encore : Pau, 17 janv. 1872, aff. Etchevest, D. P. 75. 2. 193; Fœlix, t. 2, n° 365). Ce qui revient à dire que les jugements concernant l'état et la capacité suivent les mêmes règles que les autres, mais que, plus souvent que les autres, ils pourront être invoqués comme faisant foi de certains faits et produisant certains effets sans qu'il s'agisse d'en poursuivre l'exécution forcée (V. surtout en ce sens : Paris, 23 févr. 1888, aff. de Bari, D. P. 88. 2. 263. Comp. Paris, 6 avr. 1887, aff. John Evans, D. P. 88. 2. 40). — Sur les jugements déclaratifs de faillite, certaines difficultés s'élèvent, qui dérivent du caractère même de la faillite, V. *infrà*, n°s 276 et suiv., et v[is] *Faillite; Lois.*

247. Il a été jugé que les tribunaux français peuvent ordonner l'exécution en France des condamnations civiles prononcées par un tribunal correctionnel étranger (Trib. Seine, 26 nov. 1859, aff. Giraud, D. P. 61. 2. 69, et la note. — V. toutefois, sur appel et en sens contraire : Paris, 30 nov. 1860, *ibid.*).

248. Faut-il, pour qu'un jugement étranger soit déclaré exécutoire en France, qu'il ne soit susceptible d'aucune voie de recours dans le pays où il a été rendu, ou suffit-il qu'il y soit exécutoire? Il a été jugé que ce jugement ne peut être déclaré exécutoire qu'autant qu'il n'est plus susceptible d'aucun recours, d'aucune attaque ultérieure et que la créance qu'il consacre ne peut plus ainsi être mise en question (Trib. Bordeaux, 5 févr. 1869, aff. Clarkson et Benham, D. P. 71. 2. 121). Un jugement du tribunal civil de Bayonne semble aussi exiger que le jugement étranger ait acquis dans le pays où il a été prononcé l'autorité de la chose jugée (Trib. Bayonne, 2 mars 1870, aff. Etchevest, D. P. 75. 2. 193). Mais cette exigence nous paraît exagérée, du moins lorsque le jugement est exécutoire dans le pays où il a été rendu avant d'y avoir acquis cette autorité. Il a été décidé en ce sens : 1° qu'un jugement étranger peut être déclaré exécutoire en France, bien qu'il ne soit pas à l'abri de tout recours; qu'il suffit qu'il soit définitif et susceptible d'exécution dans le pays où il a été rendu, alors surtout que la partie condamnée n'a pas attaqué ce jugement, bien qu'elle en ait eu connaissance; que, par suite, les sentences émanées de la cour de justice anglaise du Banc de la Reine ayant un caractère définitif sans qu'il y ait à distinguer si elles sont contradictoires ou par défaut, toutes ces sentences peuvent être déclarées exécutoires en France (Bordeaux, 30 nov. 1869, aff. Clarkson et Benham, D. P. 71. 2. 121, et note 4, 5, 6. *Adde :* note 2, sous Req. 28 juin 1881, aff. George Smith and sons et Anderson, D. P. 81. 1. 337. — Comp. Aubry et Rau, t. 8, § 769 *ter*, p. 418, note 7); — 2° Que les tribunaux français peuvent déclarer exécutoire un jugement étranger qui n'a pas acquis l'autorité de la chose jugée, mais sans préjudice des voies de recours dont il est susceptible (Paris, 11 mai 1869, aff. Spada, D. P. 71. 2. 119). Ce dernier point fait toutefois difficulté dans le système de la revision; il semble, en effet, qu'un jugement revisé par un tribunal français ne doit pas être modifié en France, quel que soit le sort ultérieur du jugement primitif à l'étranger (V. sur cette question dans ce sens, la note 2, D. P. 81. 1. 337, et le rapport de M. Féraud-Giraud, D. P. 81. 1. 338); — 3° Que le jugement d'un tribunal espagnol peut être rendu exécutoire par le tribunal français, lorsqu'il est définitif et susceptible d'être exécuté en Espagne, bien qu'il n'y ait pas été revêtu du *visa* et *pareatis* que le juge doit y apposer en Espagne pour en autoriser l'exécution (Pau, 17 janv. 1872, aff. Etchevest, D. P. 75. 2. 193). — Il a encore été jugé : 1° qu'un tribunal français peut régulièrement déclarer exécutoire en France un jugement étranger, en constatant que ce jugement avait acquis l'autorité de la chose jugée dans le pays où il a été rendu, bien qu'il y ait été l'objet d'un recours (Req. 28 juin 1881, aff. George Smith and sons et Anderson, D. P. 81. 1. 337); — 2° Qu'un jugement anéanti par la prescription d'après la loi du pays où il a été rendu ne peut pas être déclaré exécutoire en France (Chambéry, 12 févr. 1869, aff. Lemoine, D. P. 71. 2. 118).

249. Contrairement à l'opinion soutenue au *Rép.* n° 428, la plupart des auteurs sont d'avis que les sentences arbitrales rendues à l'étranger ne sont point sujettes à revision et qu'elles deviennent exécutoires en vertu d'une simple ordonnance d'*exequatur* délivrée par un juge français conformément à l'art. 1020 c. proc. civ., sans qu'il y ait à distinguer selon que ces sentences ont été rendues contre des Français ou entre étrangers, tout au moins lorsque les arbitres ont été choisis par les parties et ne tiennent leur mission que d'elles; peu importe, en pareil cas, que la sentence ait été ou non rendue exécutoire en pays étranger (V. Aubry et Rau, t. 8, § 769 *ter*, p. 418; Fœlix et Demangeat, t. 2, n° 424, et p. 162, note *a;* Bonfils, n°s 281 et suiv.; Trochon, p. 304; Ruben de Couder, v° *Jugement étranger*, n° 24; Griolet, p. 102; Pont, *Privilèges et hypothèques*, n° 587; Demolombe, t. 1, n° 262; Larombière, t. 7, art. 1351, n° 7. Comp. Valette, *Revue de droit français et étranger*, 1849, p. 611). M. Massé, toutefois, exige l'intervention du tribunal entier, lorsque la sentence arbitrale a été homologuée à l'étranger par un tribunal entier; il admet, dans les autres cas, la même solution que les auteurs précités (t. 2, n° 815). M. Rodière, t. 2, p. 188, estime, au contraire, que les sentences des arbitres étrangers doivent, dans tous les cas, être revisées, parce que la décision de l'arbitre, comme celle du juge étranger, peut contenir des dispositions qui heurtent les idées reçues en France (Comp. de Vareilles-Sommières, p. 149).

250. Les auteurs s'accordent à appliquer aux sentences arbitrales les mêmes règles qu'aux jugements rendus à l'étranger, lorsque les arbitres, au lieu de ne tenir leur mission que des parties, ont procédé « en vertu d'une délégation émanée d'un tribunal étranger » ou en qualité « d'arbitres forcés auxquels la loi du pays reconnaît le caractère de juges » (Conf. Aubry et Rau, t. 8, p. 419 ; Fœlix et Demangeat, t. 2, n°s 424 et 425; Bonfils, n°s 285 et suiv. ; Trochon, p. 292 et 305 ; Massé, t. 2, n°s 816 et 817 ; Pont, n° 587 ; Demolombe, t. 1, n° 262 ; Larombière, t. 7, n° 1351, art. 7 ; Valette, *Revue de droit français et étranger*, 1849, p. 611 ; Griolet, p. 102).

251. On a dit au *Rép.* n° 430 que les enquêtes et tous actes juridiques, faits en pays étranger pour préparer le jugement qui y a été rendu, doivent toujours avoir leur effet en France. M. Larombière, t. 7, art. 1351, n° 6, *in fine*, pense toutefois, que le tribunal français ne devrait pas prendre l'enquête en considération si elle avait été ordonnée « dans un cas où la loi française prohibe la preuve testimoniale, ou si les témoins entendus étaient de ceux dont elle défend de recevoir le témoignage » (V. *Rép.* n° 475. — V. en sens contraire sur ce point : Fœlix, t. 2, n° 369, p. 114, note 5). — MM. Fœlix et Larombière réservent, en outre, le droit, pour la partie qui se prévaut du droit de revision de faire la preuve contraire contre les constatations des enquêtes et autres actes juridiques étrangers (Comp. Aubry et Rau, t. 8, § 769 *ter*, p. 420 ; Massé, t. 2, n° 798).

252. La France a conclu des traités avec certains pays pour l'exécution des jugements étrangers (V. *Rép.* n° 431). Le traité du 18 juill. 1828 avec la Suisse a été remplacé par un traité du 15 juin 1869 (D. P. 70. 4. 6). Le traité du 24 mars 1760 avec la Sardaigne (*Rép.* v° *Traité international*, p. 512) a été confirmé par une déclaration du 11 sept. 1860 (V. le texte dans le *Moniteur* du 11 sept. 1860 et dans Demangeat sur Fœlix, 4e éd., t. 2, p. 69, note). Enfin une convention du 16 avr. 1846 avec le grand duché de Bade (D. P. 46. 3. 85) a été étendue à l'Alsace-Lorraine par la convention additionnelle du 11 déc. 1871 (D. P.

72. 4. 9). — V. encore, sur certains points, la convention du 1er avr. 1874 entre la France et la Russie, relative au règlement des successions (D. P. 75. 4. 14) (V. au surplus *infrà*, v° *Traité international*).

253. On a examiné au *Rép.* n° 432 la question de savoir si les sentences arbitrales sont exécutoires au même titre et dans les mêmes conditions que les jugements rendus dans les pays avec lesquels la France a des traités pour l'exécution des jugements. M. Bonfils, n° 284, admet la négative, du moins pour les sentences d'arbitres volontaires. Le traité franco-suisse du 15 juin 1869 a nettement tranché la question en décidant que « les jugements ou arrêts définitifs en matière civile ou commerciale rendus soit par les tribunaux, soit par des arbitres, dans l'un des deux Etats contractants, seront, lorsqu'ils auront acquis force de chose jugée, exécutoires dans l'autre suivant les formes et conditions déterminées par l'art. 16 », c'est-à-dire sans revision au fond (D. P. 70. 4. 6).

254. Il a été jugé, par application des traités de 1828 et de 1869 : 1° qu'on ne peut invoquer contre un jugement rendu par défaut, en Suisse, et devenu exécutoire en France conformément aux traités internationaux, les dispositions du code de procédure civile relatives aux recours dont ces jugements sont susceptibles en France, si, d'après les lois en vigueur dans le pays où il a été rendu, ledit jugement a acquis l'autorité de la chose jugée, et qu'on ne saurait se prévaloir contre un tel jugement des dispositions du code de procédure civile relatives à la péremption des jugements par défaut, si les lois du pays où il a été rendu n'admettent pas la péremption et n'appliquent aux jugements que les règles de la prescription ordinaire (Besançon, 1er août 1859, aff. Regad Jacobez, D. P. 59. 2. 211) ; — 2° Qu'il n'est pas nécessaire, pour la validité des poursuites exercées en France en vertu d'un jugement rendu en Suisse, que les décisions qui, dans le cours de l'instance, ont statué sur la compétence territoriale de pays à pays, aient été revêtues des formalités exécutoires ; qu'il suffit que le jugement définitif emportant condamnation, et qui sert de base à la poursuite, ait été rendu exécutoire conformément au traité franco-suisse ; mais que la nullité des poursuites peut être demandée par le motif que l'action, au lieu d'être portée devant les tribunaux suisses, eût dû l'être, en vertu des traités eux-mêmes, devant les tribunaux français et qu'ainsi le jugement de condamnation a été incompétemment rendu ; que la demande, en ce cas, ne peut être écartée par une fin de non-recevoir tirée de ce que la question de compétence a été définitivement jugée par les tribunaux suisses, chacun des deux Etats ayant le droit incontestable de veiller à la fidèle exécution des stipulations convenues (Même arrêt) ; — 3° Que le jugement français qui déclare exécutoire un jugement rendu en Suisse peut être attaqué par la voie de la tierce-opposition ; qu'il doit mentionner les conclusions des parties, mais que le vice de forme résultant de cette omission ne peut faire prononcer la rétractation du jugement lui-même qu'autant qu'il contiendrait un grief susceptible d'être invoqué par le tiers opposant ; qu'en conséquence, le jugement doit être maintenu lorsque la sentence dont il a autorisé l'exécution en France avait été rendue par un tribunal compétent, entre parties régulièrement citées et représentées, et sur une question n'intéressant aucune règle d'ordre ou de droit public français (Chambéry, 20 janv. 1877, aff. Périllat, D. P. 78. 2. 213).

255. On a dit au *Rép.* n° 437 que le traité du 24 mars 1760 entre la France et la Sardaigne est resté en vigueur (Conf. Aix, 8 déc. 1858) (1). Cette solution ne peut faire doute depuis que la déclaration diplomatique du 11 sept. 1860 a fixé l'interprétation de ce traité à suivre par les cours des deux pays. Le traité de 1760 et la déclaration de 1860 sont actuellement applicables entre la France et l'Italie (V. Demangeat sur Fœlix, t. 2, p. 122, note *a* ; Bonfils, n° 268 ; Trochon, p. 321 ; Paris, 27 août 1864, aff. Estivant, D. P. 67. 1. 80 ; Montpellier, 10 juill. 1872, aff. Couve, D. P. 72. 2. 240. V. toutefois Renault, *Revue critique*, 1881, p. 474 et suiv. V. au surplus *Rép.* v° *Traité international*, n° 186). — La déclaration du 11 sept. 1860, citée *suprà*, n° 252, porte : « qu'il est expressément entendu que les cours, en déférant aux demandes d'exécution des jugements rendus dans chacun des deux Etats, ne devront faire porter leur examen que sur les trois points suivants, savoir : 1° si la décision émane d'une juridiction compétente ; 2° si elle a été rendue, les parties dûment citées et légalement représentées ou défaillantes ; 3° si les règles du droit public ou les intérêts de l'ordre public du pays où l'exécution est demandée ne s'opposent pas à ce que la décision du tribunal étranger ait son exécution ». Il a été jugé, par application de ces dispositions : 1° qu'aux termes du traité du 24 mars 1760 entre la France et la Sardaigne interprété par la convention du 11 sept. 1860, la cour française saisie d'une demande d'*exequatur* d'un jugement italien ne peut procéder à aucun examen au fond des droits des parties, ni, par conséquent, admettre les réserves de l'une d'elles (Paris, 9 janv. 1875, aff. Mellerio, D. P. 75. 2. 171 ; Lyon, 25 févr. 1882, aff. Pelusso et comp., D. P. 82. 2. 228) ; — 2° Que, spécialement, elle n'a pas à rechercher si la cour de cassation italienne, dont la décision fait l'objet de la demande d'*exequatur*, aurait admis un moyen de chose jugée non proposé aux juges du fond, se serait livrée à une appréciation de fait, ou aurait méconnu un contrat judiciaire intervenu entre les parties (Paris, 3 juin 1881, aff. Bonacini, Guastalla et comp., D. P. 82. 2. 66) ; — 3° Que la cour d'appel française, appelée à ordonner l'exécution d'un jugement rendu par un tribunal italien et exécutoire nonobstant opposition ou appel, n'est pas compétente pour apprécier si l'opposition formée devant le tribunal italien est recevable et fondée (Chambéry, 29 janv. 1873, aff. Dumas, D. P. 74. 2. 183) ; — 4° Que l'arrêt d'une cour d'appel française qui ordonne l'exécution d'une sentence étrangère non encore passée en force de chose jugée est nécessairement conditionnel, et subordonné aux résultats ultérieurs des recours présents ou futurs auxquels cette sentence peut être soumise ; qu'en conséquence, l'*exequatur* qui avait été accordé à un arrêt d'une cour d'appel italienne, cassé depuis par arrêt d'une cour de cassation italienne, ne fait point obstacle à ce que ce dernier arrêt obtienne à son tour l'*exequatur* (Paris, 3 juin 1881 précité) ; — 5° Que le tribunal dont la compétence doit être examinée par la cour saisie d'une demande d'*exequatur* est celui du pays où la décision a été rendue, et que cette compétence doit être appréciée d'après la loi italienne, et non d'après la loi française, lorsque le jugement a été rendu en Italie (Aix, 13 mai 1874, aff. Massoni, D. P. 75. 2. 57) ; — 6° Que l'exécution de jugements italiens doit être refusée en France, lorsque ces jugements ont, par des appréciations erronées, confondu une simple résidence avec un vrai domicile et que les juges italiens n'ont ainsi retenu la connaissance

---

(1) (Isnard-Blanc C. Pezzalès.) — LA COUR ; — Considérant que pour repousser l'exécution en France d'un jugement rendu par le tribunal de commerce de Gênes le 8 avr. 1856, la veuve Isnard-Blanc et fils se sont prévalus de ce que le traité de 1760 entre la France et la Sardaigne serait aboli ; — Considérant qu'il faut distinguer les traités généraux et politiques réglant les conditions de paix et d'alliance entre deux ou plusieurs nations, des traités particuliers d'hospitalité, de commerce, etc., qui touchent plus particulièrement aux intérêts privés des deux Etats ; — Que, si la guerre anéantit les premiers, elle suspend seulement les seconds, lesquels reprennent de plein droit leur empire quand la paix est rétablie, par application du principe général : *cessante causâ, tollitur effectus*, et encore par le consentement tacite des deux souverains, résultant d'une série d'actes non équivoques ; — Considérant que depuis 1814, époque de la paix générale et de la séparation des deux Etats, les meilleures relations n'ont pas cessé d'exister entre la France et la Sardaigne ; — Que depuis lors, de nombreux arrêts des cours sardes et françaises, des cours de cassation de Turin et de France, et particulièrement de la cour de céans, ont constamment et réciproquement appliqué le traité de 1760 ; — Que des difficultés ont pu surgir quant au mode d'interprétation ou d'exécution dudit traité, mais jamais quant à son existence ; que la doctrine s'est généralement prononcée dans le même sens ; — Qu'en 1831, le gouvernement sarde réclamant auprès du gouvernement français une exécution large du traité, M. le garde des sceaux écrivait à ce sujet au procureur général près la cour de céans, et disait en tête de sa lettre que, par la volonté des deux gouvernements, le traité de 1760 était en pleine vigueur ;...

Par ces motifs, etc.

Du 8 déc. 1858.-C. d'Aix.-MM. Bédarride, pr.-Saudbreuil, 1er av. gén.-Arnaud et Mistral, av.

du litige que contrairement aux règles de compétence communes au droit italien et au droit français (Paris, 11 mai 1869, aff. Spada, D. P. 71. 2. 119; Req. 27 avr. 1870, aff. Spada, D. P. 72. 1. 15); — 7° Que si une cour italienne, saisie d'une demande d'*exequatur* d'un jugement français, doit examiner si le défendeur a été régulièrement cité et représenté, elle doit accorder l'*exequatur*, bien que la citation du défendeur italien devant le tribunal français ne lui soit pas représentée, si l'existence de cette citation est prouvée, et que, quant à la compétence du tribunal français, elle est incontestable, lorsque le défendeur italien avait dans son ressort acquis un domicile au moyen d'une longue résidence (C. de Casale, 22 mars 1872, aff. Coste, D. P. 72. 2. 232); — 8° Que, la cour française saisie d'une demande d'*exequatur* n'ayant pas mission de reviser le jugement italien, la demande en intervention formée par des personnes qui n'ont pas été parties au jugement italien qu'il s'agit de rendre exécutoire en France n'est pas recevable (Bordeaux, 8 août 1887, aff. Paissa, D. P. 88. 2. 301. Comp. toutefois la note de M. Cohendy sous cet arrêt *ibid.*).

Il a été jugé encore qu'un arrêt d'une cour de cassation italienne peut être, en France, l'objet d'une demande d'*exequatur*, bien qu'il ne prononce aucune condamnation; que les demandeurs peuvent, en effet, avoir un intérêt manifeste à le faire déclarer exécutoire parce qu'il est de principe que l'autorité des magistrats, comme celle du souverain dont elle émane, ne s'étend pas au delà de leur territoire, et que l'arrêt d'une cour étrangère ne peut être considéré comme existant en France et y produire aucun effet, tant que son exécution n'y a pas été autorisée (Paris, 3 juin 1881, aff. Bonacini, Guastalla et comp., D. P. 82. 2. 66); — 2° Que les jugements rendus par les tribunaux français ne pouvaient produire leurs effets dans les Etats sardes qu'après avoir reçu la sanction de l'autorité judiciaire du pays, et que les décisions des cours sardes n'avaient point en France l'autorité de la chose jugée (Lyon, 14 déc. 1856, aff. Tœsca, D. P. 57. 2. 118); — 3° Qu'aucune inscription hypothécaire ne pouvait être prise en Sardaigne en vertu de ces mêmes jugements, sans que ceux-ci eussent été préalablement revêtus de l'*exequatur* dans ce pays (Aix, 16 déc. 1869, aff. de Vanoy, D. P. 71. 2. 73).

256. La formalité des lettres rogatoires, dans les relations judiciaires entre la France et l'Italie, a été maintenue par la pratique des deux pays (C. de Casale, 22 mars 1872, aff. Coste, D. P. 72. 2. 232, et la note; Aix, 13 mai 1874, aff. Massoni, D. P. 75. 2. 57. V. Demangeat sur Fœlix, t. 2, p. 67, note 2; Trochon, p. 323, et un article de M. de Lachenal, qui soutient que ces lettres ne sont pas nécessaires (*Revue pratique*, 1859, t. 7, p. 383 et suiv.). — Il a été jugé que les lettres rogatoires tendant à obtenir l'exécution en France d'un arrêt d'une cour de cassation italienne doivent émaner de cette cour elle-même. Décidé, en même temps, que la demande d'*exequatur* pour un arrêt d'une cour de cassation italienne ne saurait être adressée à la cour de cassation de France, mais doit être portée *de plano* devant une cour d'appel. Jugé encore que la demande d'*exequatur* d'un arrêt d'une cour d'appel italienne devient sans objet, lorsque cet arrêt a été cassé par la cour de cassation compétente, avant qu'il ait été statué en France sur ladite demande (Paris, 3 juin 1881, aff. Bonacini, Guastalla et comp., D. P. 82. 2. 66).

257. La cour de cassation a décidé que les dispositions du traité du 24 mars 1760 et de la convention du 11 sept. 1860, portant que, pour l'*exequatur* des jugements respectivement rendus en France et en Italie, les cours souveraines déféreront de part et d'autre aux réquisitions à elles adressées dans les formes de droit, ont eu pour but de rendre plus facile l'exécution des jugements entre Français et Italiens, et de donner le moyen d'éviter la revision, dans l'un des deux pays, des jugements rendus dans l'autre, mais qu'elles n'ont eu ni pour but ni pour effet de contraindre les parties à user des formes qu'elles ont introduites, et de leur enlever le droit de se présenter, si bon leur semble, devant les tribunaux de l'un des deux pays pour y demander l'exécution des jugements rendus dans l'autre, en se soumettant au droit commun, qui implique la revision desdits jugements au fond; que, par suite, le demandeur italien, qui, devant un juge de sa nationalité, a obtenu un jugement contre un défendeur français peut introduire, en suivant le droit commun, au premier degré de juridiction, une procédure d'*exequatur* devant un tribunal de première instance français, sous la condition que ce tribunal pourra reviser au fond la décision rendue à l'étranger; qu'il importe peu, en pareil cas, que le tribunal italien ait été ou non compétent, du moment où, dans la procédure d'*exequatur* suivie en France, selon les termes du droit commun, la cour a déféré aux conclusions tendant à ce qu'il lui plût d'évoquer le fond et de reviser le jugement étranger (Civ. rej. 5 mars 1888, aff. Comp. d'assurances maritimes *les Deux Pôles*, D. P. 88. 1. 365).

258. Au sujet du traité franco-badois du 16 avr. 1846 (D. P. 46. 3. 85) étendu à l'Alsace-Lorraine par la convention du 11 déc. 1871, il a été jugé : 1° que les jugements rendus par les tribunaux d'Alsace-Lorraine doivent être déclarés exécutoires en France sur la simple production d'une expédition dûment légalisée du jugement, avec la preuve de la signification et un certificat du greffier constatant qu'il n'existe contre le jugement ni opposition, ni appel, mais que le tribunal français à qui l'*exequatur* est demandé ne doit l'accorder que si la décision émane d'un tribunal étranger compétent; que la compétence exigée du tribunal étranger qui a rendu la décision dont l'*exequatur* est demandé est la compétence ordinaire déterminée par l'art. 59 c. proc. civ., et non la compétence exceptionnelle établie en matière commerciale par l'art. 420 du même code; enfin que l'élection de domicile à laquelle l'art. 2 de la convention franco-badoise, applicable à l'Alsace-Lorraine, attribue le pouvoir de fixer la compétence personnelle, ne saurait être tacite, mais doit être expressément stipulée (Nancy, 7 déc. 1872, aff. Samuel Bloch, D. P. 73. 2. 27); — 2° Que la disposition de la convention franco-badoise du 16 avr. 1846, d'après laquelle la partie qui a obtenu un jugement dans l'un des deux Etats ne peut en poursuivre l'exécution dans l'autre Etat qu'à la condition d'établir que ce jugement a obtenu force de chose jugée, est applicable aux jugements rendus par défaut faute de comparaître; qu'en conséquence, un tel jugement rendu en Alsace-Lorraine, où l'art. 158 c. proc. civ., est encore en vigueur, ne pouvant acquérir force de chose jugée que par l'exécution, puisque jusque-là l'opposition est recevable, ne peut être déclaré exécutoire par les tribunaux français, conformément aux conventions précitées, tant qu'il n'est pas justifié de cette exécution, et qu'il en est ainsi, alors même que le Français condamné par défaut n'aurait dans le pays où le jugement a été rendu ni domicile ni résidence et n'y posséderait aucun bien, et qu'ainsi l'exécution en pays étranger serait impossible (Trib. Gray, 11 juin 1878, aff. Lévy, D. P. 79. 3. 48).

259. Les dispositions mentionnées au *Rép.* n° 441 et réglées à nouveau par la convention de Mannheim du 17 oct. 1868 (D. P. 69. 4. 83), concernant les jugements relatifs à la navigation du Rhin, ont perdu leurs effets depuis que la France a cessé d'être puissance riveraine du Rhin.

260. Ainsi qu'on l'a dit au *Rép.* n° 443, les sentences rendues par les tribunaux d'un pays avec lequel la France a un traité pour l'exécution des jugements ne doivent pas nécessairement être rendues exécutoires, quelles que soient les décisions qu'elles contiennent; ainsi l'*exequatur* doit notamment leur être refusé si elles renferment des dispositions contraires au droit public français ou aux principes d'ordre public reçus en France (V. pour le texte des traités, *infrà*, v° *Traité international*. V. aussi Aubry et Rau, t. 8, § 769 *ter*, p. 422; Fœlix et Demangeat, t. 2, n. 372 et p. 121 note *a*; Bonfils, n° 272. V. les arrêts cités *suprà*, n°s 255 et suiv., relatifs à l'exécution des jugements italiens). Il a été jugé, en ce sens : 1° que la règle de compétence établie dans le traité franco-suisse de 1828 n'autorisait pas les tribunaux suisses à appliquer aux héritiers français, dans le partage des biens de la succession, situés soit en France, soit en Suisse, des lois contraires au principe de l'égalité des partages, et que l'héritier français avait, nonobstant les décisions contraires émanées des tribunaux suisses, non seulement le droit d'exiger le partage égal des biens situés en France, mais encore celui d'exercer sur ces biens le droit de prélèvement accordé par l'art. 1er de la loi du 14 juill. 1819 aux héritiers français exclus par la loi étrangère d'une partie des biens de la succession, situés en pays étranger

(Req. 18 juill. 1859, aff. Vanoni, D. P. 59. 1. 325. Comp. sur ce point : Traité 19 oct. 1869, art. 5, et protocole, D. P. 70. 4. 6, et *infrà*, v° *Succession*); — 2° Que la cour d'appel française appelée à ordonner l'exécution d'un jugement italien peut déclarer que la disposition de ce jugement qui prononce la contrainte par corps en matière commerciale ne sera pas exécutée en France (Chambéry, 29 janv. 1873, aff. Dumas, D. P. 74. 2. 183).

En ce qui concerne l'ordre public, il a été jugé : 1° que les juges français ont pu, sans violer la prohibition édictée par le code civil contre les substitutions fidéicommissaires, déclarer exécutoire en France le jugement par lequel un tribunal étranger a décidé que le testateur qui avait institué un héritier universel, n'avait entendu attribuer à cet héritier que l'usufruit de ses biens et l'avait chargé fiduciairement de remettre la propriété à une autre personne (Req. 27 avr. 1870, aff. Spada, D. P. 72. 1. 15); — 2° Qu'il y a lieu de déclarer exécutoires en France les jugements régulièrement rendus en conformité d'une loi étrangère qui, dans le but de subvenir aux conséquences d'une crise financière, a autorisé les compagnies de chemins de fer obligées de cesser leurs payements à opérer, dans des conditions déterminées, la conversion de leurs obligations, bien que cette loi ait eu, dans une certaine mesure, un effet rétroactif (Paris, 2 janv. 1875, aff. Dubois de Luchet, D. P. 75. 2. 196; Req. 18 janv. 1876, même affaire, D. P. 78. 1. 65); — 3° Que le jugement étranger qui déclare une paternité naturelle, n'est pas contraire aux bonnes mœurs et à l'ordre public, alors surtout qu'il se borne à constater, conformément aux règles admises dans le pays où il a été rendu, le fait d'une reconnaissance non authentique émanée de celui dont la paternité était réclamée (Pau, 17 janv. 1872, aff. Etchevest, D. P. 75. 2. 193. Comp. *infrà*, v° *Faillite*).

261. Les traités concernant l'exécution des jugements s'appliquent-ils à tous les jugements émanés de juridictions des Etats étrangers contractants, ou seulement aux jugements rendus entre ressortissants de ces Etats? M. Trochon, p. 324, considère les dispositions des traités comme une faveur réservée aux nationaux des Etats contractants (V. Trib. Seine, 29 févr. 1856, et Paris, 17 nov. 1857, aff. de Marcillac, *Gazette des tribunaux* du 18 nov. 1857. Comp. Bournat, *Revue pratique*, 1858, t. 5, p. 350 et suiv.). Mais M. Bonfils, n° 272, estime avec raison que ces dispositions doivent s'appliquer à tous les jugements rendus dans les Etats contractants sans distinction de nationalité des parties: et l'on peut remarquer, à l'appui de cette dernière solution, que les traités pour l'exécution des jugements sont inspirés par la considération des procédés des tribunaux de l'Etat avec qui l'on contracte, plus encore que par l'intérêt de ses nationaux, qu'ils visent les jugements plutôt que les parties qui les obtiennent; les traités, du reste, ne font aucune distinction, et, dès lors, il est naturel de les appliquer à tous les jugements.

262. Tous les auteurs s'accordent à admettre, comme on l'a fait au *Rép.* n°s 446 et suiv., que les jugements rendus dans un territoire séparé de la France, alors qu'il était français, conservent en France l'autorité de la chose jugée et y peuvent être exécutés, malgré la séparation, sans qu'il soit besoin de recourir aux formalités des art. 2123 c. civ. et 546 c. proc. civ., du moins lorsque ces jugements avaient acquis l'autorité de la chose jugée avant la séparation (V. Bonfils, n° 275; Trochon, p. 303; de Vareilles-Sommières, p. 147; Ruben de Couder, v° *Jugement étranger*, n° 20).

263. L'opinion émise au *Rép.* n° 450, d'après laquelle les jugements rendus pendant l'occupation ennemie sont exécutoires sans qu'il soit besoin de *pareatis*, est approuvée par MM. Fœlix et Demangeat, t. 2, n° 364; Bonfils, n° 276; Trochon, p. 304; de Vareilles-Sommières, p. 147; Ruben de Couder, n° 21. Peu importe que les juges aient été institués ou maintenus par l'ennemi; d'une part, l'occupation militaire ne soustrait pas un pays à son souverain légitime; il est nécessaire, d'autre part, que le cours de la justice ne soit pas interrompu et que ses décisions ne soient pas anéanties (V. Fœlix, Bonfils, de Vareilles, Ruben de Couder, *loc. cit.*). D'après M. Larombière, t. 7, art. 1351, n° 8, au contraire, « les jugements rendus, en pareil cas, même en France, par une juridiction étrangère, ne peuvent, par eux-mêmes, comme s'ils avaient été rendus à l'étranger, passer, à l'égard des tribunaux français, en force de chose jugée. Ils contiennent une violation d'autant plus flagrante du principe de la souveraineté nationale que la juridiction de laquelle ils émanent se rattache, par le principe de son institution en France, à un état de guerre et à une situation violente qui ne peuvent fonder aucune espèce de droit » (V. *infrà*, v° *Souveraineté*).

264. Contrairement à l'opinion émise au *Rép.* n° 451, les auteurs admettent généralement aujourd'hui qu'au cas de réunion d'un pays à la France, aucun jugement rendu avant la réunion dans le pays annexé ne serait, après l'annexion, de plein droit exécutoire en France (V. Bonfils, n° 274; Trochon, p. 303; de Vareilles-Sommières, p. 146; Ruben de Couder, n° 19). Réciproquement, les jugements rendus avant l'annexion par les tribunaux français ne seraient pas, après la réunion, exécutoires de plein droit dans le pays réuni. Il a été jugé en ce sens : 1° que le traité franco-sarde du 24 mars 1760, qui subordonne l'exécution, dans l'un des deux pays, des jugements rendus par les tribunaux de l'autre, à une demande d'*exequatur*, a conservé sa force pour la France et la Savoie depuis la réunion de ce dernier pays à la France, à l'égard des jugements antérieurs à cette réunion; qu'ainsi les Savoisiens ont eu le droit de s'opposer en Savoie à l'exécution des jugements rendus contre eux en France, avant la réunion des deux pays, si leur opposition rentrait dans les termes de la déclaration diplomatique du 11 sept. 1860, explicative du traité de 1760, et si elle était fondée notamment sur l'incompétence du tribunal français qui avait rendu le jugement dont l'exécution était demandée (Civ. cass. 7 juill. 1862, aff. Ginet et Jacquier, D. P. 62. 1. 355); — 2° Que l'annexion d'un territoire ne peut porter atteinte aux droits privés antérieurement acquis, et qu'en conséquence, suivant la règle du traité du 24 mars 1760, les jugements rendus par les tribunaux français avant l'annexion de la Savoie, n'ont pu produire d'effet dans ce pays qu'après avoir été déclarés exécutoires par les tribunaux du ressort (Chambéry, 27 août 1869, aff. Dérocle, D. P. 71. 2. 160); — 3° Mais que, s'il appartient à la cour de Chambéry de connaître des difficultés relatives à l'exécution, dans l'étendue de son ressort, des jugements rendus par un tribunal français antérieurement à l'annexion de la Savoie, il n'est pas nécessaire que des lettres rogatoires lui aient été adressées par la cour d'appel dont dépend ce tribunal, attendu que l'usage de ces lettres ne saurait se comprendre entre deux cours françaises (Paris, 9 juin 1874, aff. X..., D. P. 74. 2. 173).

265. Par application du principe que l'annexion d'un territoire ne peut porter atteinte aux droits privés antérieurement acquis, il a été également jugé que la réunion de la Savoie à la France a laissé subsister la distinction du territoire en ce qui concerne les jugements ou arrêts rendus dans l'un ou l'autre de ces pays antérieurement au jour de la réunion, et, par suite, que les jugements rendus par les anciens tribunaux sardes au profit de sujets sardes même contre des sujets français ont conservé, sur le territoire de la Savoie, l'autorité de la chose jugée, même vis-à-vis des Français au préjudice desquels ils avaient été rendus (Chambéry, 5 juin 1867, aff. Tixier de la Chapelle, D. P. 68. 2. 135; Req. 16 nov. 1868, même affaire, D. P. 68. 1. 473).

266. On a examiné au *Rép.* n° 459 devant quel tribunal doit être portée la demande d'*exequatur* d'une sentence étrangère. Il a été jugé que les cours d'appel ont seules qualité pour ordonner l'exécution en France des arrêts d'une cour souveraine étrangère (Nancy, 6 juill. 1877, aff. Mathieu, D. P. 78. 2. 220). Mais on décide généralement qu'en dehors des cas où les traités défèrent directement aux cours d'appel les demandes d'*exequatur*, ces demandes doivent être portées devant les tribunaux de première instance et ne peuvent être soumises aux cours que sur appel du jugement de première instance (V. Bonfils, n° 277; Trochon, p. 307; Ruben de Couder, n° 9; et la note sous l'arrêt précité du 6 juill. 1877).

267. La plupart des auteurs estiment que la demande d'*exequatur* doit être introduite, en principe, par voie d'ajournement (Aubry et Rau, t. 8, § 769 *ter*, p. 419; Bonfils, n° 278; Trochon, p. 306; Glasson sur Boitard et Colmet d'Aâge, *Leçons de procédure civile*, t. 2, p. 203, note; Ruben de Couder, n° 8; Massé, n° 807; Fœlix, t. 2, n° 351; Civ. cass. 7 juill. 1862, aff. Ginet et Jacquier, D. P. 62. 1.

355). Il a été jugé en ce sens : 1° que le jugement qui a déclaré exécutoire en France une sentence émanée d'un tribunal étranger, est nul s'il a été rendu sur une requête non notifiée au défendeur, et sans que le défendeur ait été assigné à comparaître devant le tribunal français ; qu'un tel jugement peut être attaqué par la voie de l'opposition (Douai, 17 juin 1863, aff. Luddy, D. P. 64. 5. 135) ; — 2° Que les demandes qui ont pour but de rendre exécutoires en France les décisions judiciaires intervenues à l'étranger doivent, à peine de nullité, être introduites par la voie ordinaire de l'assignation, et non par simple requête, alors même que les juges français, d'après les termes formels des traités, n'auraient pas à se préoccuper de la revision du fond du procès ; mais que cette nullité n'est pas d'ordre public et peut être couverte par la comparution de la partie qui, au lieu de l'invoquer *in limine litis*, prend des conclusions au fond (Nancy, 7 déc. 1872, aff. Samuel Bloch, D. P. 73. 2. 27); — 3° Que ces demandes sont régulièrement formées par des conclusions incidentes, lorsqu'elles ne sont que des moyens de défense à des demandes reconventionnelles du défendeur (Paris, 11 mai 1869, aff. Spada, D. P. 71. 2. 119. Comp. *infrà*, n° 270).

268. La voie de la requête serait cependant suffisante s'il s'agissait d'une matière de nature à être jugée sur simple requête d'après la loi française (Bonfils, n° 278 ; Trochon, p. 306 ; Massé, n° 807), tout au moins si le jugement étranger avait été rendu sur requête (Aubry et Rau, t. 8, § 769 *ter*, p. 419 ; Colmar, 10 févr. 1864, *infrà*, n° 276. — *Contrà :* Dubois sur Carle, note 92, p. 87). Cette voie est même considérée comme toujours suffisante, au moins lorsque le tribunal français ne doit pas reviser au fond la sentence étrangère, par MM. Valette, *Revue du droit français et étranger*, 1849, p. 612 ; Demangeat sur Fœlix, t. 2, p. 77, note *a ;* Rodière, t. 2, p. 188 ; de Vareilles-Sommières, p. 140. Comp. de Belleyme, *Ordonnances sur requête et référé*, 3e éd., t. 1, p. 514. Mais le jugement rendu sur requête serait susceptible d'opposition (Aix, 25 nov. 1858 (1) ; Chambéry, 29 janv. 1873, aff. Dumas, D. P. 74. 2. 183. V. au surplus *infrà*, v° *Opposition*).

269. Il a été jugé que les jugements et arrêts qui ont pour objet de rendre exécutoires en France les décisions judiciaires intervenues à l'étranger doivent, à peine de nullité, être prononcés en audience publique, alors même que, en vertu de traités, il n'y aurait pas lieu à la revision du procès au fond, les juges français devant, même en ce cas, rechercher si la décision étrangère a été rendue par un tribunal compétent, sur citation régulière, et si elle n'est pas contraire à l'ordre public français (Civ. cass. 30 janv. 1867, aff. Estivant frères, D. P. 67. 1. 80). MM. Massé, n° 818, et Ruben de Couder, n° 8, expriment aussi l'avis qu'il doit être prononcé sur les demandes d'*exequatur* en audience publique. M. Bertin, *Chambre du conseil*, t. 2, n° 1381, distingue selon que la décision dont l'*exequatur* est demandé appartient à la juridiction contentieuse ou à la juridiction gracieuse. Dans le premier cas, il requiert la publicité de l'audience ; dans le second, il admet la compétence de la chambre du conseil.

270. D'après un arrêt de la cour de cassation, la décision par laquelle un tribunal français déclare exécutoire en France un jugement rendu en pays étranger au profit d'un étranger, est un véritable jugement et peut, en conséquence, être attaquée par la tierce opposition (Req. 27 juill. 1874, aff. Hanssens, D. P. 76. 1. 129). Mais il a été décidé que la tierce opposition à un jugement par lequel un tribunal français a déclaré exécutoire en France un jugement déclaratif de faillite rendu en pays étranger est non recevable soit de la part du créancier qui, intervenant en France dans une instance en partage où figurait aussi comme intervenant le syndic de la faillite, n'a contesté ni l'état de faillite, ni la qualité du syndic, ni la validité du jugement d'*exequatur*, soit de la part du créancier qui a produit à la faillite en pays étranger et touché une somme à titre de dividende dans la même faillite (Rennes, 19 févr. 1879, aff. Hanssens, D. P. 79. 2. 65).

271. MM. Massé, n° 820, et Ruben de Couder, n° 225, sont d'avis que, dans les cas où les jugements rendus par les tribunaux français sont soumis à des formalités de publicité, l'*exequatur* accordé aux jugements étrangers doit être accompagné de ces formalités, à défaut desquelles les tiers ne pourraient être présumés en avoir eu suffisante connaissance.

272. La plupart des auteurs et une jurisprudence constante consacrent l'opinion adoptée au *Rép.* n° 460, d'après laquelle les tribunaux civils sont, à l'exclusion des tribunaux de commerce, compétents pour accorder l'*exequatur* aux jugements rendus par les tribunaux étrangers en matière commerciale (V. Aubry et Rau, t. 8, § 769 *ter*, p. 419 ; Valette, *Revue de droit français et étranger*, 1849, p. 612 ; Fœlix, t. 2, n° 359 ; Massé, t. 2, n° 806 ; Bournat, *Revue pratique*, t. 5, p. 344 ; Bonfils, n° 277 ; Trochon, p. 307 ; Pont, n° 585 ; Durier, *Revue pratique*, 1856, t. 1, p. 545 et suiv. ; de Vareilles-Sommières, p. 142 ; Ruben de Couder, n° 10 ; Douai, 24 août 1849, aff. Dégardin, D. P. 50. 2. 101 ; Metz, 11 nov. 1856, *suprà*, n° 237 ; Paris, 16 avr. 1855, aff. Doliveyra, D. P. 56. 2. 109 ; Colmar, 10 févr. 1864, *infrà*, n° 276 ; Bordeaux, 16 déc. 1867, aff. Lequellec, D. P. 68. 5. 194 ; Chambéry, 12 févr. 1869, aff. Lemoine, D. P. 71. 2. 118 ; Rouen, 22 déc. 1885, sous Civ. rej. 5 mars 1888, aff. Compagnie d'assurances maritimes *les Deux Pôles*, D. P. 88. 1. 365). — Toutefois, M. Demangeat sur Fœlix, t. 2, p. 99, note *a* et 101, admet la compétence du tribunal de commerce, lorsque la sentence étrangère a été rendue contre un Français, et M. Glasson, sur Boitard et Colmet d'Aâge, t. 2, n° 801, note, p. 203, admet sa compétence, quelle que soit la nationalité de la partie condamnée.

Art. 2. — *Exécution et autorité des actes étrangers* (*Rép.* nos 462 à 478).

273. Il a été jugé, conformément à ce qui a été dit au *Rép.* nos 464 et 470, que, si les actes légalement passés à l'étranger ne sont pas de plein droit exécutoires en France, ils y peuvent obtenir force parée à condition d'avoir été déclarés exécutoires par un tribunal français (Trib. Marseille, 8 avr. 1874, et Aix, 22 nov. 1876, aff. Mitaras, D. P. 78. 2. 103 ; Civ. cass. 25 nov. 1879, aff. Barbaressos, D. P. 80. 1. 56 ; Grenoble, 11 mai 1881, aff. Nicolaïdès, D. P. 83. 2. 65. V. dans le même sens : de Belleyme, *Ordonnances sur requêtes et référés*, 3e éd., t. 1, p. 511). Mais cette solution est critiquée par MM. Demangeat sur Fœlix, t. 2, p. 220, note *a ;* Bonfils, n° 291 ; Trochon, p. 310 ; Boitard, Colmet d'Aâge et Glasson, n° 801 ; Massé, t. 2, n° 821 ; Renault, *Revue critique*, 1881, p. 485 ; Ruben de Couder, v° *Jugement étranger*, n° 28. Ces auteurs font remarquer que, si l'art. 546 c. proc. civ. renvoie, en ce qui concerne l'exécution des jugements et actes étrangers, aux art. 2123 et 2128 c. civ., l'art. 2123 ne vise que les jugements, et l'art. 2128 ne se prête à l'exécution des actes qu'autant qu'il existerait des lois politiques ou des traités à ce sujet. Ils en concluent que l'acte public reçu à l'étranger pourra servir de titre à une demande devant les tribunaux français et devenir l'occasion d'une condamnation, comme pourrait le faire un acte sous seing privé ; mais que ce qui pourra être mis à exécution ne sera pas l'acte étranger, mais bien le jugement français obtenu à l'aide et sur le fondement de cet acte.

274. Il a été jugé que l'ordonnance du président du tribunal qui prononce l'envoi en possession du légataire universel, en exécution de l'art. 1008 c. civ., est un acte de juridiction volontaire dont l'exécution, lorsqu'il émane d'un juge étranger, ne peut avoir lieu en France qu'autant qu'il a été rendu exécutoire par les tribunaux français (Req. 9 mars

(1) (Féraud et Honorat C. Cavasso.) — La cour ; — Attendu que, par arrêt en date du 22 avr. 1858, rendu sur requête, la cour de céans, déférant aux lettres rogatoires de la cour d'appel de Gênes, a permis l'exécution dans son ressort d'un jugement émané le 22 déc. 1857 de ladite cour de Gênes, et portant condamnation au payement d'une somme de 9104 livres au profit de Fortunato Cavasso, capitaine marin, domicilié à Gênes, contre Feraud et Honorat frères, négociants, domiciliés à Marseille ; — Attendu que Feraud et Honorat ont fait opposition à cet arrêt, et que Cavasso en conteste d'abord la recevabilité ; — Attendu que nul ne peut avoir à souffrir d'une décision sans avoir été mis en demeure de se défendre ; — Attendu que l'arrêt d'*exequatur* du 22 avril dernier ayant été rendu sur requête en l'absence de Feraud et Honorat, non appelés en cause, ceux-ci ont pu se pourvoir par la voie de l'opposition, qui est la voie naturelle ouverte contre les décisions non contradictoires ;... — Par ces motifs, etc.

Du 25 nov. 1858.-C. d'Aix, 1re ch.-MM. Bédarride, pr.-Saudbreuil, 1er av. gén.-Arnaud et Rigaud, av.

1853, aff. Féval, D. P. 53. 1. 59). Cette décision paraît inspirée par la distinction faite par M. le conseiller rapporteur d'Oms (V. *ibid.*) entre les actes de juridiction volontaire qui n'ont d'autre objet que la constatation de certains faits entraînant des conséquences juridiques (émancipation, interdiction, etc.), et les actes de juridiction volontaire qui, contenant un commandement, ont plus exclusivement le caractère d'actes de la puissance publique; c'est dans ces derniers que rentrerait d'après M. d'Oms l'ordonnance d'envoi en possession du légataire universel. Cette distinction et la solution de l'arrêt de 1853 sont combattues par M. Demangeat sur Fœlix, t. 2, p. 203, note *a*, qui tient l'ordonnance précitée du président comme n'ayant d'autre effet que de rendre le testament olographe équivalant à un testament par acte public passé en pays étranger (V. *suprà*, v° *Dispositions entre vifs et testamentaires*, n° 927).

275. On considère les actes de juridiction volontaire, en général, comme rentrant sous l'application des lois qui déterminent la forme extérieure des actes (V. *infrà*, v° *Lois*), et comme ayant en France force probante et y produisant leurs effets, sauf l'hypothèque (c. civ. art. 2128) et la force d'exécution, sans qu'il soit besoin de les faire déclarer exécutoires par les tribunaux français (Fœlix et Demangeat, t. 2, n°s 454 et 464 ; Aubry et Rau, t. 8, § 769 *ter*, p. 420 ; Bonfils, n° 244). Décidé en ce sens que, si les actes de juridiction volontaire ou gracieuse, aussi bien que ceux de juridiction contentieuse tirent leur origine uniquement du pouvoir souverain de l'Etat, par l'effet de la nomination faite par ce pouvoir des magistrats chargés d'exercer cette juridiction, il s'est toutefois formé entre les nations un usage général d'admettre l'autorité des actes de juridiction volontaire ; que, par suite, le tuteur étranger investi dans son pays de l'administration des biens d'un mineur, lui-même étranger, a qualité pour agir en France, même contre des Français, sans être tenu de faire préalablement déclarer exécutoire la délibération du conseil de famille qui lui a conféré ses fonctions (Nancy, 25 avr. 1885, aff. Cantiran, D. P. 86. 2. 131. V. dans le même sens : Pau, 6 janv. 1868, *suprà*, n° 239. Comp. *suprà*, n°s 183, 194, 207 et 230).

276. Il a été jugé encore : 1° que le syndic nommé par un jugement déclaratif de faillite rendu par une juridiction étrangère peut agir en justice devant les tribunaux français, sans que ce jugement ait été déclaré exécutoire en France, alors qu'il n'y a contestation ni sur le fait de la déclaration de faillite, ni sur le fait de la nomination du syndic (Bordeaux, 22 déc. 1847 (1) ; Paris, 23 mars 1868 et Civ. rej. 21 juin 1870, aff. de Jeanson, D. P. 71. 1. 294), et, spécialement, qu'il peut procéder aux lieu et place du failli sur l'assignation à lui donnée devant un tribunal français (Paris, 22 févr. 1872, aff. Debbeld et comp., D. P. 72. 2. 107) ; — 2° Que le jugement déclaratif de faillite rendu en pays étranger fait preuve suffisante de la qualité des syndics qu'il a nommés et leur permet d'exercer en France les droits qui appartiennent à la masse, sans qu'il soit nécessaire de le faire préalablement déclarer exécutoire (Bordeaux, 2 juin 1874, aff. Changeur, D. P. 75. 2. 209 ; Nancy, 12 juill. 1887, aff. Syndic Mézières, D. P. 88. 2. 289). Les mêmes solutions sont données par MM. Demangeat sur Fœlix, t. 2, p. 296, note *a* ; Massé, t. 2, n° 809 ; Bonfils, n° 245 ; on allègue à leur appui que les syndics sont des mandataires du failli et que la procuration à eux donnée par jugement, et dès lors sous une forme authentique, doit avoir effet partout vis-à-vis de ceux « aux droits desquels elle ne porte pas atteinte ». On pourrait dire encore que le jugement déclaratif a constaté un fait, la faillite, qu'il fait preuve de ce fait jusqu'à preuve contraire (V. *suprà*, n° 275), et constitue ainsi un titre régulier pour les syndics dont les pouvoirs sont la conséquence de la constatation de ce fait. Toutefois, les conséquences de cette idée sont loin d'être toutes adoptées, notamment par la jurisprudence (V. *infrà*, n°s 277 et suiv., et v° *Faillite*. Comp. Carle, *La faillite dans le droit international privé*, traduit par Dubois, n°s 27 et suiv. — V. toutefois Ripert, *Quelques questions sur la faillite dans le droit international privé*, *Revue critique*, 1877, p. 705 et suiv. Comp. les arrêts cités au *Rép.* n°s 467 et 469). M. Stelian, *La faillite, Etude de législation comparée et de droit international*, p. 244 et suiv., exige l'*exequatur* préalable pour autoriser le syndic à agir et à représenter les intérêts de la masse en France (Conf Trib. Seine, 30 juill. 1872, et Paris, 31 janv. 1873) (2). Comp.

(1) (Bizot et Roussel C. syndics Montluc et Pedron.) — La cour ; — En ce qui concerne la qualité de don Henrique Lelong et don Eugénio Maliano, agissant comme syndics de la faillite de la maison Montluc et comp. de Tampico : — Attendu qu'il ne s'agit pas de l'exécution forcée d'un jugement ou d'un acte émané d'une juridiction étrangère, mais de vérifier, en fait, si la maison Montluc et comp. est en état de faillite, et si les demandeurs sont investis de la qualité de syndics ou mandataires de créanciers de la faillite ; — Attendu que la preuve de ce double fait résulte suffisamment, tant du certificat émané du président du tribunal de commerce de Tampico, que des autres documents produits au procès, notamment de l'addition mise par les syndics, le 20 nov. 1880, à Tampico, en marge des doubles du connaissement, signés le 21 juillet précédent par le capitaine de la *Marie*, et par lui remis à Montluc et comp. chargeurs ; — Au fond...

Du 22 déc. 1847.-C. de Bordeaux, 1re ch.-MM. de la Seiglière, 1er pr.-Troy, av. gén.-Brochon, de Chancel et Saint-Marc, av.

(2) (Egger C. Wohl.) — Le sieur Wohl, Alsacien resté Français par suite de son option pour la nationalité française, a été déclaré en faillite par un jugement du tribunal de commerce de Strasbourg du 23 mai 1871. A la suite de ce jugement, le sieur Egger, nommé syndic de la faillite, a formé une saisie-arrêt entre les mains des ministres de la guerre et des finances les 7 et 9 juin 1871, pour des sommes qui étaient dues à Wohl à raison de fournitures d'armes de guerre qu'il avait faites au gouvernement français. Demande en mainlevée par le sieur Wohl le 30 juill. 1872 ; jugement du tribunal de la Seine ainsi conçu : — « Attendu qu'aux termes de l'art. 443 c. com., le failli n'est dessaisi de l'administration de ses biens que par le jugement déclaratif de faillite ; — Que c'est le même jugement qui attribue aux syndics les pouvoirs dont ils sont investis sous la surveillance et l'autorité du juge-commissaire ; — Que c'est donc uniquement en vertu de ce jugement qu'ils peuvent exercer les actes de leurs fonctions, notamment requérir l'apposition des scellés et faire procéder à l'inventaire, et qu'aux termes de l'art. 484, ce n'est qu'après l'accomplissement de ces formalités qu'ils peuvent se mettre en possession des marchandises, argent, titres, papiers, biens, meubles et immeubles du failli ; — Attendu qu'aux termes de l'art. 546 c. proc. civ., les jugements étrangers ne sont susceptibles d'aucune exécution en France, s'ils n'ont été rendus exécutoires par les tribunaux français ; — Qu'en conséquence, ces jugements ne peuvent produire aucun effet, et qu'avant l'*exequatur* du jugement déclaratif de faillite le syndic étranger ne peut exercer en France aucun des pouvoirs qui lui sont conférés par ce jugement ; — Attendu que la généralité de ces expressions « ne sont susceptibles d'aucune exécution » n'admet pas d'exception ; qu'elles s'appliquent aux actes conservatoires comme aux autres, puisqu'ils procèdent tous du jugement étranger ; — Que cela résulte spécialement de la combinaison des art. 490 c. com. et 2123 c. civ. ; — Qu'en effet, aux termes de l'art. 490, les inscriptions hypothécaires que le syndic est tenu de prendre conservatoirement sur les biens des débiteurs du failli et sur ses immeubles personnels ne sont reçues que sur un bordereau relatant le jugement de faillite, et qu'aux termes de l'art. 2123, les jugements étrangers ne peuvent pas produire l'hypothèque judiciaire avant l'*exequatur* ; qu'il suit de là que le conservateur des hypothèques ne peut pas, avant cette formalité, recevoir les inscriptions qui seraient requises par le syndic ; — Attendu qu'en admettant que l'on puisse attribuer au jugement déclaratif l'effet d'un mandat ordinaire, le syndic n'aurait pas plus de droits que n'en auraient les mandants, et que n'ayant pas de titre, il ne pourrait pratiquer en France une saisie-arrêt sans en avoir obtenu l'autorisation du juge ; — Attendu enfin qu'en fait l'opposition formée par Egger entre les mains du ministre des finances n'a pas le caractère des actes prescrits aux syndics par l'art. 490 pour la conservation des droits du failli contre ses débiteurs ; — Que cette opposition n'est qu'une simple défense de payer ; — Qu'elle n'est l'objet d'aucune demande en validité devant les tribunaux français ; — Qu'elle a pour but et pour effet de dessaisir dès à présent Wohl du droit de toucher les sommes qui peuvent lui être dues ; — Qu'elle n'a été faite qu'en conséquence de la notification du jugement de faillite, et que valider de tels actes, ce serait reconnaître au jugement une force d'exécution que lui refuse l'art. 546 susvisé ; — Par ces motifs, déclare nulle et de nul effet l'opposition du 9 juin 1871 et fait mainlevée ». — Appel par le sieur Egger. — Arrêt.

La cour ; — Considérant que, par exploit aux dates des 7 et 9 juin 1871, Egger a pratiqué dans les mains du ministre de la guerre et du ministre des finances une saisie-arrêt des sommes dues par l'Etat à Wohl pour fournitures d'armes de guerre ; — Considérant que, suivant les art. 557 et 558 c. proc. civ., il ne pouvait procéder à cette voie d'exécution qu'en vertu d'un titre et qu'avec permission du juge ; — Considérant qu'il attribue à tort la nature d'un titre à un jugement du tribunal de commerce de Strasbourg, du 23 mai 1871, qui est visé dans les exploits de

encore M. Thaller, *Des faillites en droit comparé*, t. 2, nº 231, qui n'accorde aucun effet, sur les biens situés en France, à la faillite déclarée à l'étranger (V. également : Vincent et Pénaud, *Dictionnaire de droit international privé*, vº *Faillite*. — V. au surplus *infrà*, vis *Faillite ; Lois*).

MM. Bonfils, nº 245, et Demangeat sur Fœlix, t. 2, p. 206, note *a*, autorisent les syndics à poursuivre en France, dans l'intérêt de la masse, la vente des biens du failli. M. Carle, nº 31, est d'avis contraire ; il considère qu'il y a là un acte d'exécution qui exige l'*exequatur* préalable. Toutefois, on peut dire qu'il n'y a pas plus, en pareil cas, exécution forcée du jugement déclaratif qu'il n'y a exécution forcée d'un jugement d'interdiction, lorsque le tuteur aliène les biens de l'interdit ; du moins, il n'y aurait exécution forcée que si le failli contestait la valeur du jugement déclaratif et sa recevabilité en France, ce qui nécessiterait l'*exequatur* préalable (Comp. Massé, t. 1, nº 547 ; Demangeat, t. 2, p. 110, note *c*. V. *infrà*, vº *Faillite*).

Décidé encore que le syndic nommé par jugement étranger peut faire, comme mandataire, les actes conservatoires et, par exemple, faire opposition au jugement rendu par défaut contre le failli (Colmar, 10 févr. 1864) (1). — Il a

---

saisie-arrêt ; — Que ce jugement rendu dans un pays qui alors venait de passer sous une souveraineté étrangère était un jugement étranger, et ne pouvait fonder en France une voie d'exécution qu'après avoir été déclaré exécutoire par un tribunal français, selon la disposition des art. 546 c. proc. civ. et 2123 et 2128 c. civ. ; — Que vainement on soutient que ce jugement était dispensé de l'*exequatur* et portait en France toute son autorité, parce qu'il était un jugement déclaratif de faillite, qui ne faisait que constater le fait de la faillite Wohl survenue à l'étranger, et conférer à un syndic des pouvoirs que l'état de faillite rendait nécessaires ; — Considérant à ce sujet que Wohl possède la qualité de Français, qui ne lui est pas déniée ; — Qu'un jugement étranger qui le constituerait en état de faillite, et qui modifierait ainsi sa capacité civile, ne peut avoir d'effet contre lui en France sans l'intervention des tribunaux français ; — Que Egger n'a donc pas donné pour base à sa saisie-arrêt un jugement étranger qui, à défaut d'*exequatur*, ne peut avoir en France ni l'autorité de la chose jugée, ni aucune puissance d'exécution ; — Considérant que pour écarter ces principes de décision, Egger se prévaut à tort de l'art. 18 de la convention du 9 janv. 1872 conclue entre la France et l'Allemagne, et d'après laquelle les jugements rendus par un tribunal compétent pourraient réciproquement d'un pays dans l'autre être exécutés sans être soumis à revision ; — Que ces stipulations du traité laissent toujours subsister l'obligation d'obtenir des tribunaux français l'*exequatur* avant de pouvoir donner exécution en France à un jugement étranger ; — Par ces motifs, confirme.

Du 31 janv. 1878.-C. de Paris, 1re ch.-MM. Gilardin, 1er pr.-Hémar, av. gén.-Massé et Carraby, av.

(1) (Syndic Stern *C.* Bricka.) — LA COUR ; — En ce qui touche la valeur juridique dans la cause du jugement rendu par le tribunal royal prussien de Saarbrück, jugeant consulairement le 14 avril dernier, et rendu exécutoire en France par jugement du tribunal civil de Saverne le 29 juillet suivant : — Attendu que le jugement du 14 avril a déclaré en état de faillite le nommé Nathan Stern, négociant à Saarbrück, et a nommé l'appelant syndic de la faillite dont l'ouverture a été par le même jugement reportée au 1er déc. 1862 ; — Que ce jugement dans la Prusse rhénane régie encore par le code de commerce publié en France en 1807, a eu pour effet, de même que l'a en France tout jugement déclaratif de faillite, de dessaisir le failli de l'administration de ses biens, de concentrer cette administration entre les mains du syndic de la masse ; de le constituer mandataire légal, tant du failli que de ses créanciers, de lui conférer seul qualité pour faire rentrer l'actif et liquider le passif, enfin de paralyser l'action des créanciers de la masse ; — Que ce jugement, par lui-même sans valeur comme non avenu et sans exécution possible en France, d'après les principes du droit public français consacrés déjà par l'art. 121 de l'ordonnance de 1629 et confirmés par les art. 546 c. proc. civ., 2123 et 2128 c. nap., était cependant susceptible, aux termes de ces mêmes articles, d'acquérir une autorité juridique en France, c'est-à-dire à la condition d'être déclaré exécutoire par l'autorité judiciaire française ; — Attendu que Boltz, trouvant dans la masse Stern une créance active de celui-ci sur le nommé Adam Muller, de Kaskattel, lui-même déclaré en faillite et représenté par l'avoué Hirn, nommé syndic, et en vue de poursuivre la rentrée de cette créance dans la masse Stern, présenta requête au tribunal civil de Saverne, aux fins de faire déclarer exécutoire en France le jugement déclaratif de faillite rendu par le tribunal de Saarbrück, le 14 avr. 1863, littéralement transcrit à la suite de sa requête ; — Que le tribunal, après avoir visé la requête de Boltz et statuant sur cette requête, a, par jugement du 29 juill. 1863, déclaré exécutoire en France ledit jugement, dont le dispositif a été transcrit dans son propre dispositif, le tout sanctionné par la formule exécutoire du *Mandons et Ordonnons ;* — Attendu que l'effet de ce jugement a été, d'après les principes incontestés en cette matière : 1º de conférer au jugement du tribunal de Saarbrück même force et vigueur que s'il émanait de l'autorité judiciaire française ; 2º de lui faire produire en France les mêmes effets juridiques pour autant qu'ils ne seraient pas en opposition avec la loi française ; notamment, dans l'espèce, de maintenir irrévocablement jugé, non seulement que Stern est en état de faillite, que Boltz est syndic de sa masse, et que l'ouverture de cette faillite est fixée au 1er déc. 1862, mais aussi qu'à partir du jour de la déclaration de faillite, le failli Stern était dessaisi de l'administration de l'actif et du passif dévolue au syndic, et par voie de conséquence, qu'à partir du 14 avr. 1863, aucun créancier de Stern ne pouvait plus agir personnellement pour la sauvegarde de son intérêt particulier ;

Attendu qu'en appliquant ces principes à l'examen du jugement du 28 août 1863 dont est appel, il faut reconnaître que les premiers juges en interprétant le jugement d'*exequatur* rendu par eux le 29 juillet précédent, en ont méconnu la portée juridique en n'y voyant que la reconnaissance et la constatation d'un état de fait, à savoir l'état de faillite de Nathan Stern, la nomination de Boltz comme syndic de sa masse, et l'ouverture de la faillite reportée au 1er déc. 1862 ; — Qu'en effet, l'ordonnance de 1829, pas plus que les art. 546, 2122 et 2128 des codes précités n'autorisent les tribunaux à déclarer les jugements rendus en pays étrangers exécutoires en France par simple forme de visa sans examen préalable et sans revision ; — Qu'appelés, au contraire, à rendre un décision, ils ne peuvent statuer qu'après délibération et par conséquent qu'en connaissance de cause, soit, quant aux faits déclarés ou constatés par le jugement qui leur est soumis, soit quant aux conséquences juridiques que ces faits engendrent ou qui en découlent ; — Que ce qui restituerait au besoin au jugement dont est appel son véritable caractère et sa véritable portée, c'est que le tribunal, par le libellé de la requête sur laquelle il avait à statuer, et qu'il a visée, était averti de l'effet que Boltz entendait faire produire au jugement de Saarbrück et du but qu'il se proposait en en demandant l'*exequatur*, puisqu'il énonçait que c'était en vue de faire rentrer dans la masse Stern les sommes qu'elle avait à prétendre dans la faillite d'Adam Muller ;

En ce qui touche le moyen de nullité opposé au jugement d'*exequatur* du 29 juill. 1863, en ce qu'il aurait été rendu par le tribunal civil, lorsque la matière à lui soumise était de sa nature commerciale : — Attendu que l'exécution des jugements étrangers en France peut soulever des questions de droit public et de souveraineté, que les tribunaux civils sont seuls compétents pour apprécier et juger ; — Que, d'autre part, l'exécution demandée au tribunal, et par lui accordée, devant avoir lieu par toutes les voies de droit, peut donner lieu à des contestations, dont les juges consulaires ne peuvent connaître ; — Qu'enfin les tribunaux civils étant investis de la plénitude de juridiction et l'incompétence alléguée n'étant pas d'ordre public, seul cas où le tribunal aurait à se déclarer incompétent d'office, le tribunal civil de l'arrondissement de Saverne a non seulement pu, mais dû retenir la cause et y statuer ; qu'ainsi, le moyen de nullité proposé est mal fondé ;

Sur le moyen subsidiairement invoqué par l'intimé et fondé sur ce que, n'ayant pas été porté ni appelé au jugement du 29 juillet qui a déclaré exécutoire celui du tribunal de Saarbrück du 14 avril, ce jugement ne saurait lui être opposé, étant quant à lui *res inter alios acta :* — Attendu que c'est forcément par voie de requête, à raison de la nature de la demande, d'une manière absolue et générale, et non contre une partie, qu'est formée la demande d'*exequatur* d'un jugement rendu par un tribunal étranger en matière de déclaration de faillite, et que, dès lors, celui à l'égard duquel ce jugement est ultérieurement mis à exécution ne saurait le critiquer, sous prétexte qu'il n'y aurait pas été appelé, l'art. 474 c. proc. civ. lui réservant, au surplus, la voie de la tierce opposition, s'il estime que le jugement auquel il n'a pas été appelé préjudicie à son droit ;

Enfin, quant au défaut de qualité opposée à Boltz en ce que, n'ayant obtenu que le 29 juill. 1863 le jugement d'*exequatur* qui lui reconnaît la qualité de syndic de la faillite Nathan Stern, il n'avait pu antérieurement, le 10 juillet, valablement former opposition au jugement par défaut du 13 mai qui avait validé la saisie-arrêt pratiquée par l'intimé entre les mains du syndic de la faillite Adam Muller : — Attendu que les oppositions ne sont, en général, que des actes purement conservatoires et provisoires, puisque le juge est toujours appelé à statuer ultérieurement sur leur mérite ; — Qu'un syndic est le mandataire légal et général des créanciers de la masse qu'il représente, et qu'un mandataire, même étranger, peut exercer valablement en France les actes que lui confère son mandat ; qu'au nombre de ces actes, il faut nécessairement comprendre les mesures conservatoires et les voies de recours contre les jugements, en vue de sauvegarder les intérêts du mandant ; que Boltz, quand il a formé opposition, était

été jugé cependant qu'avant l'*exequatur* d'un jugement déclaratif de faillite, le syndic étranger ne peut exercer en France aucun des pouvoirs qui lui sont conférés par ce jugement; que la généralité de ces expressions de l'art. 546 c. proc. civ. « ne sont susceptibles d'aucune exécution » n'admet pas d'exception, qu'elles s'appliquent aux actes conservatoires comme aux autres, puisqu'ils procèdent tous du jugement étranger (Trib. Seine, 30 juill. 1872, et Paris, 31 janv. 1873, précités). Mais on peut répondre que, faire un acte conservatoire en se fondant sur une qualité ou sur des faits constatés par un jugement étranger, ce n'est pas, à proprement parler, exécuter ce jugement, c'est l'invoquer simplement comme un titre; or il n'y a aucune raison de décider qu'un jugement étranger dépourvu de l'*exequatur* ne constitue pas un titre, alors qu'un acte sous seing privé passé à l'étranger peut en constituer un. Ce n'est pas là attribuer au jugement étranger l'autorité de la chose jugée, car ce titre pourra être contesté, comme tout autre, par toute personne y ayant intérêt; tant qu'il n'aura pas été rendu exécutoire, on en pourra contester la recevabilité en France (Sur ce point et ses conséquences en matière de faillite, V. *infrà*, v° *Faillite*); c'est seulement accorder foi provisoirement aux énonciations du jugement, et soit que l'on tienne le jugement déclaratif de faillite pour un acte de juridiction gracieuse, soit qu'on le considère comme un acte de juridiction contentieuse, cette solution peut être également acceptée (Comp. *Rép.* n° 471; Fœlix et Demangeat, t. 2, n° 369, et p. 117, note *b*).

277. Il a été décidé: 1° que le jugement déclaratif de faillite rendu par un tribunal étranger ne peut être opposé aux créanciers français, lorsqu'il n'a pas été rendu exécutoire en France (Conf. Massé, n° 809; Demangeat sur Fœlix, t. 2, p. 206, note *a*); notamment qu'on ne peut s'en prévaloir pour soustraire le failli aux poursuites individuelles de ses créanciers (Colmar, 10 févr. 1864, *suprà*, n° 276; Bordeaux, 2 juin 1874, aff. Changeur, D. P. 75. 2. 209; Trib. com. Seine, 29 juin 1881, aff. Viellard-Migeon, D. P. 83. 3. 40. — *Contrà*: Bonfils, n° 248; Carle, n°s 26 et 31. — Comp. note sous Req. 18 janv. 1876, aff. Dubois de Luchet, D. P. 78. 1. 65. V. *infrà*, v^is *Faillite; Lois*); — 2° Qu'un étranger peut assigner en déclaration de faillite devant les tribunaux de France un Français établi à l'étranger, même pour des obligations contractées en pays étranger; et que la mise en faillite de ce Français à l'étranger par une décision non rendue exécutoire en France ne fait pas obstacle à ce qu'il soit de nouveau déclaré en faillite par les tribunaux français, s'il possède une succursale ou un dépôt de marchandises en France (Bordeaux, 25 mars 1885, aff. Stein, D. P. 88. 2. 290) ou s'il a exercé le commerce en France (Paris, 10 nov. 1886, aff. Gerson, *ibid.*).

Mais il a été jugé qu'un jugement déclaratif de faillite, rendu en pays étranger peut être opposé en France à des créanciers du failli, à l'effet, notamment, de faire écarter leur demande d'attribution exclusive de sommes par eux saisies-arrêtées, quoique les juges français n'aient point rendu ce jugement exécutoire, si les créanciers contre lesquels la faillite est invoquée l'ont reconnue en y produisant, et en poursuivant en France contre les syndics, la condamnation au payement de leur créance (Trib. Seine, 24 déc. 1865, Paris, 23 août 1867, et Req. 30 nov. 1868, aff. Bischoffsheim, D. P. 69. 1. 194. V. *infrà*, v° *Faillite*).

278. MM. Bonfils, n° 246; Massé, n°s 546 et 809, et Demangeat sur Fœlix, t. 2, p. 206, note *a*, estiment que les modifications dans la capacité du failli, qui résultent du jugement déclaratif étranger, ont leur effet en France en ce qui touche le statut personnel, mais qu'elles ne doivent être d'aucune considération en ce qui a trait au statut réel (Sur la question de savoir si la faillite appartient au statut réel, au statut personnel ou ne rentre ni dans l'un ni dans l'autre, V. *infrà*, v^is *Faillite; Lois*). Par suite de cette distinction, ils refusent au failli, déclaré tel par jugement étranger, l'entrée de la Bourse et l'escompte de la Banque de France, mais lui

---

déjà depuis le 14 avril précédent investi de la qualité de syndic et des pouvoirs y attachés, que le jugement du 29 juillet n'a fait que reconnaître; — Que, du reste, l'opposition formée par Boltz revêt si bien le caractère purement conservatoire que, en relatant dans sa requête d'opposition le jugement du tribunal de Saarbrück qui le nomme syndic de la faillite Stern, il a eu soin d'ajouter: « lequel jugement sera ultérieurement rendu exécutoire en France »; que, dès lors, ce prétendu défaut de qualité doit être écarté;

En ce qui touche la recevabilité de l'opposition de Boltz: — Attendu, en fait, que l'intimé, créancier de Nathan Stern, a fait pratiquer, le 10 mars 1863, une saisie-arrêt entre les mains du sieur Hirn, en sa qualité de syndic de la faillite Adam Muller, de Kaskattel, débiteur de Stern; que cette saisie-arrêt, pratiquée, à défaut de titre exécutoire, en vertu de permission de juge, a été dénoncée le 24 mars à la partie saisie, avec assignation en validité; que, le 13 mai, est intervenu contre Stern un jugement par défaut, faute d'avoir constitué avoué, qui déclare bonne et valable la saisie-arrêt du 10 mars, et ordonne la main-vidange, jusqu'à due concurrence, des deniers saisis au profit de l'intimé; que ce jugement a bien été signifié au défaillant, le 10 juin 1863, mais n'a reçu ultérieurement aucune exécution, le tiers saisi hors la présence duquel la main-vidange a été ordonnée n'ayant pas même été assigné en déclaration; que c'est à ce jugement par défaut, du 13 mai 1863, que l'appelant en sa qualité de syndic de la faillite Stern dont la déclaration rendait indispensables les valeurs actives de la masse, ainsi qu'il a été établi plus haut, a formé opposition par acte du 10 juill. 1863; qu'ainsi et à la forme, aux termes de l'art. 158 c. proc. civ., son opposition est recevable;

Quant au mérite de cette opposition, que les premiers juges ont écartée par le motif que le jugement du 13 mai qui a validé la saisie-arrêt et ordonné la main-vidange, quoique non exécuté ni passé en force de chose jugée, équivalait, au profit de l'intimé saisissant, à un véritable transport judiciaire des deniers saisis: — Attendu que la cour, dans un arrêt longuement et fortement motivé du 10 août 1858, a décidé que, d'après le principe général posé par l'art. 2093 c. nap., les biens du débiteur sont le gage commun de tous ses créanciers et doivent se partager entre eux au marc le franc à moins qu'il n'existe entre eux des causes légitimes de préférence; que, par cela même que les priviléges et les droits de préférence font exception au principe général de l'égalité entre les créanciers, ils sont de droit étroit et ne sauraient être admis par les tribunaux que dans les cas où ils résultent clairement et formellement de la loi; qu'à cet égard, le législateur a pris soin d'énumérer et de préciser par des dispositions expresses quelles sont ces causes de légitime préférence, parmi lesquelles l'antériorité d'une saisie-arrêt, même suivie d'un jugement de validité ordonnant la main-vidange, ne se trouve pas mentionnée; qu'en effet, la saisie-arrêt, comme la saisie-brandon, n'est par elle-même qu'une mesure conservatoire ayant pour objet de soustraire à la libre disposition du débiteur et de placer sous la main de la justice des sommes ou des valeurs, sans conférer un droit exclusif au saisissant, puisque, aux termes des art. 579 et 656, toutes ces saisies viennent aboutir à une distribution par contribution; — Que, le jugement de validité ne confère pas davantage le droit de préférence et ne fait que reconnaître que le saisissant était légitime créancier de la partie saisie et comme tel, était en droit de pratiquer la saisie-arrêt; — Qu'enfin, la main-vidange, prononcée hors la présence du tiers saisi, n'est qu'une indication de payement, une disposition qui ne lie que les parties en cause et toujours rendue sauf les droits des tiers, et par suite impuissante pour enlever aux autres créanciers du débiteur saisi le bénéfice du droit commun écrit dans l'art. 2093 c. nap.; — Que notamment et dans l'espèce, la faillite de Nathan Stern, déclarée le 14 avr. 1863, a eu pour effet d'opérer *ipso facto* mainmise sur toutes les valeurs actives du failli et de les frapper d'indisponibilité, la déclaration de faillite équivalant à saisie-arrêt à l'égard de tous les débiteurs de la faillite; que le jugement de validité postérieur, du 13 mai, n'a pu modifier la situation irrévocablement faite, tant au failli qu'à ses créanciers et à ses débiteurs, dès le 14 avril, par le jugement déclaratif de faillite; — Que même pût-on méconnaître cet effet juridique et péremptoire du jugement déclaratif de la faillite, l'on ne serait pas mieux fondé à soutenir, avec les permiers juges, que le jugement de validité, rétroagissant et se confondant avec la saisie-arrêt dont il ne serait que le complément, opère saisine et transport judiciaire des deniers saisis au profit du saisissant; qu'en effet, ce système ne s'appuie que sur une doctrine et une jurisprudence vivement controversées et laisse à choisir entre le principe d'égalité formellement proclamé et nettement affirmé par l'art. 2093 c. nap., et une pure fiction devant suppléer au silence de la loi pour créer, au profit d'un créancier, un droit de préférence que semblent d'ailleurs lui méconnaître les dispositions des art. 573, 575 et 579 c. proc. civ., dont, avec ce système, on aurait peine à comprendre l'utilité et la portée, ainsi que l'a plus amplement établi l'arrêt susrelaté du 10 août 1858; — Que, dès lors, en faisant application de ces principes à la cause, il y a lieu de réformer la décision des premiers juges et de faire droit à l'opposition de l'appelant; — Par ces motifs, émendant, etc.

Du 10 févr. 1864.-C. de Colmar, 1re ch.-MM. Hamberger, pr.-de Baillehache, 1er av. gén.-Gérard et Simottel, av.

reconnaissent le droit de faire en France « certains actes, tels que des aliénations et des payements, qui ne lui sont défendus que relativement à ses biens et vis-à-vis de la masse de la faillite (V. *infrà*, v° *Faillite*). — M. Massé soutient, en outre, que, la faillite appartenant au moins sous certains aspects au statut réel, il ne suffirait pas de déclarer exécutoire en France le jugement déclaratif rendu à l'étranger pour soumettre les biens situés en France et les actes faits et consommés en France au régime de la faillite (*Contrà :* Colmar, 10 févr. 1864, *suprà*, n° 276. — Comp. sur ce point : Massé, t. 1, n° 809; Ripert, *Revue critique*, 1877, p. 705 et suiv., 722 et suiv.; Carle, *Sur l'unité et l'universalité de la faillite*, p. 35 et suiv., 49 et suiv.; Thaller, n° 231; et *infrà*, v^is *Faillite ; Lois*).

279. Si le failli avait deux établissements, l'un en France, l'autre en pays étranger, MM. Massé, n° 810 ; Demangeat sur Fœlix, t. 2, p. 206, note *a*, et Bonfils, n° 249, sont d'avis que les syndics étrangers ne pourraient en aucune manière s'ingérer dans les affaires de la maison française; et il en serait ainsi, d'après M. Massé, même si le jugement étranger était rendu exécutoire en France (Comp. Carle, *Sur l'unité et l'universalité de la faillite*, p. 35 et suiv. V. d'ailleurs *infrà*, v^is *Faillite ; Lois*).

280. Il a été jugé, par application de la convention franco-suisse du 15 juin 1869, que le commerçant dont la faillite a été déclarée par un tribunal suisse ne peut plus être postérieurement, à raison des mêmes faits, déclaré de nouveau en faillite par un tribunal français, bien que le jugement rendu à l'étranger n'ait pas encore reçu force exécutoire en France et que la faillite ait été close en Suisse pour insuffisance d'actif, si l'existence n'en est pas contestée (Civ. cass. 17 juill. 1882, aff. Lancel, D. P. 83. 1. 65. — *Contrà :* Paris, 8 juill. 1880, même affaire, *ibid.* — V. au surplus *infrà*, v° *Faillite*).

L'art. 6 du traité franco-suisse de 1869 subordonne à l'*exequatur* préalable du jugement déclaratif le droit pour les syndics de réclamer l'application de la faillite déclarée en Suisse aux biens meubles et immeubles possédés par le failli en France (Comp. Chambéry, 18 mars 1885, *Journal de droit international privé*, 1886, p. 82); mais les syndics pourraient, même avant l'*exequatur*, faire tous les actes conservatoires (Dubois sur Carle, note 92, p. 90).

Le traité du 15 juin 1869 entre la France et la Suisse ne contient aucune disposition relative à l'exécution des actes étrangers (Comp. Bonfils, n° 288).

TIT. 3. — DE LA PRIVATION DES DROITS CIVILS
(*Rép.* n°s 479 à 777).

CHAP. 1er. — De la perte de la qualité de Français
(*Rép.* n°s 480 à 600).

281. Aux causes de la perte de la qualité de Français indiquées au *Rép.* n° 480, il convenait d'ajouter depuis 1848 l'achat ou la vente d'esclaves même en pays étranger (V. *infrà*, n°s 337 et suiv.).

Cette cause de perte de la qualité de Français subsiste sous l'empire de la loi du 26 juin 1889.

282. La loi de 1889 a modifié sur divers points les dispositions du code civil. Ainsi l'établissement fait en pays étranger sans esprit de retour et l'affiliation à une corporation militaire étrangère ne font plus perdre la qualité de Français (V. *infrà*, n°s 300 et suiv.). De même, l'acceptation non autorisée de fonctions publiques conférées par un gouvernement étranger ne suffit plus à faire perdre la nationalité française; celle-ci n'est perdue par le Français qui a accepté des fonctions publiques d'un gouvernement étranger qu'autant qu'il les conserve nonobstant injonction du gouvernement français de les résigner dans un délai déterminé (V. *infrà*, n°s 297 et suiv.). Enfin la loi de 1889 ajoute une nouvelle cause de perte de la nationalité française pour le Français qui décline cette qualité dans les cas prévus aux art. 8, § 4, 12 et 18 c. civ. (V. *infrà*, n°s 302, 303 et 339).

SECT. 1re. — NOTIONS GÉNÉRALES (*Rép.* n°s 481 à 503).

283. V. *Rép.* n°s 481 et suiv.

SECT. 2. — COMMENT SE PERD LA QUALITÉ DE FRANÇAIS (*Rép.* n°s 504 à 600).

ART. 1er. — *Naturalisation en pays étranger* (*Rép.* n°s 504 à 534).

284. On a dit au *Rép.* n° 508 qu'il est permis à tout Français de changer de patrie et *ibid.* n° 513, que toute naturalisation en pays étranger fait perdre la qualité de Français. Des difficultés graves se sont élevées dans la pratique au sujet de l'interprétation à donner à cette double proposition; il est devenu nécessaire d'en préciser exactement le sens.

285. On a soutenu que toute naturalisation acquise par un Français en pays étranger lui fait perdre la nationalité française, et que les tribunaux français sont incompétents pour apprécier la validité de cette naturalisation. La naturalisation, a-t-on dit, est un acte de souveraineté de la part de l'Etat qui l'accorde, et le principe de l'indépendance des Etats s'oppose à ce que l'autorité judiciaire d'un pays puisse discuter un acte émané de la souveraineté d'un Etat étranger. L'art. 17 déclare, d'une façon absolue, la nationalité française perdue par la nationalité acquise en pays étranger, sans s'arrêter aux objections qui pourraient être tirées des circonstances ou des conditions dans lesquelles est intervenue la naturalisation (V. de Folleville, n°s 424 et suiv.; Bluntschli, *Revue pratique*, 1876, t. 41, p. 305 et suiv.; Trib. Charleroi, 3 janv. 1880) (1).

Cette opinion repose, selon nous, sur une interprétation complètement fausse de l'art. 17 c. civ., en même temps que sur une exagération attribuée à l'importance de l'acte de naturalisation. — Que cet acte soit un acte de souveraineté dans le pays où il est intervenu, qu'il échappe dans ce pays à l'appréciation des tribunaux ordinaires, c'est affaire de législation intérieure pour ce pays; que les tribunaux français soient, en pareil cas, incompétents pour en critiquer la

(1) (Prince de Bauffremont C. Princesse de Caraman Chimay et autres.) — LE TRIBUNAL ; — Attendu que la défenderesse, Belge de naissance, épousa à Chimay, en 1861, le prince de Bauffremont, de nationalité française ; — Attendu que par arrêt de la cour de Paris en date du 1er août 1874, la défenderesse obtint contre le demandeur la séparation de corps et que les deux enfants issus de leur union lui restèrent confiés ; — Attendu que le 3 mai 1875, le duché de Saxe-Altenbourg conféra à la défenderesse la naturalisation ; — Attendu que le 5 oct. 1875 la défenderesse contracta à Berlin un nouveau mariage avec le prince Bibesco, demandeur en intervention ; — Attendu que par les arrêts des 7 août 1876 et 13 févr. 1877 la cour de Paris, revenant sur sa décision en ce qui concerne les enfants, déclara que « la garde de ceux-ci cessera d'appartenir à la défenderesse, et que ses deux jeunes filles seront élevées au couvent du Sacré-Cœur, rue de Varennes, à Paris, jusqu'à leur majorité » ; — Attendu que ces arrêts décident, en outre, « que pour assurer l'exécution de la disposition ci-dessus, les enfants seront remis par la princesse de Chimay au prince de Bauffremont leur père, sous peine de payer à celui-ci, à titre de dommages-intérêts par chaque jour de retard, 500 fr. pendant les premiers mois, et 1000 fr. pendant les mois suivants », lesquelles pénalités s'élèvent actuellement à la somme d'environ 900000 fr.;

Attendu que par une liquidation intervenue entre les membres de la famille du prince Joseph de Chimay, père de la défenderesse, celle-ci a été reconnue créancière d'une somme de 355317 fr. 50 cent., provenant de la succession de sa mère, de laquelle somme le prince Joseph de Chimay est resté dépositaire ; — Attendu que le demandeur pratiqua, en mains du prince Joseph de Chimay, plusieurs saisies-arrêts sur la somme prémentionnée qu'il doit à sa fille, et ce, à l'effet d'obtenir payement des dommages-intérêts qui lui ont été alloués par les arrêts précités des 7 août 1876 et 13 févr. 1877 ; — Attendu qu'il s'agit au présent litige de faire décider par la justice belge que les arrêts des 7 août 1876 et 13 févr. 1877 seront exécutoires en Belgique ; et que, comme conséquence, les saisies-arrêts prémentionnées, pratiquées en mains du prince Joseph de Chimay, seront validées ; qu'en outre, les clauses du contrat de mariage des parties relatives au régime dotal seront respectées ;

Sur la demande d'intervention du prince Bibesco : — Attendu que la présence, au litige, du prince Bibesco pour autoriser sa femme, et se joindre à elle pour y défendre ses droits, ne pourrait être accueillie, de l'aveu même des parties, qu'à la condition que la validité de son mariage avec la défenderesse soit reconnue; — Qu'il y a donc lieu, au point de vue de cette demande d'intervention, d'examiner les moyens présentés et relatifs à l'existence légale du mariage ; — Que c'est en effet sur ce seul titre que le prince Bibesco fonde sa demande, laquelle d'un autre côté, est

validité à raison d'une irrégularité de procédure, nous le concéderons encore; mais que les tribunaux français n'aient pas qualité pour statuer sur les effets de cette naturalisation à l'égard de la nationalité française, c'est ce qui nous paraît inadmissible. Si la naturalisation acquise en pays étranger fait perdre en France à celui qui en est l'objet la qualité de Français, ce n'est pas en vertu de la loi du pays dont il acquiert la nationalité, c'est en vertu de l'art. 17 c. civ. Cet article déclare la nationalité française perdue pour les Français naturalisés en pays étranger; mais il est bien évident qu'il ne peut attacher d'effet à cette naturalisation qu'autant qu'elle est acquise par une personne capable d'après la loi française de disposer de son état, de changer de nationalité.

Comme le fait très justement remarquer M. Labbé, *De la naturalisation et du divorce au point de vue des rapports internationaux*, *Journal de droit international privé*, 1877, p. 7, « Celui qui veut changer de patrie appartient à son pays d'origine au moment où il a et manifeste cette volonté; il est encore soumis à la loi de ce pays. Il s'ensuit que la capacité de s'expatrier, la capacité de disposer de sa personne, en ce qui concerne la nationalité, doit être appréciée d'après la loi du pays abdiqué et jugée par les tribunaux de ce pays. C'est une dernière protection ou un dernier empire que cette loi exerce sur un des membres de sa nation. Donc, après une naturalisation acquise en pays étranger, il est, relativement à un Français d'origine, une question que les juges français sont encore compétents pour saisir et résoudre, c'est la question de capacité ». Par suite, si le Français qui s'est fait naturaliser en pays étranger n'était pas capable, d'après la loi française, de changer de nationalité, les tribunaux français auront le droit de déclarer qu'il est toujours Français, et de tenir pour nulle et non avenue, au point de vue de la loi française, une naturalisation qu'il était incapable d'obtenir (V. en ce sens : Cogordan, p. 166; Labbé, *loc. cit.*; Renault, *L'affaire de Bauffremont devant la justice belge*, *Journal de droit international privé*, 1880, p. 178 et suiv.; Paris, 17 juill. 1876, aff. de Bauffremont, D. P. 78. 2. 1; 30 juin 1877, aff. Vidal, D. P. 78. 2. 6; Bruxelles, 5 août 1880, aff. de Bauffremont, D. P. 82. 2. 81).

286. Sur la capacité requise pour perdre la qualité de Français au moyen de la naturalisation en pays étranger, diverses questions se sont élevées. Nous avons examiné plus haut la controverse relative à la femme séparée de corps (V. *suprà*, n° 70. V. pour la capacité du mineur et de la femme non séparée, *Rép.* n°s 117 et 118, et *suprà*, n°s 67 et suiv.). — Reste une question sur laquelle l'accord n'était pas fait avant la loi de 1889, c'est celle de savoir si un Français, soumis par son âge au service militaire, pouvait valablement se faire naturaliser en pays étranger. Si cette naturalisation n'était acquise qu'en vue d'échapper au service militaire, elle l'était en fraude de la loi française; nous examinerons *infrà*, n° 288, si l'on doit tenir pour valables les naturalisations qui n'ont d'autre but que de faire fraude à la loi française. Mais la question peut se présenter en dehors de toute idée de fraude; un Français peut, pour un motif légitime, désirer changer de patrie, la circonstance qu'il était soumis par son âge au service militaire le rendait-elle incapable d'abdiquer la nationalité française? La cour de cassation a décidé par arrêt du 19 août 1874 (aff. Préfet de la Savoie, D. P. 75. 1. 151) que l'inscription régulière sur les listes du recrutement mettait obstacle à la validité d'une naturalisation acquise après cette inscription. Cette solution ne pourrait faire difficulté (V. dans le même sens : Trib. Lyon, 7 janv. 1875, aff. Fabre, D. P. 77. 2. 65). Mais la cour déclarait, dans un de ses considérants, que la disposition de l'art. 17 c. civ. ne pouvait recevoir d'application qu'à l'égard du Français qui, libre de tout engagement envers sa patrie, avait acquis la capacité légale de renoncer à sa nationalité pour acquérir une nationalité étrangère (Comp. dans le même sens : Paris, 5 août 1886, aff. Ab-der-Halden, D. P. 87.2.13.— Comp. toutefois : Chambéry, 29 avr. 1873, *infrà*, n° 295). Cette formule est un peu vague et ses termes sont trop généraux; en effet, d'après la loi du 27 juill. 1872, tout Français devait le service militaire de vingt à quarante ans; il n'était donc libre de tout engagement envers sa patrie qu'à l'âge de quarante ans; cependant il paraît bien difficile d'admettre qu'il ne pût, avant cet âge, acquérir valablement une nationalité étrangère. La formule suivante employée par le tribunal de Lille dans un jugement du 30 sept. 1879 (1) paraissait plus acceptable : « la faculté pour chaque citoyen français de renoncer à sa nationalité pour en adopter une autre est de droit naturel et reconnu par la loi; il ne peut y être dérogé que lorsque l'abdication de la nationalité constitue une désertion à un service ordonné ». Reste à déterminer

---

repoussée par le prince de Bauffremont, prétendant que le second mariage est nul, en présence du premier contracté à Chimay en 1861; — Qu'il faut, en conséquence, rechercher si le second mariage, argué de nullité par le demandeur, est valable, et comme tel produira ses effets dans la cause;...

Attendu que la naturalisation, conférée à la défenderesse par le duché de Saxe-Altenbourg, est un acte de l'autorité souveraine de ce pays; que, selon les principes du droit public, aucun pouvoir en dehors de cette autorité ne peut ni en discuter la validité, ni en modifier les effets; que le duché de Saxe-Altenbourg était seul compétent pour décider si la défenderesse réunissait les conditions pour que sa demande de naturalisation lui fût octroyée; — Attendu que si cette autorité souveraine n'a pas exigé à cette fin le consentement de son mari, c'est qu'elle a jugé que cette formalité n'était pas nécessaire; — Attendu que le pouvoir judiciaire, pas plus en France qu'ailleurs, n'a qualité pour contrôler cette procédure émanant de l'autorité d'un pays étranger; que l'opinion contraire, admettant la revision des actes d'un autre gouvernement, consacrerait un système qui violerait évidemment tous les principes du droit des gens; — Attendu que cet acte de naturalisation, qui est à l'abri de toute contestation, a changé la nationalité de la défenderesse, et a, en conséquence, modifié son statut personnel qui, de français qu'il était, est devenu allemand; — Attendu qu'une femme aliène sa nationalité par la naturalisation, comme par son mariage; que son état et sa capacité sont régis alors par les lois de sa nouvelle patrie qui la suivent partout où elle se trouve; que cette règle, formant la base de tout édifice social, est essentiellement d'ordre public; — Attendu que cette théorie est conforme à la législation française qui dispose que : « les lois concernant l'état et la capacité des personnes régissent les Français même résidant en pays étranger et que la qualité de Français se perd par la naturalisation en pays étranger » (c. civ. art. 3, al. 3, et art. 17);

Attendu que, « si la jurisprudence et la doctrine ont parfois diversement interprété la valeur à accorder à un acte de naturalisation, c'est parce que les principes généraux du droit international, fondés sur l'indépendance de chaque nation, ont été mal appréciés; que c'est, en effet, faire une fausse application de ces principes, que de n'admettre les droits personnels découlant de la naturalisation, que pour autant qu'ils n'aient rien de contraire aux lois de la nationalité d'origine;

Attendu que la défenderesse ayant acquis la nationalité dans le duché de Saxe-Altenbourg et y étant domiciliée, c'est la législation de ce pays qui détermine son état personnel et sa capacité quant au mariage;... — Par ces motifs, etc.

Du 3 janv. 1880.-Trib. civ. de Charleroi.

(1) (Duforets C. Préfet du Nord.) — LE TRIBUNAL; — Attendu que si tout Français doit le service militaire et peut être appelé à le fournir depuis l'âge de vingt ans jusqu'à l'âge de quarante, il est excessif d'en conclure que jusqu'à l'âge de quarante ans, il ne puisse point abdiquer sa qualité de Français et changer de nationalité; — Attendu que la faculté pour chaque citoyen français de renoncer à sa nationalité pour en adopter une autre est de droit naturel et reconnu par la loi; qu'il ne peut y être dérogé que lorsque l'abdication de la nationalité constitue une désertion à un service ordonné; — Attendu que le service militaire n'est ordonné en France que lorsqu'un citoyen, appelé devant le conseil de revision, a été déclaré propre au service; — Attendu que Duforets, né le 7 oct. 1857 à Roubaix, y a concouru au tirage au sort dans le canton ouest, comme faisant partie de la classe de 1877; qu'en 1878, le conseil de revision l'a ajourné à l'année suivante; que, dans cet intervalle, et alors qu'il avait atteint sa majorité, il s'est fait naturaliser Anglais; qu'à partir du 18 déc. 1878, date de sa naturalisation, il a perdu sa qualité de Français, que, dès lors, il ne pouvait plus être admis dans les troupes françaises le 9 mai 1879; — Qu'il ne peut y avoir désertion, de sa part, dans le fait de s'être fait naturaliser Anglais en 1878, alors que le point de savoir s'il serait appelé sous les drapeaux en France restait indécis, et qu'il n'a été déclaré propre au service qu'en 1879; — Par ces motifs, et sans qu'il y ait lieu d'examiner s'il a perdu sa qualité de Français en s'établissant en Angleterre sans esprit de retour; — Dit que c'est à tort que Louis Duforets a été déclaré soldat français; — Ordonne, en conséquence, qu'il soit rayé des cadres de l'armée.

Du 30 sept. 1879.-Trib. civ. de Lille.

ce qu'il faut entendre par service ordonné. Pour le service dans la réserve de l'armée active ou dans l'armée territoriale, on aurait pu ne considérer le service comme ordonné qu'à dater du jour où devait commencer la période d'exercice à laquelle était convoqué l'intéressé; pendant cette période, il n'aurait pu acquérir une naturalisation en pays étranger sans acquérir par là même le droit d'abandonner son corps; or il semblerait inadmissible qu'un soldat régulièrement appelé sous les drapeaux pût déserter; mais, en dehors d'une période d'instruction, aucun service n'était ordonné à l'homme qui appartenait à la réserve de l'armée active ou à l'armée territoriale; la même solution eût été applicable à l'homme qui appartenait à l'armée active, était en état de disponibilité. Quant au service actif proprement dit, on pouvait hésiter entre diverses époques pour fixer le moment où il était ordonné: 1° l'époque de l'incorporation effective, à partir de laquelle pouvaient se produire les délits d'insoumission et de désertion; 2° le jour où le conseil de revision avait reconnu l'homme apte au service; 3° l'époque de l'inscription sur les listes du recrutement; la cour de cassation s'est attachée à cette dernière époque; le tribunal de Lille a considéré au contraire que le service n'est ordonné qu'à partir du jour où un citoyen appelé devant le conseil de revision a été déclaré propre au service. Il a décidé, en conséquence, que l'individu qui, ayant été ajourné à un nouvel examen du conseil de revision, a acquis la naturalisation en pays étranger après avoir atteint l'âge de la majorité et avant l'époque où il devait subir son nouvel examen, a perdu la qualité de Français et a cessé, dès lors, d'être tenu au service militaire en France ». On pouvait alléguer à l'appui de cette opinion, que c'est seulement en vertu de la décision du conseil de revision que l'homme était inscrit sur le registre matricule, et que l'inscription sur ce registre était nécessaire pour la délivrance de l'ordre de route auquel la désobéissance constituait sous certaines conditions le délit d'insoumission (L. 27 juill. 1872, art. 33 et 61). Le service militaire n'était dû, en réalité, que par l'homme reconnu apte au service; il n'était donc pas ordonné avant la constatation de cette aptitude. On aurait pu même ne considérer le service comme ordonné qu'à dater de l'incorporation effective; jusqu'au jour où cette incorporation devait avoir lieu, il n'y avait ni insoumission, ni désertion possible; si l'on admet que l'impossibilité d'acquérir le droit à l'insoumission ou à la désertion faisait seule obstacle à la validité de la naturalisation pour les Français soumis au service militaire, on conclura que la naturalisation était possible, si elle était intervenue à une époque où l'insoumission et la désertion ne pouvaient se produire; si l'on refusait, comme semblait le faire le tribunal de Lille, de reconnaître la validité d'une naturalisation acquise après la déclaration d'aptitude au service, mais avant l'incorporation effective, il devenait difficile d'admettre la validité d'une naturalisation acquise par un homme appartenant à la réserve de l'armée active ou à l'armée territoriale même en dehors des périodes d'instruction; en effet, dans les deux hypothèses, la situation était la même : l'homme, quoique non présent sous les drapeaux, était astreint à servir, parce qu'il avait été reconnu apte au service; il restait sujet à ce service durant vingt années; cependant le tribunal avait commencé par déclarer excessif de conclure de l'obligation du service militaire imposée à tout Français qu'il fût impossible d'abdiquer avant l'âge de quarante ans la qualité de Français. On ne pouvait échapper à cette conclusion qu'en validant la naturalisation acquise en dehors du temps où était exigée la présence effective sous les drapeaux, ou en la validant, à quelque époque qu'elle intervînt.

C'est à ce dernier parti que l'on s'arrêtait dans un troisième système. L'obligation au service militaire, disait-on, ne fait pas obstacle à la validité d'une naturalisation acquise en pays étranger, à la perte par ce moyen de la qualité de Français. Nul texte n'a dérogé à cet égard à l'art. 17 c. civ. Mais cette naturalisation, pour entraîner perte de la qualité de Français, ne constitue pas moins un acte d'insoumission ou de désertion de la part du Français âgé de plus de vingt ans et de moins de quarante et soumis au régime militaire. Elle expose par suite celui qui en aura été l'objet à l'application des peines édictées pour ces délits. Toutefois la perte de la qualité de Français entraîne libération définitive du service militaire, et la prescription du délit d'insoumission ou de désertion commence à courir à dater de l'acquisition de la nationalité étrangère. On trouvait en ce sens un argument dans l'art. 184 c. just. mil. (D. P. 57. 4. 115 et suiv.), qui fixait en pareil cas le point de départ de la prescription (de trois ans) à l'époque où le déserteur ne pourrait plus être soldat d'après la loi alors en vigueur, c'est-à-dire à l'âge de quarante-sept ans. On peut remarquer que ce système attribuait à la fois au même acte la naturalisation acquise en pays étranger, un effet libératoire et le caractère d'un délit; c'était là une singulière anomalie; on ne comprend guère qu'un délit libère d'une obligation dont la violation constitue seule le délit. En outre, tandis que l'insoumis ou le déserteur, après avoir accompli la peine de son délit, aurait dû compléter le temps du service qu'il devait encore au moment du délit, le naturalisé libéré du service n'aurait été astreint qu'à la peine, non au complément du service, de telle sorte qu'il n'aurait subi qu'incomplètement les conséquences de son insoumission.

La vérité est qu'avant la loi de 1889, il était impossible de donner une solution satisfaisante; la question ne pouvait guère se résoudre à l'aide des principes juridiques. Le mieux eût peut-être été d'admettre la validité de la naturalisation acquise sans fraude et la libération du service par la perte de la qualité de Français, sans considérer cette libération comme entachée du délit d'insoumission ou de désertion.

287. La loi de 1889 a réglé la question de la manière suivante. Aux termes du nouvel art. 17-1° c. civ., « si le Français naturalisé à l'étranger est encore soumis aux obligations du service militaire pour l'armée active (ce qui comprend le service dans la réserve de cette armée), la naturalisation à l'étranger ne lui fera perdre la qualité de Français que si elle a été autorisée par le gouvernement français. » (Sur l'étendue des obligations du service militaire dans l'armée active, V. L. 15 juill. 1889, art. 42 et suiv., D. P. 89. 4. 93). — La disposition du paragraphe 2 du 1° du nouvel art. 17 c. civ. n'est applicable qu'au cas de perte de la qualité de Français, prévu par le paragraphe 1er du 1° de ce même article (Comp. *infrà*, nos 304 et suiv.).

288. Une question très délicate est celle de savoir si l'on doit tenir pour valable, ou au contraire réputer nulle, une naturalisation recherchée et obtenue dans l'unique but de poursuivre un résultat prohibé par la loi française comme contraire à l'ordre public. La question s'est présentée surtout à propos du divorce avant la loi de 1884; la naturalisation était acquise, parfois sans déplacement, dans un pays dont la législation admettait le divorce; une demande de divorce suivait la demande de naturalisation, et le divorce prononcé, on requérait un officier d'état civil français de procéder à un nouveau mariage, ou l'on demandait aux tribunaux français de reconnaître la validité d'un nouveau mariage contracté à l'étranger. La question serait encore de nature à se présenter dans des termes à peu près identiques, malgré la loi de 1884; la naturalisation pourrait être acquise dans un pays étranger dans l'unique but d'invoquer une cause de divorce que n'admet pas la loi française.

On a soutenu que la naturalisation acquise en pays étranger fait toujours perdre la qualité de Français, sans qu'il y ait lieu d'examiner les motifs qui l'ont déterminée. Les termes de l'art. 17, dit-on à l'appui de ce système, ne font aucune distinction, et les travaux préparatoires démontrent qu'on n'en voulait établir aucune; on a refusé de conserver la qualité de Français à celui qui se fait naturaliser sans perdre l'esprit de retour, c'est-à-dire en fraude de la loi étrangère; on ne saurait la maintenir davantage à l'égard de celui qui se fait naturaliser en fraude de la loi française, car le motif allégué par les rédacteurs du code dans le premier cas est applicable au second : on a voulu éviter les difficultés de la preuve de la fraude; on a craint, suivant l'expression de Portalis, « de préférer la probabilité des conjectures à la certitude que donne l'évidence » (Fenet, t 7, p. 39). D'ailleurs, ajoute-t-on, il n'y a pas de naturalisation acquise en fraude de la loi française; pour qu'il y eût fraude, il faudrait que le Français naturalisé étranger pût, à son gré, recouvrer sa nationalité primitive; or il n'en est pas ainsi; le chef de l'État pourra lui refuser le décret de réintégration prévu pas l'art. 18, et le condamner à rester étranger (V. en ce sens : de Folleville, p. 381 et suiv.).

Ce système n'a trouvé aucune faveur dans la jurisprudence. « La naturalisation à l'étranger » dit le tribunal de la Seine dans un jugement du 31 janv. 1877 (aff. Vidal, D. P. 78. 2. 6), « doit constituer de la part du Français qui l'obtient, l'exercice d'un droit légitime, et non l'abus d'une faculté que cesserait par là même de couvrir la protection légale. » La jurisprudence ne s'est pas laissé arrêter par la considération des travaux préparatoires; il est certain que l'hypothèse avait échappé aux rédacteurs du code qui, s'ils ont imaginé qu'on pourrait acquérir une nationalité étrangère en fraude d'une loi étrangère, ne semblent pas avoir prévu que l'on pourrait agir de même pour se soustraire à une disposition de la loi française. La jurisprudence ne s'est pas cru interdit d'examiner les motifs pour lesquels un Français se fait naturaliser étranger; il n'est pas exact de prétendre, comme on l'a fait (V. de Folleville, p. 297) que « la validité d'un acte s'apprécie abstraction faite du motif par lequel il a été déterminé ». Lorsqu'il s'agit d'actes faits en fraude de la loi, il est nécessaire d'examiner les motifs qui les ont dictés, car « la fraude à la loi consiste précisément, comme l'a fait remarquer M. Cazalens, D. P. 78. 2. 2, note, dans l'emploi de moyens licites en soi pour atteindre un but illicite ». On n'a pu démontrer que la fraude à la loi doive rester impunie, quand le moyen employé pour la réaliser est une naturalisation acquise en pays étranger; les termes généraux de l'art. 17 ne sont pas un argument suffisant. On a essayé d'établir l'impossibilité de la fraude en alléguant que le Français naturalisé étranger ne peut recouvrer les avantages de la qualité de Français qu'avec l'autorisation du chef de l'Etat, et qu'il n'y a pas fraude à se soustraire à une disposition de la loi française, quand on renonce à invoquer le bénéfice de ses autres dispositions. De cette dernière considération, on pourrait conclure à une certaine discrétion dans l'appréciation de la fraude, mais il nous paraît excessif de conclure à son impossibilité. La nationalité française peut être recouvrée par la femme au moyen d'un mariage avec un Français, sans qu'aucune autorisation lui soit nécessaire. Dira-t-on qu'il n'y a pas fraude, de la part d'une femme autorisée par son mari à acquérir la naturalisation en pays étranger, à poursuivre cette naturalisation pour obtenir ensuite le divorce par consentement mutuel, et à contracter un nouveau mariage avec un Français? Sans doute, il serait excessif de déclarer frauduleuse une naturalisation par cela seul que le Français qui l'aurait poursuivie aurait été guidé par le désir d'arriver à un résultat interdit par la loi française, mais il nous paraît rationnel de tenir pour frauduleuse toute naturalisation dont le but est, non pas d'acquérir une nationalité nouvelle pour jouir des droits et supporter les charges qui y sont attachés, mais seulement d'éluder la loi française, sans nul souci, soit de la nationalité perdue, que rend moins regrettable l'amélioration de la condition des étrangers en France, soit de la nationalité acquise, qui serait abandonnée comme elle a été recherchée, le jour où une nouvelle naturalisation deviendrait un moyen commode de frauder les dispositions de ses lois (V. en ce sens : Req. 16 déc. 1845, aff. Plasse, D. P. 46. 1. 7; Civ. rej. 19 juill. 1875, aff. Ramondenc, D. P. 76. 1. 5; Paris, 17 juill. 1876, aff. de Bauffremont, D. P. 78. 2. 1, et note de M. Cazalens; 30 juin 1877, aff. Vidal, D. P. 78. 2. 6; Gabba, *Le second mariage de la princesse de Bauffremont et le droit international*, *Revue pratique*, 1876, t. 42, p. 393 et suiv. V. aussi Cogordan, p. 171 à 175).

289. On a dit aussi au *Rép.* n° 514 que la naturalisation acquise en pays étranger ne fait perdre la qualité de Français, qu'autant que la nationalité étrangère est volontairement acquise. — Il a été jugé, par application de ce principe, que la naturalisation obtenue à l'étranger par un Français ayant des enfants mineurs, n'enlève pas à ceux-ci la qualité de Français, alors même que, d'après la loi étrangère, la nationalité acquise au père profiterait de plein droit à ses enfants mineurs (V. les arrêts cités *suprà*, n°s 66 et 67).

290. Les auteurs étaient d'accord, avant la loi de 1889, pour déclarer encore en vigueur les décrets des 6 avr. 1809 et 26 août 1811, du moins dans les dispositions qui n'avaient pas été abrogées virtuellement par les lois postérieures (Demante et Colmet de Santerre, t. 1, n°s 41 et 41 *bis* ; Aubry et Rau t. 1, § 74, texte et note 2 ; Cogordan, p. 159 et suiv. ; de Folleville, n°s 397 et suiv.). Ainsi qu'il a été dit au *Rép.* n° 519, les Français pouvaient se faire valablement naturaliser à l'étranger sans autorisation du Gouvernement, sauf à encourir les déchéances édictées par le décret de 1811 (Colmar, 19 mai 1867, aff. Ostermann, D. P. 68. 2. 225).

291. Mais l'art. 6 de la loi des 26-28 juin 1889 abroge expressément les décrets des 6 avr. 1809 et 26 août 1811.

292. Un arrêt de la cour de Bastia, du 12 févr. 1848 (aff. Filippi, D. P. 48. 2. 48) a consacré l'opinion, soutenue au *Rép.* n° 526, d'après laquelle la perte des droits civils édictée en l'art. 7 du décret de 1811 n'équivalait pas à la mort civile, et ne devait s'entendre que de la perte des droits réservés aux Français et des droits visés expressément par le décret. Cette solution ne faisait plus difficulté depuis que la loi du 31 mai 1854 avait aboli la mort civile (Comp. *suprà*, n° 6).

293. L'opinion soutenue au *Rép.* n° 527, sur la question de savoir si la loi du 14 juill. 1819 avait abrogé l'incapacité de succéder édictée par le décret de 1811, paraît avoir définitivement triomphé. On admet généralement que cette incapacité subsistait (Demante, t. 1, n° 42 *bis* II, p. 117 ; Aubry et Rau, t. 1, § 74, texte et note 9, p. 270 ; de Folleville, n° 406 ; Cogordan, p. 16). L'art. 6 de la loi de 1889 l'a fait disparaître (V. *suprà*, n° 291).

294. Contrairement à l'opinion adoptée au *Rép.* n° 529, MM. Aubry et Rau soutiennent que l'incapacité de disposer à titre gratuit subsistait également (t. 1, § 74, texte et note 9). Mais M. Cogordan, p. 161 et 162, considère l'incapacité de tester comme une conséquence de la confiscation, disparue avec elle en 1814. En tout cas, il ne peut plus être question de cette incapacité depuis la loi de 1889 (V. *suprà*, n° 291).

295. On a dit au *Rép.* n° 534 que la perte de la qualité de Français ne résulte pas de tout acte par lequel un Français obtient, en pays étranger, la jouissance de certains droits civils, mais seulement de la naturalisation par lui acquise. C'est ainsi qu'il a été décidé qu'un Français ne perd pas cette qualité pour avoir été admis en Angleterre, seulement à la jouissance des droits civils, par une permission révocable du ministre, délivrée conformément au statut anglais du 6 août 1844, encore qu'il ait dû, pour obtenir cette permission, prêter le serment d'allégeance à Sa Majesté Britannique (Paris, 27 juill. 1859, aff. Jullien, D. P. 59. 2. 179 ; Civ. rej. 16 févr. 1875, aff. Du Breignon, D. P. 76. 1. 49. — *Contrà :* Demangeat sur Fœlix, t. 1, n° 54, note *b*). Un arrêt de la haute cour de justice d'Angleterre a même décidé que le certificat de naturalisation délivré par le secrétaire d'Etat, conformément à *l'act* du 12 mai 1870, ne dépouille pas un Français de sa nationalité, bien que ledit certificat assimile complètement et à tous égards l'étranger à un sujet britannique de naissance, parce que cette assimilation n'a lieu toutefois que sous la restriction que l'étranger naturalisé ne sera plus considéré comme sujet britannique, lorsqu'il se trouvera dans les limites du territoire dont il était le sujet, à moins que les lois de son pays d'origine ou un traité ne lui aient fait perdre la qualité de régnicole (Haute c. just. Angleterre, 11 janv. 1886, aff. Bourgoise, D. P. 88. 2. 81). La naturalisation résultant du certificat délivré par le secrétaire d'Etat n'a pas paru au magistrat anglais une naturalisation complète, telle que l'exige l'art. 17 c. civ. pour faire perdre la qualité de Français. Cette décision nous semble erronée; le certificat de naturalisation délivré par le secrétaire d'Etat anglais, par cela seul qu'il donne à celui qui l'obtient tous les droits d'un sujet britannique, confère bien la naturalisation visée par l'art. 17 c. civ., et la seule restriction qu'apporte à ses effets la loi anglaise disparaît par suite de la disposition de l'art. 17, qui ne reconnaît plus comme Français celui qui a sollicité et obtenu la qualité d'étranger.

Il a été jugé avec raison que la collation du droit de bourgeoisie à Bâle impliquant, d'après le droit public du canton de Bâle-ville, la naturalisation suisse, le Français qui est devenu bourgeois de Bâle a perdu la qualité de Français (Colmar, 19 mai 1867, aff. Ostermann, D. P. 68. 2. 225).

Il a encore été décidé que l'enfant né d'un Français en pays étranger ne peut perdre la qualité de Français, en déclarant dans l'année qui suit sa majorité qu'il veut avoir la nationalité du pays où il est né (Civ. cass. 3 août 1871, aff. Bourgeois, D. P. 71. 1. 242, et, sur renvoi, Lyon, 21 mars 1872, D. P. 73. 5. 178). — Ces décisions peuvent inspirer quelque doute; s'il est vrai qu'une déclaration analogue à celle de l'art. 9 ne puisse dans tous les cas servir à abdiquer la nationalité française, faut-il admettre que l'acquisition d'une nationalité étrangère soit insuffisante à déterminer la perte de la qualité de Français par cela seul qu'elle n'a pas revêtu la forme de la naturalisation ordinaire? Il semble que, dans l'intention du législateur, la perte de la qualité de Français résulte de toute acquisition volontaire d'une nationalité étrangère. Or, dans l'espèce, il s'agissait d'un Français qui avait acquis la nationalité génevoise par le fait même de la naturalisation de son père; sans doute, cette naturalisation involontaire acquise, alors qu'il était mineur (Comp. sur ce point *suprà*, n° 67), était sans valeur à l'égard de la loi française; mais lorsque, devenu majeur, il a requis des autorités genevoises la constatation de sa qualité de Genevois et a fourni aux autorités françaises la preuve qu'il était volontairement Genevois, il nous paraît avoir rempli suffisamment les conditions requises par l'art. 17 c. civ. (V. en notre sens : Chambéry, 5 juill. 1869, sous Civ. cass. 3 août 1871, aff. Bourgeois, D. P. 71. 1. 242; Chambéry, 29 avr. 1873) (1). Pour les mêmes motifs, on peut contester la solution donnée par la cour de Douai, lorsqu'elle déclare que la réclamation de la qualité de Belge formée, aux termes de l'art. 9 c. civ. en vigueur en Belgique, par le fils d'un Français, né en Belgique, ne saurait faire perdre au déclarant la qualité de Français, parce que l'acquisition de la qualité de Belge ne résulte pas alors de la naturalisation prévue par l'art. 17 c. civ. (Douai, 14 déc. 1881) (2).

296. La loi de 1889 tranche la question dans le sens de l'opinion que nous avons défendue. D'après le nouvel art. 17-1° c. civ., le Français naturalisé à l'étranger ou celui qui acquiert, sur sa demande, la nationalité étrangère par l'effet de la loi, perd la qualité de Français. Toutefois, l'effet de cette disposition peut être singulièrement atténué, si l'on admet que le paragraphe suivant, aux termes duquel la naturalisation en pays étranger ne fait perdre la qualité de Français, que si elle est autorisée par le gouvernement français, lorsque l'individu qui l'obtient est soumis au service militaire dans l'armée active, s'applique au Français qui acquiert, sur sa demande, la nationalité étrangère par l'effet de la loi, comme au Français naturalisé. L'enfant né en Belgique d'un Français ne pourrait alors réclamer en Belgique le bénéfice de l'art. 9, sans l'autorisation du gouvernement français. Le texte de la loi de 1889 est très défectueux à cet égard; il ne règle pas l'effet, en ce qui concerne la nationalité des enfants mineurs, de la naturalisation acquise par un Français en pays étranger; il n'admet la perte de la qualité de Français par l'effet de la loi étrangère que sur la demande de celui qui acquiert ainsi une nationalité étrangère, mais sans préciser si cette demande doit être nécessairement personnelle, ou si elle peut être faite valablement, au point de vue de la perte de la qualité de Français, par les représentants légaux du mineur au nom de ce dernier. Enfin il ne dit pas si l'individu qui se trouve dans le cas d'acquérir, sur simple demande, la nationalité étrangère par l'effet de la loi étrangère, par exemple, à raison de sa naissance sur le sol étranger ou de la naturalisation de son père, peut perdre la qualité de Français sans autorisation du gouvernement français. De là, bien des points douteux qui auront le grave inconvénient de laisser incertaine la nationalité de nombreux individus.

ART. 2. — *Acceptation non autorisée; Conservation de fonctions publiques conférées par un gouvernement étranger, malgré injonction de les résigner* (*Rép.* n°s 535 à 549).

297. L'acceptation non autorisée de fonctions publiques conférées par un gouvernement étranger entraînait, avant la loi de 1889, perte de la qualité de Français (c. civ. art. 17, § 2, Décr. 26 août 1811, art. 25) (V. *Rép.* n°s 535 et suiv.).

On a dit au *Rép.* n° 538 ce qu'il faut entendre par fonctions publiques. — Il a été jugé que celui qui, sans autorisa-

(1) (Préfet de la Haute-Savoie C. Constantin.) — LA COUR; — Attendu que Constantin (Elie-Ferdinand) est né, le 4 mai 1848, à Genève, où son père Claude Constantin, originaire de Pers-Jussy (Haute-Savoie), avait sa résidence; et que son acte de naissance a été, conformément à la loi en vigueur dans les États Sardes, transcrit sur les registres de ladite commune de Pers-Jussy; qu'il n'est donc pas douteux qu'il soit né sujet du roi; — Attendu que, suivant les principes consacrés par le code civil sarde, la qualité de sujet étant inhérente à la personne, il n'en a point été dépouillé par le fait seul de la naturalisation genevoise obtenue par son père avec l'autorisation du roi, le 24 juin 1859, longtemps après la naissance de son fils; — Attendu, dès lors, que, sujet sarde au moment de sa naissance et à celui de l'annexion de la Savoie à la France, l'intimé est devenu de plein droit citoyen français et soumis par là même à l'accomplissement des devoirs attachés à cette qualité; — Mais attendu qu'ayant atteint sa majorité le 4 mai 1869, il a, par un acte passé le même jour devant le conseil d'Etat de Genève, déclaré qu'il voulait profiter de la naturalisation obtenue par son père *pour lui et ses enfants mineurs* et qu'il a été reconnu comme citoyen genevois ressortissant à la commune de Genève; — Attendu qu'aux termes de l'art. 17 c. civ., la qualité de Français se perd par la naturalisation acquise en pays étranger; — Attendu que chaque pays étant libre et indépendant dans l'exercice de sa souveraineté, il lui appartient incontestablement de déterminer le mode de naturalisation des étrangers auxquels il veut accorder le bénéfice de la nationalité; — Attendu qu'aussi l'art. 17 précité, sans se préoccuper des législations étrangères, se borne à prononcer en termes généraux la déchéance de la qualité de Français contre ceux qui ont acquis la naturalisation en pays étranger, c'est-à-dire contre ceux qui, en pleine possession de leurs droits civils, ont abdiqué leur nationalité par des actes émanant de leur libre volonté et emportant la naturalisation dans le pays étranger où ils ont eu lieu; — Attendu que tel est bien l'acte du 4 mai 1869 dont Elie-Ferdinand Constantin a fait emploi devant les premiers juges; — Attendu, en effet, que, naturalisé déjà pendant sa minorité, il est évident qu'il ne pourrait obtenir de la République et canton de Genève de nouvelles lettres de naturalisation, en présence surtout de la loi genevoise du 23 juin 1860 qui dispose que la naturalisation obtenue par l'étranger, père de famille, profite à sa femme et à ses enfants mineurs; — Que, devenu majeur, il n'avait d'autre moyen de décliner sa nationalité d'origine, pour conserver celle du pays dans lequel il était né, que de déclarer qu'il entendait se prévaloir de la naturalisation obtenue pour lui par son père, en 1859, et de se faire reconnaître comme citoyen de Genève par l'autorité souveraine de ce pays; — Attendu, d'autre part, que sa déclaration et la reconnaissance de sa qualité de citoyen genevois attestent de la manière la plus énergique sa volonté de s'établir pour toujours dans le pays où il est né, où il a été élevé, qu'il a toujours habité, auquel son père appartient et auquel le rattachent ainsi tous ses liens de famille, d'affection et d'intérêt; — Attendu qu'à ce point de vue encore, il aurait encouru la perte de la qualité de Français aux termes de l'art. 17 précité; — Qu'ainsi les conclusions du préfet de la Haute-Savoie qui tendent à le faire déclarer actuellement comme citoyen français ne sont pas fondées; — Par ces motifs, confirme le jugement déféré du 12 mai 1869.

Du 29 avr. 1873.-C. de Chambéry, aud. sol.-MM. Dupasquier, 1er pr.-Finet, proc. gén.

(2) (Carlier.) — LA COUR; — Au fond : — Attendu qu'aux termes de l'art. 10 c. civ., l'individu né en pays étranger d'un père français est Français; — Attendu que tel est le cas de l'appelant, né à Marchipont (Belgique) le 30 mai 1860, de Mathieu-Joseph Carlier, Français, et dont la nationalité n'est pas contestée; — Attendu que l'appelant ne prétend point avoir perdu la qualité de Français dans les conditions posées par l'art. 17 c. civ., mais qu'étant né en Belgique d'un étranger à ce pays, il soutient que, suivant une disposition de la loi belge, identique à celle écrite dans notre code civil, il a réclamé la qualité de Belge devant le bourgmestre de Bruxelles dans le délai de la loi; d'où il serait Belge d'origine, la réclamation devant produire en Belgique un effet rétroactif, de même que la réclamation de l'étranger né en France, faite en conformité à l'art. 9 de notre code civil, a pour effet de le constituer Français dès sa naissance; — Mais, attendu que les dispositions de la loi belge ne sont pas exécutoires en France, et que la souveraineté française serait violée, si ces dispositions pouvaient prévaloir contre le texte formel de l'art. 10 c. civ.; — Attendu que, Français suivant cet article, et n'ayant point perdu cette qualité conformément aux conditions de la loi française, l'appelant a été, à bon droit, déclaré Français par les premiers juges;

Par ces motifs; — Met l'appel à néant; — Confirme le jugement, etc.

Du 14 déc. 1881.-C. de Douai.-MM. Bardon, 1er pr.-Chaloupin, av. gén., c. conf.-Boutet, av.

tion du gouvernement acceptait en pays étranger les fonctions de directeur du Conservatoire de musique perdait la qualité de Français (Paris, 23 juin 1859, aff. Dausoigne-Méhul, D. P. 60. 2. 213).

Il a été décidé, au contraire, que l'acceptation à l'étranger de fonctions temporaires n'entraînait pas la perte de la qualité de Français (Colmar, 30 avr. 1863, aff. Comp. des chemins de fer de l'Est et Wencker, D. P. 63. 2. 172). Mais, dans l'espèce sur laquelle a statué cet arrêt, il ne s'agissait pas de fonctions publiques conférées par un gouvernement étranger, mais de celles de chef de gare dont le Français avait été investi par une compagnie de chemins de fer; dans ces conditions, l'art. 17 n'était évidemment pas applicable.

298. MM. Alauzet, n° 40; de Folleville, p. 592, note 1, et Cogordan, p. 271, sont d'avis que le serment de sujétion à un Gouvernement étranger ne suffisait pas à faire perdre la qualité de Français (V. toutefois en sens contraire : Décr. 1er déc. 1860, qui réintègre « dans la qualité de Français qu'ils avaient perdue » les Français résidant en Russie qui pour faire le commerce avaient dû entrer dans les guildes de marchands et prêter à cette occasion serment de sujétion à l'empereur de Russie (D. P. 61. 4. 7). Si l'interprétation de ce décret devait être admise, on pourrait se demander jusqu'à quel point un simple décret aurait suffi pour réintégrer dans la qualité de Français déjà perdue, ceux qui avaient omis de demander l'autorisation préalable du Gouvernement pour entrer dans les guildes de marchands russes et prêter serment de sujétion au czar (Comp. Gilbrin, p. 63).

299. Aux termes de la loi de 1889 (nouvel art. 17-3° c. civ.), l'acceptation, non autorisée par le Gouvernement français, de fonctions publiques conférées par un Gouvernement étranger ne fait plus perdre la qualité de Français; mais le Français qui a accepté de telles fonctions perd la nationalité française, s'il les conserve malgré l'injonction du Gouvernement français de les résigner dans un délai déterminé.

Art. 3. — *Établissement fait en pays étranger sans esprit de retour* (*Rép.* nos 550 à 560).

300. On a examiné au *Rép.* n° 559 les difficultés soulevées par le dernier paragraphe de l'ancien art. 17, aux termes duquel les établissements de commerce ne pouvaient jamais être considérés comme ayant été faits sans esprit de retour. On ne soutient plus que la perte de l'esprit de retour ne pût être prouvée chez celui qui avait formé à l'étranger un établissement de commerce; mais certains auteurs allèguent que si diverses circonstances jointes à l'établissement de commerce tendaient à prouver la perte de l'esprit de retour, on ne pouvait cependant en aucun cas argumenter de cet établissement. Les raisons tirées de circonstances quelconques n'auraient pas été infirmées par le fait de l'établissement de commerce, mais cet établissement n'aurait pu être invoqué pour les corroborer (Laurent, t. 1, n° 384; de Folleville, n° 464). — MM. Aubry et Rau, t. 1, § 74-4°, et note 19, p. 272, paraissent favorables à l'opinion adoptée au *Répertoire*, d'après laquelle l'établissement de commerce, insuffisant en lui-même pour prouver la perte de l'esprit de retour, pouvait cependant être invoqué comme concourant avec d'autres faits à former cette preuve. — La jurisprudence admettait en fait très difficilement la perte de l'esprit de retour. Ainsi il a été jugé : 1° que le Français qui, résidant à l'étranger, s'y est marié avec une Française possédant dans ce pays un établissement de commerce, n'est point, par cela seul, réputé s'y être fixé sans esprit de retour, et, par suite, avoir renoncé à la qualité de Français, quand bien même il aurait continué d'y résider jusqu'à l'époque de son décès arrivé vingt-six ans après son mariage, et y aurait employé une partie de sa fortune en acquisition d'immeubles (Metz, 9 juin 1852, aff. Désormeaux, D. P. 52. 2. 189); — 2° Que le Français qui avait fondé en pays étranger un établissement de commerce, ne devait pas être considéré comme ayant abdiqué sa nationalité, alors même qu'il se serait marié dans ce pays, qu'il y serait décédé et qu'il y aurait fait dresser par l'autorité locale les actes de l'état civil le concernant (Bordeaux, 27 août 1877, aff. Courbin, D. P. 78. 2. 193). Mais il a été jugé, en sens contraire, que le Français d'origine qui était allé se fixer à l'étranger dans une ville où il avait passé son enfance et une partie de sa jeunesse, qui s'y était marié deux fois à deux bourgeoises de cette ville et y avait concentré et réalisé tous ses intérêts de fortune, était réputé avoir fait en ce pays un établissement sans esprit de retour qui lui avait fait perdre la qualité de Français (Colmar, 19 mai 1867, aff. Ostermann, D. P. 68. 2. 225. Comp. Chambéry, 29 avr. 1873, *suprà*, n° 295).

Les dispositions du décret du 26 août 1811 ne s'appliquaient pas aux Français établis à l'étranger sans esprit de retour (V. Demante et Colmet de Santerre, t. 1, n° 42 *bis;* Aubry et Rau, t. 1, § 74, p. 272).

301. La loi du 26 juin 1889 a purement et simplement effacé de l'art. 17 c. civ. cette cause de perte de la qualité de Français. Désormais aucun établissement en pays étranger, même sans esprit de retour, ne suffit à faire perdre la nationalité française.

Art. 4. — *Mariage d'une Française avec un étranger* (*Rép.* nos 561 à 567).

302. Conformément à l'opinion soutenue au *Rép.* n° 563, il a été jugé que la femme française ne perd pas sa nationalité par la naturalisation en pays étranger de son mari Français au moment du mariage (Douai, 3 août 1858, aff. Hauel, D. P. 58. 2. 218; Toulouse, 17 juill. 1874, aff. Ramondenc, D. P. 76. 1. 5. Conf. Aubry et Rau, t. 1, § 74, texte et note 21, p. 272; Demante et Colmet de Santerre, t. 1, n° 36 *bis;* Demangeat sur Fœlix, t. 1, p. 105, note *a;* Laurent, t. 1, n° 387. — *Contrà :* Varambon, *Revue pratique*, t. 8, p. 50 et suiv., 65 et suiv. V. au surplus *suprà*, n° 68).

La même solution devait être donnée au cas où la femme suivait à l'étranger son mari qui s'y établissait sans esprit de retour, à moins que les circonstances ne prouvassent qu'elle-même avait perdu cet esprit (Demante, t. 1, n° 36 *bis;* Aubry et Rau, t. 1, § 74, p. 273; Laurent, t. 1, n° 387; Robillard, p. 260, 261).

303. La loi des 26-28 juin 1889 a modifié l'art. 19 c. civ. au point de vue de la perte de la nationalité française. D'après l'ancien art. 19 c. civ., la femme française qui épousait un étranger perdait toujours la qualité de Française, alors même que, d'après la loi du pays de son mari, elle n'acquérait pas la nationalité de ce dernier; elle demeurait dans ce dernier cas sans patrie; le nouvel art. 19 c. civ. déclare que la femme française qui épouse un étranger suit la condition de son mari, à moins, toutefois, que son mariage ne lui confère pas la nationalité de celui-ci, auquel cas elle reste Française.

Art. 5. — *Prise de service militaire à l'étranger* (*Rép.* nos 568 à 589).

304. Il a été jugé, conformément à l'opinion émise au *Rép.* n° 571, que le Français qui, sans contracter aucun engagement, prête son concours momentané à l'un des partis qui se disputent le pouvoir dans un pays étranger et qui reçoit, sans l'autorisation du gouvernement français, un grade dont le titre est aussi transitoire que l'autorité du chef dont il émane, ne perd pas pour cela la qualité de Français (Bastia, 27 déc. 1875, aff. Cordua et comp., D. P. 76. 2. 203; Req. 20 févr. 1877, aff. Cordua et comp., D. P. 78. 1. 26. V. toutefois la note sous ce dernier arrêt, *ibid.*). La perte de la qualité de Français ne résulte que de l'entrée au service d'une puissance reconnue (de Folleville, n° 481 *bis;* Cogordan, p. 280-281; Robillard, p. 266).

MM. Demolombe, t. 1, n° 185; Aubry et Rau, t. 1, § 74, p. 271, estiment que le service dans la garde bourgeoise d'une ville étrangère ne constitue pas le service militaire chez l'étranger, auquel l'art. 21 attache la perte de la qualité de Français (Bordeaux, 14 mars 1850 (1). Conf. Cogordan, p. 280). Il n'en serait autrement que si cette garde venait à

(1) (Charvin C. Charvin.) — La cour;... — Sur le deuxième chef relatif à la succession de Louis Charvin, oncle, et à l'incapacité de succéder dont Pierre Charvin aurait été frappé par le décret du 26 août 1811 : — Attendu, quant aux deux fins de non-recevoir opposées à Antoine Charvin, qu'en intervenant dans l'ordre ouvert devant le tribunal de première instance de Libourne, il ne

servir à la défense du territoire (de Folleville, n° 481 *bis*; Robillard, p. 265 et *Rép.* n° 572).

305. D'après un arrêt de la cour de Toulouse, l'autorisation que doit obtenir du Gouvernement, pour éviter la déchéance prononcée par l'art. 21 c. civ., le Français qui veut prendre du service militaire à l'étranger, doit être formelle et émaner du ministère des affaires étrangères; du moins, si, à l'égard d'un militaire français, l'obtention d'un congé pour servir dans l'armée d'une nation alliée a pu être considérée comme équivalent à cette autorisation, on ne saurait attribuer le même résultat à l'acceptation, par le ministre de la guerre, d'une démission offerte avec l'intention déclarée de conserver définitivement, dans une armée alliée, un grade que ce ministre l'avait provisoirement autorisé à y occuper (Toulouse, 1er août 1851, aff. Lafont, D. P. 53. 2. 10. Comp. *infrà*, n° 309).

306. Il a été jugé que le fait, de la part d'un Français, d'avoir pris du service militaire à l'étranger pendant sa minorité ne suffit pas pour lui faire perdre sa qualité de Français, alors surtout que, par son engagement sans caractère libre et spontané, il n'a fait que déférer à la réquisition de l'autorité étrangère; et cela bien qu'il ait continué sans réclamation son service à l'étranger après sa majorité (Metz, 10 juill. 1849, aff. Schmitt, D. P. 52. 2. 6. Comp. dans le même sens: Aubry et Rau, t. 1, § 74, p. 270; Demolombe, t. 1, n° 185; Cogordan, p. 281). — Une circulaire ministérielle du 1er mai 1862 interprète la loi en ce sens que l'engagement du mineur dans une armée étrangère ne lui ferait pas perdre la nationalité française, mais à condition de cesser son service à sa majorité (Conf. Robillard, p. 264) et de satisfaire à la loi du recrutement en France (D. P. 62. 3. 77). M. de Folleville, n° 478, tient au contraire le mineur pour déchu de la qualité de Français par son engagement au service de l'étranger; il voit dans cet acte un délit civil et regarde le mineur comme soumis aux conséquences de ce délit, en vertu du principe que le mineur est responsable de ses délits, quand il a un discernement suffisant. Mais le caractère délictueux de l'entrée au service dans une armée étrangère n'est peut-être pas suffisamment établi, tandis qu'on s'accorde à reconnaître que le mineur ne peut disposer de sa nationalité (Comp. toutefois L. de 1889, nouvel art. 17-4°).

---

s'est pas borné à contester à Victoire Fischer et à ses enfants la propriété de la créance pour laquelle ils avaient été provisoirement colloqués; qu'il a contesté leur état, la qualité d'héritiers des enfants, et a demandé à être reconnu seul héritier de Pierre Charvin, son frère; que par là il soulevait une véritable pétition d'hérédité; que cette action impliquait, avec la succession de Pierre Charvin, celle de Louis Charvin, leur oncle, recueillie par le premier en qualité de légataire universel; qu'une telle demande, introduite incidemment à une procédure d'ordre, devant un tribunal qui n'était ni celui du dernier domicile, ni celui du lieu de l'ouverture de la succession, aurait pu, dans le principe, être écartée par fin de non procéder et pour incompétence; mais que Victoire Fischer a volontairement accepté le débat et la juridiction du tribunal de Libourne, dont l'incompétence n'était que relative; qu'elle s'est même opposée à ce que cette demande fût disjointe de l'instance d'ordre; que la cause ainsi engagée, elle a la première avancé, en vue de faire tomber l'action en nullité de mariage, que Pierre Charvin avait été naturalisé sujet de Hesse-Cassel; qu'après avoir contesté cette affirmation et les documents dont elle les appuyait, Antoine Charvin s'en est à son tour emparé pour soutenir que si le mariage n'était pas nul, son frère avait tout au moins perdu la capacité de succéder en France; que ce n'était là qu'une réponse à l'exception qui lui était opposée, et un nouveau moyen pour se faire subsidiairement adjuger la succession de Louis Charvin, et la partie de la créance litigieuse provenant de ce dernier; que le tribunal, déjà saisi d'une demande qui embrassait et la succession et la créance, était évidemment compétent pour connaître de la demande ainsi réduite, et de l'exception à laquelle elle se rattachait; — Qu'il ne pouvait être arrêté par l'ordonnance qui avait envoyé Pierre Charvin en possession de la succession de son oncle; que cette ordonnance, sans rien préjuger sur la capacité personnelle du légataire, n'avait fait que donner au testament olographe la force exécutoire qui lui manquait, et tombait de plein droit, avec l'acte dont elle forme le complément, s'il était reconnu que le légataire universel était incapable de succéder en France; qu'en un mot, la question s'agitait en dehors et au-dessus du testament et de l'ordonnance d'envoi en possession;

Au fond: — Attendu qu'Antoine Charvin demande qu'il soit fait application à Pierre Charvin de l'art. 6 du décret du 26 août 1811 qui, entre autres peines, prive le Français naturalisé en pays étranger sans l'autorisation du Gouvernement, du droit de succéder en France; que pour statuer sur ces conclusions, qui tendent à enlever à Pierre Charvin, et par suite à ses enfants, la qualité de Français, il faut préalablement vérifier si, comme le soutient l'appelant, Pierre Charvin s'est fait naturaliser sujet de Hesse-Cassel; qu'il n'y a lieu de s'arrêter à ce qui a été dit à cet égard devant les premiers juges par Victoire Fischer; qu'outre qu'elle a rétracté sa déclaration, elle n'a pas pu, par une défense imprudente et des affirmations hasardées, compromettre l'état de son mari et de ses enfants mineurs;

Attendu que la naturalisation ne s'acquiert que conformément aux lois politiques du pays où l'on veut l'obtenir; qu'Antoine Charvin ne produit aucun document de nature à faire connaître quelles conditions étaient imposées à l'étranger qui voulait se faire naturaliser dans la province de Hesse-Cassel, alors partie intégrante du royaume de Westphalie; qu'il ne produit non plus aucun acte émané de l'autorité compétente et conférant à Pierre Charvin la naturalisation; qu'à défaut de cet acte essentiel, qui seul pouvait imprimer à Pierre Charvin une naturalité nouvelle, l'appelant invoque trois documents desquels il induit que son frère a été, vers l'année 1808, naturalisé sujet de Hesse-Cassel. Le premier est un certificat de bourgeoisie du 14 janv. 1809, constatant que sur la proposition de la mairie de Cassel, Pierre Charvin a été élu bourgeois de cette ville; le second, un brevet du 24 mars 1814, qui confère à Pierre Charvin le grade de second lieutenant dans la garde bourgeoise de Cassel; le troisième, une déclaration du bailliage de la Hesse électorale, datée du 3 déc. 1847, délivrée sur la demande de Victoire Fischer, certifiant que Pierre Charvin, né à Virieux-le-Grand, « décédé à ce qu'on dit, à Paris, en 1840, lequel dans l'année 1808, a acquis les droits civils de cette ville (Cassel) et était alors propriétaire d'un établissement de bains, n'a point perdu la qualité de Hessois »;

Attendu, sur les deux premiers documents, qu'autre chose est le droit de bourgeoisie par une ville qui n'est qu'une fraction de l'État, et la naturalisation, qui ne peut être accordée que par l'État lui-même ou par l'autorité politique qui le représente; que dans les anciens usages municipaux, usages qui variaient selon les lieux, le droit de bourgeoisie s'acquérait, en certaines villes, par le simple domicile d'an et jour; qu'il s'accordait même aux forains ou marchands non domiciliés et n'attribuait dans tous les cas que l'exercice des droits civils dans la ville où on l'obtenait, et la participation à ses privilèges, sans toucher à la naturalité; qu'il en est de même de l'incorporation dans la garde bourgeoise; qu'intéressé au maintien de l'ordre dans la ville qui était le siège de son industrie, il est naturel que Pierre Charvin y concourût de sa personne; que les lois du pays pouvaient lui en faire une obligation; que, parmi nous, aux termes de l'art. 10 de la loi du 22 mars 1831, les étrangers admis à la jouissance des droits civils, et qui ont en France une propriété ou un établissement, peuvent être appelés à faire le service de la garde nationale; que, par les mêmes motifs, le grade conféré à Pierre Charvin, ne se rattachant qu'à un service local, ne saurait être assimilé au cas prévu par l'art. 25 du décret du 26 août 1811;

Attendu que le troisième document conçu en termes ambigus semble avoir pour objet d'établir que Pierre Charvin, par sa rentrée en France, où il est mort en 1840, n'a point perdu sa qualité de sujet hessois, mais ne prouve point qu'il l'ait préalablement acquise; que le certificat est muet sur ce point important; qu'on y lit seulement que Pierre Charvin avait acquis, dans l'année 1808, les droits civils dans la ville de Cassel; mais que les droits civils, surtout les droits particuliers à une cité, peuvent s'acquérir indépendamment de la nationalité; qu'il en est ainsi parmi nous, aux termes des art. 11 et 13 c. civ.; que partout on distingue les droits politiques des droits civils, les nationaux des étrangers domiciliés, qui, sans cesser d'être étrangers, exercent, en vertu de l'incolat, des traités ou d'une faveur spéciale, tout ou partie des droits civils; — Attendu que Pierre Charvin, qui n'avait formé à Cassel qu'un établissement commercial, rentra en France vers 1822; qu'il y résida jusqu'à sa mort, en 1840, et y exerça les droits politiques attachés à sa qualité de citoyen français; qu'il concourut aux élections politiques, fit partie du jury, fut membre d'un conseil municipal, circonstances qui doivent faire présumer qu'il avait conservé sa qualité originelle; que, dans tous les cas, on ne saurait, sur de simples indications, le faire réputer étranger, en vue de requérir contre ses enfants l'application des dispositions exorbitantes du décret du 26 août 1811; qu'il faudrait rapporter même l'acte de naturalisation, ou tout au moins des preuves précises et équipollentes;

Par ces motifs, sans qu'il soit besoin d'examiner si l'art. 6 du décret du 26 août 1811 est encore en vigueur, ni les autres difficultés relatives à son application; sans s'arrêter à l'appel interjeté par Antoine Charvin, du jugement rendu par le tribunal de première instance de Libourne, le 17 avr. 1849; — Confirme ledit jugement.

Du 14 mars 1850.-C. de Bordeaux, aud. sol.-MM. de la Seiglière, 1er pr.-Dégrange-Touzin, 1er av. gén.-Delprat et Desèze av.

Il a été décidé que le Français astreint par son âge au service militaire en France ne peut, s'il a pris du service militaire dans une armée étrangère, invoquer la déchéance prononcée par l'art. 21 c. civ. pour se soustraire à l'obligation du service dans l'armée française (Paris, 5 août 1886, aff. Ab-der-Halden, D. P. 87. 2. 13. — Comp. Aix, 18 févr. 1873, aff. Blancardi, D. P. 73. 2. 107).

307. La loi de 1889 (nouvel art. 17-4° c. civ.) dispose que le Français qui, sans autorisation du Gouvernement, prend du service militaire à l'étranger, perd la qualité de Français, sans préjudice des lois pénales contre le Français qui se soustrait aux obligations de la loi militaire.

308. L'abolition de la mort civile par la loi du 31 mai 1854 a rendu sans objet les solutions données à ce sujet au *Rép.* nos 585 à 587.

309. Un décret des 28 août-13 sept. 1866 (D. P. 66. 4. 142) a autorisé les Français à servir dans la légion romaine mise à la disposition du Saint-Siège, sans perdre la nationalité française.

Quant aux Français qui avaient pris du service dans l'armée pontificale avant ce décret et sans autorisation du Gouvernement, la circulaire déjà citée du 1er mai 1862 (D. P. 62. 3. 77) (V. *suprà*, n° 306) les déclarait déchus de la qualité de Français. M. de Folleville, n° 488, estime, au contraire, qu'ils ont conservé la nationalité française, en se fondant sur la considération que les zouaves pontificaux formaient en quelque sorte une corporation militaire française, allant au secours d'un gouvernement étranger; que l'autorisation du Gouvernement était virtuelle et résultait des faits (V. toutefois *Rép.* nos 574 et 575, et *suprà*, n° 305), et que les motifs de l'art. 21 c. civ. étaient sans application au cas où une fraction de la nation se réunissait dans un but qu'encourageait la politique du gouvernement français.

310. L'ancien art. 21 c. civ. assimilait l'affiliation à une corporation militaire étrangère à la prise de service dans une armée étrangère. La loi de 1889 a supprimé cette assimilation et la cause de perte de la qualité de Français qui en résultait.

Art. 6. — *Séparation de territoire* (*Rép.* nos 590 à 600).

311. On a dit au *Rép.* n° 590 que le changement de souveraineté d'un territoire entraîne changement de nationalité de ses habitants. D'après certains auteurs, le changement de nationalité ne devrait rationnellement atteindre que les personnes nées sur les territoires cédés (originaires); d'après les autres, que les personnes domiciliées sur ces territoires au jour de la cession. Enfin deux systèmes extrêmes appliqueraient le changement l'un à toute personne, soit née soit domiciliée dans les pays aliénés, l'autre, aux seules personnes à la fois nées et domiciliées dans ces pays à l'époque du changement de souveraineté. Dans la pratique, la question ne se résout pas d'après un système général, mais d'après les dispositions des traités ou de lois spéciales.

312. On a examiné au *Rép.* nos 591 et suiv. les conséquences, au point de vue du changement de nationalité, des séparations de territoires opérées en 1814.

Le traité du 30 mai 1814 ne contenait aucune disposition relative au changement de nationalité ; l'art. 17 réservait seulement aux habitants « naturels ou étrangers » des territoires cédés la faculté d'émigrer dans un délai de six ans. M. Cogordan, p. 315, conclut de cette disposition que tous les habitants français, Français d'origine aussi bien que Français devenus tels par la réunion des territoires cédés, se trouvaient atteints dans leur nationalité, sauf toutefois la faculté de conserver la qualité de Français en émigrant dans le délai de six ans. Mais, en réalité, l'art. 17 ne tranchait pas une question de nationalité ; autre chose est la faculté d'option, autre chose la faculté d'émigration; si, d'ailleurs, on admettait l'interprétation de M. Cogordan, il faudrait dire que l'art. 17 réservant le droit d'émigrer aux habitants naturels ou étrangers, un Allemand, par exemple, établi aux Pays-Bas, n'aurait pu conserver sa nationalité qu'en émigrant dans le délai de six ans, ce qui est assurément inadmissible (V. en ce sens: de Folleville, n° 507; Alauzet, *De la qualité de Français*, 2e éd., 1880, n° 60).

313. Si le traité est muet sur la question de nationalité, son préambule et ses dispositions semblent bien indiquer chez ses rédacteurs l'intention d'anéantir les effets des annexions de la République et de l'Empire, et la loi du 14 oct. 1814, relative à la question de nationalité (*Rép.* p. 41), peut être également considérée comme inspirée par l'idée que les annexions devaient être tenues pour rétroactivement annulées; de là, certains auteurs ont conclu que la nationalité devait être en tous cas déterminée comme si les annexions n'avaient jamais eu lieu (V. de Folleville, nos 498 et suiv.; Demolombe, t. 1, n° 178; Robillard, p. 310; Robinet de Cléry, *Revue critique*, 1876, p. 29).

Dans un autre système, on considère les démembrements de 1814 comme n'ayant eu aucun effet rétroactif à l'égard de la nationalité, et comme ayant seulement rendu étrangers les originaires des pays rétrocédés; par originaires, on entend les individus nés dans ces pays (V. Cogordan, p. 311 et suiv., 315 et 318; Alauzet, nos 55 et suiv.; Aubry et Rau, t. 1, § 72, p. 259 et suiv.; Crim. cass. 7 déc. 1883, aff. Gillebert, D. P. 84. 1. 209).

En tout cas, les Français d'origine établis dans les pays séparés n'étaient pas atteints dans leur nationalité par le changement de souveraineté de ces pays (V. Aubry et Rau, t. 1, § 72, note 11, p. 259).

314. MM. Aubry et Rau, t. 1, § 72, p. 265, décident, contrairement à ce qui a été dit au *Rép.* n° 592, que les enfants majeurs des habitants des pays séparés ont conservé la qualité de Français sans avoir rempli de formalités, s'ils sont nés après la réunion et ont continué, malgré la séparation, à résider en territoire demeuré français. MM. Alauzet, n° 57, et Cogordan, p. 318, donnent la même solution pour tous les individus mineurs ou majeurs en 1814, nés sur un territoire resté français, et n'exigent point de résidence en France après 1814; telle est en effet la conséquence logique du principe de non-rétroactivité et de l'application aux seuls originaires des territoires cédés, des effets de la séparation sur la nationalité.

315. MM. Aubry et Rau, t. 1, § 72, p. 263, et Robinet de Cléry, *Revue critique*, 1876, p. 28 et suiv., estiment que les enfants mineurs ont suivi la condition de leur père; qu'ils sont demeurés Français ou devenus étrangers, selon que celui-ci a ou non rempli les formalités de la loi du 14 oct. 1814. C'est pour MM. Aubry et Rau une conséquence du silence des textes et du court délai imparti par la loi de 1814 à ceux qui voulaient obtenir des lettres de déclaration de naturalité ; pour M. Robinet de Cléry, une conséquence de l'effet rétroactif tant du traité de démembrement que des lettres de déclaration de naturalité (Comp. de Folleville, n° 512; Aix, 25 juill. 1853, aff. Corneille, D. P. 55. 2. 355, et arrêts cités au *Rép.* nos 592 et suiv.). MM. Aubry et Rau réservent, d'ailleurs, au mineur dans le cas où il est né sur une portion du territoire restée française, le bénéfice de l'art. 9 c. civ. Si l'on admet l'annulation rétroactive des annexions au point de vue de la nationalité, on doit, en effet, refuser la qualité de Français à l'enfant né dans de semblables conditions, le considérer comme né de parents étrangers, et lui reconnaître le droit d'invoquer l'art. 9 c. civ. (V. de Folleville, n° 504).

M. Cogordan pense que l'état des mineurs n'était pas lié à celui du chef de famille, et que toute personne atteinte dans sa nationalité devait, pour rester Français, obtenir des lettres patentes individuelles. C'est l'opinion qui a été émise au *Rép.* n° 593.

Il a été jugé, conformément à la jurisprudence rapportée au *Rép.* n° 594, que l'enfant mineur dont le père a perdu la qualité de Français, faute d'avoir rempli, lors de la séparation de son pays d'avec la France, les formalités prescrites par la loi du 14 oct. 1814 et qui n'a pas lui-même usé du bénéfice de cette loi à sa majorité, a cessé d'être Français, alors même qu'il n'aurait pas cessé de résider en France, qu'il aurait épousé une Française, qu'il posséderait en France des immeubles et une industrie, qu'il y aurait satisfait à la loi du recrutement et y aurait supporté les charges et exercé les droits attachés à la qualité de Français; ces circonstances ne peuvent suppléer l'accomplissement des formalités exigées par la loi du 14 oct. 1814 (Aix, 25 juill. 1853, aff. Corneille, D. P. 55. 2. 355).

316. Conformément à l'opinion émise au *Rép.* n° 596, il a été décidé que les formalités prescrites par l'art. 3 de la loi du 14 oct. 1814 devaient être remplies même par l'enfant dont le père était décédé lors du traité de séparation, si cet enfant né et domicilié en 1814 en pays rétrocédé voulait conserver la qualité de Français; que le père n'avait pu transmettre à son fils la qualité de Français qu'au même titre qu'il la possédait lui-même et que cette qualité devait disparaître par l'effet du traité de 1814 (Req. 10 mars 1858, aff. Rachel, D. P. 58. 1. 313). — L'enfant devait être considéré, dans le système de la rétroactivité, comme né d'un père étranger. En tout cas, l'enfant né en pays rétrocédé se trouvait atteint dans sa nationalité, et la circonstance que son père était mort avant 1814 n'avait pu avoir pour effet de lui imprimer la nationalité qu'avait alors celui-ci, l'état de l'enfant ne pouvait être déterminé par le dernier état du père. — Les adversaires de la rétroactivité donnent une solution contraire lorsque le mineur est né en France; ils le considèrent en effet comme Français de naissance, non originaire des pays cédés et comme tel non atteint par le démembrement (V. Alauzet, n° 57; Aubry et Rau, t. 1, § 72, note 25, p. 264. Comp. arrêts cités au *Rép.* n° 116). M. Robinet de Cléry, *Revue critique*, 1876, p. 37, paraît étendre la solution même au mineur né en pays rétrocédé.

317. MM. Aubry et Rau, t. 1, § 72, p. 265, note 27, refusent aux enfants nés dans les pays rétrocédés le bénéfice de l'art. 9 c. civ.; ces auteurs, en effet, bien que n'admettant pas l'effet rétroactif quant à la nationalité des démembrements opérés en 1814, pensent, néanmoins, « que les provinces démembrées ont été, en raison de leur séparation, considérées comme n'ayant jamais appartenu à la France »; ils admettent ainsi la rétroactivité à l'égard du territoire (V. Paris, 29 juill. 1872, aff. Morand, D. P. 72. 2. 223; 11 juin 1883, aff. Gillebert, D. P. 84. 1. 210). — Il a été jugé, en sens contraire, que les provinces rétrocédées en 1814 ne doivent pas être réputées n'avoir jamais été françaises, et que, par suite, est Français, en vertu des lois du 7 févr. 1851 et 16 déc. 1874 l'individu né en France d'un père qui était né lui-même dans les provinces belges à l'époque où elles étaient incorporées à la France (Crim. cass. 7 déc. 1883, aff. Gillebert, D. P. 84. 1. 209. V. encore sur l'application des lois de 1851 et 1874 : Selosse, p. 383).

318. Il a été décidé, dans le sens indiqué au *Rép.* n° 597, que la loi du 14 oct. 1814 était sans application aux individus nés en France, avant le code civil, d'étrangers appartenant aux territoires rétrocédés en 1814. Ces individus étaient en effet devenus Français, d'après la législation alors en vigueur, par le seul fait de leur naissance en France (Douai, 11 nov. 1846, aff. Brot, D. P. 47. 4. 196; Nancy, 29 nov. 1849, aff. Jacques, D. P. 51, 2. 34; *Rép.* n° 67), non par l'annexion du territoire auquel se rattachait leur auteur; la séparation de territoire ne pouvait donc exercer aucune influence sur leur nationalité (Douai, 1er juin 1855, aff. Delvigne, D. P. 56. 2. 105; Civ. cass. 5 mai 1862, aff. Lebeau, D. P. 62. 1. 229; Douai, 21 avr. 1880, aff. Verhayen, D. P. 81. 2. 118; de Folleville, n° 504. — V. cependant en sens contraire : Douai, 18 déc. 1854, *suprà*, n° 48).

319. M. Alauzet, nos 63 et suiv., est d'avis, contrairement à l'opinion émise au *Rép.* nos 104 et 105, que les lettres de naturalité concédées en vertu de la loi du 14 oct. 1814 n'ont pas eu d'effet rétroactif, mais ont seulement rendu pour l'avenir la qualité de Français à ceux qui l'avaient perdue par suite du traité du 30 mai 1814. L'opinion du *Répertoire* est suivie par MM. Aubry et Rau, t. 1, § 72, et notes 17 et 21, p. 261 et 262; Robinet de Cléry, *Revue critique*, 1876, p. 36; Selosse, p. 382; Cogordan, p. 316; de Folleville, n° 512).

320. M. Cogordan, p. 319, pense que la loi de 1814 est sans application aux habitants des pays cédés par le traité du 20 nov. 1815; il est certain, d'après son texte même, qu'elle ne touche pas les habitants des pays qui, appartenant à la France avant 1791, en ont été séparés en 1815. Quant aux autres, nous inclinerions volontiers vers une solution contraire à celle de M. Cogordan. Si, en effet, la loi de 1814 ne pouvait les viser au moment où elle a été rendue, il est certain que ses motifs leur sont applicables, car le traité de 1815, aggravation de celui de 1814, a été inspiré par les mêmes idées que ce dernier; les termes de la loi s'adaptent d'ailleurs aussi bien aux habitants des territoires cédés en 1815 qu'à ceux des territoires cédés en 1814, si ce n'est en ce que concerne le délai fixé pour la déclaration à faire; mais ce délai a été considéré dans la pratique comme purement comminatoire, et non comme fixé à peine de déchéance.

321. Nous avons déjà indiqué *suprà*, n° 82, les dispositions du traité du 8 déc. 1862 entre la Suisse et la France, en vertu duquel quelques parcelles de territoire ont été échangées entre les deux pays. Ces dispositions n'ont soulevé aucune difficulté.

Il n'en est pas de même des dispositions relatives à la nationalité des personnes atteintes par la cession de l'Alsace-Lorraine.

322. L'art. 2 du traité de Francfort du 18 mai 1871 était très net : « Les sujets français, originaires des territoires cédés, domiciliés actuellement sur ce territoire, qui entendront conserver la nationalité française, jouiront, jusqu'au 1er oct. 1872 et moyennant une déclaration préalable faite à l'autorité compétente, de la faculté de transporter leur domicile en France et de s'y fixer, sans que ce droit puisse être altéré par les lois sur le service militaire, auquel cas la qualité de citoyen français leur sera maintenue. Ils seront libres de conserver leurs immeubles situés sur le territoire réuni à l'Allemagne » (D. P. 71. 4. 25). D'après ce texte, les seules personnes atteintes dans leur nationalité par le changement de souveraineté de l'Alsace-Lorraine étaient celles qui, nées sur les territoires cédés, y avaient leur domicile au jour de la cession. Toutes les personnes atteintes avaient la faculté de conserver la nationalité française au moyen d'une déclaration d'option et d'un transfert de domicile.

323. Ces dispositions furent implicitement modifiées par l'art. 1er de la convention additionnelle du 11 déc. 1871. Aux termes de cet article : « Pour les individus originaires des territoires cédés qui résidaient hors d'Europe, le terme fixé par l'art. 2 du traité de paix pour l'option entre la nationalité française et la nationalité allemande était étendu jusqu'au 1er oct. 1873 » (D. P. 72. 4. 9). Bien que ce texte parle des originaires résidant hors d'Europe et que le mot *domiciliés* n'y figure pas, il est certain qu'il ne visait nullement les originaires d'Alsace-Lorraine qui, domiciliés dans les territoires cédés, pouvaient résider accidentellement à l'étranger; il avait pour objet d'étendre le changement de nationalité résultant de la cession des territoires à tous les originaires de ces territoires, en quelque lieu qu'ils fussent domiciliés. C'est ce que constate une circulaire du ministre de la justice en date du 30 mars 1872. « Tous ceux qui sont originaires des territoires cédés, y est-il dit, quel que soit leur domicile, sont obligés de faire une déclaration s'ils veulent rester Français » (D. P. 72. 3. 25). Cette déclaration devait être faite, en Alsace-Lorraine, devant les autorités allemandes (devant le *Kreisdirektor* et, à Strasbourg et Metz, devant le directeur de la police) (Protocole de la conférence tenue à Francfort le 13 juill. 1871; de Clercq, *Recueil des traités*, t. 10, p. 507); hors d'Allemagne, soit à la mairie du domicile des déclarants, soit à une chancellerie diplomatique ou consulaire française (Conv. 11 déc. 1871, art. 1er); l'option pouvait encore résulter de l'immatriculation dans une chancellerie française. Le délai d'option expirait le 1er oct. 1872 pour les originaires résidant en Europe, le 1er oct. 1873 pour les originaires résidant hors d'Europe. La seconde condition exigée pour la conservation de la nationalité française était le transfert du domicile hors des territoires cédés. Les textes parlaient du transport de domicile en France; mais le Gouvernement allemand lui-même a reconnu pour suffisant le transfert du domicile en un lieu quelconque, hors de l'Alsace-Lorraine.

324. Les plénipotentiaires français avaient vainement insisté, dans les conférences tenues à Francfort pour préparer la convention du 11 déc. 1871, afin d'obtenir de leurs collègues allemands qu'on insérât dans cette convention une définition précise de l'expression « originaires ». Toutefois la chancellerie allemande leur fit connaître qu'elle interpréterait « l'expression originaires comme s'appliquant à toute personne née dans les territoires cédés » (Protocole du 28 nov. 1871; de Clercq, t. 10, p. 528). La circulaire déjà citée du 30 mars 1872 (D. P. 72. 3. 25) relate une dépêche du comte d'Arnim, envoyé extraordinaire d'Allemagne à Paris, qui est conçue dans le même sens (18 déc. 1871) et la réponse du ministre des affaires étrangères de France qui constate l'accord des deux gouvernements sur ce point. Les originaires sont, donc tous ceux, et ceux-là seuls, qui sont nés sur les territoires cédés.

325. Des termes du traité du 10 mai 1871 (art. 2), et de la convention du 11 déc. 1871 (art. 1er), il résulte que les personnes domiciliées en Alsace-Lorraine sans y être nées n'étaient pas atteintes dans leur nationalité. Les plénipotentiaires allemands l'ont formellement reconnu à la séance du 6 juill. 1871 (de Clercq, t. 10, p. 503), et la cour de Paris a fait avec raison application de cette doctrine dans un arrêt du 24 juill. 1874 (aff. Blum, D. P. 77. 2. 18, note *a*). — Néanmoins la chancellerie allemande a considéré l'émigration comme la condition nécessaire de la conservation de la nationalité française pour les domiciliés non originaires, et elle a réputé Allemands ceux qui n'avaient pas opéré le transfert de domicile au 1er oct. 1872. La divergence de vue des deux gouvernements a été publiée par la note du gouvernement français du 13 sept. 1872 (insérée au *Journ. off.* du 14 sept. 1872, et D. P. 72. 3. 70. — V. dans cette note les singuliers motifs allégués dans une dépêche du comte d'Arnim. V. également l'arrêté du président supérieur d'Alsace-Lorraine en date du 7 mars 1872 ; Villefort, *Recueil des traités, conventions, lois, décrets et autres actes relatifs à la paix avec l'Allemagne*, t. 2, p. 533). — Les mesures édictées par les autorités allemandes à l'égard des domiciliés s'appliquent aux personnes qui avaient leur domicile en Alsace-Lorraine à la date du 2 mars 1871, jour de l'échange des ratifications des préliminaires de paix du 26 février.

326. D'après la législation allemande, la femme mariée doit toujours avoir même nationalité que son mari ; mais le traité ne fait aucune réserve au point de vue du droit d'option. Il en résulte que la femme mariée avait un droit propre d'option qu'elle pouvait exercer avec l'autorisation maritale (V. en ce sens : Circ. 30 mars 1872, D. P. 72. 3. 25), mais que la validité de cette option était subordonnée au transfert effectif de domicile hors d'Alsace-Lorraine. Peu importait que la femme n'eût continué à résider en Alsace-Lorraine qu'à raison de la volonté de son mari, dont elle ne devait point se séparer ; le traité a fait de l'émigration une condition formelle de la conservation de la nationalité française, sans aucune réserve ni distinction de personnes ; la femme ne pouvait pas invoquer sa qualité de femme mariée pour se soustraire à cette obligation (V. toutefois Selosse, p. 338).

Il a été jugé que, si la femme mariée originaire d'Alsace-Lorraine qui a opté pour la nationalité française a pu contrevenir aux dispositions du traité de 1871 en continuant à résider dans les pays annexés, elle doit être considérée néanmoins comme Française en vertu de l'art. 12 c. civ., si son mari a régulièrement opté pour la nationalité française et a transféré en France son domicile et sa résidence effective (Trib. Constantine, 21 juin 1876) (1). Cette solution est contraire à l'opinion soutenue au *Rép.* n° 115 et *suprà*, n° 68 sur les effets personnels du changement de nationalité. Dans l'espèce, le mari n'avait pas, il est vrai, changé de nationalité puisque par son option il avait conservé la qualité de Français; mais d'après le tribunal, la conservation de la nationalité française par le mari entraînait conservation de cette nationalité à la femme en vertu du principe, que nous avons combattu, que la nationalité de la femme ne peut jamais être différente de celle du mari (Comp. Robillard, p. 302. — V. en outre, sur la nationalité des femmes mariées après la séparation du territoire : Robinet de Cléry, *Revue critique*, 1872-1873, p. 396 et suiv., 465 et suiv.).

327. La situation des mineurs a donné lieu à des divergences de vue fort graves entre les gouvernements français et allemand. Les textes ne font aucune distinction entre les majeurs et les mineurs, d'où l'on doit conclure que ces derniers avaient un droit propre d'option. La question, d'ailleurs, fut agitée dans les conférences de Francfort; les plénipotentiaires français ne purent obtenir qu'on insérât dans la convention la réserve, pour les mineurs, de la faculté d'opter à leur majorité ; mais à la question qui leur fut adressée de savoir si les mineurs émancipés ou non émancipés auraient la faculté d'option, les plénipotentiaires allemands répondirent « qu'il n'y avait pas lieu de distinguer entre les mineurs émancipés et les mineurs non émancipés, et que le concours de leurs représentants légaux serait nécessaire pour la déclaration d'option des mineurs » (Protocoles des conférences des 6 et 13 juill. 1871 ; de Clercq, t. 10, p. 503 et 507). La circulaire du 30 mars 1872, visant ces déclarations, admet la validité des options faites avec le concours des représentants légaux ; on peut considérer cette procédure comme régulière, bien qu'elle ne soit pas conforme au principe que les mineurs ne peuvent disposer de leur état, car elle résulte implicitement du traité du 10 mai et de la convention du 11 déc. 1871.

Les autorités allemandes, faisant application des principes du droit en vigueur en Allemagne (lequel n'est cependant pas applicable en Alsace-Lorraine), et non des dispositions du traité, ont en réalité dénié aux mineurs un droit propre d'option. Un arrêté du président supérieur de l'Alsace-Lorraine, en date du 16 mars 1872, a décidé que « les mineurs non émancipés, originaires ou non, ne pourraient opter pour la nationalité française ni de leur propre chef, ni par l'intermédiaire de leurs représentants légaux, à moins que ceux-ci n'optent aussi pour eux-mêmes dans le même sens ». Si leurs parents étaient encore en vie, ils devaient suivre la nationalité de leur père. L'option du tuteur pour la nationalité française ne devait avoir d'effet que si le conseil de famille y donnait son consentement. Ces règles étaient applicables même aux mineurs nés hors les territoires cédés, par cela seul que leurs représentants légaux se trouvaient atteints dans leur nationalité par la cession de l'Alsace-Lorraine. Quant aux mineurs émancipés, les mêmes règles leur étaient applicables, s'ils étaient nés en Alsace-Lorraine; ils ne pouvaient rester Français qu'autant que leur père et leur curateur conservaient cette qualité ; au cas contraire, ils pouvaient opter aux mêmes conditions que les majeurs, c'est-à-dire en émigrant. — En réponse aux réclamations du gouvernement français, le comte d'Arnim alléguait, en faveur de ces solutions, que le mineur ayant, d'après l'art. 108 c. civ., son domicile légal chez ses père et mère ou tuteur, ne pouvait remplir la condition de transfert de domicile exigée par les textes, si son représentant légal n'optait pas lui-même pour la nationalité française. On peut répondre à cette observation que la condition de transfert de domicile doit s'entendre et a été entendue d'une émigration effective plutôt que d'une formalité ou d'une fiction légale, et que le mineur non émancipé satisfaisait au traité en émigrant, encore que son domicile légal demeurât fixé chez ses père et mère ou tuteur. En outre, ce motif ne pouvait être allégué pour le mineur émancipé, maître de choisir un domicile séparé, et néanmoins l'arrêté du 16 mars 1872 appliquait la même solution au mineur émancipé né en Alsace-Lorraine (V. sur ce dernier point l'explication peu intelligible donnée par le comte d'Arnim dans sa dépêche du 15 juill. 1872, rapportée dans la note du gouvernement

(1) (Siraudin C. Rouff.) — La dame Rouff, née en Alsace-Lorraine, ayant obtenu la séparation de biens, a invoqué son hypothèque légale, pour le payement de ses reprises, contre un sieur Siraudin, tiers détenteur d'un immeuble qui avait appartenu à son mari. Le droit d'exercer cette hypothèque lui a été contesté, sous le prétexte qu'elle était devenue Allemande faute d'option régulière pour la nationalité française. — Jugement.

LE TRIBUNAL ; — Attendu qu'il est justifié que la femme Rouff, née de parents français, à Forbach, le 3 nov. 1844, a opté pour la nationalité française, suivant déclaration par elle faite à la mairie de Constantine, le 12 août 1872; que, depuis lors, elle n'a pas cessé d'avoir pour domicile légal celui que son mari a toujours conservé en France; qu'à la vérité elle a, postérieurement à son option, résidé et réside encore à Forbach, et qu'en cela elle a pu contrevenir aux dispositions de l'art. 2 de la convention diplomatique du 10 mai 1871, d'après lequel l'efficacité de l'option est subordonnée à la condition d'un transfert de domicile et d'une résidence effective en France; — Mais attendu qu'il est justifié que Rouff, né de parents français à Sarreguemines, le 22 sept. 1827, a régulièrement opté pour la nationalité française suivant déclaration par lui faite à la mairie de Constantine, le 8 juin 1872, et qu'il n'est pas contesté que depuis lors il n'a pas cessé d'avoir en France son domicile et sa résidence effective; que, par suite, ledit Rouff a conservé tous ses droits de citoyen français; qu'il suit de là que, lors même que l'option de la femme Rouff se trouverait inefficace, elle n'en serait pas moins toujours Française en vertu de l'art. 12 c. civ., auquel les conventions diplomatiques entre la France et l'empire d'Allemagne n'ont apporté aucune dérogation, etc.

Du 21 juin 1876.-Trib. civ. de Constantine.

français du 13 sept. 1872, D. P. 72. 3. 70). — Sur la pratique administrative et judiciaire allemande à l'égard des diverses catégories de mineurs, ainsi que sur le droit d'option, V. Cogordan, p. 333 à 366; Robinet de Cléry, *Revue critique*, 1875, p. 264 et suiv., 317 et suiv., 459 et suiv.; 1876, p. 15 et suiv.; Alauzet, nos 79 et suiv.; Selosse, p. 341 et suiv.; Gilbrin, p. 35 et suiv., 41 et suiv.

328. Les solutions allemandes étaient inadmissibles; la note du 13 sept. 1872 les faisait connaître aux intéressés, mais refusait de les adopter. La jurisprudence française les a également rejetées; elle a décidé que les mineurs nés sur territoire resté français de parents devenus allemands faute d'option sont restés Français, bien qu'ils n'aient fait aucune déclaration. Ces mineurs, n'étant pas originaires des territoires cédés, n'étaient pas atteints par le traité, et le changement de nationalité de leurs parents ne pouvait modifier la leur (Paris, 24 juill. 1874, aff. Blum, D. P. 77. 2. 18, note *a*; 4 févr. 1876, aff. Hourlier, D. P. 76. 2. 193; Req. 6 mars 1877, aff. Hourlier, D. P. 77. 1. 289. V. encore Robinet de Cléry, *Revue critique*, 1876, p. 15 et suiv.).

329. La cour de Paris a jugé, par un arrêt du 13 août 1883 (aff. Pignatel, D. P. 84. 2. 105), que la déclaration d'option faite, au moment de l'annexion de l'Alsace-Lorraine à l'Allemagne par le père d'un enfant mineur, a eu pour effet de conserver à ce dernier la nationalité française, alors même qu'elle ne l'a pas expressément mentionné, surtout lorsque le père a déclaré, au moment où il faisait son option, qu'il agissait non seulement dans son intérêt personnel, mais dans l'intérêt et comme représentant légal de son fils mineur. — En principe, nous croyons qu'une déclaration spéciale d'option devait être faite pour le mineur, toutefois cette déclaration a été rendue impossible dans certains cas par la manière de procéder des autorités allemandes; il nous paraît raisonnable d'admettre que, dans les cas où la procédure administrative allemande aura eu pour effet de mettre obstacle à la déclaration particulière à laquelle le mineur était astreint et à laquelle il avait droit, il pourra être suppléé à cette déclaration, soit par celle du père, soit par diverses circonstances, lorsque d'ailleurs la condition d'émigration aura été remplie. Si en effet, « les autorités allemandes étaient seules compétentes pour déterminer les conditions de l'option » pour les personnes domiciliées en Alsace-Lorraine lors de l'annexion (Circ. 30 mars 1872, D. P. 72. 3. 25), c'est-à-dire pour déterminer les formalités à remplir par les personnes désireuses d'opter pour la nationalité française, d'une part il ne pouvait appartenir à ces autorités de priver du droit d'option les mineurs qui pouvaient l'invoquer, en vertu des traités, et, d'autre part il convient de tenir pour suffisantes les formalités accomplies conformément aux règles prescrites par les autorités locales. L'application large de la règle *locus regit actum* est ici parfaitement régulière (V. sur ce point Robinet de Cléry, *Revue critique*, 1875, p. 334. Comp. Selosse, p. 337).

330. On a ouvert, dans la pratique, aux Alsaciens-Lorrains qui n'ont pas opté, un moyen facile de recouvrer la nationalité française, en leur appliquant l'art. 18 c. civ. Le bénéfice de cet article a toutefois été refusé en fait aux jeunes gens qui, nés après le 1er janv. 1851, ne produisaient pas un permis d'émigration délivré par les autorités allemandes (V. *Revue générale d'administration*, 1879, t. 2, p. 301 et suiv.). L'application de l'art. 18 a été considérée par certaines personnes comme irrégulière, l'art. 18 c. civ., a-t-on dit, n'a été fait que pour les Français qui perdent cette qualité par une des causes énumérées dans l'art. 17; il ne vise nullement le cas de démembrement de territoire, non prévu par le législateur de 1804 (V. en ce sens : Hepp, *Du droit d'option des Alsaciens-Lorrains pour la nationalité française*, no 152). Il est incontestable que les rédacteurs de l'art. 18 ne prévoyaient pas cette hypothèse; toutefois, la généralité de ses termes se prête à une extension que rend, d'ailleurs, favorable ici la cause de la perte de la nationalité française; aussi cette extension est-elle admise par MM. Alauzet, no 77; Cogordan, p. 374; Robillard, p. 313; Selosse, p. 387; Gilbrin, p. 82 et suiv.; Robinet de Cléry, *Revue critique*, 1872-1873, p. 300 et suiv., 1875, p. 459 et suiv.; Flach, *De la situation juridique des mineurs Alsaciens-Lorrains qui désirent recouvrer la qualité de Français*, *Journal de droit international privé*, 1879, p. 153 et suiv.). On fait remarquer que cette solution n'est pas en contradiction avec les conventions diplomatiques, car autre chose est l'option, qui conserve sans interruption la nationalité, et autre chose le recouvrement, pour l'avenir seulement, de la nationalité primitive perdue par l'effet du traité de cession.

331. Si l'on admet l'application de l'art. 18 c. civ. aux Alsaciens-Lorrains qui n'ont pas opté, il n'y a aucun motif de refuser le bénéfice de l'art. 10 à leurs enfants nés après l'annexion (V. Robillard, p. 316; Selosse, p. 387; Alauzet, no 78; Chavegrin, *Note sur la condition juridique des Alsaciens-Lorrains nés depuis l'annexion*, *Journal de droit international privé*, 1885, p. 170).

332. L'enfant né d'un étranger en Alsace-Lorraine avant la cession pourrait, sans aucun doute, réclamer la qualité de Français en se conformant aux dispositions de l'art. 9 c. civ. (V. Selosse, p. 379).

333. Il a été jugé que le changement de nationalité des personnes atteintes par les traités, qui n'ont pas usé de la faculté d'option, ne s'est opéré qu'à l'expiration des délais impartis pour l'exercice de cette faculté (Trib. Vesoul, 19 juill. 1871, aff. Holschah, D. P. 71. 3. 69; Nancy, 31 août 1871, aff. Luchmann, D. P. 71. 2. 208). MM. Cogordan, p. 351, et de Folleville, no 541, ont adopté cette opinion en faveur de laquelle on invoque le texte et l'esprit des traités (V. encore Alauzet, no 77. Comp. Gilbrin, p. 32 et 85). Mais si l'art. 2 du traité du 10 mai 1871 « maintient » la qualité de Français à ceux qui entendent « conserver » la nationalité française, cela ne signifie nullement que le changement de nationalité ne dût se produire qu'à l'expiration des délais d'option; cela signifie seulement que par l'effet de l'option, ceux qui l'auraient faite devaient être considérés comme n'ayant jamais cessé d'être Français. L'atténuation de la rigueur des principes ordinaires du droit international, que M. de Folleville signale comme l'objet de cet article, ne s'étendait pas plus loin; elle était réservée aux optants, non à ceux qui suivaient le sort du territoire annexé. C'est à la date du changement de souveraineté des provinces cédées que s'est produit le changement corrélatif dans la nationalité des personnes atteintes à raison de ce changement de souveraineté (V. Robillard, p. 288; Selosse, p. 347; Robinet de Cléry, *Revue critique*, 1875, p. 476).

334. La date du 2 mars 1871, jour de la ratification des préliminaires de paix, a été considérée par les autorités allemandes comme la date de ce double changement. MM. Robillard, p. 294, et Hepp, no 26, déclarent que cette date a été adoptée d'un commun accord, par les deux gouvernements, comme celle du changement de souveraineté (Comp. dans le même sens : *Journ. off.* du 12 juill. 1875, p. 5226, Rapport au Président de la République; Cogordan, p. 351). M. Robinet de Cléry, *Revue critique*, 1876, p. 43. et suiv., pense au contraire que la substitution de la nouvelle domination à l'ancienne n'a produit ses effets qu'à la date du 20 mai 1871; c'est en effet cette date qui a été choisie comme marquant le point où s'arrêtait la compétence des tribunaux institués par le gouvernement français dans les pays cédés (Conv. 11 déc. 1871, art. 3, D. P. 72. 4. 9). L'art. 7 de la même convention s'attache encore à la date du 20 mai en ce qui concerne les droits hypothécaires; toutefois l'art. 10 vise celle du 2 mars relativement aux brevets d'invention. La considération la plus puissante en faveur de la date du 20 mai est que c'est la date de l'échange des ratifications du traité définitif et qu'il est naturel de s'attacher pour le changement de souveraineté au jour où il s'est définitivement accompli plutôt qu'au jour de la ratification des préliminaires qui, ainsi que leur nom même l'indique, n'ont point de caractère définif (V. dans le même sens Gilbrin, p. 12). La jurisprudence n'a pas admis la date du 2 mars comme celle du changement de souveraineté. C'est ainsi qu'il a été jugé : 1° que la guerre avec l'Allemagne n'a légalement pris fin que par la mise en vigueur du traité de Francfort (Crim. cass. 8 juin 1871, aff. Delvallée, D. P. 71. 1. 80); — 2° Que dans le tirage d'un jury de session effectué entre la date de la signature et celle de la ratification du traité de Francfort, le président a maintenu avec raison sur la liste de ce jury les noms de jurés domiciliés dans un territoire cédé par ledit traité à l'Allemagne, la nationalité de ces jurés n'ayant encore subi à ce moment aucun changement (Crim. rej. 12 août 1871, aff. Letant, D. P. 71. 1. 365). Ces arrêts semblent même reculer jusqu'à la promulgation du traité en France la date de ses effets; cette solution devrait être rejetée, car un traité doit produire ses effets le même jour à l'égard des deux Etats contractants; il ne saurait dépendre de chacun d'eux de reculer plus ou moins ces effets en différant la promulgation. Pour la mise en vigueur d'un traité, on ne peut appliquer les règles relatives à la promulgation des lois intérieures; c'est à celles qui régissent les contrats qu'il convient de se référer.

335. M. Robinet de Cléry, *Revue critique*, 1876, p. 102 et 103, pense que l'enfant né dans les délais d'option, et dont l'auteur dont il suit la condition est mort avant l'expiration de ces délais, est Français. Cette solution nous paraît inexacte; en effet, nous avons dit que le changement de nationalité s'est opéré au jour du changement de souveraineté des territoires cédés, sauf faculté d'option, c'est-à-dire sous condition résolutoire; si la condition n'a pas été accomplie, l'auteur de l'enfant était Allemand au jour de la naissance, et l'enfant est Allemand.

336. Le même auteur, *Revue critique*, 1876, p. 105 et suiv., admet encore que les enfants nés de parents devenus allemands moins de trois cents jours après le changement de souveraineté de l'Alsace-Lorraine ont joui de la faculté d'option par application de la maxime « *Infans conceptus pro nato habetur...* » Nous croyons que cette maxime ne peut recevoir ici aucune application; les dispositions du traité visant les originaires ne comprenaient assurément que ceux qui étaient déjà nés au jour du changement de souveraineté des territoires; c'est la naissance réelle, et non la naissance fictive antérieure au traité, que les gouvernements ont pris pour base du changement de nationalité.

Art. 7. — *Achat ou vente d'esclaves.*

337. Aux termes de l'art. 8 du décret du 27 avr. 1848 (D. P. 48. 4. 79), il était interdit, même en pays étranger, à tout Français de posséder, d'acheter ou de vendre des esclaves et de participer soit directement, soit indirectement à tout trafic ou exploitation de ce genre. Toute infraction à ces dispositions devait entraîner la perte de la qualité de citoyen français. — Néanmoins les Français possesseurs d'esclaves au moment de la promulgation du décret avaient un délai de trois ans pour s'y conformer. Ceux qui deviendraient possesseurs d'esclaves en pays étrangers par héritage, don ou mariage, devaient, sous la même peine, les affranchir ou les aliéner dans le même délai, à partir du jour où commencerait leur possession. — Beaucoup de Français placés, par la trop brusque réforme de ce décret dans l'alternative de perdre leur fortune ou leur nationalité se montrèrent peu disposés à sacrifier leurs biens à la conservation de la qualité de Français; aussi, pour prévenir la dénationalisation d'un assez grand nombre de personnes, la loi du 11 févr. 1851 (D. P. 51. 4. 40) étendit-elle à dix ans le délai accordé par le décret de 1848.

338. La même raison fit restreindre en 1858 les cas de déchéance résultant du décret de 1848, dont l'art. 8, § 2, fut modifié ainsi qu'il suit: « Le présent article n'est pas applicable aux propriétaires d'esclaves dont la possession est antérieure au décret du 27 avr. 1848 ou résulterait soit de succession, soit de donation entre-vifs ou testamentaire, soit de conventions matrimoniales ». La perte de la qualité de Français résulte donc non de la possession, mais de l'achat ou de la vente, c'est-à-dire de l'acquisition spontanée et volontaire ou du trafic des esclaves (L. 28 mai-6 juin 1858, D. P. 58. 4. 62).

Art. 8. — *Français admis à opter pour une nationalité étrangère.*

339. L'art. 17-2° c. civ., tel qu'il résulte de la loi du 26 juin 1889 reconnaît une cause nouvelle de perte de la qualité de Français. Les nouveaux art. 8, § 4, 12 et 18 c. civ. rendent Français, sauf faculté d'option pour la nationalité étrangère: 1° certains enfants nés en France d'étrangers nés à l'étranger; 2° les enfants mineurs d'étrangers naturalisés; 3° les enfants mineurs d'ex-Français réintégrés dans la nationalité française. Les termes employés par ces trois textes auraient pu faire naître des doutes sur l'effet de la réclamation de la nationalité étrangère dans l'année qui suit la majorité des individus visés par eux; on aurait pu soutenir que cette réclamation aurait un effet rétroactif et les ferait considérer comme n'ayant jamais été Français. La disposition de l'art. 17-2° lève les doutes; puisque d'après cet article, les individus auxquels s'appliquent les textes précités perdent la qualité de Français en réclamant la nationalité étrangère, c'est qu'ils ont été Français jusqu'à cette réclamation et que cette réclamation n'a d'effet que pour l'avenir; cette solution est d'ailleurs en harmonie avec celle que donne l'art. 20 c. civ., aux termes duquel les individus qui acquerront la qualité de Français dans les cas prévus par les art. 9, 10, 18 et 19 ne pourront s'en prévaloir que pour les droits ouverts à leur profit depuis cette époque.

Il n'est pas douteux que l'alinéa 2 du 1° du nouvel art. 17 c. civ. soit inapplicable dans le cas de l'art. 17-2°, et que le Français admis à décliner la nationalité française par application des art. 8, § 4, 12, et 18 puisse le faire sans avoir à demander l'autorisation du Gouvernement français, encore qu'il soit soumis par son âge au service militaire dans l'armée active. Décider autrement serait annihiler les dispositions des art. 8, § 4, 12 et 18. Nous avons déjà dit, d'ailleurs, que le paragraphe 2 du 1° de l'art. 18 c. civ. ne peut s'appliquer que dans le cas prévu par l'alinéa 1er du 1° de l'art. 17, non dans les autres cas de perte de la qualité de Français (V. *suprà*, n° 287).

CHAP. 2. — De la privation des droits civils par suite de condamnations judiciaires (*Rép.* nos 601 à 717).

340. La mort civile, justement critiquée comme immorale, et dont l'application avait déjà été restreinte par la loi des 5 avr.-16 juin 1850 sur la déportation (D. P. 50. 4. 129), a été complètement abrogée par la loi du 31 mai 1854 (D. P. 54. 4. 91).

En même temps qu'elle abolissait la mort civile, cette loi du 31 mai 1854 a organisé, pour les condamnés à des peines afflictives perpétuelles, un régime spécial d'incapacités, de privation de droits civils, qui rend à cet égard leur condition inférieure à celle des autres condamnés.

Sect. 1re. — Privation de droits civils résultant de condamnations judiciaires a des peines afflictives perpétuelles (*Rép.* nos 602 à 762).

341. La loi du 5 avr. 1850 sur la déportation abolit la mort civile à l'égard des condamnés à la déportation soit simple, soit dans une enceinte fortifiée. Son art. 3 dispose, § 1er et 2: « En aucun cas, la condamnation à la déportation n'emporte la mort civile; elle entraîne la dégradation civique. — De plus, tant qu'une loi nouvelle n'aura pas statué sur les effets des peines perpétuelles, les déportés seront en état d'interdiction légale, conformément aux art. 29 et 31 c. pén. ». La loi nouvelle ainsi annoncée par la loi du 5 avr. 1850, c'est-à-dire la loi du 31 mai 1854, n'a pas aggravé la situation des condamnés à la déportation pour crimes commis antérieurement à sa promulgation; la situation des déportés condamnés pour crimes commis après la promulgation de la loi du 8 juin 1850 (art. 8 de cette loi) et avant la promulgation de la loi du 31 mai 1854, est restée régie par l'art. 3 de la loi du 8 juin 1850 (L. 31 mai 1854, art. 6).

Art. 1er. — *Etat du condamné d'après la loi du 31 mai 1854.*

342. En abolissant la mort civile d'une manière générale et définitive, la loi du 31 mai 1854, ne s'est pas bornée à lui substituer la dégradation civique et l'interdiction légale; cette substitution à laquelle s'étaient arrêtés la loi belge de 1831 et le projet soumis à l'Assemblée en 1851 (V. Rapport de M. Riché sur la loi de 1854, D. P. 54. 4. 95, n° 28, Rapport présenté à l'Assemblée législative en novembre 1851, *Revue critique*, 1853, p. 98 et suiv., et Humbert, *Conséquences des condamnations pénales relativement à la capacité des personnes*, p. 448 et suiv.) a paru insuffisante au législateur de 1854. A ces deux mesures, il a voulu joindre des incapacités spéciales, qui rendissent la condition des condamnés aux peines afflictives perpétuelles particulièrement défavorable au point de vue des droits civils; il a cherché, parmi les conséquences résultant auparavant de la mort civile, celles qui pouvaient être conservées sans rappeler le côté odieux et immoral de cette institution ; de là la disposition de l'art. 3 aux termes duquel « le condamné à une peine afflictive perpétuelle ne peut disposer de ses biens en tout ou en partie, soit par donation entre vifs, soit par testament, ni recevoir à ce titre, si ce n'est pour cause d'aliments. Tout testament par lui fait antérieurement à sa condamnation contradictoire devenue définitive est nul. Le présent article n'est applicable au condamné par contumace que cinq ans après l'exécution par effigie ».

Les peines auxquelles sont attachées les incapacités de la loi du 31 mai 1854 sont les peines afflictives perpétuelles, c'est-à-dire les trois peines qui emportaient auparavant mort civile : peine de mort, travaux forcés à perpétuité, et déportation (Comp. *Rép.* n° 608). La mort civile, édictée dans certains cas comme peine principale par le décret du 6 avr. 1809 (V. *Rép.* n° 609), a disparu par suite de l'art. 1er de la loi de 1854 sans être remplacée en pareille hypothèse par les incapacités nouvelles.

343. On a examiné au *Rép.* n° 614, la question de savoir si les condamnations prononcées par les tribunaux militaires emportaient mort civile. La même question se pose maintenant à l'égard des incapacités qui ont remplacé la mort civile.

Il y a lieu de distinguer et d'appliquer ou non les incapacités de la loi de 1854, selon que la condamnation a été prononcée pour crimes de droit commun ou pour crimes militaires, en vertu des lois pénales ordinaires ou en vertu des lois militaires spéciales. La base de cette distinction se trouve dans l'art. 188 du code de justice militaire du 9 juin 1857 (D. P. 57. 4. 115 et suiv.). Cet article dispose en effet « que la peine de mort prononcée contre un militaire en vertu des lois pénales ordinaires entraîne de plein droit la dégradation militaire », d'où il suit que la dégradation militaire, laquelle entraîne dégradation civique (art. 190), ne résulte pas toujours de la peine de mort prononcée par les tribunaux militaires, mais qu'elle y est attachée quand il s'agit de crimes de droit commun. L'art. 189 dispose, en outre, que les peines des travaux forcés, de la déportation, etc., sont appliquées conformément aux dispositions du code pénal ordinaire et ont les effets déterminés par ce code (elles emportent en outre la dégradation militaire) (Comp. art. 240 c. just. mar. 4 juin 1858, D. P. 58. 4. 90 et suiv.). On conclut de ces textes que les condamnations pour crimes de droit commun emportent les effets qu'elles entraînent lorsqu'elles émanent des juridictions ordinaires, mais que les condamnations prononcées en vertu des lois spéciales militaires n'entraînent pas les mêmes conséquences, qu'elles n'ont, par suite, d'autres effets que ceux qui sont déterminés par ces lois (Bertauld, *Cours de code pénal et leçons de législation criminelle*, p. 294. Comp. Humbert, n° 226 ; Nusse, n° 3. — V. toutefois : Demolombe, t. 1, n° 297).

344. L'opinion soutenue au *Rép.* nos 615 et 616, d'après laquelle la mort civile ne pouvait résulter en France de condamnations prononcées par des tribunaux étrangers soit contre des Français, soit contre des étrangers, a été adoptée par MM. Demolombe, t. 1, n° 198 ; Aubry et Rau, t. 1, § 31, texte et notes 40 à 42, p. 98, § 81, p. 319 ; Hanin, *Des conséquences des condamnations pénales relativement à la capacité des personnes*, n° 273 ; Humbert, n° 209. Comp. dans le même sens : Bertauld, *Questions controversées sur la loi du 31 mai 1854*, p. 12 et suiv.). Elle puise une nouvelle force dans la loi de 1854, qui doit faire considérer la mort civile attachée à ces condamnations comme contraire à l'ordre public. C'est d'ailleurs une règle générale que les effets des jugements rendus en matière criminelle sont restreints, comme l'empire de la loi pénale elle même, au territoire du pays où ils ont été rendus. Il suit de là que « les incapacités résultant de pareils jugements, ne suivent pas en pays étrangers les individus qui en sont frappés » (Aubry et Rau, *ibid.*, note 40).

345. On a dit au *Rép.* 618 que l'étranger condamné par les tribunaux français à une peine afflictive perpétuelle y encourait la mort civile (V. en ce sens : Aubry et Rau, t. 1, § 81, note 2, p. 319). La même solution doit être donnée pour les incapacités de la loi de 1854 ; ce sont, en effet, des peines auxquelles il n'y a aucune raison de soustraire les étrangers.

ART. 2. — *A partir de quel moment sont encourues les incapacités de la loi de 1854* (Comp. *Rép.* nos 619 à 653).

§ 1er. — Condamnations contradictoires (Comp. *Rép* nos 621 à 632).

346. La loi de 1854 n'a pas précisé en termes exprès le point de départ des incapacités qu'elle a créées. L'art. 2 déclare seulement que « les condamnations à des peines afflictives perpétuelles emportent la dégradation civique et l'interdiction légale établies art. 28, 29 et 31 c. pén. », et l'art. 3, que « le condamné.... ne peut disposer, etc.... » De ces termes, ainsi que des dispositions combinées des art. 23, 28, 29 c. pén., il nous paraît résulter que le point de départ des incapacités en cas de condamnation contradictoire est le jour où la condamnation est devenue irrévocable. C'est, en effet, ce jour qui est fixé par l'art. 28 c. pén. pour le point de départ de la dégradation civique, et c'est encore ce jour qui marque le commencement de l'interdiction légale d'après les art. 23 et 29 c. pén. dans le cas où l'interdiction légale résulte de peines temporaires. L'art. 2 de la loi de 1854 renvoie à l'art. 29 c. pén.; il semble donc certain que le point de départ de l'interdiction légale, implicitement fixé par cet art. 29 au jour de l'irrévocabilité de la condamnation dans les cas où cette peine était édictée par le code pénal, doit être le même dans les cas où cette peine résulte de la loi de 1854 (V. Demolombe, t. 1, *Appendice relatif à la loi du 31 mai 1854*, n° 8 ; Bertauld, *Cours de code pénal*, 4e éd., p. 276 ; Humbert, nos 317 *bis* et 430 ; Demante, *Notes d'une leçon sur la loi du 31 mai 1854*, *Revue critique*, 1857, t. 10, p. 77). De même, la loi de 1854, en déclarant « le condamné incapable de disposer et de recevoir à titre gratuit » attache cette incapacité à la condamnation ; dès que celle-ci sera irrévocable, l'incapacité commencera à avoir ses effets. C'est ce qui ressort encore avec évidence des termes du paragraphe 2 de cet article : « tout testament par lui fait antérieurement à sa condamnation contradictoire devenue définitive est nul » (V. sur ce point : Aubry et Rau, t. 1, § 83 *bis*, p. 339 ; Humbert, n° 430. V. en notre sens : Demante et Colmet de Santerre, t. 1, n° 74 *bis* E ; Demante, *Revue critique*, 1857, t. 10, p. 78). — MM. Aubry et Rau, t. 1, § 85, p. 356, ne font cependant dater l'interdiction légale que du jour de l'exécution de la peine (V. conf. Delsol et Lescœur, *Explications élémentaires du code civil*, n° 133). Mais cette opinion, sans doute inspirée par l'ancien art. 26 c. civ., qui ne faisait dater la mort civile que de l'exécution de la peine, nous paraît en contradiction avec l'opinion de MM. Aubry et Rau eux-mêmes sur le point de départ de l'incapacité de disposer et recevoir à titre gratuit, et peu conforme au système de la loi de 1854. Si, en effet, la mort civile ne résultait que de l'exécution de la peine, c'était sans doute une conséquence de l'expression : mort civile ; on avait pu considérer la condamnation comme insuffisante pour produire la mort civile, de même qu'elle est insuffisante pour produire la mort naturelle ; mais il n'y a aucune raison de maintenir la règle de l'art. 26 c. civ. pour l'interdiction légale, alors que, d'après les textes du code pénal, cette incapacité date du jour où la condamnation devient irrévocable. On comprend parfaitement que des effets de droit, tels que des incapacités, puissent résulter, en dehors de toute exécution de fait, de la seule condamnation devenue définitive.

§ 2. — Condamnations par contumace.

347. La dégradation civique est encourue, au cas de condamnation par contumace, du jour de l'exécution par effigie (L. de 1854, art. 2 ; c. pén. art. 29). Les incapacités de l'art. 3 de la loi de 1854 ne sont encourues, au contraire, que cinq ans après l'exécution par effigie (V. *suprà*, v° *Contumace*, n° 83).

348. Quant à l'interdiction légale, on a soutenu au *Rép.* v° *Peine*, n° 723, qu'elle n'est jamais attachée qu'aux condamnations contradictoires, non aux condamnations par contumace (V. aussi *suprà*, v° *Contumace*, n° 66, où la question a été l'objet d'un nouvel examen).

349. Lorsque le contumax a disparu et que les dernières nouvelles sont antérieures à l'expiration des cinq années qui suivent l'exécution par effigie, faut-il lui appliquer les incapacités de l'art. 3 de la loi de 1854. M. Bertauld, *Cours de code pénal*, p. 286 et 287, et *Revue pratique*, 1858, t. 6, p. 102 et suiv., pense qu'à défaut de preuve du décès avant l'expiration de ces cinq annés les incapacités sont encourues. « Notre argument, dit-il, c'est que la mort du contumax est une exception contre une certaine nature de peine, une exception contre une des conséquences d'une condamnation que le décès, même prouvé, ne ferait pas tomber tout entière, puisque notamment la dégradation civique survivrait. N'est-ce pas à ceux qui se prévalent de l'exception à en fournir la preuve? La conséquence pénale en débat n'est pas subordonnée par la loi à la condition qu'il soit prouvé que le condamné a vécu pendant les cinq ans. Sans doute ce sont les intérêts privés qui garantissent l'efficacité des incapacités; mais ces incapacités n'en ont pas moins le caractère d'une peine, et par suite, pour nous, quand il s'agit de leur application, c'est la présomption de vie qui domine » (Comp. *Rép.* n° 639).

ART. 3. — *Des incapacités spéciales de l'art. 3 de la loi du 31 mai 1854.*

350. La mort civile étant abolie, la succession du condamné ne s'ouvre plus par suite de la condamnation, et le condamné n'est plus exclu des successions qui peuvent s'ouvrir à son profit. L'ouverture anticipée de la succession a été justement considérée comme immorale, et quant à l'incapacité de succéder, elle pesait moins sur le condamné lui-même que sur ses enfants; indirectement exclus dans tous les cas où, la représentation n'étant pas admise, la succession qu'aurait dû recueillir leur père, leur échappait définitivement. Le législateur de 1854 a jugé, au contraire, qu'il y avait lieu d'annuler le testament fait, même antérieurement à sa condamnation, par le condamné à une peine afflictive et infamante, et de rendre ce condamné incapable de disposer ou de recevoir à titre gratuit si ce n'est pour cause d'aliments.

351. Cette incapacité de disposer ou de recevoir à titre gratuit porte non seulement sur l'exercice, mais aussi sur la jouissance du droit. Cela ressort soit des termes généraux de l'art. 3 de la loi de 1854, soit de l'origine de ce texte; on a en effet cherché parmi les incapacités résultant autrefois de la mort civile quelles étaient celles qui pouvaient être maintenues, et les travaux préparatoires (D. P. 54. 4. 91) expriment bien que si l'incapacité, de disposer et de recevoir à titre gratuit a été seule conservée, elle l'a été du moins dans toute sa rigueur. M. Riché, dans son rapport, déclare que « au surplus la défense de disposer n'aura d'application pratique bien complète que dans le cas où soit la grâce soit la prescription aura fait tomber avec la peine, l'interdiction légale ». Ainsi, l'incapacité de disposer est présentée comme entièrement distincte et indépendante de l'interdiction légale (D. P. 54. 4. 91, n° 30). Un peu plus loin (n° 31), il s'exprime en ces termes : « Les incapacités édictées par l'art. 3, et qui constituent une nuance entre les suites des peines perpétuelles et celles des peines temporaires, ont la permanence des déchéances que comprend la dégradation civique, et ne sont pas effacées par la cessation de la peine principale, mais seulement par la réhabilitation ». C'est affirmer nettement que de l'art. 3 résulte une incapacité spéciale, constituant une véritable déchéance (V. en ce sens : Demolombe, n°s 13 et 14. Comp. Bertauld, *Cours de code pénal*, p. 282 et suiv.; Ortolan, *Eléments de droit pénal*, t. 2, n° 1553; Valette, *Explications sommaires du liv. 1 c. civ.*, t. 1, p. 22; Humbert, n° 437; Nusse, n° 64; Garraud, *Précis de droit criminel*, 2e éd., n° 218).

352. Une exception a été apportée à l'art. 3 de la loi du 31 mai 1854 par l'art. 13 de la loi du 25 mars 1873 sur la condition des déportés à la Nouvelle-Calédonie (D. P. 73. 4. 49). Aux termes de cet article (§ 4) « les condamnés pourront, dans les limites autorisées par les art. 1094 et 1098 c. civ., disposer de leurs biens, dans quelque lieu qu'ils soient situés, soit par acte entre vifs, soit par testament, en faveur de leurs conjoints habitant avec eux » (Comp. Décr. 31 août-4 déc. 1878, qui règle la condition des transportés concessionnaires de terrains dans les colonies pénitentiaires, art. 11, D. P. 79. 4. 15).

353. Les incapacités de l'art. 3 de la loi de 1854 n'ont, sauf à l'égard du testament, aucun effet rétroactif; elles ne s'exercent qu'en ce qui concerne les droits qui auraient pu naître après la condamnation devenue définitive (V. *suprà*, n° 346). — Il en résulte que les donations faites par le condamné avant la condamnation sont maintenues. Il en est ainsi même en ce qui concerne l'institution contractuelle (V. Demolombe, n° 16; Bertauld, *op. cit.*, p. 284, *Questions controversées*, p. 28; Humbert, n° 444; Nusse, n° 65; Demante, t. 1, n° 49 *bis* II; Troplong, *Donations et testaments*, t. 4, n° 2492; *Rép.* n° 676), les donations faites dans les termes de l'art. 1086 c. civ. (Comp. *Rép.* n° 677), et les partages d'ascendant faits sous forme de donations.

Quant à la substitution recueillie, avant sa condamnation, par le condamné en qualité de grevé, le droit de l'appelé ne s'ouvrirait pas par l'effet de la condamnation, mais seulement à l'époque de la mort du condamné.

354. De même que les donations de biens à venir faites par le condamné avant sa condamnation restent valables et produisent leurs effets, de même celles qui ont pu être faites à pareille époque au condamné ne reçoivent nulle atteinte de la sentence qui le frappe. Ainsi l'institution contractuelle faite au profit du condamné avant la condamnation pourra, après celle-ci, être recueillie par lui-même; il suffit, en effet, que le droit ait été acquis antérieurement, bien qu'il n'ait pas encore produit ses effets, pour que le fait de la condamnation ne puisse en priver le condamné. Comme le fait, d'ailleurs, justement remarquer M. Demolombe, une donation antérieure ne saurait être considérée « ni comme une rémunération du crime, ni comme une protestation contre la condamnation, c'est-à-dire que les motifs qui ont pu dicter au législateur cette incapacité n'existent pas dans ce cas » (V. en ce sens : Rapport de M. Riché, D. P. 54. 4. 95, n° 29; Demolombe, n° 16; Nusse, n° 74, et les auteurs cités *suprà*, n° 353; Bertauld, *Questions controversées*, p. 28; *Cours de code pénal*, p. 285). — En ce qui concerne les substitutions, M. Nusse, n° 76, pense que si le condamné y figurait comme appelé, il pourrait les recueillir malgré la condamnation, parce que « comme, par une exception aux principes, il aurait pu recueillir le bénéfice éventuel de la substitution avant d'être né ou même conçu, le droit était acquis pour lui à plus forte raison avant qu'il eût encouru la déchéance et celle-ci n'a pu l'en frustrer ». — Si au contraire, d'après le même auteur, n° 77, le condamné figurait dans la substitution en qualité de grevé, et que l'auteur de la substitution mourût après la condamnation, le bénéfice passerait aussitôt sur la tête des appelés. — S'il n'existait pas d'appelés, le grevé pourrait « conserver, comme héritier *ab intestat* du disposant les biens contenus dans la disposition; mais aussitôt qu'il naîtrait des appelés, il devrait les restituer sans pouvoir les conserver jusqu'à l'époque de sa mort comme il l'eût fait, s'il eût échappé à la déchéance » (V. *infrà*, v° *Substitution*).

355. Tout acte de disposition à titre gratuit étant interdit au condamné, il s'ensuit qu'il ne pourrait pas, après sa condamnation, faire un partage d'ascendant (rapport de M. Riché, D. P. 54. 4. 95, n° 29); il ne pourrait pas davantage constituer une dot à ses enfants si ceux-ci venaient à se marier, car la constitution de dot est une pure donation. M. Riché, *loc. cit.*, n° 29, a fait erreur lorsqu'il a dit que « en ce qui concerne l'établissement des enfants des condamnés, pendant l'interdiction, le conseil de famille aviserait aux termes de l'art. 511 c. civ. ». Cette solution est inadmissible; nous avons dit en effet que le condamné perd la jouissance aussi bien que l'exercice du droit de disposer ou de recevoir à titre gratuit; or les représentants d'un incapable ne peuvent exercer que les droits dont l'incapable conserve la jouissance, et s'ils ont mission de régler « la dot ou l'avancement d'hoirie » pour les enfants de l'interdit, c'est que l'interdiction n'enlève pas à celui qui en est frappé, la jouissance du droit de disposer à titre gratuit. De même que le tuteur et le conseil de famille ne pourraient pas accepter un don ou legs au nom du condamné à une peine afflictive et infamante, de même ils ne peuvent faire en son nom aucune donation. D'ailleurs, comment admettre le conseil de famille à régler une telle donation, alors que la cessation de l'interdiction légale, laissant subsister les incapacités de l'art. 3, ne permettrait pas au condamné de la faire lui-même, et que l'absence de représentants légaux de celui-ci la rendrait tout à fait impossible?

La faculté de doter l'enfant du condamné ne peut dépendre de l'état d'interdiction légale de ce dernier, exister pendant cette interdiction et disparaître lorsque le condamné revient à une situation plus favorable. La loi est sur ce point incomplète et défectueuse. Le seul remède à cette situation est dans la faculté, que nous examinerons bientôt, laissée au Gouvernement de relever en tout ou partie le condamné des incapacités de l'art. 3 (Demolombe, n° 18; Humbert, n° 437; Valette, p. 23; Nusse, n° 71; Duvergier, *Recueil de lois*, 1854, p. 290. Comp. toutefois Aubry et Rau, t. 1, § 82, note 23, p. 331).

356. On a exprimé au *Rép.*, n° 687, l'opinion que les dons manuels faits par le mort civilement n'étaient pas nuls. M. Nusse n° 67 est d'avis que la loi de 1854 s'oppose à la validité de ces dons. « Ce que le condamné ne peut faire directement, dit-il, il ne saurait l'effectuer en éludant la loi d'une manière indirecte ». Telle était aussi la pensée de M. Riché lorsqu'il déclarait que « la loi n'a à s'occuper ni des dons manuels ni des donations déguisées; soumis aux règles générales sur la capacité toutes les fois qu'on parvient à les constater » (D. P. 54. 4. 91, n° 30. Comp. toutefois Troplong, *Donations entre vifs*, t. 1, n° 514).

357. On a dit au *Rép.* n° 691 que le mort civilement ne pouvait disposer à titre d'aliments. Cette opinion a été combattue par MM. Humbert, n° 267; Aubry et Rau, t. 1, § 82, note 23, p. 331. La solution donnée par ces auteurs nous paraît admissible sous l'empire de la loi de 1854. La mort civile abolie, il n'est pas douteux que l'obligation alimentaire subsiste après la condamnation comme avant; dès lors, disposer à titre d'aliments, dans la mesure du moins de l'obligation légale, ce n'est point disposer à titre gratuit. Seulement, tant que le condamné est en état d'interdiction légale, la remise des secours alimentaires ne peut être faite par le condamné, mais seulement par son tuteur autorisé par le conseil de famille (V. *infrà*, n° 370).

Art. 4. — *Comment finissent les incapacités dont sont frappés les condamnés à des peines afflictives perpétuelles.*

358. La dégradation civique et l'interdiction légale dont sont atteints les condamnés à des peines afflictives perpétuelles, prennent fin de la même façon que lorsqu'elles sont attachées à d'autres peines, à cela près que, perpétuelles comme les peines auxquelles elles sont attachées, elles ne peuvent cesser par l'expiration d'un laps de temps légal. Les effets de l'interdiction légale peuvent, en outre, être supprimés ou atténués par le Gouvernement dans le lieu de l'exécution de la peine (art. 4 de la loi de 1854). Cette disposition tient surtout au mode d'exécution de la peine et n'est pas spéciale aux peines afflictives perpétuelles (V. *infrà*, v° *Prisons*).

359. Quant aux incapacités de l'art. 3 de la loi de 1854, elles peuvent cesser, soit par la restitution légale, soit par la réhabilitation, soit enfin en vertu de l'art. 4 de la même loi, qui autorise le Gouvernement à relever le condamné de tout ou partie de ces incapacités (V. également *suprà*, v° *Amnistie*, n°s 39 et suiv.).

§ 1er. — De la restitution légale.

360. D'après les art. 30 c. civ. et 476, § 2, c. instr. cr., lorsque le condamné par contumace à une peine entraînant mort civile se constituait prisonnier ou était arrêté avant la prescription de la peine, mais après les cinq années de faveur, la mort civile ne cessait que pour l'avenir, mais tous ses effets jusqu'au jour de la comparution en justice étaient maintenues (V. sur ce point et sur quelques difficultés de détail qui se présentaient alors : *Rép.* n°s 725 et suiv.). D'après l'art. 476, § 1er, c. instr. cr., au contraire, lorsqu'un condamné par contumace à une peine n'entraînant pas mort civile se constitue prisonnier ou est arrêté à une époque quelconque avant la prescription de la peine, le jugement par contumace et par conséquent les incapacités dont il est la source sont anéantis de plein droit.

361. On s'est demandé si, à l'égard des incapacités de l'art. 3 de la loi de 1854, il y a lieu d'appliquer encore les dispositions des art. 30 c. civ. et 476, § 2, c. instr. cr. ou s'il faut, au contraire, appliquer le droit commun, c'est-à-dire l'art. 476, § 1er. Cette question a été examinée *suprà*, v° *Contumace*, n° 85, et résolue dans ce dernier sens. Ainsi que nous l'avons fait remarquer *ibid.*, la règle de droit commun est posée dans le paragraphe 1er de l'art. 476 c. instr. cr. et il est naturel d'anéantir le jugement par contumace lorsque l'accusé reparaît. S'il avait été fait exception à cette règle pour les condamnations entraînant mort civile, c'est que la mort civile produisait des effets qui rendaient pleine de difficultés son annulation rétroactive; les mêmes difficultés n'existent pas lorsqu'il s'agit seulement de valider un testament ou une donation. Le texte de l'art. 3 de la loi de 1854 n'autorise nullement l'induction qu'on en veut tirer dans le système contraire; si, en reculant, au cas de contumace, le point de départ des incapacités qu'il crée à cinq ans après l'exécution par effigie, il consacre les décisions favorables des art. 29 et 31 c. civ., cela n'implique nullement qu'il ait maintenu la disposition, défavorable au contumax, de l'art. 30 et du second paragraphe de l'art. 476 c. instr. cr. (Aux auteurs qui ont été cités en ce sens, *Adde* : Demante et Colmet de Santerre, t. 1, n° 74 *bis* I et II).

§ 2. — De la réhabilitation (*Rép.* n°s 747 à 761).

362. La réhabilitation, ainsi que l'amnistie (V. *suprà*, v° *Amnistie*, n°s 39 et suiv.), fait cesser les incapacités pour l'avenir. La réhabilitation, remaniée par la loi des 3-6 juill. 1852 (D. P. 52. 4. 167), a été de nouveau profondément modifiée par le tit. 3 de la loi des 14-15 août 1885 sur les moyens de prévenir la récidive (D. P. 85. 4. 60 et suiv.). L'exposé des règles actuelles de la réhabilitation devant naturellement trouver sa place au mot *Réhabilitation*, nous nous bornerons à indiquer ici sommairement quels changements résultent pour les règles exposées au *Rép.* n°s 747 à 761 de la législation actuellement en vigueur.

363. La réhabilitation n'est plus un acte de juridiction gracieuse réservé au chef de l'État; c'est un droit que le condamné fait valoir en justice et c'est la chambre des mises en accusation qui, appelée à statuer, prononce ou refuse en dernier ressort la réhabilitation (L. 14-15 août 1885, art. 10, art. 628 nouveau c. instr. cr., D. P. 85. 4. 66, et note 1) (Comp. *Rép.* n° 748).

La réhabilitation peut être obtenue par tout condamné à une peine afflictive ou infamante ou à une peine correctionnelle, qui a subi sa peine ou obtenu les lettres de grâce (art. 619 c. instr. cr. modifié par la loi du 3 juill. 1852) (Comp. *Rép.* n° 750). Il a même été jugé que tout individu condamné pour un délit peut être réhabilité alors même qu'il ne s'agirait que d'un délit « contraventionnel », que la peine prononcée contre lui n'aurait été qu'une peine de simple police, et que la condamnation qui l'a frappé ne l'a atteint ni dans son honneur, ni dans sa probité, ni dans sa délicatesse (Toulouse, 21 déc. 1887, aff. L..., D. P. 88. 2. 273. V. *infrà*, v° *Réhabilitation*). — Les récidivistes ne sont plus exclus du bénéfice de la réhabilitation (Comp. *Rép.* n° 754); ce bénéfice est seulement subordonné pour eux à des conditions plus rigoureuses (art. 634 nouveau c. instr. cr., L. 14-15 août 1885, D. P. 85. 4. 66. V. *infrà*, v^is *Peine ; Récidive ; Réhabilitation*).

364. Les conditions de la réhabilitation exposées au *Rép.* n° 755 ont été modifiées par la loi des 14-15 août 1885 (V. *infrà*, v° *Réhabilitation*). Le nouvel art. 634 c. instr. cr. tel qu'il résulte de la loi de 1885 porte que « la réhabilitation efface la condamnation et fait cesser pour l'avenir toutes les incapacités qui en résultaient ». Il maintient donc l'ancienne règle en ce qui concerne les incapacités civiles : l'effacement de la condamnation a été inséré dans la loi pour donner au réhabilité « un titre qui annule sa condamnation et lui restitue l'honneur » (Rapport de M. Bérenger au Sénat, D. P. 85. 4. 67, note 1); mais il ne doit porter aucune atteinte aux droits acquis aux tiers, et ne valider aucun des actes nuls par suite des incapacités qui pesaient sur le condamné au moment où il les a faits (Comp. *Rép.* n° 758).

Les incapacités cessent à dater de l'arrêt de réhabilitation (art. 634 nouveau) (Comp. *Rép.* n° 759).

La justification, sauf le cas de prescription, du payement des frais de justice, de l'amende et des dommages-intérêts ou de la remise qui en a été faite, est imposée, en principe, au condamné comme une condition nécessaire de la réhabilitation (art. 623 nouveau c. instr. cr.; D. P. 85. 4. 65) (V. au surplus *infrà*, *v°* *Réhabilitation*).

§ 3. — De la faculté, pour le Gouvernement de relever le condamné à une peine afflictive perpétuelle de tout ou partie des incapacités qui le frappent.

365. L'art. 4 de la loi de 1854 permet au Gouvernement de relever le condamné à une peine afflictive perpétuelle, de tout ou partie des incapacités prononcées par l'art. 3. « Ce sera, disait M. Riché dans son rapport (D. P. 54. 4. 91, n° 31), dans des cas très exceptionnels sans doute, un moyen de corriger ce que l'art. 4 pourrait avoir de trop absolu. » Nous avons déjà eu l'occasion de signaler ce procédé comme le seul remède à l'incapacité du condamné de disposer entre vifs à titre gratuit pour doter ses enfants (V. *suprà*, n° 355).

366. M. Duvergier, *Collection des lois*, 1854, p. 290, note, pense que le Gouvernement, en relevant le condamné de l'incapacité de disposer, rend la validité au testament fait antérieurement à la condamnation. Telle paraît être aussi l'opinion de MM. Aubry et Rau, t. 1, § 83 *bis*, texte et note, n° 6. M. Riché, dans son raport, D. P. 54. 4. 91, n° 30, fournit un argument en ce sens, car il paraît rattacher la nullité du testament à l'incapacité de disposer à titre gratuit; or si l'on adopte ce point de vue, si le testament n'est nul qu'à raison de l'incapacité de disposer qui frappe le testateur au jour de sa mort, il n'y a point de motif de lui refuser ses effets au cas où le testateur est redevenu capable à l'époque de son décès : *media tempora non nocent*. — Toutefois l'opinion contraire est suivie par MM. Demolombe, n° 29, et Bertauld, *Questions controversées*, p. 47 et 48. Ces auteurs font remarquer que les termes de l'art. 3 de la loi de 1854 : « Tout testament fait antérieurement à la condamnation contradictoire devenue définitive est nul », impliquent un anéantissement du testament, que, dès lors, il n'est plus possible de faire revivre. Le testament fait en faveur du condamné avant sa condamnation peut recevoir exécution au profit du condamné relevé des incapacités de l'art. 3, parce que le seul obstacle à cette exécution venait de l'incapacité de recevoir à titre gratuit; mais pour le testament fait par le condamné, la disposition particulière de l'art. 3, § 2, ajoute à l'incapacité; on ne peut expliquer autrement le silence de la loi sur le testament fait en faveur du condamné et sa disposition formelle sur le testament émané de lui (Comp. encore Nusse, n°s 78 et 82).

367. L'art. 4 de la loi de 1854 donne encore une autre faculté au Gouvernement, c'est celle d'accorder au condamné l'exercice, dans le lieu d'exécution de la peine, des droits civils, ou de quelques-uns des droits dont il a été privé par son état d'interdiction légale. Cette disposition, ainsi que nous avons déjà eu occasion de le dire (*suprà*, n° 358) n'est pas spéciale à la loi de 1854; elle est une conséquence de la transportation des condamnés aux colonies et du régime auquel ils sont soumis. C'est, du reste, ce qui ressort du paragraphe final de l'art. 4: « les actes faits par le condamné dans le lieu d'exécution de la peine ne peuvent engager les biens qu'il possédait au jour de sa condamnation ou qui lui sont échus à titre gratuit depuis cette époque » (Comp. *infrà*, n° 391). On soustrait le condamné à l'interdiction dans la mesure où le pouvoir d'administrer lui est nécessaire pour faire valoir la concession ou les biens qu'il peut avoir acquis aux colonies; toutefois, le texte ne s'opposerait nullement à ce que le condamné qui aurait obtenu le bénéfice de l'art. 4 pût engager les biens qu'il posséderait en dehors de la colonie, s'il les avait acquis à titre onéreux depuis la condamnation. Mais de pareilles acquisitions seraient-elles possibles? Cela paraît difficile, car le condamné en état d'interdiction, ne pouvant obtenir l'exercice des droits civils que dans le lieu où il subit sa peine, ne doit pas pouvoir acquérir lui-même ailleurs; et quant à son tuteur, il est douteux qu'il puisse accepter la mission de placer en dehors de la colonie le fruit de ses économies coloniales (Comp. Demolombe, n° 28; Bertauld, *Questions controversées*, n° 49; Nusse, n°s 401 et suiv.). Restent, il est vrai, les biens que le tuteur a pu acquérir avec les économies faites sur les biens du condamné depuis sa condamnation; ce sont des biens que le condamné ne possédait pas au jour de la condamnation et qui ne lui sont pas échus depuis à titre gratuit; mais ces biens restent certainement soumis à l'administration du tuteur, et il est permis de se demander si le législateur, en empêchant le condamné d'engager les biens qu'il possédait lors de sa condamnation, a voulu lui permettre d'engager le fruit des économies faites sur ces biens, économies auxquelles il est resté complètement étranger et qui sont devenues en quelque sorte l'accessoire des biens qu'il possédait à l'époque de sa condamnation. Quoi qu'il en soit, M. Bertauld soutient que des biens acquis à titre onéreux en dehors de la colonie ne seraient pas soumis à l'administration du tuteur et pourraient être régis par un tiers muni à cet effet d'une procuration envoyée par le condamné du lieu de l'exécution de la peine. Mais il paraît n'avoir en vue que les biens qui sont le fruit d'économies coloniales (*Questions controversées*, p. 51).

368. M. Bertauld, *Questions controversées*, p. 49, estime que le Gouvernement ne peut plus relever le condamné des incapacités attachées aux peines afflictives perpétuelles « quand la peine, commuée en une peine temporaire, a été subie ou est prescrite, quand l'accomplissement des conditions et des épreuves de la réhabilitation est devenu possible ». Cette opinion nous paraît inadmissible en présence des termes généraux de l'art. 4 de la loi de 1854.

369. Le Gouvernement ne peut pas accorder au condamné en état d'interdiction légale l'exercice, même partiel, des droits civils en dehors du lieu où il subit sa peine. Mais si l'interdiction légale vient à disparaître, le condamné, qui n'a jamais perdu la jouissance du droit de disposer à titre onéreux de tous ses biens, recouvre le droit de les engager en quelque lieu qu'ils se trouvent.

370. MM. Demolombe, n° 27, et Bertauld, *Questions controversées*, p. 52, paraissent admettre que le condamné, par cela seul qu'il serait relevé de l'incapacité de disposer et de recevoir à titre gratuit, recouvrerait l'exercice en tous lieux de la faculté de disposer à titre onéreux. Il ne nous semble pas que cette faveur du Gouvernement fasse disparaître *ipso facto* l'interdiction légale; il nous paraît plus exact de dire que, si l'interdiction légale n'a pas elle-même disparu, le condamné, relevé de l'incapacité de disposer et recevoir à titre gratuit, recouvre la jouissance et non l'exercice de ce droit (Comp. Rapport Riché, *loc. cit.*, n° 30) et qu'à l'exception du droit de tester, dont l'exercice est inséparable de la jouissance et que nous reconnaissons à l'interdit légalement (V. *infrà*, n°s 380 et suiv.), il ne pourrait disposer ou recevoir à titre gratuit que par l'intermédiaire de ses représentants légaux; ainsi l'art. 511 c. civ. serait parfaitement applicable. Par suite, le droit de disposer à titre onéreux, complètement indépendant du droit de disposer à titre gratuit, ne pourrait, comme ce dernier droit d'ailleurs, être exercé personnellement par le condamné qu'après cessation de l'interdiction légale (Comp. Garraud, n° 222; Aubry et Rau, t. 1, § 85, texte et note 13, p. 357).

371. La loi des 5 avr.-16 juin 1850 (art. 3, § 3, D. P. 50. 4. 129) accordait aux condamnés à la déportation simple l'exercice des droits civils dans le lieu de déportation. Le Gouvernement pouvait autoriser la remise entre leurs mains de tout ou partie de leurs biens, et ce n'était que sauf l'effet de cette remise que les actes par eux faits dans le lieu de déportation ne pouvaient engager ni affecter les biens qu'ils possédaient au jour de leur condamnation ni ceux qui leur étaient échus par succession ou donation. La loi du 25 mars 1873, sur la condition des déportés à la Nouvelle-Calédonie (D. P. 73. 4. 49), a reproduit (art. 16) ces dispositions, qu'avait supprimées la loi du 31 mai 1854, en y ajoutant le droit, pour le Gouvernement, d'accorder aux déportés, sur l'avis du gouverneur en conseil, l'exercice dans la colonie de tout ou partie des droits dont les prive la dégradation civique (Comp. Décr. 31 août-4 déc. 1878, relatif à la condition des transportés concessionnaires de terrains dans les colonies pénitentiaires, art. 11, D. P. 79. 4. 15. V. au surplus, *infrà*, v[is] *Peine; Prisons*).

Art. 5. — *De l'état du condamné qui a prescrit sa peine* (*Rép.* n° 762).

372. Le condamné qui a prescrit sa peine n'est pas en interdiction légale; mais la dégradation civique et les incapacités de l'art. 3 de la loi de 1854 continuent de peser sur lui.

ART. 6. — *Dispositions transitoires.*

373. L'art. 5 de la loi du 31 mai 1854 dispose que « les effets de la mort civile cessent pour l'avenir à l'égard des condamnés actuellement morts civilement, sauf les droits acquis aux tiers. L'état de ces condamnés est régi par les dispositions qui précèdent ». — De ce texte est résultée, pour les condamnés rendus à la vie civile, une situation analogue à celle que faisait l'art. 30 c. civ. au contumax qui reparaissait après les cinq années de faveur. De là des conséquences analogues à celles qui ont été exposées au *Rép.* nos 737 et suiv., sauf cette différence, qu'au lieu de recouvrer pleine et entière capacité, les condamnés se sont trouvés soumis au régime de la loi de 1854.

374. L'art. 5 de la loi de 1854 n'a pas fait revivre le mariage dissous par la mort civile ; cette solution n'est que la conséquence rigoureuse des effets produits par la mort civile. Du moment que, par suite de cette dernière peine, le mariage avait été dissous, il aurait fallu, pour le réhabiliter, une disposition spéciale de la loi nouvelle ; or, loin de l'édicter, cette loi déclare que les effets de la mort civile cessent pour l'avenir, *sauf les droits acquis aux tiers.* Juridiquement, le conjoint du condamné avait acquis le droit de contracter un nouveau mariage civil ; ce droit n'a donc pas été atteint par le texte de la loi de 1854 ; c'est ce que M. Riché déclarait implicitement en ces termes devant le Corps législatif : « Un membre de votre commission, disait-il, regrette que si deux personnes dont la mort civile a dissous le mariage et qui sont libres veulent rétablir légalement leur union, une simple déclaration de cette volonté ne soit pas reconnue par la loi comme suffisante sans célébration nouvelle ; ses collègues ont pensé que, pour épargner quelques formalités, il ne fallait pas s'écarter de la simplicité des principes et risquer de soulever des difficultés en matière de contrat de mariage. » L'auteur de la proposition repoussée et M. Riché supposent également le maintien de la dissolution du mariage (V. Demolombe, t. 1, Appendice, n° 33 ; Aubry et Rau, t. 1, § 83 *bis*, texte et note 9, p. 341 ; Demante, *Revue critique*, 1857, t. 10, p. 80 ; Bertauld, *Cours de code pénal*, p. 290. Comp. Humbert, n° 454).

Il a été jugé que la loi du 31 mai 1854 abolitive de la mort civile n'a pas eu pour effet de faire revivre le mariage du mort civilement, légalement dissous par suite de la mort civile et, dès lors, qu'elle n'a pas enlevé au conjoint de cet ancien mort civilement la faculté de se remarier du vivant de ce dernier (Civ. rej. 21 juin 1858, aff. Soulot, D. P. 58. 1. 265. Comp. rapport de M. le conseiller Chégaray et les conclusions de M. le procureur général Dupin, *ibid.*).

375. Dans le sens de l'impossibilité de contracter un nouveau mariage, soit pour l'ancien mort civilement, soit pour son conjoint, on a invoqué un arrêt de la cour de cassation jugeant que l'amnistie a pour effet de rétablir l'amnistié dans la jouissance des droits qu'il avait avant sa condamnation à moins que ces droits ne soient devenus la propriété d'un tiers, et que le mariage du condamné à une peine emportant mort civile est, par l'effet de l'amnistie, réputé n'avoir jamais cessé de subsister et ne doit pas être l'objet d'une nouvelle célébration lorsque, malgré la condamnation, les époux ont considéré leur union comme n'ayant jamais reçu aucune atteinte et ont continué la vie conjugale même avant l'amnistie (Req. 31 juill. 1850, aff. de Girardin, D. P. 50. 1. 321. Comp. *suprà*, v° *Amnistie*, n° 39). On a allégué encore l'opinion soutenue par quelques-uns après la loi de 1816, abolissant le divorce, opinion d'après laquelle les époux divorcés avant la loi de 1816 ne pouvaient, après cette loi, contracter une nouvelle union. Mais en admettant que l'arrêt du 31 juill. 1850, que rendaient extrêmement favorable les circonstances de la cause, ait été bien motivé en droit, et en admettant même que les époux divorcés avant 1816 n'aient pu ensuite se remarier (V. *Rép.* vis *Lois*, nos 225 et 226 ; *Séparation de corps et divorce*, n° 503), il ne s'ensuivrait pas que la loi de 1854 ait interdit un nouveau mariage civil aux époux dont l'union avait été dissoute par la mort civile. Le projet non voté de 1851, après avoir dit que le mariage dissous par la mort civile pouvait toujours, à moins qu'il en existât un nouveau, être réhabilité du consentement des parties ajoutait « tout autre mariage leur est respectivement interdit jusqu'à la mort de l'un d'eux ». Le texte de 1854 n'a pas reproduit cette disposition et le passage du rapport de M. Riché que nous avons cité plus haut indique bien que l'esprit du législateur de 1854 n'était pas celui des auteurs du projet de 1851. Les doutes qu'avait pu faire naître, non le texte, mais l'esprit de la loi de 1816, ne nous paraissent pas autorisés par l'esprit de la loi de 1854.

376. Les créanciers antérieurs à la mort civile du condamné ont-ils pu invoquer son retour à la vie civile pour poursuivre contre lui le recouvrement de leurs créances ? D'après M. Bertauld, *Cours de code pénal*, p. 291, « il faut distinguer entre les rapports du condamné avec ses créanciers et ses rapports avec sa succession ; le condamné redevient le débiteur de ceux envers qui il était obligé, parce que du moment où il reprend, quand ils ne sont pas acquis à des tiers, des droits dont la mort civile l'avait privé, il doit rentrer sous l'empire de ses engagements ; mais vis-à-vis soit de l'héritier pur et simple, soit de l'héritier bénéficiaire, il a un recours s'il paye une dette dont l'acquittement était la condition de l'acquisition du droit qu'ils conservent ». Le tribunal de la Seine, dans un jugement du 15 mars 1862 (aff. Genty, D. P. 62. 3. 31), paraît subordonner l'action des créanciers contre le condamné à la double condition que celui-ci n'ait pas laissé un actif suffisant pour les désintéresser et que sa succession n'ait pas été acceptée purement et simplement (V. la note sous ce jugement *ibid.*).

377. L'art. 6 de la loi de 1854 porte : « La présente loi n'est pas applicable aux condamnations à la déportation pour crimes commis antérieurement à sa promulgation ». Cette disposition n'avait d'autre but que de soustraire les condamnés à la déportation, régis par la loi du 5 avr. 1850, aux incapacités de l'art. 3 de la loi de 1854 ; elle était inspirée par le désir de laisser ces condamnés sous la législation plus favorable qui réglait leur condition (V. D. P. 54. 4. 91, l'exposé des motifs, n° 17, et le rapport de M. Riché, n° 33).

Aussi, malgré la généralité de ses termes, nous n'hésitons pas à dire que la loi de 1854 est applicable aux condamnés à la déportation pour crimes commis antérieurement à la loi du 8 juin 1850. Ces condamnés, qui n'avaient pas été relevés de la mort civile par la loi de 1850, l'ont certainement été par la loi de 1854. Le texte de l'art. 6, rigoureusement entendu, les laisserait, il est vrai, en état de mort civile ; mais il serait alors en contradiction avec les termes de l'art. 5, qui abolissent d'une manière générale la mort civile à l'égard des condamnés morts civilement avant la loi de 1854. L'art. 6 a été mal rédigé ; mais la pensée du législateur n'est pas douteuse, il n'a voulu laisser aucun condamné sous l'empire de la mort civile (V. Demolombe, n° 36 ; Ortolan, t. 2, n° 1552, et p. 178, note 2 ; Garraud, n° 219 ; Aubry et Rau, t. 1, § 83 *bis*, note 7, p. 340 ; Nusse, n° 350 ; Bertauld, *Questions controversées*, p. 58. Comp. toutefois Humbert, n° 462 ; Valette, p. 30 et 31).

SECT. 2. — PRIVATION PARTIELLE DES DROITS CIVILS RÉSULTANT DE CONDAMNATIONS JUDICIAIRES (*Rép.* nos 763 à 777).

ART. 1er. — *Privation partielle des droits civils considérée comme peine principale* (*Rép.* nos 764 à 766).

378. V. *Rép.* nos 764 et suiv.

ART. 2. — *Privation partielle des droits civils considérée comme suite ou accessoire d'une peine* (*Rép.* nos 767 à 777).

379. Aux peines mentionnées au *Rép.* n° 767, comme entraînant privation partielle des droits civils, il convient d'ajouter les peines afflictives perpétuelles (V. *suprà*, nos 341 et suiv.). La dégradation militaire entraîne la dégradation civique (C. just. mil. art. 190, D. P. 57. 4. 115. et suiv. ; C. just. mar. art. 242, D. P. 58. 4. 90 et suiv. V. *infrà*, v° *Peine*).

380. L'interdiction légale est attachée à toutes les peines afflictives (V. *Peine* ; — *Rép.* eod. v°, n° 720).

On a examiné au *Rép.* n° 769 les difficultés qui se sont élevées sur la nature et les effets de l'interdiction légale. La controverse à ce sujet n'est pas éteinte. MM. Bertauld, *Cours de droit pénal*, p. 260 ; Humbert, n° 322, assimilent, conformément à l'opinion soutenue au *Rép.* n° 769, l'interdiction légale à l'interdiction judiciaire, et refusent à l'interdit légalement le droit de tester et de se marier (Comp. Troplong, *Donations entre vifs et testaments*, t. 2, n° 525). M. Nusse, n°s 177 et suiv., reproduit la distinction faite par M. Demolombe, t. 1, n° 192, et pense que si la loi (c. pén. art. 29) se réfère implicitement à l'interdiction telle qu'elle est organisée par le code civil pour l'interdit judiciairement, toutes les fois que l'intérêt de la peine n'est pas contraire, «elle n'englobe cependant pas les droits qui, à raison de la personnalité de leur exercice, ne peuvent être mis en mouvement que par le condamné lui-même, comme le testament, le mariage, l'adoption, la reconnaissance d'enfant naturel (n° 180); or « l'exercice de ces droits personnels, ajoute l'auteur, n° 182, non seulement n'est pas inconciliable avec la peine subie, mais, même souvent, constitue l'accomplissement de devoirs de conscience qui concordent pour la régénération morale avec le but de la peine ». A l'argument tiré au *Répertoire* de l'art. 2, du tit. 4, part. 1re, de la loi des 25 sept.-6 oct. 1791, il répond que l'art. 29 c. pén. n'a pas reproduit la disposition rigoureuse de cet article, qui rendait l'interdit légalement incapable « d'exercer par lui-même aucun droit civil pendant la durée de sa peine », et de cette omission il conclut à un adoucissement dans la condition de l'interdit (Comp. Arrêts cités au *Rép.* v° *Peine*, n° 728).

381. En ce qui concerne le mariage, M. Nusse invoque, n° 186, ces paroles de l'exposé des motifs de la loi de 1854 : « à l'égard du condamné célibataire au moment de sa condamnation, il n'était pas possible de maintenir cette incapacité de contracter mariage prononcée contre le mort civilement, incapacité qui fait du concubinage une sorte d'obligation légale » (D. P. 54. 4. 91, n° 16). On a voulu permettre le mariage au condamné à une peine afflictive perpétuelle, et cependant on l'a soumis à l'interdiction légale perpétuelle, c'est donc que l'interdiction légale ne fait pas obstacle au mariage. Les motifs pour lesquels le mariage a été autorisé sont trop généraux pour qu'on restreigne la possibilité du mariage aux seuls cas où l'interdiction légale viendrait à disparaître. M. Nusse invoque encore les textes qui, réglant les conditions du mariage des condamnés, n'exigent point la mainlevée préalable de l'interdiction légale (Décr. 24 mars 1852, D. P. 52. 4. 114; L. 24 mars 1866, D. P. 66. 4. 38; 25 mars 1873, art. 18, D. P. 73. 4. 49; Décr. 12 déc. 1874, art. 29, D. P. 75. 4. 57. V. dans le même sens : Ortolan, n° 1556; Trébutien, *Cours de droit criminel*, 2e éd., t. 1, n° 315; Rodière et Pont, *Traité du contrat de mariage*, 2e éd., n° 52; A. Morin, *Répertoire de droit criminel*, v° *Interdiction*, n° 2; Garraud, 2e éd., n° 214, p. 290. Comp. dans le même sens : Aubry et Rau, t. 1, § 85, p. 353, t. 5, § 464, n° 2, p. 92, t. 6, § 568, p. 157 et suiv., t. 7, § 648, p. 21; Hanin, n° 380).

382. Il a été jugé que l'interdiction légale ne rend pas incapables de tester ceux qui en sont frappés et qu'ainsi le testament fait par un condamné à la réclusion pendant la durée de sa peine est valable (Colmar, 1er avr. 1846, aff. Recht, D. P. 46. 2. 145; Civ. cass. 27 févr. 1883, aff. Goussault, D. P. 83. 1. 113. V. *ibid.* la note, et les conclusions du procureur général Barbier. V. aussi les auteurs cités *suprà*, n° 381). M. Demante, tout en admettant l'interdit légalement à contracter mariage et à reconnaître un enfant naturel, ne croit pas pouvoir admettre la validité de son testament (t. 1, n° 72 *bis* I).

383. M. Nusse, n° 178, pense avec raison que l'interdit légalement ne pourrait pas faire de donations alors même que l'on reconnaîtrait cette faculté à l'interdit judiciairement, car un pareil pouvoir aux mains de l'interdit légalement serait tout à fait contraire à l'intérêt de la peine, en ce qu'il pourrait favoriser des évasions (Comp. en ce sens : Rapport de M. d'Haussonville sur la loi du 25 mars 1873, D. P. 73. 4. 49, n° 6). — Mais le même auteur, n°s 189 et suiv., enseigne que l'interdit légalement qui se marierait pourrait faire un contrat de mariage (arg. art. 1398 c. civ.), lequel ne saurait toutefois porter échec à l'administration du tuteur jusqu'à la libération, et même faire des donations par contrat de mariage à son conjoint (V. encore Rodière et Pont, n° 52).

384. M. Nusse estime encore (n° 195) que, dans tous les cas « où un procès civil suppose l'examen d'une question purement personnelle (séparation de corps, désaveu de paternité, action d'injures), ou lorsque, en matière de délits, l'action du ministère public est subordonnée à une plainte de la partie lésée », le tuteur ne devrait être admis à agir au nom de l'interdit que d'accord avec ce dernier.

385. Les droits de puissance paternelle et d'autorité maritale sont atteints par l'interdiction légale et « paralysés pendant toute la durée de la peine » (V. Nusse, n° 199; Rouher, Exposé des motifs; Riché, Rapport sur la loi de 1854, D. P. 54. 4. 91, n°s 16 et 27).

386. MM. Demante, t. 1, n° 72 *bis* II, et Larombière, t. 1, éd. 1885, sur l'art. 112, n° 3, sont d'avis que la nullité des actes faits par l'interdit légalement ne peut être invoquée que par lui, non par les personnes qui ont contracté avec lui. Mais la plupart des auteurs, adoptant l'opinion soutenue au *Rép.* n° 770, considèrent cette nullité comme absolue, et pouvant, dès lors, être invoquée aussi bien par les tiers que par l'interdit (V. Aubry et Rau, t. 1, § 85, texte et note 6, p. 354; Hanin, n° 380; Bertauld, p. 260; Garraud, n° 214, p. 290; Nusse, n° 222; Trébutien, t. 1, n° 316; Humbert, n° 323).

387. Néanmoins, ainsi qu'on l'a dit au *Rép.* n° 770, l'interdit ne serait pas admis à invoquer la nullité, au cas où il aurait par dol trompé les tiers sur son état personnel et dissimulé son incapacité (V. Demante, t. 1, n° 72 *bis* II; Aubry et Rau, t. 1, § 85, p. 354; Nusse, n° 223; Humbert, n° 323. Comp. Trébutien, *op. cit.*, t. 1, n° 316).

M. Nusse, n°s 224 et suiv., n'admet, toutefois, cette solution que sous réserve de la distinction suivante : si l'acte a été passé par l'interdit contrairement à la prohibition édictée par la loi dans l'intérêt de la peine, la nullité sera d'ordre public; si, au contraire, l'acte a été passé sans la participation de l'interdit, si la nullité prend sa source dans l'inobservation des formalités imposées par la loi au représentant légal de l'interdit, comme l'intérêt de la peine n'est pas engagé, l'art. 1125 c. civ. sera applicable et la nullité ne pourra être invoquée que par l'interdit.

388. M. Nusse, n°s 252 et suiv., est d'avis que les parents compris dans les termes de la loi de 1791 rappelée au *Rép.* n° 774, « peuvent obtenir du tuteur des aliments à titre gracieux et sans être contraints de recourir à un procès ». L'art. 6 de cette loi autorisait cette remise en vertu d'un jugement rendu sur avis de parents et conclusions du ministère public à la requête des demandeurs. M. Nusse pense que ces dispositions sont encore applicables « puisque le code civil ne règle que le contentieux des demandes en pensions alimentaires ». — Cette solution n'est pas sans nous inspirer quelques doutes, et nous inclinerions à penser que les dispositions précitées de la loi de 1791 sont abrogées en vertu de l'art. 7 de la loi du 30 vent. an 12. Mais les parents qui ont droit aux aliments en vertu des dispositions du code civil pourraient, pour les raisons données au *Rép.* n° 773, obtenir des secours du tuteur autorisé par le conseil de famille; ces secours sont une dette légale de l'interdit; aucune raison décisive ne s'oppose à ce qu'ils soient alloués sans procès par le représentant légal de l'interdit (V. en ce sens : Humbert, n° 318 *bis*; Boitard, sur l'art. 29 c. pén., n° 78. Comp. Bertin, t. 1, n°s 712 et 713. V. au surplus *infrà*, v° *Interdiction*).

389. La privation partielle des droits civils par suite de condamnation définitive commence du jour où la condamnation est devenue irrévocable (c. pén. art. 23, 28 et 29). En cas de condamnation par contumace, la dégradation civique est encourue du jour de l'exécution par effigie.

Toutefois, lorsque la dégradation civique est la conséquence de la dégradation militaire, elle ne frappe le condamné que du jour de l'exécution de cette dernière peine (Arg. art. 190 c. just. mil., D. P. 57. 4. 115 et suiv., et art. 242 c. just. mar., D. P. 58. 4. 90 et suiv. V. Nusse, n° 303). — Sur la question de savoir si l'interdiction légale atteint le contumax, V. *Peine*; — *Rép.* eod. v°, n° 723.

390. L'art. 12 de la loi du 30 mai 1854 sur l'exécution des travaux forcés (D. P. 54. 4. 90), permet au Gouvernement d'accorder aux condamnés aux travaux forcés à temps l'exercice, dans la colonie, des droits civils ou de quelques-uns de ces droits, dont ils sont privés par leur état d'interdiction légale. Le Gouvernement peut autoriser ces condamnés à jouir ou disposer de tout ou partie de leurs biens.

391. Les actes faits par les condamnés dans la colonie, jusqu'à leur libération, ne peuvent engager les biens qu'ils possédaient au jour de leur condamnation ou ceux qui leur seraient échus depuis par succession, donation ou testament, à l'exception des biens dont la remise aurait été autorisée. L'art. 11 du décret des 31 août-4 déc. 1878, relatifs à la condition des transportés concessionnaires de terrains dans les colonies pénitentiaires (D. P. 79. 4. 15), dispose : « Le transporté non libéré, auquel est accordée une concession provisoire, peut faire tous les actes nécessaires à l'administration, à l'exploitation et à la jouissance des biens concédés et ester en justice pour ces différents actes, le tout sans préjudice des droits civils plus étendus qui peuvent lui être accordés par le Gouvernement en vertu de l'art. 12 de la loi du 30 mai 1854. — Il peut, dans les limites des art. 1094 et 1098 c. civ., disposer des mêmes biens, soit par des actes entre vifs, soit par testament, en faveur de son conjoint habitant avec lui » (Comp. art. 12 du décret précité du 31 août 1878. V. au surplus sur ce point et en général sur les facilités accordées à certaines catégories de condamnés, Nusse, n°s 386 et suiv.; et *infrà*, v° *Prisons*).

Table sommaire

des matières contenues dans le Supplément et le Répertoire.

(Les chiffres précédés de la lettre *S* renvoient au Supplément; les chiffres précédés de la lettre *R* renvoient au Répertoire.)

Table des articles du code civil, de la loi du 31 mai 1854, et de la loi du 26 juin 1889.

(Les chiffres précédés de la lettre *S* renvoient au Supplément; les chiffres précédés de la lettre *R* renvoient au Répertoire.)

Table chronologique des Lois, Arrêts, etc.

FIN DU CINQUIÈME VOLUME